# Collins

BESTSELLING BILINGUAL DICTIONARIES

# French
## Dictionary

Collins

**HarperCollins Publishers**
Westerhill Road
Bishopbriggs
Glasgow
G64 2QT
Great Britain

Third Edition 2010

Reprint 10 9 8 7 6 5 4 3 2

© HarperCollins Publishers 2005,
2006, 2010

ISBN 978-0-00-733154-3

Collins® is a registered trademark
of HarperCollins Publishers Limited

www.collinslanguage.com

A catalogue record for this book is
available from the British Library

Typeset by Davidson Publishing
Solutions, Glasgow

Printed and bound in China by
South China Printing Co., Ltd

Pierre-Henri Cousin
Lorna Sinclair Knight
Lesley Robertson

**CONTRIBUTORS**
Claude Nimmo, Philippe Patry,
Hélène Lewis, Elisabeth Campbell,
Renée Birks, Jean-François Allain,
Christine Penman, Sabine Citron,
Catherine E. Love, Jennifer Baird,
Stewart C. Russell, Wendy Lee,
Callum Brines, Jill Williams,
Laurent Jouet, Phyllis Buchanan

**EDITOR**
Genevieve Gerrard

**EDITORIAL MANAGEMENT**
Gaëlle Amiot-Cadey

**SERIES EDITOR**
Rob Scriven

**Acknowledgements**
We would like to thank those
authors and publishers who kindly
gave permission for copyright
material to be used in the Collins
Word Web. We would also like to
thank Times Newspapers Ltd for
providing valuable data.

# Table des matières

# Contents

# Introduction

You may be starting French for the first time, or you may wish to extend your knowledge of the language. Perhaps you want to read and study French books, newspapers and magazines, or perhaps simply have a conversation with French speakers. Whatever the reason, whether you're a student, a tourist or want to use French for business, this is the ideal book to help you understand and communicate. This modern, user-friendly dictionary gives priority to everyday vocabulary and the language of current affairs, business, computing and tourism, and, as in all Collins dictionaries, the emphasis is firmly placed on contemporary language and expressions.

## How to use the dictionary
Below you will find an outline of how information is presented in your dictionary. Our aim is to give you the maximum amount of detail in the clearest and most helpful way.

## Entries
A typical entry in your dictionary will be made up of the following elements:

## Phonetic transcription
Phonetics appear in square brackets immediately after the headword. They are shown using the International Phonetic Alphabet (IPA), and a complete list of the symbols used in this system can be found on pages x and xi.

## Grammatical information
All words belong to one of the following parts of speech: noun, verb, adjective, adverb, pronoun, article, conjunction, preposition.

Nouns can be singular or plural and, in French, masculine or feminine. Verbs can be transitive, intransitive, reflexive or impersonal. Parts of speech appear in *italics* immediately after the phonetic spelling of the headword. The gender of the translation appears in *italics* immediately following the key element of the translation.

Often a word can have more than one part of speech. Just as the English word **chemical** can be an adjective or a noun, the French word **rose** can be an adjective ("pink") or a feminine noun ("rose"). In the same way the verb **to walk** is sometimes transitive, ie it takes an object ("to walk the dog") and sometimes intransitive, ie it doesn't take an object ("to walk to school"). To help you find the meaning you are looking for quickly and for clarity of presentation, the different part of speech categories are separated by a right facing triangle ▷.

## Meaning divisions

Most words have more than one meaning. Take, for example, **punch** which can be, amongst other things, a blow with the fist or an object used for making holes. Other words are translated differently depending on the context in which they are used. The transitive verb **to roll up**, for example, can be translated by "rouler" or "retrousser" depending on what it is you are rolling up. To help you select the most appropriate translation in every context, entries are divided according to meaning. Different meanings are introduced by an "indicator" in *italics* and in brackets. Thus, the examples given above will be shown as follows:

> **punch** *n* (*blow*) coup *m* de poing; (*tool*) poinçon *m*
> **roll up** *vt* (*carpet, cloth, map*) rouler; (*sleeves*) retrousser

Likewise, some words can have a different meaning when used to talk about a specific subject area or field. For example, **bishop**, which we generally use to mean a high-ranking clergyman, is also the name of a chess piece. To show English speakers which translation to use, we have added "subject field labels" in *italics*, starting with a capital letter, and in brackets, in this case (*Chess*):

> **bishop** *n* évêque *m*; (*Chess*) fou *m*

Field labels are often shortened to save space. You will find a complete list of abbreviations used in the dictionary on pages viii and ix.

## Translations

Most English words have a direct translation in French and vice versa, as shown in the examples given above. Sometimes, however, no exact equivalent exists in the target language. In such cases we have given an approximate equivalent, indicated by the sign ≈. An example is **National Insurance**, the French equivalent of which is "Sécurité Sociale". There is no exact equivalent since the systems of the two countries are quite different:

> **National Insurance** *n* (*Brit*) ≈ Sécurité Sociale

On occasion it is impossible to find even an approximate equivalent. This may be the case, for example, with the names of types of food:

> **mince pie** *n* *sorte de tarte aux fruits secs*

Here the translation (which doesn't exist) is replaced by an explanation. For increased clarity the explanation, or "gloss", is shown in *italics*.

It is often the case that a word, or a particular meaning of a word, cannot be translated in isolation. The translation of **Dutch**, for example, is "hollandais(e), néérlandais(e)". However, the phrase **to go Dutch** is rendered by "partager les frais".

Even an expression as simple as **washing powder** needs a separate translation since it translates as "lessive (en poudre)", not "poudre à laver". This is where your dictionary will prove to be particularly informative and useful since it contains an abundance of compounds, phrases and idiomatic expressions.

## Levels of formality and familiarity

In English you instinctively know when to say "I don't have any money" and when to say "I'm broke" or "I'm a bit short of cash". When you are trying to understand someone who is speaking French, however, or when you yourself try to speak French, it is important to know what is polite and what is less so, and what you can say in a relaxed situation but not in a formal context. To help you with this, on the French–English side we have added the label (*inf*) to show that a French meaning or expression is colloquial, while those meanings or expressions which are vulgar are given an exclamation mark (*inf!*), warning you they can cause serious offence. Note also that on the English–French side, translations which are vulgar are followed by an exclamation mark in brackets.

## Keywords

Words labelled in the text as KEYWORDS, such as **be** and **do** or their French equivalents **être** and **faire**, have been given special treatment because they form the basic elements of the language. This extra help will ensure that you know how to use these complex words with confidence.

## Cultural information

Entries which appear distinguished in the text by a column of dots explain aspects of culture in French and English-speaking countries. Subject areas covered include politics, education, media and national festivals, for example **Assemblée nationale**, **baccalauréat**, **BBC** and **Hallowe'en**.

# Abréviations

# Abbreviations

| | | |
|---|---|---|
| abréviation | *ab(b)r* | abbreviation |
| adjectif, locution adjectivale | *adj* | adjective, adjectival phrase |
| administration | *Admin* | administration |
| adverbe, locution adverbiale | *adv* | adverb, adverbial phrase |
| agriculture | *Agr* | agriculture |
| anatomie | *Anat* | anatomy |
| architecture | *Archit* | architecture |
| article défini | *art déf* | definite article |
| article indéfini | *art indéf* | indefinite article |
| automobile | *Aut(o)* | the motor car and motoring |
| aviation, voyages aériens | *Aviat* | flying, air travel |
| biologie | *Bio(l)* | biology |
| botanique | *Bot* | botany |
| anglais britannique | *Brit* | British English |
| chimie | *Chem* | chemistry |
| cinéma | *Ciné, Cine* | cinema |
| commerce, finance, banque | *Comm* | commerce, finance, banking |
| informatique | *Comput* | computing |
| conjonction | *conj* | conjunction |
| construction | *Constr* | building |
| nom utilisé comme adjectif | *cpd* | compound element |
| cuisine | *Culin* | cookery |
| article défini | *def art* | definite article |
| déterminant: article; adjectif démonstratif *ou* indéfini etc | *dét* | determiner: article, demonstrative etc |
| économie | *Écon, Econ* | economics |
| électricité, électronique | *Élec, Elec* | electricity, electronics |
| en particulier | *esp* | especially |
| exclamation, interjection | *excl* | exclamation, interjection |
| féminin | *f* | feminine |
| langue familière (! emploi vulgaire) | *fam(!)* | colloquial usage (! particularly offensive) |
| emploi figuré | *fig* | figurative use |
| (verbe anglais) dont la particule est inséparable | *fus* | (phrasal verb) where the particle is inseparable |
| généralement | *gén, gen* | generally |
| géographie, géologie | *Géo, Geo* | geography, geology |
| géométrie | *Géom, Geom* | geometry |
| langue familière (! emploi vulgaire) | *inf(!)* | colloquial usage (! particularly offensive) |
| infinitif | *infin* | infinitive |
| informatique | *Inform* | computing |
| invariable | *inv* | invariable |
| irrégulier | *irrég, irreg* | irregular |
| domaine juridique | *Jur* | law |

# Abréviations

# Abbreviations

| | | |
|---|---|---|
| grammaire, linguistique | *Ling* | grammar, linguistics |
| masculin | *m* | masculine |
| mathématiques, algèbre | *Math* | mathematics, calculus |
| médecine | *Méd, Med* | medical term, medicine |
| masculin *ou* féminin | *m/f* | masculine *or* feminine |
| domaine militaire, armée | *Mil* | military matters |
| musique | *Mus* | music |
| nom | *n* | noun |
| navigation, nautisme | *Navig, Naut* | sailing, navigation |
| nom *ou* adjectif numéral | *num* | numeral noun *or* adjective |
| | *o.s.* | oneself |
| péjoratif | *péj, pej* | derogatory, pejorative |
| photographie | *Phot(o)* | photography |
| physiologie | *Physiol* | physiology |
| pluriel | *pl* | plural |
| politique | *Pol* | politics |
| participe passé | *pp* | past participle |
| préposition | *prép, prep* | preposition |
| pronom | *pron* | pronoun |
| psychologie, psychiatrie | *Psych* | psychology, psychiatry |
| temps du passé | *pt* | past tense |
| quelque chose | *qch* | |
| quelqu'un | *qn* | |
| religion, domaine ecclésiastique | *Rel* | religion |
| | *sb* | somebody |
| enseignement, système scolaire et universitaire | *Scol* | schooling, schools and universities |
| singulier | *sg* | singular |
| | *sth* | something |
| subjonctif | *sub* | subjunctive |
| sujet (grammatical) | *su(b)j* | (grammatical) subject |
| superlatif | *superl* | superlative |
| techniques, technologie | *Tech* | technical term, technology |
| télécommunications | *Tél, Tel* | telecommunications |
| télévision | *TV* | television |
| typographie | *Typ(o)* | typography, printing |
| anglais des USA | *US* | American English |
| verbe (auxiliare) | *vb (aux)* | (auxiliary) verb |
| verbe intransitif | *vi* | intransitive verb |
| verbe transitif | *vt* | transitive verb |
| zoologie | *Zool* | zoology |
| marque déposée | ® | registered trademark |
| indique une équivalence culturelle | ≈ | introduces a cultural equivalent |

# Transcription phonétique

## Consonnes                    ## Consonants

| Français | | English |
|---|---|---|
| *poupée* | p | *puppy* |
| *bombe* | b | *baby* |
| *tente thermal* | t | *tent* |
| *dinde* | d | *daddy* |
| *coq qui képi* | k | *cork kiss chord* |
| *gag bague* | g | *gag guess* |
| *sale ce nation* | s | *so rice kiss* |
| *zéro rose* | z | *cousin buzz* |
| *tache chat* | ∫ | *sheep sugar* |
| *gilet juge* | ʒ | *pleasure beige* |
| | t∫ | *church* |
| | dʒ | *judge general* |
| *fer phare* | f | *farm raffle* |
| *valve* | v | *very rev* |
| | θ | *thin maths* |
| | ð | *that other* |
| *lent salle* | l | *little ball* |
| *rare rentrer* | ʀ | |
| | r | *rat rare* |
| *maman femme* | m | *mummy comb* |
| *non nonne* | n | *no ran* |
| *agneau vigne* | ɲ | |
| | ŋ | *singing bank* |
| *hop!* | h | *hat reheat* |
| *yeux paille pied* | j | *yet* |
| *nouer oui* | w | *wall bewail* |
| *huile lui* | ɥ | |
| | x | *loch* |

## Divers                       ## Miscellaneous

| | | |
|---|---|---|
| pour l'anglais: le "r" final se prononce en liaison devant une voyelle | ʳ | in English transcription: final "r" can be pronounced before a vowel |
| pour l'anglais: précède la syllabe accentuée | ' | in French wordlist: no liaison before aspirate "h" |

**NB:** p, b, t, d, k, g sont suivis d'une aspiration en anglais.
p, b, t, d, k, g are not aspirated in French.

En règle générale, la prononciation est donnée entre crochets après chaque entrée. Toutefois, du côté anglais-français et dans le cas des expressions composées de deux ou plusieurs mots non réunis par un trait d'union et faisant l'objet d'une entrée séparée, la prononciation doit être cherchée sous chacun des mots constitutifs de l'expression en question.

# Phonetic transcription

| Voyelles | | Vowels |
|---|---|---|
| ici vie lyrique | i iː | heel bead |
| | ɪ | hit pity |
| jouer été | e | |
| lait jouet merci | ɛ | set tent |
| plat amour | a æ | bat apple |
| bas pâte | ɑ ɑː | after car calm |
| | ʌ | fun cousin |
| le premier | ə | over above |
| beurre peur | œ | |
| peu deux | ø əː | urgent fern work |
| or homme | ɔ | wash pot |
| mot eau gauche | o ɔː | born cork |
| genou roue | u | full hook |
| | uː | boom shoe |
| rue urne | y | |

| Diphtongues | | Diphthongs |
|---|---|---|
| | ɪə | beer tier |
| | ɛə | tear fair there |
| | eɪ | date plaice day |
| | aɪ | life buy cry |
| | au | owl foul now |
| | əu | low no |
| | ɔɪ | boil boy oily |
| | uə | poor tour |

| Nasales | | Nasal vowels |
|---|---|---|
| matin plein | ɛ̃ | |
| brun | œ̃ | |
| sang an dans | ɑ̃ | |
| non pont | ɔ̃ | |

**NB:** La mise en équivalence de certains sons n'indique qu'une ressemblance approximative.

The pairing of some vowel sounds only indicates approximate equivalence.

In general, we give the pronunciation of each entry in square brackets after the word in question. However, on the English-French side, where the entry is composed of two or more unhyphenated words, each of which is given elsewhere in this dictionary, you will find the pronunciation of each word in its alphabetical position.

# French verb forms

**1** Present participle **2** Past participle **3** Present **4** Imperfect **5** Future **6** Conditional
**7** Present subjunctive **8** Impératif

**acquérir** **1** acquérant **2** acquis **3** acquiers, acquérons, acquièrent **4** acquérais **5** acquerrai **7** acquière

**ALLER** **1** allant **2** allé **3** vais, vas, va, allons, allez, vont **4** allais **5** irai **6** irais **7** aille

**asseoir** **1** asseyant **2** assis **3** assieds, asseyons, asseyez, asseyent **4** asseyais **5** assiérai **7** asseye

**atteindre** **1** atteignant **2** atteint **3** atteins, atteignons **4** atteignais **7** atteigne

**AVOIR** **1** ayant **2** eu **3** ai, as, a, avons, avez, ont **4** avais **5** aurai **6** aurais **7** aie, aies, ait, ayons, ayez, aient

**battre** **1** battant **2** battu **3** bats, bat, battons **4** battais **7** batte

**boire** **1** buvant **2** bu **3** bois, buvons, boivent **4** buvais **7** boive

**bouillir** **1** bouillant **2** bouilli **3** bous, bouillons **4** bouillais **7** bouille

**conclure** **1** concluant **2** conclu **3** conclus, concluons **4** concluais **7** conclue

**conduire** **1** conduisant **2** conduit **3** conduis, conduisons **4** conduisais **7** conduise

**connaître** **1** connaissant **2** connu **3** connais, connaît, connaissons **4** connaissais **7** connaisse

**coudre** **1** cousant **2** cousu **3** couds, cousons, cousez, cousent **4** cousais **7** couse

**courir** **1** courant **2** couru **3** cours, courons **4** courais **5** courrai **7** coure

**couvrir** **1** couvrant **2** couvert **3** couvre, couvrons **4** couvrais **7** couvre

**craindre** **1** craignant **2** craint **3** crains, craignons **4** craignais **7** craigne

**croire** **1** croyant **2** cru **3** crois, croyons, croient **4** croyais **7** croie

**croître** **1** croissant **2** crû, crue, crus, crues **3** croîs, croissons **4** croissais **7** croisse

**cueillir** **1** cueillant **2** cueilli **3** cueille, cueillons **4** cueillais **5** cueillerai **7** cueille

**devoir** **1** devant **2** dû, due, dus, dues **3** dois, devons, doivent **4** devais **5** devrai **7** doive

**dire** **1** disant **2** dit **3** dis, disons, dites, disent **4** disais **7** dise

**dormir** **1** dormant **2** dormi **3** dors, dormons **4** dormais **7** dorme

**écrire** **1** écrivant **2** écrit **3** écris, écrivons **4** écrivais **7** écrive

**ÊTRE** **1** étant **2** été **3** suis, es, est, sommes, êtes, sont **4** étais **5** serai **6** serais **7** sois, sois, soit, soyons, soyez, soient

**FAIRE** **1** faisant **2** fait **3** fais, fais, fait, faisons, faites, font **4** faisais **5** ferai **6** ferais **7** fasse

**falloir** **2** fallu **3** faut **4** fallait **5** faudra **7** faille

**FINIR** **1** finissant **2** fini **3** finis, finis, finit, finissons, finissez, finissent **4** finissais **5** finirai **6** finirais **7** finisse

**fuir** **1** fuyant **2** fui **3** fuis, fuyons, fuient **4** fuyais **7** fuie

**joindre** **1** joignant **2** joint **3** joins, joignons **4** joignais **7** joigne

**lire** **1** lisant **2** lu **3** lis, lisons **4** lisais **7** lise

**luire** **1** luisant **2** lui **3** luis, luisons **4** luisais **7** luise

**maudire** **1** maudissant **2** maudit **3** maudis, maudissons **4** maudissait **7** maudisse

**mentir** **1** mentant **2** menti **3** mens, mentons **4** mentais **7** mente

**mettre** **1** mettant **2** mis **3** mets, mettons **4** mettais **7** mette

**mourir** **1** mourant **2** mort **3** meurs, mourons, meurent **4** mourais **5** mourrai **7** meure

**naître** **1** naissant **2** né **3** nais, naît, naissons **4** naissais **7** naisse

**offrir** **1** offrant **2** offert **3** offre, offrons **4** offrais **7** offre

**PARLER** **1** parlant **2** parlé **3** parle, parles, parle, parlons, parlez, parlent **4** parlais, parlais, parlait, parlions, parliez, parlaient **5** parlerai, parleras, parlera, parlerons,

parlerez, parleront **6** parlerais, parlerais,
parlerait, parlerions, parleriez, parleraient
**7** parle, parles, parle, parlions, parliez,
parlent **8** parle! parlons! parlez!

**partir 1** partant **2** parti **3** pars, partons
**4** partais **7** parte

**plaire 1** plaisant **2** plu **3** plais, plaît,
plaisons **4** plaisais **7** plaise

**pleuvoir 1** pleuvant **2** plu **3** pleut, pleuvent
**4** pleuvait **5** pleuvra **7** pleuve

**pourvoir 1** pourvoyant **2** pourvu
**3** pourvois, pourvoyons, pourvoient
**4** pourvoyais **7** pourvoie

**pouvoir 1** pouvant **2** pu **3** peux, peut,
pouvons, peuvent **4** pouvais **5** pourrai
**7** puisse

**prendre 1** prenant **2** pris **3** prends,
prenons, prennent **4** prenais **7** prenne

**prévoir** *like* **voir 5** prévoirai

**RECEVOIR 1** recevant **2** reçu **3** reçois,
reçois, reçoit, recevons, recevez, reçoivent
**4** recevais **5** recevrai **6** recevrais **7** reçoive

**RENDRE 1** rendant **2** rendu **3** rends, rends,
rend, rendons, rendez, rendent **4** rendais
**5** rendrai **6** rendrais **7** rende

**résoudre 1** résolvant **2** résolu **3** résous,
résout, résolvons **4** résolvais **7** résolve

**rire 1** riant **2** ri **3** ris, rions **4** riais **7** rie

**savoir 1** sachant **2** su **3** sais, savons, savent

**4** savais **5** saurai **7** sache **8** sache! sachons!
sachez!

**servir 1** servant **2** servi **3** sers, servons
**4** servais **7** serve

**sortir 1** sortant **2** sorti **3** sors, sortons
**4** sortais **7** sorte

**souffrir 1** souffrant **2** souffert **3** souffre,
souffrons **4** souffrais **7** souffre

**suffire 1** suffisant **2** suffi **3** suffis, suffisons
**4** suffisais **7** suffise

**suivre 1** suivant **2** suivi **3** suis, suivons
**4** suivais **7** suive

**taire 1** taisant **2** tu **3** tais, taisons **4** taisais
**7** taise

**tenir 1** tenant **2** tenu **3** tiens, tenons,
tiennent **4** tenais **5** tiendrai **7** tienne

**vaincre 1** vainquant **2** vaincu **3** vaincs,
vainc, vainquons **4** vainquais **7** vainque

**valoir 1** valant **2** valu **3** vaux, vaut, valons
**4** valais **5** vaudrai **7** vaille

**venir 1** venant **2** venu **3** viens, venons,
viennent **4** venais **5** viendrai **7** vienne

**vivre 1** vivant **2** vécu **3** vis, vivons **4** vivais
**7** vive

**voir 1** voyant **2** vu **3** vois, voyons, voient
**4** voyais **5** verrai **7** voie

**vouloir 1** voulant **2** voulu **3** veux, veut,
voulons, veulent **4** voulais **5** voudrai
**7** veuille **8** veuillez!

For additional information on French verb formation see pages 6-75 of Grammar
section.

# Les nombres

# Numbers

| | | |
|---|---|---|
| un (une) | 1 | one |
| deux | 2 | two |
| trois | 3 | three |
| quatre | 4 | four |
| cinq | 5 | five |
| six | 6 | six |
| sept | 7 | seven |
| huit | 8 | eight |
| neuf | 9 | nine |
| dix | 10 | ten |
| onze | 11 | eleven |
| douze | 12 | twelve |
| treize | 13 | thirteen |
| quatorze | 14 | fourteen |
| quinze | 15 | fifteen |
| seize | 16 | sixteen |
| dix-sept | 17 | seventeen |
| dix-huit | 18 | eighteen |
| dix-neuf | 19 | nineteen |
| vingt | 20 | twenty |
| vingt et un (une) | 21 | twenty-one |
| vingt-deux | 22 | twenty-two |
| trente | 30 | thirty |
| quarante | 40 | forty |
| cinquante | 50 | fifty |
| soixante | 60 | sixty |
| soixante-dix | 70 | seventy |
| soixante-et-onze | 71 | seventy-one |
| soixante-douze | 72 | seventy-two |
| quatre-vingts | 80 | eighty |
| quatre-vingt-un (-une) | 81 | eighty-one |
| quatre-vingt-dix | 90 | ninety |
| cent | 100 | a hundred, one hundred |
| cent un (une) | 101 | a hundred and one |
| deux cents | 200 | two hundred |
| deux cent un (une) | 201 | two hundred and one |
| quatre cents | 400 | four hundred |
| mille | 1 000 | a thousand |
| cinq mille | 5 000 | five thousand |
| un million | 1 000 000 | a million |

# Les nombres

# Numbers

| | |
|---|---|
| premier (première), 1$^{er}$ (1$^{ère}$) | first, 1st |
| deuxième, 2$^e$ *or* 2$^{ème}$ | second, 2nd |
| troisième, 3$^e$ *or* 3$^{ème}$ | third, 3rd |
| quatrième, 4$^e$ *or* 4$^{ème}$ | fourth, 4th |
| cinquième, 5$^e$ *or* 5$^{ème}$ | fifth, 5th |
| sixième, 6$^e$ *or* 6$^{ème}$ | sixth, 6th |
| septième | seventh |
| huitième | eighth |
| neuvième | ninth |
| dixième | tenth |
| onzième | eleventh |
| douzième | twelfth |
| treizième | thirteenth |
| quartorzième | fourteenth |
| quinzième | fifteenth |
| seizième | sixteenth |
| dix-septième | seventeenth |
| dix-huitième | eighteenth |
| dix-neuvième | nineteenth |
| vingtième | twentieth |
| vingt-et-unième | twenty-first |
| vingt-deuxième | twenty-second |
| trentième | thirtieth |
| centième | hundredth |
| cent-unième | hundred-and-first |
| millième | thousandth |

# L'heure

*quelle heure est-il?*
  *il est ...*

minuit
une heure (du matin)
une heure cinq
une heure dix
une heure et quart
une heure vingt-cinq
une heure et demie,
  une heure trente
deux heures moins vingt-cinq,
  une heure trente-cinq
deux heures moins vingt,
  une heure quarante
deux heures moins le quart,
  une heure quarante-cinq
deux heures moins dix,
  une heure cinquante
midi
deux heures (de l'après-midi),
  quatorze heures
sept heures (du soir),
  dix-sept heures

*à quelle heure?*
à minuit
à sept heures

dans vingt minutes
il y a un quart d'heure

# The time

*what time is it?*
  *it's ...*

midnight, twelve p.m.
one o'clock (in the morning), one (a.m.)
five past one
ten past one
a quarter past one, one fifteen
twenty-five past one, one twenty-five
half-past one,
  one thirty
twenty-five to two,
  one thirty-five
twenty to two,
  one forty
a quarter to two,
  one forty-five
ten to two,
  one fifty
twelve o'clock, midday, noon
two o'clock (in the afternoon),
  two (p.m.)
seven o'clock (in the evening),
  seven (p.m.)

*(at) what time?*
at midnight
at seven o'clock

in twenty minutes
fifteen minutes ago

# La date

# The date

| | |
|---|---|
| aujourd'hui | today |
| demain | tomorrow |
| après-demain | the day after tomorrow |
| hier | yesterday |
| avant-hier | the day before yesterday |
| la veille | the day before, the previous day |
| le lendemain | the next *or* following day |
| | |
| le matin | morning |
| le soir | evening |
| ce matin | this morning |
| ce soir | this evening |
| cet après-midi | this afternoon |
| hier matin | yesterday morning |
| hier soir | yesterday evening |
| demain matin | tomorrow morning |
| demain soir | tomorrow evening |
| dans la nuit du samedi au dimanche | during Saturday night, during the night of Saturday to Sunday |
| il viendra samedi | he's coming on Saturday |
| le samedi | on Saturdays |
| tous les samedis | every Saturday |
| samedi passé *ou* dernier | last Saturday |
| samedi prochain | next Saturday |
| samedi en huit | a week on Saturday |
| samedi en quinze | a fortnight *or* two weeks on Saturday |
| du lundi au samedi | from Monday to Saturday |
| tous les jours | every day |
| une fois par semaine | once a week |
| une fois par mois | once a month |
| deux fois par semaine | twice a week |
| il y a une semaine *ou* huit jours | a week ago |
| il y a quinze jours | a fortnight *or* two weeks ago |
| l'année passée *ou* dernière | last year |
| dans deux jours | in two days |
| dans huit jours *ou* une semaine | in a week |
| dans quinze jours | in a fortnight *or* two weeks |
| le mois prochain | next month |
| l'année prochaine | next year |
| | |
| *quel jour sommes-nous?* | *what day is it?* |
| le 1er/24 octobre 2007 | the 1st/24th of October 2007, October 1st/24th 2007 |
| | |
| en 2007 | in 2007 |
| mille neuf cent quatre-vingt seize | nineteen ninety-six |
| 44 av. J.-C. | 44 BC |
| 14 apr. J.-C. | 14 AD |
| au XIXe (siècle) | in the nineteenth century |
| dans les années trente | in the thirties |
| il était une fois ... | once upon a time ... |

**a** [a] *vb voir* **avoir**

○ MOT-CLÉ

**à** [a] (*à + le* = **au**, *à + les* = **aux**) *prép* **1** (*endroit, situation*) at, in; **être à Paris/au Portugal** to be in Paris/Portugal; **être à la maison/à l'école** to be at home/at school; **à la campagne** in the country; **c'est à 10 m/km/à 20 minutes (d'ici)** it's 10 m/km/20 minutes away
**2** (*direction*) to; **aller à Paris/au Portugal** to go to Paris/Portugal; **aller à la maison/à l'école** to go home/to school; **à la campagne** to the country
**3** (*temps*): **à 3 heures/minuit** at 3 o'clock/midnight; **au printemps** in the spring; **au mois de juin** in June; **à Noël/Pâques** at Christmas/Easter; **au départ** at the start, at the outset; **à demain/la semaine prochaine** see you tomorrow/next week!; **visites de 5 heures à 6 heures** visiting from 5 to *ou* till 6 o'clock
**4** (*attribution, appartenance*) to; **le livre est à Paul/à lui/à nous** this book is Paul's/his/ours; **donner qch à qn** to give sth to sb *ou* by bicycle; **un ami à moi** a friend of mine; **c'est à moi de le faire** it's up to me to do it
**5** (*moyen*) with; **se chauffer au gaz** to have gas heating; **à bicyclette** on a *ou* by bicycle; **à pied** on foot; **à la main/machine** by hand/machine; **à la télévision/la radio** on television/the radio

**6** (*provenance*) from; **boire à la bouteille** to drink from the bottle
**7** (*caractérisation, manière*): **l'homme aux yeux bleus** the man with the blue eyes; **à la russe** the Russian way; **glace à la framboise** raspberry ice cream
**8** (*but, destination*): **tasse à café** coffee cup; **maison à vendre** house for sale; **je n'ai rien à lire** I don't have anything to read; **à bien réfléchir …** thinking about it …, on reflection …; **problème à régler** problem to sort out
**9** (*rapport, évaluation, distribution*): **100 km/unités à l'heure** 100 km/units per *ou* an hour; **payé à l'heure** paid by the hour; **cinq à six** five to six
**10** (*conséquence, résultat*): **à ce qu'il prétend** according to him; **à leur grande surprise** much to their surprise; **à nous trois nous n'avons pas su le faire** we couldn't do it even between the three of us; **ils sont arrivés à quatre** four of them arrived (together)

**abaisser** [abese] *vt* to lower, bring down; (*manette*) to pull down; (*fig*) to debase; to humiliate; **s'abaisser** *vi* to go down; (*fig*) to demean o.s.; **s'~ à faire/à qch** to stoop *ou* descend to doing/to sth
**abandon** [abɑ̃dɔ̃] *nm* abandoning; deserting; giving up; withdrawal; surrender, relinquishing; (*fig*) lack of constraint; relaxed pose *ou* mood; **être à l'~** to be in a state of neglect; **laisser à l'~** to abandon
**abandonner** [abɑ̃dɔne] *vt* (*personne*) to leave, abandon, desert; (*projet, activité*) to abandon, give up; (*Sport*) to retire *ou* withdraw from; (*Inform*) to abort; (*céder*) to surrender, relinquish; **s'abandonner** *vi* to let o.s. go; **s'~ à** (*paresse, plaisirs*) to give o.s. up to; **~ qch à qn** to give sth up to sb
**abasourdir** [abazurdir] *vt* to stun, stagger
**abat-jour** [abaʒur] *nm inv* lampshade
**abats** [aba] *vb voir* **abattre** ▷ *nmpl* (*de bœuf, porc*) offal *sg* (*Brit*), entrails (*US*); (*de volaille*) giblets
**abattement** [abatmɑ̃] *nm* (*physique*) enfeeblement; (*moral*) dejection, despondency; (*déduction*) reduction; **~ fiscal** ≈ tax allowance
**abattoir** [abatwaʀ] *nm* abattoir (*Brit*), slaughterhouse
**abattre** [abatʀ] *vt* (*arbre*) to cut down, fell; (*mur, maison*) to pull down; (*avion, personne*) to shoot down; (*animal*) to shoot, kill; (*fig: physiquement*) to wear out, tire out; (: *moralement*) to demoralize; **s'abattre** *vi* to crash down; **ne pas se laisser ~** to keep one's spirits up, not to let things get one down; **s'~ sur** (*pluie*) to beat down on; (: *coups, injures*) to rain down on; **~ ses cartes** (*aussi fig*) to lay one's cards on the table; **~ du travail** *ou* **de la besogne** to get through a lot of work
**abbaye** [abei] *nf* abbey

**abbé** [abe] *nm* priest; (*d'une abbaye*) abbot;
**M l'~** Father
**abcès** [apsɛ] *nm* abscess
**abdiquer** [abdike] *vi* to abdicate ▷ *vt* to
renounce, give up
**abdominal, e, -aux** [abdɔminal, -o] *adj*
abdominal ▷ *nmpl* **faire des ~** to do sit-ups
**abeille** [abɛj] *nf* bee
**aberrant, e** [abeʀɑ̃, ɑ̃t] *adj* absurd
**aberration** [abeʀasjɔ̃] *nf* aberration
**abêtir** [abetiʀ] *vt* to make morons (*ou* a
moron) of
**abîme** [abim] *nm* abyss, gulf
**abîmer** [abime] *vt* to spoil, damage;
**s'abîmer** *vi* to get spoilt *ou* damaged; (*fruits*)
to spoil; (*tomber*) to sink, founder; **s'~ les
yeux** to ruin one's eyes *ou* eyesight
**ablation** [ablasjɔ̃] *nf* removal
**aboiement** [abwamɑ̃] *nm* bark,
barking *no pl*
**abois** [abwa] *nmpl:* **aux~** at bay
**abolir** [abɔliʀ] *vt* to abolish
**abominable** [abɔminabl] *adj* abominable
**abondance** [abɔ̃dɑ̃s] *nf* abundance; (*richesse*)
affluence; **en~** in abundance
**abondant, e** [abɔ̃dɑ̃, -ɑ̃t] *adj* plentiful,
abundant, copious
**abonder** [abɔ̃de] *vi* to abound, be plentiful; ~
**en** to be full of, abound in; **~ dans le sens de
qn** to concur with sb
**abonné, e** [abɔne] *nm/f* subscriber; season
ticket holder ▷ *adj:* **être ~ à un journal** to
subscribe to *ou* have a subscription to a
periodical; **être ~ au téléphone** to be on the
(tele)phone
**abonnement** [abɔnmɑ̃] *nm* subscription;
(*pour transports en commun, concerts*) season
ticket
**abonner** [abɔne] *vt:* **s'abonner à** to subscribe
to, take out a subscription to
**abord** [abɔʀ] *nm:* **être d'un ~ facile** to be
approachable; **être d'un ~ difficile** (*personne*)
to be unapproachable; (*lieu*) to be hard to
reach *ou* difficult to get to; **de prime ~, au
premier ~** at first sight, initially; **abords**
*nmpl* (*environs*) surroundings; **d'~** *adv* first;
**tout d'~** first of all
**abordable** [abɔʀdabl] *adj* (*personne*)
approachable; (*marchandise*) reasonably
priced; (*prix*) affordable, reasonable
**aborder** [abɔʀde] *vi* to land ▷ *vt* (*sujet,
difficulté*) to tackle; (*personne*) to approach;
(*rivage etc*) to reach; (*Navig: attaquer*) to board;
(: *heurter*) to collide with
**aboutir** [abutiʀ] *vi* (*négociations etc*) to
succeed; (*abcès*) to come to a head; **~ à/dans/
sur** to end up at/in/on; **n'~ à rien** to come to
nothing
**aboyer** [abwaje] *vi* to bark
**abréger** [abʀeʒe] *vt* (*texte*) to shorten,
abridge; (*mot*) to shorten, abbreviate;
(*réunion, voyage*) to cut short, shorten

**abreuver** [abʀœve] *vt* to water; (*fig*): ~ **qn de**
to shower *ou* swamp sb with; (*injures etc*) to
shower sb with; **s'abreuver** *vi* to drink
**abreuvoir** [abʀœvwaʀ] *nm* watering place
**abréviation** [abʀevjasjɔ̃] *nf* abbreviation
**abri** [abʀi] *nm* shelter; **être à l'~** to be under
cover; **se mettre à l'~** to shelter; **à l'~ de**
sheltered from; (*danger*) safe from
**abricot** [abʀiko] *nm* apricot
**abriter** [abʀite] *vt* to shelter; (*loger*) to
accommodate; **s'abriter** *vi* to shelter, take
cover
**abrupt, e** [abʀypt] *adj* sheer, steep; (*ton*)
abrupt
**abruti, e** [abʀyti] *adj* stunned, dazed ▷ *nm/f*
(*fam*) idiot, moron; **~ de travail** overworked
**absence** [apsɑ̃s] *nf* absence; (*Méd*) blackout;
**en l'~ de** in the absence of; **avoir des ~s** to
have mental blanks
**absent, e** [apsɑ̃, -ɑ̃t] *adj* absent; (*chose*)
missing, lacking; (*distrait: air*) vacant,
faraway ▷ *nm/f* absentee
**absenter** [apsɑ̃te]: **s'absenter** *vi* to take time
off work; (*sortir*) to leave, go out
**absolu, e** [apsɔly] *adj* absolute; (*caractère*)
rigid, uncompromising ▷ *nm* (*Philosophie*): **l'~**
the Absolute; **dans l'~** in the absolute, in a
vacuum
**absolument** [apsɔlymɑ̃] *adv* absolutely
**absorbant, e** [apsɔʀbɑ̃, -ɑ̃t] *adj* absorbent;
(*tâche*) absorbing, engrossing
**absorber** [apsɔʀbe] *vt* to absorb; (*gén Méd:
manger, boire*) to take; (*Écon: firme*) to take over,
absorb
**abstenir** [apstəniʀ]: **s'abstenir** *vi* (*Pol*) to
abstain; **s'~ de qch/de faire** to refrain from
sth/from doing
**abstraction** [apstʀaksjɔ̃] *nf* abstraction;
**faire ~ de** to set *ou* leave aside; **~ faite de** ...
leaving aside ...
**abstrait, e** [apstʀɛ, -ɛt] *adj* abstract ▷ *nm:*
**dans l'~** in the abstract
**absurde** [apsyʀd] *adj* absurd ▷ *nm* absurdity;
(*Philosophie*): **l'~** absurd; **par l'~** ad absurdio
**abus** [aby] *nm* (*excès*) abuse, misuse; (*injustice*)
abuse; **~ de confiance** breach of trust;
(*détournement de fonds*) embezzlement; **il y a
de l'~!** (*fam*) that's a bit much!
**abuser** [abyze] *vi* to go too far, overstep the
mark ▷ *vt* to deceive, mislead; **s'abuser** *vi*
(*se méprendre*) to be mistaken; **~ de** *vt* (*force,
droit*) to misuse; (*alcool*) to take to excess;
(*violer, duper*) to take advantage of
**abusif, -ive** [abyzif, -iv] *adj* exorbitant;
(*punition*) excessive; (*pratique*) improper
**acabit** [akabi] *nm:* **du même ~** of the same
type
**académie** [akademi] *nf* (*société*) learned
society; (*école: d'art, de danse*) academy; (*Art:
nu*) nude; (*Scol: circonscription*) = regional
education authority; **l'A~ (française)** the
French Academy; *see note*

● **ACADÉMIE FRANÇAISE**
●
● The *Académie française* was founded by
● Cardinal Richelieu in 1635, during the
● reign of Louis XIII. It is made up of forty
● elected scholars and writers who are
● known as "les Quarante" or "les
● Immortels". One of the *Académie's*
● functions is to keep an eye on the
● development of the French language,
● and its recommendations are frequently
● the subject of lively public debate. It has
● produced several editions of its famous
● dictionary and also awards various
● literary prizes.

**acajou** [akaʒu] *nm* mahogany

**acariâtre** [akaʀjɑtʀ] *adj* sour(-tempered)
(*Brit*), cantankerous

**accablant, e** [akablɑ̃, -ɑ̃t] *adj* (*chaleur*)
oppressive; (*témoignage, preuve*)
overwhelming

**accablement** [akabləmɑ̃] *nm* deep
despondency

**accabler** [akable] *vt* to overwhelm,
overcome; (*témoignage*) to condemn, damn;
**~ qn d'injures** to heap ou shower abuse on
sb; **~ qn de travail** to overwork sb; **accablé
de dettes/soucis** weighed down with debts/
cares

**accalmie** [akalmi] *nf* lull

**accaparer** [akapaʀe] *vt* to monopolize;
(*travail etc*) to take up (all) the time ou
attention of

**accéder** [aksede]: **~ à** *vt* (*lieu*) to reach; (*fig:
pouvoir*) to accede to; (*: poste*) to attain;
(*accorder: requête*) to grant, accede to

**accélérateur** [akseleʀatœʀ] *nm* accelerator

**accélération** [akseleʀasjɔ̃] *nf* speeding up;
acceleration

**accélérer** [akseleʀe] *vt* (*mouvement, travaux*) to
speed up ▷ *vi* (*Auto*) to accelerate

**accent** [aksɑ̃] *nm* accent; (*inflexions expressives*)
tone (of voice); (*Phonétique, fig*) stress; **aux ~s
de** (*musique*) to the strains of; **mettre l'~ sur**
(*fig*) to stress; **~ aigu/grave/circonflexe**
acute/grave/circumflex accent

**accentuer** [aksɑ̃tɥe] *vt* (*Ling: orthographe*) to
accent; (*: phonétique*) to stress, accent; (*fig*) to
accentuate, emphasize; (*: effort, pression*) to
increase; **s'accentuer** *vi* to become more
marked ou pronounced

**acceptation** [akseptasjɔ̃] *nf* acceptance

**accepter** [aksɛpte] *vt* to accept; (*tolérer*):
**~ que qn fasse** to agree to sb doing; **~ de
faire** to agree to do

**accès** [aksɛ] *nm* (*à un lieu, Inform*) access; (*Méd*)
attack; (*: de toux*) fit; (*de fièvre*) bout ▷ *nmpl*
(*routes etc*) means of access, approaches; **d'~
facile/malaisé** easily/not easily accessible;
**facile d'~** easy to get to; **donner ~ à** (*lieu*) to
give access to; (*carrière*) to open the door to;

**avoir ~ auprès de qn** to have access to sb; **l'~
aux quais est interdit aux personnes non
munies d'un billet** ticket-holders only on
platforms, no access to platforms without a
ticket; **~ de colère** fit of anger; **~ de joie** burst
of joy

**accessible** [aksesibl] *adj* accessible;
(*personne*) approachable; (*livre, sujet*): **~ à qn**
within the reach of sb; (*sensible*): **~ à la pitié/
l'amour** open to pity/love

**accessoire** [akseswaʀ] *adj* secondary, of
secondary importance; (*frais*) incidental
▷ *nm* accessory; (*Théât*) prop

**accident** [aksidɑ̃] *nm* accident; **par ~** by
chance; **~ de parcours** mishap; **~ de la route**
road accident; **~ du travail** accident at work;
industrial injury ou accident; **~s de terrain**
unevenness of the ground

**accidenté, e** [aksidɑ̃te] *adj* damaged ou
injured (in an accident); (*relief, terrain*)
uneven; hilly

**accidentel, le** [aksidɑ̃tɛl] *adj* accidental

**acclamation** [aklamasjɔ̃] *nf*: **par ~** (*vote*) by
acclamation; **acclamations** *nfpl* cheers,
cheering *sg*

**acclamer** [aklame] *vt* to cheer, acclaim

**acclimater** [aklimate] *vt* to acclimatize;
**s'acclimater** *vi* to become acclimatized

**accolade** [akɔlad] *nf* (*amicale*) embrace;
(*signe*) brace; **donner l'~ à qn** to embrace sb

**accommodant, e** [akɔmɔdɑ̃, -ɑ̃t] *adj*
accommodating, easy-going

**accommoder** [akɔmɔde] *vt* (*Culin*) to
prepare; (*points de vue*) to reconcile; **~ qch à**
(*adapter*) to adapt sth to; **s'accommoder de** to
put up with; (*se contenter de*) to make do with;
**s'~ à** (*s'adapter*) to adapt to

**accompagnateur, -trice** [akɔ̃paɲatœʀ,
-tʀis] *nm/f* (*Mus*) accompanist; (*de voyage*)
guide; (*de voyage organisé*) courier; (*d'enfants*)
accompanying adult

**accompagner** [akɔ̃paɲe] *vt* to accompany,
be ou go ou come with; (*Mus*) to accompany;
**s'accompagner de** to bring, be accompanied by

**accompli, e** [akɔ̃pli] *adj* accomplished

**accomplir** [akɔ̃pliʀ] *vt* (*tâche, projet*) to carry
out; (*souhait*) to fulfil; **s'accomplir** *vi* to be
fulfilled

**accord** [akɔʀ] *nm* (*entente, convention, Ling*)
agreement; (*entre des styles, tons etc*) harmony;
(*consentement*) agreement, consent; (*Mus*)
chord; **donner son ~** to give one's
agreement; **mettre deux personnes d'~** to
make two people come to an agreement,
reconcile two people; **se mettre d'~** to come
to an agreement (with each other); **être d'~**
to agree; **être d'~ avec qn** to agree with sb;
**d'~!** OK!, right!; **d'un commun ~** of one
accord; **~ parfait** (*Mus*) tonic chord

**accordéon** [akɔʀdeɔ̃] *nm* (*Mus*) accordion

**accorder** [akɔʀde] *vt* (*faveur, délai*) to grant;
(*attribuer*): **~ de l'importance/de la valeur à**

qch to attach importance/value to sth;
(*harmoniser*) to match; (*Mus*) to tune;
**s'accorder** *vi* to get on together; (*être d'accord*)
to agree; (*couleurs, caractères*) to go together,
match; (*Ling*) to agree; **je vous accorde
que** ... I grant you that ...

**accoster** [akɔste] *vt* (*Navig*) to draw alongside;
(*personne*) to accost ▷ *vi* (*Navig*) to berth

**accotement** [akɔtmɑ̃] *nm* (*de route*) verge
(*Brit*), shoulder; ~ **stabilisé/non stabilisé**
hard shoulder/soft verge ou shoulder

**accouchement** [akuʃmɑ̃] *nm* delivery,
(child)birth; (*travail*) labour (*Brit*), labor (*US*);
~ **à terme** delivery at (full) term; ~ **sans
douleur** natural childbirth

**accoucher** [akuʃe] *vi* to give birth, have a
baby; (*être en travail*) to be in labour (*Brit*) ou
labor (*US*) ▷ *vt* to deliver; ~ **d'un garçon** to
give birth to a boy

**accoucheur** [akuʃœʀ] *nm*: (**médecin**) ~
obstetrician

**accouder** [akude]: **s'accouder** *vi*: **s'~ à/
contre/sur** to rest one's elbows on/against/
on; **accoudé à la fenêtre** leaning on the
windowsill

**accoudoir** [akudwaʀ] *nm* armrest

**accoupler** [akuple] *vt* to couple; (*pour la
reproduction*) to mate; **s'accoupler** *vi* to mate

**accourir** [akuʀiʀ] *vi* to rush ou run up

**accoutrement** [akutʀəmɑ̃] *nm* (*péj*) getup
(*Brit*), outfit

**accoutumance** [akutymɑ̃s] *nf* (*gén*)
adaptation; (*Méd*) addiction

**accoutumé, e** [akutyme] *adj* (*habituel*)
customary, usual; **comme à l'~e** as is
customary ou usual

**accoutumer** [akutyme] *vt*: ~ **qn à qch/faire**
to accustom sb to sth/to doing;
**s'accoutumer à** to get accustomed ou used to

**accréditer** [akʀedite] *vt* (*nouvelle*) to
substantiate; ~ **qn (auprès de)** to accredit
sb (to)

**accroc** [akʀo] *nm* (*déchirure*) tear; (*fig*) hitch,
snag; **sans** ~ without a hitch; **faire un** ~ **à**
(*vêtement*) to make a tear in, tear; (*fig: règle etc*)
to infringe

**accrochage** [akʀɔʃaʒ] *nm* hanging (up);
hitching (up); (*Auto*) (minor) collision; (*Mil*)
encounter, engagement; (*dispute*) clash,
brush

**accrocher** [akʀɔʃe] *vt* (*suspendre*): ~ **qch à** to
hang sth (up) on; (*attacher: remorque*) to hitch
sth (up) to; (*heurter*) to catch; to hit; (*déchirer*):
~ **qch (à)** to catch sth (on); (*Mil*) to engage;
(*fig*) to catch, attract ▷ *vi* to stick, get stuck;
(*fig: pourparlers etc*) to hit a snag; (*plaire: disque
etc*) to catch on; **s'accrocher** *vi* (*se disputer*) to
have a clash ou brush; (*ne pas céder*) to hold
one's own, hang on in (*fam*); **il a accroché
ma voiture** he bumped into my car; **s'~ à**
(*rester pris à*) to catch on; (*agripper, fig*) to hang
on ou cling to

**accroissement** [akʀwasmɑ̃] *nm* increase

**accroître** [akʀwatʀ] *vt*, **s'accroître** *vi* to
increase

**accroupir** [akʀupiʀ]: **s'accroupir** *vi* to squat,
crouch (down)

**accru, e** [akʀy] *pp de* **accroître**

**accueil** [akœj] *nm* welcome; (*endroit*)
reception (desk); (: *dans une gare*) information
kiosk; **comité/centre d'~** reception
committee/centre

**accueillant, e** [akœjɑ̃, -ɑ̃t] *adj* welcoming,
friendly

**accueillir** [akœjiʀ] *vt* to welcome; (*aller chercher*)
to meet, collect; (*loger*) to accommodate

**acculer** [akyle] *vt*: ~ **qn à** ou **contre** to drive
sb back against; ~ **qn dans** to corner sb in;
~ **qn à** (*faillite*) to drive sb to the brink of

**accumuler** [akymyle] *vt* to accumulate,
amass; **s'accumuler** *vi* to accumulate; to
pile up

**accusation** [akyzasjɔ̃] *nf* (*gén*) accusation;
(*Jur*) charge; (*partie*): **l'~** the prosecution;
**mettre en** ~ to indict; **acte d'~** bill of
indictment

**accusé, e** [akyze] *nm/f* accused; (*prévenu(e)*)
defendant ▷ *nm*: ~ **de réception**
acknowledgement of receipt

**accuser** [akyze] *vt* to accuse; (*fig*) to
emphasize, bring out; (: *montrer*) to show;
**s'accuser** *vi* (*s'accentuer*) to become more
marked; ~ **qn de** to accuse sb of; (*Jur*) to
charge sb with; ~ **qn/qch de qch** (*rendre
responsable*) to blame sb/sth for sth; **s'~ de
qch/d'avoir fait qch** to admit sth/having
done sth; to blame o.s. for sth/for having
done sth; ~ **réception de** to acknowledge
receipt of; ~ **le coup** (*aussi fig*) to be visibly
affected

**acerbe** [asɛʀb] *adj* caustic, acid

**acéré, e** [aseʀe] *adj* sharp

**acharné, e** [aʃaʀne] *adj* (*lutte, adversaire*)
fierce, bitter; (*travail*) relentless, unremitting

**acharner** [aʃaʀne]: **s'acharner** *vi*: **s'~ sur** to
go at fiercely, hound; **s'~ contre** to set o.s.
against; to dog, pursue; (*malchance*) to hound;
**s'~ à faire** to try doggedly to do; to persist in
doing

**achat** [aʃa] *nm* buying *no pl*; (*article acheté*)
purchase; **faire l'~ de** to buy, purchase; **faire
des ~s** to do some shopping, buy a few things

**acheminer** [aʃmine] *vt* (*courrier*) to forward,
dispatch; (*troupes*) to convey, transport; (*train*)
to route; **s'~ vers** to head for

**acheter** [aʃte] *vt* to buy, purchase; (*soudoyer*)
to buy, bribe; ~ **qch à** (*marchand*) to buy ou
purchase sth from; (*ami etc: offrir*) to buy sth
for; ~ **à crédit** to buy on credit

**acheteur, -euse** [aʃtœʀ, -øz] *nm/f* buyer;
shopper; (*Comm*) buyer; (*Jur*) vendee,
purchaser

**achever** [aʃ(ə)ve] *vt* to complete, finish;
(*blessé*) to finish off; **s'achever** *vi* to end

**acide** [asid] *adj* sour, sharp; *(ton)* acid, biting; *(Chimie)* acid(ic) ▷ *nm* acid

**acidulé, e** [asidyle] *adj* slightly acid; **bonbons ~s** acid drops (Brit), ≈ lemon drops (US)

**acier** [asje] *nm* steel; **~ inoxydable** stainless steel

**aciérie** [asjeri] *nf* steelworks *sg*

**acné** [akne] *nf* acne

**acolyte** [akɔlit] *nm* (*péj*) associate

**acompte** [akɔ̃t] *nm* deposit; *(versement régulier)* instalment; *(sur somme due)* payment on account; *(sur salaire)* advance; **un ~ de 10 euros** 10 euros on account

**à-côté** [akote] *nm* side-issue; *(argent)* extra

**à-coup** [aku] *nm* (*du moteur*) (hic)cough; *(fig)* jolt; **sans ~s** smoothly; **par ~s** by fits and starts

**acoustique** [akustik] *nf* (*d'une salle*) acoustics *pl*; *(science)* acoustics *sg* ▷ *adj* acoustic

**acquéreur** [akerœr] *nm* buyer, purchaser; **se porter/se rendre ~ de qch** to announce one's intention to purchase/to purchase sth

**acquérir** [akerir] *vt* to acquire; *(par achat)* to purchase, acquire; *(valeur)* to gain; *(résultats)* to achieve; **ce que ses efforts lui ont acquis** what his efforts have won ou gained (for) him

**acquis, e** [aki, -iz] *pp de* **acquérir** ▷ *nm* (accumulated) experience; *(avantage)* gain ▷ *adj* (*achat*) acquired; *(valeur)* gained; *(résultats)* achieved; **être ~ à** (*plan, idée*) to be in full agreement with; **son aide nous est ~e** we can count on ou be sure of his help; **tenir qch pour ~** to take sth for granted

**acquit** [aki] *vb voir* **acquérir** ▷ *nm* (*quittance*) receipt; **pour ~** received; **par ~ de conscience** to set one's mind at rest

**acquitter** [akite] *vt* (*Jur*) to acquit; *(facture)* to pay, settle; **s'~ de** to discharge; *(promesse, tâche)* to fulfil (Brit), fulfill (US), carry out

**âcre** [ɑkr] *adj* acrid, pungent

**acrobate** [akrɔbat] *nm/f* acrobat

**acrobatie** [akrɔbasi] *nf* (*art*) acrobatics *sg*; *(exercice)* acrobatic feat; **~ aérienne** aerobatics *sg*

**acte** [akt] *nm* act, action; *(Théât)* act; **actes** *nmpl* (*compte-rendu*) proceedings; **prendre ~ de** to note, take note of; **faire ~ de présence** to put in an appearance; **faire ~ de candidature** to submit an application; **~ d'accusation** charge (Brit), bill of indictment; **~ de baptême** baptismal certificate; **~ de mariage/naissance** marriage/birth certificate; **~ de vente** bill of sale

**acteur** [aktœr] *nm* actor

**actif, -ive** [aktif, -iv] *adj* active ▷ *nm* (*Comm*) assets *pl*; *(Ling)* active (voice); *(fig)*: **avoir à son ~** to have to one's credit; **actifs** *nmpl* people in employment; **~ toxique** toxic asset; **mettre à son ~** to add to one's list of achievements; **l'~ et le passif** assets and liabilities; **prendre une part active à qch** to take an active part in sth; **population active** working population

**action** [aksjɔ̃] *nf* (*gén*) action; *(Comm)* share; **une bonne/mauvaise ~** a good/an unkind deed; **mettre en ~** to put into action; **passer à l'~** to take action; **sous l'~ de** under the effect of; **l'~ syndicale** (the) union action; **un film d'~** an action film ou movie; **~ en diffamation** libel action; **~ de grâce(s)** (*Rel*) thanksgiving

**actionnaire** [aksjɔner] *nm/f* shareholder

**actionner** [aksjɔne] *vt* to work; *(mécanisme)* to activate; *(machine)* to operate

**activer** [aktive] *vt* to speed up; *(Chimie)* to activate; **s'activer** *vi* (*s'affairer*) to bustle about; *(se hâter)* to hurry up

**activité** [aktivite] *nf* activity; **en ~** (*volcan*) active; *(fonctionnaire)* in active life; *(militaire)* on active service

**actrice** [aktris] *nf* actress

**actualiser** [aktyalize] *vt* to actualize; *(mettre à jour)* to bring up to date

**actualité** [aktyalite] *nf* (*d'un problème*) topicality; *(événements)*: **l'~** current events; **les ~s** (*Ciné, TV*) the news; **l'~ politique/ sportive** the political/sports ou sporting news; **les ~s télévisées** the television news; **d'~** topical

**actuel, le** [aktyɛl] *adj* (*présent*) present; *(d'actualité)* topical; *(non virtuel)* actual; **à l'heure ~le** at this moment in time, at the moment

**actuellement** [aktyɛlmɑ̃] *adv* at present, at the present time

**acuité** [akyite] *nf* acuteness

**acuponcteur, acupuncteur** [akypɔ̃ktœr] *nm* acupuncturist

**acuponcture, acupuncture** [akypɔ̃ktyr] *nf* acupuncture

**adaptateur, -trice** [adaptatœr, -tris] *nm/f* adapter

**adapter** [adapte] *vt* to adapt; **s'~ (à)** (*personne*) to adapt (to); (: *objet, prise etc*) to apply (to); **~ qch à** (*approprier*) to adapt sth to (fit); **~ qch sur/dans/à** (*fixer*) to fit sth on/into/to

**additif** [aditif] *nm* additional clause; *(substance)* additive; **~ alimentaire** food additive

**addition** [adisjɔ̃] *nf* addition; *(au café)* bill

**additionner** [adisjɔne] *vt* to add (up); **s'additionner** *vi* to add up; **un produit d'eau** to add water to a product

**adepte** [adɛpt] *nm/f* follower

**adéquat, e** [adekwa(t), at] *adj* appropriate, suitable

**adhérent, e** [aderɑ̃, -ɑ̃t] *nm/f* (*de club*) member

**adhérer** [adere] *vi* (*coller*) to adhere, stick; **~ à** (*coller*) to adhere ou stick to; *(se rallier à: parti, club)* to join; to be a member of; (: *opinion, mouvement*) to support

**adhésif, -ive** [adezif, -iv] *adj* adhesive, sticky; **ruban ~** sticky ou adhesive tape ▷ *nm* adhesive

**adhésion** [adezjɔ̃] *nf* (*à un club*) joining; membership; (*à une opinion*) support

**adieu, x** [adjø] *excl* goodbye ▷ *nm* farewell; **dire ~ à qn** to say goodbye *ou* farewell to sb; **dire ~ à qch** (*renoncer*) to say *ou* wave goodbye to sth

**adjectif** [adʒɛktif] *nm* adjective; **~ attribut** adjectival complement; **~ épithète** attributive adjective

**adjoindre** [adʒwɛ̃dʀ] *vt*: **~ qch à** to attach sth to; (*ajouter*) to add sth to; **~ qn à** (*personne*) to appoint sb as an assistant to; (*comité*) to appoint sb to, attach sb to; **s'adjoindre** *vt* (*collaborateur etc*) to take on, appoint

**adjoint, e** [adʒwɛ̃, -wɛ̃t] *pp de* **adjoindre** ▷ *nm/f* assistant; **~ au maire** deputy mayor; **directeur ~** assistant manager

**adjudant** [adʒydɑ̃] *nm* (*Mil*) warrant officer; **~-chef** ≈ warrant officer 1st class (Brit), ≈ chief warrant officer (US)

**adjuger** [adʒyʒe] *vt* (*prix, récompense*) to award; (*lors d'une vente*) to auction (off); **s'adjuger** *vt* to take for o.s.; **adjugé!** (*vendu*) gone!, sold!

**adjurer** [adʒyʀe] *vt*: **~ qn de faire** to implore *ou* beg sb to do

**admettre** [admɛtʀ] *vt* (*visiteur, nouveau-venu*) to admit, let in; (*candidat: Scol*) to pass; (*Tech: gaz, eau, air*) to admit; (*tolérer*) to allow, accept; (*reconnaître*) to admit, acknowledge; (*supposer*) to suppose; **j'admets que ...** I admit that ...; **je n'admets pas que tu fasses cela** I won't allow you to do that; **admettons que ...** let's suppose that ...; **admettons** let's suppose so

**administrateur, -trice** [administratœʀ, -tʀis] *nm/f* (*Comm*) director; (*Admin*) administrator; **~ délégué** managing director; **~ judiciaire** receiver

**administration** [administʀasjɔ̃] *nf* administration; **l'A~** ≈ the Civil Service

**administrer** [administʀe] *vt* (*firme*) to manage, run; (*biens, remède, sacrement etc*) to administer

**admirable** [admiʀabl] *adj* admirable, wonderful

**admirateur, -trice** [admiʀatœʀ, -tʀis] *nm/f* admirer

**admiration** [admiʀasjɔ̃] *nf* admiration; **être en ~ devant** to be lost in admiration before

**admirer** [admiʀe] *vt* to admire

**admis, e** [admi, -iz] *pp de* **admettre**

**admissible** [admisibl] *adj* (*candidat*) eligible; (*comportement*) admissible, acceptable; (*Jur*) receivable

**admission** [admisjɔ̃] *nf* admission; **tuyau d'~** intake pipe; **demande d'~** application for membership; **service des ~s** admissions

**ADN** *sigle m* (= *acide désoxyribonucléique*) DNA

**adolescence** [adɔlesɑ̃s] *nf* adolescence

**adolescent, e** [adɔlesɑ̃, -ɑ̃t] *nm/f* adolescent, teenager

**adonner** [adɔne]: **s'adonner à** *vt* (*sport*) to devote o.s. to; (*boisson*) to give o.s. over to

**adopter** [adɔpte] *vt* to adopt; (*projet de loi etc*) to pass

**adoptif, -ive** [adɔptif, -iv] *adj* (*parents*) adoptive; (*fils, patrie*) adopted

**adorable** [adɔʀabl] *adj* adorable

**adorer** [adɔʀe] *vt* to adore; (*Rel*) to worship

**adosser** [adose] *vt*: **~ qch à** *ou* **contre** to stand sth against; **s'~ à** *ou* **contre** to lean with one's back against; **être adossé à** *ou* **contre** to be leaning with one's back against

**adoucir** [adusiʀ] *vt* (*goût, température*) to make milder; (*avec du sucre*) to sweeten; (*peau, voix, eau*) to soften; (*caractère, personne*) to mellow; (*peine*) to soothe, allay; **s'adoucir** *vi* to become milder; to soften; (*caractère*) to mellow

**adresse** [adʀɛs] *nf* (*voir adroit*) skill, dexterity; (*domicile, Inform*) address; **à l'~ de** (*pour*) for the benefit of; **~ électronique** email address; **~ Web** web address

**adresser** [adʀese] *vt* (*lettre: expédier*) to send; (: *écrire l'adresse sur*) to address; (*injure, compliments*) to address; **~ qn à un docteur/ bureau** to refer *ou* send sb to a doctor/an office; **~ la parole à qn** to speak to *ou* address sb; **s'adresser à** (*parler à*) to speak to, address; (*s'informer auprès de*) to go and see, go and speak to; (: *bureau*) to enquire at; (*livre, conseil*) to be aimed at

**adroit, e** [adʀwa, -wat] *adj* (*joueur, mécanicien*) skilful (Brit), skillful (US), dext(e)rous; (*politicien etc*) shrewd, skilled

**ADSL** *sigle m* (= *asymmetrical digital subscriber line*) ADSL, broadband; **avoir l'~** to have broadband

**adulte** [adylt] *nm/f* adult, grown-up ▷ *adj* (*personne, attitude*) adult, grown-up; (*chien, arbre*) fully-grown, mature; **l'âge ~** adulthood; **formation/film pour ~s** adult training/film

**adultère** [adyltɛʀ] *adj* adulterous ▷ *nm/f* adulterer/adulteress ▷ *nm* (*acte*) adultery

**advenir** [advəniʀ] *vi* to happen; **qu'est-il advenu de ...?** what has become of ...?; **quoi qu'il advienne** whatever befalls *ou* happens

**adverbe** [advɛʀb] *nm* adverb; **~ de manière** adverb of manner

**adversaire** [advɛʀsɛʀ] *nm/f* (*Sport, gén*) opponent, adversary; (*Mil*) adversary, enemy

**adverse** [advɛʀs] *adj* opposing

**aération** [aeʀasjɔ̃] *nf* airing; (*circulation de l'air*) ventilation; **conduit d'~** ventilation shaft; **bouche d'~** air vent

**aérer** [aeʀe] *vt* to air; (*fig*) to lighten; **s'aérer** *vi* to get some (fresh) air

**aérien, ne** [aeʀjɛ̃, -ɛn] *adj* (*Aviat*) air *cpd*, aerial; (*câble, métro*) overhead; (*fig*) light; **compagnie ~ne** airline (company); **ligne ~ne** airline

**aérobic** [aeʀɔbik] *nf* aerobics *sg*

**aérogare** [aeʀɔgaʀ] *nf* airport (buildings); (*en ville*) air terminal

**aéroglisseur** [aeʀɔglisœʀ] *nm* hovercraft

**Aéronavale** [aeʀɔnaval] *nf* ≈ Fleet Air Arm (Brit), ≈ Naval Air Force (US)

**aérophagie** [aeʀɔfaʒi] *nf* (*Méd*) wind, aerophagia (*Méd*); **il fait de l'~** he suffers from abdominal wind

**aéroport** [aeʀɔpɔʀ] *nm* airport; **~ d'embarquement** departure airport

**aéroporté, e** [aeʀɔpɔʀte] *adj* airborne, airlifted

**aérosol** [aeʀɔsɔl] *nm* aerosol

**affable** [afabl] *adj* affable

**affaiblir** [afebliʀ] *vt* to weaken; **s'affaiblir** *vi* to weaken, grow weaker; (*vue*) to grow dim

**affaire** [afeʀ] *nf* (*problème, question*) matter; (*criminelle, judiciaire*) case; (*scandaleuse etc*) affair; (*entreprise*) business; (*marché, transaction*) (business) deal, (piece of) business *no pl*; (*occasion intéressante*) good deal; **affaires** *nfpl* affairs; (*activité commerciale*) business *sg*; (*effets personnels*) things, belongings; **~s de sport** sports gear; **tirer qn/se tirer d'~** to get sb/o.s. out of trouble; **ceci fera l'~** this will do (nicely); **avoir ~ à** (*comme adversaire*) to be faced with; (*en contact*) to be dealing with; **tu auras ~ à moi!** (*menace*) you'll have me to contend with!; **c'est une ~ de goût/d'argent** it's a question *ou* matter of taste/money; **c'est l'~ d'une minute/heure** it'll only take a minute/an hour; **ce sont mes ~s** (*cela me concerne*) that's my business; **occupe-toi de tes ~s!** mind your own business!; **toutes ~s cessantes** forthwith; **les ~s étrangères** (*Pol*) foreign affairs

**affairer** [afeʀe]: **s'affairer** *vi* to busy o.s., bustle about

**affaisser** [afese]: **s'affaisser** *vi* (*terrain, immeuble*) to subside, sink; (*personne*) to collapse

**affaler** [afale]: **s'affaler** *vi*: **s'~ dans/sur** to collapse *ou* slump into/onto

**affamé, e** [afame] *adj* starving, famished

**affectation** [afɛktasjɔ̃] *nf* (*voir affecter*) allotment; appointment; posting; (*voir affecté*) affectedness

**affecter** [afɛkte] *vt* (*émouvoir*) to affect, move; (*feindre*) to affect, feign; (*telle ou telle forme etc*) to take on, assume; **~ qch à** to allocate *ou* allot sth to; **~ qn à** to appoint sb to; (*diplomate*) to post sb to; **~ qch de** (*de coefficient*) to modify sth by

**affectif, -ive** [afɛktif, -iv] *adj* emotional, affective

**affection** [afɛksjɔ̃] *nf* affection; (*mal*) ailment; **avoir de l'~ pour** to feel affection for; **prendre en ~** to become fond of

**affectionner** [afɛksjɔne] *vt* to be fond of

**affectueusement** [afɛktɥøzmɑ̃] *adv* affectionately

**affectueux, -euse** [afɛktɥø, -øz] *adj* affectionate

**affermir** [afɛʀmiʀ] *vt* to consolidate, strengthen

**affichage** [afiʃaʒ] *nm* billposting, billsticking; (*électronique*) display; **"~ interdit"** "stick no bills", "billsticking prohibited"; **~ à cristaux liquides** liquid crystal display, LCD; **~ numérique** *ou* **digital** digital display

**affiche** [afiʃ] *nf* poster; (*officielle*) (public) notice; (*Théât*) bill; **être à l'~** (*Théât*) to be on; **tenir l'~** to run

**afficher** [afiʃe] *vt* (*affiche*) to put up, post up; (*réunion*) to put up a notice about; (*électroniquement*) to display; (*fig*) to exhibit, display; **s'afficher** *vi* (*péj*) to flaunt o.s.; (*électroniquement*) to be displayed; **"défense d'~"** "no bill posters"

**affilée** [afile]: **d'~** *adv* at a stretch

**affiler** [afile] *vt* to sharpen

**affilier** [afilje] *vt*: **s'affilier à** to become affiliated to

**affiner** [afine] *vt* to refine; **s'affiner** *vi* to become (more) refined

**affirmatif, -ive** [afiʀmatif, -iv] *adj* affirmative ▷ *nf*: **répondre par l'affirmative** to reply in the affirmative; **dans l'affirmative** (*si oui*) if (the answer is) yes ..., if he does (*ou* you do *etc*) ...

**affirmation** [afiʀmasjɔ̃] *nf* assertion

**affirmer** [afiʀme] *vt* (*prétendre*) to maintain, assert; (*autorité etc*) to assert; **s'affirmer** *vi* to assert o.s.; to assert itself

**affligé, e** [afliʒe] *adj* distressed, grieved; **~ de** (*maladie, tare*) afflicted with

**affliger** [afliʒe] *vt* (*peiner*) to distress, grieve

**affluence** [aflyɑ̃s] *nf* crowds *pl*; **heures d'~** rush hour *sg*; **jours d'~** busiest days

**affluent** [aflyɑ̃] *nm* tributary

**affluer** [aflye] *vi* (*secours, biens*) to flood in, pour in; (*sang*) to rush, flow

**affolant, e** [afɔlɑ̃, -ɑ̃t] *adj* terrifying

**affolement** [afɔlmɑ̃] *nm* panic

**affoler** [afɔle] *vt* to throw into a panic; **s'affoler** *vi* to panic

**affranchir** [afʀɑ̃ʃiʀ] *vt* to put a stamp *ou* stamps on; (*à la machine*) to frank (Brit), meter (US); (*esclave*) to enfranchise, emancipate; (*fig*) to free, liberate; **s'affranchir de** to free o.s. from; **machine à ~** franking machine, postage meter

**affranchissement** [afʀɑ̃ʃismɑ̃] *nm* franking (Brit), metering (US); freeing; (*Postes: prix payé*) postage; **tarifs d'~** postage rates

**affréter** [afʀete] *vt* to charter

**affreux, -euse** [afʀø, -øz] *adj* dreadful, awful

**affront** [afʀɔ̃] *nm* affront

**affrontement** [afʀɔ̃tmɑ̃] *nm* (*Mil, Pol*) clash, confrontation

**affronter** [afʀɔ̃te] *vt* to confront, face; **s'affronter** to confront each other

**affubler** [afyble] *vt* (*péj*): **~ qn de** to rig *ou* deck sb out in; (*surnom*) to attach to sb

**affût** [afy] *nm* (*de canon*) gun carriage; **à l'~ (de)** (*gibier*) lying in wait (for); (*fig*) on the look-out (for)

**affûter** [afyte] *vt* to sharpen, grind

**Afghanistan** [afganistɑ̃] *nm*: **l'**~ Afghanistan

**afin** [afɛ̃] *adv*: **~ que** *conj* so that, in order that; **~ de faire** in order to do, so as to do

**africain, e** [afʀikɛ̃, -ɛn] *adj* African ⊳ *nm/f*: **A~, e** African

**Afrique** [afʀik] *nf*: **l'**~ Africa; **l'~ australe/du Nord/du Sud** southern/North/South Africa

**agacer** [agase] *vt* to pester, tease; *(involontairement)* to irritate, aggravate; *(aguicher)* to excite, lead on

**âge** [ɑʒ] *nm* age; **quel ~ as-tu?** how old are you?; **une femme d'un certain ~** a middle-aged woman, a woman who is getting on (in years); **bien porter son ~** to wear well; **prendre de l'**~ to be getting on (in years), grow older; **limite d'**~ age limit; **dispense d'**~ special exemption from age limit; **le troisième ~** *(personnes âgées)* senior citizens; *(période)* retirement; **l'~ ingrat** the awkward *ou* difficult age; **~ légal** legal age; **~ mental** mental age; **l'~ mûr** maturity, middle age; **~ de raison** age of reason

**âgé, e** [ɑʒe] *adj* old, elderly; **~ de 10 ans** 10 years old

**agence** [aʒɑ̃s] *nf* agency, office; *(succursale)* branch; **~ immobilière** estate agent's (office) *(Brit)*, real estate office *(US)*; **~ matrimoniale** marriage bureau; **~ de placement** employment agency; **~ de publicité** advertising agency; **~ de voyages** travel agency

**agencer** [aʒɑ̃se] *vt* to put together; *(local)* to arrange, lay out

**agenda** [aʒɛ̃da] *nm* diary; **~ électronique** PDA

**agenouiller** [aʒ(ə)nuje]: **s'agenouiller** *vi* to kneel (down)

**agent, e** [aʒɑ̃, ɑ̃t] *nm/f* (*aussi*: **~(e) de police**) policeman/policewoman; *(Admin)* official, officer; *(fig: élément, facteur)* agent; **~ d'assurances** insurance broker; **~ de change** stockbroker; **~ commercial** sales representative; **~ immobilier** estate agent *(Brit)*, realtor *(US)*; **~ (secret)** (secret) agent

**agglomération** [aglɔmeʀasjɔ̃] *nf* town; *(Auto)* built-up area; **l'~ parisienne** the urban area of Paris

**aggloméré** [aglɔmeʀe] *nm* (*bois*) chipboard; *(pierre)* conglomerate

**aggraver** [agʀave] *vt* to worsen, aggravate; *(Jur: peine)* to increase; **s'aggraver** *vi* to worsen; **~ son cas** to make one's case worse

**agile** [aʒil] *adj* agile, nimble

**agir** [aʒiʀ] *vi* (*se comporter*) to behave, act; *(faire quelque chose)* to act, take action; *(avoir de l'effet)* to act; **il s'agit de** it's a matter *ou* question of; *(ça traite de)* it's about; *(il importe que)*: **il s'agit de faire** we (*ou* you *etc*) must do; **de quoi s'agit-il?** what is it about?

**agitation** [aʒitasjɔ̃] *nf* (hustle and) bustle; *(trouble)* agitation, excitement; *(politique)* unrest, agitation

**agité, e** [aʒite] *adj* (*remuant*) fidgety, restless; *(troublé)* agitated, perturbed; *(journée)* hectic; *(mer)* rough; *(sommeil)* disturbed, broken

**agiter** [aʒite] *vt* (*bouteille, chiffon*) to shake; *(bras, mains)* to wave; *(préoccuper, exciter)* to trouble, perturb; **s'agiter** *vi* to bustle about; *(dormeur)* to toss and turn; *(enfant)* to fidget; *(Pol)* to grow restless; **"~ avant l'emploi"** "shake before use"

**agneau, x** [aɲo] *nm* lamb; *(toison)* lambswool

**agonie** [agɔni] *nf* mortal agony, death pangs *pl*; *(fig)* death throes *pl*

**agrafe** [agʀaf] *nf* (*de vêtement*) hook, fastener; *(de bureau)* staple; *(Méd)* clip

**agrafer** [agʀafe] *vt* to fasten; to staple

**agrafeuse** [agʀaføz] *nf* stapler

**agrandir** [agʀɑ̃diʀ] *vt* (*magasin, domaine*) to extend, enlarge; *(trou)* to enlarge, make bigger; *(Photo)* to enlarge, blow up; **s'agrandir** *vi* (*ville, famille*) to grow, expand; *(trou, écart)* to get bigger

**agrandissement** [agʀɑ̃dismɑ̃] *nm* extension; enlargement; *(photographie)* enlargement

**agréable** [agʀeabl] *adj* pleasant, nice

**agréé, e** [agʀee] *adj*: **concessionnaire ~** registered dealer; **magasin ~** registered dealer('s)

**agréer** [agʀee] *vt* (*requête*) to accept; **~ à** *vt* to please, suit; **veuillez ~, Monsieur/Madame, mes salutations distinguées** *(personne nommée)* yours sincerely; *(personne non nommée)* yours faithfully

**agrégation** [agʀegasjɔ̃] *nf* *highest teaching diploma in France; see note*

⦿ **AGRÉGATION**
⦿
⦿ The *agrégation*, informally known as the
⦿ "*agrég*", is a prestigious competitive
⦿ examination for the recruitment of
⦿ secondary school teachers in France. The
⦿ number of candidates always far exceeds
⦿ the number of vacant posts. Most
⦿ teachers of 'classes préparatoires' and
⦿ most university lecturers have passed the
⦿ *agrégation*.

**agrégé, e** [agʀeʒe] *nm/f* holder of the *agrégation*

**agrément** [agʀemɑ̃] *nm* (*accord*) consent, approval; *(attraits)* charm, attractiveness; *(plaisir)* pleasure; **voyage d'**~ pleasure trip

**agrémenter** [agʀemɑ̃te] *vt*: **~ (de)** to embellish (with), adorn (with)

**agresser** [agʀese] *vt* to attack

**agresseur** [agʀesœʀ] *nm* aggressor, attacker; *(Pol, Mil)* aggressor

**agressif, -ive** [agʀesif, -iv] *adj* aggressive

**agricole** [agʀikɔl] *adj* agricultural, farm *cpd*

**agriculteur, -trice** [agʀikyltœʀ, -tʀis] *nm/f* farmer

**agriculture** [agʀikyltyʀ] *nf* agriculture; farming

**agripper** [agʀipe] *vt* to grab, clutch; (*pour arracher*) to snatch, grab; **s'~ à** to cling (on) to, clutch, grip

**agroalimentaire** [agʀɔalimɑ̃tɛʀ] *adj* farming *cpd* ▷ *nm* farm-produce industry; **l'~** agribusiness

**agrumes** [agʀym] *nmpl* citrus fruit(s)

**aguerrir** [ageʀiʀ] *vt* to harden; **s'~ (contre)** to become hardened (to)

**aguets** [agɛ] : **aux ~** *adv*: **être aux ~** to be on the look-out

**aguicher** [agiʃe] *vt* to entice

**ahuri, e** [ayʀi] *adj* (*stupéfait*) flabbergasted; (*idiot*) dim-witted

**ai** [ɛ] *vb voir* **avoir**

**aide** [ɛd] *nm/f* assistant ▷ *nf* assistance, help; (*secours financier*) aid; **à l'~ de** with the help *ou* aid of; **aller à l'~ de qn** to go to sb's aid, go to help sb; **venir en ~ à qn** to help sb, come to sb's assistance; **appeler (qn) à l'~** to call for help (from sb); **à l'~!** help!; **~ de camp** *nm* aide-de-camp; **~ comptable** *nm* accountant's assistant; **~ électricien** *nm* electrician's mate; **~ familiale** *nf* mother's help, ≈ home help; **~ judiciaire** *nf* legal aid; **~ de laboratoire** *nm/f* laboratory assistant; **~ ménagère** *nf* = home help (Brit) *ou* helper (US); **~ sociale** *nf* (*assistance*) state aid; **~ soignant, e** *nm/f* auxiliary nurse; **~ technique** *nf* ≈ VSO (Brit), ≈ Peace Corps (US)

**aide-éducateur, -trice** [ɛdmedykatœʀ, tʀis] *nm/f* classroom assistant

**aide-mémoire** [ɛdmemwaʀ] *nm inv* memoranda pages *pl*; (*key facts*) handbook

**aider** [ede] *vt* to help; **~ à qch** to help (towards) sth; **~ qn à faire qch** to help sb to do sth; **s'~ de** (*se servir de*) to use, make use of

**aide-soignant, e** [ɛdswanjɑ̃, ɑ̃t] *nm/f* auxiliary nurse

**aie** *etc* [ɛ] *vb voir* **avoir**

**aïe** [aj] *excl* ouch!

**aïeul, e** [ajœl] *nm/f* grandparent, grandfather/grandmother; (*ancêtre*) forebear

**aïeux** [ajø] *nmpl* grandparents; forebears, forefathers

**aigle** [ɛgl] *nm* eagle

**aigre** [ɛgʀ] *adj* sour, sharp; (*fig*) sharp, cutting; **tourner à l'~** to turn sour

**aigre-doux, -douce** [ɛgʀədu, -dus] *adj* (*fruit*) bitter-sweet; (*sauce*) sweet and sour

**aigreur** [ɛgʀœʀ] *nf* sourness; sharpness; **~s d'estomac** heartburn *sg*

**aigrir** [egʀiʀ] *vt* (*personne*) to embitter; (*caractère*) to sour; **s'aigrir** *vi* to become embittered; to sour; (*lait etc*) to turn sour

**aigu, ë** [egy] *adj* (*objet, arête*) sharp, pointed; (*son, voix*) high-pitched, shrill; (*note*) high(-pitched); (*douleur, intelligence*) acute, sharp

**aiguille** [eguij] *nf* needle; (*de montre*) hand; **~ à tricoter** knitting needle

**aiguiller** [eguije] *vt* (*orienter*) to direct; (*Rail*) to shunt

**aiguilleur** [eguijœʀ] *nm*: **~ du ciel** air traffic controller

**aiguillon** [eguijɔ̃] *nm* (*d'abeille*) sting; (*fig*) spur, stimulus

**aiguillonner** [eguijɔne] *vt* to spur *ou* goad on

**aiguiser** [egize] *vt* to sharpen, grind; (*fig*) to stimulate; (: *esprit*) to sharpen; (: *sens*) to excite

**ail** [aj] *nm* garlic

**aile** [ɛl] *nf* wing; (*de voiture*) wing (Brit), fender (US); **battre de l'~** (*fig*) to be in a sorry state; **voler de ses propres ~s** to stand on one's own two feet; **~ libre** hang-glider

**aileron** [ɛlʀɔ̃] *nm* (*de requin*) fin; (*d'avion*) aileron

**ailier** [elje] *nm* (*Sport*) winger

**aille** *etc* [aj] *vb voir* **aller**

**ailleurs** [ajœʀ] *adv* elsewhere, somewhere else; **partout/nulle part ~** everywhere/ nowhere else; **d'~** *adv* (*du reste*) moreover, besides; **par ~** *adv* (*d'autre part*) moreover, furthermore

**aimable** [ɛmabl] *adj* kind, nice; **vous êtes bien ~** that's very nice *ou* kind of you, how kind (of you)!

**aimant**[1] [ɛmɑ̃] *nm* magnet

**aimant**[2]**, e** [ɛmɑ̃, -ɑ̃t] *adj* loving, affectionate

**aimer** [eme] *vt* to love; (*d'amitié, affection, par goût*) to like; (*souhait*): **j'aimerais ...** I would like ...; **s'aimer** to love each other; to like each other; **je n'aime pas beaucoup Paul** I don't like Paul much, I don't care much for Paul; **~ faire qch** to like doing sth, like to do sth; **j'aime faire du ski** I like skiing; **je t'aime** I love you; **aimeriez-vous que je vous accompagne?** would you like me to come with you?; **j'aimerais (bien) m'en aller** I should (really) like to go; **bien ~ qn/ qch** to like sb/sth; **j'aime mieux Paul (que Pierre)** I prefer Paul (to Pierre); **j'aime mieux** *ou* **autant vous dire que** I may as well tell you that; **j'aimerais autant** *ou* **mieux y aller maintenant** I'd sooner *ou* rather go now; **j'aime assez aller au cinéma** I quite like going to the cinema

**aine** [ɛn] *nf* groin

**aîné, e** [ene] *adj* elder, older; (*le plus âgé*) eldest, oldest ▷ *nm/f* oldest child *ou* one, oldest boy *ou* son/girl *ou* daughter; **aînés** *nmpl* (*fig*: *anciens*) elders; **il est mon ~ (de 2 ans)** he's (2 years) older than me, he's (2 years) my senior

**ainsi** [ɛ̃si] *adv* (*de cette façon*) like this, in this way, thus; (*ce faisant*) thus ▷ *conj* thus, so; **~ que** (*comme*) (just) as; (*et aussi*) as well as; **pour ~ dire** so to speak, as it were; **~ donc** and so; **~ soit-il** (*Rel*) so be it; **et ~ de suite** and so on (and so forth)

**air** [ɛʀ] *nm* air; (*mélodie*) tune; (*expression*) look, air; (*atmosphère, ambiance*): **dans l'~** in the air (*fig*); **prendre de grands ~s (avec qn)** to give o.s. airs (with sb); **en l'~** (up) into the air; **tirer en l'~** to fire shots in the air; **paroles/ menaces en l'~** empty words/threats; **prendre l'~** to get some (fresh) air; (*avion*) to take off; **avoir l'~** (*sembler*) to look, appear; **avoir l'~ triste** to look ou seem sad; **avoir l'~ de qch** to look like sth; **avoir l'~ de faire** to look as though one is doing, appear to be doing; **courant d'~** draught (*Brit*), draft (*US*); **le grand ~** the open air; **mal de l'~** air-sickness; **tête en l'~** scatterbrain; **~ comprimé** compressed air; **~ conditionné** air-conditioning

**airbag** [ɛRbag] *nm* airbag

**aisance** [ɛzɑ̃s] *nf* ease; (*Couture*) easing, freedom of movement; (*richesse*) affluence; **être dans l'~** to be well-off ou affluent

**aise** [ɛz] *nf* comfort ▷ *adj*: **être bien ~ de/que** to be delighted to/that; **aises** *nfpl*: **aimer ses ~s** to like one's (creature) comforts; **prendre ses ~s** to make o.s. comfortable; **frémir d'~** to shudder with pleasure; **être à l'~** *ou* **à son ~** to be comfortable; (*pas embarrassé*) to be at ease; (*financièrement*) to be comfortably off; **se mettre à l'~** to make o.s. comfortable; **être mal à l'~** *ou* **à son ~** to be uncomfortable; (*gêné*) to be ill at ease; **mettre qn à l'~** to put sb at his (ou her) ease; **mettre qn mal à l'~** to make sb feel ill at ease; **à votre ~** please yourself, just as you like; **en faire à son ~** to do as one likes; **en prendre à son ~ avec qch** to be free and easy with sth, do as one likes with sth

**aisé, e** [eze] *adj* easy; (*assez riche*) well-to-do, well-off

**aisselle** [ɛsɛl] *nf* armpit

**ait** [ɛ] *vb voir* avoir

**ajonc** [aʒɔ̃] *nm* gorse *no pl*

**ajourner** [aʒuRne] *vt* (*réunion*) to adjourn; (*décision*) to defer, postpone; (*candidat*) to refer; (*conscrit*) to defer

**ajouter** [aʒute] *vt* to add; **~ à** (*accroître*) to add to; **s'~ à** to add to; **~ que** to add that; **~ foi à** to lend ou give credence to

**ajusté, e** [aʒyste] *adj*: **bien ~** (*robe etc*) close-fitting

**ajuster** [aʒyste] *vt* (*régler*) to adjust; (*vêtement*) to alter; (*arranger*) to arrange; **~ sa cravate** to adjust one's tie; (*coup de fusil*) to aim; (*cible*) to aim at; (*adapter*): **~ qch à** to fit sth to

**alarme** [alaRm] *nf* alarm; **donner l'~** to give ou raise the alarm; **jeter l'~** to cause alarm

**alarmer** [alaRme] *vt* to alarm; **s'alarmer** *vi* to become alarmed

**alarmiste** [alaRmist] *adj* alarmist

**Albanie** [albani] *nf*: **l'~** Albania

**album** [albɔm] *nm* album; **~ à colorier** colouring book; **~ de timbres** stamp album

**albumine** [albymin] *nf* albumin; **avoir** ou **faire de l'~** to suffer from albuminuria

**alcool** [alkɔl] *nm*: **l'~** alcohol; **un ~** a spirit, a brandy; **bière sans ~** non-alcoholic ou

alcohol-free beer; **~ à brûler** methylated spirits (*Brit*), wood alcohol (*US*); **~ à 90°** surgical spirit; **~ camphré** camphorated alcohol; **~ de prune** *etc* plum *etc* brandy

**alcoolique** [alkɔlik] *adj, nm/f* alcoholic

**alcoolisé, e** [alkɔlize] *adj* alcoholic; **une boisson non ~e** a soft drink

**alcoolisme** [alkɔlism] *nm* alcoholism

**alcootest®, alcotest®** [alkɔtɛst] *nm* (*objet*) Breathalyser®; (*test*) breath-test; **faire subir l'alco(o)test à qn** to Breathalyse® sb

**aléas** [alea] *nmpl* hazards

**aléatoire** [aleatwaR] *adj* uncertain; (*Inform, Statistique*) random

**alentour** [alɑ̃tuR] *adv* around (about); **alentours** *nmpl* surroundings; **aux ~s de** in the vicinity ou neighbourhood of, around about; (*temps*) around about

**alerte** [alɛRt] *adj* agile, nimble; (*style*) brisk, lively ▷ *nf* alert; warning; **donner l'~** to give the alert; **à la première ~** at the first sign of trouble ou danger; **~ à la bombe** bomb scare

**alerter** [alɛRte] *vt* to alert

**algèbre** [alʒɛbR] *nf* algebra

**Alger** [alʒe] *n* Algiers

**Algérie** [alʒeRi] *nf*: **l'~** Algeria

**algérien, ne** [alʒeRjɛ̃, -ɛn] *adj* Algerian ▷ *nm/f*: **A~, ne** Algerian

**algue** [alg] *nf* seaweed *no pl*; (*Bot*) alga

**alibi** [alibi] *nm* alibi

**aliéné, e** [aljene] *nm/f* insane person, lunatic (*péj*)

**aligner** [aliɲe] *vt* to align, line up; (*idées, chiffres*) to string together; (*adapter*): **~ qch sur** to bring sth into alignment with; **s'aligner** *vi* (*soldats etc*) to line up; **s'~ sur** (*Pol*) to align o.s. with

**aliment** [alimɑ̃] *nm* food; **~ complet** whole food

**alimentaire** [alimɑ̃tɛR] *adj* food *cpd*; (*péj*: *besogne*) done merely to earn a living; **produits ~s** foodstuffs, foods

**alimentation** [alimɑ̃tasjɔ̃] *nf* feeding; (*en eau etc, de moteur*) supplying, supply; (*commerce*) food trade; (*produits*) groceries *pl*; (*régime*) diet; (*Inform*) feed; **~ (générale)** (general) grocer's; **~ de base** staple diet; **~ en feuilles/en continu/en papier** form/ stream/sheet feed

**alimenter** [alimɑ̃te] *vt* to feed; (*Tech*): **~ (en)** to supply (with), feed (with); (*fig*) to sustain, keep going

**alinéa** [alinea] *nm* paragraph; **"nouvel ~"** "new line"

**aliter** [alite]: **s'aliter** *vi* to take to one's bed; **infirme alité** bedridden person ou invalid

**allaiter** [alete] *vt* (*femme*) to (breast-)feed, nurse; (*animal*) to suckle; **~ au biberon** to bottle-feed

**allant** [alɑ̃] *nm* drive, go

**alléchant, e** [aleʃɑ̃, -ɑ̃t] *adj* tempting, enticing

**allécher** [aleʃe] *vt*: **~ qn** to make sb's mouth water; to tempt sb, entice sb

**allée** [ale] *nf* (*de jardin*) path; (*en ville*) avenue, drive; **~s et venues** comings and goings

**allégé, e** [aleʒe] *adj* (*yaourt etc*) low-fat

**alléger** [aleʒe] *vt* (*voiture*) to make lighter; (*chargement*) to lighten; (*souffrance*) to alleviate, soothe

**allègre** [alɛgʀ] *adj* lively, jaunty (*Brit*); (*personne*) gay, cheerful

**alléguer** [alege] *vt* to put forward (as proof *ou* an excuse)

**Allemagne** [almaɲ] *nf*: **l'~** Germany; **l'~ de l'Est/Ouest** East/West Germany; **l'~ fédérale (RFA)** the Federal Republic of Germany (FRG)

**allemand, e** [almɑ̃, -ɑ̃d] *adj* German ▷ *nm* (*Ling*) German ▷ *nm/f*: **A~, e** German; **A~ de l'Est/l'Ouest** East/West German

**aller** [ale] *nm* (*trajet*) outward journey; (*billet*) **~ (simple)** single (*Brit*) *ou* one-way ticket; **~ (et) retour (AR)** (*trajet*) return trip *ou* journey (*Brit*), round trip (*US*); (*billet*) return (*Brit*) *ou* round-trip (*US*) ticket ▷ *vi* (*gén*) to go; **~ à** (*convenir*) to suit; (*forme, pointure etc*) to fit; **cela me va** (*couleur*) that suits me; (*vêtement*) that suits me; that fits me; (*projet, disposition*) that suits me, that's fine *ou* OK by me; **~ à la chasse/pêche** to go hunting/fishing; **~ avec** (*couleurs, style etc*) to go (well) with; **je vais le faire/me fâcher** I'm going to do it/to get angry; **~ voir/chercher qn** to go and see/look for sb; **comment allez-vous?** how are you?; **comment ça va?** how are you?; (*affaires etc*) how are things?; **ça va? — oui (ça va)!** how are things? — fine!; **pour ~ à** how do I get to; **ça va (comme ça)** that's fine (as it is); **il va bien/mal** he's well/ not well, he's fine/ill; **ça va bien/mal** (*affaires etc*) it's going well/not going well; **tout va bien** everything's fine; **ça ne va pas!** (*mauvaise humeur etc*) that's not on!, hey, come on!; **ça ne va pas sans difficultés** it's not without difficulties; **~ mieux** to be better; **il y a de leur vie** their lives are at stake; **se laisser ~** to let o.s. go; **s'en aller** *vi* (*partir*) to be off, go, leave; (*disparaître*) to go away; **~ jusqu'à** to go as far as; **ça va de soi, ça va sans dire** that goes without saying; **tu y vas un peu fort** you're going a bit (too) far; **allez!** go on!; come on!; **allons!** come now!; **allons-y!** let's go!; **allez, au revoir!** right *ou* OK then, bye-bye!

**allergie** [alɛʀʒi] *nf* allergy

**allergique** [alɛʀʒik] *adj* allergic; **~ à** allergic to

**alliage** [aljaʒ] *nm* alloy

**alliance** [aljɑ̃s] *nf* (*Mil, Pol*) alliance; (*mariage*) marriage; (*bague*) wedding ring; **neveu par ~** nephew by marriage

**allier** [alje] *vt* (*métaux*) to alloy; (*Pol, gén*) to ally; (*fig*) to combine; **s'allier** *vi* to become allies; (*éléments, caractéristiques*) to combine; **s'~ à** to become allied to *ou* with

**allô** [alo] *excl* hullo, hallo

**allocation** [alɔkasjɔ̃] *nf* allowance; **~ (de) chômage** unemployment benefit; **~ (de) logement** rent allowance; **~s familiales** ≈ child benefit *no pl*; **~s de maternité** maternity allowance

**allocution** [alɔkysjɔ̃] *nf* short speech

**allonger** [alɔ̃ʒe] *vt* to lengthen, make longer; (*étendre: bras, jambe*) to stretch (out); (*sauce*) to spin out, make go further; **s'allonger** *vi* to get longer; (*se coucher*) to lie down, stretch out; **~ le pas** to hasten one's step(s)

**allouer** [alwe] *vt*: **~ qch à** to allocate sth to, allot sth to

**allumage** [alymaʒ] *nm* (*Auto*) ignition

**allume-cigare** [alymsigaʀ] *nm inv* cigar lighter

**allumer** [alyme] *vt* (*lampe, phare, radio*) to put *ou* switch on; (*pièce*) to put *ou* switch the light(s) on in; (*feu, bougie, cigare, pipe, gaz*) to light; (*chauffage*) to put on; **s'allumer** *vi* (*lumière, lampe*) to come *ou* go on; **~ (la lumière *ou* l'électricité)** to put on the light

**allumette** [alymɛt] *nf* match; (*morceau de bois*) matchstick; (*Culin*): **~ au fromage** cheese straw; **~ de sûreté** safety match

**allure** [alyʀ] *nf* (*vitesse*) speed; (: *à pied*) pace; (*démarche*) walk; (*maintien*) bearing; (*aspect, air*) look; **avoir de l'~** to have style; **à toute ~** at full speed

**allusion** [a(l)lyzjɔ̃] *nf* allusion; (*sous-entendu*) hint; **faire ~ à** to allude *ou* refer to; to hint at

### ○ MOT-CLÉ

**alors** [alɔʀ] *adv* **1** (*à ce moment-là*) then, at that time; **il habitait alors à Paris** he lived in Paris at that time; **jusqu'alors** up till *ou* until then

**2** (*par conséquent*) then; **tu as fini? alors je m'en vais** have you finished? I'm going then

**3** (*expressions*): **alors? quoi de neuf?** well *ou* so? what's new?; **et alors?** so (what?); **ça alors!** (well) really!

▷ *conj*: **alors que 1** (*au moment où*) when, as; **il est arrivé alors que je partais** he arrived as I was leaving

**2** (*tandis que*) whereas, while; **alors que son frère travaillait dur, lui se reposait** while his brother was working hard, HE would rest

**3** (*bien que*) even though; **il a été puni alors qu'il n'a rien fait** he was punished, even though he had done nothing

**4** (*pendant que*) while, when; **alors qu'il était à Paris, il a visité ...** while *ou* when he was in Paris, he visited ...

**alouette** [alwɛt] *nf* (sky)lark

**alourdir** [aluʀdiʀ] *vt* to weigh down, make heavy; **s'alourdir** *vi* to grow heavy *ou* heavier

**aloyau** [alwajo] *nm* sirloin

**Alpes** [alp] *nfpl*: **les ~** the Alps

**alphabet** [alfabɛ] *nm* alphabet; *(livre)* ABC (book), primer

**alphabétique** [alfabetik] *adj* alphabetic(al); **par ordre ~** in alphabetical order

**alphabétiser** [alfabetize] *vt* to teach to read and write; *(pays)* to eliminate illiteracy in

**alpinisme** [alpinism] *nm* mountaineering, climbing

**alpiniste** [alpinist] *nm/f* mountaineer, climber

**Alsace** [alzas] *nf*: **l'~** Alsace

**alsacien, ne** [alzasjɛ̃, -ɛn] *adj* Alsatian ▷ *nm/f*: **A~, ne** Alsatian

**altérer** [altere] *vt (faits, vérité)* to falsify, distort; *(qualité)* to debase, impair; *(données)* to corrupt; *(donner soif à)* to make thirsty; **s'altérer** *vi* to deteriorate; to spoil

**altermondialisme** [altɛrmɔ̃djalism] *nm* anti-globalism

**altermondialiste** [altɛrmɔ̃djalist] *adj, nm/f* anti-globalist

**alternateur** [altɛrnatœr] *nm* alternator

**alternatif, -ive** [altɛrnatif, -iv] *adj* alternating ▷ *nf* alternative

**alternative** *nf (choix)* alternative

**alternativement** [altɛrnativmã] *adv* alternately

**alterner** [altɛrne] *vt* to alternate ▷ *vi*: **~ (avec)** to alternate (with); **(faire) ~ qch avec qch** to alternate sth with sth

**Altesse** [altɛs] *nf* Highness

**altitude** [altityd] *nf* altitude, height; **à 1000 m d'~** at a height *ou* an altitude of 1000 m; **en ~** at high altitudes; **perdre/prendre de l'~** to lose/gain height; **voler à haute/basse ~** to fly at a high/low altitude

**alto** [alto] *nm (instrument)* viola ▷ *nf (contr)*alto

**aluminium** [alyminjɔm] *nm* aluminium (Brit), aluminum (US)

**amabilité** [amabilite] *nf* kindness; **il a eu l'~ de** he was kind *ou* good enough to

**amadouer** [amadwe] *vt* to coax, cajole; *(adoucir)* to mollify, soothe

**amaigrir** [amegrir] *vt* to make thin *ou* thinner

**amaigrissant, e** [amegrisã, -ãt] *adj*: **régime ~** slimming (Brit) *ou* weight-reduction (US) diet

**amalgame** [amalgam] *nm* amalgam; *(fig: de gens, d'idées)* hotch-potch, mixture

**amande** [amãd] *nf (de l'amandier)* almond; *(de noyau de fruit)* kernel; **en ~ (yeux)** almond *cpd*, almond-shaped

**amandier** [amãdje] *nm* almond (tree)

**amant** [amã] *nm* lover

**amarrer** [amare] *vt (Navig)* to moor; *(gén)* to make fast

**amas** [ama] *nm* heap, pile

**amasser** [amase] *vt* to amass; **s'amasser** *vi* to pile up, accumulate; *(foule)* to gather

**amateur** [amatœr] *nm* amateur; **en ~ *(péj)*** amateurishly; **musicien/sportif ~** amateur musician/sportsman; **~ de musique/sport** *etc* music/sport *etc* lover

**amazone** [amazɔn] *nf* horsewoman; **en ~** side-saddle

**ambassade** [ãbasad] *nf* embassy; *(mission)*: **en ~** on a mission; **l'~ de France** the French Embassy

**ambassadeur, -drice** [ãbasadœr, -dris] *nm/f* ambassador/ambassadress

**ambiance** [ãbjãs] *nf* atmosphere; **il y a de l'~** everyone's having a good time

**ambiant, e** [ãbjã, -ãt] *adj (air, milieu)* surrounding; *(température)* ambient

**ambigu, ë** [ãbigy] *adj* ambiguous

**ambitieux, -euse** [ãbisjø, -øz] *adj* ambitious

**ambition** [ãbisjɔ̃] *nf* ambition

**ambulance** [ãbylãs] *nf* ambulance

**ambulancier, -ière** [ãbylãsje, -jɛr] *nm/f* ambulanceman/woman (Brit), paramedic (US)

**ambulant, e** [ãbylã, -ãt] *adj* travelling, itinerant

**âme** [am] *nf* soul; **rendre l'~** to give up the ghost; **bonne ~** *(aussi ironique)* kind soul; **un joueur/tricheur dans l'~** a gambler/cheat through and through; **~ sœur** kindred spirit

**amélioration** [ameljɔrasjɔ̃] *nf* improvement

**améliorer** [ameljɔre] *vt* to improve; **s'améliorer** *vi* to improve, get better

**aménager** [amenaʒe] *vt (agencer: espace, local)* to fit out; *(: terrain)* to lay out; *(: quartier, territoire)* to develop; *(installer)* to fix up, put in; **ferme aménagée** converted farmhouse

**amende** [amãd] *nf* fine; **mettre à l'~** to penalize; **faire ~ honorable** to make amends

**amener** [am(ə)ne] *vt* to bring; *(causer)* to bring about; *(baisser: drapeau, voiles)* to strike; **s'amener** *vi (fam)* to show up, turn up; **~ qn à qch/à faire** to lead sb to sth/to do

**amenuiser** [amənɥize]: **s'amenuiser** *vi* to dwindle; *(chances)* to grow slimmer, lessen

**amer, amère** [amɛr] *adj* bitter

**américain, e** [amerikɛ̃, -ɛn] *adj* American ▷ *nm (Ling)* American (English) ▷ *nm/f*: **A~, e** American; **en vedette ~e** as a special guest (star)

**Amérique** [amerik] *nf* America; **l'~ centrale** Central America; **l'~ latine** Latin America; **l'~ du Nord** North America; **l'~ du Sud** South America

**amertume** [amɛrtym] *nf* bitterness

**ameublement** [amœbləmã] *nm* furnishing; *(meubles)* furniture; **articles d'~** furnishings; **tissus d'~** soft furnishings, furnishing fabrics

**ameuter** [amøte] *vt (badauds)* to draw a crowd of; *(peuple)* to rouse, stir up

**ami, e** [ami] *nm/f* friend; *(amant/maîtresse)* boyfriend/girlfriend ▷ *adj*: **pays/groupe ~** friendly country/group; **être (très) ~ avec qn**

to be (very) friendly with sb; **être ~ de l'ordre** to be a lover of order; **un ~ des arts** a patron of the arts; **un ~ des chiens** a dog lover; **petit ~/petite ~e** (fam) boyfriend/girlfriend

**amiable** [amjabl]: **à l'~** adv (Jur) out of court; (gén) amicably

**amiante** [amjɑ̃t] nm asbestos

**amical, e, -aux** [amikal, -o] adj friendly ▷ nf (club) association

**amicalement** [amikalmɑ̃] adv in a friendly way; (formule épistolaire) regards

**amidon** [amidɔ̃] nm starch

**amincir** [amɛ̃siʀ] vt (objet) to thin (down); **s'amincir** vi to get thinner ou slimmer; **~ qn** to make sb thinner ou slimmer; (vêtement) to make sb look slimmer

**amincissant, e** [amɛ̃sisɑ̃, -ɑ̃t] adj slimming; **régime ~** diet; **crème ~e** slimming cream

**amiral, -aux** [amiral, -o] nm admiral

**amitié** [amitje] nf friendship; **prendre en ~** to take a liking to; **faire** ou **présenter ses ~s à qn** to send sb one's best wishes; **~s** (formule épistolaire) (with) best wishes

**ammoniaque** [amɔnjak] nf ammonia (water)

**amnistie** [amnisti] nf amnesty

**amoindrir** [amwɛ̃dʀiʀ] vt to reduce

**amollir** [amɔliʀ] vt to soften

**amonceler** [amɔ̃s(ə)le] vt to pile ou heap up; **s'amonceler** to pile ou heap up; (fig) to accumulate

**amont** [amɔ̃]: **en ~** adv upstream; (sur une pente) uphill; **en ~ de** prép upstream from; uphill from, above

**amorce** [amɔʀs] nf (sur un hameçon) bait; (explosif) cap; (tube) primer; (: contenu) priming; (fig: début) beginning(s), start

**amorcer** [amɔʀse] vt to bait; to prime; (commencer) to begin, start

**amorphe** [amɔʀf] adj passive, lifeless

**amortir** [amɔʀtiʀ] vt (atténuer: choc) to absorb, cushion; (bruit, douleur) to deaden; (Comm: dette) to pay off, amortize; (: mise de fonds, matériel) to write off; **~ un abonnement** to make a season ticket pay (for itself)

**amortisseur** [amɔʀtisœʀ] nm shock absorber

**amour** [amuʀ] nm love; (liaison) love affair, love; (statuette etc) cupid; **un ~ de** a lovely little; **faire l'~** to make love

**amouracher** [amuʀaʃe]: **s'amouracher de** vt (péj) to become infatuated with

**amoureux, -euse** [amuʀø, -øz] adj (regard, tempérament) amorous; (vie, problèmes) love cpd; (personne): **être ~ (de qn)** to be in love (with sb) ▷ nm/f lover ▷ nmpl courting couple(s); **tomber ~ de qn** to fall in love with sb; **être ~ de qch** to be passionately fond of sth; **un ~ de la nature** a nature lover

**amour-propre** (pl **amours-propres**) [amuʀpʀɔpʀ] nm self-esteem, pride

**amovible** [amɔvibl] adj removable, detachable

**ampère** [ɑ̃pɛʀ] nm amp(ere)

**amphithéâtre** [ɑ̃fiteatʀ] nm amphitheatre; (d'université) lecture hall ou theatre

**ample** [ɑ̃pl] adj (vêtement) roomy, ample; (gestes, mouvement) broad; (ressources) ample; **jusqu'à plus ~ informé** (Admin) until further details are available

**amplement** [ɑ̃pləmɑ̃] adv amply; **~ suffisant** ample, more than enough

**ampleur** [ɑ̃plœʀ] nf scale, size; (de dégâts, problème) extent, magnitude

**amplificateur** [ɑ̃plifikatœʀ] nm amplifier

**amplifier** [ɑ̃plifje] vt (son, oscillation) to amplify; (fig) to expand, increase

**ampoule** [ɑ̃pul] nf (électrique) bulb; (de médicament) phial; (aux mains, pieds) blister

**ampoulé, e** [ɑ̃pule] adj (péj) pompous, bombastic

**amputer** [ɑ̃pyte] vt (Méd) to amputate; (fig) to cut ou reduce drastically; **~ qn d'un bras/pied** to amputate sb's arm/foot

**amusant, e** [amyzɑ̃, -ɑ̃t] adj (divertissant, spirituel) entertaining, amusing; (comique) funny, amusing

**amuse-gueule** [amyzgœl] nm inv appetizer, snack

**amusement** [amyzmɑ̃] nm (voir amusé) amusement; (voir amuser) entertaining, amusing; (jeu etc) pastime, diversion

**amuser** [amyze] vt (divertir) to entertain, amuse; (égayer, faire rire) to amuse; (détourner l'attention de) to distract; **s'amuser** vi (jouer) to amuse o.s., play; (se divertir) to enjoy o.s., have fun; (fig) to mess around; **s'~ de qch** (trouver comique) to find sth amusing; **s'~ avec** ou **de qn** (duper) to make a fool of sb

**amygdale** [amidal] nf tonsil; **opérer qn des ~s** to take sb's tonsils out

**an** [ɑ̃] nm year; **être âgé de** ou **avoir 3 ans** to be 3 (years old); **en l'an 1980** in the year 1980; **le jour de l'an, le premier de l'an, le nouvel an** New Year's Day

**analogique** [analɔʒik] adj (Logique: raisonnement) analogical; (calculateur, montre etc) analogue; (Inform) analog

**analogue** [analɔg] adj: **~ (à)** analogous (to), similar (to)

**analphabète** [analfabɛt] nm/f illiterate

**analyse** [analiz] nf analysis; (Méd) test; **faire l'~ de** to analyse; **une ~ approfondie** an in-depth analysis; **en dernière ~** in the last analysis; **avoir l'esprit d'~** to have an analytical turn of mind; **~ grammaticale** grammatical analysis, parsing (Scol)

**analyser** [analize] vt to analyse; (Méd) to test

**ananas** [anana(s)] nm pineapple

**anarchie** [anaʀʃi] nf anarchy

**anatomie** [anatɔmi] nf anatomy

**ancêtre** [ɑ̃sɛtʀ] nm/f ancestor; (fig): **l'~ de** the forerunner of

**anchois** [ɑ̃ʃwa] nm anchovy

**ancien, ne** [ɑ̃sjɛ̃, -ɛn] *adj* old; *(de jadis, de l'antiquité)* ancient; *(précédent, ex-)* former, old; *(par l'expérience)* senior ▷ *nm (mobilier ancien)*: **l'~** antiques *pl* ▷ *nm/f (dans une tribu etc)* elder; **un ~ ministre** a former minister; **mon ~ne voiture** my previous car; **être plus ~ que qn dans une maison** to have been in a firm longer than sb; *(dans la hiérarchie)* to be senior to sb in a firm; **~ combattant** ex-serviceman; **~ (élève)** *(Scol)* ex-pupil *(Brit)*, alumnus *(US)*

**anciennement** [ɑ̃sjɛnmɑ̃] *adv* formerly

**ancienneté** [ɑ̃sjɛnte] *nf* oldness; antiquity; *(Admin)* (length of) service; *(privilèges obtenus)* seniority

**ancre** [ɑ̃kʀ] *nf* anchor; **jeter/lever l'~** to cast/weigh anchor; **à l'~** at anchor

**ancrer** [ɑ̃kʀe] *vt (Constr: câble etc)* to anchor; *(fig)* to fix firmly; **s'ancrer** *vi (Navig)* to (cast) anchor

**Andorre** [ɑ̃dɔʀ] *nf* Andorra

**andouille** [ɑ̃duj] *nf (Culin)* sausage made of chitterlings; *(fam)* clot, nit

**âne** [ɑn] *nm* donkey, ass; *(péj)* dunce, fool

**anéantir** [aneɑ̃tiʀ] *vt* to annihilate, wipe out; *(fig)* to obliterate, destroy; *(déprimer)* to overwhelm

**anémie** [anemi] *nf* anaemia

**anémique** [anemik] *adj* anaemic

**ânerie** [ɑnʀi] *nf* stupidity; *(parole etc)* stupid ou idiotic comment etc

**anesthésie** [anɛstezi] *nf* anaesthesia; **sous ~** under anaesthetic; **~ générale/locale** general/local anaesthetic; **faire une ~ locale à qn** to give sb a local anaesthetic

**ange** [ɑ̃ʒ] *nm* angel; **être aux ~s** to be over the moon; **~ gardien** guardian angel

**angélus** [ɑ̃ʒelys] *nm* angelus; *(cloches)* evening bells *pl*

**angine** [ɑ̃ʒin] *nf* sore throat, throat infection; **~ de poitrine** angina (pectoris)

**anglais, e** [ɑ̃glɛ, -ɛz] *adj* English ▷ *nm (Ling)* English ▷ *nm/f*: **A~, e** Englishman/woman; **les A~** the English; **filer à l'~e** to take French leave; **à l'~e** *(Culin)* boiled

**angle** [ɑ̃gl] *nm* angle; *(coin)* corner; **~ droit/obtus/aigu/mort** right/obtuse/acute/dead angle

**Angleterre** [ɑ̃glətɛʀ] *nf*: **l'~** England

**anglo...** [ɑ̃glɔ] *préfixe* Anglo-, anglo(-)

**anglophone** [ɑ̃glɔfɔn] *adj* English-speaking

**angoisse** [ɑ̃gwas] *nf*: **l'~** anguish *no pl*

**angoissé, e** [ɑ̃gwase] *adj* anguished; *(personne)* distressed

**angoisser** [ɑ̃gwase] *vt* to harrow, cause anguish to ▷ *vi* to worry, fret

**anguille** [ɑ̃gij] *nf* eel; **~ de mer** conger (eel); **il y a ~ sous roche** *(fig)* there's something going on, there's something beneath all this

**anicroche** [anikʀɔʃ] *nf* hitch, snag

**animal, e, -aux** [animal, -o] *adj, nm* animal; **~ domestique/sauvage** domestic/wild animal

**animateur, -trice** [animatœʀ, -tʀis] *nm/f (de télévision)* host; *(de music-hall)* compère; *(de groupe)* leader, organizer; *(Ciné: technicien)* animator

**animation** [animasjɔ̃] *nf (voir animé)* busyness; liveliness; *(Ciné: technique)* animation; **animations** *nfpl (activité)* activities; **centre d'~** ≈ community centre

**animé, e** [anime] *adj (rue, lieu)* busy, lively; *(conversation, réunion)* lively, animated; *(opposé à inanimé, aussi Ling)* animate

**animer** [anime] *vt (ville, soirée)* to liven up, enliven; *(mettre en mouvement)* to drive; *(stimuler)* to drive, impel; **s'animer** *vi* to liven up, come to life

**anis** [ani(s)] *nm (Culin)* aniseed; *(Bot)* anise

**ankyloser** [ɑ̃kiloze]: **s'ankyloser** *vi* to get stiff

**anneau, x** [ano] *nm (de rideau, bague)* ring; *(de chaîne)* link; *(Sport)*: **exercices aux ~x** ring exercises

**année** [ane] *nf* year; **souhaiter la bonne ~ à qn** to wish sb a Happy New Year; **tout au long de l'~** all year long; **d'une ~ à l'autre** from one year to the next; **d'~ en ~** from year to year; **l'~ scolaire/fiscale** the school/tax year

**annexe** [anɛks] *adj (problème)* related; *(document)* appended; *(salle)* adjoining ▷ *nf (bâtiment)* annex(e); *(de document, ouvrage)* annex, appendix; *(jointe à une lettre, un dossier)* enclosure

**anniversaire** [anivɛʀsɛʀ] *nm* birthday; *(d'un événement, bâtiment)* anniversary ▷ *adj*: **jour ~** anniversary

**annonce** [anɔ̃s] *nf* announcement; *(signe, indice)* sign; *(aussi:* **~ publicitaire)** advertisement; *(Cartes)* declaration; **~ personnelle** personal message; **les petites ~s** the small ou classified ads

**annoncer** [anɔ̃se] *vt* to announce; *(être le signe de)* to herald; *(Cartes)* to declare; **je vous annonce que ...** I wish to tell you that ...; **s'annoncer bien/difficile** *vi* to look promising/difficult; **~ la couleur** *(fig)* to lay one's cards on the table

**annonceur, -euse** [anɔ̃sœʀ, -øz] *nm/f (TV, Radio: speaker)* announcer; *(publicitaire)* advertiser

**annuaire** [anɥɛʀ] *nm* yearbook, annual; **~ téléphonique** (telephone) directory, phone book

**annuel, le** [anɥɛl] *adj* annual, yearly

**annuité** [anɥite] *nf* annual instalment

**annulation** [anylasjɔ̃] *nf* cancellation; annulment; quashing, repeal

**annuler** [anyle] *vt (rendez-vous, voyage)* to cancel, call off; *(mariage)* to annul; *(jugement)* to quash *(Brit)*, repeal *(US)*; *(résultats)* to declare void; *(Math, Physique)* to cancel out; **s'annuler** to cancel each other out

**anodin, e** [anɔdɛ̃, -in] *adj* harmless; *(sans importance)* insignificant, trivial

**a**

**anonymat** [anɔnima] *nm* anonymity; **garder l'~** to remain anonymous

**anonyme** [anɔnim] *adj* anonymous; *(fig)* impersonal

**anorak** [anɔʀak] *nm* anorak

**anorexie** [anɔʀɛksi] *nf* anorexia

**anormal, e, -aux** [anɔʀmal, -o] *adj* abnormal; *(insolite)* unusual, abnormal

**ANPE** *sigle f* (= *Agence nationale pour l'emploi*) national employment agency *(functions include job creation)*

**anse** [ɑ̃s] *nf* handle; *(Géo)* cove

**antan** [ɑ̃tɑ̃]: **d'~** *adj* of yesteryear, of long ago

**antarctique** [ɑ̃taʀktik] *adj* Antarctic ▷ *nm*: **l'A~** the Antarctic; **le cercle A~** the Antarctic Circle; **l'océan A~** the Antarctic Ocean

**antécédent** [ɑ̃tesedɑ̃] *nm* (*Ling*) antecedent; **antécédents** *nmpl* (*Méd etc*) past history *sg*; **~s professionnels** record, career to date

**antenne** [ɑ̃tɛn] *nf* (*de radio, télévision*) aerial; (*d'insecte*) antenna, feeler; (*poste avancé*) outpost; (*petite succursale*) sub-branch; **sur l'~** on the air; **passer à/avoir l'~** to go/be on the air; **deux heures d'~** two hours' broadcasting time; **hors ~** off the air; **~ chirurgicale** (*Mil*) advance surgical unit; **~ parabolique** satellite dish

**antérieur, e** [ɑ̃teʀjœʀ] *adj* (*d'avant*) previous, earlier; (*de devant*) front; **~ à** prior *ou* previous to; **passé/futur ~** (*Ling*) past/future anterior

**anti...** [ɑ̃ti] *préfixe* anti...

**antialcoolique** [ɑ̃tialkɔlik] *adj* anti-alcohol; **ligue ~** temperance league

**antiatomique** [ɑ̃tiatɔmik] *adj*: **abri ~** fallout shelter

**antibiotique** [ɑ̃tibjɔtik] *nm* antibiotic

**antibrouillard** [ɑ̃tibʀujaʀ] *adj*: **phare ~** fog lamp

**anticipation** [ɑ̃tisipasjɔ̃] *nf* anticipation; (*Comm*) payment in advance; **par ~** in anticipation, in advance; **livre/film d'~** science fiction book/film

**anticipé, e** [ɑ̃tisipe] *adj* (*règlement, paiement*) early, in advance; (*joie etc*) anticipated, early; **avec mes remerciements ~s** thanking you in advance *ou* anticipation

**anticiper** [ɑ̃tisipe] *vt* (*événement, coup*) to anticipate, foresee; (*paiement*) to pay *ou* make in advance ▷ *vi* to look *ou* think ahead; (*en racontant*) to jump ahead; (*prévoir*) to anticipate; **~ sur** to anticipate

**anticonceptionnel, le** [ɑ̃tikɔ̃sɛpsjɔnɛl] *adj* contraceptive

**anticorps** [ɑ̃tikɔʀ] *nm* antibody

**antidote** [ɑ̃tidɔt] *nm* antidote

**antigel** [ɑ̃tiʒɛl] *nm* antifreeze

**antihistaminique** [ɑ̃tiistaminik] *nm* antihistamine

**antillais, e** [ɑ̃tijɛ, -ɛz] *adj* West Indian, Caribbean ▷ *nm/f*: **A~, e** West Indian, Caribbean

**Antilles** [ɑ̃tij] *nfpl*: **les ~** the West Indies; **les Grandes/Petites ~** the Greater/Lesser Antilles

**antilope** [ɑ̃tilɔp] *nf* antelope

**antimite, antimites** [ɑ̃timit] *adj, nm*: **(produit) ~(s)** mothproofer, moth repellent

**antimondialisation** [ɑ̃timɔ̃djalizasjɔ̃] *nf* anti-globalization

**antipathique** [ɑ̃tipatik] *adj* unpleasant, disagreeable

**antipelliculaire** [ɑ̃tipelikylɛʀ] *adj* anti-dandruff

**antipodes** [ɑ̃tipɔd] *nmpl* (*Géo*): **les ~** the antipodes; (*fig*): **être aux ~ de** to be the opposite extreme of

**antiquaire** [ɑ̃tikɛʀ] *nm/f* antique dealer

**antique** [ɑ̃tik] *adj* antique; (*très vieux*) ancient, antiquated

**antiquité** [ɑ̃tikite] *nf* (*objet*) antique; **l'A~** Antiquity; **magasin/marchand d'~s** antique shop/dealer

**antirabique** [ɑ̃tiʀabik] *adj* rabies *cpd*

**antirouille** [ɑ̃tiʀuj] *adj inv* anti-rust *cpd*; **peinture ~** antirust paint; **traitement ~** rustproofing

**antisémite** [ɑ̃tisemit] *adj* anti-Semitic

**antiseptique** [ɑ̃tisɛptik] *adj, nm* antiseptic

**antiviral, e, -aux** [ɑ̃tiviʀal, -o] *adj* (*Méd*) antiviral

**antivirus** [ɑ̃tiviʀys] *nm* (*Inform*) antivirus (program)

**antivol** [ɑ̃tivɔl] *adj, nm*: **(dispositif) ~** antitheft device; (*pour vélo*) padlock

**antre** [ɑ̃tʀ] *nm* den, lair

**anxiété** [ɑ̃ksjete] *nf* anxiety

**anxieux, -euse** [ɑ̃ksjø, -øz] *adj* anxious, worried; **être ~ de faire** to be anxious to do

**AOC** *sigle f* (= *Appellation d'origine contrôlée*) guarantee of quality of wine; *see note*

● **AOC**
●
● AOC ("appellation d'origine contrôlée") is
● the highest French wine classification. It
● indicates that the wine meets strict
● requirements concerning vineyard of
● origin, type of grape, method of
● production and alcoholic strength.

**août** [u(t)] *nm* August; *voir aussi* **juillet; Assomption**

**apaiser** [apeze] *vt* (*colère*) to calm, quell, soothe; (*faim*) to appease, assuage; (*douleur*) to soothe; (*personne*) to calm (down), pacify; **s'apaiser** *vi* (*tempête, bruit*) to die down, subside; (*personne*) to calm down

**apanage** [apanaʒ] *nm*: **être l'~ de** to be the privilege *ou* prerogative of

**aparté** [apaʀte] *nm* (*Théât*) aside; (*entretien*) private conversation; **en ~** *adv* in an aside (*Brit*); (*entretien*) in private

**apathique** [apatik] *adj* apathetic

**apatride** [apatʀid] *nm/f* stateless person

**apercevoir** [apɛʀsəvwaʀ] *vt* to see; **s'apercevoir de** *vt* to notice; **s'~ que** to notice that; **sans s'en** ~ without realizing *ou* noticing

**aperçu, e** [apɛʀsy] *pp de* **apercevoir** ▷ *nm* (*vue d'ensemble*) general survey; (*intuition*) insight

**apéritif, -ive** [apeʀitif, -iv] *adj* which stimulates the appetite ▷ *nm* (*boisson*) aperitif; (*réunion*) (pre-lunch *ou* -dinner) drinks *pl*; **prendre l'**~ to have drinks (before lunch *ou* dinner) *ou* an aperitif

**à-peu-près** [apøpʀɛ] *nm inv* (*péj*) vague approximation

**apeuré, e** [apœʀe] *adj* frightened, scared

**aphte** [aft] *nm* mouth ulcer

**apiculture** [apikyltyʀ] *nf* beekeeping, apiculture

**apitoyer** [apitwaje] *vt* to move to pity; ~ **qn sur qn/qch** to move sb to pity for sb/over sth; **s'~ (sur qn/qch)** to feel pity *ou* compassion (for sb/over sth)

**aplanir** [aplaniʀ] *vt* to level; (*fig*) to smooth away, iron out

**aplatir** [aplatiʀ] *vt* to flatten; **s'aplatir** *vi* to become flatter; (*écrasé*) to be flattened; (*fig*) to lie flat on the ground; (: *fam*) to fall flat on one's face; (: *péj*) to grovel

**aplomb** [aplɔ̃] *nm* (*équilibre*) balance, equilibrium; (*fig*) self-assurance; (: *péj*) nerve; **d'**~ *adv* steady; (*Constr*) plumb

**APN** *sigle m* (= *appareil photo(graphique) numérique*) digital camera

**apogée** [apɔʒe] *nm* (*fig*) peak, apogee

**apologie** [apɔlɔʒi] *nf* praise; (*Jur*) vindication

**a posteriori** [apɔsteʀjɔʀi] *adv* after the event, with hindsight, a posteriori

**apostrophe** [apɔstʀɔf] *nf* (*signe*) apostrophe; (*appel*) interpellation

**apostropher** [apɔstʀɔfe] *vt* (*interpeller*) to shout at, address sharply

**apothéose** [apɔteoz] *nf* pinnacle (of achievement); (*Mus etc*) grand finale

**apôtre** [apotʀ] *nm* apostle, disciple

**apparaître** [apaʀɛtʀ] *vi* to appear, seem ▷ *vb copule* to appear, seem

**apparat** [apaʀa] *nm*: **tenue/dîner d'**~ ceremonial dress/dinner

**appareil** [apaʀɛj] *nm* (*outil, machine*) piece of apparatus, device; (*électrique etc*) appliance; (*politique, syndical*) machinery; (*avion*) (aero)plane (*Brit*), (air)plane (*US*), aircraft *inv*; (*téléphonique*) telephone; (*dentier*) brace (*Brit*), braces (*US*); ~ **digestif/reproducteur** digestive/reproductive system *ou* apparatus; **l'**~ **productif** the means of production; **qui est à l'**~? who's speaking?; **dans le plus simple** ~ in one's birthday suit; ~ (**photo**) camera; ~ **numérique** digital camera

**appareiller** [apaʀeje] *vi* (*Navig*) to cast off, get under way ▷ *vt* (*assortir*) to match up

**appareil photo** (*pl* **appareils photos**) [apaʀɛjfɔto] *nm* camera

**apparemment** [apaʀamɑ̃] *adv* apparently

**apparence** [apaʀɑ̃s] *nf* appearance; **malgré**

**les** ~**s** despite appearances; **en** ~ apparently, seemingly

**apparent, e** [apaʀɑ̃, -ɑ̃t] *adj* visible; (*évident*) obvious; (*superficiel*) apparent; **coutures** ~**es** topstitched seams; **poutres** ~**es** exposed beams

**apparenté, e** [apaʀɑ̃te] *adj*: ~ **à** related to; (*fig*) similar to

**apparition** [apaʀisjɔ̃] *nf* appearance; (*surnaturelle*) apparition; **faire son** ~ to appear

**appartement** [apaʀtəmɑ̃] *nm* flat (*Brit*), apartment (*US*)

**appartenir** [apaʀtəniʀ]: ~ **à** *vt* to belong to; (*faire partie de*) to be a member of; **il lui appartient de** it is up to him to

**apparu, e** [apaʀy] *pp de* **apparaître**

**appât** [apɑ] *nm* (*Pêche*) bait; (*fig*) lure, bait

**appâter** [apɑte] *vt* (*hameçon, poisson, fig*) to lure, entice

**appauvrir** [apovʀiʀ] *vt* to impoverish; **s'appauvrir** *vi* to grow poorer, become impoverished

**appel** [apɛl] *nm* call; (*nominal*) roll call; (: *Scol*) register; (*Mil: recrutement*) call-up; (*Jur*) appeal; **faire** ~ **à** (*invoquer*) to appeal to; (*avoir recours à*) to call on; (*nécessiter*) to call for, require; **faire** *ou* **interjeter** ~ (*Jur*) to appeal, lodge an appeal; **faire l'**~ to call the roll; (*Scol*) to call the register; **indicatif d'**~ call sign; **numéro d'**~ (*Tél*) number; **produit d'**~ (*Comm*) loss leader; **sans** ~ (*fig*) final, irrevocable; ~ **d'air** in-draught; ~ **d'offres** (*Comm*) invitation to tender; **faire un** ~ **de phares** to flash one's headlights; ~ (**téléphonique**) (tele)phone call

**appelé** [ap(ə)le] *nm* (*Mil*) conscript

**appeler** [ap(ə)le] *vt* (*Tél*) to call, ring; (*faire venir: médecin etc*) to call, send for; (*fig: nécessiter*) to call for, demand; ~ **au secours** to call for help; ~ **qn à l'aide** *ou* **au secours** to call to sb to help; ~ **qn à un poste/des fonctions** to appoint sb to a post/assign duties to sb; **être appelé à** (*fig*) to be destined to; ~ **qn à comparaître** (*Jur*) to summon sb to appear; **en** ~ **à** to appeal to; **s'appeler** *vi*: **elle s'appelle Gabrielle** her name is Gabrielle, she's called Gabrielle; **comment vous appelez-vous?** what's your name?; **comment ça s'appelle?** what is it *ou* that called?; **être appelé à** (*fig*) to be destined to

**appendice** [apɛ̃dis] *nm* appendix

**appendicite** [apɛ̃disit] *nf* appendicitis

**appentis** [apɑ̃ti] *nm* lean-to

**appesantir** [apəzɑ̃tiʀ]: **s'appesantir** *vi* to grow heavier; **s'**~ **sur** (*fig*) to dwell at length on

**appétissant, e** [apetisɑ̃, -ɑ̃t] *adj* appetizing, mouth-watering

**appétit** [apeti] *nm* appetite; **couper l'**~ **à qn** to take away sb's appetite; **bon** ~! enjoy your meal!

**applaudir** [aplodiʀ] *vt* to applaud ▷ *vi* to applaud, clap; ~ **à** *vt* (*décision*) to applaud, commend

**applaudissements** [aplodismã] *nmpl* applause *sg*, clapping *sg*

**application** [aplikasjɔ̃] *nf* application; (*d'une loi*) enforcement; **mettre en ~** to implement

**applique** [aplik] *nf* wall lamp

**appliquer** [aplike] *vt* to apply; (*loi*) to enforce; (*donner: gifle, châtiment*) to give; **s'appliquer** *vi* (*élève etc*) to apply o.s.; **s'~ à** (*loi, remarque*) to apply to; **s'~ à faire qch** to apply o.s. to doing sth, take pains to do sth; **s'~ sur** (*coïncider avec*) to fit over

**appoint** [apwɛ̃] *nm* (extra) contribution *ou* help; **avoir/faire l'~** (*en payant*) to have/give the right change *ou* money; **chauffage d'~** extra heating

**appointements** [apwɛ̃tmã] *nmpl* salary *sg*, stipend

**apport** [apɔr] *nm* supply; (*argent, biens etc*) contribution

**apporter** [apɔrte] *vt* to bring; (*preuve*) to give, provide; (*modification*) to make; (*remarque*) to contribute, add

**apposer** [apoze] *vt* to append; (*sceau etc*) to affix

**appréciable** [apresjabl] *adj* (*important*) appreciable, significant

**apprécier** [apresje] *vt* to appreciate; (*évaluer*) to estimate, assess; **j'~ais que tu ...** I should appreciate (it) if you ...

**appréhender** [apreɑ̃de] *vt* (*craindre*) to dread; (*arrêter*) to apprehend; **~ que** to fear that; **~ de faire** to dread doing

**appréhension** [apreɑ̃sjɔ̃] *nf* apprehension

**apprendre** [aprɑ̃dr] *vt* to learn; (*événement, résultats*) to learn of, hear of; **~ qch à qn** (*informer*) to tell sb (of) sth; (*enseigner*) to teach sb sth; **tu me l'apprends!** that's news to me!; **~ à faire qch** to learn to do sth; **~ à qn à faire qch** to teach sb to do sth

**apprenti, e** [aprɑ̃ti] *nm/f* apprentice; (*fig*) novice, beginner

**apprentissage** [aprɑ̃tisaʒ] *nm* learning; (*Comm, Scol: période*) apprenticeship; **école** *ou* **centre d'~** training school *ou* centre; **faire l'~ de qch** (*fig*) to be initiated into sth

**apprêté, e** [aprete] *adj* (*fig*) affected

**apprêter** [aprete] *vt* to dress, finish; **s'apprêter** *vi*: **s'~ à qch/à faire qch** to prepare for sth/for doing sth

**appris, e** [apri, -iz] *pp de* **apprendre**

**apprivoiser** [aprivwaze] *vt* to tame

**approbation** [aprɔbasjɔ̃] *nf* approval; **digne d'~** (*conduite, travail*) praiseworthy, commendable

**approchant, e** [aprɔʃɑ̃, -ɑ̃t] *adj* similar, close; **quelque chose d'~** something similar

**approche** [aprɔʃ] *nf* approaching; (*arrivée, attitude*) approach; **approches** *nfpl* (*abords*) surroundings; **à l'~ du bateau/de l'ennemi** as the ship/enemy approached *ou* drew near; **l'~ d'un problème** the approach to a problem; **travaux d'~** (*fig*) manoeuvrings

**approcher** [aprɔʃe] *vi* to approach, come near ▷ *vt* (*vedette, artiste*) to approach, come close to; (*rapprocher*): **~ qch (de qch)** to bring *ou* put *ou* move sth near (to sth); **~ de** *vt* (*lieu, but*) to draw near to; (*quantité, moment*) to approach; **s'approcher de** *vt* to approach, go *ou* come *ou* move near to; **approchez-vous** come *ou* go nearer

**approfondir** [aprɔfɔ̃dir] *vt* to deepen; (*question*) to go further into; **sans ~** without going too deeply into it

**approprié, e** [aprɔprije] *adj*: **~ (à)** appropriate (to), suited (to)

**approprier** [aprɔprije] *vt* (*adapter*) adapt; **s'approprier** *vt* to appropriate, take over; **s'~ en** to stock up with

**approuver** [apruve] *vt* to agree with; (*autoriser: loi, projet*) to approve, pass; (*trouver louable*) to approve of; **je vous approuve entièrement/ne vous approuve pas** I agree with you entirely/don't agree with you; **lu et approuvé** (read and) approved

**approvisionner** [aprɔvizjɔne] *vt* to supply; (*compte bancaire*) to pay funds into; **~ qn en** to supply sb with; **s'approvisionner** *vi*: **s'~ dans un certain magasin/au marché** to shop in a certain shop/at the market; **s'~ en** to stock up with

**approximatif, -ive** [aprɔksimatif, -iv] *adj* approximate, rough; (*imprécis*) vague

**appt** *abr* = **appartement**

**appui** [apɥi] *nm* support; **prendre ~ sur** to lean on; (*objet*) to rest on; **point d'~** fulcrum; (*fig*) something to lean on; **à l'~ de** (*pour prouver*) in support of; **à l'~** *adv* to support one's argument; **l'~ de la fenêtre** the windowsill, the window ledge

**appui-tête, appuie-tête** [apɥitɛt] *nm inv* headrest

**appuyer** [apɥije] *vt* (*poser*): **~ qch sur/contre/à** to lean *ou* rest sth on/against/on; (*soutenir: personne, demande*) to support, back (up) ▷ *vi*: **~ sur** (*bouton*) to press, push; (*mot, détail*) to stress, emphasize; **~ sur le frein** to brake, to apply the brakes; **s'appuyer sur** *vt* (*chose: peser sur*) to rest (heavily) on, press against; to lean on; (*compter sur*) to rely on; **s'~ sur qn** to lean on sb; **~ contre** (*toucher: mur, porte*) to lean *ou* rest against; **~ à droite** *ou* **sur sa droite** to bear (to the) right; **~ sur le champignon** to put one's foot down

**âpre** [apr] *adj* acrid, pungent; (*fig*) harsh; (*lutte*) bitter; **~ au gain** grasping, greedy

**après** [apre] *prép* after ▷ *adv* afterwards; **deux heures ~** two hours later; **~ qu'il est parti/avoir fait** after he left/having done; **courir ~ qn** to run after sb; **crier ~ qn** to shout at sb; **être toujours ~ qn** (*critiquer etc*) to be always on at sb; **~ quoi** after which; **d'~** *prép* (*selon*) according to; **d'~ lui** according to him; **d'~ moi** in my opinion; **~ coup** *adv* after the event, afterwards; **~ tout** adv (au fond) after all; **et (puis) ~?** so what?

**après-demain** [apʀɛdmɛ̃] adv the day after tomorrow

**après-guerre** [apʀɛgɛʀ] nm post-war years pl; **d'~** adj post-war

**après-midi** [apʀɛmidi] nm ou f inv afternoon

**après-rasage** [apʀɛʀazaʒ] nm inv after-shave

**après-shampooing** [apʀɛʃãpwɛ̃] nm inv conditioner

**après-ski** [apʀɛski] nm inv (chaussure) snow boot; (moment) après-ski

**après-soleil** [apʀɛsɔlɛj] adj inv after-sun cpd ▷ nm after-sun cream ou lotion

**à-propos** [apʀɔpo] nm (d'une remarque) aptness; **faire preuve d'~** to show presence of mind, do the right thing; **avec ~** suitably, aptly

**apte** [apt] adj: **~ à qch/faire qch** capable of sth/doing sth; **~ (au service)** (Mil) fit (for service)

**aquarelle** [akwaʀɛl] nf (tableau) watercolour (Brit), watercolor (US); (genre) watercolo(u)rs pl, aquarelle

**aquarium** [akwaʀjɔm] nm aquarium

**arabe** [aʀab] adj Arabic; (désert, cheval) Arabian; (nation, peuple) Arab ▷ nm (Ling) Arabic ▷ nm/f: **A~** Arab

**Arabie** [aʀabi] nf: **~** Arabia; **l'~ Saoudite** ou **Séoudite** Saudi Arabia

**arachide** [aʀaʃid] nf groundnut (plant); (graine) peanut, groundnut

**araignée** [aʀeɲe] nf spider; **~ de mer** spider crab

**arbitraire** [aʀbitʀɛʀ] adj arbitrary

**arbitre** [aʀbitʀ] nm (Sport) referee; (: Tennis, Cricket) umpire; (fig) arbiter, judge; (Jur) arbitrator

**arbitrer** [aʀbitʀe] vt to referee; to umpire; to arbitrate

**arborer** [aʀbɔʀe] vt to bear, display; (avec ostentation) to sport

**arbre** [aʀbʀ] nm tree; (Tech) shaft; **~ à cames** (Auto) camshaft; **~ fruitier** fruit tree; **~ généalogique** family tree; **~ de Noël** Christmas tree; **~ de transmission** (Auto) driveshaft

**arbuste** [aʀbyst] nm small shrub, bush

**arc** [aʀk] nm (arme) bow; (Géom) arc; (Archit) arch; **~ de cercle** arc of a circle; **en ~ de cercle** adj semi-circular

**arcade** [aʀkad] nf arch(way); **~s** arcade sg, arches; **~ sourcilière** arch of the eyebrows

**arcanes** [aʀkan] nmpl mysteries

**arc-boutant** (pl **arcs-boutants**) [aʀkbutã] nm flying buttress

**arceau, x** [aʀso] nm (métallique etc) hoop

**arc-en-ciel** (pl **arcs-en-ciel**) [aʀkãsjɛl] nm rainbow

**arche** [aʀʃ] nf arch; **~ de Noé** Noah's Ark

**archéologie** [aʀkeɔlɔʒi] nf arch(a)eology

**archéologue** [aʀkeɔlɔg] nm/f arch(a)eologist

**archet** [aʀʃɛ] nm bow

**archevêque** [aʀʃəvɛk] nm archbishop

**archi...** [aʀʃi] préfixe (très) dead, extra

**archipel** [aʀʃipɛl] nm archipelago

**architecte** [aʀʃitɛkt] nm architect

**architecture** [aʀʃitɛktyʀ] nf architecture

**archive** [aʀʃiv] nf file

**archives** [aʀʃiv] nfpl (collection) archives

**arctique** [aʀktik] adj Arctic ▷ nm: **l'A~** the Arctic; **le cercle A~** the Arctic Circle; **l'océan A~** the Arctic Ocean

**ardemment** [aʀdamã] adv ardently, fervently

**ardent, e** [aʀdã, -ãt] adj (soleil) blazing; (fièvre) raging; (amour) ardent, passionate; (prière) fervent

**ardeur** [aʀdœʀ] nf blazing heat; (fig) fervour, ardour

**ardoise** [aʀdwaz] nf slate

**ardu, e** [aʀdy] adj (travail) arduous; (problème) difficult; (pente) steep, abrupt

**arène** [aʀɛn] nf arena; (fig): **l'~ politique** the political arena; **arènes** nfpl bull-ring sg

**arête** [aʀɛt] nf (de poisson) bone; (d'une montagne) ridge; (Géom etc) edge (where two faces meet)

**argent** [aʀʒã] nm (métal) silver; (monnaie) money; (couleur) silver; **en avoir pour son ~** to get value for money; **gagner beaucoup d'~** to earn a lot of money; **~ comptant** (hard) cash; **~ de poche** pocket money; **~ liquide** ready money, (ready) cash

**argenté, e** [aʀʒãte] adj silver(y); (métal) silver-plated

**argenterie** [aʀʒãtʀi] nf silverware; (en métal argenté) silver plate

**argentin, e** [aʀʒãtɛ̃, -in] adj Argentinian, Argentine ▷ nm/f: **A~, e** Argentinian, Argentine

**Argentine** [aʀʒãtin] nf: **l'~** Argentina, the Argentine

**argentique** [aʀʒãtik] adj (appareil photo) film cpd

**argile** [aʀʒil] nf clay

**argot** [aʀgo] nm slang; see note

**argotique** [aʀgotik] adj slang cpd; (très familier) slangy

**argument** [aʀgymã] nm argument

**argumentaire** [aʀgymɑ̃tɛʀ] nm list of sales points; (brochure) sales leaflet

**argumenter** [aʀgymɑ̃te] vi to argue

**argus** [aʀgys] nm guide to second-hand car etc prices

**aride** [aʀid] adj arid

**aristocratie** [aʀistɔkʀasi] nf aristocracy

**aristocratique** [aʀistɔkʀatik] adj aristocratic

**arithmétique** [aʀitmetik] adj arithmetic(al) ▷ nf arithmetic

**armateur** [aʀmatœʀ] nm shipowner

**armature** [aʀmatyʀ] nf framework; (de tente etc) frame; (de corset) bone; (de soutien-gorge) wiring

**arme** [aʀm] nf weapon; (section de l'armée) arm; **armes** nfpl weapons, arms; (blason) (coat of) arms; **les ~s** (profession) soldiering sg; **à ~s égales** on equal terms; **en ~s** up in arms; **passer par les ~s** to execute (by firing squad); **prendre/présenter les ~s** to take up/present arms; **se battre à l'~ blanche** to fight with blades; **~ à feu** firearm; **~s de destruction massive** weapons of mass destruction

**armée** [aʀme] nf army; **~ de l'air** Air Force; **l'~ du Salut** the Salvation Army; **~ de terre** Army

**armement** [aʀməmɑ̃] nm (matériel) arms pl, weapons pl; (: d'un pays) arms pl, armament; (action d'équiper: d'un navire) fitting out; **~s nucléaires** nuclear armaments; **course aux ~s** arms race

**armer** [aʀme] vt to arm; (arme à feu) to cock; (appareil photo) to wind on; **~ qch de** to fit sth with; (renforcer) to reinforce sth with; **~ qn de** to arm ou equip sb with; **s'armer de** to arm o.s. with

**armistice** [aʀmistis] nm armistice; **l'A~** ≈ Remembrance (Brit) ou Veterans (US) Day

**armoire** [aʀmwaʀ] nf (tall) cupboard; (penderie) wardrobe (Brit), closet (US); **~ à pharmacie** medicine chest

**armoiries** [aʀmwaʀi] nfpl coat of arms sg

**armure** [aʀmyʀ] nf armour no pl, suit of armour

**armurier** [aʀmyʀje] nm gunsmith; (Mil, d'armes blanches) armourer

**arnaque** [aʀnak] (fam) nf swindling; **c'est de l'~** it's daylight robbery

**arnaquer** [aʀnake] (fam) vt to do (fam), swindle; **se faire ~** to be had (fam) ou done

**arobase** [aʀɔbaz] nf (Inform) "at" symbol, @; **"paul ~ société point fr"** "paul at société dot fr"

**aromates** [aʀɔmat] nmpl seasoning sg, herbs (and spices)

**aromathérapie** [aʀɔmateʀapi] nf aromatherapy

**aromatisé, e** [aʀɔmatize] adj flavoured

**arôme** [aʀom] nm aroma; (d'une fleur etc) fragrance

**arpenter** [aʀpɑ̃te] vt to pace up and down

**arpenteur** [aʀpɑ̃tœʀ] nm land surveyor

**arqué, e** [aʀke] adj arched; (jambes) bow cpd, bandy

**arrache-pied** [aʀaʃpje]: **d'~** adv relentlessly

**arracher** [aʀaʃe] vt to pull out; (page etc) to tear off, tear out; (déplanter: légume, herbe, souche) to pull up; (bras etc: par explosion) to blow off; (: par accident) to tear off; **s'arracher** vt (article très recherché) to fight over; **~ qch à qn** to snatch sth from sb; (fig) to wring sth out of sb, wrest sth from sb; **~ qn à** (solitude, rêverie) to drag sb out of; (famille etc) to tear ou wrench sb away from; **se faire ~ une dent** to have a tooth out ou pulled (US); **s'~ de** (lieu) to tear o.s. away from; (habitude) to force o.s. out of

**arraisonner** [aʀɛzɔne] vt to board and search

**arrangeant, e** [aʀɑ̃ʒɑ̃, -ɑ̃t] adj accommodating, obliging

**arrangement** [aʀɑ̃ʒmɑ̃] nm arrangement

**arranger** [aʀɑ̃ʒe] vt to arrange; (réparer) to fix, put right; (régler) to settle, sort out; (convenir à) to suit, be convenient for; **cela m'arrange** that suits me (fine); **s'arranger** vi (se mettre d'accord) to come to an agreement ou arrangement; (s'améliorer: querelle, situation) to be sorted out; (se débrouiller): **s'~ pour que ...** to arrange things so that ...; **je vais m'~** I'll manage; **ça va s'~** it'll sort itself out; **s'~ pour faire** to make sure that ou see to it that one can do

**arrestation** [aʀɛstasjɔ̃] nf arrest

**arrêt** [aʀɛ] nm stopping; (de bus etc) stop; (Jur) judgment, decision; (Football) save; **arrêts** nmpl (Mil) arrest sg; **être à l'~** to be stopped, have come to a halt; **rester** ou **tomber en ~ devant** to stop short in front of; **sans ~** without stopping, non-stop; (fréquemment) continually; **~ d'autobus** bus stop; **~ facultatif** request stop; **~ de mort** capital sentence; **~ de travail** stoppage (of work)

**arrêté, e** [aʀete] adj (idées) firm, fixed ▷ nm order, decree; **~ municipal** ≈ bylaw, byelaw

**arrêter** [aʀete] vt to stop; (chauffage etc) to turn off, switch off; (Comm: compte) to settle; (Couture: point) to fasten off; (fixer: date etc) to appoint, decide on; (criminel, suspect) to arrest; **s'arrêter** vi to stop; (s'interrompre) to stop o.s.; **~ de faire** to stop doing; **arrête de te plaindre** stop complaining; **ne pas ~ de faire** to keep on doing; **s'~ de faire** to stop doing; **s'~ sur** (choix, regard) to fall on

**arrhes** [aʀ] nfpl deposit sg

**arrière** [aʀjɛʀ] nm back; (Sport) fullback ▷ adj inv: **siège/roue ~** back ou rear seat/wheel; **arrières** nmpl (fig): **protéger ses ~s** to protect the rear; **à l'~** adv behind, at the back; **en ~** adv behind; (regarder) back, behind; (tomber, aller) backwards; **en ~ de** prép behind

**arriéré, e** [aʀjeʀe] adj (péj) backward ▷ nm (d'argent) arrears pl

**arrière-goût** [aʀjɛʀgu] nm aftertaste

**arrière-grand-mère** (pl **arrière-grand-mères**) [aʀjɛʀɡʀɑ̃mɛʀ] nf great-grandmother

**arrière-grand-père** (pl **arrière-grands-pères**) [aʀjɛʀɡʀɑ̃pɛʀ] nm great-grandfather

**arrière-pays** [aʀjɛʀpei] nm inv hinterland

**arrière-pensée** [aʀjɛʀpɑ̃se] nf ulterior motive; mental reservation

**arrière-plan** [aʀjɛʀplɑ̃] nm background; **à l'~** in the background; **d'~** adj (Inform) background cpd

**arrière-saison** [aʀjɛʀsezɔ̃] nf late autumn

**arrière-train** [aʀjɛʀtʀɛ̃] nm hindquarters pl

**arrimer** [aʀime] vt (cargaison) to stow; (fixer) to secure, fasten securely

**arrivage** [aʀivaʒ] nm consignment

**arrivée** [aʀive] nf arrival; (ligne d'arrivée) finish; **d'air/de gaz** air/gas inlet; **courrier à l'~** incoming mail; **à mon ~** when I arrived

**arriver** [aʀive] vi to arrive; (survenir) to happen, occur; **j'arrive!** (I'm) just coming!; **il arrive à Paris à 8 h** he gets to ou arrives in Paris at 8; **~ à destination** to arrive at one's destination; **~ à** (atteindre) to reach; **~ à (faire) qch** (réussir) to manage (to do) sth; **~ à échéance** to fall due; **en ~ à faire ...** to end up doing ..., get to the point of doing ...; **il arrive que ...** it happens that ...; **il lui arrive de faire ...** he sometimes does ...

**arriviste** [aʀivist] nm/f go-getter

**arrobase** [aʀobaz] nf (Inform) @, 'at' sign

**arrogance** [aʀɔɡɑ̃s] nf arrogance

**arrogant, e** [aʀɔɡɑ̃, -ɑ̃t] adj arrogant

**arrondir** [aʀɔ̃diʀ] vt (forme, objet) to round; (somme) to round off; **s'arrondir** vi to become round(ed); **~ ses fins de mois** to supplement one's pay

**arrondissement** [aʀɔ̃dismɑ̃] nm (Admin) ≈ district

**arroser** [aʀoze] vt to water; (victoire etc) to celebrate (over a drink); (Culin) to baste

**arrosoir** [aʀozwaʀ] nm watering can

**arsenal, -aux** [aʀsǝnal, -o] nm (Navig) naval dockyard; (Mil) arsenal; (fig) gear, paraphernalia

**art** [aʀ] nm art; **avoir l'~ de faire** (fig: personne) to have a talent for doing; **les ~s** the arts; **livre/critique d'~** art book/ critic; **objet d'~** objet d'art; **~ dramatique** dramatic art; **~s martiaux** martial arts; **~s et métiers** applied arts and crafts; **~s ménagers** home economics sg; **~s plastiques** plastic arts

**artère** [aʀtɛʀ] nf (Anat) artery; (rue) main road

**arthrite** [aʀtʀit] nf arthritis

**artichaut** [aʀtiʃo] nm artichoke

**article** [aʀtikl] nm article; (Comm) item, article; **faire l'~** (Comm) to do one's sales spiel; **faire l'~ de** (fig) to sing the praises of; **à l'~ de la mort** at the point of death; **~ défini/indéfini** definite/indefinite article; **~ de fond** (Presse) feature article; **~s de bureau** office equipment; **~s de voyage** travel goods ou items

**articulation** [aʀtikylasjɔ̃] nf articulation; (Anat) joint

**articuler** [aʀtikyle] vt to articulate; **s'articuler (sur)** vi (Anat, Tech) to articulate (with); **s'~ autour de** (fig) to centre around ou on, turn on

**artifice** [aʀtifis] nm device, trick

**artificiel, le** [aʀtifisjɛl] adj artificial

**artisan** [aʀtizɑ̃] nm artisan, (self-employed) craftsman; **l'~ de la victoire/du malheur** the architect of victory/of the disaster

**artisanal, e, -aux** [aʀtizanal, -o] adj ou made by craftsmen; (péj) cottage industry cpd, unsophisticated; **de fabrication ~e** home-made

**artisanat** [aʀtizana] nm arts and crafts pl

**artiste** [aʀtist] nm/f artist; (Théât, Mus) artist, performer; (: de variétés) entertainer

**artistique** [aʀtistik] adj artistic

**as** vb [a] voir **avoir** ▷ nm [ɑs] ace

**ascendance** [asɑ̃dɑ̃s] nf (origine) ancestry; (Astrologie) ascendant

**ascendant, e** [asɑ̃dɑ̃, -ɑ̃t] adj upward ▷ nm influence; **ascendants** nmpl ascendants

**ascenseur** [asɑ̃sœʀ] nm lift (Brit), elevator (US)

**ascension** [asɑ̃sjɔ̃] nf ascent; (de montagne) climb; **l'A~** (Rel) the Ascension; (: jour férié) Ascension (Day); see note; **(île de) l'A~** Ascension Island

● **L'ASCENSION**
●
● The fête de l'Ascension is a public holiday in
● France. It always falls on a Thursday,
● usually in May. Many French people take
● the following Friday off work too and
● enjoy a long weekend.

**aseptisé, e** [aseptize] (péj) adj sanitized

**asiatique** [azjatik] adj Asian, Asiatic ▷ nm/f: **A~** Asian

**Asie** [azi] nf: **l'~** Asia

**asile** [azil] nm (refuge) refuge, sanctuary; (Pol): **droit d'~** (political) asylum; (pour malades, vieillards etc) home; **accorder l'~ politique à qn** to grant ou give sb political asylum; **chercher/trouver ~ quelque part** to seek/find refuge somewhere

**aspect** [aspɛ] nm appearance, look; (fig) aspect, side; (Ling) aspect; **à l'~ de** at the sight of

**asperge** [aspɛʀʒ] nf asparagus no pl

**asperger** [aspɛʀʒe] vt to spray, sprinkle

**aspérité** [asperite] nf excrescence, protruding bit (of rock etc)

**asphalte** [asfalt] nm asphalt

**asphyxier** [asfiksje] vt to suffocate, asphyxiate; (fig) to stifle; **mourir asphyxié** to die of suffocation ou asphyxiation

**aspirateur** [aspiʀatœʀ] nm vacuum cleaner, hoover®; **passer l'~** to vacuum

**aspirer** [aspiʀe] vt (air) to inhale; (liquide) to suck (up); (appareil) to suck ou draw up; **~ à** vt to aspire to

**aspirine** [aspiʀin] nf aspirin

**assagir** [asaʒiʀ] vt, **s'assagir** vi to quieten down, settle down

**assaillir** [asajiʀ] vt to assail, attack; **~ qn de** (questions) to assail ou bombard sb with

**assainir** [aseniʀ] vt to clean up; (eau, air) to purify

**assaisonnement** [asɛzɔnmɑ̃] nm seasoning

**assaisonner** [asɛzɔne] vt to season; **bien assaisonné** highly seasoned

**assassin** [asasɛ̃] nm murderer; assassin

**assassiner** [asasine] vt to murder; (esp Pol) to assassinate

**assaut** [aso] nm assault, attack; **prendre d'~** to (take by) storm, assault; **donner l'~ (à)** to attack; **faire ~ de** (rivaliser) to vie with ou rival each other in

**assécher** [aseʃe] vt to drain

**assemblage** [asɑ̃blaʒ] nm (action) assembling; (Menuiserie) joint; **un ~ de** (fig) a collection of; **langage d'~** (Inform) assembly language

**assemblée** [asɑ̃ble] nf (réunion) meeting; (public, assistance) gathering; assembled people; (Pol) assembly; (Rel): **l'~ des fidèles** the congregation; **l'A~ nationale (AN)** the (French) National Assembly; see note

● **ASSEMBLÉE NATIONALE**

●
●  The Assemblée nationale is the lower house
●  of the French Parliament, the upper
●  house being the "Sénat". It is housed in
●  the Palais Bourbon in Paris. Its members,
●  or "députés", are elected every five years.

**assembler** [asɑ̃ble] vt (joindre, monter) to assemble, put together; (amasser) to gather (together), collect (together); **s'assembler** vi to gather, collect

**assener, asséner** [asene] vt: **~ un coup à qn** to deal sb a blow

**assentiment** [asɑ̃timɑ̃] nm assent, consent; (approbation) approval

**asseoir** [aswaʀ] vt (malade, bébé) to sit up; (personne debout) to sit down; (autorité, réputation) to establish; **s'asseoir** vi to sit (o.s.) up; to sit (o.s.) down; **faire ~ qn** to ask sb to sit down; **asseyez-vous!, assieds-toi!** sit down!; **~ qch sur** to build sth on; (appuyer) to base sth on

**assermenté, e** [asɛʀmɑ̃te] adj sworn, on oath

**asservir** [asɛʀviʀ] vt to subjugate, enslave

**assez** [ase] adv (suffisamment) enough, sufficiently; (passablement) rather, quite, fairly; **~!** enough!, that'll do!; **~/pas ~ cuit** well enough done/underdone; **est-il ~ fort/rapide?** is he strong/fast enough?; **il est passé ~ vite** he went past rather ou quite ou fairly fast; **~ de pain/livres** enough ou sufficient bread/books; **vous en avez ~?** have you got enough?; **en avoir ~ de qch** (en être fatigué) to have had enough of sth; **j'en ai ~!** I've had enough!; **travailler ~** to work (hard) enough

**assidu, e** [asidy] adj assiduous, painstaking; (régulier) regular; **~ auprès de qn** attentive towards sb

**assied** etc [asje] vb voir **asseoir**

**assiéger** [asjeʒe] vt to besiege, lay siege to; (foule, touristes) to mob, besiege

**assiérai** etc [asjeʀe] vb voir **asseoir**

**assiette** [asjɛt] nf plate; (contenu) plate(ful); (équilibre) seat; (de colonne) seating; (de navire) trim; **il n'est pas dans son ~** he's not feeling quite himself; **~ à dessert** dessert ou side plate; **~ anglaise** assorted cold meats; **~ creuse** (soup) dish, soup plate; **~ de l'impôt** basis of (tax) assessment; **~ plate** (dinner) plate

**assigner** [asiɲe] vt: **~ qch à** to assign ou allot sth to; (valeur, importance) to attach sth to; (somme) to allocate sth to; (limites) to set ou fix sth to; (cause, effet) to ascribe ou attribute sth to; **~ qn à** (affecter) to assign sb to; **~ qn à résidence** (Jur) to give sb a compulsory order of residence

**assimiler** [asimile] vt to assimilate, absorb; (comparer): **~ qch/qn à** to liken ou compare sth/sb to; **s'assimiler** vi (s'intégrer) to be assimilated ou absorbed; **ils sont assimilés aux infirmières** (Admin) they are classed as nurses

**assis, e** [asi, -iz] pp de **asseoir** ▷ adj sitting (down), seated ▷ nf (Constr) course; (Géo) stratum (pl -a); (fig) basis (pl bases), foundation; **~ en tailleur** sitting cross-legged

**assises** [asiz] nfpl (Jur) assizes; (congrès) (annual) conference

**assistance** [asistɑ̃s] nf (public) audience; (aide) assistance; **porter ou prêter ~ à qn** to give sb assistance; **A~ publique (AP)** public health service; **enfant de l'A~ (publique)** child in care; **~ technique** technical aid

**assistant, e** [asistɑ̃, -ɑ̃t] nm/f assistant; (d'université) probationary lecturer; **les assistants** nmpl (auditeurs etc) those present; **~e sociale** social worker

**assisté, e** [asiste] adj (Auto) power assisted; **~ par ordinateur** computer-assisted; **direction ~e** power steering ▷ nm/f person receiving aid from the State

**assister** [asiste] vt to assist; **~ à** (scène, événement) to witness; (conférence) to attend, be (present) at; (spectacle, match) to be at, see

**association** [asɔsjasjɔ̃] nf association; (Comm) partnership; **~ d'idées/images** association of ideas/images

**associé, e** [asɔsje] nm/f associate; (Comm) partner

**associer** [asɔsje] vt to associate; ~ **qn à** (profits) to give sb a share of; (affaire) to make sb a partner in; (joie, triomphe) to include sb in; ~ **qch à** (joindre, allier) to combine sth with; **s'associer** vi to join together; (Comm) to form a partnership ▷ vt (collaborateur) to take on (as a partner); **s'~ à** (couleurs, qualités) to be combined with; (joie, joie de qn) to share in; **s'~ à** ou **avec qn pour faire** to join (forces) ou join together with sb to do

**assoiffé, e** [aswafe] adj thirsty; (fig): ~ **de** (sang) thirsting for; (gloire) thirsting after

**assombrir** [asɔ̃bRiR] vt to darken; (fig) to fill with gloom; **s'assombrir** vi to darken; (devenir nuageux, fig: visage) to cloud over; (fig) to become gloomy

**assommer** [asɔme] vt (étourdir, abrutir) to knock out, stun; (fam: ennuyer) to bore stiff

**Assomption** [asɔ̃psjɔ̃] nf: **l'~** the Assumption; see note

> ● **L'ASSOMPTION**
> ●
> ● The fête de l'Assomption, more commonly
> ● known as "le 15 août" is a national
> ● holiday in France. Traditionally, large
> ● numbers of holidaymakers leave home
> ● on 15 August, frequently causing chaos
> ● on the roads.

**assorti, e** [asɔRti] adj matched, matching; **fromages/légumes ~s** assorted cheeses/vegetables; ~ **à** matching; ~ **de** accompanied with; (conditions, conseils) coupled with; **bien/mal ~** well/ill-matched

**assortiment** [asɔRtimɑ̃] nm (choix) assortment, selection; (harmonie de couleurs, formes) arrangement; (Comm: lot, stock) selection

**assortir** [asɔRtiR] vt to match; **s'assortir** vi to go well together, match; ~ **qch à** to match sth with; ~ **qch de** to accompany sth with; **s'~ de** to be accompanied by

**assoupi, e** [asupi] adj dozing, sleeping; (fig) (be)numbed; (sens) dulled

**assoupir** [asupiR]: **s'assoupir** vi (personne) to doze off; (sens) to go numb

**assouplir** [asupliR] vt to make supple, soften; (membres, corps) to limber up, make supple; (fig) to relax; (: caractère) to soften, make more flexible; **s'assouplir** vi to soften; to limber up; to relax; to become more flexible

**assouplissant** [asuplisɑ̃] nm (fabric) softener

**assourdir** [asuRdiR] vt (bruit) to deaden, muffle; (bruit) to deafen

**assouvir** [asuviR] vt to satisfy, appease

**assujettir** [asyʒetiR] vt to subject, subjugate; (fixer: planches, tableau) to fix securely; ~ **qn à** (règle, impôt) to subject sb to

**assumer** [asyme] vt (fonction, emploi) to assume, take on; (accepter: conséquence, situation) to accept

**assurance** [asyRɑ̃s] nf (certitude) assurance; (confiance en soi) (self-)confidence; (contrat) insurance (policy); (secteur commercial) insurance; **prendre une ~ contre** to take out insurance ou an insurance policy against; ~ **contre l'incendie** fire insurance; ~ **contre le vol** insurance against theft; **société d'~**, **compagnie d'~s** insurance company; ~ **au tiers** third party insurance; ~ **maladie (AM)** health insurance; ~ **tous risques** (Auto) comprehensive insurance; **~s sociales (AS)** ≈ National Insurance (Brit), ≈ Social Security (US)

**assurance-vie** (pl **assurances-vie**) [asyRɑ̃svi] nf life assurance ou insurance

**assuré, e** [asyRe] adj (réussite, échec, victoire etc) certain, sure; (démarche, voix) assured; (pas) steady, (self-)confident; (certain): ~ **de** confident of; (Assurances) insured ▷ nm/f insured (person); ~ **social** ≈ member of the National Insurance (Brit) ou Social Security (US) scheme

**assurément** [asyRemɑ̃] adv assuredly, most certainly

**assurer** [asyRe] vt (Comm) to insure; (stabiliser) to steady, stabilize; (victoire etc) to ensure, make certain; (frontières, pouvoir) to make secure; (service, garde) to provide, operate; ~ **qch à qn** (garantir) to secure ou guarantee sth for sb; (certifier) to assure sb of sth; ~ **à qn que** to assure sb that; **je vous assure que non/si** I assure you that that is not the case/is the case; ~ **qn de** to assure sb of; ~ **ses arrières** (fig) to be sure one has something to fall back on; **s'assurer (contre)** vi (Comm) to insure o.s. (against); **s'~ de/que** (vérifier) to make sure of/that; **s'~ (de)** (aide de qn) to secure; **s'~ sur la vie** to take out life insurance; **s'~ le concours/la collaboration de qn** to secure sb's aid/collaboration

**assureur** [asyRœR] nm insurance agent; (société) insurers pl

**asthmatique** [asmatik] adj, nm/f asthmatic

**asthme** [asm] nm asthma

**asticot** [astiko] nm maggot

**astiquer** [astike] vt to polish, shine

**astre** [astR] nm star

**astreignant, e** [astRɛɲɑ̃, -ɑ̃t] adj demanding

**astreindre** [astRɛ̃dR] vt: ~ **qn à qch** to force sth upon sb; ~ **qn à faire** to compel ou force sb to do; **s'~ à** to compel ou force o.s. to

**astrologie** [astRɔlɔʒi] nf astrology

**astronaute** [astRɔnot] nm/f astronaut

**astronomie** [astRɔnɔmi] nf astronomy

**astuce** [astys] nf shrewdness, astuteness; (truc) trick, clever way; (plaisanterie) wisecrack

**astucieux, -euse** [astysjø, -øz] adj shrewd, clever, astute

**atelier** [atəlje] nm workshop; (de peintre) studio

**athée** [ate] adj atheistic ▷ nm/f atheist

**Athènes** [atɛn] n Athens

**athlète** [atlɛt] *nm/f* (*Sport*) athlete; (*costaud*) muscleman

**athlétisme** [atletism] *nm* athletics *sg*; **faire de l'~** to do athletics; **tournoi d'~** athletics meeting

**atlantique** [atlãtik] *adj* Atlantic ▷ *nm*: **l'(océan) A~** the Atlantic (Ocean)

**atlas** [atlɑs] *nm* atlas

**atmosphère** [atmɔsfɛʀ] *nf* atmosphere

**atome** [atom] *nm* atom

**atomique** [atɔmik] *adj* atomic, nuclear; (*usine*) nuclear; (*nombre, masse*) atomic

**atomiseur** [atɔmizœʀ] *nm* atomizer

**atout** [atu] *nm* trump; (*fig*) asset; (: *plus fort*) trump card; **"~ pique/trèfle"** "spades/clubs are trumps"

**âtre** [ɑtʀ] *nm* hearth

**atroce** [atʀɔs] *adj* atrocious, horrible

**attabler** [atable]: **s'attabler** *vi* to sit down at (the) table; **s'~ à la terrasse** to sit down (at a table) on the terrace

**attachant, e** [ataʃɑ̃, -ɑ̃t] *adj* engaging, likeable

**attache** [ataʃ] *nf* clip, fastener; (*fig*) tie; **attaches** *nfpl* (*relations*) connections; **à l'~** (*chien*) tied up

**attacher** [ataʃe] *vt* to tie up; (*étiquette*) to attach, tie on; (*ceinture*) to fasten; (*souliers*) to do up ▷ *vi* (*poêle, riz*) to stick; **s'attacher** *vi* (*robe etc*) to do up; **s'~ à** (*par affection*) to become attached to; **s'~ à faire qch** to endeavour to do sth; **~ qch à** to tie *ou* fasten *ou* attach sth to; **~ qn à** (*fig*: *lier*) to attach sb to; **~ du prix/ de l'importance à** to attach great value/ attach importance to

**attaque** [atak] *nf* attack; (*cérébrale*) stroke; (*d'épilepsie*) fit; **être/se sentir d'~** to be/feel on form; **~ à main armée** armed attack

**attaquer** [atake] *vt* to attack; (*en justice*) to sue, bring an action against; (*travail*) to tackle, set about ▷ *vi* to attack; **s'attaquer à** *vt* (*personne*) to attack; (*épidémie, misère*) to tackle, attack

**attardé, e** [ataʀde] *adj* (*passants*) late; (*enfant*) backward; (*conceptions*) old-fashioned

**attarder** [ataʀde]: **s'attarder** *vi* (*sur qch, en chemin*) to linger; (*chez qn*) to stay on

**atteindre** [atɛ̃dʀ] *vt* to reach; (*blesser*) to hit; (*contacter*) to reach, contact, get in touch with; (*émouvoir*) to affect

**atteint, e** [atɛ̃, -ɛ̃t] *pp de* **atteindre** ▷ *adj* (*Méd*) **être ~ de** to be suffering from ▷ *nf* attack; **hors d'~e** out of reach; **porter ~e à** to strike a blow at, undermine

**atteler** [atle] *vt* (*cheval, bœufs*) to hitch up; (*wagons*) to couple; **s'atteler à** (*travail*) to buckle down to

**attelle** [atɛl] *nf* splint

**attenant, e** [atnɑ̃, -ɑ̃t] *adj*: **~ (à)** adjoining

**attendant** [atɑ̃dɑ̃]: **en ~** *adv* (*dans l'intervalle*) meanwhile, in the meantime

**attendre** [atɑ̃dʀ] *vt* to wait for; (*être destiné ou réservé à*) to await, be in store for ▷ *vi* to wait; **je n'attends plus rien (de la vie)** I expect nothing more (from life); **attendez que je réfléchisse** wait while I think; **s'~ à (ce que)** (*escompter*) to expect (that); **je ne m'y attendais pas** I didn't expect that; **ce n'est pas ce à quoi je m'attendais** that's not what I expected; **attendez-moi, s'il vous plaît** wait for me, please; **~ un enfant** to be expecting a baby; **~ de pied ferme** to wait determinedly; **~ de faire/d'être** to wait until one does/is; **~ que** to wait until; **attendez qu'il vienne** wait until he comes; **~ qch de, ~ qch de** to expect sth of; **faire ~ qn** to keep sb waiting; **se faire ~** to keep people (*ou us etc*) waiting; **en attendant** *adv voir* **attendant**

**attendrir** [atɑ̃dʀiʀ] *vt* to move (to pity); (*viande*) to tenderize; **s'~ (sur)** to be moved *ou* touched (by)

**attendrissant, e** [atɑ̃dʀisɑ̃, -ɑ̃t] *adj* moving, touching

**attendu, e** [atɑ̃dy] *pp de* **attendre** ▷ *adj* (*événement*) long-awaited; (*prévu*) expected ▷ *nm*: **~s** *reasons adduced for a judgment*; **~ que** *conj* considering that, since

**attentat** [atɑ̃ta] *nm* (*contre une personne*) assassination attempt; (*contre un bâtiment*) attack; **~ à la bombe** bomb attack; **~ à la pudeur** (*exhibitionnisme*) indecent exposure *no pl*; (*agression*) indecent assault *no pl*; **~ suicide** suicide bombing

**attente** [atɑ̃t] *nf* wait; (*espérance*) expectation; **contre toute ~** contrary to (all) expectations

**attenter** [atɑ̃te]: **~ à** *vt* (*liberté*) to violate; **~ à la vie de qn** to make an attempt on sb's life; **~ à ses jours** to make an attempt on one's life

**attentif, -ive** [atɑ̃tif, -iv] *adj* (*auditeur*) attentive; (*soin*) scrupulous; (*travail*) careful; **~ à** paying attention to; (*devoir*) mindful of; **~ à faire** careful to do

**attention** [atɑ̃sjɔ̃] *nf* attention; (*prévenance*) attention, thoughtfulness *no pl*; **mériter ~** to be worthy of attention; **à l'~ de** for the attention of; **porter qch à l'~ de qn** to bring sth to sb's attention; **attirer l'~ de qn sur qch** to draw sb's attention to sth; **faire ~ (à)** to be careful (of); **faire ~ (à ce) que** to be *ou* make sure that; **~!** careful!, watch!, watch out!; **~ à la voiture!** watch out for that car!; **~, si vous ouvrez cette lettre** (*sanction*) just watch out, if you open that letter; **~, respectez les consignes de sécurité** be sure to observe the safety instructions

**attentionné, e** [atɑ̃sjɔne] *adj* thoughtful, considerate

**atténuer** [atenɥe] *vt* (*douleur*) to alleviate, ease; (*couleurs*) to soften; (*diminuer*) to lessen; (*amoindrir*) to mitigate the effects of; **s'atténuer** *vi* to ease; (*violence etc*) to abate

**atterrer** [ateʀe] *vt* to dismay, appal

**atterrir** [ateʀiʀ] *vi* to land

**atterrissage** [ateʀisaʒ] *nm* landing; **~ sur le ventre/sans visibilité/forcé** belly/blind/forced landing

**attestation** [atɛstasjɔ̃] *nf* certificate, testimonial; **~ médicale** doctor's certificate

**attester** [atɛste] *vt* to testify to, vouch for; (*démontrer*) to attest, testify to; **~ que** to testify that

**attirail** [atiʀaj] *nm* gear; (*péj*) paraphernalia

**attirant, e** [atiʀɑ̃, -ɑ̃t] *adj* attractive, appealing

**attirer** [atiʀe] *vt* to attract; (*appâter*) to lure, entice; **~ qn dans un coin/vers soi** to draw sb into a corner/towards one; **~ l'attention de qn** to attract sb's attention; **~ l'attention de qn sur qch** to draw sb's attention to sth; **~ des ennuis à qn** to make trouble for sb; **s'~ des ennuis** to bring trouble upon o.s., get into trouble

**attiser** [atize] *vt* (*feu*) to poke (up), stir up; (*fig*) to fan the flame of, stir up

**attitré, e** [atitʀe] *adj* qualified; (*agréé*) accredited, appointed

**attitude** [atityd] *nf* attitude; (*position du corps*) bearing

**attouchements** [atuʃmɑ̃] *nmpl* touching *sg*; (*sexuels*) fondling *sg*, stroking *sg*

**attraction** [atʀaksjɔ̃] *nf* attraction; (*de cabaret, cirque*) number

**attrait** [atʀɛ] *nm* appeal, attraction; (*plus fort*) lure; **attraits** *nmpl* attractions; **éprouver de l'~ pour** to be attracted to

**attrape-nigaud** [atʀapnigo] *nm* con

**attraper** [atʀape] *vt* to catch; (*habitude, amende*) to get, pick up; (*fam: duper*) to con, take in (*Brit*); **se faire ~** (*fam*) to be told off

**attrayant, e** [atʀɛjɑ̃, -ɑ̃t] *adj* attractive

**attribuer** [atʀibɥe] *vt* (*prix*) to award; (*rôle, tâche*) to allocate, assign; (*imputer*): **~ qch à** to attribute sth to, ascribe sth to, put sth down to; **s'attribuer** *vt* (*s'approprier*) to claim for o.s.

**attribut** [atʀiby] *nm* attribute; (*Ling*) complement

**attrister** [atʀiste] *vt* to sadden; **s'~ de qch** to be saddened by sth

**attroupement** [atʀupmɑ̃] *nm* crowd, mob

**attrouper** [atʀupe]: **s'attrouper** *vi* to gather

**au** [o] *prép voir* **à**

**aubaine** [obɛn] *nf* godsend; (*financière*) windfall; (*Comm*) bonanza

**aube** [ob] *nf* dawn, daybreak; (*Rel*) alb; **à l'~** at dawn *ou* daybreak; **à l'~ de** (*fig*) at the dawn of

**aubépine** [obepin] *nf* hawthorn

**auberge** [obɛʀʒ] *nf* inn; **~ de jeunesse** youth hostel

**aubergine** [obɛʀʒin] *nf* aubergine (*Brit*), eggplant (*US*)

**aubergiste** [obɛʀʒist] *nm/f* inn-keeper, hotel-keeper

**aucun, e** [okœ̃, -yn] *adj, pron* no; (*positif*) any ▷ *pron* none; (*positif*) any(one); **il n'y a ~ livre** there isn't any book, there is no book; **je n'en vois ~ qui ...** I can't see any which ..., I (can)

see none which ...; **~ homme** no man; **sans ~ doute** without any doubt; **sans ~e hésitation** without hesitation; **plus qu'~ autre** more than any other; **il le fera mieux qu'~ de nous** he'll do it better than any of us; **plus qu'~ de ceux qui ...** more than any of those who ...; **en ~e façon** in no way at all; **~ des deux** neither of the two; **~ d'entre eux** none of them; **d'~s** (*certains*) some

**aucunement** [okynmɑ̃] *adv* in no way, not in the least

**audace** [odas] *nf* daring, boldness; (*péj*) audacity; **il a eu l'~ de ...** he had the audacity to ...; **vous ne manquez pas d'~!** you're not lacking in nerve *ou* cheek!

**audacieux, -euse** [odasjø, -øz] *adj* daring, bold

**au-delà** [od(ə)la] *adv* beyond ▷ *nm*: **l'~** the hereafter; **~ de** *prép* beyond

**au-dessous** [odsu] *adv* underneath; below; **~ de** *prép* under(neath), below; (*limite, somme etc*) below, under; (*dignité, condition*) below

**au-dessus** [odsy] *adv* above; **~ de** *prép* above

**au-devant** [od(ə)vɑ̃]: **~ de** *prép*: **aller ~ de** (*personne, danger*) to go (out) and meet; **~ de** (*souhaits de qn*) to anticipate

**audience** [odjɑ̃s] *nf* audience; (*Jur: séance*) hearing; **trouver ~ auprès de** to arouse much interest among, get the (interested) attention of

**audimat®** [odimat] *nm* (*taux d'écoute*) ratings *pl*

**audio-visuel, le** [odjovizɥɛl] *adj* audio-visual ▷ *nm* (*équipement*) audio-visual aids *pl*; (*méthodes*) audio-visual methods *pl*; **l'~** radio and television

**auditeur, -trice** [oditœʀ, -tʀis] *nm/f* (*à la radio*) listener; (*à une conférence*) member of the audience, listener; **~ libre** unregistered student (*attending lectures*), auditor (*US*)

**audition** [odisjɔ̃] *nf* (*ouïe, écoute*) hearing; (*Jur: de témoins*) examination; (*Mus, Théât: épreuve*) audition

**auditoire** [oditwaʀ] *nm* audience

**auge** [oʒ] *nf* trough

**augmentation** [ɔgmɑ̃tasjɔ̃] *nf* (*action*) increasing; raising; (*résultat*) increase; **~ (de salaire)** rise (in salary) (*Brit*), (pay) raise (*US*)

**augmenter** [ɔgmɑ̃te] *vt* to increase; (*salaire, prix*) to increase, raise, put up; (*employé*) to increase the salary of, give a (salary) rise (*Brit*) *ou* (pay) raise (*US*) to ▷ *vi* to increase; **~ de poids/volume** to gain (in) weight/volume

**augure** [ogyʀ] *nm* soothsayer, oracle; **de bon/mauvais ~** of good/ill omen

**augurer** [ogyʀe] *vt*: **~ qch de** to foresee sth (coming) from *ou* out of; **~ bien de** to augur well for

**aujourd'hui** [oʒuʀdɥi] *adv* today; **~ en huit/quinze** a week/two weeks today, a week/two weeks from now; **à dater** *ou* **partir d'~** from today('s date)

**aumône** [omon] *nf* alms *sg* (*pl inv*); **faire l'~**

**(à qn)** to give alms (to sb); **faire l'~ de qch à qn** (fig) to favour sb with sth

**aumônier** [ɔmonje] nm chaplain

**auparavant** [oparavɑ̃] adv before(hand)

**auprès** [oprɛ]: ~ **de** prép next to, close to; (recourir, s'adresser) to; (en comparaison de) compared with, next to; (dans l'opinion de) in the opinion of

**auquel** [okɛl] pron voir **lequel**

**aura** etc [ɔʀa] vb voir **avoir**

**aurai** etc [ɔʀe] vb voir **avoir**

**auréole** [ɔʀeɔl] nf halo; (tache) ring

**aurons** etc [oʀɔ̃] vb voir **avoir**

**aurore** [ɔʀɔʀ] nf dawn, daybreak; ~ **boréale** northern lights pl

**ausculter** [ɔskylte] vt to sound

**aussi** [osi] adv (également) also, too; (de comparaison) as ▷ conj therefore, consequently; ~ **fort que** as strong as; **moi** ~ me too; **lui** ~ (sujet) he too; (objet) him too; ~ **bien que** (de même que) as well as

**aussitôt** [osito] adv straight away, immediately; ~ **que** as soon as; ~ **envoyé** as soon as it is (ou was) sent; ~ **fait** no sooner done

**austère** [ɔstɛʀ] adj austere; (sévère) stern

**austral, e** [ɔstʀal] adj southern; **l'océan A~** the Antarctic Ocean; **les Terres A~es** Antarctica

**Australie** [ɔstʀali] nf: **l'~** Australia

**australien, ne** [ɔstʀaljɛ̃, -ɛn] adj Australian ▷ nm/f: **A~, ne** Australian

**autant** [otɑ̃] adv so much; **je ne savais pas que tu la détestais** ~ I didn't know you hated her so much; (comparatif): ~ **(que)** as much as; (nombre) as many (as); ~ **(de)** so much (ou many); as much (ou many); **n'importe qui aurait pu en faire** ~ anyone could have done the same ou as much; ~ **partir** we (ou you etc) may as well leave; ~ **ne rien dire** best not say anything; ~ **dire que** ... one might as well say that ...; **fort** ~ **que courageux** as strong as he is brave; **pour** ~ for all that; **il n'est pas découragé pour** ~ he isn't discouraged for all that; **pour** ~ **que** conj assuming, as long as; **d'** ~ adv accordingly, in proportion; **d'** ~ **plus/mieux (que)** all the more/the better (since)

**autel** [otɛl] nm altar

**auteur** [otœʀ] nm author; **l'~ de cette remarque** the person who said that; **droit d'** ~ copyright

**authenticité** [ɔtɑ̃tisite] nf authenticity

**authentique** [ɔtɑ̃tik] adj authentic, genuine

**auto** [oto] nf car; ~**s tamponneuses** bumper cars, dodgems

**autobiographie** [ɔtɔbjɔgʀafi] nf autobiography

**autobronzant** [ɔtɔbʀɔ̃zɑ̃] nm self-tanning cream (or lotion etc)

**autobus** [ɔtɔbys] nm bus

**autocar** [ɔtɔkaʀ] nm coach

**autochtone** [ɔtɔktɔn] nm/f native

**autocollant, e** [ɔtɔkɔlɑ̃, -ɑ̃t] adj self-adhesive; (enveloppe) self-seal ▷ nm sticker

**auto-couchettes** [ɔtɔkuʃet] adj inv: **train ~** car sleeper train, motorail® train (Brit)

**autocuiseur** [ɔtɔkwizœʀ] nm (Culin) pressure cooker

**autodéfense** [ɔtɔdefɑ̃s] nf self-defence; **groupe d'** ~ vigilante committee

**autodidacte** [ɔtɔdidakt] nm/f self-taught person

**auto-école** [ɔtɔekɔl] nf driving school

**autographe** [ɔtɔgʀaf] nm autograph

**automate** [ɔtɔmat] nm (robot) automaton; (machine) (automatic) machine

**automatique** [ɔtɔmatik] adj automatic ▷ nm: **l'~** (Tél) ≈ direct dialling

**automatiquement** [ɔtɔmatikmɑ̃] adv automatically

**automatiser** [ɔtɔmatize] vt to automate

**automne** [ɔtɔn] nm autumn (Brit), fall (US)

**automobile** [ɔtɔmɔbil] adj motor cpd ▷ nf (motor) car; **l'~** (motor) car; (industrie) the car ou automobile (US) industry

**automobiliste** [ɔtɔmɔbilist] nm/f motorist

**autonome** [ɔtɔnɔm] adj autonomous

**autonomie** [ɔtɔnɔmi] nf autonomy; (Pol) self-government, autonomy; ~ **de vol** range

**autopsie** [ɔtɔpsi] nf post-mortem (examination), autopsy

**autoradio** [otoʀadjo] nf car radio

**autorisation** [ɔtɔʀizasjɔ̃] nf permission, authorization; (papiers) permit; **donner à qn l'~ de** to give sb permission to, authorize sb to; **avoir l'~ de faire** to be allowed ou have permission to do, be authorized to do

**autorisé, e** [ɔtɔʀize] adj (opinion, sources) authoritative; (permis): ~ **à faire** authorized ou permitted to do; **dans les milieux ~s** in official circles

**autoriser** [ɔtɔʀize] vt to give permission for, authorize; (fig) to allow (of), sanction; ~ **qn à faire** to give permission to sb to do, authorize sb to do

**autoritaire** [ɔtɔʀitɛʀ] adj authoritarian

**autorité** [ɔtɔʀite] nf authority; **faire ~** to be authoritative; ~**s constituées** constitutional authorities

**autoroute** [otoʀut] nf motorway (Brit), expressway (US); ~ **de l'information** (Inform) information superhighway

⬤ **AUTOROUTE**
⬤
⬤ Motorways in France, indicated by blue
⬤ road signs with the letter A followed by a
⬤ number, are toll roads. The speed limit is
⬤ 130 km/h (110 km/h when it is raining).
⬤ At the tollgate, the lanes marked 'réservé'
⬤ and with an orange 't' are reserved for
⬤ people who subscribe to 'télépéage', an
⬤ electronic payment system.

**auto-stop** [otostɔp] *nm*: **l'~** hitch-hiking; **faire de l'~** to hitch-hike; **prendre qn en ~** to give sb a lift

**auto-stoppeur, -euse** [ɔtɔstɔpœʀ, -øz] *nm/f* hitch-hiker, hitcher (*Brit*)

**autour** [otuʀ] *adv* around; **~ de** *prép* around; (*environ*) around, about; **tout ~** *adv* all around

 MOT-CLÉ

**autre** [otʀ] *adj* **1** (*différent*) other, different; **je préférerais un autre verre** I'd prefer another *ou* a different glass; **d'autres verres** different glasses; **se sentir autre** to feel different; **la difficulté est autre** the difficulty is *ou* lies elsewhere

**2** (*supplémentaire*) other; **je voudrais un autre verre d'eau** I'd like another glass of water

**3**: **autre chose** something else; **autre part** somewhere else; **d'autre part** on the other hand

▷ *pron* **1**: **un autre** another (one); **nous/vous autres** us/you; **d'autres** others; **l'autre** the other (one); **les autres** the others; (*autrui*) others; **l'un et l'autre** both of them; **ni l'un ni l'autre** neither of them; **se détester l'un l'autre/les uns les autres** to hate each other *ou* one another; **d'une semaine/minute à l'autre** from one week/minute *ou* moment to the next; (*incessamment*) any week/minute *ou* moment now; **de temps à autre** from time to time; **entre autres** (*personnes*) among others; (*choses*) among other things

**2** (*expressions*): **j'en ai vu d'autres** I've seen worse; **à d'autres!** pull the other one!

**autrefois** [otʀəfwa] *adv* in the past

**autrement** [otʀəmɑ̃] *adv* differently; (*d'une manière différente*) in another way; (*sinon*) otherwise; **je n'ai pas pu faire ~** I couldn't do anything else, I couldn't do otherwise; **~ dit** in other words; (*c'est-à-dire*) that is to say

**Autriche** [otʀiʃ] *nf*: **l'~** Austria

**autrichien, ne** [otʀiʃjɛ̃, -ɛn] *adj* Austrian ▷ *nm/f*: **A~, ne** Austrian

**autruche** [otʀyʃ] *nf* ostrich; **faire l'~** (*fig*) to bury one's head in the sand

**autrui** [otʀɥi] *pron* others

**auvent** [ovɑ̃] *nm* canopy

**aux** [o] *prép voir* **à**

**auxiliaire** [ɔksiljɛʀ] *adj, nm/f* auxiliary

**auxquels, auxquelles** [okɛl] *pron voir* **lequel**

**avachi, e** [avaʃi] *adj* limp, flabby; (*chaussure, vêtement*) out-of-shape; (*personne*): **~ sur qch** slumped on *ou* across sth

**aval** [aval] *nm* (*accord*) endorsement, backing; (*Géo*): **en ~** downstream, downriver; (*sur une pente*) downhill; **en ~ de** downstream *ou* downriver from; downhill from

**avalanche** [avalɑ̃ʃ] *nf* avalanche; **~ poudreuse** powder snow avalanche

**avaler** [avale] *vt* to swallow

**avance** [avɑ̃s] *nf* (*de troupes etc*) advance; (*progrès*) progress; (*d'argent*) advance; (*opposé à retard*) lead; being ahead of schedule; **avances** *nfpl* overtures; (*amoureuses*) advances; **une ~ de 300 m/4 h** (*Sport*) a 300 m/4 hour lead; **(être) en ~** (to be) early; (*sur un programme*) (to be) ahead of schedule; **on n'est pas en ~!** we're kind of late!; **être en ~ sur qn** to be ahead of sb; **d'~, à l'~, par ~** in advance; **~ (du) papier** (*Inform*) paper advance

**avancé, e** [avɑ̃se] *adj* advanced; (*travail etc*) well on, well under way; (*fruit, fromage*) overripe ▷ *nf* projection; overhang; **il est ~ pour son âge** he is advanced for his age

**avancement** [avɑ̃smɑ̃] *nm* (*professionnel*) promotion; (*de travaux*) progress

**avancer** [avɑ̃se] *vi* to move forward, advance; (*projet, travail*) to make progress; (*être en saillie*) to overhang; to project; (*montre, réveil*) to be fast; (: *d'habitude*) to gain ▷ *vt* to move forward, advance; (*argent*) to advance; (*montre, pendule*) to put forward; (*faire progresser: travail etc*) to advance, move on; **s'avancer** *vi* to move forward, advance; (*fig*) to commit o.s.; (*faire saillie*) to overhang; to project; **j'avance (d'une heure)** I'm (an hour) fast

**avant** [avɑ̃] *prép* before ▷ *adv*: **trop/plus ~** too far/further forward ▷ *adj inv*: **siège/roue ~** front seat/wheel ▷ *nm* (*d'un véhicule, bâtiment*) front; (*Sport: joueur*) forward; **~ qu'il parte/de partir** before he leaves/leaving; **~ qu'il (ne) pleuve** before it rains (*ou* rained); **~ tout** (*surtout*) above all; **à l'~** (*dans un véhicule*) in (the) front; **en ~** *adv* (*se pencher, tomber*) forward(s); **partir en ~** to go on ahead; **en ~ de** *prép* in front of; **aller de l'~** to steam ahead (*fig*), make good progress

**avantage** [avɑ̃taʒ] *nm* advantage; (*Tennis*): **~ service/dehors** advantage *ou* van (*Brit*) *ou* ad (*US*) in/out; **tirer ~ de** to take advantage of; **vous auriez ~ à faire** you would be well-advised to do, it would be to your advantage to do; **à l'~ de qn** to sb's advantage; **être à son ~** to be at one's best; **~s en nature** benefits in kind; **~s sociaux** fringe benefits

**avantager** [avɑ̃taʒe] *vt* (*favoriser*) to favour; (*embellir*) to flatter

**avantageux, -euse** [avɑ̃taʒø, -øz] *adj* (*prix*) attractive; (*intéressant*) attractively priced; (*portrait, coiffure*) flattering; **conditions avantageuses** favourable terms

**avant-bras** [avɑ̃bʀa] *nm inv* forearm

**avant-coureur** [avɑ̃kuʀœʀ] *adj inv* (*bruit etc*) precursory; **signe ~** advance indication *ou* sign

**avant-dernier, -ière** [avɑ̃dɛʀnje, -jɛʀ] *adj, nm/f* next to last, last but one

**avant-goût** [avɑ̃gu] *nm* foretaste

**avant-hier** [avɑ̃tjɛʀ] *adv* the day before yesterday

**avant-première** [avɑ̃pʀəmjɛʀ] nf (de film) preview; **en** ~ as a preview, in a preview showing

**avant-projet** [avɑ̃pʀɔʒɛ] nm preliminary draft

**avant-propos** [avɑ̃pʀɔpo] nm foreword

**avant-veille** [avɑ̃vɛj] nf: **l'~** two days before

**avare** [avaʀ] adj miserly, avaricious ▷ nm/f miser; **~ de compliments** stingy ou sparing with one's compliments

**avarié, e** [avaʀje] adj (viande, fruits) rotting, going off (Brit); (Navig: navire) damaged

**avaries** [avaʀi] nfpl (Navig) damage sg

**avec** [avɛk] prép with; (à l'égard de) to(wards), with ▷ adv (fam) with it (ou him etc); ~ **habileté/lenteur** skilfully/slowly; ~ **eux/ces maladies** with them/these diseases; ~ **ça** (malgré ça) for all that; **et ~ ça?** (dans un magasin) anything ou something else?

**avenant, e** [avnɑ̃, -ɑ̃t] adj pleasant ▷ nm (Assurances) additional clause; **à l'~** adv in keeping

**avènement** [avɛnmɑ̃] nm (d'un roi) accession, succession; (d'un changement) advent; (d'une politique, idée) coming

**avenir** [avniʀ] nm: **l'~** the future; **à l'~** in future; **sans ~** with no future, without a future; **carrière/politicien d'~** career/politician with prospects ou a future

**aventure** [avɑ̃tyʀ] nf: **l'~** adventure; **une ~** an adventure; (amoureuse) an affair; **partir à l'~** to go off in search of adventure; (au hasard) to go where one's fancy takes one; **roman/film d'~** adventure story/film

**aventurer** [avɑ̃tyʀe] vt (somme, réputation, vie) to stake; (remarque, opinion) to venture; **s'aventurer** vi to venture; **s'~ à faire qch** to venture into sth

**aventureux, -euse** [avɑ̃tyʀø, -øz] adj adventurous, venturesome; (projet) risky, chancy

**avenue** [avny] nf avenue

**avérer** [aveʀe]: **s'avérer** vr: **s'~ faux/coûteux** to prove (to be) wrong/expensive

**averse** [avɛʀs] nf shower

**averti, e** [avɛʀti] adj (well-)informed

**avertir** [avɛʀtiʀ] vt: ~ **qn (de qch/que)** to warn sb (of sth/that); (renseigner) to inform sb (of sth/that); ~ **qn de ne pas faire qch** to warn sb not to do sth

**avertissement** [avɛʀtismɑ̃] nm warning

**avertisseur** [avɛʀtisœʀ] nm horn, siren; ~ **(d'incendie)** (fire) alarm

**aveu, x** [avø] nm confession; **passer aux ~x** to make a confession; **de l'~ de** according to

**aveugle** [avœgl] adj blind ▷ nm/f blind person; **les ~s** the blind; **test en (double) ~** (double) blind test

**aveuglément** [avœglemɑ̃] adv blindly

**aveugler** [avœgle] vt to blind

**aviateur, -trice** [avjatœʀ, -tʀis] nm/f aviator, pilot

**aviation** [avjasjɔ̃] nf (secteur commercial) aviation; (sport, métier de pilote) flying; (Mil) air force; **terrain d'~** airfield; ~ **de chasse** fighter force

**avide** [avid] adj eager; (péj) greedy, grasping; ~ **de** (sang etc) thirsting for; ~ **d'honneurs/d'argent** greedy for honours/money; ~ **de connaître/d'apprendre** eager to know/learn

**avilir** [aviliʀ] vt to debase

**avion** [avjɔ̃] nm (aero)plane (Brit), (air)plane (US); **aller (quelque part) en ~** to go (somewhere) by plane, fly (somewhere); **par ~** by airmail; ~ **de chasse** fighter; ~ **de ligne** airliner; ~ **à réaction** jet (plane)

**aviron** [aviʀɔ̃] nm oar; (sport): **l'~** rowing

**avis** [avi] nm (opinion) notice; (notification) notice; (Comm): ~ **de crédit/débit** credit/debit advice; **à mon ~** in my opinion; **je suis de votre ~** I share your opinion, I am of your opinion; **être d'~ que** to be of the opinion that; **changer d'~** to change one's mind; **sauf ~ contraire** unless you hear to the contrary; **sans ~ préalable** without notice; **jusqu'à nouvel ~** until further notice; ~ **de décès** death announcement

**avisé, e** [avize] adj sensible, wise; **être bien/mal ~ de faire** to be well-/ill-advised to do

**aviser** [avize] vt (voir) to notice, catch sight of; (informer): ~ **qn de/que** to advise ou inform ou notify sb of/that ▷ vi to think about things, assess the situation; **nous ~ons sur place** we'll work something out once we're there; **s'~ de qch/que** to become suddenly aware of sth/that; **s'~ de faire** to take it into one's head to do

**avocat, e** [avɔka, -at] nm/f (Jur) ≈ barrister (Brit), lawyer; (fig) advocate, champion ▷ nm (Culin) avocado (pear); **se faire l'~ du diable** to be the devil's advocate; **l'~ de la défense/partie civile** the counsel for the defence/plaintiff; ~ **d'affaires** business lawyer; ~ **général** assistant public prosecutor

**avoine** [avwan] nf oats pl

**MOT-CLÉ**

**avoir** [avwaʀ] nm assets pl, resources pl; (Comm) credit; **avoir fiscal** tax credit
▷ vt **1** (posséder) to have; **elle a deux enfants/une belle maison** she has (got) two children/a lovely house; **il a les yeux bleus** he has (got) blue eyes; **vous avez du sel?** do you have any salt?; **avoir du courage/de la patience** to be brave/patient

**2** (éprouver): **qu'est-ce que tu as?, qu'as-tu?** what's wrong?, what's the matter?; **avoir de la peine** to be ou feel sad; voir aussi **faim**, **peur** etc

**3** (âge, dimensions) to be; **il a 3 ans** he is 3 (years old); **le mur a 3 mètres de haut** the wall is 3 metres high

**4** (*fam: duper*) to do, have; **on vous a eu!** you've been done *ou* had!; (*fait une plaisanterie*) we *ou* they had you there

**5**: **en avoir contre qn** to have a grudge against sb; **en avoir assez** to be fed up; **j'en ai pour une demi-heure** it'll take me half an hour; **n'avoir que faire de qch** to have no use for sth

**6** (*obtenir, attraper*) to get; **j'ai réussi à avoir mon train** I managed to get *ou* catch my train; **j'ai réussi à avoir le renseignement qu'il me fallait** I managed to get (hold of) the information I needed

▷ *vb aux* **1** to have; **avoir mangé/dormi** to have eaten/slept; **hier je n'ai pas mangé** I didn't eat yesterday

**2** (*avoir + à + infinitif*): **avoir à faire qch** to have to do sth; **vous n'avez qu'à lui demander** you only have to ask him; **tu n'as pas à me poser des questions** it's not for you to ask me questions

▷ *vb impers* **1**: **il y a** (+ *singulier*) there is; (+ *pluriel*) there are; **il y avait du café/des gâteaux** there was coffee/there were cakes; **qu'y-a-t-il?, qu'est-ce qu'il y a?** what's the matter?, what is it?; **il doit y avoir une explication** there must be an explanation; **il n'y a qu'à …** we (*ou you etc*) will just have to …; **il ne peut y en avoir qu'un** there can only be one

**2** (*temporel*): **il y a 10 ans** 10 years ago; **il y a 10 ans/longtemps que je le connais** I've known him for 10 years/a long time; **il y a 10 ans qu'il est arrivé** it's 10 years since he arrived

**avoisiner** [avwazine] *vt* to be near *ou* close to; (*fig*) to border *ou* verge on

**avortement** [avɔʀtəmɑ̃] *nm* abortion

**avorter** [avɔʀte] *vi* (*Méd*) to have an abortion; (*fig*) to fail; **faire ~** to abort; **se faire ~** to have an abortion

**avoué, e** [avwe] *adj* avowed ▷ *nm* (*Jur*) ≈ solicitor (*Brit*), lawyer

**avouer** [avwe] *vt* (*crime, défaut*) to confess (to) ▷ *vi* (*se confesser*) to confess; (*admettre*) to admit; **~ avoir fait/que** to admit *ou* confess to having done/that; **~ que oui/non** to admit that it is so/not so

**avril** [avʀil] *nm* April; *voir aussi* **juillet**

**axe** [aks] *nm* axis (*pl* axes); (*de roue etc*) axle; **dans l'~ de** directly in line with; (*fig*) main line; **~ routier** trunk road (*Brit*), main road, highway (*US*)

**axer** [akse] *vt*: **~ qch sur** to centre sth on

**ayons** *etc* [ɛjɔ̃] *vb voir* **avoir**

**azote** [azɔt] *nm* nitrogen

**baba** [baba] *adj inv*: **en être ~** (*fam*) to be flabbergasted ▷ *nm*: **~ au rhum** rum baba

**babines** [babin] *nfpl* chops

**babiole** [babjɔl] *nf* (*bibelot*) trinket; (*vétille*) trifle

**bâbord** [babɔʀ] *nm*: **à** *ou* **par ~** to port, on the port side

**baby-foot** [babifut] *nm inv* table football

**baby-sitting** [babisitiŋ] *nm* baby-sitting; **faire du ~** to baby-sit

**bac** [bak] *nm* (*Scol*) = **baccalauréat**; (*bateau*) ferry; (*récipient*) tub; (*: Photo etc*) tray; (*: Industrie*) tank; **~ à glace** ice-tray; **~ à légumes** vegetable compartment *ou* rack

**baccalauréat** [bakalɔʀea] *nm* ≈ A-levels *pl* (*Brit*), ≈ high school diploma (*US*); *see note*

---

● **BACCALAURÉAT**

●

● The *baccalauréat* or "bac" is the school-
● leaving examination taken at a French
● "lycée" at the age of 18; it marks the end
● of seven years' secondary education.
● Several subject combinations are
● available, although in all cases a broad
● range is studied. Successful candidates
● can go on to university, if they so wish.

---

**bâche** [baʃ] *nf* tarpaulin, canvas sheet

**bachelier, -ière** [baʃəlje, -jɛʀ] *nm/f holder of the baccalauréat*

**bâcler** [bakle] *vt* to botch (up)

**badaud, e** [bado, -od] *nm/f* idle onlooker
**badigeonner** [badiʒɔne] *vt* to distemper; to colourwash; (*péj*: *barbouiller*) to daub; (*Méd*) to paint
**badiner** [badine] *vi*: ~ **avec qch** to treat sth lightly; **ne pas** ~ **avec qch** not to trifle with sth
**baffe** [baf] *nf* (*fam*) slap, clout
**baffle** [bafl] *nm* baffle (board)
**bafouer** [bafwe] *vt* to deride, ridicule
**bafouiller** [bafuje] *vi, vt* to stammer
**bâfrer** [bɑfʀe] *vi, vt* (*fam*) to guzzle, gobble
**bagage** [bagaʒ] *nm*: ~**s** luggage *sg*, baggage *sg*; (*connaissances*) background, knowledge; **faire ses** ~**s** to pack (one's bags); ~ **littéraire** (stock of) literary knowledge; ~**s à main** hand-luggage
**bagarre** [bagaʀ] *nf* fight, brawl; **il aime la** ~ he loves a fight, he likes fighting
**bagarrer** [bagaʀe]: **se bagarrer** *vi* to (have a) fight
**bagatelle** [bagatɛl] *nf* trifle, trifling sum (*ou* matter)
**bagne** [baɲ] *nm* penal colony; **c'est le** ~ (*fig*) it's forced labour
**bagnole** [baɲɔl] *nf* (*fam*) car, wheels *pl* (Brit)
**bagout** [bagu] *nm* glibness; **avoir du** ~ to have the gift of the gab
**bague** [bag] *nf* ring; ~ **de fiançailles** engagement ring; ~ **de serrage** clip
**baguette** [bagɛt] *nf* stick; (*cuisine chinoise*) chopstick; (*de chef d'orchestre*) baton; (*pain*) stick of (French) bread; (*Constr*: *moulure*) beading; **mener qn à la** ~ to rule sb with a rod of iron; ~ **magique** magic wand; ~ **de sourcier** divining rod; ~ **de tambour** drumstick
**baie** [bɛ] *nf* (*Géo*) bay; (*fruit*) berry; ~ (**vitrée**) picture window
**baignade** [bɛɲad] *nf* (*action*) bathing; (*bain*) bathe; (*endroit*) bathing place; "~ **interdite**" "no bathing"
**baigner** [bɛɲe] *vt* (*bébé*) to bath ▷ *vi*: ~ **dans son sang** to lie in a pool of blood; ~ **dans la brume** to be shrouded in mist; **se baigner** *vi* to go swimming *ou* bathing; (*dans une baignoire*) to have a bath; **ça baigne!** (*fam*) everything's great!
**baignoire** [bɛɲwaʀ] *nf* bath(tub); (*Théât*) ground-floor box
**bail, baux** [baj, bo] *nm* lease; **donner** *ou* **prendre qch à** ~ to lease sth
**bâillement** [bɑjmɑ̃] *nm* yawn
**bâiller** [bɑje] *vi* to yawn; (*être ouvert*) to gape
**bâillonner** [bɑjɔne] *vt* to gag
**bain** [bɛ̃] *nm* (*dans une baignoire, Photo, Tech*) bath; (*dans la mer, une piscine*) swim; **costume de** ~ bathing costume (Brit), swimsuit; **prendre un** ~ to have a bath; **se mettre dans le** ~ (*fig*) to get into (the way of) it *ou* things; ~ **de bouche** mouthwash; ~ **de foule** walkabout; ~ **moussant** bubble bath; ~ **de pieds** footbath; (*au bord de la mer*) paddle; ~ **de siège** hip bath; ~ **de soleil** sunbathing *no pl*;

**prendre un** ~ **de soleil** to sunbathe; ~**s de mer** sea bathing *sg*; ~**s(-douches) municipaux** public baths
**bain-marie** (*pl* **bains-marie**) [bɛ̃maʀi] *nm* double boiler; **faire chauffer au** ~ (*boîte etc*) to immerse in boiling water
**baiser** [beze] *nm* kiss ▷ *vt* (*main, front*) to kiss; (*fam!*) to screw (!)
**baisse** [bɛs] *nf* fall, drop; (*Comm*): "~ **sur la viande**" "meat prices down"; **en** ~ (*cours, action*) falling; **à la** ~ downwards
**baisser** [bese] *vt* to lower; (*radio, chauffage*) to turn down; (*Auto*: *phares*) to dip (Brit), lower (US) ▷ *vi* to fall, drop, go down; (*vue, santé*) to fail, dwindle; **se baisser** *vi* to bend down
**bal** [bal] *nm* dance; (*grande soirée*) ball; ~ **costumé/masqué** fancy-dress/masked ball; ~ **musette** dance (*with accordion accompaniment*)
**balade** [balad] (*fam*) *nf* (*à pied*) walk, stroll; (*en voiture*) drive; **faire une** ~ to go for a walk *ou* stroll; to go for a drive
**balader** [balade] (*fam*) *vt* (*traîner*) to trail around; **se balader** *vi* to go for a walk *ou* stroll; to go for a drive
**baladeur** [baladœʀ] *nm* personal stereo, Walkman®; ~ **numérique** MP3 player
**balafre** [balafʀ] *nf* gash, slash; (*cicatrice*) scar
**balai** [balɛ] *nm* broom, brush; (*Auto*: *d'essuie-glace*) blade; (*Mus*: *de batterie etc*) brush; **donner un coup de** ~ to give the floor a sweep; ~ **mécanique** carpet sweeper
**balai-brosse** (*pl* **balais-brosses**) [balɛbʀɔs] *nm* (long-handled) scrubbing brush
**balance** [balɑ̃s] *nf* (*à plateaux*) scales *pl*; (*de précision*) balance; (*Comm, Pol*): ~ **des comptes** *ou* **paiements** balance of payments; (*signe*): **la B~** Libra, the Scales; **être de la B~** to be Libra; ~ **commerciale** balance of trade; ~ **des forces** balance of power; ~ **romaine** steelyard
**balancer** [balɑ̃se] *vt* to swing; (*lancer*) to fling, chuck; (*renvoyer, jeter*) to chuck out ▷ *vi* to swing; **se balancer** *vi* to swing; (*bateau*) to rock; (*branche*) to sway; **se** ~ **de qch** (*fam*) not to give a toss about sth
**balançoire** [balɑ̃swaʀ] *nf* swing; (*sur pivot*) seesaw
**balayer** [baleje] *vt* (*feuilles etc*) to sweep up, brush up; (*pièce, cour*) to sweep; (*chasser*) to sweep away *ou* aside; (*radar*) to scan; (: *phares*) to sweep across
**balayeur, -euse** [balejœʀ, -øz] *nm/f* road sweeper ▷ *nf* (*engin*) road sweeper
**balbutier** [balbysje] *vi, vt* to stammer
**balcon** [balkɔ̃] *nm* balcony; (*Théât*) dress circle
**Bâle** [bɑl] *n* Basle *ou* Basel
**Baléares** [baleaʀ] *nfpl*: **les** ~ the Balearic Islands, the Balearics
**baleine** [balɛn] *nf* whale; (*de parapluie*) rib; (*de corset*) bone

**balise** [baliz] *nf* (*Navig*) beacon, (marker) buoy; (*Aviat*) runway light, beacon; (*Auto, Ski*) sign, marker

**baliser** [balize] *vt* to mark out (with beacons *ou* lights *etc*)

**balivernes** [balivɛʀn] *nfpl* twaddle *sg* (*Brit*), nonsense *sg*

**ballant, e** [balɑ̃, -ɑ̃t] *adj* dangling

**balle** [bal] *nf* (*de fusil*) bullet; (*de sport*) ball; (*du blé*) chaff; (*paquet*) bale; (*fam: franc*) franc; **~ perdue** stray bullet

**ballerine** [bal(ə)ʀin] *nf* (*danseuse*) ballet dancer; (*chaussure*) pump, ballet shoe

**ballet** [balɛ] *nm* ballet; (*fig*): **~ diplomatique** diplomatic to-ings and fro-ings

**ballon** [balɔ̃] *nm* (*de sport*) ball; (*jouet, Aviat, de bande dessinée*) balloon; (*de vin*) glass; **~ d'essai** (*météorologique*) pilot balloon; (*fig*) feeler(s); **~ de football** football; **~ d'oxygène** oxygen bottle

**ballot** [balo] *nm* bundle; (*péj*) nitwit

**ballottage** [balɔtaʒ] *nm* (*Pol*) second ballot

**ballotter** [balɔte] *vi* to roll around; (*bateau etc*) to toss ▷ *vt* to shake *ou* throw about; to toss; **être ballotté entre** (*fig*) to be shunted between; (*: indécis*) to be torn between

**balnéaire** [balneɛʀ] *adj* seaside *cpd*; **station ~** seaside resort

**balourd, e** [baluʀ, -uʀd] *adj* clumsy ▷ *nm/f* clodhopper

**balustrade** [balystʀad] *nf* railings *pl*, handrail

**bambin** [bɑ̃bɛ̃] *nm* little child

**bambou** [bɑ̃bu] *nm* bamboo

**ban** [bɑ̃] *nm* round of applause, cheer; **être/ mettre au ~ de** to be outlawed/to outlaw from; **le ~ et l'arrière-ban de sa famille** every last one of his relatives; **~s (de mariage)** banns, bans

**banal, e** [banal] *adj* banal, commonplace; (*péj*) trite; **four/moulin ~** village oven/mill

**banalité** [banalite] *nf* banality; (*remarque*) truism, trite remark

**banane** [banan] *nf* banana; (*sac*) waist-bag, bum-bag

**banc** [bɑ̃] *nm* seat, bench; (*de poissons*) shoal; **~ des accusés** dock; **~ d'essai** (*fig*) testing ground; **~ de sable** sandbank; **~ des témoins** witness box; **~ de touche** dugout

**bancaire** [bɑ̃kɛʀ] *adj* banking; (*chèque, carte*) bank *cpd*

**bancal, e** [bɑ̃kal] *adj* wobbly; (*personne*) bow-legged; (*fig: projet*) shaky

**bandage** [bɑ̃daʒ] *nm* bandaging; (*pansement*) bandage; **~ herniaire** truss

**bande** [bɑ̃d] *nf* (*de tissu etc*) strip; (*Méd*) bandage; (*motif, dessin*) stripe; (*Ciné*) film; (*Radio, groupe*) band; (*péj*): **une ~ de** a bunch *ou* crowd of; **par la ~** in a roundabout way; **donner de la ~** to list; **faire ~ à part** to keep to o.s.; **~ dessinée (BD)** strip cartoon (*Brit*), comic strip; **~ magnétique** magnetic tape;

**~ passante** (*Inform*) bandwidth; **~ perforée** punched tape; **~ de roulement** (*de pneu*) tread; **~ sonore** sound track; **~ de terre** strip of land; **~ Velpeau®** (*Méd*) crêpe bandage

**bande-annonce** [bɑ̃dɑnɔ̃s] *nf* (*Ciné*) trailer

**bandeau, x** [bɑ̃do] *nm* headband; (*sur les yeux*) blindfold; (*Méd*) head bandage

**bander** [bɑ̃de] *vt* (*blessure*) to bandage; (*muscle*) to tense; (*arc*) to bend ▷ *vi* (*fam!*) to have a hard on (!); **~ les yeux à qn** to blindfold sb

**banderole** [bɑ̃dʀɔl] *nf* banderole; (*dans un défilé etc*) streamer

**bandit** [bɑ̃di] *nm* bandit

**banditisme** [bɑ̃ditism] *nm* violent crime, armed robberies *pl*

**bandoulière** [bɑ̃duljɛʀ] *nf*: **en ~** (slung *ou* worn) across the shoulder

**Bangladesh** [bɑ̃gladɛʃ] *nm*: **le ~** Bangladesh

**banlieue** [bɑ̃ljø] *nf* suburbs *pl*; **quartiers de ~** suburban areas; **trains de ~** commuter trains

**banlieusard, e** [bɑ̃ljøzaʀ, -aʀd] *nm/f* suburbanite

**bannière** [banjɛʀ] *nf* banner

**bannir** [baniʀ] *vt* to banish

**banque** [bɑ̃k] *nf* bank; (*activités*) banking; **~ des yeux/du sang** eye/blood bank; **~ d'affaires** merchant bank; **~ de dépôt** deposit bank; **~ de données** (*Inform*) data bank; **~ d'émission** bank of issue

**banqueroute** [bɑ̃kʀut] *nf* bankruptcy

**banquet** [bɑ̃kɛ] *nm* (*de club*) dinner; (*de noces*) reception; (*d'apparat*) banquet

**banquette** [bɑ̃kɛt] *nf* seat

**banquier** [bɑ̃kje] *nm* banker

**banquise** [bɑ̃kiz] *nf* ice field

**baptême** [batɛm] *nm* (*sacrement*) baptism; (*cérémonie*) christening; baptism; (*d'un navire*) launching; (*d'une cloche*) consecration, dedication; **~ de l'air** first flight

**baptiser** [batize] *vt* to christen; to baptize; to launch; to consecrate, dedicate

**baquet** [bakɛ] *nm* tub, bucket

**bar** [baʀ] *nm* bar; (*poisson*) bass

**baraque** [baʀak] *nf* shed; (*fam*) house; **~ foraine** fairground stand

**baraqué, e** [baʀake] (*fam*) *adj* well-built, hefty

**baraquements** [baʀakmɑ̃] *nmpl* huts (*for refugees, workers etc*)

**baratin** [baʀatɛ̃] *nm* (*fam*) smooth talk, patter

**baratiner** [baʀatine] *vt* to chat up

**barbant, e** [baʀbɑ̃, -ɑ̃t] *adj* (*fam*) deadly (boring)

**barbare** [baʀbaʀ] *adj* barbaric ▷ *nm/f* barbarian

**barbarie** [baʀbaʀi] *nf* barbarism; (*cruauté*) barbarity

**barbe** [baʀb] *nf* beard; (**au nez et**) **à la ~ de qn** (*fig*) under sb's very nose; **la ~!** (*fam*) damn it!; **quelle ~!** (*fam*) what a drag *ou* bore!; **~ à papa** candy-floss (*Brit*), cotton candy (*US*)

**barbelé** [baʀbəle] *adj, nm*: (**fil de fer**) ~ barbed wire *no pl*

**barber** [baʀbe] *vt* (*fam*) to bore stiff

**barbiturique** [baʀbityʀik] *nm* barbiturate

**barboter** [baʀbɔte] *vi* to paddle, dabble ▷ *vt* (*fam*) to filch

**barbouiller** [baʀbuje] *vt* to daub; (*péj: écrire, dessiner*) to scribble; **avoir l'estomac barbouillé** to feel queasy *ou* sick

**barbu, e** [baʀby] *adj* bearded

**barda** [baʀda] *nm* (*fam*) kit, gear

**barder** [baʀde] *vt* (*Culin: rôti, volaille*) to bard ▷ *vi* (*fam*): **ça va** ~ sparks will fly

**barème** [baʀɛm] *nm* (*Scol*) scale; (*liste*) table; ~ **des salaires** salary scale

**baril** [baʀi(l)] *nm* (*tonneau*) barrel; (*de poudre*) keg

**bariolé, e** [baʀjɔle] *adj* many-coloured, rainbow-coloured

**baromètre** [baʀɔmɛtʀ] *nm* barometer; ~ **anéroïde** aneroid barometer

**baron** [baʀɔ̃] *nm* baron

**baronne** [baʀɔn] *nf* baroness

**baroque** [baʀɔk] *adj* (*Art*) baroque; (*fig*) weird

**barque** [baʀk] *nf* small boat

**barquette** [baʀkɛt] *nf* small boat-shaped tart; (*récipient: en aluminium*) tub; (*: en bois*) basket; (*pour repas*) tray; (*pour fruits*) punnet

**barrage** [baʀaʒ] *nm* dam; (*sur route*) roadblock, barricade; ~ **de police** police roadblock

**barre** [baʀ] *nf* (*de fer etc*) rod; (*Navig*) helm; (*écrite*) line, stroke; (*Danse*) barre; (*niveau*): **la livre a franchi la** ~ **des 1,70 euros** the pound has broken the 1.70 euros barrier; (*Jur*): **comparaître à la** ~ to appear as a witness; **être à** *ou* **tenir la** ~ (*Navig*) to be at the helm; **coup de** ~ (*fig*): **c'est le coup de** ~! it's daylight robbery!; **j'ai le coup de** ~! I'm all in!; ~ **fixe** (*Gym*) horizontal bar; ~ **de mesure** (*Mus*) bar line; ~ **à mine** crowbar; ~**s parallèles/asymétriques** (*Gym*) parallel/asymmetric bars

**barreau, x** [baʀo] *nm* bar; (*Jur*): **le** ~ the Bar

**barrer** [baʀe] *vt* (*route etc*) to block; (*mot*) to cross out; (*chèque*) to cross (Brit); (*Navig*) to steer; **se barrer** *vi* (*fam*) to clear off

**barrette** [baʀɛt] *nf* (*pour cheveux*) (hair) slide (Brit) *ou* clip (US); (*broche*) brooch

**barricader** [baʀikade] *vt* to barricade; **se barricader** *vi*: **se ~ chez soi** (*fig*) to lock o.s. in

**barrière** [baʀjɛʀ] *nf* fence; (*obstacle*) barrier; (*porte*) gate; **la Grande B~** the Great Barrier Reef; ~ **de dégel** (*Admin: on roadsigns*) no heavy vehicles — road liable to subsidence due to thaw; ~**s douanières** trade barriers

**barrique** [baʀik] *nf* barrel, cask

**bar-tabac** [baʀtaba] *nm* bar (*which sells tobacco and stamps*)

**bas, basse** [ba, bas] *adj* low; (*action*) low, ignoble ▷ *nm* (*vêtement*) stocking; (*partie inférieure*): **le** ~ **de** the lower part *ou* foot *ou* bottom of ▷ *nf* (*Mus*) bass ▷ *adv* low; (*parler*) softly; **plus** ~ lower down; more softly; (*dans un texte*) further on, below; **la tête** ~**se** with lowered head; (*fig*) with head hung low; **avoir la vue** ~**se** to be short-sighted; **au** ~ **mot** at the lowest estimate; **enfant en** ~ **âge** infant, young child; **en** ~ down below; (*d'une liste, d'un mur etc*) at (*ou* to) the bottom; (*dans une maison*) downstairs; **en** ~ **de** at the bottom of; **de** ~ **en haut** upwards; from the bottom to the top; **des hauts et des** ~ ups and downs; **un** ~ **de laine** (*fam: économies*) money under the mattress (*fig*); **mettre** ~ *vi* (*animal*) to give birth; **à** ~ **la dictature!** down with dictatorship!; ~ **morceaux** (*viande*) cheap cuts

**basané, e** [bazane] *adj* (*teint*) tanned, bronzed; (*foncé: péj*) swarthy

**bas-côté** [bakote] *nm* (*de route*) verge (Brit), shoulder (US); (*d'église*) (side) aisle

**bascule** [baskyl] *nf*: (**jeu de**) ~ seesaw; (**balance à**) ~ scales *pl*; **fauteuil à** ~ rocking chair; **système à** ~ tip-over device; rocker device

**basculer** [baskyle] *vi* to fall over, topple (over); (*benne*) to tip up ▷ *vt* (*aussi*: **faire** ~) to topple over; (*contenu*) to tip out; (*benne*) to tip up

**base** [baz] *nf* base; (*Pol*): **la** ~ the rank and file, the grass roots; (*fondement, principe*) basis (*pl* bases); **jeter les** ~**s de** to lay the foundations of; **à la** ~ **de** (*fig*) at the root of; **sur la** ~ **de** (*fig*) on the basis of; **de** ~ basic; **à** ~ **de café** *etc* coffee *etc*-based; **à** ~ **de données** (*Inform*) database; ~ **de lancement** launching site

**baser** [baze] *vt*: ~ **qch sur** to base sth on; **se** ~ **sur** (*données, preuves*) to base one's argument on; **être basé à/dans** (*Mil*) to be based at/in

**bas-fond** [bafɔ̃] *nm* (*Navig*) shallow; **bas-fonds** *nmpl* (*fig*) dregs

**basilic** [bazilik] *nm* (*Culin*) basil

**basket** [baskɛt], **basket-ball** [baskɛtbol] *nm* basketball

**baskets** [baskɛt] *nfpl* (*chaussures*) trainers (Brit), sneakers (US)

**basque** [bask] *adj, nm* (*Ling*) Basque ▷ *nm/f*: **B~** Basque; **le Pays** ~ the Basque country

**basse** [bas] *adj voir* **bas** ▷ *nf* (*Mus*) bass

**basse-cour** (*pl* **basses-cours**) [baskuʀ] *nf* farmyard; (*animaux*) farmyard animals

**bassin** [basɛ̃] *nm* (*cuvette*) bowl; (*pièce d'eau*) pond, pool; (*de fontaine, Géo*) basin; (*Anat*) pelvis; (*portuaire*) dock; ~ **houiller** coalfield

**bassine** [basin] *nf* basin; (*contenu*) bowl, bowlful

**basson** [basɔ̃] *nm* bassoon

**bas-ventre** [bavɑ̃tʀ] *nm* (lower part of the) stomach

**bat** [ba] *vb voir* **battre**

**bataille** [bataj] *nf* battle; (*rixe*) fight; **en** ~ (*en travers*) at an angle; (*en désordre*) awry; **elle avait les cheveux en** ~ her hair was a mess; ~ **rangée** pitched battle

**bâtard, e** [bɑtaʀ, -aʀd] *adj* (*enfant*)
illegitimate; (*fig*) hybrid ▷ *nm/f* illegitimate
child, bastard (*péj*) ▷ *nm* (*Boulangerie*) ≈ Vienna
loaf; **chien ~** mongrel

**bateau, x** [bato] *nm* boat; (*grand*) ship ▷ *adj
inv* (*banal, rebattu*) hackneyed; **~ de pêche/à
moteur/à voiles** fishing/motor/sailing boat

**bateau-mouche** [batomuʃ] *nm* (passenger)
pleasure boat (*on the Seine*)

**bâti, e** [bati] *adj* (*terrain*) developed ▷ *nm*
(*armature*) frame; (*Couture*) tacking; **bien ~**
(*personne*) well-built

**batifoler** [batifɔle] *vi* to frolic *ou* lark about

**bâtiment** [batimɑ̃] *nm* building; (*Navig*)
ship, vessel; (*industrie*): **le ~** the building trade

**bâtir** [batiʀ] *vt* to build; (*Couture: jupe, ourlet*)
to tack; **fil à ~** (*Couture*) tacking thread

**bâtisse** [batis] *nf* building

**bâton** [batɔ̃] *nm* stick; **mettre des ~s dans
les roues à qn** to put a spoke in sb's wheel;
**~s rompus** informally; **parler à ~s rompus**
to chat about this and that; **~ de rouge (à
lèvres)** lipstick; **~ de ski** ski stick

**bats** [ba] *vb voir* **battre**

**battage** [bataʒ] *nm* (*publicité*) (hard) plugging

**battant, e** [batɑ̃, -ɑ̃t] *vb voir* **battre** ▷ *adj*:
**pluie ~e** lashing rain ▷ *nm* (*de cloche*) clapper;
(*de volets*) shutter, flap; (*de porte*) side; (*fig:
personne*) fighter; **porte à double ~** double
door; **tambour ~** briskly

**battement** [batmɑ̃] *nm* (*de cœur*) beat;
(*intervalle*) interval (*between classes, trains etc*);
**~ de paupières** blinking *no pl* (of eyelids);
**un ~ de 10 minutes, 10 minutes de ~**
10 minutes to spare

**batterie** [batʀi] *nf* (*Mil, Élec*) battery; (*Mus*)
drums *pl*, drum kit; **~ de cuisine** kitchen
utensils *pl*; (*casseroles etc*) pots and pans *pl*;
**une ~ de tests** a string of tests

**batteur** [batœʀ] *nm* (*Mus*) drummer;
(*appareil*) whisk

**battre** [batʀ] *vt* to beat; (*pluie, vagues*) to beat
*ou* lash against; (*œufs etc*) to beat up, whisk;
(*blé*) to thresh; (*cartes*) to shuffle; (*passer au
peigne fin*) to scour ▷ *vi* (*cœur*) to beat; (*volets
etc*) to bang, rattle; **se battre** *vi* to fight; **~ la
mesure** to beat time; **~ en brèche** (*Mil: mur*)
to batter; (*fig: théorie*) to demolish;
(: *institution etc*) to attack; **~ son plein** to be at
its height, be going full swing; **~ pavillon
britannique** to fly the British flag; **~ des
mains** to clap one's hands; **~ des ailes** to flap
its wings; **~ de l'aile** (*fig*) to be in a bad way *ou*
in bad shape; **~ la semelle** to stamp one's
feet; **~ en retraite** to beat a retreat

**baume** [bom] *nm* balm

**bavard, e** [bavaʀ, -aʀd] *adj* (very) talkative;
gossipy

**bavarder** [bavaʀde] *vi* to chatter;
(*indiscrètement*) to gossip; (: *révéler un secret*) to blab

**bave** [bav] *nf* dribble; (*de chien etc*) slobber,
slaver (*Brit*), drool (*US*); (*d'escargot*) slime

**baver** [bave] *vi* to dribble; (*chien*) to slobber,
slaver (*Brit*), drool (*US*); (*encre, couleur*) to run;
**en ~** (*fam*) to have a hard time (of it)

**baveux, -euse** [bavø, -øz] *adj* dribbling;
(*omelette*) runny

**bavoir** [bavwaʀ] *nm* (*de bébé*) bib

**bavure** [bavyʀ] *nf* smudge; (*fig*) hitch;
(*policière etc*) blunder

**bayer** [baje] *vi*: **~ aux corneilles** to stand
gaping

**bazar** [bazaʀ] *nm* general store; (*fam*) jumble

**bazarder** [bazaʀde] *vt* (*fam*) to chuck out

**BCBG** *sigle adj* (= *bon chic bon genre*) smart and
trendy, ≈ preppy

**BD** *sigle f* = **bande dessinée**; (= *base de données*)
DB

**bd** *abr* = **boulevard**

**béant, e** [beɑ̃, -ɑ̃t] *adj* gaping

**béat, e** [bea, -at] *adj* showing open-eyed
wonder; (*sourire etc*) blissful

**béatitude** [beatityd] *nf* bliss

**beau, bel, belle, beaux** [bo, bɛl] *adj*
beautiful, lovely; (*homme*) handsome ▷ *nf*
(*Sport*) decider ▷ *adv*: **il fait ~** the weather's
fine ▷ *nm*: **avoir le sens du ~** to have an
aesthetic sense; **le temps est au ~** the
weather is set fair; **un ~ geste** (*fig*) a fine
gesture; **un ~ salaire** a good salary; **un ~
gâchis/rhume** a fine mess/nasty cold; **en
faire/dire de belles** to do/say (some) stupid
things; **le ~ monde** high society; **~ parleur**
smooth talker; **un ~ jour** one (fine) day; **de
plus belle** more than ever, even more; **bel et
bien** well and truly; (*vraiment*) really (and
truly); **le plus ~ c'est que ...** the best of it is
that ...; **c'est du ~!** that's great, that is!; **on a
~ essayer** however hard *ou* no matter how
hard we try; **il a ~ jeu de protester** *etc* it's
easy for him to protest *etc*; **faire le ~** (*chien*) to
sit up and beg

 **MOT-CLÉ**

**beaucoup** [buku] *adv* **1** a lot; **il boit
beaucoup** he drinks a lot; **il ne boit pas
beaucoup** he doesn't drink much *ou* a lot
**2** (*suivi de plus, trop etc*) much, a lot, far; **il est
beaucoup plus grand** he is much *ou* a lot
far taller; **c'est beaucoup plus cher** it's a lot
*ou* much more expensive; **il a beaucoup plus
de temps que moi** he has much *ou* a lot
more time than me; **il y a beaucoup plus de
touristes ici** there are a lot *ou* many more
tourists here; **beaucoup trop vite** much too
fast; **il fume beaucoup trop** he smokes far
too much

**3: beaucoup de** (*nombre*) many, a lot of;
(*quantité*) a lot of; **pas beaucoup de** (*nombre*)
not many, not a lot of; (*quantité*) not much,
not a lot of; **beaucoup d'étudiants/de
touristes** a lot of *ou* many students/tourists;
**beaucoup de courage** a lot of courage; **il n'a**

**pas beaucoup d'argent** he hasn't got much ou a lot of money; **il n'y a pas beaucoup de touristes** there aren't many ou a lot of tourists

**4**: **de beaucoup** by far
▷ *pron*: **beaucoup le savent** lots of people know that

**beau-fils** (*pl* **beaux-fils**) [bofis] *nm* son-in-law; (*remariage*) stepson
**beau-frère** (*pl* **beaux-frères**) [bofʀɛʀ] *nm* brother-in-law
**beau-père** (*pl* **beaux-pères**) [bopɛʀ] *nm* father-in-law; (*remariage*) stepfather
**beauté** [bote] *nf* beauty; **de toute ~** beautiful; **en ~** *adv* with a flourish, brilliantly; **finir qch en ~** to complete sth brilliantly
**beaux-arts** [bozaʀ] *nmpl* fine arts
**beaux-parents** [boparɑ̃] *nmpl* wife's/ husband's family, in-laws
**bébé** [bebe] *nm* baby
**bec** [bɛk] *nm* beak, bill; (*de plume*) nib; (*de cafetière etc*) spout; (*de casserole etc*) lip; (*d'une clarinette etc*) mouthpiece; (*fam*) mouth; **clouer le ~ à qn** (*fam*) to shut sb up; **ouvrir le ~** (*fam*) to open one's mouth; **~ de gaz** (street) gaslamp; **~ verseur** pouring lip
**bécane** [bekan] *nf* (*fam*) bike
**bec-de-lièvre** (*pl* **becs-de-lièvre**) [bɛkdə ljɛvʀ] *nm* harelip
**bêche** [bɛʃ] *nf* spade
**bêcher** [beʃe] *vt* (*terre*) to dig; (*personne: critiquer*) to slate; (: *snober*) to look down on
**bécoter** [bekɔte]: **se bécoter** *vi* to smooch
**becqueter** [bɛkte] *vt* (*fam*) to eat
**bedaine** [bədɛn] *nf* paunch
**bedonnant, e** [bədɔnɑ̃, -ɑ̃t] *adj* paunchy, potbellied
**bée** [be] *adj*: **bouche ~** gaping
**beffroi** [befʀwa] *nm* belfry
**bégayer** [begeje] *vt*, *vi* to stammer
**bègue** [bɛg] *nm/f*: **être ~** to have a stammer
**beige** [bɛʒ] *adj* beige
**beignet** [bɛɲɛ] *nm* fritter
**bel** [bɛl] *adj m voir* **beau**
**bêler** [bele] *vi* to bleat
**belette** [bəlɛt] *nf* weasel
**belge** [bɛlʒ] *adj* Belgian ▷ *nm/f*: **B~** Belgian; *see note*

**Belgique** [bɛlʒik] *nf*: **la ~** Belgium
**bélier** [belje] *nm* ram; (*engin*) (battering) ram; (*signe*): **le B~** Aries, the Ram; **être du B~** to be Aries

**belle** [bɛl] *adj voir* **beau** ▷ *nf* (*Sport*): **la ~** the decider
**belle-fille** (*pl* **belles-filles**) [bɛlfij] *nf* daughter-in-law; (*remariage*) stepdaughter
**belle-mère** (*pl* **belles-mères**) [bɛlmɛʀ] *nf* mother-in-law; (*remariage*) stepmother
**belle-sœur** (*pl* **belles-sœurs**) [bɛlsœʀ] *nf* sister-in-law
**belliqueux, -euse** [belikø, -øz] *adj* aggressive, warlike
**belvédère** [bɛlvedɛʀ] *nm* panoramic viewpoint (*or small building there*)
**bémol** [bemɔl] *nm* (*Mus*) flat
**bénédiction** [benediksjɔ̃] *nf* blessing
**bénéfice** [benefis] *nm* (*Comm*) profit; (*avantage*) benefit; **au ~ de** in aid of
**bénéficier** [benefisje] *vi*: **~ de** to enjoy; (*profiter*) to benefit by ou from; (*obtenir*) to get, be given
**bénéfique** [benefik] *adj* beneficial
**Benelux** [benelyks] *nm*: **le ~** Benelux, the Benelux countries
**bénévole** [benevɔl] *adj* voluntary, unpaid
**bénin, -igne** [benɛ̃, -iɲ] *adj* minor, mild; (*tumeur*) benign
**bénir** [beniʀ] *vt* to bless
**bénit, e** [beni, -it] *adj* consecrated; **eau ~e** holy water
**benjamin, e** [bɛ̃ʒamɛ̃, -in] *nm/f* youngest child; (*Sport*) under-13
**benne** [bɛn] *nf* skip; (*de téléphérique*) (cable) car; **~ basculante** tipper (Brit), dump ou dumper truck (US); **~ à ordures** (*amovible*) skip
**BEP** *sigle m* (= *Brevet d'études professionnelles*) *school-leaving diploma, taken at approx. 18 years*
**béquille** [bekij] *nf* crutch; (*de bicyclette*) stand
**bercer** [bɛʀso] *nm* cradle, crib
**bercer** [bɛʀse] *vt* to rock, cradle; (*musique etc*) to lull; **~ qn de** (*promesses etc*) to delude sb with
**berceur, -euse** [bɛʀsœʀ, -øz] *adj* soothing ▷ *nf* (*chanson*) lullaby
**berceuse** *nf* lullaby
**béret** [beʀɛ] *nm*, **béret basque** [beʀɛbask] *nm* beret
**berge** [bɛʀʒ] *nf* bank
**berger, -ère** [bɛʀʒe, -ɛʀ] *nm/f* shepherd/ shepherdess; **~ allemand** (*chien*) alsatian (dog) (Brit), German shepherd (dog) (US)
**Berlin** [bɛʀlɛ̃] *n* Berlin; **~-Est/-Ouest** East/ West Berlin
**berlingot** [bɛʀlɛ̃go] *nm* (*emballage*) carton (*pyramid shaped*); (*bonbon*) lozenge
**berlue** [bɛʀly] *nf*: **j'ai la ~** I must be seeing things
**Bermudes** [bɛʀmyd] *nfpl*: **les (îles) ~** Bermuda
**Berne** [bɛʀn] *n* Bern
**berner** [bɛʀne] *vt* to fool
**besogne** [bəzɔɲ] *nf* work *no pl*, job
**besoin** [bəzwɛ̃] *nm* need; (*pauvreté*): **le ~** need, want; **le ~ d'argent/de gloire** the need for money/glory; **~s (naturels)** nature's needs; **faire ses ~s** to relieve o.s.; **avoir ~ de qch/**

**faire qch** to need sth/to do sth; **il n'y a pas ~ de (faire)** there is no need to (do); **au ~, si ~ est** if need be; **pour les ~s de la cause** for the purpose in hand; **être dans le ~** to be in need *ou* want

**bestial, e, -aux** [bɛstjal, -o] *adj* bestial, brutish ▷ *nmpl* cattle

**bestiole** [bɛstjɔl] *nf* (tiny) creature

**bétail** [betaj] *nm* livestock, cattle *pl*

**bête** [bɛt] *nf* animal; *(bestiole)* insect, creature ▷ *adj* stupid, silly; **les ~s** (the) animals; **chercher la petite ~** to nit-pick; **~ noire** pet hate, bugbear (*Brit*); **~ sauvage** wild beast; **~ de somme** beast of burden

**bêtement** [bɛtmɑ̃] *adv* stupidly; **tout ~** quite simply

**bêtise** [betiz] *nf* stupidity; *(action, remarque)* stupid thing (to say *ou* do); *(bonbon)* type of mint sweet (*Brit*) *ou* candy (*US*); **faire/dire une ~** to do/say something stupid

**béton** [betɔ̃] *nm* concrete; **(en) ~** *(fig: alibi, argument)* cast iron; **~ armé** reinforced concrete; **~ précontraint** prestressed concrete

**bétonnière** [betɔnjɛʀ] *nf* cement mixer

**betterave** [bɛtʀav] *nf (rouge)* beetroot (*Brit*), beet (*US*); **~ fourragère** mangel-wurzel; **~ sucrière** sugar beet

**beugler** [bøgle] *vi* to low; *(péj: radio etc)* to blare ▷ *vt (péj: chanson etc)* to bawl out

**Beur** [bœʀ] *adj, nm/f see note*

**beurre** [bœʀ] *nm* butter; **mettre du ~ dans les épinards** *(fig)* to add a little to the kitty; **~ de cacao** cocoa butter; **~ noir** brown butter (sauce)

**beurrer** [bœʀe] *vt* to butter

**beurrier** [bœʀje] *nm* butter dish

**beuverie** [bœvʀi] *nf* drinking session

**bévue** [bevy] *nf* blunder

**Beyrouth** [beʀut] *n* Beirut

**biais** [bjɛ] *nm (moyen)* device, expedient; *(aspect)* angle; *(bande de tissu)* piece of cloth cut on the bias; **en ~, de ~** *(obliquement)* at an angle; *(fig)* indirectly; **par le ~ de** by means of

**biaiser** [bjeze] *vi (fig)* to sidestep the issue

**bibelot** [biblo] *nm* trinket, curio

**biberon** [bibʀɔ̃] *nm* (feeding) bottle; **nourrir au ~** to bottle-feed

**bible** [bibl] *nf* bible

**bibliobus** [biblijɔbys] *nm* mobile library van

**bibliographie** [biblijɔgʀafi] *nf* bibliography

**bibliothécaire** [biblijɔtekɛʀ] *nm/f* librarian

**bibliothèque** [biblijɔtɛk] *nf* library; *(meuble)* bookcase; **~ municipale** public library

**bic**® [bik] *nm* Biro®

**bicarbonate** [bikaʀbɔnat] *nm*: **~ (de soude)** bicarbonate of soda

**biceps** [bisɛps] *nm* biceps

**biche** [biʃ] *nf* doe

**bichonner** [biʃɔne] *vt* to groom

**bicolore** [bikɔlɔʀ] *adj* two-coloured (*Brit*), two-colored (*US*)

**bicoque** [bikɔk] *nf (péj)* shack, dump

**bicyclette** [bisiklɛt] *nf* bicycle

**bide** [bid] *nm (fam: ventre)* belly; *(Théât)* flop

**bidet** [bidɛ] *nm* bidet

**bidon** [bidɔ̃] *nm* can ▷ *adj inv (fam)* phoney

**bidonville** [bidɔ̃vil] *nm* shanty town

**bidule** [bidyl] *nm (fam)* thingamajig

 **MOT-CLÉ**

**bien** [bjɛ̃] *nm* **1** *(avantage, profit)*: **faire le bien** to do good; **faire du bien à qn** to do sb good; **ça fait du bien de faire** it does you good to do; **dire du bien de** to speak well of; **c'est pour son bien** it's for his own good; **changer en bien** to change for the better; **le bien public** the public good; **vouloir du bien à qn** *(vouloir aider)* to have sb's (best) interests at heart; **je te veux du bien** *(pour mettre en confiance)* I don't wish you any harm **2** *(possession, patrimoine)* possession, property; **son bien le plus précieux** his most treasured possession; **avoir du bien** to have property; **biens (de consommation** *etc***)** *(consumer etc)* goods; **biens durables** *(consumer)* durables
**3** *(moral)*: **le bien** good; **distinguer le bien du mal** to tell good from evil
▷ *adv* **1** *(de façon satisfaisante)* well; **elle travaille/mange bien** she works/eats well; **aller** *or* **se porter bien** to be well; **croyant bien faire, je/il ...** thinking I/he was doing the right thing, I/he ...; **tiens-toi bien!** *(assieds-toi correctement)* sit up straight!; *(debout)* stand up straight!; *(sois sage)* behave yourself!; *(prépare-toi)* wait for it!
**2** *(valeur intensive)* quite; **bien jeune** quite young; **bien assez** quite enough; **bien mieux** (very) much better; **bien du temps/des gens** quite a time/a number of people; **j'espère bien y aller** I do hope to go; **je veux bien le faire** *(concession)* I'm quite willing to do it; **il faut bien le faire** it has to be done; **il y a bien deux ans** at least two years ago; **cela fait bien deux ans que je ne l'ai pas vu** I haven't seen him for at least *ou* a good two years; **il semble bien que** it really seems that; **peut-être bien** it could well be; **aimer bien** to like; **Paul est bien venu, n'est-ce pas?** Paul HAS come, hasn't he?; **où peut-il**

**b**

**bien être passé?** where on earth can he have got to?

**3** (*conséquence, résultat*): **si bien que** with the result that; **on verra bien** we'll see; **faire bien de ...** to be right to ...

▷ *excl* right!, OK!, fine!; **eh bien!** well!; (*c'est*) **bien fait!** it serves you (*ou* him *etc*) right!; **bien sûr!, bien entendu!** certainly!, of course!

▷ *adj inv* **1** (*en bonne forme, à l'aise*): **je me sens bien, je suis bien** I feel fine; **je ne me sens pas bien, je ne suis pas bien** I don't feel well; **on est bien dans ce fauteuil** this chair is very comfortable

**2** (*joli, beau*) good-looking; **tu es bien dans cette robe** you look good in that dress

**3** (*satisfaisant*) good; **elle est bien, cette maison/secrétaire** it's a good house/she's a good secretary; **c'est très bien (comme ça)** it's fine (like that); **ce n'est pas si bien que ça** it's not as good *ou* great as all that; **c'est bien?** is that all right?

**4** (*moralement*) right; (*: personne*) good, nice; (*respectable*) respectable; **ce n'est pas bien de ...** it's not right to ...; **elle est bien, cette femme** she's a nice woman, she's a good sort; **des gens bien** respectable people

**5** (*en bons termes*): **être bien avec qn** to be on good terms with sb

**bien-aimé, e** [bjɛ̃neme] *adj, nm/f* beloved
**bien-être** [bjɛ̃nɛtʀ] *nm* well-being
**bienfaisance** [bjɛ̃fəzɑ̃s] *nf* charity
**bienfait** [bjɛ̃fɛ] *nm* act of generosity, benefaction; (*de la science etc*) benefit
**bienfaiteur, -trice** [bjɛ̃fɛtœʀ, -tʀis] *nm/f* benefactor/benefactress
**bien-fondé** [bjɛ̃fɔ̃de] *nm* soundness
**bien que** [bjɛ̃] *conj* although
**bienséant, e** [bjɛ̃seɑ̃, -ɑ̃t] *adj* proper, seemly
**bientôt** [bjɛ̃to] *adv* soon; **à ~** see you soon
**bienveillant, e** [bjɛ̃vɛjɑ̃, -ɑ̃t] *adj* kindly
**bienvenu, e** [bjɛ̃vny] *adj* welcome ▷ *nm/f*: **être le ~/la ~e** to be welcome ▷ *nf*: **souhaiter la ~e à** to welcome; **~e à** welcome to
**bière** [bjɛʀ] *nf* (*boisson*) beer; (*cercueil*) bier; **~ blonde** lager; **~ brune** brown ale (*Brit*), dark beer (*US*); **~ (à la) pression** draught beer
**biffer** [bife] *vt* to cross out
**bifteck** [biftɛk] *nm* steak
**bifurquer** [bifyʀke] *vi* (*route*) to fork; (*véhicule*) to turn off
**bigarré, e** [bigaʀe] *adj* multicoloured (*Brit*), multicolored (*US*); (*disparate*) motley
**bigorneau, x** [bigɔʀno] *nm* winkle
**bigot, e** [bigo, -ɔt] (*péj*) *adj* bigoted ▷ *nm/f* bigot
**bigoudi** [bigudi] *nm* curler
**bijou, x** [biʒu] *nm* jewel
**bijouterie** [biʒutʀi] *nf* (*magasin*) jeweller's (shop) (*Brit*), jewelry store (*US*); (*bijoux*)

jewellery, jewelry
**bijoutier, -ière** [biʒutje, -jɛʀ] *nm/f* jeweller (*Brit*), jeweler (*US*)
**bikini** [bikini] *nm* bikini
**bilan** [bilɑ̃] *nm* (*Comm*) balance sheet(s); (*annuel*) end of year statement; (*fig*) (*net*) outcome; (*: de victimes*) toll; **faire le ~ de** to assess; to review; **déposer son ~** to file a bankruptcy statement; **~ de santé** (*Méd*) check-up; **~ social** statement of a firm's policies towards its employees
**bile** [bil] *nf* bile; **se faire de la ~** (*fam*) to worry o.s. sick
**bilieux, -euse** [biljø, -øz] *adj* bilious; (*fig: colérique*) testy
**bilingue** [bilɛ̃g] *adj* bilingual
**billard** [bijaʀ] *nm* billiards *sg*; (*table*) billiard table; **c'est du ~** (*fam*) it's a cinch; **passer sur le ~** (*fam*) to have an (*ou* one's) operation; **~ électrique** pinball
**bille** [bij] *nf* ball; (*du jeu de billes*) marble; (*de bois*) log; **jouer aux ~s** to play marbles
**billet** [bijɛ] *nm* (*aussi:* **~ de banque**) (*bank*) note; (*de cinéma, de bus etc*) ticket; (*courte lettre*) note; **~ à ordre** *ou* **de commerce** (*Comm*) promissory note, IOU; **~ d'avion/de train** plane/train ticket; **~ circulaire** round-trip ticket; **~ doux** love letter; **~ de faveur** complimentary ticket; **~ de loterie** lottery ticket; **~ de quai** platform ticket; **~ électronique** e-ticket
**billetterie** [bijɛtʀi] *nf* ticket office; (*distributeur*) ticket dispenser; (*Banque*) cash dispenser
**billion** [biljɔ̃] *nm* billion (*Brit*), trillion (*US*)
**billot** [bijo] *nm* block
**bimensuel, le** [bimɑ̃sɥɛl] *adj* bimonthly, twice-monthly
**binette** [binɛt] *nf* (*outil*) hoe
**bio** [bjo] *adj* (*fam: = biologique*) (*produits, aliments*) organic
**bio...** [bjo] *préfixe* bio...
**biocarburant** [bjokaʀbyʀɑ̃] *nm* biofuel
**biochimie** [bjoʃimi] *nf* biochemistry
**biodiversité** [bjodivɛʀsite] *nf* biodiversity
**bioéthique** [bjoetik] *nf* bioethics *sg*
**biographie** [bjɔgʀafi] *nf* biography
**biologie** [bjɔlɔʒi] *nf* biology
**biologique** [bjɔlɔʒik] *adj* biological; (*produits, aliments*) organic
**biologiste** [bjɔlɔʒist] *nm/f* biologist
**biométrie** [bjɔmetʀi] *nf* biometrics
**biotechnologie** [bjotɛknɔlɔʒi] *nf* biotechnology
**bioterrorisme** [bjotɛʀɔʀism] *nm* bioterrorism
**bioterroriste** [bjotɛʀɔʀist] *nm/f* bioterrorist
**Birmanie** [biʀmani] *nf*: **la ~** Burma
**bis, e** [*adj* bi, *adj, nf* biz, *adv, excl, nm* bis] *adj* (*couleur*) greyish brown ▷ *adv*: **12** **~ 12a** *ou* A ▷ *excl, nm* encore ▷ *nf* (*baiser*) kiss; (*vent*) North wind; **faire une** *ou* **la ~e à qn** to kiss

sb; **grosses ~es (de)** (sur lettre) love and kisses (from)

**bisannuel, le** [bizanɥɛl] adj biennial

**biscornu, e** [biskɔRny] adj crooked; (bizarre) weird(-looking)

**biscotte** [biskɔt] nf toasted bread (sold in packets)

**biscuit** [biskɥi] nm biscuit (Brit), cookie (US); (gâteau) sponge cake; **~ à la cuiller** sponge finger

**bise** [biz] adj f, nf voir **bis**

**bisexuel, le** [bisɛksɥɛl] adj, nm/f bisexual

**bisou** [bizu] nm (fam) kiss

**bissextile** [bisɛkstil] adj: **année ~** leap year

**bistouri** [bisturi] nm lancet

**bistro, bistrot** [bistRo] nm bistro, café

**bitume** [bitym] nm asphalt

**bizarre** [bizaR] adj strange, odd

**blafard, e** [blafaR, -aRd] adj wan

**blague** [blag] nf (propos) joke; (farce) trick; **sans ~!** no kidding!; **~ à tabac** tobacco pouch

**blaguer** [blage] vi to joke ▷ vt to tease

**blaireau, x** [blɛRo] nm (Zool) badger; (brosse) shaving brush

**blairer** [blɛRe] vt: **je ne peux pas le ~** I can't bear ou stand him

**blâme** [blɑm] nm blame; (sanction) reprimand

**blâmer** [blɑme] vt (réprouver) to blame; (réprimander) to reprimand

**blanc, blanche** [blɑ̃, blɑ̃ʃ] adj white; (non imprimé) blank; (innocent) pure ▷ nm/f, white, white man/woman ▷ nm (couleur) white; (linge): **le ~** whites pl; (espace non écrit) blank; (aussi: **~ d'œuf**) (egg-)white; (aussi: **~ de poulet**) breast, white meat; (aussi: **vin ~**) white wine ▷ nf (Mus) minim (Brit), half-note (US); (fam: drogue) smack; **d'une voix blanche** in a toneless voice; **aux cheveux ~s** white-haired; **le ~ de l'œil** the white of the eye; **laisser en ~** to leave blank; **chèque en ~** blank cheque; **~** à adv (chauffer) white-hot; (tirer, charger) with blanks; **saigner à ~** to bleed white; **~ cassé** off-white

**blancheur** [blɑ̃ʃœR] nf whiteness

**blanchir** [blɑ̃ʃiR] vt (gén) to whiten; (linge, fig: argent) to launder; (Culin) to blanch; (fig: disculper) to clear ▷ vi to grow white; (cheveux) to go white; **blanchi à la chaux** whitewashed

**blanchisserie** [blɑ̃ʃisRi] nf laundry

**blason** [blazɔ̃] nm coat of arms

**blasphème** [blasfɛm] nm blasphemy

**blazer** [blazɛR] nm blazer

**blé** [ble] nm wheat; **~ en herbe** wheat on the ear; **~ noir** buckwheat

**bled** [blɛd] nm (péj) hole; (en Afrique du Nord): **le ~** the interior

**blême** [blɛm] adj pale

**blessant, e** [blɛsɑ̃, -ɑ̃t] adj hurtful

**blessé, e** [blese] adj injured ▷ nm/f injured person, casualty; **un ~ grave, un grand ~** a seriously injured ou wounded person

**blesser** [blese] vt to injure; (délibérément: Mil etc) to wound; (souliers etc, offenser) to hurt; **se blesser** to injure o.s.; **se ~ au pied** etc to injure one's foot etc

**blessure** [blesyR] nf (accidentelle) injury; (intentionnelle) wound

**bleu, e** [blø] adj blue; (bifteck) very rare ▷ nm (couleur) blue; (novice) greenhorn; (contusion) bruise; (vêtement: aussi: **~s**) overalls pl (Brit), coveralls pl (US); **avoir une peur ~e** to be scared stiff; **zone ~e** ≈ restricted parking area; **fromage ~** blue cheese; **au ~** (Culin) au bleu; **~ (de lessive)** ≈ blue bag; **~ de méthylène** (Méd) methylene blue; **~ marine/nuit/roi** navy/midnight/royal blue

**bleuet** [bløɛ] nm cornflower

**bleuté, e** [bløte] adj blue-shaded

**blinder** [blɛ̃de] vt to armour (Brit), armor (US); (fig) to harden

**bloc** [blɔk] nm (de pierre etc, Inform) block; (de papier à lettres) pad; (ensemble) group, block; **serré à ~** tightened right down; **en ~** as a whole; wholesale; **faire ~** to unite; **~ opératoire** operating ou theatre block; **~ sanitaire** toilet block; **~ sténo** shorthand notebook

**blocage** [blɔkaʒ] nm (voir bloquer) blocking; jamming; (des prix) freezing; (Psych) hang-up

**bloc-notes** (pl **blocs-notes**) [blɔknɔt] nm note pad

**blocus** [blɔkys] nm blockade

**blog, blogue** [blɔg] nm blog

**blogging** [blɔgiŋ] nm blogging

**bloguer** [blɔge] vi to blog

**blond, e** [blɔ̃, -ɔ̃d] adj fair; (plus clair) blond; (sable, blés) golden ▷ nm/f fair-haired ou blond man/woman; **~ cendré** ash blond

**bloquer** [blɔke] vt (passage) to block; (pièce mobile) to jam; (crédits, compte) to freeze; (personne, négociations etc) to hold up; (regrouper) to group; **~ les freins** to jam on the brakes

**blottir** [blɔtiR]: **se blottir** vi to huddle up

**blouse** [bluz] nf overall

**blouson** [bluzɔ̃] nm blouson (jacket); **~ noir** (fig) ≈ rocker

**blue-jean** [bludʒin], **blue-jeans** [bludʒins] nm jeans

**bluff** [blœf] nm bluff

**bluffer** [blœfe] vi, vt to bluff

**bobard** [bɔbaR] nm (fam) tall story

**bobine** [bɔbin] nf (de fil) reel; (de machine à coudre) spool; (de machine à écrire) ribbon; (Élec) coil; **~ d'allumage** (Auto) coil; **~ de pellicule** (Photo) roll of film

**bobo** [bɔbo] abr m/f (= bourgeois bohème) boho

**bocal, -aux** [bɔkal, -o] nm jar

**bock** [bɔk] nm (beer) glass; (contenu) glass of beer

**body** [bɔdi] nm body(suit); (Sport) leotard

**bœuf** (pl **bœufs**) [bœf, bø] nm ox; (Culin) beef; (Mus: fam) jam session

**bof** [bɔf] excl (fam: indifférence) don't care!,

meh; (pas terrible) nothing special

**bogue** [bɔg] nf (Bot) husk ▷ nm (Inform) bug

**bohème** [bɔɛm] adj happy-go-lucky, unconventional

**bohémien, ne** [bɔemjɛ̃, -ɛn] adj Bohemian ▷ nm/f gipsy

**boire** [bwaʀ] vt to drink; (s'imprégner de) to soak up; ~ **un coup** to have a drink

**bois** [bwa] vb voir **boire** ▷ nm wood; (Zool) antler; (Mus): **les** ~ the woodwind; **de** ~, **en** ~ wooden; ~ **vert** green wood; ~ **mort** deadwood; ~ **de lit** bedstead

**boisé, e** [bwaze] adj woody, wooded

**boisson** [bwasɔ̃] nf drink; **pris de** ~ drunk, intoxicated; **~s alcoolisées** alcoholic beverages ou drinks; **~s non alcoolisées** soft drinks

**boîte** [bwat] nf box; (fam: entreprise) firm, company; **aliments en** ~ canned ou tinned (Brit) foods; **~ à gants** glove compartment; **~ à musique** musical box; **~ à ordures** dustbin (Brit), trash can (US); **~ aux lettres** letter box, mailbox (US); (Inform) mailbox; **~ crânienne** cranium; **~ d'allumettes** box of matches; (vide) matchbox; **~ de conserves** can ou tin (Brit) (of food); **~ de nuit** night club; **~ de sardines/petits pois** can ou tin (Brit) of sardines/peas; **mettre qn en** ~ (fam) to have a laugh at sb's expense; **~ de vitesses** gear box; **~ noire** (Aviat) black box; **~ postale (BP)** PO box; **~ vocale** voice mail

**boiter** [bwate] vi to limp; (fig) to wobble; (raisonnement) to be shaky

**boîtier** [bwatje] nm case; (d'appareil photo) body; **~ de montre** watch case

**boive** etc [bwav] vb voir **boire**

**bol** [bɔl] nm bowl; (contenu): **un** ~ **de café** etc a bowl of coffee etc; **un** ~ **d'air** a breath of fresh air; **en avoir ras le** ~ (fam) to have had a bellyful; **avoir du** ~ (fam) to be lucky

**bolide** [bɔlid] nm racing car; **comme un** ~ like a rocket

**bombardement** [bɔ̃baʀdəmɑ̃] nm bombing

**bombarder** [bɔ̃baʀde] vt to bomb; ~ **qn de** (cailloux, lettres) to bombard sb with; ~ **qn directeur** to thrust sb into the director's seat

**bombe** [bɔ̃b] nf bomb; (atomiseur) (aerosol) spray; (Équitation) riding cap; **faire la** ~ (fam) to go on a binge; ~ **atomique** atomic bomb; ~ **à retardement** time bomb

**bombé, e** [bɔ̃be] adj rounded; (mur) bulging; (front) domed; (route) steeply cambered

**bomber** [bɔ̃be] vi to bulge; (route) to camber ▷ vt: ~ **le torse** to swell out one's chest

**MOT-CLÉ**

**bon, bonne** [bɔ̃, bɔn] adj 1 (agréable, satisfaisant) good; **un bon repas/restaurant** a good meal/restaurant; **être bon en maths** to be good at maths

2 (charitable): **être bon (envers)** to be good (to), to be kind (to); **vous êtes trop bon** you're too kind

3 (correct) right; **le bon numéro/moment** the right number/moment

4 (souhaits): **bon anniversaire!** happy birthday!; **bon courage!** good luck!; **bon séjour!** enjoy your stay!; **bon voyage!** have a good trip!; **bon week-end!** have a good weekend!; **bonne année!** happy New Year!; **bonne chance!** good luck!; **bonne fête!** happy holiday!; **bonne nuit!** good night!

5 (approprié): **bon à/pour** fit to/for; **bon à jeter** fit for the bin; **c'est bon à savoir** that's useful to know; **à quoi bon (…)?** what's the point ou use of (…)?

6 (intensif): **ça m'a pris deux bonnes heures** it took me a good two hours; **un bon nombre de** a good number of

7: **bon enfant** adj inv accommodating, easy-going; **bonne femme** (péj) woman; **de bonne heure** early; **bon marché** adj inv, adv cheap; **bon mot** witticism; **pour faire bon poids …** to make up for it …; **bon sens** common sense; **bon vivant** jovial chap; **bonnes œuvres** charitable works, charities; **bonne sœur** nun

▷ nm 1 (billet) voucher; (aussi: **bon cadeau**) gift voucher; **bon de caisse** cash voucher; **bon d'essence** petrol coupon; **bon à tirer** pass for press; **bon du Trésor** Treasury bond

2: **avoir du bon** to have its good points; **il y a du bon dans ce qu'il dit** there's some sense in what he says; **pour de bon** for good

▷ nm/f: **un bon à rien** a good-for-nothing

▷ adv: **il fait bon** it's ou the weather is fine; **sentir bon** to smell good; **tenir bon** to stand firm; **juger bon de faire …** to think fit to do …

▷ excl right!, good!; **ah bon?** really?; **bon, je reste** right, I'll stay; voir aussi **bonne**

**bonbon** [bɔ̃bɔ̃] nm (boiled) sweet

**bonbonne** [bɔ̃bɔn] nf demijohn; carboy

**bond** [bɔ̃] nm leap; (d'une balle) rebound, ricochet; **faire un** ~ to leap in the air; **d'un seul** ~ in one bound, with one leap; ~ **en avant** (fig: progrès) leap forward

**bondé, e** [bɔ̃de] adj packed (full)

**bondir** [bɔ̃diʀ] vi to leap; ~ **de joie** (fig) to jump for joy; ~ **de colère** (fig) to be hopping mad

**bonheur** [bɔnœʀ] nm happiness; **avoir le** ~ **de** to have the good fortune to; **porter** ~ **(à qn)** to bring (sb) luck; **au petit** ~ haphazardly; **par** ~ fortunately

**bonhomie** [bɔnɔmi] nf good-naturedness

**bonhomme** [bɔnɔm] (pl **bonshommes**) [bɔ̃zɔm] nm fellow ▷ adj good-natured; **un vieux** ~ an old chap; **aller son** ~ **de chemin** to carry on in one's own sweet way; ~ **de neige** snowman

**bonifier** [bɔnifje]: **se bonifier** vi to improve
**boniment** [bɔnimɑ̃] nm patter no pl
**bonjour** [bɔ̃ʒuʀ] excl, nm hello; (selon l'heure)
good morning (ou afternoon); **donner** ou
**souhaiter le ~ à qn** to bid sb good morning
ou afternoon; **c'est simple comme ~!** it's
easy as pie!
**bonne** [bɔn] adj f voir **bon** ▷ nf (domestique)
maid; **~ à toute faire** general help;
**~ d'enfant** nanny
**bonnement** [bɔnmɑ̃] adv: **tout ~** quite
simply
**bonnet** [bɔnɛ] nm bonnet, hat; (de soutien-
gorge) cup; **~ d'âne** dunce's cap; **~ de bain**
bathing cap; **~ de nuit** nightcap
**bonsoir** [bɔ̃swaʀ] excl good evening
**bonté** [bɔte] nf kindness no pl; **avoir la ~ de** to
be kind ou good enough to
**bonus** [bɔnys] nm (Assurances) no-claims
bonus; (de DVD) extras pl
**bord** [bɔʀ] nm (de table, verre, falaise) edge; (de
rivière, lac) bank; (de route) side; (de vêtement)
edge, border; (de chapeau) brim; **(monter) à ~**
(to go) on board; **jeter par-dessus ~** to throw
overboard; **le commandant de ~/les
hommes du ~** the ship's master/crew; **du
même ~** (fig) of the same opinion; **au ~ de la
mer/route** at the seaside/roadside; **être au ~
des larmes** to be on the verge of tears; **virer
de ~** (Navig) to tack; **sur les ~s** (fig) slightly; **de
tous ~s** on all sides; **~ du trottoir** kerb (Brit),
curb (US)
**bordeaux** [bɔʀdo] nm Bordeaux ▷ adj inv
maroon
**bordel** [bɔʀdɛl] nm brothel; (fam!) bloody
(Brit) ou goddamn (US) mess (!) ▷ excl hell!
**bordelais, e** [bɔʀdəlɛ, -ɛz] adj of ou from
Bordeaux
**border** [bɔʀde] vt (être le long de) to line,
border; (garnir): **~ qch de** to line sth with; to
trim sth with (dans son lit) to tuck up
**bordereau, x** [bɔʀdəʀo] nm docket, slip
**bordure** [bɔʀdyʀ] nf border; (sur un vêtement)
trim(ming), border; **en ~ de** on the edge of
**borgne** [bɔʀɲ] adj one-eyed; **hôtel ~** shady
hotel; **fenêtre ~** obstructed window
**borne** [bɔʀn] nf boundary stone; (aussi:
**~ kilométrique**) kilometre-marker,
≈ milestone; **bornes** nfpl (fig) limits;
**dépasser les ~s** to go too far; **sans ~(s)**
boundless
**borné, e** [bɔʀne] adj narrow; (obtus: personne)
narrow-minded
**borner** [bɔʀne] vt (délimiter) to limit; (limiter)
to confine; **se ~ à faire** (se contenter de) to
content o.s. with doing; (se limiter à) to limit
o.s. to doing
**bosniaque** [bɔznjak] adj Bosnian ▷ nm/f: **B~**
Bosnian
**Bosnie-Herzégovine** [bɔsniɛʀzegɔvin] nf
Bosnia-Herzegovina
**bosquet** [bɔskɛ] nm copse (Brit), grove

**bosse** [bɔs] nf (de terrain etc) bump; (enflure)
lump; (du bossu, du chameau) hump; **avoir la ~
des maths** etc (fam) to have a gift for maths
etc; **il a roulé sa ~** (fam) he's been around
**bosser** [bɔse] vi (fam) to work; (: dur) to slave
(away), slog (hard) (Brit)
**bossu, e** [bɔsy] nm/f hunchback
**botanique** [bɔtanik] nf botany ▷ adj
botanic(al)
**botte** [bɔt] nf (soulier) (high) boot; (Escrime)
thrust; (gerbe): **~ de paille** bundle of straw;
**~ de radis/d'asperges** bunch of radishes/
asparagus; **~s de caoutchouc** wellington boots
**botter** [bɔte] vt to put boots on; (donner un coup
de pied à) to kick; (fam): **ça me botte** I fancy
that
**bottin®** [bɔtɛ̃] nm directory
**bottine** [bɔtin] nf ankle boot
**bouc** [buk] nm goat; (barbe) goatee;
**~ émissaire** scapegoat
**boucan** [bukɑ̃] nm din, racket
**bouche** [buʃ] nf mouth; **une ~ à nourrir** a
mouth to feed; **les ~s inutiles** the non-
productive members of the population; **faire
du ~ à ~ à qn** to give sb the kiss of life (Brit),
give sb mouth-to-mouth resuscitation; **de ~
à oreille** confidentially; **pour la bonne ~**
(pour la fin) till last; **faire venir l'eau à la ~** to
make one's mouth water; **~ cousue!** mum's
the word!; **rester ~ bée** to stand open-
mouthed; **~ d'aération** air vent; **~ de
chaleur** hot air vent; **~ d'égout** manhole;
**~ d'incendie** fire hydrant; **~ de métro** métro
entrance
**bouché, e** [buʃe] adj (flacon etc) stoppered;
(temps, ciel) overcast; (carrière) blocked; (péj:
personne) thick; (trompette) muted; **avoir le
nez ~** to have a blocked(-up) nose; **c'est un
secteur ~** there's no future in that area;
**l'évier est ~** the sink's blocked
**bouchée** [buʃe] nf mouthful; **ne faire
qu'une ~ de** (fig) to make short work of; **pour
une ~ de pain** (fig) for next to nothing; **~s à la
reine** chicken vol-au-vents
**boucher** [buʃe] nm butcher ▷ vt (pour colmater)
to stop up; (trou) to fill up; (obstruer) to block
(up); **se boucher** vi (tuyau etc) to block up, get
blocked up; **j'ai le nez bouché** my nose is
blocked; **se ~ le nez** to hold one's nose
**bouchère** [buʃɛʀ] nf butcher
**boucherie** [buʃʀi] nf butcher's (shop);
(métier) butchery; (fig) slaughter, butchery
**bouche-trou** [buʃtʀu] nm (fig) stop-gap
**bouchon** [buʃɔ̃] nm (en liège) cork; (autre
matière) stopper; (de tube) top; (fig:
embouteillage) holdup; (Pêche) float; **~ doseur**
measuring cap
**boucle** [bukl] nf (forme, figure, aussi Inform) loop;
(objet) buckle; **~ (de cheveux)** curl; **~ d'oreille**
earring
**bouclé, e** [bukle] adj (cheveux) curly; (tapis)
uncut

**boucler** [bukle] vt (*fermer: ceinture etc*) to fasten; (: *magasin*) to shut; (*terminer*) to finish off; (: *circuit*) to complete; (*budget*) to balance; (*enfermer*) to shut away; (: *condamné*) to lock up; (: *quartier*) to seal off ▷ vi to curl; **faire ~** (*cheveux*) to curl; **~ la boucle** (*Aviat*) to loop the loop

**bouclier** [buklije] nm shield

**bouddhiste** [budist] nm/f Buddhist

**bouder** [bude] vi to sulk ▷ vt (*chose*) to turn one's nose up at; (*personne*) to refuse to have anything to do with

**boudin** [budɛ̃] nm (*Culin*): **~ (noir)** black pudding; (*Tech*) roll; **~ blanc** white pudding

**boue** [bu] nf mud

**bouée** [bwe] nf buoy; (*de baigneur*) rubber ring; **~ de sauvetage** lifebuoy; (*fig*) lifeline

**boueux, -euse** [bwø, -øz] adj muddy ▷ nm (*fam*) refuse (Brit) ou garbage (US) collector

**bouffe** [buf] nf (*fam*) grub, food

**bouffée** [bufe] nf (*de cigarette*) puff; **une ~ d'air pur** a breath of fresh air; **~ de chaleur** (*gén*) blast of hot air; (*Méd*) hot flush (Brit) ou flash (US); **~ de fièvre/de honte** flush of fever/shame; **~ d'orgueil** fit of pride

**bouffer** [bufe] vi (*fam*) to eat; (*Couture*) to puff out ▷ vt (*fam*) to eat

**bouffi, e** [bufi] adj swollen

**bougeoir** [buʒwaʀ] nm candlestick

**bougeotte** [buʒɔt] nf: **avoir la ~** to have the fidgets

**bouger** [buʒe] vi to move; (*dent etc*) to be loose; (*changer*) to alter; (*agir*) to stir; (*s'activer*) to get moving ▷ vt to move; **les prix/les couleurs n'ont pas bougé** prices/colours haven't changed; **se bouger** (*fam*) to move (oneself)

**bougie** [buʒi] nf candle; (*Auto*) spark(ing) plug

**bougon, ne** [bugɔ̃, -ɔn] adj grumpy

**bougonner** [bugɔne] vi, vt to grumble

**bouillabaisse** [bujabɛs] nf type of fish soup

**bouillant, e** [bujɑ̃, -ɑ̃t] adj (*qui bout*) boiling; (*très chaud*) boiling (hot); (*fig: ardent*) hot-headed; **~ de colère** etc seething with anger etc

**bouillie** [buji] nf gruel; (*de bébé*) cereal; **en ~** (*fig*) crushed

**bouillir** [bujiʀ] vi to boil ▷ vt (*aussi*: **faire ~**: *Culin*) to boil; **~ de colère** etc to seethe with anger etc

**bouilloire** [bujwaʀ] nf kettle

**bouillon** [bujɔ̃] nm (*Culin*) stock no pl; (*bulles, écume*) bubble; **~ de culture** culture medium

**bouillonner** [bujɔne] vi to bubble; (*fig: idées*) to bubble up; (*torrent*) to foam

**bouillotte** [bujɔt] nf hot-water bottle

**boulanger, -ère** [bulɑʒe, -ɛʀ] nm/f baker ▷ nf (*femme du boulanger*) baker's wife

**boulangerie** [bulɑʒʀi] nf bakery, baker's (shop); (*commerce*) bakery; **~ industrielle** bakery

**boulangerie-pâtisserie** (*pl* **boulangeries-pâtisseries**) [bulɑʒʀipatisʀi] nf baker's and confectioner's (shop)

**boule** [bul] nf (*gén*) ball; (*de pétanque*) bowl; (*de machine à écrire*) golf ball; **roulé en ~** curled up in a ball; **se mettre en ~** (*fig*) to fly off the handle, blow one's top; **perdre la ~** (*fig: fam*) to go off one's rocker; **~ de gomme** (*bonbon*) gum(drop), pastille; **~ de neige** snowball; **faire ~ de neige** (*fig*) to snowball

**bouleau, x** [bulo] nm (silver) birch

**bouledogue** [buldɔg] nm bulldog

**boulet** [bulɛ] nm (*aussi*: **~ de canon**) cannonball; (*de bagnard*) ball and chain; (*charbon*) (coal) nut

**boulette** [bulɛt] nf (*de viande*) meatball

**boulevard** [bulvaʀ] nm boulevard

**bouleversant, e** [bulvɛʀsɑ̃, -ɑ̃t] adj (*récit*) deeply distressing; (*nouvelle*) shattering

**bouleversement** [bulvɛʀsəmɑ̃] nm (*politique, social*) upheaval

**bouleverser** [bulvɛʀse] vt (*émouvoir*) to overwhelm; (*causer du chagrin à*) to distress; (*pays, vie*) to disrupt; (*papiers, objets*) to turn upside down, upset

**boulimie** [bulimi] nf bulimia; compulsive eating

**boulimique** [bulimik] adj bulimic

**boulon** [bulɔ̃] nm bolt

**boulot¹** [bulo] nm (*fam: travail*) work

**boulot², te** [bulo, -ɔt] adj plump, tubby

**boum** [bum] nm bang ▷ nf (*fam*) party

**bouquet** [bukɛ] nm (*de fleurs*) bunch (of flowers), bouquet; (*de persil etc*) bunch; (*parfum*) bouquet; (*fig*) crowning piece; **c'est le ~!** that's the last straw!; **~ garni** (*Culin*) bouquet garni

**bouquin** [bukɛ̃] nm (*fam*) book

**bouquiner** [bukine] vi (*fam*) to read

**bouquiniste** [bukinist] nm/f bookseller

**bourbeux, -euse** [buʀbø, -øz] adj muddy

**bourbier** [buʀbje] nm (quag)mire

**bourde** [buʀd] nf (*erreur*) howler; (*gaffe*) blunder

**bourdon** [buʀdɔ̃] nm bumblebee

**bourdonner** [buʀdɔne] vi to buzz; (*moteur*) to hum

**bourg** [buʀ] nm small market town (ou village)

**bourgeois, e** [buʀʒwa, -waz] adj (*péj*) ≈ (upper) middle class; bourgeois; (*maison etc*) very comfortable ▷ nm/f (*autrefois*) burgher

**bourgeoisie** [buʀʒwazi] nf ≈ upper middle classes pl; bourgeoisie; **petite ~** middle classes

**bourgeon** [buʀʒɔ̃] nm bud

**Bourgogne** [buʀgɔɲ] nf: **la ~** Burgundy ▷ nm: **bourgogne** Burgundy (wine)

**bourguignon, ne** [buʀgiɲɔ̃, -ɔn] adj of ou from Burgundy, Burgundian; **bœuf ~** bœuf bourguignon

**bourlinguer** [buʀlɛ̃ge] vi to knock about a lot, get around a lot

**bourrade** [buʀad] *nf* shove, thump

**bourrage** [buʀaʒ] *nm* (*papier*) jamming; **~ de crâne** brainwashing; (*Scol*) cramming

**bourrasque** [buʀask] *nf* squall

**bourratif, -ive** [buʀatif, -iv] (*fam*) *adj* filling, stodgy

**bourré, e** [buʀe] *adj* (*rempli*): **~ de** crammed full of; (*fam: ivre*) pickled, plastered

**bourreau, x** [buʀo] *nm* executioner; (*fig*) torturer; **~ de travail** workaholic, glutton for work

**bourrelet** [buʀlɛ] *nm* draught (*Brit*) *ou* draft (*US*) excluder; (*de peau*) roll *ou* roll (of flesh)

**bourrer** [buʀe] *vt* (*pipe*) to fill; (*poêle*) to pack; (*valise*) to cram (full); **~ de** to cram (full) with, stuff with; **~ de coups** to hammer blows on, pummel; **~ le crâne à qn** to pull the wool over sb's eyes; (*endoctriner*) to brainwash sb

**bourrique** [buʀik] *nf* (*âne*) ass

**bourru, e** [buʀy] *adj* surly, gruff

**bourse** [buʀs] *nf* (*subvention*) grant; (*porte-monnaie*) purse; **sans ~ délier** without spending a penny; **la B~** the Stock Exchange; **~ du travail** ≈ trades union council (regional headquarters)

**boursier, -ière** [buʀsje, -jɛʀ] *adj* (*Comm*) Stock Market *cpd* ▷ *nm/f* (*Scol*) grant-holder

**boursoufler** [buʀsufle] *vt* to puff up, bloat; **se boursoufler** *vi* (*visage*) to swell *ou* puff up; (*peinture*) to blister

**bous** [bu] *vb voir* **bouillir**

**bousculade** [buskylad] *nf* (*hâte*) rush; (*poussée*) crush

**bousculer** [buskyle] *vt* to knock over; (*heurter*) to knock into; (*fig*) to push, rush

**bouse** [buz] *nf*: **~ (de vache)** (cow) dung *no pl* (*Brit*), manure *no pl*

**bousiller** [buzije] *vt* (*fam*) to wreck

**boussole** [busɔl] *nf* compass

**bout** [bu] *vb voir* **bouillir** ▷ *nm* bit; (*extrémité: d'un bâton etc*) tip; (: *d'une ficelle, table, rue, période*) end; **au ~ de** at the end of, after; **au ~ du compte** at the end of the day; **pousser qn à ~** to push sb to the limit (of his patience); **venir à ~ de** to manage to finish (off) *ou* overcome; **~ à ~** end to end; **à tout ~ de champ** at every turn; **d'un ~ à l'autre, de ~ en ~** from one end to the other; **à ~ portant** at point-blank range; **un ~ de chou** (*enfant*) a little tot; **~ d'essai** (*Ciné etc*) screen test; **~ filtre** filter tip

**boutade** [butad] *nf* quip, sally

**boute-en-train** [butɑ̃tʀɛ̃] *nm inv* live wire (*fig*)

**bouteille** [butɛj] *nf* bottle; (*de gaz butane*) cylinder

**boutique** [butik] *nf* shop (*Brit*), store (*US*); (*de grand couturier, de mode*) boutique

**bouton** [butɔ̃] *nm* (*de vêtement, électrique etc*) button; (*Bot*) bud; (*sur la peau*) spot; (*de porte*) knob; **~ de manchette** cuff-link; **~ d'or** buttercup

**boutonner** [butɔne] *vt* to button up, do up;

**se boutonner** to button one's clothes up

**boutonnière** [butɔnjɛʀ] *nf* buttonhole

**bouton-pression** (*pl* **boutons-pression**) [butɔ̃pʀesjɔ̃] *nm* press stud, snap fastener

**bouture** [butyʀ] *nf* cutting; **faire des ~s** to take cuttings

**bovin, e** [bɔvɛ̃, -in] *adj* bovine ▷ *nm*: **~s** cattle *pl*

**bowling** [bɔliŋ] *nm* (tenpin) bowling; (*salle*) bowling alley

**box** [bɔks] *nm* lock-up (garage); (*de salle, dortoir*) cubicle; (*d'écurie*) loose-box; (*aussi*: **~-calf**) box calf; **le ~ des accusés** the dock

**boxe** [bɔks] *nf* boxing

**boxeur** [bɔksœʀ] *nm* boxer

**boyaux** [bwajo] *nmpl* (*viscères*) entrails, guts

**BP** *sigle f* = **boîte postale**

**bracelet** [bʀaslɛ] *nm* bracelet

**braconnier** [bʀakɔnje] *nm* poacher

**brader** [bʀade] *vt* to sell off, sell cheaply

**braderie** [bʀadʀi] *nf* clearance sale; (*par des particuliers*) ≈ car boot sale (*Brit*), ≈ garage sale (*US*); (*magasin*) discount store; (*sur marché*) cut-price (*Brit*) *ou* cut-rate (*US*) stall

**braguette** [bʀagɛt] *nf* fly, flies *pl* (*Brit*), zipper (*US*)

**brailler** [bʀaje] *vi* to bawl, yell ▷ *vt* to bawl out, yell out

**braire** [bʀɛʀ] *vi* to bray

**braise** [bʀɛz] *nf* embers *pl*

**brancard** [bʀɑ̃kaʀ] *nm* (*civière*) stretcher; (*bras, perche*) shaft

**brancardier** [bʀɑ̃kaʀdje] *nm* stretcher-bearer

**branchages** [bʀɑ̃ʃaʒ] *nmpl* branches, boughs

**branche** [bʀɑ̃ʃ] *nf* branch; (*de lunettes*) side(-piece)

**branché, e** [bʀɑ̃ʃe] *adj* (*fam*) switched-on, trendy ▷ *nm/f* (*fam*) trendy

**brancher** [bʀɑ̃ʃe] *vt* to connect (up); (*en mettant la prise*) to plug in; **~ qn/qch sur** (*fig*) to get sb/sth launched onto

**brandir** [bʀɑ̃diʀ] *vt* (*arme*) to brandish, wield; (*document*) to flourish, wave

**branle** [bʀɑ̃l] *nm*: **mettre en ~** to set swinging; **donner le ~ à** to set in motion

**branle-bas** [bʀɑ̃lba] *nm inv* commotion

**braquer** [bʀake] *vi* (*Auto*) to turn (the wheel) ▷ *vt* (*revolver etc*): **~ qch sur** to aim sth at, point sth at; (*mettre en colère*): **~ qn** to antagonize sb, put sb's back up; **son regard sur** to fix one's gaze on; **se braquer** *vi*: **se ~ (contre)** to take a stand (against)

**bras** [bʀa] *nm* arm; (*de fleuve*) branch ▷ *nmpl* (*fig: travailleurs*) labour *sg* (*Brit*), labor *sg* (*US*), hands; **~ dessus ~ dessous** arm in arm; **à ~ raccourcis** with fists flying; **à tour de ~** with all one's might; **baisser les ~** to give up; **se retrouver avec qch sur les ~** (*fam*) to be landed with sth; **~ droit** (*fig*) right hand man; **~ de fer** arm-wrestling; **une partie de ~ de fer** (*fig*) a trial of strength; **~ de levier**

lever arm; ~ **de mer** arm of the sea, sound

**brasier** [bʀazje] nm blaze, (blazing) inferno; (fig) inferno

**bras-le-corps** [bʀalkɔʀ]: **à** ~ adv (a)round the waist

**brassard** [bʀasaʀ] nm armband

**brasse** [bʀas] nf (nage) breast-stroke; (mesure) fathom; ~ **papillon** butterfly(-stroke)

**brassée** [bʀase] nf armful; **une** ~ **de** (fig) a number of

**brasser** [bʀase] vt (bière) to brew; (remuer: salade) to toss; (: cartes) to shuffle; (fig) to mix; ~ **l'argent/les affaires** to handle a lot of money/business

**brasserie** [bʀasʀi] nf (restaurant) bar (selling food), brasserie; (usine) brewery

**brave** [bʀav] adj (courageux) brave; (bon, gentil) good, kind

**braver** [bʀave] vt to defy

**bravo** [bʀavo] excl bravo! ▷ nm cheer

**bravoure** [bʀavuʀ] nf bravery

**break** [bʀɛk] nm (Auto) estate car (Brit), station wagon (US)

**brebis** [bʀəbi] nf ewe; ~ **galeuse** black sheep

**brèche** [bʀɛʃ] nf breach, gap; **être sur la** ~ (fig) to be on the go

**bredouille** [bʀəduj] adj empty-handed

**bredouiller** [bʀəduje] vi, vt to mumble, stammer

**bref, brève** [bʀɛf, bʀɛv] adj short, brief ▷ adv in short ▷ nf (voyelle) short vowel; (information) brief news item; **d'un ton** ~ sharply, curtly; **en** ~ in short, in brief; **à** ~ **délai** shortly

**Brésil** [bʀezil] nm: **le** ~ Brazil

**brésilien, ne** [bʀeziljɛ̃, -ɛn] adj Brazilian ▷ nm/f: **B~, ne** Brazilian

**Bretagne** [bʀətaɲ] nf: **la** ~ Brittany

**bretelle** [bʀətɛl] nf (de fusil etc) sling; (de vêtement) strap; (d'autoroute) slip road (Brit), entrance ou exit ramp (US); **bretelles** nfpl (pour pantalon) braces (Brit), suspenders (US); ~ **de contournement** (Auto) bypass; ~ **de raccordement** (Auto) access road

**breton, ne** [bʀətɔ̃, -ɔn] adj Breton ▷ nm (Ling) Breton ▷ nm/f: **B~, ne** Breton

**breuvage** [bʀœvaʒ] nm beverage, drink

**brève** [bʀɛv] adj f, nf voir **bref**

**brevet** [bʀəvɛ] nm diploma, certificate; ~ **d'apprentissage** certificate of apprenticeship; ~ **(des collèges)** school certificate, taken at approx. 16 years; ~ **(d'invention)** patent

**breveté, e** [bʀəvte] adj patented; (diplômé) qualified

**bribes** [bʀib] nfpl bits, scraps; (d'une conversation) snatches; **par** ~ piecemeal

**bricolage** [bʀikɔlaʒ] nm: **le** ~ do-it-yourself (jobs); (péj) patched-up job

**bricole** [bʀikɔl] nf (babiole, chose insignifiante) trifle; (petit travail) small job

**bricoler** [bʀikɔle] vi to do odd jobs; (en

amateur) to do DIY jobs; (passe-temps) to potter about ▷ vt (réparer) to fix up; (mal réparer) to tinker with; (trafiquer: voiture etc) to doctor, fix

**bricoleur, -euse** [bʀikɔlœʀ, -øz] nm/f handyman/woman, DIY enthusiast

**bride** [bʀid] nf bridle; (d'un bonnet) string, tie; **à** ~ **abattue** flat out, hell for leather; **tenir en** ~ to keep in check; **lâcher la** ~ **à**, **laisser la** ~ **sur le cou à** to give free rein to

**bridé, e** [bʀide] adj: **yeux** ~s slit eyes

**bridge** [bʀidʒ] nm (Cartes) bridge

**brièvement** [bʀijɛvmɑ̃] adv briefly

**brigade** [bʀigad] nf (Police) squad; (Mil) brigade

**brigadier** [bʀigadje] nm (Police) ≈ sergeant; (Mil) bombardier; corporal

**brigandage** [bʀigɑ̃daʒ] nm robbery

**briguer** [bʀige] vt to aspire to; (suffrages) to canvass

**brillamment** [bʀijamɑ̃] adv brilliantly

**brillant, e** [bʀijɑ̃, -ɑ̃t] adj brilliant; (remarquable) bright; (luisant) shiny, shining ▷ nm (diamant) brilliant

**briller** [bʀije] vi to shine

**brimer** [bʀime] vt to harass; to bully

**brin** [bʀɛ̃] nm (de laine, ficelle etc) strand; (fig): **un** ~ **de** a bit of; **un** ~ **mystérieux** etc (fam) a weeny bit mysterious etc; ~ **d'herbe** blade of grass; ~ **de muguet** sprig of lily of the valley; ~ **de paille** wisp of straw

**brindille** [bʀɛ̃dij] nf twig

**brio** [bʀijo] nm brilliance; (Mus) brio; **avec** ~ brilliantly, with panache

**brioche** [bʀijɔʃ] nf brioche (bun); (fam: ventre) paunch

**brique** [bʀik] nf brick; (de lait) carton; (fam) 10 000 francs ▷ adj inv brick red

**briquer** [bʀike] vt (fam) to polish up

**briquet** [bʀikɛ] nm (cigarette) lighter

**brise** [bʀiz] nf breeze

**briser** [bʀize] vt to break; **se briser** vi to break

**britannique** [bʀitanik] adj British ▷ nm/f: **B~** Briton, British person; **les B-s** the British

**brocante** [bʀɔkɑ̃t] nf (objets) secondhand goods pl, junk; (commerce) secondhand trade; junk dealing

**brocanteur, -euse** [bʀɔkɑ̃tœʀ, -øz] nm/f junk shop owner; junk dealer

**broche** [bʀɔʃ] nf brooch; (Culin) spit; (fiche) spike, peg; (Méd) pin; **à la** ~ spit-roasted, roasted on a spit

**broché, e** [bʀɔʃe] adj (livre) paper-backed; (tissu) brocaded

**brochet** [bʀɔʃɛ] nm pike inv

**brochette** [bʀɔʃɛt] nf (ustensile) skewer; (plat) kebab; ~ **de décorations** row of medals

**brochure** [bʀɔʃyʀ] nf pamphlet, brochure, booklet

**broder** [bʀɔde] vt to embroider ▷ vi: ~ **(sur des faits ou une histoire)** to embroider the facts

**broderie** [bʀɔdʀi] nf embroidery

**broncher** [bʀɔ̃ʃe] vi: **sans ~** without flinching, without turning a hair

**bronches** [bʀɔ̃ʃ] nfpl bronchial tubes

**bronchite** [bʀɔ̃ʃit] nf bronchitis

**bronze** [bʀɔ̃z] nm bronze

**bronzer** [bʀɔ̃ze] vt to tan ▷ vi to get a tan; **se bronzer** to sunbathe

**brosse** [bʀɔs] nf brush; **donner un coup de ~ à qch** to give sth a brush; **coiffé en ~** with a crewcut; **~ à cheveux** hairbrush; **~ à dents** toothbrush; **~ à habits** clothesbrush

**brosser** [bʀɔse] vt (nettoyer) to brush; (fig: tableau etc) to paint; to draw; **se brosser** vt, vi to brush one's clothes; **se ~ les dents** to brush one's teeth; **tu peux te ~!** (fam) you can sing for it!

**brouette** [bʀuɛt] nf wheelbarrow

**brouhaha** [bʀuaa] nm hubbub

**brouillard** [bʀujaʀ] nm fog; **être dans le ~** (fig) to be all at sea

**brouille** [bʀuj] nf quarrel

**brouiller** [bʀuje] vt (œufs, message) to scramble; (idées) to mix up; to confuse; (Radio) to cause interference to; (: délibérément) to jam; (rendre trouble) to cloud; (désunir: amis) to set at odds; **se brouiller** vi (ciel, vue) to cloud over; (détails) to become confused; **se ~ (avec)** to fall out (with); **~ les pistes** to cover one's tracks; (fig) to confuse the issue

**brouillon, ne** [bʀujɔ̃, -ɔn] adj (sans soin) untidy; (qui manque d'organisation) disorganized, unmethodical ▷ nm (first) draft; **cahier de ~** rough (work) book; **(papier) ~** rough paper

**broussailles** [bʀusaj] nfpl undergrowth sg

**broussailleux, -euse** [bʀusajø, -øz] adj bushy

**brousse** [bʀus] nf: **la ~** the bush

**brouter** [bʀute] vt to graze on ▷ vi to graze; (Auto) to judder

**broutille** [bʀutij] nf trifle

**broyer** [bʀwaje] vt to crush; **~ du noir** to be down in the dumps

**bru** [bʀy] nf daughter-in-law

**brugnon** [bʀyɲɔ̃] nm nectarine

**bruiner** [bʀɥine] vb impers: **il bruine** it's drizzling, there's a drizzle

**bruire** [bʀɥiʀ] vi (eau) to murmur; (feuilles, étoffe) to rustle

**bruit** [bʀɥi] nm: **un ~** a noise, a sound; (fig: rumeur) a rumour (Brit), a rumor (US); **le ~** noise; **pas/trop de ~** no/too much noise; **sans ~** without a sound, noiselessly; **faire du ~** to make a noise; **~ de fond** background noise

**bruitage** [bʀɥitaʒ] nm sound effects pl

**brûlant, e** [bʀylɑ̃, -ɑ̃t] adj burning (hot); (liquide) boiling (hot); (regard) fiery; (sujet) red-hot

**brûlé, e** [bʀyle] adj (fig: démasqué) blown; (: homme politique etc) discredited ▷ nm: **odeur de ~** smell of burning

**brûle-pourpoint** [bʀylpuʀpwɛ̃]: **à ~** adv point-blank

**brûler** [bʀyle] vt to burn; (eau bouillante) to scald; (consommer: électricité, essence) to use; (feu rouge, signal) to go through (without stopping) ▷ vi to burn; (jeu): **tu brûles** you're getting warm ou hot; **se brûler** to burn o.s.; (s'ébouillanter) to scald o.s.; **se ~ la cervelle** to blow one's brains out; **~ les étapes** to make rapid progress; (aller trop vite) to cut corners; **~ (d'impatience) de faire qch** to burn with impatience to do sth, be dying to do sth

**brûlure** [bʀylyʀ] nf (lésion) burn; (sensation) burning no pl, burning sensation; **~s d'estomac** heartburn sg

**brume** [bʀym] nf mist

**brumeux, -euse** [bʀymø, -øz] adj misty; (fig) hazy

**brumisateur** [bʀymizatœʀ] nm atomizer

**brun, e** [bʀœ̃, -yn] adj (gén, bière) brown; (cheveux, personne, tabac) dark; **elle est ~e** she's got dark hair ▷ nm (couleur) brown ▷ nf (cigarette) cigarette made of dark tobacco; (bière) ≈ brown ale, ≈ stout

**brunch** [bʀœntʃ] nm brunch

**brunir** [bʀyniʀ] vi: **se brunir** to get a tan ▷ vt to tan

**brushing** [bʀœʃiŋ] nm blow-dry

**brusque** [bʀysk] adj (soudain) abrupt, sudden; (rude) abrupt, brusque

**brusquer** [bʀyske] vt to rush

**brut, e** [bʀyt] adj raw, crude, rough; (diamant) uncut; (soie, minéral, Inform: données) raw; (Comm) gross ▷ nf brute; **(champagne) ~** brut champagne; **(pétrole) ~** crude (oil)

**brutal, e, -aux** [bʀytal, -o] adj brutal

**brutaliser** [bʀytalize] vt to handle roughly, manhandle

**Bruxelles** [bʀysɛl] n Brussels

**bruyamment** [bʀɥijamɑ̃] adv noisily

**bruyant, e** [bʀɥijɑ̃, -ɑ̃t] adj noisy

**bruyère** [bʀɥijɛʀ] nf heather

**BTS** sigle m (= Brevet de technicien supérieur) vocational training certificate taken at end of two-year higher education course

**bu, e** [by] pp de **boire**

**buccal, e, -aux** [bykal, -o] adj: **par voie ~e** orally

**bûche** [byʃ] nf log; **prendre une ~** (fig) to come a cropper (Brit), fall flat on one's face; **~ de Noël** Yule log

**bûcher** [byʃe] nm (funéraire) pyre; bonfire; (supplice) stake ▷ vi (fam: étudier) to swot (Brit), grind (US), slave (away) ▷ vt to swot up (Brit), cram, slave away at

**bûcheron** [byʃʀɔ̃] nm woodcutter

**bûcheur, -euse** [byʃœʀ, -øz] nm/f (fam: étudiant) swot (Brit), grind (US)

**budget** [bydʒɛ] nm budget

**buée** [bɥe] nf (sur une vitre) mist; (de l'haleine) steam

**buffet** [byfɛ] nm (meuble) sideboard; (de réception) buffet; **~ (de gare)** (station) buffet, snack bar

**buffle** [byfl] nm buffalo

**buis** [bɥi] nm box tree; (bois) box(wood)

**buisson** [bɥisɔ̃] nm bush

**buissonnière** [bɥisɔnjɛr] adj f: **faire l'école ~** to play truant (Brit), skip school

**bulbe** [bylb] nm (Bot, Anat) bulb; (coupole) onion-shaped dome

**Bulgarie** [bylgari] nf: **la ~** Bulgaria

**bulle** [byl] adj, nm: **(papier) ~** manil(l)a paper ▷ nf bubble; (de bande dessinée) balloon; (papale) bull; **~ de savon** soap bubble

**bulletin** [byltɛ̃] nm (communiqué, journal) bulletin; (papier) form; (: de bagages) ticket; (Scol) report; **~ d'informations** news bulletin; **~ de naissance** birth certificate; **~ de salaire** pay slip; **~ de santé** medical bulletin; **~ (de vote)** ballot paper; **~ météorologique** weather report

**bureau, x** [byro] nm (meuble) desk; (pièce, service) office; **~ de change** (foreign) exchange office ou bureau; **~ d'embauche** ≈ job centre; **~ d'études** design office; **~ de location** box office; **~ des objets trouvés** lost property office (Brit), lost and found (US); **~ de placement** employment agency; **~ de poste** post office; **~ de tabac** tobacconist's (shop), smoke shop (US); **~ de vote** polling station

**bureaucratie** [byrokrasi] nf bureaucracy

**burin** [byrɛ̃] nm cold chisel; (Art) burin

**burlesque** [byrlɛsk] adj ridiculous; (Littérature) burlesque

**bus** vb [by] voir **boire** ▷ nm [bys] (véhicule, aussi Inform) bus

**busqué, e** [byske] adj: **nez ~** hook(ed) nose

**buste** [byst] nm (Anat) chest; (: de femme) bust; (sculpture) bust

**but** [by] vb voir **boire** ▷ nm (cible) target; (fig) goal, aim; (Football etc) goal; **de ~ en blanc** point-blank; **avoir pour ~ de faire** to aim to do; **dans le ~ de** with the intention of

**butane** [bytan] nm butane; (domestique) calor gas® (Brit), butane

**buté, e** [byte] adj stubborn, obstinate ▷ nf (Archit) abutment; (Tech) stop

**buter** [byte] vi: **~ contre** ou **sur** to bump into; (trébucher) to stumble against ▷ vt to antagonize; **se buter** vi to get obstinate, dig in one's heels

**butin** [bytɛ̃] nm booty, spoils pl; (d'un vol) loot

**butiner** [bytine] vi (abeilles) to gather nectar

**butte** [byt] nf mound, hillock; **être en ~ à** to be exposed to

**buvais** etc [byvɛ] vb voir **boire**

**buvard** [byvar] nm blotter

**buvette** [byvɛt] nf refreshment room ou stall; (comptoir) bar

**buveur, -euse** [byvœr, -øz] nm/f drinker

**c'** [s] pron voir **ce**

**CA** sigle m = **chiffre d'affaires**; **conseil d'administration**; **corps d'armée** ▷ sigle f = **chambre d'agriculture**

**ça** [sa] pron (pour désigner) this; (: plus loin) that; (comme sujet indéfini) it; **ça m'étonne que** it surprises me that; **ça va?** how are you?; how are things?; (d'accord?) OK?, all right?; **où ça?** where's that?; **pourquoi ça?** why's that?; **qui ça?** who's that?; **ça alors!** (désapprobation) well!, really!; (étonnement) heavens!; **c'est ça** that's right; **ça y est** that's it

**çà** [sa] adv: **çà et là** here and there

**cabane** [kaban] nf hut, cabin

**cabaret** [kabarɛ] nm night club

**cabas** [kaba] nm shopping bag

**cabillaud** [kabijo] nm cod inv

**cabine** [kabin] nf (de bateau) cabin; (de plage) (beach) hut; (de piscine etc) cubicle; (de camion, train) cab; (d'avion) cockpit; **~ (d'ascenseur)** lift cage; **~ d'essayage** fitting room; **~ de projection** projection room; **~ spatiale** space capsule; **~ (téléphonique)** call ou (tele)phone box, (tele)phone booth

**cabinet** [kabinɛ] nm (petite pièce) closet; (de médecin) surgery (Brit), office (US); (de notaire etc) office; (: clientèle) practice; (Pol) cabinet; (d'un ministre) advisers pl; **cabinets** nmpl (w.-c.) toilet sg; **~ d'affaires** business consultants' (bureau), business partnership; **~ de toilette** toilet; **~ de travail** study

**câble** [kɑbl] nm cable; **le ~** (TV) cable television, cablevision (US)

**cabosser** [kabɔse] vt to dent

**cabrer** [kabʀe]: **se cabrer** vi (cheval) to rear up; (avion) to nose up; (fig) to revolt, rebel; to jib

**cabriole** [kabʀijɔl] nf caper; (gymnastique etc) somersault

**cacahuète** [kakaɥɛt] nf peanut

**cacao** [kakao] nm cocoa (powder); (boisson) cocoa

**cache** [kaʃ] nm mask, card (for masking) ▷ nf hiding place

**cache-cache** [kaʃkaʃ] nm: **jouer à ~** to play hide-and-seek

**cachemire** [kaʃmiʀ] nm cashmere ▷ adj: **dessin ~** paisley pattern; **le C~** Kashmir

**cache-nez** [kaʃne] nm inv scarf, muffler

**cacher** [kaʃe] vt to hide, conceal; **~ qch à qn** to hide ou conceal sth from sb; **se cacher** vi (volontairement) to hide; (être caché) to be hidden ou concealed; **il ne s'en cache pas** he makes no secret of it

**cachet** [kaʃɛ] nm (comprimé) tablet; (sceau: du roi) seal; (: de la poste) postmark; (rétribution) fee; (fig) style, character

**cacheter** [kaʃte] vt to seal; **vin cacheté** vintage wine

**cachette** [kaʃɛt] nf hiding place; **en ~** on the sly, secretly

**cachot** [kaʃo] nm dungeon

**cachotterie** [kaʃɔtʀi] nf mystery; **faire des ~s** to be secretive

**cactus** [kaktys] nm cactus

**cadavre** [kadavʀ] nm corpse, (dead) body

**Caddie®** [kadi] nm (supermarket) trolley (Brit), (grocery) cart (US)

**cadeau, x** [kado] nm present, gift; **faire un ~ à qn** to give sb a present ou gift; **faire ~ de qch à qn** to make a present of sth to sb, give sb sth as a present

**cadenas** [kadna] nm padlock

**cadence** [kadɑ̃s] nf (Mus) cadence; (: rythme) rhythm; (de travail etc) rate; **cadences** nfpl (en usine) production rate sg; **en ~** rhythmically; in time

**cadet, te** [kadɛ, -ɛt] adj younger; (le plus jeune) youngest ▷ nm/f youngest child ou one, youngest boy ou son/girl ou daughter; **il est mon ~ de deux ans** he's two years younger than me, he's two years my junior; **les ~s** (Sport) the minors (15–17 years); **le ~ de mes soucis** the least of my worries

**cadran** [kadʀɑ̃] nm dial; **~ solaire** sundial

**cadre** [kadʀ] nm frame; (environnement) surroundings pl; (limites) scope ▷ nm/f (Admin) managerial employee, executive ▷ adj: **loi ~** outline ou blueprint law; **~ moyen/supérieur** (Admin) middle/senior management employee, junior/senior executive; **rayer qn des ~s** to discharge sb; to dismiss sb; **dans le ~ de** (fig) within the framework ou context of

**cadrer** [kadʀe] vi: **~ avec** to tally ou correspond with ▷ vt (Ciné, Photo) to frame

**cafard** [kafaʀ] nm cockroach; **avoir le ~** to be down in the dumps, be feeling low

**café** [kafe] nm coffee; (bistro) café ▷ adj inv coffee cpd; **~ crème** coffee with cream; **~ au lait** white coffee; **~ noir** black coffee; **~ en grains** coffee beans; **~ en poudre** instant coffee; **~ liégeois** coffee ice cream with whipped cream

**cafétéria** [kafeteʀja] nf cafeteria

**café-tabac** nm tobacconist's or newsagent's also serving coffee and spirits

**cafetière** [kaftjɛʀ] nf (pot) coffee-pot

**cafouiller** [kafuje] vi to get in a shambles; (machine etc) to work in fits and starts

**cage** [kaʒ] nf cage; **~ (des buts)** goal; **en ~** in a cage, caged up ou in; **~ d'ascenseur** lift shaft; **~ d'escalier** (stair)well; **~ thoracique** rib cage

**cageot** [kaʒo] nm crate

**cagibi** [kaʒibi] nm shed

**cagnotte** [kaɲɔt] nf kitty

**cagoule** [kagul] nf cowl; hood; (Ski etc) cagoule; (passe-montagne) balaclava

**cahier** [kaje] nm notebook; (Typo) signature; (revue): **~s** journal; **~ de revendications/doléances** list of claims/grievances; **~ de brouillons** rough book, jotter; **~ des charges** specification; **~ d'exercices** exercise book

**cahot** [kao] nm jolt, bump

**caïd** [kaid] nm big chief, boss

**caille** [kaj] nf quail

**cailler** [kaje] vi (lait) to curdle; (sang) to clot; (fam) to be cold

**caillot** [kajo] nm (blood) clot

**caillou, x** [kaju] nm (little) stone

**caillouteux, -euse** [kajutø, -øz] adj stony; pebbly

**Caire** [kɛʀ] nm: **le ~** Cairo

**caisse** [kɛs] nf box; (où l'on met la recette) cashbox; (: machine) till; (où l'on paye) cash desk (Brit), checkout counter; (: au supermarché) checkout; (de banque) cashier's desk; (Tech) case, casing; **faire sa ~** (Comm) to count the takings; **~ claire** (Mus) side ou snare drum; **~ éclair** express checkout; **~ enregistreuse** cash register; **~ d'épargne** (CE) savings bank; **~ noire** slush fund; **~ de retraite** pension fund; **~ de sortie** checkout; voir **grosse**

**caissier, -ière** [kesje, -jɛʀ] nm/f cashier

**cajoler** [kaʒɔle] vt to wheedle, coax; to surround with love and care, make a fuss of

**cake** [kɛk] nm fruit cake

**calandre** [kalɑ̃dʀ] nf radiator grill; (machine) calender, mangle

**calanque** [kalɑ̃k] nf rocky inlet

**calcaire** [kalkɛʀ] nm limestone ▷ adj (eau) hard; (Géo) limestone cpd

**calciné, e** [kalsine] adj burnt to ashes

**calcul** [kalkyl] nm calculation; **le ~** (Scol) arithmetic; **~ différentiel/intégral** differential/integral calculus; **~ mental** mental arithmetic; **~ (biliaire)** (gall)stone; **~ (rénal)** (kidney) stone; **d'après mes ~s** by my reckoning

**calculateur** [kalkylatœʀ] nm, **calculatrice** [kalkylatʀis] nf calculator

**calculer** [kalkyle] vt to calculate, work out, reckon; (combiner) to calculate; **~ qch de tête** to work sth out in one's head

**calculette** [kalkylɛt] nf (pocket) calculator

**cale** [kal] nf (de bateau) hold; (en bois) wedge, chock; **~ sèche** ou **de radoub** dry dock

**calé, e** [kale] adj (fam) clever, bright

**caleçon** [kalsɔ̃] nm (d'homme) boxer shorts; (de femme) leggings; **~ de bain** bathing trunks pl

**calembour** [kalɑ̃buʀ] nm pun

**calendrier** [kalɑ̃dʀije] nm calendar; (fig) timetable

**calepin** [kalpɛ̃] nm notebook

**caler** [kale] vt to wedge, chock up; **~ (son moteur/véhicule)** to stall (one's engine/vehicle); **se ~ dans un fauteuil** to make o.s. comfortable in an armchair ▷ vi (moteur, véhicule) to stall

**calfeutrer** [kalføtʀe] vt to (make) draughtproof (Brit) ou draftproof (US); **se calfeutrer** vi to make o.s. snug and comfortable

**calibre** [kalibʀ] nm (d'un fruit) grade; (d'une arme) bore, calibre (Brit), caliber (US); (fig) calibre, caliber

**califourchon** [kalifuʀʃɔ̃]: **à ~** adv astride; **à ~ sur** astride, straddling

**câlin, e** [kalɛ̃, -in] adj cuddly, cuddlesome; (regard, voix) tender

**câliner** [kaline] vt to fondle, cuddle

**calmant** [kalmɑ̃] nm tranquillizer, sedative; (contre la douleur) painkiller

**calme** [kalm] adj calm, quiet ▷ nm calm(ness), quietness; **sans perdre son ~** without losing one's cool ou calmness; **~ plat** (Navig) dead calm

**calmer** [kalme] vt to calm (down); (douleur, inquiétude) to ease, soothe; **se calmer** vi to calm down

**calomnie** [kalɔmni] nf slander; (écrite) libel

**calomnier** [kalɔmnje] vt to slander; to libel

**calorie** [kalɔʀi] nf calorie

**calotte** [kalɔt] nf (coiffure) skullcap; (gifle) slap; **la ~** (péj: clergé) the cloth, the clergy; **~ glaciaire** icecap

**calquer** [kalke] vt to trace; (fig) to copy exactly

**calvaire** [kalvɛʀ] nm (croix) wayside cross, calvary; (souffrances) suffering, martyrdom

**calvitie** [kalvisi] nf baldness

**camarade** [kamaʀad] nm/f friend, pal; (Pol) comrade

**camaraderie** [kamaʀadʀi] nf friendship

**Cambodge** [kɑ̃bɔdʒ] nm: **le ~** Cambodia

**cambouis** [kɑ̃bwi] nm dirty oil ou grease

**cambrer** [kɑ̃bʀe] vt to arch; **se cambrer** vi to arch one's back; **~ la taille** ou **les reins** to arch one's back

**cambriolage** [kɑ̃bʀijɔlaʒ] nm burglary

**cambrioler** [kɑ̃bʀijɔle] vt to burgle (Brit), burglarize (US)

**cambrioleur, -euse** [kɑ̃bʀijɔlœʀ, -øz] nm/f burglar

**camelote** [kamlɔt] (fam) nf rubbish, trash, junk

**caméra** [kameʀa] nf (Ciné, TV) camera; (d'amateur) cine-camera

**Cameroun** [kamʀun] nm: **le ~** Cameroon

**caméscope®** [kameskɔp] nm camcorder

**camion** [kamjɔ̃] nm lorry (Brit), truck; (plus petit, fermé) van; (charge): **~ de sable/cailloux** lorry-load (Brit) ou truck-load of sand/stones; **~ de dépannage** breakdown (Brit) ou tow (US) truck

**camion-citerne** (pl **camions-citernes**) [kamjɔ̃sitɛʀn] nm tanker

**camionnette** [kamjɔnɛt] nf (small) van

**camionneur** [kamjɔnœʀ] nm (entrepreneur) haulage contractor (Brit), trucker (US); (chauffeur) lorry (Brit) ou truck driver; van driver

**camisole** [kamizɔl] nf: **~ (de force)** straitjacket

**camomille** [kamɔmij] nf camomile; (boisson) camomile tea

**camoufler** [kamufle] vt to camouflage; (fig) to conceal, cover up

**camp** [kɑ̃] nm camp; (fig) side; **~ de nudistes/ vacances** nudist/holiday camp; **~ de concentration** concentration camp

**campagnard, e** [kɑ̃paɲaʀ, -aʀd] adj country cpd ▷ nm/f countryman/woman

**campagne** [kɑ̃paɲ] nf country, countryside; (Mil, Pol, Comm) campaign; **en ~** (Mil) in the field; **à la ~** in/to the country; **faire ~ pour** to campaign for; **~ électorale** election campaign; **~ de publicité** advertising campaign

**camper** [kɑ̃pe] vi to camp ▷ vt (chapeau etc) to pull ou put on firmly; (dessin) to sketch; **se ~ devant** to plant o.s. in front of

**campeur, -euse** [kɑ̃pœʀ, -øz] nm/f camper

**camping** [kɑ̃piŋ] nm camping; (terrain de) **~** campsite, camping site; **faire du ~** to go camping; **faire du ~ sauvage** to camp rough

**camping-car** [kɑ̃piŋkaʀ] nm camper, motorhome (US)

**camping-gaz®** [kɑ̃piŋgaz] nm inv camp(ing) stove

**Canada** [kanada] nm: **le ~** Canada

**canadien, ne** [kanadjɛ̃, -ɛn] adj Canadian ▷ nm/f: **C-, ne** Canadian ▷ nf (veste) fur-lined jacket

**canaille** [kanɑj] nf (péj) scoundrel; (populace) riff-raff ▷ adj raffish, rakish

**canal, -aux** [kanal, -o] nm canal; (naturel, TV) channel; (Admin): **par le ~ de** through (the medium of), via; **~ de distribution/ télévision** distribution/television channel; **~ de Panama/Suez** Panama/ Suez Canal

**canalisation** [kanalizasjɔ̃] nf (tuyau) pipe

**canaliser** [kanalize] vt to canalize; (fig) to channel

**canapé** [kanape] nm settee, sofa; (Culin) canapé, open sandwich

**canard** [kanaʀ] nm duck; (fam: journal) rag

**canari** [kanaʀi] nm canary

**cancans** [kɑ̃kɑ̃] nmpl (malicious) gossip sg

**cancer** [kɑ̃sɛʀ] nm cancer; (signe): **le C~** Cancer, the Crab; **être du C~** to be Cancer; **il a un ~** he has cancer

**cancre** [kɑ̃kʀ] nm dunce

**candeur** [kɑ̃dœʀ] nf ingenuousness

**candidat, e** [kɑ̃dida, -at] nm/f candidate; (à un poste) applicant, candidate

**candidature** [kɑ̃didatyʀ] nf (Pol) candidature; (à poste) application; **poser sa ~** to submit an application, apply; **poser sa ~ à un poste** to apply for a job; **~ spontanée** unsolicited job application

**candide** [kɑ̃did] adj ingenuous, guileless, naïve

**cane** [kan] nf (female) duck

**caneton** [kantɔ̃] nm duckling

**canette** [kanɛt] nf (de bière) (flip-top) bottle; (de machine à coudre) spool

**canevas** [kanva] nm (Couture) canvas (for tapestry work); (fig) framework, structure

**caniche** [kaniʃ] nm poodle

**canicule** [kanikyl] nf scorching heat; midsummer heat, dog days pl

**canif** [kanif] nm penknife, pocket knife

**canin, e** [kanɛ̃, -in] adj canine ▷ nf canine (tooth), eye tooth

**caniveau, x** [kanivo] nm gutter

**canne** [kan] nf (walking) stick; **~ à pêche** fishing rod; **~ à sucre** sugar cane; **les ~s blanches** (les aveugles) the blind

**cannelle** [kanɛl] nf cinnamon

**canoë** [kanɔe] nm canoe; (sport) canoeing; **~ (kayak)** kayak

**canon** [kanɔ̃] nm (arme) gun; (Hist) cannon; (d'une arme: tube) barrel; (fig) model; (Mus) canon ▷ adj: **droit ~** canon law; **~ rayé** rifled barrel

**canot** [kano] nm boat, ding(h)y; **~ pneumatique** rubber ou inflatable ding(h)y; **~ de sauvetage** lifeboat

**canotier** [kanɔtje] nm boater

**cantatrice** [kɑ̃tatʀis] nf (opera) singer

**cantine** [kɑ̃tin] nf canteen; (réfectoire d'école) dining hall

**cantique** [kɑ̃tik] nm hymn

**canton** [kɑ̃tɔ̃] nm district (consisting of several communes); see note; (en Suisse) canton

see note

⬤ **CANTON**
⬤
⬤
⬤ A French canton is the administrative
⬤ division represented by a councillor in
⬤ the "Conseil général". It comprises a
⬤ number of "communes" and is, in turn,
⬤ a subdivision of an "arrondissement".
⬤ In Switzerland the cantons are the 23
⬤ autonomous political divisions which
⬤ make up the Swiss confederation.

**cantonade** [kɑ̃tɔnad]: **à la ~** adv to everyone in general; (crier) from the rooftops

**cantonner** [kɑ̃tɔne] vt (Mil) to billet (Brit), quarter; to station; **se ~ dans** to confine o.s. to

**cantonnier** [kɑ̃tɔnje] nm roadmender

**canular** [kanylaʀ] nm hoax

**caoutchouc** [kautʃu] nm rubber; **~ mousse** foam rubber; **en ~** rubber cpd

**CAP** sigle m (= Certificat d'aptitude professionnelle) vocational training certificate taken at secondary school

**cap** [kap] nm (Géo) cape; (promontoire) headland; (fig) hurdle; (tournant) watershed; (Navig): **changer de ~** to change course; **mettre le ~ sur** to head ou steer for; **doubler ou passer le ~** (fig) to get over the worst; **Le C~** Cape Town; **le ~ de Bonne Espérance** the Cape of Good Hope; **le ~ Horn** Cape Horn; **les îles du C~ Vert** (aussi: **le C~-Vert**) the Cape Verde Islands

**capable** [kapabl] adj able, capable; **~ de qch/ faire** capable of sth/doing; **il est ~ d'oublier** he could easily forget; **spectacle ~ d'intéresser** show likely to be of interest

**capacité** [kapasite] nf (compétence) ability; (Jur, Inform, d'un récipient) capacity; **~ (en droit)** basic legal qualification

**cape** [kap] nf cape, cloak; **rire sous ~** to laugh up one's sleeve

**CAPES** [kapɛs] sigle m (= Certificat d'aptitude au professorat de l'enseignement du second degré) secondary teaching diploma; see note

⬤ **CAPES**
⬤
⬤ The French CAPES ("certificat d'aptitude
⬤ au professorat de l'enseignement du
⬤ second degré") is a competitive
⬤ examination sat by prospective
⬤ secondary school teachers after the
⬤ "licence". Successful candidates become
⬤ fully qualified teachers ("professeurs
⬤ certifiés").

**capillaire** [kapilɛʀ] adj (soins, lotion) hair cpd; (vaisseau etc) capillary; **artiste ~** hair artist ou designer

**capitaine** [kapiten] nm captain; **~ des pompiers** fire chief (Brit), fire marshal (US); **~ au long cours** master mariner

**capital, e, -aux** [kapital, -o] *adj (œuvre)* major; *(question, rôle)* fundamental; *(Jur)* capital ▷ *nm* capital; *(fig)* stock; asset ▷ *nf (ville)* capital; *(lettre)* capital (letter); **d'une importance ~e** of capital importance; **capitaux** *nmpl (fonds)* capital *sg*, money *sg*; **les sept péchés capitaux** the seven deadly sins; **peine ~e** capital punishment; **~ (social)** authorized capital; **~ d'exploitation** working capital

**capitalisme** [kapitalism] *nm* capitalism

**capitaliste** [kapitalist] *adj, nm/f* capitalist

**capitonné, e** [kapitɔne] *adj* padded

**caporal, -aux** [kapɔral, -o] *nm* lance corporal

**capot** [kapo] *nm (Auto)* bonnet *(Brit)*, hood *(US)*

**capote** [kapɔt] *nf (de voiture)* hood *(Brit)*, top *(US)*; *(de soldat)* greatcoat; **~ (anglaise)** *(fam)* rubber, condom

**capoter** [kapɔte] *vi* to overturn; *(négociations)* to founder

**câpre** [kɑpʀ] *nf* caper

**caprice** [kapʀis] *nm* whim, caprice; passing fancy; **caprices** *nmpl (de la mode etc)* vagaries; **faire un ~** to throw a tantrum; **faire des ~s** to be temperamental

**capricieux, -euse** [kapʀisjø, -øz] *adj (fantasque)* capricious; whimsical; *(enfant)* temperamental

**Capricorne** [kapʀikɔʀn] *nm*: **le ~** Capricorn, the Goat; **être du ~** to be Capricorn

**capsule** [kapsyl] *nf (de bouteille)* cap; *(amorce)* primer; cap; *(Bot etc, spatiale)* capsule

**capter** [kapte] *vt (ondes radio)* to pick up; *(eau)* to harness; *(fig)* to win, capture

**captivant, e** [kaptivɑ̃, -ɑ̃t] *adj* captivating

**captivité** [kaptivite] *nf* captivity; **en ~** in captivity

**capturer** [kaptyʀe] *vt* to capture, catch

**capuche** [kapyʃ] *nf* hood

**capuchon** [kapyʃɔ̃] *nm* hood; *(de stylo)* cap, top

**capucine** [kapysin] *nf (Bot)* nasturtium

**caquet** [kakɛ] *nm*: **rabattre le ~ à qn** to bring sb down a peg or two

**caqueter** [kakte] *vi (poule)* to cackle; *(fig)* to prattle

**car** [kaʀ] *nm* coach *(Brit)*, bus ▷ *conj* because, for; **~ de police** police van; **~ de reportage** broadcasting *ou* radio van

**carabine** [kaʀabin] *nf* carbine, rifle; **~ à air comprimé** airgun

**caractère** [kaʀaktɛʀ] *nm (gén)* character; **en ~s gras** in bold type; **en petits ~s** in small print; **en ~s d'imprimerie** in block capitals; **avoir du ~** to have character; **avoir bon/ mauvais ~** to be good-/ill-natured *ou* tempered; **~ de remplacement** wild card *(Inform)*; **~s/seconde (cps)** characters per second (cps)

**caractériel, le** [kaʀakteʀjɛl] *adj (enfant)* (emotionally) disturbed ▷ *nm/f* problem child; **troubles ~s** emotional problems

**caractérisé, e** [kaʀakteʀize] *adj*: **c'est une grippe/de l'insubordination ~e** it is a clear(-cut) case of flu/insubordination

**caractériser** [kaʀakteʀize] *vt* to characterize; **se ~ par** to be characterized *ou* distinguished by

**caractéristique** [kaʀakteʀistik] *adj, nf* characteristic

**carafe** [kaʀaf] *nf* decanter; *(pour eau, vin ordinaire)* carafe

**caraïbe** [kaʀaib] *adj* Caribbean; **les Caraïbes** *nfpl* the Caribbean (Islands); **la mer des C~s** the Caribbean Sea

**carambolage** [kaʀɑ̃bɔlaʒ] *nm* multiple crash, pileup

**caramel** [kaʀamɛl] *nm (bonbon)* caramel, toffee; *(substance)* caramel

**carapace** [kaʀapas] *nf* shell

**caravane** [kaʀavan] *nf* caravan

**caravaning** [kaʀavaniŋ] *nm* caravanning; *(emplacement)* caravan site

**carbone** [kaʀbɔn] *nm* carbon; *(feuille)* carbon, sheet of carbon paper; *(double)* carbon (copy)

**carbonique** [kaʀbɔnik] *adj*: **gaz ~** carbon dioxide; **neige ~** dry ice

**carbonisé, e** [kaʀbɔnize] *adj* charred; **mourir ~** to be burned to death

**carburant** [kaʀbyʀɑ̃] *nm* (motor) fuel

**carburateur** [kaʀbyʀatœʀ] *nm* carburettor

**carcan** [kaʀkɑ̃] *nm (fig)* yoke, shackles *pl*

**carcasse** [kaʀkas] *nf* carcass; *(de véhicule etc)* shell

**cardiaque** [kaʀdjak] *adj* cardiac, heart *cpd* ▷ *nm/f* heart patient; **être ~** to have a heart condition

**cardigan** [kaʀdigɑ̃] *nm* cardigan

**cardiologue** [kaʀdjɔlɔg] *nm/f* cardiologist, heart specialist

**carême** [kaʀɛm] *nm*: **le C~** Lent

**carence** [kaʀɑ̃s] *nf* incompetence, inadequacy; *(manque)* deficiency; **~ vitaminique** vitamin deficiency

**caresse** [kaʀɛs] *nf* caress

**caresser** [kaʀese] *vt* to caress; *(animal)* to stroke, fondle; *(fig: projet, espoir)* to toy with

**cargaison** [kaʀgɛzɔ̃] *nf* cargo, freight

**cargo** [kaʀgo] *nm* cargo boat, freighter; **~ mixte** cargo and passenger ship

**caricature** [kaʀikatyʀ] *nf* caricature; *(politique etc)* (satirical) cartoon

**carie** [kaʀi] *nf*: **la ~ (dentaire)** tooth decay; **une ~** a bad tooth

**carillon** [kaʀijɔ̃] *nm (d'église)* bells *pl*; *(de pendule)* chimes *pl*; *(de porte)*: **~ (électrique)** (electric) door chime *ou* bell

**caritatif, -ive** [kaʀitatif, -iv] *adj* charitable

**carnassier, -ière** [kaʀnasje, -jɛʀ] *adj* carnivorous ▷ *nm* carnivore

**carnaval** [kaʀnaval] *nm* carnival

**carnet** [kaʀnɛ] *nm (calepin)* notebook; *(de tickets, timbres etc)* book; *(d'école)* school report; *(journal intime)* diary; **~ d'adresses** address

book; **~ de chèques** cheque book (*Brit*),
checkbook (*US*); **~ de commandes** order
book; **~ de notes** (*Scol*) (school) report; **~ à
souches** counterfoil book
**carotte** [kaʀɔt] *nf* (*aussi fig*) carrot
**carpette** [kaʀpɛt] *nf* rug
**carré, e** [kaʀe] *adj* square; (*fig: franc*)
straightforward ▷ *nm* (*de terrain, jardin*) patch,
plot; (*Navig: salle*) wardroom; (*Math*) square;
**~ blanc** (*TV*) "adults only" symbol; (*Cartes*):
**~ d'as/de rois** four aces/kings; **élever un
nombre au ~** to square a number; **mètre/
kilomètre ~** square metre/kilometre; **~ de
soie** silk headsquare *ou* headscarf;
**~ d'agneau** loin of lamb
**carreau, x** [kaʀo] *nm* (*en faïence etc*) (floor) tile;
(*au mur*) (wall) tile; (*window*) pane; (*motif*)
check, square; (*Cartes: couleur*) diamonds *pl*;
(: *carte*) diamond; **tissu à ~x** checked fabric;
**papier à ~x** squared paper
**carrefour** [kaʀfuʀ] *nm* crossroads *sg*
**carrelage** [kaʀlaʒ] *nm* tiling; (*sol*) (tiled)
floor
**carrelet** [kaʀlɛ] *nm* (*poisson*) plaice
**carrément** [kaʀemã] *adv* (*franchement*)
straight out, bluntly; (*sans détours, sans hésiter*)
straight; (*nettement*) definitely; (*intensif*)
completely; **c'est ~ impossible** it's
completely impossible; **il l'a ~ mis à la
porte** he threw him straight out
**carrière** [kaʀjɛʀ] *nf* (*de roches*) quarry; (*métier*)
career; **militaire de ~** professional soldier;
**faire ~ dans** to make one's career in
**carrossable** [kaʀɔsabl] *adj* suitable for
(motor) vehicles
**carrosse** [kaʀɔs] *nm* (horse-drawn) coach
**carrosserie** [kaʀɔsʀi] *nf* body, bodywork *no pl*
(*Brit*); (*activité, commerce*) coachwork (*Brit*),
(car) body manufacturing; **atelier de ~** (*pour
réparations*) body shop, panel beaters' (yard) (*Brit*)
**carrure** [kaʀyʀ] *nf* build; (*fig*) stature, calibre
**cartable** [kaʀtabl] *nm* (*d'écolier*) satchel,
(school)bag
**carte** [kaʀt] *nf* (*de géographie*) map; (*marine, du
ciel*) chart; (*de fichier, d'abonnement etc, à jouer*)
card; (*au restaurant*) menu; (*aussi*: **~ postale**)
(post)card; (*aussi*: **~ de visite**) (visiting) card;
**avoir/donner ~ blanche** to have/give carte
blanche *ou* a free hand; **tirer les ~s à qn** to
read sb's cards; **jouer aux ~s** to play cards;
**jouer ~s sur table** (*fig*) to put one's cards on
the table; **à la ~** (*au restaurant*) à la carte; **~ à
circuit imprimé** printed circuit; **~ à puce**
smartcard, chip and PIN card; **~ bancaire**
cash card; **C~ Bleue®** debit card; **~ de crédit**
credit card; **~ de fidélité** loyalty card; **la ~ des
vins** the wine list; **~ d'état-major**
≈ Ordnance (*Brit*) *ou* Geological (*US*) Survey
map; **~ d'identité** identity card; **la ~ grise**
(*Auto*) ≈ the (car) registration document; **~
jeune** young person's railcard; **~ mémoire**
(*d'appareil photo numérique*) memory card; **~**

**perforée** punch(ed) card; **~ routière** road
map; **~ de séjour** residence permit; **~ SIM**
SIM card; **~ téléphonique** phonecard; **la ~
verte** (*Auto*) the green card
**carter** [kaʀtɛʀ] *nm* (*Auto: d'huile*) sump (*Brit*),
oil pan (*US*); (: *de la boîte de vitesses*) casing;
(*de bicyclette*) chain guard
**carton** [kaʀtɔ̃] *nm* (*matériau*) cardboard;
(*boîte*) (cardboard) box; (*d'invitation*) invitation
card; (*Art*) sketch; cartoon; **en ~** cardboard
*cpd*; **faire un ~** (*au tir*) to have a go at the rifle
range; to score a hit; **~ (à dessin)** portfolio
**carton-pâte** [kaʀtɔ̃pat] *nm* pasteboard; **de ~**
(*fig*) cardboard *cpd*
**cartouche** [kaʀtuʃ] *nf* cartridge; (*de cigarettes*)
carton
**cas** [kɑ] *nm* case; **faire peu de ~/grand ~ de** to
attach little/great importance to; **ne faire
aucun ~ de** to take no notice of; **le ~ échéant**
if need be; **en aucun ~** on no account, under
no circumstances (whatsoever); **au ~ où** in
case; **dans ce ~** in that case; **en ~ de** in case
of, in the event of; **en ~ de besoin** if need be;
**en ~ d'urgence** in an emergency; **en ce ~** in
that case; **en tout ~** in any case, at any rate;
**~ de conscience** matter of conscience; **~ de
force majeure** case of absolute necessity;
(*Assurances*) act of God; **~ limite** borderline
case; **~ social** social problem
**casanier, -ière** [kazanje, -jɛʀ] *adj* stay-at-
home
**cascade** [kaskad] *nf* waterfall, cascade; (*fig*)
stream, torrent
**cascadeur, -euse** [kaskadœʀ, -øz] *nm/f*
stuntman/girl
**case** [kɑz] *nf* (*hutte*) hut; (*compartiment*)
compartment; (*pour le courrier*) pigeonhole;
(*d'échiquier*) square; (*sur un formulaire, de mots
croisés*) box
**caser** [kɑze] (*fam*) *vt* (*mettre*) to put; (*loger*) to
put up; (*péj*) to find a job for; to marry off; **se
caser** *vi* (*se marier*) to settle down; (*trouver un
emploi*) to find a (steady) job
**caserne** [kazɛʀn] *nf* barracks
**cash** [kaʃ] *adv*: **payer ~** to pay cash down
**casier** [kɑzje] *nm* (*à journaux etc*) rack; (*de
bureau*) filing cabinet; (: *à cases*) set of
pigeonholes; (*case*) compartment; (*pour
courrier*) pigeonhole; (: *à clef*) locker; (*Pêche*)
lobster pot; **~ à bouteilles** bottle rack; **~
judiciaire** police record
**casino** [kazino] *nm* casino
**casque** [kask] *nm* helmet; (*chez le coiffeur*)
(hair-)dryer; (*pour audition*) (head-)phones *pl*,
headset; **les C~s bleus** the UN peacekeeping
force
**casquette** [kaskɛt] *nf* cap
**cassant, e** [kasɑ̃, -ɑ̃t] *adj* brittle; (*fig*)
brusque, abrupt
**cassation** [kasasjɔ̃] *nf*: **se pourvoir en ~** to
lodge an appeal; **recours en ~** appeal to the
Supreme Court

**casse** [kas] *nf* (*pour voitures*): **mettre à la ~** to scrap, send to the breakers (Brit); (*dégâts*): **il y a eu de la ~** there were a lot of breakages; (*Typo*): **haut/bas de ~** upper/lower case

**casse-cou** [kasku] *adj inv* daredevil, reckless; **crier ~ à qn** to warn sb (*against a risky undertaking*)

**casse-croûte** [kaskrut] *nm inv* snack

**casse-noisettes** [kasnwazɛt], **casse-noix** [kasnwa] *nm inv* nutcrackers *pl*

**casse-pieds** [kaspje] *adj, nm/f inv* (*fam*): **il est ~, c'est un ~** he's a pain (in the neck)

**casser** [kase] *vt* to break; (*Admin: gradé*) to demote; (*Jur*) to quash; (*Comm*): **~ les prix** to slash prices; **se casser** *vi* to break; (*fam*) to go, leave ▷ *vt*: **~ les pieds à qn** (*fam: irriter*) to get on sb's nerves; **se ~ la jambe/une jambe** to break one's leg/a leg; **se ~ la tête** (*fam*) to go to a lot of trouble; **à tout ~** fantastic, brilliant; **se ~ net** to break clean off

**casserole** [kasRɔl] *nf* saucepan; **à la ~** (*Culin*) braised

**casse-tête** [kastɛt] *nm inv* (*fig*) brain teaser; (*difficultés*) headache (*fig*)

**cassette** [kasɛt] *nf* (*bande magnétique*) cassette; (*coffret*) casket; **~ numérique** digital compact cassette; **~ vidéo** video

**casseur** [kasœR] *nm* hooligan; rioter

**cassis** [kasis] *nm* blackcurrant; (*de la route*) dip, bump

**cassoulet** [kasulɛ] *nm* sausage and bean hotpot

**cassure** [kasyR] *nf* break, crack

**castor** [kastɔR] *nm* beaver

**castrer** [kastre] *vt* (*mâle*) to castrate; (*femelle*) to spay; (*cheval*) to geld; (*chat, chien*) to doctor (Brit), fix (US)

**catalogue** [katalɔg] *nm* catalogue

**cataloguer** [katalɔge] *vt* to catalogue, list; (*péj*) to put a label on

**catalyseur** [katalizœR] *nm* catalyst

**catalytique** [katalitik] *adj* catalytic; **pot ~** catalytic converter

**catastrophe** [katastRɔf] *nf* catastrophe, disaster; **atterrir en ~** to make an emergency landing; **partir en ~** to rush away

**catch** [katʃ] *nm* (all-in) wrestling

**catéchisme** [katefism] *nm* catechism

**catégorie** [kategɔRi] *nf* category; (*Boucherie*): **morceaux de première/deuxième ~** prime/second cuts

**catégorique** [kategɔRik] *adj* categorical

**cathédrale** [katedral] *nf* cathedral

**catholique** [katɔlik] *adj, nm/f* (Roman) Catholic; **pas très ~** a bit shady ou fishy

**catimini** [katimini]: **en ~** *adv* on the sly, on the quiet

**cauchemar** [koʃmaR] *nm* nightmare

**cause** [koz] *nf* cause; (*Jur*) lawsuit, case; brief; **faire ~ commune avec qn** to take sides with sb; **être ~ de** to be the cause of; **à ~ de** because of, owing to; **pour ~ de** on account of; owing

to; **(et) pour ~** and for (a very) good reason; **être en ~** (*intérêts*) to be at stake; (*personne*) to be involved; (*qualité*) to be in question; **mettre en ~** to implicate; to call into question; **remettre en ~** to challenge, call into question; **c'est hors de ~** it's out of the question; **en tout état de ~** in any case

**causer** [koze] *vt* to cause ▷ *vi* to chat, talk

**causerie** [kozRi] *nf* talk

**causette** [kozɛt] *nf*: **faire la** ou **un brin de ~** to have a chat

**caution** [kosjɔ̃] *nf* guarantee, security; deposit; (*Jur*) bail (bond); (*fig*) backing, support; **payer la ~ de qn** to stand bail for sb; **se porter ~ pour qn** to stand security for sb; **libéré sous ~** released on bail; **sujet à ~** unconfirmed

**cautionner** [kosjɔne] *vt* to guarantee; (*soutenir*) to support

**cavalcade** [kavalkad] *nf* (*fig*) stampede

**cavalier, -ière** [kavalje, -jɛR] *adj* (*désinvolte*) offhand ▷ *nm/f* rider; (*au bal*) partner ▷ *nm* (*Échecs*) knight; **faire ~ seul** to go it alone; **allée** ou **piste cavalière** riding path

**cave** [kav] *nf* cellar; (*cabaret*) (cellar) nightclub ▷ *adj*: **yeux ~s** sunken eyes; **joues ~s** hollow cheeks

**caveau, x** [kavo] *nm* vault

**caverne** [kavɛRn] *nf* cave

**CCP** *sigle m* = **compte chèque postal**

**CD** *sigle m* (= *chemin départemental*) secondary road, ≈ B road (Brit); (= *compact disc*) CD; (= *comité directeur*) steering committee

**CD-ROM** [sedeRɔm] *sigle m inv* (= *Compact Disc Read Only Memory*) CD-Rom

**CE** *sigle f* (= *Communauté européenne*) EC; (*Comm*) = **caisse d'épargne** ▷ *sigle m* (*Industrie*) = **comité d'entreprise**; (*Scol*) = **cours élémentaire**

 MOT-CLÉ

**ce, cette** [sə, sɛt] (*devant nm* **cet** + *voyelle ou h aspiré*) (*pl* **ces**) *adj dém* (*proximité*) this; these *pl*; (*non-proximité*) that; those *pl*; **cette maison(-ci/là)** this/that house; **cette nuit** (*qui vient*) tonight; (*passée*) last night
▷ *pron* **1**: **c'est** it's, it is; **c'est petit/grand/un livre** it's ou it is small/big/a book; **c'est un peintre** he's ou he is a painter; **ce sont des peintres** they're ou they are painters; **c'est le facteur** *etc* (*à la porte*) it's the postman *etc*; **qui est-ce?** who is it?; (*en désignant*) who is he/she?; **qu'est-ce?** what is it?; **c'est toi qui lui as parlé** it was you who spoke to him
**2**: **c'est que**: **c'est qu'il est lent/qu'il n'a pas faim** the fact is, he's slow/he's not hungry
**3** (*expressions*): **c'est ça** (*correct*) that's it, that's right; **c'est toi qui le dis!** that's what YOU say!; *voir aussi* **c'est-à-dire** *voir* **-ci**; **est-ce que**; **n'est-ce pas**

**4**: **ce qui, ce que** what; **ce qui me plaît, c'est sa franchise** what I like about him *ou* her is his *ou* her frankness; *(chose qui)*: **il est bête, ce qui me chagrine** he's stupid, which saddens me; **tout ce qui bouge** everything that *ou* which moves; **tout ce que je sais** all I know; **ce dont j'ai parlé** what I talked about; **ce que c'est grand!** it's so big!

**ceci** [səsi] *pron* this

**cécité** [sesite] *nf* blindness

**céder** [sede] *vt* to give up ▷ *vi (pont, barrage)* to give way; *(personne)* to give in; **~ à** to yield to, give in to

**cédérom** [sedeʀɔm] *nm* CD-ROM

**CEDEX** [sedɛks] *sigle m* (= *courrier d'entreprise à distribution exceptionnelle*) accelerated postal service for bulk users

**cédille** [sedij] *nf* cedilla

**cèdre** [sedʀ] *nm* cedar

**CEI** *sigle f* (= *Communauté des États indépendants*) CIS

**ceinture** [sɛtyʀ] *nf* belt; *(taille)* waist; *(fig)* ring; belt; circle; **~ de sauvetage** lifebelt *(Brit)*, life preserver *(US)*; **~ de sécurité** safety *ou* seat belt; **~ (de sécurité) à enrouleur** inertia reel seat belt; **~ verte** green belt

**cela** [s(ə)la] *pron* that; *(comme sujet indéfini)* it; **~ m'étonne que** it surprises me that; **quand/ où ~?** when/where (was that?)

**célèbre** [selebʀ] *adj* famous

**célébrer** [selebʀe] *vt* to celebrate; *(louer)* to extol

**céleri** [sɛlʀi] *nm*: **~(-rave)** celeriac; **~ (en branche)** celery

**célibat** [seliba] *nm* celibacy, bachelor/ spinsterhood

**célibataire** [selibatɛʀ] *adj* single, unmarried ▷ *nm/f* bachelor/unmarried *ou* single woman; **mère ~** single *ou* unmarried mother

**celle, celles** [sɛl] *pron voir* **celui**

**cellier** [selje] *nm* storeroom

**cellule** [selyl] *nf (gén)* cell; **~ (photo-électrique)** electronic eye; **~ souche** stem cell

**cellulite** [selylit] *nf* cellulite

MOT-CLÉ

**celui, celle** [səlɥi, sɛl] *(mpl* **ceux,** *fpl* **celles)** *pron* **1**: **celui-ci/là, celle-ci/là** this one/that one; **ceux-ci, celles-ci** these (ones); **ceux-là, celles-là** those (ones); **celui de mon frère** my brother's; **celui du salon/du dessous** the one in *(ou* from) the lounge/below **2**: **celui qui bouge** the one which *ou* that moves; *(personne)* the one who moves; **celui que je vois** the one (which *ou* that) I see; *(personne)* the one (whom) I see; **celui dont je parle** the one I'm talking about **3** *(valeur indéfinie)*: **celui qui veut** whoever wants

**cendre** [sɑ̃dʀ] *nf* ash; **~s** *(d'un foyer)* ash(es), cinders; *(volcaniques)* ash *sg*; *(d'un défunt)* ashes; **sous la ~** *(Culin)* in (the) embers

**cendrier** [sɑ̃dʀije] *nm* ashtray

**cène** [sɛn] *nf*: **la ~** (Holy) Communion; *(Art)* the Last Supper

**censé, e** [sɑ̃se] *adj*: **être ~ faire** to be supposed to do

**censeur** [sɑ̃sœʀ] *nm (Scol)* deputy head *(Brit)*, vice-principal *(US)*; *(Ciné, Pol)* censor

**censure** [sɑ̃syʀ] *nf* censorship

**censurer** [sɑ̃syʀe] *vt (Ciné, Presse)* to censor; *(Pol)* to censure

**cent** [sɑ̃] *num* a hundred, one hundred; **pour ~ (%)** per cent (%); **faire les ~ pas** to pace up and down ▷ *nm (US, Canada, partie de l'euro etc)* cent

**centaine** [sɑ̃tɛn] *nf*: **une ~ (de)** about a hundred, a hundred or so; *(Comm)* a hundred; **plusieurs ~s (de)** several hundred; **des ~s (de)** hundreds (of)

**centenaire** [sɑ̃tnɛʀ] *adj* hundred-year-old ▷ *nm/f* centenarian ▷ *nm (anniversaire)* centenary; *(monnaie)* cent

**centième** [sɑ̃tjɛm] *num* hundredth

**centigrade** [sɑ̃tigʀad] *nm* centigrade

**centilitre** [sɑ̃tilitʀ] *nm* centilitre *(Brit)*, centiliter *(US)*

**centime** [sɑ̃tim] *nm* centime; **~ d'euro** euro cent

**centimètre** [sɑ̃timɛtʀ] *nm* centimetre *(Brit)*, centimeter *(US)*; *(ruban)* tape measure, measuring tape

**central, e, -aux** [sɑ̃tʀal, -o] *adj* central ▷ *nm*: **~ (téléphonique)** (telephone) exchange ▷ *nf* power station; **~e d'achat** *(Comm)* central buying service; **~e électrique/nucléaire** electric/nuclear power station; **~e syndicale** group of affiliated trade unions

**centre** [sɑ̃tʀ] *nm* centre *(Brit)*, center *(US)*; **~ commercial/sportif/culturel** shopping/ sports/arts centre; **~ aéré** outdoor centre; **~ d'appels** call centre; **~ d'apprentissage** training college; **~ d'attraction** centre of attraction; **~ de gravité** centre of gravity; **~ de loisirs** leisure centre; **~ d'enfouissement des déchets** landfill site; **~ hospitalier** hospital complex; **~ de tri** *(Postes)* sorting office; **~s nerveux** *(Anat)* nerve centres

**centre-ville** *(pl* **centres-villes)** [sɑ̃tʀəvil] *nm* town centre *(Brit)* ou center *(US)*, downtown (area) *(US)*

**centuple** [sɑ̃typl] *nm*: **le ~ de qch** a hundred times sth; **au ~** a hundredfold

**cep** [sɛp] *nm (vine)* stock

**cèpe** [sɛp] *nm (edible)* boletus

**cependant** [s(ə)pɑ̃dɑ̃] *adv* however, nevertheless

**céramique** [seʀamik] *adj* ceramic ▷ *nf* ceramic; *(art)* ceramics *sg*

**cercle** [sɛʀkl] *nm* circle; *(objet)* band, hoop; **décrire un ~** *(avion)* to circle; *(projectile)* to describe a circle; **~ d'amis** circle of friends; **~ de famille** family circle; **~ vicieux** vicious circle

**cercueil** [sɛʀkœj] *nm* coffin

**céréale** [seʀeal] *nf* cereal

**cérémonie** [seʀemɔni] *nf* ceremony; **sans ~** (*inviter, manger*) informally; **cérémonies** *nfpl* (*péj*) fuss *sg*, to-do *sg*

**cerf** [sɛʀ] *nm* stag

**cerfeuil** [sɛʀfœj] *nm* chervil

**cerf-volant** [sɛʀvɔlã] *nm* kite; **jouer au ~** to fly a kite

**cerise** [səʀiz] *nf* cherry

**cerisier** [səʀizje] *nm* cherry (tree)

**cerner** [sɛʀne] *vt* (*Mil etc*) to surround; (*fig: problème*) to delimit, define

**cernes** [sɛʀn] *nfpl* (dark) rings, shadows (under the eyes)

**certain, e** [sɛʀtɛ̃, -ɛn] *adj* certain; (*sûr*): **~ (de/ que)** certain ou sure (of/ that); **d'un ~ âge** past one's prime, not so young; **un ~ temps** (quite) some time; **sûr et ~** absolutely certain; **un ~ Georges** someone called Georges; **~s** *pron* some

**certainement** [sɛʀtɛnmã] *adv* (*probablement*) most probably ou likely; (*bien sûr*) certainly, of course

**certes** [sɛʀt] *adv* (*sans doute*) admittedly; (*bien sûr*) of course; indeed (yes)

**certificat** [sɛʀtifika] *nm* certificate; **C~ d'études (primaires)** *former school leaving certificate (taken at the end of primary education)*; **C~ de fin d'études secondaires** school leaving certificate

**certifier** [sɛʀtifje] *vt* to certify, guarantee; **~ à qn que** to assure sb that, guarantee to sb that; **~ qch à qn** to guarantee sth to sb

**certitude** [sɛʀtityd] *nf* certainty

**cerveau, x** [sɛʀvo] *nm* brain; **~ électronique** electronic brain

**cervelas** [sɛʀvəla] *nm* saveloy

**cervelle** [sɛʀvɛl] *nf* (*Anat*) brain; (*Culin*) brain(s); **se creuser la ~** to rack one's brains

**CES** *sigle m* (= *Collège d'enseignement secondaire*) ≈ (junior) secondary school (Brit), ≈ junior high school (US)

**ces** [se] *adj dém voir* **ce**

**cesse** [sɛs]: **sans ~** *adv* (*tout le temps*) continually, constantly; (*sans interruption*) continuously; **il n'avait de ~ que** he would not rest until

**cesser** [sese] *vt* to stop ▷ *vi* to stop, cease; **~ de faire** to stop doing; **faire ~** (*bruit, scandale*) to put a stop to

**cessez-le-feu** [seselfø] *nm inv* ceasefire

**c'est-à-dire** [setadiʀ] *adv* that is (to say); (*demander de préciser*): **~?** what does that mean?; **~ que ...** (*en conséquence*) which means that ...; (*manière d'excuse*) well, in fact ...

**cet** [sɛt] *adj dém voir* **ce**

**ceux** [sø] *pron voir* **celui**

**CFC** *sigle mpl* (= *chlorofluorocarbures*) CFC

**CFDT** *sigle f* (= *Confédération française démocratique du travail*) trade union

**CGT** *sigle f* (= *Confédération générale du travail*) trade union

**chacun, e** [ʃakœ̃, -yn] *pron* each; (*indéfini*) everyone, everybody

**chagrin, e** [ʃagʀɛ̃, -in] *adj* morose ▷ *nm* grief, sorrow; **avoir du ~** to be grieved ou sorrowful

**chagriner** [ʃagʀine] *vt* to grieve, distress; (*contrarier*) to bother, worry

**chahut** [ʃay] *nm* uproar

**chahuter** [ʃayte] *vt* to rag, bait ▷ *vi* to make an uproar

**chaîne** [ʃɛn] *nf* chain; (*Radio, TV: stations*) channel; (*Inform*) string; **chaînes** *nfpl* (*liens, asservissement*) fetters, bonds; **travail à la ~** production line work; **réactions en ~** chain reactions; **faire la ~** to form a (human) chain; **~ alimentaire** food chain; **~ compacte** music centre; **~ d'entraide** mutual aid association; **~ (haute-fidélité ou hi-fi)** hi-fi system; **~ (de montage ou de fabrication)** production ou assembly line; **~ (de montagnes)** (mountain) range; **~ de solidarité** solidarity network; **~ (stéréo ou audio)** stereo (system)

**chaînette** [ʃɛnɛt] *nf* (small) chain

**chair** [ʃɛʀ] *nf* flesh ▷ *adj*: (*couleur*) **~** flesh-coloured; **avoir la ~ de poule** to have goose pimples ou goose flesh; **bien en ~** plump, well-padded; **en ~ et en os** in the flesh; **~ à saucisse** sausage meat

**chaire** [ʃɛʀ] *nf* (*d'église*) pulpit; (*d'université*) chair

**chaise** [ʃɛz] *nf* chair; **~ de bébé** high chair; **~ électrique** electric chair; **~ longue** deckchair

**châle** [ʃɑl] *nm* shawl

**chaleur** [ʃalœʀ] *nf* heat; (*fig: d'accueil*) warmth; fire, fervour (Brit), fervor (US); heat; **en ~** (*Zool*) on heat

**chaleureux, -euse** [ʃalœʀø, -øz] *adj* warm

**chaloupe** [ʃalup] *nf* launch; (*de sauvetage*) lifeboat

**chalumeau, x** [ʃalymo] *nm* blowlamp (Brit), blowtorch

**chalutier** [ʃalytje] *nm* trawler; (*pêcheur*) trawlerman

**chamailler** [ʃamaje]: **se chamailler** *vi* to squabble, bicker

**chambouler** [ʃãbule] *vt* to disrupt, turn upside down

**chambre** [ʃɑ̃bʀ] *nf* bedroom; (*Tech*) chamber; (*Pol*) chamber, house; (*Jur*) court; (*Comm*) chamber; federation; **faire ~ à part** to sleep in separate rooms; **stratège/alpiniste en ~** armchair strategist/mountaineer; **~ à un lit/ deux lits** single/twin-bedded room; **~ pour une/deux personne(s)** single/double room; **~ d'accusation** court of criminal appeal; **~ d'agriculture (CA)** *body responsible for the agricultural interests of a département*; **~ à air**

*(de pneu)* (inner) tube; **~ d'amis** spare *ou* guest room; **~ de combustion** combustion chamber; **~ de commerce et d'industrie (CCI)** chamber of commerce and industry; **~ à coucher** bedroom; **la C~ des députés** the Chamber of Deputies, ≈ the House (of Commons) *(Brit)*, ≈ the House of Representatives *(US)*; **~ forte** strongroom; **~ froide** *ou* **frigorifique** cold room; **~ à gaz** gas chamber; **~ d'hôte** ≈ bed and breakfast *(in private home)*; **~ des machines** engine-room; **~ des métiers (CM)** *chamber of commerce for trades*; **~ meublée** bedsit(ter) *(Brit)*, furnished room; **~ noire** *(Photo)* dark room

**chambrer** [ʃɑ̃bʀe] *vt (vin)* to bring to room temperature

**chameau, x** [ʃamo] *nm* camel

**chamois** [ʃamwa] *nm* chamois ▷ *adj:* **(couleur) ~** fawn, buff

**champ** [ʃɑ̃] *nm (aussi Inform)* field; *(Photo: aussi:* **dans le ~)** in the picture; **prendre du ~** to draw back; **laisser le ~ libre à qn** to leave sb a clear field; **~ d'action** sphere of operation(s); **~ de bataille** battlefield; **~ de courses** racecourse; **~ d'honneur** field of honour; **~ de manœuvre** *(Mil)* parade ground; **~ de mines** minefield; **~ de tir** shooting *ou* rifle range; **~ visuel** field of vision

**champagne** [ʃɑ̃paɲ] *nm* champagne

**champêtre** [ʃɑ̃pɛtʀ] *adj* country *cpd*, rural

**champignon** [ʃɑ̃piɲɔ̃] *nm* mushroom; *(terme générique)* fungus; *(fam:* **accélérateur)** accelerator, gas pedal *(US)*; **~ de couche** *ou* **de Paris** button mushroom; **~ vénéneux** toadstool, poisonous mushroom

**champion, ne** [ʃɑ̃pjɔ̃, -ɔn] *adj, nm/f* champion

**championnat** [ʃɑ̃pjɔna] *nm* championship

**chance** [ʃɑ̃s] *nf:* **la ~** luck; **une ~** a stroke *ou* piece of luck *ou* good fortune; *(occasion)* a lucky break; **chances** *nfpl (probabilités)* chances; **avoir de la ~** to be lucky; **il a des ~s de gagner** he has a chance of winning; **il y a de fortes ~s pour que Paul soit malade** it's highly probable that Paul is ill; **bonne ~!** good luck!; **encore une ~ que tu viennes!** it's lucky you're coming!; **je n'ai pas de ~** I'm out of luck; *(toujours)* I never have any luck; **donner sa ~ à qn** to give sb a chance

**chanceler** [ʃɑ̃sle] *vi* to totter

**chancelier** [ʃɑ̃səlje] *nm (allemand)* chancellor; *(d'ambassade)* secretary

**chanceux, -euse** [ʃɑ̃sø, -øz] *adj* lucky, fortunate

**chandail** [ʃɑ̃daj] *nm (thick)* jumper *ou* sweater

**Chandeleur** [ʃɑ̃dlœʀ] *nf:* **la ~** Candlemas

**chandelier** [ʃɑ̃dəlje] *nm* candlestick; *(à plusieurs branches)* candelabra

**chandelle** [ʃɑ̃dɛl] *nf (tallow)* candle; *(Tennis):* **faire une ~** to lob; *(Aviat):* **monter en ~** to climb vertically; **tenir la ~** to play gooseberry; **dîner aux ~s** candlelight dinner

**change** [ʃɑ̃ʒ] *nm (Comm)* exchange; **opérations de ~** (foreign) exchange transactions; **contrôle des ~s** exchange control; **gagner/perdre au ~** to be better/worse off (for it); **donner le ~ à qn** *(fig)* to lead sb up the garden path

**changement** [ʃɑ̃ʒmɑ̃] *nm* change; **~ de vitesse** *(dispositif)* gears *pl*; *(action)* gear change

**changer** [ʃɑ̃ʒe] *vt (modifier)* to change, alter; *(remplacer, Comm, rhabiller)* to change ▷ *vi* to change, alter; **se changer** *vi* to change (o.s.); **~ de** *(remplacer: adresse, nom, voiture etc)* to change one's; **~ de train** to change trains; **~ d'air** to get a change of air; **~ de couleur/direction** to change colour/direction; **~ d'avis**, **~ d'idée** to change one's mind; **~ de place avec qn** to change places with sb; **~ de vitesse** *(Auto)* to change gear; **~ qn/qch de place** to move sb/sth to another place; **~ (de bus** *etc)* to change (buses *etc)*; **~ qch en** to change sth into

**chanson** [ʃɑ̃sɔ̃] *nf* song

**chant** [ʃɑ̃] *nm* song; *(art vocal)* singing; *(d'église)* hymn; *(de poème)* canto; *(Tech):* **posé de** *ou* **sur ~** placed edgeways; **de Noël** Christmas carol

**chantage** [ʃɑ̃taʒ] *nm* blackmail; **faire du ~** to use blackmail; **soumettre qn à un ~** to blackmail sb

**chanter** [ʃɑ̃te] *vt, vi* to sing; **~ juste/faux** to sing in tune/out of tune; **si cela lui chante** *(fam)* if he feels like it *ou* fancies it

**chanteur, -euse** [ʃɑ̃tœʀ, -øz] *nm/f* singer; **~ de charme** crooner

**chantier** [ʃɑ̃tje] *nm (building)* site; *(sur une route)* roadworks *pl*; **mettre en ~** to start work on; **~ naval** shipyard

**chantilly** [ʃɑ̃tiji] *nf voir* **crème**

**chantonner** [ʃɑ̃tɔne] *vi, vt* to sing to oneself, hum

**chanvre** [ʃɑ̃vʀ] *nm* hemp

**chaparder** [ʃapaʀde] *vt* to pinch

**chapeau, x** [ʃapo] *nm* hat; *(Presse)* introductory paragraph; **~!** well done!; **~ melon** bowler hat; **~ mou** trilby; **~x de roues** hub caps

**chapelet** [ʃaplɛ] *nm (Rel)* rosary; *(fig):* **un ~ de** a string of; **dire son ~** to tell one's beads

**chapelle** [ʃapɛl] *nf* chapel; **~ ardente** chapel of rest

**chapelure** [ʃaplyʀ] *nf (dried)* breadcrumbs *pl*

**chapiteau, x** [ʃapito] *nm (Archit)* capital; *(de cirque)* marquee, big top

**chapitre** [ʃapitʀ] *nm* chapter; *(fig)* subject, matter; **avoir voix au ~** to have a say in the matter

**chaque** [ʃak] *adj* each, every; *(indéfini)* every

**char** [ʃaʀ] *nm (à foin etc)* cart, waggon;

(de carnaval) float; ~ (**d'assaut**) tank; ~ **à voile** sand yacht

**charabia** [ʃaʀabja] nm (péj) gibberish, gobbledygook (Brit)

**charade** [ʃaʀad] nf riddle; (mimée) charade

**charbon** [ʃaʀbɔ̃] nm coal; ~ **de bois** charcoal

**charcuterie** [ʃaʀkytʀi] nf (magasin) pork butcher's shop and delicatessen; (produits) cooked pork meats pl

**charcutier, -ière** [ʃaʀkytje, -jɛʀ] nm/f pork butcher

**chardon** [ʃaʀdɔ̃] nm thistle

**charge** [ʃaʀʒ] nf (fardeau) load; (explosif, Élec, Mil, Jur) charge; (rôle, mission) responsibility; **charges** nfpl (du loyer) service charges; **à la ~ de** (dépendant de) dependent upon, supported by; (aux frais de) chargeable to, payable by; **j'accepte, à ~ de revanche** I accept, provided I can do the same for you (in return) one day; **prendre en ~** to take charge of; (véhicule) to take on; (dépenses) to take care of; ~ **utile** (Auto) live load; (Comm) payload; ~**s sociales** social security contributions

**chargé** [ʃaʀʒe] adj (voiture, animal, personne) laden, (fusil, batterie, caméra) loaded; (occupé: emploi du temps, journée) busy, full; (estomac) heavy, full; (langue) furred; (décoration, style) heavy, ornate ▷ nm: ~ **d'affaires** chargé d'affaires; ~ **de cours** ≈ lecturer; ~ **de** (responsable de) responsible for

**chargement** [ʃaʀʒəmɑ̃] nm (action) loading; charging; (objets) load

**charger** [ʃaʀʒe] vt (voiture, fusil, caméra) to load; (batterie) to charge ▷ vi (Mil etc) to charge; **se ~ de** vt to see to, to take care of; ~ **qn de qch/faire qch** to give sb the responsibility for sth/of doing sth; to put sb in charge of sth/doing sth; **se ~ de faire qch** to take it upon o.s. to do sth

**chariot** [ʃaʀjo] nm trolley; (charrette) waggon; ~ **élévateur** fork-lift truck

**charité** [ʃaʀite] nf charity; **faire la ~** to give to charity; to do charitable works; **faire la ~ à** to give (something) to; **fête/vente de ~** fête/ sale in aid of charity

**charmant, e** [ʃaʀmɑ̃, -ɑ̃t] adj charming

**charme** [ʃaʀm] nm charm; **charmes** nmpl (appas) charms; **c'est ce qui en fait le ~** that is its attraction; **faire du ~** to be charming, turn on the charm; **aller** ou **se porter comme un ~** to be in the pink

**charmer** [ʃaʀme] vt to charm; **je suis charmé de ...** I'm delighted to ...

**charnel, le** [ʃaʀnɛl] adj carnal

**charnière** [ʃaʀnjɛʀ] nf hinge; (fig) turning-point

**charnu, e** [ʃaʀny] adj fleshy

**charpente** [ʃaʀpɑ̃t] nf frame(work); (fig) structure, framework; (carrure) build, frame

**charpentier** [ʃaʀpɑ̃tje] nm carpenter

**charpie** [ʃaʀpi] nf: **en ~** (fig) in shreds ou ribbons

**charrette** [ʃaʀɛt] nf cart

**charrier** [ʃaʀje] vt to carry (along); to cart, carry ▷ vi (fam) to exaggerate

**charrue** [ʃaʀy] nf plough (Brit), plow (US)

**charter** [tʃaʀtœʀ] nm (vol) charter flight; (avion) charter plane

**chasse** [ʃas] nf hunting; (au fusil) shooting; (poursuite) chase; (aussi: ~ **d'eau**) flush; **la ~ est ouverte** the hunting season is open; **la ~ est fermée** it is the close (Brit) ou closed (US) season; **aller à la ~** to go hunting; **prendre en ~, donner la ~ à** to give chase to; **tirer la ~ (d'eau)** to flush the toilet, pull the chain; ~ **aérienne** aerial pursuit; ~ **à courre** hunting; ~ **à l'homme** manhunt; ~ **gardée** private hunting grounds pl; ~ **sous-marine** underwater fishing

**chasse-neige** [ʃasnɛʒ] nm inv snowplough (Brit), snowplow (US)

**chasser** [ʃase] vt to hunt; (expulser) to chase away ou out, drive away ou out; (dissiper) to chase ou sweep away; to dispel, drive away

**chasseur, -euse** [ʃasœʀ, -øz] nm/f hunter ▷ nm (avion) fighter; (domestique) page (boy), messenger (boy); ~ **d'images** roving photographer; ~ **de têtes** (fig) headhunter; ~**s alpins** mountain infantry

**châssis** [ʃɑsi] nm (Auto) chassis; (cadre) frame; (de jardin) cold frame

**chat¹** [ʃa] nm cat; ~ **sauvage** wildcat

**chat²** [tʃat] nm (Internet: salon) chat room; (conversation) chat

**châtaigne** [ʃatɛɲ] nf chestnut

**châtaignier** [ʃatɛɲe] nm chestnut (tree)

**châtain** [ʃatɛ̃] adj inv chestnut (brown); (personne) chestnut-haired

**château, x** [ʃato] nm (forteresse) castle; (résidence royale) palace; (manoir) mansion; ~ **d'eau** water tower; ~ **fort** stronghold, fortified castle; ~ **de sable** sand castle

**châtier** [ʃatje] vt to punish, castigate; (fig: style) to polish, refine

**châtiment** [ʃatimɑ̃] nm punishment, castigation; ~ **corporel** corporal punishment

**chaton** [ʃatɔ̃] nm (Zool) kitten; (Bot) catkin; (de bague) bezel; stone

**chatouiller** [ʃatuje] vt to tickle; (l'odorat, le palais) to titillate

**chatouilleux, -euse** [ʃatujø, -øz] adj ticklish; (fig) touchy, over-sensitive

**chatoyer** [ʃatwaje] vi to shimmer

**châtrer** [ʃatʀe] vt (mâle) to castrate; (femelle) to spay; (cheval) to geld; (chat, chien) to doctor (Brit), fix (US); (fig) to mutilate

**chatte** [ʃat] nf (she-)cat

**chatter** [tʃate] vi (Internet) to chat

**chaud, e** [ʃo, -od] adj (gén) warm; (très chaud) hot; (fig: félicitations) hearty; (discussion) heated; **il fait ~** it's warm; it's hot; **manger ~** to have something hot to eat; **avoir ~** to be warm; to be hot; **tenir ~** to keep hot; **ça me**

**tient** ~ it keeps me warm; **tenir au** ~ to keep in a warm place; **rester au** ~ to stay in the warm

**chaudière** [ʃodjɛʀ] nf boiler

**chaudron** [ʃodʀɔ̃] nm cauldron

**chauffage** [ʃofaʒ] nm heating; ~ **au gaz/à l'électricité/au charbon** gas/electric/solid fuel heating; ~ **central** central heating; ~ **par le sol** underfloor heating

**chauffard** [ʃofaʀ] nm (péj) reckless driver; road hog; (après un accident) hit-and-run driver

**chauffe-eau** [ʃofo] nm inv water heater

**chauffer** [ʃofe] vt to heat ▷ vi to heat up, warm up; (trop chauffer: moteur) to overheat; **se chauffer** vi (se mettre en train) to warm up; (au soleil) to warm o.s.

**chauffeur** [ʃofœʀ] nm driver; (privé) chauffeur; **voiture avec/sans** ~ chauffeur-driven/self-drive car; ~ **de taxi** taxi driver

**chaume** [ʃom] nm (du toit) thatch; (tiges) stubble

**chaumière** [ʃomjɛʀ] nf (thatched) cottage

**chaussée** [ʃose] nf road(way); (digue) causeway

**chausse-pied** [ʃospje] nm shoe-horn

**chausser** [ʃose] vt (bottes, skis) to put on; (enfant) to put shoes on; (soulier) to fit; ~ **du 38/42** to take size 38/42; ~ **grand/bien** to be big-/well-fitting; **se chausser** to put one's shoes on

**chaussette** [ʃosɛt] nf sock

**chausson** [ʃosɔ̃] nm slipper; (de bébé) bootee; ~ **(aux pommes)** (apple) turnover

**chaussure** [ʃosyʀ] nf shoe; (commerce): **la** ~ the shoe industry ou trade; ~**s basses** flat shoes; ~**s montantes** ankle boots; ~**s de ski** ski boots

**chauve** [ʃov] adj bald

**chauve-souris** (pl **chauves-souris**) [ʃovsuʀi] nf bat

**chauvin, e** [ʃovɛ̃, -in] adj chauvinistic; jingoistic

**chaux** [ʃo] nf lime; **blanchi à la** ~ whitewashed

**chavirer** [ʃaviʀe] vi to capsize, overturn

**chef** [ʃɛf] nm head, leader; (patron) boss; (de cuisine) chef; **au premier** ~ extremely, to the nth degree; **de son propre** ~ on his ou her own initiative; **général/commandant en** ~ general-/commander-in-chief; ~ **d'accusation** (Jur) charge, count (of indictment); ~ **d'atelier** (shop) foreman; ~ **de bureau** head clerk; ~ **de clinique** senior hospital lecturer; ~ **d'entreprise** company head; ~ **d'équipe** team leader; ~ **d'état** head of state; ~ **de famille** head of the family; ~ **de file** (de parti etc) leader; ~ **de gare** station master; ~ **d'orchestre** conductor (Brit), leader (US); ~ **de rayon** department(al) supervisor; ~ **de service** departmental head

**chef-d'œuvre** (pl **chefs-d'œuvre**) [ʃɛdœvʀ] nm masterpiece

**chef-lieu** (pl **chefs-lieux**) [ʃɛfljø] nm county town

**chemin** [ʃəmɛ̃] nm path; (itinéraire, direction, trajet) way; **en** ~, ~ **faisant** on the way; ~ **de fer** railway (Brit), railroad (US); **par** ~ **de fer** by rail; **les** ~**s de fer** the railways (Brit), the railroad (US); ~ **de terre** dirt track

**cheminée** [ʃəmine] nf chimney; (à l'intérieur) chimney piece, fireplace; (de bateau) funnel

**cheminement** [ʃəminmɑ̃] nm progress; course

**cheminot** [ʃəmino] nm railwayman (Brit), railroad worker (US)

**chemise** [ʃəmiz] nf shirt; (dossier) folder; ~ **de nuit** nightdress

**chemisier** [ʃəmizje] nm blouse

**chenal, -aux** [ʃənal, -o] nm channel

**chêne** [ʃɛn] nm oak (tree); (bois) oak

**chenil** [ʃənil] nm kennels pl

**chenille** [ʃənij] nf (Zool) caterpillar; (Auto) caterpillar track; **véhicule à** ~**s** tracked vehicle, caterpillar

**chèque** [ʃɛk] nm cheque (Brit), check (US); **faire/toucher un** ~ to write/cash a cheque; **par** ~ by cheque; ~ **barré/sans provision** crossed (Brit) /bad cheque; ~ **en blanc** blank cheque; ~ **au porteur** cheque to bearer; ~ **postal** post office cheque, = giro cheque (Brit); ~ **de voyage** traveller's cheque

**chéquier** [ʃekje] nm cheque book (Brit), checkbook (US)

**cher, -ère** [ʃɛʀ] adj (aimé) dear; (coûteux) expensive, dear ▷ adv: **coûter/payer** ~ to cost/pay a lot ▷ nf: **la bonne chère** good food; **cela coûte** ~ it's expensive, it costs a lot of money; **mon** ~, **ma chère** my dear

**chercher** [ʃɛʀʃe] vt to look for; (gloire etc) to seek; ~ **des ennuis/la bagarre** to be looking for trouble/a fight; **aller** ~ to go for, go and fetch; ~ **à faire** to try to do

**chercheur, -euse** [ʃɛʀʃœʀ, -øz] nm/f researcher, research worker; ~ **de** seeker of; hunter of; ~ **d'or** gold digger

**chère** [ʃɛʀ] adj f, nf voir **cher**

**chéri, e** [ʃeʀi] adj beloved, dear; **(mon)** ~ darling

**chérir** [ʃeʀiʀ] vt to cherish

**cherté** [ʃɛʀte] nf: **la** ~ **de la vie** the high cost of living

**chétif, -ive** [ʃetif, -iv] adj puny, stunted

**cheval, -aux** [ʃəval, -o] nm horse; (Auto): ~ **(vapeur) (CV)** horsepower no pl; **50 chevaux (au frein)** 50 brake horsepower, 50 b.h.p.; **10 chevaux (fiscaux)** 10 horsepower (for tax purposes); **faire du** ~ to ride; **à** ~ on horseback; **à** ~ **sur** astride, straddling; (fig) overlapping; ~ **d'arçons** vaulting horse; ~ **à bascule** rocking horse; ~ **de bataille** charger; (fig) hobby-horse; ~ **de course** race horse; **chevaux de bois** (des manèges) wooden (fairground) horses; (manège) merry-go-round

**chevalet** [ʃəvalɛ] nm easel

**chevalier** [ʃəvalje] nm knight; **~ servant** escort

**chevalière** [ʃəvaljɛʀ] nf signet ring

**chevalin, e** [ʃəvalɛ̃, -in] adj of horses, equine; (péj) horsy; **boucherie ~e** horse-meat butcher's

**chevaucher** [ʃəvoʃe] vi (aussi: **se ~**) to overlap (each other) ▷ vt to be astride, straddle

**chevaux** [ʃəvo] nmpl voir **cheval**

**chevelu, e** [ʃəvly] adj with a good head of hair, hairy (péj)

**chevelure** [ʃəvlyʀ] nf hair no pl

**chevet** [ʃəvɛ] nm: **au ~ de qn** at sb's bedside; **lampe de ~** bedside lamp

**cheveu, x** [ʃəvø] nm hair ▷ nmpl (chevelure) hair sg; **avoir les ~x courts/en brosse** to have short hair/a crew cut; **se faire couper les ~x** to get ou have one's hair cut; **tiré par les ~x** (histoire) far-fetched

**cheville** [ʃəvij] nf (Anat) ankle; (de bois) peg; (pour enfoncer une vis) plug; **être en ~ avec qn** to be in cahoots with sb; **~ ouvrière** (fig) kingpin

**chèvre** [ʃɛvʀ] nf (she-)goat; **ménager la ~ et le chou** to try to please everyone

**chevreau, x** [ʃəvʀo] nm kid

**chèvrefeuille** [ʃɛvʀəfœj] nm honeysuckle

**chevreuil** [ʃəvʀœj] nm roe deer inv; (Culin) venison

**chevronné, e** [ʃəvʀɔne] adj seasoned, experienced

⭕ MOT-CLÉ

**chez** [ʃe] prép **1** (à la demeure de) at; (: direction) to; **chez qn** at/to sb's house ou place; **je suis chez moi** I'm at home; **je rentre chez moi** I'm going home; **allons chez Nathalie** let's go to Nathalie's

**2** (+profession) at; (: direction) to; **chez le boulanger/dentiste** at ou to the baker's/ dentist's

**3** (dans le caractère, l'œuvre de) in; **chez les renards/Racine** in foxes/Racine; **chez ce poète** in this poet's work; **chez les Français** among the French; **chez lui, c'est un devoir** for him, it's a duty

▷ nm inv: **mon chez moi/ton chez toi** etc my/ your etc home ou place; **c'est ce que je préfère chez lui** that's what I like best about him

**4** (à l'entreprise de): **il travaille chez Renault** he works for Renault, he works at Renault('s)

**chez-soi** [ʃeswa] nm inv home

**chic** [ʃik] adj inv chic, smart; (généreux) nice, decent ▷ nm stylishness; **avoir le ~ de ou pour** to have the knack of ou for; **de ~** adv off the cuff; **~!** great!, terrific!

**chicane** [ʃikan] nf (obstacle) zigzag; (querelle) squabble

**chicaner** [ʃikane] vi (ergoter): **~ sur** to quibble about

**chiche** [ʃiʃ] adj (mesquin) niggardly, mean; (pauvre) meagre (Brit), meager (US) ▷ excl (en réponse à un défi) you're on!; **tu n'es pas ~ de lui parler!** you wouldn't (dare) speak to her!

**chichis** [ʃiʃi] (fam) nmpl fuss sg

**chicorée** [ʃikɔʀe] nf (café) chicory; (salade) endive; **~ frisée** curly endive

**chien** [ʃjɛ̃] nm dog; (de pistolet) hammer; **temps de ~** rotten weather; **vie de ~** dog's life; **couché en ~ de fusil** curled up; **~ d'aveugle** guide dog; **~ de chasse** gun dog; **~ de garde** guard dog; **~ policier** police dog; **~ de race** pedigree dog; **~ de traîneau** husky

**chiendent** [ʃjɛ̃dɑ̃] nm couch grass

**chien-loup** (pl **chiens-loups**) [ʃjɛ̃lu] nm wolfhound

**chienne** [ʃjɛn] nf (she-)dog, bitch

**chier** [ʃje] vi (fam!) to crap (!), shit (!); **faire ~ qn** (importuner) to bug sb; (causer des ennuis à) to piss sb around (!); **se faire ~** (s'ennuyer) to be bored rigid

**chiffon** [ʃifɔ̃] nm (piece of) rag

**chiffonner** [ʃifɔne] vt to crumple, crease; (tracasser) to concern

**chiffre** [ʃifʀ] nm (représentant un nombre) figure; numeral; (montant, total) total, sum; (d'un code) code, cipher; **~s romains/arabes** roman/arabic figures ou numerals; **en ~s ronds** in round figures; **écrire un nombre en ~s** to write a number in figures; **~ d'affaires (CA)** turnover; **~ de ventes** sales figures

**chiffrer** [ʃifʀe] vt (dépense) to put a figure to, assess; (message) to (en)code, cipher ▷ vi: **~ à**, **se ~ à** to add up to

**chignon** [ʃiɲɔ̃] nm chignon, bun

**Chili** [ʃili] nm: **le ~** Chile

**chilien, ne** [ʃiljɛ̃, -ɛn] adj Chilean ▷ nm/f: **C~, ne** Chilean

**chimie** [ʃimi] nf chemistry

**chimiothérapie** [ʃimjɔteʀapi] nf chemotherapy

**chimique** [ʃimik] adj chemical; **produits ~s** chemicals

**chimpanzé** [ʃɛ̃pɑ̃ze] nm chimpanzee

**Chine** [ʃin] nf: **la ~** China; **la ~ libre, la république de ~** the Republic of China, Nationalist China (Taiwan)

**chine** [ʃin] nm rice paper; (porcelaine) china (vase)

**chinois, e** [ʃinwa, -waz] adj Chinese; (fig: péj) pernickety, fussy ▷ nm (Ling) Chinese ▷ nm/f: **C~, e** Chinese

**chiot** [ʃjo] nm pup(py)

**chiper** [ʃipe] vt (fam) to pinch

**chipoter** [ʃipɔte] vi (manger) to nibble; (ergoter) to quibble, haggle

**chips** [ʃips] nfpl (aussi: **pommes ~**) crisps (Brit), (potato) chips (US)

**chiquenaude** [ʃiknod] nf flick, flip

**chirurgical, e, -aux** [ʃiʀyʀʒikal, -o] *adj* surgical

**chirurgie** [ʃiʀyʀʒi] *nf* surgery; **~ esthétique** cosmetic *ou* plastic surgery

**chirurgien, ne** [ʃiʀyʀʒjɛ̃] *nm/f* surgeon; **~ dentiste** dental surgeon

**chlore** [klɔʀ] *nm* chlorine

**choc** [ʃɔk] *nm* (*heurt*) impact; shock; (*collision*) crash; (*moral*) shock; (*affrontement*) clash ▷ *adj*: **prix ~** amazing *ou* incredible price/prices; **de ~** (*troupe, traitement*) shock *cpd*; (*patron etc*) high-powered; **~ opératoire/nerveux** post-operative/nervous shock; **~ en retour** return shock; (*fig*) backlash

**chocolat** [ʃɔkɔla] *nm* chocolate; (*boisson*) (hot) chocolate; **~ chaud** hot chocolate; **~ à cuire** cooking chocolate; **~ au lait** milk chocolate; **~ en poudre** drinking chocolate

**chœur** [kœʀ] *nm* (*chorale*) choir; (*Opéra, Théât*) chorus; (*Archit*) choir, chancel; **en ~** in chorus

**choisir** [ʃwaziʀ] *vt* to choose, select; **~ de faire qch** to choose *ou* opt to do sth

**choix** [ʃwa] *nm* choice; selection; **avoir le ~** to have the choice; **je n'avais pas le ~** I had no choice; **de premier ~** (*Comm*) class *ou* grade one; **de ~** choice *cpd*, selected; **au ~** as you wish *ou* prefer; **de mon/son ~** of my/his *ou* her choosing

**chômage** [ʃomaʒ] *nm* unemployment; **mettre au ~** to make redundant, put out of work; **être au ~** to be unemployed *ou* out of work; **~ partiel** short-time working; **~ structurel** structural unemployment; **~ technique** lay-offs *pl*

**chômeur, -euse** [ʃomœʀ, -øz] *nm/f* unemployed person, person out of work

**chope** [ʃɔp] *nf* tankard

**choper** [ʃɔpe] (*fam*) *vt* (*objet, maladie*) to catch

**choquer** [ʃɔke] *vt* (*offenser*) to shock; (*commotionner*) to shake (up)

**choral, e** [kɔʀal] *adj* choral ▷ *nf* choral society, choir

**chorale** [kɔʀal] *nf* choir

**choriste** [kɔʀist] *nm/f* (*Opéra*) chorus member

**chose** [ʃoz] *nf* thing ▷ *nm* (*fam: machin*) thingamajig ▷ *adj inv*: **être/se sentir tout ~** (*bizarre*) to be/feel a bit odd; (*malade*) to be/feel out of sorts; **dire bien des ~s à qn** to give sb's regards to sb; **parler de ~(s) et d'autre(s)** to talk about one thing and another; **c'est peu de ~** it's nothing much

**chou, x** [ʃu] *nm* cabbage ▷ *adj inv* cute; **mon petit ~** (my) sweetheart; **faire ~ blanc** to draw a blank; **feuille de ~** (*fig: journal*) rag; **~ à la crème** cream bun (*made of choux pastry*); **~ de Bruxelles** Brussels sprout

**chouchou, te** [ʃuʃu, -ut] *nm/f* (*Scol*) teacher's pet

**choucroute** [ʃukʀut] *nf* sauerkraut; **~ garnie** sauerkraut with cooked meats and potatoes

**chouette** [ʃwɛt] *nf* owl ▷ *adj* (*fam*) great, smashing

**chou-fleur** (*pl* **choux-fleurs**) [ʃuflœʀ] *nm* cauliflower

**choyer** [ʃwaje] *vt* to cherish; to pamper

**chrétien, ne** [kʀetjɛ̃, -ɛn] *adj, nm/f* Christian

**Christ** [kʀist] *nm*: **le ~** Christ; **christ** (*crucifix etc*) figure of Christ; **Jésus ~** = Jesus Christ

**christianisme** [kʀistjanism] *nm* Christianity

**chrome** [kʀom] *nm* chromium; (*revêtement*) chrome, chromium

**chromé, e** [kʀome] *adj* chrome-plated, chromium-plated

**chronique** [kʀɔnik] *adj* chronic ▷ *nf* (*de journal*) column, page; (*historique*) chronicle; (*Radio, TV*): **la ~ sportive/théâtrale** the sports/theatre review; **la ~ locale** local news and gossip

**chronologique** [kʀɔnɔlɔʒik] *adj* chronological

**chronomètre** [kʀɔnɔmɛtʀ] *nm* stopwatch

**chronométrer** [kʀɔnɔmetʀe] *vt* to time

**chrysanthème** [kʀizɑ̃tɛm] *nm* chrysanthemum

● CHRYSANTHÈME
●
● Chrysanthemums are strongly
● associated with funerals in France, and
● therefore should not be given as gifts.

**chuchotement** [ʃyʃɔtmɑ̃] *nm* whisper

**chuchoter** [ʃyʃɔte] *vt, vi* to whisper

**chut** *excl* [ʃyt] sh!

**chute** [ʃyt] *nf* fall; (*de bois, papier: déchet*) scrap; **la ~ des cheveux** hair loss; **faire une ~ (de 10 m)** to fall (10 m); **~s de pluie/neige** rain/snowfalls; **~ (d'eau)** waterfall; **~ du jour** nightfall; **~ libre** free fall; **~ des reins** small of the back

**Chypre** [ʃipʀ] *nm/f* Cyprus

**-ci, ci-** [si] *adv voir* **par**; **ci-contre**; **ci-joint** *etc* ▷ *adj dém*: **ce garçon~/-là** this/that boy; **ces femmes~/-là** these/those women

**cible** [sibl] *nf* target

**ciboulette** [sibulet] *nf* (small) chive

**cicatrice** [sikatʀis] *nf* scar

**cicatriser** [sikatʀize] *vt* to heal; **se cicatriser** to heal (up), form a scar

**ci-contre** [sikɔ̃tʀ] *adv* opposite

**ci-dessous** [sidəsu] *adv* below

**ci-dessus** [sidəsy] *adv* above

**cidre** [sidʀ] *nm* cider

**Cie** *abr* (= *compagnie*) Co

**ciel** [sjɛl] *nm* sky; (*Rel*) heaven; **ciels** *nmpl* (*Peinture etc*) skies; **cieux** *nmpl* sky *sg*, skies; (*Rel*) heaven *sg*; **à ~ ouvert** open-air; (*mine*) opencast; **tomber du ~** (*arriver à l'improviste*) to appear out of the blue; (*être stupéfait*) to be unable to believe one's eyes; **C~!** good heavens!; **~ de lit** canopy

**cierge** [sjɛʀʒ] nm candle; ~ **pascal** Easter candle

**cieux** [sjø] nmpl voir **ciel**

**cigale** [sigal] nf cicada

**cigare** [sigaʀ] nm cigar

**cigarette** [sigaʀɛt] nf cigarette; ~ **(à) bout filtre** filter cigarette

**ci-gît** [siʒi] adv here lies

**cigogne** [sigɔɲ] nf stork

**ci-inclus, e** [siɛ̃kly, -yz] adj, adv enclosed

**ci-joint, e** [siʒwɛ̃, -ɛt] adj, adv enclosed; (to email) attached; **veuillez trouver ~** please find enclosed or attached

**cil** [sil] nm (eye)lash

**cime** [sim] nf top; (montagne) peak

**ciment** [simɑ̃] nm cement; ~ **armé** reinforced concrete

**cimetière** [simtjɛʀ] nm cemetery; (d'église) churchyard; ~ **de voitures** scrapyard

**cinéaste** [sineast] nm/f film-maker

**cinéma** [sinema] nm cinema; **aller au ~** to go to the cinema ou pictures ou movies; ~ **d'animation** cartoon (film)

**cinématographique** [sinematɔgʀafik] adj film cpd, cinema cpd

**cinglant, e** [sɛ̃glɑ̃, -ɑ̃t] adj (propos, ironie) scathing, biting; (échec) crushing

**cinglé, e** [sɛ̃gle] adj (fam) crazy

**cinq** [sɛ̃k] num five

**cinquantaine** [sɛ̃kɑ̃tɛn] nf: **une ~ (de)** about fifty; **avoir la ~** (âge) to be around fifty

**cinquante** [sɛ̃kɑ̃t] num fifty

**cinquantenaire** [sɛ̃kɑ̃tnɛʀ] adj, nm/f fifty-year-old

**cinquième** [sɛ̃kjɛm] num fifth ▷ nf (Scol) year 8 (Brit), seventh grade (US)

**cintre** [sɛ̃tʀ] nm coat-hanger; (Archit) arch; **plein ~** semicircular arch

**cintré, e** [sɛ̃tʀe] adj curved; (chemise) fitted, slim-fitting

**cirage** [siʀaʒ] nm (shoe) polish

**circonflexe** [siʀkɔ̃flɛks] adj: **accent ~** circumflex accent

**circonscription** [siʀkɔ̃skʀipsjɔ̃] nf district; ~ **électorale** (d'un député) constituency; ~ **militaire** military area

**circonscrire** [siʀkɔ̃skʀiʀ] vt to define, delimit; (incendie) to contain; (propriété) to mark out; (sujet) to define

**circonstance** [siʀkɔ̃stɑ̃s] nf circumstance; (occasion) occasion; **œuvre de ~** occasional work; **air de ~** fitting air; **tête de ~** appropriate demeanour (Brit) ou demeanor (US); ~**s atténuantes** mitigating circumstances

**circuit** [siʀkɥi] nm (trajet) tour, (round) trip; (Élec, Tech) circuit; ~ **automobile** motor circuit; ~ **de distribution** distribution network; ~ **fermé** closed circuit; ~ **intégré** integrated circuit

**circulaire** [siʀkylɛʀ] adj, nf circular

**circulation** [siʀkylasjɔ̃] nf circulation; (Auto): **la ~** (the) traffic; **bonne/mauvaise ~** good/bad circulation; **mettre en ~** to put into circulation

**circuler** [siʀkyle] vi (véhicules) to drive (along); (passants) to walk along; (train etc) to run; (sang, devises) to circulate; **faire ~** (nouvelle) to spread (about), circulate; (badauds) to move on

**cire** [siʀ] nf wax; ~ **à cacheter** sealing wax

**ciré** [siʀe] nm oilskin

**cirer** [siʀe] vt to wax, polish

**cirque** [siʀk] nm circus; (arène) amphitheatre (Brit), amphitheater (US); (Géo) cirque; (fig: désordre) chaos, bedlam; (: chichis) carry-on; **quel ~!** what a carry-on!

**cisaille** [sizaj], **cisailles** nf(pl) (gardening) shears pl

**ciseau, x** [sizo] nm: ~ **(à bois)** chisel ▷ nmpl (paire de ciseaux) (pair of) scissors; **sauter en ~x** to do a scissors jump; ~ **à froid** cold chisel

**ciseler** [sizle] vt to chisel, carve

**citadin, e** [sitadɛ̃, -in] nm/f city dweller ▷ adj town cpd, city cpd, urban

**citation** [sitasjɔ̃] nf (d'auteur) quotation; (Jur) summons sg; (Mil: récompense) mention

**cité** [site] nf town; (plus grande) city; ~ **ouvrière** (workers') housing estate; ~ **universitaire** students' residences pl

**citer** [site] vt (un auteur) to quote (from); (nommer) to name; (Jur) to summon; ~ **(en exemple)** (personne) to hold up (as an example); **je ne veux ~ personne** I don't want to name names

**citerne** [sitɛʀn] nf tank

**citoyen, ne** [sitwajɛ̃, -ɛn] nm/f citizen

**citron** [sitʀɔ̃] nm lemon; ~ **pressé** (fresh) lemon juice; ~ **vert** lime

**citronnade** [sitʀɔnad] nf still lemonade

**citrouille** [sitʀuj] nf pumpkin

**civet** [sivɛ] nm stew; ~ **de lièvre** jugged hare; ~ **de lapin** rabbit stew

**civière** [sivjɛʀ] nf stretcher

**civil, e** [sivil] adj (Jur, Admin, poli) civil; (non militaire) civilian ▷ nm civilian; **en ~** in civilian clothes; **dans le ~** in civilian life

**civilisation** [sivilizasjɔ̃] nf civilization

**clair, e** [klɛʀ] adj light; (chambre) light, bright; (eau, son, fig) clear ▷ adv: **voir ~** to see clearly ▷ nm: **mettre au ~** (notes etc) to tidy up; **tirer qch au ~** to clear sth up, clarify sth; **bleu ~** light blue; **pour être ~** so as to make it plain; **y voir ~** (comprendre) to understand, see; **le plus ~ de son temps/argent** the better part of his time/money; **en ~** (non codé) in clear; ~ **de lune** moonlight

**clairement** [klɛʀmɑ̃] adv clearly

**clairière** [klɛʀjɛʀ] nf clearing

**clairon** [klɛʀɔ̃] nm bugle

**claironner** [klɛʀɔne] vt (fig) to trumpet, shout from the rooftops

**clairsemé, e** [klɛʀsəme] adj sparse

**clairvoyant, e** [klɛʀvwajɑ̃, -ɑ̃t] adj perceptive, clear-sighted

**clandestin, e** [klãdɛstɛ̃, -in] *adj* clandestine, covert; (*Pol*) underground, clandestine; (*travailleur, immigration*) illegal; **passager ~** stowaway

**clapier** [klapje] *nm* (rabbit) hutch

**clapoter** [klapɔte] *vi* to lap

**claque** [klak] *nf* (*gifle*) slap; (*Théât*) claque ▷ *nm* (*chapeau*) opera hat

**claquer** [klake] *vi* (*drapeau*) to flap; (*porte*) to bang, slam; (*fam: mourir*) to snuff it; (*coup de feu*) to ring out ▷ *vt* (*porte*) to slam, bang; (*doigts*) to snap; (*fam: dépenser*) to blow; **elle claquait des dents** her teeth were chattering; **être claqué** (*fam*) to be dead tired; **se ~ un muscle** to pull *ou* strain a muscle

**claquettes** [klakɛt] *nfpl* tap-dancing *sg*; (*chaussures*) flip-flops

**clarinette** [klaʀinɛt] *nf* clarinet

**clarté** [klaʀte] *nf* lightness; brightness; (*d'un son, de l'eau*) clearness; (*d'une explication*) clarity

**classe** [klɑs] *nf* class; (*Scol: local*) class(room); (*: leçon*) class, form; **1ère/2ème ~** 1st/2nd class; **un (soldat de) deuxième ~** (*Mil: armée de terre*) ≈ private (soldier); (*: armée de l'air*) ≈ aircraftman (*Brit*), ≈ airman basic (*US*); **de ~** luxury *cpd*; **faire ses ~s** (*Mil*) to do one's (recruit's) training; **faire la ~** (*Scol*) to be a *ou* the teacher; to teach; **aller en ~** to go to school; **aller en ~ verte/de neige/de mer** to go to the countryside/skiing/to the seaside with the school; **~ préparatoire** *class which prepares students for the Grandes Écoles entry exams; see note;* **~ sociale** social class; **~ touriste** economy class

● **CLASSES PRÉPARATOIRES**
●
● *Classes préparatoires* are the two years of
● intensive study which coach students for
● the competitive entry examinations to
● the "grandes écoles". These extremely
● demanding courses follow the
● "baccalauréat" and are usually done at a
● "lycée". Schools which provide such
● classes are more highly regarded than
● those which do not.

**classement** [klɑsmã] *nm* classifying; filing; grading; closing; (*rang: Scol*) place; (*: Sport*) placing; (*liste: Scol*) class list (in order of merit); (*: Sport*) placings *pl*; **premier au ~ général** (*Sport*) first overall

**classer** [klɑse] *vt* (*idées, livres*) to classify; (*papiers*) to file; (*candidat, concurrent*) to grade; (*personne: juger: péj*) to rate; (*Jur: affaire*) to close; **se ~ premier/dernier** to come first/last; (*Sport*) to finish first/last

**classeur** [klɑsœʀ] *nm* (*cahier*) file; (*meuble*) filing cabinet; **~ à feuillets mobiles** ring binder

**classique** [klasik] *adj* (*sobre: coupe etc*) classic(al), classical; (*habituel*) standard, classic ▷ *nm* classic; classical author; **études ~s** classical studies, classics

**clause** [kloz] *nf* clause

**clavecin** [klav(ə)sɛ̃] *nm* harpsichord

**clavicule** [klavikyl] *nf* clavicle, collarbone

**clavier** [klavje] *nm* keyboard

**clé, clef** [kle] *nf* key; (*Mus*) clef; (*de mécanicien*) spanner (*Brit*), wrench (*US*) ▷ *adj*: **problème/position ~** key problem/position; **mettre sous ~** to place under lock and key; **prendre la ~ des champs** to run away, make off; **prix ~s en main** (*d'une voiture*) on-the-road price; (*d'un appartement*) price with immediate entry; **~ de sol/de fa/d'ut** treble/bass/alto clef; **livre/film** *etc* **à ~** *book/film etc in which real people are depicted under fictitious names*; **à la ~** (*à la fin*) at the end of it all; **~ anglaise = clé à molette**; **~ de contact** ignition key; **~ à molette** adjustable spanner (*Brit*) *ou* wrench, monkey wrench; **~ USB** USB key; **~ de voûte** keystone

**clément, e** [klemã, -ãt] *adj* (*temps*) mild; (*indulgent*) lenient

**clerc** [klɛʀ] *nm*: **~ de notaire** *ou* **d'avoué** lawyer's clerk

**clergé** [klɛʀʒe] *nm* clergy

**cliché** [klife] *nm* (*fig*) cliché; (*Photo*) negative; print; (*Typo*) (printing) plate; (*Ling*) cliché

**client, e** [klijã, -ãt] *nm/f* (*acheteur*) customer, client; (*d'hôtel*) guest, patron; (*du docteur*) patient; (*de l'avocat*) client

**clientèle** [klijãtɛl] *nf* (*du magasin*) customers *pl*, clientèle; (*du docteur, de l'avocat*) practice; **accorder sa ~ à** to give one's custom to; **retirer sa ~ à** to take one's business away from

**cligner** [kliɲe] *vi*: **~ des yeux** to blink (one's eyes); **~ de l'œil** to wink

**clignotant** [kliɲɔtã] *nm* (*Auto*) indicator

**clignoter** [kliɲɔte] *vi* (*étoiles etc*) to twinkle; (*lumière: à intervalles réguliers*) to flash; (*: vaciller*) to flicker; (*yeux*) to blink

**climat** [klima] *nm* climate

**climatisation** [klimatizasjɔ̃] *nf* air conditioning

**climatisé, e** [klimatize] *adj* air-conditioned

**clin d'œil** [klɛ̃dœj] *nm* wink; **en un ~** in a flash

**clinique** [klinik] *adj* clinical ▷ *nf* nursing home, (private) clinic

**clinquant, e** [klɛ̃kã, -ãt] *adj* flashy

**clip** [klip] *nm* (*pince*) clip; (*boucle d'oreille*) clip-on; **(vidéo) ~** pop (*ou* promotional) video

**cliquer** [klike] *vi* (*Inform*) to click; **~ deux fois** to double-click ▷ *vt* to click; **~ sur** to click on

**cliqueter** [klikte] *vi* to clash; (*ferraille, clefs, monnaie*) to jangle, jingle; (*verres*) to chink

**clochard, e** [klɔʃaʀ, -aʀd] *nm/f* tramp

**cloche** [klɔʃ] *nf* (*d'église*) bell; (*fam*) clot; (*chapeau*) cloche (hat); **~ à fromage** cheese-cover

**cloche-pied** [klɔʃpje]: **à ~** adv on one leg, hopping (along)

**clocher** [klɔʃe] nm church tower; (en pointe) steeple ▷ vi (fam) to be ou go wrong; **de ~** (péj) parochial

**cloison** [klwazɔ̃] nf partition (wall); **~ étanche** (fig) impenetrable barrier, brick wall (fig)

**cloître** [klwatʀ] nm cloister

**cloîtrer** [klwatʀe] vt: **se cloîtrer** to shut o.s. away; (Rel) to enter a convent ou monastery

**clonage** [klɔnaʒ] nm cloning

**clone** [klɔn] nm clone

**cloner** [klɔne] vt to clone

**cloque** [klɔk] nf blister

**clore** [klɔʀ] vt to close; **~ une session** (Inform) to log out

**clos, e** [klo, -oz] pp de **clore** ▷ adj voir **maison**; **huis**; **vase** ▷ nm (enclosed) field

**clôture** [klotyʀ] nf closure, closing; (barrière) enclosure, fence

**clôturer** [klotyʀe] vt (terrain) to enclose, close off; (festival, débats) to close

**clou** [klu] nm nail; (Méd) boil; **clous** nmpl = **passage clouté**; **pneus à ~s** studded tyres; **le ~ du spectacle** the highlight of the show; **~ de girofle** clove

**clouer** [klue] vt to nail down (ou up); (fig): **~ sur/contre** to pin to/against

**clown** [klun] nm clown; **faire le ~** (fig) to clown (about), play the fool

**club** [klœb] nm club

**CMU** sigle f (= couverture maladie universelle) system of free health care for those on low incomes

**CNRS** sigle m (= Centre national de la recherche scientifique) ≈ SERC (Brit), ≈ NSF (US)

**coaguler** [kɔagyle] vi, vt, **se coaguler** (sang) to coagulate

**coasser** [kɔase] vi to croak

**cobaye** [kɔbaj] nm guinea-pig

**coca**® [kɔka] nm Coke®

**cocaïne** [kɔkain] nf cocaine

**cocasse** [kɔkas] adj comical, funny

**coccinelle** [kɔksinɛl] nf ladybird (Brit), ladybug (US)

**cocher** [kɔʃe] nm coachman ▷ vt to tick off; (entailler) to notch

**cochère** [kɔʃɛʀ] adj f voir **porte**

**cochon, ne** [kɔʃɔ̃, -ɔn] nm pig ▷ nm/f (péj: sale) (filthy) pig; (: méchant) swine ▷ adj (fam) dirty, smutty; **~ d'Inde** guinea-pig; **~ de lait** (Culin) sucking pig

**cochonnerie** [kɔʃɔnʀi] nf (fam: saleté) filth; (: marchandises) rubbish, trash

**cocktail** [kɔktɛl] nm cocktail; (réception) cocktail party

**coco** [kɔko] nm voir **noix**; (fam) bloke (Brit), dude (US)

**cocorico** [kɔkɔʀiko] excl, nm cock-a-doodle-do

**cocotier** [kɔkɔtje] nm coconut palm

**cocotte** [kɔkɔt] nf (en fonte) casserole; **ma ~** (fam) sweetie (pie); **~ (minute)**® pressure cooker; **~ en papier** paper shape

**cocu** [kɔky] nm cuckold

**code** [kɔd] nm code ▷ adj: **phares ~s** dipped lights; **se mettre en ~(s)** to dip (Brit) ou dim (US) one's (head)lights; **~ à barres** bar code; **~ de caractère** (Inform) character code; **~ civil** Common Law; **~ machine** machine code; **~ pénal** penal code; **~ postal** (numéro) postcode (Brit), zip code (US); **~ de la route** highway code; **~ secret** cipher

**cœur** [kœʀ] nm heart; (Cartes: couleur) hearts pl; (: carte) heart; (Culin): **~ de laitue/d'artichaut** lettuce/artichoke heart; (fig): **~ du débat** heart of the debate; **~ de l'été** height of summer; **~ de la forêt** depths pl of the forest; **affaire de ~** love affair; **avoir bon ~** to be kind-hearted; **avoir mal au ~** to feel sick; **contre** ou **sur son ~** to one's breast; **opérer qn à ~ ouvert** to perform open-heart surgery on sb; **recevoir qn à ~ ouvert** to welcome sb with open arms; **parler à ~ ouvert** to open one's heart; **de tout son ~** with all one's heart; **avoir le ~ gros** ou **serré** to have a heavy heart; **en avoir le ~ net** to be clear in one's own mind (about it); **par ~** by heart; **de bon ~** willingly; **avoir à ~ de faire** to be very keen to do; **cela lui tient à ~** that's (very) close to his heart; **prendre les choses à ~** to take things to heart; **à ~ joie** to one's heart's content; **être de tout ~ avec qn** to be (completely) in accord with sb

**coffre** [kɔfʀ] nm (meuble) chest; (coffre-fort) safe; (d'auto) boot (Brit), trunk (US); **avoir du ~** (fam) to have a lot of puff

**coffre-fort** (pl **coffres-forts**) [kɔfʀəfɔʀ] nm safe

**coffret** [kɔfʀɛ] nm casket; **~ à bijoux** jewel box

**cognac** [kɔɲak] nm brandy, cognac

**cogner** [kɔɲe] vi to knock, bang; **se cogner** vi to bump o.s.; **se ~ contre** to knock ou bump into; **se ~ la tête** to bang one's head

**cohérent, e** [kɔeʀɑ̃, -ɑ̃t] adj coherent, consistent

**cohorte** [kɔɔʀt] nf troop

**cohue** [kɔy] nf crowd

**coi, coite** [kwa, kwat] adj: **rester ~** to remain silent

**coiffe** [kwaf] nf headdress

**coiffé, e** [kwafe] adj: **bien/mal ~** with tidy/ untidy hair; **~ d'un béret** wearing a beret; **~ en arrière** with one's hair brushed ou combed back; **~ en brosse** with a crew cut

**coiffer** [kwafe] vt (fig: surmonter) to cover, top; **~ qn** to do sb's hair; **~ qn d'un béret** to put a beret on sb; **se coiffer** vi to do one's hair; to put on a ou one's hat

**coiffeur, -euse** [kwafœʀ, -øz] nm/f hairdresser ▷ nf (table) dressing table

**coiffure** [kwafyʀ] nf (cheveux) hairstyle, hairdo; (chapeau) hat, headgear no pl; (art): **la ~** hairdressing

**coin** [kwɛ̃] nm corner; (pour graver) die; (pour coincer) wedge; (poinçon) hallmark; **l'épicerie du** ~ the local grocer; **dans le** ~ (aux alentours) in the area, around about; (habiter) locally; **je ne suis pas du** ~ I'm not from here; **au ~ du feu** by the fireside; **du ~ de l'œil** out of the corner of one's eye; **regard en** ~ side(ways) glance; **sourire en** ~ half-smile

**coincé, e** [kwɛ̃se] adj stuck, jammed; (fig: inhibé) inhibited, with hang-ups

**coincer** [kwɛ̃se] vt to jam; (fam) to catch (out); to nab; **se coincer** vi to get stuck ou jammed

**coïncidence** [kɔɛ̃sidɑ̃s] nf coincidence

**coïncider** [kɔɛ̃side] vi: ~ **(avec)** to coincide (with); (correspondre: témoignage etc) to correspond ou tally (with)

**coing** [kwɛ̃] nm quince

**col** [kɔl] nm (de chemise) collar; (encolure, cou) neck; (de montagne) pass; ~ **roulé** polo-neck; ~ **de l'utérus** cervix

**colère** [kɔlɛʀ] nf anger; **une** ~ a fit of anger; **être en** ~ **(contre qn)** to be angry (with sb); **mettre qn en** ~ to make sb angry; **se mettre en** ~ **contre qn** to get angry with sb; **se mettre en** ~ to get angry

**coléreux, -euse** [kɔleʀø, -øz], **colérique** [kɔleʀik] adj quick-tempered, irascible

**colifichet** [kɔlifiʃɛ] nm trinket

**colimaçon** [kɔlimasɔ̃] nm: **escalier en** ~ spiral staircase

**colin** [kɔlɛ̃] nm hake

**colique** [kɔlik] nf diarrhoea (Brit), diarrhea (US); (douleurs) colic (pains pl); (fam: personne ou chose ennuyeuse) pain

**colis** [kɔli] nm parcel; **par** ~ **postal** by parcel post

**collaborateur, -trice** [kɔlabɔʀatœʀ, -tʀis] nm/f (aussi Pol) collaborator; (d'une revue) contributor

**collaborer** [kɔ(l)labɔʀe] vi to collaborate; (aussi: ~ **à**) to collaborate on; (revue) to contribute to

**collant, e** [kɔlɑ̃, -ɑ̃t] adj sticky; (robe etc) clinging, skintight; (péj) clinging ▷ nm (bas) tights pl; (de danseur) leotard

**collation** [kɔlasjɔ̃] nf light meal

**colle** [kɔl] nf glue; (à papiers peints) (wallpaper) paste; (devinette) teaser, riddle; (Scol fam) detention; ~ **forte** superglue®

**collecte** [kɔlɛkt] nf collection; **faire une** ~ to take up a collection

**collectif, -ive** [kɔlɛktif, -iv] adj collective; (visite, billet etc) group cpd ▷ nm: ~ **budgétaire** mini-budget, mid-term budget; **immeuble** ~ block of flats

**collection** [kɔlɛksjɔ̃] nf collection; (Édition) series; **pièce de** ~ collector's item; **faire (la)** ~ **de** to collect; **(toute) une** ~ **de ...** (fig) a (complete) set of ...

**collectionner** [kɔlɛksjɔne] vt (tableaux, timbres) to collect

**collectionneur, -euse** [kɔlɛksjɔnœʀ, -øz] nm/f collector

**collectivité** [kɔlɛktivite] nf group; **la** ~ the community, the collectivity; **les** ~**s locales** local authorities

**collège** [kɔlɛʒ] nm (école) (secondary) school; see note; (assemblée) body; ~ **électoral** electoral college

● **COLLÈGE**
●
● A collège is a state secondary school for
● children between 11 and 15 years of age.
● Pupils follow a national curriculum
● which prescribes a common core along
● with several options. Schools are free to
● arrange their own timetable and choose
● their own teaching methods. Before
● leaving this phase of their education,
● students are assessed by examination
● and course work for their "brevet des
● collèges".

**collégien, ne** [kɔleʒjɛ̃, -ɛn] nm/f secondary school pupil (Brit), high school student (US)

**collègue** [kɔ(l)lɛg] nm/f colleague

**coller** [kɔle] vt (papier, timbre) to stick (on); (affiche) to stick up; (appuyer, placer contre): ~ **son front à la vitre** to press one's face to the window; (enveloppe) to stick down; (morceaux) to stick ou glue together; (Inform) to paste; (fam: mettre, fourrer) to stick, shove; (Scol fam) to keep in, give detention to ▷ vi (être collant) to be sticky; (adhérer) to stick; ~ **qch sur** to stick (ou paste ou glue) sth on(to); ~ **à** to stick to; (fig) to cling to; **être collé à un examen** (fam) to fail an exam

**collet** [kɔlɛ] nm (piège) snare, noose; (cou): **prendre qn au** ~ to grab sb by the throat; ~ **monté** adj inv straight-laced

**collier** [kɔlje] nm (bijou) necklace; (de chien, Tech) collar; ~ **(de barbe), barbe en** ~ narrow beard along the line of the jaw; ~ **de serrage** choke collar

**collimateur** [kɔlimatœʀ] nm: **être dans le** ~ (fig) to be in the firing line; **avoir qn/qch dans le** ~ (fig) to have sb/sth in one's sights

**colline** [kɔlin] nf hill

**collision** [kɔlizjɔ̃] nf collision, crash; **entrer en** ~ **(avec)** to collide (with)

**colloque** [kɔlɔk] nm colloquium, symposium

**collyre** [kɔliʀ] nm (Méd) eye lotion

**colmater** [kɔlmate] vt (fuite) to seal off; (brèche) to plug, fill in

**colombe** [kɔlɔ̃b] nf dove

**Colombie** [kɔlɔ̃bi] nf: **la** ~ Colombia

**colon** [kɔlɔ̃] nm settler; (enfant) boarder (in children's holiday camp)

**colonel** [kɔlɔnɛl] nm colonel; (de l'armée de l'air) group captain

**colonie** [kɔlɔni] nf colony; ~ **(de vacances)** holiday camp (for children)

**colonne** [kɔlɔn] *nf* column; **se mettre
en ~ par deux/quatre** to get into twos/fours;
**en ~ par deux** in double file; **~ de secours**
rescue party; **~ (vertébrale)** spine, spinal
column

**colorant** [kɔlɔʀɑ̃] *nm* colo(u)ring

**colorer** [kɔlɔʀe] *vt* to colour (*Brit*), color (*US*);
**se colorer** *vi* to turn red; to blush

**colorier** [kɔlɔʀje] *vt* to colo(u)r (in); **album
à ~** colouring book

**coloris** [kɔlɔʀi] *nm* colo(u)r, shade

**colporter** [kɔlpɔʀte] *vt* to peddle

**colza** [kɔlza] *nm* rape(seed)

**coma** [kɔma] *nm* coma; **être dans le ~** to be
in a coma

**combat** [kɔ̃ba] *vb voir* **combattre** ▷ *nm* fight;
fighting *no pl*; **~ de boxe** boxing match; **~ de
rues** street fighting *no pl*; **~ singulier** single
combat

**combattant** [kɔ̃batɑ̃] *vb voir* **combattre** ▷ *nm*
combatant; (*d'une rixe*) brawler; **ancien ~** war
veteran

**combattre** [kɔ̃batʀ] *vi* to fight ▷ *vt* to fight;
(*épidémie, ignorance*) to combat, fight against

**combien** [kɔ̃bjɛ̃] *adv* (*quantité*) how much;
(*nombre*) how many; (*exclamatif*) how; **~ de**
how much; (*nombre*) how many; **~ de temps**
how long, how much time; **c'est ~?**, **ça fait
~?** how much is it?; **~ coûte/pèse ceci?** how
much does this cost/weigh?; **vous mesurez
~?** what size are you?; **ça fait ~ en largeur?**
how wide is that?; **on est le ~ aujourd'hui?**
(*fam*) what's the date today?

**combinaison** [kɔ̃binezɔ̃] *nf* combination;
(*astuce*) device, scheme; (*de femme*) slip;
(*d'aviateur*) flying suit; (*de plongée*) wetsuit;
(*bleu de travail*) boilersuit (*Brit*), coveralls *pl* (*US*)

**combine** [kɔ̃bin] *nf* trick; (*péj*) scheme, fiddle
(*Brit*)

**combiné** [kɔ̃bine] *nm* (*aussi:* **~ téléphonique**)
receiver; (*Ski*) combination (event); (*vêtement
de femme*) corselet

**combiner** [kɔ̃bine] *vt* to combine; (*plan,
horaire*) to work out, devise

**comble** [kɔ̃bl] *adj* (*salle*) packed (full) ▷ *nm*
(*du bonheur, plaisir*) height; **combles** *nmpl*
(*Constr*) attic *sg*, loft *sg*; **de fond en ~** from
top to bottom; **pour ~ de malchance** to cap
it all; **c'est le ~!** that beats everything!,
that takes the biscuit! (*Brit*); **sous les ~s** in
the attic

**combler** [kɔ̃ble] *vt* (*trou*) to fill in; (*besoin,
lacune*) to fill; (*déficit*) to make good; (*satisfaire*)
to gratify, fulfil (*Brit*), fulfill (*US*); **~ qn de joie**
to fill sb with joy; **~ qn d'honneurs** to
shower sb with honours

**combustible** [kɔ̃bystibl] *adj* combustible
▷ *nm* fuel

**comédie** [kɔmedi] *nf* comedy; (*fig*)
playacting *no pl*; **jouer la ~** (*fig*) to put on an
act; **faire une ~** (*fig*) to make a fuss; **la C-
française** *see note*; **~ musicale** musical

**comédien, ne** [kɔmedjɛ̃, -ɛn] *nm/f* actor/
actress; (*comique*) comedy actor/actress,
comedian/comedienne; (*fig*) sham

**comestible** [kɔmɛstibl] *adj* edible;
**comestibles** *nmpl* foods

**comique** [kɔmik] *adj* (*drôle*) comical; (*Théât*)
comic ▷ *nm* (*artiste*) comic, comedian; **le ~ de
qch** the funny *ou* comical side of sth

**comité** [kɔmite] *nm* committee; **petit ~**
select group; **~ directeur** management
committee; **~ d'entreprise (CE)** works
council; **~ des fêtes** festival committee

**commandant** [kɔmɑ̃dɑ̃] *nm* (*gén*)
commander, commandant; (*Mil: grade*)
major; (: *armée de l'air*) squadron leader;
(*Navig*) captain; **~ (de bord)** (*Aviat*) captain

**commande** [kɔmɑ̃d] *nf* (*Comm*) order;
(*Inform*) command; **commandes** *nfpl* (*Aviat
etc*) controls; **passer une ~ (de)** to put in an
order (for); **sur ~** to order; **~ à distance**
remote control; **véhicule à double ~** vehicle
with dual controls

**commandement** [kɔmɑ̃dmɑ̃] *nm*
command; (*ordre*) command, order; (*Rel*)
commandment

**commander** [kɔmɑ̃de] *vt* (*Comm*) to order;
(*diriger, ordonner*) to command; **~ à** (*Mil*) to
command; (*contrôler, maîtriser*) to have control
over; **~ à qn de faire** to command *ou* order sb
to do

**commando** [kɔmɑ̃do] *nm* commando
(squad)

 **MOT-CLÉ**

**comme** [kɔm] *prép* **1** (*comparaison*) like; **tout
comme son père** just like his father; **fort
comme un bœuf** as strong as an ox; **joli
comme tout** ever so pretty
**2** (*manière*) like; **faites-le comme ça** do it like
this, do it this way; **comme ça ou cela on
n'aura pas d'ennuis** that way we won't
have any problems; **comme ci, comme ça**
so-so, middling; **comment ça va? — comme
ça** how are things? — OK; **comme on dit** as
they say
**3** (*en tant que*) as a; **donner comme prix** to
give as a prize; **travailler comme secrétaire**
to work as a secretary
**4**: **comme quoi** (*d'où il s'ensuit que*) which
shows that; **il a écrit une lettre comme
quoi il …** he's written a letter saying that …
**5**: **comme il faut** *adv* properly

▷ *adj* (*correct*) proper, correct
▷ *conj* **1** (*ainsi que*) as; **elle écrit comme elle parle** she writes as she talks; **comme si** as if **2** (*au moment où, alors que*) as; **il est parti comme j'arrivais** he left as I arrived **3** (*parce que, puisque*) as, since; **comme il était en retard, il …** as he was late, he …
▷ *adv*: **comme il est fort/c'est bon!** he's so strong/it's so good!; **il est malin comme c'est pas permis** he's as smart as anything

**commémorer** [kɔmemɔʀe] *vt* to commemorate
**commencement** [kɔmɑ̃smɑ̃] *nm* beginning, start, commencement; **commencements** *nmpl* (*débuts*) beginnings
**commencer** [kɔmɑ̃se] *vt* to begin, start, commence ▷ *vi* to begin, start, commence; **~ à** *ou* **de faire** to begin *ou* start doing; **~ par qch** to begin with sth; **~ par faire qch** to begin by doing sth
**comment** [kɔmɑ̃] *adv* how; **~?** (*que dites-vous*) (I beg your) pardon?; **~!** what! ▷ *nm*: **le ~ et le pourquoi** the whys and wherefores; **et ~!** and how!; **~ donc!** of course!; **~ faire?** how will we do it?; **~ se fait-il que …?** how is it that …?
**commentaire** [kɔmɑ̃tɛʀ] *nm* comment; remark; **~ (de texte)** (*Scol*) commentary; **~ sur image** voice-over
**commenter** [kɔmɑ̃te] *vt* (*jugement, événement*) to comment (up)on; (*Radio, TV: match, manifestation*) to cover, give a commentary on
**commérages** [kɔmeʀaʒ] *nmpl* gossip *sg*
**commerçant, e** [kɔmɛʀsɑ̃, -ɑ̃t] *adj* commercial; trading; (*rue*) shopping *cpd*; (*personne*) commercially shrewd ▷ *nm/f* shopkeeper, trader
**commerce** [kɔmɛʀs] *nm* (*activité*) trade, commerce; (*boutique*) business; **le petit ~** small shop owners *pl*, small traders *pl*; **faire ~ de** to trade in; (*fig: péj*) to trade on; **chambre de ~** Chamber of Commerce; **livres de ~** (*account*) books; **vendu dans le ~** sold in the shops; **vendu hors-~** sold directly to the public; **~ en ou de gros/détail** wholesale/retail trade; **~ électronique** e-commerce; **~ équitable** fair trade; **~ intérieur/extérieur** home/foreign trade
**commercial, e, -aux** [kɔmɛʀsjal, -o] *adj* commercial, trading; (*péj*) commercial ▷ *nm*: **les commerciaux** the commercial people
**commercialiser** [kɔmɛʀsjalize] *vt* to market
**commère** [kɔmɛʀ] *nf* gossip
**commettre** [kɔmɛtʀ] *vt* to commit; **se commettre** *vi* to compromise one's good name
**commis¹** [kɔmi] *nm* (*de magasin*) (shop) assistant (*Brit*), sales clerk (*US*); (*de banque*) clerk; **~ voyageur** commercial traveller (*Brit*) *ou* traveler (*US*)
**commis², e** [kɔmi, -iz] *pp de* **commettre**

**commissaire** [kɔmisɛʀ] *nm* (*de police*) ≈ (police) superintendent (*Brit*), ≈ (police) captain (*US*); (*de rencontre sportive etc*) steward; **~ du bord** (*Navig*) purser; **~ aux comptes** (*Admin*) auditor
**commissaire-priseur** (*pl* **commissaires-priseurs**) [kɔmisɛʀpʀizœʀ] *nm* (official) auctioneer
**commissariat** [kɔmisaʀja] *nm*: **~ (de police)** police station; (*Admin*) commissionership
**commission** [kɔmisjɔ̃] *nf* (*comité, pourcentage*) commission; (*message*) message; (*course*) errand; **commissions** *nfpl* (*achats*) shopping *sg*; **~ d'examen** examining board
**commode** [kɔmɔd] *adj* (*pratique*) convenient, handy; (*facile*) easy; (*air, personne*) easy-going; (*personne*): **pas ~** awkward (to deal with) ▷ *nf* chest of drawers
**commodité** [kɔmɔdite] *nf* convenience
**commotion** [kɔmɔsjɔ̃] *nf*: **~ (cérébrale)** concussion
**commotionné, e** [kɔmɔsjɔne] *adj* shocked, shaken
**commun, e** [kɔmœ̃, -yn] *adj* common; (*pièce*) communal, shared; (*réunion, effort*) joint ▷ *nf* (*Admin*) commune, ≈ district; (*: urbaine*) ≈ borough; **communs** *nmpl* (*bâtiments*) outbuildings; **cela sort du ~** it's out of the ordinary; **le ~ des mortels** the common run of people; **sans ~e mesure** incomparable; **être ~ à** (*chose*) to be shared by; **en ~** (*faire*) jointly; **mettre en ~** to pool, share; **peu ~** unusual; **d'un ~ accord** of one accord; with one accord
**communauté** [kɔmynote] *nf* community; (*Jur*): **régime de la ~** communal estate settlement
**commune** [kɔmyn] *adj f, nf voir* **commun**
**communicatif, -ive** [kɔmynikatif, -iv] *adj* (*personne*) communicative; (*rire*) infectious
**communication** [kɔmynikasjɔ̃] *nf* communication; **~ (téléphonique)** (telephone) call; **avoir la ~ (avec)** to get *ou* be through (to); **vous avez la ~** you're through; **donnez-moi la ~** make put me through to; **mettre qn en ~ avec qn** (*en contact*) to put sb in touch with sb; (*au téléphone*) to connect sb with sb; **~ interurbaine** long-distance call; **~ en PCV** reverse charge (*Brit*) *ou* collect (*US*) call; **~ avec préavis** personal call
**communier** [kɔmynje] *vi* (*Rel*) to receive communion; (*fig*) to be united
**communion** [kɔmynjɔ̃] *nf* communion
**communiquer** [kɔmynike] *vt* (*nouvelle, dossier*) to pass on, convey; (*maladie*) to pass on; (*peur etc*) to communicate; (*chaleur, mouvement*) to transmit ▷ *vi* to communicate; **~ avec** (*salle*) to communicate with; **se ~ à** (*se propager*) to spread to
**communisme** [kɔmynism] *nm* communism
**communiste** [kɔmynist] *adj, nm/f* communist

**commutateur** [kɔmytatœʀ] nm (Élec) (change-over) switch, commutator

**compact, e** [kɔpakt] adj (dense) dense; (appareil) compact

**compagne** [kɔpaɲ] nf companion

**compagnie** [kɔpaɲi] nf (firme, Mil) company; (groupe) gathering; (présence): **la ~ de qn** sb's company; **homme/femme de ~** escort; **tenir ~ à qn** to keep sb company; **fausser ~ à qn** to give sb the slip, slip ou sneak away from sb; **en ~ de** in the company of; **Dupont et ~, Dupont et Cie** Dupont and Company, Dupont and Co; **~ aérienne** airline (company)

**compagnon** [kɔpaɲɔ] nm companion; (autrefois: ouvrier) craftsman; journeyman

**comparable** [kɔpaʀabl] adj: **~ (à)** comparable (to)

**comparaison** [kɔpaʀezɔ] nf comparison; (métaphore) simile; **en ~ (de)** in comparison (with); **par ~ (à)** by comparison (with)

**comparaître** [kɔpaʀetʀ] vi: **~ (devant)** to appear (before)

**comparer** [kɔpaʀe] vt to compare; **~ qch/qn à ou et** (pour choisir) to compare sth/sb with ou and; (pour établir une similitude) to compare sth/sb to ou and

**compartiment** [kɔpaʀtimã] nm compartment

**comparution** [kɔpaʀysjɔ] nf appearance

**compas** [kɔpa] nm (Géom) (pair of) compasses pl; (Navig) compass

**compatible** [kɔpatibl] adj compatible; **~ (avec)** compatible (with)

**compatir** [kɔpatiʀ] vi: **~ (à)** to sympathize (with)

**compatriote** [kɔpatʀijɔt] nm/f compatriot, fellow countryman/woman

**compensation** [kɔpãsasjɔ] nf compensation; (Banque) clearing; **en ~ ou** as compensation

**compenser** [kɔpãse] vt to compensate for, make up for

**compère** [kɔpeʀ] nm accomplice; fellow musician ou comedian etc

**compétence** [kɔpetãs] nf competence

**compétent, e** [kɔpetã, -ãt] adj (apte) competent, capable; (Jur) competent

**compétition** [kɔpetisjɔ] nf (gén) competition; (Sport: épreuve) event; **la ~** competitive sport; **être en ~ avec** to be competing with; **la ~ automobile** motor racing

**complainte** [kɔplɛt] nf lament

**complaire** [kɔpleʀ]: **se complaire** vi: **se ~ dans/parmi** to take pleasure in/in being among

**complaisance** [kɔplezãs] nf kindness; (péj) indulgence; (: fatuité) complacency; **attestation de ~** certificate produced to oblige a patient etc; **pavillon de ~** flag of convenience

**complaisant, e** [kɔplezã, -ãt] vb voir **complaire** ⊳ adj (aimable) kind; obliging; (péj) accommodating; (: fat) complacent

**complément** [kɔplemã] nm complement; (reste) remainder; (Ling) complement; **~ d'information** (Admin) supplementary ou further information; **~ d'agent** agent; **~ (d'objet) direct/indirect** direct/indirect object; **~ (circonstanciel) de lieu/temps** adverbial phrase of place/time; **~ de nom** possessive phrase

**complémentaire** [kɔplemãtɛʀ] adj complementary; (additionnel) supplementary

**complet, -ète** [kɔple, -ɛt] adj complete; (plein: hôtel etc) full ⊳ nm (aussi: **~-veston**) suit; **pain ~** wholemeal bread; **au (grand) ~** all together

**complètement** [kɔpletmã] adv (en entier) completely; (absolument: fou, faux etc) absolutely; (à fond: étudier etc) fully, in depth

**compléter** [kɔplete] vt (porter à la quantité voulue) to complete; (augmenter: connaissances, études) to complement, supplement; (: garde-robe) to add to; **se compléter** vi (personnes) to complement one another; (collection etc) to become complete

**complexe** [kɔplɛks] adj complex ⊳ nm (Psych) complex, hang-up; (bâtiments): **~ hospitalier/industriel** hospital/industrial complex

**complexé, e** [kɔplɛkse] adj mixed-up, hung-up

**complication** [kɔplikasjɔ] nf complexity, intricacy; (difficulté, ennui) complication; **complications** nfpl (Méd) complications

**complice** [kɔplis] nm accomplice

**complicité** [kɔplisite] nf complicity

**compliment** [kɔplimã] nm (louange) compliment; **compliments** nmpl (félicitations) congratulations

**compliqué, e** [kɔplike] adj complicated, complex, intricate; (personne) complicated

**compliquer** [kɔplike] vt to complicate; **se compliquer** vi (situation) to become complicated; **se ~ la vie** to make life difficult ou complicated for o.s

**complot** [kɔplo] nm plot

**comportement** [kɔpɔʀtəmã] nm behaviour (Brit), behavior (US); (Tech: d'une pièce, d'un véhicule) behavio(u)r, performance

**comporter** [kɔpɔʀte] vt (consister en) to consist of, be composed of, comprise; (être équipé de) to have; (impliquer) to entail, involve; **se comporter** vi to behave; (Tech) to behave, perform

**composant** [kɔpozã] nm component, constituent

**composé, e** [kɔpoze] adj (visage, air) studied; (Bio, Chimie, Ling) compound ⊳ nm (Chimie, Ling) compound; **~ de** made up of

**composer** [kɔ̃poze] vt (musique, texte) to compose; (mélange, équipe) to make up; (faire partie de) to make up, form; (Typo) to (type)set ▷ vi (Scol) to sit ou do a test; (transiger) to come to terms; **se ~ de** to be composed of, be made up of; **~ un numéro** (au téléphone) to dial a number

**compositeur, -trice** [kɔ̃pozitœʀ, -tʀis] nm/f (Mus) composer; (Typo) compositor, typesetter

**composition** [kɔ̃pozisjɔ̃] nf composition; (Scol) test; (Typo) (type)setting, composition; **de bonne ~** (accommodant) easy to deal with; **amener qn à ~** to get sb to come to terms; **~ française** (Scol) French essay

**composter** [kɔ̃pɔste] vt to date-stamp; (billet) to punch

○ **COMPOSTER**
○
○ In France you have to punch your ticket
○ on the platform to validate it before
○ getting onto the train.

**compote** [kɔ̃pɔt] nf stewed fruit no pl; **~ de pommes** stewed apples

**compréhensible** [kɔ̃pʀeɑ̃sibl] adj comprehensible; (attitude) understandable

**compréhensif, -ive** [kɔ̃pʀeɑ̃sif, -iv] adj understanding

**comprendre** [kɔ̃pʀɑ̃dʀ] vt to understand; (se composer de) to comprise, consist of; (inclure) to include; **se faire ~** to make o.s. understood; to get one's ideas across; **mal ~** to misunderstand

**compresse** [kɔ̃pʀɛs] nf compress

**compression** [kɔ̃pʀesjɔ̃] nf compression; (d'un crédit etc) reduction

**comprimé, e** [kɔ̃pʀime] adj: **air ~** compressed air ▷ nm tablet

**comprimer** [kɔ̃pʀime] vt to compress; (fig: crédit etc) to reduce, cut down

**compris, e** [kɔ̃pʀi, -iz] pp de **comprendre** ▷ adj (inclus) included; **~?** understood?, is that clear?; **~ entre** (situé) contained between; **la maison ~e/non ~e, y/non ~ la maison** including/excluding the house; **service ~** service (charge) included; **100 euros tout ~** 100 euros all inclusive ou all-in

**compromettre** [kɔ̃pʀɔmɛtʀ] vt to compromise

**compromis** [kɔ̃pʀɔmi] vb voir **compromettre** ▷ nm compromise

**comptabilité** [kɔ̃tabilite] nf (activité, technique) accounting, accountancy; (d'une société: comptes) accounts pl, books pl; (: service) accounts office ou department; **~ à partie double** double-entry book-keeping

**comptable** [kɔ̃tabl] nm/f accountant ▷ adj accounts cpd, accounting

**comptant** [kɔ̃tɑ̃] adv: **payer ~** to pay cash; **acheter ~** to buy for cash

**compte** [kɔ̃t] nm count, counting; (total, montant) count, (right) number; (bancaire, facture) account; **comptes** nmpl accounts, books; (fig) explanation sg; **ouvrir un ~** to open an account; **rendre ~s à qn** (fig) to be answerable to sb; **faire le ~ de** to count up, make a count of; **tout ~ fait** on the whole; **à ce ~-là** (dans ce cas) in that case; (à ce train-là) at that rate; **en fin de ~** (fig) all things considered, weighing it all up; **au bout du ~** in the final analysis; **à bon ~** at a favourable price; (fig) lightly; **avoir son ~** (fig: fam) to have had it; **s'en tirer à bon ~** to get off lightly; **pour le ~ de** on behalf of; **pour son propre ~** for one's own benefit; **sur le ~ de qn** (à son sujet) about sb; **travailler à son ~** to work for oneself; **mettre qch sur le ~ de qn** (le rendre responsable) to attribute sth to sb; **prendre qch à son ~** to take responsibility for sth; **trouver son ~ à qch** to do well out of sth; **régler un ~** (s'acquitter de qch) to settle an account; (se venger) to get one's own back; **rendre ~ (à qn) de qch** to give (sb) an account of sth; **rendre des ~s à qn** (fig) to be answerable to sb; **tenir ~ de qch** to take sth into account; **~ tenu de** taking into account; **~ en banque** bank account; **~ chèque(s)** current account; **~ chèque postal (CCP)** Post Office account; **~ client** (sur bilan) accounts receivable; **~ courant (CC)** current account; **~ de dépôt** deposit account; **~ d'exploitation** operating account; **~ fournisseur** (sur bilan) accounts payable; **~ à rebours** countdown; **~ rendu** account, report; (de film, livre) review; voir aussi **rendre**

**compte-gouttes** [kɔ̃tgut] nm inv dropper

**compter** [kɔ̃te] vt to count; (facturer) to charge for; (avoir à son actif, comporter) to have; (prévoir) to allow, reckon; (tenir compte de, inclure) to include; (penser, espérer): **~ réussir/revenir** to expect to succeed/return ▷ vi to count; (être économe) to economize; (être non négligeable) to count, matter; (valoir): **~ pour** to count for; (figurer): **~ parmi** to be ou rank among; **~ sur** to count (up)on; **~ avec qch/qn** to reckon with ou take account of sth/sb; **~ sans qch/qn** to reckon without sth/sb; **sans ~ que** besides which; **à ~ du 10 janvier** (Comm) (as) from 10th January

**compteur** [kɔ̃tœʀ] nm meter; **~ de vitesse** speedometer

**comptine** [kɔ̃tin] nf nursery rhyme

**comptoir** [kɔ̃twaʀ] nm (de magasin) counter; (de café) counter, bar; (colonial) trading post

**compulser** [kɔ̃pylse] vt to consult

**comte, comtesse** [kɔ̃t, kɔ̃tɛs] nm/f count/countess

**con, ne** [kɔ̃, kɔn] adj (fam!) bloody (Brit) ou damned stupid (!)

**concéder** [kɔ̃sede] vt to grant; (défaite, point) to concede; **~ que** to concede that

**concentré** [kɔ̃sɑ̃tʀe] nm concentrate; **~ de tomates** tomato purée

**concentrer** [kɔ̃sɑ̃tʀe] vt to concentrate; **se concentrer** vi to concentrate

**concept** [kɔ̃sɛpt] nm concept

**conception** [kɔ̃sɛpsjɔ̃] nf conception; (d'une machine etc) design

**concerner** [kɔ̃sɛʀne] vt to concern; **en ce qui me concerne** as far as I am concerned; **en ce qui concerne ceci** as far as this is concerned, with regard to this

**concert** [kɔ̃sɛʀ] nm concert; **de ~** adv in unison; together; (décider) unanimously

**concerter** [kɔ̃sɛʀte] vt to devise; **se concerter** vi (collaborateurs etc) to put our (ou their etc) heads together, consult (each other)

**concession** [kɔ̃sesjɔ̃] nf concession

**concessionnaire** [kɔ̃sesjɔnɛʀ] nm/f agent, dealer

**concevoir** [kɔ̃s(ə)vwaʀ] vt (idée, projet) to conceive (of); (méthode, plan d'appartement, décoration etc) to plan, design; (comprendre) to understand; (enfant) to conceive; **maison bien/mal conçue** well-/badly-designed ou -planned house

**concierge** [kɔ̃sjɛʀʒ] nm/f caretaker; (d'hôtel) head porter

**conciliabules** [kɔ̃siljabyl] nmpl (private) discussions, confabulations (Brit)

**concilier** [kɔ̃silje] vt to reconcile; **se ~ qn/l'appui de qn** to win sb over/sb's support

**concis, e** [kɔ̃si, -iz] adj concise

**concitoyen, ne** [kɔ̃sitwajɛ̃, -ɛn] nm/f fellow citizen

**concluant, e** [kɔ̃klyɑ̃, -ɑ̃t] vb voir **conclure** ▷ adj conclusive

**conclure** [kɔ̃klyʀ] vt to conclude; (signer: accord, pacte) to enter into; (déduire): **~ qch de qch** to deduce sth from sth; **~ à l'acquittement** to decide in favour of an acquittal; **~ au suicide** to come to the conclusion (ou Jur) to pronounce) that it is a case of suicide; **~ un marché** to clinch a deal; **j'en conclus que** from that I conclude that

**conclusion** [kɔ̃klyzjɔ̃] nf conclusion; **conclusions** nfpl (Jur) submissions; findings; **en ~** in conclusion

**conçois** [kɔ̃swa], **conçoive** etc [kɔ̃swav] vb voir **concevoir**

**concombre** [kɔ̃kɔ̃bʀ] nm cucumber

**concorder** [kɔ̃kɔʀde] vi to tally, agree

**concourir** [kɔ̃kuʀiʀ] vi (Sport) to compete; **~ à** vt (effet etc) to work towards

**concours** [kɔ̃kuʀ] nm voir **concourir** ▷ nm competition; (Scol) competitive examination; (assistance) aid, help; **recrutement par voie de ~** recruitment by (competitive) examination; **apporter son ~ à** to give one's support to; **~ de circonstances** combination of circumstances; **~ hippique** horse show; voir **hors-concours**

**concret, -ète** [kɔ̃kʀɛ, -ɛt] adj concrete

**concrétiser** [kɔ̃kʀetize] vt to realize; **se concrétiser** vi to materialize

**conçu, e** [kɔ̃sy] pp de **concevoir**

**concubinage** [kɔ̃kybinaʒ] nm (Jur) cohabitation

**concurrence** [kɔ̃kyʀɑ̃s] nf competition; **jusqu'à ~ de** up to; **faire ~ à** to be in competition with; **~ déloyale** unfair competition

**concurrent, e** [kɔ̃kyʀɑ̃, -ɑ̃t] adj competing ▷ nm/f (Sport, Écon etc) competitor; (Scol) candidate

**condamner** [kɔ̃dane] vt (blâmer) to condemn; (Jur) to sentence; (porte, ouverture) to fill in, block up; (malade) to give up (hope for); (obliger): **~ qn à qch/à faire** to condemn sb to sth/to do; **~ qn à deux ans de prison** to sentence sb to two years' imprisonment; **~ qn à une amende** to impose a fine on sb

**condensation** [kɔ̃dɑ̃sasjɔ̃] nf condensation

**condenser** [kɔ̃dɑ̃se]: **se condenser** vi to condense

**condisciple** [kɔ̃disipl] nm/f school fellow, fellow student

**condition** [kɔ̃disjɔ̃] nf condition; **conditions** nfpl (tarif, prix) terms; (circonstances) conditions; **sans ~** adj unconditional ▷ adv unconditionally; **sous ~ que** on condition that; **à ~ de ou que** provided that; **en bonne ~** in good condition; **mettre en ~** (Sport etc) to get fit; (Psych) to condition (mentally); **~s de vie** living conditions

**conditionnel, le** [kɔ̃disjɔnɛl] adj conditional ▷ nm conditional (tense)

**conditionnement** [kɔ̃disjɔnmɑ̃] nm (emballage) packaging; (fig) conditioning

**conditionner** [kɔ̃disjɔne] vt (déterminer) to determine; (Comm: produit) to package; (fig: personne) to condition; **air conditionné** air conditioning; **réflexe conditionné** conditioned reflex

**condoléances** [kɔ̃dɔleɑ̃s] nfpl condolences

**conducteur, -trice** [kɔ̃dyktœʀ, -tʀis] adj (Élec) conducting ▷ nm/f (Auto etc) driver; (d'une machine) operator ▷ nm (Élec etc) conductor

**conduire** [kɔ̃dɥiʀ] vt (véhicule, passager) to drive; (délégation, troupeau) to lead; **se conduire** vi to behave; **~ vers/à** to lead towards/to; **~ qn quelque part** to take sb somewhere; to drive sb somewhere

**conduite** [kɔ̃dɥit] nf (en auto) driving; (comportement) behaviour (Brit), behavior (US); (d'eau, de gaz) pipe; **sous la ~ de** led by; **~ forcée** pressure pipe; **~ à gauche** left-hand drive; **~ intérieure** saloon (car)

**cône** [kon] nm cone; **en forme de ~** cone-shaped

**confection** [kɔ̃fɛksjɔ̃] nf (fabrication) making; (Couture): **la ~** the clothing industry, the rag trade (fam); **vêtement de ~** ready-to-wear ou off-the-peg garment

**confectionner** [kɔ̃fɛksjɔne] vt to make

**conférence** [kɔ̃feʀɑ̃s] nf (exposé) lecture; (pourparlers) conference; **~ de presse** press conference; **~ au sommet** summit (conference)

**conférencier, -ière** [kɔ̃feRɑ̃sje, -jɛR] nm/f lecturer

**confesser** [kɔ̃fese] vt to confess; **se confesser** vi (Rel) to go to confession

**confession** [kɔ̃fesjɔ̃] nf confession; (culte: catholique etc) denomination

**confetti** [kɔ̃feti] nm confetti no pl

**confiance** [kɔ̃fjɑ̃s] nf (en l'honnêteté de qn) confidence, trust; (en la valeur de qch) faith; **avoir ~ en** to have confidence ou faith in, trust; **faire ~ à** to trust; **en toute ~** with complete confidence; **de ~** trustworthy, reliable; **mettre qn en ~** to win sb's trust; **vote de ~** (Pol) vote of confidence; **inspirer ~ à** to inspire confidence in; **~ en soi** self-confidence; voir **question**

**confiant, e** [kɔ̃fjɑ̃, -ɑ̃t] adj confident; trusting

**confidence** [kɔ̃fidɑ̃s] nf confidence

**confidentiel, le** [kɔ̃fidɑ̃sjɛl] adj confidential

**confier** [kɔ̃fje] vt: **~ à qn** (objet en dépôt, travail etc) to entrust to sb; (secret, pensée) to confide to sb; **se ~ à qn** to confide in sb

**confins** [kɔ̃fɛ̃] nmpl: **aux ~ de** on the borders of

**confirmation** [kɔ̃fiRmasjɔ̃] nf confirmation

**confirmer** [kɔ̃fiRme] vt to confirm; **~ qn dans une croyance/ses fonctions** to strengthen sb in a belief/his duties

**confiserie** [kɔ̃fizRi] nf (magasin) confectioner's ou sweet shop (Brit), candy store (US); **confiseries** nfpl (bonbons) confectionery sg, sweets, candy no pl

**confisquer** [kɔ̃fiske] vt to confiscate

**confit, e** [kɔ̃fi, -it] adj: **fruits ~s** crystallized fruits ⊳ nm: **~ d'oie** potted goose

**confiture** [kɔ̃fityR] nf jam; **~ d'oranges** (orange) marmalade

**conflit** [kɔ̃fli] nm conflict

**confondre** [kɔ̃fɔ̃dR] vt (jumeaux, faits) to confuse, mix up; (témoin, menteur) to confound; **se confondre** vi to merge; **se ~ en excuses** to offer profuse apologies, apologize profusely; **~ qch/qn avec qch/qn d'autre** to mistake sth/sb for sth/sb else

**confondu, e** [kɔ̃fɔ̃dy] pp de **confondre** ⊳ adj (stupéfait) speechless, overcome; **toutes catégories ~es** taking all categories together

**conforme** [kɔ̃fɔRm] adj: **~ à** (en accord avec: loi, règle) in accordance with, in keeping with; (identique à) true to; **copie certifiée ~** (Admin) certified copy; **~ à la commande** as per order

**conformément** [kɔ̃fɔRmemɑ̃] adv: **~ à** in accordance with

**conformer** [kɔ̃fɔRme] vt: **~ qch à** to model sth on; **se ~ à** to conform to

**confort** [kɔ̃fɔR] nm comfort; **tout ~** (Comm) with all mod cons (Brit) ou modern conveniences

**confortable** [kɔ̃fɔRtabl] adj comfortable

**confrère** [kɔ̃fRɛR] nm colleague; fellow member

**confronter** [kɔ̃fRɔ̃te] vt to confront; (textes) to compare, collate

**confus, e** [kɔ̃fy, -yz] adj (vague) confused; (embarrassé) embarrassed

**confusion** [kɔ̃fyzjɔ̃] nf (voir confus) confusion; embarrassment; (voir confondre) confusion; mixing up; (erreur) confusion; **~ des peines** (Jur) concurrency of sentences

**congé** [kɔ̃ʒe] nm (vacances) holiday; (arrêt de travail) time off no pl, leave no pl; (Mil) leave no pl; (avis de départ) notice; **en ~** on holiday; off (work); on leave; **semaine/jour de ~** week/day off; **prendre ~ de qn** to take one's leave of sb; **donner son ~ à** to hand ou give in one's notice to; **~ de maladie** sick leave; **~ de maternité** maternity leave; **~s payés** paid holiday ou leave

**congédier** [kɔ̃ʒedje] vt to dismiss

**congélateur** [kɔ̃ʒelatœR] nm freezer, deep freeze

**congeler** [kɔ̃ʒ(ə)le] vt to freeze; **les produits congelés** frozen foods; **se congeler** vi to freeze

**congestion** [kɔ̃ʒestjɔ̃] nf congestion; **~ cérébrale** stroke; **~ pulmonaire** congestion of the lungs

**congestionner** [kɔ̃ʒestjɔne] vt to congest; (Méd) to flush

**Congo** [kɔ̃ɡo] nm: **le ~** (pays, fleuve) the Congo

**congrès** [kɔ̃ɡRɛ] nm congress

**conifère** [kɔnifɛR] nm conifer

**conjecture** [kɔ̃ʒɛktyR] nf conjecture, speculation no pl

**conjoint, e** [kɔ̃ʒwɛ̃, -wɛ̃t] adj joint ⊳ nm/f spouse

**conjonction** [kɔ̃ʒɔ̃ksjɔ̃] nf (Ling) conjunction

**conjonctivite** [kɔ̃ʒɔ̃ktivit] nf conjunctivitis

**conjoncture** [kɔ̃ʒɔ̃ktyR] nf circumstances pl; **la ~ (économique)** the economic climate ou situation

**conjugaison** [kɔ̃ʒyɡɛzɔ̃] nf (Ling) conjugation

**conjuguer** [kɔ̃ʒyɡe] vt (Ling) to conjugate; (efforts etc) to combine

**conjuration** [kɔ̃ʒyRasjɔ̃] nf conspiracy

**conjurer** [kɔ̃ʒyRe] vt (sort, maladie) to avert; (implorer): **~ qn de faire qch** to beseech ou entreat sb to do sth

**connaissance** [kɔnɛsɑ̃s] nf (savoir) knowledge no pl; (personne connue) acquaintance; (conscience) consciousness; **connaissances** nfpl knowledge no pl; **être sans ~** to be unconscious; **perdre/reprendre ~** to lose/regain consciousness; **à ma/sa ~** to (the best of) my/his knowledge; **faire ~ avec qn** ou **la ~ de qn** (rencontrer) to meet sb; (apprendre à connaître) to get to know sb; **avoir ~ de** to be aware of; **prendre ~ de** (document etc) to peruse; **en ~ de cause** with full knowledge of the facts; **de ~** (personne, visage) familiar

**connaisseur, -euse** [kɔnesœR, -øz] nm/f connoisseur ⊳ adj expert

**connaître** [kɔnɛtR] vt to know; (éprouver) to experience; (avoir: succès) to have; to enjoy;

~ **de nom/vue** to know by name/sight; **se connaître** vi to know each other; (soi-même) to know o.s.; **ils se sont connus à Genève** they (first) met in Geneva; **s'y ~ en qch** to know about sth

**connecter** [kɔnɛkte] vt to connect; **se ~ à Internet** to log onto the Internet

**connerie** [kɔnʀi] nf (fam) (bloody) stupid (Brit) ou damn-fool (US) thing to do ou say

**connexion** [kɔnɛksjɔ̃] nf connection

**connu, e** [kɔny] pp de **connaître** ⊳ adj (célèbre) well-known

**conquérir** [kɔ̃keʀiʀ] vt to conquer, win

**conquête** [kɔ̃kɛt] nf conquest

**consacrer** [kɔ̃sakʀe] vt (Rel) to consecrate; ~ **qch (à)** to consecrate sth (to); (fig: usage etc) to sanction, establish; (employer): ~ **qch à** to devote ou dedicate sth to; **se ~ à qch/faire** to dedicate ou devote o.s. to sth/to doing

**conscience** [kɔ̃sjɑ̃s] nf conscience; (perception) consciousness; **avoir/prendre ~ de** to be/become aware of; **perdre/reprendre ~** to lose/regain consciousness; **avoir bonne/mauvaise ~** to have a clear/guilty conscience; **en (toute) ~** in all conscience

**consciencieux, -euse** [kɔ̃sjɑ̃sjø, -øz] adj conscientious

**conscient, e** [kɔ̃sjɑ̃, -ɑ̃t] adj conscious; ~ **de** aware ou conscious of

**conscrit** [kɔ̃skʀi] nm conscript

**consécutif, -ive** [kɔ̃sekytif, -iv] adj consecutive; ~ **à** following upon

**conseil** [kɔ̃sɛj] nm (avis) piece of advice, advice no pl; (assemblée) council; (expert): ~ **en recrutement** recruitment consultant ⊳ adj: **ingénieur-~** engineering consultant; **tenir** ~ to hold a meeting; to deliberate; **donner un ~** ou **des ~s à qn** to give sb (a piece of) advice; **demander ~ à qn** to ask sb's advice; **prendre ~ (auprès de qn)** to take advice (from sb); ~ **d'administration (CA)** board (of directors); ~ **de classe** (Scol) meeting of teachers, parents and class representatives to discuss pupils' progress; ~ **de discipline** disciplinary committee; ~ **général** regional council; see note; ~ **de guerre** court-martial; **le ~ des ministres** ≈ the Cabinet; ~ **municipal (CM)** town council; ~ **régional** regional board of elected representatives; ~ **de révision** recruitment ou draft (US) board

○ **CONSEIL GÉNÉRAL**

○ Each "département" of France is run by
○ a Conseil général, whose remit covers
○ personnel, transport infrastructure,
○ housing, school grants and economic
○ development. The council is made up of
○ "conseillers généraux", each of whom
○ represents a "canton" and is elected for
○ a six-year term. Half of the council's
○ membership are elected every three years.

**conseiller¹** [kɔ̃seje] vt (personne) to advise; (méthode, action) to recommend, advise; ~ **qch à qn** to recommend sth to sb; ~ **à qn de faire qch** to advise sb to do sth

**conseiller², -ière** [kɔ̃seje, -ɛʀ] nm/f adviser; ~ **général** regional councillor; ~ **matrimonial** marriage guidance counsellor; ~ **municipal** town councillor; ~ **d'orientation** (Scol) careers adviser (Brit), (school) counselor (US)

**consentement** [kɔ̃sɑ̃tmɑ̃] nm consent

**consentir** [kɔ̃sɑ̃tiʀ] vt: ~ **(à qch/faire)** to agree ou consent (to sth/to doing); ~ **qch à qn** to grant sb sth

**conséquence** [kɔ̃sekɑ̃s] nf consequence, outcome; **conséquences** nfpl consequences, repercussions; **en ~** (donc) consequently; (de façon appropriée) accordingly; **ne pas tirer à ~** to be unlikely to have any repercussions; **sans ~** unimportant; **de ~** important

**conséquent, e** [kɔ̃sekɑ̃, -ɑ̃t] adj logical, rational; (fam: important) substantial; **par ~** consequently

**conservateur, -trice** [kɔ̃sɛʀvatœʀ, -tʀis] adj conservative ⊳ nm/f (Pol) conservative; (de musée) curator ⊳ nm (pour aliments) preservative

**conservatoire** [kɔ̃sɛʀvatwaʀ] nm academy; (Écologie) conservation area

**conserve** [kɔ̃sɛʀv] nf (gén pl) canned ou tinned (Brit) food; ~**s de poisson** canned ou tinned (Brit) fish; **en ~** canned, tinned (Brit); **de ~** (ensemble) in concert; (naviguer) in convoy

**conserver** [kɔ̃sɛʀve] vt (faculté) to retain, keep; (habitude) to keep up; (amis, livres) to keep; (préserver, Culin) to preserve; **se conserver** vi (aliments) to keep; **"~ au frais"** "store in a cool place"

**considérable** [kɔ̃sideʀabl] adj considerable, significant, extensive

**considération** [kɔ̃sideʀasjɔ̃] nf consideration; (estime) esteem, respect; **considérations** nfpl (remarques) reflections; **prendre en ~** to take into consideration ou account; **ceci mérite ~** this is worth considering; **en ~ de** given, because of

**considérer** [kɔ̃sideʀe] vt to consider; (regarder) to consider, study; ~ **qch comme** to regard sth as

**consigne** [kɔ̃siɲ] nf (Comm) deposit; (de gare) left luggage (office) (Brit), checkroom (US); (punition: Scol) detention; (: Mil) confinement to barracks; (ordre, instruction) instructions pl; ~ **automatique** left-luggage locker; ~**s de sécurité** safety instructions

**consigner** [kɔ̃siɲe] vt (note, pensée) to record; (marchandises) to deposit; (punir: Mil) to confine to barracks; (: élève) to put in detention; (Comm) to put a deposit on

**consistant, e** [kɔ̃sistɑ̃, -ɑ̃t] adj thick; solid

**consister** [kɔ̃siste] vi: ~ **en/dans/à faire** to consist of/in/in doing

**consœur** [kɔ̃sœʀ] *nf* (lady) colleague; fellow member

**console** [kɔ̃sɔl] *nf* console; **~ graphique** *ou* **de visualisation** (*Inform*) visual display unit, VDU; **~ de jeux** games console

**consoler** [kɔ̃sɔle] *vt* to console; **se ~ (de qch)** to console o.s. (for sth)

**consolider** [kɔ̃sɔlide] *vt* to strengthen, reinforce; (*fig*) to consolidate; **bilan consolidé** consolidated balance sheet

**consommateur, -trice** [kɔ̃sɔmatœʀ, -tʀis] *nm/f* (*Écon*) consumer; (*dans un café*) customer

**consommation** [kɔ̃sɔmasjɔ̃] *nf* (*Écon*) consumption; (*Jur*) consummation; (*boisson*) drink; **~ aux 100 km** (*Auto*) (fuel) consumption per 100 km, ≈ miles per gallon (mpg), ≈ gas mileage (*US*); **de ~** (*biens, société*) consumer *cpd*

**consommer** [kɔ̃sɔme] *vt* (*personne*) to eat *ou* drink, consume; (*voiture, usine, poêle*) to use, consume; (*Jur: mariage*) to consummate ▷ *vi* (*dans un café*) to (have a) drink

**consonne** [kɔ̃sɔn] *nf* consonant

**conspirer** [kɔ̃spiʀe] *vi* to conspire, plot; **~ à** (*tendre à*) to conspire to

**constamment** [kɔ̃stamɑ̃] *adv* constantly

**constant, e** [kɔ̃stɑ̃, -ɑ̃t] *adj* constant; (*personne*) steadfast ▷ *nf* constant

**constat** [kɔ̃sta] *nm* (*d'huissier*) certified report (by bailiff); (*de police*) report; (*observation*) (observed) fact, observation; (*affirmation*) statement; **~ (à l'amiable)** (*jointly agreed*) statement for insurance purposes; **~ d'échec** acknowledgement of failure

**constatation** [kɔ̃statasjɔ̃] *nf* noticing; certifying; (*remarque*) observation

**constater** [kɔ̃state] *vt* (*remarquer*) to note, notice; (*Admin, Jur: attester*) to certify; (*dégâts*) to note; **~ que** (*dire*) to state that

**consterner** [kɔ̃stɛʀne] *vt* to dismay

**constipé, e** [kɔ̃stipe] *adj* constipated; (*fig*) stiff

**constitué, e** [kɔ̃stitɥe] *adj*: **~ de** made up *ou* composed of; **bien ~** of sound constitution; well-formed

**constituer** [kɔ̃stitɥe] *vt* (*comité, équipe*) to set up, form; (*dossier, collection*) to put together, build up; (*éléments, parties: composer*) to make up, constitute; (*représenter, être*) to constitute; **se ~ prisonnier** to give o.s. up; **se ~ partie civile** to bring an independent action for damages

**constitution** [kɔ̃stitysjɔ̃] *nf* setting up; building up; (*composition*) composition, make-up; (*santé, Pol*) constitution

**constructeur** [kɔ̃stʀyktœʀ] *nm/f* manufacturer, builder

**constructif, -ive** [kɔ̃stʀyktif, -iv] *adj* (*positif*) constructive

**construction** [kɔ̃stʀyksjɔ̃] *nf* construction, building

**construire** [kɔ̃stʀɥiʀ] *vt* to build, construct; **se construire** *vi*: **l'immeuble s'est**

**construit très vite** the building went up *ou* was built very quickly

**consul** [kɔ̃syl] *nm* consul

**consulat** [kɔ̃syla] *nm* consulate

**consultant, e** [kɔ̃syltɑ̃, -ɑ̃t] *adj, nm* consultant

**consultation** [kɔ̃syltasjɔ̃] *nf* consultation; **consultations** *nfpl* (*Pol*) talks; **être en ~** (*délibération*) to be in consultation; (*médecin*) to be consulting; **aller à la ~** (*Méd*) to go to the surgery (*Brit*) *ou* doctor's office (*US*); **heures de ~** (*Méd*) surgery (*Brit*) *ou* office (*US*) hours

**consulter** [kɔ̃sylte] *vt* to consult ▷ *vi* (*médecin*) to hold surgery (*Brit*), be in the office (*US*); **se consulter** *vi* to confer

**consumer** [kɔ̃syme] *vt* to consume; **se consumer** *vi* to burn; **se ~ de chagrin/douleur** to be consumed with sorrow/grief

**contact** [kɔ̃takt] *nm* contact; **au ~ de** (*air, peau*) on contact with; (*gens*) through contact with; **mettre/couper le ~** (*Auto*) to switch on/off the ignition; **entrer en ~** (*fils, objets*) to come into contact, make contact; **se mettre en ~ avec** (*Radio*) to make contact with; **prendre ~ avec** (*relation d'affaires, connaissance*) to get in touch *ou* contact with

**contacter** [kɔ̃takte] *vt* to contact, get in touch with

**contagieux, -euse** [kɔ̃taʒjø, -øz] *adj* infectious; (*par le contact*) contagious

**contaminer** [kɔ̃tamine] *vt* (*par un virus*) to infect; (*par des radiations*) to contaminate

**conte** [kɔ̃t] *nm* tale; **~ de fées** fairy tale

**contempler** [kɔ̃tɑ̃ple] *vt* to contemplate, gaze at

**contemporain, e** [kɔ̃tɑ̃pɔʀɛ̃, -ɛn] *adj, nm/f* contemporary

**contenance** [kɔ̃tnɑ̃s] *nf* (*d'un récipient*) capacity; (*attitude*) bearing, attitude; **perdre ~** to lose one's composure; **se donner une ~** to give the impression of composure; **faire bonne ~ (devant)** to put on a bold front (in the face of)

**conteneur** [kɔ̃tnœʀ] *nm* container; **~ (de bouteilles)** bottle bank

**contenir** [kɔ̃t(ə)niʀ] *vt* to contain; (*avoir une capacité de*) to hold; **se contenir** *vi* (*se retenir*) to control o.s. *ou* one's emotions, contain o.s.

**content, e** [kɔ̃tɑ̃, -ɑ̃t] *adj* pleased, glad; **~ de** pleased with; **je serais ~ que tu ...** I would be pleased if you ...

**contenter** [kɔ̃tɑ̃te] *vt* to satisfy, please; (*envie*) to satisfy; **se ~ de** to content o.s. with

**contentieux** [kɔ̃tɑ̃sjø] *nm* (*Comm*) litigation; (: *service*) litigation department; (*Pol etc*) contentious issues *pl*

**contenu, e** [kɔ̃t(ə)ny] *pp de* **contenir** ▷ *nm* (*d'un bol*) contents *pl*; (*d'un texte*) content

**conter** [kɔ̃te] *vt* to recount, relate; **en ~ de belles à qn** to tell tall stories to sb

**contestable** [kɔ̃tɛstabl] *adj* questionable

**contestation** [kɔ̃tɛstasjɔ̃] *nf* questioning,

contesting; (Pol): **la** ~ anti-establishment
activity, protest
**conteste** [kɔ̃tɛst]: **sans** ~ adv
unquestionably, indisputably
**contester** [kɔ̃tɛste] vt to question, contest
▷ vi (Pol: gén) to rebel (against established
authority), protest
**contexte** [kɔ̃tɛkst] nm context
**contigu, ë** [kɔ̃tigy] adj: ~ **(à)** adjacent (to)
**continent** [kɔ̃tinɑ̃] nm continent
**continu, e** [kɔ̃tiny] adj continuous; **faire la
journée ~e** to work without taking a full
lunch break; **(courant)** ~ direct current, DC
**continuel, le** [kɔ̃tinɥɛl] adj (qui se répète)
constant, continual; (continu) continuous
**continuer** [kɔ̃tinɥe] vt (travail, voyage etc) to
continue (with), carry on (with), go on with;
(prolonger: alignement, rue) to continue ▷ vi
(pluie, vie, bruit) to continue, go on; (voyageur) to
go on; **se continuer** vi to carry on; ~ **à** ou **de
faire** to go on ou continue doing
**contorsionner** [kɔ̃tɔʀsjɔne]: **se contorsionner**
vi to contort o.s., writhe about
**contour** [kɔ̃tuʀ] nm outline, contour;
**contours** nmpl (d'une rivière etc) windings
**contourner** [kɔ̃tuʀne] vt to bypass, walk ou
drive) round; (difficulté) to get round
**contraceptif, -ive** [kɔ̃tʀasɛptif, -iv] adj, nm
contraceptive
**contraception** [kɔ̃tʀasɛpsjɔ̃] nf
contraception
**contracté, e** [kɔ̃tʀakte] adj (muscle) tense,
contracted; (personne: tendu) tense, tensed up;
**article** ~ (Ling) contracted article
**contracter** [kɔ̃tʀakte] vt (muscle etc) to tense,
contract; (maladie, dette, obligation) to contract;
(assurance) to take out; **se contracter** vi
(métal, muscles) to contract
**contractuel, le** [kɔ̃tʀaktɥɛl] adj contractual
▷ nm/f (agent) traffic warden; (employé)
contract employee
**contradiction** [kɔ̃tʀadiksjɔ̃] nf
contradiction
**contradictoire** [kɔ̃tʀadiktwaʀ] adj
contradictory, conflicting; **débat** ~ (open)
debate
**contraignant, e** [kɔ̃tʀɛɲɑ̃, -ɑ̃t] vb voir
**contraindre** ▷ adj restricting
**contraindre** [kɔ̃tʀɛ̃dʀ] vt: ~ **qn à faire** to
force ou compel sb to do
**contraint, e** [kɔ̃tʀɛ̃, -ɛ̃t] pp de **contraindre**
▷ nf constraint
**contraire** [kɔ̃tʀɛʀ] adj, nm opposite; ~ **à**
contrary to; **au** ~ adv on the contrary
**contrarier** [kɔ̃tʀaʀje] vt (personne) to annoy,
bother; (fig) to impede; (projets) to thwart,
frustrate
**contrariété** [kɔ̃tʀaʀjete] nf annoyance
**contraste** [kɔ̃tʀast] nm contrast
**contrat** [kɔ̃tʀa] nm contract; (fig: accord,
pacte) agreement; ~ **de travail** employment
contract

**contravention** [kɔ̃tʀavɑ̃sjɔ̃] nf (infraction):
~ **à** contravention of; (amende) fine; (PV pour
stationnement interdit) parking ticket; **dresser**
~ **à** (automobiliste) to book; to write out a
parking ticket for
**contre** [kɔ̃tʀ] prép against; (en échange) (in
exchange) for; **par** ~ on the other hand
**contrebande** [kɔ̃tʀəbɑ̃d] nf (trafic)
contraband, smuggling; (marchandise)
contraband, smuggled goods pl; **faire la** ~ **de**
to smuggle
**contrebandier, -ière** [kɔ̃tʀəbɑ̃dje, -jɛʀ] nm/f
smuggler
**contrebas** [kɔ̃tʀəba]: **en** ~ adv (down) below
**contrebasse** [kɔ̃tʀəbas] nf (double) bass
**contrecarrer** [kɔ̃tʀəkaʀe] vt to thwart
**contrecœur** [kɔ̃tʀəkœʀ]: **à** ~ adv (be)
grudgingly, reluctantly
**contrecoup** [kɔ̃tʀəku] nm repercussions pl;
**par** ~ as an indirect consequence
**contredire** [kɔ̃tʀədiʀ] vt (personne) to
contradict; (témoignage, assertion, faits) to
refute; **se contredire** vi to contradict o.s.
**contrée** [kɔ̃tʀe] nf region; land
**contrefaçon** [kɔ̃tʀəfasɔ̃] nf forgery; ~ **de
brevet** patent infringement
**contrefaire** [kɔ̃tʀəfɛʀ] vt (document, signature)
to forge, counterfeit; (personne, démarche) to
mimic; (dénaturer: sa voix etc) to disguise
**contre-indication** [kɔ̃tʀɛ̃dikasjɔ̃] (pl
**contre-indications**) nf (Méd) contra-
indication; **"~ en cas d'eczéma"** "should not
be used by people with eczema"
**contre-indiqué, e** [kɔ̃tʀɛ̃dike] adj (Méd)
contraindicated; (déconseillé) unadvisable,
ill-advised
**contre-jour** [kɔ̃tʀəʒuʀ]: **à** ~ adv against the
light
**contremaître** [kɔ̃tʀəmɛtʀ] nm foreman
**contrepartie** [kɔ̃tʀəpaʀti] nf compensation;
**en** ~ in compensation; in return
**contre-pied** [kɔ̃tʀəpje] nm (inverse, opposé): **le**
~ **de ...** the exact opposite of ...; **prendre le** ~
**de** to take the opposing view of; to take the
opposite course to; **prendre qn à** ~ (Sport) to
wrong-foot sb
**contre-plaqué** [kɔ̃tʀəplake] nm plywood
**contrepoids** [kɔ̃tʀəpwa] nm counterweight,
counterbalance; **faire** ~ to act as a
counterbalance
**contrepoison** [kɔ̃tʀəpwazɔ̃] nm antidote
**contrer** [kɔ̃tʀe] vt to counter
**contresens** [kɔ̃tʀəsɑ̃s] nm (erreur)
misinterpretation; (mauvaise traduction)
mistranslation; (absurdité) nonsense no pl; **à** ~
adv the wrong way
**contretemps** [kɔ̃tʀətɑ̃] nm hitch,
contretemps; **à** ~ adv (Mus) out of time; (fig)
at an inopportune moment
**contrevenir** [kɔ̃tʀəvniʀ]: ~ **à** vt to
contravene
**contribuable** [kɔ̃tʀibɥabl] nm/f taxpayer

**contribuer** [kɔ̃tribɥe]: ~ **à** *vt* to contribute towards

**contribution** [kɔ̃tribysjɔ̃] *nf* contribution; **les ~s** (*bureaux*) the tax office; **mettre à ~** to call upon; **~s directes/indirectes** direct/indirect taxation

**contrôle** [kɔ̃trol] *nm* checking *no pl*, check; supervision; monitoring; (*test*) test, examination; **perdre le ~ de son véhicule** to lose control of one's vehicle; **~ des changes** (*Comm*) exchange controls; **~ continu** (*Scol*) continuous assessment; **~ d'identité** identity check; **~ des naissances** birth control; **~ des prix** price control

**contrôler** [kɔ̃trole] *vt* (*vérifier*) to check; (*surveiller: opérations*) to supervise; (*: prix*) to monitor, control; (*maîtriser, Comm: firme*) to control; **se contrôler** *vi* to control o.s.

**contrôleur, -euse** [kɔ̃trolœr, -øz] *nm/f* (*de train*) (ticket) inspector; (*de bus*) (bus) conductor/tress; **~ de la navigation aérienne, ~ aérien** air traffic controller; **~ financier** financial controller

**contrordre** [kɔ̃trɔrdr] *nm* counter-order, countermand; **sauf ~** unless otherwise directed

**controversé, e** [kɔ̃troverse] *adj* (*personnage, question*) controversial

**contusion** [kɔ̃tyzjɔ̃] *nf* bruise, contusion

**convaincre** [kɔ̃vɛ̃kr] *vt*: ~ **qn (de qch)** to convince sb (of sth); ~ **qn (de faire)** to persuade sb (to do); ~ **qn de** (*Jur: délit*) to convict sb of

**convalescence** [kɔ̃valesɑ̃s] *nf* convalescence; **maison de ~** convalescent home

**convenable** [kɔ̃vnabl] *adj* suitable; (*décent*) acceptable, proper; (*assez bon*) decent, acceptable; adequate, passable

**convenance** [kɔ̃vnɑ̃s] *nf*: **à ma/votre ~** to my/your liking; **convenances** *nfpl* proprieties

**convenir** [kɔ̃vnir] *vi* to be suitable; ~ **à** to suit; **il convient de** it is advisable to; (*bienséant*) it is right *ou* proper to; ~ **de** (*bien-fondé de qch*) to admit (to), acknowledge; (*date, somme etc*) to agree upon; ~ **que** (*admettre*) to admit that, acknowledge the fact that; ~ **de faire qch** to agree to do sth; **il a été convenu que** it has been agreed that; **comme convenu** as agreed

**convention** [kɔ̃vɑ̃sjɔ̃] *nf* convention; **conventions** *nfpl* (*convenances*) convention *sg*, social conventions; **de ~** conventional; **~ collective** (*Écon*) collective agreement

**conventionné, e** [kɔ̃vɑ̃sjɔne] *adj* (*Admin*) *applying charges laid down by the state*

**convenu, e** [kɔ̃vny] *pp de* **convenir** ▷ *adj* agreed

**conversation** [kɔ̃vɛrsasjɔ̃] *nf* conversation; **avoir de la ~** to be a good conversationalist

**convertir** [kɔ̃vɛrtir] *vt*: ~ **qn (à)** to convert sb (to); ~ **qch en** to convert sth into; **se ~ (à)** to be converted (to)

**conviction** [kɔ̃viksjɔ̃] *nf* conviction

**convienne** *etc* [kɔ̃vjɛn] *vb voir* **convenir**

**convier** [kɔ̃vje] *vt*: ~ **qn à** (*dîner etc*) to (cordially) invite sb to; ~ **qn à faire** to urge sb to do

**convive** [kɔ̃viv] *nm/f* guest (*at table*)

**convivial, e** [kɔ̃vivjal] *adj* (*Inform*) user-friendly

**convocation** [kɔ̃vɔkasjɔ̃] *nf* (*voir convoquer*) convening, convoking; summoning; invitation; (*document*) notification to attend; summons *sg*

**convoi** [kɔ̃vwa] *nm* (*de voitures, prisonniers*) convoy; (*train*) train; **~ (funèbre)** funeral procession

**convoiter** [kɔ̃vwate] *vt* to covet

**convoquer** [kɔ̃vɔke] *vt* (*assemblée*) to convene, convoke; (*subordonné, témoin*) to summon; (*candidat*) to ask to attend; ~ **qn (à)** (*réunion*) to invite sb (to attend)

**convoyeur** [kɔ̃vwajœr] *nm* (*Navig*) escort ship; **~ de fonds** security guard

**cookie** [kuki] *nm* (*Inform*) cookie

**coopération** [kɔɔperasjɔ̃] *nf* co-operation; (*Admin*): **la C~** ≈ Voluntary Service Overseas (*Brit*) *ou* the Peace Corps (*US*) (*done as alternative to military service*)

**coopérer** [kɔɔpere] *vi*: ~ **(à)** to co-operate (in)

**coordonné, e** [kɔɔrdɔne] *adj* coordinated ▷ *nf* (*Ling*) coordinate clause; **coordonnés** *nmpl* (*vêtements*) coordinates; **coordonnées** *nfpl* (*Math*) coordinates; (*détails personnels*) address, phone number, schedule *etc*; whereabouts

**coordonner** [kɔɔrdɔne] *vt* to coordinate

**copain, copine** [kɔpɛ̃, kɔpin] *nm/f* mate (*Brit*), pal; (*petit ami*) boyfriend; (*petite amie*) girlfriend ▷ *adj*: **être ~ avec** to be pally with

**copeau, x** [kɔpo] *nm* shaving; (*de métal*) turning

**copie** [kɔpi] *nf* copy; (*Scol*) script, paper; exercise; ~ **certifiée conforme** certified copy; ~ **papier** (*Inform*) hard copy

**copier** [kɔpje] *vt, vi* to copy; ~ **coller** (*Inform*) copy and paste; ~ **sur** to copy from

**copieur** [kɔpjœr] *nm* (photo)copier

**copieux, -euse** [kɔpjø, -øz] *adj* copious, hearty

**copine** [kɔpin] *nf voir* **copain**

**copropriété** [kɔprɔprijete] *nf* co-ownership, joint ownership; **acheter en ~** to buy on a co-ownership basis

**coq** [kɔk] *nm* cockerel, rooster ▷ *adj inv* (*Boxe*): **poids ~** bantamweight; **~ de bruyère** grouse; **~ du village** (*fig: péj*) ladykiller; **~ au vin** coq au vin

**coq-à-l'âne** [kɔkɑlɑn] *nm inv* abrupt change of subject

**coque** [kɔk] *nf* (*de noix, mollusque*) shell; (*de bateau*) hull; **à la ~** (*Culin*) (soft-)boiled

**coquelicot** [kɔkliko] *nm* poppy

**coqueluche** [kɔklyʃ] *nf* whooping-cough;

*(fig)*: **être la ~ de qn** to be sb's flavour of the month

**coquet, te** [kɔkɛ, -ɛt] *adj* appearance-conscious; *(joli)* pretty; *(logement)* smart, charming

**coquetier** [kɔk(ə)tje] *nm* egg-cup

**coquillage** [kɔkijaʒ] *nm (mollusque)* shellfish *inv*; *(coquille)* shell

**coquille** [kɔkij] *nf* shell; *(Typo)* misprint; **~ de beurre** shell of butter; **~ d'œuf** *adj (couleur)* eggshell; **~ de noix** nutshell; **~ St Jacques** scallop

**coquin, e** [kɔkɛ̃, -in] *adj* mischievous, roguish; *(polisson)* naughty ▷ *nm/f (péj)* rascal

**cor** [kɔʀ] *nm (Mus)* horn; *(Méd)*: **(au pied)** corn; **réclamer à ~ et à cri** to clamour for; **~ anglais** cor anglais; **~ de chasse** hunting horn

**corail, -aux** [kɔʀaj, -o] *nm* coral *no pl*

**Coran** [kɔʀɑ̃] *nm*: **le ~** the Koran

**corbeau, x** [kɔʀbo] *nm* crow

**corbeille** [kɔʀbɛj] *nf* basket; *(Inform)* recycle bin; *(Bourse)*: **la ~** ≈ the floor (of the Stock Exchange); **~ de mariage** *(fig)* wedding presents *pl*; **~ à ouvrage** work-basket; **~ à pain** breadbasket; **~ à papier** waste paper basket *ou* bin

**corbillard** [kɔʀbijaʀ] *nm* hearse

**corde** [kɔʀd] *nf* rope; *(de violon, raquette, d'arc)* string; *(trame)*: **la ~** the thread; *(Athlétisme, Auto)*: **la ~** the rails *pl*; **les ~s** *(Boxe)* the ropes; **les (instruments à) ~s** *(Mus)* the strings, the stringed instruments; **semelles de ~** rope soles; **tenir la ~** *(Athlétisme, Auto)* to be in the inside lane; **tomber des ~s** to rain cats and dogs; **tirer sur la ~** to go too far; **la ~ sensible** the right chord; **usé jusqu'à la ~** threadbare; **~ à linge** washing *ou* clothes line; **~ lisse** (climbing) rope; **~ à nœuds** knotted climbing rope; **~ raide** tightrope; **~ à sauter** skipping rope; **~s vocales** vocal cords

**cordée** [kɔʀde] *nf (d'alpinistes)* rope, roped party

**cordialement** [kɔʀdjalmɑ̃] *adv* cordially, heartily; *(formule épistolaire)* (kind) regards

**cordon** [kɔʀdɔ̃] *nm* cord, string; **~ sanitaire/ de police** sanitary/police cordon; **~ littoral** sandbank, sandbar; **~ ombilical** umbilical cord

**cordonnerie** [kɔʀdɔnʀi] *nf* shoe repairer's *ou* mender's (shop)

**cordonnier** [kɔʀdɔnje] *nm* shoe repairer *ou* mender, cobbler

**Corée** [kɔʀe] *nf*: **la ~** Korea; **la ~ du Sud/du Nord** South/North Korea; **la République (démocratique populaire) de ~** the (Democratic People's) Republic of Korea

**coriace** [kɔʀjas] *adj* tough

**corne** [kɔʀn] *nf* horn; *(de cerf)* antler; *(de la peau)* callus; **~ d'abondance** horn of plenty; **~ de brume** *(Navig)* foghorn

**cornée** [kɔʀne] *nf* cornea

**corneille** [kɔʀnɛj] *nf* crow

**cornemuse** [kɔʀnəmyz] *nf* bagpipes *pl*; **joueur de ~** piper

**cornet** [kɔʀnɛ] *nm (paper)* cone; *(de glace)* cornet, cone; **~ à pistons** cornet

**corniche** [kɔʀniʃ] *nf (de meuble, neigeuse)* cornice; *(route)* coast road

**cornichon** [kɔʀniʃɔ̃] *nm* gherkin

**Cornouailles** [kɔʀnwaj] *nf(pl)* Cornwall

**corporation** [kɔʀpɔʀasjɔ̃] *nf* corporate body; *(au Moyen-Âge)* guild

**corporel, le** [kɔʀpɔʀɛl] *adj* bodily; *(punition)* corporal; **soins ~s** care *sg* of the body

**corps** [kɔʀ] *nm (gén)* body; *(cadavre)* (dead) body; **à son ~ défendant** against one's will; **à ~ perdu** headlong; **perdu ~ et biens** lost with all hands; **prendre ~** to take shape; **faire ~ avec** to be joined to; to form one body with; **~ d'armée (CA)** army corps; **~ de ballet** corps de ballet; **~ constitués** *(Pol)* constitutional bodies; **le ~ consulaire (CC)** the consular corps; **~ à ~** *adv* hand-to-hand ▷ *nm* clinch; **le ~ du délit** *(Jur)* corpus delicti; **le ~ diplomatique (CD)** the diplomatic corps; **le ~ électoral** the electorate; **le ~ enseignant** the teaching profession; **~ étranger** *(Méd)* foreign body; **~ expéditionnaire** task force; **~ de garde** guardroom; **~ législatif** legislative body; **le ~ médical** the medical profession

**corpulent, e** [kɔʀpylɑ̃, -ɑ̃t] *adj* stout *(Brit)*, corpulent

**correct, e** [kɔʀɛkt] *adj (exact)* accurate, correct; *(bienséant, honnête)* correct; *(passable)* adequate

**correcteur, -trice** [kɔʀɛktœʀ, -tʀis] *nm/f (Scol)* examiner, marker; *(Typo)* proofreader

**correction** [kɔʀɛksjɔ̃] *nf (voir corriger)* correction; marking; *(voir correct)* correctness; *(rature, surcharge)* correction, emendation; *(coups)* thrashing; **~ sur écran** *(Inform)* screen editing; **~ (des épreuves)** proofreading

**correctionnel, le** [kɔʀɛksjɔnɛl] *adj (Jur)*: **tribunal ~** ≈ criminal court

**correspondance** [kɔʀɛspɔ̃dɑ̃s] *nf* correspondence; *(de train, d'avion)* connection; **ce train assure la ~ avec l'avion de 10 heures** this train connects with the 10 o'clock plane; **cours par ~** correspondence course; **vente par ~** mail-order business

**correspondant, e** [kɔʀɛspɔ̃dɑ̃, -ɑ̃t] *nm/f* correspondent; *(Tél)* person phoning *(ou* being phoned)

**correspondre** [kɔʀɛspɔ̃dʀ] *vi (données, témoignages)* to correspond, tally; *(chambres)* to communicate; **~ à** to correspond to; **~ avec qn** to correspond with sb

**corrida** [kɔʀida] *nf* bullfight

**corridor** [kɔʀidɔʀ] *nm* corridor, passage

**corrigé** [kɔʀiʒe] *nm (Scol: d'exercice)* correct version; fair copy

**corriger** [kɔriʒe] vt (devoir) to correct, mark; (texte) to correct, emend; (erreur, défaut) to correct, put right; (punir) to thrash; ~ **qn de** (défaut) to cure sb of; **se ~ de** to cure o.s. of

**corroborer** [kɔrɔbɔre] vt to corroborate

**corrompre** [kɔrɔ̃pr] vt (dépraver) to corrupt; (acheter: témoin etc) to bribe

**corruption** [kɔrypsjɔ̃] nf corruption; (de témoins) bribery

**corsage** [kɔrsaʒ] nm (d'une robe) bodice; (chemisier) blouse

**corsaire** [kɔrsɛr] nm pirate, corsair; privateer

**corse** [kɔrs] adj Corsican ▷ nm/f: **C~** Corsican ▷ nf: **la C~** Corsica

**corsé, e** [kɔrse] adj vigorous; (café etc) full-flavoured (Brit) ou -flavored (US); (goût) full; (sauce) spicy; (problème) tough, tricky

**corset** [kɔrsɛ] nm corset; (d'une robe) bodice; ~ **orthopédique** surgical corset

**cortège** [kɔrtɛʒ] nm procession

**cortisone** [kɔrtizɔn] nf (Méd) cortisone

**corvée** [kɔrve] nf chore, drudgery no pl; (Mil) fatigue (duty)

**cosmétique** [kɔsmetik] nm (pour les cheveux) hair-oil; (produit de beauté) beauty care product

**cosmopolite** [kɔsmɔpɔlit] adj cosmopolitan

**cossu, e** [kɔsy] adj opulent-looking, well-to-do

**costaud, e** [kɔsto, -od] adj strong, sturdy

**costume** [kɔstym] nm (d'homme) suit; (de théâtre) costume

**costumé, e** [kɔstyme] adj dressed up

**cote** [kɔt] nf (en Bourse etc) quotation; quoted value; (d'un cheval): **la ~ de** the odds pl on; (d'un candidat etc) rating; (mesure: sur une carte) spot height; (: sur un croquis) dimension; (de classement) (classification) mark; reference number; **avoir la ~** to be very popular; **inscrit à la ~** quoted on the Stock Exchange; ~ **d'alerte** danger ou flood level; ~ **mal taillée** (fig) compromise; ~ **de popularité** popularity rating

**coté, e** [kɔte] adj: **être ~** to be listed ou quoted; **être ~ en Bourse** to be quoted on the Stock Exchange; **être bien/mal ~** to be highly/poorly rated

**côte** [kɔt] nf (rivage) coast(line); (pente) slope; (: sur une route) hill; (Anat) rib; (d'un tricot, tissu) rib, ribbing no pl; ~ **à ~** adv side by side; **la C~ (d'Azur)** the (French) Riviera; **la C~ d'Ivoire** the Ivory Coast; ~ **de porc** pork chop

**côté** [kɔte] nm (gén) side; (direction) way, direction; **de chaque ~ (de)** on each side of; **de tous les ~s** from all directions; **de quel ~ est-il parti?** which way ou in which direction did he go?; **de ce/de l'autre ~** this/the other way; **d'un ~ ... de l'autre ~ ...** (alternative) on (the) one hand ... on the other (hand) ...; **du ~ de** (provenance) from; (direction) towards; **du ~ de Lyon** (proximité) near Lyons;

**du ~ gauche** on the left-hand side; **de ~** adv (regarder) sideways; on one side; to one side; aside; **laisser de ~** to leave on one side; **mettre de ~** to put aside, put on one side; **mettre de l'argent de ~** to save some money; **de mon ~** (quant à moi) for my part; **à ~** adv (right) nearby; (voisins) next door; (d'autre part) besides; **à ~ de** beside; next to; (fig) in comparison to; **à ~ (de la cible)** off target, wide (of the mark); **être aux ~s de** to be by the side of

**coteau, x** [kɔto] nm hill

**Côte d'Ivoire** [kotdivwar] nf: **la ~ Côte d'Ivoire**, the Ivory Coast

**côtelette** [kotlɛt] nf chop

**côtier, -ière** [kotje, -jɛr] adj coastal

**cotisation** [kɔtizasjɔ̃] nf subscription, dues pl; (pour une pension) contributions pl

**cotiser** [kɔtize] vi: ~ **(à)** to pay contributions (to); (à une association) to subscribe (to); **se cotiser** vi to club together

**coton** [kɔtɔ̃] nm cotton; ~ **hydrophile** cotton wool (Brit), absorbent cotton (US)

**Coton-Tige®** [kɔtɔ̃tiʒ] nm cotton bud

**côtoyer** [kotwaje] vt to be close to; (rencontrer) to rub shoulders with; (longer) to run alongside; (fig: friser) to be bordering ou verging on

**cou** [ku] nm neck

**couchant** [kuʃɑ̃] adj: **soleil ~** setting sun

**couche** [kuʃ] nf (strate: gén, Géo) layer, stratum (pl -a); (de peinture, vernis) coat; (de poussière, crème) layer; (de bébé) nappy (Brit), diaper (US); ~ **d'ozone** ozone layer; **couches** nfpl (Méd) confinement sg; ~**s sociales** social levels ou strata

**couché, e** [kuʃe] adj (étendu) lying down; (au lit) in bed

**coucher** [kuʃe] nm (du soleil) setting ▷ vt (personne) to put to bed; (: loger) to put up; (objet) to lay on its side; (écrire) to inscribe, couch ▷ vi (dormir) to sleep, spend the night; ~ **avec qn** to sleep with sb, go to bed with sb; **se coucher** vi (pour dormir) to go to bed; (pour se reposer) to lie down; (soleil) to set, go down; **à prendre avant le ~** (Méd) take at night ou before going to bed; ~ **de soleil** sunset

**couchette** [kuʃɛt] nf couchette; (de marin) bunk; (pour voyageur, sur bateau) berth

**coucou** [kuku] nm cuckoo ▷ excl peek-a-boo

**coude** [kud] nm (Anat) elbow; (de tuyau, de la route) bend; ~ **à ~** adv shoulder to shoulder, side by side

**coudre** [kudr] vt (bouton) to sew on; (robe) to sew (up) ▷ vi to sew

**couenne** [kwan] nf (de lard) rind

**couette** [kwɛt] nf duvet; **couettes** nfpl (cheveux) bunches

**couffin** [kufɛ̃] nm Moses basket; (straw) basket

**couler** [kule] vi to flow, run; (fuir: stylo, récipient) to leak; (nez) to run; (sombrer: bateau) to sink ▷ *vt* *(cloche, sculpture)* to cast; *(bateau)* to sink; *(faire échouer: personne)* to bring down, ruin; *(: passer)*: **~ une vie heureuse** to enjoy a happy life; **se ~ dans** *(interstice etc)* to slip into; **faire ~** *(eau)* to run; **faire ~ un bain** to run a bath; **il a coulé une bielle** *(Auto)* his big end went; **~ de source** to follow on naturally; **~ à pic** to sink *ou* go straight to the bottom

**couleur** [kulœʀ] *nf* colour *(Brit)*, color *(US)*; *(Cartes)* suit; **couleurs** *nfpl* *(du teint)* colo(u)r *sg*; **les ~s** *(Mil)* the colo(u)rs; **en ~s** *(film)* in colo(u)r; **télévision en ~s** colo(u)r television; **de ~** *(homme, femme: vieilli)* colo(u)red; **sous ~ de** on the pretext of; **de quelle ~** of what colo(u)r

**couleuvre** [kulœvʀ] *nf* grass snake

**coulisse** [kulis] *nf* *(Tech)* runner; **coulisses** *nfpl* *(Théât)* wings; *(fig)*: **dans les ~s** behind the scenes; **porte à ~** sliding door

**coulisser** [kulise] *vi* to slide, run

**couloir** [kulwaʀ] *nm* corridor, passage; *(d'avion)* aisle; *(de bus)* gangway; *(: sur la route)* bus lane; *(Sport: de piste)* lane; *(Géo)* gully; **~ aérien** air corridor *ou* lane; **~ de navigation** shipping lane

**coup** [ku] *nm* *(heurt, choc)* knock; *(affectif)* blow, shock; *(agressif)* blow; *(avec arme à feu)* shot; *(de l'horloge)* chime; stroke; *(Sport: golf)* stroke; *(tennis)* shot; blow; *(fam: fois)* time; *(Échecs)* move; **~ de coude/genou** nudge (with the elbow)/ with the knee; **à ~s de hache/marteau** (hitting) with an axe/a hammer; **~ de tonnerre** clap of thunder; **~ de sonnette** ring of the bell; **~ de crayon/pinceau** stroke of the pencil/brush; **donner un ~ de balai** to give the floor a sweep, sweep up; **donner un ~ de chiffon** to go round with the duster; **avoir le ~** *(fig)* to have the knack; **être dans le/hors du ~** to be/not to be in on it; *(à la page)* to be hip *ou* trendy; **du ~** as a result; **boire un ~** to have a drink; **d'un seul ~** *(subitement)* suddenly; *(à la fois)* at one go; in one blow; **du ~** so (you see); **du premier ~** first time *ou* go, at the first attempt; **du même ~** at the same time; **à ~ sûr** definitely, without fail; **après ~** afterwards; **~ sur ~** in quick succession; **être sur un ~** to be on to something; **sur le ~** outright; **sous le ~ de** *(surprise etc)* under the influence of; **tomber sous le ~ de la loi** to constitute a statutory offence; **à tous les ~s** every time; **tenir le ~** to hold out; **il a raté son ~** he missed his turn; **pour le ~** for once; **~ bas** *(fig)*: **donner un ~ bas à qn** to hit sb below the belt; **~ de chance** stroke of luck; **~ de chapeau** *(fig)* pat on the back; **~ de couteau** stab (of a knife); **~ dur** hard blow; **~ d'éclat** (great) feat; **~ d'envoi** kick-off; **~ d'essai** first attempt; **~ d'état** coup d'état; **~ de feu** shot; **~ de filet** *(Police)* haul; **~ de foudre** *(fig)* love at first sight; **~ fourré** stab in the back; **~ franc** free kick; **~ de frein** (sharp) braking *no pl*; **~ de**

**fusil** rifle shot; **~ de grâce** coup de grâce; **~ du lapin** *(Auto)* whiplash; **~ de main:** **donner un coup de main à qn** to give sb a (helping) hand; **~ de maître** master stroke; **~ d'œil** glance; **~ de pied** kick; **~ de poing** punch; **~ de soleil** sunburn *no pl*; **~ de sonnette** ring of the bell; **~ de téléphone** phone call; **~ de tête** *(fig)* (sudden) impulse; **~ de théâtre** *(fig)* dramatic turn of events; **~ de tonnerre** clap of thunder; **~ de vent** gust of wind; **en ~ de vent** *(rapidement)* in a tearing hurry

**coupable** [kupabl] *adj* guilty; *(pensée)* guilty, culpable ▷ *nm/f* *(gén)* culprit; *(Jur)* guilty party; **~ de** guilty of

**coupe** [kup] *nf* *(verre)* goblet; *(à fruits)* dish; *(Sport)* cup; *(de cheveux, de vêtement)* cut; *(graphique, plan)* (cross) section; **être sous la ~ de** to be under the control of; **faire des ~s sombres dans** to make drastic cuts in

**coupe-papier** [kuppapje] *nm inv* paper knife

**couper** [kupe] *vt* to cut; *(retrancher)* to cut (out), take out; *(route, courant)* to cut off; *(appétit)* to take away; *(fièvre)* to take down, reduce; *(vin, cidre)* to blend; *(: à table)* to dilute (with water) ▷ *vi* to cut; *(prendre un raccourci)* to take a short-cut; *(Cartes: diviser le paquet)* to cut; *(: avec l'atout)* to trump; **se couper** *vi* *(se blesser)* to cut o.s.; *(en témoignant etc)* to give o.s. away; **~ l'appétit à qn** to spoil sb's appetite; **~ la parole à qn** to cut sb short; **~ les vivres à qn** to cut off sb's vital supplies; **~ le contact** *ou* **l'allumage** *(Auto)* to turn off the ignition; **~ les ponts avec qn** to break with sb; **se faire ~ les cheveux** to have *ou* get one's hair cut; **nous avons été coupés** we've been cut off

**couple** [kupl] *nm* couple; **~ de torsion** torque

**couplet** [kuple] *nm* verse

**coupole** [kupɔl] *nf* dome; cupola

**coupon** [kupɔ̃] *nm* *(ticket)* coupon; *(de tissu)* remnant; roll

**coupon-réponse** *(pl* **coupons-réponses)** [kupɔ̃ʀepɔ̃s] *nm* reply coupon

**coupure** [kupyʀ] *nf* cut; *(billet de banque)* note; *(de journal)* cutting; **~ de courant** power cut

**cour** [kuʀ] *nf* *(de ferme, jardin)* (court)yard; *(d'immeuble)* back yard; *(Jur, royale)* court; **faire la ~ à qn** to court sb; **~ d'appel** appeal court *(Brit)*, appellate court *(US)*; **~ d'assises** court of assizes, ≈ Crown Court *(Brit)*; **~ de cassation** final court of appeal; **~ des comptes** *(Admin)* revenue court; **~ martiale** court-martial; **~ de récréation** *(Scol)* playground, schoolyard

**courage** [kuʀaʒ] *nm* courage, bravery

**courageux, -euse** [kuʀaʒø, -øz] *adj* brave, courageous

**couramment** [kuʀamɑ̃] *adv* commonly; *(parler)* fluently

**courant, e** [kuʀɑ̃, -ɑ̃t] *adj* *(fréquent)* common; *(Comm, gén: normal)* standard; *(en cours)* current ▷ *nm* current; *(fig)* movement;

(: *d'opinion*) trend; **être au ~ (de)** (*fait, nouvelle*) to know (about); **mettre qn au ~ (de)** (*fait, nouvelle*) to tell sb (about); (*nouveau travail etc*) to teach sb the basics (of), brief sb (about); **se tenir au ~ (de)** (*techniques etc*) to keep o.s. up-to-date (on); **dans le ~ de** (*pendant*) in the course of; **~ octobre** *etc* in the course of October *etc*; **le 10 ~** (*Comm*) the 10th inst.; **~ d'air** draught (*Brit*), draft (*US*); **~ électrique** (electric) current, power

**courbature** [kuʀbatyʀ] *nf* ache

**courbe** [kuʀb] *adj* curved ▷ *nf* curve; **~ de niveau** contour line

**courber** [kuʀbe] *vt* to bend; **~ la tête** to bow one's head; **se courber** *vi* (*branche etc*) to bend, curve; (*personne*) to bend (down)

**coureur, -euse** [kuʀœʀ, -øz] *nm/f* (*Sport*) runner (*ou* driver); (*péj*) womanizer/manhunter; **~ cycliste/automobile** racing cyclist/driver

**courge** [kuʀʒ] *nf* (*Bot*) gourd; (*Culin*) marrow

**courgette** [kuʀʒɛt] *nf* courgette (*Brit*), zucchini (*US*)

**courir** [kuʀiʀ] *vi* (*gén*) to run; (*se dépêcher*) to rush; (*fig: rumeurs*) to go round; (*Comm: intérêt*) to accrue ▷ *vt* (*Sport: épreuve*) to compete in; (*risque*) to run; (*danger*) to face; **~ les cafés/bals** to do the rounds of the cafés/dances; **le bruit court que** the rumour is going round that; **par les temps qui courent** at the present time; **~ après qn** to run after sb, chase (after) sb; **laisser ~** to let things alone; **faire ~ qn** to make sb run around (all over the place); **tu peux (toujours) ~!** you've got a hope!

**couronne** [kuʀɔn] *nf* crown; (*de fleurs*) wreath, circlet; **~ (funéraire** *ou* **mortuaire)** (funeral) wreath

**courons** [kuʀɔ̃], **courrai** *etc* [kuʀe] *vb voir* **courir**

**courriel** [kuʀjɛl] *nm* email

**courrier** [kuʀje] *nm* mail, post; (*lettres à écrire*) letters *pl*; (*rubrique*) column; **qualité ~** letter quality; **long/moyen ~** *adj* (*Aviat*) long-/medium-haul; **~ du cœur** problem page; **~ électronique** electronic mail, email; **est-ce que j'ai du ~?** are there any letters for me?

**courroie** [kuʀwa] *nf* strap; (*Tech*) belt; **~ de transmission/de ventilateur** driving/fan belt

**courrons** *etc* [kuʀɔ̃] *vb voir* **courir**

**cours** [kuʀ] *vb voir* **courir** ▷ *nm* (*leçon*) class; (: *particulier*) lesson; (*série de leçons*) course; (*cheminement*) course; (*écoulement*) flow; (*avenue*) walk; (*Comm: de devises*) rate; (: *de denrées*) price; (*Bourse*) quotation; **donner libre ~ à** to give free expression to; **avoir ~** (*monnaie*) to be legal tender; (*fig*) to be current; (*Scol*) to have a class *ou* lecture; **en ~** (*année*) current; (*travaux*) in progress; **en ~ de route** on the way; **au ~ de** in the course of,

during; **le ~ du change** the exchange rate; **~ d'eau** waterway; **~ élémentaire (CE)** 2nd and 3rd years of primary school; **~ moyen (CM)** 4th and 5th years of primary school; **~ préparatoire** ≈ infants' class (*Brit*), ≈ 1st grade (*US*); **~ du soir** night school

**course** [kuʀs] *nf* running; (*Sport: épreuve*) race; (*trajet: du soleil*) course; (: *d'un projectile*) flight; (: *d'une pièce mécanique*) travel; (*excursion*) outing; climb; (*d'un taxi, autocar*) journey, trip; (*petite mission*) errand; **courses** *nfpl* (*achats*) shopping *sg*; (*Hippisme*) races; **faire les** *ou* **ses ~s** to go shopping; **jouer aux ~s** to bet on the races; **à bout de ~** (*épuisé*) exhausted; **~ automobile** car race; **~ de côte** (*Auto*) hill climb; **~ par étapes** *ou* **d'étapes** race in stages; **~ d'obstacles** obstacle race; **~ à pied** walking race; **~ de vitesse** sprint; **~s de chevaux** horse racing

**court, e** [kuʀ, kuʀt] *adj* short ▷ *adv* short ▷ *nm*: **~ (de tennis)** (tennis) court; **tourner ~** to come to a sudden end; **couper ~ à** to cut short; **à ~ de** short of; **prendre qn de ~** to catch sb unawares; **pour faire ~** briefly, to cut a long story short; **ça fait ~** that's not very long; **tirer à la ~e paille** to draw lots; **faire la ~e échelle à qn** to give sb a leg up; **~ métrage** (*Ciné*) short (film)

**court-circuit** (*pl* **courts-circuits**) [kuʀsiʀkɥi] *nm* short-circuit

**courtier, -ière** [kuʀtje, -jɛʀ] *nm/f* broker

**courtiser** [kuʀtize] *vt* to court, woo

**courtois, e** [kuʀtwa, -waz] *adj* courteous

**courtoisie** [kuʀtwazi] *nf* courtesy

**couru, e** [kuʀy] *pp de* **courir** ▷ *adj* (*spectacle etc*) popular; **c'est ~ (d'avance)!** (*fam*) it's a safe bet!

**cousais** *etc* [kuze] *vb voir* **coudre**

**couscous** [kuskus] *nm* couscous

**cousin, e** [kuzɛ̃, -in] *nm/f* cousin ▷ *nm* (*Zool*) mosquito; **~ germain** first cousin

**coussin** [kusɛ̃] *nm* cushion; **~ d'air** (*Tech*) air cushion

**cousu, e** [kuzy] *pp de* **coudre** ▷ *adj*: **~ d'or** rolling in riches

**coût** [ku] *nm* cost; **le ~ de la vie** the cost of living

**coûtant** [kutɑ̃] *adj m*: **au prix ~** at cost price

**couteau, x** [kuto] *nm* knife; **~ à cran d'arrêt** flick-knife; **~ de cuisine** kitchen knife; **~ à pain** bread knife; **~ de poche** pocket knife

**coûter** [kute] *vt* to cost ▷ *vi* to cost; **~ à qn** to cost sb a lot; **~ cher** to be expensive; **~ cher à qn** (*fig*) to cost sb dear *ou* dearly; **combien ça coûte?** how much is it?, what does it cost?; **coûte que coûte** at all costs

**coûteux, -euse** [kutø, -øz] *adj* costly, expensive

**coutume** [kutym] *nf* custom; **de ~** usual, customary

**couture** [kutyʀ] *nf* sewing; (*profession*) dressmaking; (*points*) seam

**couturier** [kutyʀje] nm fashion designer, couturier

**couturière** [kutyʀjɛʀ] nf dressmaker

**couvée** [kuve] nf brood, clutch

**couvent** [kuvɑ̃] nm (de sœurs) convent; (de frères) monastery; (établissement scolaire) convent (school)

**couver** [kuve] vt to hatch; (maladie) to be sickening for ▷ vi (feu) to smoulder (Brit), smolder (US); (révolte) to be brewing; **~ qn/ qch des yeux** to look lovingly at sb/sth; (convoiter) to look longingly at sb/sth

**couvercle** [kuvɛʀkl] nm lid; (de bombe aérosol etc, qui se visse) cap, top

**couvert, e** [kuvɛʀ, -ɛʀt] pp de **couvrir** ▷ adj (ciel) overcast; (coiffé d'un chapeau) wearing a hat ▷ nm place setting; (place à table) place; (au restaurant) cover charge; **couverts** nmpl place settings; (ustensiles) cutlery sg; **~ de** covered with ou in; **bien ~** (habillé) well wrapped up; **mettre le ~** to lay the table; **à ~** under cover; **sous le ~ de** under the shelter of; (fig) under cover of

**couverture** [kuvɛʀtyʀ] nf (de lit) blanket; (de bâtiment) roofing; (de livre, fig: d'un espion etc, Assurances) cover; (Presse) coverage; **de ~** (lettre etc) covering; **~ chauffante** electric blanket

**couveuse** [kuvøz] nf (à poules) sitter, brooder; (de maternité) incubator

**couvre-feu, x** [kuvʀəfø] nm curfew

**couvre-lit** [kuvʀəli] nm bedspread

**couvreur** [kuvʀœʀ] nm roofer

**couvrir** [kuvʀiʀ] vt to cover; (dominer, étouffer: voix, pas) to drown out; (erreur) to cover up; (Zool: s'accoupler à) to cover; **se couvrir** vi (ciel) to cloud over; (s'habiller) to cover up, wrap up; (se coiffer) to put on one's hat; (par une assurance) to cover o.s.; **se ~ de** (fleurs, boutons) to become covered in

**cow-boy** [kɔbɔj] nm cowboy

**crabe** [kʀɑb] nm crab

**cracher** [kʀaʃe] vi to spit ▷ vt to spit out; (fig: lave etc) to belch (out); **~ du sang** to spit blood

**crachin** [kʀaʃɛ̃] nm drizzle

**crack** [kʀak] nm (intellectuel) whiz kid; (sportif) ace; (poulain) hot favourite (Brit) ou favorite (US)

**craie** [kʀɛ] nf chalk

**craindre** [kʀɛ̃dʀ] vt to fear, be afraid of; (être sensible à: chaleur, froid) to be easily damaged by; **~ de/que** to be afraid of/that; **je crains qu'il (ne) vienne** I am afraid he may come

**crainte** [kʀɛ̃t] nf fear; **de ~ de/que** for fear of/that

**craintif, -ive** [kʀɛ̃tif, -iv] adj timid

**cramoisi, e** [kʀamwazi] adj crimson

**crampe** [kʀɑ̃p] nf cramp; **~ d'estomac** stomach cramp; **j'ai une ~ à la jambe** I've got cramp in my leg

**crampon** [kʀɑ̃pɔ̃] nm (de semelle) stud; (Alpinisme) crampon

**cramponner** [kʀɑ̃pɔne]:**se cramponner** vi: **se ~ (à)** to hang ou cling on (to)

**cran** [kʀɑ̃] nm (entaille) notch; (de courroie) hole; (courage) guts pl; **~ d'arrêt/de sûreté** safety catch; **~ de mire** bead

**crâne** [kʀɑn] nm skull

**crâner** [kʀane] vi (fam) to swank, show off

**crapaud** [kʀapo] nm toad

**crapule** [kʀapyl] nf villain

**craquement** [kʀakmɑ̃] nm crack, snap; (du plancher) creak, creaking no pl

**craquer** [kʀake] vi (bois, plancher) to creak; (fil, branche) to snap; (couture) to come apart, burst; (fig: accusé) to break down, fall apart; (: être enthousiasmé) to go wild ▷ vt: **une allumette** to strike a match; **j'ai craqué** (fam) I couldn't resist it

**crasse** [kʀas] nf grime, filth ▷ adj (fig: ignorance) crass

**crasseux, -euse** [kʀaso, øz] adj filthy

**cravache** [kʀavaʃ] nf (riding) crop

**cravate** [kʀavat] nf tie

**crawl** [kʀol] nm crawl; **dos ~é** backstroke

**crayon** [kʀejɔ̃] nm pencil; (de rouge à lèvres etc) stick, pencil; **écrire au ~** to write in pencil; **~ à bille** ball-point pen; **~ de couleur** crayon; **~ optique** light pen

**crayon-feutre** (pl **crayons-feutres**) [kʀejɔ̃føtʀ] nm felt-(tip) pen

**créancier, -ière** [kʀeɑ̃sje, -jɛʀ] nm/f creditor

**création** [kʀeasjɔ̃] nf creation

**créature** [kʀeatyʀ] nf creature

**crèche** [kʀɛʃ] nf (de Noël) crib; see note; (garderie) crèche, day nursery

● **CRÈCHE**

● In France the Christmas crib (crèche)
● usually contains figurines representing a
● miller, a wood-cutter and other villagers
● as well as the Holy Family and the
● traditional cow, donkey and shepherds.
● The Three Wise Men are added to the
● nativity scene at Epiphany (6 January,
● Twelfth Night).

**crédit** [kʀedi] nm (gén) credit; **crédits** nmpl funds; **acheter à ~** to buy on credit ou on easy terms; **faire ~ à qn** to give sb credit; **~ municipal** pawnshop; **~ relais** bridging loan

**créditer** [kʀedite] vt: **~ un compte (de)** to credit an account (with)

**crédule** [kʀedyl] adj credulous, gullible

**créer** [kʀee] vt to create; (Théât: pièce) to produce (for the first time); (: rôle) to create

**crémaillère** [kʀemajɛʀ] nf (Rail) rack; (tige crantée) trammel; **direction à ~** (Auto) rack and pinion steering; **pendre la ~** to have a house-warming party

**crématoire** [kʀematwaʀ] adj: **four ~** crematorium

**crème** [kʀɛm] nf cream; (entremets) cream dessert ▷ adj inv cream; **un (café)** ~ = a white coffee; ~ **anglaise** (egg) custard; ~ **chantilly** whipped cream, crème Chantilly; ~ **fouettée** whipped cream; ~ **glacée** ice cream; **à raser** shaving cream; ~ **solaire** sun cream

**crémerie** [kʀɛmʀi] nf dairy; (tearoom) teashop

**crémeux, -euse** [kʀɛmø, -øz] adj creamy

**créneau, x** [kʀɛno] nm (de fortification) crenel(le); (fig, aussi Comm) gap, slot; (Auto): **faire un** ~ to reverse into a parking space (between cars alongside the kerb)

**crêpe** [kʀɛp] nf (galette) pancake ▷ nm (tissu) crêpe; (de deuil) black mourning crêpe; (ruban) black armband (ou hatband ou ribbon); **semelle (de)** ~ crêpe sole; ~ **de Chine** crêpe de Chine

**crêpé, e** [kʀepe] adj (cheveux) backcombed

**crêperie** [kʀepʀi] nf pancake shop ou restaurant

**crépiter** [kʀepite] vi to sputter, splutter, crackle

**crépu, e** [kʀepy] adj frizzy, fuzzy

**crépuscule** [kʀepyskyl] nm twilight, dusk

**cresson** [kʀesɔ̃] nm watercress

**crête** [kʀɛt] nf (de coq) comb; (de vague, montagne) crest

**creuser** [kʀøze] vt (trou, tunnel) to dig; (sol) to dig a hole in; (bois) to hollow out; (fig) to go (deeply) into; **ça creuse** that gives you a real appetite; **se** ~ **(la cervelle)** to rack one's brains

**creux, -euse** [kʀø, -øz] adj hollow ▷ nm hollow; (fig: sur graphique etc) trough; **heures creuses** slack periods; (électricité, téléphone) off-peak periods; **le** ~ **de l'estomac** the pit of the stomach; **avoir un** ~ (fam) to be hungry

**crevaison** [kʀəvɛzɔ̃] nf puncture, flat

**crevasse** [kʀəvas] nf (dans le sol) crack, fissure; (de glacier) crevasse; (de la peau) crack

**crevé, e** [kʀəve] adj (fam: fatigué) shattered (Brit), exhausted

**crever** [kʀəve] vt (papier) to tear, break; (tambour, ballon) to burst ▷ vi (pneu) to burst; (automobiliste) to have a puncture (Brit) ou a flat (tire) (US); (abcès, outre, nuage) to burst (open); (fam) to die; **cela lui a crevé un œil** it blinded him in one eye; ~ **l'écran** to have real screen presence

**crevette** [kʀəvɛt] nf: ~ **(rose)** prawn; ~ **grise** shrimp

**cri** [kʀi] nm cry, shout; (d'animal: spécifique) cry, call; **à grands** ~**s** at the top of one's voice; **c'est le dernier** ~ (fig) it's the latest fashion

**criant, e** [kʀijɑ̃, -ɑ̃t] adj (injustice) glaring

**criard, e** [kʀijaʀ, -aʀd] adj (couleur) garish, loud; (voix) yelling

**crible** [kʀibl] nm riddle; (mécanique) screen, jig; **passer qch au** ~ to put sth through a riddle; (fig) to go over sth with a fine-tooth comb

**criblé, e** [kʀible] adj: ~ **de** riddled with

**cric** [kʀik] nm (Auto) jack

**crier** [kʀije] vi (pour appeler) to shout, cry (out); (de peur, de douleur etc) to scream, yell; (fig: grincer) to squeak, screech ▷ vt (ordre, injure) to shout (out), yell (out); **sans** ~ **gare** without warning; ~ **grâce** to cry for mercy; ~ **au secours** to shout for help

**crime** [kʀim] nm crime; (meurtre) murder

**criminel, le** [kʀiminɛl] adj criminal ▷ nm/f criminal; murderer; ~ **de guerre** war criminal

**crin** [kʀɛ̃] nm (de cheval) hair no pl; (fibre) horsehair; **à tous** ~**s, à tout** ~ diehard, out-and-out

**crinière** [kʀinjɛʀ] nf mane

**crique** [kʀik] nf creek, inlet

**criquet** [kʀikɛ] nm grasshopper

**crise** [kʀiz] nf crisis (pl crises); (Méd) attack; (: d'épilepsie) fit; ~ **cardiaque** heart attack; ~ **de foi** crisis of belief; **avoir une** ~ **de foie** to have really bad indigestion; ~ **de nerfs** attack of nerves; **piquer une** ~ **de nerfs** to go hysterical

**crisper** [kʀispe] vt to tense; (poings) to clench; **se crisper** to tense; to clench; (personne) to get tense

**crisser** [kʀise] vi (neige) to crunch; (tissu) to rustle; (pneu) to screech

**cristal, -aux** [kʀistal, -o] nm crystal; **cristaux** nmpl (objets) crystal(ware) sg; ~ **de plomb** (lead) crystal; ~ **de roche** rock-crystal; **cristaux de soude** washing soda sg

**cristallin, e** [kʀistalɛ̃, -in] adj crystal-clear ▷ nm (Anat) crystalline lens

**critère** [kʀitɛʀ] nm criterion (pl -ia)

**critiquable** [kʀitikabl] adj open to criticism

**critique** [kʀitik] adj critical ▷ nm/f (de théâtre, musique) critic ▷ nf criticism; (Théât etc: article) review; **la** ~ (activité) criticism; (personnes) the critics pl

**critiquer** [kʀitike] vt (dénigrer) to criticize; (évaluer, juger) to assess, examine (critically)

**croasser** [kʀoase] vi to caw

**croate** [kʀoat] adj Croatian ▷ nm (Ling) Croat, Croatian ▷ nm/f: **C~** Croat, Croatian

**Croatie** [kʀoasi] nf: **la** ~ Croatia

**croc** [kʀo] nm (dent) fang; (de boucher) hook

**croc-en-jambe** (pl crocs-en-jambe) [kʀokɑ̃ʒɑ̃b] nm: **faire un** ~ **à qn** to trip sb up

**croche** [kʀoʃ] nf (Mus) quaver (Brit), eighth note (US); **double** ~ semiquaver (Brit), sixteenth note (US)

**croche-pied** [kʀoʃpje] nm = croc-en-jambe

**crochet** [kʀoʃɛ] nm hook; (clef) picklock; (détour) detour; (Boxe): ~ **du gauche** left hook; (Tricot: aiguille) crochet hook; (: technique) crochet; **crochets** nmpl (Typo) square brackets; **vivre aux** ~**s de qn** to live ou sponge off sb

**crochu, e** [kʀoʃy] adj hooked; claw-like

**crocodile** [kʀokodil] nm crocodile

**croire** [kʀwaʀ] vt to believe; ~ **qn honnête** to

believe sb (to be) honest; **se ~ fort** to think one is strong; **~ que** to believe *ou* think that; **vous croyez?** do you think so?; **~ être/faire** to think one is/does; **~ à**, **~ en** to believe in

**crois** *etc* [kʀwa] *vb voir* **croître**

**croisade** [kʀwazad] *nf* crusade

**croisé, e** [kʀwaze] *adj* (*veston*) double-breasted ▷ *nm* (*guerrier*) crusader ▷ *nf* (*fenêtre*) window, casement; **~e d'ogives** intersecting ribs; **à la ~e des chemins** at the crossroads

**croisement** [kʀwazmɑ̃] *nm* (*carrefour*) crossroads *sg*; (*Bio*) crossing; (*: résultat*) crossbreed

**croiser** [kʀwaze] *vt* (*personne, voiture*) to pass; (*route*) to cross, cut across; (*Bio*) to cross ▷ *vi* (*Navig*) to cruise; **~ les jambes/bras** to cross one's legs/ fold one's arms; **se croiser** *vi* (*personnes, véhicules*) to pass each other; (*routes*) to cross, intersect; (*lettres*) to cross (in the post); (*regards*) to meet; **se ~ les bras** (*fig*) to fold one's arms; to twiddle one's thumbs

**croisière** [kʀwazjɛʀ] *nf* cruise; **vitesse de ~** (*Auto etc*) cruising speed

**croissance** [kʀwasɑ̃s] *nf* growing, growth; **troubles de la ~** growing pains; **maladie de ~** growth disease; **~ économique** economic growth

**croissant, e** [kʀwasɑ̃, -ɑ̃t] *vb voir* **croître** ▷ *adj* growing; rising ▷ *nm* (*à manger*) croissant; (*motif*) crescent; **~ de lune** crescent moon

**croître** [kʀwatʀ] *vi* to grow; (*lune*) to wax

**croix** [kʀwa] *nf* cross; **en ~** *adj, adv* in the form of a cross; **la C~ Rouge** the Red Cross

**croque-madame** [kʀɔkmadam] *nm inv* toasted cheese sandwich with a fried egg on top

**croque-monsieur** [kʀɔkməsjø] *nm inv* toasted ham and cheese sandwich

**croquer** [kʀɔke] *vt* (*manger*) to crunch; (*: fruit*) to munch; (*dessiner*) to sketch ▷ *vi* to be crisp *ou* crunchy; **chocolat à ~** plain dessert chocolate

**croquis** [kʀɔki] *nm* sketch

**cross** [kʀɔs], **cross-country** [kʀɔskuntʀi] (*pl* **cross(-countries)**) *nm* cross-country race *ou* run; cross-country racing *ou* running

**crosse** [kʀɔs] *nf* (*de fusil*) butt; (*de revolver*) grip; (*d'évêque*) crook, crosier; (*de hockey*) hockey stick

**crotte** [kʀɔt] *nf* droppings *pl*; **~!** (*fam*) damn!

**crotté, e** [kʀɔte] *adj* muddy, mucky

**crottin** [kʀɔtɛ̃] *nm* dung, manure; (*fromage*) (small round) cheese (*made of goat's milk*)

**crouler** [kʀule] *vi* (*s'effondrer*) to collapse; (*être délabré*) to be crumbling

**croupe** [kʀup] *nf* croup, rump; **en ~** pillion

**croupir** [kʀupiʀ] *vi* to stagnate

**croustillant, e** [kʀustijɑ̃, -ɑ̃t] *adj* crisp; (*fig*) spicy

**croûte** [kʀut] *nf* crust; (*du fromage*) rind; (*de vol-au-vent*) case; (*Méd*) scab; **en ~** (*Culin*) in pastry, in a pie; **~ aux champignons** mushrooms on toast; **~ au fromage** cheese

on toast *no pl*; **~ de pain** (*morceau*) crust (of bread); **~ terrestre** earth's crust

**croûton** [kʀutɔ̃] *nm* (*Culin*) crouton; (*bout du pain*) crust, heel

**croyable** [kʀwajabl] *adj* believable, credible

**croyant, e** [kʀwajɑ̃, -ɑ̃t] *vb voir* **croire** ▷ *adj*: **être/ne pas être ~** to be/not to be a believer ▷ *nm/f* believer

**CRS** *sigle fpl* (= Compagnies républicaines de sécurité) state security police force ▷ *sigle m* member of the CRS

**cru, e** [kʀy] *pp de* **croire** ▷ *adj* (*non cuit*) raw; (*lumière, couleur*) harsh; (*description*) crude; (*paroles, langage: franc*) blunt; (*: grossier*) crude ▷ *nm* (*vignoble*) vineyard; (*vin*) wine ▷ *nf* (*d'un cours d'eau*) swelling, rising; **de son (propre) ~** (*fig*) of his own devising; **monter à ~** to ride bareback; **du ~** local; **en ~e** in spate; **un grand ~** a great vintage; **jambon ~** Parma ham

**crû** [kʀy] *pp de* **croître**

**cruauté** [kʀyote] *nf* cruelty

**cruche** [kʀyʃ] *nf* pitcher, (earthenware) jug

**crucifix** [kʀysifi] *nm* crucifix

**crucifixion** [kʀysifiksjɔ̃] *nf* crucifixion

**crudité** [kʀydite] *nf* crudeness *no pl*; harshness *no pl*; **crudités** *nfpl* (*Culin*) selection of raw vegetables

**crue** [kʀy] *nf* (*inondation*) flood; *voir aussi* **cru**

**cruel, le** [kʀyɛl] *adj* cruel

**crus, crûs** *etc* [kʀy] *vb voir* **croire**; **croître**

**crustacés** [kʀystase] *nmpl* shellfish

**Cuba** [kyba] *nm*: **le ~** Cuba

**cubain, e** [kybɛ̃, -ɛn] *adj* Cuban ▷ *nm/f*: **C~, e** Cuban

**cube** [kyb] *nm* cube; (*jouet*) brick, building block; **gros ~** powerful motorbike; **mètre ~** cubic metre; **2 au ~ = 8** 2 cubed is 8; **élever au ~** to cube

**cueillette** [kœjɛt] *nf* picking; (*quantité*) crop, harvest

**cueillir** [kœjiʀ] *vt* (*fruits, fleurs*) to pick, gather; (*fig*) to catch

**cuiller, cuillère** [kɥijɛʀ] *nf* spoon; **~ à café** coffee spoon; (*Culin*) ≈ teaspoonful; **~ à soupe** soup spoon; (*Culin*) ≈ tablespoonful

**cuillerée** [kɥijʀe] *nf* spoonful; (*Culin*): **~ à soupe/café** tablespoonful/teaspoonful

**cuir** [kɥiʀ] *nm* leather; (*avant tannage*) hide; **~ chevelu** scalp

**cuire** [kɥiʀ] *vt*: **(faire) ~** (*aliments*) to cook; (*au four*) to bake; (*poterie*) to fire ▷ *vi* to cook; (*picoter*) to smart, sting, burn; **bien cuit** (*viande*) well done; **trop cuit** overdone; **pas assez cuit** underdone; **cuit à point** medium done; done to a turn

**cuisant, e** [kɥizɑ̃, -ɑ̃t] *vb voir* **cuire** ▷ *adj* (*douleur*) smarting, burning; (*fig: souvenir, échec*) bitter

**cuisine** [kɥizin] *nf* (*pièce*) kitchen; (*art culinaire*) cookery, cooking; (*nourriture*) cooking, food; **faire la ~** to cook

**cuisiné, e** [kɥizine] *adj:* **plat ~** ready-made meal *ou* dish

**cuisiner** [kɥizine] *vt* to cook; *(fam)* to grill ▷ *vi* to cook

**cuisinier, -ière** [kɥizinje, -jɛʀ] *nm/f* cook ▷ *nf (poêle)* cooker; **cuisinière électrique/à gaz** electric/gas cooker

**cuisse** [kɥis] *nf (Anat)* thigh; *(Culin)* leg

**cuisson** [kɥisɔ̃] *nf* cooking; *(de poterie)* firing

**cuit, e** [kɥi, -it] *pp de* **cuire** ▷ *nf (fam):* **prendre une ~** to get plastered *ou* smashed

**cuivre** [kɥivʀ] *nm* copper; **les ~s** *(Mus)* the brass; **~ rouge** copper; **~ jaune** brass

**cul** [ky] *nm (fam!)* arse *(Brit)* (!), ass *(US)* (!), bum *(Brit)*; **~ de bouteille** bottom of a bottle

**culbute** [kylbyt] *nf* somersault; *(accidentelle)* tumble, fall

**culminant, e** [kylminã, -ãt] *adj:* **point ~** highest point; *(fig)* height, climax

**culminer** [kylmine] *vi* to reach its highest point; to tower

**culot** [kylo] *(fam) nm (d'ampoule)* cap; *(effronterie)* cheek, nerve

**culotte** [kylɔt] *nf (de femme)* panties *pl,* knickers *pl (Brit)*; *(d'homme)* underpants *pl*; *(pantalon)* trousers *pl (Brit)*, pants *pl (US)*; **~ de cheval** riding breeches *pl*

**culpabilité** [kylpabilite] *nf* guilt

**culte** [kylt] *adj:* **livre/film ~** cult film/book ▷ *nm (religion)* religion; *(hommage, vénération)* worship; *(protestant)* service

**cultivateur, -trice** [kyltivatœʀ, -tʀis] *nm/f* farmer

**cultivé, e** [kyltive] *adj (personne)* cultured, cultivated

**cultiver** [kyltive] *vt* to cultivate; *(légumes)* to grow, cultivate

**culture** [kyltyʀ] *nf* cultivation; growing; *(connaissances etc)* culture; **(champs de) ~s** land(s) under cultivation; **les ~s intensives** intensive farming; **~ physique** physical training

**culturel, le** [kyltyʀɛl] *adj* cultural

**culturisme** [kyltyʀism] *nm* body-building

**cumin** [kymɛ̃] *nm (Culin)* cumin

**cumuler** [kymyle] *vt (emplois, honneurs)* to hold concurrently; *(salaires)* to draw concurrently; *(Jur: droits)* to accumulate

**cupide** [kypid] *adj* greedy, grasping

**cure** [kyʀ] *nf (Méd)* course of treatment; *(Rel)* cure, ≈ living; presbytery, ≈ vicarage; **faire une ~ de fruits** to go on a fruit cure *ou* diet; **faire une ~ thermale** to take the waters; **n'avoir ~ de** to pay no attention to; **~ d'amaigrissement** slimming course; **~ de repos** rest cure; **~ de sommeil** sleep therapy *no pl*

**curé** [kyʀe] *nm* parish priest; **M le ~** ≈ Vicar

**cure-dent** [kyʀdã] *nm* toothpick

**cure-pipe** [kyʀpip] *nm* pipe cleaner

**curer** [kyʀe] *vt* to clean out; **se ~ les dents** to pick one's teeth

**curieusement** [kyʀjøzmã] *adv* oddly

**curieux, -euse** [kyʀjø, -øz] *adj (étrange)* strange, curious; *(indiscret)* curious, inquisitive; *(intéressé)* inquiring, curious ▷ *nmpl (badauds)* onlookers, bystanders

**curiosité** [kyʀjozite] *nf* curiosity, inquisitiveness; *(objet)* curio(sity); *(site)* unusual feature *ou* sight

**curriculum vitae** [kyʀikylɔmvite] *nm inv* curriculum vitae

**curseur** [kyʀsœʀ] *nm (Inform)* cursor; *(de règle)* slide; *(de fermeture-éclair)* slider

**cutané, e** [kytane] *adj* cutaneous, skin *cpd*

**cuti-réaction** [kytiʀeaksjɔ̃] *nf (Méd)* skin-test

**cuve** [kyv] *nf* vat; *(à mazout etc)* tank

**cuvée** [kyve] *nf* vintage

**cuvette** [kyvɛt] *nf (récipient)* bowl, basin; *(du lavabo)* (wash)basin; *(des w.-c.)* pan; *(Géo)* basin

**CV** *sigle m (Auto)* = **cheval vapeur**; *(Admin)* = **curriculum vitae**

**cyanure** [sjanyʀ] *nm* cyanide

**cybercafé** [sibɛʀkafe] *nm* Internet café

**cyberespace** [sibɛʀɛspas] *nm* cyberspace

**cybernaute** [sibɛʀnot] *nm/f* Internet user

**cyclable** [siklabl] *adj:* **piste ~** cycle track

**cycle** [sikl] *nm* cycle; *(Scol):* **premier/second ~** ≈ middle/upper school *(Brit)*, ≈ junior/senior high school *(US)*

**cyclisme** [siklism] *nm* cycling

**cycliste** [siklist] *nm/f* cyclist ▷ *adj* cycle *cpd*; **coureur ~** racing cyclist

**cyclomoteur** [siklomotœʀ] *nm* moped

**cyclone** [siklon] *nm* hurricane

**cygne** [siɲ] *nm* swan

**cylindre** [silɛ̃dʀ] *nm* cylinder; **moteur à 4 ~s en ligne** straight-4 engine

**cylindrée** [silɛ̃dʀe] *nf (Auto)* (cubic) capacity; **une (voiture de) grosse ~** a big-engined car

**cymbale** [sɛ̃bal] *nf* cymbal

**cynique** [sinik] *adj* cynical

**cystite** [sistit] *nf* cystitis

# d

**dans** [dɑ̃] *prép* **1** (*position*) in; (*à l'intérieur de*)
inside; **c'est dans le tiroir/le salon** it's in
the drawer/lounge; **dans la boîte** in *ou*
inside the box; **marcher dans la ville/la rue**
to walk about the town/along the street; **je
l'ai lu dans le journal** I read it in the
newspaper; **être dans les meilleurs** to be
among *ou* one of the best
**2** (*direction*) into; **elle a couru dans le salon**
she ran into the lounge; **monter dans une
voiture/le bus** to get into a car/on to the bus
**3** (*provenance*) out of, from; **je l'ai pris dans le
tiroir/salon** I took it out of *ou* from the
drawer/lounge; **boire dans un verre** to
drink out of *ou* from a glass
**4** (*temps*) in; **dans deux mois** in two months,
in two months' time
**5** (*approximation*) about; **dans les 20 euros**
about 20 euros

**danse** [dɑ̃s] *nf*: **la ~** dancing; (*classique*)
(ballet) dancing; **une ~** a dance; **~ du ventre**
belly dancing
**danser** [dɑ̃se] *vi, vt* to dance
**danseur, -euse** [dɑ̃sœʀ, -øz] *nm/f* ballet
dancer; (*au bal etc*) dancer; (: *cavalier*) partner;
**~ de claquettes** tap-dancer; **en danseuse**
(*à vélo*) standing on the pedals
**dard** [daʀ] *nm* sting (*organ*)
**date** [dat] *nf* date; **faire ~** to mark a
milestone; **de longue ~** *adj* longstanding;
**~ de naissance** date of birth; **~ limite**
deadline; (*d'un aliment: aussi*: **~ limite de
vente**) sell-by date
**dater** [date] *vt, vi* to date; **~ de** to date from, go
back to; **à ~ de** (as) from
**datte** [dat] *nf* date
**dauphin** [dofɛ̃] *nm* (*Zool*) dolphin; (*du roi*)
dauphin; (*fig*) heir apparent
**davantage** [davɑ̃taʒ] *adv* more; (*plus
longtemps*) longer; **~ de** more; **~ que** more than

**de, d'** [də, d] (*de + le* = **du**, *de + les* = **des**) *prép* **1**
(*appartenance*) of; **le toit de la maison** the
roof of the house; **la voiture d'Elisabeth/de
mes parents** Elizabeth's/my parents' car
**2** (*provenance*) from; **il vient de Londres** he
comes from London; **de Londres à Paris**
from London to Paris; **elle est sortie du
cinéma** she came out of the cinema
**3** (*moyen*) with; **je l'ai fait de mes propres
mains** I did it with my own two hands
**4** (*caractérisation, mesure*): **un mur de brique/
bureau d'acajou** a brick wall/mahogany
desk; **un billet de 10 euros** a 10 euro note;
**une pièce de 2 m de large** *ou* **large de 2 m** a
room 2 m wide, a 2m-wide room; **un bébé de
10 mois** a 10-month-old baby; **12 mois de**

---

**d'** *prép, art voir* **de**
**dactylo** [daktilo] *nf* (*aussi*: **~graphe**) typist;
(*aussi*: **~graphie**) typing, typewriting
**dactylographier** [daktilografje] *vt* to type
(out)
**dada** [dada] *nm* hobby-horse
**daigner** [deɲe] *vt* to deign
**daim** [dɛ̃] *nm* (fallow) deer *inv*; (*peau*)
buckskin; (*cuir suédé*) suede
**dalle** [dal] *nf* slab; (*au sol*) paving stone,
flag(stone); **que ~** nothing at all, damn all (*Brit*)
**daltonien, ne** [daltɔnjɛ̃, -ɛn] *adj* colour-
blind (*Brit*), color-blind (*US*)
**dam** [dam] *nm*: **au grand ~ de** much to the
detriment (*ou* annoyance) of
**dame** [dam] *nf* lady; (*Cartes, Échecs*) queen;
**dames** *nfpl* (*jeu*) draughts *sg* (*Brit*), checkers *sg*
(*US*); **les (toilettes des) ~s** the ladies'
(toilets); **~ de charité** benefactress; **~ de
compagnie** lady's companion
**damner** [dɑne] *vt* to damn
**dancing** [dɑ̃siŋ] *nm* dance hall
**Danemark** [danmaʀk] *nm*: **le ~** Denmark
**danger** [dɑ̃ʒe] *nm* danger; **mettre en ~**
(*personne*) to put in danger; (*projet, carrière*) to
jeopardize; **être en ~** (*personne*) to be in
danger; **être en ~ de mort** to be in peril of
one's life; **être hors de ~** to be out of danger
**dangereux, -euse** [dɑ̃ʒʀø, -øz] *adj*
dangerous
**danois, e** [danwa, -waz] *adj* Danish ▷ *nm*
(*Ling*) Danish ▷ *nm/f*: **D~, e** Dane

**crédit/travail** 12 months' credit/work; **elle est payée 20 euros de l'heure** she's paid 20 euros an hour *ou* per hour; **augmenter de 10 euros** to increase by 10 euros; **trois jours de libres** three free days, three days free; **un verre d'eau** a glass of water; **il mange de tout** he'll eat anything

**5** (*rapport*) from; **de quatre à six** from four to six

**6** (*cause*) **mourir de faim** to die of hunger; **rouge de colère** red with fury

**7** (*vb +de +infin*) to; **il m'a dit de rester** he told me to stay

**8** (*de la part de*) **estimé de ses collègues** respected by his colleagues

**9** (*en apposition*) **cet imbécile de Paul** that idiot Paul; **le terme de franglais** the term "franglais"

▷ *art* **1** (*phrases affirmatives*) some (*souvent omis*); **du vin, de l'eau, des pommes** (some) wine, (some) water, (some) apples; **des enfants sont venus** some children came; **pendant des mois** for months

**2** (*phrases interrogatives et négatives*) any; **a-t-il du vin?** has he got any wine?; **il n'a pas de pommes/d'enfants** he hasn't (got) any apples/children, he has no apples/children

**dé** [de] *nm* (*à jouer*) die *ou* dice; (*aussi*: **dé à coudre**) thimble; **dés** *nmpl* (*jeu*) (game of) dice; **un coup de dés** a throw of the dice; **couper en dés** (*Culin*) to dice

**dealer** [dilœʀ] *nm* (*fam*) (drug) pusher

**déambuler** [deɑ̃byle] *vi* to stroll about

**débâcle** [debɑkl] *nf* rout

**déballer** [debale] *vt* to unpack

**débandade** [debɑ̃dad] *nf* scattering; (*déroute*) rout

**débarbouiller** [debaʀbuje] *vt* to wash; **se débarbouiller** *vi* to wash (one's face)

**débarcadère** [debaʀkadɛʀ] *nm* landing stage (*Brit*), wharf

**débardeur** [debaʀdœʀ] *nm* docker, stevedore; (*maillot*) slipover; (*pour femme*) vest top; (*pour homme*) sleeveless top

**débarquer** [debaʀke] *vt* to unload, land ▷ *vi* to disembark; (*fig*) to turn up

**débarras** [debaʀɑ] *nm* (*pièce*) lumber room; (*placard*) junk cupboard; (*remise*) outhouse; **bon ~!** good riddance!

**débarrasser** [debaʀase] *vt* to clear ▷ *vi* (*enlever le couvert*) to clear away; **~ qn de** (*vêtements, paquets*) to relieve sb of; (*habitude, ennemi*) to rid sb of; **~ qch de** (*fouillis etc*) to clear sth of; **se débarrasser de** *vt* to get rid of; to rid o.s. of

**débat** [deba] *vb voir* **débattre** ▷ *nm* discussion, debate; **débats** *nmpl* (*Pol*) proceedings, debate

**débattre** [debatʀ] *vt* to discuss, debate; **se débattre** *vi* to struggle

**débaucher** [deboʃe] *vt* (*licencier*) to lay off, dismiss; (*salarié d'une autre entreprise*) to poach; (*entraîner*) to lead astray, debauch; (*inciter à la grève*) to incite

**débile** [debil] *adj* weak, feeble; (*fam*: *idiot*) dim-witted ▷ *nm/f*: **~ mental, e** mental defective

**débit** [debi] *nm* (*d'un liquide, fleuve*) (rate of) flow; (*d'un magasin*) turnover (of goods); (*élocution*) delivery; (*bancaire*) debit; **avoir un ~ de 10 euros** to be 10 euros in debit; **~ de boissons** drinking establishment; **~ de tabac** tobacconist's (shop) (*Brit*), tobacco *ou* smoke shop (*US*)

**débiter** [debite] *vt* (*compte*) to debit; (*liquide, gaz*) to yield, produce, give out; (*couper: bois, viande*) to cut up; (*vendre*) to retail; (*péj: paroles etc*) to come out with, churn out

**débiteur, -trice** [debitœʀ, -tʀis] *nm/f* debtor ▷ *adj* in debit; (*compte*) debit *cpd*

**déblayer** [debleje] *vt* to clear; **~ le terrain** (*fig*) to clear the ground

**débloquer** [debloke] *vt* (*frein, fonds*) to release; (*prix, crédits*) to free ▷ *vi* (*fam*) to talk rubbish

**déboires** [debwaʀ] *nmpl* setbacks

**déboiser** [debwaze] *vt* to clear of trees; (*région*) to deforest; **se déboiser** *vi* (*colline, montagne*) to become bare of trees

**déboîter** [debwate] *vt* (*Auto*) to pull out; **se ~ le genou** *etc* to dislocate one's knee *etc*

**débonnaire** [debɔnɛʀ] *adj* easy-going, good-natured

**débordé, e** [debɔʀde] *adj*: **être ~ de** (*travail, demandes*) to be snowed under with

**déborder** [debɔʀde] *vi* to overflow; (*lait etc*) to boil over ▷ *vt* (*Mil, Sport*) to outflank; **~ (de) qch** (*dépasser*) to extend beyond sth; **~ de** (*joie, zèle*) to be brimming over with *ou* bursting with

**débouché** [debuʃe] *nm* (*pour vendre*) outlet; (*perspective d'emploi*) opening; (*sortie*): **au ~ de la vallée** where the valley opens out (onto the plain)

**déboucher** [debuʃe] *vt* (*évier, tuyau etc*) to unblock; (*bouteille*) to uncork, open ▷ *vi*: **~ de** to emerge from, come out of; **~ sur** to come out onto; to open out onto; (*fig*) to arrive at, lead up to; (*études*) to lead on to

**débourser** [debuʀse] *vt* to pay out, lay out

**déboussoler** [debusɔle] *vt* to disorientate, disorient

**debout** [dəbu] *adv*: **être ~** (*personne*) to be standing, stand; (: *levé, éveillé*) to be up (and about); (*chose*) to be upright; **être encore ~** (*fig: en état*) to be still going; to be still standing; to be still up; **mettre qn ~** to get sb to his feet; **mettre qch ~** to stand sth up; **se mettre ~** to get up (on one's feet); **se tenir ~** to stand; **~!** stand up!; (*du lit*) get up!; **cette histoire ne tient pas ~** this story doesn't hold water

**déboutonner** [debutɔne] *vt* to undo, unbutton; **se déboutonner** *vi* to come undone *ou* unbuttoned

**débraillé, e** [debʁaje] *adj* slovenly, untidy

**débrancher** [debʁɑ̃ʃe] *vt* (*appareil électrique*) to unplug; (*téléphone, courant électrique*) to disconnect, cut off

**débrayage** [debʁɛjaʒ] *nm* (*Auto*) clutch; (: *action*) disengaging the clutch; (*grève*) stoppage; **faire un double ~** to double-declutch

**débrayer** [debʁeje] *vi* (*Auto*) to declutch, disengage the clutch; (*cesser le travail*) to stop work

**débris** [debʁi] *nm* (*fragment*) fragment ▷ *nmpl* (*déchets*) pieces, debris *sg*; rubbish *sg* (*Brit*), garbage *sg* (*US*); **des ~ de verre** bits of glass

**débrouillard, e** [debʁujaʁ, -aʁd] *adj* smart, resourceful

**débrouiller** [debʁuje] *vt* to disentangle, untangle; (*fig*) to sort out, unravel; **se débrouiller** *vi* to manage; **débrouillez-vous** you'll have to sort things out yourself

**début** [deby] *nm* beginning, start; **débuts** *nmpl* beginnings; (*de carrière*) début *sg*; **faire ses ~s** to start out; **au ~** *ou* at the beginning, at first; **au ~ de** at the beginning *ou* start of; **dès le ~** from the start; **~ juin** in early June

**débutant, e** [debytɑ̃, -ɑ̃t] *nm/f* beginner, novice

**débuter** [debyte] *vi* to begin, start; (*faire ses débuts*) to start out

**deçà** [dəsa]: **en ~ de** *prép* this side of; **en ~** *adv* on this side

**décadence** [dekadɑ̃s] *nf* decadence; decline

**décaféiné, e** [dekafeine] *adj* decaffeinated, caffeine-free

**décalage** [dekalaʒ] *nm* move forward *ou* back; shift forward *ou* back; (*écart*) gap; (*désaccord*) discrepancy; **~ horaire** time difference (between time zones), time-lag

**décaler** [dekale] *vt* (*dans le temps: avancer*) to bring forward; (: *retarder*) to put back; (*changer de position*) to shift forward *ou* back; **~ de 10 cm** to move forward *ou* back by 10 cm; **~ de deux heures** to bring *ou* move forward two hours; to put back two hours

**décalquer** [dekalke] *vt* to trace; (*par pression*) to transfer

**décamper** [dekɑ̃pe] *vi* to clear out *ou* off

**décaper** [dekape] *vt* to strip; (*avec abrasif*) to scour; (*avec papier de verre*) to sand

**décapiter** [dekapite] *vt* to behead; (*par accident*) to decapitate; (*fig*) to cut the top off; (: *organisation*) to remove the top people from

**décapotable** [dekapɔtabl] *adj* convertible

**décapsuleur** [dekapsylœʁ] *nm* bottle-opener

**décarcasser** [dekaʁkase] *vt*: **se ~ pour qn/ pour faire qch** (*fam*) to slog one's guts out for sb/to do sth

**décédé, e** [desede] *adj* deceased

**décéder** [desede] *vi* to die

**déceler** [desle] *vt* to discover, detect; (*révéler*) to indicate, reveal

**décembre** [desɑ̃bʁ] *nm* December; *voir aussi* **juillet**

**décemment** [desamɑ̃] *adv* decently

**décennie** [deseni] *nf* decade

**décent, e** [desɑ̃, -ɑ̃t] *adj* decent

**déception** [desɛpsjɔ̃] *nf* disappointment

**décerner** [desɛʁne] *vt* to award

**décès** [desɛ] *nm* death, decease; **acte de ~** death certificate

**décevant, e** [desvɑ̃, -ɑ̃t] *adj* disappointing

**décevoir** [des(ə)vwaʁ] *vt* to disappoint

**déchaîner** [deʃene] *vt* (*passions, colère*) to unleash; (*rires etc*) to give rise to, arouse; **se déchaîner** *vi* to be unleashed; (*rires*) to burst out; (*se mettre en colère*) to fly into a rage; **se ~ contre qn** to unleash one's fury on sb

**déchanter** [deʃɑ̃te] *vi* to become disillusioned

**décharge** [deʃaʁʒ] *nf* (*dépôt d'ordures*) rubbish tip *ou* dump; (*électrique*) electrical discharge; (*salve*) volley of shots; **à la ~ de** in defence of

**décharger** [deʃaʁʒe] *vt* (*marchandise, véhicule*) to unload; (*Élec*) to discharge; (*arme: neutraliser*) to unload; (: *faire feu*) to discharge, fire; **~ qn de** (*responsabilité*) to relieve sb of, release sb from; **~ sa colère (sur)** to vent one's anger (on); **~ sa conscience** to unburden one's conscience; **se ~ dans** (*se déverser*) to flow into; **se ~ d'une affaire sur qn** to hand a matter over to sb

**décharné, e** [deʃaʁne] *adj* bony, emaciated, fleshless

**déchausser** [deʃose] *vt* (*personne*) to take the shoes off; (*skis*) to take off; **se déchausser** *vi* to take off one's shoes; (*dent*) to come *ou* work loose

**déchéance** [deʃeɑ̃s] *nf* (*déclin*) degeneration, decay, decline; (*chute*) fall

**déchet** [deʃɛ] *nm* (*de bois, tissu etc*) scrap; (*perte: gén Comm*) wastage, waste; **déchets** *nmpl* (*ordures*) refuse *sg*, rubbish *sg* (*Brit*), garbage *sg* (*US*); **~s nucléaires** nuclear waste; **~s radioactifs** radioactive waste

**déchiffrer** [deʃifʁe] *vt* to decipher

**déchiqueter** [deʃikte] *vt* to tear *ou* pull to pieces

**déchirant, e** [deʃiʁɑ̃, -ɑ̃t] *adj* heart-breaking, heart-rending

**déchirement** [deʃiʁmɑ̃] *nm* (*chagrin*) wrench, heartbreak; (*gén pl: conflit*) rift, split

**déchirer** [deʃiʁe] *vt* to tear, rip; (*mettre en morceaux*) to tear up; (*pour ouvrir*) to tear off; (*arracher*) to tear out; (*fig*) to tear apart; **se déchirer** *vi* to tear, rip; **se ~ un muscle/ tendon** to tear a muscle/ tendon

**déchirure** [deʃiʁyʁ] *nf* (*accroc*) tear, rip; **~ musculaire** torn muscle

**déchoir** [deʃwaʁ] *vi* (*personne*) to lower o.s., demean o.s.; **~ de** to fall from

**déchu, e** [deʃy] *pp de* **déchoir** ▷ *adj* fallen; (*roi*) deposed

**décidé, e** [deside] adj (personne, air)
determined; **c'est ~** it's decided; **être ~ à
faire** to be determined to do

**décidément** [desidemā] adv undoubtedly;
really

**décider** [deside] vt: **~ qch** to decide on sth;
**~ de faire/que** to decide to do/that; **~ qn (à
faire qch)** to persuade ou induce sb (to do
sth); **~ de qch** to decide upon sth; (chose) to
determine sth; **se décider** vi (personne) to
decide, make up one's mind; (problème, affaire)
to be resolved; **se ~ à qch** to decide on sth;
**se ~ à faire** to decide ou make up one's mind
to do; **se ~ pour qch** to decide on ou in favour
of sth

**décimal, e, -aux** [desimal, -o] adj, nf
decimal

**décimètre** [desimεtʀ] nm decimetre (Brit),
decimeter (US); **double ~** (20 cm) ruler

**décisif, -ive** [desizif, -iv] adj decisive; (qui
l'emporte): **le facteur/l'argument ~** the
deciding factor/argument

**décision** [desizjɔ̃] nf decision; (fermeté)
decisiveness, decision; **prendre une ~** to
make a decision; **prendre la ~ de faire** to
take the decision to do; **emporter** ou **faire
la ~** to be decisive

**déclaration** [deklaʀasjɔ̃] nf declaration;
registration; (discours: Pol etc) statement;
(compte rendu) report; **fausse ~**
misrepresentation; **~ (d'amour)** declaration;
**~ de décès** registration of death; **~ de guerre**
declaration of war; **~ (d'impôts)** statement
of income, tax declaration, ≈ tax return; **~ (de
sinistre)** (insurance) claim; **~ de revenus**
statement of income; **faire une ~ de vol** to
report a theft

**déclarer** [deklaʀe] vt to declare, announce;
(revenus, employés, marchandises) to declare;
(décès, naissance) to register; (vol etc: à la police)
to report; **rien à ~** nothing to declare; **se
déclarer** vi (feu, maladie) to break out; **~ la
guerre** to declare war

**déclencher** [deklɑ̃ʃe] vt (mécanisme etc) to
release; (sonnerie) to set off, activate; (attaque,
grève) to launch; (provoquer) to trigger off; **se
déclencher** vi to release itself; (sonnerie) to
go off

**déclic** [deklik] nm trigger mechanism; (bruit)
click

**décliner** [dekline] vi to decline ▷ vt
(invitation) to decline, refuse; (responsabilité) to
refuse to accept; (nom, adresse) to state; (Ling)
to decline; **se décliner** (Ling) to decline

**décocher** [dekɔʃe] vt to hurl; (flèche, regard) to
shoot

**décoiffer** [dekwafe] vt: **~ qn** to mess up sb's
hair; to take sb's hat off; **je suis toute
décoiffée** my hair is in a real mess; **se
décoiffer** vi to take off one's hat

**déçois** etc [deswa], **déçoive** etc [deswav] vb
voir **décevoir**

**décollage** [dekɔlaʒ] nm (Aviat, Écon) takeoff

**décoller** [dekɔle] vt to unstick ▷ vi (avion) to
take off; (projet, entreprise) to take off, get off
the ground; **se décoller** vi to come unstuck

**décolleté, e** [dekɔlte] adj low-necked, low-
cut; (femme) wearing a low-cut dress ▷ nm
low neck(line); (épaules) (bare) neck and
shoulders; (plongeant) cleavage

**décolorer** [dekɔlɔʀe] vt (tissu) to fade;
(cheveux) to bleach, lighten; **se décolorer** vi
to fade; **se faire ~ les cheveux** to have one's
hair bleached

**décombres** [dekɔ̃bʀ] nmpl rubble sg, debris sg

**décommander** [dekɔmɑ̃de] vt to cancel;
(invités) to put off; **se décommander** vi to
cancel, cry off

**décomposé, e** [dekɔ̃poze] adj (pourri)
decomposed; (visage) haggard, distorted

**décompte** [dekɔ̃t] nm deduction; (facture)
breakdown (of an account), detailed account

**déconcerter** [dekɔ̃sεʀte] vt to disconcert,
confound

**déconfit, e** [dekɔ̃fi, -it] adj crestfallen,
downcast

**décongeler** [dekɔ̃ʒ(ə)le] vt to thaw (out)

**déconner** [dekɔne] vi (fam!: en parlant) to talk
(a load of) rubbish (Brit) ou garbage (US);
(: faire des bêtises) to muck about; **sans ~** no
kidding

**déconseiller** [dekɔ̃seje] vt: **~ qch (à qn)** to
advise (sb) against sth; **~ à qn de faire** to
advise sb against doing; **c'est déconseillé**
it's not advised ou advisable

**décontracté, e** [dekɔ̃tʀakte] adj relaxed,
laid-back (fam)

**décontracter** [dekɔ̃tʀakte] vt, **se
décontracter** vi to relax

**déconvenue** [dekɔ̃vny] nf disappointment

**décor** [dekɔʀ] nm décor; (paysage) scenery;
**décors** nmpl (Théât) scenery sg, decor sg; (Ciné)
set sg; **changement de ~** (fig) change of
scene; **entrer dans le ~** (fig) to run off the
road; **en ~ naturel** (Ciné) on location

**décorateur, -trice** [dekɔʀatœʀ, -tʀis] nm/f
(interior) decorator; (Ciné) set designer

**décoration** [dekɔʀasjɔ̃] nf decoration

**décorer** [dekɔʀe] vt to decorate

**décortiquer** [dekɔʀtike] vt to shell; (riz) to
hull; (fig: texte) to dissect

**découcher** [dekuʃe] vi to spend the night
away

**découdre** [dekudʀ] vt (vêtement, couture) to
unpick, take the stitching out of; (bouton) to
take off; **se découdre** vi to come unstitched;
(bouton) to come off; **en ~** (fig) to fight, do
battle

**découler** [dekule] vi: **~ de** to ensue ou follow
from

**découper** [dekupe] vt (papier, tissu etc) to cut
up; (volaille, viande) to carve; (détacher: manche,
article) to cut out; **se ~ sur** (ciel, fond) to stand
out against

**décourager** [dekuraʒe] *vt* to discourage, dishearten; (*dissuader*) to discourage, put off; **se décourager** *vi* to lose heart, become discouraged; **~ qn de faire/de qch** to discourage sb from doing/from sth, put sb off doing/sth

**décousu, e** [dekuzy] *pp de* **découdre** ▷ *adj* unstitched; (*fig*) disjointed, disconnected

**découvert, e** [dekuvɛʀ, -ɛʀt] *pp de* **découvrir** ▷ *adj* (*tête*) bare, uncovered; (*lieu*) open, exposed ▷ *nm* (*bancaire*) overdraft ▷ *nf* discovery; **à ~** *adv* (*Mil*) exposed, without cover; (*fig*) openly ▷ *adj* (*Comm*) overdrawn; **à visage ~** openly; **aller à la ~e de** to go in search of; **faire la ~e de** to discover

**découvrir** [dekuvʀiʀ] *vt* to discover; (*apercevoir*) to see; (*enlever ce qui couvre ou protège*) to uncover; (*montrer, dévoiler*) to reveal; **se découvrir** *vi* (*chapeau*) to take off one's hat; (*se déshabiller*) to take something off; (*au lit*) to uncover o.s.; (*ciel*) to clear; **se ~ des talents** to find hidden talents in o.s.

**décret** [dekʀɛ] *nm* decree

**décréter** [dekʀete] *vt* to decree; (*ordonner*) to order

**décrié, e** [dekʀije] *adj* disparaged

**décrire** [dekʀiʀ] *vt* to describe; (*courbe, cercle*) to follow, describe

**décrocher** [dekʀɔʃe] *vt* (*dépendre*) to take down; (*téléphone*) to take off the hook; (: *pour répondre*): **~ (le téléphone)** to pick up *ou* lift the receiver; (*fig: contrat etc*) to get, land ▷ *vi* (*fam: abandonner*) to drop out; (*cesser d'écouter*) to switch off; **se décrocher** *vi* (*tableau, rideau*) to fall down

**décroître** [dekʀwatʀ] *vi* to decrease, decline diminish

**décrypter** [dekʀipte] *vt* to decipher

**déçu, e** [desy] *pp de* **décevoir** ▷ *adj* disappointed

**décupler** [dekyple] *vt, vi* to increase tenfold

**dédaigner** [dedeɲe] *vt* to despise, scorn; (*négliger*) to disregard, spurn; **~ de faire** to consider it beneath one to do, not deign to do

**dédaigneux, -euse** [dedeɲø, -øz] *adj* scornful, disdainful

**dédain** [dedɛ̃] *nm* scorn, disdain

**dédale** [dedal] *nm* maze

**dedans** [dədɑ̃] *adv* inside; (*pas en plein air*) indoors, inside ▷ *nm* inside; **au ~** on the inside; inside; **en ~** (*vers l'intérieur*) inwards; *voir aussi* **là**

**dédicacer** [dedikase] *vt*: **~ (à qn)** to sign (for sb), autograph (for sb), inscribe (to sb)

**dédier** [dedje] *vt* to dedicate; **~ à** to dedicate to

**dédire** [dediʀ]: **se dédire** *vi* to go back on one's word; (*se rétracter*) to retract, recant

**dédommagement** [dedɔmaʒmɑ̃] *nm* compensation

**dédommager** [dedɔmaʒe] *vt*: **~ qn (de)** to compensate sb (for); (*fig*) to repay sb (for)

**dédouaner** [dedwane] *vt* to clear through customs

**dédoubler** [deduble] *vt* (*classe, effectifs*) to split (into two); (*couverture etc*) to unfold; (*manteau*) to remove the lining of; **~ un train/ les trains** to run a relief train/additional trains; **se dédoubler** *vi* (*Psych*) to have a split personality

**déduire** [dedɥiʀ] *vt*: **~ qch (de)** (*ôter*) to deduct sth (from); (*conclure*) to deduce *ou* infer sth (from)

**déesse** [deɛs] *nf* goddess

**défaillance** [defajɑ̃s] *nf* (*syncope*) blackout; (*fatigue*) (sudden) weakness *no pl*; (*technique*) fault, failure; (*morale etc*) weakness; **~ cardiaque** heart failure

**défaillir** [defajiʀ] *vi* to faint; to feel faint; (*mémoire etc*) to fail

**défaire** [defɛʀ] *vt* (*installation, échafaudage*) to take down, dismantle; (*paquet etc, nœud, vêtement*) to undo; (*bagages*) to unpack; (*ouvrage*) to undo, unpick; (*cheveux*) to take out; **se défaire** *vi* to come undone; **se ~ de** *vt* (*se débarrasser de*) to get rid of; (*se séparer de*) to part with; **~ le lit** (*pour changer les draps*) to strip the bed; (*pour se coucher*) to turn back the bedclothes

**défait, e** [defɛ, -ɛt] *pp de* **défaire** ▷ *adj* (*visage*) haggard, ravaged ▷ *nf* defeat

**défalquer** [defalke] *vt* to deduct

**défaut** [defo] *nm* (*moral*) fault, failing, defect; (*d'étoffe, métal*) fault, flaw, defect; (*manque, carence*): **~ de** lack of; shortage of; (*Inform*) bug; **~ de la cuirasse** (*fig*) chink in the armour (*Brit*) *ou* armor (*US*); **en ~** at fault; in the wrong; **prendre qn en ~** to catch sb out; **faire ~** (*manquer*) to be lacking; **à ~** *adv* failing that; **à ~ de** for lack *ou* want of; **par ~** (*Jur*) in his (*ou* her *etc*) absence

**défavorable** [defavɔʀabl] *adj* unfavourable (*Brit*), unfavorable (*US*)

**défavoriser** [defavɔʀize] *vt* to put at a disadvantage

**défection** [defɛksjɔ̃] *nf* defection, failure to give support *ou* assistance; failure to appear; **faire ~** (*d'un parti etc*) to withdraw one's support, leave

**défectueux, -euse** [defɛktɥø, -øz] *adj* faulty, defective

**défendre** [defɑ̃dʀ] *vt* to defend; (*interdire*) to forbid; **~ à qn qch/de faire** to forbid sb sth/to do; **il est défendu de cracher** spitting (is) prohibited *ou* is not allowed; **c'est défendu** it is forbidden; **se défendre** *vi* to defend o.s.; **il se défend** (*fig*) he can hold his own; **ça se défend** (*fig*) it holds together; **se ~ de/contre** (*se protéger*) to protect o.s. from/against; **se ~ de** (*se garder de*) to refrain from; (*nier*): **se ~ de vouloir** to deny wanting

**défense** [defɑ̃s] *nf* defence (*Brit*), defense (*US*); (*d'éléphant etc*) tusk; **ministre de la ~** Minister of Defence (*Brit*), Defence Secretary;

**la ~ nationale** defence, the defence of the realm (*Brit*); **la ~ contre avions** anti-aircraft defence; **"~ de fumer/cracher"** "no smoking/spitting", "smoking/spitting prohibited"; **prendre la ~ de qn** to stand up for sb; **~ des consommateurs** consumerism

**déférer** [defere] *vt* (*Jur*) to refer; **~ à** (*requête, décision*) to defer to; **~ qn à la justice** to hand sb over to justice

**déferler** [deferle] *vi* (*vagues*) to break; (*fig*) to surge

**défi** [defi] *nm* (*provocation*) challenge; (*bravade*) defiance; **mettre qn au ~ de faire qch** to challenge sb to do sth; **relever un ~** to take up *ou* accept a challenge; **lancer un ~ à qn** to challenge sb; **sur un ton de ~** defiantly

**déficit** [defisit] *nm* (*Comm*) deficit; (*Psych etc*: *manque*) defect; **~ budgétaire** budget deficit; **être en ~** to be in deficit

**déficitaire** [defisiter] *adj* (*année, récolte*) bad; **entreprise/budget ~** business/budget in deficit

**défier** [defje] *vt* (*provoquer*) to challenge; (*fig*) to defy, brave; **se ~ de** (*se méfier de*) to distrust, mistrust; **~ qn de faire** to challenge *ou* defy sb to do; **~ qn à** to challenge sb to; **~ toute comparaison/concurrence** to be incomparable/unbeatable

**défigurer** [defigyre] *vt* to disfigure; (*boutons etc*) to mar *ou* spoil (the looks of); (*fig*: *œuvre*) to mutilate, deface

**défilé** [defile] *nm* (*Géo*) (narrow) gorge *ou* pass; (*soldats*) parade; (*manifestants*) procession, march; **un ~ de** (*voitures, visiteurs etc*) a stream of

**défiler** [defile] *vi* (*troupes*) to march past; (*sportifs*) to parade; (*manifestants*) to march; **faire ~ un document** (*Inform*) to scroll a document; **se défiler** *vi* (*se dérober*) to slip away, sneak off; **faire ~** (*bande, film*) to put on; (*Inform*) to scroll; **il s'est défilé** (*fam*) he wriggled out of it

**définir** [definir] *vt* to define

**définitif, -ive** [definitif, -iv] *adj* (*final*) final, definitive; (*pour longtemps*) permanent, definitive; (*sans appel*) final, definite ▷ *nf*: **en définitive** eventually; (*somme toute*) when all is said and done

**définitivement** [definitivmɑ̃] *adv* definitively; permanently; definitely

**défoncer** [defɔ̃se] *vt* (*caisse*) to stave in; (*porte*) to smash in *ou* down; (*lit, fauteuil*) to burst (the springs of); (*terrain, route*) to rip *ou* plough up; **se défoncer** *vi* (*se donner à fond*) to give it all one's got

**déformer** [defɔrme] *vt* to put out of shape; (*corps*) to deform; (*pensée, fait*) to distort; **se déformer** *vi* to lose its shape

**défouler** [defule]: **se défouler** *vi* (*Psych*) to work off one's tensions, release one's pent-up feelings; (*gén*) to unwind, let off steam

**défraîchir** [defreʃir]: **se défraîchir** *vi* to fade; to become shop-soiled

**défricher** [defriʃe] *vt* to clear (for cultivation)

**défunt, e** [defœ̃, -œ̃t] *adj*: **son ~ père** his late father ▷ *nm/f* deceased

**dégagé, e** [degaʒe] *adj* (*route, ciel*) clear; (*ton, air*) casual, jaunty; **sur un ton ~** casually

**dégagement** [degaʒmɑ̃] *nm* emission; freeing; clearing; (*espace libre*) clearing; passage; clearance; (*Football*) clearance; **voie de ~** slip road; **itinéraire de ~** alternative route (*to relieve traffic congestion*)

**dégager** [degaʒe] *vt* (*exhaler*) to give off, emit; (*délivrer*) to free, extricate; (*Mil*: *troupes*) to relieve; (*désencombrer*) to clear; (*isoler, mettre en valeur*) to bring out; (*crédits*) to release; **se dégager** *vi* (*odeur*) to emanate, be given off; (*passage, ciel*) to clear; **~ qn de** (*engagement, parole etc*) to release *ou* free sb from; **se ~ de** (*fig*: *engagement etc*) to get out of; (:*promesse*) to go back on

**dégarnir** [degarnir] *vt* (*vider*) to empty, clear; **se dégarnir** *vi* to empty; to be cleaned out *ou* cleared; (*tempes, crâne*) to go bald

**dégâts** [dega] *nmpl* damage *sg*; **faire des ~** to damage

**dégel** [deʒɛl] *nm* thaw; (*fig*: *des prix etc*) unfreezing

**dégeler** [deʒle] *vt* to thaw (out); (*fig*) to unfreeze ▷ *vi* to thaw (out); **se dégeler** *vi* (*fig*) to thaw out

**dégénérer** [deʒenere] *vi* to degenerate; (*empirer*) to go from bad to worse; (*devenir*): **~ en** to degenerate into

**dégingandé, e** [deʒɛ̃gɑ̃de] *adj* gangling, lanky

**dégivrer** [deʒivre] *vt* (*frigo*) to defrost; (*vitres*) to de-ice

**dégonflé, e** [degɔ̃fle] *adj* (*pneu*) flat; (*fam*) chicken ▷ *nm/f* (*fam*) chicken

**dégonfler** [degɔ̃fle] *vt* (*pneu, ballon*) to let down, deflate ▷ *vi* (*désenfler*) to go down; **se dégonfler** *vi* (*fam*) to chicken out

**dégouliner** [deguline] *vi* to trickle, drip; **~ de** to be dripping with

**dégourdi, e** [degurdi] *adj* smart, resourceful

**dégourdir** [degurdir] *vt* to warm (up); **se ~ (les jambes)** to stretch one's legs

**dégoût** [degu] *nm* disgust, distaste

**dégoûtant, e** [degutɑ̃, -ɑ̃t] *adj* disgusting

**dégoûté, e** [degute] *adj* disgusted; **~ de** sick of

**dégoûter** [degute] *vt* to disgust; **cela me dégoûte** I find this disgusting *ou* revolting; **~ qn de qch** to put sb off sth; **se ~ de** to get *ou* become sick of

**dégrader** [degrade] *vt* (*Mil*: *officier*) to degrade; (*abîmer*) to damage, deface; (*avilir*) to degrade, debase; **se dégrader** *vi* (*relations, situation*) to deteriorate

**dégrafer** [degrafe] *vt* to unclip, unhook, unfasten

**degré** [dəgre] *nm* degree; (*d'escalier*) step; **brûlure au 1er/2ème ~** 1st/2nd degree burn; **équation du 1er/2ème ~** linear/quadratic equation; **le premier ~** (*Scol*) primary level; **alcool à 90 ~s** surgical spirit; **vin de 10 ~s** 10° wine (*on Gay-Lussac scale*); **par ~(s)** *adv* by degrees, gradually

**dégressif, -ive** [degʀesif, -iv] *adj* on a decreasing scale, degressive; **tarif ~** decreasing rate of charge

**dégringoler** [degʀɛ̃gɔle] *vi* to tumble (down); (*fig: prix, monnaie etc*) to collapse

**dégrossir** [degʀosiʀ] *vt* (*bois*) to trim; (*fig*) to work out roughly; (: *personne*) to knock the rough edges off

**déguenillé, e** [degnije] *adj* ragged, tattered

**déguerpir** [degɛʀpiʀ] *vi* to clear off

**dégueulasse** [degœlas] *adj* (*fam*) disgusting

**dégueuler** [degœle] *vi* (*fam*) to puke, throw up

**déguisement** [degizmɑ̃] *nm* disguise; (*habits: pour s'amuser*) fancy dress; (: *pour tromper*) disguise

**déguiser** [degize] *vt* to disguise; **se déguiser (en)** *vi* (*se costumer*) to dress up (as); (*pour tromper*) to disguise o.s. (as)

**dégustation** [degystasjɔ̃] *nf* tasting; (*de fromages etc*) sampling; savouring (*Brit*), savoring (*US*); (*séance*): **~ de vin(s)** wine-tasting

**déguster** [degyste] *vt* (*vins*) to taste; (*fromages etc*) to sample; (*savourer*) to enjoy, savour (*Brit*), savor (*US*)

**dehors** [dəɔʀ] *adv* outside; (*en plein air*) outdoors, outside ▷ *nm* outside ▷ *nmpl* (*apparences*) appearances, exterior *sg*; **mettre** *ou* **jeter ~** to throw out; **au ~** outside; (*en apparence*) outwardly; **au ~ de** outside; **de ~** from outside; **en ~** outside; outwards; **en ~ de** apart from

**déjà** [deʒa] *adv* already; (*auparavant*) before, already; **as-tu ~ été en France?** have you been to France before?; **c'est ~ pas mal** that's not too bad (at all); **c'est ~ quelque chose** (at least) it's better than nothing; **quel nom, ~?** what was the name again?

**déjeuner** [deʒœne] *vi* to (have) lunch; (*le matin*) to have breakfast ▷ *nm* lunch; (*petit déjeuner*) breakfast; **~ d'affaires** business lunch

**déjouer** [deʒwe] *vt* to elude, to foil, thwart

**delà** [dəla] *adv*: **par ~, en ~ (de), au ~ (de)** beyond

**délabrer** [delabʀe]: **se délabrer** *vi* to fall into decay, become dilapidated

**délacer** [delase] *vt* (*chaussures*) to undo, unlace

**délai** [delɛ] *nm* (*attente*) waiting period; (*sursis*) extension (of time); (*temps accordé: aussi*: **~s**) time limit; **sans ~** without delay; **à bref ~** shortly, very soon; at short notice; **dans les ~s** within the time limit; **un ~ de 30 jours** a period of 30 days; **comptez un ~ de livraison de 10 jours** allow 10 days for delivery

**délaisser** [delese] *vt* (*abandonner*) to abandon, desert; (*négliger*) to neglect

**délasser** [delase] *vt* (*reposer*) to relax; (*divertir*) to divert, entertain; **se délasser** *vi* to relax

**délavé, e** [delave] *adj* faded

**délayer** [deleje] *vt* (*Culin*) to mix (with water *etc*); (*peinture*) to thin down; (*fig*) to pad out, spin out

**delco®** [dɛlko] *nm* (*Auto*) distributor; **tête de ~** distributor cap

**délecter** [delɛkte]: **se délecter** *vi*: **se ~ de** to revel *ou* delight in

**délégué, e** [delege] *adj* delegated ▷ *nm/f* delegate; representative; **ministre ~ à** minister with special responsibility for

**déléguer** [delege] *vt* to delegate

**délibéré, e** [delibeʀe] *adj* (*conscient*) deliberate; (*déterminé*) determined, resolute; **de propos ~** (*à dessein, exprès*) intentionally

**délibérer** [delibeʀe] *vi* to deliberate

**délicat, e** [delika, at] *adj* delicate; (*plein de tact*) tactful; (*attentionné*) thoughtful; (*exigeant*) fussy, particular; **procédés peu ~s** unscrupulous methods

**délicatement** [delikatmɑ̃] *adv* delicately; (*avec douceur*) gently

**délice** [delis] *nm* delight

**délicieux, -euse** [delisjø, -øz] *adj* (*au goût*) delicious; (*sensation, impression*) delightful

**délimiter** [delimite] *vt* (*terrain*) to delimit, demarcate

**délinquance** [delɛ̃kɑ̃s] *nf* criminality; **~ juvénile** juvenile delinquency

**délinquant, e** [delɛ̃kɑ̃, -ɑ̃t] *adj, nm/f* delinquent

**délirant, e** [deliʀɑ̃, -ɑ̃t] *adj* (*Méd: fièvre*) delirious; (*imagination*) frenzied; (*fam: déraisonnable*) crazy

**délirer** [deliʀe] *vi* to be delirious; **tu délires!** (*fam*) you're crazy!

**délit** [deli] *nm* (criminal) offence; **~ de droit commun** violation of common law; **~ de fuite** failure to stop after an accident; **~ d'initiés** insider dealing *ou* trading; **~ de presse** violation of the press laws

**délivrer** [delivʀe] *vt* (*prisonnier*) to (set) free, release; (*passeport, certificat*) to issue; **~ qn de** (*ennemis*) to set sb free from, deliver *ou* free sb from; (*fig*) to rid sb of

**déloger** [delɔʒe] *vt* (*locataire*) to turn out; (*objet coincé, ennemi*) to dislodge

**déloyal, e, -aux** [delwajal, -o] *adj* (*personne, conduite*) disloyal; (*procédé*) unfair

**deltaplane®** [dɛltaplan] *nm* hang-glider

**déluge** [delyʒ] *nm* (*biblique*) Flood, Deluge; (*grosse pluie*) downpour, deluge; (*grand nombre*): **~ de** flood of

**déluré, e** [delyʀe] *adj* smart, resourceful; (*péj*) forward, pert

**demain** [d(ə)mɛ̃] *adv* tomorrow; **~ matin/soir** tomorrow morning/evening; **~ midi** tomorrow at midday; **à ~!** see you tomorrow!

**demande** [d(ə)mɑ̃d] *nf* (*requête*) request; (*revendication*) demand; (*Admin, formulaire*) application; (*Écon*): **la ~** demand; **"~s d'emploi"** "situations wanted"; **à la ~ générale** by popular request; **~ en mariage** (marriage) proposal; **faire sa ~ (en mariage)** to propose (marriage); **~ de naturalisation** application for naturalization; **~ de poste** job application

**demandé, e** [d(ə)mɑ̃de] *adj* (*article etc*): **très ~** (very) much in demand

**demander** [d(ə)mɑ̃de] *vt* to ask for; (*question: date, heure, chemin*) to ask; (*requérir, nécessiter*) to require, demand; **~ qch à qn** to ask sb for sth, ask sb sth; **ils demandent deux secrétaires et un ingénieur** they're looking for two secretaries and an engineer; **~ la main de qn** to ask for sb's hand (in marriage); **~ pardon à qn** to apologize to sb; **~ à** *ou* **de voir/faire** to ask to see/ask if one can do; **~ à qn de faire** to ask sb to do; **~ que/pourquoi** to ask that/why; **se ~ si/pourquoi** *etc* to wonder if/why *etc*; (*sens purement réfléchi*) to ask o.s. if/why *etc*; **on vous demande au téléphone** you're wanted on the phone, there's someone for you on the phone; **il ne demande que ça** that's all he wants; **je ne demande pas mieux** I'm asking nothing more; **il ne demande qu'à faire** all he wants is to do

**demandeur, -euse** [dəmɑ̃dœʀ, -øz] *nm/f*: **~ d'asile** asylum-seeker; **~ d'emploi** job-seeker

**démangeaison** [demɑ̃ʒɛzɔ̃] *nf* itching; **avoir des ~s** to be itching

**démanger** [demɑ̃ʒe] *vi* to itch; **la main me démange** my hand is itching; **l'envie** *ou* **ça me démange de faire** I'm itching to do

**démanteler** [demɑ̃tle] *vt* to break up; to demolish

**démaquillant** [demakijɑ̃] *nm* make-up remover

**démaquiller** [demakije] *vt*: **se démaquiller** to remove one's make-up

**démarche** [demaʀʃ] *nf* (*allure*) gait, walk; (*intervention*) step; approach; (*fig: intellectuelle*) thought process *pl*; approach; **faire ou entreprendre des ~s** to take action; **faire des ~s auprès de qn** to approach sb; **faire les ~s nécessaires (pour obtenir qch)** to take the necessary steps (to obtain sth)

**démarcheur, -euse** [demaʀʃœʀ, -øz] *nm/f* (*Comm*) door-to-door salesman/woman; (*Pol etc*) canvasser

**démarque** [demaʀk] *nf* (*Comm: d'un article*) mark-down

**démarrage** [demaʀaʒ] *nm* starting *no pl*, start; **~ en côte** hill start

**démarrer** [demaʀe] *vt* to start up ▷ *vi* (*conducteur*) to start (up); (*véhicule*) to move off; (*travaux, affaire*) to get moving; (*coureur: accélérer*) to pull away

**démarreur** [demaʀœʀ] *nm* (*Auto*) starter

**démêlant, e** [demelɑ̃, -ɑ̃t] *adj*: **baume ~, crème ~e** (hair) conditioner ▷ *nm* conditioner

**démêler** [demele] *vt* to untangle, disentangle

**démêlés** [demele] *nmpl* problems

**déménagement** [demenaʒmɑ̃] *nm* (*du point de vue du locataire etc*) move; (*: du déménageur*) removal (Brit), moving (US); **entreprise/ camion de ~** removal (Brit) *ou* moving (US) firm/van

**déménager** [demenaʒe] *vt* (*meubles*) to (re) move ▷ *vi* to move (house)

**déménageur** [demenaʒœʀ] *nm* removal man (Brit), (furniture) mover (US); (*entrepreneur*) furniture remover

**démener** [demne]: **se démener** *vi* to thrash about; (*fig*) to exert o.s.

**dément, e** [demɑ̃, -ɑ̃t] *vb voir* **démentir** ▷ *adj* (*fou*) mad (Brit), crazy; (*fam*) brilliant, fantastic

**démentiel, le** [demɑ̃sjɛl] *adj* insane

**démentir** [demɑ̃tiʀ] *vt* (*nouvelle, témoin*) to refute; (*faits etc*) to belie, refute; **~ que** to deny that; **ne pas se ~** not to fail, keep up

**démerder** [demɛʀde]: **se démerder** *vi* (*fam!*) to bloody well manage for o.s.

**démesuré, e** [demzyʀe] *adj* immoderate, disproportionate

**démettre** [demɛtʀ] *vt*: **~ qn de** (*fonction, poste*) to dismiss sb from; **se ~ (de ses fonctions)** to resign (from) one's duties; **se ~ l'épaule** *etc* to dislocate one's shoulder *etc*

**demeurant** [dəmœʀɑ̃]: **au ~** *adv* for all that

**demeure** [dəmœʀ] *nf* residence; **dernière ~** (*fig*) last resting place; **mettre qn en ~ de faire** to enjoin *ou* order sb to do; **à ~** *adv* permanently

**demeurer** [d(ə)mœʀe] *vi* (*habiter*) to live; (*séjourner*) to stay; (*rester*) to remain; **en ~ là** (*personne*) to leave it at that; (*: choses*) to be left at that

**demi, e** [dəmi] *adj* half; **et ~, trois heures/ bouteilles et ~es** three and a half hours/ bottles, three hours/bottles and a half ▷ *nm* (*bière*: = 0.25 litre) ≈ half-pint; (*Football*) half-back; **il est 2 heures et ~e** it's half past 2; **il est midi et ~** it's half past 12; **~ de mêlée/ d'ouverture** (*Rugby*) scrum/fly half; **à ~** *adv* half-; **ouvrir à ~** to half-open; **faire les choses à ~** to do things by halves; **à la ~e** (*heure*) on the half-hour

**demi-cercle** [dəmisɛʀkl] *nm* semicircle; **en ~** *adj* semicircular ▷ *adv* in a semicircle

**demi-douzaine** [dəmiduzɛn] *nf* half-dozen, half a dozen

**demi-finale** [dəmifinal] *nf* semifinal

**demi-frère** [dəmifʀɛʀ] *nm* half-brother

**demi-heure** [dəmijœʀ] *nf*: **une ~** a half-hour, half an hour

**demi-journée** [dəmiʒuʀne] *nf* half-day, half a day

**demi-litre** [dəmilitʀ] nm half-litre (Brit), half-liter (US), half a litre ou liter

**demi-livre** [dəmilivʀ] nf half-pound, half a pound

**demi-mot** [dəmimo]: **à ~** adv without having to spell things out

**demi-pension** [dəmipɑ̃sjɔ̃] nf half-board; **être en ~** (Scol) to take school meals

**demi-pensionnaire** [dəmipɑ̃sjɔnɛʀ] nm/f: **être ~** to take school lunches

**demi-place** [dəmiplas] nf half-price; (Transports) half-fare

**démis, e** [demi, -iz] pp de **démettre** ▷ adj (épaule etc) dislocated

**demi-sel** [dəmisɛl] adj inv slightly salted

**demi-sœur** [dəmisœʀ] nf half-sister

**démission** [demisjɔ̃] nf resignation; **donner sa ~** to give ou hand in one's notice, hand in one's resignation

**démissionner** [demisjɔne] vi (de son poste) to resign, give ou hand in one's notice

**demi-tarif** [dəmitaʀif] nm half-price; (Transports) half-fare; **voyager à ~** to travel half-fare

**demi-tour** [dəmituʀ] nm about-turn; **faire un ~** (Mil etc) to make an about-turn; **faire ~** to turn (and go) back; (Auto) to do a U-turn

**démocratie** [demɔkʀasi] nf democracy; **~ populaire/libérale** people's/liberal democracy

**démocratique** [demɔkʀatik] adj democratic

**démodé, e** [demɔde] adj old-fashioned

**demoiselle** [d(ə)mwazɛl] nf (jeune fille) young lady; (célibataire) single lady, maiden lady; **~ d'honneur** bridesmaid

**démolir** [demɔliʀ] vt to demolish; (fig: personne) to do for

**démon** [demɔ̃] nm demon, fiend; evil spirit; (enfant turbulent) devil, demon; **le ~ du jeu/des femmes** a mania for gambling/women; **le D~** the Devil

**démonstration** [demɔ̃stʀasjɔ̃] nf demonstration; (aérienne, navale) display

**démonté, e** [demɔ̃te] adj (fig) raging, wild

**démonter** [demɔ̃te] vt (machine etc) to take down, dismantle; (pneu, porte) to take off; (cavalier) to throw, unseat; (fig: personne) to disconcert; **se démonter** vi (meuble) to be dismantled, be taken to pieces; (personne) to lose countenance

**démontrer** [demɔ̃tʀe] vt to demonstrate, show

**démordre** [demɔʀdʀ] vi (aussi: **ne pas ~ de**) to refuse to give up, stick to

**démouler** [demule] vt (gâteau) to turn out

**démuni, e** [demyni] adj (sans argent) impoverished; **~ de** without, lacking in

**démunir** [demyniʀ] vt: **~ qn de** to deprive sb of; **se ~ de** to part with, give up

**dénaturer** [denatyʀe] vt (goût) to alter (completely); (pensée, fait) to distort, misrepresent

**dénicher** [deniʃe] vt (fam) ▷ vt (objet) to unearth; (restaurant etc) to discover

**dénier** [denje] vt to deny; **~ qch à qn** to deny sb sth

**dénigrer** [denigʀe] vt to denigrate, run down

**dénivellation** [denivelasjɔ̃] nf, **dénivellement** [denivɛlmɑ̃] nm difference in level; (pente) ramp; (creux) dip

**dénombrer** [denɔ̃bʀe] vt (compter) to count; (énumérer) to enumerate, list

**dénomination** [denɔminasjɔ̃] nf designation, appellation

**dénommé, e** [denɔme] adj: **le ~ Dupont** the man by the name of Dupont

**dénoncer** [denɔ̃se] vt to denounce; **se dénoncer** vi to give o.s. up, come forward

**dénouement** [denumɑ̃] nm outcome, conclusion; (Théât) dénouement

**dénouer** [denwe] vt to unknot, undo

**dénoyauter** [denwajote] vt to stone; **appareil à ~** stoner

**denrée** [dɑ̃ʀe] nf commodity; (aussi: **~ alimentaire**) food(stuff)

**dense** [dɑ̃s] adj dense

**densité** [dɑ̃site] nf denseness; (Physique) density

**dent** [dɑ̃] nf tooth; **avoir/garder une ~ contre qn** to have/hold a grudge against sb; **se mettre qch sous la ~** to eat sth; **être sur les ~s** to be on one's last legs; **faire ses ~s** to teethe, cut (one's) teeth; **en ~s de scie** serrated; (irrégulier) jagged; **avoir les ~s longues** (fig) to be ruthlessly ambitious; **~ de lait/sagesse** milk/wisdom tooth

**dentaire** [dɑ̃tɛʀ] adj dental; **cabinet ~** dental surgery; **école ~** dental school

**dentelé, e** [dɑ̃tle] adj jagged, indented

**dentelle** [dɑ̃tɛl] nf lace no pl

**dentier** [dɑ̃tje] nm denture

**dentifrice** [dɑ̃tifʀis] adj, nm: (pâte) ~ toothpaste; **eau ~** mouthwash

**dentiste** [dɑ̃tist] nm/f dentist

**dentition** [dɑ̃tisjɔ̃] nf teeth pl, dentition

**dénuder** [denyde] vt to bare; **se dénuder** (personne) to strip

**dénué, e** [denɥe] adj: **~ de** lacking in; (intérêt) devoid of

**dénuement** [denymɑ̃] nm destitution

**déodorant** [deɔdɔʀɑ̃] nm deodorant

**déontologie** [deɔ̃tɔlɔʒi] nf code of ethics; (professionnelle) (professional) code of practice

**dépannage** [depanaʒ] nm: **service/camion de ~** (Auto) breakdown service/truck

**dépanner** [depane] vt (voiture, télévision) to fix, repair; (fig) to bail out, help out

**dépanneuse** [depanøz] nf breakdown lorry (Brit), tow truck (US)

**dépareillé, e** [depaʀeje] adj (collection, service) incomplete; (gant, volume, objet) odd

**départ** [depaʀ] nm leaving no pl, departure; (Sport) start; (sur un horaire) departure; **à son ~** when he left; **au ~** (au début) initially, at the start; **courrier au ~** outgoing mail; **la veille de son ~** the day before he leaves/left

**départager** [depaʀtaʒe] *vt* to decide between

**département** [depaʀtəmɑ̃] *nm* department; *see note*

**dépassé, e** [depase] *adj* superseded, outmoded; *(fig)* out of one's depth

**dépasser** [depase] *vt (véhicule, concurrent)* to overtake; *(endroit)* to pass, go past; *(somme, limite)* to exceed; *(fig: en beauté etc)* to surpass, outshine; *(être en saillie sur)* to jut out above *(ou* in front of); *(dérouter)*: **cela me dépasse** it's beyond me ▷ *vi (Auto)* to overtake; *(jupon)* to show; **se dépasser** *vi* to excel o.s.

**dépaysé, e** [depeize] *adj* disoriented

**dépaysement** [depeizmɑ̃] *nm* disorientation; change of scenery

**dépecer** [depəse] *vt (boucher)* to joint, cut up; *(animal)* to dismember

**dépêche** [depɛʃ] *nf* dispatch; **~ (télégraphique)** telegram, wire

**dépêcher** [depeʃe] *vt* to dispatch; **se dépêcher** *vi* to hurry; **se ~ de faire qch** to hasten to do sth, hurry (in order) to do sth

**dépeindre** [depɛ̃dʀ] *vt* to depict

**dépendance** [depɑ̃dɑ̃s] *nf (interdépendance)* dependence *no pl*, dependency; *(bâtiment)* outbuilding

**dépendre** [depɑ̃dʀ] *vt (tableau)* to take down; **~ de** *vt* to depend on, to be dependent on; *(appartenir)* to belong to; **ça dépend** it depends

**dépens** [depɑ̃] *nmpl*: **aux ~ de** at the expense of

**dépense** [depɑ̃s] *nf* spending *no pl*, expense, expenditure *no pl*; *(fig)* consumption; *(: de temps, de forces)* expenditure; **pousser qn à la ~** to make sb incur an expense; **~ physique** (physical) exertion; **~s de fonctionnement** revenue expenditure; **~s d'investissement** capital expenditure; **~s publiques** public expenditure

**dépenser** [depɑ̃se] *vt* to spend; *(gaz, eau)* to use; *(fig)* to expend, use up; **se dépenser** *vi (se fatiguer)* to exert o.s.

**dépensier, -ière** [depɑ̃sje, -jɛʀ] *adj*: **il est ~** he's a spendthrift

**dépérir** [depeʀiʀ] *vi (personne)* to waste away; *(plante)* to wither

**dépêtrer** [depetʀe] *vt*: **se ~ de** *(situation)* to extricate o.s. from

**dépeupler** [depœple] *vt* to depopulate; **se dépeupler** *vi* to become depopulated

**dépilatoire** [depilatwaʀ] *adj* depilatory, hair-removing; **crème ~** hair-removing *ou* depilatory cream

**dépister** [depiste] *vt* to detect; *(Méd)* to screen; *(voleur)* to track down; *(poursuivants)* to throw off the scent

**dépit** [depi] *nm* vexation, frustration; **en ~ de** *prép* in spite of; **en ~ du bon sens** contrary to all good sense

**dépité, e** [depite] *adj* vexed, frustrated

**déplacé, e** [deplase] *adj (propos)* out of place, uncalled-for; **personne ~e** displaced person

**déplacement** [deplasmɑ̃] *nm* moving; shifting; transfer; *(voyage)* trip, travelling *no pl (Brit)*, traveling *no pl (US)*; **en ~** away (on a trip); **~ d'air** displacement of air; **~ de vertèbre** slipped disc

**déplacer** [deplase] *vt (table, voiture)* to move, shift; *(employé)* to transfer, move; **se déplacer** *vi (objet)* to move; *(organe)* to become displaced; *(personne: bouger)* to move, walk; *(: voyager)* to travel ▷ *vt*: **se ~ une vertèbre** to slip a disc

**déplaire** [deplɛʀ] *vi*: **ceci me déplaît** I don't like this, I dislike this; **il cherche à nous ~** he's trying to displease *ou* be disagreeable to us; **se ~ quelque part** to dislike it *ou* be unhappy somewhere

**déplaisant, e** [deplɛzɑ̃, -ɑ̃t] *vb voir* **déplaire** ▷ *adj* disagreeable, unpleasant

**dépliant** [deplijɑ̃] *nm* leaflet

**déplier** [deplije] *vt* to unfold; **se déplier** *vi (parachute)* to open

**déplorer** [deplɔʀe] *vt (regretter)* to deplore; *(pleurer sur)* to lament

**déployer** [deplwaje] *vt* to open out, spread; *(Mil)* to deploy; *(montrer)* to display, exhibit

**déporter** [depɔʀte] *vt (Pol)* to deport; *(dévier)* to carry off course; **se déporter** *vi (voiture)* to swerve

**déposer** [depoze] *vt (gén: mettre, poser)* to lay down, put down, set down; *(à la banque, à la consigne)* to deposit; *(caution)* to put down; *(passager)* to drop (off), set down; *(démonter: serrure, moteur)* to take out; *(: rideau)* to take down; *(roi)* to depose; *(Admin: faire enregistrer)* to file; *(marque)* to register; *(plainte)* to lodge ▷ *vi* to form a sediment *ou* deposit; *(Jur)*: **~ (contre)** to testify *ou* give evidence (against); **se déposer** *vi* to settle; **~ son bilan** *(Comm)* to go into (voluntary) liquidation

**dépositaire** [depozitɛʀ] *nm/f (Jur)* depository; *(Comm)* agent; **~ agréé** authorized agent

**déposition** [depozisjɔ̃] *nf (Jur)* deposition, statement

**dépôt** [depo] *nm (à la banque, sédiment)* deposit; *(entrepôt, réserve)* warehouse, store; *(gare)* depot; *(prison)* cells *pl*; **~ d'ordures** rubbish

(Brit) ou garbage (US) dump, tip (Brit); **~ de bilan** (voluntary) liquidation; **~ légal** registration of copyright

**dépotoir** [depɔtwaʀ] nm dumping ground, rubbish (Brit) ou garbage (US) dump; **~ nucléaire** nuclear (waste) dump

**dépouiller** [depuje] vt (animal) to skin; (spolier) to deprive of one's possessions; (documents) to go through, peruse; **~ qn/qch de** to strip sb/sth of; **~ le scrutin** to count the votes

**dépourvu, e** [depuʀvy] adj: **~ de** lacking in, without; **au ~** adv: **prendre qn au ~** to catch sb unawares

**déprécier** [depʀesje] vt to reduce the value of; **se déprécier** vi to depreciate

**dépression** [depʀesjɔ̃] nf depression; **~ (nerveuse)** (nervous) breakdown

**déprimant, e** [depʀimɑ̃, -ɑ̃t] adj depressing

**déprimer** [depʀime] vt to depress

⊘ MOT-CLÉ

**depuis** [dəpɥi] prép **1** (point de départ dans le temps) since; **il habite Paris depuis 1983/l'an dernier** he has been living in Paris since 1983/last year; **depuis quand?** since when?; **depuis quand le connaissez-vous?** how long have you known him?; **depuis lors** since then

**2** (temps écoulé) for; **il habite Paris depuis cinq ans** he has been living in Paris for five years; **je le connais depuis trois ans** I've known him for three years; **depuis combien de temps êtes-vous ici?** how long have you been here?

**3** (lieu): **il a plu depuis Metz** it's been raining since Metz; **elle a téléphoné depuis Valence** she rang from Valence

**4** (quantité, rang) from; **depuis les plus petits jusqu'aux plus grands** from the youngest to the oldest

▷ adv (temps) since (then); **je ne lui ai pas parlé depuis** I haven't spoken to him since (then); **depuis que** conj (ever) since; **depuis qu'il m'a dit ça** (ever) since he said that to me

**député, e** [depyte] nm/f (Pol) deputy, ≈ Member of Parliament (Brit), ≈ Congressman/woman (US)

**députer** [depyte] vt to delegate; **~ qn auprès de** to send sb (as a representative) to

**déraciner** [deʀasine] vt to uproot

**dérailler** [deʀaje] vi (train) to be derailed, go off ou jump the rails; (fam) to be completely off the track; **faire ~** to derail

**déraisonner** [deʀezɔne] vi to talk nonsense, rave

**dérangement** [deʀɑ̃ʒmɑ̃] nm (gêne, déplacement) trouble; (gastrique etc) disorder; (mécanique) breakdown; **en ~** (téléphone) out of order

**déranger** [deʀɑ̃ʒe] vt (personne) to trouble, bother, disturb; (projets) to disrupt, upset; (objets, vêtements) to disarrange; **se déranger** to put o.s. out; (se déplacer) to (take the trouble to) come (ou go) out; **surtout ne vous dérangez pas pour moi** please don't put yourself out on my account; **est-ce que cela vous dérange si ...?** do you mind if ...?; **ça te dérangerait de faire ...?** would you mind doing ...?; **ne vous dérangez pas** don't go to any trouble; don't disturb yourself

**déraper** [deʀape] vi (voiture) to skid; (personne, semelles, couteau) to slip; (fig: économie etc) to go out of control

**dérégler** [deʀegle] vt (mécanisme) to put out of order, cause to break down; (estomac) to upset; **se dérégler** vi to break down, go wrong

**dérider** [deʀide] vt: **se dérider** vi to cheer up

**dérision** [deʀizjɔ̃] nf derision; **tourner en ~** to deride; **par ~** in mockery

**dérisoire** [deʀizwaʀ] adj derisory

**dérive** [deʀiv] nf (de dériveur) centre-board; **aller à la ~** (Navig, fig) to drift; **~ des continents** (Géo) continental drift

**dérivé, e** [deʀive] adj derived ▷ nm (Ling) derivative; (Tech) by-product ▷ nf (Math) derivative

**dériver** [deʀive] vt (Math) to derive; (cours d'eau etc) to divert ▷ vi (bateau) to drift; **~ de** to derive from

**dermatologue** [dɛʀmatɔlɔg] nm/f dermatologist

**dernier, -ière** [dɛʀnje, -jɛʀ] adj (dans le temps, l'espace) last; (le plus récent: gén avant n) latest, last; (final, ultime: effort) final; (échelon, grade) top, highest ▷ nm (étage) top floor; **lundi/le mois ~** last Monday/month; **du ~ chic** extremely smart; **le ~ cri** the last word (in fashion); **les ~s honneurs** the last tribute; **le ~ soupir, rendre le ~ soupir** to breathe one's last; **en ~** adv last; **ce ~, cette dernière** the latter

**dernièrement** [dɛʀnjɛʀmɑ̃] adv recently

**dérobé, e** [deʀɔbe] adj (porte) secret, hidden; **à la ~e** surreptitiously

**dérober** [deʀɔbe] vt to steal; (cacher): **~ qch à (la vue de) qn** to conceal ou hide sth from sb's view; **se dérober** vi (s'esquiver) to slip away; (fig) to shy away; **se ~ sous** (s'effondrer) to give way beneath; **se ~ à** (justice, regards) to hide from; (obligation) to shirk

**dérogation** [deʀɔgasjɔ̃] nf (special) dispensation

**déroger** [deʀɔʒe]: **~ à** vt to go against, depart from

**dérouiller** [deʀuje] vt: **se ~ les jambes** to stretch one's legs (fig)

**déroulement** [deʀulmɑ̃] nm (d'une opération etc) progress

**dérouler** [deʀule] vt (ficelle) to unwind; (papier) to unroll; **se dérouler** vi to unwind;

to unroll, come unrolled; *(avoir lieu)* to take place; *(se passer)* to go; **tout s'est déroulé comme prévu** everything went as planned

**dérouter** [deʀute] *vt (avion, train)* to reroute, divert; *(étonner)* to disconcert, throw *(out)*

**derrière** [dɛʀjɛʀ] *adv, prép* behind ▷ *nm (d'une maison)* back; *(postérieur)* behind, bottom; **les pattes de ~** the back legs, the hind legs; **par ~** from behind; *(fig)* in an underhand way, behind one's back

**des** [de] *art voir* **de**

**dès** [dɛ] *prép* from; **~ que** *conj* as soon as; **~ à présent** here and now; **~ son retour** as soon as he was *(ou* is *)* back; **~ réception** upon receipt; **~ lors** *adv* from then on; **~ lors que** *conj* from the moment (that)

**désabusé, e** [dezabyze] *adj* disillusioned

**désaccord** [dezakɔʀ] *nm* disagreement

**désaccordé, e** [dezakɔʀde] *adj (Mus)* out of tune

**désaffecté, e** [dezafɛkte] *adj* disused

**désagréable** [dezagʀeabl] *adj* unpleasant, disagreeable

**désagréger** [dezagʀeʒe]: **se désagréger** *vi* to disintegrate, break up

**désagrément** [dezagʀemɑ̃] *nm* annoyance, trouble *no pl*

**désaltérer** [dezalteʀe] *vt*: **se désaltérer** to quench one's thirst; **ça désaltère** it's thirst-quenching, it quenches your thirst

**désapprobateur, -trice** [dezapʀɔbatœʀ, -tʀis] *adj* disapproving

**désapprouver** [dezapʀuve] *vt* to disapprove of

**désarmant, e** [dezaʀmɑ̃, -ɑ̃t] *adj* disarming

**désarroi** [dezaʀwa] *nm* helplessness, disarray

**désastre** [dezastʀ] *nm* disaster

**désastreux, -euse** [dezastʀø, -øz] *adj* disastrous

**désavantage** [dezavɑ̃taʒ] *nm* disadvantage; *(inconvénient)* drawback, disadvantage

**désavantager** [dezavɑ̃taʒe] *vt* to put at a disadvantage

**descendre** [desɑ̃dʀ] *vt (escalier, montagne)* to go *(ou* come *)* down; *(valise, paquet)* to take *ou* get down; *(étagère etc)* to lower; *(fam: abattre)* to shoot down; *(: boire)* to knock back ▷ *vi* to go *(ou* come *)* down; *(passager: s'arrêter)* to get out, alight; *(niveau, température)* to go *ou* come down, fall, drop; *(marée)* to go out; **~ à pied/ en voiture** to walk/drive down, go down on foot/by car; **~ de (famille)** to be descended from; **~ du train** to get out of *ou* off the train; **~ d'un arbre** to climb down from a tree; **~ de cheval** to dismount, get off one's horse; **~ à l'hôtel** to stay at a hotel; **~ dans la rue** *(manifester)* to take to the streets; **~ en ville** to go into town, go down town

**descente** [desɑ̃t] *nf* descent, going down; *(chemin)* way down; *(Ski)* downhill (race); **au milieu de la ~** halfway down; **freinez dans**

**les ~s** use the brakes going downhill; **~ de lit** bedside rug; **~ (de police)** (police) raid

**description** [dɛskʀipsjɔ̃] *nf* description

**désemparé, e** [dezɑ̃paʀe] *adj* bewildered, distraught; *(bateau, avion)* crippled

**désemplir** [dezɑ̃pliʀ] *vi*: **ne pas ~** to be always full

**déséquilibre** [dezekilibʀ] *nm (position)*: **être en ~** to be unsteady; *(fig: des forces, du budget)* imbalance; *(Psych)* unbalance

**déséquilibré, e** [dezekilibʀe] *nm/f (Psych)* unbalanced person

**déséquilibrer** [dezekilibʀe] *vt* to throw off balance

**désert, e** [dezɛʀ, -ɛʀt] *adj* deserted ▷ *nm* desert

**déserter** [dezɛʀte] *vi, vt* to desert

**désertique** [dezɛʀtik] *adj* desert *cpd*; *(inculte)* barren, empty

**désespéré, e** [dezɛspeʀe] *adj* desperate; *(regard)* despairing; **état ~** *(Méd)* hopeless condition

**désespérer** [dezɛspeʀe] *vt* to drive to despair; **se désespérer** *vi* to despair; **~ de** to despair of

**désespoir** [dezɛspwaʀ] *nm* despair; **être** *ou* **faire le ~ de qn** to be the despair of sb; **en ~ de cause** in desperation

**déshabiller** [dezabije] *vt* to undress; **se déshabiller** to undress (o.s.)

**déshérité, e** [dezeʀite] *adj* disinherited ▷ *nm/f*: **les ~s** *(pauvres)* the underprivileged, the deprived

**déshériter** [dezeʀite] *vt* to disinherit

**déshonneur** [dezɔnœʀ] *nm* dishonour (Brit), dishonor (US), disgrace

**déshydraté, e** [dezidʀate] *adj* dehydrated

**desiderata** [deziderata] *nmpl* requirements

**désigner** [dezine] *vt (montrer)* to point out, indicate; *(dénommer)* to denote, refer to; *(nommer: candidat etc)* to name, appoint

**désinfectant, e** [dezɛ̃fɛktɑ̃, -ɑ̃t] *adj, nm* disinfectant

**désinfecter** [dezɛ̃fɛkte] *vt* to disinfect

**désintégrer** [dezɛ̃tegʀe] *vt* to break up; **se désintégrer** *vi* to disintegrate

**désintéressé, e** [dezɛ̃teʀese] *adj (généreux, bénévole)* disinterested, unselfish

**désintéresser** [dezɛ̃teʀese] *vt*: **se désintéresser (de)** to lose interest (in)

**désintoxication** [dezɛ̃tɔksikasjɔ̃] *nf* treatment for alcoholism *(ou* drug addiction); **faire une cure de ~** to have *ou* undergo treatment for alcoholism *(ou* drug addiction)

**désinvolte** [dezɛ̃vɔlt] *adj* casual, off-hand

**désinvolture** [dezɛ̃vɔltyʀ] *nf* casualness

**désir** [deziʀ] *nm* wish; *(fort, sensuel)* desire

**désirer** [deziʀe] *vt* to want, wish for; *(sexuellement)* to desire; **je désire ...** *(formule de politesse)* I would like ...; **il désire que tu l'aides** he would like *ou* he wants you to help

him; **~ faire** to want *ou* wish to do; **ça laisse
à ~** it leaves something to be desired
**désister** [deziste]: **se désister** *vi* to stand
down, withdraw
**désobéir** [dezɔbeiʀ] *vi*: **~ (à qn/qch)** to
disobey (sb/sth)
**désobéissant, e** [dezɔbeisɑ̃, -ɑ̃t] *adj*
disobedient
**désobligeant, e** [dezɔbliʒɑ̃, -ɑ̃t] *adj*
disagreeable, unpleasant
**désodorisant** [dezɔdɔʀizɑ̃] *nm* air freshener,
deodorizer
**désœuvré, e** [dezœvʀe] *adj* idle
**désolé, e** [dezɔle] *adj* (*paysage*) desolate; **je
suis ~** I'm sorry
**désoler** [dezɔle] *vt* to distress, grieve; **se
désoler** *vi* to be upset
**désopilant, e** [dezɔpilɑ̃, -ɑ̃t] *adj* screamingly
funny, hilarious
**désordonné, e** [dezɔʀdɔne] *adj* untidy,
disorderly
**désordre** [dezɔʀdʀ] *nm* disorder(liness),
untidiness; (*anarchie*) disorder; **désordres**
*nmpl* (Pol) disturbances, disorder *sg*; **en ~** in a
mess, untidy
**désorienté, e** [dezɔʀjɑ̃te] *adj* disorientated;
(*fig*) bewildered
**désormais** [dezɔʀmɛ] *adv* in future, from
now on
**désosser** [dezɔse] *vt* to bone
**desquels, desquelles** [dekɛl] *prép* + *pron voir*
**lequel**
**desséché, e** [desefe] *adj* dried up
**dessécher** [desefe] *vt* (*terre, plante*) to dry out,
parch; (*peau*) to dry out; (*volontairement:
aliments etc*) to dry, dehydrate; (*fig: cœur*) to
harden; **se dessécher** *vi* to dry out; (*peau,
lèvres*) to go dry
**dessein** [desɛ̃] *nm* design; **dans le ~ de** with
the intention of; **à ~** intentionally,
deliberately
**desserrer** [deseʀe] *vt* to loosen; (*frein*) to
release; (*poing, dents*) to unclench; (*objets
alignés*) to space out; **ne pas ~ les dents** not to
open one's mouth
**dessert** [desɛʀ] *vb voir* **desservir** ▷ *nm*
dessert, pudding
**desserte** [desɛʀt] *nf* (*table*) side table;
(*transport*): **la ~ du village est assurée par
autocar** there is a coach service to the
village; **chemin** *ou* **voie de ~** service road
**desservir** [desɛʀviʀ] *vt* (*ville, quartier*) to serve;
(*: voie de communication*) to lead into; (*vicaire:
paroisse*) to serve; (*nuire à: personne*) to do a
disservice to; (*débarrasser*): **~ (la table)** to clear
the table
**dessin** [desɛ̃] *nm* (*œuvre, art*) drawing; (*motif*)
pattern, design; (*contour*) (out)line; **le ~
industriel** draughtsmanship (Brit),
draftsmanship (US); **~ animé** cartoon (film);
**~ humoristique** cartoon
**dessinateur, -trice** [desinatœʀ, -tʀis] *nm/f*

drawer; (*de bandes dessinées*) cartoonist;
(*industriel*) draughtsman (Brit), draftsman
(US); **dessinatrice de mode** fashion
designer
**dessiner** [desine] *vt* to draw; (*concevoir:
carrosserie, maison*) to design; (*robe: taille*) to
show off; **se dessiner** *vi* (*forme*) to be
outlined; (*fig*) to emerge
**dessous** [d(ə)su] *adv* underneath, beneath
▷ *nm* underside; (*étage inférieur*): **les voisins
du ~** the downstairs neighbours ▷ *nmpl* (*sous-
vêtements*) underwear *sg*; (*fig*) hidden aspects;
**en ~** underneath; below; (*fig: en catimini*) slyly,
on the sly; **par ~** underneath; below; **de ~ le
lit** from under the bed; **au-~** *adv* below; **au-~
de** *prép* below; (*peu digne de*) beneath; **au-~ de
tout** the (absolute) limit; **avoir le ~** to get the
worst of it
**dessous-de-plat** [dəsudpla] *nm inv* tablemat
**dessus** [d(ə)sy] *adv* on top; (*collé, écrit*) on it
▷ *nm* top; (*étage supérieur*): **les
voisins/l'appartement du ~** the upstairs
neighbours/flat; **en ~** above; **par ~** *adv* over it
▷ *prép* over; **au-~** above; **au-~ de** above; **avoir/
prendre le ~** to have/get the upper hand;
**reprendre le ~** to get over it; **bras ~ bras
dessous** arm in arm; **sens ~ dessous** upside
down; *voir* **ci-** ; **là-**
**dessus-de-lit** [dəsydli] *nm inv* bedspread
**destin** [dɛstɛ̃] *nm* fate; (*avenir*) destiny
**destinataire** [dɛstinatɛʀ] *nm/f* (*Postes*)
addressee; (*d'un colis*) consignee; (*d'un mandat*)
payee; **aux risques et périls du ~** at owner's
risk
**destination** [dɛstinasjɔ̃] *nf* (*lieu*) destination;
(*usage*) purpose; **à ~ de** (*avion etc*) bound for;
(*voyageur*) bound for, travelling to
**destinée** [dɛstine] *nf* fate; (*existence, avenir*)
destiny
**destiner** [dɛstine] *vt*: **~ qn à** (*poste, sort*) to
destine sb for; **~ qn/qch à** (*prédestiner*) to mark
sb/sth out for; **~ qch à** (*envisager d'affecter*) to
intend to use sth for; **~ qch à qn** (*envisager de
donner*) to intend sb to have sth, intend to
give sth to sb; (*adresser*) to intend sth for sb;
**se ~ à l'enseignement** to intend to become
a teacher; **être destiné à** (*sort*) to be destined
to + *verbe*; (*usage*) to be intended *ou* meant for;
(*sort*) to be in store for
**destruction** [dɛstʀyksjɔ̃] *nf* destruction
**désuet, -ète** [desɥɛ, -ɛt] *adj* outdated,
outmoded
**détachant** [detaʃɑ̃] *nm* stain remover
**détachement** [detaʃmɑ̃] *nm* detachment;
(*fonctionnaire, employé*): **être en ~** to be on
secondment (Brit) *ou* a posting
**détacher** [detaʃe] *vt* (*enlever*) to detach,
remove; (*délier*) to untie; (*Admin*): **~ qn
(auprès de** *ou* **à)** to post sb (to), send sb on
secondment (to) (Brit); (*Mil*) to detail;
(*vêtement: nettoyer*) to remove the stains from;
**se détacher** *vi* (*se séparer*) to come off; (*page*)

to come out; (se défaire) to come undone; (Sport) to pull ou break away; (se délier: chien, prisonnier) to break loose; **se ~ sur** to stand out against; **se ~ de** (se désintéresser) to grow away from

**détail** [detaj] nm detail; (Comm): **le ~** retail; **prix de ~** retail price; **au ~** adv (Comm) retail; (: individuellement) separately; **donner le ~ de** to give a detailed account of; (compte) to give a breakdown of; **en ~** in detail

**détaillant, e** [detajã, -ãt] nm/f retailer

**détaillé, e** [detaje] adj (récit, plan, explications) detailed; (facture) itemized

**détailler** [detaje] vt (Comm) to sell retail; to sell separately; (expliquer) to explain in detail; to detail; (examiner) to look over, examine

**détaler** [detale] vi (lapin) to scamper off; (fam: personne) to make off, scarper (fam)

**détartrant** [detartrã] nm descaling agent (Brit), scale remover

**détaxer** [detakse] vt (réduire) to reduce the tax on; (ôter) to remove the tax on

**détecter** [detɛkte] vt to detect

**détective** [detɛktiv] nm detective; **~ (privé)** private detective ou investigator

**déteindre** [detɛ̃dʀ] vi to fade; (au lavage) to run; **~ sur** (vêtement) to run into; (fig) to rub off on

**détendre** [detɑ̃dʀ] vt (fil) to slacken, loosen; (personne, atmosphère, corps, esprit) to relax; (: situation) to relieve; **se détendre** vi (ressort) to lose its tension; (personne) to relax

**détenir** [det(ə)niʀ] vt (fortune, objet, secret) to be in possession of; (prisonnier) to detain; (record) to hold; **~ le pouvoir** to be in power

**détente** [detɑ̃t] nf relaxation; (Pol) détente; (d'une arme) trigger; (d'un athlète qui saute) spring

**détention** [detɑ̃sjɔ̃] nf (de fortune, objet, secret) possession; (captivité) detention; (de record) holding; **~ préventive** (pre-trial) custody

**détenu, e** [det(ə)ny] pp de **détenir** ▷ nm/f prisoner

**détergent** [detɛʀʒɑ̃] nm detergent

**détériorer** [deterjɔre] vt to damage; **se détériorer** vi to deteriorate

**déterminé, e** [detɛʀmine] adj (résolu) determined; (précis) specific, definite

**déterminer** [detɛʀmine] vt to determine; (décider): **~ qn à faire** to decide sb to do; **se ~ à faire** to make up one's mind to do

**déterrer** [detere] vt to dig up

**détestable** [detɛstabl] adj foul, detestable

**détester** [detɛste] vt to hate, detest

**détonner** [detɔne] vi (Mus) to go out of tune; (fig) to clash

**détour** [detuʀ] nm detour; (tournant) bend, curve; (fig: subterfuge) roundabout means; **ça vaut le ~** it's worth the trip; **sans ~** (fig) plainly

**détourné, e** [deturne] adj (sentier, chemin, moyen) roundabout

**détournement** [deturnəmã] nm diversion, rerouting; **~ d'avion** hijacking; **~ (de fonds)** embezzlement ou misappropriation of funds); **~ de mineur** corruption of a minor

**détourner** [deturne] vt to divert; (avion) to divert, reroute; (: par la force) to hijack; (yeux, tête) to turn away; (de l'argent) to embezzle, misappropriate; **se détourner** vi to turn away; **~ la conversation** to change the subject; **~ qn de son devoir** to divert sb from his duty; **~ l'attention (de qn)** to distract ou divert (sb's) attention

**détracteur, -trice** [detraktœʀ, -tris] nm/f disparager, critic

**détraquer** [detrake] vt to put out of order; (estomac) to upset; **se détraquer** vi to go wrong

**détrempé, e** [detrɑ̃pe] adj (sol) sodden, waterlogged

**détresse** [detrɛs] nf distress; **en ~** (avion etc) in distress; **appel/signal de ~** distress call/signal

**détriment** [detrimɑ̃] nm: **au ~ de** to the detriment of

**détritus** [detritys] nmpl rubbish sg, refuse sg, garbage sg (US)

**détroit** [detrwa] nm strait; **le ~ de Bering** ou **Behring** the Bering Strait; **le ~ de Gibraltar** the Straits of Gibraltar; **le ~ du Bosphore** the Bosphorus; **le ~ de Magellan** the Strait of Magellan, the Magellan Strait

**détromper** [detrɔ̃pe] vt to disabuse; **se détromper** vi: **détrompez-vous** don't believe it

**détruire** [detruir] vt to destroy; (fig: santé, réputation) to ruin; (documents) to shred

**dette** [dɛt] nf debt; **~ publique** ou **de l'État** national debt

**DEUG** [dœg] sigle m = **Diplôme d'études universitaires générales** see note

- **DEUG**
- 
- French students sit their DEUG ('diplôme
- d'études universitaires générales') after
- two years at university. They can then
- choose to leave university altogether, or go
- on to study for their 'licence'. The certificate
- specifies the student's major subject and
- may be awarded with distinction.

**deuil** [dœj] nm (perte) bereavement; (période) mourning; (chagrin) grief; **porter le ~** to wear mourning; **prendre le/être en ~** to go into/ be in mourning

**deux** [dø] num two; **les ~** both; **ses ~ mains** both his hands, his two hands; **à ~ pas** a short distance away; **tous les ~ mois** every two months, every other month; **~ fois** twice

**deuxième** [døzjɛm] num second

**deuxièmement** [døzjɛmmɑ̃] adv secondly, in the second place

**deux-pièces** [døpjɛs] *nm inv* (*tailleur*) two-piece (suit); (*de bain*) two-piece (swimsuit); (*appartement*) two-roomed flat (*Brit*) ou apartment (*US*)

**deux-points** [døpwɛ̃] *nm inv* colon *sg*

**deux-roues** [døru] *nm inv* two-wheeled vehicle

**devais** *etc* [dəvɛ] *vb voir* **devoir**

**dévaler** [devale] *vt* to hurtle down

**dévaliser** [devalize] *vt* to rob, burgle

**dévaloriser** [devalɔrize] *vt* to reduce the value of; **se dévaloriser** *vi* to depreciate

**dévaluation** [devalɥasjɔ̃] *nf* depreciation; (*Écon: mesure*) devaluation

**devancer** [d(ə)vɑ̃se] *vt* to be ahead of; (*distancer*) to get ahead of; (*arriver avant*) to arrive before; (*prévenir*) to anticipate; **~ l'appel** (*Mil*) to enlist before call-up

**devant** [d(ə)vɑ̃] *vb voir* **devoir** ▷ *adv* in front; (*à distance: en avant*) ahead ▷ *prép* in front of; (*en avant*) ahead of; (*avec mouvement: passer*) past; (*fig*) before, in front of; (*: face à*) faced with, in the face of; (*: vu*) in view of ▷ *nm* front; **prendre les ~s** to make the first move; **de ~** (*roue, porte*) front; **les pattes de ~** the front legs, the forelegs; **par ~** (*boutonner*) at the front; (*entrer*) the front way; **par-~ notaire** in the presence of a notary; **aller au-~ de qn** to go out to meet sb; **aller au-~ de** (*désirs de qn*) to anticipate; **aller au-~ des ennuis** ou **difficultés** to be asking for trouble

**devanture** [d(ə)vɑ̃tyr] *nf* (*façade*) (shop) front; (*étalage*) display; (*vitrine*) (shop) window

**déveine** [devɛn] *nf* rotten luck *no pl*

**développement** [dev(ə)lɔpmɑ̃] *nm* development; **pays en voie de ~** developing countries

**développer** [dev(ə)lɔpe] *vt* to develop; **se développer** *vi* to develop

**devenir** [dəv(ə)nir] *vi* to become; **~ instituteur** to become a teacher; **que sont-ils devenus?** what has become of them?

**dévergondé, e** [devɛrgɔ̃de] *adj* wild, shameless

**déverser** [devɛrse] *vt* (*liquide*) to pour (out); (*ordures*) to tip (out); **se ~ dans** (*fleuve, mer*) to flow into

**dévêtir** [devetir] *vt*, **se dévêtir** *vi* to undress

**devez** [dəve] *vb voir* **devoir**

**déviation** [devjasjɔ̃] *nf* deviation; (*Auto*) diversion (*Brit*), detour (*US*); **~ de la colonne (vertébrale)** curvature of the spine

**devienne** *etc* [dəvjɛn] *vb voir* **devenir**

**dévier** [devje] *vt* (*fleuve, circulation*) to divert; (*coup*) to deflect ▷ *vi* to veer (off course); **(faire) ~** (*projectile*) to deflect; (*véhicule*) to push off course

**devin** [dəvɛ̃] *nm* soothsayer, seer

**deviner** [d(ə)vine] *vt* to guess; (*prévoir*) to foretell, foresee; (*apercevoir*) to distinguish

**devinette** [dəvinɛt] *nf* riddle

**devis** [d(ə)vi] *nm* estimate, quotation; **~ descriptif/estimatif** detailed/preliminary estimate

**dévisager** [devizaʒe] *vt* to stare at

**devise** [dəviz] *nf* (*formule*) motto, watchword; (*Écon: monnaie*) currency; **devises** *nfpl* (*argent*) currency *sg*

**deviser** [dəvize] *vi* to converse

**dévisser** [devise] *vt* to unscrew, undo; **se dévisser** *vi* to come unscrewed

**dévoiler** [devwale] *vt* to unveil

**devoir** [d(ə)vwar] *nm* duty; (*Scol*) piece of homework, homework *no pl*; (*: en classe*) exercise ▷ *vt* (*argent, respect*): **~ qch (à qn)** to owe (sb) sth; **combien est-ce que je vous dois?** how much do I owe you?; (*suivi de l'infinitif: obligation*): **il doit le faire** he has to do it, he must do it; (*: fatalité*): **cela devait arriver un jour** it was bound to happen; (*: intention*): **il doit partir demain** he is due to leave tomorrow; (*: probabilité*): **il doit être tard** it must be late; **se faire un ~ de faire qch** to make it one's duty to do sth; **~s de vacances** homework set for the holidays; **se ~ de faire qch** to be duty bound to do sth; **je devrais faire** I ought to ou should do; **tu n'aurais pas dû** you ought not to have ou shouldn't have; **comme il se doit** (*comme il faut*) as is right and proper

**dévolu, e** [devɔly] *adj*: **~ à** allotted to ▷ *nm*: **jeter son ~ sur** to fix one's choice on

**dévorer** [devɔre] *vt* to devour; (*feu, soucis*) to consume; **~ qn/qch des yeux** ou **du regard** (*fig*) to eye sb/sth intently; (*: convoitise*) to eye sb/sth greedily

**dévot, e** [devo, -ɔt] *adj* devout, pious ▷ *nm/f* devout person; **un faux ~** a falsely pious person

**dévotion** [devosjɔ̃] *nf* devoutness; **être à la ~ de qn** to be totally devoted to sb; **avoir une ~ pour qn** to worship sb

**dévoué, e** [devwe] *adj* devoted

**dévouement** [devumɑ̃] *nm* devotion, dedication

**dévouer** [devwe]: **se dévouer** *vi* (*se sacrifier*): **se ~ (pour)** to sacrifice o.s. (for); (*se consacrer*): **se ~ à** to devote ou dedicate o.s. to

**dévoyé, e** [devwaje] *adj* delinquent

**devrai** *etc* [dəvre] *vb voir* **devoir**

**dézipper** [dezipe] *vt* (*Inform*) to unzip

**diabète** [djabɛt] *nm* diabetes *sg*

**diabétique** [djabetik] *nm/f* diabetic

**diable** [djabl] *nm* devil; **une musique du ~** an unholy racket; **il fait une chaleur du ~** it's fiendishly hot; **avoir le ~ au corps** to be the very devil

**diabolo** [djabolo] *nm* (*jeu*) diabolo; (*boisson*) lemonade and fruit cordial; **~-(menthe)** lemonade and mint cordial

**diagnostic** [djagnɔstik] *nm* diagnosis *sg*

**diagnostiquer** [djagnɔstike] *vt* to diagnose

**diagonal, e, -aux** [djagɔnal, -o] *adj, nf*
diagonal; **en ~e** diagonally; **lire en ~e** (*fig*) to
skim through

**diagramme** [djagʀam] *nm* chart, graph

**dialecte** [djalɛkt] *nm* dialect

**dialogue** [djalɔg] *nm* dialogue; **~ de sourds**
dialogue of the deaf

**diamant** [djamɑ̃] *nm* diamond

**diamètre** [djamɛtʀ] *nm* diameter

**diapason** [djapazɔ̃] *nm* tuning fork; (*fig*):
**être/se mettre au ~ (de)** to be/get in tune
(with)

**diaphragme** [djafʀagm] *nm* (*Anat, Photo*)
diaphragm; (*contraceptif*) diaphragm, cap;
**ouverture du ~** (*Photo*) aperture

**diapo** [djapo], **diapositive** [djapozitiv] *nf*
transparency, slide

**diarrhée** [djaʀe] *nf* diarrhoea (*Brit*), diarrhea
(*US*)

**dictateur** [diktatœʀ] *nm* dictator

**dictature** [diktatyʀ] *nf* dictatorship

**dictée** [dikte] *nf* dictation; **prendre sous ~** to
take down (*sth dictated*)

**dicter** [dikte] *vt* to dictate

**dictionnaire** [diksjɔnɛʀ] *nm* dictionary;
**~ géographique** gazetteer

**dicton** [diktɔ̃] *nm* saying, dictum

**dièse** [djɛz] *nm* (*Mus*) sharp

**diesel** [djezɛl] *nm, adj inv* diesel

**diète** [djɛt] *nf* (*jeûne*) starvation diet; (*régime*)
diet; **être à la ~** to be on a diet

**diététique** [djetetik] *nf* dietetics *sg* ▷ *adj*:
**magasin ~** health food shop (*Brit*) *ou* store
(*US*)

**dieu, x** [djø] *nm* god; **D~** God; **le bon D~** the
good Lord; **mon D~!** good heavens!

**diffamation** [difamasjɔ̃] *nf* slander; (*écrite*)
libel; **attaquer qn en ~** to sue sb for slander
(*ou* libel)

**différé** [difeʀe] *adj* (*Inform*): **traitement ~**
batch processing; **crédit ~** deferred credit
▷ *nm* (*TV*): **en ~** (pre-)recorded

**différemment** [difeʀamɑ̃] *adv* differently

**différence** [difeʀɑ̃s] *nf* difference; **à la ~ de**
unlike

**différencier** [difeʀɑ̃sje] *vt* to differentiate;
**se différencier** *vi* (*organisme*) to become
differentiated; **se ~ de** to differentiate o.s.
from; (*être différent*) to differ from

**différend** [difeʀɑ̃] *nm* difference (of
opinion), disagreement

**différent, e** [difeʀɑ̃, -ɑ̃t] *adj* (*dissemblable*)
different; **~ de** different from; **~s objets**
different *ou* various objects; **à ~es reprises**
on various occasions

**différer** [difeʀe] *vt* to postpone, put off ▷ *vi*:
**~ (de)** to differ (from); **~ de faire** (*tarder*) to
delay doing

**difficile** [difisil] *adj* difficult; (*exigeant*) hard
to please, difficult (to please); **faire le** *ou* **la ~**
to be hard to please, be difficult

**difficilement** [difisilmɑ̃] *adv* (*marcher*,

*s'expliquer etc*) with difficulty; **~ lisible/
compréhensible** difficult *ou* hard to read/
understand

**difficulté** [difikylte] *nf* difficulty; **en ~**
(*bateau, alpiniste*) in trouble *ou* difficulties;
**avoir de la ~ à faire** to have difficulty (in)
doing

**difforme** [difɔʀm] *adj* deformed, misshapen

**diffuser** [difyze] *vt* (*chaleur, bruit, lumière*) to
diffuse; (*émission, musique*) to broadcast;
(*nouvelle, idée*) to circulate; (*Comm: livres,
journaux*) to distribute

**digérer** [diʒeʀe] *vt* (*personne*) to digest;
(: *machine*) to process; (*fig: accepter*) to
stomach, put up with

**digestif, -ive** [diʒestif, -iv] *adj* digestive
▷ *nm* (after-dinner) liqueur

**digestion** [diʒestjɔ̃] *nf* digestion

**digne** [diɲ] *adj* dignified; **~ de** worthy of; **~ de
foi** trustworthy

**dignité** [diɲite] *nf* dignity

**digue** [dig] *nf* dike, dyke; (*pour protéger la côte*)
sea wall

**dilapider** [dilapide] *vt* to squander, waste;
(*détourner: biens, fonds publics*) to embezzle,
misappropriate

**dilemme** [dilɛm] *nm* dilemma

**dilettante** [diletɑ̃t] *nm/f* dilettante; **en ~** in a
dilettantish way

**diligence** [diliʒɑ̃s] *nf* stagecoach, diligence;
(*empressement*) despatch; **faire ~** to make haste

**diluer** [dilɥe] *vt* to dilute

**diluvien, ne** [dilyvjɛ̃, -ɛn] *adj*: **pluie ~ne**
torrential rain

**dimanche** [dimɑ̃ʃ] *nm* Sunday; **le ~ des
Rameaux/de Pâques** Palm/Easter Sunday;
*voir aussi* **lundi**

**dimension** [dimɑ̃sjɔ̃] *nf* (*grandeur*) size; (*gén
pl: cotes, Math: de l'espace*) dimension;
(*dimensions*) dimensions

**diminué, e** [diminɥe] *adj* (*personne:
physiquement*) run-down; (: *mentalement*) less
alert

**diminuer** [diminɥe] *vt* to reduce, decrease;
(*ardeur etc*) to lessen; (*personne: physiquement*) to
undermine; (*dénigrer*) to belittle ▷ *vi* to
decrease, diminish

**diminutif** [diminytif] *nm* (*Ling*) diminutive;
(*surnom*) pet name

**diminution** [diminysjɔ̃] *nf* decreasing,
diminishing

**dinde** [dɛ̃d] *nf* turkey; (*femme stupide*) goose

**dindon** [dɛ̃dɔ̃] *nm* turkey

**dîner** [dine] *nm* dinner ▷ *vi* to have dinner;
**~ d'affaires/de famille** business/family
dinner

**dingue** [dɛ̃g] *adj* (*fam*) crazy

**dinosaure** [dinozɔʀ] *nm* dinosaur

**diplomate** [diplɔmat] *adj* diplomatic ▷ *nm*
diplomat; (*fig: personne habile*) diplomatist;
(*Culin: gâteau*) dessert made of sponge cake, candied
fruit and custard, ≈ trifle (*Brit*)

**diplomatie** [diplɔmasi] *nf* diplomacy
**diplôme** [diplom] *nm* diploma certificate;
(*examen*) diploma; examination; **avoir des
~s** to have qualifications
**diplômé, e** [diplome] *adj* qualified
**dire** [diʀ] *nm*: **au ~ de** according to; **leurs ~s**
what they say ▷ *vt* to say; (*secret, mensonge*) to
tell; **~ l'heure/la vérité** to tell the time/the
truth; **dis pardon/merci** say sorry/thank
you; **~ qch à qn** to tell sb sth; **~ à qn qu'il
fasse** *ou* **de faire** to tell sb to do; **~ que** to say
that; **on dit que** they say that; **comme on
dit** as they say; **on dirait que** it looks (*ou*
sounds *etc*) as though; **on dirait du vin** you'd
*ou* one would think it was wine; **que dites-
vous de** (*penser*) what do you think of; **si cela
lui dit** if he feels like it, if he fancies it; **cela
ne me dit rien** that doesn't appeal to me; **à ~
vrai** ~ truth to tell; **pour ainsi ~** so to speak;
**cela va sans ~** that goes without saying; **dis
donc!**, **dites donc!** (*pour attirer l'attention*) hey!;
(*au fait*) by the way; **et ~ que ...** and to think
that ...; **ceci** *ou* **cela dit** that being said; (*à ces
mots*) whereupon; **c'est dit, voilà qui est dit**
so that's settled; **il n'y a pas à ~** there's no
getting away from it; **c'est ~ si ...** that just
shows that ...; **c'est beaucoup/peu ~** that's
saying a lot/not saying much; **se dire** *vi* (*à
soi-même*) to say to oneself; (*se prétendre*): **se ~
malade** *etc* to say (that) one is ill *etc*; **ça se dit
... en anglais** that is ... in English; **ça ne se
dit pas** (*impoli*) you shouldn't say that; (*pas en
usage*) you don't say that; **cela ne se dit pas
comme ça** you don't say it like that; **se ~ au
revoir** to say goodbye (to each other)
**direct, e** [diʀɛkt] *adj* direct ▷ *nm* (*train*)
through train; **en ~** (*émission*) live; **train/
bus ~** express train/bus
**directement** [diʀɛktəmã] *adv* directly
**directeur, -trice** [diʀɛktœʀ, -tʀis] *nm/f*
(*d'entreprise*) director; (*de service*) manager/
eress; (*d'école*) head(teacher) (*Brit*), principal
(*US*); **comité ~** management *ou* steering
committee; **~ général** general manager; **~ de
thèse** ≈ PhD supervisor
**direction** [diʀɛksjɔ̃] *nf* (*d'entreprise*)
management; conducting; supervision;
(*Auto*) steering; (*sens*) direction; **sous la ~ de**
(*Mus*) conducted by; **en ~ de** (*avion, train,
bateau*) for; **"toutes ~s"** (*Auto*) "all routes"
**dirent** [diʀ] *vb voir* **dire**
**dirigeant, e** [diʀiʒã, -ãt] *adj* managerial;
(*classes*) ruling ▷ *nm/f* (*d'un parti etc*) leader;
(*d'entreprise*) manager, member of the
management
**diriger** [diʀiʒe] *vt* (*entreprise*) to manage, run;
(*véhicule*) to steer; (*orchestre*) to conduct;
(*recherches, travaux*) to supervise, be in charge
of; (*braquer: regard, arme*): **~ sur** (*arme*) to point
*ou* level *ou* aim at; (*fig: critiques*): **~ contre** to
aim at; **~ son regard sur** to look in the
direction of; **se diriger** *vi* (*s'orienter*) to find

one's way; **se ~ vers** *ou* **sur** to make *ou* head for
**dis** [di], **disais** *etc* [dizɛ] *vb voir* **dire**
**discernement** [disɛʀnəmã] *nm*
discernment, judgment
**discerner** [disɛʀne] *vt* to discern, make out
**discipline** [disiplin] *nf* discipline
**discipliner** [disipline] *vt* to discipline;
(*cheveux*) to control
**discontinu, e** [diskɔ̃tiny] *adj* intermittent;
(*bande: sur la route*) broken
**discontinuer** [diskɔ̃tinɥe] *vi*: **sans ~**
without stopping, without a break
**discordant, e** [diskɔʀdã, -ãt] *adj* discordant;
conflicting
**discothèque** [diskɔtɛk] *nf* (*disques*) record
collection; (: *dans une bibliothèque*): **~ (de prêt)**
record library; (*boîte de nuit*) disco(thèque)
**discours** [diskuʀ] *nm* speech; **~ direct/
indirect** (*Ling*) direct/indirect *ou* reported
speech
**discret, -ète** [diskʀɛ, -ɛt] *adj* discreet; (*fig:
musique, style, maquillage*) unobtrusive;
(: *endroit*) quiet
**discrétion** [diskʀesjɔ̃] *nf* discretion; **à la ~ de
qn** at sb's discretion; in sb's hands; **à ~**
(*boisson etc*) unlimited, as much as one wants
**discrimination** [diskʀiminasjɔ̃] *nf*
discrimination; **sans ~** indiscriminately
**disculper** [diskylpe] *vt* to exonerate
**discussion** [diskysjɔ̃] *nf* discussion
**discutable** [diskytabl] *adj* (*contestable*)
doubtful; (*à débattre*) debatable
**discuté, e** [diskyte] *adj* controversial
**discuter** [diskyte] *vt* (*contester*) to question,
dispute; (*débattre: prix*) to discuss ▷ *vi* to talk;
(*protester*) to argue; **~ de** to discuss
**dise** *etc* [diz] *vb voir* **dire**
**diseuse** [dizøz] *nf*: **~ de bonne aventure**
fortune-teller
**disgracieux, -euse** [disgʀasjø, -øz] *adj*
ungainly, awkward
**disjoindre** [disʒwɛ̃dʀ] *vt* to take apart;
**se disjoindre** *vi* to come apart
**disjoncteur** [disʒɔ̃ktœʀ] *nm* (*Élec*) circuit
breaker
**disloquer** [dislɔke] *vt* (*membre*) to dislocate;
(*chaise*) to dismantle; (*troupe*) to disperse;
**se disloquer** *vi* (*parti, empire*) to break up;
(*meuble*) to come apart; **se ~ l'épaule** to
dislocate one's shoulder
**disons** *etc* [dizɔ̃] *vb voir* **dire**
**disparaître** [dispaʀɛtʀ] *vi* to disappear; (*à la
vue*) to vanish, disappear; to be hidden *ou*
concealed; (*être manquant*) to go missing,
disappear; (*se perdre: traditions etc*) to die out;
(*personne: mourir*) to die; **faire ~** (*objet, tache,
trace*) to remove; (*personne, douleur*) to get rid of
**disparition** [dispaʀisjɔ̃] *nf* disappearance;
**espèce en voie de ~** endangered species
**disparu, e** [dispaʀy] *pp de* **disparaître** ▷ *nm/f*
missing person; (*défunt*) departed; **être
porté ~** to be reported missing

**dispensaire** [dispɑ̃sɛʀ] nm community clinic

**dispenser** [dispɑ̃se] vt (donner) to lavish, bestow; (exempter): ~ **qn de** to exempt sb from; **se ~ de** vt to avoid, get out of

**disperser** [dispɛʀse] vt to scatter; (fig: son attention) to dissipate; **se disperser** vi to scatter; (fig) to dissipate one's efforts

**disponibilité** [disponibilite] nf availability; (Admin): **être en ~** to be on leave of absence; **disponibilités** nfpl (Comm) liquid assets

**disponible** [disponibl] adj available

**dispos** [dispo] adj m: **(frais et) ~** fresh (as a daisy)

**disposé, e** [dispoze] adj (d'une certaine manière) arranged, laid-out; **bien/mal ~** (humeur) in a good/bad mood; **bien/mal ~ pour** ou **envers qn** well/badly disposed towards sb; **~ à** (prêt à) willing ou prepared to

**disposer** [dispoze] vt (arranger, placer) to arrange; (inciter): **~ qn à qch/faire qch** to dispose ou incline sb towards sth/to do sth ▷ vi: **vous pouvez ~** you may leave; **~ de** vt to have (at one's disposal); **se ~ à faire** to prepare to do, be about to do

**dispositif** [dispozitif] nm device; (fig) system, plan of action; set-up; (d'un texte de loi) operative part; **~ de sûreté** safety device

**disposition** [dispozisjɔ̃] nf (arrangement) arrangement, layout; (humeur) mood; (tendance) tendency; **dispositions** nfpl (mesures) steps, measures; (préparatifs) arrangements; (de loi, testament) provisions; (aptitudes) aptitude sg; **prendre ses ~s** to make arrangements; **avoir des ~s pour la musique** etc to have a special aptitude for music etc; **à la ~ de qn** at sb's disposal; **je suis à votre ~** I am at your service

**disproportionné, e** [dispʀɔpɔʀsjɔne] adj disproportionate, out of all proportion

**dispute** [dispyt] nf quarrel, argument

**disputer** [dispyte] vt (match) to play; (combat) to fight; (course) to run; **se disputer** vi to quarrel, have a quarrel; (match, combat, course) to take place; **~ qch à qn** to fight with sb for ou over sth

**disquaire** [diskɛʀ] nm/f record dealer

**disqualifier** [diskalifje] vt to disqualify; **se disqualifier** vi to bring discredit on o.s.

**disque** [disk] nm (Mus) record; (Inform) disk, disc; (forme, pièce) disk; (Sport) discus; **~ compact** compact disc; **~ compact interactif** CD-I®; **~ dur** hard disk; **~ d'embrayage** (Auto) clutch plate; **~ laser** compact disc; **~ de stationnement** parking disc; **~ système** system disk

**disquette** [diskɛt] nf floppy (disk), diskette

**disséminer** [disemine] vt to scatter; (troupes: sur un territoire) to disperse

**disséquer** [diseke] vt to dissect

**dissertation** [disɛʀtasjɔ̃] nf (Scol) essay

**dissimuler** [disimyle] vt to conceal; **se dissimuler** vi to conceal o.s.; to be concealed

**dissipé, e** [disipe] adj (indiscipliné) unruly

**dissiper** [disipe] vt to dissipate; (fortune) to squander, fritter away; **se dissiper** vi (brouillard) to clear, disperse; (doutes) to disappear, melt away; (élève) to become undisciplined ou unruly

**dissolvant, e** [disɔlvɑ̃, -ɑ̃t] vb voir **dissoudre** ▷ nm (Chimie) solvent; **~ (gras)** nail polish remover

**dissonant, e** [disɔnɑ̃, -ɑ̃t] adj discordant

**dissoudre** [disudʀ] vt, **se dissoudre** vi to dissolve

**dissuader** [disɥade] vt, **~ qn de faire/de qch** to dissuade sb from doing/from sth

**dissuasion** [disɥazjɔ̃] nf dissuasion; **force de ~** deterrent power

**distance** [distɑ̃s] nf distance; (fig: écart) gap; **à ~** at ou from a distance; (mettre en marche, commander) by remote control; (situé) **à ~** (Inform) remote; **tenir qn à ~** to keep sb at a distance; **se tenir à ~** to keep one's distance; **à une ~ de 10 km, à 10 km de ~** 10 km away, at a distance of 10 km; **à deux ans de ~** with a gap of two years; **prendre ses ~s** to space out; **garder ses ~s** to keep one's distance; **tenir la ~** (Sport) to cover the distance, last the course; **~ focale** (Photo) focal length

**distancer** [distɑ̃se] vt to outdistance, leave behind

**distant, e** [distɑ̃, -ɑ̃t] adj (réservé) distant, aloof; (éloigné) distant, far away; **~ de** (lieu) far away ou a long way from; **~ de 5 km** (d'un lieu) 5 km away (from a place)

**distendre** [distɑ̃dʀ] vt, **se distendre** vi to distend

**distillerie** [distilʀi] nf distillery

**distinct, e** [distɛ̃(kt), distɛ̃kt] adj distinct

**distinctement** [distɛ̃ktəmɑ̃] adv distinctly

**distinctif, -ive** [distɛ̃ktif, -iv] adj distinctive

**distingué, e** [distɛ̃ge] adj distinguished

**distinguer** [distɛ̃ge] vt to distinguish; **se distinguer** vi (s'illustrer) to distinguish o.s.; (différer): **se ~ (de)** to distinguish o.s. ou be distinguished (from)

**distraction** [distʀaksjɔ̃] nf (manque d'attention) absent-mindedness; (oubli) lapse (in concentration ou attention); (détente) diversion, recreation; (passe-temps) distraction, entertainment

**distraire** [distʀɛʀ] vt (déranger) to distract; (divertir) to entertain, divert; (détourner: somme d'argent) to divert, misappropriate; **se distraire** vi to amuse ou enjoy o.s.

**distrait, e** [distʀɛ, -ɛt] pp de **distraire** ▷ adj absent-minded

**distrayant, e** [distʀɛjɑ̃, -ɑ̃t] vb voir **distraire** ▷ adj entertaining

**distribuer** [distʀibɥe] vt to distribute; to hand out; (Cartes) to deal (out); (courrier) to deliver

**distributeur** [distʀibytœʀ] nm (Auto, Comm) distributor; (automatique) (vending) machine; **~ de billets** (Rail) ticket machine; (Banque) cash dispenser

**distribution** [distʁibysjɔ̃] nf distribution; (postale) delivery; (choix d'acteurs) casting; **circuits de ~** (Comm) distribution network; **~ des prix** (Scol) prize giving

**dit, e** [di, dit] pp de **dire** ▷ adj (fixé): **le jour ~** the arranged day; (surnommé): **X, ~ Pierrot** X, known ou called Pierrot

**dites** [dit] vb voir **dire**

**divaguer** [divage] vi to ramble; (malade) to rave

**divan** [divɑ̃] nm divan

**diverger** [divɛʁʒe] vi to diverge

**divers, e** [divɛʁ, -ɛʁs] adj (varié) diverse, varied; (différent) different, various; **(frais) ~** (Comm) sundries, miscellaneous (expenses); **"~"** (rubrique) "miscellaneous"; **~es personnes** various ou several people

**diversifier** [divɛʁsifje] vt, **se diversifier** vi to diversify

**diversité** [divɛʁsite] nf diversity, variety

**divertir** [divɛʁtiʁ] vt to amuse, entertain; **se divertir** vi to amuse ou enjoy o.s.

**divertissement** [divɛʁtismɑ̃] nm entertainment; (Mus) divertimento, divertissement

**divin, e** [divɛ̃, -in] adj divine; (fig: excellent) heavenly, divine

**diviser** [divize] vt (gén, Math) to divide; (morceler, subdiviser) to divide (up), split (up); **se ~ en** to divide into; **~ par** to divide by

**division** [divizjɔ̃] nf (gén) division; **~ du travail** (Écon) division of labour

**divorce** [divɔʁs] nm divorce

**divorcé, e** [divɔʁse] nm/f divorcee

**divorcer** [divɔʁse] vi to get a divorce, get divorced; **~ de** ou **d'avec qn** to divorce sb

**divulguer** [divylge] vt to disclose, divulge

**dix** [di, dis, diz] num ten

**dix-huit** [dizɥit] num eighteen

**dix-huitième** [dizɥitjɛm] num eighteenth

**dixième** [dizjɛm] num tenth

**dix-neuf** [diznœf] num nineteen

**dix-neuvième** [diznœvjɛm] num nineteenth

**dix-sept** [disɛt] num seventeen

**dix-septième** [disɛtjɛm] num seventeenth

**dizaine** [dizɛn] nf (10) ten; (environ 10): **une ~ (de)** about ten, ten or so

**do** [do] nm (note) C; (en chantant la gamme) do(h)

**docile** [dɔsil] adj docile

**dock** [dɔk] nm dock; (hangar, bâtiment) warehouse

**docker** [dɔkɛʁ] nm docker

**docteur, e** [dɔktœʁ] nm/f doctor; **~ en médecine** doctor of medicine

**doctorat** [dɔktɔʁa] nm: **~ (d'Université)** ≈ doctorate; **~ d'État** ≈ PhD; **~ de troisième cycle** ≈ doctorate

**doctoresse** [dɔktɔʁɛs] nf lady doctor

**doctrine** [dɔktʁin] nf doctrine

**document** [dɔkymɑ̃] nm document

**documentaire** [dɔkymɑ̃tɛʁ] adj, nm documentary

**documentaliste** [dɔkymɑ̃talist] nm/f archivist; (Presse, TV) researcher

**documentation** [dɔkymɑ̃tasjɔ̃] nf documentation, literature; (Presse, TV: service) research

**documenter** [dɔkymɑ̃te] vt: **se ~ (sur)** to gather information ou material (on ou about)

**dodo** [dodo] nm: **aller faire ~** to go to beddy-byes

**dodu, e** [dody] adj plump

**dogue** [dɔg] nm mastiff

**doigt** [dwa] nm finger; **à deux ~s de** within an ace (Brit) ou an inch of; **un ~ de lait/ whisky** a drop of milk/whisky; **désigner** ou **montrer du ~** to point at; **au ~ et à l'œil** to the letter; **connaître qch sur le bout du ~** to know sth backwards; **mettre le ~ sur la plaie** (fig) to find the sensitive spot; **~ de pied** toe

**doigté** [dwate] nm (Mus) fingering; (fig: habileté) diplomacy, tact

**doit** etc [dwa] vb voir **devoir**

**doléances** [dɔleɑ̃s] nfpl complaints; (réclamations) grievances

**dollar** [dɔlaʁ] nm dollar

**domaine** [dɔmɛn] nm estate, property; (fig) domain, field; **tomber dans le ~ public** (livre etc) to be out of copyright; **dans tous les ~s** in all areas

**domestique** [dɔmɛstik] adj domestic ▷ nm/f servant, domestic

**domestiquer** [dɔmɛstike] vt to domesticate; (vent, marées) to harness

**domicile** [dɔmisil] nm home, place of residence; **à ~** at home; **élire ~ à** to take up residence in; **sans ~ fixe** of no fixed abode; **~ conjugal** marital home; **~ légal** domicile; **livrer à ~** to deliver

**domicilié, e** [dɔmisilje] adj: **être ~ à** to have one's home in ou at

**dominant, e** [dɔminɑ̃, -ɑ̃t] adj dominant; (plus important: opinion) predominant ▷ nf (caractéristique) dominant characteristic; (couleur) dominant colour

**dominer** [dɔmine] vt to dominate; (passions etc) to control, master; (sujet) to master; (surpasser) to outclass, surpass; (surplomber) to tower above, dominate ▷ vi to be in the dominant position; **se dominer** vi to control o.s.

**domino** [dɔmino] nm domino; **dominos** nmpl (jeu) dominoes sg

**dommage** [dɔmaʒ] nm (préjudice) harm, injury; **~s** (dégâts, pertes) damage no pl; **c'est ~ de faire/que** it's a shame ou pity to do/that; **quel ~!, c'est ~!** what a pity ou shame!; **~s corporels** physical injury

**dommages-intérêts** [dɔmaʒ(əz)ɛ̃teʁɛ] nmpl damages

**dompter** [dɔ̃(p)te] vt to tame

**dompteur, -euse** [dɔ̃tœʀ, -øz] *nm/f* trainer; *(de lion)* lion tamer

**DOM-ROM** [dɔmʀɔm], **DOM-TOM** [dɔmtɔm] *sigle m ou mpl* (= *Département(s) et Régions/Territoire(s) d'outre-mer*) French overseas departments and regions; *see note*

⬤ **DOM-TOM, ROM ET COM**
⬤
⬤
⬤ There are four "Départements d'outre-
⬤ mer" *ou DOMs*: Guadeloupe, Martinique,
⬤ La Réunion and French Guyana. They are
⬤ run in the same way as metropolitan
⬤ "départements" and their inhabitants
⬤ are French citizens. In administrative
⬤ terms they are also "Régions", and in this
⬤ regard are also referred to as "ROM"
⬤ (Régions d'outre-mer).
⬤
⬤ The term "DOM-TOM" is still commonly
⬤ used, but the term "Territoire d'outre-
⬤ mer" has been superseded by that of
⬤ "Collectivité d'outre-mer" (COM).
⬤ The COMs include French Polynesia,
⬤ Wallis-and-Futuna, New Caledonia and
⬤ polar territories. They are independent,
⬤ but each is supervised by a representative
⬤ of the French government.

**don** [dɔ̃] *nm* (*cadeau*) gift; (*charité*) donation; (*aptitude*) gift, talent; **avoir des ~s pour** to have a gift *ou* talent for; **faire ~ de** to make a gift of; **~ en argent** cash donation; **elle a le ~ de m'énerver** she's got a knack of getting on my nerves

**donc** [dɔ̃k] *conj* therefore, so; (*après une digression*) so, then; (*intensif*): **voilà ~ la solution** so there's the solution; **je disais ~ que ...** as I was saying, ...; **venez ~ dîner à la maison** do come for dinner; **allons ~!** come now!; **faites ~** go ahead

**donjon** [dɔ̃ʒɔ̃] *nm* keep

**donné, e** [dɔne] *adj* (*convenu: lieu, heure*) given; (*pas cher*) very cheap; **données** *nfpl* (*Math, Inform, gén*) data; **c'est ~** it's a gift; **étant ~ que ...** given that ...

**données** [dɔne] *nfpl* data

**donner** [dɔne] *vt* to give; (*vieux habits etc*) to give away; (*spectacle*) to put on; (*film*) to show; **~ qch à qn** to give sb sth, give sth to sb; **~ sur** (*fenêtre, chambre*) to look (out) onto; **~ dans** (*piège etc*) to fall into; (*Mil*) to send in the infantry; **~ l'heure à qn** to tell sb the time; **~ le ton** (*fig*) to set the tone; **~ à penser/entendre que ...** to make one think/give one to understand that ...; **ça donne soif/faim** it makes you (feel) thirsty/hungry; **se ~ à fond (à son travail)** to give one's all (to one's work); **se ~ du mal** *ou* **de la peine (pour faire qch)** to go to a lot of trouble (to do sth); **s'en ~ à cœur joie** (*fam*) to have a great time (of it)

 **MOT-CLÉ**

**dont** [dɔ̃] *pron relatif* **1** (*appartenance: objets*) whose, of which; (*appartenance: êtres animés*) whose; **la maison dont le toit est rouge** the house the roof of which is red, the house whose roof is red; **l'homme dont je connais la sœur** the man whose sister I know **2** (*parmi lesquel(le)s*): **deux livres, dont l'un est ...** two books, one of which is ...; **il y avait plusieurs personnes, dont Gabrielle** there were several people, among them Gabrielle; **10 blessés, dont 2 grièvement** 10 injured, 2 of them seriously **3** (*complément d'adjectif, de verbe*): **le fils dont il est si fier** the son he's so proud of; **le pays dont il est originaire** the country he's from; **ce dont je parle** what I'm talking about; **la façon dont il l'a fait** the way (in which) he did it

**dopage** [dɔpaʒ] *nm* (*Sport*) drug use; (*de cheval*) doping

**doré, e** [dɔʀe] *adj* golden; (*avec dorure*) gilt, gilded

**dorénavant** [dɔʀenavɑ̃] *adv* from now on, henceforth

**dorer** [dɔʀe] *vt* (*cadre*) to gild; (*faire*) **~** (*Culin*) to brown; (: *gâteau*) to glaze; **se ~ au soleil** to sunbathe; **~ la pilule à qn** to sugar the pill for sb

**dorloter** [dɔʀlɔte] *vt* to pamper, cosset (*Brit*); **se faire ~** to be pampered ou cosseted

**dormir** [dɔʀmiʀ] *vi* to sleep; (*être endormi*) to be asleep; **~ à poings fermés** to sleep very soundly

**dortoir** [dɔʀtwaʀ] *nm* dormitory

**dorure** [dɔʀyʀ] *nf* gilding

**dos** [do] *nm* back; (*de livre*) spine; **"voir au ~"** "see over"; **robe décolletée dans le ~** low-backed dress; **de ~** from the back, from behind; **~ à ~** back to back; **sur le ~** on one's back; **à ~ de chameau** riding on a camel; **avoir bon ~** to be a good excuse; **se mettre qn à ~** to turn sb against one

**dosage** [dozaʒ] *nm* mixture

**dose** [doz] *nf* (*Méd*) dose; **forcer la ~** (*fig*) to overstep the mark

**doser** [doze] *vt* to measure out; (*mélanger*) to mix in the correct proportions; (*fig*) to expend in the right amounts *ou* proportions; to strike a balance between; **il faut savoir ~ ses efforts** you have to be able to pace yourself

**dossard** [dosaʀ] *nm* number (*worn by competitor*)

**dossier** [dosje] *nm* (*renseignements, fichier*) file; (*enveloppe*) folder, file; (*de chaise*) back; (*Presse*) feature; (*Inform*) folder; **un ~ scolaire** a school report; **le ~ social/monétaire** (*fig*) the social/financial question; **~ suspendu** suspension file

**d**

**dot** [dɔt] *nf* dowry

**doter** [dɔte] *vt*: **~ qn/qch de** to equip sb/sth with

**douane** [dwan] *nf* (*poste, bureau*) customs *pl*; (*taxes*) (customs) duty; **passer la ~** to go through customs; **en ~** (*marchandises, entrepôt*) bonded

**douanier, -ière** [dwanje, -jɛʀ] *adj* customs *cpd* ⊳ *nm* customs officer

**double** [dubl] *adj, adv* double ⊳ *nm* (*2 fois plus*): **le ~ (de)** twice as much (*ou* many) (as), double the amount (*ou* number) (of); (*autre exemplaire*) duplicate, copy; (*sosie*) double; (*Tennis*) doubles *sg*; **voir ~** to see double; **en ~ (exemplaire)** in duplicate; **faire ~ emploi** to be redundant; **à ~ sens** with a double meaning; **à ~ tranchant** two-edged; **~ carburateur** twin carburettor; **à ~s commandes** dual-control; **~ messieurs/mixte** men's/mixed doubles *sg*; **~ toit** (*de tente*) fly sheet; **~ vue** second sight

**double-cliquer** [dubl(ə)klike] *vi* (*Inform*) to double-click

**doubler** [duble] *vt* (*multiplier par 2*) to double; (*vêtement*) to line; (*dépasser*) to overtake, pass; (*film*) to dub; (*acteur*) to stand in for ⊳ *vi* to double, increase twofold; **se ~ de** to be coupled with; **~ (la classe)** (*Scol*) to repeat a year; **~ un cap** (*Navig*) to round a cape; (*fig*) to get over a hurdle

**doublure** [dublyʀ] *nf* lining; (*Ciné*) stand-in

**douce** [dus] *adj f voir* **doux**

**douceâtre** [dusɑtʀ] *adj* sickly sweet

**doucement** [dusmɑ̃] *adv* gently; (*à voix basse*) softly; (*lentement*) slowly

**doucereux, -euse** [dusʀø, -øz] *adj* (*péj*) sugary

**douceur** [dusœʀ] *nf* softness; sweetness; (*de climat*) mildness; (*de quelqu'un*) gentleness; **douceurs** *nfpl* (*friandises*) sweets (*Brit*), candy *sg* (*US*); **en ~** gently

**douche** [duʃ] *nf* shower; **douches** *nfpl* shower room *sg*; **prendre une ~** to have *ou* take a shower; **~ écossaise** (*fig*): **~ froide** (*fig*) let-down

**doucher** [duʃe] *vt*: **~ qn** to give sb a shower; (*mouiller*) to drench sb; (*fig*) to give sb a telling-off; **se doucher** *vi* to have *ou* take a shower

**doudoune** [dudun] *nf* padded jacket; (*fam*) boob

**doué, e** [dwe] *adj* gifted, talented; **~ de** endowed with; **être ~ pour** to have a gift for

**douille** [duj] *nf* (*Élec*) socket; (*de projectile*) case

**douillet, te** [dujɛ, -ɛt] *adj* cosy; (*péj*: *à la douleur*) soft

**douleur** [dulœʀ] *nf* pain; (*chagrin*) grief, distress; **ressentir des ~s** to feel pain; **il a eu la ~ de perdre son père** he suffered the grief of losing his father

**douloureux, -euse** [duluʀø, -øz] *adj* painful

**doute** [dut] *nm* doubt; **sans ~** *adv* no doubt; (*probablement*) probably; **sans nul** *ou* **aucun ~** without (a) doubt; **hors de ~** beyond doubt; **nul ~ que** there's no doubt that; **mettre en ~** to call into question; **mettre en ~ que** to question whether

**douter** [dute] *vt* to doubt; **~ de** *vt* (*allié, sincérité de qn*) to have (one's) doubts about, doubt; (*résultat, réussite*) to be doubtful of; **~ que** to doubt whether *ou* if; **j'en doute** I have my doubts; **se ~ de qch/que** to suspect sth/that; **je m'en doutais** I suspected as much; **il ne se doutait de rien** he didn't suspect a thing

**douteux, -euse** [dutø, -øz] *adj* (*incertain*) doubtful; (*discutable*) dubious, questionable; (*péj*) dubious-looking

**Douvres** [duvʀ] *n* Dover

**doux, douce** [du, dus] *adj* (*lisse, moelleux, pas vif*: *couleur, non calcaire*: *eau*) soft; (*sucré, agréable*) sweet; (*peu fort*: *moutarde etc, climat*) mild; (*pas brusque*) gentle; **en douce** (*partir etc*) on the quiet

**douzaine** [duzɛn] *nf* (*12*) dozen; (*environ 12*): **une ~ (de)** a dozen or so, twelve or so

**douze** [duz] *num* twelve

**douzième** [duzjɛm] *num* twelfth

**doyen, ne** [dwajɛ̃, -ɛn] *nm/f* (*en âge, ancienneté*) most senior member; (*de faculté*) dean

**dragée** [dʀaʒe] *nf* sugared almond; (*Méd*) (sugar-coated) pill

**dragon** [dʀagɔ̃] *nm* dragon

**draguer** [dʀage] *vt* (*rivière*: *pour nettoyer*) to dredge; (: *pour trouver qch*) to drag; (*fam*) to try and pick up, chat up (*Brit*) ⊳ *vi* (*fam*) to try and pick sb up, chat sb up (*Brit*)

**dramatique** [dʀamatik] *adj* dramatic; (*tragique*) tragic ⊳ *nf* (*TV*) (television) drama

**dramaturge** [dʀamatyʀʒ] *nm* dramatist, playwright

**drame** [dʀam] *nm* (*Théât*) drama; (*catastrophe*) drama, tragedy; **~ familial** family drama

**drap** [dʀa] *nm* (*de lit*) sheet; (*tissu*) woollen fabric; **~ de plage** beach towel

**drapeau, x** [dʀapo] *nm* flag; **sous les ~x** with the colours (*Brit*) *ou* colors (*US*), in the army

**drap-housse** (*pl* **draps-housses**) [dʀaus] *nm* fitted sheet

**dresser** [dʀese] *vt* (*mettre vertical, monter*: *tente*) to put up, erect; (*fig*: *liste, bilan, contrat*) to draw up; (*animal*) to train; **se dresser** *vi* (*falaise, obstacle*) to stand; (*avec grandeur, menace*: *personne*) to tower (up); (*personne*) to draw o.s. up; **~ l'oreille** to prick up one's ears; **~ la table** to set *ou* lay the table; **~ qn contre qn d'autre** to set sb against sb else; **~ un procès-verbal** *ou* **une contravention à qn** to book sb

**drogue** [dʀɔg] *nf* drug; **la ~** drugs *pl*; **~ dure/douce** hard/soft drugs *pl*

**drogué, e** [dʀɔge] *nm/f* drug addict

**droguer** [dʀɔge] vt (victime) to drug; (malade) to give drugs to; **se droguer** vi (aux stupéfiants) to take drugs; (péj: de médicaments) to dose o.s. up

**droguerie** [dʀɔgʀi] nf ≈ hardware shop (Brit) ou store (US)

**droguiste** [dʀɔgist] nm ≈ keeper (ou owner) of a hardware shop ou store

**droit, e** [dʀwa, dʀwat] adj (non courbe) straight; (vertical) upright, straight; (fig: loyal, franc) upright, straight(forward); (opposé à gauche) right, right-hand ▷ adv straight ▷ nm (prérogative, Boxe) right; (taxe) duty, tax; (: d'inscription) fee; (lois, branche): **le ~ law** ▷ nf (Pol) right (wing); (ligne) straight line; **~ au but** ou **au fait/cœur** straight to the point/heart; **avoir le ~ de** to be allowed to; **avoir ~ à** to be entitled to; **être en ~ de** to have a ou the right to; **faire ~ à** to grant, accede to; **être dans son ~** to be within one's rights; **à bon ~** (justement) with good reason; **de quel ~?** by what right?; **à qui de ~** to whom it may concern; **à ~e** on the right; (direction) (to the) right; **à ~e de** to the right of; **de ~e, sur votre ~e** on your right; (Pol) right-wing; **~ d'auteur** copyright; **~s d'auteur** royalties; **avoir ~ de cité (dans)** (fig) to belong (to); **~ coutumier** common law; **~ de regard** right of access ou inspection; **~ de réponse** right to reply; **~ de visite** (right of) access; **~ de vote** (right to) vote; **~s d'auteur** royalties; **~s de douane** customs duties; **~s de l'homme** human rights; **~s d'inscription** enrolment ou registration fees

**droitier, -ière** [dʀwatje, -jɛʀ] nm/f right-handed person ▷ adj right-handed

**droiture** [dʀwatyʀ] nf uprightness, straightness

**drôle** [dʀol] adj (amusant) funny, amusing; (bizarre) funny, peculiar; **un ~ de ...** (bizarre) a strange ou funny ...; (intensif) an incredible ..., a terrific ...

**drôlement** [dʀolmã] adv funnily; peculiarly; (très) terribly, awfully; **il fait ~ froid** it's awfully cold

**dromadaire** [dʀɔmadɛʀ] nm dromedary

**dru, e** [dʀy] adj (cheveux) thick, bushy; (pluie) heavy ▷ adv (pousser) thickly; (tomber) heavily

**du** [dy] art voir **de** ▷ prép+dét = **de + le**

**dû, due** [dy] pp de **devoir** ▷ adj (somme) owing, owed; (: venant à échéance) due; (causé par): **dû à** due to ▷ nm due; (somme) dues pl

**duc** [dyk] nm duke

**duchesse** [dyʃɛs] nf duchess

**dûment** [dymã] adv duly

**dune** [dyn] nf dune

**Dunkerque** [dœ̃kɛʀk] n Dunkirk

**duo** [dɥo] nm (Mus) duet; (fig: couple) duo, pair

**dupe** [dyp] nf dupe ▷ adj: **(ne pas) être ~ de** (not) to be taken in by

**duplex** [dyplɛks] nm (appartement) split-level apartment, duplex; (TV): **émission en ~** link-up

**duplicata** [dyplikata] nm duplicate

**duquel** [dykɛl] prép+pron voir **lequel**

**dur, e** [dyʀ] adj (pierre, siège, travail, problème) hard; (lumière, voix, climat) harsh; (sévère) harsh, hard(-hearted); (cruel) hard(-hearted); (porte, col) stiff; (viande) tough ▷ adv hard ▷ nf: **à la ~e** rough; **mener la vie ~e à qn** to give sb a hard time ▷ nm (fam: meneur) tough nut; **~ d'oreille** hard of hearing

**durant** [dyʀã] prép (au cours de) during; (pendant) for; **~ des mois, des mois ~** for months

**durcir** [dyʀsiʀ] vt, vi to harden; **se durcir** vi to harden

**durée** [dyʀe] nf length; (d'une pile etc) life; (déroulement: des opérations etc) duration; **pour une ~ illimitée** for an unlimited length of time; **de courte ~** (séjour, répit) brief, short-term; **de longue ~** (effet) long-term; **pile de longue ~** long-life battery

**durement** [dyʀmã] adv harshly

**durer** [dyʀe] vi to last

**dureté** [dyʀte] nf (voir dur) hardness; harshness; stiffness; toughness

**durit®** [dyʀit] nf (car radiator) hose

**duvet** [dyvɛ] nm down; **(sac de couchage en) ~** down-filled sleeping bag

**DVD** sigle m (= digital versatile disc) DVD

**dynamique** [dinamik] adj dynamic

**dynamisme** [dinamism] nm dynamism

**dynamite** [dinamit] nf dynamite

**dynamo** [dinamo] nf dynamo

**dyslexie** [dislɛksi] nf dyslexia, word blindness

# e

**eau, x** [o] *nf* water ▷ *nfpl (Méd)* waters;
**prendre l'~** *(chaussure etc)* to leak, let in water;
**prendre les ~x** to take the waters; **faire ~** to
leak; **tomber à l'~** *(fig)* to fall through; **à l'~**
**de rose** slushy, sentimental; **~ bénite** holy
water; **~ de Cologne** eau de Cologne;
**~ courante** running water; **~ distillée**
distilled water; **~ douce** fresh water;
**~ gazeuse** sparkling (mineral) water;
**~ de Javel** bleach; **~ lourde** heavy water;
**~ minérale** mineral water; **~ oxygénée**
hydrogen peroxide; **~ plate** still water; **~ de**
**pluie** rainwater; **~ salée** salt water; **~ de**
**toilette** toilet water; **~x ménagères** dirty
water *(from washing up etc)*; **~x territoriales**
territorial waters; **~x usées** liquid waste
**eau-de-vie** [odvi] *(pl* **eaux-de-vie)** *nf* brandy
**eau-forte** [ofɔʀt] *(pl* **eaux-fortes)** *nf* etching
**ébahi, e** [ebai] *adj* dumbfounded,
flabbergasted
**ébattre** [ebatʀ]: **s'ébattre** *vi* to frolic
**ébaucher** [ebɔʃe] *vt* to sketch out, outline;
*(fig)*: **~ un sourire/geste** to give a hint of a
smile/make a slight gesture; **s'ébaucher** *vi* to
take shape
**ébène** [ebɛn] *nf* ebony
**ébéniste** [ebenist] *nm* cabinetmaker
**éberlué, e** [ebɛʀlɥe] *adj* astounded,
flabbergasted
**éblouir** [ebluiʀ] *vt* to dazzle
**éborgner** [ebɔʀɲe] *vt*: **~ qn** to blind sb in
one eye

**éboueur** [ebwœʀ] *nm* dustman *(Brit)*,
garbage man *(US)*
**ébouillanter** [ebujɑ̃te] *vt* to scald; *(Culin)* to
blanch; **s'ébouillanter** *vi* to scald o.s.
**éboulement** [ebulmɑ̃] *nm* falling rocks *pl*,
rock fall; *(amas)* heap of boulders *etc*
**ébouler** [ebule]: **s'ébouler** *vi* to crumble,
collapse
**éboulis** [ebuli] *nmpl* fallen rocks
**ébouriffé, e** [ebuʀife] *adj* tousled, ruffled
**ébranler** [ebʀɑ̃le] *vt* to shake; *(rendre instable:*
*mur, santé)* to weaken; **s'ébranler** *vi (partir)* to
move off
**ébrécher** [ebʀeʃe] *vt* to chip
**ébriété** [ebʀijete] *nf*: **en état d'~** in a state of
intoxication
**ébrouer** [ebʀue]: **s'ébrouer** *vi (souffler)* to
snort; *(s'agiter)* to shake o.s.
**ébruiter** [ebʀɥite] *vt*, **s'ébruiter** *vi* to spread
**ébullition** [ebylisjɔ̃] *nf* boiling point; **en ~**
boiling; *(fig)* in an uproar
**écaille** [ekaj] *nf (de poisson)* scale; *(de coquillage)*
shell; *(matière)* tortoiseshell; *(de roc etc)* flake
**écailler** [ekaje] *vt (poisson)* to scale; *(huître)* to
open; **s'écailler** *vi* to flake *ou* peel (off)
**écarlate** [ekaʀlat] *adj* scarlet
**écarquiller** [ekaʀkije] *vt*: **~ les yeux** to stare
wide-eyed
**écart** [ekaʀ] *nm* gap; *(embardée)* swerve; *(saut)*
sideways leap; *(fig)* departure, deviation;
**à l'~** *adv* out of the way; **à l'~ de** *prép* away
from; *(fig)* out of; **faire un ~** *(voiture)* to
swerve; **faire le grand ~** *(Danse, Gymnastique)*
to do the splits; **~ de conduite**
misdemeanour
**écarté, e** [ekaʀte] *adj (lieu)* out-of-the-way,
remote; *(ouvert)*: **les jambes ~es** legs apart;
**les bras ~s** arms outstretched
**écarter** [ekaʀte] *vt (séparer)* to move apart,
separate; *(éloigner)* to push back, move away;
*(ouvrir: bras, jambes)* to spread, open; *(: rideau)*
to draw (back); *(éliminer: candidat, possibilité)* to
dismiss; *(Cartes)* to discard; **s'écarter** *vi* to
part; *(personne)* to move away; **s'~ de** to
wander from
**écervelé, e** [esɛʀvəle] *adj* scatterbrained,
featherbrained
**échafaud** [eʃafo] *nm* scaffold
**échafaudage** [eʃafodaʒ] *nm* scaffolding; *(fig)*
heap, pile
**échafauder** [eʃafode] *vt (plan)* to construct
**échalote** [eʃalɔt] *nf* shallot
**échancrure** [eʃɑ̃kʀyʀ] *nf (de robe)* scoop
neckline; *(de côte, arête rocheuse)* indentation
**échange** [eʃɑ̃ʒ] *nm* exchange; **en ~** in
exchange; **en ~ de** exchange *ou* return for;
**libre ~** free trade; **~ de lettres/politesses/**
**vues** exchange of letters/civilities/views; **~s**
**commerciaux** trade; **~s culturels** cultural
exchanges
**échanger** [eʃɑ̃ʒe] *vt*: **~ qch (contre)** to
exchange sth (for)

**échangeur** [eʃɑ̃ʒœʀ] nm (Auto) interchange

**échantillon** [eʃɑ̃tijɔ̃] nm sample

**échappement** [eʃapmɑ̃] nm (Auto) exhaust; **~ libre** cutout

**échapper** [eʃape]: **~ à** vt (gardien) to escape (from); (punition, péril) to escape; **~ à qn** (détail, sens) to escape sb; (objet qu'on tient: aussi: **~ des mains de qn**) to slip out of sb's hands; **laisser ~** to let fall; (cri etc) to let out; **s'échapper** vi to escape; **l'~ belle** to have a narrow escape

**écharde** [eʃaʀd] nf splinter (of wood)

**écharpe** [eʃaʀp] nf scarf; (de maire) sash; (Méd) sling; **avoir le bras en ~** to have one's arm in a sling; **prendre en ~** (dans une collision) to hit sideways on

**échasse** [eʃas] nf stilt

**échassier** [eʃasje] nm wader

**échauffer** [eʃofe] vt (métal, moteur) to overheat; (fig: exciter) to fire, excite; **s'échauffer** vi (Sport) to warm up; (discussion) to become heated

**échéance** [eʃeɑ̃s] nf (d'un paiement: date) settlement date; (: somme due) financial commitment(s); (fig) deadline; **à brève/ longue ~** adj short-/long-term ▷ adv in the short/long term

**échéant** [eʃeɑ̃]: **le cas ~** adv if the case arises

**échec** [eʃɛk] nm failure; (Échecs): **~ et mat/au roi** checkmate/check; **échecs** nmpl (jeu) chess sg; **mettre en ~** to put in check; **tenir en ~** to hold in check; **faire ~ à** to foil, thwart

**échelle** [eʃɛl] nf ladder; (fig, d'une carte) scale; **à l'~ de** on the scale of; **sur une grande/ petite ~** on a large/small scale; **faire la courte ~ à qn** to give sb a leg up; **~ de corde** rope ladder

**échelon** [eʃ(ə)lɔ̃] nm (d'échelle) rung; (Admin) grade

**échelonner** [eʃ(ə)lɔne] vt to space out, spread out; (versement) **échelonné** (payment) by instalments

**échevelé, e** [eʃəvle] adj tousled, dishevelled; (fig) wild, frenzied

**échine** [eʃin] nf backbone, spine

**échiquier** [eʃikje] nm chessboard

**écho** [eko] nm echo; **échos** nmpl (potins) gossip sg, rumours; (Presse: rubrique) "news in brief"; **rester sans ~** (suggestion etc) to come to nothing; **se faire l'~ de** to repeat, spread about

**échographie** [ekɔgʀafi] nf ultrasound (scan); **passer une ~** to have a scan

**échoir** [eʃwaʀ] vi (dette) to fall due; (délais) to expire; **~ à** vt to fall to

**échouer** [eʃwe] vi to fail; (débris etc: sur la plage) to be washed up; (aboutir: personne dans un café etc) to land up; (bateau) to ground; **s'échouer** vi to run aground

**échu, e** [eʃy] pp de **échoir** ▷ adj due, mature

**éclabousser** [eklabuse] vt to splash; (fig) to tarnish

**éclair** [eklɛʀ] nm (d'orage) flash of lightning,

lightning no pl; (Photo: de flash) flash; (fig) flash, spark; (gâteau) éclair

**éclairage** [eklɛʀaʒ] nm lighting

**éclaircie** [eklɛʀsi] nf bright ou sunny interval

**éclaircir** [eklɛʀsiʀ] vt to lighten; (fig: mystère) to clear up; (point) to clarify; (Culin) to thin (down); **s'éclaircir** vi (ciel) to brighten up, clear; (cheveux) to go thin; (situation etc) to become clearer; **s'~ la voix** to clear one's throat

**éclaircissement** [eklɛʀsismɑ̃] nm clearing up, clarification

**éclairer** [eklɛʀe] vt (lieu) to light (up); (personne: avec une lampe de poche etc) to light the way for; (fig: instruire) to enlighten; (: rendre compréhensible) to shed light on ▷ vi: **~ mal/ bien** to give a poor/good light; **s'éclairer** vi (phare, rue) to light up; (situation etc) to become clearer; **s'~ à la bougie/l'électricité** to use candlelight/have electric lighting

**éclaireur, -euse** [eklɛʀœʀ, -øz] nm/f (scout) (boy) scout/(girl) guide ▷ nm (Mil) scout; **partir en ~** to go off to reconnoitre

**éclat** [ekla] nm (de bombe, de verre) fragment; (du soleil, d'une couleur etc) brightness, brilliance; (d'une cérémonie) splendour; (scandale): **faire un ~** to cause a commotion; **action d'~** outstanding action; **voler en ~s** to shatter; **des ~s de verre** broken glass; flying glass; **~ de rire** burst ou roar of laughter; **~ de voix** shout

**éclatant, e** [eklatɑ̃, -ɑ̃t] adj brilliant, bright; (succès) resounding; (revanche) devastating

**éclater** [eklate] vi (pneu) to burst; (bombe) to explode; (guerre, épidémie) to break out; (groupe, parti) to break up; **~ de rire/en sanglots** to burst out laughing/sobbing

**éclipser** [eklipse] vt to eclipse; **s'éclipser** vi to slip away

**éclore** [eklɔʀ] vi (œuf) to hatch; (fleur) to open (out)

**écluse** [eklyz] nf lock

**écœurant, e** [ekœʀɑ̃, -ɑ̃t] adj sickening; (gâteau etc) sickly

**écœurer** [ekœʀe] vt: **~ qn** (nourriture) to make sb feel sick; (fig: conduite, personne) to disgust sb

**école** [ekɔl] nf school; **aller à l'~** to go to school; **faire ~** to collect a following; **les grandes ~s** prestige university-level colleges with competitive entrance examinations; **~ maternelle** nursery school; see note; **~ primaire** primary (Brit) ou grade (US) school; **~ secondaire** secondary (Brit) ou high (US) school; **~ privée/ publique/élémentaire** private/state/ elementary school; **~ de dessin/danse/ musique** art/dancing/music school; **~ hôtelière** catering college; **~ normale (d'instituteurs) (ENI)** primary school teachers' training college; **~ normale supérieure (ENS)** grande école for training secondary school teachers; **~ de secrétariat** secretarial college

⬤ **ÉCOLE MATERNELLE**

⬤
⬤ Nursery school (kindergarten) (l'*école*
⬤ *maternelle*) is publicly funded in France
⬤ and, though not compulsory, is attended
⬤ by most children between the ages of
⬤ three and six. Statutory education begins
⬤ with primary (grade) school (l'*école*
⬤ *primaire*) and is attended by children
⬤ between the ages of six and 10 or 11.

**écolier, -ière** [ekɔlje, -jɛʀ] *nm/f* schoolboy/
girl
**écologie** [ekɔlɔʒi] *nf* ecology; (*sujet scolaire*)
environmental studies *pl*
**écologique** [ekɔlɔʒik] *adj* ecological;
environment-friendly
**écologiste** [ekɔlɔʒist] *nm/f* ecologist;
environmentalist
**éconduire** [ekɔ̃dɥiʀ] *vt* to dismiss
**économe** [ekɔnɔm] *adj* thrifty ▷ *nm/f* (*de lycée
etc*) bursar (*Brit*), treasurer (*US*)
**économie** [ekɔnɔmi] *nf* (*vertu*) economy,
thrift; (*gain: d'argent, de temps etc*) saving;
(*science*) economics *sg*; (*situation économique*)
economy; **économies** *nfpl* (*pécule*) savings;
**faire des ~s** to save up; **une ~ de
temps/d'argent** a saving in time/of money;
**~ dirigée** planned economy; **~ de marché**
market economy
**économique** [ekɔnɔmik] *adj* (*avantageux*)
economical; (*Écon*) economic
**économiser** [ekɔnɔmize] *vt, vi* to save
**économiseur** [ekɔnɔmizœʀ] *nm*: **~ d'écran**
(*Inform*) screen saver
**écoper** [ekɔpe] *vi* to bale out; (*fig*) to cop it;
**~ (de)** *vt* to get
**écorce** [ekɔʀs] *nf* bark; (*de fruit*) peel
**écorcher** [ekɔʀʃe] *vt* (*animal*) to skin;
(*égratigner*) to graze; **~ une langue** to speak a
language brokenly; **s'~ le genou** *etc* to scrape
*ou* graze one's knee *etc*
**écorchure** [ekɔʀʃyʀ] *nf* graze
**écossais, e** [ekɔsɛ, -ɛz] *adj* Scottish, Scots;
(*whisky, confiture*) Scotch; (*écharpe, tissu*) tartan
▷ *nm* (*Ling*) Scots; (: *gaélique*) Gaelic; (*tissu*)
tartan (cloth) ▷ *nm/f*: **É~, e** Scot, Scotsman/
woman; **les É~** the Scots
**Écosse** [ekɔs] *nf*: **l'~** Scotland
**écosser** [ekɔse] *vt* to shell
**écoulement** [ekulmɑ̃] *nm* (*de faux billets*)
circulation; (*de stock*) selling
**écouler** [ekule] *vt* to dispose of; **s'écouler** *vi*
(*eau*) to flow (out); (*foule*) to drift away; (*jours,
temps*) to pass (by)
**écourter** [ekuʀte] *vt* to curtail, cut short
**écoute** [ekut] *nf* (*Navig: cordage*) sheet; (*Radio,
TV*) **temps d'~** (listening *ou* viewing) time;
**heure de grande ~** peak listening *ou* viewing
time; **prendre l'~** to tune in; **rester à l'~ (de)**
to stay tuned in (to); **~s téléphoniques**
phone tapping *sg*

**écouter** [ekute] *vt* to listen to; **s'écouter**
(*malade*) to be a bit of a hypochondriac; **si je
m'écoutais** if I followed my instincts
**écouteur** [ekutœʀ] *nm* (*Tél*) receiver;
**écouteurs** *nmpl* (*casque*) headphones,
headset *sg*
**écoutille** [ekutij] *nf* hatch
**écran** [ekʀɑ̃] *nm* screen; (*Inform*) screen, VDU;
**~ de fumée/d'eau** curtain of smoke/water;
**porter à l'~** (*Ciné*) to adapt for the screen; **le
petit ~** television, the small screen; **~ total**
sunblock
**écrasant, e** [ekʀazɑ̃, -ɑ̃t] *adj* overwhelming
**écraser** [ekʀaze] *vt* to crush; (*piéton*) to run
over; (*Inform*) to overwrite; **se faire ~** to be
run over; **écrase(-toi)!** shut up!; **s'~ (au sol)**
*vi* to crash; **s'~ contre** to crash into
**écrémé, e** [ekʀeme] *adj* (*lait*) skimmed
**écrevisse** [ekʀəvis] *nf* crayfish *inv*
**écrier** [ekʀije]: **s'écrier** *vi* to exclaim
**écrin** [ekʀɛ̃] *nm* case, box
**écrire** [ekʀiʀ] *vt, vi* to write ▷ *vi*: **ça s'écrit
comment?** how is it spelt?; **~ à qn que** to
write and tell sb that; **s'écrire** *vi* to write to
one another
**écrit, e** [ekʀi, -it] *pp de* **écrire** ▷ *adj*: **bien/
mal** ~ well/badly written ▷ *nm* document;
(*examen*) written paper; **par ~** in writing
**écriteau, x** [ekʀito] *nm* notice, sign
**écriture** [ekʀityʀ] *nf* writing; (*Comm*) entry;
**écritures** *nfpl* (*Comm*) accounts, books; **l'É~
(sainte), les É~s** the Scriptures
**écrivain** [ekʀivɛ̃] *nm* writer
**écrou** [ekʀu] *nm* nut
**écrouer** [ekʀue] *vt* to imprison;
(*provisoirement*) to remand in custody
**écrouler** [ekʀule]: **s'écrouler** *vi* to collapse
**écru, e** [ekʀy] *adj* (*toile*) raw, unbleached;
(*couleur*) off-white, écru
**écueil** [ekœj] *nm* reef; (*fig*) pitfall; stumbling
block
**éculé, e** [ekyle] *adj* (*chaussure*) down-at-heel;
(*fig: péj*) hackneyed
**écume** [ekym] *nf* foam; (*Culin*) scum; **~ de
mer** meerschaum
**écumer** [ekyme] *vt* (*Culin*) to skim; (*fig*) to
plunder ▷ *vi* (*mer*) to foam; (*fig*) to boil with rage
**écumoire** [ekymwaʀ] *nf* skimmer
**écureuil** [ekyʀœj] *nm* squirrel
**écurie** [ekyʀi] *nf* stable
**écusson** [ekysɔ̃] *nm* badge
**écuyer, -ère** [ekɥije, -ɛʀ] *nm/f* rider
**eczéma** [ɛgzema] *nm* eczema
**édenté, e** [edɑ̃te] *adj* toothless
**EDF** *sigle f* (= *Électricité de France*) national electricity
company
**édifice** [edifis] *nm* building, edifice
**édifier** [edifje] *vt* to build, erect; (*fig*) to edify
**Édimbourg** [edɛ̃buʀ] *n* Edinburgh
**éditer** [edite] *vt* (*publier*) to publish; (: *disque*)
to produce; (*préparer: texte, Inform: annoter*)
to edit

**éditeur, -trice** [editœʀ, -tʀis] nm/f publisher; editor; ~ **de textes** (Inform) text editor

**édition** [edisjɔ̃] nf editing no pl; (série d'exemplaires) edition; (industrie du livre): **l'~** publishing; ~ **sur écran** (Inform) screen editing

**édredon** [edʀədɔ̃] nm eiderdown, comforter (US)

**éducateur, -trice** [edykatœʀ, -tʀis] nm/f teacher; (en école spécialisée) instructor; ~ **spécialisé** specialist teacher

**éducatif, -ive** [edykatif, -iv] adj educational

**éducation** [edykasjɔ̃] nf education; (familiale) upbringing; (manières) (good) manners pl; **bonne/mauvaise** ~ good/bad upbringing; **sans** ~ bad-mannered, ill-bred; **l'É-(nationale)** ≈ the Department for Education; ~ **permanente** continuing education; ~ **physique** physical education

**édulcorant** [edylkɔʀɑ̃] nm sweetener

**éduquer** [edyke] vt to educate; (élever) to bring up; (faculté) to train; **bien/mal éduqué** well/badly brought up

**effacé, e** [efase] adj (fig) retiring, unassuming

**effacer** [efase] vt to erase, rub out; (bande magnétique) to erase; (Inform: fichier, fiche) to delete; **s'effacer** vi (inscription etc) to wear off; (pour laisser passer) to step aside; ~ **le ventre** to pull one's stomach in

**effarant, e** [efaʀɑ̃, -ɑ̃t] adj alarming

**effarer** [efaʀe] vt to alarm

**effaroucher** [efaʀuʃe] vt to frighten ou scare away; (personne) to alarm

**effectif, -ive** [efɛktif, -iv] adj real; effective ▷ nm (Mil) strength; (Scol) total number of pupils, size; ~**s** numbers, strength sg; (Comm) manpower sg; **réduire l'**~ **de** to downsize

**effectivement** [efɛktivmɑ̃] adv effectively; (réellement) actually, really; (en effet) indeed

**effectuer** [efɛktɥe] vt (opération, mission) to carry out; (déplacement, trajet) to make, complete; (mouvement) to execute, make; **s'effectuer** vi to be carried out

**efféminé, e** [efemine] adj effeminate

**effervescent, e** [efɛʀvesɑ̃, -ɑ̃t] adj (cachet, boisson) effervescent; (fig) agitated, in a turmoil

**effet** [efe] nm (résultat, artifice) effect; (impression) impression; (Comm) bill; (Jur: d'une loi, d'un jugement): **avec** ~ **rétroactif** applied retrospectively; **effets** nmpl (vêtements etc) things; ~ **de style/couleur/lumière** stylistic/colour/lighting effect; ~**s de voix** dramatic effects with one's voice; **faire** ~ (médicament) to take effect; **faire de l'**~ (médicament, menace) to have an effect, be effective; (impressionner) to make an impression; **faire bon/mauvais** ~ **sur qn** to make a good/bad impression on sb; **sous l'**~ **de** under the effect of; **donner de l'**~ **à une**

**balle** (Tennis) to put some spin on a ball; **à cet** ~ to that end; **en** ~ adv indeed; ~ **(de commerce)** bill of exchange; ~ **de serre** greenhouse effect; ~**s spéciaux** (Ciné) special effects

**efficace** [efikas] adj (personne) efficient; (action, médicament) effective

**efficacité** [efikasite] nf efficiency; effectiveness

**effilocher** [efilɔʃe]: **s'effilocher** vi to fray

**efflanqué, e** [eflɑ̃ke] adj emaciated

**effleurer** [eflœʀe] vt to brush (against); (sujet) to touch upon; (idée, pensée): ~ **qn** to cross sb's mind

**effluves** [eflyv] nmpl exhalation(s)

**effondrer** [efɔ̃dʀe]: **s'effondrer** vi to collapse

**efforcer** [efɔʀse]: **s'efforcer de** vt: **s'**~ **de faire** to try hard to do

**effort** [efɔʀ] nm effort; **faire un** ~ to make an effort; **faire tous ses** ~**s** to try one's hardest; **faire l'**~ **de ...** to make the effort to ...; **sans** ~ adj effortless ▷ adv effortlessly; ~ **de mémoire** attempt to remember; ~ **de volonté** effort of will

**effraction** [efʀaksjɔ̃] nf breaking-in; **s'introduire par** ~ **dans** to break into

**effrayant, e** [efʀɛjɑ̃, -ɑ̃t] adj frightening, fearsome; (sens affaibli) dreadful

**effrayer** [efʀeje] vt to frighten, scare; (rebuter) to put off; **s'effrayer (de)** vi to be frightened ou scared (by)

**effréné, e** [efʀene] adj wild

**effriter** [efʀite]: **s'effriter** vi to crumble; (monnaie) to be eroded; (valeurs) to slacken off

**effroi** [efʀwa] nm terror, dread no pl

**effronté, e** [efʀɔ̃te] adj insolent

**effroyable** [efʀwajabl] adj horrifying, appalling

**effusion** [efyzjɔ̃] nf effusion; **sans** ~ **de sang** without bloodshed

**égal, e, -aux** [egal, -o] adj (identique, ayant les mêmes droits) equal; (plan: surface) even, level; (constant: vitesse) steady; (équitable) even ▷ nm/f equal; **être** ~ **à** (prix, nombre) to be equal to; **ça m'est** ~ it's all the same to me, it doesn't matter to me, I don't mind; **c'est** ~, ... all the same, ...; **sans** ~ matchless, unequalled; **à l'**~ **de** (comme) just like; **d'**~ **à** ~ as equals

**également** [egalmɑ̃] adv equally; evenly; steadily; (aussi) too, as well

**égaler** [egale] vt to equal

**égaliser** [egalize] vt (sol, salaires) to level (out); (chances) to equalize ▷ vi (Sport) to equalize

**égalité** [egalite] nf equality; evenness, steadiness; (Math) identity; **être à** ~ (de points) to be level; ~ **de droits** equality of rights; ~ **d'humeur** evenness of temper

**égard** [egaʀ] nm: ~**s** nmpl consideration sg; **à cet** ~ in this respect; **à certains** ~**s/tous** ~**s** in certain respects/all respects; **eu** ~ **à** in view of; **par** ~ **pour** out of consideration for; **sans**

~ **pour** without regard for; **à l'~ de** *prép* towards; (*en ce qui concerne*) concerning, as regards

**égarement** [egaʀmɑ̃] *nm* distraction; aberration

**égarer** [egaʀe] *vt* (*objet*) to mislay; (*moralement*) to lead astray; **s'égarer** *vi* to get lost, lose one's way; (*objet*) to go astray; (*fig: dans une discussion*) to wander

**égayer** [egeje] *vt* (*personne*) to amuse; (: *remonter*) to cheer up; (*récit, endroit*) to brighten up, liven up

**églantine** [eglɑ̃tin] *nf* wild *ou* dog rose

**églefin** [egləfɛ̃] *nm* haddock

**église** [egliz] *nf* church; **aller à l'~** to go to church

**égoïsme** [egɔism] *nm* selfishness, egoism

**égoïste** [egɔist] *adj* selfish, egoistic ▷ *nm/f* egoist

**égorger** [egɔʀʒe] *vt* to cut the throat of

**égosiller** [egozije]: **s'égosiller** *vi* to shout o.s. hoarse

**égout** [egu] *nm* sewer; **eaux d'~** sewage

**égoutter** [egute] *vt* (*linge*) to wring out; (*vaisselle, fromage*) to drain ▷ *vi* to drip; **s'égoutter** *vi* to drip

**égouttoir** [egutwaʀ] *nm* draining board; (*mobile*) draining rack

**égratigner** [egʀatiɲe] *vt* to scratch; **s'égratigner** *vi* to scratch o.s.

**égratignure** [egʀatiɲyʀ] *nf* scratch

**Égypte** [eʒipt] *nf*: **l'~** Egypt

**égyptien, ne** [eʒipsjɛ̃, -ɛn] *adj* Egyptian ▷ *nm/f*: **É-, ne** Egyptian

**eh** [e] *excl* hey!(s); **eh bien** well

**éhonté, e** [eɔ̃te] *adj* shameless, brazen (*Brit*)

**éjecter** [eʒɛkte] *vt* (*Tech*) to eject; (*fam*) to kick *ou* chuck out

**élaborer** [elabɔʀe] *vt* to elaborate; (*projet, stratégie*) to work out; (*rapport*) to draft

**élan** [elɑ̃] *nm* (*Zool*) elk, moose; (*Sport: avant le saut*) run up; (*de véhicule*) momentum; (*fig: de tendresse etc*) surge; **prendre son ~/de l'~** to take a run up/gather speed; **perdre son ~** to lose one's momentum

**élancé, e** [elɑ̃se] *adj* slender

**élancement** [elɑ̃smɑ̃] *nm* shooting pain

**élancer** [elɑ̃se]: **s'élancer** *vi* to dash, hurl o.s.; (*fig: arbre, clocher*) to soar (upwards)

**élargir** [elaʀʒiʀ] *vt* to widen; (*vêtement*) to let out; (*Jur*) to release; **s'élargir** *vi* to widen; (*vêtement*) to stretch

**élastique** [elastik] *adj* elastic ▷ *nm* (*de bureau*) rubber band; (*pour la couture*) elastic *no pl*

**électeur, -trice** [elɛktœʀ, -tʀis] *nm/f* elector, voter

**élection** [elɛksjɔ̃] *nf* election; **élections** *nfpl* (*Pol*) election(s); **sa terre/patrie d'~** the land/ country of one's choice; **~ partielle** ≈ by-election; **~s législatives/ présidentielles** general/presidential election *sg*; *see note*

🔵 **ÉLECTIONS LÉGISLATIVES**

🔵
🔵 *Élections législatives* are held in France every
🔵 five years to elect "députés" to the
🔵 "Assemblée nationale". The president is
🔵 chosen in the "élection présidentielle",
🔵 which also comes round every five years.
🔵 Voting is by direct universal suffrage and
🔵 is divided into two rounds. The ballots
🔵 always take place on a Sunday.

**électorat** [elɛktɔʀa] *nm* electorate

**électricien, ne** [elɛktʀisjɛ̃, -ɛn] *nm/f* electrician

**électricité** [elɛktʀisite] *nf* electricity; **allumer/éteindre l'~** to put on/off the light; **~ statique** static electricity

**électrique** [elɛktʀik] *adj* electric(al)

**électrocuter** [elɛktʀɔkyte] *vt* to electrocute

**électroménager** [elɛktʀomenaʒe] *adj*: **appareils ~s** domestic (electrical) appliances ▷ *nm*: **l'~** household appliances

**électronique** [elɛktʀɔnik] *adj* electronic ▷ *nf* (*science*) electronics *sg*

**électrophone** [elɛktʀɔfɔn] *nm* record player

**élégance** [elegɑ̃s] *nf* elegance

**élégant, e** [elegɑ̃, -ɑ̃t] *adj* elegant; (*solution*) neat, elegant; (*attitude, procédé*) courteous, civilized

**élément** [elemɑ̃] *nm* element; (*pièce*) component, part; **éléments** *nmpl* elements

**élémentaire** [elemɑ̃tɛʀ] *adj* elementary; (*Chimie*) elemental

**éléphant** [elefɑ̃] *nm* elephant; **~ de mer** elephant seal

**élevage** [el(ə)vaʒ] *nm* breeding; (*de bovins*) cattle breeding *ou* rearing; (*ferme*) cattle farm; **truite d'~** farmed trout

**élévation** [elevasjɔ̃] *nf* (*gén*) elevation; (*voir élever*) raising; (*voir s'élever*) rise

**élevé, e** [el(ə)ve] *adj* (*prix, sommet*) high; (*fig: noble*) elevated; **bien/mal ~** well-/ill-mannered

**élève** [elɛv] *nm/f* pupil; **~ infirmière** student nurse

**élever** [el(ə)ve] *vt* (*enfant*) to bring up, raise; (*bétail, volaille*) to breed; (*abeilles*) to keep; (*hausser: taux, niveau*) to raise; (*fig: âme, esprit*) to elevate; (*édifier: monument*) to put up, erect; **s'élever** *vi* (*avion, alpiniste*) to go up; (*niveau, température, aussi: cri etc*) to rise; (*survenir: difficultés*) to arise; **s'~ à** (*frais, dégâts*) to amount to, add up to; **s'~ contre** to rise up against; **~ la voix** to raise one's voice; **~ une protestation/critique** to raise a protest/ make a criticism; **~ qn au rang de** to raise *ou* elevate sb to the rank of; **~ un nombre au carré/au cube** to square/cube a number

**éleveur, -euse** [el(ə)vœʀ, -øz] *nm/f* stock breeder

**élimé, e** [elime] *adj* worn (thin), threadbare

**éliminatoire** [eliminatwaʀ] *adj* eliminatory; (*Sport*) disqualifying ▷ *nf* (*Sport*) heat

**éliminer** [elimine] *vt* to eliminate

**élire** [eliʀ] *vt* to elect; **~ domicile à** to take up residence in *ou* at

**elle** [ɛl] *pron* (*sujet*) she; (: *chose*) it; (*complément*) her; it; **~s** (*sujet*) they; (*complément*) them; **~-même** herself; itself; **~s-mêmes** themselves; *voir* **il**

**élocution** [elɔkysjɔ̃] *nf* delivery; **défaut d'~** speech impediment

**éloge** [elɔʒ] *nm* praise *gen no pl*; **faire l'~ de** to praise

**élogieux, -euse** [elɔʒjø, -øz] *adj* laudatory, full of praise

**éloigné, e** [elwaɲe] *adj* distant, far-off; (*parent*) distant

**éloignement** [elwaɲmɑ̃] *nm* removal; putting off; estrangement; (*fig*: *distance*) distance

**éloigner** [elwaɲe] *vt* (*objet*): **~ qch (de)** to move *ou* take sth away (from); (*personne*): **~ qn (de)** to take sb away *ou* remove sb (from); (*échéance*) to put off, postpone; (*soupçons, danger*) to ward off; **s'éloigner (de)** *vi* (*personne*) to go away (from); (*véhicule*) to move away (from); (*affectivement*) to become estranged (from)

**élu, e** [ely] *pp de* **élire** ▷ *nm/f* (*Pol*) elected representative

**éluder** [elyde] *vt* to evade

**Élysée** [elize] *nm*: **(le palais de) l'~** the Élysée palace; *see note*; **les Champs ~s** the Champs Élysées

⬤ **L'ÉLYSÉE**
⬤
⬤
⬤ The *palais de l'Élysée*, situated in the heart
⬤ of Paris just off the Champs Élysées, is
⬤ the official residence of the French
⬤ President. Built in the eighteenth
⬤ century, it has performed its present
⬤ function since 1876. A shorter form of its
⬤ name, "l'Élysée" is frequently used to
⬤ refer to the presidency itself.

**émacié, e** [emasje] *adj* emaciated

**émail, -aux** [emaj, -o] *nm* enamel

**e-mail** [imɛl] *nm* email; **envoyer qch par ~ to** email sth

**émaillé, e** [emaje] *adj* enamelled; (*fig*): **~ de** dotted with

**émanciper** [emɑ̃sipe] *vt* to emancipate; **s'émanciper** *vi* (*fig*) to become emancipated *ou* liberated

**émaner** [emane]: **~ de** *vt* to emanate from; (*Admin*) to proceed from

**emballage** [ɑ̃balaʒ] *nm* wrapping; packing; (*papier*) wrapping; (*carton*) packaging

**emballer** [ɑ̃bale] *vt* to wrap (up); (*dans un carton*) to pack (up); (*fig*: *fam*) to thrill (to bits); **s'emballer** *vi* (*moteur*) to race; (*cheval*) to bolt; (*fig*: *personne*) to get carried away

**embarcadère** [ɑ̃baʀkadɛʀ] *nm* landing stage (*Brit*), pier

**embarcation** [ɑ̃baʀkasjɔ̃] *nf* (small) boat, (small) craft

**embardée** [ɑ̃baʀde] *nf* swerve; **faire une ~ to** swerve

**embarquement** [ɑ̃baʀkəmɑ̃] *nm* embarkation; (*de marchandises*) loading; (*de passagers*) boarding

**embarquer** [ɑ̃baʀke] *vt* (*personne*) to embark; (*marchandise*) to load; (*fam*) to cart off; (: *arrêter*) to nick ▷ *vi* (*passager*) to board; (*Navig*) to ship water; **s'embarquer** *vi* to board; **s'~ dans** (*affaire, aventure*) to embark upon

**embarras** [ɑ̃baʀa] *nm* (*obstacle*) hindrance; (*confusion*) embarrassment; (*ennuis*): **être dans l'~** to be in a predicament *ou* an awkward position; (*gêne financière*) to be in difficulties; **~ gastrique** stomach upset; **vous n'avez que l'~ du choix** the only problem is choosing

**embarrassant, e** [ɑ̃baʀasɑ̃, -ɑ̃t] *adj* cumbersome; embarrassing; awkward

**embarrasser** [ɑ̃baʀase] *vt* (*encombrer*) to clutter (up); (*gêner*) to hinder, hamper; (*fig*) to cause embarrassment to; to put in an awkward position; **s'embarrasser de** *vi* to burden o.s. with

**embauche** [ɑ̃boʃ] *nf* hiring; **bureau d'~** labour office

**embaucher** [ɑ̃boʃe] *vt* to take on, hire; **s'embaucher comme** *vi* to get (o.s.) a job as

**embaumer** [ɑ̃bome] *vt* to embalm; (*parfumer*) to fill with its fragrance; **~ la lavande** to be fragrant with (the scent of) lavender

**embellie** [ɑ̃beli] *nf* bright spell, brighter period

**embellir** [ɑ̃beliʀ] *vt* to make more attractive; (*une histoire*) to embellish ▷ *vi* to grow lovelier *ou* more attractive

**embêtant, e** [ɑ̃bɛtɑ̃, -ɑ̃t] *adj* annoying

**embêtement** [ɑ̃bɛtmɑ̃] *nm* problem, difficulty; **embêtements** *nmpl* trouble *sg*

**embêter** [ɑ̃bete] *vt* to bother; **s'embêter** *vi* (*s'ennuyer*) to be bored; **ça m'embête** it bothers me; **il ne s'embête pas!** (*ironique*) he does all right for himself!

**emblée** [ɑ̃ble]: **d'~** *adv* straightaway

**embobiner** [ɑ̃bɔbine] *vt* (*enjôler*): **~ qn** to get round sb

**emboîter** [ɑ̃bwate] *vt* to fit together; **s'emboîter dans** to fit into; **s'~ (l'un dans l'autre)** to fit together; **~ le pas à qn** to follow in sb's footsteps

**embonpoint** [ɑ̃bɔ̃pwɛ̃] *nm* stoutness (*Brit*), corpulence; **prendre de l'~** to grow stout (*Brit*) *ou* corpulent

**embouchure** [ɑ̃buʃyʀ] *nf* (*Géo*) mouth; (*Mus*) mouthpiece

**embourber** [ɑ̃buʀbe] *vt*: **s'embourber** *vi* to get stuck in the mud; (*fig*): **s'~ dans** to sink into

**embourgeoiser** [ɑ̃buʀʒwaze]: **s'embourgeoiser** *vi* to adopt a middle-class outlook

**embouteillage** [ābutɛjaʒ] *nm* traffic jam, (traffic) holdup (Brit)

**emboutir** [ābutiʀ] *vt* (Tech) to stamp; (heurter) to crash into, ram

**embranchement** [ābʀāʃmā] *nm* (routier) junction; (classification) branch

**embraser** [ābʀɑze]: **s'embraser** *vi* to flare up

**embrasser** [ābʀɑse] *vt* to kiss; (sujet, période) to embrace, encompass; (carrière) to embark on; (métier) to go in for, take up; **~ du regard** to take in (with eyes); **s'embrasser** *vi* to kiss (each other)

**embrasure** [ābʀɑzyʀ] *nf*: **dans l' ~ de la porte** in the door(way)

**embrayage** [ābʀɛjaʒ] *nm* clutch

**embrayer** [ābʀɛje] *vi* (Auto) to let in the clutch ▷ *vt* (fig: affaire) to set in motion; **~ sur qch** to begin on sth

**embrocher** [ābʀɔʃe] *vt* to (put on a) spit (ou skewer)

**embrouiller** [ābʀuje] *vt* (fils) to tangle (up); (fiches, idées, personne) to muddle up; **s'embrouiller** *vi* to get in a muddle

**embruns** [ābʀœ̃] *nmpl* sea spray *sg*

**embryon** [ābʀijɔ̃] *nm* embryo

**embûches** [ābyʃ] *nfpl* pitfalls, traps

**embué, e** [ābɥe] *adj* misted up; **yeux ~s de larmes** eyes misty with tears

**embuscade** [ābyskad] *nf* ambush; **tendre une ~ à** to lay an ambush for

**éméché, e** [emeʃe] *adj* tipsy, merry

**émeraude** [em(ə)ʀod] *nf* emerald ▷ *adj inv* emerald-green

**émerger** [emɛʀʒe] *vi* to emerge; (faire saillie, aussi fig) to stand out

**émeri** [em(ə)ʀi] *nm*: **toile** *ou* **papier ~** emery paper

**émerveillement** [emɛʀvejmā] *nm* wonderment

**émerveiller** [emɛʀveje] *vt* to fill with wonder; **s'émerveiller de** *vi* to marvel at

**émettre** [emɛtʀ] *vt* (son, lumière) to give out, emit; (message etc: Radio) to transmit; (billet, timbre, emprunt, chèque) to issue; (hypothèse, avis) to voice, put forward; (vœu) to express ▷ *vi* to broadcast; **~ sur ondes courtes** to broadcast on short wave

**émeus** *etc* [emø] *vb voir* **émouvoir**

**émeute** [emøt] *nf* riot

**émietter** [emjete] *vt* (pain, terre) to crumble; (fig) to split up, disperse; **s'émietter** *vi* (pain, terre) to crumble

**émigrer** [emigʀe] *vi* to emigrate

**émincer** [emɛ̃se] *vt* (Culin) to slice thinly

**éminent, e** [eminā, -āt] *adj* distinguished

**émission** [emisjɔ̃] *nf* (voir émettre) emission; (d'un message) transmission; (de billet, timbre, emprunt, chèque) issue; (Radio, TV) programme, broadcast

**emmagasiner** [āmagazine] *vt* to (put into) store; (fig) to store up

**emmanchure** [āmāʃyʀ] *nf* armhole

**emmêler** [āmele] *vt* to tangle (up); (fig) to muddle up; **s'emmêler** *vi* to get into a tangle

**emménager** [āmenaʒe] *vi* to move in; **~ dans** to move into

**emmener** [ām(ə)ne] *vt* to take (with one); (comme otage, capture) to take away; **~ qn au cinéma** to take sb to the cinema

**emmerder** [āmɛʀde] (fam!) *vt* to bug, bother; **s'emmerder** *vi* (s'ennuyer) to be bored stiff; **je t'emmerde!** to hell with you!

**emmitoufler** [āmitufle] *vt* to wrap up (warmly); **s'emmitoufler** *vi* to wrap (o.s.) up (warmly)

**émoi** [emwa] *nm* (agitation, effervescence) commotion; (trouble) agitation; **en ~** (sens) excited, stirred

**émoticone** [emɔticon] *nm* (Inform) smiley

**émotif, -ive** [emɔtif, -iv] *adj* emotional

**émotion** [emosjɔ̃] *nf* emotion; **avoir des ~s** (fig) to get a fright; **donner des ~s à** to give a fright to sb; **sans ~** without emotion, coldly

**émousser** [emuse] *vt* to blunt; (fig) to dull

**émouvoir** [emuvwaʀ] *vt* (troubler) to stir, affect; (toucher, attendrir) to move; (indigner) to rouse; (effrayer) to disturb, worry; **s'émouvoir** *vi* to be affected; to be moved; to be roused; to be disturbed ou worried

**empailler** [āpaje] *vt* to stuff

**empaqueter** [āpakte] *vt* to pack up

**emparer** [āpaʀe]: **s'emparer de** *vt* (objet) to seize, grab; (comme otage, Mil) to seize; (peur etc) to take hold of

**empâter** [āpɑte]: **s'empâter** *vi* to thicken out

**empêchement** [āpɛʃmā] *nm* (unexpected) obstacle, hitch

**empêcher** [āpeʃe] *vt* to prevent; **~ qn de faire** to prevent ou stop sb (from) doing; **~ que qch (n')arrive/qn (ne) fasse** to prevent sth from happening/sb from doing; **il n'empêche que** nevertheless, be that as it may; **il n'a pas pu s'~ de rire** he couldn't help laughing

**empereur** [āpʀœʀ] *nm* emperor

**empester** [āpeste] *vt* (lieu) to stink out ▷ *vi* to stink, reek; **~ le tabac/le vin** to stink ou reek of tobacco/wine

**empêtrer** [āpetʀe] *vt*: **s'empêtrer dans** (fils etc, aussi fig) to get tangled up in

**emphase** [āfaz] *nf* pomposity, bombast; **avec ~** pompously

**empiéter** [āpjete]: **~ sur** *vt* to encroach upon

**empiffrer** [āpifʀe]: **s'empiffrer** *vi* (péj) to stuff o.s.

**empiler** [āpile] *vt* to pile (up), stack (up); **s'empiler** *vi* to pile up

**empire** [āpiʀ] *nm* empire; (fig) influence; **style E~** Empire style; **sous l' ~ de** in the grip of

**empirer** [āpiʀe] *vi* to worsen, deteriorate

**emplacement** [āplasmā] *nm* site; **sur l' ~ de** on the site of

**emplette** [āplɛt] *nf*: **faire l' ~ de** to purchase; **emplettes** shopping *sg*; **faire des ~s** to go shopping

**emplir** [ɑ̃pliʀ] *vt* to fill; **s'emplir (de)** *vi* to fill (with)

**emploi** [ɑ̃plwa] *nm* use; (*Comm, Écon*): **l'~** employment; (*poste*) job, situation; **d'~ facile** easy to use; **le plein ~** full employment; **mode d'~** directions for use; **~ du temps** timetable, schedule

**employé, e** [ɑ̃plwaje] *nm/f* employee; **~ de bureau/banque** office/bank employee *ou* clerk; **~ de maison** domestic (servant)

**employer** [ɑ̃plwaje] *vt* (*outil, moyen, méthode, mot*) to use; (*ouvrier, main-d'œuvre*) to employ; **s'~ à qch/à faire** to apply *ou* devote o.s. to sth/to doing

**employeur, -euse** [ɑ̃plwajœʀ, -øz] *nm/f* employer

**empocher** [ɑ̃pɔʃe] *vt* to pocket

**empoigner** [ɑ̃pwaɲe] *vt* to grab; **s'empoigner** (*fig*) to have a row *ou* set-to

**empoisonner** [ɑ̃pwazɔne] *vt* to poison; (*empester: air, pièce*) to stink out; (*fam*): **~ qn** to drive sb mad; **s'empoisonner** to poison o.s.; **~ l'atmosphère** (*aussi fig*) to poison the atmosphere; (*aussi*): **il nous empoisonne l'existence**) he's the bane of our life

**emporté, e** [ɑ̃pɔʀte] *adj* (*personne, caractère*) fiery

**emporter** [ɑ̃pɔʀte] *vt* to take (with one); (*en dérobant ou enlevant, emmener: blessés, voyageurs*) to take away; (*entraîner*) to carry away ou along; (*arracher*) to tear off; (*rivière, vent*) to carry away; (*Mil: position*) to take; (*avantage, approbation*) to win; **s'emporter** *vi* (*de colère*) to fly into a rage, lose one's temper; **la maladie qui l'a emporté** the illness which caused his death; **l'~** to gain victory; **l'~ (sur)** to get the upper hand (of); (*méthode etc*) to prevail (over); **boissons à ~** take-away drinks; **plats à ~** take-away meals

**empreint, e** [ɑ̃pʀɛ̃, -ɛ̃t] *adj*: **~ de** marked with; tinged with ▷ *nf* (*de pied, main*) print; (*fig*) stamp, mark; **~e (digitale)** fingerprint; **~e écologique** carbon footprint

**empressé, e** [ɑ̃pʀese] *adj* attentive; (*péj*) overanxious to please, overattentive

**empressement** [ɑ̃pʀesmɑ̃] *nm* eagerness

**empresser** [ɑ̃pʀese]: **s'empresser** *vi*: **s'~ auprès de qn** to surround sb with attentions; **s'~ de faire** to hasten to do

**emprise** [ɑ̃pʀiz] *nf* hold, ascendancy; **sous l'~ de** under the influence of

**emprisonnement** [ɑ̃pʀizɔnmɑ̃] *nm* imprisonment

**emprisonner** [ɑ̃pʀizɔne] *vt* to imprison, jail

**emprunt** [ɑ̃pʀœ̃] *nm* borrowing *no pl*, loan (*from debtor's point of view*); (*Ling etc*) borrowing; **nom d'~** assumed name; **~ d'État** government *ou* state loan; **~ public à 5%** 5% public loan

**emprunté, e** [ɑ̃pʀœ̃te] *adj* (*fig*) ill-at-ease, awkward

**emprunter** [ɑ̃pʀœ̃te] *vt* to borrow; (*itinéraire*) to take, follow; (*style, manière*) to adopt, assume

**ému, e** [emy] *pp de* **émouvoir** ▷ *adj* excited; (*gratitude*) touched; (*compassion*) moved

 **MOT-CLÉ**

**en** [ɑ̃] *prép* **1** (*endroit, pays*) in; (*direction*) to; **habiter en France/ville** to live in France/town; **aller en France/ville** to go to France/town

**2** (*moment, temps*) in; **en été/juin** in summer/June; **en 3 jours/20 ans** in 3 days/20 years

**3** (*moyen*) by; **en avion/taxi** by plane/taxi

**4** (*composition*) made of; **c'est en verre/coton/laine** it's (made of) glass/cotton/wool; **en métal/plastique** made of metal/plastic; **un collier en argent** a silver necklace; **en deux volumes/une pièce** in two volumes/one piece

**5** (*description, état*): **une femme (habillée) en rouge** a woman (dressed) in red; **peindre qch en rouge** to paint sth red; **en T/étoile** T-/star-shaped; **en chemise/chaussettes** in one's shirt sleeves/socks; **en soldat** as a soldier; **en civil** in civilian clothes; **cassé en plusieurs morceaux** broken into several pieces; **en réparation** being repaired, under repair; **en vacances** on holiday; **en bonne santé** healthy, in good health; **en deuil** in mourning; **le même en plus grand** the same but *ou* only bigger

**6** (*avec gérondif*) while; on; **en dormant** while sleeping, as one sleeps; **en sortant** on going out, as he *etc* went out; **sortir en courant** to run out; **en apprenant la nouvelle, il s'est évanoui** he fainted at the news *ou* when he heard the news

**7** (*matière*): **fort en math** good at maths; **expert en** expert in

**8** (*conformité*): **en tant que** as; **en bon politicien, il …** good politician that he is, he …, like a good *ou* true politician, he …; **je te parle en ami** I'm talking to you as a friend ▷ *pron* **1** (*indéfini*): **j'en ai/veux** I have/want some; **en as-tu?** have you got any?; **il n'y en a pas** there isn't *ou* aren't any; **je n'en veux pas** I don't want any; **j'en ai deux** I've got two; **combien y en a-t-il?** how many (of them) are there?; **j'en ai assez** I've got enough (of it *ou* them); (*j'en ai marre*) I've had enough; **où en étais-je?** where was I?

**2** (*provenance*) from there; **j'en viens** I've come from there

**3** (*cause*): **il en est malade/perd le sommeil** he is ill/can't sleep because of it

**4** (*de la part de*): **elle en est aimée** she is loved by him (*ou* them *etc*)

**5** (*complément de nom, d'adjectif, de verbe*): **j'en connais les dangers** I know its *ou* the dangers; **j'en suis fier/ai besoin** I am proud of it/need it; **il en est ainsi** *ou* **de même pour moi** it's the same for me, same here

**ENA** [ena] *sigle f* (= *École nationale d'administration*) *grande école for training civil servants*

**encadrement** [ɑ̃kadʀəmɑ̃] *nm* framing; training; (*de porte*) frame; **~ du crédit** credit restrictions

**encadrer** [ɑ̃kadʀe] *vt* (*tableau, image*) to frame; (*fig: entourer*) to surround; (*personnel, soldats etc*) to train; (*Comm: crédit*) to restrict

**encaissé, e** [ɑ̃kese] *adj* (*vallée*) steep-sided; (*rivière*) with steep banks

**encaisser** [ɑ̃kese] *vt* (*chèque*) to cash; (*argent*) to collect; (*fig: coup, défaite*) to take

**encart** [ɑ̃kaʀ] *nm* insert; **~ publicitaire** publicity insert

**en-cas** [ɑ̃ka] *nm inv* snack

**encastré, e** [ɑ̃kastʀe] *adj* (*four, baignoire*) built-in

**enceinte** [ɑ̃sɛ̃t] *adj f*: **~ (de six mois)** (six months) pregnant ▷ *nf* (*mur*) wall; (*espace*) enclosure; **~ (acoustique)** speaker

**encens** [ɑ̃sɑ̃] *nm* incense

**encercler** [ɑ̃sɛʀkle] *vt* to surround

**enchaîner** [ɑ̃ʃene] *vt* to chain up; (*mouvements, séquences*) to link (together) ▷ *vi* to carry on

**enchanté, e** [ɑ̃ʃɑ̃te] *adj* (*ravi*) delighted; (*ensorcelé*) enchanted; **~ (de faire votre connaissance)** pleased to meet you, how do you do?

**enchantement** [ɑ̃ʃɑ̃tmɑ̃] *nm* delight; (*magie*) enchantment; **comme par ~** as if by magic

**enchère** [ɑ̃ʃɛʀ] *nf* bid; **faire une ~** to (make a) bid; **mettre/vendre aux ~s** to put up for (sale by)/sell by auction; **les ~s montent** the bids are rising; **faire monter les ~s** (*fig*) to raise the bidding

**enchevêtrer** [ɑ̃ʃvetʀe] *vt* to tangle (up)

**enclencher** [ɑ̃klɑ̃ʃe] *vt* (*mécanisme*) to engage; (*fig: affaire*) to set in motion; **s'enclencher** *vi* to engage

**enclin, e** [ɑ̃klɛ̃, -in] *adj*: **~ à qch/à faire** inclined *ou* prone to sth/to do

**enclos** [ɑ̃klo] *nm* enclosure; (*clôture*) fence

**enclume** [ɑ̃klym] *nf* anvil

**encoche** [ɑ̃kɔʃ] *nf* notch

**encoignure** [ɑ̃kɔɲyʀ] *nf* corner

**encolure** [ɑ̃kɔlyʀ] *nf* (*tour de cou*) collar size; (*col, cou*) neck

**encombrant, e** [ɑ̃kɔ̃bʀɑ̃, -ɑ̃t] *adj* cumbersome, bulky

**encombre** [ɑ̃kɔ̃bʀ]: **sans ~** *adv* without mishap *ou* incident

**encombrement** [ɑ̃kɔ̃bʀəmɑ̃] *nm* (*d'un lieu*) cluttering (up); (*d'un objet: dimensions*) bulk; **être pris dans un ~** to be stuck in a traffic jam

**encombrer** [ɑ̃kɔ̃bʀe] *vt* to clutter (up); (*gêner*) to hamper; **s'encombrer de** *vi* (*bagages etc*) to load *ou* burden o.s. with; **~ le passage** to block *ou* obstruct the way

**encontre** [ɑ̃kɔ̃tʀ]: **à l'~ de** *prép* against, counter to

 MOT-CLÉ

**encore** [ɑ̃kɔʀ] *adv* **1** (*continuation*) still; **il y travaille encore** he's still working on it; **pas encore** not yet

**2** (*de nouveau*) again; **j'irai encore demain** I'll go again tomorrow; **encore une fois** (once) again

**3** (*en plus*) more; **encore un peu de viande?** a little more meat?; **encore un effort** one last effort; **encore deux jours** two more days

**4** (*intensif*) even, still; **encore plus fort/ mieux** even louder/better, louder/better still; **hier encore** even yesterday; **non seulement ..., mais encore ...** not only ..., but also ...; **encore!** (*insatisfaction*) not again!; **quoi encore?** what now?

**5** (*restriction*) even so *ou* then, only; **encore pourrais-je le faire si ...** even so, I might be able to do it if ...; **si encore** if only; **encore que** *conj* although

**encouragement** [ɑ̃kuʀaʒmɑ̃] *nm* encouragement; (*récompense*) incentive

**encourager** [ɑ̃kuʀaʒe] *vt* to encourage; **~ qn à faire qch** to encourage sb to do sth

**encourir** [ɑ̃kuʀiʀ] *vt* to incur

**encrasser** [ɑ̃kʀase] *vt* to foul up; (*Auto etc*) to soot up

**encre** [ɑ̃kʀ] *nf* ink; **~ de Chine** Indian ink; **~ indélébile** indelible ink; **~ sympathique** invisible ink

**encrier** [ɑ̃kʀije] *nm* inkwell

**encroûter** [ɑ̃kʀute]: **s'encroûter** *vi* (*fig*) to get into a rut, get set in one's ways

**encyclopédie** [ɑ̃siklɔpedi] *nf* encyclopaedia (*Brit*), encyclopedia (*US*)

**endetter** [ɑ̃dete] *vt*, **s'endetter** *vi* to get into debt

**endiablé, e** [ɑ̃djable] *adj* furious; (*enfant*) boisterous

**endimanché, e** [ɑ̃dimɑ̃ʃe] *adj* in one's Sunday best

**endive** [ɑ̃div] *nf* chicory *no pl*

**endoctriner** [ɑ̃dɔktʀine] *vt* to indoctrinate

**endommager** [ɑ̃dɔmaʒe] *vt* to damage

**endormi, e** [ɑ̃dɔʀmi] *pp de* **endormir** ▷ *adj* (*personne*) asleep; (*fig: indolent, lent*) sluggish; (*engourdi: main, pied*) numb

**endormir** [ɑ̃dɔʀmiʀ] *vt* to put to sleep; (*chaleur etc*) to send to sleep; (*Méd: dent, nerf*) to anaesthetize; (*fig: soupçons*) to allay; **s'endormir** *vi* to fall asleep, go to sleep

**endosser** [ɑ̃dose] *vt* (*responsabilité*) to take, shoulder; (*chèque*) to endorse; (*uniforme, tenue*) to put on, don

**endroit** [ɑ̃dʀwa] *nm* place; (*localité*): **les gens de l'~** the local people; (*opposé à l'envers*) right side; **à cet ~** in this place; **à l'~** right side out; the right way up; (*vêtement*) the right way out; **à l'~ de** *prép* regarding, with regard to; **par ~s** in places; (*objet posé*) the right way round

**enduire** [ɑ̃dɥiʀ] vt to coat; ~ **qch de** to coat sth with

**enduit, e** [ɑ̃dɥi, -it] pp de **enduire** ▷ nm coating

**endurance** [ɑ̃dyʀɑ̃s] nf endurance

**endurant, e** [ɑ̃dyʀɑ̃, -ɑ̃t] adj tough, hardy

**endurcir** [ɑ̃dyʀsiʀ] vt (physiquement) to toughen; (moralement) to harden; **s'endurcir** vi (physiquement) to become tougher; (moralement) to become hardened

**endurer** [ɑ̃dyʀe] vt to endure, bear

**énergétique** [enɛʀʒetik] adj (ressources etc) energy cpd; (aliment) energizing

**énergie** [enɛʀʒi] nf (Physique) energy; (Tech) power; (fig: physique) energy; (: morale) vigour, spirit; ~ **éolienne/solaire** wind/solar power

**énergique** [enɛʀʒik] adj energetic; vigorous; (mesures) drastic, stringent

**énervant, e** [enɛʀvɑ̃, -ɑ̃t] adj irritating, annoying

**énervé, e** [enɛʀve] adj nervy, on edge; (agacé) irritated

**énerver** [enɛʀve] vt to irritate, annoy; **s'énerver** vi to get excited, get worked up

**enfance** [ɑ̃fɑ̃s] nf (âge) childhood; (fig) infancy; (enfants) children pl; **c'est l'~ de l'art** it's child's play; **petite ~** infancy; **souvenir/ami d'~** childhood memory/ friend; **retomber en ~** to lapse into one's second childhood

**enfant** [ɑ̃fɑ̃] nm/f child; ~ **adoptif/naturel** adopted/natural child; **bon ~** adj good-natured, easy-going; ~ **de chœur** nm (Rel) altar boy; ~ **prodige** child prodigy; ~ **unique** only child

**enfantillage** [ɑ̃fɑ̃tijaʒ] nm (péj) childish behaviour no pl

**enfantin, e** [ɑ̃fɑ̃tɛ̃, -in] adj childlike; (péj) childish; (langage) children's cpd

**enfer** [ɑ̃fɛʀ] nm hell; **allure/bruit d'~** horrendous speed/noise

**enfermer** [ɑ̃fɛʀme] vt to shut up; (à clef, interner) to lock up; **s'enfermer** to shut o.s. away; **s'~ à clé** to lock o.s. in; **s'~ dans la solitude/le mutisme** to retreat into solitude/silence

**enfiévré, e** [ɑ̃fjevʀe] adj (fig) feverish

**enfiler** [ɑ̃file] vt (vêtement): ~ **qch** to slip sth on, slip into sth; (insérer): ~ **qch dans** to stick sth into; (rue, couloir) to take; (perles) to string; (aiguille) to thread; **s'enfiler dans** vi to disappear into

**enfin** [ɑ̃fɛ̃] adv at last; (en énumérant) lastly; (de restriction, résignation) still; (eh bien) well; (pour conclure) in a word; (somme toute) after all

**enflammer** [ɑ̃flame] vt to set fire to; (Méd) to inflame; **s'enflammer** vi to catch fire; (Méd) to become inflamed

**enflé, e** [ɑ̃fle] adj swollen; (péj: style) bombastic, turgid

**enfler** [ɑ̃fle] vi to swell (up); **s'enfler** vi to swell

**enfoncer** [ɑ̃fɔ̃se] vt (clou) to drive in; (faire pénétrer): ~ **qch dans** to push (ou drive) sth into; (forcer: porte) to break open; (: plancher) to cause to cave in; (défoncer: côtes etc) to smash; (fam: surpasser) to lick, beat (hollow) ▷ vi (dans la vase etc) to sink in; (sol, surface porteuse) to give way; **s'enfoncer** vi to sink; **s'~ dans** to sink into; (forêt, ville) to disappear into; ~ **un chapeau sur la tête** to cram ou jam a hat on one's head; ~ **qn dans la dette** to drag sb into debt

**enfouir** [ɑ̃fwiʀ] vt (dans le sol) to bury; (dans un tiroir etc) to tuck away; **s'enfouir dans/sous** to bury o.s. in/under

**enfourcher** [ɑ̃fuʀʃe] vt to mount; ~ **son dada** (fig) to get on one's hobby-horse

**enfreindre** [ɑ̃fʀɛ̃dʀ] vt to infringe, break

**enfuir** [ɑ̃fɥiʀ]: **s'enfuir** vi to run away ou off

**enfumer** [ɑ̃fyme] vt to smoke out

**engageant, e** [ɑ̃gaʒɑ̃, -ɑ̃t] adj attractive, appealing

**engagement** [ɑ̃gaʒmɑ̃] nm taking on, engaging; starting; investing; (promesse) commitment; (Mil: combat) engagement; (: recrutement) enlistment; (Sport) entry; **prendre l'~ de faire** to undertake to do; **sans ~** (Comm) without obligation

**engager** [ɑ̃gaʒe] vt (embaucher) to take on; (: artiste) to engage; (commencer) to start; (lier) to bind, commit; (impliquer, entraîner) to involve; (investir) to invest, lay out; (faire intervenir) to engage; (Sport: concurrents, chevaux) to enter; (introduire: clé) to insert; (inciter): ~ **qn à faire** to urge sb to do; (faire pénétrer): ~ **qch dans** to insert sth into; ~ **qn à qch** to urge sth on sb; **s'engager** vi to get taken on; (Mil) to enlist; (promettre, politiquement) to commit o.s.; (débuter: conversation etc) to start (up); **s'~ à faire** to undertake to do; **s'~ dans** (rue, passage) to turn into, enter; (s'emboîter) to engage ou fit into; (fig: affaire, discussion) to enter into, embark on

**engelures** [ɑ̃ʒlyʀ] nfpl chilblains

**engendrer** [ɑ̃ʒɑ̃dʀe] vt to father; (fig) to create, breed

**engin** [ɑ̃ʒɛ̃] nm machine; (outil) instrument; (Auto) vehicle; (péj) gadget; (Aviat: avion) aircraft inv; (: missile) missile; ~ **blindé** armoured vehicle; ~ (**explosif**) (explosive) device; ~**s (spéciaux)** missiles

**englober** [ɑ̃glɔbe] vt to include

**engloutir** [ɑ̃glutiʀ] vt to swallow up; (fig: dépenses) to devour; **s'engloutir** vi to be engulfed

**engoncé, e** [ɑ̃gɔ̃se] adj: ~ **dans** cramped in

**engorger** [ɑ̃gɔʀʒe] vt to obstruct, block; **s'engorger** vi to become blocked

**engouement** [ɑ̃gumɑ̃] nm (sudden) passion

**engouffrer** [ɑ̃gufʀe] vt to swallow up, devour; **s'engouffrer dans** to rush into

**engourdir** [ɑ̃guʀdiʀ] vt to numb; (fig) to dull, blunt; **s'engourdir** vi to go numb

**engrais** [āgʀɛ] *nm* manure; **~ (chimique)** (chemical) fertilizer; **~ organique/ inorganique** organic/inorganic fertilizer

**engraisser** [āgʀese] *vt* to fatten (up); *(terre: fertiliser)* to fertilize ▷ *vi (péj)* to get fat(ter)

**engrenage** [āgʀənaʒ] *nm* gears *pl*, gearing; *(fig)* chain

**engueuler** [āgœle] *vt (fam)* to bawl at *ou* out

**enhardir** [āaʀdiʀ]: **s'enhardir** *vi* to grow bolder

**énigme** [enigm] *nf* riddle

**enivrer** [ānivʀe] *vt*: **s'enivrer** to get drunk; **s'~ de** *(fig)* to become intoxicated with

**enjambée** [āʒābe] *nf* stride; **d'une ~** with one stride

**enjamber** [āʒābe] *vt* to stride over; *(pont etc)* to span, straddle

**enjeu, x** [āʒø] *nm* stakes *pl*

**enjôler** [āʒole] *vt* to coax, wheedle

**enjoliver** [āʒolive] *vt* to embellish

**enjoliveur** [āʒolivœʀ] *nm (Auto)* hub cap

**enjoué, e** [āʒwe] *adj* playful

**enlacer** [ālase] *vt (étreindre)* to embrace, hug; *(lianes)* to wind round, entwine

**enlaidir** [ālediʀ] *vt* to make ugly ▷ *vi* to become ugly

**enlèvement** [ālɛvmā] *nm* removal; *(rapt)* abduction, kidnapping; **l'~ des ordures ménagères** refuse collection

**enlever** [āl(ə)ve] *vt (ôter: gén)* to remove; *(: vêtement, lunettes)* to take off; *(: Méd: organe)* to remove; *(emporter: ordures etc)* to collect, take away; *(kidnapper)* to abduct, kidnap; *(obtenir: prix, contrat)* to win; *(Mil: position)* to take; *(morceau de piano etc)* to execute with spirit *ou* brio; *(prendre)*: **~ qch à qn** to take sth (away) from sb; **s'enlever** *vi* to come out *ou* off; **la maladie qui nous l'a enlevé** *(euphémisme)* the illness which took him from us

**enliser** [ālize]: **s'enliser** *vi* to sink, get stuck; *(dialogue etc)* to get bogged down

**enneigé, e** [āneʒe] *adj* snowy; *(col)* snowed-up; *(maison)* snowed-in

**ennemi, e** [ɛnmi] *adj* hostile; *(Mil)* enemy *cpd* ▷ *nm/f* enemy; **être ~ de** to be strongly averse *ou* opposed to

**ennui** [ānɥi] *nm (lassitude)* boredom; *(difficulté)* trouble *no pl*; **avoir des ~s** to have problems; **s'attirer des ~s** to cause problems for o.s.

**ennuyer** [ānɥije] *vt* to bother; *(lasser)* to bore; **s'ennuyer** *vi* to be bored; *(s'ennuyer de: regretter)* to miss; **si cela ne vous ennuie pas** if it's no trouble to you

**ennuyeux, -euse** [ānɥijø, -øz] *adj* boring, tedious; *(agaçant)* annoying

**énoncé** [enɔse] *nm* terms *pl*; wording; *(Ling)* utterance

**énoncer** [enɔse] *vt* to say, express; *(conditions)* to set out, lay down, state

**enorgueillir** [ānɔʀgœjiʀ]: **s'enorgueillir de** *vt* to pride o.s. on; to boast

**énorme** [enɔʀm] *adj* enormous, huge

**énormément** [enɔʀmemā] *adv* enormously, tremendously; **~ de neige/gens** an enormous amount of snow/number of people

**énormité** [enɔʀmite] *nf* enormity, hugeness; *(propos)* outrageous remark

**enquérir** [ākeʀiʀ]: **s'enquérir de** *vt* to inquire about

**enquête** [ākɛt] *nf (de journaliste, de police)* investigation; *(judiciaire, administrative)* inquiry; *(sondage d'opinion)* survey

**enquêter** [ākete] *vi* to investigate; to hold an inquiry; *(faire un sondage)*: **~ (sur)** to do a survey (on), carry out an opinion poll (on)

**enquiers, enquière** *etc* [ākjɛʀ] *vb voir* **enquérir**

**enquiquiner** [ākikine] *vt* to rile, irritate

**enraciné, e** [āʀasine] *adj* deep-rooted

**enragé, e** [āʀaʒe] *adj (Méd)* rabid, with rabies; *(furieux)* furiously angry; *(fig)* fanatical; **~ de** wild about

**enrageant, e** [āʀaʒā, -āt] *adj* infuriating

**enrager** [āʀaʒe] *vi* to be furious, be in a rage; **faire ~ qn** to make sb wild with anger

**enrayer** [āʀeje] *vt* to check, stop; **s'enrayer** *vi (arme à feu)* to jam

**enregistrement** [āʀ(ə)ʒistʀəmā] *nm* recording; *(Admin)* registration; **~ des bagages** *(à l'aéroport)* baggage check-in; **~ magnétique** tape-recording

**enregistrer** [āʀ(ə)ʒistʀe] *vt (Mus)* to record; *(Inform)* to save; *(remarquer, noter)* to note, record; *(Comm: commande)* to note, enter; *(fig: mémoriser)* to make a mental note of; *(Admin)* to register; *(aussi: **faire ~**: bagages: par train)* to register; *(: à l'aéroport)* to check in

**enrhumé, e** [āʀyme] *adj*: **il est ~** he has a cold

**enrhumer** [āʀyme]: **s'enrhumer** *vi* to catch a cold

**enrichir** [āʀiʃiʀ] *vt* to make rich(er); *(fig)* to enrich; **s'enrichir** *vi* to get rich(er)

**enrober** [āʀɔbe] *vt*: **~ qch de** to coat sth with; *(fig)* to wrap sth up in

**enrôler** [āʀole] *vt* to enlist; **s'enrôler (dans)** *vi* to enlist (in)

**enrouer** [āʀwe]: **s'enrouer** *vi* to go hoarse

**enrouler** [āʀule] *vt (fil, corde)* to wind (up); **s'enrouler** to coil up; **~ qch autour de** to wind sth (a)round

**ensanglanté, e** [āsāglāte] *adj* covered with blood

**enseignant, e** [āsɛɲā, -āt] *adj* teaching ▷ *nm/f* teacher

**enseigne** [āsɛɲ] *nf* sign ▷ *nm*: **~ de vaisseau** lieutenant; **à telle ~ que** so much so that; **être logés à la même ~** *(fig)* to be in the same boat; **~ lumineuse** neon sign

**enseignement** [āsɛɲ(ə)mā] *nm* teaching; *(Admin)* education; **~ ménager** home economics; **~ primaire** primary *(Brit)* ou

grade school (US) education; ~ **secondaire** secondary (Brit) ou high school (US) education
**enseigner** [ãseɲe] vt, vi to teach; ~ **qch à qn/à qn que** to teach sb sth/sb that
**ensemble** [ãsãbl] adv together ▷ nm (assemblage, Math) set; (totalité): **l'~ du/de la** the whole ou entire; (vêtements) outfit; (vêtement féminin) ensemble, suit; (unité, harmonie) unity; (résidentiel) housing development; **aller ~** to go together; **impression/idée d'~** overall ou general impression/idea; **dans l'~** (en gros) on the whole; **dans son ~** overall, in general; **~ vocal/musical** vocal/musical ensemble
**ensemencer** [ãsəmãse] vt to sow
**ensevelir** [ãsəvlir] vt to bury
**ensoleillé, e** [ãsɔleje] adj sunny
**ensommeillé, e** [ãsɔmeje] adj sleepy, drowsy
**ensorceler** [ãsɔrsəle] vt to enchant, bewitch
**ensuite** [ãsɥit] adv then, next; (plus tard) afterwards, later; **~ de quoi** after which
**ensuivre** [ãsɥivr]: **s'ensuivre** vi to follow, ensue; **il s'ensuit que ...** it follows that ...; **et tout ce qui s'ensuit** and all that goes with it
**entaille** [ãtaj] nf (encoche) notch; (blessure) cut; **se faire une ~** to cut o.s.
**entamer** [ãtame] vt (pain, bouteille) to start; (hostilités, pourparlers) to open; (fig: altérer) to make a dent in; to damage
**entasser** [ãtase] vt (empiler) to pile up, heap up; (tenir à l'étroit) to cram together; **s'entasser** vi (s'amonceler) to pile up; to cram; **s'~ dans** to cram into
**entendre** [ãtãdr] vt to hear; (comprendre) to understand; (vouloir dire) to mean; (vouloir): **~ être obéi/que** to intend ou mean to be obeyed/that; **j'ai entendu dire que** I've heard (it said) that; **je suis heureux de vous l'~ dire** I'm pleased to hear you say it; **~ parler de** to hear of; **laisser ~ que, donner à ~ que** to let it be understood that; **~ raison** to see sense, listen to reason; **qu'est-ce qu'il ne faut pas ~!** whatever next!; **j'ai mal entendu** I didn't catch what was said; **je vous entends très mal** I can hardly hear you; **s'entendre** vi (sympathiser) to get on; (se mettre d'accord) to agree; **s'~ à qch/à faire** (être compétent) to be good at sth/doing; **ça s'entend** (est audible) it's audible; **je m'entends** I mean; **entendons-nous!** let's be clear what we mean
**entendu, e** [ãtãdy] pp de **entendre** ▷ adj (réglé) agreed; (au courant: air) knowing; **étant ~ que** since (it's understood ou agreed that); **(c'est) ~** all right, agreed; **c'est ~** (concession) all right, granted; **bien ~** of course
**entente** [ãtãt] nf (entre amis, pays) understanding, harmony; (accord, traité) agreement, understanding; **à double ~** (sens) with a double meaning
**entériner** [ãterine] vt to ratify, confirm
**enterrement** [ãtermã] nm burying;

(cérémonie) funeral, burial; (cortège funèbre) funeral procession
**enterrer** [ãtere] vt to bury
**entêtant, e** [ãtetã, -ãt] adj heady
**en-tête** [ãtɛt] nm heading; (de papier à lettres) letterhead; **papier à ~** headed notepaper
**entêté, e** [ãtete] adj stubborn
**entêter** [ãtete]: **s'entêter** vi: **s'~ (à faire)** to persist (in doing)
**enthousiasme** [ãtuzjasm] nm enthusiasm; **avec ~** enthusiastically
**enthousiasmer** [ãtuzjasme] vt to fill with enthusiasm; **s'~ (pour qch)** to get enthusiastic (about sth)
**enthousiaste** [ãtuzjast] adj enthusiastic
**enticher** [ãtiʃe]: **s'enticher de** vt to become infatuated with
**entier, -ière** [ãtje, -jɛr] adj (non entamé, en totalité) whole; (total, complet: satisfaction etc) complete; (fig: caractère) unbending, averse to compromise ▷ nm (Math) whole; **en ~** totally; in its entirety; **se donner tout ~ à qch** to devote o.s. completely to sth; **lait ~** full-cream milk; **pain ~** wholemeal bread; **nombre ~** whole number
**entièrement** [ãtjɛrmã] adv entirely, completely, wholly
**entonner** [ãtɔne] vt (chanson) to strike up
**entonnoir** [ãtɔnwar] nm (ustensile) funnel; (trou) shell-hole, crater
**entorse** [ãtɔrs] nf (Méd) sprain; (fig): **~ à la loi/au règlement** infringement of the law/rule; **se faire une ~ à la cheville/au poignet** to sprain one's ankle/wrist
**entortiller** [ãtɔrtije] vt (envelopper): **~ qch dans/avec** to wrap sth in/with; (enrouler): **~ qch autour de** to twist ou wind sth (a)round; (fam): **~ qn** to get (a)round sb; (: duper) to hoodwink sb (Brit), trick sb; **s'entortiller dans** vi (draps) to roll o.s. up in; (fig: réponses) to get tangled up in
**entourage** [ãturaʒ] nm circle; (famille) family (circle); (d'une vedette etc) entourage; (ce qui enclôt) surround
**entouré, e** [ãture] adj (recherché, admiré) popular; **~ de** surrounded by
**entourer** [ãture] vt to surround; (apporter son soutien à) to rally round; **~ de** to surround with; (trait) to encircle with; **s'entourer de** vi to surround o.s. with; **s'~ de précautions** to take all possible precautions
**entracte** [ãtrakt] nm interval
**entraide** [ãtrɛd] nf mutual aid ou assistance
**entrain** [ãtrɛ̃] nm spirit; **avec ~** (répondre, travailler) energetically ou; **faire qch sans ~** to do sth half-heartedly ou without enthusiasm
**entraînement** [ãtrɛnmã] nm training; (Tech): **~ à chaîne/galet** chain/wheel drive; **manquer d'~** to be unfit; **~ par ergots/friction** (Inform) tractor/friction feed
**entraîner** [ãtrene] vt (tirer: wagons) to pull; (charrier) to carry ou drag along; (Tech) to drive;

(*emmener: personne*) to take (off); (*mener à l'assaut, influencer*) to lead; (*Sport*) to train; (*impliquer*) to entail; (*causer*) to lead to, bring about; **~ qn à faire** (*inciter*) to lead sb to do; **s'entraîner** *vi* (*Sport*) to train; **s'~ à qch/à faire** to train o.s. for sth/to do

**entraîneur** [ɑ̃trɛnœr] *nm/f* (*Sport*) coach, trainer ▷ *nm* (*Hippisme*) trainer

**entraver** [ɑ̃trave] *vt* (*circulation*) to hold up; (*action, progrès*) to hinder, hamper

**entre** [ɑ̃tr] *prép* between; (*parmi*) among(st); **l'un d'~ eux/nous** one of them/us; **le meilleur d'~ eux/nous** the best of them/us; **ils préfèrent rester ~ eux** they prefer to keep to themselves; **~ autres (choses)** among other things; **~ nous, ...** between ourselves ..., between you and me ...; **ils se battent ~ eux** they are fighting among(st) themselves

**entrebâillé, e** [ɑ̃trəbaje] *adj* half-open, ajar

**entrechoquer** [ɑ̃trəʃɔke]: **s'entrechoquer** *vi* to knock *ou* bang together

**entrecôte** [ɑ̃trəkot] *nf* entrecôte *ou* rib steak

**entrecouper** [ɑ̃trəkupe] *vt*, **~ qch de** to intersperse sth with; **~ un récit/voyage de** to interrupt a story/journey with; **s'entrecouper** *vi* (*traits, lignes*) to cut across each other

**entrecroiser** [ɑ̃trəkrwaze] *vt*, **s'entrecroiser** *vi* to intertwine

**entrée** [ɑ̃tre] *nf* entrance; (*accès: au cinéma etc*) admission; (*billet*) (admission) ticket; (*Culin*) first course; (*Comm: de marchandises*) entry; (*Inform*) entry, input; **entrées** *nfpl*: **avoir ses ~s chez** *ou* **auprès de** to be a welcome visitor to; **d'~** *adv* from the outset; **erreur d'~** input error; **"~ interdite"** "no admittance *ou* entry"; **~ des artistes** stage door; **~ en matière** introduction; **~ principale** main entrance; **~ en scène** entrance; **~ de service** service entrance

**entrefaites** [ɑ̃trəfɛt]: **sur ces ~** *adv* at this juncture

**entrefilet** [ɑ̃trəfile] *nm* (*article*) paragraph, short report

**entrejambes** [ɑ̃trəʒɑ̃b] *nm inv* crotch

**entrelacer** [ɑ̃trəlase] *vt*, **s'entrelacer** *vi* to intertwine

**entremêler** [ɑ̃trəmele] *vt*: **~ qch de** to (inter)mingle sth with

**entremets** [ɑ̃trəmɛ] *nm* (cream) dessert

**entremise** [ɑ̃trəmiz] *nf* intervention; **par l'~ de** through

**entreposer** [ɑ̃trəpoze] *vt* to store, put into storage

**entrepôt** [ɑ̃trəpo] *nm* warehouse

**entreprenant, e** [ɑ̃trəprənɑ̃, -ɑ̃t] *vb voir* **entreprendre** ▷ *adj* (*actif*) enterprising; (*trop galant*) forward

**entreprendre** [ɑ̃trəprɑ̃dr] *vt* (*se lancer dans*) to undertake; (*commencer*) to begin *ou* start (upon); (*personne*) to buttonhole; **~ qn sur un**

**sujet** to tackle sb on a subject; **~ de faire** to undertake to do

**entrepreneur, -euse** [ɑ̃trəprənœr] *nm/f*: **~ (en bâtiment)** (building) contractor; **~ de pompes funèbres** funeral director, undertaker

**entrepris, e** [ɑ̃trəpri, -iz] *pp de* **entreprendre** ▷ *nf* (*société*) firm, business; (*action*) undertaking, venture

**entrer** [ɑ̃tre] *vi* to go (*ou* come) in, enter ▷ *vt* (*Inform*) to input, enter; **(faire) ~ qch dans** to get sth into; **~ dans** (*gén*) to enter; (*pièce*) to go (*ou* come) into, enter; (*club*) to join; (*heurter*) to run into; (*partager: vues, craintes de qn*) to share; (*être une composante de*) to go into; (*faire partie de*) to form part of; **~ au couvent** to enter a convent; **~ à l'hôpital** to go into hospital; **~ dans le système** (*Inform*) to log in; **~ en fureur** to become angry; **~ en ébullition** to start to boil; **~ en scène** to come on stage; **laisser ~ qn/qch** to let sb/sth in; **faire ~** (*visiteur*) to show in

**entresol** [ɑ̃trəsɔl] *nm* entresol, mezzanine

**entre-temps** [ɑ̃trətɑ̃] *adv* meanwhile, (in the) meantime

**entretenir** [ɑ̃trət(ə)nir] *vt* to maintain; (*amitié*) to keep alive; (*famille, maîtresse*) to support, keep; **~ qn (de)** to speak to sb (about); **s'entretenir (de)** to converse (about); **~ qn dans l'erreur** to let sb remain in ignorance

**entretien** [ɑ̃trətjɛ̃] *nm* maintenance; (*discussion*) discussion, talk; (*pour un emploi*) interview; **frais d'~** maintenance charges

**entrevoir** [ɑ̃trəvwar] *vt* (*à peine*) to make out; (*brièvement*) to catch a glimpse of

**entrevu, e** [ɑ̃trəvy] *pp de* **entrevoir** ▷ *nf* meeting; (*audience*) interview

**entrouvert, e** [ɑ̃truver, -ert] *adj* half-open

**énumérer** [enymere] *vt* to list, enumerate

**envahir** [ɑ̃vair] *vt* to invade; (*inquiétude, peur*) to come over

**envahissant, e** [ɑ̃vaisɑ̃, -ɑ̃t] *adj* (*péj: personne*) interfering, intrusive

**enveloppe** [ɑ̃v(ə)lɔp] *nf* (*de lettre*) envelope; (*Tech*) casing; outer layer; (*crédits*) budget; **mettre sous ~** to put in an envelope; **~ autocollante** self-seal envelope; **~ budgétaire** budget; **~ à fenêtre** window envelope

**envelopper** [ɑ̃v(ə)lɔpe] *vt* to wrap; (*fig*) to envelop, shroud; **s'~ dans un châle/une couverture** to wrap o.s. in a shawl/blanket

**envenimer** [ɑ̃vnime] *vt* to aggravate; **s'envenimer** *vi* (*plaie*) to fester; (*situation, relations*) to worsen

**envergure** [ɑ̃vergyr] *nf* (*d'un oiseau, avion*) wingspan; (*fig: étendue*) scope; (: *valeur*) calibre

**enverrai** *etc* [ɑ̃vere] *vb voir* **envoyer**

**envers** [ɑ̃ver] *prép* towards, to ▷ *nm* other side; (*d'une étoffe*) wrong side; **à l'~**

(*verticalement*) upside down; (*pull*) back to front; (*vêtement*) inside out; **~ et contre tous** *ou* **tout** against all opposition

**envie** [ɑ̃vi] *nf* (*sentiment*) envy; (*souhait*) desire, wish; **avoir ~ de** to feel like; (*désir plus fort*) to want; **avoir ~ de faire** to feel like doing; to want to do; **avoir ~ que** to wish that; **donner à qn l'~ de faire** to make sb want to do; **cette glace me fait ~** I fancy some of that ice cream

**envier** [ɑ̃vje] *vt* to envy; **~ qch à qn** to envy sb sth; **n'avoir rien à ~ à** to have no cause to be envious of

**envieux, -euse** [ɑ̃vjø, -øz] *adj* envious

**environ** [ɑ̃virɔ̃] *adv*: **~ 3 h/2 km, 3 h/2km ~** (around) about 3 o'clock/2 km, 3 o'clock/2 km or so; *voir aussi* **environs**

**environnant, e** [ɑ̃virɔnɑ̃, -ɑ̃t] *adj* surrounding

**environnement** [ɑ̃virɔnmɑ̃] *nm* environment

**environs** [ɑ̃virɔ̃] *nmpl* surroundings; **aux ~ de** around

**envisager** [ɑ̃vizaʒe] *vt* (*examiner, considérer*) to contemplate, view; (*avoir en vue*) to envisage; **~ de faire** to consider doing

**envoi** [ɑ̃vwa] *nm* sending; (*paquet*) parcel, consignment; **~ contre remboursement** (*Comm*) cash on delivery

**envoler** [ɑ̃vɔle]: **s'envoler** *vi* (*oiseau*) to fly away *ou* off; (*avion*) to take off; (*papier, feuille*) to blow away; (*fig*) to vanish (into thin air)

**envoûter** [ɑ̃vute] *vt* to bewitch

**envoyé, e** [ɑ̃vwaje] *nm/f* (*Pol*) envoy; (*Presse*) correspondent; **~ spécial** special correspondent ▷ *adj*: **bien ~** (*remarque, réponse*) well-aimed

**envoyer** [ɑ̃vwaje] *vt* to send; (*lancer*) to hurl, throw; **~ une gifle/un sourire à qn** to aim a blow/flash a smile at sb; **~ les couleurs** to run up the colours; **~ chercher** to send for; **~ par le fond** (*bateau*) to send to the bottom; **~ promener qn** (*fam*) to send sb packing; **~ un SMS à qn** to text sb

**épagneul, e** [epaɲœl] *nm/f* spaniel

**épais, se** [epɛ, -ɛs] *adj* thick

**épaisseur** [epɛsœr] *nf* thickness

**épancher** [epɑ̃ʃe] *vt* to give vent to; **s'épancher** *vi* to open one's heart; (*liquide*) to pour out

**épanouir** [epanwir]: **s'épanouir** *vi* (*fleur*) to bloom, open out; (*visage*) to light up; (*fig: se développer*) to blossom (out); (: *mentalement*) to open up

**épargne, e** [eparɲ] *nf* saving; **l'~-logement** property investment

**épargner** [eparɲe] *vt* to save; (*ne pas tuer ou endommager*) to spare ▷ *vi* to save; **~ qch à qn** to spare sb sth

**éparpiller** [eparpije] *vt* to scatter; (*pour répartir*) to disperse; (*fig: efforts*) to dissipate; **s'éparpiller** *vi* to scatter; (*fig*) to dissipate one's efforts

**épars, e** [epar, -ars] *adj* (*maisons*) scattered; (*cheveux*) sparse

**épatant, e** [epatɑ̃, -ɑ̃t] *adj* (*fam*) super, splendid

**épater** [epate] *vt* (*fam*) to amaze; (*impressionner*) to impress

**épaule** [epol] *nf* shoulder

**épauler** [epole] *vt* (*aider*) to back up, support; (*arme*) to raise (to one's shoulder) ▷ *vi* to (take) aim

**épaulette** [epolɛt] *nf* (*Mil, d'un veston*) epaulette; (*de combinaison*) shoulder strap

**épave** [epav] *nf* wreck

**épée** [epe] *nf* sword

**épeler** [ep(ə)le] *vt* to spell

**éperdu, e** [eperdy] *adj* (*personne*) overcome; (*sentiment*) passionate; (*fuite*) frantic

**éperon** [eprɔ̃] *nm* spur

**épervier** [epervje] *nm* (*Zool*) sparrowhawk; (*Pêche*) casting net

**épi** [epi] *nm* (*de blé, d'orge*) ear; (*de maïs*) cob; **~ de cheveux** tuft of hair; **stationnement/ se garer en ~** parking/to park at an angle to the kerb

**épice** [epis] *nf* spice

**épicé, e** [epise] *adj* highly spiced, spicy; (*fig*) spicy

**épicer** [epise] *vt* to spice; (*fig*) to add spice to

**épicerie** [episri] *nf* (*magasin*) grocer's shop; (*denrées*) groceries *pl*; **~ fine** delicatessen (shop)

**épicier, -ière** [episje, -jɛr] *nm/f* grocer

**épidémie** [epidemi] *nf* epidemic

**épiderme** [epiderm] *nm* skin, epidermis

**épier** [epje] *vt* to spy on, watch closely; (*occasion*) to look out for

**épilepsie** [epilɛpsi] *nf* epilepsy

**épiler** [epile] *vt* (*jambes*) to remove the hair from; (*sourcils*) to pluck; **s'~ les jambes** to remove the hair from one's legs; **s'~ les sourcils** to pluck one's eyebrows; **se faire ~** to get unwanted hair removed; **crème à ~** hair-removing *ou* depilatory cream; **pince à ~** eyebrow tweezers

**épilogue** [epilɔg] *nm* (*fig*) conclusion, dénouement

**épiloguer** [epilɔge] *vi*: **~ sur** to hold forth on

**épinards** [epinar] *nmpl* spinach *sg*

**épine** [epin] *nf* thorn, prickle; (*d'oursin etc*) spine, prickle; **~ dorsale** backbone

**épineux, -euse** [epinø, -øz] *adj* thorny, prickly

**épingle** [epɛ̃gl] *nf* pin; **tirer son ~ du jeu** to play one's game well; **tiré à quatre ~s** well turned-out; **monter qch en ~** to build sth up, make a thing of sth (*fam*); **~ à chapeau** hatpin; **~ à cheveux** hairpin; **virage en ~ à cheveux** hairpin bend; **~ de cravate** tie pin; **~ de nourrice** *ou* **de sûreté** *ou* **double** safety pin, nappy (*Brit*) *ou* diaper (*US*) pin

**épingler** [epɛ̃gle] *vt* (*badge, décoration*): **~ qch sur** to pin sth on(to); (*Couture: tissu, robe*) to pin together; (*fam*) to catch, nick

**épique** [epik] *adj* epic

**épisode** [epizɔd] *nm* episode; **film/roman à ~s** serialized film/novel, serial

**épisodique** [epizɔdik] *adj* occasional

**éploré, e** [eplɔʀe] *adj* in tears, tearful

**épluche-légumes** [eplyʃlegym] *nm inv* potato peeler

**éplucher** [eplyʃe] *vt* (*fruit, légumes*) to peel; (*comptes, dossier*) to go over with a fine-tooth comb

**épluchures** [eplyʃyʀ] *nfpl* peelings

**éponge** [epɔ̃ʒ] *nf* sponge; **passer l'~ (sur)** (*fig*) to let bygones be bygones (with regard to); **jeter l'~** (*fig*) to throw in the towel; **~ métallique** scourer

**éponger** [epɔ̃ʒe] *vt* (*liquide*) to mop *ou* sponge up; (*surface*) to sponge; (*fig: déficit*) to soak up, absorb; **s'~ le front** to mop one's brow

**épopée** [epɔpe] *nf* epic

**époque** [epɔk] *nf* (*de l'histoire*) age, era; (*de l'année, la vie*) time; **d'~** *adj* (*meuble*) period *cpd*; **à cette ~** at this (*ou* that) time *ou* period; **faire ~** to make history

**époumoner** [epumɔne]: **s'époumoner** *vi* to shout (*ou* sing) o.s. hoarse

**épouse** [epuz] *nf* wife

**épouser** [epuze] *vt* to marry; (*fig: idées*) to espouse; (*: forme*) to fit

**épousseter** [epuste] *vt* to dust

**époustouflant, e** [epustuflɑ̃, -ɑ̃t] *adj* staggering, mind-boggling

**épouvantable** [epuvɑ̃tabl] *adj* appalling, dreadful

**épouvantail** [epuvɑ̃taj] *nm* (*à moineaux*) scarecrow; (*fig*) bog(e)y; bugbear

**épouvante** [epuvɑ̃t] *nf* terror; **film d'~** horror film

**épouvanter** [epuvɑ̃te] *vt* to terrify

**époux** [epu] *nm* husband ▷ *nmpl*: **les ~** the (married) couple, the husband and wife

**éprendre** [epʀɑ̃dʀ]: **s'éprendre de** *vt* to fall in love with

**épreuve** [epʀœv] *nf* (*d'examen*) test; (*malheur, difficulté*) trial, ordeal; (*Photo*) print; (*Typo*) proof; (*Sport*) event; **à l'~ des balles/du feu** (*vêtement*) bulletproof/fireproof; **à toute ~** unfailing; **mettre à l'~** to put to the test; **~ de force** trial of strength; (*fig*) showdown; **~ de résistance** test of resistance; **~ de sélection** (*Sport*) heat

**épris, e** [epʀi, -iz] *vb voir* **éprendre** ▷ *adj*: **~ de** in love with

**éprouvant, e** [epʀuvɑ̃, -ɑ̃t] *adj* trying

**éprouver** [epʀuve] *vt* (*tester*) to test; (*mettre à l'épreuve*) to put to the test; (*marquer, faire souffrir*) to afflict, distress; (*ressentir*) to experience

**éprouvette** [epʀuvɛt] *nf* test tube

**EPS** *sigle f* (= *Éducation physique et sportive*) ≈ PE

**épuisé, e** [epɥize] *adj* exhausted; (*livre*) out of print

**épuisement** [epɥizmɑ̃] *nm* exhaustion; **jusqu'à ~ des stocks** while stocks last

**épuiser** [epɥize] *vt* (*fatiguer*) to exhaust, wear *ou* tire out; (*stock, sujet*) to exhaust; **s'épuiser** *vi* to wear *ou* tire o.s. out, exhaust o.s.; (*stock*) to run out

**épuisette** [epɥizɛt] *nf* landing net; shrimping net

**épurer** [epyʀe] *vt* (*liquide*) to purify; (*parti, administration*) to purge; (*langue, texte*) to refine

**équateur** [ekwatœʀ] *nm* equator; **(la république de) l'É-** Ecuador

**équation** [ekwasjɔ̃] *nf* equation; **mettre en ~** to equate; **~ du premier/second degré** simple/quadratic equation

**équerre** [ekɛʀ] *nf* (*à dessin*) (set) square; (*pour fixer*) brace; **en ~** at right angles; **à l'~, d'~** straight; **double ~** T-square

**équilibre** [ekilibʀ] *nm* balance; (*d'une balance*) equilibrium; **~ budgétaire** balanced budget; **garder/perdre l'~** to keep/lose one's balance; **être en ~** to be balanced; **mettre en ~** to make steady; **avoir le sens de l'~** to be well-balanced

**équilibré, e** [ekilibʀe] *adj* (*fig*) well-balanced, stable

**équilibrer** [ekilibʀe] *vt* to balance; **s'équilibrer** *vi* (*poids*) to balance; (*fig: défauts etc*) to balance each other out

**équipage** [ekipaʒ] *nm* crew; **en grand ~** in great array

**équipe** [ekip] *nf* team; (*bande: parfois péj*) bunch; **travailler par ~** to work in shifts; **travailler en ~** to work as a team; **faire ~ avec** to team up with; **~ de chercheurs** research team; **~ de secours** *ou* **de sauvetage** rescue team

**équipé, e** [ekipe] *adj* (*cuisine etc*) equipped, fitted(-out) ▷ *nf* escapade; **bien/mal ~** well-/poorly-equipped

**équipement** [ekipmɑ̃] *nm* equipment; **équipements** *nmpl* amenities, facilities; installations; **biens/dépenses d'~** capital goods/expenditure; **ministère de l'É-** department of public works; **~s sportifs/collectifs** sports/community facilities *ou* resources

**équiper** [ekipe] *vt* to equip; (*voiture, cuisine*) to equip, fit out; **~ qn/qch de** to equip sb/sth with; **s'équiper** *vi* (*sportif*) to equip o.s., kit o.s. out

**équipier, -ière** [ekipje, -jɛʀ] *nm/f* team member

**équitable** [ekitabl] *adj* fair

**équitation** [ekitasjɔ̃] *nf* (horse-)riding; **faire de l'~** to go (horse-)riding

**équivalent, e** [ekivalɑ̃, -ɑ̃t] *adj, nm* equivalent

**équivaloir** [ekivalwaʀ]: **~ à** *vt* to be equivalent to; (*représenter*) to amount to

**équivoque** [ekivɔk] *adj* equivocal, ambiguous; (*louche*) dubious ▷ *nf* ambiguity

**érable** [eʀabl] *nm* maple

**érafler** [eʀafle] *vt* to scratch; **s'~ la main/les jambes** to scrape *ou* scratch one's hand/legs

**éraflure** [eʀaflyʀ] *nf* scratch

**éraillé, e** [eʀaje] *adj (voix)* rasping, hoarse

**ère** [eʀ] *nf* era; **en l'an 1050 de notre ~** in the year 1050 A.D.

**érection** [eʀeksjɔ̃] *nf* erection

**éreinter** [eʀɛ̃te] *vt* to exhaust, wear out; *(fig: critiquer)* to slate; **s'~ (à faire qch/à qch)** to wear o.s. out (doing sth/with sth)

**ériger** [eʀiʒe] *vt (monument)* to erect; **~ qch en principe/loi** to make sth a principle/law; **s'~ en critique (de)** to set o.s. up as a critic (of)

**ermite** [eʀmit] *nm* hermit

**éroder** [eʀɔde] *vt* to erode

**érotique** [eʀɔtik] *adj* erotic

**errer** [eʀe] *vi* to wander

**erreur** [eʀœʀ] *nf* mistake, error; *(Inform)* error; *(morale):* **~s** *nfpl* errors; **être dans l'~** to be wrong; **induire qn en ~** to mislead sb; **par ~** by mistake; **sauf ~** unless I'm mistaken; **faire ~** to be mistaken; **~ de date** mistake in the date; **~ de fait** error of fact; **~ d'impression** *(Typo)* misprint; **~ judiciaire** miscarriage of justice; **~ de jugement** error of judgment; **~ matérielle** *ou* **d'écriture** clerical error; **~ tactique** tactical error

**érudit, e** [eʀydi, -it] *adj* erudite, learned ▷ *nm/f* scholar

**éruption** [eʀypsjɔ̃] *nf* eruption; *(cutanée)* outbreak; *(: boutons)* rash; *(fig: de joie, colère, folie)* outburst

**es** [ɛ] *vb voir* **être**

**ès** [ɛs] *prép:* **licencié ès lettres/sciences** ≈ Bachelor of Arts/Science; **docteur ès lettres** ≈ doctor of philosophy, ≈ PhD

**ESB** *sigle f (= encéphalopathie spongiforme bovine)* BSE

**escabeau, x** [ɛskabo] *nm (tabouret)* stool; *(échelle)* stepladder

**escadron** [ɛskadʀɔ̃] *nm* squadron

**escalade** [ɛskalad] *nf* climbing *no pl*; *(Pol etc)* escalation

**escalader** [ɛskalade] *vt* to climb, scale

**escale** [ɛskal] *nf (Navig: durée)* call; *(: port)* port of call; *(Aviat)* stop(over); **faire ~ à** *(Navig)* to put in at, call in at; *(Aviat)* to stop over at; **~ technique** refuelling stop; **vol sans ~** nonstop flight

**escalier** [ɛskalje] *nm* stairs *pl*; **dans l'~** *ou* **les ~s** on the stairs; **descendre l'~** *ou* **les ~s** to go downstairs; **~ mécanique** *ou* **roulant** escalator; **~ de secours** fire escape; **~ de service** backstairs; **~ à vis** *ou* **en colimaçon** spiral staircase

**escamoter** [ɛskamɔte] *vt (esquiver)* to get round, evade; *(faire disparaître)* to conjure away; *(dérober: portefeuille etc)* to snatch; *(train d'atterrissage)* to retract; *(mots)* to miss out

**escapade** [ɛskapad] *nf:* **faire une ~** to go on a jaunt; *(s'enfuir)* to run away *ou* off

**escargot** [ɛskaʀgo] *nm* snail

**escarpé, e** [ɛskaʀpe] *adj* steep

**escarpin** [ɛskaʀpɛ̃] *nm* flat(-heeled) shoe

**escient** [ɛsjɑ̃] *nm:* **à bon ~** advisedly

**esclaffer** [ɛsklafe]: **s'esclaffer** *vi* to guffaw

**esclandre** [ɛsklɑ̃dʀ] *nm* scene, fracas

**esclavage** [ɛsklavaʒ] *nm* slavery

**esclave** [ɛsklav] *nm/f* slave; **être ~ de** *(fig)* to be a slave of

**escompte** [ɛskɔ̃t] *nm* discount

**escompter** [ɛskɔ̃te] *vt (Comm)* to discount; *(espérer)* to expect, reckon upon; **~ que** to reckon *ou* expect that

**escorte** [ɛskɔʀt] *nf* escort; **faire ~ à** to escort

**escorter** [ɛskɔʀte] *vt* to escort

**escouade** [ɛskwad] *nf* squad; *(fig: groupe de personnes)* group

**escrime** [ɛskʀim] *nf* fencing; **faire de l'~** to fence

**escrimer** [ɛskʀime]: **s'escrimer** *vi:* **s'~ à faire** to wear o.s. out doing

**escroc** [ɛskʀo] *nm* swindler, con-man

**escroquer** [ɛskʀɔke] *vt:* **~ qn (de qch)/qch à qn** to swindle sb (out of sth)/sth out of sb

**escroquerie** [ɛskʀɔkʀi] *nf* swindle

**espace** [ɛspas] *nm* space; **~ publicitaire** advertising space; **~ vital** living space

**espacer** [ɛspase] *vt* to space out; **s'espacer** *vi (visites etc)* to become less frequent

**espadon** [ɛspadɔ̃] *nm* swordfish *inv*

**espadrille** [ɛspadʀij] *nf* rope-soled sandal

**Espagne** [ɛspaɲ] *nf:* **l'~** Spain

**espagnol, e** [ɛspaɲɔl] *adj* Spanish ▷ *nm (Ling)* Spanish ▷ *nm/f:* **E~, e** Spaniard

**espèce** [ɛspɛs] *nf (Bio, Bot, Zool)* species *inv*; *(gén: sorte)* sort, kind, type; *(péj):* **~ de maladroit/de brute!** you clumsy oaf/you brute!; **espèces** *nfpl (Comm)* cash *sg*; *(Rel)* species; **de toute ~** of all kinds *ou* sorts; **en l'~** *adv* in the case in point; **payer en ~s** to pay (in) cash; **cas d'~** individual case; **l'~ humaine** humankind

**espérance** [ɛspeʀɑ̃s] *nf* hope; **~ de vie** life expectancy

**espérer** [ɛspeʀe] *vt* to hope for; **j'espère (bien)** I hope so; **~ que/faire** to hope that/to do; **~ en** to trust in

**espiègle** [ɛspjɛgl] *adj* mischievous

**espion, ne** [ɛspjɔ̃, -ɔn] *nm/f* spy; **avion ~** spy plane

**espionnage** [ɛspjɔnaʒ] *nm* espionage, spying; **film/roman d'~** spy film/novel

**espionner** [ɛspjɔne] *vt* to spy (up)on

**esplanade** [ɛsplanad] *nf* esplanade

**espoir** [ɛspwaʀ] *nm* hope; **l'~ de qch/de faire qch** the hope of sth/of doing sth; **avoir bon ~ que ...** to have high hopes that ...; **garder l'~ que ...** to remain hopeful that ...; **dans l'~ de/que** in the hope of/that; **reprendre ~** not to lose hope; **un ~ de la boxe/du ski** one of boxing's/skiing's hopefuls, one of the hopes of boxing/skiing; **sans ~** *adj* hopeless

**esprit** [ɛspʀi] nm (pensée, intellect) mind; (humour, ironie) wit; (mentalité, d'une loi etc, fantôme etc) spirit; **l'~ d'équipe/de compétition** team/competitive spirit; **faire de l'~** to try to be witty; **reprendre ses ~s** to come to; **perdre l'~** to lose one's mind; **avoir bon/mauvais ~** to be of a good/bad disposition; **avoir l'~ à faire qch** to have a mind to do sth; **avoir l'~ critique** to be critical; **~ de contradiction** contrariness; **~ de corps** esprit de corps; **~ de famille** family loyalty; **l'~ malin** (le diable) the Evil One; **~s chagrins** fault-finders

**esquimau, de, x** [ɛskimo, -od] adj Eskimo ▷ nm (Ling) Eskimo; (glace): **E~®** ice lolly (Brit), popsicle (US) ▷ nm/f: **E~, de** Eskimo; **chien ~** husky

**esquinter** [ɛskɛ̃te] vt (fam) to mess up; **s'esquinter** vi: **s'~ à faire qch** to knock o.s. out doing sth

**esquisse** [ɛskis] nf sketch; **l'~ d'un sourire/ changement** a hint of a smile/of change

**esquisser** [ɛskise] vt to sketch; **s'esquisser** vi (amélioration) to begin to be detectable; **~ un sourire** to give a hint of a smile

**esquiver** [ɛskive] vt to dodge; **s'esquiver** vi to slip away

**essai** [ɛsɛ] nm trying; (tentative) attempt, try; (de produit) testing; (Rugby) try; (Littérature) essay; **essais** nmpl (Auto) trials; **à l'~** on a trial basis; **mettre à l'~** to put to the test; **~ gratuit** (Comm) free trial

**essaim** [ɛsɛ̃] nm swarm

**essayer** [eseje] vt (gén) to try; (vêtement, chaussures) to try (on); (restaurant, méthode, voiture) to try (out) ▷ vi to try; **~ de faire** to try ou attempt to do; **s'~ à faire** to try one's hand at doing; **essayez un peu!** (menace) just you try!

**essence** [esãs] nf (de voiture) petrol (Brit), gas(oline) (US); (extrait de plante, Philosophie) essence; (espèce: d'arbre) species inv; **prendre de l'~** to get (some) petrol ou gas; **par ~** (essentiellement) essentially; **~ de citron/rose** lemon/rose oil; **~ sans plomb** unleaded petrol; **~ de térébenthine** turpentine

**essentiel, le** [esãsjɛl] adj essential ▷ nm: **l'~ d'un discours/d'une œuvre** the essence of a speech/work of art; **emporter l'~** to take the essentials; **c'est l'~** (ce qui importe) that's the main thing; **l'~ de** (la majeure partie) the main part of

**essieu, x** [esjø] nm axle

**essor** [esɔʀ] nm (de l'économie etc) rapid expansion; **prendre son ~** (oiseau) to fly off

**essorer** [esɔʀe] vt (en tordant) to wring (out); (par la force centrifuge) to spin-dry; (salade) to spin; (: en secouant) to shake dry

**essoreuse** [esɔʀøz] nf mangle, wringer; (à tambour) spin-dryer

**essoufflé, e** [esufle] adj out of breath, breathless

**essouffler** [esufle] vt to make breathless; **s'essouffler** vi to get out of breath; (fig: économie) to run out of steam

**essuie-glace** [esɥiglas] nm windscreen (Brit) ou windshield (US) wiper

**essuyer** [esɥije] vt to wipe; (fig: subir) to suffer; **s'essuyer** (après le bain) to dry o.s.; **~ la vaisselle** to dry up, dry the dishes

**est** [ɛ] vb voir **être** ▷ nm [ɛst]: **l'~** the east ▷ adj inv east; (région) east(ern); **à l'~** in the east; (direction) to the east, east(wards); **à l'~ de** (to the) east of; **les pays de l'E~** the eastern countries

**estampe** [ɛstãp] nf print, engraving

**est-ce que** [ɛska] adv: **c'est cher/c'était bon?** is it expensive/was it good?; **quand est-ce qu'il part?** when does he leave?, when is he leaving?; **où est-ce qu'il va?** where's he going?; voir aussi **que**

**esthéticienne** [ɛstetisjɛn] nf beautician

**esthétique** [ɛstetik] adj (sens, jugement) aesthetic; (beau) attractive, aesthetically pleasing ▷ nf aesthetics sg; **l'~ industrielle** industrial design

**estimation** [ɛstimasjɔ̃] nf valuation; assessment; (chiffre) estimate; **d'après mes ~s** according to my calculations

**estime** [ɛstim] nf esteem, regard; **avoir de l'~ pour qn** to think highly of sb

**estimer** [ɛstime] vt (respecter) to esteem, hold in high regard; (expertiser: bijou) to value; (évaluer: coût etc) to assess, estimate; (penser): **~ que/être** to consider that/o.s. to be; **s'estimer** vi: **s'~ satisfait/heureux** to feel satisfied/happy; **j'estime la distance à 10 km** I reckon the distance to be 10 km

**estival, e, -aux** [ɛstival, -o] adj summer cpd; **station ~e** (summer) holiday resort

**estivant, e** [ɛstivã, -ãt] nm/f (summer) holiday-maker

**estomac** [ɛstɔma] nm stomach; **avoir mal à l'~** to have stomach ache; **avoir l'~ creux** to have an empty stomach

**estomaqué, e** [ɛstɔmake] adj flabbergasted

**estomper** [ɛstɔ̃pe] vt (Art) to shade off; (fig) to blur, dim; **s'estomper** vi (sentiments) to soften; (contour) to become blurred

**estrade** [ɛstʀad] nf platform, rostrum

**estragon** [ɛstʀagɔ̃] nm tarragon

**estuaire** [ɛstɥɛʀ] nm estuary

**et** [e] conj and; **et lui?** what about him?; **et alors?, et (puis) après?** so what?; (ensuite) and then?

**étable** [etabl] nf cowshed

**établi, e** [etabli] adj established ▷ nm (work) bench

**établir** [etabliʀ] vt (papiers d'identité, facture) to make out; (liste, programme) to draw up; (gouvernement, artisan etc: aider à s'installer) to set up, establish; (entreprise, atelier, camp) to set up; (réputation, usage, fait, culpabilité, relations) to establish; (Sport: record) to set; **s'établir** vi (se *faire: entente etc)* to be established; **s'~ (à son compte)** to set up in business; **s'~ à/près de** to settle in/near

**établissement** [etablismɑ̃] *nm* making out; drawing up; setting up, establishing; *(entreprise, institution)* establishment; **~ de crédit** credit institution; **~ hospitalier** hospital complex; **~ industriel** industrial plant, factory; **~ scolaire** school, educational establishment

**étage** [etaʒ] *nm (d'immeuble)* storey (Brit), story (US), floor; *(de fusée)* stage; *(Géo: de culture, végétation)* level; **au 2ème ~** on the 2nd (Brit) *ou* 3rd (US) floor; **à l'~** upstairs; **maison à deux ~s** two-storey *ou* -story house; **c'est à quel ~?** what floor is it on?; **de bas ~** *adj* low-born; *(médiocre)* inferior

**étagère** [etaʒɛʀ] *nf (rayon)* shelf; *(meuble)* shelves *pl*, set of shelves

**étai** [etɛ] *nm* stay, prop

**étain** [etɛ̃] *nm* tin; *(Orfèvrerie)* pewter *no pl*

**étais** *etc* [etɛ] *vb voir* **être**

**étal** [etal] *nm* stall

**étalage** [etalaʒ] *nm* display; *(vitrine)* display window; **faire ~ de** to show off, parade

**étaler** [etale] *vt (carte, nappe)* to spread (out); *(peinture, liquide)* to spread; *(échelonner: paiements, dates, vacances)* to spread, stagger; *(exposer: marchandises)* to display; *(richesses, connaissances)* to parade; **s'étaler** *vi (liquide)* to spread out; *(fam)* to fall flat on one's face, come a cropper (Brit); **s'~ sur** *(paiements etc)* to be spread over

**étalon** [etalɔ̃] *nm (mesure)* standard; *(cheval)* stallion; **l'~-or** the gold standard

**étanche** [etɑ̃ʃ] *adj (récipient, aussi fig)* watertight; *(montre, vêtement)* waterproof; **~ à l'air** airtight

**étancher** [etɑ̃ʃe] *vt (liquide)* to stop (flowing); **~ sa soif** to quench *ou* slake one's thirst

**étang** [etɑ̃] *nm* pond

**étant** [etɑ̃] *vb voir* **être**; **donné**

**étape** [etap] *nf* stage; *(lieu d'arrivée)* stopping place; *(: Cyclisme)* staging point; **faire ~ à** to stop off at; **brûler les ~s** *(fig)* to cut corners

**état** [eta] *nm (Pol, condition)* state; *(d'un article d'occasion etc)* condition, state; *(liste)* inventory, statement; *(condition: professionnelle)* profession, trade; *(: sociale)* status; **en bon/mauvais ~** in good/poor condition; **en ~ (de marche)** in (working) order; **remettre en ~** to repair; **hors d'~** out of order; **être en ~/hors d'~ de faire** to be in a state/in no fit state to do; **en tout ~ de cause** in any event; **être dans tous ses ~s** to be in a state; **faire ~ de** *(alléguer)* to put forward; **en ~ d'arrestation** under arrest; **~ de grâce** *(Rel)* state of grace; *(fig)* honeymoon period; **en ~ de grâce** *(fig)* inspired; **en ~ d'ivresse** under the influence of drink; **~ de choses** *(situation)* state of affairs; **l'É.~** the State; **~ civil** civil status; *(bureau)* registry office (Brit); **~ d'esprit** frame

of mind; **~ des lieux** inventory of fixtures; **~ de santé** state of health; **~ de siège/d'urgence** state of siege/emergency; **~ de veille** *(Psych)* waking state; **~s d'âme** moods; **les É.~s barbaresques** the Barbary States; **les É.~s du Golfe** the Gulf States; **~s de service** service record *sg*

**étatiser** [etatize] *vt* to bring under state control

**état-major** *(pl* **états-majors)** [etamaʒɔʀ] *nm (Mil)* staff; *(d'un parti etc)* top advisers *pl*; *(d'une entreprise)* top management

**États-Unis** [etazyni] *nmpl*: **les ~ (d'Amérique)** the United States (of America)

**étau, x** [eto] *nm* vice (Brit), vise (US)

**étayer** [eteje] *vt* to prop *ou* shore up; *(fig)* to back up

**etc.** [ɛtsetera] *adv* etc

**et cætera, et cetera** [ɛtsetera], **etc.** *adv* et cetera, and so on, etc

**été** [ete] *pp de* **être** ▷ *nm* summer; **en ~** in summer

**éteindre** [etɛ̃dʀ] *vt (lampe, lumière, radio, chauffage)* to turn *ou* switch off; *(cigarette, incendie, bougie)* to put out, extinguish; *(Jur: dette)* to extinguish; **s'éteindre** *vi* to go off; *(feu, lumière)* to go out; *(mourir)* to pass away

**éteint, e** [etɛ̃, -ɛ̃t] *pp de* **éteindre** ▷ *adj (fig)* lacklustre, dull; *(volcan)* extinct; **tous feux ~s** *(Auto: rouler)* without lights

**étendard** [etɑ̃daʀ] *nm* standard

**étendre** [etɑ̃dʀ] *vt (appliquer: pâte, liquide)* to spread; *(déployer: carte etc)* to spread out; *(sur un fil: lessive, linge)* to hang up *ou* out; *(bras, jambes, par terre: blessé)* to stretch out; *(diluer)* to dilute, thin; *(fig: agrandir)* to extend; *(fam: adversaire)* to floor; **s'étendre** *vi (augmenter, se propager)* to spread; *(terrain, forêt etc)*: **s'~ jusqu'à/de ... à** to stretch as far as/from ... to; **s'~ (sur)** *(s'allonger)* to stretch out (upon); *(se coucher)* to lie down (on); *(fig: expliquer)* to elaborate *ou* enlarge (upon)

**étendu, e** [etɑ̃dy] *adj* extensive ▷ *nf (d'eau, de sable)* stretch, expanse; *(importance)* extent

**éternel, le** [etɛʀnɛl] *adj* eternal; **les neiges ~les** perpetual snow

**éterniser** [etɛʀnize]: **s'éterniser** *vi* to last for ages; *(personne)* to stay for ages

**éternité** [etɛʀnite] *nf* eternity; **il y a** *ou* **ça fait une ~ que** it's ages since; **de toute ~** from time immemorial; **ça a duré une ~** it lasted for ages

**éternuement** [etɛʀnymɑ̃] *nm* sneeze

**éternuer** [etɛʀnɥe] *vi* to sneeze

**êtes** [ɛt(z)] *vb voir* **être**

**Éthiopie** [etjɔpi] *nf*: **l'~** Ethiopia

**éthique** [etik] *adj* ethical ▷ *nf* ethics *sg*

**ethnie** [ɛtni] *nf* ethnic group

**éthylisme** [etilism] *nm* alcoholism

**étiez** [etje] *vb voir* **être**

**étinceler** [etɛ̃s(ə)le] *vi* to sparkle

**étincelle** [etɛ̃sɛl] *nf* spark

**étiqueter** [etikte] vt to label
**étiquette** [etiket] vb voir **étiqueter** ▷ nf label; (protocole): **l'~** etiquette
**étirer** [etiʀe] vt to stretch; (ressort) to stretch out; **s'étirer** vi (personne) to stretch; (convoi, route): **s'~ sur** to stretch out over
**étoffe** [etɔf] nf material, fabric; **avoir l'~ d'un chef** etc to be cut out to be a leader etc; **avoir de l'~** to be a forceful personality
**étoffer** [etɔfe] vt to flesh out; **s'étoffer** vi to fill out
**étoile** [etwal] nf star ▷ adj: **danseuse** ou **danseur ~** leading dancer; **la bonne/ mauvaise ~ de qn** sb's lucky/unlucky star; **à la belle ~** (out) in the open; **~ filante** shooting star; **~ de mer** starfish; **~ polaire** pole star
**étoilé, e** [etwale] adj starry
**étonnant, e** [etɔnɑ̃, -ɑ̃t] adj surprising
**étonnement** [etɔnmɑ̃] nm surprise, amazing; **à mon grand ~ ...** to my great surprise ou amazement ...
**étonner** [etɔne] vt to surprise, amaze; **s'étonner que/de** to be surprised that/at; **cela m'~ait (que)** (j'en doute) I'd be (very) surprised (if)
**étouffant, e** [etufɑ̃, -ɑ̃t] adj stifling
**étouffé, e** [etufe] adj (asphyxié) suffocated; (assourdi: cris, rires) smothered ▷ nf: **à l'~e** (Culin: poisson, légumes) steamed; (: viande) braised
**étouffer** [etufe] vt to suffocate; (bruit) to muffle; (scandale) to hush up ▷ vi to suffocate; **s'étouffer** vi (en mangeant etc) to choke; **on étouffe** it's stifling
**étourderie** [etuʀdəʀi] nf (caractère) absent-mindedness no pl; (faute) thoughtless blunder; **faute d'~** careless mistake
**étourdi, e** [etuʀdi] adj (distrait) scatterbrained, heedless
**étourdir** [etuʀdiʀ] vt (assommer) to stun, daze; (griser) to make dizzy ou giddy
**étourdissement** [etuʀdismɑ̃] nm dizzy spell
**étourneau, x** [etuʀno] nm starling
**étrange** [etʀɑ̃ʒ] adj strange
**étranger, -ère** [etʀɑ̃ʒe, -ɛʀ] adj foreign; (pas de la famille, non familier) strange ▷ nm/f foreigner; stranger ▷ nm: **l'~** foreign countries; **à l'~** abroad; **de l'~** from abroad; **~ à** (mal connu) unfamiliar to; (sans rapport) irrelevant to
**étrangler** [etʀɑ̃gle] vt to strangle; (fig: presse, libertés) to stifle; **s'étrangler** vi (en mangeant etc) to choke; (se resserrer) to make a bottleneck

O **MOT-CLÉ**

**être** [etʀ] nm being; **être humain** human being
▷ vb copule 1 (état, description) to be; **il est**

**instituteur** he is ou he's a teacher; **vous êtes grand/intelligent/fatigué** you are ou you're tall/clever/tired
2 (+à: appartenir) to be; **le livre est à Paul** the book is Paul's ou belongs to Paul; **c'est à moi/ eux** it is ou it's mine/theirs
3 (+de: provenance): **il est de Paris** he is from Paris; (appartenance: ooo): **il est des nôtres** he is one of us
4 (date): **nous sommes le 10 janvier** it's the 10th of January (today)
▷ vi to be; **je ne serai pas ici demain** I won't be here tomorrow
▷ vb aux 1 to have; to be; **être arrivé/allé** to have arrived/gone; **il est parti** he has left, he has gone
2 (forme passive) to be; **être fait par** to be made by; **il a été promu** he has been promoted
3 (+à +inf: obligation, but): **c'est à réparer** it needs repairing; **c'est à essayer** it should be tried; **il est à espérer que ...** it is ou it's to be hoped that ...
▷ vb impers 1: **il est** avec adjectif it is; **il est impossible de le faire** it's impossible to do it
2 (heure, date): **il est 10 heures** it is ou it's 10 o'clock
3 (emphatique): **c'est moi** it's me; **c'est à lui de le faire** it's up to him to do it; voir aussi **est-ce que; n'est-ce pas; c'est-à-dire; ce**

**étreindre** [etʀɛ̃dʀ] vt to clutch, grip; (amoureusement, amicalement) to embrace; **s'étreindre** to embrace
**étrenner** [etʀene] vt to use (ou wear) for the first time
**étrennes** [etʀɛn] nfpl (cadeaux) New Year's present; (gratifications) ≈ Christmas box sg, ≈ Christmas bonus
**étrier** [etʀije] nm stirrup
**étriqué, e** [etʀike] adj skimpy
**étroit, e** [etʀwa, -wat] adj narrow; (vêtement) tight; (fig: serré: liens, collaboration) close, tight; **à l'~** cramped; **~ d'esprit** narrow-minded
**étude** [etyd] nf studying; (ouvrage, rapport, Mus) study; (de notaire: bureau) office; (: charge) practice; (Scol: salle de travail) study room; **études** nfpl (Scol) studies; **être à l'~** (projet etc) to be under consideration; **faire des ~s (de droit/médecine)** to study (law/medicine); **~s secondaires/supérieures** secondary/higher education; **~ de cas** case study; **~ de faisabilité** feasibility study; **~ de marché** (Écon) market research
**étudiant, e** [etydjɑ̃, -ɑ̃t] adj, nm/f student
**étudier** [etydje] vt, vi to study
**étui** [etɥi] nm case
**étuve** [etyv] nf steamroom; (appareil) sterilizer
**étuvée** [etyve]: **à l'~** adv braised
**eu, eue** [y] pp de **avoir**
**euh** [ø] excl er

**euro** [øʀo] nm euro

**Euroland** [øʀolɑ̃d] nm Euroland

**Europe** [øʀɔp] nf: l'~ Europe; l'~ **centrale** Central Europe; l'~ **verte** European agriculture

**européen, ne** [øʀɔpeɛ̃, -ɛn] adj European ▷ nm/f: **E-, ne** European

**eus** etc [y] vb voir **avoir**

**eux** [ø] pron (sujet) they; (objet) them; ~, **ils ont fait ...** THEY did ...

**évacuer** [evakɥe] vt (salle, région) to evacuate, clear; (occupants, population) to evacuate; (toxine etc) to evacuate, discharge

**évader** [evade]: **s'évader** vi to escape

**évaluer** [evalɥe] vt (expertiser) to assess, evaluate; (juger approximativement) to estimate

**évangile** [evɑ̃ʒil] nm gospel; (texte de la Bible): **É-** Gospel; **ce n'est pas l'É-** (fig) it's not gospel

**évanouir** [evanwiʀ]: **s'évanouir** vi to faint, pass out; (disparaître) to vanish, disappear

**évanouissement** [evanwismɑ̃] nm (syncope) fainting fit; (Méd) loss of consciousness

**évaporer** [evapɔʀe]: **s'évaporer** vi to evaporate

**évasé, e** [evɑze] adj (jupe etc) flared

**évasif, -ive** [evazif, -iv] adj evasive

**évasion** [evazjɔ̃] nf escape; **littérature d'~** escapist literature; ~ **des capitaux** (Écon) flight of capital; ~ **fiscale** tax avoidance

**évêché** [eveʃe] nm (fonction) bishopric; (palais) bishop's palace

**éveil** [evɛj] nm awakening; **être en ~** to be alert; **mettre qn en ~, donner l'~ à qn** to arouse sb's suspicions; **activités d'~** early-learning activities

**éveillé, e** [eveje] adj awake; (vif) alert, sharp

**éveiller** [eveje] vt to (a)waken; (soupçons etc) to arouse; **s'éveiller** vi to (a)waken; (fig) to be aroused

**événement** [evɛnmɑ̃] nm event

**éventail** [evɑ̃taj] nm fan; (choix) range; **en ~** fanned out; fan-shaped

**éventaire** [evɑ̃tɛʀ] nm stall, stand

**éventer** [evɑ̃te] vt (secret, complot) to uncover; (avec un éventail) to fan; **s'éventer** vi (parfum, vin) to go stale

**éventualité** [evɑ̃tɥalite] nf eventuality; possibility; **dans l'~ de** in the event of; **parer à toute ~** to guard against all eventualities

**éventuel, le** [evɑ̃tɥel] adj possible

**éventuellement** [evɑ̃tɥelmɑ̃] adv possibly

**évêque** [evɛk] nm bishop

**évertuer** [evɛʀtɥe]: **s'évertuer** vi: **s'~ à faire** to try very hard to do

**éviction** [eviksjɔ̃] nf ousting, supplanting; (de locataire) eviction

**évidemment** [evidamɑ̃] adv (bien sûr) of course; (certainement) obviously

**évidence** [evidɑ̃s] nf obviousness; (fait) obvious fact; **se rendre à l'~** to bow before the evidence; **nier l'~** to deny the evidence;

**à l'~** evidently; **de toute ~** quite obviously ou evidently; **en ~** conspicuous; **être en ~** to be clearly visible; **mettre en ~** (fait) to highlight

**évident, e** [evidɑ̃, -ɑ̃t] adj obvious, evident; **ce n'est pas ~** (cela pose des problèmes) it's not (all that) straightforward, it's not as simple as all that

**évider** [evide] vt to scoop out

**évier** [evje] nm (kitchen) sink

**évincer** [evɛ̃se] vt to oust, supplant

**éviter** [evite] vt to avoid; ~ **de faire/que qch ne se passe** to avoid doing/sth happening; ~ **qch à qn** to spare sb sth

**évolué, e** [evɔlɥe] adj advanced; (personne) broad-minded

**évoluer** [evɔlɥe] vi (enfant, maladie) to develop; (situation, moralement) to evolve, develop; (aller et venir: danseur etc) to move about, circle

**évolution** [evɔlysjɔ̃] nf development; evolution; **évolutions** nfpl movements

**évoquer** [evɔke] vt to call to mind, evoke; (mentionner) to mention

**ex-** [ɛks] préfixe ex-; **son ~mari** her ex-husband; **son ~femme** his ex-wife

**exact, e** [ɛgza(kt), ɛgzakt] adj (précis) exact, accurate, precise; (correct) correct; (ponctuel) punctual; **l'heure ~e** the right ou exact time

**exactement** [ɛgzaktəmɑ̃] adv exactly, accurately, precisely; correctly; (c'est cela même) exactly

**ex aequo** [ɛgzeko] adj equally placed; **classé 1er ~** placed equal first; **arriver ~** to finish neck and neck

**exagéré, e** [ɛgzaʒeʀe] adj (prix etc) excessive

**exagérer** [ɛgzaʒeʀe] vt to exaggerate ▷ vi (abuser) to go too far; (dépasser les bornes) to overstep the mark; (déformer les faits) to exaggerate; **s'exagérer qch** to exaggerate sth

**exalter** [ɛgzalte] vt (enthousiasmer) to excite, elate; (glorifier) to exalt

**examen** [ɛgzamɛ̃] nm examination; (Scol) exam, examination; **à l'~** (dossier, projet) under consideration; (Comm) on approval; ~ **blanc** mock exam(ination); ~ **de la vue** sight test; ~ **médical** (medical) examination; (analyse) test

**examinateur, -trice** [ɛgzaminatœʀ, -tʀis] nm/f examiner

**examiner** [ɛgzamine] vt to examine

**exaspérant, e** [ɛgzaspeʀɑ̃, -ɑ̃t] adj exasperating

**exaspérer** [ɛgzaspeʀe] vt to exasperate; (aggraver) to exacerbate

**exaucer** [ɛgzose] vt (vœu) to grant, fulfil; ~ **qn** to grant sb's wishes

**excédent** [ɛksedɑ̃] nm surplus; **en ~** surplus; **payer 60 euros d'~** (de bagages) to pay 60 euros excess baggage; ~ **de bagages** excess baggage; ~ **commercial** trade surplus

**excéder** [ɛksede] vt (dépasser) to exceed; (agacer) to exasperate; **excédé de fatigue** exhausted; **excédé de travail** worn out with work

**excellent, e** [ɛksɛlɑ̃, -ɑ̃t] *adj* excellent

**excentrique** [ɛksɑ̃trik] *adj* eccentric; (*quartier*) outlying ▷ *nm/f* eccentric

**excepté, e** [ɛksɛpte] *adj, prép*: **les élèves ~s, ~ les élèves** except for *ou* apart from the pupils; **~ si/quand** except if/when; **~ que** except that

**exception** [ɛksɛpsjɔ̃] *nf* exception; **faire ~** to be an exception; **faire une ~** to make an exception; **sans ~** without exception; **à l'~ de** except for, with the exception of; **d'~** (*mesure, loi*) special, exceptional

**exceptionnel, le** [ɛksɛpsjɔnɛl] *adj* exceptional; (*prix*) special

**exceptionnellement** [ɛksɛpsjɔnɛlmɑ̃] *adv* exceptionally; (*par exception*) by way of an exception, on this occasion

**excès** [ɛksɛ] *nm* surplus ▷ *nmpl* excesses; **à l'~** (*méticuleux, généreux*) to excess; **avec ~** to excess; **sans ~** in moderation; **tomber dans l'~ inverse** to go to the opposite extreme; **~ de langage** immoderate language; **~ de pouvoir** abuse of power; **faire des ~** to overindulge; **~ de vitesse** speeding *no pl*, exceeding the speed limit; **~ de zèle** overzealousness *no pl*

**excessif, -ive** [ɛksɛsif, -iv] *adj* excessive

**excitant, e** [ɛksitɑ̃, -ɑ̃t] *adj* exciting ▷ *nm* stimulant

**excitation** [ɛksitasjɔ̃] *nf* (*état*) excitement

**exciter** [ɛksite] *vt* to excite; (*café etc*) to stimulate; **s'exciter** *vi* to get excited; **~ qn à** (*révolte etc*) to incite sb to

**exclamation** [ɛksklamasjɔ̃] *nf* exclamation

**exclamer** [ɛksklame]: **s'exclamer** *vi* to exclaim

**exclu, e** [ɛkskly] *adj*: **il est/n'est pas ~ que ...** it's out of the question/not impossible that ...

**exclure** [ɛksklyr] *vt* (*faire sortir*) to expel; (*ne pas compter*) to exclude, leave out; (*rendre impossible*) to exclude, rule out

**exclusif, -ive** [ɛksklyzif, -iv] *adj* exclusive; **avec la mission exclusive/dans le but ~ de ...** with the sole mission/aim of ...; **agent ~** sole agent

**exclusion** [ɛksklyzjɔ̃] *nf* expulsion; **à l'~ de** with the exclusion *ou* exception of

**exclusivité** [ɛksklyzivite] *nf* exclusiveness; (*Comm*) exclusive rights *pl*; **film passant en ~ à** film showing only at

**excursion** [ɛkskyrsjɔ̃] *nf* (*en autocar*) excursion, trip; (*à pied*) walk, hike; **faire une ~** to go on an excursion *ou* a trip; to go on a walk *ou* hike

**excuse** [ɛkskyz] *nf* excuse; **excuses** *nfpl* (*regret*) apology *sg*, apologies; **faire des ~s** to apologize; **faire ses ~s** to offer one's apologies; **mot d'~** (*Scol*) note from one's parent(s) (*to explain absence etc*); **lettre d'~s** letter of apology

**excuser** [ɛkskyze] *vt* to excuse; **~ qn de qch** (*dispenser*) to excuse sb from sth; **s'excuser**

**(de)** to apologize (for); **"excusez-moi"** "I'm sorry"; (*pour attirer l'attention*) "excuse me"; **se faire ~** to ask to be excused

**exécrable** [ɛgzekrabl] *adj* atrocious

**exécuter** [ɛgzekyte] *vt* (*prisonnier*) to execute; (*tâche etc*) to execute, carry out; (*Mus: jouer*) to perform, execute; (*Inform*) to run; **s'exécuter** *vi* to comply

**exécutif, -ive** [ɛgzekytif, -iv] *adj, nm* (*Pol*) executive

**exécution** [ɛgzekysjɔ̃] *nf* execution; carrying out; **mettre à ~** to carry out

**exemplaire** [ɛgzɑ̃plɛr] *adj* exemplary ▷ *nm* copy

**exemple** [ɛgzɑ̃pl] *nm* example; **par ~** for instance, for example; (*valeur intensive*) really!; **sans ~** (*bêtise, gourmandise etc*) unparalleled; **donner l'~** to set an example; **prendre ~ sur** to take as a model; **à l'~ de** just like; **pour l'~** (*punir*) as an example

**exempt, e** [ɛgzɑ̃, ɑ̃t] *adj*: **~ de** (*dispensé de*) exempt from; (*sans*) free from; **~ de taxes** tax-free

**exercer** [ɛgzɛrse] *vt* (*pratiquer*) to exercise, practise; (*faire usage de: prérogative*) to exercise; (*effectuer: influence, contrôle, pression*) to exert; (*former*) to exercise, train; **s'exercer** *vi* (*médecin*) to be in practice; (*sportif, musicien*) to practise; (*se faire sentir: pression etc*): **s'~ (sur *ou* contre)** to be exerted (on); **s'~ à faire qch** to train o.s. to do sth

**exercice** [ɛgzɛrsis] *nm* practice; exercising; (*tâche, travail*) exercise; (*Comm, Admin: période*) accounting period; **l'~** (*sportive etc*) exercise; (*Mil*) drill; **en ~** (*juge*) in office; (*médecin*) practising; **dans l'~ de ses fonctions** in the discharge of his duties; **~s d'assouplissement** limbering-up (exercises)

**exhaustif, -ive** [ɛgzostif, -iv] *adj* exhaustive

**exhiber** [ɛgzibe] *vt* (*montrer: papiers, certificat*) to present, produce; (*péj*) to display, flaunt; **s'exhiber** *vi* (*personne*) to parade; (*exhibitionniste*) to expose o.s.

**exhibitionniste** [ɛgzibisjɔnist] *nm/f* exhibitionist

**exhorter** [ɛgzɔrte] *vt*: **~ qn à faire** to urge sb to do

**exigeant, e** [ɛgziʒɑ̃, -ɑ̃t] *adj* demanding; (*péj*) hard to please

**exigence** [ɛgziʒɑ̃s] *nf* demand, requirement

**exiger** [ɛgziʒe] *vt* to demand, require

**exigu, ë** [ɛgzigy] *adj* cramped, tiny

**exil** [ɛgzil] *nm* exile; **en ~** in exile

**exiler** [ɛgzile] *vt* to exile; **s'exiler** *vi* to go into exile

**existence** [ɛgzistɑ̃s] *nf* existence; **dans l'~** in life

**exister** [ɛgziste] *vi* to exist; **il existe un/des** there is a/are (some)

**exonérer** [ɛgzɔnere] *vt*: **~ de** to exempt from

**exorbitant, e** [ɛgzɔrbitɑ̃, -ɑ̃t] *adj* exorbitant

**exorbité, e** [ɛgzɔrbite] *adj*: **yeux ~s** bulging eyes

**exotique** [ɛgzɔtik] *adj* exotic; **yaourt aux fruits ~s** tropical fruit yoghurt

**expatrier** [ɛkspatrije] *vt* (*argent*) to take *ou* send out of the country; **s'expatrier** to leave one's country

**expectative** [ɛkspɛktativ] *nf*: **être dans l'~** to be waiting to see

**expédient** [ɛkspedjã] *nm* (*parfois péj*) expedient; **vivre d'~s** to live by one's wits

**expédier** [ɛkspedje] *vt* (*lettre, paquet*) to send; (*troupes, renfort*) to dispatch; (*péj: travail etc*) to dispose of, dispatch

**expéditeur, -trice** [ɛkspeditœr, -tris] *nm/f* (*Postes*) sender

**expédition** [ɛkspedisjã] *nf* sending; (*scientifique, sportive, Mil*) expedition; **~ punitive** punitive raid

**expérience** [ɛksperjãs] *nf* (*de la vie, des choses*) experience; (*scientifique*) experiment; **avoir de l'~** to have experience, be experienced; **avoir l'~ de** to have experience of; **faire l'~ de qch** to experience sth; **~ de chimie/d'électricité** chemical/electrical experiment

**expérimenté, e** [ɛksperimãte] *adj* experienced

**expérimenter** [ɛksperimãte] *vt* (*machine, technique*) to test out, experiment with

**expert, e** [ɛkspɛr, -ɛrt] *adj*: **~ en** expert in ▷ *nm* (*spécialiste*) expert; **~ en assurances** insurance valuer

**expert-comptable** (*pl* **experts-comptables**) [ɛkspɛrkõtabl] *nm* ≈ chartered (*Brit*) *ou* certified public (*US*) accountant

**expertise** [ɛkspɛrtiz] *nf* valuation; assessment; valuer's (*ou* assessor's) report; (*Jur*) (forensic) examination

**expertiser** [ɛkspɛrtize] *vt* (*objet de valeur*) to value; (*voiture accidentée etc*) to assess damage to

**expier** [ɛkspje] *vt* to expiate, atone for

**expirer** [ɛkspire] *vi* (*prendre fin, littéraire: mourir*) to expire; (*respirer*) to breathe out

**explicatif, -ive** [ɛksplikatif, -iv] *adj* (*mot, texte, note*) explanatory

**explication** [ɛksplikasjã] *nf* explanation; (*discussion*) discussion; (*dispute*) argument; **~ de texte** (*Scol*) critical analysis (of a text)

**explicite** [ɛksplisit] *adj* explicit

**expliquer** [ɛksplike] *vt* to explain; **~ (à qn) comment/que** to point out *ou* explain (to sb) how/that; **s'expliquer** (*se faire comprendre: personne*) to explain o.s.; (*se disputer*) to have it out; (*comprendre*): **je m'explique son retard/absence** I understand his lateness/absence; **son erreur s'explique** one can understand his mistake; **s'~ avec qn** (*discuter*) to explain o.s. to sb

**exploit** [ɛksplwa] *nm* exploit, feat

**exploitant** [ɛksplwatã] *nm/f*: **~ (agricole)** farmer

**exploitation** [ɛksplwatasjã] *nf* exploitation; (*d'une entreprise*) running; (*entreprise*): **~ agricole** farming concern

**exploiter** [ɛksplwate] *vt* (*personne, don*) to exploit; (*entreprise, ferme*) to run, operate; (*mine*) to exploit, work

**explorer** [ɛksplɔre] *vt* to explore

**exploser** [ɛksploze] *vi* to explode, blow up; (*engin explosif*) to go off; (*fig: joie, colère*) to burst out, explode; (: *personne: de colère*) to explode, flare up; **faire ~** (*bombe*) to explode, detonate; (*bâtiment, véhicule*) to blow up

**explosif, -ive** [ɛksplozif, -iv] *adj, nm* explosive

**explosion** [ɛksplozjã] *nf* explosion; **~ de joie/ colère** outburst of joy/rage; **~ démographique** population explosion

**exportateur, -trice** [ɛksportatœr, -tris] *adj* export *cpd*, exporting ▷ *nm* exporter

**exportation** [ɛksportasjã] *nf* (*action*) exportation; (*produit*) export

**exporter** [ɛksporte] *vt* to export

**exposant** [ɛkspozã] *nm* exhibitor; (*Math*) exponent

**exposé, e** [ɛkspoze] *nm* (*écrit*) exposé; (*oral*) talk ▷ *adj*: **~ au sud** facing south, with a southern aspect; **bien ~** well situated; **très ~** very exposed

**exposer** [ɛkspoze] *vt* (*montrer: marchandise*) to display; (: *peinture*) to exhibit, show; (*parler de: problème, situation*) to explain, expose, set out; (*mettre en danger, orienter, Photo: maison etc*) to expose; **~ qn/qch à** to expose sb/sth to; **~ sa vie** to risk one's life; **s'exposer à** (*soleil, danger*) to expose o.s. to; (*critiques, punition*) to lay o.s. open to

**exposition** [ɛkspozisjã] *nf* (*voir exposer*) displaying; exhibiting; explanation; exposition; exposure; (*voir exposé*) aspect, situation; (*manifestation*) exhibition; (*Photo*) exposure; (*introduction*) exposition

**exprès**[1] [ɛksprɛ] *adv* (*délibérément*) on purpose; (*spécialement*) specially; **faire ~ de faire qch** to do sth on purpose

**exprès**[2]**, -esse** [ɛksprɛs] *adj* (*ordre, défense*) express, formal ▷ *adj inv, adv* (*Postes*: *lettre, colis*) express; **envoyer qch en ~** to send sth express

**express** [ɛksprɛs] *adj, nm*: (**café**) **~** espresso; (**train**) **~** fast train

**expressément** [ɛksprɛsemã] *adv* expressly, specifically

**expressif, -ive** [ɛksprɛsif, -iv] *adj* expressive

**expression** [ɛksprɛsjã] *nf* expression; **réduit à sa plus simple ~** reduced to its simplest terms; **liberté/moyens d'~** freedom/means of expression; **~ toute faite** set phrase

**exprimer** [ɛksprime] *vt* (*sentiment, idée*) to express; (*faire sortir: jus, liquide*) to press out; **s'exprimer** *vi* (*personne*) to express o.s.

**exproprier** [ɛksproprije] *vt* to buy up (*ou* buy

the property of) by compulsory purchase, expropriate

**expulser** [εkspylse] vt (d'une salle, d'un groupe) to expel; (locataire) to evict; (Football) to send off

**exquis, e** [εkski, -iz] adj (gâteau, parfum, élégance) exquisite; (personne, temps) delightful

**extase** [εkstɑz] nf ecstasy; **être en ~** to be in raptures

**extasier** [εkstɑzje]: **s'extasier** vi: **s'~ sur** to go into raptures over

**extension** [εkstɑ̃sjɔ̃] nf (d'un muscle, ressort) stretching; (Méd): **à l'~** in traction; (fig) extension; expansion

**exténuer** [εkstenɥe] vt to exhaust

**extérieur, e** [εksterjœr] adj (de dehors: porte, mur etc) outer, outside; (: commerce, politique) foreign; (: influences, pressions) external; (au dehors: escalier, w.-c.) outside; (apparent: calme, gaieté etc) outer ▷ nm (d'une maison, d'un récipient etc) outside, exterior; (d'une personne: apparence) exterior; (d'un pays, d'un groupe social): **l'~** the outside world; **à l'~** (dehors) outside; (fig: à l'étranger) abroad

**extérieurement** [εksterjœrmɑ̃] adv (de dehors) on the outside; (en apparence) on the surface

**exterminer** [εkstεrmine] vt to exterminate, wipe out

**externat** [εkstεrna] nm day school

**externe** [εkstεrn] adj external, outer ▷ nm/f (Méd) non-resident medical student, extern (US); (Scol) day pupil

**extincteur** [εkstɛ̃ktœr] nm (fire) extinguisher

**extinction** [εkstɛ̃ksjɔ̃] nf extinction; (Jur: d'une dette) extinguishment; **~ de voix** (Méd) loss of voice

**extorquer** [εkstɔrke] vt (de l'argent, un renseignement): **~ qch à qn** to extort sth from sb

**extra** [εkstra] adj inv first-rate; (fam) fantastic; (marchandises) top-quality ▷ nm inv extra help ▷ préfixe extra(-)

**extrader** [εkstrade] vt to extradite

**extraire** [εkstrεr] vt to extract; **~ qch de** to extract sth from

**extrait, e** [εkstrε, -εt] pp de **extraire** ▷ nm (de plante) extract; (de film, livre) extract, excerpt; **~ de naissance** birth certificate

**extraordinaire** [εkstraɔrdinεr] adj extraordinary; (Pol, Admin: mesures etc) special; **ambassadeur ~** ambassador extraordinary; **assemblée ~** extraordinary meeting; **par ~** by some unlikely chance

**extravagant, e** [εkstravagɑ̃, -ɑ̃t] adj (personne, attitude) extravagant; (idée) wild

**extraverti, e** [εkstravεrti] adj extrovert

**extrême** [εkstrεm] adj, nm extreme; (intensif): **d'une ~ simplicité/brutalité** extremely simple/brutal; **d'un ~ à l'autre** from one extreme to another; **à l'~** in the extreme; **à l'~ rigueur** in the absolute extreme

**extrêmement** [εkstrεmmɑ̃] adv extremely

**extrême-onction** (pl **extrêmes-onctions**) [εkstrεmɔ̃ksjɔ̃] nf (Rel) last rites pl, Extreme Unction

**Extrême-Orient** [εkstrεmɔrjɑ̃] nm: **l'~** the Far East

**extrémité** [εkstremite] nf (bout) end; (situation) straits pl, plight; (geste désespéré) extreme action; **extrémités** nfpl (pieds et mains) extremities; **à la dernière ~** (à l'agonie) on the point of death

**exubérant, e** [εgzyberɑ̃, -ɑ̃t] adj exuberant

**exutoire** [εgzytwar] nm outlet, release

e

**F, f** [ɛf] *nm inv* F, f ▷ *abr* = **féminin**; (= *franc*) fr.;
(= *Fahrenheit*) F; (= *frère*) Br(o).; (= *femme*) W;
(*appartement*): **un F2/F3** a 2-/3-roomed flat
(*Brit*) *ou* apartment (*US*); **F comme François**
F for Frederick (*Brit*) *ou* Fox (*US*)

**fa** [fa] *nm inv* (*Mus*) F; (*en chantant la gamme*) fa

**fable** [fabl] *nf* fable; (*mensonge*) story, tale

**fabricant, e** [fabʀikɑ̃, ɑ̃t] *nm/f*
manufacturer, maker

**fabrication** [fabʀikasjɔ̃] *nf* manufacture,
making

**fabrique** [fabʀik] *nf* factory

**fabriquer** [fabʀike] *vt* to make;
(*industriellement*) to manufacture, make;
(*construire: voiture*) to manufacture, build;
(: *maison*) to build; (*fig: inventer: histoire, alibi*) to
make up; (*fam*): **qu'est-ce qu'il fabrique?**
what is he up to?; **~ en série** to mass-produce

**fabulation** [fabylasjɔ̃] *nf* (*Psych*) fantasizing

**fac** [fak] *abr f* (*fam: Scol:* = *faculté*) Uni (*Brit: fam*)
≈ college (*US*)

**façade** [fasad] *nf* front, façade; (*fig*) façade

**face** [fas] *nf* face; (*fig: aspect*) side ▷ *adj*: **le
côté ~** heads; **perdre/sauver la ~** to lose/save
face; **regarder qn en ~** to look sb in the face;
**la maison/le trottoir d'en ~** the house/
pavement opposite; **en ~ de** *prép* opposite;
(*fig*) in front of; **de ~** *adv* from the front; face
on; **~ à** *prép* facing; (*fig*) faced with, in the
face of; **faire ~ à** to face; **faire ~ à la
demande** (*Comm*) to meet the demand; **~ à ~**
*adv* facing each other ▷ *nm inv* encounter

**fâché, e** [fɑʃe] *adj* angry; (*désolé*) sorry

**fâcher** [fɑʃe] *vt* to anger; **se fâcher** *vi* to get
angry; **se ~ avec** (*se brouiller*) to fall out with

**fâcheux, -euse** [fɑʃø, -øz] *adj* unfortunate,
regrettable

**facile** [fasil] *adj* easy; (*accommodant: caractère*)
easy-going

**facilement** [fasilmɑ̃] *adv* easily

**facilité** [fasilite] *nf* easiness; (*disposition, don*)
aptitude; (*moyen, occasion, possibilité*): **il a la ~
de rencontrer les gens** he has every
opportunity to meet people; **facilités** *nfpl*
(*possibilités*) facilities; (*Comm*) terms; **~s de
crédit** credit terms; **~s de paiement** easy
terms

**faciliter** [fasilite] *vt* to make easier

**façon** [fasɔ̃] *nf* (*manière*) way; (*d'une robe etc*)
making-up; cut; (: *main-d'œuvre*) labour (*Brit*),
labor (*US*); (*imitation*): **châle ~ cachemire**
cashmere-style shawl; **façons** *nfpl* (*péj*) fuss
*sg*; **faire des ~s** (*péj: être affecté*) to be affected;
(: *faire des histoires*) to make a fuss; **de quelle ~?**
(in) what way?; **sans ~** *adv* without fuss ▷ *adj*
unaffected; **non merci, sans ~** no thanks,
honestly; **d'une autre ~** in another way; **en
aucune ~** in no way; **de ~ à** so as to; **de ~ à
que, de (telle) ~ que** so that; **de toute ~**
anyway, in any case; **(c'est une) ~ de parler**
it's a way of putting it; **travail à ~** tailoring

**façonner** [fasɔne] *vt* (*fabriquer*) to
manufacture; (*travailler: matière*) to shape,
fashion; (*fig*) to mould, shape

**facteur, -trice** [faktœʀ, -tʀis] *nm/f*
postman/woman (*Brit*), mailman/woman
(*US*) ▷ *nm* (*Math, gén: élément*) factor;
**~ d'orgues** organ builder; **~ de pianos** piano
maker; **~ rhésus** rhesus factor

**factice** [faktis] *adj* artificial

**faction** [faksjɔ̃] *nf* (*groupe*) faction; (*Mil*)
guard *ou* sentry (duty); watch; **en ~** on guard;
standing watch

**facture** [faktyʀ] *nf* (*à payer: gén*) bill; (: *Comm*)
invoice; (*d'un artisan, artiste*) technique,
workmanship

**facturer** [faktyʀe] *vt* to invoice

**facultatif, -ive** [fakyltatif, -iv] *adj* optional;
(*arrêt de bus*) request *cpd*

**faculté** [fakylte] *nf* (*intellectuelle, d'université*)
faculty; (*pouvoir, possibilité*) power

**fade** [fad] *adj* insipid

**fagot** [fago] *nm* (*de bois*) bundle of sticks

**faible** [fɛbl] *adj* weak; (*voix, lumière, vent*) faint;
(*élève, copie*) poor; (*rendement, intensité, revenu
etc*) low ▷ *nm* weak point; (*pour quelqu'un*)
weakness, soft spot; **~ d'esprit**
feeble-minded

**faiblesse** [fɛblɛs] *nf* weakness

**faiblir** [feblir] *vi* to weaken; (*lumière*) to dim;
(*vent*) to drop

**faïence** [fajɑ̃s] *nf* earthenware *no pl*; (*objet*)
piece of earthenware

**faignant, e** [fɛɲɑ̃, -ɑ̃t] *nm/f* = **fainéant, e**

**faille** [faj] *vb voir* **falloir** ▷ *nf* (*Géo*) fault; (*fig*) flaw, weakness

**faillir** [fajiʀ] *vi*: **j'ai failli tomber/lui dire** I almost *ou* nearly fell/told him; **~ à une promesse/un engagement** to break a promise/an agreement

**faillite** [fajit] *nf* bankruptcy; (*échec: d'une politique etc*) collapse; **être en ~** to be bankrupt; **faire ~** to go bankrupt

**faim** [fɛ̃] *nf* hunger; (*fig*): **~ d'amour/de richesse** hunger *ou* yearning for love/ wealth; **avoir ~** to be hungry; **rester sur sa ~** (*aussi fig*) to be left wanting more

**fainéant, e** [fɛneã, -ãt] *nm/f* idler, loafer

 MOT-CLÉ

**faire** [fɛʀ] *vt* **1** (*fabriquer, être l'auteur de*) to make; (*produire*) to produce; (*construire: maison, bateau*) to build; **faire du vin/une offre/un film** to make wine/an offer/a film; **faire du bruit** to make a noise

**2** (*effectuer: travail, opération*) to do; **que faites-vous?** (*quel métier etc*) what do you do?; (*quelle activité: au moment de la question*) what are you doing?; **que faire?** what are we going to do?, what can be done (about it)?; **faire la lessive/le ménage** to do the washing/the housework

**3** (*études*) to do; (*sport, musique*) to play; **faire du droit/du français** to do law/French; **faire du rugby/piano** to play rugby/the piano; **faire du cheval/du ski** to go riding/ skiing

**4** (*visiter*): **faire les magasins** to go shopping; **faire l'Europe** to tour *ou* do Europe

**5** (*distance*): **faire du 50 (à l'heure)** to do 50 (km an hour); **nous avons fait 1000 km en 2 jours** we did *ou* covered 1000 km in 2 days

**6** (*simuler*): **faire le malade/l'ignorant** to act the invalid/the fool

**7** (*transformer, avoir un effet sur*): **faire de qn un frustré/avocat** to make sb frustrated/a lawyer; **ça ne me fait rien** (*m'est égal*) I don't care *ou* mind; (*me laisse froid*) it has no effect on me; **ça ne fait rien** it doesn't matter; **faire que** (*impliquer*) to mean that

**8** (*calculs, prix, mesures*): **deux et deux font quatre** two and two are *ou* make four; **ça fait 10 m/15 euros** it's 10 m/15 euros; **je vous le fais 10 euros** I'll let you have it for 10 euros; **je fais du 40** I take a size 40

**9** (*vb +de*): **qu'a-t-il fait de sa valise/de sa sœur?** what has he done with his case/his sister?

**10**: **ne faire que**: **il ne fait que critiquer** (*sans cesse*) all he (ever) does is criticize; (*seulement*) he's only criticizing

**11** (*dire*) to say; **vraiment? fit-il** really? he said

**12** (*maladie*) to have; **faire du diabète/de la tension** to have diabetes *sg*/high blood pressure

▷ *vi* **1** (*agir, s'y prendre*) to act, do; **il faut faire vite** we (*ou you etc*) must act quickly; **comment a-t-il fait pour?** how did he manage to?; **faites comme chez vous** make yourself at home; **je n'ai pas pu faire autrement** there was nothing else I could do

**2** (*paraître*) to look; **faire vieux/démodé** to look old/old-fashioned; **ça fait bien** it looks good; **tu fais jeune dans cette robe** that dress makes you look young(er)

**3** (*remplaçant un autre verbe*) to do; **ne le casse pas comme je l'ai fait** don't break it as I did; **je peux le voir? — faites!** can I see it? — please do!; **remets-le en place — je viens de le faire** put it back in its place — I just have (done)

▷ *vb impers* **1**: **il fait beau** *etc* the weather is fine *etc*; *voir aussi* **jour**; **froid** *etc*

**2** (*temps écoulé, durée*): **ça fait deux ans qu'il est parti** it's two years since he left; **ça fait deux ans qu'il y est** he's been there for two years

▷ *vb aux* **1**: **faire** (+*infinitif: action directe*) to make; **faire tomber/bouger qch** to make sth fall/move; **faire démarrer un moteur/ chauffer de l'eau** to start up an engine/heat some water; **cela fait dormir** it makes you sleep; **faire travailler les enfants** to make the children work *ou* get the children to work; **il m'a fait traverser la rue** he helped me to cross the road

**2** (*indirectement, par un intermédiaire*): **faire réparer qch** to get *ou* have sth repaired; **faire punir les enfants** to have the children punished; **il m'a fait ouvrir la porte** he got me to open the door

**se faire** *vi* **1** (*vin, fromage*) to mature

**2** (*être convenable*): **cela se fait beaucoup/ne se fait pas** it's done a lot/not done

**3** (+*nom ou pron*): **se faire une jupe** to make o.s. a skirt; **se faire des amis** to make friends; **se faire du souci** to worry; **se faire des illusions** to delude o.s.; **se faire beaucoup d'argent** to make a lot of money; **il ne s'en fait pas** he doesn't worry

**4** (+*adj: devenir*): **se faire vieux** to be getting old; (*délibérément*): **se faire beau** to do o.s. up

**5**: **se faire à** (*s'habituer*) to get used to; **je n'arrive pas à me faire à la nourriture/au climat** I can't get used to the food/climate

**6** (+*infinitif*): **se faire examiner la vue/opérer** to have one's eyes tested/have an operation; **se faire couper les cheveux** to get one's hair cut; **il va se faire tuer/punir** he's going to get himself killed/get (himself) punished; **il s'est fait aider** he got somebody to help him; **il s'est fait aider par Simon** he got Simon to help him; **se faire faire un vêtement** to get a garment made for o.s.

**7** (*impersonnel*): **comment se fait-il/faisait-il que?** how is it/was it that?; **il peut se faire que nous utilisions ...** it's possible that we could use ...

**faire-part** [fɛʀpaʀ] nm inv announcement (of birth, marriage etc)

**faisable** [fəzabl] adj feasible

**faisan, e** [fəzɑ̃, -an] nm/f pheasant

**faisandé, e** [fəzɑ̃de] adj high (bad); (fig péj) corrupt, decadent

**faisceau, x** [fɛso] nm (de lumière etc) beam; (de branches etc) bundle

**faisons** etc [fəzɔ̃] vb voir **faire**

**fait**[1] [fɛ] vb voir **faire** ▷ nm (événement) event, occurrence; (réalité, donnée) fact; **le ~ que/de manger** the fact that/of eating; **être le ~ de** (causé par) to be the work of; **être au ~ (de)** to be informed (of); **mettre qn au ~** to inform sb, put sb in the picture; **au ~** (à propos) by the way; **en venir au ~** to get to the point; **de ~** adj (opposé à: de droit) de facto ▷ adv in fact; **du ~ de ceci/qu'il a menti** because of ou on account of this/his having lied; **de ce ~** therefore, for this reason; **en ~** in fact; **en ~ de repas** by way of a meal; **prendre ~ et cause pour qn** to support sb, side with sb; **prendre qn sur le ~** to catch sb in the act; **dire à qn son ~** to give sb a piece of one's mind; **hauts ~s** (exploits) exploits; **~ d'armes** feat of arms; **~ divers** (short) news item; **les ~s et gestes de qn** sb's actions ou doings

**fait**[2], **e** [fɛ, fɛt] pp de **faire** ▷ adj (mûr: fromage, melon) ripe; (maquillé: yeux) made-up; (vernis: ongles) painted, polished; **un homme ~** a grown man; **tout(e) ~e** (préparé à l'avance) ready-made; **c'en est ~ de notre tranquillité** that's the end of our peace; **c'est bien ~ (pour lui ou eux** etc) it serves him (ou them etc) right

**faîte** [fɛt] nm top; (fig) pinnacle, height

**faites** [fɛt] vb voir **faire**

**faitout** [fɛtu] nm stewpot

**falaise** [falɛz] nf cliff

**falloir** [falwaʀ] vb impers: **il faut faire les lits** we (ou you etc) have to ou must make the beds; **il faut que je fasse les lits** I have to ou must make the beds; **il a fallu qu'il parte** he had to leave; **il faudrait qu'elle rentre** she should come ou go back, she ought to come ou go back; **il faut faire attention** you have to be careful; **il me faudrait 100 euros** I would need 100 euros; **il doit ~ du temps** that must take time; **il vous faut tourner à gauche après l'église** you have to turn left past the church; **nous avons ce qu'il (nous) faut** we have what we need; **il faut qu'il ait oublié** he must have forgotten; **il a fallu qu'il l'apprenne** he would have to hear about it; **il ne fallait pas** (pour remercier) you shouldn't have (done); **faut le faire!** (it) takes some doing! ▷ vi: **s'en falloir**; **il s'en est fallu de 10 euros/5 minutes** we (ou they etc) were 10 euros short/5 minutes late (ou early); **il s'en faut de beaucoup qu'il soit ...** he is far from being ...; **il s'en est fallu de peu que cela n'arrive** it very nearly happened; **ou peu**

**s'en faut** or just about, or as good as; **comme il faut** adj proper ▷ adv properly

**falsifier** [falsifje] vt to falsify

**famé, e** [fame] adj: **mal ~** disreputable, of ill repute

**famélique** [famelik] adj half-starved

**fameux, -euse** [famø, -øz] adj (illustre: parfois péj) famous; (bon: repas, plat etc) first-rate, first-class; (intensif): **un ~ problème** etc a real problem etc; **pas ~** not great, not much good

**familial, e, -aux** [familjal, -o] adj family cpd ▷ nf (Auto) family estate car (Brit), station wagon (US)

**familiarité** [familjaʀite] nf familiarity; informality; **familiarités** nfpl familiarities; **~ avec** (sujet, science) familiarity with

**familier, -ière** [familje, -jɛʀ] adj (connu, impertinent) familiar; (atmosphère) informal, friendly; (Ling) informal, colloquial ▷ nm regular (visitor)

**famille** [famij] nf family; **il a de la ~ à Paris** he has relatives in Paris

**famine** [famin] nf famine

**fana** [fana] adj, nm/f (fam) = **fanatique**

**fanatique** [fanatik] adj: **~ (de)** fanatical (about) ▷ nm/f fanatic

**fanatisme** [fanatism] nm fanaticism

**faner** [fane]: **se faner** vi to fade

**fanfare** [fɑ̃faʀ] nf (orchestre) brass band; (musique) fanfare; **en ~** (avec bruit) noisily

**fanfaron, ne** [fɑ̃faʀɔ̃, -ɔn] nm/f braggart

**fantaisie** [fɑ̃tezi] nf (spontanéité) fancy, imagination; (caprice) whim; extravagance; (Mus) fantasia ▷ adj: **bijou (de) ~** (piece of) costume jewellery (Brit) ou jewelry (US); **pain (de) ~** fancy bread

**fantaisiste** [fɑ̃tezist] adj (péj) unorthodox, eccentric ▷ nm/f (de music-hall) variety artist ou entertainer

**fantasme** [fɑ̃tasm] nm fantasy

**fantasque** [fɑ̃task] adj whimsical, capricious; fantastic

**fantastique** [fɑ̃tastik] adj fantastic

**fantôme** [fɑ̃tom] nm ghost, phantom

**faon** [fɑ̃] nm fawn (deer)

**FAQ** abr f (= foire aux questions) FAQ pl (= frequently asked questions)

**farce** [faʀs] nf (viande) stuffing; (blague) (practical) joke; (Théât) farce; **faire une ~ à qn** to play a (practical) joke on sb; **~s et attrapes** jokes and novelties

**farcir** [faʀsiʀ] vt (viande) to stuff; (fig): **~ qch de** to stuff sth with; **se farcir** (fam): **je me suis farci la vaisselle** I've got stuck ou landed with the washing-up

**fardeau, x** [faʀdo] nm burden

**farder** [faʀde] vt to make up; (vérité) to disguise; **se farder** to make o.s. up

**farfelu, e** [faʀfəly] adj wacky (fam), hare-brained

**farine** [faʀin] nf flour; **~ de blé** wheatflour; **~ de maïs** cornflour (Brit), cornstarch (US);

~ **lactée** (pour bouillie) baby cereal

**farineux, -euse** [faʀinø, -øz] adj (sauce, pomme) floury ▷ nmpl (aliments) starchy foods

**farouche** [faʀuʃ] adj shy, timid; (sauvage) savage, wild; (violent) fierce

**fart** [faʀt] nm (ski) wax

**fascicule** [fasikyl] nm volume

**fascination** [fasinasjɔ̃] nf fascination

**fasciner** [fasine] vt to fascinate

**fascisme** [faʃism] nm fascism

**fasse** etc [fas] vb voir **faire**

**faste** [fast] nm splendour (Brit), splendor (US) ▷ adj: **c'est un jour** ~ it's his (ou our etc) lucky day

**fastidieux, -euse** [fastidjø, -øz] adj tedious, tiresome

**fastueux, -euse** [fastɥø, -øz] adj sumptuous, luxurious

**fatal, e** [fatal] adj fatal; (inévitable) inevitable

**fatalité** [fatalite] nf (destin) fate; (coïncidence) fateful coincidence; (caractère inévitable) inevitability

**fatidique** [fatidik] adj fateful

**fatigant, e** [fatigɑ̃, -ɑ̃t] adj tiring; (agaçant) tiresome

**fatigue** [fatig] nf tiredness, fatigue; (détérioration) fatigue; **les ~s du voyage** the wear and tear of the journey

**fatigué, e** [fatige] adj tired

**fatiguer** [fatige] vt to tire, make tired; (Tech) to put a strain on, strain; (fig: agacer) to annoy ▷ vi (moteur) to labour (Brit), labor (US), strain; **se fatiguer** vi to get tired; to tire o.s. (out); **se ~ à faire qch** to tire o.s. out doing sth

**fatras** [fatʀɑ] nm jumble, hotchpotch

**faubourg** [foburʀ] nm suburb

**fauché, e** [foʃe] adj (fam) broke

**faucher** [foʃe] vt (herbe) to cut; (champs, blés) to reap; (fig) to cut down; (véhicule) to mow down; (fam: voler) to pinch, nick

**faucille** [fosij] nf sickle

**faucon** [fokɔ̃] nm falcon, hawk

**faudra** etc [fodʀa] vb voir **falloir**

**faufiler** [fofile] vt to tack, baste; **se faufiler** vi: **se ~ dans** to edge one's way into; **se ~ parmi/entre** to thread one's way among/between

**faune** [fon] nf (Zool) wildlife, fauna; (fig péj) set, crowd ▷ nm faun; ~ **marine** marine (animal) life

**faussaire** [fosɛʀ] nm/f forger

**fausse** [fos] adj f voir **faux**

**faussement** [fosmɑ̃] adv (accuser) wrongly, wrongfully; (croire) falsely, erroneously

**fausser** [fose] vt (objet) to bend, buckle; (fig) to distort; ~ **compagnie à qn** to give sb the slip

**faut** [fo] vb voir **falloir**

**faute** [fot] nf (erreur) mistake, error; (péché, manquement) misdemeanour; (Football etc) offence; (Tennis) fault; (responsabilité): **par la ~ de** through the fault of, because of; **c'est de sa/ma ~** it's his/my fault; **être en ~** to be in the wrong; **prendre qn en ~** to catch sb out; ~ **de** (temps, argent) for ou through lack of; ~ **de mieux** for want of anything ou something better; **sans ~** adv without fail; ~ **de frappe** typing error; ~ **d'inattention** careless mistake; ~ **d'orthographe** spelling mistake; ~ **professionnelle** professional misconduct no pl

**fauteuil** [fotœj] nm armchair; ~ **à bascule** rocking chair; ~ **club** (big) easy chair; ~ **d'orchestre** seat in the front stalls (Brit) ou the orchestra (US); ~ **roulant** wheelchair

**fauteur** [fotœʀ] nm: ~ **de troubles** trouble-maker

**fautif, -ive** [fotif, -iv] adj (incorrect) incorrect, inaccurate; (responsable) at fault, in the wrong; (coupable) guilty ▷ nm/f culprit; **il se sentait** ~ he felt guilty

**fauve** [fov] nm wildcat; (peintre) Fauve ▷ adj (couleur) fawn

**faux¹** [fo] nf scythe

**faux², fausse** [fo, fos] adj (inexact) wrong; (piano, voix) out of tune; (falsifié: billet) fake, forged; (sournois, postiche) false ▷ adv (Mus) out of tune ▷ nm (copie) fake, forgery; (opposé au vrai): **le ~** falsehood; **le ~ numéro/la fausse clé** the wrong number/key; **faire fausse route** to go the wrong way; **faire ~ bond à qn** to let sb down; ~ **ami** (Ling) faux ami; ~ **col** detachable collar; ~ **départ** (Sport, fig) false start; ~ **frais** nmpl extras, incidental expenses; ~ **frère** (fig péj) false friend; ~ **mouvement** awkward movement; ~ **nez** false nose; ~ **nom** assumed name; ~ **pas** tripping no pl; (fig) faux pas; **faire un ~ pas** to trip; (fig) to make a faux pas; ~ **témoignage** (délit) perjury; **fausse alerte** false alarm; **fausse clé** skeleton key; **fausse couche** (Méd) miscarriage; **fausse joie** vain joy; **fausse note** wrong note

**faux-filet** [fofilɛ] nm sirloin

**faux-monnayeur** [fomɔnɛjœʀ] nm counterfeiter, forger

**faveur** [favœʀ] nf favour (Brit), favor (US); **traitement de** ~ preferential treatment; **à la ~ de** under cover of; (grâce à) thanks to; **en ~ de** in favo(u)r of

**favorable** [favɔʀabl] adj favo(u)rable

**favori, te** [favɔʀi, -it] adj, nm/f favo(u)rite

**favoriser** [favɔʀize] vt to favour (Brit), favor (US)

**fax** [faks] nm fax

**faxer** [fakse] vt to fax

**FB** abr (= franc belge) BF, FB

**fébrile** [febʀil] adj feverish, febrile; **capitaux ~s** (Écon) hot money

**fécond, e** [fekɔ̃, -ɔ̃d] adj fertile

**féconder** [fekɔ̃de] vt to fertilize

**fécondité** [fekɔ̃dite] nf fertility

**fécule** [fekyl] nf potato flour

**féculent** [fekylɑ̃] nm starchy food

**fédéral, e, -aux** [federal, -o] adj federal

**fée** [fe] nf fairy

**féerique** [feʀik] *adj* magical, fairytale *cpd*

**feignant, e** [fɛɲɑ̃, -ɑ̃t] *nm/f* = **fainéant, e**

**feindre** [fɛ̃dʀ] *vt* to feign ▷ *vi* to dissemble;
~ **de faire** to pretend to do

**feint, e** [fɛ̃, fɛ̃t] *pp de* **feindre** ▷ *adj* feigned
▷ *nf* (*Sport: escrime*) feint; (: *Football, Rugby*)
dummy (*Brit*), fake (*US*); (*fam: ruse*) sham

**fêler** [fele] *vt* to crack

**félicitations** [felisitasjɔ̃] *nfpl*
congratulations

**féliciter** [felisite] *vt*: ~ **qn (de)** to
congratulate sb (on)

**félin, e** [felɛ̃, -in] *adj* feline ▷ *nm* (big) cat

**fêlure** [felyʀ] *nf* crack

**femelle** [fəmɛl] *adj* (*aussi Élec, Tech*) female
▷ *nf* female

**féminin, e** [feminɛ̃, -in] *adj* feminine; (*sexe*)
female; (*équipe, vêtements etc*) women's;
(*parfois péj: homme*) effeminate ▷ *nm* (*Ling*)
feminine

**féministe** [feminist] *adj, nf* feminist

**femme** [fam] *nf* woman; (*épouse*) wife; **être
très** ~ to be very much a woman; **devenir** ~
to attain womanhood; ~ **d'affaires**
businesswoman; ~ **de chambre**
chambermaid; ~ **fatale** femme fatale; ~ **au
foyer** housewife; ~ **d'intérieur** (real)
homemaker; ~ **de ménage** domestic help,
cleaning lady; ~ **du monde** society woman;
~-**objet** sex object; ~ **de tête** determined,
intellectual woman

**fémur** [femyʀ] *nm* femur, thighbone

**fendre** [fɑ̃dʀ] *vt* (*couper en deux*) to split;
(*fissurer*) to crack; (*fig: traverser*) to cut through;
to push one's way through; **se fendre** *vi* to
crack

**fenêtre** [f(ə)nɛtʀ] *nf* window; ~ **à guillotine**
sash window

**fenouil** [fənuj] *nm* fennel

**fente** [fɑ̃t] *nf* (*fissure*) crack; (*de boîte à lettres etc*)
slit

**féodal, e, -aux** [feɔdal, -o] *adj* feudal

**fer** [fɛʀ] *nm* iron; (*de cheval*) shoe; **fers** *nmpl*
(*Méd*) forceps; **mettre aux ~s** (*enchaîner*) to
put in chains; **au ~ rouge** with a red-hot
iron; **santé/main de** ~ iron constitution/
hand; ~ **à cheval** horseshoe; **en ~ à cheval**
(*fig*) horseshoe-shaped; ~ **forgé** wrought
iron; ~ **à friser** curling tongs; ~ **de lance**
spearhead; ~ (**à repasser**) iron; ~ **à souder**
soldering iron

**ferai** *etc* [fəʀe] *vb voir* **faire**

**fer-blanc** [fɛʀblɑ̃] *nm* tin(plate)

**férié, e** [feʀje] *adj*: **jour** ~ public holiday

**ferions** *etc* [fəʀjɔ̃] *vb voir* **faire**

**ferme** [fɛʀm] *adj* firm ▷ *adv* (*travailler etc*) hard;
(*discuter*) ardently ▷ *nf* (*exploitation*) farm;
(*maison*) farmhouse; **tenir** ~ to stand firm

**fermé, e** [fɛʀme] *adj* closed, shut; (*gaz, eau etc*)
off; (*fig: personne*) uncommunicative; (: *milieu*)
exclusive

**fermenter** [fɛʀmɑ̃te] *vi* to ferment

**fermer** [fɛʀme] *vt* to close, shut; (*cesser
l'exploitation de*) to close down, shut down;
(*eau, lumière, électricité, robinet*) to turn off;
(*aéroport, route*) to close ▷ *vi* to close, shut;
(*magasin: définitivement*) to close down, shut
down; **se fermer** *vi* (*yeux*) to close, shut; (*fleur,
blessure*) to close up; **à clef** to lock; ~ **au
verrou** to bolt; ~ **les yeux (sur qch)** (*fig*) to
close one's eyes (to sth); **se** ~ **à** (*pitié, amour*) to
close one's heart *ou* mind to

**fermeté** [fɛʀməte] *nf* firmness

**fermeture** [fɛʀmətyʀ] *nf* closing; shutting;
closing *ou* shutting down; putting *ou* turning
off; (*dispositif*) catch; fastening, fastener;
**heure de** ~ (*Comm*) closing time; **jour de** ~
(*Comm*) day on which the shop (*etc*) is closed;
~ **éclair®** *ou* **à glissière** zip (fastener) (*Brit*),
zipper; *voir* **fermer**

**fermier, -ière** [fɛʀmje, -jɛʀ] *nm/f* farmer ▷ *nf*
(*femme de fermier*) farmer's wife ▷ *adj*: **beurre/
cidre** ~ farm butter/cider

**fermoir** [fɛʀmwaʀ] *nm* clasp

**féroce** [feʀɔs] *adj* ferocious, fierce

**ferons** *etc* [fəʀɔ̃] *vb voir* **faire**

**ferraille** [feʀaj] *nf* scrap iron; **mettre à la** ~
to scrap; **bruit de** ~ clanking

**ferrer** [feʀe] *vt* (*cheval*) to shoe; (*chaussure*) to
nail; (*canne*) to tip; (*poisson*) to strike

**ferronnerie** [feʀɔnʀi] *nf* ironwork; ~ **d'art**
wrought iron work

**ferroviaire** [feʀɔvjɛʀ] *adj* rail *cpd*, railway *cpd*
(*Brit*), railroad *cpd* (*US*)

**ferry** [feʀe], **ferry-boat** [feʀebot] *nm* ferry

**fertile** [fɛʀtil] *adj* fertile; ~ **en incidents**
eventful, packed with incidents

**féru, e** [feʀy] *adj*: ~ **de** with a keen interest in

**fervent, e** [fɛʀvɑ̃, -ɑ̃t] *adj* fervent

**fesse** [fes] *nf* buttock; **les ~s** the bottom *sg*,
the buttocks

**fessée** [fese] *nf* spanking

**festin** [fɛstɛ̃] *nm* feast

**festival** [fɛstival] *nm* festival

**festivités** [fɛstivite] *nfpl* festivities,
merrymaking *sg*

**festoyer** [fɛstwaje] *vi* to feast

**fêtard** [fɛtaʀ, aʀd] (*fam*) *nm/f* (*péj*)
high liver, merrymaker

**fête** [fɛt] *nf* (*religieuse*) feast; (*publique*) holiday;
(*en famille etc*) celebration; (*réception*) party;
(*kermesse*) fête, fair, festival; (*du nom*) feast
day, name day; **faire la** ~ to live it up; **faire** ~
**à qn** to give sb a warm welcome; **faire
une** ~ **de** to look forward to; to enjoy; **ça va
être sa** ~! (*fam*) he's going to get it!; **jour de** ~
holiday; **les ~s (de fin d'année)** the festive
season; **la salle/le comité des ~s** the village
hall/festival committee; **la** ~ **des Mères/
Pères** Mother's/Father's Day; ~ **de charité**
charity fair *ou* fête; ~ **foraine** (fun)fair; **la** ~
**de la musique** *see note*; ~ **mobile** movable
feast (day); **la F~ Nationale** the national
holiday

The *Fête de la Musique* is a music festival which has taken place every year since 1981. On 21 June throughout France local musicians perform free of charge in parks, streets and squares.

**fêter** [fete] vt to celebrate; (*personne*) to have a celebration for

**feu¹** [fø] adj inv: **~ son père** his late father

**feu², x** [fø] nm (*gén*) fire; (*signal lumineux*) light; (*de cuisinière*) ring; (*sensation de brûlure*) burning (sensation); **feux** nmpl fire sg; (*Auto*) (traffic) lights; **tous ~x éteints** (Navig, Auto) without lights; **au ~!** (*incendie*) fire!; **à ~ doux/vif** over a slow/brisk heat; **à petit ~** (Culin) over a gentle heat; (*fig*) slowly; **faire ~** to fire; **ne pas faire long ~** (*fig*) not to last long; **commander le ~** (*Mil*) to give the order to (open) fire; **tué au ~** (*Mil*) killed in action; **mettre à ~** (*fusée*) to fire off; **pris entre deux ~x** caught in the crossfire; **en ~** on fire; **être tout ~ tout flamme (pour)** (*passion*) to be aflame with passion (for); (*enthousiasme*) to be fired with enthusiasm (for); **prendre ~** to catch fire; **mettre le ~ à** to set fire to, set on fire; **faire du ~** to make a fire; **avez-vous du ~?** (*pour cigarette*) have you (got) a light?; **~ rouge/vert/orange** (Auto) red/green/amber (Brit) ou yellow (US) light; **donner le ~ vert à qch/qn** (*fig*) to give the go-ahead ou green light; **~ arrière** (Auto) rear light; **~ d'artifice** firework; (*spectacle*) fireworks pl; **~ de camp** campfire; **~ de cheminée** chimney fire; **~ de joie** bonfire; **~ de paille** (*fig*) flash in the pan; **~x de brouillard** (Auto) fog lights ou lamps; **~x de croisement** (Auto) dipped (Brit) ou dimmed (US) headlights; **~x de position** (Auto) sidelights; **~x de route** (Auto) headlights (on full (Brit) ou high (US) beam); **~x de stationnement** parking lights

**feuillage** [fœjaʒ] nm foliage, leaves pl

**feuille** [fœj] nf (*d'arbre*) leaf; **~ (de papier)** sheet (of paper); **rendre ~ blanche** (Scol) to give in a blank paper; **~ de calcul** spreadsheet; **~ d'or/de métal** gold/metal leaf; **~ de chou** (*péj: journal*) rag; **~ d'impôts** tax form; **~ de maladie** medical expenses claim form; **~ morte** dead leaf; **~ de paye, ~ de paie** pay slip; **~ de présence** attendance sheet; **~ de température** temperature chart; **~ de vigne** (Bot) vine leaf; (*sur statue*) fig leaf; **~ volante** loose sheet

**feuillet** [fœjɛ] nm leaf, page

**feuilleté, e** [fœjte] adj (Culin) flaky; (*verre*) laminated; **pâte ~** flaky pastry

**feuilleter** [fœjte] vt (*livre*) to leaf through

**feuilleton** [fœjtɔ̃] nm serial

**feutre** [føtʀ] nm felt; (*chapeau*) felt hat; (*stylo*) felt-tip(ped pen)

**feutré, e** [føtʀe] adj feltlike; (*pas, voix,*

*atmosphère*) muffled

**fève** [fɛv] nf broad bean; (*dans la galette des Rois*) charm (*hidden in cake eaten on Twelfth Night*)

**février** [fevʀije] nm February; *voir aussi* **juillet**

**FF** abr (= *franc français*) FF

**FFF** abr = **Fédération française de football**

**fiable** [fjabl] adj reliable

**fiançailles** [fjɑ̃sɑj] nfpl engagement sg

**fiancé, e** [fjɑ̃se] nm/f fiancé/fiancée ▷ adj: **être ~ (à)** to be engaged (to)

**fiancer** [fjɑ̃se]: **se fiancer** vi: **se ~ (avec)** to become engaged (to)

**fibre** [fibʀ] nf fibre, fiber (US); **avoir la ~ paternelle/militaire** to be a born father/soldier; **~ optique** optical fibre ou fiber; **~ de verre** fibreglass (Brit), fiberglass (US), glass fibre ou fiber

**ficeler** [fis(ə)le] vt to tie up

**ficelle** [fisɛl] nf string no pl; (*morceau*) piece ou length of string; (*pain*) stick of French bread; **ficelles** nfpl (*fig*) strings; **tirer sur la ~** (*fig*) to go too far

**fiche** [fiʃ] nf (*carte*) (index) card; (*formulaire*) form; (*Élec*) plug; **~ de paye** pay slip; **~ signalétique** (*Police*) identification card; **~ technique** data sheet, specification ou spec sheet

**ficher** [fiʃe] vt (*dans un fichier*) to file; (: Police) to put on file; (*fam: faire*) to do; (: *donner*) to give; (: *mettre*) to stick ou shove; (*planter*): **~ qch dans** to stick ou drive sth into; **~ qn à la porte** (*fam*) to chuck sb out; **fiche(-moi) le camp** (*fam*) clear off; **fiche-moi la paix** (*fam*) leave me alone; **se ~ dans** (*s'enfoncer*) to get stuck in, embed itself in; **se ~ de** (*fam: rire de*) to make fun of; (*être indifférent à*) not to care about

**fichier** [fiʃje] nm (*gén, Inform*) file; (*à cartes*) card index; **~ actif** ou **en cours d'utilisation** (Inform) active file; **~ d'adresses** mailing list; **~ d'archives** (Inform) archive file; **~ joint** (Inform) attachment

**fichu, e** [fiʃy] pp de **ficher** ▷ adj (*fam: fini, inutilisable*) bust, done for; (: *intensif*) wretched, darned ▷ nm (*foulard*) (head)scarf; **être ~ de** to be capable of; **mal ~** feeling lousy; useless; **bien ~** great

**fictif, -ive** [fiktif, -iv] adj fictitious

**fiction** [fiksjɔ̃] nf fiction; (*fait imaginé*) invention

**fidèle** [fidɛl] adj: **~ (à)** faithful (to) ▷ nm/f (*Rel*): **les ~s** the faithful; (*à l'église*) the congregation

**fidélité** [fidelite] nf (*d'un conjoint*) fidelity, faithfulness; (*d'un ami, client*) loyalty

**fier¹** [fje]: **se ~ à** vt to trust

**fier², fière** [fjɛʀ] adj proud; **~ de** proud of; **avoir fière allure** to cut a fine figure

**fierté** [fjɛʀte] nf pride

**fièvre** [fjɛvʀ] nf fever; **avoir de la ~/39 de ~** to have a high temperature/a temperature of 39°C; **~ typhoïde** typhoid fever

**fiévreux, -euse** [fjevʀø, -øz] adj feverish

**figé, e** [fiʒe] *adj* (*manières*) stiff; (*société*) rigid; (*sourire*) set

**figer** [fiʒe] *vt* to congeal; (*fig: personne*) to freeze, root to the spot; **se figer** *vi* to congeal; (*personne*) to freeze; (*institutions etc*) to become set, stop evolving

**fignoler** [fiɲɔle] *vt* to put the finishing touches to

**figue** [fig] *nf* fig

**figuier** [figje] *nm* fig tree

**figurant, e** [figyʀɑ̃, -ɑ̃t] *nm/f* (*Théât*) walk-on; (*Ciné*) extra

**figure** [figyʀ] *nf* (*visage*) face; (*image, tracé, forme, personnage*) figure; (*illustration*) picture, diagram; **faire ~ de** to look like; **faire bonne ~** to put up a good show; **faire triste ~** to be a sorry sight; **~ de rhétorique** figure of speech

**figuré, e** [figyʀe] *adj* (*sens*) figurative

**figurer** [figyʀe] *vi* to appear ▷ *vt* to represent; **se ~ que** to imagine that; **figurez-vous que …** would you believe that …?

**fil** [fil] *nm* (*brin, fig: d'une histoire*) thread; (*du téléphone*) cable, wire; (*textile de lin*) linen; (*d'un couteau: tranchant*) edge; **au ~ des années** with the passing of the years; **au ~ de l'eau** with the stream *ou* current; **de ~ en aiguille** one thing leading to another; **ne tenir qu'à un ~** (*vie, réussite etc*) to hang by a thread; **donner du ~ à retordre à qn** to make life difficult for sb; **coup de ~** (*fam*) phone call; **donner/recevoir un coup de ~** to make/get a phone call; **~ à coudre** (sewing) thread *ou* yarn; **~ dentaire** dental floss; **~ électrique** electric wire; **~ de fer** wire; **~ de fer barbelé** barbed wire; **~ à pêche** fishing line; **~ à plomb** plumb line; **~ à souder** soldering wire

**filament** [filamɑ̃] *nm* (*Élec*) filament; (*de liquide*) trickle, thread

**filandreux, -euse** [filɑ̃dʀø, -øz] *adj* stringy

**filature** [filatyʀ] *nf* (*fabrique*) mill; (*policière*) shadowing *no pl*, tailing *no pl*; **prendre qn en ~** to shadow *ou* tail sb

**file** [fil] *nf* line; (*Auto*) lane; **~ (d'attente)** queue (*Brit*), line (*US*); **prendre la ~** to join the (end of the) queue *ou* line; **prendre la ~ de droite** (*Auto*) to move into the right-hand lane; **se mettre en ~** to form a line; (*Auto*) to get into lane; **stationner en double ~** (*Auto*) to double-park; **à la ~** *adv* (*d'affilée*) in succession; (*à la suite*) one after another; **à la *ou* en ~ indienne** in single file

**filer** [file] *vt* (*tissu, toile, verre*) to spin; (*dérouler: câble etc*) to pay *ou* let out; (*prendre en filature*) to shadow, tail; (*fam: donner*): **~ qch à qn** to slip sb sth ▷ *vi* (*bas, maille, liquide, pâte*) to run; (*aller vite*) to fly past *ou* by; (*fam: partir*) to make off; **~ à l'anglaise** to take French leave; **~ doux** to behave o.s., toe the line; **~ un mauvais coton** to be in a bad way

**filet** [file] *nm* net; (*Culin*) fillet; (*d'eau, de sang*) trickle; **tendre un ~** (*police*) to set a trap; **~ (à**

**bagages)** (*Rail*) luggage rack; **~ (à provisions)** string bag

**filial, e, -aux** [filjal, -o] *adj* filial ▷ *nf* (*Comm*) subsidiary; affiliate

**filière** [filjɛʀ] *nf* (*carrière*) path; **passer par la ~** to go through the (administrative) channels; **suivre la ~** to work one's way up (through the hierarchy)

**filiforme** [filifɔʀm] *adj* spindly; threadlike

**filigrane** [filigʀan] *nm* (*d'un billet, timbre*) watermark; **en ~** (*fig*) showing just beneath the surface

**fille** [fij] *nf* girl; (*opposé à fils*) daughter; **vieille ~** old maid; **~ de joie** prostitute; **~ de salle** waitress

**fillette** [fijɛt] *nf* (little) girl

**filleul, e** [fijœl] *nm/f* godchild, godson/goddaughter

**film** [film] *nm* (*pour photo*) (roll of) film; (*œuvre*) film, picture, movie; (*couche*) film; **~ muet/parlant** silent/talking picture *ou* movie; **~ alimentaire** clingfilm; **~ d'amour/d'animation/d'horreur** romantic/animated/horror film; **~ comique** comedy; **~ policier** thriller

**filon** [filɔ̃] *nm* vein, lode; (*fig*) lucrative line, money-spinner

**fils** [fis] *nm* son; **~ de famille** moneyed young man; **~ à papa** (*péj*) daddy's boy

**filtre** [filtʀ] *nm* filter; **"~ ou sans ~?"** (*cigarettes*) "tipped or plain?"; **~ à air** air filter

**filtrer** [filtʀe] *vt* to filter; (*fig: candidats, visiteurs*) to screen ▷ *vi* to filter (through)

**fin¹** [fɛ̃] *nf* end; **fins** *nfpl* (*but*) ends; **à (la) ~ mai, ~ mai** at the end of May; **en ~ de semaine** at the end of the week; **prendre ~** to come to an end; **toucher à sa ~** to be drawing to a close; **mettre ~ à** to put an end to; **mener à bonne ~** to bring to a successful conclusion; **à cette ~** to this end; **à toutes ~s utiles** for your information; **à la ~** in the end, eventually; **en ~ de compte** in the end; **sans ~** *adj* endless ▷ *adv* endlessly; **~ de non-recevoir** (*Jur, Admin*) objection; **~ de section** (*de ligne d'autobus*) (fare) stage

**fin², e** [fɛ̃, fin] *adj* (*papier, couche, fil*) thin; (*cheveux, poudre, pointe, visage*) fine; (*taille*) neat, slim; (*esprit, remarque*) subtle; shrewd ▷ *adv* (*moudre, couper*) finely ▷ *nm*: **vouloir jouer au plus ~ (avec qn)** to try to outsmart sb ▷ *nf* (*alcool*) liqueur brandy; **c'est ~ !** (*ironique*) how clever!; **~ prêt/soûl** quite ready/drunk; **un ~ gourmet** a gourmet; **un ~ tireur** a crack shot; **avoir la vue/l'ouïe ~e** to have keen eyesight/hearing, have sharp eyes/ears; **or/linge/vin ~** fine gold/linen/wine; **le ~ fond de** the very depths of; **le ~ mot de** the real story behind; **la ~e fleur de** the flower of; **une ~e mouche** (*fig*) a sly customer; **~es herbes** mixed herbs

**final, e** [final] *adj, nf* final ▷ *nm* (*Mus*) finale; **quarts de ~e** quarter finals; **8èmes/16èmes**

**de ~** 2nd/1st round (*in 5 round knock-out competition*)

**finalement** [finalmɑ̃] *adv* finally, in the end; (*après tout*) after all

**finance** [finɑ̃s] *nf* finance; **finances** *nfpl* (*situation financière*) finances; (*activités financières*) finance *sg*; **moyennant ~** for a fee *ou* consideration

**financer** [finɑ̃se] *vt* to finance

**financier, -ière** [finɑ̃sje, -jɛʀ] *adj* financial ▷ *nm* financier

**finaud, e** [fino, -od] *adj* wily

**finesse** [finɛs] *nf* thinness; (*raffinement*) fineness; neatness, slimness; (*subtilité*) subtlety; shrewdness; **finesses** *nfpl* (*subtilités*) niceties; finer points

**fini, e** [fini] *adj* finished; (*Math*) finite; (*intensif*): **un menteur ~** a liar through and through ▷ *nm* (*d'un objet manufacturé*) finish

**finir** [finiʀ] *vt* to finish ▷ *vi* to finish, end; **~ quelque part** to end *ou* finish up somewhere; **~ de faire** to finish doing; (*cesser*) to stop doing; **~ par faire** to end *ou* finish up doing; **il finit par m'agacer** he's beginning to get on my nerves; **~ en pointe/tragédie** to end in a point/in tragedy; **en ~ avec** to be *ou* have done with; **à n'en plus ~** (*route, discussions*) never-ending; **il va mal ~** he will come to a bad end; **c'est bientôt fini?** (*reproche*) have you quite finished?

**finition** [finisjɔ̃] *nf* finishing; (*résultat*) finish

**finlandais, e** [fɛ̃lɑ̃dɛ, -ɛz] *adj* Finnish ▷ *nm/f*: **F~, e** Finn

**Finlande** [fɛ̃lɑ̃d] *nf*: **la ~** Finland

**finnois, e** [finwa, -waz] *adj* Finnish ▷ *nm* (*Ling*) Finnish

**fiole** [fjɔl] *nf* phial

**fioul** [fjul] *nm* fuel oil

**firme** [fiʀm] *nf* firm

**fis** [fi] *vb voir* **faire**

**fisc** [fisk] *nm* tax authorities *pl*, ≈ Inland Revenue (*Brit*), ≈ Internal Revenue Service (*US*)

**fiscal, e, -aux** [fiskal, -o] *adj* tax *cpd*, fiscal

**fiscalité** [fiskalite] *nf* tax system; (*charges*) taxation

**fissure** [fisyʀ] *nf* crack

**fissurer** [fisyʀe] *vt* to crack; **se fissurer** *vi* to crack

**fiston** [fistɔ̃] *nm* (*fam*) son, lad

**fit** [fi] *vb voir* **faire**

**fixation** [fiksasjɔ̃] *nf* fixing; (*attache*) fastening; setting; (*de ski*) binding; (*Psych*) fixation

**fixe** [fiks] *adj* fixed; (*emploi*) steady, regular ▷ *nm* (*salaire*) basic salary; (*téléphone*) landline; **à heure ~** at a set time; **menu à prix ~** set menu

**fixé, e** [fikse] *adj* (*heure, jour*) appointed; **être ~ (sur)** (*savoir à quoi s'en tenir*) to have made up one's mind (about); to know for certain (about)

**fixer** [fikse] *vt* (*attacher*): **~ qch (à/sur)** to fix *ou* fasten sth (to/onto); (*déterminer*) to fix, set; (*Chimie, Photo*) to fix; (*poser son regard sur*) to stare at, look hard at; **se fixer** (*s'établir*) to settle down; **~ son choix sur qch** to decide on sth; **se ~ sur** (*attention*) to focus on

**flacon** [flakɔ̃] *nm* bottle

**flageoler** [flaʒɔle] *vi* to have knees like jelly

**flageolet** [flaʒɔle] *nm* (*Mus*) flageolet; (*Culin*) dwarf kidney bean

**flagrant, e** [flagʀɑ̃, -ɑ̃t] *adj* flagrant, blatant; **en ~ délit** in the act, in flagrante delicto

**flair** [flɛʀ] *nm* sense of smell; (*fig*) intuition

**flairer** [fleʀe] *vt* (*humer*) to sniff (at); (*détecter*) to scent

**flamand, e** [flamɑ̃, -ɑ̃d] *adj* Flemish ▷ *nm* (*Ling*) Flemish ▷ *nm/f*: **F~, e** Fleming; **les F~s** the Flemish

**flamant** [flamɑ̃] *nm* flamingo

**flambant** [flɑ̃bɑ̃] *adv*: **~ neuf** brand new

**flambé, e** [flɑ̃be] *adj* (*Culin*) flambé ▷ *nf* blaze; (*fig*) flaring-up, explosion

**flambeau, x** [flɑ̃bo] *nm* (*flaming*) torch; **se passer le ~** (*fig*) to hand down the (*ou* a) tradition

**flambée** [flɑ̃be] *nf* (*feu*) blaze; (*Comm*): **~ des prix** (sudden) shooting up of prices

**flamber** [flɑ̃be] *vi* to blaze (up) ▷ *vt* (*poulet*) to singe; (*aiguille*) to sterilize

**flamboyer** [flɑ̃bwaje] *vi* to blaze (up); (*fig*) to flame

**flamme** [flam] *nf* flame; (*fig*) fire, fervour; **en ~s** on fire, ablaze

**flan** [flɑ̃] *nm* (*Culin*) custard tart *ou* pie

**flanc** [flɑ̃] *nm* side; (*Mil*) flank; **à ~ de colline** on the hillside; **prêter le ~ à** (*fig*) to lay o.s. open to

**flancher** [flɑ̃ʃe] *vi* (*cesser de fonctionner*) to fail, pack up; (*armée*) to quit

**flanelle** [flanɛl] *nf* flannel

**flâner** [flɑne] *vi* to stroll

**flânerie** [flɑnʀi] *nf* stroll

**flanquer** [flɑ̃ke] *vt* to flank; (*fam: mettre*) to chuck, shove; (: *jeter*): **~ par terre/à la porte** to fling to the ground/chuck out; (: *donner*): **~ la frousse à qn** to put the wind up sb, give sb an awful fright

**flaque** [flak] *nf* (*d'eau*) puddle; (*d'huile, de sang etc*) pool

**flash** (*pl* **flashes**) [flaʃ] *nm* (*Photo*) flash; **~ (d'information)** newsflash

**flasque** [flask] *adj* flabby ▷ *nf* (*flacon*) flask

**flatter** [flate] *vt* to flatter; (*caresser*) to stroke; **se ~ de qch** to pride o.s. on sth

**flatterie** [flatʀi] *nf* flattery

**flatteur, -euse** [flatœʀ, -øz] *adj* flattering ▷ *nm/f* flatterer

**fléau, x** [fleo] *nm* scourge, curse; (*de balance*) beam; (*pour le blé*) flail

**flèche** [flɛʃ] *nf* arrow; (*de clocher*) spire; (*de grue*) jib; (*trait d'esprit, critique*) shaft; **monter en ~** (*fig*) to soar, rocket; **partir en ~** (*fig*) to be off like a shot; **à ~ variable** (avion) swing-wing cpd

**fléchette** [fleʃɛt] nf dart; **fléchettes** nfpl (jeu) darts sg

**fléchir** [fleʃiʀ] vt (corps, genou) to bend; (fig) to sway, weaken ▷ vi (poutre) to sag, bend; (fig) to weaken, flag; (: baisser: prix) to fall off

**flemmard, e** [flemar, -aʀd] nm/f lazybones sg, loafer

**flemme** [flɛm] nf (fam): **j'ai la ~ de le faire** I can't be bothered

**flétrir** [fletʀiʀ] vt to wither; (stigmatiser) to condemn (in the most severe terms); **se flétrir** vi to wither

**fleur** [flœʀ] nf flower; (d'un arbre) blossom; **être en ~** (arbre) to be in blossom; **tissu à ~s** flowered ou flowery fabric; **la (fine) ~ de** (fig) the flower of; **être ~ bleue** to be soppy ou sentimental; **à ~ de terre** just above the ground; **faire une ~ à qn** to do sb a favour (Brit) ou favor (US); **~ de lis** fleur-de-lis

**fleuri, e** [flœʀi] adj (jardin) in flower ou bloom; surrounded by flowers; (fig: style, tissu, papier) flowery; (: teint) glowing

**fleurir** [flœʀiʀ] vi (rose) to flower; (arbre) to blossom; (fig) to flourish ▷ vt (tombe) to put flowers on; (chambre) to decorate with flowers

**fleuriste** [flœʀist] nm/f florist

**fleuve** [flœv] nm river; **roman-~** saga; **discours-~** interminable speech

**flexible** [flɛksibl] adj flexible

**flic** [flik] nm (fam: péj) cop

**flipper** [flipœʀ] pinball (machine) ▷ vi [flipe] (fam: être déprimé) to feel down, be on a downer; (: être exalté) to freak out

**flirter** [flœʀte] vi to flirt

**flocon** [flɔkɔ̃] nm flake; (de laine etc: boulette) flock; **~s d'avoine** oat flakes, porridge oats

**flopée** [flɔpe] nf: **une ~ de** loads of

**floraison** [flɔʀɛzɔ̃] nf flowering; blossoming; flourishing; voir **fleurir**

**flore** [flɔʀ] nf flora

**florissant, e** [flɔʀisɑ̃, -ɑ̃t] vb voir **fleurir** ▷ adj (économie) flourishing; (santé, teint, mine) blooming

**flot** [flo] nm flood, stream; (marée) flood tide; **flots** nmpl (de la mer) waves; **être à ~** (Navig) to be afloat; (fig) to be on an even keel; **à ~s** (couler) in torrents; **entrer à ~s** to stream ou pour in

**flottant, e** [flɔtɑ̃, -ɑ̃t] adj (vêtement) loose(-fitting); (cours, barème) floating

**flotte** [flɔt] nf (Navig) fleet; (fam: eau) water; (: pluie) rain

**flottement** [flɔtmɑ̃] nm (fig) wavering, hesitation; (Écon) floating

**flotter** [flɔte] vi to float; (nuage, odeur) to drift; (drapeau) to fly; (vêtements) to hang loose ▷ vb impers (fam: pleuvoir): **il flotte** it's raining ▷ vt to float; **faire ~** to float

**flotteur** [flɔtœʀ] nm float

**flou, e** [flu] adj fuzzy, blurred; (fig) woolly (Brit), vague; (non ajusté: robe) loose(-fitting)

**fluctuation** [flyktɥasjɔ̃] nf fluctuation

**fluet, te** [flyɛ, -ɛt] adj thin, slight; (voix) thin

**fluide** [flɥid] adj fluid; (circulation etc) flowing freely ▷ nm fluid; (force) (mysterious) power

**fluor** [flyɔʀ] nm fluorine; **dentifrice au ~** fluoride toothpaste

**fluorescent, e** [flyɔʀesɑ̃, -ɑ̃t] adj fluorescent

**flûte** [flyt] nf (aussi: **~ traversière**) (verre) flute glass; (pain) (thin) baguette; **petite ~** piccolo; **~!** drat it!; **~ (à bec)** recorder; **~ de Pan** panpipes pl

**flux** [fly] nm incoming tide; (écoulement) flow; **le ~ et le reflux** the ebb and flow

**FM** sigle f (= frequency modulation) FM

**foc** [fɔk] nm jib

**foi** [fwa] nf faith; **sous la ~ du serment** under ou on oath; **ajouter ~ à** to lend credence to; **faire ~** (prouver) to be evidence; **digne de ~** reliable; **sur la ~ de** on the word ou strength of; **être de bonne/mauvaise ~** to be in good faith/not to be in good faith; **ma ~!** well!

**foie** [fwa] nm liver; **~ gras** foie gras; **crise de ~** stomach upset

**foin** [fwɛ̃] nm hay; **faire les ~s** to make hay; **faire du ~** (fam) to kick up a row

**foire** [fwaʀ] nf fair; (fête foraine) (fun) fair; (fig: désordre, confusion) bear garden; **~ aux questions** (Internet) frequently asked questions; **faire la ~** to whoop it up; **~ (exposition)** trade fair

**fois** [fwa] nf time; **une/deux ~** once/twice; **trois/vingt ~** three/twenty times; **deux ~ deux** twice two; **deux/quatre ~ plus grand (que)** twice/four times as big (as); **une ~ (passé)** once; (futur) sometime; **une (bonne) ~ pour toutes** once and for all; **encore une ~** again, once more; **il était une ~** once upon a time; **une ~ que c'est fait** once it's done; **une ~ parti** once he (ou I etc) had left; **des (parfois)** sometimes; **si des ~ ...** (fam) if ever ...; **non mais des ~!** (fam) (now) look here!; **à la ~** (ensemble) (all) at once; **à la ~ grand et beau** both tall and handsome

**foison** [fwazɔ̃] nf: **une ~ de** an abundance of; **à ~** adv in plenty

**foisonner** [fwazɔne] vi to abound; **~ en** ou **de** to abound in

**fol** [fɔl] adj m voir **fou**

**folie** [fɔli] nf (d'une décision, d'un acte) madness, folly; (état) madness, insanity; (acte) folly; **la ~ des grandeurs** delusions of grandeur; **faire des ~s** (en dépenses) to be extravagant

**folklorique** [fɔlklɔʀik] adj folk cpd; (fam) weird

**folle** [fɔl] adj f, nf voir **fou**

**follement** [fɔlmɑ̃] adv (très) madly, wildly

**foncé, e** [fɔ̃se] adj dark; **bleu ~** dark blue

**foncer** [fɔ̃se] vt to make darker; (Culin: moule etc) to line ▷ vi to go darker; (fam: aller vite) to tear ou belt along; **~ sur** to charge at

**foncier, -ière** [fɔ̃sje, -jɛʀ] adj (honnêteté etc)

basic, fundamental; (*malhonnêteté*) deep-rooted; (*Comm*) real estate cpd

**fonction** [fɔ̃ksjɔ̃] nf (*rôle, Math, Ling*) function; (*emploi, poste*) post, position; **fonctions** nfpl (*professionnelles*) duties; **entrer en ~s** to take up one's post *ou* duties; to take up office; **voiture de ~** company car; **être ~ de** (*dépendre de*) to depend on; **en ~ de** (*par rapport à*) according to; **faire ~ de** to serve as; **la ~ publique** the state *ou* civil (*Brit*) service

**fonctionnaire** [fɔ̃ksjɔnɛʀ] nm/f state employee *ou* official; (*dans l'administration*) ≈ civil servant (*Brit*)

**fonctionner** [fɔ̃ksjɔne] vi to work, function; (*entreprise*) to operate, function; **faire ~** to work, operate

**fond** [fɔ̃] nm *voir aussi* **fonds**; (*d'un récipient, trou*) bottom; (*d'une salle, scène*) back; (*d'un tableau, décor*) background; (*opposé à la forme*) content; (*petite quantité*): **un ~ de verre** a drop; (*Sport*): **le ~** long distance (*running*); **course/épreuve de ~** long-distance race/trial; **au ~ de** at the bottom of; at the back of; **aller au ~ des choses** to get to the root of things; **le ~ de sa pensée** his (*ou* her) true thoughts *ou* feelings; **sans ~** adj bottomless; **envoyer par le ~** (*Navig: couler*) to sink, scuttle; **à ~** adv (*connaître, soutenir*) thoroughly; (*appuyer, visser*) right down *ou* home; **à ~ (de train)** adv (*fam*) full tilt; **dans le ~, au ~** adv (*en somme*) basically, really; **de ~ en comble** adv from top to bottom; **~ sonore** background noise; background music; **~ de teint** foundation

**fondamental, e, -aux** [fɔ̃damɑ̃tal, -o] adj fundamental

**fondant, e** [fɔ̃dɑ̃, -ɑ̃t] adj (*neige*) melting; (*poire*) that melts in the mouth; (*chocolat*) fondant

**fondateur, -trice** [fɔ̃datœʀ, -tʀis] nm/f founder; **membre ~** founder (*Brit*) *ou* founding (*US*) member

**fondation** [fɔ̃dasjɔ̃] nf founding; (*établissement*) foundation; **fondations** nfpl (*d'une maison*) foundations; **travail de ~** foundation works pl

**fondé, e** [fɔ̃de] adj (*accusation etc*) well-founded ▷ nm: **~ de pouvoir** authorized representative; **mal ~** unfounded; **être ~ à croire** to have grounds for believing *ou* good reason to believe

**fondement** [fɔ̃dmɑ̃] nm (*derrière*) behind; **fondements** nmpl foundations; **sans ~** adj (*rumeur etc*) groundless, unfounded

**fonder** [fɔ̃de] vt to found; (*fig*): **~ qch sur** to base sth on; **se ~ sur** (*personne*) to base o.s. on; **~ un foyer** (*se marier*) to set up home

**fonderie** [fɔ̃dʀi] nf smelting works sg

**fondre** [fɔ̃dʀ] vt (*aussi*: **faire ~**) to melt; (*dans l'eau: sucre, sel*) to dissolve; (*fig: mélanger*) to merge, blend ▷ vi (*à la chaleur*) to melt; to dissolve; (*fig*) to melt away; (*se précipiter*): **~ sur** to swoop down on; **se fondre** vi (*se

combiner, se confondre*) to merge into each other; to dissolve; **~ en larmes** to dissolve into tears

**fonds** [fɔ̃] nm (*de bibliothèque*) collection; (*Comm*): **~ (de commerce)** business; (*fig*): **~ de probité etc** fund of integrity etc ▷ nmpl (*argent*) funds; **à ~ perdus** adv with little or no hope of getting the money back; **être en ~** to be in funds; **mise de ~** investment, (*capital*) outlay; **F~ monétaire international (FMI)** International Monetary Fund (IMF); **~ de roulement** nm float

**fondu, e** [fɔ̃dy] adj (*beurre, neige*) melted; (*métal*) molten ▷ nm (*Ciné*): **~ (enchaîné)** dissolve ▷ nf (*Culin*) fondue

**font** [fɔ̃] vb *voir* **faire**

**fontaine** [fɔ̃tɛn] nf fountain; (*source*) spring

**fonte** [fɔ̃t] nf melting; (*métal*) cast iron; **la ~ des neiges** the (spring) thaw

**foot** [fut], **football** [futbol] nm football, soccer

**footballeur, -euse** [futbolœʀ, -øz] nm/f footballer (*Brit*), football *ou* soccer player

**footing** [futiŋ] nm jogging; **faire du ~** to go jogging

**for** [fɔʀ] nm: **dans *ou* en son ~ intérieur** in one's heart of hearts

**forain, e** [fɔʀɛ̃, -ɛn] adj fairground cpd ▷ nm (*marchand*) stallholder; (*acteur etc*) fairground entertainer

**forçat** [fɔʀsa] nm convict

**force** [fɔʀs] nf strength; (*puissance: surnaturelle etc*) power; (*Physique, Mécanique*) force; **forces** nfpl (*physiques*) strength sg; (*Mil*) forces; (*effectifs*): **d'importantes ~s de police** large contingents of police; **avoir de la ~** to be strong; **être à bout de ~** to have no strength left; **à la ~ du poignet** (*fig*) by the sweat of one's brow; **à ~ de faire** by dint of doing; **arriver en ~** (*nombreux*) to arrive in force; **cas de ~ majeure** case of absolute necessity; (*Assurances*) act of God; **~ de la nature** natural force; **de ~** adv forcibly, by force; **de toutes mes/ses ~s** with all my/his strength; **par la ~** using force; **par la ~ des choses/d'habitude** by force of circumstances/habit; **à toute ~** (*absolument*) at all costs; **faire ~ de rames/voiles** to ply the oars/cram on sail; **être de ~ à faire** to be up to doing; **de première ~** first class; **la ~ armée** (*les troupes*) the army; **~ d'âme** fortitude; **~ de frappe** strike force; **~ d'inertie** force of inertia; **la ~ publique** the authorities responsible for public order; **~s d'intervention** (*Mil, Police*) peace-keeping force sg; **dans la ~ de l'âge** in the prime of life; **les ~s de l'ordre** the police

**forcé, e** [fɔʀse] adj forced; (*bain*) unintended; (*inévitable*): **c'est ~!** it's inevitable!, it HAS to be!

**forcément** [fɔʀsemɑ̃] adv necessarily; inevitably; (*bien sûr*) of course; **pas ~** not necessarily

**forcené, e** [fɔʀsəne] *adj* frenzied ▷ *nm/f*
maniac

**forcer** [fɔʀse] *vt* (*contraindre*): **~ qn à faire** to
force sb to do; (*porte, serrure, plante*) to force;
(*moteur, voix*) to strain ▷ *vi* (*Sport*) to overtax o.s.;
**se ~ à faire qch** to force o.s. to do sth; **~ la dose/
l'allure** to overdo it/increase the pace; **~
l'attention/le respect** to command attention/
respect; **~ la consigne** to bypass orders

**forcir** [fɔʀsiʀ] *vi* (*grossir*) to broaden out; (*vent*)
to freshen

**forer** [fɔʀe] *vt* to drill, bore

**forestier, -ière** [fɔʀɛstje, -jɛʀ] *adj* forest *cpd*

**forêt** [fɔʀɛ] *nf* forest; **Office National des
F~s** (*Admin*) ≈ Forestry Commission (*Brit*),
≈ National Forest Service (*US*); **la F~ Noire**
the Black Forest

**forfait** [fɔʀfɛ] *nm* (*Comm*) fixed *ou* set price;
all-in deal *ou* price; (*crime*) infamy;
**déclarer ~** to withdraw; **gagner par ~** to win
by a walkover; **travailler à ~** to work for
a lump sum

**forfaitaire** [fɔʀfɛtɛʀ] *adj* set; inclusive

**forge** [fɔʀʒ] *nf* forge, smithy

**forger** [fɔʀʒe] *vt* to forge; (*fig: personnalité*) to
form; (*: prétexte*) to contrive, make up

**forgeron** [fɔʀʒəʀɔ̃] *nm* (black)smith

**formaliser** [fɔʀmalize]: **se formaliser** *vi*: **se ~
(de)** to take offence (at)

**formalité** [fɔʀmalite] *nf* formality; **simple ~**
mere formality

**format** [fɔʀma] *nm* size; **petit ~** small size;
(*Photo*) 35 mm (film)

**formater** [fɔʀmate] *vt* (*disque*) to format; **non
formaté** unformatted

**formation** [fɔʀmasjɔ̃] *nf* forming; (*éducation*)
training; (*Mus*) group; (*Mil, Aviat, Géo*)
formation; **la ~ permanente** *ou* **continue**
continuing education; **la ~ professionnelle**
vocational training

**forme** [fɔʀm] *nf* (*gén*) form; (*d'un objet*) shape,
form; **formes** *nfpl* (*bonnes manières*)
proprieties; (*d'une femme*) figure *sg*; **en ~ de
poire** pear-shaped, in the shape of a pear;
**sous ~ de** in the form of; in the guise of; **sous
~ de cachets** in the form of tablets; **être en
(bonne** *ou* **pleine) ~, avoir la ~** (*Sport etc*) to be
on form; **en bonne et due ~** in due form;
**pour la ~** for the sake of form; **sans autre ~
de procès** (*fig*) without further ado;
**prendre ~** to take shape

**formel, le** [fɔʀmɛl] *adj* (*preuve, décision*)
definite, positive; (*logique*) formal

**formellement** [fɔʀmɛlmɑ̃] *adv* (*interdit*)
strictly; (*absolument*) positively

**former** [fɔʀme] *vt* (*gén*) to form; (*éduquer:
soldat, ingénieur etc*) to train; **se former** *vi* to
form; to train

**formidable** [fɔʀmidabl] *adj* tremendous

**formulaire** [fɔʀmylɛʀ] *nm* form

**formule** [fɔʀmyl] *nf* (*gén*) formula; (*formulaire*)
form; (*expression*) phrase; **selon la ~**

**consacrée** as one says; **~ de politesse** polite
phrase; (*en fin de lettre*) letter ending

**formuler** [fɔʀmyle] *vt* (*émettre: réponse, vœux*)
to formulate; (*expliciter: sa pensée*) to express

**fort, e** [fɔʀ, fɔʀt] *adj* strong; (*intensité,
rendement*) high, great; (*corpulent*) large; (*doué*)
**être ~ (en)** to be good (at) ▷ *adv* (*serrer, frapper*)
hard; (*sonner*) loud(ly); (*beaucoup*) greatly, very
much; (*très*) very ▷ *nm* (*édifice*) fort; (*point fort*)
strong point, forte; (*gén pl: personne, pays*): **le ~,
les ~s** the strong; **c'est un peu ~!** it's a bit
much!; **à plus ~e raison** even more so, all the
more reason; **avoir ~ à faire avec qn** to have
a hard job with sb; **se faire ~ de faire** to
claim one can do; **~ bien/peu** very well/few;
**au plus ~ de** (*au milieu de*) in the thick of, at
the height of; **~e tête** rebel

**forteresse** [fɔʀtəʀɛs] *nf* fortress

**fortifiant** [fɔʀtifjɑ̃] *nm* tonic

**fortifier** [fɔʀtifje] *vt* to strengthen, fortify;
(*Mil*) to fortify; **se fortifier** *vi* (*personne, santé*)
to grow stronger

**fortiori** [fɔʀtjɔʀi]: **à ~** *adv* all the more so

**fortuit, e** [fɔʀtɥi, -it] *adj* fortuitous,
chance *cpd*

**fortune** [fɔʀtyn] *nf* fortune; **faire ~** to make
one's fortune; **de ~** *adj* makeshift;
(*compagnon*) chance *cpd*

**fortuné, e** [fɔʀtyne] *adj* wealthy, well-off;
**forum de discussion** (*Internet*) message
board

**forum** [fɔʀɔm] *nm* forum

**fosse** [fos] *nf* (*grand trou*) pit; (*tombe*) grave;
**la ~ aux lions/ours** the lions' den/bear pit;
**~ commune** common *ou* communal grave;
**~ (d'orchestre)** (orchestra) pit; **~ à purin**
cesspit; **~ septique** septic tank; **~s nasales**
nasal fossae

**fossé** [fose] *nm* ditch; (*fig*) gulf, gap

**fossette** [fosɛt] *nf* dimple

**fossile** [fosil] *nm* fossil ▷ *adj* fossilized,
fossil *cpd*

**fossoyeur** [foswajœʀ] *nm* gravedigger

**fou, fol, folle** [fu, fɔl] *adj* mad, crazy; (*déréglé
etc*) wild, erratic; (*mèche*) stray; (*herbe*) wild;
(*fam: extrême, très grand*) terrific, tremendous
▷ *nm/f* madman/woman ▷ *nm* (*du roi*) jester,
fool; (*Échecs*) bishop; **~ à lier, ~ furieux (folle
furieuse)** raving mad; **être ~ de** to be mad *ou*
crazy about; (*chagrin, joie, colère*) to be wild
with; **faire le ~** to play *ou* act the fool; **avoir
le ~ rire** to have the giggles

**foudre** [fudʀ] *nf*: **la ~** lightning; **foudres** *nfpl*
(*fig: colère*) wrath *sg*

**foudroyant, e** [fudʀwajɑ̃, -ɑ̃t] *adj*
devastating; (*progrès*) lightning *cpd*; (*succès*)
stunning; (*maladie, poison*) violent

**foudroyer** [fudʀwaje] *vt* to strike down; **~ qn
du regard** to look daggers at sb; **il a été
foudroyé** he was struck by lightning

**fouet** [fwɛ] *nm* whip; (*Culin*) whisk; **de
plein ~** *adv* (*se heurter*) head on

**fouetter** [fwete] vt to whip; (crème) to whisk

**fougère** [fuʒɛʀ] nf fern

**fougue** [fug] nf ardour (Brit), ardor (US), spirit

**fougueux, -euse** [fugø, -øz] adj fiery, ardent

**fouille** [fuj] nf search; **fouilles** nfpl (archéologiques) excavations; **passer à la ~** to be searched

**fouiller** [fuje] vt to search; (creuser) to dig; (: archéologue) to excavate; (approfondir: étude etc) to go into ▷ vi (archéologue) to excavate; **~ dans/parmi** to rummage in/among

**fouillis** [fuji] nm jumble, muddle

**fouiner** [fwine] vi (péj): **~ dans** to nose around ou about in

**foulard** [fular] nm scarf

**foule** [ful] nf crowd; **la ~** crowds pl; **une ~ de** masses of; **venir en ~** to come in droves

**foulée** [fule] nf stride; **dans la ~ de** on the heels of

**fouler** [fule] vt to press; (sol) to tread upon; **se fouler** vi (fam) to overexert o.s.; **se ~ la cheville** to sprain one's ankle; **ne pas se ~** not to overexert o.s.; **il ne se foule pas** he doesn't put himself out; **~ aux pieds** to trample underfoot

**foulure** [fulyʀ] nf sprain

**four** [fuʀ] nm oven; (de potier) kiln; (Théât: échec) flop; **allant au ~** ovenproof

**fourbe** [fuʀb] adj deceitful

**fourbu, e** [fuʀby] adj exhausted

**fourche** [fuʀʃ] nf pitchfork; (de bicyclette) fork

**fourchette** [fuʀʃɛt] nf fork; (Statistique) bracket, margin

**fourgon** [fuʀgɔ̃] nm van; (Rail) wag(g)on; **~ mortuaire** hearse

**fourgonnette** [fuʀgɔnɛt] nf (delivery) van

**fourmi** [fuʀmi] nf ant; **avoir des ~s dans les jambes/mains** to have pins and needles in one's hands/hands

**fourmilière** [fuʀmiljɛʀ] nf ant-hill; (fig) hive of activity

**fourmiller** [fuʀmije] vi to swarm; **~ de** to be teeming with, be swarming with

**fournaise** [fuʀnɛz] nf blaze; (fig) furnace, oven

**fourneau, x** [fuʀno] nm stove

**fournée** [fuʀne] nf batch

**fourni, e** [fuʀni] adj (barbe, cheveux) thick; (magasin): **bien ~ (en)** well stocked (with)

**fournir** [fuʀniʀ] vt to supply; (preuve, exemple) to provide, supply; (effort) to put in; **~ qch à qn** to supply sth to sb, supply ou provide sb with sth; **~ qn en** (Comm) to supply sb with; **se ~ chez** to shop at

**fournisseur, -euse** [fuʀnisœʀ, -øz] nm/f supplier; (Internet): **~ d'accès à Internet** (Internet) service provider, ISP

**fourniture** [fuʀnityʀ] nf supply(ing); **fournitures** nfpl supplies; **~s de bureau** office supplies, stationery; **~s scolaires** school stationery

**fourrage** [fuʀaʒ] nm fodder

**fourré, e** [fuʀe] adj (bonbon, chocolat) filled; (manteau, botte) fur-lined ▷ nm thicket

**fourrer** [fuʀe] vt (fam) to stick, shove; **~ qch dans** to stick ou shove sth into; **se ~ dans/sous** to get into/under; **se ~ dans** (une mauvaise situation) to land o.s. in

**fourre-tout** [fuʀtu] nm inv (sac) holdall; (péj) junk room (ou cupboard), (fig) rag-bag

**fourrière** [fuʀjɛʀ] nf pound

**fourrure** [fuʀyʀ] nf fur; (sur l'animal) coat; **manteau/col de ~** fur coat/collar

**fourvoyer** [fuʀvwaje]: **se fourvoyer** vi to go astray, stray; **se ~ dans** to stray into

**foutre** [futʀ] vt (fam!) = **ficher**

**foutu, e** [futy] adj (fam!) = **fichu**

**foyer** [fwaje] nm (de cheminée) hearth; (fig) seat, centre; (famille) family; (domicile) home; (local de réunion) (social) club; (résidence) hostel; (salon) foyer; (Optique, Photo) focus; **lunettes à double ~** bi-focal glasses

**fracas** [fʀaka] nm din; crash

**fracassant, e** [fʀakasɑ̃, -ɑ̃t] adj (succès) sensational, staggering

**fracasser** [fʀakase] vt to smash; **se fracasser contre** ou **sur** to crash against

**fraction** [fʀaksjɔ̃] nf fraction

**fractionner** [fʀaksjɔne] vt to divide (up), split (up)

**fracture** [fʀaktyʀ] nf fracture; **~ du crâne** fractured skull; **~ de la jambe** broken leg

**fracturer** [fʀaktyʀe] vt (coffre, serrure) to break open; (os, membre) to fracture; **se ~ le crâne** to fracture one's skull

**fragile** [fʀaʒil] adj fragile, delicate; (fig) frail

**fragilité** [fʀaʒilite] nf fragility

**fragment** [fʀagmɑ̃] nm (d'un objet) fragment, piece; (d'un texte) passage, extract

**fraîche** [fʀɛʃ] adj f voir **frais**

**fraîcheur** [fʀɛʃœʀ] nf coolness; (d'un aliment) freshness; voir **frais**

**fraîchir** [fʀɛʃiʀ] vi to get cooler; (vent) to freshen

**frais, fraîche** [fʀɛ, fʀɛʃ] adj (air, eau, accueil) cool; (petit pois, œufs, nouvelles, couleur, troupes) fresh; **le voilà ~!** he's in a (right) mess! ▷ adv (récemment) newly, fresh(ly); **il fait ~** it's cool; **servir ~** chill before serving, serve chilled ▷ nm: **mettre au ~** to put in a cool place; **prendre le ~** to take a breath of cool air ▷ nmpl (débours) expenses; (Comm) costs, charges; **faire des ~** to spend; to go to a lot of expense; **faire les ~ de** to bear the brunt of; **faire les ~ de la conversation** (parler) to do most of the talking; (en être le sujet) to be the topic of conversation; **il en a été pour ses ~** he could have spared himself the trouble; **rentrer dans ses ~** to recover one's expenses; **~ de déplacement** travel(ling) expenses; **~ d'entretien** upkeep; **~ généraux** overheads; **~ de scolarité** school fees, tuition (US)

**fraise** [fʀɛz] nf strawberry; (Tech) countersink (bit); (de dentiste) drill; **~ des bois** wild strawberry

**framboise** [fʀɑ̃bwaz] nf raspberry

**franc, franche** [fʀɑ̃, fʀɑ̃ʃ] adj (personne) frank, straightforward; (visage) open; (net: refus, couleur) clear; (: coupure) clean; (intensif) downright; (exempt): **~ de port** post free, postage paid; (zone, port) free; (boutique) duty-free ▷ adv: **parler ~** to be frank ou candid ▷ nm franc

**français, e** [fʀɑ̃sɛ, -ɛz] adj French ▷ nm (Ling) French ▷ nm/f: **F~, e** Frenchman/woman; **les F~** the French

**France** [fʀɑ̃s] nf: **la ~** France; **en ~** in France; **~ 2, ~ 3** public-sector television channels; see note

● **FRANCE TÉLÉVISION**
●
● France2 and France3 are public-sector
● television channels. France 2 is a national
● general interest and entertainment
● channel; France 3 provides regional news
● and information as well as programmes
● for the national network.

**franche** [fʀɑ̃ʃ] adj f voir **franc**

**franchement** [fʀɑ̃ʃmɑ̃] adv frankly; clearly; (nettement) definitely; (tout à fait) downright ▷ excl well, really!; voir **franc**

**franchir** [fʀɑ̃ʃiʀ] vt (obstacle) to clear, get over; (seuil, ligne, rivière) to cross; (distance) to cover

**franchise** [fʀɑ̃ʃiz] nf frankness; (douanière, d'impôt) exemption; (Assurances) excess; (Comm) franchise; **~ de bagages** baggage allowance

**franc-maçon** (pl **francs-maçons**) [fʀɑ̃masɔ̃] nm Freemason

**franco** [fʀɑ̃ko] adv (Comm): **~ (de port)** postage paid

**francophone** [fʀɑ̃kɔfɔn] adj French-speaking ▷ nm/f French speaker

**franc-parler** [fʀɑ̃paʀle] nm inv outspokenness; **avoir son ~** to speak one's mind

**frange** [fʀɑ̃ʒ] nf fringe; (cheveux) fringe (Brit), bangs (US)

**frangipane** [fʀɑ̃ʒipan] nf almond paste

**franquette** [fʀɑ̃kɛt]: **à la bonne ~** adv without any fuss

**frappant, e** [fʀapɑ̃, -ɑ̃t] adj striking

**frappé, e** [fʀape] adj (Culin) iced; **~ de panique** panic-stricken; **~ de stupeur** thunderstruck, dumbfounded

**frapper** [fʀape] vt to hit, strike; (étonner) to strike; (monnaie) to strike, stamp; **se frapper** vi (s'inquiéter) to get worked up; **~ à la porte** to knock at the door; **~ dans ses mains** to clap one's hands; **~ du poing sur** to bang one's fist on; **~ un grand coup** (fig) to strike a blow; **frappé de stupeur** dumbfounded

**frasques** [fʀask] nfpl escapades; **faire des ~** to get up to mischief

**fraternel, le** [fʀatɛʀnɛl] adj brotherly, fraternal

**fraternité** [fʀatɛʀnite] nf brotherhood

**fraude** [fʀod] nf fraud; (Scol) cheating; **passer qch en ~** to smuggle sth in (ou out); **~ fiscale** tax evasion

**frauder** [fʀode] vi, vt to cheat; **~ le fisc** to evade paying tax(es)

**frauduleux, -euse** [fʀodylø, -øz] adj fraudulent

**frayer** [fʀeje] vt to open up, clear ▷ vi to spawn; (fréquenter): **~ avec** to mix ou associate with; **se ~ un passage dans** to clear o.s. a path through, force one's way through

**frayeur** [fʀejœʀ] nf fright

**fredonner** [fʀədɔne] vt to hum

**freezer** [fʀizœʀ] nm freezing compartment

**frein** [fʀɛ̃] nm brake; **mettre un ~ à** (fig) to put a brake on, check; **sans ~** (sans limites) unchecked; **~ à main** handbrake; **~ moteur** engine braking; **~s à disques** disc brakes; **~s à tambour** drum brakes

**freiner** [fʀene] vi to brake ▷ vt (progrès etc) to check

**frêle** [fʀɛl] adj frail, fragile

**frelon** [fʀəlɔ̃] nm hornet

**frémir** [fʀemiʀ] vi (de froid, de peur) to shudder, shiver; (de colère) to shake; (de joie, feuillage) to quiver; (eau) to (begin to) bubble

**frêne** [fʀɛn] nm ash (tree)

**frénétique** [fʀenetik] adj frenzied, frenetic

**fréquemment** [fʀekamɑ̃] adv frequently

**fréquent, e** [fʀekɑ̃, -ɑ̃t] adj frequent

**fréquentation** [fʀekɑ̃tasjɔ̃] nf frequenting; seeing; **fréquentations** nfpl (relations) company sg; **avoir de mauvaises ~s** to be in with the wrong crowd, keep bad company

**fréquenté, e** [fʀekɑ̃te] adj: **très ~** (very) busy; **mal ~** patronized by disreputable elements

**fréquenter** [fʀekɑ̃te] vt (lieu) to frequent; (personne) to see; **se fréquenter** to see a lot of each other

**frère** [fʀɛʀ] nm brother ▷ adj: **partis/pays ~s** sister parties/countries

**fresque** [fʀɛsk] nf (Art) fresco

**fret** [fʀɛ(t)] nm freight

**frétiller** [fʀetije] vi to wriggle; to quiver; **~ de la queue** to wag its tail

**fretin** [fʀətɛ̃] nm: **le menu ~** the small fry

**friable** [fʀijabl] adj crumbly

**friand, e** [fʀijɑ̃, -ɑ̃d] adj: **~ de** very fond of ▷ nm (Culin) small minced-meat (Brit) ou ground-meat (US) pie; (: sucré) small almond cake; **~ au fromage** cheese puff

**friandise** [fʀijɑ̃diz] nf sweet

**fric** [fʀik] nm (fam) cash, bread

**friche** [fʀiʃ]: **en ~** adj, adv (lying) fallow

**friction** [fʀiksjɔ̃] nf (massage) rub, rub-down; (chez le coiffeur) scalp massage; (Tech, fig) friction

**frictionner** [fʀiksjɔne] vt to rub (down); to massage

**frigidaire**® [fʀiʒidɛʀ] nm refrigerator

**frigide** [fʀiʒid] adj frigid

**frigo** [fʀigo] nm (= *frigidaire*) fridge

**frigorifique** [fʀigoʀifik] adj refrigerating

**frileux, -euse** [fʀilø, -øz] adj sensitive to (the) cold; (*fig*) overcautious

**frime** [fʀim] nf (*fam*): **c'est de la ~** it's all put on; **pour la ~** just for show

**frimer** [fʀime] vi (*fam*) to show off

**frimousse** [fʀimus] nf (sweet) little face

**fringale** [fʀɛ̃gal] nf (*fam*): **avoir la ~** to be ravenous

**fringant, e** [fʀɛ̃gɑ̃, -ɑ̃t] adj dashing

**fringues** [fʀɛ̃g] nfpl (*fam*) clothes, gear *no pl*

**fripé, e** [fʀipe] adj crumpled

**fripon, ne** [fʀipɔ̃, -ɔn] adj roguish, mischievous ▷ nm/f rascal, rogue

**fripouille** [fʀipuj] nf scoundrel

**frire** [fʀiʀ] vt (*aussi*: **faire ~**) ▷ vi to fry

**frisé, e** [fʀize] adj (*cheveux*) curly; (*personne*) curly-haired ▷ nf: (**chicorée**) **~e** curly endive

**frisson** [fʀisɔ̃], **frissonnement** [fʀisɔnmɑ̃] nm (*de froid*) shiver; (*de peur*) shudder; quiver

**frissonner** [fʀisɔne] vi (*de fièvre, froid*) to shiver; (*d'horreur*) to shudder; (*feuilles*) to quiver

**frit, e** [fʀi, fʀit] pp *de* **frire** ▷ adj fried ▷ nf: (**pommes**) **~es** chips (*Brit*), French fries

**friteuse** [fʀitøz] nf chip pan (*Brit*); **~ électrique** deep (fat) fryer

**friture** [fʀityʀ] nf (*huile*) (deep) fat; (*plat*): **~ (de poissons)** fried fish; (*Radio*) crackle, crackling *no pl*; **fritures** nfpl (*aliments frits*) fried food *sg*

**frivole** [fʀivɔl] adj frivolous

**froid, e** [fʀwa, fʀwad] adj cold ▷ nm cold; (*absence de sympathie*) coolness *no pl*; **il fait ~** it's cold; **avoir ~** to be cold; **prendre ~** to catch a chill *ou* cold; **à ~** adv (*démarrer*) (from) cold; (**pendant) les grands ~s** (in) the depths of winter, (during) the cold season; **jeter un ~** (*fig*) to cast a chill; **être en ~ avec** to be on bad terms with; **battre ~ à qn** to give sb the cold shoulder

**froidement** [fʀwadmɑ̃] adv (*accueillir*) coldly; (*décider*) coolly

**froideur** [fʀwadœʀ] nf coolness *no pl*

**froisser** [fʀwase] vt to crumple (up), crease; (*fig*) to hurt, offend; **se froisser** vi to crumple, crease; (*personne*) to take offence (*Brit*) *ou* offense (*US*); **se ~ un muscle** to strain a muscle

**frôler** [fʀole] vt to brush against; (*projectile*) to skim past; (*fig*) to come very close to, come within a hair's breadth of

**fromage** [fʀɔmaʒ] nm cheese; **~ blanc** soft white cheese; **~ de tête** pork brawn

**froment** [fʀɔmɑ̃] nm wheat

**froncer** [fʀɔ̃se] vt to gather; **~ les sourcils** to frown

**frondaisons** [fʀɔ̃dɛzɔ̃] nfpl foliage *sg*

**front** [fʀɔ̃] nm forehead, brow; (*Mil, Météorologie, Pol*) front; **avoir le ~ de faire** to have the effrontery to do; **de ~** adv (*se heurter*) head-on; (*rouler*) together (*2 ou 3 abreast*);

(*simultanément*) at once; **faire ~ à** to face up to; **~ de mer** (sea) front

**frontalier, -ière** [fʀɔ̃talje, -jɛʀ] adj border *cpd*, frontier *cpd* ▷ nm/f: (**travailleurs**) **~s** workers who cross the border to go to work, commuters from across the border

**frontière** [fʀɔ̃tjɛʀ] nf (*Géo, Pol*) frontier, border; (*fig*) frontier, boundary

**frotter** [fʀɔte] vi to rub, scrape ▷ vt to rub; (*pour nettoyer*) to rub (up); (: *avec une brosse*: *pommes de terre, plancher*) to scrub; **~ une allumette** to strike a match; **se ~ à qn** to cross swords with sb; **se ~ à qch** to come up against sth; **se ~ les mains** (*fig*) to rub one's hands (gleefully)

**fructifier** [fʀyktifje] vi to yield a profit; **faire ~** to turn to good account

**fructueux, -euse** [fʀyktɥø, -øz] adj fruitful; profitable

**frugal, e, -aux** [fʀygal, -o] adj frugal

**fruit** [fʀɥi] nm fruit *gen no pl*; **~s de mer** (*Culin*) seafood(s); **~s secs** dried fruit *sg*

**fruité, e** [fʀɥite] adj (*vin*) fruity

**fruitier, -ière** [fʀɥitje, -jɛʀ] adj: **arbre ~** fruit tree ▷ nm/f fruiterer (*Brit*), fruit merchant (*US*)

**fruste** [fʀyst] adj unpolished, uncultivated

**frustrer** [fʀystʀe] vt to frustrate; (*priver*): **~ qn de qch** to deprive sb of sth

**FS** abr (= *franc suisse*) FS, SF

**fuel** [fjul], **fuel-oil** [fjulɔjl] nm fuel oil; (*pour chauffer*) heating oil

**fugace** [fygas] adj fleeting

**fugitif, -ive** [fyʒitif, -iv] adj (*lueur, amour*) fleeting; (*prisonnier etc*) runaway ▷ nm/f fugitive, runaway

**fugue** [fyg] nf (*d'un enfant*) running away *no pl*; (*Mus*) fugue; **faire une ~** to run away, abscond

**fuir** [fɥiʀ] vt to flee from; (*éviter*) to shun ▷ vi to run away; (*gaz, robinet*) to leak

**fuite** [fɥit] nf flight; (*écoulement*) leak, leakage; (*divulgation*) leak; **être en ~** to be on the run; **mettre en ~** to put to flight; **prendre la ~** to take flight

**fulgurant, e** [fylgyʀɑ̃, -ɑ̃t] adj lightning *cpd*, dazzling

**fulminer** [fylmine] vi: **~ (contre)** to thunder forth (against)

**fumé, e** [fyme] adj (*Culin*) smoked; (*verre*) tinted ▷ nf smoke; **partir en ~e** to go up in smoke

**fumer** [fyme] vi to smoke; (*liquide*) to steam ▷ vt to smoke; (*terre, champ*) to manure

**fûmes** [fym] vb *voir* **être**

**fumet** [fyme] nm aroma

**fumeur, -euse** [fymœʀ, -øz] nm/f smoker; (**compartiment**) **~s** smoking compartment

**fumeux, -euse** [fymø, -øz] adj (*péj*) woolly (*Brit*), hazy

**fumier** [fymje] nm manure

**fumiste** [fymist] nm (*ramoneur*) chimney sweep ▷ nm/f (*péj*: *paresseux*) shirker; (*charlatan*) phoney

**funèbre** [fynɛbʀ] adj funeral cpd; (fig) doleful; funereal

**funérailles** [fyneʀɑj] nfpl funeral sg

**funeste** [fynɛst] adj disastrous; deathly

**fur** [fyʀ]: **au ~ et à mesure** adv as one goes along; **au ~ et à mesure que** as; **au ~ et à mesure de leur progression** as they advance (ou advanced)

**furet** [fyʀɛ] nm ferret

**fureter** [fyʀ(ə)te] vi (péj) to nose about

**fureur** [fyʀœʀ] nf fury; (passion): **~ de** passion for; **être en ~** to be infuriated; **faire ~** to be all the rage

**furibond, e** [fyʀibɔ̃, -ɔ̃d] adj livid, absolutely furious

**furie** [fyʀi] nf fury; (femme) shrew, vixen; **en ~** (mer) raging

**furieux, -euse** [fyʀjø, -øz] adj furious

**furoncle** [fyʀɔ̃kl] nm boil

**furtif, -ive** [fyʀtif, -iv] adj furtive

**fus** [fy] vb voir **être**

**fusain** [fyzɛ̃] nm (Bot) spindle-tree; (Art) charcoal

**fuseau, x** [fyzo] nm (pantalon) (ski-)pants pl; (pour filer) spindle; **en ~** (jambes) tapering; (colonne) bulging; **~ horaire** time zone

**fusée** [fyze] nf rocket; **~ éclairante** flare

**fuser** [fyze] vi (rires etc) to burst forth

**fusible** [fyzibl] nm (Élec: fil) fuse wire; (: fiche) fuse

**fusil** [fyzi] nm (de guerre, à canon rayé) rifle, gun; (de chasse, à canon lisse) shotgun, gun; **~ à deux coups** double-barrelled rifle ou shotgun; **~ sous-marin** spear-gun

**fusillade** [fyzijad] nf gunfire no pl, shooting no pl; (combat) gun battle

**fusiller** [fyzije] vt to shoot; **~ qn du regard** to look daggers at sb

**fusil-mitrailleur** (pl **fusils-mitrailleurs**) [fyzimitʀajœʀ] nm machine gun

**fusionner** [fyzjone] vi to merge

**fut** [fy] vb voir **être**

**fût** [fy] vb voir **être** ▷ nm (tonneau) barrel, cask; (de canon) stock; (d'arbre) bole, trunk; (de colonne) shaft

**futé, e** [fyte] adj crafty; **Bison ~®** TV and radio traffic monitoring service

**futile** [fytil] adj (inutile) futile; (frivole) frivolous

**futur, e** [fytyʀ] adj, nm future; **son ~ époux** her husband-to-be; **au ~** (Ling) in the future

**fuyant, e** [fɥijɑ̃, -ɑ̃t] vb voir **fuir** ▷ adj (regard etc) evasive; (lignes etc) receding; (perspective) vanishing

**fuyard, e** [fɥijaʀ, -aʀd] nm/f runaway

**Gabon** [gabɔ̃] nm: **le ~** Gabon

**gâcher** [gɑʃe] vt (gâter) to spoil, ruin; (gaspiller) to waste; (plâtre) to temper; (mortier) to mix

**gâchis** [gɑʃi] nm (désordre) mess; (gaspillage) waste no pl

**gadoue** [gadu] nf sludge

**gaffe** [gaf] nf (instrument) boat hook; (fam: erreur) blunder; **faire ~** (fam) to watch out

**gage** [gaʒ] nm (dans un jeu) forfeit; (fig: de fidélité) token; **gages** nmpl (salaire) wages; (garantie) guarantee sg; **mettre en ~** to pawn; **laisser en ~** to leave as security

**gageure** [gaʒyʀ] nf: **c'est une ~** it's attempting the impossible

**gagnant, e** [gaɲɑ̃, -ɑ̃t] adj: **billet/numéro ~** winning ticket/number ▷ adv: **jouer ~** (aux courses) to be bound to win ▷ nm/f winner

**gagne-pain** [gaɲpɛ̃] nm inv job

**gagner** [gaɲe] vt (concours, procès, pari) to win; (somme d'argent, revenu) to earn; (aller vers, atteindre) to reach; (s'emparer de) to overcome; (envahir) to spread to; (se concilier): **~ qn** to win sb over ▷ vi to win; (fig) to gain; **~ du temps/ de la place** to gain time/save space; **~ sa vie** to earn one's living; **~ du terrain** (aussi fig) to gain ground; **~ qn de vitesse** to outstrip sb; (aussi fig): **~ à faire** (s'en trouver bien) to be better off doing; **il y gagne** it's in his interest, it's to his advantage

**gai, e** [ge] adj cheerful; (livre, pièce de théâtre) light-hearted; (un peu ivre) merry

**gaiement** [gemɑ̃] adv cheerfully

**gaieté** [gete] *nf* cheerfulness; **gaietés** *nfpl* (*souvent ironique*) delights; **de ~ de cœur** with a light heart

**gaillard, e** [gajaʀ, -aʀd] *adj* (*robuste*) sprightly; (*grivois*) bawdy, ribald ▷ *nm/f* (*strapping*) fellow/wench

**gain** [gɛ̃] *nm* (*revenu*) earnings *pl*; (*bénéfice*: *gén pl*) profits *pl*; (*au jeu*: *gén pl*) winnings *pl*; (*fig*: *de temps, place*) saving; (: *avantage*) benefit; (: *lucre*) gain; **avoir ~ de cause** to win the case; (*fig*) to be proved right; **obtenir ~ de cause** (*fig*) to win out

**gaine** [gɛn] *nf* (*corset*) girdle; (*fourreau*) sheath; (*de fil électrique etc*) outer covering

**gala** [gala] *nm* official reception; **soirée de ~** gala evening

**galant, e** [galɑ̃, -ɑ̃t] *adj* (*courtois*) courteous, gentlemanly; (*entreprenant*) flirtatious, gallant; (*aventure, poésie*) amorous; (*scène, rendez-vous*) romantic; **en ~e compagnie** (*homme*) with a lady friend; (*femme*) with a gentleman friend

**galère** [galɛʀ] *nf* galley

**galérer** [galeʀe] *vi* (*fam*) to work hard, slave (away)

**galerie** [galʀi] *nf* gallery; (*Théât*) circle; (*de voiture*) roof rack; (*fig*: *spectateurs*) audience; **~ marchande** shopping mall; **~ de peinture** (*private*) art gallery

**galet** [galɛ] *nm* pebble; (*Tech*) wheel; **galets** *nmpl* pebbles, shingle *sg*

**galette** [galɛt] *nf* (*gâteau*) flat pastry cake; (*crêpe*) savoury pancake; **la ~ des Rois** *cake traditionally eaten on Twelfth Night*

⊚ **GALETTE DES ROIS**
⊚
⊚ A *galette des Rois* is a cake eaten on
⊚ Twelfth Night containing a figurine.
⊚ The person who finds it is the king
⊚ (or queen) and gets a paper crown. They
⊚ then choose someone else to be their
⊚ queen (or king).

**galipette** [galipɛt] *nf* somersault; **faire des ~s** to turn somersaults

**Galles** [gal] *nfpl*: **le pays de ~** Wales

**gallois, e** [galwa, -waz] *adj* Welsh ▷ *nm* (*Ling*) Welsh ▷ *nm/f*: **G~, e** Welshman(-woman)

**galon** [galɔ̃] *nm* (*Mil*) stripe; (*décoratif*) piece of braid; **prendre du ~** to be promoted

**galop** [galo] *nm* gallop; **au ~** at a gallop; **~ d'essai** (*fig*) trial run

**galoper** [galɔpe] *vi* to gallop

**galopin** [galɔpɛ̃] *nm* urchin, ragamuffin

**gambader** [gɑ̃bade] *vi* (*animal, enfant*) to leap about

**gamin, e** [gamɛ̃, -in] *nm/f* kid ▷ *adj* mischievous, playful

**gamme** [gam] *nf* (*Mus*) scale; (*fig*) range

**gammé, e** [game] *adj*: **croix ~e** swastika

**gang** [gɑ̃g] *nm* (*de criminels*) gang

**gant** [gɑ̃] *nm* glove; **prendre des ~s** (*fig*) to handle the situation with kid gloves; **relever le ~** (*fig*) to take up the gauntlet; **~ de crin** massage glove; **~ de toilette** (*face*) flannel (*Brit*), face cloth; **~s de boxe** boxing gloves; **~s de caoutchouc** rubber gloves

**garage** [gaʀaʒ] *nm* garage; **~ à vélos** bicycle shed

**garagiste** [gaʀaʒist] *nm/f* (*propriétaire*) garage owner; (*mécanicien*) garage mechanic

**garantie** [gaʀɑ̃ti] *nf* guarantee, warranty; (*gage*) security, surety; **(bon de) ~** guarantee *ou* warranty slip; **~ de bonne exécution** performance bond

**garantir** [gaʀɑ̃tiʀ] *vt* to guarantee; (*protéger*): **~ de** to protect from; **je vous garantis que** I can assure you that; **garanti pure laine/2 ans** guaranteed pure wool/for 2 years

**garce** [gaʀs] *nf* (*péj*) bitch

**garçon** [gaʀsɔ̃] *nm* boy; (*célibataire*): **vieux ~** bachelor; (*jeune homme*) boy, lad; (*aussi*: **~ de café**) waiter; **~ boucher/coiffeur** butcher's/ hairdresser's assistant; **~ de courses** messenger; **~ d'écurie** stable lad; **~ manqué** tomboy

**garçonnière** [gaʀsɔnjɛʀ] *nf* bachelor flat

**garde** [gaʀd] *nm* (*de prisonnier*) guard; (*de domaine etc*) warden; (*soldat, sentinelle*) guardsman ▷ *nf* guarding; looking after; (*soldats, Boxe, Escrime*) guard; (*faction*) watch; (*d'une arme*) hilt; (*Typo*: *aussi*: **page** *ou* **feuille de ~**) flyleaf; (: *collée*) endpaper; **de ~** *adj, adv* on duty; **monter la ~** to stand guard; **être sur ses ~s** to be on one's guard; **mettre en ~** to warn; **mise en ~** warning; **prendre ~ (à)** to be careful (of); **avoir la ~ des enfants** (*après divorce*) to have custody of the children; **~ champêtre** *nm* rural policeman; **~ du corps** *nm* bodyguard; **~ d'enfants** *nf* child minder; **~ forestier** *nm* forest warden; **~ mobile** *nm, nf* mobile guard; **~ des Sceaux** *nm* ≈ Lord Chancellor (*Brit*), ≈ Attorney General (*US*); **~ à vue** *nf* (*Jur*) ≈ police custody

**garde-à-vous** [gaʀdavu] *nm inv*: **être/se mettre au ~** to be at/stand to attention; **~ (fixe)!** (*Mil*) attention!

**garde-barrière** (*pl* **gardes-barrière(s)**) [gaʀdəbaʀjɛʀ] *nm/f* level-crossing keeper

**garde-boue** [gaʀdəbu] *nm inv* mudguard

**garde-chasse** (*pl* **gardes-chasse(s)**) [gaʀdəʃas] *nm* gamekeeper

**garde-malade** (*pl* **gardes-malade(s)**) [gaʀdəmalad] *nf* home nurse

**garde-manger** [gaʀdmɑ̃ʒe] *nm inv* (*boîte*) meat safe; (*placard*) pantry, larder

**garder** [gaʀde] *vt* (*conserver*) to keep; (: *sur soi*: *vêtement, chapeau*) to keep on; (*surveiller*: *enfants*) to look after; (: *immeuble, lieu, prisonnier*) to guard; **se garder** *vi* (*aliment*: *se conserver*) to keep; **se ~ de faire** to be careful not to do; **~ le lit/la chambre** to stay in bed/indoors; **~ le silence** to keep silent *ou* quiet; **~ la ligne** to

**g**

keep one's figure; **à vue** to keep in custody; **pêche/chasse gardée** private fishing/hunting (ground)

**garderie** [gaʀdəʀi] nf day nursery, crèche

**garde-robe** [gaʀdəʀɔb] nf wardrobe

**gardien, ne** [gaʀdjɛ̃, -ɛn] nm/f (garde) guard; (de prison) warder; (de domaine, réserve) warden; (de musée etc) attendant; (de phare, cimetière) keeper; (d'immeuble) caretaker; (fig) guardian; **~ de but** goalkeeper; **~ de nuit** night watchman; **~ de la paix** policeman

**gare** [gaʀ] nf (railway) station, train station (US) ▷ excl: **~ à ... mind ...!**, watch out for ...!; **~ à ne pas ...** mind you don't ...; **~ à toi!** watch out!; **sans crier ~** without warning; **~ maritime** harbour station; **~ routière** bus station; (de camions) haulage (Brit) ou trucking (US) depot; **~ de triage** marshalling yard

**garer** [gaʀe] vt to park; **se garer** vi to park; (pour laisser passer) to draw into the side

**gargariser** [gaʀgaʀize]: **se gargariser** vi to gargle; **se ~ de** (fig) to revel in

**gargote** [gaʀgɔt] nf cheap restaurant, greasy spoon (fam)

**gargouille** [gaʀguj] nf gargoyle

**gargouiller** [gaʀguje] vi (estomac) to rumble; (eau) to gurgle

**garnement** [gaʀnəmã] nm rascal, scallywag

**garni, e** [gaʀni] adj (plat) served with vegetables (and chips, pasta or rice) ▷ nm (appartement) furnished accommodation no pl (Brit) ou accommodations pl (US)

**garnison** [gaʀnizɔ̃] nf garrison

**garniture** [gaʀnityʀ] nf (Culin: légumes) vegetables pl; (: persil etc) garnish; (: farce) filling; (décoration) trimming; (protection) fittings pl; **~ de cheminée** mantelpiece ornaments pl; **~ de frein** (Auto) brake lining; **~ intérieure** (Auto) interior trim; **~ périodique** sanitary towel (Brit) ou napkin (US)

**gars** [ga] nm lad; (type) guy

**Gascogne** [gaskɔɲ] nf: **la ~** Gascony; **le golfe de ~** the Bay of Biscay

**gas-oil** [gazɔjl] nm diesel oil

**gaspiller** [gaspije] vt to waste

**gastronome** [gastʀɔnɔm] nm/f gourmet

**gastronomie** [gastʀɔnɔmi] nf gastronomy

**gastronomique** [gastʀɔnɔmik] adj gastronomic; **menu ~** gourmet menu

**gâteau, x** [gato] nm cake ▷ adj inv (fam: trop indulgent): **papa-/maman-~** doting father/mother; **~ d'anniversaire** birthday cake; **~ de riz** rice pudding; **~ sec** biscuit

**gâter** [gate] vt to spoil; **se gâter** vi (dent, fruit) to go bad; (temps, situation) to change for the worse

**gâterie** [gatʀi] nf little treat

**gâteux, -euse** [gatø, -øz] adj senile

**gauche** [goʃ] adj left, left-hand; (maladroit) awkward, clumsy ▷ nf (Pol) left (wing); **le bras ~** the left arm; **le côté ~** the left-hand

side; (Boxe) left; **à ~** on the left; (direction) (to the) left; **à ~ de** (on ou to the) left of; **à la ~ de** to the left of; **sur votre ~** on your left; **de ~** (Pol) left-wing

**gaucher, -ère** [goʃe, -ɛʀ] adj left-handed

**gauchiste** [goʃist] adj, nm/f leftist

**gaufre** [gofʀ] nf (pâtisserie) waffle; (de cire) honeycomb

**gaufrette** [gofʀɛt] nf wafer

**gaulois, e** [golwa, -waz] adj Gallic; (grivois) bawdy ▷ nm/f: **G~, e** Gaul

**gaver** [gave] vt to force-feed; (fig): **~ de** to cram with, fill up with; (personne): **se ~ de** to stuff o.s. with

**gaz** [gaz] nm inv gas; **mettre les ~** (Auto) to put one's foot down; **chambre/masque à ~** gas chamber/mask; **~ en bouteille** bottled gas; **~ butane** Calor gas® (Brit), butane gas; **~ carbonique** carbon dioxide; **~ hilarant** laughing gas; **~ lacrymogène** tear gas; **~ naturel** natural gas; **~ de ville** town gas (Brit), manufactured domestic gas; **ça sent le ~** I can smell gas, there's a smell of gas

**gaze** [gaz] nf gauze

**gazer** [gaze] vt to gas ▷ vi (fam) to be going ou working well

**gazette** [gazɛt] nf news sheet

**gazeux, -euse** [gazø, -øz] adj gaseous; (eau) sparkling; (boisson) fizzy

**gazoduc** [gazɔdyk] nm gas pipeline

**gazon** [gazɔ̃] nm (herbe) turf, grass; (pelouse) lawn

**gazouiller** [gazuje] vi (oiseau) to chirp; (enfant) to babble

**GDF** sigle m (= Gaz de France) national gas company

**geai** [ʒɛ] nm jay

**géant, e** [ʒeã, -ãt] adj gigantic, giant; (Comm) giant-size ▷ nm/f giant

**geindre** [ʒɛ̃dʀ] vi to groan, moan

**gel** [ʒɛl] nm frost; (de l'eau) freezing; (fig: des salaires, prix) freeze; freezing; (produit de beauté) gel; **~ douche** shower gel

**gélatine** [ʒelatin] nf gelatine

**gelé, e** [ʒəle] adj frozen ▷ nf jelly; (gel) frost; **~ blanche** hoarfrost, white frost

**geler** [ʒ(ə)le] vt, vi to freeze; **il gèle** it's freezing

**gélule** [ʒelyl] nf (Méd) capsule

**gelures** [ʒəlyʀ] nfpl frostbite sg

**Gémeaux** [ʒemo] nmpl: **les ~** Gemini, the Twins; **être des ~** to be Gemini

**gémir** [ʒemiʀ] vi to groan, moan

**gênant, e** [ʒɛnã, -ãt] adj (objet) awkward, in the way; (histoire, personne) embarrassing

**gencive** [ʒãsiv] nf gum

**gendarme** [ʒãdaʀm] nm gendarme

**gendarmerie** [ʒãdaʀməʀi] nf military police force in countryside and small towns; their police station or barracks

**gendre** [ʒãdʀ] nm son-in-law

**gêné, e** [ʒene] adj embarrassed; (dépourvu d'argent) short (of money)

**gêner** [ʒene] vt (incommoder) to bother; (encombrer) to hamper; (bloquer le passage) to be in the way of; (déranger) to bother; (embarrasser): ~ **qn** to make sb feel ill-at-ease; **se gêner** to put o.s. out; **ne vous gênez pas!** (ironique) go right ahead!, don't mind me!; **je vais me ~!** (ironique) why should I care?

**général, e, -aux** [ʒeneʀal, -o] adj, nm general ▷ nf: (répétition) ~**e** final dress rehearsal; **en ~** usually, in general; **à la satisfaction ~e** to everyone's satisfaction

**généralement** [ʒeneʀalmã] adv generally

**généraliser** [ʒeneʀalize] vt, vi to generalize; **se généraliser** vi to become widespread

**généraliste** [ʒeneʀalist] nm/f (Méd) general practitioner, GP

**génération** [ʒeneʀasjɔ̃] nf generation

**généreux, -euse** [ʒeneʀø, -øz] adj generous

**générique** [ʒeneʀik] adj generic ▷ nm (Ciné, TV) credits pl, credit titles pl

**générosité** [ʒeneʀozite] nf generosity

**genêt** [ʒ(ə)nɛ] nm (Bot) broom no pl

**génétique** [ʒenetik] adj genetic ▷ nf genetics sg

**Genève** [ʒ(ə)nɛv] n Geneva

**génial, e, -aux** [ʒenjal, -o] adj of genius; (fam: formidable) fantastic, brilliant

**génie** [ʒeni] nm genius; (Mil): **le ~** = the Engineers pl; **avoir du ~** to have genius; **~ civil** civil engineering; **~ génétique** genetic engineering

**genièvre** [ʒənjɛvʀ] nm (Bot) juniper (tree); (boisson) Dutch gin; **grain de ~** juniper berry

**génisse** [ʒenis] nf heifer; **foie de ~** ox liver

**génital, e, -aux** [ʒenital, -o] adj genital; **les parties ~es** the genitals

**génois, e** [ʒenwa, -waz] adj Genoese ▷ nf (gâteau) ≈ sponge cake

**genou, x** [ʒ(ə)nu] nm knee; **à ~x** on one's knees; **se mettre à ~x** to kneel down

**genre** [ʒãʀ] nm (espèce, sorte) kind, type, sort; (allure) manner; (Ling) gender; (Art) genre; (Zool etc) genus; **se donner du ~** to give o.s. airs; **avoir bon ~** to look a nice sort; **avoir mauvais ~** to be coarse-looking; **ce n'est pas son ~** it's not like him

**gens** [ʒã] nmpl (f in some phrases) people pl; **les ~ d'Église** the clergy; **les ~ du monde** society people; **~ de maison** domestics

**gentil, le** [ʒãti, -ij] adj kind; (enfant: sage) good; (sympa: endroit etc) nice; **c'est très ~ à vous** it's very kind ou good ou nice of you

**gentillesse** [ʒãtijɛs] nf kindness

**gentiment** [ʒãtimã] adv kindly

**géo** abr (= géographie) geography

**géographie** [ʒeɔgʀafi] nf geography

**geôlier** [ʒolje] nm jailer

**géologie** [ʒeɔlɔʒi] nf geology

**géomètre** [ʒeɔmɛtʀ] nm: (arpenteur-)~ (land) surveyor

**géométrie** [ʒeɔmetʀi] nf geometry; **à ~ variable** (Aviat) swing-wing

**géométrique** [ʒeɔmetʀik] adj geometric

**géranium** [ʒeʀanjɔm] nm geranium

**gérant, e** [ʒeʀã, -ãt] nm/f manager/ manageress; **~ d'immeuble** managing agent

**gerbe** [ʒɛʀb] nf (de fleurs, d'eau) spray; (de blé) sheaf; (fig) shower, burst

**gercé, e** [ʒɛʀse] adj chapped

**gerçure** [ʒɛʀsyʀ] nf crack

**gérer** [ʒeʀe] vt to manage

**germain, e** [ʒɛʀmɛ̃, -ɛn] adj: **cousin ~** first cousin

**germe** [ʒɛʀm] nm germ

**germer** [ʒɛʀme] vi to sprout; (semence, aussi fig) to germinate

**geste** [ʒɛst] nm gesture; move; motion; **il fit un ~ de la main pour m'appeler** he signed to me to come over, he waved me over; **ne faites pas un ~** (ne bougez pas) don't move

**gestion** [ʒɛstjɔ̃] nf management; **~ des disques** (Inform) housekeeping; **~ de fichier(s)** (Inform) file management

**Ghana** [gana] nm: **le ~** Ghana

**ghetto** [geto] nm ghetto

**gibet** [ʒibɛ] nm gallows pl

**gibier** [ʒibje] nm (animaux) game; (fig) prey

**giboulée** [ʒibule] nf sudden shower

**gicler** [ʒikle] vi to spurt, squirt

**gifle** [ʒifl] nf slap (in the face)

**gifler** [ʒifle] vt to slap (in the face)

**gigantesque** [ʒigãtɛsk] adj gigantic

**gigogne** [ʒigɔɲ] adj: **lits ~s** truckle (Brit) ou trundle (US) beds; **tables/poupées ~s** nest of tables/dolls

**gigot** [ʒigo] nm leg (of mutton ou lamb)

**gigoter** [ʒigɔte] vi to wriggle (about)

**gilet** [ʒilɛ] nm waistcoat; (pull) cardigan; (de corps) vest; **~ pare-balles** bulletproof jacket; **~ de sauvetage** life jacket

**gin** [dʒin] nm gin; **~-tonic** gin and tonic

**gingembre** [ʒɛ̃ʒãbʀ] nm ginger

**girafe** [ʒiʀaf] nf giraffe

**giratoire** [ʒiʀatwaʀ] adj: **sens ~** roundabout

**girofle** [ʒiʀɔfl] nm: **clou de ~** clove

**girouette** [ʒiʀwɛt] nf weather vane ou cock

**gitan, e** [ʒitã, -an] nm/f gipsy

**gîte** [ʒit] nm (maison) home; (abri) shelter; (du lièvre) form; **~ (rural)** (country) holiday cottage ou apartment, gîte (self-catering accommodation in the country)

**givre** [ʒivʀ] nm (hoar) frost

**givré, e** [ʒivʀe] adj covered in frost; (fam: fou) nuts; **citron ~/orange ~e** lemon/orange sorbet (served in fruit skin)

**glace** [glas] nf ice; (crème glacée) ice cream; (verre) sheet of glass; (miroir) mirror; (de voiture) window; **glaces** nfpl (Géo) ice sheets, ice sg; **de ~** (fig: accueil, visage) frosty, icy; **rester de ~** to remain unmoved

**glacé, e** [glase] adj (mains, vent, pluie) freezing; (lac) frozen; (boisson) iced

**glacer** [glase] vt to freeze; (boisson) to chill, ice; (gâteau) to ice (Brit), frost (US); (papier,

**g**

*tissu*) to glaze; (*fig*): ~ **qn** (*intimider*) to chill sb; (*fig*) to make sb's blood run cold

**glacial, e** [glasjal] *adj* icy

**glacier** [glasje] *nm* (*Géo*) glacier; (*marchand*) ice-cream maker

**glacière** [glasjɛʀ] *nf* icebox

**glaçon** [glasɔ̃] *nm* icicle; (*pour boisson*) ice cube

**glaïeul** [glajœl] *nm* gladiola

**glaise** [glɛz] *nf* clay

**gland** [glɑ̃] *nm* (*de chêne*) acorn; (*décoration*) tassel; (*Anat*) glans

**glande** [glɑ̃d] *nf* gland

**glander** [glɑ̃de] *vi* (*fam*) to fart around (*Brit*) (!), screw around (*US*) (!)

**glauque** [glok] *adj* dull blue-green

**glissade** [glisad] *nf* (*par jeu*) slide; (*chute*) slip; (*dérapage*) skid; **faire des ~s** to slide

**glissant, e** [glisɑ̃, -ɑ̃t] *adj* slippery

**glissement** [glismɑ̃] *nm* sliding; (*fig*) shift; **~ de terrain** landslide

**glisser** [glise] *vi* (*avancer*) to glide *ou* slide along; (*coulisser, tomber*) to slide; (*déraper*) to slip; (*être glissant*) to be slippery ▷ *vt* to slip; **~ qch sous/dans/à** to slip sth under/into/to; **~ sur** (*fig: détail etc*) to skate over; **se ~ dans/ entre** to slip into/between

**global, e, -aux** [glɔbal, -o] *adj* overall

**globe** [glɔb] *nm* globe; **sous ~** under glass; **~ oculaire** eyeball; **le ~ terrestre** the globe

**globule** [glɔbyl] *nm* (*du sang*): **~ blanc/rouge** white/red corpuscle

**globuleux, -euse** [glɔbylø, -øz] *adj*: **yeux ~** protruding eyes

**gloire** [glwaʀ] *nf* glory; (*mérite*) distinction, credit; (*personne*) celebrity

**glorieux, -euse** [glɔʀjø, -øz] *adj* glorious

**gloussement** [glusmɑ̃] *nm* (*de poule*) cluck; (*rire*) chuckle

**glousser** [gluse] *vi* to cluck; (*rire*) to chuckle

**glouton, ne** [glutɔ̃, -ɔn] *adj* gluttonous, greedy

**gluant, e** [glyɑ̃, -ɑ̃t] *adj* sticky, gummy

**glucose** [glykoz] *nm* glucose

**glycine** [glisin] *nf* wisteria

**GO** *sigle fpl* (= *grandes ondes*) LW ▷ *sigle m* (= *gentil organisateur*) title given to leaders on Club Méditerranée holidays; extended to refer to easy-going leader of any group

**go** [go]: **tout de go** *adv* straight out

**goal** [gol] *nm* goalkeeper

**gobelet** [gɔblɛ] *nm* (*en métal*) tumbler; (*en plastique*) beaker; (*à dés*) cup

**gober** [gɔbe] *vt* to swallow

**godasse** [gɔdas] *nf* (*fam*) shoe

**godet** [gɔdɛ] *nm* pot; (*Couture*) unpressed pleat

**goéland** [gɔelɑ̃] *nm* (sea)gull

**goélette** [gɔelɛt] *nf* schooner

**gogo** [gɔgo] *nm* (*péj*) mug, sucker; **à ~** *adv* galore

**goguenard, e** [gɔgnaʀ, -aʀd] *adj* mocking

**goinfre** [gwɛ̃fʀ] *nm* glutton

**golf** [gɔlf] *nm* (*jeu*) golf; (*terrain*) golf course; **~ miniature** crazy *ou* miniature golf

**golfe** [gɔlf] *nm* gulf; (*petit*) bay; **le ~ d'Aden** the Gulf of Aden; **le ~ de Gascogne** the Bay of Biscay; **le ~ du Lion** the Gulf of Lions; **le ~ Persique** the Persian Gulf

**gomme** [gɔm] *nf* (*à effacer*) rubber (*Brit*), eraser; (*résine*) gum; **boule** *ou* **pastille de ~** throat pastille

**gommer** [gɔme] *vt* (*effacer*) to rub out (*Brit*), erase; (*enduire de gomme*) to gum

**gond** [gɔ̃] *nm* hinge; **sortir de ses ~s** (*fig*) to fly off the handle

**gondoler** [gɔ̃dɔle]: **se gondoler** *vi* to warp, buckle; (*fam: rire*) to hoot with laughter; to be in stitches

**gonflé, e** [gɔ̃fle] *adj* swollen; (*ventre*) bloated; **il est ~** (*fam: courageux*) he's got some nerve; (*impertinent*) he's got a nerve

**gonfler** [gɔ̃fle] *vt* (*pneu, ballon*) to inflate, blow up; (*nombre, importance*) to inflate ▷ *vi* (*pied etc*) to swell (up); (*Culin: pâte*) to rise

**gonfleur** [gɔ̃flœʀ] *nm* air pump

**gonzesse** [gɔ̃zɛs] *nf* (*fam*) chick, bird (*Brit*)

**goret** [gɔʀɛ] *nm* piglet

**gorge** [gɔʀʒ] *nf* (*Anat*) throat; (*poitrine*) breast; (*Géo*) gorge; (*rainure*) groove; **avoir mal à la ~** to have a sore throat; **avoir la ~ serrée** to have a lump in one's throat

**gorgé, e** [gɔʀʒe] *adj*: **~ de** filled with; (*eau*) saturated with ▷ *nf* mouthful; (*petite*) sip; (*grande*) gulp; **boire à petites/grandes ~es** to take little sips/big gulps

**gorille** [gɔʀij] *nm* gorilla; (*fam*) bodyguard

**gosier** [gozje] *nm* throat

**gosse** [gɔs] *nm/f* kid

**goudron** [gudʀɔ̃] *nm* (*asphalte*) tar(mac) (*Brit*), asphalt; (*du tabac*) tar

**goudronner** [gudʀɔne] *vt* to tar(mac) (*Brit*), asphalt

**gouffre** [gufʀ] *nm* abyss, gulf

**goujat** [guʒa] *nm* boor

**goulot** [gulo] *nm* neck; **boire au ~** to drink from the bottle

**goulu, e** [guly] *adj* greedy

**gourd, e** [guʀ, guʀd] *adj* numb (with cold); (*fam*) oafish

**gourde** [guʀd] *nf* (*récipient*) flask; (*fam*) (*clumsy*) clot *ou* oaf ▷ *adj* oafish

**gourdin** [guʀdɛ̃] *nm* club, bludgeon

**gourer** [guʀe] (*fam*); **se gourer** *vi* to boob

**gourmand, e** [guʀmɑ̃, -ɑ̃d] *adj* greedy

**gourmandise** [guʀmɑ̃diz] *nf* greed; (*bonbon*) sweet (*Brit*), piece of candy (*US*)

**gourmet** [guʀmɛ] *nm* epicure

**gourmette** [guʀmɛt] *nf* chain bracelet

**gousse** [gus] *nf* (*de vanille etc*) pod; **~ d'ail** clove of garlic

**goût** [gu] *nm* taste; (*fig: appréciation*) taste, liking; **le (bon) ~** good taste; **de bon ~** in good taste, tasteful; **de mauvais ~** in bad taste, tasteless; **avoir bon/mauvais ~** (*aliment*) to taste nice/ nasty; (*personne*) to have good/bad taste; **avoir du/manquer de ~** to have/lack taste; **avoir du ~ pour** to have a liking for; **prendre ~ à** to develop a taste *ou* a liking for

**goûter** [gute] *vt* (*essayer*) to taste; (*apprécier*) to enjoy ▷ *vi* to have (afternoon) tea ▷ *nm* (afternoon) tea; **~ à** to taste, sample; **~ de** to have a taste of; **~ d'enfants/d'anniversaire** children's tea/birthday party; **je peux ~?** can I have a taste?

**goutte** [gut] *nf* drop; (*Méd*) gout; (*alcool*) nip (*Brit*), tot (*Brit*), drop (*US*); **gouttes** *nfpl* (*Méd*) drops; **~ à ~** *adv* a drop at a time; **tomber ~ à ~** to drip

**goutte-à-goutte** [gutagut] *nm inv* (*Méd*) drip; **alimenter au ~** to drip-feed

**gouttelette** [gutlɛt] *nf* droplet

**gouttière** [gutjɛʀ] *nf* gutter

**gouvernail** [guvɛʀnaj] *nm* rudder; (*barre*) helm, tiller

**gouvernant, e** [guvɛʀnɑ̃, -ɑ̃t] *adj* ruling *cpd* ▷ *nf* housekeeper; (*d'un enfant*) governess

**gouvernement** [guvɛʀnəmɑ̃] *nm* government

**gouverner** [guvɛʀne] *vt* to govern; (*diriger*) to steer; (*fig*) to control

**grâce** [gʀas] *nf* (*charme, Rel*) grace; (*faveur*) favour; (*Jur*) pardon; **grâces** *nfpl* (*Rel*) grace *sg*; **de bonne/mauvaise ~** with (a) good/bad grace; **dans les bonnes ~s de qn** in favour with sb; **faire ~ à qn de qch** to spare sb sth; **rendre ~(s) à** to give thanks to; **demander ~** to beg for mercy; **droit de ~** right of reprieve; **recours en ~** plea for pardon; **~ à** *prép* thanks to

**gracier** [gʀasje] *vt* to pardon

**gracieux, -euse** [gʀasjø, -øz] *adj* (*charmant, élégant*) graceful; (*aimable*) gracious, kind; **à titre ~** free of charge

**grade** [gʀad] *nm* (*Mil*) rank; (*Scol*) degree; **monter en ~** to be promoted

**gradin** [gʀadɛ̃] *nm* (*dans un théâtre*) tier; (*de stade*) step; **gradins** *nmpl* (*de stade*) terracing *no pl* (*Brit*), standing area; **en ~s** terraced

**gradué, e** [gʀadɥe] *adj* (*exercices*) graded (for difficulty); (*thermomètre*) graduated; **verre ~** measuring jug

**graduel, le** [gʀadɥɛl] *adj* gradual; progressive

**graduer** [gʀadɥe] *vt* (*effort etc*) to increase gradually; (*règle, verre*) to graduate

**graffiti** [gʀafiti] *nmpl* graffiti

**grain** [gʀɛ̃] *nm* (*gén*) grain; (*de chapelet*) bead; (*Navig*) squall; (*averse*) heavy shower; (*fig: petite quantité*): **un ~ de** a touch of; **~ de beauté** beauty spot; **~ de café** coffee bean; **~ de poivre** peppercorn; **~ de poussière** speck of dust; **~ de raisin** grape

**graine** [gʀɛn] *nf* seed; **mauvaise ~** (*mauvais sujet*) bad lot; **une ~ de voyou** a hooligan in the making

**graissage** [gʀɛsaʒ] *nm* lubrication, greasing

**graisse** [gʀɛs] *nf* fat; (*lubrifiant*) grease; **~ saturée** saturated fat

**graisser** [gʀese] *vt* to lubricate, grease; (*tacher*) to make greasy

**graisseux, -euse** [gʀesø, -øz] *adj* greasy; (*Anat*) fatty

**grammaire** [gʀamɛʀ] *nf* grammar

**grammatical, e, -aux** [gʀamatikal, -o] *adj* grammatical

**gramme** [gʀam] *nm* gramme

**grand, e** [gʀɑ̃, gʀɑ̃d] *adj* (*haut*) tall; (*gros, vaste, large*) big, large; (*long*) long; (*plus âgé*) big; (*adulte*) grown-up; (*important, brillant*) great ▷ *adv*: **~ ouvert** wide open; **un ~ buveur** a heavy drinker; **un ~ homme** a great man; **son ~ frère** his big *ou* older brother; **avoir ~ besoin de** to be in dire *ou* desperate need of; **il est ~ temps de** it's high time to; **il est assez ~ pour** he's big *ou* old enough to; **voir ~** to think big; **en ~** on a large scale; **au ~ air** in the open (air); **les ~s blessés/brûlés** the severely injured/burned; **de ~ matin** at the crack of dawn; **~ écart** splits *pl*; **~ ensemble** housing scheme; **~ jour** broad daylight; **~ livre** (*Comm*) ledger; **~ magasin** department store; **~ malade** very sick person; **~ public** general public; **~e personne** grown-up; **~e surface** hypermarket, superstore; **~es écoles** *prestige university-level colleges with competitive entrance examinations; see note*; **~es lignes** (*Rail*) main lines; **~es vacances** summer holidays (*Brit*) *ou* vacation (*US*)

⦿ GRANDES ÉCOLES
⦿
⦿ The *grandes écoles* are highly-respected
⦿ institutes of higher education which
⦿ train students for specific careers.
⦿ Students who have spent two years after
⦿ the 'baccalauréat' in the 'classes
⦿ préparatoires' are recruited by
⦿ competitive entry examination. The
⦿ prestigious *grandes écoles* have a strong
⦿ corporate identity and tend to furnish
⦿ France with its intellectual,
⦿ administrative and political élite.

**grand-chose** [gʀɑ̃ʃoz] *nm/f inv*: **pas ~** not much

**Grande-Bretagne** [gʀɑ̃dbʀətaɲ] *nf*: **la ~** (Great) Britain; **en ~** in (Great) Britain

**grandeur** [gʀɑ̃dœʀ] *nf* (*dimension*) size; (*fig: ampleur, importance*) magnitude; (: *gloire, puissance*) greatness; **~ nature** *adj* life-size

**grandiose** [gʀɑ̃djoz] *adj* (*paysage, spectacle*) imposing

**grandir** [gʀɑ̃diʀ] *vi* (*enfant, arbre*) to grow; (*bruit, hostilité*) to increase, grow ▷ *vt*: **~ qn** (*vêtement, chaussure*) to make sb look taller; (*fig*) to make sb grow in stature

**grand-mère** (*pl* **grand(s)-mères**) [gʀɑ̃mɛʀ] *nf* grandmother

**grand-messe** [gʀɑ̃mɛs] nf high mass

**grand-peine** [gʀɑ̃pɛn]: **à ~** adv with (great) difficulty

**grand-père** (pl **grands-pères**) [gʀɑ̃pɛʀ] nm grandfather

**grand-route** [gʀɑ̃ʀut] nf main road

**grands-parents** [gʀɑ̃paʀɑ̃] nmpl grandparents

**grange** [gʀɑ̃ʒ] nf barn

**granit, granite** [gʀanit] nm granite

**graphique** [gʀafik] adj graphic ▷ nm graph

**grappe** [gʀap] nf cluster; **~ de raisin** bunch of grapes

**gras, se** [gʀɑ, gʀɑs] adj (viande, soupe) fatty; (personne) fat; (surface, main, cheveux) greasy; (terre) sticky; (toux) loose, phlegmy; (rire) throaty; (plaisanterie) coarse; (crayon) soft-lead; (Typo) bold ▷ nm (Culin) fat; **faire la ~se matinée** to have a lie-in (Brit), sleep late; **matière ~se** fat (content)

**grassement** [gʀasmɑ̃] adv (généreusement): **~ payé** handsomely paid; (grossièrement: rire) coarsely

**grassouillet, te** [gʀasujɛ, -ɛt] adj podgy, plump

**gratifiant, e** [gʀatifjɑ̃, -ɑ̃t] adj gratifying, rewarding

**gratin** [gʀatɛ̃] nm (Culin) cheese- (ou crumb-) topped dish; (: croûte) topping; **au ~** au gratin; **tout le ~ parisien** all the best people of Paris

**gratiné, e** [gʀatine] adj (Culin) au gratin; (fam) hellish ▷ nf (soupe) onion soup au gratin

**gratis** [gʀatis] adv, adj free

**gratitude** [gʀatityd] nf gratitude

**gratte-ciel** [gʀatsjɛl] nm inv skyscraper

**gratte-papier** [gʀatpapje] nm inv (péj) penpusher

**gratter** [gʀate] vt (frotter) to scrape; (enlever: avec un outil) to scrape off; (avec un ongle: bras, bouton) to scratch; (enlever avec un ongle) to scratch off ▷ vi (irriter) to be scratchy; (démanger) to itch; **se gratter** to scratch o.s.

**gratuit, e** [gʀatɥi, -ɥit] adj (entrée) free; (billet) free, complimentary; (fig) gratuitous

**gravats** [gʀava] nmpl rubble sg

**grave** [gʀav] adj (dangereux: maladie, accident) serious, bad; (sérieux: sujet, problème) serious, grave; (personne, air) grave, solemn; (voix, son) deep, low-pitched ▷ nm (Mus) low register; **ce n'est pas ~!** it's all right, don't worry; **blessé ~** seriously injured person

**gravement** [gʀavmɑ̃] adv seriously; badly; (parler, regarder) gravely

**graver** [gʀave] vt (plaque, nom) to engrave; (CD, DVD) to burn; (fig): **~ qch dans son esprit/sa mémoire** to etch sth in one's mind/memory

**graveur** [gʀavœʀ] nm engraver; **~ de CD/ DVD** CD/DVD burner or writer

**gravier** [gʀavje] nm (loose) gravel no pl

**gravillons** [gʀavijɔ̃] nmpl gravel sg, loose chippings ou gravel

**gravir** [gʀaviʀ] vt to climb (up)

**gravité** [gʀavite] nf (de maladie, d'accident) seriousness; (de sujet, problème) gravity; (Physique) gravity

**graviter** [gʀavite] vi to revolve; **~ autour de** to revolve around

**gravure** [gʀavyʀ] nf engraving; (reproduction) print; plate

**gré** [gʀe] nm: **à son ~** adj to his liking ▷ adv as he pleases; **au ~ de** according to, following; **contre le ~ de qn** against sb's will; **de son (plein) ~** of one's own free will; **de ~ ou de force** whether one likes it or not; **de bon ~** willingly; **bon ~ mal ~** like it or not; willy-nilly; **de ~ à ~** (Comm) by mutual agreement; **savoir (bien) ~ à qn de qch** to be (most) grateful to sb for sth

**grec, grecque** [gʀɛk] adj Greek; (classique: vase etc) Grecian ▷ nm (Ling) Greek ▷ nm/f: **G~, G~que** Greek

**Grèce** [gʀɛs] nf: **la ~** Greece

**greffe** [gʀɛf] nf (Bot, Méd: de tissu) graft; (Méd: d'organe) transplant ▷ nm (Jur) office

**greffer** [gʀefe] vt (Bot, Méd: tissu) to graft; (Méd: organe) to transplant

**greffier** [gʀefje] nm clerk of the court

**grêle** [gʀɛl] adj (very) thin ▷ nf hail

**grêler** [gʀele] vb impers: **il grêle** it's hailing ▷ vt: **la région a été grêlée** the region was damaged by hail

**grêlon** [gʀelɔ̃] nm hailstone

**grelot** [gʀəlo] nm little bell

**grelotter** [gʀələte] vi (trembler) to shiver

**grenade** [gʀənad] nf (explosive) grenade; (Bot) pomegranate; **~ lacrymogène** teargas grenade

**grenadine** [gʀənadin] nf grenadine

**grenat** [gʀəna] adj inv dark red

**grenier** [gʀənje] nm (de maison) attic; (de ferme) loft

**grenouille** [gʀənuj] nf frog

**grès** [gʀɛ] nm (roche) sandstone; (poterie) stoneware

**grésiller** [gʀezije] vi to sizzle; (Radio) to crackle

**grève** [gʀɛv] nf (d'ouvriers) strike; (plage) shore; **se mettre en/faire ~** to go on/be on strike; **~ bouchon** partial strike (in key areas of a company); **~ de la faim** hunger strike; **~ perlée** go-slow (Brit), slowdown (US); **~ sauvage** wildcat strike; **~ de solidarité** sympathy strike; **~ surprise** lightning strike; **~ sur le tas** sit down strike; **~ tournante** strike by rota; **~ du zèle** work-to-rule (Brit), slowdown (US)

**gréviste** [gʀevist] nm/f striker

**gribouiller** [gʀibuje] vt to scribble, scrawl ▷ vi to doodle

**grièvement** [gʀijɛvmɑ̃] adv seriously

**griffe** [gʀif] nf claw; (fig) signature; (: d'un couturier, parfumeur) label, signature

**griffer** [gʀife] vt to scratch

**griffonner** [gʀifɔne] *vt* to scribble

**grignoter** [gʀiɲɔte] *vt* (*personne*) to nibble at; (*souris*) to gnaw at ▷ *vi* to nibble

**gril** [gʀil] *nm* steak *ou* grill pan

**grillade** [gʀijad] *nf* grill

**grillage** [gʀijaʒ] *nm* (*treillis*) wire netting; (*clôture*) wire fencing

**grille** [gʀij] *nf* (*portail*) (metal) gate; (*clôture*) railings *pl*; (*d'égout*) (metal) grate; (*fig*) grid

**grille-pain** [gʀijpɛ̃] *nm inv* toaster

**griller** [gʀije] *vt* (*aussi*: **faire ~**: *pain*) to toast; (: *viande*) to grill (Brit), broil (US); (: *café*) to roast; (*châtaignes*) to roast; (*fig*: *ampoule etc*) to burn out, blow; **~ un feu rouge** to jump the lights (Brit), run a stoplight (US) ▷ *vi* (*brûler*) to be roasting

**grillon** [gʀijɔ̃] *nm* (*Zool*) cricket

**grimace** [gʀimas] *nf* grimace; (*pour faire rire*): **faire des ~s** to pull *ou* make faces

**grimper** [gʀɛ̃pe] *vi, vt* to climb ▷ *nm*: **le ~** (*Sport*) rope-climbing; **~ à/sur** to climb (up)/ climb onto

**grincer** [gʀɛ̃se] *vi* (*porte, roue*) to grate; (*plancher*) to creak; **~ des dents** to grind one's teeth

**grincheux, -euse** [gʀɛ̃ʃø, -øz] *adj* grumpy

**grippe** [gʀip] *nf* flu, influenza; **avoir la ~** to have (the) flu; **prendre qn/qch en ~** (*fig*) to take a sudden dislike to sb/sth; **~ aviaire** bird flu; **~ porcine** swine flu

**grippé, e** [gʀipe] *adj*: **être ~** to have (the) flu; (*moteur*) to have seized up (Brit) *ou* jammed

**gris, e** [gʀi, gʀiz] *adj* grey (Brit), gray (US); (*ivre*) tipsy ▷ *nm* (*couleur*) grey, gray (US); **il fait ~** it's a dull *ou* grey day; **faire ~e mine** to look miserable *ou* morose; **faire ~e mine à qn** to give sb a cool reception

**grisaille** [gʀizaj] *nf* greyness (Brit), grayness (US), dullness

**griser** [gʀize] *vt* to intoxicate; **se ~ de** (*fig*) to become intoxicated with

**grisonner** [gʀizɔne] *vi* to be going grey (Brit) *ou* gray (US)

**grisou** [gʀizu] *nm* firedamp

**grive** [gʀiv] *nf* (*Zool*) thrush

**grivois, e** [gʀivwa, -waz] *adj* saucy

**Groenland** [gʀɔɛnlãd] *nm*: **le ~** Greenland

**grogner** [gʀɔɲe] *vi* to growl; (*fig*) to grumble

**grognon, ne** [gʀɔɲɔ̃, -ɔn] *adj* grumpy, grouchy

**groin** [gʀwɛ̃] *nm* snout

**grommeler** [gʀɔmle] *vi* to mutter to o.s.

**gronder** [gʀɔ̃de] *vi* (*canon, moteur, tonnerre*) to rumble; (*animal*) to growl; (*fig*: *révolte*) to be brewing ▷ *vt* to scold; **se faire ~** to get a telling-off

**groom** [gʀum] *nm* page, bellhop (US)

**gros, se** [gʀo, gʀos] *adj* big, large; (*obèse*) fat; (*problème, quantité*) great; (*travaux, dégâts*) extensive; (*large*: *trait, fil*) thick; (*rhume, averse*) heavy ▷ *adv*: **risquer/gagner ~** to risk/win a lot ▷ *nm/f* fat man/woman ▷ *nm* (*Comm*): **le ~** the wholesale business; **écrire ~** to write in big letters; **prix de ~** wholesale price; **par temps/~se mer** in rough weather/heavy seas; **le ~ de** the main body of; (*du travail etc*) the bulk of; **en avoir ~ sur le cœur** to be upset; **en ~** roughly; (*Comm*) wholesale; **~ intestin** large intestine; **~ lot** jackpot; **~ mot** swearword, vulgarity; **~ œuvre** shell (of building); **~ plan** (*Photo*) close-up; **~ porteur** wide-bodied aircraft, jumbo (jet); **~ sel** cooking salt; **~ titre** headline; **~se caisse** big drum

**groseille** [gʀozɛj] *nf*: **~ (rouge)/(blanche)** red/white currant; **~ à maquereau** gooseberry

**grosse** [gʀos] *adj f voir* **gros** ▷ *nf* (*Comm*) gross

**grossesse** [gʀoses] *nf* pregnancy; **~ nerveuse** phantom pregnancy

**grosseur** [gʀosœʀ] *nf* size; fatness; (*tumeur*) lump

**grossier, -ière** [gʀosje, -jɛʀ] *adj* coarse; (*insolent*) rude; (*dessin*) rough; (*travail*) roughly done; (*imitation, instrument*) crude; (*évident*: *erreur*) gross

**grossièrement** [gʀosjɛʀmã] *adv* (*vulgairement*) coarsely; (*sommairement*) roughly; crudely; (*en gros*) roughly

**grossièreté** [gʀosjɛʀte] *nf* coarseness; rudeness; (*mot*): **dire des ~s** to use coarse language

**grossir** [gʀosiʀ] *vi* (*personne*) to put on weight; (*fig*) to grow, get bigger; (*rivière*) to swell ▷ *vt* to increase; (*exagérer*) to exaggerate; (*au microscope*) to magnify, enlarge; (*vêtement*): **~ qn** to make sb look fatter

**grossiste** [gʀosist] *nm/f* wholesaler

**grosso modo** [gʀosomɔdo] *adv* roughly

**grotesque** [gʀɔtɛsk] *adj* (*extravagant*) grotesque; (*ridicule*) ludicrous

**grotte** [gʀɔt] *nf* cave

**grouiller** [gʀuje] *vi* (*foule*) to mill about; (*fourmis*) to swarm about; **~ de** to be swarming with

**groupe** [gʀup] *nm* group; **cabinet de ~** group practice; **médecine de ~** group practice; **~ électrogène** generator; **~ de parole** support group; **~ de pression** pressure group; **~ sanguin** blood group; **~ scolaire** school complex

**groupement** [gʀupmã] *nm* grouping; (*groupe*) group; **~ d'intérêt économique (GIE)** ≈ trade association

**grouper** [gʀupe] *vt* to group; (*ressources, moyens*) to pool; **se grouper** *vi* to get together

**grue** [gʀy] *nf* crane; **faire le pied de ~** (*fam*) to hang around (waiting), kick one's heels (Brit)

**grumeaux** [gʀymo] *nmpl* (*Culin*) lumps

**GSM** [ʒeɛsɛm] *nm, adj* GSM

**guenilles** [gənij] *nfpl* rags

**guenon** [gənɔ̃] *nf* female monkey

**guépard** [gepaʀ] *nm* cheetah

**guêpe** [gɛp] *nf* wasp

**guêpier** [gepje] *nm* (*fig*) trap

**guère** [gɛʀ] *adv* (*avec adjectif, adverbe*): **ne ... ~** hardly; (*avec verbe: pas beaucoup*): **ne ... ~** (*tournure négative*) much; (*pas souvent*) hardly ever; (*très peu*) hardly; (*pas longtemps*): **il n'y a ~ que/de** there's hardly anybody (*ou* anything) but/hardly any; **ce n'est ~ difficile** it's hardly difficult; **nous n'avons ~ de temps** we have hardly any time

**guéridon** [geʀidɔ̃] *nm* pedestal table

**guérilla** [geʀija] *nf* guerrilla warfare

**guérillero** [geʀijeʀo] *nm* guerrilla

**guérir** [geʀiʀ] *vt* (*personne, maladie*) to cure; (*membre, plaie*) to heal ▷ *vi* (*personne, malade*) to recover, be cured; (*maladie*) to be cured; (*plaie, chagrin, blessure*) to heal; **~ de** to be cured of, recover from; **~ qn de** to cure sb of

**guérison** [geʀizɔ̃] *nf* (*de maladie*) curing; (*de membre, plaie*) healing; (*de malade*) recovery

**guérisseur, -euse** [geʀisœʀ, -øz] *nm/f* healer

**guerre** [gɛʀ] *nf* war; (*méthode*): **~ atomique/ de tranchées** atomic/trench warfare *no pl*; **en ~** at war; **faire la ~ à** to wage war against; **de ~ lasse** (*fig*) tired of fighting *ou* resisting; **de bonne ~** fair and square; **~ civile/ mondiale** civil/world war; **~ froide/sainte** cold/holy war; **~ d'usure** war of attrition

**guerrier, -ière** [gɛʀje, -jɛʀ] *adj* warlike ▷ *nm/f* warrior

**guet** [gɛ] *nm*: **faire le ~** to be on the watch *ou* look-out

**guet-apens** (*pl* **guets-apens**) [gɛtapɑ̃] *nm* ambush

**guetter** [gete] *vt* (*épier*) to watch (intently); (*attendre*) to watch (out) for; (*: pour surprendre*) to be lying in wait for

**gueule** [gœl] *nf* (*d'animal*) mouth; (*fam: visage*) mug; (*: bouche*) gob (!), mouth; **ta ~!** (*fam*) shut up!; **avoir la ~ de bois** (*fam*) to have a hangover, be hung over

**gueuler** [gœle] *vi* (*fam*) to bawl

**gueuleton** [gœltɔ̃] *nm* (*fam*) blowout (*Brit*), big meal

**gui** [gi] *nm* mistletoe

**guichet** [giʃɛ] *nm* (*de bureau, banque*) counter, window; (*d'une porte*) wicket, hatch; **les ~s** (*à la gare, au théâtre*) the ticket office; **jouer à ~s fermés** to play to a full house

**guide** [gid] *nm* (*personne*) guide; (*livre*) guide(book) ▷ *nf* (*fille scout*) (girl) guide (*Brit*), girl scout (*US*); **guides** *nfpl* (*d'un cheval*) reins

**guider** [gide] *vt* to guide

**guidon** [gidɔ̃] *nm* handlebars *pl*

**guignol** [giɲɔl] *nm* ≈ Punch and Judy show; (*fig*) clown

**guillemets** [gijmɛ] *nmpl*: **entre ~** in inverted commas *ou* quotation marks; **~ de répétition** ditto marks

**guillotiner** [gijɔtine] *vt* to guillotine

**guindé, e** [gɛ̃de] *adj* (*personne, air*) stiff, starchy; (*style*) stilted

**Guinée** [gine] *nf*: **la (République de) ~** (the Republic of) Guinea

**guirlande** [giʀlɑ̃d] *nf* (*fleurs*) garland; (*de papier*) paper chain; **~ lumineuse** lights *pl*, fairy lights *pl* (*Brit*); **~ de Noël** tinsel *no pl*

**guise** [giz] *nf*: **à votre ~** as you wish *ou* please; **en ~ de** by way of

**guitare** [gitaʀ] *nf* guitar

**Guyane** [gɥijan] *nf*: **la ~** Guyana; **la ~ (française)** (French) Guiana

**gym** [ʒim] *nf* (*exercices*) gym

**gymnase** [ʒimnɑz] *nm* gym(nasium)

**gymnaste** [ʒimnast] *nm/f* gymnast

**gymnastique** [ʒimnastik] *nf* gymnastics *sg*; (*au réveil etc*) keep-fit exercises *pl*; **~ corrective** remedial gymnastics

**gynécologie** [ʒinekɔlɔʒi] *nf* gynaecology (*Brit*), gynecology (*US*)

**gynécologique** [ʒinekɔlɔʒik] *adj* gynaecological (*Brit*), gynecological (*US*)

**gynécologue** [ʒinekɔlɔg] *nm/f* gynaecologist (*Brit*), gynecologist (*US*)

# h

**habile** [abil] *adj* skilful; *(malin)* clever

**habileté** [abilte] *nf* skill, skilfulness; cleverness

**habillé, e** [abije] *adj* dressed; *(chic)* dressy; *(Tech)*: **~ de** covered with; encased in

**habillement** [abijmɑ̃] *nm* clothes *pl*; *(profession)* clothing industry

**habiller** [abije] *vt* to dress; *(fournir en vêtements)* to clothe; *(couvrir)* to cover; **s'habiller** *vi* to dress (o.s.); *(se déguiser, mettre des vêtements chic)* to dress up; **s'~ de/en** to dress in/dress up as; **s'~ chez/à** to buy one's clothes from/at

**habit** [abi] *nm* outfit; **habits** *nmpl (vêtements)* clothes; *(pour homme)* tails *pl*; **prendre l'~** *(Rel: entrer en religion)* to enter (holy) orders

**habitant, e** [abitɑ̃, -ɑ̃t] *nm/f* inhabitant; *(d'une maison)* occupant, occupier; **loger chez l'~** to stay with the locals

**habitation** [abitasjɔ̃] *nf* living; *(demeure)* residence, home; *(maison)* house; **~s à loyer modéré (HLM)** low-rent, state-owned housing, ≈ council flats *(Brit)*, ≈ public housing units *(US)*

**habiter** [abite] *vt* to live in; *(sentiment)* to dwell in ▷ *vi*: **~ à/dans** to live in *ou* at/in; **~ chez** *ou* **avec qn** to live with sb; **~ 16 rue Montmartre** to live at number 16 rue Montmartre; **~ rue Montmartre** to live in rue Montmartre

**habitude** [abityd] *nf* habit; **avoir l'~ de faire** to be in the habit of doing; *(expérience)* to be used to doing; **avoir l'~ des enfants** to be used to children; **prendre l'~ de faire qch** to get into the habit of doing sth; **perdre une ~** to get out of a habit; **d'~** usually; **comme d'~** as usual; **par ~** out of habit

**habitué, e** [abitɥe] *adj*: **être ~ à** to be used *ou* accustomed to ▷ *nm/f (de maison)* regular visitor; *(client)* regular (customer)

**habituel, le** [abitɥɛl] *adj* usual

**habituer** [abitɥe] *vt*: **~ qn à** to get sb used to; **s'habituer à** to get used to

**'hache** [ʹaʃ] *nf* axe

**'hacher** [ʹaʃe] *vt (viande)* to mince *(Brit)*, grind *(US)*; *(persil)* to chop; **~ menu** to mince *ou* grind finely; to chop finely

**'hachis** [ʹaʃi] *nm* mince *no pl (Brit)*, hamburger meat *(US)*; **~ de viande** minced *(Brit)* ou ground *(US)* meat; **hachis Parmentier** ≈ shepherd's pie

**'hachisch** [ʹaʃiʃ] *nm* hashish

**'hachoir** [ʹaʃwaR] *nm* chopper; *(meat)* mincer *(Brit)* ou grinder *(US)*; *(planche)* chopping board

**'hagard, e** [ʹagaR, -aRd] *adj* wild, distraught

**'haie** [ʹɛ] *nf* hedge; *(Sport)* hurdle; *(fig: rang)* line, row; **200 m ~s** 200 m hurdles; **~ d'honneur** guard of honour

**'haillons** [ʹajɔ̃] *nmpl* rags

**'haine** [ʹɛn] *nf* hatred

**'haïr** [ʹaiR] *vt* to detest, hate; **se 'haïr** to hate each other

**'hâlé, e** [ʹale] *adj* (sun)tanned, sunburnt

**haleine** [alɛn] *nf* breath; **perdre ~** to get out of breath; **à perdre ~** until one is gasping for breath; **avoir mauvaise ~** to have bad breath; **reprendre ~** to get one's breath back; *(escale)* stopping place; **hors d'~** out of breath; **tenir en ~** *(attention)* to hold spellbound; *(en attente)* to keep in suspense; **de longue ~** *adj* long-term

**'haleter** [ʹalte] *vi* to pant

**'hall** [ʹol] *nm* hall

**'halle** [ʹal] *nf* (covered) market; **halles** *nfpl (d'une grande ville)* central food market *sg*

**hallucinant, e** [alysinɑ̃, -ɑ̃t] *adj* staggering

**hallucination** [alysinasjɔ̃] *nf* hallucination

**'halte** [ʹalt] *nf* stop, break; *(escale)* stopping place; *(Rail)* halt ▷ *excl* stop!; **faire halte** to stop

**haltère** [altɛR] *nm (à boules, disques)* dumbbell, barbell; **(poids et) ~s** *(activité)* weightlifting *sg*

**haltérophilie** [alteRɔfili] *nf* weightlifting

**'hamac** [ʹamak] *nm* hammock

**'hamburger** [ʹɑ̃buRgœR] *nm* hamburger

**'hameau, x** [ʹamo] *nm* hamlet

**hameçon** [amsɔ̃] *nm* (fish) hook

**'hamster** [ʹamstɛR] *nm* hamster

**'hanche** [ʹɑ̃ʃ] *nf* hip

**'hand-ball** [ʹɑ̃dbal] *nm* handball

**'handicapé, e** [ʹɑ̃dikape] *adj* disabled, handicapped ▷ *nm/f* handicapped person; **handicapé mental/physique** mentally/physically handicapped person; **~ moteur** person with a movement disorder

**'hangar** [ʹɑ̃gaR] *nm* shed; *(Aviat)* hangar

**'hanneton** [ʹantɔ̃] *nm* cockchafer

**'hanter** [ʹɑ̃te] *vt* to haunt

**'hantise** ['ãtiz] *nf* obsessive fear
**'happer** ['ape] *vt* to snatch; *(train etc)* to hit
**'haras** ['aʀɑ] *nm* stud farm
**'harassant, e** ['aʀasã, -ãt] *adj* exhausting
**'harcèlement** ['aʀsɛlmã] *nm* harassment;
~ **sexuel** sexual harassment
**'harceler** ['aʀsəle] *vt* (Mil, Chasse) to harass,
harry; *(importuner)* to plague; **harceler qn de
questions** to plague sb with questions
**'hardi, e** ['aʀdi] *adj* bold, daring
**'hareng** ['aʀɑ̃] *nm* herring; **hareng saur**
kipper, smoked herring
**'hargne** ['aʀɲ] *nf* aggressivity, aggressiveness
**'hargneux, -euse** ['aʀɲø, -øz] *adj* (propos,
personne) belligerent, aggressive; *(chien)* fierce
**'haricot** ['aʀiko] *nm* bean; ~ **blanc/rouge**
haricot/kidney bean; ~ **vert** French *(Brit)* ou
green bean
**harmonica** [aʀmɔnika] *nm* mouth organ
**harmonie** [aʀmɔni] *nf* harmony
**harmonieux, -euse** [aʀmɔnjø, -øz] *adj*
harmonious; *(couleurs, couple)* well-matched
**'harnacher** ['aʀnaʃe] *vt* to harness
**'harnais** ['aʀnɛ] *nm* harness
**'harpe** ['aʀp] *nf* harp
**'harponner** ['aʀpɔne] *vt* to harpoon; *(fam)* to
collar
**'hasard** ['azaʀ] *nm*: **le** ~ chance, fate; **un** ~ a
coincidence; *(aubaine, chance)* a stroke of luck;
**au** ~ *(sans but)* aimlessly; *(à l'aveuglette)* at
random, haphazardly; **par** ~ by chance;
**comme par** ~ as if by chance; **à tout** ~ *(en
espérant trouver ce qu'on cherche)* on the off
chance; *(en cas de besoin)* just in case
**'hasarder** ['azaʀde] *vt* (mot) to venture; *(fortune)*
to risk; **se** ~ **à faire** to risk doing, venture to do
**'hâte** ['ɑt] *nf* haste; **à la** ~ hurriedly, hastily;
**en** ~ posthaste, with all possible speed; **avoir
~ de** to be eager ou anxious to
**'hâter** ['ɑte] *vt* to hasten; **se 'hâter** to hurry;
**se ~ de** to hurry ou hasten to
**'hâtif, -ive** ['ɑtif, -iv] *adj* (travail) hurried;
*(décision)* hasty; *(légume)* early
**'hausse** ['os] *nf* rise, increase; *(de fusil)*
backsight adjuster; **à la** ~ upwards; **en** ~
rising; **être en** ~ to be going up
**'hausser** ['ose] *vt* to raise; ~ **les épaules** to
shrug (one's shoulders); **se ~ sur la pointe des
pieds** to stand (up) on tiptoe ou tippy-toe (US)
**'haut, e** ['o, 'ot] *adj* high; *(grand)* tall; *(son, voix)*
high(-pitched) ▷ *adv* high ▷ *nm* top (part);
**de 3 m de** ~, ~ **de 3 m** 3 m high, 3 m in height;
**en ~e montagne** high up in the mountains;
**en ~ lieu** in high places; **à ~e voix, (tout)** ~
aloud, out loud; **des ~s et des bas** ups and
downs; **du ~ de** from the top of; **tomber de** ~
to fall from a height; *(fig)* to have one's hopes
dashed; **dire qch bien** ~ to say sth plainly;
**prendre qch de (très)** ~ to react haughtily to
sth; **traiter qn de ~** to treat sb with disdain;
**de ~ en bas** from top to bottom; downwards;
~ **en couleur** *(chose)* highly coloured;

*(personne)*: **un personnage ~ en couleur** a
colourful character; **plus** ~ higher up,
further up; *(dans un texte)* above; *(parler)*
louder; **en** ~ up above; *(être/aller)* at (ou to) the
top; *(dans une maison)* upstairs; **en ~ de** at the
top of; ~ **les mains!** hands up!, stick 'em up!;
**la ~e couture/coiffure** haute couture/
coiffure; ~ **débit** *(Inform)* broadband; ~ **e
fidélité** hi-fi, high fidelity; **la ~e finance**
high finance; ~ **e trahison** high treason
**'hautain, e** ['otɛ̃, -ɛn] *adj* (personne, regard)
haughty
**'hautbois** ['obwa] *nm* oboe
**'haut-de-forme** (pl **'hauts-de-forme**)
['odfɔʀm] *nm* top hat
**'hauteur** ['otœʀ] *nf* height; *(Géo)* height, hill;
*(fig)* loftiness; haughtiness; **à ~ de** up to (the
level of); **à ~ des yeux** at eye level; **à la ~ de** *(sur la
même ligne)* level with; by; *(fig: tâche, situation)*
equal to; **à la ~** *(fig)* up to it, equal to the task
**'haut-fourneau** (pl **'hauts-fourneaux**)
['ofuʀno] *nm* blast ou smelting furnace
**'haut-le-cœur** ['olkœʀ] *nm inv* retch, heave
**'haut-parleur** (pl **'haut-parleurs**) ['opaʀlœʀ]
*nm* (loud)speaker
**'havre** ['avʀ] *nm* haven
**Hawaï** [awai] *n* Hawaii; **les îles ~** the
Hawaiian Islands
**'Haye** ['ɛ] *n*: **la ~** the Hague
**'hayon** ['ɛjõ] *nm* tailgate
**hebdo** [ɛbdo] *nm* (fam) weekly
**hebdomadaire** [ɛbdɔmadɛʀ] *adj, nm* weekly
**hébergement** [ebɛʀʒəmã] *nm*
accommodation, lodging; taking in
**héberger** [ebɛʀʒe] *vt* (touristes) to
accommodate, lodge; *(amis)* to put up;
*(réfugiés)* to take in
**hébergeur** [ebɛʀʒœʀ] *nm* (Internet) host
**hébété, e** [ebete] *adj* dazed
**hébreu, x** [ebʀø] *adj m, nm* Hebrew
**Hébrides** [ebʀid] *nf*: **les ~** the Hebrides
**hécatombe** [ekatõb] *nf* slaughter
**hectare** [ɛktaʀ] *nm* hectare, 10,000 square
metres
**'hein** ['ɛ̃] *excl* eh?; *(sollicitant l'approbation)*: **tu
m'approuves, ~?** so I did the right thing
then?; **Paul est venu, ~?** Paul came, did he?;
**que fais-tu, ~?** hey! what are you doing?
**'hélas** ['elas] *excl* alas! ▷ *adv* unfortunately
**'héler** ['ele] *vt* to hail
**hélice** [elis] *nf* propeller
**hélicoptère** [elikɔptɛʀ] *nm* helicopter
**helvétique** [ɛlvetik] *adj* Swiss
**hématome** [ematom] *nm* haematoma
**hémicycle** [emisikl] *nm* semicircle; *(Pol)*: **l'~**
*the benches (in French parliament)*
**hémisphère** [emisfɛʀ] *nm*: ~ **nord/sud**
northern/southern hemisphere
**hémorragie** [emɔʀaʒi] *nf* bleeding *no pl*,
haemorrhage *(Brit)*, hemorrhage *(US)*;
~ **cérébrale** cerebral haemorrhage;
~ **interne** internal bleeding ou haemorrhage

**hémorroïdes** [emɔʀɔid] *nfpl* piles, haemorrhoids (Brit), hemorrhoids (US)

**'hennir** ['eniʀ] *vi* to neigh, whinny

**'hennissement** ['enismɑ̃] *nm* neighing, whinnying

**hépatite** [epatit] *nf* hepatitis, liver infection

**herbe** [ɛʀb] *nf* grass; (Culin, Méd) herb; **~s de Provence** mixed herbs; **en ~** unripe; (fig) budding; **touffe/brin d'~** clump/blade of grass

**herbicide** [ɛʀbisid] *nm* weed-killer

**herboriste** [ɛʀbɔʀist] *nm/f* herbalist

**'hère** ['ɛʀ] *nm*: **pauvre ~** poor wretch

**héréditaire** [eʀeditɛʀ] *adj* hereditary

**'hérisser** ['eʀise] *vt*: **~ qn** (fig) to ruffle sb; **se 'hérisser** *vi* to bristle, bristle up

**'hérisson** ['eʀisɔ̃] *nm* hedgehog

**héritage** [eʀitaʒ] *nm* inheritance; (fig: coutumes, système) heritage; (: legs) legacy; **faire un (petit) ~** to come into (a little) money

**hériter** [eʀite] *vi*: **~ de qch (de qn)** to inherit sth (from sb); **~ de qn** to inherit sb's property

**héritier, -ière** [eʀitje, -jɛʀ] *nm/f* heir/heiress

**hermétique** [ɛʀmetik] *adj* (à l'air) airtight; (à l'eau) watertight; (fig: écrivain, style) abstruse; (: visage) impenetrable

**hermine** [ɛʀmin] *nf* ermine

**'hernie** ['ɛʀni] *nf* hernia

**héroïne** [eʀɔin] *nf* heroine; (drogue) heroin

**héroïque** [eʀɔik] *adj* heroic

**'héron** ['eʀɔ̃] *nm* heron

**'héros** ['eʀo] *nm* hero

**hésitant, e** [ezitɑ̃, -ɑ̃t] *adj* hesitant

**hésitation** [ezitasjɔ̃] *nf* hesitation

**hésiter** [ezite] *vi*: **~ (à faire)** to hesitate (to do); **~ sur qch** to hesitate over sth

**hétéroclite** [eteʀɔklit] *adj* heterogeneous; (objets) sundry

**hétérogène** [eteʀɔʒɛn] *adj* heterogeneous

**hétérosexuel, le** [eteʀɔsɛkɥɛl] *adj* heterosexual

**'hêtre** ['ɛtʀ] *nm* beech

**heure** [œʀ] *nf* hour; (Scol) period; (moment, moment fixé) time; **c'est l'~** it's time; **pourriez-vous me donner l'~, s'il vous plaît?** could you tell me the time, please?; **quelle ~ est-il?** what time is it?; **2 ~s (du matin)** 2 o'clock (in the morning); **à la bonne ~!** (parfois ironique) splendid!; **être à l'~** to be on time; (montre) to be right; **le bus passe à l'~** the bus runs on the hour; **mettre à l'~** to set right; **100 km à l'~** ≈ 60 miles an ou per hour; **à toute ~** at any time; **24 ~s sur 24** round the clock, 24 hours a day; **à l'~ qu'il est** at this time (of day); (fig) now; **à l'~ actuelle** at the present time; **pour l'~** at once; **pour l'~** for the time being; **d'~ en ~** from one hour to the next; (régulièrement) hourly; **d'une ~ à l'autre** from hour to hour; **à une ~ avancée (de la nuit)** at a late hour (of the night); **de bonne ~** early; **deux ~s de marche/travail** two hours' walking/work; **une ~ d'arrêt** an hour's break ou stop; **~ d'été** summer time

(Brit), daylight saving time (US); **~ de pointe** rush hour; (téléphone) peak period; **~s de bureau** office hours; **~s supplémentaires** overtime *sg*

**heureusement** [œʀøzmɑ̃] *adv* (par bonheur) fortunately, luckily; **~ que ...** it's a good job that ..., fortunately ...

**heureux, -euse** [œʀø, -øz] *adj* happy; (chanceux) lucky, fortunate; (judicieux) felicitous, fortunate; **être ~ de qch** to be pleased ou happy about sth; **être ~ de faire/que** to be pleased ou happy to do/that; **s'estimer ~ de qch/que** to consider o.s. fortunate with sth/that; **encore ~ que ...** just as well that ...

**'heurt** ['œʀ] *nm* (choc) collision; **'heurts** *nmpl* (fig) clashes

**'heurter** ['œʀte] *vt* (mur) to strike, hit; (personne) to collide with; (fig) to go against, upset; **se 'heurter** (couleurs, tons) to clash; **se ~ à** to collide with; (fig) to come up against; **~ qn de front** to clash head-on with sb

**hexagone** [ɛgzagɔn] *nm* hexagon; **l'H~** (la France) France (because of its roughly hexagonal shape)

**hiberner** [ibɛʀne] *vi* to hibernate

**'hibou, x** ['ibu] *nm* owl

**'hideux, -euse** ['idø, -øz] *adj* hideous

**hier** [jɛʀ] *adv* yesterday; **~ matin/soir/midi** yesterday morning/evening/lunchtime; **toute la journée d'~** all day yesterday; **toute la matinée d'~** all yesterday morning

**'hiérarchie** ['jeʀaʀʃi] *nf* hierarchy

**'hi-fi** ['ifi] *nf inv* hi-fi

**hilare** [ilaʀ] *adj* mirthful

**hindou, e** [ɛ̃du] *adj* Hindu ▷ *nm/f*: **H~, e** Hindu; (Indien) Indian

**hippique** [ipik] *adj* equestrian, horse *cpd*; **un club ~** a riding centre; **un concours ~** a horse show

**hippisme** [ipism] *nm* (horse-)riding

**hippodrome** [ipɔdʀom] *nm* racecourse

**hippopotame** [ipɔpɔtam] *nm* hippopotamus

**hirondelle** [iʀɔ̃dɛl] *nf* swallow

**hirsute** [iʀsyt] *adj* (personne) hairy; (barbe) shaggy; (tête) tousled

**'hisser** ['ise] *vt* to hoist, haul up; **se 'hisser sur** to haul o.s. up onto

**histoire** [istwaʀ] *nf* (science, événements) history; (anecdote, récit, mensonge) story; (affaire) business *no pl*; (chichis: gén pl) fuss *no pl*; **histoires** *nfpl* (ennuis) trouble *sg*; **l'~ de France** French history, the history of France; **l'~ sainte** biblical history; **~ géo** humanities *pl*; **une ~ de** (fig) a question of

**historique** [istɔʀik] *adj* historical; (important) historic ▷ *nm* (exposé, récit): **faire l'~ de** to give the background to

**'hit-parade** ['itpaʀad] *nm*: **le ~** the charts

**hiver** [ivɛʀ] *nm* winter; **en ~** in winter

**hivernal, e, -aux** [ivɛʀnal, -o] *adj* (de l'hiver) winter *cpd*; (comme en hiver) wintry

**hiverner** [ivɛʀne] *vi* to winter

**h**

**HLM** sigle m ou f (= habitations à loyer modéré) low-rent, state-owned housing; **un(e)** ~ ≈ a council flat (ou house) (Brit), ≈ a public housing unit (US)

**hobby** ['ɔbi] nm hobby

**hocher** ['ɔʃe] vt: ~ **la tête** to nod; (signe négatif ou dubitatif) to shake one's head

**hochet** ['ɔʃɛ] nm rattle

**hockey** ['ɔkɛ] nm: ~ **(sur glace/gazon)** (ice/field) hockey

**hold-up** ['ɔldœp] nm inv hold-up

**hollandais, e** ['ɔlɑ̃dɛ, -ɛz] adj Dutch ▷ nm (Ling) Dutch ▷ nm/f: **Hollandais, e** Dutchman/woman; **les Hollandais** the Dutch

**Hollande** ['ɔlɑ̃d] nf: **la** ~ Holland ▷ nm: **hollande** (fromage) Dutch cheese

**homard** ['ɔmaʀ] nm lobster

**homéopathique** [ɔmeɔpatik] adj homoeopathic

**homicide** [ɔmisid] nm murder ▷ nm/f murderer/eress; ~ **involontaire** manslaughter

**hommage** [ɔmaʒ] nm tribute; **hommages** nmpl: **présenter ses ~s** to pay one's respects; **rendre ~ à** to pay tribute ou homage to; **en ~ de** as a token of; **faire ~ de qch à qn** to present sb with sth

**homme** [ɔm] nm man; (espèce humaine): l'~ man, mankind; ~ **d'affaires** businessman; ~ **des cavernes** caveman; ~ **d'Église** churchman, clergyman; ~ **d'État** statesman; ~ **de loi** lawyer; ~ **de main** hired man; ~ **de paille** stooge; ~ **politique** politician; l'~ **de la rue** the man in the street; ~ **à tout faire** odd-job man

**homme-grenouille** (pl **hommes-grenouilles**) [ɔmgʀənuj] nm frogman

**homogène** [ɔmɔʒɛn] adj homogeneous

**homologue** [ɔmɔlɔg] nm/f counterpart, opposite number

**homologué, e** [ɔmɔlɔge] adj (Sport) officially recognized, ratified; (tarif) authorized

**homonyme** [ɔmɔnim] nm (Ling) homonym; (d'une personne) namesake

**homosexuel, le** [ɔmɔsɛksɥɛl] adj homosexual

**Hong-Kong** ['ɔ̃gkɔ̃g] n Hong Kong

**Hongrie** ['ɔ̃gʀi] nf: **la** ~ Hungary

**hongrois, e** ['ɔ̃gʀwa, -waz] adj Hungarian ▷ nm (Ling) Hungarian ▷ nm/f: **Hongrois, e** Hungarian

**honnête** [ɔnɛt] adj (intègre) honest; (juste, satisfaisant) fair

**honnêtement** [ɔnɛtmɑ̃] adv honestly

**honnêteté** [ɔnɛtte] nf honesty

**honneur** [ɔnœʀ] nm honour; (mérite): l'~ **lui revient** the credit is his; **à qui ai-je l'~?** to whom have I the pleasure of speaking?; **"j'ai l'~ de …"** "I have the honour of …"; **en l'~ de** (personne) in honour of; (événement) on the occasion of; **faire ~ à** (engagements) to honour; (famille, professeur) to be a credit to; (fig: repas etc) to do justice to; **être à l'~** to be in the place of honour; **être en ~** to be in favour; **membre d'~** honorary member; **table d'~** top table

**honorable** [ɔnɔʀabl] adj worthy,

honourable; (suffisant) decent

**honoraire** [ɔnɔʀɛʀ] adj honorary; **honoraires** nmpl fees; **professeur** ~ professor emeritus

**honorer** [ɔnɔʀe] vt to honour; (estimer) to hold in high regard; (faire honneur à) to do credit to; ~ **qn de** to honour sb with; **s'honorer de** to pride o.s. upon

**honorifique** [ɔnɔʀifik] adj honorary

**honte** ['ɔ̃t] nf shame; **avoir** ~ **de** to be ashamed of; **faire** ~ **à qn** to make sb (feel) ashamed

**honteux, -euse** ['ɔ̃tø, -øz] adj ashamed; (conduite, acte) shameful, disgraceful

**hôpital, -aux** [ɔpital, -o] nm hospital; **où est l'~ le plus proche?** where is the nearest hospital?

**hoquet** ['ɔkɛ] nm hiccough; **avoir le** ~ to have (the) hiccoughs

**hoqueter** ['ɔkte] vi to hiccough

**horaire** [ɔʀɛʀ] adj hourly ▷ nm timetable, schedule; **horaires** nmpl (heures de travail) hours; ~ **flexible** ou **mobile** ou **à la carte** ou **souple** flex(i)time

**horizon** [ɔʀizɔ̃] nm horizon; (paysage) landscape, view; **sur l'**~ on the skyline ou horizon

**horizontal, e, -aux** [ɔʀizɔ̃tal, -o] adj horizontal ▷ nf: **à l'~e** on the horizontal

**horloge** [ɔʀlɔʒ] nf clock; l'~ **parlante** the speaking clock; ~ **normande** grandfather clock; ~ **physiologique** biological clock

**horloger, -ère** [ɔʀlɔʒe, -ɛʀ] nm/f watchmaker; clockmaker

**hormis** ['ɔʀmi] prép save

**horoscope** [ɔʀɔskɔp] nm horoscope

**horreur** [ɔʀœʀ] nf horror; **avoir** ~ **de** to loathe, detest; **quelle** ~! how awful!; **avoir** ~ **de** to loathe ou detest

**horrible** [ɔʀibl] adj horrible

**horrifier** [ɔʀifje] vt to horrify

**horripiler** [ɔʀipile] vt to exasperate

**hors** ['ɔʀ] prép except (for); ~ **de** out of; ~ **ligne** (Inform) off line; ~ **pair** outstanding; ~ **de propos** inopportune; ~ **série** (sur mesure) made-to-order; (exceptionnel) exceptional; ~ **service (HS)**, ~ **d'usage** out of service; **être** ~ **de soi** to be beside o.s.

**hors-bord** ['ɔʀbɔʀ] nm inv outboard motor; (canot) speedboat (with outboard motor)

**hors-d'œuvre** ['ɔʀdœvʀ] nm inv hors d'œuvre

**hors-jeu** ['ɔʀʒø] nm inv being offside no pl

**hors-la-loi** ['ɔʀlalwa] nm inv outlaw

**hors-taxe** [ɔʀtaks] adj (sur une facture, prix) excluding VAT; (boutique, marchandises) duty-free

**hortensia** [ɔʀtɑ̃sja] nm hydrangea

**hospice** [ɔspis] nm (de vieillards) home; (asile) hospice

**hospitalier, -ière** [ɔspitalje, -jɛʀ] adj (accueillant) hospitable; (Méd: service, centre) hospital cpd

**hospitaliser** [ɔspitalize] vt to take (ou send) to hospital, hospitalize

**hospitalité** [ɔspitalite] *nf* hospitality
**hostie** [ɔsti] *nf* host; (*Rel*)
**hostile** [ɔstil] *adj* hostile
**hostilité** [ɔstilite] *nf* hostility; **hostilités** *nfpl* hostilities
**hôte** [ot] *nm* (*maître de maison*) host; (*client*) patron; (*fig*) inhabitant, occupant ▷ *nm/f* (*invité*) guest; **~ payant** paying guest
**hôtel** [otel] *nm* hotel; **aller à l'~** to stay in a hotel; **~ (particulier)** (*private*) mansion; **~ de ville** town hall

● **HÔTELS**
●
● There are six categories of hotel in
● France, from zero ('non classé') to four
● stars and luxury four stars ('quatre
● étoiles luxe'). Prices include VAT but not
● breakfast. In some towns, guests pay a
● small additional tourist tax, the 'taxe de
● séjour'.

**hôtelier, -ière** [otəlje, -jɛʀ] *adj* hotel *cpd* ▷ *nm/f* hotelier, hotel-keeper
**hôtellerie** [otɛlʀi] *nf* (*profession*) hotel business; (*auberge*) inn
**hôtesse** [otɛs] *nf* hostess; **~ de l'air** flight attendant; **~ (d'accueil)** receptionist
'**hotte** [ɔt] *nf* (*panier*) basket (*carried on the back*); (*de cheminée*) hood; **~ aspirante** cooker hood
'**houblon** [ubl5] *nm* (*Bot*) hop; (*pour la bière*) hops *pl*
'**houille** [uj] *nf* coal; **~ blanche** hydroelectric power
'**houle** [ul] *nf* swell
'**houleux, -euse** [ulø, -øz] *adj* heavy, swelling; (*fig*) stormy, turbulent
'**hourra** [uʀa] *nm* cheer ▷ *excl* hurrah!
'**houspiller** [uspije] *vt* to scold
'**housse** [us] *nf* cover; (*pour protéger provisoirement*) dust cover; (*pour recouvrir à neuf*) loose *ou* stretch cover; **~ (penderie)** hanging wardrobe
'**houx** [u] *nm* holly
'**hovercraft** [ovɛʀkʀaft] *nm* hovercraft
'**hublot** [yblo] *nm* porthole
'**huche** [yʃ] *nf*: **~ à pain** bread bin
'**huer** [ɥe] *vt* to boo; (*hibou, chouette*) to hoot
'**huile** [ɥil] *nf* oil; (*Art*) oil painting; (*fam*) bigwig; **mer d'~** (*très calme*) glassy sea, sea of glass; **faire tache d'~** (*fig*) to spread; **~ d'arachide** groundnut oil; **~ essentielle** essential oil; **~ de foie de morue** cod-liver oil; **~ de ricin** castor oil; **~ solaire** suntan oil; **~ de table** salad oil
'**huiler** [ɥile] *vt* to oil
'**huileux, -euse** [ɥilø, -øz] *adj* oily
'**huis** [ɥi] *nm*: **à ~ clos** in camera
'**huissier** [ɥisje] *nm* usher; (*Jur*) ≈ bailiff
'**huit** [ɥi(t)] *num* eight; **samedi en ~** a week on Saturday; **dans ~ jours** in a week('s time)
'**huitaine** [ɥitɛn] *nf*: **une ~ de** about eight, eight or so; **une ~ de jours** a week or so

'**huitième** [ɥitjɛm] *num* eighth
**huître** [ɥitʀ] *nf* oyster
**humain, e** [ymɛ̃, -ɛn] *adj* human; (*compatissant*) humane ▷ *nm* human (being)
**humanitaire** [ymanitɛʀ] *adj* humanitarian
**humanité** [ymanite] *nf* humanity
**humble** [œ̃bl] *adj* humble
**humecter** [ymɛkte] *vt* to dampen; **s'~ les lèvres** to moisten one's lips
'**humer** [yme] *vt* (*parfum*) to inhale; (*pour sentir*) to smell
**humeur** [ymœʀ] *nf* mood; (*tempérament*) temper; (*irritation*) bad temper; **de bonne/ mauvaise ~** in a good/bad mood; **être d'~ à faire qch** to be in the mood for doing sth
**humide** [ymid] *adj* (*linge*) damp; (*main, yeux*) moist; (*climat, chaleur*) humid; (*saison, route*) wet
**humilier** [ymilje] *vt* to humiliate; **s'~ devant qn** to humble o.s. before sb
**humilité** [ymilite] *nf* humility, humbleness
**humoristique** [ymɔristik] *adj* humorous; humoristic
**humour** [ymuʀ] *nm* humour; **avoir de l'~** to have a sense of humour; **~ noir** sick humour
'**huppé, e** ['ype] *adj* crested; (*fam*) posh
'**hurlement** [yʀləmɑ̃] *nm* howling *no pl*, howl; yelling *no pl*, yell
'**hurler** ['yʀle] *vi* to howl, yell; (*fig: vent*) to howl; (: *couleurs etc*) to clash; **~ à la mort** (*chien*) to bay at the moon
**hurluberlu** [yʀlybɛʀly] *nm* (*péj*) crank ▷ *adj* cranky
'**hutte** ['yt] *nf* hut
**hybride** [ibʀid] *adj* hybrid
**hydratant, e** [idʀatɑ̃, -ɑ̃t] *adj* (*crème*) moisturizing
**hydraulique** [idʀolik] *adj* hydraulic
**hydravion** [idʀavjɔ̃] *nm* seaplane, hydroplane
**hydrogène** [idʀɔʒɛn] *nm* hydrogen
**hydroglisseur** [idʀɔglisœʀ] *nm* hydroplane
**hyène** [jɛn] *nf* hyena
**hygiène** [iʒjɛn] *nf* hygiene; **~ intime** personal hygiene
**hygiénique** [iʒenik] *adj* hygienic
**hymne** [imn] *nm* hymn; **~ national** national anthem
**hyperlien** [ipɛʀljɛ̃] *nm* (*Inform*) hyperlink
**hypermarché** [ipɛʀmaʀʃe] *nm* hypermarket
**hypermétrope** [ipɛʀmetʀɔp] *adj* long-sighted
**hypertension** [ipɛʀtɑ̃sjɔ̃] *nf* high blood pressure, hypertension
**hypertexte** [ipɛʀtɛkst] *nm* (*Inform*) hypertext
**hypnose** [ipnoz] *nf* hypnosis
**hypnotiser** [ipnɔtize] *vt* to hypnotize
**hypnotiseur** [ipnɔtizœʀ] *nm* hypnotist
**hypocrisie** [ipɔkʀizi] *nf* hypocrisy
**hypocrite** [ipɔkʀit] *adj* hypocritical ▷ *nm/f* hypocrite
**hypothèque** [ipɔtek] *nf* mortgage
**hypothèse** [ipɔtez] *nf* hypothesis; **dans l'~ où** assuming that
**hystérique** [isteʀik] *adj* hysterical

**iceberg** [isbɛʀɡ] *nm* iceberg

**ici** [isi] *adv* here; **jusqu'~** as far as this; *(temporel)* until now; **d'~ là** by then; **d'~ demain** by tomorrow; *(en attendant)* in the meantime; **d'~ peu** before long

**icône** [ikon] *nf (aussi Inform)* icon

**idéal, e, -aux** [ideal, -o] *adj* ideal ▷ *nm* ideal; *(système de valeurs)* ideals *pl*

**idéaliste** [idealist] *adj* idealistic ▷ *nm/f* idealist

**idée** [ide] *nf* idea; *(illusion)*: **se faire des ~s** to imagine things, get ideas into one's head; **avoir dans l'~ que** to have an idea that; **mon ~, c'est que ...** I suggest that ..., I think that ...; **à l'~ de/que** at the idea of/that, at the thought of/that; **je n'ai pas la moindre ~** I haven't the faintest idea; **avoir ~ que** to have an idea that; **avoir des ~s larges/étroites** to be broad-/narrow-minded; **venir à l'~ de qn** to occur to sb; **en voilà des ~s!** the very idea!; **~ fixe** idée fixe, obsession; **~s noires** black *ou* dark thoughts; **~s reçues** accepted ideas *ou* wisdom

**identifiant** [idãtifjã] *nm (Inform)* login

**identifier** [idãtifje] *vt* to identify; **~ qch/qn à** to identify sth/sb with; **s'identifier** *vi*: **s'~ avec** *ou* **à qn/qch** *(héros etc)* to identify with sb/sth

**identique** [idãtik] *adj*: **~ (à)** identical (to)

**identité** [idãtite] *nf* identity; **~ judiciaire** *(Police)* ≈ Criminal Records Office

**idiot, e** [idjo, idjɔt] *adj* idiotic ▷ *nm/f* idiot

**idiotie** [idjɔsi] *nf* idiocy; *(propos)* idiotic remark

**idole** [idɔl] *nf* idol

**if** [if] *nm* yew

**igloo** [iglu] *nm* igloo

**ignare** [iɲaʀ] *adj* ignorant

**ignoble** [iɲɔbl] *adj* vile

**ignorant, e** [iɲɔʀɑ̃, -ɑ̃t] *adj* ignorant ▷ *nm/f*: **faire l'~** to pretend one doesn't know; **~ de** ignorant of, not aware of; **~ en** ignorant of, knowing nothing of

**ignorer** [iɲɔʀe] *vt (ne pas connaître)* not to know, be unaware *ou* ignorant of; *(être sans expérience de: plaisir, guerre etc)* not to know about, have no experience of; *(bouder: personne)* to ignore; **j'ignore comment/si** I do not know how/if; **~ que** to be unaware that, not to know that; **je n'ignore pas que ...** I'm not forgetting that ..., I'm not unaware that ...; **je l'ignore** I don't know

**il** [il] *pron* he; *(animal, chose, en tournure impersonnelle)* it, NB: *en anglais les navires et les pays sont en général assimilés aux femelles, et les bébés aux choses, si le sexe n'est pas spécifié;* **ils** they; **il neige** it's snowing; **Pierre est-il arrivé?** has Pierre arrived?; **il a gagné** he won; *voir aussi* **avoir**

**île** [il] *nf* island; **les Î~s** the West Indies; **l'~ de Beauté** Corsica; **l'~ Maurice** Mauritius; **les ~s anglo-normandes** the Channel Islands; **les ~s Britanniques** the British Isles; **les ~s Cocos** *ou* **Keeling** the Cocos *ou* Keeling Islands; **les ~s Cook** the Cook Islands; **les ~s Scilly** the Scilly Isles, the Scillies; **les ~s Shetland** the Shetland Islands, Shetland; **les ~s Sorlingues = les îles Scilly; les ~s Vierges** the Virgin Islands

**illégal, e, -aux** [ilegal, -o] *adj* illegal, unlawful *(Admin)*

**illégitime** [ileʒitim] *adj* illegitimate; *(optimisme, sévérité)* unjustified, unwarranted

**illettré, e** [iletʀe] *adj, nm/f* illiterate

**illimité, e** [ilimite] *adj (immense)* boundless, unlimited; *(congé, durée)* indefinite, unlimited

**illisible** [ilizibl] *adj* illegible; *(roman)* unreadable

**illogique** [ilɔʒik] *adj* illogical

**illumination** [ilyminasjɔ̃] *nf* illumination, floodlighting; *(inspiration)* flash of inspiration; **illuminations** *nfpl* illuminations, lights

**illuminer** [ilymine] *vt* to light up; *(monument, rue: pour une fête)* to illuminate; *(au moyen de projecteurs)* floodlight; **s'illuminer** *vi* to light up

**illusion** [ilyzjɔ̃] *nf* illusion; **se faire des ~s** to delude o.s.; **faire ~** to delude *ou* fool people; **~ d'optique** optical illusion

**illusionniste** [ilyzjɔnist] *nm/f* conjuror

**illustration** [ilystʀasjɔ̃] *nf* illustration; *(d'un ouvrage: photos)* illustrations *pl*

**illustre** [ilystʀ] *adj* illustrious, renowned

**illustré, e** [ilystʀe] *adj* illustrated ▷ *nm*

illustrated magazine; (*pour enfants*) comic
**illustrer** [ilystʀe] *vt* to illustrate; **s'illustrer**
to become famous, win fame
**îlot** [ilo] *nm* small island, islet; (*de maisons*)
block; (*petite zone*): **un ~ de verdure** an island
of greenery, a patch of green
**ils** [il] *pron* they
**image** [imaʒ] *nf* (*gén*) picture; (*comparaison,
ressemblance, Optique*) image; **~ de** picture *ou*
image of; **~ d'Épinal** (*social*) stereotype; **~ de
marque** brand image; (*d'une personne*)
(public) image; (*d'une entreprise*) corporate
image; **~ pieuse** holy picture
**imagé, e** [imaʒe] *adj* (*texte*) full of imagery;
(*langage*) colourful
**imaginaire** [imaʒinɛʀ] *adj* imaginary
**imagination** [imaʒinasjɔ̃] *nf* imagination;
(*chimère*) fancy, imagining; **avoir de l'~** to be
imaginative, have a good imagination
**imaginer** [imaʒine] *vt* to imagine; (*croire*):
**qu'allez-vous ~ là?** what on earth are you
thinking of?; (*inventer: expédient, mesure*) to
devise, think up; **s'imaginer** *vt* (*se figurer:
scène etc*) to imagine, picture; **s'~ à 60 ans** to
picture *ou* imagine o.s. at 60; **s'~ que** to
imagine that; **s'~ pouvoir faire qch** to think
one can do sth; **j'imagine qu'il a voulu
plaisanter** I suppose he was joking; **~ de
faire** (*se mettre dans l'idée de*) to dream up the
idea of doing
**imbattable** [ɛ̃batabl] *adj* unbeatable
**imbécile** [ɛ̃besil] *adj* idiotic ▷ *nm/f* idiot;
(*Méd*) imbecile
**imbécillité** [ɛ̃besilite] *nf* idiocy; imbecility;
idiotic action (*ou* remark *etc*)
**imbiber** [ɛ̃bibe] *vt*: **~ qch de** to moisten *ou*
wet sth with; **s'imbiber de** to become
saturated with; **imbibé(e) d'eau** (*chaussures,
étoffe*) saturated; (*terre*) waterlogged
**imbu, e** [ɛ̃by] *adj*: **~ de** full of; **~ de soi-même/
sa supériorité** full of oneself/one's
superiority
**imbuvable** [ɛ̃byvabl] *adj* undrinkable
**imitateur, -trice** [imitatœʀ, -tʀis] *nm/f* (*gén*)
imitator; (*Music-Hall: d'une personnalité*)
impersonator
**imitation** [imitasjɔ̃] *nf* imitation; (*de
personalité*) impersonation; **sac ~ cuir** bag in
imitation *ou* simulated leather; **à l'~ de** in
imitation of
**imiter** [imite] *vt* to imitate; (*personne*) to
imitate, impersonate; (*contrefaire: signature,
document*) to forge, copy; (*ressembler à*) to look
like; **il se leva et je l'imitai** he got up and I
did likewise
**immaculé, e** [imakyle] *adj* spotless,
immaculate; **l'I~-e Conception** (*Rel*) the
Immaculate Conception
**immangeable** [ɛ̃mɑ̃ʒabl] *adj* inedible,
uneatable
**immatriculation** [imatʀikylasjɔ̃] *nf*
registration

● IMMATRICULATION

● The last two numbers on vehicle licence
● plates show which 'département' of
● France the vehicle is registered in.
● For example, a car registered in Paris
● has the number 75 on its licence plates.

**immatriculer** [imatʀikyle] *vt* to register;
**faire/se faire ~** to register; **voiture
immatriculée dans la Seine** car with a
Seine registration (number)
**immédiat, e** [imedja, -at] *adj* immediate
▷ *nm*: **dans l'~** for the time being; **dans le
voisinage ~ de** in the immediate vicinity of
**immédiatement** [imedjatmɑ̃] *adv*
immediately
**immense** [imɑ̃s] *adj* immense
**immerger** [imɛʀʒe] *vt* to immerse,
submerge; (*câble etc*) to lay under water;
(*déchets*) to dump at sea; **s'immerger** *vi* (*sous-
marin*) to dive, submerge
**immeuble** [imœbl] *nm* building ▷ *adj* (*Jur*)
immovable, real; **~ locatif** block of rented
flats (*Brit*), rental building (*US*); **~ de rapport**
investment property
**immigration** [imigʀasjɔ̃] *nf* immigration
**immigré, e** [imigʀe] *nm/f* immigrant
**imminent, e** [iminɑ̃, -ɑ̃t] *adj* imminent,
impending
**immiscer** [imise]: **s'immiscer** *vi*: **s'~ dans** to
interfere in *ou* with
**immobile** [imɔbil] *adj* still, motionless; (*pièce
de machine*) fixed; (*fig*) unchanging; **rester/se
tenir ~** to stay/keep still
**immobilier, -ière** [imɔbilje, -jɛʀ] *adj*
property *cpd*, in real property ▷ *nm*: **l'~** the
property *ou* the real estate business
**immobiliser** [imɔbilize] *vt* (*gén*) to
immobilize; (*circulation, véhicule, affaires*) to
bring to a standstill; **s'immobiliser** (*personne*)
to stand still; (*machine, véhicule*) to come to a
halt *ou* a standstill
**immonde** [imɔ̃d] *adj* foul; (*sale: ruelle, taudis*)
squalid
**immoral, e, -aux** [imɔʀal, -o] *adj* immoral
**immortel, le** [imɔʀtɛl] *adj* immortal ▷ *nf*
(*Bot*) everlasting (flower)
**immuable** [imɥabl] *adj* (*inébranlable*)
immutable; (*qui ne change pas*) unchanging;
(*personne*): **~ dans ses convictions**
immoveable (in one's convictions)
**immunisé, e** [im(m)ynize] *adj*: **~ contre**
immune to
**immunité** [imynite] *nf* immunity;
**~ diplomatique** diplomatic immunity;
**~ parlementaire** parliamentary
privilege
**impact** [ɛ̃pakt] *nm* impact; **point d'~** point of
impact
**impair, e** [ɛ̃pɛʀ] *adj* odd ▷ *nm* faux pas,
blunder; **numéros ~s** odd numbers

**impardonnable** [ɛ̃paʀdɔnabl] *adj*
unpardonable, unforgivable; **vous êtes ~
d'avoir fait cela** it's unforgivable of you to
have done that

**imparfait, e** [ɛ̃paʀfɛ, -ɛt] *adj* imperfect ▷ *nm*
(*Ling*) imperfect (tense)

**impartial, e, -aux** [ɛ̃paʀsjal, -o] *adj*
impartial, unbiased

**impasse** [ɛ̃pɑs] *nf* dead-end, cul-de-sac; (*fig*)
deadlock; **être dans l'~** (*négociations*) to have
reached deadlock; **~ budgétaire** budget deficit

**impassible** [ɛ̃pasibl] *adj* impassive

**impatience** [ɛ̃pasjɑ̃s] *nf* impatience

**impatient, e** [ɛ̃pasjɑ̃, -ɑ̃t] *adj* impatient;
**~ de faire qch** keen *ou* impatient to do sth

**impatienter** [ɛ̃pasjɑ̃te] *vt* to irritate, annoy;
**s'impatienter** *vi* to get impatient; **s'~ de/
contre** to lose patience at/with, grow
impatient at/with

**impeccable** [ɛ̃pekabl] *adj* faultless,
impeccable; (*propre*) spotlessly clean; (*chic*)
impeccably dressed; (*fam*) smashing

**impensable** [ɛ̃pɑ̃sabl] *adj* (*événement
hypothétique*) unthinkable; (*événement qui a eu
lieu*) unbelievable

**imper** [ɛ̃pɛʀ] *nm* (*imperméable*) mac

**impératif, -ive** [ɛ̃peʀatif, -iv] *adj*
imperative; (*Jur*) mandatory ▷ *nm* (*Ling*)
imperative; **impératifs** *nmpl* (*exigences: d'une
fonction, d'une charge*) requirements; (*de la mode*)
demands

**impératrice** [ɛ̃peʀatʀis] *nf* empress

**imperceptible** [ɛ̃pɛʀseptibl] *adj*
imperceptible

**impérial, e, -aux** [ɛ̃peʀjal, -o] *adj* imperial
▷ *nf* upper deck; **autobus à ~e** double-decker
bus

**impérieux, -euse** [ɛ̃peʀjø, -øz] *adj* (*caractère,
ton*) imperious; (*obligation, besoin*) pressing,
urgent

**impérissable** [ɛ̃peʀisabl] *adj* undying,
imperishable

**imperméable** [ɛ̃pɛʀmeabl] *adj* waterproof;
(*Géo*) impermeable; (*fig*): **~ à** impervious to
▷ *nm* raincoat; **~ à l'air** airtight

**impertinent, e** [ɛ̃pɛʀtinɑ̃, -ɑ̃t] *adj*
impertinent

**imperturbable** [ɛ̃pɛʀtyʀbabl] *adj* (*personne*)
imperturbable; (*sang-froid*) unshakeable;
**rester ~** to remain unruffled

**impétueux, -euse** [ɛ̃petɥø, -øz] *adj* fiery

**impitoyable** [ɛ̃pitwajabl] *adj* pitiless,
merciless

**implanter** [ɛ̃plɑ̃te] *vt* (*usine, industrie, usage*) to
establish; (*colons etc*) to settle; (*idée, préjugé*) to
implant; **s'implanter dans** *vi* to become
established in; to settle in; to become
implanted in

**impliquer** [ɛ̃plike] *vt* to imply; **~ qn (dans)** to
implicate sb (in)

**impoli, e** [ɛ̃pɔli] *adj* impolite, rude

**impopulaire** [ɛ̃pɔpylɛʀ] *adj* unpopular

**importance** [ɛ̃pɔʀtɑ̃s] *nf* importance;
(*de somme*) size; (*de retard*) extent: **avoir de l'~** to be
important; **sans ~** unimportant; **d'~**
important, considerable; **quelle ~?** what
does it matter?

**important, e** [ɛ̃pɔʀtɑ̃, -ɑ̃t] *adj* important;
(*en quantité: somme, retard*) considerable,
sizeable; (*: gamme, dégâts*) extensive; (*péj: airs,
ton*) self-important ▷ *nm*: **l'~** the important
thing

**importateur, -trice** [ɛ̃pɔʀtatœʀ, -tʀis] *adj*
importing ▷ *nm/f* importer; **pays ~ de blé**
wheat-importing country

**importation** [ɛ̃pɔʀtasjɔ̃] *nf* import;
introduction; (*produit*) import

**importer** [ɛ̃pɔʀte] *vt* (*Comm*) to import;
(*maladies, plantes*) to introduce ▷ *vi* (*être
important*) to matter; **~ à qn** to matter to sb; **il
importe de** it is important to; **il importe
qu'il fasse** he must do, it is important that
he should do; **peu m'importe** (*je n'ai pas de
préférence*) I don't mind; (*je m'en moque*) I don't
care; **peu importe** it doesn't matter; **peu
importe (que)** it doesn't matter (if); **peu
importe le prix** never mind the price; *voir
aussi* **n'importe**

**importun, e** [ɛ̃pɔʀtœ̃, -yn] *adj* irksome,
importunate; (*arrivée, visite*) inopportune,
ill-timed ▷ *nm* intruder

**importuner** [ɛ̃pɔʀtyne] *vt* to bother

**imposable** [ɛ̃pozabl] *adj* taxable

**imposant, e** [ɛ̃pozɑ̃, -ɑ̃t] *adj* imposing

**imposer** [ɛ̃poze] *vt* (*taxer*) to tax; (*Rel*): **les
mains** to lay on hands; **~ qch à qn** to impose
sth on sb; **s'imposer** *vi* (*être nécessaire*) to be
imperative; (*montrer sa proéminence*) to stand
out, emerge; (*artiste: se faire connaître*) to win
recognition, come to the fore; **en ~** to be
imposing; **s'~ à** to impress; **s'~ comme** to
emerge as; **s'~ par** to win recognition
through; **ça s'impose** it's essential, it's vital

**impossibilité** [ɛ̃pɔsibilite] *nf* impossibility;
**être dans l'~ de faire** to be unable to do, find
it impossible to do

**impossible** [ɛ̃pɔsibl] *adj* impossible ▷ *nm*: **l'~**
the impossible; **~ à faire** impossible to do; **il
m'est ~ de le faire** it is impossible for me to
do it, I can't possibly do it; **faire l'~ (pour
que)** to do one's utmost (so that); **si, par ~ ...**
if, by some miracle ...

**imposteur** [ɛ̃pɔstœʀ] *nm* impostor

**impôt** [ɛ̃po] *nm* tax; (*taxes*) taxation, taxes *pl*;
**impôts** *nmpl* (*contributions*) (income) tax *sg*;
**payer 1000 euros d'~s** to pay 1,000 euros in
tax; **~ direct/indirect** direct/indirect tax; **~ sur
le chiffre d'affaires** corporation (*Brit*) *ou*
corporate (*US*) tax; **~ foncier** land tax; **~ sur
la fortune** wealth tax; **~ sur les plus-values**
capital gains tax; **~ sur le revenu** income
tax; **~ sur le RPP** personal income tax; **~ sur
les sociétés** tax on companies; **~s locaux**
rates, local taxes (*US*), ≈ council tax (*Brit*)

**impotent, e** [ɛ̃pɔtɑ̃, -ɑ̃t] *adj* disabled

**impraticable** [ɛ̃pratikabl] *adj* (*projet*) impracticable, unworkable; (*piste*) impassable

**imprécis, e** [ɛ̃presi, -iz] *adj* (*contours, souvenir*) imprecise, vague; (*tir*) inaccurate, imprecise

**imprégner** [ɛ̃preɲe] *vt* (*tissu, tampon*): **~ (de)** to soak *ou* impregnate (with); (*lieu, air*): **~ (de)** to fill (with); (*amertume, ironie*) to pervade; **s'imprégner de** *vi* to become impregnated with; to be filled with; (*fig*) to absorb

**imprenable** [ɛ̃prənabl] *adj* (*forteresse*) impregnable; **vue ~** unimpeded outlook

**impresario** [ɛ̃presarjo] *nm* manager, impresario

**impression** [ɛ̃presjɔ̃] *nf* impression; (*d'un ouvrage, tissu*) printing; (*Photo*) exposure; **faire bonne/mauvaise ~** to make a good/bad impression; **donner une ~ de/l'~ que** to give the impression of/that; **avoir l'~ de/que** to have the impression of/that; **faire ~** to make an impression; **~s de voyage** impressions of one's journey

**impressionnant, e** [ɛ̃presjɔnɑ̃, -ɑ̃t] *adj* (*imposant*) impressive; (*bouleversant*) upsetting

**impressionner** [ɛ̃presjɔne] *vt* (*frapper*) to impress; (*troubler*) to upset; (*Photo*) to expose

**imprévisible** [ɛ̃previzibl] *adj* unforeseeable; (*réaction, personne*) unpredictable

**imprévoyant, e** [ɛ̃prevwajɑ̃, -ɑ̃t] *adj* lacking in foresight; (*en matière d'argent*) improvident

**imprévu, e** [ɛ̃prevy] *adj* unforeseen, unexpected ▷ *nm* (*incident*) unexpected incident; **l'~** the unexpected; **des vacances pleines d'~** holidays full of surprises; **en cas d'~** if anything unexpected happens; **sauf ~** unless anything unexpected crops up

**imprimante** [ɛ̃primɑ̃t] *nf* (*Inform*) printer; **~ à bulle d'encre** bubblejet printer; **~ à jet d'encre** ink-jet printer; **~ à laser** laser printer; **~ (ligne par) ligne** line printer; **~ à marguerite** daisy-wheel printer

**imprimé** [ɛ̃prime] *nm* (*formulaire*) printed form; (*Postes*) printed matter *no pl*; (*tissu*) printed fabric; **un ~ à fleurs/pois** (*tissu*) a floral/polka-dot print

**imprimer** [ɛ̃prime] *vt* to print; (*Inform*) to print (out); (*apposer: visa, cachet*) to stamp; (*empreinte etc*) to imprint; (*publier*) to publish; (*communiquer: mouvement, impulsion*) to impart, transmit

**imprimerie** [ɛ̃primri] *nf* printing; (*établissement*) printing works *sg*; (*atelier*) printing house, printery

**imprimeur** [ɛ̃primœr] *nm* printer; **~-éditeur/-libraire** printer and publisher/ bookseller

**impromptu, e** [ɛ̃prɔ̃pty] *adj* impromptu; (*départ*) sudden

**impropre** [ɛ̃prɔpr] *adj* inappropriate; **~ à** unsuitable for

**improviser** [ɛ̃prɔvize] *vt, vi* to improvize; **s'improviser** (*secours, réunion*) to be improvized; **s'~ cuisinier** to (decide to) act as cook; **~ qn cuisinier** to get sb to act as cook

**improviste** [ɛ̃prɔvist]: **à l'~** *adv* unexpectedly, without warning

**imprudence** [ɛ̃prydɑ̃s] *nf* (*d'une personne, d'une action*) carelessness *no pl*; (*d'une remarque*) imprudence *no pl*; act of carelessness; (*ooo*) foolish *ou* unwise action; **commettre une ~** to do something foolish

**imprudent, e** [ɛ̃prydɑ̃, -ɑ̃t] *adj* (*conducteur, geste, action*) careless; (*remarque*) unwise, imprudent; (*projet*) foolhardy

**impudent, e** [ɛ̃pydɑ̃, -ɑ̃t] *adj* impudent

**impudique** [ɛ̃pydik] *adj* shameless

**impuissant, e** [ɛ̃pɥisɑ̃, -ɑ̃t] *adj* helpless; (*sans effet*) ineffectual; (*sexuellement*) impotent ▷ *nm* impotent man; **~ à faire qch** powerless to do sth

**impulsif, -ive** [ɛ̃pylsif, -iv] *adj* impulsive

**impulsion** [ɛ̃pylsjɔ̃] *nf* (*Élec, instinct*) impulse; (*élan, influence*) impetus

**impunément** [ɛ̃pynemɑ̃] *adv* with impunity

**inabordable** [inabɔrdabl] *adj* (*lieu*) inaccessible; (*cher*) prohibitive

**inacceptable** [inaksɛptabl] *adj* unacceptable

**inaccessible** [inaksesibl] *adj* inaccessible; (*objectif*) unattainable; (*insensible*): **~ à** impervious to

**inachevé, e** [inaʃve] *adj* unfinished

**inactif, -ive** [inaktif, -iv] *adj* inactive, idle; (*remède*) ineffective; (*Bourse: marché*) slack

**inadapté, e** [inadapte] *adj* (*Psych: adulte, enfant*) maladjusted ▷ *nm/f* (*péj: adulte: asocial*) misfit; **~ à** not adapted to, unsuited to

**inadéquat, e** [inadekwa, wat] *adj* inadequate

**inadmissible** [inadmisibl] *adj* inadmissible

**inadvertance** [inadvɛrtɑ̃s]: **par ~** *adv* inadvertently

**inaltérable** [inalterabl] *adj* (*matière*) stable; (*fig*) unchanging; **~ à** unaffected by; **couleur ~ (au lavage à la lumière)** fast colour/fade-resistant colour

**inanimé, e** [inanime] *adj* (*matière*) inanimate; (*évanoui*) unconscious; (*sans vie*) lifeless

**inanition** [inanisjɔ̃] *nf*: **tomber d'~** to faint with hunger (and exhaustion)

**inaperçu, e** [inapɛrsy] *adj*: **passer ~** to go unnoticed

**inapte** [inapt] *adj*: **~ à** incapable of; (*Mil*) unfit for

**inattaquable** [inatakabl] *adj* (*Mil*) unassailable; (*texte, preuve*) irrefutable

**inattendu, e** [inatɑ̃dy] *adj* unexpected ▷ *nm*: **l'~** the unexpected

**inattentif, -ive** [inatɑ̃tif, -iv] *adj* inattentive; **~ à** (*dangers, détails*) heedless of

**inattention** [inatɑ̃sjɔ̃] *nf* inattention; (*inadvertance*): **une minute d'~** a minute of inattention, a minute's carelessness; **par ~** inadvertently; **faute d'~** careless mistake

**inauguration** [inɔgyRasjɔ̃] *nf* unveiling; opening; **discours/cérémonie d'~** inaugural speech/ceremony

**inaugurer** [inɔgyRe] *vt* (*monument*) to unveil; (*exposition, usine*) to open; (*fig*) to inaugurate

**inavouable** [inavwabl] *adj* (*bénéfices*) undisclosable; (*honteux*) shameful

**incalculable** [ɛ̃kalkylabl] *adj* incalculable; **un nombre ~ de** countless numbers of

**incandescence** [ɛ̃kɑ̃desɑ̃s] *nf* incandescence; **en ~** incandescent, white-hot; **porter à ~** to heat white-hot; **lampe/manchon à ~** incandescent lamp/(gas) mantle

**incapable** [ɛ̃kapabl] *adj* incapable; **~ de faire** incapable of doing; (*empêché*) unable to do

**incapacité** [ɛ̃kapasite] *nf* (*incompétence*) incapability; (*Jur: impossibilité*) incapacity; **être dans l'~ de faire** to be unable to do; **~ permanente/de travail** permanent/industrial disablement; **~ électorale** ineligibility to vote

**incarcérer** [ɛ̃kaRseRe] *vt* to incarcerate, imprison

**incarné, e** [ɛ̃kaRne] *adj* incarnate; (*ongle*) ingrown

**incarner** [ɛ̃kaRne] *vt* to embody, personify; (*Théât*) to play; (*Rel*) to incarnate; **s'incarner dans** *vi* (*Rel*) to be incarnate in

**incassable** [ɛ̃kasabl] *adj* unbreakable

**incendiaire** [ɛ̃sɑ̃djeR] *adj* incendiary; (*fig: discours*) inflammatory ▷ *nm/f* fire-raiser, arsonist

**incendie** [ɛ̃sɑ̃di] *nm* fire; **~ criminel** arson *no pl*; **~ de forêt** forest fire

**incendier** [ɛ̃sɑ̃dje] *vt* (*mettre le feu à*) to set fire to, set alight; (*brûler complètement*) to burn down

**incertain, e** [ɛ̃seRtɛ̃, -ɛn] *adj* uncertain; (*temps*) uncertain, unsettled; (*imprécis: contours*) indistinct, blurred

**incertitude** [ɛ̃seRtityd] *nf* uncertainty

**incessamment** [ɛ̃sesamɑ̃] *adv* very shortly

**incident** [ɛ̃sidɑ̃] *nm* incident; **~ de frontière** border incident; **~ de parcours** minor hitch *ou* setback; **~ technique** technical difficulties *pl*, technical hitch

**incinérer** [ɛ̃sineRe] *vt* (*ordures*) to incinerate; (*mort*) to cremate

**incisif, -ive** [ɛ̃sizif, -iv] *adj* incisive, cutting ▷ *nf* incisor

**inciter** [ɛ̃site] *vt*: **~ qn à (faire) qch** to prompt *ou* encourage sb to do sth; (*à la révolte etc*) to incite sb to do sth

**incivilité** [ɛ̃sivilite] *nf* (*grossièreté*) incivility; **incivilités** *nfpl* antisocial behaviour *sg*

**inclinable** [ɛ̃klinabl] *adj* (*dossier etc*) tilting; **siège à dossier ~** reclining seat

**inclinaison** [ɛ̃klinezɔ̃] *nf* (*déclivité: d'une route etc*) incline; (: *d'un toit*) slope; (*état penché: d'un mur*) lean; (: *de la tête*) tilt; (: *d'un navire*) list

**inclination** [ɛ̃klinasjɔ̃] *nf* (*penchant*) inclination, tendency; **montrer de l'~ pour les sciences** *etc* to show an inclination for the sciences *etc*; **~s égoïstes/altruistes** egoistic/altruistic tendencies; **~ de (la) tête** nod (of the head); **~ (de buste)** bow

**incliner** [ɛ̃kline] *vt* (*bouteille*) to tilt; (*tête*) to incline; (*inciter*): **~ qn à qch/à faire** to encourage sb towards sth/to do ▷ *vi*: **~ à qch/à faire** (*tendre à, pencher pour*) to incline towards sth/doing, tend towards sth/to do; **s'incliner** *vi* (*route*) to slope; (*toit*) to be sloping; **s'~ (devant)** to bow (before)

**inclure** [ɛ̃klyR] *vt* to include; (*joindre à un envoi*) to enclose; **jusqu'au 10 mars inclus** until 10th March inclusive

**inclus, e** [ɛ̃kly, -yz] *pp de* **inclure** ▷ *adj* included; (*joint à un envoi*) enclosed; (*compris: frais, dépense*) included; (*Math: ensemble*): **~ dans** included in; **jusqu'au troisième chapitre ~** up to and including the third chapter; **jusqu'au 10 mars ~** until 10th March inclusive

**incognito** [ɛ̃kɔɲito] *adv* incognito ▷ *nm*: **garder l'~** to remain incognito

**incohérent, e** [ɛ̃kɔeRɑ̃, -ɑ̃t] *adj* (*comportement*) inconsistent; (*geste, langage, texte*) incoherent

**incollable** [ɛ̃kɔlabl] *adj* (*riz*) that does not stick; (*fam: personne*): **il est ~** he's got all the answers

**incolore** [ɛ̃kɔlɔR] *adj* colourless

**incommoder** [ɛ̃kɔmɔde] *vt* (*chaleur, odeur*): **~ qn** to bother *ou* inconvenience sb; (*embarrasser*) to make sb feel uncomfortable *ou* ill at ease

**incomparable** [ɛ̃kɔ̃paRabl] *adj* not comparable; (*inégalable*) incomparable, matchless

**incompatible** [ɛ̃kɔ̃patibl] *adj* incompatible

**incompétent, e** [ɛ̃kɔ̃petɑ̃, -ɑ̃t] *adj* (*ignorant*) inexpert; (*incapable*) incompetent, not competent

**incomplet, -ète** [ɛ̃kɔ̃plɛ, -ɛt] *adj* incomplete

**incompréhensible** [ɛ̃kɔ̃pReɑ̃sibl] *adj* incomprehensible

**incompris, e** [ɛ̃kɔ̃pRi, -iz] *adj* misunderstood

**inconcevable** [ɛ̃kɔ̃svabl] *adj* (*conduite etc*) inconceivable; (*mystère*) incredible

**inconciliable** [ɛ̃kɔ̃siljabl] *adj* irreconcilable

**inconditionnel, le** [ɛ̃kɔ̃disjɔnɛl] *adj* unconditional; (*partisan*) unquestioning ▷ *nm/f* (*partisan*) unquestioning supporter

**inconfort** [ɛ̃kɔ̃fɔR] *nm* lack of comfort, discomfort

**inconfortable** [ɛ̃kɔ̃fɔRtabl] *adj* uncomfortable

**incongru, e** [ɛ̃kɔ̃gRy] *adj* unseemly; (*remarque*) ill-chosen, incongruous

**inconnu, e** [ɛ̃kɔny] *adj* unknown; (*sentiment, plaisir*) new, strange ▷ *nm/f* stranger; unknown person (*ou* artist *etc*) ▷ *nm*: **l'~** the unknown ▷ *nf* (*Math*) unknown; (*fig*) unknown factor

**inconsciemment** [ɛ̃kɔ̃sjamɑ̃] *adv* unconsciously

**inconscient, e** [ɛ̃kɔ̃sjɑ̃, -ɑ̃t] *adj* unconscious; *(irréfléchi)* thoughtless, reckless; *(sentiment)* subconscious ▷ *nm* (Psych): **l'~** the subconscious, the unconscious; **~ de** unaware of

**inconsidéré, e** [ɛ̃kɔ̃sideʀe] *adj* ill-considered

**inconsistant, e** [ɛ̃kɔ̃sistɑ̃, -ɑ̃t] *adj* flimsy, weak; *(crème etc)* runny

**inconsolable** [ɛ̃kɔ̃sɔlabl] *adj* inconsolable

**incontestable** [ɛ̃kɔ̃tɛstabl] *adj* unquestionable, indisputable

**incontinent, e** [ɛ̃kɔ̃tinɑ̃, -ɑ̃t] *adj (Méd)* incontinent ▷ *adv (tout de suite)* forthwith

**incontournable** [ɛ̃kɔ̃tuʀnabl] *adj* unavoidable

**incontrôlable** [ɛ̃kɔ̃tʀolabl] *adj* unverifiable; *(irrépressible)* uncontrollable

**inconvenant, e** [ɛ̃kɔ̃vnɑ̃, -ɑ̃t] *adj* unseemly, improper

**inconvénient** [ɛ̃kɔ̃venjɑ̃] *nm (d'une situation, d'un projet)* disadvantage, drawback; *(d'un remède, changement etc)* risk, inconvenience; **si vous n'y voyez pas d'~** if you have no objections; **y a-t-il un ~ à ...?** *(risque)* isn't there a risk in ...?; *(objection)* is there any objection to ...?

**incorporer** [ɛ̃kɔʀpɔʀe] *vt:* **~ (à)** to mix in (with); *(paragraphe etc):* **~ (dans)** to incorporate (in); *(territoire, immigrants):* **~ (dans)** to incorporate (into); *(Mil: appeler)* to recruit, call up; *(: affecter):* **~ qn dans** to enlist sb into; **il a très bien su s'~ à notre groupe** he was very easily incorporated into our group

**incorrect, e** [ɛ̃kɔʀɛkt] *adj (impropre, inconvenant)* improper; *(défectueux)* faulty; *(inexact)* incorrect; *(impoli)* impolite; *(déloyal)* underhand

**incorrigible** [ɛ̃kɔʀiʒibl] *adj* incorrigible

**incrédule** [ɛ̃kʀedyl] *adj* incredulous; *(Rel)* unbelieving

**increvable** [ɛ̃kʀəvabl] *adj (pneu)* puncture-proof; *(fam)* tireless

**incriminer** [ɛ̃kʀimine] *vt (personne)* to incriminate; *(action, conduite)* to bring under attack; *(bonne foi, honnêteté)* to call into question; **livre/article incriminé** offending book/article

**incroyable** [ɛ̃kʀwajabl] *adj* incredible, unbelievable

**incruster** [ɛ̃kʀyste] *vt (Art):* **~ qch dans/qch de** to inlay sth into sth/with; *(radiateur etc)* to coat with scale *ou* fur; **s'incruster** *vi (invité)* to take root; *(radiateur etc)* to become coated with scale *ou* fur; **s'~ dans** *(corps étranger, caillou)* to become embedded in

**inculpé, e** [ɛ̃kylpe] *nm/f* accused

**inculper** [ɛ̃kylpe] *vt:* **~ (de)** to charge (with)

**inculquer** [ɛ̃kylke] *vt:* **~ qch à** to inculcate sth in, instil sth into

**inculte** [ɛ̃kylt] *adj* uncultivated; *(esprit, peuple)* uncultured; *(barbe)* unkempt

**Inde** [ɛ̃d] *nf:* **l'~** India

**indécent, e** [ɛ̃desɑ̃, -ɑ̃t] *adj* indecent

**indéchiffrable** [ɛ̃deʃifʀabl] *adj* indecipherable

**indécis, e** [ɛ̃desi, -iz] *adj (par nature)* indecisive; *(perplexe)* undecided

**indéfendable** [ɛ̃defɑ̃dabl] *adj* indefensible

**indéfini, e** [ɛ̃defini] *adj (imprécis, incertain)* undefined; *(illimité, Ling)* indefinite

**indéfiniment** [ɛ̃definimɑ̃] *adv* indefinitely

**indéfinissable** [ɛ̃definisabl] *adj* indefinable

**indélébile** [ɛ̃delebil] *adj* indelible

**indélicat, e** [ɛ̃delika, -at] *adj* tactless; *(malhonnête)* dishonest

**indemne** [ɛ̃dɛmn] *adj* unharmed

**indemniser** [ɛ̃dɛmnize] *vt:* **~ qn (de)** to compensate sb (for); **se faire ~** to get compensation

**indemnité** [ɛ̃dɛmnite] *nf (dédommagement)* compensation *no pl*; *(allocation)* allowance; **~ de licenciement** redundancy payment; **~ de logement** housing allowance; **~ parlementaire** ≈ MP's (Brit) *ou* Congressman's (US) salary

**indépendamment** [ɛ̃depɑ̃damɑ̃] *adv* independently; **~ de** independently of; *(abstraction faite de)* irrespective of; *(en plus de)* over and above

**indépendance** [ɛ̃depɑ̃dɑ̃s] *nf* independence; **~ matérielle** financial independence

**indépendant, e** [ɛ̃depɑ̃dɑ̃, -ɑ̃t] *adj* independent; **~ de** independent of; **chambre ~e** room with private entrance; **travailleur ~** self-employed worker

**indescriptible** [ɛ̃dɛskʀiptibl] *adj* indescribable

**indésirable** [ɛ̃deziʀabl] *adj* undesirable

**indestructible** [ɛ̃dɛstʀyktibl] *adj* indestructible; *(marque, impression)* indelible

**indétermination** [ɛ̃detɛʀminasjɔ̃] *nf* indecision, indecisiveness

**indéterminé, e** [ɛ̃detɛʀmine] *adj (date, cause, nature)* unspecified; *(forme, longueur, quantité)* indeterminate; *(forme, longueur, quantité)* indeterminate; indeterminable

**index** [ɛ̃dɛks] *nm (doigt)* index finger; *(d'un livre etc)* index; **mettre à l'~** to blacklist

**indexé, e** [ɛ̃dɛkse] *adj (Écon):* **~ (sur)** index-linked (to)

**indicateur** [ɛ̃dikatœʀ] *nm (Police)* informer; *(livre)* guide; *(: liste)* directory; *(Tech)* gauge; indicator; *(Écon)* indicator ▷ *adj:* **poteau ~** signpost; **tableau ~** indicator (board); **~ des chemins de fer** railway timetable; **~ de direction** *(Auto)* indicator; **~ immobilier** property gazette; **~ de niveau** level, gauge; **~ de pression** pressure gauge; **~ de rues** street directory; **~ de vitesse** speedometer

**indicatif, -ive** [ɛ̃dikatif, -iv] *adj:* **à titre ~** for (your) information ▷ *nm (d'une émission)* theme *ou* signature tune; *(Tél)* dialling code (Brit), area code (US); **~ d'appel**

(*Radio*) call sign; **quel est l'~ de ...** what's the code for ...?

**indication** [ɛ̃dikasjɔ̃] *nf* indication; (*renseignement*) information *no pl*; **indications** *nfpl* (*directives*) instructions; **~ d'origine** (*Comm*) place of origin

**indice** [ɛ̃dis] *nm* (*marque, signe*) indication, sign; (*Police: lors d'une enquête*) clue; (*Jur: présomption*) piece of evidence; (*Science, Écon, Tech*) index; (*Admin*) grading; rating; **~ du coût de la vie** cost-of-living index; **~ inférieur** subscript; **~ d'octane** octane rating; **~ des prix** price index; **~ de traitement** salary grading; **~ de protection** (sun protection) factor

**indicible** [ɛ̃disibl] *adj* inexpressible

**indien, ne** [ɛ̃djɛ̃, -ɛn] *adj* Indian ▷ *nm/f*: **I~, ne** (*d'Amérique*) Native American; (*d'Inde*) Indian

**indifféremment** [ɛ̃diferamã] *adv* (*sans distinction*) equally; indiscriminately

**indifférence** [ɛ̃diferãs] *nf* indifference

**indifférent, e** [ɛ̃diferã, -ãt] *adj* (*peu intéressé*) indifferent; **~ à** (*insensible à*) indifferent to, unconcerned about; (*peu intéressant pour*) indifferent to; immaterial to; **ça m'est ~ (que ...)** it doesn't matter to me (whether ...); **elle m'est ~e** I am indifferent to her

**indigence** [ɛ̃diʒãs] *nf* poverty; **être dans l'~** to be destitute

**indigène** [ɛ̃diʒɛn] *adj* native, indigenous; (*de la région*) local ▷ *nm/f* native

**indigeste** [ɛ̃diʒɛst] *adj* indigestible

**indigestion** [ɛ̃diʒɛstjɔ̃] *nf* indigestion *no pl*; **avoir une ~** to have indigestion

**indigne** [ɛ̃diɲ] *adj*: **~ (de)** unworthy (of)

**indigner** [ɛ̃diɲe] *vt* to make indignant; **s'indigner (de/contre)** *vi* to be (*ou* become) indignant (at)

**indiqué, e** [ɛ̃dike] *adj* (*date, lieu*) given, appointed; (*adéquat*) appropriate, suitable; (*conseillé*) advisable; (*remède, traitement*) appropriate

**indiquer** [ɛ̃dike] *vt* (*désigner*): **~ qch/qn à qn** to point sth/sb out to sb; (*faire connaître: médecin, restaurant*) to tell sb of sth/sb; (*pendule, aiguille*) to show; (*étiquette, plan*) to show, indicate; (*faire connaître: médecin, lieu*): **~ qch/qn à qn** to tell sb of sth/sb; (*renseigner sur*) to point out, tell; (*déterminer: date, lieu*) to give, state; (*dénoter*) to indicate, point to; **~ du doigt** to point out; **~ de la main** to indicate with one's hand; **~ du regard** to glance towards *ou* in the direction of; **pourriez-vous m'~ les toilettes/l'heure?** could you direct me to the toilets/tell me the time?

**indirect, e** [ɛ̃dirɛkt] *adj* indirect

**indiscipliné, e** [ɛ̃disipline] *adj* undisciplined; (*fig*) unmanageable

**indiscret, -ète** [ɛ̃diskrɛ, -ɛt] *adj* indiscreet

**indiscutable** [ɛ̃diskytabl] *adj* indisputable

**indispensable** [ɛ̃dispɑ̃sabl] *adj* indispensable, essential; **~ à qn/pour faire qch** essential for sb/to do sth

**indisposé, e** [ɛ̃dispoze] *adj* indisposed, unwell

**indisposer** [ɛ̃dispoze] *vt* (*incommoder*) to upset; (*déplaire à*) to antagonize

**indistinct, e** [ɛ̃distɛ̃, -ɛ̃kt] *adj* indistinct

**indistinctement** [ɛ̃distɛ̃ktəmã] *adv* (*voir, prononcer*) indistinctly; (*sans distinction*) without distinction, indiscriminately

**individu** [ɛ̃dividy] *nm* individual

**individuel, le** [ɛ̃dividɥɛl] *adj* (*gén*) individual; (*opinion, livret, contrôle, avantages*) personal; **chambre ~le** single room; **maison ~le** detached house; **propriété ~le** personal *ou* private property

**indolore** [ɛ̃dɔlɔr] *adj* painless

**indomptable** [ɛ̃dɔ̃tabl] *adj* untameable; (*fig*) invincible, indomitable

**Indonésie** [ɛ̃dɔnezi] *nf*: **l'~** Indonesia

**indu, e** [ɛ̃dy] *adj*: **à une heure ~e** at some ungodly hour

**induire** [ɛ̃dɥir] *vt*: **~ qch de** to induce sth from; **~ qn en erreur** to lead sb astray, mislead sb

**indulgent, e** [ɛ̃dylʒã, -ãt] *adj* (*parent, regard*) indulgent; (*juge, examinateur*) lenient

**industrialisé, e** [ɛ̃dystrijalize] *adj* industrialized

**industrie** [ɛ̃dystri] *nf* industry; **~ automobile/textile** car/textile industry; **~ du spectacle** entertainment business

**industriel, le** [ɛ̃dystrijɛl] *adj* industrial; (*produit industriellement: pain etc*) mass-produced, factory-produced ▷ *nm* industrialist; (*fabricant*) manufacturer

**inébranlable** [inebrãlabl] *adj* (*masse, colonne*) solid; (*personne, certitude, foi*) steadfast, unwavering

**inédit, e** [inedi, -it] *adj* (*correspondance etc*) (hitherto) unpublished; (*spectacle, moyen*) novel, original; (*film*) unreleased

**ineffaçable** [inefasabl] *adj* indelible

**inefficace** [inefikas] *adj* (*remède, moyen*) ineffective; (*machine, employé*) inefficient

**inégal, e, -aux** [inegal, -o] *adj* unequal; (*irrégulier*) uneven

**inégalable** [inegalabl(e)] *adj* matchless

**inégalé, e** [inegale] *adj* (*record*) unmatched, unequalled; (*beauté*) unrivalled

**inégalité** [inegalite] *nf* inequality; unevenness *no pl*; **~ de deux hauteurs** difference *ou* disparity between two heights; **~s de terrain** uneven ground

**inépuisable** [inepɥizabl] *adj* inexhaustible

**inerte** [inɛrt] *adj* (*immobile*) lifeless; (*apathique*) passive, inert; (*Physique, Chimie*) inert

**inespéré, e** [inɛspere] *adj* unhoped-for, unexpected

**inestimable** [inɛstimabl] *adj* priceless; (*fig: bienfait*) invaluable

**inévitable** [inevitabl] *adj* unavoidable; (*fatal, habituel*) inevitable

**inexact, e** [inɛgzakt] *adj* inaccurate, inexact; (*non ponctuel*) unpunctual

**inexcusable** [inɛkskyzabl] *adj* inexcusable, unforgivable

**inexplicable** [inɛksplikabl] *adj* inexplicable

**in extremis** [inɛkstremis] *adv* at the last minute ▷ *adj* last-minute; (*testament*) death bed *cpd*

**infaillible** [ɛ̃fajibl] *adj* infallible; (*instinct*) infallible, unerring

**infâme** [ɛ̃fɑm] *adj* vile

**infarctus** [ɛ̃farktys] *nm*: ~ (**du myocarde**) coronary (thrombosis)

**infatigable** [ɛ̃fatigabl] *adj* tireless, indefatigable

**infect, e** [ɛ̃fɛkt] *adj* revolting; (*repas, vin*) revolting, foul; (*personne*) obnoxious; (*temps*) foul

**infecter** [ɛ̃fɛkte] *vt* (*atmosphère, eau*) to contaminate; (*Méd*) to infect; **s'infecter** *vi* to become infected *ou* septic

**infection** [ɛ̃fɛksjɔ̃] *nf* infection; (*puanteur*) stench

**inférieur, e** [ɛ̃ferjœr] *adj* lower; (*en qualité, intelligence*) inferior ▷ *nm/f* inferior; ~ **à** (*somme, quantité*) less *ou* smaller than; (*moins bon que*) inferior to; (*tâche: pas à la hauteur de*) unequal to

**infernal, e, -aux** [ɛ̃fɛrnal, -o] *adj* (*insupportable: chaleur, rythme*) infernal; (*enfant*) horrid; (*méchanceté, complot*) diabolical

**infidèle** [ɛ̃fidɛl] *adj* unfaithful; (*Rel*) infidel

**infiltrer** [ɛ̃filtre]: **s'infiltrer** *vi*: **s'~ dans** to penetrate into; (*liquide*) to seep into; (*fig: noyauter*) to infiltrate

**infime** [ɛ̃fim] *adj* minute, tiny; (*inférieur*) lowly

**infini, e** [ɛ̃fini] *adj* infinite ▷ *nm* infinity; **à l'~** (*Math*) to infinity; (*discourir*) ad infinitum, endlessly; (*agrandir, varier*) infinitely; (*à perte de vue*) endlessly (into the distance)

**infiniment** [ɛ̃finimɑ̃] *adv* infinitely; ~ **grand/petit** (*Math*) infinitely great/ infinitesimal

**infinité** [ɛ̃finite] *nf*: **une ~ de** an infinite number of

**infinitif, -ive** [ɛ̃finitif, -iv] *adj, nm* infinitive

**infirme** [ɛ̃firm] *adj* disabled ▷ *nm/f* disabled person; ~ **de guerre** war cripple; ~ **du travail** industrially disabled person

**infirmerie** [ɛ̃firmǝri] *nf* sick bay

**infirmier, -ière** [ɛ̃firmje, -jɛr] *nm/f* nurse ▷ *adj*: **élève ~** student nurse; **infirmière chef** sister; **infirmière diplômée** registered nurse; **infirmière visiteuse** visiting nurse, ≈ district nurse (*Brit*)

**infirmité** [ɛ̃firmite] *nf* disability

**inflammable** [ɛ̃flamabl] *adj* (in)flammable

**inflation** [ɛ̃flasjɔ̃] *nf* inflation; ~ **rampante/ galopante** creeping/galloping inflation

**infliger** [ɛ̃fliʒe] *vt*: ~ **qch (à qn)** to inflict sth (on sb); (*amende, sanction*) to impose sth (on sb)

**influençable** [ɛ̃flyɑ̃sabl] *adj* easily influenced

**influence** [ɛ̃flyɑ̃s] *nf* influence; (*d'un médicament*) effect

**influencer** [ɛ̃flyɑ̃se] *vt* to influence

**influent, e** [ɛ̃flyɑ̃, -ɑ̃t] *adj* influential

**informateur, -trice** [ɛ̃fɔrmatœr, -tris] *nm/f* informant

**informaticien, ne** [ɛ̃fɔrmatisjɛ̃, -ɛn] *nm/f* computer scientist

**information** [ɛ̃fɔrmasjɔ̃] *nf* (*renseignement*) piece of information; (*Presse, TV: nouvelle*) item of news; (*diffusion de renseignements, Inform*) information; (*Jur*) inquiry, investigation; **informations** *nfpl* (*TV*) news *sg*; **voyage d'~** fact-finding trip; **agence d'~** news agency; **journal d'~** quality (*Brit*) *ou* serious newspaper

**informatique** [ɛ̃fɔrmatik] *nf* (*technique*) data processing; (*science*) computer science ▷ *adj* computer *cpd*

**informatiser** [ɛ̃fɔrmatize] *vt* to computerize

**informe** [ɛ̃fɔrm] *adj* shapeless

**informer** [ɛ̃fɔrme] *vt*: ~ **qn (de)** to inform sb (of) ▷ *vi* (*Jur*): ~ **contre qn/sur qch** to initiate inquiries about sb/sth; **s'informer (sur)** to inform o.s. (about); **s'~ (de qch/si)** to inquire *ou* find out (about sth/whether *ou* if)

**infos** [ɛ̃fo] *nfpl* (= *informations*) news

**infraction** [ɛ̃fraksjɔ̃] *nf* offence; ~ **à** violation *ou* breach of; **être en ~** to be in breach of the law

**infranchissable** [ɛ̃frɑ̃ʃisabl] *adj* impassable; (*fig*) insuperable

**infrarouge** [ɛ̃fraruʒ] *adj, nm* infrared

**infrastructure** [ɛ̃frastryktyr] *nf* (*d'une route etc*) substructure; (*Aviat, Mil*) ground installations *pl*; (*Écon: touristique etc*) facilities *pl*

**infuser** [ɛ̃fyze] *vt* (*aussi*: **faire ~**): thé) to brew; (: *tisane*) to infuse ▷ *vi* to brew; to infuse; **laisser ~** (to leave) to brew

**infusion** [ɛ̃fyzjɔ̃] *nf* (*tisane*) infusion, herb tea

**ingénier** [ɛ̃ʒenje]: **s'ingénier** *vi*: **s'~ à faire** to strive to do

**ingénierie** [ɛ̃ʒeniri] *nf* engineering

**ingénieur** [ɛ̃ʒenjœr] *nm* engineer; ~ **agronome/chimiste** agricultural/ chemical engineer; ~ **conseil** consulting engineer; ~ **du son** sound engineer

**ingénieux, -euse** [ɛ̃ʒenjø, -øz] *adj* ingenious, clever

**ingénu, e** [ɛ̃ʒeny] *adj* ingenuous, artless ▷ *nf* (*Théât*) ingénue

**ingérer** [ɛ̃ʒere]: **s'ingérer** *vi*: **s'~ dans** to interfere in

**ingrat, e** [ɛ̃gra, -at] *adj* (*personne*) ungrateful; (*sol*) poor; (*travail, sujet*) arid, thankless; (*visage*) unprepossessing

**ingrédient** [ɛ̃gredjɑ̃] *nm* ingredient

**ingurgiter** [ɛ̃gyrʒite] *vt* to swallow; **faire ~ qch à qn** to make sb swallow sth; (*fig: connaissances*) to force sth into sb

**inhabitable** [inabitabl] *adj* uninhabitable

**inhabité, e** [inabite] *adj (régions)* uninhabited; *(maison)* unoccupied

**inhabituel, le** [inabityɛl] *adj* unusual

**inhibition** [inibisjɔ̃] *nf* inhibition

**inhumain, e** [inymɛ̃, -ɛn] *adj* inhuman

**inhumation** [inymasjɔ̃] *nf* interment, burial

**inhumer** [inyme] *vt* to inter, bury

**inimaginable** [inimaʒinabl] *adj* unimaginable

**ininterrompu, e** [inɛ̃terɔ̃py] *adj (file, série)* unbroken; *(flot, vacarme)* uninterrupted, non-stop; *(effort)* unremitting, continuous; *(suite, ligne)* unbroken

**initial, e, -aux** [inisjal, -o] *adj, nf* initial; **initiales** *nfpl* initials

**initialiser** [inisjalize] *vt* to initialize

**initiation** [inisjasjɔ̃] *nf* initiation; **~ à** introduction to

**initiative** [inisjativ] *nf* initiative; **prendre l'~ de qch/de faire** to take the initiative for sth/of doing; **avoir de l'~** to have initiative, show enterprise; **esprit/qualités d'~** spirit/ qualities of initiative; **à** *ou* **sur l'~ de qn** on sb's initiative; **de sa propre ~** on one's own initiative

**initier** [inisje] *vt* to initiate; **~ qn à** to initiate sb into; *(faire découvrir: art, jeu)* to introduce sb to; **s'initier à** *vi (métier, profession, technique)* to become initiated into

**injecté, e** [ɛ̃ʒɛkte] *adj:* **yeux ~s de sang** bloodshot eyes

**injecter** [ɛ̃ʒɛkte] *vt* to inject

**injection** [ɛ̃ʒɛksjɔ̃] *nf* injection; **à ~** *(Auto)* fuel injection *cpd*

**injure** [ɛ̃ʒyr] *nf* insult, abuse *no pl*

**injurier** [ɛ̃ʒyrje] *vt* to insult, abuse

**injurieux, -euse** [ɛ̃ʒyrjø, -øz] *adj* abusive, insulting

**injuste** [ɛ̃ʒyst] *adj* unjust, unfair

**injustice** [ɛ̃ʒystis] *nf* injustice

**inlassable** [ɛ̃lɑsabl] *adj* tireless, indefatigable

**inné, e** [ine] *adj* innate, inborn

**innocent, e** [inɔsɑ̃, -ɑ̃t] *adj* innocent ▷ *nm/f* innocent person; **faire l'~** to play *ou* come the innocent

**innocenter** [inɔsɑ̃te] *vt* to clear, prove innocent

**innombrable** [inɔ̃brabl] *adj* innumerable

**innommable** [inɔmabl] *adj* unspeakable

**innover** [inɔve] *vi:* **~ en matière d'art** to break new ground in the field of art

**inoccupé, e** [inɔkype] *adj* unoccupied

**inodore** [inɔdɔr] *adj (gaz)* odourless; *(fleur)* scentless

**inoffensif, -ive** [inɔfɑ̃sif, -iv] *adj* harmless, innocuous

**inondation** [inɔ̃dasjɔ̃] *nf* flooding *no pl*; *(torrent, eau)* flood

**inonder** [inɔ̃de] *vt* to flood; *(fig)* to inundate, overrun; **~ de** *(fig)* to flood *ou* swamp with

**inopiné, e** [inɔpine] *adj* unexpected, sudden

**inopportun, e** [inɔpɔrtœ̃, -yn] *adj* ill-timed, untimely; *(moment)* inappropriate; *(moment)* inopportune

**inoubliable** [inublijabl] *adj* unforgettable

**inouï, e** [inwi] *adj* unheard-of, extraordinary

**inox** [inɔks] *adj, nm (= inoxydable)* stainless (steel)

**inqualifiable** [ɛ̃kalifjabl] *adj* unspeakable

**inquiet, -ète** [ɛ̃kjɛ, -ɛt] *adj (par nature)* anxious; *(momentanément)* worried; **~ de qch/ au sujet de qn** worried about sth/sb

**inquiétant, e** [ɛ̃kjetɑ̃, -ɑ̃t] *adj* worrying, disturbing

**inquiéter** [ɛ̃kjete] *vt* to worry, disturb; *(harceler)* to harass; **s'inquiéter** to worry, become anxious; **s'~ de** to worry about; *(s'enquérir de)* to inquire about

**inquiétude** [ɛ̃kjetyd] *nf* anxiety; **donner de l'~** *ou* **des ~s à** to worry; **avoir de l'~** *ou* **des ~s au sujet de** to feel anxious *ou* worried about

**insaisissable** [ɛ̃sezisabl] *adj (fugitif, ennemi)* elusive; *(différence, nuance)* imperceptible

**insalubre** [ɛ̃salybr] *adj* unhealthy, insalubrious

**insatisfait, e** [ɛ̃satisfɛ, -ɛt] *adj (non comblé)* unsatisfied; *(: passion, envie)* unfulfilled; *(mécontent)* dissatisfied

**inscription** [ɛ̃skripsjɔ̃] *nf (sur un mur, écriteau etc)* inscription; *(à une institution: voir s'inscrire)* enrolment; registration

**inscrire** [ɛ̃skrir] *vt (marquer: sur son calepin etc)* to note *ou* write down; *(: sur un mur, une affiche etc)* to write; *(: dans la pierre, le métal)* to inscribe; *(mettre: sur une liste, un budget etc)* to put down; *(enrôler: soldat)* to enlist; **~ qn à** *(club, école etc)* to enrol sb at; **s'inscrire** *vi (pour une excursion etc)* to put one's name down; **s'~ (à)** *(club, parti)* to join; *(université)* to register *ou* enrol (at); *(examen, concours)* to register *ou* enter (for); **s'~ dans** *(se situer: négociations etc)* to come within the scope of; **s'~ en faux contre** to deny (strongly); *(Jur)* to challenge

**insecte** [ɛ̃sɛkt] *nm* insect

**insecticide** [ɛ̃sɛktisid] *nm* insecticide

**insensé, e** [ɛ̃sɑ̃se] *adj* insane, mad

**insensibiliser** [ɛ̃sɑ̃sibilize] *vt* to anaesthetize; *(à une allergie)* to desensitize; **~ à qch** *(fig)* to cause to become insensitive to sth

**insensible** [ɛ̃sɑ̃sibl] *adj (nerf, membre)* numb; *(dur, indifférent)* insensitive; *(imperceptible)* imperceptible

**inséparable** [ɛ̃separabl] *adj:* **~ (de)** inseparable (from) ▷ *nmpl:* **~s** *(oiseaux)* lovebirds

**insigne** [ɛ̃siɲ] *nm (d'un parti, club)* badge ▷ *adj* distinguished; **insignes** *nmpl (d'une fonction)* insignia *pl*

**insignifiant, e** [ɛ̃siɲifjɑ̃, -ɑ̃t] *adj* insignificant; *(somme, affaire, détail)* trivial, insignificant

**insinuer** [ɛ̃sinɥe] *vt* to insinuate, imply; **s'insinuer dans** *vi* to seep into; *(fig)* to worm one's way into, creep into

**insipide** [ɛ̃sipid] *adj* insipid

**insister** [ɛ̃siste] vi to insist; (s'obstiner) to keep on; ~ **sur** (détail, note) to stress; ~ **pour qch/pour faire qch** to be insistent about sth/about doing sth

**insolation** [ɛ̃sɔlasjɔ̃] nf (Méd) sunstroke no pl; (ensoleillement) period of sunshine

**insolent, e** [ɛ̃sɔlɑ̃, -ɑ̃t] adj insolent

**insolite** [ɛ̃sɔlit] adj strange, unusual

**insomnie** [ɛ̃sɔmni] nf insomnia no pl, sleeplessness no pl; **avoir des ~s** to sleep badly, suffer from insomnia

**insonoriser** [ɛ̃sɔnɔrize] vt to soundproof

**insouciant, e** [ɛ̃susjɑ̃, -ɑ̃t] adj carefree; (imprévoyant) heedless; ~ **du danger** heedless of (the) danger

**insoumis, e** [ɛ̃sumi, -iz] adj (caractère, enfant) rebellious, refractory; (contrée, tribu) unsubdued; (Mil: soldat) absent without leave ▷ nm (Mil: soldat) absentee

**insoupçonnable** [ɛ̃supsɔnabl] adj unsuspected; (personne) above suspicion

**insoupçonné, e** [ɛ̃supsɔne] adj unsuspected

**insoutenable** [ɛ̃sutnabl] adj (argument) untenable; (chaleur) unbearable

**inspecter** [ɛ̃spɛkte] vt to inspect

**inspecteur, -trice** [ɛ̃spɛktœr, -tris] nm/f inspector; (des assurances) assessor; ~ **d'Académie** (regional) director of education; ~ **(de l'enseignement) primaire** primary school inspector; ~ **des finances** ≈ tax inspector (Brit), ≈ Internal Revenue Service agent (US); ~ **(de police)** (police) inspector

**inspection** [ɛ̃spɛksjɔ̃] nf inspection

**inspirer** [ɛ̃spire] vt (gén) to inspire ▷ vi (aspirer) to breathe in; **s'inspirer de** (artiste) to draw one's inspiration from; (tableau) to be inspired by; ~ **qch à qn** (œuvre, projet, action) to inspire sb with sth; (dégoût, crainte, horreur) to fill sb with sth; **ça ne m'inspire pas** I'm not keen on the idea

**instable** [ɛ̃stabl] adj (meuble, équilibre) unsteady; (population, temps) unsettled; (paix, régime, caractère) unstable

**installation** [ɛ̃stalasjɔ̃] nf (mise en place) installation; putting in up; fitting out; settling in; (appareils etc) fittings pl, installations pl; **installations** nfpl installations; (industrielles) plant sg; (de sport, dans un camping) facilities; **l'~ électrique** wiring

**installer** [ɛ̃stale] vt (loger): ~ **qn** to get sb settled, install sb; (asseoir, coucher) to settle (down); (placer) to put, place; (meuble) to put in; (rideau, étagère, tente) to put up; (gaz, électricité etc) to put in, install; (appartement) to fit out; (aménager): ~ **une salle de bains dans une pièce** to fit out a room with a bathroom suite; **to set o.s. up** (s'établir: artisan, dentiste etc) to set o.s. up; (se loger): **s'~ à l'hôtel/chez qn** to move into a hotel/in with sb; (emménager) to settle in; (sur un siège, à un emplacement) to settle (down); (fig: maladie, grève) to take a firm hold ou grip

**instance** [ɛ̃stɑ̃s] nf (Jur: procédure) (legal) proceedings pl; (Admin: autorité) authority; **instances** nfpl (prières) entreaties; **affaire en** ~ matter pending; **courrier en** ~ mail ready for posting; **être en** ~ **de divorce** to be awaiting a divorce; **train en** ~ **de départ** train on the point of departure; **tribunal de première** ~ court of first instance; **en seconde** ~ on appeal

**instant** [ɛ̃stɑ̃] nm moment, instant; **dans un** ~ in a moment; **à l'**~ this instant; **je l'ai vu à l'**~ I've just this minute seen him, I saw him a moment ago; **à l'~ (même) où** at the (very) moment that ou when, (just) as; **à chaque** ~, **à tout** ~ at any moment; constantly; **pour l'**~ for the moment, for the time being; **par** ~**s** at times; **de tous les** ~**s** perpetual; **dès l'**~ **où** ou **que ...** from the moment when ..., since that moment when ...

**instantané, e** [ɛ̃stɑ̃tane] adj (lait, café) instant; (explosion, mort) instantaneous ▷ nm snapshot

**instar** [ɛ̃star]: **à l'**~ **de** prép following the example of, like

**instaurer** [ɛ̃stɔre] vt to institute; (couvre-feu) to impose; **s'instaurer** vi to set o.s. up; (collaboration, paix etc) to be established; (doute) to set in

**instinct** [ɛ̃stɛ̃] nm instinct; **d'**~ (spontanément) instinctively; ~ **grégaire** herd instinct; ~ **de conservation** instinct of self-preservation

**instinctivement** [ɛ̃stɛ̃ktivmɑ̃] adv instinctively

**instit** [ɛ̃stit] (fam) nm/f (primary school) teacher

**instituer** [ɛ̃stitɥe] vt to establish, institute; **s'~ défenseur d'une cause** to set o.s up as defender of a cause

**institut** [ɛ̃stity] nm institute; ~ **de beauté** beauty salon; ~ **médico-légal** mortuary; **I~ universitaire de technologie (IUT)** ≈ Institute of technology

**instituteur, -trice** [ɛ̃stitytœr, -tris] nm/f (primary (Brit) ou grade (US) school) teacher

**institution** [ɛ̃stitysjɔ̃] nf institution; (collège) private school; **institutions** nfpl (structures politiques et sociales) institutions

**instructif, -ive** [ɛ̃stryktif, -iv] adj instructive

**instruction** [ɛ̃stryksjɔ̃] nf (enseignement, savoir) education; (Jur) (preliminary) investigation and hearing; (directive) instruction; (Admin: document) directive; **instructions** nfpl instructions; (mode d'emploi) directions, instructions; ~ **civique** civics sg; ~ **primaire/publique** primary/public education; ~ **religieuse** religious instruction; ~ **professionnelle** vocational training

**instruire** [ɛ̃strɥir] vt (élèves) to teach; (recrues) to train; (Jur: affaire) to conduct the investigation for; **s'instruire** to educate o.s.; **s'~ auprès de qn de qch** (s'informer) to find sth out from sb; **~ qn de qch** (*informer*) to inform *ou* advise sb of sth; **~ contre qn** (*Jur*) to investigate sb

**instruit, e** [ɛ̃stʀɥi, -it] *pp de* **instruire** ▷ *adj* educated

**instrument** [ɛ̃stʀymɑ̃] *nm* instrument; **~ à cordes/vent** stringed/wind instrument; **~ de mesure** measuring instrument; **~ de musique** musical instrument; **~ de travail** (working) tool

**insu** [ɛ̃sy] *nm*: **à l'~ de qn** without sb knowing

**insubmersible** [ɛ̃sybmɛʀsibl] *adj* unsinkable

**insuffisant, e** [ɛ̃syfizɑ̃, -ɑ̃t] *adj* (*en quantité*) insufficient; (*en qualité: élève, travail*) inadequate; (*sur une copie*) poor

**insulaire** [ɛ̃sylɛʀ] *adj* island *cpd*; (*attitude*) insular

**insuline** [ɛ̃sylin] *nf* insulin

**insulte** [ɛ̃sylt] *nf* insult

**insulter** [ɛ̃sylte] *vt* to insult

**insupportable** [ɛ̃sypɔʀtabl] *adj* unbearable

**insurger** [ɛ̃syʀʒe]: **s'insurger** *vi*: **s'~ (contre)** to rise up *ou* rebel (against)

**insurmontable** [ɛ̃syʀmɔ̃tabl] *adj* (*difficulté*) insuperable; (*aversion*) unconquerable

**insurrection** [ɛ̃syʀɛksjɔ̃] *nf* insurrection, revolt

**intact, e** [ɛ̃takt] *adj* intact

**intangible** [ɛ̃tɑ̃ʒibl] *adj* intangible; (*principe*) inviolable

**intarissable** [ɛ̃taʀisabl] *adj* inexhaustible

**intégral, e, -aux** [ɛ̃tegʀal, -o] *adj* complete ▷ *nf* (*Math*) integral; (*œuvres complètes*) complete works; **texte ~** unabridged version; **bronzage ~** all-over suntan

**intégralement** [ɛ̃tegʀalmɑ̃] *adv* in full, fully

**intégralité** [ɛ̃tegʀalite] *nf* (*d'une somme, d'un revenu*) whole (*ou* full) amount; **dans son ~** in its entirety

**intégrant, e** [ɛ̃tegʀɑ̃, -ɑ̃t] *adj*: **faire partie ~e de** to be an integral part of, be part and parcel of

**intègre** [ɛ̃tegʀ] *adj* perfectly honest, upright

**intégrer** [ɛ̃tegʀe] *vt*: **~ qch à** *ou* **dans** to integrate sth into; **s'intégrer** *vr*: **s'~ à** *ou* **dans** to become integrated into; **bien s'~** to fit in

**intégrisme** [ɛ̃tegʀism] *nm* fundamentalism

**intellectuel, le** [ɛ̃telɛktɥɛl] *adj, nm/f* intellectual; (*péj*) highbrow

**intelligence** [ɛ̃teliʒɑ̃s] *nf* intelligence; (*compréhension*): **l'~ de** the understanding of; (*complicité*): **regard d'~** glance of complicity, meaningful *ou* knowing look; (*accord*): **vivre en bonne ~ avec qn** to be on good terms with sb; **intelligences** *nfpl* (*Mil, fig*) secret contacts; **être d'~** to have an understanding; **~ artificielle** artificial intelligence (A.I.)

**intelligent, e** [ɛ̃teliʒɑ̃, -ɑ̃t] *adj* intelligent; (*capable*): **~ en affaires** competent in business

**intelligible** [ɛ̃teliʒibl] *adj* intelligible

**intempéries** [ɛ̃tɑ̃peʀi] *nfpl* bad weather *sg*

**intempestif, -ive** [ɛ̃tɑ̃pɛstif, -iv] *adj* untimely

**intenable** [ɛ̃tnabl] *adj* unbearable

**intendant, e** [ɛ̃tɑ̃dɑ̃, -ɑ̃t] *nm/f* (*Mil*) quartermaster; (*Scol*) bursar; (*d'une propriété*) steward

**intense** [ɛ̃tɑ̃s] *adj* intense

**intensif, -ive** [ɛ̃tɑ̃sif, -iv] *adj* intensive; **cours ~** crash course; (*:) en main-d'œuvre** labour-intensive; **~ en capital** capital-intensive

**intenter** [ɛ̃tɑ̃te] *vt*: **~ un procès contre** *ou* **à qn** to start proceedings against sb

**intention** [ɛ̃tɑ̃sjɔ̃] *nf* intention; (*Jur*) intent; **avoir l'~ de faire** to intend to do, have the intention of doing; **dans l'~ de faire qch** with a view to doing sth; **à l'~ de** *prép* for; (*renseignement*) for the benefit *ou* information of; (*film, ouvrage*) aimed at; **à cette ~** with this aim in view; **sans ~** unintentionally; **faire qch sans mauvaise ~** to do sth without ill intent; **agir dans une bonne ~** to act with good intentions

**intentionné, e** [ɛ̃tɑ̃sjɔne] *adj*: **bien ~** well-meaning *ou* -intentioned; **mal ~** ill-intentioned

**interactif, -ive** [ɛ̃teʀaktif, -iv] *adj* (*aussi Inform*) interactive

**intercalaire** [ɛ̃teʀkalɛʀ] *adj, nm*: **(feuillet) ~** insert; **(fiche) ~** divider

**intercaler** [ɛ̃teʀkale] *vt* to insert; **s'intercaler entre** *vi* to come in between; to slip in between

**intercepter** [ɛ̃teʀsɛpte] *vt* to intercept; (*lumière, chaleur*) to cut off

**interchangeable** [ɛ̃teʀʃɑ̃ʒabl] *adj* interchangeable

**interclasse** [ɛ̃teʀklas] *nm* (*Scol*) break (between classes)

**interdiction** [ɛ̃teʀdiksjɔ̃] *nf* ban; **~ de faire qch** ban on doing sth; **~ de séjour** (*Jur*) order banning ex-prisoner from frequenting specified places; **~ de fumer** no smoking

**interdire** [ɛ̃teʀdiʀ] *vt* to forbid; (*Admin: stationnement, meeting, passage*) to ban, prohibit; (*: journal, livre*) to ban; **~ qch à qn** to forbid sb sth; **~ à qn de faire** to forbid sb to do, prohibit sb from doing; (*empêchement*) to prevent *ou* preclude sb from doing; **s'interdire qch** *vi* (*éviter*) to refrain *ou* abstain from sth; (*se refuser*): **il s'interdit d'y penser** he doesn't allow himself to think about it

**interdit, e** [ɛ̃teʀdi, -it] *pp de* **interdire** ▷ *adj* (*stupéfait*) taken aback; (*défendu*) forbidden, prohibited ▷ *nm* interdict, prohibition; **film ~ aux moins de 18/12 ans** ≈ 18-/12A-rated film; **sens ~** one way; **stationnement ~** no parking; **~ de chéquier** having cheque book facilities suspended; **~ de séjour** subject to an "interdiction de séjour"

**intéressant, e** [ɛ̃teʀesɑ̃, -ɑ̃t] *adj* interesting; (*avantageux*) attractive; **faire l'~** to draw attention to o.s.

**intéressé, e** [ɛ̃terese] adj (parties) involved, concerned; (amitié, motifs) self-interested ▷ nm: **l'~** the interested party; **les ~s** those concerned ou involved

**intéresser** [ɛ̃terese] vt (captiver) to interest; (toucher) to be of interest ou concern to; (Admin: concerner) to affect, concern; (Comm: travailleur) to give a share in the profits to; (: partenaire) to interest (in the business); **s'intéresser à** vi to take an interest in, be interested in; **~ qn à qch** to get sb interested in sth

**intérêt** [ɛ̃terɛ] nm (aussi Comm) interest; (égoïsme) self-interest; **porter de l'~ à qn** to take an interest in sb; **agir par ~** to act out of self-interest; **avoir des ~s dans** (Comm) to have a financial interest ou a stake in; **avoir ~ à faire** to do well to do; **tu as ~ à accepter** it's in your interest to accept; **tu as ~ à te dépêcher** you'd better hurry; **il y a ~ à ...** it would be a good thing to ...; **~ composé** compound interest

**intérieur, e** [ɛ̃terjœr] adj (mur, escalier, poche) inside; (commerce, politique) domestic; (cour, calme, vie) inner; (navigation) inland ▷ nm (d'une maison, d'un récipient etc) inside; (d'un pays, aussi: décor, mobilier) interior; (Pol): **l'I~** (the Department of) the Interior, ≈ the Home Office (Brit); **à l'~ (de)** inside; (fig) within; **de l'~** (fig) from the inside; **en ~** (Ciné) in the studio; **vêtement d'~** indoor garment

**intérieurement** [ɛ̃terjœrmɑ̃] adv inwardly

**intérim** [ɛ̃terim] nm (période) interim period; (travail) temping; **agence d'~** temping agency; **assurer l'~ (de)** to deputize (for); **président par ~** interim president; **travailler en ~**, **faire de l'~** to temp

**intérimaire** [ɛ̃terimɛr] adj (directeur, ministre) acting; (secrétaire, personnel) temporary, interim ▷ nm/f (secrétaire etc) temporary, temp (Brit); (suppléant) deputy

**interlocuteur, -trice** [ɛ̃terlɔkytœr, -tris] nm/f speaker; (Pol): **~ valable** valid representative; **son ~** the person he ou she was speaking to

**interloquer** [ɛ̃terlɔke] vt to take aback

**intermède** [ɛ̃termɛd] nm interlude

**intermédiaire** [ɛ̃termedjɛr] adj intermediate; middle; half-way; (solution) temporary ▷ nm/f intermediary; (Comm) middleman; **sans ~** directly; **par l'~ de** through

**interminable** [ɛ̃terminabl] adj never-ending

**intermittence** [ɛ̃termitɑ̃s] nf: **par ~** intermittently, sporadically

**internat** [ɛ̃terna] nm (Scol) boarding school

**international, e, -aux** [ɛ̃ternasjɔnal, -o] adj, nm/f international

**internaute** [ɛ̃tɛrnot] nm/f Internet user

**interne** [ɛ̃tɛrn] adj internal ▷ nm/f (Scol) boarder; (Méd) houseman (Brit), intern (US)

**interner** [ɛ̃tɛrne] vt (Pol) to intern; (Méd) to confine to a mental institution

**Internet** [ɛ̃tɛrnɛt] nm: **l'~** the Internet

**interpeller** [ɛ̃tɛrpəle] vt (appeler) to call out to; (apostropher) to shout at; (Police) to take in for questioning; (Pol) to question; (concerner) to concern; **s'interpeller** vi to exchange insults

**interphone** [ɛ̃tɛrfɔn] nm intercom; (d'immeuble) entry phone

**interposer** [ɛ̃tɛrpoze] vt to interpose; **s'interposer** vi to intervene; **par personnes interposées** through a third party

**interprétation** [ɛ̃tɛrpretasjɔ̃] nf interpretation

**interprète** [ɛ̃tɛrprɛt] nm/f interpreter; (porte-parole) spokesman

**interpréter** [ɛ̃tɛrprete] vt to interpret; (jouer) to play; (chanter) to sing

**interrogateur, -trice** [ɛ̃terɔɡatœr, -tris] adj questioning, inquiring ▷ nm/f (Scol) (oral) examiner

**interrogatif, -ive** [ɛ̃terɔɡatif, -iv] adj (Ling) interrogative

**interrogation** [ɛ̃terɔɡasjɔ̃] nf question; (Scol) (written ou oral) test

**interrogatoire** [ɛ̃terɔɡatwar] nm (Police) questioning no pl; (Jur, aussi fig) cross-examination, interrogation

**interroger** [ɛ̃terɔʒe] vt to question; (Inform) to search; (Scol: candidat) to test; **~ qn (sur qch)** to question sb (about sth); **~ qn du regard** to look questioningly at sb, give sb a questioning look; **s'~ sur qch** to ask o.s. about sth, ponder (about) sth

**interrompre** [ɛ̃terɔ̃pr] vt (gén) to interrupt; (travail, voyage) to break off, interrupt; (négociations) to break off; (match) to stop; **s'interrompre** vi to break off

**interrupteur** [ɛ̃teryptœr] nm switch

**interruption** [ɛ̃terypsjɔ̃] nf interruption; (pause) break; **sans ~** without a break; **~ de grossesse** termination of pregnancy; **~ volontaire de grossesse** voluntary termination of pregnancy, abortion

**intersection** [ɛ̃tɛrsɛksjɔ̃] nf intersection

**interstice** [ɛ̃tɛrstis] nm crack, slit

**interurbain** [ɛ̃tɛryrbɛ̃] (Tél) nm long-distance call service ▷ adj long-distance

**intervalle** [ɛ̃terval] nm (espace) space; (de temps) interval; **dans l'~** in the meantime; **à deux jours d'~** two days apart; **à ~s rapprochés** at close intervals; **par ~s** at intervals

**intervenir** [ɛ̃tervənir] vi (gén) to intervene; (survenir) to take place; (faire une conférence) to give a talk ou lecture; **~ auprès de/en faveur de qn** to intervene with/on behalf of sb; **la police a dû ~** police had to step in ou intervene; **les médecins ont dû ~** the doctors had to operate

**intervention** [ɛ̃tervɑ̃sjɔ̃] nf intervention; (conférence) talk, paper; (discours) speech; **~ (chirurgicale)** operation

**intervertir** [ɛ̃tɛʀvɛʀtiʀ] *vt* to invert (the order of), reverse

**interview** [ɛ̃tɛʀvju] *nf* interview

**interviewer** [ɛ̃tɛʀvjuve] *vt* to interview ▷ *nm* [ɛ̃tɛʀvjuvœʀ] (*journaliste*) interviewer

**intestin, e** [ɛ̃tɛstɛ̃, -in] *adj* internal ▷ *nm* intestine; **~ grêle** small intestine

**intime** [ɛ̃tim] *adj* intimate; (*vie, journal*) private; (*convictions*) inmost; (*dîner, cérémonie*) held among friends, quiet ▷ *nm/f* close friend; **un journal ~** a diary

**intimider** [ɛ̃timide] *vt* to intimidate

**intimité** [ɛ̃timite] *nf* intimacy; (*vie privée*) privacy; private life; **dans l'~** in private; (*sans formalités*) with only a few friends, quietly

**intitulé** [ɛ̃tityle] *nm* title

**intolérable** [ɛ̃tɔleʀabl] *adj* intolerable

**intox** [ɛ̃tɔks] (*fam*) *nf* brainwashing

**intoxication** [ɛ̃tɔksikasjɔ̃] *nf* poisoning *no pl*; (*toxicomanie*) drug addiction; (*fig*) brainwashing; **~ alimentaire** food poisoning

**intoxiquer** [ɛ̃tɔksike] *vt* to poison; (*fig*) to brainwash; **s'intoxiquer** to poison o.s.

**intraduisible** [ɛ̃tʀadyizibl] *adj* untranslatable; (*fig*) inexpressible

**intraitable** [ɛ̃tʀetabl] *adj* inflexible, uncompromising

**intranet** [ɛ̃tʀanɛt] *nm* intranet

**intransigeant, e** [ɛ̃tʀɑ̃ziʒɑ̃, -ɑ̃t] *adj* intransigent; (*morale, passion*) uncompromising

**intransitif, -ive** [ɛ̃tʀɑ̃zitif, -iv] *adj* (*Ling*) intransitive

**intrépide** [ɛ̃tʀepid] *adj* dauntless, intrepid

**intrigue** [ɛ̃tʀig] *nf* intrigue; (*scénario*) plot

**intriguer** [ɛ̃tʀige] *vi* to scheme ▷ *vt* to puzzle, intrigue

**intrinsèque** [ɛ̃tʀɛ̃sɛk] *adj* intrinsic

**introduction** [ɛ̃tʀɔdyksjɔ̃] *nf* introduction; **paroles/chapitre d'~** introductory words/chapter; **lettre/mot d'~** letter/note of introduction

**introduire** [ɛ̃tʀɔdɥiʀ] *vt* to introduce; (*visiteur*) to show in; (*aiguille, clef*): **~ qch dans** to insert *ou* introduce sth into; (*personne*): **~ à qch** to introduce to sth; (*: présenter*): **~ qn à qn/dans un club** to introduce sb to sb/to a club; **s'introduire** *vi* (*techniques, usages*) to be introduced; **s'~ dans** to gain entry into; (*dans un groupe*) to get o.s. accepted into; (*eau, fumée*) to get into; **~ au clavier** to key in

**introuvable** [ɛ̃tʀuvabl] *adj* which cannot be found; (*Comm*) unobtainable

**introverti, e** [ɛ̃tʀɔvɛʀti] *nm/f* introvert

**intrus, e** [ɛ̃tʀy, -yz] *nm/f* intruder

**intrusion** [ɛ̃tʀyzjɔ̃] *nf* intrusion; (*ingérence*) interference

**intuition** [ɛ̃tɥisjɔ̃] *nf* intuition; **avoir une ~** to have a feeling; **avoir l'~ de qch** to have an intuition of sth; **avoir de l'~** to have intuition

**inusable** [inyzabl] *adj* hard-wearing

**inusité, e** [inyzite] *adj* rarely used

**inutile** [inytil] *adj* useless; (*superflu*) unnecessary

**inutilement** [inytilmɑ̃] *adv* needlessly

**inutilisable** [inytilizabl] *adj* unusable

**invalide** [ɛ̃valid] *adj* disabled ▷ *nm/f*: **~ de guerre** disabled ex-serviceman; **~ du travail** industrially disabled person

**invariable** [ɛ̃vaʀjabl] *adj* invariable

**invasion** [ɛ̃vazjɔ̃] *nf* invasion

**invectiver** [ɛ̃vɛktive] *vt* to hurl abuse at ▷ *vi*: **~ contre** to rail against

**invendable** [ɛ̃vɑ̃dabl] *adj* unsaleable, unmarketable

**invendu, e** [ɛ̃vɑ̃dy] *adj* unsold ▷ *nm* return; **invendus** *nmpl* unsold goods

**inventaire** [ɛ̃vɑ̃tɛʀ] *nm* inventory; (*Comm: liste*) stocklist; (*: opération*) stocktaking *no pl*; (*fig*) survey; **faire un ~** to make an inventory; (*Comm*) to take stock; **faire *ou* procéder à l'~** to take stock

**inventer** [ɛ̃vɑ̃te] *vt* to invent; (*subterfuge*) to devise, invent; (*histoire, excuse*) to make up, invent; **~ de faire** to hit on the idea of doing

**inventeur, -trice** [ɛ̃vɑ̃tœʀ, -tʀis] *nm/f* inventor

**inventif, -ive** [ɛ̃vɑ̃tif, -iv] *adj* inventive

**invention** [ɛ̃vɑ̃sjɔ̃] *nf* invention; (*imagination, inspiration*) inventiveness

**inverse** [ɛ̃vɛʀs] *adj* (*ordre*) reverse; (*sens*) opposite; (*rapport*) inverse ▷ *nm* reverse; inverse; **l'~** the opposite; **dans l'ordre ~** in the reverse order; **en proportion ~** in inverse proportion; **dans le sens ~ des aiguilles d'une montre** anti-clockwise; **en sens ~** in (*ou* from) the opposite direction; **à l'~** conversely

**inversement** [ɛ̃vɛʀsəmɑ̃] *adv* conversely

**inverser** [ɛ̃vɛʀse] *vt* to reverse, invert; (*Élec*) to reverse

**investigation** [ɛ̃vɛstigasjɔ̃] *nf* investigation, inquiry

**investir** [ɛ̃vɛstiʀ] *vt* to invest; **~ qn de** (*d'une fonction, d'un pouvoir*) to vest *ou* invest sb with; **s'investir** *vi* (*Psych*) to involve o.s.; **~ qn de** to vest *ou* invest sb with; **s'~ dans** to put a lot into

**investissement** [ɛ̃vɛstismɑ̃] *nm* investment; (*Psych*) involvement

**investiture** [ɛ̃vɛstityʀ] *nf* investiture; (*à une élection*) nomination

**invétéré, e** [ɛ̃vetere] *adj* (*habitude*) ingrained; (*bavard, buveur*) inveterate

**invisible** [ɛ̃vizibl] *adj* invisible; (*fig: personne*) not available

**invitation** [ɛ̃vitasjɔ̃] *nf* invitation; **à/sur l'~ de qn** at/on sb's invitation; **carte/lettre d'~** invitation card/letter

**invité, e** [ɛ̃vite] *nm/f* guest

**inviter** [ɛ̃vite] *vt* to invite; **~ qn à faire qch** to invite sb to do sth; (*chose*) to induce *ou* tempt sb to do sth

**invivable** [ɛ̃vivabl] *adj* unbearable, impossible

**involontaire** [ɛ̃vɔlɔ̃tɛʀ] *adj* (*mouvement*)

**involuntary;** (*insulte*) unintentional; (*complice*) unwitting

**invoquer** [ɛ̃vɔke] vt (*Dieu, muse*) to call upon, invoke; (*prétexte*) to put forward (as an excuse); (*témoignage*) to call upon; (*loi, texte*) to refer to; **~ la clémence de qn** to beg sb *ou* appeal to sb for clemency

**invraisemblable** [ɛ̃vʀɛsɑ̃blabl] adj (*fait, nouvelle*) unlikely, improbable; (*bizarre*) incredible

**iode** [jɔd] nm iodine

**irai** etc [iʀe] vb voir **aller**

**Irak** [iʀak] nm: **l'~** Iraq *ou* Irak

**irakien, ne** [iʀakjɛ̃, -ɛn] adj Iraqi ⊳ nm/f: **I~, ne** Iraqi

**Iran** [iʀɑ̃] nm: **l'~** Iran

**iranien, ne** [iʀanjɛ̃, -ɛn] adj Iranian ⊳ nm (*Ling*) Iranian ⊳ nm/f: **I~, ne** Iranian

**irascible** [iʀasibl] adj short-tempered, irascible

**irions** etc [iʀjɔ̃] vb voir **aller**

**iris** [iʀis] nm iris

**irlandais, e** [iʀlɑ̃dɛ, -ɛz] adj, nm (*Ling*) Irish ⊳ nm/f: **I~, e** Irishman/woman; **les I~** the Irish

**Irlande** [iʀlɑ̃d] nf: **l'~** (*pays*) Ireland; **la République d'~** the Irish Republic, the Republic of Ireland, Eire; **~ du Nord** Northern Ireland, Ulster; **~ du Sud** Southern Ireland, Irish Republic, Eire; **la mer d'~** the Irish Sea

**ironie** [iʀɔni] nf irony

**ironique** [iʀɔnik] adj ironical

**ironiser** [iʀɔnize] vi to be ironical

**irons** etc [iʀɔ̃] vb voir **aller**

**irradier** [iʀadje] vi to radiate ⊳ vt to irradiate

**irraisonné, e** [iʀɛzɔne] adj irrational, unreasoned

**irrationnel, le** [iʀasjɔnɛl] adj irrational

**irréalisable** [iʀealizabl] adj unrealizable; (*projet*) impracticable

**irrécupérable** [iʀekypeʀabl] adj unreclaimable, beyond repair; (*personne*) beyond redemption *ou* recall

**irréductible** [iʀedyktibl] adj indomitable, implacable; (*Math: fraction, équation*) irreducible

**irréel, le** [iʀeel] adj unreal

**irréfléchi, e** [iʀeflefi] adj thoughtless

**irrégularité** [iʀegylaʀite] nf irregularity; (*de travail, d'effort, de qualité*) unevenness no pl

**irrégulier, -ière** [iʀegylje, -jɛʀ] adj irregular; (*surface, rythme, écriture*) uneven, irregular; (*travail, effort, qualité*) uneven; (*élève, athlète*) erratic

**irrémédiable** [iʀemedjabl] adj irreparable

**irremplaçable** [iʀɑ̃plasabl] adj irreplaceable

**irréparable** [iʀepaʀabl] adj beyond repair, irreparable; (*fig*) irreparable

**irréprochable** [iʀepʀɔʃabl] adj irreproachable, beyond reproach; (*tenue, toilette*) impeccable

**irrésistible** [iʀezistibl] adj irresistible;

(*preuve, logique*) compelling; (*amusant*) hilarious

**irrésolu, e** [iʀezɔly] adj irresolute

**irrespectueux, -euse** [iʀɛspɛktɥø, -øz] adj disrespectful

**irrespirable** [iʀɛspiʀabl] adj unbreathable; (*fig*) oppressive, stifling

**irresponsable** [iʀɛspɔ̃sabl] adj irresponsible

**irriguer** [iʀige] vt to irrigate

**irritable** [iʀitabl] adj irritable

**irriter** [iʀite] vt (*agacer*) to irritate, annoy; (*Méd: enflammer*) to irritate; **s'~ contre qn/de qch** to get annoyed *ou* irritated with sb/at sth

**irruption** [iʀypsjɔ̃] nf irruption no pl; **faire ~ dans** to burst into; **faire ~ chez qn** to burst in on sb

**Islam** [islam] nm: **l'~** Islam

**islamique** [islamik] adj Islamic

**islamiste** [islamist] adj, nm/f Islamic

**islamophobie** nf Islamophobia

**Islande** [islɑ̃d] nf: **l'~** Iceland

**isolant, e** [izɔlɑ̃, -ɑ̃t] adj insulating; (*insonorisant*) soundproofing ⊳ nm insulator

**isolation** [izɔlasjɔ̃] nf insulation; **~ thermique** thermal insulation; **~ acoustique** soundproofing

**isolé, e** [izɔle] adj isolated; (*Élec*) insulated; (*contre la chaleur*) insulated

**isoler** [izɔle] vt to isolate; (*prisonnier*) to put in solitary confinement; (*ville*) to cut off, isolate; (*Élec*) to insulate; (*contre le froid*) to insulate; **s'isoler** vi to isolate o.s.

**isoloir** [izɔlwaʀ] nm polling booth

**Israël** [isʀaɛl] nm: **l'~** Israel

**israélien, ne** [isʀaeljɛ̃, -ɛn] adj Israeli ⊳ nm/f: **I~, ne** Israeli

**israélite** [isʀaelit] adj Jewish; (*dans l'Ancien Testament*) Israelite ⊳ nm/f: **I~** Jew/Jewess; Israelite

**issu, e** [isy] adj: **~ de** (*né de*) descended from; (*fig: résultant de*) stemming from ⊳ nf (*ouverture, sortie*) exit; (*solution*) way out, solution; (*dénouement*) outcome; **à l'~e de** at the conclusion *ou* close of; **rue sans ~e, voie sans ~e** dead end, no through road (*Brit*), no outlet (*US*); **~e de secours** emergency exit

**Italie** [itali] nf: **l'~** Italy

**italien, ne** [italjɛ̃, -ɛn] adj Italian ⊳ nm (*Ling*) Italian ⊳ nm/f: **I~, ne** Italian

**italique** [italik] nm: **en ~(s)** in italics

**itinéraire** [itineʀɛʀ] nm itinerary, route; **~ bis** alternative route

**IUT** sigle m = **Institut universitaire de technologie**

**IVG** sigle f (= interruption volontaire de grossesse) abortion

**ivoire** [ivwaʀ] nm ivory

**ivre** [ivʀ] adj drunk; **~ de** (*colère*) wild with; (*bonheur*) drunk *ou* intoxicated with; **~ mort** dead drunk

**ivresse** [ivʀɛs] nf drunkenness; (*euphorie*) intoxication

**ivrogne** [ivʀɔɲ] nm/f drunkard

# J

**j'** [ʒ] *pron voir* **je**

**jacasser** [ʒakase] *vi* to chatter

**jacinthe** [ʒasɛ̃t] *nf* hyacinth; **~ des bois** bluebell

**jadis** [ʒadis] *adv* in times past, formerly

**jaillir** [ʒajiʀ] *vi* (*liquide*) to spurt out, gush out; (*lumière*) to flood out; (*fig*) to rear up; (*cris, réponses*) to burst out

**jais** [ʒɛ] *nm* jet; **(d'un noir) de ~** jet-black

**jalousie** [ʒaluzi] *nf* jealousy; (*store*) (venetian) blind

**jaloux, -ouse** [ʒalu, -uz] *adj* jealous; **être ~ de qn/qch** to be jealous of sb/sth

**jamaïquain, e** [ʒamaikɛ̃, -ɛn] *adj* Jamaican ▷ *nm/f*: **J~, e** Jamaican

**Jamaïque** [ʒamaik] *nf*: **la ~** Jamaica

**jamais** [ʒamɛ] *adv* never; (*sans négation*) ever; **ne ... ~** never; **~ de la vie!** never!; **si ~ ...** if ever ...; **à (tout) ~, pour ~** for ever, for ever and ever; **je ne suis ~ allé en Espagne** I've never been to Spain

**jambe** [ʒɑ̃b] *nf* leg; **à toutes ~s** as fast as one's legs can carry one

**jambon** [ʒɑ̃bɔ̃] *nm* ham

**jambonneau, x** [ʒɑ̃bɔno] *nm* knuckle of ham

**jante** [ʒɑ̃t] *nf* (wheel) rim

**janvier** [ʒɑ̃vje] *nm* January; *voir aussi* **juillet**

**Japon** [ʒapɔ̃] *nm*: **le ~** Japan

**japonais, e** [ʒapɔnɛ, -ɛz] *adj* Japanese ▷ *nm* (*Ling*) Japanese ▷ *nm/f*: **J~, e** Japanese

**japper** [ʒape] *vi* to yap, yelp

**jaquette** [ʒakɛt] *nf* (*de cérémonie*) morning coat; (*de femme*) jacket; (*de livre*) dust cover, (dust) jacket

**jardin** [ʒaʀdɛ̃] *nm* garden; **~ d'acclimatation** zoological gardens *pl*; **~ botanique** botanical gardens *pl*; **~ d'enfants** nursery school; **~ potager** vegetable garden; **~ public** (public) park, public gardens *pl*; **~s suspendus** hanging gardens; **~ zoologique** zoological gardens

**jardinage** [ʒaʀdinaʒ] *nm* gardening

**jardiner** [ʒaʀdine] *vi* to garden, do some gardening

**jardinier, -ière** [ʒaʀdinje, -jɛʀ] *nm/f* gardener ▷ *nf* (*de fenêtre*) window box; **jardinière d'enfants** nursery school teacher; **jardinière (de légumes)** (*Culin*) mixed vegetables

**jargon** [ʒaʀgɔ̃] *nm* (*charabia*) gibberish; (*publicitaire, scientifique etc*) jargon

**jarret** [ʒaʀɛ] *nm* back of knee; (*Culin*) knuckle, shin

**jarretelle** [ʒaʀtɛl] *nf* suspender (*Brit*), garter (*US*)

**jarretière** [ʒaʀtjɛʀ] *nf* garter

**jaser** [ʒaze] *vi* to chatter, prattle; (*indiscrètement*) to gossip

**jatte** [ʒat] *nf* basin, bowl

**jauge** [ʒoʒ] *nf* (*capacité*) capacity, tonnage; (*instrument*) gauge; **~ (de niveau) d'huile** (*Auto*) dipstick

**jaune** [ʒon] *adj, nm* yellow ▷ *nm/f* Asiatic; (*briseur de grève*) blackleg ▷ *adv* (*fam*): **rire ~** to laugh on the other side of one's face; **~ d'œuf** (egg) yolk

**jaunir** [ʒoniʀ] *vi, vt* to turn yellow

**jaunisse** [ʒonis] *nf* jaundice

**Javel** [ʒavɛl] *nf voir* **eau**

**javelot** [ʒavlo] *nm* javelin; (*Sport*): **faire du ~** to throw the javelin

**J.-C.** *abr* = **Jésus-Christ**

**je, j'** [ʒə, ʒ] *pron* I

**jean** [dʒin] *nm* jeans *pl*

**Jésus-Christ** [ʒezykʀi(st)] *n* Jesus Christ; **600 avant/après** *ou* **J.-C.** 600 B.C./A.D.

**jet¹** [ʒɛ] *nm* (*lancer: action*) throwing *no pl*; (*résultat*) throw; (*jaillissement: d'eaux*) jet; (*de sang*) spurt; (*de tuyau*) nozzle; (*fig*): **premier ~** (*ébauche*) rough outline; **arroser au ~** to hose; **d'un (seul) ~** (*d'un seul coup*) at (*ou* in) one go; **du premier ~** at the first attempt *ou* shot; **~ d'eau** spray; (*fontaine*) fountain

**jet²** [dʒɛt] *nm* (*avion*) jet

**jetable** [ʒətabl] *adj* disposable

**jetée** [ʒəte] *nf* jetty; (*grande*) pier

**jeter** [ʒəte] *vt* (*gén*) to throw; (*se défaire de*) to throw away *ou* out; (*son, lueur etc*) to give out; **~ qch à qn** to throw sth to sb; (*de façon agressive*) to throw sth at sb; (*Navig*): **~ l'ancre** to cast anchor; **~ un coup d'œil (à)** to take a look (at); **~ les bras en avant/la tête en arrière** to throw one's arms forward/one's head back(ward); **~ l'effroi parmi** to spread fear among; **~ un sort à qn** to cast a spell on sb; **~ qn dans la misère** to reduce sb to poverty; **~ qn dehors/en prison** to throw sb out/into prison; **~ l'éponge** (*fig*) to throw in the towel; **des fleurs à qn** (*fig*) to say lovely things to sb; **~ la pierre à qn** (*accuser, blâmer*) to accuse sb; **se ~ sur** to throw o.s. onto; **se ~ dans** (*fleuve*) to flow into; **se ~ par la fenêtre** to throw o.s. out of the window; **se ~ à l'eau** (*fig*) to take the plunge

**jeton** [ʒətɔ̃] *nm* (*au jeu*) counter; (*de téléphone*) token; **~s de présence** (director's) fees

**jette** *etc* [ʒɛt] *vb voir* **jeter**

**jeu, x** [ʒø] *nm* (*divertissement, Tech: d'une pièce*) play; (*défini par des règles, Tennis: partie, Football etc: façon de jouer*) game; (*Théât etc*) acting; (*fonctionnement*) working, interplay; (*série d'objets, jouet*) set; (*Cartes*) hand; (*au casino*): **le ~** gambling; **cacher son ~** (*fig*) to keep one's cards hidden, conceal one's hand; **c'est un ~ d'enfant!** (*fig*) it's child's play!; **en ~** at stake; at work; (*Football*) in play; **remettre en ~** to throw in; **entrer/mettre en ~** to come/bring into play; **par ~** (*pour s'amuser*) for fun; **d'entrée de ~** (*tout de suite, dès le début*) from the outset; **entrer dans le ~/le ~ de qn** (*fig*) to play the game/sb's game; **jouer gros ~** to play for high stakes; **se piquer/se prendre au ~** to get excited over/get caught up in the game; **~ d'arcade** video game; **~ de boules** game of bowls; (*endroit*) bowling pitch; (*boules*) set of bowls; **~ de cartes** card game; (*paquet*) pack of cards; **~ de construction** building set; **~ d'échecs** chess set; **~ d'écritures** (*Comm*) paper transaction; **~ électronique** electronic game; **~ de hasard** game of chance; **~ de mots** pun; **le ~ de l'oie** snakes and ladders *sg*; **~ d'orgue(s)** organ stop; **~ de patience** puzzle; **~ de physionomie** facial expressions *pl*; **~ de société** board game; **~ télévisé** television quiz; **~ vidéo** video game; **~x de lumière** lighting effects; **J~x olympiques (JO)** Olympic Games

**jeudi** [ʒødi] *nm* Thursday; **~ saint** Maundy Thursday; *voir aussi* **lundi**

**jeun** [ʒœ̃]: **à ~** *adv* on an empty stomach; **être à ~** to have eaten nothing; **rester à ~** not to eat anything

**jeune** [ʒœn] *adj* young ▷ *adv*: **faire/s'habiller ~** to look/dress young; **les ~s** young people, the young; **~ fille** *nf* girl; **~ homme** *nm* young man; **~ loup** *nm* (*Pol, Écon*) young go-getter; **~ premier** leading man; **~s gens** *nmpl* young people; **~s mariés** *nmpl* newly weds

**jeûne** [ʒøn] *nm* fast

**jeunesse** [ʒœnɛs] *nf* youth; (*aspect*) youthfulness; (*jeunes*) young people *pl*, youth

**joaillerie** [ʒɔajʀi] *nf* jewel trade; jewellery (*Brit*), jewelry (*US*)

**joaillier, -ière** [ʒɔaje, -jɛʀ] *nm/f* jeweller

(*Brit*), jeweler (*US*)

**jogging** [dʒɔgiŋ] *nm* jogging; (*survêtement*) tracksuit (*Brit*), sweatsuit (*US*); **faire du ~** to go jogging, jog

**joie** [ʒwa] *nf* joy

**joindre** [ʒwɛ̃dʀ] *vt* to join; **~ qch à** (*à une lettre*) to enclose sth with; (*contacter*) to contact, get in touch with; **~ un fichier à un mail** (*Inform*) to attach a file to an email; **~ les mains/talons** to put one's hands/heels together; **~ les deux bouts** (*fig: du mois*) to make ends meet; **se joindre** (*mains etc*) to come together; **se ~ à qn** to join sb; **se ~ à qch** to join in sth

**joint, e** [ʒwɛ̃, -ɛ̃t] *pp de* **joindre** ▷ *adj*: **~ (à)** (*lettre, paquet*) attached (to), enclosed (with); **pièce ~e** (*de lettre*) enclosure; (*de mail*) attachment ▷ *nm* joint; (*ligne*) join; (*de ciment etc*) pointing *no pl*; **chercher/trouver le ~** (*fig*) to look for/come up with the answer; **~ de cardan** cardan joint; **~ de culasse** cylinder head gasket; **~ de robinet** washer; **~ universel** universal joint

**joker** [ʒɔkɛʀ] *nm* (*Cartes*) joker; (*Inform*): (*caractère*) **~** wild card

**joli, e** [ʒɔli] *adj* pretty, attractive; **une ~e somme/situation** a nice little sum/ situation; **un ~ gâchis** *etc* a nice mess *etc*; **c'est du ~!** (*ironique*) that's very nice!; **tout ça, c'est bien ~ mais ...** that's all very well but ...

**jonc** [ʒɔ̃] *nm* (bul)rush; (*bague, bracelet*) band

**jonction** [ʒɔ̃ksjɔ̃] *nf* joining; (**point de**) **~** (*de routes*) junction; (*de fleuves*) confluence; **opérer une ~** (*Mil etc*) to rendez-vous

**jongleur, -euse** [ʒɔ̃glœʀ, -øz] *nm/f* juggler

**jonquille** [ʒɔ̃kij] *nf* daffodil

**Jordanie** [ʒɔʀdani] *nf*: **la ~** Jordan

**joue** [ʒu] *nf* cheek; **mettre en ~** to take aim at

**jouer** [ʒwe] *vt* (*partie, carte, coup, Mus: morceau*) to play; (*somme d'argent, réputation*) to stake, wager; (*pièce, rôle*) to perform; (*film*) to show; (*simuler: sentiment*) to affect, feign ▷ *vi* to play; (*Théât, Ciné*) to act, perform; (*au casino*) to gamble; (*bois, porte: se voiler*) to warp; (*clef, pièce: avoir du jeu*) to be loose; (*entrer ou être en jeu*) to come into play, come into it; **~ sur** (*miser*) to gamble on; **~ de** (*Mus*) to play; **~ du couteau/des coudes** to use knives/one's elbows; **~ à** (*jeu, sport, roulette*) to play; **~ au héros** to act *ou* play the hero; **~ avec** (*risquer*) to gamble with; **se ~ de** (*difficultés*) to make light of; **se ~ de qn** to deceive *ou* dupe sb; **~ un tour à qn** to play a trick on sb; **~ la comédie** (*fig*) to put on an act, put it on; **~ aux courses** to back horses, bet on horses; **~ à la baisse/ hausse** (*Bourse*) to play for a fall/rise; **~ serré** to play a close game; **~ de malchance** to be dogged with ill-luck; **~ sur les mots** to play with words; **à toi/nous de ~** it's your/our go *ou* turn; **bien joué!** well done!; **on joue Hamlet au théâtre X** Hamlet is on at the X theatre

**jouet** [ʒwɛ] *nm* toy; **être le ~ de** (*illusion etc*) to be the victim of

**joueur, -euse** [ʒwœʀ, -øz] *nm/f* player ▷ *adj* (*enfant, chat*) playful; **être beau/mauvais ~** to be a good/bad loser

**joufflu, e** [ʒufly] *adj* chubby(-cheeked)

**joug** [ʒu] *nm* yoke

**jouir** [ʒwiʀ] *vi* (*sexe: fam*) to come ▷ *vt:* **~ de** to enjoy

**jouissance** [ʒwisɑ̃s] *nf* pleasure; (*Jur*) use

**joujou** [ʒuʒu] *nm* (*fam*) toy

**jour** [ʒuʀ] *nm* day; (*opposé à la nuit*) day, daytime; (*clarté*) daylight; (*fig: aspect*): **sous un ~ favorable/nouveau** in a favourable/new light; (*ouverture*) opening; (*Couture*) openwork *no pl*; **de ~** (*crème, service*) day *cpd*; **travailler de ~** to work during the day; **voyager de ~** to travel by day; **au ~ le ~** from day to day; **de nos ~s** these days, nowadays; **tous les ~s** every day; **de ~ en ~** day by day; **d'un ~ à l'autre** from one day to the next; **du ~ au lendemain** overnight; **il fait ~** it's daylight; **en plein ~** in broad daylight; **au ~** in daylight; **au petit ~** at daybreak; **au grand ~** (*fig*) in the open; **mettre au ~** to disclose, uncover; **être à ~** to be up to date; **mettre à ~** to bring up to date, update; **mise à ~** updating; **donner le ~ à** to give birth to; **voir le ~** to be born; **se faire ~** (*fig*) to become clear; **~ férié** public holiday; **le J ~** D-day; **~ ouvrable** working day

**journal, -aux** [ʒuʀnal, -o] *nm* (*news*)paper; (*personnel*) journal; (*intime*) diary; **~ de bord** log; **~ de mode** fashion magazine; **le J~ officiel (de la République française) (JO)** bulletin giving details of laws and official announcements; **~ parlé/télévisé** radio/ television news *sg*

**journalier, -ière** [ʒuʀnalje, -jɛʀ] *adj* daily; (*banal*) everyday ▷ *nm* day labourer

**journalisme** [ʒuʀnalism] *nm* journalism

**journaliste** [ʒuʀnalist] *nm/f* journalist

**journée** [ʒuʀne] *nf* day; **la ~ continue** the 9 to 5 working day (*with short lunch break*)

**journellement** [ʒuʀnɛlmɑ̃] *adv* (*tous les jours*) daily; (*souvent*) every day

**joyau, x** [ʒwajo] *nm* gem, jewel

**joyeux, -euse** [ʒwajø, -øz] *adj* joyful, merry; **~ Noël!** Merry ou Happy Christmas!; **joyeuses Pâques!** Happy Easter!; **~ anniversaire!** many happy returns!

**jubiler** [ʒybile] *vi* to be jubilant, exult

**jucher** [ʒyʃe] *vt:* **~ qch sur** to perch sth (up)on ▷ *vi* (*oiseau*): **~ sur** to perch (up)on; **se ~ sur** to perch o.s. (up)on

**judas** [ʒyda] *nm* (*trou*) spy-hole

**judiciaire** [ʒydisjɛʀ] *adj* judicial

**judicieux, -euse** [ʒydisjø, -øz] *adj* judicious

**judo** [ʒydo] *nm* judo

**juge** [ʒyʒ] *nm* judge; **~ d'instruction** examining (*Brit*) ou committing (*US*) magistrate; **~ de paix** justice of the peace;

**jugé** [ʒyʒe] *au ~ adv* by guesswork

**jugement** [ʒyʒmɑ̃] *nm* judgment; (*Jur: au pénal*) sentence; (*: au civil*) decision; **~ de valeur** value judgment

**jugeote** [ʒyʒɔt] *nf* (*fam*) gumption

**juger** [ʒyʒe] *vt* to judge; (*estimer*) to consider ▷ *nm:* **au ~** by guesswork; **~ qn/qch satisfaisant** to consider sb/sth (to be) satisfactory; **~ que** to think ou consider that; **~ bon de faire** to consider it a good idea to do, see fit to do; **~ de** *vt* to judge; **jugez de ma surprise** imagine my surprise

**juif, -ive** [ʒɥif, -iv] *adj* Jewish ▷ *nm/f:* **J~, ive** Jew/Jewess ou Jewish woman

**juillet** [ʒɥije] *nm* July; **le premier ~** the first of July (*Brit*), July first (*US*); **le deux/onze ~** the second/eleventh of July, July second/ eleventh; **il est venu le 5 ~** he came on 5th July ou July 5th; **en ~** in July; **début/fin ~** at the beginning/end of July; *see note*

● **LE 14 JUILLET**

● *Le 14 juillet* is a national holiday in France
● and commemorates the storming of the
● Bastille during the French Revolution.
● Throughout the country there are
● celebrations, which feature parades,
● music, dancing and firework displays.
● In Paris a military parade along the
● Champs-Élysées is attended by the
● President.

**juin** [ʒɥɛ̃] *nm* June; *voir aussi* **juillet**

**jumeau, -elle, x** [ʒymo, -ɛl] *adj, nm/f* twin; **maisons jumelles** semidetached houses

**jumelage** [ʒymlaʒ] *nm* twinning

**jumeler** [ʒymle] *vt* to twin; **roues jumelées** double wheels; **billets de loterie jumelés** double series lottery tickets; **pari jumelé** double bet

**jumelle** [ʒymɛl] *adj f, nf voir* **jumeau** ▷ *vb voir* **jumeler**

**jument** [ʒymɑ̃] *nf* mare

**jungle** [ʒɔ̃gl] *nf* jungle

**jupe** [ʒyp] *nf* skirt

**jupon** [ʒypɔ̃] *nm* waist slip ou petticoat

**juré, e** [ʒyʀe] *nm/f* juror ▷ *adj:* **ennemi ~** sworn ou avowed enemy

**jurer** [ʒyʀe] *vt* (*obéissance etc*) to swear, vow ▷ *vi* (*dire des jurons*) to swear, curse; (*dissoner*): **~ (avec)** to clash (with); (*s'engager*): **~ de faire/ que** to swear ou vow to do/that; (*affirmer*): **~ que** to swear ou vouch that; **~ de qch** (*s'en porter garant*) to swear to sth; **ils ne jurent que par lui** they swear by him; **je vous jure!** honestly!

**juridique** [ʒyʀidik] *adj* legal

**juron** [ʒyʀɔ̃] *nm* curse, swearword

**jury** [ʒyʀi] *nm* (*Jur*) jury; (*Art, Sport*) panel of judges; (*Scol*) board (of examiners), jury

**jus** [ʒy] *nm* juice; *(de viande)* gravy, (meat) juice; **~ de fruits** fruit juice; **~ de raisin/tomates** grape/tomato juice

**jusque** [ʒysk]: **jusqu'à** *prép (endroit)* as far as, (up) to; *(moment)* until, till; *(limite)* up to; **~ sur/dans** up to, as far as; *(y compris)* even on/in; **~ vers** until about; **jusqu'à ce que** *conj* until; **~-là** *(temps)* until then; *(espace)* up to there; **jusqu'ici** *(temps)* until now; *(espace)* up to here; **jusqu'à présent** *ou* **maintenant** until now, so far; **jusqu'où?** how far?

**justaucorps** [ʒystokɔʀ] *nm inv (Danse, Sport)* leotard

**juste** [ʒyst] *adj (équitable)* just, fair; *(légitime)* just, justified; *(exact, vrai)* right; *(pertinent)* apt; *(étroit, insuffisant)* tight; *(insuffisant)* on the short side ▷ *adv* right; tight; *(chanter)* in tune; *(seulement)* just; **~ assez/au-dessus** just enough/above; **pouvoir tout ~ faire** to be only just able to do; **au ~** exactly, actually; **comme de ~** of course, naturally; **le ~ milieu** the happy medium; **c'était ~** it was a close thing; **à ~ titre** rightfully

**justement** [ʒystəmɑ̃] *adv* rightly; justly; *(précisément)* just, precisely; **c'est ~ ce qu'il fallait faire** that's just *ou* precisely what needed doing

**justesse** [ʒystɛs] *nf (précision)* accuracy; *(d'une remarque)* aptness; *(d'une opinion)* soundness; **de ~** only just, by a narrow margin

**justice** [ʒystis] *nf (équité)* fairness, justice; *(Admin)* justice; **rendre la ~** to dispense justice; **traduire en ~** to bring before the courts; **obtenir ~** to obtain justice; **rendre à qn** to do sb justice; **se faire ~** to take the law into one's own hands; *(se suicider)* to take one's life

**justicier, -ière** [ʒystisje, -jɛʀ] *nm/f* judge, righter of wrongs

**justificatif, -ive** [ʒystifikatif, -iv] *adj (document etc)* supporting ▷ *nm* supporting proof; **pièce justificative** written proof

**justifier** [ʒystifje] *vt* to justify; **~ de** *vt* to prove; **non justifié** unjustified; **justifié à droite/gauche** ranged right/left

**juteux, -euse** [ʒytø, -øz] *adj* juicy

**juvénile** [ʒyvenil] *adj* young, youthful

**K, k** [ka] *nm inv* K, k ▷ *abr* (= *kilo*) kg; **K comme Kléber** K for King

**K 7** [kasɛt] *nf* cassette

**kaki** [kaki] *adj inv* khaki

**kangourou** [kɑ̃guʀu] *nm* kangaroo

**karaté** [kaʀate] *nm* karate

**karting** [kaʀtiŋ] *nm* go-carting, karting

**kascher** [kaʃɛʀ] *adj inv* kosher

**kayak** [kajak] *nm* kayak; **faire du ~** to go kayaking

**képi** [kepi] *nm* kepi

**kermesse** [kɛʀmɛs] *nf* bazaar, (charity) fête; village fair

**kidnapper** [kidnape] *vt* to kidnap

**kilo** [kilo] *nm* kilo

**kilogramme** [kilɔgʀam] *nm* kilogramme (*Brit*), kilogram (*US*)

**kilométrage** [kilɔmetʀaʒ] *nm* number of kilometres travelled, ≈ mileage

**kilomètre** [kilɔmetʀ] *nm* kilometre (*Brit*), kilometer (*US*); **~s-heure** kilometres per hour

**kilométrique** [kilɔmetʀik] *adj (distance)* in kilometres; **compteur ~** ≈ mileage indicator

**kinésithérapeute** [kineziteʀapøt] *nm/f* physiotherapist

**kiosque** [kjɔsk] *nm* kiosk, stall; *(Tél etc)* telephone and/or videotext information service; **~ à journaux** newspaper kiosk

**kir** [kiʀ] *nm* kir *(white wine with blackcurrant liqueur)*

**kit** [kit] *nm* kit; **~ piéton** *ou* **mains libres** hands-free kit; **en ~** in kit form

k

**kiwi** [kiwi] *nm* (*Zool*) kiwi; (*Bot*) kiwi (fruit)

**klaxon** [klaksɔn] *nm* horn

**klaxonner** [klaksɔne] *vi, vt* to hoot (*Brit*), honk (one's horn) (*US*)

**km** *abr* (= *kilomètre*) km

**km/h** *abr* (= *kilomètres/heure*) km/h, kph

**K.-O.** [kao] *adj inv* shattered, knackered

**Kosovo** [kɔsɔvo] *nm*: **le ~** Kosovo

**Koweït, Kuweït** [kɔwɛt] *nm*: **le ~** Kuwait, Koweit

**k-way®** [kawɛ] *nm* (lightweight nylon) cagoule

**kyste** [kist] *nm* cyst

**l'** [l] *art déf voir* **le**

**la** [la] *art déf, pron voir* **le** ▷ *nm* (*Mus*) A; (*en chantant la gamme*) la

**là** [la] *adv voir aussi* **-ci; celui** there; (*ici*) here; (*dans le temps*) then; **est-ce que Catherine est là?** is Catherine there (*ou* here)?; **elle n'est pas là** she isn't here; **c'est là que** this is where; **là où** where; **de là** (*fig*) hence; **par là** (*fig*) by that; **tout est là** (*fig*) that's what it's all about

**là-bas** [laba] *adv* there

**label** [labɛl] *nm* stamp, seal

**labeur** [labœʀ] *nm* toil *no pl*, toiling *no pl*

**labo** [labo] *nm* (= *laboratoire*) lab

**laboratoire** [labɔʀatwaʀ] *nm* laboratory; **~ de langues/d'analyses** language/ (medical) analysis laboratory

**laborieux, -euse** [labɔʀjø, -øz] *adj* (*tâche*) laborious; **classes laborieuses** working classes

**labour** [labuʀ] *nm* ploughing *no pl* (*Brit*), plowing *no pl* (*US*); **labours** *nmpl* (*champs*) ploughed fields; **cheval de ~** plough- *ou* cart-horse; **bœuf de ~** ox

**labourer** [labuʀe] *vt* to plough (*Brit*), plow (*US*); (*fig*) to make deep gashes *ou* furrows in

**labyrinthe** [labiʀɛ̃t] *nm* labyrinth, maze

**lac** [lak] *nm* lake; **le ~ Léman** Lake Geneva; **les Grands L~s** the Great Lakes; *voir aussi* **lacs**

**lacer** [lase] *vt* to lace *ou* do up

**lacérer** [laseʀe] *vt* to tear to shreds

**lacet** [lasɛ] nm (de chaussure) lace; (de route) sharp bend; (piège) snare; **chaussures à ~s** lace-up ou lacing shoes

**lâche** [laʃ] adj (poltron) cowardly; (desserré) loose, slack; (morale, mœurs) lax ▷ nm/f coward

**lâcher** [laʃe] nm (de ballons, oiseaux) release ▷ vt to let go of; (ce qui tombe, abandonner) to drop; (oiseau, animal: libérer) to release, set free; (fig: mot, remarque) to let slip, come out with; (Sport: distancer) to leave behind ▷ vi (fil, amarres) to break, give way; (freins) to fail; **~ les amarres** (Navig) to cast off (the moorings); **~ prise** to let go

**lâcheté** [laʃte] nf cowardice; (bassesse) lowness

**lacrymogène** [lakrimɔʒɛn] adj: **grenade/gaz ~** tear gas grenade/tear gas

**lacté, e** [lakte] adj milk cpd

**lacune** [lakyn] nf gap

**là-dedans** [ladədɑ̃] adv inside (there), in it; (fig) in that

**là-dessous** [ladsu] adv underneath, under there; (fig) behind that

**là-dessus** [ladsy] adv on there; (fig: sur ces mots) at that point; (: à ce sujet) about that

**ladite** [ladit] adj voir **ledit**

**lagune** [lagyn] nf lagoon

**là-haut** [lao] adv up there

**laïc** [laik] adj, nm/f = **laïque**

**laid, e** [lɛ, lɛd] adj ugly; (fig: acte) mean, cheap

**laideur** [lɛdœr] nf ugliness no pl; (meanness no pl

**lainage** [lɛnaʒ] nm (vêtement) woollen garment; (étoffe) woollen material

**laine** [lɛn] nf wool; **~ peignée** worsted (wool); **~ à tricoter** knitting wool; **~ de verre** glass wool; **~ vierge** new wool

**laïque** [laik] adj lay, civil; (Scol) state cpd (as opposed to private and Roman Catholic) ▷ nm/f layman(-woman)

**laisse** [lɛs] nf (de chien) lead, leash; **tenir en ~** to keep on a lead ou leash

**laisser** [lese] vt to leave ▷ vb aux: **~ qn faire** to let sb do; **se ~ exploiter** to let o.s. be exploited; **se ~ aller** to let o.s. go; **~ qn tranquille** to let ou leave sb alone; **laisse-toi faire** let me (ou him) do it; **rien ne laisse penser que ...** there is no reason to think that ...; **cela ne laisse pas de surprendre** nonetheless it is surprising

**laisser-aller** [leseale] nm carelessness, slovenliness

**laissez-passer** [lesepase] nm inv pass

**lait** [lɛ] nm milk; **frère/sœur de ~** foster brother/sister; **~ écrémé/entier/concentré/condensé** skimmed/full-fat/concentred/evaporated milk; **~ en poudre** powdered milk, milk powder; **~ de chèvre/vache** goat's/cow's milk; **~ maternel** mother's milk; **~ démaquillant/de beauté** cleansing/beauty lotion

**laitage** [lɛtaʒ] nm dairy product

**laiterie** [lɛtri] nf dairy

**laitier, -ière** [letje, -jɛr] adj dairy cpd ▷ nm/f milkman/dairywoman

**laiton** [lɛtɔ̃] nm brass

**laitue** [lety] nf lettuce

**laïus** [lajys] nm (péj) spiel

**lambeau, x** [lɑ̃bo] nm scrap; **en ~x** in tatters, tattered

**lambris** [lɑ̃bri] nm panelling no pl

**lame** [lam] nf blade; (vague) wave; (lamelle) strip; **~ de fond** ground swell no pl; **~ de rasoir** razor blade

**lamelle** [lamɛl] nf (lame) small blade; (morceau) sliver; (de champignon) gill; **couper en ~s** to slice thinly

**lamentable** [lamɑ̃tabl] adj (déplorable) appalling; (pitoyable) pitiful

**lamenter** [lamɑ̃te]: **se lamenter** vi: **se ~ (sur)** to moan (over)

**lampadaire** [lɑ̃padɛr] nm (de salon) standard lamp; (dans la rue) street lamp

**lampe** [lɑ̃p] nf lamp; (Tech) valve; **~ à alcool** spirit lamp; **~ à pétrole** oil lamp; **~ à bronzer** sunlamp; **~ de poche** torch (Brit), flashlight (US); **~ à souder** blowlamp; **~ témoin** warning light; **~ halogène** halogen lamp

**lampion** [lɑ̃pjɔ̃] nm Chinese lantern

**lance** [lɑ̃s] nf spear; **~ d'arrosage** garden hose; **~ à eau** water hose; **~ d'incendie** fire hose

**lancée** [lɑ̃se] nf: **être/continuer sur sa ~** to be under way/keep going

**lancement** [lɑ̃smɑ̃] nm launching no pl, launch; **offre de ~** introductory offer

**lance-pierres** [lɑ̃spjɛr] nm inv catapult

**lancer** [lɑ̃se] nm (Sport) throwing no pl, throw; (Pêche) rod and reel fishing ▷ vt to throw; (émettre, projeter) to throw out, send out; (produit, fusée, bateau, artiste) to launch; (injure) to hurl, fling; (proclamation, mandat d'arrêt) to issue; (emprunt) to float; (moteur) to send roaring away; **~ qch à qn** to throw sth to sb; (de façon agressive) to throw sth at sb; **~ un cri ou un appel** to shout ou call out; **se lancer** vi (prendre de l'élan) to build up speed; (se précipiter): **se ~ sur ou contre** to rush at; **se ~ dans** (discussion) to launch into; (aventure) to embark on; (les affaires, la politique) to go into; **~ du poids** nm putting the shot

**lancinant, e** [lɑ̃sinɑ̃, -ɑ̃t] adj (regrets etc) haunting; (douleur) shooting

**landau** [lɑ̃do] nm pram (Brit), baby carriage (US)

**lande** [lɑ̃d] nf moor

**langage** [lɑ̃gaʒ] nm language; **~ d'assemblage** (Inform) assembly language; **~ du corps** body language; **~ évolué/machine** (Inform) high-level/machine language; **~ de programmation** (Inform) programming language

**langouste** [lɑ̃gust] nf crayfish inv

**langoustine** [lɑ̃gustin] nf Dublin Bay prawn

**langue** [lɑ̃g] nf (Anat, Culin) tongue; (Ling) language; (bande): **~ de terre** spit of land; **tirer la ~ (à)** to stick out one's tongue (at);

**donner sa ~ au chat** to give up, give in; **de ~ française** French-speaking; **~ de bois** officialese; **~ maternelle** native language, mother tongue; **~ verte** slang; **~s vivantes** modern languages

**langueur** [lɑ̃gœʀ] *nf* languidness

**languir** [lɑ̃giʀ] *vi* to languish; *(conversation)* to flag; **se languir** *vi* to be languishing; **faire ~ qn** to keep sb waiting

**lanière** [lanjɛʀ] *nf (de fouet)* lash; *(de valise, bretelle)* strap

**lanterne** [lɑ̃tɛʀn] *nf (portable)* lantern; *(électrique)* light, lamp; *(de voiture)* (side)light; **~ rouge** *(fig)* tail-ender; **~ vénitienne** Chinese lantern

**laper** [lape] *vt* to lap up

**lapidaire** [lapidɛʀ] *adj* stone *cpd*; *(fig)* terse

**lapin** [lapɛ̃] *nm* rabbit; *(peau)* rabbitskin; *(fourrure)* cony; **coup du ~** rabbit punch; **poser un ~ à qn** to stand sb up; **~ de garenne** wild rabbit

**Laponie** [laponi] *nf*: **la ~** Lapland

**laps** [laps] *nm*: **~ de temps** space of time, time *no pl*

**laque** [lak] *nf (vernis)* lacquer; *(brute)* shellac; *(pour cheveux)* hair spray ▷ *nm* lacquer; piece of lacquer ware

**laquelle** [lakɛl] *pron voir* **lequel**

**larcin** [laʀsɛ̃] *nm* theft

**lard** [laʀ] *nm (graisse)* fat; *(bacon)* (streaky) bacon

**lardon** [laʀdɔ̃] *nm (Culin)* piece of chopped bacon; *(fam: enfant)* kid

**large** [laʀ] *adj* wide; broad; *(fig)* generous ▷ *adv*: **calculer/voir ~** to allow extra/think big ▷ *nm (largeur)*: **5 m de ~** 5 m wide *ou* in width; *(mer)*: **le ~** the open sea; **en ~** *adv* sideways; **au ~ de** off; **~ d'esprit** broadminded; **ne pas en mener ~** to have one's heart in one's boots

**largement** [laʀʒəmɑ̃] *adv* widely; *(de loin)* greatly; *(amplement, au minimum)* easily; *(sans compter: donner etc)* generously; **c'est ~ suffisant** that's ample

**largesse** [laʀʒɛs] *nf* generosity; **largesses** *nfpl (dons)* liberalities

**largeur** [laʀʒœʀ] *nf (qu'on mesure)* width; *(impression visuelle)* wideness, width; breadth; *(d'esprit)* broadness

**larguer** [laʀge] *vt* to drop; *(fam: se débarrasser de)* to get rid of; **~ les amarres** to cast off (the moorings)

**larme** [laʀm] *nf* tear; *(fig)*: **une ~ de** a drop of; **en ~s** in tears; **pleurer à chaudes ~s** to cry one's eyes out, cry bitterly

**larmoyer** [laʀmwaje] *vi (yeux)* to water; *(se plaindre)* to whimper

**larvé, e** [laʀve] *adj (fig)* latent

**laryngite** [laʀɛ̃ʒit] *nf* laryngitis

**las, lasse** [lɑ, lɑs] *adj* weary

**laser** [lazɛʀ] *nm*: **(rayon) ~** laser (beam); **chaîne** *ou* **platine ~** compact disc (player);

**disque ~** compact disc

**lasse** [lɑs] *adj f voir* **las**

**lasser** [lɑse] *vt* to weary, tire; **se ~ de** to grow weary *ou* tired of

**latéral, e, -aux** [lateʀal, -o] *adj* side *cpd*, lateral

**latin, e** [latɛ̃, -in] *adj* Latin ▷ *nm (Ling)* Latin ▷ *nm/f*: **L~, e** Latin; **j'y perds mon ~** it's all Greek to me

**latitude** [latityd] *nf* latitude; *(fig)*: **avoir la ~ de faire** to be left free *ou* be at liberty to do; **à 48° de ~ Nord** at latitude 48° North; **sous toutes les ~s** *(fig)* world-wide, throughout the world

**latte** [lat] *nf* lath, slat; *(de plancher)* board

**lauréat, e** [lɔʀea, -at] *nm/f* winner

**laurier** [lɔʀje] *nm (Bot)* laurel; *(Culin)* bay leaves *pl*; **lauriers** *nmpl (fig)* laurels

**lavable** [lavabl] *adj* washable

**lavabo** [lavabo] *nm* washbasin; **lavabos** *nmpl* toilet *sg*

**lavage** [lavaʒ] *nm* washing *no pl*, wash; **~ d'estomac/d'intestin** stomach/intestinal wash; **~ de cerveau** brainwashing *no pl*

**lavande** [lavɑ̃d] *nf* lavender

**lave** [lav] *nf* lava *no pl*

**lave-linge** [lavlɛ̃ʒ] *nm inv* washing machine

**laver** [lave] *vt* to wash; *(tache)* to wash off; *(fig: affront)* to avenge; **se laver** *vi* to have a wash, wash; **se ~ les mains/dents** to wash one's hands/clean one's teeth; **~ la vaisselle/ le linge** to wash the dishes/clothes; **~ qn de** *(accusation)* to clear sb of

**laverie** [lavʀi] *nf*: **~ (automatique)** launderette

**lavette** [lavɛt] *nf (chiffon)* dish cloth; *(brosse)* dish mop; *(fam: homme)* wimp, drip

**laveur, -euse** [lavœʀ, -øz] *nm/f* cleaner

**lave-vaisselle** [lavvɛsɛl] *nm inv* dishwasher

**lavoir** [lavwaʀ] *nm* wash house; *(bac)* washtub; *(évier)* sink

**laxatif, -ive** [laksatif, -iv] *adj, nm* laxative

**layette** [lɛjɛt] *nf* layette

 MOT-CLÉ

**le, l', la** [lə, l, la] *(pl* **les**) *art déf* **1** the; **le livre/ la pomme/l'arbre** the book/the apple/the tree; **les étudiants** the students
**2** *(noms abstraits)*: **le courage/l'amour/la jeunesse** courage/love/youth
**3** *(indiquant la possession)*: **se casser la jambe** *etc* to break one's leg *etc*; **levez la main** put your hand up; **avoir les yeux gris/le nez rouge** to have grey eyes/a red nose
**4** *(temps)*: **le matin/soir** in the morning/ evening; mornings/evenings; **le jeudi** *etc* *(d'habitude)* on Thursdays *etc*; *(ce jeudi-là etc)* on (the) Thursday; **nous venons le 3 décembre** *(parlé)* we're coming on the 3rd of December *ou* on December the 3rd; *(écrit)* we're coming (on) 3rd *ou* 3 December

**5** (*distribution, évaluation*) a, an; **trois euros le mètre/kilo** three euros a *ou* per metre/kilo; **le tiers/quart de** a third/quarter of
▷ *pron* **1** (*personne: mâle*) him; (*: femelle*) her; (*: pluriel*) them; **je le/la/les vois** I can see him/her/them
**2** (*animal, chose: singulier*) it; (*: pluriel*) them; **je le** (*ou* **la**) **vois** I can see it; **je les vois** I can see them
**3** (*remplaçant une phrase*): **je ne le savais pas** I didn't know (about it); **il était riche et ne l'est plus** he was once rich but no longer is

**lécher** [lefe] *vt* to lick; (*laper: lait, eau*) to lick *ou* lap up; (*finir, polir*) to over-refine; **~ les vitrines** to go window-shopping; **se ~ les doigts/lèvres** to lick one's fingers/lips

**lèche-vitrines** [lefvitrin] *nm inv*: **faire du ~** to go window-shopping

**leçon** [ləsɔ̃] *nf* lesson; **faire la ~** to teach; **faire la ~ à** (*fig*) to give a lecture to; **~s de conduite** driving lessons; **~s particulières** private lessons *ou* tuition *sg* (*Brit*)

**lecteur, -trice** [lektœr, -tris] *nm/f* reader; (*d'université*) (foreign language) assistant (*Brit*), (foreign) teaching assistant (*US*) ▷ *nm* (*Tech*): **~ de cassettes** cassette player; **~ de disquette(s)** disk drive; **~ de CD/DVD** (*Inform: d'ordinateur*) CD/DVD drive; (*de salon*) CD/DVD player; **~ MP3** MP3 player

**lecture** [lektyr] *nf* reading

**ledit** [lədi], **ladite** [ladit] (*mpl* **lesdits**) [ledi] (*fpl* **lesdites**) [ledit] *adj* the aforesaid

**légal, e, -aux** [legal, -o] *adj* legal

**légaliser** [legalize] *vt* to legalize

**légalité** [legalite] *nf* legality, lawfulness; **être dans/sortir de la ~** to be within/step outside the law

**légendaire** [leʒɑ̃dɛr] *adj* legendary

**légende** [leʒɑ̃d] *nf* (*mythe*) legend; (*de carte, plan*) key, legend; (*de dessin*) caption

**léger, -ère** [leʒe, -ɛr] *adj* light; (*bruit, retard*) slight; (*boisson, parfum*) weak; (*couche, étoffe*) thin; (*superficiel*) thoughtless; (*volage*) free and easy; flighty; (*peu sérieux*) lightweight; **blessé ~** slightly injured person; **à la légère** *adv* (*parler, agir*) rashly, thoughtlessly

**légèrement** [leʒɛrmɑ̃] *adv* (*s'habiller, bouger*) lightly; thoughtlessly, rashly; **~ plus grand** slightly bigger; **manger ~** to eat a light meal

**légèreté** [leʒɛrte] *nf* lightness; thoughtlessness; (*d'une remarque*) flippancy

● **LÉGION D'HONNEUR**
●
● Created by Napoleon in 1802 to reward
● services to the French nation, the *Légion*
● *d'honneur* is a prestigious group of men
● and women headed by the President of
● the Republic, "the Grand Maître".
● Members receive a nominal tax-free
● payment each year.

**législatif, -ive** [leʒislatif, -iv] *adj* legislative; **législatives** *nfpl* general election *sg*

**légitime** [leʒitim] *adj* (*Jur*) lawful, legitimate; (*enfant*) legitimate; (*fig*) rightful, legitimate; **en état de ~ défense** in self-defence

**legs** [lɛg] *nm* legacy

**léguer** [lege] *vt*: **~ qch à qn** (*Jur*) to bequeath sth to sb; (*fig*) to hand sth down *ou* pass sth on to sb

**légume** [legym] *nm* vegetable; **~s verts** green vegetables; **~s secs** pulses

**lendemain** [lɑ̃dmɛ̃] *nm*: **le ~** the next *ou* following day; **le ~ matin/soir** the next *ou* following morning/evening; **le ~ de** the day after; **au ~ de** in the days following; in the wake of; **penser au ~** to think of the future; **sans ~** short-lived; **de beaux ~s** bright prospects; **des ~s qui chantent** a rosy future

**lent, e** [lɑ̃, lɑ̃t] *adj* slow

**lentement** [lɑ̃tmɑ̃] *adv* slowly

**lenteur** [lɑ̃tœr] *nf* slowness *no pl*; **lenteurs** *nfpl* (*actions, décisions lentes*) slowness *sg*

**lentille** [lɑ̃tij] *nf* (*Optique*) lens *sg*; (*Bot*) lentil; **~ d'eau** duckweed; **~s de contact** contact lenses

**léopard** [leɔpar] *nm* leopard

**lèpre** [lɛpr] *nf* leprosy

○ **MOT-CLÉ**

**lequel, laquelle** [ləkɛl, lakɛl] (*mpl* **lesquels**, *fpl* **lesquelles**) (*à* + *lequel* = **auquel**, *de* + *lequel* = **duquel**) *pron* **1** (*interrogatif*) which, which one; **lequel des deux?** which one?
**2** (*relatif: personne: sujet*) who; (*: objet, après préposition*) whom; (*sujet: possessif*) whose; (*: chose*) which; **je l'ai proposé au directeur, lequel est d'accord** I suggested it to the director, who agrees; **la femme à laquelle j'ai acheté mon chien** the woman from whom I bought my dog; **le pont sur lequel nous sommes passés** the bridge (over) which we crossed; **un homme sur la compétence duquel on peut compter** a man whose competence one can count on
▷ *adj*: **auquel cas** in which case

**les** [le] *art déf, pron voir* **le**

**lesbienne** [lɛsbjɛn] *nf* lesbian

**lesdits** [ledi], **lesdites** [ledit] *adj voir* **ledit**

**léser** [leze] *vt* to wrong; (*Méd*) to injure

**lésiner** [lezine] *vi*: **ne pas ~ sur les moyens** (*pour mariage etc*) to push the boat out

**lésion** [lezjɔ̃] *nf* lesion, damage *no pl*; **~s cérébrales** brain damage

**lesquels, lesquelles** [lekɛl] *pron voir* **lequel**

**lessive** [lesiv] *nf* (*poudre*) washing powder; (*linge*) washing *no pl*, wash; (*opération*) washing *no pl*; **faire la ~** to do the washing

**lessiver** [lesive] *vt* to wash; (*fam: fatiguer*) to tire out, exhaust

**lest** [lɛst] nm ballast; **jeter** ou **lâcher du ~** (fig) to make concessions

**leste** [lɛst] adj (personne, mouvement) sprightly, nimble; (désinvolte: manières) offhand; (osé: plaisanterie) risqué

**lettre** [lɛtʀ] nf letter; **lettres** nfpl (étude, culture) literature sg; (Scol) arts (subjects); **à la ~** (au sens propre) literally; (ponctuellement) to the letter; **en ~s majuscules** ou **capitales** in capital letters, in capitals; **en toutes ~s** in words, in full; **~ de change** bill of exchange; **~ piégée** letter bomb; **~ de voiture (aérienne)** (air) waybill, (air) bill of lading; **~s de noblesse** pedigree

**leucémie** [løsemi] nf leukaemia

 **MOT-CLÉ**

**leur** [lœʀ] adj poss their; **leur maison** their house; **leurs amis** their friends; **à leur approche** as they came near; **à leur vue** at the sight of them
▷ pron **1** (objet indirect) (to) them; **je leur ai dit la vérité** I told them the truth; **je le leur ai donné** I gave it to them, I gave them it
**2** (possessif): **le(la) leur, les leurs** theirs

**leurre** [lœʀ] nm (appât) lure; (fig) delusion; (: piège) snare

**leurrer** [lœʀe] vt to delude, deceive

**leurs** [lœʀ] adj voir **leur**

**levain** [ləvɛ̃] nm leaven; **sans ~** unleavened

**levé, e** [ləve] adj: **être ~** to be up ▷ nm: **~ de terrain** land survey; **à mains ~es** (vote) by a show of hands; **au pied ~** at a moment's notice

**levée** [ləve] nf (Postes) collection; (Cartes) trick; **~ de boucliers** general outcry; **~ du corps** collection of the body from house of the deceased, before funeral; **~ d'écrou** release from custody; **~ de terre** levee; **~ de troupes** levy

**lever** [ləve] vt (vitre, bras etc) to raise; (souleverde terre, supprimer: interdiction, siège) to lift; (: difficulté) to remove; (séance) to close; (impôts, armée) to levy; (Chasse: lièvre) to start; (: perdrix) to flush; (fam: fille) to pick up ▷ vi (Culin) to rise ▷ nm: **au ~** on getting up; **se lever** vi to get up; (soleil) to rise; (jour) to break; (brouillard) to lift; **levez-vous!, lève-toi!** stand up!, get up!; **ça va se ~** (temps) it's going to clear up; **~ du jour** daybreak; **~ du rideau** (Théât) curtain; **~ de rideau** (pièce) curtain raiser; **~ de soleil** sunrise

**levier** [ləvje] nm lever; **faire ~ sur** to lever up (ou off); **~ de changement de vitesse** gear lever

**lèvre** [lɛvʀ] nf lip; **lèvres** nfpl (d'une plaie) edges; **petites/grandes ~s** labia minora/majora; **du bout des ~s** half-heartedly

**lévrier** [levʀije] nm greyhound

**levure** [ləvyʀ] nf yeast; **~ chimique** baking powder

**lexique** [lɛksik] nm vocabulary, lexicon; (glossaire) vocabulary

**lézard** [lezaʀ] nm lizard; (peau) lizard skin

**lézarde** [lezaʀd] nf crack

**liaison** [ljɛzɔ̃] nf (rapport) connection, link; (Rail, Aviat etc) link; (relation: d'amitié) friendship; (: d'affaires) relationship; (: amoureuse) affair; (Culin, Phonétique) liaison; **entrer/être en ~ avec** to get/be in contact with; **~ radio** radio contact; **~ (de transmission de données)** (Inform) data link

**liane** [ljan] nf creeper

**liant, e** [ljã, -ãt] adj sociable

**liasse** [ljas] nf wad, bundle

**Liban** [libã] nm: **le ~** (the) Lebanon

**libanais** [libanɛ, -ɛz] adj Lebanese ▷ nm/f: **L~, e** Lebanese

**libeller** [libele] vt (chèque, mandat): **~ (au nom de)** to make out (to); (lettre) to word

**libellule** [libelyl] nf dragonfly

**libéral, e, -aux** [liberal, -o] adj, nm/f liberal; **les professions ~es** liberal professions

**libérer** [libere] vt (délivrer) to free, liberate; (: moralement, Psych) to liberate; (prisonnier: prisonnier) to release; (: soldat) to discharge; (dégager: gaz, cran d'arrêt) to release; (Écon: échanges commerciaux) to ease restrictions on; **se libérer** vi (de rendez-vous) to get out of previous engagements, try and be free; **~ qn de** (liens, dette) to free sb from; (promesse) to release sb from

**liberté** [libɛʀte] nf freedom; (loisir) free time; **libertés** nfpl (privautés) liberties; **mettre/être en ~** to set/be free; **en ~ provisoire/ surveillée/conditionnelle** on bail/ probation/parole; **~ d'association** right of association; **~ de conscience** freedom of conscience; **~ du culte** freedom of worship; **~ d'esprit** independence of mind; **~ d'opinion** freedom of thought; **~ de la presse** freedom of the press; **~ de réunion** right to hold meetings; **~ syndicale** union rights pl; **~s individuelles** personal freedom sg; **~s publiques** civil rights

**libraire** [libʀɛʀ] nm/f bookseller

**librairie** [libʀɛʀi] nf bookshop

**libre** [libʀ] adj free; (route) clear; (place etc) vacant, free; (fig: propos, manières) open; (ligne) not engaged; (Scol) non-state, private and Roman Catholic (as opposed to "laïque"); **de ~** (place) free; **~ de qch/de faire** free from sth/to do; **vente ~** (Comm) unrestricted sale; **~ arbitre** free will; **~ concurrence** free-market economy; **~ entreprise** free enterprise

**libre-échange** [libʀeʃɑ̃ʒ] nm free trade

**libre-service** [libʀəsɛʀvis] nm inv (magasin) self-service store; (restaurant) self-service restaurant

**Libye** [libi] nf: **la ~** Libya

**licence** [lisɑ̃s] nf (permis) permit; (diplôme) (first) degree; see note; (liberté) liberty; (poétique, orthographique) licence (Brit), license

(US); (*des mœurs*) licentiousness; **~ ès lettres/ en droit** arts/law degree

**licencié, e** [lisɑ̃sje] *nm/f* (*Scol*): **~ ès lettres/ en droit** = Bachelor of Arts/Law, arts/law graduate; (*Sport*) permit-holder

**licenciement** [lisɑ̃simɑ̃] *nm* dismissal; redundancy; laying off *no pl*

**licencier** [lisɑ̃sje] *vt* (*renvoyer*) to dismiss; (*débaucher*) to make redundant; to lay off

**licite** [lisit] *adj* lawful

**lie** [li] *nf* dregs *pl*, sediment

**lié, e** [lje] *adj*: **très ~ avec** (*fig*) very friendly with *ou* close to; **~ par** (*serment, promesse*) bound by; **avoir partie ~e (avec qn)** to be involved (with sb)

**Liechtenstein** [liʃtɛnʃtajn] *nm*: **le ~** Liechtenstein

**liège** [ljɛʒ] *nm* cork

**lien** [ljɛ̃] *nm* (*corde, fig: affectif, culturel*) bond; (*rapport*) link, connection; (*analogie*) link; **~ de parenté** family tie; **~ hypertexte** hyperlink

**lier** [lje] *vt* (*attacher*) to tie up; (*joindre*) to link up; (*fig: unir, engager*) to bind; (*Culin*) to thicken; **~ qch à** (*attacher*) to tie sth to; (*associer*) to link sth to; **~ conversation (avec)** to strike up a conversation (with); **se ~ avec** to make friends with; **~ connaissance avec** to get to know

**lierre** [ljɛʀ] *nm* ivy

**liesse** [ljɛs] *nf*: **être en ~** to be jubilant

**lieu, x** [ljø] *nm* place; **lieux** *nmpl* (*locaux*) premises; (*endroit: d'un accident etc*) scene *sg*; **en ~ sûr** in a safe place; **en haut ~** in high places; **vider** *ou* **quitter les ~x** to leave the premises; **arriver/être sur les ~x** to arrive/ be on the scene; **en premier ~** in the first place; **en dernier ~** lastly; **avoir ~** to take place; **avoir ~ de faire** to have grounds *ou* good reason for doing; **tenir ~ de** to take the place of; (*servir de*) to serve as; **donner ~ à** to give rise to, give cause for; **au ~ de** instead of; **au ~ qu'il y aille** instead of him going; **~ commun** commonplace; **~ géométrique** locus; **~ de naissance** place of birth

**lieu-dit** (*pl* **lieux-dits**) [ljødi] *nm* locality

**lieutenant** [ljøtnɑ̃] *nm* lieutenant; **~ de vaisseau** (*Navig*) lieutenant

**lièvre** [ljɛvʀ] *nm* hare; (*coureur*) pacemaker; **lever un ~** (*fig*) to bring up a prickly subject

**ligament** [ligamɑ̃] *nm* ligament

**ligne** [liɲ] *nf* (*gén*) line; (*Transports: liaison*) service; (*: trajet*) route; (*silhouette*) figure; **garder la ~** to keep one's figure; **en ~** (*Inform*) online; **en ~ droite** as the crow flies; **"à la ~"**

"new paragraph"; **entrer en ~ de compte** to be taken into account; to come into it; **~ de but/médiane** goal/halfway line; **~ d'arrivée/de départ** finishing/starting line; **~ de conduite** course of action; **~ directrice** guiding line; **~ fixe** (*Tél*) fixed line (phone); **~ d'horizon** skyline; **~ de mire** line of sight; **~ de touche** touchline

**ligné, e** [liɲe] *adj*: **papier ~** ruled paper ▷ *nf* (*race, famille*) line, lineage; (*postérité*) descendants *pl*

**ligoter** [ligɔte] *vt* to tie up

**ligue** [lig] *nf* league

**liguer** [lige]: **se liguer** *vi* to form a league; **se ~ contre** (*fig*) to combine against

**lilas** [lila] *nm* lilac

**limace** [limas] *nf* slug

**limande** [limɑ̃d] *nf* dab

**lime** [lim] *nf* (*Tech*) file; (*Bot*) lime; **~ à ongles** nail file

**limer** [lime] *vt* (*bois, métal*) to file (down); (*ongles*) to file; (*fig: prix*) to pare down

**limier** [limje] *nm* (*Zool*) bloodhound; (*détective*) sleuth

**limitation** [limitasjɔ̃] *nf* limitation, restriction; **sans ~ de temps** with no time limit; **~ des naissances** birth control; **~ de vitesse** speed limit

**limite** [limit] *nf* (*de terrain*) boundary; (*partie ou point extrême*) limit; **dans la ~ de** within the limits of; **à la ~** (*au pire*) if the worst comes (*ou* came) to the worst; **sans ~s** (*bêtise, richesse, pouvoir*) limitless, boundless; **vitesse/charge ~** maximum speed/load; **cas ~** borderline case; **date ~** deadline; **date ~ de vente/ consommation** sell-by/best-before date; **prix ~** upper price limit; **~ d'âge** maximum age, age limit

**limiter** [limite] *vt* (*restreindre*) to limit, restrict; (*délimiter*) to border, form the boundary of; **se ~ (à qch/à faire)** (*personne*) to limit *ou* confine o.s. (to sth/to doing sth); **se ~ à** (*chose*) to be limited to

**limitrophe** [limitʀɔf] *adj* border *cpd*; **~ de** bordering on

**limoger** [limɔʒe] *vt* to dismiss

**limon** [limɔ̃] *nm* silt

**limonade** [limɔnad] *nf* lemonade (*Brit*), (lemon) soda (*US*)

**lin** [lɛ̃] *nm* (*Bot*) flax; (*tissu, toile*) linen

**linceul** [lɛ̃sœl] *nm* shroud

**linge** [lɛ̃ʒ] *nm* (*serviettes etc*) linen; (*pièce de tissu*) cloth; (*aussi*: **~ de corps**) underwear; (*aussi*: **~ de toilette**) towel; (*lessive*) washing; **~ sale** dirty linen

**lingerie** [lɛ̃ʒʀi] *nf* lingerie, underwear

**lingot** [lɛ̃go] *nm* ingot

**linguistique** [lɛ̃ɡɥistik] *adj* linguistic ▷ *nf* linguistics *sg*

**lion, ne** [ljɔ̃, ljɔn] *nm/f* lion/lioness; (*signe*): **le L~** Leo, the Lion; **être du L~** to be Leo; **~ de mer** sea lion

**lionceau, x** [ljõso] *nm* lion cub

**liqueur** [likœr] *nf* liqueur

**liquidation** [likidasjõ] *nf* (*vente*) sale, liquidation; (*Comm*) clearance (sale); **~ judiciaire** compulsory liquidation

**liquide** [likid] *adj* liquid ▷ *nm* liquid; (*Comm*): **en ~** in ready money *ou* cash; **je n'ai pas de ~** I haven't got any cash

**liquider** [likide] *vt* (*société, biens, témoin gênant*) to liquidate; (*compte, problème*) to settle; (*Comm: articles*) to clear, sell off

**liquidités** [likidite] *nfpl* (*Comm*) liquid assets

**lire** [lir] *nf* (*monnaie*) lira ▷ *vt, vi* to read; **~ qch à qn** to read sth (out) to sb

**lis** *vb* [li] *voir* **lire** ▷ *nm* [lis] = **lys**

**Lisbonne** [lizbɔn] *n* Lisbon

**lisible** [lizibl] *adj* legible; (*digne d'être lu*) readable

**lisière** [lizjɛr] *nf* (*de forêt*) edge; (*de tissu*) selvage

**lisons** [lizõ] *vb* *voir* **lire**

**lisse** [lis] *adj* smooth

**lisseur** [li:sœr] *nm* straighteners *pl*

**liste** [list] *nf* list; (*Inform*) listing; **faire la ~ de** to list, make out a list of; **~ d'attente** waiting list; **~ civile** civil list; **~ électorale** electoral roll; **~ de mariage** wedding (present) list; **~ noire** hit list

**listing** [listiŋ] *nm* (*Inform*) printout; **qualité ~** draft quality

**lit** [li] *nm* (*gén*) bed; **petit ~, ~ à une place** single bed; **grand ~, ~ à deux places** double bed; **faire son ~** to make one's bed; **aller/se mettre au ~** to go to/get into bed; **chambre avec un grand ~** room with a double bed; **prendre le ~** to take to one's bed; **d'un premier ~** (*Jur*) of a first marriage; **~ de camp** camp bed (*Brit*), cot (*US*); **~ d'enfant** cot (*Brit*), crib (*US*)

**literie** [litri] *nf* bedding, bedclothes *pl*

**litière** [litjɛr] *nf* litter

**litige** [litiʒ] *nm* dispute; **en ~** in contention

**litre** [litr] *nm* litre; (*récipient*) litre measure

**littéraire** [literɛr] *adj* literary ▷ *nm/f* arts student; **elle est très ~** she's very literary

**littéral, e, -aux** [literal, -o] *adj* literal

**littérature** [literatyr] *nf* literature

**littoral, e, -aux** [litɔral, -o] *adj* coastal ▷ *nm* coast

**liturgie** [lityrʒi] *nf* liturgy

**livide** [livid] *adj* livid, pallid

**livraison** [livrɛzõ] *nf* delivery; **~ à domicile** home delivery (service)

**livre** [livr] *nm* book; (*imprimerie etc*): **le ~** the book industry ▷ *nf* (*poids, monnaie*) pound; **traduire qch à ~ ouvert** to translate sth off the cuff *ou* at sight; **~ blanc** official report (*on war, natural disaster etc, prepared by independent body*); **~ de bord** (*Navig*) logbook; **~ de comptes** account(s) book; **~ de cuisine** cookery book (*Brit*), cookbook; **~ de messe** mass *ou* prayer book; **~ d'or** visitors' book;

**~ de poche** paperback (*small and cheap*); **~ sterling** pound sterling; **~ verte** green pound

**livré, e** [livre] *nf* livery ▷ *adj*: **~ à** (*l'anarchie etc*) given over to; **~ à soi-même** left to oneself *ou* one's own devices

**livrer** [livre] *vt* (*Comm*) to deliver; (*otage, coupable*) to hand over; (*secret, information*) to give away; **se ~ à** (*se confier*) to confide in; (*se rendre*) to give o.s. up to; (*s'abandonner à: débauche etc*) to give o.s. up *ou* over to; (*faire: pratiques, actes*) to indulge in; (*travail*) to be engaged in, engage in; (*: sport*) to practise; (*: enquête*) to carry out; **~ bataille** to give battle

**livret** [livre] *nm* booklet; (*d'opéra*) libretto; **~ de caisse d'épargne** (savings) bank-book; **~ de famille** (official) family record book; **~ scolaire** (school) report book

**livreur, -euse** [livrœr, -øz] *nm/f* delivery boy *ou* man/girl *ou* woman

**local, e, -aux** [lɔkal, -o] *adj* local ▷ *nm* (*salle*) premises *pl* ▷ *nmpl* premises

**localiser** [lɔkalize] *vt* (*repérer*) to locate, place; (*limiter*) to localize, confine

**localité** [lɔkalite] *nf* locality

**locataire** [lɔkatɛr] *nm/f* tenant; (*de chambre*) lodger

**location** [lɔkasjõ] *nf* (*par le locataire*) renting; (*par l'usager: de voiture etc*) hiring (*Brit*), renting (*US*); (*par le propriétaire*) renting out, letting; hiring out (*Brit*); (*de billets, places*) booking; (*bureau*) booking office; **"~ de voitures"** "car hire (*Brit*) *ou* rental (*US*)"; **habiter en ~** to live in rented accommodation; **prendre une ~ (pour les vacances)** to rent a house *etc* (for the holidays)

**locomotive** [lɔkɔmɔtiv] *nf* locomotive, engine; (*fig*) pacesetter, pacemaker

**locution** [lɔkysjõ] *nf* phrase

**loge** [lɔʒ] *nf* (*Théât: d'artiste*) dressing room; (*: de spectateurs*) box; (*de concierge, franc-maçon*) lodge

**logement** [lɔʒmã] *nm* flat (*Brit*), apartment (*US*); accommodation *no pl* (*Brit*), accommodations *pl* (*US*); (*Pol, Admin*): **le ~** housing; **chercher un ~** to look for a flat *ou* apartment, look for accommodation(s); **construire des ~s bon marché** to build cheap housing *sg*; **crise du ~** housing shortage; **~ de fonction** (*Admin*) company flat *ou* apartment, accommodation(s) provided with one's job

**loger** [lɔʒe] *vt* to accommodate ▷ *vi* to live; **être logé, nourri** to have board and lodging; **se loger; trouver à se ~** to find accommodation; **se ~ dans** (*balle, flèche*) to lodge itself in

**logeur, -euse** [lɔʒœr, -øz] *nm/f* landlord/landlady

**logiciel** [lɔʒisjɛl] *nm* (*Inform*) piece of software

**logique** [lɔʒik] *adj* logical ▷ *nf* logic; **c'est ~** it stands to reason

**logis** [lɔʒi] *nm* home; abode, dwelling

**logo** [logo], **logotype** [logotip] *nm* logo

**loi** [lwa] *nf* law; **faire la ~** to lay down the law; **les ~s de la mode** (*fig*) the dictates of fashion; **proposition de ~** (*private member's*) bill; **projet de ~** (*government*) bill

**loin** [lwɛ̃] *adv* far; (*dans le temps: futur*) a long way off; (*: passé*) a long time ago; **plus ~** further; **moins ~ (que)** not as far (as); **~ de** far from; **d'ici** a long way from here; **pas ~ de 100 euros** not far off 100 euros; **au ~** far off; **de ~** *adv* from a distance; (*fig: de beaucoup*) by far; **il vient de ~** he's come a long way; he comes from a long way away; **de ~ en ~** here and there; (*de temps en temps*) (every) now and then; **à ~** (*au contraire*) far from it

**lointain, e** [lwɛ̃tɛ̃, -ɛn] *adj* faraway, distant; (*dans le futur, passé*) distant, far-off; (*cause, parent*) remote, distant ▷ *nm*: **dans le ~** in the distance

**loir** [lwar] *nm* dormouse

**Loire** [lwar] *nf*: **la ~** the Loire

**loisir** [lwazir] *nm* **heures de ~** spare time; **loisirs** *nmpl* (*temps libre*) leisure *sg*; (*activités*) leisure activities; **avoir le ~ de faire** to have the time *ou* opportunity to do; **(tout) à ~** (*en prenant son temps*) at leisure; (*autant qu'on le désire*) at one's pleasure

**londonien, ne** [lɔ̃dɔnjɛ̃, -ɛn] *adj* London *cpd*, of London ▷ *nm/f*: **L~, ne** Londoner

**Londres** [lɔ̃dr] *n* London

**long, longue** [lɔ̃, lɔ̃g] *adj* long ▷ *adv*: **en savoir ~** to know a great deal ▷ *nm*: **de 3 m de ~** 3 m long, 3 m in length ▷ *nf*: **à la longue** in the end; **faire ~ feu** to fizzle out; **ne pas faire ~ feu** not to last long; **au ~ cours** (*Navig*) ocean *cpd*, ocean-going; **de longue date** *adj* long-standing; **longue durée** *adj* long-term; **de longue haleine** *adj* long-term; **être ~ à faire** to take a long time to do; **en ~** *adv* lengthwise, lengthways; **(tout) le ~ de** (*all*) along; **tout au ~ de** (*année, vie*) throughout; **de ~ en large** (*marcher*) to and fro, up and down; **en ~ et en large** (*fig*) in every detail

**longer** [lɔ̃ʒe] *vt* to go (*ou* walk *ou* drive) along(side); (*mur, route*) to border

**longiligne** [lɔ̃ʒiliɲ] *adj* long-limbed

**longitude** [lɔ̃ʒityd] *nf* longitude; **à 45° de ~ ouest** at 45° longitude west

**longtemps** [lɔ̃tɑ̃] *adv* (*for*) a long time, (*for*) long; **ça ne va pas durer ~** it won't last long; **avant ~** before long; **pour/pendant ~** for a long time; **je n'en ai pas pour ~** I shan't be long; **mettre ~ à faire** to take a long time to do; **il en a pour ~** he'll be a long time; **il y a ~ que je travaille** I have been working (for) a long time; **il n'y a pas ~ que je l'ai rencontré** it's not long since I met him

**longue** [lɔ̃g] *adj f voir* **long** ▷ *nf*: **à la ~** in the end

**longuement** [lɔ̃gmɑ̃] *adv* (*longtemps: parler, regarder*) for a long time; (*en détail: expliquer, raconter*) at length

**longueur** [lɔ̃gœr] *nf* length; **longueurs** *nfpl* (*fig: d'un film etc*) tedious parts; **sur une ~ de 10 km** for *ou* over 10 km; **en ~** *adv* lengthwise, lengthways; **tirer en ~** to drag on; **à ~ de journée** all day long; **d'une ~** (*gagner*) by a length; **~ d'onde** wavelength

**longue-vue** [lɔ̃gvy] *nf* telescope

**look** [luk] (*fam*) *nm* look, image

**lopin** [lɔpɛ̃] *nm*: **~ de terre** patch of land

**loque** [lɔk] *nf* (*personne*) wreck; **loques** *nfpl* (*habits*) rags; **être** *ou* **tomber en ~s** to be in rags

**loquet** [lɔkɛ] *nm* latch

**lorgner** [lɔrɲe] *vt* to eye; (*fig: convoiter*) to have one's eye on

**lors** [lɔr]: **~ de** *prép* (*au moment de*) at the time of; (*pendant*) during; **~ même que** even though

**lorsque** [lɔrsk] *conj* when, as

**losange** [lɔzɑ̃ʒ] *nm* diamond; (*Géom*) lozenge; **en ~** diamond-shaped

**lot** [lo] *nm* (*part*) share; (*de loterie*) prize; (*fig: destin*) fate, lot; (*Comm, Inform*) batch; **le gros ~** the jackpot; **~ de consolation** consolation prize

**loterie** [lɔtri] *nf* lottery; (*tombola*) raffle; **L~ nationale** *French national lottery*

**loti, e** [lɔti] *adj*: **bien/mal ~** well-/badly off, lucky/unlucky

**lotion** [losjɔ̃] *nf* lotion; **~ après rasage** aftershave (lotion); **~ capillaire** hair lotion

**lotissement** [lɔtismɑ̃] *nm* (*groupe de maisons, d'immeubles*) housing development; (*parcelle*) (building) plot, lot

**loto** [loto] *nm* lotto

**lotte** [lɔt] *nf* (*Zool: de rivière*) burbot; (*: de mer*) monkfish

**louable** [lwabl] *adj* (*appartement, garage*) rentable; (*action, personne*) praiseworthy, commendable

**louange** [lwɑ̃ʒ] *nf*: **à la ~ de** in praise of; **louanges** *nfpl* praise *sg*

**loubar, loubard** [lubar] *nm* (*fam*) lout

**louche** [luʃ] *adj* shady, fishy, dubious ▷ *nf* ladle

**loucher** [luʃe] *vi* to squint; (*fig*): **~ sur** to have one's (beady) eye on

**louer** [lwe] *vt* (*maison: propriétaire*) to let, rent (out); (*: locataire*) to rent; (*voiture etc: entreprise*) to hire out (*Brit*), rent (out); (*locataire*) to hire (*Brit*), rent; (*réserver*) to book; (*faire l'éloge de*) to praise; **"à ~"** to let" (*Brit*), "for rent" (*US*); **~ qn de** to praise sb for; **se ~ de** to congratulate o.s. on

**loup** [lu] *nm* wolf; (*poisson*) bass; (*masque*) (eye) mask; **jeune ~** young go-getter; **~ de mer** (*marin*) old seadog

**loupe** [lup] *nf* magnifying glass; **~ de noyer** burr walnut; **à la ~** (*fig*) in minute detail

**louper** [lupe] *vt (fam: manquer)* to miss; *(: gâcher)* to mess up, bungle; *(examen)* to flunk

**lourd, e** [luʀ, luʀd] *adj* heavy; *(chaleur, temps)* sultry; *(fig: personne, style)* heavy-handed ▷ *adv:* **peser ~** to be heavy; **~ de** *(menaces)* charged with; *(conséquences)* fraught with; **artillerie/industrie ~e** heavy artillery/industry

**lourdaud, e** [luʀdo, -od] *adj* clumsy

**lourdement** [luʀdəmɑ̃] *adv* heavily; **se tromper ~** to make a big mistake

**lourdeur** [luʀdœʀ] *nf* heaviness; **~ d'estomac** indigestion *no pl*

**loutre** [lutʀ] *nf* otter; *(fourrure)* otter skin

**louveteau, x** [luvto] *nm (Zool)* wolf-cub; *(scout)* cub (scout)

**louvoyer** [luvwaje] *vi (Navig)* to tack; *(fig)* to hedge, evade the issue

**loyal, e, -aux** [lwajal, -o] *adj (fidèle)* loyal, faithful; *(fair-play)* fair

**loyauté** [lwajote] *nf* loyalty, faithfulness; fairness

**loyer** [lwaje] *nm* rent; **~ de l'argent** interest rate

**lu, e** [ly] *pp de* **lire**

**lubie** [lybi] *nf* whim, craze

**lubrifiant** [lybʀifjɑ̃] *nm* lubricant

**lubrifier** [lybʀifje] *vt* to lubricate

**lubrique** [lybʀik] *adj* lecherous

**lucarne** [lykaʀn] *nf* skylight

**lucide** [lysid] *adj (conscient)* lucid; *(accidenté)* conscious; *(perspicace)* clear-headed

**lucratif, -ive** [lykʀatif, -iv] *adj* lucrative; profitable; **à but non ~** non profit-making

**lueur** [lɥœʀ] *nf (chatoyante)* glimmer *no pl*; *(métallique, mouillée)* gleam *no pl*; *(rougeoyante)* glow *no pl*; *(pâle)* (faint) light; *(fig)* spark; *(: d'espérance)* glimmer, gleam

**luge** [lyʒ] *nf* sledge (Brit), sled (US); **faire de la ~** to sledge (Brit), sled (US), toboggan

**lugubre** [lygybʀ] *adj* gloomy; dismal

⬤ MOT-CLÉ

**lui** [lɥi] *pp de* **luire**
▷ *pron* **1** *(objet indirect: mâle)* (to) him; *(: femelle)* (to) her; *(: chose, animal)* (to) it; **je lui ai parlé** I have spoken to (to him; ou to her); **il lui a offert un cadeau** he gave him (ou her) a present; **je le lui ai donné** I gave it to him (ou her)
**2** *(après préposition, comparatif: personne)* him; *(: chose, animal)* it; **elle est contente de lui** she is pleased with him; **je la connais mieux que lui** I know her better than he does; I know her better than him; **cette voiture est à lui** this car belongs to him, this is HIS car; **c'est à lui de jouer** it's his turn *ou* go
**3** *(sujet, forme emphatique)* he; **lui, il est à Paris** HE is in Paris; **c'est lui qui l'a fait** HE did it

**4** *(objet, forme emphatique)* him; **c'est lui que j'attends** I'm waiting for HIM
**5**: **lui-même** himself; itself

**luire** [lɥiʀ] *vi (gén)* to shine, gleam; *(surface mouillée)* to glisten; *(reflets chauds, cuivrés)* to glow

**lumière** [lymjɛʀ] *nf* light; **lumières** *nfpl* *(d'une personne)* knowledge *sg*, wisdom *sg*; **à la ~ de** by the light of; *(fig: événements)* in the light of; **fais de la ~** let's have some light, give us some light; **faire (toute) la ~ sur** *(fig)* to clarify (completely); **mettre en ~** *(fig)* to highlight; **~ du jour/soleil** day/sunlight

**luminaire** [lyminɛʀ] *nm* lamp, light

**lumineux, -euse** [lyminø, -øz] *adj (émettant de la lumière)* luminous; *(éclairé)* illuminated; *(ciel, journée, couleur)* bright; *(relatif à la lumière: rayon etc)* of light, light *cpd*; *(fig: regard)* radiant

**lunatique** [lynatik] *adj* whimsical, temperamental

**lundi** [lœ̃di] *nm* Monday; **on est ~** it's Monday; **le ~ 20 août** Monday 20th August; **il est venu ~** he came on Monday; **le(s) ~(s)** on Mondays; **à ~!** see you (on) Monday!; **~ de Pâques** Easter Monday; **~ de Pentecôte** Whit Monday (Brit)

**lune** [lyn] *nf* moon; **pleine/nouvelle ~** full/new moon; **être dans la ~** *(distrait)* to have one's head in the clouds; **~ de miel** honeymoon

**lunette** [lynɛt] *nf*: **~s** *nfpl* glasses, spectacles; *(protectrices)* goggles; **~ d'approche** telescope; **~ arrière** *(Auto)* rear window; **~s noires** dark glasses; **~s de soleil** sunglasses

**lus** *etc* [ly] *vb voir* **lire**

**lustre** [lystʀ] *nm (de plafond)* chandelier; *(fig: éclat)* lustre

**lustrer** [lystʀe] *vt*: **~ qch** *(faire briller)* to make sth shine; *(user)* to make sth shiny

**lut** [ly] *vb voir* **lire**

**luth** [lyt] *nm* lute

**lutin** [lytɛ̃] *nm* imp, goblin

**lutte** [lyt] *nf (conflit)* struggle; *(Sport)*: **la ~** wrestling; **de haute ~** after a hard-fought struggle; **~ des classes** class struggle; **~ libre** *(Sport)* all-in wrestling

**lutter** [lyte] *vi* to fight, struggle; *(Sport)* to wrestle

**luxe** [lyks] *nm* luxury; **un ~ de** *(détails, précautions)* a wealth of; **de ~** *adj* luxury *cpd*

**Luxembourg** [lyksɑ̃buʀ] *nm*: **le ~** Luxembourg

**luxembourgeois, e** [lyksɑ̃buʀʒwa, -waz] *adj* of *ou* from Luxembourg ▷ *nm/f*: **L~, e** inhabitant *ou* native of Luxembourg

**luxer** [lykse] *vt*: **se ~ l'épaule** to dislocate one's shoulder

**luxueux, -euse** [lyksɥø, -øz] *adj* luxurious

**luxure** [lyksyʀ] *nf* lust

**luxuriant, e** [lyksyʀjɑ̃, -ɑ̃t] *adj* luxuriant, lush

**lycée** [lise] *nm* (state) secondary (*Brit*) *ou* high (*US*) school; **~ technique** technical secondary *ou* high school; *see note*

**lycéen, ne** [liseɛ̃, -ɛn] *nm/f* secondary school pupil

**Lyon** [ljɔ̃] *n* Lyons

**lyophilisé, e** [ljɔfilize] *adj* (*café*) freeze-dried

**lyrique** [lirik] *adj* lyrical; (*Opéra*) lyric; **artiste ~** opera singer; **comédie ~** comic opera; **théâtre ~** opera house (*for light opera*)

**lys** [lis] *nm* lily

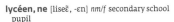

**M, m** [ɛm] *nm inv* M, m ▷ *abr* = **majeur; masculin; mètre; Monsieur;** (= *million*) M; **M comme Marcel** M for Mike

**m'** [m] *pron voir* **me**

**ma** [ma] *adj poss voir* **mon**

**macaron** [makarɔ̃] *nm* (*gâteau*) macaroon; (*insigne*) (round) badge

**macaroni** [makarɔni] *nm*, **macaronis** *nmpl* macaroni *sg*; **~(s) au gratin** macaroni cheese (*Brit*), macaroni and cheese (*US*)

**Macédoine** [masedwan] *nf* Macedonia

**macédoine** [masedwan] *nf*: **~ de fruits** fruit salad; **~ de légumes** mixed vegetables *pl*

**macérer** [masere] *vi, vt* to macerate; (*dans du vinaigre*) to pickle

**mâcher** [mɑʃe] *vt* to chew; **ne pas ~ ses mots** not to mince one's words; **~ le travail à qn** (*fig*) to spoon-feed sb, do half sb's work for him

**machin** [maʃɛ̃] *nm* (*fam*) thingamajig, thing; (*personne*): **M~(e)** *nm(f)* what's-his-(*ou* her)-name

**machinal, e, -aux** [maʃinal, -o] *adj* mechanical, automatic

**machinalement** [maʃinalmɑ̃] *adv* mechanically, automatically

**machination** [maʃinasjɔ̃] *nf* scheming, frame-up

**machine** [maʃin] *nf* machine; (*locomotive; de navire etc*) engine; (*fig: rouages*) machinery; (*fam: personne*): **M~** what's-her-name; **faire ~ arrière** (*Navig*) to go astern; (*fig*) to backpedal; **~ à laver/coudre/tricoter** washing/ sewing/knitting machine; **~ à écrire** typewriter; **~ à sous** fruit machine; **~ à vapeur** steam engine

**macho** [matʃo] (fam) nm male chauvinist

**mâchoire** [maʃwaʀ] nf jaw; **~ de frein** brake shoe

**mâchonner** [maʃɔne] vt to chew (at)

**maçon** [masɔ̃] nm bricklayer; (constructeur) builder

**maçonnerie** [masɔnʀi] nf (murs: de brique) brickwork; (: de pierre) masonry, stonework; (activité) bricklaying; building; **~ de béton** concrete

**maculer** [makyle] vt to stain; (Typo) to mackle

**Madagascar** [madagaskaʀ] nf Madagascar

**Madame** [madam] (pl **Mesdames**) [medam] nf: **~ X** Mrs X; **occupez-vous de ~/Monsieur/ Mademoiselle** please serve this lady/ gentleman/(young) lady; **bonjour ~/ Monsieur/Mademoiselle** good morning; (ton déférent) good morning Madam/Sir/ Madam; (le nom est connu) good morning Mrs X/Mr X/Miss X; **~/Monsieur/Mademoiselle!** (pour appeler) excuse me!; (ton déférent) Madam/ Sir/Miss!; **~/Monsieur/Mademoiselle** (sur lettre) Dear Madam/Sir/Madam; **chère ~/cher Monsieur/chère Mademoiselle** Dear Mrs X/ Mr X/Miss X; **~ la Directrice** the director; the manageress; the head teacher; **Mesdames** Ladies; **mesdames, mesdemoiselles, messieurs** ladies and gentlemen

**madeleine** [madlɛn] nf madeleine, ≈ sponge finger cake

**Mademoiselle** [madmwazɛl] (pl **Mesdemoiselles**) [medmwazɛl] nf Miss; voir aussi **Madame**

**Madère** [madɛʀ] nf Madeira ▷ nm: **madère** Madeira (wine)

**Madrid** [madʀid] n Madrid

**magasin** [magazɛ̃] nm (boutique) shop; (entrepôt) warehouse; (d'arme, appareil photo) magazine; **en ~** (Comm) in stock; **faire les ~s** to go (a)round the shops, do the shops; **~ d'alimentation** grocer's (shop) (Brit), grocery store (US)

● **MAGASINS**
●

● French shops are usually open from 9am
● to noon and from 2pm to 7pm. Most
● shops are closed on Sunday and some do
● not open on Monday. In bigger towns and
● shopping centres, most shops are open
● throughout the day.

**magazine** [magazin] nm magazine

**Maghreb** [magʀɛb] nm: **le ~** the Maghreb, North(-West) Africa

**maghrébin, e** [magʀebɛ̃, -in] adj of ou from the Maghreb, North African ▷ nm/f: **M~, e** North African, Maghrebi

**magicien, ne** [maʒisjɛ̃, -ɛn] nm/f magician

**magie** [maʒi] nf magic; **~ noire** black magic

**magique** [maʒik] adj (occulte) magic; (fig) magical

**magistral, e, -aux** [maʒistʀal, -o] adj (œuvre, adresse) masterly; (ton) authoritative; (gifle etc) sound, resounding; (ex cathedra): **enseignement ~** lecturing, lectures pl; **cours ~** lecture

**magistrat** [maʒistʀa] nm magistrate

**magnat** [magna] nm tycoon, magnate

**magnétique** [maɲetik] adj magnetic

**magnétiser** [maɲetize] vt to magnetize; (fig) to mesmerize, hypnotize

**magnétophone** [maɲetɔfɔn] nm tape recorder; **~ à cassettes** cassette recorder

**magnétoscope** [maɲetɔskɔp] nm: **~ (à cassette)** video (recorder)

**magnifique** [maɲifik] adj magnificent

**magot** [mago] nm (argent) pile (of money); (économies) nest egg

**magouille** [maguj] nf (fam) scheming

**magret** [magʀɛ] nm: **~ de canard** duck breast

**mai** [mɛ] nm May; see note; voir aussi **juillet**

● **LE PREMIER MAI**
●

● *Le premier mai* is a public holiday in France
● and commemorates the trades union
● demonstrations in the United States in
● 1886 when workers demanded the right
● to an eight-hour working day. Sprigs of
● lily of the valley are traditionally
● exchanged. *Le 8 mai* is also a public
● holiday and commemorates the
● surrender of the German army to
● Eisenhower on 7 May, 1945. It is marked
● by parades of ex-servicemen and
● ex-servicewomen in most towns. The
● social upheavals of May and June 1968,
● with their student demonstrations,
● workers' strikes and general rioting, are
● usually referred to as "les événements de
● mai 68". De Gaulle's Government
● survived, but reforms in education and a
● move towards decentralization ensued.

**maigre** [mɛgʀ] adj (very) thin, skinny; (viande) lean; (fromage) low-fat; (végétation) thin, sparse; (fig) poor, meagre, skimpy ▷ adv: **faire ~** not to eat meat; **jours ~s** days of abstinence, fish days

**maigreur** [mɛgʀœʀ] nf thinness

**maigrir** [megʀiʀ] vi to get thinner, lose weight ▷ vt: **~ qn** (vêtement) to make sb look slim(mer); **~ de 2 kilos** to lose 2 kilos

**mail** [mɛl] nm email

**maille** [maj] nf (boucle) stitch; (ouverture) hole (in the mesh); **avoir ~ à partir avec qn** to have a brush with sb; **~ à l'endroit/à l'envers** knit one/purl one; (boucle) plain/ purl stitch

**maillet** [majɛ] nm mallet

**maillon** [majɔ̃] nm link

**maillot** [majo] nm (aussi: **~ de corps**) vest; (de danseur) leotard; (de sportif) jersey; **~ de bain** swimming ou bathing (Brit) costume, swimsuit; (d'homme) (swimming ou bathing (Brit)) trunks pl; **~ deux pièces** two-piece swimsuit, bikini; **~ jaune** yellow jersey

**main** [mɛ̃] nf hand; **la ~ dans la ~** hand in hand; **à deux ~s** with both hands; **à une ~** with one hand; **à la ~** (tenir, avoir) in one's hand; (faire, tricoter etc) by hand; **se donner la ~** to hold hands; **donner** ou **tendre la ~ à qn** to hold out one's hand to sb; **se serrer la ~** to shake hands; **serrer la ~ à qn** to shake hands with sb; **sous la ~** to ou at hand; **haut les ~s!** hands up!; **à ~ levée** (Art) freehand; **à ~s levées** (voter) with a show of hands; **attaque à ~ armée** armed attack; **à ~ droite/gauche** to the right/left; **à remettre en ~s propres** to be delivered personally; **de première ~** (renseignement) first-hand; (Comm: voiture etc) with only one previous owner; **faire ~ basse sur** to help o.s. to; **mettre la dernière ~ à** to put the finishing touches to; **mettre la ~ à la pâte** (fig) to lend a hand; **avoir/passer la ~** (Cartes) to lead/hand over the lead; **s'en laver les ~s** (fig) to wash one's hands of it; **se faire/perdre la ~** to get one's hand in/lose one's touch; **avoir qch bien en ~** to have got the hang of sth; **en un tour de ~** (fig) in the twinkling of an eye; **~ courante** handrail

**main-d'œuvre** [mɛ̃dœvʀ] nf manpower, labour (Brit), labor (US)

**main-forte** [mɛ̃fɔʀt] nf: **prêter ~ à qn** to come to sb's assistance

**mainmise** [mɛ̃miz] nf seizure, (fig): **avoir la ~ sur** to have a grip ou stranglehold on

**mains-libres** [mɛ̃libʀ] adj inv (téléphone, kit) hands-free

**maint, e** [mɛ̃, mɛ̃t] adj many a; **~s** many; **à ~es reprises** (time) again

**maintenant** [mɛ̃tnɑ̃] adv now; (actuellement) nowadays

**maintenir** [mɛ̃tniʀ] vt (retenir, soutenir) to support; (contenir: foule etc) to keep in check, hold back; (conserver) to maintain, uphold; (affirmer) to maintain; **se maintenir** vi (paix, temps) to hold; (prix) to keep steady; (préjugé) to persist; (malade) to remain stable

**maintien** [mɛ̃tjɛ̃] nm maintaining, upholding; (attitude) bearing; **~ de l'ordre** maintenance of law and order

**maire** [mɛʀ] nm mayor

**mairie** [meʀi] nf (bâtiment) town hall; (administration) town council

**mais** [mɛ] conj but; **~ non!** of course not!; **~ enfin** but after all; (indignation) look here!; **~ encore?** is that all?

**maïs** [mais] nm maize (Brit), corn (US)

**maison** [mɛzɔ̃] nf (bâtiment) house; (chez-soi) home; (Comm) firm; (famille): **ami de la ~** friend of the family ▷ adj inv (Culin) home-made; (: au restaurant) made by the chef; (Comm) in-house, own; (fam) first-rate; **à la ~** at home; (direction) home; **~ d'arrêt** (short-stay) prison; **~ centrale** prison; **~ close** brothel; **~ de correction** ≈ remand home (Brit), ≈ reformatory (US); **~ de la culture** ≈ arts centre; **~ des jeunes** ≈ youth club; **~ mère** parent company; **~ de passe** = **maison close**; **~ de repos** convalescent home; **~ de retraite** old people's home; **~ de santé** mental home

**maisonnée** [mɛzɔne] nf household, family

**maisonnette** [mɛzɔnɛt] nf small house

**maître, -esse** [mɛtʀ, mɛtʀɛs] nm/f master/mistress; (Scol) teacher, schoolmaster(-mistress) ▷ nm (peintre etc) master; (titre): **M~ (Me)** Maître, term of address for lawyers etc ▷ nf (amante) mistress ▷ adj (principal, essentiel) main; **maison de ~** family seat; **être ~ de** (soi-même, situation) to be in control of; **se rendre ~ de** (pays, ville) to gain control of; (situation, incendie) to bring under control; **être passé ~ dans l'art de** to be a (past) master in the art of; **une maîtresse femme** a forceful woman; **~ d'armes** fencing master; **~ auxiliaire (MA)** (Scol) temporary teacher; **~ chanteur** blackmailer; **~ de chapelle** choirmaster; **~ de conférences** ≈ senior lecturer (Brit), ≈ assistant professor (US); **~/maîtresse d'école** teacher, schoolmaster/-mistress; **~ d'hôtel** (domestique) butler; (d'hôtel) head waiter; **~ de maison** host; **~ nageur** lifeguard; **~ d'œuvre** (Constr) project manager; **~ d'ouvrage** (Constr) client; **~ queux** chef; **maîtresse de maison** hostess; (ménagère) housewife

**maîtrise** [metʀiz] nf (aussi: **~ de soi**) self-control, self-possession; (habileté) skill, mastery; (suprématie) mastery, command; (diplôme) ≈ master's degree; see note; (chefs d'équipe) supervisory staff

◌ **MAÎTRISE**

◌ The maîtrise is a French degree which is
◌ awarded to university students if they
◌ successfully complete two more years'
◌ study after the "DEUG". Students
◌ wishing to go on to do research or to take
◌ the "agrégation" must hold a maîtrise.

**maîtriser** [metʀize] vt (cheval, incendie) to (bring under) control; (sujet) to master; (émotion) to control, master; **se maîtriser** to control o.s.

**majestueux, -euse** [maʒɛstɥø, -øz] adj majestic

**majeur, e** [maʒœʀ] adj (important) major; (Jur) of age; (fig) adult ▷ nm/f (Jur) person who has come of age ou attained his (ou her) majority

▷ *nm* (*doigt*) middle finger; **en ~e partie** for the most part; **la ~e partie de** most of

**majoration** [maʒɔʀasjɔ̃] *nf* increase

**majorer** [maʒɔʀe] *vt* to increase

**majoritaire** [maʒɔʀitɛʀ] *adj* majority *cpd*; **système/scrutin ~** majority system/ballot

**majorité** [maʒɔʀite] *nf* (*gén*) majority; (*parti*) party in power; **en ~** (*composé etc*) mainly; **avoir la ~** to have the majority

**majuscule** [maʒyskyl] *adj, nf*: (**lettre**) **~** capital (letter)

**mal, maux** [mal, mo] *nm* (*opposé au bien*) evil; (*tort, dommage*) harm; (*douleur physique*) pain, ache; (*maladie*) illness, sickness *no pl*; (*difficulté, peine*) trouble; (*souffrance morale*) pain ▷ *adv* badly ▷ *adj*: **c'est ~ (de faire)** it's bad *ou* wrong (to do); **être ~ (à l'aise)** to be uncomfortable; **être ~ avec qn** to be on bad terms with sb; **être au plus ~** (*malade*) to be very bad; (*brouillé*) to be at daggers drawn; **il comprend ~** he has difficulty in understanding; **il a ~ compris** he misunderstood; **se sentir** *ou* **se trouver ~** to feel ill *ou* unwell; **~ tourner** to go wrong; **dire/penser du ~ de** to speak/think ill of; **ne vouloir du ~ à personne** to wish nobody any ill; **il n'a rien fait de ~** he has done nothing wrong; **avoir du ~ à faire qch** to have trouble doing sth; **se donner du ~ pour faire qch** to go to a lot of trouble to do sth; **ne voir aucun ~ à** to see no harm in, see nothing wrong in; **craignant ~ faire** fearing he *etc* was doing the wrong thing; **sans penser** *ou* **songer à ~** without meaning any harm; **faire du ~ à qn** to hurt sb; **se faire ~** to hurt o.s.; **se faire ~ au pied** to hurt one's foot; **ça fait ~** it hurts; **j'ai ~ (ici)** it hurts (here); **j'ai ~ au dos** my back aches, I've got a pain in my back; **avoir ~ à la tête/à la gorge** to have a headache/a sore throat; **avoir ~ aux dents/à l'oreille** to have toothache/earache; **avoir le ~ de l'air** to be airsick; **avoir le ~ du pays** to be homesick; **~ de mer** seasickness; **~ de la route** carsickness; **~ en point** *adj inv* in a bad state; **maux de ventre** stomach ache *sg*; *voir aussi* **cœur**

**malade** [malad] *adj* ill, sick; (*poitrine, jambe*) bad; (*plante*) diseased; (*fig: entreprise, monde*) ailing ▷ *nm/f* invalid, sick person; (*à l'hôpital etc*) patient; **tomber ~** to fall ill; **être ~ du cœur** to have heart trouble *ou* a bad heart; **grand ~** seriously ill person; **~ mental** mentally sick *ou* ill person

**maladie** [maladi] *nf* (*spécifique*) disease, illness; (*mauvaise santé*) illness, sickness; (*fig: manie*) mania; **être rongé par la ~** to be wasting away (through illness); **~ d'Alzheimer** Alzheimer's disease; **~ de peau** skin disease

**maladif, -ive** [maladif, -iv] *adj* sickly; (*curiosité, besoin*) pathological

**maladresse** [maladʀɛs] *nf* clumsiness *no pl*; (*gaffe*) blunder

**maladroit, e** [maladʀwa, -wat] *adj* clumsy

**malaise** [malɛz] *nm* (*Méd*) feeling of faintness; feeling of discomfort; (*fig*) uneasiness, malaise; **avoir un ~** to feel faint *ou* dizzy

**malaisé, e** [maleze] *adj* difficult

**Malaisie** [malɛzi] *nf*: **la ~** Malaysia; **la péninsule de ~** the Malay Peninsula

**malaria** [malaʀja] *nf* malaria

**malaxer** [malakse] *vt* (*pétrir*) to knead; (*mêler*) to mix

**malbouffe** [malbuf] *nf* (*fam*): **la ~** junk food

**malchance** [malʃɑ̃s] *nf* misfortune, ill luck *no pl*; **par ~** unfortunately; **quelle ~!** what bad luck!

**malchanceux, -euse** [malʃɑ̃sø, -øz] *adj* unlucky

**mâle** [mɑl] *adj* (*Élec, Tech*) male; (*viril: voix, traits*) manly ▷ *nm* male

**malédiction** [malediksjɔ̃] *nf* curse

**malencontreux, -euse** [malɑ̃kɔ̃tʀø, -øz] *adj* unfortunate, untoward

**malentendant, e** [malɑ̃tɑ̃dɑ̃, -ɑ̃t] *nm/f*: **les ~s** the hard of hearing

**malentendu** [malɑ̃tɑ̃dy] *nm* misunderstanding; **il y a eu un ~** there's been a misunderstanding

**malfaçon** [malfasɔ̃] *nf* fault

**malfaisant, e** [malfəzɑ̃, -ɑ̃t] *adj* evil, harmful

**malfaiteur** [malfɛtœʀ] *nm* lawbreaker, criminal; (*voleur*) burglar, thief

**malfamé, e** [malfame] *adj* disreputable, of ill repute

**malgache** [malgaʃ] *adj* Malagasy, Madagascan ▷ *nm* (*Ling*) Malagasy ▷ *nm/f*: **M~** Malagasy, Madagascan

**malgré** [malgʀe] *prép* in spite of, despite; **~ tout** *adv* in spite of everything

**malhabile** [malabil] *adj* clumsy

**malheur** [malœʀ] *nm* (*situation*) adversity, misfortune; (*événement*) misfortune; (: *plus fort*) disaster, tragedy; **par ~** unfortunately; **quel ~!** what a shame *ou* pity!; **faire un ~** (*fam: un éclat*) to do something desperate; (: *avoir du succès*) to be a smash hit

**malheureusement** [malœʀøzmɑ̃] *adv* unfortunately

**malheureux, -euse** [malœʀø, -øz] *adj* (*triste*) unhappy, miserable; (*infortuné, regrettable*) unfortunate; (*malchanceux*) unlucky; (*insignifiant*) wretched ▷ *nm/f* (*infortuné, misérable*) poor soul; (*indigent, miséreux*) unfortunate creature; **les ~** the destitute; **avoir la main malheureuse** (*au jeu*) to be unlucky; (*tout casser*) to be ham-fisted

**malhonnête** [malɔnɛt] *adj* dishonest

**malhonnêteté** [malɔnɛtte] *nf* dishonesty; rudeness *no pl*

**malice** [malis] *nf* mischievousness; (*méchanceté*): **par ~** out of malice *ou* spite; **sans ~** guileless

**malicieux, -euse** [malisjø, -øz] *adj*
mischievous

**malin, -igne** [malɛ̃, -iɲ] (*f gén* **maline**) *adj*
(*futé*) smart, shrewd; (: *sourire*) knowing;
(*Méd, influence*) malignant; **faire le ~** to show
off; **éprouver un ~ plaisir à** to take
malicious pleasure in

**malingre** [malɛ̃gR] *adj* puny

**malle** [mal] *nf* trunk; (*Auto*): ~ **(arrière) boot**
(*Brit*), trunk (*US*)

**mallette** [malɛt] *nf* (*valise*) (small) suitcase;
(*aussi*: ~ **de voyage**) overnight case; (*pour
documents*) attaché case

**malmener** [malməne] *vt* to manhandle; (*fig*)
to give a rough ride to

**malodorant, e** [malɔdɔRɑ̃, -ɑ̃t] *adj* foul-
smelling

**malotru** [malɔtRy] *nm* lout, boor

**malpoli, e** [malpɔli] *nm/f* rude individual
▷ *adj* impolite

**malpropre** [malpRɔpR] *adj* (*personne, vêtement*)
dirty; (*travail*) slovenly; (*histoire, plaisanterie*)
unsavoury (*Brit*), unsavory (*US*), smutty;
(*malhonnête*) dishonest

**malsain, e** [malsɛ̃, -ɛn] *adj* unhealthy

**malt** [malt] *nm* malt; **pur ~** (*whisky*) malt
(whisky)

**Malte** [malt] *nf* Malta

**maltraiter** [maltRete] *vt* (*brutaliser*) to
manhandle, ill-treat; (*critiquer, éreinter*) to
slate (*Brit*), roast

**malveillance** [malvejɑ̃s] *nf* (*animosité*) ill
will; (*intention de nuire*) malevolence; (*Jur*)
malicious intent *no pl*

**malversation** [malvɛRsasjɔ̃] *nf*
embezzlement, misappropriation (of funds)

**mal-vivre** [malvivR] *nm inv* malaise

**maman** [mamɑ̃] *nf* mum(my) (*Brit*), mom (*US*)

**mamelle** [mamɛl] *nf* teat

**mamelon** [mamlɔ̃] *nm* (*Anat*) nipple; (*colline*)
knoll, hillock

**mamie** [mami] *nf* (*fam*) granny

**mammifère** [mamifɛR] *nm* mammal

**mammouth** [mamut] *nm* mammoth

**manche** [mɑ̃ʃ] *nf* (*de vêtement*) sleeve; (*d'un jeu,
tournoi*) round; (*Géo*): **la M~** the (English)
Channel ▷ *nm* (*d'outil, casserole*) handle; (*de
pelle, pioche etc*) shaft; (*de violon, guitare*) neck;
(*fam*) clumsy oaf; **faire la ~** to pass the hat;
**~ à air** (*Aviat*) wind-sock; **à ~s courtes/
longues** short-/long-sleeved; **~ à balai** *nm*
broomstick; (*Aviat, Inform*) joystick *nm inv*

**manchette** [mɑ̃ʃɛt] *nf* (*de chemise*) cuff; (*coup*)
forearm blow; (*titre*) headline

**manchot** [mɑ̃ʃo] *nm* one-armed man;
armless man; (*Zool*) penguin

**mandarine** [mɑ̃daRin] *nf* mandarin
(orange), tangerine

**mandat** [mɑ̃da] *nm* (*postal*) postal *ou* money
order; (*d'un député etc*) mandate; (*procuration*)
power of attorney, proxy; (*Police*) warrant;
**~ d'amener** summons *sg*; **~ d'arrêt** warrant

for arrest; **~ de dépôt** committal order; **~ de
perquisition** (*Police*) search warrant

**mandataire** [mɑ̃datɛR] *nm/f* (*représentant,
délégué*) representative; (*Jur*) proxy

**manège** [manɛʒ] *nm* riding school; (*à la foire*)
roundabout (*Brit*), merry-go-round; (*fig*)
game, ploy; **faire un tour de ~** to go for a ride
on a *ou* the roundabout *etc*; **~ (de chevaux de
bois)** roundabout (*Brit*), merry-go-round

**manette** [manɛt] *nf* lever, tap; **~ de jeu**
(*Inform*) joystick

**mangeable** [mɑ̃ʒabl] *adj* edible, eatable

**mangeoire** [mɑ̃ʒwaR] *nf* trough, manger

**manger** [mɑ̃ʒe] *vt* to eat; (*ronger: rouille etc*) to
eat into *ou* away; (*utiliser, consommer*) to eat up
▷ *vi* to eat; **donner à ~ à** (*enfant*) to feed

**mangeur, -euse** [mɑ̃ʒœR, -øz] *nm/f* eater

**mangue** [mɑ̃g] *nf* mango

**maniable** [manjabl] *adj* (*outil*) handy; (*voiture,
voilier*) easy to handle; manoeuvrable (*Brit*),
maneuverable (*US*); (*fig: personne*) easily
influenced, manipulable

**maniaque** [manjak] *adj* (*pointilleux,
méticuleux*) finicky, fussy; (*atteint de manie*)
suffering from a mania ▷ *nm/f* (*méticuleux*)
fusspot; (*fou*) maniac

**manie** [mani] *nf* mania; (*tic*) odd habit; **avoir
la ~ de** to be obsessive about

**manier** [manje] *vt* to handle; **se manier** *vi*
(*fam*) to get a move on

**maniéré, e** [manjeRe] *adj* affected

**manière** [manjɛR] *nf* (*façon*) way, manner;
(*genre, style*) style; **manières** *nfpl* (*attitude*)
manners; (*chichis*) fuss *sg*; **de ~ à** so as to; **de
telle ~ que** in such a way that; **de cette ~** in
this way *ou* manner; **d'une ~ générale**
generally speaking, as a general rule; **de
toute ~** in any case; **d'une certaine ~** in a
(certain) way; **faire des ~s** to put on airs;
**employer la ~ forte** to use strong-arm
tactics

**manif** [manif] *nf* (*manifestation*) demo

**manifestant, e** [manifɛstɑ̃, -ɑ̃t] *nm/f*
demonstrator

**manifestation** [manifɛstasjɔ̃] *nf* (*de joie,
mécontentement*) expression, demonstration;
(*symptôme*) outward sign; (*fête etc*) event; (*Pol*)
demonstration

**manifeste** [manifɛst] *adj* obvious, evident
▷ *nm* manifesto

**manifester** [manifɛste] *vt* (*volonté, intentions*)
to show, indicate; (*joie, peur*) to express, show
▷ *vi* (*Pol*) to demonstrate; **se manifester** *vi*
(*émotion*) to show *ou* express itself; (*difficultés*)
to arise; (*symptômes*) to appear; (*témoin etc*) to
come forward

**manigance** [manigɑ̃s] *nf* scheme

**manigancer** [manigɑ̃se] *vt* to plot, devise

**manipulation** [manipylasjɔ̃] *nf* handling;
(*Pol, génétique*) manipulation

**manipuler** [manipyle] *vt* to handle; (*fig*) to
manipulate

**m**

**manivelle** [manivɛl] nf crank

**mannequin** [mankɛ̃] nm (*Couture*) dummy; (*Mode*) model

**manœuvre** [manœvʀ] nf (*gén*) manoeuvre (*Brit*), maneuver (*US*) ▷ nm (*ouvrier*) labourer (*Brit*), laborer (*US*)

**manœuvrer** [manœvʀe] vt to manoeuvre (*Brit*), maneuver (*US*); (*levier, machine*) to operate; (*personne*) to manipulate ▷ vi to manoeuvre ou maneuver

**manoir** [manwaʀ] nm manor ou country house

**manque** [mɑ̃k] nm (*insuffisance*): ~ **de** lack of; (*vide*) emptiness, gap; (*Méd*) withdrawal; **manques** nmpl (*lacunes*) faults, defects; **par ~ de** for want of; **~ à gagner** loss of profit ou earnings; **être en état de ~** to suffer withdrawal symptoms

**manqué** [mɑ̃ke] adj failed; **garçon ~** tomboy

**manquer** [mɑ̃ke] vi (*faire défaut*) to be lacking; (*être absent*) to be absent; (*échouer*) to fail ▷ vt to miss ▷ vb impers: **il (nous) manque encore 10 euros** we are still 10 euros short; **il manque des pages (au livre)** there are some pages missing (from the book); **l'argent qui leur manque** the money they need ou are short of; **le pied/la voix lui manqua** he missed his footing/his voice failed him; **~ à qn** (*absent etc*): **il/cela me manque** I miss him/that; **~ à** vt (*règles etc*) to be in breach of, fail to observe; **~ de** vt to lack; (*Comm*) to be out of (stock of); **ne pas ~ de faire**, je ne ~ai pas de le lui dire I'll be sure to tell him; **~ (de) faire**, **il a manqué (de) se tuer** he very nearly got killed; **il ne manquerait plus qu'il fasse** all we need now is for him to do; **je n'y manquerai pas** leave it to me, I'll definitely do it

**mansarde** [mɑ̃saʀd] nf attic

**mansardé, e** [mɑ̃saʀde] adj: **chambre ~e** attic room

**manteau, x** [mɑ̃to] nm coat; **~ de cheminée** mantelpiece; **sous le ~** (*fig*) under cover

**manucure** [manykyʀ] nf manicurist

**manuel, le** [manɥɛl] adj manual ▷ nm/f manually gifted pupil (*as opposed to intellectually gifted*) ▷ nm (*ouvrage*) manual, handbook

**manufacture** [manyfaktyʀ] nf (*établissement*) factory; (*fabrication*) manufacture

**manufacturé, e** [manyfaktyʀe] adj manufactured

**manuscrit, e** [manyskʀi, -it] adj handwritten ▷ nm manuscript

**manutention** [manytɑ̃sjɔ̃] nf (*Comm*) handling; (*local*) storehouse

**mappemonde** [mapmɔ̃d] nf (*plane*) map of the world; (*sphère*) globe

**maquereau, x** [makʀo] nm (*Zool*) mackerel inv; (*fam: proxénète*) pimp

**maquette** [makɛt] nf (*d'un décor, bâtiment, véhicule*) (scale) model; (*Typo*) mockup; (: *d'une page illustrée, affiche*) paste-up; (: *prêt à la reproduction*) artwork

**maquillage** [makijaʒ] nm making up; faking; (*produits*) make-up

**maquiller** [makije] vt (*personne, visage*) to make up; (*truquer: passeport, statistique*) to fake; (: *voiture volée*) to do over (respray etc); **se maquiller** vi to make o.s. up

**maquis** [maki] nm (*Géo*) scrub; (*fig*) tangle; (*Mil*) maquis, underground fighting no pl

**maraîcher, -ère** [maʀeʃe, maʀeʃɛʀ] adj: **cultures maraîchères** market gardening sg ▷ nm/f market gardener

**marais** [maʀɛ] nm marsh, swamp; **~ salant** saltworks

**marasme** [maʀasm] nm (*Pol, Écon*) stagnation, sluggishness; (*accablement*) dejection, depression

**marathon** [maʀatɔ̃] nm marathon

**maraudeur, -euse** [maʀodœʀ, -øz] nm/f marauder; prowler

**marbre** [maʀbʀ] nm (*pierre, statue*) marble; (*d'une table, commode*) marble top; (*Typo*) stone, bed; **rester de ~** to remain stonily indifferent

**marc** [maʀ] nm (*de raisin, pommes*) marc; **~ de café** coffee grounds pl ou dregs pl

**marchand, e** [maʀʃɑ̃, -ɑ̃d] nm/f shopkeeper, tradesman(-woman); (*au marché*) stallholder; (*spécifique*): **~ de cycles/tapis** bicycle/carpet dealer; **~ de charbon/vins** coal/wine merchant ▷ adj: **prix/valeur ~(e)** price/value; **qualité ~e** standard quality; **~ en gros/au détail** wholesaler/retailer; **~ de biens** real estate agent; **~ de canons** (*péj*) arms dealer; **~ de couleurs** ironmonger (*Brit*), hardware dealer (*US*); **~e de fruits** fruiterer (*Brit*), fruit seller (*US*); **~/e de journaux** newsagent; **~/e de légumes** greengrocer (*Brit*), produce dealer (*US*); **~/e de poisson** fishmonger (*Brit*), fish seller (*US*); **~/e de(s) quatre-saisons** costermonger (*Brit*), street vendor (selling fresh fruit and vegetables); **~ de sable** (*fig*) sandman; **~ de tableaux** art dealer

**marchander** [maʀʃɑ̃de] vt (*article*) to bargain ou haggle over; (*éloges*) to be sparing with ▷ vi to bargain, haggle

**marchandise** [maʀʃɑ̃diz] nf goods pl, merchandise no pl

**marche** [maʀʃ] nf (*d'escalier*) step; (*activité*) walking; (*promenade, trajet, allure*) walk; (*démarche*) walk, gait; (*Mil etc, Mus*) march; (*fonctionnement*) running; (*progression*) progress; (*des événements*) course; **à une heure de ~** an hour's walk (away); **ouvrir/fermer la ~** to lead the way/bring up the rear; **dans le sens de la ~** (*Rail*) facing the engine; **en ~** (*monter etc*) while the vehicle is moving ou in motion; **mettre en ~** to start; **remettre qch en ~** to set ou start sth going again; **se mettre en ~** (*personne*) to get moving; (*machine*) to start; **être en état de ~** to be in working order; **~ arrière** (*Auto*) reverse (gear);

**faire ~ arrière** (*Auto*) to reverse; (*fig*) to backtrack, back-pedal; **~ à suivre** (correct) procedure; (*sur notice*) (step by step) instructions *pl*

**marché** [maʀʃe] *nm* (*lieu, Comm, Écon*) market; (*ville*) trading centre; (*transaction*) bargain, deal; **par-dessus le ~** into the bargain; **faire son ~** to do one's shopping; **mettre le ~ en main à qn** to tell sb to take it or leave it; **~ au comptant** (*Bourse*) spot market; **~ aux fleurs** flower market; **~ noir** black market; **faire du ~ noir** to buy and sell on the black market; **~ aux puces** flea market; **~ à terme** (*Bourse*) forward market; **~ du travail** labour market

**marchepied** [maʀʃəpje] *nm* (*Rail*) step; (*Auto*) running board; (*fig*) stepping stone

**marcher** [maʀʃe] *vi* to walk; (*Mil*) to march; (*aller: voiture, train, affaires*) to go; (*prospérer*) to go well; (*fonctionner*) to work, run; (*fam: consentir*) to go along, agree; (: *croire naïvement*) to be taken in; **~ sur** to walk on; (*mettre le pied sur*) to step on *ou* in; (*Mil*) to march upon; **~ dans** (*herbe etc*) to walk in *ou* on; (*flaque*) to step in; **faire ~ qn** (*pour rire*) to pull sb's leg; (*pour tromper*) to lead sb up the garden path

**marcheur, -euse** [maʀʃœʀ, -øz] *nm/f* walker

**mardi** [maʀdi] *nm* Tuesday; **M~ gras** Shrove Tuesday; *voir aussi* **lundi**

**mare** [maʀ] *nf* pond; (*flaque*) pool; **~ de sang** pool of blood

**marécage** [maʀekaʒ] *nm* marsh, swamp

**marécageux, -euse** [maʀekaʒø, -øz] *adj* marshy, swampy

**maréchal, -aux** [maʀeʃal, -o] *nm* marshal; **~ des logis** (*Mil*) sergeant

**maréchal-ferrant** (*pl* **maréchaux-ferrants**) [maʀeʃalfeʀɑ̃, maʀeʃo-] *nm* blacksmith

**marée** [maʀe] *nf* tide; (*poissons*) fresh (sea) fish; **~ haute/basse** high/low tide; **~ montante/descendante** rising/ebb tide; **~ noire** oil slick

**marelle** [maʀɛl] *nf*: (**jouer à**) **la ~** (to play) hopscotch

**margarine** [maʀgaʀin] *nf* margarine

**marge** [maʀʒ] *nf* margin; **en ~** in the margin; **en ~ de** (*fig*) on the fringe of; (*en dehors de*) cut off from; (*qui se rapporte à*) connected with; **~ bénéficiaire** profit margin, mark-up; **~ de sécurité** safety margin

**marginal, e, -aux** [maʀʒinal, -o] *adj* marginal ⊳ *nm/f* (*original*) eccentric; (*déshérité*) dropout

**marguerite** [maʀgəʀit] *nf* marguerite, (oxeye) daisy; (*d'imprimante*) daisy-wheel

**mari** [maʀi] *nm* husband

**mariage** [maʀjaʒ] *nm* (*union, état, fig*) marriage; (*noce*) wedding; **~ civil/religieux** registry office (*Brit*) *ou* civil/church wedding; **un ~ de raison/d'amour** a marriage of convenience/a love match; **~ blanc** unconsummated marriage; **~ en blanc** white wedding

**marié, e** [maʀje] *adj* married ⊳ *nm/f* (bride) groom/bride; **les ~s** the bride and groom; **les (jeunes) ~s** the newly-weds

**marier** [maʀje] *vt* to marry; (*fig*) to blend; **se ~ (avec)** to marry, get married (to); (*fig*) to blend (with)

**marin, e** [maʀɛ̃, -in] *adj* sea *cpd*, marine ⊳ *nm* sailor ⊳ *nf* navy; (*Art*) seascape; (*couleur*) navy (blue); **avoir le pied ~** to be a good sailor; (*garder son équilibre*) to have one's sea legs; **~e de guerre** navy; **~e marchande** merchant navy; **~e à voiles** sailing ships *pl*

**marine** [maʀin] *adj inv* navy (blue) ⊳ *voir* **marin** ⊳ *adj inv* navy (blue) ⊳ *nm* (*Mil*) marine

**mariner** [maʀine] *vi, vt* to marinate, marinade

**marionnette** [maʀjɔnɛt] *nf* puppet

**maritalement** [maʀitalmɑ̃] *adv*: **vivre ~** to live together (as husband and wife)

**maritime** [maʀitim] *adj* sea *cpd*, maritime; (*ville*) coastal, seaside; (*droit*) shipping, maritime

**mark** [maʀk] *nm* mark

**marmelade** [maʀməlad] *nf* (*compote*) stewed fruit, compote; **~ d'oranges** (orange) marmalade; **en ~** (*fig*) crushed (to a pulp)

**marmite** [maʀmit] *nf* (cooking-)pot

**marmonner** [maʀmɔne] *vt, vi* to mumble, mutter

**marmot** [maʀmo] *nm* (*fam*) brat

**marmotter** [maʀmɔte] *vt* (*prière*) to mumble, mutter

**Maroc** [maʀɔk] *nm*: **le ~** Morocco

**marocain, e** [maʀɔkɛ̃, -ɛn] *adj* Moroccan ⊳ *nm/f*: **M~, e** Moroccan

**maroquinerie** [maʀɔkinʀi] *nf* (*industrie*) leather craft; (*commerce*) leather shop; (*articles*) fine leather goods *pl*

**marquant, e** [maʀkɑ̃, -ɑ̃t] *adj* outstanding

**marque** [maʀk] *nf* mark; (*Sport, Jeu*) score; (*Comm: de nourriture*) brand; (: *de voiture, produits manufacturés*) make; (: *de disques*) label; (*insigne: d'une fonction*) badge; (*fig*): **~ d'affection** token of affection; **~ de joie** sign of joy; **à vos ~s!** (*Sport*) on your marks!; **de ~** *adj* (*Comm*) brand-name *cpd*; proprietary; (*fig*) high-class; (: *personnage, hôte*) distinguished; **produit de ~** quality product; **~ déposée** registered trademark; **~ de fabrique** trademark; **une grande ~ de vin** a well-known brand of wine

**marquer** [maʀke] *vt* to mark; (*inscrire*) to write down; (*bétail*) to brand; (*Sport: but etc*) to score; (: *joueur*) to mark; (*accentuer: taille etc*) to emphasize; (*manifester: refus, intérêt*) to show ⊳ *vi* (*événement, personnalité*) to stand out, be outstanding; (*Sport*) to score; **~ qn de son influence/empreinte** to have an influence/leave its impression on sb; **~ un temps d'arrêt** to pause momentarily; **~ le pas** (*fig*) to mark time; **il a marqué ce jour-là d'une pierre blanche** that was a red-letter day for him; **~ les points** (*tenir la marque*) to keep the score

**marqueterie** [maʀkɛtʀi] nf inlaid work, marquetry

**marquis, e** [maʀki, -iz] nm/f marquis ou marquess/marchioness ▷ nf (auvent) glass canopy ou awning

**marraine** [maʀɛn] nf godmother; (d'un navire, d'une rose etc) namer

**marrant, e** [maʀɑ̃, -ɑ̃t] adj (fam) funny

**marre** [maʀ] adv (fam): **en avoir ~ de** to be fed up with

**marrer** [maʀe]: **se marrer** vi (fam) to have a (good) laugh

**marron, ne** [maʀɔ̃, -ɔn] nm (fruit) chestnut ▷ adj inv brown ▷ adj (péj) crooked; (: faux) bogus; **~s glacés** marrons glacés

**marronnier** [maʀɔnje] nm chestnut (tree)

**mars** [maʀs] nm March; voir aussi **juillet**

**Marseille** [maʀsɛj] n Marseilles

**marsouin** [maʀswɛ̃] nm porpoise

**marteau, x** [maʀto] nm hammer; (de porte) knocker; **~ pneumatique** pneumatic drill; **être ~** (fam) to be nuts

**marteau-piqueur** (pl **marteaux-piqueurs**) [maʀtopikœʀ] nm pneumatic drill

**marteler** [maʀtəle] vt to hammer; (mots, phrases) to rap out

**martien, ne** [maʀsjɛ̃, -ɛn] adj Martian, of ou from Mars

**martyr, e** [maʀtiʀ] nm/f martyr ▷ adj martyred; **enfants ~s** battered children

**martyre** [maʀtiʀ] nm martyrdom; (fig: sens affaibli) agony, torture; **souffrir le ~** to suffer agonies

**martyriser** [maʀtiʀize] vt (Rel) to martyr; (fig) to bully; (: enfant) to batter

**marxiste** [maʀksist] adj, nm/f Marxist

**mascara** [maskaʀa] nm mascara

**masculin, e** [maskylɛ̃, -in] adj masculine; (sexe, population) male; (équipe, vêtements) men's; (viril) manly ▷ nm masculine

**masochiste** [mazɔʃist] adj masochistic ▷ nm/f masochist

**masque** [mask] nm mask; **~ de beauté** face pack; **~ à gaz** gas mask; **~ de plongée** diving mask

**masquer** [maske] vt (cacher: porte, goût) to hide, conceal; (dissimuler: vérité, projet) to mask, obscure

**massacre** [masakʀ] nm massacre, slaughter;

**jeu de ~** (fig) wholesale slaughter

**massacrer** [masakʀe] vt to massacre, slaughter; (fig: adversaire) to slaughter; (: texte etc) to murder

**massage** [masaʒ] nm massage

**masse** [mas] nf mass; (péj): **la ~** the masses pl; (Élec) earth; (maillet) sledgehammer; **masses** nfpl masses; **une ~ de, des ~s de** (fam) masses ou loads of; **en ~** adv (en bloc) in bulk; (en foule) en masse ▷ adj (exécutions, production) mass cpd; **~ monétaire** (Écon) money supply; **~ salariale** (Comm) wage(s) bill

**masser** [mase] vt (assembler: gens) to gather; (pétrir) to massage; **se masser** vi (foule) to gather

**masseur, -euse** [masœʀ, -øz] nm/f (personne) masseur(-euse) ▷ nm (appareil) massager

**massif, -ive** [masif, -iv] adj (porte) solid, massive; (visage) heavy, large; (bois, or) solid; (dose) massive; (déportations etc) mass cpd ▷ nm (montagneux) massif; (de fleurs) clump, bank; **le M~ Central** the Massif Central

**massue** [masy] nf club, bludgeon ▷ adj inv: **argument ~** sledgehammer argument

**mastic** [mastik] nm (pour vitres) putty; (pour fentes) filler

**mastiquer** [mastike] vt (aliment) to chew, masticate; (fente) to fill; (vitre) to putty

**mat, e** [mat] adj (couleur, métal) mat(t); (bruit, son) dull ▷ adj inv (Échecs): **être ~** to be checkmate

**mât** [mɑ] nm (Navig) mast; (poteau) pole, post

**match** [matʃ] nm match; **~ nul** draw, tie (US); **faire ~ nul** to draw (Brit), tie (US); **~ aller** first leg; **~ retour** second leg, return match

**matelas** [matla] nm mattress; **~ pneumatique** air bed ou mattress; **~ à ressorts** spring ou interior-sprung mattress

**matelassé, e** [matlase] adj padded; (tissu) quilted

**matelot** [matlo] nm sailor, seaman

**mater** [mate] vt (personne) to bring to heel, subdue; (révolte) to put down; (fam) to watch, look at

**matérialiser** [mateʀjalize]: **se matérialiser** vi to materialize

**matérialiste** [mateʀjalist] adj materialistic ▷ nm/f materialist

**matériau, x** [mateʀjo] nm material; **matériaux** nmpl material(s); **~x de construction** building materials

**matériel, le** [mateʀjɛl] adj material; (organisation, aide, obstacle) practical; (fig: péj: personne) materialistic ▷ nm equipment no pl; (de camping etc) gear no pl; (Inform) hardware; **il n'a pas le temps ~ de le faire** he doesn't have the time (needed) to do it; **~ d'exploitation** (Comm) plant; **~ roulant** rolling stock

**maternel, le** [matɛʀnɛl] adj (amour, geste) motherly, maternal; (grand-père, oncle) maternal ▷ nf (aussi: **école ~le**) (state) nursery school

**maternité** [matɛʀnite] nf (établissement) maternity hospital; (état de mère) motherhood, maternity; (grossesse) pregnancy; **congé de ~** maternity leave

**mathématique** [matematik] adj mathematical

**mathématiques** [matematik] nfpl mathematics sg

**maths** [mat] nfpl maths (Brit), math (US)

**matière** [matjɛʀ] nf (Physique) matter; (Comm, Tech) material; matter no pl; (fig: d'un livre etc) subject matter, material; (Scol) subject; **en ~ de** as regards; **donner ~ à** to give cause to; **~ plastique** plastic; **~s fécales** faeces; **~s grasses** fat (content) sg; **~s premières** raw materials

**Matignon** [matiɲɔ̃] nm: (**l'hôtel**) **~** the French Prime Minister's residence; see note

⬤ **HÔTEL MATIGNON**
⬤
⬤ The hôtel Matignon is the Paris office and
⬤ residence of the French Prime Minister.
⬤ By extension, the term "Matignon" is
⬤ often used to refer to the Prime Minister
⬤ and his or her staff.

**matin** [matɛ̃] nm, adv morning; **le ~** (pendant le matin) in the morning; **demain/hier/ dimanche ~** tomorrow/yesterday/Sunday morning; **tous les ~s** every morning; **le lendemain ~** (the) next morning; **du ~ au soir** from morning till night; **une heure du ~** one o'clock in the morning; **de grand** ou **bon ~** early in the morning

**matinal, e, -aux** [matinal, -o] adj (toilette, gymnastique) morning cpd; (de bonne heure) early; **être ~** (personne) to be up early; (: habituellement) to be an early riser

**matinée** [matine] nf morning; (spectacle) matinée, afternoon performance

**matou** [matu] nm tom(cat)

**matraque** [matʀak] nf (de malfaiteur) cosh (Brit), club; (de policier) truncheon (Brit), billy (US)

**matricule** [matʀikyl] nf (aussi: **registre ~**) roll, register ▷ nm (aussi: **numéro ~**: Mil) regimental number; (: Admin) reference number

**matrimonial, e, -aux** [matʀimɔnjal, -o] adj marital, marriage cpd

**maudire** [modiʀ] vt to curse

**maudit, e** [modi, -it] adj (fam: satané) blasted, confounded

**maugréer** [mogʀee] vi to grumble

**maussade** [mosad] adj (air, personne) sullen; (ciel, temps) gloomy

**mauvais, e** [mɔvɛ, -ɛz] adj bad; (méchant, malveillant) malicious, spiteful; (faux): **le ~ numéro** the wrong number ▷ nm: **le ~** the bad side ▷ adv: **il fait ~** the weather is bad; **sentir ~** to have a nasty smell, smell bad ou

nasty; **la mer est ~e** the sea is rough; **~ coucheur** awkward customer; **~ coup** (fig) criminal venture; **~ garçon** tough; **~ pas** tight spot; **~ plaisant** hoaxer; **~ plaisanterie** nasty trick; **~ traitements** ill treatment sg; **~ joueur** bad loser; **~e herbe** weed; **~e langue** gossip, scandalmonger (Brit); **~e passe** difficult situation; (période) bad patch; **~e tête** rebellious ou headstrong customer

**mauve** [mov] adj (couleur) mauve ▷ nf (Bot) mallow

**maux** [mo] nmpl voir **mal**

**maximal, e, -aux** [maksimal, -o] adj maximal

**maximum** [maksimɔm] adj, nm maximum; **atteindre un/son ~** to reach a/his peak; **au ~** adv (le plus possible) to the full; as much as one can; (tout au plus) at the (very) most ou maximum; **faire le ~** to do one's level best

**mayonnaise** [majɔnɛz] nf mayonnaise

**mazout** [mazut] nm (fuel) oil; **chaudière/ poêle à ~** oil-fired boiler/stove

**me, m'** [mə, m] pron (direct: téléphoner, attendre etc) me; (indirect: parler, donner etc) (to) me; (réfléchi) myself

**mec** [mɛk] nm (fam) guy, bloke (Brit)

**mécanicien, ne** [mekanisjɛ̃, -ɛn] nm/f mechanic; (Rail) (train ou engine) driver; **~ navigant** ou **de bord** (Aviat) flight engineer

**mécanique** [mekanik] adj mechanical ▷ nf (science) mechanics sg; (technologie) mechanical engineering; (mécanisme) mechanism; engineering; works pl; **ennui ~** engine trouble no pl; **s'y connaître en ~** to be mechanically minded; **~ hydraulique** hydraulics sg; **~ ondulatoire** wave mechanics sg

**mécanisme** [mekanism] nm mechanism; **~ des taux de change** exchange rate mechanism

**méchamment** [meʃamɑ̃] adv nastily, maliciously; spitefully; viciously

**méchanceté** [meʃɑ̃ste] nf (d'une personne, d'une parole) nastiness, maliciousness, spitefulness; (parole, action) nasty ou spiteful ou malicious remark (ou action); **dire des ~s à qn** to say spiteful things to sb

**méchant, e** [meʃɑ̃, -ɑ̃t] adj nasty, malicious, spiteful; (enfant: pas sage) naughty; (animal) vicious; (avant le nom: péjoratif) nasty

**mèche** [meʃ] nf (de lampe, bougie) wick; (d'un explosif) fuse; (Méd) pack, dressing; (de vilebrequin, perceuse) bit; (de dentiste) drill; (de fouet) lash; (de cheveux) lock; **se faire faire des ~s** (chez le coiffeur) to have highlights put in one's hair, have one's hair streaked; **vendre la ~** to give the game away; **de ~ avec** in league with

**méchoui** [meʃwi] nm whole sheep barbecue

**méconnaissable** [mekɔnɛsabl] adj unrecognizable

m

**méconnaître** [mekɔnɛtʀ] vt (ignorer) to be unaware of; (mésestimer) to misjudge

**mécontent, e** [mekɔ̃tɑ̃, -ɑ̃t] adj: ~ **(de)** (insatisfait) discontented ou dissatisfied ou displeased (with); (contrarié) annoyed (at) ▷ nm/f malcontent, dissatisfied person

**mécontentement** [mekɔ̃tɑ̃tmɑ̃] nm dissatisfaction, discontent, displeasure; (irritation) annoyance

**Mecque** [mɛk] nf: **la** ~ Mecca

**médaille** [medaj] nf medal

**médaillon** [medajɔ̃] nm (portrait) medallion; (bijou) locket; (Culin) médaillon; **en** ~ adj (carte etc) inset

**médecin** [medsɛ̃] nm doctor; ~ **du bord** (Navig) ship's doctor; ~ **généraliste** general practitioner, GP; ~ **légiste** forensic scientist (Brit), medical examiner (US); ~ **traitant** family doctor, GP

**médecine** [medsin] nf medicine; ~ **générale** general medicine; ~ **infantile** paediatrics sg (Brit), pediatrics sg (US); ~ **légale** forensic medicine; ~ **préventive** preventive medicine; ~ **du travail** occupational ou industrial medicine; ~**s parallèles** ou **douces** alternative medicine

**média** [medja] nmpl: **les** ~ the media

**médiatique** [medjatik] adj media cpd

**médiatisé, e** [medjatize] adj reported in the media; **ce procès a été très** ~ (péj) this trial was turned into a media event

**médical, e, -aux** [medikal, -o] adj medical; **visiteur** ou **délégué** ~ medical rep ou representative; **passer une visite** ~**e** to have a medical

**médicament** [medikamɑ̃] nm medicine, drug

**médiéval, e, -aux** [medjeval, -o] adj medieval

**médiocre** [medjɔkʀ] adj mediocre, poor

**médire** [mediʀ] vi: ~ **de** to speak ill of

**médisance** [medizɑ̃s] nf scandalmongering no pl (Brit), mud-slinging no pl; (propos) piece of scandal ou malicious gossip

**méditer** [medite] vt (approfondir) to meditate on, ponder (over); (combiner) to meditate ▷ vi to meditate; ~ **de faire** to contemplate doing, plan to do

**Méditerranée** [mediteʀane] nf: **la (mer)** ~ the Mediterranean (Sea)

**méditerranéen, ne** [mediteʀaneɛ̃, -ɛn] adj Mediterranean ▷ nm/f: **M~, ne** Mediterranean

**méduse** [medyz] nf jellyfish

**meeting** [mitiŋ] nm (Pol, Sport) rally, meeting; ~ **d'aviation** air show

**méfait** [mefɛ] nm (faute) misdemeanour, wrongdoing; **méfaits** nmpl (ravages) ravages, damage sg

**méfiance** [mefjɑ̃s] nf mistrust, distrust

**méfiant, e** [mefjɑ̃, -ɑ̃t] adj mistrustful, distrustful

**méfier** [mefje]: **se méfier** vi to be wary; (faire attention) to be careful; **se** ~ **de** vt to mistrust, distrust, be wary of; to be careful about

**méga-octet** [megaɔktɛ] nm megabyte

**mégarde** [megaʀd] nf: **par** ~ (accidentellement) accidentally; (par erreur) by mistake

**mégère** [meʒɛʀ] nf (péj: femme) shrew

**mégot** [mego] nm cigarette end ou butt

**meilleur, e** [mejœʀ] adj, adv better; (valeur superlative) best ▷ nm: **le** ~ (celui qui ...) the best (one); (ce qui ...) the best ▷ nf: **la** ~**e** the best (one); **le** ~ **des deux** the better of the two; **il fait** ~ **qu'hier** it's better weather than yesterday; **de** ~**e heure** earlier; ~ **marché** cheaper

**mél** [mɛl] nm email

**mélancolie** [melɑ̃kɔli] nf melancholy, gloom

**mélancolique** [melɑ̃kɔlik] adj melancholy, gloomy

**mélange** [melɑ̃ʒ] nm (opération) mixing; blending; (résultat) mixture; blend; **sans** ~ unadulterated

**mélanger** [melɑ̃ʒe] vt (substances) to mix; (vins, couleurs) to blend; (mettre en désordre, confondre) to mix up, muddle (up); **se mélanger** (liquides, couleurs) to blend, mix

**mélasse** [melas] nf treacle, molasses sg

**mêlée** [mele] nf (bataille, cohue) mêlée, scramble; (lutte, conflit) tussle, scuffle; (Rugby) scrum(mage)

**mêler** [mele] vt (substances, odeurs, races) to mix; (embrouiller) to muddle (up), mix up; **se mêler** vi to mix; (se joindre, s'allier) to mingle; **se** ~ **à** (personne) to join; (s'associer à) to mix with; (: odeurs etc) to mingle with; **se** ~ **de** (personne) to meddle with, interfere in; **mêle-toi de tes affaires!** mind your own business!; ~ **à** ou **avec** ou **de** to mix with; to mingle with; ~ **qn à** (affaire) to get sb mixed up ou involved in

**mélodie** [melɔdi] nf melody

**mélodieux, -euse** [melɔdjø, -øz] adj melodious, tuneful

**melon** [məlɔ̃] nm (Bot) (honeydew) melon; (aussi: **chapeau** ~) bowler (hat); ~ **d'eau** watermelon

**membre** [mɑ̃bʀ] nm (Anat) limb; (personne, pays, élément) member ▷ adj member cpd; **être** ~ **de** to be a member of; ~ **(viril)** (male) organ

**mémé** [meme] nf (fam) granny; (: vieille femme) old dear

⬤ MOT-CLÉ

**même** [mɛm] adj **1** (avant le nom) same; **en même temps** at the same time; **ils ont les mêmes goûts** they have the same ou similar tastes

**2** (après le nom: renforcement): **il est la loyauté même** he is loyalty itself; **ce sont ses paroles/celles-là même** they are his very words/the very ones

▷ pron: **le (la) même** the same one

▷ adv 1 (renforcement): **il n'a même pas pleuré** he didn't even cry; **même lui l'a dit** even HE said it; **ici même** at this very place; **même si** even if

2: **à même** (ooo): **à même la bouteille** straight from the bottle; **à même la peau** next to the skin; **être à même de faire** to be in a position to do, be able to do; **mettre qn à même de faire** to enable sb to do

3: **de même** likewise; **faire de même** to do likewise ou the same; **lui de même** so does (ou did ou is) he; **de même que** just as; **il en va de même pour** the same goes for

**mémo** [memo] (fam) nm memo
**mémoire** [memwaʀ] nf memory ▷ nm (Admin, Jur) memorandum; (Scol) dissertation, paper; **avoir la ~ des visages/chiffres** to have a (good) memory for faces/figures; **n'avoir aucune ~** to have a terrible memory; **avoir de la ~** to have a good memory; **à la ~ de** to the ou in memory of; **pour ~** adv for the record; **de ~** adv from memory; **de ~ d'homme** in living memory; **mettre en ~** (Inform) to store; **~ morte** read-only memory, ROM; **~ vive** random access memory, RAM

**mémoires** [memwaʀ] nmpl memoirs
**mémorable** [memɔʀabl] adj memorable
**menace** [mənas] nf threat; **~ en l'air** empty threat
**menacer** [mənase] vt to threaten; **~ qn de qch/de faire qch** to threaten sb with sth/to do sth
**ménage** [menaʒ] nm (travail) housekeeping, housework; (couple) (married) couple; (famille, Admin) household; **faire le ~** to do the housework; **faire des ~s** to work as a cleaner (in private homes); **monter son ~** to set up house; **se mettre en ~ (avec)** to set up house (with); **heureux en ~** happily married; **faire bon ~ avec** to get on well with; **~ de poupée** doll's kitchen set; **~ à trois** love triangle
**ménagement** [menaʒmɑ̃] nm care and attention; **ménagements** nmpl (égards) consideration sg, attention sg
**ménager¹** [menaʒe] vt (traiter avec mesure) to handle with tact; to treat considerately; (utiliser) to use with care; (: avec économie) to use sparingly; (prendre soin de) to take (great) care of, look after; (organiser) to arrange; (installer) to put in; to make; **se ménager** to look after o.s.; **~ qch à qn** (réserver) to have sth in store for sb
**ménager², -ère** [menaʒe, -ɛʀ] adj household cpd, domestic ▷ nf (femme) housewife; (couverts) canteen (of cutlery)
**mendiant, e** [mɑ̃djɑ̃, -ɑ̃t] nm/f beggar
**mendier** [mɑ̃dje] vi to beg ▷ vt to beg (for); (fig: éloges, compliments) to fish for
**mener** [məne] vt to lead; (enquête) to conduct; (affaires) to manage, conduct, run ▷ vi: **(à la marque)** to lead, be in the lead; **~ à/dans**

(emmener) to take to/into; **~ qch à bonne fin** ou **à terme** ou **à bien** to see sth through (to a successful conclusion), complete sth successfully
**meneur, -euse** [mənœʀ, -øz] nm/f leader; (péj: agitateur) ringleader; **~ d'hommes** born leader; **~ de jeu** host, quizmaster (Brit)
**méningite** [menɛ̃ʒit] nf meningitis no pl
**ménopause** [menopoz] nf menopause
**menotte** [mənɔt] nf (langage enfantin) handie; **menottes** nfpl handcuffs; **passer les ~s à** to handcuff
**mensonge** [mɑ̃sɔ̃ʒ] nm: **le ~** lying no pl; **un ~** a lie
**mensonger, -ère** [mɑ̃sɔ̃ʒe, -ɛʀ] adj false
**mensualité** [mɑ̃sɥalite] nf (somme payée) monthly payment; (somme perçue) monthly salary
**mensuel, le** [mɑ̃sɥɛl] adj monthly ▷ nm/f (employé) employee paid monthly ▷ nm (Presse) monthly
**mensurations** [mɑ̃syʀasjɔ̃] nfpl measurements
**mental, e, -aux** [mɑ̃tal, -o] adj mental
**mentalité** [mɑ̃talite] nf mentality
**menteur, -euse** [mɑ̃tœʀ, -øz] nm/f liar
**menthe** [mɑ̃t] nf mint; **~ (à l'eau)** peppermint cordial
**mention** [mɑ̃sjɔ̃] nf (note) note, comment; (Scol): **~ (très) bien/passable** (very) good/satisfactory pass; **faire ~ de** to mention; **"rayer la ~ inutile"** "delete as appropriate"
**mentionner** [mɑ̃sjone] vt to mention
**mentir** [mɑ̃tiʀ] vi to lie
**menton** [mɑ̃tɔ̃] nm chin
**menu, e** [məny] adj (mince) slim, slight; (petit) tiny; (frais, difficulté) minor ▷ adv (couper, hacher) very fine ▷ nm menu; **par le ~** (raconter) in minute detail; **~ touristique** popular ou tourist menu; **~e monnaie** small change
**menuiserie** [mənɥizʀi] nf (travail) joinery, carpentry; (d'amateur) woodwork; (local) joiner's workshop; (ouvrages) woodwork no pl
**menuisier** [mənɥizje] nm joiner, carpenter
**méprendre** [mepʀɑ̃dʀ]: **se méprendre** vi: **se ~ sur** to be mistaken about
**mépris, e** [mepʀi, -iz] pp de **méprendre** ▷ nm (dédain) contempt, scorn; (indifférence): **le ~ de** contempt ou disregard for; **au ~ de** regardless of, in defiance of
**méprisable** [mepʀizabl] adj contemptible, despicable
**méprisant, e** [mepʀizɑ̃, -ɑ̃t] adj contemptuous, scornful
**méprise** [mepʀiz] nf mistake, error; (malentendu) misunderstanding
**mépriser** [mepʀize] vt to scorn, despise; (gloire, danger) to scorn, spurn
**mer** [mɛʀ] nf sea; (marée) tide; **~ fermée** inland sea; **en ~** at sea; **prendre la ~** to put out to sea; **en haute** ou **pleine ~** off shore, on the open sea; **la ~ Adriatique** the Adriatic

(Sea); **la ~ des Antilles** *ou* **des Caraïbes** the Caribbean (Sea); **la ~ Baltique** the Baltic (Sea); **la ~ Caspienne** the Caspian Sea; **la ~ de Corail** the Coral Sea; **la ~ Égée** the Aegean (Sea); **la ~ Ionienne** the Ionian Sea; **la ~ Morte** the Dead Sea; **la ~ Noire** the Black Sea; **la ~ du Nord** the North Sea; **la ~ Rouge** the Red Sea; **la ~ des Sargasses** the Sargasso Sea; **les ~s du Sud** the South Seas; **la ~ Tyrrhénienne** the Tyrrhenian Sea

**mercenaire** [mɛʀsənɛʀ] *nm* mercenary, hired soldier

**mercerie** [mɛʀsəʀi] *nf* (*Couture*) haberdashery (*Brit*), notions *pl* (*US*); (*boutique*) haberdasher's (shop) (*Brit*), notions store (*US*)

**merci** [mɛʀsi] *excl* thank you ▷ *nf*: **à la ~ de qn/qch** at sb's mercy/the mercy of sth; **~ beaucoup** thank you very much; **~ de** *ou* **pour** thank you for; **sans ~** *adj* merciless ▷ *adv* mercilessly

**mercredi** [mɛʀkʀədi] *nm* Wednesday; **~ des Cendres** Ash Wednesday; *voir aussi* **lundi**

**mercure** [mɛʀkyʀ] *nm* Mercury

**merde** [mɛʀd] (*fam!*) *nf* shit (!) ▷ *excl* (bloody) hell (!)

**mère** [mɛʀ] *nf* mother ▷ *adj inv* mother *cpd*; **~ célibataire** single parent, unmarried mother; **~ de famille** housewife, mother

**merguez** [mɛʀgɛz] *nf* spicy North African sausage

**méridional, e, -aux** [meʀidjɔnal, -o] *adj* southern; (*du midi de la France*) Southern (French) ▷ *nm/f* Southerner

**meringue** [məʀɛ̃g] *nf* meringue

**mérite** [meʀit] *nm* merit; **avoir du ~ (à faire qch)** to deserve credit (for doing sth); **le ~ (de ceci) lui revient** the credit (for this) is his

**mériter** [meʀite] *vt* to deserve; **~ de réussir** to deserve to succeed; **il mérite qu'on fasse ...** he deserves people to do ...

**merlan** [mɛʀlɑ̃] *nm* whiting

**merle** [mɛʀl] *nm* blackbird

**merveille** [mɛʀvɛj] *nf* marvel, wonder; **faire ~** *ou* **des ~s** to work wonders; **à ~** perfectly, wonderfully

**merveilleux, -euse** [mɛʀvɛjø, -øz] *adj* marvellous, wonderful

**mes** [me] *adj poss voir* **mon**

**mésange** [mezɑ̃ʒ] *nf* tit(mouse); **~ bleue** bluetit

**mésaventure** [mezavɑ̃tyʀ] *nf* misadventure, misfortune

**Mesdames** [medam] *nfpl voir* **Madame**

**Mesdemoiselles** [medmwazɛl] *nfpl voir* **Mademoiselle**

**mesquin, e** [mɛskɛ̃, -in] *adj* mean, petty

**mesquinerie** [mɛskinʀi] *nf* meanness *no pl*, pettiness *no pl*; (*procédé*) mean trick

**message** [mesaʒ] *nm* message; **~ d'erreur** (*Inform*) error message; **~ électronique** (*Inform*) email; **~ publicitaire** ad, advertisement; **~ téléphoné** telegram dictated by telephone; **~ SMS** text message

**messager, -ère** [mesaʒe, -ɛʀ] *nm/f* messenger

**messagerie** [mesaʒʀi] *nf*: **~s aériennes/maritimes** air freight/shipping service *sg*; (*Internet*): **~ électronique** electronic mail, email; **~s de presse** press distribution service; **~ instantanée** instant messenger, IM; **~ rose** lonely hearts and contact service on videotext; **~ vocale** voice mail

**messe** [mɛs] *nf* mass; **aller à la ~** to go to mass; **~ de minuit** midnight mass; **faire des ~s basses** (*fig, péj*) to mutter

**Messieurs** [mesjø] *nmpl voir* **Monsieur**

**mesure** [məzyʀ] *nf* (*évaluation, dimension*) measurement; (*étalon, récipient, contenu*) measure; (*Mus: cadence*) time, tempo; (: *division*) bar; (*retenue*) moderation; (*disposition*) measure, step; **unité/système de ~** unit/system of measurement; **sur ~** (*costume*) made-to-measure; (*fig*) personally adapted; **à la ~ de** (*fig: personne*) worthy of; (*chambre etc*) on the same scale as; **dans la ~ où** insofar as, inasmuch as; **dans une certaine ~** to some *ou* a certain extent; **à ~ que** as; **en ~** (*Mus*) in time *ou* tempo; **être en ~ de** to be in a position to; **dépasser la ~** (*fig*) to overstep the mark

**mesurer** [məzyʀe] *vt* to measure; (*juger*) to weigh up, assess; (*limiter*) to limit, ration; (*modérer: ses paroles etc*) to moderate; (*proportionner*): **~ qch à** to match sth to, gear sth to; **se ~ avec** to have a confrontation with; to tackle; **il mesure 1 m 80** he's 1 m 80 tall

**met** [me] *vb voir* **mettre**

**métal, -aux** [metal, -o] *nm* metal

**métallique** [metalik] *adj* metallic

**météo** [meteo] *nf* (*bulletin*) (weather) forecast; (*service*) ≈ Met Office (*Brit*), ≈ National Weather Service (*US*)

**météorologie** [meteɔʀɔlɔʒi] *nf* (*étude*) meteorology; (*service*) ≈ Meteorological Office (*Brit*), ≈ National Weather Service (*US*)

**méthode** [metɔd] *nf* method; (*livre, ouvrage*) manual, tutor

**méticuleux, -euse** [metikylø, -øz] *adj* meticulous

**métier** [metje] *nm* (*profession: gén*) job; (: *manuel*) trade; (: *artisanal*) craft; (*technique, expérience*) (acquired) skill *ou* technique; (*aussi*: **~ à tisser**) (weaving) loom; **être du ~** to be in the trade *ou* profession

**métis, se** [metis] *adj, nm/f* half-caste, half-breed

**métrage** [metʀaʒ] *nm* (*de tissu*) length; (*Ciné*) footage, length; **long/moyen/court ~** feature *ou* full-length/medium-length/short film

**mètre** [mɛtʀ] *nm* metre (*Brit*), meter (*US*); (*règle*) (metre *ou* meter) rule; (*ruban*) tape measure; **~ carré/cube** square/cubic metre *ou* meter

**métrique** [metʀik] *adj* metric ▷ *nf* metrics *sg*

**métro** [metro] *nm* underground (*Brit*), subway (*US*)

**métropole** [metropol] *nf* (*capitale*) metropolis; (*pays*) home country

**mets** [mɛ] *nm* dish ▷ *vb voir* **mettre**

**metteur** [metœr] *nm*: **~ en scène** (*Théât*) producer; (*Ciné*) director; **~ en ondes** (*Radio*) producer

⊙ MOT-CLÉ

**mettre** [metr] *vt* **1** (*placer*) to put; **mettre en bouteille/en sac** to bottle/put in bags *ou* sacks; **mettre qch à la poste** to post sth (*Brit*), mail sth (*US*); **mettre en examen (pour)** to charge (with) (*Brit*), indict (for) (*US*); **mettre une note gaie/amusante** to inject a cheerful/an amusing note; **mettre qn debout/assis** to help sb up *ou* to their feet/help sb to sit down

**2** (*vêtements: revêtir*) to put on; (: *porter*) to wear; **mets ton gilet** put your cardigan on; **je ne mets plus mon manteau** I no longer wear my coat

**3** (*faire fonctionner: chauffage, électricité*) to put on; (: *réveil, minuteur*) to set; (*installer: gaz, eau*) to put in, lay on; **mettre en marche** to start up

**4** (*consacrer*): **mettre du temps/deux heures à faire qch** to take time/two hours to do sth; **y mettre du sien** to pull one's weight

**5** (*noter, écrire*) to say, put (down); **qu'est-ce qu'il a mis sur la carte?** what did he say *ou* write on the card?; **mettez au pluriel ...** put ... into the plural

**6** (*supposer*): **mettons que ...** let's suppose *ou* say that ...

**7** (*faire* + *vb*): **faire mettre le gaz/l'électricité** to have gas/electricity put in *ou* installed

**se mettre** *vi* **1** (*se placer*): **vous pouvez vous mettre là** you can sit (*ou* stand) there; **où ça se met?** where does it go?; **se mettre au lit** to get into bed; **se mettre au piano** to sit down at the piano; **se mettre à l'eau** to get into the water; **se mettre de l'encre sur les doigts** to get ink on one's fingers

**2** (*s'habiller*): **se mettre en maillot de bain** to get into *ou* put on a swimsuit; **n'avoir rien à se mettre** to have nothing to wear

**3** (*dans rapports*): **se mettre bien/mal avec qn** to get on the right/wrong side of sb; **se mettre qn à dos** to get on sb's bad side; **se mettre avec qn** (*prendre parti*) to side with sb; (*faire équipe*) to team up with sb; (*en ménage*) to move in with sb

**4**: **se mettre à** to begin, start; **se mettre à faire** to begin *ou* start doing *ou* to do; **se mettre au piano** to start learning the piano; **se mettre au régime** to go on a diet; **se mettre au travail/à l'étude** to get down to work/one's studies; **il est temps de s'y mettre** it's time we got down to it *ou* got on with it

**meuble** [mœbl] *nm* (*objet*) piece of furniture; (*ameublement*) furniture *no pl* ▷ *adj* (*terre*) loose, friable; (*Jur*): **biens ~s** movables

**meublé** [mœble] *nm* (*pièce*) furnished room; (*appartement*) furnished flat (*Brit*) *ou* apartment (*US*)

**meubler** [mœble] *vt* to furnish; (*fig*): **~ qch (de)** to fill sth (with); **se meubler** to furnish one's house

**meuf** [mœf] *nf* (*fam*) woman

**meugler** [møgle] *vi* to low, moo

**meule** [møl] *nf* (*à broyer*) millstone; (*à aiguiser*) grindstone; (*à polir*) buff wheel; (*de foin, blé*) stack; (*de fromage*) round

**meunier, -ière** [mønje, -jɛr] *nm* miller ▷ *nf* miller's wife ▷ *adj f* (*Culin*) meunière

**meurs** *etc* [mœr] *vb voir* **mourir**

**meurtre** [mœrtr] *nm* murder

**meurtrier, -ière** [mœrtrije, -jɛr] *adj* (*arme, épidémie, combat*) deadly; (*accident*) fatal; (*carrefour, route*) lethal; (*fureur, instincts*) murderous ▷ *nm/f* murderer(-ess) ▷ *nf* (*ouverture*) loophole

**meurtrir** [mœrtrir] *vt* to bruise; (*fig*) to wound

**meurtrissure** [mœrtrisyr] *nf* bruise; (*fig*) scar

**meus** *etc* [mœ] *vb voir* **mouvoir**

**meute** [møt] *nf* pack

**mexicain, e** [mɛksikɛ̃, -ɛn] *adj* Mexican ▷ *nm/f*: **M~, e** Mexican

**Mexico** [mɛksiko] *n* Mexico City

**Mexique** [mɛksik] *nm*: **le ~** Mexico

**mi** [mi] *nm* (*Mus*) E; (*en chantant la gamme*) mi

**mi...** [mi] *préfixe* half(-), mid-; **à la ~nvier** in mid-January; **à ~mbes/-corps** (up *ou* down) to the knees/waist; **à ~uteur/-pente** halfway up (*ou* down)/up (*ou* down) the hill

**miauler** [mjole] *vi* to miaow

**mi-bas** [miba] *nm inv* knee-length sock

**miche** [miʃ] *nf* round *ou* cob loaf

**mi-chemin** [miʃmɛ̃]: **à ~** *adv* halfway, midway

**mi-clos, e** [miklo, -kloz] *adj* half-closed

**micro** [mikro] *nm* mike, microphone; (*Inform*) micro; **~ cravate** lapel mike

**microbe** [mikrob] *nm* germ, microbe

**micro-onde** [mikrɔ̃d] *nf*: **four à ~s** microwave oven

**micro-ordinateur** [mikrɔɔrdinatœr] *nm* microcomputer

**microscope** [mikrɔskɔp] *nm* microscope; **au ~** under *ou* through the microscope

**microscopique** [mikrɔskɔpik] *adj* microscopic

**midi** [midi] *nm* (*milieu du jour*) midday, noon; (*moment du déjeuner*) lunchtime; (*sud*) south; (: *de la France*): **le M~** the South (of France), the Midi; **à ~** at 12 o'clock) *ou* midday *ou* noon; **tous les ~s** every lunchtime; **le repas de ~** lunch; **en plein ~** (right) in the middle of the day; (*sud*) facing south

**mie** [mi] *nf* inside (of the loaf)

**miel** [mjɛl] nm honey; **être tout ~** (fig) to be all sweetness and light

**mielleux, -euse** [mjɛlø, -øz] adj (péj: personne) sugary, syrupy

**mien, ne** [mjɛ̃, mjɛn] adj, pron: **le (la) ~(ne)**, **les ~s** mine; **les ~s** (ma famille) my family

**miette** [mjɛt] nf (de pain, gâteau) crumb; (fig: de la conversation etc) scrap; **en ~s** (fig) in pieces ou bits

 MOT-CLÉ

**mieux** [mjø] adv 1 (d'une meilleure façon): **mieux (que)** better (than); **elle travaille/mange mieux** she works/eats better; **aimer mieux** to prefer; **j'attendais mieux de vous** I expected better of you; **elle va mieux** she is better; **de mieux en mieux** better and better
2 (de la meilleure façon) best; **ce que je sais le mieux** what I know best; **les livres les mieux faits** the best made books
3 (intensif): **vous feriez mieux de faire …** you would be better to do …; **crier à qui mieux mieux** to try to shout each other down
▷ adj 1 (plus à l'aise, en meilleure forme) better; **se sentir mieux** to feel better
2 (plus satisfaisant) better; **c'est mieux ainsi** it's better like this; **c'est le mieux des deux** it's the better of the two; **le/la mieux, les mieux** the best; **demandez-lui, c'est le mieux** ask him, it's the best thing
3 (plus joli) better-looking; (plus gentil) nicer; **il est mieux que son frère** (plus beau) he's better-looking than his brother; (plus gentil) he's nicer than his brother; **il est mieux sans moustache** he looks better without a moustache
4: **au mieux** at best; **au mieux avec** on the best of terms with; **pour le mieux** for the best; **qui mieux est** even better, better still
▷ nm 1 (progrès) improvement
2: **de mon/ton mieux** as best I/you can (ou could); **faire de son mieux** to do one's best; **du mieux qu'il peut** the best he can; **faute de mieux** for lack ou want of anything better, failing anything better

**mièvre** [mjɛvʀ] adj sickly sentimental

**mignon, ne** [miɲɔ̃, -ɔn] adj sweet, cute

**migraine** [migʀɛn] nf headache; (Méd) migraine

**mijoter** [miʒɔte] vt to simmer; (préparer avec soin) to cook lovingly; (affaire, projet) to plot, cook up ▷ vi to simmer

**mil** [mil] num = **mille**

**milieu, x** [miljø] nm (centre) middle; (fig) middle course ou way; (aussi: **juste ~**) happy medium; (Bio, Géo) environment; (entourage social) milieu; (familial) background; circle; (pègre): **le ~** the underworld; **au ~ de** in the middle of; **au beau ou plein ~ (de)** right in the middle (of); **~ de terrain** (Football: joueur) midfield player; (: joueurs) midfield

**militaire** [militɛʀ] adj military, army cpd ▷ nm serviceman; **service ~** military service

**militant, e** [militɑ̃, -ɑ̃t] adj, nm/f militant

**militer** [milite] vi to be a militant; **~ pour/contre** to militate in favour of/against

**mille** [mil] num a ou one thousand ▷ nm (mesure): **~ (marin)** nautical mile; **mettre dans le ~** to hit the bull's-eye; (fig) to be bang on (target)

**millefeuille** [milfœj] nm cream ou vanilla slice

**millénaire** [milenɛʀ] nm millennium ▷ adj thousand-year-old; (fig) ancient

**mille-pattes** [milpat] nm inv centipede

**millésimé, e** [milezime] adj vintage cpd

**millet** [mijɛ] nm millet

**milliard** [miljaʀ] nm milliard, thousand million (Brit), billion (US)

**milliardaire** [miljaʀdɛʀ] nm/f multimillionaire (Brit), billionaire (US)

**millier** [milje] nm thousand; **un ~ (de)** a thousand or so, about a thousand; **par ~s** in (their) thousands, by the thousand

**milligramme** [miligʀam] nm milligramme (Brit), milligram (US)

**millimètre** [milimɛtʀ] nm millimetre (Brit), millimeter (US)

**million** [miljɔ̃] nm million; **deux ~s de** two million; **riche à ~s** worth millions

**millionnaire** [miljɔnɛʀ] nm/f millionaire

**mime** [mim] nm/f (acteur) mime(r); (imitateur) mimic ▷ nm (art) mime, miming

**mimer** [mime] vt to mime; (singer) to mimic, take off

**mimique** [mimik] nf (funny) face; (signes) gesticulations pl, sign language no pl

**minable** [minabl] adj (personne) shabby(-looking); (travail) pathetic

**mince** [mɛ̃s] adj thin; (personne, taille) slim, slender; (fig: profit, connaissances) slight, small; (: prétexte) weak ▷ excl: **~ (alors)!** darn it!

**minceur** [mɛ̃sœʀ] nf thinness; (d'une personne) slimness, slenderness

**mincir** [mɛ̃siʀ] vi to get slimmer ou thinner

**mine** [min] nf (physionomie) expression, look; (extérieur) exterior, appearance; (de crayon) lead; (gisement, exploitation, explosif) mine; **mines** nfpl (péj) simpering airs; **les M~s** (Admin) the national mining and geological service, the government vehicle testing department; **avoir bonne ~** (personne) to look well; (ironique) to look an utter idiot; **avoir mauvaise ~** to look unwell; **faire ~ de faire** to make a pretence of doing; **ne pas payer de ~** to be not much to look at; **~ de rien** adv with a casual air; although you wouldn't think so; **~ de charbon** coal mine; **~ à ciel ouvert** opencast (Brit) ou open-air (US) mine

**miner** [mine] vt (saper) to undermine, erode; (Mil) to mine

**minerai** [minʀɛ] nm ore

**minéral, e, -aux** [mineʀal, -o] adj mineral; (Chimie) inorganic ▷ nm mineral

**minéralogique** [mineʀalɔʒik] adj mineralogical; **plaque ~** number (Brit) ou license (US) plate; **numéro ~** registration (Brit) ou license (US) number

**minet, te** [minɛ, -ɛt] nm/f (chat) pussy-cat; (péj) young trendy

**mineur, e** [minœʀ] adj minor ▷ nm/f (Jur) minor ▷ nm (travailleur) miner; (Mil) sapper; **~ de fond** face worker

**miniature** [minjatyʀ] adj, nf miniature

**minibus** [minibys] nm minibus

**mini-cassette** [minikasɛt] nf cassette (recorder)

**minier, -ière** [minje, -jɛʀ] adj mining

**mini-jupe** [miniʒyp] nf mini-skirt

**minimal, e, -aux** [minimal, -o] adj minimum

**minime** [minim] adj minor, minimal ▷ nm/f (Sport) junior

**minimiser** [minimize] vt to minimize; (fig) to play down

**ministère** [ministɛʀ] nm (cabinet) government; (département) ministry (Brit), department; (Rel) ministry; **~ public** (Jur) Prosecution, State Prosecutor

**ministre** [ministʀ] nm minister (Brit), secretary; (Rel) minister; **~ d'État** senior minister ou secretary

**Minitel®** [minitɛl] nm videotext terminal and service

**minoritaire** [minɔʀitɛʀ] adj minority cpd

**minorité** [minɔʀite] nf minority; **être en ~** to be in the ou a minority; **mettre en ~** (Pol) to defeat

**minuit** [minɥi] nm midnight

**minuscule** [minyskyl] adj minute, tiny ▷ nf: **(lettre) ~** small letter

**minute** [minyt] nf minute; (Jur: original) minute, draft ▷ excl just a minute!, hang on!; **à la ~** (présent) (just) this instant; (passé)

there and then; **entrecôte** ou **steak ~** minute steak

**minuter** [minyte] vt to time

**minuterie** [minytʀi] nf time switch

**minutieux, -euse** [minysjø, -øz] adj (personne) meticulous; (inspection) minutely detailed; (travail) requiring painstaking attention to detail

**mirabelle** [miʀabɛl] nf (fruit) (cherry) plum; (eau-de-vie) plum brandy

**miracle** [miʀakl] nm miracle

**mirage** [miʀaʒ] nm mirage

**mire** [miʀ] nf (d'un fusil) sight; (TV) test card; **point de ~** target; (fig) focal point; **ligne de ~** line of sight

**miroir** [miʀwaʀ] nm mirror

**miroiter** [miʀwate] vi to sparkle, shimmer; **faire ~ qch à qn** to paint sth in glowing colours for sb, dangle sth in front of sb's eyes

**mis, e** [mi, miz] pp de **mettre** ▷ adj (couvert, table) set, laid; (personne): **bien ~** well dressed ▷ nf (argent: au jeu) stake; (tenue) clothing; attire; **être de ~e** to be acceptable ou in season; **~e en bouteilles** bottling; **~e en examen** charging, indictment; **~e à feu** blast-off; **~e de fonds** capital outlay; **~e à jour** (Inform) update; **~e à mort** kill; **~e à pied** (d'un employé) suspension; lay-off; **~e sur pied** (d'une affaire, entreprise) setting up; **~e en plis** set; **~e au point** (Photo) focusing; (fig) clarification; **~e à prix** reserve (Brit) ou upset price; **~e en scène** production

**mise** [miz] adj f, nf voir **mis**

**miser** [mize] vt (enjeu) to stake, bet; **~ sur** vt (cheval, numéro) to bet on; (fig) to bank ou count on

**misérable** [mizeʀabl] adj (lamentable, malheureux) pitiful, wretched; (pauvre) poverty-stricken; (insignifiant, mesquin) miserable ▷ nm/f wretch; (miséreux) poor wretch

**misère** [mizɛʀ] nf (pauvreté) (extreme) poverty, destitution; **misères** nfpl (malheurs) woes, miseries; (ennuis) little troubles; **être dans la ~** to be destitute ou poverty-stricken; **salaire de ~** starvation wage; **faire des ~s à qn** to torment sb; **~ noire** utter destitution, abject poverty

**missile** [misil] nm missile

**mission** [misjɔ̃] nf mission; **partir en ~** (Admin, Pol) to go on an assignment

**missionnaire** [misjɔnɛʀ] nm/f missionary

**mit** [mi] vb voir **mettre**

**mité, e** [mite] adj moth-eaten

**mi-temps** [mitɑ̃] nf inv (Sport: période) half; (: pause) half-time; **à ~** adj, adv part-time

**miteux, -euse** [mitø, -øz] adj seedy, shabby

**mitigé, e** [mitiʒe] adj (conviction, ardeur) lukewarm; (sentiments) mixed

**mitonner** [mitɔne] vt (préparer) to cook with loving care; (fig) to cook up quietly

**mitoyen, ne** [mitwajɛ̃, -ɛn] adj (mur)

**m**

common, party *cpd*; **maisons ~nes** semi-detached houses; (*plus de deux*) terraced (*Brit*) *ou* row (*US*) houses

**mitrailler** [mitʀɑje] *vt* to machine-gun; (*fig: photographier*) to snap away at; **~ qn de** to pelt *ou* bombard sb with

**mitraillette** [mitʀɑjɛt] *nf* submachine gun

**mitrailleuse** [mitʀɑjøz] *nf* machine gun

**mi-voix** [mivwa]: **à ~** *adv* in a low *ou* hushed voice

**mixage** [miksaʒ] *nm* (*Ciné*) (sound) mixing

**mixer, mixeur** [miksœʀ] *nm* (*Culin*) (food) mixer

**mixte** [mikst] *adj* (*gén*) mixed; (*Scol*) mixed, coeducational; **à usage ~** dual-purpose; **cuisinière ~** combined gas and electric cooker; **équipe ~** combined team

**mixture** [mikstyʀ] *nf* mixture; (*fig*) concoction

**MJC** *sigle f* (= *maison des jeunes et de la culture*) community arts centre and youth club

**Mlle** (*pl* **Mlles**) *abr* = **Mademoiselle**

**MM** *abr* = **Messieurs** *voir* **Monsieur**

**Mme** (*pl* **Mmes**) *abr* = **Madame**

**mobile** [mɔbil] *adj* mobile; (*amovible*) loose, removable; (*pièce de machine*) moving; (*élément de meuble etc*) movable ▷ *nm* (*motif*) motive; (*œuvre d'art*) mobile; (*Physique*) moving object *ou* body; (**téléphone**) **~** mobile (phone) (*Brit*), cell (phone) (*US*)

**mobilier, -ière** [mɔbilje, -jɛʀ] *adj* (*Jur*) personal ▷ *nm* (*meubles*) furniture; **valeurs mobilières** transferable securities; **vente mobilière** sale of personal property *ou* chattels

**mobiliser** [mɔbilize] *vt* (*Mil, gén*) to mobilize

**mobylette**® [mɔbilɛt] *nf* moped

**mocassin** [mɔkasɛ̃] *nm* moccasin

**moche** [mɔʃ] *adj* (*fam: laid*) ugly; (*: mauvais, méprisable*) rotten

**modalité** [mɔdalite] *nf* form, mode; **modalités** *nfpl* (*d'un accord etc*) clauses, terms; **~s de paiement** methods of payment

**mode** [mɔd] *nf* fashion; (*commerce*) fashion trade *ou* industry ▷ *nm* (*manière*) form, mode, method; (*Ling*) mood; (*Inform, Mus*) mode; **travailler dans la ~** to be in the fashion business; **à la ~** fashionable, in fashion; **~ dialogué** (*Inform*) interactive *ou* conversational mode; **~ d'emploi** directions *pl* (for use); **~ de paiement** method of payment; **~ de vie** way of life

**modèle** [mɔdɛl] *adj* model ▷ *nm* model; (*qui pose: de peintre*) sitter; (*type*) type; (*gabarit, patron*) pattern; **~ courant** *ou* **de série** (*Comm*) production model; **~ déposé** registered design; **~ réduit** small-scale model

**modeler** [mɔdle] *vt* (*Art*) to model, mould; (*vêtement, érosion*) to mould, shape; **~ qch sur/ d'après** to model sth on

**modem** [mɔdɛm] *nm* (*Inform*) modem

**modéré, e** [mɔdeʀe] *adj, nm/f* moderate

**modérer** [mɔdeʀe] *vt* to moderate; **se modérer** *vi* to restrain o.s

**moderne** [mɔdɛʀn] *adj* modern ▷ *nm* (*Art*) modern style; (*ameublement*) modern furniture

**moderniser** [mɔdɛʀnize] *vt* to modernize

**modeste** [mɔdɛst] *adj* modest; (*origine*) humble, lowly

**modestie** [mɔdɛsti] *nf* modesty; **fausse ~** false modesty

**modifier** [mɔdifje] *vt* to modify, alter; (*Ling*) to modify; **se modifier** *vi* to alter

**modique** [mɔdik] *adj* (*salaire, somme*) modest

**modiste** [mɔdist] *nf* milliner

**module** [mɔdyl] *nm* module

**moelle** [mwal] *nf* marrow; (*fig*) pith, core; **~ épinière** spinal chord

**moelleux, -euse** [mwalø, -øz] *adj* soft; (*au goût, à l'ouïe*) mellow; (*gracieux, souple*) smooth; (*gâteau*) light and moist

**mœurs** [mœʀ] *nfpl* (*conduite*) morals; (*manières*) manners; (*pratiques sociales*) habits; (*mode de vie*) life style *sg*; (*d'une espèce animale*) behaviour *sg* (*Brit*), behavior *sg* (*US*); **femme de mauvaises ~** loose woman; **passer dans les ~** to become the custom; **contraire aux bonnes ~** contrary to proprieties

**mohair** [mɔɛʀ] *nm* mohair

**moi** [mwa] *pron* me; (*emphatique*): **~, je ...** for my part, I ...., I myself ...; **c'est ~ qui l'ai fait** I did it, it was me who did it; **apporte-le-~** bring it to me; **à ~ ~** mine; (*dans un jeu*) my turn ▷ *nm inv* (*Psych*) ego, self; **à ~!** (*à l'aide*) help (me)!

**moi-même** [mwamɛm] *pron* myself; (*emphatique*) I myself

**moindre** [mwɛ̃dʀ] *adj* lesser; lower; **le (la) ~, les ~s** the least; the slightest; **le (la) ~ de** the least of; **c'est la ~ des choses** it's nothing at all

**moine** [mwan] *nm* monk, friar

**moineau, x** [mwano] *nm* sparrow

 MOT-CLÉ

**moins** [mwɛ̃] *adv* 1 *comparatif*: **moins (que)** less (than); **moins grand que** less tall than, not as tall as; **il a trois ans de moins que moi** he's three years younger than me; **il est moins intelligent que moi** he's not as clever as me, he's less clever than me; **moins je travaille, mieux je me porte** the less I work, the better I feel

2 *superlatif*: **le moins** (the) least; **c'est ce que j'aime le moins** it's what I like (the) least; **le(la) moins doué(e)** the least gifted; **au moins, du moins** at least; **pour le moins** at the very least

3: **moins de** (*quantité*) less (than); (*nombre*) fewer (than); **moins de sable/d'eau** less sand/water; **moins de livres/gens** fewer books/people; **moins de deux ans** less than

two years; **moins de midi** not yet midday
4 : **de moins, en moins** (000): **100 euros/3
jours de moins** 100 euros/3 days less; **trois
livres en moins** three books fewer; three
books too few; **de l'argent en moins** less
money; **le soleil en moins** but for the sun,
minus the sun; **de moins en moins** less and
less; **en moins de deux** in a flash *ou* a trice
5 : **à moins de, à moins que** unless; **à moins
de faire** unless we do (*ou* he does *etc*); **à
moins que tu ne fasses** unless you do; **à
moins d'un accident** barring any accident
▷ *prép* : **quatre moins deux** four minus two;
**dix heures moins cinq** five to ten; **il fait
moins cinq** it's five (degrees) below
(freezing), it's minus five; **il est cinq moins cinq**
it's five to
▷ *nm* (*signe*) minus sign

**mois** [mwa] *nm* month; (*salaire, somme dû*)
(monthly) pay *ou* salary; **treizième ~,
double ~** extra month's salary
**moisi, e** [mwazi] *adj* mouldy (Brit), moldy
(US), mildewy ▷ *nm* mould, mold, mildew;
**odeur de ~** musty smell
**moisir** [mwaziʀ] *vi* to go mouldy (Brit) *ou*
moldy (US); (*fig*) to rot; (*personne*) to hang
about ▷ *vt* to make mouldy *ou* moldy
**moisissure** [mwazisyʀ] *nf* mould *no pl* (Brit),
mold *no pl* (US)
**moisson** [mwasɔ̃] *nf* harvest; (*époque*)
harvest (time); (*fig*): **faire une ~ de** to gather
a wealth of
**moissonner** [mwasɔne] *vt* to harvest, reap,
(*fig*) to collect
**moissonneur, -euse** [mwasɔnœʀ, -øz] *nm/f*
harvester, reaper ▷ *nf* (*machine*) harvester
**moissonneuse** *nf* (*machine*) harvester
**moite** [mwat] *adj* (*peau, mains*) sweaty, sticky;
(*atmosphère*) muggy
**moitié** [mwatje] *nf* half; (*épouse*): **sa ~** his
better half; **la ~** half; **la ~ de** half (of), half
the amount (*ou* number) of; **la ~ du temps/des
gens** half the time/the people; **à la ~ de**
halfway through; **~ moins grand** half as
tall; **~ plus long** half as long again, longer by
half; **à ~** half (*avant le verbe*), half- (*avant
l'adjectif*); **à ~ prix** (at) half price, half-price;
**de ~** by half; **~ ~** half-and-half
**moka** [mɔka] *nm* (*café*) mocha coffee; (*gâteau*)
mocha cake
**mol** [mɔl] *adj m voir* **mou**
**molaire** [mɔlɛʀ] *nf* molar
**molester** [mɔlɛste] *vt* to manhandle, maul
(about)
**molle** [mɔl] *adj f voir* **mou**
**mollement** [mɔlmɑ̃] *adv* softly; (*péj:
travailler*) sluggishly; (*protester*) feebly
**mollet** [mɔlɛ] *nm* calf ▷ *adj m*: **œuf ~** soft-
boiled egg
**molletonné, e** [mɔltɔne] *adj* (*gants etc*)
fleece-lined

**mollir** [mɔliʀ] *vi* (*jambes*) to give way; (*Navig:
vent*) to drop, die down; (*fig: personne*) to relent;
(: *courage*) to fail, flag; (*substance*) to go soft
**mollusque** [mɔlysk] *nm* (*Zool*) mollusc; (*fig:
personne*) lazy lump
**môme** [mom] *nm/f* (*fam: enfant*) brat; (: *fille*)
bird (Brit), chick
**moment** [mɔmɑ̃] *nm* moment; (*occasion*):
**profiter du ~** to take (advantage of) the
opportunity; **ce n'est pas le ~** this is not the
right time; **à un certain ~** at some point; **à
un ~ donné** at a certain point; **à quel ~?**
when exactly?; **au même ~** at the same time;
(*instant*) at the same moment; **pour un bon ~**
for a good while; **pour le ~** for the moment,
for the time being; **au ~ de** at the time of; **au
~ où** as; at a time when; **à tout ~** at any time
*ou* moment; (*continuellement*) constantly,
continually; **en ce ~** at the moment;
(*aujourd'hui*) at present; **sur le ~** at the time;
**par ~s** now and then, at times; **d'un ~ à
l'autre** any time (now); **du ~ où** *ou* **que**
seeing that, since; **n'avoir pas un ~ à soi** not
to have a minute to oneself
**momentané, e** [mɔmɑ̃tane] *adj* temporary,
momentary
**momentanément** [mɔmɑ̃tanemɑ̃] *adv* for a
moment, for a while
**momie** [mɔmi] *nf* mummy
**mon** [mɔ̃], **ma** [ma] (*pl* **mes**) [me] *adj poss* my
**Monaco** [mɔnako] *nm*: **le ~** Monaco
**monarchie** [mɔnaʀʃi] *nf* monarchy
**monastère** [mɔnastɛʀ] *nm* monastery
**monceau, x** [mɔ̃so] *nm* heap
**mondain, e** [mɔ̃dɛ̃, -ɛn] *adj* (*soirée, vie*) society
*cpd*; (*obligations*) social; (*peintre, écrivain*)
fashionable; (*personne*) society *cpd* ▷ *nm/f*
society man/woman, socialite ▷ *nf*: **la M~e,
la police ~e** ≈ the vice squad
**monde** [mɔ̃d] *nm* world; (*personnes mondaines*):
**le ~** (high) society; (*milieu*): **être du même ~**
to move in the same circles; (*gens*): **il y a du ~**
(*beaucoup de gens*) there are a lot of people;
(*quelques personnes*) there are some people; **y
a-t-il du ~ dans le salon?** is there anybody in
the lounge?; **beaucoup/peu de ~** many/few
people; **le meilleur** *etc* **du ~** the best *etc* in
the world; **mettre au ~** to bring into the
world; **pas le moins du ~** not in the least; **se
faire un ~ de qch** to make a great deal of fuss
about sth; **tour du ~** round-the-world trip;
**homme/femme du ~** ≈ society man/woman
**mondial, e, -aux** [mɔ̃djal, -o] *adj* (*population*)
world *cpd*; (*influence*) world-wide
**mondialement** [mɔ̃djalmɑ̃] *adv* throughout
the world
**mondialisation** [mɔ̃djalizasjɔ̃] *nf*
globalization; (*d'une technique*) global
application; (*d'un conflit*) global spread
**monégasque** [mɔnegask] *adj* Monegasque,
of *ou* from Monaco ▷ *nm/f*: **M~** Monegasque
**monétaire** [mɔnetɛʀ] *adj* monetary

**moniteur, -trice** [mɔnitœʀ, -tʀis] nm/f
(Sport) instructor/instructress; (de colonie de
vacances) supervisor ⊳ nm (écran) monitor; ~
**cardiaque** cardiac monitor; ~ **d'auto-école**
driving instructor

**monnaie** [mɔnɛ] nf (pièce) coin; (Écon: gén:
moyen d'échange) currency; (petites pièces): **avoir
de la ~** to have (some) change; **faire de la ~** to
get (some) change; **avoir/faire la ~ de 20
euros** to have change of/get change for 20
euros; **faire ou donner à qn la ~ de 20 euros**
to give sb change for 20 euros, change 20
euros for sb; **rendre à qn la ~ (sur 20 euros)**
to give sb the change (from ou out of 20
euros); **servir de ~ d'échange** (fig) to be used
as a bargaining counter ou as bargaining
counters; **payer en ~ de singe** to fob (sb) off
with empty promises; **c'est ~ courante** it's a
common occurrence; ~ **légale** legal tender

**monnayer** [mɔneje] vt to convert into cash;
(talent) to capitalize on

**monologue** [mɔnɔlɔg] nm monologue,
soliloquy; ~ **intérieur** stream of consciousness

**monologuer** [mɔnɔlɔge] vi to soliloquize

**monopole** [mɔnɔpɔl] nm monopoly

**monotone** [mɔnɔtɔn] adj monotonous

**Monsieur** [məsjø] (pl **Messieurs**) [mesjø] nm
(titre) Mr; (homme quelconque): **un/le
monsieur** a/the gentleman; ~, ... (en tête de
lettre) Dear Sir, ...; voir aussi **Madame**

**monstre** [mɔstʀ] nm monster ⊳ adj (fam:
effet, publicité) massive; **un travail ~** a
fantastic amount of work; an enormous job;
~ **sacré** superstar

**monstrueux, -euse** [mɔstʀyø, -øz] adj
monstrous

**mont** [mɔ̃] nm: **par ~s et par vaux** up hill and
down dale; **le M~ Blanc** Mont Blanc; ~ **de
Vénus** mons veneris

**montage** [mɔtaʒ] nm putting up; (d'un bijou)
mounting, setting; (d'une machine etc)
assembly; (Photo) photomontage; (Ciné)
editing; ~ **sonore** sound editing

**montagnard, e** [mɔtaɲaʀ, -aʀd] adj
mountain cpd ⊳ nm/f mountain-dweller

**montagne** [mɔtaɲ] nf (cime) mountain;
(région): **la ~** the mountains pl; **la haute ~** the
high mountains; **les ~s Rocheuses** the
Rocky Mountains, the Rockies; ~**s russes** big
dipper sg, switchback sg

**montagneux, -euse** [mɔtaɲø, -øz] adj
mountainous; (basse montagne) hilly

**montant, e** [mɔtɑ̃, -ɑ̃t] adj (mouvement, marée)
rising; (chemin) uphill; (robe, corsage) high-
necked ⊳ nm (somme, total) (sum) total, (total)
amount; (de fenêtre) upright; (de lit) post

**monte-charge** [mɔ̃tʃaʀʒ] nm inv goods lift,
hoist

**montée** [mɔte] nf rising, rise; (escalade)
ascent, climb; (chemin) way up; (côte) hill; **au
milieu de la ~** halfway up; **le moteur
chauffe dans les ~s** the engine overheats

going uphill

**Monténégro** [mɔtenegʀo] nm: **le ~**
Montenegro

**monter** [mɔte] vt (escalier, côte) to go (ou come)
up; (valise, paquet) to take (ou bring) up;
(cheval) to mount; (femelle) to cover, serve;
(étagère) to raise; (tente, échafaudage) to put up;
(machine) to assemble; (bijou) to mount, set;
(Couture) to sew on; (: manche) to set in; (Ciné)
to edit; (Théât) to put on, stage; (société, coup
etc) to set up; (fournir, équiper) to equip ⊳ vi to
go (ou come) up; (avion, voiture) to climb, go
up; (chemin, niveau, température, voix, prix) to go
up, rise; (brouillard, bruit) to rise, come up;
(passager) to get on; (à cheval): ~ **bien/mal** to
ride well/badly; ~ **à cheval** to get on ou
mount a horse; (faire du cheval) to ride (a
horse); ~ **à bicyclette** to get on ou mount a
bicycle, to (ride a) bicycle; ~ **à pied/en
voiture** to walk/ drive up, go up on foot/by
car; ~ **dans le train/l'avion** to get into the
train/plane, board the train/plane; ~ **sur** to
climb up onto; ~ **sur** ou **à un arbre/une
échelle** to climb (up) a tree/ladder; ~ **à bord**
to (get on) board; ~ **à la tête de qn** to go to
sb's head; ~ **sur les planches** to go on the
stage; ~ **en grade** to be promoted; **se monter**
(s'équiper) to equip o.s., get kitted out (Brit); **se
~ à** (frais etc) to add up to, come to; ~ **qn contre
qn** to set sb against sb; ~ **la tête à qn** to give
sb ideas

**montgolfière** [mɔgɔlfjɛʀ] nf hot-air balloon

**montre** [mɔtʀ] nf watch; (ostentation): **pour
la ~** for show; ~ **en main** exactly, to the
minute; **faire ~ de** to show, display; **contre
la ~** (Sport) against the clock; ~ **de plongée**
diver's watch

**Montréal** [mɔʀeal] n Montreal

**montre-bracelet** (pl **montres-bracelets**)
[mɔtʀəbʀaslɛ] nf wrist watch

**montrer** [mɔtʀe] vt to show; **se montrer** to
appear; ~ **qch à qn** to show sb sth; ~ **qch du
doigt** to point to sth, point one's finger at
sth; **se ~ intelligent** to prove (to be)
intelligent

**monture** [mɔtyʀ] nf (bête) mount; (d'une
bague) setting; (de lunettes) frame

**monument** [mɔnymɑ̃] nm monument;
~ **aux morts** war memorial

**moquer** [mɔke]: **se ~ de** vt to make fun of,
laugh at; (fam: se désintéresser de) not to care
about; (tromper): **se ~ de qn** to take sb for a
ride

**moquerie** [mɔkʀi] nf mockery no pl

**moquette** [mɔkɛt] nf fitted carpet, wall-to-
wall carpeting no pl

**moqueur, -euse** [mɔkœʀ, -øz] adj mocking

**moral, e, -aux** [mɔʀal, -o] adj moral ⊳ nm
morale ⊳ nf (conduite) morals pl (règles), moral
code, ethic; (valeurs) moral standards pl,
morality; (science) ethics sg, moral
philosophy; (conclusion: d'une fable etc) moral;

au ~, **sur le plan** ~ morally; **avoir le** ~ (*fam*) to be in good spirits; **avoir le ~ à zéro** to be really down; **faire la ~e à** to lecture, preach at

**moralité** [mɔralite] *nf* (*d'une action, attitude*) morality; (*conduite*) morals *pl*; (*conclusion, enseignement*) moral

**morceau, x** [mɔrso] *nm* piece, bit; (*d'une œuvre*) passage, extract; (*Mus*) piece; (*Culin: de viande*) cut; (*de sucre*) lump; **mettre en ~x** to pull to pieces *ou* bits; **manger un** ~ to have a bite (to eat)

**morceler** [mɔrsəle] *vt* to break up, divide up

**mordant, e** [mɔrdɑ̃, -ɑ̃t] *adj* (*ton, remarque*) scathing, cutting; (*froid*) biting ▷ *nm* (*dynamisme, énergie*) spirit; (*fougue*) bite, punch

**mordiller** [mɔrdije] *vt* to nibble at, chew at

**mordre** [mɔrdr] *vt* to bite; (*lime, vis*) to bite into ▷ *vi* (*poisson*) to bite; **~ dans** to bite into; **~ sur** (*fig*) to go over into, overlap into; **~ à qch** (*comprendre, aimer*) to take to; **~ à l'hameçon** to bite, rise to the bait

**mordu, e** [mɔrdy] *pp de* **mordre** ▷ *adj* (*amoureux*) smitten ▷ *nm/f* enthusiast; **un ~ du jazz/de la voile** a jazz/sailing fanatic *ou* buff

**morfondre** [mɔrfɔ̃dr]: **se morfondre** *vi* to mope

**morgue** [mɔrg] *nf* (*arrogance*) haughtiness; (*lieu: de la police*) morgue; (: *à l'hôpital*) mortuary

**morne** [mɔrn] *adj* (*personne, visage*) glum, gloomy; (*temps, vie*) dismal, dreary

**morose** [mɔroz] *adj* sullen, morose; (*marché*) sluggish

**mors** [mɔr] *nm* bit

**morse** [mɔrs] *nm* (*Zool*) walrus; (*Tél*) Morse (code)

**morsure** [mɔrsyr] *nf* bite

**mort¹** [mɔr] *nf* death; **se donner la ~** to take one's own life; **de ~** (*silence, pâleur*) deathly; **blessé à ~** fatally wounded *ou* injured; **à la vie, à la ~** for better, for worse; **~ clinique** brain death; **~ subite du nourrisson, ~ au berceau** cot death

**mort²** [mɔr, mɔrt] *pp de* **mourir** ▷ *adj* dead ▷ *nm/f* (*défunt*) dead man/woman; (*victime*): **il y a eu plusieurs ~s** several people were killed, there were several killed ▷ *nm* (*Cartes*) dummy; **~ ou vif** dead or alive; **~ de peur/ fatigue** frightened to death/dead tired; **~s et blessés** casualties; **faire le ~** to play dead; (*fig*) to lie low

**mortalité** [mɔrtalite] *nf* mortality, death rate

**mortel, le** [mɔrtɛl] *adj* (*poison etc*) deadly, lethal; (*accident, blessure*) fatal; (*silence, ennemi*) deadly; (*Rel: danger, frayeur, péché*) mortal; (*fig: froid*) deathly; (: *ennui, soirée*) deadly (boring) ▷ *nm/f* mortal

**mortier** [mɔrtje] *nm* (*gén*) mortar

**mort-né, e** [mɔrne] *adj* (*enfant*) stillborn; (*fig*) abortive

**mortuaire** [mɔrtɥɛr] *adj* funeral *cpd*; **avis ~s** death announcements, intimations; **chapelle ~** mortuary chapel; **couronne ~** (funeral) wreath; **domicile ~** house of the deceased; **drap ~** pall

**morue** [mɔry] *nf* (*Zool*) cod *inv*; (*Culin: salée*) salt-cod

**mosaïque** [mɔzaik] *nf* (*Art*) mosaic; (*fig*) patchwork

**Moscou** [mɔsku] *n* Moscow

**mosquée** [mɔske] *nf* mosque

**mot** [mo] *nm* word; (*message*) line, note; (*bon mot etc*) saying; **le ~ de la fin** the last word; **~ à ~** *adj, adv* word for word; **~ pour ~** word for word, verbatim; **sur ou à ces ~s** with these words; **en un ~** in a word; **à ~s couverts** in veiled terms; **prendre qn au ~** to take sb at his word; **se donner le ~** to send the word round; **avoir son ~ à dire** to have a say; **~ d'ordre** watchword; **~ de passe** password; **~s croisés** crossword (puzzle) *sg*

**motard** [mɔtar] *nm* biker; (*policier*) motorcycle cop

**motel** [mɔtɛl] *nm* motel

**moteur, -trice** [mɔtœr, -tris] *adj* (*Anat, Physiol*) motor; (*Tech*) driving; (*Auto*): **à 4 roues motrices** 4-wheel drive ▷ *nm* engine, motor; (*fig*) mover, mainspring; **à ~** power-driven, motor *cpd*; **~ à deux temps** two-stroke engine; **~ à explosion** internal combustion engine; **~ à réaction** jet engine; **~ de recherche** search engine; **~ thermique** heat engine

**motif** [mɔtif] *nm* (*cause*) motive; (*décoratif*) design, pattern, motif; (*d'un tableau*) subject, motif; (*Mus*) figure, motif; **motifs** *nmpl* (*Jur*) grounds *pl*; **sans ~** *adj* groundless

**motivation** [mɔtivasjɔ̃] *nf* motivation

**motiver** [mɔtive] *vt* (*justifier*) to justify, account for; (*Admin, Jur, Psych*) to motivate

**moto** [mɔto] *nf* (motor)bike; **~ verte** *ou* **de trial** trail (*Brit*) *ou* dirt (*US*) bike

**motocyclette** [mɔtɔsiklɛt] *nf* motorbike, motorcycle

**motocycliste** [mɔtɔsiklist] *nm/f* motorcyclist

**motorisé, e** [mɔtɔrize] *adj* (*troupe*) motorized; (*personne*) having one's own transport

**motrice** [mɔtris] *adj f voir* **moteur**

**motte** [mɔt] *nf*: **~ de terre** lump of earth, clod (of earth); **~ de gazon** turf, sod; **~ de beurre** lump of butter

**mou, mol, molle** [mu, mɔl] *adj* soft; (*péj: visage, traits*) flabby; (: *geste*) limp; (: *personne*) sluggish; (: *résistance, protestations*) feeble ▷ *nm* (*homme mou*) wimp; (*abats*) lights *pl*, lungs *pl*; (*de la corde*): **avoir du ~** to be slack; **donner du ~** to slacken, loosen; **avoir les jambes molles** to be weak at the knees

**mouche** [muʃ] *nf* fly; (*Escrime*) button; (*de taffetas*) patch; **prendre la ~** to go into a huff; **faire ~** to score a bull's-eye

m

**moucher** [muʃe] vt (enfant) to blow the nose of; (chandelle) to snuff (out); **se moucher** vi to blow one's nose

**moucheron** [muʃʀɔ̃] nm midge

**mouchoir** [muʃwaʀ] nm handkerchief, hanky; **~ en papier** tissue, paper hanky

**moudre** [mudʀ] vt to grind

**moue** [mu] nf pout; **faire la ~** to pout; (fig) to pull a face

**mouette** [mwɛt] nf (sea)gull

**moufle** [mufl] nf (gant) mitt(en); (Tech) pulley block

**mouillé, e** [muje] adj wet

**mouiller** [muje] vt (humecter) to wet, moisten; (tremper): **~ qn/qch** to make sb/sth wet; (Culin: ragoût) to add stock ou wine to; (couper, diluer) to water down; (mine etc) to lay ▷ vi (Navig) to lie ou be at anchor; **se mouiller** to get wet; (fam: prendre des risques) to commit o.s. to get (o.s.) involved; **~ l'ancre** to drop ou cast anchor

**moulant, e** [mulɑ̃, -ɑ̃t] adj figure-hugging

**moule** [mul] vb voir **moudre** ▷ nf (mollusque) mussel ▷ nm (creux, Culin) mould (Brit), mold (US); (modèle plein) cast; **~ à gâteau** nm cake tin (Brit) ou pan (US); **~ à gaufre** nm waffle iron; **~ à tarte** nm pie ou flan dish

**moulent** [mul] vb voir **moudre; mouler**

**mouler** [mule] vt (brique) to mould (Brit), mold (US); (statue) to cast; (visage, bas-relief) to make a cast of; (lettre) to shape with care; (vêtement): **~ qch sur** (fig) to model sth on

**moulin** [mulɛ̃] nm mill; (fam) engine; **~ à café** coffee mill; **~ à eau** watermill; **~ à légumes** (vegetable) shredder; **~ à paroles** (fig) chatterbox; **~ à poivre** pepper mill; **~ à prières** prayer wheel; **~ à vent** windmill

**moulinet** [mulinɛ] nm (de treuil) winch; (de canne à pêche) reel; (mouvement): **faire des ~s avec qch** to whirl sth around

**moulinette®** [mulinɛt] nf (vegetable) shredder

**moulu, e** [muly] pp de **moudre** ▷ adj (café) ground

**mourant, e** [muʀɑ̃, -ɑ̃t] vb voir **mourir** ▷ adj dying ▷ nm/f dying man/woman

**mourir** [muʀiʀ] vi to die; (civilisation) to die out; **~ assassiné** to be murdered; **~ de froid/faim/vieillesse** to die of exposure/hunger/old age; **~ de faim/d'ennui** (fig) to be starving/be bored to death; **~ d'envie de faire** to be dying to do; **s'ennuyer à ~** to be bored to death

**mousse** [mus] nf (Bot) moss; (de savon) lather; (écume: sur eau, bière) froth, foam; (: shampooing) lather; (de champagne) bubbles pl; (Culin) mousse; (en caoutchouc etc) foam ▷ nm (Navig) ship's boy; **bain de ~** bubble bath; **bas ~** stretch stockings; **balle ~** rubber ball; **~ carbonique** (fire-fighting) foam; **~ de nylon** nylon foam; (tissu) stretch nylon; **~ à raser** shaving foam

**mousseline** [muslin] nf (Textiles) muslin;

chiffon; **pommes ~** (Culin) creamed potatoes

**mousser** [muse] vi (bière, détergent) to foam; (savon) to lather

**mousseux, -euse** [musø, -øz] adj (chocolat) frothy; (eau) foamy, frothy; (vin) sparkling ▷ nm: **(vin) ~** sparkling wine

**mousson** [musɔ̃] nf monsoon

**moustache** [mustaʃ] nf moustache; **moustaches** nfpl (d'animal) whiskers pl

**moustachu, e** [mustaʃy] adj with a moustache

**moustiquaire** [mustikɛʀ] nf (rideau) mosquito net; (chassis) mosquito screen

**moustique** [mustik] nm mosquito

**moutarde** [mutaʀd] nf mustard ▷ adj inv mustard(-coloured)

**mouton** [mutɔ̃] nm (Zool, péj) sheep inv; (peau) sheepskin; (Culin) mutton

**mouvement** [muvmɑ̃] nm (gen, aussi: mécanisme) movement; (ligne courbe) contours pl; (fig: tumulte, agitation) activity, bustle; (: impulsion) impulse; reaction; (geste) gesture; (Mus: rythme) tempo; **avoir un bon ~** to make a nice gesture; **en ~** in motion; on the move; **mettre qch en ~** to set sth in motion, set sth going; **~ d'humeur** fit ou burst of temper; **~ d'opinion** trend of (public) opinion; **le ~ perpétuel** perpetual motion

**mouvementé, e** [muvmɑ̃te] adj (vie, poursuite) eventful; (réunion) turbulent

**mouvoir** [muvwaʀ] vt (levier, membre) to move; (machine) to drive; **se mouvoir** vi to move

**moyen, ne** [mwajɛ̃, -ɛn] adj average; (tailles, prix) medium; (de grandeur moyenne) medium-sized ▷ nm (façon) means sg, way ▷ nf average; (Statistique) mean; (Scol: à l'examen) pass mark; (Auto) average speed; **moyens** nmpl (capacités) means; **très ~** (résultats) pretty poor; **je n'en ai pas les ~s** I can't afford it; **au ~ de** by means of; **y a-t-il ~ de ...?** is it possible to ...?; can one ...?; **par quel ~?** how?, which way?, by which means?; **par tous les ~s** by every possible means, every possible way; **avec les ~s du bord** (fig) with what's available ou what comes to hand; **employer les grands ~s** to resort to drastic measures; **par ses propres ~s** all by oneself; **en ~ne** on (an) average; **faire la ~ne** to work out the average; **~ de locomotion/d'expression** means of transport/expression; **~ âge** Middle Ages; **~ de transport** means of transport; **~ne d'âge** average age; **~ne entreprise** (Comm) medium-sized firm

**moyennant** [mwajɛnɑ̃] prép (somme) for; (service, conditions) in return for; (travail, effort) with

**Moyen-Orient** [mwajɛnɔʀjɑ̃] nm: **le ~** the Middle East

**moyeu, x** [mwajø] nm hub

**MSF** sigle mpl = **Médecins sans frontières**

**MST** sigle f (= maladie sexuellement transmissible) STD (= sexually transmitted disease)

**mû, mue** [my] *pp de* **mouvoir**

**muer** [mɥe] *vi (oiseau, mammifère)* to moult
(*Brit*), molt (*US*); *(serpent)* to slough (its skin);
*(jeune garçon)*: **il mue** his voice is breaking; **se
~ en** to transform into

**muet, te** [mɥɛ, -ɛt] *adj* dumb; *(fig)*: **~
d'admiration** *etc* speechless with admiration
*etc*; *(joie, douleur, Ciné)* silent; *(Ling: lettre)*
silent, mute; *(carte)* blank ▷ *nm/f* mute ▷ *nm*:
**le ~** *(Ciné)* the silent cinema *ou (esp US)* movies

**mufle** [myfl] *nm* muzzle; *(goujat)* boor ▷ *adj*
boorish

**mugir** [myʒiʀ] *vi (bœuf)* to bellow; *(vache)* to
low, moo; *(fig)* to howl

**muguet** [mygɛ] *nm (Bot)* lily of the valley;
*(Méd)* thrush

**mule** [myl] *nf (Zool)* (she-)mule

**mulet** [mylɛ] *nm (Zool)* (he-)mule; *(poisson)*
mullet

**multinational, e, -aux** [myltinasjɔnal, -o]
*adj, nf* multinational

**multiple** [myltipl] *adj* multiple, numerous;
*(varié)* many, manifold ▷ *nm (Math)* multiple

**multiplication** [myltiplikasjɔ̃] *nf*
multiplication

**multiplier** [myltiplije] *vt* to multiply; **se
multiplier** *vi* to multiply; *(fig: personne)* to be
everywhere at once

**municipal, e, -aux** [mynisipal, -o] *adj*
*(élections, stade)* municipal; *(conseil)* town *cpd*;
**piscine/bibliothèque ~e** public swimming
pool/library

**municipalité** [mynisipalite] *nf (corps
municipal)* town council, corporation;
*(commune)* town, municipality

**munir** [myniʀ] *vt*: **~ qn/qch de** to equip sb/
sth with; **se ~ de** to provide o.s. with

**munitions** [mynisjɔ̃] *nfpl* ammunition *sg*

**mur** [myʀ] *nm* wall; *(fig)* stone *ou* brick wall;
**faire le ~** *(interne, soldat)* to jump the wall;
**~ du son** sound barrier

**mûr, e** [myʀ] *adj* ripe; *(personne)* mature ▷ *nf*
*(de la ronce)* blackberry; *(du mûrier)* mulberry

**muraille** [myʀaj] *nf* (high) wall

**mural, e, -aux** [myʀal, -o] *adj* wall *cpd* ▷ *nm*
*(Art)* mural

**mûre** [myʀ] *nf* blackberry

**muret** [myʀɛ] *nm* low wall

**mûrir** [myʀiʀ] *vi (fruit, blé)* to ripen; *(abcès,
furoncle)* to come to a head; *(fig: idée, personne)*
to mature; *(projet)* to develop ▷ *vt (fruit, blé)* to
ripen; *(personne)* to (make) mature; *(pensée,
projet)* to nurture

**murmure** [myʀmyʀ] *nm* murmur;
**murmures** *nmpl (plaintes)* murmurings,
mutterings

**murmurer** [myʀmyʀe] *vi* to murmur; *(se
plaindre)* to mutter, grumble

**muscade** [myskad] *nf (aussi: **noix (de) ~**)*
nutmeg

**muscat** [myska] *nm (raisin)* muscat grape;
*(vin)* muscatel (wine)

**muscle** [myskl] *nm* muscle

**musclé, e** [myskle] *adj (personne, corps)*
muscular; *(fig: politique, régime etc)* strong-arm
*cpd*

**museau, x** [myzo] *nm* muzzle; *(Culin)* brawn

**musée** [myze] *nm* museum; *(de peinture)* art
gallery

**museler** [myzle] *vt* to muzzle

**muselière** [myzəljɛʀ] *nf* muzzle

**musette** [myzɛt] *nf (sac)* lunch bag ▷ *adj inv*
*(orchestre etc)* accordion *cpd*

**musical, e, -aux** [myzikal, -o] *adj* musical

**music-hall** [myzikol] *nm (salle)* variety
theatre; *(genre)* variety

**musicien, ne** [myzisjɛ̃, -ɛn] *adj* musical
▷ *nm/f* musician

**musique** [myzik] *nf* music; *(fanfare)* band;
**faire de la ~** to make music; *(jouer d'un
instrument)* to play an instrument; **~ de
chambre** chamber music; **~ de fond**
background music

---

● **FÊTE DE LA MUSIQUE**
○
○
● The *Fête de la Musique* is a music festival
● which takes place every year on 21 June.
● Throughout France, local musicians
● perform free of charge in parks, streets
● and squares.

---

**musulman, e** [myzylmɑ̃, -an] *adj, nm/f*
Moslem, Muslim

**mutation** [mytasjɔ̃] *nf (Admin)* transfer; *(Bio)*
mutation

**muter** [myte] *vt (Admin)* to transfer, move

**mutilé, e** [mytile] *nm/f* disabled person
*(through loss of limbs)*; **~ de guerre** disabled
ex-serviceman; **grand ~** severely disabled
person

**mutiler** [mytile] *vt* to mutilate, maim; *(fig)*
to mutilate, deface

**mutin, e** [mytɛ̃, -in] *adj (enfant, air, ton)*
mischievous, impish ▷ *nm/f (Mil, Navig)*
mutineer

**mutinerie** [mytinʀi] *nf* mutiny

**mutisme** [mytism] *nm* silence

**mutuel, le** [mytɥɛl] *adj* mutual ▷ *nf* mutual
benefit society

**myope** [mjɔp] *adj* short-sighted

**myosotis** [mjɔzɔtis] *nm* forget-me-not

**myrtille** [miʀtij] *nf* blueberry, bilberry *(Brit)*

**mystère** [mistɛʀ] *nm* mystery

**mystérieux, -euse** [misteʀjø, -øz] *adj*
mysterious

**mystifier** [mistifje] *vt* to fool, take in;
*(tromper)* to mystify

**mythe** [mit] *nm* myth

**mythologie** [mitɔlɔʒi] *nf* mythology

# n

**n'** [n] *adv voir* **ne**

**nacre** [nakʀ] *nf* mother-of-pearl

**nage** [naʒ] *nf* swimming; (*manière*) style of swimming, stroke; **traverser/s'éloigner à la** ~ to swim across/away; **en** ~ bathed in sweat; ~ **indienne** sidestroke; ~ **libre** freestyle; ~ **papillon** butterfly

**nageoire** [naʒwaʀ] *nf* fin

**nager** [naʒe] *vi* to swim; (*fig: ne rien comprendre*) to be all at sea; ~ **dans** to be swimming in; (*vêtements*) to be lost in; ~ **dans le bonheur** to be overjoyed

**nageur, -euse** [naʒœʀ, -øz] *nm/f* swimmer

**naguère** [nagɛʀ] *adv* (*il y a peu de temps*) not long ago; (*autrefois*) formerly

**naïf, -ïve** [naif, naiv] *adj* naïve

**nain, e** [nɛ̃, nɛn] *adj, nm/f* dwarf

**naissance** [nɛsɑ̃s] *nf* birth; **donner** ~ **à** to give birth to; (*fig*) to give rise to; **prendre** ~ to originate; **aveugle de** ~ born blind; **Français de** ~ French by birth; **à la** ~ **des cheveux** at the roots of the hair; **lieu de** ~ place of birth

**naître** [nɛtʀ] *vi* to be born; (*conflit, complications*): ~ **de** to arise from, be born out of; ~ **à** (*amour, poésie*) to awaken to; **je suis né en 1960** I was born in 1960; **il naît plus de filles que de garçons** there are more girls born than boys; **faire** ~ (*fig*) to give rise to, arouse

**naïveté** [naivte] *nf* naivety

**nana** [nana] *nf* (*fam: fille*) bird (*Brit*), chick

**nantir** [nɑ̃tiʀ] *vt*: ~ **qn de** to provide sb with; **les nantis** (*péj*) the well-to-do

**nappe** [nap] *nf* tablecloth; (*fig*) sheet; (*de pétrole, gaz*) layer; ~ **de mazout** oil slick; ~ (**phréatique**) water table

**napperon** [napʀɔ̃] *nm* table-mat; ~ **individuel** place mat

**narcodollars** [naʀkodɔlaʀ] *nmpl* drug money *no pl*

**narguer** [naʀge] *vt* to taunt

**narine** [naʀin] *nf* nostril

**narquois, e** [naʀkwa, -waz] *adj* derisive, mocking

**natal, e** [natal] *adj* native

**natalité** [natalite] *nf* birth rate

**natation** [natasjɔ̃] *nf* swimming; **faire de la** ~ to go swimming (*regularly*)

**natif, -ive** [natif, -iv] *adj* native

**nation** [nasjɔ̃] *nf* nation; **les N~s unies (NU)** the United Nations (UN)

**national, e, -aux** [nasjɔnal, -o] *adj* national ▷ *nf*: (**route**) ~**e** ≈ A road (*Brit*), ≈ state highway (*US*); **obsèques ~es** state funeral

**nationaliser** [nasjɔnalize] *vt* to nationalize

**nationalisme** [nasjɔnalism] *nm* nationalism

**nationalité** [nasjɔnalite] *nf* nationality; **de ~ française** of French nationality

**natte** [nat] *nf* (*tapis*) mat; (*cheveux*) plait

**naturaliser** [natyʀalize] *vt* to naturalize; (*empailler*) to stuff

**nature** [natyʀ] *nf* nature ▷ *adj, adv* (*Culin*) plain, without seasoning or sweetening; (*café, thé: sans lait*) black; (: *sans sucre*) without sugar; (*yaourt*) natural; **payer en** ~ to pay in kind; **peint d'après** ~ painted from life; **être de** ~ **à faire qch** (*propre à*) to be the sort of thing (*ou* person) to do sth; ~ **morte** still-life

**naturel, le** [natyʀɛl] *adj* natural ▷ *nm* naturalness; (*caractère*) disposition, nature; (*autochtone*) native; (*aussi*: **au** ~: *Culin*) in water; in its own juices

**naturellement** [natyʀɛlmɑ̃] *adv* naturally; (*bien sûr*) of course

**naufrage** [nofʀaʒ] *nm* (*ship*)wreck; (*fig*) wreck; **faire** ~ to be shipwrecked

**nauséabond, e** [nozeabɔ̃, -ɔ̃d] *adj* foul, nauseous

**nausée** [noze] *nf* nausea; **avoir la** ~ to feel sick; **avoir des ~s** to have waves of nausea, feel nauseous *ou* sick

**nautique** [notik] *adj* nautical, water *cpd*; **sports ~s** water sports

**naval, e** [naval] *adj* naval; (*industrie*) shipbuilding

**navet** [navɛ] *nm* turnip; (*péj: film*) third-rate film

**navette** [navɛt] *nf* shuttle; (*en car etc*) shuttle (service); **faire la** ~ (**entre**) to go to and fro (between), shuttle (between); ~ **spatiale** space shuttle

**navigateur** [navigatœʀ] *nm* (*Navig*) seafarer, sailor; (*Aviat*) navigator; (*Inform*) browser

**navigation** [navigasjɔ̃] *nf* navigation, sailing; (*Comm*) shipping; **compagnie de** ~

shipping company; **~ spatiale** space navigation

**naviguer** [navige] *vi* to navigate, sail; **~ sur Internet** to browse the Internet

**navire** [navir] *nm* ship; **~ de guerre** warship; **~ marchand** merchantman

**navrer** [navre] *vt* to upset, distress; **je suis navré (de/de faire/que)** I'm so sorry (for/for doing/that)

**ne, n'** [nə, n] *adv voir* **pas**; **plus**; **jamais** etc; *(sans valeur négative: non traduit)*: **c'est plus loin que je ne le croyais** it's further than I thought

**né, e** [ne] *pp de* **naître**; **né en 1960** born in 1960; **née Scott** née Scott; **né(e) de ... et de ...** son/daughter of ... and of ...; **né d'une mère française** having a French mother; **né pour commander** born to lead ▷ *adj*: **un comédien né** a born comedian

**néanmoins** [neãmwɛ̃] *adv* nevertheless, yet

**néant** [neã] *nm* nothingness; **réduire à ~** to bring to nought; *(espoir)* to dash

**nécessaire** [neseser] *adj* necessary ▷ *nm* necessary; *(sac)* kit; **faire le ~** to do the necessary; **n'emporter que le strict ~** to take only what is strictly necessary; **~ de couture** sewing kit; **~ de toilette** toilet bag; **~ de voyage** overnight bag

**nécessité** [nesesite] *nf* necessity; **se trouver dans la ~ de faire qch** to find it necessary to do sth; **par ~** out of necessity

**nécessiter** [nesesite] *vt* to require

**nécrologique** [nekrɔlɔʒik] *adj*: **article ~** obituary; **rubrique ~** obituary column

**nectar** [nɛktar] *nm* nectar

**néerlandais, e** [neɛrlɑ̃dɛ, -ɛz] *adj* Dutch, of the Netherlands ▷ *nm (Ling)* Dutch ▷ *nm/f*: **N~, e** Dutchman/woman; **les N~** the Dutch

**nef** [nɛf] *nf (d'église)* nave

**néfaste** [nefast] *adj (nuisible)* harmful; *(funeste)* ill-fated

**négatif, -ive** [negatif, iv] *adj* negative ▷ *nm (Photo)* negative

**négligé, e** [negliʒe] *adj (en désordre)* slovenly ▷ *nm (tenue)* negligee

**négligeable** [negliʒabl] *adj* insignificant, negligible

**négligent, e** [negliʒã, -ãt] *adj* careless; *(Jur etc)* negligent

**négliger** [negliʒe] *vt (épouse, jardin)* to neglect; *(tenue)* to be careless about; *(avis, précautions)* to disregard, overlook; **~ de faire** to fail to do, not bother to do; **se négliger** to neglect o.s

**négoce** [negɔs] *nm* trade

**négociant, e** [negɔsjã, jãt] *nm/f* merchant

**négociation** [negɔsjasjɔ̃] *nf* negotiation; **~s collectives** collective bargaining *sg*

**négocier** [negɔsje] *vi, vt* to negotiate

**nègre** [nɛgr] *nm (péj)* Negro; *(péj: écrivain)* ghost writer ▷ *adj (péj)* Negro

**neige** [nɛʒ] *nf* snow; **battre les œufs en ~** *(Culin)* to whip *ou* beat the egg whites until

stiff; **~ carbonique** dry ice; **~ fondue** *(par terre)* slush; *(qui tombe)* sleet; **~ poudreuse** powdery snow

**neiger** [neʒe] *vi* to snow

**nénuphar** [nenyfar] *nm* water-lily

**néon** [neɔ̃] *nm* neon

**néo-zélandais, e** [neɔzelãdɛ, -ɛz] *adj* New Zealand *cpd* ▷ *nm/f*: **N~, e** New Zealander

**Népal** [nepal] *nm*: **le ~** Nepal

**nerf** [nɛr] *nm* nerve; *(fig)* spirit; *(: forces)* stamina; **nerfs** *nmpl* nerves; **être ou vivre sur les ~s** to live on one's nerves; **être à bout de ~s** to be at the end of one's tether; **passer ses ~s sur qn** to take it out on sb

**nerveux, -euse** [nɛrvø, -øz] *adj* nervous; *(cheval)* highly-strung; *(irritable)* touchy, nervy; *(voiture)* nippy, responsive; *(tendineux)* sinewy

**nervosité** [nɛrvozite] *nf* nervousness; *(émotivité)* excitability, tenseness

**nervure** [nɛrvyr] *nf (de feuille)* vein; *(Archit, Tech)* rib

**n'est-ce pas** [nɛspa] *adv* isn't it?, won't you? etc *(selon le verbe qui précède)*; **c'est bon, ~?** it's good, isn't it?; **il a peur, ~?** he's afraid, isn't he?; **~ que c'est bon?** don't you think it's good?; **lui, ~, il peut se le permettre** he, of course, can afford to do that, can't he?

**net, nette** [nɛt] *adj (sans équivoque, distinct)* clear; *(photo)* sharp; *(évident)* definite; *(amélioration, différence)* marked, distinct; *(propre)* neat, clean; *(Comm: prix, salaire, poids)* net ▷ *adv (refuser)* flatly ▷ *nm*: **mettre au ~** to copy out; **s'arrêter ~** to stop dead; **la lame a cassé ~** the blade snapped clean through; **faire place nette** to make a clean sweep; **~ d'impôt** tax free

**Net** [nɛt] *nm (Internet)*: **le ~** the Net

**netiquette** [netiket] *nf* netiquette

**nettement** [nɛtmã] *adv (distinctement)* clearly; *(évidemment)* definitely; *(incontestablement)* decidedly; *(avec comparatif, superlatif)*: **~ mieux** definitely *ou* clearly better

**netteté** [nɛtte] *nf* clearness

**nettoyage** [netwajaʒ] *nm* cleaning; **~ à sec** dry cleaning

**nettoyer** [netwaje] *vt* to clean; *(fig)* to clean out

**neuf[1]** [nœf] *num* nine

**neuf[2], neuve** [nœf, nœv] *adj* new ▷ *nm*: **repeindre à ~** to redecorate; **remettre à ~** to do up (as good as new), refurbish; **n'acheter que du ~** to buy everything new; **quoi de ~?** what's new?

**neutre** [nøtr] *adj, nm (Ling)* neuter

**neuve** [nœv] *adj f voir* **neuf**

**neuvième** [nœvjɛm] *num* ninth

**neveu, x** [nəvø] *nm* nephew

**névrosé, e** [nevroze] *adj, nm/f* neurotic

**New York** [njujɔrk] *n* New York

**nez** [ne] *nm* nose; **rire au ~ de qn** to laugh in sb's face; **avoir du ~** to have flair; **avoir le ~**

**fin** to have foresight; **~ à ~ avec** face to face with; **à vue de ~** roughly

**ni** [ni] *conj*: **ni ... ni** neither ... nor; **je n'aime ni les lentilles ni les épinards** I like neither lentils nor spinach; **il n'a dit ni oui ni non** he didn't say either yes or no; **elles ne sont venues ni l'une ni l'autre** neither of them came; **il n'a rien vu ni entendu** he didn't see or hear anything

**niais, e** [nje, -ez] *adj* silly, thick

**niche** [niʃ] *nf* (*du chien*) kennel; (*de mur*) recess, niche; (*farce*) trick

**nicher** [niʃe] *vi* to nest; **se ~ dans** (*personne: se blottir*) to snuggle into; (: *se cacher*) to hide in; (*objet*) to lodge itself in

**nid** [ni] *nm* nest; (*fig: repaire etc*) den, lair; **~ d'abeilles** (*Couture, Textile*) honeycomb stitch; **~ de poule** pothole

**nièce** [njɛs] *nf* niece

**nier** [nje] *vt* to deny

**nigaud, e** [nigo, -od] *nm/f* booby, fool

**Nil** [nil] *nm*: **le ~** the Nile

**n'importe** [nɛ̃pɔʀt] *adv*: **~!** no matter!; **~ qui/quoi/où** anybody/anything/anywhere; **~ quoi!** (*fam: désapprobation*) what rubbish!; **~ quand** any time; **~ quel/quelle** any; **~ lequel/laquelle** any (one); **~ comment** (*sans soin*) carelessly; **~ comment, il part ce soir** he's leaving tonight in any case

**niveau, x** [nivo] *nm* level; (*des élèves, études*) standard; **au ~ de** at the level of; (*personne*) on a level with; **de ~ (avec)** level (with); **le ~ de la mer** sea level; **~ (à bulle)** spirit level; **~ (d'eau)** water level; **~ de vie** standard of living

**niveler** [nivle] *vt* to level

**NN** *abr* (= *nouvelle norme*) revised standard of hotel classification

**noble** [nɔbl] *adj* noble; (*de qualité: métal etc*) precious ▷ *nm/f* noble(man/-woman)

**noblesse** [nɔblɛs] *nf* (*classe sociale*) nobility; (*d'une action etc*) nobleness

**noce** [nɔs] *nf* wedding; (*gens*) wedding party (*ou guests pl*); **il l'a épousée en secondes ~s** she was his second wife; **faire la ~** (*fam*) to go on a binge; **~s d'or/d'argent/de diamant** golden/silver/diamond wedding

**nocif, -ive** [nɔsif, -iv] *adj* harmful, noxious

**nocturne** [nɔktyʀn] *adj* nocturnal ▷ *nf* (*Sport*) floodlit fixture; (*d'un magasin*) late opening

**Noël** [nɔɛl] *nm* Christmas; **la (fête de) ~** Christmas time

**nœud** [nø] *nm* (*de corde, du bois, Navig*) knot; (*ruban*) bow; (*fig: liens*) bond, tie; (: *d'une question*) crux; (*Théât etc*): **le ~ de l'action** the web of events; **~ coulant** noose; **~ gordien** Gordian knot; **~ papillon** bow tie

**noir, e** [nwaʀ] *adj* black; (*obscur, sombre*) dark ▷ *nm/f* black man/woman ▷ *nm*: **dans le ~** in the dark ▷ *nf* (*Mus*) crotchet (*Brit*), quarter note (*US*); **il fait ~** it is dark; **au ~** *adv* (*acheter,*

*vendre*) on the black market; **travail au ~** moonlighting; **travailler au ~** to work on the side

**noircir** [nwaʀsiʀ] *vt, vi* to blacken

**noisette** [nwazɛt] *nf* hazelnut; (*morceau: beurre etc*) small knob ▷ *adj* (*yeux*) hazel

**noix** [nwa] *nf* walnut; (*fam*) twit; (*Culin*): **une ~ de beurre** a knob of butter; **à la ~** (*fam*) worthless; **~ de cajou** cashew nut; **~ de coco** coconut; **~ muscade** nutmeg; **~ de veau** (*Culin*) round fillet of veal

**nom** [nɔ̃] *nm* name; (*Ling*) noun; **connaître qn de ~** to know sb by name; **au ~ de** in the name of; **~ d'une pipe** *ou* **d'un chien!** (*fam*) for goodness' sake!; **~ de Dieu!** (*fam!*) bloody hell! (*Brit*), my God!; **~ commun/propre** common/proper noun; **~ composé** (*Ling*) compound noun; **~ déposé** trade name; **~ d'emprunt** assumed name; **~ de famille** surname; **~ de fichier** file name; **~ de jeune fille** maiden name

**nomade** [nɔmad] *adj* nomadic ▷ *nm/f* nomad

**nombre** [nɔ̃bʀ] *nm* number; **venir en ~** to come in large numbers; **depuis ~ d'années** for many years; **ils sont au ~ de trois** there are three of them; **au ~ de mes amis** among my friends; **sans ~** countless; **(bon) ~ de** (*beaucoup, plusieurs*) a (large) number of; **~ premier/entier** prime/whole number

**nombreux, -euse** [nɔ̃bʀø, -øz] *adj* many, numerous; (*avec nom sg: foule etc*) large; **peu ~** few; small; **de ~ cas** many cases

**nombril** [nɔ̃bʀi(l)] *nm* navel

**nommer** [nɔme] *vt* (*baptiser*) to name, give a name to; (*qualifier*) to call; (*mentionner*) to name, give the name of; (*élire*) to appoint, nominate; **se nommer**: **il se nomme Pascal** his name's Pascal, he's called Pascal

**non** [nɔ̃] *adv* (*réponse*) no; (*suivi d'un adjectif, adverbe*) not; **Paul est venu, ~?** Paul came, didn't he?; **répondre** *ou* **dire que ~** to say no; **~ pas que** not that; **~ plus**: **moi non plus** neither do I, I don't either; **je préférerais que ~** I would prefer not; **il se trouve que ~** perhaps not; **je pense que ~** I don't think so; **~ mais!** well really!; **~ mais des fois!** you must be joking!; **~ alcoolisé** non-alcoholic; **~ loin/seulement** not far/only

**nonante** [nɔnɑ̃t] *num* (*Belgique, Suisse*) ninety

**nonchalant, e** [nɔ̃ʃalɑ̃, -ɑ̃t] *adj* nonchalant, casual

**non-fumeur, -euse** [nɔ̃fymœʀ, øz] *nm/f* non-smoker

**non-sens** [nɔ̃sɑ̃s] *nm* absurdity

**nord** [nɔʀ] *nm* North ▷ *adj* northern; north; **au ~** (*situation*) in the north; (*direction*) to the north; **au ~ de** north of, to the north of; **perdre le ~** to lose one's way (*fig*)

**nord-africain, e** [nɔʀafʀikɛ̃, -ɛn] *adj* North-African ▷ *nm/f*: **Nord-Africain, e** North African

**nord-est** [nɔʀɛst] *nm* North-East

**nord-ouest** [nɔʀwɛst] *nm* North-West
**normal, e, -aux** [nɔʀmal, -o] *adj* normal
▷ *nf:* **la ~e** the norm, the average; **c'est tout à fait ~** it's perfectly natural; **vous trouvez ça ~?** does it seem right to you?
**normalement** [nɔʀmalmɑ̃] *adv* (*en général*) normally; (*comme prévu*) **~, il le fera demain** he should be doing it tomorrow, he's supposed to do it tomorrow
**normand, e** [nɔʀmɑ̃, -ɑ̃d] *adj* (*de Normandie*) Norman ▷ *nm/f:* **N~, e** (*de Normandie*) Norman
**Normandie** [nɔʀmɑ̃di] *nf:* **la ~** Normandy
**norme** [nɔʀm] *nf* norm; (*Tech*) standard
**Norvège** [nɔʀvɛʒ] *nf:* **la ~** Norway
**norvégien, ne** [nɔʀveʒjɛ̃, -ɛn] *adj* Norwegian ▷ *nm* (*Ling*) Norwegian ▷ *nm/f:* **N~, ne** Norwegian
**nos** [no] *adj poss voir* **notre**
**nostalgie** [nɔstalʒi] *nf* nostalgia
**nostalgique** [nɔstalʒik] *adj* nostalgic
**notable** [nɔtabl] *adj* notable, noteworthy; (*marqué*) noticeable, marked ▷ *nm* prominent citizen
**notaire** [nɔtɛʀ] *nm* notary; solicitor
**notamment** [nɔtamɑ̃] *adv* in particular, among others
**note** [nɔt] *nf* (*écrite, Mus*) note; (*Scol*) mark (Brit), grade; (*facture*) bill; **prendre des ~s** to take notes; **prendre ~ de** to note; (*par écrit*) to note, write down; **dans la ~** exactly right; **forcer la ~** to exaggerate; **une ~ de tristesse/ de gaieté** a sad/happy note; **~ de service** memorandum
**noté, e** [nɔte] *adj:* **être bien/mal ~** (*employé etc*) to have a good/bad record
**noter** [nɔte] *vt* (*écrire*) to write down, note; (*remarquer*) to note, notice; (*Scol, Admin: donner une appréciation: devoir*) to mark, give a grade to; **notez bien que ...** (please) note that ...
**notice** [nɔtis] *nf* summary, short article; (*brochure*): **~ explicative** explanatory leaflet, instruction booklet
**notifier** [nɔtifje] *vt:* **~ qch à qn** to notify sb of sth, notify sth to sb
**notion** [nɔsjɔ̃] *nf* notion, idea; **notions** *nfpl* (*rudiments*) rudiments
**notoire** [nɔtwaʀ] *adj* widely known; (*en mal*) notorious; **le fait est ~** the fact is common knowledge
**notre, nos** [nɔtʀ(ə), no] *adj poss* our
**nôtre** [notʀ] *adj* ours ▷ *pron:* **le/la ~** ours; **les ~s** ours; (*alliés etc*) our own people; **soyez des ~s** join us
**nouer** [nwe] *vt* to tie, knot; (*fig: alliance etc*) to strike up; **~ la conversation** to start a conversation; **se nouer** *vi:* **c'est là où l'intrigue se noue** it's at that point that the strands of the plot come together; **ma gorge se noua** a lump came to my throat
**noueux, -euse** [nwø, -øz] *adj* gnarled
**nouille** [nuj] *nf* (*fam*) noodle (Brit), fathead; **nouilles** *nfpl* (*pâtes*) noodles; pasta *sg*

**nourrice** [nuʀis] *nf* ≈ child-minder; (*autrefois*) wet-nurse
**nourrir** [nuʀiʀ] *vt* to feed; (*fig: espoir*) to harbour, nurse; **logé nourri** with board and lodging; **~ au sein** to breast-feed; **se ~ de légumes** to live on vegetables
**nourrissant, e** [nuʀisɑ̃, -ɑ̃t] *adj* nourishing, nutritious
**nourrisson** [nuʀisɔ̃] *nm* (*unweaned*) infant
**nourriture** [nuʀityʀ] *nf* food
**nous** [nu] *pron* (*sujet*) we; (*objet*) us
**nous-mêmes** [numɛm] *pron* ourselves
**nouveau, nouvel, -elle, x** [nuvo, -ɛl] *adj* new; (*original*) novel ▷ *nm* new pupil (*ou* employee) ▷ *nm:* **il y a du ~** there's something new ▷ *nf* (*piece of*) news *sg*; (*Littérature*) short story; **nouvelles** *nfpl* (*Presse, TV*) news; **de ~ à ~** again; **je suis sans nouvelles de lui** I haven't heard from him; **Nouvel An** New Year; **~ venu, nouvelle venue** newcomer; **~x mariés** newly-weds; **nouvelle vague** new wave
**nouveau-né, e** [nuvone] *nm/f* newborn (baby)
**nouveauté** [nuvote] *nf* novelty; (*chose nouvelle*) innovation, something new; (*Comm*) new film (*ou* book *ou* creation *etc*)
**nouvel** *adj m*, **nouvelle** *adj f, nf* [nuvɛl] *voir* **nouveau**
**Nouvelle-Calédonie** [nuvɛlkaledɔni] *nf:* **la ~** New Caledonia
**nouvellement** [nuvɛlmɑ̃] *adv* (*arrivé etc*) recently, newly
**Nouvelle-Zélande** [nuvɛlzelɑ̃d] *nf:* **la ~** New Zealand
**novembre** [nɔvɑ̃bʀ] *nm* November; *see note; voir aussi* **juillet**

> ● **LE 11 NOVEMBRE**
> ●
> ● *Le 11 novembre* is a public holiday in France
> ● and commemorates the signing of the
> ● armistice, near Compiègne, at the end of
> ● the First World War.

**novice** [nɔvis] *adj* inexperienced ▷ *nm/f* novice
**noyade** [nwajad] *nf* drowning *no pl*
**noyau, x** [nwajo] *nm* (*de fruit*) stone; (*Bio, Physique*) nucleus; (*Élec, Géo, fig: centre*) core; (*fig: d'artistes etc*) group; (: *de résistants etc*) cell
**noyauter** [nwajote] *vt* (*Pol*) to infiltrate
**noyer** [nwaje] *nm* walnut (tree); (*bois*) walnut ▷ *vt* to drown; (*fig*) to flood; to submerge; (*Auto: moteur*) to flood; **se noyer** to be drowned, drown; (*suicide*) to drown o.s.; **~ son chagrin** to drown one's sorrows; **~ le poisson** to duck the issue
**nu, e** [ny] *adj* naked; (*membres*) naked, bare; (*chambre, fil, plaine*) bare ▷ *nm* (*Art*) nude; **le nu intégral** total nudity; **tout nu** stark naked; **se mettre nu** to strip; **mettre à nu** to bare

**nuage** [nɥaʒ] *nm* cloud; **être dans les ~s** (*distrait*) to have one's head in the clouds; **~ de lait** drop of milk

**nuageux, -euse** [nɥaʒø, -øz] *adj* cloudy

**nuance** [nɥɑ̃s] *nf* (*de couleur, sens*) shade; **il y a une ~ (entre)** there's a slight difference (between); **une ~ de tristesse** a tinge of sadness

**nuancer** [nɥɑ̃se] *vt* (*pensée, opinion*) to qualify

**nucléaire** [nykleɛʀ] *adj* nuclear ▷ *nm*: **le ~** nuclear power

**nudiste** [nydist] *adj, nm/f* nudist

**nuée** [nɥe] *nf*: **une ~ de** a cloud *ou* host *ou* swarm of

**nues** [ny] *nfpl*: **tomber des ~** to be taken aback; **porter qn aux ~** to praise sb to the skies

**nuire** [nɥiʀ] *vi* to be harmful; **~ à** to harm, do damage to

**nuisible** [nɥizibl] *adj* harmful; **(animal) ~** pest

**nuit** [nɥi] *nf* night; **payer sa ~** to pay for one's overnight accommodation; **il fait ~** it's dark; **cette ~** (*hier*) last night; (*aujourd'hui*) tonight; **de ~** (*vol, service*) night *cpd*; **~ blanche** sleepless night; **~ de noces** wedding night; **~ de Noël** Christmas Eve

**nul, nulle** [nyl] *adj* (*aucun*) no; (*minime*) nil, non-existent; (*non valable*) null; (*péj*) useless, hopeless ▷ *pron* none, no one; **résultat ~, match ~** draw; **nulle part** *adv* nowhere

**nullement** [nylmɑ̃] *adv* by no means

**nullité** [nylite] *nf* nullity; (*péj*) hopelessness; (: *personne*) hopeless individual, nonentity

**numérique** [nymeʀik] *adj* numerical; (*Inform, TV: affichage, son, télévision*) digital

**numéro** [nymeʀo] *nm* number; (*spectacle*) act, turn; (*Presse*) issue, number; **faire** *ou* **composer un ~** to dial a number; **~ d'identification personnel** personal identification number (PIN); **~ d'immatriculation** *ou* **minéralogique** *ou* **de police** registration (*Brit*) *ou* license (*US*) number; **~ de téléphone** (tele)phone number; **~ vert** ≈ Freefone® number (*Brit*), ≈ toll-free number (*US*)

**numéroter** [nymeʀote] *vt* to number

**nu-pieds** [nypje] *nm inv* sandal ▷ *adj inv* barefoot

**nuque** [nyk] *nf* nape of the neck

**nu-tête** [nytɛt] *adj inv* bareheaded

**nutritif, -ive** [nytʀitif, -iv] *adj* (*besoins, valeur*) nutritional; (*aliment*) nutritious, nourishing

**nylon** [nilɔ̃] *nm* nylon

# O

**oasis** [ɔazis] *nf ou m* oasis

**obéir** [ɔbeiʀ] *vi* to obey; **~ à** to obey; (*moteur, véhicule*) to respond to

**obéissance** [ɔbeisɑ̃s] *nf* obedience

**obéissant, e** [ɔbeisɑ̃, -ɑ̃t] *adj* obedient

**obèse** [ɔbɛz] *adj* obese

**obésité** [ɔbezite] *nf* obesity

**objecter** [ɔbʒɛkte] *vt* (*prétexter*) to plead, put forward as an excuse; **~ qch à** (*argument*) to put forward sth against; **~ (à qn) que** to object (to sb) that

**objecteur** [ɔbʒɛktœʀ] *nm*: **~ de conscience** conscientious objector

**objectif, -ive** [ɔbʒɛktif, -iv] *adj* objective ▷ *nm* (*Optique, Photo*) lens *sg*; (*Mil: fig*) objective; **~ grand angulaire/à focale variable** wide-angle/zoom lens

**objection** [ɔbʒɛksjɔ̃] *nf* objection; **~ de conscience** conscientious objection

**objectivité** [ɔbʒɛktivite] *nf* objectivity

**objet** [ɔbʒɛ] *nm* (*chose*) object; (*d'une discussion, recherche*) subject; **être** *ou* **faire l'~ de** (*discussion*) to be the subject of; (*soins*) to be given *ou* shown; **sans ~** *adj* purposeless; (*sans fondement*) groundless; **~ d'art** objet d'art; **~s personnels** personal items; **~s de toilette** toiletries; **~s trouvés** lost property *sg* (*Brit*), lost-and-found *sg* (*US*); **~s de valeur** valuables

**obligation** [ɔbligasjɔ̃] *nf* obligation; (*gén pl: devoir*) duty; (*Comm*) bond, debenture; **sans ~ d'achat** with no obligation (to buy); **être**

**dans l'~ de faire** to be obliged to do; **avoir l'~ de faire** to be under an obligation to do; **~s familiales** family obligations *ou* responsibilities; **~s militaires** military obligations *ou* duties

**obligatoire** [ɔbligatwaʀ] *adj* compulsory, obligatory

**obligatoirement** [ɔbligatwaʀmɑ̃] *adv* compulsorily; *(fatalement)* necessarily; *(fam: sans aucun doute)* inevitably

**obligé, e** [ɔbliʒe] *adj (redevable):* **être très ~ à qn** to be most obliged to sb; *(contraint):* **je suis (bien) ~ (de le faire)** I have to (do it); *(nécessaire: conséquence)* necessary; **c'est ~!** it's inevitable!

**obligeance** [ɔbliʒɑ̃s] *nf:* **avoir l'~ de** to be kind *ou* good enough to

**obligeant, e** [ɔbliʒɑ̃, -ɑ̃t] *adj* obliging; kind

**obliger** [ɔbliʒe] *vt (contraindre):* **~ qn à faire** to force *ou* oblige sb to do; *(Jur: engager)* to bind; *(rendre service à)* to oblige; **je suis bien obligé (de le faire)** I have to (do it)

**oblique** [ɔblik] *adj* oblique; **regard ~** sidelong glance; **en ~** *adv* diagonally

**obliquer** [ɔblike] *vi:* **~ vers** to turn off towards

**oblitérer** [ɔblitere] *vt (timbre-poste)* to cancel; *(Méd: canal, vaisseau)* to obstruct

**obnubiler** [ɔbnybile] *vt* to obsess

**obscène** [ɔpsɛn] *adj* obscene

**obscur, e** [ɔpskyʀ] *adj (sombre)* dark; *(fig: raisons)* obscure; *(: sentiment, malaise)* vague; *(: personne, vie)* humble, lowly

**obscurcir** [ɔpskyʀsiʀ] *vt* to darken; *(fig)* to obscure; **s'obscurcir** *vi* to grow dark

**obscurité** [ɔpskyʀite] *nf* darkness; **dans l'~** in the dark, in darkness; *(anonymat, médiocrité)* in obscurity

**obsédé, e** [ɔpsede] *nm/f* fanatic; **~(e) sexuel(le)** sex maniac

**obséder** [ɔpsede] *vt* to obsess, haunt

**obsèques** [ɔpsɛk] *nfpl* funeral *sg*

**observateur, -trice** [ɔpsɛʀvatœʀ, -tʀis] *adj* observant, perceptive ▷ *nm/f* observer

**observation** [ɔpsɛʀvasjɔ̃] *nf* observation; *(d'un règlement etc)* observance; *(commentaire)* observation, remark; *(reproche)* reproof; **en ~** *(Méd)* under observation

**observatoire** [ɔpsɛʀvatwaʀ] *nm* observatory; *(lieu élevé)* observation post, vantage point

**observer** [ɔpsɛʀve] *vt (regarder)* to observe, watch; *(examiner)* to examine; *(scientifiquement, aussi: règlement, jeûne etc)* to observe; *(surveiller)* to watch; *(remarquer)* to observe, notice; **faire ~ qch à qn** *(dire)* to point out sth to sb; **s'observer** *vi (se surveiller)* to keep a check on o.s.

**obsession** [ɔpsesjɔ̃] *nf* obsession; **avoir l'~ de** to have an obsession with

**obstacle** [ɔpstakl] *nm* obstacle; *(Équitation)* jump, hurdle; **faire ~ à** *(lumière)* to block out;

*(projet)* to hinder, put obstacles in the path of; **~s antichars** tank defences

**obstiné, e** [ɔpstine] *adj* obstinate

**obstiner** [ɔpstine]: **s'obstiner** *vi* to insist, dig one's heels in; **s'~ à faire** to persist (obstinately) in doing; **s'~ sur qch** to keep working at sth, labour away at sth

**obstruer** [ɔpstʀye] *vt* to block, obstruct; **s'obstruer** *vi* to become blocked

**obtenir** [ɔptəniʀ] *vt* to obtain, get; *(total)* to arrive at, reach; *(résultat)* to achieve, obtain; **~ de pouvoir faire** to obtain permission to do; **~ qch à qn** to obtain sth for sb; **~ de qn qu'il fasse** to get sb to agree to do(ing)

**obturateur** [ɔptyʀatœʀ] *nm (Photo)* shutter; **~ à rideau** focal plane shutter

**obus** [ɔby] *nm* shell; **~ explosif** high-explosive shell; **~ incendiaire** incendiary device, fire bomb

**occasion** [ɔkazjɔ̃] *nf (aubaine, possibilité)* opportunity; *(circonstance)* occasion; *(Comm: article non neuf)* secondhand buy; *(: acquisition avantageuse)* bargain; **à plusieurs ~s** on several occasions; **à la première ~** at the first *ou* earliest opportunity; **être l'~ de faire** to have the opportunity to do; **être l'~ de** to occasion, give rise to; **à l'~** *adv* sometimes, on occasions; *(un jour)* some time; **à l'~ de** on the occasion of; **d'~** *adj, adv* secondhand

**occasionnel, le** [ɔkazjɔnɛl] *adj (fortuit)* chance *cpd*; *(non régulier)* occasional; *(: travail)* casual

**occasionnellement** [ɔkazjɔnɛlmɑ̃] *adv* occasionally, from time to time

**occasionner** [ɔkazjɔne] *vt* to cause, bring about; **~ qch à qn** to cause sb sth

**occident** [ɔksidɑ̃] *nm:* **l'O~** the West

**occidental, e, -aux** [ɔksidɑ̃tal, -o] *adj* western; *(Pol)* Western ▷ *nm/f* Westerner

**occupation** [ɔkypasjɔ̃] *nf* occupation; **l'O~** the Occupation (of France)

**occupé, e** [ɔkype] *adj (Mil, Pol)* occupied; *(personne: affairé, pris)* busy; *(esprit: absorbé)* occupied; *(place, sièges)* taken; *(toilettes)* engaged; **la ligne est ~e** the line's engaged *(Brit) ou* busy *(US)*

**occuper** [ɔkype] *vt* to occupy; *(poste, fonction)* to hold; *(main-d'œuvre)* to employ; **s'~ (à qch)** to occupy o.s. *ou* keep o.s. busy (with sth); **s'~ de** *(être responsable de)* to be in charge of; *(se charger de: affaire)* to take charge of, deal with; *(: clients etc)* to attend to; *(s'intéresser à, pratiquer: politique etc)* to be involved in; **ça occupe trop de place** it takes up too much room

**occurrence** [ɔkyʀɑ̃s] *nf:* **en l'~** in this case

**océan** [ɔseɑ̃] *nm* ocean; **l'~ Indien** the Indian Ocean

**octante** [ɔktɑ̃t] *num (Belgique, Suisse)* eighty

**octet** [ɔktɛ] *nm* byte

**octobre** [ɔktɔbʀ] *nm* October; *voir aussi* **juillet**

**octroyer** [ɔktʀwaje] *vt:* **~ qch à qn** to grant sth to sb, grant sb sth

**oculiste** [ɔkylist] nm/f eye specialist, oculist
**odeur** [ɔdœʀ] nf smell
**odieux, -euse** [ɔdjø, -øz] adj odious, hateful
**odorant, e** [ɔdɔʀɑ̃, -ɑ̃t] adj sweet-smelling, fragrant
**odorat** [ɔdɔʀa] nm (sense of) smell; **avoir l'~ fin** to have a keen sense of smell
**œil** [œj] (pl **yeux**) [jø] nm eye; **avoir un ~ poché** ou **au beurre noir** to have a black eye; **à l'~** (fam) for free; **à l'~ nu** with the naked eye; **tenir qn à l'~** to keep an eye ou a watch on sb; **avoir l'~ à** to keep an eye on; **faire de l'~ à qn** to make eyes at sb; **voir qch d'un bon/mauvais ~** to view sth in a favourable/ an unfavourable light; **à l'~ vif** with a lively expression; **à mes/ses yeux** in my/his eyes; **de ses propres yeux** with his own eyes; **fermer les yeux (sur)** (fig) to turn a blind eye (to); **les yeux fermés** (aussi fig) with one's eyes shut; **ouvrir l'~** (fig) to keep one's eyes open ou an eye out; **fermer l'~** to get a moment's sleep; **~ pour ~, dent pour dent** an eye for an eye, a tooth for a tooth; **pour les beaux yeux de qn** (fig) for love of sb; **~ de verre** glass eye
**œillères** [œjɛʀ] nfpl blinkers (Brit), blinders (US); **avoir des ~** (fig) to be blinkered, wear blinders
**œillet** [œjɛ] nm (Bot) carnation; (trou) eyelet
**œuf** [œf] nm egg; **étouffer dans l'~** to nip in the bud; **~ à la coque/dur/mollet** boiled/ hard-boiled/soft-boiled egg; **~ au plat/poché** fried/poached egg; **~s brouillés** scrambled eggs; **~ de Pâques** Easter egg; **~ à repriser** darning egg
**œuvre** [œvʀ] nf (tâche) task, undertaking; (ouvrage achevé, livre, tableau etc) work; (ensemble de la production artistique) works pl; (organisation charitable) charity ▷ nm (d'un artiste) works pl; (Constr): **le gros ~** the shell; **œuvres** nfpl (actes) deeds, works; **être/se mettre à l'~** to be at/get (down) to work; **mettre en ~** (moyens) to make use of; (plan, loi, projet etc) to implement; **~ d'art** work of art; **bonnes ~s** good works ou deeds; **~s de bienfaisance** charitable works
**offense** [ɔfɑ̃s] nf (affront) insult; (Rel: péché) transgression, trespass
**offenser** [ɔfɑ̃se] vt to offend, hurt; (principes, Dieu) to offend against; **s'offenser de** vi to take offence (Brit) ou offense (US) at
**offert, e** [ɔfɛʀ, -ɛʀt] pp de **offrir**
**office** [ɔfis] nm (charge) office; (agence) bureau, agency; (Rel) service ▷ nm ou f (pièce) pantry; **faire ~ de** to act as; to do duty as; **d'~** adv automatically; **bons ~s** (Pol) good offices; **~ du tourisme** tourist office
**officiel, le** [ɔfisjɛl] adj, nm/f official
**officier** [ɔfisje] nm officer ▷ vi (Rel) to officiate; **~ de l'état-civil** registrar; **~ ministériel** member of the legal profession; **~ de police** ≈ police officer

**officieux, -euse** [ɔfisjø, -øz] adj unofficial
**offrande** [ɔfʀɑ̃d] nf offering
**offre** [ɔfʀ] vb voir **offrir** ▷ nf offer; (aux enchères) bid; (Admin: soumission) tender; (Écon): **l'~ et la demande** supply and demand; **~ d'emploi** job advertised; **"~s d'emploi"** "situations vacant"; **~ publique d'achat (OPA)** takeover bid; **~s de service** offer of service
**offrir** [ɔfʀiʀ] vt: **~ (à qn)** to offer (to sb); (faire cadeau) to give to (sb); **s'offrir** vt (se présenter: occasion, paysage) to present itself ▷ vt (se payer: vacances, voiture) to treat o.s. to; **~ (à qn) de faire qch** to offer to do sth (for sb); **~ à boire à qn** (chez soi) to offer sb a drink; **je vous offre un verre** I'll buy you a drink; **s'~ à faire qch** to offer ou volunteer to do sth; **s'~ comme guide/en otage** to offer one's services as (a) guide/offer o.s. as (a) hostage; **s'~ aux regards** (personne) to expose o.s. to the public gaze
**offusquer** [ɔfyske] vt to offend; **s'offusquer de** to take offence (Brit) ou offense (US) at, be offended by
**OGM** sigle m (= organisme génétiquement modifié) GMO
**oie** [wa] nf (Zool) goose; **~ blanche** (fig) young innocent
**oignon** [ɔɲɔ̃] nm (Culin) onion; (de tulipe etc: bulbe) bulb; (Méd) bunion; **ce ne sont pas tes ~s** (fam) that's none of your business
**oiseau, x** [wazo] nm bird; **~ de proie** bird of prey
**oisif, -ive** [wazif, -iv] adj idle ▷ nm/f (péj) man/lady of leisure
**oléoduc** [ɔleɔdyk] nm (oil) pipeline
**olive** [ɔliv] nf (Bot) olive ▷ adj inv olive-green
**olivier** [ɔlivje] nm olive (tree); (bois) olive (wood)
**OLP** sigle f (= Organisation de libération de la Palestine) PLO
**olympique** [ɔlɛ̃pik] adj Olympic
**ombragé, e** [ɔ̃bʀaʒe] adj shaded, shady
**ombrageux, -euse** [ɔ̃bʀaʒø, -øz] adj (cheval) skittish, nervous; (personne) touchy, easily offended
**ombre** [ɔ̃bʀ] nf (espace non ensoleillé) shade; (ombre portée, tache) shadow; **à l'~** in the shade; (fam: en prison) behind bars; **à l'~ de** in the shade of; (tout près de, fig) in the shadow of; **tu me fais de l'~** you're in my light; **ça nous donne de l'~** it gives us (some) shade; **il n'y a pas l'~ d'un doute** there's not the shadow of a doubt; **dans l'~** in the shade; (fig) in the dark; **vivre dans l'~** (fig) to live in obscurity; **laisser dans l'~** (fig) to leave in the dark; **~ à paupières** eye shadow; **~ portée** shadow; **~s chinoises** (spectacle) shadow show sg
**ombrelle** [ɔ̃bʀɛl] nf parasol, sunshade
**omelette** [ɔmlɛt] nf omelette; **~ baveuse** runny omelette; **~ au fromage/au jambon** cheese/ham omelette; **~ aux herbes** omelette with herbs; **~ norvégienne** baked Alaska

**omettre** [ɔmɛtʀ] *vt* to omit, leave out; **~ de faire** to fail *ou* omit to do

**omnibus** [ɔmnibys] *nm* slow *ou* stopping train

**omoplate** [ɔmɔplat] *nf* shoulder blade

 MOT-CLÉ

**on** [ɔ̃] *pron* **1** *(indéterminé)* you, one; **on peut le faire ainsi** you can do it like this, it can be done like this; **on dit que ...** they say that ..., it is said that ..

**2** *(quelqu'un)*: **on les a attaqués** they were attacked; **on vous demande au téléphone** there's a phone call for you, you're wanted on the phone; **on frappe à la porte** someone's knocking at the door

**3** *(nous)* we; **on va y aller demain** we're going tomorrow

**4** *(les gens)* they; **autrefois, on croyait ...** they used to believe ..

**5**: **on ne peut plus** *adv*: **on ne peut plus stupide** as stupid as can be

**oncle** [ɔ̃kl] *nm* uncle

**onctueux, -euse** [ɔ̃ktɥø, -øz] *adj* creamy, smooth; *(fig)* smooth, unctuous

**onde** [ɔ̃d] *nf* *(Physique)* wave; **sur l'~** on the waters; **sur les ~s** on the radio; **mettre en ~s** to produce for the radio; **~ de choc** shock wave; **~s courtes (OC)** short wave *sg*; **petites ~s (PO)**, **~s moyennes (OM)** medium wave *sg*; **grandes ~s (GO)**, **~s longues (OL)** long wave *sg*; **~s sonores** sound waves

**ondée** [ɔ̃de] *nf* shower

**on-dit** [ɔ̃di] *nm inv* rumour

**onduler** [ɔ̃dyle] *vi* to undulate; *(cheveux)* to wave

**onéreux, -euse** [ɔneʀø, -øz] *adj* costly; **à titre ~** in return for payment

**ongle** [ɔ̃gl] *nm* *(Anat)* nail; **manger** *ou* **ronger ses ~s** to bite one's nails; **se faire les ~s** to do one's nails

**ont** [ɔ̃] *vb voir* **avoir**

**ONU** [ɔny] *sigle f* (= Organisation des Nations unies) UN(O)

**onze** ['ɔ̃z] *num* eleven

**onzième** [ɔ̃zjɛm] *num* eleventh

**OPA** *sigle f* = **offre publique d'achat**

**opaque** [ɔpak] *adj* *(vitre, verre)* opaque; *(brouillard, nuit)* impenetrable

**opéra** [ɔpeʀa] *nm* opera; *(édifice)* opera house

**opérateur, -trice** [ɔpeʀatœʀ, -tʀis] *nm/f* operator; **~ (de prise de vues)** cameraman

**opération** [ɔpeʀasjɔ̃] *nf* operation; *(Comm)* dealing; **salle/table d'~** operating theatre/table; **~ de sauvetage** rescue operation; **~ à cœur ouvert** open-heart surgery *no pl*

**opératoire** [ɔpeʀatwaʀ] *adj* *(manœuvre, méthode)* operating; *(choc etc)* post-operative

**opérer** [ɔpeʀe] *vt* *(Méd)* to operate on; *(faire, exécuter)* to carry out, make ▷ *vi* *(remède: faire effet)* to act, work; *(procéder)* to proceed; *(Méd)* to operate; **s'opérer** *vi* *(avoir lieu)* to occur, take place; **se faire ~** to have an operation; **se faire ~ des amygdales/du cœur** to have one's tonsils out/have a heart operation

**opérette** [ɔpeʀɛt] *nf* operetta, light opera

**ophtalmologie** [ɔftalmɔlɔʒi] *nf* ophthalmology

**opiner** [ɔpine] *vi*: **~ de la tête** to nod assent ▷ *vt*: **~ à** to consent to

**opinion** [ɔpinjɔ̃] *nf* opinion; **l'~ (publique)** public opinion; **avoir bonne/mauvaise ~ de** to have a high/low opinion of

**opportun, e** [ɔpɔʀtœ̃, -yn] *adj* timely, opportune; **en temps ~** at the appropriate time

**opportuniste** [ɔpɔʀtynist] *adj, nm/f* opportunist

**opposant, e** [ɔpozɑ̃, -ɑ̃t] *adj* opposing ▷ *nm/f* opponent

**opposé, e** [ɔpoze] *adj* *(direction, rive)* opposite; *(faction)* opposing; *(couleurs)* contrasting; *(opinions, intérêts)* conflicting; *(contre)*: **~ à** opposed to, against ▷ *nm*: **l'~** the other *ou* opposite side *(ou* direction*)*; *(contraire)* the opposite; **être ~ à** to be opposed to; **à l'~** *(fig)* on the other hand; **à l'~ de** on the other *ou* opposite side from; *(fig)* contrary to, unlike

**opposer** [ɔpoze] *vt* *(meubles, objets)* to place opposite each other; *(personnes, armées, équipes)* to oppose; *(couleurs, termes, tons)* to contrast; *(comparer: livres, avantages)* to contrast; **~ qch à** *(comme obstacle, défense)* to set sth against; *(comme objection)* to put sth forward against; *(en contraste)* to set sth opposite; **s'opposer** *vi* *(équipes)* to confront each other; *(opinions)* to conflict; *(couleurs, styles)* to contrast; **s'~ à** *(interdire, empêcher)* to oppose; *(tenir tête à)* to rebel against; **sa religion s'y oppose** it's against his religion; **s'~ à ce que qn fasse** to be opposed to sb's doing

**opposition** [ɔpozisjɔ̃] *nf* opposition; **par ~** in contrast; **par ~ à** as opposed to, in contrast with; **entrer en ~ avec** to come into conflict with; **être en ~ avec** *(idées, conduite)* to be at variance with; **faire ~ à un chèque** to stop a cheque

**oppressant, e** [ɔpʀesɑ̃, -ɑ̃t] *adj* oppressive

**oppresser** [ɔpʀese] *vt* to oppress; **se sentir oppressé** to feel breathless

**oppression** [ɔpʀesjɔ̃] *nf* oppression; *(malaise)* feeling of suffocation

**opprimer** [ɔpʀime] *vt* *(asservir: peuple, faibles)* to oppress; *(étouffer: liberté, opinion)* to suppress, stifle; *(chaleur etc)* to suffocate, oppress

**opter** [ɔpte] *vi*: **~ pour** to opt for; **~ entre** to choose between

**opticien, ne** [ɔptisjɛ̃, -ɛn] *nm/f* optician

**optimisme** [ɔptimism] *nm* optimism

**optimiste** [ɔptimist] *adj* optimistic ▷ *nm/f* optimist

**option** [ɔpsjɔ̃] nf option; (Auto: supplément) optional extra; **matière à ~** (Scol) optional subject (Brit), elective (US); **prendre une ~ sur** to take (out) an option on; **~ par défaut** (Inform) default (option)

**optique** [ɔptik] adj (nerf) optic; (verres) optical ▷ nf (Photo: lentilles etc) optics pl; (science, industrie) optics sg; (fig: manière de voir) perspective

**opulent, e** [ɔpylɑ̃, -ɑ̃t] adj wealthy, opulent; (formes, poitrine) ample, generous

**or** [ɔʀ] nm gold ▷ conj now, but; **d'or** (fig) golden; **en or** gold cpd; (occasion) golden; **un mari/enfant en or** a treasure; **une affaire en or** (achat) a real bargain; (commerce) a gold mine; **plaqué or** gold-plated; **or noir** black gold; **il croyait gagner or il a perdu** he was sure he would win and yet he lost

**orage** [ɔʀaʒ] nm (thunder)storm

**orageux, -euse** [ɔʀaʒø, -øz] adj stormy

**oral, e, -aux** [ɔʀal, -o] adj (déposition, promesse) oral, verbal; (Méd): **par voie ~e** by mouth, orally ▷ nm (Scol) oral

**orange** [ɔʀɑ̃ʒ] adj inv, nf orange; **~ sanguine** blood orange; **~ pressée** freshly-squeezed orange juice

**orangé, e** [ɔʀɑ̃ʒe] adj orangey, orange-coloured

**orangeade** [ɔʀɑ̃ʒad] nf orangeade

**oranger** [ɔʀɑ̃ʒe] nm orange tree

**orateur** [ɔʀatœʀ] nm speaker; orator

**orbite** [ɔʀbit] nf (Anat) (eye-)socket; (Physique) orbit; **mettre sur ~** to put into orbit; (fig) to launch; **dans l'~ de** (fig) within the sphere of influence of

**Orcades** [ɔʀkad] nfpl: **les ~** the Orkneys, the Orkney Islands

**orchestre** [ɔʀkɛstʀ] nm orchestra; (de jazz, danse) band; (places) stalls pl (Brit), orchestra (US)

**orchestrer** [ɔʀkɛstʀe] vt (Mus) to orchestrate; (fig) to mount, stage-manage

**orchidée** [ɔʀkide] nf orchid

**ordinaire** [ɔʀdinɛʀ] adj ordinary; (coutumier: maladresse etc) usual; (de tous les jours) everyday; (modèle, qualité) standard; (péj: commun) common ▷ nm ordinary; (menus) everyday fare ▷ nf (essence) ≈ two-star (petrol) (Brit), ≈ regular (gas) (US); **d'~** usually, normally; **à l'~** usually, ordinarily; **comme à l'~** as usual

**ordinateur** [ɔʀdinatœʀ] nm computer; **mettre sur ~** to computerize, put on computer; **~ de bureau** desktop computer; **~ individuel** ou **personnel** personal computer; **~ portable** laptop (computer)

**ordonnance** [ɔʀdɔnɑ̃s] nf organization; (groupement, disposition) layout; (Méd) prescription; (Jur) order; (Mil) orderly, batman (Brit); **d'~** (Mil) regulation cpd; **officier d'~** aide-de-camp

**ordonné, e** [ɔʀdɔne] adj tidy, orderly; (Math) ordered ▷ nf (Math) Y-axis, ordinate

**ordonner** [ɔʀdɔne] vt (agencer) to organize, arrange; (: meubles, appartement) to lay out, arrange; (donner un ordre): **~ à qn de faire** to order sb to do; (Math) to arrange in order; (Rel) to ordain; (Méd) to prescribe; (Jur) to order; **s'ordonner** vi (faits) to organize themselves

**ordre** [ɔʀdʀ] nm (gén) order; (propreté et soin) orderliness, tidiness; (association professionnelle, honorifique) association; (Comm): **à l'~ de** payable to; (nature): **d'~ pratique** of a practical nature; **ordres** nmpl (Rel) holy orders; **avoir de l'~** to be tidy ou orderly; **mettre en ~** to tidy (up), put in order; **mettre bon ~ à** to put to rights, sort out; **procéder par ~** to take things one at a time; **par ~ alphabétique/d'importance** in alphabetical order/in order of importance; **être aux ~s de qn/sous les ~s de qn** to be at sb's disposal/under sb's command; **rappeler qn à l'~** to call sb to order; **jusqu'à nouvel ~** until further notice; **dans le même ~ d'idées** in this connection; **par ~ d'entrée en scène** in order of appearance; **un ~ de grandeur** some idea of the size (ou amount); **de premier ~** first-rate; **~ de grève** strike call; **~ du jour** (d'une réunion) agenda; (Mil) order of the day; **à l'~ du jour** on the agenda; (fig) topical; (Mil: citer) in dispatches; **~ de mission** (Mil) orders pl; **~ public** law and order; **~ de route** marching orders pl

**ordure** [ɔʀdyʀ] nf filth no pl; (propos, écrit) obscenity, (piece of) filth; **ordures** nfpl (balayures, déchets) rubbish sg, refuse sg; **~s ménagères** household refuse

**oreille** [ɔʀɛj] nf (Anat) ear; (de marmite, tasse) handle; (Tech: d'un écrou) wing; **avoir de l'~** to have a good ear (for music); **avoir l'~ fine** to have good ou sharp ears; **l'~ basse** crestfallen, dejected; **se faire tirer l'~** to take a lot of persuading; **dire qch à l'~ de qn** to have a word in sb's ear (about sth)

**oreiller** [ɔʀeje] nm pillow

**oreillons** [ɔʀejɔ̃] nmpl mumps sg

**ores** [ɔʀ]: **d'~ et déjà** adv already

**orfèvrerie** [ɔʀfɛvʀəʀi] nf (art, métier) goldsmith's (ou silversmith's) trade; (ouvrage) (silver ou gold) plate

**organe** [ɔʀgan] nm organ; (véhicule, instrument) instrument; (voix) voice; (porte-parole) representative, mouthpiece; **~s de commande** (Tech) controls; **~s de transmission** (Tech) transmission system sg

**organigramme** [ɔʀganigʀam] nm (hiérarchie, structure) organization chart; (des opérations) flow chart

**organique** [ɔʀganik] adj organic

**organisateur, -trice** [ɔʀganizatœʀ, -tʀis] nm/f organizer

**organisation** [ɔʀganizasjɔ̃] nf organization; **O~ des Nations unies (ONU)** United Nations (Organization) (UN, UNO); **O~**

**mondiale de la santé (OMS)** World Health Organization (WHO); **O~ du traité de l'Atlantique Nord (OTAN)** North Atlantic Treaty Organization (NATO)

**organiser** [ɔʀɡanize] vt to organize; (mettre sur pied: service etc) to set up; **s'organiser** vi to get organized

**organisme** [ɔʀɡanism] nm (Bio) organism; (corps humain) body; (Admin, Pol etc) body, organism

**organiste** [ɔʀɡanist] nm/f organist

**orgasme** [ɔʀɡasm] nm orgasm, climax

**orge** [ɔʀʒ] nf barley

**orgue** [ɔʀɡ] nm organ; **orgues** nfpl organ sg; **~ de Barbarie** barrel ou street organ

**orgueil** [ɔʀɡœj] nm pride

**orgueilleux, -euse** [ɔʀɡœjø, -øz] adj proud

**Orient** [ɔʀjɑ̃] nm: **l'~** the East, the Orient

**oriental, e, -aux** [ɔʀjɑ̃tal, -o] adj (langue, produit) oriental, eastern; (frontière) eastern ▷ nm/f: **O~, e** Oriental

**orientation** [ɔʀjɑ̃tasjɔ̃] nf positioning; adjustment; (de recherches) orientation; direction; (d'une maison etc) aspect; (d'un journal) leanings pl; **avoir le sens de l'~** to have a (good) sense of direction; **course d'~** orienteering exercise; **~ professionnelle** careers advice ou guidance; (service) careers advisory service

**orienté, e** [ɔʀjɑ̃te] adj (fig: article, journal) slanted; **bien/mal ~** (appartement) well/badly positioned; **~ au sud** facing south, with a southern aspect

**orienter** [ɔʀjɑ̃te] vt (situer) to position; (placer, disposer: pièce mobile) to adjust, position; (tourner: antenne) to direct, turn; (voyageur, touriste, recherches) to direct; (fig: élève) to orientate; **s'orienter** vi (se repérer) to find one's bearings; **s'~ vers** (fig) to turn towards

**origan** [ɔʀiɡɑ̃] nm oregano

**originaire** [ɔʀiʒinɛʀ] adj original; **être ~ de** (pays, lieu) to be a native of; (provenir de) to originate from; to be native to

**original, e, -aux** [ɔʀiʒinal, -o] adj original; (bizarre) eccentric ▷ nm/f (fam: excentrique) eccentric; (: fantaisiste) joker ▷ nm (document etc, Art) original; (dactylographie) top copy

**origine** [ɔʀiʒin] nf origin; (d'un message, appel téléphonique) source; (d'une révolution, réussite) root; **origines** nfpl (d'une personne) origins; **d'~** (pays) of origin; (pneus etc) original; (bureau postal) dispatching; **d'~ française** of French origin; **dès l'~** at ou from the outset; **à l'~** originally; **avoir son ~ dans** to have its origins in, originate in

**originel, le** [ɔʀiʒinɛl] adj original

**orme** [ɔʀm] nm elm

**ornement** [ɔʀnəmɑ̃] nm ornament; (fig) embellishment, adornment; **~s sacerdotaux** vestments

**orner** [ɔʀne] vt to decorate, adorn; **~ qch de** to decorate sth with

**ornière** [ɔʀnjɛʀ] nf rut; (fig): **sortir de l'~** (routine) to get out of the rut; (impasse) to get out of a spot

**orphelin, e** [ɔʀfəlɛ̃, -in] adj orphan(ed) ▷ nm/f orphan; **~ de père/mère** fatherless/ motherless

**orphelinat** [ɔʀfəlina] nm orphanage

**orteil** [ɔʀtɛj] nm toe; **gros ~** big toe

**orthographe** [ɔʀtɔɡʀaf] nf spelling

**ortie** [ɔʀti] nf (stinging) nettle; **~ blanche** white dead-nettle

**os** [ɔs] nm bone; **sans os** (Boucherie) off the bone, boned; **os à moelle** marrowbone

**osciller** [ɔsile] vi (pendule) to swing; (au vent etc) to rock; (Tech) to oscillate; (fig): **~ entre** to waver ou fluctuate between

**osé, e** [oze] adj daring, bold

**oseille** [ozɛj] nf sorrel

**oser** [oze] vi, vt to dare; **~ faire** to dare (to) do

**osier** [ozje] nm (Bot) willow; **d'~, en ~** wicker(work) cpd

**ossature** [ɔsatyʀ] nf (Anat: squelette) frame, skeletal structure; (: du visage) bone structure; (fig) framework

**osseux, -euse** [ɔsø, -øz] adj bony; (tissu, maladie, greffe) bone cpd

**ostensible** [ɔstɑ̃sibl] adj conspicuous

**otage** [ɔtaʒ] nm hostage; **prendre qn comme ~** to take sb hostage

**OTAN** [ɔtɑ̃] sigle f (= Organisation du traité de l'Atlantique Nord) NATO

**otarie** [ɔtaʀi] nf sea-lion

**ôter** [ote] vt to remove; (soustraire) to take away; **~ qch à qn** to take sth (away) from sb; **~ qch de** to remove sth from; **six ôté de dix égale quatre** six from ten equals ou is four

**otite** [ɔtit] nf ear infection

**ou** [u] conj or; **ou ... ou** either ... or; **ou bien** or (else)

 MOT-CLÉ

**où** [u] pron relatif **1** (position, situation) where, that (souvent omis); **la chambre où il était** the room (that) he was in, the room where he was; **la ville où je l'ai rencontré** the town where I met him; **la pièce d'où il est sorti** the room he came out of; **le village d'où je viens** the village I come from; **les villes par où il est passé** the towns he went through **2** (temps, état) that (souvent omis); **le jour où il est parti** the day (that) he left; **au prix où c'est** at the price it is
▷ adv **1** (interrogation) where; **où est-il/va-t-il?** where is he/is he going?; **par où?** which way?; **d'où vient que ...?** how come ...?
**2** (position) where; **je sais où il est** I know where he is; **où que l'on aille** wherever you go

**ouate** [wat] nf cotton wool (Brit), cotton (US); (bourre) padding, wadding; **~ (hydrophile)** cotton wool (Brit), (absorbent) cotton (US)

**oubli** [ubli] *nm (acte)*: **l'~ de** forgetting; *(trou de mémoire)* lapse of memory; *(étourderie)* forgetfulness *no pl*; *(négligence)* omission, oversight; *(absence de souvenirs)* oblivion; **~ de soi** self-effacement, self-negation; **tomber dans l'~** to sink into oblivion

**oublier** [ublije] *vt (gén)* to forget; *(ne pas voir: erreurs etc)* to miss; *(ne pas mettre: virgule, nom)* to leave out, forget; *(laisser quelque part: chapeau etc)* to leave behind; **s'oublier** *vi* to forget o.s.; *(enfant, animal)* to have an accident *(euphemism)*; **~ l'heure** to forget (about) the time

**oubliettes** [ublijɛt] *nfpl* dungeon *sg*; **(jeter) aux ~** *(fig)* (to put) completely out of mind

**ouest** [wɛst] *nm* west ▷ *adj inv* west; *(région)* western; **à l'~** in the west; *(direction)* (to the) west, westwards; **à l'~ de** (to the) west of; **vent d'~** westerly wind

**ouf** [uf] *excl* phew!

**oui** [wi] *adv* yes; **répondre (par) ~** to answer yes; **mais ~, bien sûr** yes, of course; **je pense que ~** I think so; **pour un ~ ou pour un non** for no apparent reason

**ouï-dire** ['widiʀ] : **par ~** *adv* by hearsay

**ouïe** [wi] *nf* hearing; **ouïes** *nfpl (de poisson)* gills; *(de violon)* sound-hole *sg*

**ouragan** [uʀagã] *nm* hurricane; *(fig)* storm

**ourlet** [uʀlɛ] *nm* hem; *(de l'oreille)* rim; **faire un ~ à** to hem

**ours** [uʀs] *nm* bear; **~ brun/blanc** brown/polar bear; **~ marin** fur seal; **~ mal léché** uncouth fellow; **(en peluche)** teddy (bear)

**oursin** [uʀsɛ̃] *nm* sea urchin

**ourson** [uʀsɔ̃] *nm* (bear-)cub

**ouste** [ust] *excl* hop it!

**outil** [uti] *nm* tool

**outiller** [utije] *vt (ouvrier, usine)* to equip

**outrage** [utʀaʒ] *nm* insult; **faire subir les derniers ~ à** *(femme)* to ravish; **~ aux bonnes mœurs** *(Jur)* outrage to public decency; **~ à magistrat** *(Jur)* contempt of court; **~ à la pudeur** *(Jur)* indecent behaviour *no pl*

**outrager** [utʀaʒe] *vt* to offend gravely; *(fig: contrevenir à)* to outrage, insult

**outrance** [utʀɑ̃s] *nf* excessiveness *no pl*, excess; **à ~** *adv* excessively, to excess

**outre** [utʀ] *nf* goatskin, water skin ▷ *prép* besides ▷ *adv*: **passer ~** to carry on regardless; **passer ~ à** to disregard, take no notice of; **en ~** besides, moreover; **~ que** apart from the fact that; **~ mesure** to excess; *(manger, boire)* immoderately

**outre-Atlantique** [utʀatlãtik] *adv* across the Atlantic

**outre-Manche** [utʀəmãʃ] *adv* across the Channel

**outre-mer** [utʀəmɛʀ] *adv* overseas; **d'~** overseas

**outrepasser** [utʀəpase] *vt* to go beyond, exceed

**ouvert, e** [uvɛʀ, -ɛʀt] *pp de* **ouvrir** ▷ *adj* open; *(robinet, gaz etc)* on; **à bras ~s** with open arms

**ouvertement** [uvɛʀtəmã] *adv* openly

**ouverture** [uvɛʀtyʀ] *nf* opening; *(Mus)* overture; *(Pol)*: **l'~** the widening of the political spectrum; *(Photo)*: **~ (du diaphragme)** aperture; **ouvertures** *nfpl (propositions)* overtures; **~ d'esprit** open-mindedness; **heures d'~** *(Comm)* opening hours; **jours d'~** *(Comm)* days of opening

**ouvrable** [uvʀabl] *adj*: **jour ~** working day, weekday; **heures ~s** business hours

**ouvrage** [uvʀaʒ] *nm (tâche, de tricot etc, Mil)* work *no pl*; *(objet: Couture, Art)* (piece of) work; *(texte, livre)* work; **panier** *ou* **corbeille à ~** work basket; **~ d'art** *(Génie Civil)* bridge or tunnel etc

**ouvragé, e** [uvʀaʒe] *adj* finely embroidered *(ou* worked *ou* carved*)*

**ouvre-boîte, ouvre-boîtes** [uvʀəbwat] *nm inv* tin *(Brit)* ou can opener

**ouvre-bouteille, ouvre-bouteilles** [uvʀəbutɛj] *nm inv* bottle-opener

**ouvreuse** [uvʀøz] *nf* usherette

**ouvrier, -ière** [uvʀije, -jɛʀ] *nm/f* worker ▷ *nf (Zool)* worker (bee) ▷ *adj* working-class; *(problèmes, conflit)* industrial; *(mouvement)* labour *cpd (Brit)*, labor *cpd (US)*; *(revendications)* workers'; **classe ouvrière** working class; **~ agricole** farmworker; **~ qualifié** skilled worker; **~ spécialisé (OS)** semiskilled worker; **~ d'usine** factory worker

**ouvrir** [uvʀiʀ] *vt (gén)* to open; *(brèche, passage)* to open up; *(commencer l'exploitation de, créer)* to open (up); *(eau, électricité, chauffage, robinet)* to turn on; *(Méd: abcès)* to open up, cut open ▷ *vi* to open; to open up; *(Cartes)*: **~ à trèfle** to open in clubs; **s'ouvrir** *vi* to open; **s'~ à** *(art etc)* to open one's mind to; **s'~ à qn (de qch)** to open one's heart to sb (about sth); **s'~ les veines** to slash *ou* cut one's wrists; **~ sur** to open onto; **~ l'appétit à qn** to whet sb's appetite; **~ des horizons** to open up new horizons; **~ l'esprit** to broaden one's horizons; **~ une session** *(Inform)* to log in

**ovaire** [ɔvɛʀ] *nm* ovary

**ovale** [ɔval] *adj* oval

**OVNI** [ɔvni] *sigle m* (= *objet volant non identifié*) UFO

**oxyder** [ɔkside]: **s'oxyder** *vi* to become oxidized

**oxygéné, e** [ɔksiʒene] *adj*: **eau ~e** hydrogen peroxide; **cheveux ~s** bleached hair

**oxygène** [ɔksiʒɛn] *nm* oxygen; *(fig)*: **cure d'~** fresh air cure

**ozone** [ozon] *nm* ozone; **trou dans la couche d'~** hole in the ozone layer

# P

**pacifique** [pasifik] *adj* (*personne*) peaceable; (*intentions, coexistence*) peaceful ▷ *nm*: **le P~, l'océan P~** the Pacific (Ocean)

**pack** [pak] *nm* pack

**pacotille** [pakɔtij] *nf* (*péj*) cheap junk *pl*; **de ~** cheap

**PACS** [paks] *sigle m* (= *pacte civil de solidarité*) ≈ civil partnership

**pacser** [pakse]: **se pacser** *vi* ≈ to form a civil partnership

**pacte** [pakt] *nm* pact, treaty

**pagaie** [pagɛ] *nf* paddle

**pagaille** [pagaj] *nf* mess, shambles *sg*; **il y en a en ~** there are loads *ou* heaps of them

**pagayer** [pageje] *vi* to paddle

**page** [paʒ] *nf* page; (*passage: d'un roman*) passage ▷ *nm* page (boy); **mettre en ~s** to make up (into pages); **mise en ~** layout; **à la ~** (*fig*) up-to-date; **~ d'accueil** (*Inform*) home page; **~ blanche** blank page; **~ de garde** endpaper; **~ Web** (*Inform*) web page

**païen, ne** [pajɛ̃, -ɛn] *adj, nm/f* pagan, heathen

**paillasson** [pajasɔ̃] *nm* doormat

**paille** [paj] *nf* straw; (*défaut*) flaw; **être sur la ~** to be ruined; **~ de fer** steel wool

**paillette** [pajɛt] *nf* speck, flake; **paillettes** *nfpl* (*décoratives*) sequins, spangles; **lessive en ~s** soapflakes *pl*

**pain** [pɛ̃] *nm* (*substance*) bread; (*unité*) loaf (of bread); (*morceau*): **~ de cire** *etc* bar of wax *etc*; (*Culin*): **~ de poisson/légumes** fish/vegetable loaf; **petit ~** (bread) roll; **~ bis/complet** brown/wholemeal (*Brit*) *ou* wholewheat (*US*) bread; **~ de campagne** farmhouse bread; **~ d'épice** ≈ gingerbread; **~ grillé** toast; **~ de mie** sandwich loaf; **~ perdu** French toast; **~ de seigle** rye bread; **~ de sucre** sugar loaf; **~ au chocolat** pain au chocolat; **~ aux raisins** currant pastry

**pair, e** [pɛʀ] *adj* (*nombre*) even ▷ *nm* peer; **aller de ~ (avec)** to go hand in hand *ou* together (with); **au ~** (*Finance*) at par; **valeur au ~** par value; **jeune fille au ~** au pair

**paire** [pɛʀ] *nf* pair; **une ~ de lunettes/ tenailles** a pair of glasses/pincers; **faire la ~: les deux font la paire** they are two of a kind

**paisible** [pezibl] *adj* peaceful, quiet

**paître** [pɛtʀ] *vi* to graze

**paix** [pɛ] *nf* peace; (*fig*) peacefulness, peace; **faire la ~ avec** to make peace with; **avoir la ~** to have peace (and quiet); **fiche-lui la ~!** (*fam*) leave him alone!

**Pakistan** [pakistɑ̃] *nm*: **le ~** Pakistan

**palace** [palas] *nm* luxury hotel

**palais** [palɛ] *nm* palace; (*Anat*) palate; **le P~ Bourbon** *the seat of the French National Assembly*; **le P~ de l'Élysée** the Élysée Palace; **~ des expositions** exhibition centre; **le P~ de Justice** the Law Courts *pl*

**pâle** [pɑl] *adj* pale; (*fig*): **une ~ imitation** a pale imitation; **bleu ~** pale blue; **~ de colère** white *ou* pale with anger

**Palestine** [palestin] *nf*: **la ~** Palestine

**palet** [palɛ] *nm* disc; (*Hockey*) puck

**paletot** [palto] *nm* (short) coat

**palette** [palɛt] *nf* (*de peintre*) palette; (*de produits*) range

**pâleur** [pɑlœʀ] *nf* paleness

**palier** [palje] *nm* (*d'escalier*) landing; (*fig*) level, plateau; (: *phase stable*) levelling (*Brit*) *ou* leveling (*US*) off, new level; (*Tech*) bearing; **nos voisins de ~** our neighbo(u)rs across the landing (*Brit*) *ou* the hall (*US*); **en ~** *adv* level; **par ~s** in stages

**pâlir** [pɑliʀ] *vi* to turn *ou* go pale; (*couleur*) to fade; **faire ~ qn** (*de jalousie*) to make sb green (with envy)

**palissade** [palisad] *nf* fence

**pallier** [palje] *vt*: **~ à** *vt* to offset, make up for

**palmarès** [palmaʀɛs] *nm* record (of achievements); (*Scol*) prize list; (*Sport*) list of winners

**palme** [palm] *nf* (*Bot*) palm leaf; (*symbole*) palm; (*de plongeur*) flipper; **~s (académiques)** *decoration for services to education*

**palmé, e** [palme] *adj* (*pattes*) webbed

**palmier** [palmje] *nm* palm tree; (*gâteau*) *heart-shaped biscuit made of flaky pastry*

**pâlot, te** [pɑlo, -ɔt] *adj* pale, peaky

**palourde** [paluʀd] *nf* clam

**palper** [palpe] *vt* to feel, finger

**palpitant, e** [palpitɑ̃, -ɑ̃t] *adj* thrilling, gripping

**palpiter** [palpite] *vi* (*cœur, pouls*) to beat; (: *plus fort*) to pound, throb; (*narines, chair*) to quiver

**paludisme** [palydism] *nm* malaria

**pamphlet** [pɑ̃flɛ] *nm* lampoon, satirical tract

**pamplemousse** [pɑ̃pləmus] *nm* grapefruit

**pan** [pɑ̃] *nm* section, piece; (*côté: d'un prisme, d'une tour*) side, face ▷ *excl* bang!; **~ de chemise** shirt tail; **~ de mur** section of wall

**panache** [panaʃ] *nm* plume; (*fig*) spirit, panache

**panaché, e** [panaʃe] *adj*: **œillet ~** variegated carnation; **glace ~e** mixed ice cream; **salade ~e** mixed salad ▷ *nm* (*bière*) shandy

**pancarte** [pɑ̃kaʀt] *nf* sign, notice; (*dans un défilé*) placard

**pancréas** [pɑ̃kʀeas] *nm* pancreas

**pandémie** [pɑ̃demi] *nf* pandemic

**pané, e** [pane] *adj* fried in breadcrumbs

**panier** [panje] *nm* basket; (*à diapositives*) magazine; **mettre au ~** to chuck away; **~ de crabes**: **c'est un panier de crabes** (*fig*) they're constantly at one another's throats; **~ percé** (*fig*) spendthrift; **~ à provisions** shopping basket; **~ à salade** (*Culin*) salad shaker; (*Police*) paddy wagon, police van

**panier-repas** (*pl* **paniers-repas**) [panjeʀ(ə)pɑ] *nm* packed lunch

**panique** [panik] *adj* panicky ▷ *nf* panic

**paniquer** [panike] *vi* to panic

**panne** [pan] *nf* (*d'un mécanisme, moteur*) breakdown; **être/tomber en ~** to have broken down/break down; **être en ~ d'essence** *ou* **en ~ sèche** to have run out of petrol (*Brit*) *ou* gas (*US*); **mettre en ~** (*Navig*) to bring to; **~ d'électricité** *ou* **de courant** power *ou* electrical failure

**panneau, x** [pano] *nm* (*écriteau*) sign, notice; (*de boiserie, de tapisserie etc*) panel; **tomber dans le ~** (*fig*) to walk into the trap; **~ d'affichage** notice (*Brit*) *ou* bulletin (*US*) board; **~ électoral** board for election poster; **~ indicateur** signpost; **~ publicitaire** hoarding (*Brit*), billboard (*US*); **~ de signalisation** roadsign; **~ solaire** solar panel

**panoplie** [panɔpli] *nf* (*jouet*) outfit; (*d'armes*) display; (*fig*) array

**panorama** [panɔʀama] *nm* (*vue*) all-round view, panorama; (*peinture*) panorama; (*fig: étude complète*) complete overview

**panse** [pɑ̃s] *nf* paunch

**pansement** [pɑ̃smɑ̃] *nm* dressing, bandage; **~ adhésif** sticking plaster (*Brit*), bandaid® (*US*)

**panser** [pɑ̃se] *vt* (*plaie*) to dress, bandage; (*bras*) to put a dressing on, bandage; (*cheval*) to groom

**pantacourt** [pɑ̃takuʀ] *nm* cropped trousers *pl*

**pantalon** [pɑ̃talɔ̃] *nm* trousers *pl* (*Brit*), pants *pl* (*US*), pair of trousers *ou* pants; **~ de ski** ski pants *pl*

**panthère** [pɑ̃tɛʀ] *nf* panther

**pantin** [pɑ̃tɛ̃] *nm* (*jouet*) jumping jack; (*péj: personne*) puppet

**pantois** [pɑ̃twa] *adj m*: **rester ~** to be flabbergasted

**pantoufle** [pɑ̃tufl] *nf* slipper

**paon** [pɑ̃] *nm* peacock

**papa** [papa] *nm* dad(dy)

**pape** [pap] *nm* pope

**paperasse** [papʀas] *nf* (*péj*) bumf *no pl*, papers *pl*; forms *pl*

**paperasserie** [papʀasʀi] *nf* (*péj*) red tape *no pl*; paperwork *no pl*

**papeterie** [papɛtʀi] *nf* (*fabrication du papier*) paper-making (industry); (*usine*) paper mill; (*magasin*) stationer's (shop) (*Brit*); (*articles*) stationery

**papetier, -ière** [paptje, -jɛʀ] *nm/f* papermaker; stationer

**papi** [papi] *nm* (*fam*) granddad

**papier** [papje] *nm* paper; (*feuille*) sheet *ou* piece of paper; (*article*) article; (*écrit officiel*) document; **papiers** *nmpl* (*aussi*: **~s d'identité**) (identity) papers; **sur le ~** (*théoriquement*) on paper; **noircir du ~** to write page after page; **~ couché/glacé** art/glazed paper; **~ (d') aluminium** aluminium (*Brit*) *ou* aluminum (*US*) foil, tinfoil; **~ d'Arménie** incense paper; **~ bible** India *ou* bible paper; **~ de brouillon** rough *ou* scrap paper; **~ bulle** manil(l)a paper; **~ buvard** blotting paper; **~ calque** tracing paper; **~ carbone** carbon paper; **~ collant** Sellotape® (*Brit*), Scotch tape® (*US*), sticky tape; **~ en continu** continuous stationery; **~ à dessin** drawing paper; **~ d'emballage** wrapping paper; **~ gommé** gummed paper; **~ hygiénique** *ou* (**de**) **toilette** toilet paper; **~ journal** newsprint; (*pour emballer*) newspaper; **~ à lettres** writing paper, notepaper; **~ mâché** papier-mâché; **~ machine** typing paper; **~ peint** wallpaper; **~ pelure** India paper; **~ à pliage accordéon** fanfold paper; **~ de soie** tissue paper; **~ thermique** thermal paper; **~ de tournesol** litmus paper; **~ de verre** sandpaper

**papillon** [papijɔ̃] *nm* butterfly; (*fam: contravention*) (parking) ticket; (*Tech: écrou*) wing *ou* butterfly nut; **~ de nuit** moth

**papillote** [papijɔt] *nf* (*pour cheveux*) curlpaper; (*de gigot*) (paper) frill; **en ~** cooked in tinfoil

**papoter** [papɔte] *vi* to chatter

**paquebot** [pakbo] *nm* liner

**pâquerette** [pɑkʀɛt] *nf* daisy

**Pâques** [pɑk] *nm, nfpl* Easter; **faire ses ~** to do one's Easter duties; **l'île de ~** Easter Island

**paquet** [pakɛ] *nm* packet; (*colis*) parcel; (*ballot*) bundle; (*dans négociations*) package (deal); (fig: tas): ~ **de** pile ou heap of; **paquets** nmpl (bagages) bags; **mettre le** ~ (fam) to give one's all; ~ **de mer** big wave

**paquet-cadeau** (pl **paquets-cadeaux**) [pakɛkado] nm gift-wrapped parcel

**par** [paʀ] prép by; **finir** etc ~ to end etc with; ~ **amour** out of love; **passer** ~ **Lyon/la côte** to go via ou through Lyons/along by the coast; ~ **la fenêtre** (jeter, regarder) out of the window; **trois** ~ **jour/personne** three a ou per day/head; **deux** ~ **deux** two at a time; (marcher etc) in twos; ~ **où?** which way?; ~ **ici** this way; (dans le coin) round here; ~**-ci**, ~**-là** here and there; ~ **temps de pluie** in wet weather

**parabolique** [paʀabɔlik] adj parabolic; **antenne** ~ satellite dish

**parachever** [paʀaʃve] vt to perfect

**parachute** [paʀaʃyt] nm parachute

**parachutiste** [paʀaʃytist] nm/f parachutist; (Mil) paratrooper

**parade** [paʀad] nf (spectacle, défilé) parade; (Escrime, Boxe) parry; (ostentation): **faire** ~ **de** to display, show off; (défense, riposte): **trouver la** ~ **à une attaque** to find the answer to an attack; **de** ~ adj ceremonial; (superficiel) superficial, outward

**paradis** [paʀadi] nm heaven, paradise; **P~ terrestre** (Rel) Garden of Eden; (fig) heaven on earth

**paradoxe** [paʀadɔks] nm paradox

**paraffine** [paʀafin] nf paraffin; paraffin wax

**parages** [paʀaʒ] nmpl (Navig) waters; **dans les** ~ **(de)** in the area ou vicinity (of)

**paragraphe** [paʀagʀaf] nm paragraph

**paraître** [paʀɛtʀ] vb copule to seem, look, appear ▷ vi to appear; (être visible) to show; (Presse, Édition) to be published, come out, appear; (briller) to show off; **laisser** ~ **qch** to let (sth) show ▷ vb impers: **il paraît que** it seems ou appears that; **il me paraît que** it seems to me that; **il paraît absurde de** it seems absurd to; **il ne paraît pas son âge** he doesn't look his age; ~ **en justice** to appear before the court(s); ~ **en scène/en public/à l'écran** to appear on stage/in public/on the screen

**parallèle** [paʀalɛl] adj parallel; (police, marché) unofficial; (société, énergie) alternative ▷ nm (comparaison): **faire un** ~ **entre** to draw a parallel between; (Géo) parallel ▷ nf parallel (line); **en** ~ in parallel; **mettre en** ~ (choses opposées) to compare; (choses semblables) to parallel

**paralyser** [paʀalize] vt to paralyze

**paramédical, e, -aux** [paʀamedikal, -o] adj paramedical; **personnel** ~ paramedics pl, paramedical workers pl

**paraphrase** [paʀafʀaz] nf paraphrase

**parapluie** [paʀaplɥi] nm umbrella; ~ **atomique** ou **nucléaire** nuclear umbrella; ~ **pliant** telescopic umbrella

**parasite** [paʀazit] nm parasite ▷ adj (Bot, Bio) parasitic(al); **parasites** nmpl (Tél) interference sg

**parasol** [paʀasɔl] nm parasol, sunshade

**paratonnerre** [paʀatɔnɛʀ] nm lightning conductor

**paravent** [paʀavɑ̃] nm folding screen; (fig) screen

**parc** [paʀk] nm (public) park, gardens pl; (de château etc) grounds pl; (pour le bétail) pen, enclosure; (d'enfant) playpen; (Mil: entrepôt) depot; (ensemble d'unités) stock; (de voitures etc) fleet; ~ **d'attractions** amusement park; ~ **automobile** (d'un pays) number of cars on the roads; ~ **à huîtres** oyster bed; ~ **à thème** theme park; ~ **national** national park; ~ **naturel** nature reserve; ~ **de stationnement** car park; ~ **zoologique** zoological gardens pl

**parcelle** [paʀsɛl] nf fragment, scrap; (de terrain) plot, parcel

**parce que** [paʀskə] conj because

**parchemin** [paʀʃəmɛ̃] nm parchment

**parcmètre** [paʀkmɛtʀ], **parcomètre** [paʀkɔmɛtʀ] nm parking meter

**parcourir** [paʀkuʀiʀ] vt (trajet, distance) to cover; (article, livre) to skim ou glance through; (lieu) to go all over, travel up and down; (frisson, vibration) to run through; ~ **des yeux** to run one's eye over

**parcours** [paʀkuʀ] nm voir **parcourir** ▷ nm (trajet) journey; (itinéraire) route; (Sport: terrain) course; (: tour) round; run; lap; ~ **du combattant** assault course

**par-dessous** [paʀdəsu] prép, adv under(neath)

**pardessus** [paʀdəsy] nm overcoat

**par-dessus** [paʀdəsy] prép over (the top of) ▷ adv over (the top); ~ **le marché** on top of it all; ~ **tout** above all; **en avoir** ~ **la tête** to have had enough

**par-devant** [paʀdəvɑ̃] prép in the presence of, before ▷ adv at the front; (passer) round the front

**pardon** [paʀdɔ̃] nm forgiveness no pl ▷ excl (excuses) (I'm) sorry; (pour interpeller etc) excuse me; **demander** ~ **à qn (de)** to apologize to sb (for); **je vous demande** ~ I'm sorry; (pour interpeller) excuse me; (demander de répéter) (I beg your) pardon? (Brit), pardon me? (US)

**pardonner** [paʀdɔne] vt to forgive; ~ **qch à qn** to forgive sb for sth; **qui ne pardonne pas** (maladie, erreur) fatal

**paré, e** [paʀe] adj ready, prepared

**pare-balles** [paʀbal] adj inv bulletproof

**pare-brise** [paʀbʀiz] nm inv windscreen (Brit), windshield (US)

**pare-chocs** [paʀʃɔk] nm inv bumper (Brit), fender (US)

**pare-feu** [paʀfø] nm inv (de foyer) fireguard; (Inform) firewall ▷ adj inv

**pareil, le** [paʀɛj] adj (identique) the same, alike; (similaire) similar; (tel): **un courage/livre** ~ such courage/a book, courage/a book like this; **de** ~**s livres** such books ▷ adv:

**P**

**habillés** ~ dressed the same (way), dressed alike; **faire** ~ to do the same (thing); **j'en veux un** ~ I'd like one just like it; **rien de** ~ no (ou any) such thing, nothing (ou anything) like it; **ses** ~**s** one's fellow men; one's peers; **ne pas avoir son (sa)** ~**(le)** to be second to none; ~ **à** the same as; similar to; **sans** ~ unparalleled, unequalled; **c'est du** ~ **au même** it comes to the same thing, it's six (of one) and half-a-dozen (of the other); **en** ~ **cas** in such a case; **rendre la** ~**le à qn** to pay sb back in his own coin

**parent, e** [paʀɑ̃, -ɑ̃t] *nm/f*: **un/une** ~**/e** a relative *ou* relation ▷ *adj*: **être** ~ **de** to be related to; **parents** *nmpl* (*père et mère*) parents; (*famille, proches*) relatives, relations; ~ **unique** lone parent; ~**s par alliance** relatives *ou* relations by marriage; ~**s en ligne directe** blood relations

**parenté** [paʀɑ̃te] *nf* (*lien*) relationship; (*personnes*) relatives *pl*, relations *pl*

**parenthèse** [paʀɑ̃tɛz] *nf* (*ponctuation*) bracket, parenthesis; (*Math*) bracket; (*digression*) parenthesis, digression; **ouvrir/fermer la** ~ to open/close brackets; **entre** ~**s** in brackets; (*fig*) incidentally

**parer** [paʀe] *vt* to adorn; (*Culin*) to dress, trim; (*éviter*) to ward off; ~ **à** (*danger*) to ward off; (*inconvénient*) to deal with; **se** ~ **de** (*fig: qualité, titre*) to assume; ~ **à toute éventualité** to be ready for every eventuality; ~ **au plus pressé** to attend to what's most urgent

**paresse** [paʀɛs] *nf* laziness

**paresseux, -euse** [paʀɛsø, -øz] *adj* lazy; (*fig*) slow, sluggish ▷ *nm* (*Zool*) sloth

**parfaire** [paʀfɛʀ] *vt* to perfect, complete

**parfait, e** [paʀfɛ, -ɛt] *pp de* **parfaire** ▷ *adj* perfect ▷ *nm* (*Ling*) perfect (tense); (*Culin*) parfait ▷ *excl* fine, excellent

**parfaitement** [paʀfɛtmɑ̃] *adv* perfectly ▷ *excl* (most) certainly

**parfois** [paʀfwa] *adv* sometimes

**parfum** [paʀfœ̃] *nm* (*produit*) perfume, scent; (*odeur: de fleur*) scent, fragrance; (: *de tabac, vin*) aroma; (*goût: de glace, milk-shake*) flavour (*Brit*), flavor (*US*)

**parfumé, e** [paʀfyme] *adj* (*fleur, fruit*) fragrant; (*papier à lettres etc*) scented; (*femme*) wearing perfume *ou* scent, perfumed; (*aromatisé*): ~ **au café** coffee-flavoured (*Brit*) *ou* -flavored (*US*)

**parfumer** [paʀfyme] *vt* (*odeur, bouquet*) to perfume; (*mouchoir*) to put scent *ou* perfume on; (*crème, gâteau*) to flavour (*Brit*), flavor (*US*); **se parfumer** to put on (some) perfume *ou* scent; (*d'habitude*) to use perfume *ou* scent

**parfumerie** [paʀfymʀi] *nf* (*commerce*) perfumery; (*produits*) perfumes; (*boutique*) perfume shop (*Brit*) *ou* store (*US*)

**pari** [paʀi] *nm* bet, wager; (*Sport*) bet; ~ **mutuel urbain (PMU)** *system of betting on horses*

**parier** [paʀje] *vt* to bet; **j'aurais parié que si/non** I'd have said he (*ou you etc*) would/wouldn't

**Paris** [paʀi] *n* Paris

**parisien, ne** [paʀizjɛ̃, -ɛn] *adj* Parisian; (*Géo, Admin*) Paris *cpd* ▷ *nm/f*: **P-, ne** Parisian

**parité** [paʀite] *nf* parity; ~ **de change** (*Écon*) exchange parity; (*Pol*): ~ **hommes-femmes** balanced representation of men and women

**parjure** [paʀʒyʀ] *nm* (*faux serment*) false oath, perjury; (*violation de serment*) breach of oath, perjury ▷ *nm/f* perjurer

**parking** [paʀkiŋ] *nm* (*lieu*) car park (*Brit*), parking lot (*US*)

**parlant, e** [paʀlɑ̃, -ɑ̃t] *adj* (*fig*) graphic, vivid; (: *comparaison, preuve*) eloquent; (*Ciné*) talking ▷ *adv*: **généralement** ~ generally speaking

**parlement** [paʀləmɑ̃] *nm* parliament; **le P~ européen** the European Parliament

**parlementaire** [paʀləmɑ̃tɛʀ] *adj* parliamentary ▷ *nm/f* (*député*) ≈ Member of Parliament (*Brit*) *ou* Congress (*US*); parliamentarian; (*négociateur*) negotiator, mediator

**parlementer** [paʀləmɑ̃te] *vi* (*ennemis*) to negotiate, parley; (*s'entretenir, discuter*) to argue at length, have lengthy talks

**parler** [paʀle] *nm* speech; dialect ▷ *vi* to speak, talk; (*avouer*) to talk; ~ (**à qn**) **de** to talk *ou* speak (to sb) about; ~ **pour qn** (*intercéder*) to speak for sb; ~ **en l'air** to say the first thing that comes into one's head; ~ **le/en français** to speak French/in French; ~ **affaires** to talk business; ~ **en dormant/du nez** to talk in one's sleep/through one's nose; **sans** ~ **de** (*fig*) not to mention, to say nothing of; **tu parles!** you must be joking!; (*bien sûr*) you bet!; **n'en parlons plus!** let's forget it!

**parloir** [paʀlwaʀ] *nm* (*d'une prison, d'un hôpital*) visiting room; (*Rel*) parlour (*Brit*), parlor (*US*)

**parmi** [paʀmi] *prép* among(st)

**paroi** [paʀwa] *nf* wall; (*cloison*) partition; ~ **rocheuse** rock face

**paroisse** [paʀwas] *nf* parish

**parole** [paʀɔl] *nf* (*faculté*): **la** ~ speech; (*mot, promesse*) word; (*Rel*): **la bonne** ~ the word of God; **paroles** *nfpl* (*Mus*) words, lyrics; **tenir** ~ to keep one's word; **avoir la** ~ to have the floor; **n'avoir qu'une** ~ to be true to one's word; **donner la** ~ **à qn** to hand over to sb; **prendre la** ~ to speak; **demander la** ~ to ask for permission to speak; **perdre la** ~ to lose the power of speech; (*fig*) to lose one's tongue; **je le crois sur** ~ I'll take his word for it, I'll take him at his word; **temps de** ~ (*TV, Radio etc*) discussion time; **ma** ~! my word!, good heavens!; ~ **d'honneur** word of honour (*Brit*) *ou* honor (*US*)

**parquer** [paʀke] *vt* (*voiture, matériel*) to park; (*bestiaux*) to pen (in *ou* up); (*prisonniers*) to pack in

**parquet** [paʀkɛ] *nm* (*parquet*) floor; (*Jur: bureau*) public prosecutor's office; **le** ~ **(général)** (*magistrats*) ≈ the Bench

**parrain** [paʀɛ̃] *nm* godfather; (*d'un navire*) namer; (*d'un nouvel adhérent*) sponsor, proposer

**parrainer** [paʀene] *vt* (*nouvel adhérent*) to sponsor, propose; (*entreprise*) to promote, sponsor

**pars** [paʀ] *vb voir* **partir**

**parsemer** [paʀsəme] *vt* (*feuilles, papiers*) to be scattered over; **~ qch de** to scatter sth with

**part** [paʀ] *vb voir* **partir** ▷ *nf* (*qui revient à qn*) share; (*fraction, partie*) part; (*de gâteau, fromage*) portion; (*Finance*) (non-voting) share; **prendre ~ à** (*débat etc*) to take part in; (*soucis, douleur de qn*) to share in; **faire ~ de qch à qn** to announce sth to sb, inform sb of sth; **pour ma ~** as for me, as far as I'm concerned; **à ~ entière** *adj* full; **de la ~ de** (*au nom de*) on behalf of; (*donné par*) from; **c'est de la ~ de qui?** (*au téléphone*) who's calling *ou* speaking (please)?; **de toute(s) ~(s)** from all sides *ou* quarters; **de ~ et d'autre** on both sides, on either side; **de ~ en ~** right through; **d'une ~ ... d'autre ~** on the one hand ... on the other hand; **d'autre ~** (*de plus*) moreover; **nulle/ autre/quelque ~** nowhere/elsewhere/ somewhere; **à ~** *adv* separately; (*de côté*) aside ▷ *prép* apart from, except for ▷ *adj* exceptional, special; **pour une large** *ou* **bonne ~** to a great extent; **prendre qch en bonne/mauvaise ~** to take sth well/badly; **faire la ~ des choses** to make allowances; **faire la ~ du feu** (*fig*) to cut one's losses; **faire la ~ (trop) belle à qn** to give sb more than his (*ou* her) share

**partage** [paʀtaʒ] *nm voir* **partager** sharing (out) *no pl*, share-out; sharing; dividing up; (*Pol: de suffrages*) share; **recevoir qch en ~** to receive sth as one's share (*ou* lot); **sans ~** undivided

**partager** [paʀtaʒe] *vt* to share; (*distribuer, répartir*) to share (out); (*morceler, diviser*) to divide (up); **se partager** *vt* (*héritage etc*) to share between themselves (*ou* ourselves *etc*)

**partance** [paʀtɑ̃s]: **en ~** *adv* outbound, due to leave; **en ~ pour** (*bound*) for

**partenaire** [paʀtənɛʀ] *nm/f* partner; **~s sociaux** management and workforce

**parterre** [paʀtɛʀ] *nm* (*de fleurs*) (flower) bed, border; (*Théât*) stalls *pl*

**parti** [paʀti] *nm* (*Pol*) party; (*décision*) course of action; (*personne à marier*) match; **tirer ~ de** to take advantage of, turn to good account; **prendre le ~ de faire** to make up one's mind to do, resolve to do; **prendre le ~ de qn** to stand up for sb, side with sb; **prendre ~ (pour/contre)** to take sides *ou* a stand (for/ against); **prendre son ~ de** to come to terms with; **~ pris** bias

**partial, e, -aux** [paʀsjal, -o] *adj* biased, partial

**participant, e** [paʀtisipɑ̃, -ɑ̃t] *nm/f* participant; (*à un concours*) entrant; (*d'une société*) member

**participation** [paʀtisipasjɔ̃] *nf* participation; (*financière*) contribution; sharing; (*Comm*) interest; **la ~ aux bénéfices** profit-sharing; **la ~ ouvrière** worker participation; **"avec la ~ de ..."** "featuring ..."

**participer** [paʀtisipe]: **~ à** *vt* (*course, réunion*) to take part in; (*profits etc*) to share in; (*frais etc*) to contribute to; (*entreprise: financièrement*) to cooperate in; (*chagrin, succès de qn*) to share (in); **~ de** *vt* to partake of

**particularité** [paʀtikylaʀite] *nf* particularity; (*distinctive*) characteristic, feature

**particulier, -ière** [paʀtikylje, -jɛʀ] *adj* (*personnel, privé*) private; (*étrange*) peculiar, odd; (*spécial*) special, particular; (*caractéristique*) characteristic, distinctive; (*spécifique*) particular ▷ *nm* (*individu: Admin*) private individual; **"~ vend ..."** (*Comm*) "for sale privately ...", "for sale by owner ..." (*US*); **~ à** peculiar to; **en ~** *adv* (*surtout*) in particular, particularly; (*à part*) separately; (*en privé*) in private

**particulièrement** [paʀtikyljɛʀmɑ̃] *adv* particularly

**partie** [paʀti] *nf* (*gén*) part; (*profession, spécialité*) field, subject; (*Jur etc: protagonistes*) party; (*de cartes, tennis etc*) game; (*fig: lutte, combat*) struggle, fight; **une ~ de campagne/ de pêche** an outing in the country/a fishing party *ou* trip; **en ~** *adv* partly, in part; **faire ~ de** to belong to; (*chose*) to be part of; **prendre qn à ~** to take sb to task; (*malmener*) to set on sb; **en grande ~** largely, in the main; **ce n'est que ~ remise** it will be for another time *ou* the next time; **avoir ~ liée avec qn** to be in league with sb; **~ civile** (*Jur*) party claiming damages in a criminal case

**partiel, le** [paʀsjɛl] *adj* partial ▷ *nm* (*Scol*) class exam

**partir** [paʀtiʀ] *vi* (*gén*) to go; (*quitter*) to go, leave; (*s'éloigner*) to go *ou* drive *etc* away *ou* off; (*moteur*) to start; (*pétard*) to go off; (*bouchon*) to come out; (*bouton*) to come off; (*tache*) to go, come out; **~ de** (*lieu: quitter*) to leave; (*: commencer à*) to start from; (*date*) to run *ou* start from; **~ pour/à** (*lieu, pays etc*) to leave for/go off to; **à ~ de** from

**partisan, e** [paʀtizɑ̃, -an] *nm/f* partisan; (*d'un parti, régime etc*) supporter ▷ *adj* (*lutte, querelle*) partisan, one-sided; **être ~ de qch/ faire** to be in favour (*Brit*) *ou* favor (*US*) of sth/ doing

**partition** [paʀtisjɔ̃] *nf* (*Mus*) score

**partout** [paʀtu] *adv* everywhere; **~ où il allait** everywhere *ou* wherever he went; **trente ~** (*Tennis*) thirty all

**paru** [paʀy] *pp de* **paraître**

**parure** [paʀyʀ] *nf* (*bijoux etc*) finery *no pl*; jewellery *no pl* (*Brit*), jewelry *no pl* (*US*); (*assortiment*) set

**P**

**parution** [paʀysjɔ̃] *nf* publication,
appearance

**parvenir** [paʀvəniʀ]: **~ à** *vt* (*atteindre*) to
reach; (*obtenir, arriver à*) to attain; (*réussir*): **~ à
faire** to manage to do, succeed in doing;
**faire ~ qch à qn** to have sth sent to sb

○ MOT-CLÉ

**pas¹** [pɑ] *adv* **1** (*en corrélation avec ne, non etc*) not;
**il ne pleure pas** (*habituellement*) he does not
*ou* doesn't cry; (*maintenant*) he's not *ou* isn't
crying; **je ne mange pas de viande** I don't *ou*
do not eat meat; **il n'a pas pleuré/ne
pleurera pas** he did not *ou* didn't/will not *ou*
won't cry; **ils n'ont pas de
voiture/d'enfants** they haven't got a car/
any children, they have no car/children; **il
m'a dit de ne pas le faire** he told me not to
do it; **non pas que ...** not that ..
**2** (*employé sans ne etc*): **pas moi** not me, not I, I
don't (*ou* can't *etc*); **elle travaille, (mais) lui
pas** *ou* **pas lui** she works but he doesn't *ou*
does not; **une pomme pas mûre** an apple
which isn't ripe; **pas plus tard qu'hier** only
yesterday; **pas du tout** not at all; **pas de
sucre, merci** no sugar, thanks; **ceci est à
vous ou pas?** is this yours or not?, is this
yours or isn't it?
**3**: **pas mal** (*joli: personne, maison*) not bad; **pas
mal fait** not badly done *ou* made; **comment
ça va? — pas mal** how are things? — not bad;
**pas mal de** quite a lot of

**pas²** [pɑ] *nm* (*démarche*) tread; (*enjambée, Danse,
fig: étape*) step; (*bruit*) (foot)step; (*trace*)
footprint; (*allure, mesure*) pace; (*d'un cheval*)
walk; (*Tech: de vis, d'écrou*) thread; **~ à ~** step by
step; **au ~** at a walking pace; **de ce ~** (*à l'instant
même*) straightaway, at once; **marcher à
grands ~** to stride along; **mettre qn au ~** to
bring sb to heel; **au ~ de gymnastique/de
course** at a jog trot/at a run; **à ~ de loup**
stealthily; **faire les cent ~** to pace up and
down; **faire les premiers ~** to make the first
move; **retourner** *ou* **revenir sur ses ~** to
retrace one's steps; **se tirer d'un mauvais ~**
to get o.s. out of a tight spot; **sur le ~ de la
porte** on the doorstep; **le ~ de Calais** (*détroit*)
the Straits *pl* of Dover; **~ de porte** (*fig*) key
money

**passage** [pɑsaʒ] *nm* (*fait de passer*) *voir* **passer**;
(*lieu, prix de la traversée, extrait de livre etc*) passage;
(*chemin*) way; (*itinéraire*): **sur le ~ du cortège**
along the route of the procession; **"laissez/
n'obstruez pas le ~"** "keep clear/do not
obstruct"; **au ~** (*en passant*) as I (*ou* he *etc*) went
by; **de ~** (*touristes*) passing through; (*amants
etc*) casual; **~ clouté** pedestrian crossing;
**"~ interdit"** "no entry"; **~ à niveau** level
(*Brit*) *ou* grade (*US*) crossing; **"~ protégé"** right
of way over secondary road(s) on your right;

**~ souterrain** subway (*Brit*), underpass; **~ à
tabac** beating-up; **~ à vide** (*fig*) bad patch

**passager, -ère** [pɑsaʒe, -ɛʀ] *adj* passing;
(*hôte*) short-stay *cpd*; (*oiseau*) migratory ▷ *nm/f*
passenger; **~ clandestin** stowaway

**passant, e** [pɑsɑ̃, -ɑ̃t] *adj* (*rue, endroit*) busy
▷ *nm/f* passer-by ▷ *nm* (*pour ceinture etc*) loop;
**en ~: remarquer qch en passant** to notice
sth in passing

**passe** [pɑs] *nf* (*Sport, magnétique*) pass; (*Navig*)
channel ▷ *nm* (*passe-partout*) master *ou*
skeleton key; **être en ~ de faire** to be on the
way to doing; **être dans une mauvaise ~** (*fig*)
to be going through a bad patch; **être dans
une bonne ~** (*fig*) to be in a healthy situation;
**~ d'armes** (*fig*) heated exchange

**passé, e** [pɑse] *adj* (*événement, temps*) past;
(*dernier: semaine etc*) last; (*couleur, tapisserie*)
faded; (*précédent*): **dimanche ~** last Sunday
▷ *prép* after ▷ *nm* (*passe-partout*) master *ou*
skeleton key; **il
est ~ midi** *ou* **midi ~** it's gone (*Brit*) *ou* past
twelve; **~ de mode** out of fashion; **~ composé**
perfect (tense); **~ simple** past historic (tense)

**passe-partout** [pɑspaʀtu] *nm inv* master *ou*
skeleton key ▷ *adj inv* all-purpose

**passeport** [pɑspɔʀ] *nm* passport

**passer** [pɑse] *vi* (*se rendre, aller*) to go; (*voiture,
piétons: défiler*) to pass (by), go by; (*faire une
halte rapide: facteur, laitier etc*) to come, call;
(*: pour rendre visite*) to call *ou* drop in; (*courant,
air, lumière, franchir un obstacle etc*) to get
through; (*accusé, projet de loi*): **~ devant** to
come before; (*film, émission*) to be on; (*temps,
jours*) to pass, go by; (*liquide, café*) to go
through; (*être digéré, avalé*) to go down;
(*couleur, papier*) to fade; (*mode*) to die out;
(*douleur*) to pass, go away; (*Cartes*) to pass;
(*Scol*): **~ dans la classe supérieure** to go up
(to the next class); (*devenir*): **~ président** to be
appointed *ou* become president ▷ *vt* (*frontière,
rivière etc*) to cross; (*douane*) to go through;
(*examen*) to sit, take; (*visite médicale etc*) to have;
(*journée, temps*) to spend; (*donner*): **~ qch à qn**
(*sel etc*) to pass sth to sb; (*prêter*) to lend sb sth;
(*lettre, message*) to pass sth on to sb; (*tolérer*) to
let sb get away with sth; (*transmettre*): **~ qch à
qn** to pass sth on to sb; (*enfiler: vêtement*) to
slip on; (*faire entrer, mettre*): **(faire) ~ qch dans/
par** to get sth into/through; (*café*) to pour the
water on; (*thé, soupe*) to strain; (*film, pièce*) to
show, put on; (*disque*) to play, put on;
(*commande*) to place; (*marché, accord*) to agree
on; (*tolérer*): **~ qch à qn** to let sb get away
with sth; **se passer** *vi* (*avoir lieu: scène, action*)
to take place; (*se dérouler: entretien etc*) to go;
(*arriver*): **que s'est-il passé?** what happened?;
(*s'écouler: semaine etc*) to pass, go by; **se ~ de** *vt*
to go *ou* do without; **se ~ les mains sous
l'eau/de l'eau sur le visage** to put one's
hands under the tap/run water over one's
face; **en passant** in passing; **~ par** to go
through; **passez devant/par ici** go in front/

this way; **~ sur** vt (faute, détail inutile) to pass over; **~ dans les mœurs/l'usage** to become the custom/normal usage; **~ avant qch/qn** (fig) to come before sth/sb; **~ un coup de fil à qn** (fam) to give sb a ring; **laisser ~** (air, lumière, personne) to let through; (occasion) to let slip, miss; (erreur) to overlook; **faire ~** (message) to get over ou across; **faire ~ à qn le goût de qch** to cure sb of his (ou her) taste for sth; **~ à la radio/fouille** to be X-rayed/searched; **~ à la radio/télévision** to be on the radio/on television; **~ à table** to sit down to eat; **~ au salon** to go through to ou into the sitting room; **~ son tour** to miss one's turn; **~ à l'opposition** to go over to the opposition; **~ aux aveux** to confess, make a confession; **~ à l'action** to go into action; **~ pour riche** to be taken for a rich man; **il passait pour avoir** he was said to have; **faire ~ qn/qch pour** to make sb/sth out to be; **passe encore de le penser, mais de le dire!** it's one thing to think it, but to say it!; **passons!** let's say no more (about it); **et j'en passe!** and that's not all!; **~ en seconde, ~ la seconde** (Auto) to change into second; **~ qch en fraude** to smuggle sth in (ou out); **~ la main par la portière** to stick one's hand out of the door; **~ le balai/l'aspirateur** to sweep up/hoover; **~ commande/la parole à qn** to hand over to sb; **je vous passe M. X** (je vous mets en communication avec lui) I'm putting you through to Mr X; (je lui passe l'appareil) here is Mr X, I'll hand you over to Mr X; **je vous passe M. Dupont** (je vous mets en communication avec lui) I'm putting you through to Mr Dupont; (je lui passe l'appareil) here is Mr Dupont, I'll hand you over to Mr Dupont; **~ prendre** to (come and) collect

**passerelle** [pasʀɛl] nf footbridge; (de navire, avion) gangway; (Navig): **~ (de commandement)** bridge
**passe-temps** [pɑstɑ̃] nm inv pastime
**passible** [pasibl] adj: **~ de** liable to
**passif, -ive** [pasif, -iv] adj passive ▷ nm (Ling) passive; (Comm) liabilities pl
**passion** [pasjɔ̃] nf passion; **avoir la ~ de** to have a passion for; **fruit de la ~** passion fruit
**passionnant, e** [pasjɔnɑ̃, -ɑ̃t] adj fascinating
**passionné, e** [pasjɔne] adj (personne, tempérament) passionate; (description, récit) impassioned ▷ nm/f: **c'est un ~ d'échecs** he's a chess fanatic; **être ~ de** ou **pour qch** to have a passion for sth
**passionner** [pasjɔne] vt (personne) to fascinate, grip; (débat, discussion) to inflame; **se ~ pour** to take an avid interest in; to have a passion for
**passoire** [paswaʀ] nf sieve; (à légumes) colander; (à thé) strainer
**pastèque** [pastɛk] nf watermelon
**pasteur** [pastœʀ] nm (protestant) minister, pastor

**pasteurisé, e** [pastœʀize] adj pasteurized
**pastille** [pastij] nf (à sucer) lozenge, pastille; (de papier etc) (small) disc; **~s pour la toux** cough drops ou lozenges
**patate** [patat] nf spud; **~ douce** sweet potato
**patauger** [patoʒe] vi (pour s'amuser) to splash about; (avec effort) to wade about; (fig) to flounder; **~ dans** (en marchant) to wade through
**pâte** [pɑt] nf (à tarte) pastry; (à pain) dough; (à frire) batter; (substance molle) paste; cream; **pâtes** nfpl (macaroni etc) pasta sg; **fromage à ~ dure/molle** hard/soft cheese; **~ d'amandes** almond paste, marzipan; **~ brisée** shortcrust (Brit) ou pie crust (US) pastry; **~ à choux/feuilletée** choux/puff ou flaky (Brit) pastry; **~ de fruits** crystallized fruit no pl; **~ à modeler** modelling clay, Plasticine® (Brit); **~ à papier** paper pulp
**pâté** [pɑte] nm (charcuterie: terrine) pâté; (tache) ink blot; (de sable) sandpie; **~ (en croûte)** ≈ meat pie; **~ de foie** liver pâté; **~ de maisons** block (of houses)
**pâtée** [pɑte] nf mash, feed
**patente** [patɑ̃t] nf (Comm) trading licence (Brit) ou license (US)
**paternel, le** [patɛʀnɛl] adj (amour, soins) fatherly; (ligne, autorité) paternal
**pâteux, -euse** [pɑtø, -øz] adj thick; pasty; **avoir la bouche ou langue pâteuse** to have a furred (Brit) ou coated tongue
**pathétique** [patetik] adj pathetic, moving
**patience** [pasjɑ̃s] nf patience; **être à bout de ~** to have run out of patience; **perdre/prendre ~** to lose (one's)/have patience
**patient, e** [pasjɑ̃, -ɑ̃t] adj, nm/f patient
**patienter** [pasjɑ̃te] vi to wait
**patin** [patɛ̃] nm skate; (sport) skating; (de traîneau, luge) runner; (pièce de tissu) cloth pad (used as slippers to protect polished floor); **~ (de frein)** brake block; **~s (à glace)** (ice) skates; **~s à roulettes** roller skates
**patinage** [patinaʒ] nm skating; **~ artistique/de vitesse** figure/speed skating
**patiner** [patine] vi to skate; (embrayage) to slip; (roue, voiture) to spin; **se patiner** vi (meuble, cuir) to acquire a sheen, become polished
**patineur, -euse** [patinœʀ, -øz] nm/f skater
**patinoire** [patinwaʀ] nf skating rink, (ice) rink
**pâtir** [pɑtiʀ]: **~ de** vt to suffer because of
**pâtisserie** [pɑtisʀi] nf (boutique) cake shop; (métier) confectionery; (à la maison) pastry- ou cake-making, baking; **pâtisseries** nfpl (gâteaux) pastries, cakes
**pâtissier, -ière** [pɑtisje, -jɛʀ] nm/f pastrycook; confectioner
**patois** [patwa] nm dialect, patois
**patraque** [patʀak] (fam) adj peaky, off-colour
**patrie** [patʀi] nf homeland
**patrimoine** [patʀimwan] nm inheritance, patrimony; (culture) heritage; **~ génétique** ou **héréditaire** genetic inheritance

● **JOURNÉES DU PATRIMOINE**

● Once a year, important public buildings
● are open to the public for a weekend.
● During these **Journées du Patrimoine**,
● there are guided visits and talks based on
● a particular theme.

**patriotique** [patʀijɔtik] *adj* patriotic
**patron, ne** [patʀɔ̃, -ɔn] *nm/f* (*chef*) boss,
manager(-ess); (*propriétaire*) owner,
proprietor(-tress); (*employeur*) employer;
(*Méd*) ≈ senior consultant; (*Rel*) patron saint
▷ *nm* (*Couture*) pattern; **~ de thèse** supervisor
(of postgraduate thesis)
**patronat** [patʀɔna] *nm* employers *pl*
**patronner** [patʀɔne] *vt* to sponsor, support
**patrouille** [patʀuj] *nf* patrol
**patte** [pat] *nf* (*jambe*) leg; (*pied: de chien, chat*)
paw; (*: d'oiseau*) foot; (*languette*) strap; (*: de
poche*) flap; (*favoris*): **~s (de lapin)** (short)
sideburns; **à ~s d'éléphant** *adj* (*pantalon*)
flared; **~s de mouche** (*fig*) spidery scrawl *sg*;
**~s d'oie** (*fig*) crow's feet
**pâturage** [patyʀaʒ] *nm* pasture
**paume** [pom] *nf* palm
**paumé, e** [pome] *nm/f* (*fam*) drop-out
**paumer** [pome] *vt* (*fam*) to lose
**paupière** [popjɛʀ] *nf* eyelid
**pause** [poz] *nf* (*arrêt*) break; (*en parlant, Mus*)
pause; **~ de midi** lunch break
**pauvre** [povʀ] *adj* poor ▷ *nm/f* poor man/
woman; **les ~s** the poor; **~ en calcium** low in
calcium
**pauvreté** [povʀəte] *nf* (*état*) poverty;
**pauvreté énergétique** fuel poverty
**pavaner** [pavane]: **se pavaner** *vi* to strut about
**pavé, e** [pave] *adj* (*cour*) paved; (*rue*) cobbled
▷ *nm* (*bloc*) paving stone; cobblestone;
(*pavage*) paving; (*bifteck*) slab of steak; (*fam:
livre*) hefty tome; **être sur le ~** (*sans domicile*) to
be on the streets; (*sans emploi*) to be out of a
job; **~ numérique** (*Inform*) keypad
**pavillon** [pavijɔ̃] *nm* (*de banlieue*) small
(detached) house; (*kiosque*) lodge; pavilion;
(*d'hôpital*) ward; (*Mus: de cor etc*) bell; (*Anat: de
l'oreille*) pavilion, pinna; (*Navig*) flag; **~ de
complaisance** flag of convenience
**pavoiser** [pavwaze] *vt* to deck with flags ▷ *vi*
to put out flags; (*fig*) to rejoice, exult
**pavot** [pavo] *nm* poppy
**payant, e** [pɛjɑ̃, -ɑ̃t] *adj* (*spectateurs etc*)
paying; (*billet*) that you pay for, to be paid for;
(*fig: entreprise*) profitable; (*effort*) which pays
off; **c'est ~** you have to pay, there is a charge
**paye** [pɛj] *nf* pay, wages *pl*
**payer** [pɛje] *vt* (*créancier, employé, loyer*) to pay;
(*achat, réparations, fig: faute*) to pay for ▷ *vi* to
pay; (*métier*) to be well-paid, pay; (*effort,
tactique etc*) to pay off; **être bien/mal payé** to
be well/badly paid; **il me l'a fait ~ 10 euros**
he charged me 10 euros for it; **~ qn de** (*ses

efforts, peines*) to reward sb for; **~ qch à qn** to
buy sth for sb, buy sb sth; **ils nous ont payé
le voyage** they paid for our trip; **~ de sa
personne** to give of oneself; **~ d'audace** to
act with great daring; **~ cher qch** to pay
dear(ly) for sth; **cela ne paie pas de mine** it
doesn't look much; **se ~ qch** to buy o.s. sth;
**se ~ de mots** to shoot one's mouth off; **se ~
la tête de qn** to take the mickey out of sb
(*Brit*), make a fool of sb; (*duper*) to take sb for a
ride
**pays** [pei] *nm* (*territoire, habitants*) country,
land; (*région*) region; (*village*) village; **du ~** *adj*
local; **le ~ de Galles** Wales
**paysage** [peizaʒ] *nm* landscape
**paysan, ne** [peizɑ̃, -an] *nm/f* countryman/-
woman; farmer; (*péj*) peasant ▷ *adj* (*rural*)
country *cpd*; (*agricole*) farming, farmers'
**Pays-Bas** [peiba] *nmpl*: **les ~** the Netherlands
**PC** *sigle m* (*Pol*) = **parti communiste**; (*Inform:
= personal computer*) PC; (*= prêt conventionné*) type
*of loan for house purchase*; (*Constr*) = **permis de
construire**; (*Mil*) = **poste de commandement**
**PDA** *sigle m* (*= personal digital assistant*) PDA
**PDG** *sigle m* = **président directeur général**
**péage** [peaʒ] *nm* toll; (*endroit*) tollgate; **pont à
~** toll bridge
**peau, x** [po] *nf* skin; (*cuir*): **gants de ~** leather
gloves; **être bien/mal dans sa ~** to be at
ease/ill-at-ease; **se mettre dans la ~ de qn**
to put o.s. in sb's place *ou* shoes; **faire ~
neuve** (*se renouveler*) to change one's image;
**~ de chamois** (*chiffon*) chamois leather,
shammy; **~ d'orange** orange peel
**Peau-Rouge** [poʀuʒ] *nm/f* Red Indian, red
skin
**péché** [peʃe] *nm* sin; **~ mignon** weakness
**pêche** [pɛʃ] *nf* (*sport, activité*) fishing; (*poissons
pêchés*) catch; (*fruit*) peach; **aller à la ~** to go
fishing; **avoir la ~** (*fam*) to be on (top) form;
**~ à la ligne** (*en rivière*) angling;
**~ sous-marine** deep-sea fishing
**pécher** [peʃe] *vi* (*Rel*) to sin; (*fig: personne*) to
err; (*: chose*) to be flawed; **~ contre la
bienséance** to break the rules of good
behaviour
**pêcher** [peʃe] *nm* peach tree ▷ *vi* to go
fishing; (*en rivière*) to go angling ▷ *vt* (*attraper*)
to catch, land; (*chercher*) to fish for; **~ au
chalut** to trawl
**pécheur, -eresse** [peʃœʀ, peʃʀɛs] *nm/f*
sinner
**pêcheur** [peʃœʀ] *nm* voir **pêcher** fisherman;
(*à la ligne*) angler; **~ de perles** pearl diver
**pécule** [pekyl] *nm* savings *pl*, nest egg; (*d'un
détenu*) earnings *pl* (*paid on release*)
**pédagogie** [pedagɔʒi] *nf* educational
methods *pl*, pedagogy
**pédagogique** [pedagɔʒik] *adj* educational;
**formation ~** teacher training
**pédale** [pedal] *nf* pedal; **mettre la ~ douce** to
soft-pedal

**pédalo** [pedalo] nm pedalo, pedal-boat

**pédant, e** [pedɑ̃, -ɑ̃t] adj (péj) pedantic ▷ nm/f pedant

**pédestre** [pedɛstʀ] adj: **tourisme** ~ hiking; **randonnée** ~ (activité) rambling; (excursion) ramble; **sentier** ~ pedestrian footpath

**pédiatre** [pedjatʀ] nm/f paediatrician (Brit), pediatrician ou pediatrist (US), child specialist

**pédicure** [pedikyʀ] nm/f chiropodist

**pègre** [pɛgʀ] nf underworld

**peignais** etc [pɛɲɛ] vb voir **peindre**

**peigne** [pɛɲ] vb voir **peindre**; **peigner** ▷ nm comb

**peigner** [peɲe] vt to comb (the hair of); **se peigner** vi to comb one's hair

**peignoir** [pɛɲwaʀ] nm dressing gown; ~ **de bain** bathrobe; ~ **de plage** beach robe

**peindre** [pɛ̃dʀ] vt to paint; (fig) to portray, depict

**peine** [pɛn] nf (affliction) sorrow, sadness no pl; (mal, effort) trouble no pl, effort; (difficulté) difficulty; (punition, châtiment) punishment; (Jur) sentence; **faire de la** ~ **à qn** to distress ou upset sb; **prendre la** ~ **de faire** to go to the trouble of doing; **se donner de la** ~ to make an effort; **ce n'est pas la** ~ **de faire** there's no point in doing, it's not worth doing; **ce n'est pas la** ~ **que vous fassiez** there's no point in (your) doing; **avoir de la** ~ to be sad; **avoir de la** ~ **à faire** to have difficulty doing; **donnez-vous** ou **veuillez-vous donner la** ~ **d'entrer** please do come in; **c'est** ~ **perdue** it's a waste of time and effort; **à** ~ adv scarcely, hardly, barely; **à** ~ ... **que** hardly ... than, no sooner ... than; **c'est à** ~ **si** ... it's (ou it was) a job to ...; **sous** ~: **sous peine d'être puni** for fear of being punished; **défense d'afficher sous** ~ **d'amende** billposters will be fined; ~ **capitale** capital punishment; ~ **de mort** death sentence ou penalty

**peiner** [pene] vi to work hard; to struggle; (moteur, voiture) to labour (Brit), labor (US) ▷ vt to grieve, sadden

**peintre** [pɛ̃tʀ] nm painter; ~ **en bâtiment** house painter, painter and decorator; ~ **d'enseignes** signwriter

**peinture** [pɛ̃tyʀ] nf painting; (couche de couleur, couleur) paint; (surfaces peintes: aussi: ~**s**) paintwork; **je ne peux pas le voir en** ~ I can't stand the sight of him; ~ **mate/ brillante** matt/gloss paint; **"~ fraîche"** "wet paint"

**péjoratif, -ive** [peʒɔʀatif, -iv] adj pejorative, derogatory

**Pékin** [pekɛ̃] n Beijing

**pelage** [pəlaʒ] nm coat, fur

**pêle-mêle** [pɛlmɛl] adv higgledy-piggledy

**peler** [pəle] vt, vi to peel

**pèlerin** [pɛlʀɛ̃] nm pilgrim

**pèlerinage** [pɛlʀinaʒ] nm (voyage) pilgrimage; (lieu) place of pilgrimage, shrine

**pelle** [pɛl] nf shovel; (d'enfant, de terrassier) spade; ~ **à gâteau** cake slice; ~ **mécanique** mechanical digger

**pellicule** [pelikyl] nf film; **pellicules** nfpl (Méd) dandruff sg

**pelote** [pəlɔt] nf (de fil, laine) ball; (d'épingles) pin cushion; ~ **basque** pelota

**peloton** [pəlɔtɔ̃] nm (groupe: de personnes) group; (: de pompiers, gendarmes) squad; (: Sport) pack; (de laine) ball; ~ **d'exécution** firing squad

**pelotonner** [pəlɔtɔne]: **se pelotonner** vi to curl (o.s.) up

**pelouse** [pəluz] nf lawn; (Hippisme) spectating area inside racetrack

**peluche** [pəlyʃ] nf (bit of) fluff; **animal en** ~ soft toy, fluffy animal; **chien/lapin en** ~ fluffy dog/rabbit

**pelure** [pəlyʀ] nf peeling, peel no pl; ~ **d'oignon** onion skin

**pénal, e, -aux** [penal, -o] adj penal

**pénalité** [penalite] nf penalty

**penaud, e** [pəno, -od] adj sheepish, contrite

**penchant** [pɑ̃ʃɑ̃] nm: **un** ~ **à faire/à qch** a tendency to do/to sth; **un** ~ **pour qch** a liking ou fondness for sth

**pencher** [pɑ̃ʃe] vi to tilt, lean over ▷ vt to tilt; **se pencher** vi to lean over; (se baisser) to bend down; **se** ~ **sur** to bend over; (fig: problème) to look into; **se** ~ **au dehors** to lean out; ~ **pour** to be inclined to favour (Brit) ou favor (US)

**pendaison** [pɑ̃dɛzɔ̃] nf hanging

**pendant, e** [pɑ̃dɑ̃, -ɑ̃t] adj hanging (out); (Admin, Jur) pending ▷ nm counterpart; matching piece ▷ prép (au cours de) during; (indique la durée) for; **faire** ~ **à** to match; to be the counterpart of; ~ **que** while; ~**s d'oreilles** drop ou pendant earrings

**pendentif** [pɑ̃dɑ̃tif] nm pendant

**penderie** [pɑ̃dʀi] nf wardrobe; (placard) walk-in cupboard

**pendre** [pɑ̃dʀ] vt, vi to hang; **se** ~ (**à**) (se suicider) to hang o.s. (on); ~ **à** to hang (down) from; ~ **qch à** (mur) to hang sth (up) on; (plafond) to hang sth (up) from; **se** ~ **à** (se suspendre) to hang from

**pendule** [pɑ̃dyl] nf clock ▷ nm pendulum

**pénétrer** [penetʀe] vi to come ou get in ▷ vt to penetrate; ~ **dans** to enter; (froid, projectile) to penetrate; (: air, eau) to come into, get into; (mystère, secret) to fathom; **se** ~ **de qch** to get sth firmly set in one's mind

**pénible** [penibl] adj (astreignant) hard; (affligeant) painful; (personne, caractère) tiresome; **il m'est** ~ **de** ... I'm sorry to ...

**péniblement** [peniblmɑ̃] adv with difficulty

**péniche** [peniʃ] nf barge; ~ **de débarquement** landing craft inv

**pénicilline** [penisilin] nf penicillin

**péninsule** [penɛ̃syl] nf peninsula

**pénis** [penis] nm penis

**pénitence** [penitãs] nf (repentir) penitence; (peine) penance; (punition, châtiment) punishment; **mettre un enfant en ~** = to make a child stand in the corner; **faire ~** to do a penance

**pénitencier** [penitãsje] nm prison, penitentiary (US)

**pénombre** [penɔ̃bʀ] nf (faible clarté) half-light; (obscurité) darkness

**pensée** [pãse] nf thought; (démarche, doctrine) thinking no pl; (Bot) pansy; **se représenter qch par la ~** to conjure up a mental picture of sth; **en ~** in one's mind

**penser** [pãse] vi to think ▷ vt to think; (concevoir: problème, machine) to think out; **~ à** (prévoir) to think of; (songer à: ami, vacances) to think of ou about; (réfléchir à: problème, offre): **~ à qch** to think about sth, think sth over; **~ à faire qch** to think of doing sth; **~ faire qch** to be thinking of doing sth, intend to do sth; **faire ~ à** to remind one of; **n'y pensons plus** let's forget it; **vous n'y pensez pas!** don't let it bother you!; **sans ~ à mal** without meaning any harm; **je le pense aussi** I think so too; **je pense que oui/non** I think so/don't think so

**pensif, -ive** [pãsif, -iv] adj pensive, thoughtful

**pension** [pãsjɔ̃] nf (allocation) pension; (prix du logement) board and lodging, bed and board; (maison particulière) boarding house; (hôtel) guesthouse, hotel; (école) boarding school; **prendre ~ chez** to take board and lodging at; **prendre qn en ~** to take sb (in) as a lodger; **mettre en ~** to send to boarding school; **~ alimentaire** (d'étudiant) living allowance; (de divorcée) maintenance allowance; alimony; **~ complète** full board; **~ de famille** boarding house, guesthouse; **~ de guerre/d'invalidité** war/disablement pension

**pensionnaire** [pãsjɔnɛʀ] nm/f (Scol) boarder; guest

**pensionnat** [pãsjɔna] nm boarding school

**pente** [pãt] nf slope; **en ~** adj sloping

**Pentecôte** [pãtkot] nf: **la ~** Whitsun (Brit), Pentecost; (dimanche) Whitsunday (Brit); **lundi de ~** Whit Monday (Brit)

**pénurie** [penyʀi] nf shortage; **~ de main-d'œuvre** undermanning

**pépé** [pepe] nm (fam) grandad

**pépin** [pepɛ̃] nm (Bot: graine) pip; (fam: ennui) snag, hitch; (: parapluie) brolly (Brit), umbrella

**pépinière** [pepinjɛʀ] nf nursery; (fig) nest, breeding-ground

**perçant, e** [pɛʀsã, -ãt] adj (vue, regard, yeux) sharp, keen; (cri, voix) piercing, shrill

**percée** [pɛʀse] nf (trouée) opening; (Mil, Comm: fig) breakthrough; (Sport) break

**perce-neige** [pɛʀsənɛʒ] nm ou f inv snowdrop

**percepteur, trice** [pɛʀsɛptœʀ, tʀis], **-trice** nm/f tax collector

**perception** [pɛʀsɛpsjɔ̃] nf perception; (d'impôts etc) collection; (bureau) tax (collector's) office

**percer** [pɛʀse] vt to pierce; (ouverture etc) to make; (mystère, énigme) to penetrate ▷ vi to come through; (réussir) to break through; **~ une dent** to cut a tooth

**perceuse** [pɛʀsøz] nf drill; **~ à percussion** hammer drill

**percevoir** [pɛʀsəvwaʀ] vt (distinguer) to perceive, detect; (taxe, impôt) to collect; (revenu, indemnité) to receive

**perche** [pɛʀʃ] nf (Zool) perch; (bâton) pole; **~ à son** (sound) boom

**percher** [pɛʀʃe] vt to perch; **~ qch sur** to perch sth on; **se percher** vi (oiseau) to perch

**perchoir** [pɛʀʃwaʀ] nm perch; (fig) presidency of the French National Assembly

**perçois** etc [pɛʀswa] vb voir **percevoir**

**percolateur** [pɛʀkɔlatœʀ] nm percolator

**perçu, e** [pɛʀsy] pp de **percevoir**

**percussion** [pɛʀkysjɔ̃] nf percussion

**percuter** [pɛʀkyte] vt to strike; (véhicule) to crash into ▷ vi: **~ contre** to crash into

**perdant, e** [pɛʀdã, -ãt] nm/f loser ▷ adj losing

**perdre** [pɛʀdʀ] vt to lose; (gaspiller: temps, argent) to waste; (: occasion) to waste, miss; (personne: moralement etc) to ruin ▷ vi to lose; (sur une vente etc) to lose out; (récipient) to leak; **se perdre** vi (s'égarer) to get lost, lose one's way; (fig: se gâter) to go to waste; (disparaître) to disappear, vanish; **il ne perd rien pour attendre** it can wait, it'll keep; **je me suis perdu** (et je le suis encore) I'm lost; (et je ne le suis plus) I got lost

**perdrix** [pɛʀdʀi] nf partridge

**perdu, e** [pɛʀdy] pp de **perdre** ▷ adj (enfant, cause, objet) lost; (isolé) out-of-the-way; (Comm: emballage) non-returnable; (récolte etc) ruined; (malade): **il est ~** there's no hope left for him; **à vos moments ~s** in your spare time

**père** [pɛʀ] nm father; **pères** nmpl (ancêtres) forefathers; **de ~ en fils** from father to son; **~ de famille** father; family man; **mon ~** (Rel) Father; **le ~ Noël** Father Christmas

**perfection** [pɛʀfɛksjɔ̃] nf perfection; **à la ~** adv to perfection

**perfectionné, e** [pɛʀfɛksjɔne] adj sophisticated

**perfectionner** [pɛʀfɛksjɔne] vt to improve, perfect; **se ~ en anglais** to improve one's English

**perforer** [pɛʀfɔʀe] vt to perforate, punch a hole ou holes in; (ticket, bande, carte) to punch

**performant, e** [pɛʀfɔʀmã, -ãt] adj (Écon: produit, entreprise) high-return cpd; (Tech): **très ~** (appareil, machine) high-performance cpd

**perfusion** [pɛʀfyzjɔ̃] nf perfusion; **faire une ~ à qn** to put sb on a drip

**péricliter** [peʀiklite] vi to go downhill

**péril** [peʀil] nm peril; **au ~ de sa vie** at the risk of his life; **à ses risques et ~s** at his (ou her) own risk

**périmé, e** [peʀime] adj (out)dated; (*Admin*) out-of-date, expired

**périmètre** [peʀimɛtʀ] nm perimeter

**période** [peʀjɔd] nf period

**périodique** [peʀjɔdik] adj (*phases*) periodic; (*publication*) periodical; (*Math: fraction*) recurring ▷ nm periodical; **garniture** ou **serviette** ~ sanitary towel (*Brit*) ou napkin (*US*)

**péripéties** [peʀipesi] nfpl events, episodes

**périphérique** [peʀifeʀik] adj (*quartiers*) outlying; (*Anat, Tech*) peripheral; (*station de radio*) operating from a neighbouring country ▷ nm (*Inform*) peripheral; (*Auto*): **(boulevard)** ~ ring road (*Brit*), beltway (*US*)

**périple** [peʀipl] nm journey

**périr** [peʀiʀ] vi to die, perish

**périssable** [peʀisabl] adj perishable

**perle** [pɛʀl] nf pearl; (*de plastique, métal, sueur*) bead; (*personne, chose*) gem, treasure; (*erreur*) gem, howler

**permanence** [pɛʀmanɑ̃s] nf permanence; (*local*) (duty) office, strike headquarters; (*service des urgences*) emergency service; (*Scol*) study room; **assurer une** ~ (*service public, bureaux*) to operate ou maintain a basic service; **être de** ~ to be on call ou duty; **en** ~ adv (*toujours*) permanently; (*continûment*) continuously

**permanent, e** [pɛʀmanɑ̃, -ɑ̃t] adj permanent; (*spectacle*) continuous; (*armée, comité*) standing ▷ nf perm ▷ nm/f (*d'un syndicat, parti*) paid official

**perméable** [pɛʀmeabl] adj (*terrain*) permeable; ~ **à** (*fig*) receptive ou open to

**permettre** [pɛʀmɛtʀ] vt to allow, permit; ~ **à qn de faire/qch** to allow sb to do/sth; **se** ~ **de faire qch** to take the liberty of doing sth; **permettez!** excuse me!

**permis, e** [pɛʀmi, -iz] pp de **permettre** ▷ nm permit, licence (*Brit*), license (*US*); ~ **de chasse** hunting permit; ~ **(de conduire)** (driving) licence (*Brit*), (driver's) license (*US*); ~ **de construire** planning permission (*Brit*), building permit (*US*); ~ **d'inhumer** burial certificate; ~ **poids lourds** ≈ HGV (driving) licence (*Brit*), ≈ class E (driver's) license (*US*); ~ **de séjour** residence permit; ~ **de travail** work permit

**permission** [pɛʀmisjɔ̃] nf permission; (*Mil*) leave; (: *papier*) pass; **en** ~ on leave; **avoir la** ~ **de faire** to have permission to do, be allowed to do

**permuter** [pɛʀmyte] vt to change around, permutate ▷ vi to change, swap

**Pérou** [peʀu] nm: **le** ~ Peru

**perpétuel, le** [pɛʀpetɥɛl] adj perpetual; (*Admin etc*) permanent; for life

**perpétuité** [pɛʀpetɥite] nf: **à** ~ adj, adv for life; **être condamné à** ~ to be sentenced to life imprisonment, receive a life sentence

**perplexe** [pɛʀplɛks] adj perplexed, puzzled

**perquisitionner** [pɛʀkizisjɔne] vi to carry out a search

**perron** [pɛʀɔ̃] nm steps pl (*in front of mansion etc*)

**perroquet** [pɛʀɔkɛ] nm parrot

**perruche** [pɛʀyʃ] nf budgerigar (*Brit*), budgie (*Brit*), parakeet (*US*)

**perruque** [pɛʀyk] nf wig

**persan, e** [pɛʀsɑ̃, -an] adj Persian ▷ nm (*Ling*) Persian

**persécuter** [pɛʀsekyte] vt to persecute

**persévérer** [pɛʀsevere] vi to persevere; ~ **à croire que** to continue to believe that

**persiennes** [pɛʀsjɛn] nfpl (slatted) shutters

**persil** [pɛʀsi] nm parsley

**Persique** [pɛʀsik] adj: **le golfe** ~ the (Persian) Gulf

**persistant, e** [pɛʀsistɑ̃, -ɑ̃t] adj persistent; (*feuilles*) evergreen; **à feuillage** ~ evergreen

**persister** [pɛʀsiste] vi to persist; ~ **à faire qch** to persist in doing sth

**personnage** [pɛʀsɔnaʒ] nm (*notable*) personality; figure; (*individu*) character, individual; (*Théât: de roman, film*) character; (*Peinture*) figure

**personnalité** [pɛʀsɔnalite] nf personality; (*personnage*) prominent figure

**personne** [pɛʀsɔn] nf person ▷ pron nobody, no one; (*avec négation en anglais*) anybody, anyone; **personnes** people pl; **il n'y a** ~ there's nobody in ou there, there isn't anybody in ou there; **10 euros par** ~ 10 euros per person ou a head; **en** ~ personally, in person; ~ **âgée** elderly person; ~ **à charge** (*Jur*) dependent; ~ **morale** ou **civile** (*Jur*) legal entity

**personnel, le** [pɛʀsɔnɛl] adj personal; (*égoïste: personne*) selfish, self-centred; (*idée, opinion*): **j'ai des idées ~les à ce sujet** I have my own ideas about that ▷ nm personnel, staff; **service du** ~ personnel department

**personnellement** [pɛʀsɔnɛlmɑ̃] adv personally

**perspective** [pɛʀspɛktiv] nf (*Art*) perspective; (*vue, coup d'œil*) view; (*point de vue*) viewpoint, angle; (*chose escomptée, envisagée*) prospect; **en** ~ in prospect

**perspicace** [pɛʀspikas] adj clear-sighted, gifted with ou showing insight

**perspicacité** [pɛʀspikasite] nf insight, perspicacity

**persuader** [pɛʀsɥade] vt: ~ **qn (de/de faire)** to persuade sb (of/to do); **j'en suis persuadé** I'm quite sure ou convinced (of it)

**persuasif, -ive** [pɛʀsɥazif, -iv] adj persuasive

**perte** [pɛʀt] nf loss; (*de temps*) waste; (*fig: morale*) ruin; **pertes** nfpl losses; **à** ~ (*Comm*) at a loss; **à** ~ **de vue** as far as the eye can (*ou* could) see; (*fig*) interminably; **en pure** ~ for absolutely nothing; **courir à sa** ~ to be on the road to ruin; **être en** ~ **de vitesse** (*fig*) to be losing momentum; **avec** ~ **et fracas**

**p**

forcibly; **~ de chaleur** heat loss; **~ sèche** dead
loss; **~s blanches** (vaginal) discharge *sg*
**pertinemment** [pɛʀtinamɑ̃] *adv* to the
point; (*savoir*) perfectly well, full well
**pertinent, e** [pɛʀtinɑ̃, -ɑ̃t] *adj* (*remarque*) apt,
pertinent, relevant; (*analyse*) discerning,
judicious
**perturbation** [pɛʀtyʀbasjɔ̃] *nf* (*dans un service
public*) disruption; (*agitation, trouble*)
perturbation; **~ (atmosphérique)**
atmospheric disturbance
**perturber** [pɛʀtyʀbe] *vt* to disrupt; (*Psych*) to
perturb, disturb
**pervers, e** [pɛʀvɛʀ, -ɛʀs] *adj* perverted,
depraved; (*malfaisant*) perverse
**pervertir** [pɛʀvɛʀtiʀ] *vt* to pervert
**pesant, e** [pəzɑ̃, -ɑ̃t] *adj* heavy; (*fig: présence*)
burdensome ▷ *nm*: **valoir son ~ de** to be
worth one's weight in
**pèse-personne** [pɛzpɛʀsɔn] *nm* (bathroom)
scales *pl*
**peser** [pəze] *vt* to weigh; (*considérer, comparer*)
to weigh up ▷ *vi* to be heavy; (*fig: avoir de
l'importance*) to carry weight; **~ sur** (*levier,
bouton*) to press, push; (*fig: accabler*) to lie
heavy on; (*: influencer*) to influence; **~ à qn** to
weigh heavy on sb
**pessimisme** [pesimism] *nm* pessimism
**pessimiste** [pesimist] *adj* pessimistic ▷ *nm/f*
pessimist
**peste** [pɛst] *nf* plague; (*fig*) pest, nuisance
**pester** [pɛste] *vi*: **~ contre** to curse
**pétale** [petal] *nm* petal
**pétanque** [petɑ̃k] *nf type of bowls; see note*

**pétarader** [petaʀade] *vi* to backfire
**pétard** [petaʀ] *nm* (*feu d'artifice*) banger (Brit),
firecracker; (*de cotillon*) cracker; (*Rail*) detonator
**péter** [pete] *vi* (*fam: casser, sauter*) to burst; to
bust; (*fam!*) to fart (!)
**pétillant, e** [petijɑ̃, -ɑ̃t] *adj* (*eau*) sparkling
**pétiller** [petije] *vi* (*flamme, bois*) to crackle;
(*mousse, champagne*) to bubble; (*pierre, métal*) to
glisten; (*yeux*) to sparkle; (*fig*): **~ d'esprit** to
sparkle with wit
**petit, e** [pəti, -it] *adj* (*gén*) small; (*avec nuance
affective*) little; (*main, objet, colline, en âge:
enfant*) small, little; (*mince, fin: personne, taille,
pluie*) slight; (*voyage*) short, little; (*bruit etc*)
faint, slight; (*mesquin*) mean; (*peu important*)
minor ▷ *nm/f* (*petit enfant*) little one, child;
**petits** *nmpl* (*d'un animal*) young *pl*; **faire des**

**~s** to have kittens (*ou* puppies *etc*); **en ~** in
miniature; **mon ~** son; little one; **ma ~e** dear;
little one; **pauvre ~** poor little thing; **la
classe des ~s** the infant class; **pour ~s et
grands** for children and adults; **les tout-~s**
the little ones, the tiny tots; **~ à ~** bit by bit,
gradually; **~(e) ami/e** boyfriend/girlfriend;
**les ~es annonces** the small ads; **~ déjeuner**
breakfast; **~ doigt** little finger; **le ~ écran** the
small screen; **~ four** petit four; **~ pain** (bread)
roll; **~e monnaie** small change; **~e vérole**
smallpox; **~s pois** petit pois *pl*, garden peas;
**~es gens** people of modest means
**petite-fille** (*pl* **petites-filles**) [pətitfij] *nf*
granddaughter
**petit-fils** (*pl* **petits-fils**) [pətifis] *nm*
grandson
**pétition** [petisjɔ̃] *nf* petition; **faire signer
une ~** to get up a petition
**petits-enfants** [pətizɑ̃fɑ̃] *nmpl* grandchildren
**petit-suisse** (*pl* **petits-suisses**) [pətisɥis] *nm*
small individual pot of cream cheese
**pétrin** [petʀɛ̃] *nm* kneading-trough; (*fig*):
**dans le ~** in a jam *ou* fix
**pétrir** [petʀiʀ] *vt* to knead
**pétrole** [petʀɔl] *nm* oil; (*aussi*: **~ lampant**: *pour
lampe, réchaud etc*) paraffin (Brit), kerosene (US)
**pétrolier, -ière** [petʀɔlje, -jɛʀ] *adj* oil *cpd*;
(*pays*) oil-producing ▷ *nm* (*navire*) oil tanker;
(*financier*) oilman; (*technicien*) petroleum
engineer
**P et T** *sigle fpl* = **postes et télécommunications**

 **MOT-CLÉ**

**peu** [pø] *adv* **1** (*modifiant verbe, adjectif, adverbe*): **il
boit peu** he doesn't drink (very) much; **il est
peu bavard** he's not very talkative; **peu
avant/après** shortly before/afterwards;
**pour peu qu'il fasse** if he should do, if by
any chance he does
**2** (*modifiant nom*): **peu de: peu de
gens/d'arbres** few *ou* not (very) many
people/trees; **il a peu d'espoir** he hasn't
(got) much hope, he has little hope; **pour
peu de temps** for (only) a short while; **à peu
de frais** for very little cost
**3**: **peu à peu** little by little; **à peu près** just
about, more or less; **à peu près 10 kg/10
euros** approximately 10 kg/10 euros
▷ *nm* **1**: **le peu de gens qui** the few people
who; **le peu de sable qui** what little sand,
the little sand which
**2**: **un peu** a little; **un petit peu** a little bit;
**un peu d'espoir** a little hope; **elle est un
peu bavarde** she's rather talkative; **un peu
plus de** slightly more than; **un peu moins
de** slightly less than; (*avec pluriel*) slightly
fewer than; **pour un peu il ..., un peu plus
et il ...** he very nearly *ou* all but ...; **essayez
un peu!** have a go!, just try it!
▷ *pron*: **peu le savent** few know (it); **avant** *ou*

**sous peu** shortly, before long; **depuis peu** for a short ou little while; (au passé) a short ou little while ago; **de peu** (only) just; **c'est peu de chose** it's nothing; **il est de peu mon cadet** he's just a little ou bit younger than me

**peuple** [pœpl] *nm* people; (masse): **un ~ de vacanciers** a crowd of holiday-makers; **il y a du ~** there are a lot of people

**peupler** [pœple] *vt* (pays, région) to populate; (étang) to stock; (hommes, poissons) to inhabit; (fig: imagination, rêves) to fill; **se peupler** *vi* (ville, région) to become populated; (fig: s'animer) to fill (up), be filled

**peuplier** [pøplije] *nm* poplar (tree)

**peur** [pœr] *nf* fear; **avoir ~ (de/de faire/que)** to be frightened ou afraid (of/of doing/that); **prendre ~** to take fright; **faire ~ à** to frighten; **de ~ de/que** for fear of/that; **j'ai ~ qu'il ne soit trop tard** I'm afraid it might be too late; **j'ai ~ qu'il (ne) vienne (pas)** I'm afraid he may (not) come

**peureux, -euse** [pœrø, -øz] *adj* fearful, timorous

**peut** [pø] *vb voir* **pouvoir**

**peut-être** [pøtɛtr] *adv* perhaps, maybe; **~ que** perhaps, maybe; **~ bien qu'il fera/est** he may well do/be

**phare** [far] *nm* (en mer) lighthouse; (d'aéroport) beacon; (de véhicule) headlight, headlamp (Brit) ▷ *adj*: **produit ~** leading product; **se mettre en ~s, mettre ses ~s** to put on one's headlights; **~s de recul** reversing (Brit) ou back-up (US) lights

**pharmacie** [farmasi] *nf* (science) pharmacology; (magasin) chemist's (Brit), pharmacy; (officine) dispensary; (produits) pharmaceuticals *pl*; (armoire) medicine chest ou cupboard, first-aid cupboard

**pharmacien, ne** [farmasjɛ̃, -ɛn] *nm/f* pharmacist, chemist (Brit)

**phénomène** [fenomɛn] *nm* phenomenon; (monstre) freak

**philatélie** [filateli] *nf* philately, stamp collecting

**philosophe** [filozof] *nm/f* philosopher ▷ *adj* philosophical

**philosophie** [filozofi] *nf* philosophy

**phobie** [fobi] *nf* phobia

**phonétique** [fonetik] *adj* phonetic ▷ *nf* phonetics *sg*

**phoque** [fok] *nm* seal; (fourrure) sealskin

**phosphorescent, e** [fosforesã, -ãt] *adj* luminous

**photo** [foto] *nf* (photographie) photo ▷ *adj*: **appareil/pellicule ~** camera/film; **en ~** in ou on a photo; **prendre en ~** to take a photo of; **aimer la/faire de la ~** to like taking/take photos; **~ en couleurs** colour photo; **~ d'identité** passport photo

**photocopie** [fotokopi] *nf* (procédé) photocopying; (document) photocopy

**photocopier** [fotokopje] *vt* to photocopy

**photocopieur** [fotokopjœr] *nm*, **photocopieuse** [fotokopjøz] *nf* (photo) copier

**photographe** [fotograf] *nm/f* photographer

**photographie** [fotografi] *nf* (procédé, technique) photography; (cliché) photograph; **faire de la ~** to do photography as a hobby; (comme métier) to be a photographer

**photographier** [fotografje] *vt* to photograph, take

**phrase** [fraz] *nf* (Ling) sentence; (propos, Mus) phrase; **phrases** *nfpl* (péj) flowery language *sg*

**physicien, ne** [fizisjɛ̃, -ɛn] *nm/f* physicist

**physionomie** [fizjonomi] *nf* face; (d'un paysage etc) physiognomy

**physique** [fizik] *adj* physical ▷ *nm* physique ▷ *nf* physics *sg*; **au ~** physically

**physiquement** [fizikmã] *adv* physically

**piailler** [pjaje] *vi* to squawk

**pianiste** [pjanist] *nm/f* pianist

**piano** [pjano] *nm* piano; **~ à queue** grand piano

**pianoter** [pjanote] *vi* to tinkle away (at the piano); (tapoter): **~ sur** to drum one's fingers on

**pic** [pik] *nm* (instrument) pick(axe); (montagne) peak; (Zool) woodpecker; **à ~** *adv* vertically; (fig: tomber, arriver) just at the right time; **couler à ~** (bateau) to go straight down; **~ à glace** ice pick

**pichet** [piʃɛ] *nm* jug

**picorer** [pikore] *vt* to peck

**picoter** [pikote] *vt* (oiseau) to peck ▷ *vi* (irriter) to smart, prickle

**pie** [pi] *nf* magpie; (fig) chatterbox ▷ *adj inv*: **cheval ~** piebald; **vache ~** black and white cow

**pièce** [pjɛs] *nf* (d'un logement) room; (Théât) play; (de mécanisme, machine) part; (de monnaie) coin; (Couture) patch; (document) document; (de drap, fragment, d'une collection) piece; (de bétail) head; **mettre en ~s** to smash to pieces; **deux euros ~** two euros each; **vendre à la ~** to sell separately ou individually; **travailler/payer à la ~** to do piecework/pay piece rate; **de toutes ~s: c'est inventé de toutes pièces** it's a complete fabrication; **un maillot une ~** a one-piece swimsuit; **un deux-~s cuisine** a two-room(ed) flat (Brit) ou apartment (US) with kitchen; **tout d'une ~** (personne: franc) blunt; (: sans souplesse) inflexible; **~ à conviction** exhibit; **~ d'eau** ornamental lake ou pond; **~ d'identité: avez-vous une pièce d'identité?** have you got any (means of) identification?; **~ jointe** (Inform) attachment; **~ montée** tiered cake; **~ de rechange** spare (part); **~ de résistance** pièce de résistance; (plat) main dish; **~s détachées** spares, (spare) parts; **en ~s détachées** (à monter) in kit form; **~s justificatives** supporting documents

**pied** [pje] *nm* foot; *(de verre)* stem; *(de table)* leg; *(de lampe)* base; *(plante)* plant; **~s nus** barefoot; **à ~** on foot; **à ~ sec** without getting one's feet wet; **à ~ d'œuvre** ready to start (work); **au ~ de la lettre** literally; **au ~ levé** at a moment's notice; **de ~ en cap** from head to foot; **en ~** *(portrait)* full-length; **avoir ~** to be able to touch the bottom, not to be out of one's depth; **avoir le ~ marin** to be a good sailor; **perdre ~** to lose one's footing; *(fig)* to get out of one's depth; **sur ~** *(Agr)* on the stalk, uncut; *(debout, rétabli)* up and about; **mettre sur ~** *(entreprise)* to set up; **mettre à ~** to suspend; to lay off; **mettre qn au ~ du mur** to get sb with his (*ou* her) back to the wall; **sur le ~ de guerre** ready for action; **sur un ~ d'égalité** on an equal footing; **sur ~ d'intervention** on stand-by; **faire du ~ à qn** *(prévenir)* to give sb a (warning) kick; *(galamment)* to play footsie with sb; **mettre les ~s quelque part** to set foot somewhere; **faire des ~s et des mains** *(fig)* to move heaven and earth, pull out all the stops; **c'est le ~!** *(fam)* it's brilliant!; **mettre les ~s dans le plat** *(fam)* to put one's foot in it; **il se débrouille comme un ~** *(fam)* he's completely useless; **se lever du bon ~/du mauvais ~** to get out of bed on the right/wrong side; **~ de lit** footboard; **~ de nez: faire un pied de nez à** to thumb one's nose at; **~ de vigne** vine

**pied-noir** *(pl* **pieds-noirs)** [pjenwaʀ] *nm* Algerian-born Frenchman

**piège** [pjɛʒ] *nm* trap; **prendre au ~** to trap

**piéger** [pjeʒe] *vt* *(animal, fig)* to trap; *(avec une bombe)* to booby-trap; **lettre/voiture piégée** letter-/car-bomb

**piercing** [pjɛʀsiŋ] *nm* piercing

**pierre** [pjɛʀ] *nf* stone; **première ~** *(d'un édifice)* foundation stone; **mur de ~s sèches** drystone wall; **faire d'une ~ deux coups** to kill two birds with one stone; **~ à briquet** flint; **~ fine** semiprecious stone; **~ ponce** pumice stone; **~ de taille** freestone *no pl*; **~ tombale** tombstone, gravestone; **~ de touche** touchstone

**pierreries** [pjɛʀʀi] *nfpl* gems, precious stones

**piétiner** [pjetine] *vi* *(trépigner)* to stamp (one's foot); *(marquer le pas)* to stand about; *(fig)* to be at a standstill ▷ *vt* to trample on

**piéton, ne** [pjetɔ̃, -ɔn] *nm/f* pedestrian ▷ *adj* pedestrian *cpd*

**piétonnier, -ière** [pjetɔnje, -jɛʀ] *adj* pedestrian *cpd*

**pieu, x** [pjø] *nm* *(piquet)* post; *(pointu)* stake; *(fam: lit)* bed

**pieuvre** [pjœvʀ] *nf* octopus

**pieux, -euse** [pjø, -øz] *adj* pious

**piffer** [pife] *vt* *(fam)*: **je ne peux pas le ~** I can't stand him

**pigeon** [piʒɔ̃] *nm* pigeon; **~ voyageur** homing pigeon

**piger** [piʒe] *vi* *(fam)* to get it ▷ *vt* *(fam)* to get, understand

**pigiste** [piʒist] *nm/f* *(typographe)* typesetter on piecework; *(journaliste)* freelance journalist *(paid by the line)*

**pignon** [piɲɔ̃] *nm* *(de mur)* gable; *(d'engrenage)* cog(wheel), gearwheel; *(graine)* pine kernel; **avoir ~ sur rue** *(fig)* to have a prosperous business

**pile** [pil] *nf* *(tas, pilier)* pile; *(Élec)* battery ▷ *adj*: **le côté ~** tails ▷ *adv* *(net, brusquement)* dead; *(à temps, à point nommé)* just at the right time; **à deux heures ~** at two on the dot; **jouer à ~ ou face** to toss up (for it); **~ ou face?** heads or tails?

**piler** [pile] *vt* to crush, pound

**pilier** [pilje] *nm* *(colonne, support)* pillar; *(personne)* mainstay; *(Rugby)* prop (forward)

**piller** [pije] *vt* to pillage, plunder, loot

**pilote** [pilɔt] *nm* pilot; *(de char, voiture)* driver ▷ *adj* pilot *cpd*; **usine/ferme ~** experimental factory/farm; **~ de chasse/d'essai/de ligne** fighter/test/airline pilot; **~ de course** racing driver

**piloter** [pilɔte] *vt* *(navire)* to pilot; *(avion)* to fly; *(automobile)* to drive; *(fig)*: **~ qn** to guide sb round

**pilule** [pilyl] *nf* pill; **prendre la ~** to be on the pill; **~ du lendemain** morning-after pill

**piment** [pimɑ̃] *nm* *(Bot)* pepper, capsicum; *(fig)* spice, piquancy; **~ rouge** *(Culin)* chilli

**pimenté, e** [pimɑ̃te] *adj* *(plat)* hot and spicy

**pimpant, e** [pɛ̃pɑ̃, -ɑ̃t] *adj* spruce

**pin** [pɛ̃] *nm* pine (tree); *(bois)* pine(wood)

**pinard** [pinaʀ] *nm* *(fam)* (cheap) wine, plonk (Brit)

**pince** [pɛ̃s] *nf* *(outil)* pliers *pl*; *(de homard, crabe)* pincer, claw; *(Couture: pli)* dart; **~ à sucre/glace** sugar/ice tongs *pl*; **~ à épiler** tweezers *pl*; **~ à linge** clothes peg (Brit) *ou* pin (US); **~ universelle** (universal) pliers *pl*; **~s de cycliste** bicycle clips

**pincé, e** [pɛ̃se] *adj* *(air)* stiff; *(mince: bouche)* pinched ▷ *nf*: **une ~e de** a pinch of

**pinceau, x** [pɛ̃so] *nm* (paint)brush

**pincer** [pɛ̃se] *vt* to pinch; *(Mus: cordes)* to pluck; *(Couture)* to dart, put darts in; *(fam)* to nab; **se ~ le doigt** to squeeze *ou* nip one's finger; **se ~ le nez** to hold one's nose

**pinède** [pinɛd] *nf* pinewood, pine forest

**pingouin** [pɛ̃gwɛ̃] *nm* penguin

**ping-pong** [piŋpɔ̃g] *nm* table tennis

**pingre** [pɛ̃gʀ] *adj* niggardly

**pinson** [pɛ̃sɔ̃] *nm* chaffinch

**pintade** [pɛ̃tad] *nf* guinea-fowl

**pioche** [pjɔʃ] *nf* pickaxe

**piocher** [pjɔʃe] *vt* to dig up (with a pickaxe); *(fam)* to swot (Brit) *ou* grind (US) at; **~ dans** to dig into

**pion, ne** [pjɔ̃, pjɔn] *nm/f* *(Scol: péj)* student paid to supervise schoolchildren ▷ *nm* *(Échecs)* pawn; *(Dames)* piece, draught (Brit), checker (US)

**pionnier** [pjɔnje] *nm* pioneer

**pipe** [pip] *nf* pipe; **fumer la** *ou* **une** ~ to smoke a pipe; ~ **de bruyère** briar pipe

**pipeau, x** [pipo] *nm* (reed-)pipe

**piquant, e** [pikã, -ãt] *adj* (*barbe, rosier etc*) prickly; (*saveur, sauce*) hot, pungent; (*fig: description, style*) racy; (*: mordant, caustique*) biting ▷ *nm* (*épine*) thorn, prickle; (*de hérisson*) quill, spine; (*fig*) spiciness, spice

**pique** [pik] *nf* (*arme*) pike; (*fig*): **envoyer** *ou* **lancer des ~s à qn** to make cutting remarks to sb ▷ *nm* (*Cartes: couleur*) spades *pl*; (*: carte*) spade

**pique-nique** [piknik] *nm* picnic

**pique-niquer** [piknike] *vi* to (have a) picnic

**piquer** [pike] *vt* (*percer*) to prick; (*Méd*) to give an injection to; (*: animal blessé etc*) to put to sleep; (*insecte, fumée, ortie*) to sting; (*moustique*) to bite; (*: poivre*) to burn; (*: froid*) to bite; (*Couture*) to machine (stitch); (*intérêt etc*) to arouse; (*fam: prendre*) to pick up; (*: voler*) to pinch; (*: arrêter*) to nab; (*planter*): **~ qch dans** to stick sth into; (*fixer*): **~ qch à** *ou* **sur** to pin sth onto ▷ *vi* (*oiseau, avion*) to go into a dive; (*saveur*) to be pungent; to be sour; **se piquer** (*avec une aiguille*) to prick o.s.; (*se faire une piqûre*) to inject o.s.; (*se vexer*) to get annoyed; **se ~ de faire** to pride o.s. on doing; **~ sur** to swoop down on; to head straight for; **~ du nez** (*avion*) to go into a nose-dive; **~ une tête** (*plonger*) to dive headfirst; **~ un galop/un cent mètres** to break into a gallop/put on a sprint; **~ une crise** to throw a fit; **~ au vif** (*fig*) to sting

**piquet** [pikɛ] *nm* (*pieu*) post, stake; (*de tente*) peg; **mettre un élève au ~** to make a pupil stand in the corner; **~ de grève** (*strike*) picket; **~ d'incendie** fire-fighting squad

**piqûre** [pikyʀ] *nf* (*d'épingle*) prick; (*d'ortie*) sting; (*de moustique*) bite; (*Méd*) injection, shot (US); (*Couture*) (straight) stitch; straight stitching; (*de ver*) hole; (*tache*) (spot of) mildew; **faire une ~ à qn** to give sb an injection

**pirate** [piʀat] *adj* pirate *cpd* ▷ *nm* pirate; (*fig: escroc*) crook, shark; (*Inform*) hacker; **~ de l'air** hijacker

**pirater** [piʀate] *vi* (*Inform*) to hack ▷ *vt* (*Inform*) to hack into

**pire** [piʀ] *adj* (*comparatif*) worse; (*superlatif*): **le (la)** ~ ... the worst ... ▷ *nm*: **le ~ (de)** the worst (of); **au ~** at (the very) worst

**pis** [pi] *nm* (*de vache*) udder; (*pire*): **le ~** the worst ▷ *adj, adv* worse; **qui ~ est** what is worse; **au ~ aller** if the worst comes to the worst, at worst; **de mal en ~** from bad to worse

**piscine** [pisin] *nf* (swimming) pool; ~ **couverte** indoor (swimming) pool

**pissenlit** [pisãli] *nm* dandelion

**pistache** [pistaʃ] *nf* pistachio (nut)

**piste** [pist] *nf* (*d'un animal, sentier*) track, trail; (*indice*) lead; (*de stade, de magnétophone*) track; (*de cirque*) ring; (*de danse*) floor; (*de patinage*) rink; (*de ski*) run; (*Aviat*) runway; **~ cavalière** bridle path; **~ cyclable** cycle track, bikeway (US); **~ sonore** sound track

**pistolet** [pistɔlɛ] *nm* (*arme*) pistol, gun; (*à peinture*) spray gun; **~ à bouchon/air comprimé** popgun/airgun; **~ à eau** water pistol

**pistolet-mitrailleur** [pistɔlɛmitʀajœʀ] (*pl* **pistolets-mitrailleurs**) *nm* submachine gun

**piston** [pistɔ̃] *nm* (*Tech*) piston; (*Mus*) valve; (*fig: appui*) string-pulling; **avoir du ~** (*fam*) to have friends in the right places

**pistonner** [pistɔne] *vt* (*candidat*) to pull strings for

**piteux, -euse** [pitø, -øz] *adj* pitiful, sorry (*avant le nom*); **en ~ état** in a sorry state

**pitié** [pitje] *nf* pity; **sans ~** *adj* pitiless, merciless; **faire ~** to inspire pity; **il me fait ~** I pity him, I feel sorry for him; **avoir ~ de** (*compassion*) to pity, feel sorry for; (*merci*) to have pity *ou* mercy on; **par ~!** for pity's sake!

**pitoyable** [pitwajabl] *adj* pitiful

**pitre** [pitʀ] *nm* clown

**pitrerie** [pitʀəʀi] *nf* tomfoolery *no pl*

**pittoresque** [pitɔʀɛsk] *adj* picturesque; (*expression, détail*) colourful (Brit), colorful (US)

**pivot** [pivo] *nm* pivot; (*d'une dent*) post

**pivoter** [pivɔte] *vi* (*fauteuil*) to swivel; (*porte*) to revolve; **~ sur ses talons** to swing round

**pizza** [pidza] *nf* pizza

**PJ** *sigle f* (= *police judiciaire*) ≈ CID (Brit), ≈ FBI (US) ▷ *sigle fpl* (= *pièces jointes*) encl

**placard** [plakaʀ] *nm* (*armoire*) cupboard; (*affiche*) poster, notice; (*Typo*) galley; **~ publicitaire** display advertisement

**place** [plas] *nf* (*emplacement, situation, classement*) place; (*de ville, village*) square; (*Écon*): **~ financière/boursière** money/stock market; (*espace libre*) room, space; (*de parking*) space; (*siège: de train, cinéma, voiture*) seat; (*prix: au cinéma etc*) price; (*: dans un bus, taxi*) fare; (*emploi*) job; **en ~** (*mettre*) in its place; **de ~ en ~**, **par ~s** here and there, in places; **sur ~** on the spot; **faire ~ à** to give way to; **faire de la ~ à** to make room for; **ça prend de la ~** it takes up a lot of room *ou* space; **prendre ~** to take one's place; **remettre qn à sa ~** to put sb in his (*ou* her) place; **ne pas rester** *ou* **tenir en ~** to be always on the go; **à la ~ de** in place of, instead of; **à votre ~ ...** if I were you ...; **se mettre à la ~ de qn** to put o.s. in sb's place *ou* in sb's shoes; **une quatre ~s** (*Auto*) a four-seater; **il y a 20 ~s assises/debout** there are 20 seats/there is standing room for 20; **~ forte** fortified town; **~ d'honneur** place (*ou* seat) of honour (Brit) *ou* honor (US)

**placé, e** [plase] *adj* (*Hippisme*) placed; **haut ~** (*fig*) high-ranking; **être bien/mal ~** to be well/badly placed; (*spectateur*) to have a good/bad seat; **être bien/mal ~ pour faire** to be in/not to be in a position to do; **il est bien ~ pour le savoir** he is in a position to know

**placement** [plasmɑ̃] *nm* placing; *(Finance)* investment; **agence** *ou* **bureau de ~** employment agency

**placer** [plase] *vt* to place, put; *(convive, spectateur)* to seat; *(capital, argent)* to place, invest; *(dans la conversation)* to put *ou* get in; **~ qn chez** to get sb a job at *(ou* with); **se ~ au premier rang** to go and stand *(ou* sit) in the first row

**plafond** [plafɔ̃] *nm* ceiling

**plage** [plaʒ] *nf* beach; *(station)* (seaside) resort; *(fig)* band, bracket; *(de disque)* track, band; **~ arrière** *(Auto)* parcel *ou* back shelf

**plagiat** [plaʒja] *nm* plagiarism

**plaid** [plɛd] *nm* (tartan) car rug, lap robe (US)

**plaider** [plede] *vi (avocat)* to plead; *(plaignant)* to go to court, litigate ▷ *vt* to plead; **~ pour** *(fig)* to speak for

**plaidoyer** [pledwaje] *nm (Jur)* speech for the defence (Brit) *ou* defense (US); *(fig)* plea

**plaie** [plɛ] *nf* wound

**plaignant, e** [plɛɲɑ̃, -ɑ̃t] *vb voir* **plaindre** ▷ *nm/f* plaintiff

**plaindre** [plɛ̃dʀ] *vt* to pity, feel sorry for; **se plaindre** *vi (gémir)* to moan; *(protester, rouspéter)*: **se ~ (à qn) (de)** to complain (to sb) (about); *(souffrir)*: **se ~ de** to complain of

**plaine** [plɛn] *nf* plain

**plain-pied** [plɛ̃pje]: **de ~** *adv* at street-level; *(fig)* straight; **de ~ (avec)** on the same level (as)

**plaint, e** [plɛ̃, -ɛ̃t] *pp de* **plaindre** ▷ *nf (gémissement)* moan, groan; *(doléance)* complaint; **porter ~e** to lodge a complaint

**plaire** [plɛʀ] *vi* to be a success, be successful; to please; **~ à: cela me plaît** I like it; **ça plaît beaucoup aux jeunes** it's very popular with young people; **essayer de ~ à qn** *(en étant serviable etc)* to try and please sb; **elle plaît aux hommes** she's a success with men, men like her; **se ~ quelque part** to like being somewhere, like it somewhere; **se ~ à faire** to take pleasure in doing; **ce qu'il vous plaira** what(ever) you like *ou* wish; **s'il vous plaît, s'il te plaît** please

**plaisance** [plɛzɑ̃s] *nf (aussi:* **navigation de ~**) (pleasure) sailing, yachting

**plaisant, e** [plɛzɑ̃, -ɑ̃t] *adj* pleasant; *(histoire, anecdote)* amusing

**plaisanter** [plɛzɑ̃te] *vi* to joke ▷ *vt (personne)* to tease, make fun of; **pour ~** for a joke; **on ne plaisante pas avec cela** that's no joking matter; **tu plaisantes!** you're joking *ou* kidding!

**plaisanterie** [plɛzɑ̃tʀi] *nf* joke; joking *no pl*

**plaise** *etc* [plɛz] *vb voir* **plaire**

**plaisir** [plɛziʀ] *nm* pleasure; **faire ~ à qn** *(délibérément)* to be nice to sb, please sb; *(cadeau, nouvelle etc)*: **ça me fait ~** I'm delighted *ou* very pleased with this; **j'espère que ça te fera ~** I hope you'll like it; **prendre ~ à/à faire** to take pleasure in/in doing; **j'ai**

**le ~ de ...** it is with great pleasure that I ...; **M. et Mme X ont le ~ de vous faire part de ...** M. and Mme X are pleased to announce ...; **se faire un ~ de faire qch** to be (only too) pleased to do sth; **faites-moi le ~ de ...** would you mind ..., would you be kind enough to ...; **à ~** freely; for the sake of it; **au ~ (de vous revoir)** (I hope) to see you again; **pour le** *ou* **pour son** *ou* **par ~** for pleasure

**plaît** [plɛ] *vb voir* **plaire**

**plan, e** [plɑ̃, -an] *adj* flat ▷ *nm* plan; *(Géom)* plane; *(fig)* level, plane; *(Ciné)* shot; **au premier/second ~** in the foreground/middle distance; **à l'arrière ~** in the background; **mettre qch au premier ~** *(fig)* to consider sth to be of primary importance; **sur le ~ sexuel** sexually, as far as sex is concerned; **laisser/rester en ~** to abandon/be abandoned; **~ d'action** plan of action; **~ directeur** *(Écon)* master plan; **~ d'eau** lake; pond; **~ de travail** work-top, work surface; **~ de vol** *(Aviat)* flight plan

**planche** [plɑ̃ʃ] *nf (pièce de bois)* plank, (wooden) board; *(illustration)* plate; *(de salades, radis, poireaux)* bed; *(d'un plongeoir)* (diving) board; **les ~s** *(Théât)* the boards; **en ~s** *adj* wooden; **faire la ~** *(dans l'eau)* to float on one's back; **avoir du pain sur la ~** to have one's work cut out; **~ à découper** chopping board; **~ à dessin** drawing board; **~ à pain** breadboard; **~ à repasser** ironing board; **~ (à roulettes)** *(planche)* skateboard; *(sport)* skateboarding; **~ de salut** *(fig)* sheet anchor; **~ à voile** *(planche)* windsurfer, sailboard; *(sport)* windsurfing

**plancher** [plɑ̃ʃe] *nm* floor; *(planches)* floorboards *pl*; *(fig)* minimum level ▷ *vi* to work hard

**planer** [plane] *vi (oiseau, avion)* to glide; *(fumée, vapeur)* to float, hover; *(drogué)* to be (on a) high; *(fam: rêveur)* to have one's head in the clouds; **~ sur** *(fig: danger)* to hang over; to hover above

**planète** [planɛt] *nf* planet

**planeur** [plancœʀ] *nm* glider

**planification** [planifikasjɔ̃] *nf* (economic) planning

**planifier** [planifje] *vt* to plan

**planning** [planiŋ] *nm* programme (Brit), program (US), schedule; **~ familial** family planning

**planque** [plɑ̃k] *nf (fam: combine, filon)* cushy (Brit) *ou* easy number; *(: cachette)* hideout

**plant** [plɑ̃] *nm* seedling, young plant

**plante** [plɑ̃t] *nf* plant; **~ d'appartement** house *ou* pot plant; **~ du pied** sole (of the foot); **~ verte** house plant

**planter** [plɑ̃te] *vt (plante)* to plant; *(enfoncer)* to hammer *ou* drive in; *(tente)* to put up, pitch; *(drapeau, échelle, décors)* to put up; *(fam: mettre)* to dump; *(: abandonner)*: **~ là** to ditch; **se planter** *vi (fam: se tromper)* to get it wrong;

(*ordinateur*) to crash; ~ **qch dans** to hammer *ou* drive sth into; to stick sth into; **se ~ dans** to sink into; to get stuck into; **se ~ devant** to plant o.s. in front of

**plantureux, -euse** [plɑ̃tyʀø, -øz] *adj* (*repas*) copious, lavish; (*femme*) buxom

**plaque** [plak] *nf* plate; (*de verre*) sheet; (*de verglas, d'eczéma*) patch; (*dentaire*) plaque; (*avec inscription*) plaque; ~ **(minéralogique** *ou* **de police** *ou* **d'immatriculation)** number (*Brit*) *ou* license (*US*) plate; ~ **de beurre** slab of butter; ~ **chauffante** hotplate; ~ **de chocolat** bar of chocolate; ~ **de cuisson** hob; ~ **d'identité** identity disc; ~ **tournante** (*fig*) centre (*Brit*), center (*US*)

**plaqué, e** [plake] *adj:* ~ **or/argent** gold-/silver-plated ▷ *nm:* ~ **or/argent** gold/silver plate; ~ **acajou** with a mahogany veneer

**plaquer** [plake] *vt* (*bijou*) to plate; (*bois*) to veneer; (*aplatir*): ~ **qch sur/contre** to make sth stick *ou* cling to; (*Rugby*) to bring down; (*fam: laisser tomber*) to drop, ditch; **se ~ contre** to flatten o.s. against; ~ **qn contre** to pin sb to

**plaquette** [plakɛt] *nf* tablet; (*de chocolat*) bar; (*de beurre*) slab, packet; (*livre*) small volume; (*Méd: de pilules, gélules*) pack, packet; ~ **de frein** (*Auto*) brake pad

**plastique** [plastik] *adj* plastic ▷ *nm* plastic ▷ *nf* plastic arts *pl*; (*d'une statue*) modelling

**plastiquer** [plastike] *vt* to blow up

**plat, e** [pla, -at] *adj* flat; (*fade: vin*) flat-tasting, insipid; (*personne, livre*) dull; (*style*) flat, dull ▷ *nm* (*récipient, Culin*) dish; (*d'un repas*) course; **le premier ~** the first course; (*partie plate*): **le ~ de la main** the flat of the hand; (: *d'une route*) flat (part); **à ~ ventre** *adv* face down; (*tomber*) flat on one's face; **à ~** *adj* (*pneu, batterie*) flat; (*fam: fatigué*) dead beat, tired out; ~ **cuisiné** pre-cooked meal (*ou* dish); ~ **du jour** dish of the day; ~ **principal** *ou* **de résistance** main course; ~**s préparés** convenience food(s)

**platane** [platan] *nm* plane tree

**plateau, x** [plato] *nm* (*support*) tray; (*d'une table*) top; (*d'une balance*) pan; (*Géo*) plateau; (*de tourne-disques*) turntable; (*Ciné*) set; (*TV*): **nous avons deux journalistes sur le ~ ce soir** we have two journalists with us tonight; **à fromages** cheeseboard

**plate-bande** (*pl* **plates-bandes**) [platbɑ̃d] *nf* flower bed

**plate-forme** (*pl* **plates-formes**) [platfɔʀm] *nf* platform; ~ **de forage/pétrolière** drilling/oil rig

**platine** [platin] *nm* platinum ▷ *nf* (*d'un tourne-disque*) turntable; ~ **disque/cassette** record/cassette deck; ~ **laser** *ou* **compact-disc** compact disc (player)

**plâtre** [plɑtʀ] *nm* (*matériau*) plaster; (*statue*) plaster statue; (*Méd*) (plaster) cast; **plâtres** *nmpl* plasterwork *sg*; **avoir un bras dans le ~** to have an arm in plaster

**plein, e** [plɛ̃, -ɛn] *adj* full; (*porte, roue*) solid; (*chienne, jument*) big (with young) ▷ *nm:* **faire le ~ (d'essence)** to fill up (with petrol (*Brit*) *ou* gas (*US*)) ▷ *prép:* **avoir de l'argent ~ les poches** to have loads of money; ~ **de** full of; **avoir les mains ~es** to have one's hands full; **à ~es mains** (*ramasser*) in handfuls; (*empoigner*) firmly; **à ~ régime** at maximum revs; (*fig*) at full speed; **à ~ temps** full-time; **en ~ air** in the open air; **jeux en ~ air** outdoor games; **en ~e mer** on the open sea; **en ~ soleil** in direct sunlight; **en ~e nuit/rue** in the middle of the night/street; **en ~ milieu** right in the middle; **en ~ jour** in broad daylight; **les ~s** the downstrokes (*in handwriting*); **faire le ~ des voix** to get the maximum number of votes possible; **en ~ sur** right on; **en avoir ~ le dos** (*fam*) to have had it up to here

**pleurer** [plœʀe] *vi* to cry; (*yeux*) to water ▷ *vt* to mourn (for); ~ **sur** *vt* to lament (over), bemoan; ~ **de rire** to laugh till one cries

**pleurnicher** [plœʀniʃe] *vi* to snivel, whine

**pleurs** [plœʀ] *nmpl:* **en ~** in tears

**pleut** [plø] *vb voir* **pleuvoir**

**pleuvait** *etc* [pløvɛ] *vb voir* **pleuvoir**

**pleuvoir** [pløvwaʀ] *vb impers* to rain ▷ *vi* (*fig*): ~ **(sur)** (*coups*) to rain down; (*critiques, invitations*) to shower down; **il pleut** it's raining; **il pleut des cordes** *ou* **à verse** *ou* **à torrents** it's pouring (down), it's raining cats and dogs

**pli** [pli] *nm* fold; (*de jupe*) pleat; (*de pantalon*) crease; (*aussi:* **faux ~**) crease; (*enveloppe*) envelope; (*lettre*) letter; (*Cartes*) trick; **prendre le ~ de faire** to get into the habit of doing; **ça ne fait pas un ~!** don't you worry!; ~ **d'aisance** inverted pleat

**pliant, e** [plijɑ̃, -ɑ̃t] *adj* folding ▷ *nm* folding stool, campstool

**plier** [plije] *vt* to fold; (*pour ranger*) to fold up; (*table pliante*) to fold down; (*genou, bras*) to bend ▷ *vi* to bend; (*fig*) to yield; **se ~ à** to submit to; ~ **bagages** (*fig*) to pack up (and go)

**plinthe** [plɛ̃t] *nf* skirting board

**plisser** [plise] *vt* (*chiffonner: papier, étoffe*) to crease; (*rider: yeux*) to screw up; (*front*) to furrow, wrinkle; (: *bouche*) to pucker; (*jupe*) to put pleats in; **se plisser** *vi* (*vêtement, étoffe*) to crease

**plomb** [plɔ̃] *nm* (*métal*) lead; (*d'une cartouche*) (lead) shot; (*Pêche*) sinker; (*sceau*) seal; (*Élec*) fuse; **de ~** (*soleil*) blazing; **sans ~** (*essence*) unleaded; **sommeil de ~** heavy *ou* very deep sleep; **mettre à ~** to plumb

**plombage** [plɔ̃baʒ] *nm* (*de dent*) filling

**plomberie** [plɔ̃bʀi] *nf* plumbing

**plombier** [plɔ̃bje] *nm* plumber

**plonge** [plɔ̃ʒ] *nf:* **faire la ~** to be a washer-up (*Brit*) *ou* dishwasher (*person*)

**plongeant, e** [plɔ̃ʒɑ̃, -ɑ̃t] *adj* (*vue*) from above; (*tir, décolleté*) plunging

**p**

**plongée** [plɔ̃ʒe] *nf* (*Sport*) diving *no pl*; (: *sans scaphandre*) skin diving; (*de sous-marin*) submersion, dive; **en ~** (*sous-marin*) submerged; (*prise de vue*) high angle; **~ sous-marine** diving

**plongeoir** [plɔ̃ʒwaʀ] *nm* diving board

**plongeon** [plɔ̃ʒɔ̃] *nm* dive

**plonger** [plɔ̃ʒe] *vi* ▷ *vt*: **~ qch dans** to plunge sth into; **~ dans un sommeil profond** to sink straight into a deep sleep; **~ qn dans l'embarras** to throw sb into a state of confusion; **se ~ dans** (*études, lecture*) to bury *ou* immerse o.s. in

**plongeur, -euse** [plɔ̃ʒœʀ, -øz] *nm/f* diver; (*de café*) washer-up (*Brit*), dishwasher (*person*)

**ployer** [plwaje] *vt* to bend ▷ *vi* to bend; (*plancher*) to sag

**plu** [ply] *pp de* **plaire; pleuvoir**

**pluie** [plɥi] *nf* rain; (*averse, ondée*): **une ~ brève** a shower; (*fig*): **~ de** shower of; **une ~ fine** fine rain; **retomber en ~** to shower down; **sous la ~** in the rain

**plume** [plym] *nf* feather; (*pour écrire*) (pen) nib; (*fig*) pen; **dessin à la ~** pen and ink drawing

**plupart** [plypaʀ]: **la ~** *pron* the majority, most (of them); **la ~ des** most, the majority of; **la ~ du temps/d'entre nous** most of the time/of us; **pour la ~** *adv* for the most part, mostly

**pluriel** [plyʀjɛl] *nm* plural; **au ~** in the plural

**plus¹** [ply] *vb voir* **plaire**

⊙ MOT-CLÉ

**plus²** [ply] *adv* **1** (*forme négative*): **ne ... plus** no more, no longer; **je n'ai plus d'argent** I've got no more money *ou* no money left; **il ne travaille plus** he's no longer working, he doesn't work any more
**2** (*ply, plyz*) (*+voyelle: comparatif*) more, ...+er; (*superlatif*): **le plus** the most, the ...+est; **plus grand/intelligent (que)** bigger/more intelligent (than); **le plus grand/intelligent** the biggest/most intelligent; **tout au plus** at the very most
**3** (*plys, plyz*) (*+voyelle: davantage*) more; **il travaille plus (que)** he works more (than); **plus il travaille, plus il est heureux** the more he works, the happier he is; **plus de pain** more bread; **plus de 10 personnes/trois heures/quatre kilos** more than *ou* over 10 people/three hours/four kilos; **trois heures de plus que** three hours more than; **plus de minuit** after *ou* past midnight; **de plus** what's more, moreover; **il a trois ans de plus que moi** he's three years older than me; **trois kilos en plus** three kilos more; **en plus de** in addition to; **de plus en plus** more and more; **en plus de cela ...** what is more ...; **plus ou moins** more or less; **ni plus ni moins** no more, no less; **sans plus** (but) no

more than that, (but) that's all; **qui plus est** what is more
▷ *prép* [plys]: **quatre plus deux** four plus two

**plusieurs** [plyzjœʀ] *adj, pron* several; **ils sont ~** there are several of them

**plus-value** [plyvaly] *nf* (*d'un bien*) appreciation; (*bénéfice*) capital gain; (*budgétaire*) surplus

**plut** [ply] *vb voir* **plaire; pleuvoir**

**plutôt** [plyto] *adv* rather; **je ferais ~ ceci** I'd rather *ou* sooner do this; **fais ~ comme ça** try this way instead; **~ que (de) faire** rather than *ou* instead of doing

**pluvieux, -euse** [plyvjø, -øz] *adj* rainy, wet

**PME** *sigle fpl* (= *petites et moyennes entreprises*) small businesses

**PMU** *sigle m* (= *pari mutuel urbain*) (*café*) betting agency; *see note*

⊙ PMU
⊙
⊙ The PMU ("pari mutuel urbain") is a
⊙ Government-regulated network of
⊙ betting counters run from bars
⊙ displaying the PMU sign. Punters buy
⊙ fixed-price tickets predicting winners or
⊙ finishing positions in horse races. The
⊙ traditional bet is the "tiercé", a triple bet,
⊙ although other multiple bets ("quarté"
⊙ and so on) are becoming increasingly
⊙ popular.

**PNB** *sigle m* (= *produit national brut*) GNP

**pneu** [pnø] *nm* (*de roue*) tyre (*Brit*), tire (*US*); (*message*) letter sent by pneumatic tube

**pneumonie** [pnømɔni] *nf* pneumonia

**poche** [pɔʃ] *nf* pocket; (*déformation*): **faire une/des ~(s)** to bag; (*sous les yeux*) bag, pouch; (*Zool*) pouch ▷ *nm* (*livre de poche*) (pocket-size) paperback; **de ~** pocket *cpd*; **en être de sa ~** to be out of pocket; **c'est dans la ~** it's in the bag; **argent de ~** pocket money

**pocher** [pɔʃe] *vt* (*Culin*) to poach; (*Art*) to sketch ▷ *vi* (*vêtement*) to bag

**pochette** [pɔʃɛt] *nf* (*de timbres*) wallet, envelope; (*d'aiguilles etc*) case; (*sac: de femme*) clutch bag, purse; (: *d'homme*) bag; (*sur veston*) breast pocket; (*mouchoir*) breast pocket handkerchief; **~ d'allumettes** book of matches; **~ de disque** record sleeve; **~ surprise** lucky bag

**podcast** [pɔdkast] *nm* (*Inform*) podcast

**podcaster** [pɔdkaste] *vi* (*Inform*) to podcast

**poêle** [pwal] *nm* stove ▷ *nf*: **~ (à frire)** frying pan

**poème** [pɔɛm] *nm* poem

**poésie** [pɔezi] *nf* (*poème*) poem; (*art*): **la ~** poetry

**poète** [pɔɛt] *nm* poet; (*fig*) dreamer ▷ *adj* poetic

**poids** [pwa] nm weight; (Sport) shot; **vendre au ~** to sell by weight; **de ~** adj (argument etc) weighty; **perdre/prendre du ~** to lose/put on weight; **faire le ~** (fig) to measure up; **~ plume/mouche/coq/moyen** (Boxe) feather/fly/bantam/middleweight; **~ et haltères** weight lifting sg; **~ lourd** (Boxe) heavyweight; (camion: aussi: **PL**) (big) lorry (Brit), truck (US); (: Admin) large goods vehicle (Brit), truck (US); **~ mort** dead weight; **~ utile** net weight

**poignant, e** [pwaɲɑ̃, -ɑ̃t] adj poignant, harrowing

**poignard** [pwaɲaʀ] nm dagger

**poignarder** [pwaɲaʀde] vt to stab, knife

**poigne** [pwaɲ] nf grip; (fig) firm-handedness; **à ~** firm-handed; **avoir de la ~** (fig) to rule with a firm hand

**poignée** [pwaɲe] nf (de sel etc, fig) handful; (de couvercle, porte) handle; **~ de main** handshake

**poignet** [pwaɲɛ] nm (Anat) wrist; (de chemise) cuff

**poil** [pwal] nm (Anat) hair; (de pinceau, brosse) bristle; (de tapis, tissu) strand; (pelage) coat; (ensemble des poils): **avoir du ~ sur la poitrine** to have hair(s) on one's chest, have a hairy chest; **à ~** adj (fam) starkers; **au ~** adj (fam) hunky-dory; **de tout ~** of all kinds; **être de bon/mauvais ~** to be in a good/bad mood; **~ à gratter** itching powder

**poilu, e** [pwaly] adj hairy

**poinçon** [pwɛ̃sɔ̃] nm awl; bodkin; (marque) hallmark

**poinçonner** [pwɛ̃sɔne] vt (marchandise) to stamp; (bijou etc) to hallmark; (billet, ticket) to punch, clip

**poing** [pwɛ̃] nm fist; **coup de ~** punch; **dormir à ~s fermés** to sleep soundly

**point** [pwɛ̃] nm (marque, signe) dot; (: de ponctuation) full stop, period (US); (moment, de score etc, fig: question) point; (endroit) spot; (Couture, Tricot) stitch ▷ adv = **pas**; **ne ... ~** not (at all); **faire le ~** (Navig) to take a bearing; (fig) to take stock (of the situation); **faire le ~ sur** to review; **en tout ~** in every respect; **sur le ~ de faire** (just) about to do; **au ~ que, à tel ~ que** so much so that; **mettre au ~** (mécanisme, procédé) to develop; (appareil photo) to focus; (affaire) to settle; **à ~** (Culin) just right; (: viande) medium; **à ~ (nommé)** just at the right time; **~ de croix/tige/chaînette** (Couture) cross/stem/chain stitch; **~ mousse/jersey** (Tricot) garter/stocking stitch; **~ de départ/d'arrivée/d'arrêt** departure/arrival/stopping point; **~ chaud** (Mil, Pol) hot spot; **~ de chute** landing place; (fig) stopping-off point; **deux ~s** colon; **~ (de côté)** stitch (pain); **~ culminant** summit; (fig) height, climax; **~ d'eau** spring, water point; **~ d'exclamation** exclamation mark; **~ faible** weak spot; **~ final** full stop, period (US); **~ d'interrogation** question mark; **~ mort** (Finance) break-even point; **au ~ mort** (Auto) in neutral; (affaire, entreprise) at a standstill; **~ noir** (sur le visage) blackhead; (Auto) accident black spot; **~ de non-retour** point of no return; **~ de repère** landmark; (dans le temps) point of reference; **~ de vente** retail outlet; **~ de vue** viewpoint; (fig: opinion) point of view; **du ~ de vue de** from the point of view of; **~s cardinaux** points of the compass, cardinal points; **~s de suspension** suspension points

**pointe** [pwɛ̃t] nf point; (de la côte) headland; (allusion) dig; sally; (clou) tack; (fig): **une ~ d'ail/d'accent** a touch ou hint of garlic/of an accent; **pointes** nfpl (Danse) points, point shoes; **être à la ~ de** (fig) to be in the forefront of; **faire ou pousser une ~ jusqu'à ...** to press on as far as ...; **sur la ~ des pieds** on tiptoe; **en ~** adv (tailler) into a point ▷ adj pointed, tapered; **de ~** adj (technique etc) leading; (vitesse) maximum, top; **heures/jours de ~** peak hours/days; **faire du 180 en ~** (Auto) to have a top ou maximum speed of 180; **faire des ~s** (Danse) to dance on points; **~ d'asperge** asparagus tip; **~ de courant** surge (of current); **~ de vitesse** burst of speed

**pointer** [pwɛ̃te] vt (cocher) to tick off; (employés etc) to check in; (diriger: canon, longue-vue, doigt): **~ vers qch, ~ sur qch** to point at sth; (Mus: note) to dot ▷ vi (employé) to clock in ou on; (pousses) to come through; (jour) to break; **~ les oreilles** (chien) to prick up its ears

**pointeur, -euse** [pwɛ̃tœʀ, -øz] nf timeclock ▷ nm (Inform) cursor

**pointillé** [pwɛ̃tije] nm (trait) dotted line; (Art) stippling no pl

**pointilleux, -euse** [pwɛ̃tijø, -øz] adj particular, pernickety

**pointu, e** [pwɛ̃ty] adj pointed; (clou) sharp; (voix) shrill; (analyse) precise

**pointure** [pwɛ̃tyʀ] nf size

**point-virgule** (pl **points-virgules**) [pwɛ̃viʀgyl] nm semi-colon

**poire** [pwaʀ] nf pear; (fam: péj) mug; **~ électrique** (pear-shaped) switch; **~ à injections** syringe

**poireau, x** [pwaʀo] nm leek

**poireauter** [pwaʀote] vi (fam) to hang about (waiting)

**poirier** [pwaʀje] nm pear tree; (Sport): **faire le ~** to do a headstand

**pois** [pwa] nm (Bot) pea; (sur une étoffe) dot, spot; **à ~** (cravate etc) spotted, polka-dot cpd; **~ chiche** chickpea; **~ de senteur** sweet pea; **~ cassés** split peas

**poison** [pwazɔ̃] nm poison

**poisse** [pwas] nf rotten luck

**poisseux, -euse** [pwasø, -øz] adj sticky

**poisson** [pwasɔ̃] nm fish gen inv; (Astrol): **les P~s** (signe) Pisces, the Fish; **être des P~s** to be Pisces; **pêcher ou prendre du ~ ou des ~s** to fish; **~ d'avril** April fool; (blague) April fool's day trick; see note; **~ rouge** goldfish

**poissonnerie** [pwasɔnʀi] *nf* fishmonger's
(*Brit*), fish store (*US*)
**poissonnier, -ière** [pwasɔnje, -jɛʀ] *nm/f*
fishmonger (*Brit*), fish merchant (*US*) ▷ *nf*
(*ustensile*) fish kettle
**poitrine** [pwatʀin] *nf* (*Anat*) chest; (*seins*)
bust, bosom; (*Culin*) breast; ~ **de bœuf** brisket
**poivre** [pwavʀ] *nm* pepper; ~ **en grains/
moulu** whole/ground pepper; ~ **de cayenne**
cayenne (pepper); ~ **et sel** *adj* (*cheveux*)
pepper-and-salt
**poivron** [pwavʀɔ̃] *nm* pepper, capsicum;
~ **vert/rouge** green/red pepper
**polaire** [pɔlɛʀ] *adj* polar
**polar** [pɔlaʀ] (*fam*) *nm* detective novel
**pôle** [pol] *nm* (*Géo, Élec*) pole; **le ~ Nord/Sud**
the North/South Pole; ~ **d'attraction** (*fig*)
centre of attraction
**poli, e** [pɔli] *adj* polite; (*lisse*) smooth;
polished
**police** [pɔlis] *nf* police; (*discipline*): **assurer la
~ de** ou **dans** to keep order in; **peine de
simple ~** *sentence given by a magistrates' or police
court*; ~ (**d'assurance**) (insurance) policy;
~ (**de caractères**) (*Typo, Inform*) font, typeface;
~ **judiciaire (PJ)** ≈ Criminal Investigation
Department (CID) (*Brit*), ≈ Federal Bureau of
Investigation (FBI) (*US*); ~ **des mœurs** ≈ vice
squad; ~ **secours** ≈ emergency services *pl*
(*Brit*), ≈ paramedics *pl* (*US*)
**policier, -ière** [pɔlisje, -jɛʀ] *adj* police *cpd*
▷ *nm* policeman; (*aussi*: **roman ~**) detective
novel
**polio** [pɔljo] *nf* (*aussi*: **~myélite**) polio ▷ *nm/f*
(*aussi*: **~myélitique**) polio patient *ou* case
**poliomyélite** [pɔljɔmjelit] *nf* poliomyelitis
**poliomyélitique** [pɔljɔmjelitik] *nm/f* polio
patient *ou* case
**polir** [pɔliʀ] *vt* to polish
**polisson, ne** [pɔlisɔ̃, -ɔn] *adj* naughty
**politesse** [pɔlitɛs] *nf* politeness; **politesses**
*nfpl* (exchange of) courtesies; **rendre une ~ à
qn** to return sb's favour (*Brit*) *ou* favor (*US*)
**politicien, ne** [pɔlitisjɛ̃, -ɛn] *adj* political
▷ *nm/f* (*péj*) politician
**politique** [pɔlitik] *adj* political ▷ *nf* (*science,
activité*) politics *sg*; (*principes, tactique*) policy,
policies *pl* ▷ *nm* (*politicien*) politician;
~ **étrangère/intérieure** foreign/domestic
policy
**politiquement** [pɔlitikmɑ̃] *adv* politically;
~ **correct** politically correct
**pollen** [pɔlɛn] *nm* pollen
**polluant, e** [pɔlɥɑ̃, -ɑ̃t] *adj* polluting ▷ *nm*

polluting agent, pollutant; **non ~** non-
polluting
**polluer** [pɔlɥe] *vt* to pollute
**pollution** [pɔlysjɔ̃] *nf* pollution
**polo** [pɔlo] *nm* (*sport*) polo; (*tricot*) polo shirt
**Pologne** [pɔlɔɲ] *nf*: **la ~** Poland
**polonais, e** [pɔlɔnɛ, -ɛz] *adj* Polish ▷ *nm*
(*Ling*) Polish ▷ *nm/f*: **P~, e** Pole
**poltron, ne** [pɔltʀɔ̃, -ɔn] *adj* cowardly
**polycopier** [pɔlikɔpje] *vt* to duplicate
**Polynésie** [pɔlinezi] *nf*: **la ~** Polynesia; **la ~
française** French Polynesia
**polyvalent, e** [pɔlivalɑ̃, -ɑ̃t] *adj* (*vaccin*)
polyvalent; (*personne*) versatile; (*rôle*) varied;
(*salle*) multi-purpose ▷ *nm* ≈ tax inspector
**pommade** [pɔmad] *nf* ointment, cream
**pomme** [pɔm] *nf* (*Bot*) apple; (*boule décorative*)
knob; (*pomme de terre*): **steak ~s (frites)** steak
and chips (*Brit*) *ou* (French) fries (*US*); **tomber
dans les ~s** (*fam*) to pass out; ~ **d'Adam**
Adam's apple; ~**s allumettes** French fries
(thin-cut); ~ **d'arrosoir** (sprinkler) rose; ~ **de
pin** pine *ou* fir cone; ~ **de terre** potato; ~**s
vapeur** boiled potatoes
**pommeau, x** [pɔmo] *nm* (*boule*) knob; (*de
selle*) pommel
**pommette** [pɔmɛt] *nf* cheekbone
**pommier** [pɔmje] *nm* apple tree
**pompe** [pɔ̃p] *nf* pump; (*faste*) pomp (and
ceremony); ~ **à eau/essence** water/petrol
pump; ~ **à huile** oil pump; ~ **à incendie** fire
engine (*apparatus*); ~**s funèbres** undertaker's
*sg*, funeral parlour *sg* (*Brit*), mortician's *sg* (*US*)
**pomper** [pɔ̃pe] *vt* to pump; (*évacuer*) to pump
out; (*aspirer*) to pump up; (*absorber*) to soak up
▷ *vi* to pump
**pompeux, -euse** [pɔ̃pø, -øz] *adj* pompous
**pompier** [pɔ̃pje] *nm* fireman ▷ *adj m* (*style*)
pretentious, pompous
**pompiste** [pɔ̃pist] *nm/f* petrol (*Brit*) *ou* gas
(*US*) pump attendant
**poncer** [pɔ̃se] *vt* to sand (down)
**ponctuation** [pɔ̃ktɥasjɔ̃] *nf* punctuation
**ponctuel, le** [pɔ̃ktɥɛl] *adj* (*à l'heure, Tech*)
punctual; (*fig: opération etc*) one-off, single;
(*scrupuleux*) punctilious, meticulous
**pondéré, e** [pɔ̃deʀe] *adj* level-headed,
composed
**pondre** [pɔ̃dʀ] *vt* to lay; (*fig*) to produce ▷ *vi*
to lay
**poney** [pɔnɛ] *nm* pony
**pont** [pɔ̃] *nm* bridge; (*Auto*): ~ **arrière/avant**
rear/front axle; (*Navig*) deck; **faire le ~** to
take the extra day off; *see note*; **faire un ~ d'or
à qn** to offer sb a fortune to take a job;
~ **aérien** airlift; ~ **basculant** bascule bridge;
~ **d'envol** flight deck; ~ **élévateur** hydraulic
ramp; ~ **de graissage** ramp (*in garage*); ~ **à
péage** tollbridge; ~ **roulant** travelling crane;
~ **suspendu** suspension bridge; ~ **tournant**
swing bridge; **P~s et Chaussées** highways
department

**pont-levis** (*pl* **ponts-levis**) [pɔ̃lvi] *nm*
drawbridge
**pop** [pɔp] *adj inv* pop ▷ *nm*: **le ~** pop (music)
**populace** [pɔpylas] *nf* (*péj*) rabble
**populaire** [pɔpylɛʀ] *adj* popular;
(*manifestation*) mass *cpd*, of the people;
(*milieux, clientèle*) working-class; (*Ling: mot etc*)
used by the lower classes (of society)
**popularité** [pɔpylaʀite] *nf* popularity
**population** [pɔpylasjɔ̃] *nf* population;
**~ active/agricole** working/farming
population
**populeux, -euse** [pɔpylø, -øz] *adj* densely
populated
**porc** [pɔʀ] *nm* (*Zool*) pig; (*Culin*) pork; (*peau*)
pigskin
**porcelaine** [pɔʀsəlɛn] *nf* (*substance*)
porcelain, china; (*objet*) piece of china(ware)
**porc-épic** (*pl* **porcs-épics**) [pɔʀkepik] *nm*
porcupine
**porche** [pɔʀʃ] *nm* porch
**porcherie** [pɔʀʃəʀi] *nf* pigsty
**pore** [pɔʀ] *nm* pore
**porno** [pɔʀno] *adj* porno ▷ *nm* porn
**port** [pɔʀ] *nm* (*Navig*) harbour (*Brit*), harbor
(*US*), port; (*ville, Inform*) port; (*de l'uniforme etc*)
wearing; (*pour lettre*) postage; (*pour colis, aussi:
posture*) carriage; **~ de commerce/de pêche**
commercial/fishing port; **arriver à bon ~** to
arrive safe and sound; **~ d'arme** (*Jur*) carrying
of a firearm; **~ d'attache** (*Navig*) port of
registry; (*fig*) home base; **~ d'escale** port of
call; **~ franc** free port; **~ payé** postage paid
**portable** [pɔʀtabl] *adj* (*vêtement*) wearable;
(*portatif*) portable; (*téléphone*) mobile (*Brit*),
cell(phone) (*US*) ▷ *nm* (*Inform*) laptop
(computer); (*téléphone*) mobile (phone) (*Brit*),
cell(phone) (*US*)
**portail** [pɔʀtaj] *nm* gate; (*de cathédrale*) portal
**portant, e** [pɔʀtɑ̃, -ɑ̃t] *adj* (*murs*) structural,
supporting; (*roues*) running; **bien/mal ~** in
good/poor health
**portatif, -ive** [pɔʀtatif, -iv] *adj* portable
**porte** [pɔʀt] *nf* door; (*de ville, forteresse, Ski*)
gate; **mettre à la ~** to throw out; **prendre la
~** to leave, go away; **à ma/sa ~** (*tout près*) on
my/his (*ou* her) doorstep;
**~ (d'embarquement)** (*Aviat*) (departure)
gate; **~ d'entrée** front door; **~ à ~** *nm* door-to-
door selling; **~ de secours** emergency exit;
**~ de service** service entrance

**porté, e** [pɔʀte] *adj*: **être ~ à faire qch** to be
apt to do sth, tend to do sth; **être ~ sur qch** to
be partial to sth
**porte-avions** [pɔʀtavjɔ̃] *nm inv* aircraft carrier
**porte-bagages** [pɔʀtbagaʒ] *nm inv* luggage
rack (*ou* basket *etc*)
**porte-bonheur** [pɔʀtbɔnœʀ] *nm inv* lucky
charm
**porte-clefs** [pɔʀtəkle] *nm inv* key ring
**porte-documents** [pɔʀtdɔkymɑ̃] *nm inv*
attaché *ou* document case
**portée** [pɔʀte] *nf* (*d'une arme*) range; (*fig:
importance*) impact, import; (*: capacités*) scope,
capability; (*de chatte etc*) litter; (*Mus*) stave,
staff; **à/hors de ~ (de)** within/out of reach
(of); **à ~ de (la) main** within (arm's) reach; **à
~ de voix** within earshot; **à la ~ de qn** (*fig*) at
sb's level, within sb's capabilities; **à la ~ de
toutes les bourses** to suit every pocket,
within everyone's means
**porte-fenêtre** (*pl* **portes-fenêtres**) [pɔʀtfə
nɛtʀ] *nf* French window
**portefeuille** [pɔʀtəfœj] *nm* wallet; (*Pol,
Bourse*) portfolio; **faire un lit en ~** to make an
apple-pie bed
**portemanteau, x** [pɔʀtmɑ̃to] *nm* coat rack;
(*cintre*) coat hanger
**porte-monnaie** [pɔʀtmɔnɛ] *nm inv* purse
**porte-parole** [pɔʀtpaʀɔl] *nm inv*
spokesperson
**porter** [pɔʀte] *vt* (*charge ou sac etc, aussi: fœtus*)
to carry; (*sur soi: vêtement, barbe, bague*) to wear;
(*fig: responsabilité etc*) to bear, carry; (*inscription,
marque, titre, patronyme: arbre: fruits, fleurs*) to
bear; (*coup*) to deal; (*attention*) to turn;
(*jugement*) to pass; (*apporter*): **~ qch quelque
part/à qn** to take sth somewhere/to sb;
(*inscrire*): **~ qch sur** to put sth down on; to
enter sth in ▷ *vi* (*voix, regard, canon*) to carry;
(*coup, argument*) to hit home; **se porter** *vi* (*se
sentir*): **se ~ bien/mal** to be well/unwell;
(*aller*): **se ~ vers** to go towards; **~ sur** (*peser*) to
rest on; (*accent*) to fall on; (*conférence etc*) to
concern; (*heurter*) to strike; **être porté à faire**
to be apt *ou* inclined to do; **elle portait le
nom de Rosalie** she was called Rosalie; **~ qn
au pouvoir** to bring sb to power; **~ bonheur
à qn** to bring sb luck; **~ qn à croire** to lead sb
to believe; **~ son âge** to look one's age; **~ un
toast** to drink a toast; **~ de l'argent au
crédit d'un compte** to credit an account
with some money; **se ~ partie civile** to
associate in a court action with the public prosecutor;
**se ~ garant de qch** to guarantee sth, vouch
for sth; **se ~ candidat à la députation ≈** to
stand for Parliament (*Brit*), ≈ run for
Congress (*US*); **se faire ~ malade** to report
sick; **~ la main à son chapeau** to raise one's
hand to one's hat; **~ son effort sur** to direct
one's efforts towards; **~ un fait à la
connaissance de qn** to bring a fact to sb's
attention *ou* notice

**porteur, -euse** [pɔrtœr, -øz] *adj* (*Comm*) strong, promising; (*nouvelle, chèque etc*): **être ~ de** to be the bearer of ▷ *nm/f* (*de messages*) bearer ▷ *nm* (*de bagages*) porter; (*Comm: de chèque*) bearer; (: *d'actions*) holder; (**avion**) **gros ~** wide-bodied aircraft, jumbo (jet)

**porte-voix** [pɔrtəvwa] *nm inv* megaphone, loudhailer (*Brit*)

**portier** [pɔrtje] *nm* doorman, commissionnaire (*Brit*)

**portière** [pɔrtjɛr] *nf* door

**portillon** [pɔrtijɔ̃] *nm* gate

**portion** [pɔrsjɔ̃] *nf* (*part*) portion, share; (*partie*) portion, section

**porto** [pɔrto] *nm* port (wine)

**portrait** [pɔrtrɛ] *nm* portrait; (*photographie*) photograph; (*fig*): **elle est le ~ de sa mère** she's the image of her mother

**portrait-robot** [pɔrtrɛrɔbo] *nm* Identikit® *ou* Photo-fit® (*Brit*) picture

**portuaire** [pɔrtɥɛr] *adj* port *cpd*, harbour *cpd* (*Brit*), harbor *cpd* (*US*)

**portugais, e** [pɔrtyge, -ez] *adj* Portuguese ▷ *nm* (*Ling*) Portuguese ▷ *nm/f*: **P~, e** Portuguese

**Portugal** [pɔrtygal] *nm*: **le ~** Portugal

**pose** [poz] *nf* (*de moquette*) laying; (*de rideaux, papier peint*) hanging; (*attitude, d'un modèle*) pose; (*Photo*) exposure

**posé, e** [poze] *adj* calm, unruffled

**poser** [poze] *vt* (*déposer*): **~ qch (sur)/qn à** to put sth down (on)/drop sb at; (*placer*): **~ qch sur/quelque part** to put sth on/somewhere; (*installer: moquette, carrelage*) to lay; (*rideaux, papier peint*) to hang; (*Math: chiffre*) to put (down); (*question*) to ask; (*principe, conditions*) to lay *ou* set down; (*problème*) to formulate; (*difficulté*) to pose; (*personne: mettre en valeur*) to give standing to ▷ *vi* (*modèle*) to pose; to sit; **se poser** *vi* (*oiseau, avion*) to land; (*question*) to arise; **se ~ en** to pass o.s off as, pose as; **~ son** *ou* **un regard sur qn/qch** to turn one's gaze on sb/sth; **~ sa candidature à un poste** to apply for a post; (*Pol*) to put o.s. up for election

**positif, -ive** [pozitif, -iv] *adj* positive

**position** [pozisjɔ̃] *nf* position; **prendre ~** (*fig*) to take a stand

**posologie** [pozɔlɔʒi] *nf* directions *pl* for use, dosage

**posséder** [pɔsede] *vt* to own, possess; (*qualité, talent*) to have, possess; (*bien connaître: métier, langue*) to have mastered, have a thorough knowledge of; (*sexuellement, aussi: suj: colère*) to possess; (*fam: duper*) to take in

**possession** [pɔsesjɔ̃] *nf* ownership *no pl*; possession; (*aussi: être/entrer en/prendre ~ de qch*) to be in/take possession of sth

**possibilité** [pɔsibilite] *nf* possibility; **possibilités** *nfpl* (*moyens*) means; (*potentiel*) potential *sg*; **avoir la ~ de faire** to be in a position to do; to have the opportunity to do

**possible** [pɔsibl] *adj* possible; (*projet, entreprise*) feasible ▷ *nm*: **faire son ~** to do all one can, do one's utmost; (**ce n'est**) **pas ~!** impossible!; **le plus/moins de livres ~** as many/few books as possible; **le plus vite ~** as quickly as possible; **dès que ~** as soon as possible; **gentil** *etc* **au ~** as nice *etc* as it is possible to be

**postal, e, -aux** [pɔstal, -o] *adj* postal, post office *cpd*; **sac ~** mailbag, postbag

**poste¹** [pɔst] *nf* (*service*) post, postal service; (*administration, bureau*) post office; **mettre à la ~** to post; **~ restante** (**PR**) *nf* poste restante (*Brit*), general delivery (*US*); **postes** *nfpl* post office *sg*; **P~s télécommunications et télédiffusion** (**PTT**) *postal and telecommunications service*; **agent** *ou* **employé des ~s** post office worker

**poste²** [pɔst] *nm* (*fonction, Mil*) post; (*Tél*) extension; (*de radio etc*) set; (*de budget*) item; **~ de commandement** (**PC**) (*Mil etc*) headquarters; **~ de contrôle** checkpoint; **~ de douane** customs post; **~ émetteur** transmitting set; **~ d'essence** filling station; **~ d'incendie** fire point; **~ de péage** tollgate; **~ de pilotage** cockpit, flight deck; **~ (de police)** police station; **~ de radio** radio set; **~ de secours** first-aid post; **~ de télévision** television set; **~ de travail** work station

**poster** *vt* [pɔste] to post ▷ *nm* [pɔstɛr] poster; **se poster** to position o.s

**postérieur, e** [pɔsterjœr] *adj* (*date*) later; (*partie*) back ▷ *nm* (*fam*) behind

**posthume** [pɔstym] *adj* posthumous

**postulant, e** [pɔstylɑ̃, -ɑ̃t] *nm/f* (*candidat*) applicant; (*Rel*) postulant

**postuler** [pɔstyle] *vt* (*emploi*) to apply for, put in for ▷ *vi*: **~ à** *ou* **pour un emploi** to apply for a job

**posture** [pɔstyr] *nf* posture, position; (*fig*) position

**pot** [po] *nm* (*en verre*) jar; (*en terre*) pot; (*en plastique, carton*) carton; (*en métal*) tin; (*fam: chance*) luck; **avoir du ~** to be lucky; **boire** *ou* **prendre un ~** (*fam*) to have a drink; **petit ~** (**pour bébé**) (jar of) baby food; **découvrir le ~ aux roses** to find out what's been going on; **~ catalytique** catalytic converter; **~ (de chambre**)** (chamber)pot; **~ d'échappement** exhaust pipe; **~ de fleurs** plant pot, flowerpot; (*plante*) pot plant; **~ à tabac** tobacco jar

**potable** [pɔtabl] *adj* (*fig: boisson*) drinkable; (: *travail, devoir*) decent; **eau (non) ~** (not) drinking water

**potage** [pɔtaʒ] *nm* soup

**potager, -ère** [pɔtaʒe, -ɛr] *adj* (*plante*) edible, vegetable *cpd*; (**jardin**) **~** kitchen *ou* vegetable garden

**pot-au-feu** [pɔtofø] *nm inv* (beef) stew; (*viande*) stewing beef ▷ *adj* (*fam: personne*) stay-at-home

**pot-de-vin** (*pl* **pots-de-vin**) [podvɛ̃] *nm* bribe
**pote** [pɔt] *nm* (*fam*) mate (*Brit*), pal
**poteau, x** [pɔto] *nm* post; **~ de départ/ arrivée** starting/finishing post; **~ (d'exécution)** execution post, stake; **~ indicateur** signpost; **~ télégraphique** telegraph pole; **~x (de but)** goal-posts
**potelé, e** [pɔtle] *adj* plump, chubby
**potence** [pɔtɑ̃s] *nf* gallows *sg*; **en ~** T-shaped
**potentiel, le** [pɔtɑ̃sjɛl] *adj, nm* potential
**poterie** [pɔtʀi] *nf* (*fabrication*) pottery; (*objet*) piece of pottery
**potier, -ière** [pɔtje, jɛʀ] *nm/f* potter
**potins** [pɔtɛ̃] *nmpl* gossip *sg*
**potiron** [pɔtiʀɔ̃] *nm* pumpkin
**pou, x** [pu] *nm* louse
**poubelle** [pubɛl] *nf* (dust)bin
**pouce** [pus] *nm* thumb; **se tourner** *ou* **se rouler les ~s** (*fig*) to twiddle one's thumbs; **manger sur le ~** to eat on the run, snatch something to eat
**poudre** [pudʀ] *nf* powder; (*fard*) (face) powder; (*explosif*) gunpowder; **en ~:** **café en poudre** instant coffee; **savon en poudre** soap powder; **lait en ~** dried *ou* powdered milk; **~ à canon** gunpowder; **~ à éternuer** sneezing powder; **~ à récurer** scouring powder; **~ de riz** face powder
**poudreux, -euse** [pudʀø, -øz] *adj* dusty; (*neige*) powdery, powder *cpd*
**poudrier** [pudʀije] *nm* (powder) compact
**pouffer** [pufe] *vi:* **~ (de rire)** to burst out laughing
**poulailler** [pulaje] *nm* henhouse; (*Théât*): **le ~** the gods *sg*
**poulain** [pulɛ̃] *nm* foal; (*fig*) protégé
**poule** [pul] *nf* (*Zool*) hen; (*Culin*) (boiling) fowl; (*Sport*) (round-robin) tournament; (*Rugby*) group; (*fam*) bird (*Brit*), chick, broad (*US*); (*prostituée*) tart; **~ d'eau** moorhen; **~ mouillée** coward; **~ pondeuse** laying hen, layer; **~ au riz** chicken and rice
**poulet** [pulɛ] *nm* chicken; (*fam*) cop
**poulie** [puli] *nf* pulley
**pouls** [pu] *nm* pulse; (*Anat*): **prendre le ~ de qn** to take sb's pulse
**poumon** [pumɔ̃] *nm* lung; **~ d'acier** *ou* **artificiel** iron *ou* artificial lung
**poupe** [pup] *nf* stern; **en ~** astern
**poupée** [pupe] *nf* doll; **jouer à la ~** to play with one's doll (*ou* dolls); **de ~** (*très petit*): **jardin de ~** doll's garden, pocket-handkerchief-sized garden
**pouponnière** [pupɔnjɛʀ] *nf* crèche, day nursery
**pour** [puʀ] *prép* for ▷ *nm:* **le ~ et le contre** the pros and cons; **~ faire** (so as) to do, in order to do; **~ avoir fait** for having done; **~ que** so that, in order that; **fermé ~ (cause de) travaux** closed for refurbishment *ou* alterations; **c'est ~ ça que …** that's why …; **~ quoi faire?** what for?; **~ moi** (*à mon avis, pour ma part*) for

my part, personally; **~ riche qu'il soit** rich though he may be; **~ 20 euros d'essence** 20 euros' worth of petrol; **~ cent** per cent; **~ ce qui est de** as for; **y être ~ quelque chose** to have something to do with it
**pourboire** [puʀbwaʀ] *nm* tip
**pourcentage** [puʀsɑ̃taʒ] *nm* percentage; **travailler au ~** to work on commission
**pourchasser** [puʀʃase] *vt* to pursue
**pourparlers** [puʀpaʀle] *nmpl* talks, negotiations; **être en ~ avec** to be having talks with
**pourpre** [puʀpʀ] *adj* crimson
**pourquoi** [puʀkwa] *adv, conj* why ▷ *nm inv:* **le ~ (de)** the reason (for)
**pourrai** *etc* [puʀe] *vb voir* **pouvoir**
**pourri, e** [puʀi] *adj* rotten; (*roche, pierre*) crumbling; (*temps, climat*) filthy, foul ▷ *nm:* **sentir le ~** to smell rotten
**pourriel** [puʀjɛl] *nm* (*Inform*) spam
**pourrir** [puʀiʀ] *vi* to rot; (*fruit*) to go rotten *ou* bad; (*fig: situation*) to deteriorate ▷ *vt* to rot; (*fig: corrompre: personne*) to corrupt; (: *gâter: enfant*) to spoil thoroughly
**pourriture** [puʀityʀ] *nf* rot
**pourrons** *etc* [puʀɔ̃] *vb voir* **pouvoir**
**poursuite** [puʀsɥit] *nf* pursuit, chase; **poursuites** *nfpl* (*Jur*) legal proceedings; (*course*) **~ track race**; (*fig*) chase
**poursuivre** [puʀsɥivʀ] *vt* to pursue, chase (after); (*relancer*) to hound, harry; (*obséder*) to haunt; (*Jur*) to bring proceedings against, prosecute; (: *au civil*) to sue; (*but*) to strive towards; (*voyage, études*) to carry on with, continue ▷ *vi* to carry on, go on; **se poursuivre** *vi* to go on, continue
**pourtant** [puʀtɑ̃] *adv* yet; **mais ~** but nevertheless, but even so; **c'est ~ facile** (and) yet it's easy
**pourtour** [puʀtuʀ] *nm* perimeter
**pourvoir** [puʀvwaʀ] *nm* (*Comm*) supply ▷ *vt:* **~ qch/qn de** to equip sth/sb with ▷ *vi:* **~ à** to provide for; (*emploi*) to fill; **se pourvoir** *vi* (*Jur*): **se ~ en cassation** to take one's case to the Court of Appeal
**pourvoyeur, -euse** [puʀvwajœʀ, -øz] *nm/f* supplier
**pourvu, e** [puʀvy] *pp de* **pourvoir** ▷ *adj:* **~ de** equipped with; **~ que** *conj* (*si*) provided that, so long as; (*espérons que*) let's hope (that)
**pousse** [pus] *nf* growth; (*bourgeon*) shoot
**poussé, e** [puse] *adj* sophisticated, advanced; (*moteur*) souped-up
**poussée** [puse] *nf* thrust; (*coup*) push; (*Méd: d'acné*) eruption; (*fig: prix*) upsurge
**pousser** [puse] *vt* to push; (*acculer*) to drive sb to do sth; (*moteur, voiture*) to drive hard; (*émettre: cri etc*) to give; (*stimuler: élève*) to urge on; to drive hard; (*poursuivre: études, discussion*) to carry on; (*inciter*): **~ qn à faire qch** (*inciter*) to urge *ou* press sb to do sth; (*acculer*) ▷ *vi* to push; (*croître*) to grow; (*aller*): **~ plus loin** to

push on a bit further; **se pousser** *vi* to move over; **faire ~** *(plante)* to grow; **~ le dévouement** *etc* **jusqu'à ...** to take devotion *etc* as far as ...

**poussette** [puset] *nf (voiture d'enfant)* pushchair (*Brit*), stroller (*US*)

**poussière** [pusjɛʀ] *nf* dust; *(grain)* speck of dust; **et des ~s** *(fig)* and a bit; **~ de charbon** coaldust

**poussiéreux, -euse** [pusjeʀø, -øz] *adj* dusty

**poussin** [pusɛ̃] *nm* chick

**poutre** [putʀ] *nf* beam; *(en fer, ciment armé)* girder; **~s apparentes** exposed beams

 MOT-CLÉ

**pouvoir** [puvwaʀ] *nm* power; *(Pol: dirigeants)*: **le pouvoir** those in power; **les pouvoirs publics** the authorities; **avoir pouvoir de faire** *(autorisation)* to have (the) authority to do; *(droit)* to have the right to do; **pouvoir absolu** absolute power; **pouvoir absorbant** absorbency; **pouvoir d'achat** purchasing power; **pouvoir calorifique** calorific value
▷ *vb semi-aux* **1** *(être en état de)* can, be able to; **je ne peux pas le réparer** I can't *ou* I am not able to repair it; **déçu de ne pas pouvoir le faire** disappointed not to be able to do it
**2** *(avoir la permission)* can, may, be allowed to; **vous pouvez aller au cinéma** you can *ou* may go to the pictures
**3** *(probabilité, hypothèse)* may, might, could; **il a pu avoir un accident** he may *ou* might *ou* could have had an accident; **il aurait pu le dire!** he might *ou* could have said (so)!
**4** *(expressions)*: **tu ne peux pas savoir!** you have no idea!; **tu peux le dire!** you can say that again!
▷ *vb impers* may, might, could; **il peut arriver que** it may *ou* might *ou* could happen that; **il pourrait pleuvoir** it might rain
▷ *vt* **1** can, be able to; **j'ai fait tout ce que j'ai pu** I did all I could; **je n'en peux plus** *(épuisé)* I'm exhausted; *(à bout)* I can't take any more
**2** *(vb +adj ou adv comparatif)*: **je me porte ou ne peut mieux** I'm absolutely fine, I couldn't be better; **elle est on ne peut plus gentille** she couldn't be nicer, she's as nice as can be
**se pouvoir** *vi*: **il se peut que** it may *ou* might be that; **cela se pourrait** that's quite possible

**prairie** [pʀeʀi] *nf* meadow

**praline** [pʀalin] *nf (bonbon)* sugared almond; *(au chocolat)* praline

**praticable** [pʀatikabl] *adj (route etc)* passable, practicable; *(projet)* practicable

**pratiquant, e** [pʀatikā, -āt] *adj* practising (*Brit*), practicing (*US*) ▷ *nm/f* (regular) churchgoer

**pratique** [pʀatik] *nf* practice ▷ *adj* practical; *(commode: horaire etc)* convenient; *(: outil)*

handy, useful; **dans la ~** in (actual) practice; **mettre en ~** to put into practice

**pratiquement** [pʀatikmā] *adv (dans la pratique)* in practice; *(pour ainsi dire)* practically, virtually

**pratiquer** [pʀatike] *vt* to practise (*Brit*), practice (*US*); *(l'équitation, la pêche)* to go in for; *(le golf, football)* to play; *(appliquer: méthode, théorie)* to apply; *(intervention, opération)* to carry out; *(ouverture, abri)* to make ▷ *vi (Rel)* to be a churchgoer

**pré** [pʀe] *nm* meadow

**préalable** [pʀealabl] *adj* preliminary; **condition ~ (de)** precondition (for), prerequisite (for); **sans avis ~** without prior *ou* previous notice; **au ~** first, beforehand

**préambule** [pʀeābyl] *nm* preamble; *(fig)* prelude; **sans ~** straight away

**préau, x** [pʀeo] *nm (d'une cour d'école)* covered playground; *(d'un monastère, d'une prison)* inner courtyard

**préavis** [pʀeavi] *nm* notice; **~ de congé** notice; **communication avec ~** *(Tél)* personal *ou* person-to-person call

**précaution** [pʀekosjɔ̃] *nf* precaution; **avec ~** cautiously; **prendre des** *ou* **ses ~s** to take precautions; **par ~** as a precaution; **pour plus de ~** to be on the safe side; **~s oratoires** carefully phrased remarks

**précédemment** [pʀesedamā] *adv* before, previously

**précédent, e** [pʀesedā, -āt] *adj* previous ▷ *nm* precedent; **sans ~** unprecedented; **le jour ~** the day before, the previous day

**précéder** [pʀesede] *vt* to precede; *(marcher ou rouler devant)* to be in front of; *(arriver avant)* to get ahead of

**précepteur, -trice** [pʀeseptœʀ, -tʀis] *nm/f* (private) tutor

**prêcher** [pʀeʃe] *vt, vi* to preach

**précieux, -euse** [pʀesjø, -øz] *adj* precious; *(collaborateur, conseils)* invaluable; *(style, écrivain)* précieux, precious

**précipice** [pʀesipis] *nm* drop, chasm; *(fig)* abyss; **au bord du ~** at the edge of the precipice

**précipitamment** [pʀesipitamā] *adv* hurriedly, hastily

**précipitation** [pʀesipitasjɔ̃] *nf (hâte)* haste; **~s (atmosphériques)** precipitation *sg*

**précipité, e** [pʀesipite] *adj (respiration)* fast; *(pas)* hurried; *(départ)* hasty

**précipiter** [pʀesipite] *vt (faire tomber)*: **~ qn/ qch du haut de** to throw *ou* hurl sb/sth off *ou* from; *(hâter: marche)* to quicken; *(: départ)* to hasten; **se précipiter** *vi (événements)* to move faster; *(respiration)* to speed up; **se ~ sur/vers** to rush at/towards; **se ~ au-devant de qn** to throw o.s. before sb

**précis, e** [pʀesi, -iz] *adj* precise; *(tir, mesures)* accurate, precise; **à 4 heures ~es** at 4 o'clock sharp ▷ *nm* handbook

**précisément** [pʀesizemɑ̃] *adv* precisely; **ma vie n'est pas ~ distrayante** my life is not exactly entertaining

**préciser** [pʀesize] *vt* (*expliquer*) to be more specific about, clarify; (*spécifier*) to state, specify; **se préciser** *vi* to become clear(er)

**précision** [pʀesizjɔ̃] *nf* precision; accuracy; (*détail*) point *ou* detail (*that need to be clarified*); **précisions** *nfpl* further details

**précoce** [pʀekɔs] *adj* early; (*enfant*) precocious; (*calvitie*) premature

**préconçu, e** [pʀekɔ̃sy] *adj* preconceived

**préconiser** [pʀekɔnize] *vt* to advocate

**prédécesseur** [pʀedesesœʀ] *nm* predecessor

**prédilection** [pʀedilɛksjɔ̃] *nf*: **avoir une ~ pour** to be partial to; **de ~** favourite (*Brit*), favorite (*US*)

**prédire** [pʀediʀ] *vt* to predict

**prédominer** [pʀedɔmine] *vi* to predominate; (*avis*) to prevail

**préface** [pʀefas] *nf* preface

**préfecture** [pʀefɛktyʀ] *nf* prefecture; *see note*; **~ de police** police headquarters

⬤ **PRÉFECTURE**
⬤
⬤ The *préfecture* is the administrative
⬤ headquarters of the "département". The
⬤ "préfet", a senior civil servant appointed
⬤ by the government, is responsible for
⬤ putting government policy into practice.
⬤ France's 22 regions, each comprising a
⬤ number of "départements", also have a
⬤ "préfet de région".

**préférable** [pʀefeʀabl] *adj* preferable

**préféré, e** [pʀefeʀe] *adj*, *nm/f* favourite (*Brit*), favorite (*US*)

**préférence** [pʀefeʀɑ̃s] *nf* preference; **de ~** preferably; **de** *ou* **par ~ à** in preference to, rather than; **donner la ~ à qn** to give preference to sb; **par ordre de ~** in order of preference; **obtenir la ~ sur** to have preference over

**préférer** [pʀefeʀe] *vt*: **~ qn/qch (à)** to prefer sb/sth (to), like sb/sth better (than); **~ faire** to prefer to do; **je préférerais du thé** I would rather have tea, I'd prefer tea

**préfet** [pʀefɛ] *nm* prefect; **~ de police** ≈ Chief Constable (*Brit*), ≈ Police Commissioner (*US*)

**préhistorique** [pʀeistɔʀik] *adj* prehistoric

**préjudice** [pʀeʒydis] *nm* (*matériel*) loss; (*moral*) harm *no pl*; **porter ~ à** to harm, be detrimental to; **au ~ de** at the expense of

**préjugé** [pʀeʒyʒe] *nm* prejudice; **avoir un ~ contre** to be prejudiced against; **bénéficier d'un ~ favorable** to be viewed favourably

**préjuger** [pʀeʒyʒe]: **~ de** *vt* to prejudge

**prélasser** [pʀelase]: **se prélasser** *vi* to lounge

**prélèvement** [pʀelɛvmɑ̃] *nm* (*montant*) deduction; withdrawal; **faire un ~ de sang** to take a blood sample

**prélever** [pʀelve] *vt* (*échantillon*) to take; **~ (sur)** (*argent*) to deduct (from); (: *sur son compte*) to withdraw (from)

**prématuré, e** [pʀematyʀe] *adj* premature; (*retraite*) early ▷ *nm* premature baby

**premier, -ière** [pʀəmje, -jɛʀ] *adj* first; (*rang*) front; (*branche, marche, grade*) bottom; (*fig: fondamental*) basic; prime; (*en importance*) first, foremost ▷ *nm* (*premier étage*) first (*Brit*) *ou* second (*US*) floor ▷ *nf* (*Auto*) first (gear); (*Rail, Aviat etc*) first class; (*Scol*) year 12 (*Brit*), eleventh grade (*US*); (*Théât*) first night; (*Ciné*) première; (*exploit*) first; **au ~ abord** at first sight; **au** *ou* **du ~ coup** at the first attempt *ou* go; **de ~ ordre** first-class, first-rate; **de première qualité, de ~ choix** best *ou* top quality; **de première importance** of the highest importance; **de première nécessité** absolutely essential; **le ~ venu** the first person to come along; **jeune ~** leading man; **le ~ de l'an** New Year's Day; **enfant du ~ lit** child of a first marriage; **en ~ lieu** in the first place; **~ âge** (*d'un enfant*) the first three months (of life); **P~ Ministre** Prime Minister

**premièrement** [pʀəmjɛʀmɑ̃] *adv* firstly

**prémonition** [pʀemɔnisjɔ̃] *nf* premonition

**prémunir** [pʀemyniʀ]: **se prémunir** *vi*: **se ~ contre** to protect o.s. from, guard against

**prenant, e** [pʀənɑ̃, -ɑ̃t] *vb voir* **prendre** ▷ *adj* absorbing, engrossing

**prénatal, e** [pʀenatal] *adj* (*Méd*) antenatal; (*allocation*) maternity *cpd*

**prendre** [pʀɑ̃dʀ] *vt* to take; (*repas*) to have; (*aller chercher*) to get, fetch; (*se procurer*) to get; (*réserver: place*) to book; (*acquérir: du poids, de la valeur*) to put on, gain; (*malfaiteur, poisson*) to catch; (*passager*) to pick up; (*personnel, aussi: couleur, goût*) to take on; (*locataire*) to take in; (*traiter: enfant, problème*) to handle; (*voix, ton*) to put on; (*prélever: pourcentage, argent*) to take off; (*ôter*): **~ qch à** to take sth from; (*coincer*): **se ~ les doigts dans** to get one's fingers caught in ▷ *vi* (*liquide, ciment*) to set; (*greffe, vaccin*) to take; (*mensonge*) to be successful; (*feu: foyer*) to go; (: *incendie*) to start; (*allumette*) to light; (*se diriger*): **~ à gauche** to turn (*to the*) left; **~ froid** to catch cold; **~ son origine** *ou* **sa source** (*mot, rivière*) to have its source; **~ qn pour** to take sb for; **se ~ pour** to think one is; **~ sur soi de faire qch** to take it upon o.s. to do sth; **~ qn en sympathie/horreur** to get to like/ loathe sb; **à tout ~** all things considered; **s'en ~ à** (*agresser*) to set about; (*passer sa colère sur*) to take it out on; (*critiquer*) to attack; (*remettre en question*) to challenge; **se ~ d'amitié/ d'affection pour** to befriend/become fond of; **s'y ~** (*procéder*) to set about it; **s'y ~ à l'avance** to see to it in advance; **s'y ~ à deux fois** to try twice, make two attempts

**preneur** [pʀənœʀ] *nm*: **être ~** to be willing to buy; **trouver ~** to find a buyer

**preniez** [pʀənje] *vb voir* **prendre**

**prenne** etc [pʀɛn] vb voir **prendre**

**prénom** [pʀenɔ̃] nm first name

**préoccupation** [pʀeɔkypasjɔ̃] nf (souci) concern; (idée fixe) preoccupation

**préoccuper** [pʀeɔkype] vt (tourmenter, tracasser) to concern; (absorber, obséder) to preoccupy; **se ~ de qch** to be concerned about sth; to show concern about sth

**préparatifs** [pʀepaʀatif] nmpl preparations

**préparation** [pʀepaʀasjɔ̃] nf preparation; (Scol) piece of homework

**préparer** [pʀepaʀe] vt to prepare; (café, repas) to make; (examen) to prepare for; (voyage, entreprise) to plan; **se préparer** vi (orage, tragédie) to brew, be in the air; **se ~ (à qch/à faire)** to prepare (o.s.) ou get ready (for sth/to do); **~ qch à qn** (surprise etc) to have sth in store for sb; **~ qn à qch** (nouvelle etc) to prepare sb for sth

**prépondérant, e** [pʀepɔ̃deʀɑ̃, -ɑ̃t] adj major, dominating; **voix ~e** casting vote

**préposé, e** [pʀepoze] adj: **~ à** in charge of ▷ nm/f (gén: employé) employee; (Admin: facteur) postman/woman (Brit), mailman/woman (US); (de la douane etc) official; (de vestiaire) attendant

**préposition** [pʀepozisjɔ̃] nf preposition

**près** [pʀɛ] adv near, close; **~ de** prép near (to), close to; (environ) nearly, almost; **~ d'ici** near here; **de ~** adv closely; **à cinq kg ~** to within about five kg; **à cela ~ que** apart from the fact that; **je ne suis pas ~ de lui pardonner** I'm nowhere near ready to forgive him; **on n'est pas à un jour ~** one day (either way) won't make any difference, we're not going to quibble over the odd day; **il n'est pas à 10 minutes ~** he can spare 10 minutes

**présage** [pʀezaʒ] nm omen

**présager** [pʀezaʒe] vt (prévoir) to foresee; (annoncer) to portend

**presbyte** [pʀɛsbit] adj long-sighted (Brit), far-sighted (US)

**presbytère** [pʀɛsbitɛʀ] nm presbytery

**prescription** [pʀɛskʀipsjɔ̃] nf (instruction) order, instruction; (Méd, Jur) prescription

**prescrire** [pʀɛskʀiʀ] vt to prescribe; **se prescrire** vi (Jur) to lapse

**présence** [pʀezɑ̃s] nf presence; (au bureau etc) attendance; **en ~** face to face; **en ~ de** in (the) presence of; (fig) in the face of; **faire acte de ~** to put in a token appearance; **~ d'esprit** presence of mind

**présent, e** [pʀezɑ̃, -ɑ̃t] adj, nm present; (Admin, Comm): **la ~e lettre/loi** this letter/law ▷ nm/f: **les ~s** (personnes) those present ▷ nf (Comm: lettre): **la ~e** this letter; **à ~** now, at present; **dès à ~** here and now, already; **jusqu'à ~** up till now, until now; **à ~ que** now that

**présentation** [pʀezɑ̃tasjɔ̃] nf presentation; (de nouveau venu) introduction; (allure) appearance; **faire les ~s** to do the introductions

**présenter** [pʀezɑ̃te] vt to present; (invité, candidat) to introduce; (félicitations, condoléances) to offer; (montrer: billet, pièce d'identité) to show, produce; (faire inscrire: candidat) to put forward; (soumettre) to submit; **~ qn à** to introduce sb to ▷ vi: **~ mal/bien** to have an unattractive/a pleasing appearance; **se présenter** vi (sur convocation) to report, come; (se faire connaître) to come forward; (à une élection) to stand; (occasion) to arise; **se ~ à un examen** to sit an exam; **se ~ bien/mal** to look good/not too good; **je vous présente Nadine** this is Nadine

**préservatif** [pʀezɛʀvatif] nm condom, sheath

**préserver** [pʀezɛʀve] vt: **~ de** (protéger) to protect from; (sauver) to save from

**président** [pʀezidɑ̃] nm (Pol) president; (d'une assemblée, Comm) chairman; **~ directeur général (PDG)** chairman and managing director (Brit), chairman and president (US); **~ du jury** (Jur) foreman of the jury; (d'examen) chief examiner

**présidentiel, le** [pʀezidɑ̃sjɛl] adj presidential; **présidentielles** nfpl presidential election(s)

**présider** [pʀezide] vt to preside over; (dîner) to be the guest of honour (Brit) ou honor (US) at; **~ à** vt to direct; to govern

**présomptueux, -euse** [pʀezɔ̃ptɥø, -øz] adj presumptuous

**presque** [pʀɛsk] adv almost, nearly; **~ rien** hardly anything; **~ pas** hardly (at all); **~ pas de** hardly any; **personne, ou ~** next to nobody, hardly anyone; **la ~ totalité (de)** almost ou nearly all

**presqu'île** [pʀɛskil] nf peninsula

**pressant, e** [pʀɛsɑ̃, -ɑ̃t] adj urgent; (personne) insistent; **se faire ~** to become insistent

**presse** [pʀɛs] nf press; (affluence): **heures de ~** busy times; **sous ~** gone to press; **mettre sous ~** to send to press; **avoir une bonne/mauvaise ~** to have a good/bad press; **~ féminine** women's magazines pl; **~ d'information** quality newspapers pl

**pressé, e** [pʀese] adj in a hurry; (air) hurried; (besogne) urgent ▷ nm: **aller au plus ~** to see to first things first; **être ~ de faire qch** to be in a hurry to do sth; **orange ~e** freshly squeezed orange juice

**pressentiment** [pʀesɑ̃timɑ̃] nm foreboding, premonition

**pressentir** [pʀesɑ̃tiʀ] vt to sense; (prendre contact avec) to approach

**presse-papiers** [pʀɛspapje] nm inv paperweight

**presser** [pʀese] vt (fruit, éponge) to squeeze; (interrupteur, bouton) to press, push; (allure, affaire) to speed up; (débiteur etc) to press; (inciter): **~ qn de faire** to urge ou press sb to do ▷ vi to be urgent; **se presser** vi (se hâter) to hurry (up); (se grouper) to crowd; **rien ne presse**

there's no hurry; **se ~ contre qn** to squeeze up against sb; **le temps presse** there's not much time; **~ le pas** to quicken one's step; **~ qn entre ses bras** to squeeze sb tight

**pressing** [presiŋ] *nm* (*repassage*) steam-pressing; (*magasin*) dry-cleaner's

**pression** [presjɔ̃] *nf* pressure; (*bouton*) press stud (*Brit*), snap fastener; (*fam: bière*) draught beer; **faire ~ sur** to put pressure on; **sous ~** pressurized, under pressure; (*fig*) keyed up; **~ artérielle** blood pressure

**prestance** [prestɑ̃s] *nf* presence, imposing bearing

**prestataire** [prestater] *nm/f* person receiving benefits; (*Comm*): **~ de services** provider of services

**prestation** [prestasjɔ̃] *nf* (*allocation*) benefit; (*d'une assurance*) cover *no pl*; (*d'une entreprise*) service provided; (*d'un joueur, artiste*) performance; **~ de serment** taking the oath; **~ de service** provision of a service; **~s familiales** ≈ child benefit

**prestidigitateur, -trice** [prestidiʒitatœr, -tris] *nm/f* conjurer

**prestige** [prestiʒ] *nm* prestige

**prestigieux, -euse** [prestiʒjø, -øz] *adj* prestigious

**présumer** [prezyme] *vt*: **~ que** to presume *ou* assume that; **~ de** to overrate; **~ qn coupable** to presume sb guilty

**prêt, e** [prɛ, prɛt] *adj* ready ▷ *nm* lending *no pl*; (*somme prêtée*) loan; **~ à faire** ready to do; **~ à tout** ready for anything; **~ sur gages** pawnbroking *no pl*

**prêt-à-porter** (*pl* **prêts-à-porter**) [prɛtaportе] *nm* ready-to-wear *ou* off-the-peg (*Brit*) clothes *pl*

**prétendre** [pretɑ̃dr] *vt* (*affirmer*): **~ que** to claim that; (*avoir l'intention de*): **~ faire qch** to mean *ou* intend to do sth; **~ à** *vt* (*droit, titre*) to lay claim to

**prétendu, e** [pretɑ̃dy] *adj* (*supposé*) so-called

**prétentieux, -euse** [pretɑ̃sjø, -øz] *adj* pretentious

**prétention** [pretɑ̃sjɔ̃] *nf* pretentiousness; (*exigence, ambition*) claim; **sans ~** unpretentious

**prêter** [prete] *vt* (*livres, argent*): **~ qch (à)** to lend sth (to); (*supposer*): **~ à qn** (*caractère, propos*) to attribute to sb ▷ *vi*: **se prêter** (*tissu, cuir*) to give; **~ à** (*commentaires etc*) to be open to, give rise to; **se ~ à** to lend o.s. (*ou* itself) to; (*manigances etc*) to go along with; **~ assistance à** to give help to; **~ attention** to pay attention; **~ serment** to take the oath; **~ l'oreille** to listen

**prétexte** [pretɛkst] *nm* pretext, excuse; **sous aucun ~** on no account; **sous (le) ~ que/de** on the pretext that/of

**prétexter** [pretɛkste] *vt* to give as a pretext *ou* an excuse

**prêtre** [prɛtr] *nm* priest

**preuve** [prœv] *nf* proof; (*indice*) proof, evidence *no pl*; **jusqu'à ~ du contraire** until proved otherwise; **faire ~ de** to show; **faire ses ~s** to prove o.s. (*ou* itself); **~ matérielle** material evidence

**prévaloir** [prevalwar] *vi* to prevail; **se ~ de** *vt* to take advantage of; (*tirer vanité de*) to pride o.s. on

**prévenant, e** [prevnɑ̃, -ɑ̃t] *adj* thoughtful, kind

**prévenir** [prevnir] *vt* (*éviter: catastrophe etc*) to avoid, prevent; (*anticiper: désirs, besoins*) to anticipate; **~ qn (de)** (*avertir*) to warn sb (about); (*informer*) to tell *ou* inform sb (about); **~ qn contre** (*influencer*) to prejudice sb against

**préventif, -ive** [prevɑ̃tif, -iv] *adj* preventive

**prévention** [prevɑ̃sjɔ̃] *nf* prevention; (*préjugé*) prejudice; (*Jur*) custody, detention; **~ routière** road safety

**prévenu, e** [prevny] *nm/f* (*Jur*) defendant, accused

**prévision** [previzjɔ̃] *nf*: **~s** predictions; (*météorologiques, économiques*) forecast *sg*; **en ~ de** in anticipation of; **~s météorologiques** *ou* **du temps** weather forecast *sg*

**prévoir** [prevwar] *vt* (*deviner*) to foresee; (*s'attendre à*) to expect, reckon on; (*prévenir*) to anticipate; (*organiser: voyage etc*) to plan; (*préparer, réserver*) to allow; **prévu pour quatre personnes** designed for four people; **prévu pour 10 h** scheduled for 10 o'clock; **comme prévu** as planned

**prévoyant, e** [prevwajɑ̃, -ɑ̃t] *vb voir* **prévoir** ▷ *adj* gifted with (*ou* showing) foresight, far-sighted

**prévu, e** [prevy] *pp de* **prévoir**

**prier** [prije] *vi* to pray ▷ *vt* (*Dieu*) to pray to; (*implorer*) to beg; (*demander*): **~ qn de faire** to ask sb to do; (*inviter*): **~ qn à dîner** to invite sb to dinner; **se faire ~** to need coaxing *ou* persuading; **je vous en prie** (*allez-y*) please do; (*de rien*) don't mention it; **je vous prie de faire** please (would you) do

**prière** [prijɛr] *nf* prayer; (*demande instante*) plea, entreaty; **"~ de faire ..."** "please do ..."

**primaire** [primɛr] *adj* primary; (*péj: personne*) simple-minded; (*: idées*) simplistic ▷ *nm* (*Scol*) primary education

**prime** [prim] *nf* (*bonification*) bonus; (*subside*) allowance; (*Comm: cadeau*) free gift; (*Assurances, Bourse*) premium ▷ *adj*: **de ~ abord** at first glance; **~ de risque** danger money *no pl*; **~ de transport** travel allowance

**primer** [prime] *vt* (*l'emporter sur*) to prevail over; (*récompenser*) to award a prize to ▷ *vi* to dominate, prevail

**primeur** [primœr] *nf*: **avoir la ~ de** to be the first to hear (*ou* see *etc*); **primeurs** *nfpl* (*fruits, légumes*) early fruits and vegetables; **marchand de ~** greengrocer (*Brit*), produce dealer (*US*)

P

**primevère** [pʀimvɛʀ] nf primrose

**primitif, -ive** [pʀimitif, -iv] adj primitive; (originel) original ▷ nm/f primitive

**primordial, e, -aux** [pʀimɔʀdjal, -o] adj essential, primordial

**prince** [pʀɛ̃s] nm prince; ~ **charmant** Prince Charming; ~ **de Galles** nm inv (tissu) check cloth; ~ **héritier** crown prince

**princesse** [pʀɛ̃sɛs] nf princess

**principal, e, -aux** [pʀɛ̃sipal, -o] adj principal, main ▷ nm (Scol) head (teacher) (Brit), principal (US); (essentiel) main thing ▷ nf (Ling): (**proposition**) **~e** main clause

**principe** [pʀɛ̃sip] nm principle; **partir du ~ que** to work on the principle ou assumption that; **pour le ~** on principle, for the sake of it; **de ~** adj (hostilité) automatic; (accord) in principle; **par ~** on principle; **en ~** (habituellement) as a rule; (théoriquement) in principle

**printemps** [pʀɛ̃tɑ̃] nm spring; **au ~** in spring

**priorité** [pʀijɔʀite] nf priority; (Auto): **avoir la ~ (sur)** to have right of way (over); ~ **à droite** right of way to vehicles coming from the right; **en ~** as a (matter of) priority

**pris, e** [pʀi, pʀiz] pp de **prendre** ▷ adj (place) taken; (billets) sold; (journée, mains) full; (personne) busy; (crème, ciment) set; (Méd: enflammé): **avoir le nez/la gorge ~(e)** to have a stuffy nose/a bad throat; (saisi): **être ~ de peur/de fatigue/de panique** to be stricken with fear/overcome with fatigue/panic-stricken

**prise** [pʀiz] nf (d'une ville) capture; (Pêche, Chasse) catch; (de judo ou catch, point d'appui ou pour empoigner) hold; (Élec: fiche) plug; (: femelle) socket; (: au mur) point; **en ~** (Auto) in gear; **être aux ~s avec** to be grappling with; to be battling with; **lâcher ~** to let go; **donner ~ à** (fig) to give rise to; **avoir ~ sur qn** to have a hold over sb; ~ **en charge** (taxe) pick-up charge; (par la sécurité sociale) undertaking to reimburse costs; ~ **de contact** initial meeting, first contact; ~ **de courant** power point; ~ **d'eau** water (supply) point; tap; ~ **multiple** adaptor; ~ **d'otages** hostage-taking; ~ **à partie** (Jur) action against a judge; ~ **péritel** SCART socket; ~ **de sang** blood test; ~ **de son** sound recording; ~ **de tabac** pinch of snuff; ~ **de terre** earth; ~ **de vue** (photo) shot; (action): ~ **de vue(s)** filming, shooting

**priser** [pʀize] vt (tabac, héroïne) to take; (estimer) to prize, value ▷ vi to take snuff

**prison** [pʀizɔ̃] nf prison; **aller/être en ~** to go to/be in prison ou jail; **faire de la ~** to serve time; **être condamné à cinq ans de ~** to be sentenced to five years' imprisonment ou five years in prison

**prisonnier, -ière** [pʀizɔnje, -jɛʀ] nm/f prisoner ▷ adj captive; **faire qn ~** to take sb prisoner

**prit** [pʀi] vb voir **prendre**

**privé, e** [pʀive] adj private; (en punition): **tu es ~ de télé!** no TV for you!; (dépourvu): ~ **de** without, lacking ▷ nm (Comm) private sector; **en ~, dans le ~** in private

**priver** [pʀive] vt: ~ **qn de** to deprive sb of; **se ~ de** to go ou do without; **ne pas se ~ de faire** not to refrain from doing

**privilège** [pʀivilɛʒ] nm privilege

**prix** [pʀi] nm (valeur) price; (récompense, Scol) prize; **mettre à ~** to set a reserve (Brit) ou an upset (US) price on; **au ~ fort** at a very high price; **acheter qch à ~ d'or** to pay a (small) fortune for sth; **hors de ~** exorbitantly priced; **à aucun ~** not at any price; **à tout ~** at all costs; **grand ~** (Sport) Grand Prix; ~ **d'achat/de vente/de revient** purchasing/selling/cost price; ~ **conseillé** manufacturer's recommended price (MRP)

**probable** [pʀɔbabl] adj likely, probable

**probablement** [pʀɔbabləmɑ̃] adv probably

**probant, e** [pʀɔbɑ̃, -ɑ̃t] adj convincing

**problème** [pʀɔblɛm] nm problem

**procédé** [pʀɔsede] nm (méthode) process; (comportement) behaviour no pl (Brit), behavior no pl (US)

**procéder** [pʀɔsede] vi to proceed; (moralement) to behave; ~ **à** vt to carry out

**procès** [pʀɔsɛ] nm (Jur) trial; (: poursuites) proceedings pl; **être en ~ avec** to be involved in a lawsuit with; **faire le ~ de qn/qch** (fig) to put sb/sth on trial; **sans autre forme de ~** without further ado

**processus** [pʀɔsesys] nm process

**procès-verbal, -aux** [pʀɔsɛvɛʀbal, -o] nm (constat) statement; (aussi: **PV**): **avoir un ~** to get a parking ticket; to be booked; (de réunion) minutes pl

**prochain, e** [pʀɔʃɛ̃, -ɛn] adj next; (proche: départ, arrivée) impending; near ▷ nm fellow man; **la ~e fois/semaine ~e** next time/week; **à ~e!** (fam): **à la ~e fois** see you!, till the next time!; **un ~ jour** (some day) soon

**prochainement** [pʀɔʃɛnmɑ̃] adv soon, shortly

**proche** [pʀɔʃ] adj nearby; (dans le temps) imminent; close at hand; (parent, ami) close; **proches** nmpl (parents) close relatives, next of kin; (amis): **l'un de ses ~s** one of those close to him (ou her); **être ~ (de)** to be near, be close (to); **de ~ en ~** gradually

**proclamer** [pʀɔklame] vt to proclaim; (résultat d'un examen) to announce

**procuration** [pʀɔkyʀasjɔ̃] nf proxy; power of attorney; **voter par ~** to vote by proxy

**procurer** [pʀɔkyʀe] vt (fournir): ~ **qch à qn** to get ou obtain sth for sb; (causer: plaisir etc): ~ **qch à qn** to bring ou give sb sth; **se procurer** vt to get

**procureur** [pʀɔkyʀœʀ] nm public prosecutor; ~ **général** public prosecutor (in appeal court)

**prodige** [pʀɔdiʒ] nm (miracle, merveille) marvel, wonder; (personne) prodigy

**prodiguer** [prɔdige] vt (argent, biens) to be lavish with; (soins, attentions): **~ qch à qn** to lavish sth on sb

**producteur, -trice** [prɔdyktœr, -tris] adj: **~ de blé** wheat-producing; (Ciné): **société productrice** film ou movie company ▷ nm/f producer

**productif, -ive** [prɔdyktif, -iv] adj productive

**production** [prɔdyksjɔ̃] nf (gén) production; (rendement) output; (produits) products pl, goods pl; (œuvres): **la ~ dramatique du XVIIe siècle** the plays of the 17th century

**productivité** [prɔdyktivite] nf productivity

**produire** [prɔdyir] vt, vi to produce; **se produire** vi (acteur) to perform, appear; (événement) to happen, occur

**produit, e** [prɔdyi, -it] pp de **produire** ▷ nm (gén) product; **~ chimique** chemical; **~ d'entretien** cleaning product; **~ national brut (PNB)** gross national product (GNP); **~ net** net profit; **~ pour la vaisselle** washing-up (Brit) ou dish-washing (US) liquid; **~ des ventes** income from sales; **~s agricoles** farm produce sg; **~s alimentaires** foodstuffs; **~s de beauté** beauty products, cosmetics

**prof** [prɔf] nm (fam: = professeur) teacher; professor; lecturer

**profane** [prɔfan] adj (Rel) secular; (ignorant, non initié) uninitiated ▷ nm/f layman

**proférer** [prɔfere] vt to utter

**professeur, e** [prɔfesœr] nm/f teacher; (titulaire d'une chaire) professor; **~ (de faculté)** (university) lecturer

**profession** [prɔfesjɔ̃] nf (libérale) profession; (gén) occupation; **faire ~ de** (opinion, religion) to profess; **de ~** by profession; **"sans ~"** "unemployed"; (femme mariée) "housewife"

**professionnel, le** [prɔfesjɔnɛl] adj professional ▷ nm/f professional; (ouvrier qualifié) skilled worker

**profil** [prɔfil] nm profile; (d'une voiture) line, contour; **de ~** in profile

**profit** [prɔfi] nm (avantage) benefit, advantage; (Comm, Finance) profit; **au ~ de** in aid of; **tirer** ou **retirer ~ de** to profit from; **mettre à ~** to take advantage of; to turn to good account; **~s et pertes** (Comm) profit and loss(es)

**profitable** [prɔfitabl] adj (utile) beneficial; (lucratif) profitable

**profiter** [prɔfite] vi: **~ de** (situation, occasion) to take advantage of; (vacances, jeunesse etc) to make the most of; **~ de ce que ...** to take advantage of the fact that ...; **~ à** to be of benefit to, benefit; to be profitable to

**profond, e** [prɔfɔ̃, -ɔ̃d] adj deep; (méditation, mépris) profound; **peu ~** (eau, vallée, puits) shallow; (coupure) superficial; **au plus ~ de** in the depths of, at the (very) bottom of; **la France ~e** the heartlands of France

**profondément** [prɔfɔ̃demɑ̃] adv deeply; profoundly; **il dort ~** he is sound asleep

**profondeur** [prɔfɔ̃dœr] nf depth; **l'eau a quelle ~?** how deep is the water?

**progéniture** [prɔʒenityr] nf offspring inv

**programme** [prɔgram] nm programme (Brit), program (US); (TV, Radio) program(me)s pl; (Scol) syllabus, curriculum; (Inform) program; **au ~ de ce soir** (TV) among tonight's program(me)s

**programmer** [prɔgrame] vt (TV, Radio) to put on, show; (organiser, prévoir: émission) to schedule; (Inform) to program

**programmeur, -euse** [prɔgramœr, -øz] nm/f (computer) programmer

**progrès** [prɔgrɛ] nm progress no pl; **faire des/ être en ~** to make/be making progress

**progresser** [prɔgrese] vi to progress; (troupes etc) to make headway ou progress

**progressif, -ive** [prɔgresif, -iv] adj progressive

**prohiber** [prɔibe] vt to prohibit, ban

**proie** [prwa] nf prey no pl; **être la ~ de** to fall prey to; **être en ~ à** (doutes, sentiment) to be prey to; (douleur, mal) to be suffering

**projecteur** [prɔʒɛktœr] nm projector; (de théâtre, cirque) spotlight

**projectile** [prɔʒɛktil] nm missile; (d'arme) projectile, bullet (ou shell etc)

**projection** [prɔʒɛksjɔ̃] nf projection; (séance) showing; **conférence avec ~s** lecture with slides (ou a film)

**projet** [prɔʒɛ] nm plan; (ébauche) draft; **faire des ~s** to make plans; **~ de loi** bill

**projeter** [prɔʒte] vt (envisager) to plan; (film, photos) to project; (passer) to show; (ombre, lueur) to throw, cast, project; (jeter) to throw up (ou off ou out); **~ de faire qch** to plan to do sth

**prolétaire** [prɔletɛr] adj, nm/f proletarian

**prolongement** [prɔlɔ̃ʒmɑ̃] nm extension; **prolongements** nmpl (fig) repercussions, effects; **dans le ~ de** running on from

**prolonger** [prɔlɔ̃ʒe] vt (débat, séjour) to prolong; (délai, billet, rue) to extend; (chose) to be a continuation ou an extension of; **se prolonger** vi to go on

**promenade** [prɔmnad] nf walk (ou drive ou ride); **faire une ~** to go for a walk; **une ~ (à pied)/en voiture/à vélo** a walk/drive/ (bicycle) ride

**promener** [prɔmne] vt (personne, chien) to take out for a walk; (fig) to carry around; to trail round; (doigts, regard): **~ qch sur** to run sth over; **se promener** vi (à pied) to go for (ou be out for) a walk; (en voiture) to go for (ou be out for) a drive; (fig): **se ~ sur** to wander over

**promesse** [prɔmɛs] nf promise; **~ d'achat** commitment to buy

**promettre** [prɔmɛtr] vt to promise ▷ vi (récolte, arbre) to look promising; (enfant, musicien) to be promising; **se ~ de faire** to resolve ou mean to do; **~ à qn de faire** to promise sb that one will do

**promiscuité** [pʀɔmiskɥite] *nf* crowding; lack of privacy

**promontoire** [pʀɔmɔ̃twaʀ] *nm* headland

**promoteur, -trice** [pʀɔmɔtœʀ, -tʀis] *nm/f* (*instigateur*) instigator, promoter; ~ **(immobilier)** property developer (*Brit*), real estate promoter (*US*)

**promotion** [pʀɔmɔsjɔ̃] *nf* (*avancement*) promotion; (*Scol*) year (*Brit*), class; **en ~** (*Comm*) on promotion, on (special) offer

**promouvoir** [pʀɔmuvwaʀ] *vt* to promote

**prompt, e** [pʀɔ̃, pʀɔ̃t] *adj* swift, rapid; (*intervention, changement*) sudden; ~ **à faire qch** quick to do sth

**prôner** [pʀone] *vt* (*louer*) to laud, extol; (*préconiser*) to advocate, commend

**pronom** [pʀɔnɔ̃] *nm* pronoun

**prononcer** [pʀɔnɔ̃se] *vt* (*son, mot, jugement*) to pronounce; (*dire*) to utter; (*discours*) to deliver ▷ *vi* (*Jur*) to give a verdict; ~ **bien/mal** to have good/poor pronunciation; **se prononcer** *vi* to be pronounced; **se ~ (sur)** (*se décider*) to reach a decision (on *ou* about), give a verdict (on); **se ~ contre** to come down against; **ça se prononce comment?** how do you pronounce this?

**prononciation** [pʀɔnɔ̃sjasjɔ̃] *nf* pronunciation

**pronostic** [pʀɔnɔstik] *nm* (*Méd*) prognosis; (*fig: aussi: ~***s**) forecast

**propagande** [pʀɔpagɑ̃d] *nf* propaganda; **faire de la ~ pour qch** to plug *ou* push sth

**propager** [pʀɔpaʒe] *vt* to spread; **se propager** *vi* to spread; (*Physique*) to be propagated

**prophète** [pʀɔfɛt], **prophétesse** [pʀɔfetɛs] *nm/f* prophet(ess)

**prophétie** [pʀɔfesi] *nf* prophecy

**propice** [pʀɔpis] *adj* favourable (*Brit*), favorable (*US*)

**proportion** [pʀɔpɔʀsjɔ̃] *nf* proportion; **il n'y a aucune ~ entre le prix demandé et le prix réel** the asking price bears no relation to the real price; **à ~ de** proportionally to, in proportion to; **en ~ (de)** in proportion (to); **hors de ~** out of proportion; **toute(s) ~(s) gardée(s)** making due allowance(s)

**propos** [pʀɔpo] *nm* (*paroles*) talk *no pl*, remark; (*intention, but*) intention, aim; (*sujet*): **à quel ~?** what about?; **à ~ de** about, regarding; **à tout ~** for no reason at all; **à ce ~** on that subject, in this connection; **à ~** *adv* by the way; (*opportunément*) (just) at the right moment; **hors de ~, mal à ~** *adv* at the wrong moment

**proposer** [pʀɔpoze] *vt* (*loi, motion*) to propose; (*suggérer*): ~ **qch (à qn)/de faire** to suggest sth (to sb)/doing, propose sth (to sb)/(to) do; (*offrir*): ~ **qch à qn/de faire** to offer sb sth/to do; (*candidat*) to nominate, put forward; **se ~ (pour faire)** to offer one's services (to do); **se ~ de faire** to intend *ou* propose to do

**proposition** [pʀɔpozisjɔ̃] *nf* suggestion; proposal; offer; (*Ling*) clause; **sur la ~ de** at the suggestion of; ~ **de loi** private bill

**propre** [pʀɔpʀ] *adj* clean; (*net*) neat, tidy; (*qui ne salit pas: chien, chat*) house-trained; (: *enfant*) toilet-trained; (*fig: honnête*) honest; (*possessif*) own; (*sens*) literal; (*particulier*): ~ **à** peculiar to, characteristic of; (*approprié*): ~ **à** suitable *ou* appropriate for; (*de nature à*): ~ **à faire** likely to do, that will do ▷ *nm*: **recopier au ~** to make a fair copy of; (*particularité*): **le ~ de** the peculiarity of, the distinctive feature of; **au ~** (*Ling*) literally; **appartenir à qn en ~** to belong to sb (exclusively); ~ **à rien** *nm/f* (*péj*) good-for-nothing

**proprement** [pʀɔpʀəmɑ̃] *adv* (*avec propreté*) cleanly; neatly, tidily; **à ~ parler** strictly speaking; **le village ~ dit** the actual village, the village itself

**propreté** [pʀɔpʀəte] *nf* cleanliness, cleanness; neatness, tidiness

**propriétaire** [pʀɔpʀijetɛʀ] *nm/f* owner; (*d'hôtel etc*) proprietor(-tress), owner; (*pour le locataire*) landlord(-lady); ~ **(immobilier)** house-owner; householder; ~ **récoltant** grower; ~ **(terrien)** landowner

**propriété** [pʀɔpʀijete] *nf* (*droit*) ownership; (*objet, immeuble etc*) property *gen no pl*; (*villa*) residence, property; (*terres*) property *gen no pl*, land *gen no pl*; (*qualité, Chimie, Math*) property; (*correction*) appropriateness, suitability; ~ **artistique et littéraire** artistic and literary copyright; ~ **industrielle** patent rights *pl*

**propulser** [pʀɔpylse] *vt* (*missile*) to propel; (*projeter*) to hurl, fling

**proroger** [pʀɔʀɔʒe] *vt* to put back, defer; (*prolonger*) to extend; (*assemblée*) to adjourn, prorogue

**proscrire** [pʀɔskʀiʀ] *vt* (*bannir*) to banish; (*interdire*) to ban, prohibit

**prose** [pʀoz] *nf* prose (*style*)

**prospecter** [pʀɔspɛkte] *vt* to prospect; (*Comm*) to canvass

**prospectus** [pʀɔspɛktys] *nm* (*feuille*) leaflet; (*dépliant*) brochure, leaflet

**prospère** [pʀɔspɛʀ] *adj* prosperous; (*santé, entreprise*) thriving, flourishing

**prospérer** [pʀɔspeʀe] *vi* to thrive

**prosterner** [pʀɔstɛʀne]: **se prosterner** *vi* to bow low, prostrate o.s

**prostituée** [pʀɔstitɥe] *nf* prostitute

**prostitution** [pʀɔstitysjɔ̃] *nf* prostitution

**protecteur, -trice** [pʀɔtɛktœʀ, -tʀis] *adj* protective; (*air, ton: péj*) patronizing ▷ *nm/f* (*défenseur*) protector; (*des arts*) patron

**protection** [pʀɔtɛksjɔ̃] *nf* protection; (*d'un personnage influent: aide*) patronage; **écran de ~** protective screen; ~ **civile** state-financed civilian rescue service; ~ **maternelle et infantile (PMI)** social service concerned with child welfare

**protéger** [pʀɔteʒe] *vt* to protect; (*aider, patronner: personne, arts*) to be a patron of;

(: *carrière*) to further; **se ~ de/contre** to protect o.s. from

**protège-slip** [pʀɔtɛʒslip] *nm* panty liner

**protéine** [pʀɔtein] *nf* protein

**protestant, e** [pʀɔtɛstɑ̃, -ɑ̃t] *adj, nm/f* Protestant

**protestation** [pʀɔtɛstasjɔ̃] *nf* (*plainte*) protest; (*déclaration*) protestation, profession

**protester** [pʀɔtɛste] *vi*: **~ (contre)** to protest (against *ou* about); **~ de** (*son innocence, sa loyauté*) to protest

**prothèse** [pʀɔtɛz] *nf* artificial limb, prosthesis; **~ dentaire** (*appareil*) denture; (*science*) dental engineering

**protocole** [pʀɔtɔkɔl] *nm* protocol; (*fig*) etiquette; **~ d'accord** draft treaty; **~ opératoire** (*Méd*) operating procedure

**proue** [pʀu] *nf* bow(s *pl*), prow

**prouesse** [pʀuɛs] *nf* feat

**prouver** [pʀuve] *vt* to prove

**provenance** [pʀɔvnɑ̃s] *nf* origin; (*de mot, coutume*) source; **avion en ~ de** plane (arriving) from

**provenir** [pʀɔvniʀ]: **~ de** *vt* to come from; (*résulter de*) to be due to, be the result of

**proverbe** [pʀɔvɛʀb] *nm* proverb

**province** [pʀɔvɛ̃s] *nf* province

**proviseur** [pʀɔvizœʀ] *nm* ≈ head (teacher) (*Brit*), ≈ principal (*US*)

**provision** [pʀɔvizjɔ̃] *nf* (*réserve*) stock, supply; (*avance: à un avocat, avoué*) retainer, retaining fee; (*Comm*) funds *pl* (in account); reserve; **provisions** *nfpl* (*vivres*) provisions, food *no pl*; **faire ~ de** to stock up with; **placard** *ou* **armoire à ~s** food cupboard

**provisoire** [pʀɔvizwaʀ] *adj* temporary; (*Jur*) provisional; **mise en liberté ~** release on bail

**provisoirement** [pʀɔvizwaʀmɑ̃] *adv* temporarily, for the time being

**provocant, e** [pʀɔvɔkɑ̃, -ɑ̃t] *adj* provocative

**provoquer** [pʀɔvɔke] *vt* (*défier*) to provoke; (*causer*) to cause, bring about; (: *curiosité*) to arouse, give rise to; (: *aveux*) to prompt, elicit; (*inciter*): **~ qn à** to incite sb to

**proxénète** [pʀɔksenɛt] *nm* procurer

**proximité** [pʀɔksimite] *nf* nearness, closeness, proximity; (*dans le temps*) imminence, closeness; **à ~** near *ou* close by; **à ~ de** near (to), close to

**prudemment** [pʀydamɑ̃] *adv* (*voir prudent*) carefully; cautiously; prudently; wisely, sensibly

**prudence** [pʀydɑ̃s] *nf* carefulness; caution; prudence; **avec ~** carefully; cautiously; wisely; **par (mesure de) ~** as a precaution

**prudent, e** [pʀydɑ̃, -ɑ̃t] *adj* (*pas téméraire*) careful, cautious, prudent; (: *en général*) safety-conscious; (*sage, conseillé*) wise, sensible; (*réservé*) cautious; **c'est plus ~** it's wiser; **ce n'est pas ~** it's risky; it's not sensible; **soyez ~** take care, be careful

**prune** [pʀyn] *nf* plum

**pruneau, x** [pʀyno] *nm* prune

**prunelle** [pʀynɛl] *nf* pupil; (*œil*) eye; (*Bot*) sloe; (*eau de vie*) sloe gin

**prunier** [pʀynje] *nm* plum tree

**PS** *sigle m* = **parti socialiste**; (= *post-scriptum*) PS

**psaume** [psom] *nm* psalm

**pseudonyme** [psødɔnim] *nm* (*gén*) fictitious name; (*d'écrivain*) pseudonym, pen name; (*de comédien*) stage name

**psychanalyse** [psikanaliz] *nf* psychoanalysis

**psychiatre** [psikjatʀ] *nm/f* psychiatrist

**psychiatrique** [psikjatʀik] *adj* psychiatric; (*hôpital*) mental, psychiatric

**psychique** [psiʃik] *adj* psychological

**psychologie** [psikɔlɔʒi] *nf* psychology

**psychologique** [psikɔlɔʒik] *adj* psychological

**psychologue** [psikɔlɔg] *nm/f* psychologist; **être ~** (*fig*) to be a good psychologist

**pu** [py] *pp de* **pouvoir**

**puanteur** [pɥɑ̃tœʀ] *nf* stink, stench

**pub** [pyb] *nf* (*fam*: = *publicité*): **la ~** advertising

**public, -ique** [pyblik] *adj* public; (*école, instruction*) state *cpd*; (*scrutin*) open ▷ *nm* public; (*assistance*) audience; **en ~** in public; **le grand ~** the general public

**publicitaire** [pyblisitɛʀ] *adj* advertising *cpd*; (*film, voiture*) publicity *cpd*; (*vente*) promotional ▷ *nm* adman; **rédacteur ~** copywriter

**publicité** [pyblisite] *nf* (*méthode, profession*) advertising; (*annonce*) advertisement; (*révélations*) publicity

**publier** [pyblije] *vt* to publish; (*nouvelle*) to publicize, make public

**publipostage** [pyblipɔstaʒ] *nm* mailshot, (*mass*) mailing

**publique** [pyblik] *adj f voir* **public**

**puce** [pys] *nf* flea; (*Inform*) chip; **carte à ~** smart card; **(marché aux) ~s** flea market *sg*; **mettre la ~ à l'oreille de qn** to give sb something to think about

**pudeur** [pydœʀ] *nf* modesty

**pudique** [pydik] *adj* (*chaste*) modest; (*discret*) discreet

**puer** [pɥe] (*péj*) *vi* to stink ▷ *vt* to stink of, reek of

**puéricultrice** [pɥeʀikyltʀis] *nf* ≈ paediatric nurse

**puéril, e** [pɥeʀil] *adj* childish

**puis** [pɥi] *vb voir* **pouvoir** ▷ *adv* (*ensuite*) then; (*dans une énumération*) next; (*en outre*): **et ~** and (then); **et ~ (après** *ou* **quoi)?** so (what)?

**puiser** [pɥize] *vt*: **~ (dans)** to draw (from); **~ dans qch** to dip into sth

**puisque** [pɥisk] *conj* since; (*valeur intensive*): **~ je te le dis!** I'm telling you!

**puissance** [pɥisɑ̃s] *nf* power; **en ~** *adj* potential; **deux (à la) ~ cinq** two to the power (of) five

**puissant, e** [pɥisɑ̃, -ɑ̃t] *adj* powerful

**puisse** etc [pɥis] vb voir **pouvoir**

**puits** [pɥi] nm well; **~ artésien** artesian well; **~ de mine** mine shaft; **~ de science** fount of knowledge

**pull** [pyl], **pull-over** [pylɔvœʀ] nm sweater, jumper (Brit)

**pulluler** [pylyle] vi to swarm; (fig: erreurs) to abound, proliferate

**pulpe** [pylp] nf pulp

**pulvérisateur** [pylveʀizatœʀ] nm spray

**pulvériser** [pylveʀize] vt (solide) to pulverize; (liquide) to spray; (fig: anéantir: adversaire) to pulverize; (: record) to smash, shatter; (: argument) to demolish

**punaise** [pynɛz] nf (Zool) bug; (clou) drawing pin (Brit), thumb tack (US)

**punch** [pɔ̃ʃ] nm (boisson) punch [pœnʃ] (Boxe) punching ability; (fig) punch

**punir** [pyniʀ] vt to punish; **~ qn de qch** to punish sb for sth

**punition** [pynisjɔ̃] nf punishment

**pupille** [pypij] nf (Anat) pupil ▷ nm/f (enfant) ward; **~ de l'État** child in care; **~ de la Nation** war orphan

**pupitre** [pypitʀ] nm (Scol) desk; (Rel) lectern; (de chef d'orchestre) rostrum; **~ de commande** control panel

**pur, e** [pyʀ] adj pure; (vin) undiluted; (whisky) neat; (intentions) honourable (Brit), honorable (US) ▷ nm (personne) hard-liner; **en ~e perte** fruitlessly, to no avail; **c'est de la folie ~e** it's sheer madness

**purée** [pyʀe] nf: **~ (de pommes de terre)** ≈ mashed potatoes pl; **~ de marrons** chestnut purée; **~ de pois** (fig) peasoup(er)

**purement** [pyʀmɑ̃] adv purely

**purgatoire** [pyʀɡatwaʀ] nm purgatory

**purger** [pyʀʒe] vt (radiateur) to flush (out), drain; (circuit hydraulique) to bleed; (Méd, Pol) to purge; (Jur: peine) to serve

**purin** [pyʀɛ̃] nm liquid manure

**pur-sang** [pyʀsɑ̃] nm inv thoroughbred, pure-bred

**pus** [py] vb voir **pouvoir** ▷ nm pus

**putain** [pytɛ̃] nf (fam!) whore (!); **ce/cette ~ de ...** this bloody (Brit) ou goddamn (US) ... (!)

**puzzle** [pœzl] nm jigsaw (puzzle)

**PV** sigle m = **procès-verbal**

**pyjama** [piʒama] nm pyjamas pl (Brit), pajamas pl (US)

**pyramide** [piʀamid] nf pyramid

**Pyrénées** [piʀene] nfpl: **les ~** the Pyrenees

**QI** sigle m (= quotient intellectuel) IQ

**quadragénaire** [kadʀaʒenɛʀ] nm/f (de quarante ans) forty-year-old; (de quarante à cinquante ans) man/woman in his/her forties

**quadriller** [kadʀije] vt (papier) to mark out in squares; (Police: ville, région etc) to keep under tight control, be positioned throughout

**quadruple** [k(w)adʀypl] nm: **le ~ de** four times as much as

**quadruplés, -ées** [k(w)adʀyple] nm/fpl quadruplets, quads

**quai** [ke] nm (de port) quay; (de gare) platform; (de cours d'eau, canal) embankment; **être à ~** (navire) to be alongside; (train) to be in the station; **le Q~ d'Orsay** offices of the French Ministry for Foreign Affairs; **le Q~ des Orfèvres** central police headquarters

**qualification** [kalifikasjɔ̃] nf qualification

**qualifié, e** [kalifje] adj qualified; (main d'œuvre) skilled

**qualifier** [kalifje] vt to qualify; (appeler): **~ qch/qn de** to describe sth/sb as; **se qualifier** vi (Sport) to qualify; **être qualifié pour** to be qualified for

**qualité** [kalite] nf quality; (titre, fonction) position; **en ~ de** in one's capacity as; **ès ~s** in an official capacity; **avoir ~ pour** to have authority to; **de ~** adj quality cpd; **rapport ~-prix** value (for money)

**quand** [kɑ̃] conj, adv when; **~ je serai riche** when I'm rich; **~ même** (cependant, pourtant) nevertheless; (tout de même) all the same;

~ **même, il exagère!** really, he overdoes it!; ~ **bien même** even though

**quant** [kɑ̃]: **à** *prép* (*pour ce qui est de*) as for, as to; (*au sujet de*) regarding

**quant-à-soi** [kɑ̃taswa] *nm*: **rester sur son** ~ to remain aloof

**quantité** [kɑ̃tite] *nf* quantity, amount; (*Science*) quantity; (*grand nombre*): **une** *ou* **des ~(s)** a great deal of, a lot of; **en grande** ~ in large quantities; **en ~s industrielles** in vast amounts; **du travail en** ~ a great deal of work; ~ **de** many

**quarantaine** [karɑ̃tɛn] *nf* (*isolement*) quarantine; (*âge*): **avoir la** ~ to be around forty; (*nombre*): **une** ~ **(de)** forty or so, about forty; **mettre en** ~ to put into quarantine; (*fig*) to send to Coventry (*Brit*), ostracize

**quarante** [karɑ̃t] *num* forty

**quart** [kar] *nm* (*fraction*) quarter; (*surveillance*) watch; (*partie*): **un** ~ **de poulet/fromage** a chicken quarter/a quarter of a cheese; **un** ~ **de beurre** a quarter kilo of butter, ≈ a half pound of butter; **un** ~ **de vin** a quarter litre of wine; **une livre un** ~ *ou* **et** ~ one and a quarter pounds; **le** ~ **de** a quarter of; ~ **d'heure** quarter of an hour; **deux heures et** *ou* **un** ~ (a) quarter past two, (a) quarter after two (*US*); **il est le** ~ it's (a) quarter past *ou* after (*US*); **une heure moins le** ~ (a) quarter to one, (a) quarter of one (*US*); **il est moins le** ~ it's (a) quarter to one; **être de/prendre le** ~ to keep/take the watch; ~ **de tour** quarter turn; **au** ~ **de tour** (*fig*) straight off; ~**s de finale** (*Sport*) quarter finals

**quartier** [kartje] *nm* (*de ville*) district, area; (*de bœuf, de la lune*) quarter; (*de fruit, fromage*) piece; **quartiers** *nmpl* (*Mil, Blason*) quarters; **cinéma/salle de** ~ local cinema/hall; **avoir** ~ **libre** to be free; (*Mil*) to have leave from barracks; **ne pas faire de** ~ to spare no one, give no quarter; ~ **commerçant/résidentiel** shopping/residential area; ~ **général (QG)** headquarters (HQ)

**quartz** [kwarts] *nm* quartz

**quasi** [kazi] *adv* almost, nearly ▷ *préfixe*: ~-**certitude** near certainty

**quasiment** [kazimɑ̃] *adv* almost, (very) nearly; ~ **jamais** hardly ever

**quatorze** [katɔrz] *num* fourteen

**quatorzième** [katɔrzjɛm] *num* fourteenth

**quatre** [katr] *num* four; **à** ~ **pattes** on all fours; **tiré à** ~ **épingles** dressed up to the nines; **faire les** ~ **cent coups** to be a bit wild; **se mettre en** ~ **pour qn** to go out of one's way for sb; **à** ~ (*monter, descendre*) four at a time; **à** ~ **mains** (*jouer*) four-handed

**quatre-vingt-dix** [katrəvɛ̃dis] *num* ninety

**quatre-vingts** [katrəvɛ̃] *num* eighty

**quatre-vingt-un** *num* eighty-one

**quatrième** [katrijɛm] *num* fourth ▷ *nf* (*Scol*) year 9 (*Brit*), eighth grade (*US*)

**quatuor** [kwatyɔr] *nm* quartet(te)

 MOT-CLÉ

**que** [kə] *conj* **1** (*introduisant complétive*) that; **il sait que tu es là** he knows (that) you're here; **je veux que tu acceptes** I want you to accept; **il a dit que oui** he said he would (*ou* it was *etc*)
**2** (*reprise d'autres conjonctions*): **quand il rentrera et qu'il aura mangé** when he gets back and (when) he has eaten; **si vous y allez ou que vous …** if you go there or if you …
**3** (*en tête de phrase: hypothèse, souhait etc*): **qu'il le veuille ou non** whether he likes it or not; **qu'il fasse ce qu'il voudra!** let him do as he pleases!
**4** (*but*): **tenez-le qu'il ne tombe pas** hold it so (that) it doesn't fall
**5** (*après comparatif*) than; as; *voir aussi* **plus; aussi; autant** *etc*
**6** (*seulement*): **ne … que** only; **il ne boit que de l'eau** he only drinks water
**7** (*temps*): **elle venait à peine de sortir qu'il se mit à pleuvoir** she had just gone out when it started to rain, no sooner had she gone out than it started to rain; **il y a quatre ans qu'il est parti** it is four years since he left, he left four years ago
▷ *adv* (*exclamation*): **qu'il** *ou* **qu'est-ce qu'il est bête/court vite!** he's so silly!/he runs so fast!; **que de livres!** what a lot of books!
▷ *pron* **1** (*relatif: personne*) whom; (: *chose*) that, which; **l'homme que je vois** the man (whom) I see; **le livre que tu vois** the book (that *ou* which) you see; **un jour que j'étais …** a day when I was ..
**2** (*interrogatif*) what; **que fais-tu?, qu'est-ce que tu fais?** what are you doing?; **qu'est-ce que c'est?** what is it?, what's that?; **que faire?** what can one do?; **que préfères-tu, celui-ci ou celui-là?** which (one) do you prefer, this one or that one?

**Québec** [kebɛk] *n* (*ville*) Quebec ▷ *nm*: **le** ~ Quebec (Province)

**québécois, e** [kebekwa, -waz] *adj* Quebec *cpd* ▷ *nm* (*Ling*) Quebec French ▷ *nm/f*: **Q~, e** Quebecois, Quebec(k)er

 MOT-CLÉ

**quel, quelle** [kɛl] *adj* **1** (*interrogatif: personne*) who; (: *chose*) what; which; **quel est cet homme?** who is this man?; **quel est ce livre?** what is this book?; **quel livre/homme?** what book/man?; (*parmi un certain choix*) which book/man?; **quels acteurs préférez-vous?** which actors do you prefer?; **dans quels pays êtes-vous allé?** which *ou* what countries did you go to?
**2** (*exclamatif*): **quelle surprise/coïncidence!** what a surprise/coincidence!
**3**: **quel(le) que soit le coupable** whoever is guilty; **quel que soit votre avis** whatever your opinion (may be)

**q**

**quelconque** [kɛlkɔ̃k] *adj* (*médiocre: repas*) indifferent, poor; (*sans attrait*) ordinary, plain; (*indéfini*): **un ami/prétexte ~** some friend/pretext or other; **un livre ~ suffira** any book will do; **pour une raison ~** for some reason (or other)

 MOT-CLÉ

**quelque** [kɛlk] *adj* **1** (*au singulier*) some; (*au pluriel*) a few, some; (*tournure interrogative*) any; **quelque espoir** some hope; **il a quelques amis** he has a few *ou* some friends; **a-t-il quelques amis?** does he have any friends?; **les quelques livres qui** the few books which; **20 kg et quelque(s)** a bit over 20 kg; **il habite à quelque distance d'ici** he lives some distance *ou* way (away) from here
**2**: **quelque … que** whatever, whichever; **quelque livre qu'il choisisse** whatever (*ou* whichever) book he chooses; **par quelque temps qu'il fasse** whatever the weather
**3**: **quelque chose** something; (*tournure interrogative*) anything; **quelque chose d'autre** something else; anything else; **y être pour quelque chose** to have something to do with it; **faire quelque chose à qn** to have an effect on sb, do something to sb; **quelque part** somewhere; anywhere; **en quelque sorte** as it were
▷ *adv* **1** (*environ*): **quelque 100 mètres** some 100 metres
**2**: **quelque peu** rather, somewhat

**quelquefois** [kɛlkəfwa] *adv* sometimes
**quelques-uns, -unes** [kɛlkəzœ̃, -yn] *pron* some, a few; **~ des lecteurs** some of the readers
**quelqu'un** [kɛlkœ̃] *pron* someone, somebody; (*tournure interrogative ou négative+*) anyone *ou* anybody; **~ d'autre** someone *ou* somebody else; anybody else
**quémander** [kemɑ̃de] *vt* to beg for
**qu'en dira-t-on** [kɑ̃diratɔ̃] *nm inv*: **le ~** gossip, what people say
**querelle** [kəʀɛl] *nf* quarrel; **chercher ~ à qn** to pick a quarrel with sb
**quereller** [kəʀele]: **se quereller** *vi* to quarrel
**qu'est-ce que** [kɛskə] *vb + conj voir* **que**
**qu'est-ce qui** [kɛski] *vb + conj voir* **qui**
**question** [kɛstjɔ̃] *nf* (*gén*) question; (*fig*) matter; issue; **il a été ~ de** we (*ou* they) spoke about; **il est ~ de les emprisonner** there's talk of them being jailed; **c'est une ~ de temps** it's a matter *ou* question of time; **de quoi est-il ~?** what is it about?; **il n'en est pas ~** there's no question of it; **en ~** in question; **hors de ~** out of the question; **je ne me suis jamais posé la ~** I've never thought about it; (**re)mettre en ~** (*autorité, science*) to question; **poser la ~ de confiance** (*Pol*) to ask for a vote of confidence; **~ piège** (*d'apparence facile*) trick question; (*pour nuire*) loaded question; **~ subsidiaire** tiebreaker

**questionnaire** [kɛstjɔnɛʀ] *nm* questionnaire
**questionner** [kɛstjɔne] *vt* to question
**quête** [kɛt] *nf* (*collecte*) collection; (*recherche*) quest, search; **faire la ~** (*à l'église*) to take the collection; (*artiste*) to pass the hat round; **se mettre en ~ de qch** to go in search of sth
**quetsche** [kwɛtʃ] *nf* damson
**queue** [kø] *nf* tail; (*fig: du classement*) bottom; (*: de poêle*) handle; (*: de fruit, feuille*) stalk; (*: de train, colonne, file*) rear; (*file: de personnes*) queue (*Brit*), line (*US*); **en ~ (de train)** at the rear (of the train); **faire la ~** to queue (up) (*Brit*), line up (*US*); **se mettre à la ~** to join the queue *ou* line; **histoire sans ~ ni tête** cock and bull story; **à la ~ leu leu** in single file; (*fig*) one after the other; **~ de cheval** ponytail; **~ de poisson: faire une queue de poisson à qn** (*Auto*) to cut in front of sb; **finir en ~ de poisson** (*film*) to come to an abrupt end

 MOT-CLÉ

**qui** [ki] *pron* **1** (*interrogatif: personne*) who; (*avec préposition*) whom; (*chose, animal*) which, that; (*interrogatif indirect: sujet*): **je me demande ~ est là?** I wonder who is there?; (*objet*): **elle ne sait à ~ se plaindre** she doesn't know who to complain to *ou* to whom to complain; (*: chose*): **qu'est-ce ~ est sur la table?** what is on the table?; **~ est-ce ~ who?; ~ est-ce que** who?; **à ~ est ce sac?** whose bag is this?; **à ~ parlais-tu?** who were you talking to?, to whom were you talking?; **chez ~ allez-vous?** whose house are you going to?
**2** (*relatif: personne*) who; (*+prép*) whom; **l'ami de ~ je vous ai parlé** the friend I told you about; **la dame chez ~ je suis allé** the lady whose house I went to
**3** (*sans antécédent*): **amenez ~ vous voulez** bring who you like; **~ que ce soit** whoever it may be

**quiche** [kiʃ] *nf* quiche; **~ lorraine** quiche Lorraine
**quiconque** [kikɔ̃k] *pron* (*celui qui*) whoever, anyone who; (*n'importe qui, personne*) anyone, anybody
**quiétude** [kjetyd] *nf* (*d'un lieu*) quiet, tranquillity; (*d'une personne*) peace (of mind), serenity; **en toute ~** in complete peace; (*mentale*) with complete peace of mind
**quille** [kij] *nf* bowling, skittle (*Brit*); (*Navig: d'un bateau*) keel; (**jeu de) ~s** skittles *sg* (*Brit*), bowling (*US*)
**quincaillerie** [kɛ̃kajʀi] *nf* (*ustensiles, métier*) hardware, ironmongery (*Brit*); (*magasin*) hardware shop *ou* store (*US*), ironmonger's (*Brit*)
**quincaillier, -ière** [kɛ̃kaje, -jɛʀ] *nm/f* hardware dealer, ironmonger (*Brit*)
**quinquagénaire** [kɛ̃kaʒenɛʀ] *nm/f* (*de cinquante ans*) fifty-year old; (*de cinquante à soixante ans*) man/woman in his/her fifties

**quinquennat** [kɛ̃kena] *nm five year term of office (of French President)*

**quintal, -aux** [kɛ̃tal, -o] *nm quintal (100 kg)*

**quinte** [kɛ̃t] *nf*: **~ (de toux)** coughing fit

**quintuple** [kɛ̃typl] *nm*: **le ~ de** five times as much as

**quintuplés, -ées** [kɛ̃typle] *nm/fpl* quintuplets, quins

**quinzaine** [kɛ̃zɛn] *nf*: **une ~ (de)** about fifteen, fifteen or so; **une ~ (de jours)** (*deux semaines*) a fortnight (*Brit*), two weeks; **~ publicitaire** *ou* **commerciale** (two-week) sale

**quinze** [kɛ̃z] *num* fifteen; **demain en ~** a fortnight (*Brit*) *ou* two weeks tomorrow; **dans ~ jours** in a fortnight('s time) (*Brit*), in two weeks(' time)

**quinzième** [kɛ̃zjɛm] *num* fifteenth

**quittance** [kitɑ̃s] *nf* (*reçu*) receipt; (*facture*) bill

**quitte** [kit] *adj*: **être ~ envers qn** to be no longer in sb's debt; (*fig*) to be quits with sb; **être ~ de** (*obligation*) to be clear of; **en être ~ à bon compte** to have got off lightly; **~ à faire** even if it means doing; **~ ou double** (*jeu*) double or quits; (*fig*): **c'est du ~ ou double** it's a big risk

**quitter** [kite] *vt* to leave; (*espoir, illusion*) to give up; (*vêtement*) to take off; **se quitter** *vi* (*couples, interlocuteurs*) to part; **ne quittez pas** (*au téléphone*) hold the line; **ne pas ~ qn d'une semelle** to stick to sb like glue

**qui-vive** [kiviv] *nm inv*: **être sur le ~** to be on the alert

**quoi** [kwa] *pron interrog* what; **~ de neuf?** what's new?; **~?** (*qu'est-ce que tu dis?*) what?; (*avec prép*): **à ~ tu penses?** what are you thinking about?; **de ~ parlez-vous?** what are you talking about?; **à ~ bon?** what's the use? ▷ *pron rel*: **as-tu de ~ écrire?** do you have anything to write with?; **il n'a pas de ~ se l'acheter** he can't afford it, he hasn't got the money to buy it; **il y a de ~ être fier** that's something to be proud of; **il n'y a pas de ~** (*please*) don't mention it; **il n'y a pas de ~ rire** there's nothing to laugh about ▷ *pron* (*locutions*): **~ qu'il arrive** whatever happens; **~ qu'il en soit** be that as it may; **~ que ce soit** anything at all; **en ~ puis-je vous aider?** how can I help you?; **et puis ~ encore!** what(ever) next!; **~ faire?** what's to be done?; **sans ~** (*ou sinon*) otherwise ▷ *excl* what!

**quoique** [kwak] *conj* (al)though

**quote-part** [kɔtpaʀ] *nf* share

**quotidien, ne** [kɔtidjɛ̃, -ɛn] *adj* (*journalier*) daily; (*banal*) ordinary, everyday ▷ *nm* (*journal*) daily (paper); (*vie quotidienne*) daily life, day-to-day existence; **les grands ~s** the big (national) dailies

**quotidiennement** [kɔtidjɛnmɑ̃] *adv* daily, every day

**R, r** *abr* = **route**; **rue**

**rab** [ʀab], **rabiot** [ʀabjo] (*fam*) *nm* (*nourriture*) extra, more; **est-ce qu'il y a du ~?** are there any seconds?

**rabâcher** [ʀabɑʃe] *vi* to harp on ▷ *vt* to keep on repeating

**rabais** [ʀabɛ] *nm* reduction, discount; **au ~** at a reduction *ou* discount

**rabaisser** [ʀabese] *vt* (*rabattre: prix*) to reduce; (*dénigrer*) to belittle

**Rabat** [ʀaba(t)] *n* Rabat

**rabat-joie** [ʀabaʒwa] *nm/f inv* killjoy (*Brit*), spoilsport

**rabattre** [ʀabatʀ] *vt* (*couvercle, siège*) to pull down; (*col*) to turn down; (*couture*) to stitch down; (*gibier*) to drive; (*somme d'un prix*) to deduct, take off; (*orgueil, prétentions*) to humble; (*Tricot*) to decrease; (*déduire*) to reduce; **se rabattre** *vi* (*bords, couvercle*) to fall shut; (*véhicule, coureur*) to cut in; **se ~ sur** (*accepter*) to fall back on

**rabbin** [ʀabɛ̃] *nm* rabbi

**râblé, e** [ʀable] *adj* broad-backed, stocky

**rabot** [ʀabo] *nm* plane

**rabougri, e** [ʀabugʀi] *adj* stunted

**rabrouer** [ʀabʀue] *vt* to snub, rebuff

**racaille** [ʀakaj] *nf* (*péj*) rabble, riffraff

**raccommoder** [ʀakɔmɔde] *vt* to mend, repair; (*chaussette etc*) to darn; (*fam: réconcilier: amis, ménage*) to bring together again; **se ~ (avec)** (*fam*) to patch it up (with)

**raccompagner** [Rakɔ̃paɲe] *vt* to take *ou* see back

**raccord** [RakɔR] *nm* link; **~ de maçonnerie** pointing *no pl*; **~ de peinture** join; *(retouche)* touch-up

**raccorder** [RakɔRde] *vt* to join (up), link up; *(pont etc)* to connect, link; **se ~ à** to join up with; *(fig: se rattacher à)* to tie in with; **~ au réseau du téléphone** to connect to the telephone service

**raccourci** [RakuRsi] *nm* short cut; **en ~** in brief

**raccourcir** [RakuRsiR] *vt* to shorten ▷ *vi* *(vêtement)* to shrink; *(jours)* to grow shorter, draw in

**raccrocher** [RakRɔʃe] *vt* *(tableau, vêtement)* to hang back up; *(récepteur)* to put down; *(fig: affaire)* to save ▷ *vi* *(Tél)* to hang up, ring off; **se ~ à** *vt* to cling to, hang on to; **ne raccrochez pas** *(Tél)* hold on, don't hang up

**race** [Ras] *nf* race; *(d'animaux, fig: espèce)* breed; *(ascendance, origine)* stock, race; **de ~** *adj* purebred, pedigree

**rachat** [Raʃa] *nm* buying; *(du même objet)* buying back; redemption; atonement

**racheter** [Raʃte] *vt* *(article perdu)* to buy another; *(davantage)*: **~ du lait/trois œufs** to buy more milk/another three eggs *ou* three more eggs; *(après avoir vendu)* to buy back; *(d'occasion)* to buy; *(Comm: part, firme)* to buy up; *(: pension, rente)* to redeem; *(Rel: pécheur)* to redeem; *(: péché)* to atone for, expiate; *(mauvaise conduite, oubli, défaut)* to make up for; **se racheter** *(Rel)* to redeem o.s.; *(gén)* to make amends, make up for it

**racial, e, -aux** [Rasjal, -o] *adj* racial

**racine** [Rasin] *nf* root; *(fig: attache)* roots *pl*; **~ carrée/cubique** square/cube root; **prendre ~** *(fig)* to take root; to put down roots

**racisme** [Rasism] *nm* racism

**raciste** [Rasist] *adj, nm/f* racist

**racket** [Raket] *nm* racketeering *no pl*

**raclée** [Rakle] *nf* *(fam)* hiding, thrashing

**racler** [Rakle] *vt* *(os, plat)* to scrape; *(tache, boue)* to scrape off; *(fig: instrument)* to scrape on; *(chose: frotter contre)* to scrape (against); **se ~ la gorge** to clear one's throat

**racoler** [Rakɔle] *vt* *(attirer: prostituée)* to solicit; *(: parti, marchand)* to tout for; *(attraper)* to pick up

**racontars** [Rakɔ̃taR] *nmpl* stories, gossip *sg*

**raconter** [Rakɔ̃te] *vt*: **~ (à qn)** *(décrire)* to relate (to sb), tell (sb) about; *(dire)* to tell (sb); **~ une histoire** to tell a story

**racorni, e** [RakɔRni] *adj* hard(ened)

**radar** [RadaR] *nm* radar; **système ~** radar system; **écran ~** radar screen

**rade** [Rad] *nf* (natural) harbour; **en ~ de Toulon** in Toulon harbour; **rester en ~** *(fig)* to be left stranded

**radeau, x** [Rado] *nm* raft; **~ de sauvetage** life raft

**radiateur** [RadjatœR] *nm* radiator, heater; *(Auto)* radiator; **~ électrique/à gaz** electric/gas heater *ou* fire

**radiation** [Radjasjɔ̃] *nf* *(d'un nom etc)* striking off *no pl*; *(Physique)* radiation

**radical, e, -aux** [Radikal, -o] *adj* radical ▷ *nm* *(Ling)* stem; *(Math)* root sign; *(Pol)* radical

**radier** [Radje] *vt* to strike off

**radieux, -euse** [Radjø, -øz] *adj* *(visage, personne)* radiant; *(journée, soleil)* brilliant, glorious

**radin, e** [Radɛ̃, -in] *adj* *(fam)* stingy

**radio** [Radjo] *nf* radio; *(Méd)* X-ray ▷ *nm* *(personne)* radio operator; **à la ~** on the radio; **avoir la ~** to have a radio; **passer à la ~** to be on the radio; **se faire faire une ~/une ~ des poumons** to have an X-ray/a chest X-ray

**radioactif, -ive** [Radjɔaktif, -iv] *adj* radioactive

**radiocassette** [Radjɔkaset] *nf* cassette radio

**radiodiffuser** [Radjɔdifyze] *vt* to broadcast

**radiographie** [RadjɔgRafi] *nf* radiography; *(photo)* X-ray photograph, radiograph

**radiophonique** [Radjɔfɔnik] *adj* radio *cpd*; **programme/émission/jeu ~** radio programme/broadcast/game

**radio-réveil** [RadjɔRevɛj] *(pl* **radios-réveils)** *nm* radio alarm (clock)

**radis** [Radi] *nm* radish; **~ noir** horseradish *no pl*

**radoter** [Radɔte] *vi* to ramble on

**radoucir** [RadusiR]: **se radoucir** *vi* *(se réchauffer)* to become milder; *(se calmer)* to calm down; to soften

**rafale** [Rafal] *nf* *(vent)* gust (of wind); *(de balles, d'applaudissements)* burst; **~ de mitrailleuse** burst of machine-gun fire

**raffermir** [RafɛRmiR] *vt*, **se raffermir** *vi* *(tissus, muscle)* to firm up; *(fig)* to strengthen

**raffiner** [Rafine] *vt* to refine

**raffinerie** [RafinRi] *nf* refinery

**raffoler** [Rafɔle]: **~ de** *vt* to be very keen on

**rafistoler** [Rafistɔle] *vt* *(fam)* to patch up

**rafle** [Rafl] *nf* *(de police)* roundup, raid

**rafler** [Rafle] *vt* *(fam)* to swipe, nick

**rafraîchir** [RafReʃiR] *vt* *(atmosphère, température)* to cool (down); *(aussi:* **mettre à ~)** to chill; *(air, eau)* to freshen up; *(: boisson)* to refresh; *(fig: rénover)* to brighten up ▷ *vi*: **mettre du vin/une boisson à ~** to chill wine/a drink; **se rafraîchir** to grow cooler; *(en se lavant)* to freshen up; *(personne: en buvant etc)* to refresh o.s.; **~ la mémoire à qn** to refresh sb's memory

**rafraîchissant, e** [RafReʃisɑ̃, -ɑ̃t] *adj* refreshing

**rafraîchissement** [RafReʃismɑ̃] *nm* cooling; *(boisson)* cool drink; **rafraîchissements** *nmpl* *(boissons, fruits etc)* refreshments

**rage** [Raʒ] *nf* *(Méd)*: **la ~** rabies; *(fureur)* rage, fury; **faire ~** to rage; **~ de dents** (raging) toothache

**ragot** [ʀago] *nm* (*fam*) malicious gossip *no pl*

**ragoût** [ʀagu] *nm* (*plat*) stew

**raide** [ʀɛd] *adj* (*tendu*) taut, tight; (*escarpé*) steep; (*droit: cheveux*) straight; (*ankylosé, dur, guindé*) stiff; (*fam: cher*) steep, stiff; (*: sans argent*) flat broke; (*osé, licencieux*) daring ▷ *adv* (*en pente*) steeply; ~ **mort** stone dead

**raideur** [ʀɛdœʀ] *nf* (*raideur*) steepness; (*rigidité*) stiffness; **avec** ~ (*répondre*) stiffly, abruptly

**raidir** [ʀediʀ] *vt* (*muscles*) to stiffen; (*câble*) to pull taut, tighten; **se raidir** *vi* to stiffen; to become taut; (*personne: se crisper*) to tense up; (: *se préparer moralement*) to brace o.s.; (*fig: devenir intransigeant*) to harden

**raie** [ʀɛ] *nf* (*Zool*) skate, ray; (*rayure*) stripe; (*des cheveux*) parting

**raifort** [ʀɛfɔʀ] *nm* horseradish

**rail** [ʀaj] *nm* (*barre d'acier*) rail; (*chemins de fer*) railways *pl* (*Brit*), railroads *pl* (*US*); **les ~s** (*la voie ferrée*) the rails, the track *sg*; **par** ~ by rail; ~ **conducteur** live *ou* conductor rail

**railler** [ʀaje] *vt* to scoff at, jeer at

**rainure** [ʀenyʀ] *nf* groove; slot

**raisin** [ʀezɛ̃] *nm* (*aussi*: **~s**) grapes *pl*; (*variété*): ~ **blanc/noir** white (*ou* green)/black grape; ~ **muscat** muscat grape; **~s secs** raisins

**raison** [ʀezɔ̃] *nf* reason; **avoir** ~ to be right; **donner** ~ **à qn** (*personne*) to agree with sb; (*fait*) to prove sb right; **avoir** ~ **de qn/qch** to get the better of sb/sth; **se faire une** ~ to learn to live with it; **perdre la** ~ to become insane; (*fig*) to take leave of one's senses; **recouvrer la** ~ to come to one's senses; **ramener qn à la** ~ to make sb see sense; **demander** ~ **à qn de** (*affront etc*) to demand satisfaction from sb for; **entendre** ~ to listen to reason, see reason; **plus que de** ~ too much, more than is reasonable; ~ **de plus** all the more reason; **à plus forte** ~ all the more so; **sans** ~ for no reason; **en** ~ **de** (*à cause de*) because of; (*à proportion de*) in proportion to; **à** ~ **de** at the rate of; ~ **d'État** reason of state; ~ **d'être** raison d'être; ~ **sociale** corporate name

**raisonnable** [ʀɛzɔnabl] *adj* reasonable, sensible

**raisonnement** [ʀɛzɔnmɑ̃] *nm* reasoning; arguing; argument

**raisonner** [ʀɛzɔne] *vi* (*penser*) to reason; (*argumenter, discuter*) to argue ▷ *vt* (*personne*) to reason with; (*attitude: justifier*) to reason out; **se raisonner** to reason with oneself

**rajeunir** [ʀaʒœniʀ] *vt* (*coiffure, robe*): ~ **qn** to make sb look younger; (*cure etc*) to rejuvenate; (*fig: rafraîchir*) to brighten up; (: *moderniser*) to give a new look to; (: *en recrutant*) to inject new blood into ▷ *vi* (*personne*) to become (*ou* look) younger; (*entreprise, quartier*) to be modernized

**rajouter** [ʀaʒute] *vt* (*commentaire*) to add; ~ **du sel/un œuf** to add some more salt/another egg; ~ **que** to add that; **en** ~ to lay it on thick

**rajuster** [ʀaʒyste] *vt* (*vêtement*) to straighten, tidy; (*salaires*) to adjust; (*machine*) to readjust; **se rajuster** to tidy *ou* straighten o.s. up

**ralenti** [ʀalɑ̃ti] *nm*: **au** ~ (*Ciné*) in slow motion; (*fig*) at a slower pace; **tourner au** ~ (*Auto*) to tick over, idle

**ralentir** [ʀalɑ̃tiʀ] *vt, vi*, **se ralentir** *vi* to slow down

**râler** [ʀɑle] *vi* to groan; (*fam*) to grouse, moan (and groan)

**rallier** [ʀalje] *vt* (*rassembler*) to rally; (*rejoindre*) to rejoin; (*gagner à sa cause*) to win over; **se** ~ **à** (*avis*) to come over *ou* round to

**rallonge** [ʀalɔ̃ʒ] *nf* (*de table*) (extra) leaf; (*argent etc*) extra *no pl*; (*Élec*) extension (cable *ou* flex); (*fig: de crédit etc*) extension

**rallonger** [ʀalɔ̃ʒe] *vt* to lengthen

**rallye** [ʀali] *nm* rally; (*Pol*) march

**ramassage** [ʀamasaʒ] *nm*: ~ **scolaire** school bus service

**ramassé, e** [ʀamase] *adj* (*trapu*) squat, stocky; (*concis: expression etc*) compact

**ramasser** [ʀamase] *vt* (*objet tombé ou par terre: fam*) to pick up; (*recueillir: copies, ordures*) to collect; (*récolter*) to gather; (: *pommes de terre*) to lift; **se ramasser** *vi* (*sur soi-même*) to huddle up; to crouch

**ramassis** [ʀamasi] *nm* (*péj: de voyous*) bunch; (: *de choses*) jumble

**rambarde** [ʀɑ̃baʀd] *nf* guardrail

**rame** [ʀam] *nf* (*aviron*) oar; (*de métro*) train; (*de papier*) ream; ~ **de haricots** bean support; **faire force de ~s** to row hard

**rameau, x** [ʀamo] *nm* (small) branch; (*fig*) branch; **les R~x** (*Rel*) Palm Sunday *sg*

**ramener** [ʀamne] *vt* to bring back; (*reconduire*) to take back; (*rabattre: couverture, visière*): ~ **qch sur** to pull sth back over; ~ **qch à** (*réduire à, Math*) to reduce sth to; ~ **qn à la vie/raison** to bring sb back to life/bring sb to his (*ou* her) senses; **se ramener** *vi* (*fam*) to roll *ou* turn up; **se** ~ **à** (*se réduire à*) to come *ou* boil down to

**ramer** [ʀame] *vi* to row

**ramollir** [ʀamɔliʀ] *vt* to soften; **se ramollir** *vi* (*os, tissus*) to get (*ou* go) soft; (*beurre, asphalte*) to soften

**ramoner** [ʀamɔne] *vt* (*cheminée*) to sweep; (*pipe*) to clean

**rampe** [ʀɑ̃p] *nf* (*d'escalier*) banister(s *pl*); (*dans un garage, d'un terrain*) ramp; (*Théât*): **la** ~ the footlights *pl*; (*lampes: lumineuse, de balisage*) floodlights *pl*; **passer la** ~ (*toucher le public*) to get across to the audience; ~ **de lancement** launching pad

**ramper** [ʀɑ̃pe] *vi* (*reptile, animal*) to crawl; (*plante*) to creep

**rancard** [ʀɑ̃kaʀ] *nm* (*fam*) date; tip

**rancart** [ʀɑ̃kaʀ] *nm*: **mettre au** ~ (*article, projet*) to scrap; (*personne*) to put on the scrapheap

**rance** [ʀɑ̃s] *adj* rancid

r

**rancœur** [ʀɑ̃kœʀ] *nf* rancour (Brit), rancor (US), resentment

**rançon** [ʀɑ̃sɔ̃] *nf* ransom; (*fig*): **la ~ du succès** *etc* the price of success *etc*

**rancune** [ʀɑ̃kyn] *nf* grudge, rancour (Brit), rancor (US); **garder ~ à qn (de qch)** to bear sb a grudge (for sth); **sans ~!** no hard feelings!

**rancunier, -ière** [ʀɑ̃kynje, -jɛʀ] *adj* vindictive, spiteful

**randonnée** [ʀɑ̃dɔne] *nf* ride; (*à pied*) walk, ramble; (*en montagne*) hike, hiking *no pl*; **la ~** (*activité*) hiking, walking; **une ~ à cheval** a pony trek

**rang** [ʀɑ̃] *nm* (*rangée*) row; (*de perles*) row, string, rope; (*grade, condition sociale, classement*) rank; **rangs** *nmpl* (*Mil*) ranks; **se mettre en ~s/sur un ~** to get into *ou* form rows/a line; **sur trois ~s** (lined up) three deep; **se mettre en ~s par quatre** to form fours *ou* rows of four; **se mettre sur les ~s** (*fig*) to get into the running; **au premier ~** in the first row; (*fig*) ranking first; **rentrer dans le ~** to get into line; **au ~ de** (*au nombre de*) among (the ranks of); **avoir ~ de** to hold the rank of

**rangé, e** [ʀɑ̃ʒe] *adj* (*vie*) well-ordered; (*sérieux: personne*) orderly, steady

**rangée** [ʀɑ̃ʒe] *nf* row

**ranger** [ʀɑ̃ʒe] *vt* (*classer, grouper*) to order, arrange; (*mettre à sa place*) to put away; (*voiture dans la rue*) to park; (*mettre de l'ordre dans*) to tidy up; (*arranger, disposer: en cercle etc*) to arrange; (*fig: classer*): **~ qn/qch parmi** to rank sb/sth among; **se ranger** *vi* (*se placer, se disposer: autour d'une table etc*) to take one's place, sit round; (*véhicule, conducteur: s'écarter*) to pull over *ou* in; (: *s'arrêter*) to pull in; (*piéton*) to step aside; (*s'assagir*) to settle down; **se ~ à** (*avis*) to come round to, fall in with

**ranimer** [ʀanime] *vt* (*personne évanouie*) to bring round; (*revigorer: forces, courage*) to restore; (*réconforter: troupes etc*) to kindle new life in; (*douleur, souvenir*) to revive; (*feu*) to rekindle

**rap** [ʀap] *nm* rap (music)

**rapace** [ʀapas] *nm* bird of prey ▷ *adj* (*péj*) rapacious, grasping; **~ diurne/nocturne** diurnal/nocturnal bird of prey

**râpe** [ʀɑp] *nf* (*Culin*) grater; (*à bois*) rasp

**râper** [ʀɑpe] *vt* (*Culin*) to grate; (*gratter, râcler*) to rasp

**rapetisser** [ʀaptise] *vt*: **~ qch** to shorten sth; to make sth look smaller ▷ *vi*, **se rapetisser** *vi* to shrink

**rapide** [ʀapid] *adj* fast; (*prompt: intelligence, coup d'œil, mouvement*) quick ▷ *nm* express (train); (*de cours d'eau*) rapid

**rapidement** [ʀapidmɑ̃] *adv* fast; quickly

**rapiécer** [ʀapjese] *vt* to patch

**rappel** [ʀapɛl] *nm* (*d'un ambassadeur, Mil*) recall; (*Théât*) curtain call; (*Méd: vaccination*) booster; (*Admin: de salaire*) back pay *no pl*; (*d'une aventure, d'un nom*) reminder; (*de limitation de vitesse: sur écriteau*) speed limit sign

(*reminder*); (*Tech*) return; (*Navig*) sitting out; (*Alpinisme: aussi*: **~ de corde**) abseiling *no pl*, roping down *no pl*; abseil; **~ à l'ordre** call to order

**rappeler** [ʀaple] *vt* (*pour faire revenir, retéléphoner*) to call back; (*ambassadeur, Mil*) to recall; (*acteur*) to call back (onto the stage); (*faire se souvenir*): **~ qch à qn** to remind sb of sth; **se rappeler** *vt* (*se souvenir de*) to remember, recall; **~ qn à la vie** to bring sb back to life; **~ qn à la décence** to recall sb to a sense of decency; **ça rappelle la Provence** it's reminiscent of Provence, it reminds you of Provence; **se ~ que...** to remember that...

**rapport** [ʀapɔʀ] *nm* (*compte rendu*) report; (*profit*) yield, return; revenue; (*lien, analogie*) relationship; (*corrélation*) connection; (*proportion: Math, Tech*) ratio; **rapports** *nmpl* (*entre personnes, pays*) relations; **avoir ~ à** to have something to do with, concern; **être en ~ avec** (*idée de corrélation*) to be related to; **être/se mettre en ~ avec qn** to be/get in touch with sb; **par ~ à** (*comparé à*) in relation to; (*à propos de*) with regard to; **sous le ~ de** from the point of view of; **sous tous (les) ~s** in all respects; **~s (sexuels)** (sexual) intercourse *sg*; **~ qualité-prix** value (for money)

**rapporter** [ʀapɔʀte] *vt* (*rendre, ramener*) to bring back; (*apporter davantage*) to bring more; (*Couture*) to sew on; (*investissement*) to yield; (: *activité*) to bring in; (*relater*) to report; (*Jur: annuler*) to revoke ▷ *vi* (*investissement*) to give a good return *ou* yield; (*activité*) to be very profitable; (*péj: moucharder*) to tell; **~ qch à** (*fig: rattacher*) to relate sth to; **se ~ à** (*correspondre à*) to relate to; **s'en ~ à** to rely on

**rapporteur, -euse** [ʀapɔʀtœʀ, -øz] *nm/f* (*de procès, commission*) reporter; (*péj*) telltale ▷ *nm* (*Géom*) protractor

**rapprochement** [ʀapʀɔʃmɑ̃] *nm* (*réconciliation: de nations, familles*) reconciliation; (*analogie, rapport*) parallel

**rapprocher** [ʀapʀɔʃe] *vt* (*chaise d'une table*): **~ qch (de)** to bring sth closer (to); (*deux objets*) to bring closer together; (*réunir: ennemis, partis etc*) to bring together; (*comparer*) to establish a parallel between; **se rapprocher** *vi* to draw closer *ou* nearer; (*fig: familles, pays*) to come together; to come closer together; **se ~ de** to come closer to; (*présenter une analogie avec*) to be close to

**rapt** [ʀapt] *nm* abduction

**raquette** [ʀakɛt] *nf* (*de tennis*) racket; (*de ping-pong*) bat; (*à neige*) snowshoe

**rare** [ʀɑʀ] *adj* rare; (*main-d'œuvre, denrées*) scarce; (*cheveux, herbe*) sparse; **il est ~ que** it's rare that, it's unusual that; **se faire ~** to become scarce; (*fig: personne*) to make oneself scarce

**rarement** [ʀaʀmɑ̃] *adv* rarely, seldom

**ras, e** [ʀɑ, ʀɑz] *adj* (*tête, cheveux*) close-cropped; (*poil, herbe*) short; (*mesure, cuillère*) level ▷ *adv* short; **faire table ~e** to make a clean sweep; **en ~e campagne** in open country; **à ~ bords** to the brim; **au ~ de** level with; **en avoir ~ le bol** (*fam*) to be fed up; **~ du cou** *adj* (*pull, robe*) crew-neck

**rasade** [ʀɑzad] *nf* glassful

**raser** [ʀɑze] *vt* (*barbe, cheveux*) to shave off; (*menton, personne*) to shave; (*fam: ennuyer*) to bore; (*démolir*) to raze (to the ground); (*frôler*) to graze, skim; **se raser** *vi* to shave; (*fam*) to be bored (to tears)

**rasoir** [ʀɑzwaʀ] *nm* razor; **~ électrique** electric shaver *ou* razor; **~ mécanique** *ou* **de sûreté** safety razor

**rassasier** [ʀɑsazje] *vt* to satisfy; **être rassasié** (*dégoûté*) to be sated; to have had more than enough

**rassemblement** [ʀɑsɑ̃bləmɑ̃] *nm* (*groupe*) gathering; (*Pol*) union; association; (*Mil*): **le ~** parade

**rassembler** [ʀɑsɑ̃ble] *vt* (*réunir*) to assemble, gather; (*regrouper, amasser: documents, notes*) to gather together, collect; **se rassembler** *vi* to gather; **~ ses idées/ses esprits/son courage** to collect one's thoughts/gather one's wits/ screw up one's courage

**rassis, e** [ʀɑsi, -iz] *adj* (*pain*) stale

**rassurer** [ʀɑsyʀe] *vt* to reassure; **se rassurer** *vi* to be reassured; **rassure-toi** don't worry

**rat** [ʀa] *nm* rat; **~ d'hôtel** hotel thief; **~ musqué** muskrat

**rate** [ʀat] *nf* female rat; (*Anat*) spleen

**raté, e** [ʀate] *adj* (*tentative*) unsuccessful, failed ▷ *nm/f* (*personne*) failure ▷ *nm* misfiring *no pl*

**râteau, x** [ʀɑto] *nm* rake

**rater** [ʀate] *vi* (*ne pas partir: coup de feu*) to fail to go off; (*affaire, projet etc*) to go wrong, fail ▷ *vt* (*cible, train, occasion*) to miss; (*démonstration, plat*) to spoil; (*examen*) to fail; **~ son coup** to fail, not to bring it off

**ration** [ʀasjɔ̃] *nf* ration; (*fig*) share; **~ alimentaire** food intake

**ratisser** [ʀatise] *vt* (*allée*) to rake; (*feuilles*) to rake up; (*armée, police*) to comb; **~ large** to cast one's net wide

**RATP** *sigle f* (= *Régie autonome des transports parisiens*) Paris transport authority

**rattacher** [ʀataʃe] *vt* (*animal, cheveux*) to tie up again; (*incorporer: Admin etc*): **~ qch à** to join sth to, unite sth with; (*fig: relier*): **~ qch à** to link sth with, relate sth to; (: *lier*): **~ qn à** to bind *ou* tie sb to; **se ~ à** (*fig: avoir un lien avec*) to be linked (*ou* connected) with

**rattrapage** [ʀatʀapaʒ] *nm* (*Scol*) remedial classes *pl*; (*Écon*) catching up

**rattraper** [ʀatʀape] *vt* (*fugitif*) to recapture; (*retenir, empêcher de tomber*) to catch (hold of); (*atteindre, rejoindre*) to catch up with; (*réparer: erreur*) to make up for; **se rattraper** *vi* (*regagner: du temps*) to make up for lost time; (: *de l'argent etc*) to make good one's losses;

(*réparer une gaffe etc*) to make up for it; **se ~ (à)** (*se raccrocher*) to stop o.s. falling (by catching hold of); **~ son retard/le temps perdu** to make up (for) lost time

**rature** [ʀatyʀ] *nf* deletion, erasure

**rauque** [ʀok] *adj* raucous; (*voix*) hoarse

**ravages** [ʀavaʒ] *nmpl* ravages; **faire des ~** to wreak havoc; (*fig*) to break hearts

**ravaler** [ʀavale] *vt* (*mur, façade*) to restore; (*déprécier*) to lower; (*avaler de nouveau*) to swallow again; **~ sa colère/son dégoût** to stifle one's anger/swallow one's distaste

**ravi, e** [ʀavi] *adj* delighted; **être ~ de/que** to be delighted with/that

**ravigoter** [ʀavigɔte] *vt* (*fam*) to buck up

**ravin** [ʀavɛ̃] *nm* gully, ravine

**ravir** [ʀaviʀ] *vt* (*enchanter*) to delight; (*enlever*): **~ qch à qn** to rob sb of sth; **à ~** *adv* delightfully, beautifully; **être beau à ~** to be ravishingly beautiful

**raviser** [ʀavize]: **se raviser** *vi* to change one's mind

**ravissant, e** [ʀavisɑ̃, -ɑ̃t] *adj* delightful

**ravisseur, -euse** [ʀaviscœʀ, -øz] *nm/f* abductor, kidnapper

**ravitaillement** [ʀavitɑjmɑ̃] *nm* resupplying; refuelling; (*provisions*) supplies *pl*; **aller au ~** to go for fresh supplies; **~ en vol** (*Aviat*) in-flight refuelling

**ravitailler** [ʀavitɑje] *vt* (*en vivres, munitions*) to provide with fresh supplies; (*véhicule*) to refuel; **se ravitailler** *vi* to get fresh supplies

**raviver** [ʀavive] *vt* (*feu*) to rekindle, revive; (*douleur*) to revive; (*couleurs*) to brighten up

**rayé, e** [ʀeje] *adj* (*à rayures*) striped; (*éraflé*) scratched

**rayer** [ʀeje] *vt* (*érafler*) to scratch; (*barrer*) to cross *ou* score out; (*d'une liste: radier*) to cross *ou* strike off

**rayon** [ʀejɔ̃] *nm* (*de soleil etc*) ray; (*Géom*) radius; (*de roue*) spoke; (*étagère*) shelf; (*de grand magasin*) department; (*fig: domaine*) responsibility, concern; (*de ruche*) (honey) comb; **dans un ~ de** within a radius of; **rayons** *nmpl* (*radiothérapie*) radiation; **~ d'action** range; **~ de braquage** (*Auto*) turning circle; **~ laser** laser beam; **~ de soleil** sunbeam, ray of sunlight *ou* sunshine; **~s X** X-rays

**rayonnement** [ʀejɔnmɑ̃] *nm* radiation; (*fig: éclat*) radiance; (*influence: d'une culture*) influence

**rayonner** [ʀejɔne] *vi* (*chaleur, énergie*) to radiate; (*fig: émotion*) to shine forth; (: *visage, personne*) to be radiant; (*avenues, axes*) to radiate; (*touriste*) to go touring (*from one base*)

**rayure** [ʀejyʀ] *nf* (*motif*) stripe; (*éraflure*) scratch; (*rainure, d'un fusil*) groove; **à ~s** striped

**raz-de-marée** [ʀɑdmaʀe] *nm inv* tidal wave

**ré** [ʀe] *nm* (*Mus*) D; (*en chantant la gamme*) re

**réacteur** [ʀeaktœʀ] *nm* jet engine; **~ nucléaire** nuclear reactor

**r**

**réaction** [ʀeaksjɔ̃] *nf* reaction; **par ~** jet-propelled; **avion/moteur à ~** jet (plane)/jet engine; **~ en chaîne** chain reaction

**réadapter** [ʀeadapte] *vt* to readjust; *(Méd)* to rehabilitate; **se ~ (à)** *vi* to readjust (to)

**réagir** [ʀeaʒiʀ] *vi* to react

**réalisateur, -trice** [ʀealizatœʀ, -tʀis] *nm/f* *(TV, Ciné)* director

**réalisation** [ʀealizasjɔ̃] *nf* carrying out; realization; fulfilment; achievement; *(Ciné)* production; *(œuvre)* production, work; *(création)* creation; **en cours de ~** under way

**réaliser** [ʀealize] *vt* *(projet, opération)* to carry out, realize; *(rêve, souhait)* to realize, fulfil; *(exploit)* to achieve; *(achat, vente)* to make; *(film)* to produce; *(se rendre compte de, Comm: bien, capital)* to realize; **se réaliser** *vi* to be realized

**réaliste** [ʀealist] *adj* realistic; *(peintre, roman)* realist ▷ *nm/f* realist

**réalité** [ʀealite] *nf* reality; **en ~** in (actual) fact; **dans la ~** in reality; **~ virtuelle** virtual reality

**réanimation** [ʀeanimasjɔ̃] *nf* resuscitation; **service de ~** intensive care unit

**rébarbatif, -ive** [ʀebaʀbatif, -iv] *adj* forbidding; *(style)* off-putting *(Brit)*, crabbed

**rebattu, e** [ʀəbaty] *adj* hackneyed

**rebelle** [ʀəbɛl] *nm/f* rebel ▷ *adj* *(troupes)* rebel; *(enfant)* rebellious; *(mèche etc)* unruly; **~ à qch** unamenable to sth; **~ à faire** unwilling to sth

**rebeller** [ʀəbele]: **se rebeller** *vi* to rebel

**rebondi, e** [ʀəbɔ̃di] *adj* *(ventre)* rounded; *(joues)* chubby, well-rounded

**rebondir** [ʀəbɔ̃diʀ] *vi* *(ballon: au sol)* to bounce; *(: contre un mur)* to rebound; *(fig: procès, action, conversation)* to get moving again, be suddenly revived

**rebondissement** [ʀəbɔ̃dismɑ̃] *nm* new development

**rebord** [ʀəbɔʀ] *nm* edge; **le ~ de la fenêtre** the windowsill

**rebours** [ʀəbuʀ]: **à ~** *adv* the wrong way

**rebrousser** [ʀəbʀuse] *vt* *(cheveux, poils)* to brush back, brush up; **~ chemin** to turn back

**rebut** [ʀəby] *nm*: **mettre au ~** to scrap, discard

**rebutant, e** [ʀəbytɑ̃, -ɑ̃t] *adj* *(travail, démarche)* off-putting, disagreeable

**rebuter** [ʀəbyte] *vt* to put off

**récalcitrant, e** [ʀekalsitʀɑ̃, -ɑ̃t] *adj* refractory, recalcitrant

**recaler** [ʀəkale] *vt* *(Scol)* to fail

**récapituler** [ʀekapityle] *vt* to recapitulate; *(résumer)* to sum up

**receler** [ʀəsəle] *vt* *(produit d'un vol)* to receive; *(malfaiteur)* to harbour; *(fig)* to conceal

**receleur, -euse** [ʀəsəlœʀ, -øz] *nm/f* receiver

**récemment** [ʀesamɑ̃] *adv* recently

**recensement** [ʀəsɑ̃smɑ̃] *nm* census; inventory

**recenser** [ʀəsɑ̃se] *vt* *(population)* to take a census of; *(inventorier)* to make an inventory of; *(dénombrer)* to list

**récent, e** [ʀesɑ̃, -ɑ̃t] *adj* recent

**récépissé** [ʀesepise] *nm* receipt

**récepteur, -trice** [ʀeseptœʀ, -tʀis] *adj* receiving ▷ *nm* receiver; **~ (de radio)** radio set *ou* receiver

**réception** [ʀesɛpsjɔ̃] *nf* receiving *no pl*; *(d'une marchandise, commande)* receipt; *(accueil)* reception, welcome; *(bureau)* reception (desk); *(réunion mondaine)* reception, party; *(pièces)* reception rooms *pl*; *(Sport: après un saut)* landing; *(du ballon)* catching *no pl*; **jour/heures de ~** day/hours for receiving visitors *(ou students etc)*

**réceptionniste** [ʀesɛpsjɔnist] *nm/f* receptionist

**recette** [ʀəsɛt] *nf* *(Culin)* recipe; *(fig)* formula, recipe; *(Comm)* takings *pl*; *(Admin: bureau)* tax *ou* revenue office; **recettes** *nfpl* *(Comm: rentrées)* receipts; **faire ~** *(spectacle, exposition)* to be a winner

**receveur, -euse** [ʀəsvœʀ, -øz] *nm/f* *(des contributions)* tax collector; *(des postes)* postmaster/mistress; *(d'autobus)* conductor/conductress; *(Méd: de sang, organe)* recipient

**recevoir** [ʀəsvwaʀ] *vt* to receive; *(client, patient, représentant)* to see; *(jour, soleil: pièce)* to get; *(Scol: candidat)* to pass ▷ *vi* to receive visitors; to give parties; to see patients *etc*; **se recevoir** *vi* *(athlète)* to land; **~ qn à dîner** to invite sb to dinner; **il reçoit de huit à 10** he's at home from eight to 10, he will see visitors from eight to 10; *(docteur, dentiste etc)* he sees patients from eight to 10; **être reçu** *(à un examen)* to pass; **être bien/mal reçu** to be well/badly received

**rechange** [ʀəʃɑ̃ʒ]: **de ~** *adj* *(pièces, roue)* spare; *(fig: solution)* alternative; **des vêtements de ~** a change of clothes

**réchapper** [ʀeʃape]: **~ de** *ou* **à** *vt* *(accident, maladie)* to come through; **va-t-il en ~?** is he going to get over it?, is he going to come through (it)?

**recharge** [ʀəʃaʀʒ] *nf* refill

**rechargeable** [ʀəʃaʀʒabl] *adj* *(stylo etc)* refillable; rechargeable

**recharger** [ʀəʃaʀʒe] *vt* *(camion, fusil, appareil photo)* to reload; *(briquet, stylo)* to refill; *(batterie)* to recharge

**réchaud** [ʀeʃo] *nm* (portable) stove, plate-warmer

**réchauffer** [ʀeʃofe] *vt* *(plat)* to reheat; *(mains, personne)* to warm; **se réchauffer** *vi* *(température)* to get warmer; *(personne)* to warm o.s. (up); **se ~ les doigts** to warm (up) one's fingers

**rêche** [ʀɛʃ] *adj* rough

**recherche** [ʀəʃɛʀʃ] *nf* *(action)*: **la ~ de** the search for; *(raffinement)* affectedness, studied elegance; *(scientifique etc)*: **la ~** research;

**recherches** *nfpl* (*de la police*) investigations; (*scientifiques*) research *sg*; **être/se mettre à la ~ de** to be/go in search of

**recherché, e** [ʀəʃɛʀʃe] *adj* (*rare, demandé*) much sought-after; (*entouré: acteur, femme*) in demand; (*raffiné*) studied, affected; (*tenue*) elegant

**rechercher** [ʀəʃɛʀʃe] *vt* (*objet égaré, personne*) to look for, search for; (*témoins, coupable, main-d'œuvre*) to look for; (*causes d'un phénomène, nouveau procédé*) to try to find; (*bonheur etc, l'amitié de qn*) to seek; **"~ et remplacer"** (*Inform*) "find and replace"

**rechigner** [ʀəʃiɲe] *vi*: **~ (à)** to balk (at)

**rechute** [ʀəʃyt] *nf* (*Méd*) relapse; (*dans le péché, le vice*) lapse; **faire une ~** to have a relapse

**récidiver** [residive] *vi* to commit a second (*ou* subsequent) offence; (*fig*) to do it again

**récif** [resif] *nm* reef

**récipient** [resipjɑ̃] *nm* container

**réciproque** [resipʀɔk] *adj* reciprocal ▷ *nf*: **la ~** (*l'inverse*) the converse

**récit** [resi] *nm* (*action de narrer*) telling; (*conte, histoire*) story

**récital** [resital] *nm* recital

**réciter** [resite] *vt* to recite

**réclamation** [reklamasjɔ̃] *nf* complaint; **réclamations** *nfpl* (*bureau*) complaints department *sg*

**réclame** [reklam] *nf*: **la ~** advertising; **une ~** an ad(vertisement), an advert (*Brit*); **faire de la ~ (pour qch/qn)** to advertise (sth/sb); **article en ~** special offer

**réclamer** [reklame] *vt* (*aide, nourriture etc*) to ask for; (*revendiquer: dû, part, indemnité*) to claim, demand; (*nécessiter*) to demand, require ▷ *vi* to complain; **se ~ de** to give as one's authority; to claim filiation with

**réclusion** [reklyzjɔ̃] *nf* imprisonment; **~ à perpétuité** life imprisonment

**recoin** [ʀəkwɛ̃] *nm* nook, corner; (*fig*) hidden recess

**reçois** *etc* [ʀəswa] *vb voir* **recevoir**

**récolte** [rekɔlt] *nf* harvesting, gathering; (*produits*) harvest, crop; (*fig*) crop, collection; (*: d'observations*) findings

**récolter** [rekɔlte] *vt* to harvest, gather (in); (*fig*) to get

**recommandé** [ʀəkɔmɑ̃de] *nm* (*méthode etc*) recommended; (*Postes*) **en ~** by registered mail

**recommander** [ʀəkɔmɑ̃de] *vt* to recommend; (*qualités etc*) to commend; (*Postes*) to register; **~ qch à qn** to recommend sth to sb; **~ à qn de faire** to recommend sb to do; **~ qn auprès de qn** *ou* **à qn** to recommend sb to sb; **il est recommandé de faire …** it is recommended that one does …; **se ~ à qn** to commend o.s. to sb; **se ~ de qn** to give sb's name as a reference

**recommencer** [ʀəkɔmɑ̃se] *vt* (*reprendre: lutte, séance*) to resume, start again; (*refaire: travail, explications*) to start afresh, start (over) again;

(*récidiver: erreur*) to make again ▷ *vi* to start again; (*récidiver*) to do it again; **~ à faire** to start doing again; **ne recommence pas!** don't do that again!

**récompense** [rekɔ̃pɑ̃s] *nf* reward; (*prix*) award; **recevoir qch en ~** to get sth as a reward, be rewarded with sth

**récompenser** [rekɔ̃pɑ̃se] *vt*: **~ qn (de** *ou* **pour)** to reward sb (for)

**réconcilier** [rekɔ̃silje] *vt* to reconcile; **~ qn avec qn** to reconcile sb with sb; **~ qn avec qch** to reconcile sb to sth; **se réconcilier (avec)** to be reconciled (with)

**reconduire** [ʀəkɔ̃dɥiʀ] *vt* (*raccompagner*) to take *ou* see back; (*: à la porte*) to show out; (*: à son domicile*) to see home, take home; (*Jur, Pol: renouveler*) to renew

**réconfort** [rekɔ̃fɔʀ] *nm* comfort

**réconforter** [rekɔ̃fɔʀte] *vt* (*consoler*) to comfort; (*revigorer*) to fortify

**reconnaissance** [ʀəkɔnɛsɑ̃s] *nf* (*action de reconnaître*) recognition; acknowledgement; (*gratitude*) gratitude, gratefulness; (*Mil*) reconnaissance, recce; **en ~** (*Mil*) on reconnaissance; **~ de dette** acknowledgement of a debt, IOU

**reconnaissant, e** [ʀəkɔnɛsɑ̃, -ɑ̃t] *vb voir* **reconnaître** ▷ *adj* grateful; **je vous serais ~ de bien vouloir** I should be most grateful if you would (kindly)

**reconnaître** [ʀəkɔnɛtʀ] *vt* to recognize; (*Mil: lieu*) to reconnoitre; (*Jur: enfant, dette, droit*) to acknowledge; **~ que** to admit *ou* acknowledge that; **~ qn/qch à** (*l'identifier grâce à*) to recognize sb/sth by; **~ à qn: je lui reconnais certaines qualités** I recognize certain qualities in him; **se ~ quelque part** (*s'y retrouver*) to find one's way around (a place)

**reconnu, e** [ʀ(ə)kɔny] *pp de* **reconnaître** ▷ *adj* (*indiscuté, connu*) recognized

**reconstituant, e** [ʀəkɔ̃stitɥɑ̃, -ɑ̃t] *adj* (*régime*) strength-building ▷ *nm* tonic, pick-me-up

**reconstituer** [ʀəkɔ̃stitɥe] *vt* (*monument ancien*) to recreate, build a replica of; (*fresque, vase brisé*) to piece together, reconstitute; (*événement, accident*) to reconstruct; (*fortune, patrimoine*) to rebuild; (*Bio: tissus etc*) to regenerate

**reconstruction** [ʀəkɔ̃stʀyksjɔ̃] *nf* rebuilding, reconstruction

**reconstruire** [ʀəkɔ̃stʀɥiʀ] *vt* to rebuild, reconstruct

**reconvertir** [ʀəkɔ̃vɛʀtiʀ] *vt* (*usine*) to reconvert; (*personnel, troupes etc*) to redeploy; **se ~ dans** (*un métier, une branche*) to move into, be redeployed into

**record** [ʀəkɔʀ] *nm, adj* record; **~ du monde** world record

**recoupement** [ʀəkupmɑ̃] *nm*: **faire un ~** *ou* **des ~s** to cross-check; **par ~** by cross-checking

**r**

**recouper** [Rəkupe] *vt* (*tranche*) to cut again; (*vêtement*) to recut ▷ *vi* (*Cartes*) to cut again; **se recouper** *vi* (*témoignages*) to tie *ou* match up

**recourber** [Rəkurbe] *vt* (*branche, tige de métal*) to bend; **se recourber** *vi* to curve (up), bend (up)

**recourir** [RəkuriR] *vi* (*courir de nouveau*) to run again; (*refaire une course*) to race again; **~ à** *vt* (*ami, agence*) to turn *ou* appeal to; (*force, ruse, emprunt*) to resort to, have recourse to

**recours** [Rəkur] *vb voir* **recourir** ▷ *nm* (*Jur*) appeal; **avoir ~ à = recourir à; en dernier ~** as a last resort; **sans ~** final; with no way out; **~ en grâce** plea for clemency (*ou* pardon)

**recouvrer** [RəkuvRe] *vt* (*vue, santé etc*) to recover, regain; (*impôts*) to collect; (*créance*) to recover

**recouvrir** [RəkuvRiR] *vt* (*couvrir à nouveau*) to re-cover; (*couvrir entièrement: aussi fig*) to cover; (*cacher, masquer*) to conceal, hide; **se recouvrir** (*se superposer*) to overlap

**récréation** [RekReasjɔ̃] *nf* recreation, entertainment; (*Scol*) break

**récrier** [RekRije]: **se récrier** *vi* to exclaim

**récriminations** [RekRiminasjɔ̃] *nfpl* remonstrations, complaints

**recroqueviller** [RəkRɔkvije]: **se recroqueviller** *vi* (*feuilles*) to curl *ou* shrivel up; (*personne*) to huddle up

**recru, e** [RəkRy] *adj*: **~ de fatigue** exhausted ▷ *nf* recruit

**recrudescence** [RəkRydesɑ̃s] *nf* fresh outbreak

**recruter** [RəkRyte] *vt* to recruit

**rectangle** [Rɛktɑ̃gl] *nm* rectangle

**rectangulaire** [Rɛktɑ̃gylɛR] *adj* rectangular

**rectificatif, -ive** [Rɛktifikatif, -iv] *adj* corrected ▷ *nm* correction

**rectifier** [Rɛktifje] *vt* (*tracé, virage*) to straighten; (*calcul, adresse*) to correct; (*erreur, faute*) to rectify, put right

**rectiligne** [Rɛktiliɲ] *adj* straight; (*Géom*) rectilinear

**recto** [Rɛkto] *nm* front (*of a sheet of paper*); **~ verso** on both sides (of the page)

**reçu, e** [Rəsy] *pp de* **recevoir** ▷ *adj* (*candidat*) successful; (*admis, consacré*) accepted ▷ *nm* (*Comm*) receipt

**recueil** [Rəkœj] *nm* collection

**recueillir** [Rəkœjir] *vt* to collect; (*voix, suffrages*) to win; (*accueillir: réfugiés, chat*) to take in; **se recueillir** *vi* to gather one's thoughts; to meditate

**recul** [Rəkyl] *nm* retreat; recession; (*déclin*) decline; (*éloignement*) distance; (*d'arme à feu*) recoil, kick; **avoir un mouvement de ~** to recoil, start back; **prendre du ~** to stand back; **être en ~** to be on the decline; **avec le ~** with the passing of time, in retrospect

**reculé, e** [Rəkyle] *adj* remote

**reculer** [Rəkyle] *vi* to move back, back away; (*Auto*) to reverse, back (up); (*fig: civilisation,*

*épidémie*) to (be on the) decline; (: *se dérober*) to shrink back ▷ *vt* to move back; (*véhicule*) to reverse, back (up); (*fig: possibilités, limites*) to extend; (: *date, décision*) to postpone; **~ devant** (*danger, difficulté*) to shrink from; **~ pour mieux sauter** (*fig*) to postpone the evil day

**reculons** [Rəkylɔ̃]: **à ~** *adv* backwards

**récupérer** [Rekypere] *vt* (*rentrer en possession de*) to recover, get back; (: *forces*) to recover; (*déchets etc*) to salvage (for reprocessing); (*remplacer: journée, heures de travail*) to make up; (*délinquant etc*) to rehabilitate; (*Pol*) to bring into line ▷ *vi* to recover

**récurer** [Rekyre] *vt* to scour; **poudre à ~** scouring powder

**reçus** *etc* [Rəsy] *vb voir* **recevoir**

**récuser** [Rekyze] *vt* to challenge; **se récuser** to decline to give an opinion

**recycler** [Rəsikle] *vt* (*Scol*) to reorientate; (*employés*) to retrain; (*matériau*) to recycle; **se recycler** *vi* to retrain; to go on a retraining course

**rédacteur, -trice** [Redaktœr, -tris] *nm/f* (*journaliste*) writer; subeditor; (*d'ouvrage de référence*) editor, compiler; **~ en chef** chief editor; **~ publicitaire** copywriter

**rédaction** [Redaksjɔ̃] *nf* writing; (*rédacteurs*) editorial staff; (*bureau*) editorial office(s); (*Scol*) essay, composition

**redemander** [Rədmɑ̃de] *vt* (*renseignement*) to ask again for; (*nourriture*): **~ de** to ask for more (*ou* another); (*objet prêté*): **~ qch** to ask for sth back

**redescendre** [Rədesɑ̃dR] *vi* (*à nouveau*) to go back down; (*après la montée*) to go down (again) ▷ *vt* (*pente etc*) to go down

**redevance** [Rədvɑ̃s] *nf* (*Tél*) rental charge; (*TV*) licence (*Brit*) *ou* license (*US*) fee

**rédiger** [Redize] *vt* to write; (*contrat*) to draw up

**redire** [RədiR] *vt* to repeat; **trouver à ~ à** to find fault with

**redonner** [Rədɔne] *vt* (*restituer*) to give back, return; (*du courage, des forces*) to restore

**redoubler** [Rəduble] *vi* (*tempête, violence*) to intensify, get even stronger *ou* fiercer *etc*; (*Scol*) to repeat a year ▷ *vt* (*Scol: classe*) to repeat; (*Ling: lettre*) to double; **le vent redouble de violence** the wind is blowing twice as hard; **~ de patience/prudence** to be doubly patient/careful

**redoutable** [Rədutabl] *adj* formidable, fearsome

**redouter** [Rədute] *vt* to fear; (*appréhender*) to dread; **~ de faire** to dread doing

**redressement** [RədRɛsmɑ̃] *nm* (*économique*) recovery; (*de l'économie etc*) putting right; **maison de ~** reformatory; **~ fiscal** repayment of back taxes

**redresser** [RədRese] *vt* (*arbre, mât*) to set upright, right; (*pièce tordue*) to straighten out; (*Aviat, Auto*) to straighten up; (*situation,* *économie*) to put right; **se redresser** vi (*objet penché*) to right itself; to straighten up; (*personne*) to sit (*ou* stand) up; to sit (*ou* stand) up straight; (*fig: pays, situation*) to recover; **~ (les roues)** (*Auto*) to straighten up

**réduction** [ʀedyksjɔ̃] nf reduction; **en ~** adv in miniature, scaled-down

**réduire** [ʀedɥiʀ] vt (*gén, Culin, Math*) to reduce; (*prix, dépenses*) to cut, reduce; (*carte*) to scale down, reduce; (*Méd: fracture*) to set; **~ qn/qch à** to reduce sb/sth to; **se ~ à** (*revenir à*) to boil down to; **se ~ en** (*se transformer en*) to be reduced to; **en être réduit à** to be reduced to

**réduit, e** [ʀedɥi, -it] pp de **réduire** ▷ adj (*prix, tarif, échelle*) reduced; (*mécanisme*) scaled-down; (*vitesse*) reduced ▷ nm tiny room; recess

**rééducation** [ʀeedykasjɔ̃] nf (*d'un membre*) re-education; (*de délinquants, d'un blessé*) rehabilitation; **~ de la parole** speech therapy; **centre de ~** physiotherapy *ou* physical therapy (US) centre

**réel, le** [ʀeɛl] adj real ▷ nm: **le ~** reality

**réellement** [ʀeɛlmɑ̃] adv really

**réexpédier** [ʀeɛkspedje] vt (*à l'envoyeur*) to return, send back; (*au destinataire*) to send on, forward

**refaire** [ʀəfɛʀ] vt (*faire de nouveau, recommencer*) to do again; (*sport*) to take up again; (*réparer, restaurer*) to do up; **se refaire** vi (*en argent*) to make up one's losses; **se ~ une santé** to recuperate; **se ~ à qch** (*se réhabituer à*) to get used to sth again

**réfection** [ʀefɛksjɔ̃] nf repair; **en ~** under repair

**réfectoire** [ʀefɛktwaʀ] nm refectory

**référence** [ʀefeʀɑ̃s] nf reference; **références** nfpl (*recommandations*) reference sg; **faire ~ à** to refer to; **ouvrage de ~** reference work; **ce n'est pas une ~** (*fig*) that's no recommendation

**référer** [ʀefeʀe]: **se ~ à** vt to refer to; **en ~ à qn** to refer the matter to sb

**refermer** [ʀəfɛʀme] vt to close again, shut again; **se refermer** vi (*porte*) to close *ou* shut (again)

**refiler** [ʀəfile] vt (*fam*): **~ qch à qn** to palm (Brit) *ou* fob sth off on sb; to pass sth on to sb

**réfléchi, e** [ʀefleʃi] adj (*caractère*) thoughtful; (*action*) well-thought-out; (*Ling*) reflexive; **c'est tout ~** my mind's made up

**réfléchir** [ʀefleʃiʀ] vt to reflect ▷ vi to think; **~ à** *ou* **sur** to think about; **c'est tout réfléchi** my mind's made up

**reflet** [ʀəflɛ] nm reflection; (*sur l'eau etc*) sheen *no pl*, glint; **reflets** nmpl gleam sg

**refléter** [ʀəflete] vt to reflect; **se refléter** vi to be reflected

**réflexe** [ʀeflɛks] adj, nm reflex; **~ conditionné** conditioned reflex

**réflexion** [ʀeflɛksjɔ̃] nf (*de la lumière etc, pensée*) reflection; (*fait de penser*) thought; (*remarque*) remark; **réflexions** nfpl (*méditations*) thought sg, reflection sg; **sans ~** without thinking; **~ faite, à la ~, après ~** on reflection; **délai de ~** cooling-off period; **groupe de ~** think tank

**réflexologie** [ʀeflɛksɔlɔʒi] nf reflexology

**refluer** [ʀəflye] vi to flow back; (*foule*) to surge back

**reflux** [ʀəfly] nm (*de la mer*) ebb; (*fig*) backward surge

**réforme** [ʀefɔʀm] nf reform; (*Mil*) declaration of unfitness for service; discharge (*on health grounds*); (*Rel*): **la R~** the Reformation

**réformer** [ʀefɔʀme] vt to reform; (*Mil: recrue*) to declare unfit for service; (*: soldat*) to discharge, invalid out; (*matériel*) to scrap

**refouler** [ʀəfule] vt (*envahisseurs*) to drive back, repulse; (*liquide, larmes*) to force back; (*fig*) to suppress; (*Psych: désir, colère*) to repress

**refrain** [ʀəfʀɛ̃] nm (*Mus*) refrain, chorus; (*air, fig*) tune

**refréner, réfréner** [ʀəfʀene, ʀefʀene] vt to curb, check

**réfrigérateur** [ʀefʀiʒeʀatœʀ] nm refrigerator; **~-congélateur** fridge-freezer

**refroidir** [ʀəfʀwadiʀ] vt to cool; (*fig*) to have a cooling effect on; (*personne*) to put off ▷ vi to cool (down); **se refroidir** vi (*prendre froid*) to catch a chill; (*temps*) to get cooler *ou* colder; (*fig: ardeur*) to cool (off)

**refroidissement** [ʀəfʀwadismɑ̃] nm cooling; (*grippe etc*) chill

**refuge** [ʀəfyʒ] nm refuge; (*pour piétons*) (traffic) island; **demander ~ à qn** to ask sb for refuge

**réfugié, e** [ʀefyʒje] adj, nm/f refugee

**réfugier** [ʀefyʒje]: **se réfugier** vi to take refuge

**refus** [ʀəfy] nm refusal; **ce n'est pas de ~** I won't say no, it's very welcome

**refuser** [ʀəfyze] vt to refuse; (*Scol: candidat*) to fail ▷ vi to refuse; **~ qch à qn/de faire** to refuse sb sth/to do; **~ du monde** to have to turn people away; **se ~ à qch** *ou* **à faire qch** to refuse to do sth; **il ne se refuse rien** he doesn't stint himself; **se ~ à qn** to refuse sb

**réfuter** [ʀefyte] vt to refute

**regagner** [ʀəgaɲe] vt (*argent, faveur*) to win back; (*lieu*) to get back to; **~ le temps perdu** to make up for lost time; **~ du terrain** to regain ground

**regain** [ʀəgɛ̃] nm (*herbe*) second crop of hay; (*renouveau*): **~ de qch** renewed sth

**régal** [ʀegal] nm treat; **un ~ pour les yeux** a pleasure *ou* delight to look at

**régaler** [ʀegale] vt: **~ qn** to treat sb to a delicious meal; **~ qn de** to treat sb to; **se régaler** vi to have a delicious meal; (*fig*) to enjoy o.s

**regard** [ʀəgaʀ] nm (*coup d'œil*) look, glance; (*expression*) look (in one's eye); **parcourir/menacer du ~** to cast an eye over/look threateningly at; **au ~ de** (*loi, morale*) from the point of view of; **en ~** (*vis à vis*) opposite; **en ~ de** in comparison with

**regardant, e** [ʀəgaʀdã, -ãt] *adj*: **très/peu ~ (sur)** quite fussy/very free (about); (*économe*) very tight-fisted/quite generous (with)

**regarder** [ʀəgaʀde] *vt* (*examiner, observer, lire*) to look at; (*film, télévision, match*) to watch; (*envisager: situation, avenir*) to view; (*considérer: son intérêt etc*) to be concerned with; (*être orienté vers*): **~ (vers)** to face; (*concerner*) to concern ▷ *vi* to look; **~ à** *vt* (*dépense, qualité, détails*) to be fussy with ou over; **~ à faire** to hesitate to do; **dépenser sans ~** to spend freely; **ne pas ~ à la dépense** to spare no expense; **~ qn/qch comme** to regard sb/sth as; **~ (qch) dans le dictionnaire** to look (sth up) in the dictionary; **~ par la fenêtre** to look out of the window; **cela me regarde** it concerns me, it's my business

**régie** [ʀeʒi] *nf* (*Comm, Industrie*) state-owned company; (*Théât, Ciné*) production; (*Radio, TV*) control room; **la ~ de l'État** state control

**regimber** [ʀəʒɛ̃be] *vi* to balk, jib

**régime** [ʀeʒim] *nm* (*Pol Géo*) régime; (*Admin: carcéral, fiscal etc*) system; (*Méd*) diet; (*Tech*) (engine) speed; (*fig*) rate, pace; (*de bananes, dattes*) bunch; **se mettre au/suivre un ~** to go on/be on a diet; **~ sans sel** salt-free diet; **à bas/haut ~** (*Auto*) at low/high revs; **à plein ~** flat out, at full speed; **~ matrimonial** marriage settlement

**régiment** [ʀeʒimã] *nm* (*Mil: unité*) regiment; (*fig: fam*): **un ~ de** an army of; **un copain de ~** a pal from military service ou (one's) army days

**région** [ʀeʒjõ] *nf* region; **la ~ parisienne** the Paris area

**régional, e, -aux** [ʀeʒjɔnal, -o] *adj* regional

**régir** [ʀeʒiʀ] *vt* to govern

**régisseur** [ʀeʒisœʀ] *nm* (*d'un domaine*) steward; (*Ciné, TV*) assistant director; (*Théât*) stage manager

**registre** [ʀeʒistʀ] *nm* (*livre*) register; logbook; ledger; (*Mus, Ling*) register; (*d'orgue*) stop; **~ de comptabilité** ledger; **~ de l'état civil** register of births, marriages and deaths

**réglage** [ʀeglaʒ] *nm* (*d'une machine*) adjustment; (*d'un moteur*) tuning

**réglé, e** [ʀegle] *adj* well-ordered; stable, steady; (*papier*) ruled; (*arrangé*) settled

**règle** [ʀɛgl] *nf* (*instrument*) ruler; (*loi, prescription*) rule; **règles** *nfpl* (*Physiol*) period *sg*; **avoir pour ~ de** to make it a rule that ou to; **en ~** (*papiers d'identité*) in order; **être/se mettre en ~** to be/put o.s. straight with the authorities; **en ~ générale** as a (general) rule; **être la ~** to be the rule; **être de ~** to be usual; **~ à calcul** slide rule; **~ de trois** (*Math*) rule of three

**règlement** [ʀɛgləmã] *nm* settling; (*paiement*) settlement; (*arrêté*) regulation; (*règles, statuts*) regulations *pl*, rules *pl*; **~ à la commande** cash with order; **~ de compte(s)** settling of scores; **~ en espèces/par chèque** payment in cash/by cheque; **~ intérieur** (*Scol*) school rules *pl*; (*Admin*) by-laws *pl*; **~ judiciaire** compulsory liquidation

**réglementaire** [ʀɛgləmãtɛʀ] *adj* conforming to the regulations; (*tenue, uniforme*) regulation *cpd*

**réglementation** [ʀɛgləmãtasjõ] *nf* regulation, control; (*règlements*) regulations *pl*

**réglementer** [ʀɛgləmãte] *vt* to regulate, control

**régler** [ʀegle] *vt* (*mécanisme, machine*) to regulate, adjust; (*moteur*) to tune; (*thermostat etc*) to set, adjust; (*emploi du temps etc*) to organize, plan; (*question, conflit, facture, dette*) to settle; (*fournisseur*) to settle up with, pay; (*papier*) to rule; **~ qch sur** to model sth on; **~ son compte** to sort sb out, settle sb; **~ un compte** to settle a score with sb

**réglisse** [ʀeglis] *nf ou m* liquorice; **bâton de ~** liquorice stick

**règne** [ʀɛɲ] *nm* (*d'un roi etc, fig*) reign; (*Bio*): **le ~ végétal/animal** the vegetable/animal kingdom

**régner** [ʀeɲe] *vi* (*roi*) to rule, reign; (*fig*) to reign

**regorger** [ʀəgɔʀʒe] *vi* to overflow; **~ de** to overflow with, be bursting with

**regret** [ʀəgʀɛ] *nm* regret; **à ~** with regret; **avec ~** regretfully; **sans ~** with no regrets; **être au ~ de devoir/ne pas pouvoir faire** to regret to have to/that one is unable to do; **j'ai le ~ de vous informer que ...** I regret to inform you that ...

**regrettable** [ʀəgʀɛtabl] *adj* regrettable

**regretter** [ʀəgʀɛte] *vt* to regret; (*personne*) to miss; **~ d'avoir fait** to regret doing; **~ que** to regret that; **non, je regrette** no, I'm sorry

**regrouper** [ʀəgʀupe] *vt* (*grouper*) to group together; (*contenir*) to include, comprise; **se regrouper** *vi* to gather (together)

**régulier, -ière** [ʀegylje, -jɛʀ] *adj* (*gén*) regular; (*vitesse, qualité*) steady; (*répartition, pression*) even; (*Transports: ligne, service*) scheduled, regular; (*légal, réglementaire*) lawful, in order; (*fam: correct*) straight, on the level

**régulièrement** [ʀegyljɛʀmã] *adv* regularly; steadily; evenly; normally

**rehausser** [ʀəose] *vt* (*relever*) to heighten, raise; (*fig: souligner*) to set off, enhance

**rein** [ʀɛ̃] *nm* kidney; **reins** *nmpl* (*dos*) back *sg*; **avoir mal aux ~s** to have backache; **~ artificiel** kidney machine

**reine** [ʀɛn] *nf* queen

**reine-claude** [ʀɛnklod] *nf* greengage

**réinscriptible** [ʀeɛ̃skʀiptibl] *adj* (*CD, DVD*) rewritable

**réinsertion** [ʀeɛ̃sɛʀsjõ] *nf* (*de délinquant*) reintegration, rehabilitation

**réintégrer** [ʁeɛ̃tegʁe] vt (lieu) to return to; (fonctionnaire) to reinstate

**rejaillir** [ʁəʒajiʁ] vi to splash up; **~ sur** to splash up onto; (fig: scandale) to rebound on; (: gloire) to be reflected on; to fall upon

**rejet** [ʁəʒɛ] nm (action, aussi Méd) rejection; (Poésie) enjambement, rejet; (Bot) shoot

**rejeter** [ʁəʒte] vt (relancer) to throw back; (vomir) to bring ou throw up; (écarter) to reject; (déverser) to throw out, discharge; (reporter): **~ un mot à la fin d'une phrase** to transpose a word to the end of a sentence; **se ~ sur qch** (accepter faute de mieux) to fall back on sth; **~ la tête/les épaules en arrière** to throw one's head/pull one's shoulders back; **~ la responsabilité de qch sur qn** to lay the responsibility for sth at sb's door

**rejoindre** [ʁəʒwɛ̃dʁ] vt (famille, régiment) to rejoin, return to; (lieu) to get (back) to; (route etc) to meet, join; (rattraper) to catch up (with); **se rejoindre** vi to meet; **je te rejoins au café** I'll see ou meet you at the café

**réjouir** [ʁeʒwiʁ] vt to delight; **se réjouir** vi to be delighted; **se ~ de qch/de faire** to be delighted about sth/to do; **se ~ que** to be delighted that

**réjouissances** [ʁeʒwisɑ̃s] nfpl (joie) rejoicing sg; (fête) festivities, merry-making sg

**relâche** [ʁəlɑʃ]: **faire ~** vi (navire) to put into port; (Ciné) to be closed; **c'est le jour de ~** (Ciné) it's closed today; **sans ~** adv without respite ou a break

**relâché, e** [ʁəlɑʃe] adj loose, lax

**relâcher** [ʁəlɑʃe] vt (ressort, prisonnier) to release; (étreinte, cordes) to loosen; (discipline) to relax ▷ vi (Navig) to put into port; **se relâcher** vi to loosen; (discipline) to become slack ou lax; (élève etc) to slacken off

**relais** [ʁəlɛ] nm (Sport): **(course de) ~** relay (race); (Radio, TV) relay; (intermédiaire) go-between; **équipe de ~** shift team; (Sport) relay team; **prendre le ~ (de)** to take over (from); **~ de poste** post house, coaching inn; **~ routier** ≈ transport café (Brit), ≈ truck stop (US)

**relancer** [ʁəlɑ̃se] vt (balle) to throw back (again); (moteur) to restart; (fig) to boost, revive; (personne): **~ qn** to pester sb; to get on to sb again

**relatif, -ive** [ʁəlatif, -iv] adj relative

**relation** [ʁəlasjɔ̃] nf (récit) account, report; (rapport) relation(ship); (connaissance) acquaintance; **relations** nfpl (rapports) relations; relationship; (connaissances) connections; **être/entrer en ~(s) avec** to be in contact ou dealing/get in contact with; **mettre qn en ~(s) avec** to put sb in touch with; **~s internationales** international relations; **~s publiques** public relations; **~s (sexuelles)** sexual relations, (sexual) intercourse sg

**relaxer** [ʁəlakse] vt to relax; (Jur) to discharge; **se relaxer** vi to relax

**relayer** [ʁəleje] vt (collaborateur, coureur etc) to relieve, take over from; (Radio, TV) to relay; **se relayer** vi (dans une activité) to take it in turns

**reléguer** [ʁəlege] vt to relegate; **~ au second plan** to push into the background

**relent** [ʁəlɑ̃], **relents** nm(pl) stench sg

**relevé, e** [ʁəlve] adj (bord de chapeau) turned-up; (manches) rolled-up; (fig: style) elevated; (: sauce) highly-seasoned ▷ nm (lecture) reading; (de cotes) plotting; (liste) statement; list; (facture) account; **~ bancaire** ou **de compte** bank statement; **~ d'identité bancaire (RIB)** (bank) account number

**relève** [ʁəlɛv] nf (personne) relief; (équipe) relief team (ou troops pl); **prendre la ~** to take over

**relever** [ʁəlve] vt (statue, meuble) to stand up again; (personne tombée) to help up; (vitre, plafond, niveau de vie) to raise; (pays, économie, entreprise) to put back on its feet; (col) to turn up; (style, conversation) to elevate; (plat, sauce) to season; (sentinelle, équipe) to relieve; (souligner: fautes, points) to pick out; (constater: traces etc) to find, pick up; (répliquer à: remarque) to react to, reply to; (: défi) to accept, take up; (noter: adresse etc) to take down, note; (: plan) to sketch; (: cotes etc) to plot; (compteur) to read; (ramasser: cahiers, copies) to collect, take in ▷ vi (jupe, bord) to ride up; **~ de** vt (maladie) to be recovering from; (être du ressort de) to be a matter for; (Admin: dépendre de) to come under; (fig) to pertain to; **se relever** vi (se remettre debout) to get up; (fig): **se ~ (de)** to recover (from); **~ qn de** (vœux) to release sb from; (fonctions) to relieve sb of; **~ la tête** to look up; to hold up one's head

**relief** [ʁəljɛf] nm relief; (de pneu) tread pattern; **reliefs** nmpl (restes) remains; **en ~** in relief; (photographie) three-dimensional; **mettre en ~** (fig) to bring out, highlight

**relier** [ʁəlje] vt to link up; (livre) to bind; **~ qch à** to link sth to; **livre relié cuir** leather-bound book

**religieux, -euse** [ʁəliʒjø, -øz] adj religious ▷ nm monk ▷ nf nun; (gâteau) cream bun

**religion** [ʁəliʒjɔ̃] nf religion; (piété, dévotion) faith; **entrer en ~** to take one's vows

**relire** [ʁəliʁ] vt (à nouveau) to reread, read again; (vérifier) to read over; **se relire** to read through what one has written

**reliure** [ʁəljyʁ] nf binding; (art, métier): **la ~** book-binding

**relooker** [ʁəluke] vt: **~ qn** to give sb a makeover

**reluire** [ʁəlɥiʁ] vi to gleam

**remanier** [ʁəmanje] vt to reshape, recast; (Pol) to reshuffle

**remarquable** [ʁəmaʁkabl] adj remarkable

**remarque** [ʁəmaʁk] nf remark; (écrite) note

**remarquer** [ʁəmaʁke] vt (voir) to notice; (dire): **~ que** to remark that; **se ~** to be noticeable; **se faire ~** to draw attention to o.s.; **faire ~ (à qn) que** to point out (to sb) that; **faire ~ qch (à qn)** to point sth out (to sb); **remarquez, ...** mark you, ..., mind you, ...

**rembourrer** [ʀɑ̃buʀe] vt to stuff; (dossier, vêtement, souliers) to pad

**remboursement** [ʀɑ̃buʀsəmɑ̃] nm (de dette, d'emprunt) repayment; (de frais) refund; **envoi contre** ~ cash on delivery

**rembourser** [ʀɑ̃buʀse] vt to pay back, repay; (frais, billet etc) to refund; **se faire** ~ to get a refund

**remède** [ʀəmɛd] nm (médicament) medicine; (traitement, fig) remedy, cure; **trouver un ~ à** (Méd, fig) to find a cure for

**remémorer** [ʀəmemɔʀe]: **se remémorer** vt to recall, recollect

**remerciements** [ʀəmɛʀsimɑ̃] nmpl thanks; **(avec) tous mes** ~ (with) grateful ou many thanks

**remercier** [ʀəmɛʀsje] vt to thank; (congédier) to dismiss; ~ **qn de/d'avoir fait** to thank sb for/for having done; **non, je vous remercie** no thank you

**remettre** [ʀəmɛtʀ] vt (vêtement): ~ **qch** to put sth back on, put sth on again; (replacer): ~ **qch quelque part** to put sth back somewhere; (ajouter): ~ **du sel/un sucre** to add more salt/ another lump of sugar; (rétablir: personne): ~ **qn** to set sb back on his (ou her) feet; (rendre, restituer): ~ **qch à qn** to give sth back to sb, return sth to sb; (donner, confier: paquet, argent): ~ **qch à qn** to hand sth over to sb, deliver sth to sb; (prix, décoration): ~ **qch à qn** (donner: lettre, clé etc) to hand over sth to sb; (: prix, décoration) to present sb with sth; (ajourner): ~ **qch (à)** to postpone sth ou put sth off (until); **se remettre** vi to get better, recover; **se ~ de** to recover from, get over; **s'en ~ à** to leave it (up) to; **se ~ à faire/qch** to start doing/sth again; ~ **une pendule à l'heure** to put a clock right; ~ **un moteur/une machine en marche** to get an engine/a machine going again; ~ **en état/en ordre** to repair/sort out; ~ **en cause/question** to challenge/question again; ~ **sa démission** to hand in one's notice; ~ **qch à neuf** to make sth as good as new; ~ **qn à sa place** (fig) to put sb in his (ou her) place

**remis, e** [ʀəmi, -iz] pp de **remettre** ▷ nf delivery; presentation; (rabais) discount; (local) shed; **~e en marche/en ordre** starting up again/sorting out; **~e en cause/question** calling into question/challenging; **~e de fonds** remittance; **~e en jeu** (Football) throw-in; **~e à neuf** restoration; **~e de peine** remission of sentence; **~e des prix** prize-giving

**remontant** [ʀəmɔ̃tɑ̃] nm tonic, pick-me-up

**remonte-pente** [ʀəmɔ̃tpɑ̃t] nm ski lift, (ski) tow

**remonter** [ʀəmɔ̃te] vi (à nouveau) to go back up; (à cheval) to remount; (après une descente) to go up (again); (prix, température) to go up again; (en voiture) to get back in; (jupe) to ride up ▷ vt (pente) to go up; (fleuve) to sail (ou swim etc) up; up; (manches, pantalon) to roll up; (col) to turn up; (niveau, limite) to raise; (fig: personne) to buck up; (moteur, meuble) to put back together, reassemble; (garde-robe etc) to renew, replenish; (montre, mécanisme) to wind up; ~ **le moral à qn** to raise sb's spirits; ~ **à** (dater de) to date ou go back to; ~ **en voiture** to get back into the car

**remontrance** [ʀəmɔ̃tʀɑ̃s] nf reproof, reprimand

**remontrer** [ʀəmɔ̃tʀe] vt (montrer de nouveau): ~ **qch (à qn)** to show sth again (to sb); (fig): **en ~ à** to prove one's superiority over

**remords** [ʀəmɔʀ] nm remorse no pl; **avoir des** ~ to feel remorse, be conscience-stricken

**remorque** [ʀəmɔʀk] nf trailer; **prendre/être en** ~ to tow/be on tow; **être à la ~** (fig) to tag along (behind)

**remorquer** [ʀəmɔʀke] vt to tow

**remorqueur** [ʀəmɔʀkœʀ] nm tug(boat)

**remous** [ʀəmu] nm (d'un navire) (back)wash no pl; (de rivière) swirl, eddy pl; (fig) stir sg

**remparts** [ʀɑ̃paʀ] nmpl walls, ramparts

**remplaçant, e** [ʀɑ̃plasɑ̃, -ɑ̃t] nm/f replacement, substitute, stand-in; (Théât) understudy; (Scol) supply (Brit) ou substitute (US) teacher

**remplacement** [ʀɑ̃plasmɑ̃] nm replacement; (job) replacement work no pl; (suppléance: Scol) supply (Brit) ou substitute (US) teacher; **assurer le ~ de qn** (remplaçant) to stand in ou substitute for sb; **faire des ~s** (professeur) to do supply ou substitute teaching; (médecin) to do locum work; (secrétaire) to temp

**remplacer** [ʀɑ̃plase] vt to replace; (prendre temporairement la place de) to stand in for; (tenir lieu de) to take the place of, act as a substitute for; ~ **qch/qn par** to replace sth/sb with

**rempli, e** [ʀɑ̃pli] adj (emploi du temps) full, busy; ~ **de** full of, filled with

**remplir** [ʀɑ̃pliʀ] vt to fill (up); (questionnaire) to fill out ou up; (obligations, fonction, condition) to fulfil; **se remplir** vi to fill up; ~ **qch de** to fill sth with

**remporter** [ʀɑ̃pɔʀte] vt (marchandise) to take away; (fig) to win, achieve

**remuant, e** [ʀəmɥɑ̃, -ɑ̃t] adj restless

**remue-ménage** [ʀəmymenaʒ] nm inv commotion

**remuer** [ʀəmɥe] vt to move; (café, sauce) to stir ▷ vi to move; (fig: opposants) to show signs of unrest; **se remuer** vi to move; (se démener) to stir o.s.; (fam: s'activer) to get a move on

**rémunérer** [ʀemyneʀe] vt to remunerate, pay

**renard** [ʀənaʀ] nm fox

**renchérir** [ʀɑ̃ʃeʀiʀ] vi to become more expensive; (fig): ~ **(sur)** (en paroles) to add something (to)

**rencontre** [ʀɑ̃kɔ̃tʀ] nf (de cours d'eau) confluence; (de véhicules) collision; (entrevue, congrès, match etc) meeting; (imprévue) encounter; **faire la ~ de qn** to meet sb; **aller à la ~ de qn** to go and meet sb; **amours de ~** casual love affairs

**rencontrer** [ʀɑ̃kɔ̃tʀe] vt to meet; (mot, expression) to come across; (difficultés) to meet with; **se rencontrer** vi to meet; (véhicules) to collide

**rendement** [ʀɑ̃dmɑ̃] nm (d'un travailleur, d'une machine) output; (d'une culture, d'un champ) yield; (d'un investissement) return; **à plein ~** at full capacity

**rendez-vous** [ʀɑ̃devu] nm (rencontre) appointment; (: d'amoureux) date; (lieu) meeting place; **donner ~ à qn** to arrange to meet sb; **recevoir sur ~** to have an appointment system; **fixer un ~ à qn** to give sb an appointment; **avoir/prendre ~ (avec)** to have/make an appointment (with); **prendre ~ chez le médecin** to make an appointment with the doctor; **~ spatial** ou **orbital** docking (in space)

**rendre** [ʀɑ̃dʀ] vt (livre, argent etc) to give back, return; (otages, visite, politesse, invitation, Jur: verdict) to return; (honneurs) to pay; (sang, aliments) to bring up; (sons: instrument) to produce, make; (exprimer, traduire) to render; (jugement) to pronounce, render; (faire devenir): **~ qn célèbre/qch possible** to make sb famous/sth possible; **se rendre** vi (capituler) to surrender, give o.s. up; (aller): **se ~ quelque part** to go somewhere; **se ~ à** (arguments etc) to bow to; (ordres) to comply with; **se ~ compte de qch** to realize sth; **~ la vue/la santé à qn** to restore sb's sight/health; **~ la liberté à qn** to set sb free; **~ la monnaie à qn** to give change; **se ~ insupportable/malade** to become unbearable/make o.s. ill

**rênes** [ʀɛn] nfpl reins

**renfermé, e** [ʀɑ̃fɛʀme] adj (fig) withdrawn ▷ nm: **sentir le ~** to smell stuffy

**renfermer** [ʀɑ̃fɛʀme] vt to contain; **se renfermer (sur soi-même)** to withdraw into o.s

**renflouer** [ʀɑ̃flue] vt to refloat; (fig) to set back on its (ou his/her etc) feet (again)

**renfoncement** [ʀɑ̃fɔ̃smɑ̃] nm recess

**renforcer** [ʀɑ̃fɔʀse] vt to reinforce; **~ qn dans ses opinions** to confirm sb's opinion

**renfort** [ʀɑ̃fɔʀ]: **~s** nmpl reinforcements; **en ~** as a back-up; **à grand ~ de** with a great deal of

**renfrogné, e** [ʀɑ̃fʀɔɲe] adj sullen, scowling

**rengaine** [ʀɑ̃gɛn] nf (péj) old tune

**renier** [ʀənje] vt (parents) to disown, repudiate; (engagements) to go back on; (foi) to renounce

**renifler** [ʀənifle] vi to sniff ▷ vt (tabac) to sniff up; (odeur) to sniff

**renne** [ʀɛn] nm reindeer inv

**renom** [ʀənɔ̃] nm reputation; (célébrité)

renown; **vin de grand ~** celebrated ou highly renowned wine

**renommé, e** [ʀ(ə)nɔme] adj celebrated, renowned ▷ nf fame

**renoncer** [ʀənɔ̃se] vi: **~ à** vt to give up; **~ à faire** to give up the idea of doing; **j'y renonce!** I give up!

**renouer** [ʀənwe] vt (cravate etc) to retie; (fig: conversation, liaison) to renew, resume; **~ avec** (tradition) to revive; (habitude) to take up again; **~ avec qn** to take up with sb again

**renouvelable** [ʀ(ə)nuvlabl] adj (contrat, bail, énergie) renewable; (expérience) which can be renewed

**renouveler** [ʀənuvle] vt to renew; (exploit, méfait) to repeat; **se renouveler** vi (incident) to recur, happen again, be repeated; (cellules etc) to be renewed ou replaced; (artiste, écrivain) to try something new

**renouvellement** [ʀ(ə)nuvɛlmɑ̃] nm renewal; recurrence

**rénover** [ʀenɔve] vt (immeuble) to renovate, do up; (meuble) to restore; (enseignement) to reform; (quartier) to redevelop

**renseignement** [ʀɑ̃sɛɲmɑ̃] nm information no pl, piece of information; (Mil) intelligence no pl; **prendre des ~s sur** to make inquiries about, ask for information about; **(guichet des) ~s** information desk; **(service des) ~s** (Tél) directory inquiries (Brit), information (US); **service de ~s** (Mil) intelligence service; **les ~s généraux** ≈ the secret police

**renseigner** [ʀɑ̃seɲe] vt: **~ qn (sur)** to give information to sb (about); **se renseigner** vi to ask for information, make inquiries

**rentabilité** [ʀɑ̃tabilite] nf profitability; cost-effectiveness; (d'un investissement) return; **seuil de ~** break-even point

**rentable** [ʀɑ̃tabl] adj profitable; cost-effective

**rente** [ʀɑ̃t] nf income; (pension) pension; (titre) government stock ou bond; **~ viagère** life annuity

**rentrée** [ʀɑ̃tʀe] nf: **~ (d'argent)** cash no pl coming in; **la ~ (des classes** ou **scolaire)** (des classes) the start of the new school year; **la ~ (parlementaire)** the reopening ou reassembly of parliament; see note; **faire sa ~** (artiste, acteur) to make a comeback

⬤ **RENTRÉE**
⬤
⬤
⬤ La rentrée (des classes) in September
⬤ each year has wider connotations than
⬤ just the start of the new school year. It is
⬤ also the time when political and social
⬤ life pick up again after the long summer
⬤ break, and so marks an important point
⬤ in the French calendar.

**rentrer** [ʀɑ̃tʀe] vi (entrer de nouveau) to go (ou come) back in; (entrer) to go (ou come) in;

(*revenir chez soi*) to go (*ou* come) (back) home; (*air, clou*: *pénétrer*) to go in; (*revenu, argent*) to come in ▷ *vt* (*foins*) to bring in; (*véhicule*) to put away; (*chemise dans pantalon etc*) to tuck in; (*griffes*) to draw in; (*train d'atterrissage*) to raise; (*fig: larmes, colère etc*) to hold back; **~ le ventre** to pull in one's stomach; **~ dans** to go (*ou* come) back into; to go (*ou* come) into; (*famille, patrie*) to go back *ou* return to; (*heurter*) to crash into; (*appartenir à*) to be included in; (: *catégorie etc*) to fall into; **~ dans l'ordre** to get back to normal; **~ dans ses frais** to recover one's expenses (*ou* initial outlay)

**renverse** [ʀɑ̃vɛʀs]: **à la ~** *adv* backwards

**renverser** [ʀɑ̃vɛʀse] *vt* (*faire tomber: chaise, verre*) to knock over, overturn; (*piéton*) to knock down; (*liquide, contenu*) to spill, upset; (*retourner: verre, image*) to turn upside down, invert; (: *ordre des mots etc*) to reverse; (*fig: gouvernement etc*) to overthrow; (*stupéfier*) to bowl over, stagger; **se renverser** *vi* (*verre, vase*) to fall over; to overturn; (*contenu*) to spill; **se ~ (en arrière)** to lean back; **~ la tête/ le corps (en arrière)** to tip one's head back/ throw oneself back; **~ la vapeur** (*fig*) to change course

**renvoi** [ʀɑ̃vwa] *nm* (*d'employé*) dismissal; return; reflection; postponement; (*d'élève*) expulsion; (*référence*) cross-reference; (*éructation*) belch

**renvoyer** [ʀɑ̃vwaje] *vt* to send back; (*congédier*) to dismiss; (*Tennis*) to return; (*élève: définitivement*) to expel; (*lumière*) to reflect; (*son*) to echo; (*ajourner*): **~ qch (à)** to postpone sth (until); **~ qch à qn** (*rendre*) to return sth to sb; **~ qn à** (*fig*) to refer sb to

**repaire** [ʀəpɛʀ] *nm* den

**répandre** [ʀepɑ̃dʀ] *vt* (*renverser*) to spill; (*étaler, diffuser*) to spread; (*lumière*) to shed; (*chaleur, odeur*) to give off; **se répandre** *vi* to spill; to spread; **se ~ en** (*injures etc*) to pour out

**répandu, e** [ʀepɑ̃dy] *pp* de **répandre** ▷ *adj* (*opinion, usage*) widespread

**réparateur, -trice** [ʀepaʀatœʀ, -tʀis] *nm/f* repairer

**réparation** [ʀepaʀasjɔ̃] *nf* repairing *no pl*, repair; **en ~** (*machine etc*) under repair; **demander à qn ~ de** (*offense etc*) to ask sb to make amends for

**réparer** [ʀepaʀe] *vt* to repair; (*fig: offense*) to make up for, atone for; (: *oubli, erreur*) to put right

**repartie** [ʀepaʀti] *nf* retort; **avoir de la ~** to be quick at repartee

**repartir** [ʀəpaʀtiʀ] *vi* to set off again; (*voyageur*) to leave again; (*fig*) to get going again, pick up again; **~ à zéro** to start from scratch (again)

**répartir** [ʀepaʀtiʀ] *vt* (*pour attribuer*) to share out; (*pour disperser, disposer*) to divide up; (*poids, chaleur*) to distribute; (*étaler: dans le temps*): **~ sur** to spread over; (*classer, diviser*): **~ en** to divide into, split up into; **se répartir** *vt* (*travail, rôles*) to share out between themselves

**répartition** [ʀepaʀtisjɔ̃] *nf* sharing out; dividing up; (*des richesses etc*) distribution

**repas** [ʀəpɑ] *nm* meal; **à l'heure des ~** at mealtimes

**repassage** [ʀəpɑsaʒ] *nm* ironing

**repasser** [ʀəpɑse] *vi* to come (*ou* go) back ▷ *vt* (*vêtement, tissu*) to iron; (*examen*) to retake, resit; (*film*) to show again; (*lame*) to sharpen; (*leçon, rôle: revoir*) to go over (again); (*plat, pain*): **~ qch à qn** to pass sth back to sb

**repêcher** [ʀəpeʃe] *vt* (*noyé*) to recover the body of, fish out; (*fam: candidat*) to pass (*by inflating marks*); to give a second chance to

**repentir** [ʀəpɑ̃tiʀ] *nm* repentance; **se repentir** *vi* to repent; **se ~ d'avoir fait qch** (*regretter*) to regret having done sth

**répercussions** [ʀepɛʀkysjɔ̃] *nfpl* repercussions

**répercuter** [ʀepɛʀkyte] *vt* (*réfléchir, renvoyer: son, voix*) to reflect; (*faire transmettre: consignes, charges etc*) to pass on; **se répercuter** *vi* (*bruit*) to reverberate; (*fig*): **se ~ sur** to have repercussions on

**repère** [ʀəpɛʀ] *nm* mark; (*monument etc*) landmark; (**point de**) **~** point of reference

**repérer** [ʀəpeʀe] *vt* (*erreur, connaissance*) to spot; (*abri, ennemi*) to locate; **se repérer** *vi* to get one's bearings; **se faire ~** to be spotted

**répertoire** [ʀepɛʀtwaʀ] *nm* (*liste*) (alphabetical) list; (*carnet*) index notebook; (*Inform*) directory; (*de carnet*) thumb index; (*indicateur*) directory, index; (*d'un théâtre, artiste*) repertoire

**répéter** [ʀepete] *vt* to repeat; (*préparer: leçon*) ▷ *aussi vi* to learn, go over; (*Théât*) to rehearse; **se répéter** (*redire*) to repeat o.s.; (*se reproduire*) to be repeated, recur

**répétition** [ʀepetisjɔ̃] *nf* repetition; (*Théât*) rehearsal; **répétitions** *nfpl* (*leçons*) private coaching *sg*; **armes à ~** repeater weapons; **~ générale** final dress rehearsal

**répit** [ʀepi] *nm* respite; **sans ~** without letting up

**replier** [ʀəplije] *vt* (*rabattre*) to fold down *ou* over; **se replier** *vi* (*armée*) to withdraw, fall back; **se ~ sur soi-même** to withdraw into oneself

**réplique** [ʀeplik] *nf* (*repartie, fig*) reply; (*objection*) retort; (*Théât*) line; (*copie*) replica; **donner la ~ à** to play opposite; **sans ~** *adj* no-nonsense; irrefutable

**répliquer** [ʀeplike] *vi* to reply; (*avec impertinence*) to answer back; (*riposter*) to retaliate

**répondeur** [ʀepɔ̃dœʀ] *nm*: **~ (automatique)** (*Tél*) answering machine

**répondre** [ʀepɔ̃dʀ] *vi* to answer, reply; (*freins, mécanisme*) to respond; **~ à** to reply to, answer; (*avec impertinence*): **~ à qn** to answer sb back; (*invitation, convocation*) to reply to;

(*affection, salut*) to return; (*provocation: mécanisme etc*) to respond to; (*correspondre à: besoin*) to answer; (*: conditions*) to meet; (*: description*) to match; **~ que** to answer *ou* reply that; **~ de** to answer for

**réponse** [repɔ̃s] *nf* answer, reply; **avec ~ payée** (*Postes*) reply-paid, post-paid (*US*); **avoir ~ à tout** to have an answer for everything; **en ~ à** in reply to; **carte-/bulletin-~** reply card/slip

**reportage** [rəpɔrtaʒ] *nm* (*bref*) report; (*écrit: documentaire*) story; article; (*en direct*) commentary; (*genre, activité*): **le ~** reporting

**reporter**[1] [rəpɔrter] *nm* reporter

**reporter**[2] [rəpɔrte] *vt* (*total*): **~ qch sur** to carry sth forward *ou* over to; (*ajourner*): **~ qch (à)** to postpone sth (until); (*transférer*): **~ qch sur** to transfer sth to; **se ~ à** (*époque*) to think back to; (*document*) to refer to

**repos** [rəpo] *nm* rest; (*fig*) peace (and quiet); (*mental*) peace of mind; (*Mil*): **~!** (*stand*) at ease!; **en ~** at rest; **au ~** at rest; (*soldat*) at ease; **de tout ~** safe; **ce n'est pas de tout ~!** it's no picnic!

**reposant, e** [r(ə)pozɑ̃, -ɑ̃t] *adj* restful; (*sommeil*) refreshing

**reposer** [rəpoze] *vt* (*verre, livre*) to put down; (*rideaux, carreaux*) to put back; (*délasser*) to rest; (*problème*) to reformulate ▷ *vi* (*liquide, pâte*) to settle, rest; **laisser ~** (*pâte*) to leave to stand; (*personne*): **ici repose ...** here lies ...; **~ sur** to be built on; (*fig*) to rest on; **se reposer** *vi* to rest; **se ~ sur qn** to rely on sb

**repoussant, e** [rəpusɑ̃, -ɑ̃t] *adj* repulsive

**repousser** [rəpuse] *vi* to grow again ▷ *vt* to repel, repulse; (*offre*) to turn down, reject; (*tiroir, personne*) to push back; (*différer*) to put back

**reprendre** [rəprɑ̃dr] *vt* (*prisonnier, ville*) to recapture; (*objet prêté, donné*) to take back; (*chercher*): **je viendrai te ~ à 4 h** I'll come and fetch you *ou* I'll come back for you at 4 h; (*se resservir de*): **~ du pain/un œuf** to take (*ou* eat) more bread/another egg; (*Comm: article usagé*) to take back; to take in part exchange; (*firme, entreprise*) to take over; (*travail, promenade*) to resume; (*emprunter: argument, idée*) to take up, use; (*refaire: article etc*) to go over again; (*jupe etc*) to alter; (*émission, pièce*) to put on again; (*réprimander*) to tell off; (*corriger*) to correct ▷ *vi* (*classes, pluie*) to start (up) again; (*activités, travaux, combats*) to resume, start (up) again; (*affaires, industrie*) to pick up; (*dire*): **reprit-il** he went on; **se reprendre** (*se ressaisir*) to recover, pull o.s. together; **s'y ~** to make another attempt; **~ des forces** to recover one's strength; **~ courage** to take new heart; **~ ses habitudes/sa liberté** to get back into one's old habits/regain one's freedom; **~ la route** to resume one's journey, set off again; **~ connaissance** to come to, regain consciousness; **~ haleine** *ou* **son souffle** to

get one's breath back; **~ la parole** to speak again

**représailles** [rəprezaj] *nfpl* reprisals, retaliation *sg*

**représentant, e** [rəprezɑ̃tɑ̃, -ɑ̃t] *nm/f* representative

**représentation** [rəprezɑ̃tasjɔ̃] *nf* representation; (*spectacle*) performing; (*symbole, image*) representation; (*spectacle*) performance; (*Comm*): **la ~** commercial travelling; sales representation; **frais de ~** (*d'un diplomate*) entertainment allowance

**représenter** [rəprezɑ̃te] *vt* to represent; (*donner: pièce, opéra*) to perform; **se représenter** *vt* (*se figurer*) to imagine; to visualize ▷ *vi*: **se ~ à** (*Pol*) to stand *ou* run again at; (*Scol*) to resit

**répression** [represjɔ̃] *nf voir* **réprimer** suppression; repression; (*Pol*): **la ~** repression; **mesures de ~** repressive measures

**réprimer** [reprime] *vt* (*émotions*) to suppress; (*peuple etc*) repress

**repris, e** [rəpri, -iz] *pp de* **reprendre** ▷ *nm*: **~ de justice** ex-prisoner, ex-convict

**reprise** [rəpriz] *nf* (*recommencement*) resumption; (*économique*) recovery; (*TV*) repeat; (*Ciné*) rerun; (*Boxe etc*) round; (*Auto*) acceleration *no pl*; (*Comm*) trade-in, part exchange; (*de location*) sum asked for any extras or improvements made to the property; (*raccommodage*) darn; mend; **la ~ des hostilités** the resumption of hostilities; **à plusieurs ~s** on several occasions, several times

**repriser** [rəprize] *vt* (*chaussette, lainage*) to darn; (*tissu*) to mend; **aiguille/coton à ~** darning needle/thread

**reproche** [rəprɔʃ] *nm* (*remontrance*) reproach; **ton/air de ~** reproachful tone/look; **faire des ~s à qn** to reproach sb; **faire ~ à qn de qch** to reproach sb for sth; **sans ~(s)** beyond *ou* above reproach

**reprocher** [rəprɔʃe] *vt*: **~ qch à qn** to reproach *ou* blame sb for sth; (*machine, théorie*) to have sth against; **se ~ qch/d'avoir fait qch** to blame o.s. for sth/for doing sth

**reproduction** [rəprɔdyksjɔ̃] *nf* reproduction; **~ interdite** all rights (of reproduction) reserved

**reproduire** [rəprɔduir] *vt* to reproduce; **se reproduire** *vi* (*Bio*) to reproduce; (*recommencer*) to recur, re-occur

**réprouver** [repruve] *vt* to reprove

**reptile** [reptil] *nm* reptile

**repu, e** [rəpy] *adj* satisfied, sated

**république** [repyblik] *nf* republic; **R~ arabe du Yémen** Yemen Arab Republic; **R~ Centrafricaine** Central African Republic; **R~ de Corée** South Korea; **R~ dominicaine** Dominican Republic; **R~ d'Irlande** Irish Republic, Eire; **R~ populaire de Chine** People's Republic of China; **R~ populaire**

**démocratique de Corée** Democratic People's Republic of Korea; **R~ populaire du Yémen** People's Democratic Republic of Yemen
**répugnant, e** [ʀepyɲɑ̃, -ɑ̃t] adj repulsive, loathsome
**répugner** [ʀepyɲe]: **~ à** vt: **~ à qn** to repel ou disgust sb; **~ à faire** to be loath ou reluctant to do
**réputation** [ʀepytasjɔ̃] nf reputation; **avoir la ~ d'être ...** to have a reputation for being ...; **connaître qn/qch de ~** to know sb/sth by repute; **de ~ mondiale** world-renowned
**réputé, e** [ʀepyte] adj renowned; **être ~ pour** to have a reputation for, be renowned for
**requérir** [ʀəkeʀiʀ] vt (nécessiter) to require, call for; (au nom de la loi) to call upon; (Jur: peine) to call for, demand
**requête** [ʀəkɛt] nf request, petition; (Jur) petition
**requin** [ʀəkɛ̃] nm shark
**requis, e** [ʀəki, -iz] pp de **requérir** ▷ adj required
**RER** sigle m (= Réseau express régional) Greater Paris high-speed train service
**rescapé, e** [ʀɛskape] nm/f survivor
**rescousse** [ʀɛskus] nf: **aller à la ~ de qn** to go to sb's aid ou rescue; **appeler qn à la ~** to call on sb for help
**réseau, x** [ʀezo] nm network
**réservation** [ʀezɛʀvasjɔ̃] nf reservation; booking
**réserve** [ʀezɛʀv] nf (retenue) reserve; (entrepôt) storeroom; (restriction, aussi: d'Indiens) reservation; (de pêche, chasse) preserve; (restrictions) **faire des ~s** to have reservations; **officier de ~** reserve officer; **sous toutes ~s** with all reserve; (dire) with reservations; **sous ~ de** subject to; **sans ~** adv unreservedly; **en ~** in reserve; **de ~** (provisions etc) in reserve
**réservé, e** [ʀezɛʀve] adj (discret) reserved; (chasse, pêche) private; **~ à ou pour** reserved for
**réserver** [ʀezɛʀve] vt (gén) to reserve; (chambre, billet etc) to book, reserve; (mettre de côté, garder): **~ qch pour ou à** to keep ou save sth for; **~ qch à qn** to reserve (ou book) sth for sb; (fig: destiner) to have sth in store for sb; **se ~ le droit de faire** to reserve the right to do
**réservoir** [ʀezɛʀvwaʀ] nm tank
**résidence** [ʀezidɑ̃s] nf residence; **~ principale/secondaire** main/second home; **~ universitaire** hall of residence (Brit), dormitory (US); **(en) ~ surveillée** (under) house arrest
**résidentiel, le** [ʀezidɑ̃sjɛl] adj residential
**résider** [ʀezide] vi: **~ à ou dans ou en** to reside in; **~ dans** (fig) to lie in
**résidu** [ʀezidy] nm residue no pl
**résigner** [ʀeziɲe] vt to relinquish, resign; **se résigner** vi: **se ~ (à qch/à faire)** to resign o.s. (to sth/to doing)
**résilier** [ʀezilje] vt to terminate

**résistance** [ʀezistɑ̃s] nf resistance; (de réchaud, bouilloire: fil) element
**résistant, e** [ʀezistɑ̃, -ɑ̃t] adj (personne) robust, tough; (matériau) strong, hard-wearing ▷ nm/f (patriote) Resistance worker ou fighter
**résister** [ʀeziste] vi to resist; **~ à** vt (assaut, tentation) to resist; (effort, souffrance) to withstand; (matériau, plante) to withstand, stand up to; (personne: désobéir à) to stand up to, oppose
**résolu, e** [ʀezɔly] pp de **résoudre** ▷ adj (ferme) resolute; **être ~ à qch/faire** to be set upon sth/doing
**résolution** [ʀezɔlysjɔ̃] nf solving; (fermeté, décision, Inform) resolution; (d'un problème) solution; **prendre la ~ de** to make a resolution to
**résolvais** etc [ʀezɔlve] vb voir **résoudre**
**résonner** [ʀezɔne] vi (cloche, pas) to reverberate, resound; (salle) to be resonant; **~ de** to resound with
**résorber** [ʀezɔʀbe]: **se résorber** vi (Méd) to be resorbed; (fig) to be absorbed
**résoudre** [ʀezudʀ] vt to solve; **~ qn à faire qch** to get sb to make up his (ou her) mind to do sth; **~ de faire** to resolve to do; **se ~ à faire** to bring o.s. to do
**respect** [ʀɛspɛ] nm respect; **tenir en ~** to keep at bay; **présenter ses ~s à qn** to pay one's respects to sb
**respecter** [ʀɛspɛkte] vt to respect; **faire ~** to enforce; **le lexicographe qui se respecte** (fig) any self-respecting lexicographer
**respectueux, -euse** [ʀɛspɛktɥø, -øz] adj respectful; **~ de** respectful of
**respiration** [ʀɛspiʀasjɔ̃] nf breathing no pl; **faire une ~ complète** to breathe in and out; **retenir sa ~** to hold one's breath; **~ artificielle** artificial respiration
**respirer** [ʀɛspiʀe] vi to breathe; (fig: se reposer) to get one's breath, have a break; (: être soulagé) to breathe again ▷ vt to breathe (in), inhale; (manifester: santé, calme etc) to exude
**resplendir** [ʀɛsplɑ̃diʀ] vi to shine; (fig): **~ (de)** to be radiant (with)
**responsabilité** [ʀɛspɔ̃sabilite] nf responsibility; (légale) liability; **refuser la ~ de** to deny responsibility (ou liability) for; **prendre ses ~s** to assume responsibility for one's actions; **~ civile** civil liability; **~ pénale/morale/collective** criminal/moral/collective responsibility
**responsable** [ʀɛspɔ̃sabl] adj responsible ▷ nm/f (personne coupable) person responsible; (du ravitaillement etc) person in charge; (de parti, syndicat) official; **~ de** responsible for; (légalement: de dégâts etc) liable for; (chargé de) in charge of, responsible for
**resquiller** [ʀɛskije] vi (au cinéma, au stade) to get in on the sly; (dans le train) to fiddle a free ride

**ressaisir** [ʀəseziʀ]: **se ressaisir** vi to regain one's self-control; (*équipe sportive*) to rally

**ressasser** [ʀəsase] vt (*remâcher*) to keep turning over; (*redire*) to keep trotting out

**ressemblance** [ʀəsɑ̃blɑ̃s] nf (*visuelle*) resemblance, similarity, likeness; (:*Art*) likeness; (*analogie, trait commun*) similarity

**ressemblant, e** [ʀəsɑ̃blɑ̃, -ɑ̃t] adj (*portrait*) lifelike, true to life

**ressembler** [ʀəsɑ̃ble]: **à** vt to be like, resemble; (*visuellement*) to look like; **se ressembler** vi to be (ou look) alike

**ressemeler** [ʀəsəmle] vt to (re)sole

**ressentiment** [ʀəsɑ̃timɑ̃] nm resentment

**ressentir** [ʀəsɑ̃tiʀ] vt to feel; **se ~ de** to feel (ou show) the effects of

**resserrer** [ʀəseʀe] vt (*pores*) to close; (*nœud, boulon*) to tighten (up); (*fig: liens*) to strengthen; **se resserrer** vi (*route, vallée*) to narrow; (*liens*) to strengthen; **se ~ (autour de)** to draw closer (around), to close in (on)

**resservir** [ʀəseʀviʀ] vi to do ou serve again ▷ vt: **~ qch (à qn)** to serve sth up again (to sb); **~ de (à qn)** to give (sb) a second helping of sth; **~ qn (d'un plat)** to give sb a second helping (of a dish); **se ~ de** (*plat*) to take a second helping of; (*outil etc*) to use again

**ressort** [ʀəsɔʀ] vb voir **ressortir** ▷ nm (*pièce*) spring; (*force morale*) spirit; (*recours*): **en dernier ~** as a last resort; (*compétence*): **être du ~ de** to fall within the competence of

**ressortir** [ʀəsɔʀtiʀ] vi to go (ou come) out (again); (*contraster*) to stand out; **~ de** (*résulter de*): **il ressort de ceci que** it emerges from this that; **~ à** (*Jur*) to come under the jurisdiction of; (*Admin*) to be the concern of; **faire ~** (*fig: souligner*) to bring out

**ressortissant, e** [ʀəsɔʀtisɑ̃, -ɑ̃t] nm/f national

**ressource** [ʀəsuʀs] nf: **avoir la ~ de** to have the possibility of; **ressources** nfpl resources; (*fig*) possibilities; **leur seule ~ était de** the only course open to them was to; **~s d'énergie** energy resources

**ressusciter** [ʀesysite] vt to resuscitate, restore to life; (*fig*) to revive, bring back ▷ vi to rise (from the dead); (*fig: pays*) to come back to life

**restant, e** [ʀɛstɑ̃, -ɑ̃t] adj remaining ▷ nm: **le ~ (de)** the remainder (of); **un ~ de** (*de trop*) some leftover; (*fig: vestige*) a remnant ou last trace of

**restaurant** [ʀɛstɔʀɑ̃] nm restaurant; **manger au ~** to eat out; **~ d'entreprise** staff canteen ou cafeteria (US); **~ universitaire (RU)** university refectory ou cafeteria (US)

**restauration** [ʀɛstɔʀasjɔ̃] nf restoration; (*hôtellerie*) catering; **~ rapide** fast food

**restaurer** [ʀɛstɔʀe] vt to restore; **se restaurer** vi to have something to eat

**reste** [ʀɛst] nm (*restant*): **le ~ (de)** the rest (of); (*de trop*): **un ~ (de)** some leftover; (*vestige*): **un**

**~ de** a remnant ou last trace of; (*Math*) remainder; **restes** nmpl leftovers; (*d'une cité etc, dépouille mortelle*) remains; **avoir du temps de ~** to have time to spare; **ne voulant pas être en ~** not wishing to be outdone; **partir sans attendre** ou **demander son ~** (*fig*) to leave without waiting to hear more; **du ~**, **au ~** adv besides, moreover; **pour le ~**, **quant au ~** adv as for the rest

**rester** [ʀɛste] vi (*dans un lieu, un état, une position*) to stay, remain; (*subsister*) to remain, be left; (*durer*) to last, live on ▷ vb impers: **il reste du pain/deux œufs** there's some bread/there are two eggs left (over); **il reste du temps/10 minutes** there's some time/ there are 10 minutes left; **il me reste assez de temps** I have enough time left; **il ne me reste plus qu'à …** I've just got to …; **voilà tout ce qui (me) reste** that's all I've got left; **ce qui reste à faire** what remains to be done; **ce qui me reste à faire** what remains for me to do; (**il**) **reste à savoir/établir si …** it remains to be seen/established if ou whether …; **il n'en reste pas moins que …** the fact remains that …, it's nevertheless a fact that …; **en ~ à** (*stade, menaces*) to go no further than, only go as far as; **restons-en là** let's leave it at that; **~ sur une impression** to retain an impression; **y ~**: **il a failli y rester** he nearly met his end

**restituer** [ʀɛstitɥe] vt (*objet, somme*): **~ qch (à qn)** to return ou restore sth (to sb); (*énergie*) to release; (*son*) to reproduce

**restreindre** [ʀɛstʀɛ̃dʀ] vt to restrict, limit; **se restreindre** (*dans ses dépenses etc*) to cut down; (*champ de recherches*) to narrow

**restriction** [ʀɛstʀiksjɔ̃] nf restriction; (*condition*) qualification; **restrictions** nfpl (*mentales*) reservations; **sans ~** adv unreservedly

**résultat** [ʀezylta] nm result; (*conséquence*) outcome no pl, result; (*d'élection etc*) results pl; **résultats** nmpl (*d'une enquête*) findings; **~s sportifs** sports results

**résulter** [ʀezylte]: **~ de** vt to result from, be the result of; **il résulte de ceci que …** the result of this is that …

**résumé** [ʀezyme] nm summary, résumé; **faire le ~ de** to summarize; **en ~** adv in brief; (*pour conclure*) to sum up

**résumer** [ʀezyme] vt (*texte*) to summarize; (*récapituler*) to sum up; (*fig*) to epitomize, typify; **se résumer** vi (*personne*) to sum up (one's ideas); **se ~ à** to come down to

**résurrection** [ʀezyʀɛksjɔ̃] nf resurrection; (*fig*) revival

**rétablir** [ʀetabliʀ] vt to restore, re-establish; (*personne: traitement*): **~ qn** to restore sb to health, help sb recover; (*Admin*): **~ qn dans son emploi/ses droits** to reinstate sb in his post/restore sb's rights; **se rétablir** vi (*guérir*) to recover; (silence, calme) to return, be restored; (Gym etc): **se ~ (sur)** to pull o.s. up (onto)

**rétablissement** [ʀetablismɑ̃] nm restoring; (guérison) recovery; pull-up

**retaper** [ʀətape] vt (maison, voiture etc) to do up; (fam: revigorer) to buck up; (redactylographier) to retype

**retard** [ʀətaʀ] nm (d'une personne attendue) lateness no pl; (sur l'horaire, un programme, une échéance) delay; (fig: scolaire, mental etc) backwardness; **être en ~** (pays) to be backward; (dans paiement, travail) to be behind; **en ~ (de deux heures)** (two hours) late; **désolé d'être en ~** sorry I'm late; **avoir un ~ de deux km** (Sport) to be two km behind; **rattraper son ~** to catch up; **avoir du ~** to be late; (sur un programme) to be behind (schedule); **prendre du ~** (train, avion) to be delayed; (montre) to lose (time); **sans ~** adv without delay; **~ à l'allumage** (Auto) retarded spark; **~ scolaire** backwardness at school

**retardataire** [ʀətaʀdatɛʀ] adj late; (enfant, idées) backward ▷ nm/f latecomer; backward child

**retardement** [ʀətaʀdəmɑ̃]: **à ~** adj delayed action cpd; **bombe à ~** time bomb

**retarder** [ʀətaʀde] vt to delay; (sur un horaire): **~ qn (d'une heure)** to delay sb (an hour); (sur un programme): **~ qn (de trois mois)** to set sb back ou delay sb (three months); (départ, date): **~ qch (de deux jours)** to put sth back (two days), delay sth (for ou by two days); (horloge) to put back ▷ vi (montre) to be slow; (: habituellement) to lose (time); **je retarde (d'une heure)** I'm (an hour) slow

**retenir** [ʀətniʀ] vt (garder, retarder) to keep, detain; (maintenir: objet qui glisse, fig: colère, larmes, rire) to hold back; (: objet suspendu) to hold; (: chaleur, odeur) to retain; (fig: empêcher d'agir): **~ qn (de faire)** to hold sb back (from doing); (se rappeler) to retain; (réserver) to reserve; (accepter) to accept; (prélever): **~ qch (sur)** to deduct sth (from); **se retenir** vi (euphémisme) to hold on; (se raccrocher): **se ~ à** to hold onto; (se contenir): **se ~ de faire** to restrain o.s. from doing; **~ son souffle** ou **haleine** to hold one's breath; **~ qn à dîner** to ask sb to stay for dinner; **je pose trois et je retiens deux** put down three and carry two

**retentir** [ʀətɑ̃tiʀ] vi to ring out; (salle): **~ de** to ring ou resound with; **~ sur** vt (fig) to have an effect upon

**retentissant, e** [ʀətɑ̃tisɑ̃, -ɑ̃t] adj resounding; (fig) impact-making

**retentissement** [ʀətɑ̃tismɑ̃] nm (retombées) repercussions pl; effect, impact

**retenu, e** [ʀətny] pp de **retenir** ▷ adj (place) reserved; (personne: empêché) held up; (propos: contenu, discret) restrained ▷ nf (prélèvement) deduction; (Math) number to carry over; (Scol) detention; (modération) (self-)restraint; (réserve) reserve, reticence; (Auto) tailback

**réticence** [ʀetisɑ̃s] nf reticence no pl, reluctance no pl; **sans ~** without hesitation

**réticent, e** [ʀetisɑ̃, -ɑ̃t] adj reticent, reluctant

**rétine** [ʀetin] nf retina

**retiré, e** [ʀətiʀe] adj (solitaire) secluded; (éloigné) remote

**retirer** [ʀətiʀe] vt (argent, plainte) to withdraw; (vêtement, lunettes) to take off, remove; (enlever): **~ qch à qn** to take sth from sb; (extraire): **~ qn/qch de** to take sb away from/ sth out of, remove sb/sth from; (reprendre: bagages, billets) to collect, pick up; **~ des avantages de** to derive advantages from; **se retirer** vi (partir, reculer) to withdraw; (prendre sa retraite) to retire; **se ~ de** to withdraw from; to retire from

**retombées** [ʀətɔ̃be] nfpl (radioactives) fallout sg; (fig) fallout; spin-offs

**retomber** [ʀətɔ̃be] vi (à nouveau) to fall again; (rechuter): **~ malade/dans l'erreur** to fall ill again/fall back into error; (atterrir: après un saut etc) to land; (tomber, redescendre) to fall back; (pendre) to fall, hang (down); (échoir): **~ sur qn** to fall on sb

**rétorquer** [ʀetɔʀke] vt: **~ (à qn) que** to retort (to sb) that

**retouche** [ʀətuʃ] nf touching up no pl; (sur vêtement) alteration; **faire une ~** ou **des ~s à** to touch up

**retoucher** [ʀətuʃe] vt (photographie, tableau) to touch up; (texte, vêtement) to alter

**retour** [ʀətuʀ] nm return; **au ~** (en arrivant) when we (ou they etc) get (ou got) back; (en route) on the way back; **pendant le ~** on the way ou journey back; **à mon/ton ~** on my/ your return; **au ~ de** on the return of; **être de ~ (de)** to be back (from); **de ~ à .../chez moi** back at .../back home; **quand serons-nous de ~?** when do we get back?; **en ~** adv in return; **par ~ du courrier** by return of post; **par un juste ~ des choses** by a favourable twist of fate; **match ~** return match; **~ en arrière** (Ciné) flashback; (mesure) backward step; **~ de bâton** kickback; **~ de chariot** carriage return; **à l'envoyeur** (Postes) return to sender; **~ de flamme** backfire; **~ (automatique) à la ligne** (Inform) wordwrap; **~ de manivelle** (fig) backfire; **~ offensif** renewed attack; **~ aux sources** (fig) return to basics

**retourner** [ʀətuʀne] vt (dans l'autre sens: matelas, crêpe) to turn (over); (: caisse) to turn upside down; (: sac, vêtement) to turn inside out; (fig: argument) to turn back; (en remuant: terre, sol, foin) to turn over; (émouvoir: personne) to shake; (renvoyer, restituer): **~ qch à qn** to return sth to sb ▷ vi (aller, revenir): **~ quelque part/à** to go back ou return somewhere/to; **~ à** (état, activité) to return to, go back to; **se retourner** vi to turn over; (tourner la tête) to turn round; **s'en ~** to go back; **se ~ contre**

(*fig*) to turn against; **savoir de quoi il retourne** to know what it is all about; **~ sa veste** (*fig*) to turn one's coat; **~ en arrière** *ou* **sur ses pas** to turn back, retrace one's steps; **~ aux sources** to go back to basics

**retrait** [ʀətʀɛ] *nm* (*d'argent*) withdrawal; collection; (*rétrécissement*) shrinkage; **en ~** *adj* set back; **écrire en ~** to indent; **~ du permis (de conduire)** disqualification from driving (*Brit*), revocation of driver's license (*US*)

**retraite** [ʀətʀɛt] *nf* (*d'une armée, Rel, refuge*) retreat; (*d'un employé*) retirement; (*revenu*) (retirement) pension; **être/mettre à la ~** to be retired/pension off *ou* retire; **prendre sa ~** to retire; **~ anticipée** early retirement; **~ aux flambeaux** torchlight tattoo

**retraité, e** [ʀətʀete] *adj* retired ▷ *nm/f* (old age) pensioner

**retrancher** [ʀətʀɑ̃ʃe] *vt* (*passage, détails*) to take out, remove; (*nombre, somme*): **~ qch de** to take *ou* deduct sth from; (*couper*) to cut off; **se ~ derrière/dans** to entrench o.s. behind/in; (*fig*) to take refuge behind/in

**retransmettre** [ʀətʀɑ̃smɛtʀ] *vt* (*Radio*) to broadcast, relay; (*TV*) to show

**rétrécir** [ʀetʀesiʀ] *vt* (*vêtement*) to take in ▷ *vi* to shrink; **se rétrécir** *vi* (*route, vallée*) to narrow

**rétribution** [ʀetʀibysjɔ̃] *nf* payment

**rétro** [ʀetʀo] *adj inv* old-style ▷ *nm* (*rétroviseur*) (rear-view) mirror; **la mode ~** the nostalgia vogue

**rétrograde** [ʀetʀɔgʀad] *adj* reactionary, backward-looking

**rétroprojecteur** [ʀetʀopʀɔʒɛktœʀ] *nm* overhead projector

**rétrospectif, -ive** [ʀetʀɔspɛktif, -iv] *adj, nf* (*Art*) retrospective; (*Ciné*) season, retrospective

**rétrospectivement** [ʀetʀɔspɛktivmɑ̃] *adv* in retrospect

**retrousser** [ʀətʀuse] *vt* to roll up; (*fig: nez*) to wrinkle; (*: lèvres*) to curl

**retrouvailles** [ʀətʀuvaj] *nfpl* reunion *sg*

**retrouver** [ʀətʀuve] *vt* (*fugitif, objet perdu*) to find; (*occasion*) to find again; (*calme, santé*) to regain; (*reconnaître: expression, style*) to recognize; (*revoir*) to see again; (*rejoindre*) to meet (again), join; **se retrouver** *vi* to meet; (*s'orienter*) to find one's way; **se ~ quelque part** to find o.s. somewhere; to end up somewhere; **se ~ seul/sans argent** to find o.s. alone/with no money; **se ~ dans** (*calculs, dossiers, désordre*) to make sense of it; **s'y ~** (*y voir clair*) to make sense of it; (*rentrer dans ses frais*) to break even

**rétroviseur** [ʀetʀovizœʀ] *nm* (rear-view) mirror

**réunion** [ʀeynjɔ̃] *nf* bringing together; joining; (*séance*) meeting

**réunir** [ʀeyniʀ] *vt* (*convoquer*) to call together; (*rassembler*) to gather together; (*inviter: amis, famille*) to have round, have in; (*cumuler: qualités etc*) to combine; (*rapprocher: ennemis*) to bring together (again), reunite; (*rattacher: parties*) to join (together); **se réunir** *vi* (*se rencontrer*) to meet; (*s'allier*) to unite

**réussi, e** [ʀeysi] *adj* successful

**réussir** [ʀeysiʀ] *vi* to succeed, be successful; (*à un examen*) to pass; (*plante, culture*) to thrive, do well ▷ *vt* to make a success of; to bring off; **~ à faire** to succeed in doing; **~ à qn** to go right for sb; (*être bénéfique à*) to agree with sb; **le travail/le mariage lui réussit** work/married life agrees with him

**réussite** [ʀeysit] *nf* success; (*Cartes*) patience

**revaloir** [ʀəvalwaʀ] *vt*: **je vous revaudrai cela** I'll repay you some day; (*en mal*) I'll pay you back for this

**revanche** [ʀəvɑ̃ʃ] *nf* revenge; (*sport*) revenge match; **prendre sa ~ (sur)** to take one's revenge (on); **en ~** (*par contre*) on the other hand; (*en compensation*) in return

**rêve** [ʀɛv] *nm* dream; (*activité psychique*): **le ~** dreaming; **de ~** dream *cpd*; **faire un ~** to have a dream; **~ éveillé** daydreaming *no pl*, daydream

**revêche** [ʀəvɛʃ] *adj* surly, sour-tempered

**réveil** [ʀevɛj] *nm* (*d'un dormeur*) waking up *no pl*; (*fig*) awakening; (*pendule*) alarm (clock); **au ~** when I (*ou* you *etc*) wake (*ou* woke) up, on waking (up); **sonner le ~** (*Mil*) to sound the reveille

**réveille-matin** [ʀevɛjmatɛ̃] *nm inv* alarm clock

**réveiller** [ʀeveje] *vt* (*personne*) to wake up; (*fig*) to awaken, revive; **se réveiller** *vi* to wake up; (*fig*) to be revived, reawaken

**réveillon** [ʀevɛjɔ̃] *nm* Christmas Eve; (*de la Saint-Sylvestre*) New Year's Eve; Christmas Eve (*ou* New Year's Eve) party *ou* dinner

**réveillonner** [ʀevejɔne] *vi* to celebrate Christmas Eve (*ou* New Year's Eve)

**révélateur, -trice** [ʀevelatœʀ, -tʀis] *adj*: **~ (de qch)** revealing (sth) ▷ *nm* (*Photo*) developer

**révéler** [ʀevele] *vt* (*gén*) to reveal; (*divulguer*) to disclose, reveal; (*dénoter*) to reveal, show; (*faire connaître au public*): **~ qn/qch** to make sb/sth widely known, bring sb/sth to the public's notice; **se révéler** *vi* to be revealed, reveal itself; **se ~ facile/faux** to prove (to be) easy/false; **se ~ cruel/un allié sûr** to show o.s. to be cruel/a trustworthy ally

**revenant, e** [ʀəvnɑ̃, -ɑ̃t] *nm/f* ghost

**revendeur, -euse** [ʀəvɑ̃dœʀ, -øz] *nm/f* (*détaillant*) retailer; (*d'occasions*) secondhand dealer; (*de drogue*) (drug-)dealer

**revendication** [ʀəvɑ̃dikasjɔ̃] *nf* claim, demand; **journée de ~** day of action (in support of one's claims)

**revendiquer** [ʀəvɑ̃dike] *vt* to claim, demand; (*responsabilité*) to claim ▷ *vi* to agitate in favour of one's claims

**r**

**revendre** [ʀəvɑ̃dʀ] vt (d'occasion) to resell; (détailler) to sell; (vendre davantage de): ~ **du sucre/un foulard/deux bagues** to sell more sugar/another scarf/another two rings; **à** ~ adv (en abondance) to spare

**revenir** [ʀəvniʀ] vi to come back; (Culin): **faire** ~ to brown; (coûter): ~ **cher/à 100 euros (à qn)** to cost (sb) a lot/100 euros; ~ **à** (reprendre: études, projet) to return to, go back to; (équivaloir à) to amount to; ~ **à qn** (rumeur, nouvelle) to get back to sb, reach sb's ears; (part, honneur) to go to sb, be sb's; (souvenir, nom) to come back to sb; ~ **de** (fig: maladie, étonnement) to recover from; ~ **sur** (question, sujet) to go back over; (engagement) to go back on; ~ **à la charge** to return to the attack; ~ **à soi** to come round; **n'en pas** ~: **je n'en reviens** I can't get over it; ~ **sur ses pas** to retrace one's steps; **cela revient à dire que/au même** it amounts to saying that/to the same thing; ~ **de loin** (fig) to have been at death's door

**revenu, e** [ʀəvny] pp de **revenir** ▷ nm income; (de l'État) revenue; (d'un capital) yield; **revenus** nmpl income sg; ~ **national brut** gross national income

**rêver** [ʀeve] vi, vt to dream; (rêvasser) to (day)dream; ~ **de** (voir en rêve) to dream of ou about; ~ **de qch/de faire** to dream of sth/of doing; ~ **à** to dream of

**réverbère** [ʀeveʀbeʀ] nm street lamp ou light

**réverbérer** [ʀeveʀbeʀe] vt to reflect

**révérence** [ʀeveʀɑ̃s] nf (vénération) reverence; (salut: d'homme) bow; (: de femme) curtsey

**rêverie** [ʀevʀi] nf daydreaming no pl, daydream

**revers** [ʀəvɛʀ] nm (de feuille, main) back; (d'étoffe) wrong side; (de pièce, médaille) back, reverse; (Tennis, Ping-Pong) backhand; (de veston) lapel; (de pantalon) turn-up; (fig: échec) setback; ~ **de fortune** reverse of fortune; **d'un** ~ **de main** with the back of one's hand; **le** ~ **de la médaille** (fig) the other side of the coin; **prendre à** ~ (Mil) to take from the rear

**revêtement** [ʀəvɛtmɑ̃] nm (de paroi) facing; (des sols) flooring; (de chaussée) surface; (de tuyau etc: enduit) coating

**revêtir** [ʀəvetiʀ] vt (habit) to don, put on; (prendre: importance, apparence) to take on; ~ **qn de** to dress sb in; (fig) to endow ou invest sb with; ~ **qch de** to cover sth with; (fig) to cloak sth in; ~ **d'un visa** to append a visa to

**rêveur, -euse** [ʀevœʀ, -øz] adj dreamy ▷ nm/f dreamer

**revient** [ʀəvjɛ̃] vb voir **revenir** ▷ nm: **prix de** ~ cost price

**revigorer** [ʀəvigɔʀe] vt (air frais) to invigorate, brace up; (repas, boisson) to revive, buck up

**revirement** [ʀəviʀmɑ̃] nm change of mind; (d'une situation) reversal

**réviser** [ʀevize] vt (texte, Scol: matière) to revise; (comptes) to audit; (machine, installation,

moteur) to overhaul, service; (Jur: procès) to review

**révision** [ʀevizjɔ̃] nf revision; auditing no pl; (de voiture) overhaul, servicing no pl; review; **conseil de** ~ (Mil) recruiting board; **faire ses ~s** (Scol) to do one's revision (Brit), revise (Brit), review (US); **la** ~ **des 10 000 km** (Auto) the 10,000 km service

**revivre** [ʀəvivʀ] vi (reprendre des forces) to come alive again; (traditions) to be revived ▷ vt (épreuve, moment) to relive; **faire** ~ (mode, institution, usage) to bring back to life

**revoir** [ʀəvwaʀ] vt to see again; (réviser) to revise (Brit), review (US) ▷ nm: **au** ~ goodbye; **dire au** ~ **à qn** to say goodbye to sb; **se revoir** (amis) to meet (again), see each other again

**révoltant, e** [ʀevɔltɑ̃, -ɑ̃t] adj revolting, appalling

**révolte** [ʀevɔlt] nf rebellion, revolt

**révolter** [ʀevɔlte] vt to revolt, outrage; **se révolter** vi: **se** ~ **(contre)** to rebel (against); **se** ~ **(à)** to be outraged (by)

**révolu, e** [ʀevɔly] adj past; (Admin): **âgé de 18 ans** ~**s** over 18 years of age; **après trois ans** ~**s** when three full years have passed

**révolution** [ʀevɔlysjɔ̃] nf revolution; **être en** ~ (pays etc) to be in revolt; **la** ~ **industrielle** the industrial revolution

**révolutionnaire** [ʀevɔlysjɔnɛʀ] adj, nm/f revolutionary

**revolver** [ʀevɔlvɛʀ] nm gun; (à barillet) revolver

**révoquer** [ʀevɔke] vt (fonctionnaire) to dismiss, remove from office; (arrêt, contrat) to revoke

**revu, e** [ʀəvy] pp de **revoir** ▷ nf (inventaire, examen) review; (Mil: défilé) review, march past; (: inspection) inspection, review; (périodique) review, magazine; (pièce satirique) revue; (de music-hall) variety show; **passer en** ~ to review, inspect; (fig: mentalement) to review, to go through; ~ **de (la) presse** press review

**rez-de-chaussée** [ʀedʃose] nm inv ground floor

**RF** sigle f = **République française**

**Rhin** [ʀɛ̃] nm: **le** ~ the Rhine

**rhinocéros** [ʀinɔseʀɔs] nm rhinoceros

**Rhône** [ʀon] nm: **le** ~ the Rhone

**rhubarbe** [ʀybaʀb] nf rhubarb

**rhum** [ʀɔm] nm rum

**rhumatisme** [ʀymatism] nm rheumatism no pl

**rhume** [ʀym] nm cold; ~ **de cerveau** head cold; **le** ~ **des foins** hay fever

**ri** [ʀi] pp de **rire**

**riant, e** [ʀjɑ̃, -ɑ̃t] vb voir **rire** ▷ adj smiling, cheerful; (campagne, paysage) pleasant

**ricaner** [ʀikane] vi (avec méchanceté) to snigger; (bêtement, avec gêne) to giggle

**riche** [ʀiʃ] adj (gén) rich; (personne, pays) rich, wealthy; ~ **en** rich in; ~ **de** full of; rich in

**richesse** [ʀiʃɛs] nf wealth; (fig: de sol, musée etc) richness; **richesses** nfpl (ressources, argent) wealth sg; (fig: trésors) treasures; **~ en vitamines** high vitamin content

**ricochet** [ʀikɔʃɛ] nm rebound; bounce; **faire ~** to rebound, bounce; (fig) to rebound; **faire des ~s** to skip stones; **par ~** adv on the rebound; (fig) as an indirect result

**rictus** [ʀiktys] nm grin, (snarling) grimace

**ride** [ʀid] nf wrinkle; (fig) ripple

**rideau, x** [ʀido] nm curtain; **tirer/ouvrir les ~x** to draw/open the curtains; **~ de fer** metal shutter; (Pol): **le ~ de fer** the Iron Curtain

**rider** [ʀide] vt to wrinkle; (fig) to ripple, ruffle the surface of; **se rider** vi to become wrinkled

**ridicule** [ʀidikyl] adj ridiculous ▷ nm ridiculousness no pl; **le ~** ridicule; (travers: gén pl) absurdities pl; **tourner en ~** to ridicule

**ridiculiser** [ʀidikylize] vt to ridicule; **se ridiculiser** vi to make a fool of o.s

 MOT-CLÉ

**rien** [ʀjɛ̃] pron 1: **(ne) ... rien** nothing; (tournure négative): anything; **qu'est-ce que vous avez?** — **rien** what have you got? — nothing; **il n'a rien dit/fait** he said/did nothing, he hasn't said/done anything; **n'avoir peur de rien** to be afraid ou frightened of nothing, not to be afraid ou frightened of anything; **il n'a rien** (n'est pas blessé) he's all right; **ça ne fait rien** it doesn't matter; **il n'y a rien pour rien** he's got nothing to do with it

2 (quelque chose): **a-t-il jamais rien fait pour nous?** has he ever done anything for us?

3: **rien de: rien d'intéressant** nothing interesting; **rien d'autre** nothing else; **rien du tout** nothing at all; **il n'a rien d'un champion** he's no champion, there's nothing of the champion about him

4: **rien que** just, only; nothing but; **rien que pour lui faire plaisir** only ou just to please him; **rien que la vérité** nothing but the truth; **rien que cela** that alone
▷ excl: **de rien!** not at all!, don't mention it!; **il n'en est rien!** nothing of the sort!; **rien à faire!** it's no good!, it's no use!
▷ nm: **un petit rien** (cadeau) a little something; **des riens** trivia pl; **un rien de** a hint of; **en un rien de temps** in no time at all; **avoir peur d'un rien** to be frightened of the slightest thing

**rieur, -euse** [ʀjœʀ, -øz] adj cheerful

**rigide** [ʀiʒid] adj stiff; (fig) rigid; (moralement) strict

**rigole** [ʀigɔl] nf (conduit) channel; (filet d'eau) rivulet

**rigoler** [ʀigɔle] vi (rire) to laugh; (s'amuser) to have (some) fun; (plaisanter) to be joking ou kidding

**rigolo, rigolote** [ʀigɔlo, -ɔt] adj (fam) funny ▷ nm/f comic; (péj) fraud, phoney

**rigoureusement** [ʀiguʀøzmɑ̃] adv rigorously; **~ vrai/interdit** strictly true/forbidden

**rigoureux, -euse** [ʀiguʀø, -øz] adj (morale) rigorous, strict; (personne) stern, strict; (climat, châtiment) rigorous, harsh, severe; (interdiction, neutralité) strict; (preuves, analyse, méthode) rigorous

**rigueur** [ʀigœʀ] nf rigour (Brit), rigor (US); strictness; harshness; **"tenue de soirée de ~"** "evening dress (to be worn)"; **être de ~** to be the usual thing, be the rule; **à la ~** at a pinch; possibly; **tenir ~ à qn de qch** to hold sth against sb

**rillettes** [ʀijɛt] nfpl ≈ potted meat sg (made from pork or goose)

**rime** [ʀim] nf rhyme; **n'avoir ni ~ ni raison** to have neither rhyme nor reason

**rinçage** [ʀɛ̃saʒ] nm rinsing (out); (opération) rinse

**rincer** [ʀɛ̃se] vt to rinse; (récipient) to rinse out; **se ~ la bouche** to rinse one's mouth out

**ring** [ʀiŋ] nm (boxing) ring; **monter sur le ~** (aussi fig) to enter the ring; (: faire carrière de boxeur) to take up boxing

**ringard, e** [ʀɛ̃gaʀ, -aʀd] adj (péj) old-fashioned

**rions** [ʀjɔ̃] vb voir **rire**

**riposter** [ʀipɔste] vi to retaliate ▷ vt: **~ que** to retort that; **~ à** vt to counter; to reply to

**ripper** [ʀipe] vt (Inform) to rip

**rire** [ʀiʀ] vi to laugh; (se divertir) to have fun; (plaisanter) to joke ▷ nm laugh; **le ~** laughter; **~ de** vt to laugh at; **se ~ de** to make light of; **tu veux ~!** you must be joking!; **~ aux éclats/aux larmes** to roar with laughter/laugh until one cries; **~ jaune** to force oneself to laugh; **~ sous cape** to laugh up one's sleeve; **~ au nez de qn** to laugh in sb's face; **pour ~** (pas sérieusement) for a joke ou a laugh

**risée** [ʀize] nf: **être la ~ de** to be the laughing stock of

**risible** [ʀizibl] adj laughable, ridiculous

**risque** [ʀisk] nm risk; **le ~** danger; **l'attrait du ~** the lure of danger; **prendre des ~s** to take risks; **à ses ~s et périls** at his own risk; **au ~ de** at the risk of; **~ d'incendie** fire risk; **~ calculé** calculated risk

**risqué, e** [ʀiske] adj risky; (plaisanterie) risqué, daring

**risquer** [ʀiske] vt to risk; (allusion, question) to venture, hazard; **tu risques qu'on te renvoie** you risk being dismissed; **ça ne risque rien** it's quite safe; **~ de: il risque de se tuer** he could get ou risks getting himself killed; **il a risqué de se tuer** he almost got himself killed; **ce qui risque de se produire** what might ou could well happen; **il ne risque pas de recommencer** there's no chance of him doing that again; **se risquer:**

**se ~ dans** (s'aventurer) to venture into; **se ~ à faire** (tenter) to dare to do; **~ le tout pour le tout** to risk the lot

**rissoler** [Risɔle] vi, vt: **(faire)** ~ to brown

**ristourne** [Risturn] nf rebate; discount

**rite** [Rit] nm rite; (fig) ritual

**rivage** [Rivaʒ] nm shore

**rival, e, -aux** [Rival, -o] adj, nm/f rival; **sans ~** adj unrivalled

**rivaliser** [Rivalize] vi: **~ avec** to rival, vie with; (être comparable) to hold its own against, compare with; **~ avec qn de** (élégance etc) to vie with ou rival sb in

**rivalité** [Rivalite] nf rivalry

**rive** [Riv] nf shore; (de fleuve) bank

**riverain, e** [RivRɛ̃, -ɛn] adj riverside cpd; lakeside cpd; roadside cpd ▷ nm/f riverside (ou lakeside) resident; (d'une route) local ou roadside resident

**rivet** [Rivɛ] nm rivet

**rivière** [RivjɛR] nf river; **~ de diamants** diamond rivière

**rixe** [Riks] nf brawl, scuffle

**riz** [Ri] nm rice; **~ au lait** ≈ rice pudding

**rizière** [RizjɛR] nf paddy field

**RMI** sigle m (= revenu minimum d'insertion) ≈ income support (Brit), ≈ welfare (US)

**RN** sigle f = **route nationale**

**robe** [Rɔb] nf dress; (de juge, d'ecclésiastique) robe; (de professeur) gown; (pelage) coat; **~ de soirée/de mariée** evening/wedding dress; **~ de baptême** christening robe; **~ de chambre** dressing gown; **~ de grossesse** maternity dress

**robinet** [Rɔbinɛ] nm tap (Brit), faucet (US); **~ du gaz** gas tap; **~ mélangeur** mixer tap

**robot** [Rɔbo] nm robot; **~ de cuisine** food processor

**robuste** [Rɔbyst] adj robust, sturdy

**robustesse** [Rɔbystɛs] nf robustness, sturdiness

**roc** [Rɔk] nm rock

**rocade** [Rɔkad] nf (Auto) bypass

**rocaille** [Rɔkaj] nf (pierres) loose stones pl; (terrain) rocky ou stony ground; (jardin) rockery, rock garden ▷ adj (style) rocaille

**roche** [Rɔʃ] nf rock

**rocher** [Rɔʃe] nm rock; (Anat) petrosal bone

**rocheux, -euse** [Rɔʃø, -øz] adj rocky; **les (montagnes) Rocheuses** the Rockies, the Rocky Mountains

**rock** [Rɔk], **rock and roll** [RɔkɛnRɔl] nm (musique) rock(-'n'-roll); (danse) rock

**rodage** [Rɔdaʒ] nm running in (Brit), breaking in (US); **en ~** (Auto) running ou breaking in

**roder** [Rɔde] vt (moteur, voiture) to run in (Brit), break in (US); **~ un spectacle** to iron out the initial problems of a show

**rôder** [Rode] vi to roam ou wander about; (de façon suspecte) to lurk (about ou around)

**rôdeur, -euse** [RodœR, -øz] nm/f prowler

**rogne** [Rɔɲ] nf: **être en ~** to be mad ou in a temper; **se mettre en ~** to get mad ou in a temper

**rogner** [Rɔɲe] vt to trim; (fig) to whittle down; **~ sur** (fig) to cut down ou back on

**rognons** [Rɔɲɔ̃] nmpl kidneys

**roi** [Rwa] nm king; **les R-s mages** the Three Wise Men, the Magi; **le jour** ou **la fête des R-s, les R-s** Twelfth Night; see note

⦿ **FÊTE DES ROIS**

⦿
⦿ The 'fête des Rois' is celebrated on 6 January.
⦿ Figurines representing the Three Wise
⦿ Men are traditionally added to the
⦿ Christmas crib ('crèche') and people eat
⦿ 'galette des Rois', a flat cake in which a
⦿ porcelain charm ('la fève') is hidden.
⦿ Whoever finds the charm is king or
⦿ queen for the day and can choose a
⦿ partner.

**rôle** [Rol] nm role; (contribution) part

**rollers** [RolœR] nmpl Rollerblades®

**romain, e** [Rɔmɛ̃, -ɛn] adj Roman ▷ nm/f: **R~, e** Roman ▷ nf (Culin) cos (lettuce)

**roman, e** [Rɔmɑ̃, -an] adj (Archit) Romanesque; (Ling) Romance cpd, Romanic ▷ nm novel; **~ d'amour** love story; **~ d'espionnage** spy novel ou story; **~ noir** thriller; **~ policier** detective novel

**romance** [Rɔmɑ̃s] nf ballad

**romancer** [Rɔmɑ̃se] vt to romanticize

**romancier, -ière** [Rɔmɑ̃sje, -jɛR] nm/f novelist

**romanesque** [Rɔmanɛsk] adj (fantastique) fantastic; (amours, aventures) storybook cpd; (sentimental: personne) romantic; (Littérature) novelistic

**roman-feuilleton** (pl **romans-feuilletons**) [Rɔmɑ̃fœjtɔ̃] nm serialized novel

**romanichel, le** [Rɔmaniʃɛl] nm/f gipsy

**romantique** [Rɔmɑ̃tik] adj romantic

**romarin** [RɔmaRɛ̃] nm rosemary

**Rome** [Rɔm] n Rome

**rompre** [RɔpR] vt to break; (entretien, fiançailles) to break off ▷ vi (fiancés) to break it off; **se rompre** vi to break; (Méd) to burst, rupture; **se ~ les os** ou **le cou** to break one's neck; **~ avec** to break with; **à tout ~** adv wildly; **applaudir à tout ~** to bring down the house, applaud wildly; **~ la glace** (fig) to break the ice; **rompez (les rangs)!** (Mil) dismiss!, fall out!

**rompu, e** [Rɔpy] pp de **rompre** ▷ adj (fourbu) exhausted, worn out; **~ à** with wide experience of; inured to

**ronce** [Rɔ̃s] nf (Bot) bramble branch; (Menuiserie): **~ de noyer** burr walnut; **ronces** nfpl brambles, thorns

**ronchonner** [Rɔ̃ʃɔne] vi (fam) to grouse, grouch

**rond, e** [Rɔ̃, Rɔ̃d] *adj* round; (*joues, mollets*) well-rounded; (*fam: ivre*) tight; (*sincère, décidé*): **être ~ en affaires** to be on the level in business, do an honest deal ▷ *nm* (*cercle*) ring; (*fam: sou*): **je n'ai plus un ~** I haven't a penny left ▷ *nf* (*gén: de surveillance*) rounds *pl*, patrol; (*danse*) round (dance); (*Mus*) semibreve (*Brit*), whole note (*US*) ▷ *adv*: **tourner ~** (*moteur*) to run smoothly; **ça ne tourne pas ~** (*fig*) there's something not quite right about it; **pour faire un compte ~** to make (it) a round figure, to round (it) off; **avoir le dos ~** to be round-shouldered; **en ~** (*s'asseoir, danser*) in a ring; **à la ~e** (*alentour*): **à 10 km à la ~e** for 10 km round; (*à chacun son tour*): **passer qch à la ~e** to pass sth (a)round; **faire des ~s de jambe** to bow and scrape; **~ de serviette** napkin ring

**rondelet, te** [Rɔ̃dlɛ, -ɛt] *adj* plump; (*fig: somme*) tidy; (: *bourse*) well-lined, fat

**rondelle** [Rɔ̃dɛl] *nf* (*Tech*) washer; (*tranche*) slice, round

**rondement** [Rɔ̃dmɑ̃] *adv* (*avec décision*) briskly; (*loyalement*) frankly

**rondin** [Rɔ̃dɛ̃] *nm* log

**rond-point** (*pl* **ronds-points**) [Rɔ̃pwɛ̃] *nm* roundabout (*Brit*), traffic circle (*US*)

**ronflant, e** [Rɔ̃flɑ̃, -ɑ̃t] *adj* (*péj*) high-flown, grand

**ronflement** [Rɔ̃fləmɑ̃] *nm* snore, snoring *no pl*

**ronfler** [Rɔ̃fle] *vi* to snore; (*moteur, poêle*) to hum; (: *plus fort*) to roar

**ronger** [Rɔ̃ʒe] *vt* to gnaw (at); (*vers, rouille*) to eat into; **~ son frein** to champ (at) the bit; (*fig*): **se ~ de souci, se ~ les sangs** to worry o.s. sick, fret; **se ~ les ongles** to bite one's nails

**rongeur, -euse** [Rɔ̃ʒœR, -øz] *nm/f* rodent

**ronronner** [Rɔ̃Rɔne] *vi* to purr

**rosace** [Rozas] *nf* (*vitrail*) rose window, rosace; (*motif: de plafond etc*) rose

**rosbif** [Rɔsbif] *nm*: **du ~** roasting beef; (*cuit*) roast beef; **un ~** a joint of (roasting) beef

**rose** [Roz] *nf* rose; (*vitrail*) rose window ▷ *adj* pink; **~ bonbon** *adj inv* candy pink; **~ des vents** compass card

**rosé, e** [Roze] *adj* pinkish; (*vin*) **~** rosé (wine)

**roseau, x** [Rozo] *nm* reed

**rosée** [Roze] *adj f voir* **rosé** ▷ *nf* dew; **goutte de ~** dewdrop

**rosette** [Rozɛt] *nf* rosette (*gen of the Légion d'honneur*)

**rosier** [Rozje] *nm* rosebush, rose tree

**rosse** [Rɔs] *nf* (*péj: cheval*) nag ▷ *adj* nasty, vicious

**rossignol** [Rosiɲɔl] *nm* (*Zool*) nightingale; (*crochet*) picklock

**rot** [Ro] *nm* belch; (*de bébé*) burp

**rotatif, -ive** [Rɔtatif, -iv] *adj* rotary ▷ *nf* rotary press

**rotation** [Rɔtasjɔ̃] *nf* rotation; (*fig*) rotation, swap-around; (*renouvellement*) turnover; **par ~** on a rota (*Brit*) *ou* rotation (*US*) basis; **~ des cultures** crop rotation; **~ des stocks** stock turnover

**roter** [Rɔte] *vi* (*fam*) to burp, belch

**rôti** [Roti] *nm*: **du ~** roasting meat; (*cuit*) roast meat; **un ~ de bœuf/porc** a joint of beef/pork

**rotin** [Rɔtɛ̃] *nm* rattan (cane); **fauteuil en ~** cane (arm)chair

**rôtir** [RotiR] *vt* (*aussi*: **faire ~**) to roast ▷ *vi* to roast; **se ~ au soleil** to bask in the sun

**rôtisserie** [RotisRi] *nf* (*restaurant*) steakhouse; (*comptoir, magasin*) roast meat counter (*ou* shop); (*traiteur*) roast meat shop

**rôtissoire** [Rotiswar] *nf* (roasting) spit

**rotule** [Rɔtyl] *nf* kneecap, patella

**roturier, -ière** [RɔtyRje, -jɛR] *nm/f* commoner

**rouage** [Rwaʒ] *nm* cog(wheel), gearwheel; (*de montre*) part; (*fig*) cog; **rouages** *nmpl* (*fig*) internal structure *sg*; **les ~s de l'État** the wheels of State

**roucouler** [Rukule] *vi* to coo; (*fig: péj*) to warble; (: *amoureux*) to bill and coo

**roue** [Ru] *nf* wheel; **faire la ~** (*paon*) to spread *ou* fan its tail; (*Gym*) to do a cartwheel; **descendre en ~ libre** to freewheel *ou* coast down; **pousser à la ~** to put one's shoulder to the wheel; **grande ~** (*à la foire*) big wheel; **~ à aubes** paddle wheel; **~ dentée** cogwheel; **~ de secours** spare wheel

**roué, e** [Rwe] *adj* wily

**rouer** [Rwe] *vt*: **~ qn de coups** to give sb a thrashing

**rouge** [Ruʒ] *adj, nm/f* red ▷ *nm* red; (*fard*) rouge; (*vin*) **~** red wine; **passer au ~** (*signal*) to go red; (*automobiliste*) to go through a red light; **porter au ~** (*métal*) to bring to red heat; **sur la liste ~** (*Tél*) ex-directory (*Brit*), unlisted (*US*); **~ de honte/colère** red with shame/anger; **se fâcher tout/voir ~** to blow one's top/see red; **~ à joue** blusher; **~ (à lèvres)** lipstick

**rouge-gorge** [RuʒgɔRʒ] *nm* robin (redbreast)

**rougeole** [Ruʒɔl] *nf* measles *sg*

**rougeoyer** [Ruʒwaje] *vi* to glow red

**rouget** [Ruʒɛ] *nm* mullet

**rougeur** [RuʒœR] *nf* redness; (*du visage*) red face; **rougeurs** *nfpl* (*Méd*) red blotches

**rougir** [RuʒiR] *vi* to turn red; (*de honte, timidité*) to blush, flush; (*de plaisir, colère*) to flush; (*fraise, tomate*) to go ou turn red; (*ciel*) to redden

**rouille** [Ruj] *adj inv* rust-coloured, rusty ▷ *nf* rust; (*Culin*) spicy (*Provençal*) sauce served with fish dishes

**rouillé, e** [Ruje] *adj* rusty

**rouiller** [Ruje] *vt* to rust ▷ *vi* to rust, go rusty; **se rouiller** *vi* to rust; (*fig: mentalement*) to become rusty; (: *physiquement*) to grow stiff

**roulant, e** [Rulɑ̃, -ɑ̃t] *adj* (*meuble*) on wheels; (*surface, trottoir, tapis*) moving; **matériel ~** (*Rail*) rolling stock; **escalier ~** escalator; **personnel ~** (*Rail*) train crews *pl*

r

**rouleau, x** [Rulo] *nm* (*de papier, tissu, pièces de monnaie, Sport*) roll; (*de machine à écrire*) platen; (*à mise en plis, à peinture, vague*) roller; **être au bout du ~** (*fig*) to be at the end of the line; **~ compresseur** steamroller; **~ à pâtisserie** rolling pin; **~ de pellicule** roll of film

**roulement** [Rulmã] *nm* (*bruit*) rumbling *no pl*, rumble; (*rotation*) rotation; turnover; (*: de capitaux*) circulation; **par ~** on a rota (*Brit*) *ou* rotation (*US*) basis; **~ (à billes)** ball bearings *pl*; **~ de tambour** drum roll; **~ d'yeux** roll(ing) of the eyes

**rouler** [Rule] *vt* to roll; (*papier, tapis*) to roll up; (*Culin: pâte*) to roll out; (*fam: duper*) to do, con ▷ *vi* (*bille, boule*) to roll; (*voiture, train*) to go, run; (*automobiliste*) to drive; (*cycliste*) to ride; (*bateau*) to roll; (*tonnerre*) to rumble, roll; (*dégringoler*): **~ en bas de** to roll down; **~ sur** (*conversation*) to turn on; **se ~ dans** (*boue*) to roll in; (*couverture*) to roll o.s. (up) in; **~ dans la farine** (*fam*) to con; **~ les épaules/hanches** to sway one's shoulders/wiggle one's hips; **~ les "r"** to roll one's r's; **~ sur l'or** to be rolling in money, be rolling in it; **~ (sa bosse)** to go places

**roulette** [Rulɛt] *nf* (*de table, fauteuil*) castor; (*de dentiste*) drill; (*de pâtissier*) pastry wheel; (*jeu*): **la ~** roulette; **à ~s** on castors; **la ~ russe** Russian roulette; **ça a marché comme sur des ~s** (*fam*) it went off very smoothly

**roulis** [Ruli] *nm* roll(ing)

**roulotte** [Rulɔt] *nf* caravan

**roumain, e** [Rumɛ̃, -ɛn] *adj* Rumanian, Romanian ▷ *nm* (*Ling*) Rumanian, Romanian ▷ *nm/f*: **R~, e** Rumanian, Romanian

**Roumanie** [Rumani] *nf*: **la ~** Rumania, Romania

**rouquin, e** [Rukɛ̃, -in] *nm/f* (*péj*) redhead

**rouspéter** [Ruspete] *vi* (*fam*) to moan, grouse

**rousse** [Rus] *adj f voir* **roux**

**roussir** [Rusir] *vt* to scorch ▷ *vi* (*feuilles*) to go *ou* turn brown; (*Culin*): **faire ~** to brown

**route** [Rut] *nf* road; (*fig: chemin*) way; (*itinéraire, parcours*) route; (*fig: voie*) road, path; **par (la) ~** by road; **il y a trois heures de ~** it's a three-hour ride *ou* journey; **en ~** *adv* on the way; **en ~!** let's go!; **en cours de ~** en route; **mettre en ~** to start up; **se mettre en ~** to set off; **faire ~ vers** to head towards; **faire fausse ~** (*fig*) to be on the wrong track; **~ nationale (RN)** ≈ A-road (*Brit*), ≈ state highway (*US*)

**routier, -ière** [Rutje, -jɛR] *adj* road *cpd* ▷ *nm* (*camionneur*) (long-distance) lorry (*Brit*) *ou* truck driver; (*restaurant*) ≈ transport café (*Brit*), ≈ truck stop (*US*); (*scout*) ≈ rover; (*cycliste*) road racer ▷ *nf* (*voiture*) touring car; **vieux ~** old stager; **carte routière** road map

**routine** [Rutin] *nf* routine; **visite/contrôle de ~** routine visit/check

**routinier, -ière** [Rutinje, -jɛR] *adj* (*péj: travail*) humdrum, routine; (*: personne*) addicted to routine

**rouvrir** [RuvRiR] *vt, vi* to reopen, open again; **se rouvrir** *vi* (*blessure*) to open up again

**roux, rousse** [Ru, Rus] *adj* red; (*personne*) red-haired ▷ *nm/f* redhead ▷ *nm* (*Culin*) roux

**royal, e, -aux** [Rwajal, -o] *adj* royal; (*fig*) fit for a king, princely; blissful; thorough

**royaume** [Rwajom] *nm* kingdom; (*fig*) realm; **le ~ des cieux** the kingdom of heaven

**Royaume-Uni** [Rwajomyni] *nm*: **le ~** the United Kingdom

**royauté** [Rwajote] *nf* (*dignité*) kingship; (*régime*) monarchy

**ruban** [Rybã] *nm* (*gén*) ribbon; (*pour ourlet, couture*) binding; (*de téléscripteur etc*) tape; (*d'acier*) strip; **~ adhésif** adhesive tape; **~ carbone** carbon ribbon

**rubéole** [Rybeɔl] *nf* German measles *sg*, rubella

**rubis** [Rybi] *nm* ruby; (*Horlogerie*) jewel; **payer ~ sur l'ongle** to pay cash on the nail

**rubrique** [RybRik] *nf* (*titre, catégorie*) heading, rubric; (*Presse: article*) column

**ruche** [Ryʃ] *nf* hive

**rude** [Ryd] *adj* (*barbe, toile*) rough; (*métier, tâche*) hard, tough; (*climat*) severe, harsh; (*bourru*) harsh, rough; (*fruste: manières*) rugged, tough; (*fam: fameux*) jolly good; **être mis à ~ épreuve** to be put through the mill

**rudement** [Rydmã] *adv* (*tomber, frapper*) hard; (*traiter, reprocher*) harshly; (*fam: très*) terribly; (*: beaucoup*) terribly hard

**rudimentaire** [RydimãtɛR] *adj* rudimentary, basic

**rudiments** [Rydimã] *nmpl* rudiments; basic knowledge *sg*; basic principles; **avoir des ~ d'anglais** to have a smattering of English

**rudoyer** [Rydwaje] *vt* to treat harshly

**rue** [Ry] *nf* street; **être/jeter qn à la ~** to be on the streets/throw sb out onto the street

**ruée** [Rɥe] *nf* rush; **la ~ vers l'or** the gold rush

**ruelle** [Rɥɛl] *nf* alley(way)

**ruer** [Rɥe] *vi* (*cheval*) to kick out; **se ruer** *vi*: **se ~ sur** to pounce on; **se ~ vers/dans/hors de** to rush *ou* dash towards/into/out of; **~ dans les brancards** to become rebellious

**rugby** [Rygbi] *nm* rugby (football); **~ à treize/quinze** rugby league/union

**rugir** [RyʒiR] *vi* to roar

**rugueux, -euse** [Rygø, -øz] *adj* rough

**ruine** [Rɥin] *nf* ruin; **ruines** *nfpl* ruins; **tomber en ~** to fall into ruin(s)

**ruiner** [Rɥine] *vt* to ruin

**ruineux, -euse** [Rɥinø, -øz] *adj* terribly expensive to buy (*ou* run), ruinous; extravagant

**ruisseau, x** [Rɥiso] *nm* stream, brook; (*caniveau*) gutter; (*fig*): **~x de larmes/sang** floods of tears/streams of blood

**ruisseler** [ʀɥisle] *vi* to stream; **~ (d'eau)** to be streaming (with water); **~ de lumière** to stream with light

**rumeur** [ʀymœʀ] *nf* (*bruit confus*) rumbling; hubbub *no pl*; (*protestation*) murmur(ing); (*nouvelle*) rumour (Brit), rumor (US)

**ruminer** [ʀymine] *vt* (*herbe*) to ruminate; (*fig*) to ruminate on *ou* over, chew over ▷ *vi* (*vache*) to chew the cud, ruminate

**rupture** [ʀyptyʀ] *nf* (*de câble, digue*) breaking; (*de tendon*) rupture, tearing; (*de négociations etc*) breakdown; (*de contrat*) breach; (*dans continuité*) break; (*séparation, désunion*) break-up, split; **en ~ de ban** at odds with authority; **en ~ de stock** (*Comm*) out of stock

**rural, e, -aux** [ʀyʀal, -o] *adj* rural, country *cpd* ▷ *nmpl*: **les ruraux** country people

**ruse** [ʀyz] *nf*: **la ~** cunning, craftiness; (*pour tromper*) trickery; **une ~** a trick, a ruse; **par ~** by trickery

**rusé, e** [ʀyze] *adj* cunning, crafty

**russe** [ʀys] *adj* Russian ▷ *nm* (*Ling*) Russian ▷ *nm/f*: **R~** Russian

**Russie** [ʀysi] *nf*: **la ~** Russia; **la ~ blanche** White Russia; **la ~ soviétique** Soviet Russia

**rustine** [ʀystin] *nf* repair patch (*for bicycle inner tube*)

**rustique** [ʀystik] *adj* rustic; (*plante*) hardy

**rustre** [ʀystʀ] *nm* boor

**rutilant, e** [ʀytilɑ̃, -ɑ̃t] *adj* gleaming

**rythme** [ʀitm] *nm* rhythm; (*vitesse*) rate; (: *de la vie*) pace, tempo; **au ~ de 10 par jour** at the rate of 10 a day

**rythmé, e** [ʀitme] *adj* rhythmic(al)

*S*

**s'** [s] *pron voir* **se**

**sa** [sa] *adj possessif voir* **son**

**sable** [sabl] *nm* sand; **~s mouvants** quicksand(s)

**sablé** [sable] *adj* (*allée*) sandy ▷ *nm* shortbread biscuit; **pâte ~e** (*Culin*) shortbread dough

**sabler** [sable] *vt* to sand; (*contre le verglas*) to grit; **~ le champagne** to drink champagne

**sablier** [sablije] *nm* hourglass; (*de cuisine*) egg timer

**sablonneux, -euse** [sablɔnø, -øz] *adj* sandy

**saborder** [sabɔʀde] *vt* (*navire*) to scuttle; (*fig*) to wind up, shut down

**sabot** [sabo] *nm* clog; (*de cheval, bœuf*) hoof; **~ (de Denver)** (wheel) clamp; **~ de frein** brake shoe

**saboter** [sabɔte] *vt* (*travail, morceau de musique*) to botch, make a mess of; (*machine, installation, négociation etc*) to sabotage

**sac** [sak] *nm* bag; (*à charbon etc*) sack; (*pillage*) sack(ing); **mettre à ~** to sack; **~ à provisions/ de voyage** shopping/travelling bag; **~ de couchage** sleeping bag; **~ à dos** rucksack; **~ à main** handbag; **~ de plage** beach bag

**saccadé, e** [sakade] *adj* jerky; (*respiration*) spasmodic

**saccager** [sakaʒe] *vt* (*piller*) to sack, lay waste; (*dévaster*) to create havoc in, wreck

**saccharine** [sakaʀin] *nf* saccharin(e)

**sacerdoce** [saseʀdɔs] *nm* priesthood; (*fig*) calling, vocation

**sache** *etc* [saʃ] *vb voir* **savoir**

**sachet** [saʃɛ] *nm* (small) bag; *(de lavande, poudre, shampooing)* sachet; **thé en ~s** tea bags; **~ de thé** tea bag; **du potage en ~** packet soup

**sacoche** [sakɔʃ] *nf* *(gén)* bag; *(de bicyclette)* saddlebag; *(du facteur)* (post)bag; *(d'outils)* toolbag

**sacquer** [sake] *vt* *(fam: candidat, employé)* to sack; *(: réprimander, mal noter)* to plough

**sacre** [sakʀ] *nm* coronation; consecration

**sacré, e** [sakʀe] *adj* sacred; *(fam: satané)* blasted; *(: fameux)*: **un ~ ...** a heck of a ...; *(Anat)* sacral

**sacrement** [sakʀəmɑ̃] *nm* sacrament; **les derniers ~s** the last rites

**sacrifice** [sakʀifis] *nm* sacrifice; **faire le ~ de** to sacrifice

**sacrifier** [sakʀifje] *vt* to sacrifice; **~ à** *vt* to conform to; **se sacrifier** to sacrifice o.s; **articles sacrifiés** *(Comm)* items sold at rock-bottom *ou* give-away prices

**sacristie** [sakʀisti] *nf* sacristy; *(culte protestant)* vestry

**sadique** [sadik] *adj* sadistic ▷ *nm/f* sadist

**safran** [safʀɑ̃] *nm* saffron

**sage** [saʒ] *adj* wise; *(enfant)* good ▷ *nm* wise man; sage

**sage-femme** [saʒfam] *nf* midwife

**sagesse** [saʒɛs] *nf* wisdom

**Sagittaire** [saʒitɛʀ] *nm*: **le ~** Sagittarius, the Archer; **être du ~** to be Sagittarius

**Sahara** [saaʀa] *nm*: **le ~** the Sahara (Desert); **le ~ occidental** *(pays)* Western Sahara

**saignant, e** [sɛɲɑ̃, -ɑ̃t] *adj* *(viande)* rare; *(blessure, plaie)* bleeding

**saignée** [seɲe] *nf* *(Méd)* bleeding *no pl*, bloodletting *no pl*; *(Anat)*: **la ~ du bras** the bend of the arm; *(fig: Mil)* heavy losses *pl*; *(: prélèvement)* savage cut

**saigner** [seɲe] *vi* to bleed ▷ *vt* to bleed; *(animal)* to bleed to death; **~ qn à blanc** *(fig)* to bleed sb white; **~ du nez** to have a nosebleed

**saillie** [saji] *nf* *(sur un mur etc)* projection; *(trait d'esprit)* witticism; *(accouplement)* covering, serving; **faire ~** to project, stick out; **en ~, formant ~** projecting, overhanging

**saillir** [sajiʀ] *vi* to project, stick out; *(veine, muscle)* to bulge ▷ *vt* *(Élevage)* to cover, serve

**sain, e** [sɛ̃, sɛn] *adj* healthy; *(dents, constitution)* healthy, sound; *(lectures)* wholesome; **~ et sauf** safe and sound, unharmed; **~ d'esprit** sound in mind, sane

**saindoux** [sɛ̃du] *nm* lard

**saint, e** [sɛ̃, sɛ̃t] *adj* holy; *(fig)* saintly ▷ *nm/f* saint; **la S~e Vierge** the Blessed Virgin

**Saint-Esprit** [sɛ̃tɛspʀi] *nm*: **le ~** the Holy Spirit *ou* Ghost

**sainteté** [sɛ̃te] *nf* holiness; saintliness

**Saint-Sylvestre** [sɛ̃silvɛstʀ] *nf*: **la ~** New Year's Eve

**sais** *etc* [sɛ] *vb voir* **savoir**

**saisie** [sezi] *nf* seizure; **à la ~** *(texte)* being keyed; **~ (de données)** (data) capture

**saisir** [seziʀ] *vt* to take hold of, grab; *(fig: occasion)* to seize; *(comprendre)* to grasp; *(entendre)* to get, catch; *(émotions)* to take hold of, come over; *(Inform)* to capture, keyboard; *(Culin)* to fry quickly; *(Jur: biens, publication)* to seize; *(: juridiction)*: **~ un tribunal d'une affaire** to submit *ou* refer a case to a court; **se ~ de** *vt* to seize; **être saisi** *(frappé de)* to be overcome

**saisissant, e** [sezisɑ̃, -ɑ̃t] *adj* startling, striking; *(froid)* biting

**saison** [sɛzɔ̃] *nf* season; **la belle/mauvaise ~** the summer/winter months; **être de ~** to be in season; **en/hors ~** in/out of season; **haute/basse/morte ~** high/low/slack season; **la ~ des pluies/des amours** the rainy/mating season

**saisonnier, -ière** [sɛzɔnje, -jɛʀ] *adj* seasonal ▷ *nm* *(travailleur)* seasonal worker; *(vacancier)* seasonal holidaymaker

**sait** [sɛ] *vb voir* **savoir**

**salade** [salad] *nf* *(Bot)* lettuce *etc* (generic term); *(Culin)* (green) salad; *(fam: confusion)* tangle, muddle; **salades** *nfpl* *(fam)*: **raconter des ~s** to tell tales *(fam)*; **haricots en ~** bean salad; **~ composée** mixed salad; **~ de concombres** cucumber salad; **~ de fruits** fruit salad; **~ niçoise** salade niçoise; **~ russe** Russian salad; **~ de tomates** tomato salad; **~ verte** green salad

**saladier** [saladje] *nm* (salad) bowl

**salaire** [salɛʀ] *nm* *(annuel, mensuel)* salary; *(hebdomadaire, journalier)* pay, wages *pl*; *(fig)* reward; **~ de base** basic salary *(ou* wage); **~ de misère** starvation wage; **~ minimum interprofessionnel de croissance (SMIC)** index-linked guaranteed minimum wage

**salami** [salami] *nm* salami *no pl*, salami sausage

**salarié, e** [salaʀje] *adj* salaried; wage-earning ▷ *nm/f* salaried employee; wage-earner

**salaud** [salo] *nm* *(fam!)* sod (!), bastard (!)

**sale** [sal] *adj* dirty, filthy; *(fig: mauvais: avant le nom)* nasty

**salé, e** [sale] *adj* *(liquide, saveur, mer, goût)* salty; *(Culin: amandes, beurre etc)* salted; *(: gâteaux)* savoury; *(fig: grivois)* spicy, juicy; *(: note, facture)* steep, stiff ▷ *nm* *(porc salé)* salt pork; **petit ~** ≈ boiling bacon

**saler** [sale] *vt* to salt

**saleté** [salte] *nf* *(état)* dirtiness; *(crasse)* dirt, filth; *(tache etc)* dirt *no pl*, something dirty, dirty mark; *(fig: tour)* filthy trick; *(: chose sans valeur)* rubbish *no pl*; *(: obscénité)* filth *no pl*; *(: microbe etc)* bug; **vivre dans la ~** to live in squalor

**salière** [saljɛʀ] *nf* saltcellar

**salin, e** [salɛ̃, -in] *adj* saline ▷ *nf* saltworks *sg*

**salir** [saliʀ] *vt* to (make) dirty; *(fig)* to soil the reputation of; **se salir** *vi* to get dirty

**salissant, e** [salisɑ̃, -ɑ̃t] *adj* *(tissu)* which shows the dirt; *(métier)* dirty, messy

**salle** [sal] nf room; (d'hôpital) ward; (de restaurant) dining room; (d'un cinéma) auditorium; (: public) audience; **faire ~ comble** to have a full house; **~ d'armes** (pour l'escrime) arms room; **~ d'attente** waiting room; **~ de bain(s)** bathroom; **~ de bal** ballroom; **~ de cinéma** cinema; **~ de classe** classroom; **~ commune** (d'hôpital) ward; **~ de concert** concert hall; **~ de consultation** consulting room (Brit), office (US); **~ de danse** dance hall; **~ de douches** shower-room; **~ d'eau** shower-room; **~ d'embarquement** (à l'aéroport) departure lounge; **~ d'exposition** showroom; **~ de jeux** games room; (pour enfants) playroom; **~ des machines** engine room; **~ à manger** dining room; (mobilier) dining room suite; **~ obscure** cinema (Brit), movie theater (US); **~ d'opération** (d'hôpital) operating theatre; **~ des professeurs** staffroom; **~ de projection** film theatre; **~ de séjour** living room; **~ de spectacle** theatre; cinema; **~ des ventes** saleroom

**salon** [salɔ̃] nm lounge, sitting room; (mobilier) lounge suite; (exposition) exhibition, show; (mondain, littéraire) salon; **~ de coiffure** hairdressing salon; **~ de discussion** (Inform) chatroom; **~ de thé** tearoom

**salope** [salɔp] nf (fam!) bitch (!)

**saloperie** [salɔpʀi] nf (fam!) filth no pl; (action) dirty trick; (chose sans valeur) rubbish no pl

**salopette** [salɔpɛt] nf dungarees pl; (d'ouvrier) overall(s)

**salsifis** [salsifi] nm salsify, oyster plant

**salubre** [salybʀ] adj healthy, salubrious

**saluer** [salɥe] vt (pour dire bonjour, fig) to greet; (pour dire au revoir) to take one's leave; (Mil) to salute

**salut** [saly] nm (sauvegarde) safety; (Rel) salvation; (geste) wave; (parole) greeting; (Mil) salute ▷ excl (fam: pour dire bonjour) hi (there); (: pour dire au revoir) see you!, bye!

**salutations** [salytasjɔ̃] nfpl greetings; **recevez mes ~ distinguées** ou **respectueuses** yours faithfully

**samedi** [samdi] nm Saturday; voir aussi **lundi**

**SAMU** [samy] sigle m (= Service d'assistance médicale d'urgence) ≈ ambulance (service) (Brit), ≈ paramedics (US)

**sanction** [sɑ̃ksjɔ̃] nf sanction; (fig) penalty; **prendre des ~s contre** to impose sanctions on

**sanctionner** [sɑ̃ksjɔne] vt (loi, usage) to sanction; (punir) to punish

**sandale** [sɑ̃dal] nf sandal; **~s à lanières** strappy sandals

**sandwich** [sɑ̃dwitʃ] nm sandwich; **pris en ~** sandwiched

**sang** [sɑ̃] nm blood; **en ~** covered in blood; **jusqu'au ~** (mordre, pincer) till the blood comes; **se faire du mauvais ~** to fret, get in a state

**sang-froid** [sɑ̃fʀwa] nm calm, sangfroid; **garder/perdre/reprendre son ~** to keep/

lose/regain one's cool; **de ~** in cold blood

**sanglant, e** [sɑ̃glɑ̃, -ɑ̃t] adj bloody, covered in blood; (combat) bloody; (fig: reproche, affront) cruel

**sangle** [sɑ̃gl] nf strap; **sangles** nfpl (pour lit etc) webbing sg

**sanglier** [sɑ̃glije] nm (wild) boar

**sanglot** [sɑ̃glo] nm sob

**sangloter** [sɑ̃glɔte] vi to sob

**sangsue** [sɑ̃sy] nf leech

**sanguin, e** [sɑ̃gɛ̃, -in] adj blood cpd; (fig) fiery ▷ nf blood orange; (Art) red pencil drawing

**sanguinaire** [sɑ̃ginɛʀ] adj (animal, personne) bloodthirsty; (lutte) bloody

**sanitaire** [sanitɛʀ] adj health cpd; **sanitaires** nmpl (salle de bain et w.-c.) bathroom sg; **installation/appareil ~** bathroom plumbing/appliance

**sans** [sɑ̃] prép without; **~ qu'il s'en aperçoive** without him ou his noticing; **~ scrupules** unscrupulous; **~ manches** sleeveless; **un pull ~ manches** a sleeveless jumper; **~ faute** without fail; **~ arrêt** without a break; **~ ça** (fam) otherwise

**sans-abri** [sɑ̃zabʀi] nmpl homeless

**sans-emploi** [sɑ̃zɑ̃plwa] nm/f inv unemployed person; **les ~** the unemployed

**sans-gêne** [sɑ̃ʒɛn] adj inv inconsiderate ▷ nm inv (attitude) lack of consideration

**santé** [sɑ̃te] nf health; **avoir une ~ de fer** to be bursting with health; **être en bonne ~** to be in good health, be healthy; **boire à la ~ de qn** to drink (to) sb's health; **"à la ~ de"** "here's to"; **à ta** ou **votre ~!** cheers!; **service de ~** (dans un port etc) quarantine service; **la ~ publique** public health

**saoudien, ne** [saudjɛ̃, -ɛn] adj Saudi (Arabian) ▷ nm/f: **S~, ne** Saudi (Arabian)

**saoul, e** [su, sul] adj = **soûl, e**

**saper** [sape] vt to undermine, sap; **se saper** vi (fam) to dress

**sapeur-pompier** [sapœʀpɔ̃pje] nm fireman

**saphir** [safiʀ] nm sapphire; (d'électrophone) needle, sapphire

**sapin** [sapɛ̃] nm fir (tree); (bois) fir; **~ de Noël** Christmas tree

**sarcastique** [saʀkastik] adj sarcastic

**sarcler** [saʀkle] vt to weed

**Sardaigne** [saʀdɛɲ] nf: **la ~** Sardinia

**sardine** [saʀdin] nf sardine; **~s à l'huile** sardines in oil

**SARL** [saʀl] sigle f (= société à responsabilité limitée) ≈ plc (Brit), ≈ Inc. (US)

**sarrasin** [saʀazɛ̃] nm buckwheat

**sas** [sas] nm (de sous-marin, d'engin spatial) airlock; (d'écluse) lock

**satané, e** [satane] adj (fam) confounded

**satellite** [satelit] nm satellite; **pays ~** satellite country

**satin** [satɛ̃] nm satin

**satire** [satiʀ] nf satire; **faire la ~ de** to satirize

**satirique** [satiʀik] adj satirical

**satisfaction** [satisfaksjɔ̃] nf satisfaction; **à ma grande ~** to my great satisfaction; **obtenir ~** to obtain ou get satisfaction; **donner ~ (à)** to give satisfaction (to)

**satisfaire** [satisfɛʀ] vt to satisfy; **se satisfaire de** to be satisfied ou content with; **~ à** vt (engagement) to fulfil; (revendications, conditions) to meet, satisfy

**satisfaisant, e** [satisfəzɑ̃, -ɑ̃t] vb voir **satisfaire** ▷ adj (acceptable) satisfactory; (qui fait plaisir) satisfying

**satisfait, e** [satisfɛ, -ɛt] pp de **satisfaire** ▷ adj satisfied; **~ de** happy ou satisfied with

**saturer** [satyʀe] vt to saturate; **~ qn/qch de** to saturate sb/sth with

**sauce** [sos] nf sauce; (avec un rôti) gravy; **en ~** in a sauce; **~ blanche** white sauce; **~ chasseur** sauce chasseur; **~ tomate** tomato sauce

**saucière** [sosjɛʀ] nf sauceboat; gravy boat

**saucisse** [sosis] nf sausage

**saucisson** [sosisɔ̃] nm (slicing) sausage; **~ à l'ail** garlic sausage

**sauf¹** [sof] prép except; **~ si** (à moins que) unless; **~ avis contraire** unless you hear to the contrary; **~ empêchement** barring (any) problems; **~ erreur** if I'm not mistaken; **~ imprévu** unless anything unforeseen arises, barring accidents

**sauf², sauve** [sof, sov] adj unharmed, unhurt; (fig: honneur) intact, saved; **laisser la vie sauve à qn** to spare sb's life

**sauge** [soʒ] nf sage

**saugrenu, e** [soɡʀəny] adj preposterous, ludicrous

**saule** [sol] nm willow (tree); **~ pleureur** weeping willow

**saumon** [somɔ̃] nm salmon inv ▷ adj inv salmon (pink)

**saumure** [somyʀ] nf brine

**saupoudrer** [sopudʀe] vt: **~ qch de** to sprinkle sth with

**saur** [sɔʀ] adj m: **hareng ~** smoked ou red herring, kipper

**saurai** etc [sɔʀe] vb voir **savoir**

**saut** [so] nm jump; (discipline sportive) jumping; **faire un ~** to (make a) jump ou leap; **faire un ~ chez qn** to pop over to sb's (place); **au ~ du lit** on getting out of bed; **~ en hauteur/longueur** high/long jump; **~ à la corde** skipping; **~ de page/ligne** (Inform) page/line break; **~ en parachute** parachuting no pl; **~ à la perche** pole vaulting; **~ à l'élastique** bungee jumping; **~ périlleux** somersault

**saute** [sot] nf: **~ de vent/température** sudden change of wind direction/in the temperature; **avoir des ~s d'humeur** to have sudden changes of mood

**sauter** [sote] vi to jump, leap; (exploser) to blow up, explode; (: fusibles) to blow; (se rompre) to snap, burst; (se détacher) to pop out

(ou off) ▷ vt to jump (over), leap (over); (fig: omettre) to skip, miss (out); **faire ~** to blow up; to burst open; (Culin) to sauté; **~ à pieds joints/à cloche-pied** to make a standing jump/to hop; **~ en parachute** to make a parachute jump; **~ à la corde** to skip; **~ de joie** to jump for joy; **~ de colère** to be hopping with rage ou hopping mad; **~ au cou de qn** to fly into sb's arms; **~ sur une occasion** to jump at an opportunity; **~ aux yeux** to be quite obvious; **~ au plafond** (fig) to hit the roof

**sauterelle** [sotʀɛl] nf grasshopper

**sautiller** [sotije] vi (oiseau) to hop; (enfant) to skip

**sauvage** [sovaʒ] adj (gén) wild; (peuplade) savage; (farouche) unsociable; (barbare) wild, savage; (non officiel) unauthorized, unofficial; **faire du camping ~** to camp in the wild ▷ nm/f savage; (timide) unsociable type, recluse

**sauve** [sov] adj f voir **sauf**

**sauvegarde** [sovɡaʀd] nf safeguard; **sous la ~ de** under the protection of; **disquette/fichier de ~** (Inform) backup disk/file

**sauvegarder** [sovɡaʀde] vt to safeguard; (Inform: enregistrer) to save; (: copier) to back up

**sauve-qui-peut** [sovkipø] nm inv stampede, mad rush ▷ excl run for your life!

**sauver** [sove] vt to save; (porter secours à) to rescue; (récupérer) to salvage, rescue; **se sauver** vi (s'enfuir) to run away; (fam: partir) to be off; **~ qn de** to save sb from; **~ la vie à qn** to save sb's life; **~ les apparences** to keep up appearances

**sauvetage** [sovtaʒ] nm rescue; **~ en montagne** mountain rescue; **ceinture de ~** lifebelt (Brit), life preserver (US); **brassière** ou **gilet de ~** lifejacket (Brit), life preserver (US)

**sauvette** [sovɛt]: **à la ~** adv (vendre) without authorization; (se marier etc) hastily, hurriedly; **vente à la ~** (unauthorized) street trading, (street) peddling

**sauveur** [sovœʀ] nm saviour (Brit), savior (US)

**savais** etc [save] vb voir **savoir**

**savamment** [savamɑ̃] adv (avec érudition) learnedly; (habilement) skilfully, cleverly

**savant, e** [savɑ̃, -ɑ̃t] adj scholarly, learned; (calé) clever ▷ nm scientist; **animal ~** performing animal

**saveur** [savœʀ] nf flavour (Brit), flavor (US); (fig) savour (Brit), savor (US)

**savoir** [savwaʀ] vt to know; (être capable de): **il sait nager** he knows how to swim, he can swim ▷ nm knowledge; **se savoir** vi (être connu) to be known; **se ~ malade/incurable** to know that one is ill/incurably ill; **il est petit: tu ne peux pas ~!** you won't believe how small he is!; **vous n'êtes pas sans ~ que** you are not ou will not be unaware of the fact that; **je crois ~ que …**

I believe that ..., I think I know that ...; **je n'en sais rien** I (really) don't know; **à ~ (que)** that is, namely; **faire ~ qch à qn** to let sb know sth, inform sb about sth; **pas que je sache** not as far as I know; **sans le ~** *adv* unknowingly, unwittingly; **en ~ long** to know a lot

**savon** [savɔ̃] *nm* (*produit*) soap; (*morceau*) bar *ou* tablet of soap; (*fam*): **passer un ~ à qn** to give sb a good dressing-down

**savonner** [savɔne] *vt* to soap

**savonnette** [savɔnɛt] *nf* bar of soap

**savons** [savɔ̃] *vb voir* **savoir**

**savourer** [savure] *vt* to savour (*Brit*), savor (*US*)

**savoureux, -euse** [savurø, -øz] *adj* tasty; (*fig: anecdote*) juicy, spicy

**saxo** [sakso], **saxophone** [saksɔfɔn] *nm* sax(ophone)

**scabreux, -euse** [skabrø, -øz] *adj* risky; (*indécent*) improper, shocking

**scandale** [skɑ̃dal] *nm* scandal; **faire un ~** (*scène*) to make a scene, (*Jur*) create a disturbance; **faire ~** to scandalize people; **au grand ~ de ...** to the great indignation of ...

**scandaleux, -euse** [skɑ̃dalø, -øz] *adj* scandalous, outrageous

**scandinave** [skɑ̃dinav] *adj* Scandinavian ▷ *nm/f:* **S~** Scandinavian

**Scandinavie** [skɑ̃dinavi] *nf:* **la ~** Scandinavia

**scaphandre** [skafɑ̃dʀ] *nm* (*de plongeur*) diving suit; (*de cosmonaute*) spacesuit; **~ autonome** aqualung

**scarabée** [skaʀabe] *nm* beetle

**scarlatine** [skaʀlatin] *nf* scarlet fever

**scarole** [skaʀɔl] *nf* endive

**sceau, x** [so] *nm* seal; (*fig*) stamp, mark; **sous le ~ du secret** under the seal of secrecy

**scélérat, e** [selera, -at] *nm/f* villain, blackguard ▷ *adj* villainous, blackguardly

**sceller** [sele] *vt* to seal

**scénario** [senaʀjo] *nm* (*Ciné*) screenplay, script; (*: idée, plan*) scenario; (*fig*) pattern; scenario

**scène** [sɛn] *nf* (*gén*) scene; (*estrade, fig: théâtre*) stage; **entrer en ~** to come on stage; **mettre en ~** (*Théât*) to stage; (*Ciné*) to direct; (*fig*) to present, introduce; **sur le devant de la ~** (*en pleine actualité*) in the forefront; **porter à la ~** to adapt for the stage; **faire une ~ (à qn)** to make a scene (with sb); **~ de ménage** domestic fight *ou* scene

**sceptique** [sɛptik] *adj* sceptical ▷ *nm/f* sceptic

**schéma** [ʃema] *nm* (*diagramme*) diagram, sketch; (*fig*) outline

**schématique** [ʃematik] *adj* diagrammatic(al), schematic; (*fig*) oversimplified

**sciatique** [sjatik] *adj:* **nerf ~** sciatic nerve ▷ *nf* sciatica

**scie** [si] *nf* saw; (*fam: rengaine*) catch-tune; (*: personne*) bore; **~ à bois** wood saw; **~ circulaire** circular saw; **~ à découper** fretsaw; **~ à métaux** hacksaw; **~ sauteuse** jigsaw

**sciemment** [sjamɑ̃] *adv* knowingly, wittingly

**science** [sjɑ̃s] *nf* science; (*savoir*) knowledge; (*savoir-faire*) art, skill; **~s économiques** economics; **~s humaines/sociales** social sciences; **~s naturelles** (*Scol*) natural science *sg*, biology *sg*; **~s po** political science *ou* studies *pl*

**science-fiction** [sjɑ̃sfiksjɔ̃] *nf* science fiction

**scientifique** [sjɑ̃tifik] *adj* scientific ▷ *nm/f* (*savant*) scientist; (*étudiant*) science student

**scier** [sje] *vt* to saw; (*retrancher*) to saw off

**scierie** [siʀi] *nf* sawmill

**scinder** [sɛ̃de] *vt*, **se scinder** *vi* to split (up)

**scintiller** [sɛ̃tije] *vi* to sparkle; (*étoile*) to twinkle

**scission** [sisjɔ̃] *nf* split

**sciure** [sjyʀ] *nf:* **~ (de bois)** sawdust

**sclérose** [skleʀoz] *nf* sclerosis; (*fig*) ossification; **~ en plaques (SEP)** multiple sclerosis (MS)

**scolaire** [skɔlɛʀ] *adj* school *cpd*; (*péj*) schoolish; **l'année ~** the school year; (*à l'université*) the academic year; **en âge ~** of school age

**scolariser** [skɔlaʀize] *vt* to provide with schooling (*ou* schools)

**scolarité** [skɔlaʀite] *nf* schooling; **frais de ~** school fees (*Brit*), tuition (*US*)

**scooter** [skutœʀ] *nm* (motor) scooter

**score** [skɔʀ] *nm* score; (*électoral etc*) result

**scorpion** [skɔʀpjɔ̃] *nm* (*signe*): **le S~** Scorpio, the Scorpion; **être du S~** to be Scorpio

**scotch** [skɔtʃ] *nm* (*whisky*) scotch, whisky; **S~®** (*adhésif*) Sellotape® (*Brit*), Scotch tape® (*US*)

**scout, e** [skut] *adj, nm* scout

**script** [skʀipt] *nm* (*écriture*) printing; (*Ciné*) (shooting) script

**scrupule** [skʀypyl] *nm* scruple; **être sans ~s** to be unscrupulous; **se faire un ~ de qch** to have scruples *ou* qualms about doing sth

**scruter** [skʀyte] *vt* to scrutinize, search; (*l'obscurité*) to peer into; (*motifs, comportement*) to examine, scrutinize

**scrutin** [skʀytɛ̃] *nm* (*vote*) ballot; (*ensemble des opérations*) poll; **~ proportionnel/ majoritaire** election on a proportional/ majority basis; **~ à deux tours** poll with two ballots *ou* rounds; **~ de liste** list system

**sculpter** [skylte] *vt* to sculpt; (*érosion*) to carve

**sculpteur** [skyltœʀ] *nm* sculptor

**sculpture** [skyltyʀ] *nf* sculpture; **~ sur bois** wood carving

**SDF** *sigle m* (= *sans domicile fixe*) homeless person; **les ~** the homeless

S

○ MOT-CLÉ

**se, s'** [sə, s] *pron* **1** (*emploi réfléchi*) oneself;
(: *masc*) himself; (: *fém*) herself; (: *sujet non
humain*) itself; (: *pl*) themselves; **se voir
comme l'on est** to see o.s. as one is; **se
savonner** to soap o.s.
**2** (*réciproque*) one another, each other; **ils
s'aiment** they love one another *ou* each
other
**3** (*passif*): **cela se répare facilement** it is
easily repaired
**4** (*possessif*): **se casser la jambe/se laver les
mains** to break one's leg/wash one's hands

**séance** [seãs] *nf* (*d'assemblée, récréative*)
meeting, session; (*du tribunal*) sitting,
session; (*musicale, Ciné, Théât*) performance;
**ouvrir/lever la ~** to open/close the meeting;
**~ tenante** forthwith
**seau, x** [so] *nm* bucket, pail; **~ à glace** ice
bucket
**sec, sèche** [sɛk, sɛʃ] *adj* dry; (*raisins, figues*)
dried; (*cœur, personne*: *insensible*) hard, cold;
(*maigre, décharné*) spare, lean; (*réponse, ton*)
sharp, curt; (*démarrage*) sharp, sudden ▷ *nm*:
**tenir au ~** to keep in a dry place ▷ *adv* hard;
(*démarrer*) sharply; **boire ~** to be a heavy
drinker; **je le bois ~** I drink it straight *ou*
neat; **à pied ~** without getting one's feet wet;
**à ~** *adj* (*puits*) dried up; (*à court d'argent*) broke
**sécateur** [sekatœʀ] *nm* secateurs *pl* (Brit),
shears *pl*, pair of secateurs *ou* shears
**sèche** [sɛʃ] *adj f voir* **sec** ▷ *nf* (*fam*) cigarette,
fag (Brit)
**sèche-cheveux** [sɛʃʃəvø] *nm inv* hair-drier
**sèche-linge** [sɛʃlɛ̃ʒ] *nm inv* tumble dryer
**sèchement** [sɛʃmã] *adv* (*frapper etc*) sharply;
(*répliquer etc*) drily, sharply
**sécher** [seʃe] *vt* to dry; (*dessécher: peau, blé*) to
dry (out); (: *étang*) to dry up; (*bois*) to season;
(*fam: classe, cours*) to skip, miss ▷ *vi* to dry;
(*démarrer*) sharply; **boire ~** to dry out; (*fam: candidat*) to be
stumped; **se sécher** (*après le bain*) to dry o.s.
**sécheresse** [sɛʃʀɛs] *nf* dryness; (*absence de
pluie*) drought
**séchoir** [seʃwaʀ] *nm* drier
**second, e** [səgɔ̃, -ɔ̃d] *adj* second ▷ *nm*
(*assistant*) second in command; (*étage*) second
floor (Brit), third floor (US); (*Navig*) first mate
▷ *nf* second; (*Scol*) = year 11 (Brit), = tenth
grade (US); (*Aviat, Rail etc*) second class; **en ~**
(*en second rang*) in second place; **voyager en ~e**
to travel second-class; **doué de ~e vue**
having (the gift of) second sight; **trouver
son ~ souffle** (*Sport, fig*) to get one's second
wind; **être dans un état ~** to be in a daze (*ou*
trance); **de ~e main** second-hand
**secondaire** [səgɔ̃dɛʀ] *adj* secondary
**seconder** [səgɔ̃de] *vt* to assist; (*favoriser*) to back
**secouer** [səkwe] *vt* to shake; (*passagers*) to
rock; (*traumatiser*) to shake (up); **se secouer**

(*chien*) to shake itself; (*fam: se démener*) to
shake o.s. up; **~ la poussière d'un tapis** to
shake the dust off a carpet; **~ la tête** to shake
one's head
**secourir** [səkuʀiʀ] *vt* (*aller sauver*) to (go and)
rescue; (*prodiguer des soins à*) to help, assist;
(*venir en aide à*) to assist, aid
**secourisme** [səkuʀism] *nm* (*premiers soins*)
first aid; (*sauvetage*) life saving
**secouriste** [səkuʀist] *nm/f* first-aid worker
**secours** [səkuʀ] *nm* help, aid, assistance ▷ *nmpl* aid *sg*;
**cela lui a été
d'un grand ~** this was a great help to him;
**au ~!** help!; **appeler au ~** to shout *ou* call for
help; **appeler qn à son ~** to call sb to one's
assistance; **porter ~ à qn** to give sb
assistance, help sb; **les premiers ~** first aid
*sg*; **le ~ en montagne** mountain rescue

● **ÉQUIPES DE SECOURS**
●
● Emergency phone numbers can be
● dialled free from public phones. For the
● police ('la police') dial 17; for medical
● services ('le SAMU') dial 15; for the fire
● brigade ('les sapeurs pompiers'), dial 18.

**secousse** [səkus] *nf* jolt, bump; (*électrique*)
shock; (*fig: psychologique*) jolt, shock;
**~ sismique** *ou* **tellurique** earth tremor
**secret, -ète** [səkʀɛ, -ɛt] *adj* secret; (*fig:
renfermé*) reticent, reserved ▷ *nm* secret;
(*discrétion absolue*): **le ~** secrecy; **en ~** in secret,
secretly; **au ~** in solitary confinement; **~ de
fabrication** trade secret; **~ professionnel**
professional secrecy
**secrétaire** [səkʀetɛʀ] *nm/f* secretary ▷ *nm*
(*meuble*) writing desk, secretaire;
**~ d'ambassade** embassy secretary; **~ de
direction** private *ou* personal secretary;
**~ d'État** = junior minister; **~ général (SG)**
Secretary-General; (*Comm*) company
secretary; **~ de mairie** town clerk;
**~ médicale** medical secretary; **~ de
rédaction** sub-editor
**secrétariat** [s(ə)kʀetaʀja] *nm* (*profession*)
secretarial work; (*bureau: d'entreprise, d'école*)
(secretary's) office; (: *d'organisation
internationale*) secretariat; (*Pol etc: fonction*)
secretaryship, office of Secretary
**secteur** [sɛktœʀ] *nm* sector; (*Admin*) district;
(*Élec*): **branché sur le ~** plugged into the
mains (supply); **fonctionne sur pile et ~**
battery or mains operated; **le ~ privé/public**
(*Écon*) the private/public sector; **le ~
primaire/tertiaire** the primary/tertiary
sector
**section** [sɛksjɔ̃] *nf* section; (*de parcours
d'autobus*) fare stage; (*Mil: unité*) platoon;
**~ rythmique** rhythm section
**sectionner** [sɛksjɔne] *vt* to sever; **se
sectionner** *vi* to be severed

**sécu** [seky] nf (fam: = sécurité sociale) ≈ dole (Brit), ≈ Welfare (US)

**séculaire** [sekylɛʀ] adj secular; (très vieux) age-old

**sécuriser** [sekyʀize] vt to give a sense of security to

**sécurité** [sekyʀite] nf (absence de troubles) security; (absence de danger) safety; **impression de ~** sense of security; **la ~ internationale** international security; **système de ~** security (ou safety) system; **être en ~** to be safe; **la ~ de l'emploi** job security; **la ~ routière** road safety; **la ~ sociale** ≈ (the) Social Security (Brit), ≈ (the) Welfare (US)

**sédentaire** [sedɑ̃tɛʀ] adj sedentary

**séduction** [sedyksjɔ̃] nf seduction; (charme, attrait) appeal, charm

**séduire** [seduiʀ] vt to charm; (femme: abuser de) to seduce; (chose) to appeal to

**séduisant, e** [seduizɑ̃, -ɑ̃t] vb voir **séduire** ▷ adj (femme) seductive; (homme, offre) very attractive

**ségrégation** [segʀegasjɔ̃] nf segregation

**seigle** [sɛgl] nm rye

**seigneur** [sɛɲœʀ] nm lord; **le S~** the Lord

**sein** [sɛ̃] nm breast; (entrailles) womb; **au ~ de** prép (équipe, institution) within; (flots, bonheur) in the midst of; **donner le ~ à** (bébé) to feed (at the breast); to breast-feed; **nourrir au ~** to breast-feed

**séisme** [seism] nm earthquake

**seize** [sɛz] num sixteen

**seizième** [sɛzjɛm] num sixteenth

**séjour** [seʒuʀ] nm stay; (pièce) living room

**séjourner** [seʒuʀne] vi to stay

**sel** [sɛl] nm salt; (fig) wit; (piquant) spice; **~ de cuisine/de table** cooking/table salt; **~ gemme** rock salt; **~s de bain** bathsalts

**sélection** [selɛksjɔ̃] nf selection; **faire/opérer une ~ parmi** to make a selection from among; **épreuve de ~** (Sport) trial (for selection); **~ naturelle** natural selection; **~ professionnelle** professional recruitment

**sélectionner** [selɛksjɔne] vt to select

**self** [sɛlf] nm (fam) self-service

**self-service** [sɛlfsɛʀvis] adj self-service ▷ nm self-service (restaurant); (magasin) self-service shop

**selle** [sɛl] nf saddle; **selles** nfpl (Méd) stools; **aller à la ~** (Méd) to have a bowel movement; **se mettre en ~** to mount, get into the saddle

**seller** [sele] vt to saddle

**sellette** [sɛlɛt] nf: **être sur la ~** to be on the carpet (fig)

**selon** [səlɔ̃] prép according to; (en se conformant à) in accordance with; **~ moi** as I see it; **~ que** according to, depending on whether

**semaine** [səmɛn] nf week; (salaire) week's wages ou pay, weekly wages ou pay; **en ~** during the week, on weekdays; **à la petite ~** from day to day; **la ~ sainte** Holy Week

**semblable** [sɑ̃blabl] adj similar; (de ce genre): **de ~s mésaventures** such mishaps ▷ nm fellow creature ou man; **~ à** similar to, like

**semblant** [sɑ̃blɑ̃] nm: **un ~ de vérité** a semblance of truth; **faire ~ (de faire)** to pretend (to do)

**sembler** [sɑ̃ble] vb copule to seem ▷ vb impers: **il semble (bien) que/inutile de** it (really) seems ou appears that/useless to; **il me semble (bien) que** it (really) seems to me that, I (really) think that; **il me semble le connaître** I think ou I've a feeling I know him; **~ être** to seem to be; **comme bon lui semble** as he sees fit; **me semble-t-il, à ce qu'il me semble** it seems to me, to my mind

**semelle** [səmɛl] nf sole; (intérieure) insole, inner sole; **battre la ~** to stamp one's feet (to keep them warm); (fig) to hang around (waiting); **~s compensées** platform soles

**semence** [səmɑ̃s] nf (graine) seed; (clou) tack

**semer** [səme] vt to sow; (fig: éparpiller) to scatter; (: confusion) to spread; (fam: poursuivants) to lose, shake off; **~ la discorde parmi** to sow discord among; **semé de** (difficultés) riddled with

**semestre** [səmɛstʀ] nm half-year; (Scol) semester

**séminaire** [seminɛʀ] nm seminar; (Rel) seminary

**semi-remorque** [səmiʀəmɔʀk] nf trailer ▷ nm articulated lorry (Brit), semi(trailer) (US)

**semoule** [səmul] nf semolina; **~ de riz** ground rice

**sempiternel, le** [sɛ̃pitɛʀnɛl] adj eternal, never-ending

**sénat** [sena] nm senate; see note

**sénateur** [senatœʀ] nm senator

**Sénégal** [senegal] nm: **le ~** Senegal

**sens** [sɑ̃s] vb voir **sentir** ▷ nm [sɑ̃s] (Physiol, instinct) sense; (signification) meaning, sense; (direction) direction, way ▷ nmpl (sensualité) senses; **reprendre ses ~** to regain consciousness; **avoir le ~ des affaires/de la mesure** to have business sense/a sense of moderation; **ça n'a pas de ~** that doesn't make (any) sense; **en dépit du bon ~**

**S**

contrary to all good sense; **tomber sous le ~** to stand to reason, be perfectly obvious; **en un ~**, **dans un ~** in a way; **en ce ~ que** in the sense that; **à mon ~** to my mind; **dans le ~ des aiguilles d'une montre** clockwise; **dans le ~ contraire des aiguilles d'une montre** anticlockwise; **dans le ~ de la longueur/largeur** lengthways/widthways; **dans le mauvais ~** – (*aller*) the wrong way; in the wrong direction; **bon ~** good sense; **~ commun** common sense; **~ dessus dessous** upside down; **~ interdit**, **~ unique** one-way street

**sensass** [sɑsas] *adj* (*fam*) fantastic

**sensation** [sɑsasjɔ̃] *nf* sensation; **faire ~** to cause a sensation, create a stir; **à ~** – (*péj*) sensational

**sensationnel, le** [sɑsasjɔnɛl] *adj* sensational, fantastic

**sensé, e** [sɑse] *adj* sensible

**sensibiliser** [sɑsibilize] *vt* to sensitize; **~ qn (à)** to make sb sensitive (to)

**sensibilité** [sɑsibilite] *nf* sensitivity; (*affectivité, émotivité*) sensibility

**sensible** [sɑsibl] *adj* sensitive; (*aux sens*) perceptible; (*appréciable: différence, progrès*) appreciable, noticeable; (*quartier*) problem *cpd*; **~ à** sensitive to

**sensiblement** [sɑsibləmɑ] *adv* (*notablement*) appreciably, noticeably; (*à peu près*) **ils ont ~ le même poids** they weigh approximately the same

**sensiblerie** [sɑsibləri] *nf* sentimentality; squeamishness

**sensuel, le** [sɑsɥɛl] *adj* (*personne*) sensual; (*musique*) sensuous

**sentence** [sɑtɑs] *nf* (*jugement*) sentence; (*adage*) maxim

**sentier** [sɑtje] *nm* path

**sentiment** [sɑtimɑ] *nm* feeling; (*conscience, impression*): **avoir le ~ de/que** to be aware of/ have the feeling that; **recevez mes ~s respectueux** (*personne nommée*) yours sincerely; (*personne non nommée*) yours faithfully; **faire du ~** – (*péj*) to be sentimental; **si vous me prenez par les ~s** if you appeal to my feelings

**sentimental, e, -aux** [sɑtimɑtal, -o] *adj* sentimental; (*vie, aventure*) love *cpd*

**sentinelle** [sɑtinɛl] *nf* sentry; **en ~** standing guard; (*soldat: en faction*) on sentry duty

**sentir** [sɑtir] *vt* (*par l'odorat*) to smell; (*par le goût*) to taste; (*au toucher, fig*) to feel; (*répandre une odeur de*) to smell of; (: *ressemblance*) to smell like; (*avoir la saveur de*) to taste of; to taste like; (*fig: dénoter, annoncer*) to be indicative of; to smack of; to foreshadow ▷ *vi* to smell; **~ mauvais** to smell bad; **se ~ bien** to feel good; **se ~ mal** (*être indisposé*) to feel unwell *ou* ill; **se ~ le courage/la force de faire** to feel brave/strong enough to do; **ne plus se ~ de joie** to be beside o.s. with joy; **il**

**ne peut pas le ~** (*fam*) he can't stand him; **je ne me sens pas bien** I don't feel well

**séparation** [separasjɔ̃] *nf* separation; (*cloison*) division, partition; **~ de biens** division of property (*in marriage settlement*); **~ de corps** legal separation

**séparé, e** [separe] *adj* (*appartements, pouvoirs*) separate; (*époux*) separated; **~ de** separate from; separated from

**séparément** [separemɑ] *adv* separately

**séparer** [separe] *vt* (*gén*) to divide; (*désunir: divergences etc*) to drive apart; (: *différences, obstacles*) to stand between; (*détacher*): **~ qch de** to pull sth (off) from; (*dissocier*) to distinguish between; (*diviser*): **~ qch par** to divide sth (up) with; **~ une pièce en deux** to divide a room into two; **se séparer** *vi* (*époux*) to separate, part; (*prendre congé: amis etc*) to part, leave each other; (*adversaires*) to separate; (*se diviser: route, tige etc*) to divide; (*se détacher*): **se ~ (de)** to split off (from); to come off; **se ~ de** (*époux*) to separate *ou* part from; (*employé, objet personnel*) to part with

**sept** [sɛt] *num* seven

**septante** [sɛptɑt] *num* (*Belgique, Suisse*) seventy

**septembre** [sɛptɑbr] *nm* September; *voir aussi* **juillet**

**septennat** [sɛptena] *nm* seven-year term (of office)

**septentrional, e, -aux** [sɛptɑtrijɔnal, -o] *adj* northern

**septicémie** [sɛptisemi] *nf* blood poisoning, septicaemia

**septième** [sɛtjɛm] *num* seventh; **être au ~ ciel** to be on cloud nine

**septique** [sɛptik] *adj*: **fosse ~** septic tank

**sépulture** [sepyltyr] *nf* burial; (*tombeau*) burial place, grave

**séquelles** [sekɛl] *nfpl* after-effects; (*fig*) aftermath *sg*; consequences

**séquestrer** [sekɛstre] *vt* (*personne*) to confine illegally; (*biens*) to impound

**serai** *etc* [səre] *vb voir* **être**

**serbe** [sɛrb] *adj* Serbian ▷ *nm* (*Ling*) Serbian ▷ *nm/f*

**Serbie** [sɛrbi] *nf*: **la ~** Serbia

**serein, e** [sərɛ̃, -ɛn] *adj* serene; (*jugement*) dispassionate

**serez** [səre] *vb voir* **être**

**sergent** [sɛrʒɑ] *nm* sergeant

**série** [seri] *nf* (*de questions, d'accidents, TV*) series *inv*; (*de clés, casseroles, outils*) set; (*catégorie: Sport*) rank; class; **en ~** in quick succession; (*Comm*) mass *cpd*; **de ~** *adj* (*voiture*) standard; **hors ~** (*Comm*) custom-built; (*fig*) outstanding; **imprimante ~** (*Inform*) serial printer; **soldes de fin de ~s** end of line special offers; **~ noire** *nm* (*crime*) thriller ▷ *nf* (*suite de malheurs*) run of bad luck

**sérieusement** [serjøzmɑ] *adv* seriously; reliably; responsibly; **il parle ~** he's serious, he means it; **~?** are you serious?, do you mean it?

**sérieux, -euse** [seʀjø, -øz] *adj* serious; (*élève, employé*) reliable, responsible; (*client, maison*) reliable, dependable; (*offre, proposition*) genuine, serious; (*grave, sévère*) serious, solemn; (*maladie, situation*) serious, grave; (*important*) considerable ▷ *nm* seriousness; (*d'une entreprise etc*) reliability; **ce n'est pas ~** (*raisonnable*) that's not on; **garder son ~** to keep a straight face; **manquer de ~** not to be very responsible (*ou* reliable); **prendre qch/qn au ~** to take sth/sb seriously

**serin** [səʀɛ̃] *nm* canary

**seringue** [səʀɛ̃g] *nf* syringe

**serions** etc [səʀjɔ̃] *vb voir* **être**

**serment** [seʀmɑ̃] *nm* (*juré*) oath; (*promesse*) pledge, vow; **prêter ~** to take the *ou* an oath; **faire le ~ de** to take a vow to, swear to; **sous ~** on *ou* under oath

**sermon** [seʀmɔ̃] *nm* sermon; (*péj*) sermon, lecture

**séronégatif, -ive** [seʀonegatif, -iv] *adj* HIV negative

**séropositif, -ive** [seʀopozitif, -iv] *adj* HIV positive

**serpent** [seʀpɑ̃] *nm* snake; **~ à sonnettes** rattlesnake; **~ monétaire (européen)** (European) monetary snake

**serpenter** [seʀpɑ̃te] *vi* to wind

**serpillière** [seʀpijeʀ] *nf* floorcloth

**serre** [seʀ] *nf* (*Agr*) greenhouse; **serres** *nfpl* (*griffes*) claws, talons; **~ chaude** hothouse; **~ froide** unheated greenhouse

**serré, e** [seʀe] *adj* (*tissu*) closely woven; (*réseau*) dense; (*écriture*) close; (*habits*) tight; (*fig: lutte, match*) tight, close-fought; (*passagers etc*) (tightly) packed; (*café*) strong ▷ *adv*: **jouer ~** to play it close, play a close game; **écrire ~** to write a cramped hand; **avoir la gorge ~e** to have a lump in one's throat; **avoir le cœur ~** to have a heavy heart

**serrer** [seʀe] *vt* (*tenir*) to grip *ou* hold tight; (*comprimer, coincer*) to squeeze; (*poings, mâchoires*) to clench; (*vêtement*) to be too tight for; to fit tightly; (*rapprocher*) to close up, move closer together; (*ceinture, nœud, frein, vis*) to tighten ▷ *vi*: **~ à droite** to keep to the right; to move into the right-hand lane; **se serrer** (*se rapprocher*) to squeeze up; **se ~ contre qn** to huddle up to sb; **se ~ les coudes** to stick together, back one another up; **se ~ la ceinture** to tighten one's belt; **~ la main à qn** to shake sb's hand; **~ qn dans ses bras** to hug sb, clasp sb in one's arms; **~ la gorge à qn** (*chagrin*) to bring a lump to sb's throat; **~ les dents** to clench *ou* grit one's teeth; **~ qn de près** to follow close behind sb; **~ le trottoir** to hug the kerb; **~ sa droite** to keep well to the right; **~ la vis à qn** to crack down harder on sb; **~ les rangs** to close ranks

**serrure** [seʀyʀ] *nf* lock

**serrurier** [seʀyʀje] *nm* locksmith

**sers, sert** [seʀ] *vb voir* **servir**

**servante** [seʀvɑ̃t] *nf* (maid)servant

**serveur, -euse** [seʀvœʀ, -øz] *nm/f* waiter/waitress ▷ *nm* (*Inform*) server ▷ *adj*: **centre ~** (*Inform*) service centre

**serviable** [seʀvjabl] *adj* obliging, willing to help

**service** [seʀvis] *nm* (*gén*) service; (*série de repas*): **premier ~** first sitting; (*pourboire*) service (charge); (*assortiment de vaisselle*) set, service; (*linge de table*) set; (*bureau: de la vente etc*) department, section; (*travail*): **pendant le ~** on duty; **services** *nmpl* (*travail, Écon*) services, inclusive/exclusive of service; **faire le ~** to serve; **être en ~ chez qn** (*domestique*) to be in sb's service; **être au ~ de** (*patron, patrie*) to be in the service of; **être au ~ de qn** (*collaborateur, voiture*) to be at sb's service; **porte de ~** tradesman's entrance; **rendre ~ à** to help; **il aime rendre ~** he likes to help; **rendre un ~ à qn** to do sb a favour; (*objet: s'avérer utile*) to come in useful *ou* handy for sb; **heures de ~** hours of duty; **être de ~** to be on duty; **reprendre du ~** to get back into action; **avoir 25 ans de ~** to have completed 25 years' service; **être/mettre en ~** to be in/put into service *ou* operation; **~ compris/non compris** service included/not included; **hors ~** not in use; out of order; **~ à thé/café** tea/coffee set *ou* service; **~ après-vente (SAV)** after-sales service; **en ~ commandé** on an official assignment; **~ funèbre** funeral service; **~ militaire** military service; *see note*; **~ d'ordre** police (*ou* stewards) in charge of maintaining order; **~s publics** public services, (public) utilities; **~s secrets** secret service *sg*; **~s sociaux** social services

---

● **SERVICE MILITAIRE**
●
● Until 1997, French men over the age of 18
● who were passed as fit, and who were not
● in full-time higher education, were
● required to do ten months' "service
● militaire". Conscientious objectors were
● required to do two years' community
● service.
●
● Since 1997, military service has been
● suspended in France. However, all
● sixteen-year-olds, both male and female,
● are required to register for a compulsory
● one-day training course, the "JAPD"
● ("journée d'appel de préparation à la
● défense"), which covers basic
● information on the principles and
● organization of defence in France, and
● also advises on career opportunities in
● the military and in the voluntary sector.
● Young people must attend the training
● day before their eighteenth birthday.

**S**

**serviette** [sɛʀvjɛt] nf (de table) (table) napkin, serviette; (de toilette) towel; (porte-documents) briefcase; ~ **éponge** terry towel; ~ **hygiénique** sanitary towel

**servir** [sɛʀviʀ] vt (gén) to serve; (dîneur: au restaurant) to wait on; (client: au magasin) to serve, attend to; (fig: aider): ~ **qn** to aid sb; to serve sb's interests; to stand sb in good stead; (Comm: rente) to pay ▷ vi (Tennis) to serve; (Cartes) to deal; (être militaire) to serve; ~ **qch à qn** to serve sb with sth, help sb to sth; **qu'est-ce que je vous sers?** what can I get you?; **se servir** vi (prendre d'un plat) to help o.s.; (s'approvisionner): **vous êtes servi?** are you being served?; **sers-toi!** help yourself!; **se ~ chez** to shop at; **se ~ de** (plat) to help o.s. to; (voiture, outil, relations) to use; ~ **à qn** (diplôme, livre) to be of use to sb; **ça m'a servi pour faire** it was useful to me when I did; I used it to do; ~ **à qch/à faire** (outil etc) to be used for sth/for doing; **ça peut** ~ it may come in handy; **à quoi cela sert-il (de faire)?** what's the use (of doing)?; **ça ne sert à rien** it's no use; ~ **(à qn) de ...** to serve as ... (for sb); ~ **à dîner (à qn)** to serve dinner (to sb)

**serviteur** [sɛʀvitœʀ] nm servant

**ses** [se] adj possessif voir **son**

**set** [sɛt] nm set; (napperon) placemat; ~ **de table** set of placemats

**seuil** [sœj] nm doorstep; (fig) threshold; **sur le ~ de la maison** in the doorway of his house, on his doorstep; **au ~ de** (fig) on the threshold ou brink ou edge of; ~ **de rentabilité** (Comm) breakeven point

**seul, e** [sœl] adj (sans compagnie) alone; (avec nuance affective: isolé) lonely; (unique): **un ~ livre** only one book, a single book; **le ~ livre** the only book; ~ **ce livre, ce livre ~** this book alone, only this book; **d'un ~ coup** (soudainement) all at once; (à la fois) at one blow ▷ adv (vivre) alone, on one's own; **parler tout** ~ to talk to oneself; **faire qch (tout)** ~ to do sth (all) on one's own ou (all) by oneself ▷ nm, nf: **il en reste un(e) ~(e)** there's only one left; **pas un(e) ~(e)** not a single; **à lui (tout)** ~ single-handed, on his own; ~ **à** ~ in private; **se sentir** ~ to feel lonely

**seulement** [sœlmɑ̃] adv only; (pas davantage): ~ **cinq, cinq** ~ only five; (exclusivement): ~ **eux** only them, them alone; (pas avant): ~ **hier/à 10h** only yesterday/at 10 o'clock; (mais, toutefois): **il consent,** ~ **il demande des garanties** he agrees, only he wants guarantees; **non** ~ **... mais aussi** ou **encore** not only ... but also

**sève** [sɛv] nf sap

**sévère** [sevɛʀ] adj severe

**sévices** [sevis] nmpl (physical) cruelty sg, ill treatment sg

**sévir** [seviʀ] vi (punir) to use harsh measures, crack down; (fléau) to rage, be rampant; ~ **contre** (abus) to deal ruthlessly with, crack down on

**sevrer** [səvʀe] vt to wean; (fig): ~ **qn de** to deprive sb of

**sexe** [sɛks] nm sex; (organe mâle) member

**sexuel, le** [sɛksɥɛl] adj sexual; **acte** ~ sex act

**seyant, e** [sɛjɑ̃, -ɑ̃t] adj becoming

**shampooing** [ʃɑ̃pwɛ̃] nm shampoo; **se faire un** ~ to shampoo one's hair; ~ **colorant** (colour) rinse; ~ **traitant** medicated shampoo

**Shetland** [ʃɛtlɑ̃d] n: **les îles** ~ the Shetland Islands, Shetland

**shopping** [ʃɔpiŋ] nm: **faire du** ~ to go shopping

**short** [ʃɔʀt] nm (pair of) shorts pl

⊙ **MOT-CLÉ**

**si** [si] nm (Mus) B; (en chantant la gamme) ti ▷ adv **1** (oui) yes; **"Paul n'est pas venu"** — **"si!"** "Paul hasn't come" — "Yes he has!"; **je vous assure que si** I assure you he did/she is etc

**2** (tellement) so; **si gentil/rapidement** so kind/fast; **(tant et) si bien que** so much so that; **si rapide qu'il soit** however fast he may be

▷ conj if; **si tu veux** if you want; **je me demande si** I wonder if ou whether; **si j'étais toi** if I were you; **si seulement** if only; **si ce n'est que** apart from; **une des plus belles, si ce n'est la plus belle** one of the most beautiful, if not THE most beautiful; **s'il est aimable, eux par contre ...** while ou whereas he's nice, they (on the other hand) ...

**Sicile** [sisil] nf: **la** ~ Sicily

**sida** [sida] nm (= syndrome immuno-déficitaire acquis) AIDS sg

**sidéré, e** [sideʀe] adj staggered

**sidérurgie** [sideʀyʀʒi] nf steel industry

**siècle** [sjɛkl] nm century; (époque): **le ~ des lumières/de l'atome** the age of enlightenment/atomic age; (Rel): **le** ~ the world

**siège** [sjɛʒ] nm seat; (d'entreprise) head office; (d'organisation) headquarters pl; (Mil) siege; **lever le** ~ to raise the siege; **mettre le ~ devant** to besiege; **présentation par le** ~ (Méd) breech presentation; ~ **avant/arrière** (Auto) front/back seat; ~ **baquet** bucket seat; ~ **social** registered office

**siéger** [sjeʒe] vi (assemblée, tribunal) to sit; (résider, se trouver) to lie, be located

**sien, ne** [sjɛ̃, sjɛn] pron: **le(la) ~(ne), les ~s(~nes)** (d'un homme) his; (d'une femme) hers; (d'une chose) its; **y mettre du** ~ to pull one's weight; **faire des ~nes** (fam) to be up to one's (usual) tricks; **les ~s** (sa famille) one's family

**sieste** [sjɛst] nf (afternoon) snooze ou nap, siesta; **faire la** ~ to have a snooze ou nap

**sifflement** [siflǝmã] *nm* whistle, whistling *no pl*; wheezing *no pl*; hissing *no pl*

**siffler** [sifle] *vi* (*gén*) to whistle; (*avec un sifflet*) to blow (on) one's whistle; (*en respirant*) to wheeze; (*serpent, vapeur*) to hiss ▷ *vt* (*chanson*) to whistle; (*chien etc*) to whistle for; (*fille*) to whistle at; (*pièce, orateur*) to hiss, boo; (*faute*) to blow one's whistle at; (*fin du match, départ*) to blow one's whistle for; (*fam: verre, bouteille*) to guzzle, knock back (Brit)

**sifflet** [sifle] *nm* whistle; **sifflets** *nmpl* (*de mécontentement*) whistles, boos; **coup de ~** whistle

**siffloter** [siflǝte] *vi, vt* to whistle

**sigle** [sigl] *nm* acronym, (set of) initials *pl*

**signal, -aux** [siɲal, -o] *nm* (*signe convenu, appareil*) signal; (*indice, écriteau*) sign; **donner le ~ de** to give the signal for; **~ d'alarme** alarm signal; **~ d'alerte/de détresse** warning/distress signal; **~ horaire** time signal; **~ optique/sonore** warning light/sound; visual/acoustic signal; **signaux (lumineux)** (*Auto*) traffic signals; **signaux routiers** road signs; (*lumineux*) traffic lights

**signalement** [siɲalmã] *nm* description, particulars *pl*

**signaler** [siɲale] *vt* to indicate; to announce; (*vol, perte*) to report; (*personne: faire un signe*) to signal; (*être l'indice de*) to indicate; (*faire remarquer*): **~ qch à qn/à qn que** to point out sth to sb/to sb that; (*appeler l'attention sur*): **~ qn à la police** to bring sb to the notice of the police; **se ~ par** to distinguish o.s. by; **se ~ à l'attention de qn** to attract sb's attention

**signature** [siɲatyʁ] *nf* signature; (*action*) signing

**signe** [siɲ] *nm* sign; (*Typo*) mark; **ne pas donner ~ de vie** to give no sign of life; **c'est bon ~** it's a good sign; **c'est ~ que** it's a sign that; **faire un ~ de la main/tête** to give a sign with one's hand/shake one's head; **faire ~ à qn** (*fig: contacter*) to get in touch with sb; **faire ~ à qn d'entrer** to motion (to) sb to come in; **en ~ de** as a sign *ou* mark of; **le ~ de la croix** the sign of the Cross; **~ de ponctuation** punctuation mark; **~ du zodiaque** sign of the zodiac; **~s particuliers** distinguishing marks

**signer** [siɲe] *vt* to sign; **se signer** *vi* to cross o.s

**significatif, -ive** [siɲifikatif, -iv] *adj* significant

**signification** [siɲifikasjõ] *nf* meaning

**signifier** [siɲifje] *vt* (*vouloir dire*) to mean, signify; (*faire connaître*): **~ qch (à qn)** to make sth known (to sb); (*Jur*): **~ qch à qn** to serve notice of sth on sb

**silence** [silãs] *nm* silence; (*Mus*) rest; **garder le ~ (sur qch)** to keep silent (about sth), say nothing (about sth); **passer sous ~** to pass over (in silence); **réduire au ~** to silence

**silencieux, -euse** [silãsjø, -øz] *adj* quiet, silent ▷ *nm* silencer (Brit), muffler (US)

**silex** [sileks] *nm* flint

**silhouette** [silwet] *nf* outline, silhouette; (*lignes, contour*) outline; (*figure*) figure

**silicium** [silisjɔm] *nm* silicon; **plaquette de ~** silicon chip

**sillage** [sijaʒ] *nm* wake; (*fig*) trail; **dans le ~ de** (*fig*) in the wake of

**sillon** [sijõ] *nm* (*d'un champ*) furrow; (*de disque*) groove

**sillonner** [sijɔne] *vt* (*creuser*) to furrow; (*traverser*) to criss-cross, cross

**simagrées** [simagʁe] *nfpl* fuss *sg*; airs and graces

**similaire** [simileʁ] *adj* similar

**similicuir** [similikɥiʁ] *nm* imitation leather

**similitude** [similityd] *nf* similarity

**simple** [sɛ̃pl] *adj* (*gén*) simple; (*non multiple*) single; **simples** *nmpl* (*Méd*) medicinal plants; **~ messieurs/dames** *nm* (*Tennis*) men's/ladies' singles *sg*; **un ~ particulier** an ordinary citizen; **une ~ formalité** a mere formality; **cela varie du ~ au double** it can double, it can double the price *etc*; **dans le plus ~ appareil** in one's birthday suit; **~ course** *adj* single; **~ d'esprit** *nm/f* simpleton; **~ soldat** private

**simplicité** [sɛ̃plisite] *nf* simplicity; **en toute ~** quite simply

**simplifier** [sɛ̃plifje] *vt* to simplify

**simulacre** [simylakʁ] *nm* enactment; (*péj*): **un ~ de** a pretence of, a sham

**simuler** [simyle] *vt* to sham, simulate

**simultané, e** [simyltane] *adj* simultaneous

**sincère** [sɛ̃seʁ] *adj* sincere; genuine; heartfelt; **mes ~s condoléances** my deepest sympathy

**sincèrement** [sɛ̃seʁmã] *adv* sincerely; genuinely

**sincérité** [sɛ̃seʁite] *nf* sincerity; **en toute ~** in all sincerity

**sine qua non** [sinekwanɔn] *adj*: **condition ~** indispensable condition

**Singapour** [sɛ̃gapuʁ] *nm* Singapore

**singe** [sɛ̃ʒ] *nm* monkey; (*de grande taille*) ape

**singer** [sɛ̃ʒe] *vt* to ape, mimic

**singeries** [sɛ̃ʒʁi] *nfpl* antics; (*simagrées*) airs and graces

**singulariser** [sɛ̃gylaʁize] *vt* to mark out; **se singulariser** *vi* to call attention to o.s.

**singularité** [sɛ̃gylaʁite] *nf* peculiarity

**singulier, -ière** [sɛ̃gylje, -jeʁ] *adj* remarkable, singular; (*Ling*) singular ▷ *nm* singular

**sinistre** [sinistʁ] *adj* sinister; (*intensif*): **un ~ imbécile** an incredible idiot ▷ *nm* (*incendie*) blaze; (*catastrophe*) disaster; (*Assurances*) damage (*giving rise to a claim*)

**sinistré, e** [sinistʁe] *adj* disaster-stricken ▷ *nm/f* disaster victim

**sinon** [sinõ] *conj* (*autrement, sans quoi*) otherwise, or else; (*sauf*) except, other than; (*si ce n'est*) if not

**sinueux, -euse** [sinɥø, -øz] *adj* winding; (*fig*) tortuous

S

**sinus** [sinys] *nm* (*Anat*) sinus; (*Géom*) sine
**sinusite** [sinyzit] *nf* sinusitis, sinus infection
**siphon** [sifɔ̃] *nm* (*tube, d'eau gazeuse*) siphon; (*d'évier etc*) U-bend
**sirène** [siʀɛn] *nf* siren; **~ d'alarme** fire alarm; (*pendant la guerre*) air-raid siren
**sirop** [siʀo] *nm* (*à diluer: de fruit etc*) syrup, cordial (*Brit*); (*boisson*) fruit drink; (*pharmaceutique*) syrup, mixture; **~ de menthe** mint syrup *ou* cordial; **~ contre la toux** cough syrup *ou* mixture
**siroter** [siʀɔte] *vt* to sip
**sismique** [sismik] *adj* seismic
**site** [sit] *nm* (*paysage, environnement*) setting; (*d'une ville etc: emplacement*) site; **~ (pittoresque)** beauty spot; **~s touristiques** places of interest; **~s naturels/historiques** natural/historic sites; **~ web** (*Inform*) website
**sitôt** [sito] *adv*: **~ parti** as soon as he *etc* had left; **~ après** straight after; **pas de ~** not for a long time; **~ (après) que** as soon as
**situation** [situasjɔ̃] *nf* (*gén*) situation; (*d'un édifice, d'une ville*) situation, position; (*emplacement*) location; **être en ~ de faire qch** to be in a position to do sth; **~ de famille** marital status
**situé, e** [situe] *adj*: **bien ~** well situated, in a good location; **~ à/près de** situated at/near
**situer** [situe] *vt* to site, situate; (*en pensée*) to set, place; **se situer** *vi*: **se ~ à/près de** to be situated at/near
**six** [sis] *num* six
**sixième** [sizjɛm] *num* sixth ▷ *nf*: **en ~** (*Scol: classe*) year 7 (*Brit*), sixth grade (*US*)
**skaï®** [skaj] *nm* ≈ Leatherette®
**skate** [sket], **skate-board** [sketbɔʀd] *nm* (*sport*) skateboarding; (*planche*) skateboard
**ski** [ski] *nm* (*objet*) ski; (*sport*) skiing; **faire du ~** to ski; **~ alpin** Alpine skiing; **~ court** short ski; **~ évolutif** short ski method; **~ de fond** cross-country skiing; **~ nautique** water-skiing; **~ de piste** downhill skiing; **~ de randonnée** cross-country skiing
**skier** [skje] *vi* to ski
**skieur, -euse** [skjœʀ, -øz] *nm/f* skier
**slip** [slip] *nm* (*sous-vêtement*) underpants *pl*, pants *pl* (*Brit*), briefs *pl*; (*de bain: d'homme*) trunks *pl*; (: *de bikini*) (bikini) briefs *pl*
**slogan** [slɔgɑ̃] *nm* slogan
**Slovaquie** [slɔvaki] *nf*: **la ~** Slovakia
**SMIC** [smik] *sigle m* = **salaire minimum interprofessionnel de croissance** *see note*

● SMIC
●
● In France, the SMIC ("salaire minimum
● interprofessionnel de croissance") is the
● minimum hourly rate which workers
● over the age of 18 must legally be paid. It
● is index-linked and is raised each time
● the cost of living rises by 2 per cent.

**smicard, e** [smikaʀ, -aʀd] *nm/f* minimum wage earner
**smoking** [smɔkiŋ] *nm* dinner *ou* evening suit
**SMS** *sigle m* (= *short message service*) (*service*) SMS; (*message*) text (message)
**SNC** *abr* = **service non compris**
**SNCF** *sigle f* (= *Société nationale des chemins de fer français*) French railways
**snob** [snɔb] *adj* snobbish ▷ *nm/f* snob
**snobisme** [snɔbism] *nm* snobbery, snobbishness
**sobre** [sɔbʀ] *adj* (*personne*) temperate, abstemious; (*élégance, style*) restrained, sober; **~ de** (*gestes, compliments*) sparing of
**sobriquet** [sɔbʀikɛ] *nm* nickname
**social, e, -aux** [sɔsjal, -o] *adj* social
**socialisme** [sɔsjalism] *nm* socialism
**socialiste** [sɔsjalist] *adj, nm/f* socialist
**société** [sɔsjete] *nf* society; (*d'abeilles, de fourmis*) colony; (*sportive*) club; (*Comm*) company; **la bonne ~** polite society; **se plaire dans la ~ de** to enjoy the society of; **l'archipel de la S~** the Society Islands; **la ~ d'abondance/de consommation** the affluent/consumer society; **~ par actions** joint stock company; **~ anonyme (SA)** ≈ limited company (Ltd) (*Brit*), ≈ incorporated company (Inc.) (*US*); **~ d'investissement à capital variable (SICAV)** ≈ investment trust (*Brit*), ≈ mutual fund (*US*); **~ à responsabilité limitée (SARL)** *type of limited liability company (with non-negotiable shares)*; **~ savante** learned society; **~ de services** service company
**sociologie** [sɔsjɔlɔʒi] *nf* sociology
**socle** [sɔkl] *nm* (*de colonne, statue*) plinth, pedestal; (*de lampe*) base
**socquette** [sɔkɛt] *nf* ankle sock
**sœur** [sœʀ] *nf* sister; (*religieuse*) nun, sister; **~ Élisabeth** (*Rel*) Sister Elizabeth; **~ de lait** foster sister
**soi** [swa] *pron* oneself; **en ~** (*intrinsèquement*) in itself; **cela va de ~** that *ou* it goes without saying, it stands to reason
**soi-disant** [swadizɑ̃] *adj inv* so-called ▷ *adv* supposedly
**soie** [swa] *nf* silk; (*de porc, sanglier: poil*) bristle
**soierie** [swaʀi] *nf* (*industrie*) silk trade; (*tissu*) silk
**soif** [swaf] *nf* thirst; (*fig*): **~ de** thirst *ou* craving for; **avoir ~** to be thirsty; **donner ~ à qn** to make sb thirsty
**soigné, e** [swaɲe] *adj* (*tenue*) well-groomed, neat; (*travail*) careful, meticulous; (*fam*) whopping; stiff
**soigner** [swaɲe] *vt* (*malade, maladie: docteur*) to treat; (: *infirmière, mère*) to nurse, look after; (*blessé*) to tend; (*travail, détails*) to take care over; (*jardin, chevelure, invités*) to look after
**soigneux, -euse** [swaɲø, -øz] *adj* (*propre*) tidy, neat; (*méticuleux*) painstaking, careful; **~ de** careful with
**soi-même** [swamɛm] *pron* oneself

**soin** [swɛ̃] nm (application) care; (propreté, ordre) tidiness, neatness; (responsabilité): **le ~ de qch** the care of sth; **soins** nmpl (à un malade, blessé) treatment sg, medical attention sg; (attentions, prévenance) care and attention sg; (hygiène) care sg; **~s de la chevelure/de beauté** hair/beauty care; **~s du corps/ménage** care of one's body/the home; **avoir** ou **prendre ~ de** to take care of, look after; **avoir** ou **prendre ~ de faire** to take care to do; **faire qch avec (grand) ~** to do sth (very) carefully; **sans ~** adj careless; untidy; **les premiers ~s** first aid sg; **aux bons ~s de** c/o, care of; **être aux petits ~s pour qn** to wait on sb hand and foot, see to sb's every need; **confier qn aux ~s de qn** to hand sb over to sb's care

**soir** [swaʁ] nm, adv evening; **le ~** in the evening(s); **ce ~** this evening, tonight; **à ce ~!** see you this evening (ou tonight)!; **la veille au ~** the previous evening; **sept/dix heures du ~** seven in the evening/ten at night; **le repas/journal du ~** the evening meal/ newspaper; **dimanche ~** Sunday evening; **hier ~** yesterday evening; **demain ~** tomorrow evening, tomorrow night

**soirée** [swaʁe] nf evening; (réception) party; **donner en ~** (film, pièce) to give an evening performance of

**soit** [swa] vb voir **être** ⊳ conj (à savoir) namely, to wit; (ou): **~ ... ~** either ... or ⊳ adv so be it, very well; **~ un triangle ABC** let ABC be a triangle; **~ que ... ~ que** ou **que** whether ... or whether

**soixantaine** [swasɑ̃tɛn] nf: **une ~ (de)** sixty or so, about sixty; **avoir la ~** (âge) to be around sixty

**soixante** [swasɑ̃t] num sixty

**soixante-dix** [swasɑ̃tdis] num seventy

**soja** [sɔʒa] nm soya; (graines) soya beans pl; **germes de ~** beansprouts

**sol** [sɔl] nm ground; (de logement) floor; (revêtement) flooring no pl; (territoire, Agr, Géo) soil; (Mus) G; (: en chantant la gamme) so(h)

**solaire** [sɔlɛʁ] adj (énergie etc) solar; (crème etc) sun cpd

**soldat** [sɔlda] nm soldier; **S~ inconnu** Unknown Warrior ou Soldier; **~ de plomb** tin ou toy soldier

**solde** [sɔld] nf pay ⊳ nm (Comm) balance; **soldes** nmpl ou nfpl (Comm) sales; (articles) sale goods; **à la ~ de qn** (péj) in sb's pay; **~ créditeur/débiteur** credit/debit balance; **~ à payer** balance outstanding; **en ~** at sale price; **aux ~s** at the sales

**solder** [sɔlde] vt (compte) to settle; (marchandise) to sell at sale price, sell off; **se ~ par** (fig) to end in; **article soldé (à) 10 euros** item reduced to 10 euros

**sole** [sɔl] nf sole inv (fish)

**soleil** [sɔlɛj] nm sun; (lumière) sun(light); (temps ensoleillé) sun(shine); (feu d'artifice) Catherine wheel; (d'acrobate) grand circle; (Bot) sunflower; **il y a** ou **il fait du ~** it's sunny; **au ~** in the sun; **en plein ~** in full sun; **le ~ levant/couchant** the rising/setting sun; **le ~ de minuit** the midnight sun

**solennel, le** [sɔlanɛl] adj solemn; ceremonial

**solfège** [sɔlfɛʒ] nm rudiments pl of music; (exercices) ear training no pl

**solidaire** [sɔlidɛʁ] adj: **être ~s** (personnes) to show solidarity, stand ou stick together; (pièces mécaniques) interdependent; (Jur: engagement) binding on all parties; (: débiteurs) jointly liable; **être ~ de** (collègues) to stand by; (mécanisme) to be bound up with, be dependent on

**solidarité** [sɔlidaʁite] nf (entre personnes) solidarity; (de mécanisme, phénomènes) interdependence; **par ~ (avec)** (cesser le travail etc) in sympathy (with)

**solide** [sɔlid] adj solid; (mur, maison, meuble) solid, sturdy; (connaissances, argument) sound; (personne) robust, sturdy; (estomac) strong ⊳ nm solid; **avoir les reins ~s** (fig) to be in a good financial position; to have sound financial backing

**soliste** [sɔlist] nm/f soloist

**solitaire** [sɔlitɛʁ] adj (sans compagnie) solitary, lonely; (isolé) solitary, isolated, lone; (lieu) lonely ⊳ nm/f (ermite) recluse; (fig: ours) loner ⊳ nm (diamant, jeu) solitaire

**solitude** [sɔlityd] nf loneliness; (paix) solitude

**solive** [sɔliv] nf joist

**solliciter** [sɔlisite] vt (personne) to appeal to; (emploi, faveur) to seek; (moteur) to prompt; (occupations, attractions etc): **~ qn** to appeal to sb's curiosity etc; to entice sb; to make demands on sb's time; **~ qn de faire** to appeal to sb ou request sb to do

**sollicitude** [sɔlisityd] nf concern

**soluble** [sɔlybl] adj (sucre, cachet) soluble; (problème etc) soluble, solvable

**solution** [sɔlysjɔ̃] nf solution; **~ de continuité** gap, break; **~ de facilité** easy way out

**solvable** [sɔlvabl] adj solvent

**sombre** [sɔ̃bʁ] adj dark; (fig) sombre, gloomy; (sinistre) awful, dreadful

**sombrer** [sɔ̃bʁe] vi (bateau) to sink, go down; **~ corps et biens** to go down with all hands; **~ dans** (misère, désespoir) to sink into

**sommaire** [sɔmɛʁ] adj (simple) basic; (expéditif) summary ⊳ nm summary; **faire le ~ de** to make a summary of, summarize; **exécution ~** summary execution

**sommation** [sɔmasjɔ̃] nf (Jur) summons sg; (avant de faire feu) warning

**somme** [sɔm] nf (Math) sum; (fig) amount; (argent) sum, amount ⊳ nm: **faire un ~** to have a (short) nap; **faire la ~ de** to add up; **en ~, ~ toute** adv all in all

**sommeil** [sɔmɛj] nm sleep; **avoir ~** to be sleepy; **avoir le ~ léger** to be a light sleeper; **en ~** (fig) dormant

S

**sommeiller** [sɔmeje] vi to doze; (fig) to lie dormant

**sommer** [sɔme] vt: ~ **qn de faire** to command ou order sb to do; (Jur) to summon sb to do

**sommes** [sɔm] vb voir **être** voir aussi **somme**

**sommet** [sɔmɛ] nm summit, top; (fig: de la perfection, gloire) height; (Géom: d'angle) vertex; (conférence) summit (conference)

**sommier** [sɔmje] nm bed base, bedspring (US); (Admin: registre) register; **~ à ressorts** (interior sprung) divan base (Brit), box spring (US); **~ à lattes** slatted bed base

**somnambule** [sɔmnɑ̃byl] nm/f sleepwalker

**somnifère** [sɔmnifɛr] nm sleeping drug; (comprimé) sleeping pill ou tablet

**somnoler** [sɔmnɔle] vi to doze

**somptueux, -euse** [sɔ̃ptɥø, -øz] adj sumptuous; (cadeau) lavish

**son¹** [sɔ̃], **sa** [sa] (pl **ses**) [se] adj possessif (antécédent humain mâle) his; (: femelle) her; (: valeur indéfinie) one's, his/her; (: non humain) its; voir **il**

**son²** [sɔ̃] nm sound; (de blé etc) bran; **~ et lumière** adj inv son et lumière

**sondage** [sɔ̃daʒ] nm (de terrain) boring, drilling; (de mer, atmosphère) sounding; probe; (enquête) survey, sounding out of opinion; **~ (d'opinion)** (opinion) poll

**sonde** [sɔ̃d] nf (Navig) lead ou sounding line; (Météorologie) sonde; (Méd) probe; catheter; (d'alimentation) feeding tube; (Tech) borer, driller; (de forage, sondage) drill; (pour fouiller etc) probe; **~ à avalanche** pole (for probing snow and locating victims); **~ spatiale** probe

**sonder** [sɔ̃de] vt (Navig) to sound; (atmosphère, plaie, bagages etc) to probe; (Tech) to bore, drill; (fig: personne) to sound out; (: opinion) to probe; **~ le terrain** (fig) to see how the land lies

**songe** [sɔ̃ʒ] nm dream

**songer** [sɔ̃ʒe] vi to dream; **~ à** (rêver à) to think over, muse over; (penser à) to think of; (envisager) to contemplate, think of, consider; **~ que** to consider that; to think that

**songeur, -euse** [sɔ̃ʒœr, -øz] adj pensive; **ça me laisse ~** that makes me wonder

**sonnant, e** [sɔnɑ̃, -ɑ̃t] adj: **en espèces ~es et trébuchantes** in coin of the realm; **à huit heures ~es** on the stroke of eight

**sonné, e** [sɔne] adj (fam) cracked; (passé): **il est midi ~** it's gone twelve; **il a quarante ans bien ~s** he's well into his forties

**sonner** [sɔne] vi (retentir) to ring; (donner une impression) to sound ▷ vt (cloche) to ring; (glas, tocsin) to sound; (portier, infirmière) to ring for; (messe) to ring the bell for; (fam: choc, coup) to knock out; **~ du clairon** to sound the bugle; **~ bien/mal/creux** to sound good/bad/hollow; **~ faux** (instrument) to sound out of tune; (rire) to ring false; **~ les heures** to strike the hours; **minuit vient de ~** midnight has

just struck; **~ chez qn** to ring sb's doorbell, ring at sb's door

**sonnerie** [sɔnri] nf (son) ringing; (sonnette) bell; (mécanisme d'horloge) striking mechanism; (de portable) ringtone; **~ d'alarme** alarm bell; **~ de clairon** bugle call

**sonnette** [sɔnɛt] nf bell; **~ d'alarme** alarm bell; **~ de nuit** night-bell

**sono** [sɔno] nf (= sonorisation) PA (system); (d'une discothèque) sound system

**sonore** [sɔnɔr] adj (voix) sonorous, ringing; (salle, métal) resonant; (ondes, film, signal) sound cpd; (Ling) voiced; **effets ~s** sound effects

**sonorisation** [sɔnɔrizasjɔ̃] nf (équipement: de salle de conférences) public address system, P.A. system; (: de discothèque) sound system

**sonorité** [sɔnɔrite] nf (de piano, violon) tone; (de voix, mot) sonority; (d'une salle) resonance; acoustics pl

**sont** [sɔ̃] vb voir **être**

**sophistiqué, e** [sɔfistike] adj sophisticated

**sorbet** [sɔrbɛ] nm water ice, sorbet

**sorcellerie** [sɔrsɛlri] nf witchcraft no pl, sorcery no pl

**sorcier, -ière** [sɔrsje, -jɛr] nm/f sorcerer/witch ou sorceress ▷ adj: **ce n'est pas ~** (fam) it's as easy as pie

**sordide** [sɔrdid] adj (lieu) squalid; (action) sordid

**sornettes** [sɔrnɛt] nfpl twaddle sg

**sort** [sɔr] vb voir **sortir** ▷ nm (fortune, destinée) fate; (condition, situation) lot; (magique): **jeter un ~** to cast a spell; **un coup du ~** a blow dealt by fate; **le ~ en est jeté** the die is cast; **tirer au ~** to draw lots; **tirer qch au ~** to draw lots for sth

**sorte** [sɔrt] vb voir **sortir** ▷ nf sort, kind; **une ~ de** a sort of; **de la ~** adv in that way; **en quelque ~** in a way; **de ~ à** so as to, in order to; **de (telle) ~ que, en ~ que** (de manière que) so that; (si bien que) so much so that; **faire en ~ que** to see to it that

**sortie** [sɔrti] nf (issue) way out, exit; (Mil) sortie; (fig: verbale) outburst; sally; (: parole incongrue) odd remark; (d'un gaz, de l'eau) outlet; (promenade) outing; (le soir: au restaurant etc) night out; (de produits) export; (de capitaux) outflow; (Comm: somme): **~s** items of expenditure; outgoings; (Inform) output; (d'imprimante) printout; (Comm: d'un disque) release; (: d'un livre) publication; (: d'un modèle) launching; **à sa ~** as he went out ou left; **à la ~ de l'école/l'usine** (moment) after school/work; when school/the factory comes out; (lieu) at the school/factory gates; **à la ~ de ce nouveau modèle** when this new model comes (ou came) out, when they bring (ou brought) out this new model; **~ de bain** (vêtement) bathrobe; **"~ de camions"** "vehicle exit"; **~ papier** hard copy; **~ de secours** emergency exit

**sortilège** [sɔʀtilɛʒ] *nm* (magic) spell

**sortir** [sɔʀtiʀ] *vi* (*gén*) to come out; (*partir, se promener, aller au spectacle etc*) to go out; (*bourgeon, plante, numéro gagnant*) to come up ▷ *vt* (*gén*) to take out; (*produit, ouvrage, modèle*) to bring out; (*fam: dire: boniments, incongruités*) to come out with; (*Inform*) to output; (: *sur papier*) to print out; (*fam: expulser*) to throw out ▷ *nm*: **au ~ de l'hiver/l'enfance** as winter/childhood nears its end; **~ qch de** to take sth out of; **~ qn d'embarras** to get sb out of trouble; **~ avec qn** to be going out with sb; **~ de** (*gén*) to leave; (*endroit*) to go (*ou* come) out of, leave; (*rainure etc*) to come out of; (*maladie*) to get over; (*époque*) to get through; (*cadre, compétence*) to be outside; (*provenir de: famille etc*) to come from; **~ de table** to leave the table; **~ du système** (*Inform*) to log out; **~ de ses gonds** (*fig*) to fly off the handle; **se ~ de** (*affaire, situation*) to get out of; **s'en ~** (*malade*) to pull through; (*d'une difficulté etc*) to come through all right; to get through, be able to manage

**sosie** [sɔzi] *nm* double

**sot, sotte** [so, sɔt] *adj* silly, foolish ▷ *nm/f* fool

**sottise** [sɔtiz] *nf* silliness *no pl*, foolishness *no pl*; (*propos, acte*) silly *ou* foolish thing (to do *ou* say)

**sou** [su] *nm*: **près de ses ~s** tight-fisted; **sans le ~** penniless; **~ à ~** penny by penny; **pas un ~ de bon sens** not a scrap *ou* an ounce of good sense; **de quatre ~s** worthless

**soubresaut** [subʀəso] *nm* (*de peur etc*) start; (*cahot: d'un véhicule*) jolt

**souche** [suʃ] *nf* (*d'arbre*) stump; (*de carnet*) counterfoil (*Brit*), stub; **dormir comme une ~** to sleep like a log; **de vieille ~** of old stock

**souci** [susi] *nm* (*inquiétude*) worry; (*préoccupation*) concern; (*Bot*) marigold; **se faire du ~** to worry; **avoir (le) ~ de** to have concern for; **par ~ de** for the sake of, out of concern for

**soucier** [susje]: **se ~ de** *vt* to care about

**soucieux, -euse** [susjø, -øz] *adj* concerned, worried; **~ de** concerned about; **peu ~ de/que** caring little about/whether

**soucoupe** [sukup] *nf* saucer; **~ volante** flying saucer

**soudain, e** [sudɛ̃, -ɛn] *adj* (*douleur, mort*) sudden ▷ *adv* suddenly, all of a sudden

**Soudan** [sudɑ̃] *nm*: **le ~** Sudan

**soude** [sud] *nf* soda

**souder** [sude] *vt* (*avec fil à souder*) to solder; (*par soudure autogène*) to weld; (*fig*) to bind *ou* knit together; to fuse (together); **se souder** *vi* (*os*) to knit (together)

**soudoyer** [sudwaje] *vt* (*péj*) to bribe, buy over

**soudure** [sudyʀ] *nf* soldering; welding; (*joint*) soldered joint; weld; **faire la ~** (*Comm*) to fill a gap; (*fig: assurer une transition*) to bridge the gap

**souffert, e** [sufɛʀ, -ɛʀt] *pp de* **souffrir**

**souffle** [sufl] *nm* (*en expirant*) breath; (*en soufflant*) puff, blow; (*respiration*) breathing; (*d'explosion, de ventilateur*) blast; (*du vent*) blowing; (*fig*) inspiration; **retenir son ~** to hold one's breath; **avoir du/manquer de ~** to have a lot of puff/be short of breath; **être à bout de ~** to be out of breath; **avoir le ~ court** to be short-winded; **un ~ d'air** *ou* **de vent** a breath of air, a puff of wind; **~ au cœur** (*Méd*) heart murmur

**soufflé, e** [sufle] *adj* (*Culin*) soufflé; (*fam: ahuri, stupéfié*) staggered ▷ *nm* (*Culin*) soufflé

**souffler** [sufle] *vi* (*gén*) to blow; (*haleter*) to puff (and blow) ▷ *vt* (*feu, bougie*) to blow out; (*chasser: poussière etc*) to blow away; (*Tech: verre*) to blow; (*explosion*) to destroy (with its blast); (*dire*): **~ qch à qn** to whisper sth to sb; (*fam: voler*): **~ qch à qn** to pinch sth from sb; **~ son rôle à qn** to prompt sb; **ne pas ~ mot** not to breathe a word; **laisser ~ qn** (*fig*) to give sb a breather

**soufflet** [sufle] *nm* (*instrument*) bellows *pl*; (*entre wagons*) vestibule; (*Couture*) gusset; (*gifle*) slap (in the face)

**souffleur, -euse** [suflœʀ, -øz] *nm/f* (*Théât*) prompter; (*Tech*) glass-blower

**souffrance** [sufʀɑ̃s] *nf* suffering; **en ~** (*marchandise*) awaiting delivery; (*affaire*) pending

**souffrant, e** [sufʀɑ̃, -ɑ̃t] *adj* unwell

**souffre-douleur** [sufʀədulœʀ] *nm inv* whipping boy (*Brit*), butt, underdog

**souffrir** [sufʀiʀ] *vi* to suffer; (*éprouver des douleurs*) to be in pain ▷ *vt* to suffer, endure; (*supporter*) to bear, stand; (*admettre: exception etc*) to allow *ou* admit of; **~ de** (*maladie, froid*) to suffer from; **~ des dents** to have trouble with one's teeth; **ne pas pouvoir ~ qch/que …** not to be able to endure *ou* bear sth/that …; **elle ne peut pas le ~** she can't stand *ou* bear him; **faire ~ qn** (*personne*) to make sb suffer; (: *dents, blessure etc*) to hurt sb

**soufre** [sufʀ] *nm* sulphur (*Brit*), sulfur (*US*)

**souhait** [swɛ] *nm* wish; **tous nos ~s de** good wishes *ou* our best wishes for; **tous nos ~s pour la nouvelle année** (our) best wishes for the New Year; **riche** *etc* **à ~** as rich *etc* as one could wish; **à vos ~s!** bless you!

**souhaitable** [swɛtabl] *adj* desirable

**souhaiter** [swɛte] *vt* to wish for; **~ le bonjour à qn** to bid sb good day; **~ la bonne année à qn** to wish sb a happy New Year; **~ que** to hope that; **il est à ~ que** it is to be hoped that

**souiller** [suje] *vt* to dirty, soil; (*fig*) to sully, tarnish

**soûl, e** [su, sul] *adj* drunk; (*fig*): **~ de musique/plaisirs** drunk with music/pleasure ▷ *nm*: **tout son ~** to one's heart's content

**soulagement** [sulaʒmɑ̃] *nm* relief

**soulager** [sulaʒe] vt to relieve; **~ qn de** to relieve sb of

**soûler** [sule] vt: **~ qn** to get sb drunk; (boisson) to make sb drunk; (fig) to make sb's head spin ou reel; **se soûler** vi to get drunk; **se ~ de** (fig) to intoxicate o.s with

**soulever** [sulve] vt to lift; (vagues, poussière) to send up; (peuple) to stir up (to revolt); (enthousiasme) to arouse; (question, débat, protestations, difficultés) to raise; **se soulever** vi (peuple) to rise up; (personne couchée) to lift o.s. up; (couvercle etc) to lift; **cela me soulève le cœur** it makes me feel sick

**soulier** [sulje] nm shoe; **~s bas** low-heeled shoes; **~s plats/à talons** flat/heeled shoes

**souligner** [suliɲe] vt to underline; (fig) to emphasize, stress

**soumettre** [sumɛtʀ] vt (pays) to subject, subjugate; (rebelles) to put down, subdue; **~ qn/qch à** to subject sb/sth to; **~ qch à qn** (projet etc) to submit sth to sb; **se ~ (à)** (se rendre, obéir) to submit (to); **se ~ à** (formalités etc) to submit to; (régime etc) to submit o.s. to

**soumis, e** [sumi, -iz] pp de **soumettre** ▷ adj submissive; **revenus ~ à l'impôt** taxable income

**soumission** [sumisjɔ̃] nf (voir se soumettre) submission; (docilité) submissiveness; (Comm) tender

**soupape** [supap] nf valve; **~ de sûreté** safety valve

**soupçon** [supsɔ̃] nm suspicion; (petite quantité): **un ~ de** a hint ou touch of; **avoir ~ de** to suspect; **au dessus de tout ~** above (all) suspicion

**soupçonner** [supsɔne] vt to suspect; **~ qn de qch/d'être** to suspect sb of sth/of being

**soupçonneux, -euse** [supsɔnø, -øz] adj suspicious

**soupe** [sup] nf soup; **~ au lait** adj inv quick-tempered; **~ à l'oignon/de poisson** onion/fish soup; **~ populaire** soup kitchen

**souper** [supe] vi to have supper ▷ nm supper; **avoir soupé de** (fam) to be sick and tired of

**soupeser** [supəze] vt to weigh in one's hand(s), feel the weight of; (fig) to weigh up

**soupière** [supjɛʀ] nf (soup) tureen

**soupir** [supiʀ] nm sigh; (Mus) crotchet rest (Brit), quarter note rest (US); **rendre le dernier ~** to breathe one's last; **pousser un ~ de soulagement** to heave a sigh of relief

**soupirail, -aux** [supiʀaj, -o] nm (small) basement window

**soupirer** [supiʀe] vi to sigh; **~ après qch** to yearn for sth

**souple** [supl] adj supple; (col) soft; (fig: règlement, caractère) flexible; (: démarche, taille) lithe, supple

**souplesse** [suplɛs] nf suppleness; (de caractère) flexibility

**source** [suʀs] nf (point d'eau) spring; (d'un cours d'eau, fig) source; **prendre sa ~ à/dans** (cours d'eau) to have its source at/in; **tenir qch de bonne ~/de ~ sûre** to have sth on good authority/from a reliable source; **~ thermale/d'eau minérale** hot ou thermal/mineral spring

**sourcil** [suʀsij] nm (eye)brow

**sourciller** [suʀsije] vi: **sans ~** without turning a hair ou batting an eyelid

**sourd, e** [suʀ, suʀd] adj deaf; (bruit, voix) muffled; (couleur) muted; (douleur) dull; (lutte) silent, hidden; (Ling) voiceless ▷ nm/f deaf person; **être ~ à** to be deaf to; **faire la ~e oreille** to turn a deaf ear

**sourdine** [suʀdin] nf (Mus) mute; **en ~** adv softly, quietly; **mettre une ~ à** (fig) to tone down

**sourd-muet, sourde-muette** [suʀmyɛ, suʀdmyɛt] adj deaf-and-dumb ▷ nm/f deaf-mute

**souriant, e** [suʀjɑ̃, -ɑ̃t] vb voir **sourire** ▷ adj cheerful

**souricière** [suʀisjɛʀ] nf mousetrap; (fig) trap

**sourire** [suʀiʀ] nm smile ▷ vi to smile; **~ à qn** to smile at sb; (fig: plaire à) to appeal to sb; (: chance) to smile on sb; **faire un ~ à qn** to give sb a smile; **garder le ~** to keep smiling

**souris** [suʀi] nf (aussi Inform) mouse

**sournois, e** [suʀnwa, -waz] adj deceitful, underhand

**sous** [su] prép (gén) under; **~ la pluie/le soleil** in the rain/sunshine; **~ mes yeux** before my eyes; **~ terre** adj, adv underground; **~ vide** adj, adv vacuum-packed; **~ l'influence/l'action de** under the influence of/by the action of; **~ antibiotiques/perfusion** on antibiotics/a drip; **~ cet angle/ce rapport** from this angle/in this respect; **~ peu** adv shortly, before long

**sous-bois** [subwa] nm inv undergrowth

**souscrire** [suskʀiʀ]: **~ à** vt to subscribe to

**sous-directeur, -trice** [sudiʀɛktœʀ, -tʀis] nm/f assistant manager/manageress, submanager/manageress

**sous-entendre** [suzɑ̃tɑ̃dʀ] vt to imply, infer

**sous-entendu, e** [suzɑ̃tɑ̃dy] adj implied; (Ling) understood ▷ nm innuendo, insinuation

**sous-estimer** [suzɛstime] vt to underestimate

**sous-jacent, e** [suʒasɑ̃, -ɑ̃t] adj underlying

**sous-louer** [sulwe] vt to sublet

**sous-marin, e** [sumaʀɛ̃, -in] adj (flore, volcan) submarine; (navigation, pêche, explosif) underwater ▷ nm submarine

**sous-officier** [suzɔfisje] nm ≈ non-commissioned officer (NCO)

**sous-produit** [supʀɔdɥi] nm by-product; (fig: péj) pale imitation

**sous-pull** [supul] nm thin poloneck sweater

**soussigné, e** [susiɲe] adj: **je ~** I the undersigned

**sous-sol** [susɔl] nm basement; (Géo) subsoil

**sous-titre** [sutitʀ] nm subtitle

**soustraction** [sustʀaksjɔ̃] nf subtraction

**soustraire** [sustʀɛʀ] vt to subtract, take away; (*dérober*): **~ qch à qn** to remove sth from sb; **~ qn à** (*danger*) to shield sb from; **se ~ à** (*autorité, obligation, devoir*) to elude, escape from

**sous-traitant** [sutʀɛtɑ̃] nm subcontractor

**sous-traiter** [sutʀɛte] vt, vi to subcontract

**sous-vêtement** [suvɛtmɑ̃] nm undergarment, item of underwear; **sous-vêtements** nmpl underwear sg

**soutane** [sutan] nf cassock, soutane

**soute** [sut] nf hold; **~ à bagages** baggage hold

**soutenir** [sutniʀ] vt to support; (*assaut, choc, regard*) to stand up to, withstand; (*intérêt, effort*) to keep up; (*assurer*): **~ que** to maintain that; **se soutenir** (*dans l'eau etc*) to hold o.s. up; (*être soutenable: point de vue*) to be tenable; (*s'aider mutuellement*) to stand by each other; **~ la comparaison avec** to bear ou stand comparison with; **~ le regard de qn** to be able to look sb in the face

**soutenu, e** [sutny] pp de **soutenir** ▷ adj (*efforts*) sustained, unflagging; (*style*) elevated; (*couleur*) strong

**souterrain, e** [sutɛʀɛ̃, -ɛn] adj underground; (*fig*) subterranean ▷ nm underground passage

**soutien** [sutjɛ̃] nm support; **apporter son ~ à** to lend one's support to; **~ de famille** breadwinner

**soutien-gorge** (*pl* **soutiens-gorge**) [sutjɛ̃gɔʀʒ] nm bra; (*de maillot de bain*) top

**soutirer** [sutiʀe] vt: **~ qch à qn** to squeeze ou get sth out of sb

**souvenir** [suvniʀ] nm (*réminiscence*) memory; (*cadeau*) souvenir, keepsake; (*de voyage*) souvenir ▷ vb: **se ~ de** vt to remember; **se ~ que** to remember that; **garder le ~ de** to retain the memory of; **en ~ de** in memory ou remembrance of; **avec mes affectueux/ meilleurs ~s, ...** with love from, .../ regards, ...

**souvent** [suvɑ̃] adv often; **peu ~** seldom, infrequently; **le plus ~** more often than not, most often

**souverain, e** [suvʀɛ̃, -ɛn] adj sovereign; (*fig: mépris*) supreme ▷ nm/f sovereign, monarch

**soyeux, -euse** [swajø, -øz] adj silky

**soyons** etc [swajɔ̃] vb voir **être**

**spacieux, -euse** [spasjø, -øz] adj spacious, roomy

**spaghettis** [spageti] nmpl spaghetti sg

**sparadrap** [spaʀadʀa] nm adhesive ou sticking (*Brit*) plaster, bandaid® (*US*)

**spatial, e, -aux** [spasjal, -o] adj (*Aviat*) space cpd; (*Psych*) spatial

**speaker, ine** [spikœʀ, -kʀin] nm/f announcer

**spécial, e, -aux** [spesjal, -o] adj special; (*bizarre*) peculiar

**spécialement** [spesjalmɑ̃] adv especially, particularly; (*tout exprès*) specially; **pas ~** not particularly

**spécialiser** [spesjalize]: **se spécialiser** vi to specialize

**spécialiste** [spesjalist] nm/f specialist

**spécialité** [spesjalite] nf speciality; (*Scol*) special field; **~ pharmaceutique** patent medicine

**spécifier** [spesifje] vt to specify, state

**spécimen** [spesimɛn] nm specimen; (*revue etc*) specimen ou sample copy

**spectacle** [spɛktakl] nm (*tableau, scène*) sight; (*représentation*) show; (*industrie*) show business, entertainment; **se donner en ~** (*péj*) to make a spectacle ou an exhibition of o.s; **pièce/revue à grand ~** spectacular (play/revue); **au ~ de ...** at the sight of ...

**spectaculaire** [spɛktakylɛʀ] adj spectacular

**spectateur, -trice** [spɛktatœʀ, -tʀis] nm/f (*Ciné etc*) member of the audience; (*Sport*) spectator; (*d'un événement*) onlooker, witness

**spéculer** [spekyle] vi to speculate; **~ sur** (*Comm*) to speculate in; (*réfléchir*) to speculate on; (*tabler sur*) to bank ou rely on

**spéléologie** [speleɔlɔʒi] nf (*étude*) speleology; (*activité*) potholing

**sperme** [spɛʀm] nm semen, sperm

**sphère** [sfɛʀ] nf sphere

**spirale** [spiʀal] nf spiral; **en ~** in a spiral

**spirituel, le** [spiʀityɛl] adj spiritual; (*fin, piquant*) witty; **musique ~le** sacred music; **concert ~** concert of sacred music

**splendide** [splɑ̃did] adj splendid, magnificent

**sponsoriser** [spɔ̃sɔʀize] vt to sponsor

**spontané, e** [spɔ̃tane] adj spontaneous

**spontanéité** [spɔ̃taneite] nf spontaneity

**sport** [spɔʀ] nm sport ▷ adj inv (*vêtement*) casual; (*fair-play*) sporting; **faire du ~** to do sport; **~ individuel/d'équipe** individual/team sport; **~ de combat** combative sport; **~s d'hiver** winter sports

**sportif, -ive** [spɔʀtif, -iv] adj (*journal, association, épreuve*) sports cpd; (*allure, démarche*) athletic; (*attitude, esprit*) sporting; **les résultats ~s** the sports results

**spot** [spɔt] nm (*lampe*) spot(light); (*annonce*): **~ (publicitaire)** commercial (break)

**square** [skwaʀ] nm public garden(s)

**squelette** [skəlɛt] nm skeleton

**squelettique** [skəletik] adj scrawny; (*fig*) skimpy

**SRAS** [sʀas] sigle m (= *syndrome respiratoire aigu sévère*) SARS

**Sri Lanka** [sʀilāka] nm: **le ~** Sri Lanka

**stabiliser** [stabilize] vt to stabilize; (*terrain*) to consolidate

**stable** [stabl] adj stable, steady

**stade** [stad] nm (*Sport*) stadium; (*phase, niveau*) stage

**stage** [staʒ] nm training period; (*cours*) training course; (*d'avocat stagiaire*) articles pl;

**~ en entreprise** work experience placement; **~ de formation (professionnelle)** vocational (training) course; **~ de perfectionnement** advanced training course

**stagiaire** [staʒjɛʀ] *nm/f, adj* trainee (*cpd*)

**stagner** [stagne] *vi* to stagnate

**stalle** [stal] *nf* stall, box

**stand** [stɑ̃d] *nm* (*d'exposition*) stand; (*de foire*) stall; **~ de tir** (*à la foire, Sport*) shooting range; **~ de ravitaillement** pit

**standard** [stɑ̃daʀ] *adj inv* standard ▷ *nm* (*type, norme*) standard; (*téléphonique*) switchboard

**standardiste** [stɑ̃daʀdist] *nm/f* switchboard operator

**standing** [stɑ̃diŋ] *nm* standing; **de grand ~** luxury; **immeuble de grand ~** block of luxury flats (*Brit*), condo(minium) (*US*)

**starter** [staʀtɛʀ] *nm* (*Auto*) choke; (*Sport: personne*) starter; **mettre le ~** to pull out the choke

**station** [stasjɔ̃] *nf* station; (*de bus*) stop; (*de villégiature*) resort; (*posture*): **la ~ debout** standing, an upright posture; **~ balnéaire** seaside resort; **~ de graissage** lubrication bay; **~ de lavage** carwash; **~ de ski** ski resort; **~ de sports d'hiver** winter sports resort; **~ de taxis** taxi rank (*Brit*) *ou* stand (*US*); **~ thermale** thermal spa; **~ de travail** workstation

**stationnement** [stasjɔnmɑ̃] *nm* parking; **zone de ~ interdit** no parking area; **~ alterné** parking on alternate sides

**stationner** [stasjɔne] *vi* to park

**station-service** [stasjɔ̃sɛʀvis] *nf* service station

**statistique** [statistik] *nf* (*science*) statistics *sg*; (*rapport, étude*) statistic ▷ *adj* statistical; **statistiques** *nfpl* (*données*) statistics *pl*

**statue** [staty] *nf* statue

**statu quo** [statykwo] *nm* status quo

**statut** [staty] *nm* status; **statuts** *nmpl* (*Jur, Admin*) statutes

**statutaire** [statytɛʀ] *adj* statutory

**Sté** *abr* (= *société*) soc

**steak** [stɛk] *nm* steak; **~ haché** hamburger

**sténo** [stenɔ] *nf* (*aussi:* **~graphie**) shorthand; **prendre en ~** to take down in shorthand

**sténographie** [stenɔgʀafi] *nf* shorthand; **prendre en ~** to take down in shorthand

**stéréo** *nf* (*aussi:* **~phonie**) stereo; **émission en ~** = stereo broadcast ▷ *adj* (*aussi:* **~phonique**) stereo

**stéréophonie** [steʀeɔfɔni] *nf* stereo(phony); **émission en ~** stereo broadcast

**stéréophonique** [steʀeɔfɔnik] *adj* stereo(phonic)

**stérile** [steʀil] *adj* sterile; (*terre*) barren; (*fig*) fruitless, futile

**stérilet** [steʀilɛ] *nm* coil, loop

**stériliser** [steʀilize] *vt* to sterilize

**stigmates** [stigmat] *nmpl* scars, marks; (*Rel*) stigmata *pl*

**stimulant, e** [stimylɑ̃, -ɑ̃t] *adj* stimulating ▷ *nm* (*Méd*) stimulant; (*fig*) stimulus, incentive

**stimuler** [stimyle] *vt* to stimulate

**stipuler** [stipyle] *vt* to stipulate, specify

**stock** [stɔk] *nm* stock; **en ~** in stock

**stocker** [stɔke] *vt* to stock; (*déchets*) to store

**stop** [stɔp] *nm* (*Auto: écriteau*) stop sign; (: *signal*) brake-light; (*dans un télégramme*) stop ▷ *excl* stop!; **faire du ~** (*fam*) to hitch(hike)

**stopper** [stɔpe] *vt* to stop, halt; (*Couture*) to mend ▷ *vi* to stop, halt

**store** [stɔʀ] *nm* blind; (*de magasin*) shade, awning

**strabisme** [stʀabism] *nm* squint(ing)

**strapontin** [stʀapɔ̃tɛ̃] *nm* jump *ou* foldaway seat

**Strasbourg** [stʀazbuʀ] *n* Strasbourg

**stratégie** [stʀateʒi] *nf* strategy

**stratégique** [stʀateʒik] *adj* strategic

**stress** [stʀɛs] *nm inv* stress

**stressant, e** [stʀɛsɑ̃, -ɑ̃t] *adj* stressful

**stresser** [stʀɛse] *vt* to stress, cause stress in; **~ qn** to make sb (feel) tense

**strict, e** [stʀikt] *adj* strict; (*tenue, décor*) severe, plain; **son droit le plus ~** his most basic right; **dans la plus ~e intimité** strictly in private; **le ~ nécessaire/minimum** the bare essentials/minimum

**strident, e** [stʀidɑ̃, -ɑ̃t] *adj* shrill, strident

**strophe** [stʀɔf] *nf* verse, stanza

**structure** [stʀyktyʀ] *nf* structure; **~s d'accueil/touristiques** reception/tourist facilities

**studieux, -euse** [stydjø, -øz] *adj* (*élève*) studious; (*vacances*) study *cpd*

**studio** [stydjo] *nm* (*logement*) studio flat (*Brit*) *ou* apartment (*US*); (*d'artiste, TV etc*) studio

**stupéfait, e** [stypefɛ, -ɛt] *adj* astonished

**stupéfiant, e** [stypefjɑ̃, -ɑ̃t] *adj* (*étonnant*) stunning, astonishing ▷ *nm* (*Méd*) drug, narcotic

**stupéfier** [stypefje] *vt* to stupefy; (*étonner*) to stun, astonish

**stupeur** [stypœʀ] *nf* (*inertie, insensibilité*) stupor; (*étonnement*) astonishment, amazement

**stupide** [stypid] *adj* stupid; (*hébété*) stunned

**stupidité** [stypidite] *nf* stupidity *no pl*; (*parole, acte*) stupid thing (to say *ou* do)

**style** [stil] *nm* style; **meuble/robe de ~** piece of period furniture/period dress; **~ de vie** lifestyle

**stylé, e** [stile] *adj* well-trained

**styliste** [stilist] *nm/f* designer; stylist

**stylo** [stilo] *nm*: **~ (à encre)** (fountain) pen; **~ (à) bille** ballpoint pen

**su, e** [sy] *pp de* **savoir** ▷ *nm*: **au su de** with the knowledge of

**suave** [sɥav] *adj* (*odeur*) sweet; (*voix*) suave, smooth; (*coloris*) soft, mellow

**subalterne** [sybaltɛʀn] *adj* (*employé, officier*)

junior; (*rôle*) subordinate, subsidiary ▷ *nm/f* subordinate, inferior

**subconscient** [sypkɔ̃sjɑ̃] *nm* subconscious

**subir** [sybiʀ] *vt* (*affront, dégâts, mauvais traitements*) to suffer; (*influence, charme*) to be under, be subjected to; (*traitement, opération, châtiment*) to undergo; (*personne*) to suffer, be subjected to

**subit, e** [sybi, -it] *adj* sudden

**subitement** [sybitmɑ̃] *adv* suddenly, all of a sudden

**subjectif, -ive** [sybʒɛktif, -iv] *adj* subjective

**subjonctif** [sybʒɔ̃ktif] *nm* subjunctive

**subjuguer** [sybʒyge] *vt* to subjugate

**submerger** [sybmɛʀʒe] *vt* to submerge; (*foule*) to engulf; (*fig*) to overwhelm

**subordonné, e** [sybɔʀdɔne] *adj, nm/f* subordinate; **~ à** (*personne*) subordinate to; (*résultats etc*) subject to, depending on

**subrepticement** [sybʀɛptismɑ̃] *adv* surreptitiously

**subside** [sypsid] *nm* grant

**subsidiaire** [sypsidjɛʀ] *adj* subsidiary; **question ~** deciding question

**subsister** [sybziste] *vi* (*rester*) to remain, subsist; (*vivre*) to live; (*survivre*) to live on

**substance** [sypstɑ̃s] *nf* substance; **en ~** in substance

**substituer** [sypstitɥe] *vt*: **~ qn/qch à** to substitute sb/sth for; **se ~ à qn** (*représenter*) to substitute for sb; (*évincer*) to substitute o.s. for sb

**substitut** [sypstity] *nm* (*Jur*) deputy public prosecutor; (*succédané*) substitute

**subterfuge** [syptɛʀfyʒ] *nm* subterfuge

**subtil, e** [syptil] *adj* subtle

**subtiliser** [syptilize] *vt*: **~ qch (à qn)** to spirit sth away (from sb)

**subvenir** [sybvəniʀ]: **~ à** *vt* to meet

**subvention** [sybvɑ̃sjɔ̃] *nf* subsidy, grant

**subventionner** [sybvɑ̃sjɔne] *vt* to subsidize

**suc** [syk] *nm* (*Bot*) sap; (*de viande, fruit*) juice; **~s gastriques** gastric juices

**succédané** [syksedane] *nm* substitute

**succéder** [syksede]: **~ à** *vt* (*directeur, roi etc*) to succeed; (*venir après: dans une série*) to follow, succeed; **se succéder** *vi* (*accidents, années*) to follow one another

**succès** [syksɛ] *nm* success; **avec ~** successfully; **sans ~** unsuccessfully; **avoir du ~** to be a success, be successful; **à ~** successful; **livre à ~** bestseller; **~ de librairie** bestseller; **~ (féminins)** conquests

**successeur** [syksesœʀ] *nm* successor

**successif, -ive** [syksesif, -iv] *adj* successive

**succession** [syksesjɔ̃] *nf* (*série, Pol*) succession; (*Jur: patrimoine*) estate, inheritance; **prendre la ~ de** (*directeur*) to succeed, take over from; (*entreprise*) to take over

**succomber** [sykɔ̃be] *vi* to die, succumb; (*fig*): **~ à** to succumb to, give way to

**succulent, e** [sykylɑ̃, -ɑ̃t] *adj* delicious

**succursale** [sykyʀsal] *nf* branch; **magasin à ~s multiples** chain *ou* multiple store

**sucer** [syse] *vt* to suck

**sucette** [sysɛt] *nf* (*bonbon*) lollipop; (*de bébé*) dummy (Brit), comforter, pacifier (US)

**sucre** [sykʀ] *nm* (*substance*) sugar; (*morceau*) lump of sugar, sugar lump *ou* cube; **~ de canne/betterave** cane/beet sugar; **~ en morceaux/cristallisé/en poudre** lump *ou* cube/granulated/caster sugar; **~ glace** icing sugar (Brit), confectioner's sugar (US); **~ d'orge** barley sugar

**sucré, e** [sykʀe] *adj* (*produit alimentaire*) sweetened; (*au goût*) sweet; (*péj*) sugary, honeyed

**sucrer** [sykʀe] *vt* (*thé, café*) to sweeten, put sugar in; **~ qn** to put sugar in sb's tea (*ou* coffee *etc*); **se sucrer** to help o.s. to sugar, have some sugar; (*fam*) to line one's pocket(s)

**sucrerie** [sykʀəʀi] *nf* (*usine*) sugar refinery; **sucreries** *nfpl* (*bonbons*) sweets, sweet things

**sucrier, -ière** [sykʀije, -jɛʀ] *adj* (*industrie*) sugar *cpd*; (*région*) sugar-producing ▷ *nm* (*fabricant*) sugar producer; (*récipient*) sugar bowl *ou* basin

**sud** [syd] *nm*: **le ~** the south ▷ *adj inv* south; (*côte*) south, southern; **au ~** (*situation*) in the south; (*direction*) to the south; **au ~ de** (to the) south of

**sud-africain, e** [sydafʀikɛ̃, -ɛn] *adj* South African ▷ *nm/f*: **Sud-Africain, e** South African

**sud-américain, e** [sydameʀikɛ̃, -ɛn] *adj* South American ▷ *nm/f*: **Sud-Américain, e** South American

**sud-est** [sydɛst] *nm, adj inv* south-east

**sud-ouest** [sydwɛst] *nm, adj inv* south-west

**Suède** [sɥɛd] *nf*: **la ~** Sweden

**suédois, e** [sɥedwa, -waz] *adj* Swedish ▷ *nm* (*Ling*) Swedish ▷ *nm/f*: **S~, e** Swede

**suer** [sɥe] *vi* to sweat; (*suinter*) to ooze ▷ *vt* (*fig*) to exude; **~ à grosses gouttes** to sweat profusely

**sueur** [sɥœʀ] *nf* sweat; **en ~** sweating, in a sweat; **avoir des ~s froides** to be in a cold sweat

**suffire** [syfiʀ] *vi* (*être assez*): **~ (à qn/pour qch/ pour faire)** to be enough *ou* sufficient (for sb/for sth/to do); (*satisfaire*): **cela lui suffit** he's content with this, this is enough for him; **se suffire** *vi* to be self-sufficient; **cela suffit pour les irriter/qu'ils se fâchent** it's enough to annoy them/for them to get angry; **il suffit d'une négligence/qu'on oublie pour que ...** it only takes one act of carelessness *ou* one only needs to forget for ...; **ça suffit!** that's enough!, that'll do!

**suffisamment** [syfizamɑ̃] *adv* sufficiently, enough; **~ de** sufficient, enough

**suffisant, e** [syfizɑ̃, -ɑ̃t] *adj* (*temps, ressources*) sufficient; (*résultats*) satisfactory; (*vaniteux*) self-important, bumptious

**S**

**suffixe** [syfiks] *nm* suffix
**suffoquer** [syfɔke] *vt* to choke, suffocate;
(*stupéfier*) to stagger, astound ▷ *vi* to choke,
suffocate; **~ de colère/d'indignation** to
choke with anger/indignation
**suffrage** [syfraʒ] *nm* (Pol: *voix*) vote;
(: *méthode*): **~ universel/direct/indirect**
universal/direct/indirect suffrage; (*du public
etc*) approval *no pl*; **~s exprimés** valid votes
**suggérer** [sygʒere] *vt* to suggest; **~ que/de
faire** to suggest that/doing
**suggestion** [sygʒɛstjɔ̃] *nf* suggestion
**suicide** [sɥisid] *nm* suicide ▷ *adj*:
**opération ~** suicide mission
**suicider** [sɥiside]: **se suicider** *vi* to commit
suicide
**suie** [sɥi] *nf* soot
**suinter** [sɥɛ̃te] *vi* to ooze
**suis** [sɥi] *vb voir* **être; suivre**
**suisse** [sɥis] *adj* Swiss ▷ *nm* (*bedeau*) ≈ verger
▷ *nm/f*: **S~** Swiss *pl inv* ▷ *nf*: **la S~** Switzerland;
**la S~ romande/allemande** French-
speaking/German-speaking Switzerland;
**~ romand** Swiss French
**Suissesse** [sɥises] *nf* Swiss (woman *ou* girl)
**suite** [sɥit] *nf* (*continuation: d'énumération etc*)
rest, remainder; (: *de feuilleton*) continuation;
(: *second film etc sur le même thème*) sequel; (*série:
de maisons, succès*): **une ~ de** a series *ou*
succession of; (*Math*) series *sg*; (*conséquence*)
result; (*ordre, liaison logique*) coherence;
(*appartement, Mus*) suite; (*escorte*) retinue,
suite; **suites** *nfpl* (*d'une maladie etc*) effects;
**prendre la ~ de** (*directeur etc*) to succeed, take
over from; **donner ~ à** (*requête, projet*) to follow
up; **faire ~ à** to follow; (*faisant*) **~ à votre
lettre du** further to your letter of the; **sans ~**
*adj* incoherent, disjointed ▷ *adv*
incoherently, disjointedly; **de ~** *adv* (*d'affilée*)
in succession; (*immédiatement*) at once; **par
la ~** afterwards, subsequently; **à la ~** *adv* one
after the other; **à la ~ de** (*derrière*) behind; (*en
conséquence de*) following; **par ~ de** owing to,
as a result of; **avoir de la ~ dans les idées** to
show great singleness of purpose; **attendre
la ~ des événements** to (wait and see) what
happens
**suivant, e** [sɥivɑ̃, -ɑ̃t] *vb voir* **suivre** ▷ *adj*
next, following; (*ci-après*): **l'exercice ~** the
following exercise ▷ *prép* (*selon*) according to;
**~ que** according to whether; **au ~!** next!
**suivi, e** [sɥivi] *pp de* **suivre** ▷ *adj* (*régulier*)
regular; (*Comm: article*) in general
production; (*effort, qualité*) consistent;
(*cohérent*) coherent ▷ *nm* follow-up; **très/peu
~** (*cours*) well-/poorly-attended; (*mode*)
widely/not widely adopted; (*feuilleton etc*)
widely/not widely followed
**suivre** [sɥivʀ] *vt* (*gén*) to follow; (*Scol: cours*) to
attend; (: *leçon*) to follow, attend to;
(: *programme*) to keep up with; (*Comm: article*)
to continue to stock ▷ *vi* to follow; *élève*:

*écouter*) to attend, pay attention; (: *assimiler le
programme*) to keep up, follow; **se suivre** *vi*
(*accidents, personnes, voitures etc*) to follow one
after the other; (*raisonnement*) to be coherent;
**~ des yeux** to follow with one's eyes; **faire ~**
(*lettre*) to forward; **~ son cours** (*enquête etc*) to
run *ou* take its course; **"à ~"** "to be continued"
**sujet, te** [syʒe, -ɛt] *adj*: **être ~ à** (*accidents*) to
be prone to; (*vertige etc*) to be liable *ou* subject
to ▷ *nm/f* (*d'un souverain*) subject ▷ *nm* subject;
**un ~ de dispute/discorde/
mécontentement** a cause for argument/
dissension/dissatisfaction; **c'est à quel ~?**
what is it about?; **avoir ~ de se plaindre** to
have cause for complaint; **au ~ de** *prép* about;
**~ à caution** *adj* questionable; **~ de
conversation** topic *ou* subject of
conversation; **~ d'examen** (*Scol*) examination
question; examination paper;
**~ d'expérience** (*Bio etc*) experimental subject
**summum** [sɔmɔm] *nm*: **le ~ de** the height of
**super** [sypɛʀ] *adj inv* great, fantastic ▷ *nm*
(= *supercarburant*) ≈ 4-star (Brit), ≈ premium
(US)
**superbe** [sypɛʀb] *adj* magnificent, superb
▷ *nf* arrogance
**supercherie** [sypɛʀʃəʀi] *nf* trick, trickery *no
pl*; (*fraude*) fraud
**supérette** [sypeʀɛt] *nf* minimarket
**superficie** [sypɛʀfisi] *nf* (*surface*) area; (*fig*)
surface
**superficiel, le** [sypɛʀfisjɛl] *adj* superficial
**superflu, e** [sypɛʀfly] *adj* superfluous ▷ *nm*:
**le ~** the superfluous
**supérieur, e** [sypeʀjœʀ] *adj* (*lèvre, étages,
classes*) upper; (*plus élevé: température, niveau*):
**~ (à)** higher (than); (*meilleur: qualité, produit*):
**~ (à)** superior (to); (*excellent, hautain*) superior
▷ *nm/f* superior; **Mère ~e** Mother Superior; **à
l'étage ~** on the next floor up; **~ en nombre**
superior in number
**supériorité** [sypeʀjɔʀite] *nf* superiority
**superlatif** [sypɛʀlatif] *nm* superlative
**supermarché** [sypɛʀmaʀʃe] *nm*
supermarket
**superposer** [sypɛʀpoze] *vt* to superpose;
(*meubles, caisses*) to stack; (*faire chevaucher*) to
superimpose; **se superposer** (*images,
souvenirs*) to be superimposed; **lits
superposés** bunk beds
**superproduction** [sypɛʀpʀɔdyksjɔ̃] *nf* (*film*)
spectacular
**superpuissance** [sypɛʀpɥisɑ̃s] *nf*
superpower
**superstitieux, -euse** [sypɛʀstisjø, -øz] *adj*
superstitious
**superviser** [sypɛʀvize] *vt* to supervise
**supplanter** [syplɑ̃te] *vt* to supplant
**suppléance** [sypleɑ̃s] *nf* (*poste*) supply post
(Brit), substitute teacher's post (US)
**suppléant, e** [sypleɑ̃, -ɑ̃t] *adj* (*juge,
fonctionnaire*) deputy *cpd*; (*professeur*) supply *cpd*

(Brit), substitute *cpd* (US) ▷ *nm/f* deputy; (*professeur*) supply *ou* substitute teacher; **médecin** ~ locum

**suppléer** [syplee] *vt* (*ajouter: mot manquant etc*) to supply, provide; (*compenser: lacune*) to fill in; (: *défaut*) to make up for; (*remplacer: professeur*) to stand in for; (: *juge*) to deputize for; **~ à** *vt* to make up for; to substitute for

**supplément** [syplemɑ̃] *nm* supplement; **un ~ de travail** extra *ou* additional work; **un ~ de frites** *etc* an extra portion of chips *etc*; **un ~ de 10 euros** a supplement of 10 euros, an extra *ou* additional 10 euros; **ceci est en ~** (*au menu etc*) this is extra, there is an extra charge for this; **le vin est en ~** wine is extra; **payer un ~** to pay an additional charge; **~ d'information** additional information

**supplémentaire** [syplemɑ̃tɛr] *adj* additional, further; (*train, bus*) relief *cpd*, extra

**supplication** [syplikasjɔ̃] *nf* (*Rel*) supplication; **supplications** *nfpl* (*adjurations*) pleas, entreaties

**supplice** [syplis] *nm* (*peine corporelle*) torture *no pl*; form of torture; (*douleur physique, morale*) torture, agony; **être au ~** to be in agony

**supplier** [syplije] *vt* to implore, beseech

**support** [sypɔr] *nm* support; (*pour livre, outils*) stand; **~ audio-visuel** audio-visual aid; **~ publicitaire** advertising medium

**supportable** [sypɔrtabl] *adj* (*douleur, température*) bearable; (*procédé, conduite*) tolerable

**supporter**[1] [sypɔrtɛr] *nm* supporter, fan

**supporter**[2] [sypɔrte] *vt* [sypɔrte] (*poids, poussée, Sport: concurrent, équipe*) to support; (*conséquences, épreuve*) to bear, endure; (*défauts, personne*) to tolerate, put up with; (*chose: chaleur etc*) to withstand; (*personne: chaleur, vin*) to take

**supposer** [sypoze] *vt* to suppose; (*impliquer*) to presuppose; **en supposant** *ou* **à ~ que** supposing (that)

**suppositoire** [sypozitwar] *nm* suppository

**suppression** [sypresjɔ̃] *nf* (*voir supprimer*) removal; deletion; cancellation; suppression

**supprimer** [syprime] *vt* (*cloison, cause, anxiété*) to remove; (*clause, mot*) to delete; (*congés, service d'autobus etc*) to cancel; (*publication, article*) to suppress; (*emplois, privilèges, témoin gênant*) to do away with; **~ qch à qn** to deprive sb of sth

**suprême** [syprɛm] *adj* supreme

 MOT-CLÉ

**sur**[1] [syr] *prép* **1** (*position*) on; (*pardessus*) over; (*au-dessus*) above; **pose-le sur la table** put it on the table; **je n'ai pas d'argent sur moi** I haven't any money on me
**2** (*direction*) towards; **en allant sur Paris** going towards Paris; **sur votre droite** on *ou* to your right
**3** (*à propos de*) on, about; **un livre/une conférence sur Balzac** a book/lecture on *ou* about Balzac
**4** (*proportion, mesures*) out of; by; **un sur 10** one in 10; (*Scol*) one out of 10; **sur 20, deux sont venus** out of 20, two came; **4 m sur 2** 4 m by 2; **avoir accident sur accident** to have one accident after another
**5** (*cause*) **sur sa recommandation** on *ou* at his recommendation; **sur son invitation** at his invitation
**6**: **sur ce** *adv* whereupon; **sur ce, il faut que je vous quitte** and now I must leave you

**sur**[2], **e** [syr] *adj* sour

**sûr, e** [syr] *adj* sure, certain; (*digne de confiance*) reliable; (*sans danger*) safe; **peu ~** unreliable; **~ de qch** sure *ou* certain of sth; **être ~ de qn** to be sure of sb; **~ et certain** absolutely certain; **~ de soi** self-assured, self-confident; **le plus ~ est de** the safest thing is to

**surcharge** [syrʃarʒ] *nf* (*de passagers, marchandises*) excess load; (*de détails, d'ornements*) overabundance, excess; (*correction*) alteration; (*Postes*) surcharge; **prendre des passagers en ~** to take on excess *ou* extra passengers; **~ de bagages** excess luggage; **~ de travail** extra work

**surcharger** [syrʃarʒe] *vt* to overload; (*timbre-poste*) to surcharge; (*décoration*) to overdo

**surchoix** [syrʃwa] *adj inv* top-quality

**surclasser** [syrklase] *vt* to outclass

**surcroît** [syrkrwa] *nm*: **~ de qch** additional sth; **par** *ou* **de ~** moreover; **en ~** in addition

**surdité** [syrdite] *nf* deafness; **atteint de ~ totale** profoundly deaf

**surélever** [syrelve] *vt* to raise, heighten

**sûrement** [syrmɑ̃] *adv* reliably; (*sans risques*) safely, securely; (*certainement*) certainly; **~ pas** certainly not

**surenchère** [syrɑ̃ʃɛr] *nf* (*aux enchères*) higher bid; (*sur prix fixe*) overbid; (*fig*) overstatement; outbidding tactics *pl*; **~ de violence** build-up of violence; **~ électorale** political (*ou* electoral) one-upmanship

**surenchérir** [syrɑ̃ʃerir] *vi* to bid higher; to raise one's bid; (*fig*) to try and outbid each other

**surent** [syr] *vb voir* **savoir**

**surestimer** [syrɛstime] *vt* (*tableau*) to overvalue; (*possibilité, personne*) to overestimate

**sûreté** [syrte] *nf* (*voir sûr: exactitude: de renseignements etc*) reliability; (*sécurité*) safety; (*d'un geste*) steadiness; (*Jur*) guaranty; surety; **mettre en ~** to put in a safe place; **pour plus de ~** as an extra precaution; to be on the safe side; **la ~ de l'État** State security; **la S~ (nationale)** division of the *Ministère de l'Intérieur* heading all police forces except the gendarmerie and the Paris préfecture de police

**surf** [sœʀf] *nm* surfing; **faire du ~** to go surfing

**surface** [syʀfas] *nf* surface; *(superficie)* surface area; **une grande ~** a supermarket; **faire ~** to surface; **en ~** near the surface; *(fig)* superficially; **la pièce fait 100 m² de ~** the room has a surface area of 100m²; **~ de réparation** *(Sport)* penalty area; **~ porteuse** *ou* **de sustentation** *(Aviat)* aerofoil

**surfait, e** [syʀfɛ, -ɛt] *adj* overrated

**surfer** [sœʀfe] *vi* to surf; **~ sur Internet** to surf ou browse the Internet

**surgelé, e** [syʀʒəle] *adj* (deep-)frozen ▷ *nm*: **les ~s** (deep-)frozen food

**surgir** [syʀʒiʀ] *vi* (personne, véhicule) to appear suddenly; *(jaillir)* to shoot up; *(montagne etc)* to rise up, loom up; *(fig: problème, conflit)* to arise

**surhumain, e** [syʀymɛ̃, -ɛn] *adj* superhuman

**sur-le-champ** [syʀləʃɑ̃] *adv* immediately

**surlendemain** [syʀlɑ̃dmɛ̃] *nm*: **le ~ (soir)** two days later (in the evening); **le ~ de** two days after

**surmenage** [syʀmənaʒ] *nm* overwork; **le ~ intellectuel** mental fatigue

**surmener** [syʀməne] *vt*, **se surmener** *vi* to overwork

**surmonter** [syʀmɔ̃te] *vt* (coupole etc) to surmount, top; *(vaincre)* to overcome, surmount; *(être au-dessus de)* to top

**surnaturel, le** [syʀnatyʀɛl] *adj, nm* supernatural

**surnom** [syʀnɔ̃] *nm* nickname

**surnombre** [syʀnɔ̃bʀ] *nm*: **être en ~** to be too many (ou one too many)

**surpeuplé, e** [syʀpœple] *adj* overpopulated

**surplace** [syʀplas] *nm*: **faire du ~** to mark time

**surplomber** [syʀplɔ̃be] *vi* to be overhanging ▷ *vt* to overhang; *(dominer)* to tower above

**surplus** [syʀply] *nm* (Comm) surplus; *(reste)*: **~ de bois** wood left over; **au ~** moreover; **~ américains** American army surplus sg

**surprenant, e** [syʀpʀənɑ̃, -ɑ̃t] *vb voir* **surprendre** ▷ *adj* amazing

**surprendre** [syʀpʀɑ̃dʀ] *vt* (étonner, prendre à l'improviste) to amaze, surprise; *(secret)* to discover; *(tomber sur: intrus etc)* to catch; *(fig)* to detect; *(tchance ou happen upon; (clin d'œil)* to intercept; *(conversation)* to overhear; *(orage, nuit etc)* to catch out, take by surprise; **~ la vigilance/bonne foi de qn** to catch sb out/ betray sb's good faith; **se ~ à faire** to catch ou find o.s. doing

**surpris, e** [syʀpʀi, -iz] *pp de* **surprendre** ▷ *adj*: **~ (de/que)** amazed ou surprised (at/that)

**surprise** [syʀpʀiz] *nf* surprise; **faire une ~ à qn** to give sb a surprise; **voyage sans ~s** uneventful journey; **par ~** *adv* by surprise

**surprise-partie** [syʀpʀizpaʀti] *nf* party

**sursaut** [syʀso] *nm* start, jump; **~ de** (énergie, indignation) sudden fit ou burst of; **en ~** *adv* with a start

**sursauter** [syʀsote] *vi* to (give a) start, jump

**sursis** [syʀsi] *nm* (Jur: gén) suspended sentence; *(à l'exécution capitale, aussi fig)* reprieve; *(Mil)*: **~ d'appel** *ou* **d'incorporation** deferment; **condamné à cinq mois (de prison) avec ~** given a five-month suspended (prison) sentence

**surtaxe** [syʀtaks] *nf* surcharge

**surtout** [syʀtu] *adv* (avant tout, d'abord) above all; *(spécialement, particulièrement)* especially; **il aime le sport, ~ le football** he likes sport, especially football; **cet été, il a ~ fait de la pêche** this summer he went fishing more than anything else; **~ pas d'histoires!** no fuss now!; **~, ne dites rien!** whatever you do – don't say anything!; **~ pas!** certainly ou definitely not!; **~ que ...** especially as ...

**surveillance** [syʀvejɑ̃s] *nf* watch; *(Police, Mil)* surveillance; **sous ~ médicale** under medical supervision; **la ~ du territoire** internal security; *voir aussi* **DST**

**surveillant, e** [syʀvejɑ̃, -ɑ̃t] *nm/f* (de prison) warder; *(Scol)* monitor; *(de travaux)* supervisor, overseer

**surveiller** [syʀveje] *vt* (enfant, élèves, bagages) to watch, keep an eye on; *(malade)* to watch over; *(prisonnier, suspect)* to keep (a) watch on; *(territoire, bâtiment)* to (keep) watch over; *(travaux, cuisson)* to supervise; *(Scol: examen)* to invigilate; **se surveiller** to keep a check ou watch on o.s.; **~ son langage/sa ligne** to watch one's language/figure

**survenir** [syʀvəniʀ] *vi* (incident, retards) to occur, arise; *(événement)* to take place; *(personne)* to appear, arrive

**survêt** [syʀvɛt], **survêtement** [syʀvɛtmɑ̃] *nm* tracksuit (Brit), sweat suit (US)

**survie** [syʀvi] *nf* survival; *(Rel)* afterlife; **équipement de ~** survival equipment; **une ~ de quelques mois** a few more months of life

**survivant, e** [syʀvivɑ̃, -ɑ̃t] *vb voir* **survivre** ▷ *nm/f* survivor

**survivre** [syʀvivʀ] *vi* to survive; **~ à** (accident etc) to survive; *(personne)* to outlive; **la victime a peu de chance de ~** the victim has little hope of survival

**survoler** [syʀvɔle] *vt* to fly over; *(fig: livre)* to skim through; *(: question, problèmes)* to skim over

**survolté, e** [syʀvɔlte] *adj* (Élec) stepped up, boosted; *(fig)* worked up

**sus** [sy(s)]: **en ~ de** *prép* in addition to, over and above; **en ~** *adv* in addition; **~ à** *excl*: **~ au tyran!** at the tyrant! ▷ *vb* [sy] *voir* **savoir**

**susceptible** [sysɛptibl] *adj* touchy, sensitive; **~ d'amélioration** *ou* **d'être amélioré** that can be improved, open to improvement; **~ de faire** (capacité) able to do; *(probabilité)* liable to do

**susciter** [sysite] *vt* (admiration) to arouse; *(obstacles, ennuis)*: **~ (à qn)** to create (for sb)

**suspect, e** [syspɛ(kt), -ɛkt] *adj* suspicious;

(*témoignage, opinions, vin etc*) suspect ⊳ *nm/f* suspect; **peu ~ de** most unlikely to be suspected of

**suspecter** [syspɛkte] *vt* to suspect; (*honnêteté de qn*) to question, have one's suspicions about; **~ qn d'être/d'avoir fait qch** to suspect sb of being/having done sth

**suspendre** [syspɑ̃dʀ] *nf* (*accrocher: vêtement*): **~ qch (à)** to hang sth up (on); (*fixer: lustre etc*): **~ qch à** to hang sth from; (*interrompre, démettre*) to suspend; (*remettre*) to defer; **se ~ à** to hang from

**suspendu, e** [syspɑ̃dy] *pp de* **suspendre** ⊳ *adj* (*accroché*): **~ à** hanging on (*ou* from); (*perché*): **~ au-dessus de** suspended over; (*Auto*): **bien/mal ~** with good/poor suspension; **être ~ aux lèvres de qn** to hang upon sb's every word

**suspens** [syspɑ̃]: **en ~** *adv* (*affaire*) in abeyance; **tenir en ~** to keep in suspense

**suspense** [syspɑ̃s] *nm* suspense

**suspension** [syspɑ̃sjɔ̃] *nf* suspension; deferment; (*Auto*) suspension; (*lustre*) pendant light fitting; **en ~** in suspension, suspended; **~ d'audience** adjournment

**sut** [sy] *vb voir* **savoir**

**suture** [sytyʀ] *nf*: **point de ~** stitch

**svelte** [svɛlt] *adj* slender, svelte

**SVP** *sigle* (= *s'il vous plaît*) please

**sweat** [swit] *nm* (*fam*) sweatshirt

**sweat-shirt** [switʃœʀt] (*pl* **sweat-shirts**) *nm* sweatshirt

**syllabe** [silab] *nf* syllable

**symbole** [sɛ̃bɔl] *nm* symbol

**symbolique** [sɛ̃bɔlik] *adj* symbolic; (*geste, offrande*) token *cpd*; (*salaire, dommages-intérêts*) nominal

**symboliser** [sɛ̃bɔlize] *vt* to symbolize

**symétrique** [simetʀik] *adj* symmetrical

**sympa** [sɛ̃pa] *adj inv* (*fam*: = *sympathique*) nice; friendly; **sois ~, prête-le moi** be a pal and lend it to me

**sympathie** [sɛ̃pati] *nf* (*inclination*) liking; (*affinité*) fellow feeling; (*condoléances*) sympathy; **accueillir avec ~** (*projet*) to receive favourably; **avoir de la ~ pour qn** to like sb, have a liking for sb; **témoignages de ~** expressions of sympathy; **croyez à toute ma ~** you have my deepest sympathy

**sympathique** [sɛ̃patik] *adj* (*personne, figure*) nice, friendly, likeable; (*geste*) friendly; (*livre*) good; (*déjeuner*) nice; (*réunion, endroit*) pleasant, nice

**sympathisant, e** [sɛ̃patizɑ̃, -ɑ̃t] *nm/f* sympathizer

**sympathiser** [sɛ̃patize] *vi* (*voisins etc: s'entendre*) to get on (*Brit*) *ou* along (*US*) (well); (: *se fréquenter*) to socialize, see each other; **~ avec** to get on *ou* along (well) with, to see, socialize with

**symphonie** [sɛ̃fɔni] *nf* symphony

**symptôme** [sɛ̃ptom] *nm* symptom

**synagogue** [sinagɔg] *nf* synagogue

**syncope** [sɛ̃kɔp] *nf* (*Méd*) blackout; (*Mus*) syncopation; **tomber en ~** to faint, pass out

**syndic** [sɛ̃dik] *nm* managing agent

**syndical, e, -aux** [sɛ̃dikal, -o] *adj* (trade-)union *cpd*; **centrale ~e** group of affiliated trade unions

**syndicaliste** [sɛ̃dikalist] *nm/f* trade unionist

**syndicat** [sɛ̃dika] *nm* (*d'ouvriers, employés*) (trade(s)) union; (*autre association d'intérêts*) union, association; **~ d'initiative (SI)** tourist office *ou* bureau; **~ patronal** employers' syndicate, federation of employers; **~ de propriétaires** association of property owners

**syndiqué, e** [sɛ̃dike] *adj* belonging to a (trade) union; **non ~** non-union

**syndiquer** [sɛ̃dike]: **se syndiquer** *vi* to form a trade union; (*adhérer*) to join a trade union

**synonyme** [sinɔnim] *adj* synonymous ⊳ *nm* synonym; **~ de** synonymous with

**syntaxe** [sɛ̃taks] *nf* syntax

**synthèse** [sɛ̃tɛz] *nf* synthesis; **faire la ~ de** to synthesize

**synthétique** [sɛ̃tetik] *adj* synthetic

**Syrie** [siʀi] *nf*: **la ~** Syria

**systématique** [sistematik] *adj* systematic

**système** [sistɛm] *nm* system; **le ~ D** resourcefulness; **~ décimal** decimal system; **~ expert** expert system; **~ d'exploitation** (*Inform*) operating system; **~ immunitaire** immune system; **~ métrique** metric system; **~ solaire** solar system

**S**

# t

**t'** [t] *pron voir* **te**

**ta** [ta] *adj poss voir* **ton**

**tabac** [taba] *nm* tobacco; *(aussi:* **débit** *ou* **bureau de ~)** tobacconist's (shop) ▷ *adj inv:* **(couleur) ~** buff, tobacco *cpd;* **passer qn à ~** to beat sb up; **faire un ~** *(fam)* to be a big hit; **~ blond/brun** light/dark tobacco; **~ gris** shag; **~ à priser** snuff

**tabagisme** [tabaʒism] *nm* nicotine addiction; **~ passif** passive smoking

**tabasser** [tabase] *vt* to beat up

**table** [tabl] *nf* table; **avoir une bonne ~** to keep a good table; **à ~!** dinner *etc* is ready!; **se mettre à ~** to sit down to eat; *(fig: fam)* to come clean; **mettre** *ou* **dresser/desservir la ~** to lay *ou* set/clear the table; **faire ~ rase de** to make a clean sweep of; **~ à repasser** ironing table; **~ basse** coffee table; **~ de cuisson** *(à l'électricité)* hob, hotplate; *(au gaz)* hob, gas ring; **~ d'écoute** wire-tapping set; **~ d'harmonie** sounding board; **~ d'hôte** set menu; **~ de lecture** turntable; **~ des matières** (table of) contents *pl;* **~ de multiplication** multiplication table; **~ des négociations** negotiating table; **~ de nuit** *ou* **de chevet** bedside table; **~ d'orientation** viewpoint indicator; **~ ronde** *(débat)* round table; **~ roulante** (tea) trolley *(Brit),* tea wagon *(US);* **~ de toilette** washstand; **~ traçante** *(Inform)* plotter

**tableau, x** [tablo] *nm (Art)* painting; *(reproduction, fig)* picture; *(panneau)* board; *(schéma)* table, chart; **~ d'affichage** notice board; **~ de bord** dashboard; *(Aviat)* instrument panel; **~ de chasse** tally; **~ de contrôle** console, control panel; **~ de maître** masterpiece; **~ noir** blackboard

**tabler** [table] *vi:* **~ sur** to count *ou* bank on

**tablette** [tablɛt] *nf (planche)* shelf; **~ de chocolat** bar of chocolate

**tableur** [tablœʀ] *nm (Inform)* spreadsheet

**tablier** [tablije] *nm* apron; *(de pont)* roadway; *(de cheminée)* (flue-)shutter

**tabou, e** [tabu] *adj, nm* taboo

**tabouret** [tabuʀɛ] *nm* stool

**tac** [tak] *nm:* **du ~ au ~** tit for tat

**tache** [taʃ] *nf (saleté)* stain, mark; *(Art, de couleur, lumière)* spot; splash, patch; **faire ~ d'huile** to spread, gain ground; **~ de rousseur** *ou* **de son** freckle; **~ de vin** *(sur la peau)* strawberry mark

**tâche** [taʃ] *nf* task; **travailler à la ~** to do piecework

**tacher** [taʃe] *vt* to stain, mark; *(fig)* to sully, stain; **se tacher** *vi (fruits)* to become marked

**tâcher** [taʃe] *vi:* **~ de faire** to try to do, endeavour *(Brit) ou* endeavor *(US)* to do

**tacheté, e** [taʃte] *adj:* **~ de** speckled *ou* spotted with

**tacot** [tako] *nm (péj: voiture)* banger *(Brit),* clunker *(US)*

**tact** [takt] *nm* tact; **avoir du ~** to be tactful, have tact

**tactique** [taktik] *adj* tactical ▷ *nf (technique)* tactics *nsg; (plan)* tactic

**taie** [tɛ] *nf:* **~ (d'oreiller)** pillowslip, pillowcase

**taille** [taj] *nf* cutting; *(d'arbre)* pruning; *(milieu du corps)* waist; *(hauteur)* height; *(grandeur)* size; **de ~ à faire** capable of doing; **de ~** *adj* sizeable; **quelle ~ faites-vous?** what size are you?

**taille-crayon, taille-crayons** [tajkʀɛjɔ̃] *nm inv* pencil sharpener

**tailler** [taje] *vt (pierre, diamant)* to cut; *(arbre, plante)* to prune; *(vêtement)* to cut out; *(crayon)* to sharpen; **se tailler** *vt (ongles, barbe)* to trim, cut; *(fig: réputation)* to gain, win ▷ *vi (fam: s'enfuir)* to beat it; **~ dans** *(chair, bois)* to cut into; **~ grand/petit** to be on the large/small side

**tailleur** [tajœʀ] *nm (couturier)* tailor; *(vêtement)* suit, costume; **en ~** *(assis)* cross-legged; **~ de diamants** diamond-cutter

**taillis** [taji] *nm* copse

**taire** [tɛʀ] *vt* to keep to o.s., conceal ▷ *vi:* **faire ~ qn** to make sb be quiet; *(fig)* to silence sb; **se taire** *vi (s'arrêter de parler)* to fall silent, stop talking; *(ne pas parler)* to be silent *ou* quiet; *(s'abstenir de s'exprimer)* to keep quiet; *(bruit, voix)* to disappear; **tais-toi!, taisez-vous!** be quiet!

**Taiwan** [tajwan] *nf* Taiwan

**talc** [talk] *nm* talc, talcum powder

**talent** [talɑ̃] *nm* talent; **avoir du ~** to be talented, have talent

**talkie-walkie** [tɔkiwɔki] *nm* walkie-talkie

**taloche** [talɔʃ] *nf* (*fam: claque*) slap; (*Tech*) plaster float

**talon** [talɔ̃] *nm* heel; (*de chèque, billet*) stub, counterfoil (*Brit*); **~s plats/aiguilles** flat/stiletto heels; **être sur les ~s de qn** to be on sb's heels; **tourner les ~s** to turn on one's heel; **montrer les ~s** (*fig*) to show a clean pair of heels

**talonner** [talɔne] *vt* to follow hard behind; (*fig*) to hound; (*Rugby*) to heel

**talus** [taly] *nm* embankment; **~ de remblai/déblai** embankment/excavation slope

**tambour** [tɑ̃buʀ] *nm* (*Mus, also Tech*) drum; (*musicien*) drummer; (*porte*) revolving door('s *pl*); **sans ~ ni trompette** unobtrusively

**tambourin** [tɑ̃buʀɛ̃] *nm* tambourine

**tambouriner** [tɑ̃buʀine] *vi*: **~ contre** to drum against *ou* on

**tamis** [tami] *nm* sieve

**Tamise** [tamiz] *nf*: **la ~** the Thames

**tamisé, e** [tamize] *adj* (*fig*) subdued, soft

**tampon** [tɑ̃pɔ̃] *nm* (*de coton, d'ouate*) pad; (*aussi*: **~ hygiénique** *ou* **périodique**) tampon; (*amortisseur, Inform: aussi*: **mémoire ~**) buffer; (*bouchon*) plug, stopper; (*cachet, timbre*) stamp; (*Chimie*) buffer; **~ buvard** blotter; **~ encreur** inking pad; **~ à récurer** scouring pad

**tamponner** [tɑ̃pɔne] *vt* (*timbres*) to stamp; (*heurter*) to crash *ou* ram into; (*essuyer*) to mop up; **se tamponner** (*voitures*) to crash (into each other)

**tamponneuse** [tɑ̃pɔnøz] *adj f*: **autos ~s** dodgems, bumper cars

**tandem** [tɑ̃dɛm] *nm* tandem; (*fig*) duo, pair

**tandis** [tɑ̃di]: **~ que** *conj* while

**tanguer** [tɑ̃ge] *vi* to pitch (and toss)

**tanière** [tanjɛʀ] *nf* lair, den

**tankini** [tɑ̃kini] *nm* tankini

**tanné, e** [tane] *adj* weather-beaten

**tanner** [tane] *vt* to tan

**tant** [tɑ̃] *adv* so much; **~ de** (*sable, eau*) so much; (*gens, livres*) so many; **~ que** *conj* as long as; **~ que** (*comparatif*) as much as; **~ mieux** that's great; (*avec une certaine réserve*) so much the better; **~ mieux pour lui** good for him; **~ pis** too bad; (*conciliant*) never mind; **un ~ soit peu** (*un peu*) a little bit; (*même un peu*) (even) remotely; **~ bien que mal** as well as can be expected; **~ s'en faut** far from it, not by a long way

**tante** [tɑ̃t] *nf* aunt

**tantôt** [tɑ̃to] *adv* (*parfois*): **~ ... now ... now**; (*cet après-midi*) this afternoon

**taon** [tɑ̃] *nm* horsefly, gadfly

**tapage** [tapaʒ] *nm* uproar, din; (*fig*) fuss, row; **~ nocturne** (*Jur*) disturbance of the peace (*at night*)

**tapageur, -euse** [tapaʒœʀ, -øz] *adj* (*bruyant: enfants etc*) noisy; (*voyant: toilette*) loud, flashy; (*publicité*) obtrusive

**tape** [tap] *nf* slap

**tape-à-l'œil** [tapalœj] *adj inv* flashy, showy

**taper** [tape] *vt* (*personne*) to clout; (*porte*) to bang, slam; (*enfant*) to slap; (*dactylographier*) to type (out); (*Inform*) to key(board); (*fam: emprunter*): **~ qn de 10 euros** to touch sb for 10 euros, cadge 10 euros off sb ▷ *vi* (*soleil*) to beat down; **se taper** *vt* (*fam: travail*) to get landed with; (*: boire, manger*) to down; **~ sur qn** to thump sb; (*fig*) to run sb down; **~ sur qch** (*clou etc*) to hit sth; (*table etc*) to bang on sth; **~ à** (*porte etc*) to knock on; **~ dans** (*se servir*) to dig into; **~ des mains/pieds** to clap one's hands/stamp one's feet; **~ (à la machine)** to type

**tapi, e** [tapi] *adj*: **~ dans/derrière** (*blotti*) crouching *ou* cowering in/behind; (*caché*) hidden away in/behind

**tapis** [tapi] *nm* carpet; (*petit*) rug; (*de table*) cloth; **mettre sur le ~** (*fig*) to bring up for discussion; **aller au ~** (*Boxe*) to go down; **envoyer au ~** (*Boxe*) to floor; **~ roulant** conveyor belt; (*pour piétons*) moving walkway; (*pour bagages*) carousel; **~ de sol** (*de tente*) groundsheet; **~ de souris** (*Inform*) mouse mat

**tapisser** [tapise] *vt* (*avec du papier peint*) to paper; (*recouvrir*): **~ qch (de)** to cover sth (with)

**tapisserie** [tapisʀi] *nf* (*tenture, broderie*) tapestry; (*: travail*) tapestry-making; (*: ouvrage*) tapestry work; (*papier peint*) wallpaper; (*fig*): **faire ~** to sit out, be a wallflower

**tapissier, -ière** [tapisje, -jɛʀ] *nm/f*: **~-décorateur** interior decorator

**tapoter** [tapɔte] *vt* (*joue, main*) to pat; (*objet*) to tap

**taquin, e** [takɛ̃, -in] *adj* teasing

**taquiner** [takine] *vt* to tease

**tarabiscoté, e** [taʀabiskɔte] *adj* over-ornate, fussy

**tard** [taʀ] *adv* late; **au plus ~** at the latest; **plus ~** later (on) ▷ *nm*: **sur le ~** (*à une heure avancée*) late in the day; (*vers la fin de la vie*) late in life; **il est trop ~** it's too late

**tarder** [taʀde] *vi* (*chose*) to be a long time coming; (*personne*): **~ à faire** to delay doing; **il me tarde d'être** I am longing to be; **sans (plus) ~** without (further) delay

**tardif, -ive** [taʀdif, -iv] *adj* (*heure, repas, fruit*) late; (*talent, goût*) late in developing

**taré, e** [taʀe] *nm/f* cretin

**tarif** [taʀif] *nm*: **~ des consommations** price list; **~s postaux/douaniers** postal/customs rates; **~ des taxis** taxi fares; **~ plein/réduit** (*train*) full/reduced fare; (*téléphone*) peak/off-peak rate; **voyager à plein ~/à ~ réduit** to travel at full/reduced fare

**tarir** [taʀiʀ] *vi* to dry up, run dry ▷ *vt* to dry up

**tarte** [taʀt] *nf* tart; **~ aux pommes/à la crème** apple/custard tart; **~ Tatin** ≈ apple upside-down tart

**tartine** [taʀtin] *nf* slice of bread (and butter (*ou* jam)); **~ de miel** slice of bread and honey; **~ beurrée** slice of bread and butter

**t**

**tartiner** [taʀtine] vt to spread; **fromage à ~** cheese spread

**tartre** [taʀtʀ] nm (des dents) tartar; (de chaudière) fur, scale

**tas** [tɑ] nm heap, pile; (fig): **un ~ de** heaps of, lots of; **en ~** in a heap ou pile; **dans le ~** (fig) in the crowd; among them; **formé sur le ~** trained on the job

**tasse** [tɑs] nf cup; **boire la ~** (en se baignant) to swallow a mouthful; **~ à café/thé** coffee/teacup

**tassé, e** [tɑse] adj: **bien ~** (café etc) strong

**tasser** [tɑse] vt (terre, neige) to pack down; (entasser): **~ qch dans** to cram sth into; **se tasser** vi (se serrer) to squeeze up; (s'affaisser) to settle; (personne: avec l'âge) to shrink; (fig) to sort itself out, settle down

**tâter** [tate] vt to feel; (fig) to try out; **~ de** (prison etc) to have a taste of; **se tâter** (hésiter) to be in two minds; **~ le terrain** (fig) to test the ground

**tatillon, ne** [tatijɔ̃, -ɔn] adj pernickety

**tâtonnement** [tatɔnmɑ̃] nm: **par ~s** (fig) by trial and error

**tâtonner** [tatɔne] vi to grope one's way along; (fig) to grope around (in the dark)

**tâtons** [tatɔ̃]: **à ~** adv: **chercher/avancer à ~** to grope around for/grope one's way forward

**tatouage** [tatwaʒ] nm tattooing; (dessin) tattoo

**tatouer** [tatwe] vt to tattoo

**taudis** [todi] nm hovel, slum

**taule** [tol] nf (fam) nick (Brit), jail

**taupe** [top] nf mole; (peau) moleskin

**taureau, x** [tɔʀo] nm bull; (signe): **le T~** Taurus, the Bull; **être du T~** to be Taurus

**tauromachie** [tɔʀɔmaʃi] nf bullfighting

**taux** [to] nm rate; (d'alcool) level; **~ d'escompte** discount rate; **~ d'intérêt** interest rate; **~ de mortalité** mortality rate

**taxe** [taks] nf tax; (douanière) duty; **toutes ~s comprises (TTC)** inclusive of tax; **la boutique hors ~s** the duty-free shop; **~ de base** (Tél) unit charge; **~ de séjour** tourist tax; **~ à ou sur la valeur ajoutée (TVA)** value added tax (VAT)

**taxer** [takse] vt (personne) to tax; (produit) to put a tax on, tax; **~ qn de qch** (qualifier) to call sb sth; (accuser) to accuse sb of sth, tax sb with sth

**taxi** [taksi] nm taxi; (chauffeur: fam) taxi driver

**Tchécoslovaquie** [tʃekɔslɔvaki] nf: **la ~** Czechoslovakia

**tchèque** [tʃɛk] adj Czech ▷ nm (Ling) Czech ▷ nm/f: **T~** Czech; **la République ~** the Czech Republic

**Tchétchénie** [tʃetʃeni] nf: **la ~** Chechnya

**te, t'** [tə] pron you; (réfléchi) yourself

**technicien, ne** [tɛknisjɛ̃, -ɛn] nm/f technician

**technico-commercial, e, -aux** [tɛknikokɔmɛʀsjal, -o] adj: **agent ~** sales technician

**technique** [tɛknik] adj technical ▷ nf technique

**techniquement** [tɛknikmɑ̃] adv technically

**techno** [tɛkno] nf (fam: Mus): **la (musique) ~** techno (music); (fam) = **technologie**

**technologie** [tɛknɔlɔʒi] nf technology

**technologique** [tɛknɔlɔʒik] adj technological

**teck** [tɛk] nm teak

**tee-shirt** [tiʃœʀt] nm T-shirt, tee-shirt

**teindre** [tɛ̃dʀ] vt to dye; **se ~ (les cheveux)** to dye one's hair

**teint, e** [tɛ̃, tɛ̃t] pp de **teindre** ▷ adj dyed ▷ nm (du visage: permanent) complexion, colouring (Brit), coloring (US); (momentané) colour (Brit), color (US) ▷ nf shade, colour, color; (fig: petite dose): **une ~e de** a hint of; **grand ~** adj inv colourfast; **bon ~** adj inv (couleur) fast; (tissu) colourfast; (personne) staunch, firm

**teinté, e** [tɛ̃te] adj (verres) tinted; (bois) stained; **~ acajou** mahogany-stained; **~ de** (fig) tinged with

**teinter** [tɛ̃te] vt (verre) to tint; (bois) to stain; (fig: d'ironie etc) to tinge

**teinture** [tɛ̃tyʀ] nf dyeing; (substance) dye; (Méd): **~ d'iode** tincture of iodine

**teinturerie** [tɛ̃tyʀʀi] nf dry cleaner's

**teinturier, -ière** [tɛ̃tyʀje, -jɛʀ] nm/f dry cleaner

**tel, telle** [tɛl] adj (pareil) such; (comme): **~ un/des ...** like a/like ...; (indéfini) such-and-such a, a given; **venez ~ jour** come on such-and-such a day; (intensif): **un ~/de ~s ...** such (a)/such ...; **rien de ~** nothing like it, no such thing; **~ que** conj like, such as; **~ quel** as it is ou stands (ou was etc)

**télé** [tele] nf (fam: télévision) TV, telly (Brit); **à la ~** on TV ou telly

**télécabine** [telekabin] nm, nf (benne) cable car

**télécarte** [telekaʀt] nf phonecard

**téléchargeable** [teleʃaʀʒabl] adj downloadable

**téléchargement** [teleʃaʀʒemɑ̃] nm (action) downloading; (fichier) download

**télécharger** [teleʃaʀʒe] vt (Inform) to download

**télécommande** [telekɔmɑ̃d] nf remote control

**télécopie** [telekɔpi] nf fax, telefax

**télécopieur** [telekɔpjœʀ] nm fax (machine)

**télédistribution** [teledistʀibysjɔ̃] nf cable TV

**téléférique** [teleferik] nm = **téléphérique**

**télégramme** [telegʀam] nm telegram

**télégraphier** [telegʀafje] vt to telegraph, cable

**téléguider** [telegide] vt to operate by remote control, radio-control

**téléjournal, -aux** [teleʒuʀnal, -o] nm television news magazine programme

**télématique** [telematik] nf telematics nsg ▷ adj telematic

**téléobjectif** [teleɔbʒɛktif] nm telephoto lens nsg

**télépathie** [telepati] nf telepathy

**téléphérique** [teleferik] *nm* cable-car
**téléphone** [telefɔn] *nm* telephone; **avoir le ~** to be on the (tele)phone; **au ~** on the phone; **~ arabe** bush telegraph; **~ à carte** cardphone; **~ avec appareil photo** cameraphone; **~ mobile** *ou* **portable** mobile (phone) (Brit), cell (phone) (US); **~ rouge** hotline; **~ sans fil** cordless (tele)phone
**téléphoner** [telefɔne] *vt* to telephone ▷ *vi* to telephone; to make a phone call; **~ à** to phone, ring up, call up
**téléphonie** [telefɔni] *nf* telephony
**téléphonique** [telefɔnik] *adj* (tele)phone *cpd*, phone *cpd*; **cabine ~** call box (Brit), (tele) phone box (Brit) *ou* booth; **conversation/ appel ~** (tele)phone conversation/call
**téléréalité** [telerealite] *nf* reality TV
**télescope** [teleskɔp] *nm* telescope
**télescoper** [teleskɔpe] *vt* to smash up; **se télescoper** (*véhicules*) to concertina, crash into each other
**téléscripteur** [teleskriptœr] *nm* teleprinter
**télésiège** [telesjɛʒ] *nm* chairlift
**téléski** [teleski] *nm* ski-tow; **~ à archets** T-bar tow; **~ à perche** button lift
**téléspectateur, -trice** [telespektatœr, -tris] *nm/f* (television) viewer
**télétravail** *nm* telecommuting
**télévente** [televãt] *nf* telesales
**téléviseur** [televizœr] *nm* television set
**télévision** [televizjɔ] *nf* television; (**poste de**) **~** television (set); **avoir la ~** to have a television; **à la ~** on television; **~ numérique** digital TV; **~ par câble/satellite** cable/ satellite television
**télex** [telɛks] *nm* telex
**telle** [tɛl] *adj f voir* **tel**
**tellement** [tɛlmã] *adv* (*tant*) so much; (*si*) so; **~ plus grand (que)** so much bigger (than); **~ de** (*sable, eau*) so much; (*gens, livres*) so many; **il s'est endormi - il était fatigué** he was so tired (that) he fell asleep; **pas ~** not really; **pas ~ fort/lentement** not (all) that strong/ slowly; **il ne mange pas ~** he doesn't eat (all that) much
**téméraire** [temerɛr] *adj* reckless, rash
**témérité** [temerite] *nf* recklessness, rashness
**témoignage** [temwaɲaʒ] *nm* (*Jur: déclaration*) testimony *no pl*, evidence *no pl*; (: *faits*) evidence *no pl*; (*gén: rapport, récit*) account; (*fig: d'affection etc*) token, mark; (*geste*) expression
**témoigner** [temwaɲe] *vt* (*manifester: intérêt, gratitude*) to show ▷ *vi* (*Jur*) to testify, give evidence; **~ que** to testify that; (*fig: démontrer*) to reveal that, testify to the fact that; **~ de** *vt* (*confirmer*) to bear witness to, testify to
**témoin** [temwɛ̃] *nm* witness; (*fig*) testimony; (*Sport*) baton; (*Constr*) telltale ▷ *adj* control *cpd*, test *cpd*; **~ le fait que ...** (as) witness the fact that ...; **appartement-~** show flat (Brit), model apartment (US); **être ~ de** (*voir*) to

witness; **prendre à ~** to call to witness; **~ à charge** witness for the prosecution; **~ de connexion** (*Inform*) cookie; **T~ de Jehovah** Jehovah's Witness; **~ de moralité** character reference; **~ oculaire** eyewitness
**tempe** [tãp] *nf* (*Anat*) temple
**tempérament** [tãperamã] *nm* temperament, disposition; (*santé*) constitution; **à ~** (*vente*) on deferred (payment) terms; (*achat*) by instalments, hire purchase *cpd*; **avoir du ~** to be hot-blooded
**température** [tãperatyr] *nf* temperature; **prendre la ~ de** to take the temperature of; (*fig*) to gauge the feeling of; **avoir** *ou* **faire de la ~** to be running *ou* have a temperature
**tempéré, e** [tãpere] *adj* temperate
**tempête** [tãpɛt] *nf* storm; **~ de sable/neige** sand/snowstorm; **vent de ~** gale
**temple** [tãpl] *nm* temple; (*protestant*) church
**temporaire** [tãporɛr] *adj* temporary
**temps** [tã] *nm* (*atmosphérique*) weather; (*durée*) time; (*époque*) time, times *pl*; (*Ling*) tense; (*Mus*) beat; (*Tech*) stroke; **un ~ de chien** (*fam*) rotten weather; **quel ~ fait-il?** what's the weather like?; **il fait beau/mauvais ~** the weather is fine/bad; **avoir le ~/tout le ~/ juste le ~** to have time/plenty of time/just enough time; **les ~ changent/sont durs** times are changing/hard; **avoir fait son ~** (*fig*) to have had its (*ou* his *etc*) day; **en ~ de paix/guerre** in peacetime/wartime; **en ~ utile** *ou* **voulu** in due time *ou* course; **ces derniers ~** lately; **dans quelque ~** in a (little) while; **de ~ en ~, de ~ à autre** from time to time, now and again; **en même ~** at the same time; **à ~** (*partir, arriver*) in time; **à ~ complet, à plein ~** *adv, adj* full-time; **à ~ partiel, à mi-~** *adv, adj* part-time; **dans le ~** at one time; **de tout ~** always; **du ~ que** at the time when, in the days when; **dans le** *ou* **du** *ou* **au ~ où** at the time when; **pendant ce ~** in the meantime; **~ d'accès** (*Inform*) access time; **~ d'arrêt** pause, halt; **~ libre** free *ou* spare time; **~ mort** (*Sport*) stoppage (time); (*Comm*) slack period; **~ partagé** (*Inform*) time-sharing; **~ réel** (*Inform*) real time
**tenable** [tənabl] *adj* bearable
**tenace** [tənas] *adj* tenacious, persistent
**tenailler** [tənaje] *vt* (*fig*) to torment, torture
**tenailles** [tənaj] *nfpl* pincers
**tenais** *etc* [t(ə)nɛ] *vb voir* **tenir**
**tenancier, -ière** [tənãsje, -jɛr] *nm/f* (*d'hôtel, de bistro*) manager/manageress
**tenant, e** [tənã, -ãt] *adj f voir* **séance** ▷ *nm/f* (*Sport*): **~ du titre** title-holder ▷ *nm*: **d'un seul ~** in one piece; **les ~s et aboutissants** (*fig*) the ins and outs
**tendance** [tãdãs] *nf* (*opinions*) leanings *pl*, sympathies *pl*; (*inclination*) tendency; (*évolution*) trend; **à la hausse/baisse** upward/downward trend; **avoir ~ à** to have a tendency to, tend to

**tendeur** [tãdœʀ] nm (de vélo) chain-adjuster; (de câble) wire-strainer; (de tente) runner; (attache) elastic strap

**tendre** [tãdʀ] adj (viande, légumes) tender; (bois, roche, couleur) soft; (affectueux) tender, loving ▷ vt (élastique, peau) to stretch, draw tight; (corde) to tighten; (muscle) to tense; (donner): ~ qch à qn to hold sth out to sb; (offrir) to offer sb sth; (fig: piège) to set, lay; (tapisserie): **tendu de soie** hung with silk, with silk hangings; **se tendre** vi (corde) to tighten; (relations) to become strained; ~ **à qch/à faire** to tend towards sth/to do; ~ **l'oreille** to prick up one's ears; ~ **la main/le bras** to hold out one's hand/stretch out one's arm; ~ **la perche à qn** (fig) to throw sb a line

**tendrement** [tãdʀəmã] adv tenderly, lovingly

**tendresse** [tãdʀɛs] nf tenderness; **tendresses** nfpl (caresses etc) tenderness no pl, caresses

**tendu, e** [tãdy] pp de **tendre** ▷ adj (corde) tight; (muscles) tensed; (relations) strained

**ténèbres** [tenɛbʀ] nfpl darkness nsg

**teneur** [tənœʀ] nf content, substance; (d'une lettre) terms pl, content; ~ **en cuivre** copper content

**tenir** [təniʀ] vt to hold; (magasin, hôtel) to run; (promesse) to keep ▷ vi to hold; (neige, gel) to last; (survivre) to survive; **se tenir** vi (avoir lieu) to be held, take place; (être: personne) to stand; **se ~ droit** to stand up (ou sit up) straight; **bien se ~** to behave well; **se ~ à qch** to hold on to sth; **s'en ~ à qch** to confine o.s. to sth; to stick to sth; ~ **à** vt (personne, objet) to be attached to, care about (ou for); (réputation) to care about; (avoir pour cause) to be due to, stem from; ~ **à faire** to want to do, be keen to do; ~ **à ce que qn fasse qch** to be anxious that sb should do sth; ~ **de** vt to partake of; (ressembler à) to take after; **ça ne tient qu'à lui** it is entirely up to him; ~ **qn pour** to take sb for; ~ **qch de qn** (histoire) to have heard ou learnt sth from sb; (qualité, défaut) to have inherited ou got sth from sb; ~ **dans** to fit into; ~ **compte de qch** to take sth into account; ~ **les comptes** to keep the books; ~ **un rôle** to play a part; ~ **de la place** to take up space ou room; ~ **l'alcool** to be able to hold a drink; ~ **le coup** to hold out; ~ **bon** to stand ou hold fast; ~ **trois jours/deux mois** (résister) to hold out ou last three days/two months; ~ **au chaud/à l'abri** to keep hot/under shelter ou cover; **un manteau qui tient chaud** a warm coat; ~ **prêt** to have ready; ~ **sa langue** (fig) to hold one's tongue; **tiens (ou tenez), voilà le stylo** there's the pen!; **tiens, Alain!** look, there's Alain!; **tiens?** (surprise) really?; **tiens-toi bien!** (pour informer) brace yourself!, take a deep breath!

**tennis** [tenis] nm tennis; (aussi: **court de ~**) tennis court ▷ nmpl ou fpl (aussi: **chaussures de ~**) tennis ou gym shoes; ~ **de table** table tennis

**tennisman** [tenisman] nm tennis player

**tension** [tãsjõ] nf tension; (fig: des relations, de la situation) tension; (: concentration, effort) strain; (Méd) blood pressure; **faire ou avoir de la ~** to have high blood pressure; ~ **nerveuse/raciale** nervous/racial tension

**tentation** [tãtasjõ] nf temptation

**tentative** [tãtativ] nf attempt, bid; ~ **d'évasion** escape bid; ~ **de suicide** suicide attempt

**tente** [tãt] nf tent; ~ **à oxygène** oxygen tent

**tenter** [tãte] vt (éprouver, attirer) to tempt; (essayer): ~ **qch/de faire** to attempt ou try sth/ to do; **être tenté de** to be tempted to; ~ **sa chance** to try one's luck

**tenture** [tãtyʀ] nf hanging

**tenu, e** [təny] pp de **tenir** ▷ adj (maison, comptes): **bien** ~ well-kept; (obligé): ~ **de faire** under an obligation to do ▷ nf (action de tenir) running; keeping; holding; (vêtements) clothes pl, gear; (allure) dress no pl, appearance; (comportement) manners pl, behaviour (Brit), behavior (US); (d'une maison) upkeep; **être en ~e** to be dressed (up); **se mettre en ~e** to dress (up); **en grande ~e** in full dress; **en petite ~e** scantily dressed ou clad; **avoir de la ~e** to have good manners; (journal) to have a high standard; ~ **e de combat** combat gear ou dress; ~**e de pompier** fireman's uniform; ~**e de route** (Auto) road-holding; ~**e de soirée** evening dress; ~**e de sport/voyage** sports/travelling clothes pl ou gear no pl

**TER** abr m (= Train Express Régional) local train

**ter** [tɛʀ] adj: **16** = 16b ou B

**térébenthine** [teʀebãtin] nf: (**essence de**) ~ (oil of) turpentine

**tergal®** [tɛʀgal] nm Terylene®

**terme** [tɛʀm] nm term; (fin) end; **être en bons/mauvais ~s avec qn** to be on good/bad terms with sb; **vente/achat à ~** (Comm) forward sale/purchase; **au ~ de** at the end of; **en d'autres ~s** in other words; **moyen ~** (solution intermédiaire) middle course; **à court/ long ~** adj short-/long-term ou -range ▷ adv in the short/long term; **à ~** adj (Méd) full-term ▷ adv sooner or later, eventually; (Méd) at term; **avant ~** (Méd) ▷ adj premature ▷ adv prematurely; **mettre un ~ à** to put an end ou a stop to; **toucher à son ~** to be nearing its end

**terminaison** [tɛʀminɛzõ] nf (Ling) ending

**terminal, e, -aux** [tɛʀminal, -o] adj (partie, phase) final; (Méd) terminal ▷ nm terminal ▷ nf (Scol) ≈ year 13 (Brit), ≈ twelfth grade (US)

**terminer** [tɛʀmine] vt to end; (travail, repas) to finish; **se terminer** vi to end; **se ~ par** to end with

**terne** [tɛʀn] adj dull

**ternir** [tɛʀniʀ] vt to dull; (fig) to sully, tarnish; **se ternir** vi to become dull

**terrain** [teʀɛ̃] nm (sol, fig) ground; (Comm: étendue de terre) land no pl; (parcelle) plot (of land); (: à bâtir) site; **sur le ~** (fig) on the field; **~ de football/rugby** football/rugby pitch (Brit) ou field (US); **~ d'atterrissage** landing strip; **~ d'aviation** airfield; **~ de camping** campsite; **un ~ d'entente** an area of agreement; **~ de golf** golf course; **~ de jeu** (pour les petits) playground; (Sport) games field; **~ de sport** sports ground; **~ vague** waste ground no pl

**terrasse** [teʀas] nf terrace; (de café) pavement area, terrasse; **à la ~** (café) outside

**terrasser** [teʀase] vt (adversaire) to floor, bring down; (maladie etc) to lay low

**terre** [teʀ] nf (gén, aussi Élec) earth; (substance) soil, earth; (opposé à mer) land no pl; (contrée) land; **terres** nfpl (terrains) lands, land nsg; **travail de la ~** work on the land; **en ~** (pipe, poterie) clay cpd; **mettre en ~** (plante etc) to plant; (personne: enterrer) to bury; **à** ou **par ~** (mettre, être, s'asseoir) on the ground (ou floor); (jeter, tomber) to the ground, down; **~ à ~** adj inv down-to-earth, matter-of-fact; **la T~ Adélie** Adélie Coast ou Land; **~ de bruyère** (heath-) peat; **~ cuite** earthenware; terracotta; **la ~ ferme** dry land, terra firma; **la T~ de Feu** Tierra del Fuego; **~ glaise** clay; **la T~ promise** the Promised Land; **la T~ Sainte** the Holy Land

**terreau** [teʀo] nm compost

**terre-plein** [teʀplɛ̃] nm platform; (sur chaussée) central reservation

**terrer** [teʀe]: **se terrer** vi to hide away; to go to ground

**terrestre** [teʀɛstʀ] adj (surface) earth's, of the earth; (Bot, Zool, Mil) land cpd; (Rel) earthly, worldly

**terreur** [teʀœʀ] nf terror no pl, fear

**terrible** [teʀibl] adj terrible, dreadful; (fam: fantastique) terrific; **pas ~** nothing special

**terrien, ne** [teʀjɛ̃, -ɛn] adj: **propriétaire ~** landowner ▷ nm/f countryman/woman, man/woman of the soil; (non martien etc) earthling; (non marin) landsman

**terrier** [teʀje] nm burrow, hole; (chien) terrier

**terrifier** [teʀifje] vt to terrify

**terrine** [teʀin] nf (récipient) terrine; (Culin) pâté

**territoire** [teʀitwaʀ] nm territory; **T~ des Afars et des Issas** French Territory of Afars and Issas

**terroir** [teʀwaʀ] nm (Agr) soil; (région) region; **accent du ~** country ou rural accent

**terroriser** [teʀɔʀize] vt to terrorize

**terrorisme** [teʀɔʀism] nm terrorism

**terroriste** [teʀɔʀist] nm/f terrorist

**tertiaire** [teʀsjɛʀ] adj tertiary ▷ nm (Écon) tertiary sector, service industries pl

**tertre** [teʀtʀ] nm hillock, mound

**tes** [te] adj poss voir **ton**

**tesson** [tesɔ̃] nm: **~ de bouteille** piece of broken bottle

**test** [tɛst] nm test; **~ de grossesse** pregnancy test

**testament** [tɛstamɑ̃] nm (Jur) will; (fig) legacy; (Rel): **T~** Testament; **faire son ~** to make one's will

**tester** [tɛste] vt to test

**testicule** [tɛstikyl] nm testicle

**tétanos** [tetanos] nm tetanus

**têtard** [tɛtaʀ] nm tadpole

**tête** [tɛt] nf head; (cheveux) hair no pl; (visage) face; (longueur): **gagner d'une (courte) ~** to win by a (short) head; (Football) header; **de ~** adj (wagon etc) front cpd; (concurrent) leading ▷ adv (calculer) in one's head, mentally; **par ~** (par personne) per head; **se mettre en ~ que** to get it into one's head that; **se mettre en ~ de faire** to take it into one's head to do; **prendre la ~ de qch** to take the lead in sth; **perdre la ~** (fig: s'affoler) to lose one's head; (: devenir fou) to go off one's head; **ça ne va pas, la ~?** (fam) are you crazy?; **tenir ~ à qn** to stand up to ou defy sb; **la ~ en bas** with one's head down; **la ~ la première** (tomber) head-first; **la ~ basse** hanging one's head; **avoir la ~ dure** (fig) to be thickheaded; **faire une ~** (Football) to head the ball; **faire la ~** (fig) to sulk; **en ~** (Sport) in the lead; at the front ou head; **à la ~ de** at the head of; **à ~ reposée** in a more leisurely moment; **n'en faire qu'à sa ~** to do as one pleases; **en avoir par-dessus la ~** to be fed up; **en ~ à ~** in private, alone together; **de la ~ aux pieds** from head to toe; **~ d'affiche** (Théât etc) top of the bill; **~ de bétail** head inv of cattle; **~ brûlée** desperado; **~ chercheuse** homing device; **~ d'enregistrement** recording head; **~ d'impression** printhead; **~ de lecture** (playback) head; **~ de ligne** (Transports) start of the line; **~ de liste** (Pol) chief candidate; **~ de mort** skull and crossbones; **~ de pont** (Mil) bridge- ou beachhead; **~ de série** (Tennis) seeded player, seed; **~ de Turc** (fig) whipping boy (Brit), butt; **~ de veau** (Culin) calf's head

**tête-à-queue** [tɛtakø] nm inv: **faire un ~** to spin round

**tête-à-tête** [tɛtatɛt] nm inv: **en ~** in private, alone together

**téter** [tete] vt: **~ (sa mère)** to suck at one's mother's breast, feed

**tétine** [tetin] nf teat; (sucette) dummy (Brit), pacifier (US)

**têtu, e** [tety] adj stubborn, pigheaded

**texte** [tɛkst] nm text; (morceau choisi) passage; (Scol: d'un devoir) subject, topic; **apprendre son ~** (Théât) to learn one's lines; **un ~ de loi** the wording of a law

**textile** [tɛkstil] adj textile cpd ▷ nm textile; (industrie) textile industry

**Texto®** [tɛksto] nm text (message)

**texto** [tɛksto] (fam) adj word for word

**texture** [tɛkstyʀ] nf texture; (fig: d'un texte, livre) feel

**TGV** *sigle m* = **train à grande vitesse**

**thaïlandais, e** [tailɑ̃dɛ, -ɛz] *adj* Thai ▷ *nm/f:*
**T~, e** Thai

**Thaïlande** [tailɑ̃d] *nf:* **la ~** Thailand

**thé** [te] *nm* tea; *(réunion)* tea party; **prendre**
**le ~** to have tea; **~ au lait/citron** tea with
milk/lemon; **faire le ~** to make the tea

**théâtral, e, -aux** [teɑtʀal, -o] *adj* theatrical

**théâtre** [teɑtʀ] *nm* theatre; *(techniques, genre)*
drama, theatre; *(activité)* stage, theatre;
*(œuvres)* plays *pl*, dramatic works *pl*; *(fig: lieu):*
**le ~ de** the scene of; *(péj)* histrionics *pl*,
playacting; **faire du ~** *(en professionnel)* to be
on the stage; *(en amateur)* to act; **~ filmé**
filmed stage productions *pl*

**théière** [tejɛʀ] *nf* teapot

**thème** [tɛm] *nm* theme; *(Scol: traduction)*
prose (composition); **~ astral** birth chart

**théologie** [teɔlɔʒi] *nf* theology

**théorie** [teɔʀi] *nf* theory; **en ~** in theory

**théorique** [teɔʀik] *adj* theoretical

**thérapie** [teʀapi] *nf* therapy; **~ de groupe**
group therapy

**thermal, e, -aux** [tɛʀmal, -o] *adj* thermal;
**station ~e** spa; **cure ~e** water cure

**thermes** [tɛʀm] *nmpl* thermal baths;
*(romains)* thermae *pl*

**thermomètre** [tɛʀmɔmɛtʀ] *nm*
thermometer

**thermos**® [tɛʀmos] *nm ou nf:* **(bouteille) ~**
vacuum *ou* Thermos® flask *(Brit)* ou bottle *(US)*

**thermostat** [tɛʀmɔsta] *nm* thermostat

**thèse** [tɛz] *nf* thesis

**thon** [tɔ̃] *nm* tuna (fish)

**thym** [tɛ̃] *nm* thyme

**Tibet** [tibɛ] *nm:* **le ~** Tibet

**tibia** [tibja] *nm* shin; *(os)* shinbone, tibia

**TIC** *sigle fpl* (= technologies de l'information et de la
communication) ICT *sg*

**tic** [tik] *nm* tic, (nervous) twitch; *(de langage
etc)* mannerism

**ticket** [tikɛ] *nm* ticket; **~ de caisse** till receipt;
**~ modérateur** patient's contribution towards
medical costs; **~ de quai** platform ticket;
**~ repas** luncheon voucher

**tic-tac** [tiktak] *nm inv* tick-tock

**tiède** [tjɛd] *adj (bière etc)* lukewarm; *(thé, café
etc)* tepid; *(bain, accueil, sentiment)* lukewarm;
*(vent, air)* mild, warm ▷ *adv:* **boire ~** to drink
things lukewarm

**tiédir** [tjediʀ] *vi (se réchauffer)* to grow warmer;
*(refroidir)* to cool

**tien, tienne** [tjɛ̃, tjɛn] *pron:* **le ~ (la ~ne), les
~s (~nes)** yours; **à la ~ne!** cheers!

**tiens** [tjɛ̃] *vb, excl voir* **tenir**

**tierce** [tjɛʀs] *adj f, nf voir* **tiers**

**tiercé** [tjɛʀse] *nm* system of forecast betting giving
first three horses

**tiers, tierce** [tjɛʀ, tjɛʀs] *adj* third ▷ *nm (Jur)*
third party; *(fraction)* third ▷ *nf (Mus)* third;
*(Cartes)* tierce; **une tierce personne** a third
party; **assurance au ~** third-party insurance;

**le ~ monde** the third world; **~ payant** *direct
payment by insurers of medical expenses;*
**~ provisionnel** *interim payment of tax*

**tifs** [tif] *(fam) nmpl* hair

**tige** [tiʒ] *nf* stem; *(baguette)* rod

**tignasse** [tiɲas] *nf (péj)* shock *ou* mop of hair

**tigre** [tigʀ] *nm* tiger

**tigré, e** [tigʀe] *adj (rayé)* striped; *(tacheté)*
spotted; *(chat)* tabby

**tigresse** [tigʀɛs] *nf* tigress

**tilleul** [tijœl] *nm* lime (tree), linden (tree);
*(boisson)* lime(-blossom) tea

**timbale** [tɛ̃bal] *nf* (metal) tumbler; **timbales**
*nfpl (Mus)* timpani, kettledrums

**timbre** [tɛ̃bʀ] *nm (tampon)* stamp; *(aussi:*
**~-poste)** (postage) stamp; *(cachet de la poste)*
postmark; *(sonnette)* bell; *(Mus: de voix,
instrument)* timbre, tone; **~ anti-tabac**
nicotine patch; **~ dateur** date stamp

**timbré, e** [tɛ̃bʀe] *adj (enveloppe)* stamped;
*(voix)* resonant; *(fam: fou)* cracked, nuts

**timide** [timid] *adj (emprunté)* shy, timid;
*(timoré)* timid, timorous

**timidement** [timidmɑ̃] *adv* shyly; timidly

**timidité** [timidite] *nf* shyness; timidity

**tintamarre** [tɛ̃tamaʀ] *nm* din, uproar

**tinter** [tɛ̃te] *vi* to ring, chime; *(argent, clés)* to
jingle

**tique** [tik] *nf* tick *(insect)*

**tir** [tiʀ] *nm (sport)* shooting; *(fait ou manière de
tirer)* firing *no pl*; *(Football)* shot; *(rafale)* fire;
*(stand)* shooting gallery; **~ d'obus/de
mitraillette** shell/machine gun fire; **~ à
l'arc** archery; **~ de barrage** barrage fire; **~ au
fusil** (rifle) shooting; **~ au pigeon** *(d'argile)*
clay pigeon shooting

**tirage** [tiʀaʒ] *nm (action)* printing; *(Photo)*
print; *(Inform)* printout; *(de journal)* circulation;
*(de livre)* (print-)run; edition; *(de cheminée)*
draught *(Brit)*, draft *(US)*; *(de loterie)* draw; *(fig:
désaccord)* friction; **~ au sort** drawing lots

**tirailler** [tiʀaje] *vt* to pull at, tug at; *(fig)* to
gnaw at ▷ *vi* to fire at random

**tire** [tiʀ] *nf:* **vol à la ~** pickpocketing

**tiré, e** [tiʀe] *adj (visage, traits)* drawn ▷ *nm
(Comm)* drawee; **~ par les cheveux** far-
fetched; **~ à part** off-print

**tire-au-flanc** [tiʀoflɑ̃] *nm inv (péj)* skiver

**tire-bouchon** [tiʀbuʃɔ̃] *nm* corkscrew

**tirelire** [tiʀliʀ] *nf* moneybox

**tirer** [tiʀe] *vt (gén)* to pull; *(extraire):* **~ qch de**
to take *ou* pull sth out of; to get sth out of; to
extract sth from; *(tracer: ligne, trait)* to draw,
trace; *(fermer: volet, porte, trappe)* to pull to,
close; *(: rideau)* to draw; *(choisir: carte,
conclusion, aussi Comm: chèque)* to draw; *(en
faisant feu: balle, coup)* to fire; *(: animal)* to
shoot; *(journal, livre, photo)* to print; *(Football:
corner etc)* to take ▷ *vi (faire feu)* to fire; *(faire du
tir, Football)* to shoot; *(cheminée)* to draw; **se
tirer** *vi (fam)* to push off; *(aussi:* **s'en ~** *: éviter le
pire)* to get off; *(survivre)* to pull through; *(se*

*débrouiller*) to manage; ~ **sur** (*corde, poignée*) to pull on *ou* at; (*faire fus sur*) to shoot *ou* fire at; (*pipe*) to draw on; (*fig: avoisiner*) to verge *ou* border on; ~ **six mètres** (*Navig*) to draw six metres of water; ~ **son nom de** to take *ou* get its name from; ~ **la langue** to stick out one's tongue; ~ **qn de** (*embarras etc*) to help *ou* get sb out of; ~ **à l'arc/la carabine** to shoot with a bow and arrow/with a rifle; ~ **en longueur** to drag on; ~ **à sa fin** to be drawing to an end; ~ **qch au clair** to clear sth up; ~ **au sort** to draw lots; ~ **parti de** to take advantage of; ~ **profit de** to profit from; ~ **les cartes** to read *ou* tell the cards

**tiret** [tiʀɛ] *nm* dash; (*en fin de ligne*) hyphen

**tireur** [tiʀœʀ] *nm* gunman; (*Comm*) drawer; **bon** ~ good shot; ~ **d'élite** marksman; ~ **de cartes** fortuneteller

**tiroir** [tiʀwaʀ] *nm* drawer

**tiroir-caisse** [tiʀwaʀkɛs] *nm* till

**tisane** [tizan] *nf* herb tea

**tisonnier** [tizɔnje] *nm* poker

**tisser** [tise] *vt* to weave

**tisserand, e** [tisʀɑ̃, -ɑ̃d] *nm/f* weaver

**tissu¹** [tisy] *nm* fabric, material, cloth *no pl*; (*fig*) fabric; (*Anat, Bio*) tissue; ~ **de mensonges** web of lies

**tissu², e** [tisy] *adj*: ~ **de** woven through with

**tissu-éponge** [tisyepɔ̃ʒ] *nm* (terry) towelling *no pl*

**titre** [titʀ] *nm* (*gén*) title; (*de journal*) headline; (*diplôme*) qualification; (*Comm*) security; (*Chimie*) titre; **en** ~ (*champion, responsable*) official, recognized; **à juste** ~ with just cause, rightly; **à quel ~?** on what grounds?; **à aucun** ~ on no account; **au même** ~ **(que)** in the same way (as); **au** ~ **de la coopération** *etc* in the name of cooperation *etc*; **à** ~ **d'exemple** as an *ou* by way of an example; **à** ~ **exceptionnel** exceptionally; **à** ~ **d'information** for (your) information; **à** ~ **gracieux** free of charge; **à** ~ **d'essai** on a trial basis; **à** ~ **privé** in a private capacity; ~ **courant** running head; ~ **de propriété** title deed; ~ **de transport** ticket

**tituber** [titybe] *vi* to stagger *ou* reel (along)

**titulaire** [titylɛʀ] *adj* (*Admin*) appointed, with tenure ▷ *nm/f* (*Admin*) incumbent; (*de permis*) holder; **être** ~ **de** (*diplôme, permis*) to hold

**TNT** *sigle m* (= *Trinitrotoluène*) TNT ▷ *sigle f* (= *Télévision numérique terrestre*) digital television

**toast** [tost] *nm* slice *ou* piece of toast; (*de bienvenue*) (welcoming) toast; **porter un** ~ **à qn** to propose *ou* drink a toast to sb

**toboggan** [tɔbɔgɑ̃] *nm* toboggan; (*jeu*) slide; (*Auto*) flyover (Brit), overpass (US); ~ **de secours** (Aviat) escape chute

**toc** [tɔk] *nm*: **en** ~ imitation *cpd* ▷ *excl*: ~, ~ knock knock

**tocsin** [tɔksɛ̃] *nm* alarm (bell)

**toge** [tɔʒ] *nf* toga; (*de juge*) gown

**tohu-bohu** [tɔybɔy] *nm* (*désordre*) confusion; (*tumulte*) commotion

**toi** [twa] *pron* you; ~, **tu l'as fait?** did YOU do it?

**toile** [twal] *nf* (*matériau*) cloth *no pl*; (*bâche*) piece of canvas; (*tableau*) canvas; **grosse** ~ canvas; **de** *ou* **en** ~ (*pantalon*) cotton; (*sac*) canvas; **tisser sa** ~ (*araignée*) to spin its web; ~ **d'araignée** spider's web; (*au plafond etc*: *à enlever*) cobweb; **la T-** (*Internet*) the Web; ~ **cirée** oilcloth; ~ **émeri** emery cloth; ~ **de fond** (*fig*) backdrop; ~ **de jute** hessian; ~ **de lin** linen; ~ **de tente** canvas

**toilette** [twalɛt] *nf* wash; (*s'habiller et se préparer*) getting ready, washing and dressing; (*habits*) outfit; dress *no pl*; **toilettes** *nfpl* toilet *nsg*; **les ~s des dames/messieurs** the ladies'/gents' (toilets) (Brit), the ladies'/men's (rest)room (US); **faire sa** ~ to have a wash, get washed; **faire la** ~ (*animal*) to groom; (*voiture etc*) to clean, wash; (*texte*) to tidy up; **articles de** ~ toiletries; ~ **intime** personal hygiene

**toi-même** [twamɛm] *pron* yourself

**toiser** [twaze] *vt* to eye up and down

**toison** [twazɔ̃] *nf* (*de mouton*) fleece; (*cheveux*) mane

**toit** [twa] *nm* roof; ~ **ouvrant** sun roof

**toiture** [twatyʀ] *nf* roof

**Tokyo** [tɔkjo] *n* Tokyo

**tôle** [tol] *nf* sheet metal *no pl*; (*plaque*) steel (*ou* iron) sheet; **tôles** *nfpl* (*carrosserie*) bodywork *nsg* (Brit), body *nsg*; panels; ~ **d'acier** sheet steel *no pl*; ~ **ondulée** corrugated iron

**tolérable** [tɔleʀabl] *adj* tolerable, bearable

**tolérant, e** [tɔleʀɑ̃, -ɑ̃t] *adj* tolerant

**tolérer** [tɔleʀe] *vt* to tolerate; (*Admin: hors taxe etc*) to allow

**tollé** [tɔle] *nm*: **un** ~ (**de protestations**) a general outcry

**tomate** [tɔmat] *nf* tomato; ~**s farcies** stuffed tomatoes

**tombe** [tɔ̃b] *nf* (*sépulture*) grave; (*avec monument*) tomb

**tombeau, x** [tɔ̃bo] *nm* tomb; **à** ~ **ouvert** at breakneck speed

**tombée** [tɔ̃be] *nf*: **à la** ~ **du jour** *ou* **de la nuit** at the close of day, at nightfall

**tomber** [tɔ̃be] *vi* to fall; (*fièvre, vent*) to drop ▷ *vt*: ~ **la veste** to slip off one's jacket; **laisser** ~ (*objet*) to drop; (*personne*) to let down; (*activité*) to give up; **laisse** ~! forget it!; **faire** ~ to knock over; ~ **sur** *vt* (*rencontrer*) to come across; (*attaquer*) to set about; ~ **de fatigue/sommeil** to drop from exhaustion/be falling asleep on one's feet; ~ **à l'eau** (*fig: projet etc*) to fall through; ~ **en panne** to break down; ~ **juste** (*opération, calcul*) to come out right; ~ **en ruine** to fall into ruins; **ça tombe bien/mal** (*fig*) that's come at the right/wrong time; **il est bien/mal tombé** (*fig*) he's been lucky/unlucky

**tombola** [tɔ̃bɔla] *nf* raffle

**tome** [tɔm] *nm* volume

**ton¹, ta** (pl **tes**) [tɔ̃, ta, te] adj poss your

**ton²** [tɔ̃] nm (gén) tone; (Mus) key; (couleur) shade, tone; (de la voix: hauteur) pitch; **donner le ~** to set the tone; **élever** ou **hausser le ~** to raise one's voice; **de bon ~** in good taste; **si vous le prenez sur ce ~** if you're going to take it like that; **~ sur ~** in matching shades

**tonalité** [tɔnalite] nf (au téléphone) dialling tone; (Mus) tonality; (: ton) key; (fig) tone

**tondeuse** [tɔ̃døz] nf (à gazon) (lawn)mower; (du coiffeur) clippers pl; (pour la tonte) shears pl

**tondre** [tɔ̃dʀ] vt (pelouse, herbe) to mow; (haie) to cut, clip; (mouton, toison) to shear; (cheveux) to crop

**tongs** [tɔ̃g] nfpl flip-flops (Brit), thongs (US)

**tonifier** [tɔnifje] vt (air, eau) to invigorate; (peau, organisme) to tone up

**tonique** [tɔnik] adj fortifying; (personne) dynamic ▷ nm, nf tonic

**tonne** [tɔn] nf metric ton, tonne

**tonneau, x** [tɔno] nm (à vin, cidre) barrel; (Navig) ton; **faire des ~x** (voiture, avion) to roll over

**tonnelle** [tɔnɛl] nf bower, arbour (Brit), arbor (US)

**tonner** [tɔne] vi to thunder; (parler avec véhémence): **~ contre qn/qch** to inveigh against sb/sth; **il tonne** it is thundering, there's some thunder

**tonnerre** [tɔnɛʀ] nm thunder; **coup de ~** (fig) thunderbolt, bolt from the blue; **un ~ d'applaudissements** thunderous applause; **du ~** adj (fam) terrific

**tonte** [tɔ̃t] nf shearing

**tonton** [tɔ̃tɔ̃] nm uncle

**tonus** [tɔnys] nm energy; (des muscles) tone; (d'une personne) dynamism

**top** [tɔp] nm: **au troisième ~** at the third stroke ▷ adj: **~ secret** top secret ▷ excl go!

**topinambour** [tɔpinãbuʀ] nm Jerusalem artichoke

**topo** [tɔpo] nm (discours, exposé) talk; (fam) spiel

**toque** [tɔk] nf (de fourrure) fur hat; **~ de jockey/juge** jockey's/judge's cap; **~ de cuisinier** chef's hat

**toqué, e** [tɔke] adj (fam) touched, cracked

**torche** [tɔʀʃ] nf torch; **se mettre en ~** (parachute) to candle

**torchon** [tɔʀʃɔ̃] nm cloth, duster; (à vaisselle) tea towel ou cloth

**tordre** [tɔʀdʀ] vt (chiffon) to wring; (barre, fig: visage) to twist; **se tordre** vi (barre) to bend; (roue) to twist, buckle; (ver, serpent) to writhe; **se ~ le poignet/la cheville** to twist one's wrist/ankle; **se ~ de douleur/rire** to writhe in pain/be doubled up with laughter

**tordu, e** [tɔʀdy] pp de **tordre** ▷ adj (fig) warped, twisted; (fig) crazy

**tornade** [tɔʀnad] nf tornado

**torpille** [tɔʀpij] nf torpedo

**torréfier** [tɔʀefje] vt to roast

**torrent** [tɔʀɑ̃] nm torrent, mountain stream; (fig): **un ~ de** a torrent ou flood of; **il pleut à ~s** the rain is lashing down

**torsade** [tɔʀsad] nf twist; (Archit) cable moulding (Brit) ou molding (US); **un pull à ~s** a cable sweater

**torse** [tɔʀs] nm chest; (Anat, Sculpture) torso; (poitrine) chest; **~ nu** stripped to the waist

**tort** [tɔʀ] nm (défaut) fault; (préjudice) wrong no pl; **torts** nmpl (Jur) fault nsg; **avoir ~** to be wrong; **être dans son ~** to be in the wrong; **donner ~ à qn** to lay the blame on sb; (fig) to prove sb wrong; **causer du ~ à** to harm; to be harmful ou detrimental to; **en ~** in the wrong, at fault; **à ~** wrongly; **à ~ ou à raison** rightly or wrongly; **à ~ et à travers** wildly

**torticolis** [tɔʀtikɔli] nm stiff neck

**tortiller** [tɔʀtije] vt (corde, mouchoir) to twist; (doigts) to twiddle; (moustache) to twirl; **se tortiller** vi to wriggle, squirm; (en dansant) to wiggle

**tortionnaire** [tɔʀsjɔnɛʀ] nm torturer

**tortue** [tɔʀty] nf tortoise; (fig) slowcoach (Brit), slowpoke (US); (d'eau douce) terrapin; (d'eau de mer) turtle

**tortueux, -euse** [tɔʀtɥø, -øz] adj (rue) twisting; (fig) tortuous

**torture** [tɔʀtyʀ] nf torture

**torturer** [tɔʀtyʀe] vt to torture; (fig) to torment

**tôt** [to] adv early; **~ ou tard** sooner or later; **si ~** so early; (déjà) so soon; **au plus ~** at the earliest, as soon as possible; **plus ~** earlier; **il eut ~ fait de faire ...** he soon did ...

**total, e, -aux** [tɔtal, -o] adj, nm total; **au ~** in total ou all; (fig) all in all, on the whole; **faire le ~** to work out the total

**totalement** [tɔtalmɑ̃] adv totally, completely

**totaliser** [tɔtalize] vt to total (up)

**totalitaire** [tɔtalitɛʀ] adj totalitarian

**totalité** [tɔtalite] nf: **la ~ de: la totalité des élèves** all (of) the pupils; **la ~ de la population/classe** the whole population/class; **en ~** entirely

**toubib** [tubib] nm (fam) doctor

**touchant, e** [tuʃɑ̃, -ɑ̃t] adj touching

**touche** [tuʃ] nf (de piano, de machine à écrire) key; (de violon) fingerboard; (de télécommande etc) key, button; (de téléphone) button; (Peinture etc) stroke, touch; (fig: de couleur, nostalgie) hint; (Rugby) line-out; (Football: aussi: **remise en ~**) throw-in; (aussi: **ligne de ~**) touch-line; (Escrime) hit; **en ~** in (ou into) touch; **avoir une drôle de ~** to look a sight; **~ de commande/de fonction/de retour** (Inform) control/function/return key; **~ dièse** (de téléphone, clavier) hash key; **~ à effleurement** ou **sensitive** touch-sensitive control ou key

**toucher** [tuʃe] nm touch ▷ vt to touch; (palper) to feel; (atteindre: d'un coup de feu etc) to hit; (affecter) to touch, affect; (concerner) to concern, affect; (contacter) to reach, contact; (recevoir: récompense) to receive, get; (: salaire) to draw, get; (chèque) to cash; (aborder: problème, *sujet*) to touch on; **au ~** to the touch; by the feel; **se toucher** (*être en contact*) to touch; **~ à** to touch; (*modifier*) to touch, tamper *ou* meddle with; (*traiter de, concerner*) to touch upon ou concern; **je vais lui en ~ un mot** I'll have a word with him about it; **~ au but** (*fig*) to near one's goal; **~ à sa fin** to be drawing to a close

**touffe** [tuf] *nf* tuft

**touffu, e** [tufy] *adj* thick, dense; (*fig*) complex, involved

**toujours** [tuʒuʀ] *adv* always; (*encore*) still; (*constamment*) forever; **depuis ~** always; **essaie ~** (you can) try anyway; **pour ~** forever; **~ est-il que** the fact remains that; **~ plus** more and more

**toupet** [tupɛ] *nm* quiff (*Brit*), tuft; (*fam*) nerve, cheek (*Brit*)

**toupie** [tupi] *nf* (spinning) top

**tour** [tuʀ] *nf* tower; (*immeuble*) high-rise block (*Brit*) *ou* building (US), tower block (*Brit*); (*Échecs*) castle, rook ▷ *nm* (*excursion: à pied*) stroll, walk; (*: en voiture etc*) run, ride; (*: plus long*) trip; (*Sport: aussi:* **~ de piste**) lap; (*d'être servi ou de jouer etc, tournure, de vis ou clef*) turn; (*de roue etc*) revolution; (*circonférence*): **de 3 m de ~** 3 m round, with a circumference *ou* girth of 3 m; (*Pol: aussi:* **~ de scrutin**) ballot; (*ruse, de prestidigitation, de cartes*) trick; (*de potier*) wheel; (*à bois, métaux*) lathe; **faire le ~ de** to go (a)round; (*à pied*) to walk (a)round; (*fig*) to review; **faire le ~ de l'Europe** to tour Europe; **faire un ~** to go for a walk; (*en voiture etc*) to go for a ride; **faire 2 ~s** to go (a)round twice; (*hélice etc*) to turn *ou* revolve twice; **fermer à double ~** *vi* to double-lock the door; **c'est au ~ de Renée** it's Renée's turn; **à ~ de rôle, ~ à ~** in turn; **à ~ de bras** with all one's strength; (*fig*) non-stop, relentlessly; **~ de taille/tête** *nm* waist/head measurement; **~ de chant** *nm* song recital; **~ de contrôle** *nf* control tower; **la ~ Eiffel** the Eiffel Tower; **le T~ de France** the Tour de France; *see note;* **~ de force** *nm* tour de force; **~ de garde** *nm* spell of duty; **un 33 ~s** an LP; **un 45 ~s** a single; **~ d'horizon** *nm* (*fig*) general survey; **~ de lit** *nm* valance; **~ de main** *nm* dexterity, knack; **en un ~ de main** (as) quick as a flash; **~ de passe-passe** *nm* trick, sleight of hand; **~ de reins** *nm* sprained back

○ **TOUR DE FRANCE**
○
○
○ The *Tour de France* is an annual road race for
○ professional cyclists. It takes about three
○ weeks to complete and is divided into
○ daily stages, or "étapes" of approximately
○ 175km (110 miles) over terrain of varying
○ levels of difficulty. The leading cyclist
○ wears a yellow jersey, the "maillot jaune".
○ The route varies; it is not usually confined
○ to France but always ends in Paris. In
○ addition, there are a number of time trials.

**tourbe** [tuʀb] *nf* peat

**tourbillon** [tuʀbijɔ̃] *nm* whirlwind; (*d'eau*) whirlpool; (*fig*) whirl, swirl

**tourbillonner** [tuʀbijɔne] *vi* to whirl, swirl; (*objet, personne*) to whirl *ou* twirl round

**tourelle** [tuʀɛl] *nf* turret

**tourisme** [tuʀism] *nm* tourism; **agence de ~** tourist agency; **avion/voiture de ~** private plane/car; **faire du ~** to go touring; (*en ville*) to go sightseeing

**touriste** [tuʀist] *nm/f* tourist

**touristique** [tuʀistik] *adj* tourist *cpd*; (*région*) touristic (*péj*), with tourist appeal

**tourment** [tuʀmɑ̃] *nm* torment

**tourmenter** [tuʀmɑ̃te] *vt* to torment; **se tourmenter** *vi* to fret, worry o.s.

**tournage** [tuʀnaʒ] *nm* (*d'un film*) shooting

**tournant, e** [tuʀnɑ̃, -ɑ̃t] *adj* (*feu, scène*) revolving; (*chemin*) winding; (*escalier*) spiral *cpd*; (*mouvement*) circling ▷ *nm* (*de route*) bend (*Brit*), curve (US); (*fig*) turning point; *voir* **plaque; grève**

**tournebroche** [tuʀnəbʀɔʃ] *nm* roasting spit

**tourne-disque** [tuʀnədisk] *nm* record player

**tournée** [tuʀne] *nf* (*du facteur etc*) round; (*d'artiste, politicien*) tour; (*au café*) round (of drinks); **faire la ~ de** to go (a)round

**tournemain** [tuʀnəmɛ̃] : **en un ~** *adv* in a flash

**tourner** [tuʀne] *vt* to turn; (*sauce, mélange*) to stir; (*contourner*) to get (a)round; (*Ciné: faire les prises de vues*) to shoot; (*produire*) to make ▷ *vi* to turn; (*moteur*) to run; (*compteur*) to tick away; (*lait etc*) to turn (sour); (*fig: chance, vie*) to turn out; **se tourner** *vi* to turn (a)round; **se ~ vers** to turn to; to turn towards; **bien ~** to turn out well; **mal ~** to go wrong; **~ autour de** to go (a)round; (*planète*) to revolve (a)round; (*péj*) to hang (a)round; **~ autour du pot** (*fig*) to go (a)round in circles; **~ à/en** to turn into; **~ à la pluie/au rouge** to turn rainy/red; **~ en ridicule** to ridicule; **~ le dos à** (*mouvement*) to turn one's back on; (*position*) to have one's back to; **~ court** to come to a sudden end; **se ~ les pouces** to twiddle one's thumbs; **~ la tête** to look away; **~ la tête à qn** (*fig*) to go to sb's head; **~ de l'œil** to pass out; **~ la page** (*fig*) to turn the page

**tournesol** [tuʀnəsɔl] *nm* sunflower

**tournevis** [tuʀnəvis] *nm* screwdriver

**tourniquet** [tuʀnikɛ] *nm* (*pour arroser*) sprinkler; (*portillon*) turnstile; (*présentoir*) revolving stand, spinner; (*Chirurgie*) tourniquet

**tournoi** [tuʀnwa] *nm* tournament

**tournoyer** [tuʀnwaje] *vi* (*oiseau*) to wheel (a)round; (*fumée*) to swirl (a)round

**tournure** [tuʀnyʀ] *nf* (*Ling: syntaxe*) turn of phrase; form; (*: d'une phrase*) phrasing; (*évolution*): **la ~ de qch** the way sth is developing; (*aspect*): **la ~ de** the look of; **la ~ des événements** the turn of events; **prendre ~** to take shape; **~ d'esprit** turn *ou* cast of mind

t

**tourte** [tuʀt] nf pie
**tourterelle** [tuʀtəʀɛl] nf turtledove
**tous** [adj tu, pron tus] adj, pron voir **tout**
**Toussaint** [tusɛ̃] nf: **la** ~ All Saints' Day; see note

● **TOUSSAINT**
●
● La Toussaint, 1 November, or All Saints' Day,
● is a public holiday in France. People
● traditionally visit the graves of friends
● and relatives to lay chrysanthemums on
● them.

**tousser** [tuse] vi to cough

○ MOT-CLÉ

**tout, e** [tu, tut] (mpl **tous**, fpl **toutes**) adj **1**
(avec article singulier) all; **tout le lait** all the
milk; **toute la nuit** all night, the whole
night; **tout le livre** the whole book; **tout un
pain** a whole loaf; **tout le temps** all the
time, the whole time; **c'est tout le
contraire** it's quite the opposite; **c'est toute
une affaire** ou **histoire** it's quite a business,
it's a whole rigmarole
**2** (avec article pluriel) every; all; **tous les livres**
all the books; **toutes les nuits** every night;
**toutes les fois** every time; **toutes les trois/
deux semaines** every third/other ou second
week, every three/two weeks; **tous les deux**
both ou each of us (ou them ou you); **toutes
les trois** all three of us (ou them ou you)
**3** (sans article) **à tout âge** at any age; **pour
toute nourriture, il avait ...** his only food
was ...; **de tous côtés, de toutes parts** from
everywhere, from every side
▷ pron everything, all; **il a tout fait** he's done
everything; **je les vois tous** I can see them
all ou all of them; **nous y sommes tous allés**
all of us went, we all went; **c'est tout** that's
all; **en tout** in all; **en tout et pour tout** all
in all; **tout ce qu'il sait** all he knows; **c'était
tout ce qu'il y a de chic** it was the last word
ou the ultimate in chic
▷ nm whole; **le tout** all of it (ou them); **le
tout est de ...** the main thing is to ...; **pas du
tout** not at all; **elle a tout d'une mère/
d'une intrigante** she's a real ou true
mother/schemer; **du tout au tout** utterly
▷ adv **1** (très, complètement) very; **tout près** ou **à
côté** very near; **le tout premier** the very
first; **tout seul** all alone; **il était tout rouge**
he was really ou all red; **parler tout bas** to
speak very quietly; **le livre tout entier** the
whole book; **tout en haut** right at the top;
**tout droit** straight ahead
**2**: **tout en** while; **tout en travaillant** while
working, as he etc works
**3**: **tout d'abord** first of all; **tout à coup**
suddenly; **tout à fait** absolutely; **tout à fait!**
exactly!; **tout à l'heure** a short while ago;

(futur) in a short while, shortly; **à tout à
l'heure!** see you later!; **il répondit tout
court que non** he just answered no (and
that was all); **tout de même** all the same;
**tout le monde** everybody; **tout ou rien** all
or nothing; **tout simplement** quite simply;
**tout de suite** immediately, straight away

**toutefois** [tutfwa] adv however
**toutes** [tut] adj, pron voir **tout**
**tout-terrain** [tuteʀɛ̃] adj: **vélo** ~ mountain
bike; **véhicule** ~ four-wheel drive
**toux** [tu] nf cough
**toxicomane** [tɔksikɔman] nm/f drug addict
**toxique** [tɔksik] adj toxic, poisonous
**trac** [tʀak] nm (aux examens) nerves pl; (Théât)
stage fright; **avoir le** ~ (aux examens) to get an
attack of nerves; (Théât) to have stage fright;
**tout à** ~ all of a sudden
**tracasser** [tʀakase] vt to worry, bother;
(harceler) to harass; **se tracasser** vi to worry
(o.s.), fret
**trace** [tʀas] nf (empreintes) tracks pl; (marques,
aussi fig) mark; (restes, vestige) trace; (indice)
sign; (aussi: **suivre à la** ~) to track; ~**s de pas**
footprints
**tracé** [tʀase] nm (contour) line; (plan) layout
**tracer** [tʀase] vt to draw; (mot) to trace; (piste)
to open up; (fig: chemin) to show
**tract** [tʀakt] nm tract, pamphlet; (publicitaire)
handout
**tractations** [tʀaktasjɔ̃] nfpl dealings,
bargaining nsg
**tracteur** [tʀaktœʀ] nm tractor
**traction** [tʀaksjɔ̃] nf traction; (Gym) pull-up;
~ **avant/arrière** front-wheel/rear-wheel drive;
~ **électrique** electric(al) traction ou haulage
**tradition** [tʀadisjɔ̃] nf tradition
**traditionnel, le** [tʀadisjɔnɛl] adj traditional
**traducteur, -trice** [tʀadyktœʀ, -tʀis] nm/f
translator
**traduction** [tʀadyksjɔ̃] nf translation
**traduire** [tʀadɥiʀ] vt to translate; (exprimer)
to convey, render; **se** ~ **par** to find expression
in; ~ **en français** to translate into French;
~ **en justice** to bring before the courts
**trafic** [tʀafik] nm traffic; ~ **d'armes** arms
dealing; ~ **de drogue** drug peddling
**trafiquant, e** [tʀafikɑ̃, -ɑ̃t] nm/f trafficker;
(d'armes) dealer
**trafiquer** [tʀafike] vt (péj: vin) to doctor;
(moteur, document) to tamper with ▷ vi to
traffic, be engaged in trafficking
**tragédie** [tʀaʒedi] nf tragedy
**tragique** [tʀaʒik] adj tragic ▷ nm: **prendre
qch au** ~ to make a tragedy out of sth
**trahir** [tʀaiʀ] vt to betray; (fig) to give away,
reveal; **se trahir** to betray o.s., give o.s. away
**trahison** [tʀaizɔ̃] nf betrayal; (Jur) treason
**train** [tʀɛ̃] nm (Rail) train; (allure) pace; (fig:
ensemble) set; **être en** ~ **de faire qch** to be
doing sth; **mettre qch en** ~ to get sth under

way; **mettre qn en** ~ to put sb in good
spirits; **se mettre en** ~ (commencer) to get
started; (faire de la gymnastique) to warm up; **se
sentir en** ~ to feel in good form; **aller bon** ~
to make good progress; ~ **avant/arrière**
front-wheel/rear-wheel axle unit; ~ **à
grande vitesse (TGV)** high-speed train;
~ **d'atterrissage** undercarriage; ~ **autos-
couchettes** car-sleeper train; ~ **électrique**
(jouet) (electric) train set; ~ **de pneus** set of
tyres ou tires; ~ **de vie** style of living

**traîne** [tʀɛn] nf (de robe) train; **être à la** ~ to be
in tow; (en arrière) to lag behind; (en désordre)
to be lying around

**traîneau, x** [tʀɛno] nm sleigh, sledge

**traînée** [tʀene] nf streak, trail; (péj) slut

**traîner** [tʀene] vt (remorque) to pull; (enfant,
chien) to drag ou trail along; (maladie):
**il traîne un rhume depuis l'hiver** he has
a cold which has been dragging on since
winter ▷ vi (robe, manteau) to trail; (être en
désordre) to lie around; (marcher lentement) to
dawdle (along); (vagabonder) to hang about;
(agir lentement) to idle about; (durer) to drag on;
**se traîner** vi (ramper) to crawl along; (marcher
avec difficulté) to drag o.s. along; (durer) to drag
on; **se** ~ **par terre** to crawl (on the ground);
~ **qn au cinéma** to drag sb to the cinema;
~ **les pieds** to drag one's feet; ~ **par terre** to
trail on the ground; ~ **en longueur** to drag out

**train-train** [tʀɛ̃tʀɛ̃] nm humdrum routine

**traire** [tʀɛʀ] vt to milk

**trait, e** [tʀɛ, -ɛt] pp de **traire** ▷ nm (ligne) line;
(de dessin) stroke; (caractéristique) feature, trait;
(flèche) dart, arrow; shaft; **traits** nmpl (du
visage) features; **d'un** ~ (boire) in one gulp; **de** ~
adj (animal) draught (Brit), draft (US); **avoir** ~ **à**
to concern; ~ **pour** ~ line for line; ~ **de
caractère** characteristic, trait; ~ **d'esprit**
flash of wit; ~ **de génie** brainwave; ~ **d'union**
hyphen; (fig) link

**traitant, e** [tʀɛtɑ̃, -ɑ̃t] adj: **votre médecin** ~
your usual ou family doctor; **shampooing** ~
medicated shampoo; **crème -e** conditioning
cream, conditioner

**traite** [tʀɛt] nf (Comm) draft; (Agr) milking;
(trajet) stretch; **d'une (seule)** ~ without
stopping (once); **la** ~ **des noirs** the slave trade;
**la** ~ **des blanches** the white slave trade

**traité** [tʀete] nm treaty

**traitement** [tʀɛtmɑ̃] nm treatment;
processing; (salaire) salary; **suivre un** ~ to
undergo treatment; **mauvais** ~
ill-treatment; ~ **de données** ou **de
l'information** (Inform) data processing;
~ **hormono-supplétif** hormone
replacement therapy; ~ **par lots** (Inform)
batch processing; ~ **de texte** (Inform) word
processing; (logiciel) word processing package

**traiter** [tʀete] vt (gén) to treat; (Tech:
matériaux) to process, treat; (Inform) to
process; (affaire) to deal with, handle;

(qualifier): ~ **qn d'idiot** to call sb a fool ▷ vi to
deal; ~ **de** vt to deal with; **bien/mal** ~ to treat
well/ill-treat

**traiteur** [tʀɛtœʀ] nm caterer

**traître, -esse** [tʀɛtʀ, -tʀɛs] adj (dangereux)
treacherous ▷ nm traitor; **prendre qn en** ~ to
make an insidious attack on sb

**trajectoire** [tʀaʒɛktwaʀ] nf trajectory, path

**trajet** [tʀaʒɛ] nm (parcours, voyage) journey;
(itinéraire) route; (fig) path, course; (distance à
parcourir) distance; **il y a une heure de** ~ the
journey takes one hour

**trame** [tʀam] nf (de tissu) weft; (fig)
framework; texture; (Typo) screen

**tramer** [tʀame] vt to plot, hatch

**trampoline** [tʀɑ̃pɔlin], **trampolino**
[tʀɑ̃pɔlino] nm trampoline; (Sport)
trampolining

**tramway** [tʀamwɛ] nm tram(way); (voiture)
tram(car) (Brit), streetcar (US)

**tranchant, e** [tʀɑ̃ʃɑ̃, -ɑ̃t] adj sharp; (fig:
personne) peremptory; (: couleurs) striking
▷ nm (d'un couteau) cutting edge; (de la main)
edge; **à double** ~ (argument, procédé) double-
edged

**tranche** [tʀɑ̃ʃ] nf (morceau) slice; (arête) edge;
(partie) section; (série) block; (d'impôts, revenus
etc) bracket; (loterie) issue; ~ **d'âge/de
salaires** age/wage bracket; ~ **(de silicium)**
wafer

**tranché, e** [tʀɑ̃ʃe] adj (couleurs) distinct,
sharply contrasted; (opinions) clear-cut,
definite ▷ nf trench

**trancher** [tʀɑ̃ʃe] vt to cut, sever; (fig: résoudre)
to settle ▷ vi to be decisive; (entre deux choses)
to settle the argument; ~ **avec** to contrast
sharply with

**tranquille** [tʀɑ̃kil] adj calm, quiet; (enfant,
élève) quiet; (rassuré) easy in one's mind, with
one's mind at rest; **se tenir** ~ (enfant) to be
quiet; **avoir la conscience** ~ to have an easy
conscience; **laisse-moi/laisse-ça** ~ leave me/
it alone

**tranquillisant, e** [tʀɑ̃kilizɑ̃, -ɑ̃t] adj
(nouvelle) reassuring ▷ nm tranquillizer

**tranquillité** [tʀɑ̃kilite] nf quietness, peace
(and quiet); **en toute** ~ with complete peace
of mind; ~ **d'esprit** peace of mind

**transat** [tʀɑ̃zat] nm deckchair ▷ nf = **course
transatlantique**

**transborder** [tʀɑ̃sbɔʀde] vt to tran(s)ship

**transcription** [tʀɑ̃skʀipsjɔ̃] nf transcription

**transférer** [tʀɑ̃sfeʀe] vt to transfer

**transfert** [tʀɑ̃sfɛʀ] nm transfer

**transformation** [tʀɑ̃sfɔʀmasjɔ̃] nf change,
alteration; (radicale) transformation; (Rugby)
conversion; **transformations** nfpl (travaux)
alterations; **industries de** ~ processing
industries

**transformer** [tʀɑ̃sfɔʀme] vt to change;
(radicalement) to transform, alter ("alter"
implique un changement moins radical); (vêtement)

**t**

alter; (*matière première, appartement, Rugby*) to convert; **~ en** to transform into; to turn into; to convert into; **se transformer** *vi* to be transformed; to alter

**transfusion** [trɑ̃sfyzjɔ̃] *nf*: **~ sanguine** blood transfusion

**transgénique** [trɑ̃sʒenik] *adj* transgenic

**transgresser** [trɑ̃sgrese] *vt* to contravene, disobey

**transi, e** [trɑ̃zi] *adj* numb (with cold), chilled to the bone

**transiger** [trɑ̃ziʒe] *vi* to compromise, come to an agreement; **~ sur** *ou* **avec qch** to compromise on sth

**transistor** [trɑ̃zistɔr] *nm* transistor

**transit** [trɑ̃zit] *nm* transit; **de ~** transit *cpd*; **en ~** in transit

**transiter** [trɑ̃zite] *vi* to pass in transit

**transitif, -ive** [trɑ̃zitif, -iv] *adj* transitive

**transition** [trɑ̃zisjɔ̃] *nf* transition; **de ~** transitional

**transitoire** [trɑ̃zitwar] *adj* (*mesure, gouvernement*) transitional, provisional; (*fugitif*) transient

**translucide** [trɑ̃slysid] *adj* translucent

**transmettre** [trɑ̃smɛtr] *vt* (*passer*): **~ qch à qn** to pass sth on to sb; (*Tech, Tél, Méd*) to transmit; (*TV, Radio: retransmettre*) to broadcast

**transmission** [trɑ̃smisjɔ̃] *nf* transmission, passing on; (*Auto*) transmission; **transmissions** *nfpl* (*Mil*) ≈ signals corps *nsg*; **~ de données** (*Inform*) data transmission; **~ de pensée** thought transmission

**transparent, e** [trɑ̃sparɑ̃, -ɑ̃t] *adj* transparent

**transpercer** [trɑ̃spɛrse] *vt* (*froid, pluie*) to go through, pierce; (*balle*) to go through

**transpiration** [trɑ̃spirasjɔ̃] *nf* perspiration

**transpirer** [trɑ̃spire] *vi* to perspire; (*information, nouvelle*) to come to light

**transplantation** [trɑ̃splɑ̃tasjɔ̃] *nf* transplant

**transplanter** [trɑ̃splɑ̃te] *vt* (*Méd, Bot*) to transplant; (*personne*) to uproot, move

**transport** [trɑ̃spɔr] *nm* transport; (*émotions*): **~ de colère** fit of rage; **~ de joie** transport of delight; **~ de voyageurs/marchandises** passenger/goods transportation; **~s en commun** public transport *nsg*; **~s routiers** haulage (*Brit*), trucking (*US*)

**transporter** [trɑ̃spɔrte] *vt* to carry, move; (*Comm*) to transport, convey; (*fig*): **~ qn (de joie)** to send sb into raptures; **se ~ quelque part** (*fig*) to let one's imagination carry one away (somewhere)

**transporteur** [trɑ̃spɔrtœr] *nm* haulage contractor (*Brit*), trucker (*US*)

**transvaser** [trɑ̃svaze] *vt* to decant

**transversal, e, -aux** [trɑ̃sversal, -o] *adj* transverse, cross(-); (*route etc*) cross-country; (*mur, chemin, rue*) running at right angles;

(*Auto*): **axe ~** main cross-country road (*Brit*) *ou* highway (*US*); **coupe ~e** cross section

**trapèze** [trapɛz] *nm* (*Géom*) trapezium; (*au cirque*) trapeze

**trappe** [trap] *nf* (*de cave, grenier*) trap door; (*piège*) trap

**trapu, e** [trapy] *adj* squat, stocky

**traquenard** [traknar] *nm* trap

**traquer** [trake] *vt* to track down; (*harceler*) to hound

**traumatiser** [tromatize] *vt* to traumatize

**travail, -aux** [travaj, -o] *nm* (*gén*) work; (*tâche, métier*) work *no pl*, job; (*Écon, Méd*) labour (*Brit*), labor (*US*); (*Inform*) job ▷ *nmpl* (*de réparation, agricoles etc*) work *nsg*; (*sur route*) roadworks; (*de construction*) building (work) *nsg*; **être/entrer en ~** (*Méd*) to be in/go into labour; **être sans ~** (*employé*) to be out of work, be unemployed; **~ d'intérêt général (TIG)** ≈ community service; **~ (au) noir** moonlighting; **~ posté** shiftwork; **travaux des champs** farmwork *nsg*; **travaux dirigés (TD)** (*Scol*) supervised practical work *nsg*; **travaux forcés** hard labour *nsg*; **travaux manuels** (*Scol*) handicrafts; **travaux ménagers** housework *nsg*; **travaux pratiques (TP)** (*gén*) practical work; (*en laboratoire*) lab work (*Brit*), lab (*US*); **travaux publics (TP)** ≈ public works *nsg*

**travailler** [travaje] *vi* to work; (*bois*) to warp ▷ *vt* (*bois, métal*) to work; (*pâte*) to knead; (*objet d'art, discipline, fig: influencer*) to work on; **cela le travaille** it is on his mind; **~ la terre** to work the land; **~ son piano** to do one's piano practice; **~ à** to work on; (*fig: contribuer à*) to work towards; **~ à faire** to endeavour (*Brit*) *ou* endeavor (*US*) to do

**travailleur, -euse** [travajœr, -øz] *adj* hard-working ▷ *nm/f* worker; **~ de force** labourer (*Brit*), laborer (*US*); **~ intellectuel** non-manual worker; **~ social** social worker; **travailleuse familiale** home help

**travailliste** [travajist] *adj* ≈ Labour *cpd* ▷ *nm/f* member of the Labour party

**travaux** [travo] *nmpl voir* **travail**

**travers** [travɛr] *nm* fault, failing; **en ~ (de)** across; **au ~ (de)** through; **de ~** *adj* (*nez, bouche*) crooked; (*chapeau*) askew ▷ *adv* sideways; (*fig*) the wrong way; **à ~** through; **regarder de ~** (*fig*) to look askance at; **comprendre de ~** to misunderstand

**traverse** [travɛrs] *nf* (*de voie ferrée*) sleeper; **chemin de ~** shortcut

**traversée** [travɛrse] *nf* crossing

**traverser** [travɛrse] *vt* (*gén*) to cross; (*ville, tunnel, aussi: percer, fig*) to go through; (*ligne, trait*) to run across

**traversin** [travɛrsɛ̃] *nm* bolster

**travesti** [travɛsti] *nm* (*comme mode de vie*) transvestite; (*artiste de cabaret*) female impersonator, drag artist; (*costume*) fancy dress

**trébucher** [trebyʃe] *vi*: **~ (sur)** to stumble (over), trip (over)

**trèfle** [tʀɛfl] nm (Bot) clover; (Cartes: couleur)
clubs pl; (: carte) club; **à quatre feuilles**
four-leaf clover

**treille** [tʀɛj] nf (tonnelle) vine arbour (Brit) ou
arbor (US); (vigne) climbing vine

**treillis** [tʀeji] nm (métallique) wire-mesh;
(toile) canvas; (Mil: tenue) combat uniform;
(pantalon) combat trousers pl

**treize** [tʀɛz] num thirteen

**treizième** [tʀɛzjɛm] num thirteenth; see note

⬤ **TREIZIÈME MOIS**
⬤
⬤ The treizième mois is an end-of-year bonus
⬤ roughly corresponding to one month's
⬤ salary. For many employees it is a
⬤ standard part of their salary package.

**tréma** [tʀema] nm diaeresis

**tremblement** [tʀɑ̃bləmɑ̃] nm trembling no
pl, shaking no pl, shivering no pl; **de terre**
earthquake

**trembler** [tʀɑ̃ble] vi to tremble, shake; **~ de**
(froid, fièvre) to shiver ou tremble with; (peur)
to shake ou tremble with; **~ pour qn** to fear
for sb

**trémousser** [tʀemuse]: **se trémousser** vi to
jig about, wriggle about

**trempe** [tʀɑ̃p] nf (fig): **de cette/sa ~** of this/
his calibre (Brit) ou caliber (US)

**trempé, e** [tʀɑ̃pe] adj soaking (wet),
drenched; (Tech): **acier ~** tempered steel

**tremper** [tʀɑ̃pe] vt to soak, drench; (aussi:
**faire ~, mettre à ~**) to soak; (plonger): **~ qch
dans** to dip sth in(to) ▷ vi to soak; (fig):
**~ dans** to be involved ou have a hand in; **se
tremper** vi to have a quick dip; **se faire ~** to
get soaked ou drenched

**trempette** [tʀɑ̃pɛt] nf: **faire ~** to go paddling

**tremplin** [tʀɑ̃plɛ̃] nm springboard; (Ski) ski
jump

**trentaine** [tʀɑ̃tɛn] nf (âge): **avoir la ~** to be
around thirty; **une ~ (de)** thirty or so, about
thirty

**trente** [tʀɑ̃t] num thirty; **voir ~-six
chandelles** (fig) to see stars; **être/se mettre
sur son ~ et un** to be wearing/put on one's
Sunday best; **~-trois tours** nm long-playing
record, LP

**trentième** [tʀɑ̃tjɛm] num thirtieth

**trépidant, e** [tʀepidɑ̃, -ɑ̃t] adj (fig: rythme)
pulsating; (: vie) hectic

**trépied** [tʀepje] nm (d'appareil) tripod; (meuble)
trivet

**trépigner** [tʀepiɲe] vi to stamp (one's feet)

**très** [tʀɛ] adv very; **~ beau/bien** very
beautiful/well; **~ critiqué** much criticized;
**~ industrialisé** highly industrialized; **j'ai ~
faim** I'm very hungry

**trésor** [tʀezɔʀ] nm treasure; (Admin) finances
pl; (d'une organisation) funds pl; **~ (public) (TP)**
public revenue; (service) public revenue office

**trésorerie** [tʀezɔʀʀi] nf (fonds) funds pl;
(gestion) accounts pl; (bureaux) accounts
department; (poste) treasurership;
**difficultés de ~** cash problems, shortage of
cash ou funds; **~ générale (TG)** local
government finance office

**trésorier, -ière** [tʀezɔʀje, -jɛʀ] nm/f
treasurer

**tressaillir** [tʀesajiʀ] vi (de peur etc) to shiver,
shudder; (de joie) to quiver

**tressauter** [tʀesote] vi to start, jump

**tresse** [tʀɛs] nf (de cheveux) braid, plait;
(cordon, galon) braid

**tresser** [tʀese] vt (cheveux) to braid, plait; (fil,
jonc) to plait; (corbeille) to weave; (corde) to twist

**tréteau, x** [tʀeto] nm trestle; **les ~x** (fig:
Théât) the boards

**treuil** [tʀœj] nm winch

**trêve** [tʀɛv] nf (Mil, Pol) truce; (fig) respite;
**sans ~** unremittingly; **~ de ...** enough of
this ...; **les États de la T~** the Trucial States

**tri** [tʀi] nm (voir trier) sorting (out) no pl;
selection; screening; (Inform) sort; (Postes:
action) sorting; **faire le ~ (de)** to sort out; **le
(bureau de) ~** (Postes) the sorting office

**triangle** [tʀijɑ̃gl] nm triangle; **~ isocèle/
équilatéral** isosceles/equilateral triangle;
**~ rectangle** right-angled triangle

**triangulaire** [tʀijɑ̃gylɛʀ] adj triangular

**tribord** [tʀibɔʀ] nm: **à ~** to starboard, on the
starboard side

**tribu** [tʀiby] nf tribe

**tribunal, -aux** [tʀibynal, -o] nm (Jur) court;
(Mil) tribunal; **~ de police/pour enfants**
police/juvenile court; **~ d'instance (TI)**
≈ magistrates' court (Brit), ≈ district court
(US); **~ de grande instance (TGI)** ≈ High
Court (Brit), ≈ Supreme Court (US)

**tribune** [tʀibyn] nf (estrade) platform,
rostrum; (débat) forum; (d'église, de tribunal)
gallery; (de stade) stand; **~ libre** (Presse)
opinion column

**tribut** [tʀiby] nm tribute

**tributaire** [tʀibytɛʀ] adj: **être ~ de** to be
dependent on; (Géo) to be a tributary of

**tricher** [tʀiʃe] vi to cheat

**tricheur, -euse** [tʀiʃœʀ, -øz] nm/f cheat

**tricolore** [tʀikɔlɔʀ] adj three-coloured (Brit),
three-colored (US); (français: drapeau) red,
white and blue; (: équipe etc) French

**tricot** [tʀiko] nm (technique, ouvrage) knitting
no pl; (tissu) knitted fabric; (vêtement) jersey,
sweater; **~ de corps, ~ de peau** vest (Brit),
undershirt (US)

**tricoter** [tʀikɔte] vt to knit; **machine/
aiguille à ~** knitting machine/needle (Brit) ou
pin (US)

**trictrac** [tʀiktʀak] nm backgammon

**tricycle** [tʀisikl] nm tricycle

**triennal, e, -aux** [tʀienal, -o] adj (prix, foire,
élection) three-yearly; (charge, mandat, plan)
three-year

**trier** [tʀije] *vt* (*classer*) to sort (out); (*choisir*) to select; (*visiteurs*) to screen; (*Postes, Inform, fruits*) to sort

**trimestre** [tʀimɛstʀ] *nm* (*Scol*) term; (*Comm*) quarter

**trimestriel, le** [tʀimɛstʀijɛl] *adj* quarterly; (*Scol*) end-of-term

**tringle** [tʀɛ̃gl] *nf* rod

**trinquer** [tʀɛ̃ke] *vi* to clink glasses; (*fam*) to cop it; **~ à qch/la santé de qn** to drink to sth/sb

**triomphe** [tʀijɔ̃f] *nm* triumph; **être reçu/porté en ~** to be given a triumphant welcome/be carried shoulder-high in triumph

**triompher** [tʀijɔ̃fe] *vi* to triumph, win; **~ de** to triumph over, overcome

**tripes** [tʀip] *nfpl* (*Culin*) tripe *nsg*; (*fam*) guts

**triple** [tʀipl] *adj* (*à trois éléments*) triple; (*trois fois plus grand*) treble ▷ *nm*: **le ~ (de)** (*comparaison*) three times as much (as); **en ~ exemplaire** in triplicate; **~ saut** (*Sport*) triple jump

**tripler** [tʀiple] *vi, vt* to triple, treble, increase threefold

**triplés, -ées** [tʀiple] *nm/fpl* triplets

**tripoter** [tʀipɔte] *vt* to fiddle with, finger ▷ *vi* (*fam*) to rummage about

**triste** [tʀist] *adj* sad; (*couleur, temps, journée*) dreary; (*péj*): **~ personnage/affaire** sorry individual/affair; **c'est pas ~!** (*fam*) it's something else!

**tristesse** [tʀistɛs] *nf* sadness

**trivial, e, -aux** [tʀivjal, -o] *adj* coarse, crude; (*commun*) mundane

**troc** [tʀɔk] *nm* (*Écon*) barter; (*transaction*) exchange, swap

**troène** [tʀɔɛn] *nm* privet

**trognon** [tʀɔɲɔ̃] *nm* (*de fruit*) core; (*de légume*) stalk

**trois** [tʀwa] *num* three

**troisième** [tʀwazjɛm] *num* third ▷ *nf* (*Scol*) year 10 (*Brit*), ninth grade (*US*); **le ~ âge** (*période de vie*) one's retirement years; (*personnes âgées*) senior citizens *pl*

**trois quarts** [tʀwakaʀ] *nmpl*: **les ~ de** three-quarters of

**trombe** [tʀɔ̃b] *nf* waterspout; **des ~s d'eau** a downpour; **en ~** (*arriver, passer*) like a whirlwind

**trombone** [tʀɔ̃bɔn] *nm* (*Mus*) trombone; (*de bureau*) paper clip; **~ à coulisse** slide trombone

**trompe** [tʀɔ̃p] *nf* (*d'éléphant*) trunk; (*Mus*) trumpet, horn; **~ d'Eustache** Eustachian tube; **~s utérines** Fallopian tubes

**tromper** [tʀɔ̃pe] *vt* to deceive; (*fig: espoir, attente*) to disappoint; (*vigilance, poursuivants*) to elude; **se tromper** *vi* to make a mistake, be mistaken; **se ~ de voiture/jour** to take the wrong car/get the day wrong; **se ~ de 3 cm/20 euros** to be out by 3 cm/20 euros

**tromperie** [tʀɔ̃pʀi] *nf* deception, trickery *no pl*

**trompette** [tʀɔ̃pɛt] *nf* trumpet; **en ~** (*nez*) turned-up

**trompeur, -euse** [tʀɔ̃pœʀ, -øz] *adj* deceptive, misleading

**tronc** [tʀɔ̃] *nm* (*Bot, Anat*) trunk; (*d'église*) collection box; **~ d'arbre** tree trunk; **~ commun** (*Scol*) common-core syllabus; **~ de cône** truncated cone

**tronçon** [tʀɔ̃sɔ̃] *nm* section

**tronçonner** [tʀɔ̃sɔne] *vt* (*arbre*) to saw up; (*pierre*) to cut up

**tronçonneuse** [tʀɔ̃sɔnøz] *nf* chainsaw

**trône** [tʀon] *nm* throne; **monter sur le ~** to ascend the throne

**trop** [tʀo] *adv* too; (*avec verbe*) too much; (*aussi*: **~ nombreux**) too many; (*aussi*: **~ souvent**) too often; **~ peu (nombreux)** too few; **~ longtemps** (for) too long; **~ de** (*nombre*) too many; (*quantité*) too much; **de ~, en ~**: **des livres en trop** a few books too many, a few extra books; **du lait en ~** too much milk; **trois livres/cinq euros de ~** three books too many/five euros too much; **ça coûte ~ cher** it's too expensive

**tropical, e, -aux** [tʀɔpikal, -o] *adj* tropical

**tropique** [tʀɔpik] *nm* tropic; **tropiques** *nmpl* tropics; **~ du Cancer/Capricorne** Tropic of Cancer/Capricorn

**trop-plein** [tʀɔplɛ̃] *nm* (*tuyau*) overflow *ou* outlet (*pipe*); (*liquide*) overflow

**troquer** [tʀɔke] *vt*: **~ qch contre** to barter *ou* trade sth for; (*fig*) to swap sth for

**trot** [tʀo] *nm* trot; **aller au ~** to trot along; **partir au ~** to set off at a trot

**trotter** [tʀɔte] *vi* to trot; (*fig*) to scamper along (*ou* about)

**trotteuse** [tʀɔtøz] *nf* (*de montre*) second hand

**trottinette** [tʀɔtinɛt] *nf* (*child's*) scooter

**trottoir** [tʀɔtwaʀ] *nm* pavement (*Brit*), sidewalk (*US*); **faire le ~** (*péj*) to walk the streets; **~ roulant** moving walkway, travellator

**trou** [tʀu] *nm* hole; (*fig*) gap; (*Comm*) deficit; **~ d'aération** (air) vent; **~ d'air** air pocket; **~ de mémoire** blank, lapse of memory; **~ noir** black hole; **~ de la serrure** keyhole

**troublant, e** [tʀublɑ̃, -ɑ̃t] *adj* disturbing

**trouble** [tʀubl] *adj* (*liquide*) cloudy; (*image, photo*) blurred; (*mémoire*) indistinct, hazy; (*affaire*) shady, murky ▷ *adv* indistinctly; **voir ~** to have blurred vision ▷ *nm* (*désarroi*) distress, agitation; (*émoi sensuel*) turmoil, agitation; (*embarras*) confusion; (*zizanie*) unrest, discord; **troubles** *nmpl* (*Pol*) disturbances, troubles, unrest *sg*; (*Méd*) trouble *nsg*, disorders; **~s de la personnalité** personality problems; **~s de la vision** eye trouble

**trouble-fête** [tʀubləfɛt] *nm/finv* spoilsport

**troubler** [tʀuble] *vt* (*embarrasser*) to confuse, disconcert; (*émouvoir*) to agitate; to disturb; to perturb; (*perturber: ordre etc*) to disrupt, disturb; (*liquide*) to make cloudy; (*intriguer*) to bother; **se troubler** *vi* (*personne*) to become flustered *ou* confused; **~ l'ordre public** to cause a breach of the peace

**trouer** [tʀue] *vt* to make a hole (*ou* holes) in; (*fig*) to pierce

**trouille** [tʀuj] *nf* (*fam*): **avoir la ~** to be scared stiff, be scared out of one's wits

**troupe** [tʀup] *nf* (*Mil*) troop; (*groupe*) troop, group; **la ~** (*Mil: l'armée*) the army; (: *les simples soldats*) the troops *pl*; **~ (de théâtre)** (theatrical) company; **~s de choc** shock troops

**troupeau, x** [tʀupo] *nm* (*de moutons*) flock; (*de vaches*) herd

**trousse** [tʀus] *nf* case, kit; (*d'écolier*) pencil case; (*de docteur*) instrument case; **aux ~s de** (*fig*) on the heels *ou* tail of; **~ à outils** toolkit; **~ de toilette** toilet bag

**trousseau, x** [tʀuso] *nm* (*de mariée*) trousseau; **~ de clefs** bunch of keys

**trouvaille** [tʀuvaj] *nf* find; (*fig*: *idée, expression etc*) brainwave

**trouver** [tʀuve] *vt* to find; (*rendre visite*): **aller/venir ~ qn** to go/come and see sb; **je trouve que** I find *ou* think that; **~ à boire/critiquer** to find something to drink/criticize; **~ asile/refuge** to find refuge/shelter; **se trouver** *vi* (*être*) to be; (*être soudain*) to find o.s.; **se ~ être/avoir** to happen to be/have; **il se trouve que** it happens that, it turns out that; **se ~ bien** to feel well; **se ~ mal** to pass out

**truand** [tʀyɑ̃] *nm* villain, crook

**truander** [tʀyɑ̃de] *vi* (*fam*) to cheat, do ▷ *vt*: **se faire ~** to be swindled

**truc** [tʀyk] *nm* (*astuce*) way, device; (*de cinéma, prestidigitateur*) trick effect; (*chose*) thing; (*machin*) thingumajig, whatsit (*Brit*); **avoir le ~** to have the knack; **c'est pas son** (*ou* **mon** *etc*) **~** (*fam*) it's not really his (*ou* my *etc*) thing

**truelle** [tʀyɛl] *nf* trowel

**truffe** [tʀyf] *nf* truffle; (*nez*) nose

**truffé, e** [tʀyfe] *adj* (*Culin*) garnished with truffles; **~ de** (*fig*: *citations*) peppered with; (*fautes*) riddled with; (*pièges*) bristling with

**truie** [tʀɥi] *nf* sow

**truite** [tʀɥit] *nf* trout *inv*

**truquage** [tʀykaʒ] *nm* fixing; (*Ciné*) special effects *pl*

**truquer** [tʀyke] *vt* (*élections, serrure, dés*) to fix; (*Ciné*) to use special effects in

**TSVP** *abr* (= *tournez s'il vous plaît*) PTO

**TTC** *abr* (= *toutes taxes comprises*) inclusive of tax

**tu¹** [ty] *pron* you ▷ *nm*: **employer le tu** to use the "tu" form

**tu², e** [ty] *pp de* **taire**

**tuba** [tyba] *nm* (*Mus*) tuba; (*Sport*) snorkel

**tube** [tyb] *nm* tube; (*de canalisation, métallique etc*) pipe; (*chanson, disque*) hit song *ou* record; **~ digestif** alimentary canal, digestive tract; **~ à essai** test tube

**tuberculose** [tybɛʀkyloz] *nf* tuberculosis, TB

**tuer** [tɥe] *vt* to kill; **se tuer** (*se suicider*) to kill

o.s.; (*dans un accident*) to be killed; **se ~ au travail** (*fig*) to work o.s. to death

**tuerie** [tyʀi] *nf* slaughter *no pl*, massacre

**tue-tête** [tytɛt]: **à ~** *adv* at the top of one's voice

**tueur** [tɥœʀ] *nm* killer; **~ à gages** hired killer

**tuile** [tɥil] *nf* tile; (*fam*) spot of bad luck, blow

**tulipe** [tylip] *nf* tulip

**tuméfié, e** [tymefje] *adj* puffy, swollen

**tumeur** [tymœʀ] *nf* growth, tumour (*Brit*), tumor (*US*)

**tumulte** [tymylt] *nm* commotion, hubbub

**tumultueux, -euse** [tymyltɥø, -øz] *adj* stormy, turbulent

**tunique** [tynik] *nf* tunic; (*de femme*) smock, tunic

**Tunis** [tynis] *n* Tunis

**Tunisie** [tynizi] *nf*: **la ~** Tunisia

**tunisien, ne** [tynizjɛ̃, -ɛn] *adj* Tunisian ▷ *nm/f*: **T~, ne** Tunisian

**tunnel** [tynɛl] *nm* tunnel; **le ~ sous la Manche** the Channel Tunnel

**turbulences** [tyʀbylɑ̃s] *nfpl* (*Aviat*) turbulence *sg*

**turbulent, e** [tyʀbylɑ̃, -ɑ̃t] *adj* boisterous, unruly

**turc, turque** [tyʀk] *adj* Turkish; (*w.-c.*) seatless ▷ *nm* (*Ling*) Turkish ▷ *nm/f*: **T~, Turque** Turk/Turkish woman; **à la turque** *adv* (*assis*) cross-legged

**turf** [tyʀf] *nm* racing

**turfiste** [tyʀfist] *nm/f* racegoer

**Turquie** [tyʀki] *nf*: **la ~** Turkey

**turquoise** [tyʀkwaz] *nf, adj inv* turquoise

**tus** *etc* [ty] *vb voir* **taire**

**tutelle** [tytɛl] *nf* (*Jur*) guardianship; (*Pol*) trusteeship; **sous la ~ de** (*fig*) under the supervision of

**tuteur, -trice** [tytœʀ, -tʀis] *nm/f* (*Jur*) guardian; (*de plante*) stake, support

**tutoyer** [tytwaje] *vt*: **~ qn** to address sb as "tu"

**tuyau, x** [tɥijo] *nm* pipe; (*flexible*) tube; (*fam*: *conseil*) tip; (: *mise au courant*) gen *no pl*; **~ d'arrosage** hosepipe; **~ d'échappement** exhaust pipe; **~ d'incendie** fire hose

**tuyauterie** [tɥijotʀi] *nf* piping *no pl*

**TVA** *sigle f* (= *taxe à ou sur la valeur ajoutée*) VAT

**TVHD** *abr f* (= *télévision haute-définition*) HDTV

**tympan** [tɛ̃pɑ̃] *nm* (*Anat*) eardrum

**type** [tip] *nm* type; (*personne, chose*: *représentant*) classic example, epitome; (*fam*) chap, guy ▷ *adj* typical, standard; **avoir le ~ nordique** to be Nordic-looking

**typé, e** [tipe] *adj* ethnic (*euph*)

**typique** [tipik] *adj* typical

**tyran** [tiʀɑ̃] *nm* tyrant

**tyrannique** [tiʀanik] *adj* tyrannical

**tzigane** [dzigan] *adj* gipsy, tzigane ▷ *nm/f* (Hungarian) gipsy, Tzigane

**t**

**u**

**UEM** *sigle f* (= *Union économique et monétaire*) EMU

**ulcère** [ylsɛʀ] *nm* ulcer; **~ à l'estomac** stomach ulcer

**ulcérer** [ylseʀe] *vt* (*Méd*) to ulcerate; (*fig*) to sicken, appal

**ultérieur, e** [ylteʀjœʀ] *adj* later, subsequent; **remis à une date ~e** postponed to a later date

**ultérieurement** [ylteʀjœʀmɑ̃] *adv* later, subsequently

**ultime** [yltim] *adj* final

**UMP** *sigle f* (= *Union pour un mouvement populaire*) political party

 MOT-CLÉ

**un, une** [œ̃, yn] *art indéf* a; (*devant voyelle*) an; **un garçon/vieillard** a boy/an old man; **une fille** a girl
▷ *pron* one; **l'un des meilleurs** one of the best; **l'un ..., l'autre** (the) one ..., the other; **les uns ..., les autres** some ..., others; **l'un et l'autre** both (of them); **l'un ou l'autre** either (of them); **l'un l'autre, les uns les autres** each other, one another; **pas un seul** not a single one; **un par un** one by one
▷ *num* one; **une pomme seulement** one apple only, just one apple
▷ *nf*: **la une** (*Presse*) the front page

**unanime** [ynanim] *adj* unanimous; **ils sont ~s (à penser que)** they are unanimous (in thinking that)

**unanimité** [ynanimite] *nf* unanimity; **à l'~** unanimously; **faire l'~** to be approved unanimously

**uni, e** [yni] *adj* (*ton, tissu*) plain; (*surface*) smooth, even; (*famille*) close(-knit); (*pays*) united

**unifier** [ynifje] *vt* to unite, unify; (*systèmes*) to standardize, unify; **s'unifier** *vi* to become united

**uniforme** [ynifɔʀm] *adj* (*mouvement*) regular, uniform; (*surface, ton*) even; (*objets, maisons*) uniform; (*fig: vie, conduite*) unchanging ▷ *nm* uniform; **être sous l'~** (*Mil*) to be serving

**uniformiser** [ynifɔʀmize] *vt* to make uniform; (*systèmes*) to standardize

**union** [ynjɔ̃] *nf* union; **~ conjugale** union of marriage; **~ de consommateurs** consumers' association; **~ libre** free love; **vivre en ~ libre** (*en concubinage*) to cohabit; **U~ européenne** European Union; **l'U~ des Républiques socialistes soviétiques (URSS)** the Union of Soviet Socialist Republics (USSR); **l'U~ soviétique** the Soviet Union

**unique** [ynik] *adj* (*seul*) only; (*le même*): **un prix/système ~** a single price/system; (*exceptionnel*) unique; **ménage à salaire ~** one-salary family; **route à voie ~** single-lane road; **fils/fille ~** only son/daughter, only child; **sens ~** one-way street; **~ en France** the only one of its kind in France

**uniquement** [ynikmɑ̃] *adv* only, solely; (*juste*) only, merely

**unir** [yniʀ] *vt* (*nations*) to unite; (*éléments, couleurs*) to combine; (*en mariage*) to unite, join together; **~ qch à** to unite sth with; to combine sth with; **s'unir** *vi* to unite; (*en mariage*) to be joined together; **s'~ à** *ou* **avec** to unite with

**unitaire** [ynitɛʀ] *adj* unitary; (*Pol*) unitarian; **prix ~** unit price

**unité** [ynite] *nf* (*harmonie, cohésion*) unity; (*Comm, Mil, de mesure, Math*) unit; **~ centrale** central processing unit; **~ de valeur** (university) course, credit

**univers** [ynivɛʀ] *nm* universe

**universel, le** [ynivɛʀsɛl] *adj* universal; (*esprit*) all-embracing

**universitaire** [ynivɛʀsitɛʀ] *adj* university *cpd*; (*diplôme, études*) academic, university *cpd* ▷ *nm/f* academic

**université** [ynivɛʀsite] *nf* university

**urbain, e** [yʀbɛ̃, -ɛn] *adj* urban, city *cpd*, town *cpd*; (*poli*) urbane

**urbanisme** [yʀbanism] *nm* town planning

**urgence** [yʀʒɑ̃s] *nf* urgency; (*Méd etc*) emergency; **d'~** *adj* emergency *cpd* ▷ *adv* as a matter of urgency; **en cas d'~** in case of emergency; **service des ~s** emergency service

**urgent, e** [yʀʒɑ̃, -ɑ̃t] *adj* urgent

**urine** [yʀin] *nf* urine

**urinoir** [yʀinwaʀ] *nm* (public) urinal

**urne** [yRn] nf (électorale) ballot box; (vase) urn; **aller aux ~s** (voter) to go to the polls

**urticaire** [yRtikeR] nf nettle rash, urticaria

**us** [ys] nmpl: **us et coutumes** (habits and) customs

**USA** sigle mpl (= United States of America) USA

**usage** [yzaʒ] nm (emploi, utilisation) use; (coutume) custom; (éducation) (good) manners pl, (good) breeding; (Ling): **l'~** usage; **faire ~ de** (pouvoir, droit) to exercise; **avoir l'~ de** to have the use of; **à l'~** adv with use; **à l'~ de** (pour) for (use of); **en ~** in use; **hors d'~** out of service; **à ~ interne** (Méd) to be taken (internally); **à ~ externe** (Méd) for external use only

**usagé, e** [yzaʒe] adj (usé) worn; (d'occasion) used

**usager, -ère** [yzaʒe, -ɛR] nm/f user

**usé, e** [yze] adj worn (down ou out ou away); ruined; (banal: argument etc) hackneyed

**user** [yze] vt (outil) to wear down; (vêtement) to wear out; (matière) to wear away; (consommer: charbon etc) to use; (fig: santé) to ruin; (: personne) to wear down; **s'user** vi to wear; (tissu, vêtement) to wear out; (fig) to decline; **s'~ à la tâche** to wear o.s. out with work; **~ de** vt (moyen, procédé) to use, employ; (droit) to exercise

**usine** [yzin] nf factory; **~ atomique** nuclear power plant; **~ à gaz** gasworks sg; **~ marémotrice** tidal power station

**usité, e** [yzite] adj in common use, common; **peu ~** rarely used

**ustensile** [ystãsil] nm implement; **~ de cuisine** kitchen utensil

**usuel, le** [yzɥɛl] adj everyday, common

**usure** [yzyR] nf wear; worn state; (de l'usurier) usury; **avoir qn à l'~** to wear sb down; **~ normale** fair wear and tear

**utérus** [yterys] nm uterus, womb

**utile** [ytil] adj useful; **~ à qn/qch** of use to sb/sth

**utilisation** [ytilizasjõ] nf use

**utiliser** [ytilize] vt to use

**utilitaire** [ytiliteR] adj utilitarian; (objets) practical ▷ nm (Inform) utility

**utilité** [ytilite] nf usefulness no pl; use; **jouer les ~s** (Théât) to play bit parts; **reconnu d'~ publique** state-approved; **c'est d'une grande ~** it's extremely useful; **il n'y a aucune ~ à ...** there's no use in ...; **de peu d'~** of little use ou help

**utopie** [ytɔpi] nf (idée, conception) utopian idea ou view; (société etc idéale) utopia

# V

**va** [va] vb voir **aller**

**vacance** [vakãs] nf (Admin) vacancy; **vacances** nfpl holiday(s) pl (Brit), vacation sg (US); **les grandes ~s** the summer holidays ou vacation; **prendre des/ses ~s** to take a holiday ou vacation/one's holiday(s) ou vacation; **aller en ~s** to go on holiday ou vacation

**vacancier, -ière** [vakãsje, -jɛR] nm/f holidaymaker (Brit), vacationer (US)

**vacant, e** [vakã, -ãt] adj vacant

**vacarme** [vakaRm] nm row, din

**vaccin** [vaksɛ̃] nm vaccine; (opération) vaccination

**vaccination** [vaksinasjõ] nf vaccination

**vacciner** [vaksine] vt to vaccinate; (fig) to make immune; **être vacciné** (fig) to be immune

**vache** [vaʃ] nf (Zool) cow; (cuir) cowhide ▷ adj (fam) rotten, mean; **~ à eau** (canvas) water bag; **(manger de la) ~ enragée** (to go through) hard times; **~ à lait** (péj) mug, sucker; **~ laitière** dairy cow; **période des ~s maigres** lean times pl, lean period

**vachement** [vaʃmã] adv (fam) damned, really

**vacherie** [vaʃRi] nf (fam) meanness no pl; (action) dirty trick; (propos) nasty remark

**vaciller** [vasije] vi to sway, wobble; (bougie, lumière) to flicker; (fig) to be failing, falter; **~ dans ses réponses** to falter in one's replies; **~ dans ses résolutions** to waver in one's resolutions

**va-et-vient** [vaevjɛ̃] *nm inv (de pièce mobile)* to and fro (*ou* up and down) movement; *(de personnes, véhicules)* comings and goings *pl*, to-ings and fro-ings *pl*; *(Élec)* two-way switch

**vagabond, e** [vagabɔ̃, -ɔ̃d] *adj* wandering; *(imagination)* roaming, roving ▷ *nm (rôdeur)* tramp, vagrant; *(voyageur)* wanderer

**vagabonder** [vagabɔ̃de] *vi* to roam, wander

**vagin** [vaʒɛ̃] *nm* vagina

**vague** [vag] *nf* wave ▷ *adj* vague; *(regard)* faraway; *(manteau, robe)* loose(-fitting); *(quelconque)*: **un ~ bureau/cousin** some office/cousin or other ▷ *nm*: **être dans le ~** to be there in the dark; **rester dans le ~** to keep things rather vague; **regarder dans le ~** to gaze into space; **à l'âme** *nm* vague melancholy; **d'assaut** [vag] *(Mil)* wave of assault; **~ de chaleur** *nf* heatwave; **~ de fond** *nf* ground swell; **~ de froid** *nf* cold spell

**vaillant, e** [vajɑ̃, -ɑ̃t] *adj (courageux)* brave, gallant; *(robuste)* vigorous, hale and hearty; **n'avoir plus un sou ~** to be penniless

**vaille** [vaj] *vb voir* **valoir**

**vain, e** [vɛ̃, vɛn] *adj* vain; **en ~** *adv* in vain

**vaincre** [vɛ̃kʀ] *vt* to defeat; *(fig)* to conquer, overcome

**vaincu, e** [vɛ̃ky] *pp de* **vaincre** ▷ *nm/f* defeated party

**vainqueur** [vɛ̃kœʀ] *nm* victor; *(Sport)* winner ▷ *adj m* victorious

**vais** [vɛ] *vb voir* **aller**

**vaisseau, x** [veso] *nm (Anat)* vessel; *(Navig)* ship, vessel; **~ spatial** spaceship

**vaisselier** [vesəlje] *nm* dresser

**vaisselle** [vesɛl] *nf (service)* crockery; *(plats etc à laver)* (dirty) dishes *pl*; **faire la ~** to do the washing-up (*Brit*) *ou* the dishes

**val** [val] *(pl* **vaux** *ou* **vals**) *nm* valley

**valable** [valabl] *adj* valid; *(acceptable)* decent, worthwhile

**valent** *etc* [val] *vb voir* **valoir**

**valet** [valɛ] *nm* valet; *(péj)* lackey; *(Cartes)* jack, knave (*Brit*); **~ de chambre** manservant, valet; **~ de ferme** farmhand; **~ de pied** footman

**valeur** [valœʀ] *nf (gén)* value; *(mérite)* worth, merit; *(Comm: titre)* security; **valeurs** *nfpl (morales)* values; **mettre en ~** *(bien)* to exploit; *(terrain, région)* to develop; *(fig)* to highlight; to show off to advantage; **avoir de la ~** to be valuable; **prendre de la ~** to go up *ou* gain in value; **~s mobilières** transferable securities; **~ absolue** absolute value; **~ d'échange** exchange value; **~ nominale** face value; **~s mobilières** transferable securities

**valide** [valid] *adj (en bonne santé)* fit, well; *(indemne)* able-bodied, fit; *(valable)* valid

**valider** [valide] *vt* to validate

**valions** *etc* [valjɔ̃] *vb voir* **valoir**

**valise** [valiz] *nf (suit)case*; **faire sa ~** to pack one's (suit)case; **la ~ (diplomatique)** the diplomatic bag

**vallée** [vale] *nf* valley

**vallon** [valɔ̃] *nm* small valley

**vallonné, e** [valɔne] *adj* undulating

**valoir** [valwaʀ] *vi (être valable)* to hold, apply ▷ *vt (prix, valeur, effort)* to be worth; *(causer)*: **~ qch à qn** to earn sb sth; **se valoir** to be of equal merit; *(péj)* to be two of a kind; **faire ~** *(droits, prérogatives)* to assert; *(domaine, capitaux)* to exploit; **faire ~ que** to point out that; **se faire ~** to make the most of o.s.; **à ~ on** account; **à ~ sur** to be deducted from; **vaille que vaille** somehow or other; **cela ne me dit rien qui vaille** I don't like the look of it at all; **ce climat ne me vaut rien** this climate doesn't suit me; **la peine** to be worth the trouble, be worth it; **~ mieux: il vaut mieux se taire** it's better to say nothing; **il vaut mieux que je fasse/comme ceci** it's better if I do/like this; **ça ne vaut rien** it's worthless; **que vaut ce candidat?** how good is this applicant?

**valse** [vals] *nf* waltz; **c'est la ~ des étiquettes** the prices don't stay the same from one moment to the next

**valu, e** [valy] *pp de* **valoir**

**vandalisme** [vɑ̃dalism] *nm* vandalism

**vanille** [vanij] *nf* vanilla; **glace à la ~** vanilla ice cream

**vanité** [vanite] *nf* vanity

**vaniteux, -euse** [vanitø, -øz] *adj* vain, conceited

**vanne** [van] *nf* gate; *(fam: remarque)* dig, (nasty) crack; **lancer une ~ à qn** to have a go at sb (*Brit*), knock sb

**vannerie** [vanʀi] *nf* basketwork

**vantard, e** [vɑ̃taʀ, -aʀd] *adj* boastful

**vanter** [vɑ̃te] *vt* to speak highly of, praise; **se vanter** *vi* to boast, brag; **se ~ de** to pride o.s. on; *(péj)* to boast of

**vapeur** [vapœʀ] *nf* steam; *(émanation)* vapour (*Brit*), vapor (*US*), fumes *pl*; *(brouillard, buée)* haze; **vapeurs** *nfpl (bouffées)* vapours, vapors; **à ~** steam-powered, steam *cpd*; **à toute ~** full steam ahead; *(fig)* at full tilt; **renverser la ~** to reverse engines; *(fig)* to backtrack, backpedal; **cuit à la ~** steamed

**vaporeux, -euse** [vapɔʀø, -øz] *adj (flou)* hazy, misty; *(léger)* filmy, gossamer *cpd*

**vaporisateur** [vapɔʀizatœʀ] *nm* spray

**vaporiser** [vapɔʀize] *vt (Chimie)* to vaporize; *(parfum etc)* to spray

**varappe** [vaʀap] *nf* rock climbing

**vareuse** [vaʀøz] *nf (blouson)* pea jacket; *(d'uniforme)* tunic

**variable** [vaʀjabl] *adj* variable; *(temps, humeur)* changeable; *(Tech: à plusieurs positions etc)* adaptable; *(Ling)* inflectional; *(divers: résultats)* varied, various ▷ *nf (Inform, Math)* variable

**varice** [vaʀis] *nf* varicose vein

**varicelle** [vaʀisɛl] *nf* chickenpox

**varié, e** [vaʀje] *adj* varied; *(divers)* various; **hors-d'œuvre ~s** selection of hors d'œuvres

**varier** [vaʀje] vi to vary; (temps, humeur) to change ▷ vt to vary

**variété** [vaʀjete] nf variety; **spectacle de ~s** variety show

**variole** [vaʀjɔl] nf smallpox

**Varsovie** [vaʀsɔvi] n Warsaw

**vas** [va] vb voir **aller**; **~-y!** [vazi] go on!

**vase** [vaz] nm vase ▷ nf silt, mud; **en ~ clos** in isolation; **~ de nuit** chamberpot; **~s communicants** communicating vessels

**vaseux, -euse** [vazø, -øz] adj silty, muddy; (fig: confus) woolly, hazy; (: fatigué) peaky; (: étourdi) woozy

**vasistas** [vazistas] nm fanlight

**vaste** [vast] adj vast, immense

**vaudrai** etc [vodʀe] vb voir **valoir**

**vaurien, ne** [voʀjɛ̃, -ɛn] nm/f good-for-nothing, guttersnipe

**vaut** [vo] vb voir **valoir**

**vautour** [votuʀ] nm vulture

**vautrer** [votʀe]: **se vautrer** vi: **se ~ dans** to wallow in; **se ~ sur** to sprawl on

**vaux** [vo] pl de **val** ▷ vb voir **valoir**

**va-vite** [vavit]: **à la ~** adv in a rush

**VDQS** sigle m (= vin délimité de qualité supérieure) label guaranteeing quality of wine

**veau, x** [vo] nm (Zool) calf; (Culin) veal; (peau) calfskin; **tuer le ~ gras** to kill the fatted calf

**vécu, e** [veky] pp de **vivre** ▷ adj real(-life)

**vedette** [vədɛt] nf (artiste etc) star; (canot) patrol boat; (police) launch; **avoir la ~** to top the bill, get star billing; **mettre qn en ~** (Ciné etc) to give sb the starring role; (fig) to push sb into the limelight; **voler la ~ à qn** to steal the show from sb

**végétal, e, -aux** [veʒetal, -o] adj vegetable ▷ nm vegetable, plant

**végétalien, ne** [veʒetaljɛ̃, -ɛn] adj, nm/f vegan

**végétarien, ne** [veʒetaʀjɛ̃, -ɛn] adj, nm/f vegetarian

**végétation** [veʒetasjɔ̃] nf vegetation; **végétations** nfpl (Méd) adenoids

**véhicule** [veikyl] nm vehicle; **~ utilitaire** commercial vehicle

**veille** [vɛj] nf (garde) watch; (Psych) wakefulness; (jour): **la ~** the day before, the previous day; **la ~ au soir** the previous evening; **la ~ de** the day before; **la ~ de Noël** Christmas Eve; **la ~ du jour de l'An** New Year's Eve; **à la ~ de** on the eve of; **l'état de ~** the waking state

**veillée** [veje] nf (soirée) evening; (réunion) evening gathering; **~ d'armes** night before combat; (fig) vigil; **~ (funèbre)** wake; **~ (mortuaire)** watch

**veiller** [veje] vi (rester debout) to stay ou sit up; (ne pas dormir) to be awake; (être de garde) to be on watch; (être vigilant) to be watchful ▷ vt (malade, mort) to watch over, sit up with; **~ à** vt to attend to, see to; **~ à ce que** to make sure that, see to it that; **~ sur** vt to keep a watch ou an eye on

**veilleur** [vejœʀ] nm: **~ de nuit** night watchman

**veilleuse** [vejøz] nf (lampe) night light; (Auto) sidelight; (flamme) pilot light; **en ~** adj (lampe) dimmed; (fig: affaire) shelved, set aside

**veinard, e** [venaʀ, -aʀd] nm/f (fam) lucky devil

**veine** [vɛn] nf (Anat, du bois etc) vein; (filon) vein, seam; (fam: chance): **avoir de la ~** to be lucky; (inspiration) inspiration

**véliplanchiste** [veliplɑ̃ʃist] nm/f windsurfer

**vélo** [velo] nm bike, cycle; **faire du ~** to go cycling

**vélomoteur** [velomotœʀ] nm moped

**velours** [v(ə)luʀ] nm velvet; **~ côtelé** corduroy

**velouté, e** [vəlute] adj (au toucher) velvety; (à la vue) soft, mellow; (au goût) smooth, mellow ▷ nm: **~ d'asperges/de tomates** cream of asparagus/tomato soup

**velu, e** [vəly] adj hairy

**venais** etc [vənɛ] vb voir **venir**

**venaison** [vənɛzɔ̃] nf venison

**vendange** [vɑ̃dɑ̃ʒ] nf (opération, période: aussi: **~s**) grape harvest; (raisins) grape crop, grapes pl

**vendanger** [vɑ̃dɑ̃ʒe] vi to harvest the grapes

**vendeur, -euse** [vɑ̃dœʀ, -øz] nm/f (de magasin) shop ou sales assistant (Brit), sales clerk (US); (Comm) salesman/woman ▷ nm (Jur) vendor, seller; **~ de journaux** newspaper seller

**vendre** [vɑ̃dʀ] vt to sell; **~ qch à qn** to sell sb sth; **cela se vend à la douzaine** these are sold by the dozen; **"à ~"** "for sale"

**vendredi** [vɑ̃dʀədi] nm Friday; **V~ saint** Good Friday; voir aussi **lundi**

**vénéneux, -euse** [venenø, -øz] adj poisonous

**vénérien, ne** [veneʀjɛ̃, -ɛn] adj venereal

**vengeance** [vɑ̃ʒɑ̃s] nf vengeance no pl, revenge no pl; (acte) act of vengeance ou revenge

**venger** [vɑ̃ʒe] vt to avenge; **se venger** vi to avenge o.s.; (par rancune) to take revenge; **se ~ de qch** to avenge o.s. for sth; to take one's revenge for sth; **se ~ de qn** to take revenge on sb; **se ~ sur** to wreak vengeance upon; to take revenge on ou through; to take it out on

**venimeux, -euse** [vənimø, -øz] adj poisonous, venomous; (fig: haineux) venomous, vicious

**venin** [vənɛ̃] nm venom, poison; (fig) venom

**venir** [v(ə)niʀ] vi to come; **~ de** to come from; **~ de faire: je viens d'y aller/de le voir** I've just been there/seen him; **s'il vient à pleuvoir** if it should rain, if it happens to rain; **en ~ à faire: j'en viens à croire que** I am coming to believe that; **où veux-tu en ~?** what are you getting at?; **il en est venu à mendier** he has been reduced to begging; **en ~ aux mains** to come to blows; **les années/**

**générations à** ~ the years/generations to come; **il me vient une idée** an idea has just occurred to me; **il me vient des soupçons** I'm beginning to be suspicious; **je te vois** ~ I know what you're after; **faire** ~ (*docteur, plombier*) to call (out); **d'où vient que ...?** how is it that ...?; ~ **au monde** to come into the world

**vent** [vɑ̃] *nm* wind; **il y a du** ~ it's windy; **c'est du** ~ it's all hot air; **au** ~ to windward; **sous le** ~ to leeward; **avoir le** ~ **debout/arrière** to head into the wind/have the wind astern; **dans le** ~ (*fam*) trendy; **prendre le** ~ (*fig*) to see which way the wind blows; **avoir** ~ **de** to get wind of; **contre ~s et marées** come hell or high water

**vente** [vɑ̃t] *nf* sale; **la** ~ (*activité*) selling; (*secteur*) sales *pl*; **mettre en** ~ to put on sale; (*objets personnels*) to put up for sale; ~ **aux enchères** auction sale; ~ **de charité** jumble (*Brit*) *ou* rummage (*US*) sale; ~ **par correspondance (VPC)** mail-order selling

**venteux, -euse** [vɑ̃tø, -øz] *adj* windswept, windy

**ventilateur** [vɑ̃tilatœr] *nm* fan

**ventiler** [vɑ̃tile] *vt* to ventilate; (*total, statistiques*) to break down

**ventouse** [vɑ̃tuz] *nf* (*ampoule*) cupping glass; (*de caoutchouc*) suction pad; (*Zool*) sucker

**ventre** [vɑ̃tʀ] *nm* (*Anat*) stomach; (*fig*) belly; **prendre du** ~ to be getting a paunch; **avoir mal au** ~ to have (a) stomach ache

**ventriloque** [vɑ̃tʀilɔk] *nm/f* ventriloquist

**venu, e** [v(ə)ny] *pp de* **venir** ▷ *adj*: **être mal** ~ **à** *ou* **de faire** to have no grounds for doing, be in no position to do; **mal** ~ ill-timed, unwelcome; **bien** ~ timely, welcome ▷ *nf* coming

**ver** [vɛʀ] *nm* worm; (*des fruits etc*) maggot; (*du bois*) woodworm *no pl*; ~ **blanc** May beetle grub; ~ **luisant** glow-worm; ~ **à soie** silkworm; ~ **solitaire** tapeworm; ~ **de terre** earthworm

**verbaliser** [vɛʀbalize] *vi* (*Police*) to book *ou* report an offender; (*Psych*) to verbalize

**verbe** [vɛʀb] *nm* (*Ling*) verb; (*voix*): **avoir le** ~ **sonore** to have a sonorous tone (of voice); (*expression*): **la magie du** ~ the magic of language *ou* the word; (*Rel*): **le V~** the Word

**verdâtre** [vɛʀdɑtʀ] *adj* greenish

**verdict** [vɛʀdik(t)] *nm* verdict

**verdir** [vɛʀdiʀ] *vi, vt* to turn green

**verdure** [vɛʀdyʀ] *nf* (*arbres, feuillages*) greenery; (*légumes verts*) green vegetables *pl*, greens *pl*

**véreux, -euse** [veʀø, -øz] *adj* worm-eaten; (*malhonnête*) shady, corrupt

**verge** [vɛʀʒ] *nf* (*Anat*) penis; (*baguette*) stick, cane

**verger** [vɛʀʒe] *nm* orchard

**verglacé, e** [vɛʀglase] *adj* icy, iced-over

**verglas** [vɛʀglɑ] *nm* (black) ice

**vergogne** [vɛʀgɔɲ]: **sans** ~ *adv* shamelessly

**véridique** [veʀidik] *adj* truthful

**vérification** [veʀifikasjɔ̃] *nf* checking *no pl*, check; ~ **d'identité** identity check

**vérifier** [veʀifje] *vt* to check; (*corroborer*) to confirm, bear out; **se vérifier** *vi* to be confirmed *ou* verified

**véritable** [veʀitabl] *adj* real; (*ami, amour*) true; **un** ~ **désastre** an absolute disaster

**vérité** [veʀite] *nf* truth; (*d'un portrait*) lifelikeness; (*sincérité*) sincerity; **en** ~, **à la** ~ to tell the truth

**verlan** [vɛʀlɑ̃] *nm* (back) slang; *see note*

⬤ **VERLAN**
⬤
⬤   *Verlan* is a form of slang popularized in
⬤   the 1950's. It consists of inverting a
⬤   word's syllables, the term *verlan* itself
⬤   coming from "l'envers" ("à l'envers" =
⬤   back to front). Typical examples are
⬤   "féca" ("café"), "ripou" ("pourri"),
⬤   "meuf" ("femme"), and "beur" ("Arabe").

**vermeil, le** [vɛʀmɛj] *adj* bright red, ruby red ▷ *nm* (*substance*) vermeil

**vermine** [vɛʀmin] *nf* vermin *pl*

**vermoulu, e** [vɛʀmuly] *adj* worm-eaten, with woodworm

**verni, e** [vɛʀni] *adj* varnished; glazed; (*fam*) lucky; **cuir** ~ patent leather; **souliers ~s** patent (leather) shoes

**vernir** [vɛʀniʀ] *vt* (*bois, tableau, ongles*) to varnish; (*poterie*) to glaze

**vernis** [vɛʀni] *nm* (*enduit*) varnish; glaze; (*fig*) veneer; ~ **à ongles** nail varnish (*Brit*) *ou* polish

**vernissage** [vɛʀnisaʒ] *nm* varnishing; glazing; (*d'une exposition*) preview

**vérole** [veʀɔl] *nf* (*variole*) smallpox; (*fam: syphilis*) pox

**verrai** *etc* [veʀe] *vb voir* **voir**

**verre** [vɛʀ] *nm* glass; (*de lunettes*) lens *sg*; **verres** *nmpl* (*lunettes*) glasses; **boire** *ou* **prendre un** ~ to have a drink; ~ **à vin/à liqueur** wine/liqueur glass; ~ **à dents** tooth mug; ~ **dépoli** frosted glass; ~ **de lampe** lamp glass *ou* chimney; ~ **de montre** watch glass; ~ **à pied** stemmed glass; **~s de contact** contact lenses; **~s fumés** tinted lenses

**verrerie** [vɛʀʀi] *nf* (*fabrique*) glassworks *sg*; (*activité*) glass-making, glass-working; (*objets*) glassware

**verrière** [vɛʀjɛʀ] *nf* (*grand vitrage*) window; (*toit vitré*) glass roof

**verrons** *etc* [veʀɔ̃] *vb voir* **voir**

**verrou** [veʀu] *nm* (*targette*) bolt; (*fig*) constriction; **mettre le** ~ to bolt the door; **mettre qn sous les ~s** to put sb behind bars

**verrouillage** [veʀujaʒ] *nm* (*dispositif*) locking mechanism; (*Auto*): ~ **central** *ou* **centralisé** central locking

**verrouiller** [veʀuje] vt to bolt; to lock; (Mil: brèche) to close
**verrue** [veʀy] nf wart; (plantaire) verruca; (fig) eyesore
**vers** [veʀ] nm line ▷ nmpl (poésie) verse sg ▷ prép (en direction de) toward(s); (près de) around (about); (temporel) about, around
**versant** [veʀsɑ̃] nm slopes pl, side
**versatile** [veʀsatil] adj fickle, changeable
**verse** [veʀs]: **à** ~ adv: **il pleut à** ~ it's pouring (with rain)
**Verseau** [veʀso] nm: **le** ~ Aquarius, the water-carrier; **être du** ~ to be Aquarius
**versement** [veʀsəmɑ̃] nm payment; (sur un compte) deposit, remittance; **en trois** ~**s** in three instalments
**verser** [veʀse] vt (liquide, grains) to pour; (larmes, sang) to shed; (argent) to pay; (soldat: affecter): ~ **qn dans** to assign sb to ▷ vi (véhicule) to overturn; (fig): ~ **dans** to lapse into; ~ **sur un compte** to pay into an account
**verset** [veʀse] nm verse; versicle
**version** [veʀsjɔ̃] nf version; (Scol) translation (into the mother tongue); **film en** ~ **originale** film in the original language
**verso** [veʀso] nm back; **voir au** ~ see over(leaf)
**vert, e** [veʀ, veʀt] adj green; (vin) young; (vigoureux) sprightly; (cru) forthright ▷ nm green; **dire des** ~**es (et des pas mûres)** to say some pretty spicy things; **il en a vu des** ~**es** he's seen a thing or two; ~ **bouteille** adj inv bottle-green; ~ **d'eau** adj inv sea-green; ~ **pomme** adj inv apple-green; **les V**~**s** (Pol) the Greens
**vertèbre** [veʀtɛbʀ] nf vertebra
**vertement** [veʀtəmɑ̃] adv (réprimander) sharply
**vertical, e, -aux** [veʀtikal, -o] adj, nf vertical; **à la** ~**e** adv vertically
**verticalement** [veʀtikalmɑ̃] adv vertically
**vertige** [veʀtiʒ] nm (peur du vide) vertigo; (étourdissement) dizzy spell; (fig) fever; **ça me donne le** ~ it makes me dizzy; (fig) it makes my head spin ou reel
**vertigineux, -euse** [veʀtiʒinø, -øz] adj (hausse, vitesse) breathtaking; (altitude, gorge) breathtakingly high (ou deep)
**vertu** [veʀty] nf virtue; **une** ~ a saint, a paragon of virtue; **avoir la** ~ **de faire** to have the virtue of doing; **en** ~ **de** prép in accordance with
**vertueux, -euse** [veʀtɥø, -øz] adj virtuous
**verve** [veʀv] nf witty eloquence; **être en** ~ to be in brilliant form
**verveine** [veʀvɛn] nf (Bot) verbena, vervain; (infusion) verbena tea
**vésicule** [vezikyl] nf vesicle; ~ **biliaire** gall-bladder
**vessie** [vesi] nf bladder
**veste** [vɛst] nf jacket; ~ **droite/croisée** single-/double-breasted jacket; **retourner sa** ~ (fig) to change one's colours

**vestiaire** [vɛstjɛʀ] nm (au théâtre etc) cloakroom; (de stade etc) changing-room (Brit), locker-room (US); (métallique): (**armoire**) ~ locker
**vestibule** [vɛstibyl] nm hall
**vestige** [vɛstiʒ] nm (objet) relic; (fragment) trace; (fig) remnant, vestige; **vestiges** nmpl (d'une ville) remains; (d'une civilisation, du passé) remnants, relics
**vestimentaire** [vɛstimɑ̃tɛʀ] adj (dépenses) clothing; (détail) of dress; (élégance) sartorial; **dépenses** ~**s** clothing expenditure
**veston** [vɛstɔ̃] nm jacket
**vêtement** [vɛtmɑ̃] nm garment, item of clothing; (Comm): **le** ~ the clothing industry; **vêtements** nmpl clothes; ~**s de sport** sportswear sg, sports clothes
**vétérinaire** [veteʀinɛʀ] adj veterinary ▷ nm/f vet, veterinary surgeon (Brit), veterinarian (US)
**vêtir** [vetiʀ] vt to clothe, dress; **se vêtir** to dress (o.s.)
**veto** [veto] nm veto; **droit de** ~ right of veto; **mettre** ou **opposer un** ~ **à** to veto
**vêtu, e** [vety] pp de **vêtir** ▷ adj: ~ **de** dressed in, wearing; **chaudement** ~ warmly dressed
**vétuste** [vetyst] adj ancient, timeworn
**veuf, veuve** [vœf, vœv] adj widowed ▷ nm widower ▷ nf widow
**veuille** [vœj], **veuillez** etc [vœje] vb voir **vouloir**
**veule** [vøl] adj spineless
**veuve** [vœv] adj f, nf voir **veuf**
**veux** [vø] vb voir **vouloir**
**vexant, e** [vɛksɑ̃, -ɑ̃t] adj (contrariant) annoying; (blessant) upsetting
**vexation** [vɛksasjɔ̃] nf humiliation
**vexations** [vɛksasjɔ̃] nfpl humiliations
**vexer** [vɛkse] vt to hurt, upset; **se vexer** vi to be offended, get upset
**viable** [vjabl] adj viable; (économie, industrie etc) sustainable
**viaduc** [vjadyk] nm viaduct
**viager, -ère** [vjaʒe, -ɛʀ] adj: **rente viagère** life annuity ▷ nm: **mettre en** ~ to sell in return for a life annuity
**viande** [vjɑ̃d] nf meat; **je ne mange pas de** ~ I don't eat meat
**vibrer** [vibʀe] vi to vibrate; (son, voix) to be vibrant; (fig) to be stirred; **faire** ~ to (cause to) vibrate; to stir, thrill
**vice** [vis] nm vice; (défaut) fault; ~ **caché** (Comm) latent ou inherent defect; ~ **de forme** legal flaw ou irregularity
**vichy** [viʃi] nm (toile) gingham; (eau) Vichy water; **carottes V**~ boiled carrots
**vicié, e** [visje] adj (air) polluted, tainted; (Jur) invalidated
**vicieux, -euse** [visjø, -øz] adj (pervers) dirty(-minded); (méchant) nasty; (fautif) incorrect, wrong ▷ nm/f lecher
**vicinal, e, -aux** [visinal, -o] adj: **chemin** ~ byroad, byway

**victime** [viktim] *nf* victim; (*d'accident*) casualty; **être (la) ~ de** to be the victim of; **être ~ d'une attaque/d'un accident** to suffer a stroke/be involved in an accident

**victoire** [viktwaʀ] *nf* victory

**victuailles** [viktɥaj] *nfpl* provisions

**vidange** [vidɑ̃ʒ] *nf* (*d'un fossé, réservoir*) emptying; (*Auto*) oil change; (*de lavabo: bonde*) waste outlet; **vidanges** *nfpl* (*matières*) sewage *sg*; **faire la ~** (*Auto*) to change the oil, do an oil change; **tuyau de ~** drainage pipe

**vidanger** [vidɑ̃ʒe] *vt* to empty; **faire ~ la voiture** to have the oil changed in one's car

**vide** [vid] *adj* empty ▷ *nm* (*Physique*) vacuum; (*espace*) (empty) space, gap; (*sous soi: dans une falaise etc*) drop; (*futilité, néant*) void; **~ de** empty of; (*de sens etc*) devoid of; **sous ~** *adv* in a vacuum; **emballé sous ~** vacuum-packed; **regarder dans le ~** to stare into space; **avoir peur du ~** to be afraid of heights; **parler dans le ~** to waste one's breath; **faire le ~** (*dans son esprit*) to make one's mind go blank; **faire le ~ autour de qn** to isolate sb; **emballé sous ~** vacuum packed; **à ~** *adv* (*sans occupants*) empty; (*sans charge*) unladen; (*Tech*) without gripping ou being in gear

**vidéo** [video] *nf, adj inv* video; **cassette ~** video cassette; **~ inverse** reverse video

**vidéoclip** [videoklip] *nm* music video

**vidéoclub** [videoklœb] *nm* video club

**vidéoconférence** [videoɔ̃dc] *nf* videoconference

**vide-ordures** [vidɔʀdyʀ] *nm inv* (rubbish) chute

**vidéothèque** [videotɛk] *nf* video library

**vide-poches** [vidpɔʃ] *nm inv* tidy; (*Auto*) glove compartment

**vider** [vide] *vt* to empty; (*Culin: volaille, poisson*) to gut, clean out; (*régler: querelle*) to settle; (*fatiguer*) to wear out; (*fam: expulser*) to throw out, chuck out; **se vider** *vi* to empty; **~ les lieux** to quit ou vacate the premises

**videur** [vidœʀ] *nm* (*de boîte de nuit*) bouncer

**vie** [vi] *nf* life; **être en ~** to be alive; **sans ~** lifeless; **à ~** for life; **membre à ~** life member; **dans la ~ courante** in everyday life; **avoir la ~ dure** to have nine lives; to die hard; **mener la ~ dure à qn** to make life a misery for sb; **que faites-vous dans la ~?** what do you do?

**vieil** [vjɛj] *adj m voir* **vieux**

**vieillard** [vjɛjaʀ] *nm* old man; **les ~s** old people, the elderly

**vieille** [vjɛj] *adj f, nf voir* **vieux**

**vieilleries** [vjɛjʀi] *nfpl* old things ou stuff *sg*

**vieillesse** [vjɛjɛs] *nf* old age; (*vieillards*): **la ~** the old *pl*, the elderly *pl*

**vieillir** [vjɛjiʀ] *vi* (*prendre de l'âge*) to grow old; (*population, vin*) to age; (*doctrine, auteur*) to become dated ▷ *vt* to age; **il a beaucoup vieilli** he has aged a lot; **se vieillir** to make o.s. older

**vieillissement** [vjejismɑ̃] *nm* growing old; ageing

**Vienne** [vjɛn] *n* (*en Autriche*) Vienna

**vienne** [vjɛn], **viens** *etc* [vjɛ̃] *vb voir* **venir**

**viens** [vjɛ̃] *vb voir* **venir**

**vierge** [vjɛʀʒ] *adj* virgin; (*film*) blank; (*page*) clean, blank; (*jeune fille*): **être ~** to be a virgin ▷ *nf* virgin; (*signe*): **la V~** Virgo, the Virgin; **être de la V~** to be Virgo; **~ de** (*sans*) free from, unsullied by

**Viêtnam, Vietnam** [vjɛtnam] *nm*: **le ~** Vietnam; **le ~ du Nord/du Sud** North/South Vietnam

**vietnamien, ne** [vjɛtnamjɛ̃, -ɛn] *adj* Vietnamese ▷ *nm* (*Ling*) Vietnamese ▷ *nm/f*: **V~, ne** Vietnamese; **V~, ne du Nord/Sud** North/South Vietnamese

**vieux, vieil, vieille** [vjø, vjɛj] *adj* old ▷ *nm/f* old man/woman ▷ *nmpl*: **les ~** the old, old people; (*fam: parents*) the old folk ou ones; **un petit ~** a little old man; **mon ~/ma vieille** (*fam*) old man/girl; **pauvre ~** poor old soul; **prendre un coup de ~** to put years on; **se faire ~** to make o.s. look older; **un ~ de la vieille** one of the old brigade; **~ garçon** *nm* bachelor; **~ jeu** *adj inv* old-fashioned; **~ rose** *adj inv* old rose; **vieil or** *adj inv* old gold; **vieille fille** *nf* spinster

**vif, vive** [vif, viv] *adj* (*animé*) lively; (*alerte*) sharp, quick; (*brusque*) sharp, brusque; (*aigu*) sharp; (*lumière, couleur*) brilliant; (*air*) crisp; (*vent, émotion*) keen; (*froid*) bitter; (*fort: regret, déception*) great, deep; (*vivant*): **brûlé ~** burnt alive; **eau vive** running water; **de vive voix** personally; **avoir l'esprit ~** to be quick-witted; **piquer qn au ~** to cut sb to the quick; **tailler dans le ~** to cut into the living flesh; **à ~** (*plaie*) open; **avoir les nerfs à ~** to be on edge; **sur le ~** (*Art*) from life; **entrer dans le ~ du sujet** to get to the very heart of the matter

**vigne** [viɲ] *nf* (*plante*) vine; (*plantation*) vineyard; **~ vierge** Virginia creeper

**vigneron** [viɲʀɔ̃] *nm* wine grower

**vignette** [viɲɛt] *nf* (*motif*) vignette; (*de marque*) manufacturer's label ou seal; (*petite illustration*) (small) illustration; (*Admin*) ≈ (road) tax disc (*Brit*), ≈ license plate sticker (*US*); (: *sur médicament*) price label (*on medicines for reimbursement by Social Security*)

**vignoble** [viɲɔbl] *nm* (*plantation*) vineyard; (*vignes d'une région*) vineyards *pl*

**vigoureux, -euse** [viguʀø, -øz] *adj* vigorous, robust

**vigueur** [vigœʀ] *nf* vigour (*Brit*), vigor (*US*); **être/entrer en ~** to be in/come into force; **en ~** current

**vil, e** [vil] *adj* vile, base; **à ~ prix** at a very low price

**vilain, e** [vilɛ̃, -ɛn] *adj* (*laid*) ugly; (*affaire, blessure*) nasty; (*passage: enfant*) naughty ▷ *nm* (*paysan*) villein, villain; **ça va tourner au ~** things are going to turn nasty; **~ mot** bad word

**villa** [vila] nf (detached) house; ~ **en multipropriété** time-share villa

**village** [vilaʒ] nm village; ~ **de toile** tent village; ~ **de vacances** holiday village

**villageois, e** [vilaʒwa, -waz] adj village cpd ▷ nm/f villager

**ville** [vil] nf town; (importante) city; (administration): **la** ~ = the Corporation, = the (town) council; **aller en** ~ to go to town; **habiter en** ~ to live in town; ~ **jumelée** twin town; ~ **d'eaux** spa; ~ **nouvelle** new town

**villégiature** [vileʒjatyʀ] nf (séjour) holiday; (lieu) (holiday) resort

**vin** [vɛ̃] nm wine; **avoir le ~ gai/triste** to get happy/miserable after a few drinks; ~ **blanc/rosé/rouge** white/rosé/red wine; ~ **d'honneur** reception (with wine and snacks); ~ **de messe** altar wine; ~ **ordinaire** ou **de table** table wine; ~ **de pays** local wine; voir aussi **AOC**; **VDQS**

**vinaigre** [vinɛgʀ] nm vinegar; **tourner au** ~ (fig) to turn sour; ~ **de vin/d'alcool** wine/spirit vinegar

**vinaigrette** [vinɛgʀɛt] nf vinaigrette, French dressing

**vindicatif, -ive** [vɛ̃dikatif, -iv] adj vindictive

**vineux, -euse** [vinø, -øz] adj wine(y)

**vingt** [vɛ̃, vɛ̃t] (2nd pron used when followed by a vowel) num twenty; ~~**quatre heures sur** ~~**quatre** twenty-four hours a day, round the clock

**vingtaine** [vɛ̃tɛn] nf: **une** ~ **(de)** around twenty, twenty or so

**vingtième** [vɛ̃tjɛm] num twentieth

**vinicole** [vinikɔl] adj (production) wine cpd; (région) wine-growing

**vins etc** [vɛ̃] vb voir **venir**

**vinyle** [vinil] nm vinyl

**viol** [vjɔl] nm (d'une femme) rape; (d'un lieu sacré) violation

**violacé, e** [vjɔlase] adj purplish, mauvish

**violemment** [vjɔlamɑ̃] adv violently

**violence** [vjɔlɑ̃s] nf violence; **violences** nfpl acts of violence; **faire** ~ **à qn** to do violence to sb; **se faire** ~ to force o.s

**violent, e** [vjɔlɑ̃, -ɑ̃t] adj violent; (remède) drastic; (besoin, désir) intense, urgent

**violer** [vjɔle] vt (femme) to rape; (sépulture) to desecrate, violate; (loi, traité) to violate

**violet, te** [vjɔlɛ, -ɛt] adj, nm purple, mauve ▷ nf (fleur) violet

**violon** [vjɔlɔ̃] nm violin; (dans la musique folklorique etc) fiddle; (fam: prison) lock-up; **premier** ~ first violin; ~ **d'Ingres** artistic hobby

**violoncelle** [vjɔlɔ̃sɛl] nm cello

**violoniste** [vjɔlɔnist] nm/f violinist, violin-player; (folklorique etc) fiddler

**vipère** [vipɛʀ] nf viper, adder

**virage** [viʀaʒ] nm (d'un véhicule) turn; (d'une route, piste) bend; (Chimie) change in colour (Brit) ou color (US); (de cuti-réaction) positive reaction; (Photo) toning; (fig: Pol) about-turn;

**prendre un** ~ to go into a bend, take a bend; ~ **sans visibilité** blind bend

**virée** [viʀe] nf (courte) run; (: à pied) walk; (longue) trip; hike, walking tour

**virement** [viʀmɑ̃] nm (Comm) transfer; ~ **bancaire** (bank) credit transfer, = (bank) giro transfer (Brit); ~ **postal** Post office credit transfer, = Girobank® transfer (Brit)

**virent** [viʀ] vb voir **voir**

**virer** [viʀe] vt (Comm): ~ **qch (sur)** to transfer sth (into); (Photo) to tone; (fam: renvoyer) to sack, boot out ▷ vi to turn; (Chimie) to change colour (Brit) ou color (US); (cuti-réaction) to come up positive; (Photo) to tone; ~ **au bleu** to turn blue; ~ **de bord** to tack; (fig) to change tack; ~ **sur l'aile** to bank

**virevolter** [viʀvɔlte] vi to twirl around

**virgule** [viʀgyl] nf comma; (Math) point; **quatre** ~ **deux** four point two; ~ **flottante** floating decimal

**viril, e** [viʀil] adj (propre à l'homme) masculine; (énergique, courageux) manly, virile

**virtuel, le** [viʀtɥɛl] adj potential; (théorique) virtual

**virtuose** [viʀtɥoz] nm/f (Mus) virtuoso; (gén) master

**virus** [viʀys] nm virus

**vis** vb [vi] voir **voir**; **vivre** ▷ nf [vis] screw; ~ **à tête plate/ronde** flat-headed/round-headed screw; ~ **platinées** (Auto) (contact) points; ~ **sans fin** worm, endless screw

**visa** [viza] nm (sceau) stamp; (validation de passeport) visa; ~ **de censure** (censor's) certificate

**visage** [vizaʒ] nm face; **à** ~ **découvert** (franchement) openly

**vis-à-vis** [vizavi] adv face to face ▷ nm person opposite; house etc opposite; ~ **de** prép opposite; (fig) towards, vis-à-vis; **en** ~ facing ou opposite each other; **sans** ~ (immeuble) with an open outlook

**viscéral, e, -aux** [viseʀal, -o] adj (fig) deep-seated, deep-rooted

**visée** [vize] nf (avec une arme) aiming; (Arpentage) sighting; **visées** nfpl (intentions) designs; **avoir des** ~**s sur qn/qch** to have designs on sb/sth

**viser** [vize] vi to aim ▷ vt to aim at; (concerner) to be aimed ou directed at; (apposer un visa sur) to stamp, visa; ~ **à qch/faire** to aim at sth/at doing ou to do

**viseur** [vizœʀ] nm (d'arme) sights pl; (Photo) viewfinder

**visibilité** [vizibilite] nf visibility; **sans** ~ (pilotage, virage) blind cpd

**visible** [vizibl] adj visible; (disponible): **est-il** ~? can he see me?, will he see visitors?

**visière** [vizjɛʀ] nf (de casquette) peak; (qui s'attache) eyeshade

**vision** [vizjɔ̃] nf vision; (sens) (eye)sight, vision; (fait de voir): **la** ~ **de** the sight of; **première** ~ (Ciné) first showing

**visionneuse** [vizjɔnøz] nf viewer

**visiophone** [vizjɔfɔn] nm videophone

**visite** [vizit] nf visit; (visiteur) visitor; (touristique: d'un musée etc) tour; (Comm: de représentant) call; (expertise, d'inspection) inspection; (médicale, à domicile) visit, call; ~ **médicale** medical examination; (Mil: d'entrée) medicals pl; (: quotidienne) sick parade; ~ **accompagnée** ou **guidée** guided tour; **faire une ~ à qn** to call on sb, pay sb a visit; **rendre ~ à qn** to visit sb, pay sb a visit; **être en ~ (chez qn)** to be visiting (sb); **avoir de la ~** to have visitors; **heures de ~** (hôpital, prison) visiting hours; **le droit de ~** (Jur: aux enfants) right of access, access; ~ **de douane** customs inspection ou examination; ~ **guidée** guided tour

**visiter** [vizite] vt to visit; (musée, ville) to visit, go round

**visiteur, -euse** [vizitœʀ, -øz] nm/f visitor; ~ **des douanes** customs inspector; ~ **médical** medical rep(resentative); ~ **de prison** prison visitor

**vison** [vizɔ̃] nm mink

**visser** [vise] vt: ~ **qch** (fixer, serrer) to screw sth on

**visuel, le** [vizɥɛl] adj visual

**vit** [vi] vb voir **vivre**; **voir**

**vital, e, -aux** [vital, -o] adj vital

**vitamine** [vitamin] nf vitamin

**vite** [vit] adv (rapidement) quickly, fast; (sans délai) quickly; soon; ~! quick!; **faire ~** (agir rapidement) to act fast; (se dépêcher) to be quick; **ce sera ~ fini** this will soon be finished; **viens ~** come quick(ly)

**vitesse** [vites] nf speed; (Auto: dispositif) gear; **faire de la ~** to drive fast ou at speed; **prendre qn de ~** to outstrip sb, get ahead of sb; **prendre de la ~** to pick up ou gather speed; **à toute ~** at full ou top speed; **en perte de ~** (avion) losing lift; (fig) losing momentum; **changer de ~** (Auto) to change gear; ~ **acquise** momentum; ~ **de croisière** cruising speed; ~ **de pointe** top speed; ~ **du son** speed of sound; **en ~** quickly

◉ **LIMITE DE VITESSE**
◉
◉ The speed limit in France is 50 km/h in
◉ built-up areas, 90 km/h on main roads,
◉ and 130 km/h on motorways (110 km/h
◉ when it is raining).

**viticole** [vitikɔl] adj (industrie) wine cpd; (région) wine-growing

**viticulteur** [vitikyltœʀ] nm wine grower

**vitrage** [vitʀaʒ] nm (cloison) glass partition; (toit) glass roof; (rideau) net curtain; **double ~** double glazing

**vitrail, -aux** [vitʀaj, -o] nm stained-glass window

**vitre** [vitʀ] nf (window) pane; (de portière, voiture) window

**vitré, e** [vitʀe] adj glass cpd

**vitrer** [vitʀe] vt to glaze

**vitreux, -euse** [vitʀø, -øz] adj vitreous; (terne) glassy

**vitrine** [vitʀin] nf (devanture) (shop) window; (étalage) display; (petite armoire) display cabinet; **en ~** in the window, on display; ~ **publicitaire** display case, showcase

**vivable** [vivabl] adj (personne) livable-with; (maison) fit to live in

**vivace** adj (vivas] (arbre, plante) hardy; (fig) enduring ▷ adv [vivatʃe] (Mus) vivace

**vivacité** [vivasite] nf (voir vif) liveliness, vivacity; sharpness; brilliance

**vivant, e** [vivɑ̃, -ɑ̃t] vb voir **vivre** ▷ adj (qui vit) living, alive; (animé) lively; (preuve, exemple) living; (langue) modern ▷ nm: **du ~ de qn** in sb's lifetime; **les ~s et les morts** the living and the dead

**vive** [viv] adj f voir **vif** ▷ vb voir **vivre** ▷ excl: ~ **le roi!** long live the king!; ~ **les vacances!** hurrah for the holidays!

**vivement** [vivmɑ̃] adv vivaciously; sharply ▷ excl: ~ **les vacances!** I can't wait for the holidays!, roll on the holidays!

**vivier** [vivje] nm (au restaurant etc) fish tank; (étang) fishpond

**vivifiant, e** [vivifjɑ̃, -ɑ̃t] adj invigorating

**vivions** [vivjɔ̃] vb voir **vivre**

**vivoter** [vivɔte] vi (personne) to scrape a living, get by; (fig: affaire etc) to struggle along

**vivre** [vivʀ] vi, vt to live ▷ nm: **le ~ et le logement** board and lodging; **vivres** nmpl provisions, food supplies; **il vit encore** he is still alive; **se laisser ~** to take life as it comes; **ne plus ~** (être anxieux) to live on one's nerves; **il a vécu** (eu une vie aventureuse) he has seen life; **ce régime a vécu** this regime has had its day; **être facile à ~** to be easy to get on with; **faire ~ qn** (pourvoir à sa subsistance) to provide (a living) for sb; ~ **mal** (chichement) to have a meagre existence; ~ **de** (salaire etc) to live on

**vlan** [vlɑ̃] excl wham!, bang!

**VO** sigle f (Ciné: = version originale): **voir un film en VO** to see a film in its original language

**vocable** [vɔkabl] nm term

**vocabulaire** [vɔkabylɛʀ] nm vocabulary

**vocation** [vɔkasjɔ̃] nf vocation, calling; **avoir la ~** to have a vocation

**vociférer** [vɔsifeʀe] vi, vt to scream

**vœu, x** [vø] nm wish; (à Dieu) vow; **faire ~ de** to take a vow of; **avec tous nos ~x** with every good wish ou our best wishes; **meilleurs ~x** best wishes; (sur une carte) "Season's Greetings"; ~**x de bonheur** best wishes for your future happiness; ~**x de bonne année** best wishes for the New Year

**vogue** [vɔg] nf fashion, vogue; **en ~** in fashion, in vogue

**voguer** [vɔge] vi to sail

**voici** [vwasi] *prép (pour introduire, désigner)* here is; (+*sg*) here are; (+*pl*): **et ~ que ...** and now it (*ou* he) ...; **il est parti ~ trois ans** he left three years ago; **~ une semaine que je l'ai vue** it's a week since I've seen her; **me ~** here I am; *voir aussi* **voilà**

**voie** [vwa] *vb voir* **voir** ▷ *nf* way; (*Rail*) track, line; (*Auto*) lane; **par ~ buccale** *ou* **orale** orally; **par ~ rectale** rectally; **suivre la ~ hiérarchique** to go through official channels; **ouvrir/montrer la ~** to open up/ show the way; **être en bonne ~** to be shaping *ou* going well; **mettre qn sur la ~** to put sb on the right track; **être en ~ d'achèvement/de rénovation** to be nearing completion/in the process of renovation; **à ~ étroite** narrow-gauge; **à ~ unique** single-track; **route à deux/trois ~s** two-/three-lane road; **par la ~ aérienne/maritime** by air/ sea; **~ d'eau** (*Navig*) leak; **~ express** expressway; **~ de fait** (*Jur*) assault (and battery); **~ ferrée** track; railway line (*Brit*), railroad (*US*); **par ~ ferrée** by rail, by railroad; **~ de garage** (*Rail*) siding; **la ~ lactée** the Milky Way; **~ navigable** waterway; **~ prioritaire** (*Auto*) road with right of way; **~ privée** private road; **la ~ publique** the public highway

**voilà** [vwala] *prép (en désignant)* there is; (+*sg*) there are; (+*pl*): **les ~** *ou* **voici** here they are; **en ~** *ou* **voici un** here's one, there's one; **voici mon frère et ~ ma sœur** this is my brother and that's my sister; **~** *ou* **voici deux ans** two years ago; **~** *ou* **voici deux ans que** it's two years since; **et ~!** there we are!; **~ tout** that's all; **"~** *ou* **voici"** (*en offrant etc*) "there *ou* here you are"; **tiens! ~ Paul** look! there's Paul

**voile** [vwal] *nm* veil; (*tissu léger*) net ▷ *nf* sail; (*sport*) sailing; **prendre le ~** to take the veil; **mettre à la ~** to make way under sail; **~ du palais** (*Navig*) soft palate, velum; **~ au poumon** *nm* shadow on the lung

**voiler** [vwale] *vt* to veil; (*Photo*) to fog; (*fausser: roue*) to buckle; (*: bois*) to warp; **se voiler** *vi* (*lune, regard*) to mist over; (*ciel*) to grow hazy; (*voix*) to become husky; (*roue, disque*) to buckle; (*planche*) to warp; **se ~ la face** to hide one's face

**voilier** [vwalje] *nm* sailing ship; (*de plaisance*) sailing boat

**voilure** [vwalyʀ] *nf* (*de voilier*) sails *pl*; (*d'avion*) aerofoils *pl* (*Brit*), airfoils *pl* (*US*); (*de parachute*) canopy

**voir** [vwaʀ] *vi, vt* to see; **se voir; se ~ critiquer/transformer** to be criticized/ transformed; **cela se voit** (*cela arrive*) it happens; (*c'est visible*) that's obvious, it shows; **~ à faire qch** to see to it that sth is done; **~ loin** (*fig*) to be far-sighted; **~ venir** (*fig*) to wait and see; **faire ~ qch à qn** to show sb sth; **en faire ~ à qn** (*fig*) to give sb a hard

time; **ne pas pouvoir ~ qn** (*fig*) not to be able to stand sb; **regardez ~** just look; **montrez ~** show (me); **dites ~** tell me; **voyons!** let's see now; (*indignation etc*) come (along) now!; **c'est à ~!** we'll see!; **c'est ce qu'on va ~!** we'll see about that!; **avoir quelque chose à ~ avec** to have something to do with; **ça n'a rien à ~ avec lui** that has nothing to do with him

**voire** [vwaʀ] *adv* indeed; nay; or even

**voisin, e** [vwazɛ̃, -in] *adj* (*proche*) neighbouring (*Brit*), neighboring (*US*); (*contigu*) next; (*ressemblant*) connected ▷ *nm/f* neighbou(u)r; (*de table, de dortoir etc*) person next to me (*ou* him etc); **~ de palier** neighbo(u)r across the landing (*Brit*) *ou* hall (*US*)

**voisinage** [vwazinaʒ] *nm* (*proximité*) proximity; (*environs*) vicinity; (*quartier, voisins*) neighbourhood (*Brit*), neighborhood (*US*); **relations de bon ~** neighbo(u)rly terms

**voiture** [vwatyʀ] *nf* car; (*wagon*) coach, carriage; **en ~!** all aboard!; **~ à bras** handcart; **~ d'enfant** pram (*Brit*), baby carriage (*US*); **~ d'infirme** invalid carriage; **~ de course** racing car; **~ de sport** sports car

**voix** [vwa] *nf* voice; (*Pol*) vote; **la ~ de la conscience/raison** the voice of conscience/ reason; **à haute ~** aloud; **à ~ basse** in a low voice; **faire la grosse ~** to speak gruffly; **avoir de la ~** to have a good voice; **rester sans ~** to be speechless; **~ de basse/ténor** *etc* bass/tenor *etc* voice; **à deux/quatre ~** (*Mus*) in two/four parts; **avoir ~ au chapitre** to have a say in the matter; **mettre aux ~** to put to the vote; **~ off** voice-over

**vol** [vɔl] *nm* (*mode de locomotion*) flying; (*trajet, voyage, groupe d'oiseaux*) flight; (*mode d'appropriation*) theft, stealing; (*larcin*) theft; **à ~ d'oiseau** as the crow flies; **au ~: attraper qch au vol** to catch sth as it flies past; **saisir une remarque au ~** to pick up a passing remark; **prendre son ~** to take flight; **de haut ~** (*fig*) of the highest order; **en ~** in flight; **~ avec effraction** breaking and entering *no pl*, break-in; **~ à l'étalage** shoplifting *no pl*; **~ libre** hang-gliding; **~ à main armée** armed robbery; **~ de nuit** night flight; **~ régulier** scheduled flight; **~ plané** (*Aviat*) glide, gliding *no pl*; **~ à la tire** pickpocketing *no pl*; **~ à voile** gliding

**volage** [vɔlaʒ] *adj* fickle

**volaille** [vɔlaj] *nf* (*oiseaux*) poultry *pl*; (*viande*) poultry *no pl*; (*oiseau*) fowl

**volant, e** [vɔlɑ̃, -ɑ̃t] *adj* voir **feuille** *etc* ▷ *nm* (*d'automobile*) (steering) wheel; (*de commande*) wheel; (*objet lancé*) shuttlecock; (*jeu*) battledore and shuttlecock; (*bande de tissu*) flounce; (*feuillet détachable*) tear-off portion; **le personnel ~, les ~s** (*Aviat*) the flight staff; **~ de sécurité** (*fig*) reserve, margin, safeguard

**volcan** [vɔlkɑ̃] *nm* volcano; (*fig: personne*) hothead

**volée** [vɔle] nf (groupe d'oiseaux) flight, flock; (Tennis) volley; ~ **de coups/de flèches** volley of blows/arrows; **à la ~: rattraper à la volée** to catch in midair; **lancer à la ~** to fling about; **semer à la ~** to (sow) broadcast; **à toute ~** (sonner les cloches) vigorously; (lancer un projectile) with full force; **de haute ~** (fig) of the highest order

**voler** [vɔle] vi (avion, oiseau, fig) to fly; (voleur) to steal ▷ vt (objet) to steal; (personne) to rob; ~ **en éclats** to smash to smithereens; ~ **de ses propres ailes** (fig) to stand on one's own two feet; ~ **au vent** to fly in the wind; ~ **qch à qn** to steal sth from sb; **on m'a volé mon portefeuille** my wallet (Brit) ou billfold (US) has been stolen; **il ne l'a pas volé!** he asked for it!

**volet** [vɔle] nm (de fenêtre) shutter; (Aviat) flap; (de feuillet, document) section; (fig: d'un plan) facet; **trié sur le ~** hand-picked

**voleur, -euse** [vɔlœʀ, -øz] nm/f thief ▷ adj thieving; "**au ~!**" "stop thief!"

**volière** [vɔljɛʀ] nf aviary

**volley** [vɔle], **volley-ball** [vɔlɛbol] nm volleyball

**volontaire** [vɔlɔ̃tɛʀ] adj (acte, activité) voluntary; (délibéré) deliberate; (caractère, personne: décidé) self-willed ▷ nm/f volunteer

**volonté** [vɔlɔ̃te] nf (faculté de vouloir) will; (énergie, fermeté) will(power); (souhait, désir) wish; **se servir/boire à ~** to take/drink as much as one likes; **bonne ~** goodwill, willingness; **mauvaise ~** lack of goodwill, unwillingness

**volontiers** [vɔlɔ̃tje] adv (de bonne grâce) willingly; (avec plaisir) willingly, gladly; (habituellement, souvent) readily, willingly; "**~**" "with pleasure", "I'd be glad to"

**volt** [vɔlt] nm volt

**volte-face** [vɔltəfas] nf inv about-turn; (fig) about-turn, U-turn; **faire ~** to do an about-turn; to do a U-turn

**voltige** [vɔltiʒ] nf (Équitation) trick riding; (au cirque) acrobatics sg; (Aviat) (aerial) acrobatics sg; **numéro de haute ~** acrobatic act

**voltiger** [vɔltiʒe] vi to flutter (about)

**volubile** [vɔlybil] adj voluble

**volume** [vɔlym] nm volume; (Géom: solide) solid

**volumineux, -euse** [vɔlyminø, -øz] adj voluminous, bulky

**volupté** [vɔlypte] nf sensual delight ou pleasure

**vomi** [vɔmi] nm vomit

**vomir** [vɔmiʀ] vi to vomit, be sick ▷ vt to vomit, bring up; (fig) to belch out, spew out; (exécrer) to loathe, abhor

**vomissements** [vɔmismɑ̃] nmpl (action) vomiting no pl; **des ~** vomit sg

**vont** [vɔ̃] vb voir **aller**

**vorace** [vɔʀas] adj voracious

**vos** [vo] adj poss voir **votre**

**vote** [vɔt] nm vote; ~ **par correspondance/ procuration** postal/proxy vote; ~ **à main levée** vote by show of hands; ~ **secret**, ~ **à bulletins secrets** secret ballot

**voter** [vɔte] vi to vote ▷ vt (loi, décision) to vote for

**votre** [vɔtʀ] (pl **vos**) [vo] adj poss your

**vôtre** [votʀ] pron: **le ~**, **la ~**, **les ~s** yours; **les ~s** (fig) your family ou folks; **à la ~** (toast) your (good) health!

**voudrai** etc [vudʀe] vb voir **vouloir**

**voué, e** [vwe] adj: ~ **à** doomed to, destined for

**vouer** [vwe] vt: ~ **qch à** (Dieu/un saint) to dedicate sth to; ~ **sa vie/son temps à** (étude, cause etc) to devote one's life/time to; ~ **une haine/amitié éternelle à qn** to vow undying hatred/friendship to sb

⬤ **MOT-CLÉ**

**vouloir** [vulwaʀ] nm: **le bon vouloir de qn** sb's goodwill; sb's pleasure

▷ vt **1** (exiger, désirer) to want; **vouloir faire/ que qn fasse** to want to do/sb to do; **voulez-vous du thé?** would you like ou do you want some tea?; **vouloir qch à qn** to wish sth for sb; **que me veut-il?** what does he want with me?; **que veux-tu que je te dise?** what do you want me to say?; **sans le vouloir** (involontairement) without meaning to, unintentionally; **je voudrais ceci/faire** I would ou I'd like this/to do; **le hasard a voulu que ...** as fate would have it, ...; **la tradition veut que ...** tradition demands that ...; **... qui se veut moderne** ... which purports to be modern

**2** (consentir): **je veux bien** (bonne volonté) I'll be happy to; (concession) fair enough, that's fine; **oui, si on veut** (en quelque sorte) yes, if you like; **comme tu veux** as you wish; (en quelque sorte) if you like; **veuillez attendre** please wait; **veuillez agréer ...** (formule épistolaire) yours faithfully

**3**: **en vouloir** (être ambitieux) to be out to win; **en vouloir à qn** to bear sb a grudge; **je lui en veux d'avoir fait ça** I resent his having done that; **s'en vouloir (de)** to be annoyed with o.s. (for); **il en veut à mon argent** he's after my money

**4**: **vouloir de** to want; **l'entreprise ne veut plus de lui** the firm doesn't want him any more; **elle ne veut pas de son aide** she doesn't want his help

**5**: **vouloir dire** to mean

**voulu, e** [vuly] pp de **vouloir** ▷ adj (requis) required, requisite; (délibéré) deliberate, intentional

**vous** [vu] pron you; (objet indirect) (to) you; (réfléchi: sg) yourself; (: pl) yourselves; (réciproque) each other ▷ nm: **employer le ~** (vouvoyer) to use the "vous" form; **~-même** yourself; **~-mêmes** yourselves

**voûte** [vut] *nf* vault; **la ~ céleste** the vault of heaven; **~ du palais** (*Anat*) roof of the mouth; **~ plantaire** arch (of the foot)

**voûter** [vute] *vt* (*Archit*) to arch, vault; **se voûter** *vi* (*dos, personne*) to become stooped

**vouvoyer** [vuvwaje] *vt*: **~ qn** to address sb as "vous"

**voyage** [vwajaʒ] *nm* journey, trip; (*fait de voyager*): **le ~** travel(ling); **partir/être en ~** to go off/be away on a journey *ou* trip; **faire un ~** to go on *ou* make a trip *ou* journey; **faire bon ~** to have a good journey; **les gens du ~** travelling people; **~ d'agrément/d'affaires** pleasure/business trip; **~ de noces** honeymoon; **~ organisé** package tour

**voyager** [vwajaʒe] *vi* to travel

**voyageur, -euse** [vwajaʒœR, -øz] *nm/f* traveller; (*passager*) passenger ▷ *adj* (*tempérament*) nomadic, wayfaring; **~ (de commerce)** commercial traveller

**voyant, e** [vwajɑ̃, -ɑ̃t] *adj* (*couleur*) loud, gaudy ▷ *nm/f* (*personne qui voit*) sighted person ▷ *nm* (*signal*) (warning) light ▷ *nf* clairvoyant

**voyelle** [vwajɛl] *nf* vowel

**voyons** *etc* [vwajɔ̃] *vb voir* **voir**

**voyou** [vwaju] *nm* lout, hoodlum; (*enfant*) guttersnipe

**vrac** [vRak]: **en ~** *adv* loose; (*Comm*) in bulk

**vrai, e** [vRɛ] *adj* (*véridique: récit, faits*) true; (*non factice, authentique*) real ▷ *nm*: **le ~** the truth; **à ~ dire** to tell the truth; **il est ~ que** it is true that; **être dans le ~** to be right

**vraiment** [vRɛmɑ̃] *adv* really

**vraisemblable** [vRɛsɑ̃blabl] *adj* (*plausible*) likely; (*excuse*) plausible; (*probable*) likely, probable

**vraisemblablement** [vRɛsɑ̃blabləmɑ̃] *adv* in all likelihood, very likely

**vraisemblance** [vRɛsɑ̃blɑ̃s] *nf* likelihood, plausibility; (*romanesque*) verisimilitude; **selon toute ~** in all likelihood

**vrille** [vRij] *nf* (*de plante*) tendril; (*outil*) gimlet; (*spirale*) spiral; (*Aviat*) spin

**vrombir** [vRɔ̃biR] *vi* to hum

**VRP** *sigle m* (= *voyageur, représentant, placier*) (sales) rep (*fam*)

**VTT** *sigle m* (= *vélo tout-terrain*) mountain bike

**vu¹** [vy] *prép* (*en raison de*) in view of; **vu que** in view of the fact that

**vu², e¹** [vy] *pp de* **voir** ▷ *adj*: **bien/mal vu** (*personne*) well/poorly thought of; (*conduite*) good/bad form ▷ *nm*: **au vu et au su de tous** openly and publicly; **ni vu ni connu** what the eye doesn't see …!, no one will be any the wiser; **c'est tout vu** it's a foregone conclusion

**vue²** [vy] *nf* (*fait de voir*): **la ~ de** the sight of; (*sens, faculté*) (eye)sight; (*panorama, image, photo*) view; (*spectacle*) sight; **vues** *nfpl* (*idées*) views; (*dessein*) designs; **perdre la ~** to lose one's (eye)sight; **perdre de ~** to lose sight of; **à la ~ de tous** in full view of everybody; **hors de ~** out of sight; **à première ~** at first sight; **connaître de ~** to know by sight; **à ~** (*Comm*) at sight; **tirer à ~** to shoot on sight; **à ~ d'œil** *adv* visibly; (*à première vue*) at a quick glance; **avoir ~ sur** to have a view of; **en ~** (*visible*) in sight; (*Comm: célèbre*) in the public eye; **avoir qch en ~** (*intentions*) to have one's sights on sth; **en ~ de faire** with the intention of doing, with a view to doing; **~ d'ensemble** overall view; **~ de l'esprit** theoretical view

**vulgaire** [vylgɛR] *adj* (*grossier*) vulgar, coarse; (*trivial*) commonplace, mundane; (*péj: quelconque*): **de ~s touristes/chaises de cuisine** common tourists/kitchen chairs; (*Bot, Zool: non latin*) common

**vulgariser** [vylgaRize] *vt* to popularize

**vulnérable** [vylneRabl] *adj* vulnerable

V

# W X

**wagon** [vagɔ̃] *nm* (*de voyageurs*) carriage; (*de marchandises*) truck, wagon
**wagon-lit** (*pl* **wagons-lits**) [vagɔ̃li] *nm* sleeper, sleeping car
**wagon-restaurant** (*pl* **wagons-restaurants**) [vagɔ̃ʀɛstɔʀɑ̃] *nm* restaurant *ou* dining car
**wallon, ne** [walɔ̃, -ɔn] *adj* Walloon ▷ *nm* (*Ling*) Walloon ▷ *nm/f*: **W~, ne** Walloon
**waters** [watɛʀ] *nmpl* toilet *sg*, loo *sg* (*Brit*)
**watt** [wat] *nm* watt
**WC** [vese] *nmpl* toilet *sg*, lavatory *sg*
**Web** [wɛb] *nm inv*: **le ~** the (World Wide) Web
**webcam** [wɛbkam] *nf* webcam
**webmaster** [-mastœʀ], **webmestre** [-mɛstʀ] *nm/f* webmaster
**week-end** [wikɛnd] *nm* weekend
**western** [wɛstɛʀn] *nm* western
**whisky** (*pl* **whiskies**) [wiski] *nm* whisky
**widget** [widʒɛt] *nm* (*Inform*) widget
**wifi** [wifi] *nm inv* wifi
**WWW** *sigle m* (= *World Wide Web*) WWW

**xénophobe** [gzenɔfɔb] *adj* xenophobic ▷ *nm/f* xenophobe
**xérès** [gzeʀɛs] *nm* sherry
**xylophone** [gzilɔfɔn] *nm* xylophone

# Y Z

**y** [i] *adv* (*à cet endroit*) there; (*dessus*) on it (*ou* them); (*dedans*) in it (*ou* them) ▷ *pron* (about *ou* on *ou* of) it (*vérifier la syntaxe du verbe employé*); **j'y pense** I'm thinking about it; **ça y est!** that's it!; *voir aussi* **aller**; **avoir**

**yacht** [jɔt] *nm* yacht

**yaourt** [jauʀt] *nm* yogurt; **~ nature/aux fruits** plain/fruit yogurt

**yeux** [jø] *nmpl de* **œil**

**yoga** [jɔga] *nm* yoga

**yoghourt** [jɔguʀt] *nm* = **yaourt**

**yougoslave** [jugɔslav] *adj* Yugoslav(ian) ▷ *nm/f*: **Y~** Yugoslav(ian)

**Yougoslavie** [jugɔslavi] *nf*: **la ~** Yugoslavia; **l'ex-~** the former Yugoslavia

**zapper** [zape] *vi* to zap

**zapping** [zapiŋ] *nm*: **faire du ~** to flick through the channels

**zébré, e** [zebʀe] *adj* striped, streaked

**zèbre** [zɛbʀ] *nm* (*Zool*) zebra

**zélé, e** [zele] *adj* zealous

**zèle** [zɛl] *nm* zeal, diligence, assiduousness; **faire du ~** (*péj*) to be over-zealous

**zéro** [zeʀo] *nm* zero, nought (*Brit*); **au-dessous de ~** below zero (Centigrade), below freezing; **partir de ~** to start from scratch; **réduire à ~** to reduce to nothing; **trois (buts) à ~** three (goals) to nil

**zeste** [zɛst] *nm* peel, zest; **un ~ de citron** a piece of lemon peel

**zézayer** [zezeje] *vi* to have a lisp

**zigzag** [zigzag] *nm* zigzag

**zigzaguer** [zigzage] *vi* to zigzag (along)

**Zimbabwe** [zimbabwe] *nm*: **le ~** Zimbabwe

**zinc** [zɛ̃g] *nm* (*Chimie*) zinc; (*comptoir*) bar, counter

**zipper** [zipe] *vt* (*Inform*) to zip

**zizanie** [zizani] *nf*: **semer la ~** to stir up ill-feeling

**zizi** [zizi] *nm* (*fam*) willy (*Brit*), peter (*US*)

**zodiaque** [zɔdjak] *nm* zodiac

**zona** [zona] *nm* shingles *sg*

**zone** [zon] *nf* zone, area; (*quartiers pauvres*): **la ~** the slums; **de seconde ~** (*fig*) second-rate; **~ d'action** (*Mil*) sphere of activity; **~ bleue** ≈ restricted parking area; **~ d'extension** *ou* **d'urbanisation** urban development area;

~ **franche** free zone; ~ **industrielle (ZI)**
industrial estate; ~ **piétonne** pedestrian
precinct; ~ **résidentielle** residential area;
~ **tampon** buffer zone

**zoo** [zoo] *nm* zoo
**zoologie** [zɔɔlɔʒi] *nf* zoology
**zoologique** [zɔɔlɔʒik] *adj* zoological
**zut** [zyt] *excl* dash (it)! (Brit), nuts! (US)

**A, a¹** [eɪ] *n* (*letter*) A, a *m*; (*Scol: mark*) A; (*Mus*) la *m*; **A for Andrew, A for Able** (*US*) A comme Anatole; **A shares** *npl* (*Brit Stock Exchange*) actions *fpl* prioritaires

**KEYWORD**

**a²** [eɪ, ə] (*before vowel and silent h* **an**) *indef art* **1** un(e); **a book** un livre; **an apple** une pomme; **she's a doctor** elle est médecin
**2** (*instead of the number "one"*) un(e); **a year ago** il y a un an; **a hundred/thousand** *etc* **pounds** cent/mille *etc* livres
**3** (*in expressing ratios, prices etc*): **three a day/ week** trois par jour/semaine; **10 km an hour** 10 km à l'heure; **£5 a person** 5£ par personne; **30p a kilo** 30p le kilo

**A2** *n* (*Brit: Scol*) deuxième partie de l'examen équivalent au baccalauréat
**A.A.** *n abbr* (*Brit*: = *Automobile Association*) ≈ ACF *m*; (*US*: = *Associate in/of Arts*) diplôme universitaire; (= *Alcoholics Anonymous*) AA; (= *anti-aircraft*) AA
**A.A.A.** *n abbr* (= *American Automobile Association*) ≈ ACF *m*; (*Brit*) = **Amateur Athletics Association**
**aback** [əˈbæk] *adv*: **to be taken ~** être décontenancé(e)
**abandon** [əˈbændən] *vt* abandonner ▷ *n* abandon *m*; **to ~ ship** évacuer le navire
**abate** [əˈbeɪt] *vi* s'apaiser, se calmer
**abattoir** [ˈæbətwɑːʳ] *n* (*Brit*) abattoir *m*

**abbey** [ˈæbɪ] *n* abbaye *f*
**abbot** [ˈæbət] *n* père supérieur
**abbreviation** [əbriːvɪˈeɪʃən] *n* abréviation *f*
**abdicate** [ˈæbdɪkeɪt] *vt*, *vi* abdiquer
**abdomen** [ˈæbdəmən] *n* abdomen *m*
**abduct** [æbˈdʌkt] *vt* enlever
**aberration** [æbəˈreɪʃən] *n* anomalie *f*; **in a moment of mental ~** dans un moment d'égarement
**abide** [əˈbaɪd] *vt* souffrir, supporter; **I can't ~ it/him** je ne le supporte pas; **abide by** *vt fus* observer, respecter
**ability** [əˈbɪlɪtɪ] *n* compétence *f*; capacité *f*; (*skill*) talent *m*; **to the best of my ~** de mon mieux
**abject** [ˈæbdʒɛkt] *adj* (*poverty*) sordide; (*coward*) méprisable; **an ~ apology** les excuses les plus plates
**ablaze** [əˈbleɪz] *adj* en feu, en flammes; **~ with light** resplendissant de lumière
**able** [ˈeɪbl] *adj* compétent(e); **to be ~ to do sth** pouvoir faire qch, être capable de faire qch
**able-bodied** [ˈeɪblˈbɔdɪd] *adj* robuste; **~ seaman** (*Brit*) matelot breveté
**ably** [ˈeɪblɪ] *adv* avec compétence *or* talent, habilement
**abnormal** [æbˈnɔːməl] *adj* anormal(e)
**aboard** [əˈbɔːd] *adv* à bord ▷ *prep* à bord de; (*train*) dans
**abode** [əˈbəud] *n* (*old*) demeure *f*; (*Law*): **of no fixed ~** sans domicile fixe
**abolish** [əˈbɔlɪʃ] *vt* abolir
**abolition** [æbəˈlɪʃən] *n* abolition *f*
**aborigine** [æbəˈrɪdʒɪnɪ] *n* aborigène *m/f*
**abort** [əˈbɔːt] *vt* (*Med*) faire avorter; (*Comput, fig*) abandonner
**abortion** [əˈbɔːʃən] *n* avortement *m*; **to have an ~** se faire avorter
**abortive** [əˈbɔːtɪv] *adj* manqué(e)

**KEYWORD**

**about** [əˈbaut] *adv* **1** (*approximately*) environ, à peu près; **about a hundred/thousand** *etc* environ cent/mille *etc*, une centaine (de)/un millier (de) *etc*; **it takes about 10 hours** ça prend environ *or* à peu près 10 heures; **at about 2 o'clock** vers 2 heures; **I've just about finished** j'ai presque fini
**2** (*referring to place*) çà et là, de-ci de-là; **to run about** courir çà et là; **to walk about** se promener, aller et venir; **is Paul about?** (*Brit*) est-ce que Paul est là?; **it's about here** c'est par ici, c'est dans les parages; **they left all their things lying about** ils ont laissé traîner toutes leurs affaires
**3**: **to be about to do sth** être sur le point de faire qch; **I'm not about to do all that for nothing** (*inf*) je ne vais quand même pas faire tout ça pour rien
**4** (*opposite*): **it's the other way about** (*Brit*) c'est l'inverse

▷ *prep* **1** (*relating to*) au sujet de, à propos de; **a book about London** un livre sur Londres; **what is it about?** de quoi s'agit-il?; **we talked about it** nous en avons parlé; **do something about it!** faites quelque chose!; **what** *or* **how about doing this?** et si nous faisions ceci?

**2** (*referring to place*) dans; **to walk about the town** se promener dans la ville

**above** [ə'bʌv] *adv* au-dessus ▷ *prep* au-dessus de; (*more than*) plus de; **mentioned ~** mentionné ci-dessus; **costing ~ £10** coûtant plus de 10 livres; **~ all** par-dessus tout, surtout

**aboveboard** [ə'bʌv'bɔ:d] *adj* franc/franche, loyal(e); honnête

**abrasive** [ə'breɪzɪv] *adj* abrasif(-ive); (*fig*) caustique, agressif(-ive)

**abreast** [ə'brɛst] *adv* de front; **to keep ~ of** se tenir au courant de

**abroad** [ə'brɔ:d] *adv* à l'étranger; **there is a rumour ~ that ...** (*fig*) le bruit court que ...

**abrupt** [ə'brʌpt] *adj* (*steep, blunt*) abrupt(e); (*sudden, gruff*) brusque

**abruptly** [ə'brʌptlɪ] *adv* (*speak, end*) brusquement

**abscess** ['æbsɪs] *n* abcès *m*

**absence** ['æbsəns] *n* absence *f*; **in the ~ of** (*person*) en l'absence de; (*thing*) faute de

**absent** ['æbsənt] *adj* absent(e); **~ without leave (AWOL)** (*Mil*) en absence irrégulière

**absentee** [æbsən'ti:] *n* absent(e)

**absent-minded** ['æbsənt'maɪndɪd] *adj* distrait(e)

**absolute** ['æbsəlu:t] *adj* absolu(e)

**absolutely** [æbsə'lu:tlɪ] *adv* absolument

**absolve** [əb'zɔlv] *vt*: **to ~ sb (from)** (*sin etc*) absoudre qn (de); **to ~ sb from** (*oath*) délier qn de

**absorb** [əb'zɔ:b] *vt* absorber; **to be ~ed in a book** être plongé(e) dans un livre

**absorbent cotton** [əb'zɔ:bənt-] *n* (*US*) coton *m* hydrophile

**absorbing** [əb'zɔ:bɪŋ] *adj* absorbant(e); (*book, film etc*) captivant(e)

**abstain** [əb'steɪn] *vi*: **to ~ (from)** s'abstenir (de)

**abstract** ['æbstrækt] *adj* abstrait(e) ▷ *n* (*summary*) résumé *m* ▷ *vt* [æb'strækt] extraire

**absurd** [əb'sə:d] *adj* absurde

**abundance** [ə'bʌndəns] *n* abondance *f*

**abundant** [ə'bʌndənt] *adj* abondant(e)

**abuse** *n* [ə'bju:s] (*insults*) insultes *fpl*, injures *fpl*; (*ill-treatment*) mauvais traitements *mpl*; (*of power etc*) abus *m* ▷ *vt* [ə'bju:z] (*insult*) insulter; (*ill-treat*) malmener; (*power etc*) abuser de; **to be open to ~** se prêter à des abus

**abusive** [ə'bju:sɪv] *adj* grossier(-ière), injurieux(-euse)

**abysmal** [ə'bɪzməl] *adj* exécrable; (*ignorance etc*) sans bornes

**abyss** [ə'bɪs] *n* abîme *m*, gouffre *m*

**AC** *n abbr* (*US*) = **athletic club**

**academic** [ækə'demɪk] *adj* universitaire; (*person: scholarly*) intellectuel(-le); (*pej: issue*) oiseux(-euse), purement théorique ▷ *n* universitaire *m/f*; **~ freedom** liberté *f* académique

**academic year** *n* (*University*) année *f* universitaire; (*Scol*) année scolaire

**academy** [ə'kædəmɪ] *n* (*learned body*) académie *f*; (*school*) collège *m*; **military/ naval ~** école militaire/navale; **~ of music** conservatoire *m*

**accelerate** [æk'sɛləreɪt] *vt, vi* accélérer

**acceleration** [æksɛlə'reɪʃən] *n* accélération *f*

**accelerator** [æk'sɛləreɪtər] *n* (*Brit*) accélérateur *m*

**accent** ['æksɛnt] *n* accent *m*

**accept** [ək'sɛpt] *vt* accepter

**acceptable** [ək'sɛptəbl] *adj* acceptable

**acceptance** [ək'sɛptəns] *n* acceptation *f*; **to meet with general ~** être favorablement accueilli par tous

**access** ['æksɛs] *n* accès *m* ▷ *vt* (*Comput*) accéder à; **to have ~ to** (*information, library etc*) avoir accès à, pouvoir utiliser *or* consulter; (*person*) avoir accès auprès de; **the burglars gained ~ through a window** les cambrioleurs sont entrés par une fenêtre

**accessible** [æk'sɛsəbl] *adj* accessible

**accessory** [æk'sɛsərɪ] *n* accessoire *m*; **toilet accessories** (*Brit*) articles *mpl* de toilette; **~ to** (*Law*) accessoire à

**accident** ['æksɪdənt] *n* accident *m*; (*chance*) hasard *m*; **to meet with** *or* **to have an ~** avoir un accident; **I've had an ~** j'ai eu un accident; **~s at work** accidents du travail; **by ~** (*by chance*) par hasard; (*not deliberately*) accidentellement

**accidental** [æksɪ'dɛntl] *adj* accidentel(le)

**accidentally** [æksɪ'dɛntəlɪ] *adv* accidentellement

**Accident and Emergency Department** *n* (*Brit*) service *m* des urgences

**accident insurance** *n* assurance *f* accident

**accident-prone** ['æksɪdənt'prəʊn] *adj* sujet(te) aux accidents

**acclaim** [ə'kleɪm] *vt* acclamer ▷ *n* acclamations *fpl*

**accommodate** [ə'kɔmədeɪt] *vt* loger, recevoir; (*oblige, help*) obliger; (*car etc*) contenir; (*adapt*): **to ~ one's plans to** adapter ses projets à

**accommodating** [ə'kɔmədeɪtɪŋ] *adj* obligeant(e), arrangeant(e)

**accommodation**, (*US*) **accommodations** [əkɔmə'deɪʃən(z)] *n(pl)* logement *m*; **he's found ~** il a trouvé à se loger; **"~ to let"** (*Brit*) "appartement *or* studio *etc* à louer"; **they have ~ for 500** ils peuvent recevoir 500

a

personnes, il y a de la place pour 500 personnes; **the hall has seating ~ for 600** (*Brit*) la salle contient 600 places assises

**accompaniment** [ə'kʌmpənɪmənt] *n* accompagnement *m*

**accompany** [ə'kʌmpənɪ] *vt* accompagner

**accomplice** [ə'kʌmplɪs] *n* complice *m/f*

**accomplish** [ə'kʌmplɪʃ] *vt* accomplir

**accomplishment** [ə'kʌmplɪʃmənt] *n* (*skill: gen pl*) talent *m*; (*completion*) accomplissement *m*; (*achievement*) réussite *f*

**accord** [ə'kɔːd] *n* accord *m* ▷ *vt* accorder; **of his own ~** de son plein gré; **with one ~** d'un commun accord

**accordance** [ə'kɔːdəns] *n*: **in ~ with** conformément à

**according** [ə'kɔːdɪŋ]: **~ to** *prep* selon; **~ to plan** comme prévu

**accordingly** [ə'kɔːdɪŋlɪ] *adv* (*appropriately*) en conséquence; (*as a result*) par conséquent

**accordion** [ə'kɔːdɪən] *n* accordéon *m*

**account** [ə'kaunt] *n* (*Comm*) compte *m*; (*report*) compte rendu, récit *m*; **accounts** *npl* (*Comm: records*) comptabilité *f*, comptes; **"~ payee only"** (*Brit*) "chèque non endossable"; **to keep an ~ of** noter; **to bring sb to ~ for sth/for having done sth** amener qn à rendre compte de qch/d'avoir fait qch; **by all ~s** au dire de tous; **of little ~** de peu d'importance; **of no ~** sans importance; **on ~** en acompte; **to buy sth on ~** acheter qch à crédit; **on no ~** en aucun cas; **on ~ of** à cause de; **to take into ~, take ~ of** tenir compte de; **account for** *vt fus* (*explain*) expliquer, rendre compte de; (*represent*) représenter; **all the children were ~ed for** aucun enfant ne manquait; **four people are still not ~ed for** on n'a toujours pas retrouvé quatre personnes

**accountable** [ə'kauntəbl] *adj*: **~ (for/to)** responsable (de/devant)

**accountancy** [ə'kauntənsɪ] *n* comptabilité *f*

**accountant** [ə'kauntənt] *n* comptable *m/f*

**account number** *n* numéro *m* de compte

**accrue** [ə'kruː] *vi* s'accroître; (*mount up*) s'accumuler; **to ~** s'ajouter à; **~d interest** intérêt couru

**accumulate** [ə'kjuːmjuleɪt] *vt* accumuler, amasser ▷ *vi* s'accumuler, s'amasser

**accuracy** ['ækjurəsɪ] *n* exactitude *f*, précision *f*

**accurate** ['ækjurɪt] *adj* exact(e), précis(e); (*device*) précis

**accurately** ['ækjurɪtlɪ] *adv* avec précision

**accusation** [ækju'zeɪʃən] *n* accusation *f*

**accuse** [ə'kjuːz] *vt*: **to ~ sb (of sth)** accuser qn (de qch)

**accused** [ə'kjuːzd] *n* (*Law*) accusé(e)

**accustom** [ə'kʌstəm] *vt* accoutumer, habituer; **to ~ o.s. to sth** s'habituer à qch

**accustomed** [ə'kʌstəmd] *adj* (*usual*) habituel(le); **~ to** habitué(e) or accoutumé(e) à

**ace** [eɪs] *n* as *m*; **within an ~ of** (*Brit*) à deux doigts *or* un cheveu de

**ache** [eɪk] *n* mal *m*, douleur *f* ▷ *vi* (*be sore*) faire mal, être douloureux(-euse); (*yearn*): **to ~ to do sth** mourir d'envie de faire qch; **I've got stomach ~** *or* (*US*) **a stomach ~** j'ai mal à l'estomac; **my head ~s** j'ai mal à la tête; **I'm aching all over** j'ai mal partout

**achieve** [ə'tʃiːv] *vt* (*aim*) atteindre; (*victory, success*) remporter, obtenir; (*task*) accomplir

**achievement** [ə'tʃiːvmənt] *n* exploit *m*, réussite *f*; (*of aims*) réalisation *f*

**acid** ['æsɪd] *adj*, *n* acide (*m*)

**acid rain** *n* pluies *fpl* acides

**acknowledge** [ək'nɔlɪdʒ] *vt* (*also*: **~ receipt of**) accuser réception de; (*fact*) reconnaître

**acknowledgement** [ək'nɔlɪdʒmənt] *n* (*of letter*) accusé *m* de réception; **acknowledgements** (*in book*) remerciements *mpl*

**acne** ['æknɪ] *n* acné *m*

**acorn** ['eɪkɔːn] *n* gland *m*

**acoustic** [ə'kuːstɪk] *adj* acoustique

**acoustics** [ə'kuːstɪks] *n*, *npl* acoustique *f*

**acquaint** [ə'kweɪnt] *vt*: **to ~ sb with sth** mettre qn au courant de qch; **to be ~ed with** (*person*) connaître; (*fact*) savoir

**acquaintance** [ə'kweɪntəns] *n* connaissance *f*; **to make sb's ~** faire la connaissance de qn

**acquire** [ə'kwaɪə'] *vt* acquérir

**acquisition** [ækwɪ'zɪʃən] *n* acquisition *f*

**acquit** [ə'kwɪt] *vt* acquitter; **to ~ o.s. well** s'en tirer très honorablement

**acre** ['eɪkə'] *n* acre *f* (= 4047 *m²*)

**acrid** ['ækrɪd] *adj* (*smell*) âcre; (*fig*) mordant(e)

**acrobat** ['ækrəbæt] *n* acrobate *m/f*

**acronym** ['ækrənɪm] *n* acronyme *m*

**across** [ə'krɔs] *prep* (*on the other side*) de l'autre côté de; (*crosswise*) en travers de ▷ *adv* de l'autre côté; en travers; **to walk ~ (the road)** traverser (la route); **to run/swim ~** traverser en courant/à la nage; **to take sb ~ the road** faire traverser la route à qn; **a road ~ the wood** une route qui traverse le bois; **the lake is 12 km ~** le lac fait 12 km de large; **~ from** en face de; **to get sth ~ (to sb)** faire comprendre qch (à qn)

**acrylic** [ə'krɪlɪk] *adj*, *n* acrylique (*m*)

**act** [ækt] *n* acte *m*, action *f*; (*Theat: part of play*) acte; (*: of performer*) numéro *m*; (*Law*) loi *f* ▷ *vi* agir; (*Theat*) jouer; (*pretend*) jouer la comédie ▷ *vt* (*role*) jouer, tenir; **~ of God** (*Law*) catastrophe naturelle; **to catch sb in the ~** prendre qn sur le fait *or* en flagrant délit; **it's only an ~** c'est du cinéma; **to ~ Hamlet** (*Brit*) tenir *or* jouer le rôle d'Hamlet; **to ~ the fool** (*Brit*) faire l'idiot; **to ~ as** servir de; **it ~s as a deterrent** cela a un effet dissuasif; **~ing in my capacity as chairman, I ...** en ma qualité de président, je ...; **act on** *vt*: **to ~ on sth** agir sur la base de qch; **act out** *vt* (*event*) raconter en mimant; (*fantasies*) réaliser; **act up** (*inf*) *vi* (*person*) se conduire mal; (*knee, back, injury*) jouer des tours; (*machine*) être capricieux(-ieuse)

**acting** ['æktɪŋ] *adj* suppléant(e), par intérim ▷ *n* (*of actor*) jeu *m*; (*activity*): **to do some ~** faire du théâtre (*or* du cinéma); **he is the ~ manager** il remplace (provisoirement) le directeur

**action** ['ækʃən] *n* action *f*; (*Mil*) combat(s) *m(pl)*; (*Law*) procès *m*, action en justice ▷ *vt* (*Comm*) mettre en œuvre; **to bring an ~ against sb** (*Law*) poursuivre qn en justice, intenter un procès contre qn; **killed in ~** (*Mil*) tué au champ d'honneur; **out of ~** hors de combat; (*machine etc*) hors d'usage; **to take ~** agir, prendre des mesures; **to put a plan into ~** mettre un projet à exécution

**action replay** *n* (*Brit TV*) ralenti *m*

**activate** ['æktɪveɪt] *vt* (*mechanism*) actionner, faire fonctionner; (*Chem, Physics*) activer

**active** ['æktɪv] *adj* actif(-ive); (*volcano*) en activité; **to play an ~ part in** jouer un rôle actif dans

**actively** ['æktɪvlɪ] *adv* activement; (*discourage*) vivement

**activist** ['æktɪvɪst] *n* activiste *m/f*

**activity** [æk'tɪvɪtɪ] *n* activité *f*

**activity holiday** *n* vacances actives

**actor** ['æktər] *n* acteur *m*

**actress** ['æktrɪs] *n* actrice *f*

**actual** ['æktjuəl] *adj* réel(le), véritable; (*emphatic use*) lui-même/elle-même

**actually** ['æktjuəlɪ] *adv* réellement, véritablement; (*in fact*) en fait

**acupuncture** ['ækjupʌŋktʃər] *n* acupuncture *f*

**acute** [ə'kjuːt] *adj* aigu(ë); (*mind, observer*) pénétrant(e)

**A.D.** *adv abbr* (= *Anno Domini*) ap. J.-C. ▷ *n abbr* (*US Mil*) = **active duty**

**ad** [æd] *n abbr* = **advertisement**

**adamant** ['ædəmənt] *adj* inflexible

**adapt** [ə'dæpt] *vt* adapter ▷ *vi*: **to ~ (to)** s'adapter (à)

**adaptable** [ə'dæptəbl] *adj* (*device*) adaptable; (*person*) qui s'adapte facilement

**adapter, adaptor** [ə'dæptər] *n* (*Elec*) adaptateur *m*; (*for several plugs*) prise *f* multiple

**add** [æd] *vt* ajouter; (*figures: also*: **to ~ up**) additionner ▷ *vi*: **to ~ to** (*increase*) ajouter à, accroître ▷ *n* (*Internet*): **thanks for the ~** merci pour l'ajout; **add on** *vt* ajouter ▷ *vi* (*fig*): **it doesn't ~ up** cela ne rime à rien; **add up to** *vt fus* (*Math*) s'élever à; (*fig: mean*) signifier; **it doesn't ~ up to much** ça n'est pas grand'chose

**adder** ['ædər] *n* vipère *f*

**addict** ['ædɪkt] *n* toxicomane *m/f*; (*fig*) fanatique *m/f*; **heroin ~** héroïnomane *m/f*; **drug ~** drogué(e) *m/f*

**addicted** [ə'dɪktɪd] *adj*: **to be ~ to** (*drink, drugs*) être adonné(e) à; (*fig: football etc*) être un(e) fanatique de

**addiction** [ə'dɪkʃən] *n* (*Med*) dépendance *f*

**addictive** [ə'dɪktɪv] *adj* qui crée une dépendance

**addition** [ə'dɪʃən] *n* (*adding up*) addition *f*; (*thing added*) ajout *m*; **in ~** de plus, de surcroît; **in ~ to** en plus de

**additional** [ə'dɪʃənl] *adj* supplémentaire

**additive** ['ædɪtɪv] *n* additif *m*

**address** [ə'drɛs] *n* adresse *f*; (*talk*) discours *m*, allocution *f* ▷ *vt* adresser; (*speak to*) s'adresser à; **my ~ is ...** mon adresse, c'est ...; **form of ~** titre *m*; **what form of ~ do you use for ...?** comment s'adresse-t-on à ...?; **to ~ (o.s. to)** **sth** (*problem, issue*) aborder qch; **absolute/relative ~** (*Comput*) adresse absolue/relative

**address book** *n* carnet *m* d'adresses

**adept** ['ædɛpt] *adj*: **~ at** expert(e) à *or* en

**adequate** ['ædɪkwɪt] *adj* (*enough*) suffisant(e); (*satisfactory*) satisfaisant(e); **to feel ~ to the task** se sentir à la hauteur de la tâche

**adhere** [əd'hɪər] *vi*: **to ~ to** adhérer à; (*fig: rule, decision*) se tenir à

**adhesive** [əd'hiːzɪv] *adj* adhésif(-ive) ▷ *n* adhésif *m*

**adhesive tape** *n* (*Brit*) ruban *m* adhésif; (*US Med*) sparadrap *m*

**ad hoc** [æd'hɔk] *adj* (*decision*) de circonstance; (*committee*) ad hoc

**adjacent** [ə'dʒeɪsənt] *adj* adjacent(e), contigu(ë); **~ to** adjacent à

**adjective** ['ædʒɛktɪv] *n* adjectif *m*

**adjoining** [ə'dʒɔɪnɪŋ] *adj* voisin(e), adjacent(e), attenant(e) ▷ *prep* voisin de, adjacent à

**adjourn** [ə'dʒəːn] *vt* ajourner ▷ *vi* suspendre la séance; lever la séance; clore la session; (*go*) se retirer; **to ~ a meeting till the following week** reporter une réunion à la semaine suivante; **they ~ed to the pub** (*Brit inf*) ils ont filé au pub

**adjust** [ə'dʒʌst] *vt* (*machine*) ajuster, régler; (*prices, wages*) rajuster ▷ *vi*: **to ~ (to)** s'adapter (à)

**adjustable** [ə'dʒʌstəbl] *adj* réglable

**adjustment** [ə'dʒʌstmənt] *n* (*of machine*) ajustage *m*, réglage *m*; (*of prices, wages*) rajustement *m*; (*of person*) adaptation *f*

**ad-lib** [æd'lɪb] *vt, vi* improviser ▷ *n* improvisation *f* ▷ *adv*: **ad lib** à volonté, à discrétion

**administer** [əd'mɪnɪstər] *vt* administrer; (*justice*) rendre

**administration** [ədmɪnɪs'treɪʃən] *n* (*management*) administration *f*; (*government*) gouvernement *m*

**administrative** [əd'mɪnɪstrətɪv] *adj* administratif(-ive)

**administrator** [əd'mɪnɪstreɪtə<sup>r</sup>] n
administrateur(-trice)

**admiral** ['ædmərəl] n amiral m

**Admiralty** ['ædmərəltɪ] n (Brit: also: **~ Board**)
ministère m de la Marine

**admiration** [ædmə'reɪʃən] n admiration f

**admire** [əd'maɪə<sup>r</sup>] vt admirer

**admirer** [əd'maɪərə<sup>r</sup>] n (fan)
admirateur(-trice)

**admission** [əd'mɪʃən] n admission f; (to
exhibition, night club etc) entrée f; (confession)
aveu m; **"~ free"**, **"free ~"** "entrée libre"; **by
his own ~** de son propre aveu

**admission charge** n droits mpl d'admission

**admit** [əd'mɪt] vt laisser entrer; admettre;
(agree) reconnaître, admettre; (crime)
reconnaître avoir commis; **"children not
~ted"** "entrée interdite aux enfants"; **this
ticket ~s two** ce billet est valable pour deux
personnes; **I must ~ that ...** je dois admettre
or reconnaître que ...; **admit of** vt fus
admettre, permettre; **admit to** vt fus
reconnaître, avouer

**admittance** [əd'mɪtəns] n admission f,
(droit m d')entrée f; **"no ~"** "défense d'entrer"

**admittedly** [əd'mɪtɪdlɪ] adv il faut en
convenir

**ado** [ə'duː] n: **without (any) more ~** sans plus
de cérémonies

**adolescence** [ædəu'lɛsns] n adolescence f

**adolescent** [ædəu'lɛsnt] adj, n adolescent(e)

**adopt** [ə'dɔpt] vt adopter

**adopted** [ə'dɔptɪd] adj adoptif(-ive),
adopté(e)

**adoption** [ə'dɔpʃən] n adoption f

**adore** [ə'dɔː<sup>r</sup>] vt adorer

**adorn** [ə'dɔːn] vt orner

**Adriatic** [eɪdrɪ'ætɪk], **Adriatic Sea** n: **the ~
(Sea)** l'Adriatique, l'Adriatique f

**adrift** [ə'drɪft] adv à la dérive; **to come ~** (boat)
aller à la dérive; (wire, rope, fastening etc) se
défaire

**ADSL** n abbr (= asymmetric digital subscriber line)
ADSL m

**adult** ['ædʌlt] n adulte m/f ▷ adj (grown-up)
adulte; (for adults) pour adultes

**adult education** n éducation f des adultes

**adultery** [ə'dʌltərɪ] n adultère m

**advance** [əd'vɑːns] n avance f ▷ vt avancer
▷ vi s'avancer; **in ~** en avance, d'avance; **to
make ~s to sb** (gen) faire des propositions à
qn; (amorously) faire des avances à qn;
**~ booking** location f; **~ notice**, **~ warning**
préavis m; (verbal) avertissement m; **do I need
to book in ~?** est-ce qu'il faut réserver à
l'avance?

**advanced** [əd'vɑːnst] adj avancé(e); (Scol:
studies) supérieur(e); **~ in years** d'un âge
avancé

**advantage** [əd'vɑːntɪdʒ] n (also Tennis)
avantage m; **to take ~ of** (person) exploiter;
(opportunity) profiter de; **it's to our ~** c'est

notre intérêt; **it's to our ~ to ...** nous avons
intérêt à ...

**advent** ['ædvənt] n avènement m, venue f; **A~
(Rel)** avent m

**adventure** [əd'vɛntʃə<sup>r</sup>] n aventure f

**adventurous** [əd'vɛntʃərəs] adj
aventureux(-euse)

**adverb** ['ædvəːb] n adverbe m

**adversary** ['ædvəsərɪ] n adversaire m/f

**adverse** ['ædvəːs] adj adverse; (effect)
négatif(-ive); (weather, publicity) mauvais(e);
(wind) contraire; **~ to** hostile à; **in ~
circumstances** dans l'adversité

**advert** ['ædvəːt] n abbr (Brit) = **advertisement**

**advertise** ['ædvətaɪz] vi faire de la publicité
or de la réclame; (in classified ads etc) mettre
une annonce ▷ vt faire de la publicité or de la
réclame pour; (in classified ads etc) mettre une
annonce pour vendre; **to ~ for** (staff) recruter
par (voie d')annonce

**advertisement** [əd'vəːtɪsmənt] n publicité
f, réclame f; (in classified ads etc) annonce f

**advertiser** ['ædvətaɪzə<sup>r</sup>] n annonceur m

**advertising** ['ædvətaɪzɪŋ] n publicité f

**advice** [əd'vaɪs] n conseils mpl; (notification)
avis m; **a piece of ~** un conseil; **to ask (sb)
for ~** demander conseil (à qn); **to take legal ~**
consulter un avocat

**advisable** [əd'vaɪzəbl] adj recommandable,
indiqué(e)

**advise** [əd'vaɪz] vt conseiller; **to ~ sb of sth**
aviser or informer qn de qch; **to ~ against
sth/doing sth** déconseiller qch/conseiller de
ne pas faire qch; **you would be well/ill ~d to
go** vous feriez mieux d'y aller/de ne pas y
aller, vous auriez intérêt à y aller/à ne pas y
aller

**adviser, advisor** [əd'vaɪzə<sup>r</sup>] n
conseiller(-ère)

**advisory** [əd'vaɪzərɪ] adj consultatif(-ive); **in
an ~ capacity** à titre consultatif

**advocate** n ['ædvəkɪt] (lawyer) avocat
(plaidant); (upholder) défenseur m, avocat(e)
▷ vt ['ædvəkeɪt] recommander, prôner; **to be
an ~ of** être partisan(e) de

**Aegean** [iː'dʒiːən] n, adj: **the ~ (Sea)** la mer
Égée, l'Égée f

**aerial** ['ɛərɪəl] n antenne f ▷ adj aérien(ne)

**aerobics** [ɛə'rəubɪks] n aérobic m

**aeroplane** ['ɛərəpleɪn] n (Brit) avion m

**aerosol** ['ɛərəsɔl] n aérosol m

**aesthetic** [ɪs'θɛtɪk] adj esthétique

**afar** [ə'fɑː<sup>r</sup>] adv: **from ~** de loin

**affair** [ə'fɛə<sup>r</sup>] n affaire f; (also: **love ~**) liaison f;
aventure f; **affairs** (business) affaires

**affect** [ə'fɛkt] vt affecter; (subj: disease)
atteindre

**affected** [ə'fɛktɪd] adj affecté(e)

**affection** [ə'fɛkʃən] n affection f

**affectionate** [ə'fɛkʃənɪt] adj
affectueux(-euse)

**affinity** [ə'fɪnɪtɪ] n affinité f

**afflict** [əˈflɪkt] vt affliger
**affluence** [ˈæfluəns] n aisance f, opulence f
**affluent** [ˈæfluənt] adj opulent(e); (person, family, surroundings) aisé(e), riche; **the ~ society** la société d'abondance
**afford** [əˈfɔːd] vt (goods etc) avoir les moyens d'acheter or d'entretenir; (behaviour) se permettre; (provide) fournir, procurer; **can we ~ a car?** avons-nous de quoi acheter or les moyens d'acheter une voiture?; **I can't ~ the time** je n'ai vraiment pas le temps
**affordable** [əˈfɔːdəbl] adj abordable
**Afghanistan** [æfˈɡænɪstæn] n Afghanistan m
**afloat** [əˈfləʊt] adj à flot ▷ adv: **to stay ~** surnager; **to keep/get a business ~** maintenir à flot/lancer une affaire
**afoot** [əˈfʊt] adv: **there is something ~** il se prépare quelque chose
**afraid** [əˈfreɪd] adj effrayé(e); **to be ~ of** or **to** avoir peur de; **I am ~ that** je crains que + sub; **I'm ~ so/not** oui/non, malheureusement
**Africa** [ˈæfrɪkə] n Afrique f
**African** [ˈæfrɪkən] adj africain(e) ▷ n Africain(e)
**African-American** [ˈæfrɪkənəˈmɛrɪkən] adj afro-américain(e) ▷ n Afro-Américain(e)
**after** [ˈɑːftə] prep, adv après ▷ conj après que, après avoir or être + pp; **~ dinner** après (le) dîner; **the day ~ tomorrow** après demain; **it's quarter ~ two** (US) il est deux heures et quart; **~ having done/~ he left** après avoir fait/après son départ; **to name sb ~ sb** donner à qn le nom de qn; **to ask ~ sb** demander des nouvelles de qn; **what/who are you ~** que/qui cherchez-vous?; **the police are ~ him** la police est à ses trousses; **~ you!** après vous!; **~ all** après tout
**after-effects** [ˈɑːftərɪfɛkts] npl (of disaster, radiation, drink etc) répercussions fpl; (of illness) séquelles fpl, suites fpl
**aftermath** [ˈɑːftəmɑːθ] n conséquences fpl; **in the ~ of** dans les mois or années etc qui suivirent, au lendemain de
**afternoon** [ˈɑːftəˈnuːn] n après-midi m or f; **good ~!** bonjour!; (goodbye) au revoir!
**afters** [ˈɑːftəz] n (Brit inf: dessert) dessert m
**after-sales service** [ɑːftəˈseɪlz-] n service m après-vente, SAV m
**after-shave** [ˈɑːftəʃeɪv], **after-shave lotion** n lotion f après-rasage
**aftersun** [ˈɑːftəsʌn], **aftersun cream**, **aftersun lotion** n après-soleil m inv
**afterthought** [ˈɑːftəθɔːt] n: **I had an ~** il m'est venu une idée après coup
**afterwards** [ˈɑːftəwədz], (US) **afterward** [ˈɑːftəwəd] adv après
**again** [əˈɡɛn] adv de nouveau, encore (une fois); **to do sth ~** refaire qch; **not … ~** ne … plus; **~ and ~** à plusieurs reprises; **he's opened it ~** il l'a rouvert, il l'a de nouveau or l'a encore ouvert; **now and ~** de temps à autre

**against** [əˈɡɛnst] prep contre; (compared to) par rapport à; **a blue background** sur un fond bleu; **(as) ~** (Brit) contre
**age** [eɪdʒ] n âge m ▷ vt, vi vieillir; **what ~ is he?** quel âge a-t-il?; **he is 20 years of ~** il a 20 ans; **under ~** mineur(e); **to come of ~** atteindre sa majorité; **it's been ~s since I saw you** ça fait une éternité que je ne t'ai pas vu
**aged** [ˈeɪdʒd] adj âgé(e); **~ 10** âgé de 10 ans ▷ npl [ˈeɪdʒɪd]: **the ~** les personnes âgées
**age group** n tranche f d'âge; **the 40 to 50 ~** la tranche d'âge des 40 à 50 ans
**age limit** n limite f d'âge
**agency** [ˈeɪdʒənsɪ] n agence f; **through or by the ~ of** par l'entremise or l'action de
**agenda** [əˈdʒɛndə] n ordre m du jour; **on the ~** à l'ordre du jour
**agent** [ˈeɪdʒənt] n agent m; (firm) concessionnaire m
**aggravate** [ˈæɡrəveɪt] vt (situation) aggraver; (annoy) exaspérer, agacer
**aggression** [əˈɡrɛʃən] n agression f
**aggressive** [əˈɡrɛsɪv] adj agressif(-ive)
**agile** [ˈædʒaɪl] adj agile
**agitate** [ˈædʒɪteɪt] vt rendre inquiet(-ète) or agité(e) ▷ vi faire de l'agitation (politique); **to ~ for** faire campagne pour
**AGM** n abbr (= annual general meeting) AG f
**ago** [əˈɡəʊ] adv: **two days ~** il y a deux jours; **not long ~** il n'y a pas longtemps; **as long ~ as 1960** déjà en 1960; **how long ~?** il y a combien de temps (de cela)?
**agony** [ˈæɡənɪ] n (pain) douleur f atroce; (distress) angoisse f; **to be in ~** souffrir le martyre
**agree** [əˈɡriː] vt (price) convenir de ▷ vi: **to ~ with** (person) être d'accord avec; (statements etc) concorder avec; (Ling) s'accorder avec; **to ~ to do** accepter de or consentir à faire; **to ~ to sth** consentir à qch; **to ~ that** (admit) convenir or reconnaître que; **it was ~d that …** il a été convenu que …; **they ~ on this** ils sont d'accord sur ce point; **they ~d on going/a price** ils se mirent d'accord pour y aller/sur un prix; **garlic doesn't ~ with me** je ne supporte pas l'ail
**agreeable** [əˈɡriːəbl] adj (pleasant) agréable; (willing) consentant(e), d'accord; **are you ~ to this?** est-ce que vous êtes d'accord?
**agreed** [əˈɡriːd] adj (time, place) convenu(e); **to be ~** être d'accord
**agreement** [əˈɡriːmənt] n accord m; **in ~** d'accord; **by mutual ~** d'un commun accord
**agricultural** [æɡrɪˈkʌltʃərəl] adj agricole
**agriculture** [ˈæɡrɪkʌltʃə] n agriculture f
**aground** [əˈɡraʊnd] adv: **to run ~** s'échouer
**ahead** [əˈhɛd] adv en avant; devant; **go right or straight ~** (direction) allez tout droit; **go ~!** (permission) allez-y!; **~ of** devant; (fig: schedule etc) en avance sur; **~ of time** en avance; **they were (right) ~ of us** ils nous précédaient (de peu), ils étaient (juste) devant nous

**aid** [eɪd] *n* aide *f*; (*device*) appareil *m* ▷ *vt* aider; **with the ~ of** avec l'aide de; **in ~ of** en faveur de; **to ~ and abet** (*Law*) se faire le complice de

**aide** [eɪd] *n* (*person*) assistant(e)

**AIDS** [eɪdz] *n abbr* (= acquired immune (or immuno-deficiency syndrome) SIDA *m*

**ailing** ['eɪlɪŋ] *adj* (*person*) souffreteux(euse); (*economy*) malade

**ailment** ['eɪlmənt] *n* affection *f*

**aim** [eɪm] *vt*: **to ~ sth (at)** (*gun, camera*) braquer *or* pointer qch (sur); (*missile*) lancer qch (à *or* contre *or* en direction de); (*remark, blow*) destiner *or* adresser qch (à) ▷ *vi* (*also*: **to take ~**) viser ▷ *n* (*objective*) but *m*; (*skill*): **his ~ is bad** il vise mal; **to ~ at** viser; (*fig*) viser à; avoir pour but *or* ambition; **to ~ to do** avoir l'intention de faire

**aimless** ['eɪmlɪs] *adj* sans but

**ain't** [eɪnt] (*inf*) = **am not; aren't; isn't**

**air** [ɛəʳ] *n* air *m* ▷ *vt* aérer; (*idea, grievance, views*) mettre sur le tapis; (*knowledge*) faire étalage de ▷ *cpd* (*currents, attack etc*) aérien(ne); **to throw sth into the ~** (*ball etc*) jeter qch en l'air; **by ~** par avion; **to be on the ~** (*Radio, TV: programme*) être diffusé(e); (: *station*) émettre

**airbag** ['ɛəbæg] *n* airbag *m*

**airbed** ['ɛəbɛd] *n* (*Brit*) matelas *m* pneumatique

**airborne** ['ɛəbɔ:n] *adj* (*plane*) en vol; (*troops*) aéroporté(e); (*particles*) dans l'air; **as soon as the plane was ~** dès que l'avion eut décollé

**air-conditioned** ['ɛəkən'dɪʃənd] *adj* climatisé(e), à air conditionné

**air conditioning** [-kən'dɪʃnɪŋ] *n* climatisation *f*

**aircraft** ['ɛəkrɑ:ft] *n inv* avion *m*

**aircraft carrier** *n* porte-avions *m inv*

**airfield** ['ɛəfi:ld] *n* terrain *m* d'aviation

**Air Force** *n* Armée *f* de l'air

**air freshener** [-'frɛʃnəʳ] *n* désodorisant *m*

**airgun** ['ɛəgʌn] *n* fusil *m* à air comprimé

**air hostess** *n* (*Brit*) hôtesse *f* de l'air

**airing cupboard** *n* (*Brit*) placard qui contient la chaudière et dans lequel on met le linge à sécher

**air letter** *n* (*Brit*) aérogramme *m*

**airlift** ['ɛəlɪft] *n* pont aérien

**airline** ['ɛəlaɪn] *n* ligne aérienne, compagnie aérienne

**airliner** ['ɛəlaɪnəʳ] *n* avion *m* de ligne

**airmail** ['ɛəmeɪl] *n*: **by ~** par avion

**air mile** *n* air mile *m*

**airplane** ['ɛəpleɪn] *n* (*US*) avion *m*

**airport** ['ɛəpɔ:t] *n* aéroport *m*

**air raid** *n* attaque aérienne

**airsick** ['ɛəsɪk] *adj*: **to be ~** avoir le mal de l'air

**airspace** ['ɛəspeɪs] *n* espace *m* aérien

**airstrip** ['ɛəstrɪp] *n* terrain *m* d'atterrissage

**air terminal** *n* aérogare *f*

**airtight** ['ɛətaɪt] *adj* hermétique

**air-traffic controller** *n* aiguilleur *m* du ciel

**airy** ['ɛərɪ] *adj* bien aéré(e); (*manners*) dégagé(e)

**aisle** [aɪl] *n* (*of church: central*) allée *f* centrale; (: *side*) nef *f* latérale, bas-côté *m*; (*in theatre, supermarket*) allée; (*on plane*) couloir *m*

**aisle seat** *n* place *f* côté couloir

**ajar** [ə'dʒɑ:ʳ] *adj* entrouvert(e)

**akin** [ə'kɪn] *adj*: **~ to** semblable à, du même ordre que

**à la carte** [ælæ'kɑ:t] *adv* à la carte

**alarm** [ə'lɑ:m] *n* alarme *f* ▷ *vt* alarmer

**alarm call** *n* coup *m* de fil pour réveiller; **could I have an ~ at 7 am, please?** pouvez-vous me réveiller à 7 heures, s'il vous plaît?

**alarm clock** *n* réveille-matin *m inv*, réveil *m*

**alarmed** [ə'lɑ:md] *adj* (*frightened*) alarmé(e); (*protected by an alarm*) protégé(e) par un système d'alarme; **to become ~** prendre peur

**alarming** [ə'lɑ:mɪŋ] *adj* alarmant(e)

**alas** [ə'læs] *excl* hélas

**Albania** [æl'beɪnɪə] *n* Albanie *f*

**albeit** [ɔ:l'bi:ɪt] *conj* bien que + *sub*, encore que + *sub*

**album** ['ælbəm] *n* album *m*

**alcohol** ['ælkəhɔl] *n* alcool *m*

**alcohol-free** ['ælkəhɔlfri:] *adj* sans alcool

**alcoholic** [ælkə'hɔlɪk] *adj, n* alcoolique (*m/f*)

**alcove** ['ælkəuv] *n* alcôve *f*

**ale** [eɪl] *n* bière *f*

**alert** [ə'lə:t] *adj* alerte, vif/vive; (*watchful*) vigilant(e) ▷ *n* alerte *f* ▷ *vt* alerter; **to ~ sb (to sth)** attirer l'attention de qn (sur qch); **to ~ sb to the dangers of sth** avertir qn des dangers de qch; **on the ~** sur le qui-vive; (*Mil*) en état d'alerte

**algebra** ['ældʒɪbrə] *n* algèbre *m*

**Algeria** [æl'dʒɪərɪə] *n* Algérie *f*

**Algerian** [æl'dʒɪərɪən] *adj* algérien(ne) ▷ *n* Algérien(ne)

**Algiers** [æl'dʒɪəz] *n* Alger

**alias** ['eɪlɪəs] *adv* alias ▷ *n* faux nom, nom d'emprunt

**alibi** ['ælɪbaɪ] *n* alibi *m*

**alien** ['eɪlɪən] *n* (*from abroad*) étranger(-ère); (*from outer space*) extraterrestre ▷ *adj*: **~ (to)** étranger(-ère) (à)

**alienate** ['eɪlɪəneɪt] *vt* aliéner; (*subj: person*) s'aliéner

**alight** [ə'laɪt] *adj, adv* en feu ▷ *vi* mettre pied à terre; (*passenger*) descendre; (*bird*) se poser

**align** [ə'laɪn] *vt* aligner

**alike** [ə'laɪk] *adj* semblable, pareil(le) ▷ *adv* de même; **to look ~** se ressembler

**alimony** ['ælɪmənɪ] *n* (*payment*) pension *f* alimentaire

**alive** [ə'laɪv] *adj* vivant(e); (*active*) plein(e) de vie; **~ with** grouillant(e) de; **~ to** sensible à

○ KEYWORD

**all** [ɔ:l] *adj* (*singular*) tout(e); (*plural*) tous/toutes; **all day** toute la journée; **all night** toute la nuit; **all men** tous les hommes; **all**

**five** tous les cinq; **all the food** toute la nourriture; **all the books** tous les livres; **all the time** tout le temps; **all his life** toute sa vie ▷ *pron* **1** tout; **I ate it all, I ate all of it** j'ai tout mangé; **all of us went** nous y sommes tous allés; **all of the boys went** tous les garçons y sont allés; **is that all?** c'est tout?; (*in shop*) ce sera tout?
**2** (*in phrases*): **above all** surtout, par-dessus tout; **after all** après tout; **at all**: **not at all** (*in answer to question*) pas du tout; (*in answer to thanks*) je vous en prie!; **I'm not at all tired** je ne suis pas du tout fatigué(e); **anything at all will do** n'importe quoi fera l'affaire; **all in all** tout bien considéré, en fin de compte ▷ *adv*: **all alone** tout(e) seul(e); **it's not as hard as all that** ce n'est pas si difficile que ça; **all the more/the better** d'autant plus/ mieux; **all but** presque, pratiquement; **to be all in** (*Brit inf*) être complètement à plat; **the score is 2 all** le score est de 2 partout

**Allah** ['ælə] *n* Allah *m*
**allegation** [ælɪ'geɪʃən] *n* allégation *f*
**allege** [ə'ledʒ] *vt* alléguer, prétendre; **he is ~d to have said** il aurait dit
**alleged** [ə'ledʒd] *adj* prétendu(e)
**allegedly** [ə'ledʒɪdlɪ] *adv* à ce que l'on prétend, paraît-il
**allegiance** [ə'liːdʒəns] *n* fidélité *f*, obéissance *f*
**allergic** [ə'lɜːdʒɪk] *adj*: **~ to** allergique à; **I'm ~ to penicillin** je suis allergique à la pénicilline
**allergy** ['ælədʒɪ] *n* allergie *f*
**alleviate** [ə'liːvɪeɪt] *vt* soulager, adoucir
**alley** ['ælɪ] *n* ruelle *f*; (*in garden*) allée *f*
**alliance** [ə'laɪəns] *n* alliance *f*
**allied** ['ælaɪd] *adj* allié(e)
**alligator** ['ælɪgeɪtə'] *n* alligator *m*
**all-in** ['ɔːlɪn] *adj, adv* (*Brit*: *charge*) tout compris
**all-night** ['ɔːl'naɪt] *adj* ouvert(e) *or* qui dure toute la nuit
**allocate** ['æləkeɪt] *vt* (*share out*) répartir, distribuer; **to ~ sth to** (*duties*) assigner *or* attribuer qch à; (*sum, time*) allouer qch à; **to ~ sth for** affecter qch à
**allot** [ə'lɔt] *vt* (*share out*) répartir, distribuer; **to ~ sth to** (*time*) allouer qch à; (*duties*) assigner qch à; **in the ~ted time** dans le temps imparti
**allotment** [ə'lɔtmənt] *n* (*share*) part *f*; (*garden*) lopin *m* de terre (*loué à la municipalité*)
**all-out** ['ɔːlaut] *adj* (*effort etc*) total(e)
**allow** [ə'lau] *vt* (*practice, behaviour*) permettre, autoriser; (*sum to spend etc*) accorder, allouer; (*sum, time estimated*) compter, prévoir; (*claim, goal*) admettre; (*concede*): **to ~ that** convenir que; **to ~ sb to do** permettre à qn de faire, autoriser qn à faire; **he is ~ed to ...** on lui permet de ...; **smoking is not ~ed** il est interdit de fumer; **we must ~ three days for**

**the journey** il faut compter trois jours pour le voyage; **allow for** *vt fus* tenir compte de
**allowance** [ə'lauəns] *n* (*money received*) allocation *f*; (: *from parent etc*) subside *m*; (: *for expenses*) indemnité *f*; (*US*: *pocket money*) argent *m* de poche; (*Tax*) somme *f* déductible du revenu imposable, abattement *m*; **to make ~s for** (*person*) essayer de comprendre; (*thing*) tenir compte de
**alloy** ['ælɔɪ] *n* alliage *m*
**all right** *adv* (*feel, work*) bien; (*as answer*) d'accord
**all-rounder** [ɔːl'raundə'] *n* (*Brit*): **to be a good ~** être doué(e) en tout
**all-time** ['ɔːl'taɪm] *adj* (*record*) sans précédent, absolu(e)
**ally** ['ælaɪ] *n* allié *m* ▷ *vt* [ə'laɪ]: **to ~ o.s. with** s'allier avec
**almighty** [ɔːl'maɪtɪ] *adj* tout(e)-puissant(e); (*tremendous*) énorme
**almond** ['ɑːmənd] *n* amande *f*
**almost** ['ɔːlməust] *adv* presque; **he ~ fell** il a failli tomber
**alone** [ə'ləun] *adj, adv* seul(e); **to leave sb ~** laisser qn tranquille; **to leave sth ~** ne pas toucher à qch; **let ~ ...** sans parler de ...; encore moins ...
**along** [ə'lɔŋ] *prep* le long de ▷ *adv*: **is he coming ~ with us?** vient-il avec nous?; **he was hopping/limping ~** il avançait *or* avançait en sautillant/boitant; **~ with** avec, en plus de; (*person*) en compagnie de; **all ~** (*all the time*) depuis le début
**alongside** [ə'lɔŋ'saɪd] *prep* (*along*) le long de; (*beside*) à côté de ▷ *adv* bord à bord; côte à côte; **we brought our boat ~** (*of a pier, shore etc*) nous avons accosté
**aloof** [ə'luːf] *adj* distant(e) ▷ *adv* à distance, à l'écart; **to stand ~** se tenir à l'écart *or* à distance
**aloud** [ə'laud] *adv* à haute voix
**alphabet** ['ælfəbet] *n* alphabet *m*
**alphabetical** [ælfə'betɪkl] *adj* alphabétique; **in ~ order** par ordre alphabétique
**alpine** ['ælpaɪn] *adj* alpin(e), alpestre; **~ hut** cabane *f* or refuge *m* de montagne; **~ pasture** pâturage *m* (de montagne); **~ skiing** ski alpin
**Alps** [ælps] *npl*: **the ~** les Alpes *fpl*
**already** [ɔːl'redɪ] *adv* déjà
**alright** ['ɔːl'raɪt] *adv* (*Brit*) = **all right**
**Alsatian** [æl'seɪʃən] *adj* alsacien(ne), d'Alsace ▷ *n* Alsacien(ne); (*Brit*: *dog*) berger allemand
**also** ['ɔːlsəu] *adv* aussi
**altar** ['ɔltə'] *n* autel *m*
**alter** ['ɔltə'] *vt, vi* changer
**alteration** [ɔltə'reɪʃən] *n* changement *m*, modification *f*; **alterations** *npl* (*Sewing*) retouches *fpl*; (*Archit*) modifications *fpl*; **timetable subject to ~s** horaires sujets à modifications
**alternate** *adj* [ɔl'tɜːnɪt] alterné(e), alternant(e), alternatif(-ive); (*US*)

= **alternative** ▷ vi ['ɔltəˌneɪt] alterner; **to ~ with** alterner avec; **on ~ days** un jour sur deux, tous les deux jours

**alternative** [ɔl'tə:nətɪv] adj (solution, plan) autre, de remplacement; (energy) doux/ douce; (lifestyle) parallèle ▷ n (choice) alternative f; (other possibility) autre possibilité f; ~ **medicine** médecine alternative, médecine douce

**alternatively** [ɔl'tə:nətɪvlɪ] adv: ~ **one could ...** une autre or l'autre solution serait de ...

**alternator** ['ɔltə:neɪtəʳ] n (Aut) alternateur m

**although** [ɔ:l'ðəu] conj bien que + sub

**altitude** ['æltɪtju:d] n altitude f

**alto** ['æltəu] n (female) contralto m; (male) haute-contre f

**altogether** [ɔ:ltə'geðəʳ] adv entièrement, tout à fait; (on the whole) tout compte fait; (in all) en tout; **how much is that ~?** ça fait combien en tout?

**aluminium** [ælju'mɪnɪəm], (US) **aluminum** [ə'lu:mɪnəm] n aluminium m

**always** ['ɔ:lweɪz] adv toujours

**Alzheimer's** ['æltshaɪməz], **Alzheimer's disease** n maladie f d'Alzheimer

**AM** abbr = **amplitude modulation** ▷ n abbr (= Assembly Member) député m au Parlement gallois

**am** [æm] vb see **be**

**a.m.** adv abbr (= ante meridiem) du matin

**amalgamate** [ə'mælgəmeɪt] vt, vi fusionner

**amass** [ə'mæs] vt amasser

**amateur** ['æmətəʳ] n amateur m ▷ adj (Sport) amateur inv; ~ **dramatics** le théâtre amateur

**amateurish** ['æmətərɪʃ] adj (pej) d'amateur, un peu amateur

**amaze** [ə'meɪz] vt stupéfier; **to be ~d (at)** être stupéfait(e) (de)

**amazed** [ə'meɪzd] adj stupéfait(e)

**amazement** [ə'meɪzmənt] n surprise f, étonnement m

**amazing** [ə'meɪzɪŋ] adj étonnant(e), incroyable; (bargain, offer) exceptionnel(le)

**Amazon** ['æməzən] n (Geo, Mythology) Amazone f ▷ cpd amazonien(ne), de l'Amazone; **the ~ basin** le bassin de l'Amazone; **the ~ jungle** la forêt amazonienne

**ambassador** [æm'bæsədəʳ] n ambassadeur m

**amber** ['æmbəʳ] n ambre m; **at ~** (Brit Aut) à l'orange

**ambiguous** [æm'bɪgjuəs] adj ambigu(ë)

**ambition** [æm'bɪʃən] n ambition f

**ambitious** [æm'bɪʃəs] adj ambitieux(-euse)

**ambulance** ['æmbjuləns] n ambulance f; **call an ~!** appelez une ambulance!

**ambush** ['æmbuʃ] n embuscade f ▷ vt tendre une embuscade à

**amen** ['ɑ:'mɛn] excl amen

**amenable** [ə'mi:nəbl] adj: ~ **to** (advice etc) disposé(e) à écouter or suivre; ~ **to the law** responsable devant la loi

**amend** [ə'mɛnd] vt (law) amender; (text) corriger; (habits) réformer ▷ vi s'amender, se corriger; **to make ~s** réparer ses torts, faire amende honorable

**amendment** [ə'mɛndmənt] n (to law) amendement m; (to text) correction f

**amenities** [ə'mi:nɪtɪz] npl aménagements mpl, équipements mpl

**America** [ə'mɛrɪkə] n Amérique f

**American** [ə'mɛrɪkən] adj américain(e) ▷ n Américain(e)

**American football** n (Brit) football m américain

**amiable** ['eɪmɪəbl] adj aimable, affable

**amicable** ['æmɪkəbl] adj amical(e); (Law) à l'amiable

**amid** [ə'mɪd], **amidst** [ə'mɪdst] prep parmi, au milieu de

**amiss** [ə'mɪs] adj, adv: **there's something ~** il y a quelque chose qui ne va pas or qui cloche; **to take sth ~** prendre qch mal or de travers

**ammonia** [ə'məunɪə] n (gas) ammoniac m; (liquid) ammoniaque f

**ammunition** [æmju'nɪʃən] n munitions fpl; (fig) arguments mpl

**amnesty** ['æmnɪstɪ] n amnistie f; **to grant an ~ to** accorder une amnistie à

**amok** [ə'mɔk] adv: **to run ~** être pris(e) d'un accès de folie furieuse

**among** [ə'mʌŋ], **amongst** [ə'mʌŋst] prep parmi, entre

**amorous** ['æmərəs] adj amoureux(-euse)

**amount** [ə'maunt] n (sum of money) somme f; (total) montant m; (quantity) quantité f; nombre m ▷ vi: **to ~ to** (total) s'élever à; (be same as) équivaloir à, revenir à; **this ~s to a refusal** cela équivaut à un refus; **the total ~** (of money) le montant total

**amp** [æmp], **ampère** ['æmpɛəʳ] n ampère m; **a 13 ~ plug** une fiche de 13 A

**ample** ['æmpl] adj ample, spacieux(-euse); (enough): **this is ~** c'est largement suffisant; **to have ~ time/room** avoir bien assez de temps/place, avoir largement le temps/la place

**amplifier** ['æmplɪfaɪəʳ] n amplificateur m

**amputate** ['æmpjuteɪt] vt amputer

**Amtrak** ['æmtræk] (US) n société mixte de transports ferroviaires interurbains pour voyageurs

**amuse** [ə'mju:z] vt amuser; **to ~ o.s. with sth/by doing sth** se divertir avec qch/à faire qch; **to be ~d at** être amusé par; **he was not ~d** il n'a pas apprécié

**amusement** [ə'mju:zmənt] n amusement m; (pastime) distraction f

**amusement arcade** n salle f de jeu

**amusement park** n parc m d'attractions

**amusing** [ə'mju:zɪŋ] adj amusant(e), divertissant(e)

**an** [æn, ən, n] indef art see **a**

**anaemia**, (US) **anemia** [ə'ni:mɪə] n anémie f

**anaemic**, (US) **anemic** [ə'ni:mɪk] adj anémique

**anaesthetic**, (US) **anesthetic** [ænɪsˈθɛtɪk] *adj, n* anesthésique *m*; **under the** ~ sous anesthésie; **local/general** ~ anesthésie locale/générale

**analogue, analog** [ˈænələg] *adj* (*watch, computer*) analogique

**analogy** [əˈnælədʒɪ] *n* analogie *f*; **to draw an** ~ **between** établir une analogie entre

**analyse**, (US) **analyze** [ˈænəlaɪz] *vt* analyser

**analysis** (*pl* **analyses**) [əˈnælɪsɪs, -siːz] *n* analyse *f*; **in the last** ~ en dernière analyse

**analyst** [ˈænəlɪst] *n* (*political analyst etc*) analyste *m/f*; (US) psychanalyste *m/f*

**analyze** [ˈænəlaɪz] *vt* (US) = **analyse**

**anarchist** [ˈænəkɪst] *adj, n* anarchiste (*m/f*)

**anarchy** [ˈænəkɪ] *n* anarchie *f*

**anatomy** [əˈnætəmɪ] *n* anatomie *f*

**ancestor** [ˈænsɪstəʳ] *n* ancêtre *m*, aïeul *m*

**anchor** [ˈæŋkəʳ] *n* ancre *f* ▷ *vi* (*also*: **to drop ~**) jeter l'ancre, mouiller ▷ *vt* mettre à l'ancre; (*fig*): **to ~ sth to** fixer qch à; **to weigh ~** lever l'ancre

**anchovy** [ˈæntʃəvɪ] *n* anchois *m*

**ancient** [ˈeɪnʃənt] *adj* ancien(ne), antique; (*person*) d'un âge vénérable; (*car*) antédiluvien(ne); ~ **monument** monument *m* historique

**ancillary** [ænˈsɪlərɪ] *adj* auxiliaire

**and** [ænd] *conj* et; ~ **so on** et ainsi de suite; **try** ~ **come** tâchez de venir; **come** ~ **sit here** venez vous asseoir ici; **he talked** ~ **talked** il a parlé pendant des heures; **better** ~ **better** de mieux en mieux; **more** ~ **more** de plus en plus

**Andorra** [ænˈdɔːrə] *n* (principauté *f* d')Andorre *f*

**anemia** *etc* [əˈniːmɪə] *n* (US) = **anaemia** *etc*

**anesthetic** [ænɪsˈθɛtɪk] *n, adj* (US) = **anaesthetic**

**anew** [əˈnjuː] *adv* à nouveau

**angel** [ˈeɪndʒəl] *n* ange *m*

**anger** [ˈæŋgəʳ] *n* colère *f* ▷ *vt* mettre en colère, irriter

**angina** [ænˈdʒaɪnə] *n* angine *f* de poitrine

**angle** [ˈæŋgl] *n* angle *m* ▷ *vi*: **to ~ for** (*trout*) pêcher; (*compliments*) chercher, quêter; **from their** ~ de leur point de vue

**angler** [ˈæŋgləʳ] *n* pêcheur(-euse) à la ligne

**Anglican** [ˈæŋglɪkən] *adj, n* anglican(e)

**angling** [ˈæŋglɪŋ] *n* pêche *f* à la ligne

**Anglo-** [ˈæŋgləu] *prefix* anglo(-)

**angrily** [ˈæŋgrɪlɪ] *adv* avec colère

**angry** [ˈæŋgrɪ] *adj* en colère, furieux(-euse); (*wound*) enflammé(e); **to be ~ with sb/at sth** être furieux contre qn/de qch; **to get** ~ se fâcher, se mettre en colère; **to make sb ~** mettre qn en colère

**anguish** [ˈæŋgwɪʃ] *n* angoisse *f*

**animal** [ˈænɪməl] *n* animal *m* ▷ *adj* animal(e)

**animate** *vt* [ˈænɪmeɪt] animer ▷ *adj* [ˈænɪmɪt] animé(e), vivant(e)

**animated** [ˈænɪmeɪtɪd] *adj* animé(e)

**animation** [ænɪˈmeɪʃən] *n* (*of person*) entrain *m*; (*of street, Cine*) animation *f*

**aniseed** [ˈænɪsiːd] *n* anis *m*

**ankle** [ˈæŋkl] *n* cheville *f*

**ankle socks** *npl* socquettes *fpl*

**annex** [ˈænɛks] *n* (Brit: *also*: **~e**) annexe *f* ▷ *vt* [əˈnɛks] annexer

**anniversary** [ænɪˈvɜːsərɪ] *n* anniversaire *m*

**announce** [əˈnauns] *vt* annoncer; (*birth, death*) faire part de; **he ~d that he wasn't going** il a déclaré qu'il n'irait pas

**announcement** [əˈnaunsmənt] *n* annonce *f*; (*for births etc: in newspaper*) avis *m* de faire-part; (: *letter, card*) faire-part *m*; **I'd like to make an ~** j'ai une communication à faire

**announcer** [əˈnaunsəʳ] *n* (*Radio, TV: between programmes*) speaker(ine); (: *in a programme*) présentateur(-trice)

**annoy** [əˈnɔɪ] *vt* agacer, ennuyer, contrarier; **to be ~ed (at sth/with sb)** être en colère *or* irrité (contre qch/qn); **don't get ~ed!** ne vous fâchez pas!

**annoyance** [əˈnɔɪəns] *n* mécontentement *m*, contrariété *f*

**annoying** [əˈnɔɪɪŋ] *adj* agaçant(e), contrariant(e)

**annual** [ˈænjuəl] *adj* annuel(le) ▷ *n* (Bot) plante annuelle; (*book*) album *m*

**annually** [ˈænjuəlɪ] *adv* annuellement

**annul** [əˈnʌl] *vt* annuler; (*law*) abroger

**annum** [ˈænəm] *n see* **per**

**anonymous** [əˈnɔnɪməs] *adj* anonyme; **to remain ~** garder l'anonymat

**anorak** [ˈænəræk] *n* anorak *m*

**anorexia** [ænəˈrɛksɪə] *n* (*also*: ~ **nervosa**) anorexie *f*

**anorexic** [ænəˈrɛksɪk] *adj, n* anorexique (*m/f*)

**another** [əˈnʌðəʳ] *adj*: ~ **book** (*one more*) un autre livre, encore un livre, un livre de plus; (*a different one*) un autre livre ▷ *pron* un(e) autre, encore un(e), un(e) de plus; ~ **drink?** encore un verre?; **in ~ five years** dans cinq ans; *see also* **one**

**answer** [ˈɑːnsəʳ] *n* réponse *f*; (*to problem*) solution *f* ▷ *vi* répondre ▷ *vt* (*reply to*) répondre à; (*problem*) résoudre; (*prayer*) exaucer; **in ~ to your letter** suite à *or* en réponse à votre lettre; **to ~ the phone** répondre (au téléphone); **to ~ the bell** *or* **the door** aller *or* venir ouvrir (la porte); **answer back** *vi* répondre, répliquer; **answer for** *vt fus* répondre de, se porter garant de; (*crime, one's actions*) répondre de; **answer to** *vt fus* (*description*) répondre *or* correspondre à

**answerable** [ˈɑːnsərəbl] *adj*: ~ **to sb/for sth** responsable (devant qn/de qch); **I am ~ to no-one** je n'ai de comptes à rendre à personne

**answering machine** [ˈɑːnsərɪŋ-] *n* répondeur *m*

**answerphone** [ˈɑːnsəfəun] *n* (*esp Brit*) répondeur *m* (téléphonique)

**ant** [ænt] *n* fourmi *f*

**antagonism** [æn'tægənɪzəm] *n* antagonisme *m*

**antagonize** [æn'tægənaɪz] *vt* éveiller l'hostilité de, contrarier

**Antarctic** [ænt'ɑ:ktɪk] *adj* antarctique, austral(e) ▷ *n*: **the ~** l'Antarctique *m*

**antelope** ['æntɪləʊp] *n* antilope *f*

**antenatal** ['æntɪ'neɪtl] *adj* prénatal(e)

**antenatal clinic** *n* service *m* de consultation prénatale

**antenna** (*pl* **antennae**) [æn'tɛnə, -niː] *n* antenne *f*

**anthem** ['ænθəm] *n* motet *m*; **national ~** hymne national

**anthology** [æn'θɒlədʒɪ] *n* anthologie *f*

**anthrax** [ˈænθræks] *n* anthrax *m*

**anthropology** [ænθrə'pɒlədʒɪ] *n* anthropologie *f*

**anti** ['æntɪ] *prefix* anti-

**anti-aircraft** ['æntɪ'ɛəkrɑ:ft] *adj* antiaérien(ne)

**antibiotic** ['æntɪbaɪ'ɒtɪk] *adj, n* antibiotique *m*

**antibody** ['æntɪbɒdɪ] *n* anticorps *m*

**anticipate** [æn'tɪsɪpeɪt] *vt* s'attendre à, prévoir; (*wishes, request*) aller au devant de, devancer; **this is worse than I ~d** c'est pire que je ne pensais; **as ~d** comme prévu

**anticipation** [æntɪsɪ'peɪʃən] *n* attente *f*; **thanking you in ~** en vous remerciant d'avance, avec mes remerciements anticipés

**anticlimax** ['æntɪ'klaɪmæks] *n* déception *f*

**anticlockwise** ['æntɪ'klɒkwaɪz] (*Brit*) *adv* dans le sens inverse des aiguilles d'une montre

**antics** ['æntɪks] *npl* singeries *fpl*

**antidepressant** ['æntɪ'dɪpresnt] *n* antidépresseur *m*

**antidote** ['æntɪdəʊt] *n* antidote *m*, contrepoison *m*

**antifreeze** ['æntɪfri:z] *n* antigel *m*

**anti-globalization** [æntɪgləʊbəlaɪ'zeɪʃən] *n* antimondialisation *f*

**antihistamine** [æntɪ'hɪstəmɪn] *n* antihistaminique *m*

**antiperspirant** [æntɪ'pə:spɪrənt] *n* déodorant *m*

**antiquated** ['æntɪkweɪtɪd] *adj* vieilli(e), suranné(e), vieillot(te)

**antique** [æn'ti:k] *n* (*ornament*) objet *m* d'art ancien; (*furniture*) meuble ancien ▷ *adj* ancien(ne); (*pre-mediaeval*) antique

**antique dealer** *n* antiquaire *m/f*

**antique shop** *n* magasin *m* d'antiquités

**anti-Semitism** ['æntɪ'sɛmɪtɪzəm] *n* antisémitisme *m*

**antiseptic** ['æntɪ'sɛptɪk] *adj, n* antiseptique (*m*)

**antisocial** ['æntɪ'səʊʃəl] *adj* (*unfriendly*) peu liant(e), insociable; (*against society*) antisocial(e)

**antiviral** [æntɪvaɪərəl] *adj* (*Med*) antiviral

**antivirus** [æntɪ'vaɪrəs] *adj* (*Comput*) antivirus *inv*; **~ software** (logiciel *m*) antivirus

**antlers** ['æntləz] *npl* bois *mpl*, ramure *f*

**anvil** ['ænvɪl] *n* enclume *f*

**anxiety** [æŋ'zaɪətɪ] *n* anxiété *f*; (*keenness*): **~ to do** grand désir *or* impatience *f* de faire

**anxious** ['æŋkʃəs] *adj* (très) inquiet(-ète); (*always worried*) anxieux(-euse); (*worrying*) angoissant(e); (*keen*): **~ to do/that** qui tient beaucoup à faire/à ce que + *sub*; impatient(e) de faire/que + *sub*; **I'm very ~ about you** je me fais beaucoup de souci pour toi

KEYWORD

**any** ['ɛnɪ] *adj* **1** (*in questions etc: singular*) du, de l', de la; (*: plural*) des; **do you have any butter/children/ink?** avez-vous du beurre/des enfants/de l'encre?

**2** (*with negative*) de, d'; **I don't have any money/books** je n'ai pas d'argent/de livres; **without any difficulty** sans la moindre difficulté

**3** (*no matter which*) n'importe quel(le); (*each and every*) tout(e), chaque; **choose any book you like** vous pouvez choisir n'importe quel livre; **any teacher you ask will tell you** n'importe quel professeur vous le dira

**4** (*in phrases*): **in any case** de toute façon; **any day now** d'un jour à l'autre; **at any moment** à tout moment, d'un instant à l'autre; **at any rate** en tout cas; **any time** n'importe quand; **he might come (at) any time** il pourrait venir n'importe quand; **come (at) any time** venez quand vous voulez

▷ *pron* **1** (*in questions etc*): **have you got any?** est-ce que vous en avez?; **can any of you sing?** est-ce que parmi vous il y en a qui savent chanter?

**2** (*with negative*) en; **I don't have any (of them)** je n'en ai pas, je n'en ai aucun

**3** (*no matter which one(s)*) n'importe lequel (*or* laquelle); (*anybody*) n'importe qui; **take any of those books (you like)** vous pouvez prendre n'importe lequel de ces livres

▷ *adv* **1** (*in questions etc*): **do you want any more soup/sandwiches?** voulez-vous encore de la soupe/des sandwichs?; **are you feeling any better?** est-ce que vous vous sentez mieux?

**2** (*with negative*): **I can't hear him any more** je ne l'entends plus; **don't wait any longer** n'attendez pas plus longtemps

**anybody** ['ɛnɪbɒdɪ] *pron* n'importe qui; (*in interrogative sentences*) quelqu'un; (*in negative sentences*): **I don't see ~** je ne vois personne; **if ~ should phone …** si quelqu'un téléphone …

**anyhow** ['ɛnɪhaʊ] *adv* quoi qu'il en soit; (*haphazardly*) n'importe comment; **do it ~ you like** faites-le comme vous voulez; **she leaves things just ~** elle laisse tout traîner; **I shall go ~** j'irai de toute façon

**anyone** ['ɛnɪwʌn] *pron* = **anybody**

**anything** ['ɛnɪθɪŋ] *pron* (*no matter what*) n'importe quoi; (*in questions*) quelque chose; (*with negative*) ne ... rien; **I don't want ~** je ne veux rien; **can you see ~?** tu vois quelque chose?; **if ~ happens to me ...** s'il m'arrive quoi que ce soit ...; **you can say ~ you like** vous pouvez dire ce que vous voulez; **~ will do** n'importe quoi fera l'affaire; **he'll eat ~** il mange de tout; **~ else?** (*in shop*) avec ceci?; **it can cost ~ between £15 and £20** (*Brit*) ça peut coûter dans les 15 à 20 livres

**anytime** ['ɛnɪtaɪm] *adv* (*at any moment*) d'un moment à l'autre; (*whenever*) n'importe quand

**anyway** ['ɛnɪweɪ] *adv* de toute façon; **~, I couldn't come even if I wanted to** de toute façon, je ne pouvais pas venir même si je le voulais; **I shall go ~** j'irai quand même; **why are you phoning, ~?** au fait, pourquoi tu me téléphones?

**anywhere** ['ɛnɪwɛəʳ] *adv* n'importe où; (*in interrogative sentences*) quelque part; (*in negative sentences*) **I can't see him ~** je ne le vois nulle part; **can you see him ~?** tu le vois quelque part?; **put the books down ~** pose les livres n'importe où; **~ in the world** (*no matter where*) n'importe où dans le monde

**apart** [ə'pɑːt] *adv* (*to one side*) à part; de côté; à l'écart; (*separately*) séparément; **to take/pull ~** démonter; **10 miles/a long way ~** à 10 miles/très éloignés l'un de l'autre; **they are living ~** ils sont séparés; **~ from** *prep* à part, excepté

**apartheid** [ə'pɑːteɪt] *n* apartheid *m*

**apartment** [ə'pɑːtmənt] *n* (*US*) appartement *m*, logement *m*; (*room*) chambre *f*

**apartment building** *n* (*US*) immeuble *m*; maison divisée en appartements

**apathy** ['æpəθɪ] *n* apathie *f*, indifférence *f*

**ape** [eɪp] *n* (*grand*) singe ▷ *vt* singer

**aperitif** [ə'pɛrɪtɪf] *n* apéritif *m*

**aperture** ['æpətʃuəʳ] *n* orifice *m*, ouverture *f*; (*Phot*) ouverture (du diaphragme)

**APEX** ['eɪpɛks] *n abbr* (*Aviat*: = *advance purchase excursion*) APEX *m*

**apex** ['eɪpɛks] *n* sommet *m*

**apologetic** [əpɔlə'dʒɛtɪk] *adj* (*tone, letter*) d'excuse; **to be very ~ about** s'excuser vivement de

**apologize** [ə'pɔlədʒaɪz] *vi*: **to ~ (for sth to sb)** s'excuser (de qch auprès de qn), présenter des excuses (à qn pour qch)

**apology** [ə'pɔlədʒɪ] *n* excuses *fpl*; **to send one's apologies** envoyer une lettre *or* un mot d'excuse, s'excuser (de ne pas pouvoir venir); **please accept my apologies** vous voudriez bien m'excuser

**apostle** [ə'pɔsl] *n* apôtre *m*

**apostrophe** [ə'pɔstrəfɪ] *n* apostrophe *f*

**app** *n abbr* (*Comput*) = **application**

**appal,** (*US*) **appall** [ə'pɔːl] *vt* consterner, atterrer; horrifier

**appalling** [ə'pɔːlɪŋ] *adj* épouvantable; (*stupidity*) consternant(e); **she's an ~ cook** c'est une très mauvaise cuisinière

**apparatus** [æpə'reɪtəs] *n* appareil *m*, dispositif *m*; (*in gymnasium*) agrès *mpl*

**apparel** [ə'pærl] *n* (*US*) habillement *m*, confection *f*

**apparent** [ə'pærənt] *adj* apparent(e); **it is ~ that** il est évident que

**apparently** [ə'pærntlɪ] *adv* apparemment

**appeal** [ə'piːl] *vi* (*Law*) faire *or* interjeter appel ▷ *n* (*Law*) appel *m*; (*request*) prière *f*; (*charm*) attrait *m*, charme *m*; **to ~ for** demander (instamment); implorer; **to ~ to** (*beg*) faire appel à; (*be attractive*) plaire à; **to ~ to sb for mercy** implorer la pitié de qn, prier *or* adjurer qn d'avoir pitié; **it doesn't ~ to me** cela ne m'attire pas; **right of ~** droit *m* de recours

**appealing** [ə'piːlɪŋ] *adj* (*attractive*) attrayant(e); (*touching*) attendrissant(e)

**appear** [ə'pɪəʳ] *vi* apparaître, se montrer; (*Law*) comparaître; (*publication*) paraître, sortir, être publié(e); (*seem*) paraître, sembler; **it would ~ that** il semble que; **to ~ in Hamlet** jouer dans Hamlet; **to ~ on TV** passer à la télé

**appearance** [ə'pɪərəns] *n* apparition *f*; parution *f*; (*look, aspect*) apparence *f*, aspect *m*; **to put in** *or* **make an ~** faire acte de présence; (*Theat*): **by order of ~** par ordre d'entrée en scène; **to keep up ~s** sauver les apparences; **to all ~s** selon toute apparence

**appease** [ə'piːz] *vt* apaiser, calmer

**appendices** [ə'pɛndɪsiːz] *npl of* **appendix**

**appendicitis** [əpɛndɪ'saɪtɪs] *n* appendicite *f*

**appendix** (*pl* **appendices**) [ə'pɛndɪks, -siːz] *n* appendice *m*; **to have one's ~ out** se faire opérer de l'appendicite

**appetite** ['æpɪtaɪt] *n* appétit *m*; **that walk has given me an ~** cette promenade m'a ouvert l'appétit

**appetizer** ['æpɪtaɪzəʳ] *n* (*food*) amuse-gueule *m*; (*drink*) apéritif *m*

**applaud** [ə'plɔːd] *vt, vi* applaudir

**applause** [ə'plɔːz] *n* applaudissements *mpl*

**apple** ['æpl] *n* pomme *f*; (*also*: **~ tree**) pommier *m*; **it's the ~ of my eye** j'y tiens comme à la prunelle de mes yeux

**apple pie** *n* tarte *f* aux pommes

**appliance** [ə'plaɪəns] *n* appareil *m*; **electrical ~s** l'électroménager *m*

**applicable** [ə'plɪkəbl] *adj* applicable; **the law is ~ from January** la loi entre en vigueur au mois de janvier; **to be ~ to** (*relevant*) valoir pour

**applicant** ['æplɪkənt] *n*: **~ (for)** (*Admin: for benefit etc*) demandeur(-euse) (de); (*for post*) candidat(e) (à)

**application** [æplɪ'keɪʃən] *n* application *f*; (*for a job, a grant etc*) demande *f*; candidature *f*;

(*Comput*) application *f*, (logiciel *m*) applicatif *m*;
**on ~** sur demande
**application form** *n* formulaire *m* de
demande
**applied** [ə'plaɪd] *adj* appliqué(e); **~ arts** *npl*
arts décoratifs
**apply** [ə'plaɪ] *vt*: **to ~ (to)** (*paint, ointment*)
appliquer (sur); (*law, etc*) appliquer (à) ▷ *vi*:
**to ~ to** (*ask*) s'adresser à; (*be suitable for, relevant
to*) s'appliquer à, être valable pour; **to ~ (for)**
(*permit, grant*) faire une demande (en vue
d'obtenir); (*job*) poser sa candidature (pour),
faire une demande d'emploi (concernant);
**to ~ the brakes** actionner les freins, freiner;
**to ~ o.s. to** s'appliquer à
**appoint** [ə'pɔɪnt] *vt* (*to post*) nommer,
engager; (*date, place*) fixer, désigner
**appointment** [ə'pɔɪntmənt] *n* (*to post*)
nomination *f*; (*job*) poste *m*; (*arrangement to
meet*) rendez-vous *m*; **to have an ~** avoir un
rendez-vous; **to make an ~ (with)** prendre
rendez-vous (avec); **I'd like to make an ~** je
voudrais prendre rendez-vous; **"~s (vacant)"**
(*Press*) "offres d'emploi"; **by ~** sur rendez-vous
**appraisal** [ə'preɪzl] *n* évaluation *f*
**appreciate** [ə'priːʃɪeɪt] *vt* (*like*) apprécier,
faire cas de; (*be grateful for*) être
reconnaissant(e) de; (*assess*) évaluer; (*be
aware of*) comprendre, se rendre compte de
▷ *vi* (*Finance*) prendre de la valeur; **I ~ your
help** je vous remercie pour votre aide
**appreciation** [əpriːʃɪ'eɪʃən] *n* appréciation *f*;
(*gratitude*) reconnaissance *f*; (*Finance*) hausse
*f*, valorisation *f*
**appreciative** [ə'priːʃɪətɪv] *adj* (*person*)
sensible; (*comment*) élogieux(-euse)
**apprehension** [æprɪ'hɛnʃən] *n*
appréhension *f*, inquiétude *f*
**apprehensive** [æprɪ'hɛnsɪv] *adj*
inquiet(-ète), appréhensif(-ive)
**apprentice** [ə'prɛntɪs] *n* apprenti *m* ▷ *vt*: **to
be ~d to** être en apprentissage chez
**apprenticeship** [ə'prɛntɪsʃɪp] *n*
apprentissage *m*; **to serve one's ~** faire son
apprentissage
**approach** [ə'prəʊtʃ] *vi* approcher ▷ *vt* (*come
near*) approcher de; (*ask, apply to*) s'adresser à;
(*subject, passer-by*) aborder ▷ *n* approche *f*;
accès *m*, abord *m*; démarche *f* (*auprès de qn*);
(*intellectual*) démarche *f*; **to ~ sb about sth**
aller *or* venir voir qn pour qch
**approachable** [ə'prəʊtʃəbl] *adj* accessible
**appropriate** *adj* [ə'prəʊprɪɪt] (*tool etc*) qui
convient, approprié(e); (*moment, remark*)
opportun(e) ▷ *vt* [ə'prəʊprɪeɪt] (*take*)
s'approprier; (*allot*): **to ~ sth for** affecter qch
à; **~ for** *or* **to** approprié à; **it would not be ~
for me to comment** il ne me serait pas
approprié de commenter
**approval** [ə'pruːvəl] *n* approbation *f*; **to
meet with sb's ~** (*proposal etc*) recueillir
l'assentiment de qn; **on ~** (*Comm*) à l'examen

**approve** [ə'pruːv] *vt* approuver; **approve of**
*vt fus* (*thing*) approuver; (*person*): **they don't ~
of her** ils n'ont pas bonne opinion d'elle
**approximate** [ə'prɔksɪmɪt] *adj*
approximatif(-ive) ▷ *vt* [ə'prɔksɪmeɪt] se
rapprocher de; être proche de
**approximately** [ə'prɔksɪmətlɪ] *adv*
approximativement
**Apr.** *abbr* = **April**
**apricot** ['eɪprɪkɔt] *n* abricot *m*
**April** ['eɪprəl] *n* avril *m*; **~ fool!** poisson
d'avril!; *see also* **July**
**April Fools' Day** *n* le premier avril; *voir article*

● **APRIL FOOLS' DAY**
●
● *April Fools' Day* est le 1er avril, à l'occasion
● duquel on fait des farces de toutes sortes.
● Les victimes de ces farces sont les "April
● fools". Traditionnellement, on n'est
● censé faire des farces que jusqu'à midi.

**apron** ['eɪprən] *n* tablier *m*; (*Aviat*) aire *f* de
stationnement
**apt** [æpt] *adj* (*suitable*) approprié(e); (*able*): **~
(at)** doué(e) (pour); apte (à); (*likely*): **~ to do**
susceptible de faire; ayant tendance à faire
**aquarium** [ə'kwɛərɪəm] *n* aquarium *m*
**Aquarius** [ə'kwɛərɪəs] *n* le Verseau; **to be ~**
être du Verseau
**Arab** ['ærəb] *n* Arabe *m/f* ▷ *adj* arabe
**Arabia** [ə'reɪbɪə] *n* Arabie *f*
**Arabian** [ə'reɪbɪən] *adj* arabe
**Arabic** ['ærəbɪk] *adj, n* arabe (*m*)
**arbitrary** ['ɑːbɪtrərɪ] *adj* arbitraire
**arbitration** [ɑːbɪ'treɪʃən] *n* arbitrage *m*; **the
dispute went to ~** le litige a été soumis à
arbitrage
**arc** [ɑːk] *n* arc *m*
**arcade** [ɑː'keɪd] *n* arcade *f*; (*passage with shops*)
passage *m*, galerie *f*; (*with games*) salle *f* de jeu
**arch** [ɑːtʃ] *n* arche *f*; (*of foot*) cambrure *f*, voûte
*f* plantaire ▷ *vt* arquer, cambrer ▷ *adj*
malicieux(-euse) ▷ *prefix*: **~(-)** achevé(e); par
excellence; **pointed ~** ogive *f*
**archaeologist** [ɑːkɪ'ɔlədʒɪst] *n*
archéologue *m/f*
**archaeology**, (US) **archeology** [ɑːkɪ'ɔlədʒɪ]
*n* archéologie *f*
**archbishop** [ɑːtʃ'bɪʃəp] *n* archevêque *m*
**archeology** [ɑːkɪ'ɔlədʒɪ] (US) *n* = **archaeology**
**archery** ['ɑːtʃərɪ] *n* tir *m* à l'arc
**architect** ['ɑːkɪtɛkt] *n* architecte *m*
**architectural** [ɑːkɪ'tɛktʃərəl] *adj*
architectural(e)
**architecture** ['ɑːkɪtɛktʃəʳ] *n* architecture *f*
**archive** ['ɑːkaɪv] *n* (*often pl*) archives *fpl*
**archives** ['ɑːkaɪvz] *npl* archives *fpl*
**Arctic** ['ɑːktɪk] *adj* arctique ▷ *n*: **the ~**
l'Arctique *m*
**ardent** ['ɑːdənt] *adj* fervent(e)
**are** [ɑːʳ] *vb see* **be**

**area** ['ɛərɪə] n (Geom) superficie f; (zone) région f; (: smaller) secteur m; (in room) coin m; (knowledge, research) domaine m; **the London ~** la région Londonienne

**area code** n (Tel) indicatif m de zone

**arena** [ə'ri:nə] n arène f

**aren't** [ɑ:nt] = **are not**

**Argentina** [ɑ:dʒən'ti:nə] n Argentine f

**Argentinian** [ɑ:dʒən'tɪnɪən] adj argentin(e) ▷ n Argentin(e)

**arguably** ['ɑ:gjuəblɪ] adv: **it is ~ ...** on peut soutenir que c'est ...

**argue** ['ɑ:gju:] vi (quarrel) se disputer; (reason) argumenter ▷ vt (debate: case, matter) débattre; **to ~ about sth (with sb)** se disputer (avec qn) au sujet de qch; **to ~ that** objecter or alléguer que, donner comme argument que

**argument** ['ɑ:gjumənt] n (quarrel) dispute f, discussion f; (reasons) argument m; (debate) discussion f, controverse f; **~ for/against** argument pour/contre

**argumentative** [ɑ:gju'mentətɪv] adj ergoteur(-euse), raisonneur(-euse)

**Aries** ['ɛərɪz] n le Bélier; **to be ~** être du Bélier

**arise** (pt **arose**, pp **arisen**) [ə'raɪz, ə'rəuz, ə'rɪzn] vi survenir, se présenter; **to ~ from** résulter de; **should the need ~** en cas de besoin

**aristocrat** ['ærɪstəkræt] n aristocrate m/f

**arithmetic** [ə'rɪθmətɪk] n arithmétique f

**ark** [ɑ:k] n: **Noah's A~** l'Arche f de Noé

**arm** [ɑ:m] n bras m ▷ vt armer; **arms** npl (weapons, Heraldry) armes fpl; **~ in ~** bras dessus bras dessous

**armaments** ['ɑ:məmənts] npl (weapons) armement m

**armchair** ['ɑ:mtʃɛəʳ] n fauteuil m

**armed** [ɑ:md] adj armé(e)

**armed forces** npl: **the ~** les forces armées

**armed robbery** n vol m à main armée

**armour**, (US) **armor** ['ɑ:məʳ] n armure f; (also: **~-plating**) blindage m; (Mil: tanks) blindés mpl

**armoured car**, (US) **armored car** ['ɑ:məd-] n véhicule blindé

**armpit** ['ɑ:mpɪt] n aisselle f

**armrest** ['ɑ:mrɛst] n accoudoir m

**army** ['ɑ:mɪ] n armée f

**A road** n (Brit) ≈ route nationale

**aroma** [ə'rəumə] n arôme m

**aromatherapy** [ərəumə'θɛrəpɪ] n aromathérapie f

**arose** [ə'rəuz] pt of **arise**

**around** [ə'raund] adv (tout) autour; (nearby) dans les parages ▷ prep autour de; (near) près de; (fig: about) environ; (: date, time) vers; **is he ~?** est-il dans les parages or là?

**arouse** [ə'rauz] vt (sleeper) éveiller; (curiosity, passions) éveiller, susciter; (anger) exciter

**arrange** [ə'reɪndʒ] vt arranger; (programme) arrêter, convenir de ▷ vi: **we have ~d for a car to pick you up** nous avons prévu qu'une voiture vienne vous prendre; **it was ~d that ...** il a été convenu que ..., il a été décidé que ...; **to ~ to do sth** prévoir de faire qch

**arrangement** [ə'reɪndʒmənt] n arrangement m; **to come to an ~ (with sb)** se mettre d'accord (avec qn); **home deliveries by ~** livraison à domicile sur demande; **arrangements** npl (plans etc) arrangements mpl, dispositions fpl; **I'll make ~s for you to be met** je vous enverrai chercher

**array** [ə'reɪ] n (of objects) déploiement m, étalage m; (Math, Comput) tableau m

**arrears** [ə'rɪəz] npl arriéré m; **to be in ~ with one's rent** devoir un arriéré de loyer, être en retard pour le paiement de son loyer

**arrest** [ə'rɛst] vt arrêter; (sb's attention) retenir, attirer ▷ n arrestation f; **under ~** en état d'arrestation

**arrival** [ə'raɪvl] n arrivée f; (Comm) arrivage m; (person) arrivant(e); **new ~** nouveau venu/ nouvelle venue; (baby) nouveau-né(e)

**arrive** [ə'raɪv] vi arriver; **arrive at** vt fus (decision, solution) parvenir à

**arrogance** ['ærəgəns] n arrogance f

**arrogant** ['ærəgənt] adj arrogant(e)

**arrow** ['ærəu] n flèche f

**arse** [ɑ:s] n (Brit inf!) cul m (!)

**arson** ['ɑ:sn] n incendie criminel

**art** [ɑ:t] n art m; (craft) métier m; **work of ~** œuvre f d'art; **Arts** npl (Scol) les lettres fpl

**art college** n école f des beaux-arts

**artery** ['ɑ:tərɪ] n artère f

**art gallery** n musée m d'art; (saleroom) galerie f de peinture

**arthritis** [ɑ:'θraɪtɪs] n arthrite f

**artichoke** ['ɑ:tɪtʃəuk] n artichaut m; **Jerusalem ~** topinambour m

**article** ['ɑ:tɪkl] n article m; (Brit Law: training): **articles** npl ≈ stage m; **~s of clothing** vêtements mpl

**articulate** adj [ɑ:'tɪkjulɪt] (person) qui s'exprime clairement et aisément; (speech) bien articulé(e), prononcé(e) clairement ▷ vi [ɑ:'tɪkjuleɪt] articuler, parler distinctement ▷ vt articuler

**articulated lorry** [ɑ:'tɪkjuleɪtɪd-] n (Brit) (camion m) semi-remorque m

**artificial** [ɑ:tɪ'fɪʃəl] adj artificiel(le)

**artificial respiration** n respiration artificielle

**artist** ['ɑ:tɪst] n artiste m/f

**artistic** [ɑ:'tɪstɪk] adj artistique

**artistry** ['ɑ:tɪstrɪ] n art m, talent m

**art school** n ≈ école f des beaux-arts

 **KEYWORD**

**as** [æz] conj 1 (time: moment) comme, alors que; à mesure que; (: duration) tandis que; **he came in as I was leaving** il est arrivé comme je partais; **as the years went by** à mesure

que les années passaient; **as from tomorrow** à partir de demain
**2** (*since, because*) comme, puisque; **he left early as he had to be home by 10** comme il *or* puisqu'il devait être de retour avant 10h, il est parti de bonne heure
**3** (*referring to manner, way*) comme; **do as you wish** faites comme vous voudrez; **as she said** comme elle disait
▷ *adv* **1** (*in comparisons*): **as big as** aussi grand que; **twice as big as** deux fois plus grand que; **big as it is** si grand que ce soit; **much as I like them, I …** je les aime bien, mais je …; **as much** *or* **many as** autant que; **as much money/many books as** autant d'argent/de livres que; **as soon as** dès que
**2** (*concerning*): **as for** *or* **to that** quant à cela, pour ce qui est de cela
**3**: **as if** *or* **though** comme si; **he looked as if he was ill** il avait l'air d'être malade; *see also* **long; such; well**
▷ *prep* (*in the capacity of*) en tant que, en qualité de; **he works as a driver** il travaille comme chauffeur; **as chairman of the company, he …** en tant que président de la société, il …; **dressed up as a cowboy** déguisé en cowboy; **he gave me it as a present** il me l'a offert, il m'en a fait cadeau

**a.s.a.p.** *abbr* = **as soon as possible**
**asbestos** [æz'bɛstəs] *n* asbeste *m*, amiante *m*
**ascend** [ə'sɛnd] *vt* gravir
**ascent** [ə'sɛnt] *n* (*climb*) ascension *f*
**ascertain** [æsə'teɪn] *vt* s'assurer de, vérifier; établir
**ash** [æʃ] *n* (*dust*) cendre *f*; (*also: ~ tree*) frêne *m*
**ashamed** [ə'ʃeɪmd] *adj* honteux(-euse), confus(e); **to be ~ of** avoir honte de; **to be ~ (of o.s.) for having done** avoir honte d'avoir fait
**ashore** [ə'ʃɔːr] *adv* à terre; **to go ~** aller à terre, débarquer
**ashtray** [ˈæʃtreɪ] *n* cendrier *m*
**Ash Wednesday** *n* mercredi *m* des Cendres
**Asia** [ˈeɪʃə] *n* Asie *f*
**Asian** [ˈeɪʃn] *n* (*from Asia*) Asiatique *m/f*; (*Brit: from Indian subcontinent*) Indo-Pakistanais(-e) ▷ *adj* asiatique; indo-pakistanais(-e)
**aside** [ə'saɪd] *adv* de côté; à l'écart ▷ *n* aparté *m*; **~ from** *prep* à part, excepté
**ask** [ɑːsk] *vt* demander; (*invite*) inviter; **to ~ sb sth/to do sth** demander à qn qch/de faire qch; **to ~ sb the time** demander l'heure à qn; **to ~ sb about sth** questionner qn au sujet de qch; se renseigner auprès de qn au sujet de qch; **to ~ about the price** s'informer du prix, se renseigner au sujet du prix; **to ~ (sb) a question** poser une question (à qn); **to ~ sb out to dinner** inviter qn au restaurant; **ask after** *vt fus* demander des nouvelles de; **ask for** *vt fus* demander; **it's just ~ing for trouble** *or* **for it** ce serait chercher les ennuis

**asking price** [ˈɑːskɪŋ-] *n* prix demandé
**asleep** [ə'sliːp] *adj* endormi(e); **to be ~** dormir, être endormi; **to fall ~** s'endormir
**AS level** *n abbr* (= *Advanced Subsidiary level*) première partie de l'examen équivalent au baccalauréat
**asparagus** [əs'pærəgəs] *n* asperges *fpl*
**aspect** [ˈæspɛkt] *n* aspect *m*; (*direction in which a building etc faces*) orientation *f*, exposition *f*
**aspire** [əs'paɪər] *vi*: **to ~ to** aspirer à
**aspirin** [ˈæsprɪn] *n* aspirine *f*
**ass** [æs] *n* âne *m*; (*inf*) imbécile *m/f*; (*US inf!*) cul *m* (!)
**assailant** [ə'seɪlənt] *n* agresseur *m*; assaillant *m*
**assassin** [ə'sæsɪn] *n* assassin *m*
**assassinate** [ə'sæsɪneɪt] *vt* assassiner
**assassination** [əsæsɪ'neɪʃən] *n* assassinat *m*
**assault** [ə'sɔːlt] *n* (*Mil*) assaut *m*; (*gen: attack*) agression *f*; (*Law*): **~ (and battery)** voies *fpl* de fait, coups *mpl* et blessures *fpl* ▷ *vt* attaquer; (*sexually*) violenter
**assemble** [ə'sɛmbl] *vt* assembler ▷ *vi* s'assembler, se rassembler
**assembly** [ə'sɛmblɪ] *n* (*meeting*) rassemblement *m*; (*parliament*) assemblée *f*; (*construction*) assemblage *m*
**assembly line** *n* chaîne *f* de montage
**assent** [ə'sɛnt] *n* assentiment *m*, consentement *m* ▷ *vi*: **to ~ (to sth)** donner son assentiment (à qch), consentir (à qch)
**assert** [ə'səːt] *vt* affirmer, déclarer; établir; (*authority*) faire valoir; (*innocence*) protester de; **to ~ o.s.** s'imposer
**assertion** [ə'səːʃən] *n* assertion *f*, affirmation *f*
**assess** [ə'sɛs] *vt* évaluer, estimer; (*tax, damages*) établir *or* fixer le montant de; (*property etc: for tax*) calculer la valeur imposable de; (*person*) juger la valeur de
**assessment** [ə'sɛsmənt] *n* évaluation *f*, estimation *f*; (*of tax*) fixation *f*; (*of property*) calcul *m* de la valeur imposable; (*judgment*): **~ (of)** jugement *m* or opinion *f* (sur)
**assessor** [ə'sɛsər] *n* expert *m* (*en matière d'impôt et d'assurance*)
**asset** [ˈæsɛt] *n* avantage *m*, atout *m*; (*person*) atout; **assets** *npl* (*Comm*) capital *m*; avoir(s) *m(pl)*; actif *m*
**assign** [ə'saɪn] *vt* (*date*) fixer, arrêter; **to ~ sth to** (*task*) assigner qch à; (*resources*) affecter qch à; (*cause, meaning*) attribuer qch à
**assignment** [ə'saɪnmənt] *n* (*task*) mission *f*; (*homework*) devoir *m*
**assist** [ə'sɪst] *vt* aider, assister; (*injured person etc*) secourir
**assistance** [ə'sɪstəns] *n* aide *f*, assistance *f*; secours *mpl*
**assistant** [ə'sɪstənt] *n* assistant(e), adjoint(e); (*Brit: also: shop ~*) vendeur(-euse)
**associate** [*adj, n* ə'səʊʃɪɪt, *vb* ə'səʊʃɪeɪt] *adj, n* associé(e) ▷ *vt* associer ▷ *vi*: **to ~ with sb**

fréquenter qn; **~ director** directeur adjoint;
**~d company** société affiliée

**association** [əsəusɪ'eɪʃən] n association f; **in
~ with** en collaboration avec

**assorted** [ə'sɔːtɪd] adj assorti(e); **in ~ sizes** en
plusieurs tailles

**assortment** [ə'sɔːtmənt] n assortiment m;
(of people) mélange m

**assume** [ə'sjuːm] vt supposer; (responsibilities
etc) assumer; (attitude, name) prendre, adopter

**assumption** [ə'sʌmpʃən] n supposition f,
hypothèse f; (of power) assomption f, prise f;
**on the ~ that** dans l'hypothèse où; (on
condition that) à condition que

**assurance** [ə'ʃuərəns] n assurance f; **I can
give you no ~s** je ne peux rien vous garantir

**assure** [ə'ʃuəʳ] vt assurer

**asterisk** ['æstərɪsk] n astérisque m

**asthma** ['æsmə] n asthme m

**astonish** [ə'stɒnɪʃ] vt étonner, stupéfier

**astonished** [ə'stɒnɪʃd] adj étonné(e); **to be ~
at** être étonné(e) de

**astonishing** [ə'stɒnɪʃɪŋ] adj étonnant(e),
stupéfiant(e); **I find it ~ that ...** je trouve
incroyable que ...+ sub

**astonishment** [ə'stɒnɪʃmənt] n (grand)
étonnement m, stupéfaction f

**astound** [ə'staund] vt stupéfier, sidérer

**astray** [ə'streɪ] adv: **to go ~** s'égarer; (fig)
quitter le droit chemin; **to lead ~** (morally)
détourner du droit chemin; **to go ~ in one's
calculations** faire fausse route dans ses
calculs

**astride** [ə'straɪd] adv à cheval ▷ prep à cheval
sur

**astrology** [əs'trɒlədʒɪ] n astrologie f

**astronaut** ['æstrənɔːt] n astronaute m/f

**astronomer** [əs'trɒnəməʳ] n astronome m

**astronomical** [æstrə'nɒmɪkl] adj
astronomique

**astronomy** [əs'trɒnəmɪ] n astronomie f

**astute** [əs'tjuːt] adj astucieux(-euse),
malin(-igne)

**asylum** [ə'saɪləm] n asile m; **to seek
political ~** demander l'asile politique

**asylum seeker** [-siːkəʳ] n demandeur(-euse)
d'asile

KEYWORD

**at** [æt] prep **1** (referring to position, direction) à; **at
the top** au sommet; **at home/school** à la
maison ou chez soi/à l'école; **at the baker's**
à la boulangerie, chez le boulanger; **to look
at sth** regarder qch

**2** (referring to time): **at 4 o'clock** à 4 heures; **at
Christmas** à Noël; **at night** la nuit; **at times**
par moments, parfois

**3** (referring to rates, speed etc) à; **at £1 a kilo** une
livre le kilo; **two at a time** deux à la fois;
**at 50 km/h** à 50 km/h; **at full speed** à toute
vitesse

**4** (referring to manner): **at a stroke** d'un seul
coup; **at peace** en paix

**5** (referring to activity): **to be at work** (in the office
etc) être au travail; (working) travailler; **to
play at cowboys** jouer aux cowboys; **to be
good at sth** être bon en qch

**6** (referring to cause): **shocked/surprised/
annoyed at sth** choqué par/étonné de/agacé
par qch; **I went at his suggestion** j'y suis
allé sur son conseil

**7** (@ symbol) arobase f

**ate** [eɪt] pt of **eat**

**atheist** ['eɪθɪɪst] n athée m/f

**Athens** ['æθɪnz] n Athènes

**athlete** ['æθliːt] n athlète m/f

**athletic** [æθ'letɪk] adj athlétique

**athletics** [æθ'letɪks] n athlétisme m

**Atlantic** [ət'læntɪk] adj atlantique ▷ n: **the ~
(Ocean)** l'(océan m) Atlantique m

**atlas** ['ætləs] n atlas m

**A.T.M.** n abbr (= Automated Telling Machine)
guichet m automatique

**atmosphere** ['ætməsfɪəʳ] n (air) atmosphère
f; (fig: of place etc) atmosphère, ambiance f

**atom** ['ætəm] n atome m

**atom bomb** n bombe f atomique

**atomic** [ə'tɒmɪk] adj atomique

**atomic bomb** n bombe f atomique

**atomizer** ['ætəmaɪzəʳ] n atomiseur m

**atone** [ə'təun] vi: **to ~ for** expier, racheter

**atrocious** [ə'trəuʃəs] adj (very bad) atroce,
exécrable

**atrocity** [ə'trɒsɪtɪ] n atrocité f

**attach** [ə'tætʃ] vt (gen) attacher; (document,
letter) joindre; (employee, troops) affecter; **to be
~ed to sb/sth** (to like) être attaché à qn/qch;
**to ~ a file to an email** joindre un fichier à
un e-mail; **the ~ed letter** la lettre ci-jointe

**attaché case** [ə'tæʃeɪ-] n mallette f, attaché-
case m

**attachment** [ə'tætʃmənt] n (tool) accessoire m;
(Comput) fichier m joint; (love): **~ (to)** affection
f (pour), attachement m (à)

**attack** [ə'tæk] vt attaquer; (task etc) s'attaquer
à ▷ n attaque f; **heart ~** crise f cardiaque

**attacker** [ə'tækəʳ] n attaquant m; agresseur m

**attain** [ə'teɪn] vt (also: **to ~ to**) parvenir à,
atteindre; (knowledge) acquérir

**attempt** [ə'tempt] n tentative f ▷ vt essayer,
tenter; **~ed theft** etc (Law) tentative de vol etc;
**to make an ~ on sb's life** attenter à la vie de
qn; **he made no ~ to help** il n'a rien fait pour
m'aider or l'aider etc

**attempted** [ə'temptɪd] adj: **~ murder/
suicide** tentative f de meurtre/suicide

**attend** [ə'tend] vt (course) suivre; (meeting,
talk) assister à; (school, church) aller à,
fréquenter; (patient) soigner, s'occuper de; **to
~ (up)on** servir; être au service de; **attend to**
vt fus (needs, affairs etc) s'occuper de; (customer)
s'occuper de, servir

**attendance** [əˈtɛndəns] *n* (being present) présence *f*; (people present) assistance *f*

**attendant** [əˈtɛndənt] *n* employé(e); gardien(ne) ▷ *adj* concomitant(e), qui accompagne *or* s'ensuit

**attention** [əˈtɛnʃən] *n* attention *f*; **attentions** attentions *fpl*, prévenances *fpl* ▷ *excl* (Mil) garde-à-vous!; **at ~** (Mil) au garde-à-vous; **for the ~ of** (Admin) à l'attention de; **it has come to my ~ that …** je constate que …

**attentive** [əˈtɛntɪv] *adj* attentif(-ive); (kind) prévenant(e)

**attest** [əˈtɛst] *vi*: **to ~ to** témoigner de attester (de)

**attic** [ˈætɪk] *n* grenier *m*, combles *mpl*

**attitude** [ˈætɪtjuːd] *n* (behaviour) attitude *f*, manière *f*; (posture) pose *f*, attitude; (view): **~ (to)** attitude (envers)

**attorney** [əˈtəːnɪ] *n* (US: lawyer) avocat *m*; (having proxy) mandataire *m*; **power of ~** procuration *f*

**Attorney General** *n* (Brit) ≈ procureur général; (US) ≈ garde *m* des Sceaux, ministre *m* de la Justice

**attract** [əˈtrækt] *vt* attirer

**attraction** [əˈtrækʃən] *n* (gen pl: pleasant things) attraction *f*, attrait *m*; (Physics) attraction; (fig: towards sb, sth) attirance *f*

**attractive** [əˈtræktɪv] *adj* séduisant(e), attrayant(e)

**attribute** [ˈætrɪbjuːt] *n* attribut *m* ▷ *vt* [əˈtrɪbjuːt]: **to ~ sth to** attribuer qch à

**attrition** [əˈtrɪʃən] *n*: **war of ~** guerre *f* d'usure

**aubergine** [ˈəubəʒiːn] *n* aubergine *f*

**auburn** [ˈɔːbən] *adj* auburn *inv*, châtain roux *inv*

**auction** [ˈɔːkʃən] *n* (also: **sale by ~**) vente *f* aux enchères ▷ *vt* (also: **to sell by ~**) vendre aux enchères; (also: **to put up for ~**) mettre aux enchères

**auctioneer** [ɔːkʃəˈnɪər] *n* commissaire-priseur *m*

**audible** [ˈɔːdɪbl] *adj* audible

**audience** [ˈɔːdɪəns] *n* (people) assistance *f*, public *m*; (on radio) auditeurs *mpl*; (at theatre) spectateurs *mpl*; (interview) audience *f*

**audiovisual** [ɔːdɪəuˈvɪzjuəl] *adj* audio-visuel(le); **~ aids** supports *or* moyens audiovisuels

**audit** [ˈɔːdɪt] *n* vérification *f* des comptes, apurement *m* ▷ *vt* vérifier, apurer

**audition** [ɔːˈdɪʃən] *n* audition *f* ▷ *vi* auditionner

**auditor** [ˈɔːdɪtər] *n* vérificateur *m* des comptes

**auditorium** [ɔːdɪˈtɔːrɪəm] *n* auditorium *m*, salle *f* de concert *or* de spectacle

**Aug.** *abbr* = **August**

**augur** [ˈɔːgər] *vt* (be a sign of) présager, annoncer ▷ *vi*: **it ~s well** c'est bon signe *or* de

bon augure, cela s'annonce bien

**August** [ˈɔːgəst] *n* août *m*; see also **July**

**august** [ɔːˈgʌst] *adj* majestueux(-euse), imposant(e)

**aunt** [ɑːnt] *n* tante *f*

**auntie, aunty** [ˈɑːntɪ] *n* diminutive of **aunt**

**au pair** [ˈəuˈpɛər] *n* (also: **~ girl**) jeune fille *f* au pair

**aura** [ˈɔːrə] *n* atmosphère *f*; (of person) aura *f*

**auspicious** [ɔːsˈpɪʃəs] *adj* de bon augure, propice

**austerity** [ɔsˈtɛrɪtɪ] *n* austérité *f*

**Australia** [ɔsˈtreɪlɪə] *n* Australie *f*

**Australian** [ɔsˈtreɪlɪən] *adj* australien(ne) ▷ *n* Australien(ne)

**Austria** [ˈɔstrɪə] *n* Autriche *f*

**Austrian** [ˈɔstrɪən] *adj* autrichien(ne) ▷ *n* Autrichien(ne)

**authentic** [ɔːˈθɛntɪk] *adj* authentique

**author** [ˈɔːθər] *n* auteur *m*

**authoritarian** [ɔːθɔrɪˈtɛərɪən] *adj* autoritaire

**authoritative** [ɔːˈθɔrɪtətɪv] *adj* (account) digne de foi; (study, treatise) qui fait autorité; (manner) autoritaire

**authority** [ɔːˈθɔrɪtɪ] *n* autorité *f*; (permission) autorisation (formelle); **the authorities** les autorités *fpl*, l'administration *f*; **to have ~ to do sth** être habilité à faire qch

**authorize** [ˈɔːθəraɪz] *vt* autoriser

**auto** [ˈɔːtəu] *n* (US) auto *f*, voiture *f*

**autobiography** [ɔːtəbaɪˈɔgrəfɪ] *n* autobiographie *f*

**autograph** [ˈɔːtəgrɑːf] *n* autographe *m* ▷ *vt* signer, dédicacer

**automated** [ˈɔːtəmeɪtɪd] *adj* automatisé(e)

**automatic** [ɔːtəˈmætɪk] *adj* automatique ▷ *n* (gun) automatique *m*; (washing machine) lave-linge *m* automatique; (car) voiture *f* à transmission automatique

**automatically** [ɔːtəˈmætɪklɪ] *adv* automatiquement

**automation** [ɔːtəˈmeɪʃən] *n* automatisation *f*

**automobile** [ˈɔːtəməbiːl] *n* (US) automobile *f*

**autonomous** [ɔːˈtɔnəməs] *adj* autonome

**autonomy** [ɔːˈtɔnəmɪ] *n* autonomie *f*

**autumn** [ˈɔːtəm] *n* automne *m*

**auxiliary** [ɔːgˈzɪlɪərɪ] *adj*, *n* auxiliaire (*m/f*)

**avail** [əˈveɪl] *vt*: **to ~ o.s. of** user de; profiter de ▷ *n*: **to no ~** sans résultat, en vain, en pure perte

**availability** [əveɪləˈbɪlɪtɪ] *n* disponibilité *f*

**available** [əˈveɪləbl] *adj* disponible; **every ~ means** tous les moyens possibles *or* à sa (*or* notre *etc*) disposition; **is the manager ~?** est-ce que le directeur peut (me) recevoir?; (on phone) pourrais-je parler au directeur?; **to make sth ~ to sb** mettre qch à la disposition de qn

**avalanche** [ˈævəlɑːnʃ] *n* avalanche *f*

**Ave.** *abbr* = **avenue**

**avenge** [əˈvɛndʒ] *vt* venger

**avenue** [ˈævənjuː] *n* avenue *f*; (fig) moyen *m*

**average** ['ævərɪdʒ] n moyenne f ▷ adj moyen(ne) ▷ vt (a certain figure) atteindre or faire etc en moyenne; **on ~** en moyenne; **above/below (the) ~** au-dessus/en-dessous de la moyenne; **average out** vi: **to ~ out at** représenter en moyenne, donner une moyenne de

**averse** [ə'vɜːs] adj: **to be ~ to sth/doing** éprouver une forte répugnance envers qch/à faire; **I wouldn't be ~ to a drink** un petit verre ne serait pas de refus, je ne dirais pas non à un petit verre

**avert** [ə'vɜːt] vt (danger) prévenir, écarter; (one's eyes) détourner

**aviary** ['eɪvɪərɪ] n volière f

**avid** ['ævɪd] adj avide

**avocado** [ævə'kɑːdəʊ] n (Brit: also: **~ pear**) avocat m

**avoid** [ə'vɔɪd] vt éviter

**await** [ə'weɪt] vt attendre; **~ing attention/ delivery** (Comm) en souffrance; **long ~ed** tant attendu(e)

**awake** [ə'weɪk] (pt **awoke** [ə'wəʊk] (pp **awoken** [ə'wəʊkən] adj éveillé(e); (fig) en éveil ▷ vt éveiller ▷ vi s'éveiller; **~ to** conscient de; **to be ~** être réveillé(e); **he was still ~** il ne dormait pas encore

**awakening** [ə'weɪknɪŋ] n réveil m

**award** [ə'wɔːd] n (for bravery) récompense f; (prize) prix m; (Law: damages) dommages-intérêts mpl ▷ vt (prize) décerner; (Law: damages) accorder

**aware** [ə'wɛəʳ] adj: **~ of** (conscious) conscient(e) de; (informed) au courant de; **to become ~ of/ that** prendre conscience de/que; se rendre compte de/que; **politically/socially ~** sensibilisé(e) aux or ayant pris conscience des problèmes politiques/sociaux; **I am fully ~ that** je me rends parfaitement compte que

**awareness** [ə'wɛənɪs] n conscience f, connaissance f; **to develop people's ~ (of)** sensibiliser le public (à)

**away** [ə'weɪ] adv (au) loin; (movement): **she went ~** elle est partie ▷ adj (not in, not here) absent(e); **far ~** (au) loin; **two kilometres ~** à (une distance de) deux kilomètres, à deux kilomètres de distance; **two hours ~ by car** à deux heures de voiture or de route; **the holiday was two weeks ~** il restait deux semaines jusqu'aux vacances; **~ from** loin de; **he's ~ for a week** il est parti (pour) une semaine; **he's ~ in Milan** il est (parti) à Milan; **to take sth ~ from sb** prendre qch à qn; **to take sth ~ from sth** (subtract) ôter qch de qch; **to work/pedal ~** travailler/pédaler à cœur joie; **to fade ~** (colour) s'estomper; (sound) s'affaiblir

**away game** n (Sport) match m à l'extérieur

**awe** [ɔː] n respect mêlé de crainte, effroi mêlé d'admiration

**awe-inspiring** ['ɔːɪnspaɪərɪŋ], **awesome** ['ɔːsəm] adj impressionnant(e)

**awesome** ['ɔːsəm] (US) adj (inf: excellent) génial(e)

**awful** ['ɔːfəl] adj affreux(-euse); **an ~ lot of** énormément de

**awfully** ['ɔːfəlɪ] adv (very) terriblement, vraiment

**awkward** ['ɔːkwəd] adj (clumsy) gauche, maladroit(e); (inconvenient) peu pratique; (embarrassing) gênant; **I can't talk just now, it's a bit ~** je ne peux pas parler tout de suite, c'est un peu difficile

**awning** ['ɔːnɪŋ] n (of tent) auvent m; (of shop) store m; (of hotel etc) marquise f (de toile)

**awoke** [ə'wəʊk] pt of **awake**

**awoken** [ə'wəʊkən] pp of **awake**

**axe**, (US) **ax** [æks] n hache f ▷ vt (employee) renvoyer; (project etc) abandonner; (jobs) supprimer; **to have an ~ to grind** (fig) prêcher pour son saint

**axes** ['æksiːz] npl of **axis**

**axis** (pl **axes**) ['æksɪs, -siːz] n axe m

**axle** ['æksl] n (also: **~-tree**) essieu m

**ay, aye** [aɪ] excl (yes) oui ▷ n: **the ay(e)s** les oui

**azalea** [ə'zeɪlɪə] n azalée f

**B, b** [biː] n (letter) B, b m; (Scol: mark) B; (Mus): **B** si m; **B for Benjamin**, (US) **B for Baker** B comme Berthe; **B road** n (Brit Aut) route départementale

**B.A.** abbr = **British Academy**; (Scol) = **Bachelor of Arts**

**babble** ['bæbl] vi babiller ▷ n babillage m

**baby** ['beɪbɪ] n bébé m

**baby carriage** n (US) voiture f d'enfant

**baby food** n aliments mpl pour bébé(s)

**baby-sit** ['beɪbɪsɪt] vi garder les enfants

**baby-sitter** ['beɪbɪsɪtər] n baby-sitter m/f

**baby wipe** n lingette f (pour bébé)

**bachelor** ['bætʃələr] n célibataire m; **B~ of Arts/Science (BA/BSc)** ≈ licencié(e) ès or en lettres/sciences; **B~ of Arts/Science degree (BA/BSc)** n ≈ licence f ès or en lettres/ sciences; voir article

**back** [bæk] n (of person, horse) dos m; (of hand) dos, revers m; (of house) derrière m; (of car, train) arrière m; (of chair) dossier m; (of page) verso m; (of crowd): **can the people at the ~ hear me properly?** est-ce que les gens du fond peuvent m'entendre?; (Football) arrière m; **to have one's ~ to the wall** (fig) être au pied du mur; **to break the ~ of a job** (Brit) faire le gros d'un travail; **~ to front** à l'envers ▷ vt (financially) soutenir (financièrement); (candidate: also: **~ up**) soutenir, appuyer; (horse: at races) parier or miser sur; (car) (faire) reculer ▷ vi reculer; (car etc) faire marche arrière ▷ adj (in compounds) de derrière, à l'arrière; **~ seat/ wheel** (Aut) siège m/roue f arrière inv; **~ payments/rent** arriéré m de paiements/ loyer; **~ garden/room** jardin/pièce sur l'arrière; **to take a ~ seat** (fig) se contenter d'un second rôle, être relégué(e) au second plan ▷ adv (not forward) en arrière; (returned): **he's ~** il est rentré, il est de retour; **when will you be ~?** quand seras-tu de retour?; **he ran ~** il est revenu en courant; (restitution): **throw the ball ~** renvoie la balle; **can I have it ~?** puis-je le ravoir?, peux-tu me le rendre?; (again): **he called ~** il a rappelé; **back down** vi rabattre de ses prétentions; **back on to** vt fus: **the house ~s on to the golf course** la maison donne derrière sur le terrain de golf; **back out** vi (of promise) se dédire; **back up** vt (person) soutenir; (Comput) faire une copie de sauvegarde de

**backache** ['bækeɪk] n mal m au dos

**backbencher** [bæk'bentʃər] (Brit) n membre du parlement sans portefeuille

**backbone** ['bækbəun] n colonne vertébrale, épine dorsale; **he's the ~ of the organization** c'est sur lui que repose l'organisation

**backdate** [bæk'deɪt] vt (letter) antidater; **~d pay rise** augmentation f avec effet rétroactif

**back door** n porte f de derrière

**backfire** [bæk'faɪər] vi (Aut) pétarader; (plans) mal tourner

**backgammon** ['bækgæmən] n trictrac m

**background** ['bækgraund] n arrière-plan m; (of events) situation f, conjoncture f; (basic knowledge) éléments mpl de base; (experience) formation f ▷ cpd (noise, music) de fond; **~ reading** lecture(s) générale(s) (sur un sujet); **family ~** milieu familial

**backhand** ['bækhænd] n (Tennis: also: **~ stroke**) revers m

**backhander** [bæk'hændər] n (Brit: bribe) pot-de-vin m

**backing** ['bækɪŋ] n (fig) soutien m, appui m; (Comm) soutien (financier); (Mus) accompagnement m

**backlash** ['bæklæʃ] n contre-coup m, répercussion f

**backlog** ['bæklɔg] n: **~ of work** travail m en retard

**back number** n (of magazine etc) vieux numéro

**backpack** ['bækpæk] n sac m à dos

**backpacker** ['bækpækər] n randonneur(-euse)

**back pain** n mal m de dos

**back pay** n rappel m de salaire

**backside** ['bæksaɪd] n (inf) derrière m, postérieur m

**backslash** ['bækslæʃ] n barre oblique inversée

**backstage** [bæk'steɪdʒ] adv dans les coulisses

**backstroke** ['bækstrəʊk] *n* dos crawlé

**backup** ['bækʌp] *adj* (*train, plane*) supplémentaire, de réserve; (*Comput*) de sauvegarde ▷ *n* (*support*) appui *m*, soutien *m*; (*Comput: also:* ~ **file**) sauvegarde *f*

**backward** ['bækwəd] *adj* (*movement*) en arrière; (*measure*) rétrograde; (*person, country*) arriéré(e), attardé(e); (*shy*) hésitant(e); ~ **and forward movement** mouvement de va-et-vient

**backwards** ['bækwədz] *adv* (*move, go*) en arrière; (*read a list*) à l'envers, à rebours; (*fall*) à la renverse; (*walk*) à reculons; (*in time*) en arrière, vers le passé; **to know sth** ~ *or* (*US*) ~ **and forwards** (*inf*) connaître qch sur le bout des doigts

**backwater** ['bækwɔːtə'] *n* (*fig*) coin reculé; bled perdu

**backyard** [bæk'jɑːd] *n* arrière-cour *f*

**bacon** ['beikən] *n* bacon *m*, lard *m*

**bacteria** [bæk'tɪərɪə] *npl* bactéries *fpl*

**bad** [bæd] *adj* mauvais(e); (*child*) vilain(e); (*mistake, accident*) grave; (*meat, food*) gâté(e), avarié(e); **his** ~ **leg** sa jambe malade; **to go** ~ (*meat, food*) se gâter; **to have a** ~ **time of it** traverser une mauvaise passe; **I feel** ~ **about it** (*guilty*) j'ai un peu mauvaise conscience; ~ **debt** créance douteuse; **in** ~ **faith** de mauvaise foi

**bade** [bæd] *pt of* **bid**

**badge** [bædʒ] *n* insigne *m*; (*of policeman*) plaque *f*; (*stick-on, sew-on*) badge *m*

**badger** ['bædʒə'] *n* blaireau *m* ▷ *vt* harceler

**badly** ['bædlɪ] *adv* (*work, dress etc*) mal; **to reflect** ~ **on sb** donner une mauvaise image de qn; ~ **wounded** grièvement blessé; **he needs it** ~ il en a absolument besoin; **things are going** ~ les choses vont mal; ~ **off** *adj, adv* dans la gêne

**bad-mannered** ['bæd'mænəd] *adj* mal élevé(e)

**badminton** ['bædmɪntən] *n* badminton *m*

**bad-tempered** ['bæd'tempəd] *adj* (*by nature*) ayant mauvais caractère; (*on one occasion*) de mauvaise humeur

**baffle** ['bæfl] *vt* (*puzzle*) déconcerter

**bag** [bæg] *n* sac *m*; (*of hunter*) gibecière *f*, chasse *f* ▷ *vt* (*inf: take*) empocher; s'approprier; (*Tech*) mettre en sacs; ~**s of** (*inf: lots of*) des tas de; **to pack one's** ~**s** faire ses valises *or* bagages; ~**s under the eyes** poches *fpl* sous les yeux

**baggage** ['bægɪdʒ] *n* bagages *mpl*

**baggage allowance** *n* franchise *f* de bagages

**baggage reclaim** *n* (*at airport*) livraison *f* des bagages

**baggy** ['bægɪ] *adj* avachi(e), qui fait des poches

**bagpipes** ['bægpaɪps] *npl* cornemuse *f*

**bail** [beɪl] *n* caution *f* ▷ *vt* (*prisoner: also:*

**grant** ~ **to**) mettre en liberté sous caution; (*boat: also:* ~ **out**) écoper; **to be released on** ~ être libéré(e) sous caution; *see* **bale**; **bail out** *vt* (*prisoner*) payer la caution de

**bailiff** ['beɪlɪf] *n* huissier *m*

**bait** [beɪt] *n* appât *m* ▷ *vt* appâter; (*fig: tease*) tourmenter

**bake** [beɪk] *vt* (faire) cuire au four ▷ *vi* (*bread etc*) cuire (au four); (*make cakes etc*) faire de la pâtisserie

**baked beans** [beɪkt-] *npl* haricots blancs à la sauce tomate

**baked potato** *n* pomme *f* de terre en robe des champs

**baker** ['beɪkə'] *n* boulanger *m*

**bakery** ['beɪkərɪ] *n* boulangerie *f*; boulangerie industrielle

**baking** ['beɪkɪŋ] *n* (*process*) cuisson *f*

**baking powder** *n* levure *f* (chimique)

**balance** ['bæləns] *n* équilibre *m*; (*Comm: sum*) solde *m*; (*remainder*) reste *m*; (*scales*) balance *f* ▷ *vt* mettre *or* faire tenir en équilibre; (*pros and cons*) peser; (*budget*) équilibrer; (*account*) balancer; (*compensate*) compenser, contrebalancer; ~ **of trade/payments** balance commerciale des comptes *or* paiements; ~ **carried forward** solde *m* à reporter; ~ **brought forward** solde reporté; **to** ~ **the books** arrêter les comptes, dresser le bilan

**balanced** ['bælənst] *adj* (*personality, diet*) équilibré(e); (*report*) objectif(-ive)

**balance sheet** *n* bilan *m*

**balcony** ['bælkənɪ] *n* balcon *m*; **do you have a room with a** ~? avez-vous une chambre avec balcon?

**bald** [bɔːld] *adj* chauve; (*tyre*) lisse

**bale** [beɪl] *n* balle *f*, ballot *m*; **bale out** *vi* (*of a plane*) sauter en parachute ▷ *vt* (*Naut: water, boat*) écoper

**ball** [bɔːl] *n* boule *f*; (*football*) ballon *m*; (*for tennis, golf*) balle *f*; (*dance*) bal *m*; **to play** ~ jouer au ballon (*or* à la balle); (*fig*) coopérer; **to be on the** ~ (*fig: competent*) être à la hauteur; (: *alert*) être éveillé(e), être vif/vive; **to start the** ~ **rolling** (*fig*) commencer; **the** ~ **is in their court** (*fig*) la balle est dans leur camp

**ballast** ['bæləst] *n* lest *m*

**ball bearings** *n* roulement *m* à billes

**ballerina** [bælə'riːnə] *n* ballerine *f*

**ballet** ['bæleɪ] *n* ballet *m*; (*art*) danse *f* (classique)

**ballet dancer** *n* danseur(-euse) de ballet

**ballet shoe** *n* chausson *m* de danse

**balloon** [bə'luːn] *n* ballon *m*; (*in comic strip*) bulle *f* ▷ *vi* gonfler

**ballot** ['bælət] *n* scrutin *m*

**ballot paper** *n* bulletin *m* de vote

**ballpoint** ['bɔːlpɔɪnt], **ballpoint pen** *n* stylo *m* à bille

**ballroom** ['bɔːlrum] *n* salle *f* de bal

**Baltic** [ˈbɔːltɪk] *adj, n*: **the ~ (Sea)** la (mer) Baltique

**bamboo** [bæmˈbuː] *n* bambou *m*

**ban** [bæn] *n* interdiction *f* ▷ *vt* interdire; **he was ~ned from driving** (*Brit*) on lui a retiré le permis (de conduire)

**banana** [bəˈnɑːnə] *n* banane *f*

**band** [bænd] *n* bande *f*; (*at a dance*) orchestre *m*; (*Mil*) musique *f*, fanfare *f*; **band together** *vi* se liguer

**bandage** [ˈbændɪdʒ] *n* bandage *m*, pansement *m* ▷ *vt* (*wound, leg*) mettre un pansement *or* un bandage sur; (*person*) mettre un pansement *or* un bandage à

**Band-Aid**® [ˈbændeɪd] *n* (*US*) pansement adhésif

**B. & B.** *n abbr* = **bed and breakfast**

**bandit** [ˈbændɪt] *n* bandit *m*

**bandy-legged** [ˈbændɪˈlegɪd] *adj* aux jambes arquées

**bang** [bæŋ] *n* détonation *f*; (*of door*) claquement *m*; (*blow*) coup (violent) ▷ *vt* frapper (violemment); (*door*) claquer ▷ *vi* détoner; claquer ▷ *adv*: **to be ~ on time** (*Brit inf*) être à l'heure pile; **to ~ at the door** cogner à la porte; **to ~ into sth** se cogner contre qch

**Bangladesh** [bæŋɡləˈdɛʃ] *n* Bangladesh *m*

**Bangladeshi** [bæŋɡləˈdɛʃɪ] *adj* du Bangladesh ▷ *n* habitant(e) du Bangladesh

**bangle** [ˈbæŋɡl] *n* bracelet *m*

**bangs** [bæŋz] *npl* (*US: fringe*) frange *f*

**banish** [ˈbænɪʃ] *vt* bannir

**banister** [ˈbænɪstəʳ] *n*, **banisters** [ˈbænɪstəz] *npl* rampe *f* (d'escalier)

**banjo** (*pl* **banjoes** *or* **banjos**) [ˈbændʒəu] *n* banjo *m*

**bank** [bæŋk] *n* banque *f*; (*of river, lake*) bord *m*, rive *f*; (*of earth*) talus *m*, remblai *m* ▷ *vi* (*Aviat*) virer sur l'aile; (*Comm*): **they ~ with Pitt's** leur banque *or* banquier est Pitt's; **bank on** *vt fus* miser *or* tabler sur

**bank account** *n* compte *m* en banque

**bank balance** *n* solde *m* bancaire

**bank card** (*Brit*) *n* carte *f* d'identité bancaire

**bank charges** *npl* (*Brit*) frais *mpl* de banque

**banker** [ˈbæŋkəʳ] *n* banquier *m*; **~'s card** (*Brit*) carte *f* d'identité bancaire; **~'s order** (*Brit*) ordre *m* de virement

**bank holiday** *n* (*Brit*) jour férié (où les banques sont fermées); *voir article*

● **BANK HOLIDAY**
●
● Le terme *bank holiday* s'applique au
● Royaume-Uni aux jours fériés pendant
● lesquels banques et commerces sont
● fermés. Les principaux *bank holidays* à part
● Noël et Pâques se situent au mois de mai
● et fin août, et contrairement aux pays de
● tradition catholique, ne coïncident pas
● nécessairement avec une fête religieuse.

**banking** [ˈbæŋkɪŋ] *n* opérations *fpl* bancaires; profession *f* de banquier

**bank manager** *n* directeur *m* d'agence (bancaire)

**banknote** [ˈbæŋknəut] *n* billet *m* de banque

**bank rate** *n* taux *m* de l'escompte

**bankrupt** [ˈbæŋkrʌpt] *n* failli(e) ▷ *adj* en faillite; **to go ~** faire faillite

**bankruptcy** [ˈbæŋkrʌptsɪ] *n* faillite *f*

**bank statement** *n* relevé *m* de compte

**banner** [ˈbænəʳ] *n* bannière *f*

**bannister** [ˈbænɪstəʳ] *n*, **bannisters** [ˈbænɪstəz] *npl* = **banister; banisters**

**banquet** [ˈbæŋkwɪt] *n* banquet *m*, festin *m*

**baptism** [ˈbæptɪzəm] *n* baptême *m*

**baptize** [bæpˈtaɪz] *vt* baptiser

**bar** [bɑːʳ] *n* (*pub*) bar *m*; (*counter*) comptoir *m*, bar; (*rod: of metal etc*) barre *f*; (*of window etc*) barreau *m*; (*of chocolate*) tablette *f*, plaque *f*; (*fig: obstacle*) obstacle *m*; (*prohibition*) mesure *f* d'exclusion; (*Mus*) mesure *f* ▷ *vt* (*road*) barrer; (*window*) munir de barreaux; (*person*) exclure; (*activity*) interdire; **~ of soap** savonnette *f*; **behind ~s** (*prisoner*) derrière les barreaux; **the B~** (*Law*) le barreau; **~ none** sans exception

**barbaric** [bɑːˈbærɪk] *adj* barbare

**barbecue** [ˈbɑːbɪkjuː] *n* barbecue *m*

**barbed wire** [ˈbɑːbd-] *n* fil *m* de fer barbelé

**barber** [ˈbɑːbəʳ] *n* coiffeur *m* (pour hommes)

**barber's shop** [ˈbɑːbəz], **barber shop** (*US*) *n* salon *m* de coiffure (pour hommes); **to go to the ~** aller chez le coiffeur

**bar code** *n* code *m* à barres, code-barre *m*

**bare** [bɛəʳ] *adj* nu(e) ▷ *vt* mettre à nu, dénuder; (*teeth*) montrer; **the ~ essentials** le strict nécessaire

**bareback** [ˈbɛəbæk] *adv* à cru, sans selle

**barefaced** [ˈbɛəfeɪst] *adj* impudent(e), effronté(e)

**barefoot** [ˈbɛəfut] *adj, adv* nu-pieds, (les) pieds nus

**barely** [ˈbɛəlɪ] *adv* à peine

**bargain** [ˈbɑːɡɪn] *n* (*transaction*) marché *m*; (*good buy*) affaire *f*, occasion *f* ▷ *vi* (*haggle*) marchander; (*negotiate*) négocier, traiter; **into the ~** par-dessus le marché; **bargain for** *vt fus* (*inf*): **he got more than he ~ed for!** il en a eu pour son argent!

**barge** [bɑːdʒ] *n* péniche *f*; **barge in** *vi* (*walk in*) faire irruption; (*interrupt talk*) intervenir mal à propos; **barge into** *vt fus* rentrer dans

**bark** [bɑːk] *n* (*of tree*) écorce *f*; (*of dog*) aboiement *m* ▷ *vi* aboyer

**barley** [ˈbɑːlɪ] *n* orge *f*

**barley sugar** *n* sucre *m* d'orge

**barmaid** [ˈbɑːmeɪd] *n* serveuse *f* (de bar), barmaid *f*

**barman** [ˈbɑːmən] (*irreg*) *n* serveur *m* (de bar), barman *m*

**bar meal** *n* repas *m* de bistrot; **to go for a ~** aller manger au bistrot

**barn** [bɑːn] *n* grange *f*

**barometer** [bəˈrɒmɪtəʳ] n baromètre m
**baron** [ˈbærən] n baron m; **the press/oil ~s**
les magnats mpl or barons mpl de la presse/du
pétrole
**baroness** [ˈbærənɪs] n baronne f
**barracks** [ˈbærəks] npl caserne f
**barrage** [ˈbærɑːʒ] n (Mil) tir m de barrage;
(dam) barrage m; (of criticism) feu m
**barrel** [ˈbærəl] n tonneau m; (of gun) canon m
**barren** [ˈbærən] adj stérile; (hills) aride
**barrette** [bəˈret] (US) n barrette f
**barricade** [bærɪˈkeɪd] n barricade f ▷ vt
barricader
**barrier** [ˈbærɪəʳ] n barrière f; (Brit: also: **crash
~**) rail m de sécurité
**barring** [ˈbɑːrɪŋ] prep sauf
**barrister** [ˈbærɪstəʳ] n (Brit) avocat (plaidant);
voir article
**barrow** [ˈbærəu] n (cart) charrette f à bras
**bartender** [ˈbɑːtendəʳ] n (US) serveur m (de
bar), barman m
**barter** [ˈbɑːtəʳ] n échange m, troc m ▷ vt: **to ~
sth for** échanger qch contre
**base** [beɪs] n base f ▷ vt (troops): **to be ~d at**
être basé(e) à; (opinion, belief): **to ~ sth on**
baser or fonder qch sur ▷ adj vil(e), bas(se);
**coffee-~d** à base de café; **a Paris-~d firm** une
maison opérant de Paris or dont le siège est à
Paris; **I'm ~d in London** je suis basé(e) à
Londres
**baseball** [ˈbeɪsbɔːl] n base-ball m
**baseball cap** n casquette f de base-ball
**Basel** [ˈbɑːl] n = **Basle**
**basement** [ˈbeɪsmənt] n sous-sol m
**bases** [ˈbeɪsiːz] npl of **basis** [ˈbeɪsɪz] npl of **base**
**bash** [bæʃ] n (inf) frappe, cogner ▷ n: **I'll
have a ~ (at it)** (Brit inf) je vais essayer un
coup; **~ed in** adj enfoncé(e), défoncé(e); **bash
up** vt (inf: car) bousiller; (: Brit: person)
tabasser
**bashful** [ˈbæʃful] adj timide; modeste
**basic** [ˈbeɪsɪk] adj (precautions, rules)
élémentaire; (principles, research)
fondamental(e); (vocabulary, salary) de base;
(minimal) réduit(e) au minimum,
rudimentaire
**basically** [ˈbeɪsɪklɪ] adv (in fact) en fait;
(essentially) fondamentalement
**basics** [ˈbeɪsɪks] npl: **the ~** l'essentiel m
**basil** [ˈbæzl] n basilic m
**basin** [ˈbeɪsn] n (vessel, also Geo) cuvette f,
bassin m; (Brit: for food) bol m; (: bigger)
saladier m; (also: **wash~**) lavabo m
**basis** (pl **bases**) [ˈbeɪsɪs, -siːz] n base f; **on a
part-time/trial ~** à temps partiel/à l'essai;
**on the ~ of what you've said** d'après or
compte tenu de ce que vous dites
**bask** [bɑːsk] vi: **to ~ in the sun** se chauffer au
soleil
**basket** [ˈbɑːskɪt] n corbeille f; (with handle)
panier m
**basketball** [ˈbɑːskɪtbɔːl] n basket-ball m

**Basle** [bɑːl] n Bâle
**Basque** [bæsk] adj basque ▷ n Basque m/f;
**the ~ Country** le Pays basque
**bass** [beɪs] n (Mus) basse f
**bass drum** n grosse caisse f
**bassoon** [bəˈsuːn] n basson m
**bastard** [ˈbɑːstəd] n enfant naturel(le),
bâtard(e); (inf!) salaud m (!)
**bat** [bæt] n chauve-souris f; (for baseball etc)
batte f; (Brit: for table tennis) raquette f ▷ vt:
**he didn't ~ an eyelid** il n'a pas sourcillé or
bronché; **off one's own ~** de sa propre
initiative
**batch** [bætʃ] n (of bread) fournée f; (of papers)
liasse f; (of applicants, letters) paquet m; (of
work) monceau m; (of goods) lot m
**bated** [ˈbeɪtɪd] adj: **with ~ breath** en retenant
son souffle
**bath** (pl **baths**) [bɑːθ, bɑːðz] n bain m; (bathtub)
baignoire f ▷ vt baigner, donner un bain à;
**to have a ~** prendre un bain; see also **baths**
**bathe** [beɪð] vi se baigner ▷ vt baigner;
(wound etc) laver
**bathing** [ˈbeɪðɪŋ] n baignade f
**bathing costume**, (US) **bathing suit** n
maillot m (de bain)
**bathrobe** [ˈbɑːθrəub] n peignoir m de bain
**bathroom** [ˈbɑːθrum] n salle f de bains
**baths** [bɑːðz] npl (Brit: also: **swimming ~**)
piscine f
**bath towel** n serviette f de bain
**bathtub** [ˈbɑːθtʌb] n baignoire f
**baton** [ˈbætən] n bâton m; (Mus) baguette f;
(club) matraque f
**batter** [ˈbætəʳ] vt battre ▷ n pâte f à frire
**battered** [ˈbætəd] adj (hat, pan) cabossé(e);
**~ wife/child** épouse/enfant maltraité(e) or
martyr(e)
**battery** [ˈbætərɪ] n (for torch, radio) pile f; (Aut,
Mil) batterie f
**battery farming** n élevage m en batterie
**battle** [ˈbætl] n bataille f, combat m ▷ vi se
battre, lutter; **that's half the ~** (fig) c'est
déjà bien; **it's a** or **we're fighting a
losing ~** (fig) c'est perdu d'avance, c'est
peine perdue
**battlefield** [ˈbætlfiːld] n champ m de bataille
**battleship** [ˈbætlʃɪp] n cuirassé m
**Bavaria** [bəˈvɛərɪə] n Bavière f
**bawl** [bɔːl] vi hurler, brailler
**bay** [beɪ] n (of sea) baie f; (Brit: for parking) place
f de stationnement; (: for loading) aire f de
chargement; (horse) bai(e) m/f; **B~ of Biscay**
golfe m de Gascogne; **to hold sb at ~** tenir qn
à distance or en échec
**bay leaf** n laurier m
**bazaar** [bəˈzɑːʳ] n (shop, market) bazar m; (sale)
vente f de charité
**BBC** n abbr (= British Broadcasting Corporation) office
de la radiodiffusion et télévision britannique
**B.C.** adv abbr (= before Christ) av. J.-C. ▷ abbr
(Canada) = **British Columbia**

○ KEYWORD

**be** [biː] (*pt* **was** *or* **were**, *pp* **been**) *aux vb* **1** (*with present participle: forming continuous tenses*): **what are you doing?** que faites-vous?; **they're coming tomorrow** ils viennent demain; **I've been waiting for you for 2 hours** je t'attends depuis 2 heures

**2** (*with pp: forming passives*) être; **to be killed** être tué(e); **the box had been opened** la boîte avait été ouverte; **he was nowhere to be seen** on ne le voyait nulle part

**3** (*in tag questions*): **it was fun, wasn't it?** c'était drôle, n'est-ce pas?; **he's good-looking, isn't he?** il est beau, n'est-ce pas?; **she's back, is she?** elle est rentrée, n'est-ce pas *or* alors?

**4** (*+to +infinitive*): **the house is to be sold** (*necessity*) la maison doit être vendue; (*future*) la maison va être vendue; **he's not to open it** il ne doit pas l'ouvrir; **am I to understand that ...?** dois-je comprendre que ...?; **he was to have come yesterday** il devait venir hier

**5** (*possibility, supposition*): **if I were you, I ...** à votre place, je ..., si j'étais vous, je ...

▷ *vb + complement* **1** (*gen*) être; **I'm English** je suis anglais(e); **I'm tired** je suis fatigué(e); **I'm hot/cold** j'ai chaud/froid; **he's a doctor** il est médecin; **be careful/good/quiet!** faites attention/soyez sages/taisez-vous!; **2 and 2 are 4** 2 et 2 font 4

**2** (*of health*) aller; **how are you?** comment allez-vous?; **I'm better now** je vais mieux maintenant; **he's fine now** il va bien maintenant; **he's very ill** il est très malade

**3** (*of age*) avoir; **how old are you?** quel âge avez-vous?; **I'm sixteen (years old)** j'ai seize ans

**4** (*cost*) coûter; **how much was the meal?** combien a coûté le repas?; **that'll be £5, please** ça fera 5 livres, s'il vous plaît; **this shirt is £17** cette chemise coûte 17 livres

▷ *vi* **1** (*exist, occur etc*) être, exister; **the prettiest girl that ever was** la fille la plus jolie qui ait jamais existé; **is there a God?** y a-t-il un dieu?; **be that as it may** quoi qu'il en soit; **so be it** soit

**2** (*referring to place*) être, se trouver; **I won't be here tomorrow** je ne serai pas là demain; **Edinburgh is in Scotland** Édimbourg est *or* se trouve en Écosse

**3** (*referring to movement*) aller; **where have you been?** où êtes-vous allé(s)?

▷ *impers vb* **1** (*referring to time*) être; **it's 5 o'clock** il est 5 heures; **it's the 28th of April** c'est le 28 avril

**2** (*referring to distance*): **it's 10 km to the village** le village est à 10 km

**3** (*referring to the weather*) faire; **it's too hot/cold** il fait trop chaud/froid; **it's windy today** il y a du vent aujourd'hui

**4** (*emphatic*): **it's me/the postman** c'est moi/

le facteur; **it was Maria who paid the bill** c'est Maria qui a payé la note

**beach** [biːtʃ] *n* plage *f* ▷ *vt* échouer
**beacon** ['biːkən] *n* (*lighthouse*) fanal *m*; (*marker*) balise *f*; (*also*: **radio ~**) radiophare *m*
**bead** [biːd] *n* perle *f*; (*of dew, sweat*) goutte *f*; **beads** *npl* (*necklace*) collier *m*
**beak** [biːk] *n* bec *m*
**beaker** ['biːkər] *n* gobelet *m*
**beam** [biːm] *n* (*Archit*) poutre *f*; (*of light*) rayon *m*; (*Radio*) faisceau *m* radio ▷ *vi* rayonner; **to drive on full** *or* **main** *or* (US) **high ~** rouler en pleins phares
**bean** [biːn] *n* haricot *m*; (*of coffee*) grain *m*
**beansprouts** ['biːnsprauts] *npl* pousses *fpl or* germes *mpl* de soja
**bear** [bɛər] (*pt* **bore**, *pp* **borne**) [bɔː', bɔːn] *n* ours *m*; (*Stock Exchange*) baissier *m* ▷ *vt* porter; (*endure*) supporter; (*traces, signs*) porter; (*Comm: interest*) rapporter ▷ *vi*: **to ~ right/left** obliquer à droite/gauche, se diriger vers la droite/gauche; **to ~ the responsibility of** assumer la responsabilité de; **to ~ comparison with** soutenir la comparaison avec; **I can't ~ him** je ne peux pas le supporter *or* souffrir; **to bring pressure to ~ on sb** faire pression sur qn; **bear out** *vt* (*theory, suspicion*) confirmer; **bear up** *vi* supporter, tenir le coup; **he bore up well** il a tenu le coup; **bear with** *vt fus* (*sb's moods, temper*) supporter; **~ with me a minute** un moment, s'il vous plaît
**beard** [bɪəd] *n* barbe *f*
**bearded** ['bɪədɪd] *adj* barbu(e)
**bearer** ['bɛərər] *n* porteur *m*; (*of passport etc*) titulaire *m/f*
**bearing** ['bɛərɪŋ] *n* maintien *m*, allure *f*; (*connection*) rapport *m*; (*Tech*): **(ball) bearings** *npl* roulement *m* (à billes); **to take a ~** faire le point; **to find one's ~s** s'orienter
**beast** [biːst] *n* bête *f*; (*inf: person*) brute *f*
**beastly** ['biːstlɪ] *adj* infect(e)
**beat** [biːt] *n* battement *m*; (*Mus*) temps *m*, mesure *f*; (*of policeman*) ronde *f* ▷ *vt, vi* (*pt* **beat**, *pp* **beaten**) battre; **off the ~en track** hors des chemins *or* sentiers battus; **to ~ it** (*inf*) ficher le camp; **to ~ about the bush** tourner autour du pot; **that ~s everything!** c'est le comble!; **beat down** *vt* (*door*) enfoncer; (*price*) faire baisser; (*seller*) faire descendre ▷ *vi* (*rain*) tambouriner; (*sun*) taper; **beat off** *vt* repousser; **beat up** *vt* (*eggs*) battre; (*inf: person*) tabasser
**beating** ['biːtɪŋ] *n* raclée *f*
**beautiful** ['bjuːtɪful] *adj* beau/belle
**beautifully** ['bjuːtɪflɪ] *adv* admirablement
**beauty** ['bjuːtɪ] *n* beauté *f*; **the ~ of it is that ...** le plus beau, c'est que ...
**beauty parlour**, (US) **beauty parlor** *n* institut *m* de beauté
**beauty salon** *n* institut *m* de beauté

**beauty spot** n (on skin) grain m de beauté; (Brit Tourism) site naturel (d'une grande beauté)

**beaver** ['bi:vəʳ] n castor m

**became** [bɪ'keɪm] pt of **become**

**because** [bɪ'kɒz] conj parce que; ~ **of** prep à cause de

**beck** [bɛk] n: **to be at sb's ~ and call** être à l'entière disposition de qn

**beckon** ['bɛkən] vt (also: ~ **to**) faire signe (de venir) à

**become** [bɪ'kʌm] vi devenir; **to ~ fat/thin** grossir/maigrir; **to ~ angry** se mettre en colère; **it became known that** on apprit que; **what has ~ of him?** qu'est-il devenu?

**becoming** [bɪ'kʌmɪŋ] adj (behaviour) convenable, bienséant(e); (clothes) seyant(e)

**bed** [bɛd] n lit m; (of flowers) parterre m; (of coal, clay) couche f; (of sea, lake) fond m; **to go to ~** aller se coucher; **bed down** vi se coucher

**bed and breakfast** n (terms) chambre et petit déjeuner; (place) ≈ chambre f d'hôte; voir article

⬤ **BED AND BREAKFAST**

⬤
⬤ Un bed and breakfast est une petite pension
⬤ dans une maison particulière ou une
⬤ ferme où l'on peut louer une chambre
⬤ avec petit déjeuner compris pour un prix
⬤ modique par rapport à ce que l'on paierait
⬤ dans un hôtel. Ces établissements sont
⬤ communément appelés "B & B", et sont
⬤ signalés par une pancarte dans le jardin
⬤ ou au-dessus de la porte.

**bedclothes** ['bɛdkləuðz] npl couvertures fpl et draps mpl

**bedding** ['bɛdɪŋ] n literie f

**bed linen** n draps mpl de lit (et taies fpl d'oreillers), literie f

**bedraggled** [bɪ'dræɡld] adj dépenaillé(e), les vêtements en désordre

**bedridden** ['bɛdrɪdn] adj cloué(e) au lit

**bedroom** ['bɛdrum] n chambre f (à coucher)

**bedside** ['bɛdsaɪd] n: **at sb's ~** au chevet de qn ▷ cpd (book, lamp) de chevet

**bedside lamp** n lampe f de chevet

**bedside table** n table f de chevet

**bedsit** ['bɛdsɪt], **bedsitter** ['bɛdsɪtəʳ] n (Brit) chambre meublée, studio m

**bedspread** ['bɛdsprɛd] n couvre-lit m, dessus-de-lit m

**bedtime** ['bɛdtaɪm] n: **it's ~** c'est l'heure de se coucher

**bee** [bi:] n abeille f; **to have a ~ in one's bonnet (about sth)** être obnubilé(e) (par qch)

**beech** [bi:tʃ] n hêtre m

**beef** [bi:f] n bœuf m; **roast ~** rosbif m; **beef up** vt (inf: support) renforcer; (: essay) étoffer

**beefburger** ['bi:fbə:ɡəʳ] n hamburger m

**beehive** ['bi:haɪv] n ruche f

**beeline** ['bi:laɪn] n: **to make a ~ for** se diriger tout droit vers

**been** [bi:n] pp of **be**

**beer** [bɪəʳ] n bière f

**beer garden** n (Brit) jardin m d'un pub (où l'on peut emmener ses consommations)

**beet** [bi:t] n (vegetable) betterave f; (US: also: **red ~**) betterave (potagère)

**beetle** ['bi:tl] n scarabée m, coléoptère m

**beetroot** ['bi:tru:t] n (Brit) betterave f

**before** [bɪ'fɔ:ʳ] prep (of time) avant; (of space) devant ▷ conj avant que + sub; avant de ▷ adv avant; ~ **going** avant de partir; ~ **she goes** avant qu'elle (ne) parte; **the week ~** la semaine précédente or d'avant; **I've seen it ~** je l'ai déjà vu; **I've never seen it ~** c'est la première fois que je le vois

**beforehand** [bɪ'fɔ:hænd] adv au préalable, à l'avance

**beg** [bɛɡ] vi mendier ▷ vt mendier; (favour) quémander, solliciter; (forgiveness, mercy etc) demander; (entreat) supplier; **to ~ sb to do sth** supplier qn de faire qch; **I ~ your pardon** (apologising) excusez-moi; (: not hearing) pardon?; **that ~s the question of ...** cela soulève la question de ..., cela suppose réglée la question de ...; see also **pardon**

**began** [bɪ'ɡæn] pt of **begin**

**beggar** ['bɛɡəʳ] n (also: ~**man**, ~**woman**) mendiant(e)

**begin** [bɪ'ɡɪn] (pt **began**, pp **begun**) [bɪ'ɡɪn, -'ɡæn, -'ɡʌn] vt, vi commencer; ~ **to do** or **to do sth** commencer à faire qch; ~**ning (from) Monday** à partir de lundi; **I can't ~ to thank you** je ne saurais vous remercier; **to ~ with** d'abord, pour commencer

**beginner** [bɪ'ɡɪnəʳ] n débutant(e)

**beginning** [bɪ'ɡɪnɪŋ] n commencement m, début m; **right from the ~** dès le début

**begun** [bɪ'ɡʌn] pp of **begin**

**behalf** [bɪ'hɑ:f] n: **on ~ of**, (US) **in ~ of** (representing) de la part de; au nom de; (for benefit of) pour le compte de; **on my/his ~** de ma/sa part

**behave** [bɪ'heɪv] vi se conduire, se comporter; (well: also: ~ **o.s.**) se conduire bien or comme il faut

**behaviour**, (US) **behavior** [bɪ'heɪvjəʳ] n comportement m, conduite f

**behead** [bɪ'hɛd] vt décapiter

**behind** [bɪ'haɪnd] prep derrière; (time) en retard sur; (supporting): **to be ~ sb** soutenir qn ▷ adv derrière; en retard ▷ n derrière m; ~ **the scenes** dans les coulisses; **to leave sth ~** (forget) oublier de prendre qch; **to be ~ (schedule) with sth** être en retard dans qch

**behold** [bɪ'həuld] vt (irreg like: **hold**) apercevoir, voir

**beige** [beɪʒ] adj beige

**Beijing** ['beɪ'dʒɪŋ] n Pékin m

**being** ['bi:ɪŋ] n être m; **to come into ~** prendre naissance

**Beirut** [beɪ'ru:t] n Beyrouth

**Belarus** [belə'rʊs] n Biélorussie f, Bélarus m

**belated** [bɪ'leɪtɪd] adj tardif(-ive)

**belch** [beltʃ] vi avoir un renvoi, roter ▷ vt (also: **~ out**: smoke etc) vomir, cracher

**Belgian** ['beldʒən] adj belge, de Belgique ▷ n Belge m/f

**Belgium** ['beldʒəm] n Belgique f

**belie** [bɪ'laɪ] vt démentir; (give false impression of) occulter

**belief** [bɪ'li:f] n (opinion) conviction f; (trust, faith) foi f; (acceptance as true) croyance f; **it's beyond ~** c'est incroyable; **in the ~ that** dans l'idée que

**believe** [bɪ'li:v] vt, vi croire, estimer; **to ~ in** (God) croire en; (ghosts, method) croire à; **I don't ~ in corporal punishment** je ne suis pas partisan des châtiments corporels; **he is ~d to be abroad** il serait à l'étranger

**believer** [bɪ'li:və<sup>r</sup>] n (in idea, activity) partisan(e); **~ in** partisan(e) de; (Rel) croyant(e)

**belittle** [bɪ'lɪtl] vt déprécier, rabaisser

**bell** [bel] n cloche f; (small) clochette f, grelot m; (on door) sonnette f; (electric) sonnerie f; **that rings a ~** (fig) cela me rappelle qch

**bellboy** ['belbɔɪ], (US) **bellhop** ['belhɔp] n groom m, chasseur m

**belligerent** [bɪ'lɪdʒərənt] adj (at war) belligérant(e); **personal** agressif(-ive)

**bellow** ['beləʊ] vi (bull) meugler; (person) brailler ▷ vt (orders) hurler

**bell pepper** n (esp US) poivron m

**belly** ['belɪ] n ventre m

**belly button** (inf) n nombril m

**belong** [bɪ'lɔŋ] vi: **to ~ to** appartenir à; (club etc) faire partie de; **this book ~s here** ce livre va ici, la place de ce livre est ici

**belongings** [bɪ'lɔŋɪŋz] npl affaires fpl, possessions fpl; **personal ~** effets personnels

**beloved** [bɪ'lʌvɪd] adj (bien-)aimé(e), chéri(e) ▷ n bien-aimé(e)

**below** [bɪ'ləʊ] prep sous, au-dessous de ▷ adv en dessous; en contre-bas; **see ~** voir plus bas or plus loin or ci-dessous; **temperatures ~ normal** températures inférieures à la normale

**belt** [belt] n ceinture f; (Tech) courroie f ▷ vt (thrash) donner une raclée à ▷ vi (Brit inf) filer (à toutes jambes); **industrial ~** zone industrielle; **belt out** vt (song) chanter à tue-tête or à pleins poumons; **belt up** vi (Brit inf) la boucler

**beltway** ['beltweɪ] n (US Aut) route f de ceinture; (: motorway) périphérique m

**bemused** [bɪ'mju:zd] adj médusé(e)

**bench** [bentʃ] n banc m; (in workshop) établi m; **the B~** (Law: judges) la magistrature, la Cour

**bend** [bend] (pt, pp **bent**) [bent] vt courber; (leg, arm) plier ▷ vi se courber ▷ n (Brit: in road) virage m, tournant m; (in pipe, river) coude m; **bend down** vi se baisser; **bend over** vi se pencher

**beneath** [bɪ'ni:θ] prep sous, au-dessous de; (unworthy of) indigne de ▷ adv dessous, au-dessous, en bas

**benefactor** ['benɪfæktə<sup>r</sup>] n bienfaiteur m

**beneficial** [benɪ'fɪʃəl] adj: **~ (to)** salutaire (pour), bénéfique (à)

**benefit** ['benɪfɪt] n avantage m, profit m; (allowance of money) allocation f ▷ vt faire du bien à, profiter à ▷ vi: **he'll ~ from it** cela lui fera du bien, il y gagnera or s'en trouvera bien

**Benelux** ['benɪlʌks] n Bénélux m

**benevolent** [bɪ'nevələnt] adj bienveillant(e)

**benign** [bɪ'naɪn] adj (person, smile) bienveillant(e), affable; (Med) bénin(-igne)

**bent** [bent] pt, pp of **bend** ▷ n inclination f, penchant m ▷ adj (wire, pipe) coudé(e); (inf: dishonest) véreux(-euse); **to be ~ on** être résolu(e) à

**bequest** [bɪ'kwest] n legs m

**bereaved** [bɪ'ri:vd] n: **the ~** la famille du disparu ▷ adj endeuillé(e)

**beret** ['bereɪ] n béret m

**Berlin** [bə:'lɪn] n Berlin; **East/West ~** Berlin Est/Ouest

**berm** [bə:m] n (US Aut) accotement m

**Bermuda** [bə:'mju:də] n Bermudes fpl

**Bern** [bə:n] n Berne f

**berry** ['berɪ] n baie f

**berserk** [bə'sə:k] adj: **to go ~** être pris(e) d'une rage incontrôlable; se déchaîner

**berth** [bə:θ] n (bed) couchette f; (for ship) poste m d'amarrage, mouillage m ▷ vi (in harbour) venir à quai; (at anchor) mouiller; **to give sb a wide ~** (fig) éviter qn

**beseech** (pt, pp **besought**) [bɪ'si:tʃ, -'sɔ:t] vt implorer, supplier

**beset** (pt, pp **beset**) [bɪ'set] vt assaillir ▷ adj: **~ with** semé(e) de

**beside** [bɪ'saɪd] prep à côté de; (compared with) par rapport à; **that's ~ the point** ça n'a rien à voir; **to be ~ o.s. (with anger)** être hors de soi

**besides** [bɪ'saɪdz] adv en outre, de plus ▷ prep en plus de; (except) excepté

**besiege** [bɪ'si:dʒ] vt (town) assiéger; (fig) assaillir

**best** [best] adj meilleur(e) ▷ adv le mieux; **the ~ part of** (quantity) le plus clair de, la plus grande partie de; **at ~** au mieux; **to make the ~ of sth** s'accommoder de qch (du mieux que l'on peut); **to do one's ~** faire de son mieux; **to the ~ of my knowledge** pour autant que je sache; **to the ~ of my ability** du mieux que je pourrai; **he's not exactly patient at the ~ of times** il n'est jamais spécialement patient; **the ~ thing to do is …** le mieux, c'est de …

**best-before date** n date f de limite
d'utilisation or de consommation
**best man** (irreg) n garçon m d'honneur
**bestow** [bɪˈstəu] vt accorder; (title) conférer
**bestseller** [ˈbestˈsɛləʳ] n best-seller m,
succès m de librairie
**bet** [bɛt] n pari m ▷ vt, vi (pt, pp **bet** or **betted**)
parier; **it's a safe ~** (fig) il y a de fortes
chances; **to ~ sb sth** parier qch à qn
**betray** [bɪˈtreɪ] vt trahir
**better** [ˈbɛtəʳ] adj meilleur(e) ▷ adv mieux
▷ vt améliorer ▷ n: **to get the ~ of** triompher
de, l'emporter sur; **a change for the ~** une
amélioration; **I had ~ do it** il faut que je m'en
aille; **you had ~ do it** vous feriez mieux de
le faire; **he thought ~ of it** il s'est ravisé;
**to get ~** (Med) aller mieux; (improve)
s'améliorer; **that's ~!** c'est mieux!; **~ off** adj
plus à l'aise financièrement; (fig): **you'd
be ~ off this way** vous vous en trouveriez
mieux ainsi, ce serait mieux or plus
pratique ainsi
**betting** [ˈbɛtɪŋ] n paris mpl
**betting shop** n (Brit) bureau m de paris
**between** [bɪˈtwiːn] prep entre ▷ adv au
milieu, dans l'intervalle; **the road ~ here
and London** la route d'ici à Londres; **we only
had 5 ~ us** nous n'en avions que 5 en tout
**beverage** [ˈbɛvərɪdʒ] n boisson f (gén sans
alcool)
**beware** [bɪˈwɛəʳ] vt, vi: **to ~ (of)** prendre garde
(à); **"~ of the dog"** "(attention) chien
méchant"
**bewildered** [bɪˈwɪldəd] adj dérouté(e),
ahuri(e)
**beyond** [bɪˈjɔnd] prep (in space, time) au-delà
de; (exceeding) au-dessus de ▷ adv au-delà;
**~ doubt** hors de doute; **~ repair** irréparable
**bias** [ˈbaɪəs] n (prejudice) préjugé m, parti pris;
(preference) prévention f
**biased, biassed** [ˈbaɪəst] adj partial(e),
montrant un parti pris; **to be bias(s)ed
against** avoir un préjugé contre
**bib** [bɪb] n bavoir m, bavette f
**Bible** [ˈbaɪbl] n Bible f
**bicarbonate of soda** [baɪˈkɑːbənɪt-] n
bicarbonate m de soude
**biceps** [ˈbaɪsɛps] n biceps m
**bicker** [ˈbɪkəʳ] vi se chamailler
**bicycle** [ˈbaɪsɪkl] n bicyclette f
**bicycle pump** n pompe f à vélo
**bid** [bɪd] n offre f; (at auction) enchère f;
(attempt) tentative f ▷ vi (pt, pp **bid**) faire une
enchère or offre ▷ vt (pt **bade**) [bæd] (pp
**bidden**) [ˈbɪdn] faire une enchère or offre de;
**to ~ sb good day** souhaiter le bonjour à qn
**bidder** [ˈbɪdəʳ] n: **the highest ~** le plus
offrant
**bidding** [ˈbɪdɪŋ] n enchères fpl
**bide** [baɪd] vt: **to ~ one's time** attendre son
heure
**bidet** [ˈbiːdeɪ] n bidet m

**bifocals** [baɪˈfəuklz] npl lunettes fpl à double
foyer
**big** [bɪg] adj (in height: person, building, tree)
grand(e); (in bulk, amount: person, parcel, book)
gros(se); **to do things in a ~ way** faire les
choses en grand
**Big Apple** n voir article

> ● **BIG APPLE**
> ●
> ● Si l'on sait que "The Big Apple" désigne
> ● la ville de New York ("apple" est en réalité
> ● un terme d'argot signifiant "grande
> ● ville"), on connaît moins les surnoms
> ● donnés aux autres grandes villes
> ● américaines. Chicago est surnommée
> ● "Windy City" à cause des rafales
> ● soufflant du lac Michigan, La Nouvelle-
> ● Orléans doit son sobriquet de "Big Easy"
> ● à son style de vie décontracté, et
> ● l'industrie automobile a donné à Detroit
> ● son surnom de "Motown".

**bigheaded** [ˈbɪgˈhɛdɪd] adj
prétentieux(-euse)
**bigot** [ˈbɪgət] n fanatique m/f, sectaire m/f
**bigoted** [ˈbɪgətɪd] adj fanatique, sectaire
**bigotry** [ˈbɪgətrɪ] n fanatisme m,
sectarisme m
**big toe** n gros orteil
**big top** n grand chapiteau
**bike** [baɪk] n vélo m, bécane f
**bike lane** n piste f cyclable
**bikini** [bɪˈkiːnɪ] n bikini m
**bilateral** [baɪˈlætərl] adj bilatéral(e)
**bilingual** [baɪˈlɪŋgwəl] adj bilingue
**bill** [bɪl] n note f, facture f; (in restaurant)
addition f, note f; (Pol) projet m de loi; (US:
banknote) billet m (de banque); (notice) affiche
f; (of bird) bec m; (Theat): **on the ~** à l'affiche
▷ vt (item) facturer; (customer) remettre la
facture à; **may I have the ~ please?** (est-ce
que je peux avoir) l'addition, s'il vous plaît?;
**put it on my ~** mettez-le sur mon compte;
**"post no ~s"** "défense d'afficher"; **to fit** or
**fill the ~** (fig) faire l'affaire; **~ of exchange**
lettre f de change; **~ of lading**
connaissement m; **~ of sale** contrat m de
vente
**billboard** [ˈbɪlbɔːd] (US) n panneau m
d'affichage
**billet** [ˈbɪlɪt] n cantonnement m (chez
l'habitant) ▷ vt (troops) cantonner
**billfold** [ˈbɪlfəuld] n (US) portefeuille m
**billiards** [ˈbɪljədz] n (jeu m de) billard m
**billion** [ˈbɪljən] n (Brit) billion m (million de
millions); (US) milliard m
**bimbo** [ˈbɪmbəu] n (inf) ravissante idiote f
**bin** [bɪn] n boîte f; (Brit: also: **dust~, litter ~**)
poubelle f; (for coal) coffre m
**bind** (pt, pp **bound**) [baɪnd, baund] vt
attacher; (book) relier; (oblige) obliger,

contraindre ▷ *n* (*inf: nuisance*) scie *f*; **bind over** *vt* (*Law*) mettre en liberté conditionnelle; **bind up** *vt* (*wound*) panser; **to be bound up in** (*work, research etc*) être complètement absorbé par, être accroché par; **to be bound up with** (*person*) être accroché à

**binding** ['baɪndɪŋ] *n* (*of book*) reliure *f* ▷ *adj* (*contract*) qui constitue une obligation

**binge** [bɪndʒ] *n* (*inf*): **to go on a ~** faire la bringue

**bingo** ['bɪŋɡəu] *n* sorte de jeu de loto pratiqué dans des établissements publics

**binoculars** [bɪ'nɔkjuləz] *npl* jumelles *fpl*

**biochemistry** [baɪə'kɛmɪstrɪ] *n* biochimie *f*

**biodegradable** ['baɪəudɪ'ɡreɪdəbl] *adj* biodégradable

**biography** [baɪ'ɔɡrəfɪ] *n* biographie *f*

**biological** [baɪə'lɔdʒɪkl] *adj* biologique

**biology** [baɪ'ɔlədʒɪ] *n* biologie *f*

**biometric** [baɪə'mɛtrɪk] *adj* biométrique

**birch** [bə:tʃ] *n* bouleau *m*

**bird** [bə:d] *n* oiseau *m*; (*Brit inf: girl*) nana *f*

**bird flu** *n* grippe *f* aviaire

**bird of prey** *n* oiseau *m* de proie

**bird's-eye view** ['bə:dzaɪ-] *n* vue *f* à vol d'oiseau; (*fig*) vue d'ensemble or générale

**bird watcher** [-wɔtʃəʳ] *n* ornithologue *m/f* amateur

**birdwatching** ['bə:dwɔtʃɪŋ] *n* ornithologie *f* (*d'amateur*)

**Biro**® ['baɪərəu] *n* stylo *m* à bille

**birth** [bə:θ] *n* naissance *f*; **to give ~ to** donner naissance à, mettre au monde; (*subj: animal*) mettre bas

**birth certificate** *n* acte *m* de naissance

**birth control** *n* (*policy*) limitation *f* des naissances; (*methods*) méthode(s) contraceptive(s)

**birthday** ['bə:θdeɪ] *n* anniversaire *m* ▷ *cpd* (*cake, card etc*) d'anniversaire

**birthmark** ['bə:θmɑ:k] *n* envie *f*, tache *f* de vin

**birthplace** ['bə:θpleɪs] *n* lieu *m* de naissance

**birth rate** *n* (taux *m* de) natalité *f*

**biscuit** ['bɪskɪt] *n* (*Brit*) biscuit *m*; (*US*) petit pain au lait

**bisect** [baɪ'sɛkt] *vt* couper or diviser en deux

**bishop** ['bɪʃəp] *n* évêque *m*; (*Chess*) fou *m*

**bistro** ['bi:strəu] *n* petit restaurant *m*, bistrot *m*

**bit** [bɪt] *pt of* **bite** ▷ *n* morceau *m*; (*Comput*) bit *m*, élément *m* binaire; (*of tool*) mèche *f*; (*of horse*) mors *m*; **a ~ of** un peu de; **a ~ mad/ dangerous** un peu fou/risqué; **~ by** ~ petit à petit; **to come to ~s** (*break*) tomber en morceaux, se déglinguer; **bring all your ~s and pieces** apporte toutes tes affaires; **to do one's ~** y mettre du sien

**bitch** [bɪtʃ] *n* (*dog*) chienne *f*; (*inf!*) salope *f*(!), garce *f*

**bite** [baɪt] *vt, vi* (*pt bit, pp bitten*) [bɪt, 'bɪtn]

mordre; (*insect*) piquer ▷ *n* morsure *f*; (*insect bite*) piqûre *f*; (*mouthful*) bouchée *f*; **let's have a ~ (to eat)** mangeons un morceau; **to ~ one's nails** se ronger les ongles

**bitten** ['bɪtn] *pp of* **bite**

**bitter** ['bɪtəʳ] *adj* amer(-ère); (*criticism*) cinglant(e); (*icy: weather, wind*) glacial(e) ▷ *n* (*Brit: beer*) bière *f* (à forte teneur en houblon); **to the ~ end** jusqu'au bout

**bitterness** ['bɪtənɪs] *n* amertume *f*; goût amer

**bizarre** [bɪ'zɑ:ʳ] *adj* bizarre

**black** [blæk] *adj* noir(e) ▷ *n* (*colour*) noir *m*; (*person*): **B~** noir(e) ▷ *vt* (*shoes*) cirer; (*Brit Industry*) boycotter; **to give sb a ~ eye** pocher l'œil à qn, faire un œil au beurre noir à qn; **there it is in ~ and white** (*fig*) c'est écrit noir sur blanc; **to be in the ~** (*in credit*) avoir un compte créditeur; **~ and blue** (*bruised*) couvert(e) de bleus; **black out** *vi* (*faint*) s'évanouir

**blackberry** ['blækbərɪ] *n* mûre *f*

**blackbird** ['blækbə:d] *n* merle *m*

**blackboard** ['blækbɔ:d] *n* tableau noir

**black coffee** *n* café noir

**blackcurrant** ['blæk'kʌrənt] *n* cassis *m*

**blacken** ['blækn] *vt* noircir

**black ice** *n* verglas *m*

**blackleg** ['blæklɛɡ] *n* (*Brit*) briseur *m* de grève, jaune *m*

**blacklist** ['blæklɪst] *n* liste noire ▷ *vt* mettre sur la liste noire

**blackmail** ['blækmeɪl] *n* chantage *m* ▷ *vt* faire chanter, soumettre au chantage

**black market** *n* marché noir

**blackout** ['blækaut] *n* panne *f* d'électricité; (*in wartime*) black-out *m*; (*TV*) interruption *f* d'émission; (*fainting*) syncope *f*

**black pepper** *n* poivre noir

**black pudding** *n* boudin (noir)

**Black Sea** *n*: **the ~** la mer Noire

**black sheep** *n* brebis galeuse

**blacksmith** ['blæksmɪθ] *n* forgeron *m*

**black spot** *n* (*Aut*) point noir

**bladder** ['blædəʳ] *n* vessie *f*

**blade** [bleɪd] *n* lame *f*; (*of oar*) plat *m*; (*of propeller*) pale *f*; **a ~ of grass** un brin d'herbe

**blame** [bleɪm] *n* faute *f*, blâme *m* ▷ *vt*: **to ~ sb/sth for sth** attribuer à qn/qch la responsabilité de qch; reprocher qch à qn/ qch; **who's to ~?** qui est le fautif or coupable or responsable?; **I'm not to ~** ce n'est pas ma faute

**bland** [blænd] *adj* affable; (*taste, food*) doux/ douce, fade

**blank** [blæŋk] *adj* blanc/blanche; (*look*) sans expression, dénué(e) d'expression ▷ *n* espace *m* vide, blanc *m*; (*cartridge*) cartouche *f* à blanc; **his mind was a ~** il avait la tête vide; **we drew a ~** (*fig*) nous n'avons abouti à rien

**blanket** ['blæŋkɪt] *n* couverture *f*; (*of snow, cloud*) couche *f* ▷ *adj* (*statement, agreement*) global(e), de portée générale; **to give ~ cover** (*insurance policy*) couvrir tous les risques

**blare** [blɛəʳ] *vi* (*brass band, horns, radio*) beugler

**blast** [blɑ:st] *n* explosion *f*; (*shock wave*) souffle *m*; (*of air, steam*) bouffée *f* ▷ *vt* faire sauter *or* exploser ▷ *excl* (*Brit inf*) zut!; **(at) full ~** (*play music etc*) à plein volume; **blast off** *vi* (*Space*) décoller

**blast-off** [ˈblɑ:stɔf] *n* (*Space*) lancement *m*

**blatant** [ˈbleɪtənt] *adj* flagrant(e), criant(e)

**blaze** [bleɪz] *n* (*fire*) incendie *m*; (*flames: of fire, sun etc*) embrasement *m*; (*: in hearth*) flamme *f*, flambée *f*; (*fig*) flamboiement *m* ▷ *vi* (*fire*) flamber; (*fig*) flamboyer, resplendir ▷ *vt*: **to ~ a trail** (*fig*) montrer la voie; **in a ~ of publicity** à grand renfort de publicité

**blazer** [ˈbleɪzəʳ] *n* blazer *m*

**bleach** [bli:tʃ] *n* (*also:* **household ~**) eau *f* de Javel ▷ *vt* (*linen*) blanchir

**bleached** [bli:tʃt] *adj* (*hair*) oxygéné(e), décoloré(e)

**bleachers** [ˈbli:tʃəz] *npl* (*US Sport*) gradins *mpl* (*en plein soleil*)

**bleak** [bli:k] *adj* morne, désolé(e); (*weather*) triste, maussade; (*smile*) lugubre; (*prospect, future*) morose

**bleat** [bli:t] *n* bêlement *m* ▷ *vi* bêler

**bled** [blɛd] *pt, pp of* **bleed**

**bleed** (*pt, pp* **bled**) [bli:d, blɛd] *vt* saigner; (*brakes, radiator*) purger ▷ *vi* saigner; **my nose is ~ing** je saigne du nez

**bleeper** [ˈbli:pəʳ] *n* (*of doctor etc*) bip *m*

**blemish** [ˈblɛmɪʃ] *n* défaut *m*; (*on reputation*) tache *f*

**blend** [blɛnd] *n* mélange *m* ▷ *vt* mélanger ▷ *vi* (*colours etc: also:* **~ in**) se mélanger, se fondre, s'allier

**blender** [ˈblɛndəʳ] *n* (*Culin*) mixeur *m*

**bless** (*pt, pp* **blessed** *or* **blest**) [blɛs, blɛst] *vt* bénir; **to be ~ed with** avoir le bonheur de jouir de *or* d'avoir; **~ you!** (*after sneeze*) à tes souhaits!

**blessing** [ˈblɛsɪŋ] *n* bénédiction *f*; (*godsend*) bienfait *m*; **to count one's ~s** s'estimer heureux; **it was a ~ in disguise** c'est un bien pour un mal

**blew** [blu:] *pt of* **blow**

**blight** [blaɪt] *n* (*of plants*) rouille *f* ▷ *vt* (*hopes etc*) anéantir, briser

**blimey** [ˈblaɪmɪ] *excl* (*Brit inf*) mince alors!

**blind** [blaɪnd] *adj* aveugle ▷ *n* (*for window*) store *m* ▷ *vt* aveugler; **to turn a ~ eye (on** *or* **to)** fermer les yeux (sur); **the blind** *npl* les aveugles *mpl*

**blind alley** *n* impasse *f*

**blind corner** *n* (*Brit*) virage *m* sans visibilité

**blindfold** [ˈblaɪndfəuld] *n* bandeau *m* ▷ *adj, adv* les yeux bandés ▷ *vt* bander les yeux à

**blindly** [ˈblaɪndlɪ] *adv* aveuglément

**blindness** [ˈblaɪndnɪs] *n* cécité *f*; (*fig*) aveuglement *m*

**blind spot** *n* (*Aut etc*) angle *m* aveugle; (*fig*) angle mort

**blink** [blɪŋk] *vi* cligner des yeux; (*light*) clignoter ▷ *n*: **the TV's on the ~** (*inf*) la télé ne va pas tarder à nous lâcher

**blinkers** [ˈblɪŋkəz] *npl* œillères *fpl*

**bliss** [blɪs] *n* félicité *f*, bonheur *m* sans mélange

**blister** [ˈblɪstəʳ] *n* (*on skin*) ampoule *f*, cloque *f*; (*on paintwork*) boursouflure *f* ▷ *vi* (*paint*) se boursoufler, se cloquer

**blizzard** [ˈblɪzəd] *n* blizzard *m*, tempête *f* de neige

**bloated** [ˈbləutɪd] *adj* (*face*) bouffi(e); (*stomach, person*) gonflé(e)

**blob** [blɔb] *n* (*drop*) goutte *f*; (*stain, spot*) tache *f*

**block** [blɔk] *n* bloc *m*; (*in pipes*) obstruction *f*; (*toy*) cube *m*; (*of buildings*) pâté *m* (de maisons) ▷ *vt* bloquer; (*fig*) faire obstacle à; (*Comput*) grouper; **the sink is ~ed** l'évier est bouché; **~ of flats** (*Brit*) immeuble (locatif); **3 ~s from here** à trois rues d'ici; **mental ~** blocage *m*; **~ and tackle** (*Tech*) palan *m*; **block up** *vt* boucher

**blockade** [blɔˈkeɪd] *n* blocus *m* ▷ *vt* faire le blocus de

**blockage** [ˈblɔkɪdʒ] *n* obstruction *f*

**blockbuster** [ˈblɔkbʌstəʳ] *n* (*film, book*) grand succès

**block capitals** *npl* majuscules *fpl* d'imprimerie

**block letters** *npl* majuscules *fpl*

**blog** [blɔg] *n* blog *m*, blogue *m* ▷ *vi* bloguer

**blogger** [ˈblɔgəʳ] (*inf*) *n* (*person*) blogueur(-euse) *m/f*

**blogging** [ˈblɔgɪŋ] *n* blogging *m*

**bloke** [bləuk] *n* (*Brit inf*) type *m*

**blond, blonde** [blɔnd] *adj, n* blond(e)

**blood** [blʌd] *n* sang *m*

**blood donor** *n* donneur(-euse) de sang

**blood group** *n* groupe sanguin

**bloodhound** [ˈblʌdhaund] *n* limier *m*

**blood poisoning** *n* empoisonnement *m* du sang

**blood pressure** *n* tension (artérielle); **to have high/low ~** faire de l'hypertension/l'hypotension

**bloodshed** [ˈblʌdʃɛd] *n* effusion *f* de sang, carnage *m*

**bloodshot** [ˈblʌdʃɔt] *adj*: **~ eyes** yeux injectés de sang

**blood sports** *npl* sports *mpl* sanguinaires

**bloodstream** [ˈblʌdstri:m] *n* sang *m*, système sanguin

**blood test** *n* analyse *f* de sang

**bloodthirsty** [ˈblʌdθə:stɪ] *adj* sanguinaire

**blood transfusion** *n* transfusion *f* de sang

**blood type** *n* groupe sanguin

**blood vessel** *n* vaisseau sanguin

**bloody** [ˈblʌdɪ] *adj* sanglant(e); (*Brit inf!*): **this ~ ...** ce foutu ..., ce putain de ... (!) ▷ *adv*:

**~ strong/good** (Brit: inf!) vachement or sacrément fort/bon
**bloody-minded** ['blʌdɪ'maɪndɪd] adj (Brit inf) contrariant(e), obstiné(e)
**bloom** [blu:m] n fleur f; (fig) épanouissement m ▷ vi être en fleur; (fig) s'épanouir; être florissant(e)
**blossom** ['blɔsəm] n fleur(s) f(pl) ▷ vi être en fleurs; (fig) s'épanouir; **to ~ into** (fig) devenir
**blot** [blɔt] n tache f ▷ vt tacher; (ink) sécher; **to be a ~ on the landscape** gâcher le paysage; **to ~ one's copy book** (fig) faire un impair; **blot out** vt (memories) effacer; (view) cacher, masquer; (nation, city) annihiler
**blotchy** ['blɔtʃɪ] adj (complexion) couvert(e) de marbrures
**blotting paper** ['blɔtɪŋ-] n buvard m
**blouse** [blauz] n (feminine garment) chemisier m, corsage m
**blow** [bləu] (pt **blew**, pp **blown**) [blu:, bləun] n coup m ▷ vi souffler ▷ vt (glass) souffler; (instrument) jouer de; (fuse) faire sauter; **to ~ one's nose** se moucher; **to ~ a whistle** siffler; **to come to ~s** en venir aux coups; **blow away** vi s'envoler ▷ vt chasser, faire s'envoler; **blow down** vt faire tomber, renverser; **blow off** vi s'envoler ▷ vt (hat) emporter; (ship): **to ~ off course** faire dévier; **blow out** vi (fire, flame) s'éteindre; (tyre) éclater; (fuse) sauter; **blow over** vi s'apaiser; **blow up** vi exploser, sauter ▷ vt faire sauter; (tyre) gonfler; (Phot) agrandir
**blow-dry** ['bləudraɪ] n (hairstyle) brushing m ▷ vt faire un brushing à
**blowlamp** ['bləulæmp] n (Brit) chalumeau m
**blown** [bləun] pp of **blow**
**blow-out** ['bləuaut] n (of tyre) éclatement m; (Brit: inf: big meal) gueuleton m
**blowtorch** ['bləutɔ:tʃ] n chalumeau m
**blue** [blu:] adj bleu(e); (depressed) triste; **~ film/joke** film m/histoire f pornographique; **(only) once in a ~ moon** tous les trente-six du mois; **out of the ~** (fig) à l'improviste, sans qu'on s'y attende
**bluebell** ['blu:bɛl] n jacinthe f des bois
**blueberry** ['blu:bərɪ] n myrtille f, airelle f
**bluebottle** ['blu:bɔtl] n mouche f à viande
**blue cheese** n (fromage) bleu m
**blueprint** ['blu:prɪnt] n bleu m; (fig) projet m, plan directeur
**blues** [blu:z] npl: **the ~** (Mus) le blues; **to have the ~** (inf: feeling) avoir le cafard
**bluff** [blʌf] vi bluffer ▷ n bluff m; (cliff) promontoire m, falaise f ▷ adj (person) bourru(e), brusque; **to call sb's ~** mettre qn au défi d'exécuter ses menaces
**blunder** ['blʌndəʳ] n gaffe f, bévue f ▷ vi faire une gaffe or une bévue; **to ~ into sb/sth** buter contre qn/qch
**blunt** [blʌnt] adj (knife) émoussé(e), peu tranchant(e); (pencil) mal taillé(e); (person) brusque, ne mâchant pas ses mots ▷ vt

émousser; **~ instrument** (Law) instrument contondant
**blur** [blə:ʳ] n (shape): **to become a ~** devenir flou ▷ vt brouiller, rendre flou(e)
**blurred** [blə:d] adj flou(e)
**blush** [blʌʃ] vi rougir ▷ n rougeur f
**blusher** ['blʌʃəʳ] n rouge m à joues
**blustery** ['blʌstərɪ] adj (weather) à bourrasques
**boar** [bɔ:ʳ] n sanglier m
**board** [bɔ:d] n (wooden) planche f; (on wall) panneau m; (for chess etc) plateau m; (cardboard) carton m; (committee) conseil m, comité m; (in firm) conseil d'administration; (Naut, Aviat): **on ~** à bord ▷ vt (ship) monter à bord de; (train) monter dans; **full ~** (Brit) pension complète; **half ~** (Brit) demi-pension f; **~ and lodging** n chambre f avec pension; **with ~ and lodging** logé nourri; **above ~** (fig) régulier(-ère); **across the ~** (fig: adv) systématiquement; (: adj) de portée générale; **to go by the ~** (hopes, principles) être abandonné(e); (be unimportant) compter pour rien, n'avoir aucune importance; **board up** vt (door) condamner (au moyen de planches, de tôle)
**boarder** ['bɔ:dəʳ] n pensionnaire m/f; (Scol) interne m/f, pensionnaire
**board game** n jeu m de société
**boarding card** ['bɔ:dɪŋ-] n (Aviat, Naut) carte f d'embarquement
**boarding house** ['bɔ:dɪŋ-] n pension f
**boarding pass** ['bɔ:dɪŋ-] n (Brit) = **boarding card**
**boarding school** ['bɔ:dɪŋ-] n internat m, pensionnat m
**board room** n salle f du conseil d'administration
**boast** [bəust] vi: **to ~ (about or of)** se vanter (de) ▷ vt s'enorgueillir de ▷ n vantardise f; sujet m d'orgueil or de fierté
**boat** [bəut] n bateau m; (small) canot m; barque f; **to go by ~** aller en bateau; **to be in the same ~** (fig) être logé à la même enseigne
**bob** [bɔb] vi (boat, cork on water: also: **~ up and down**) danser, se balancer ▷ n (Brit inf) = **shilling**; **bob up** vi surgir or apparaître brusquement
**bobby** ['bɔbɪ] n (Brit inf) ≈ agent m (de police)
**bobby pin** ['bɔbɪ-] n (US) pince f à cheveux
**bobsleigh** ['bɔbsleɪ] n bob m
**bode** [bəud] vi: **to ~ well/ill (for)** être de bon/ mauvais augure (pour)
**bodily** ['bɔdɪlɪ] adj corporel(le); (pain, comfort) physique; (needs) matériel(le) ▷ adv (carry, lift) dans ses bras
**body** ['bɔdɪ] n corps m; (of car) carrosserie f; (of plane) fuselage m; (also: **~ stocking**) body m, justaucorps m; (fig: society) organe m, organisme m; (: quantity) ensemble m, masse f; (of wine) corps m; **ruling ~** organe directeur; **in a ~** en masse, ensemble; (speak) comme un seul et même homme

**body-building** ['bɔdɪbɪldɪŋ] n body-building m, culturisme m

**bodyguard** ['bɔdɪgɑːd] n garde m du corps

**bodywork** ['bɔdɪwɜːk] n carrosserie f

**bog** [bɔg] n tourbière f ▷ vt: **to get ~ged down (in)** (fig) s'enliser (dans)

**bogus** ['bəʊgəs] adj bidon inv; fantôme

**boil** [bɔɪl] vt (faire) bouillir ▷ vi bouillir ▷ n (Med) furoncle m; **to come to the** or (US) **a ~** bouillir; **to bring to the** or (US) **a ~** porter à ébullition; **boil down** vi (fig): **to ~ down to** se réduire or ramener à; **boil over** vi déborder

**boiled egg** n œuf m à la coque

**boiler** ['bɔɪləʳ] n chaudière f

**boiling** ['bɔɪlɪŋ] adj: **I'm ~ (hot)** (inf) je crève de chaud

**boiling point** n point m d'ébullition

**boisterous** ['bɔɪstərəs] adj bruyant(e), tapageur(-euse)

**bold** [bəʊld] adj hardi(e), audacieux(-euse); (pej) effronté(e); (outline, colour) franc/franche, tranché(e), marqué(e)

**bollard** ['bɔləd] n (Naut) bitte f d'amarrage; (Brit Aut) borne lumineuse or de signalisation

**bolt** [bəʊlt] n verrou m; (with nut) boulon m ▷ adv: **~ upright** droit(e) comme un piquet ▷ vt (door) verrouiller; (food) engloutir ▷ vi se sauver, filer (comme une flèche); **a ~ from the blue** (horse) s'emballer; (fig) un coup de tonnerre dans un ciel bleu

**bomb** [bɔm] n bombe f ▷ vt bombarder

**bombard** [bɔm'bɑːd] vt bombarder

**bomb disposal** n: **~ unit** section f de déminage; **~ expert** artificier m

**bomber** ['bɔməʳ] n caporal m d'artillerie; (Aviat) bombardier m; (terrorist) poseur m de bombes

**bombing** ['bɔmɪŋ] n bombardement m

**bomb scare** n alerte f à la bombe

**bombshell** ['bɔmʃel] n obus m; (fig) bombe f

**bond** [bɔnd] n lien m; (binding promise) engagement m, obligation f; (Finance) obligation; **bonds** npl (chains) chaînes fpl; **in ~** (of goods) en entrepôt

**bondage** ['bɔndɪdʒ] n esclavage m

**bone** [bəʊn] n os m; (of fish) arête f ▷ vt désosser; ôter les arêtes de

**bone-dry** ['bəʊn'draɪ] adj absolument sec/sèche

**bone idle** adj fainéant(e)

**bone marrow** n moelle osseuse

**bonfire** ['bɔnfaɪəʳ] n feu m (de joie), (for rubbish) feu

**bonnet** ['bɔnɪt] n bonnet m; (Brit: of car) capot m

**bonus** ['bəʊnəs] n (money) prime f; (advantage) avantage m

**bony** ['bəʊnɪ] adj (arm, face: Med: tissue) osseux(-euse); (thin: person) squelettique; (meat) plein(e) d'os; (fish) plein d'arêtes

**boo** [buː] excl hou!, peuh! ▷ vt huer ▷ n huée f

**booby trap** ['buːbɪ-] n guet-apens m

**book** [buk] n livre m; (of stamps, tickets etc) carnet m; (Comm): **books** npl comptes mpl, comptabilité f ▷ vt (ticket) prendre; (seat, room) réserver; (driver) dresser un procès-verbal à; (football player) prendre le nom de, donner un carton à; **I ~ed a table in the name of ...** j'ai réservé une table au nom de ...; **to keep the ~s** tenir la comptabilité; **by the ~** à la lettre, selon les règles; **to throw the ~ at sb** passer un savon à qn; **book in** vi (Brit: at hotel) prendre sa chambre; **book up** vt réserver; **all seats are ~ed up** tout est pris, c'est complet; **the hotel is ~ed up** l'hôtel est complet

**bookcase** ['bukkeɪs] n bibliothèque f (meuble)

**booking** ['bukɪŋ] n (Brit) réservation f; **I confirmed my ~ by fax/email** j'ai confirmé ma réservation par fax/e-mail

**booking office** n (Brit) bureau m de location

**book-keeping** ['buk'kiːpɪŋ] n comptabilité f

**booklet** ['buklɪt] n brochure f

**bookmaker** ['bukmeɪkəʳ] n bookmaker m

**bookmark** ['bukmɑːk] n (for book) marque-page m; (Comput) signet m

**bookseller** ['bukseləʳ] n libraire m/f

**bookshelf** ['bukʃelf] n (single) étagère f (à livres); (bookcase) bibliothèque f; **bookshelves** rayons mpl (de bibliothèque)

**bookshop** ['bukʃɔp], **bookstore** ['bukstɔːʳ] n librairie f

**book store** n = **bookshop**

**boom** [buːm] n (noise) grondement m; (in prices, population) forte augmentation; (busy period) boom m, vague f de prospérité ▷ vi gronder; prospérer

**boon** [buːn] n bénédiction f, grand avantage

**boost** [buːst] n stimulant m, remontant m ▷ vt stimuler; **to give a ~ to sb's spirits** or **to sb** remonter le moral à qn

**booster** ['buːstəʳ] n (TV) amplificateur m (de signal); (Elec) survolteur m; (also: **~ rocket**) booster m; (Med: vaccine) rappel m

**boot** [buːt] n botte f; (for hiking) chaussure f (de marche); (ankle boot) bottine f; (Brit: of car) coffre m ▷ vt (Comput) lancer, mettre en route; **to ~** (in addition) par-dessus le marché, en plus; **to give sb the ~** (inf) flanquer qn dehors, virer qn

**booth** [buːð] n (at fair) baraque (foraine); (of telephone etc) cabine f; (also: **voting ~**) isoloir m

**booze** [buːz] (inf) n boissons fpl alcooliques, alcool m ▷ vi boire, picoler

**border** ['bɔːdəʳ] n bordure f; bord m; (of a country) frontière f; **the B~s** la région frontière entre l'Écosse et l'Angleterre; **border on** vt fus être voisin(e) de, toucher à

**borderline** ['bɔːdəlaɪn] n (fig) ligne f de démarcation ▷ adj: **~ case** cas m limite

**bore** [bɔːʳ] pt of **bear** ▷ vt (person) ennuyer, raser; (hole) percer; (well, tunnel) creuser ▷ n (*person*) raseur(-euse); (*boring thing*) barbe *f*; (*of gun*) calibre *m*

**bored** ['bɔːd] *adj*: **to be ~** s'ennuyer; **he's ~ to tears** *or* **to death** *or* **stiff** il s'ennuie à mourir

**boredom** ['bɔːdəm] *n* ennui *m*

**boring** ['bɔːrɪŋ] *adj* ennuyeux(-euse)

**born** [bɔːn] *adj*: **to be ~** naître; **I was ~ in 1960** je suis né en 1960; **~ blind** aveugle de naissance; **a ~ comedian** un comédien-né

**borne** [bɔːn] *pp of* **bear**

**borough** ['bʌrə] *n* municipalité *f*

**borrow** ['bɔrəu] *vt*: **to ~ sth (from sb)** emprunter qch (à qn); **may I ~ your car?** est-ce que je peux vous emprunter votre voiture?

**Bosnian** ['bɔznɪən] *adj* bosniaque, bosnien(ne) ▷ *n* Bosniaque *m/f*, Bosnien(ne)

**bosom** ['buzəm] *n* poitrine *f*; (*fig*) sein *m*

**boss** [bɔs] *n* patron(ne) ▷ *vt* (*also*: **~ about,** **~ around**) mener à la baguette

**bossy** ['bɔsɪ] *adj* autoritaire

**bosun** ['bəusn] *n* maître *m* d'équipage

**botany** ['bɔtənɪ] *n* botanique *f*

**botch** [bɔtʃ] *vt* (*also*: **~ up**) saboter, bâcler

**both** [bəuθ] *adj* les deux, l'un(e) et l'autre ▷ *pron*: **~ (of them)** les deux, tous/toutes (les) deux, l'un(e) et l'autre; **~ of us went, we ~ went** nous y sommes allés tous les deux ▷ *adv*: **~ A and B** A et B; **they sell ~ the fabric and the finished curtains** ils vendent (et) le tissu et les rideaux (finis), ils vendent à la fois le tissu et les rideaux (finis)

**bother** ['bɔðə'] *vt* (*worry*) tracasser; (*needle, bait*) importuner, ennuyer; (*disturb*) déranger ▷ *vi* (*also*: **~ o.s.**) se tracasser, se faire du souci ▷ *n* (*trouble*) ennuis *mpl*; **it is a ~ to have to do** c'est vraiment ennuyeux d'avoir à faire ▷ *excl* zut!; **to ~ doing** prendre la peine de faire; **I'm sorry to ~ you** excusez-moi de vous déranger; **please don't ~** ne vous dérangez pas; **don't ~** ce n'est pas la peine; **it's no ~** aucun problème

**bottle** ['bɔtl] *n* bouteille *f*; (*baby's*) biberon *m*; (*of perfume, medicine*) flacon *m* ▷ *vt* mettre en bouteille(s); **~ of wine/milk** bouteille de vin/ lait; **wine/milk ~** bouteille à vin/lait; **bottle up** *vt* refouler, contenir

**bottle bank** *n* conteneur *m* (de bouteilles)

**bottleneck** ['bɔtlnɛk] *n* (*in traffic*) bouchon *m*; (*in production*) goulet *m* d'étranglement

**bottle-opener** ['bɔtləupnə'] *n* ouvre-bouteille *m*

**bottom** ['bɔtəm] *n* (*of container, sea etc*) fond *m*; (*buttocks*) derrière *m*; (*of page, list*) bas *m*; (*of chair*) siège *m*; (*of mountain, tree, hill*) pied *m* ▷ *adj* (*shelf, step*) du bas; **to get to the ~ of sth** (*fig*) découvrir le fin fond de qch

**bough** [bau] *n* branche *f*, rameau *m*

**bought** [bɔːt] *pt, pp of* **buy**

**boulder** ['bəuldə'] *n* gros rocher (*gén lisse, arrondi*)

**bounce** [bauns] *vi* (*ball*) rebondir; (*cheque*) être refusé (*étant sans provision*); (*also*: **to ~ forward/out etc**) bondir, s'élancer ▷ *vt* faire rebondir ▷ *n* (*rebound*) rebond *m*; **he's got plenty of ~** (*fig*) il est plein d'entrain *or* d'allant

**bouncer** ['baunsə'] *n* (*inf*: *at dance, club*) videur *m*

**bound** [baund] *pt, pp of* **bind** ▷ *n* (*gen pl*) limite *f*; (*leap*) bond *m* ▷ *vi* (*leap*) bondir ▷ *vt* (*limit*) borner ▷ *adj*: **to be ~ to do sth** (*obliged*) être obligé(e) ou avoir obligation de faire qch; **he's ~ to fail** (*likely*) il est sûr d'échouer, son échec est inévitable *or* assuré; **~ by** (*law, regulation*) engagé(e) par; **~ for** à destination de; **out of ~s** dont l'accès est interdit

**boundary** ['baundrɪ] *n* frontière *f*

**bouquet** ['bukeɪ] *n* bouquet *m*

**bourbon** ['buəbən] *n* (*US: also*: **~ whiskey**) bourbon *m*

**bout** [baut] *n* période *f*; (*of malaria etc*) accès *m*, crise *f*, attaque *f*; (*Boxing etc*) combat *m*, match *m*

**boutique** [buːˈtiːk] *n* boutique *f*

**bow**[1] [bəu] *n* nœud *m*; (*weapon*) arc *m*; (*Mus*) archet *m*

**bow**[2] [bau] *n* (*with body*) révérence *f*, inclination *f* (du buste *or* corps); (*Naut: also*: **~s**) proue *f* ▷ *vi* faire une révérence, s'incliner; (*yield*): **to ~ to** *or* **before** s'incliner devant, se soumettre à; **to ~ to the inevitable** accepter l'inévitable *or* l'inéluctable

**bowels** [bauəlz] *npl* intestins *mpl*; (*fig*) entrailles *fpl*

**bowl** [bəul] *n* (*for eating*) bol *m*; (*for washing*) cuvette *f*; (*ball*) boule *f*; (*of pipe*) fourneau *m* ▷ *vi* (*Cricket*) lancer (la balle); **bowl over** *vt* (*fig*) renverser

**bow-legged** ['bəuˈlɛgɪd] *adj* aux jambes arquées

**bowler** ['bəulə'] *n* joueur *m* de boules; (*Cricket*) lanceur *m* (de la balle); (*Brit: also*: **~ hat**) (chapeau *m*) melon *m*

**bowling** ['bəulɪŋ] *n* (*game*) jeu *m* de boules, jeu de quilles

**bowling alley** *n* bowling *m*

**bowling green** *n* terrain *m* de boules (*gazonné et carré*)

**bowls** [bəulz] *n* (*jeu m de*) boules *fpl*

**bow tie** [bəu-] *n* nœud *m* papillon

**box** [bɔks] *n* boîte *f*; (*also*: **cardboard ~**) carton *m*; (*crate*) caisse *f*; (*Theat*) loge *f* ▷ *vt* mettre en boîte; (*Sport*) boxer avec ▷ *vi* boxer, faire de la boxe

**boxer** ['bɔksə'] *n* (*person*) boxeur *m*; (*dog*) boxer *m*

**boxer shorts** *npl* caleçon *m*

**boxing** ['bɔksɪŋ] *n* (*sport*) boxe *f*

**Boxing Day** *n* (*Brit*) le lendemain de Noël; *voir article*

● **BOXING DAY**

*Boxing Day* est le lendemain de Noël, férié en Grande-Bretagne. Ce nom vient d'une coutume du XIXe siècle qui consistait à donner des cadeaux de Noël (dans des boîtes) à ses employés etc le 26 décembre.

**boxing gloves** *npl* gants *mpl* de boxe
**boxing ring** *n* ring *m*
**box office** *n* bureau *m* de location
**box room** *n* débarras *m*; chambrette *f*
**boy** [bɔɪ] *n* garçon *m*
**boy band** *n* boys band *m*
**boycott** ['bɔɪkɔt] *n* boycottage *m* ▷ *vt* boycotter
**boyfriend** ['bɔɪfrɛnd] *n* (petit) ami
**boyish** ['bɔɪɪʃ] *adj* d'enfant, de garçon; **to look ~** (*man: appear youthful*) faire jeune
**BR** *abbr* = **British Rail**
**bra** [brɑː] *n* soutien-gorge *m*
**brace** [breɪs] *n* (*support*) attache *f*, agrafe *f*; (*Brit: also:* **~s:** *on teeth*) appareil *m* (dentaire); (*tool*) vilebrequin *m*; (*Typ: also:* **~ bracket**) accolade *f* ▷ *vt* (*support*) consolider, soutenir; **braces** *npl* (*Brit: for trousers*) bretelles *fpl*; **to ~ o.s.** (*fig*) se préparer mentalement
**bracelet** ['breɪslɪt] *n* bracelet *m*
**bracing** ['breɪsɪŋ] *adj* tonifiant(e), tonique
**bracket** ['brækɪt] *n* (*Tech*) tasseau *m*, support *m*; (*group*) classe *f*, tranche *f*; (*also:* **brace ~**) accolade *f*; (*also:* **round ~**) parenthèse *f*; (*also:* **square ~**) crochet *m* ▷ *vt* mettre entre parenthèses; (*fig: also:* **~ together**) regrouper; **income ~** tranche *f* des revenus; **in ~s** entre parenthèses *or* crochets
**brag** [bræg] *vi* se vanter
**braid** [breɪd] *n* (*trimming*) galon *m*; (*of hair*) tresse *f*, natte *f*
**brain** [breɪn] *n* cerveau *m*; **brains** *npl* (*intellect, food*) cervelle *f*; **he's got ~s** il est intelligent
**brainwash** ['breɪnwɔʃ] *vt* faire subir un lavage de cerveau à
**brainwave** ['breɪnweɪv] *n* idée *f* de génie
**brainy** ['breɪnɪ] *adj* intelligent(e), doué(e)
**braise** [breɪz] *vt* braiser
**brake** [breɪk] *n* frein *m* ▷ *vt, vi* freiner
**brake light** *n* feu *m* de stop
**bran** [bræn] *n* son *m*
**branch** [brɑːntʃ] *n* branche *f*; (*Comm*) succursale *f*; (*: of bank*) agence *f*; (*of association*) section locale *f* ▷ *vi* bifurquer; **branch off** *vi* (*road*) bifurquer; **branch out** *vi* diversifier ses activités; **to ~ out into** étendre ses activités à
**brand** [brænd] *n* marque (commerciale) ▷ *vt* (*cattle*) marquer (au fer rouge); (*fig: pej*): **to ~ sb a communist** *etc* traiter *or* qualifier qn de communiste *etc*
**brand name** *n* nom *m* de marque
**brand-new** ['brænd'njuː] *adj* tout(e) neuf/neuve, flambant neuf/neuve
**brandy** ['brændɪ] *n* cognac *m*, fine *f*

**brash** [bræʃ] *adj* effronté(e)
**brass** [brɑːs] *n* cuivre *m* (jaune), laiton *m*; **the ~** (*Mus*) les cuivres
**brass band** *n* fanfare *f*
**brat** [bræt] *n* (*pej*) mioche *m/f*, môme *m/f*
**brave** [breɪv] *adj* courageux(-euse), brave ▷ *n* guerrier indien ▷ *vt* braver, affronter
**bravery** ['breɪvərɪ] *n* bravoure *f*, courage *m*
**brawl** [brɔːl] *n* rixe *f*, bagarre *f* ▷ *vi* se bagarrer
**brazen** ['breɪzn] *adj* impudent(e), effronté(e) ▷ *vt*: **to ~ it out** payer d'effronterie, crâner
**brazier** ['breɪzɪəʳ] *n* brasero *m*
**Brazil** [brə'zɪl] *n* Brésil *m*
**Brazilian** [brə'zɪljən] *adj* brésilien(ne) ▷ *n* Brésilien(ne)
**breach** [briːtʃ] *vt* ouvrir une brèche dans ▷ *n* (*gap*) brèche *f*; (*estrangement*) brouille *f*; (*breaking*): **~ of contract** rupture *f* de contrat; **~ of the peace** attentat *m* à l'ordre public; **~ of trust** abus *m* de confiance
**bread** [brɛd] *n* pain *m*; (*inf: money*) fric *m*; **~ and butter** *n* tartines (beurrées); (*fig*) subsistance *f*; **to earn one's daily ~** gagner son pain; **to know which side one's ~ is buttered (on)** savoir où est son avantage *or* intérêt
**breadbin** ['brɛdbɪn] *n* (*Brit*) boîte *f* or huche *f* à pain
**breadbox** ['brɛdbɔks] *n* (*US*) boîte *f* or huche *f* à pain
**breadcrumbs** ['brɛdkrʌmz] *npl* miettes *fpl* de pain; (*Culin*) chapelure *f*, panure *f*
**breadline** ['brɛdlaɪn] *n*: **to be on the ~** être sans le sou or dans l'indigence
**breadth** [brɛtθ] *n* largeur *f*
**breadwinner** ['brɛdwɪnəʳ] *n* soutien *m* de famille
**break** [breɪk] (*pt* **broke**, *pp* **broken**) [brəuk, 'brəukən] *vt* casser, briser; (*promise*) rompre; (*law*) violer ▷ *vi* se casser, se briser; (*weather*) tourner; (*storm*) éclater; (*day*) se lever ▷ *n* (*gap*) brèche *f*; (*fracture*) cassure *f*; (*rest*) interruption *f*, arrêt *m*; (*: short*) pause *f*; (*: at school*) récréation *f*; (*chance*) chance *f*, occasion *f* favorable; **to ~ one's leg** *etc* se casser la jambe *etc*; **to ~ a record** battre un record; **to ~ the news to sb** annoncer la nouvelle à qn; **to ~ with sb** rompre avec qn; **to ~ even** *vi* rentrer dans ses frais; **to ~ free** *or* **loose** *vi* se dégager, s'échapper; **to take a ~** (*few minutes*) faire une pause, s'arrêter cinq minutes; (*holiday*) prendre un peu de repos; **without a ~** sans interruption, sans arrêt; **break down** *vt* (*door etc*) enfoncer; (*resistance*) venir à bout de; (*figures, data*) décomposer, analyser ▷ *vi* s'effondrer; (*Med*) faire une dépression (nerveuse); (*Aut*) tomber en panne; **my car has broken down** ma voiture est en panne; **break in** *vt* (*horse etc*) dresser ▷ *vi* (*burglar*) entrer par effraction; (*interrupt*) interrompre; **break into** *vt fus* (*house*) s'introduire *or* pénétrer par effraction dans; **break off** *vi*

(speaker) s'interrompre; (branch) se rompre ▷ vt (talks, engagement) rompre; **break open** vt (door etc) forcer, fracturer; **break out** vi éclater, se déclarer; (prisoner) s'évader; **to ~ out in spots** se couvrir de boutons; **break through** vi: **the sun broke through** le soleil a fait son apparition ▷ vt fus (defences, barrier) franchir; (crowd) se frayer un passage à travers; **break up** vi (partnership) cesser, prendre fin; (marriage) se briser; (crowd, meeting) se séparer; (ship) se disloquer; (Scol: pupils) être en vacances; (line) couper; **the line's** or **you're ~ing up** ça coupe ▷ vt fracasser, casser; (fight etc) interrompre, faire cesser; (marriage) désunir

**breakage** ['breɪkɪdʒ] n casse f; **to pay for ~s** payer la casse

**breakdown** ['breɪkdaʊn] n (Aut) panne f; (in communications, marriage) rupture f; (Med: also: **nervous ~**) dépression (nerveuse); (of figures) ventilation f, répartition f

**breakdown truck**, (US) **breakdown van** n dépanneuse f

**breaker** ['breɪkə<sup>r</sup>] n brisant m

**breakfast** ['brɛkfəst] n petit déjeuner m; **what time is ~?** le petit déjeuner est à quelle heure?

**break-in** ['breɪkɪn] n cambriolage m

**breaking and entering** n (Law) effraction f

**breakthrough** ['breɪkθruː] n percée f

**breakwater** ['breɪkwɔːtə<sup>r</sup>] n brise-lames m inv, digue f

**breast** [brɛst] n (of woman) sein m; (chest) poitrine f; (of chicken, turkey) blanc m

**breast-feed** ['brɛstfiːd] vt, vi (irreg like: **feed**) allaiter

**breast-stroke** ['brɛststrəʊk] n brasse f

**breath** [brɛθ] n haleine f, souffle m; **to go out for a ~ of air** sortir prendre l'air; **to take a deep ~** respirer à fond; **out of ~** à bout de souffle, essoufflé(e)

**Breathalyser®** ['brɛθəlaɪzə<sup>r</sup>] (Brit) n alcootest m

**breathe** [briːð] vt, vi respirer; **I won't ~ a word about it** je n'en soufflerai pas mot, je n'en dirai rien à personne; **breathe in** vi inspirer ▷ vt aspirer; **breathe out** vt, vi expirer

**breather** ['briːðə<sup>r</sup>] n moment m de repos or de répit

**breathing** ['briːðɪŋ] n respiration f

**breathless** ['brɛθlɪs] adj essoufflé(e), haletant(e), oppressé(e); **~ with excitement** le souffle coupé par l'émotion

**breathtaking** ['brɛθteɪkɪŋ] adj stupéfiant(e), à vous couper le souffle

**breath test** n alcootest m

**bred** [brɛd] pt, pp of **breed**

**breed** [briːd] (pt, pp **bred**) [brɛd] vt élever, faire l'élevage de; (fig: hate, suspicion) engendrer ▷ vi se reproduire ▷ n race f, variété f

**breeding** ['briːdɪŋ] n reproduction f; élevage m; (upbringing) éducation f

**breeze** [briːz] n brise f

**breezy** ['briːzɪ] adj (day, weather) venteux(-euse); (manner) désinvolte; (person) jovial(e)

**brevity** ['brɛvɪtɪ] n brièveté f

**brew** [bruː] vt (tea) faire infuser; (beer) brasser; (plot) tramer, préparer ▷ vi (tea) infuser; (beer) fermenter; (fig) se préparer, couver

**brewery** ['bruːərɪ] n brasserie f (fabrique)

**bribe** [braɪb] n pot-de-vin m ▷ vt acheter; soudoyer; **to ~ sb to do sth** soudoyer qn pour qu'il fasse qch

**bribery** ['braɪbərɪ] n corruption f

**bric-a-brac** ['brɪkəbræk] n bric-à-brac m

**brick** [brɪk] n brique f

**bricklayer** ['brɪkleɪə<sup>r</sup>] n maçon m

**bridal** ['braɪdl] adj nuptial(e); **~ party** noce f

**bride** [braɪd] n mariée f, épouse f

**bridegroom** ['braɪdgruːm] n marié m, époux m

**bridesmaid** ['braɪdzmeɪd] n demoiselle f d'honneur

**bridge** [brɪdʒ] n pont m; (Naut) passerelle f (de commandement); (of nose) arête f; (Cards, Dentistry) bridge m ▷ vt (river) construire un pont sur; (gap) combler

**bridle** ['braɪdl] n bride f ▷ vt refréner, mettre la bride à; (horse) brider

**bridle path** n piste or allée cavalière

**brief** [briːf] adj bref/brève ▷ n (Law) dossier m, cause f; (gen) tâche f ▷ vt mettre au courant; (Mil) donner des instructions à; **briefs** npl slip m; **in ~ ...** (en) bref ...

**briefcase** ['briːfkeɪs] n serviette f; porte-documents m inv

**briefing** ['briːfɪŋ] n instructions fpl; (Press) briefing m

**briefly** ['briːflɪ] adv brièvement; (visit) en coup de vent; **to glimpse ~** entrevoir

**brigadier** [brɪgə'dɪə<sup>r</sup>] n brigadier général

**bright** [braɪt] adj brillant(e); (room, weather) clair(e); (person: clever) intelligent(e), doué(e); (: cheerful) gai(e); (idea) génial(e); (colour) vif/vive; **to look on the ~ side** regarder le bon côté des choses

**brighten** ['braɪtn] (also: **~ up**) vt (room) éclaircir; égayer ▷ vi s'éclaircir; (person) retrouver un peu de sa gaieté

**brilliance** ['brɪljəns] n éclat m; (fig: of person) brio m

**brilliant** ['brɪljənt] adj brillant(e); (light, sunshine) éclatant(e); (inf: great) super

**brim** [brɪm] n bord m

**brine** [braɪn] n eau salée; (Culin) saumure f

**bring** (pt, pp **brought**) [brɪŋ, brɔːt] vt (thing) apporter; (person) amener; **to ~ sth to an end** mettre fin à qch; **I can't ~ myself to fire him** je ne peux me résoudre à le mettre à la porte; **bring about** vt provoquer, entraîner;

**bring back** vt rapporter; (*person*) ramener;
**bring down** vt (*lower*) abaisser; (*shoot down*)
abattre; (*government*) faire s'effondrer; **bring
forward** vt avancer; (*Book-keeping*) reporter;
**bring in** vt (*person*) faire entrer; (*object*)
rentrer; (*Pol: legislation*) introduire; (*Law:
verdict*) rendre; (*produce: income*) rapporter;
**bring off** vt (*task, plan*) réussir, mener à bien;
(*deal*) mener à bien; **bring on** vt (*illness, attack*)
provoquer; (*player, substitute*) amener; **bring
out** vt sortir; (*meaning*) faire ressortir, mettre
en relief; (*new product, book*) sortir; **bring
round, bring to** vt (*unconscious person*)
ranimer; **bring up** vt élever; (*carry up*)
monter; (*question*) soulever; (*food: vomit*)
vomir, rendre
**brink** [brɪŋk] n bord m; **on the ~ of doing** sur
le point de faire, à deux doigts de faire; **she
was on the ~ of tears** elle était au bord des
larmes
**brisk** [brɪsk] adj vif/vive; (*abrupt*) brusque;
(*trade etc*) actif(-ive); **to go for a ~ walk** se
promener d'un bon pas; **business is ~** les
affaires marchent bien
**bristle** ['brɪsl] n poil m ▷ vi se hérisser;
**bristling with** hérissé(e) de
**Brit** [brɪt] n abbr (*inf: = British person*)
Britannique m/f
**Britain** ['brɪtən] n (*also:* **Great ~**) la Grande-
Bretagne; **in ~** en Grande-Bretagne
**British** ['brɪtɪʃ] adj britannique ▷ npl: **the ~**
les Britanniques mpl
**British Isles** npl: **the ~** les îles fpl
Britanniques
**British Rail** n compagnie ferroviaire britannique,
≈ SNCF f
**Briton** ['brɪtən] n Britannique m/f
**Brittany** ['brɪtənɪ] n Bretagne f
**brittle** ['brɪtl] adj cassant(e), fragile
**broach** [brəʊtʃ] vt (*subject*) aborder
**B road** n (*Brit*) ≈ route départementale
**broad** [brɔːd] adj large; (*distinction*) général(e);
(*accent*) prononcé(e) ▷ n (*US inf*) nana f; **~ hint**
allusion transparente; **in ~ daylight** en plein
jour; **the ~ outlines** les grandes lignes
**broadband** ['brɔːdbænd] n transmission f à
haut débit
**broad bean** n fève f
**broadcast** ['brɔːdkɑːst] (*pt, pp* broadcast) n
émission f ▷ vt (*Radio*) radiodiffuser; (*TV*)
téléviser ▷ vi émettre
**broaden** ['brɔːdn] vt élargir; **to ~ one's mind**
élargir ses horizons ▷ vi s'élargir
**broadly** ['brɔːdlɪ] adv en gros, généralement
**broad-minded** ['brɔːd'maɪndɪd] adj large
d'esprit
**broccoli** ['brɔkəlɪ] n brocoli m
**brochure** ['brəʊʃjuəʳ] n prospectus m,
dépliant m
**broil** [brɔɪl] (*US*) vt rôtir
**broke** [brəʊk] pt of **break** ▷ adj (*inf*) fauché(e);
**to go ~** (*business*) faire faillite

**broken** ['brəʊkn] pp of **break** ▷ adj (*stick, leg
etc*) cassé(e); (*machine: also:* **~ down**) fichu(e);
(*promise, vow*) rompu(e); **a ~ marriage** un
couple dissocié; **a ~ home** un foyer désuni; **in
~ French/English** dans un français/anglais
approximatif or hésitant
**broken-hearted** ['brəʊkn'hɑːtɪd] adj (ayant)
le cœur brisé
**broker** ['brəʊkəʳ] n courtier m
**brolly** ['brɒlɪ] n (*Brit inf*) pépin m, parapluie m
**bronchitis** [brɔŋ'kaɪtɪs] n bronchite f
**bronze** [brɔnz] n bronze m
**brooch** [brəʊtʃ] n broche f
**brood** [bruːd] n couvée f ▷ vi (*hen, storm*)
couver; (*person*) méditer (sombrement),
ruminer
**broom** [brum] n balai m; (*Bot*) genêt m
**broomstick** ['brumstɪk] n manche m à balai
**Bros.** abbr (*Comm: = brothers*) Frères
**broth** [brɔθ] n bouillon m de viande et de
légumes
**brothel** ['brɔθl] n maison close, bordel m
**brother** ['brʌðəʳ] n frère m
**brother-in-law** ['brʌðərɪn'lɔːʳ] n
beau-frère m
**brought** [brɔːt] pt, pp of **bring**
**brow** [braʊ] n front m; (*rare: gen: eyebrow*)
sourcil m; (*of hill*) sommet m
**brown** [braʊn] adj brun(e), marron inv; (*hair*)
châtain inv; (*tanned*) bronzé(e); (*rice, bread,
flour*) complet(-ète) ▷ n (*colour*) brun m,
marron m ▷ vt brunir; (*Culin*) faire dorer,
faire roussir; **to go ~** (*person*) bronzer; (*leaves*)
jaunir
**brown bread** n pain m bis
**Brownie** ['braʊnɪ] n jeannette f éclaireuse
(cadette)
**brown paper** n papier m d'emballage, papier
kraft
**brown rice** n riz m complet
**brown sugar** n cassonade f
**browse** [braʊz] vi (*in shop*) regarder (*sans
acheter*); (*among books*) bouquiner, feuilleter
les livres; (*animal*) paître; **to ~ through a
book** feuilleter un livre
**browser** ['braʊzəʳ] n (*Comput*) navigateur m
**bruise** [bruːz] n bleu m, ecchymose f,
contusion f ▷ vt contusionner, meurtrir ▷ vi
(*fruit*) se taler, se meurtrir; **to ~ one's arm** se
faire un bleu au bras
**brunette** [bruː'nɛt] n (femme) brune
**brunt** [brʌnt] n: **the ~ of** (*attack, criticism etc*) le
plus gros de
**brush** [brʌʃ] n brosse f; (*for painting*)
pinceau m; (*for shaving*) blaireau m; (*quarrel*)
accrochage m, prise f de bec ▷ vt brosser;
(*also:* **~ past, ~ against**) effleurer, frôler;
**to have a ~ with sb** s'accrocher avec qn;
**to have a ~ with the police** avoir maille à
partir avec la police; **brush aside** vt écarter,
balayer; **brush up** vt (*knowledge*) rafraîchir,
réviser

**brushwood** [ˈbrʌʃwud] n broussailles fpl, taillis m

**Brussels** [ˈbrʌslz] n Bruxelles

**Brussels sprout** n chou m de Bruxelles

**brutal** [ˈbruːtl] adj brutal(e)

**brute** [bruːt] n brute f ▷ adj: **by ~ force** par la force

**B.Sc.** n abbr = **Bachelor of Science**

**BSE** n abbr (= bovine spongiform encephalopathy) ESB f, BSE f

**bubble** [ˈbʌbl] n bulle f ▷ vi bouillonner, faire des bulles; (sparkle, fig) pétiller

**bubble bath** n bain moussant

**bubble gum** n chewing-gum m

**bubblejet printer** [ˈbʌbldʒet-] n imprimante f à bulle d'encre

**buck** [bʌk] n mâle m (d'un lapin, lièvre, daim etc); (US inf) dollar m ▷ vi ruer, lancer une ruade; **to pass the ~ (to sb)** se décharger de la responsabilité (sur qn); **buck up** vi (cheer up) reprendre du poil de la bête, se remonter ▷ vt: **to ~ one's ideas up** se reprendre

**bucket** [ˈbʌkɪt] n seau m ▷ vi (Brit inf): **the rain is ~ing (down)** il pleut à verse

**Buckingham Palace** [ˈbʌkɪŋhəm-] n le palais de Buckingham; voir article

● **BUCKINGHAM PALACE**
●
● Buckingham Palace est la résidence officielle
● londonienne du souverain britannique
● depuis 1762. Construit en 1703, il fut à
● l'origine le palais du duc de Buckingham.
● Il a été partiellement reconstruit au
● début du XXe siècle.

**buckle** [ˈbʌkl] n boucle f ▷ vt (belt etc) boucler, attacher ▷ vi (warp) tordre, gauchir; (: wheel) se voiler; **buckle down** vi s'y mettre

**bud** [bʌd] n bourgeon m; (of flower) bouton m ▷ vi bourgeonner; (flower) éclore

**Buddhism** [ˈbudɪzəm] n bouddhisme m

**Buddhist** [ˈbudɪst] adj bouddhiste ▷ n Bouddhiste m/f

**budding** [ˈbʌdɪŋ] adj (flower) en bouton; (poet etc) en herbe; (passion etc) naissant(e)

**buddy** [ˈbʌdɪ] n (US) copain m

**budge** [bʌdʒ] vt faire bouger ▷ vi bouger

**budgerigar** [ˈbʌdʒərɪɡɑːʳ] n perruche f

**budget** [ˈbʌdʒɪt] n budget m ▷ vi: **to ~ for sth** inscrire qch au budget; **I'm on a tight ~** je dois faire attention à mon budget

**budgie** [ˈbʌdʒɪ] n = **budgerigar**

**buff** [bʌf] adj (couleur f) chamois m ▷ n (inf: enthusiast) mordu(e)

**buffalo** [ˈbʌfələu] (pl **buffalo** or **buffaloes**) n (Brit) buffle m; (US) bison m

**buffer** [ˈbʌfəʳ] n tampon m; (Comput) mémoire f tampon ▷ vti (Comput) mettre en mémoire tampon

**buffering** [ˈbʌfərɪŋ] n (Comput) mise f en mémoire tampon

**buffet** n [ˈbufeɪ] (food Brit: bar) buffet m ▷ vt [ˈbʌfɪt] gifler, frapper; secouer, ébranler

**buffet car** n (Brit Rail) voiture-bar f

**bug** [bʌg] n (bedbug etc) punaise f; (esp US: any insect) insecte m, bestiole f; (fig: germ) virus m, microbe m; (spy device) dispositif m d'écoute (électronique), micro clandestin; (Comput: of program) erreur f; (: of equipment) défaut m ▷ vt (room) poser des micros dans; (inf: annoy) embêter; **I've got the travel ~** (fig) j'ai le virus du voyage

**buggy** [ˈbʌgɪ] n poussette f

**bugle** [ˈbjuːgl] n clairon m

**build** [bɪld] n (of person) carrure f, charpente f ▷ vt (pt, pp **built**) [bɪlt] construire, bâtir; **build on** vt fus (fig) tirer parti de, partir de; **build up** vt accumuler, amasser; (business) développer; (reputation) bâtir

**builder** [ˈbɪldəʳ] n entrepreneur m

**building** [ˈbɪldɪŋ] n (trade) construction f; (structure) bâtiment m, construction; (: residential, offices) immeuble m

**building site** n chantier m (de construction)

**building society** n (Brit) société f de crédit immobilier; voir article

● **BUILDING SOCIETY**
●
● Une building society est une mutuelle dont
● les épargnants et emprunteurs sont les
● propriétaires. Ces mutuelles offrent deux
● services principaux: on peut y avoir un
● compte d'épargne duquel on peut retirer
● son argent sur demande ou moyennant
● un court préavis et on peut également y
● faire des emprunts à long terme, par
● exemple pour acheter une maison. Les
● building societies ont eu jusqu'en 1985 le
● quasi-monopole des comptes d'épargne
● et des prêts immobiliers, mais les
● banques ont maintenant une part
● importante de ce marché.

**built** [bɪlt] pt, pp of **build**

**built-in** [ˈbɪltˈɪn] adj (cupboard) encastré(e); (device) incorporé(e); intégré(e)

**built-up** [ˈbɪltˈʌp] adj: **~ area** agglomération (urbaine); zone urbanisée

**bulb** [bʌlb] n (Bot) bulbe m, oignon m; (Elec) ampoule f

**Bulgaria** [bʌlˈgeərɪə] n Bulgarie f

**Bulgarian** [bʌlˈgeərɪən] adj bulgare ▷ n Bulgare m/f; (Ling) bulgare m

**bulge** [bʌldʒ] n renflement m, gonflement m; (in birth rate, sales) brusque augmentation f ▷ vi faire saillie; présenter un renflement; (pocket, file): **to be bulging with** être plein(e) à craquer de

**bulimia** [bəˈlɪmɪə] n boulimie f

**bulimic** [bjuːˈlɪmɪk] adj, n boulimique m/f

**bulk** [bʌlk] *n* masse *f*, volume *m*; **in ~** (*Comm*) en gros, en vrac; **the ~ of** la plus grande *or* grosse partie de

**bulky** ['bʌlkɪ] *adj* volumineux(-euse), encombrant(e)

**bull** [bul] *n* taureau *m*; (*male elephant, whale*) mâle *m*; (*Stock Exchange*) haussier *m*; (*Rel*) bulle *f*

**bulldog** ['buldɔg] *n* bouledogue *m*

**bulldozer** ['buldəuzəʳ] *n* bulldozer *m*

**bullet** ['bulɪt] *n* balle *f* (*de fusil etc*)

**bulletin** ['bulɪtɪn] *n* bulletin *m*, communiqué *m*; (*also*: **news ~**) (bulletin d')informations *fpl*

**bulletin board** *n* (*Comput*) messagerie *f* (électronique)

**bulletproof** ['bulɪtpruːf] *adj* à l'épreuve des balles; **~ vest** gilet *m* pare-balles

**bullfight** ['bulfaɪt] *n* corrida *f*, course *f* de taureaux

**bullfighter** ['bulfaɪtəʳ] *n* torero *m*

**bullfighting** ['bulfaɪtɪŋ] *n* tauromachie *f*

**bullion** ['buljən] *n* or *m* or argent *m* en lingots

**bullock** ['bulək] *n* bœuf *m*

**bullring** ['bulrɪŋ] *n* arène *f*

**bull's-eye** ['bulzaɪ] *n* centre *m* (*de la cible*)

**bully** ['bulɪ] *n* brute *f*, tyran *m* ▷ *vt* tyranniser, rudoyer; (*frighten*) intimider

**bum** [bʌm] *n* (*inf: Brit: backside*) derrière *m*; (: *esp US: tramp*) vagabond(e), traîne-savates *m/f inv*; (: *idler*) glandeur *m*; **bum around** *vi* (*inf*) vagabonder

**bumblebee** ['bʌmblbiː] *n* bourdon *m*

**bump** [bʌmp] *n* (*blow*) coup *m*, choc *m*; (*jolt*) cahot *m*; (*on road etc, on head*) bosse *f* ▷ *vt* heurter, cogner; (*car*) emboutir; **bump along** *vi* avancer en cahotant; **bump into** *vt fus* rentrer dans, tamponner; (*inf: meet*) tomber sur

**bumper** ['bʌmpəʳ] *n* pare-chocs *m inv* ▷ *adj*: **~ crop/harvest** récolte/moisson exceptionnelle

**bumper cars** *npl* (US) autos tamponneuses

**bumpy** ['bʌmpɪ] *adj* (*road*) cahoteux(-euse); **it was a ~ flight/ride** on a été secoués dans l'avion/la voiture

**bun** [bʌn] *n* (*cake*) petit gâteau; (*bread*) petit pain au lait; (*of hair*) chignon *m*

**bunch** [bʌntʃ] *n* (*of flowers*) bouquet *m*; (*of keys*) trousseau *m*; (*of bananas*) régime *m*; (*of people*) groupe *m*; **bunches** *npl* (*in hair*) couettes *fpl*; **~ of grapes** grappe *f* de raisin

**bundle** ['bʌndl] *n* paquet *m* ▷ *vt* (*also*: **~ up**) faire un paquet de; (*put*): **to ~ sth/sb into** fourrer *or* enfourner qch/qn dans; **bundle off** *vt* (*person*) faire sortir (en toute hâte); expédier; **bundle out** *vt* éjecter, sortir (sans ménagements)

**bungalow** ['bʌŋgələu] *n* bungalow *m*

**bungee jumping** ['bʌndʒiː'dʒʌmpɪŋ] *n* saut *m* à l'élastique

**bungle** ['bʌŋgl] *vt* bâcler, gâcher

**bunion** ['bʌnjən] *n* oignon *m* (*au pied*)

**bunk** [bʌŋk] *n* couchette *f*; (*Brit inf*): **to do a ~** mettre les bouts *or* les voiles; **bunk off** *vi* (*Brit inf: Scol*) sécher (les cours); **I'll ~ off at 3 o'clock this afternoon** je vais mettre les bouts *or* les voiles à 3 heures cet après-midi

**bunk beds** *npl* lits superposés

**bunker** ['bʌŋkəʳ] *n* (*coal store*) soute *f* à charbon; (*Mil, Golf*) bunker *m*

**bunny** ['bʌnɪ] *n* (*also*: **~ rabbit**) lapin *m*

**bunting** ['bʌntɪŋ] *n* pavoisement *m*, drapeaux *mpl*

**buoy** [bɔɪ] *n* bouée *f*; **buoy up** *vt* faire flotter; (*fig*) soutenir, épauler

**buoyant** ['bɔɪənt] *adj* (*ship*) flottable; (*carefree*) gai(e), plein(e) d'entrain; (*Comm: market, economy*) actif(-ive); (: *prices, currency*) soutenu(e)

**burden** ['bəːdn] *n* fardeau *m*, charge *f* ▷ *vt* charger; (*oppress*) accabler, surcharger; **to be a ~ to sb** être un fardeau pour qn

**bureau** (*pl* **bureaux**) ['bjuərəu, -z] *n* (*Brit: writing desk*) bureau *m*, secrétaire *m*; (*US: chest of drawers*) commode *f*; (*office*) bureau, office *m*

**bureaucracy** [bjuə'rɔkrəsɪ] *n* bureaucratie *f*

**bureaucrat** ['bjuərəkræt] *n* bureaucrate *m/f*, rond-de-cuir *m*

**bureau de change** [-də'ʃɑ̃ʒ] (*pl* **bureaux de change**) *n* bureau *m* de change

**bureaux** ['bjuərəuz] *npl of* **bureau**

**burger** ['bəːgəʳ] *n* hamburger *m*

**burglar** ['bəːgləʳ] *n* cambrioleur *m*

**burglar alarm** *n* sonnerie *f* d'alarme

**burglary** ['bəːglərɪ] *n* cambriolage *m*

**Burgundy** ['bəːgəndɪ] *n* Bourgogne *f*

**burial** ['berɪəl] *n* enterrement *m*

**burly** ['bəːlɪ] *adj* de forte carrure, costaud(e)

**Burma** ['bəːmə] *n* Birmanie *f*; *see also* **Myanmar**

**burn** [bəːn] *vt, vi* (*pt, pp* **burned** *or* **burnt**) [bəːnt] brûler ▷ *n* brûlure *f*; **the cigarette ~t a hole in her dress** la cigarette a fait un trou dans sa robe; **I've ~t myself!** je me suis brûlé(e)!; **burn down** *vt* incendier, détruire par le feu; **burn out** *vt* (*writer etc*): **to ~ o.s. out** s'user (à force de travailler)

**burner** ['bəːnəʳ] *n* brûleur *m*

**burning** ['bəːnɪŋ] *adj* (*building, forest*) en flammes; (*issue, question*) brûlant(e); (*ambition*) dévorant(e)

**Burns' Night** [bəːnz-] *n* fête écossaise à la mémoire du poète Robert Burns; *voir article*

⬤ **BURNS' NIGHT**
⬤
⬤
⬤ *Burns' Night* est une fête qui a lieu le 25
⬤ janvier, à la mémoire du poète écossais
⬤ Robert Burns (1759-1796), à l'occasion de
⬤ laquelle les Écossais partout dans le
⬤ monde organisent un souper, en général
⬤ arrosé de whisky. Le plat principal est
⬤ toujours le haggis, servi avec de la purée
⬤ de pommes de terre et de la purée de

rutabagas. On apporte le haggis au son
des cornemuses et au cours du repas on
lit des poèmes de Burns et on chante ses
chansons.

**burnt** [bəːnt] *pt, pp of* **burn**

**burp** [bəːp] (*inf*) *n* rot *m* ▷ *vi* roter

**burrow** ['bʌrəu] *n* terrier *m* ▷ *vt* creuser ▷ *vi*
(*rabbit*) creuser un terrier; (*rummage*) fouiller

**bursary** ['bəːsərɪ] *n* (*Brit*) bourse *f* (d'études)

**burst** [bəːst] (*pt, pp* **burst**) *vt* faire éclater;
(*river: banks etc*) rompre ▷ *vi* éclater; (*tyre*)
crever ▷ *n* explosion *f*; (*also:* **~ pipe**) fuite *f*
(*due à une rupture*); **a ~ of enthusiasm/energy**
un accès d'enthousiasme/d'énergie; **~ of**
**laughter** éclat *m* de rire; **a ~ of applause** une
salve d'applaudissements; **~ of gunfire** une
rafale de tir; **a ~ of speed** une pointe de
vitesse; **~ blood vessel** rupture *f* de vaisseau
sanguin; **the river has ~ its banks** le cours
d'eau est sorti de son lit; **to ~ into flames**
s'enflammer soudainement; **to ~ out**
**laughing** éclater de rire; **to ~ into tears**
fondre en larmes; **to ~ open** *vi* s'ouvrir
violemment *or* soudainement; **to be ~ing**
**with** (*container*) être plein(e) (à craquer) de,
regorger de; (*fig*) être débordant(e) de; **burst**
**into** *vt fus* (*room etc*) faire irruption dans;
**burst out of** *vt fus* sortir précipitamment de

**bury** ['bɛrɪ] *vt* enterrer; **to ~ one's face in**
**one's hands** se couvrir le visage de ses
mains; **to ~ one's head in the sand** (*fig*)
pratiquer la politique de l'autruche; **to ~ the**
**hatchet** (*fig*) enterrer la hache de guerre

**bus** (*pl* **buses**) [bʌs, 'bʌsɪz] *n* (*auto*)bus *m*

**bus conductor** *n* receveur(-euse) *m/f* de bus

**bush** [buʃ] *n* buisson *m*; (*scrub land*) brousse *f*;
**to beat about the ~** tourner autour du pot

**bushy** ['buʃɪ] *adj* broussailleux(-euse),
touffu(e)

**busily** ['bɪzɪlɪ] *adv*: **to be ~ doing sth**
s'affairer à faire qch

**business** ['bɪznɪs] *n* (*matter, firm*) affaire *f*;
(*trading*) affaires *fpl*; (*job, duty*) travail *m*; **to be**
**away on ~** être en déplacement d'affaires;
**I'm here on ~** je suis là pour affaires; **he's in**
**the insurance ~** il est dans les assurances;
**to do ~ with sb** traiter avec qn; **it's none of**
**my ~** cela ne me regarde pas, ce ne sont pas
mes affaires; **he means ~** il ne plaisante pas,
il est sérieux

**business class** *n* (*on plane*) classe *f* affaires

**businesslike** ['bɪznɪslaɪk] *adj* sérieux(-euse),
efficace

**businessman** ['bɪznɪsmən] (*irreg*) *n*
homme *m* d'affaires

**business trip** *n* voyage *m* d'affaires

**businesswoman** ['bɪznɪswumən] (*irreg*) *n*
femme *f* d'affaires

**busker** ['bʌskəʳ] *n* (*Brit*) artiste ambulant(e)

**bus pass** *n* carte *f* de bus

**bus shelter** *n* abribus *m*

**bus station** *n* gare routière

**bus stop** *n* arrêt *m* d'autobus

**bust** [bʌst] *n* buste *m*; (*measurement*) tour *m* de
poitrine ▷ *adj* (*inf: broken*) fichu(e), fini(e) ▷ *vt*
(*inf: Police: arrest*) pincer; **to go ~** faire faillite

**bustle** ['bʌsl] *n* remue-ménage *m*,
affairement *m* ▷ *vi* s'affairer, se démener

**bustling** ['bʌslɪŋ] *adj* (*person*) affairé(e); (*town*)
très animé(e)

**busy** ['bɪzɪ] *adj* occupé(e); (*shop, street*) très
fréquenté(e); (*US: telephone, line*) occupé ▷ *vt*:
**to ~ o.s.** s'occuper; **he's a ~ man** (*normally*)
c'est un homme très pris; (*temporarily*) il est
très pris

**busybody** ['bɪzɪbɔdɪ] *n* mouche *f* du coche,
âme *f* charitable

**busy signal** *n* (*US*) tonalité *f* occupé *inv*

○ KEYWORD

**but** [bʌt] *conj* mais; **I'd love to come, but I'm**
**busy** j'aimerais venir mais je suis occupé;
**he's not English but French** il n'est pas
anglais mais français; **but that's far too**
**expensive!** mais c'est bien trop cher!
▷ *prep* (*apart from, except*) sauf, excepté;
**nothing but** rien d'autre que; **we've had**
**nothing but trouble** nous n'avons eu que
des ennuis; **no-one but him can do it** lui
seul peut le faire; **who but a lunatic would**
**do such a thing?** qui sinon un fou ferait une
chose pareille?; **but for you/your help** sans
toi/ton aide; **anything but that** tout sauf *or*
excepté ça, tout mais pas ça; **the last but**
**one** (*Brit*) l'avant-dernier(-ère)
▷ *adv* (*just, only*) ne ... que; **she's but a child**
elle n'est qu'une enfant; **had I but known** si
seulement j'avais su; **I can but try** je peux
toujours essayer; **all but finished**
pratiquement terminé; **anything but**
**finished** tout sauf fini, très loin d'être fini

**butcher** ['butʃəʳ] *n* boucher *m* ▷ *vt* massacrer;
(*cattle etc for meat*) tuer

**butcher's** ['butʃəz], **butcher's shop** *n*
boucherie *f*

**butler** ['bʌtləʳ] *n* maître *m* d'hôtel

**butt** [bʌt] *n* (*cask*) gros tonneau; (*thick end*)
(gros) bout; (*of gun*) crosse *f*; (*of cigarette*)
mégot *m*; (*Brit fig: target*) cible *f* ▷ *vt* donner
un coup de tête à; **butt in** *vi* (*interrupt*)
interrompre

**butter** ['bʌtəʳ] *n* beurre *m* ▷ *vt* beurrer

**buttercup** ['bʌtəkʌp] *n* bouton *m* d'or

**butterfly** ['bʌtəflaɪ] *n* papillon *m*; (*Swimming:*
*also:* **~ stroke**) brasse *f* papillon

**buttocks** ['bʌtəks] *npl* fesses *fpl*

**button** ['bʌtn] *n* bouton *m*; (*US: badge*) pin *m*
▷ *vt* (*also:* **~ up**) boutonner ▷ *vi* se boutonner

**buttress** ['bʌtrɪs] *n* contrefort *m*

**buy** [baɪ] (*pt, pp* **bought**) [bɔːt] *vt* acheter;
(*Comm: company*) (r)acheter ▷ *n* achat *m*; **that**

**was a good/bad** ~ c'était un bon/mauvais achat; **to ~ sb sth/sth from sb** acheter qch à qn; **to ~ sb a drink** offrir un verre *or* à boire à qn; **can I ~ you a drink?** je vous offre un verre?; **where can I ~ some postcards?** où est-ce que je peux acheter des cartes postales?; **buy back** *vt* racheter; **buy in** *vt* (*Brit: goods*) acheter, faire venir; **buy into** *vt fus* (*Brit Comm*) acheter des actions de; **buy off** *vt* (*bribe*) acheter; **buy out** *vt* (*partner*) désintéresser; (*business*) racheter; **buy up** *vt* acheter en bloc, rafler

**buyer** ['baɪə'] *n* acheteur(-euse) *m/f*; **~'s market** marché *m* favorable aux acheteurs

**buzz** [bʌz] *n* bourdonnement *m*; (*inf: phone call*): **to give sb a ~** passer un coup de fil à qn ▷ *vi* bourdonner ▷ *vt* (*call on intercom*) appeler; (*with buzzer*) sonner; (*Aviat: plane, building*) raser; **my head is ~ing** j'ai la tête qui bourdonne; **buzz off** *vi* (*inf*) s'en aller, ficher le camp

**buzzer** ['bʌzə'] *n* timbre *m* électrique

**buzz word** *n* (*inf*) mot *m* à la mode *or* dans le vent

 **KEYWORD**

**by** [baɪ] *prep* **1** (*referring to cause, agent*) par, de; **killed by lightning** tué par la foudre; **surrounded by a fence** entouré d'une barrière; **a painting by Picasso** un tableau de Picasso

**2** (*referring to method, manner, means*): **by bus/car** en autobus/voiture; **by train** par le *or* en train; **to pay by cheque** payer par chèque; **by moonlight/candlelight** à la lueur de la lune/d'une bougie; **by saving hard, he ...** à force d'économiser, il ...

**3** (*via, through*) par; **we came by Dover** nous sommes venus par Douvres

**4** (*close to, past*) à côté de; **the house by the school** la maison à côté de l'école; **a holiday by the sea** des vacances au bord de la mer; **she sat by his bed** elle était assise à son chevet; **she went by me** elle est passée à côté de moi; **I go by the post office every day** je passe devant la poste tous les jours

**5** (*with time: not later than*) avant; (*: during*): **by daylight** à la lumière du jour; **by night** la nuit, de nuit; **by 4 o'clock** avant 4 heures; **by this time tomorrow** d'ici demain à la même heure; **by the time I got here it was too late** lorsque je suis arrivé il était déjà trop tard

**6** (*amount*) à; **by the kilo/metre** au kilo/au mètre; **paid by the hour** payé à l'heure; **to increase** *etc* **by the hour** augmenter *etc* d'heure en heure

**7** (*Math: measure*): **to divide/multiply by 3** diviser/multiplier par 3; **a room 3 metres by 4** une pièce de 3 mètres sur 4; **it's broader by a metre** c'est plus large d'un mètre; **the**

**bullet missed him by inches** la balle est passée à quelques centimètres de lui; **one by one** un à un; **little by little** petit à petit, peu à peu

**8** (*according to*) d'après, selon; **it's 3 o'clock by my watch** il est 3 heures à ma montre; **it's all right by me** je n'ai rien contre

**9**: **(all) by oneself** *etc* tout(e) seul(e) ▷ *adv* **1** *see* **go**; **pass** *etc*

**2**: **by and by** un peu plus tard, bientôt; **by and large** dans l'ensemble

**bye** ['baɪ], **bye-bye** ['baɪbaɪ] *excl* au revoir!, salut!

**bye-law** ['baɪlɔ:] *n* = **by-law**

**by-election** ['baɪɪlɛkʃən] *n* (*Brit*) élection (législative) partielle

**bygone** ['baɪɡɔn] *adj* passé(e) ▷ *n*: **let ~s be ~s** passons l'éponge, oublions le passé

**by-law** ['baɪlɔ:] *n* arrêté municipal

**bypass** ['baɪpɑ:s] *n* rocade *f*; (*Med*) pontage *m* ▷ *vt* éviter

**by-product** ['baɪprɔdʌkt] *n* sous-produit *m*, dérivé *m*; (*fig*) conséquence *f* secondaire, retombée *f*

**bystander** ['baɪstændə'] *n* spectateur(-trice), badaud(e)

**byte** [baɪt] *n* (*Comput*) octet *m*

**byword** ['baɪwə:d] *n*: **to be a ~ for** être synonyme de (*fig*)

# C

**C¹, c¹** [si:] n (letter) C, c m; (Scol: mark) C; (Mus): **C** do m; **C for Charlie** C comme Célestin

**C²** abbr (= Celsius, centigrade) C

**c²** abbr (= century) s.; (= circa) v.; (US etc) = **cent(s)**

**CA** n abbr = **Central America**; (Brit) = **chartered accountant** ▷ abbr (US) = **California**

**cab** [kæb] n taxi m; (of train, truck) cabine f; (horse-drawn) fiacre m

**cabaret** ['kæbəreɪ] n attractions fpl; (show) spectacle m de cabaret

**cabbage** ['kæbɪdʒ] n chou m

**cabin** ['kæbɪn] n (house) cabane f, hutte f; (on ship) cabine f; (on plane) compartiment m

**cabin crew** n (Aviat) équipage m

**cabin cruiser** n yacht m (à moteur)

**cabinet** ['kæbɪnɪt] n (Pol) cabinet m; (furniture) petit meuble à tiroirs et rayons; (also: **display ~**) vitrine f, petite armoire vitrée

**cabinet minister** n ministre m (membre du cabinet)

**cable** ['keɪbl] n câble m ▷ vt câbler, télégraphier

**cable car** ['keɪblkɑːʳ] n téléphérique m

**cable television** n télévision f par câble

**cache** [kæʃ] n cachette f; **a ~ of food** etc un dépôt secret de provisions etc, une cachette contenant des provisions etc

**cackle** ['kækl] vi caqueter

**cactus** (pl **cacti**) ['kæktəs, -taɪ] n cactus m

**cadet** [kə'dɛt] n (Mil) élève m officier; **police ~** élève agent de police

**cadge** [kædʒ] vt (inf) se faire donner; **to ~ a meal (off sb)** se faire inviter à manger (par qn)

**Caesarean**, (US) **Cesarean** [siːˈzɛərɪən] adj: **~ (section)** césarienne f

**café** ['kæfeɪ] n ≈ café(-restaurant) m (sans alcool)

**cafeteria** [kæfɪˈtɪərɪə] n cafétéria f

**caffeine** ['kæfiːn] n caféine f

**cage** [keɪdʒ] n cage f ▷ vt mettre en cage

**cagey** ['keɪdʒɪ] adj (inf) réticent(e), méfiant(e)

**cagoule** [kəˈguːl] n K-way® m

**Cairo** ['kaɪərəʊ] n le Caire

**cajole** [kəˈdʒəʊl] vt couvrir de flatteries or de gentillesses

**cake** [keɪk] n gâteau m; **~ of soap** savonnette f; **it's a piece of ~** (inf) c'est un jeu d'enfant; **he wants to have his ~ and eat it (too)** (fig) il veut tout avoir

**caked** [keɪkt] adj: **~ with** raidi(e) par, couvert(e) d'une croûte de

**calcium** ['kælsɪəm] n calcium m

**calculate** ['kælkjuleɪt] vt calculer; (estimate: chances, effect) évaluer; **calculate on** vt fus: **to ~ on sth/on doing sth** compter sur qch/ faire qch

**calculation** [kælkjuˈleɪʃən] n calcul m

**calculator** ['kælkjuleɪtəʳ] n machine f à calculer, calculatrice f

**calendar** ['kæləndəʳ] n calendrier m

**calendar year** n année civile

**calf** (pl **calves**) [kɑːf, kɑːvz] n (of cow) veau m; (of other animals) petit m; (also: **~skin**) veau m, vachette f; (Anat) mollet m

**calibre**, (US) **caliber** ['kælɪbəʳ] n calibre m

**call** [kɔːl] vt (gen, also Tel) appeler; (announce: flight) annoncer; (meeting) convoquer; (strike) lancer ▷ vi appeler; (visit: also: **~ in, ~ round**) passer ▷ n (shout) appel m, cri m; (summons: for flight etc, fig: lure) appel; (visit) visite f; (also: **telephone ~**) coup m de téléphone; communication f; **to be on ~** être de permanence; **to be ~ed** s'appeler; **she's ~ed Suzanne** elle s'appelle Suzanne; **who is ~ing?** (Tel) qui est à l'appareil?; **London ~ing** (Radio) ici Londres; **please give me a ~ at 7** appelez-moi à 7 heures; **to make a ~** téléphoner, passer un coup de fil; **can I make a ~ from here?** est-ce que je peux téléphoner d'ici?; **to pay a ~ on sb** rendre visite à qn, passer voir qn; **there's not much ~ for these items** ces articles ne sont pas très demandés; **call at** vt fus (ship) faire escale à; (train) s'arrêter à; **call back** vi (return) repasser; (Tel) rappeler ▷ vt (Tel) rappeler; **can you ~ back later?** pouvez-vous rappeler plus tard?; **call for** vt fus (demand) demander; (fetch) passer prendre; **call in** vt (doctor, expert, police) appeler, faire venir; **call off** vt annuler; **the strike was ~ed off** l'ordre de grève a été rapporté; **call on** vt fus (visit) rendre visite à, passer voir; (request): **to ~ on**

**sb to do** inviter qn à faire; **call out** vi pousser un cri or des cris ▷ vt (doctor, police, troops) appeler; **call up** vt (Mil) appeler, mobiliser; (Tel) appeler

**call box** ['kɔːlbɔks] n (Brit) cabine f téléphonique

**call centre**, (US) **call center** n centre m d'appels

**caller** ['kɔːlə'] n (Tel) personne f qui appelle; (visitor) visiteur m; **hold the line, ~!** (Tel) ne quittez pas, Monsieur (or Madame)!

**call girl** n call-girl f

**call-in** ['kɔːlɪn] n (US Radio, TV) programme m à ligne ouverte

**calling** ['kɔːlɪŋ] n vocation f; (trade, occupation) état m

**calling card** n (US) carte f de visite

**callous** ['kæləs] adj dur(e), insensible

**calm** [kaːm] adj calme ▷ n calme m ▷ vt calmer, apaiser; **calm down** vi se calmer, s'apaiser ▷ vt calmer, apaiser

**calmly** ['kaːmlɪ] adv calmement, avec calme

**Calor gas®** ['kælə'-] n (Brit) butane m, butagaz® m

**calorie** ['kælərɪ] n calorie f; **low ~ product** produit m pauvre en calories

**calves** [kaːvz] npl of **calf**

**camber** ['kæmbə'] n (of road) bombement m

**Cambodia** [kæm'bəudɪə] n Cambodge m

**camcorder** ['kæmkɔːdə'] n caméscope m

**came** [keɪm] pt of **come**

**camel** ['kæməl] n chameau m

**camera** ['kæmərə] n appareil photo m; (Cine, TV) caméra f; **digital ~** appareil numérique; **in ~** à huis clos, en privé

**cameraman** ['kæmərəmæn] (irreg) n caméraman m

**camera phone** n téléphone m avec appareil photo

**camouflage** ['kæməflaːʒ] n camouflage m ▷ vt camoufler

**camp** [kæmp] n camp m ▷ vi camper ▷ adj (man) efféminé(e)

**campaign** [kæm'peɪn] n (Mil, Pol) campagne f (also fig) faire campagne; **to ~ for/against** militer pour/contre

**campaigner** [kæm'peɪnə'] n: **~ for** partisan(e) de; **~ against** opposant(e) à

**camp bed** ['kæmp'bɛd] n (Brit) lit m de camp

**camper** ['kæmpə'] n campeur(-euse); (vehicle) camping-car m

**camping** ['kæmpɪŋ] n camping m; **to go ~** faire du camping

**camping gas®** n butane m

**campsite** ['kæmpsaɪt] n (terrain m de) camping m

**campus** ['kæmpəs] n campus m

**can¹** [kæn] n (of milk, oil, water) bidon m; (tin) boîte f (de conserve) ▷ vt mettre en conserve; **a ~ of beer** une canette de bière; **he had to carry the ~** (Brit inf) on lui a fait porter le chapeau; see also **keyword**

 KEYWORD

**can²** [kæn] (negative **cannot** or **can't**, conditional and pt **could**) aux vb 1 (be able to) pouvoir; **you can do it if you try** vous pouvez le faire si vous essayez; **I can't hear you** je ne t'entends pas

2 (know how to) savoir; **I can swim/play tennis/drive** je sais nager/jouer au tennis/conduire; **can you speak French?** parlez-vous français?

3 (may) pouvoir; **can I use your phone?** puis-je me servir de votre téléphone?

4 (expressing disbelief, puzzlement etc): **it can't be true!** ce n'est pas possible!; **what CAN he want?** qu'est-ce qu'il peut bien vouloir?

5 (expressing possibility, suggestion etc): **he could be in the library** il est peut-être dans la bibliothèque; **she could have been delayed** il se peut qu'elle ait été retardée; **they could have forgotten** ils ont pu oublier

**Canada** ['kænədə] n Canada m

**Canadian** [kə'neɪdɪən] adj canadien(ne) ▷ n Canadien(ne)

**canal** [kə'næl] n canal m

**canary** [kə'nɛərɪ] n canari m, serin m

**cancel** ['kænsəl] vt annuler; (train) supprimer; (party, appointment) décommander; (cross out) barrer, rayer; (stamp) oblitérer; (cheque) faire opposition à; **I would like to ~ my booking** je voudrais annuler ma réservation; **cancel out** vt annuler; **they ~ each other out** ils s'annulent

**cancellation** [kænsə'leɪʃən] n annulation f; suppression f; oblitération f; (Tourism) réservation annulée, client etc qui s'est décommandé

**Cancer** ['kænsə'] n (Astrology) le Cancer; **to be ~** être du Cancer

**cancer** ['kænsə'] n cancer m

**candid** ['kændɪd] adj (très) franc/franche, sincère

**candidate** ['kændɪdeɪt] n candidat(e)

**candle** ['kændl] n bougie f; (of tallow) chandelle f; (in church) cierge m

**candlelight** ['kændllaɪt] n: **by ~** à la lumière d'une bougie; (dinner) aux chandelles

**candlestick** ['kændlstɪk] n (also: **candle holder**) bougeoir m; (bigger, ornate) chandelier m

**candour**, (US) **candor** ['kændə'] n (grande) franchise or sincérité

**candy** ['kændɪ] n sucre candi; (US) bonbon m

**candy bar** (US) n barre f chocolatée

**candyfloss** ['kændɪflɔs] n (Brit) barbe f à papa

**cane** [keɪn] n canne f; (for baskets, chairs etc) rotin m ▷ vt (Brit Scol) administrer des coups de bâton à

**canister** ['kænɪstə'] n boîte f (gén en métal); (of gas) bombe f

**cannabis** ['kænəbɪs] n (drug) cannabis m; (cannabis plant) chanvre indien

**canned** [kænd] adj (food) en boîte, en conserve; (inf: music) enregistré(e); (Brit inf: drunk) bourré(e); (US inf: worker) mis(e) à la porte

**cannon** (pl **cannon** or **cannons**) ['kænən] n (gun) canon m

**cannot** ['kænɔt] = **can not**

**canoe** [kə'nuː] n pirogue f; (Sport) canoë m

**canoeing** [kə'nuːɪŋ] n (sport) canoë m

**canon** ['kænən] n (clergyman) chanoine m; (standard) canon m

**can-opener** [-'əupnəʳ] n ouvre-boîte m

**canopy** ['kænəpɪ] n baldaquin m; dais m

**can't** [kɑːnt] = **can not**

**canteen** [kæn'tiːn] n (eating place) cantine f; (Brit: of cutlery) ménagère f

**canter** ['kæntəʳ] n petit galop ▷ vi aller au petit galop

**canvas** ['kænvəs] n (gen) toile f; **under ~** (camping) sous la tente; (Naut) toutes voiles dehors

**canvass** ['kænvəs] vi (Pol): **to ~ for** faire campagne pour ▷ vt (Pol: district) faire la tournée électorale dans; (: person) solliciter le suffrage de; (Comm: district) prospecter; (citizens, opinions) sonder

**canyon** ['kænjən] n cañon m, gorge f (profonde)

**cap** [kæp] n casquette f; (for swimming) bonnet m de bain; (of pen) capuchon m; (of bottle) capsule f; (Brit: contraceptive: also: **Dutch ~**) diaphragme m; (Football) sélection f pour l'équipe nationale ▷ vt capsuler; (outdo) surpasser; (put limit on) plafonner; **~ped with** coiffé(e) de; **and to ~ it all, he ...** (Brit) pour couronner le tout, il ...

**capability** [keɪpə'bɪlɪtɪ] n aptitude f, capacité f

**capable** ['keɪpəbl] adj capable; **~ of** (interpretation etc) susceptible de

**capacity** [kə'pæsɪtɪ] n (of container) capacité f, contenance f; (ability) aptitude f; **filled to ~** plein(e); **in his ~ as** en sa qualité de; **in an advisory ~** à titre consultatif; **to work at full ~** travailler à plein rendement

**cape** [keɪp] n (garment) cape f; (Geo) cap m

**caper** ['keɪpəʳ] n (Culin: gen pl) câpre f; (prank) farce f

**capital** ['kæpɪtl] n (also: **~ city**) capitale f; (money) capital m; (also: **~ letter**) majuscule f

**capital gains tax** n impôt m sur les plus-values

**capitalism** ['kæpɪtəlɪzəm] n capitalisme m

**capitalist** ['kæpɪtəlɪst] adj, n capitaliste m/f

**capitalize** ['kæpɪtəlaɪz] vt (provide with capital) financer; **capitalize on** vt fus (fig) profiter de

**capital punishment** n peine capitale

**Capitol** ['kæpɪtl] n: **the ~** le Capitole; voir article

⬤ **CAPITOL**

⬤
⬤ Le Capitol est le siège du "Congress", à
⬤ Washington. Il est situé sur Capitol Hill.

**Capricorn** ['kæprɪkɔːn] n le Capricorne; **to be ~** être du Capricorne

**capsize** [kæp'saɪz] vt faire chavirer ▷ vi chavirer

**capsule** ['kæpsjuːl] n capsule f

**captain** ['kæptɪn] n capitaine m ▷ vt commander, être le capitaine de

**caption** ['kæpʃən] n légende f

**captive** ['kæptɪv] adj, n captif(-ive)

**captivity** [kæp'tɪvɪtɪ] n captivité f

**capture** ['kæptʃəʳ] vt (prisoner, animal) capturer; (town) prendre; (attention) capter; (Comput) saisir ▷ n capture f; (of data) saisie f de données

**car** [kɑːʳ] n voiture f, auto f; (US Rail) wagon m, voiture; **by ~** en voiture

**carafe** [kə'ræf] n carafe f

**caramel** ['kærəməl] n caramel m

**carat** ['kærət] n carat m; **18 ~ gold** or m à 18 carats

**caravan** ['kærəvæn] n caravane f

**caravan site** n (Brit) camping m pour caravanes

**carbohydrate** [kɑːbəu'haɪdreɪt] n hydrate m de carbone; (food) féculent m

**carbon** ['kɑːbən] n carbone m

**carbon dioxide** [-daɪ'ɔksaɪd] n gaz m carbonique, dioxyde m de carbone

**carbon footprint** n empreinte f carbone

**carbon monoxide** [-mɔ'nɔksaɪd] n oxyde m de carbone

**carbon paper** n papier m carbone

**car boot sale** n voir article

⬤ **CAR BOOT SALE**

⬤
⬤ Type de brocante très populaire, où
⬤ chacun vide sa cave ou son grenier. Les
⬤ articles sont présentés dans des coffres de
⬤ voitures et la vente a souvent lieu sur un
⬤ parking ou dans un champ. Les
⬤ brocanteurs d'un jour doivent s'acquitter
⬤ d'une petite contribution pour participer
⬤ à la vente.

**carburettor**, (US) **carburetor** [kɑː'bjuːrɛtəʳ] n carburateur m

**card** [kɑːd] n carte f; (material) carton m; (membership card) carte d'adhérent; **to play ~s** jouer aux cartes

**cardboard** ['kɑːdbɔːd] n carton m

**card game** n jeu m de cartes

**cardiac** ['kɑːdɪæk] adj cardiaque

**cardigan** ['kɑːdɪgən] n cardigan m

**cardinal** ['kɑːdɪnl] adj cardinal(e); (importance) capital(e) ▷ n cardinal m

**card index** n fichier m (alphabétique)

**cardphone** ['kɑːdfəʊn] *n* téléphone *m* à carte (magnétique)

**care** [keəʳ] *n* soin *m*, attention *f*; (*worry*) souci *m* ▷ *vi*: **to ~ about** (*feel interest for*) se soucier de, s'intéresser à; (*person: love*) être attaché(e) à; **in sb's ~** à la garde de qn, confié à qn; **~ of** (*on letter*) chez; **"with ~"** "fragile"; **to take ~ (to do)** faire attention (à faire); **to take ~ of** *vt* s'occuper de; **the child has been taken into ~** l'enfant a été placé en institution; **would you ~ to/for …?** voulez-vous …?; **I wouldn't ~ to do it** je n'aimerais pas le faire; **I don't ~** ça m'est bien égal, peu m'importe; **I couldn't ~ less** cela m'est complètement égal, je m'en fiche complètement; **care for** *vt fus* s'occuper de; (*like*) aimer

**career** [kə'rɪəʳ] *n* carrière *f* ▷ *vi* (*also: ~ along*) aller à toute allure

**career woman** *irreg n* femme ambitieuse

**carefree** ['keəfriː] *adj* sans souci, insouciant(e)

**careful** ['keəful] *adj* soigneux(-euse); (*cautious*) prudent(e); **(be) ~!** (fais) attention!; **to be ~ with one's money** regarder à la dépense

**carefully** ['keəfəlɪ] *adv* avec soin, soigneusement; prudemment

**caregiver** ['keəgɪvəʳ] (US) *n* (*professional*) travailleur social; (*unpaid*) personne qui s'occupe d'un proche qui est malade

**careless** ['keəlɪs] *adj* négligent(e); (*heedless*) insouciant(e)

**carelessness** ['keəlɪsnɪs] *n* manque *m* de soin, négligence *f*; insouciance *f*

**carer** ['keərəʳ] *n* (*professional*) travailleur social; (*unpaid*) personne qui s'occupe d'un proche qui est malade

**caress** [kə'rɛs] *n* caresse *f* ▷ *vt* caresser

**caretaker** ['keəteɪkəʳ] *n* gardien(ne), concierge *m/f*

**car-ferry** ['kɑːfɛrɪ] *n* (*on sea*) ferry(-boat) *m*; (*on river*) bac *m*

**cargo** (*pl* **cargoes**) ['kɑːgəʊ] *n* cargaison *f*, chargement *m*

**car hire** *n* (*Brit*) location *f* de voitures

**Caribbean** [kærɪ'biːən] *adj*, *n*: **the ~ (Sea)** la mer des Antilles *or* des Caraïbes

**caring** ['keərɪŋ] *adj* (*person*) bienveillant(e); (*society, organization*) humanitaire

**carnation** [kɑː'neɪʃən] *n* œillet *m*

**carnival** ['kɑːnɪvl] *n* (*public celebration*) carnaval *m*; (*US: funfair*) fête foraine

**carol** ['kærəl] *n*: **(Christmas) ~** chant *m* de Noël

**carousel** [kærə'sɛl] *n* (*for luggage*) carrousel *m*; (*US*) manège *m*

**carp** [kɑːp] *n* (*fish*) carpe *f*; **carp at** *vt fus* critiquer

**car park** (*Brit*) *n* parking *m*, parc *m* de stationnement

**carpenter** ['kɑːpɪntəʳ] *n* charpentier *m*; (*joiner*) menuisier *m*

**carpentry** ['kɑːpɪntrɪ] *n* charpenterie *f*, métier *m* de charpentier; (*woodwork: at school etc*) menuiserie *f*

**carpet** ['kɑːpɪt] *n* tapis *m* ▷ *vt* recouvrir (d'un tapis); **fitted ~** (*Brit*) moquette *f*

**carpet sweeper** [-'swiːpəʳ] *n* balai *m* mécanique

**car phone** *n* téléphone *m* de voiture

**car rental** *n* (*US*) location *f* de voitures

**carriage** ['kærɪdʒ] *n* (*Brit Rail*) wagon *m*; (*horse-drawn*) voiture *f*; (*of goods*) transport *m*; (*: cost*) port *m*; (*of typewriter*) chariot *m*; (*bearing*) maintien *m*, port *m*; **~ forward** port dû; **~ free** franco de port; **~ paid** (en) port payé

**carriageway** ['kærɪdʒweɪ] *n* (*Brit: part of road*) chaussée *f*

**carrier** ['kærɪəʳ] *n* transporteur *m*, camionneur *m*; (*company*) entreprise *f* de transport; (*Med*) porteur(-euse); (*Naut*) porte-avions *m inv*

**carrier bag** *n* (*Brit*) sac *m* en papier *or* en plastique

**carrot** ['kærət] *n* carotte *f*

**carry** ['kærɪ] *vt* (*subj: person*) porter; (*: vehicle*) transporter; (*a motion, bill*) voter, adopter; (*Math: figure*) retenir; (*Comm: interest*) rapporter; (*involve: responsibilities etc*) comporter, impliquer; (*Med: disease*) être porteur de ▷ *vi* (*sound*) porter; **to get carried away** (*fig*) s'emballer, s'enthousiasmer; **this loan carries 10% interest** ce prêt est à 10% (d'intérêt); **carry forward** *vt* (*gen, Bookkeeping*) reporter; **carry on** *vi* (*continue*) continuer; (*inf: make a fuss*) faire des histoires ▷ *vt* (*conduct: business*) diriger; (*: conversation*) entretenir; (*continue: business, conversation*) continuer; **to ~ on with sth/doing** continuer qch/à faire; **carry out** *vt* (*orders*) exécuter; (*investigation*) effectuer; (*idea, threat*) mettre à exécution

**carrycot** ['kærɪkɔt] *n* (*Brit*) porte-bébé *m*

**carry-on** ['kærɪ'ɔn] *n* (*inf: fuss*) histoires *fpl*; (*: annoying behaviour*) cirque *m*, cinéma *m*

**cart** [kɑːt] *n* charrette *f* ▷ *vt* (*inf*) transporter

**carton** ['kɑːtən] *n* (*box*) carton *m*; (*of yogurt*) pot *m* (en carton); (*of cigarettes*) cartouche *f*

**cartoon** [kɑː'tuːn] *n* (*Press*) dessin *m* (humoristique); (*satirical*) caricature *f*; (*comic strip*) bande dessinée; (*Cine*) dessin animé

**cartridge** ['kɑːtrɪdʒ] *n* (*for gun, pen*) cartouche *f*; (*for camera*) chargeur *m*; (*music tape*) cassette *f*; (*of record player*) cellule *f*

**carve** [kɑːv] *vt* (*meat: also: ~ up*) découper; (*wood, stone*) tailler, sculpter

**carving** ['kɑːvɪŋ] *n* (*in wood etc*) sculpture *f*

**carving knife** *n* couteau *m* à découper

**car wash** *n* station *f* de lavage (de voitures)

**case** [keɪs] *n* cas *m*; (*Law*) affaire *f*, procès *m*; (*box*) caisse *f*, boîte *f*; (*for glasses*) étui *m*; (*Brit: also: suit~*) valise *f*; (*Typ*): **lower/upper ~**

minuscule f/majuscule f; **to have a good ~** avoir de bons arguments; **there's a strong ~ for reform** il y aurait lieu de s'engager une réforme; **in ~ of** en cas de; **in ~ he** au cas où il; **just in ~** à tout hasard; **in any ~** en tout cas, de toute façon

**cash** [kæʃ] n argent m; (Comm) (argent m) liquide m, numéraire m; liquidités fpl; (: in payment) argent comptant, espèces fpl ▷ vt encaisser; **to pay (in) ~** payer (en argent) comptant or en espèces; **~ with order/on delivery** (Comm) payable or paiement à la commande/livraison; **to be short of ~** être à court d'argent; **I haven't got any ~** je n'ai pas de liquide; **cash in** vt (insurance policy etc) toucher; **cash in on** vt fus profiter de

**cashback** ['kæʃbæk] n (discount) remise f; (at supermarket etc) retrait m (à la caisse)

**cashbook** ['kæʃbuk] n livre m de caisse

**cash card** n carte f de retrait

**cash desk** n (Brit) caisse f

**cash dispenser** n distributeur m automatique de billets

**cashew** [kæ'ʃu:] n (also: **~ nut**) noix f de cajou

**cashier** [kæ'ʃɪəʳ] n caissier(-ère) ▷ vt (Mil) destituer, casser

**cashmere** ['kæʃmɪəʳ] n cachemire m

**cash point** n distributeur m automatique de billets

**cash register** n caisse enregistreuse

**casing** ['keɪsɪŋ] n revêtement (protecteur), enveloppe (protectrice)

**casino** [kə'si:nəu] n casino m

**casket** ['kɑ:skɪt] n coffret m; (US: coffin) cercueil m

**casserole** ['kæsərəul] n (pot) cocotte f; (food) ragoût m (en cocotte)

**cassette** [kæ'sɛt] n cassette f

**cassette player** n lecteur m de cassettes

**cassette recorder** n magnétophone m à cassettes

**cast** [kɑ:st] (vb: pt, pp cast) vt (throw) jeter; (shadow: lit) projeter; (: fig) jeter; (glance) jeter; (shed) perdre; se dépouiller de; (metal) couler, fondre ▷ n (Theat) distribution f; (mould) moule m; (also: **plaster ~**) plâtre m; **to ~ sb as Hamlet** attribuer à qn le rôle d'Hamlet; **to ~ one's vote** voter, exprimer son suffrage; **to ~ doubt on** jeter un doute sur; **cast aside** vt (reject) rejeter; **cast off** vi (Naut) larguer les amarres; (Knitting) arrêter les mailles ▷ vt (Knitting) arrêter; **cast on** (Knitting) vt monter ▷ vi monter les mailles

**castanets** [kæstə'nɛts] npl castagnettes fpl

**castaway** ['kɑ:stəweɪ] n naufragé(e)

**caster sugar** ['kɑ:stə-] n (Brit) sucre m semoule

**casting vote** ['kɑ:stɪŋ-] n (Brit) voix f prépondérante (pour départager)

**cast-iron** ['kɑ:staɪən] adj (lit) de or en fonte; (fig: will) de fer; (alibi) en béton

**cast iron** n fonte f

**castle** ['kɑ:sl] n château m; (fortress) château-fort m; (Chess) tour f

**castor** ['kɑ:stəʳ] n (wheel) roulette f

**castor oil** n huile f de ricin

**castrate** [kæs'treɪt] vt châtrer

**casual** ['kæʒjul] adj (by chance) de hasard, fait(e) au hasard, fortuit(e); (irregular: work etc) temporaire; (unconcerned) désinvolte; **~ wear** vêtements mpl sport inv

**casually** ['kæʒjulɪ] adv avec désinvolture, négligemment; (by chance) fortuitement

**casualty** ['kæʒjultɪ] n accidenté(e), blessé(e); (dead) victime f, mort(e); (Brit: Med: department) urgences fpl; **heavy casualties** lourdes pertes

**cat** [kæt] n chat m

**Catalan** ['kætəlæn] adj catalan(e)

**catalogue**, (US) **catalog** ['kætələg] n catalogue m ▷ vt cataloguer

**catalyst** ['kætəlɪst] n catalyseur m

**catalytic converter** [kætə'lɪtɪkkən'və:təʳ] n pot m catalytique

**catapult** ['kætəpʌlt] n lance-pierres m inv, fronde f; (Hist) catapulte f

**cataract** ['kætərækt] n (also Med) cataracte f

**catarrh** [kə'tɑ:ʳ] n rhume m chronique, catarrhe f

**catastrophe** [kə'tæstrəfɪ] n catastrophe f

**catch** [kætʃ] (pt, pp caught) [kɔ:t] vt (ball, train, thief, cold) attraper; (person: by surprise) prendre, surprendre; (understand) saisir; (get entangled) accrocher ▷ vi (fire) prendre; (get entangled) s'accrocher ▷ n (fish etc) prise f; (thief etc) capture f; (hidden problem) attrape f; (Tech) loquet m; cliquet m; **to ~ sb's attention** or **eye** attirer l'attention de qn; **to ~ fire** prendre feu; **to ~ sight of** apercevoir; **to play ~** jouer à chat; (with ball) jouer à attraper le ballon; **catch on** vi (become popular) prendre; (understand): **to ~ on (to sth)** saisir (qch); **catch out** vt (Brit: fig: with trick question) prendre en défaut; **catch up** vi (with work) se rattraper, combler son retard ▷ vt (also: **~ up with**) rattraper

**catching** ['kætʃɪŋ] adj (Med) contagieux(-euse)

**catchment area** ['kætʃmənt-] n (Brit Scol) aire f de recrutement; (Geo) bassin m hydrographique

**catch phrase** n slogan m, expression toute faite

**catchy** ['kætʃɪ] adj (tune) facile à retenir

**category** ['kætɪgərɪ] n catégorie f

**cater** ['keɪtəʳ] vi: **to ~ for** (Brit: needs) satisfaire, pourvoir à; (: readers, consumers) s'adresser à, pourvoir aux besoins de; (Comm: parties etc) préparer des repas pour

**caterer** ['keɪtərəʳ] n traiteur m; fournisseur m

**catering** ['keɪtərɪŋ] n restauration f; approvisionnement m, ravitaillement m

**caterpillar** ['kætəpɪləʳ] n chenille f ▷ cpd (vehicle) à chenille; **~ track** n chenille f

**cathedral** [kəˈθiːdrəl] n cathédrale f
**Catholic** [ˈkæθəlɪk] (Rel) adj catholique ▷ n catholique m/f
**catholic** [ˈkæθəlɪk] adj (wide-ranging) éclectique; universel(le); libéral(e)
**cattle** [ˈkætl] npl bétail m, bestiaux mpl
**catty** [ˈkætɪ] adj méchant(e)
**catwalk** [ˈkætwɔːk] n passerelle f; (for models) podium m (de défilé de mode)
**caucus** [ˈkɔːkəs] n (US Pol) comité électoral (pour désigner des candidats); voir article; (Brit Pol: group) comité local (d'un parti politique)

> ● **CAUCUS**
> ●
> ● Un caucus aux États-Unis est une réunion
> ● restreinte des principaux dirigeants d'un
> ● parti politique, précédant souvent une
> ● assemblée générale, dans le but de
> ● choisir des candidats ou de définir une
> ● ligne d'action. Par extension, ce terme
> ● désigne également l'état-major d'un
> ● parti politique.

**caught** [kɔːt] pt, pp of **catch**
**cauliflower** [ˈkɔlɪflauəʳ] n chou-fleur m
**cause** [kɔːz] n cause f ▷ vt causer; **there is no ~ for concern** il n'y a pas lieu de s'inquiéter; **to ~ sth to be done** faire faire qch; **to ~ sb to do sth** faire faire qch à qn
**caution** [ˈkɔːʃən] n prudence f; (warning) avertissement m ▷ vt avertir, donner un avertissement à
**cautious** [ˈkɔːʃəs] adj prudent(e)
**cavalry** [ˈkævəlrɪ] n cavalerie f
**cave** [keɪv] n caverne f, grotte f ▷ vi: **to go caving** faire de la spéléo(logie); **cave in** vi (roof etc) s'effondrer
**caveman** [ˈkeɪvmæn] irreg n homme m des cavernes
**caviar, caviare** [ˈkævɪɑːʳ] n caviar m
**cavity** [ˈkævɪtɪ] n cavité f; (Med) carie f
**CB** n abbr (= Citizens' Band (Radio)) CB f; (Brit: = Companion (of the Order of) the Bath) titre honorifique
**CBI** n abbr (= Confederation of British Industry) ≈ MEDEF m (= Mouvement des entreprises de France)
**cc** abbr (= cubic centimetre) cm³; (on letter etc) = **carbon copy**
**CCTV** n abbr = **closed-circuit television**
**CD** n abbr (= compact disc) CD m; (Mil: Brit) = **Civil Defence (Corps)**; (: US) = **Civil Defense** ▷ abbr (Brit: = Corps Diplomatique) CD
**CD burner** n graveur m de CD
**CD player** n platine f laser
**CD-ROM** [siːdiːˈrɔm] n abbr (= compact disc read-only memory) CD-ROM m inv
**CD writer** n graveur m de CD
**cease** [siːs] vt, vi cesser
**ceasefire** [ˈsiːsfaɪəʳ] n cessez-le-feu m
**ceaseless** [ˈsiːslɪs] adj incessant(e), continuel(le)

**cedar** [ˈsiːdəʳ] n cèdre m
**ceilidh** [ˈkeɪlɪ] n bal m folklorique écossais or irlandais
**ceiling** [ˈsiːlɪŋ] n (also fig) plafond m
**celebrate** [ˈsɛlɪbreɪt] vt, vi célébrer
**celebrated** [ˈsɛlɪbreɪtɪd] adj célèbre
**celebration** [sɛlɪˈbreɪʃən] n célébration f
**celebrity** [sɪˈlɛbrɪtɪ] n célébrité f
**celery** [ˈsɛlərɪ] n céleri m (en branches)
**cell** [sɛl] n (gen) cellule f; (Elec) élément m (de pile)
**cellar** [ˈsɛləʳ] n cave f
**cello** [ˈtʃɛləu] n violoncelle m
**Cellophane**® [ˈsɛləfeɪn] n cellophane® f
**cellphone** [ˈsɛlfəun] n (téléphone m) portable m, mobile m
**Celsius** [ˈsɛlsɪəs] adj Celsius inv
**Celt** [kɛlt, sɛlt] n Celte m/f
**Celtic** [ˈkɛltɪk, ˈsɛltɪk] adj celte, celtique ▷ n (Ling) celtique m
**cement** [səˈmɛnt] n ciment m ▷ vt cimenter
**cement mixer** n bétonnière f
**cemetery** [ˈsɛmɪtrɪ] n cimetière m
**censor** [ˈsɛnsəʳ] n censeur m ▷ vt censurer
**censorship** [ˈsɛnsəʃɪp] n censure f
**censure** [ˈsɛnʃəʳ] vt blâmer, critiquer
**census** [ˈsɛnsəs] n recensement m
**cent** [sɛnt] n (unit of dollar, euro) cent m (= un centième du dollar, de l'euro); see also **per**
**centenary** [sɛnˈtiːnərɪ], (US) **centennial** [sɛnˈtɛnɪəl] n centenaire m
**center** [ˈsɛntəʳ] n, vt (US) = **centre**
**centigrade** [ˈsɛntɪgreɪd] adj centigrade
**centimetre**, (US) **centimeter** [ˈsɛntɪmiːtəʳ] n centimètre m
**centipede** [ˈsɛntɪpiːd] n mille-pattes m inv
**central** [ˈsɛntrəl] adj central(e)
**Central America** n Amérique centrale
**central heating** n chauffage central
**central reservation** n (Brit Aut) terre-plein central
**centre**, (US) **center** [ˈsɛntəʳ] n centre m ▷ vt centrer; (Phot) cadrer; (concentrate): **to ~ (on)** centrer (sur)
**centre-forward** [ˈsɛntəˈfɔːwəd] n (Sport) avant-centre m
**centre-half** [ˈsɛntəˈhɑːf] n (Sport) demi-centre m
**century** [ˈsɛntjurɪ] n siècle m; **in the twentieth ~** au vingtième siècle
**CEO** n abbr (US) = **chief executive officer**
**ceramic** [sɪˈræmɪk] adj céramique
**cereal** [ˈsiːrɪəl] n céréale f
**ceremony** [ˈsɛrɪmənɪ] n cérémonie f; **to stand on ~** faire des façons
**certain** [ˈsəːtən] adj certain(e); **to make ~ of** s'assurer de; **for ~** certainement, sûrement
**certainly** [ˈsəːtənlɪ] adv certainement
**certainty** [ˈsəːtəntɪ] n certitude f
**certificate** [səˈtɪfɪkɪt] n certificat m
**certify** [ˈsəːtɪfaɪ] vt certifier; (award diploma to) conférer un diplôme etc à; (declare insane)

déclarer malade mental(e) ▷ vi: **to ~ to** attester

**cervical** ['sə:vɪkl] adj: **~ cancer** cancer m du col de l'utérus; **~ smear** frottis vaginal

**cervix** ['sə:vɪks] n col m de l'utérus

**cf.** abbr (= compare) cf., voir

**CFC** n abbr (= chlorofluorocarbon) CFC m

**ch.** abbr (= chapter) chap

**chafe** [tʃeɪf] vt irriter, frotter contre ▷ vi (fig): **to ~ against** se rebiffer contre, regimber contre

**chain** [tʃeɪn] n (gen) chaîne f ▷ vt (also: **~ up**) enchaîner, attacher (avec une chaîne)

**chain reaction** n réaction f en chaîne

**chain-smoke** ['tʃeɪnsməʊk] vi fumer cigarette sur cigarette

**chain store** n magasin m à succursales multiples

**chair** [tʃɛəʳ] n chaise f; (armchair) fauteuil m; (of university) chaire f; (of meeting) présidence f ▷ vt (meeting) présider; **the ~** (US: electric chair) la chaise électrique

**chairlift** ['tʃɛəlɪft] n télésiège m

**chairman** ['tʃɛəmən] irreg n président m

**chairperson** ['tʃɛəpə:sn] irreg n président(e)

**chairwoman** ['tʃɛəwʊmən] irreg n présidente f

**chalet** ['ʃæleɪ] n chalet m

**chalk** [tʃɔ:k] n craie f; **chalk up** vt écrire à la craie; (fig: success etc) remporter

**challenge** ['tʃælɪndʒ] n défi m ▷ vt défier; (statement, right) mettre en question, contester; **to ~ sb to a fight/game** inviter qn à se battre/à jouer (sous forme d'un défi); **to ~ sb to do** mettre qn au défi de faire

**challenging** ['tʃælɪndʒɪŋ] adj (task, career) qui représente un défi or une gageure; (tone, look) de défi, provocateur(-trice)

**chamber** ['tʃeɪmbəʳ] n chambre f; (Brit Law: gen pl) cabinet m; **~ of commerce** chambre de commerce

**chambermaid** ['tʃeɪmbəmeɪd] n femme f de chambre

**chamber music** n musique f de chambre

**champagne** [ʃæm'peɪn] n champagne m

**champion** ['tʃæmpɪən] n (also of cause) champion(ne) ▷ vt défendre

**championship** ['tʃæmpɪənʃɪp] n championnat m

**chance** [tʃɑ:ns] n (luck) hasard m; (opportunity) occasion f, possibilité f; (hope, likelihood) chance f; (risk) risque m ▷ vt (risk) risquer; (happen): **to ~ to do** faire par hasard ▷ adj fortuit(e), de hasard; **there is little ~ of his coming** il est peu probable or il y a peu de chances qu'il vienne; **to take a ~** prendre un risque; **it's the ~ of a lifetime** c'est une occasion unique; **by ~** par hasard; **to ~ doing sth** se risquer à faire qch; **to ~ it** risquer le coup, essayer; **chance on, chance upon** vt fus (person) tomber sur, rencontrer par hasard; (thing) trouver par hasard

**chancellor** ['tʃɑ:nsələʳ] n chancelier m

**Chancellor of the Exchequer** [-ɪks'tʃɛkəʳ] (Brit) n chancelier m de l'Échiquier

**chandelier** [ʃændə'lɪəʳ] n lustre m

**change** [tʃeɪndʒ] vt (alter, replace: Comm: money) changer; (switch, substitute: hands, trains, clothes, one's name etc) changer de; (transform): **to ~ sb into** changer or transformer qn en ▷ vi (gen) changer; (change clothes) se changer; (be transformed): **to ~ into** se changer or transformer en ▷ n changement m; (money) monnaie f; **to ~ gear** (Aut) changer de vitesse; **to ~ one's mind** changer d'avis; **she ~d into an old skirt** elle (s'est changée et) a enfilé une vieille jupe; **a ~ of clothes** des vêtements de rechange; **for a ~** pour changer; **small ~** petite monnaie; **to give sb ~ for or of £10** faire à qn la monnaie de 10 livres; **do you have ~ for £10?** vous avez la monnaie de 10 livres?; **where can I ~ some money?** où est-ce que je peux changer de l'argent?; **keep the ~!** gardez la monnaie!; **change over** vi (swap) échanger; (change: drivers etc) changer; (change sides: players etc) changer de côté; **to ~ over from sth to sth** passer de qch à qch

**changeable** ['tʃeɪndʒəbl] adj (weather) variable; (person) d'humeur changeante

**change machine** n distributeur m de monnaie

**changeover** ['tʃeɪndʒəʊvəʳ] n (to new system) changement m, passage m

**changing** ['tʃeɪndʒɪŋ] adj changeant(e)

**changing room** n (Brit: in shop) salon m d'essayage; (: Sport) vestiaire m

**channel** ['tʃænl] n (TV) chaîne f; (waveband, groove, fig: medium) canal m; (of river, sea) chenal m ▷ vt canaliser; (fig: interest, energies): **to ~ into** diriger vers; **through the usual ~s** en suivant la filière habituelle; **green/red ~** (Customs) couloir m or sortie f "rien à déclarer"/"marchandises à déclarer"; **the (English) C~** la Manche

**channel-hopping** ['tʃænl'hɔpɪŋ] n (TV) zapping m

**Channel Islands** npl: **the ~** les îles fpl Anglo-Normandes

**Channel Tunnel** n: **the ~** le tunnel sous la Manche

**chant** [tʃɑ:nt] n chant m; mélopée f; (Rel) psalmodie f ▷ vt chanter, scander; psalmodier

**chaos** ['keɪɔs] n chaos m

**chaotic** [keɪ'ɔtɪk] adj chaotique

**chap** [tʃæp] n (Brit inf: man) type m; (term of address): **old ~** mon vieux ▷ vt (skin) gercer, crevasser

**chapel** ['tʃæpl] n chapelle f

**chaplain** ['tʃæplɪn] n aumônier m

**chapped** [tʃæpt] adj (skin, lips) gercé(e)

**chapter** ['tʃæptəʳ] n chapitre m

**char** [tʃɑ:ʳ] vt (burn) carboniser ▷ vi (Brit: cleaner) faire des ménages ▷ n (Brit) = **charlady**

**character** ['kærɪktə<sup>r</sup>] n caractère m; (in novel, film) personnage m; (eccentric person) numéro m, phénomène m; **a person of good ~** une personne bien

**characteristic** ['kærɪktə'rɪstɪk] adj, n caractéristique (f)

**characterize** ['kærɪktəraɪz] vt caractériser; **to ~ (as)** définir (comme)

**charcoal** ['tʃɑːkəʊl] n charbon m de bois; (Art) charbon

**charge** [tʃɑːdʒ] n (accusation) accusation f; (Law) inculpation f; (cost) prix (demandé); (of gun, battery, Mil: attack) charge f ▷ vt (gun, battery, Mil: enemy) charger; (customer, sum) faire payer ▷ vi (gen with: up, along etc) foncer; **charges** npl (costs) frais mpl; (Brit Tel): **to reverse the ~s** téléphoner en PCV; **bank/labour ~s** frais mpl de banque/main-d'œuvre; **is there a ~?** doit-on payer?; **there's no ~** c'est gratuit, on ne fait pas payer; **extra ~** supplément m; **to take ~ of** se charger de; **to be in ~ of** être responsable de, s'occuper de; **to ~ in/out** entrer/sortir en trombe; **to ~ down/up** dévaler/ grimper à toute allure; **to ~ sb (with)** (Law) inculper qn (de); **to have ~ of sb** avoir la charge de qn; **they ~d us £10 for the meal** ils nous ont fait payer le repas 10 livres, ils nous ont compté 10 livres pour le repas; **how much do you ~ for this repair?** combien demandez-vous pour cette réparation?; **to ~ an expense (up) to sb** mettre une dépense sur le compte de qn; **~ it to my account** facturez-le sur mon compte

**charge card** n carte f de client (émise par un grand magasin)

**charger** ['tʃɑːdʒə<sup>r</sup>] n (also: **battery ~**) chargeur m; (old: warhorse) cheval m de bataille

**charismatic** [kærɪz'mætɪk] adj charismatique

**charity** ['tʃærɪtɪ] n charité f; (organization) institution f charitable or de bienfaisance, œuvre f (de charité)

**charity shop** n (Brit) boutique vendant des articles d'occasion au profit d'une organisation caritative

**charm** [tʃɑːm] n charme m; (on bracelet) breloque f ▷ vt charmer, enchanter

**charming** ['tʃɑːmɪŋ] adj charmant(e)

**chart** [tʃɑːt] n tableau m, diagramme m; graphique m; (map) carte marine; (weather chart) carte f du temps ▷ vt dresser or établir la carte de; (sales, progress) établir la courbe de; **charts** npl (Mus) hit-parade m; **to be in the ~s** (record, pop group) figurer au hit-parade

**charter** ['tʃɑːtə<sup>r</sup>] vt (plane) affréter ▷ n (document) charte f; **on ~** (plane) affrété(e)

**chartered accountant** ['tʃɑːtəd-] n (Brit) expert-comptable m

**charter flight** n charter m

**chase** [tʃeɪs] vt poursuivre, pourchasser; (also: **~ away**) chasser ▷ n poursuite f,

chasse f; **chase down** vt (US) = **chase up**; **chase up** vt (Brit: person) relancer; (: information) rechercher

**chasm** ['kæzəm] n gouffre m, abîme m

**chat** [tʃæt] vi (also: **have a ~**) bavarder, causer; (on Internet) chatter ▷ n conversation f; (on Internet) chat m; **chat up** vt (Brit inf: girl) baratiner

**chat room** n (Internet) salon m de discussion

**chat show** n (Brit) talk-show m

**chatter** ['tʃætə<sup>r</sup>] vi (person) bavarder, papoter ▷ n bavardage m, papotage m; **my teeth are ~ing** je claque des dents

**chatterbox** ['tʃætəbɒks] n moulin m à paroles, babillard(e)

**chatty** ['tʃætɪ] adj (style) familier(-ière); (person) enclin(e) à bavarder or au papotage

**chauffeur** ['ʃəʊfə<sup>r</sup>] n chauffeur m (de maître)

**chauvinist** ['ʃəʊvɪnɪst] n (also: **male ~**) phallocrate m, macho m; (nationalist) chauvin(e)

**cheap** [tʃiːp] adj bon marché inv, pas cher/chère; (reduced: ticket) à prix réduit; (: fare) réduit(e); (joke) facile, d'un goût douteux; (poor quality) à bon marché, de qualité médiocre ▷ adv à bon marché, pour pas cher; **~er** adj moins cher/chère; **can you recommend a ~ hotel/restaurant, please?** pourriez-vous m'indiquer un hôtel/restaurant bon marché?

**cheap day return** n billet m d'aller et retour réduit (valable une journée)

**cheaply** ['tʃiːplɪ] adv à bon marché, à bon compte

**cheat** [tʃiːt] vi tricher; (in exam) copier ▷ vt tromper, duper; (rob): **to ~ sb out of sth** escroquer qch à qn ▷ n tricheur(-euse) m/f; escroc m; (trick) duperie f, tromperie f; **cheat on** vt fus tromper

**Chechnya** [tʃɪtʃ'njaː] n Tchétchénie f

**check** [tʃɛk] vt vérifier; (passport, ticket) contrôler; (halt) enrayer; (restrain) maîtriser ▷ vi (official etc) se renseigner ▷ n vérification f; contrôle m; (curb) frein m; (Brit: bill) addition f; (US) = **cheque**; (pattern: gen pl) carreaux mpl ▷ adj (also: **~ed**: pattern, cloth) à carreaux; **to ~ with sb** demander à qn; **to keep a ~ on sb/sth** surveiller qn/qch; **check in** vi (in hotel) remplir sa fiche (d'hôtel); (at airport) se présenter à l'enregistrement ▷ vt (luggage) (faire) enregistrer; **check off** vt (tick off) cocher; **check out** vi (in hotel) régler sa note ▷ vt (luggage) retirer; (investigate: story) vérifier; (person) prendre des renseignements sur; **check up** vi: **to ~ up (on sth)** vérifier (qch); **to ~ up on sb** se renseigner sur le compte de qn

**checkbook** ['tʃɛkbʊk] n (US) = **chequebook**

**checked** ['tʃɛkt] adj (pattern, cloth) à carreaux

**checkered** ['tʃɛkəd] adj (US) = **chequered**

**checkers** ['tʃɛkəz] n (US) jeu m de dames

**check-in** ['tʃekɪn] n (also: **~ desk**: at airport) enregistrement m

**checking account** ['tʃekɪn-] n (US) compte courant

**checklist** ['tʃeklɪst] n liste f de contrôle

**checkmate** ['tʃekmeɪt] n échec et mat m

**checkout** ['tʃekaut] n (in supermarket) caisse f

**checkpoint** ['tʃekpɔɪnt] n contrôle m

**checkroom** ['tʃekruːm] (US) n consigne f

**checkup** ['tʃekʌp] n (Med) examen médical, check-up m

**cheddar** ['tʃedə'] n (also: **~ cheese**) cheddar m

**cheek** [tʃiːk] n joue f; (impudence) toupet m, culot m; **what a ~!** quel toupet!

**cheekbone** ['tʃiːkbəun] n pommette f

**cheeky** ['tʃiːkɪ] adj effronté(e), culotté(e)

**cheep** [tʃiːp] n (of bird) piaulement m ▷ vi piauler

**cheer** [tʃɪə'] vt acclamer, applaudir; (gladden) réjouir, réconforter ▷ vi applaudir ▷ n (gen pl) acclamations fpl, applaudissements mpl; bravos mpl, hourras mpl; **~s!** à la vôtre!; **cheer on** vt encourager (par des cris etc); **cheer up** vi se dérider, reprendre courage ▷ vt remonter le moral à or de, dérider, égayer

**cheerful** ['tʃɪəful] adj gai(e), joyeux(-euse)

**cheerio** ['tʃɪərɪ'əu] excl (Brit) salut!, au revoir!

**cheerleader** ['tʃɪəliːdə'] n membre d'un groupe de majorettes qui chantent et dansent pour soutenir leur équipe pendant les matchs de football américain

**cheese** [tʃiːz] n fromage m

**cheeseboard** ['tʃiːzbɔːd] n plateau m à fromages; (with cheese on it) plateau m de fromages

**cheeseburger** ['tʃiːzbəːgə'] n cheeseburger m

**cheesecake** ['tʃiːzkeɪk] n tarte f au fromage

**cheetah** ['tʃiːtə] n guépard m

**chef** [ʃef] n chef (cuisinier)

**chemical** ['kemɪkl] adj chimique ▷ n produit m chimique

**chemist** ['kemɪst] n (Brit: pharmacist) pharmacien(ne); (scientist) chimiste m/f

**chemistry** ['kemɪstrɪ] n chimie f

**chemist's** ['kemɪsts], **chemist's shop** n (Brit) pharmacie f

**cheque**, (US) **check** [tʃek] n chèque m; **to pay by ~** payer par chèque

**chequebook**, (US) **checkbook** ['tʃekbuk] n chéquier m, carnet m de chèques

**cheque card** n (Brit) carte f (d'identité) bancaire

**chequered**, (US) **checkered** ['tʃekəd] adj (fig) varié(e)

**cherish** ['tʃerɪʃ] vt chérir; (hope etc) entretenir

**cherry** ['tʃerɪ] n cerise f; (also: **~ tree**) cerisier m

**chess** [tʃes] n échecs mpl

**chessboard** ['tʃesbɔːd] n échiquier m

**chest** [tʃest] n poitrine f; (box) coffre m, caisse f; **to get sth off one's ~** (inf) vider son sac

**chestnut** ['tʃesnʌt] n châtaigne f; (also: **~ tree**) châtaignier m; (colour) châtain m ▷ adj (hair) châtain inv; (horse) alezan

**chest of drawers** n commode f

**chew** [tʃuː] vt mâcher

**chewing gum** ['tʃuːɪn-] n chewing-gum m

**chic** [ʃiːk] adj chic inv, élégant(e)

**chick** [tʃɪk] n poussin m; (inf) pépée f

**chicken** ['tʃɪkɪn] n poulet m; (inf: coward) poule mouillée; **chicken out** vi (inf) se dégonfler

**chickenpox** ['tʃɪkɪnpɔks] n varicelle f

**chickpea** ['tʃɪkpiː] n pois m chiche

**chicory** ['tʃɪkərɪ] n chicorée f; (salad) endive f

**chief** [tʃiːf] n chef m ▷ adj principal(e); **C~ of Staff** (Mil) chef d'État-major

**chief executive**, (US) **chief executive officer** n directeur(-trice) général(e)

**chiefly** ['tʃiːflɪ] adv principalement, surtout

**chiffon** ['ʃɪfɔn] n mousseline f de soie

**chilblain** ['tʃɪlbleɪn] n engelure f

**child** (pl **children**) [tʃaɪld, 'tʃɪldrən] n enfant m/f

**child abuse** n maltraitance f d'enfants; (sexual) abus mpl sexuels sur des enfants

**child benefit** n (Brit) ≈ allocations familiales

**childbirth** ['tʃaɪldbəːθ] n accouchement m

**childcare** ['tʃaɪldkɛə'] n (for working parents) garde f des enfants (pour les parents qui travaillent)

**childhood** ['tʃaɪldhud] n enfance f

**childish** ['tʃaɪldɪʃ] adj puéril(e), enfantin(e)

**childlike** ['tʃaɪldlaɪk] adj innocent(e), pur(e)

**child minder** n (Brit) garde f d'enfants

**children** ['tʃɪldrən] npl of **child**

**Chile** ['tʃɪlɪ] n Chili m

**chill** [tʃɪl] n (of water) froid m; (of air) fraîcheur f; (Med) refroidissement m, coup m de froid ▷ adj froid(e), glacial(e) ▷ vt (person) faire frissonner; refroidir; (Culin) mettre au frais, rafraîchir; **"serve -ed"** "à servir frais"; **chill out** vi (inf: esp US) se relaxer

**chilli, chili** ['tʃɪlɪ] n piment m (rouge)

**chilly** ['tʃɪlɪ] adj froid(e), glacé(e); (sensitive to cold) frileux(-euse); **to feel ~** avoir froid

**chime** [tʃaɪm] n carillon m ▷ vi carillonner, sonner

**chimney** ['tʃɪmnɪ] n cheminée f

**chimney sweep** n ramoneur m

**chimpanzee** [tʃɪmpæn'ziː] n chimpanzé m

**chin** [tʃɪn] n menton m

**China** ['tʃaɪnə] n Chine f

**china** ['tʃaɪnə] n (material) porcelaine f; (crockery) vaisselle f en) porcelaine

**Chinese** [tʃaɪ'niːz] adj chinois(e) ▷ n (pl inv) Chinois(e); (Ling) chinois m

**chink** [tʃɪŋk] n (opening) fente f, fissure f; (noise) tintement m

**chip** [tʃɪp] n (gen pl: Culin: Brit) frite f; (: US: also: **potato ~**) chip m; (of wood) copeau m; (of glass, stone) éclat m; (also: **micro~**) puce f; (in gambling) fiche f ▷ vt (cup, plate) ébrécher; **when the ~s are down** (fig) au moment critique; **chip in** vi (inf) mettre son grain de sel

**chip shop** n (Brit) friterie f; voir article

● **CHIP SHOP**

● Un *chip shop*, que l'on appelle également
● un "fish-and-chip shop", est un magasin
● où l'on vend des plats à emporter. Les *chip*
● *shops* sont d'ailleurs à l'origine des
● "takeaways". On y achète en particulier
● du poisson frit et des frites, mais on y
● trouve également des plats traditionnels
● britanniques ("steak pies", saucisses,
● etc). Tous les plats étaient à l'origine
● emballés dans du papier journal. Dans
● certains de ces magasins, on peut
● s'asseoir pour consommer sur place.

**chiropodist** [kɪˈrɔpədɪst] n (Brit) pédicure m/f

**chirp** [tʃəːp] n pépiement m, gazouillis m;
(of crickets) stridulation f ▷ vi pépier,
gazouiller; chanter, striduler

**chisel** [ˈtʃɪzl] n ciseau m

**chit** [tʃɪt] n mot m, note f

**chitchat** [ˈtʃɪttʃæt] n bavardage m,
papotage m

**chivalry** [ˈʃɪvəlrɪ] n chevalerie f; esprit m
chevaleresque

**chives** [tʃaɪvz] npl ciboulette f, civette f

**chlorine** [ˈklɔːriːn] n chlore m

**choc-ice** [ˈtʃɔkaɪs] n (Brit) esquimau® m

**chock-a-block** [ˈtʃɔkəˈblɔk], **chock-full**
[tʃɔkˈful] adj plein(e) à craquer

**chocolate** [ˈtʃɔklɪt] n chocolat m

**choice** [tʃɔɪs] n choix m ▷ adj de choix; **by** or
**from** ~ par choix; **a wide** ~ un grand choix

**choir** [ˈkwaɪəʳ] n chœur m, chorale f

**choirboy** [ˈkwaɪəˈbɔɪ] n jeune choriste m,
petit chanteur

**choke** [tʃəuk] vi étouffer ▷ vt étrangler;
étouffer; (block) boucher, obstruer ▷ n (Aut)
starter m

**cholesterol** [kəˈlɛstərɔl] n cholestérol m

**choose** (pt **chose**, pp **chosen**) [tʃuːz, tʃəuz,
ˈtʃəuzn] vt choisir ▷ vi: **to ~ between** choisir
entre; **to ~ from** choisir parmi; **to ~ to do**
décider de faire, juger bon de faire

**choosy** [ˈtʃuːzɪ] adj: **(to be)** ~ (faire le) difficile

**chop** [tʃɔp] vt (wood) couper (à la hache);
(Culin: also: ~ **up**) couper (fin), émincer,
hacher (en morceaux) ▷ n coup m (de hache, du
tranchant de la main); (Culin) côtelette f; **to get
the ~** (Brit inf: project) tomber à l'eau; (: person:
be sacked) se faire renvoyer; **chop down** vt
(tree) abattre; **chop off** vt trancher

**chopper** [ˈtʃɔpəʳ] n (helicopter) hélicoptère m,
hélico m

**choppy** [ˈtʃɔpɪ] adj (sea) un peu agité(e)

**chopsticks** [ˈtʃɔpstɪks] npl baguettes fpl

**chord** [kɔːd] n (Mus) accord m

**chore** [tʃɔːʳ] n travail m de routine;
**household ~s** travaux mpl du ménage

**chortle** [ˈtʃɔːtl] vi glousser

**chorus** [ˈkɔːrəs] n chœur m; (repeated part of
song, also fig) refrain m

**chose** [tʃəuz] pt of **choose**

**chosen** [ˈtʃəuzn] pp of **choose**

**chowder** [ˈtʃaudəʳ] n soupe f de poisson

**Christ** [kraɪst] n Christ m

**christen** [ˈkrɪsn] vt baptiser

**christening** [ˈkrɪsnɪŋ] n baptême m

**Christian** [ˈkrɪstɪən] adj, n chrétien(ne)

**Christianity** [krɪstɪˈænɪtɪ] n christianisme m

**Christian name** n prénom m

**Christmas** [ˈkrɪsməs] n Noël m or f; **happy** or
**merry ~!** joyeux Noël!

**Christmas card** n carte f de Noël

**Christmas carol** n chant m de Noël

**Christmas Day** n le jour de Noël

**Christmas Eve** n la veille de Noël; la nuit de
Noël

**Christmas pudding** n (esp Brit) Christmas m
pudding

**Christmas tree** n arbre m de Noël

**chrome** [krəum] n chrome m

**chromium** [ˈkrəumɪəm] n chrome m; (also:
~ **plating**) chromage m

**chronic** [ˈkrɔnɪk] adj chronique; (fig: liar,
smoker) invétéré(e)

**chronicle** [ˈkrɔnɪkl] n chronique f

**chronological** [krɔnəˈlɔdʒɪkl] adj
chronologique

**chrysanthemum** [krɪˈsænθəməm] n
chrysanthème m

**chubby** [ˈtʃʌbɪ] adj potelé(e), rondelet(te)

**chuck** [tʃʌk] vt (inf) lancer, jeter; (Brit: also:
~ **up**: job) lâcher; (: person) plaquer; **chuck out**
vt (inf: person) flanquer dehors or à la porte;
(: rubbish etc) jeter

**chuckle** [ˈtʃʌkl] vi glousser

**chug** [tʃʌg] vi faire teuf-teuf; souffler

**chum** [tʃʌm] n copain/copine

**chunk** [tʃʌŋk] n gros morceau m; (of bread)
quignon m

**church** [tʃəːtʃ] n église f; **the C~ of England**
l'Église anglicane

**churchyard** [ˈtʃəːtʃjɑːd] n cimetière m

**churn** [tʃəːn] n (for butter) baratte f; (also:
**milk ~**) (grand) bidon à lait; **churn out** vt
débiter

**chute** [ʃuːt] n goulotte f; (also: **rubbish ~**)
vide-ordures m inv; (Brit: children's slide)
toboggan m

**chutney** [ˈtʃʌtnɪ] n chutney m

**CIA** n abbr (= Central Intelligence Agency) CIA f

**CID** n abbr (= Criminal Investigation Department)
≈ P.J. f

**cider** [ˈsaɪdəʳ] n cidre m

**cigar** [sɪˈgɑːʳ] n cigare m

**cigarette** [sɪgəˈrɛt] n cigarette f

**cigarette case** n étui m à cigarettes

**cigarette end** n mégot m

**cigarette lighter** n briquet m

**Cinderella** [sɪndəˈrɛlə] n Cendrillon f

**cine-camera** [ˈsɪnɪˈkæmərə] n (Brit) caméra f

**cinema** ['sınəmə] n cinéma m

**cinnamon** ['sınəmən] n cannelle f

**circle** ['sə:kl] n cercle m; (in cinema) balcon m
▷ vi faire or décrire des cercles ▷ vt (surround)
entourer, encercler; (move round) faire le tour
de, tourner autour de

**circuit** ['sə:kıt] n circuit m; (lap) tour m

**circuitous** [sə:'kjuıtəs] adj indirect(e), qui
fait un détour

**circular** ['sə:kjulər] adj circulaire ▷ n
circulaire f; (as advertisement) prospectus m

**circulate** ['sə:kjuleıt] vi circuler ▷ vt faire
circuler

**circulation** [sə:kju'leıʃən] n circulation f;
(of newspaper) tirage m

**circumflex** ['sə:kəmfleks] n (also: ~ accent)
accent m circonflexe

**circumstances** ['sə:kəmstənsız] npl
circonstances fpl; (financial condition) moyens
mpl, situation financière; **in** or **under the ~**
dans ces conditions; **under no ~** en aucun
cas, sous aucun prétexte

**circus** ['sə:kəs] n cirque m; (also: **C~**: in place
names) place f

**CIS** n abbr (= Commonwealth of Independent States)
CEI f

**cistern** ['sıstən] n réservoir m (d'eau);
(in toilet) réservoir de la chasse d'eau

**cite** [saıt] vt citer

**citizen** ['sıtızn] n (Pol) citoyen(ne); (resident):
**the ~s of this town** les habitants de cette
ville

**citizenship** ['sıtıznʃıp] n citoyenneté f; (Brit:
Scol) ≈ éducation f civique

**citrus fruits** ['sıtrəs-] npl agrumes mpl

**city** ['sıtı] n (grande) ville f; **the C~** la Cité de
Londres (centre des affaires)

**city centre** n centre ville m

**city technology college** n (Brit)
établissement m d'enseignement
technologique (situé dans un quartier défavorisé)

**civic** ['sıvık] adj civique; (authorities)
municipal(e)

**civic centre** n (Brit) centre administratif
(municipal)

**civil** ['sıvıl] adj civil(e); (polite) poli(e), civil(e)

**civil engineer** n ingénieur civil

**civilian** [sı'vılıən] adj, n civil(e)

**civilization** [sıvılaı'zeıʃən] n civilisation f

**civilized** ['sıvılaızd] adj civilisé(e); (fig) où
règnent les bonnes manières, empreint(e)
d'une courtoisie de bon ton

**civil law** n code civil; (study) droit civil

**civil rights** npl droits mpl civiques

**civil servant** n fonctionnaire m/f

**Civil Service** n fonction publique,
administration f

**civil war** n guerre civile

**CJD** n abbr (= Creutzfeldt-Jakob disease) MCJ f

**clad** [klæd] adj: ~ **(in)** habillé(e) de, vêtu(e) de

**claim** [kleım] vt (rights etc) revendiquer;
(compensation) réclamer; (assert) déclarer,
prétendre ▷ vi (for insurance) faire une
déclaration de sinistre ▷ n revendication f;
prétention f; (right) droit m; (for expenses)
note f de frais; **(insurance)** ~ demande f
d'indemnisation, déclaration f de sinistre;
**to put in a ~ for** (pay rise etc) demander

**claimant** ['kleımənt] n (Admin, Law)
requérant(e)

**claim form** n (gen) formulaire m de demande

**clairvoyant** [kleə'vɔıənt] n voyant(e), extra-
lucide m/f

**clam** [klæm] n palourde f; **clam up** vi (inf) la
boucler

**clamber** ['klæmbər] vi grimper, se hisser

**clammy** ['klæmı] adj humide et froid(e) (au
toucher), moite

**clamour**, (US) **clamor** ['klæmər] n (noise)
clameurs fpl; (protest) protestations
bruyantes ▷ vi: **to ~ for sth** réclamer qch à
grands cris

**clamp** [klæmp] n crampon m; (on workbench)
valet m; (on car) sabot m de Denver ▷ vt
attacher; (car) mettre un sabot à; **clamp
down on** vt fus sévir contre, prendre des
mesures draconiennes à l'égard de

**clan** [klæn] n clan m

**clang** [klæŋ] n bruit m or fracas m métallique
▷ vi émettre un bruit or fracas métallique

**clap** [klæp] vi applaudir ▷ vt: **to ~ (one's
hands)** battre des mains ▷ n claquement m;
tape f; **a ~ of thunder** un coup de tonnerre

**clapping** ['klæpıŋ] n applaudissements mpl

**claret** ['klærət] n (vin m de) bordeaux m
(rouge)

**clarify** ['klærıfaı] vt clarifier

**clarinet** [klærı'net] n clarinette f

**clarity** ['klærıtı] n clarté f

**clash** [klæʃ] n (sound) choc m, fracas m;
(with police) affrontement m; (fig) conflit m
▷ vi se heurter; être or entrer en conflit;
(colours) jurer; (dates, events) tomber en
même temps

**clasp** [klɑ:sp] n (of necklace, bag) fermoir m ▷ vt
serrer, étreindre

**class** [klɑ:s] n (gen) classe f; (group, category)
catégorie f ▷ vt classer, classifier

**classic** ['klæsık] adj classique ▷ n (author,
work) classique m; (race etc) classique f

**classical** ['klæsıkl] adj classique

**classification** [klæsıfı'keıʃən] n
classification f

**classified** ['klæsıfaıd] adj (information)
secret(-ète); ~ **ads** petites annonces

**classify** ['klæsıfaı] vt classifier, classer

**classmate** ['klɑ:smeıt] n camarade m/f
de classe

**classroom** ['klɑ:srum] n (salle f de) classe f

**classroom assistant** n assistant(-e)
d'éducation

**classy** ['klɑ:sı] (inf) adj classe (inf)

**clatter** ['klætər] n cliquetis m ▷ vi cliqueter

**clause** [klɔ:z] n clause f; (Ling) proposition f

**claustrophobic** [klɔ:strə'fəubɪk] *adj* (*person*) claustrophobe; (*place*) où l'on se sent claustrophobe

**claw** [klɔ:] *n* griffe *f*; (*of bird of prey*) serre *f*; (*of lobster*) pince *f* ▷ *vt* griffer; déchirer

**clay** [kleɪ] *n* argile *f*

**clean** [kli:n] *adj* propre; (*clear, smooth*) net(te); (*record, reputation*) sans tache; (*joke, story*) correct(e) ▷ *vt* nettoyer ▷ *adv*: **he ~ forgot** il a complètement oublié; **to come ~** (*inf: admit guilt*) se mettre à table; **to ~ one's teeth** se laver les dents; **~ driving licence** *or* (US) **record** permis où n'est portée aucune indication de contravention; **clean off** *vt* enlever; **clean out** *vt* nettoyer (à fond); **clean up** *vt* nettoyer; (*fig*) remettre de l'ordre dans ▷ *vi* (*fig: make profit*): **to ~ up on** faire son beurre avec

**clean-cut** ['kli:n'kʌt] *adj* (*man*) soigné; (*situation etc*) bien délimité(e), net(te), clair(e)

**cleaner** ['kli:nə'] *n* (*person*) nettoyeur(-euse), femme *f* de ménage; (*also: ~*) teinturier(-ière); (*product*) détachant *m*

**cleaner's** ['kli:nəz] *n* (*also: dry ~*) teinturier *m*

**cleaning** ['kli:nɪŋ] *n* nettoyage *m*

**cleanliness** ['klɛnlɪnɪs] *n* propreté *f*

**cleanse** [klɛnz] *vt* nettoyer; purifier

**cleanser** ['klɛnzə'] *n* détergent *m*; (*for face*) démaquillant *m*

**clean-shaven** ['kli:n'ʃeɪvn] *adj* rasé(e) de près

**cleansing department** ['klɛnzɪŋ-] *n* (*Brit*) service *m* de voirie

**clear** [klɪə'] *adj* clair(e); (*glass, plastic*) transparent(e); (*road, way*) libre, dégagé(e); (*profit, majority*) net(te); (*conscience*) tranquille; (*skin*) frais/fraîche; (*sky*) dégagé(e) ▷ *vt* (*road*) dégager, déblayer; (*table*) débarrasser; (*room etc: of people*) faire évacuer; (*woodland*) défricher; (*cheque*) compenser; (*Comm: goods*) liquider; (*Law: suspect*) innocenter; (*obstacle*) franchir *or* sauter sans heurter ▷ *vi* (*weather*) s'éclaircir; (*fog*) se dissiper ▷ *adv*: **~ of** à distance de, à l'écart de ▷ *n*: **to be in the ~** (*out of debt*) être dégagé(e) de toute dette; (*out of suspicion*) être lavé(e) de tout soupçon; (*out of danger*) être hors de danger; **to ~ the table** débarrasser la table, desservir; **to ~ one's throat** s'éclaircir la gorge; **to ~ a profit** faire un bénéfice net; **to make o.s. ~** se faire bien comprendre; **to make it ~ to sb that ...** bien faire comprendre à qn que ...; **I have a ~ day tomorrow** (*Brit*) je n'ai rien de prévu demain; **to keep ~ of sb/sth** éviter qn/qch; **clear away** *vt* (*things, clothes etc*) enlever, retirer; **to ~ away the dishes** débarrasser la table; **clear off** *vi* (*inf: leave*) dégager; **clear up** *vi* s'éclaircir, se dissiper ▷ *vt* ranger, mettre en ordre; (*mystery*) éclaircir, résoudre

**clearance** ['klɪərəns] *n* (*removal*) déblayage *m*; (*free space*) dégagement *m*; (*permission*) autorisation *f*

**clear-cut** ['klɪə'kʌt] *adj* précis(e), nettement défini(e)

**clearing** ['klɪərɪŋ] *n* (*in forest*) clairière *f*; (*Brit Banking*) compensation *f*, clearing *m*

**clearing bank** *n* (*Brit*) banque *f* qui appartient à une chambre de compensation

**clearly** ['klɪəlɪ] *adv* clairement; (*obviously*) de toute évidence

**clearway** ['klɪəweɪ] *n* (*Brit*) route *f* à stationnement interdit

**clef** [klɛf] *n* (*Mus*) clé *f*

**cleft** [klɛft] *n* (*in rock*) crevasse *f*, fissure *f*

**clementine** ['klɛməntaɪn] *n* clémentine *f*

**clench** [klɛntʃ] *vt* serrer

**clergy** ['klə:dʒɪ] *n* clergé *m*

**clergyman** ['klə:dʒɪmən] *irreg n* ecclésiastique *m*

**clerical** ['klɛrɪkl] *adj* de bureau, d'employé de bureau; (*Rel*) clérical(e), du clergé

**clerk** [klɑ:k] (US) [klə:rk] *n* (*Brit*) employé(e) de bureau; (US: *salesman/woman*) vendeur(-euse); **C~ of Court** (*Law*) greffier *m* (du tribunal)

**clever** ['klɛvə'] *adj* (*intelligent*) intelligent(e); (*skilful*) habile, adroit(e); (*device, arrangement*) ingénieux(-euse), astucieux(-euse)

**cliché** ['kli:ʃeɪ] *n* cliché *m*

**click** [klɪk] *vi* faire un bruit sec *or* un déclic; (*Comput*) cliquer ▷ *vt*: **to ~ one's tongue** faire claquer sa langue; **to ~ one's heels** claquer des talons; **to ~ on an icon** cliquer sur une icône

**client** ['klaɪənt] *n* client(e)

**cliff** [klɪf] *n* falaise *f*

**climate** ['klaɪmɪt] *n* climat *m*

**climate change** *n* changement *m* climatique

**climax** ['klaɪmæks] *n* apogée *m*, point culminant; (*sexual*) orgasme *m*

**climb** [klaɪm] *vi* grimper, monter; (*plane*) prendre de l'altitude ▷ *vt* (*stairs*) monter; (*mountain*) escalader; (*tree*) grimper à ▷ *n* montée *f*, escalade *f*; **to ~ over a wall** passer par dessus un mur; **climb down** *vi* (re)descendre; (*Brit fig*) rabattre de ses prétentions

**climb-down** ['klaɪmdaun] *n* (*Brit*) reculade *f*

**climber** ['klaɪmə'] *n* (*also: rock ~*) grimpeur(-euse), varappeur(-euse); (*plant*) plante grimpante

**climbing** ['klaɪmɪŋ] *n* (*also: rock ~*) escalade *f*, varappe *f*

**clinch** [klɪntʃ] *vt* (*deal*) conclure, sceller

**cling** (*pt, pp* **clung**) [klɪŋ, klʌŋ] *vi*: **to ~ (to)** se cramponner (à), s'accrocher (à); (*clothes*) coller (à)

**Clingfilm®** ['klɪŋfɪlm] *n* film *m* alimentaire

**clinic** ['klɪnɪk] *n* clinique *f*; centre médical; (*session: Med*) consultation(s) *f(pl)*, séance(s) *f(pl)*; (*Sport*) séance(s) de perfectionnement

**clinical** ['klɪnɪkl] *adj* clinique; (*fig*) froid(e)

**clink** [klɪŋk] *vi* tinter, cliqueter

**clip** [klɪp] n (for hair) barrette f; (also: **paper ~**) trombone m; (Brit: also: **bulldog ~**) pince f de bureau; (holding hose etc) collier m or bague f (métallique) de serrage; (TV, Cine) clip m ▷ vt (also: **~ together**: papers) attacher; (hair, nails) couper; (hedge) tailler

**clippers** ['klɪpəz] npl tondeuse f; (also: **nail ~**) coupe-ongles m inv

**clipping** ['klɪpɪŋ] n (from newspaper) coupure f de journal

**cloak** [kləuk] n grande cape f ▷ vt (fig) masquer, cacher

**cloakroom** ['kləukrum] n (for coats etc) vestiaire m; (Brit: W.C.) toilettes fpl

**clock** [klɔk] n (large) horloge f; (small) pendule f; **round the ~** (work etc) vingt-quatre heures sur vingt-quatre; **to sleep round the ~** or **the ~ round** faire le tour du cadran; **30,000 on the ~** (Brit Aut) 30 000 milles au compteur; **to work against the ~** faire la course contre la montre; **clock in** or **on** (Brit) vi (with card) pointer (en arrivant); (start work) commencer à travailler; **clock off** or **out** (Brit) vi (with card) pointer (en partant); (leave work) quitter le travail; **clock up** vt (miles, hours etc) faire

**clockwise** ['klɔkwaɪz] adv dans le sens des aiguilles d'une montre

**clockwork** ['klɔkwə:k] n rouages mpl, mécanisme m; (of clock) mouvement m (d'horlogerie) ▷ adj (toy, train) mécanique

**clog** [klɔg] n sabot m ▷ vt boucher, encrasser ▷ vi (also: **~ up**) se boucher, s'encrasser

**cloister** ['klɔɪstər] n cloître m

**clone** [kləun] n clone m ▷ vt cloner

**close¹** [kləus] adj (near): **~ (to)** près (de), proche (de); (writing, texture) serré(e); (contact, link, watch) étroit(e); (examination) attentif(-ive), minutieux(-euse); (contest) très serré(e); (weather) lourd(e), étouffant(e); (room) mal aéré(e) ▷ adv près, à proximité; **~ to** prep près de; **~ by, ~ at hand** adj, adv tout(e) près; **how ~ is Edinburgh to Glasgow?** combien de kilomètres y-a-t-il entre Édimbourg et Glasgow?; **a ~ friend** un ami intime; **to have a ~ shave** (fig) l'échapper belle; **at ~ quarters** tout près, à côté

**close²** [kləuz] vt fermer; (bargain, deal) conclure ▷ vi (shop etc) fermer; (lid, door etc) se fermer; (end) se terminer, se conclure ▷ n (end) conclusion f; **to bring sth to a ~** mettre fin à qch; **what time do you ~?** à quelle heure fermez-vous?; **close down** vt, vi fermer (définitivement); **close in** vi (hunters) approcher; (night, fog) tomber; **the days are closing in** les jours raccourcissent; **to ~ in on sb** cerner qn; **close off** vt (area) boucler

**closed** [kləuzd] adj (shop etc) fermé(e); (road) fermé à la circulation

**closed shop** n organisation f qui n'admet que des travailleurs syndiqués

**close-knit** ['kləus'nɪt] adj (family, community) très uni(e)

**closely** ['kləuslɪ] adv (examine, watch) de près; **we are ~ related** nous sommes proches parents; **a ~ guarded secret** un secret bien gardé

**closet** ['klɔzɪt] n (cupboard) placard m, réduit m

**close-up** ['kləusʌp] n gros plan

**closing time** n heure f de fermeture

**closure** ['kləuʒər] n fermeture f

**clot** [klɔt] n (of blood, milk) caillot m; (inf: person) ballot m ▷ vi (blood) former des caillots; (: external bleeding) se coaguler

**cloth** [klɔθ] n (material) tissu m, étoffe f; (Brit: also: **tea ~**) torchon m; lavette f; (also: **table~**) nappe f

**clothe** [kləuð] vt habiller, vêtir

**clothes** [kləuðz] npl vêtements mpl, habits mpl; **to put one's ~ on** s'habiller; **to take one's ~ off** enlever ses vêtements

**clothes brush** n brosse f à habits

**clothes line** n corde f (à linge)

**clothes peg**, (US) **clothes pin** n pince f à linge

**clothing** ['kləuðɪŋ] n = **clothes**

**cloud** [klaud] n nuage m ▷ vt (liquid) troubler; **to ~ the issue** brouiller les cartes; **every ~ has a silver lining** (proverb) à quelque chose malheur est bon (proverbe); **cloud over** vi se couvrir; (fig) s'assombrir

**cloudburst** ['klaudbə:st] n violente averse

**cloudy** ['klaudɪ] adj nuageux(-euse), couvert(e); (liquid) trouble

**clout** [klaut] n (blow) taloche f; (fig) pouvoir m ▷ vt flanquer une taloche à

**clove** [kləuv] n clou m de girofle; **a ~ of garlic** une gousse d'ail

**clover** ['kləuvər] n trèfle m

**clown** [klaun] n clown m ▷ vi (also: **~ about**, **~ around**) faire le clown

**cloying** ['klɔɪɪŋ] adj (taste, smell) écœurant(e)

**club** [klʌb] n (society) club m; (weapon) massue f, matraque f; (also: **golf ~**) club ▷ vt matraquer ▷ vi: **to ~ together** s'associer; **clubs** npl (Cards) trèfle m

**club class** n (Aviat) classe f club

**clubhouse** ['klʌbhaus] n pavillon m

**cluck** [klʌk] vi glousser

**clue** [klu:] n indice m; (in crosswords) définition f; **I haven't a ~** je n'en ai pas la moindre idée

**clump** [klʌmp] n: **~ of trees** bouquet m d'arbres

**clumsy** ['klʌmzɪ] adj (person) gauche, maladroit(e); (object) malcommode, peu maniable

**clung** [klʌŋ] pt, pp of **cling**

**cluster** ['klʌstər] n (petit) groupe m; (of flowers) grappe f ▷ vi se rassembler

**clutch** [klʌtʃ] n (Aut) embrayage m; (grasp): **~es** étreinte f, prise f ▷ vt (grasp) agripper; (hold tightly) serrer fort; (hold on to) se cramponner à

**clutter** ['klʌtər] vt (also: **~ up**) encombrer ▷ n désordre m, fouillis m

**cm** *abbr* (= *centimetre*) cm
**CND** *n abbr* = **Campaign for Nuclear Disarmament**
**Co.** *abbr* = **company, county**
**c/o** *abbr* (= *care of*) c/o, aux bons soins de
**coach** [kəutʃ] *n* (*bus*) autocar *m*; (*horse-drawn*) diligence *f*; (*of train*) voiture *f*, wagon *m*; (*Sport: trainer*) entraîneur(-euse); (*school: tutor*) répétiteur(-trice) ▷ *vt* (*Sport*) entraîner; (*student*) donner des leçons particulières à
**coach station** (*Brit*) *n* gare routière
**coach trip** *n* excursion *f* en car
**coal** [kəul] *n* charbon *m*
**coal face** *n* front *m* de taille
**coalfield** ['kəulfi:ld] *n* bassin houiller
**coalition** [kəuə'lɪʃən] *n* coalition *f*
**coalman** ['kəulmən] *irreg n* charbonnier *m*, marchand *m* de charbon
**coal mine** *n* mine *f* de charbon
**coarse** [kɔ:s] *adj* grossier(-ère), rude; (*vulgar*) vulgaire
**coast** [kəust] *n* côte *f* ▷ *vi* (*car, cycle*) descendre en roue libre
**coastal** ['kəustl] *adj* côtier(-ère)
**coastguard** ['kəustgɑ:d] *n* garde-côte *m*
**coastline** ['kəustlaɪn] *n* côte *f*, littoral *m*
**coat** [kəut] *n* manteau *m*; (*of animal*) pelage *m*, poil *m*; (*of paint*) couche *f* ▷ *vt* couvrir, enduire; ~ **of arms** *n* blason *m*, armoiries *fpl*
**coat hanger** *n* cintre *m*
**coating** ['kəutɪŋ] *n* couche *f*, enduit *m*
**coax** [kəuks] *vt* persuader par des cajoleries
**cob** [kɔb] *n see* **corn**
**cobbled** ['kɔbld] *adj* pavé(e)
**cobbler** ['kɔblə˚] *n* cordonnier *m*
**cobbles, cobblestones** ['kɔblz, 'kɔblstəunz] *npl* pavés (ronds)
**cobweb** ['kɔbwɛb] *n* toile *f* d'araignée
**cocaine** [kə'keɪn] *n* cocaïne *f*
**cock** [kɔk] *n* (*rooster*) coq *m*; (*male bird*) mâle *m* ▷ *vt* (*gun*) armer; **to ~ one's ears** (*fig*) dresser l'oreille
**cockerel** ['kɔkərl] *n* jeune coq *m*
**cockle** ['kɔkl] *n* coque *f*
**cockney** ['kɔknɪ] *n* cockney *m/f* (*habitant des quartiers populaires de l'East End de Londres*), ≈ faubourien(ne)
**cockpit** ['kɔkpɪt] *n* (*in aircraft*) poste *m* de pilotage, cockpit *m*
**cockroach** ['kɔkrəutʃ] *n* cafard *m*, cancrelat *m*
**cocktail** ['kɔkteɪl] *n* cocktail *m*; **prawn ~**, (*US*) **shrimp ~** cocktail de crevettes
**cocktail cabinet** *n* (*meuble-*)bar *m*
**cocktail party** *n* cocktail *m*
**cocoa** ['kəukəu] *n* cacao *m*
**coconut** ['kəukənʌt] *n* noix *f* de coco
**C.O.D.** *abbr* = **cash on delivery**; (*US*) = **collect on delivery**
**cod** [kɔd] *n* morue fraîche, cabillaud *m*
**code** [kəud] *n* code *m*; (*Tel: area code*) indicatif *m*; ~ **of behaviour** règles *fpl* de conduite; ~ **of practice** déontologie *f*

**cod-liver oil** ['kɔdlɪvər-] *n* huile *f* de foie de morue
**coeducational** ['kəuɛdju'keɪʃənl] *adj* mixte
**coercion** [kəu'ə:ʃən] *n* contrainte *f*
**coffee** ['kɔfɪ] *n* café *m*; **white ~**, (*US*) **~ with cream** (café-)crème *m*
**coffee bar** *n* (*Brit*) café *m*
**coffee bean** *n* grain *m* de café
**coffee break** *n* pause-café *f*
**coffee maker** *n* cafetière *f*
**coffeepot** ['kɔfɪpɔt] *n* cafetière *f*
**coffee shop** *n* café *m*
**coffee table** *n* (petite) table basse
**coffin** ['kɔfɪn] *n* cercueil *m*
**cog** [kɔg] *n* (*wheel*) roue dentée; (*tooth*) dent *f* (d'engrenage)
**cogent** ['kəudʒənt] *adj* puissant(e), convaincant(e)
**cognac** ['kɔnjæk] *n* cognac *m*
**coherent** [kəu'hɪərənt] *adj* cohérent(e)
**coil** [kɔɪl] *n* rouleau *m*, bobine *f*; (*one loop*) anneau *m*, spire *f*; (*of smoke*) volute *f*; (*contraceptive*) stérilet *m* ▷ *vt* enrouler
**coin** [kɔɪn] *n* pièce *f* (de monnaie) ▷ *vt* (*word*) inventer
**coinage** ['kɔɪnɪdʒ] *n* monnaie *f*, système *m* monétaire
**coinbox** ['kɔɪnbɔks] *n* (*Brit*) cabine *f* téléphonique
**coincide** [kəuɪn'saɪd] *vi* coïncider
**coincidence** [kəu'ɪnsɪdəns] *n* coïncidence *f*
**Coke®** [kəuk] *n* coca *m*
**coke** [kəuk] *n* (*coal*) coke *m*
**colander** ['kɔləndə˚] *n* passoire *f* (à légumes)
**cold** [kəuld] *adj* froid(e) ▷ *n* froid *m*; (*Med*) rhume *m*; **it's ~** il fait froid; **to be ~** (*person*) avoir froid; **to catch ~** prendre or attraper froid; **to catch a ~** s'enrhumer, attraper un rhume; **in ~ blood** de sang-froid; **to have ~ feet** avoir froid aux pieds; (*fig*) avoir la frousse *or* la trouille; **to give sb the ~ shoulder** battre froid à qn
**cold sore** *n* bouton *m* de fièvre
**coleslaw** ['kəulslɔ:] *n* sorte de salade de chou cru
**colic** ['kɔlɪk] *n* colique(s) *f(pl)*
**collaborate** [kə'læbəreɪt] *vi* collaborer
**collapse** [kə'læps] *vi* s'effondrer, s'écrouler; (*Med*) avoir un malaise ▷ *n* effondrement *m*, écroulement *m*; (*of government*) chute *f*
**collapsible** [kə'læpsəbl] *adj* pliant(e), télescopique
**collar** ['kɔlə˚] *n* (*of coat, shirt*) col *m*; (*for dog*) collier *m*; (*Tech*) collier, bague *f* ▷ *vt* (*inf: person*) pincer
**collarbone** ['kɔləbəun] *n* clavicule *f*
**collateral** [kə'lætərl] *n* nantissement *m*
**colleague** ['kɔli:g] *n* collègue *m/f*
**collect** [kə'lɛkt] *vt* rassembler; (*pick up*) ramasser; (*as a hobby*) collectionner; (*Brit: call for*) (passer) prendre; (*mail*) faire la levée de, ramasser; (*money owed*) encaisser; (*donations, subscriptions*) recueillir ▷ *vi* (*people*) se

rassembler; *(dust, dirt)* s'amasser; **to ~ one's thoughts** réfléchir, réunir ses idées; **~ on delivery (COD)** *(US Comm)* payable *or* paiement à la livraison; **to call ~** *(US Tel)* téléphoner en PCV

**collection** [kə'lɛkʃən] *n* collection *f*; *(of mail)* levée *f*; *(for money)* collecte *f*, quête *f*

**collective** [kə'lɛktɪv] *adj* collectif(-ive) ▷ *n* collectif *m*

**collector** [kə'lɛktə*] *n* collectionneur *m*; *(of taxes)* percepteur *m*; *(of rent, cash)* encaisseur *m*; **~'s item** *or* **piece** pièce *f* de collection

**college** ['kɔlɪdʒ] *n* collège *m*; *(of technology, agriculture etc)* institut *m*; **to go to ~** faire des études supérieures; **~ of education** ≈ école normale

**collide** [kə'laɪd] *vi*: **to ~ (with)** entrer en collision (avec)

**colliery** ['kɔlɪərɪ] *n (Brit)* mine *f* de charbon, houillère *f*

**collision** [kə'lɪʒən] *n* collision *f*, heurt *m*; **to be on a ~ course** aller droit à la collision; *(fig)* aller vers l'affrontement

**colloquial** [kə'ləʊkwɪəl] *adj* familier(-ère)

**cologne** [kə'ləʊn] *n (also:* **eau de ~)** eau *f* de cologne

**colon** ['kəʊlən] *n (sign)* deux-points *mpl*; *(Med)* côlon *m*

**colonel** ['kə:nl] *n* colonel *m*

**colonial** [kə'ləʊnɪəl] *adj* colonial(e)

**colony** ['kɔlənɪ] *n* colonie *f*

**colour**, *(US)* **color** ['kʌlə*] *n* couleur *f* ▷ *vt* colorer; *(dye)* teindre; *(paint)* peindre; *(with crayons)* colorier; *(news)* fausser, exagérer ▷ *vi (blush)* rougir ▷ *cpd (film, photograph, television)* en couleur; **colours** *npl (of party, club)* couleurs *fpl*; **I'd like a different ~** je le voudrais dans un autre coloris; **colour in** *vt* colorier

**colour bar**, *(US)* **color bar** *n* discrimination raciale *(dans un établissement etc)*

**colour-blind**, *(US)* **color-blind** ['kʌləblaɪnd] *adj* daltonien(ne)

**coloured**, *(US)* **colored** ['kʌləd] *adj* coloré(e); *(photo)* en couleur

**colour film**, *(US)* **color film** *n (for camera)* pellicule *f* (en) couleur

**colourful**, *(US)* **colorful** ['kʌləful] *adj* coloré(e), vif/vive; *(personality)* pittoresque, haut(e) en couleurs

**colouring**, *(US)* **coloring** ['kʌlərɪŋ] *n* colorant *m*; *(complexion)* teint *m*

**colour scheme**, *(US)* **color scheme** *n* combinaison *f* de(s) couleur(s)

**colour television**, *(US)* **color television** *n* télévision *f* (en) couleur

**colt** [kəʊlt] *n* poulain *m*

**column** ['kɔləm] *n* colonne *f*; *(fashion column, sports column etc)* rubrique *f*; **the editorial ~** l'éditorial *m*

**columnist** ['kɔləmnɪst] *n* rédacteur(-trice) d'une rubrique

**coma** ['kəʊmə] *n* coma *m*

**comb** [kəʊm] *n* peigne *m* ▷ *vt (hair)* peigner; *(area)* ratisser, passer au peigne fin

**combat** ['kɔmbæt] *n* combat *m* ▷ *vt* combattre, lutter contre

**combination** [kɔmbɪ'neɪʃən] *n (gen)* combinaison *f*

**combine** [kəm'baɪn] *vt* combiner ▷ *vi* s'associer; *(Chem)* se combiner ▷ *n* ['kɔmbaɪn] association *f*; *(Econ)* trust *m*; *(also:* **~ harvester)** moissonneuse-batteuse (-lieuse) *f*; **to ~ sth with sth** *(one quality with another)* joindre *ou* allier qch à qch; **a ~d effort** un effort conjugué

**combine harvester** *n* moissonneuse-batteuse(-lieuse) *f*

 KEYWORD

**come** *(pt* **came**, *pp* **come)** [kʌm, keɪm] *vi* **1** *(movement towards)* venir; **to come running** arriver en courant; **he's come here to work** il est venu ici pour travailler; **come with me** suivez-moi; **to come into sight** *or* **view** apparaître

**2** *(arrive)* arriver; **to come home** rentrer (chez soi *or* à la maison); **we've just come from Paris** nous arrivons de Paris; **coming!** j'arrive!

**3** *(reach)*: **to come to** *(decision etc)* parvenir à, arriver à; **the bill came to £40** la note s'est élevée à 40 livres; **if it comes to it** s'il le faut, dans le pire des cas

**4** *(occur)*: **an idea came to me** il m'est venu une idée; **what might come of it** ce qui pourrait en résulter, ce qui pourrait advenir *or* se produire

**5** *(be, become)*: **to come loose/undone** se défaire/desserrer; **I've come to like him** j'ai fini par bien l'aimer

**6** *(inf: sexually)* jouir

**come about** *vi* se produire, arriver

**come across** *vt fus* rencontrer par hasard, tomber sur

▷ *vi*: **to come across well/badly** faire une bonne/mauvaise impression

**come along** *vi (Brit: pupil, work)* faire des progrès, avancer; **come along!** viens!, allons!, allez!

**come apart** *vi* s'en aller en morceaux; se détacher

**come away** *vi* partir, s'en aller; *(become detached)* se détacher

**come back** *vi* revenir; *(reply)*: **can I come back to you on that one?** est-ce qu'on peut revenir là-dessus plus tard?

**come by** *vt fus (acquire)* obtenir, se procurer

**come down** *vi* descendre; *(prices)* baisser; *(buildings)* s'écrouler; *(: be demolished)* être démoli(e)

**come forward** *vi* s'avancer; *(make o.s. known)* se présenter, s'annoncer

**come from** *vt fus* (*source*) venir de; (*place*) venir de, être originaire de
**come in** *vi* entrer; (*train*) arriver; (*fashion*) entrer en vogue; (*on deal etc*) participer
**come in for** *vt fus* (*criticism etc*) être l'objet de
**come into** *vt fus* (*money*) hériter de
**come off** *vi* (*button*) se détacher; (*attempt*) réussir
**come on** *vi* (*lights, electricity*) s'allumer; (*central heating*) se mettre en marche; (*pupil, work, project*) faire des progrès, avancer; **come on!** viens!; allons!, allez!
**come out** *vi* sortir; (*sun*) se montrer; (*book*) paraître; (*stain*) s'enlever; (*strike*) cesser le travail, se mettre en grève
**come over** *vt fus*: **I don't know what's come over him!** je ne sais pas ce qui lui a pris!
**come round** *vi* (*after faint, operation*) revenir à soi, reprendre connaissance
**come through** *vi* (*survive*) s'en sortir; (*telephone call*): **the call came through** l'appel est bien parvenu
**come to** *vi* revenir à soi
▷ *vt* (*add up to: amount*): **how much does it come to?** ça fait combien?
**come under** *vt fus* (*heading*) se trouver sous; (*influence*) subir
**come up** *vi* monter; (*sun*) se lever; (*problem*) se poser; (*event*) survenir; (*in conversation*) être soulevé
**come up against** *vt fus* (*resistance, difficulties*) rencontrer
**come upon** *vt fus* tomber sur
**come up to** *vt fus* arriver à; **the film didn't come up to our expectations** le film nous a déçu
**come up with** *vt fus* (*money*) fournir; **he came up with an idea** il a eu une idée, il a proposé quelque chose

**comeback** ['kʌmbæk] *n* (*Theat*) rentrée *f*; (*reaction*) réaction *f*; (*response*) réponse *f*
**comedian** [kə'miːdɪən] *n* (*comic*) comique *m*; (*Theat*) comédien *m*
**comedy** ['kɒmɪdɪ] *n* comédie *f*; (*humour*) comique *m*
**comet** ['kɒmɪt] *n* comète *f*
**comeuppance** [kʌm'ʌpəns] *n*: **to get one's ~** recevoir ce qu'on mérite
**comfort** ['kʌmfət] *n* confort *m*, bien-être *m*; (*solace*) consolation *f*, réconfort *m* ▷ *vt* consoler, réconforter
**comfortable** ['kʌmfətəbl] *adj* confortable; (*person*) à l'aise; (*financially*) aisé(e); (*patient*) dont l'état est stationnaire; **I don't feel very ~ about it** cela m'inquiète un peu
**comfortably** ['kʌmfətəblɪ] *adv* (*sit*) confortablement; (*live*) à l'aise
**comfort station** *n* (US) toilettes *fpl*
**comic** ['kɒmɪk] *adj* (*also*: **~al**) comique ▷ *n* (*person*) comique *m*; (*Brit: magazine: for children*) magazine *m* de bandes dessinées *or* de BD; (: *for adults*) illustré *m*
**comic book** (US) *n* (*for children*) magazine *m* de bandes dessinées *or* de BD; (*for adults*) illustré *m*
**comic strip** *n* bande dessinée
**coming** ['kʌmɪŋ] *n* arrivée *f* ▷ *adj* (*next*) prochain(e); (*future*) à venir; **in the ~ weeks** dans les prochaines semaines
**comma** ['kɒmə] *n* virgule *f*
**command** [kə'mɑːnd] *n* ordre *m*, commandement *m*; (*Mil: authority*) commandement; (*mastery*) maîtrise *f*; (*Comput*) commande *f* ▷ *vt* (*troops*) commander; (*be able to get*) (pouvoir) disposer de, avoir à sa disposition; (*deserve*) avoir droit à; **to ~ sb to do** donner l'ordre *or* commander à qn de faire; **to have/take ~ of** avoir/prendre le commandement de; **to have at one's ~** (*money, resources etc*) disposer de
**commandeer** [kɒmən'dɪər] *vt* réquisitionner (par la force)
**commander** [kə'mɑːndər] *n* chef *m*; (*Mil*) commandant *m*
**commando** [kə'mɑːndəʊ] *n* commando *m*; membre *m* d'un commando
**commemorate** [kə'mɛməreɪt] *vt* commémorer
**commence** [kə'mɛns] *vt, vi* commencer
**commend** [kə'mɛnd] *vt* louer; (*recommend*) recommander
**commensurate** [kə'mɛnʃərɪt] *adj*: **~ with/to** en rapport avec/selon
**comment** ['kɒmɛnt] *n* commentaire *m* ▷ *vi* faire des remarques *or* commentaires; **to ~ on** faire des remarques sur; **to ~ that** faire remarquer que; **"no ~"** "je n'ai rien à déclarer"
**commentary** ['kɒməntərɪ] *n* commentaire *m*; (*Sport*) reportage *m* (en direct)
**commentator** ['kɒmənteɪtər] *n* commentateur *m*; (*Sport*) reporter *m*
**commerce** ['kɒməːs] *n* commerce *m*
**commercial** [kə'məːʃəl] *adj* commercial(e) ▷ *n* (*Radio, TV*) annonce *f* publicitaire, spot *m* (publicitaire)
**commercial break** *n* (*Radio, TV*) spot *m* (publicitaire)
**commiserate** [kə'mɪzəreɪt] *vi*: **to ~ with sb** témoigner de la sympathie pour qn
**commission** [kə'mɪʃən] *n* (*committee, fee*) commission *f*; (*order for work of art etc*) commande *f* ▷ *vt* (*Mil*) nommer (à un commandement); (*work of art*) commander, charger un artiste de l'exécution de; **out of ~** (*Naut*) hors de service; (*machine*) hors service; **I get 10% ~** je reçois une commission de 10%; **~ of inquiry** (*Brit*) commission d'enquête
**commissionaire** [kəmɪʃə'nɛər] *n* (*Brit: at shop, cinema etc*) portier *m* (en uniforme)
**commissioner** [kə'mɪʃənər] *n* membre *m* d'une commission; (*Police*) préfet *m* (de police)

**commit** [kəˈmɪt] vt (act) commettre; (resources) consacrer; (sb's care) confier (à); **to ~ o.s. (to do)** s'engager (à faire); **to ~ suicide** se suicider; **to ~ to writing** coucher par écrit; **to ~ sb for trial** traduire qn en justice

**commitment** [kəˈmɪtmənt] n engagement m; (obligation) responsabilité(s) (fpl)

**committee** [kəˈmɪtɪ] n comité m; commission f; **to be on a ~** siéger dans un comité or une commission

**commodity** [kəˈmɔdɪtɪ] n produit m, marchandise f, article m; (food) denrée f

**common** [ˈkɔmən] adj (gen) commun(e); (usual) courant(e) ▷ n terrain communal; **in ~** en commun; **in ~ use** d'un usage courant; **it's ~ knowledge that** il est bien connu or notoire que; **to the ~ good** pour le bien de tous, dans l'intérêt général

**commoner** [ˈkɔmənəʳ] n roturier(-ière)

**common law** n droit coutumier

**commonly** [ˈkɔmənlɪ] adv communément, généralement; couramment

**Common Market** n Marché commun

**commonplace** [ˈkɔmənpleɪs] adj banal(e), ordinaire

**common room** n salle commune; (Scol) salle des professeurs

**common sense** n bon sens

**Commons** [ˈkɔmənz] npl (Brit Pol): **the (House of) ~** la chambre des Communes

**Commonwealth** [ˈkɔmənwɛlθ] n: **the ~** le Commonwealth; voir article

**commotion** [kəˈməʊʃən] n désordre m, tumulte m

**communal** [ˈkɔmjuːnl] adj (life) communautaire; (for common use) commun(e)

**commune** [ˈkɔmjuːn] n (group) communauté f ▷ vi [kəˈmjuːn]: **to ~ with** (nature) converser intimement avec; communier avec

**communicate** [kəˈmjuːnɪkeɪt] vt communiquer, transmettre ▷ vi: **to ~ (with)** communiquer (avec)

**communication** [kəmjuːnɪˈkeɪʃən] n communication f

**communication cord** n (Brit) sonnette f d'alarme

**communion** [kəˈmjuːnɪən] n (also: **Holy C~**) communion f

**communism** [ˈkɔmjunɪzəm] n communisme m

**communist** [ˈkɔmjunɪst] adj, n communiste m/f

**community** [kəˈmjuːnɪtɪ] n communauté f

**community centre** n, (US) **community center** n foyer socio-éducatif, centre m de loisirs

**community chest** n (US) fonds commun

**community service** n ≈ travail m d'intérêt général, TIG m

**commutation ticket** [kɔmjuˈteɪʃən-] n (US) carte f d'abonnement

**commute** [kəˈmjuːt] vi faire le trajet journalier (de son domicile à un lieu de travail assez éloigné) ▷ vt (Law) commuer; (Math: terms etc) opérer la commutation de

**commuter** [kəˈmjuːtəʳ] n banlieusard(e) (qui fait un trajet journalier pour se rendre à son travail)

**compact** adj [kəmˈpækt] compact(e) ▷ n [ˈkɔmpækt] contrat m, entente f; (also: **powder ~**) poudrier m

**compact disc** n disque compact

**compact disc player** n lecteur m de disques compacts

**companion** [kəmˈpænjən] n compagnon/compagne

**companionship** [kəmˈpænjənʃɪp] n camaraderie f

**company** [ˈkʌmpənɪ] n (also Comm, Mil, Theat) compagnie f; **he's good ~** il est d'une compagnie agréable; **we have ~** nous avons de la visite; **to keep sb ~** tenir compagnie à qn; **to part ~ with** se séparer de; **Smith and C~** Smith et Compagnie

**company car** n voiture f de fonction

**company director** n administrateur(-trice)

**company secretary** n (Brit Comm) secrétaire général (d'une société)

**comparable** [ˈkɔmpərəbl] adj comparable

**comparative** [kəmˈpærətɪv] adj (study) comparatif(-ive); (relative) relatif(-ive)

**comparatively** [kəmˈpærətɪvlɪ] adv (relatively) relativement

**compare** [kəmˈpɛəʳ] vt: **to ~ sth/sb with** or **to** comparer qch/qn avec or à ▷ vi: **to ~ (with)** se comparer (à); être comparable (à); **how do the prices ~?** comment sont les prix?, est-ce que les prix sont comparables?; **~d with** or **to** par rapport à

**comparison** [kəmˈpærɪsn] n comparaison f; **in ~ (with)** en comparaison (de)

**compartment** [kəmˈpɑːtmənt] n (also Rail) compartiment m; **a non-smoking ~** un compartiment non-fumeurs

**compass** [ˈkʌmpəs] n boussole f; **compasses** npl (Math) compas m; **within the ~ of** dans les limites de

**compassion** [kəmˈpæʃən] n compassion f, humanité f

**compassionate** [kəmˈpæʃənɪt] adj accessible à la compassion, au cœur charitable et bienveillant; **on ~ grounds** pour raisons personnelles or de famille

**compatible** [kəmˈpætɪbl] adj compatible

**compel** [kəmˈpɛl] vt contraindre, obliger

**compelling** [kəmˈpɛlɪŋ] adj (fig: argument) irrésistible

**compensate** [ˈkɔmpənseɪt] vt indemniser, dédommager ▷ vi: **to ~ for** compenser

**compensation** [kɔmpənˈseɪʃən] n compensation f; (money) dédommagement m, indemnité f

**compere** [ˈkɔmpɛəʳ] n présentateur(-trice), animateur(-trice)

**compete** [kəm'pi:t] vi (take part) concourir; (vie): **to ~ (with)** rivaliser (avec), faire concurrence (à)

**competent** ['kɒmpɪtənt] adj compétent(e), capable

**competition** [kɒmpɪ'tɪʃən] n (contest) compétition f, concours m; (Econ) concurrence f; **in ~ with** en concurrence avec

**competitive** [kəm'pɛtɪtɪv] adj (Econ) concurrentiel(le); (sports) de compétition; (person) qui a l'esprit de compétition

**competitor** [kəm'pɛtɪtər] n concurrent(e)

**complacency** [kəm'pleɪsnsɪ] n contentement m de soi, autosatisfaction f

**complacent** [kəm'pleɪsnt] adj (trop) content(e) de soi

**complain** [kəm'pleɪn] vi: **to ~ (about)** se plaindre (de); (in shop etc) réclamer (au sujet de); **complain of** vt fus (Med) se plaindre de

**complaint** [kəm'pleɪnt] n plainte f; (in shop etc) réclamation f; (Med) affection f

**complement** ['kɒmplɪmənt] n complément m; (esp of ship's crew etc) effectif complet ▷ vt (enhance) compléter

**complementary** [kɒmplɪ'mɛntərɪ] adj complémentaire

**complete** [kəm'pli:t] adj complet(-ète); (finished) achevé(e) ▷ vt achever, parachever; (set, group) compléter; (a form) remplir

**completely** [kəm'pli:tlɪ] adv complètement

**completion** [kəm'pli:ʃən] n achèvement m; (of contract) exécution f; **to be nearing ~** être presque terminé

**complex** ['kɒmplɛks] adj complexe ▷ n (Psych, buildings etc) complexe m

**complexion** [kəm'plɛkʃən] n (of face) teint m; (of event etc) aspect m, caractère m

**compliance** [kəm'plaɪəns] n (submission) docilité f; (agreement): **~ with** le fait de se conformer à; **in ~ with** en conformité avec, conformément à

**complicate** ['kɒmplɪkeɪt] vt compliquer

**complicated** ['kɒmplɪkeɪtɪd] adj compliqué(e)

**complication** [kɒmplɪ'keɪʃən] n complication f

**compliment** n ['kɒmplɪmənt] compliment m ▷ vt ['kɒmplɪmɛnt] complimenter; **compliments** npl compliments mpl, hommages mpl; vœux mpl; **to pay sb a ~** faire or adresser un compliment à qn; **to ~ sb (on sth/on doing sth)** féliciter qn (pour qch/de faire qch)

**complimentary** [kɒmplɪ'mɛntərɪ] adj flatteur(-euse); (free) à titre gracieux

**complimentary ticket** n billet m de faveur

**comply** [kəm'plaɪ] vi: **to ~ with** se soumettre à, se conformer à

**component** [kəm'pəunənt] adj composant(e), constituant(e) ▷ n composant m, élément m

**compose** [kəm'pəuz] vt composer; (form): **to be ~d of** se composer de; **to ~ o.s.** se calmer, se maîtriser; **to ~ one's features** prendre une contenance

**composed** [kəm'pəuzd] adj calme, posé(e)

**composer** [kəm'pəuzər] n (Mus) compositeur m

**composition** [kɒmpə'zɪʃən] n composition f

**composure** [kəm'pəuʒər] n calme m, maîtrise f de soi

**compound** ['kɒmpaund] n (Chem, Ling) composé m; (enclosure) enclos m, enceinte f ▷ adj composé(e); (fracture) compliqué(e) ▷ vt [kəm'paund] (fig: problem etc) aggraver

**compound fracture** n fracture compliquée

**compound interest** n intérêt composé

**comprehend** [kɒmprɪ'hɛnd] vt comprendre

**comprehension** [kɒmprɪ'hɛnʃən] n compréhension f

**comprehensive** [kɒmprɪ'hɛnsɪv] adj (très) complet(-ète); **~ policy** (Insurance) assurance f tous risques

**comprehensive** [kɒmprɪ'hɛnsɪv], **comprehensive school** n (Brit) école secondaire non sélective avec libre circulation d'une section à l'autre, ≈ CES m

**compress** vt [kəm'prɛs] comprimer; (text, information) condenser ▷ n ['kɒmprɛs] (Med) compresse f

**comprise** [kəm'praɪz] vt (also: **be ~d of**) comprendre; (constitute) constituer, représenter

**compromise** ['kɒmprəmaɪz] n compromis m ▷ vt compromettre ▷ vi transiger, accepter un compromis ▷ cpd (decision, solution) de compromis

**compulsion** [kəm'pʌlʃən] n contrainte f, force f; **under ~** sous la contrainte

**compulsive** [kəm'pʌlsɪv] adj (Psych) compulsif(-ive); (book, film etc) captivant(e); **he's a ~ smoker** c'est un fumeur invétéré

**compulsory** [kəm'pʌlsərɪ] adj obligatoire

**computer** [kəm'pju:tər] n ordinateur m; (mechanical) calculatrice f

**computer game** n jeu m vidéo

**computer-generated** [kəm'pju:tə-'dʒɛnəreɪtɪd] adj de synthèse

**computerize** [kəm'pju:təraɪz] vt (data) traiter par ordinateur; (system, office) informatiser

**computer programmer** n programmeur(-euse)

**computer programming** n programmation f

**computer science** n informatique f

**computer studies** npl informatique f

**computing** [kəm'pju:tɪŋ] n informatique f

**comrade** ['kɒmrɪd] n camarade m/f

**con** [kɒn] vt duper; (cheat) escroquer ▷ n escroquerie f; **to ~ sb into doing sth** tromper qn pour lui faire faire qch

**conceal** [kən'si:l] vt cacher, dissimuler

**concede** [kən'si:d] *vt* concéder ▷ *vi* céder
**conceit** [kən'si:t] *n* vanité *f*, suffisance *f*, prétention *f*
**conceited** [kən'si:tɪd] *adj* vaniteux(-euse), suffisant(e)
**conceive** [kən'si:v] *vt, vi* concevoir; **to ~ of sth/of doing sth** imaginer qch/de faire qch
**concentrate** ['kɒnsəntreɪt] *vi* se concentrer ▷ *vt* concentrer
**concentration** [kɒnsən'treɪʃən] *n* concentration *f*
**concentration camp** *n* camp *m* de concentration
**concept** ['kɒnsept] *n* concept *m*
**concern** [kən'sə:n] *n* affaire *f*; (*Comm*) entreprise *f*, firme *f*; (*anxiety*) inquiétude *f*, souci *m* ▷ *vt* (*worry*) inquiéter; (*involve*) concerner; (*relate to*) se rapporter à; **to be ~ed (about)** s'inquiéter (de), être inquiet(-ète) (au sujet de); **"to whom it may ~"** "à qui de droit"; **as far as I am ~ed** en ce qui me concerne; **to be ~ed with** (*person: involved with*) s'occuper de; **the department ~ed** (*under discussion*) le service en question; (*involved*) le service concerné
**concerning** [kən'sə:nɪŋ] *prep* en ce qui concerne, à propos de
**concert** ['kɒnsət] *n* concert *m*; **in ~** à l'unisson, en chœur; ensemble
**concerted** [kən'sə:tɪd] *adj* concerté(e)
**concert hall** *n* salle *f* de concert
**concerto** [kən'tʃə:təʊ] *n* concerto *m*
**concession** [kən'seʃən] *n* (*compromise*) concession *f*; (*reduced price*) réduction *f*; **tax ~** dégrèvement fiscal; **"~s"** tarif réduit
**concise** [kən'saɪs] *adj* concis(e)
**conclude** [kən'klu:d] *vt* conclure ▷ *vi* (*speaker*) conclure; (*events*): **to ~ (with)** se terminer (par)
**conclusion** [kən'klu:ʒən] *n* conclusion *f*; **to come to the ~ that** (en) conclure que
**conclusive** [kən'klu:sɪv] *adj* concluant(e), définitif(-ive)
**concoct** [kən'kɒkt] *vt* confectionner, composer
**concoction** [kən'kɒkʃən] *n* (*food, drink*) mélange *m*
**concourse** ['kɒŋkɔ:s] *n* (*hall*) hall *m*, salle *f* des pas perdus; (*crowd*) affluence *f*; multitude *f*
**concrete** ['kɒŋkri:t] *n* béton *m* ▷ *adj* concret(-ète); (*Constr*) en béton
**concur** [kən'kə:ʳ] *vi* être d'accord
**concurrently** [kən'kʌrntlɪ] *adv* simultanément
**concussion** [kən'kʌʃən] *n* (*Med*) commotion (cérébrale)
**condemn** [kən'dem] *vt* condamner
**condensation** [kɒndɛn'seɪʃən] *n* condensation *f*
**condense** [kən'dɛns] *vi* se condenser ▷ *vt* condenser

**condensed milk** [kən'dɛnst-] *n* lait concentré (sucré)
**condition** [kən'dɪʃən] *n* condition *f*; (*disease*) maladie *f* ▷ *vt* déterminer, conditionner; **in good/poor ~** en bon/mauvais état; **a heart ~** une maladie cardiaque; **weather ~s** conditions *fpl* météorologiques; **on ~ that** à condition que + *sub*, à condition de
**conditional** [kən'dɪʃənl] *adj* conditionnel(le); **to be ~ upon** dépendre de
**conditioner** [kən'dɪʃənəʳ] *n* (*for hair*) baume démêlant; (*for fabrics*) assouplissant *m*
**condo** ['kɒndəʊ] *n* (*US inf*) = **condominium**
**condolences** [kən'dəʊlənsɪz] *npl* condoléances *fpl*
**condom** ['kɒndəm] *n* préservatif *m*
**condominium** [kɒndə'mɪnɪəm] *n* (*US: building*) immeuble *m* (en copropriété); (*: rooms*) appartement *m* (dans un immeuble en copropriété)
**condone** [kən'dəʊn] *vt* fermer les yeux sur, approuver (tacitement)
**conducive** [kən'dju:sɪv] *adj*: **~ to** favorable à, qui contribue à
**conduct** *n* ['kɒndʌkt] conduite *f* ▷ *vt* [kə n'dʌkt] conduire; (*manage*) mener, diriger; (*Mus*) diriger; **to ~ o.s.** se conduire, se comporter
**conductor** [kən'dʌktəʳ] *n* (*of orchestra*) chef *m* d'orchestre; (*on bus*) receveur *m*; (*US: on train*) chef *m* de train; (*Elec*) conducteur *m*
**conductress** [kən'dʌktrɪs] *n* (*on bus*) receveuse *f*
**cone** [kəʊn] *n* cône *m*; (*for ice-cream*) cornet *m*; (*Bot*) pomme *f* de pin, cône
**confectioner** [kən'fekʃənəʳ] *n* (*of cakes*) pâtissier(-ière); (*of sweets*) confiseur(-euse); **~'s (shop)** confiserie(-pâtisserie) *f*
**confectionery** [kən'fekʃənrɪ] *n* (*sweets*) confiserie *f*; (*cakes*) pâtisserie *f*
**confer** [kən'fə:ʳ] *vt*: **to ~ sth on** conférer qch à ▷ *vi* conférer, s'entretenir; **to ~ (with sb about sth)** s'entretenir (de qch avec qn)
**conference** ['kɒnfərns] *n* conférence *f*; **to be in ~** être en réunion or en conférence
**confess** [kən'fes] *vt* confesser, avouer ▷ *vi* (*admit sth*) avouer; (*Rel*) se confesser
**confession** [kən'feʃən] *n* confession *f*
**confetti** [kən'fetɪ] *n* confettis *mpl*
**confide** [kən'faɪd] *vi*: **to ~ in** s'ouvrir à, se confier à
**confidence** ['kɒnfɪdns] *n* confiance *f*; (*also:* **self-~**) assurance *f*, confiance en soi; (*secret*) confidence *f*; **to have (every) ~ that** être certain que; **motion of no ~** motion *f* de censure; **in ~** (*speak, write*) en confidence, confidentiellement; **to tell sb sth in strict ~** dire qch à qn en toute confidence
**confidence trick** *n* escroquerie *f*
**confident** ['kɒnfɪdənt] *adj* (*self-assured*) sûr(e) de soi; (*sure*) sûr

**confidential** [kɒnfɪ'dɛnʃəl] *adj*
confidentiel(le); *(secretary)* particulier(-ère)
**confine** [kən'faɪn] *vt* limiter, borner; *(shut up)*
confiner, enfermer; **to ~ o.s. to doing sth/to
sth** se contenter de faire qch/se limiter à qch
**confined** [kən'faɪnd] *adj (space)* restreint(e),
réduit(e)
**confinement** [kən'faɪnmənt] *n*
emprisonnement *m*, détention *f*; *(Mil)*
consigne *f* (au quartier); *(Med)*
accouchement *m*
**confines** ['kɒnfaɪnz] *npl* confins *mpl*,
bornes *fpl*
**confirm** [kən'fəːm] *vt (report, Rel)* confirmer;
*(appointment)* ratifier
**confirmation** [kɒnfə'meɪʃən] *n*
confirmation *f*; ratification *f*
**confirmed** [kən'fəːmd] *adj* invétéré(e),
incorrigible
**confiscate** ['kɒnfɪskeɪt] *vt* confisquer
**conflict** *n* ['kɒnflɪkt] conflit *m*, lutte *f* ▷ *vi*
[kən'flɪkt] être *or* entrer en conflit; *(opinions)*
s'opposer, se heurter
**conflicting** [kən'flɪktɪŋ] *adj* contradictoire
**conform** [kən'fɔːm] *vi*: **to ~ (to)** se
conformer (à)
**confound** [kən'faʊnd] *vt* confondre; *(amaze)*
rendre perplexe
**confront** [kən'frʌnt] *vt (two people)*
confronter; *(enemy, danger)* affronter, faire
face à; *(problem)* faire face à
**confrontation** [kɒnfrən'teɪʃən] *n*
confrontation *f*
**confuse** [kən'fjuːz] *vt (person)* troubler;
*(situation)* embrouiller; *(one thing with another)*
confondre
**confused** [kən'fjuːzd] *adj (person)* dérouté(e),
désorienté(e); *(situation)* embrouillé(e)
**confusing** [kən'fjuːzɪŋ] *adj* peu clair(e),
déroutant(e)
**confusion** [kən'fjuːʒən] *n* confusion *f*
**congeal** [kən'dʒiːl] *vi (oil)* se figer; *(blood)* se
coaguler
**congenial** [kən'dʒiːnɪəl] *adj* sympathique,
agréable
**congested** [kən'dʒɛstɪd] *adj (Med)*
congestionné(e); *(fig)* surpeuplé(e);
congestionné; bloqué(e); *(telephone lines)*
encombré(e)
**congestion** [kən'dʒɛstʃən] *n (Med)*
congestion *f*; *(fig: traffic)* encombrement *m*
**congratulate** [kən'grætjuleɪt] *vt*: **to ~ sb
(on)** féliciter qn (de)
**congratulations** [kəngrætju'leɪʃənz] *npl*:
**~ (on)** félicitations *fpl* (pour) ▷ *excl*: **~!** (toutes
mes) félicitations!
**congregate** ['kɒŋgrɪgeɪt] *vi* se rassembler,
se réunir
**congregation** [kɒŋgrɪ'geɪʃən] *n* assemblée *f*
(des fidèles)
**congress** ['kɒŋgrɛs] *n* congrès *m*; *(Pol)*:
**C~** Congrès *m*; *voir article*

⬤ **CONGRESS**
⬤
⬤ Le *Congress* est le parlement des États-
⬤ Unis. Il comprend la "House of
⬤ Representatives" et le "Senate".
⬤ Représentants et sénateurs sont élus au
⬤ suffrage universel direct. Le Congrès se
⬤ réunit au "Capitol", à Washington.

**congressman** ['kɒŋgrɛsmən] *irreg n* membre
*m* du Congrès
**congresswoman** ['kɒŋgrɛswʊmən] *irreg n*
membre *m* du Congrès
**conifer** ['kɒnɪfəʳ] *n* conifère *m*
**conjugate** ['kɒndʒugeɪt] *vt* conjuguer
**conjugation** [kɒndʒə'geɪʃən] *n*
conjugaison *f*
**conjunction** [kən'dʒʌŋkʃən] *n* conjonction *f*;
**in ~ with** (conjointement) avec
**conjunctivitis** [kəndʒʌŋktɪ'vaɪtɪs] *n*
conjonctivite *f*
**conjure** ['kʌndʒəʳ] *vt* faire apparaître (par la
prestidigitation); [kən'dʒuəʳ] conjurer,
supplier ▷ *vi* faire des tours de passe-passe;
**conjure up** *vt (ghost, spirit)* faire apparaître;
*(memories)* évoquer
**conjurer** ['kʌndʒərəʳ] *n* prestidigitateur *m*,
illusionniste *m/f*
**conman** ['kɒnmæn] *irreg n* escroc *m*
**connect** [kə'nɛkt] *vt* joindre, relier; *(Elec)*
connecter; *(Tel: caller)* mettre en connexion;
*(: subscriber)* brancher; *(fig)* établir un rapport
entre, faire un rapprochement entre ▷ *vi
(train)*: **to ~ with** assurer la correspondance
avec; **to be ~ed with** avoir un rapport avec;
*(have dealings with)* avoir des rapports avec,
être en relation avec; **I am trying to ~ you**
*(Tel)* j'essaie d'obtenir votre communication
**connecting flight** *n* (vol *m* de)
correspondance *f*
**connection** [kə'nɛkʃən] *n* relation *f*, lien *m*;
*(Elec)* connexion *f*; *(Tel)* communication *f*;
*(train etc)* correspondance *f*; **in ~ with** à propos
de; **what is the ~ between them?** quel est le
lien entre eux?; **business ~s** relations
d'affaires; **to miss/get one's ~** *(train etc)*
rater/avoir sa correspondance
**connive** [kə'naɪv] *vi*: **to ~ at** se faire le
complice de
**conquer** ['kɒŋkəʳ] *vt* conquérir; *(feelings)*
vaincre, surmonter
**conquest** ['kɒŋkwɛst] *n* conquête *f*
**cons** [kɒnz] *npl see* **convenience**; **pro**
**conscience** ['kɒnʃəns] *n* conscience *f*; **in all ~**
en conscience
**conscientious** [kɒnʃɪ'ɛnʃəs] *adj*
consciencieux(-euse); *(scruple, objection)* de
conscience
**conscious** ['kɒnʃəs] *adj* conscient(e);
*(deliberate: insult, error)* délibéré(e); **to
become ~ of sth/that** prendre conscience
de qch/que

**consciousness** ['kɒnʃəsnɪs] n conscience f; (Med) connaissance f; **to lose/regain ~** perdre/reprendre connaissance

**conscript** ['kɒnskrɪpt] n conscrit m

**consecutive** [kən'sekjutɪv] adj consécutif(-ive); **on three ~ occasions** trois fois de suite

**consensus** [kən'sensəs] n consensus m; **the ~ (of opinion)** le consensus (d'opinion)

**consent** [kən'sent] n consentement m ▷ vi: **to ~ (to)** consentir (à); **age of ~** âge nubile (légal); **by common ~** d'un commun accord

**consequence** ['kɒnsɪkwəns] n suites fpl, conséquence f; (significance) importance f; **in ~** en conséquence, par conséquent

**consequently** ['kɒnsɪkwəntlɪ] adv par conséquent, donc

**conservation** [kɒnsə'veɪʃən] n préservation f, protection f; (also: **nature ~**) défense f de l'environnement; **energy ~** économies fpl d'énergie

**conservative** [kən'sə:vətɪv] adj conservateur(-trice); (cautious) prudent(e)

**Conservative** [kən'sə:vətɪv] adj, n (Brit Pol) conservateur(-trice); **the ~ Party** le parti conservateur

**conservatory** [kən'sə:vətrɪ] n (room) jardin m d'hiver; (Mus) conservatoire m

**conserve** [kən'sə:v] vt conserver, préserver; (supplies, energy) économiser ▷ n confiture f, conserve f (de fruits)

**consider** [kən'sɪdəʳ] vt (study) considérer, réfléchir à; (take into account) penser à, prendre en considération; (regard, judge) considérer, estimer; **to ~ doing sth** envisager de faire qch; **~ yourself lucky** estimez-vous heureux; **all things ~ed** (toute) réflexion faite

**considerable** [kən'sɪdərəbl] adj considérable

**considerably** [kən'sɪdərəblɪ] adv nettement

**considerate** [kən'sɪdərɪt] adj prévenant(e), plein(e) d'égards

**consideration** [kənsɪdə'reɪʃən] n considération f; (reward) rétribution f, rémunération f; **out of ~ for** par égard pour; **under ~** à l'étude; **my first ~ is my family** ma famille passe avant tout le reste

**considering** [kən'sɪdərɪŋ] prep: **~ (that)** étant donné (que)

**consign** [kən'saɪn] vt expédier, livrer

**consignment** [kən'saɪnmənt] n arrivage m, envoi m

**consist** [kən'sɪst] vi: **to ~ of** consister en, se composer de

**consistency** [kən'sɪstənsɪ] n (thickness) consistance f; (fig) cohérence f

**consistent** [kən'sɪstənt] adj logique, cohérent(e); **~ with** compatible avec, en accord avec

**consolation** [kɒnsə'leɪʃən] n consolation f

**console¹** [kən'səul] vt consoler

**console²** ['kɒnsəul] n console f

**consonant** ['kɒnsənənt] n consonne f

**conspicuous** [kən'spɪkjuəs] adj voyant(e), qui attire l'attention; **to make o.s. ~** se faire remarquer

**conspiracy** [kən'spɪrəsɪ] n conspiration f, complot m

**constable** ['kʌnstəbl] n (Brit) ≈ agent m de police, gendarme m; **chief ~** ≈ préfet m de police

**constabulary** [kən'stæbjulərɪ] n ≈ police f, gendarmerie f

**constant** ['kɒnstənt] adj constant(e); incessant(e)

**constantly** ['kɒnstəntlɪ] adv constamment, sans cesse

**constipated** ['kɒnstɪpeɪtɪd] adj constipé(e)

**constipation** [kɒnstɪ'peɪʃən] n constipation f

**constituency** [kən'stɪtjuənsɪ] n (Pol: area) circonscription électorale; (: electors) électorat m; voir article

⬛ **CONSTITUENCY**

⬛

⬛ Une constituency est à la fois une région qui
⬛ élit un député au parlement et
⬛ l'ensemble des électeurs dans cette
⬛ région. En Grande-Bretagne, les députés
⬛ font régulièrement des "permanences"
⬛ dans leur circonscription électorale lors
⬛ desquelles les électeurs peuvent venir les
⬛ voir pour parler de leurs problèmes de
⬛ logement etc.

**constituent** [kən'stɪtjuənt] n électeur(-trice); (part) élément constitutif, composant m

**constitute** ['kɒnstɪtju:t] vt constituer

**constitution** [kɒnstɪ'tju:ʃən] n constitution f

**constitutional** [kɒnstɪ'tju:ʃnl] adj constitutionnel(le)

**constraint** [kən'streɪnt] n contrainte f; (embarrassment) gêne f

**construct** [kən'strʌkt] vt construire

**construction** [kən'strʌkʃən] n construction f; (fig: interpretation) interprétation f; **under ~** (building etc) en construction

**constructive** [kən'strʌktɪv] adj constructif(-ive)

**consul** ['kɒnsl] n consul m

**consulate** ['kɒnsjulɪt] n consulat m

**consult** [kən'sʌlt] vt consulter; **to ~ sb (about sth)** consulter qn (à propos de qch)

**consultant** [kən'sʌltənt] n (Med) médecin consultant; (other specialist) consultant m, (expert-)conseil m ▷ cpd: **~ engineer** n ingénieur-conseil m; **~ paediatrician** n pédiatre m; **legal/management ~** conseiller m juridique/en gestion

**consultation** [kɒnsəl'teɪʃən] n consultation f; **in ~ with** en consultation avec

**consulting room** [kənˈsʌltɪŋ-] n (Brit) cabinet m de consultation

**consume** [kənˈsjuːm] vt consommer; (subj: flames, hatred, desire) consumer; **to be ~d with hatred** être dévoré par la haine; **to be ~d with desire** brûler de désir

**consumer** [kənˈsjuːməʳ] n consommateur(-trice); (of electricity, gas etc) usager m

**consumer goods** npl biens mpl de consommation

**consumer society** n société f de consommation

**consummate** [ˈkɔnsʌmeɪt] vt consommer

**consumption** [kənˈsʌmpʃən] n consommation f; **not fit for human ~** non comestible

**cont.** abbr (= continued) suite

**contact** [ˈkɔntækt] n contact m; (person) connaissance f, relation f ▷ vt se mettre en contact or en rapport avec; **to be in ~ with sb/sth** être en contact avec qn/qch; **business ~s** relations fpl d'affaires, contacts mpl

**contact lenses** npl verres mpl de contact

**contagious** [kənˈteɪdʒəs] adj contagieux(-euse)

**contain** [kənˈteɪn] vt contenir; **to ~ o.s.** se contenir, se maîtriser

**container** [kənˈteɪnəʳ] n récipient m; (for shipping etc) conteneur m

**contaminate** [kənˈtæmɪneɪt] vt contaminer

**cont'd** abbr (= continued) suite

**contemplate** [ˈkɔntəmpleɪt] vt contempler; (consider) envisager

**contemporary** [kənˈtempərəri] adj contemporain(e); (design, wallpaper) moderne ▷ n contemporain(e)

**contempt** [kənˈtempt] n mépris m, dédain m; **~ of court** (Law) outrage m à l'autorité de la justice

**contemptuous** [kənˈtemptjuəs] adj dédaigneux(-euse), méprisant(e)

**contend** [kənˈtend] vt: **to ~ that** soutenir or prétendre que ▷ vi: **to ~ with** (compete) rivaliser avec; (struggle) lutter avec; **to have to ~ with** (be faced with) avoir affaire à, être aux prises avec

**contender** [kənˈtendəʳ] n prétendant(e); candidat(e)

**content** [kənˈtent] adj content(e), satisfait(e) ▷ vt contenter, satisfaire ▷ n [ˈkɔntent] contenu m; (of fat, moisture) teneur f; **contents** npl (of container etc) contenu m; **(table of) ~s** table f des matières; **to be ~ with** se contenter de; **to ~ o.s. with sth/with doing sth** se contenter de qch/de faire qch

**contented** [kənˈtentɪd] adj content(e), satisfait(e)

**contention** [kənˈtenʃən] n dispute f, contestation f; (argument) assertion f, affirmation f; **bone of ~** sujet m de discorde

**contest** n [ˈkɔntest] combat m, lutte f; (competition) concours m ▷ vt [kənˈtest] contester, discuter; (compete for) disputer; (Law) attaquer

**contestant** [kənˈtestənt] n concurrent(e); (in fight) adversaire m/f

**context** [ˈkɔntekst] n contexte m; **in/out of ~** dans le/hors contexte

**continent** [ˈkɔntɪnənt] n continent m; **the C~** (Brit) l'Europe continentale; **on the C~** en Europe (continentale)

**continental** [kɔntɪˈnentl] adj continental(e) ▷ n (Brit) Européen(ne) (continental(e))

**continental breakfast** n café (or thé) complet

**continental quilt** n (Brit) couette f

**contingency** [kənˈtɪndʒənsi] n éventualité f, événement imprévu

**continual** [kənˈtɪnjuəl] adj continuel(le)

**continually** [kənˈtɪnjuəli] adv continuellement, sans cesse

**continuation** [kəntɪnjuˈeɪʃən] n continuation f; (after interruption) reprise f; (of story) suite f

**continue** [kənˈtɪnjuː] vi continuer ▷ vt continuer; (start again) reprendre; **to be ~d** (story) à suivre; **~d on page 10** suite page 10

**continuity** [kɔntɪˈnjuːɪti] n continuité f; (TV) enchaînement m; (Cine) script m

**continuous** [kənˈtɪnjuəs] adj continu(e), permanent(e); (Ling) progressif(-ive); **~ performance** (Cine) séance permanente; **~ stationery** (Comput) papier m en continu

**continuous assessment** (Brit) n contrôle continu

**continuously** [kənˈtɪnjuəsli] adv (repeatedly) continuellement; (uninterruptedly) sans interruption

**contort** [kənˈtɔːt] vt tordre, crisper

**contour** [ˈkɔntuəʳ] n contour m, profil m; (also: **~ line**) courbe f de niveau

**contraband** [ˈkɔntrəbænd] n contrebande f ▷ adj de contrebande

**contraception** [kɔntrəˈsepʃən] n contraception f

**contraceptive** [kɔntrəˈseptɪv] adj contraceptif(-ive), anticonceptionnel(le) ▷ n contraceptif m

**contract** n [ˈkɔntrækt] contrat m ▷ cpd (price, date) contractuel(le); (work) à forfait ▷ vi [kənˈtrækt] (become smaller) se contracter, se resserrer ▷ vt contracter; (Comm): **to ~ to do sth** s'engager (par contrat) à faire qch; **~ of employment/service** contrat de travail/de service; **contract in** vi s'engager (par contrat); (Brit Admin) s'affilier au régime de retraite complémentaire; **contract out** vi se dégager, (Brit Admin) opter pour la non-affiliation au régime de retraite complémentaire

**contraction** [kənˈtrækʃən] n contraction f; (Ling) forme contractée

**contractor** [kənˈtræktər] n entrepreneur m
**contradict** [kɒntrəˈdɪkt] vt contredire; (be contrary to) démentir, être en contradiction avec
**contradiction** [kɒntrəˈdɪkʃən] n contradiction f; **to be in ~ with** contredire, être en contradiction avec
**contraflow** [ˈkɒntrəfləu] n (Aut): **~ lane** voie f à contresens; **there's a ~ system in operation on …** une voie a été mise en sens inverse sur …
**contraption** [kənˈtræpʃən] n (pej) machin m, truc m
**contrary**[1] [ˈkɒntrərɪ] adj contraire, opposé(e) ▷ n contraire m; **on the ~** au contraire; **unless you hear to the ~** sauf avis contraire; **~ to what we thought** contrairement à ce que nous pensions
**contrary**[2] [kənˈtrɛərɪ] adj (perverse) contrariant(e), entêté(e)
**contrast** n [ˈkɒntrɑːst] contraste m ▷ vt [kən'trɑːst] mettre en contraste, contraster; **in ~ to** or **with** contrairement à, par opposition à
**contravene** [kɒntrəˈviːn] vt enfreindre, violer, contrevenir à
**contribute** [kənˈtrɪbjuːt] vi contribuer ▷ vt: **to ~ £10/an article** donner 10 livres/un article à; **to ~ to** (gen) contribuer à; (newspaper) collaborer à; (discussion) prendre part à
**contribution** [kɒntrɪˈbjuːʃən] n contribution f; (Brit: for social security) cotisation f; (to publication) article m
**contributor** [kənˈtrɪbjuːtər] n (to newspaper) collaborateur(-trice); (of money, goods) donateur(-trice)
**contrive** [kənˈtraɪv] vt combiner, inventer ▷ vi: **to ~ to do** s'arranger pour faire, trouver le moyen de faire
**control** [kənˈtrəul] vt (process, machinery) commander; (temper) maîtriser; (disease) enrayer; (check) contrôler ▷ n maîtrise f; (power) autorité f; **controls** npl (of machine etc) commandes fpl; (on radio) boutons mpl de réglage; **to take ~ of** se rendre maître de; (Comm) acquérir une participation majoritaire dans; **to be in ~ of** être maître de, maîtriser; (in charge of) être responsable de; **to ~ o.s.** se contrôler; **everything is under ~** j'ai (or il a etc) la situation en main; **the car went out of ~** j'ai (or il a etc) perdu le contrôle du véhicule; **beyond our ~** indépendant(e) de notre volonté
**control panel** n (on aircraft, ship, TV etc) tableau m de commandes
**control room** n (Naut Mil) salle f des commandes; (Radio, TV) régie f
**control tower** n (Aviat) tour f de contrôle
**controversial** [kɒntrəˈvəːʃl] adj discutable, controversé(e)
**controversy** [ˈkɒntrəvəːsɪ] n controverse f, polémique f

**convalesce** [kɒnvəˈlɛs] vi relever de maladie, se remettre (d'une maladie)
**convector** [kənˈvɛktər] n radiateur m à convection, appareil m de chauffage par convection
**convene** [kənˈviːn] vt convoquer, assembler ▷ vi se réunir, s'assembler
**convenience** [kənˈviːnɪəns] n commodité f; **at your ~** quand or comme cela vous convient; **at your earliest ~** (Comm) dans les meilleurs délais, le plus tôt possible; **all modern ~s, all mod cons** (Brit) avec tout le confort moderne, tout confort
**convenient** [kənˈviːnɪənt] adj commode; **if it is ~ to you** si cela vous convient, si cela ne vous dérange pas
**convent** [ˈkɒnvənt] n couvent m
**convention** [kənˈvɛnʃən] n convention f; (custom) usage m
**conventional** [kənˈvɛnʃənl] adj conventionnel(le)
**convent school** n couvent m
**conversant** [kənˈvəːsnt] adj: **to be ~ with** s'y connaître en; être au courant de
**conversation** [kɒnvəˈseɪʃən] n conversation f
**converse** [ˈkɒnvəːs] n contraire m, inverse m ▷ vi [kənˈvəːs]: **to ~ (with sb about sth)** s'entretenir (avec qn de qch)
**conversely** [kɒnˈvəːslɪ] adv inversement, réciproquement
**conversion** [kənˈvəːʃən] n conversion f; (Brit: of house) transformation f, aménagement m; (Rugby) transformation f
**convert** vt [kənˈvəːt] (Rel, Comm) convertir; (alter) transformer; (house) aménager; (Rugby) transformer ▷ n [ˈkɒnvəːt] converti(e)
**convertible** [kənˈvəːtəbl] adj convertible ▷ n (voiture f) décapotable f
**convey** [kənˈveɪ] vt transporter; (thanks) transmettre; (idea) communiquer
**conveyor belt** [kənˈveɪər-] n convoyeur m, tapis roulant
**convict** vt [kənˈvɪkt] déclarer (or reconnaître) coupable ▷ n [ˈkɒnvɪkt] forçat m, convict m
**conviction** [kənˈvɪkʃən] n (Law) condamnation f; (belief) conviction f
**convince** [kənˈvɪns] vt convaincre, persuader; **to ~ sb (of sth/that)** persuader qn (de qch/que)
**convinced** [kənˈvɪnst] adj: **~ of/that** convaincu(e) de/que
**convincing** [kənˈvɪnsɪŋ] adj persuasif(-ive), convaincant(e)
**convoluted** [ˈkɒnvəluːtɪd] adj (shape) tarabiscoté(e); (argument) compliqué(e)
**convoy** [ˈkɒnvɔɪ] n convoi m
**convulse** [kənˈvʌls] vt ébranler; **to be ~d with laughter** se tordre de rire
**cook** [kuk] vt (faire) cuire ▷ vi cuire; (person) faire la cuisine ▷ n cuisinier(-ière); **cook up** vt (inf: excuse, story) inventer

**cookbook** ['kukbuk] n livre m de cuisine

**cooker** ['kukə<sup>r</sup>] n cuisinière f

**cookery** ['kukərɪ] n cuisine f

**cookery book** (Brit) = **cookbook**

**cookie** ['kukɪ] n (US) biscuit m, petit gâteau sec; (Comput) cookie m, témoin m de connexion

**cooking** ['kukɪŋ] n cuisine f ▷ cpd (apples, chocolate) à cuire; (utensils, salt) de cuisine

**cool** [ku:l] adj frais/fraîche; (not afraid) calme; (unfriendly) froid(e); (impertinent) effronté(e); (inf: trendy) cool inv (inf); (: great) super inv (inf) ▷ vt, vi rafraîchir, refroidir; **it's ~** (weather) il fait frais; **to keep sth ~ or in a ~ place** garder or conserver qch au frais; **cool down** vi refroidir; (fig: person, situation) se calmer; **cool off** vi (become calmer) se calmer; (lose enthusiasm) perdre son enthousiasme

**coop** [ku:p] n poulailler m ▷ vt: **to ~ up** (fig) cloîtrer, enfermer

**cooperate** [kəu'ɔpəreɪt] vi coopérer, collaborer

**cooperation** [kəuɔpə'reɪʃən] n coopération f, collaboration f

**cooperative** [kəu'ɔpərətɪv] adj coopératif(-ive) ▷ n coopérative f

**coordinate** vt [kəu'ɔːdɪneɪt] coordonner ▷ n [kəu'ɔːdɪnət] (Math) coordonnée f; **coordinates** npl (clothes) ensemble m, coordonnés mpl

**co-ownership** ['kəu'əunəʃɪp] n copropriété f

**cop** [kɔp] n (inf) flic m

**cope** [kəup] vi s'en sortir, tenir le coup; **to ~ with** (problem) faire face à; (take care of) s'occuper de

**copper** ['kɔpə<sup>r</sup>] n cuivre m; (Brit: inf: policeman) flic m; **coppers** npl petite monnaie

**copy** ['kɔpɪ] n copie f; (book etc) exemplaire m; (material: for printing) copie ▷ vt copier; (imitate) imiter; **rough ~** (gen) premier jet; (Scol) brouillon m; **fair ~** version définitive; propre m; **to make good ~** (Press) faire un bon sujet d'article; **copy out** vt copier

**copyright** ['kɔpɪraɪt] n droit m d'auteur, copyright m; **~ reserved** tous droits (de reproduction) réservés

**coral** ['kɔrəl] n corail m

**cord** [kɔːd] n corde f; (fabric) velours côtelé; whipcord m; corde f; (Elec) cordon m (d'alimentation), fil m (électrique); **cords** npl (trousers) pantalon m de velours côtelé

**cordial** ['kɔːdɪəl] adj cordial(e), chaleureux(-euse) ▷ n sirop m; cordial m

**cordless** ['kɔːdlɪs] adj sans fil

**cordon** ['kɔːdn] n cordon m; **cordon off** vt (area) interdire l'accès à; (crowd) tenir à l'écart

**corduroy** ['kɔːdərɔɪ] n velours côtelé

**core** [kɔː<sup>r</sup>] n (of fruit) trognon m, cœur m; (Tech: also: of earth) noyau m; (of nuclear reactor, fig: of problem etc) cœur ▷ vt enlever le trognon or le cœur de; **rotten to the ~** complètement pourri

**coriander** [kɔrɪ'ændə<sup>r</sup>] n coriandre f

**cork** [kɔːk] n (material) liège m; (of bottle) bouchon m

**corkscrew** ['kɔːkskru:] n tire-bouchon m

**corn** [kɔːn] n (Brit: wheat) blé m; (US: maize) maïs m; (on foot) cor m; **~ on the cob** (Culin) épi m de maïs au naturel

**corned beef** ['kɔːnd-] n corned-beef m

**corner** ['kɔːnə<sup>r</sup>] n coin m; (in road) tournant m, virage m; (Football: also: **~ kick**) corner m ▷ vt (trap: prey) acculer; (fig) coincer; (Comm: market) accaparer ▷ vi prendre un virage; **to cut ~s** (fig) prendre des raccourcis

**corner shop** (Brit) n magasin m du coin

**cornerstone** ['kɔːnəstəun] n pierre f angulaire

**cornet** ['kɔːnɪt] n (Mus) cornet m à pistons; (Brit: of ice-cream) cornet (de glace)

**cornflakes** ['kɔːnfleɪks] npl cornflakes mpl

**cornflour** ['kɔːnflauə<sup>r</sup>] n (Brit) farine f de maïs, maïzena® f

**cornstarch** ['kɔːnstɑːtʃ] n (US) farine f de maïs, maïzena® f

**Cornwall** ['kɔːnwəl] n Cornouailles f

**corny** ['kɔːnɪ] adj (inf) rebattu(e), galvaudé(e)

**coronary** ['kɔrənərɪ] n: **~ (thrombosis)** infarctus m (du myocarde), thrombose f coronaire

**coronation** [kɔrə'neɪʃən] n couronnement m

**coroner** ['kɔrənə<sup>r</sup>] n coroner m, officier m de police judiciaire chargé de déterminer les causes d'un décès

**corporal** ['kɔːpərl] n caporal m, brigadier m ▷ adj: **~ punishment** châtiment corporel

**corporate** ['kɔːpərɪt] adj (action, ownership) en commun; (Comm) de la société

**corporation** [kɔːpə'reɪʃən] n (of town) municipalité f, conseil municipal; (Comm) société f

**corps** [kɔː<sup>r</sup>] (pl **corps** [kɔːz]) n corps m; **the diplomatic ~** le corps diplomatique; **the press ~** la presse

**corpse** [kɔːps] n cadavre m

**correct** [kə'rɛkt] adj (accurate) correct(e), exact(e); (proper) correct, convenable ▷ vt corriger; **you are ~** vous avez raison

**correction** [kə'rɛkʃən] n correction f

**correspond** [kɔrɪs'pɔnd] vi correspondre; **to ~ to sth** (be equivalent to) correspondre à qch

**correspondence** [kɔrɪs'pɔndəns] n correspondance f

**correspondence course** n cours m par correspondance

**correspondent** [kɔrɪs'pɔndənt] n correspondant(e)

**corresponding** [kɔrɪs'pɔndɪŋ] adj correspondant(e)

**corridor** ['kɔrɪdɔː<sup>r</sup>] n couloir m, corridor m

**corrode** [kə'rəud] vt corroder, ronger ▷ vi se corroder

**corrugated** ['kɔrəgeɪtɪd] adj plissé(e); ondulé(e)

**corrugated iron** n tôle ondulée

**corrupt** [kə'rʌpt] adj corrompu(e); (Comput) altéré(e) ▷ vt corrompre; (Comput) altérer; **~ practices** (dishonesty, bribery) malversation f

**corruption** [kə'rʌpʃən] n corruption f; (Comput) altération f (de données)

**Corsica** ['kɔːsɪkə] n Corse f

**cosmetic** [kɔz'metɪk] n produit m de beauté, cosmétique m ▷ adj (preparation) cosmétique; (fig: reforms) symbolique, superficiel(le)

**cosmetic surgery** n chirurgie f esthétique

**cosmopolitan** [kɔzmə'pɔlɪtn] adj cosmopolite

**cost** [kɔst] (pt, pp **cost**) n coût m ▷ vi coûter ▷ vt établir or calculer le prix de revient de; **costs** npl (Comm) frais mpl; (Law) dépens mpl; **how much does it ~?** combien ça coûte?; **it ~s £5/too much** cela coûte 5 livres/trop cher; **what will it ~ to have it repaired?** combien cela coûtera de le faire réparer?; **to ~ sb time/effort** demander du temps/un effort à qn; **it ~ him his life/job** ça lui a coûté la vie/son emploi; **at all ~s** coûte que coûte, à tout prix

**co-star** ['kəustɑː'] n partenaire m/f

**cost-effective** ['kɔstɪ'fɛktɪv] adj rentable

**costly** ['kɔstlɪ] adj coûteux(-euse)

**cost of living** ['kɔstəv'lɪvɪŋ] n coût m de la vie ▷ adj: **~ allowance** indemnité f de vie chère; **~ index** indice m du coût de la vie

**cost price** n (Brit) prix coûtant or de revient

**costume** ['kɔstjuːm] n costume m; (lady's suit) tailleur m; (Brit: also: **swimming ~**) maillot m (de bain)

**costume jewellery** n bijoux mpl de fantaisie

**cosy**, (US) **cozy** ['kəuzɪ] adj (room, bed) douillet(te); (scarf, gloves) bien chaud(e); (atmosphere) chaleureux(-euse); **to be ~** (person) être bien (au chaud)

**cot** [kɔt] n (Brit: child's) lit m d'enfant, petit lit; (US: campbed) lit de camp

**cottage** ['kɔtɪdʒ] n petite maison (à la campagne), cottage m

**cottage cheese** n fromage blanc (maigre)

**cotton** ['kɔtn] n coton m; (thread) fil m (de coton); **~ dress** etc robe etc en or de coton; **cotton on** vi (inf): **~ on (to sth)** piger (qch)

**cotton bud** (Brit) n coton-tige® m

**cotton candy** (US) n barbe f à papa

**cotton wool** n (Brit) ouate f, coton m hydrophile

**couch** [kautʃ] n canapé m; divan m; (doctor's) table f d'examen; (psychiatrist's) divan ▷ vt formuler, exprimer

**couchette** [kuː'ʃet] n couchette f

**cough** [kɔf] vi tousser ▷ n toux f; **I've got a ~** j'ai la toux

**cough mixture, cough syrup** n sirop m pour la toux

**cough sweet** n pastille f pour or contre la toux

**could** [kud] pt of **can²**

**couldn't** ['kudnt] = **could not**

**council** ['kaunsl] n conseil m; **city** or **town ~** conseil municipal; **C~ of Europe** Conseil de l'Europe

**council estate** n (Brit) (quartier m or zone f de) logements loués à/par la municipalité

**council house** n (Brit) maison f (à loyer modéré) louée par la municipalité

**councillor**, (US) **councilor** ['kaunslə'] n conseiller(-ère)

**council tax** n (Brit) impôts locaux

**counsel** ['kaunsl] n conseil m; (lawyer) avocat(e) ▷ vt: **to ~ (sb to do sth)** conseiller (à qn de faire qch); **~ for the defence/the prosecution** (avocat de la) défense/ avocat du ministère public

**counselling**, (US) **counseling** ['kaunslɪŋ] n (Psych) aide psychosociale

**counsellor**, (US) **counselor** ['kaunslə'] n conseiller(-ère); (US Law) avocat m

**count** [kaunt] vt, vi compter ▷ n compte m; (nobleman) comte m; **to ~ (up) to 10** compter jusqu'à 10; **to keep ~ of sth** tenir le compte de qch; **not ~ing the children** sans compter les enfants; **to ~ him** 10 avec lui, 10 en le comptant; **to ~ the cost of** établir le coût de; **it ~s for very little** cela n'a pas beaucoup d'importance; **~ yourself lucky** estimez-vous heureux; **count in** vt (inf): **to ~ sb in on sth** inclure qn dans qch; **count on** vt fus compter sur; **to ~ on doing sth** compter faire qch; **count up** vt compter, additionner

**countdown** ['kauntdaun] n compte m à rebours

**countenance** ['kauntɪnəns] n expression f ▷ vt approuver

**counter** ['kauntə'] n comptoir m; (in post office, bank) guichet m; (in game) jeton m ▷ vt aller à l'encontre de, opposer; (blow) parer ▷ adv: **~ to** à l'encontre de; contrairement à; **to buy under the ~** (fig) acheter sous le manteau or en sous-main; **to ~ sth with sth/ by doing sth** contrer or riposter à qch par qch/en faisant qch

**counteract** ['kauntər'ækt] vt neutraliser, contrebalancer

**counterclockwise** ['kauntə'klɔkwaɪz] (US) adv en sens inverse des aiguilles d'une montre

**counterfeit** ['kauntəfɪt] n faux m, contrefaçon f ▷ vt contrefaire ▷ adj faux/fausse

**counterfoil** ['kauntəfɔɪl] n talon m, souche f

**counterpart** ['kauntəpɑːt] n (of document etc) double m; (of person) homologue m/f

**countess** ['kauntɪs] n comtesse f

**countless** ['kauntlɪs] adj innombrable

**country** ['kʌntrɪ] n pays m; (native land) patrie f; (as opposed to town) campagne f; (region) région f, pays; **in the ~** à la campagne; **mountainous ~** pays de montagne, région montagneuse

**country and western, country and western music** n musique f country

**country dancing** n (Brit) danse f folklorique

**country house** n manoir m, (petit) château

**countryman** ['kʌntrɪmən] irreg n (national) compatriote m; (rural) habitant m de la campagne, campagnard m

**countryside** ['kʌntrɪsaɪd] n campagne f

**county** ['kaʊntɪ] n comté m

**coup** [kuːˀ] (pl **coups**) [kuːz] n (achievement) beau coup; (also: **~ d'état**) coup d'État

**couple** ['kʌpl] n couple m ▷ vt (carriages) atteler; (Tech) coupler; (ideas, names) associer; **a ~ of** (two) deux; (a few) deux ou trois

**coupon** ['kuːpɒn] n (voucher) bon m de réduction; (detachable form) coupon m détachable, coupon-réponse m; (Finance) coupon

**courage** ['kʌrɪdʒ] n courage m

**courageous** [kə'reɪdʒəs] adj courageux(-euse)

**courgette** [kʊə'ʒet] n (Brit) courgette f

**courier** ['kʊrɪəʳ] n messager m, courrier m; (for tourists) accompagnateur(-trice)

**course** [kɔːs] n cours m; (of ship) route f; (for golf) terrain m; (part of meal) plat m; **first ~** entrée f; **of ~** adv bien sûr; (**no,**) **of ~ not!** bien sûr que non!, évidemment que non!; **in the ~ of** au cours de; **in the ~ of the next few days** au cours des prochains jours; **in due ~** en temps utile or voulu; **~ (of action)** parti m, ligne f de conduite; **the best ~ would be to ...** le mieux serait de ...; **we have no other ~ but to ...** nous n'avons pas d'autre solution que de ...; **~ of lectures** série f de conférences; **~ of treatment** (Med) traitement m

**court** [kɔːt] n cour f; (Law) cour, tribunal m; (Tennis) court m ▷ vt (woman) courtiser, faire la cour à; (fig: favour, popularity) rechercher; (: death, disaster) courir après, flirter avec; **out of ~** (Law: settle) à l'amiable; **to take to ~** actionner or poursuivre en justice; **~ of appeal** cour d'appel

**courteous** ['kɜːtɪəs] adj courtois(e), poli(e)

**courtesy** ['kɜːtəsɪ] n courtoisie f, politesse f; (**by**) **~ of** avec l'aimable autorisation de

**courtesy bus, courtesy coach** n navette gratuite

**court-house** ['kɔːthaʊs] n (US) palais m de justice

**courtier** ['kɔːtɪəʳ] n courtisan m, dame f de cour

**court martial** (pl **courts martial**) n cour martiale, conseil m de guerre

**courtroom** ['kɔːtrʊm] n salle f de tribunal

**courtyard** ['kɔːtjɑːd] n cour f

**cousin** ['kʌzn] n cousin(e); **first ~** cousin(e) germain(e)

**cove** [kəʊv] n petite baie, anse f

**covenant** ['kʌvənənt] n contrat m, engagement m ▷ vt: **to ~ £200 per year to a** charity s'engager à verser 200 livres par an à une œuvre de bienfaisance

**cover** ['kʌvəʳ] vt couvrir; (Press: report on) faire un reportage sur; (feelings, mistake) cacher; (include) englober; (discuss) traiter ▷ n (of book, Comm) couverture f; (of pan) couvercle m; (over furniture) housse f; (shelter) abri m; **covers** npl (on bed) couvertures; **to take ~** se mettre à l'abri; **under ~** à l'abri; **under ~ of darkness** à la faveur de la nuit; **under separate ~** (Comm) sous pli séparé; **£10 will ~ everything** 10 livres suffiront (pour tout payer); **cover up** vt (person, object): **to ~ up (with)** couvrir (de); (fig: truth, facts) occulter ▷ vi: **to ~ up for sb** (fig) couvrir qn

**coverage** ['kʌvərɪdʒ] n (in media) reportage m; (Insurance) couverture f

**cover charge** n couvert m (supplément à payer)

**covering** ['kʌvərɪŋ] n couverture f, enveloppe f

**covering letter**, (US) **cover letter** n lettre explicative

**cover note** n (Insurance) police f provisoire

**covert** ['kʌvət] adj (threat) voilé(e), caché(e); (attack) indirect(e); (glance) furtif(-ive)

**cover-up** ['kʌvərʌp] n tentative f pour étouffer une affaire

**covet** ['kʌvɪt] vt convoiter

**cow** [kaʊ] n vache f ▷ cpd femelle ▷ vt effrayer, intimider

**coward** ['kaʊəd] n lâche m/f

**cowardice** ['kaʊədɪs] n lâcheté f

**cowardly** ['kaʊədlɪ] adj lâche

**cowboy** ['kaʊbɔɪ] n cow-boy m

**cower** ['kaʊəʳ] vi se recroqueviller; trembler

**coy** [kɔɪ] adj faussement effarouché(e) or timide

**cozy** ['kəʊzɪ] adj (US) = **cosy**

**CPA** n abbr (US) = **certified public accountant**

**crab** [kræb] n crabe m

**crab apple** n pomme f sauvage

**crack** [kræk] n (split) fente f, fissure f; (in cup, bone) fêlure f; (in wall) lézarde f; (noise) craquement m, coup (sec); (joke) plaisanterie f; (inf: attempt): **to have a ~ (at sth)** essayer (qch); (Drugs) crack m ▷ vt fendre, fissurer; fêler; lézarder; (whip) faire claquer; (nut) casser; (problem) résoudre, trouver la clef de; (code) déchiffrer ▷ cpd (athlete) de première classe, d'élite; **to ~ jokes** (inf) raconter des blagues; **to get ~ing** (inf) s'y mettre, se magner; **crack down on** vt fus (crime) sévir contre, réprimer; (spending) mettre un frein à; **crack up** vi être au bout de son rouleau, flancher

**cracked** [krækt] adj (cup, bone) fêlé(e); (broken) cassé(e); (wall) lézardé(e); (surface) craquelé(e); (inf) toqué(e), timbré(e)

**cracker** ['krækəʳ] n (also: **Christmas ~**) pétard m; (biscuit) biscuit (salé), craquelin m; **a ~ of a ...** (Brit inf) un(e) ... formidable; **he's ~s** (Brit inf) il est cinglé

**crackle** ['krækl] vi crépiter, grésiller

**cradle** ['kreɪdl] n berceau m ▷ vt (child) bercer; (object) tenir dans ses bras

**craft** [krɑːft] n métier (artisanal); (cunning) ruse f, astuce f; (boat: pl inv) embarcation f, barque f; (plane: pl inv) appareil m

**craftsman** (irreg) ['krɑːftsmən] irreg n artisan m ouvrier (qualifié)

**craftsmanship** ['krɑːftsmənʃɪp] n métier m, habileté f

**crafty** ['krɑːftɪ] adj rusé(e), malin(-igne), astucieux(-euse)

**crag** [kræg] n rocher escarpé

**cram** [kræm] vt (fill): **to ~ sth with** bourrer qch de; (put): **to ~ sth into** fourrer qch dans ▷ vi (for exams) bachoter

**cramp** [kræmp] n crampe f ▷ vt gêner, entraver; **I've got ~ in my leg** j'ai une crampe à la jambe

**cramped** [kræmpt] adj à l'étroit, très serré(e)

**cranberry** ['krænbərɪ] n canneberge f

**crane** [kreɪn] n grue f ▷ vt, vi: **to ~ forward, to ~ one's neck** allonger le cou

**crank** [kræŋk] n manivelle f; (person) excentrique m/f

**cranny** ['krænɪ] n see **nook**

**crap** [kræp] n (inf!: nonsense) conneries fpl (!); (: excrement) merde f (!); **the party was ~** la fête était merdique (!); **to have a ~** chier (!)

**crash** [kræʃ] n (noise) fracas m; (of car, plane) collision f; (of business) faillite f; (Stock Exchange) krach m ▷ vt (plane) écraser ▷ vi (plane) s'écraser; (two cars) se percuter, s'emboutir; (business) s'effondrer; **to ~ into** se jeter or se fracasser contre; **he ~ed the car into a wall** il s'est écrasé contre un mur avec sa voiture

**crash course** n cours intensif

**crash helmet** n casque (protecteur)

**crash landing** n atterrissage forcé or en catastrophe

**crate** [kreɪt] n cageot m; (for bottles) caisse f

**cravat** [krə'væt] n foulard (noué autour du cou)

**crave** [kreɪv] vt, vi: **to ~ (for)** désirer violemment, avoir un besoin physiologique de, avoir une envie irrésistible de

**crawl** [krɔːl] vi ramper; (vehicle) avancer au pas ▷ n (Swimming) crawl m; **to ~ on one's hands and knees** aller à quatre pattes; **to ~ to sb** (inf) faire de la lèche à qn

**crayfish** ['kreɪfɪʃ] n (pl inv: freshwater) écrevisse f; (saltwater) langoustine f

**crayon** ['kreɪən] n crayon m (de couleur)

**craze** [kreɪz] n engouement m

**crazy** ['kreɪzɪ] adj fou/folle; **to go ~** devenir fou; **to be ~ about sb/sth** (inf) être fou de qn/qch

**creak** [kriːk] vi (hinge) grincer; (floor, shoes) craquer

**cream** [kriːm] n crème f ▷ adj (colour) crème inv; **whipped ~** crème fouettée; **cream off** vt (fig) prélever

**cream cake** n (petit) gâteau à la crème

**cream cheese** n fromage m à la crème, fromage blanc

**creamy** ['kriːmɪ] adj crémeux(-euse)

**crease** [kriːs] n pli m ▷ vt froisser, chiffonner ▷ vi se froisser, se chiffonner

**create** [kriː'eɪt] vt créer; (impression, fuss) faire

**creation** [kriː'eɪʃən] n création f

**creative** [kriː'eɪtɪv] adj créatif(-ive)

**creator** [kriː'eɪtəʳ] n créateur(-trice)

**creature** ['kriːtʃəʳ] n créature f

**crèche** [krɛʃ] n garderie f, crèche f

**credence** ['kriːdns] n croyance f, foi f

**credentials** [krɪ'dɛnʃlz] npl (references) références fpl; (identity papers) pièce f d'identité; (letters of reference) pièces justificatives

**credibility** [krɛdɪ'bɪlɪtɪ] n crédibilité f

**credible** ['krɛdɪbl] adj digne de foi, crédible

**credit** ['krɛdɪt] n crédit m; (recognition) honneur m; (Scol) unité f de valeur ▷ vt (Comm) créditer; (believe: also: **give ~ to**) ajouter foi à, croire; **credits** npl (Cine) générique m; **to be in ~** (person, bank account) être créditeur(-trice); **on ~** à crédit; **to one's ~** à son honneur; à son actif; **to take the ~ for** s'attribuer le mérite de; **it does him ~** cela lui fait honneur; **to ~ sb with** (fig) prêter or attribuer à qn; **to ~ £5 to sb** créditer (le compte de) qn de 5 livres

**credit card** n carte f de crédit; **do you take ~s?** acceptez-vous les cartes de crédit?

**credit crunch** n crise f du crédit

**creditor** ['krɛdɪtəʳ] n créancier(-ière)

**creed** [kriːd] n croyance f; credo m, principes mpl

**creek** [kriːk] n (inlet) crique f, anse f; (US: stream) ruisseau m, petit cours d'eau

**creep** (pt, pp **crept**) [kriːp, krɛpt] vi ramper; (silently) se faufiler, se glisser; (plant) grimper ▷ n (inf: flatterer) lèche-botte m; **he's a ~** c'est un type puant; **it gives me the ~s** cela me fait froid dans le dos; **to ~ up on sb** s'approcher furtivement de qn

**creeper** ['kriːpəʳ] n plante grimpante

**creepy** ['kriːpɪ] adj (frightening) qui fait frissonner, qui donne la chair de poule

**cremate** [krɪ'meɪt] vt incinérer

**crematorium** (pl **crematoria**) [krɛmə'tɔːrɪəm, -'tɔːrɪə] n four m crématoire

**crepe** [kreɪp] n crêpe m

**crepe bandage** n (Brit) bande f Velpeau®

**crept** [krɛpt] pt, pp of **creep**

**crescent** ['krɛsnt] n croissant m; (street) rue f (en arc de cercle)

**cress** [krɛs] n cresson m

**crest** [krɛst] n crête f; (of helmet) cimier m; (of coat of arms) timbre m

**crestfallen** ['krɛstfɔːlən] adj déconfit(e), découragé(e)

**Crete** ['kriːt] n Crète f

**crevice** ['krɛvɪs] n fissure f, lézarde f, fente f

**crew** [kru:] *n* équipage *m*; (*Cine*) équipe *f* (de tournage); (*gang*) bande *f*

**crew-cut** ['kru:kʌt] *n*: **to have a ~** avoir les cheveux en brosse

**crew-neck** ['kru:nɛk] *n* col ras

**crib** [krɪb] *n* lit *m* d'enfant; (*for baby*) berceau *m* ▷ *vt* (*inf*) copier

**crick** [krɪk] *n* crampe *f*; **~ in the neck** torticolis *m*

**cricket** ['krɪkɪt] *n* (*insect*) grillon *m*, cri-cri *m inv*; (*game*) cricket *m*

**cricketer** ['krɪkɪtəʳ] *n* joueur *m* de cricket

**crime** [kraɪm] *n* crime *m*; **minor ~** délit mineur, infraction mineure

**criminal** ['krɪmɪnl] *adj, n* criminel(le)

**crimson** ['krɪmzn] *adj* cramoisi(e)

**cringe** [krɪndʒ] *vi* avoir un mouvement de recul; (*fig*) s'humilier, ramper

**crinkle** ['krɪŋkl] *vt* froisser, chiffonner

**cripple** ['krɪpl] *n* boiteux(-euse), infirme *m/f* ▷ *vt* (*person*) estropier, paralyser; (*ship, plane*) immobiliser; (*production, exports*) paralyser; **~d with rheumatism** perclus(e) de rhumatismes

**crisis** (*pl* **crises**) ['kraɪsɪs, -siːz] *n* crise *f*

**crisp** [krɪsp] *adj* croquant(e); (*weather*) vif/ vive; (*manner etc*) brusque

**crisps** [krɪsps] (*Brit*) *npl* (pommes *fpl*) chips *fpl*

**crispy** ['krɪspɪ] *adj* croustillant(e)

**crisscross** ['krɪskrɔs] *adj* entrecroisé(e), en croisillons ▷ *vt* sillonner; **~ pattern** croisillons *mpl*

**criterion** (*pl* **criteria**) [kraɪ'tɪərɪən, -'tɪərɪə] *n* critère *m*

**critic** ['krɪtɪk] *n* critique *m/f*

**critical** ['krɪtɪkl] *adj* critique; **to be ~ of sb/ sth** critiquer qn/qch

**critically** ['krɪtɪklɪ] *adv* (*examine*) d'un œil critique; (*speak*) sévèrement; **~ ill** gravement malade

**criticism** ['krɪtɪsɪzəm] *n* critique *f*

**criticize** ['krɪtɪsaɪz] *vt* critiquer

**croak** [krəuk] *vi* (*frog*) coasser; (*raven*) croasser

**Croat** ['krəuæt] *adj, n* = **Croatian**

**Croatia** [krəu'eɪʃə] *n* Croatie *f*

**Croatian** [krəu'eɪʃən] *adj* croate ▷ *n* Croate *m/f*; (*Ling*) croate *m*

**crochet** ['krəuʃeɪ] *n* travail *m* au crochet

**crockery** ['krɔkərɪ] *n* vaisselle *f*

**crocodile** ['krɔkədaɪl] *n* crocodile *m*

**crocus** ['krəukəs] *n* crocus *m*

**croft** [krɔft] *n* (*Brit*) petite ferme *f*

**croissant** ['krwasɑ̃] *n* croissant *m*

**crony** ['krəunɪ] *n* copain/copine

**crook** [kruk] *n* escroc *m*; (*of shepherd*) houlette *f*

**crooked** ['krukɪd] *adj* courbé(e), tordu(e); (*action*) malhonnête

**crop** [krɔp] *n* (*produce*) culture *f*; (*amount produced*) récolte *f*; (*riding crop*) cravache *f*; (*of bird*) jabot *m* ▷ *vt* (*hair*) tondre; (*animals:*

*grass*) brouter; **crop up** *vi* surgir, se présenter, survenir

**cross** [krɔs] *n* croix *f*; (*Biol*) croisement *m* ▷ *vt* (*street etc*) traverser; (*arms, legs, Biol*) croiser; (*cheque*) barrer; (*thwart: person, plan*) contrarier ▷ *vi*: **the boat ~es from ... to ...** le bateau fait la traversée de ... à ... ▷ *adj* en colère, fâché(e); **to ~ o.s.** se signer, faire le signe de (la) croix; **we have a ~ed line** (*Brit: on telephone*) il y a des interférences; **they've got their lines ~ed** (*fig*) il y a un malentendu entre eux; **to be/ get ~ with sb (about sth)** être en colère/(se) fâcher contre qn (à propos de qch); **cross off** *or* **out** *vt* barrer, rayer; **cross over** *vi* traverser

**crossbar** ['krɔsbaːʳ] *n* barre transversale

**cross-Channel ferry** ['krɔs'tʃænl-] *n* ferry *m* qui fait la traversée de la Manche

**cross-country** ['krɔs'kʌntrɪ], **cross-country race** *n* cross(-country) *m*

**cross-examine** ['krɔsɪg'zæmɪn] *vt* (*Law*) faire subir un examen contradictoire à

**cross-eyed** ['krɔsaɪd] *adj* qui louche

**crossfire** ['krɔsfaɪəʳ] *n* feux croisés

**crossing** ['krɔsɪŋ] *n* croisement *m*, carrefour *m*; (*sea passage*) traversée *f*; (*also:* **pedestrian ~**) passage clouté; **how long does the ~ take?** combien de temps dure la traversée?

**crossing guard** (*US*) *n* contractuel qui fait traverser la rue aux enfants

**cross-purposes** ['krɔs'pəːpəsɪz] *npl*: **to be at ~ with sb** comprendre qn de travers; **we're (talking) at ~** on ne parle pas de la même chose

**cross-reference** ['krɔs'rɛfrəns] *n* renvoi *m*, référence *f*

**crossroads** ['krɔsrəudz] *n* carrefour *m*

**cross section** *n* (*Biol*) coupe transversale; (*in population*) échantillon *m*

**crosswalk** ['krɔswɔːk] *n* (*US*) passage clouté

**crosswind** ['krɔswɪnd] *n* vent *m* de travers

**crossword** ['krɔswəːd] *n* mots *mpl* croisés

**crotch** [krɔtʃ] *n* (*of garment*) entrejambe *m*; (*Anat*) entrecuisse *m*

**crouch** [krautʃ] *vi* s'accroupir; (*hide*) se tapir; (*before springing*) se ramasser

**crouton** ['kruːtɔn] *n* croûton *m*

**crow** [krəu] *n* (*bird*) corneille *f*; (*of cock*) chant *m* du coq, cocorico *m* ▷ *vi* (*cock*) chanter; (*fig*) pavoiser, chanter victoire

**crowbar** ['krəubaːʳ] *n* levier *m*

**crowd** [kraud] *n* foule *f* ▷ *vt* bourrer, remplir ▷ *vi* affluer, s'attrouper, s'entasser; **~s of people** une foule de gens

**crowded** ['kraudɪd] *adj* bondé(e), plein(e); **~ with** plein de

**crown** [kraun] *n* couronne *f*; (*of head*) sommet *m* de la tête, calotte crânienne; (*of hat*) sommet *m*; (*of hill*) sommet *m* ▷ *vt* (*also tooth*) couronner

**crown jewels** *npl* joyaux *mpl* de la Couronne

**crow's-feet** ['krəʊzfiːt] *npl* pattes *fpl* d'oie (*fig*)

**crucial** ['kruːʃl] *adj* crucial(e), décisif(-ive); (*also*: ~ **to**) essentiel(le) à

**crucifix** ['kruːsɪfɪks] *n* crucifix *m*

**crucifixion** [kruːsɪ'fɪkʃən] *n* crucifiement *m*, crucifixion *f*

**crude** [kruːd] *adj* (*materials*) brut(e); non raffiné(e); (*basic*) rudimentaire, sommaire; (*vulgar*) cru(e), grossier(-ière) ▷ *n* (*also*: ~ **oil**) (pétrole *m*) brut *m*

**cruel** ['kruəl] *adj* cruel(le)

**cruelty** ['kruəltɪ] *n* cruauté *f*

**cruise** [kruːz] *n* croisière *f* ▷ *vi* (*ship*) croiser; (*car*) rouler; (*aircraft*) voler; (*taxi*) être en maraude

**cruiser** ['kruːzər] *n* croiseur *m*

**crumb** [krʌm] *n* miette *f*

**crumble** ['krʌmbl] *vt* émietter ▷ *vi* s'émietter; (*plaster etc*) s'effriter; (*land, earth*) s'ébouler; (*building*) s'écrouler, crouler; (*fig*) s'effondrer

**crumbly** ['krʌmblɪ] *adj* friable

**crumpet** ['krʌmpɪt] *n* petite crêpe (épaisse)

**crumple** ['krʌmpl] *vt* froisser, friper

**crunch** [krʌntʃ] *vt* croquer; (*underfoot*) faire craquer, écraser; faire crisser ▷ *n* (*fig*) instant *m* or moment *m* critique, moment de vérité

**crunchy** ['krʌntʃɪ] *adj* croquant(e), croustillant(e)

**crusade** [kruː'seɪd] *n* croisade *f* ▷ *vi* (*fig*): **to ~ for/against** partir en croisade pour/contre

**crush** [krʌʃ] *n* (*crowd*) foule *f*, cohue *f*; (*love*): **to have a ~ on sb** avoir le béguin pour qn; (*drink*): **lemon ~** citron pressé ▷ *vt* écraser; (*crumple*) froisser; (*grind, break up*: garlic, ice) piler; (: *grapes*) presser; (*hopes*) anéantir

**crust** [krʌst] *n* croûte *f*

**crusty** ['krʌstɪ] *adj* (*bread*) croustillant(e); (*inf*: *person*) revêche, bourru(e); (: *remark*) irrité(e)

**crutch** [krʌtʃ] *n* béquille *f*; (*Tech*) support *m*; (*also*: **crotch**) entrejambe *m*

**crux** [krʌks] *n* point crucial

**cry** [kraɪ] *vi* pleurer; (*shout*: *also*: ~ **out**) crier ▷ *n* cri *m*; **why are you ~ing?** pourquoi pleures-tu?; **to ~ for help** appeler à l'aide; **she had a good ~** elle a pleuré un bon coup; **it's a far ~ from ...** (*fig*) on est loin de ...; **cry off** *vi* se dédire; se décommander; **cry out** *vi* (*call out, shout*) pousser un cri ▷ *vt* crier

**cryptic** ['krɪptɪk] *adj* énigmatique

**crystal** ['krɪstl] *n* cristal *m*

**crystal-clear** ['krɪstl'klɪər] *adj* clair(e) comme de l'eau de roche

**CSA** *n abbr* = **Confederate States of America**; (*Brit*: = *Child Support Agency*) *organisme pour la protection des enfants de parents séparés, qui contrôle le versement des pensions alimentaires.*

**CTC** *n abbr* (*Brit*) = **city technology college**

**cub** [kʌb] *n* petit *m* (*d'un animal*); (*also*: ~ **scout**) louveteau *m*

**Cuba** ['kjuːbə] *n* Cuba *m*

**cube** [kjuːb] *n* cube *m* ▷ *vt* (*Math*) élever au cube

**cubic** ['kjuːbɪk] *adj* cubique; ~ **metre** *etc* mètre *m etc* cube; ~ **capacity** (*Aut*) cylindrée *f*

**cubicle** ['kjuːbɪkl] *n* (*in hospital*) box *m*; (*at pool*) cabine *f*

**cuckoo** ['kukuː] *n* coucou *m*

**cuckoo clock** *n* (*pendule f à*) coucou *m*

**cucumber** ['kjuːkʌmbər] *n* concombre *m*

**cuddle** ['kʌdl] *vt* câliner, caresser ▷ *vi* se blottir l'un contre l'autre

**cue** [kjuː] *n* queue *f* de billard; (*Theat etc*) signal *m*

**cuff** [kʌf] *n* (*Brit*: *of shirt, coat etc*) poignet *m*, manchette *f*; (*US*: *on trousers*) revers *m*; (*blow*) gifle *f* ▷ *vt* gifler; **off the ~** *adv* à l'improviste

**cufflinks** ['kʌflɪŋks] *n* boutons *m* de manchette

**cuisine** [kwɪ'ziːn] *n* cuisine *f*, art *m* culinaire

**cul-de-sac** ['kʌldəsæk] *n* cul-de-sac *m*, impasse *f*

**cull** [kʌl] *vt* sélectionner; (*kill selectively*) pratiquer l'abattage sélectif de ▷ *n* (*of animals*) abattage sélectif

**culminate** ['kʌlmɪneɪt] *vi*: **to ~ in** finir or se terminer par; (*lead to*) mener à

**culmination** [kʌlmɪ'neɪʃən] *n* point culminant

**culottes** [kjuː'lɒts] *npl* jupe-culotte *f*

**culprit** ['kʌlprɪt] *n* coupable *m/f*

**cult** [kʌlt] *n* culte *m*

**cultivate** ['kʌltɪveɪt] *vt* (*also fig*) cultiver

**cultivation** [kʌltɪ'veɪʃən] *n* culture *f*

**cultural** ['kʌltʃərəl] *adj* culturel(le)

**culture** ['kʌltʃər] *n* (*also fig*) culture *f*

**cultured** ['kʌltʃəd] *adj* cultivé(e) (*fig*)

**cumbersome** ['kʌmbəsəm] *adj* encombrant(e), embarrassant(e)

**cumin** ['kʌmɪn] *n* (*spice*) cumin *m*

**cunning** ['kʌnɪŋ] *n* ruse *f*, astuce *f* ▷ *adj* rusé(e), malin(-igne); (*clever*: *device, idea*) astucieux(-euse)

**cup** [kʌp] *n* tasse *f*; (*prize, event*) coupe *f*; (*of bra*) bonnet *m*; **a ~ of tea** une tasse de thé

**cupboard** ['kʌbəd] *n* placard *m*

**cup final** *n* (*Brit Football*) finale *f* de la coupe

**cup tie** ['kʌptaɪ] *n* (*Brit Football*) match *m* de coupe

**curate** ['kjuərɪt] *n* vicaire *m*

**curator** [kjuə'reɪtər] *n* conservateur *m* (*d'un musée etc*)

**curb** [kəːb] *vt* refréner, mettre un frein à; (*expenditure*) limiter, juguler ▷ *n* (*fig*) frein *m*; (*US*) bord *m* du trottoir

**curdle** ['kəːdl] *vi* (se) cailler

**cure** [kjuər] *vt* guérir; (*Culin*: *salt*) saler; (: *smoke*) fumer; (: *dry*) sécher ▷ *n* remède *m*; **to be ~d of sth** être guéri de qch

**curfew** ['kəːfjuː] *n* couvre-feu *m*

**curiosity** [kjuərɪ'ɒsɪtɪ] *n* curiosité *f*

**curious** ['kjuərɪəs] *adj* curieux(-euse); **I'm ~ about him** il m'intrigue

**curl** [kə:l] n boucle f (de cheveux); (of smoke etc) volute f ▷ vt, vi boucler; (tightly) friser; **curl up** vi s'enrouler; (person) se pelotonner

**curler** ['kə:lə<sup>r</sup>] n bigoudi m, rouleau m; (Sport) joueur(-euse) de curling

**curly** ['kə:lɪ] adj bouclé(e); (tightly curled) frisé(e)

**currant** ['kʌrnt] n raisin m de Corinthe, raisin sec; (fruit) groseille f

**currency** ['kʌrnsɪ] n monnaie f; **foreign ~** devises étrangères, monnaie étrangère; **to gain ~** (fig) s'accréditer

**current** ['kʌrnt] n courant m ▷ adj (common) courant(e); (tendency, price, event) actuel(le); **direct/alternating ~** (Elec) courant continu/ alternatif; **the ~ issue of a magazine** le dernier numéro d'un magazine; **in ~ use** d'usage courant

**current account** n (Brit) compte courant

**current affairs** npl (questions fpl d')actualité f

**currently** ['kʌrntlɪ] adv actuellement

**curriculum** (pl **curriculums** or **curricula**) [kə'rɪkjuləm, -lə] n programme m d'études

**curriculum vitae** [-'vi:taɪ] n curriculum vitae (CV) m

**curry** ['kʌrɪ] n curry m ▷ vt: **to ~ favour with** chercher à gagner la faveur or à s'attirer les bonnes grâces de; **chicken ~** curry de poulet, poulet m au curry

**curry powder** n poudre f de curry

**curse** [kə:s] vi jurer, blasphémer ▷ vt maudire ▷ n (in spell) malédiction f; (problem, scourge) fléau m; (swearword) juron m

**cursor** ['kə:sə<sup>r</sup>] n (Comput) curseur m

**cursory** ['kə:sərɪ] adj superficiel(le), hâtif(-ive)

**curt** [kə:t] adj brusque, sec(-sèche)

**curtail** [kə:'teɪl] vt (visit etc) écourter; (expenses etc) réduire

**curtain** ['kə:tn] n rideau m; **to draw the ~s** (together) fermer or tirer les rideaux; (apart) ouvrir les rideaux

**curtsey, curtsy** ['kə:tsɪ] n révérence f ▷ vi faire une révérence

**curve** [kə:v] n courbe f; (in the road) tournant m, virage m ▷ vt courber ▷ vi se courber; (road) faire une courbe

**curved** [kə:vd] adj courbe

**cushion** ['kuʃən] n coussin m ▷ vt (seat) rembourrer; (fall, shock) amortir

**custard** ['kʌstəd] n (for pouring) crème anglaise

**custody** ['kʌstədɪ] n (of child) garde f; (for offenders) détention préventive; **to take sb into ~** placer qn en détention préventive; **in the ~ of** sous la garde de

**custom** ['kʌstəm] n coutume f, usage m; (Law) droit coutumier, coutume; (Comm) clientèle f

**customary** ['kʌstəmərɪ] adj habituel(le); **it is ~ to do it** l'usage veut qu'on le fasse

**customer** ['kʌstəmə<sup>r</sup>] n client(e); **he's an awkward ~** (inf) ce n'est pas quelqu'un de facile

**customized** ['kʌstəmaɪzd] adj personnalisé(e); (car etc) construit(e) sur commande

**custom-made** ['kʌstəm'meɪd] adj (clothes) fait(e) sur mesure; (other goods: also: **custombuilt**) hors série, fait(e) sur commande

**customs** ['kʌstəmz] npl douane f; **to go through (the) ~** passer la douane

**customs officer** n douanier m

**cut** [kʌt] (pt, pp **cut**) vt couper; (meat) découper; (shape, make) tailler; couper; creuser; graver; (reduce) réduire; (inf: lecture, appointment) manquer ▷ vi (intersect) se couper ▷ n (gen) coupure f; (of clothes) coupe f; (of jewel) taille f; (in salary etc) réduction f; (of meat) morceau m; **to ~ teeth** (baby) faire ses dents; **to ~ a tooth** percer une dent; **to ~ one's finger** se couper le doigt; **to get one's hair ~** se faire couper les cheveux; **I've ~ myself** je me suis coupé; **to ~ sth short** couper court à qch; **to ~ sb dead** ignorer (complètement) qn; **cut back** vt (plants) tailler; (production, expenditure) réduire; **cut down** vt (tree) abattre; (reduce) réduire; **to ~ sb down to size** (fig) remettre qn à sa place; **cut down on** vt fus réduire; **cut in** vi (interrupt: conversation): **to ~ in (on)** couper la parole (à); (Aut) faire une queue de poisson; **cut off** vt (gen) isoler; (fig) couper; **we've been ~ off** (Tel) nous avons été coupés; **cut out** vt (picture etc) découper; (remove) supprimer; **cut up** vt découper

**cutback** ['kʌtbæk] n réduction f

**cute** [kju:t] adj mignon(ne), adorable; (clever) rusé(e), astucieux(-euse)

**cutlery** ['kʌtlərɪ] n couverts mpl; (trade) coutellerie f

**cutlet** ['kʌtlɪt] n côtelette f

**cutout** ['kʌtaut] n coupe-circuit m inv; (paper figure) découpage m

**cut-price** ['kʌt'praɪs], (US) **cut-rate** ['kʌt'reɪt] adj au rabais, à prix réduit

**cut-throat** ['kʌtθrəut] n assassin m ▷ adj: **~ competition** concurrence f sauvage

**cutting** ['kʌtɪŋ] adj tranchant(e), coupant(e); (fig) cinglant(e) ▷ n (Brit: from newspaper) coupure f (de journal); (from plant) bouture f; (Rail) tranchée f; (Cine) montage m

**CV** n abbr = **curriculum vitae**

**cwt** abbr = **hundredweight**

**cyanide** ['saɪənaɪd] n cyanure m

**cyberspace** ['saɪbəspeɪs] n cyberespace m

**cycle** ['saɪkl] n cycle m; (bicycle) bicyclette f, vélo m ▷ vi faire de la bicyclette

**cycle hire** n location f de vélos

**cycle lane, cycle path** n piste f cyclable

**cycling** ['saɪklɪŋ] n cyclisme m; **to go on a ~ holiday** (Brit) faire du cyclotourisme

**cyclist** ['saɪklɪst] n cycliste m/f

**cyclone** ['saɪkləun] n cyclone m

**cygnet** ['sɪgnɪt] n jeune cygne m

**cylinder** ['sɪlɪndə<sup>r</sup>] n cylindre m

**cymbals** ['sɪmblz] *npl* cymbales *fpl*
**cynic** ['sɪnɪk] *n* cynique *m/f*
**cynical** ['sɪnɪkl] *adj* cynique
**cynicism** ['sɪnɪsɪzəm] *n* cynisme *m*
**Cypriot** ['sɪprɪət] *adj* cypriote, chypriote ▷ *n*
  Cypriote *m/f*, Chypriote *m/f*
**Cyprus** ['saɪprəs] *n* Chypre *f*
**cyst** [sɪst] *n* kyste *m*
**cystitis** [sɪs'taɪtɪs] *n* cystite *f*
**czar** [zɑːʳ] *n* tsar *m*
**Czech** [tʃɛk] *adj* tchèque ▷ *n* Tchèque *m/f*;
  (*Ling*) tchèque *m*
**Czechoslovak** [tʃɛkə'sləʊvæk] *adj*, *n*
  = **Czechoslovakian**
**Czechoslovakia** [tʃɛkəslə'vækɪə] *n*
  Tchécoslovaquie *f*
**Czechoslovakian** [tʃɛkəslə'vækɪən] *adj*
  tchécoslovaque ▷ *n* Tchécoslovaque *m/f*
**Czech Republic** *n*: **the ~** la République
  tchèque

# d

**D¹, d¹** [diː] *n* (*letter*) D, d *m*; (*Mus*): **D** ré *m*; **D for
  David**, (*US*) **D for Dog** D comme Désirée
**D²** *abbr* (*US Pol*) = **democrat; democratic**
**d²** *abbr* (*Brit*: *old*) = **penny**
**dab** [dæb] *vt* (*eyes, wound*) tamponner; (*paint,
  cream*) appliquer (par petites touches *or*
  rapidement); **a ~ of paint** un petit coup de
  peinture
**dabble** ['dæbl] *vi*: **to ~ in** faire *or* se mêler *or*
  s'occuper un peu de
**dad, daddy** [dæd, 'dædɪ] *n* papa *m*
**daffodil** ['dæfədɪl] *n* jonquille *f*
**daft** [dɑːft] *adj* (*inf*) idiot(e), stupide; **to be ~
  about** être toqué(e) *or* mordu(e) de
**dagger** ['dægəʳ] *n* poignard *m*; **to be at ~s
  drawn with sb** être à couteaux tirés avec qn;
  **to look ~s at sb** foudroyer qn du regard
**daily** ['deɪlɪ] *adj* quotidien(ne),
  journalier(-ière) ▷ *n* quotidien *m*; (*Brit*:
  *servant*) femme *f* de ménage (*à la journée*) ▷ *adv*
  tous les jours; **twice ~** deux fois par jour
**dainty** ['deɪntɪ] *adj* délicat(e), mignon(ne)
**dairy** ['dɛərɪ] *n* (*shop*) crémerie *f*, laiterie *f*; (*on
  farm*) laiterie ▷ *adj* laitier(-ière)
**dairy produce** *n* produits laitiers
**dairy products** *npl* produits laitier
**daisy** ['deɪzɪ] *n* pâquerette *f*
**dale** [deɪl] *n* vallon *m*
**dam** [dæm] *n* (*wall*) barrage *m*; (*water*)
  réservoir *m*, lac *m* de retenue ▷ *vt* endiguer
**damage** ['dæmɪdʒ] *n* dégâts *mpl*, dommages
  *mpl*; (*fig*) tort *m* ▷ *vt* endommager, abîmer;

(fig) faire du tort à; **damages** npl (Law) dommages-intérêts mpl; **to pay £5000 in ~s** payer 5000 livres de dommages-intérêts; **~ to property** dégâts matériels

**damn** [dæm] vt condamner; (curse) maudire ▷ n (inf): **I don't give a ~** je m'en fous ▷ adj (inf: also: **~ed**): **this ~ ...** ce sacré or foutu ...; **~ (it)!** zut!

**damning** ['dæmɪŋ] adj (evidence) accablant(e)

**damp** [dæmp] adj humide ▷ n humidité f ▷ vt (also: **~en**: cloth, rag) humecter; (: enthusiasm etc) refroidir

**damson** ['dæmzən] n prune f de Damas

**dance** [dɑːns] n danse f; (ball) bal m ▷ vi danser; **to ~ about** sautiller, gambader

**dance floor** n piste f de danse

**dance hall** n salle f de bal, dancing m

**dancer** ['dɑːnsə*] n danseur(-euse)

**dancing** ['dɑːnsɪŋ] n danse f

**dandelion** ['dændɪlaɪən] n pissenlit m

**dandruff** ['dændrəf] n pellicules fpl

**D & T** n abbr (Brit: Scol) = **design and technology**

**Dane** [deɪn] n Danois(e)

**danger** ['deɪndʒə*] n danger m; **~!** (on sign) danger!; **there is a ~ of fire** il y a (un) risque d'incendie; **in ~** en danger; **he was in ~ of falling** il risquait de tomber; **out of ~** hors de danger

**dangerous** ['deɪndʒrəs] adj dangereux(-euse)

**dangle** ['dæŋgl] vt balancer; (fig) faire miroiter ▷ vi pendre, se balancer

**Danish** ['deɪnɪʃ] adj danois(e) ▷ n (Ling) danois m

**dare** [dɛə*] vt: **to ~ sb to do** défier qn or mettre qn au défi de faire ▷ vi: **to ~ (to) do sth** oser faire qch; **I ~n't tell him** (Brit) je n'ose pas le lui dire; **I ~ say he'll turn up** il est probable qu'il viendra

**daring** ['dɛərɪŋ] adj hardi(e), audacieux(-euse) ▷ n audace f, hardiesse f

**dark** [dɑːk] adj (night, room) obscur(e), sombre; (colour, complexion) foncé(e), sombre; (fig) sombre ▷ n: **in the ~** dans le noir; **to be in the ~ about** (fig) ignorer tout de; **after ~** après la tombée de la nuit; **it is/is getting ~** il fait nuit/commence à faire nuit

**darken** ['dɑːkn] vt obscurcir, assombrir ▷ vi s'obscurcir, s'assombrir

**dark glasses** npl lunettes noires

**darkness** ['dɑːknɪs] n obscurité f

**darkroom** ['dɑːkrʊm] n chambre noire

**darling** ['dɑːlɪŋ] adj, n chéri(e)

**darn** [dɑːn] vt repriser

**dart** [dɑːt] n fléchette f; (in sewing) pince f ▷ vi: **to ~ towards** (also: **make a ~ towards**) se précipiter or s'élancer vers; **to ~ away/along** partir/passer comme une flèche

**dartboard** ['dɑːtbɔːd] n cible f (de jeu de fléchettes)

**darts** [dɑːts] n jeu m de fléchettes

**dash** [dæʃ] n (sign) tiret m; (small quantity) goutte f, larme f ▷ vt (throw) jeter or lancer violemment; (hopes) anéantir ▷ vi: **to ~ towards** (also: **make a ~ towards**) se précipiter or se ruer vers; **a ~ of soda** un peu d'eau gazeuse; **dash away** vi partir à toute allure; **dash off** vi = **dash away**

**dashboard** ['dæʃbɔːd] n (Aut) tableau m de bord

**dashing** ['dæʃɪŋ] adj fringant(e)

**data** ['deɪtə] npl données fpl

**database** ['deɪtəbeɪs] n base f de données

**data processing** n traitement m des données

**date** [deɪt] n date f; (with sb) rendez-vous m; (fruit) datte f ▷ vt dater; (person) sortir avec; **what's the ~ today?** quelle date sommes-nous aujourd'hui?; **~ of birth** date de naissance; **closing ~** date de clôture; **to ~** adv à ce jour; **out of ~** périmé(e); **up to ~** à la page, mis(e) à jour, moderne; **to bring up to ~** (correspondence, information) mettre à jour; (method) moderniser; (person) mettre au courant; **letter ~d 5th July** or (US) **July 5th** lettre (datée) du 5 juillet

**dated** ['deɪtɪd] adj démodé(e)

**date rape** n viol m (à l'issue d'un rendez-vous galant)

**daub** [dɔːb] vt barbouiller

**daughter** ['dɔːtə*] n fille f

**daughter-in-law** ['dɔːtərɪnlɔː] n belle-fille f, bru f

**daunting** ['dɔːntɪŋ] adj décourageant(e), intimidant(e)

**dawdle** ['dɔːdl] vi traîner, lambiner; **to ~ over one's work** traînasser or lambiner sur son travail

**dawn** [dɔːn] n aube f, aurore f ▷ vi (day) se lever, poindre; (fig) naître, se faire jour; **at ~** à l'aube; **from ~ to dusk** du matin au soir; **it ~ed on him that ...** il lui vint à l'esprit que ...

**day** [deɪ] n jour m; (as duration) journée f; (period of time, age) époque f, temps m; **the ~ before** la veille, le jour précédent; **the ~ after**, **the following ~** le lendemain, le jour suivant; **the ~ before yester-** avant-hier; **the ~ after tomorrow** après-demain; **(on) the ~ that ...** le jour où ...; **~ by ~** jour après jour; **by ~** de jour; **paid by the ~** payé(e) à la journée; **these ~s**, **in the present ~** de nos jours, à l'heure actuelle

**daybreak** ['deɪbreɪk] n point m du jour

**day-care centre** ['deɪkɛə-] n (for elderly etc) centre m d'accueil de jour; (for children) garderie f

**daydream** ['deɪdriːm] n rêverie f ▷ vi rêver (tout éveillé)

**daylight** ['deɪlaɪt] n (lumière f du) jour m

**day return** n (Brit) billet m d'aller-retour (valable pour la journée)

**daytime** ['deɪtaɪm] n jour m, journée f

**day-to-day** ['deɪtə'deɪ] *adj* (*routine, expenses*) journalier(-ière); **on a ~ basis** au jour le jour

**day trip** *n* excursion *f* (d'une journée)

**daze** [deɪz] *vt* (*drug*) hébéter; (*blow*) étourdir ▷ *n*: **in a ~** hébété(e), étourdi(e)

**dazed** [deɪzd] *adj* abruti(e)

**dazzle** ['dæzl] *vt* éblouir, aveugler

**dazzling** ['dæzlɪŋ] *adj* (*light*) aveuglant(e), éblouissant(e); (*fig*) éblouissant(e)

**DC** *abbr* (*Elec*) = **direct current**; (*US*) = **District of Columbia**

**D-day** ['di:deɪ] *n* le jour J

**dead** [dɛd] *adj* mort(e); (*numb*) engourdi(e), insensible; (*battery*) à plat ▷ *adv* (*completely*) absolument, complètement; (*exactly*) juste; **the dead** *npl* les morts; **he was shot ~** il a été tué d'un coup de revolver; **~ on time** à l'heure pile; **~ tired** éreinté(e), complètement fourbu(e); **to stop ~** s'arrêter pile or net; **the line is ~** (*Tel*) la ligne est coupée

**deaden** [dɛdn] *vt* (*blow, sound*) amortir; (*make numb*) endormir, rendre insensible

**dead end** *n* impasse *f*

**dead heat** *n* (*Sport*): **to finish in a ~** terminer ex aequo

**deadline** ['dɛdlaɪn] *n* date *f* or heure *f* limite; **to work to a ~** avoir des délais stricts à respecter

**deadlock** ['dɛdlɔk] *n* impasse *f* (*fig*)

**dead loss** *n* (*inf*): **to be a ~** (*person*) n'être bon/ bonne à rien; (*thing*) ne rien valoir

**deadly** ['dɛdlɪ] *adj* mortel(le); (*weapon*) meurtrier(-ière); **~ dull** ennuyeux(-euse) à mourir, mortellement ennuyeux

**deadpan** ['dɛdpæn] *adj* impassible; (*humour*) pince-sans-rire *inv*

**Dead Sea** *n*: **the ~** la mer Morte

**deaf** [dɛf] *adj* sourd(e); **to turn a ~ ear to sth** faire la sourde oreille à qch

**deafen** ['dɛfn] *vt* rendre sourd(e); (*fig*) assourdir

**deafening** ['dɛfnɪŋ] *adj* assourdissant(e)

**deaf-mute** ['dɛfmju:t] *n* sourd/e-muet/te

**deafness** ['dɛfnɪs] *n* surdité *f*

**deal** [di:l] *n* affaire *f*, marché *m* ▷ *vt* (*pt, pp* **dealt**) [dɛlt] (*blow*) porter; (*cards*) donner, distribuer; **to strike a ~ with sb** faire or conclure un marché avec qn; **it's a ~!** (*inf*) marché conclu!, tope-là!, topez-là!; **he got a bad ~ from them** ils ont mal agi envers lui; **he got a fair ~ from them** ils ont agi loyalement envers lui; **a good ~** (*a lot*) beaucoup; **a good ~ of**, **a great ~ of** beaucoup de, énormément de; **deal in** *vt fus* (*Comm*) faire le commerce de, être dans le commerce de; **deal with** *vt fus* (*Comm*) traiter avec; (*handle*) s'occuper or se charger de; (*be about*: *book etc*) traiter de

**dealer** ['di:lər] *n* (*Comm*) marchand *m*; (*Cards*) donneur *m*

**dealings** ['di:lɪŋz] *npl* (*in goods, shares*) opérations *fpl*, transactions *fpl*; (*relations*) relations *fpl*, rapports *mpl*

**dealt** [dɛlt] *pt, pp of* **deal**

**dean** [di:n] *n* (*Rel, Brit Scol*) doyen *m*; (*US Scol*) conseiller principal/conseillère principale d'éducation

**dear** [dɪər] *adj* cher/chère; (*expensive*) cher, coûteux(-euse) ▷ *n*: **my ~** mon cher/ma chère ▷ *excl*: **~ me!** mon Dieu!; **D~ Sir/Madam** (*in letter*) Monsieur/Madame; **D~ Mr/Mrs X** Cher Monsieur/Chère Madame X

**dearly** ['dɪəlɪ] *adv* (*love*) tendrement; (*pay*) cher

**death** [dɛθ] *n* mort *f*; (*Admin*) décès *m*

**death certificate** *n* acte *m* de décès

**deathly** ['dɛθlɪ] *adj* de mort ▷ *adv* comme la mort

**death penalty** *n* peine *f* de mort

**death rate** *n* taux *m* de mortalité

**death sentence** *n* condamnation *f* à mort

**death toll** *n* nombre *m* de morts

**debase** [dɪ'beɪs] *vt* (*currency*) déprécier, dévaloriser; (*person*) abaisser, avilir

**debatable** [dɪ'beɪtəbl] *adj* discutable, contestable; **it is ~ whether ...** il est douteux que ...

**debate** [dɪ'beɪt] *n* discussion *f*, débat *m* ▷ *vt* discuter, débattre ▷ *vi* (*consider*): **to ~ whether** se demander si

**debit** ['dɛbɪt] *n* débit *m* ▷ *vt*: **to ~ a sum to sb** or **to sb's account** porter une somme au débit de qn, débiter qn d'une somme

**debit card** *n* carte *f* de paiement

**debris** ['dɛbri:] *n* débris *mpl*, décombres *mpl*

**debt** [dɛt] *n* dette *f*; **to be in ~** avoir des dettes, être endetté(e); **bad ~** créance *f* irrécouvrable

**debtor** ['dɛtər] *n* débiteur(-trice)

**debug** [di:'bʌg] *vt* (*Comput*) déboguer

**debut** ['deɪbju:] *n* début(s) *m(pl)*

**Dec.** *abbr* (= *December*) déc

**decade** ['dɛkeɪd] *n* décennie *f*, décade *f*

**decadence** ['dɛkədəns] *n* décadence *f*

**decaf** ['di:kæf] *n* (*inf*) déca *m*

**decaffeinated** [dɪ'kæfɪneɪtɪd] *adj* décaféiné(e)

**decanter** [dɪ'kæntər] *n* carafe *f*

**decay** [dɪ'keɪ] *n* (*of food, wood etc*) décomposition *f*, pourriture *f*; (*of building*) délabrement *m*; (*fig*) déclin *m*; (*also*: **tooth ~**) carie *f* (dentaire) ▷ *vi* (*rot*) se décomposer, pourrir; (: *teeth*) se carier; (*fig*: *city, district, building*) se délabrer; (: *civilization*) décliner; (: *system*) tomber en ruine

**deceased** [dɪ'si:st] *n*: **the ~** le/la défunt(e)

**deceit** [dɪ'si:t] *n* tromperie *f*, supercherie *f*

**deceitful** [dɪ'si:tful] *adj* trompeur(-euse)

**deceive** [dɪ'si:v] *vt* tromper; **to ~ o.s.** s'abuser

**December** [dɪ'sɛmbər] *n* décembre *m*; *see also* **July**

**decency** ['di:sənsɪ] *n* décence *f*

**decent** ['di:sənt] *adj* (*proper*) décent(e), convenable; **they were very ~ about it** ils se sont montrés très chics

**deception** [dɪ'sɛpʃən] *n* tromperie *f*

**deceptive** [dɪ'sɛptɪv] *adj* trompeur(-euse)

**decide** [dɪ'saɪd] *vt* (*subj: person*) décider; (*question, argument*) trancher, régler ▷ *vi* se décider, décider; **to ~ to do/that** décider de faire/que; **to ~ on** décider, se décider pour; **to ~ on doing** décider de faire; **to ~ against doing** décider de ne pas faire

**decided** [dɪ'saɪdɪd] *adj* (*resolute*) résolu(e), décidé(e); (*clear, definite*) net(te), marqué(e)

**decidedly** [dɪ'saɪdɪdlɪ] *adv* résolument; incontestablement, nettement

**deciduous** [dɪ'sɪdjuəs] *adj* à feuilles caduques

**decimal** ['dɛsɪməl] *adj* décimal(e) ▷ *n* décimale *f*; **to three ~ places** (jusqu')à la troisième décimale

**decimal point** *n* = virgule *f*

**decipher** [dɪ'saɪfə<sup>r</sup>] *vt* déchiffrer

**decision** [dɪ'sɪʒən] *n* décision *f*; **to make a ~** prendre une décision

**decisive** [dɪ'saɪsɪv] *adj* décisif(-ive); (*influence*) décisif, déterminant(e); (*manner, person*) décidé(e), catégorique; (*reply*) ferme, catégorique

**deck** [dɛk] *n* (*Naut*) pont *m*; (*of cards*) jeu *m*; (*record deck*) platine *f*; (*of bus*): **top ~** impériale *f*; **to go up on ~** monter sur le pont; **below ~** dans l'entrepont

**deckchair** ['dɛktʃɛə<sup>r</sup>] *n* chaise longue

**declaration** [dɛklə'reɪʃən] *n* déclaration *f*

**declare** [dɪ'klɛə<sup>r</sup>] *vt* déclarer

**decline** [dɪ'klaɪn] *n* (*decay*) déclin *m*; (*lessening*) baisse *f* ▷ *vt* refuser, décliner ▷ *vi* décliner; (*business*) baisser; **~ in living standards** baisse du niveau de vie; **to ~ to do sth** refuser (poliment) de faire qch

**decoder** [di:'kəudə<sup>r</sup>] *n* (*Comput, TV*) décodeur *m*

**decorate** ['dɛkəreɪt] *vt* (*adorn, give a medal to*) décorer; (*paint and paper*) peindre et tapisser

**decoration** [dɛkə'reɪʃən] *n* (*medal etc, adornment*) décoration *f*

**decorator** ['dɛkəreɪtə<sup>r</sup>] *n* peintre *m* en bâtiment

**decoy** ['di:kɔɪ] *n* piège *m*; **they used him as a ~ for the enemy** ils se sont servis de lui pour attirer l'ennemi

**decrease** *n* ['di:kri:s] diminution *f* ▷ *vt, vi* [di:'kri:s] diminuer; **to be on the ~** diminuer, être en diminution

**decree** [dɪ'kri:] *n* (*Pol, Rel*) décret *m*; (*Law*) arrêt *m*, jugement *m* ▷ *vt*: **to ~ (that)** décréter (que), ordonner (que); **~ absolute** jugement définitif (de divorce); **~ nisi** jugement provisoire de divorce

**dedicate** ['dɛdɪkeɪt] *vt* consacrer; (*book etc*) dédier

**dedicated** ['dɛdɪkeɪtɪd] *adj* (*person*) dévoué(e); (*Comput*) spécialisé(e), dédié(e); **~ word processor** station *f* de traitement de texte

**dedication** [dɛdɪ'keɪʃən] *n* (*devotion*) dévouement *m*; (*in book*) dédicace *f*

**deduce** [dɪ'dju:s] *vt* déduire, conclure

**deduct** [dɪ'dʌkt] *vt*: **to ~ sth (from)** déduire qch (de), retrancher qch (de); (*from wage etc*) prélever qch (sur), retenir qch (sur)

**deduction** [dɪ'dʌkʃən] *n* (*deducting, deducing*) déduction *f*; (*from wage etc*) prélèvement *m*, retenue *f*

**deed** [di:d] *n* action *f*, acte *m*; (*Law*) acte notarié, contrat *m*; **~ of covenant** (acte *m* de) donation *f*

**deem** [di:m] *vt* (*formal*) juger, estimer; **to ~ it wise to do** juger bon de faire

**deep** [di:p] *adj* (*water, sigh, sorrow, thoughts*) profond(e); (*voice*) grave ▷ *adv*: **~ in snow** recouvert(e) d'une épaisse couche de neige; **spectators stood 20 ~** il y avait 20 rangs de spectateurs; **knee-~ in water** dans l'eau jusqu'aux genoux; **4 metres ~** de 4 mètres de profondeur; **how ~ is the water?** l'eau a quelle profondeur?; **he took a ~ breath** il inspira profondément, il prit son souffle

**deepen** [di:pn] *vt* (*hole*) approfondir ▷ *vi* s'approfondir; (*darkness*) s'épaissir

**deepfreeze** ['di:p'fri:z] *n* congélateur *m* ▷ *vt* surgeler

**deep-fry** ['di:p'fraɪ] *vt* faire frire (dans une friteuse)

**deeply** ['di:plɪ] *adv* profondément; (*dig*) en profondeur; (*regret, interested*) vivement

**deep-sea** ['di:p'si:] *adj*: **~ diver** plongeur sous-marin; **~ diving** plongée sous-marine; **~ fishing** pêche hauturière

**deep-seated** ['di:p'si:tɪd] *adj* (*belief*) profondément enraciné(e)

**deer** [dɪə<sup>r</sup>] *n pl inv*; **the ~** les cervidés *mpl*; (*Zool*): **(red) ~** cerf *m*; **(fallow) ~** daim *m*; **(roe) ~** chevreuil *m*

**deerskin** ['dɪəskɪn] *n* peau *f* de daim

**deface** [dɪ'feɪs] *vt* dégrader; barbouiller; rendre illisible

**default** [dɪ'fɔ:lt] *vi* (*Law*) faire défaut; (*gen*) manquer à ses engagements ▷ *n* (*Comput*: *also*: **~ value**) valeur *f* par défaut; **by ~** (*Law*) par réglement, par contumace; (*Sport*) par forfait; **to ~ on a debt** ne pas s'acquitter d'une dette

**defeat** [dɪ'fi:t] *n* défaite *f* ▷ *vt* (*team, opponents*) battre; (*fig: plans, efforts*) faire échouer

**defect** ['di:fɛkt] *n* défaut *m* ▷ *vi* [dɪ'fɛkt]: **to ~ to the enemy/the West** passer à l'ennemi/l'Ouest; **physical ~** malformation *f*, vice *m* de conformation; **mental ~** anomalie *or* déficience mentale

**defective** [dɪ'fɛktɪv] *adj* défectueux(-euse)

**defence**, (US) **defense** [dɪ'fɛns] *n* défense *f*; **in ~ of** pour défendre; **witness for the ~** témoin *m* à décharge; **the Ministry of D~**,

(US) **the Department of Defense** le ministère de la Défense nationale

**defenceless** [dɪ'fenslɪs] *adj* sans défense

**defend** [dɪ'fend] *vt* défendre; (*decision, action, opinion*) justifier, défendre

**defendant** [dɪ'fendənt] *n* défendeur(-deresse); (*in criminal case*) accusé(e), prévenu(e)

**defender** [dɪ'fendə<sup>r</sup>] *n* défenseur *m*

**defense** [dɪ'fens] *n* (US) = **defence**

**defensive** [dɪ'fensɪv] *adj* défensif(-ive) ▷ *n* défensive *f*; **on the ~** sur la défensive

**defer** [dɪ'fə:<sup>r</sup>] *vt* (*postpone*) différer, ajourner ▷ *vi* (*submit*): **to ~ to sb/sth** déférer à qn/qch, s'en remettre à qn/qch

**defiance** [dɪ'faɪəns] *n* défi *m*; **in ~ of** au mépris de

**defiant** [dɪ'faɪənt] *adj* provocant(e), de défi; (*person*) rebelle, intraitable

**deficiency** [dɪ'fɪʃənsɪ] *n* (*lack*) insuffisance *f*; (: *Med*) carence *f*; (*flaw*) faiblesse *f*; (*Comm*) déficit *m*, découvert *m*

**deficient** [dɪ'fɪʃənt] *adj* (*inadequate*) insuffisant(e); (*defective*) défectueux(-euse); **to be ~ in** manquer de

**deficit** ['defɪsɪt] *n* déficit *m*

**define** [dɪ'faɪn] *vt* définir

**definite** ['defɪnɪt] *adj* (*fixed*) défini(e), (bien) déterminé(e); (*clear, obvious*) net(te), manifeste; (*Ling*) défini(e); (*certain*) sûr(e); **he was ~ about it** il a été catégorique; il était sûr de son fait

**definitely** ['defɪnɪtlɪ] *adv* sans aucun doute

**definition** [defɪ'nɪʃən] *n* définition *f*; (*clearness*) netteté *f*

**deflate** [di:'fleɪt] *vt* dégonfler; (*pompous person*) rabattre le caquet de; (*Econ*) provoquer la déflation de; (: *prices*) faire tomber or baisser

**deflect** [dɪ'flekt] *vt* détourner, faire dévier

**deformed** [dɪ'fɔ:md] *adj* difforme

**defraud** [dɪ'frɔ:d] *vt* frauder; **to ~ sb of sth** soutirer qch malhonnêtement à qn; escroquer qch à qn; frustrer qn de qch

**defrost** [di:'frɒst] *vt* (*fridge*) dégivrer; (*frozen food*) décongeler

**deft** [deft] *adj* adroit(e), preste

**defunct** [dɪ'fʌŋkt] *adj* défunt(e)

**defuse** [di:'fju:z] *vt* désamorcer

**defy** [dɪ'faɪ] *vt* défier; (*efforts etc*) résister à; **it defies description** cela défie toute description

**degenerate** *vi* [dɪ'dʒenəreɪt] dégénérer ▷ *adj* [dɪ'dʒenərɪt] dégénéré(e)

**degree** [dɪ'gri:] *n* degré *m*; (*Scol*) diplôme *m* (universitaire); **10 ~s below (zero)** 10 degrés au-dessous de zéro; **a (first) ~ in maths** (*Brit*) une licence en maths; **a considerable ~ of risk** un considérable facteur or élément de risque; **by ~s** (*gradually*) par degrés; **to some ~, to a certain ~** jusqu'à un certain point, dans une certaine mesure

**dehydrated** [di:haɪ'dreɪtɪd] *adj* déshydraté(e); (*milk, eggs*) en poudre

**de-ice** ['di:'aɪs] *vt* (*windscreen*) dégivrer

**de-icer** ['di:'aɪsə<sup>r</sup>] *n* dégivreur *m*

**deign** [deɪn] *vi*: **to ~ to do** daigner faire

**dejected** [dɪ'dʒektɪd] *adj* abattu(e), déprimé(e)

**delay** [dɪ'leɪ] *vt* (*journey, operation*) retarder, différer; (*traveller, train*) retarder; (*payment*) différer ▷ *vi* s'attarder ▷ *n* délai *m*, retard *m*; **to be ~ed** être en retard; **without ~** sans délai, sans tarder

**delectable** [dɪ'lektəbl] *adj* délicieux(-euse)

**delegate** *n* ['delɪgɪt] délégué(e) ▷ *vt* ['delɪgeɪt] déléguer; **to ~ sth to sb/sb to do sth** déléguer qch à qn/qn pour faire qch

**delete** [dɪ'li:t] *vt* rayer, supprimer; (*Comput*) effacer

**deli** ['delɪ] *n* épicerie fine

**deliberate** *adj* [dɪ'lɪbərɪt] (*intentional*) délibéré(e); (*slow*) mesuré(e) ▷ *vi* [dɪ'lɪbəreɪt] délibérer, réfléchir

**deliberately** [dɪ'lɪbərɪtlɪ] *adv* (*on purpose*) exprès, délibérément

**delicacy** ['delɪkəsɪ] *n* délicatesse *f*; (*choice food*) mets fin or délicat, friandise *f*

**delicate** ['delɪkɪt] *adj* délicat(e)

**delicatessen** [delɪkə'tesn] *n* épicerie fine

**delicious** [dɪ'lɪʃəs] *adj* délicieux(-euse), exquis(e)

**delight** [dɪ'laɪt] *n* (grande) joie, grand plaisir ▷ *vt* enchanter; **she's a ~ to work with** c'est un plaisir de travailler avec elle; **a ~ to the eyes** un régal or plaisir pour les yeux; **to take ~ in** prendre grand plaisir à; **to be the ~ of** faire les délices or la joie de

**delighted** [dɪ'laɪtɪd] *adj*: **~ (at or with sth)** ravi(e) (de qch); **to be ~ to do sth/that** être enchanté(e) or ravi(e) de faire qch/que; **I'd be ~** j'en serais enchanté or ravi

**delightful** [dɪ'laɪtful] *adj* (*person*) absolument charmant(e), adorable; (*meal, evening*) merveilleux(-euse)

**delinquent** [dɪ'lɪŋkwənt] *adj, n* délinquant(e)

**delirious** [dɪ'lɪrɪəs] *adj* (*Med: fig*) délirant(e); **to be ~** délirer

**deliver** [dɪ'lɪvə<sup>r</sup>] *vt* (*mail*) distribuer; (*goods*) livrer; (*message*) remettre; (*speech*) prononcer; (*warning, ultimatum*) lancer; (*free*) délivrer; (*Med: baby*) mettre au monde; (: *woman*) accoucher; **to ~ the goods** (*fig*) tenir ses promesses

**delivery** [dɪ'lɪvərɪ] *n* (*of mail*) distribution *f*; (*of goods*) livraison *f*; (*of speaker*) élocution *f*; (*Med*) accouchement *m*; **to take ~ of** prendre livraison de

**delude** [dɪ'lu:d] *vt* tromper, leurrer; **to ~ o.s.** se leurrer, se faire des illusions

**delusion** [dɪ'lu:ʒən] *n* illusion *f*; **to have ~s of grandeur** être un peu mégalomane

**de luxe** [də'lʌks] *adj* de luxe

**delve** [dɛlv] vi: **to ~ into** fouiller dans
**demand** [dɪ'mɑːnd] vt réclamer, exiger; (need) exiger, requérir ▷ n exigence f; (claim) revendication f; (Econ) demande f; **to ~ sth (from or of sb)** exiger qch (de qn), réclamer qch (à qn); **in ~** demandé(e), recherché(e); **on ~** sur demande
**demanding** [dɪ'mɑːndɪŋ] adj (person) exigeant(e); (work) astreignant(e)
**demean** [dɪ'miːn] vt: **to ~ o.s.** s'abaisser
**demeanour**, (US) **demeanor** [dɪ'miːnə'] n comportement m; maintien m
**demented** [dɪ'mɛntɪd] adj dément(e), fou/folle
**demise** [dɪ'maɪz] n décès m
**demister** [diː'mɪstə'] n (Brit Aut) dispositif m anti-buée inv
**demo** ['dɛməʊ] n abbr (inf: = demonstration) (protest) manif f; (Comput) démonstration f
**democracy** [dɪ'mɒkrəsɪ] n démocratie f
**democrat** ['dɛməkræt] n démocrate m/f
**democratic** [dɛmə'krætɪk] adj démocratique; **the D~ Party** (US) le parti démocrate
**demolish** [dɪ'mɒlɪʃ] vt démolir
**demolition** [dɛmə'lɪʃən] n démolition f
**demon** ['diːmən] n démon m ▷ cpd: **a ~ squash player** un crack en squash; **a ~ driver** un fou du volant
**demonstrate** ['dɛmənstreɪt] vt démontrer, prouver; (show) faire une démonstration de ▷ vi: **to ~ (for/against)** manifester (en faveur de/contre)
**demonstration** [dɛmən'streɪʃən] n démonstration f; (Pol etc) manifestation f; **to hold a ~** (Pol etc) organiser une manifestation, manifester
**demonstrator** ['dɛmənstreɪtə'] n (Pol etc) manifestant(e); (Comm: sales person) vendeur(-euse); (: car, computer etc) modèle m de démonstration
**demote** [dɪ'məʊt] vt rétrograder
**demure** [dɪ'mjʊə'] adj sage, réservé(e), d'une modestie affectée
**den** [dɛn] n (of lion) tanière f; (room) repaire m
**denial** [dɪ'naɪəl] n (of accusation) démenti m; (of rights, guilt, truth) dénégation f
**denim** ['dɛnɪm] n jean m; **denims** npl (blue-)jeans mpl
**Denmark** ['dɛnmɑːk] n Danemark m
**denomination** [dɪnɒmɪ'neɪʃən] n (money) valeur f; (Rel) confession f; culte m
**denounce** [dɪ'naʊns] vt dénoncer
**dense** [dɛns] adj dense; (inf: stupid) obtus(e), dur(e) or lent(e) à la comprenette
**densely** ['dɛnslɪ] adv: **~ wooded** couvert(e) d'épaisses forêts; **~ populated** à forte densité (de population), très peuplé(e)
**density** ['dɛnsɪtɪ] n densité f
**dent** [dɛnt] n bosse f ▷ vt (also: **make a ~ in**) cabosser; **to make a ~ in** (fig) entamer
**dental** ['dɛntl] adj dentaire

**dental floss** [-flɔs] n fil m dentaire
**dental surgeon** n (chirurgien(ne)) dentiste
**dental surgery** n cabinet m de dentiste
**dentist** ['dɛntɪst] n dentiste m/f; **~'s surgery** (Brit) cabinet m de dentiste
**dentures** ['dɛntʃəz] npl dentier msg
**deny** [dɪ'naɪ] vt nier; (refuse) refuser; (disown) renier; **he denies having said it** il nie l'avoir dit
**deodorant** [diː'əʊdərənt] n désodorisant m, déodorant m
**depart** [dɪ'pɑːt] vi partir; **to ~ from** (leave) quitter, partir de; (fig: differ from) s'écarter de
**department** [dɪ'pɑːtmənt] n (Comm) rayon m; (Scol) section f; (Pol) ministère m, département m; **that's not my ~** (fig) ce n'est pas mon domaine or ma compétence, ce n'est pas mon rayon; **D~ of State** (US) Département d'État
**department store** n grand magasin
**departure** [dɪ'pɑːtʃə'] n départ m; (fig): **~ from** écart m par rapport à; **a new ~** une nouvelle voie
**departure lounge** n salle f de départ
**depend** [dɪ'pɛnd] vi: **to ~ (up)on** dépendre de; (rely on) compter sur; (financially) dépendre (financièrement) de, être à la charge de; **it ~s** cela dépend; **~ing on the result ...** selon le résultat ...
**dependable** [dɪ'pɛndəbl] adj sûr(e), digne de confiance
**dependant** [dɪ'pɛndənt] n personne f à charge
**dependent** [dɪ'pɛndənt] adj: **to be ~ (on)** dépendre (de) ▷ n = **dependant**
**depict** [dɪ'pɪkt] vt (in picture) représenter; (in words) (dé)peindre, décrire
**depleted** [dɪ'pliːtɪd] adj (considérablement) réduit(e) or diminué(e)
**deport** [dɪ'pɔːt] vt déporter, expulser
**deposit** [dɪ'pɒzɪt] n (Chem, Comm, Geo) dépôt m; (of ore, oil) gisement m; (part payment) arrhes fpl, acompte m; (on bottle etc) consigne f; (for hired goods etc) cautionnement m, garantie f ▷ vt déposer; (valuables) mettre or laisser en dépôt; **to put down a ~ of £50** verser 50 livres d'arrhes or d'acompte; laisser 50 livres en garantie
**deposit account** n compte m sur livret
**depot** ['dɛpəʊ] n dépôt m; (US: Rail) gare f
**depreciate** [dɪ'priːʃɪeɪt] vt déprécier ▷ vi se déprécier, se dévaloriser
**depress** [dɪ'prɛs] vt déprimer; (press down) appuyer sur, abaisser; (wages etc) faire baisser
**depressed** [dɪ'prɛst] adj (person) déprimé(e), abattu(e); (area) en déclin, touché(e) par le sous-emploi; (Comm: market, trade) maussade; **to get ~** se démoraliser, se laisser abattre
**depressing** [dɪ'prɛsɪŋ] adj déprimant(e)
**depression** [dɪ'prɛʃən] n (Econ) dépression f
**deprivation** [dɛprɪ'veɪʃən] n privation f; (loss) perte f

**deprive** [dɪ'praɪv] *vt*: **to ~ sb of** priver qn de
**deprived** [dɪ'praɪvd] *adj* déshérité(e)
**dept.** *abbr* (= *department*) dép, dépt
**depth** [dɛpθ] *n* profondeur *f*; **in the ~s of** au fond de; au cœur de; au plus profond de; **to be in the ~s of despair** être au plus profond du désespoir; **at a ~ of 3 metres** à 3 mètres de profondeur; **to be out of one's ~** (*Brit: swimmer*) ne plus avoir pied; (*fig*) être dépassé(e), nager; **to study sth in ~** étudier qch en profondeur
**deputize** ['dɛpjutaɪz] *vi*: **to ~ for** assurer l'intérim de
**deputy** ['dɛpjuti] *n* (*replacement*) suppléant(e), intérimaire *m/f*; (*second in command*) adjoint(e); (*Pol*) député *m*; (*US: also*: **~ sheriff**) shérif adjoint ▷ *adj*: **~ chairman** vice-président *m*; **~ head** (*Scol*) directeur(-trice) adjoint(e), sous-directeur(-trice); **~ leader** (*Brit Pol*) vice-président(e), secrétaire adjoint(e)
**derail** [dɪ'reɪl] *vt* faire dérailler; **to be ~ed** dérailler
**deranged** [dɪ'reɪndʒd] *adj*: **to be (mentally) ~** avoir le cerveau dérangé
**derby** ['dɑːrbɪ] *n* (*US*) (chapeau *m*) melon *m*
**derelict** ['dɛrɪlɪkt] *adj* abandonné(e), à l'abandon
**derisory** [dɪ'raɪsərɪ] *adj* (*sum*) dérisoire; (*smile, person*) moqueur(-euse), railleur(-euse)
**derive** [dɪ'raɪv] *vt*: **to ~ sth from** tirer qch de; trouver qch dans ▷ *vi*: **to ~ from** provenir de, dériver de
**derogatory** [dɪ'rɔgətərɪ] *adj* désobligeant(e), péjoratif(-ive)
**descend** [dɪ'sɛnd] *vt, vi* descendre; **to ~ from** descendre de, être issu(e) de; **to ~ to** s'abaisser à; **in ~ing order of importance** par ordre d'importance décroissante; **descend on** *vt fus* (*enemy, angry person*) tomber or sauter sur; (*misfortune*) s'abattre sur; (*gloom, silence*) envahir; **visitors ~ed (up)on us** des gens sont arrivés chez nous à l'improviste
**descendant** [dɪ'sɛndənt] *n* descendant(e)
**descent** [dɪ'sɛnt] *n* descente *f*; (*origin*) origine *f*
**describe** [dɪs'kraɪb] *vt* décrire
**description** [dɪs'krɪpʃən] *n* description *f*; (*sort*) sorte *f*, espèce *f*; **of every ~** de toutes sortes
**desecrate** ['dɛsɪkreɪt] *vt* profaner
**desert** ['dɛzət] *n* désert *m* ▷ *vt* [dɪ'zəːt] déserter, abandonner ▷ *vi* (*Mil*) déserter
**deserted** [dɪ'zəːtɪd] *adj* désert(e)
**deserter** [dɪ'zəːtəʳ] *n* déserteur *m*
**desertion** [dɪ'zəːʃən] *n* désertion *f*
**desert island** *n* île déserte
**deserve** [dɪ'zəːv] *vt* mériter
**deserving** [dɪ'zəːvɪŋ] *adj* (*person*) méritant(e); (*action, cause*) méritoire
**design** [dɪ'zaɪn] *n* (*sketch*) plan *m*, dessin *m*;

(*layout, shape*) conception *f*, ligne *f*; (*pattern*) dessin, motif(s) *m(pl)*; (*of dress, car*) modèle *m*; (*art*) design *m*, stylisme *m*; (*intention*) dessein *m* ▷ *vt* dessiner; (*plan*) concevoir; **to have ~s on** avoir des visées sur; **well-~ed** *adj* bien conçu(e); **industrial ~** esthétique industrielle
**design and technology** *n* (*Brit: Scol*) technologie *f*
**designate** *vt* ['dɛzɪgneɪt] désigner ▷ *adj* ['dɛzɪgnɪt] désigné(e)
**designer** [dɪ'zaɪnəʳ] *n* (*Archit, Art*) dessinateur(-trice); (*Industry*) concepteur *m*, designer *m*; (*Fashion*) styliste *m/f*
**desirable** [dɪ'zaɪərəbl] *adj* (*property, location, purchase*) attrayant(e); **it is ~ that** il est souhaitable que
**desire** [dɪ'zaɪəʳ] *n* désir *m* ▷ *vt* désirer, vouloir; **to ~ to do sth/that** désirer faire qch/que
**desk** [dɛsk] *n* (*in office*) bureau *m*; (*for pupil*) pupitre *m*; (*Brit: in shop, restaurant*) caisse *f*; (*in hotel, at airport*) réception *f*
**desk-top publishing** ['dɛsktɔp-] *n* publication assistée par ordinateur, PAO *f*
**desolate** ['dɛsəlɪt] *adj* désolé(e)
**despair** [dɪs'pɛəʳ] *n* désespoir *m* ▷ *vi*: **to ~ of** désespérer de; **to be in ~** être au désespoir
**despatch** [dɪs'pætʃ] *n, vt* = **dispatch**
**desperate** ['dɛspərɪt] *adj* désespéré(e); (*fugitive*) prêt(e) à tout; (*measures*) désespéré, extrême; **to be ~ for sth/to do sth** avoir désespérément besoin de qch/de faire qch; **we are getting ~** nous commençons à désespérer
**desperately** ['dɛspərɪtlɪ] *adv* désespérément; (*very*) terriblement, extrêmement; **~ ill** très gravement malade
**desperation** [dɛspə'reɪʃən] *n* désespoir *m*; **in (sheer) ~** en désespoir de cause
**despicable** [dɪs'pɪkəbl] *adj* méprisable
**despise** [dɪs'paɪz] *vt* mépriser, dédaigner
**despite** [dɪs'paɪt] *prep* malgré, en dépit de
**despondent** [dɪs'pɔndənt] *adj* découragé(e), abattu(e)
**dessert** [dɪ'zəːt] *n* dessert *m*
**dessertspoon** [dɪ'zəːtspuːn] *n* cuiller *f* à dessert
**destination** [dɛstɪ'neɪʃən] *n* destination *f*
**destined** ['dɛstɪnd] *adj*: **to be ~ to do sth** être destiné(e) à faire qch; **~ for London** à destination de Londres
**destiny** ['dɛstɪnɪ] *n* destinée *f*, destin *m*
**destitute** ['dɛstɪtjuːt] *adj* indigent(e), dans le dénuement; **~ of** dépourvu(e) or dénué(e) de
**destroy** [dɪs'trɔɪ] *vt* détruire; (*injured horse*) abattre; (*dog*) faire piquer
**destroyer** [dɪs'trɔɪəʳ] *n* (*Naut*) contre-torpilleur *m*
**destruction** [dɪs'trʌkʃən] *n* destruction *f*
**destructive** [dɪs'trʌktɪv] *adj* destructeur(-trice)

**detach** [dɪ'tætʃ] *vt* détacher

**detached** [dɪ'tætʃt] *adj* (*attitude*) détaché(e)

**detached house** *n* pavillon *m* maison(nette) (individuelle)

**detachment** [dɪ'tætʃmənt] *n* (*Mil*) détachement *m*; (*fig*) détachement, indifférence *f*

**detail** ['di:teɪl] *n* détail *m*; (*Mil*) détachement *m* ▷ *vt* raconter en détail, énumérer; (*Mil*): **to ~ sb (for)** affecter qn (à), détacher qn (pour); **in ~** en détail; **to go into ~(s)** entrer dans les détails

**detailed** ['di:teɪld] *adj* détaillé(e)

**detain** [dɪ'teɪn] *vt* retenir; (*in captivity*) détenir; (*in hospital*) hospitaliser

**detect** [dɪ'tɛkt] *vt* déceler, percevoir; (*Med, Police*) dépister; (*Mil, Radar, Tech*) détecter

**detection** [dɪ'tɛkʃən] *n* découverte *f*; (*Med, Police*) dépistage *m*; (*Mil, Radar, Tech*) détection *f*; **to escape ~** échapper aux recherches, éviter d'être découvert(e); (*mistake*) passer inaperçu(e); **crime ~** le dépistage des criminels

**detective** [dɪ'tɛktɪv] *n* agent *m* de la sûreté, policier *m*; **private ~** détective privé

**detective story** *n* roman policier

**detention** [dɪ'tɛnʃən] *n* détention *f*; (*Scol*) retenue *f*, consigne *f*

**deter** [dɪ'tə:ʳ] *vt* dissuader

**detergent** [dɪ'tə:dʒənt] *n* détersif *m*, détergent *m*

**deteriorate** [dɪ'tɪərɪəreɪt] *vi* se détériorer, se dégrader

**determination** [dɪtə:mɪ'neɪʃən] *n* détermination *f*

**determine** [dɪ'tə:mɪn] *vt* déterminer; **to ~ to do** résoudre de faire, se déterminer à faire

**determined** [dɪ'tə:mɪnd] *adj* (*person*) déterminé(e), décidé(e); (*quantity*) déterminé, établi(e); (*effort*) très gros(se); **~ to do** bien décidé à faire

**deterrent** [dɪ'tɛrənt] *n* effet *m* de dissuasion; force *f* de dissuasion; **to act as a ~** avoir un effet dissuasif

**detest** [dɪ'tɛst] *vt* détester, avoir horreur de

**detonate** ['dɛtəneɪt] *vi* exploser ▷ *vt* faire exploser *or* détoner

**detour** ['di:tuəʳ] *n* détour *m*; (*US Aut: diversion*) déviation *f*

**detract** [dɪ'trækt] *vt*: **to ~ from** (*quality, pleasure*) diminuer; (*reputation*) porter atteinte à

**detriment** ['dɛtrɪmənt] *n*: **to the ~ of** au détriment de, au préjudice de; **without ~ to** sans porter atteinte *or* préjudice à, sans conséquences fâcheuses pour

**detrimental** [dɛtrɪ'mɛntl] *adj*: **~ to** préjudiciable *or* nuisible à

**devaluation** [dɪvælju'eɪʃən] *n* dévaluation *f*

**devastate** ['dɛvəsteɪt] *vt* dévaster; **he was ~d by the news** cette nouvelle lui a porté un coup terrible

**devastating** ['dɛvəsteɪtɪŋ] *adj* dévastateur(-trice); (*news*) accablant(e)

**develop** [dɪ'vɛləp] *vt* (*gen*) développer; (*disease*) commencer à souffrir de; (*habit*) contracter; (*resources*) mettre en valeur, exploiter; (*land*) aménager ▷ *vi* se développer; (*situation, disease: evolve*) évoluer; (*facts, symptoms: appear*) se manifester, se produire; **can you ~ this film?** pouvez-vous développer cette pellicule?; **to ~ a taste for sth** prendre goût à qch; **to ~ into** devenir

**developer** [dɪ'vɛləpəʳ] *n* (*Phot*) révélateur *m*; (*of land*) promoteur *m*; (*also*: **property ~**) promoteur immobilier

**developing country** [dɪ'vɛləpɪŋ-] *n* pays *m* en voie de développement

**development** [dɪ'vɛləpmənt] *n* développement *m*; (*of land*) exploitation *f*; (*new fact, event*) rebondissement *m*, fait(s) nouveau(x)

**device** [dɪ'vaɪs] *n* (*scheme*) moyen *m*, expédient *m*; (*apparatus*) appareil *m*, dispositif *m*; **explosive ~** engin explosif

**devil** ['dɛvl] *n* diable *m*; démon *m*

**devious** ['di:vɪəs] *adj* (*means*) détourné(e); (*person*) sournois(e), dissimulé(e)

**devise** [dɪ'vaɪz] *vt* imaginer, concevoir

**devoid** [dɪ'vɔɪd] *adj*: **~ of** dépourvu(e) de, dénué(e) de

**devolution** [di:və'lu:ʃən] *n* (*Pol*) décentralisation *f*

**devote** [dɪ'vəut] *vt*: **to ~ sth to** consacrer qch à

**devoted** [dɪ'vəutɪd] *adj* dévoué(e); **to be ~ to** être dévoué(e) *or* très attaché(e) à; (*book etc*) être consacré(e) à

**devotee** [dɛvəu'ti:] *n* (*Rel*) adepte *m/f*; (*Mus, Sport*) fervent(e)

**devotion** [dɪ'vəuʃən] *n* dévouement *m*, attachement *m*; (*Rel*) dévotion *f*, piété *f*

**devour** [dɪ'vauəʳ] *vt* dévorer

**devout** [dɪ'vaut] *adj* pieux(-euse), dévot(e)

**dew** [dju:] *n* rosée *f*

**diabetes** [daɪə'bi:ti:z] *n* diabète *m*

**diabetic** [daɪə'bɛtɪk] *n* diabétique *m/f* ▷ *adj* (*person*) diabétique; (*chocolate, jam*) pour diabétiques

**diabolical** [daɪə'bɔlɪkl] *adj* diabolique; (*inf: dreadful*) infernal(e), atroce

**diagnose** [daɪəg'nəuz] *vt* diagnostiquer

**diagnosis** (*pl* **diagnoses**) [daɪəg'nəusɪs, -si:z] *n* diagnostic *m*

**diagonal** [daɪ'ægənl] *adj* diagonal(e) ▷ *n* diagonale *f*

**diagram** ['daɪəgræm] *n* diagramme *m*, schéma *m*

**dial** ['daɪəl] *n* cadran *m* ▷ *vt* (*number*) faire, composer; **to ~ a wrong number** faire un faux numéro; **can I ~ London direct?** puis-je *or* est-ce-que je peux avoir Londres par l'automatique?

**dialect** ['daɪəlɛkt] *n* dialecte *m*

**dialling code** ['daɪəlɪŋ-], (US) **dial code** n indicatif m (téléphonique); **what's the ~ for Paris?** quel est l'indicatif de Paris?

**dialling tone** ['daɪəlɪŋ-], (US) **dial tone** n tonalité f

**dialogue**, (US) **dialog** ['daɪələɡ] n dialogue m

**diameter** [daɪ'æmɪtə'] n diamètre m

**diamond** ['daɪəmənd] n diamant m; (shape) losange m; **diamonds** npl (Cards) carreau m

**diaper** ['daɪəpə'] n (US) couche f

**diaphragm** ['daɪəfræm] n diaphragme m

**diarrhoea**, (US) **diarrhea** [daɪə'riːə] n diarrhée f

**diary** ['daɪərɪ] n (daily account) journal m; (book) agenda m; **to keep a ~** tenir un journal

**dice** [daɪs] n (pl inv) dé m ▷ vt (Culin) couper en dés or en cubes

**dictate** vt [dɪk'teɪt] dicter ▷ vi: **to ~ to** (person) imposer sa volonté à, régenter; **I won't be ~d to** je n'ai d'ordres à recevoir de personne ▷ n ['dɪkteɪt] injonction f

**dictation** [dɪk'teɪʃən] n dictée f; **at ~ speed** à une vitesse de dictée

**dictator** [dɪk'teɪtə'] n dictateur m

**dictatorship** [dɪk'teɪtəʃɪp] n dictature f

**dictionary** ['dɪkʃənrɪ] n dictionnaire m

**did** [dɪd] pt of **do**

**didn't** [dɪdnt] = **did not**

**die** [daɪ] n (pl **dice**) dé m; (pl **dies**) coin m; matrice f; étampe f ▷ vi mourir; **to ~ of** or **from** mourir de; **to be dying** être mourant(e); **to be dying for sth** avoir une envie folle de qch; **to be dying to do sth** mourir d'envie de faire qch; **die away** vi s'éteindre; **die down** vi se calmer, s'apaiser; **die out** vi disparaître, s'éteindre

**diesel** ['diːzl] n (vehicle) diesel m; (also: **~ oil**) carburant m diesel, gas-oil m

**diesel engine** n moteur m diesel

**diet** ['daɪət] n alimentation f; (restricted food) régime m ▷ vi (also: **be on a ~**) suivre un régime; **to live on a ~ of** se nourrir de

**differ** ['dɪfə'] vi: **to ~ from sth** (be different) être différent(e) de qch, différer de qch; **to ~ from sb over sth** ne pas être d'accord avec qn au sujet de qch

**difference** ['dɪfrəns] n différence f; (quarrel) différend m, désaccord m; **it makes no ~ to me** cela m'est égal, cela m'est indifférent; **to settle one's ~s** résoudre la situation

**different** ['dɪfrənt] adj différent(e)

**differentiate** [dɪfə'renʃɪeɪt] vt différencier ▷ vi se différencier; **to ~ between** faire une différence entre

**differently** ['dɪfrəntlɪ] adv différemment

**difficult** ['dɪfɪkəlt] adj difficile; **~ to understand** difficile à comprendre

**difficulty** ['dɪfɪkəltɪ] n difficulté f; **to have difficulties with** avoir des ennuis or problèmes avec; **to be in ~** avoir des difficultés, avoir des problèmes

**diffident** ['dɪfɪdənt] adj qui manque de confiance or d'assurance, peu sûr(e) de soi

**dig** [dɪg] vt (pt, pp **dug**) [dʌg] (hole) creuser; (garden) bêcher ▷ n (prod) coup m de coude; (fig: remark) coup de griffe or de patte; (Archaeology) fouille f; **to ~ into** (snow, soil) creuser; **to ~ into one's pockets for sth** fouiller dans ses poches pour chercher or prendre qch; **to ~ one's nails into** enfoncer ses ongles dans; **dig in** vi (also: **~ o.s. in**: Mil) se retrancher; (: fig) tenir bon, se braquer; (inf: eat) attaquer (un repas or un plat etc) ▷ vt (compost) bien mélanger à la bêche; (knife, claw) enfoncer; **to ~ in one's heels** (fig) se braquer, se buter; **dig out** vt (survivors, car from snow) sortir or dégager (à coups de pelles or pioches); **dig up** vt déterrer

**digest** vt [daɪ'dʒest] digérer ▷ n ['daɪdʒest] sommaire m, résumé m

**digestion** [dɪ'dʒestʃən] n digestion f

**digit** ['dɪdʒɪt] n (number) chiffre m (de o à 9); (finger) doigt m

**digital** ['dɪdʒɪtl] adj (system, recording, radio) numérique, digital(e); (watch) à affichage numérique or digital

**digital camera** n appareil m photo numérique

**digital TV** n télévision f numérique

**dignified** ['dɪgnɪfaɪd] adj digne

**dignity** ['dɪgnɪtɪ] n dignité f

**digress** [daɪ'gres] vi: **to ~ from** s'écarter de, s'éloigner de

**digs** [dɪgz] npl (Brit inf) piaule f, chambre meublée

**dilapidated** [dɪ'læpɪdeɪtɪd] adj délabré(e)

**dilemma** [daɪ'lemə] n dilemme m; **to be in a ~** être pris dans un dilemme

**diligent** ['dɪlɪdʒənt] adj appliqué(e), assidu(e)

**dill** [dɪl] n aneth m

**dilute** [daɪ'luːt] vt diluer ▷ adj dilué(e)

**dim** [dɪm] adj (light, eyesight) faible; (memory, outline) vague, indécis(e); (room) sombre; (inf: stupid) borné(e), obtus(e) ▷ vt (light) réduire, baisser; (US Aut) mettre en code, baisser; **to take a ~ view of sth** voir qch d'un mauvais œil

**dime** [daɪm] n (US) pièce f de 10 cents

**dimension** [daɪ'menʃən] n dimension f

**diminish** [dɪ'mɪnɪʃ] vt, vi diminuer

**diminutive** [dɪ'mɪnjutɪv] adj minuscule, tout(e) petit(e) ▷ n (Ling) diminutif m

**dimmer** ['dɪmə'] n (also: **~ switch**) variateur m; **dimmers** npl (US Aut: dipped headlights) phares mpl, code inv; (parking lights) feux mpl de position

**dimple** ['dɪmpl] n fossette f

**din** [dɪn] n vacarme m ▷ vt: **to ~ sth into sb** (inf) enfoncer qch dans la tête or la caboche de qn

**dine** [daɪn] vi dîner

**diner** ['daɪnə<sup>r</sup>] n (person) dîneur(-euse); (Rail) = **dining car**; (US: eating place) petit restaurant

**dinghy** ['dɪŋgɪ] n youyou m; (inflatable) canot m pneumatique; (also: **sailing ~**) voilier m, dériveur m

**dingy** ['dɪndʒɪ] adj miteux(-euse), minable

**dining car** ['daɪnɪŋ-] n (Brit) voiture-restaurant f, wagon-restaurant m

**dining room** ['daɪnɪŋ-] n salle f à manger

**dining table** [daɪnɪŋ-] n table f de (la) salle à manger

**dinner** ['dɪnə<sup>r</sup>] n (evening meal) dîner m; (lunch) déjeuner m; (public) banquet m; **~'s ready!** à table!

**dinner jacket** n smoking m

**dinner party** n dîner m

**dinner time** n (evening) heure f du dîner; (midday) heure du déjeuner

**dinosaur** ['daɪnəsɔː<sup>r</sup>] n dinosaure m

**dip** [dɪp] n (slope) déclivité f; (in sea) baignade f, bain m; (Culin) ≈ sauce f ▷ vt tremper, plonger; (Brit Aut: lights) mettre en code, baisser ▷ vi plonger

**diploma** [dɪ'pləʊmə] n diplôme m

**diplomacy** [dɪ'pləʊməsɪ] n diplomatie f

**diplomat** ['dɪpləmæt] n diplomate m

**diplomatic** [dɪplə'mætɪk] adj diplomatique; **to break off ~ relations (with)** rompre les relations diplomatiques (avec)

**dipstick** ['dɪpstɪk] n (Brit Aut) jauge f de niveau d'huile

**dipswitch** ['dɪpswɪtʃ] n (Brit Aut) commutateur m de code

**dire** [daɪə<sup>r</sup>] adj (poverty) extrême; (awful) affreux(-euse)

**direct** [daɪ'rɛkt] adj direct(e); (manner, person) direct, franc/franche ▷ vt (tell way) diriger, orienter; (letter, remark) adresser; (Cine, TV) réaliser; (Theat) mettre en scène; (order): **to ~ sb to do sth** ordonner à qn de faire qch ▷ adv directement; **can you ~ me to ...?** pouvez-vous m'indiquer le chemin de ...?

**direct debit** n (Brit Banking) prélèvement m automatique

**direction** [dɪ'rɛkʃən] n direction f; (Theat) mise f en scène; (Cine, TV) réalisation f; **directions** npl (to a place) indications fpl; **~s for use** mode m d'emploi; **to ask for ~s** demander sa route or son chemin; **sense of ~** sens m de l'orientation; **in the ~ of** dans la direction de, vers

**directly** [dɪ'rɛktlɪ] adv (in straight line) directement, tout droit; (at once) tout de suite, immédiatement

**director** [dɪ'rɛktə<sup>r</sup>] n directeur m; (board member) administrateur m; (Theat) metteur en scène; (Cine, TV) réalisateur(-trice); **D~ of Public Prosecutions** (Brit) ≈ procureur général

**directory** [dɪ'rɛktərɪ] n annuaire m; (also: **street ~**) indicateur m de rues; (also: **trade ~**) annuaire du commerce; (Comput) répertoire m

**directory enquiries**, (US) **directory assistance** n (Tel: service) renseignements mpl

**dirt** [də:t] n saleté f; (mud) boue f; **to treat sb like ~** traiter qn comme un chien

**dirt-cheap** ['də:t'tʃi:p] adj (ne) coûtant presque rien

**dirty** ['də:tɪ] adj sale; (joke) cochon(ne) ▷ vt salir; **~ story** histoire cochonne; **~ trick** coup tordu

**disability** [dɪsə'bɪlɪtɪ] n invalidité f, infirmité f

**disabled** [dɪs'eɪbld] adj handicapé(e); (maimed) mutilé(e); (through illness, old age) impotent(e)

**disadvantage** [dɪsəd'vɑ:ntɪdʒ] n désavantage m, inconvénient m

**disagree** [dɪsə'gri:] vi (differ) ne pas concorder; (be against, think otherwise): **to ~ (with)** ne pas être d'accord (avec); **garlic ~s with me** l'ail ne me convient pas, je ne supporte pas l'ail

**disagreeable** [dɪsə'gri:əbl] adj désagréable

**disagreement** [dɪsə'gri:mənt] n désaccord m, différend m

**disallow** ['dɪsə'lau] vt rejeter, désavouer; (Brit Football: goal) refuser

**disappear** [dɪsə'pɪə<sup>r</sup>] vi disparaître

**disappearance** [dɪsə'pɪərəns] n disparition f

**disappoint** [dɪsə'pɔɪnt] vt décevoir

**disappointed** [dɪsə'pɔɪntɪd] adj déçu(e)

**disappointing** [dɪsə'pɔɪntɪŋ] adj décevant(e)

**disappointment** [dɪsə'pɔɪntmənt] n déception f

**disapproval** [dɪsə'pru:vəl] n désapprobation f

**disapprove** [dɪsə'pru:v] vi: **to ~ of** désapprouver

**disarm** [dɪs'ɑ:m] vt désarmer

**disarmament** [dɪs'ɑ:məmənt] n désarmement m

**disarray** [dɪsə'reɪ] n désordre m, confusion f; **in ~** (troops) en déroute; (thoughts) embrouillé(e); (clothes) en désordre; **to throw into ~** semer la confusion or le désordre dans (or parmi)

**disaster** [dɪ'zɑ:stə<sup>r</sup>] n catastrophe f, désastre m

**disastrous** [dɪ'zɑ:strəs] adj désastreux(-euse)

**disband** [dɪs'bænd] vt démobiliser; disperser ▷ vi se séparer; se disperser

**disbelief** ['dɪsbə'li:f] n incrédulité f; **in ~** avec incrédulité

**disc** [dɪsk] n disque m; (Comput) = **disk**

**discard** [dɪs'kɑ:d] vt (old things) se débarrasser de, mettre au rencart or au rebut; (fig) écarter, renoncer à

**discern** [dɪ'sə:n] vt discerner, distinguer

**discerning** [dɪ'sə:nɪŋ] adj judicieux(-euse), perspicace

**discharge** vt [dɪs'tʃɑ:dʒ] (duties) s'acquitter de; (settle: debt) s'acquitter de, régler; (waste etc) déverser; décharger; (Elec, Med) émettre; (patient) renvoyer (chez lui); (employee, soldier) congédier, licencier; (defendant) relaxer, élargir ▷ n ['dɪstʃɑ:dʒ] (Elec, Med) émission f; (also: **vaginal ~**) pertes blanches; (dismissal) renvoi m; licenciement m; élargissement m; **to ~ one's gun** faire feu; **~d bankrupt** failli(e), réhabilité(e)

**discipline** ['dɪsɪplɪn] n discipline f ▷ vt discipliner; (punish) punir; **to ~ o.s. to do sth** s'imposer or s'astreindre à une discipline pour faire qch

**disc jockey** n disque-jockey m (DJ)

**disclaim** [dɪs'kleɪm] vt désavouer, dénier

**disclose** [dɪs'kləʊz] vt révéler, divulguer

**disclosure** [dɪs'kləʊʒəʳ] n révélation f, divulgation f

**disco** ['dɪskəʊ] n abbr discothèque f

**discoloured**, (US) **discolored** [dɪs'kʌləd] adj décoloré(e), jauni(e)

**discomfort** [dɪs'kʌmfət] n malaise m, gêne f; (lack of comfort) manque m de confort

**disconcert** [dɪskən'sə:t] vt déconcerter, décontenancer

**disconnect** [dɪskə'nɛkt] vt détacher; (Elec, Radio) débrancher; (gas, water) couper

**discontent** [dɪskən'tɛnt] n mécontentement m

**discontented** [dɪskən'tɛntɪd] adj mécontent(e)

**discontinue** [dɪskən'tɪnjuː] vt cesser, interrompre; **"~d"** (Comm) "fin de série"

**discord** ['dɪskɔːd] n discorde f, dissension f; (Mus) dissonance f

**discount** n ['dɪskaunt] remise f, rabais m ▷ vt [dɪs'kaunt] (report etc) ne pas tenir compte de; **to give sb a ~ on sth** faire une remise or un rabais à qn sur qch; **~ for cash** escompte f au comptant; **at a ~** avec une remise or réduction, au rabais

**discourage** [dɪs'kʌrɪdʒ] vt décourager; (dissuade, deter) dissuader, décourager

**discover** [dɪs'kʌvəʳ] vt découvrir

**discovery** [dɪs'kʌvərɪ] n découverte f

**discredit** [dɪs'krɛdɪt] vt (idea) mettre en doute; (person) déconsidérer ▷ n discrédit m

**discreet** [dɪs'kriːt] adj discret(-ète)

**discrepancy** [dɪ'skrɛpənsɪ] n divergence f, contradiction f

**discretion** [dɪ'skrɛʃən] n discrétion f; **at the ~ of** à la discrétion de; **use your own ~** à vous de juger

**discriminate** [dɪ'skrɪmɪneɪt] vi: **to ~ between** établir une distinction entre, faire la différence entre; **to ~ against** pratiquer une discrimination contre

**discriminating** [dɪ'skrɪmɪneɪtɪŋ] adj qui a du discernement

**discrimination** [dɪskrɪmɪ'neɪʃən] n discrimination f; (judgment) discernement m;

**racial/sexual ~** discrimination raciale/ sexuelle

**discuss** [dɪ'skʌs] vt discuter de; (debate) discuter

**discussion** [dɪ'skʌʃən] n discussion f; **under ~** en discussion

**disdain** [dɪs'deɪn] n dédain m

**disease** [dɪ'ziːz] n maladie f

**disembark** [dɪsɪm'bɑːk] vt, vi débarquer

**disentangle** [dɪsɪn'tæŋgl] vt démêler

**disfigure** [dɪs'fɪgəʳ] vt défigurer

**disgrace** [dɪs'greɪs] n honte f; (disfavour) disgrâce f ▷ vt déshonorer, couvrir de honte

**disgraceful** [dɪs'greɪsful] adj scandaleux(-euse), honteux(-euse)

**disgruntled** [dɪs'grʌntld] adj mécontent(e)

**disguise** [dɪs'gaɪz] n déguisement m ▷ vt déguiser; (voice) déguiser, contrefaire; (feelings etc) masquer, dissimuler; **in ~** déguisé(e); **to ~ o.s. as** se déguiser en; **there's no disguising the fact that ...** on ne peut pas se dissimuler que ...

**disgust** [dɪs'gʌst] n dégoût m, aversion f ▷ vt dégoûter, écœurer

**disgusted** [dɪs'gʌstɪd] adj dégoûté(e), écœuré(e)

**disgusting** [dɪs'gʌstɪŋ] adj dégoûtant(e), révoltant(e)

**dish** [dɪʃ] n plat m; **to do** or **wash the ~es** faire la vaisselle; **dish out** vt distribuer; **dish up** vt servir; (facts, statistics) sortir, débiter

**dishcloth** ['dɪʃklɔθ] n (for drying) torchon m; (for washing) lavette f

**dishearten** [dɪs'hɑːtn] vt décourager

**dishevelled**, (US) **disheveled** [dɪ'ʃɛvəld] adj ébouriffé(e), décoiffé(e), débraillé(e)

**dishonest** [dɪs'ɔnɪst] adj malhonnête

**dishonour**, (US) **dishonor** [dɪs'ɔnəʳ] n déshonneur m

**dishonourable**, (US) **dishonorable** [dɪs'ɔnərəbl] adj déshonorant(e)

**dishtowel** ['dɪʃtauəl] n (US) torchon m (à vaisselle)

**dishwasher** ['dɪʃwɔʃəʳ] n lave-vaisselle m; (person) plongeur(-euse)

**disillusion** [dɪsɪ'luːʒən] vt désabuser, désenchanter ▷ n désenchantement m; **to become ~ed (with)** perdre ses illusions (en ce qui concerne)

**disinfect** [dɪsɪn'fɛkt] vt désinfecter

**disinfectant** [dɪsɪn'fɛktənt] n désinfectant m

**disintegrate** [dɪs'ɪntɪgreɪt] vi se désintégrer

**disinterested** [dɪs'ɪntrəstɪd] adj désintéressé(e)

**disjointed** [dɪs'dʒɔɪntɪd] adj décousu(e), incohérent(e)

**disk** [dɪsk] n (Comput) disquette f; **single-/ double-sided ~** disquette une face/double face

**disk drive** n lecteur m de disquette

**diskette** [dɪs'kɛt] n (Comput) disquette f

**dislike** [dɪs'laɪk] n aversion f, antipathie f ▷ vt ne pas aimer; **to take a ~ to sb/sth** prendre qn/qch en grippe; **I ~ the idea** l'idée me déplaît

**dislocate** ['dɪsləkeɪt] vt disloquer, déboîter; (services etc) désorganiser; **he has ~d his shoulder** il s'est disloqué l'épaule

**dislodge** [dɪs'lɒdʒ] vt déplacer, faire bouger; (enemy) déloger

**disloyal** [dɪs'lɔɪəl] adj déloyal(e)

**dismal** ['dɪzml] adj (gloomy) lugubre, maussade; (very bad) lamentable

**dismantle** [dɪs'mæntl] vt démonter; (fort, warship) démanteler

**dismay** [dɪs'meɪ] n consternation f ▷ vt consterner; **much to my ~** à ma grande consternation, à ma grande inquiétude

**dismiss** [dɪs'mɪs] vt congédier, renvoyer; (idea) écarter; (Law) rejeter ▷ vi (Mil) rompre les rangs

**dismissal** [dɪs'mɪsl] n renvoi m

**dismount** [dɪs'maunt] vi mettre pied à terre

**disobedient** [dɪsə'biːdɪənt] adj désobéissant(e), indiscipliné(e)

**disobey** [dɪsə'beɪ] vt désobéir à; (rule) transgresser, enfreindre

**disorder** [dɪs'ɔːdə'] n désordre m; (rioting) désordres mpl; (Med) troubles mpl

**disorderly** [dɪs'ɔːdəlɪ] adj (room) en désordre; (behaviour, retreat, crowd) désordonné(e)

**disorganized** [dɪs'ɔːgənaɪzd] adj désorganisé(e)

**disorientated** [dɪs'ɔːrɪenteɪtɪd] adj désorienté(e)

**disown** [dɪs'əun] vt renier

**disparaging** [dɪs'pærɪdʒɪŋ] adj désobligeant(e); **to be ~ about sb/sth** faire des remarques désobligeantes sur qn/qch

**dispassionate** [dɪs'pæʃənɪt] adj calme, froid(e), impartial(e), objectif(-ive)

**dispatch** [dɪs'pætʃ] vt expédier, envoyer; (deal with: business) régler, en finir avec ▷ n envoi m, expédition f; (Mil, Press) dépêche f

**dispel** [dɪs'pɛl] vt dissiper, chasser

**dispense** [dɪs'pɛns] vt distribuer, administrer; (medicine) préparer (et vendre); **to ~ sb from** dispenser qn de; **dispense with** vt fus se passer de; (make unnecessary) rendre superflu(e)

**dispenser** [dɪs'pɛnsə'] n (device) distributeur m

**dispensing chemist** [dɪs'pɛnsɪŋ-] n (Brit) pharmacie f

**disperse** [dɪs'pəːs] vt disperser; (knowledge) disséminer ▷ vi se disperser

**dispirited** [dɪs'pɪrɪtɪd] adj découragé(e), déprimé(e)

**displace** [dɪs'pleɪs] vt déplacer

**display** [dɪs'pleɪ] n (of goods) étalage m; affichage m; (Comput: information) visualisation f; (: device) visuel m; (of feeling) manifestation f; (pej) ostentation f; (show, spectacle) spectacle m; (military display) parade f militaire ▷ vt montrer; (goods) mettre à l'étalage, exposer; (results, departure times) afficher; (pej) faire étalage de; **on ~** (exhibits) exposé(e), exhibé(e); (goods) à l'étalage

**displease** [dɪs'pliːz] vt mécontenter, contrarier; **~d with** mécontent(e) de

**displeasure** [dɪs'plɛʒə'] n mécontentement m

**disposable** [dɪs'pəuzəbl] adj (pack etc) jetable; (income) disponible; **~ nappy** (Brit) couche f à jeter, couche-culotte f

**disposal** [dɪs'pəuzl] n (of rubbish) évacuation f, destruction f; (of property etc: by selling) vente f; (: by giving away) cession f; (availability, arrangement) disposition f; **at one's ~** à sa disposition; **to put sth at sb's ~** mettre qch à la disposition de qn

**dispose** [dɪs'pəuz] vt disposer ▷ vi: **to ~ of** (time, money) disposer de; (unwanted goods) se débarrasser de, se défaire de; (Comm: stock) écouler, vendre; (problem) expédier

**disposed** [dɪs'pəuzd] adj: **~ to do** disposé(e) à faire

**disposition** [dɪspə'zɪʃən] n disposition f; (temperament) naturel m

**disproportionate** [dɪsprə'pɔːʃənət] adj disproportionné(e)

**disprove** [dɪs'pruːv] vt réfuter

**dispute** [dɪs'pjuːt] n discussion f; (also: **industrial ~**) conflit m ▷ vt (question) contester; (matter) discuter; (victory) disputer; **to be in or under ~** (matter) être en discussion; (territory) être contesté(e)

**disqualify** [dɪs'kwɔlɪfaɪ] vt (Sport) disqualifier; **to ~ sb for sth/from doing** (status, situation) rendre qn inapte à qch/ à faire; (authority) signifier à qn l'interdiction de faire; **to ~ sb (from driving)** (Brit) retirer à qn son permis (de conduire)

**disquiet** [dɪs'kwaɪət] n inquiétude f, trouble m

**disregard** [dɪsrɪ'gɑːd] vt ne pas tenir compte de ▷ n (indifference): **~ (for)** (feelings) indifférence f (pour), insensibilité f (à); (danger, money) mépris m (pour)

**disrepair** ['dɪsrɪ'pɛə'] n mauvais état; **to fall into ~** (building) tomber en ruine; (street) se dégrader

**disreputable** [dɪs'rɛpjutəbl] adj (person) de mauvaise réputation, peu recommandable; (behaviour) déshonorant(e); (area) mal famé(e), louche

**disrespectful** [dɪsrɪ'spɛktful] adj irrespectueux(-euse)

**disrupt** [dɪs'rʌpt] vt (plans, meeting, lesson) perturber, déranger

**disruption** [dɪs'rʌpʃən] n perturbation f, dérangement m

**dissatisfaction** [dɪssætɪs'fækʃən] n mécontentement m, insatisfaction f

**dissatisfied** [dɪs'sætɪsfaɪd] *adj*: ~ **(with)** insatisfait(e) (de)

**dissect** [dɪ'sɛkt] *vt* disséquer; (*fig*) disséquer, éplucher

**dissent** [dɪ'sɛnt] *n* dissentiment *m*, différence *f* d'opinion

**dissertation** [dɪsə'teɪʃən] *n* (*Scol*) mémoire *m*

**disservice** [dɪs'sə:vɪs] *n*: **to do sb a ~** rendre un mauvais service à qn; desservir qn

**dissimilar** [dɪ'sɪmɪləʳ] *adj*: ~ **(to)** dissemblable (à), différent(e) (de)

**dissipate** ['dɪsɪpeɪt] *vt* dissiper; (*energy, efforts*) disperser

**dissolute** ['dɪsəlu:t] *adj* débauché(e), dissolu(e)

**dissolve** [dɪ'zɔlv] *vt* dissoudre ▷ *vi* se dissoudre, fondre; (*fig*) disparaître; **to ~ in(to) tears** fondre en larmes

**distance** ['dɪstns] *n* distance *f*; **what's the ~ to London?** à quelle distance se trouve Londres?; **it's within walking ~** on peut y aller à pied; **in the ~** au loin

**distant** ['dɪstnt] *adj* lointain(e), éloigné(e); (*manner*) distant(e), froid(e)

**distaste** [dɪs'teɪst] *n* dégoût *m*

**distasteful** [dɪs'teɪstful] *adj* déplaisant(e), désagréable

**distended** [dɪs'tɛndɪd] *adj* (*stomach*) dilaté(e)

**distil**, (*US*) **distill** [dɪs'tɪl] *vt* distiller

**distillery** [dɪs'tɪlərɪ] *n* distillerie *f*

**distinct** [dɪs'tɪŋkt] *adj* distinct(e); (*clear*) marqué(e); **as ~ from** par opposition à, en contraste avec

**distinction** [dɪs'tɪŋkʃən] *n* distinction *f*; (*in exam*) mention *f* très bien; **to draw a ~ between** faire une distinction entre; **a writer of ~** un écrivain réputé

**distinctive** [dɪs'tɪŋktɪv] *adj* distinctif(-ive)

**distinguish** [dɪs'tɪŋgwɪʃ] *vt* distinguer ▷ *vi*: **to ~ between** (*concepts*) distinguer entre, faire une distinction entre; **to ~ o.s.** se distinguer

**distinguished** [dɪs'tɪŋgwɪʃt] *adj* (*eminent, refined*) distingué(e); (*career*) remarquable, brillant(e)

**distinguishing** [dɪs'tɪŋgwɪʃɪŋ] *adj* (*feature*) distinctif(-ive), caractéristique

**distort** [dɪs'tɔːt] *vt* déformer

**distract** [dɪs'trækt] *vt* distraire, déranger

**distracted** [dɪs'træktɪd] *adj* (*not concentrating*) distrait(e); (*worried*) affolé(e)

**distraction** [dɪs'trækʃən] *n* distraction *f*, dérangement *m*; **to drive sb to ~** rendre qn fou/folle

**distraught** [dɪs'trɔːt] *adj* éperdu(e)

**distress** [dɪs'trɛs] *n* détresse *f*; (*pain*) douleur *f* ▷ *vt* affliger; **in ~** (*ship*) en perdition; (*plane*) en détresse; **~ed area** (*Brit*) zone sinistrée

**distressing** [dɪs'trɛsɪŋ] *adj* douloureux(-euse), pénible, affligeant(e)

**distribute** [dɪs'trɪbjuːt] *vt* distribuer

**distribution** [dɪstrɪ'bjuːʃən] *n* distribution *f*

**distributor** [dɪs'trɪbjutəʳ] *n* (*gen: Tech*) distributeur *m*; (*Comm*) concessionnaire *m/f*

**district** ['dɪstrɪkt] *n* (*of country*) région *f*; (*of town*) quartier *m*; (*Admin*) district *m*

**district attorney** *n* (*US*) ≈ procureur *m* de la République

**district nurse** *n* (*Brit*) infirmière visiteuse

**distrust** [dɪs'trʌst] *n* méfiance *f*, doute *m* ▷ *vt* se méfier de

**disturb** [dɪs'təːb] *vt* troubler; (*inconvenience*) déranger; **sorry to ~ you** excusez-moi de vous déranger

**disturbance** [dɪs'təːbəns] *n* dérangement *m*; (*political etc*) troubles *mpl*; (*by drunks etc*) tapage *m*; **to cause a ~** troubler l'ordre public; **~ of the peace** (*Law*) tapage injurieux *or* nocturne

**disturbed** [dɪs'təːbd] *adj* (*worried, upset*) agité(e), troublé(e); **to be emotionally ~** avoir des problèmes affectifs

**disturbing** [dɪs'təːbɪŋ] *adj* troublant(e), inquiétant(e)

**disuse** [dɪs'juːs] *n*: **to fall into ~** tomber en désuétude

**disused** [dɪs'juːzd] *adj* désaffecté(e)

**ditch** [dɪtʃ] *n* fossé *m*; (*for irrigation*) rigole *f* ▷ *vt* (*inf*) abandonner; (*person*) plaquer

**dither** ['dɪðəʳ] *vi* hésiter

**ditto** ['dɪtəu] *adv* idem

**dive** [daɪv] *n* plongeon *m*; (*of submarine*) plongée *f*; (*Aviat*) piqué *m*; (*pej: café, bar etc*) bouge *m* ▷ *vi* plonger; **to ~ into** (*bag etc*) plonger la main dans; (*place*) se précipiter dans

**diver** ['daɪvəʳ] *n* plongeur *m*

**diverse** [daɪ'vəːs] *adj* divers(e)

**diversion** [daɪ'vəːʃən] *n* (*Brit Aut*) déviation *f*; (*distraction, Mil*) diversion *f*

**diversity** [daɪ'vəːsɪtɪ] *n* diversité *f*, variété *f*

**divert** [daɪ'vəːt] *vt* (*Brit: traffic*) dévier; (*plane*) dérouter; (*train, river*) détourner; (*amuse*) divertir

**divide** [dɪ'vaɪd] *vt* diviser; (*separate*) séparer ▷ *vi* se diviser; **to ~ (between** *or* **among)** répartir *or* diviser (entre); **40 ~d by 5** 40 divisé par 5; **divide out** *vt*: **to ~ out (between** *or* **among)** distribuer *or* répartir (entre)

**divided highway** (*US*) *n* route *f* à quatre voies

**dividend** ['dɪvɪdɛnd] *n* dividende *m*

**divine** [dɪ'vaɪn] *adj* divin(e) ▷ *vt* (*future*) prédire; (*truth*) deviner, entrevoir; (*water, metal*) détecter la présence de (*par l'intermédiaire de la radiesthésie*)

**diving** ['daɪvɪŋ] *n* plongée (sous-marine)

**diving board** *n* plongeoir *m*

**divinity** [dɪ'vɪnɪtɪ] *n* divinité *f*; (*as study*) théologie *f*

**division** [dɪ'vɪʒən] *n* division *f*; (*Brit: Football*) division *f*; (*separation*) séparation *f*; (*Comm*) service *m*; (*Brit: Pol*) vote *m*; (*also*: ~ **of labour**) division du travail

**divorce** [dɪ'vɔːs] n divorce m ▷ vt divorcer
d'avec

**divorced** [dɪ'vɔːst] adj divorcé(e)

**divorcee** [dɪvɔː'siː] n divorcé(e)

**DIY** adj, n abbr (Brit) = **do-it-yourself**

**dizzy** ['dɪzɪ] adj (height) vertigineux(-euse);
**to make sb ~** donner le vertige à qn; **I feel ~**
la tête me tourne, j'ai la tête qui tourne

**DJ** n abbr = **disc jockey**

**DNA** n abbr (= deoxyribonucleic acid) ADN m

**DNA fingerprinting** [-'fɪŋɡəprɪntɪŋ] n
technique f des empreintes génétiques

**do** abbr (= ditto) d

 **KEYWORD**

**do** [duː] (pt **did**, pp **done**) n (inf: party etc)
soirée f, fête f; (: formal gathering) réception f
▷ vb 1 (in negative constructions) non traduit;
**I don't understand** je ne comprends pas
2 (to form questions) non traduit; **didn't you
know?** vous ne le saviez pas?; **what do you
think?** qu'en pensez-vous?; **why didn't
you come?** pourquoi n'êtes-vous
pas venu?
3 (for emphasis, in polite expressions): **people do
make mistakes sometimes** on peut
toujours se tromper; **she does seem rather
late** je trouve qu'elle est bien en retard; **do
sit down/help yourself** asseyez-vous/
servez-vous je vous en prie; **do take care!**
faites bien attention à vous!; **I do wish I
could go** j'aimerais tant y aller; **but I do
like it!** mais si, je l'aime!
4 (used to avoid repeating vb): **she swims better
than I do** elle nage mieux que moi; **do you
agree? — yes, I do/no I don't** vous êtes
d'accord? — oui/non; **she lives in Glasgow
— so do I** elle habite Glasgow — moi aussi;
**he didn't like it and neither did we** il n'a
pas aimé ça, et nous non plus; **who broke it?
— I did** qui l'a cassé? — c'est moi; **he asked
me to help him and I did** il m'a demandé de
l'aider, et c'est ce que j'ai fait
5 (in question tags): **you like him, don't you?**
vous l'aimez bien, n'est-ce pas?; **he laughed,
didn't he?** il a ri, n'est-ce pas?; **I don't know
him, do I?** je ne crois pas le connaître
▷ vt 1 (gen: carry out, perform etc) faire; (visit: city,
museum) faire, visiter; **what are you doing
tonight?** qu'est-ce que vous faites ce soir?;
**what do you do?** (job) que faites-vous dans
la vie?; **what did he do with the cat?**
qu'a-t-il fait du chat?; **what can I do for
you?** que puis-je faire pour vous?; **to do the
cooking/washing-up** faire la cuisine/
la vaisselle; **to do one's teeth/hair/nails**
se brosser les dents/se coiffer/se faire les
ongles
2 (Aut etc: distance) faire; (: speed) faire du;
**we've done 200 km already** nous avons déjà
fait 200 km; **the car was doing 100** la

voiture faisait du 100 (à l'heure); **he can do
100 in that car** il peut faire du 100 (à
l'heure) dans cette voiture-là
▷ vi 1 (act, behave) faire; **do as I do** faites
comme moi
2 (get on, fare) marcher; **the firm is doing
well** l'entreprise marche bien; **he's doing
well/badly at school** ça marche bien/
mal pour lui à l'école; **how do you do?**
comment allez-vous?; (on being introduced)
enchanté(e)!
3 (suit) aller; **will it do?** est-ce que ça ira?
4 (be sufficient) suffire, aller; **will £10 do?** est-
ce que 10 livres suffiront?; **that'll do** ça
suffit, ça ira; **that'll do!** (in annoyance) ça va or
suffit comme ça!; **to make do (with)** se
contenter (de)
**do away with** vt fus abolir; (kill) supprimer
**do for** vt fus (Brit inf: clean for) faire le ménage
chez
**do up** vt (laces, dress) attacher; (buttons)
boutonner; (zip) fermer; (renovate: room)
refaire; (: house) remettre à neuf; **to do o.s.
up** se faire beau/belle
**do with** vt fus (need): **I could do with a
drink/some help** quelque chose à boire/un
peu d'aide ne serait pas de refus; **it could do
with a wash** ça ne lui ferait pas de mal d'être
lavé; (be connected with): **that has nothing to
do with you** cela ne vous concerne pas; **I
won't have anything to do with it** je ne
veux pas m'en mêler; **what has that got to
do with it?** quel est le rapport?, qu'est-ce que
cela vient faire là-dedans?
**do without** vi s'en passer; **if you're late for
tea then you'll do without** si vous êtes en
retard pour le dîner il faudra vous en passer
▷ vt fus se passer de; **I can do without a car**
je peux me passer de voiture

**dock** [dɔk] n dock m; (wharf) quai m; (Law)
banc m des accusés ▷ vi se mettre à quai;
(Space) s'arrimer ▷ vt: **they ~ed a third of
his wages** ils lui ont retenu or décompté un
tiers de son salaire; **docks** npl (Naut) docks

**docker** ['dɔkəʳ] n docker m

**dockyard** ['dɔkjɑːd] n chantier m de
construction navale

**doctor** ['dɔktəʳ] n médecin m, docteur m;
(PhD etc) docteur ▷ vt (cat) couper; (interfere
with: food) altérer; (: drink) frelater; (: text,
document) arranger; **~'s office** (US) cabinet m
de consultation; **call a ~!** appelez un docteur
or un médecin!

**Doctor of Philosophy** n (degree) doctorat m;
(person) titulaire m/f d'un doctorat

**document** ['dɔkjumənt] n document m ▷ vt
['dɔkjumɛnt] documenter

**documentary** [dɔkju'mɛntərɪ] adj, n
documentaire (m)

**documentation** [dɔkjumən'teɪʃən] n
documentation f

**dodge** [dɔdʒ] n truc m; combine f ▷ vt
esquiver, éviter ▷ vi faire un saut de côté;
(Sport) faire une esquive; **to ~ out of the way**
s'esquiver; **to ~ through the traffic** se
faufiler or faire de savantes manœuvres
entre les voitures

**dodgems** ['dɔdʒəmz] npl (Brit) autos
tamponneuses

**dodgy** ['dɔdʒɪ] adj (inf: uncertain)
douteux(-euse); (: shady) louche

**doe** [dəu] n (deer) biche f; (rabbit) lapine f

**does** [dʌz] vb see **do**

**doesn't** ['dʌznt] = **does not**

**dog** [dɔg] n chien(ne) ▷ vt (follow closely)
suivre de près, ne pas lâcher d'une semelle;
(fig: memory etc) poursuivre, harceler; **to go to
the ~s** (nation etc) aller à vau-l'eau

**dog collar** n collier m de chien; (fig)
faux-col m d'ecclésiastique

**dog-eared** ['dɔgɪəd] adj corné(e)

**dogged** ['dɔgɪd] adj obstiné(e), opiniâtre

**doggy bag** ['dɔgɪ-] n petit sac pour emporter
les restes

**dogsbody** ['dɔgzbɔdɪ] n (Brit) bonne f à tout
faire, tâcheron m

**doings** ['duɪŋz] npl activités fpl

**do-it-yourself** ['du:ɪtjɔːˈsɛlf] n bricolage m

**doldrums** ['dɔldrəmz] npl: **to be in the ~**
avoir le cafard; être dans le marasme

**dole** [dəul] n (Brit: payment) allocation f de
chômage; **on the ~** au chômage; **dole out** vt
donner au compte-goutte

**doll** [dɔl] n poupée f; **doll up** vt: **to ~ o.s. up** se
faire beau/belle

**dollar** ['dɔləʳ] n dollar m

**dolphin** ['dɔlfɪn] n dauphin m

**dome** [dəum] n dôme m

**domestic** [dəˈmɛstɪk] adj (duty, happiness)
familial(e); (policy, affairs, flight) intérieur(e);
(news) national(e); (animal) domestique

**domesticated** [dəˈmɛstɪkeɪtɪd] adj
domestiqué(e); (pej) d'intérieur; **he's very ~**
il participe volontiers aux tâches
ménagères; question ménage, il est très
organisé

**dominant** ['dɔmɪnənt] adj dominant(e)

**dominate** ['dɔmɪneɪt] vt dominer

**domineering** [dɔmɪˈnɪərɪŋ] adj
dominateur(-trice), autoritaire

**dominion** [dəˈmɪnɪən] n domination f;
territoire m; dominion m

**domino** ['dɔmɪnəu] n (pl **dominoes**)
domino m

**dominoes** ['dɔmɪnəuz] n (game) dominos mpl

**don** [dɔn] n (Brit) professeur m d'université
▷ vt revêtir

**donate** [dəˈneɪt] vt faire don de, donner

**donation** [dəˈneɪʃən] n donation f, don m

**done** [dʌn] pp of **do**

**donkey** ['dɔŋkɪ] n âne m

**donor** ['dəunəʳ] n (of blood etc) donneur(-euse);
(to charity) donateur(-trice)

**donor card** n carte f de don d'organes

**don't** [dəunt] = **do not**

**donut** ['dəunʌt] (US) n = **doughnut**

**doodle** ['du:dl] n griffonnage m, gribouillage m
▷ vi griffonner, gribouiller

**doom** [du:m] n (fate) destin m; (ruin) ruine f
▷ vt: **to be ~ed to failure** être voué(e) à
l'échec

**door** [dɔːʳ] n porte f; (Rail, car) portière f; **to go
from ~ to ~** aller de porte en porte

**doorbell** ['dɔːbɛl] n sonnette f

**door handle** n poignée f de porte; (of car)
poignée de portière

**doorknob** ['dɔːnɔb] n poignée f or bouton m
de porte

**doorman** ['dɔːmən] irreg n (in hotel) portier m;
(in block of flats) concierge m

**doormat** ['dɔːmæt] n paillasson m

**doorstep** ['dɔːstɛp] n pas m de (la) porte,
seuil m

**doorway** ['dɔːweɪ] n (embrasure f de) porte f

**dope** [dəup] n (inf: drug) drogue f; (: person)
andouille f; (: information) tuyaux mpl,
rancards mpl ▷ vt (horse etc) doper

**dormant** ['dɔːmənt] adj assoupi(e), en
veilleuse; (rule, law) inappliqué(e)

**dormitory** ['dɔːmɪtrɪ] n (Brit) dortoir m;
(US: hall of residence) résidence f universitaire

**dormouse** (pl **dormice**) ['dɔːmaus, -maɪs] n
loir m

**DOS** [dɔs] n abbr (= disk operating system) DOS m

**dosage** ['dəusɪdʒ] n dose f; dosage m; (on label)
posologie f

**dose** [dəus] n dose f; (Brit: bout) attaque f ▷ vt:
**to ~ o.s.** se bourrer de médicaments; **a ~ of
flu** une belle or bonne grippe

**dosh** [dɔʃ] (inf) n fric m

**doss house** ['dɔs-] n (Brit) asile m de nuit

**dot** [dɔt] n point m; (on material) pois m ▷ vt:
**~ted with** parsemé(e) de; **on the ~** à l'heure
tapante

**dotcom** [dɔtˈkɔm] n point com m,
pointcom m

**dotted line** ['dɔtɪd-] n ligne pointillée; (Aut)
ligne discontinue; **to sign on the ~** signer à
l'endroit indiqué or sur la ligne pointillée;
(fig) donner son consentement

**double** ['dʌbl] adj double ▷ adv (fold) en deux;
(twice): **to cost ~ (sth)** coûter le double (de
qch) or deux fois plus (que qch) ▷ n double m;
(Cine) doublure f ▷ vt doubler; (fold) plier en
deux ▷ vi doubler; (have two uses): **to ~ as**
servir aussi de; **~ five two six (5526)** (Brit Tel)
cinquante-cinq – vingt-six; **it's spelt with a
~ "l"** ça s'écrit avec deux "l"; **on the ~, at
the ~** au pas de course; **double back** vi
(person) revenir sur ses pas; **double up** vi (bend
over) se courber, se plier; (share room) partager
la chambre

**double bass** n contrebasse f

**double bed** n grand lit

**double-breasted** ['dʌblˈbrɛstɪd] adj croisé(e)

**double-check** ['dʌbl'tʃɛk] vt, vi revérifier
**double-click** ['dʌbl'klɪk] vi (Comput) double-cliquer
**double-cross** ['dʌbl'krɔs] vt doubler, trahir
**double-decker** ['dʌbl'dɛkə'] n autobus m à impériale
**double glazing** n (Brit) double vitrage m
**double room** n chambre f pour deux
**doubles** ['dʌblz] n (Tennis) double m
**double yellow lines** npl (Brit: Aut) double bande jaune marquant l'interdiction de stationner
**doubly** ['dʌblɪ] adv doublement, deux fois plus
**doubt** [daut] n doute m ▷ vt douter de; **no ~** sans doute; **without (a) ~** sans aucun doute; **beyond ~** adv indubitablement ▷ adj indubitable; **to ~ that** douter que + sub; **I ~ it very much** j'en doute fort
**doubtful** ['dautful] adj douteux(-euse); (person) incertain(e); **to be ~ about sth** avoir des doutes sur qch, ne pas être convaincu de qch; **I'm a bit ~** je n'en suis pas certain or sûr
**doubtless** ['dautlɪs] adv sans doute, sûrement
**dough** [dəu] n pâte f; (inf: money) fric m, pognon m
**doughnut** ['dəunʌt], (US) **donut** n beignet m
**dove** [dʌv] n colombe f
**Dover** ['dəuvə'] n Douvres
**dovetail** ['dʌvteɪl] n: **~ joint** assemblage m à queue d'aronde ▷ vi (fig) concorder
**dowdy** ['daudɪ] adj démodé(e), mal fagoté(e)
**down** [daun] n (fluff) duvet m; (hill) colline (dénudée) ▷ adv en bas, vers le bas; (on the ground) par terre ▷ prep en bas de; (along) le long de ▷ vt (enemy) abattre; (inf: drink) siffler; **to fall ~** tomber; **she's going ~ to Bristol** elle descend à Bristol; **to write sth ~** écrire qch; **~ there** là-bas (en bas), là au fond; **~ here** ici en bas; **the price of meat is ~** le prix de la viande a baissé; **I've got it ~ in my diary** c'est inscrit dans mon agenda; **to pay £2 ~** verser 2 livres d'arrhes or en acompte; **England is two goals ~** l'Angleterre à deux buts de retard; **to walk ~ a hill** descendre une colline; **to run ~ the street** descendre la rue en courant; **to ~ tools** (Brit) cesser le travail; **~ with X!** à bas X!
**down-and-out** ['daunəndaut] n (tramp) clochard(e)
**down-at-heel** ['daunət'hi:l] adj (fig) miteux(-euse)
**downcast** ['daunkɑ:st] adj démoralisé(e)
**downfall** ['daunfɔ:l] n chute f; ruine f
**downhearted** ['daun'hɑ:tɪd] adj découragé(e)
**downhill** ['daun'hɪl] adv (face, look) en aval, vers l'aval; (roll, go) vers le bas, en bas ▷ n (Ski: also: **~ race**) descente f; **to go ~** descendre; (business) péricliter, aller à vau-l'eau
**Downing Street** ['daunɪŋ-] n (Brit): **10 ~** résidence du Premier ministre; voir article

**download** ['daunləud] n téléchargement m ▷ vt (Comput) télécharger
**downloadable** [daun'ləudəbl] adj (Comput) téléchargeable
**down payment** n acompte m
**downpour** ['daunpɔ:'] n pluie torrentielle, déluge m
**downright** ['daunraɪt] adj (lie etc) effronté(e); (refusal) catégorique
**downsize** [daun'saɪz] vt réduire l'effectif de
**Down's syndrome** [daunz-] n mongolisme m, trisomie f; **a ~ baby** un bébé mongolien or trisomique
**downstairs** ['daun'stɛəz] adv (on or to ground floor) au rez-de-chaussée; (on or to floor below) à l'étage inférieur; **to come ~, to go ~** descendre (l'escalier)
**downstream** ['daunstri:m] adv en aval
**down-to-earth** ['dauntu'ə:θ] adj terre à terre inv
**downtown** ['daun'taun] adv en ville ▷ adj (US): **~ Chicago** le centre commerçant de Chicago
**down under** adv en Australie or Nouvelle Zélande
**downward** ['daunwəd] adj, adv vers le bas; **a ~ trend** une tendance à la baisse, une diminution progressive
**downwards** ['daunwədz] adv vers le bas
**dowry** ['dauri] n dot f
**doz.** abbr = **dozen**
**doze** [dəuz] vi sommeiller; **doze off** vi s'assoupir
**dozen** ['dʌzn] n douzaine f; **a ~ books** une douzaine de livres; **80p a ~** 80p la douzaine; **~s of** des centaines de
**Dr.** abbr (= doctor) Dr; (in street names) = **drive**
**drab** [dræb] adj terne, morne
**draft** [drɑ:ft] n (of letter, school work) brouillon m; (of literary work) ébauche f; (of contract, document) version f préliminaire; (Comm) traite f; (US Mil) contingent m; (: call-up) conscription f ▷ vt faire le brouillon de; (document, report) rédiger une version préliminaire de; (Mil: send) détacher; see also **draught**
**drag** [dræg] vt traîner; (river) draguer ▷ vi traîner ▷ n (Aviat, Naut) résistance f; (inf) casse-pieds m/f; (women's clothing): **in ~** (en) travesti; **to ~ and drop** (Comput) glisser-poser; **drag away** vt: **to ~ away (from)** arracher or emmener de force (de); **drag on** vi s'éterniser

**dragon** ['drægn] n dragon m
**dragonfly** ['drægənflaɪ] n libellule f
**drain** [dreɪn] n égout m; (on resources)
saignée f ▷ vt (land, marshes) drainer,
assécher; (vegetables) égoutter; (reservoir etc)
vider ▷ vi (water) s'écouler; **to feel ~ed (of
energy or emotion)** être miné(e)
**drainage** ['dreɪnɪdʒ] n (system) système m
d'égouts; (act) drainage m
**draining board** (US) ['dreɪnɪŋ-], **drainboard**
['dreɪnbɔːd] n égouttoir m
**drainpipe** ['dreɪnpaɪp] n tuyau m
d'écoulement
**drama** ['drɑːmə] n (art) théâtre m, art m
dramatique; (play) pièce f; (event) drame m
**dramatic** [drə'mætɪk] adj (Theat)
dramatique; (impressive) spectaculaire
**dramatist** ['dræmətɪst] n auteur m
dramatique
**dramatize** ['dræmətaɪz] vt (events etc)
dramatiser; (adapt) adapter pour la télévision
(or pour l'écran)
**drank** [dræŋk] pt of **drink**
**drape** [dreɪp] vt draper; **drapes** npl (US)
rideaux mpl
**drastic** ['dræstɪk] adj (measures) d'urgence,
énergique; (change) radical(e)
**draught** (US) **draft** [drɑːft] n courant m
d'air; (of chimney) tirage m; (Naut) tirant m
d'eau; **on ~** (beer) à la pression
**draught beer** n bière f (à la) pression
**draughtboard** ['drɑːftbɔːd] n (Brit)
damier m
**draughts** [drɑːfts] n (Brit: game) (jeu m de)
dames fpl
**draughtsman**, (US) **draftsman**
['drɑːftsmən] irreg n dessinateur(-trice)
(industriel(le))
**draw** [drɔː] (vb: pt **drew**, pp **drawn**) [druː,
drɔːn] vt tirer; (picture) dessiner; (attract)
attirer; (line, circle) tracer; (money) retirer;
(wages) toucher; (comparison, distinction): **to ~
(between)** établir (entre) ▷ vi (Sport) faire
match nul ▷ n match nul; (lottery) loterie f;
(: picking of ticket) tirage m au sort; **to ~ to a
close** toucher à or tirer à sa fin; **to ~ near** vi
s'approcher; approcher; **draw back** vi (move
back): **to ~ back (from)** reculer (de); **draw in**
vi (Brit: car) s'arrêter le long du trottoir;
(: train) entrer en gare or dans la station; **draw
on** vt (resources) faire appel à; (imagination,
person) avoir recours à, faire appel à; **draw
out** vi (lengthen) s'allonger ▷ vt (money)
retirer; **draw up** vi (stop) s'arrêter ▷ vt
(document) établir, dresser; (plan) formuler,
dessiner; (chair) approcher
**drawback** ['drɔːbæk] n inconvénient m,
désavantage m
**drawbridge** ['drɔːbrɪdʒ] n pont-levis m
**drawer** [drɔːʳ] n tiroir m; ['drɔːəʳ] (of cheque)
tireur m
**drawing** ['drɔːɪŋ] n dessin m

**drawing board** n planche f à dessin
**drawing pin** n (Brit) punaise f
**drawing room** n salon m
**drawl** [drɔːl] n accent traînant
**drawn** [drɔːn] pp of **draw** ▷ adj (haggard)
tiré(e), crispé(e)
**dread** [drɛd] n épouvante f, effroi m ▷ vt
redouter, appréhender
**dreadful** ['drɛdful] adj épouvantable,
affreux(-euse)
**dream** [driːm] n rêve m ▷ vt, vi (pt, pp
**dreamed** or **dreamt**) [drɛmt] rêver; **to have
a ~ about sb/sth** rêver à qn/qch; **sweet ~s!**
faites de beaux rêves!; **dream up** vt inventer
**dreamer** ['driːməʳ] n rêveur(-euse)
**dreamt** [drɛmt] pt, pp of **dream**
**dreamy** ['driːmɪ] adj (absent-minded)
rêveur(-euse)
**dreary** ['drɪərɪ] adj triste; monotone
**dredge** [drɛdʒ] vt draguer; **dredge up** vt
draguer; (fig: unpleasant facts) (faire) ressortir
**dregs** [drɛgz] npl lie f
**drench** [drɛntʃ] vt tremper; **~ed to the skin**
trempé(e) jusqu'aux os
**dress** [drɛs] n robe f; (clothing) habillement m,
tenue f ▷ vt habiller; (wound) panser; (food)
préparer ▷ vi: **she ~es very well** elle s'habille
très bien; **to ~ o.s., to get ~ed** s'habiller; **to ~
a shop window** faire l'étalage or la vitrine;
**dress up** vi s'habiller; (in fancy dress) se
déguiser
**dress circle** n (Brit) premier balcon
**dresser** ['drɛsəʳ] n (Theat) habilleur(-euse);
(also: **window ~**) étalagiste m/f; (furniture)
vaisselier m; (: US) coiffeuse f, commode f
**dressing** ['drɛsɪŋ] n (Med) pansement m;
(Culin) sauce f, assaisonnement m
**dressing gown** n (Brit) robe f de chambre
**dressing room** n (Theat) loge f; (Sport)
vestiaire m
**dressing table** n coiffeuse f
**dressmaker** ['drɛsmeɪkəʳ] n couturière f
**dress rehearsal** n (répétition f) générale f
**drew** [druː] pt of **draw**
**dribble** ['drɪbl] vi tomber goutte à goutte;
(baby) baver ▷ vt (ball) dribbler
**dried** [draɪd] adj (fruit, beans) sec/sèche; (eggs,
milk) en poudre
**drier** ['draɪəʳ] n = **dryer**
**drift** [drɪft] n (of current etc) force f; direction f;
(of sand etc) amoncellement m; (of snow)
rafale f; coulée f; (: on ground) congère f;
(general meaning) sens général m ▷ vi (boat) aller
à la dérive, dériver; (sand, snow) s'amonceler,
s'entasser; **to let things ~** laisser les choses
aller à la dérive; **to ~ apart** (friends, lovers)
s'éloigner l'un de l'autre; **I get or catch your
~** je vois en gros ce que vous voulez dire
**driftwood** ['drɪftwud] n bois flotté
**drill** [drɪl] n perceuse f; (bit) foret m; (of dentist)
roulette f, fraise f; (Mil) exercice m ▷ vt
percer; (troops) entraîner; (pupils: in grammar)

faire faire des exercices à ▷ vi (*for oil*) faire un or des forage(s)

**drink** [drɪŋk] n boisson f; (*alcoholic*) verre m ▷ vt, vi (*pt* **drank**, *pp* **drunk**) [dræŋk, drʌŋk] boire; **to have a ~** boire quelque chose, boire un verre; **a ~ of water** un verre d'eau; **would you like a ~?** tu veux boire quelque chose?; **we had ~s before lunch** on a pris l'apéritif; **drink in** vt (*fresh air*) inspirer profondément; (*story*) avaler, ne pas perdre une miette de; (*sight*) se remplir la vue de

**drink-driving** [drɪŋk'draɪvɪŋ] n conduite f en état d'ivresse

**drinker** ['drɪŋkər] n buveur(-euse)

**drinking water** n eau f potable

**drip** [drɪp] n (*drop*) goutte f; (*sound: of water etc*) bruit m de l'eau qui tombe goutte à goutte; (*Med: device*) goutte-à-goutte m inv; (: *liquid*) perfusion f; (*inf: person*) lavette f, nouille f ▷ vi tomber goutte à goutte; (*tap*) goutter; (*washing*) s'égoutter; (*wall*) suinter

**drip-dry** ['drɪpdraɪ] adj (*shirt*) sans repassage

**dripping** ['drɪpɪŋ] n graisse f de rôti ▷ adj: **~ wet** trempé(e)

**drive** [draɪv] (*pt* **drove**, *pp* **driven**) [drəuv, 'drɪvn] n promenade f or trajet m en voiture; (*also*: **~way**) allée f; (*energy*) dynamisme m, énergie f; (*Psych*) besoin m; pulsion f; (*push*) effort (concerté); campagne f; (*Sport*) drive m; (*Tech*) entraînement m; traction f; transmission f; (*Comput: also*: **disk ~**) lecteur m de disquette ▷ vt conduire; (*nail*) enfoncer; (*push*) chasser, pousser; (*Tech: motor*) actionner; entraîner ▷ vi (*be at the wheel*) conduire; (*travel by car*) aller en voiture; **to go for a ~** aller faire une promenade en voiture; **it's 3 hours' ~ from London** Londres est à 3 heures de route; **left-/right-hand ~** (*Aut*) conduite f à gauche/droite; **front-/rear-wheel ~** (*Aut*) traction f avant/arrière; **to ~ sb to (do) sth** pousser or conduire qn à (faire) qch; **to ~ sb mad** rendre qn fou/folle; **drive at** vt fus (*fig: intend, mean*) vouloir dire, en venir à; **drive on** vi poursuivre sa route, continuer; (*after stopping*) reprendre sa route, repartir ▷ vt (*incite, encourage*) inciter; **drive out** vt (*force out*) chasser

**drive-by** ['draɪvbaɪ] n (*also*: **~ shooting**) *tentative d'assassinat par coups de feu tirés d'une voiture*

**drive-in** ['draɪvɪn] adj, n (*esp US*) drive-in m

**drivel** ['drɪvl] n (*inf*) idioties fpl, imbécillités fpl

**driven** ['drɪvn] pp of **drive**

**driver** ['draɪvər] n conducteur(-trice); (*of taxi, bus*) chauffeur m

**driver's license** n (*US*) permis m de conduire

**driveway** ['draɪvweɪ] n allée f

**driving** ['draɪvɪŋ] adj: **~ rain** pluie f battante ▷ n conduite f

**driving instructor** n moniteur m d'auto-école

**driving lesson** n leçon f de conduite

**driving licence** n (*Brit*) permis m de conduire

**driving school** n auto-école f

**driving test** n examen m du permis de conduire

**drizzle** ['drɪzl] n bruine f, crachin m ▷ vi bruiner

**drool** [druːl] vi baver; **to ~ over sb/sth** (*fig*) baver d'admiration or être en extase devant qn/qch

**droop** [druːp] vi (*flower*) commencer à se faner; (*shoulders, head*) tomber

**drop** [drɔp] n (*of liquid*) goutte f; (*fall*) baisse f; (: *in salary*) réduction f; (*also*: **parachute ~**) saut m; (*of cliff*) dénivellation f; à-pic m ▷ vt laisser tomber; (*voice, eyes, price*) baisser; (*passenger*) déposer ▷ vi (*wind, temperature, price, voice*) tomber; (*numbers, attendance*) diminuer; **drops** npl (*Med*) gouttes; **cough ~s** pastilles fpl pour la toux; **a ~ of 10%** une baisse or réduction de 10%; **to ~ anchor** jeter l'ancre; **to ~ sb a line** mettre un mot à qn; **drop in** vi (*inf: visit*): **to ~ in (on)** faire un saut (chez), passer (chez); **drop off** vi (*sleep*) s'assoupir ▷ vt (*passenger*) déposer; **drop out** vi (*withdraw*) se retirer; (*student etc*) abandonner, décrocher

**dropout** ['drɔpaut] n (*from society*) marginal(e); (*from university*) drop-out m/f, dropé(e)

**dropper** ['drɔpər] n (*Med etc*) compte-gouttes m inv

**droppings** ['drɔpɪŋz] npl crottes fpl

**drought** [draut] n sécheresse f

**drove** [drəuv] pt of **drive** ▷ n: **~s of people** une foule de gens

**drown** [draun] vt noyer; (*also*: **~ out**: *sound*) couvrir, étouffer ▷ vi se noyer

**drowsy** ['drauzɪ] adj somnolent(e)

**drug** [drʌg] n médicament m; (*narcotic*) drogue f ▷ vt droguer; **to be on ~s** se droguer; **he's on ~s** il se drogue; (*Med*) il est sous médication

**drug addict** n toxicomane m/f

**drug dealer** n revendeur(-euse) de drogue

**druggist** ['drʌgɪst] n (*US*) pharmacien(ne)-droguiste

**drugstore** ['drʌgstɔːr] n (*US*) pharmacie-droguerie f, drugstore m

**drum** [drʌm] n tambour m; (*for oil, petrol*) bidon m ▷ vt: **to ~ one's fingers on the table** pianoter or tambouriner sur la table; **drums** npl (*Mus*) batterie f; **drum up** vt (*enthusiasm, support*) susciter, rallier

**drummer** ['drʌmər] n (joueur m de) tambour m

**drunk** [drʌŋk] pp of **drink** ▷ adj ivre, soûl(e) ▷ n (*also*: **~ard**) ivrogne m/f; **to get ~** s'enivrer, se soûler

**drunken** ['drʌŋkən] adj ivre, soûl(e); (*rage, stupor*) ivrogne, d'ivrogne; **~ driving** conduite f en état d'ivresse

**dry** [draɪ] adj sec/sèche; (day) sans pluie; (humour) pince-sans-rire; (uninteresting) aride, rébarbatif(-ive) ▷ vt sécher; (clothes) faire sécher ▷ vi sécher; **on ~ land** sur la terre ferme; **to ~ one's hands/hair/eyes** se sécher les mains/les cheveux/les yeux; **dry off** vi, vt sécher; **dry up** vi (river, supplies) se tarir; (: speaker) sécher, rester sec

**dry-cleaner's** ['draɪ'kli:nəz] n teinturerie f

**dry-cleaning** ['draɪ'kli:nɪŋ] n (process) nettoyage m à sec

**dryer** ['draɪəʳ] n (tumble-dryer) sèche-linge m inv; (for hair) sèche-cheveux m inv

**dryness** ['draɪnɪs] n sécheresse f

**dry rot** n pourriture sèche (du bois)

**DSS** n abbr (Brit) = **Department of Social Security**

**DTP** n abbr (= desktop publishing) PAO f

**dual** ['djuəl] adj double

**dual carriageway** n (Brit) route f à quatre voies

**dual-purpose** ['djuəl'pə:pəs] adj à double emploi

**dubbed** [dʌbd] adj (Cine) doublé(e); (nicknamed) surnommé(e)

**dubious** ['dju:bɪəs] adj hésitant(e), incertain(e); (reputation, company) douteux(-euse); (also: **I'm very ~ about it**) j'ai des doutes sur la question, je n'en suis pas sûr du tout

**duchess** ['dʌtʃɪs] n duchesse f

**duck** [dʌk] n canard m ▷ vi se baisser vivement, baisser subitement la tête ▷ vt plonger dans l'eau

**duckling** ['dʌklɪŋ] n caneton m

**duct** [dʌkt] n conduite f, canalisation f; (Anat) conduit m

**dud** [dʌd] n (shell) obus non éclaté; (object, tool): **it's a ~** c'est de la camelote, ça ne marche pas ▷ adj (Brit: cheque) sans provision; (: note, coin) faux/fausse

**due** [dju:] adj (money, payment) dû/due; (expected) attendu(e); (fitting) qui convient ▷ n dû m ▷ adv: **~ north** droit vers le nord; **dues** npl (for club, union) cotisation f; (in harbour) droits mpl (de port); **~ to** (because of) en raison de; (caused by) dû à; **in ~ course** en temps utile or voulu; (in the end) finalement; **the rent is ~ on the 30th** il faut payer le loyer le 30; **the train is ~ at 8 a.m.** le train est attendu à 8 h; **she is ~ back tomorrow** elle doit rentrer demain; **he is ~ £10** on lui doit 10 livres; **I am ~ 6 days' leave** j'ai droit à 6 jours de congé; **to give sb his or her ~** être juste envers qn

**duel** ['djuəl] n duel m

**duet** [dju:'ɛt] n duo m

**duffel bag, duffle bag** ['dʌfl-] n sac marin

**duffel coat, duffle coat** ['dʌfl-] n duffel-coat m

**dug** [dʌɡ] pt, pp of **dig**

**duke** [dju:k] n duc m

**dull** [dʌl] adj (boring) ennuyeux(-euse); (slow) borné(e); (not bright) morne, terne; (sound, pain) sourd(e); (weather, day) gris(e), maussade; (blade) émoussé(e) ▷ vt (pain, grief) atténuer; (mind, senses) engourdir

**duly** ['dju:lɪ] adv (on time) en temps voulu; (as expected) comme il se doit

**dumb** [dʌm] adj muet(te); (stupid) bête; **to be struck ~** (fig) rester abasourdi(e), être sidéré(e)

**dumbfounded** [dʌm'faundɪd] adj sidéré(e)

**dummy** ['dʌmɪ] n (tailor's model) mannequin m; (mock-up) factice m, maquette f; (Sport) feinte f; (Brit: for baby) tétine f ▷ adj faux/fausse, factice

**dump** [dʌmp] n tas m d'ordures; (also: **rubbish ~**) décharge (publique); (Mil) dépôt m; (Comput) listage m (de la mémoire); (inf: place) trou m ▷ vt (put down) déposer; déverser; (get rid of) se débarrasser de; (Comput) lister; (Comm: goods) vendre à perte (sur le marché extérieur); **to be (down) in the ~s** (inf) avoir le cafard, broyer du noir

**dumpling** ['dʌmplɪŋ] n boulette f (de pâte)

**dumpy** ['dʌmpɪ] adj courtaud(e), boulot(te)

**dunce** [dʌns] n âne m, cancre m

**dune** [dju:n] n dune f

**dung** [dʌŋ] n fumier m

**dungarees** [dʌŋɡə'ri:z] npl bleu(s) m(pl); (for child, woman) salopette f

**dungeon** ['dʌndʒən] n cachot m

**duplex** ['dju:plɛks] n (US: also: **~ apartment**) duplex m

**duplicate** n ['dju:plɪkət] double m, copie exacte; (copy of letter etc) duplicata m ▷ adj (copy) en double ▷ vt ['dju:plɪkeɪt] faire un double de; (on machine) polycopier; **in ~** en deux exemplaires, en double; **~ key** double m de la (or d'une) clé

**durable** ['djuərəbl] adj durable; (clothes, metal) résistant(e), solide

**duration** [djuə'reɪʃən] n durée f

**during** ['djuərɪŋ] prep pendant, au cours de

**dusk** [dʌsk] n crépuscule m

**dust** [dʌst] n poussière f ▷ vt (furniture) essuyer, épousseter; (cake etc): **to ~ with** saupoudrer de; **dust off** vt (also fig) dépoussiérer

**dustbin** ['dʌstbɪn] n (Brit) poubelle f

**duster** ['dʌstəʳ] n chiffon m

**dustman** ['dʌstmən] irreg n (Brit) boueux m, éboueur m

**dustpan** ['dʌstpæn] n pelle f à poussière

**dusty** ['dʌstɪ] adj poussiéreux(-euse)

**Dutch** [dʌtʃ] adj hollandais(e), néerlandais(e) ▷ n (Ling) hollandais m, néerlandais m ▷ adv: **to go ~ or dutch** (inf) partager les frais; **the Dutch** npl les Hollandais, les Néerlandais

**Dutchman** ['dʌtʃmən] irreg n Hollandais m

**Dutchwoman** ['dʌtʃwumən] irreg n Hollandaise f

**duty** ['dju:tɪ] *n* devoir *m*; *(tax)* droit *m*, taxe *f*; **duties** *npl* fonctions *fpl*; **to make it one's ~ to do sth** se faire un devoir de faire qch; **to pay ~ on sth** payer un droit *or* une taxe sur qch; **on ~** de service; *(at night etc)* de garde; **off ~** libre, pas de service *or* de garde

**duty-free** ['dju:tɪ'fri:] *adj* exempté(e) de douane, hors-taxe; **~ shop** boutique *f* hors-taxe

**duvet** ['du:veɪ] *n* (Brit) couette *f*

**DVD** *n abbr (= digital versatile or video disc)* DVD *m*

**DVD burner** *n* graveur *m* de DVD

**DVD player** *n* lecteur *m* de DVD

**DVD writer** *n* graveur *m* de DVD

**dwarf** (*pl* **dwarves**) ['dwɔ:f, dwɔ:vz] *n* nain(e) ▷ *vt* écraser

**dwell** (*pt, pp* **dwelt**) [dwɛl, dwɛlt] *vi* demeurer; **dwell on** *vt fus* s'étendre sur

**dwelt** [dwɛlt] *pt, pp of* **dwell**

**dwindle** ['dwɪndl] *vi* diminuer, décroître

**dye** [daɪ] *n* teinture *f* ▷ *vt* teindre; **hair ~** teinture pour les cheveux

**dying** ['daɪɪŋ] *adj* mourant(e), agonisant(e)

**dyke** [daɪk] *n (embankment)* digue *f*

**dynamic** [daɪ'næmɪk] *adj* dynamique

**dynamite** ['daɪnəmaɪt] *n* dynamite *f* ▷ *vt* dynamiter, faire sauter à la dynamite

**dynamo** ['daɪnəməʊ] *n* dynamo *f*

**dyslexia** [dɪs'lɛksɪə] *n* dyslexie *f*

**dyslexic** [dɪs'lɛksɪk] *adj, n* dyslexique *m/f*

e

**E¹, e** [i:] *n (letter)* E, e *m*; *(Mus)*: **E** mi *m*; **E for Edward**, *(US)* **E for Easy** E comme Eugène

**E²** *abbr (= east)* E ▷ *n abbr (Drugs)* = **ecstasy**

**each** [i:tʃ] *adj* chaque ▷ *pron* chacun(e); **~ one** chacun(e); **~ other** l'un l'autre; **they hate ~ other** ils se détestent (mutuellement); **you are jealous of ~ other** vous êtes jaloux l'un de l'autre; **~ day** chaque jour, tous les jours; **they have 2 books ~** ils ont 2 livres chacun; **they cost £5 ~** ils coûtent 5 livres (la) pièce; **~ of us** chacun(e) de nous

**eager** ['i:gəʳ] *adj (person, buyer)* empressé(e); *(lover)* ardent(e), passionné(e); *(keen: pupil, worker)* enthousiaste; **to be ~ to do sth** *(impatient)* brûler de faire qch; *(keen)* désirer vivement faire qch; **to be ~ for** *(event)* désirer vivement; *(vengeance, affection, information)* être avide de

**eagle** ['i:gl] *n* aigle *m*

**ear** [ɪəʳ] *n* oreille *f*; *(of corn)* épi *m*; **up to one's ~s in debt** endetté(e) jusqu'au cou

**earache** ['ɪəreɪk] *n* mal *m* aux oreilles

**eardrum** ['ɪədrʌm] *n* tympan *m*

**earl** [ə:l] *n* comte *m*

**earlier** ['ə:lɪəʳ] *adj (date etc)* plus rapproché(e); *(edition etc)* plus ancien(ne), antérieur(e) ▷ *adv* plus tôt

**early** ['ə:lɪ] *adv* tôt, de bonne heure; *(ahead of time)* en avance; *(near the beginning)* au début ▷ *adj* précoce, qui se manifeste *(or* se fait) tôt *or* de bonne heure; *(Christians, settlers)* premier(-ière); *(reply)* rapide; *(death)* prématuré(e); (*work*) de jeunesse; **to have an ~ night/start** se coucher/partir tôt or de bonne heure; **take the ~ train** prenez le premier train; **in the ~** or **~ in the spring/19th century** au début or commencement du printemps/19ème siècle; **you're ~!** tu es en avance!; **~ in the morning** tôt le matin; **she's in her ~ forties** elle a un peu plus de quarante ans or de la quarantaine; **at your earliest convenience** (*Comm*) dans les meilleurs délais

**early retirement** *n* retraite anticipée

**earmark** ['ɪəmɑːk] *vt*: **to ~ sth for** réserver or destiner qch à

**earn** [əːn] *vt* gagner; (*Comm: yield*) rapporter; **to ~ one's living** gagner sa vie; **this ~ed him much praise, he ~ed much praise for this** ceci lui a valu de nombreux éloges; **he's ~ed his rest/reward** il mérite or a bien mérité or a bien gagné son repos/sa récompense

**earnest** ['əːnɪst] *adj* sérieux(-euse) ⊳ *n* (*also*: **~ money**) acompte *m*, arrhes *fpl*; **in ~** *adv* sérieusement, pour de bon

**earnings** ['əːnɪŋz] *npl* salaire *m*; gains *mpl*; (*of company etc*) profits *mpl*, bénéfices *mpl*

**earphones** ['ɪəfəʊnz] *npl* écouteurs *mpl*

**earplugs** ['ɪəplʌgz] *npl* boules *fpl* Quiès®; (*to keep out water*) protège-tympans *mpl*

**earring** ['ɪərɪŋ] *n* boucle *f* d'oreille

**earshot** ['ɪəʃɔt] *n*: **out of/within ~** hors de portée/à portée de voix

**earth** [əːθ] *n* (*gen, also Brit Elec*) terre *f*; (*of fox etc*) terrier *m* ⊳ *vt* (*Brit Elec*) relier à la terre

**earthenware** ['əːθnwɛəʳ] *n* poterie *f*; faïence *f* ⊳ *adj* de or en faïence

**earthquake** ['əːθkweɪk] *n* tremblement *m* de terre, séisme *m*

**earthy** ['əːθɪ] *adj* (*fig*) terre à terre *inv*, truculent(e)

**ease** [iːz] *n* facilité *f*, aisance *f*; (*comfort*) bien-être *m* ⊳ *vt* (*soothe: mind*) tranquilliser; (*reduce: pain, problem*) atténuer; (*: tension*) réduire; (*loosen*) relâcher, détendre; **to ~ sth in/out** faire pénétrer/sortir qch délicatement or avec douceur, faciliter la pénétration/la sortie de qch ⊳ *vi* (*situation*) se détendre; **with ~** sans difficulté, aisément; **life of ~** vie oisive; **at ~** à l'aise; (*Mil*) au repos; **ease off, ease up** *vi* diminuer, (*slow down*) ralentir; (*relax*) se détendre

**easel** ['iːzl] *n* chevalet *m*

**easily** ['iːzɪlɪ] *adv* facilement; (*by far*) de loin

**east** [iːst] *n* est *m* ⊳ *adj* (*wind*) d'est; (*side*) est *inv* ⊳ *adv* à l'est, vers l'est; **the E~** l'Orient *m*; (*Pol*) les pays *mpl* de l'Est

**eastbound** ['iːstbaʊnd] *adj* en direction de l'est; (*carriageway*) est *inv*

**Easter** ['iːstəʳ] *n* Pâques *fpl* ⊳ *adj* (*holidays*) de Pâques, pascal(e)

**Easter egg** *n* œuf *m* de Pâques

**easterly** ['iːstəlɪ] *adj* d'est

**eastern** ['iːstən] *adj* de l'est, oriental(e); **E~ Europe** l'Europe de l'Est; **the E~ bloc** (*Pol*) les pays *mpl* de l'est

**Easter Sunday** *n* le dimanche de Pâques

**eastward** ['iːstwəd], **eastwards** ['iːstwədz] *adv* vers l'est, à l'est

**easy** ['iːzɪ] *adj* facile; (*manner*) aisé(e) ⊳ *adv*: **to take it** or **things ~** (*rest*) ne pas se fatiguer; (*not worry*) ne pas (trop) s'en faire; **to have an ~ life** avoir la vie facile; **payment on ~ terms** (*Comm*) facilités *fpl* de paiement; **that's easier said than done** c'est plus facile à dire qu'à faire, c'est vite dit; **I'm ~** (*inf*) ça m'est égal

**easy chair** *n* fauteuil *m*

**easy-going** ['iːzɪ'gəʊɪŋ] *adj* accommodant(e), facile à vivre

**eat** (*pt* **ate**, *pp* **eaten**) [iːt, eɪt, 'iːtn] *vt, vi* manger; **can we have something to ~?** est-ce qu'on peut manger quelque chose?; **eat away** *vt* (*sea*) saper, éroder; (*acid*) corroder; **eat away at, eat into** *vt fus* ronger, attaquer; **eat out** *vi* manger au restaurant; **eat up** *vt* (*food*) finir (de manger); **it ~s up electricity** ça bouffe du courant, ça consomme beaucoup d'électricité

**eaten** ['iːtn] *pp of* **eat**

**eaves** [iːvz] *npl* avant-toit *m*

**eavesdrop** ['iːvzdrɔp] *vi*: **to ~ (on)** écouter de façon indiscrète

**ebb** [ɛb] *n* reflux *m* ⊳ *vi* refluer; (*fig: also*: **~ away**) décliner; **the ~ and flow** le flux et le reflux; **to be at a low ~** (*fig*) être bien bas(se), ne pas aller bien fort

**ebony** ['ɛbənɪ] *n* ébène *f*

**e-book** ['iːbuk] *n* livre *m* électronique

**e-business** ['iːbɪznɪs] *n* (*company*) entreprise *f* électronique; (*commerce*) commerce *m* électronique

**ECB** *n abbr* (= *European Central Bank*) BCE *f* (= *Banque centrale européenne*)

**eccentric** [ɪk'sɛntrɪk] *adj, n* excentrique *m/f*

**echo** ['ɛkəʊ] (*pl* **echoes**) *n* écho *m* ⊳ *vt* répéter; faire chorus avec ⊳ *vi* résonner; faire écho

**eclipse** [ɪ'klɪps] *n* éclipse *f* ⊳ *vt* éclipser

**eco-friendly** [iːkəʊ'frɛndlɪ] *adj* non nuisible à or qui ne nuit pas à l'environnement

**ecological** [iːkə'lɔdʒɪkəl] *adj* écologique

**ecology** [ɪ'kɔlədʒɪ] *n* écologie *f*

**e-commerce** [iːkɔməːs] *n* commerce *m* électronique

**economic** [iːkə'nɔmɪk] *adj* économique; (*profitable*) rentable

**economical** [iːkə'nɔmɪkl] *adj* économique; (*person*) économe

**economics** [iːkə'nɔmɪks] *n* (*Scol*) économie *f* politique ⊳ *npl* (*of project etc*) côté *m* or aspect *m* économique

**economist** [ɪ'kɔnəmɪst] *n* économiste *m/f*

**economize** [ɪ'kɔnəmaɪz] *vi* économiser, faire des économies

**economy** [ɪ'kɔnəmɪ] n économie f;
**economies of scale** économies d'échelle
**economy class** n (Aviat) classe f touriste
**economy class syndrome** n syndrome m
de la classe économique
**economy size** n taille f économique
**ecstasy** ['ɛkstəsɪ] n extase f; (Drugs) ecstasy
m; **to go into ecstasies over** s'extasier sur
**ecstatic** [ɛks'tætɪk] adj extatique, en extase
**eczema** ['ɛksɪmə] n eczéma m
**edge** [ɛdʒ] n bord m; (of knife etc) tranchant m,
fil m ▷ vt border ▷ vi: **to ~ forward** avancer
petit à petit; **to ~ away from** s'éloigner
furtivement de; **on ~** (fig) crispé(e), tendu(e);
**to have the ~ on** (fig) l'emporter (de justesse)
sur, être légèrement meilleur que
**edgeways** ['ɛdʒweɪz] adv latéralement; **he
couldn't get a word in ~** il ne pouvait pas
placer un mot
**edgy** ['ɛdʒɪ] adj crispé(e), tendu(e)
**edible** ['ɛdɪbl] adj comestible; (meal)
mangeable
**Edinburgh** ['ɛdɪnbərə] n Édimbourg; voir
article

● **EDINBURGH FESTIVAL**
●
● Le Festival d'Édimbourg, qui se tient
● chaque année durant trois semaines au
● mois d'août, est l'un des grands festivals
● européens. Il est réputé pour son
● programme officiel mais aussi pour son
● festival "off" (the Fringe) qui propose des
● spectacles aussi bien traditionnels que
● résolument d'avant-garde. Pendant la
● durée du Festival se tient par ailleurs, sur
● l'esplanade du château, un grand
● spectacle de musique militaire, le
● "Military Tattoo".

**edit** ['ɛdɪt] vt (text, book) éditer; (report)
préparer; (film) monter; (broadcast) réaliser;
(magazine) diriger; (newspaper) être le
rédacteur or la rédactrice en chef de
**edition** [ɪ'dɪʃən] n édition f
**editor** ['ɛdɪtə*] n (of newspaper)
rédacteur(-trice), rédacteur(-trice) en chef;
(of sb's work) éditeur(-trice); (also: **film ~**)
monteur(-euse); **political/foreign ~**
rédacteur politique/au service étranger
**editorial** [ɛdɪ'tɔ:rɪəl] adj de la rédaction,
éditorial(e) ▷ n éditorial m; **the ~ staff** la
rédaction
**educate** ['ɛdjukeɪt] vt (teach) instruire; (bring
up) éduquer; **~d at …** qui a fait ses études à …
**educated** ['ɛdjukeɪtɪd] adj (person) cultivé(e)
**education** [ɛdju'keɪʃən] n éducation f;
(studies) études fpl; (teaching) enseignement m,
instruction f; (at university: subject etc)
pédagogie f; **primary** or (US) **elementary/
secondary ~** instruction f primaire/
secondaire

**educational** [ɛdju'keɪʃənl] adj pédagogique;
(institution) scolaire; (useful) instructif(-ive);
(game, toy) éducatif(-ive); **~ technology**
technologie f de l'enseignement
**eel** [i:l] n anguille f
**eerie** ['ɪərɪ] adj inquiétant(e), spectral(e),
surnaturel(le)
**effect** [ɪ'fɛkt] n effet m ▷ vt effectuer;
**effects** npl (Theat) effets mpl; (property) effets,
affaires fpl; **to take ~** (Law) entrer en vigueur,
prendre effet; (drug) agir, faire son effet; **to
put into ~** (plan) mettre en application or à
exécution; **to have an ~ on sb/sth** avoir or
produire un effet sur qn/qch; **in ~** en fait;
**his letter is to the ~ that …** sa lettre nous
apprend que …
**effective** [ɪ'fɛktɪv] adj efficace; (striking:
display, outfit) frappant(e), qui produit or fait
de l'effet; (actual) véritable; **to become ~**
(Law) entrer en vigueur, prendre effet; **~ date**
date f d'effet or d'entrée en vigueur
**effectively** [ɪ'fɛktɪvlɪ] adv efficacement;
(strikingly) d'une manière frappante, avec
beaucoup d'effet; (in reality) effectivement,
en fait
**effectiveness** [ɪ'fɛktɪvnɪs] n efficacité f
**effeminate** [ɪ'fɛmɪnɪt] adj efféminé(e)
**effervescent** [ɛfə'vɛsnt] adj effervescent(e)
**efficiency** [ɪ'fɪʃənsɪ] n efficacité f; (of machine,
car) rendement m
**efficient** [ɪ'fɪʃənt] adj efficace; (machine, car)
d'un bon rendement
**efficiently** [ɪ'fɪʃəntlɪ] adv efficacement
**effort** ['ɛfət] n effort m; **to make an ~ to do
sth** faire or fournir un effort pour faire qch
**effortless** ['ɛfətlɪs] adj sans effort, aisé(e);
(achievement) facile
**effusive** [ɪ'fju:sɪv] adj (person) expansif(-ive);
(welcome) chaleureux(-euse)
**e.g.** adv abbr (= exempli gratia) par exemple,
p. ex.
**egg** [ɛg] n œuf m; **hard-boiled/soft-boiled ~**
œuf dur/à la coque; **egg on** vt pousser
**eggcup** ['ɛgkʌp] n coquetier m
**egg plant** ['ɛgplɑ:nt] (US) n aubergine f
**eggshell** ['ɛgʃel] n coquille f d'œuf ▷ adj
(colour) blanc cassé inv
**egg white** n blanc m d'œuf
**egg yolk** n jaune m d'œuf
**ego** ['i:gəu] n (self-esteem) amour-propre m;
(Psych) moi m
**egotism** ['ɛgəutɪzəm] n égotisme m
**egotist** ['ɛgəutɪst] n égocentrique m/f
**Egypt** ['i:dʒɪpt] n Égypte f
**Egyptian** [ɪ'dʒɪpʃən] adj égyptien(ne) ▷ n
Égyptien(ne)
**eiderdown** ['aɪdədaun] n édredon m
**Eiffel Tower** ['aɪfəl-] n tour f Eiffel
**eight** [eɪt] num huit
**eighteen** [eɪ'ti:n] num dix-huit
**eighteenth** [eɪ'ti:nθ] num dix-huitième
**eighth** [eɪtθ] num huitième

**eightieth** ['eitiiθ] *num* quatre-vingtième

**eighty** ['eiti] *num* quatre-vingt(s)

**Eire** ['εərə] *n* République *f* d'Irlande

**either** ['aiðə'] *adj* l'un ou l'autre; *(both, each)* chaque ▷ *pron*: **~ (of them)** l'un ou l'autre ▷ *adv* non plus ▷ *conj*: **~ good or bad** ou bon ou mauvais, soit bon soit mauvais; **I haven't seen ~ one or the other** je n'ai vu ni l'un ni l'autre; **on ~ side** de chaque côté; **I don't like ~** je n'aime ni l'un ni l'autre; **no, I don't ~** moi non plus; **which bike do you want?** — **~ will do** quel vélo voulez-vous? — n'importe lequel; **answer with ~ yes or no** répondez par oui ou par non

**eject** [i'dʒεkt] *vt (tenant etc)* expulser; *(object)* éjecter ▷ *vi (pilot)* s'éjecter

**elaborate** *adj* [i'læbərit] compliqué(e), recherché(e), minutieux(-euse) ▷ *vt* [i'læbəreit] élaborer ▷ *vi* entrer dans les détails

**elastic** [i'læstik] *adj, n* élastique *(m)*

**elastic band** *n (Brit)* élastique *m*

**elated** [i'leitid] *adj* transporté(e) de joie

**elation** [i'leiʃən] *n* (grande) joie, allégresse *f*

**elbow** ['εlbəu] *n* coude *m* ▷ *vt*: **to ~ one's way through the crowd** se frayer un passage à travers la foule (en jouant des coudes)

**elder** ['εldə'] *adj* aîné(e) ▷ *n (tree)* sureau *m*; **one's ~s** ses aînés

**elderly** ['εldəli] *adj* âgé(e) ▷ *npl*: **the ~** les personnes âgées

**eldest** ['εldist] *adj, n*: **the ~ (child)** l'aîné(e) (des enfants)

**elect** [i'lεkt] *vt* élire; *(choose)*: **to ~ to do** choisir de faire ▷ *adj*: **the president ~** le président désigné

**election** [i'lεkʃən] *n* élection *f*; **to hold an ~** procéder à une élection

**electioneering** [ilεkʃə'niəriŋ] *n* propagande électorale, manœuvres électorales

**elector** [i'lεktə'] *n* électeur(-trice)

**electoral** [i'lεktərəl] *adj* électoral(e)

**electorate** [i'lεktərit] *n* électorat *m*

**electric** [i'lεktrik] *adj* électrique

**electrical** [i'lεktrikl] *adj* électrique

**electric blanket** *n* couverture chauffante

**electric fire** *n (Brit)* radiateur *m* électrique

**electrician** [ilεk'triʃən] *n* électricien *m*

**electricity** [ilεk'trisiti] *n* électricité *f*; **to switch on/off the ~** rétablir/couper le courant

**electric shock** *n* choc *m* or décharge *f* électrique

**electrify** [i'lεktrifai] *vt (Rail)* électrifier; *(audience)* électriser

**electronic** [ilεk'trɔnik] *adj* électronique

**electronic mail** *n* courrier *m* électronique

**electronics** [ilεk'trɔniks] *n* électronique *f*

**elegance** ['εligəns] *n* élégance *f*

**elegant** ['εligənt] *adj* élégant(e)

**element** ['εlimənt] *n (gen)* élément *m*; *(of heater, kettle etc)* résistance *f*

**elementary** [εli'mεntəri] *adj* élémentaire; *(school, education)* primaire

**elementary school** *n (US)* école *f* primaire; *voir article*

**elephant** ['εlifənt] *n* éléphant *m*

**elevate** ['εliveit] *vt* élever

**elevation** [εli'veiʃən] *n* élévation *f*; *(height)* altitude *f*

**elevator** ['εliveitə'] *n (in warehouse etc)* élévateur *m*, monte-charge *m inv*; *(US: lift)* ascenseur *m*

**eleven** [i'lεvn] *num* onze

**elevenses** [i'lεvnziz] *npl (Brit)* ≈ pause-café *f*

**eleventh** [i'lεvnθ] *num* onzième; **at the ~ hour** *(fig)* à la dernière minute

**elicit** [i'lisit] *vt*: **to ~ (from)** obtenir (de); tirer (de)

**eligible** ['εlidʒəbl] *adj* éligible; *(for membership)* admissible; **an ~ young man** un beau parti; **to be ~ for sth** remplir les conditions requises pour qch; **~ for a pension** ayant droit à la retraite

**eliminate** [i'limineit] *vt* éliminer

**elm** [εlm] *n* orme *m*

**elongated** ['i:lɔŋgeitid] *adj* étiré(e), allongé(e)

**elope** [i'ləup] *vi (lovers)* s'enfuir (ensemble)

**eloquent** ['εləkwənt] *adj* éloquent(e)

**else** [εls] *adv* d'autre; **something ~** quelque chose d'autre, autre chose; **somewhere ~** ailleurs, autre part; **everywhere ~** partout ailleurs; **everyone ~** tous les autres; **nothing ~ can do?** est-ce que je peux faire quelque chose d'autre?; **where ~?** à quel autre endroit?; **little ~** pas grand-chose d'autre

**elsewhere** [εls'wεə'] *adv* ailleurs, autre part

**elude** [i'lu:d] *vt* échapper à; *(question)* éluder

**elusive** [i'lu:siv] *adj* insaisissable; *(answer)* évasif(-ive)

**emaciated** [i'meisieitid] *adj* émacié(e), décharné(e)

**email** ['i:meil] *n abbr* (= *electronic mail*) (e-)mail *m*, courriel *m* ▷ *vt*: **to ~ sb** envoyer un (e-)mail or un courriel à qn

**email account** *n* compte *m* (e-)mail

**email address** *n* adresse *f* (e-)mail or électronique

**emancipate** [i'mænsipeit] *vt* émanciper

**embankment** [im'bæŋkmənt] *n (of road, railway)* remblai *m*, talus *m*; *(of river)* berge *f*, quai *m*; *(dyke)* digue *f*

**embargo** [ɪmˈbɑːgəʊ] (*pl* **embargoes**) *n* (Comm, Naut) embargo *m*; (prohibition) interdiction *f* ▷ *vt* frapper d'embargo, mettre l'embargo sur; **to put an ~ on sth** mettre l'embargo sur qch

**embark** [ɪmˈbɑːk] *vi* embarquer; **to ~ on** (s')embarquer à bord de *or* sur ▷ *vt* embarquer; **to ~ on** (journey etc) commencer, entreprendre; (fig) se lancer *or* s'embarquer dans

**embarkation** [ɛmbɑːˈkeɪʃən] *n* embarquement *m*

**embarrass** [ɪmˈbærəs] *vt* embarrasser, gêner

**embarrassed** [ɪmˈbærəst] *adj* gêné(e); **to be ~** être gêné(e)

**embarrassing** [ɪmˈbærəsɪŋ] *adj* gênant(e), embarrassant(e)

**embarrassment** [ɪmˈbærəsmənt] *n* embarras *m*, gêne *f*; (embarrassing thing, person) source *f* d'embarras

**embassy** [ˈɛmbəsɪ] *n* ambassade *f*; **the French E~** l'ambassade de France

**embellish** [ɪmˈbɛlɪʃ] *vt* embellir; enjoliver

**embers** [ˈɛmbəz] *npl* braise *f*

**embezzle** [ɪmˈbɛzl] *vt* détourner

**embezzlement** [ɪmˈbɛzlmənt] *n* détournement *m* (de fonds)

**embitter** [ɪmˈbɪtəʳ] *vt* aigrir; envenimer

**embody** [ɪmˈbɒdɪ] *vt* (features) réunir, comprendre; (ideas) formuler, exprimer

**embossed** [ɪmˈbɒst] *adj* repoussé(e), gaufré(e); **~ with** où figure(nt) en relief

**embrace** [ɪmˈbreɪs] *vt* embrasser, étreindre; (include) embrasser, couvrir, comprendre ▷ *vi* s'embrasser, s'étreindre ▷ *n* étreinte *f*

**embroider** [ɪmˈbrɔɪdəʳ] *vt* broder; (fig: story) enjoliver

**embroidery** [ɪmˈbrɔɪdərɪ] *n* broderie *f*

**embryo** [ˈɛmbrɪəʊ] *n* (also fig) embryon *m*

**emerald** [ˈɛmərəld] *n* émeraude *f*

**emerge** [ɪˈmɜːdʒ] *vi* apparaître; (from room, car) surgir; (from sleep, imprisonment) sortir; **it ~s that** (Brit) il ressort que

**emergency** [ɪˈmɜːdʒənsɪ] *n* (crisis) cas *m* d'urgence; (Med) urgence *f*; **in an ~** en cas d'urgence; **state of ~** état *m* d'urgence

**emergency brake** (US) *n* frein *m* à main

**emergency exit** *n* sortie *f* de secours

**emergency landing** *n* atterrissage forcé

**emergency room** *n* (US: Med) urgences *fpl*

**emergency services** *npl*: **the ~** (fire, police, ambulance) les services *mpl* d'urgence

**emery board** [ˈɛmərɪ-] *n* lime *f* à ongles (en carton émerisé)

**emigrate** [ˈɛmɪgreɪt] *vi* émigrer

**emigration** [ɛmɪˈgreɪʃən] *n* émigration *f*

**eminent** [ˈɛmɪnənt] *adj* éminent(e)

**emissions** [ɪˈmɪʃənz] *npl* émissions *fpl*

**emit** [ɪˈmɪt] *vt* émettre

**emoticon** [ɪˈməʊtɪkən] *n* (Comput) émoticone *m*

**emotion** [ɪˈməʊʃən] *n* sentiment *m*; (as opposed to reason) émotion *f*, sentiments

**emotional** [ɪˈməʊʃənl] *adj* (person) émotif(-ive), très sensible; (needs) affectif(-ive); (scene) émouvant(e); (tone, speech) qui fait appel aux sentiments

**emotive** [ɪˈməʊtɪv] *adj* émotif(-ive); **~ power** capacité *f* d'émouvoir *or* de toucher

**emperor** [ˈɛmpərəʳ] *n* empereur *m*

**emphasis** (*pl* **emphases**) [ˈɛmfəsɪs, -siːz] *n* accent *m*; **to lay** *or* **place ~ on** (fig) mettre l'accent sur, insister sur; **the ~ is on reading** la lecture tient une place primordiale, on accorde une importance particulière à la lecture

**emphasize** [ˈɛmfəsaɪz] *vt* (syllable, word, point) appuyer *or* insister sur; (feature) souligner, accentuer

**emphatic** [ɛmˈfætɪk] *adj* (strong) énergique, vigoureux(-euse); (unambiguous, clear) catégorique

**empire** [ˈɛmpaɪəʳ] *n* empire *m*

**employ** [ɪmˈplɔɪ] *vt* employer; **he's ~ed in a bank** il est employé de banque, il travaille dans une banque

**employee** [ɪmplɔɪˈiː] *n* employé(e)

**employer** [ɪmˈplɔɪəʳ] *n* employeur(-euse)

**employment** [ɪmˈplɔɪmənt] *n* emploi *m*; **to find ~** trouver un emploi *or* du travail; **without ~** au chômage, sans emploi; **place of ~** lieu *m* de travail

**employment agency** *n* agence *f* *or* bureau *m* de placement

**empower** [ɪmˈpaʊəʳ] *vt*: **to ~ sb to do** autoriser *or* habiliter qn à faire

**empress** [ˈɛmprɪs] *n* impératrice *f*

**emptiness** [ˈɛmptɪnɪs] *n* vide *m*; (of area) aspect *m* désertique

**empty** [ˈɛmptɪ] *adj* vide; (street, area) désert(e); (threat, promise) en l'air, vain(e) ▷ *n* (bottle) bouteille *f* vide ▷ *vt* vider ▷ *vi* vider; (liquid) s'écouler; **on an ~ stomach** à jeun; **to ~ into** (river) se jeter dans, se déverser dans

**empty-handed** [ˈɛmptɪˈhændɪd] *adj* les mains vides

**EMU** *n abbr* (= European Monetary Union) UME *f*

**emulate** [ˈɛmjʊleɪt] *vt* rivaliser avec, imiter

**emulsion** [ɪˈmʌlʃən] *n* émulsion *f*; (also: **~ paint**) peinture mate

**enable** [ɪˈneɪbl] *vt*: **to ~ sb to do** permettre à qn de faire, donner à qn la possibilité de faire

**enamel** [ɪˈnæməl] *n* émail *m*; (also: **~ paint**) (peinture *f*) laque *f*

**enchant** [ɪnˈtʃɑːnt] *vt* enchanter

**enchanting** [ɪnˈtʃɑːntɪŋ] *adj* ravissant(e), enchanteur(-eresse)

**encl.** *abbr* (on letters etc: = enclosed) ci-joint(e); (= enclosure) PJ *f*

**enclose** [ɪnˈkləʊz] *vt* (land) clôturer; (space, object) entourer; (letter etc): **to ~ (with)** joindre (à); **please find ~d** veuillez trouver ci-joint

**enclosure** [ɪnˈkləuʒəʳ] n enceinte f; (in letter etc) annexe f

**encompass** [ɪnˈkʌmpəs] vt encercler, entourer; (include) contenir, inclure

**encore** [ɔŋˈkɔːʳ] excl, n bis (m)

**encounter** [ɪnˈkauntəʳ] n rencontre f ▷ vt rencontrer

**encourage** [ɪnˈkʌrɪdʒ] vt encourager; (industry, growth) favoriser; **to ~ sb to do sth** encourager qn à faire qch

**encouragement** [ɪnˈkʌrɪdʒmənt] n encouragement m

**encouraging** [ɪnˈkʌrɪdʒɪŋ] adj encourageant(e)

**encroach** [ɪnˈkrəutʃ] vi: **to ~ (up)on** empiéter sur

**encyclopaedia, encyclopedia** [ɛnsaɪkləuˈpiːdɪə] n encyclopédie f

**end** [ɛnd] n fin f; (of table, street, rope etc) bout m, extrémité f; (of pointed object) pointe f; (of town) bout; (Sport) côté m ▷ vt terminer; (also: **bring to an ~, put an ~ to**) mettre fin à ▷ vi se terminer, finir; **from ~ to ~** d'un bout à l'autre; **to come to an ~** prendre fin; **to be at an ~** être fini(e), être terminé(e); **in the ~** finalement; **on ~** (object) debout, dressé(e); **to stand on ~** (hair) se dresser sur la tête; **for 5 hours on ~** durant 5 heures d'affilée or de suite; **for hours on ~** pendant des heures (et des heures); **at the ~ of the day** (Brit fig) en fin de compte; **to this ~, with this ~ in view** à cette fin, dans ce but; **end up** vi: **to ~ up in** (condition) finir or se terminer par; (place) finir or aboutir à

**endanger** [ɪnˈdeɪndʒəʳ] vt mettre en danger; **an ~ed species** une espèce en voie de disparition

**endearing** [ɪnˈdɪərɪŋ] adj attachant(e)

**endeavour,** (US) **endeavor** [ɪnˈdɛvəʳ] n effort m; (attempt) tentative f ▷ vt: **to ~ to do** tenter or s'efforcer de faire

**ending** [ˈɛndɪŋ] n dénouement m, conclusion f; (Ling) terminaison f

**endive** [ˈɛndaɪv] n (curly) chicorée f; (smooth, flat) endive f

**endless** [ˈɛndlɪs] adj sans fin, interminable; (patience, resources) inépuisable, sans limites; (possibilities) illimité(e)

**endorse** [ɪnˈdɔːs] vt (cheque) endosser; (approve) appuyer, approuver, sanctionner

**endorsement** [ɪnˈdɔːsmənt] n (approval) appui m, aval m; (signature) endossement m; (Brit: on driving licence) contravention f (portée au permis de conduire)

**endurance** [ɪnˈdjuərəns] n endurance f

**endure** [ɪnˈdjuəʳ] vt (bear) supporter, endurer ▷ vi (last) durer

**enemy** [ˈɛnəmɪ] adj, n ennemi(e); **to make an ~ of sb** se faire un(e) ennemi(e) de qn, se mettre qn à dos

**energetic** [ɛnəˈdʒɛtɪk] adj énergique; (activity) très actif(-ive), qui fait se dépenser (physiquement)

**energy** [ˈɛnədʒɪ] n énergie f; **Department of E~** ministère m de l'Énergie

**enforce** [ɪnˈfɔːs] vt (law) appliquer, faire respecter

**engage** [ɪnˈgeɪdʒ] vt engager; (Mil) engager le combat avec; (lawyer) prendre ▷ vi (Tech) s'enclencher, s'engrener; **to ~ in** se lancer dans; **to ~ sb in conversation** engager la conversation avec qn

**engaged** [ɪnˈgeɪdʒd] adj (Brit: busy, in use) occupé(e); (betrothed) fiancé(e); **to get ~** se fiancer; **the line's ~** la ligne est occupée; **he is ~ in research/a survey** il fait de la recherche/une enquête

**engaged tone** n (Brit Tel) tonalité f occupé inv

**engagement** [ɪnˈgeɪdʒmənt] n (undertaking) obligation f, engagement m; (appointment) rendez-vous m inv; (to marry) fiançailles fpl; (Mil) combat m; **I have a previous ~** j'ai déjà un rendez-vous, je suis déjà pris(e)

**engagement ring** n bague f de fiançailles

**engaging** [ɪnˈgeɪdʒɪŋ] adj engageant(e), attirant(e)

**engine** [ˈɛndʒɪn] n (Aut) moteur m; (Rail) locomotive f

**engine driver** n (Brit: of train) mécanicien m

**engineer** [ɛndʒɪˈnɪəʳ] n ingénieur m; (Brit: repairer) dépanneur m; (Navy, US Rail) mécanicien m; **civil/mechanical ~** ingénieur des Travaux Publics or des Ponts et Chaussées/mécanicien

**engineering** [ɛndʒɪˈnɪərɪŋ] n engineering m, ingénierie f; (of bridges, ships) génie m; (of machine) mécanique f ▷ cpd: **~ works** or **factory** atelier m de construction mécanique

**England** [ˈɪŋglənd] n Angleterre f

**English** [ˈɪŋglɪʃ] adj anglais(e) ▷ n (Ling) anglais m; **the~** npl les Anglais; **an ~ speaker** un anglophone

**English Channel** n: **the ~** la Manche

**Englishman** [ˈɪŋglɪʃmən] irreg n Anglais m

**Englishwoman** [ˈɪŋglɪʃwumən] irreg n Anglaise f

**engrave** [ɪnˈgreɪv] vt graver

**engraving** [ɪnˈgreɪvɪŋ] n gravure f

**engrossed** [ɪnˈgrəust] adj: **~ in** absorbé(e) par, plongé(e) dans

**engulf** [ɪnˈgʌlf] vt engloutir

**enhance** [ɪnˈhɑːns] vt rehausser, mettre en valeur; (position) améliorer; (reputation) accroître

**enjoy** [ɪnˈdʒɔɪ] vt aimer, prendre plaisir à; (have benefit of: health, fortune) jouir de; (: success) connaître; **to ~ o.s.** s'amuser

**enjoyable** [ɪnˈdʒɔɪəbl] adj agréable

**enjoyment** [ɪnˈdʒɔɪmənt] n plaisir m

**enlarge** [ɪnˈlɑːdʒ] vt accroître; (Phot) agrandir ▷ vi: **to ~ on** (subject) s'étendre sur

**enlargement** [ɪnˈlɑːdʒmənt] n (Phot) agrandissement m

**enlighten** [ɪnˈlaɪtn] vt éclairer

**enlightened** [ɪn'laɪtnd] *adj* éclairé(e)

**enlightenment** [ɪn'laɪtnmənt] *n*
édification *f*; éclaircissements *mpl*; (*Hist*):
**the E~** = le Siècle des lumières

**enlist** [ɪn'lɪst] *vt* recruter; (*support*) s'assurer
▷ *vi* s'engager; **~ed man** (*US Mil*) simple
soldat *m*

**enmity** ['ɛnmɪtɪ] *n* inimitié *f*

**enormous** [ɪ'nɔːməs] *adj* énorme

**enough** [ɪ'nʌf] *adj*: **~ time/books** assez *or*
suffisamment de temps/livres ▷ *adv*: **big ~**
assez *or* suffisamment grand ▷ *pron*: **have
you got ~?** (en) avez-vous assez?; **will five be
~?** est-ce que cinq suffiront?, est-ce qu'il y en
aura assez avec cinq?; **~ to eat** assez à
manger; **that's ~!** ça suffit!, assez!; **that's ~,
thanks** ça suffit *or* c'est assez, merci; **I've
had ~!** je n'en peux plus!; **I've had ~ of him**
j'en ai assez de lui; **he has not worked ~** il
n'a pas assez *or* suffisamment travaillé, il n'a
pas travaillé assez *or* suffisamment; **~!** assez!,
ça suffit!; **it's hot ~ (as it is)!** il fait assez
chaud comme ça!; **he was kind ~ to lend me
the money** il a eu la gentillesse de me prêter
l'argent; **... which, funnily** *or* **oddly ~** ... qui,
chose curieuse, ...

**enquire** [ɪn'kwaɪəʳ] *vt, vi* = **inquire**

**enquiry** [ɪn'kwaɪərɪ] *n* = **inquiry**

**enrage** [ɪn'reɪdʒ] *vt* mettre en fureur *or* en
rage, rendre furieux(-euse)

**enrich** [ɪn'rɪtʃ] *vt* enrichir

**enrol**, (*US*) **enroll** [ɪn'rəul] *vt* inscrire ▷ *vi*
s'inscrire

**enrolment**, (*US*) **enrollment** [ɪn'rəulmənt]
*n* inscription *f*

**en route** [ɔn'ruːt] *adv* en route, en chemin;
**~ for** *or* **to** en route vers, à destination de

**en suite** ['ɔnswiːt] *adj*: **with ~ bathroom**
avec salle de bains en attenante

**ensure** [ɪn'ʃuəʳ] *vt* assurer, garantir; **to ~ that**
s'assurer que

**entail** [ɪn'teɪl] *vt* entraîner, nécessiter

**entangle** [ɪn'tæŋgl] *vt* emmêler,
embrouiller; **to become ~d in sth** (*fig*) se
laisser entraîner *or* empêtrer dans qch

**enter** ['ɛntəʳ] *vt* (*room*) entrer dans,
pénétrer dans; (*club, army*) entrer à;
(*profession*) embrasser; (*competition*) s'inscrire
à *or* pour; (*sb for a competition*) (faire) inscrire;
(*write down*) inscrire, noter; (*Comput*) entrer,
introduire ▷ *vi* entrer; **enter for** *vt fus*
s'inscrire à, se présenter pour *or* à; **enter
into** *vt fus* (*explanation*) se lancer dans;
(*negotiations*) entamer; (*debate*) prendre part à;
(*agreement*) conclure; **enter on** *vt fus*
commencer; **enter up** *vt* inscrire; **enter
upon** *vt fus* = **enter on**

**enterprise** ['ɛntəpraɪz] *n* (*company,
undertaking*) entreprise *f*; (*initiative*) (esprit *m*
d')initiative *f*; **free ~** libre entreprise;
**private ~** entreprise privée

**enterprising** ['ɛntəpraɪzɪŋ] *adj*

entreprenant(e), dynamique; (*scheme*)
audacieux(-euse)

**entertain** [ɛntə'teɪn] *vt* amuser, distraire;
(*invite*) recevoir (à dîner); (*idea, plan*) envisager

**entertainer** [ɛntə'teɪnəʳ] *n* artiste *m/f* de
variétés

**entertaining** [ɛntə'teɪnɪŋ] *adj* amusant(e),
distrayant(e) ▷ *n*: **to do a lot of ~** beaucoup
recevoir

**entertainment** [ɛntə'teɪnmənt] *n*
(*amusement*) distraction *f*, divertissement *m*,
amusement *m*; (*show*) spectacle *m*

**enthralled** [ɪn'θrɔːld] *adj* captivé(e)

**enthusiasm** [ɪn'θuːzɪæzəm] *n*
enthousiasme *m*

**enthusiast** [ɪn'θuːzɪæst] *n* enthousiaste *m/f*;
**a jazz** *etc* **~** un fervent *or* passionné du jazz *etc*

**enthusiastic** [ɪnθuːzɪ'æstɪk] *adj*
enthousiaste; **to be ~ about** être
enthousiasmé(e) par

**entire** [ɪn'taɪəʳ] *adj* (tout) entier(-ère)

**entirely** [ɪn'taɪəlɪ] *adv* entièrement,
complètement

**entirety** [ɪn'taɪərətɪ] *n*: **in its ~** dans sa
totalité

**entitle** [ɪn'taɪtl] *vt* (*allow*): **to ~ sb to do**
donner (le) droit à qn de faire; **to ~ sb to sth**
donner droit à qch à qn

**entitled** [ɪn'taɪtld] *adj* (*book*) intitulé(e); **to be
~ to do** avoir le droit de faire

**entrance** *n* ['ɛntrns] entrée *f* ▷ *vt* [ɪn'trɑːns]
enchanter, ravir; **where's the ~?** où est
l'entrée?; **to gain ~ to** (*university etc*) être
admis à

**entrance examination** *n* examen *m*
d'entrée *or* d'admission

**entrance fee** *n* (*to museum etc*) prix *m*
d'entrée; (*to join club etc*) droit *m* d'inscription

**entrance ramp** *n* (*US Aut*) bretelle *f* d'accès

**entrant** ['ɛntrnt] *n* (*in race etc*) participant(e),
concurrent(e); (*Brit: in exam*) candidat(e)

**entrenched** [ɛn'trɛntʃt] *adj* retranché(e)

**entrepreneur** ['ɔntrəprə'nəːʳ] *n*
entrepreneur *m*

**entrust** [ɪn'trʌst] *vt*: **to ~ sth to** confier qch à

**entry** ['ɛntrɪ] *n* entrée *f*; (*in register, diary*)
inscription *f*; (*in ledger*) écriture *f*; **"no ~"**
"défense d'entrer", "entrée interdite"; (*Aut*)
"sens interdit"; **single/double ~ book-
keeping** comptabilité *f* en partie simple/
double

**entry form** *n* feuille *f* d'inscription

**entry phone** *n* (*Brit*) interphone *m* (*à l'entrée
d'un immeuble*)

**envelop** [ɪn'vɛləp] *vt* envelopper

**envelope** ['ɛnvələup] *n* enveloppe *f*

**envious** ['ɛnvɪəs] *adj* envieux(-euse)

**environment** [ɪn'vaɪərnmənt] *n* (*social,
moral*) milieu *m*; (*natural world*): **the ~**
l'environnement *m*; **Department of the E~**
(*Brit*) ministère de l'Équipement et de l'Aménagement
du territoire

**environmental** [ɪnvaɪərn'mɛntl] adj (of surroundings) du milieu; (issue, disaster) écologique; **~ studies** (in school etc) écologie f

**environmentally** [ɪnvaɪərn'mɛntlɪ] adv: **~ sound/friendly** qui ne nuit pas à l'environnement

**envisage** [ɪn'vɪzɪdʒ] vt (imagine) envisager; (foresee) prévoir

**envoy** ['ɛnvɔɪ] n envoyé(e); (diplomat) ministre m plénipotentiaire

**envy** ['ɛnvɪ] n envie f ▷ vt envier; **to ~ sb sth** envier qch à qn

**epic** ['ɛpɪk] n épopée f ▷ adj épique

**epidemic** [ɛpɪ'dɛmɪk] n épidémie f

**epilepsy** ['ɛpɪlɛpsɪ] n épilepsie f

**epileptic** [ɛpɪ'lɛptɪk] adj, n épileptique m/f

**epileptic fit** [ɛpɪ'lɛptɪk-] n crise f d'épilepsie

**episode** ['ɛpɪsəud] n épisode m

**epitome** [ɪ'pɪtəmɪ] n (fig) quintessence f, type m

**epitomize** [ɪ'pɪtəmaɪz] vt (fig) illustrer, incarner

**equal** ['iːkwl] adj égal(e) ▷ n égal(e) ▷ vt égaler; **~ to** (task) à la hauteur de; **~ to doing** de taille à or capable de faire

**equality** [iː'kwɔlɪtɪ] n égalité f

**equalize** ['iːkwəlaɪz] vt, vi (Sport) égaliser

**equally** ['iːkwəlɪ] adv également; (share) en parts égales; (treat) de la même façon; (pay) autant; (just as) tout aussi; **they are ~ clever** ils sont tout aussi intelligents

**equanimity** [ɛkwə'nɪmɪtɪ] n égalité f d'humeur

**equate** [ɪ'kweɪt] vt: **to ~ sth with** comparer qch à; assimiler qch à; **to ~ sth to** mettre qch en équation avec; égaler qch à

**equation** [ɪ'kweɪʃən] n (Math) équation f

**equator** [ɪ'kweɪtər] n équateur m

**equilibrium** [iːkwɪ'lɪbrɪəm] n équilibre m

**equip** [ɪ'kwɪp] vt équiper; **to ~ sb/sth with** équiper or munir qn/qch de; **he is well ~ped for the job** il a les compétences or les qualités requises pour ce travail

**equipment** [ɪ'kwɪpmənt] n équipement m; (electrical etc) appareillage m, installation f

**equities** ['ɛkwɪtɪz] npl (Brit Comm) actions cotées en Bourse

**equivalent** [ɪ'kwɪvəlnt] adj équivalent(e) ▷ n équivalent m; **to be ~ to** équivaloir à, être équivalent(e) à

**ER** abbr (Brit: = Elizabeth Regina) la reine Élisabeth; (US: Med: = emergency room) urgences fpl

**era** ['ɪərə] n ère f, époque f

**eradicate** [ɪ'rædɪkeɪt] vt éliminer

**erase** [ɪ'reɪz] vt effacer

**eraser** [ɪ'reɪzər] n gomme f

**erect** [ɪ'rɛkt] adj droit(e) ▷ vt construire; (monument) ériger, élever; (tent etc) dresser

**erection** [ɪ'rɛkʃən] n (Physiol) érection f; (of building) construction f; (of machinery etc) installation f

**ERM** n abbr (= Exchange Rate Mechanism) mécanisme m des taux de change

**erode** [ɪ'rəud] vt éroder; (metal) ronger

**erosion** [ɪ'rəuʒən] n érosion f

**erotic** [ɪ'rɔtɪk] adj érotique

**errand** ['ɛrnd] n course f, commission f; **to run ~s** faire des courses; **~ of mercy** mission f de charité, acte m charitable

**erratic** [ɪ'rætɪk] adj irrégulier(-ière), inconstant(e)

**error** ['ɛrər] n erreur f; **typing/spelling ~** faute f de frappe/d'orthographe; **in ~** par erreur, par méprise; **~s and omissions excepted** sauf erreur ou omission

**erupt** [ɪ'rʌpt] vi entrer en éruption; (fig) éclater, exploser

**eruption** [ɪ'rʌpʃən] n éruption f; (of anger, violence) explosion f

**escalate** ['ɛskəleɪt] vi s'intensifier; (costs) monter en flèche

**escalator** ['ɛskəleɪtər] n escalier roulant

**escapade** [ɛskə'peɪd] n fredaine f; équipée f

**escape** [ɪ'skeɪp] n évasion f, fuite f; (of gas etc) fuite; (Tech) échappement m ▷ vi s'échapper, fuir; (from jail) s'évader; (fig) s'en tirer, en réchapper; (leak) fuir; s'échapper ▷ vt échapper à; **to ~ from** (person) échapper à; (place) s'échapper de; (fig) fuir; **to ~ to** (another place) fuir à, s'enfuir à; **to ~ to safety** se réfugier dans or gagner un endroit sûr; **to ~ notice** passer inaperçu(e); **his name ~s me** son nom m'échappe

**escapism** [ɪ'skeɪpɪzəm] n évasion f (fig)

**escort** vt [ɪ'skɔːt] escorter ▷ n ['ɛskɔːt] (Mil) escorte f; (to dance etc): **her ~** son compagnon or cavalier; **his ~** sa compagne

**Eskimo** ['ɛskɪməu] adj esquimau(de), eskimo ▷ n Esquimau(de); (Ling) esquimau m

**especially** [ɪ'spɛʃlɪ] adv (particularly) particulièrement; (above all) surtout

**espionage** ['ɛspɪənɑːʒ] n espionnage m

**Esquire** [ɪ'skwaɪər] n (Brit: abbr **Esq.**): **J. Brown, ~** Monsieur J. Brown

**essay** ['ɛseɪ] n (Scol) dissertation f; (Literature) essai m; (attempt) tentative f

**essence** ['ɛsns] n essence f; (Culin) extrait m; **in ~** en substance; **speed is of the ~** l'essentiel, c'est la rapidité

**essential** [ɪ'sɛnʃl] adj essentiel(le); (basic) fondamental(e); **essentials** npl éléments essentiels; **it is ~ that** il est essentiel or primordial que

**essentially** [ɪ'sɛnʃlɪ] adv essentiellement

**establish** [ɪ'stæblɪʃ] vt établir; (business) fonder, créer; (one's power etc) asseoir, affermir

**established** [ɪ'stæblɪʃt] adj bien établi(e)

**establishment** [ɪ'stæblɪʃmənt] n établissement m; (founding) création f; (institution) établissement; **the E~** les pouvoirs établis; l'ordre établi

**estate** [ɪ'steɪt] n (land) domaine m,
propriété f; (Law) biens mpl, succession f;
(Brit: also: **housing ~**) lotissement m

**estate agent** n (Brit) agent immobilier

**estate car** n (Brit) break m

**esteem** [ɪ'sti:m] n estime f ⊳ vt estimer;
apprécier; **to hold sb in high ~** tenir qn en
haute estime

**esthetic** [ɪs'θetɪk] adj (US) = **aesthetic**

**estimate** [n 'estɪmət] estimation f; (Comm)
devis m vt ['estɪmeɪt] estimer ⊳ vi (Brit Comm):
**to ~ for** estimer, faire une estimation de;
(bid for) faire un devis pour; **to give sb an ~ of**
faire or donner un devis à qn pour; **at a
rough ~** approximativement

**estimation** [estɪ'meɪʃən] n opinion f,
estime f; **in my ~** à mon avis, selon moi

**estranged** [ɪs'treɪndʒd] adj (couple) séparé(e);
(husband, wife) dont on s'est séparé(e)

**etc** abbr (= et cetera) etc

**eternal** [ɪ'tə:nl] adj éternel(le)

**eternity** [ɪ'tə:nɪtɪ] n éternité f

**ethical** [ˈeθɪkl] adj moral(e)

**ethics** [ˈeθɪks] n éthique f ⊳ npl moralité f

**Ethiopia** [i:θɪ'əupɪə] n Éthiopie f

**ethnic** [ˈeθnɪk] adj ethnique; (clothes, food)
folklorique, exotique, propre aux minorités
ethniques non-occidentales

**ethnic minority** n minorité f ethnique

**ethos** [ˈi:θɔs] n (système m de) valeurs fpl

**e-ticket** [ˈi:tɪkɪt] n billet m électronique

**etiquette** [ˈetɪket] n convenances fpl,
étiquette f

**EU** n abbr (= European Union) UE f

**euro** [ˈjuərəu] n (currency) euro m

**Euroland** [ˈjuərəulænd] n Euroland m

**Europe** [ˈjuərəp] n Europe f

**European** [juərə'pi:ən] adj européen(ne) ⊳ n
Européen(ne)

**European Community** n Communauté
européenne

**European Union** n Union européenne

**Eurostar®** [ˈjuərəustɑ:ʳ] n Eurostar® m

**evacuate** [ɪ'vækjueɪt] vt évacuer

**evade** [ɪ'veɪd] vt échapper à; (question etc)
éluder; (duties) se dérober à

**evaluate** [ɪ'væljueɪt] vt évaluer

**evaporate** [ɪ'væpəreɪt] vi s'évaporer; (fig:
hopes, fear) s'envoler; (anger) se dissiper ⊳ vt
faire évaporer

**evaporated milk** [ɪ'væpəreɪtɪd-] n lait
condensé (non sucré)

**evasion** [ɪ'veɪʒən] n dérobade f; (excuse) faux-
fuyant m

**eve** [i:v] n: **on the ~ of** à la veille de

**even** [ˈi:vn] adj (level, smooth) régulier(-ière);
(equal) égal(e); (number) pair(e) ⊳ adv même;
**~ if** même si + indic; **~ though** quand (bien)
même + cond, alors même que + cond; **~ more**
encore plus; **~ faster** encore plus vite; **~ so**
quand même; **not ~** pas même; **~ he was
there** même lui était là; **~ on Sundays**

même le dimanche; **to break ~** s'y retrouver,
équilibrer ses comptes; **to get ~ with sb**
prendre sa revanche sur qn; **even out** vi
s'égaliser

**evening** [ˈi:vnɪŋ] n soir m; (as duration, event)
soirée f; **in the ~** le soir; **this ~** ce soir;
**tomorrow/yesterday ~** demain/hier soir

**evening class** n cours m du soir

**evening dress** n (man's) tenue f de soirée,
smoking m; (woman's) robe f de soirée

**event** [ɪ'vent] n événement m; (Sport) épreuve
f; **in the course of ~s** par la suite; **in the ~ of**
en cas de; **in the ~** en réalité, en fait; **at all ~s**,
(Brit) **in any ~** en tout cas, de toute manière

**eventful** [ɪ'ventful] adj mouvementé(e)

**eventual** [ɪ'ventʃuəl] adj final(e)

**eventuality** [ɪventʃu'ælɪtɪ] n possibilité f,
éventualité f

**eventually** [ɪ'ventʃuəlɪ] adv finalement

**ever** [ˈevəʳ] adv jamais; (at all times) toujours;
(in questions): **why ~ not?** mais enfin,
pourquoi pas?; **the best ~** le meilleur qu'on
ait jamais vu; **have you ~ seen it?** l'as-tu
déjà vu?, as-tu eu l'occasion or t'est-il arrivé
de le voir?; **did you ~ meet him?** est-ce qu'il
vous est arrivé de le rencontrer?; **have you ~
been there?** y êtes-vous déjà allé?; **for ~** pour
toujours; **hardly ~** ne ... presque jamais; **~
since** (as adv) depuis; (as conj) depuis que; **~ so
pretty** si joli; **thank you ~ so much** merci
mille fois

**evergreen** [ˈevəgri:n] n arbre m à feuilles
persistantes

**everlasting** [evə'lɑ:stɪŋ] adj éternel(le)

⭕ KEYWORD

**every** [ˈevrɪ] adj 1 (each) chaque; **every one of
them** tous (sans exception); **every shop in
town was closed** tous les magasins en ville
étaient fermés

2 (all possible) tous/toutes les; **I gave you
every assistance** j'ai fait tout mon possible
pour vous aider; **I have every confidence in
him** j'ai entièrement or pleinement
confiance en lui; **we wish you every
success** nous vous souhaitons beaucoup
de succès

3 (showing recurrence) tous les; **every day** tous
les jours, chaque jour; **every other car** une
voiture sur deux; **every other/third day**
tous les deux/trois jours; **every now and
then** de temps en temps

**everybody** [ˈevrɪbɔdɪ] pron = **everyone**

**everyday** [ˈevrɪdeɪ] adj (expression) courant(e),
d'usage courant; (use) courant; (clothes, life)
de tous les jours; (occurrence, problem)
quotidien(ne)

**everyone** [ˈevrɪwʌn] pron tout le monde, tous
pl; **~ knows about it** tout le monde le sait; **~
else** tous les autres

**everything** ['ɛvrɪθɪŋ] pron tout; **~ is ready** tout est prêt; **he did ~ possible** il a fait tout son possible

**everywhere** ['ɛvrɪwɛəʳ] adv partout; **~ you go you meet …** où qu'on aille on rencontre …

**evict** [ɪ'vɪkt] vt expulser

**eviction** [ɪ'vɪkʃən] n expulsion f

**evidence** ['ɛvɪdns] n (proof) preuve(s) f(pl); (of witness) témoignage m; (sign): **to show ~ of** donner des signes de; **to give ~** témoigner, déposer; **in ~** (obvious) en évidence; en vue

**evident** ['ɛvɪdnt] adj évident(e)

**evidently** ['ɛvɪdntlɪ] adv de toute évidence; (apparently) apparemment

**evil** ['i:vl] adj mauvais(e) ▷ n mal m

**evoke** [ɪ'vəuk] vt évoquer; (admiration) susciter

**evolution** [i:və'lu:ʃən] n évolution f

**evolve** [ɪ'vɔlv] vt élaborer ▷ vi évoluer, se transformer

**ewe** [ju:] n brebis f

**ex** [ɛks] n (inf): **my ex** mon ex

**ex-** [ɛks] prefix (former: husband, president etc) ex-; (out of): **the price ~works** le prix départ usine

**exact** [ɪg'zækt] adj exact(e) ▷ vt: **to ~ sth (from)** (signature, confession) extorquer qch (à); (apology) exiger qch (de)

**exacting** [ɪg'zæktɪŋ] adj exigeant(e); (work) fatigant(e)

**exactly** [ɪg'zæktlɪ] adv exactement; **~!** parfaitement!, précisément!

**exaggerate** [ɪg'zædʒəreɪt] vt, vi exagérer

**exaggeration** [ɪgzædʒə'reɪʃən] n exagération f

**exalted** [ɪg'zɔ:ltɪd] adj (rank) élevé(e); (person) haut placé(e); (elated) exalté(e)

**exam** [ɪg'zæm] n abbr (Scol) = **examination**

**examination** [ɪgzæmɪ'neɪʃən] n (Scol, Med) examen m; **to take** or **sit an ~** (Brit) passer un examen; **the matter is under ~** la question est à l'examen

**examine** [ɪg'zæmɪn] vt (gen) examiner; (Scol, Law: person) interroger; (inspect: machine, premises) inspecter; (passport) contrôler; (luggage) fouiller

**examiner** [ɪg'zæmɪnəʳ] n examinateur(-trice)

**example** [ɪg'zɑ:mpl] n exemple m; **for ~** par exemple; **to set a good/bad ~** donner le bon/mauvais exemple

**exasperate** [ɪg'zɑ:spəreɪt] vt exaspérer, agacer

**exasperated** [ɪg'zɑ:spəreɪtɪd] adj exaspéré(e)

**exasperation** [ɪgzɑ:spə'reɪʃən] n exaspération f, irritation f

**excavate** ['ɛkskəveɪt] vt (site) fouiller, excaver; (object) mettre au jour

**excavation** [ɛkskə'veɪʃən] n excavation f

**exceed** [ɪk'si:d] vt dépasser; (one's powers) outrepasser

**exceedingly** [ɪk'si:dɪŋlɪ] adv extrêmement

**excel** [ɪk'sɛl] vi exceller ▷ vt surpasser; **to ~ o.s.** se surpasser

**excellence** ['ɛksələns] n excellence f

**excellent** ['ɛksələnt] adj excellent(e)

**except** [ɪk'sɛpt] prep (also: **~ for, ~ing**) sauf, excepté, à l'exception de ▷ vt excepter; **~ if/ when** sauf si/quand; **~ that** excepté que, si ce n'est que

**exception** [ɪk'sɛpʃən] n exception f; **to take ~ to** s'offusquer de; **with the ~ of** à l'exception de

**exceptional** [ɪk'sɛpʃənl] adj exceptionnel(le)

**exceptionally** [ɪk'sɛpʃənəlɪ] adv exceptionnellement

**excerpt** ['ɛksə:pt] n extrait m

**excess** [ɪk'sɛs] n excès m; **in ~ of** plus de

**excess baggage** n excédent m de bagages

**excess fare** n supplément m

**excessive** [ɪk'sɛsɪv] adj excessif(-ive)

**exchange** [ɪks'tʃeɪndʒ] n échange m; (also: **telephone ~**) central m ▷ vt: **to ~ (for)** échanger (contre); **could I ~ this, please?** est-ce que je peux échanger ceci, s'il vous plaît?; **in ~ for** en échange de; **foreign ~** (Comm) change m

**exchange rate** n taux m de change

**excise** n ['ɛksaɪz] taxe f ▷ vt [ɛk'saɪz] exciser

**excite** [ɪk'saɪt] vt exciter

**excited** [ɪk'saɪtəd] adj (tout/toute) excité(e); **to get ~** s'exciter

**excitement** [ɪk'saɪtmənt] n excitation f

**exciting** [ɪk'saɪtɪŋ] adj passionnant(e)

**exclaim** [ɪk'skleɪm] vi s'exclamer

**exclamation** [ɛksklə'meɪʃən] n exclamation f

**exclamation mark**, (US) **exclamation point** n point m d'exclamation

**exclude** [ɪk'sklu:d] vt exclure

**excluding** [ɪk'sklu:dɪŋ] prep: **~ VAT** la TVA non comprise

**exclusion** [ɪk'sklu:ʒən] n exclusion f; **to the ~ of** à l'exclusion de

**exclusion zone** n zone interdite

**exclusive** [ɪk'sklu:sɪv] adj exclusif(-ive); (club, district) sélect(e); (item of news) en exclusivité ▷ adv (Comm) exclusivement, non inclus; **~ of VAT** TVA non comprise; **~ of postage** (les) frais de poste non compris; **from 1st to 15th March ~** du 1er au 15 mars exclusivement or exclu; **~ rights** (Comm) exclusivité f

**exclusively** [ɪk'sklu:sɪvlɪ] adv exclusivement

**excruciating** [ɪk'skru:ʃɪeɪtɪŋ] adj (pain) atroce, déchirant(e); (embarrassing) pénible

**excursion** [ɪk'skə:ʃən] n excursion f

**excuse** n [ɪk'skju:s] excuse f ▷ vt [ɪk'skju:z] (forgive) excuser; (justify) excuser, justifier; **to ~ sb from** (activity) dispenser qn de; **~ me!** excusez-moi!, pardon!; **now if you will ~ me, …** maintenant, si vous (le) permettez …; **to make ~s for sb** trouver des excuses à qn; **to ~ o.s. for sth/for doing sth** s'excuser de/d'avoir fait qch

**ex-directory** ['ɛksdɪ'rɛktərɪ] adj (Brit) sur la liste rouge

**execute** ['ɛksɪkju:t] vt exécuter

**execution** [ɛksɪ'kju:ʃən] n exécution f

**executive** [ɪg'zɛkjutɪv] n (person) cadre m; (managing group) bureau m; (Pol) exécutif m ▷ adj exécutif(-ive); (position, job) de cadre; (secretary) de direction; (offices) de la direction; (car, plane) de fonction

**exemplify** [ɪg'zɛmplɪfaɪ] vt illustrer

**exempt** [ɪg'zɛmpt] adj: ~ **from** exempté(e) ou dispensé(e) de ▷ vt: **to ~ sb from** exempter ou dispenser qn de

**exercise** ['ɛksəsaɪz] n exercice m ▷ vt exercer; (patience etc) faire preuve de; (dog) promener ▷ vi (also: **to take ~**) prendre de l'exercice

**exercise book** n cahier m

**exert** [ɪg'zə:t] vt exercer, employer; (strength, force) employer; **to ~ o.s.** se dépenser

**exertion** [ɪg'zə:ʃən] n effort m

**exhale** [ɛks'heɪl] vt (breathe out) expirer; exhaler ▷ vi expirer

**exhaust** [ɪg'zɔ:st] n (also: **~ fumes**) gaz mpl d'échappement; (also: **~ pipe**) tuyau m d'échappement ▷ vt épuiser; **to ~ o.s.** s'épuiser

**exhausted** [ɪg'zɔ:stɪd] adj épuisé(e)

**exhaustion** [ɪg'zɔ:stʃən] n épuisement m; **nervous ~** fatigue nerveuse

**exhaustive** [ɪg'zɔ:stɪv] adj très complet(-ète)

**exhibit** [ɪg'zɪbɪt] n (Art) objet exposé, pièce exposée; (Law) pièce à conviction ▷ vt (Art) exposer; (courage, skill) faire preuve de

**exhibition** [ɛksɪ'bɪʃən] n exposition f; **~ of temper** manifestation f de colère

**exhilarating** [ɪg'zɪləreɪtɪŋ] adj grisant(e), stimulant(e)

**ex-husband** ['ɛks'hʌzbənd] n ex-mari m

**exile** ['ɛksaɪl] n exil m; (person) exilé(e) ▷ vt exiler; **in ~** en exil

**exist** [ɪg'zɪst] vi exister

**existence** [ɪg'zɪstəns] n existence f; **to be in ~** exister

**existing** [ɪg'zɪstɪŋ] adj (laws) existant(e); (system, regime) actuel(le)

**exit** ['ɛksɪt] n sortie f ▷ vi (Comput, Theat) sortir; **where's the ~?** où est la sortie?

**exit poll** n sondage m (fait à la sortie de l'isoloir)

**exit ramp** n (US Aut) bretelle f d'accès

**exodus** ['ɛksədəs] n exode m

**exonerate** [ɪg'zɔnəreɪt] vt: **to ~ from** disculper de

**exotic** [ɪg'zɔtɪk] adj exotique

**expand** [ɪk'spænd] vt (area) agrandir; (quantity) accroître; (influence etc) étendre ▷ vi (population, production) s'accroître; (trade, etc) se développer, s'accroître; (gas, metal) se dilater, dilater; **to ~ on** (notes, story etc) développer

**expanse** [ɪk'spæns] n étendue f

**expansion** [ɪk'spænʃən] n (territorial, economic) expansion f; (of trade, influence etc) développement m; (of production)

accroissement m; (of population) croissance f; (of gas, metal) expansion, dilatation f

**expect** [ɪk'spɛkt] vt (anticipate) s'attendre à, s'attendre à ce que + sub; (count on) compter sur, escompter; (hope for) espérer; (require) demander, exiger; (suppose) supposer; (await: also baby) attendre ▷ vi: **to be ~ing** (pregnant woman) être enceinte; **to ~ sb to do** (anticipate) s'attendre à ce que qn fasse; (demand) attendre de qn qu'il fasse; **to ~ to do sth** penser ou compter faire qch, s'attendre à faire qch; **as ~ed** comme prévu; **I ~ so** je crois que oui, je crois bien

**expectancy** [ɪks'pɛktənsɪ] n attente f; **life ~** espérance f de vie

**expectant** [ɪk'spɛktənt] adj qui attend (quelque chose); **~ mother** future maman

**expectation** [ɛkspɛk'teɪʃən] n (hope) attente f, espérance(s) f(pl); (belief) attente; **in ~ of** dans l'attente de, en prévision de; **against** ou **contrary to all ~(s)** contre toute attente, contrairement à ce qu'on attendait; **to come** ou **live up to sb's ~s** répondre à l'attente ou aux espérances de qn

**expedient** [ɪk'spi:dɪənt] adj indiqué(e), opportun(e), commode ▷ n expédient m

**expedition** [ɛkspə'dɪʃən] n expédition f

**expel** [ɪk'spɛl] vt chasser, expulser; (Scol) renvoyer, exclure

**expend** [ɪk'spɛnd] vt consacrer; (use up) dépenser

**expenditure** [ɪk'spɛndɪtʃəʳ] n (act of spending) dépense f; (money spent) dépenses fpl

**expense** [ɪk'spɛns] n (high cost) coût m; (spending) dépense f, frais mpl; **expenses** npl frais mpl; dépenses; **to go to the ~ of** faire la dépense de; **at great/little ~** à grands/ peu de frais; **at the ~ of** aux frais de; (fig) aux dépens de

**expense account** n (note f de) frais mpl

**expensive** [ɪk'spɛnsɪv] adj cher/chère, coûteux(-euse); **to be ~** coûter cher; **it's too ~** ça coûte trop cher; **~ tastes** goûts mpl de luxe

**experience** [ɪk'spɪərɪəns] n expérience f ▷ vt connaître; (feeling) éprouver; **to know by ~** savoir par expérience

**experienced** [ɪk'spɪərɪənst] adj expérimenté(e)

**experiment** [ɪk'spɛrɪmənt] n expérience f ▷ vi faire une expérience; **to ~ with** expérimenter; **to perform** ou **carry out an ~** faire une expérience; **as an ~** à titre d'expérience

**experimental** [ɪkspɛrɪ'mɛntl] adj expérimental(e)

**expert** ['ɛkspə:t] adj expert(e) ▷ n expert m; **~ in** ou **at doing sth** spécialiste de qch; **an ~ on sth** un spécialiste de qch; **~ witness** (Law) expert m

**expertise** [ɛkspə:'ti:z] n (grande) compétence f

**expire** [ɪk'spaɪəʳ] vi expirer

**expiry** [ɪk'spaɪərɪ] n expiration f

**expiry date** n date f d'expiration; (on label) à utiliser avant ...

**explain** [ɪk'spleɪn] vt expliquer; **explain away** vt justifier, excuser

**explanation** [ɛksplə'neɪʃən] n explication f; **to find an ~ for sth** trouver une explication à qch

**explanatory** [ɪk'splænətrɪ] adj explicatif(-ive)

**explicit** [ɪk'splɪsɪt] adj explicite; (definite) formel(le)

**explode** [ɪk'spləud] vi exploser ▷ vt faire exploser; (fig: theory) démolir; **to ~ a myth** détruire un mythe

**exploit** n ['ɛksplɔɪt] exploit m ▷ vt [ɪk'splɔɪt] exploiter

**exploitation** [ɛksplɔɪ'teɪʃən] n exploitation f

**exploratory** [ɪk'splɔrətrɪ] adj (fig: talks) préliminaire; **~ operation** (Med) intervention f (à visée) exploratrice

**explore** [ɪk'splɔːʳ] vt explorer; (possibilities) étudier, examiner

**explorer** [ɪk'splɔːrəʳ] n explorateur(-trice)

**explosion** [ɪk'spləuʒən] n explosion f

**explosive** [ɪk'spləusɪv] adj explosif(-ive) ▷ n explosif m

**exponent** [ɪk'spəunənt] n (of school of thought etc) interprète m, représentant m; (Math) exposant m

**export** vt [ɛk'spɔːt] exporter ▷ n ['ɛkspɔːt] exportation f ▷ cpd ['ɛkspɔːt] d'exportation

**exporter** [ɛk'spɔːtəʳ] n exportateur m

**expose** [ɪk'spəuz] vt exposer; (unmask) démasquer, dévoiler; **to ~ o.s.** (Law) commettre un outrage à la pudeur

**exposed** [ɪk'spəuzd] adj (land, house) exposé(e); (Elec: wire) à nu; (pipe, beam) apparent(e)

**exposure** [ɪk'spəuʒəʳ] n exposition f; (publicity) couverture f; (Phot: speed) (temps m de) pose f; (: shot) pose; **suffering from ~** (Med) souffrant des effets du froid et de l'épuisement; **to die of ~** (Med) mourir de froid

**exposure meter** n posemètre m

**express** [ɪk'sprɛs] adj (definite) formel(le), exprès(-esse); (Brit: letter etc) exprès inv ▷ n (train) rapide m ▷ adv (send) exprès ▷ vt exprimer; **to ~ o.s.** s'exprimer

**expression** [ɪk'sprɛʃən] n expression f

**expressly** [ɪk'sprɛslɪ] adv expressément, formellement

**expressway** [ɪk'sprɛsweɪ] n (US) voie f express (à plusieurs files)

**exquisite** [ɛk'skwɪzɪt] adj exquis(e)

**extend** [ɪk'stɛnd] vt (visit, street) prolonger; (deadline) reporter, remettre; (building) agrandir; (offer) présenter, offrir; (Comm: credit) accorder; (hand, arm) tendre ▷ vi (land) s'étendre

**extension** [ɪk'stɛnʃən] n (of visit, street) prolongation f; (of building) agrandissement m; (building) annexe f; (to wire, table) rallonge f; (telephone: in offices) poste m; (: in private house) téléphone m supplémentaire; **~ 3718** (Tel) poste 3718

**extension cable, extension lead** n (Elec) rallonge f

**extensive** [ɪk'stɛnsɪv] adj étendu(e), vaste; (damage, alterations) considérable; (inquiries) approfondi(e); (use) largement répandu(e)

**extensively** [ɪk'stɛnsɪvlɪ] adv (altered, damaged etc) considérablement; **he's travelled ~** il a beaucoup voyagé

**extent** [ɪk'stɛnt] n étendue f; (degree: of damage, loss) importance f; **to some ~** dans une certaine mesure; **to a certain ~** dans une certaine mesure, jusqu'à un certain point; **to a large ~** en grande partie; **to the ~ of ...** au point de ...; **to what ~?** dans quelle mesure?, jusqu'à quel point?; **to such an ~ that ...** à tel point que ...

**extenuating** [ɪk'stɛnjueɪtɪŋ] adj: **~ circumstances** circonstances atténuantes

**exterior** [ɛk'stɪərɪəʳ] adj extérieur(e) ▷ n extérieur m

**external** [ɛk'stəːnl] adj externe ▷ n: **the ~s** les apparences fpl; **for ~ use only** (Med) à usage externe

**extinct** [ɪk'stɪŋkt] adj (volcano) éteint(e); (species) disparu(e)

**extinction** [ɪk'stɪŋkʃən] n extinction f

**extinguish** [ɪk'stɪŋgwɪʃ] vt éteindre

**extort** [ɪk'stɔːt] vt: **to ~ sth (from)** extorquer qch (à)

**extortionate** [ɪk'stɔːʃnɪt] adj exorbitant(e)

**extra** ['ɛkstrə] adj supplémentaire, de plus ▷ adv (in addition) en plus ▷ n supplément m; (perk) à-coté m; (Cine, Theat) figurant(e); **wine will cost ~** le vin sera en supplément; **~ large sizes** très grandes tailles

**extract** vt [ɪk'strækt] extraire; (tooth) arracher; (money, promise) soutirer ▷ n ['ɛkstrækt] extrait m

**extracurricular** ['ɛkstrəkə'rɪkjuləʳ] adj (Scol) parascolaire

**extradite** ['ɛkstrədaɪt] vt extrader

**extramarital** ['ɛkstrə'mærɪtl] adj extraconjugal(e)

**extramural** ['ɛkstrə'mjuərl] adj hors-faculté inv

**extraordinary** [ɪk'strɔːdnrɪ] adj extraordinaire; **the ~ thing is that ...** le plus étrange or étonnant c'est que ...

**extravagance** [ɪk'strævəgəns] n (excessive spending) prodigalités fpl; (thing bought) folie f, dépense excessive

**extravagant** [ɪk'strævəgənt] adj extravagant(e); (in spending: person) prodigue, dépensier(-ière); (: tastes) dispendieux(-euse)

**extreme** [ɪk'striːm] adj, n extrême (m); **the ~ left/right** (Pol) l'extrême gauche f/droite f; **~s**

**of temperature** différences *fpl* extrêmes de température
**extremely** [ɪk'striːmlɪ] *adv* extrêmement
**extremist** [ɪk'striːmɪst] *adj, n* extrémiste *m/f*
**extricate** ['ɛkstrɪkeɪt] *vt*: **to ~ sth (from)** dégager qch (de)
**extrovert** ['ɛkstrəvəːt] *n* extraverti(e)
**ex-wife** ['ɛkswaɪf] *n* ex-femme *f*
**eye** [aɪ] *n* œil *m*; *(of needle)* trou *m*, chas *m* ▷ *vt* examiner; **as far as the ~ can see** à perte de vue; **to keep an ~ on** surveiller; **to have an ~ for sth** avoir l'œil pour qch; **in the public ~** en vue; **with an ~ to doing sth** *(Brit)* en vue de faire qch; **there's more to this than meets the ~** ce n'est pas aussi simple que cela paraît
**eyeball** ['aɪbɔːl] *n* globe *m* oculaire
**eyebrow** ['aɪbrau] *n* sourcil *m*
**eye drops** ['aɪdrɔps] *npl* gouttes *fpl* pour les yeux
**eyelash** ['aɪlæʃ] *n* cil *m*
**eyelid** ['aɪlɪd] *n* paupière *f*
**eyeliner** ['aɪlaɪnəʳ] *n* eye-liner *m*
**eye-opener** ['aɪəupnəʳ] *n* révélation *f*
**eye shadow** ['aɪʃædəu] *n* ombre *f* à paupières
**eyesight** ['aɪsaɪt] *n* vue *f*
**eyesore** ['aɪsɔːʳ] *n* horreur *f*, chose *f* qui dépare *or* enlaidit
**eye witness** *n* témoin *m* oculaire

**F¹, f** [ɛf] *n* (*letter*) F, f *m*; (*Mus*): **F** fa *m*; **F for Frederick**, *(US)* **F for Fox** F comme François
**F²** *abbr* (= Fahrenheit) F
**fable** ['feɪbl] *n* fable *f*
**fabric** ['fæbrɪk] *n* tissu *m* ▷ *cpd*: **~ ribbon** *(for typewriter)* ruban *m* (en) tissu
**fabulous** ['fæbjuləs] *adj* fabuleux(-euse); *(inf: super)* formidable, sensationnel(le)
**face** [feɪs] *n* visage *m*, figure *f*; *(expression)* air *m*; grimace *f*; *(of clock)* cadran *m*; *(of cliff)* paroi *f*; *(of mountain)* face *f*; *(of building)* façade *f*; *(side, surface)* face *f* ▷ *vt* faire face à; *(facts etc)* accepter; **~ down** *(person)* à plat ventre; *(card)* face en dessous; **to lose/save ~** perdre/sauver la face; **to pull a ~** faire une grimace; **in the ~ of** *(difficulties etc)* face à, devant; **on the ~ of it** à première vue; **~ to ~** face à face; **face up to** *vt fus* faire face à, affronter
**face cloth** *n* *(Brit)* gant *m* de toilette
**face cream** *n* crème *f* pour le visage
**face lift** *n* lifting *m*; *(of façade etc)* ravalement *m*, retapage *m*
**face pack** *n* *(Brit)* masque *m* (de beauté)
**face powder** *n* poudre *f* (pour le visage)
**face value** ['feɪs'væljuː] *n* *(of coin)* valeur nominale; **to take sth at ~** *(fig)* prendre qch pour argent comptant
**facial** ['feɪʃl] *adj* facial(e) ▷ *n* soin complet du visage
**facilitate** [fə'sɪlɪteɪt] *vt* faciliter
**facilities** [fə'sɪlɪtɪz] *npl* installations *fpl*,

équipement m; **credit ~** facilités de paiement
**facility** [fə'sɪlɪtɪ] n facilité f
**facing** ['feɪsɪŋ] prep face à, en face de ▷ n (of wall etc) revêtement m; (Sewing) revers m
**facsimile** [fæk'sɪmɪlɪ] n (exact replica) facsimilé m; (also: **~ machine**) télécopieur m; (transmitted document) télécopie f
**fact** [fækt] n fait m; **in ~** en fait; **to know for a ~ that ...** savoir pertinemment que ...
**faction** ['fækʃən] n faction f
**factor** ['fæktər] n facteur m; (of sun cream) indice m (de protection); (Comm) factor m, société f d'affacturage; (: agent) dépositaire m/f ▷ vi faire du factoring; **safety ~** facteur de sécurité; **I'd like a ~ 15 suntan lotion** je voudrais une crème solaire d'indice 15
**factory** ['fæktərɪ] n usine f, fabrique f
**factual** ['fæktjuəl] adj basé(e) sur les faits
**faculty** ['fækəltɪ] n faculté f; (US: teaching staff) corps enseignant
**fad** [fæd] n (personal) manie f; (craze) engouement m
**fade** [feɪd] vi se décolorer, passer; (light, sound) s'affaiblir, disparaître; (flower) se faner; **fade away** vi (sound) s'affaiblir; **fade in** vt (picture) ouvrir en fondu; (sound) monter progressivement; **fade out** vt (picture) fermer en fondu; (sound) baisser progressivement
**fag** [fæg] n (Brit inf: cigarette) clope f; (: chore): **what a ~!** quelle corvée!; (US inf: homosexual) pédé m
**Fahrenheit** ['fɑːrənhaɪt] n Fahrenheit m inv
**fail** [feɪl] vt (exam) échouer à; (candidate) recaler; (subj: courage, memory) faire défaut à ▷ vi échouer; (supplies) manquer; (eyesight, health, light: also: **be ~ing**) baisser, s'affaiblir; (brakes) lâcher; **to ~ to do sth** (neglect) négliger de or ne pas faire qch; (be unable) ne pas arriver or parvenir à faire qch; **without ~** à coup sûr; sans faute
**failing** ['feɪlɪŋ] n défaut m ▷ prep faute de; **~ that** à défaut, sinon
**failure** ['feɪljər] n échec m; (person) raté(e); (mechanical etc) défaillance f; **his ~ to turn up** le fait de n'être pas venu or qu'il ne soit pas venu
**faint** [feɪnt] adj faible; (recollection) vague; (mark) à peine visible; (smell, breeze, trace) léger(-ère) ▷ n évanouissement m ▷ vi s'évanouir; **to feel ~** défaillir
**faintest** ['feɪntɪst] adj: **I haven't the ~ idea** je n'en ai pas la moindre idée
**faintly** ['feɪntlɪ] adv faiblement; (vaguely) vaguement
**fair** [fɛər] adj équitable, juste; (reasonable) correct(e), honnête; (hair) blond(e); (skin, complexion) pâle, blanc/blanche; (weather) beau/belle; (good enough) assez bon(ne); (sizeable) considérable ▷ adv: **to play ~** jouer franc jeu ▷ n foire f; (Brit: funfair) fête f (foraine); (also: **trade ~**) foire(-exposition)

commerciale; **it's not ~!** ce n'est pas juste!; **a ~ amount of** une quantité considérable de
**fairground** ['fɛəgraund] n champ m de foire
**fair-haired** [fɛə'hɛəd] adj (person) aux cheveux clairs, blond(e)
**fairly** ['fɛəlɪ] adv (justly) équitablement; (quite) assez; **I'm ~ sure** j'en suis quasiment or presque sûr
**fairness** ['fɛənɪs] n (of trial etc) justice f, équité f; (of person) sens m de la justice; **in all ~** en toute justice
**fair trade** n commerce m équitable
**fairway** ['fɛəweɪ] n (Golf) fairway m
**fairy** ['fɛərɪ] n fée f
**fairy tale** n conte m de fées
**faith** [feɪθ] n foi f; (trust) confiance f; (sect) culte m, religion f; **to have ~ in sb/sth** avoir confiance en qn/qch
**faithful** ['feɪθful] adj fidèle
**faithfully** ['feɪθfəlɪ] adv fidèlement; **yours ~** (Brit: in letters) veuillez agréer l'expression de mes salutations les plus distinguées
**fake** [feɪk] n (painting etc) faux m; (photo) trucage m; (person) imposteur m ▷ adj faux/fausse ▷ vt (emotions) simuler; (painting) faire un faux de; (photo) truquer; (story) fabriquer; **his illness is a ~** sa maladie est une comédie or de la simulation
**falcon** ['fɔːlkən] n faucon m
**fall** [fɔːl] n chute f; (decrease) baisse f; (US: autumn) automne m ▷ vi (pt fell, pp fallen) [fɛl, 'fɔːlən] tomber; (price, temperature, dollar) baisser; **falls** npl (waterfall) chute f d'eau, cascade f; **to ~ flat** vi (on one's face) tomber de tout son long, s'étaler; (joke) tomber à plat; (plan) échouer; **to ~ short of** (sb's expectations) ne pas répondre à; **a ~ of snow** (Brit) une chute de neige; **fall apart** vi (object) tomber en morceaux; (inf: emotionally) craquer; **fall back** vi reculer, se retirer; **fall back on** vt fus se rabattre sur; **to have something to ~ back on** (money etc) avoir quelque chose en réserve; (job etc) avoir une solution de rechange; **fall behind** vi prendre du retard; **fall down** vi (person) tomber; (building) s'effondrer, s'écrouler; **fall for** vt fus (trick) se laisser prendre à; (person) tomber amoureux(-euse) de; **fall in** vi s'effondrer; (Mil) se mettre en rangs; **fall in with** vt fus (sb's plans etc) accepter; **fall off** vi tomber; (diminish) baisser, diminuer; **fall out** vi (friends etc) se brouiller; (hair, teeth) tomber; **fall over** vi tomber (par terre); **fall through** vi (plan, project) tomber à l'eau
**fallacy** ['fæləsɪ] n erreur f, illusion f
**fallen** ['fɔːlən] pp of **fall**
**fallout** ['fɔːlaut] n retombées (radioactives)
**fallow** ['fæləu] adj en jachère; en friche
**false** [fɔːls] adj faux/fausse; **under ~ pretences** sous un faux prétexte
**false alarm** n fausse alerte

**false teeth** *npl* (Brit) fausses dents, dentier *m*
**falter** ['fɔːltəʳ] *vi* chanceler, vaciller
**fame** [feɪm] *n* renommée *f*, renom *m*
**familiar** [fə'mɪlɪəʳ] *adj* familier(-ière); **to be ~ with sth** connaître qch; **to make o.s. ~ with sth** se familiariser avec qch; **to be on ~ terms with sb** bien connaître qn
**familiarize** [fə'mɪlɪəraɪz] *vt* familiariser; **to ~ o.s. with** se familiariser avec
**family** ['fæmɪlɪ] *n* famille *f*
**family doctor** *n* médecin *m* de famille
**family planning** *n* planning familial
**famine** ['fæmɪn] *n* famine *f*
**famished** ['fæmɪʃt] *adj* affamé(e); **I'm ~!** (*inf*) je meurs de faim!
**famous** ['feɪməs] *adj* célèbre
**famously** ['feɪməslɪ] *adv* (*get on*) fameusement, à merveille
**fan** [fæn] *n* (*folding*) éventail *m*; (*Elec*) ventilateur *m*; (*person*) fan *m*, admirateur(-trice); (*Sport*) supporter *m/f* ⊳ *vt* éventer; (*fire, quarrel*) attiser; **fan out** *vi* se déployer (en éventail)
**fanatic** [fə'nætɪk] *n* fanatique *m/f*
**fan belt** *n* courroie *f* de ventilateur
**fan club** *n* fan-club *m*
**fancy** ['fænsɪ] *n* (*whim*) fantaisie *f*, envie *f*; (*imagination*) imagination *f* ⊳ *adj* (*luxury*) de luxe; (*elaborate: jewellery, packaging*) fantaisie *inv*; (*showy*) tape-à-l'œil *inv*; (*pretentious: words*) recherché(e) ⊳ *vt* (*feel like, want*) avoir envie de; (*imagine*) imaginer; **to take a ~ to** prendre d'affection pour; s'enticher de; **it took** *or* **caught my ~** ça m'a plu; **when the ~ takes him** quand ça lui prend; **to ~ that ... se figurer** *or* **s'imaginer que ...; he fancies her** elle lui plaît
**fancy dress** *n* déguisement *m*, travesti *m*
**fancy-dress ball** [fænsɪ'drɛs-] *n* bal masqué *or* costumé
**fang** [fæŋ] *n* croc *m*; (*of snake*) crochet *m*
**fan heater** *n* (Brit) radiateur soufflant
**fantasize** ['fæntəsaɪz] *vi* fantasmer
**fantastic** [fæn'tæstɪk] *adj* fantastique
**fantasy** ['fæntəsɪ] *n* imagination *f*, fantaisie *f*; (*unreality*) fantasme *m*
**fanzine** ['fænziːn] *n* fanzine *m*
**FAQ** *n abbr* (= frequently asked question) FAQ *f inv*, faq *f inv* ⊳ *abbr* (= free alongside quay) FLQ
**far** [fɑːʳ] *adj* (*distant*) lointain(e), éloigné(e) ⊳ *adv* loin; **the ~ side/end** l'autre côté/bout; **the ~ left/right** (Pol) l'extrême gauche *f*/droite *f*; **is it ~ to London?** est-ce qu'on est loin de Londres?; **it's not ~ (from here)** ce n'est pas loin (d'ici); **~ away**, **~ off** au loin, dans le lointain; **~ better** beaucoup mieux; **~ from** loin de; **by ~** de loin, de beaucoup; **as ~ back as the 13th century** dès le 13e siècle; **go as ~ as the bridge** allez jusqu'au pont; **as ~ as I know** pour autant que je sache; **how ~ is it to ...?** combien y a-t-il jusqu'à ...?; **as ~ as**

**possible** dans la mesure du possible; **how ~ have you got with your work?** où en êtes-vous dans votre travail?
**faraway** ['fɑːrəweɪ] *adj* lointain(e); (*look*) absent(e)
**farce** [fɑːs] *n* farce *f*
**fare** [fɛəʳ] *n* (*on trains, buses*) prix *m* du billet; (*in taxi*) prix de la course; (*passenger in taxi*) client *m*; (*food*) table *f*, chère *f* ⊳ *vi* se débrouiller; **half ~** demi-tarif; **full ~** plein tarif
**Far East** *n*: **the ~** l'Extrême-Orient *m*
**farewell** [fɛə'wɛl] *excl, n* adieu *m* ⊳ *cpd* (*party etc*) d'adieux
**farm** [fɑːm] *n* ferme *f* ⊳ *vt* cultiver; **farm out** *vt* (*work etc*) distribuer
**farmer** ['fɑːməʳ] *n* fermier(-ière), cultivateur(-trice)
**farmhand** ['fɑːmhænd] *n* ouvrier(-ière) agricole
**farmhouse** ['fɑːmhaus] *n* (maison *f* de) ferme *f*
**farming** ['fɑːmɪŋ] *n* agriculture *f*; (*of animals*) élevage *m*; **intensive ~** culture intensive; **sheep ~** élevage du mouton
**farmland** ['fɑːmlænd] *n* terres cultivées *or* arables
**farm worker** *n* = **farmhand**
**farmyard** ['fɑːmjɑːd] *n* cour *f* de ferme
**far-reaching** ['fɑː'riːtʃɪŋ] *adj* d'une grande portée
**fart** [fɑːt] (*inf!*) *n* pet *m* ⊳ *vi* péter
**farther** ['fɑːðəʳ] *adv* plus loin ⊳ *adj* plus éloigné(e), plus lointain(e)
**farthest** ['fɑːðɪst] *superlative of* **far**
**fascinate** ['fæsɪneɪt] *vt* fasciner, captiver
**fascinating** ['fæsɪneɪtɪŋ] *adj* fascinant(e)
**fascination** [fæsɪ'neɪʃən] *n* fascination *f*
**fascism** ['fæʃɪzəm] *n* fascisme *m*
**fascist** ['fæʃɪst] *adj, n* fasciste *m/f*
**fashion** ['fæʃən] *n* mode *f*; (*manner*) façon *f*, manière *f* ⊳ *vt* façonner; **in ~** à la mode; **out of ~** démodé(e); **in the Greek ~** à la grecque; **after a ~** (*finish, manage etc*) tant bien que mal
**fashionable** ['fæʃnəbl] *adj* à la mode
**fashion show** *n* défilé *m* de mannequins *or* de mode
**fast** [fɑːst] *adj* rapide; (*clock*): **to be ~** avancer; (*dye, colour*) grand *or* bon teint *inv* ⊳ *adv* vite, rapidement; (*stuck, held*) solidement ⊳ *n* jeûne *m* ⊳ *vi* jeûner; **my watch is 5 minutes ~** ma montre avance de 5 minutes; **~ asleep** profondément endormi; **as ~ as I can** aussi vite que je peux; **to make a boat ~** (Brit) amarrer un bateau
**fasten** ['fɑːsn] *vt* attacher, fixer; (*coat*) attacher, fermer ⊳ *vi* se fermer, s'attacher; **fasten on**, **fasten upon** *vt fus* (*idea*) se cramponner à
**fastener** ['fɑːsnəʳ], **fastening** ['fɑːsnɪŋ] *n* fermeture *f*, attache *f*; (Brit: zip fastener) fermeture éclair® *inv or* à glissière

**fast food** n fast food m, restauration f rapide

**fastidious** ['fæs'tɪdɪəs] adj exigeant(e), difficile

**fat** [fæt] adj gros(se) ▷ n graisse f; (on meat) gras m; (for cooking) matière grasse; **to live off the ~ of the land** vivre grassement

**fatal** ['feɪtl] adj (mistake) fatal(e); (injury) mortel(le)

**fatality** [fə'tælɪtɪ] n (road death etc) victime f, décès m

**fatally** ['feɪtəlɪ] adv fatalement; (injured) mortellement

**fate** [feɪt] n destin m; (of person) sort m; **to meet one's ~** trouver la mort

**fateful** ['feɪtful] adj fatidique

**father** ['fɑ:ðər] n père m

**Father Christmas** n le Père Noël

**father-in-law** ['fɑ:ðərɪnlɔ:] n beau-père m

**fatherly** ['fɑ:ðəlɪ] adj paternel(le)

**fathom** ['fæðəm] n brasse f (=1828 mm) ▷ vt (mystery) sonder, pénétrer

**fatigue** [fə'ti:g] n fatigue f; (Mil) corvée f; **metal ~** fatigue du métal

**fatten** ['fætn] vt, vi engraisser

**fattening** ['fætnɪŋ] adj (food) qui fait grossir; **chocolate is ~** le chocolat fait grossir

**fatty** ['fætɪ] adj (food) gras(se) ▷ n (inf) gros/grosse

**fatuous** ['fætjuəs] adj stupide

**faucet** ['fɔ:sɪt] n (US) robinet m

**fault** [fɔ:lt] n faute f; (defect) défaut m; (Geo) faille f ▷ vt prendre en défaut; **it's my ~** c'est de ma faute; **to find ~ with** trouver à redire or à critiquer à; **at ~** fautif(-ive), coupable; **to a ~** à l'excès

**faulty** ['fɔ:ltɪ] adj défectueux(-euse)

**fauna** ['fɔ:nə] n faune f

**favour**, (US) **favor** ['feɪvər] n faveur f; (help) service m ▷ vt (proposition) être en faveur de; (pupil etc) favoriser; (team etc) donner gagnant; **to do sb a ~** rendre un service à qn; **in ~ of** en faveur de; **to be in ~ of sth/of doing sth** être partisan de qch/de faire qch; **to find ~ with sb** trouver grâce aux yeux de qn

**favourable**, (US) **favorable** ['feɪvrəbl] adj favorable; (price) avantageux(-euse)

**favourite**, (US) **favorite** ['feɪvrɪt] adj, n favori(te)

**fawn** [fɔ:n] n (deer) faon m ▷ adj (also: **~-coloured**) fauve ▷ vi: **to ~ (up)on** flatter servilement

**fax** [fæks] n (document) télécopie f; (machine) télécopieur m ▷ vt envoyer par télécopie

**FBI** n abbr (US: = Federal Bureau of Investigation) FBI m

**fear** [fɪər] n crainte f, peur f ▷ vt craindre ▷ vi: **to ~ for** craindre pour; **to ~ that** craindre que; **~ of heights** vertige m; **for ~ of** de peur que + sub or de + infinitive

**fearful** ['fɪəful] adj craintif(-ive); (sight, noise) affreux(-euse), épouvantable; **to be ~ of** avoir peur de, craindre

**fearless** ['fɪəlɪs] adj intrépide, sans peur

**feasible** ['fi:zəbl] adj faisable, réalisable

**feast** [fi:st] n festin m, banquet m; (Rel: also: **~ day**) fête f ▷ vi festoyer; **to ~ on** se régaler de

**feat** [fi:t] n exploit m, prouesse f

**feather** ['feðər] n plume f ▷ vt: **to ~ one's nest** (fig) faire sa pelote ▷ cpd (bed etc) de plumes

**feature** ['fi:tʃər] n caractéristique f; (article) chronique f, rubrique f ▷ vt (film) avoir pour vedette(s) ▷ vi figurer (en bonne place); **features** npl (of face) traits mpl; **a (special) ~ on sth/sb** un reportage sur qch/qn; **it ~d prominently in ...** cela a figuré en bonne place dans or sur ...

**feature film** n long métrage

**Feb.** abbr (= February) fév

**February** ['februərɪ] n février m; see also **July**

**fed** [fɛd] pt, pp of **feed**

**federal** ['fɛdərəl] adj fédéral(e)

**federation** [fɛdə'reɪʃən] n fédération f

**fed up** [fɛd'ʌp] adj: **to be ~ (with)** en avoir marre or plein le dos (de)

**fee** [fi:] n rémunération f; (of doctor, lawyer) honoraires mpl; (of school, college etc) frais mpl de scolarité; (for examination) droits mpl; **entrance/membership ~** droit d'entrée/d'inscription; **for a small ~** pour une somme modique

**feeble** ['fi:bl] adj faible; (attempt, excuse) pauvre; (joke) piteux(-euse)

**feed** [fi:d] n (of baby) tétée f; (of animal) nourriture f, pâture f; (on printer) mécanisme m d'alimentation ▷ vt (pt, pp **fed**) [fɛd] (person) nourrir; (Brit: baby: breastfeed) allaiter; (: with bottle) donner le biberon à; (horse etc) donner à manger à; (machine) alimenter; (data etc): **to ~ sth into** enregistrer qch dans; **feed back** vt (results) donner en retour; **feed on** vt fus se nourrir de

**feedback** ['fi:dbæk] n (Elec) effet m Larsen; (from person) réactions fpl

**feel** [fi:l] n (sensation) sensation f; (impression) impression f ▷ vt (pt, pp **felt**) [fɛlt] (touch) toucher; (explore) tâter, palper; (cold, pain) sentir; (grief, anger) ressentir, éprouver; (think, believe): **to ~ (that)** trouver que; **I ~ that you ought to do it** il me semble que vous devriez le faire; **to ~ hungry/cold** avoir faim/froid; **to ~ lonely/better** se sentir seul/mieux; **I don't ~ well** je ne me sens pas bien; **to ~ sorry for** avoir pitié de; **it ~s soft** c'est doux au toucher; **it ~s colder here** je trouve qu'il fait plus froid ici; **it ~s like velvet** on dirait du velours, ça ressemble au velours; **to ~ like** (want) avoir envie de; **to ~ about** or **around** fouiller, tâtonner; **to get the ~ of sth** (fig) s'habituer à qch

**feeler** ['fi:lə'] *n* (*of insect*) antenne *f*; (*fig*): **to put out a ~** *or* **~s** tâter le terrain
**feeling** ['fi:lɪŋ] *n* (*physical*) sensation *f*; (*emotion, impression*) sentiment *m*; **to hurt sb's ~s** froisser qn; **~s ran high about it** cela a déchaîné les passions; **what are your ~s about the matter?** quel est votre sentiment sur cette question?; **my ~ is that ...** j'estime que ...; **I have a ~ that ...** j'ai l'impression que ...
**feet** [fi:t] *npl of* **foot**
**feign** [feɪn] *vt* feindre, simuler
**fell** [fɛl] *pt of* **fall** ▷ *vt* (*tree*) abattre ▷ *n* (*Brit: mountain*) montagne *f*; (*: moorland*): **the ~s** la lande ▷ *adj*: **with one ~ blow** d'un seul coup
**fellow** ['fɛləu] *n* type *m*; (*comrade*) compagnon *m*; (*of learned society*) membre *m*; (*of university*) universitaire *m/f* (*membre du conseil*) ▷ *cpd*: **their ~ prisoners/students** leurs camarades prisonniers/étudiants; **his ~ workers** ses collègues *mpl* (de travail)
**fellow citizen** *n* concitoyen(ne)
**fellow countryman** *irreg n* compatriote *m*
**fellow men** *npl* semblables *mpl*
**fellowship** ['fɛləuʃɪp] *n* (*society*) association *f*; (*comradeship*) amitié *f*, camaraderie *f*; (*Scol*) *sorte de bourse universitaire*
**felony** ['fɛlənɪ] *n* crime *m*, forfait *m*
**felt** [fɛlt] *pt, pp of* **feel** ▷ *n* feutre *m*
**felt-tip** ['fɛlttɪp-] *n* (*also*: **~ pen**) stylo-feutre *m*
**female** ['fi:meɪl] *n* (*Zool*) femelle *f*; (*pej: woman*) bonne femme ▷ *adj* (*Biol, Elec*) femelle; (*sex, character*) féminin(e); (*vote etc*) des femmes; (*child etc*) du sexe féminin; **male and ~ students** étudiants et étudiantes
**feminine** ['fɛmɪnɪn] *adj* féminin(e) ▷ *n* féminin *m*
**feminist** ['fɛmɪnɪst] *n* féministe *m/f*
**fence** [fɛns] *n* barrière *f*; (*Sport*) obstacle *m*; (*inf: person*) receleur(-euse) ▷ *vt* (*also*: **~ in**) clôturer ▷ *vi* faire de l'escrime; **to sit on the ~** (*fig*) ne pas se mouiller
**fencing** ['fɛnsɪŋ] *n* (*sport*) escrime *m*
**fend** [fɛnd] *vi*: **to ~ for o.s.** se débrouiller (tout seul); **fend off** *vt* (*attack etc*) parer; (*questions*) éluder
**fender** ['fɛndə'] *n* garde-feu *m inv*; (*on boat*) défense *f*; (*US: of car*) aile *f*
**fennel** ['fɛnl] *n* fenouil *m*
**ferment** *vi* [fə'mɛnt] fermenter ▷ *n* ['fə:mɛnt] (*fig*) agitation *f*, effervescence *f*
**fern** [fə:n] *n* fougère *f*
**ferocious** [fə'rəuʃəs] *adj* féroce
**ferret** ['fɛrɪt] *n* furet *m*; **ferret about, ferret around** *vi* fureter; **ferret out** *vt* dénicher
**ferry** ['fɛrɪ] *n* (*small*) bac *m*; (*large: also*: **~boat**) ferry(-boat *m*) *m* ▷ *vt* transporter; **to ~ sth/sb across** *or* **over** faire traverser qch/qn
**fertile** ['fə:taɪl] *adj* fertile; (*Biol*) fécond(e); **~ period** période *f* de fécondité

**fertilize** ['fə:tɪlaɪz] *vt* fertiliser; (*Biol*) féconder
**fertilizer** ['fə:tɪlaɪzə'] *n* engrais *m*
**fester** ['fɛstə'] *vi* suppurer
**festival** ['fɛstɪvəl] *n* (*Rel*) fête *f*; (*Art, Mus*) festival *m*
**festive** ['fɛstɪv] *adj* de fête; **the ~ season** (*Brit: Christmas*) la période des fêtes
**festivities** [fɛs'tɪvɪtɪz] *npl* réjouissances *fpl*
**festoon** [fɛs'tu:n] *vt*: **to ~ with** orner de
**fetch** [fɛtʃ] *vt* aller chercher; (*Brit: sell for*) rapporter; **how much did it ~?** ça a atteint quel prix?; **fetch up** *vi* (*Brit*) se retrouver
**fête** [feɪt] *n* fête *f*, kermesse *f*
**fetus** ['fi:təs] *n* (*US*) = **foetus**
**feud** [fju:d] *n* querelle *f*, dispute *f* ▷ *vi* se quereller, se disputer; **a family ~** une querelle de famille
**fever** ['fi:və'] *n* fièvre *f*; **he has a ~** il a de la fièvre
**feverish** ['fi:vərɪʃ] *adj* fiévreux(-euse), fébrile
**few** [fju:] *adj* (*not many*) peu de ▷ *pron* peu; **~ succeed** il y en a peu qui réussissent, (bien) peu réussissent; **they were ~** ils étaient peu (nombreux), il y en avait peu; **a ~** (*as adj*) quelques; (*as pron*) quelques-uns(-unes); **I know a ~** j'en connais quelques-uns; **quite a ~ ...** *adj* un certain nombre de ..., pas mal de ...; **in the next ~ days** dans les jours qui viennent; **in the past ~ days** ces derniers jours; **every ~ days/months** tous les deux ou trois jours/mois; **a ~ more ...** encore quelques ..., quelques ... de plus
**fewer** ['fju:ə'] *adj* moins de ▷ *pron* moins; **they are ~ now** il y en a moins maintenant, ils sont moins (nombreux) maintenant
**fewest** ['fju:ɪst] *adj* le moins nombreux
**fiancé** [fɪ'ɑ̃:ŋseɪ] *n* fiancé *m*
**fiancée** [fɪ'ɑ̃:ŋseɪ] *n* fiancée *f*
**fiasco** [fɪ'æskəu] *n* fiasco *m*
**fib** [fɪb] *n* bobard *m*
**fibre**, (*US*) **fiber** ['faɪbə'] *n* fibre *f*
**fibreglass, Fiberglass**® (*US*) ['faɪbəglɑ:s] *n* fibre *f* de verre
**fickle** ['fɪkl] *adj* inconstant(e), volage, capricieux(-euse)
**fiction** ['fɪkʃən] *n* romans *mpl*, littérature *f* romanesque; (*invention*) fiction *f*
**fictional** ['fɪkʃənl] *adj* fictif(-ive)
**fictitious** [fɪk'tɪʃəs] *adj* fictif(-ive), imaginaire
**fiddle** ['fɪdl] *n* (*Mus*) violon *m*; (*cheating*) combine *f*, escroquerie *f* ▷ *vt* (*Brit: accounts*) falsifier, maquiller; **tax ~** fraude fiscale, combine *f* pour échapper au fisc; **to work a ~** traficoter; **fiddle with** *vt fus* tripoter
**fidelity** [fɪ'dɛlɪtɪ] *n* fidélité *f*
**fidget** ['fɪdʒɪt] *vi* se trémousser, remuer
**field** [fi:ld] *n* champ *m*; (*fig*) domaine *m*, champ; (*Sport: ground*) terrain *m*; (*Comput*) champ, zone *f*; **to lead the ~** (*Sport, Comm*)

dominer; **the children had a ~ day** (fig)
c'était un grand jour pour les enfants
**field marshal** n maréchal m
**fieldwork** ['fiːldwəːk] n travaux mpl
pratiques (or recherches fpl) sur le terrain
**fiend** [fiːnd] n démon m
**fierce** [fɪəs] adj (look, animal) féroce, sauvage;
(wind, attack, person) (très) violent(e); (fighting,
enemy) acharné(e)
**fiery** ['faɪərɪ] adj ardent(e), brûlant(e),
fougueux(-euse)
**fifteen** [fɪf'tiːn] num quinze
**fifteenth** [fɪf'tiːnθ] num quinzième
**fifth** [fɪfθ] num cinquième
**fiftieth** ['fɪftɪɪθ] num cinquantième
**fifty** ['fɪftɪ] num cinquante
**fifty-fifty** ['fɪftɪ'fɪftɪ] adv moitié-moitié; **to
share ~ with sb** partager moitié-moitié avec
qn ▷ adj: **to have a ~ chance (of success)**
avoir une chance sur deux (de réussir)
**fig** [fɪg] n figue f
**fight** [faɪt] (pt, pp **fought**) [fɔːt] n (between
persons) bagarre f; (argument) dispute f; (Mil)
combat m; (against cancer etc) lutte f ▷ vt se
battre contre; (cancer, alcoholism, emotion)
combattre, lutter contre; (election) se
présenter à; (Law: case) défendre ▷ vi se
battre; (argue) se disputer; (fig): **to ~ (for/
against)** lutter (pour/contre); **fight back** vi
rendre les coups; (after illness) reprendre le
dessus ▷ vt (tears) réprimer; **fight off** vt
repousser; (disease, sleep, urge) lutter contre
**fighter** ['faɪtə<sup>r</sup>] n lutteur m; (fig: plane)
chasseur m
**fighting** ['faɪtɪŋ] n combats mpl; (brawls)
bagarres fpl
**figment** ['fɪgmənt] n: **a ~ of the
imagination** une invention
**figurative** ['fɪgjʊrətɪv] adj figuré(e)
**figure** ['fɪgə<sup>r</sup>] n (Drawing, Geom) figure f;
(number) chiffre m; (body, outline) silhouette f;
(person's shape) ligne f, formes fpl; (person)
personnage m ▷ vt (US: think) supposer ▷ vi
(appear) figurer; (US: make sense) s'expliquer;
**public ~** personnalité f; **~ of speech** figure f
de rhétorique; **figure on** vt fus (US): **to ~ on
doing** compter faire; **figure out** vt
(understand) arriver à comprendre; (plan)
calculer
**figurehead** ['fɪgəhɛd] n (Naut) figure f de
proue; (pej) prête-nom m
**file** [faɪl] n (tool) lime f; (dossier) dossier m;
(folder) dossier, chemise f; (: binder) classeur m;
(Comput) fichier m; (row) file f ▷ vt (nails, wood)
limer; (papers) classer; (Law: claim) faire
enregistrer; déposer ▷ vi: **to ~ in/out** entrer/
sortir l'un derrière l'autre; **to ~ past** défiler
devant; **to ~ a suit against sb** (Law) intenter
un procès à qn
**filing cabinet** n classeur m (meuble)
**Filipino** [fɪlɪ'piːnəʊ] adj philippin(e) ▷ n
(person) Philippin(e); (Ling) tagalog m

**fill** [fɪl] vt remplir; (vacancy) pourvoir à ▷ n: **to
eat one's ~** manger à sa faim; **to ~ with**
remplir de; **fill in** vt (hole) boucher; (form)
remplir; (details, report) compléter; **fill out** vt
(form, receipt) remplir; **fill up** vt remplir ▷ vi
(Aut) faire le plein; **~ it up, please** (Aut) le
plein, s'il vous plaît
**fillet** ['fɪlɪt] n filet m ▷ vt préparer en filets
**fillet steak** n filet m de bœuf, tournedos m
**filling** ['fɪlɪŋ] n (Culin) garniture f, farce f;
(for tooth) plombage m
**filling station** n station-service f, station f
d'essence
**film** [fɪlm] n film m; (Phot) pellicule f, film;
(of powder, liquid) couche f, pellicule ▷ vt
(scene) filmer ▷ vi tourner; **I'd like a
36-exposure ~** je voudrais une pellicule
de 36 poses
**film star** n vedette f de cinéma
**filter** ['fɪltə<sup>r</sup>] n filtre m ▷ vt filtrer
**filter lane** n (Brit Aut: at traffic lights) voie f de
dégagement; (: on motorway) voie f de sortie
**filter tip** n bout m filtre
**filth** [fɪlθ] n saleté f
**filthy** ['fɪlθɪ] adj sale, dégoûtant(e); (language)
ordurier(-ière), grossier(-ière)
**fin** [fɪn] n (of fish) nageoire f; (of shark)
aileron m; (of diver) palme f
**final** ['faɪnl] adj final(e), dernier(-ière);
(decision, answer) définitif(-ive) ▷ n (Brit Sport)
finale f; **finals** npl (Scol) examens mpl de
dernière année; (US Sport) finale f; **~ demand**
(on invoice etc) dernier rappel
**finale** [fɪ'nɑːlɪ] n finale m
**finalist** ['faɪnəlɪst] n (Sport) finaliste m/f
**finalize** ['faɪnəlaɪz] vt mettre au point
**finally** ['faɪnəlɪ] adv (eventually) enfin,
finalement; (lastly) en dernier lieu; (irrevocably)
définitivement
**finance** [faɪ'næns] n finance f ▷ vt financer;
**finances** npl finances fpl
**financial** [faɪ'nænʃəl] adj financier(-ière);
**~ statement** bilan m, exercice financier
**financial year** n année f budgétaire
**find** [faɪnd] vt (pt, pp **found**) [faʊnd] trouver;
(lost object) retrouver ▷ n trouvaille f,
découverte f; **to ~ sb guilty** (Law) déclarer qn
coupable; **to ~ (some) difficulty in doing
sth** avoir du mal à faire qch; **find out** vt se
renseigner sur; (truth, secret) découvrir;
(person) démasquer ▷ vi: **to ~ out about**
(make enquiries) se renseigner sur; (by chance)
apprendre
**findings** ['faɪndɪŋz] npl (Law) conclusions fpl,
verdict m; (of report) constatations fpl
**fine** [faɪn] adj (weather) beau/belle; (excellent)
excellent(e); (thin, subtle, not coarse) fin(e);
(acceptable) bien inv ▷ adv (well) très bien;
(small) fin, finement ▷ n (Law) amende f;
contravention f ▷ vt (Law) condamner à une
amende; donner une contravention à; **he's ~**
il va bien; **the weather is ~** il fait beau;

**you're doing** ~ c'est bien, vous vous débrouillez bien; **to cut it** ~ calculer un peu juste

**fine arts** npl beaux-arts mpl

**finery** ['faɪnərɪ] n parure f

**finger** ['fɪŋɡəʳ] n doigt m ▷ vt palper, toucher; **index** ~ index m

**fingernail** ['fɪŋɡəneɪl] n ongle m (de la main)

**fingerprint** ['fɪŋɡəprɪnt] n empreinte digitale ▷ vt (person) prendre les empreintes digitales de

**fingertip** ['fɪŋɡətɪp] n bout m du doigt; (fig): **to have sth at one's ~s** avoir qch à sa disposition; (knowledge) savoir qch sur le bout du doigt

**finish** ['fɪnɪʃ] n fin f; (Sport) arrivée f; (polish etc) finition f ▷ vt finir, terminer ▷ vi finir, se terminer; (session) s'achever; **to ~ doing sth** finir de faire qch; **to ~ third** arriver or terminer troisième; **when does the show ~?** quand est-ce que le spectacle se termine?; **finish off** vt finir, terminer; (kill) achever; **finish up** vi, vt finir

**finishing line** ['fɪnɪʃɪŋ-] n ligne f d'arrivée

**finite** ['faɪnaɪt] adj fini(e); (verb) conjugué(e)

**Finland** ['fɪnlənd] n Finlande f

**Finn** [fɪn] n Finnois(e), Finlandais(e)

**Finnish** ['fɪnɪʃ] adj finnois(e), finlandais(e) ▷ n (Ling) finnois m

**fir** [fəːʳ] n sapin m

**fire** ['faɪəʳ] n feu m; (accidental) incendie m; (heater) radiateur m ▷ vt (discharge): **to ~ a gun** tirer un coup de feu; (fig: interest) enflammer, animer; (inf: dismiss) mettre à la porte, renvoyer ▷ vi (shoot) tirer, faire feu ▷ cpd: ~ **hazard, ~ risk: that's a fire hazard** or **risk** cela présente un risque d'incendie; ~! au feu!; **on** ~ en feu; **to set ~ to sth, set sth on** ~ mettre le feu à qch; **insured against** ~ assuré contre l'incendie

**fire alarm** n avertisseur m d'incendie

**firearm** ['faɪərɑːm] n arme f à feu

**fire brigade** n (régiment m de sapeurs-) pompiers mpl

**fire department** n (US) = **fire brigade**

**fire engine** n (Brit) pompe f à incendie

**fire escape** n escalier m de secours

**fire exit** n issue f or sortie f de secours

**fire extinguisher** n extincteur m

**fireman** irreg ['faɪəmən] n pompier m

**fireplace** ['faɪəpleɪs] n cheminée f

**fireside** ['faɪəsaɪd] n foyer m, coin m du feu

**fire station** n caserne f de pompiers

**fire truck** n (US) = **fire engine**

**firewall** ['faɪəwɔːl] n (Internet) pare-feu m

**firewood** ['faɪəwud] n bois m de chauffage

**fireworks** ['faɪəwəːks] npl (display) feu(x) m(pl) d'artifice

**firing squad** n peloton m d'exécution

**firm** [fəːm] adj ferme ▷ n compagnie f, firme f; **it is my ~ belief that ...** je crois fermement que ...

**firmly** ['fəːmlɪ] adv fermement

**first** [fəːst] adj premier(-ière) ▷ adv (before other people) le premier, la première; (before other things) en premier, d'abord; (when listing reasons etc) en premier lieu, premièrement; (in the beginning) au début ▷ n (person: in race) premier(-ière); (Brit Scol) mention f très bien; (Aut) première f; **the ~ of January** le premier janvier; **at** ~ au commencement, au début; ~ **of all** tout d'abord, pour commencer; **in the ~ instance** en premier lieu; **I'll do it** ~ **thing tomorrow** je le ferai tout de suite demain matin

**first aid** n premiers secours or soins

**first-aid kit** [fəːst'eɪd-] n trousse f à pharmacie

**first-class** ['fəːst'klɑːs] adj (ticket etc) de première classe; (excellent) excellent(e), exceptionnel(le); (post) en tarif prioritaire

**first-hand** ['fəːst'hænd] adj de première main

**first lady** n (US) femme f du président

**firstly** ['fəːstlɪ] adv premièrement, en premier lieu

**first name** n prénom m

**first-rate** ['fəːst'reɪt] adj excellent(e)

**fiscal** ['fɪskl] adj fiscal(e)

**fiscal year** n exercice financier

**fish** [fɪʃ] n (pl inv) poisson m; poissons mpl ▷ vt, vi pêcher; **to ~ a river** pêcher dans une rivière; ~ **and chips** poisson frit et frites

**fisherman** irreg ['fɪʃəmən] n pêcheur m

**fish farm** n établissement m piscicole

**fish fingers** npl (Brit) bâtonnets mpl de poisson (congelés)

**fishing** ['fɪʃɪŋ] n pêche f; **to go** ~ aller à la pêche

**fishing boat** n barque f de pêche

**fishing line** n ligne f (de pêche)

**fishing rod** n canne f à pêche

**fishing tackle** n attirail m de pêche

**fishmonger** ['fɪʃmʌŋɡəʳ] n (Brit) marchand m de poisson

**fishmonger's** ['fɪʃmʌŋɡəz], **fishmonger's shop** n (Brit) poissonnerie f

**fish slice** n (Brit) pelle f à poisson

**fish sticks** npl (US) = **fish fingers**

**fishy** ['fɪʃɪ] adj (inf) suspect(e), louche

**fist** [fɪst] n poing m

**fit** [fɪt] adj (Med, Sport) en (bonne) forme; (proper) convenable; approprié(e) ▷ vt (subj: clothes) aller à; (adjust) ajuster; (put in, attach) installer, poser; adapter; (equip) équiper, garnir, munir; (suit) convenir à ▷ vi (clothes) aller; (parts) s'adapter; (in space, gap) entrer, s'adapter ▷ n (Med) accès m, crise f; (of anger) accès; (of hysterics, jealousy) crise; ~ **to** (ready to) en état de; ~ **for** (worthy) digne de; (capable) apte à; **to keep** ~ se maintenir en forme; **this dress is a tight/good** ~ cette robe est un peu juste/(me) va très bien; **a** ~ **of coughing** une quinte de toux; **to have a** ~

**fitful** ['fɪtful] *adj* intermittent(e)

**fitment** ['fɪtmənt] *n* meuble encastré, élément *m*

**fitness** ['fɪtnɪs] *n* (*Med*) forme *f* physique; (*of remark*) à-propos *m*, justesse *f*

**fitted** ['fɪtɪd] *adj* (*jacket, shirt*) ajusté(e)

**fitted carpet** ['fɪtɪd-] *n* moquette *f*

**fitted kitchen** ['fɪtɪd-] *n* (*Brit*) cuisine équipée

**fitted sheet** ['fɪtɪd-] *n* drap-housse *m*

**fitter** ['fɪtə'] *n* monteur *m*; (*Dressmaking*) essayeur(-euse)

**fitting** ['fɪtɪŋ] *adj* approprié(e) ▷ *n* (*of dress*) essayage *m*; (*of piece of equipment*) pose *f*, installation *f*

**fitting room** *n* (*in shop*) cabine *f* d'essayage

**fittings** ['fɪtɪŋz] *npl* installations *fpl*

**five** [faɪv] *num* cinq

**fiver** ['faɪvə'] *n* (*inf: Brit*) billet *m* de cinq livres; (*: US*) billet de cinq dollars

**fix** [fɪks] *vt* (*date, amount etc*) fixer; (*sort out*) arranger; (*mend*) réparer; (*make ready: meal, drink*) préparer; (*inf: game etc*) truquer ▷ *n*: **to be in a ~** être dans le pétrin; **fix up** *vt* (*meeting*) arranger; **to ~ sb up with sth** faire avoir qch à qn

**fixation** [fɪk'seɪʃən] *n* (*Psych*) fixation *f*; (*fig*) obsession *f*

**fixed** [fɪkst] *adj* (*prices etc*) fixe; **there's a ~ charge** il y a un prix forfaitaire; **how are you ~ for money?** (*inf*) question fric, ça va?

**fixture** ['fɪkstʃə'] *n* installation *f* (fixe); (*Sport*) rencontre *f* (au programme)

**fizzy** ['fɪzɪ] *adj* pétillant(e), gazeux(-euse)

**flabbergasted** ['flæbəga:stɪd] *adj* sidéré(e), ahuri(e)

**flabby** ['flæbɪ] *adj* mou/molle

**flag** [flæg] *n* drapeau *m*; (*also: ~stone*) dalle *f* ▷ *vi* faiblir; fléchir; **~ of convenience** pavillon *m* de complaisance; **flag down** *vt* héler, faire signe (de s'arrêter) à

**flagpole** ['flægpəʊl] *n* mât *m*

**flagship** ['flægʃɪp] *n* vaisseau *m* amiral; (*fig*) produit *m* vedette

**flair** [flɛə'] *n* flair *m*

**flak** [flæk] *n* (*Mil*) tir antiaérien; (*inf: criticism*) critiques *fpl*

**flake** [fleɪk] *n* (*of rust, paint*) écaille *f*; (*of snow, soap powder*) flocon *m* ▷ *vi* (*also: ~ off*) s'écailler

**flamboyant** [flæm'bɔɪənt] *adj* flamboyant(e), éclatant(e); (*person*) haut(e) en couleur

**flame** [fleɪm] *n* flamme *f*

**flamingo** [flə'mɪŋgəʊ] *n* flamant *m* (rose)

**flammable** ['flæməbl] *adj* inflammable

**flan** [flæn] *n* (*Brit*) tarte *f*

**flank** [flæŋk] *n* flanc *m* ▷ *vt* flanquer

**flannel** ['flænl] *n* (*Brit: also:* **face ~**) gant *m* de toilette; (*fabric*) flanelle *f*; (*Brit inf*) baratin *m*; **flannels** *npl* pantalon *m* de flanelle

**flap** [flæp] *n* (*of pocket, envelope*) rabat *m* ▷ *vt* (*wings*) battre (de) ▷ *vi* (*sail, flag*) claquer; (*inf: also:* **be in a ~**) paniquer

**flare** [flɛə'] *n* (*signal*) signal lumineux; (*Mil*) fusée éclairante; (*in skirt etc*) évasement *m*; **flares** *npl* (*trousers*) pantalon *m* à pattes d'éléphant; **flare up** *vi* s'embraser; (*fig: person*) se mettre en colère, s'emporter; (*: revolt*) éclater

**flash** [flæʃ] *n* éclair *m*; (*also:* **news ~**) flash *m* (d'information); (*Phot*) flash ▷ *vt* (*switch on*) allumer (brièvement); (*direct*): **to ~ sth at** braquer qch sur; (*flaunt*) étaler, exhiber; (*send: message*) câbler; (*smile*) lancer ▷ *vi* briller; jeter des éclairs; (*light on ambulance etc*) clignoter; **a ~ of lightning** un éclair; **in a ~** en un clin d'œil; **to ~ one's headlights** faire un appel de phares; **he ~ed by** *or* **past** il passa (devant nous) comme un éclair

**flashback** ['flæʃbæk] *n* flashback *m*, retour *m* en arrière

**flashbulb** ['flæʃbʌlb] *n* ampoule *f* de flash

**flashcube** ['flæʃkju:b] *n* cube-flash *m*

**flashlight** ['flæʃlaɪt] *n* lampe *f* de poche

**flashy** ['flæʃɪ] *adj* (*pej*) tape-à-l'œil *inv*, tapageur(-euse)

**flask** [flɑ:sk] *n* flacon *m*, bouteille *f*; (*Chem*) ballon *m*; (*also:* **vacuum ~**) bouteille *f* thermos®

**flat** [flæt] *adj* plat(e); (*tyre*) dégonflé(e), à plat; (*beer*) éventé(e); (*battery*) à plat; (*denial*) catégorique; (*Mus*) bémol *inv*; (*: voice*) faux/ fausse ▷ *n* (*Brit: apartment*) appartement *m*; (*Aut*) crevaison *f*, pneu crevé; (*Mus*) bémol *m*; **~ out** (*work*) sans relâche; (*race*) à fond; **~ rate of pay** (*Comm*) salaire *m* fixe

**flatly** ['flætlɪ] *adv* catégoriquement

**flatten** ['flætn] *vt* (*also:* **~ out**) aplatir; (*crop*) coucher; (*house, city*) raser

**flatter** ['flætə'] *vt* flatter

**flattering** ['flætərɪŋ] *adj* flatteur(-euse); (*clothes etc*) seyant(e)

**flattery** ['flætərɪ] *n* flatterie *f*

**flaunt** [flɔ:nt] *vt* faire étalage de

**flavour**, (*US*) **flavor** ['fleɪvə'] *n* goût *m*, saveur *f*; (*of ice cream etc*) parfum *m* ▷ *vt* parfumer, aromatiser; (*with herbs etc*) relever; **vanilla-~ed** à l'arôme de vanille, vanillé(e); **what ~s do you have?** quels parfums avez-vous?; **to give** *or* **add ~ to** donner du goût à, relever

**flavouring**, (*US*) **flavoring** ['fleɪvərɪŋ] *n* arôme *m* (synthétique)

**flaw** [flɔ:] *n* défaut *m*

**flawless** ['flɔ:lɪs] *adj* sans défaut

**flax** [flæks] *n* lin *m*

**flea** [fli:] *n* puce *f*

**flea market** *n* marché *m* aux puces

**fleck** [flɛk] *n* (*of dust*) particule *f*; (*of mud, paint, colour*) tacheture *f*, moucheture *f* ▷ *vt* tacher, éclabousser; **brown ~ed with white** brun moucheté de blanc

**fled** [flɛd] *pt, pp of* **flee**

**flee** (*pt, pp* **fled**) [fliː, flɛd] *vt* fuir, s'enfuir de ▷ *vi* fuir, s'enfuir

**fleece** [fliːs] *n* (*of sheep*) toison *f*; (*top*) (laine *f*) polaire *f* ▷ *vt* (*inf*) voler, filouter

**fleet** [fliːt] *n* flotte *f*; (*of lorries, cars etc*) parc *m*; convoi *m*

**fleeting** ['fliːtɪŋ] *adj* fugace, fugitif(-ive); (*visit*) très bref/brève

**Flemish** ['flɛmɪʃ] *adj* flamand(e) ▷ *n* (*Ling*) flamand *m*; **the ~** *npl* les Flamands

**flesh** [flɛʃ] *n* chair *f*

**flesh wound** [-wuːnd] *n* blessure superficielle

**flew** [fluː] *pt of* **fly**

**flex** [flɛks] *n* fil *m or* câble *m* électrique (souple) ▷ *vt* (*knee*) fléchir; (*muscles*) bander

**flexibility** [flɛksɪ'bɪlɪtɪ] *n* flexibilité *f*

**flexible** ['flɛksəbl] *adj* flexible; (*person, schedule*) souple

**flexitime** ['flɛksɪtaɪm], (*US*) **flextime** ['flɛkstaɪm] *n* horaire *m* variable *or* à la carte

**flick** [flɪk] *n* petit coup; (*with finger*) chiquenaude *f* ▷ *vt* donner un petit coup à; (*switch*) appuyer sur; **flick through** *vt fus* feuilleter

**flicker** ['flɪkəʳ] *vi* (*light, flame*) vaciller ▷ *n* vacillement *m*; **a ~ of light** une brève lueur

**flier** ['flaɪəʳ] *n* aviateur *m*

**flies** [flaɪz] *npl of* **fly**

**flight** [flaɪt] *n* vol *m*; (*escape*) fuite *f*; (*also*: **~ of steps**) escalier *m*; **to take ~** prendre la fuite; **to put to ~** mettre en fuite

**flight attendant** *n* steward *m*, hôtesse *f* de l'air

**flight deck** *n* (*Aviat*) poste *m* de pilotage; (*Naut*) pont *m* d'envol

**flimsy** ['flɪmzɪ] *adj* peu solide; (*clothes*) trop léger(-ère); (*excuse*) pauvre, mince

**flinch** [flɪntʃ] *vi* tressaillir; **to ~ from** se dérober à, reculer devant

**fling** [flɪŋ] *vt* (*pt, pp* **flung**) [flʌŋ] jeter, lancer ▷ *n* (*love affair*) brève liaison, passade *f*

**flint** [flɪnt] *n* silex *m*; (*in lighter*) pierre *f* (à briquet)

**flip** [flɪp] *n* chiquenaude *f* ▷ *vt* (*throw*) donner une chiquenaude à; (*switch*) appuyer sur; (*US: pancake*) faire sauter; **to ~ sth over** retourner qch ▷ *vi*: **to ~ for sth** (*US*) jouer qch à pile ou face; **flip through** *vt fus* feuilleter

**flip-flops** ['flɪpflɔps] *npl* (*esp Brit*) tongs *fpl*

**flippant** ['flɪpənt] *adj* désinvolte, irrévérencieux(-euse)

**flipper** ['flɪpəʳ] *n* (*of animal*) nageoire *f*; (*for swimmer*) palme *f*

**flirt** [fləːt] *vi* flirter ▷ *n* flirteur(-euse)

**float** [fləut] *n* flotteur *m*; (*in procession*) char *m*; (*sum of money*) réserve *f* ▷ *vi* flotter; (*bather*) flotter, faire la planche ▷ *vt* faire flotter; (*loan, business, idea*) lancer

**flock** [flɔk] *n* (*of sheep*) troupeau *m*; (*of birds*) vol *m*; (*of people*) foule *f*

**flog** [flɔg] *vt* fouetter

**flood** [flʌd] *n* inondation *f*; (*of letters, refugees etc*) flot *m* ▷ *vt* inonder; (*Aut: carburettor*) noyer ▷ *vi* (*place*) être inondé; (*people*): **to ~ into** envahir; **to ~ the market** (*Comm*) inonder le marché; **in ~** en crue

**flooding** ['flʌdɪŋ] *n* inondation *f*

**floodlight** ['flʌdlaɪt] *n* projecteur *m* ▷ *vt* éclairer aux projecteurs, illuminer

**floor** [flɔːʳ] *n* sol *m*; (*storey*) étage *m*; (*of sea, valley*) fond *m*; (*fig: at meeting*): **the ~** l'assemblée *f*, les membres *mpl* de l'assemblée ▷ *vt* (*knock down*) terrasser; (*baffle*) désorienter; **on the ~** par terre; **ground ~**, (*US*) **first ~** rez-de-chaussée *m*; **first ~**, (*US*) **second ~** premier étage; **top ~** dernier étage; **what ~ is it on?** c'est à quel étage?; **to have the ~** (*speaker*) avoir la parole

**floorboard** ['flɔːbɔːd] *n* planche *f* (du plancher)

**flooring** ['flɔːrɪŋ] *n* sol *m*; (*wooden*) plancher *m*; (*material to make floor*) matériau(x) *m(pl)* pour planchers; (*covering*) revêtement *m* de sol

**floor show** *n* spectacle *m* de variétés

**flop** [flɔp] *n* fiasco *m* ▷ *vi* (*fail*) faire fiasco; (*fall*) s'affaler, s'effondrer

**floppy** ['flɔpɪ] *adj* lâche, flottant(e) ▷ *n* (*Comput: also*: **~ disk**) disquette *f*; **~ hat** chapeau *m* à bords flottants

**flora** ['flɔːrə] *n* flore *f*

**floral** ['flɔːrl] *adj* floral(e); (*dress*) à fleurs

**florid** ['flɔrɪd] *adj* (*complexion*) fleuri(e); (*style*) plein(e) de fioritures

**florist** ['flɔrɪst] *n* fleuriste *m/f*

**florist's** ['flɔrɪsts], **florist's shop** *n* magasin *m or* boutique *f* de fleuriste

**flotation** [fləu'teɪʃən] *n* (*of shares*) émission *f*; (*of company*) lancement *m* (en Bourse)

**flounder** ['flaundəʳ] *n* (*Zool*) flet *m* ▷ *vi* patauger

**flour** ['flauəʳ] *n* farine *f*

**flourish** ['flʌrɪʃ] *vi* prospérer ▷ *vt* brandir ▷ *n* (*gesture*) moulinet *m*; (*decoration*) fioriture *f*; (*of trumpets*) fanfare *f*

**flout** [flaut] *vt* se moquer de, faire fi de

**flow** [fləu] *n* (*of water, traffic etc*) écoulement *m*; (*tide, influx*) flux *m*; (*of orders, letters etc*) flot *m*; (*of blood, Elec*) circulation *f*; (*of river*) courant *m* ▷ *vi* couler; (*traffic*) s'écouler; (*robes, hair*) flotter

**flow chart, flow diagram** *n* organigramme *m*

**flower** ['flauəʳ] *n* fleur *f* ▷ *vi* fleurir; **in ~** en fleur

**flower bed** *n* plate-bande *f*

**flowerpot** ['flauəpɔt] *n* pot *m* (à fleurs)

**flowery** ['flauərɪ] *adj* fleuri(e)

**flown** [fləun] *pp of* **fly**

**fl. oz.** *abbr* = **fluid ounce**

**flu** [fluː] *n* grippe *f*

**fluctuate** ['flʌktjueɪt] vi varier, fluctuer

**fluent** ['fluːənt] adj (speech, style) coulant(e), aisé(e); **he's a ~ speaker/reader** il s'exprime/lit avec aisance or facilité; **he speaks ~ French, he's ~ in French** il parle le français couramment

**fluff** [flʌf] n duvet m; (on jacket, carpet) peluche f

**fluffy** ['flʌfɪ] adj duveteux(-euse); (jacket, carpet) pelucheux(-euse); (toy) en peluche

**fluid** ['fluːɪd] n fluide m; (in diet) liquide m ▷ adj fluide

**fluid ounce** n (Brit) = 0.028 l; 0.05 pints

**fluke** [fluːk] n coup m de veine

**flung** [flʌŋ] pt, pp of **fling**

**fluorescent** [fluəˈrɛsnt] adj fluorescent(e)

**fluoride** ['fluəraɪd] n fluor m

**flurry** ['flʌrɪ] n (of snow) rafale f, bourrasque f; **a ~ of activity** un affairement soudain; **a ~ of excitement** une excitation soudaine

**flush** [flʌʃ] n (on face) rougeur f; (fig: of youth etc) éclat m; (of blood) afflux m ▷ vt nettoyer à grande eau; (also: **~ out**) débusquer ▷ vi rougir ▷ adj (inf) en fonds; (level): **~ with** au ras de, de niveau avec; **to ~ the toilet** tirer la chasse (d'eau); **hot ~es** (Med) bouffées fpl de chaleur

**flushed** ['flʌʃt] adj (tout(e)) rouge

**flustered** ['flʌstəd] adj énervé(e)

**flute** [fluːt] n flûte f

**flutter** ['flʌtər] n (of panic, excitement) agitation f; (of wings) battement m ▷ vi (bird) battre des ailes, voleter; (person) aller et venir dans une grande agitation

**flux** [flʌks] n: **in a state of ~** fluctuant sans cesse

**fly** [flaɪ] (pt **flew**, pp **flown**) [fluː, fləun] n (insect) mouche f; (on trousers: also: **flies**) braguette f ▷ vt (plane) piloter; (passengers, cargo) transporter (par avion); (distance) parcourir ▷ vi voler; (passengers) aller en avion; (escape) s'enfuir, fuir; (flag) se déployer; **to ~ open** s'ouvrir brusquement; **to ~ off the handle** s'énerver, s'emporter; **fly away, fly off** vi s'envoler; **fly in** vi (plane) atterrir; **he flew in yesterday** il est arrivé hier (par avion); **fly out** vi partir (par avion)

**fly-drive** ['flaɪdraɪv] n formule f avion plus voiture

**flying** ['flaɪɪŋ] n (activity) aviation f; (action) vol m ▷ adj: **~ visit** visite f éclair inv; **with ~ colours** haut la main; **he doesn't like ~** il n'aime pas voyager en avion

**flying saucer** n soucoupe volante

**flying start** n: **to get off to a ~** faire un excellent départ

**flyover** ['flaɪəuvər] n (Brit: overpass) pont routier, saut-de-mouton m (Canada)

**flysheet** ['flaɪʃiːt] n (for tent) double toit m

**FM** abbr (Brit Mil) = **field marshal**; (Radio: = frequency modulation) FM

**foal** [fəul] n poulain m

**foam** [fəum] n écume f; (on beer) mousse f; (also: **~ rubber**) caoutchouc m mousse; (also: **plastic ~**) mousse cellulaire or de plastique ▷ vi (liquid) écumer; (soapy water) mousser

**fob** [fɔb] n (also: **watch ~**) chaîne f, ruban m ▷ vt: **to ~ sb off with sth** refiler qch à qn

**focal point** n foyer m; (fig) centre m de l'attention, point focal

**focus** ['fəukəs] n (pl **focuses**) foyer m; (of interest) centre m ▷ vt (field glasses etc) mettre au point; (light rays) faire converger ▷ vi: **to ~ (on)** (with camera) régler la mise au point (sur); (with eyes) fixer son regard (sur); (fig: concentrate) se concentrer; **out of/in ~** (picture) flou(e)/net(te); (camera) pas au point/au point

**fodder** ['fɔdər] n fourrage m

**foe** [fəu] n ennemi m

**foetus**, (US) **fetus** ['fiːtəs] n fœtus m

**fog** [fɔg] n brouillard m

**foggy** ['fɔgɪ] adj: **it's ~** il y a du brouillard

**fog lamp**, (US) **fog light** n (Aut) phare m anti-brouillard

**foil** [fɔɪl] vt déjouer, contrecarrer ▷ n feuille f de métal; (kitchen foil) papier m d'alu(minium); (Fencing) fleuret m; **to act as a ~ to** (fig) servir de repoussoir or de faire-valoir à

**fold** [fəuld] n (bend, crease) pli m; (Agr) parc m à moutons; (fig) bercail m ▷ vt plier; **to ~ one's arms** croiser les bras; **fold up** vi (map etc) se plier, se replier; (business) fermer boutique ▷ vt (map etc) plier, replier

**folder** ['fəuldər] n (for papers) chemise f; (: binder) classeur m; (brochure) dépliant m; (Comput) dossier m

**folding** ['fəuldɪŋ] adj (chair, bed) pliant(e)

**foliage** ['fəulɪɪdʒ] n feuillage m

**folk** [fəuk] npl gens mpl ▷ cpd folklorique; **folks** npl (inf: parents) famille f, parents mpl

**folklore** ['fəuklɔːr] n folklore m

**folk music** n musique f folklorique; (contemporary) musique folk, folk m

**folk song** ['fəuksɔŋ] n chanson f folklorique; (contemporary) chanson folk inv

**follow** ['fɔləu] vt suivre ▷ vi suivre; (result) s'ensuivre; **to ~ sb's advice** suivre les conseils de qn; **I don't quite ~ you** je ne vous suis plus; **to ~ in sb's footsteps** emboîter le pas à qn; (fig) suivre les traces de qn; **it ~s that ...** de ce fait, il s'ensuit que ...; **to ~ suit** (fig) faire de même; **follow out** vt (idea, plan) poursuivre, mener à terme; **follow through** vt = **follow out**; **follow up** vt (victory) tirer parti de; (letter, offer) donner suite à; (case) suivre

**follower** ['fɔləuər] n disciple m/f, partisan(e)

**following** ['fɔləuɪŋ] adj suivant(e) ▷ n partisans mpl, disciples mpl

**follow-up** ['fɔləuʌp] n suite f; (on file, case) suivi m

**folly** ['fɒlı] n inconscience f; sottise f; (building) folie f

**fond** [fɒnd] adj (memory, look) tendre, affectueux(-euse); (hopes, dreams) un peu fou/ folle; **to be ~ of** aimer beaucoup

**fondle** ['fɒndl] vt caresser

**font** [fɒnt] n (Rel) fonts baptismaux; (Typ) police f de caractères

**food** [fu:d] n nourriture f

**food mixer** n mixeur m

**food poisoning** n intoxication f alimentaire

**food processor** n robot m de cuisine

**food stamp** n (US) bon m de nourriture (pour indigents)

**foodstuffs** ['fu:dstʌfs] npl denrées fpl alimentaires

**fool** [fu:l] n idiot(e); (Hist: of king) bouffon m, fou m; (Culin) mousse f de fruits ▷ vt berner, duper ▷ vi (also: **~ around**) faire l'idiot or l'imbécile; **to make a ~ of sb** (ridicule) ridiculiser qn; (trick) avoir or duper qn; **to make a ~ of o.s.** se couvrir de ridicule; **you can't ~ me** vous (ne) me la ferez pas, on (ne) me la fait pas; **fool about, fool around** vi (pej: waste time) traînailler, glandouiller; (: behave foolishly) faire l'idiot or l'imbécile

**foolhardy** ['fu:lhɑ:dı] adj téméraire, imprudent(e)

**foolish** ['fu:lıʃ] adj idiot(e), stupide; (rash) imprudent(e)

**foolproof** ['fu:lpru:f] adj (plan etc) infaillible

**foot** (pl **feet**) [fut, fi:t] n pied m; (of animal) patte f; (measure) pied (= 30.48 cm; 12 inches) ▷ vt (bill) casquer, payer; **on ~** à pied; **to find one's feet** (fig) s'acclimater; **to put one's ~ down** (Aut) appuyer sur le champignon; (say no) s'imposer

**footage** ['futıdʒ] n (Cine: length) ≈ métrage m; (: material) séquences fpl

**foot-and-mouth** [futənd'mauθ], **foot-and-mouth disease** n fièvre aphteuse

**football** ['futbɔ:l] n (ball) ballon m (de football); (sport: Brit) football m; (: US) football américain

**footballer** ['futbɔ:lər] n (Brit) = **football player**

**football match** n (Brit) match m de foot(ball)

**football player** n footballeur(-euse), joueur(-euse) de football; (US) joueur(-euse) de football américain

**football pools** npl (US) ≈ loto m sportif, ≈ pronostics mpl (sur les matchs de football)

**footbrake** ['futbreɪk] n frein m à pédale

**footbridge** ['futbrıdʒ] n passerelle f

**foothills** ['futhɪlz] npl contreforts mpl

**foothold** ['futhəuld] n prise f (de pied)

**footing** ['futıŋ] n (fig) position f; **to lose one's ~** perdre pied; **on an equal ~** sur pied d'égalité

**footlights** ['futlaɪts] npl rampe f

**footnote** ['futnəut] n note f (en bas de page)

**footpath** ['futpɑ:θ] n sentier m; (in street) trottoir m

**footprint** ['futprınt] n trace f (de pied)

**footstep** ['futstεp] n pas m

**footwear** ['futwεər] n chaussures fpl

 **KEYWORD**

**for** [fɔ:r] prep **1** (indicating destination, intention, purpose) pour; **the train for London** le train pour (or à destination de) Londres; **he left for Rome** il est parti pour Rome; **he went for the paper** il est allé chercher le journal; **is this for me?** c'est pour moi?; **it's time for lunch** c'est l'heure du déjeuner; **what's it for?** ça sert à quoi?; **what for?** (why) pourquoi?; (to what end) pour quoi faire?, à quoi bon?; **for sale** à vendre; **to pray for peace** prier pour la paix

**2** (on behalf of, representing) pour; **the MP for Hove** le député de Hove; **to work for sb/sth** travailler pour qn/qch; **I'll ask him for you** je vais lui demander pour toi; **G for George** G comme Georges

**3** (because of) pour; **for this reason** pour cette raison; **for fear of being criticized** de peur d'être critiqué

**4** (with regard to) pour; **it's cold for July** il fait froid pour juillet; **a gift for languages** un don pour les langues

**5** (in exchange for): **I sold it for £5** je l'ai vendu 5 livres; **to pay 50 pence for a ticket** payer un billet 50 pence

**6** (in favour of) pour; **are you for or against us?** êtes-vous pour ou contre nous?; **I'm all for it** je suis tout à fait pour; **vote for X** votez pour X

**7** (referring to distance) pendant, sur; **there are roadworks for 5 km** il y a des travaux sur or pendant 5 km; **we walked for miles** nous avons marché pendant des kilomètres

**8** (referring to time) pendant; depuis; pour; **he was away for 2 years** il a été absent pendant 2 ans; **she will be away for a month** elle sera absente (pendant) un mois; **it hasn't rained for 3 weeks** ça fait 3 semaines qu'il ne pleut pas, il ne pleut pas depuis 3 semaines; **I have known her for years** je la connais depuis des années; **can you do it for tomorrow?** est-ce que tu peux le faire pour demain?

**9** (with infinitive clauses): **it is not for me to decide** ce n'est pas à moi de décider; **it would be best for you to leave** le mieux serait que vous partiez; **there is still time for you to do it** vous avez encore le temps de le faire; **for this to be possible ...** pour que cela soit possible ..

**10** (in spite of): **for all that** malgré cela, néanmoins; **for all his work/efforts** malgré tout son travail/tous ses efforts; **for all his complaints, he's very fond of her** il a beau

se plaindre, il l'aime beaucoup
▷ *conj* (*since, as: formal*) car

**forage** ['fɒrɪdʒ] *n* fourrage *m* ▷ *vi* fourrager, fouiller

**foray** ['fɒreɪ] *n* incursion *f*

**forbid** (*pt* **forbad** *or* **forbade**, *pp* **forbidden**) [fə'bɪd, -'bæd, -'bɪdn] *vt* défendre, interdire; **to ~ sb to do** défendre *or* interdire à qn de faire

**forbidden** [fə'bɪdn] *adj* défendu(e)

**forbidding** [fə'bɪdɪŋ] *adj* d'aspect *or* d'allure sévère *or* sombre

**force** [fɔːs] *n* force *f* ▷ *vt* forcer; (*push*) pousser (de force); **Forces** *npl*: **the F~s** (*Brit Mil*) les forces armées; **to ~ o.s. to do** se forcer à faire; **to ~ sb to do sth** forcer qn à faire qch; **in ~** (*being used: rule, law, prices*) en vigueur; (*in large numbers*) en force; **to come into ~** entrer en vigueur; **a ~ 5 wind** un vent de force 5; **the sales** (*Comm*) la force de vente; **to join ~s** unir ses forces; **force back** *vt* (*crowd, enemy*) repousser; (*tears*) refouler; **force down** *vt* (*food*) se forcer à manger

**forced** [fɔːst] *adj* forcé(e)

**force-feed** ['fɔːsfiːd] *vt* nourrir de force

**forceful** ['fɔːsful] *adj* énergique

**forcibly** ['fɔːsəblɪ] *adv* par la force, de force; (*vigorously*) énergiquement

**ford** [fɔːd] *n* gué *m* ▷ *vt* passer à gué

**fore** [fɔːʳ] *n*: **to the ~** en évidence; **to come to the ~** se faire remarquer

**forearm** ['fɔːrɑːm] *n* avant-bras *m inv*

**foreboding** [fɔː'bəudɪŋ] *n* pressentiment *m* (néfaste)

**forecast** ['fɔːkɑːst] *n* prévision *f*; (*also*: **weather ~**) prévisions *fpl* météorologiques, météo *f* ▷ *vt* (*irreg like*: **cast**) prévoir

**forecourt** ['fɔːkɔːt] *n* (*of garage*) devant *m*

**forefinger** ['fɔːfɪŋɡəʳ] *n* index *m*

**forefront** ['fɔːfrʌnt] *n*: **in the ~ of** au premier rang *or* plan de

**foregone** ['fɔːɡɔn] *adj*: **it's a ~ conclusion** c'est à prévoir, c'est couru d'avance

**foreground** ['fɔːɡraund] *n* premier plan ▷ *cpd* (*Comput*) prioritaire

**forehead** ['fɒrɪd] *n* front *m*

**foreign** ['fɒrɪn] *adj* étranger(-ère); (*trade*) extérieur(e); (*travel*) à l'étranger

**foreign currency** *n* devises étrangères

**foreigner** ['fɒrɪnəʳ] *n* étranger(-ère)

**foreign exchange** *n* (*system*) change *m*; (*money*) devises *fpl*

**Foreign Office** *n* (*Brit*) ministère *m* des Affaires étrangères

**Foreign Secretary** *n* (*Brit*) ministre *m* des Affaires étrangères

**foreleg** ['fɔːlɛɡ] *n* patte *f* de devant, jambe antérieure

**foreman** *irreg* ['fɔːmən] *n* (*in construction*) contremaître *m*; (*Law: of jury*) président *m* (du jury)

**foremost** ['fɔːməust] *adj* le/la plus en vue, premier(-ière) ▷ *adv*: **first and ~** avant tout, tout d'abord

**forename** ['fɔːneɪm] *n* prénom *m*

**forensic** [fə'rɛnsɪk] *adj*: **~ medicine** médecine légale; **~ expert** expert *m* de la police, expert légiste

**forerunner** ['fɔːrʌnəʳ] *n* précurseur *m*

**foresee** (*pt* **foresaw**, *pp* **foreseen**) [fɔː'siː, -'sɔː, -'siːn] *vt* prévoir

**foreseeable** [fɔː'siːəbl] *adj* prévisible

**foreseen** [fɔː'siːn] *pp of* **foresee**

**foreshadow** [fɔː'ʃædəu] *vt* présager, annoncer, laisser prévoir

**foresight** ['fɔːsaɪt] *n* prévoyance *f*

**forest** ['fɒrɪst] *n* forêt *f*

**forestry** ['fɒrɪstrɪ] *n* sylviculture *f*

**foretaste** ['fɔːteɪst] *n* avant-goût *m*

**foretell** (*pt, pp* **foretold**) [fɔː'tɛl, -'təuld] *vt* prédire

**foretold** [fɔː'təuld] *pt, pp of* **foretell**

**forever** [fə'rɛvəʳ] *adv* pour toujours; (*fig: endlessly*) continuellement

**foreword** ['fɔːwəːd] *n* avant-propos *m inv*

**forfeit** ['fɔːfɪt] *n* prix *m*, rançon *f* ▷ *vt* perdre; (*one's life, health*) payer de

**forgave** [fə'ɡeɪv] *pt of* **forgive**

**forge** [fɔːdʒ] *n* forge *f* ▷ *vt* (*signature*) contrefaire; (*wrought iron*) forger; **to ~ documents/a will** fabriquer de faux papiers/un faux testament; **to ~ money** (*Brit*) fabriquer de la fausse monnaie; **forge ahead** *vi* pousser de l'avant, prendre de l'avance

**forged** [fɔːdʒd] *adj* faux/fausse

**forger** ['fɔːdʒəʳ] *n* faussaire *m*

**forgery** ['fɔːdʒərɪ] *n* faux *m*, contrefaçon *f*

**forget** (*pt* **forgot**, *pp* **forgotten**) [fə'ɡɛt, -'ɡɔt, -'ɡɔtn] *vt, vi* oublier; **to ~ to do sth** oublier de faire qch; **to ~ about sth** (*accidentally*) oublier qch; (*on purpose*) ne plus penser à qch; **I've forgotten my key/passport** j'ai oublié ma clé/mon passeport

**forgetful** [fə'ɡɛtful] *adj* distrait(e), étourdi(e); **~ of** oublieux(-euse) de

**forget-me-not** [fə'ɡɛtmɪnɔt] *n* myosotis *m*

**forgive** (*pt* **forgave**, *pp* **forgiven**) [fə'ɡɪv, -'ɡeɪv, -'ɡɪvn] *vt* pardonner; **to ~ sb for sth/ for doing sth** pardonner qch à qn/à qn de faire qch

**forgiveness** [fə'ɡɪvnɪs] *n* pardon *m*

**forgo** (*pt* **forwent**, *pp* **forgone**) [fɔː'ɡəu, -'wɛnt, -'ɡɔn] *vt* = **forego**

**forgot** [fə'ɡɔt] *pt of* **forget**

**forgotten** [fə'ɡɔtn] *pp of* **forget**

**fork** [fɔːk] *n* (*for eating*) fourchette *f*; (*for gardening*) fourche *f*; (*of roads*) bifurcation *f*; (*of railways*) embranchement *m* ▷ *vi* (*road*) bifurquer; **fork out** (*inf: pay*) *vt* allonger, se fendre de ▷ *vi* casquer

**fork-lift truck** ['fɔːklɪft] n chariot élévateur

**forlorn** [fə'lɔːn] adj (person) délaissé(e); (deserted) abandonné(e); (hope, attempt) désespéré(e)

**form** [fɔːm] n forme f; (Scol) classe f; (questionnaire) formulaire m ▷ vt former; (habit) contracter; **in the ~ of** sous forme de; **to ~ part of sth** faire partie de qch; **to be on good ~** (Sport: fig) être en forme; **on top ~** en pleine forme

**formal** ['fɔːməl] adj (offer, receipt) en bonne et due forme; (person) cérémonieux(-euse), à cheval sur les convenances; (occasion, dinner) officiel(le); (garden) à la française; (Art, Philosophy) formel(le); (clothes) de soirée

**formality** [fɔː'mælɪtɪ] n formalité f, cérémonie(s) f(pl)

**formally** ['fɔːməlɪ] adv officiellement; formellement; cérémonieusement

**format** ['fɔːmæt] n format m ▷ vt (Comput) formater

**formation** [fɔː'meɪʃən] n formation f

**formative** ['fɔːmətɪv] adj: **~ years** années fpl d'apprentissage (fig) or de formation (d'un enfant, d'un adolescent)

**former** ['fɔːmər] adj ancien(ne); (before n) précédent(e); **the ~ ... the latter** le premier ... le second, celui-là ... celui-ci; **the ~ president** l'ex-président; **the ~ Yugoslavia/ Soviet Union** l'ex Yougoslavie/Union Soviétique

**formerly** ['fɔːməlɪ] adv autrefois

**formidable** ['fɔːmɪdəbl] adj redoutable

**formula** ['fɔːmjulə] n formule f; **F~ One** (Aut) Formule un

**forsake** (pt **forsook**, pp **forsaken**) [fə'seɪk, -'suk, -'seɪkən] vt abandonner

**fort** [fɔːt] n fort m; **to hold the ~** (fig) assurer la permanence

**forte** ['fɔːtɪ] n (point) fort m

**forth** [fɔːθ] adv en avant; **to go back and ~** aller et venir; **and so ~** et ainsi de suite

**forthcoming** [fɔːθ'kʌmɪŋ] adj qui va paraître or avoir lieu prochainement; (character) ouvert(e), communicatif(-ive); (available) disponible

**forthright** ['fɔːθraɪt] adj franc/franche, direct(e)

**forthwith** ['fɔːθ'wɪθ] adv sur le champ

**fortieth** ['fɔːtɪɪθ] num quarantième

**fortify** ['fɔːtɪfaɪ] vt (city) fortifier; (person) remonter

**fortitude** ['fɔːtɪtjuːd] n courage m, force f d'âme

**fortnight** ['fɔːtnaɪt] n (Brit) quinzaine f, quinze jours mpl; **it's a ~ since ...** il y a quinze jours que ...

**fortnightly** ['fɔːtnaɪtlɪ] adj bimensuel(le) ▷ adv tous les quinze jours

**fortress** ['fɔːtrɪs] n forteresse f

**fortunate** ['fɔːtʃənɪt] adj heureux(-euse); (person) chanceux(-euse); **to be ~** avoir de la chance; **it is ~ that** c'est une chance que, il est heureux que

**fortunately** ['fɔːtʃənɪtlɪ] adv heureusement, par bonheur

**fortune** ['fɔːtʃən] n chance f; (wealth) fortune f; **to make a ~** faire fortune

**fortune-teller** ['fɔːtʃəntelər] n diseuse f de bonne aventure

**forty** ['fɔːtɪ] num quarante

**forum** ['fɔːrəm] n forum m, tribune f

**forward** ['fɔːwəd] adj (movement, position) en avant, vers l'avant; (not shy) effronté(e); (in time) en avance; (Comm: delivery, sales, exchange) à terme ▷ adv (also: **~s**) en avant ▷ n (Sport) avant m ▷ vt (letter) faire suivre; (parcel, goods) expédier; (fig) promouvoir, favoriser; **to look ~ to sth** attendre qch avec impatience; **to move ~** avancer; **"please ~"** "prière de faire suivre"; **~ planning** planification f à long terme

**forwarding address** n adresse f de réexpédition

**forward slash** n barre f oblique

**fossil** ['fɔsl] adj, n fossile m; **~ fuel** combustible m fossile

**foster** ['fɔstər] vt (encourage) encourager, favoriser; (child) élever (sans adopter)

**foster child** n enfant élevé dans une famille d'accueil

**foster parent** n parent qui élève un enfant sans l'adopter

**fought** [fɔːt] pt, pp of **fight**

**foul** [faul] adj (weather, smell, food) infect(e); (language) ordurier(-ière); (deed) infâme ▷ n (Football) faute f ▷ vt (dirty) salir, encrasser; (football player) commettre une faute sur; (entangle: anchor, propeller) emmêler; **he's got a ~ temper** il a un caractère de chien

**foul play** n (Sport) jeu déloyal; (Law) acte criminel; **~ is not suspected** la mort (or l'incendie etc) n'a pas de causes suspectes, on écarte l'hypothèse d'un meurtre (or d'un acte criminel)

**found** [faund] pt, pp of **find** ▷ vt (establish) fonder

**foundation** [faun'deɪʃn] n (act) fondation f; (base) fondement m; (also: **~ cream**) fond m de teint; **foundations** npl (of building) fondations fpl; **to lay the ~s** (fig) poser les fondements

**founder** ['faundər] n fondateur m ▷ vi couler, sombrer

**foundry** ['faundrɪ] n fonderie f

**fountain** ['fauntɪn] n fontaine f

**fountain pen** n stylo m (à encre)

**four** [fɔːr] num quatre; **on all ~s** à quatre pattes

**four-letter word** ['fɔːlɛtə-] n obscénité f, gros mot

**four-poster** ['fɔː'pəustər] n (also: **~ bed**) lit m à baldaquin

**fourteen** ['fɔː'tiːn] num quatorze

**fourteenth** ['fɔː'tiːnθ] num quatorzième

**fourth** ['fɔ:θ] *num* quatrième ▷ *n* (*Aut: also:* **~ gear**) quatrième *f*

**four-wheel drive** ['fɔ:wi:l-] *n* (*Aut: car*) voiture *f* à quatre roues motrices; **with ~** à quatre roues motrices

**fowl** [faul] *n* volaille *f*

**fox** [fɔks] *n* renard *m* ▷ *vt* mystifier

**foyer** ['fɔɪeɪ] *n* (*in hotel*) vestibule *m*; (*Theat*) foyer *m*

**fraction** ['frækʃən] *n* fraction *f*

**fracture** ['fræktʃəʳ] *n* fracture *f* ▷ *vt* fracturer

**fragile** ['frædʒaɪl] *adj* fragile

**fragment** ['frægmənt] *n* fragment *m*

**fragrance** ['freɪgrəns] *n* parfum *m*

**fragrant** ['freɪgrənt] *adj* parfumé(e), odorant(e)

**frail** [freɪl] *adj* fragile, délicat(e); (*person*) frêle

**frame** [freɪm] *n* (*of building*) charpente *f*; (*of human, animal*) charpente, ossature *f*; (*of picture*) cadre *m*; (*of door, window*) encadrement *m*, chambranle *m*; (*of spectacles: also:* **~s**) monture *f* ▷ *vt* (*picture*) encadrer; (*theory, plan*) construire, élaborer; **to ~ sb** (*inf*) monter un coup contre qn; **~ of mind** disposition *f* d'esprit

**framework** ['freɪmwə:k] *n* structure *f*

**France** [frɑ:ns] *n* la France; **in ~** en France

**franchise** ['fræntʃaɪz] *n* (*Pol*) droit *m* de vote; (*Comm*) franchise *f*

**frank** [fræŋk] *adj* franc/franche ▷ *vt* (*letter*) affranchir

**frankly** ['fræŋklɪ] *adv* franchement

**frantic** ['fræntɪk] *adj* (*hectic*) frénétique; (*need, desire*) effréné(e); (*distraught*) hors de soi

**fraternity** [frə'tə:nɪtɪ] *n* (*club*) communauté *f*, confrérie *f*; (*spirit*) fraternité *f*

**fraud** [frɔ:d] *n* supercherie *f*, fraude *f*, tromperie *f*; (*person*) imposteur *m*

**fraught** [frɔ:t] *adj* (*tense: person*) très tendu(e); (: *situation*) pénible; **~ with** (*difficulties etc*) chargé(e) de, plein(e) de

**fray** [freɪ] *n* bagarre *f*; (*Mil*) combat *m* ▷ *vt* effilocher ▷ *vi* s'effilocher; **tempers were ~ed** les gens commençaient à s'énerver; **her nerves were ~ed** elle était à bout de nerfs

**freak** [fri:k] *n* (*eccentric person*) phénomène *m*; (*unusual event*) hasard *m* extraordinaire; (*pej: fanatic*): **health food ~** fana *m/f* or obsédé(e) de l'alimentation saine ▷ *adj* (*storm*) exceptionnel(le); (*accident*) bizarre; **freak out** *vi* (*inf: drop out*) se marginaliser; (: *on drugs*) se défoncer

**freckle** ['frekl] *n* tache *f* de rousseur

**free** [fri:] *adj* libre; (*gratis*) gratuit(e); (*liberal*) généreux(-euse), large ▷ *vt* (*prisoner etc*) libérer; (*jammed object or person*) dégager; **is this seat ~?** la place est libre?; **to give sb a ~ hand** donner carte blanche à qn; **~ and easy** sans façon, décontracté(e); **admission ~** entrée libre; **~ (of charge)** gratuitement

**freedom** ['fri:dəm] *n* liberté *f*

**Freefone®** ['fri:fəun] *n* numéro vert

**free-for-all** ['fri:fərɔ:l] *n* mêlée générale

**free gift** *n* prime *f*

**freehold** ['fri:həuld] *n* propriété foncière libre

**free kick** *n* (*Sport*) coup franc

**freelance** ['fri:lɑ:ns] *adj* (*journalist etc*) indépendant(e), free-lance *inv*; (*work*) en free-lance ▷ *adv* en free-lance

**freely** ['fri:lɪ] *adv* librement; (*liberally*) libéralement

**freemason** ['fri:meɪsn] *n* franc-maçon *m*

**Freepost®** ['fri:pəust] *n* (*Brit*) port payé

**free-range** ['fri:'reɪndʒ] *adj* (*egg*) de ferme; (*chicken*) fermier

**free trade** *n* libre-échange *m*

**freeway** ['fri:weɪ] *n* (*US*) autoroute *f*

**free will** *n* libre arbitre *m*; **of one's own ~** de son plein gré

**freeze** [fri:z] (*pt* **froze**, *pp* **frozen**) [frəuz, 'frəuzn] *vi* geler ▷ *vt* geler; (*food*) congeler; (*prices, salaries*) bloquer, geler ▷ *n* gel *m*; (*of prices, salaries*) blocage *m*; **freeze over** *vi* (*river*) geler; (*windscreen*) se couvrir de givre or de glace; **freeze up** *vi* geler

**freeze-dried** ['fri:zdraɪd] *adj* lyophilisé(e)

**freezer** ['fri:zəʳ] *n* congélateur *m*

**freezing** ['fri:zɪŋ] *adj*: **~ (cold)** (*room etc*) glacial(e); (*person, hands*) gelé(e), glacé(e) ▷ *n*: **3 degrees below ~** 3 degrés au-dessous de zéro; **it's ~** il fait un froid glacial

**freezing point** *n* point *m* de congélation

**freight** [freɪt] *n* (*goods*) fret *m*, cargaison *f*; (*money charged*) fret, prix *m* du transport; **~ forward** port dû; **~ inward** port payé par le destinataire

**freight train** *n* (*US*) train *m* de marchandises

**French** [frentʃ] *adj* français(e) ▷ *n* (*Ling*) français *m*; **the ~** *npl* les Français; **what's the ~ (word) for ...?** comment dit-on ... en français?

**French bean** *n* (*Brit*) haricot vert

**French bread** *n* pain *m* français

**French dressing** *n* (*Culin*) vinaigrette *f*

**French fried potatoes, French fries** (*US*) *npl* (pommes de terre *fpl*) frites *fpl*

**French horn** *n* (*Mus*) cor *m* (d'harmonie)

**French kiss** *n* baiser profond

**French loaf** *n* = pain *m*, = parisien *m*

**Frenchman** *irreg* ['frentʃmən] *n* Français *m*

**French stick** *n* = baguette *f*

**French window** *n* porte-fenêtre *f*

**Frenchwoman** *irreg* ['frentʃwumən] *n* Française *f*

**frenzy** ['frenzɪ] *n* frénésie *f*

**frequency** ['fri:kwənsɪ] *n* fréquence *f*

**frequent** *adj* ['fri:kwənt] fréquent(e) ▷ *vt* [frɪ'kwɛnt] fréquenter

**frequently** ['fri:kwəntlɪ] *adv* fréquemment

**fresh** [freʃ] *adj* frais/fraîche; (*new*) nouveau/nouvelle; (*cheeky*) familier(-ière), culotté(e); **to make a ~ start** prendre un nouveau départ

**freshen** ['frɛʃən] vi (wind, air) fraîchir; **freshen up** vi faire un brin de toilette

**fresher** ['frɛʃə'] n (Brit University: inf) bizuth m, étudiant(e) de première année

**freshly** ['frɛʃlɪ] adv nouvellement, récemment

**freshman** (US) irreg ['frɛʃmən] n = **fresher**

**freshness** ['frɛʃnɪs] n fraîcheur f

**freshwater** ['frɛʃwɔːtə'] adj (fish) d'eau douce

**fret** [frɛt] vi s'agiter, se tracasser

**friar** ['fraɪə'] n moine m, frère m

**friction** ['frɪkʃən] n friction f, frottement m

**Friday** ['fraɪdɪ] n vendredi m; see also **Tuesday**

**fridge** [frɪdʒ] n (Brit) frigo m, frigidaire® m

**fried** [fraɪd] pt, pp of **fry** ▷ adj frit(e); **~ egg** œuf m sur le plat

**friend** [frɛnd] n ami(e) ▷ vt (Internet) ajouter comme ami(e); **to make ~s with** se lier (d'amitié) avec

**friendly** ['frɛndlɪ] adj amical(e); (kind) sympathique, gentil(le); (place) accueillant(e); (Pol: country) ami(e) ▷ n (also: **~ match**) match amical; **to be ~ with** être ami(e) avec; **to be ~ to** être bien disposé(e) à l'égard de

**friendship** ['frɛndʃɪp] n amitié f

**fries** [fraɪz] (esp US) npl = **chips**

**frieze** [friːz] n frise f, bordure f

**frigate** ['frɪɡɪt] n (Naut: modern) frégate f

**fright** [fraɪt] n peur f, effroi m; **to give sb a ~** faire peur à qn; **to take ~** prendre peur, s'effrayer; **she looks a ~** elle a l'air d'un épouvantail

**frighten** ['fraɪtn] vt effrayer, faire peur à; **frighten away, frighten off** vt (birds, children etc) faire fuir, effaroucher

**frightened** ['fraɪtnd] adj: **to be ~ (of)** avoir peur (de)

**frightening** ['fraɪtnɪŋ] adj effrayant(e)

**frightful** ['fraɪtful] adj affreux(-euse)

**frigid** ['frɪdʒɪd] adj frigide

**frill** [frɪl] n (of dress) volant m; (of shirt) jabot m; **without ~s** (fig) sans manières

**fringe** [frɪndʒ] n (Brit: of hair) frange f; (edge: of forest etc) bordure f; (fig): **on the ~** en marge

**fringe benefits** npl avantages sociaux or en nature

**Frisbee®** ['frɪzbɪ] n Frisbee® m

**frisk** [frɪsk] vt fouiller

**fritter** ['frɪtə'] n beignet m; **fritter away** vt gaspiller

**frivolous** ['frɪvələs] adj frivole

**frizzy** ['frɪzɪ] adj crépu(e)

**fro** [frəʊ] adv see **to**

**frock** [frɒk] n robe f

**frog** [frɒg] n grenouille f; **to have a ~ in one's throat** avoir un chat dans la gorge

**frogman** irreg ['frɒgmən] n homme-grenouille m

**frolic** ['frɒlɪk] n ébats mpl ▷ vi folâtrer, batifoler

KEYWORD

**from** [frɒm] prep **1** (indicating starting place, origin etc) de; **where do you come from?, where are you from?** d'où venez-vous?; **where has he come from?** d'où arrive-t-il?; **from London to Paris** de Londres à Paris; **to escape from sb/sth** échapper à qn/qch; **a letter/telephone call from my sister** une lettre/un appel de ma sœur; **to drink from the bottle** boire à (même) la bouteille; **tell him from me that ...** dites-lui de ma part que ...

**2** (indicating time) (à partir) de; **from one o'clock to** or **until** or **till two** d'une heure à deux heures; **from January (on)** à partir de janvier

**3** (indicating distance) de; **the hotel is one kilometre from the beach** l'hôtel est à un kilomètre de la plage

**4** (indicating price, number etc) de; **prices range from £10 to £50** les prix varient entre 10 livres et 50 livres; **the interest rate was increased from 9% to 10%** le taux d'intérêt est passé de 9% à 10%

**5** (indicating difference) de; **he can't tell red from green** il ne peut pas distinguer le rouge du vert; **to be different from sb/sth** être différent de qn/qch

**6** (because of, on the basis of): **from what he says** d'après ce qu'il dit; **weak from hunger** affaibli par la faim

**front** [frʌnt] n (of house, dress) devant m; (of coach, train) avant m; (of book) couverture f; (promenade: also: **sea ~**) bord m de mer; (Mil, Pol, Meteorology) front m; (fig: appearances) contenance f, façade f ▷ adj de devant; (page, row) premier(-ière); (seat, wheel) avant inv ▷ vi: **to ~ onto sth** donner sur qch; **in ~ (of)** devant

**frontage** ['frʌntɪdʒ] n façade f; (of shop) devanture f

**front door** n porte f d'entrée; (of car) portière f avant

**frontier** ['frʌntɪə'] n frontière f

**front page** n première page

**front room** n (Brit) pièce f de devant, salon m

**front-wheel drive** ['frʌntwiːl-] n traction f avant

**frost** [frɒst] n gel m, gelée f; (also: **hoar~**) givre m

**frostbite** ['frɒstbaɪt] n gelures fpl

**frosted** ['frɒstɪd] adj (glass) dépoli(e); (esp US: cake) glacé(e)

**frosting** ['frɒstɪŋ] n (esp US: on cake) glaçage m

**frosty** ['frɒstɪ] adj (window) couvert(e) de givre; (weather, welcome) glacial(e)

**froth** [frɒθ] n mousse f; écume f

**frown** [fraʊn] n froncement m de sourcils ▷ vi froncer les sourcils; **frown on** vt (fig) désapprouver

**froze** [frəuz] *pt of* **freeze**

**frozen** ['frəuzn] *pp of* **freeze** ▷ *adj (food)* congelé(e); *(very cold: person: Comm: assets)* gelé(e)

**fruit** [fruːt] *n (pl inv)* fruit *m*

**fruiterer** ['fruːtərə'] *n* fruitier *m*, marchand(e) de fruits; **~'s (shop)** fruiterie *f*

**fruitful** ['fruːtful] *adj* fructueux(-euse); *(plant, soil)* fécond(e)

**fruition** [fruː'ɪʃən] *n*: **to come to ~** se réaliser

**fruit juice** *n* jus *m* de fruit

**fruit machine** *n (Brit)* machine *f* à sous

**fruit salad** *n* salade *f* de fruits

**frustrate** [frʌs'treɪt] *vt* frustrer; *(plot, plans)* faire échouer

**frustrated** [frʌs'treɪtɪd] *adj* frustré(e)

**fry** *(pt, pp* **fried)** [fraɪ, -d] *vt* (faire) frire ▷ *n*: **small ~** le menu fretin

**frying pan** ['fraɪɪŋ-] *n* poêle *f* (à frire)

**ft.** *abbr* = **foot; feet**

**fudge** [fʌdʒ] *n (Culin)* sorte de confiserie à base de sucre, de beurre et de lait ▷ *vt (issue, problem)* esquiver

**fuel** [fjuəl] *n (for heating)* combustible *m*; *(for engine)* carburant *m*

**fuel oil** *n* mazout *m*

**fuel poverty** pauvreté *f* énergétique

**fuel tank** *n* cuve *f* à mazout, citerne *f*; *(in vehicle)* réservoir *m* de or à carburant

**fugitive** ['fjuːdʒɪtɪv] *n* fugitif(-ive)

**fulfil,** *(US)* **fulfill** [ful'fɪl] *vt (function, condition)* remplir; *(order)* exécuter; *(wish, desire)* satisfaire, réaliser

**fulfilment,** *(US)* **fulfillment** [ful'fɪlmənt] *n (of wishes)* réalisation *f*

**full** [ful] *adj* plein(e); *(details, hotel, bus)* complet(-ète); *(price)* fort(e), normal(e); *(busy: day)* chargé(e); *(skirt)* ample, large ▷ *adv*: **to know ~ well that** savoir fort bien que; **~ (up)** *(hotel etc)* complet(-ète); **I'm ~ (up)** j'ai bien mangé; **~ employment/fare** plein emploi/tarif; **a ~ two hours** deux bonnes heures; **at ~ speed** à toute vitesse; **in ~** *(reproduce, quote, pay)* intégralement; *(write name etc)* en toutes lettres

**full-length** ['ful'leŋθ] *adj (portrait)* en pied; *(coat)* long(ue); **~ film** long métrage

**full moon** *n* pleine lune

**full-scale** ['fulskeɪl] *adj (model)* grandeur nature *inv*; *(search, retreat)* complet(-ète), total(e)

**full stop** *n* point *m*

**full-time** ['ful'taɪm] *adj, adv (work)* à plein temps ▷ *n (Sport)* fin *f* du match

**fully** ['fulɪ] *adv* entièrement, complètement; *(at least)*: **~ as big** au moins aussi grand

**fully-fledged** ['fulɪ'fledʒd] *adj (teacher, barrister)* diplômé(e); *(citizen, member)* à part entière

**fumble** ['fʌmbl] *vi* fouiller, tâtonner ▷ *vt (ball)* mal réceptionner, cafouiller; **fumble with** *vt fus* tripoter

**fume** [fjuːm] *vi (rage)* rager

**fumes** ['fjuːmz] *npl* vapeurs *fpl*, émanations *fpl*, gaz *mpl*

**fun** [fʌn] *n* amusement *m*, divertissement *m*; **to have ~** s'amuser; **for ~** pour rire; **it's not much ~** ce n'est pas très drôle or amusant; **to make ~ of** se moquer de

**function** ['fʌŋkʃən] *n* fonction *f*; *(reception, dinner)* cérémonie *f*, soirée officielle ▷ *vi* fonctionner; **to ~ as** faire office de

**functional** ['fʌŋkʃənl] *adj* fonctionnel(le)

**fund** [fʌnd] *n* caisse *f*, fonds *m*; *(source, store)* source *f*, mine *f*; **funds** *npl (money)* fonds *mpl*

**fundamental** [fʌndə'mentl] *adj* fondamental(e); **fundamentals** *npl* principes *mpl* de base

**funeral** ['fjuːnərəl] *n* enterrement *m*, obsèques *fpl (more formal occasion)*

**funeral director** *n* entrepreneur *m* des pompes funèbres

**funeral parlour** *n (Brit)* dépôt *m* mortuaire

**funeral service** *n* service *m* funèbre

**funfair** ['fʌnfeə'] *n (Brit)* fête (foraine)

**fungus** *(pl* **fungi)** ['fʌŋgəs, -gaɪ] *n* champignon *m*; *(mould)* moisissure *f*

**funnel** ['fʌnl] *n* entonnoir *m*; *(of ship)* cheminée *f*

**funny** ['fʌnɪ] *adj* amusant(e), drôle; *(strange)* curieux(-euse), bizarre

**fur** [fəː'] *n* fourrure *f*; *(Brit: in kettle etc)* (dépôt *m* de) tartre *m*

**fur coat** *n* manteau *m* de fourrure

**furious** ['fjuərɪəs] *adj* furieux(-euse); *(effort)* acharné(e); **to be ~ with sb** être dans une fureur noire contre qn

**furlong** ['fəːlɔŋ] *n* = 201.17 *m (terme d'hippisme)*

**furnace** ['fəːnɪs] *n* fourneau *m*

**furnish** ['fəːnɪʃ] *vt* meubler; *(supply)* fournir; **~ed flat** *or (US)* **apartment** meublé *m*

**furnishings** ['fəːnɪʃɪŋz] *npl* mobilier *m*, articles *mpl* d'ameublement

**furniture** ['fəːnɪtʃə'] *n* meubles *mpl*, mobilier *m*; **piece of ~** meuble *m*

**furrow** ['fʌrəu] *n* sillon *m*

**furry** ['fəːrɪ] *adj (animal)* à fourrure; *(toy)* en peluche

**further** ['fəːðə'] *adj* supplémentaire, autre; nouveau/nouvelle ▷ *adv* plus loin; *(more)* davantage; *(moreover)* de plus ▷ *vt* faire avancer or progresser, promouvoir; **how much ~ is it?** quelle distance or combien reste-t-il à parcourir?; **until ~ notice** jusqu'à nouvel ordre or avis; **~ to your letter of ...** *(Comm)* suite à votre lettre du ...

**further education** *n* enseignement *m* postscolaire *(recyclage, formation professionnelle)*

**furthermore** [fəːðə'mɔː'] *adv* de plus, en outre

**furthest** ['fəːðɪst] *superlative of* **far**

**fury** ['fjuərɪ] *n* fureur *f*

**fuse**, (US) **fuze** [fju:z] n fusible m; (for bomb etc) amorce f, détonateur m ▷ vt, vi (metal) fondre; (fig) fusionner; (Brit: Elec): **to ~ the lights** faire sauter les fusibles or les plombs; **a ~ has blown** un fusible a sauté

**fuse box** n boîte f à fusibles

**fusion** ['fju:ʒən] n fusion f

**fuss** [fʌs] n (anxiety, excitement) chichis mpl, façons fpl; (commotion) tapage m; (complaining, trouble) histoire(s) f(pl) ▷ vi faire des histoires ▷ vt (person) embêter; **to make a ~** faire des façons (or des histoires); **to make a ~ of sb** dorloter qn; **fuss over** vt fus (person) dorloter

**fussy** ['fʌsɪ] adj (person) tatillon(ne), difficile, chichiteux(-euse); (dress, style) tarabiscoté(e); **I'm not ~** (inf) ça m'est égal

**future** ['fju:tʃər] adj futur(e) ▷ n avenir m; (Ling) futur m; **futures** npl (Comm) opérations fpl à terme; **in (the) ~** à l'avenir; **in the near/immediate ~** dans un avenir proche/immédiat

**fuze** [fju:z] n, vt, vi (US) = **fuse**

**fuzzy** ['fʌzɪ] adj (Phot) flou(e); (hair) crépu(e)

**FYI** abbr = **for your information**

# g

**G¹, g** [dʒi:] n (letter) G, g m; (Mus): **G** sol m; **G for George** G comme Gaston

**G²** n abbr (Brit Scol: = good) b (= bien); (US Cine: = general (audience)) ≈ tous publics; (Pol: = G8) G8 m

**g.** abbr (= gram) g; (= gravity) g

**gabble** ['gæbl] vi bredouiller; jacasser

**gable** ['geɪbl] n pignon m

**gadget** ['gædʒɪt] n gadget m

**Gaelic** ['geɪlɪk] adj, n (Ling) gaélique (m)

**gag** [gæg] n (on mouth) bâillon m; (joke) gag m ▷ vt (prisoner etc) bâillonner ▷ vi (choke) étouffer

**gaiety** ['geɪɪtɪ] n gaieté f

**gain** [geɪn] n (improvement) gain m; (profit) gain, profit m ▷ vt gagner ▷ vi (watch) avancer; **to ~ from/by** gagner de/à; **to ~ on sb** (catch up) rattraper qn; **to ~ 3lbs (in weight)** prendre 3 livres; **to ~ ground** gagner du terrain

**gal.** abbr = **gallon**

**gala** ['gɑ:lə] n gala m; **swimming ~** grand concours de natation

**galaxy** ['gæləksɪ] n galaxie f

**gale** [geɪl] n coup m de vent; **~ force 10** vent m de force 10

**gallant** ['gælənt] adj vaillant(e), brave; (towards ladies) empressé(e), galant(e)

**gall bladder** ['gɔ:l-] n vésicule f biliaire

**gallery** ['gælərɪ] n galerie f; (also: **art ~**) musée m; (: private) galerie; (for spectators) tribune f; (: in theatre) dernier balcon

**gallon** ['gæln] n gallon m (Brit = 4.543 l; US = 3.785 l), = 8 pints

**gallop** ['gæləp] n galop m ▷ vi galoper; **~ing inflation** inflation galopante

**gallows** ['gæləuz] n potence f

**gallstone** ['gɔ:lstəun] n calcul m (biliaire)

**galore** [gə'lɔ:ʳ] adv en abondance, à gogo

**Gambia** ['gæmbɪə] n Gambie f

**gambit** ['gæmbɪt] n (fig): **(opening) ~** manœuvre f stratégique

**gamble** ['gæmbl] n pari m, risque calculé ▷ vt, vi jouer; **to ~ on the Stock Exchange** jouer en or à la Bourse; **to ~ on** (fig) miser sur

**gambler** ['gæmblər] n joueur m

**gambling** ['gæmblɪŋ] n jeu m

**game** [geɪm] n jeu m; (event) match m; (of tennis, chess, cards) partie f; (Hunting) gibier m ▷ adj brave; (willing): **to be ~ (for)** être prêt(e) (à or pour); **a ~ of football/tennis** une partie de football/tennis; **big ~** gros gibier; **games** npl (Scol) sport m; (sport event) jeux

**gamekeeper** ['geɪmki:pər] n garde-chasse m

**gamer** ['geɪmər] n joueur(-euse) de jeux vidéos

**games console** ['geɪmz-] n console f de jeux vidéo

**game show** ['geɪmʃəu] n jeu télévisé

**gaming** ['geɪmɪŋ] n (video games) jeux mpl vidéos

**gammon** ['gæmən] n (bacon) quartier m de lard fumé; (ham) jambon fumé or salé

**gamut** ['gæmət] n gamme f

**gang** [gæŋ] n bande f, groupe m; (of workmen) équipe f; **gang up** vi: **to ~ up on sb** se liguer contre qn

**gangster** ['gæŋstər] n gangster m, bandit m

**gangway** ['gæŋweɪ] n passerelle f; (Brit: of bus) couloir central

**gaol** [dʒeɪl] n, vt (Brit) = **jail**

**gap** [gæp] n trou m; (in time) intervalle m; (fig) lacune f; vide m; (difference): **~ (between)** écart m (entre)

**gape** [geɪp] vi (person) être or rester bouche bée; (hole, shirt) être ouvert(e)

**gaping** ['geɪpɪŋ] adj (hole) béant(e)

**gap year** n année que certains étudiants prennent pour voyager ou pour travailler avant d'entrer à l'université

**garage** ['gærɑ:ʒ] n garage m

**garage sale** n vide-grenier m

**garbage** ['gɑ:bɪdʒ] n (US: rubbish) ordures fpl, détritus mpl; (inf: nonsense) âneries fpl

**garbage can** n (US) poubelle f, boîte f à ordures

**garbage collector** n (US) éboueur m

**garbled** ['gɑ:bld] adj déformé(e), faussé(e)

**garden** ['gɑ:dn] n jardin m ▷ vi jardiner; **gardens** npl (public) jardin public; (private) parc m

**garden centre** (Brit) n pépinière f, jardinerie f

**gardener** ['gɑ:dnər] n jardinier m

**gardening** ['gɑ:dnɪŋ] n jardinage m

**gargle** ['gɑ:gl] vi se gargariser ▷ n gargarisme m

**garish** ['gɛərɪʃ] adj criard(e), voyant(e)

**garland** ['gɑ:lənd] n guirlande f; couronne f

**garlic** ['gɑ:lɪk] n ail m

**garment** ['gɑ:mənt] n vêtement m

**garnish** ['gɑ:nɪʃ] (Culin) vt garnir ▷ n décoration f

**garrison** ['gærɪsn] n garnison f ▷ vt mettre en garnison, stationner

**garter** ['gɑ:tər] n jarretière f; (US: suspender) jarretelle f

**gas** [gæs] n gaz m; (used as anaesthetic): **to be given ~** se faire endormir; (US: gasoline) essence f ▷ vt asphyxier; (Mil) gazer; **I can smell ~** ça sent le gaz

**gas cooker** n (Brit) cuisinière f à gaz

**gas cylinder** n bouteille f de gaz

**gas fire** n (Brit) radiateur m à gaz

**gash** [gæʃ] n entaille f; (on face) balafre f ▷ vt taillader; balafrer

**gasket** ['gæskɪt] n (Aut) joint m de culasse

**gas mask** n masque m à gaz

**gas meter** n compteur m à gaz

**gasoline** ['gæsəli:n] n (US) essence f

**gasp** [gɑ:sp] n halètement m; (of shock etc): **she gave a small ~ of pain** la douleur lui coupa le souffle ▷ vi haleter; (fig) avoir le souffle coupé; **gasp out** vt (say) dire dans un souffle or d'une voix entrecoupée

**gas pedal** n (US) accélérateur m

**gas ring** n brûleur m

**gas station** n (US) station-service f

**gas tank** n (US Aut) réservoir m d'essence

**gas tap** n bouton m (de cuisinière à gaz); (on pipe) robinet m à gaz

**gastric** ['gæstrɪk] adj gastrique

**gate** [geɪt] n (of garden) portail m; (of field, at level crossing) barrière f; (of building, town, at airport) porte f; (of lock) vanne f

**gateau** (pl **gateaux**) ['gætəu, -z] n gros gâteau à la crème

**gatecrash** ['geɪtkræʃ] vt s'introduire sans invitation dans

**gateway** ['geɪtweɪ] n porte f

**gather** ['gæðər] vt (flowers, fruit) cueillir; (pick up) ramasser; (assemble: objects) rassembler; (: people) réunir; (: information) recueillir; (understand) comprendre; (Sewing) froncer ▷ vi (assemble) se rassembler; (dust) s'amasser; (clouds) s'amonceler; **to ~ (from/that)** conclure or déduire (de/que); **as far as I can ~** d'après ce que je comprends; **to ~ speed** prendre de la vitesse

**gathering** ['gæðərɪŋ] n rassemblement m

**gaudy** ['gɔ:dɪ] adj voyant(e)

**gauge** [geɪdʒ] n (standard measure) calibre m; (Rail) écartement m; (instrument) jauge f ▷ vt jauger; (fig: sb's capabilities, character) juger de; **to ~ the right moment** calculer le moment propice; **petrol ~**, (US) **gas ~** jauge d'essence

**gaunt** [gɔːnt] *adj* décharné(e); (*grim, desolate*) désolé(e)

**gauntlet** ['gɔːntlɪt] *n* (*fig*): **to throw down the ~** jeter le gant; **to run the ~ through an angry crowd** se frayer un passage à travers une foule hostile *or* entre deux haies de manifestants *etc* hostiles

**gauze** [gɔːz] *n* gaze *f*

**gave** [geɪv] *pt of* **give**

**gay** [geɪ] *adj* (*homosexual*) homosexuel(le); (*slightly old-fashioned: cheerful*) gai(e), réjoui(e); (*colour*) gai, vif/vive

**gaze** [geɪz] *n* regard *m* fixe ▷ *vi*: **to ~ at** *vt* fixer du regard

**gazump** [gə'zʌmp] *vi* (*Brit*) revenir sur une promesse de vente pour accepter un prix plus élevé

**GB** *abbr* = **Great Britain**

**GCE** *n abbr* (*Brit*) = **General Certificate of Education**

**GCSE** *n abbr* (*Brit*: = *General Certificate of Secondary Education*) examen passé à l'âge de 16 ans sanctionnant les connaissances de l'élève; **she's got eight ~s** elle a réussi dans huit matières aux épreuves du GCSE

**gear** [gɪəʳ] *n* matériel *m*, équipement *m*; (*Tech*) engrenage *m*; (*Aut*) vitesse *f* ▷ *vt* (*fig: adapt*) adapter; **top** *or* (*US*) **high/low ~** quatrième (*or* cinquième)/première vitesse; **in ~** en prise; **out of ~** au point mort; **our service is ~ed to meet the needs of the disabled** notre service répond de façon spécifique aux besoins des handicapés; **gear up** *vi*: **to ~ up (to do)** se préparer (à faire)

**gear box** *n* boîte *f* de vitesse

**gear lever** *n* levier *m* de vitesse

**gear shift** (*US*) *n* = **gear lever**

**gear stick** (*Brit*) *n* = **gear lever**

**geese** [giːs] *npl of* **goose**

**gel** [dʒɛl] *n* gelée *f*; (*Chem*) colloïde *m*

**gem** [dʒɛm] *n* pierre précieuse

**Gemini** ['dʒɛmɪnaɪ] *n* les Gémeaux *mpl*; **to be ~** être des Gémeaux

**gender** ['dʒɛndəʳ] *n* genre *m*; (*person's sex*) sexe *m*

**gene** [dʒiːn] *n* (*Biol*) gène *m*

**general** ['dʒɛnərl] *n* général *m* ▷ *adj* général(e); **in ~** en général; **the ~ public** le grand public; **~ audit** (*Comm*) vérification annuelle

**general anaesthetic**, (*US*) **general anesthetic** *n* anesthésie générale

**general delivery** *n* poste restante

**general election** *n* élection(s) législative(s)

**generalize** ['dʒɛnrəlaɪz] *vi* généraliser

**general knowledge** *n* connaissances générales

**generally** ['dʒɛnrəlɪ] *adv* généralement

**general practitioner** *n* généraliste *m/f*

**general store** *n* épicerie *f*

**generate** ['dʒɛnəreɪt] *vt* engendrer; (*electricity*) produire

**generation** [dʒɛnə'reɪʃən] *n* génération *f*; (*of electricity etc*) production *f*

**generator** ['dʒɛnəreɪtəʳ] *n* générateur *m*

**generosity** [dʒɛnə'rɔsɪtɪ] *n* générosité *f*

**generous** ['dʒɛnərəs] *adj* généreux(-euse); (*copious*) copieux(-euse)

**genetic** [dʒɪ'nɛtɪk] *adj* génétique; **~ engineering** ingénierie *m* génétique; **~ fingerprinting** système *m* d'empreinte génétique

**genetically modified** *adj* (*food etc*) génétiquement modifié(e)

**genetics** [dʒɪ'nɛtɪks] *n* génétique *f*

**Geneva** [dʒɪ'niːvə] *n* Genève; **Lake ~** le lac Léman

**genial** ['dʒiːnɪəl] *adj* cordial(e), chaleureux(-euse); (*climate*) clément(e)

**genitals** ['dʒɛnɪtlz] *npl* organes génitaux

**genius** ['dʒiːnɪəs] *n* génie *m*

**gent** [dʒɛnt] *n abbr* (*Brit inf*) = **gentleman**

**genteel** [dʒɛn'tiːl] *adj* de bon ton, distingué(e)

**gentle** ['dʒɛntl] *adj* doux/douce; (*breeze, touch*) léger(-ère)

**gentleman** *irreg* ['dʒɛntlmən] *n* monsieur *m*; (*well-bred man*) gentleman *m*; **~'s agreement** gentleman's agreement *m*

**gently** ['dʒɛntlɪ] *adv* doucement

**gentry** ['dʒɛntrɪ] *n* petite noblesse

**gents** [dʒɛnts] *n* W.-C. *mpl* (pour hommes)

**genuine** ['dʒɛnjuɪn] *adj* véritable, authentique; (*person, emotion*) sincère

**genuinely** ['dʒɛnjuɪnlɪ] *adv* sincèrement, vraiment

**geographic** [dʒɪə'græfɪk], **geographical** [dʒɪə'græfɪkl] *adj* géographique

**geography** [dʒɪ'ɔgrəfɪ] *n* géographie *f*

**geology** [dʒɪ'ɔlədʒɪ] *n* géologie *f*

**geometric** [dʒɪə'mɛtrɪk], **geometrical** [dʒɪə'mɛtrɪkl] *adj* géométrique

**geometry** [dʒɪ'ɔmətrɪ] *n* géométrie *f*

**geranium** [dʒɪ'reɪnɪəm] *n* géranium *m*

**geriatric** [dʒɛrɪ'ætrɪk] *adj* gériatrique ▷ *n* patient(e) gériatrique

**germ** [dʒəːm] *n* (*Med*) microbe *m*; (*Biol: fig*) germe *m*

**German** ['dʒəːmən] *adj* allemand(e) ▷ *n* Allemand(e); (*Ling*) allemand *m*

**German measles** *n* rubéole *f*

**Germany** ['dʒəːmənɪ] *n* Allemagne *f*

**gesture** ['dʒɛstjəʳ] *n* geste *m*; **as a ~ of friendship** en témoignage d'amitié

 **KEYWORD**

**get** [gɛt] (*pt, pp* **got**, US: *pp* **gotten**) *vi* **1** (*become, be*) devenir; **to get old/tired** devenir vieux/fatigué, vieillir/se fatiguer; **to get drunk** s'enivrer; **to get ready/washed/shaved** *etc* se préparer/laver/raser *etc*; **to get killed** se faire tuer; **to get dirty** se salir; **to get married** se marier; **when do I get paid?**

quand est-ce que je serai payé?; **it's getting late** il se fait tard

**2** (*go*): **to get to/from** aller à/de; **to get home** rentrer chez soi; **how did you get here?** comment es-tu arrivé ici?; **he got across the bridge/under the fence** il a traversé le pont/est passé au-dessous de la barrière

**3** (*begin*) commencer *or* se mettre à; **to get to know sb** apprendre à connaître qn; **I'm getting to like him** je commence à l'apprécier; **let's get going** *or* **started** allons-y

**4** (*modal aux vb*): **you've got to do it** il faut que vous le fassiez; **I've got to tell the police** je dois le dire à la police

▷ vt **1**: **to get sth done** (*do*) faire qch; (*have done*) faire faire qch; **to get sth/sb ready** préparer qch/qn; **to get one's hair cut** se faire couper les cheveux; **to get the car going** *or* **to go** (*faire*) démarrer la voiture; **to get sb to do sth** faire faire qch à qn; **to get sb drunk** enivrer qn

**2** (*obtain: money, permission, results*) obtenir, avoir; (*buy*) acheter; (*find: job, flat*) trouver; (*fetch: person, doctor, object*) aller chercher; **to get sth for sb** procurer qch à qn; **get me Mr Jones, please** (*on phone*) passez-moi Mr Jones, s'il vous plaît; **can I get you a drink?** est-ce que je peux vous servir à boire?

**3** (*receive: present, letter*) recevoir, avoir; (*acquire: reputation*) avoir; (*prize*) obtenir; **what did you get for your birthday?** qu'est-ce que tu as eu pour ton anniversaire?; **how much did you get for the painting?** combien avez-vous vendu le tableau?

**4** (*catch*) prendre, saisir, attraper; (*hit: target etc*) atteindre; **to get sb by the arm/throat** prendre *or* saisir *or* attraper qn par le bras/à la gorge; **get him!** arrête-le!; **the bullet got him in the leg** il a pris la balle dans la jambe; **he really gets me!** il me porte sur les nerfs!

**5** (*take, move*): **to get sth to sb** faire parvenir qch à qn; **do you think we'll get it through the door?** on arrivera à le faire passer par la porte?; **I'll get you there somehow** je me débrouillerai pour t'y emmener

**6** (*catch, take: plane, bus etc*) prendre; **where do I get the train for Birmingham?** où prend-on le train pour Birmingham?

**7** (*understand*) comprendre, saisir; (*hear*) entendre; **I've got it!** j'ai compris!; **I don't get your meaning** je ne vois *or* comprends pas ce que vous voulez dire; **I didn't get your name** je n'ai pas entendu votre nom

**8** (*have, possess*): **to have got** avoir; **how many have you got?** vous en avez combien?

**9** (*illness*) avoir; **I've got a cold** j'ai le rhume; **she got pneumonia and died** elle a fait une pneumonie et elle en est morte

**get about** vi se déplacer; (*news*) se répandre

**get across** vt: **to get across (to)** (*message, meaning*) faire passer (à)

▷ vi: **to get across (to)** (*speaker*) se faire comprendre (par)

**get along** vi (*agree*) s'entendre; (*depart*) s'en aller; (*manage*) = **get by**

**get at** vt fus (*attack*) s'en prendre à; (*reach*) attraper, atteindre; **what are you getting at?** à quoi voulez-vous en venir?

**get away** vi partir, s'en aller; (*escape*) s'échapper

**get away with** vt fus (*punishment*) en être quitte pour; (*crime etc*) se faire pardonner

**get back** vi (*return*) rentrer

▷ vt récupérer, recouvrer; **to get back to** (*start again*) retourner *or* revenir à; (*contact again*) recontacter; **when do we get back?** quand serons-nous de retour?

**get back at** vt fus (*inf*): **to get back at sb** rendre la monnaie de sa pièce à qn

**get by** vi (*pass*) passer; (*manage*) se débrouiller; **I can get by in Dutch** je me débrouille en hollandais

**get down** vi, vt fus descendre

▷ vt descendre; (*depress*) déprimer

**get down to** vt fus (*work*) se mettre à (faire); **to get down to business** passer aux choses sérieuses

**get in** vi entrer; (*arrive home*) rentrer; (*train*) arriver

▷ vt (*bring in: harvest*) rentrer; (: *coal*) faire rentrer; (: *supplies*) faire des provisions de

**get into** vt fus entrer dans; (*car, train etc*) monter dans; (*clothes*) mettre, enfiler, endosser; **to get into bed/a rage** se mettre au lit/en colère

**get off** vi (*from train etc*) descendre; (*depart: person, car*) s'en aller; (*escape*) s'en tirer

▷ vt (*remove: clothes, stain*) enlever; (*send off*) expédier; (*have as leave: time*) **we get 2 days off** nous avons eu 2 jours de congé

▷ vt fus (*train, bus*) descendre de; **where do I get off?** où est-ce que je dois descendre?; **to get off to a good start** (*fig*) prendre un bon départ

**get on** vi (*at exam etc*) se débrouiller; (*agree*): **to get on (with)** s'entendre (avec); **how are you getting on?** comment ça va?

▷ vt fus monter dans; (*horse*) monter sur

**get on to** vt fus (*Brit: deal with: problem*) s'occuper de; (*contact: person*) contacter

**get out** vi sortir; (*of vehicle*) descendre; (*news etc*) s'ébruiter

▷ vt sortir

**get out of** vt fus sortir de; (*duty etc*) échapper à, se soustraire à

**get over** vt fus (*illness*) se remettre de

▷ vt (*communicate: idea etc*) communiquer; (*finish*): **let's get it over** finissons-en

**get round** vi: **to get round to doing sth** se mettre (finalement) à faire qch

▷ vt fus contourner; (*fig: person*) entortiller

**get through** vi (Tel) avoir la communication; **to get through to sb** atteindre qn
▷ vt fus (finish: work, book) finir, terminer
**get together** vi se réunir
▷ vt rassembler
**get up** vi (rise) se lever
▷ vt fus monter
**get up to** vt fus (reach) arriver à; (prank etc) faire

**getaway** ['gɛtəweɪ] n fuite f
**geyser** ['giːzəʳ] n chauffe-eau m inv; (Geo) geyser m
**Ghana** ['gɑːnə] n Ghana m
**ghastly** ['gɑːstlɪ] adj atroce, horrible; (pale) livide, blême
**gherkin** ['gəːkɪn] n cornichon m
**ghetto** ['gɛtəu] n ghetto m
**ghetto blaster** [-blɑːstəʳ] n (inf) gros radiocassette
**ghost** [gəust] n fantôme m, revenant m ▷ vt (sb else's book) écrire
**giant** ['dʒaɪənt] n géant(e) ▷ adj géant(e), énorme; (size) packet paquet géant
**gibberish** ['dʒɪbərɪʃ] n charabia m
**giblets** ['dʒɪblɪts] npl abats mpl
**Gibraltar** [dʒɪ'brɔːltəʳ] n Gibraltar m
**giddy** ['gɪdɪ] adj (dizzy): **to be** (or **feel**) ~ avoir le vertige; (height) vertigineux(-euse); (thoughtless) sot(te), étourdi(e)
**gift** [gɪft] n cadeau m, présent m; (donation, talent) don m; (Comm: also: **free ~**) cadeau(-réclame) m; **to have a ~ for sth** avoir des dons pour or le don de qch
**gifted** ['gɪftɪd] adj doué(e)
**gift shop**, (US) **gift store** n boutique f de cadeaux
**gift token, gift voucher** n chèque-cadeau m
**gig** [gɪg] n (inf: concert) concert m
**gigabyte** ['dʒɪgəbaɪt] n gigaoctet m
**gigantic** [dʒaɪ'gæntɪk] adj gigantesque
**giggle** ['gɪgl] vi pouffer, ricaner sottement
▷ n petit rire sot, ricanement m
**gill** [dʒɪl] n (measure) = 0.25 pints (Brit = 0.148 l; US = 0.118 l)
**gills** [gɪlz] npl (of fish) ouïes fpl, branchies fpl
**gilt** [gɪlt] n dorure f ▷ adj doré(e)
**gilt-edged** ['gɪltedʒd] adj (stocks, securities) de premier ordre
**gimmick** ['gɪmɪk] n truc m; **sales ~** offre promotionnelle
**gin** [dʒɪn] n gin m
**ginger** ['dʒɪndʒəʳ] n gingembre m; **ginger up** vt secouer; animer
**ginger ale, ginger beer** n boisson gazeuse au gingembre
**gingerbread** ['dʒɪndʒəbred] n pain m d'épices
**gingerly** ['dʒɪndʒəlɪ] adv avec précaution
**gipsy** ['dʒɪpsɪ] n = **gypsy**
**giraffe** [dʒɪ'rɑːf] n girafe f

**girder** ['gəːdəʳ] n poutrelle f
**girl** [gəːl] n fille f, fillette f; (young unmarried woman) jeune fille; (daughter) fille; **an English ~** une jeune Anglaise; **a little English ~** une petite Anglaise
**girl band** n girls band m
**girlfriend** ['gəːlfrend] n (of girl) amie f; (of boy) petite amie
**Girl Guide** n (Brit) éclaireuse f; (Roman Catholic) guide f
**girlish** ['gəːlɪʃ] adj de jeune fille
**Girl Scout** n (US) = **Girl Guide**
**giro** ['dʒaɪrəu] n (bank giro) virement m bancaire; (post office giro) mandat m
**gist** [dʒɪst] n essentiel m
**give** [gɪv] (pt **gave**, pp **given**) [geɪv, 'gɪvn] n (of fabric) élasticité f ▷ vt donner ▷ vi (break) céder; (stretch: fabric) se prêter; **to ~ sb sth, ~ sth to sb** donner qch à qn; (gift) offrir qch à qn; (message) transmettre qch à qn; **to ~ sb a call/kiss** appeler/embrasser qn; **to ~ a cry/sigh** pousser un cri/un soupir; **how much did you ~ for it?** combien (l')avez-vous payé?; **12 o'clock, ~ or take a few minutes** midi, à quelques minutes près; **to ~ way** céder; (Brit Aut) donner la priorité; **give away** vt donner; (give free) faire cadeau de; (betray) donner, trahir; (disclose) révéler; (bride) conduire à l'autel; **give back** vt rendre; **give in** vi céder ▷ vt donner; **give off** vt dégager; **give out** vt (food etc) distribuer; (news) annoncer ▷ vi (be exhausted: supplies) s'épuiser; (fail) lâcher; **give up** vi renoncer ▷ vt renoncer à; **to ~ up smoking** arrêter de fumer; **to ~ o.s. up** se rendre
**given** ['gɪvn] pp of **give** ▷ adj (fixed: time, amount) donné(e), déterminé(e) ▷ conj: **~ the circumstances ...** étant donné les circonstances ..., vues les circonstances ...; **~ that ...** étant donné que ...
**glacier** ['glæsɪəʳ] n glacier m
**glad** [glæd] adj content(e); **to be ~ about sth/that** être heureux(-euse) or bien content de qch/que; **I was ~ of his help** j'étais bien content de (pouvoir compter sur) son aide or qu'il m'aide
**gladly** ['glædlɪ] adv volontiers
**glamorous** ['glæmərəs] adj (person) séduisant(e); (job) prestigieux(-euse)
**glamour**, (US) **glamor** ['glæməʳ] n éclat m, prestige m
**glance** [glɑːns] n coup m d'œil ▷ vi: **to ~ at** jeter un coup d'œil à; **glance off** vt fus (bullet) ricocher sur
**glancing** ['glɑːnsɪŋ] adj (blow) oblique
**gland** [glænd] n glande f
**glare** [glɛəʳ] n (of anger) regard furieux; (of light) lumière éblouissante; (of publicity) feux mpl ▷ vi briller d'un éclat aveuglant; **to ~ at** lancer un regard or des regards furieux à
**glaring** ['glɛərɪŋ] adj (mistake) criant(e), qui saute aux yeux

**glass** [glɑːs] n verre m; (also: **looking ~**) miroir m; **glasses** npl (spectacles) lunettes fpl
**glasshouse** ['glɑːshaus] n serre f
**glassware** ['glɑːsweəʳ] n verrerie f
**glaze** [gleɪz] vt (door) vitrer; (pottery) vernir; (Culin) glacer ▷ n vernis m; (Culin) glaçage m
**glazed** [gleɪzd] adj (eye) vitreux(-euse); (pottery) verni(e); (tiles) vitrifié(e)
**glazier** ['gleɪzɪəʳ] n vitrier m
**gleam** [gliːm] n lueur f ▷ vi luire, briller; **a ~ of hope** une lueur d'espoir
**glean** [gliːn] vt (information) recueillir
**glee** [gliː] n joie f
**glen** [glɛn] n vallée f
**glib** [glɪb] adj qui a du bagou; facile
**glide** [glaɪd] vi glisser; (Aviat, bird) planer ▷ n glissement m; vol plané
**glider** ['glaɪdəʳ] n (Aviat) planeur m
**gliding** ['glaɪdɪŋ] n (Aviat) vol m à voile
**glimmer** ['glɪməʳ] vi luire ▷ n lueur f
**glimpse** [glɪmps] n vision passagère, aperçu m ▷ vt entrevoir, apercevoir; **to catch a ~ of** entrevoir
**glint** [glɪnt] n éclair m ▷ vi étinceler
**glisten** ['glɪsn] vi briller, luire
**glitter** ['glɪtəʳ] vi scintiller, briller ▷ n scintillement m
**gloat** [gləut] vi: **to ~ (over)** jubiler (à propos de)
**global** ['gləubl] adj (world-wide) mondial(e); (overall) global(e)
**globalization** [gləubəlaɪz'eɪʃən] n mondialisation f
**global warming** [-'wɔːmɪŋ] n réchauffement m de la planète
**globe** [gləub] n globe m
**gloom** [gluːm] n obscurité f; (sadness) tristesse f, mélancolie f
**gloomy** ['gluːmɪ] adj (person) morose; (place, outlook) sombre; **to feel ~** avoir or se faire des idées noires
**glorious** ['glɔːrɪəs] adj glorieux(-euse); (beautiful) splendide
**glory** ['glɔːrɪ] n gloire f; splendeur f ▷ vi: **to ~ in** se glorifier de
**gloss** [glɔs] n (shine) brillant m, vernis m; (also: **~ paint**) peinture brillante or laquée; **gloss over** vt fus glisser sur
**glossary** ['glɔsərɪ] n glossaire m, lexique m
**glossy** ['glɔsɪ] adj brillant(e), luisant(e) ▷ n (also: **~ magazine**) revue f de luxe
**glove** [glʌv] n gant m
**glove compartment** n (Aut) boîte f à gants, vide-poches m inv
**glow** [gləu] vi rougeoyer; (face) rayonner; (eyes) briller ▷ n rougeoiement m
**glower** ['glauəʳ] vi lancer des regards mauvais
**glucose** ['gluːkəus] n glucose m
**glue** [gluː] n colle f ▷ vt coller
**glum** [glʌm] adj maussade, morose

**glut** [glʌt] n surabondance f ▷ vt rassasier; (market) encombrer
**glutton** ['glʌtn] n glouton(ne); **a ~ for work** un bourreau de travail
**GM** abbr (= genetically modified) génétiquement modifié(e)
**gm** abbr (= gram) g
**GMO** n abbr (= genetically modified organism) OGM m
**GMT** abbr (= Greenwich Mean Time) GMT
**gnat** [næt] n moucheron m
**gnaw** [nɔː] vt ronger
**go** [gəu] (pt went, pp gone) [wɛnt, gɔn] vi aller; (depart) partir, s'en aller; (work) marcher; (break) céder; (time) passer; (be sold): **to go for £10** se vendre 10 livres; (become): **to go pale/mouldy** pâlir/moisir ▷ n (pl **goes**); **to have a go (at)** essayer (de faire); **to be on the go** être en mouvement; **whose go is it?** à qui est-ce de jouer?; **to go by car/on foot** aller en voiture/à pied; **he's going to do it** il va le faire, il est sur le point de le faire; **to go for a walk** aller se promener; **to go dancing/shopping** aller danser/faire les courses; **to go looking for sb/sth** aller or partir à la recherche de qn/qch; **to go to sleep** s'endormir; **to go and see sb, go to see sb** aller voir qn; **how is it going?** comment ça marche?; **how did it go?** comment est-ce que ça s'est passé?; **to go round the back/by the shop** passer par derrière/devant le magasin; **my voice has gone** j'ai une extinction de voix; **the cake is all gone** il n'y a plus de gâteau; **I'll take whatever is going** (Brit) je prendrai ce qu'il y a (or ce que vous avez); **... to go** (US: food) **...** à emporter; **go about** vi (also: **go around**) aller çà et là; (rumour) se répandre ▷ vt fus: **how do I go about this?** comment dois-je m'y prendre (pour faire ceci)?; **to go about one's business** s'occuper de ses affaires; **go after** vt fus (pursue) poursuivre, courir après; (job, record etc) essayer d'obtenir; **go against** vt fus (be unfavourable to) être défavorable à; (be contrary to) être contraire à; **go ahead** vi (make progress) avancer; (take place) avoir lieu; (get going) y aller; **go along** vi aller, avancer ▷ vt fus longer, parcourir; **as you go along (with your work)** au fur et à mesure (de votre travail); **to go along with** (accompany) accompagner; (agree with: idea) être d'accord sur; (: person) suivre; **go away** vi partir, s'en aller; **go back** vi rentrer; revenir; (go again) retourner; **go back on** vt fus (promise) revenir sur; **go by** vi (years, time) passer, s'écouler ▷ vt fus s'en tenir à; (believe) en croire; **go down** vi descendre; (number, price, amount) baisser; (ship) couler; (sun) se coucher ▷ vt fus descendre; **that should go down well with him** (fig) ça devrait lui plaire; **go for** vt fus (fetch) aller chercher; (like) aimer; (attack) s'en prendre à; attaquer; **go in** vi entrer;

**go in for** vt fus (competition) se présenter à;
(like) aimer; **go into** vt fus entrer dans;
(investigate) étudier, examiner; (embark on) se
lancer dans; **go off** vi partir, s'en aller; (food)
se gâter; (milk) tourner; (bomb) sauter; (alarm
clock) sonner; (alarm) se déclencher; (lights etc)
s'éteindre; (event) se dérouler ▷ vt fus ne plus
aimer, ne plus avoir envie de; **the gun went
off** le coup est parti; **to go off to sleep**
s'endormir; **the party went off well** la fête
s'est bien passée or était très réussie; **go on** vi
continuer; (happen) se passer; (lights)
s'allumer ▷ vt fus (be guided by: evidence etc) se
fonder sur; **to go on doing** continuer à faire;
**what's going on here?** qu'est-ce qui se passe
ici?; **go on at** vt fus (nag) tomber sur le dos de;
**go on with** vt fus poursuivre, continuer;
**go out** vi sortir; (fire, light) s'éteindre; (tide)
descendre; **to go out with sb** sortir avec qn;
**go over** vi (ship) chavirer ▷ vt fus (check)
revoir, vérifier; **to go over sth in one's mind**
repasser qch dans son esprit; **go past** vt fus:
**to go past sth** passer devant qch; **go round**
vi (circulate: news, rumour) circuler; (revolve)
tourner; (suffice) suffire (pour tout le monde);
(visit): **to go round to sb's** passer chez qn,
aller chez qn; (make a detour): **to go round
(by)** faire un détour (par); **go through** vt fus
(town etc) traverser; (search through) fouiller;
(suffer) subir; (examine: list, book) lire et
regarder en détail, éplucher; (perform: lesson)
réciter; (: formalities) remplir; (: programme)
exécuter; **go through with** vt fus (plan, crime)
aller jusqu'au bout de; **go under** vi (sink: also
fig) couler; (: person) succomber; **go up** vi
monter; (price) augmenter ▷ vt fus gravir;
(also: **go up in flames**) flamber, s'enflammer
brusquement; **go with** vt fus aller avec;
**go without** vt fus se passer de
**goad** [gəud] vt aiguillonner
**go-ahead** ['gəuɛhɛd] adj dynamique,
entreprenant(e) ▷ n feu vert
**goal** [gəul] n but m
**goalkeeper** ['gəulkiːpəʳ] n gardien m de but
**goal-post** [gəulpəust] n poteau m de but
**goat** [gəut] n chèvre f
**gobble** ['gɔbl] vt (also: ~ **down**, ~ **up**) engloutir
**go-between** ['gəubitwiːn] n médiateur m
**god** [gɔd] n dieu m; **G-** Dieu
**godchild** ['gɔdtʃaild] n filleul(e)
**goddaughter** ['gɔdɔːtəʳ] n filleule f
**goddess** ['gɔdɪs] n déesse f
**godfather** ['gɔdfɑːðəʳ] n parrain m
**god-forsaken** ['gɔdfəseɪkən] adj maudit(e)
**godmother** ['gɔdmʌðəʳ] n marraine f
**godsend** ['gɔdsɛnd] n aubaine f
**godson** ['gɔdsʌn] n filleul m
**goggles** ['gɔglz] npl (for skiing etc) lunettes
(protectrices); (for swimming) lunettes de
piscine
**going** ['gəuɪŋ] n (conditions) état m du terrain
▷ adj: **the ~ rate** le tarif (en vigueur); **a ~
concern** une affaire prospère; **it was slow ~**
les progrès étaient lents, ça n'avançait pas
vite
**gold** [gəuld] n or m ▷ adj en or; (reserves) d'or
**golden** ['gəuldən] adj (made of gold) en or; (gold
in colour) doré(e)
**goldfish** ['gəuldfɪʃ] n poisson m rouge
**goldmine** ['gəuldmaɪn] n mine f d'or
**gold-plated** ['gəuld'pleɪtɪd] adj plaqué(e) or
**goldsmith** ['gəuldsmɪθ] n orfèvre m
**golf** [gɔlf] n golf m
**golf ball** n balle f de golf; (on typewriter) boule f
**golf club** n club m de golf; (stick) club m,
crosse f de golf
**golf course** n terrain m de golf
**golfer** ['gɔlfəʳ] n joueur(-euse) de golf
**gone** [gɔn] pp of **go** ▷ adj parti(e)
**gong** [gɔŋ] n gong m
**good** [gud] adj bon(ne); (kind) gentil(le);
(child) sage; (weather) beau/belle ▷ n bien m;
**goods** npl marchandise f, articles mpl; (Comm
etc) marchandises; **~!** bon!, très bien!; **to be ~
at** être bon en; **to be ~ for** être bon pour; **it's
~ for you** c'est bon pour vous; **it's a ~ thing
you were there** heureusement que vous
étiez là; **she is ~ with children/her hands**
elle sait bien s'occuper des enfants/sait se
servir de ses mains; **to feel ~** se sentir bien;
**it's ~ to see you** ça me fait plaisir de vous
voir, je suis content de vous voir; **he's up to
no ~** il prépare quelque mauvais coup; **it's no
~ complaining** cela ne sert à rien de se
plaindre; **to make ~** (deficit) combler; (losses)
compenser; **for the common ~** dans
l'intérêt commun; **for ~** (for ever) pour de bon,
une fois pour toutes; **would you be ~
enough to ...?** auriez-vous la bonté or
l'amabilité de ...?; **that's very ~ of you** c'est
très gentil de votre part; **is this any ~?** (will it
do?) est-ce que ceci fera l'affaire?, est-ce que
cela peut vous rendre service?; (what's it like?)
qu'est-ce que ça vaut?; **~s and chattels** biens
mpl et effets mpl; **a ~ deal (of)** beaucoup (de);
**a ~ many** beaucoup (de); **~ morning/
afternoon!** bonjour!; **~ evening!** bonsoir!;
**~ night!** bonsoir!; (on going to bed) bonne nuit!
**goodbye** [gud'baɪ] excl au revoir!; **to say ~ to
sb** dire au revoir à qn
**Good Friday** n Vendredi saint
**good-looking** ['gud'lukɪŋ] adj beau/belle,
bien inv
**good-natured** ['gud'neɪtʃəd] adj (person) qui
a un bon naturel; (discussion) enjoué(e)
**goodness** ['gudnɪs] n (of person) bonté f; **for ~
sake!** je vous en prie!; **~ gracious!** mon Dieu!
**goods train** n (Brit) train m de marchandises
**goodwill** [gud'wɪl] n bonne volonté; (Comm)
réputation f (auprès de la clientèle)
**goose** (pl **geese**) [guːs, giːs] n oie f
**gooseberry** ['guzbərɪ] n groseille f à
maquereau; **to play ~** (Brit) tenir la chandelle

**goose bumps, goose pimples** npl chair f
de poule

**gooseflesh** ['guːsfleʃ] n, **goosepimples**
['guːspɪmplz] npl chair f de poule

**gore** [gɔːʳ] vt encorner ▷ n sang m

**gorge** [gɔːdʒ] n gorge f ▷ vt: **to ~ o.s. (on)** se
gorger (de)

**gorgeous** ['gɔːdʒəs] adj splendide, superbe

**gorilla** [gə'rɪlə] n gorille m

**gorse** [gɔːs] n ajoncs mpl

**gory** ['gɔːrɪ] adj sanglant(e)

**gosh** [gɔʃ] (inf) excl mince alors!

**go-slow** ['gəu'sləu] n (Brit) grève perlée

**gospel** ['gɔspl] n évangile m

**gossip** ['gɔsɪp] n (chat) bavardages mpl;
(malicious) commérage m, cancans mpl;
(person) commère f ▷ vi bavarder; cancaner,
faire des commérages; **a piece of ~** un ragot,
un racontar

**gossip column** n (Press) échos mpl

**got** [gɔt] pt, pp of **get**

**gotten** ['gɔtn] (US) pp of **get**

**gourmet** ['guəmeɪ] n gourmet m,
gastronome m/f

**gout** [gaut] n goutte f

**govern** ['gʌvən] vt (gen: Ling) gouverner;
(influence) déterminer

**governess** ['gʌvənɪs] n gouvernante f

**government** ['gʌvnmənt] n gouvernement m;
(Brit: ministers) ministère m ▷ cpd de l'État

**governor** ['gʌvənəʳ] n (of colony, state, bank)
gouverneur m; (of school, hospital etc)
administrateur(-trice), (Brit: of prison)
directeur(-trice)

**gown** [gaun] n robe f; (of teacher, Brit: of judge)
toge f

**GP** n abbr (Med) = **general practitioner**; **who's
your GP?** qui est votre médecin traitant?

**GPS** n abbr (= global positioning system) GPS m

**grab** [græb] vt saisir, empoigner; (property,
power) se saisir de ▷ vi: **to ~ at** essayer de
saisir

**grace** [greɪs] n grâce f ▷ vt (honour) honorer;
(adorn) orner; **5 days' ~** un répit de 5 jours; **to
say ~** dire le bénédicité; (after meal) dire les
grâces; **with a good/bad ~** de bonne/
mauvaise grâce; **his sense of humour is his
saving ~** il se rachète par son sens de
l'humour

**graceful** ['greɪsful] adj gracieux(-euse),
élégant(e)

**gracious** ['greɪʃəs] adj (kind) charmant(e),
bienveillant(e); (elegant) plein(e) d'élégance,
d'une grande élégance; (formal: pardon etc)
miséricordieux(-euse) ▷ excl: **(good) ~!** mon
Dieu!

**grade** [greɪd] n (Comm: quality) qualité f; (size)
calibre m; (type) catégorie f; (in hierarchy) grade
m, échelon m; (Scol) note f; (US: school class)
classe f; (: gradient) pente f ▷ vt classer; (by
size) calibrer; graduer; **to make the ~** (fig)
réussir

**grade crossing** n (US) passage m à niveau

**grade school** n (US) école f primaire

**gradient** ['greɪdɪənt] n inclinaison f, pente f;
(Geom) gradient m

**gradual** ['grædjuəl] adj graduel(le),
progressif(-ive)

**gradually** ['grædjuəlɪ] adv peu à peu,
graduellement

**graduate** n ['grædjuɪt] diplômé(e)
d'université; (US: of high school) diplômé(e)
de fin d'études ▷ vi ['grædjueɪt] obtenir un
diplôme d'université (or de fin d'études)

**graduation** [grædju'eɪʃən] n cérémonie f de
remise des diplômes

**graffiti** [grə'fiːtɪ] npl graffiti mpl

**graft** [grɑːft] n (Agr, Med) greffe f; (bribery)
corruption f ▷ vt greffer; **hard ~** (Brit: inf)
boulot acharné

**grain** [greɪn] n (single piece) grain m; (no pl:
cereals) céréales fpl; (US: corn) blé m; (of wood)
fibre f; **it goes against the ~** cela va à
l'encontre de sa (or ma etc) nature

**gram** [græm] n gramme m

**grammar** ['græməʳ] n grammaire f

**grammar school** n (Brit) ≈ lycée m

**grammatical** [grə'mætɪkl] adj
grammatical(e)

**gramme** [græm] n = **gram**

**gran** [græn] (inf) n (Brit) mamie f (inf), mémé f
(inf); **my ~** (young child speaking) ma mamie or
mémé; (older child or adult speaking) ma grand-
mère

**grand** [grænd] adj magnifique, splendide;
(terrific) magnifique, formidable; (gesture etc)
noble ▷ n (inf: thousand) mille livres fpl (or
dollars mpl)

**grandad** ['grændæd] (inf) n = **granddad**

**grandchild** (pl **grandchildren**) ['græntʃaɪld,
'græntʃɪldrən] n petit-fils m, petite-fille f;
**grandchildren** npl petits-enfants

**granddad** ['grændæd] n (inf) papy m (inf),
papi m (inf), pépé m (inf); **my ~** (young child
speaking) mon papy or papi or pépé; (older child
or adult speaking) mon grand-père

**granddaughter** ['grændɔːtəʳ] n petite-fille f

**grandfather** ['grændfɑːðəʳ] n grand-père m

**grandma** ['grænmɑː] n (inf) = **gran**

**grandmother** ['grænmʌðəʳ] n grand-mère f

**grandpa** ['grænpɑː] n (inf) = **granddad**

**grandparents** ['grændpeərənts] npl grands-
parents mpl

**grand piano** n piano m à queue

**Grand Prix** ['grɑ̃:'priː] n (Aut) grand prix
automobile

**grandson** ['grænsʌn] n petit-fils m

**grandstand** ['grændstænd] n (Sport)
tribune f

**granite** ['grænɪt] n granit m

**granny** ['grænɪ] n (inf) = **gran**

**grant** [grɑːnt] vt accorder; (a request) accéder
à; (admit) concéder ▷ n (Scol) bourse f; (Admin)
subside m, subvention f; **to take sth for ~ed**

considérer qch comme acquis; **to take sb for ~ed** considérer qn comme faisant partie du décor; **to ~ that** admettre que

**granulated** ['grænjuleɪtɪd] *adj*: **~ sugar** sucre *m* en poudre

**grape** [greɪp] *n* raisin *m*; **a bunch of ~s** une grappe de raisin

**grapefruit** ['greɪpfru:t] *n* pamplemousse *m*

**graph** [grɑ:f] *n* graphique *m*, courbe *f*

**graphic** ['græfɪk] *adj* graphique; (*vivid*) vivant(e)

**graphics** ['græfɪks] *n* (*art*) arts *mpl* graphiques; (*process*) graphisme *m* ▷ *npl* (*drawings*) illustrations *fpl*

**grapple** ['græpl] *vi*: **to ~ with** être aux prises avec

**grasp** [grɑ:sp] *vt* saisir, empoigner; (*understand*) saisir, comprendre ▷ *n* (*grip*) prise *f*; (*fig*) compréhension *f*, connaissance *f*; **to have sth within one's ~** avoir qch à sa portée; **to have a good ~ of sth** (*fig*) bien comprendre qch; **grasp at** *vt fus* (*rope etc*) essayer de saisir; (*fig*: *opportunity*) sauter sur

**grasping** ['grɑ:spɪŋ] *adj* avide

**grass** [grɑ:s] *n* herbe *f*; (*lawn*) gazon *m*; (*Brit inf*: *informer*) mouchard(e); (: *ex-terrorist*) balanceur(-euse)

**grasshopper** ['grɑ:shɔpə'] *n* sauterelle *f*

**grass roots** *npl* (*fig*) base *f*

**grate** [greɪt] *n* grille *f* de cheminée ▷ *vi* grincer ▷ *vt* (*Culin*) râper

**grateful** ['greɪtful] *adj* reconnaissant(e)

**grater** ['greɪtə'] *n* râpe *f*

**gratifying** ['grætɪfaɪɪŋ] *adj* agréable, satisfaisant(e)

**grating** ['greɪtɪŋ] *n* (*iron bars*) grille *f* ▷ *adj* (*noise*) grinçant(e)

**gratitude** ['grætɪtju:d] *n* gratitude *f*

**gratuity** [grə'tju:ɪtɪ] *n* pourboire *m*

**grave** [greɪv] *n* tombe *f* ▷ *adj* grave, sérieux(-euse)

**gravel** ['grævl] *n* gravier *m*

**gravestone** ['greɪvstəʊn] *n* pierre tombale

**graveyard** ['greɪvjɑ:d] *n* cimetière *m*

**gravity** ['grævɪtɪ] *n* (*Physics*) gravité *f*; pesanteur *f*; (*seriousness*) gravité, sérieux *m*

**gravy** ['greɪvɪ] *n* jus *m* (de viande), sauce *f* (au jus de viande)

**gray** [greɪ] *adj* (*US*) = **grey**

**graze** [greɪz] *vi* paître, brouter ▷ *vt* (*touch lightly*) frôler, effleurer; (*scrape*) écorcher ▷ *n* écorchure *f*

**grease** [gri:s] *n* (*fat*) graisse *f*; (*lubricant*) lubrifiant *m* ▷ *vt* graisser; lubrifier; **to ~ the skids** (*US*: *fig*) huiler les rouages

**greaseproof paper** ['gri:spru:f-] *n* (*Brit*) papier sulfurisé

**greasy** ['gri:sɪ] *adj* gras(se), graisseux(-euse); (*hands, clothes*) graisseux; (*Brit*: *road, surface*) glissant(e)

**great** [greɪt] *adj* grand(e); (*heat, pain etc*) très fort(e), intense; (*inf*) formidable; **they're ~**

**friends** ils sont très amis, ce sont de grands amis; **we had a ~ time** nous nous sommes bien amusés; **it was ~!** c'était fantastique *or* super!; **the ~ thing is that ...** ce qu'il y a de vraiment bien c'est que ...

**Great Britain** *n* Grande-Bretagne *f*

**great-grandfather** [greɪt'grænfɑ:ðə'] *n* arrière-grand-père *m*

**great-grandmother** [greɪt'grænmʌðə'] *n* arrière-grand-mère *f*

**greatly** ['greɪtlɪ] *adv* très, grandement; (*with verbs*) beaucoup

**greatness** ['greɪtnɪs] *n* grandeur *f*

**Greece** [gri:s] *n* Grèce *f*

**greed** [gri:d] *n* (*also*: **~iness**) avidité *f*; (*for food*) gourmandise *f*

**greedy** ['gri:dɪ] *adj* avide; (*for food*) gourmand(e)

**Greek** [gri:k] *adj* grec/grecque ▷ *n* Grec/ Grecque; (*Ling*) grec *m*; **ancient/modern ~** grec classique/moderne

**green** [gri:n] *adj* vert(e); (*inexperienced*) (bien) jeune, naïf(-ïve); (*ecological*: *product etc*) écologique ▷ *n* (*colour*) vert *m*; (*on golf course*) green *m*; (*stretch of grass*) pelouse *f*; (*also*: **village ~**) ≈ place *f* du village; **greens** *npl* (*vegetables*) légumes verts; **to have ~ fingers** *or* (*US*) **a ~ thumb** (*fig*) avoir le pouce vert; **G~** (*Pol*) écologiste *m/f*; **the G~ Party** le parti écologiste

**green belt** *n* (*round town*) ceinture verte

**green card** *n* (*Aut*) carte verte; (*US*: *work permit*) permis *m* de travail

**greenery** ['gri:nərɪ] *n* verdure *f*

**greengage** ['gri:ngeɪdʒ] *n* reine-claude *f*

**greengrocer** ['gri:ngrəʊsə'] *n* (*Brit*) marchand *m* de fruits et légumes

**greengrocer's** ['gri:ngrəʊsə'], **greengrocer's shop** *n* magasin *m* de fruits et légumes

**greenhouse** ['gri:nhaʊs] *n* serre *f*

**greenhouse effect** *n*: **the ~** l'effet *m* de serre

**greenhouse gas** *n* gaz *m* contribuant à l'effet de serre

**greenish** ['gri:nɪʃ] *adj* verdâtre

**Greenland** ['gri:nlənd] *n* Groenland *m*

**green salad** *n* salade verte

**greet** [gri:t] *vt* accueillir

**greeting** ['gri:tɪŋ] *n* salutation *f*; **Christmas/ birthday ~s** souhaits *mpl* de Noël/de bon anniversaire

**greeting card, greetings card** *n* carte *f* de vœux

**gregarious** [grə'gɛərɪəs] *adj* grégaire; sociable

**grenade** [grə'neɪd] *n* (*also*: **hand ~**) grenade *f*

**grew** [gru:] *pt of* **grow**

**grey**, (*US*) **gray** [greɪ] *adj* gris(e); (*dismal*) sombre; **to go ~** (commencer à) grisonner

**grey-haired**, (*US*) **gray-haired** [greɪ'hɛəd] *adj* aux cheveux gris

**greyhound** ['greɪhaʊnd] *n* lévrier *m*

**grid** [grɪd] n grille f; (Elec) réseau m; (US Aut) intersection f (matérialisée par des marques au sol)

**gridlock** ['grɪdlɔk] n (traffic jam) embouteillage m

**gridlocked** ['grɪdlɔkt] adj: **to be ~** (roads) être bloqué par un embouteillage; (talks etc) être suspendu

**grief** [gri:f] n chagrin m, douleur f; **to come to ~** (plan) échouer; (person) avoir un malheur

**grievance** ['gri:vəns] n doléance f, grief m; (cause for complaint) grief

**grieve** [gri:v] vi avoir du chagrin; se désoler ⊳ vt faire de la peine à, affliger; **to ~ for sb** pleurer qn; **to ~ at** se désoler de; pleurer

**grievous** ['gri:vəs] adj grave, cruel(le); **~ bodily harm** (Law) coups mpl et blessures fpl

**grill** [grɪl] n (on cooker) gril m; (also: **mixed ~**) grillade(s) f(pl); (also: **~room**) rôtisserie f ⊳ vt (Brit) griller; (inf: question) interroger longuement, cuisiner

**grille** [grɪl] n grillage m; (Aut) calandre f

**grillroom** ['grɪlrum] n rôtisserie f

**grim** [grɪm] adj sinistre, lugubre; (serious, stern) sévère

**grimace** [grɪ'meɪs] n grimace f ⊳ vi grimacer, faire une grimace

**grime** [graɪm] n crasse f

**grin** [grɪn] n large sourire m ⊳ vi sourire; **to ~ (at)** faire un grand sourire (à)

**grind** [graɪnd] (pt, pp **ground**) [graʊnd] vt écraser; (coffee, pepper etc) moudre; (US: meat) hacher; (make sharp) aiguiser; (polish: gem, lens) polir ⊳ vi (car gears) grincer ⊳ n (work) corvée f; **to ~ one's teeth** grincer des dents; **to ~ to a halt** (vehicle) s'arrêter dans un grincement de freins; (fig) s'arrêter, s'immobiliser; **the daily ~** (inf) le train-train quotidien

**grip** [grɪp] n (handclasp) poigne f; (control) prise f; (handle) poignée f; (holdall) sac m de voyage ⊳ vt saisir, empoigner; (viewer, reader) captiver; **to come to ~s with** se colleter avec, en venir aux prises avec; **to ~ the road** (Aut) adhérer à la route; **to lose one's ~** lâcher prise; (fig) perdre les pédales, être dépassé(e)

**gripping** ['grɪpɪŋ] adj prenant(e), palpitant(e)

**grisly** ['grɪzlɪ] adj sinistre, macabre

**gristle** ['grɪsl] n cartilage m (de poulet etc)

**grit** [grɪt] n gravillon m; (courage) cran m ⊳ vt (road) sabler; **to ~ one's teeth** serrer les dents; **to have a piece of ~ in one's eye** avoir une poussière or saleté dans l'œil

**grits** [grɪts] npl (US) gruau m de maïs

**groan** [grəʊn] n (of pain) gémissement m; (of disapproval, dismay) grognement m ⊳ vi gémir; grogner

**grocer** ['grəʊsə*] n épicier m

**groceries** ['grəʊsərɪz] npl provisions fpl

**grocer's** ['grəʊsəz], **grocer's shop**, **grocery** ['grəʊsərɪ] n épicerie f

**groin** [grɔɪn] n aine f

**groom** [gru:m] n (for horses) palefrenier m; (also: **bride~**) marié m ⊳ vt (horse) panser; (fig): **to ~ sb for** former qn pour

**groove** [gru:v] n sillon m, rainure f

**grope** [grəʊp] vi tâtonner; **to ~ for** chercher à tâtons

**gross** [grəʊs] adj grossier(-ière); (Comm) brut(e) ⊳ n pl inv (twelve dozen) grosse f ⊳ vt (Comm): **to ~ £500,000** gagner 500 000 livres avant impôt

**grossly** ['grəʊslɪ] adv (greatly) très, grandement

**grotesque** [grə'tɛsk] adj grotesque

**grotto** ['grɔtəʊ] n grotte f

**grotty** ['grɔtɪ] adj (Brit inf) minable

**ground** [graʊnd] pt, pp of **grind** ⊳ n sol m, terre f; (land) terrain m, terres fpl; (Sport) terrain m; (reason: gen pl) raison f; (US: also: **~ wire**) terre f ⊳ vt (plane) empêcher de décoller, retenir au sol; (US Elec) équiper d'une prise de terre, mettre à la terre ⊳ vi (ship) s'échouer ⊳ adj (coffee etc) moulu(e); (US: meat) haché(e); **grounds** npl (gardens etc) parc m, domaine m; (of coffee) marc m; **on the ~, to the ~** par terre; **below ~** sous terre; **to gain/lose ~** gagner/perdre du terrain; **common ~** terrain d'entente; **he covered a lot of ~ in his lecture** sa conférence a traité un grand nombre de questions or la question en profondeur

**ground cloth** n (US) = **groundsheet**

**ground floor** n (Brit) rez-de-chaussée m

**grounding** ['graʊndɪŋ] n (in education) connaissances fpl de base

**groundless** ['graʊndlɪs] adj sans fondement

**groundsheet** ['graʊndʃi:t] n (Brit) tapis m de sol

**ground staff** n équipage m au sol

**groundwork** ['graʊndwə:k] n préparation f

**group** [gru:p] n groupe m ⊳ vt (also: **~ together**) grouper ⊳ vi (also: **~ together**) se grouper

**grouse** [graʊs] n pl inv (bird) grouse f (sorte de coq de bruyère) ⊳ vi (complain) rouspéter, râler

**grove** [grəʊv] n bosquet m

**grovel** ['grɔvl] vi (fig): **to ~ (before)** ramper (devant)

**grow** (pt **grew**, pp **grown**) [grəʊ, gru:, grəʊn] vi (plant) pousser, croître; (person) grandir; (increase) augmenter, se développer; (become) devenir; **to ~ rich/weak** s'enrichir/s'affaiblir ⊳ vt cultiver, faire pousser; (hair, beard) laisser pousser; **grow apart** vi (fig) se détacher (l'un de l'autre); **grow away from** vt fus (fig) s'éloigner de; **grow on** vt fus: **that painting is ~ing on me** je finirai par aimer ce tableau; **grow out of** vt fus (clothes) devenir trop grand pour; (habit) perdre (avec le temps); **he'll ~ out of it** ça lui passera; **grow up** vi grandir

**grower** ['grəʊə*] n producteur m; (Agr) cultivateur(-trice)

**growing** ['grəʊɪŋ] adj (fear, amount)

croissant(e), grandissant(e); **~ pains** (Med) fièvre f de croissance; (fig) difficultés fpl de croissance

**growl** [graul] vi grogner

**grown** [grəun] pp of **grow** ▷ adj adulte

**grown-up** [grəun'ʌp] n adulte m/f, grande personne

**growth** [grəuθ] n croissance f, développement m; (what has grown) pousse f; poussée f; (Med) grosseur f, tumeur f

**grub** [grʌb] n larve f; (inf: food) bouffe f

**grubby** ['grʌbɪ] adj crasseux(-euse)

**grudge** [grʌdʒ] n rancune f ▷ vt: **to ~ sb sth** (in giving) donner qch à qn à contre-cœur; (resent) reprocher qch à qn; **to bear sb a ~ (for)** garder rancune or en vouloir à qn (de); **he ~s spending** il rechigne à dépenser

**gruelling**, (US) **grueling** ['gruəlɪŋ] adj exténuant(e)

**gruesome** ['gru:səm] adj horrible

**gruff** [grʌf] adj bourru(e)

**grumble** ['grʌmbl] vi rouspéter, ronchonner

**grumpy** ['grʌmpɪ] adj grincheux(-euse)

**grunt** [grʌnt] vi grogner ▷ n grognement m

**G-string** ['dʒi:strɪŋ] n (garment) cache-sexe m inv

**guarantee** [gærən'ti:] n garantie f ▷ vt garantir; **he can't ~ (that) he'll come** il n'est pas absolument certain de pouvoir venir

**guard** [gɑ:d] n garde f, surveillance f; (squad: Boxing, Fencing) garde f; (one man) garde m; (Brit Rail) chef m de train; (safety device: on machine) dispositif m de sûreté; (also: **fire~**) garde-feu m inv ▷ vt garder, surveiller; (protect): **to ~ sb/ sth (against or from)** protéger qn/qch (contre); **to be on one's ~** (fig) être sur ses gardes; **guard against** vi: **to ~ against doing sth** se garder de faire qch

**guarded** ['gɑ:dɪd] adj (fig) prudent(e)

**guardian** ['gɑ:dɪən] n gardien(ne); (of minor) tuteur(-trice)

**guard's van** ['gɑ:dz-] n (Brit Rail) fourgon m

**guerrilla** [gə'rɪlə] n guérillero m

**guess** [gɛs] vi deviner ▷ vt deviner; (estimate) évaluer; (US) croire, penser ▷ n supposition f, hypothèse f; **to take** or **have a ~** essayer de deviner; **to keep sb ~ing** laisser qn dans le doute or l'incertitude, tenir qn en haleine

**guesswork** ['gɛswə:k] n hypothèse f; **I got the answer by ~** j'ai deviné la réponse

**guest** [gɛst] n invité(e); (in hotel) client(e); **be my ~** faites comme chez vous

**guest house** ['gɛsthaus] n pension f

**guest room** n chambre f d'amis

**guffaw** [gʌ'fɔ:] n gros rire m ▷ vi pouffer de rire

**guidance** ['gaɪdəns] n (advice) conseils mpl; **under the ~ of** conseillé(e) or encadré(e) par, sous la conduite de; **vocational ~** orientation professionnelle; **marriage ~** conseils conjugaux

**guide** [gaɪd] n (person) guide m/f; (book) guide m; (also: **Girl G~**) éclaireuse f; (Roman Catholic) guide f ▷ vt guider; **to be ~d by sb/ sth** se laisser guider par qn/qch; **is there an English-speaking ~?** est-ce que l'un des guides parle anglais?

**guidebook** ['gaɪdbuk] n guide m; **do you have a ~ in English?** est-ce que vous avez un guide en anglais?

**guide dog** n chien m d'aveugle

**guided tour** n visite guidée; **what time does the ~ start?** la visite guidée commence à quelle heure?

**guidelines** ['gaɪdlaɪnz] npl (advice) instructions générales, conseils mpl

**guild** [gɪld] n (Hist) corporation f; (sharing interests) cercle m, association f

**guillotine** ['gɪləti:n] n guillotine f; (for paper) massicot m

**guilt** [gɪlt] n culpabilité f

**guilty** ['gɪltɪ] adj coupable; **to plead ~/not ~** plaider coupable/non coupable; **to feel ~ about doing sth** avoir mauvaise conscience à faire qch

**guinea pig** ['gɪnɪ-] n cobaye m

**guise** [gaɪz] n aspect m, apparence f

**guitar** [gɪ'tɑ:ʳ] n guitare f

**guitarist** [gɪ'tɑ:rɪst] n guitariste m/f

**gulf** [gʌlf] n golfe m; (abyss) gouffre m; **the (Persian) G~** le golfe Persique

**gull** [gʌl] n mouette f

**gullible** ['gʌlɪbl] adj crédule

**gully** ['gʌlɪ] n ravin m; ravine f; couloir m

**gulp** [gʌlp] vi avaler sa salive; (from emotion) avoir la gorge serrée, s'étrangler ▷ vt (also: **~ down**) avaler ▷ n (of drink) gorgée f; **at one ~** d'un seul coup

**gum** [gʌm] n (Anat) gencive f; (glue) colle f; (sweet) boule f de gomme; (also: **chewing-~**) chewing-gum m ▷ vt coller

**gumboots** ['gʌmbu:ts] npl (Brit) bottes fpl en caoutchouc

**gun** [gʌn] n (small) revolver m, pistolet m; (rifle) fusil m, carabine f; (cannon) canon m ▷ vt (also: **~ down**) abattre; **to stick to one's ~s** (fig) ne pas en démordre

**gunboat** ['gʌnbəut] n canonnière f

**gunfire** ['gʌnfaɪəʳ] n fusillade f

**gunman** irreg ['gʌnmən] n bandit armé

**gunpoint** ['gʌnpɔɪnt] n: **at ~** sous la menace du pistolet (or fusil)

**gunpowder** ['gʌnpaudəʳ] n poudre f à canon

**gunshot** ['gʌnʃɔt] n coup m de feu; **within ~** à portée de fusil

**gurgle** ['gə:gl] n gargouillis m ▷ vi gargouiller

**gush** [gʌʃ] n jaillissement m, jet m ▷ vi jaillir; (fig) se répandre en effusions

**gust** [gʌst] n (of wind) rafale f; (of smoke) bouffée f

**gusto** ['gʌstəu] n enthousiasme m

**gut** [gʌt] n intestin m, boyau m; (Mus etc) boyau m ▷ vt (poultry, fish) vider; (building) ne laisser que les murs de; **guts** npl (Anat) boyaux mpl; (inf: courage) cran m; **to hate sb's**

**~s** ne pas pouvoir voir qn en peinture *or* sentir qn

**gutter** ['gʌtə'] *n* (*of roof*) gouttière *f*; (*in street*) caniveau *m*; (*fig*) ruisseau *m*

**guy** [gaɪ] *n* (*inf: man*) type *m*; (*also*: **~rope**) corde *f*; (*figure*) effigie de Guy Fawkes

**Guy Fawkes' Night** [gaɪ'fɔːks-] *n voir article*

● **GUY FAWKES' NIGHT**

●
● *Guy Fawkes' Night*, que l'on appelle
● également "bonfire night", commémore
● l'échec du complot (le "Gunpowder Plot")
● contre James Ier et son parlement le
● 5 novembre 1605. L'un des conspirateurs,
● Guy Fawkes, avait été surpris dans les
● caves du parlement alors qu'il s'apprêtait
● à y mettre le feu. Chaque année pour le
● 5 novembre, les enfants préparent à
● l'avance une effigie de Guy Fawkes et ils
● demandent aux passants "un penny pour
● le guy" avec lequel ils pourront s'acheter
● des fusées de feu d'artifice. Beaucoup de
● gens font encore un feu dans leur jardin
● sur lequel ils brûlent le "guy".

**guzzle** ['gʌzl] *vi* s'empiffrer ▷ *vt* avaler gloutonnement

**gym** [dʒɪm] *n* (*also*: **gymnasium**) gymnase *m*; (*also*: **gymnastics**) gym *f*

**gymnasium** [dʒɪm'neɪzɪəm] *n* gymnase *m*

**gymnast** ['dʒɪmnæst] *n* gymnaste *m/f*

**gymnastics** [dʒɪm'næstɪks] *n, npl* gymnastique *f*

**gym shoes** *npl* chaussures *fpl* de gym(nastique)

**gynaecologist**, (*US*) **gynecologist** [gaɪnɪ'kɔlədʒɪst] *n* gynécologue *m/f*

**gypsy** ['dʒɪpsɪ] *n* gitan(e), bohémien(ne) ▷ *cpd*: **~ caravan** *n* roulotte *f*

**haberdashery** [hæbə'dæʃərɪ] *n* (*Brit*) mercerie *f*

**habit** ['hæbɪt] *n* habitude *f*; (*costume: Rel*) habit *m*; (*for riding*) tenue *f* d'équitation; **to get out of/into the ~ of doing sth** perdre/prendre l'habitude de faire qch

**habitat** ['hæbɪtæt] *n* habitat *m*

**habitual** [hə'bɪtjuəl] *adj* habituel(le); (*drinker, liar*) invétéré(e)

**hack** [hæk] *vt* hacher, tailler ▷ *n* (*cut*) entaille *f*; (*blow*) coup *m*; (*pej: writer*) nègre *m*; (*old horse*) canasson *m*

**hacker** ['hækə'] *n* (*Comput*) pirate *m* (informatique); (: *enthusiast*) passionné(e) *m/f* des ordinateurs

**hackneyed** ['hæknɪd] *adj* usé(e), rebattu(e)

**had** [hæd] *pt, pp of* **have**

**haddock** (*pl* **haddock** *or* **haddocks**) ['hædək] *n* églefin *m*; **smoked ~** haddock *m*

**hadn't** ['hædnt] = **had not**

**haemorrhage**, (*US*) **hemorrhage** ['hɛmərɪdʒ] *n* hémorragie *f*

**haemorrhoids**, (*US*) **hemorrhoids** ['hɛmərɔɪdz] *npl* hémorroïdes *fpl*

**haggle** ['hægl] *vi* marchander; **to ~ over** chicaner sur

**Hague** [heɪg] *n*: **The ~** La Haye

**hail** [heɪl] *n* grêle *f* ▷ *vt* (*call*) héler; (*greet*) acclamer ▷ *vi* grêler; (*originate*): **he ~s from Scotland** il est originaire d'Écosse

**hailstone** ['heɪlstəun] *n* grêlon *m*

**hair** [hɛəʳ] *n* cheveux *mpl*; (*on body*) poils *mpl*, pilosité *f*; (*of animal*) pelage *m*; (*single hair: on head*) cheveu *m*; (*: on body, of animal*) poil *m*; **to do one's ~** se coiffer

**hairband** ['hɛəbænd] *n* (*elasticated*) bandeau *m*; (*plastic*) serre-tête *m*

**hairbrush** ['hɛəbrʌʃ] *n* brosse *f* à cheveux

**haircut** ['hɛəkʌt] *n* coupe *f* (de cheveux)

**hairdo** ['hɛədu:] *n* coiffure *f*

**hairdresser** ['hɛədrɛsəʳ] *n* coiffeur(-euse)

**hairdresser's** ['hɛədrɛsəz] *n* salon *m* de coiffure, coiffeur *m*

**hair dryer** ['hɛədraɪəʳ] *n* sèche-cheveux *m*, séchoir *m*

**hair gel** *n* gel *m* pour cheveux

**hairgrip** ['hɛəgrɪp] *n* pince *f* à cheveux

**hairnet** ['hɛənɛt] *n* résille *f*

**hairpiece** ['hɛəpiːs] *n* postiche *m*

**hairpin** ['hɛəpɪn] *n* épingle *f* à cheveux

**hairpin bend**, (*US*) **hairpin curve** *n* virage *m* en épingle à cheveux

**hair-raising** ['hɛəreɪzɪŋ] *adj* à (vous) faire dresser les cheveux sur la tête

**hair removing cream** *n* crème *f* dépilatoire

**hair spray** *n* laque *f* (pour les cheveux)

**hairstyle** ['hɛəstaɪl] *n* coiffure *f*

**hairy** ['hɛərɪ] *adj* poilu(e), chevelu(e); (*inf: frightening*) effrayant(e)

**hake** (*pl* **hake** *or* **hakes**) [heɪk] *n* colin *m*, merlu *m*

**half** [hɑːf] *n* (*pl* **halves**) [hɑːvz] moitié *f*; (*of beer: also:* **~ pint**) ≈ demi *m*; (*Rail, bus: also:* **~ fare**) demi-tarif *m*; (*Sport: of match*) mi-temps *f*; (*: of ground*) moitié (du terrain) ▷ *adj* demi(e) ▷ *adv* (à) moitié, à demi; **~ an hour** une demi-heure; **~ a dozen** une demi-douzaine; **~ a pound** une demi-livre, ≈ 250 g; **two and a ~** deux et demi; **a week and a ~** une semaine et demie; **~ (of it)** la moitié; **~ (of)** la moitié de; **~ the amount of** la moitié de; **to cut sth in ~** couper qch en deux; **~ past three** trois heures et demie; **~ empty/closed** à moitié vide/fermé; **to go halves (with sb)** se mettre de moitié avec qn

**half board** *n* (*Brit: in hotel*) demi-pension *f*

**half-brother** ['hɑːfbrʌðəʳ] *n* demi-frère *m*

**half-caste** ['hɑːfkɑːst] *n* (*pej*) métis(se)

**half day** *n* demi-journée *f*

**half fare** *n* demi-tarif *m*

**half-hearted** ['hɑːf'hɑːtɪd] *adj* tiède, sans enthousiasme

**half-hour** [hɑːf'auəʳ] *n* demi-heure *f*

**half-mast** ['hɑːf'mɑːst] *n*: **at ~** (*flag*) en berne, à mi-mât

**halfpenny** ['heɪpnɪ] *n* demi-penny *m*

**half-price** ['hɑːf'praɪs] *adj* à moitié prix ▷ *adv* (*also:* **at ~**) à moitié prix

**half term** *n* (*Brit Scol*) vacances *fpl* (de demi-trimestre)

**half-time** [hɑːf'taɪm] *n* mi-temps *f*

**halfway** ['hɑːf'weɪ] *adv* à mi-chemin; **to meet sb ~** (*fig*) parvenir à un compromis avec

qn; **~ through sth** au milieu de qch

**hall** [hɔːl] *n* salle *f*; (*entrance way: big*) hall *m*; (*small*) entrée *f*; (*US: corridor*) couloir *m*; (*mansion*) château *m*, manoir *m*

**hallmark** ['hɔːlmɑːk] *n* poinçon *m*; (*fig*) marque *f*

**hallo** [hə'ləu] *excl* = **hello**

**hall of residence** *n* (*Brit*) pavillon *m* or résidence *f* universitaire

**Hallowe'en, Halloween** ['hæləu'iːn] *n* veille *f* de la Toussaint; *voir article*

⬤ **HALLOWE'EN**
⬤
⬤ Selon la tradition, *Hallowe'en* est la nuit
⬤ des fantômes et des sorcières. En Écosse
⬤ et aux États-Unis surtout (et de plus en
⬤ plus en Angleterre) les enfants, pour fêter
⬤ *Hallowe'en*, se déguisent ce soir-là et ils
⬤ vont ainsi de porte en porte en
⬤ demandant de petits cadeaux
⬤ (du chocolat, etc).

**hallucination** [həluːsɪ'neɪʃən] *n* hallucination *f*

**hallway** ['hɔːlweɪ] *n* (*entrance*) vestibule *m*; (*corridor*) couloir *m*

**halo** ['heɪləu] *n* (*of saint etc*) auréole *f*; (*of sun*) halo *m*

**halt** [hɔːlt] *n* halte *f*, arrêt *m* ▷ *vt* faire arrêter; (*progress etc*) interrompre ▷ *vi* faire halte, s'arrêter; **to call a ~ to sth** (*fig*) mettre fin à qch

**halve** [hɑːv] *vt* (*apple etc*) partager *or* diviser en deux; (*reduce by half*) réduire de moitié

**halves** [hɑːvz] *npl of* **half**

**ham** [hæm] *n* jambon *m*; (*inf: also:* **radio ~**) radio-amateur *m*; (*also:* **~ actor**) cabotin(e)

**hamburger** ['hæmbəːgəʳ] *n* hamburger *m*

**hamlet** ['hæmlɪt] *n* hameau *m*

**hammer** ['hæməʳ] *n* marteau *m* ▷ *vt* (*nail*) enfoncer; (*fig*) éreinter, démolir ▷ *vi* (*at door*) frapper à coups redoublés; **to ~ a point home to sb** faire rentrer qch dans la tête de qn; **hammer out** *vt* (*metal*) étendre au marteau; (*fig: solution*) élaborer

**hammock** ['hæmək] *n* hamac *m*

**hamper** ['hæmpəʳ] *vt* gêner ▷ *n* panier *m* (d'osier)

**hamster** ['hæmstəʳ] *n* hamster *m*

**hamstring** ['hæmstrɪŋ] *n* (*Anat*) tendon *m* du jarret

**hand** [hænd] *n* main *f*; (*of clock*) aiguille *f*; (*handwriting*) écriture *f*; (*at cards*) jeu *m*; (*measurement: of horse*) paume *f*; (*worker*) ouvrier(-ière) ▷ *vt* passer, donner; **to give sb a ~** donner un coup de main à qn; **at ~** à portée de la main; **in ~** (*situation*) en main; (*work*) en cours; **we have the situation in ~** nous avons la situation bien en main; **to be on ~** (*person*) être disponible; (*emergency services*) se tenir prêt(e) (à intervenir); **to ~**

(*information etc*) sous la main, à portée de la main; **to force sb's ~** forcer la main à qn; **to have a free ~** avoir carte blanche; **to have sth in one's ~** tenir qch à la main; **on the one ~ ..., on the other ~** d'une part ..., d'autre part; **hand down** *vt* passer; (*tradition, heirloom*) transmettre; (*US: sentence, verdict*) prononcer; **hand in** *vt* remettre; **hand out** *vt* distribuer; **hand over** *vt* remettre; (*powers etc*) transmettre; **hand round** *vt* (*Brit: information*) faire circuler; (*: chocolates etc*) faire passer

**handbag** ['hændbæg] *n* sac m à main
**hand baggage** *n* = **hand luggage**
**handbook** ['hændbʊk] *n* manuel m
**handbrake** ['hændbreɪk] *n* frein m à main
**handcuffs** ['hændkʌfs] *npl* menottes *fpl*
**handful** ['hændfʊl] *n* poignée f
**handicap** ['hændɪkæp] *n* handicap m ▷ *vt* handicaper; **mentally/physically ~ped** handicapé(e) mentalement/physiquement
**handicraft** ['hændɪkrɑːft] *n* travail m d'artisanat, technique artisanale
**handiwork** ['hændɪwɜːk] *n* ouvrage m; **this looks like his ~** (*pej*) ça a tout l'air d'être son œuvre
**handkerchief** ['hæŋkətʃɪf] *n* mouchoir m
**handle** ['hændl] *n* (*of door etc*) poignée f; (*of cup etc*) anse f; (*of knife etc*) manche m; (*of saucepan*) queue f; (*for winding*) manivelle f ▷ *vt* toucher, manier; (*deal with*) s'occuper de; (*treat: people*) prendre; **"~ with care"** "fragile"; **to fly off the ~** s'énerver
**handlebar** ['hændlbɑːr] *n*, **handlebars** ['hændlbɑːz] *npl* guidon m
**hand luggage** ['hændˌlʌgɪdʒ] *n* bagages *mpl* à main; **one item of ~** un bagage à main
**handmade** ['hændmeɪd] *adj* fait(e) à la main
**handout** ['hændaʊt] *n* (*money*) aide f, don m; (*leaflet*) prospectus m; (*press handout*) communiqué m de presse; (*at lecture*) polycopié m
**handrail** ['hændreɪl] *n* (*on staircase etc*) rampe f, main courante
**handset** ['hændsɛt] *n* (*Tel*) combiné m
**hands-free** [hændz'friː] *adj* mains libres *inv* ▷ *n* (*also*: **~ kit**) kit m mains libres *inv*
**handshake** ['hændʃeɪk] *n* poignée f de main; (*Comput*) établissement m de la liaison
**handsome** ['hænsəm] *adj* beau/belle; (*gift*) généreux(-euse); (*profit*) considérable
**handwriting** ['hændraɪtɪŋ] *n* écriture f
**handy** ['hændɪ] *adj* (*person*) adroit(e); (*close at hand*) sous la main; (*convenient*) pratique; **to come in ~** être (*or* s'avérer) utile
**hang** (*pt, pp* **hung**) [hæŋ, hʌŋ] *vt* accrocher; (*criminal*) (*pt, pp* **hanged**) pendre ▷ *vi* pendre; (*hair, drapery*) tomber ▷ *n*: **to get the ~ of (doing) sth** (*inf*) attraper le coup pour faire qch; **hang about, hang around** *vi* flâner, traîner; **hang back** *vi* (*hesitate*): **to ~ back**

(**from doing**) être réticent(e) (pour faire); **hang down** *vi* pendre; **hang on** *vi* (*wait*) attendre ▷ *vt fus* (*depend on*) dépendre de; **to ~ on to** (*keep hold of*) ne pas lâcher; (*keep*) garder; **hang out** *vt* (*washing*) étendre (dehors) ▷ *vi* pendre; (*inf: live*) habiter, percher; (*: spend time*) traîner; **hang together** *vi* (*argument etc*) se tenir, être cohérent(e); **hang up** *vi* (*Tel*) raccrocher ▷ *vt* (*coat, painting etc*) accrocher, suspendre; **to ~ up on sb** (*Tel*) raccrocher au nez de qn
**hangar** ['hæŋər] *n* hangar m
**hanger** ['hæŋər] *n* cintre m, portemanteau m
**hanger-on** [hæŋər'ɔn] *n* parasite m
**hang-gliding** ['hæŋglaɪdɪŋ] *n* vol m libre *or* sur aile delta
**hangover** ['hæŋəʊvər] *n* (*after drinking*) gueule f de bois
**hang-up** ['hæŋʌp] *n* complexe m
**hanker** ['hæŋkər] *vi*: **to ~ after** avoir envie de
**hankie, hanky** ['hæŋkɪ] *n abbr* = **handkerchief**
**haphazard** [hæp'hæzəd] *adj* fait(e) au hasard, fait(e) au petit bonheur
**happen** ['hæpən] *vi* arriver, se passer, se produire; **what's ~ing?** que se passe-t-il?; **she ~ed to be free** il s'est trouvé (*or* se trouvait) qu'elle était libre; **if anything ~ed to him** s'il lui arrivait quoi que ce soit; **as it ~s** justement; **happen on, happen upon** *vt fus* tomber sur
**happening** ['hæpnɪŋ] *n* événement m
**happily** ['hæpɪlɪ] *adv* heureusement; (*cheerfully*) joyeusement
**happiness** ['hæpɪnɪs] *n* bonheur m
**happy** ['hæpɪ] *adj* heureux(-euse); **~ with** (*arrangements etc*) satisfait(e) de; **to be ~ to do** faire volontiers; **yes, I'd be ~ to** oui, avec plaisir *or* (*bien*) volontiers; **~ birthday!** bon anniversaire!; **~ Christmas/New Year!** joyeux Noël/bonne année!
**happy-go-lucky** ['hæpɪgəʊ'lʌkɪ] *adj* insouciant(e)
**happy hour** *n* l'heure f de l'apéritif, *heure pendant laquelle les consommations sont à prix réduit*
**harass** ['hærəs] *vt* accabler, tourmenter
**harassment** ['hærəsmənt] *n* tracasseries *fpl*; **sexual ~** harcèlement sexuel
**harbour,** (*US*) **harbor** ['hɑːbər] *n* port m ▷ *vt* héberger, abriter; (*hopes, suspicions*) entretenir; **to ~ a grudge against sb** en vouloir à qn
**hard** [hɑːd] *adj* dur(e); (*question, problem*) difficile; (*facts, evidence*) concret(-ète) ▷ *adv* (*work*) dur; (*think, try*) sérieusement; **to look ~ at** regarder fixement; (*thing*) regarder de près; **to drink ~** boire sec; **~ luck!** pas de veine!; **no ~ feelings!** sans rancune!; **to be ~ of hearing** être dur(e) d'oreille; **to be ~ done by** être traité(e) injustement; **to be ~ on sb** être dur(e) avec qn; **I find it ~ to believe that ...** je n'arrive pas à croire que ...

h

**hardback** ['hɑːdbæk] n livre relié
**hardboard** ['hɑːdbɔːd] n Isorel® m
**hard cash** n espèces fpl
**hard disk** n (Comput) disque dur
**harden** ['hɑːdn] vt durcir; (steel) tremper; (fig) endurcir ▷ vi (substance) durcir
**hard-headed** ['hɑːd'hedɪd] adj réaliste; décidé(e)
**hard labour** n travaux forcés
**hardly** ['hɑːdlɪ] adv (scarcely) à peine; (harshly) durement; **it's ~ the case** ce n'est guère le cas; **~ anywhere/ever** presque nulle part/jamais; **I can ~ believe it** j'ai du mal à le croire
**hardship** ['hɑːdʃɪp] n (difficulties) épreuves fpl; (deprivation) privations fpl
**hard shoulder** n (Brit Aut) accotement stabilisé
**hard-up** ['hɑːd'ʌp] adj (inf) fauché(e)
**hardware** ['hɑːdwɛə'] n quincaillerie f; (Comput, Mil) matériel m
**hardware shop**, (US) **hardware store** n quincaillerie f
**hard-wearing** [hɑːd'wɛərɪŋ] adj solide
**hard-working** [hɑːd'wɔːkɪŋ] adj travailleur(-euse), consciencieux(-euse)
**hardy** ['hɑːdɪ] adj robuste; (plant) résistant(e) au gel
**hare** [hɛə'] n lièvre m
**hare-brained** ['hɛəbreɪnd] adj farfelu(e), écervelé(e)
**harm** [hɑːm] n mal m; (wrong) tort m ▷ vt (person) faire du mal or du tort à; (thing) endommager; **to mean no ~** ne pas avoir de mauvaises intentions; **there's no ~ in trying** on peut toujours essayer; **out of ~'s way** à l'abri du danger, en lieu sûr
**harmful** ['hɑːmful] adj nuisible
**harmless** ['hɑːmlɪs] adj inoffensif(-ive)
**harmony** ['hɑːmənɪ] n harmonie f
**harness** ['hɑːnɪs] n harnais m ▷ vt (horse) harnacher; (resources) exploiter
**harp** [hɑːp] n harpe f ▷ vi: **to ~ on about** revenir toujours sur
**harrowing** ['hærəuɪŋ] adj déchirant(e)
**harsh** [hɑːʃ] adj (hard) dur(e); (severe) sévère; (rough: surface) rugueux(-euse); (unpleasant: sound) discordant(e); (: light) cru(e); (: taste) âpre
**harvest** ['hɑːvɪst] n (of corn) moisson f; (of fruit) récolte f; (of grapes) vendange f ▷ vi, vt moissonner; récolter; vendanger
**has** [hæz] vb see **have**
**hash** [hæʃ] n (Culin) hachis m; (fig: mess) gâchis m
**hasn't** ['hæznt] = **has not**
**hassle** ['hæsl] n (inf: fuss) histoire(s) f(pl)
**haste** [heɪst] n hâte f, précipitation f; **in ~** à la hâte, précipitamment
**hasten** ['heɪsn] vt hâter, accélérer ▷ vi se hâter, s'empresser; **I ~ to add that ...** je m'empresse d'ajouter que ...

**hastily** ['heɪstɪlɪ] adv à la hâte; (leave) précipitamment
**hasty** ['heɪstɪ] adj (decision, action) hâtif(-ive); (departure, escape) précipité(e)
**hat** [hæt] n chapeau m
**hatch** [hætʃ] n (Naut: also: **~way**) écoutille f; (Brit: also: **service ~**) passe-plats m inv ▷ vi éclore ▷ vt faire éclore; (fig: scheme) tramer, ourdir
**hatchback** ['hætʃbæk] n (Aut) modèle m avec hayon arrière
**hatchet** ['hætʃɪt] n hachette f
**hate** [heɪt] vt haïr, détester ▷ n haine f; **to ~ to do** or **doing** détester faire; **I ~ to trouble you, but ...** désolé de vous déranger, mais ...
**hateful** ['heɪtful] adj odieux(-euse), détestable
**hatred** ['heɪtrɪd] n haine f
**haughty** ['hɔːtɪ] adj hautain(e), arrogant(e)
**haul** [hɔːl] vt traîner, tirer; (by lorry) camionner; (Naut) haler ▷ n (of fish) prise f; (of stolen goods etc) butin m
**haulage** ['hɔːlɪdʒ] n transport routier
**haulier** ['hɔːlɪə'], (US) **hauler** ['hɔːlə'] n transporteur (routier), camionneur m
**haunch** [hɔːntʃ] n hanche f; **~ of venison** cuissot m de chevreuil
**haunt** [hɔːnt] vt (subj: ghost, fear) hanter; (: person) fréquenter ▷ n repaire m
**haunted** ['hɔːntɪd] adj (castle etc) hanté(e); (look) égaré(e), hagard(e)

KEYWORD

**have** [hæv] (pt, pp **had**) aux vb **1** (gen) avoir; être; **to have eaten/slept** avoir mangé/dormi; **to have arrived/gone** être arrivé(e)/allé(e); **he has been promoted** il a eu une promotion; **having finished** or **when he had finished, he left** quand il a eu fini, il est parti; **we'd already eaten** nous avions déjà mangé
**2** (in tag questions): **you've done it, haven't you?** vous l'avez fait, n'est-ce pas?
**3** (in short answers and questions): **no I haven't!/ yes we have!** mais non!/mais si!; **so I have!** ah oui!, oui c'est vrai!; **I've been there before, have you?** j'y suis déjà allé, et vous?
▷ modal aux vb (be obliged): **to have (got) to do sth** devoir faire qch, être obligé(e) de faire qch; **she has (got) to do it** elle doit le faire, il faut qu'elle le fasse; **you haven't to tell her** vous n'êtes pas obligé de le lui dire; (must not) ne le lui dites surtout pas; **do you have to book?** il faut réserver?
▷ vt **1** (possess) avoir; **he has (got) blue eyes/ dark hair** il a les yeux bleus/les cheveux bruns
**2** (referring to meals etc): **to have breakfast** prendre le petit déjeuner; **to have dinner/ lunch** dîner/déjeuner; **to have a drink** prendre un verre; **to have a cigarette** fumer une cigarette

**3** (*receive*) avoir, recevoir; (*obtain*) avoir; **may I have your address?** puis-je avoir votre adresse?; **you can have it for £5** vous pouvez l'avoir pour 5 livres; **I must have it for tomorrow** il me le faut pour demain; **to have a baby** avoir un bébé

**4** (*maintain, allow*): **I won't have it!** ça ne se passera pas comme ça!; **we can't have that** nous ne tolérerons pas ça

**5** (*by sb else*): **to have sth done** faire faire qch; **to have one's hair cut** se faire couper les cheveux; **to have sb do sth** faire faire qch à qn

**6** (*experience, suffer*) avoir; **to have a cold/flu** avoir un rhume/la grippe; **to have an operation** se faire opérer; **she had her bag stolen** elle s'est fait voler son sac

**7** (*+noun*): **to have a swim/walk** nager/se promener; **to have a bath/shower** prendre un bain/une douche; **let's have a look** regardons; **to have a meeting** se réunir; **to have a party** organiser une fête; **let me have a try** laissez-moi essayer

**8** (*inf: dupe*) avoir; **he's been had** il s'est fait avoir or rouler

**have out** *vt*: **to have it out with sb** (*settle a problem etc*) s'expliquer (franchement) avec qn

**haven** ['heɪvn] *n* port *m*; (*fig*) havre *m*

**haven't** ['hævnt] = **have not**

**havoc** ['hævək] *n* ravages *mpl*, dégâts *mpl*; **to play ~ with** (*fig*) désorganiser complètement; détraquer

**Hawaii** [hə'waɪ] *n* (îles *fpl*) Hawaï *m*

**hawk** [hɔːk] *n* faucon *m* ▷ *vt* (*goods for sale*) colporter

**hawthorn** ['hɔːθɔːn] *n* aubépine *f*

**hay** [heɪ] *n* foin *m*

**hay fever** *n* rhume *m* des foins

**haystack** ['heɪstæk] *n* meule *f* de foin

**haywire** ['heɪwaɪə'] *adj* (*inf*): **to go ~** perdre la tête; mal tourner

**hazard** ['hæzəd] *n* (*risk*) danger *m*, risque *m*; (*chance*) hasard *m*, chance *f* ▷ *vt* risquer, hasarder; **to be a health/fire ~** présenter un risque pour la santé/d'incendie; **to ~ a guess** émettre or hasarder une hypothèse

**hazardous** ['hæzədəs] *adj* hasardeux(-euse), risqué(e)

**hazard warning lights** *npl* (*Aut*) feux *mpl* de détresse

**haze** [heɪz] *n* brume *f*

**hazel** ['heɪzl] *n* (*tree*) noisetier *m* ▷ *adj* (*eyes*) noisette *inv*

**hazelnut** ['heɪzlnʌt] *n* noisette *f*

**hazy** ['heɪzɪ] *adj* brumeux(-euse); (*idea*) vague; (*photograph*) flou(e)

**HD** *abbr* (= *high definition*) HD (= *haute définition*)

**HDTV** *n abbr* (= *high definition television*) TVHD *f* (= *télévision haute-définition*)

**he** [hiː] *pron* il; **it is he who …** c'est lui qui …; **here he is** le voici; **he-bear** *etc* ours *etc* mâle

**head** [hɛd] *n* tête *f*; (*leader*) chef *m*; (*of school*) directeur(-trice); (*of secondary school*) proviseur *m* ▷ *vt* (*list*) être en tête de; (*group, company*) être à la tête de; **heads** *pl* (*on coin*) (le côté) face; **~s or tails** pile ou face; **~ first** la tête la première; **~ over heels in love** follement or éperdument amoureux(-euse); **to ~ the ball** faire une tête; **10 euros a** *or* **per ~** 10 euros par personne; **to sit at the ~ of the table** présider la tablée; **to have a ~ for business** avoir des dispositions pour les affaires; **to have no ~ for heights** être sujet(te) au vertige; **to come to a ~** (*fig: situation etc*) devenir critique; **head for** *vt fus* se diriger vers; (*disaster*) aller à; **head off** *vt* (*threat, danger*) détourner

**headache** ['hɛdeɪk] *n* mal *m* de tête; **to have a ~** avoir mal à la tête

**headaddress** ['hɛddrɛs] *n* coiffure *f*

**heading** ['hɛdɪŋ] *n* titre *m*; (*subject title*) rubrique *f*

**headlamp** ['hɛdlæmp] (*Brit*) *n* = **headlight**

**headland** ['hɛdlənd] *n* promontoire *m*, cap *m*

**headlight** ['hɛdlaɪt] *n* phare *m*

**headline** ['hɛdlaɪn] *n* titre *m*

**headlong** ['hɛdlɔŋ] *adv* (*fall*) la tête la première; (*rush*) tête baissée

**headmaster** [hɛd'mɑːstə'] *n* directeur *m*, proviseur *m*

**headmistress** [hɛd'mɪstrɪs] *n* directrice *f*

**head office** *n* siège *m*, bureau *m* central

**head-on** [hɛd'ɔn] *adj* (*collision*) de plein fouet

**headphones** ['hɛdfəunz] *npl* casque *m* (à écouteurs)

**headquarters** ['hɛdkwɔːtəz] *npl* (*of business*) bureau or siège central; (*Mil*) quartier général

**headrest** ['hɛdrɛst] *n* appui-tête *m*

**headroom** ['hɛdrum] *n* (*in car*) hauteur *f* de plafond; (*under bridge*) hauteur limite; dégagement *m*

**headscarf** (*pl* **headscarves**) ['hɛdskɑːf, -skɑːvz] *n* foulard *m*

**headset** ['hɛdsɛt] *n* = **headphones**

**headstrong** ['hɛdstrɔŋ] *adj* têtu(e), entêté(e)

**headteacher** [hɛd'tiːtʃə'] *n* directeur(-trice); (*of secondary school*) proviseur *m*

**head waiter** *n* maître *m* d'hôtel

**headway** ['hɛdweɪ] *n*: **to make ~** avancer, faire des progrès

**headwind** ['hɛdwɪnd] *n* vent *m* contraire

**heady** ['hɛdɪ] *adj* capiteux(-euse), enivrant(e)

**heal** [hiːl] *vt, vi* guérir

**health** [hɛlθ] *n* santé *f*; **Department of H~** (*Brit, US*) ≈ ministère *m* de la Santé

**health care** *n* services médicaux

**health centre** *n* (*Brit*) centre *m* de santé

**health food** *n* aliment(s) naturel(s)

**health food shop** *n* magasin *m* diététique

**Health Service** *n*: **the ~** (*Brit*) ≈ la Sécurité Sociale

**healthy** ['hɛlθɪ] *adj* (*person*) en bonne santé; (*climate, food, attitude etc*) sain(e)

**h**

**heap** [hi:p] *n* tas *m*, monceau *m* ▷ *vt* (*also*: ~
**up**) entasser, amonceler; **she ~ed her plate
with cakes** elle a chargé son assiette de
gâteaux; **~s (of)** (*inf*: *lots*) des tas (de); **to ~
favours/praise/gifts** *etc* **on sb** combler qn
de faveurs/d'éloges/de cadeaux *etc*

**hear** (*pt, pp* **heard**) [hɪəʳ, hə:d] *vt* entendre;
(*news*) apprendre; (*lecture*) assister à, écouter
▷ *vi* entendre; **to ~ about** entendre parler de;
(*have news of*) avoir des nouvelles de; **did you ~
about the move?** tu es au courant du
déménagement?; **to ~ from sb** recevoir des
nouvelles de qn; **I've never ~d of that book**
je n'ai jamais entendu parler de ce livre;
**hear out** *vt* écouter jusqu'au bout

**heard** [hə:d] *pt, pp of* **hear**

**hearing** ['hɪərɪŋ] *n* (*sense*) ouïe *f*; (*of witnesses*)
audition *f*; (*of a case*) audience *f*; (*of committee*)
séance *f*; **to give sb a ~** (*Brit*) écouter ce que qn
a à dire

**hearing aid** *n* appareil *m* acoustique

**hearsay** ['hɪəseɪ] *n* on-dit *mpl*, rumeurs *fpl*;
**by ~** *adv* par ouï-dire

**hearse** [hə:s] *n* corbillard *m*

**heart** [hɑ:t] *n* cœur *m*; **hearts** *npl* (*Cards*)
cœur; **at ~** au fond; **by ~** (*learn, know*) par cœur;
**to have a weak ~** avoir le cœur malade, avoir
des problèmes de cœur; **to lose/take ~**
perdre/prendre courage; **to set one's ~ on
sth/on doing sth** vouloir absolument qch/
faire qch; **the ~ of the matter** le fond du
problème

**heart attack** *n* crise *f* cardiaque

**heartbeat** ['hɑ:tbi:t] *n* battement *m* de cœur

**heartbreaking** ['hɑ:tbreɪkɪŋ] *adj* navrant(e),
déchirant(e)

**heartbroken** ['hɑ:tbrəukən] *adj*: **to be ~**
avoir beaucoup de chagrin

**heartburn** ['hɑ:tbə:n] *n* brûlures *fpl* d'estomac

**heart disease** *n* maladie *f* cardiaque

**heart failure** *n* (*Med*) arrêt *m* du cœur

**heartfelt** ['hɑ:tfɛlt] *adj* sincère

**hearth** [hɑ:θ] *n* foyer *m*, cheminée *f*

**heartily** ['hɑ:tɪlɪ] *adv* chaleureusement;
(*laugh*) de bon cœur; (*eat*) de bon appétit; **to
agree ~** être tout à fait d'accord; **to be ~
sick of** (*Brit*) en avoir ras le bol de

**heartless** ['hɑ:tlɪs] *adj* (*person*) sans cœur,
insensible; (*treatment*) cruel(le)

**hearty** ['hɑ:tɪ] *adj* chaleureux(-euse);
(*appetite*) solide; (*dislike*) cordial(e); (*meal*)
copieux(-euse)

**heat** [hi:t] *n* chaleur *f*; (*fig*) ardeur *f*; feu *m*;
(*Sport*: *also*: **qualifying ~**) éliminatoire *f*;
(*Zool*): **in** *or* **on ~** (*Brit*) en chaleur ▷ *vt*
chauffer; **heat up** *vi* (*liquid*) chauffer; (*room*)
se réchauffer ▷ *vt* réchauffer

**heated** ['hi:tɪd] *adj* chauffé(e); (*fig*)
passionné(e), échauffé(e), excité(e)

**heater** ['hi:təʳ] *n* appareil *m* de chauffage;
radiateur *m*; (*in car*) chauffage *m*; (*water
heater*) chauffe-eau *m*

**heath** [hi:θ] *n* (*Brit*) lande *f*

**heather** ['hɛðəʳ] *n* bruyère *f*

**heating** ['hi:tɪŋ] *n* chauffage *m*

**heatstroke** ['hi:tstrəuk] *n* coup *m* de chaleur

**heatwave** ['hi:tweɪv] *n* vague *f* de chaleur

**heave** [hi:v] *vt* soulever (avec effort) ▷ *vi*
soulever; (*retch*) avoir des haut-le-cœur ▷ *n*
(*push*) poussée *f*; **to ~ a sigh** pousser un gros
soupir

**heaven** ['hɛvn] *n* ciel *m*, paradis *m*; (*fig*)
paradis; **~s!** surtout pas!; **thank ~!** Dieu
merci!; **for ~'s sake!** (*pleading*) je vous en prie!;
(*protesting*) mince alors!

**heavenly** ['hɛvnlɪ] *adj* céleste, divin(e)

**heavily** ['hɛvɪlɪ] *adv* lourdement; (*drink,
smoke*) beaucoup; (*sleep, sigh*) profondément

**heavy** ['hɛvɪ] *adj* lourd(e); (*work, rain, user,
eater*) gros(se); (*drinker, smoker*) grand(e);
(*schedule, week*) chargé(e); **it's too ~** c'est trop
lourd; **it's ~ going** ça ne va pas tout seul,
c'est pénible

**heavy goods vehicle** *n* (*Brit*) poids lourd *m*

**heavyweight** ['hɛvɪweɪt] *n* (*Sport*) poids
lourd

**Hebrew** ['hi:bru:] *adj* hébraïque ▷ *n* (*Ling*)
hébreu *m*

**Hebrides** ['hɛbrɪdi:z] *npl*: **the ~** les
Hébrides *fpl*

**heckle** ['hɛkl] *vt* interpeller (*un orateur*)

**hectare** ['hɛktɑ:ʳ] *n* (*Brit*) hectare *m*

**hectic** ['hɛktɪk] *adj* (*schedule*) très chargé(e);
(*day*) mouvementé(e); (*activity*)
fiévreux(-euse); (*lifestyle*) trépidant(e)

**he'd** [hi:d] = **he would**; **he had**

**hedge** [hɛdʒ] *n* haie *f* ▷ *vi* se dérober ▷ *vt*:
**to ~ one's bets** (*fig*) se couvrir; **as a ~ against
inflation** pour se prémunir contre
l'inflation; **hedge in** *vt* entourer d'une haie

**hedgehog** ['hɛdʒhɔg] *n* hérisson *m*

**heed** [hi:d] *vt* (*also*: **take ~ of**) tenir compte de,
prendre garde à

**heedless** ['hi:dlɪs] *adj* insouciant(e)

**heel** [hi:l] *n* talon *m* ▷ *vt* (*shoe*) retalonner;
**to bring to ~** (*dog*) faire venir à ses pieds;
(*fig*: *person*) rappeler à l'ordre; **to take to
one's ~s** prendre ses jambes à son cou

**hefty** ['hɛftɪ] *adj* (*person*) costaud(e); (*parcel*)
lourd(e); (*piece, price*) gros(se)

**heifer** ['hɛfəʳ] *n* génisse *f*

**height** [haɪt] *n* (*of person*) taille *f*, grandeur *f*;
(*of object*) hauteur *f*; (*of plane, mountain*)
altitude *f*; (*high ground*) hauteur, éminence *f*;
(*fig*: *of glory, fame, power*) sommet *m*; (: *of luxury,
stupidity*) comble *m*; **at the ~ of summer** au
cœur de l'été; **what ~ are you?** combien
mesurez-vous?, quelle est votre taille?; **of
average ~** de taille moyenne; **to be afraid of
~s** être sujet(te) au vertige; **it's the ~ of
fashion** c'est le dernier cri

**heighten** ['haɪtn] *vt* hausser, surélever; (*fig*)
augmenter

**heir** [ɛəʳ] *n* héritier *m*

**heiress** ['ɛərɛs] n héritière f
**heirloom** ['ɛəlu:m] n meuble m (or bijou m or tableau m) de famille
**held** [hɛld] pt, pp of **hold**
**helicopter** ['hɛlɪkɔptər] n hélicoptère m
**hell** [hɛl] n enfer m; **a ~ of a …** (inf) un(e) sacré(e) …; **oh ~!** (inf) merde!
**he'll** [hi:l] = **he will; he shall**
**hellish** ['hɛlɪʃ] adj infernal(e)
**hello** [hə'ləʊ] excl bonjour!; (to attract attention) hé!; (surprise) tiens!
**helm** [hɛlm] n (Naut) barre f
**helmet** ['hɛlmɪt] n casque m
**help** [hɛlp] n aide f; (cleaner etc) femme f de ménage; (assistant etc) employé(e) ▷ vt, vi aider; **~!** au secours!; **~ yourself** servez-vous; **can you ~ me?** pouvez-vous m'aider?; **can I ~ you?** (in shop) vous désirez?; **with the ~ of** (person) avec l'aide de; (tool etc) à l'aide de; **to be of ~ to sb** être utile à qn; **to ~ sb (to) do sth** aider qn à faire qch; **I can't ~ saying** je ne peux pas m'empêcher de dire; **he can't ~ it** il n'y peut rien; **help out** vi aider ▷ vt: **to ~ sb out** aider qn
**helper** ['hɛlpər] n aide m/f, assistant(e)
**helpful** ['hɛlpful] adj serviable, obligeant(e); (useful) utile
**helping** ['hɛlpɪŋ] n portion f
**helpless** ['hɛlplɪs] adj impuissant(e); (baby) sans défense
**helpline** ['hɛlplaɪn] n service m d'assistance téléphonique; (free) ≈ numéro vert
**hem** [hɛm] n ourlet m ▷ vt ourler; **hem in** vt cerner; **to feel ~med in** (fig) avoir l'impression d'étouffer, se sentir oppressé(e) or écrasé(e)
**hemisphere** ['hɛmɪsfɪər] n hémisphère m
**hemorrhage** ['hɛmərɪdʒ] n (US) = **haemorrhage**
**hemorrhoids** ['hɛmərɔɪdz] npl (US) = **haemorrhoids**
**hen** [hɛn] n poule f; (female bird) femelle f
**hence** [hɛns] adv (therefore) d'où, de là; **2 years ~** d'ici 2 ans
**henceforth** ['hɛns'fɔːθ] adv dorénavant
**hen night, hen party** n soirée f entre filles (avant le mariage de l'une d'elles)
**hepatitis** [hɛpə'taɪtɪs] n hépatite f
**her** [həːr] pron (direct) la, l' + vowel or h mute; (indirect) lui; (stressed, after prep) elle ▷ adj son/ sa, ses pl; **I see ~** je la vois; **give ~ a book** donne-lui un livre; **after ~** après elle; see also **me; my**
**herald** ['hɛrəld] n héraut m ▷ vt annoncer
**heraldry** ['hɛrəldrɪ] n héraldique f; (coat of arms) blason m
**herb** [həːb] n herbe f; **herbs** npl fines herbes
**herbal** ['həːbl] adj à base de plantes
**herbal tea** n tisane f
**herd** [həːd] n troupeau m; (of wild animals, swine) troupeau, troupe f ▷ vt (drive: animals, people) mener, conduire; (gather)

rassembler; **~ed together** parqués (comme du bétail)
**here** [hɪər] adv ici; (time) alors ▷ excl tiens!, tenez!, ~! (present) présent!; **~ is, ~ are** voici; **~'s my sister** voici ma sœur; **~ he/she is** le/la voici; **~ she comes** la voici qui vient; **come ~!** viens ici!; **~ and there** ici et là
**hereafter** [hɪər'ɑ:ftər] adv après, plus tard; ci-après ▷ n: **the ~** l'au-delà m
**hereby** [hɪə'baɪ] adv (in letter) par la présente
**hereditary** [hɪ'rɛdɪtrɪ] adj héréditaire
**heresy** ['hɛrəsɪ] n hérésie f
**heritage** ['hɛrɪtɪdʒ] n héritage m, patrimoine m; **our national ~** notre patrimoine national
**hermit** ['həːmɪt] n ermite m
**hernia** ['həːnɪə] n hernie f
**hero** ['hɪərəʊ] (pl **heroes**) n héros m
**heroic** [hɪ'rəʊɪk] adj héroïque
**heroin** ['hɛrəʊɪn] n héroïne f (drogue)
**heroine** ['hɛrəʊɪn] n héroïne f (femme)
**heron** ['hɛrən] n héron m
**herring** ['hɛrɪŋ] n hareng m
**hers** [həːz] pron le/la sien(ne), les siens/ siennes; **a friend of ~** un(e) ami(e) à elle, un(e) de ses ami(e)s; see also **mine¹**
**herself** [həː'sɛlf] pron (reflexive) se; (emphatic) elle-même; (after prep) elle; see also **oneself**
**he's** [hi:z] = **he is; he has**
**hesitant** ['hɛzɪtənt] adj hésitant(e), indécis(e); **to be ~ about doing sth** hésiter à faire qch
**hesitate** ['hɛzɪteɪt] vi: **to ~ (about/to do)** hésiter (sur/à faire)
**hesitation** [hɛzɪ'teɪʃən] n hésitation f; **I have no ~ in saying (that) …** je n'hésiterais pas à dire (que) …
**heterosexual** ['hɛtərəʊ'sɛksjuəl] adj, n hétérosexuel(le)
**hexagon** ['hɛksəgən] n hexagone m
**hey** [heɪ] excl hé!
**heyday** ['heɪdeɪ] n: **the ~ of** l'âge m d'or de, les beaux jours de
**HGV** n abbr = **heavy goods vehicle**
**hi** [haɪ] excl salut!; (to attract attention) hé!
**hiatus** [haɪ'eɪtəs] n trou m, lacune f; (Ling) hiatus m
**hibernate** ['haɪbəneɪt] vi hiberner
**hiccough, hiccup** ['hɪkʌp] vi hoqueter ▷ n hoquet m; **to have (the) ~s** avoir le hoquet
**hid** [hɪd] pt of **hide**
**hidden** ['hɪdn] pp of **hide** ▷ adj: **there are no ~ extras** absolument tout est compris dans le prix; **~ agenda** intentions non déclarées
**hide** [haɪd] (pt **hid**, pp **hidden**) [hɪd, 'hɪdn] n (skin) peau f ▷ vt cacher; (feelings, truth) dissimuler; **to ~ sth from sb** cacher qch à qn ▷ vi: **to ~ (from sb)** se cacher (de qn)
**hide-and-seek** ['haɪdən'si:k] n cache-cache m
**hideous** ['hɪdɪəs] adj hideux(-euse), atroce
**hiding** ['haɪdɪŋ] n (beating) correction f, volée f de coups; **to be in ~** (concealed) se tenir caché(e)

**hierarchy** ['haɪərɑːkɪ] n hiérarchie f
**hi-fi** ['haɪfaɪ] adj, n abbr (= high fidelity)
hi-fi f inv
**high** [haɪ] adj haut(e); (speed, respect, number)
grand(e); (price) élevé(e); (wind) fort(e),
violent(e); (voice) aigu(ë); (inf: person: on drugs)
défoncé(e), fait(e); (: on drink) soûl(e),
bourré(e); (Brit Culin: meat, game) faisandé(e);
(: spoilt) avarié(e) ▷ adv haut, en haut ▷ n
(weather) zone f de haute pression; **exports
have reached a new ~** les exportations ont
atteint un nouveau record; **20 m** = haut(e) de
20 m; **to pay a ~ price for sth** payer cher
pour qch; **~ in the air** haut dans le ciel
**highbrow** ['haɪbraʊ] adj, n intellectuel(le)
**highchair** ['haɪtʃɛəʳ] n (child's) chaise haute
**high-class** [haɪ'klɑːs] adj (neighbourhood, hotel)
chic inv, de grand standing; (performance etc)
de haut niveau
**higher education** n études supérieures
**high-handed** [haɪ'hændɪd] adj très
autoritaire; très cavalier(-ière)
**high-heeled** [haɪ'hiːld] adj à hauts talons
**high heels** npl talons hauts, hauts talons
**high jump** n (Sport) saut m en hauteur
**highlands** ['haɪləndz] npl région
montagneuse; **the H~** (in Scotland) les
Highlands mpl
**highlight** ['haɪlaɪt] n (fig: of event) point
culminant ▷ vt (emphasize) faire ressortir,
souligner; **highlights** npl (in hair) reflets mpl
**highlighter** ['haɪlaɪtəʳ] n (pen) surligneur
(lumineux)
**highly** ['haɪlɪ] adv extrêmement, très;
(unlikely) fort; (recommended, skilled, qualified)
hautement; **~ paid** très bien payé(e); **to
speak ~ of** dire beaucoup de bien de
**highly strung** adj nerveux(-euse), toujours
tendu(e)
**highness** ['haɪnɪs] n hauteur f; **His/Her H~**
son Altesse f
**high-pitched** [haɪ'pɪtʃt] adj aigu(ë)
**high-rise** ['haɪraɪz] n (also: **~ block,
~ building**) tour f (d'habitation)
**high school** n lycée m; (US) établissement m
d'enseignement supérieur; *voir article*

● HIGH SCHOOL

● Une *high school* est un établissement
● d'enseignement secondaire. Aux États-
● Unis, il y a la "Junior High School", qui
● correspond au collège, et la "Senior High
● School", qui correspond au lycée. En
● Grande-Bretagne, c'est un nom que l'on
● donne parfois aux écoles secondaires;
● voir "elementary school".

**high season** n (Brit) haute saison
**high street** n (Brit) grand-rue f
**high-tech** ['haɪtɛk] (inf) adj de pointe
**highway** ['haɪweɪ] n (Brit) route f; (US) route

nationale; **the information ~** l'autoroute f
de l'information
**Highway Code** n (Brit) code m de la route
**hijack** ['haɪdʒæk] vt détourner (par la force) ▷ n
(also: **~ing**) détournement m (d'avion)
**hijacker** ['haɪdʒækəʳ] n auteur m d'un
détournement d'avion, pirate m de l'air
**hike** [haɪk] vi faire des excursions à pied ▷ n
excursion f à pied, randonnée f; (inf: in prices
etc) augmentation f ▷ vt (inf) augmenter
**hiker** ['haɪkəʳ] n promeneur(-euse),
excursionniste m/f
**hiking** ['haɪkɪŋ] n excursions fpl à pied,
randonnée f
**hilarious** [hɪ'lɛərɪəs] adj (behaviour, event)
désopilant(e)
**hill** [hɪl] n colline f; (fairly high) montagne f;
(on road) côte f
**hillside** ['hɪlsaɪd] n (flanc m de) coteau m
**hill walking** ['hɪl'wɔːkɪŋ] n randonnée f
de basse montagne
**hilly** ['hɪlɪ] adj vallonné(e),
montagneux(-euse); (road) à fortes côtes
**hilt** [hɪlt] n (of sword) garde f; **to the ~** (fig:
support) à fond
**him** [hɪm] pron (direct) le, l' + vowel or h mute;
(stressed, indirect, after prep) lui; **I see ~** je le vois;
**give ~ a book** donne-lui un livre; **after ~**
après lui; *see also* **me**
**himself** [hɪm'sɛlf] pron (reflexive) se;
(emphatic) lui-même; (after prep) lui; *see
also* **oneself**
**hind** [haɪnd] adj de derrière ▷ n biche f
**hinder** ['hɪndəʳ] vt gêner; (delay) retarder;
(prevent): **to ~ sb from doing** empêcher qn de
faire
**hindrance** ['hɪndrəns] n gêne f, obstacle m
**hindsight** ['haɪndsaɪt] n bon sens après
coup; **with (the benefit of) ~** avec du recul,
rétrospectivement
**Hindu** ['hɪnduː] n Hindou(e)
**Hinduism** ['hɪnduɪzəm] n (Rel)
hindouisme m
**hinge** [hɪndʒ] n charnière f ▷ vi (fig): **to ~ on**
dépendre de
**hint** [hɪnt] n allusion f; (advice) conseil m;
(clue) indication f ▷ vt: **to ~ that** insinuer que
▷ vi: **to ~ at** faire une allusion à; **to drop a ~**
faire une allusion or insinuation; **give me a ~**
(clue) mettez-moi sur la voie, donnez-moi
une indication
**hip** [hɪp] n hanche f; (Bot) fruit m de
l'églantier or du rosier
**hippie, hippy** ['hɪpɪ] n hippie m/f
**hippo** ['hɪpəʊ] (pl **hippos**) n hippopotame m
**hippopotamus** [hɪpə'pɔtəməs]
(pl **hippopotamuses** or **hippopotami**
[hɪpə'pɔtəmaɪ]) n hippopotame m
**hippy** ['hɪpɪ] n = **hippie**
**hire** ['haɪəʳ] vt (Brit: car, equipment) louer;
(worker) embaucher, engager ▷ n location f;
**for ~** à louer; (taxi) libre; **on ~** en location;

**I'd like to ~ a car** je voudrais louer une voiture; **hire out** vt louer

**hire car, hired car** ['haɪəd-] n (Brit) voiture f de location

**hire purchase** n (Brit) achat m (or vente f) à tempérament or crédit; **to buy sth on ~** acheter qch en location-vente

**his** [hɪz] pron le/la sien(ne), les siens/siennes ▷ adj son/sa, ses pl; **this is ~** c'est à lui, c'est le sien; **a friend of ~** un(e) de ses ami(e)s, un(e) ami(e) à lui; see also **mine¹** see also **my**

**Hispanic** [hɪs'pænɪk] adj (in US) hispano-américain(e) ▷ n Hispano-Américain(e)

**hiss** [hɪs] vi siffler ▷ n sifflement m

**historian** [hɪ'stɔːrɪən] n historien(ne)

**historic** [hɪ'stɔrɪk], **historical** [hɪ'stɔrɪkl] adj historique

**history** ['hɪstərɪ] n histoire f; **medical ~** (of patient) passé médical

**hit** [hɪt] vt (pt, pp **hit**) frapper; (knock against) cogner; (reach: target) atteindre, toucher; (collide with: car) entrer en collision avec, heurter; (fig: affect) toucher; (find) tomber sur ▷ n coup m; (success) coup réussi; succès m; (song) chanson f à succès, tube m; (to website) visite f; (on search engine) résultat m de recherche; **to ~ it off with sb** bien s'entendre avec qn; **to ~ the headlines** être à la une des journaux; **to ~ the road** (inf) se mettre en route; **hit back** vi: **to ~ back at sb** prendre sa revanche sur qn; **hit on** vt fus (answer) trouver (par hasard); (solution) tomber sur (par hasard); **hit out at** vt fus envoyer un coup à; (fig) attaquer; **hit upon** vt fus = **hit on**

**hit-and-run driver** ['hɪtænd'rʌn-] n chauffard m

**hitch** [hɪtʃ] vt (fasten) accrocher, attacher; (also: **~ up**) remonter d'une saccade ▷ vi faire de l'autostop ▷ n (knot) nœud m; (difficulty) anicroche f, contretemps m; **to ~ a lift** faire du stop; **technical ~** incident m technique; **hitch up** vt (horse, cart) atteler; see also **hitch**

**hitch-hike** ['hɪtʃhaɪk] vi faire de l'auto-stop

**hitch-hiker** ['hɪtʃhaɪkə'] n auto-stoppeur(-euse)

**hitch-hiking** ['hɪtʃhaɪkɪŋ] n auto-stop m, stop m (inf)

**hi-tech** ['haɪ'tɛk] adj de pointe ▷ n high-tech m

**hitherto** [hɪðə'tuː] adv jusqu'ici, jusqu'à présent

**hitman** ['hɪtmæn] irreg n (inf) tueur m à gages

**HIV** n abbr (= human immunodeficiency virus) HIV m, VIH m; **~-negative/positive** séronégatif(-ive)/positif(-ive)

**hive** [haɪv] n ruche f; **the shop was a ~ of activity** (fig) le magasin était une véritable ruche; **hive off** vt (inf) mettre à part, séparer

**HMS** abbr (Brit) = **His** or **Her Majesty's Ship**

**hoard** [hɔːd] n (of food) provisions fpl, réserves fpl; (of money) trésor m ▷ vt amasser

**hoarding** ['hɔːdɪŋ] n (Brit) panneau m d'affichage or publicitaire

**hoarse** [hɔːs] adj enroué(e)

**hoax** [həuks] n canular m

**hob** [hɔb] n plaque chauffante

**hobble** ['hɔbl] vi boitiller

**hobby** ['hɔbɪ] n passe-temps favori

**hobo** ['həubəu] n (US) vagabond m

**hockey** ['hɔkɪ] n hockey m

**hockey stick** n crosse f de hockey

**hog** [hɔg] n porc (châtré) m ▷ vt (fig) accaparer; **to go the whole ~** aller jusqu'au bout

**Hogmanay** [hɔgmə'neɪ] n réveillon m du jour de l'An, Saint-Sylvestre f; voir article

● **HOGMANAY**
●
● La Saint-Sylvestre ou "New Year's Eve"
● se nomme Hogmanay en Écosse. En cette
● occasion, la famille et les amis se
● réunissent pour entendre sonner les
● douze coups de minuit et pour fêter le
● "first-footing", une coutume qui veut
● qu'on se rende chez ses amis et voisins
● en apportant quelque chose à boire (du
● whisky en général) et un morceau de
● charbon en gage de prospérité pour la
● nouvelle année.

**hoist** [hɔɪst] n palan m ▷ vt hisser

**hold** [həuld] (pt, pp **held**) [hɛld] vt tenir; (contain) contenir; (meeting) tenir; (keep back) retenir; (believe) maintenir, considérer; (possess) avoir; détenir ▷ vi (withstand pressure) tenir (bon); (be valid) valoir; (on telephone) attendre ▷ n prise f; (fig) influence f; (Naut) cale f; **to catch** or **get (a) ~ of** saisir; **to get ~ of** (find) trouver; **to get ~ of o.s.** se contrôler; **~ the line!** (Tel) ne quittez pas!; **to ~ one's own** (fig) bien se défendre; **to ~ office** (Pol) avoir un portefeuille; **to ~ firm** or **fast** tenir bon; **he ~s the view that ...** il pense or estime que ..., d'après lui ...; **to ~ sb responsible for sth** tenir qn pour responsable de qch; **hold back** vt retenir; (secret) cacher; **to ~ sb back from doing sth** empêcher qn de faire qch; **hold down** vt (person) maintenir à terre; (job) occuper; **hold forth** vi pérorer; **hold off** vt tenir à distance ▷ vi: **if the rain ~s off** s'il ne pleut pas, s'il ne se met pas à pleuvoir; **hold on** vi tenir bon; (wait) attendre; **~ on!** (Tel) ne quittez pas!; **to ~ on to sth** (grasp) se cramponner à qch; (keep) conserver or garder qch; **hold out** vt offrir ▷ vi (resist): **to ~ out (against)** résister (devant), tenir bon (devant); **hold over** vt (meeting etc) ajourner, reporter; **hold up** vt (raise) lever; (support) soutenir; (delay) retarder; (: traffic) ralentir; (rob) braquer

**holdall** ['həuldɔːl] n (Brit) fourre-tout m inv

**holder** ['həʊldə<sup>r</sup>] *n* (*container*) support *m*; (*of ticket, record*) détenteur(-trice); (*of office, title, passport etc*) titulaire *m/f*

**holding** ['həʊldɪŋ] *n* (*share*) intérêts *mpl*; (*farm*) ferme *f*

**hold-up** ['həʊldʌp] *n* (*robbery*) hold-up *m*; (*delay*) retard *m*; (*Brit: in traffic*) embouteillage *m*

**hole** [həʊl] *n* trou *m* ▷ *vt* trouer, faire un trou dans; **~ in the heart** (*Med*) communication *f* interventriculaire; **to pick ~s (in)** (*fig*) chercher des poux (dans); **hole up** *vi* se terrer

**holiday** ['hɒlədɪ] *n* (*Brit: vacation*) vacances *fpl*; (*day off*) jour *m* de congé; (*public*) jour férié; **to be on ~** être en vacances; **I'm here on ~** je suis ici en vacances; **tomorrow is a ~** demain c'est fête, on a congé demain

**holiday camp** *n* (*Brit: for children*) colonie *f* de vacances; (*also*: **holiday centre**) camp *m* de vacances

**holiday home** *n* (*rented*) location *f* de vacances; (*owned*) résidence *f* secondaire

**holiday job** *n* (*Brit*) boulot *m* (*inf*) de vacances

**holiday-maker** ['hɒlədɪmeɪkə<sup>r</sup>] *n* (*Brit*) vacancier(-ière)

**holiday resort** *n* centre *m* de villégiature or de vacances

**Holland** ['hɒlənd] *n* Hollande *f*

**hollow** ['hɒləʊ] *adj* creux(-euse); (*fig*) faux/ fausse ▷ *n* creux *m*; (*in land*) dépression *f* (*de terrain*), cuvette *f* ▷ *vt*: **to ~ out** creuser, évider

**holly** ['hɒlɪ] *n* houx *m*

**holocaust** ['hɒləkɔːst] *n* holocauste *m*

**holster** ['həʊlstə<sup>r</sup>] *n* étui *m* de revolver

**holy** ['həʊlɪ] *adj* saint(e); (*bread, water*) bénit(e); (*ground*) sacré(e)

**Holy Ghost, Holy Spirit** *n* Saint-Esprit *m*

**homage** ['hɒmɪdʒ] *n* hommage *m*; **to pay ~ to** rendre hommage à

**home** [həʊm] *n* foyer *m*, maison *f*; (*country*) pays natal, patrie *f*; (*institution*) maison ▷ *adj* de famille; (*Econ, Pol*) national(e), intérieur(e); (*Sport: team*) qui reçoit; (: *match, win*) sur leur (*or* notre) terrain ▷ *adv* chez soi, à la maison; au pays natal; (*right in: nail etc*) à fond; **at ~** chez soi, à la maison; **to go (or come) ~** rentrer (chez soi), rentrer à la maison (*or* au pays); **I'm going ~ on Tuesday** je rentre mardi; **make yourself at ~** faites comme chez vous; **near my ~** près de chez moi; **home in on** *vt fus* (*missile*) se diriger automatiquement vers or sur

**home address** *n* domicile permanent

**homeland** ['həʊmlænd] *n* patrie *f*

**homeless** ['həʊmlɪs] *adj* sans foyer, sans abri; **the homeless** *npl* les sans-abri *mpl*

**homely** ['həʊmlɪ] *adj* (*plain*) simple, sans prétention; (*welcoming*) accueillant(e)

**home-made** [həʊm'meɪd] *adj* fait(e) à la maison

**home match** *n* match *m* à domicile

**Home Office** *n* (*Brit*) ministère *m* de l'Intérieur

**homeopathy** *etc* [həʊmɪ'ɒpəθɪ] (*US*) = **homoeopathy** *etc*

**home owner** ['həʊməʊnə<sup>r</sup>] *n* propriétaire occupant

**home page** *n* (*Comput*) page *f* d'accueil

**home rule** *n* autonomie *f*

**Home Secretary** *n* (*Brit*) ministre *m* de l'Intérieur

**homesick** ['həʊmsɪk] *adj*: **to be ~** avoir le mal du pays; (*missing one's family*) s'ennuyer de sa famille

**home town** *n* ville natale

**homeward** ['həʊmwəd] *adj* (*journey*) du retour ▷ *adv* = **homewards**

**homework** ['həʊmwəːk] *n* devoirs *mpl*

**homicide** ['hɒmɪsaɪd] *n* (*US*) homicide *m*

**homoeopathic**, (*US*) **homeopathic** [həʊmɪə'pæθɪk] *adj* (*medicine*) homéopathique; (*doctor*) homéopathe

**homoeopathy**, (*US*) **homeopathy** [həʊmɪ'ɒpəθɪ] *n* homéopathie *f*

**homogeneous** [hɒməʊ'dʒiːnɪəs] *adj* homogène

**homosexual** [hɒməʊ'sɛksjʊəl] *adj, n* homosexuel(le)

**honest** ['ɒnɪst] *adj* honnête; (*sincere*) franc/ franche; **to be quite ~ with you ...** à dire vrai ...

**honestly** ['ɒnɪstlɪ] *adv* honnêtement; franchement

**honesty** ['ɒnɪstɪ] *n* honnêteté *f*

**honey** ['hʌnɪ] *n* miel *m*; (*inf: darling*) chéri(e)

**honeycomb** ['hʌnɪkəʊm] *n* rayon *m* de miel; (*pattern*) nid *m* d'abeilles, motif alvéolé ▷ *vt* (*fig*): **to ~ with** cribler de

**honeymoon** ['hʌnɪmuːn] *n* lune *f* de miel, voyage *m* de noces; **we're on ~** nous sommes en voyage de noces

**honeysuckle** ['hʌnɪsʌkl] *n* chèvrefeuille *m*

**Hong Kong** ['hɒŋ'kɒŋ] *n* Hong Kong

**honk** [hɒŋk] *n* (*Aut*) coup *m* de klaxon ▷ *vi* klaxonner

**honorary** ['ɒnərərɪ] *adj* honoraire; (*duty, title*) honorifique; **~ degree** diplôme *m* honoris causa

**honour**, (*US*) **honor** ['ɒnə<sup>r</sup>] *vt* honorer ▷ *n* honneur *m*; **in ~ of** en l'honneur de; **to graduate with ~s** obtenir sa licence avec mention

**honourable**, (*US*) **honorable** ['ɒnərəbl] *adj* honorable

**honours degree** ['ɒnəz-] *n* (*Scol*) ≈ licence *f* avec mention

**hood** [hʊd] *n* capuchon *m*; (*of cooker*) hotte *f*; (*Brit Aut*) capote *f*; (*US Aut*) capot *m*; (*inf*) truand *m*

**hoodie** ['hʊdɪ] *n* (*top*) sweat *m* à capuche

**hoof** (*pl* **hoofs** or **hooves**) [huːf, huːvz] *n* sabot *m*

**hook** [huk] *n* crochet *m*; *(on dress)* agrafe *f*; *(for fishing)* hameçon *m* ▷ *vt* accrocher; *(dress)* agrafer; **off the ~** *(Tel)* décroché; **~ and eye** agrafe *f*; **by ~ or by crook** de gré ou de force, coûte que coûte; **to be ~ed (on)** *(inf)* être accroché(e) (par); *(person)* être dingue (de); **hook up** *vt* *(Radio, TV etc)* faire un duplex entre

**hooligan** ['huːlɪgən] *n* voyou *m*

**hoop** [huːp] *n* cerceau *m*; *(of barrel)* cercle *m*

**hoot** [huːt] *vi* *(Brit: Aut)* klaxonner; *(siren)* mugir; *(owl)* hululer ▷ *vt* *(jeer at)* huer ▷ *n* huée *f*; coup *m* de klaxon; mugissement *m*; hululement *m*; **to ~ with laughter** rire aux éclats

**hooter** ['huːtər] *n* *(Brit Aut)* klaxon *m*; *(Naut, factory)* sirène *f*

**Hoover®** ['huːvər] *n* *(Brit)* aspirateur *m* ▷ *vt*: **to hoover** *(room)* passer l'aspirateur dans; *(carpet)* passer l'aspirateur sur

**hooves** [huːvz] *npl of* **hoof**

**hop** [hɔp] *vi* sauter; *(on one foot)* sauter à cloche-pied; *(bird)* sautiller ▷ *n* saut *m*

**hope** [həup] *vt, vi* espérer ▷ *n* espoir *m*; **I ~ so** je l'espère; **I ~ not** j'espère que non

**hopeful** ['həupful] *adj* *(person)* plein(e) d'espoir; *(situation)* prometteur(-euse), encourageant(e); **I'm ~ - that she'll manage to come** j'ai bon espoir qu'elle pourra venir

**hopefully** ['həupfulɪ] *adv* *(expectantly)* avec espoir, avec optimisme; *(one hopes)* avec un peu de chance; **~, they'll come back** espérons bien qu'ils reviendront

**hopeless** ['həuplɪs] *adj* désespéré(e), sans espoir; *(useless)* nul(le)

**hops** [hɔps] *npl* houblon *m*

**horizon** [hə'raɪzn] *n* horizon *m*

**horizontal** [hɔrɪ'zɔntl] *adj* horizontal(e)

**hormone** ['hɔːməun] *n* hormone *f*

**horn** [hɔːn] *n* corne *f*; *(Mus)* cor *m*; *(Aut)* klaxon *m*

**hornet** ['hɔːnɪt] *n* frelon *m*

**horoscope** ['hɔrəskəup] *n* horoscope *m*

**horrendous** [hə'rendəs] *adj* horrible, affreux(-euse)

**horrible** ['hɔrɪbl] *adj* horrible, affreux(-euse)

**horrid** ['hɔrɪd] *adj* *(person)* détestable; *(weather, place, smell)* épouvantable

**horrific** [hɔ'rɪfɪk] *adj* horrible

**horrify** ['hɔrɪfaɪ] *vt* horrifier

**horrifying** ['hɔrɪfaɪɪŋ] *adj* horrifiant(e)

**horror** ['hɔrər] *n* horreur *f*

**horror film** *n* film *m* d'épouvante

**hors d'œuvre** [ɔː'dəːvrə] *n* hors d'œuvre *m*

**horse** [hɔːs] *n* cheval *m*

**horseback** ['hɔːsbæk]: **on ~** *adj, adv* à cheval

**horse chestnut** *n* *(nut)* marron *m* (d'Inde); *(tree)* marronnier *m* (d'Inde)

**horseman** ['hɔːsmən] *irreg n* cavalier *m*

**horsepower** ['hɔːspauər] *n* puissance *f* (en chevaux); *(unit)* cheval-vapeur *m* (CV)

**horse-racing** ['hɔːsreɪsɪŋ] *n* courses *fpl* de chevaux

**horseradish** ['hɔːsrædɪʃ] *n* raifort *m*

**horse riding** *n* *(Brit)* équitation *f*

**horseshoe** ['hɔːsʃuː] *n* fer *m* à cheval

**hose** [həuz] *n* *(also:* **~pipe**) tuyau *m*; *(also:* **garden ~**) tuyau d'arrosage; **hose down** *vt* laver au jet

**hosepipe** ['həuzpaɪp] *n* tuyau *m*; *(in garden)* tuyau d'arrosage; *(for fire)* tuyau d'incendie

**hospitable** ['hɔspɪtəbl] *adj* hospitalier(-ière)

**hospital** ['hɔspɪtl] *n* hôpital *m*; **in the ~** à l'hôpital; *(US)* **in ~** à l'hôpital; **where's the nearest ~?** où est l'hôpital le plus proche?

**hospitality** [hɔspɪ'tælɪtɪ] *n* hospitalité *f*

**host** [həust] *n* hôte *m*; *(in hotel etc)* patron *m*; *(TV, Radio)* présentateur(-trice), animateur(-trice); *(large number)*: **a ~ of** une foule de; *(Rel)* hostie *f* ▷ *vt* *(TV programme)* présenter, animer

**hostage** ['hɔstɪdʒ] *n* otage *m*

**hostel** ['hɔstl] *n* foyer *m*; *(also:* **youth ~**) auberge *f* de jeunesse

**hostess** ['həustɪs] *n* hôtesse *f*; *(Brit: also:* **air ~**) hôtesse de l'air; *(TV, Radio)* présentatrice *f*; *(in nightclub)* entraîneuse *f*

**hostile** ['hɔstaɪl] *adj* hostile

**hostility** [hɔ'stɪlɪtɪ] *n* hostilité *f*

**hot** [hɔt] *adj* chaud(e); *(as opposed to only warm)* très chaud; *(spicy)* fort(e); *(fig: contest)* acharné(e); *(topic)* brûlant(e); *(temper)* violent(e), passionné(e); **to be ~** *(person)* avoir chaud; *(thing)* être (très) chaud; *(weather)* faire chaud; **hot up** *(Brit inf)* *vi* *(situation)* devenir tendu(e); *(party)* s'animer ▷ *vt* *(pace)* accélérer, forcer; *(engine)* gonfler

**hotbed** ['hɔtbed] *n* *(fig)* foyer *m*, pépinière *f*

**hot dog** *n* hot-dog *m*

**hotel** [həu'tel] *n* hôtel *m*

**hothouse** ['hɔthaus] *n* serre chaude

**hotline** ['hɔtlaɪn] *n* *(Pol)* téléphone *m* rouge, ligne directe

**hotly** ['hɔtlɪ] *adv* passionnément, violemment

**hotplate** ['hɔtpleɪt] *n* *(on cooker)* plaque chauffante

**hotpot** ['hɔtpɔt] *n* *(Brit Culin)* ragoût *m*

**hotspot** ['hɔtspɔt] *n* *(Comput: also:* **wireless ~**) borne *f* wifi, hotspot *m*

**hot-water bottle** [hɔt'wɔːtə-] *n* bouillotte *f*

**hound** [haund] *vt* poursuivre avec acharnement ▷ *n* chien courant; **the ~s** la meute

**hour** ['auər] *n* heure *f*; **at 30 miles an ~** ≈ à 50 km à l'heure; **lunch ~** heure du déjeuner; **to pay sb by the ~** payer qn à l'heure

**hourly** ['auəlɪ] *adj* toutes les heures; *(rate)* horaire; **~ paid** *adj* payé(e) à l'heure

**house** *(pl* **houses)** [haus, 'hauzɪz] *n* maison *f*; *(Pol)* chambre *f*; *(Theat)* salle *f*; auditoire *m* ▷ *vt* [hauz] *(person)* loger, héberger; **at** *(or* **to)**

**my ~** chez moi; **the H~ of Commons/of Lords** (Brit) la Chambre des communes/des lords; *voir article*; **the H~ (of Representatives)** (US) la Chambre des représentants; *voir article*; **on the ~** (fig) aux frais de la maison
**house arrest** n assignation f à domicile
**houseboat** ['hausbəut] n bateau (aménagé en habitation)
**housebound** ['hausbaund] adj confiné(e) chez soi
**housebreaking** ['hausbreɪkɪŋ] n cambriolage m (avec effraction)
**household** ['haushəuld] n (Admin etc) ménage m; (people) famille f, maisonnée f; **~ name** nom connu de tout le monde
**householder** ['haushəuldəʳ] n propriétaire m/f; (head of house) chef m de famille
**housekeeper** ['hauski:pəʳ] n gouvernante f
**housekeeping** ['hauski:pɪŋ] n (work) ménage m; (also: **~ money**) argent m du ménage; (Comput) gestion f (des disques)
**house-warming** ['hauswɔ:mɪŋ] n (also: **~ party**) pendaison f de crémaillère
**housewife** (irreg) ['hauswaɪf] n ménagère f; femme f au foyer
**house wine** n cuvée f maison or du patron
**housework** ['hauswə:k] n (travaux mpl du) ménage m
**housing** ['hauzɪŋ] n logement m ▷ cpd (problem, shortage) de or du logement
**housing development, housing estate** (Brit) n (blocks of flats) cité f; (houses) lotissement m
**hovel** ['hɔvl] n taudis m
**hover** ['hɔvəʳ] vi planer; **to ~ round sb** rôder or tourner autour de qn
**hovercraft** ['hɔvəkrɑ:ft] n aéroglisseur m, hovercraft m
**how** [hau] adv comment; **~ are you?** comment allez-vous?; **~ do you do?** bonjour; (on being introduced) enchanté(e); **~ far is it to ...?** combien y a-t-il jusqu'à ...?; **~ long have you been here?** depuis combien de temps êtes-vous là?; **~ lovely/awful!** que or comme c'est joli/affreux!; **~ many/much?** combien?; **~ much time/many people?** combien de temps/gens?; **~ much does it cost?** ça coûte combien?; **~ old are you?** quel âge avez-vous?; **~ tall is he?** combien mesure-t-il?; **~ is school?** ça va à l'école?; **~ was the film?** comment était le film?; **~'s life?** (inf) comment ça va?; **~ about a drink?** si on buvait quelque chose?; **~ is that ...?** comment se fait-il que ... + sub?
**however** [hau'evəʳ] conj pourtant, cependant ▷ adv de quelque façon or manière que + sub; (+ adjective) quelque or si ... que + sub; (in questions) comment; **~ I do it** de quelque manière que je m'y prenne; **~ cold it is** même s'il fait très froid; **~ did you do it?** comment y êtes-vous donc arrivé?

**howl** [haul] n hurlement m ▷ vi hurler; (wind) mugir
**H.P.** n abbr (Brit) = **hire purchase**
**h.p.** abbr (Aut) = **horsepower**
**HQ** n abbr (= headquarters) QG m
**hr** abbr (= hour) h
**hrs** abbr (= hours) h
**HTML** n abbr (= hypertext markup language) HTML m
**hub** [hʌb] n (of wheel) moyeu m; (fig) centre m, foyer m
**hubcap** [hʌbkæp] n (Aut) enjoliveur m
**huddle** ['hʌdl] vi: **to ~ together** se blottir les uns contre les autres
**hue** [hju:] n teinte f, nuance f; **~ and cry** n tollé (général), clameur f
**huff** [hʌf] n: **in a ~** fâché(e); **to take the ~** prendre la mouche
**hug** [hʌg] vt serrer dans ses bras; (shore, kerb) serrer ▷ n étreinte f; **to give sb a ~** serrer qn dans ses bras
**huge** [hju:dʒ] adj énorme, immense
**hulk** [hʌlk] n (ship) vieux rafiot; (car, building) carcasse f; (person) mastodonte m, malabar m
**hull** [hʌl] n (of ship) coque f; (of nuts) coque; (of peas) cosse f
**hullo** [hə'ləu] excl = **hello**
**hum** [hʌm] vt (tune) fredonner ▷ vi fredonner; (insect) bourdonner; (plane, tool) vrombir ▷ n fredonnement m; bourdonnement m; vrombissement m
**human** ['hju:mən] adj humain(e) ▷ n (also: **~ being**) être humain
**humane** [hju:'meɪn] adj humain(e), humanitaire
**humanitarian** [hju:mænɪ'tɛərɪən] adj humanitaire
**humanity** [hju:'mænɪtɪ] n humanité f
**human rights** npl droits mpl de l'homme
**humble** ['hʌmbl] adj humble, modeste ▷ vt humilier
**humdrum** ['hʌmdrʌm] adj monotone, routinier(-ière)
**humid** ['hju:mɪd] adj humide
**humidity** [hju:'mɪdɪtɪ] n humidité f
**humiliate** [hju:'mɪlɪeɪt] vt humilier
**humiliating** [hju:'mɪlɪeɪtɪŋ] adj humiliant(e)
**humiliation** [hju:mɪlɪ'eɪʃən] n humiliation f
**hummus** ['huməs] n houm(m)ous m
**humorous** ['hju:mərəs] adj humoristique; (person) plein(e) d'humour
**humour**, (US) **humor** ['hju:məʳ] n humour m; (mood) humeur f ▷ vt (person) faire plaisir à; se prêter aux caprices de; **sense of ~** sens m de l'humour; **to be in a good/bad ~** être de bonne/mauvaise humeur
**hump** [hʌmp] n bosse f
**hunch** [hʌntʃ] n bosse f; (premonition) intuition f; **I have a ~ that** j'ai (comme une vague) idée que
**hunchback** ['hʌntʃbæk] n bossu(e)

**hunched** [hʌntʃt] adj arrondi(e), voûté(e)

**hundred** [ˈhʌndrəd] num cent; **about a ~ people** une centaine de personnes; **~s of** des centaines de; **I'm a ~ per cent sure** j'en suis absolument certain

**hundredth** [ˈhʌndrɪdθ] num centième

**hundredweight** [ˈhʌndrɪdweɪt] n (Brit) =50.8 kg; 112 lb; (US) = 45.3 kg; 100 lb

**hung** [hʌŋ] pt, pp of **hang**

**Hungarian** [hʌŋˈgɛərɪən] adj hongrois(e) ⊳ n Hongrois(e); (Ling) hongrois m

**Hungary** [ˈhʌŋgərɪ] n Hongrie f

**hunger** [ˈhʌŋgər] n faim f ⊳ vi: **to ~ for** avoir faim de, désirer ardemment

**hungry** [ˈhʌŋgrɪ] adj affamé(e); **to be ~** avoir faim; **~ for** (fig) avide de

**hunk** [hʌŋk] n gros morceau; (inf: man) beau mec

**hunt** [hʌnt] vt (seek) chercher; (criminal) pourchasser; (Sport) chasser ⊳ vi (search): **to ~ for** chercher (partout); (Sport) chasser ⊳ n (Sport) chasse f; **hunt down** vt pourchasser

**hunter** [ˈhʌntər] n chasseur m; (Brit: horse) cheval m de chasse

**hunting** [ˈhʌntɪŋ] n chasse f

**hurdle** [ˈhəːdl] n (for fences) claie f; (Sport) haie f; (fig) obstacle m

**hurl** [həːl] vt lancer (avec violence); (abuse, insults) lancer

**hurrah, hurray** [huˈrɑː, huˈreɪ] excl hourra!

**hurricane** [ˈhʌrɪkən] n ouragan m

**hurried** [ˈhʌrɪd] adj pressé(e), précipité(e); (work) fait(e) à la hâte

**hurriedly** [ˈhʌrɪdlɪ] adv précipitamment, à la hâte

**hurry** [ˈhʌrɪ] n hâte f, précipitation f ⊳ vi se presser, se dépêcher ⊳ vt (person) faire presser, faire se dépêcher; (work) presser; **to be in a ~** être pressé(e); **to do sth in a ~** faire qch en vitesse; **to ~ in/out** entrer/sortir précipitamment; **to ~ home** se dépêcher de rentrer; **hurry along** vi marcher d'un pas pressé; **hurry away, hurry off** vi partir précipitamment; **hurry up** vi se dépêcher

**hurt** [həːt] (pt, pp **hurt**) vt (cause pain to) faire mal à; (injure, fig) blesser; (damage: business, interests etc) nuire à; faire du tort à ⊳ vi faire mal ⊳ adj blessé(e); **my arm ~s** j'ai mal au bras; **I ~ my arm** je me suis fait mal au bras; **to ~ o.s.** se faire mal; **where does it ~?** où avez-vous mal?, où est-ce que ça vous fait mal?

**hurtful** [ˈhəːtful] adj (remark) blessant(e)

**hurtle** [ˈhəːtl] vt lancer (de toutes ses forces) ⊳ vi: **to ~ past** passer en trombe; **to ~ down** dégringoler

**husband** [ˈhʌzbənd] n mari m

**hush** [hʌʃ] n calme m, silence m ⊳ vt faire taire; **~!** chut!; **hush up** vt (fact) étouffer

**husk** [hʌsk] n (of wheat) balle f; (of rice, maize) enveloppe f; (of peas) cosse f

**husky** [ˈhʌskɪ] adj (voice) rauque; (burly) costaud(e) ⊳ n chien m esquimau or de traîneau

**hustle** [ˈhʌsl] vt pousser, bousculer ⊳ n bousculade f; **~ and bustle** n tourbillon m (d'activité)

**hut** [hʌt] n hutte f; (shed) cabane f

**hutch** [hʌtʃ] n clapier m

**hyacinth** [ˈhaɪəsɪnθ] n jacinthe f

**hydrant** [ˈhaɪdrənt] n prise f d'eau; (also: **fire ~**) bouche f d'incendie

**hydraulic** [haɪˈdrɔːlɪk] adj hydraulique

**hydroelectric** [ˈhaɪdrəʊˈlɛktrɪk] adj hydro-électrique

**hydrofoil** [ˈhaɪdrəfɔɪl] n hydrofoil m

**hydrogen** [ˈhaɪdrədʒən] n hydrogène m

**hyena** [haɪˈiːnə] n hyène f

**hygiene** [ˈhaɪdʒiːn] n hygiène f

**hygienic** [haɪˈdʒiːnɪk] adj hygiénique

**hymn** [hɪm] n hymne m; cantique m

**hype** [haɪp] n (inf) matraquage m publicitaire or médiatique

**hyperlink** [ˈhaɪpəlɪŋk] n hyperlien m

**hypermarket** [ˈhaɪpəmɑːkɪt] (Brit) n hypermarché m

**hypertext** [ˈhaɪpətɛkst] n (Comput) hypertexte m

**hyphen** [ˈhaɪfn] n trait m d'union

**hypnotize** [ˈhɪpnətaɪz] vt hypnotiser

**hypocrisy** [hɪˈpɒkrɪsɪ] n hypocrisie f

**hypocrite** [ˈhɪpəkrɪt] n hypocrite m/f

**hypocritical** [hɪpəˈkrɪtɪkl] adj hypocrite

**hypothesis** (pl **hypotheses**) [haɪˈpɒθɪsɪs, -siːz] n hypothèse f

**hysterical** [hɪˈstɛrɪkl] adj hystérique; (funny) hilarant(e); **to become ~** avoir une crise de nerfs

**hysterics** [hɪˈstɛrɪks] npl (violente) crise de nerfs; (laughter) crise de rire; **to be in/have ~** (anger, panic) avoir une crise de nerfs; (laughter) attraper un fou rire

**I¹, i** [aɪ] n (letter) I, i m; **I for Isaac**, (US) **I for Item** I comme Irma

**I²** [aɪ] pron je; (before vowel) j'; (stressed) moi ▷ abbr (= island, isle) I

**ice** [aɪs] n glace f; (on road) verglas m ▷ vt (cake) glacer; (drink) faire rafraîchir ▷ vi (also: **~ over**) geler; (also: **~ up**) se givrer; **to put sth on ~** (fig) mettre qch en attente

**iceberg** ['aɪsbəːɡ] n iceberg m; **the tip of the ~** (also fig) la partie émergée de l'iceberg

**icebox** ['aɪsbɔks] n (US) réfrigérateur m; (Brit) compartiment m à glace; (insulated box) glacière f

**ice cream** n glace f

**ice cube** n glaçon m

**iced** [aɪst] adj (drink) frappé(e); (coffee, tea, also cake) glacé(e)

**ice hockey** n hockey m sur glace

**Iceland** ['aɪslənd] n Islande f

**Icelander** ['aɪsləndəʳ] n Islandais(e)

**Icelandic** [aɪsˈlændɪk] adj islandais(e) ▷ n (Ling) islandais m

**ice lolly** n (Brit) esquimau m

**ice rink** n patinoire f

**ice skating** ['aɪsskeɪtɪŋ] n patinage m (sur glace)

**icicle** ['aɪsɪkl] n glaçon m (naturel)

**icing** ['aɪsɪŋ] n (Aviat etc) givrage m; (Culin) glaçage m

**icing sugar** n (Brit) sucre m glace

**icon** ['aɪkɔn] n icône f

**ICT** n abbr (Brit: Scol: = information and communications technology) TIC fpl

**icy** ['aɪsɪ] adj glacé(e); (road) verglacé(e); (weather, temperature) glacial(e)

**I'd** [aɪd] = **I would**; **I had**

**ID card** n carte f d'identité

**idea** [aɪˈdɪə] n idée f; **good ~!** bonne idée!; **to have an ~ that ...** avoir idée que ...; **I have no ~** je n'ai pas la moindre idée

**ideal** [aɪˈdɪəl] n idéal m ▷ adj idéal(e)

**ideally** [aɪˈdɪəlɪ] adv (preferably) dans l'idéal; (perfectly): **he is ~ suited to the job** il est parfait pour ce poste; **~ the book should have ...** l'idéal serait que le livre ait ...

**identical** [aɪˈdɛntɪkl] adj identique

**identification** [aɪdɛntɪfɪˈkeɪʃən] n identification f; **means of ~** pièce f d'identité

**identify** [aɪˈdɛntɪfaɪ] vt identifier ▷ vi: **to ~ with** s'identifier à

**Identikit®** [aɪˈdɛntɪkɪt] n: **~ (picture)** portrait-robot m

**identity** [aɪˈdɛntɪtɪ] n identité f

**identity card** n carte f d'identité

**identity theft** n usurpation f d'identité

**ideology** [aɪdɪˈɔlədʒɪ] n idéologie f

**idiom** ['ɪdɪəm] n (language) langue f, idiome m; (phrase) expression f idiomatique; (style) style m

**idiosyncrasy** [ɪdɪəuˈsɪŋkrəsɪ] n particularité f, caractéristique f

**idiot** ['ɪdɪət] n idiot(e), imbécile m/f

**idiotic** [ɪdɪˈɔtɪk] adj idiot(e), bête, stupide

**idle** ['aɪdl] adj (doing nothing) sans occupation, désœuvré(e); (lazy) oisif(-ive), paresseux(-euse); (unemployed) au chômage; (machinery) au repos; (question, pleasures) vain(e), futile ▷ vi (engine) tourner au ralenti; **to lie ~** être arrêté, ne pas fonctionner; **idle away** vt: **to ~ away one's time** passer son temps à ne rien faire

**idol** ['aɪdl] n idole f

**idolize** ['aɪdəlaɪz] vt idolâtrer, adorer

**idyllic** [ɪˈdɪlɪk] adj idyllique

**i.e.** abbr (= id est: that is) c. à d., c'est-à-dire

**if** [ɪf] conj si ▷ n: **there are a lot of ifs and buts** il y a beaucoup de si mpl et de mais mpl; **I'd be pleased if you could do it** je serais très heureux si vous pouviez le faire; **if necessary** si nécessaire, le cas échéant; **if so** si c'est le cas; **if not** sinon; **if only I could!** si seulement je pouvais!; **if only he were here** si seulement il était là; **if only to show him my gratitude** ne serait-ce que pour lui témoigner ma gratitude; see also **as; even**

**ignite** [ɪgˈnaɪt] vt mettre le feu à, enflammer ▷ vi s'enflammer

**ignition** [ɪgˈnɪʃən] n (Aut) allumage m; **to switch on/off the ~** mettre/couper le contact

**ignition key** n (Aut) clé f de contact

**ignorance** ['ɪgnərəns] n ignorance f; **to keep**

**sb in ~ of sth** tenir qn dans l'ignorance de qch

**ignorant** ['ɪɡnərənt] *adj* ignorant(e); **to be ~ of** (*subject*) ne rien connaître en; (*events*) ne pas être au courant de

**ignore** [ɪɡ'nɔːʳ] *vt* ne tenir aucun compte de; (*mistake*) ne pas relever; (*person: pretend to not see*) faire semblant de ne pas reconnaître; (: *pay no attention to*) ignorer

**ill** [ɪl] *adj* (*sick*) malade; (*bad*) mauvais(e) ▷ *n* mal *m* ▷ *adv*: **to speak/think ~ of sb** dire/penser du mal de qn; **to be taken ~** tomber malade

**I'll** [aɪl] = **I will; I shall**

**ill-advised** [ɪləd'vaɪzd] *adj* (*decision*) peu judicieux(-euse); (*person*) malavisé(e)

**ill-at-ease** [ɪlət'iːz] *adj* mal à l'aise

**illegal** [ɪ'liːɡl] *adj* illégal(e)

**illegible** [ɪ'lɛdʒɪbl] *adj* illisible

**illegitimate** [ɪlɪ'dʒɪtɪmət] *adj* illégitime

**ill-fated** [ɪl'feɪtɪd] *adj* malheureux(-euse); (*day*) néfaste

**ill feeling** *n* ressentiment *m*, rancune *f*

**ill health** *n* mauvaise santé

**illiterate** [ɪ'lɪtərət] *adj* illettré(e); (*letter*) plein(e) de fautes

**ill-mannered** [ɪl'mænəd] *adj* impoli(e), grossier(-ière)

**illness** ['ɪlnɪs] *n* maladie *f*

**ill-treat** [ɪl'triːt] *vt* maltraiter

**illuminate** [ɪ'luːmɪneɪt] *vt* (*room, street*) éclairer; (*for special effect*) illuminer; **~d sign** enseigne lumineuse

**illumination** [ɪluːmɪ'neɪʃən] *n* éclairage *m*; illumination *f*

**illusion** [ɪ'luːʒən] *n* illusion *f*; **to be under the ~ that** avoir l'illusion que

**illustrate** ['ɪləstreɪt] *vt* illustrer

**illustration** [ɪlə'streɪʃən] *n* illustration *f*

**ill will** *n* malveillance *f*

**IM** *n abbr* (= *instant messaging*) messagerie *f* instantanée ▷ *vt* envoyer un message instantané à

**I'm** [aɪm] = **I am**

**image** ['ɪmɪdʒ] *n* image *f*; (*public face*) image de marque

**imagery** ['ɪmɪdʒərɪ] *n* images *fpl*

**imaginary** [ɪ'mædʒɪnərɪ] *adj* imaginaire

**imagination** [ɪmædʒɪ'neɪʃən] *n* imagination *f*

**imaginative** [ɪ'mædʒɪnətɪv] *adj* imaginatif(-ive); (*person*) plein(e) d'imagination

**imagine** [ɪ'mædʒɪn] *vt* s'imaginer; (*suppose*) imaginer, supposer

**imbalance** [ɪm'bæləns] *n* déséquilibre *m*

**imitate** ['ɪmɪteɪt] *vt* imiter

**imitation** [ɪmɪ'teɪʃən] *n* imitation *f*

**immaculate** [ɪ'mækjulət] *adj* impeccable; (*Rel*) immaculé(e)

**immaterial** [ɪmə'tɪərɪəl] *adj* sans importance, insignifiant(e)

**immature** [ɪmə'tjuəʳ] *adj* (*fruit*) qui n'est pas mûr(e); (*person*) qui manque de maturité

**immediate** [ɪ'miːdɪət] *adj* immédiat(e)

**immediately** [ɪ'miːdɪətlɪ] *adv* (*at once*) immédiatement; **~ next to** juste à côté de

**immense** [ɪ'mɛns] *adj* immense, énorme

**immerse** [ɪ'məːs] *vt* immerger, plonger; **to ~ sth in** plonger qch dans; **to be ~d in** (*fig*) être plongé dans

**immersion heater** [ɪ'məːʃən-] *n* (*Brit*) chauffe-eau *m* électrique

**immigrant** ['ɪmɪɡrənt] *n* immigrant(e); (*already established*) immigré(e)

**immigration** [ɪmɪ'ɡreɪʃən] *n* immigration *f*

**imminent** ['ɪmɪnənt] *adj* imminent(e)

**immoral** [ɪ'mɔrl] *adj* immoral(e)

**immortal** [ɪ'mɔːtl] *adj, n* immortel(le)

**immune** [ɪ'mjuːn] *adj*: **~ (to)** immunisé(e) (contre)

**immune system** *n* système *m* immunitaire

**immunity** [ɪ'mjuːnɪtɪ] *n* immunité *f*; **diplomatic ~** immunité diplomatique

**immunize** ['ɪmjunaɪz] *vt* immuniser

**impact** ['ɪmpækt] *n* choc *m*, impact *m*; (*fig*) impact

**impair** [ɪm'pɛəʳ] *vt* détériorer, diminuer

**impart** [ɪm'pɑːt] *vt* (*make known*) communiquer, transmettre; (*bestow*) confier, donner

**impartial** [ɪm'pɑːʃl] *adj* impartial(e)

**impassable** [ɪm'pɑːsəbl] *adj* infranchissable; (*road*) impraticable

**impassive** [ɪm'pæsɪv] *adj* impassible

**impatience** [ɪm'peɪʃəns] *n* impatience *f*

**impatient** [ɪm'peɪʃənt] *adj* impatient(e); **to get** *or* **grow ~** s'impatienter

**impatiently** [ɪm'peɪʃəntlɪ] *adv* avec impatience

**impeccable** [ɪm'pɛkəbl] *adj* impeccable, parfait(e)

**impede** [ɪm'piːd] *vt* gêner

**impediment** [ɪm'pɛdɪmənt] *n* obstacle *m*; (*also*: **speech ~**) défaut *m* d'élocution

**impending** [ɪm'pɛndɪŋ] *adj* imminent(e)

**imperative** [ɪm'pɛrətɪv] *adj* nécessaire; (*need*) urgent(e), pressant(e); (*tone*) impérieux(-euse) ▷ *n* (*Ling*) impératif *m*

**imperfect** [ɪm'pəːfɪkt] *adj* imparfait(e); (*goods etc*) défectueux(-euse) ▷ *n* (*Ling: also*: **~ tense**) imparfait *m*

**imperial** [ɪm'pɪərɪəl] *adj* impérial(e); (*Brit: measure*) légal(e)

**impersonal** [ɪm'pəːsənl] *adj* impersonnel(le)

**impersonate** [ɪm'pəːsəneɪt] *vt* se faire passer pour; (*Theat*) imiter

**impertinent** [ɪm'pəːtɪnənt] *adj* impertinent(e), insolent(e)

**impervious** [ɪm'pəːvɪəs] *adj* imperméable; (*fig*): **~ to** insensible à; inaccessible à

**impetuous** [ɪm'pɛtjuəs] *adj* impétueux(-euse), fougueux(-euse)

**impetus** ['ɪmpətəs] *n* impulsion *f*; (*of runner*) élan *m*

**impinge** [ɪm'pɪndʒ]: **to ~ on** *vt fus* (*person*) affecter, toucher; (*rights*) empiéter sur

**implant** [ɪm'plɑːnt] *vt* (*Med*) implanter; (*fig: idea, principle*) inculquer

**implement** *n* ['ɪmplɪmənt] outil *m*, instrument *m*; (*for cooking*) ustensile *m* ▷ *vt* ['ɪmplɪment] exécuter, mettre à effet

**implicate** ['ɪmplɪkeɪt] *vt* impliquer, compromettre

**implication** [ɪmplɪ'keɪʃən] *n* implication *f*; **by ~** indirectement

**implicit** [ɪm'plɪsɪt] *adj* implicite; (*complete*) absolu(e), sans réserve

**imply** [ɪm'plaɪ] *vt* (*hint*) suggérer, laisser entendre; (*mean*) indiquer, supposer

**impolite** [ɪmpə'laɪt] *adj* impoli(e)

**import** *vt* [ɪm'pɔːt] importer ▷ *n* ['ɪmpɔːt] (*Comm*) importation *f*; (*meaning*) portée *f*, signification *f* ▷ *cpd* ['ɪmpɔːt] (*duty, licence etc*) d'importation

**importance** [ɪm'pɔːtns] *n* importance *f*; **to be of great/little ~** avoir beaucoup/peu d'importance

**important** [ɪm'pɔːtnt] *adj* important(e); **it is ~ that** il importe que, il est important que; **it's not ~** c'est sans importance, ce n'est pas important

**importer** [ɪm'pɔːtəʳ] *n* importateur(-trice)

**impose** [ɪm'pəuz] *vt* imposer ▷ *vi*: **to ~ on sb** abuser de la gentillesse de qn

**imposing** [ɪm'pəuzɪŋ] *adj* imposant(e), impressionnant(e)

**imposition** [ɪmpə'zɪʃən] *n* (*of tax etc*) imposition *f*; (*on person*) **to be an ~ on** (*person*) abuser de la gentillesse or la bonté de

**impossible** [ɪm'pɔsɪbl] *adj* impossible; **it is ~ for me to leave** il m'est impossible de partir

**impotent** ['ɪmpətnt] *adj* impuissant(e)

**impound** [ɪm'paund] *vt* confisquer, saisir

**impoverished** [ɪm'pɔvərɪʃt] *adj* pauvre, appauvri(e)

**impractical** [ɪm'præktɪkl] *adj* pas pratique; (*person*) qui manque d'esprit pratique

**impregnable** [ɪm'prɛgnəbl] *adj* (*fortress*) imprenable; (*fig*) inattaquable, irréfutable

**impress** [ɪm'prɛs] *vt* impressionner, faire impression sur; (*mark*) imprimer, marquer; **to ~ sth on sb** faire bien comprendre qch à qn

**impressed** [ɪm'prɛst] *adj* impressionné(e)

**impression** [ɪm'prɛʃən] *n* impression *f*; (*of stamp, seal*) impression *f*; (*imitation*) imitation *f*; **to make a good/bad ~ on sb** faire bonne/mauvaise impression sur qn; **to be under the ~ that** avoir l'impression que

**impressionist** [ɪm'prɛʃənɪst] *n* impressionniste *m/f*

**impressive** [ɪm'prɛsɪv] *adj* impressionnant(e)

**imprint** ['ɪmprɪnt] *n* empreinte *f*; (*Publishing*) notice *f*; (: *label*) nom *m* (de collection or d'éditeur)

**imprison** [ɪm'prɪzn] *vt* emprisonner, mettre en prison

**imprisonment** [ɪm'prɪznmənt] *n* emprisonnement *m*; (*period*): **to sentence sb to 10 years' ~** condamner qn à 10 ans de prison

**improbable** [ɪm'prɔbəbl] *adj* improbable; (*excuse*) peu plausible

**improper** [ɪm'prɔpəʳ] *adj* (*wrong*) incorrect(e); (*unsuitable*) déplacé(e), de mauvais goût; (*indecent*) indécent(e); (*dishonest*) malhonnête

**improve** [ɪm'pruːv] *vt* améliorer ▷ *vi* s'améliorer; (*pupil etc*) faire des progrès; **improve on, improve upon** *vt fus* (*offer*) enchérir sur

**improvement** [ɪm'pruːvmənt] *n* amélioration *f*; (*of pupil etc*) progrès *m*; **to make ~s** apporter des améliorations à

**improvise** ['ɪmprəvaɪz] *vt, vi* improviser

**impudent** ['ɪmpjudnt] *adj* impudent(e)

**impulse** ['ɪmpʌls] *n* impulsion *f*; **on ~** impulsivement, sur un coup de tête

**impulsive** [ɪm'pʌlsɪv] *adj* impulsif(-ive)

 **KEYWORD**

**in** [ɪn] *prep* **1** (*indicating place, position*) dans; **in the house/the fridge** dans la maison/le frigo; **in the garden** dans le or au jardin; **in town** en ville; **in the country** à la campagne; **in school** à l'école; **in here/there** ici/là

**2** (*with place names: of town, region, country*): **in London** à Londres; **in England** en Angleterre; **in Japan** au Japon; **in the United States** aux États-Unis

**3** (*indicating time: during*): **in spring** au printemps; **in summer** en été; **in May/2005** en mai/2005; **in the afternoon** (dans) l'après-midi; **at 4 o'clock in the afternoon** à 4 heures de l'après-midi

**4** (*indicating time: in the space of*) en; (: *future*) dans; **I did it in 3 hours/days** je l'ai fait en 3 heures/jours; **I'll see you in 2 weeks** or **in 2 weeks' time** je te verrai dans 2 semaines; **once in a hundred years** une fois tous les cent ans

**5** (*indicating manner etc*) à; **in a loud/soft voice** à voix haute/basse; **in pencil** au crayon; **in writing** par écrit; **in French** en français; **to pay in dollars** payer en dollars; **the boy in the blue shirt** le garçon à or avec la chemise bleue

**6** (*indicating circumstances*): **in the sun** au soleil; **in the shade** à l'ombre; **in the rain** sous la pluie; **a change in policy** un changement de politique

**7** (*indicating mood, state*): **in tears** en larmes;

**in anger** sous le coup de la colère; **in despair** au désespoir; **in good condition** en bon état; **to live in luxury** vivre dans le luxe
**8** (with ratios, numbers): **1 in 10 households, 1 household in 10** 1 ménage sur 10; **20 pence in the pound** 20 pence par livre sterling; **they lined up in twos** ils se mirent en rangs (deux) par deux; **in hundreds** par centaines
**9** (referring to people, works) chez; **the disease is common in children** c'est une maladie courante chez les enfants; **in (the works of) Dickens** chez Dickens, dans (l'œuvre de) Dickens
**10** (indicating profession etc) dans; **to be in teaching** être dans l'enseignement
**11** (after superlative) de; **the best pupil in the class** le meilleur élève de la classe
**12** (with present participle): **in saying this** en disant ceci
▷ adv: **to be in** (person: at home, work) être là; (train, ship, plane) être arrivé(e); (in fashion) être à la mode; **to ask sb in** inviter qn à entrer; **to run/limp** etc in entrer en courant/boitant etc; **their party is in** leur parti est au pouvoir
▷ n: **the ins and outs (of)** (of proposal, situation etc) les tenants et aboutissants (de)

**in.** abbr = **inch; inches**
**inability** [ɪnəˈbɪlɪtɪ] n incapacité f; **~ to pay** incapacité de payer
**inaccurate** [ɪnˈækjʊrət] adj inexact(e); (person) qui manque de précision
**inadequate** [ɪnˈædɪkwət] adj insuffisant(e), inadéquat(e)
**inadvertently** [ɪnədˈvɜːtntlɪ] adv par mégarde
**inadvisable** [ɪnədˈvaɪzəbl] adj à déconseiller; **it is ~ to** il est déconseillé de
**inane** [ɪˈneɪn] adj inepte, stupide
**inanimate** [ɪnˈænɪmət] adj inanimé(e)
**inappropriate** [ɪnəˈprəʊprɪət] adj inopportun(e), mal à propos; (word, expression) impropre
**inarticulate** [ɪnɑːˈtɪkjʊlət] adj (person) qui s'exprime mal; (speech) indistinct(e)
**inasmuch** [ɪnəzˈmʌtʃ] adv: **~ as** vu que, en ce sens que
**inaugurate** [ɪˈnɔːgjʊreɪt] vt inaugurer; (president, official) investir de ses fonctions
**inauguration** [ɪnɔːgjʊˈreɪʃən] n inauguration f; investiture f
**inborn** [ɪnˈbɔːn] adj (feeling) inné(e); (defect) congénital(e)
**inbred** [ɪnˈbred] adj inné(e), naturel(le); (family) consanguin(e)
**Inc.** abbr = **incorporated**
**incapable** [ɪnˈkeɪpəbl] adj: **~ (of)** incapable (de)
**incapacitate** [ɪnkəˈpæsɪteɪt] vt: **to ~ sb from doing** rendre qn incapable de faire
**incense** n [ˈɪnsens] encens m ▷ vt [ɪnˈsens] (anger) mettre en colère

**incentive** [ɪnˈsentɪv] n encouragement m, raison f de se donner de la peine
**incessant** [ɪnˈsesnt] adj incessant(e)
**incessantly** [ɪnˈsesntlɪ] adv sans cesse, constamment
**inch** [ɪntʃ] n pouce m (=25 mm; 12 in a foot); **within an ~ of** à deux doigts de; **he wouldn't give an ~** (fig) il n'a pas voulu céder d'un pouce; **inch forward** vi avancer petit à petit
**incidence** [ˈɪnsɪdns] n (of crime, disease) fréquence f
**incident** [ˈɪnsɪdnt] n incident m; (in book) péripétie f
**incidental** [ɪnsɪˈdentl] adj accessoire; (unplanned) accidentel(le); **~ to** qui accompagne; **~ expenses** faux frais mpl
**incidentally** [ɪnsɪˈdentəlɪ] adv (by the way) à propos
**inclination** [ɪnklɪˈneɪʃən] n inclination f; (desire) envie f
**incline** n [ˈɪnklaɪn] pente f, plan incliné ▷ vt [ɪnˈklaɪn] incliner ▷ vi (surface) s'incliner; **to ~ to** avoir tendance à; **to be ~d to do** (want to) être enclin(e) à faire; (have a tendency to do) avoir tendance à faire; **to be well ~d towards sb** être bien disposé(e) à l'égard de qn
**include** [ɪnˈkluːd] vt inclure, comprendre; **service is/is not ~d** le service est compris/n'est pas compris
**including** [ɪnˈkluːdɪŋ] prep y compris; **~ service** service compris
**inclusion** [ɪnˈkluːʒən] n inclusion f
**inclusive** [ɪnˈkluːsɪv] adj inclus(e), compris(e); **~ of tax** taxes comprises; **£50 ~ of all surcharges** 50 livres tous frais compris
**income** [ˈɪnkʌm] n revenu m; (from property etc) rentes fpl; **gross/net ~** revenu brut/net; **~ and expenditure account** compte m de recettes et de dépenses
**income support** n (Brit) ≈ revenu m minimum d'insertion, RMI m
**income tax** n impôt m sur le revenu
**incoming** [ˈɪnkʌmɪŋ] adj (passengers, mail) à l'arrivée; (government, tenant) nouveau/ nouvelle; **~ tide** marée montante
**incompatible** [ɪnkəmˈpætɪbl] adj incompatible
**incompetence** [ɪnˈkɒmpɪtns] n incompétence f, incapacité f
**incompetent** [ɪnˈkɒmpɪtnt] adj incompétent(e), incapable
**incomplete** [ɪnkəmˈpliːt] adj incomplet(-ète)
**incongruous** [ɪnˈkɒŋgruəs] adj peu approprié(e); (remark, act) incongru(e), déplacé(e)
**inconsiderate** [ɪnkənˈsɪdərət] adj (action) inconsidéré(e); (person) qui manque d'égards
**inconsistency** [ɪnkənˈsɪstənsɪ] n (of actions etc) inconséquence f; (of work) irrégularité f; (of statement etc) incohérence f

**inconsistent** [ɪnkən'sɪstnt] *adj* qui manque de constance; *(work)* irrégulier(-ière); *(statement)* peu cohérent(e); **~ with** en contradiction avec

**inconspicuous** [ɪnkən'spɪkjuəs] *adj* qui passe inaperçu(e); *(colour, dress)* discret(-ète); **to make o.s. ~** ne pas se faire remarquer

**inconvenience** [ɪnkən'viːnjəns] *n* inconvénient *m*; *(trouble)* dérangement *m* ⊳ *vt* déranger; **don't ~ yourself** ne vous dérangez pas

**inconvenient** [ɪnkən'viːnjənt] *adj* malcommode; *(time, place)* mal choisi(e), qui ne convient pas; *(visitor)* importun(e); **that time is very ~ for me** c'est un moment qui ne me convient pas du tout

**incorporate** [ɪn'kɔːpəreɪt] *vt* incorporer; *(contain)* contenir ⊳ *vi* fusionner; *(two firms)* se constituer en société

**incorporated** [ɪn'kɔːpəreɪtd] *adj*: **~ company** (US) ≈ société *f* anonyme

**incorrect** [ɪnkə'rɛkt] *adj* incorrect(e); *(opinion, statement)* inexact(e)

**increase** *n* ['ɪnkriːs] augmentation *f* ⊳ *vi, vt* [ɪn'kriːs] augmenter; **an ~ of 5%** une augmentation de 5%; **to be on the ~** être en augmentation

**increasing** [ɪn'kriːsɪŋ] *adj* croissant(e)

**increasingly** [ɪn'kriːsɪŋlɪ] *adv* de plus en plus

**incredible** [ɪn'krɛdɪbl] *adj* incroyable

**incredibly** [ɪn'krɛdɪblɪ] *adv* incroyablement

**incubator** ['ɪnkjubeɪtə'] *n* incubateur *m*; *(for babies)* couveuse *f*

**incumbent** [ɪn'kʌmbənt] *adj*: **it is ~ on him to ...** il lui appartient de ... ⊳ *n* titulaire *m/f*

**incur** [ɪn'kə:ʳ] *vt* *(expenses)* encourir; *(anger, risk)* s'exposer à; *(debt)* contracter; *(loss)* subir

**indebted** [ɪn'dɛtɪd] *adj*: **to be ~ to sb (for)** être redevable à qn (de)

**indecent** [ɪn'diːsnt] *adj* indécent(e), inconvenant(e)

**indecent assault** *n* (Brit) attentat *m* à la pudeur

**indecent exposure** *n* outrage *m* public à la pudeur

**indecisive** [ɪndɪ'saɪsɪv] *adj* indécis(e); *(discussion)* peu concluant(e)

**indeed** [ɪn'diːd] *adv* *(confirming, agreeing)* en effet, effectivement; *(for emphasis)* vraiment; *(furthermore)* d'ailleurs; **yes ~!** certainement!

**indefinitely** [ɪn'dɛfɪnɪtlɪ] *adv* *(wait)* indéfiniment; *(speak)* vaguement, avec imprécision

**indemnity** [ɪn'dɛmnɪtɪ] *n* *(insurance)* assurance *f*, garantie *f*; *(compensation)* indemnité *f*

**independence** [ɪndɪ'pɛndns] *n* indépendance *f*

**Independence Day** *n* (US) *fête de l'Indépendance américaine; voir article*

**independent** [ɪndɪ'pɛndnt] *adj* indépendant(e); *(radio)* libre; **to become ~** s'affranchir

**independent school** *n* (Brit) école privée

**index** ['ɪndɛks] *n* *(pl indexes)* *(in book)* index *m*; *(: in library etc)* catalogue *m*; *(pl indices)* ['ɪndɪsiːz] *(ratio, sign)* indice *m*

**index card** *n* fiche *f*

**index finger** *n* index *m*

**index-linked** ['ɪndɛks'lɪŋkt], (US) **indexed** ['ɪndɛkst] *adj* indexé(e) (sur le coût de la vie *etc*)

**India** ['ɪndɪə] *n* Inde *f*

**Indian** ['ɪndɪən] *adj* indien(ne) ⊳ *n* Indien(ne); **(American) ~** Indien(ne) (d'Amérique)

**Indian Ocean** *n*: **the ~** l'océan Indien

**indicate** ['ɪndɪkeɪt] *vt* indiquer ⊳ *vi* (Brit Aut): **to ~ left/right** mettre son clignotant à gauche/à droite

**indication** [ɪndɪ'keɪʃən] *n* indication *f*, signe *m*

**indicative** [ɪn'dɪkətɪv] *adj* indicatif(-ive); **to be ~ of sth** être symptomatique de qch ⊳ *n* (Ling) indicatif *m*

**indicator** ['ɪndɪkeɪtə'] *n* *(sign)* indicateur *m*; *(Aut)* clignotant *m*

**indices** ['ɪndɪsiːz] *npl of* **index**

**indict** [ɪn'daɪt] *vt* accuser

**indictment** [ɪn'daɪtmənt] *n* accusation *f*

**indifference** [ɪn'dɪfrəns] *n* indifférence *f*

**indifferent** [ɪn'dɪfrənt] *adj* indifférent(e); *(poor)* médiocre, quelconque

**indigenous** [ɪn'dɪdʒɪnəs] *adj* indigène

**indigestion** [ɪndɪ'dʒɛstʃən] *n* indigestion *f*, mauvaise digestion

**indignant** [ɪn'dɪgnənt] *adj*: **~ (at sth/ with sb)** indigné (de qch/contre qn)

**indignity** [ɪn'dɪgnɪtɪ] *n* indignité *f*, affront *m*

**indirect** [ɪndɪ'rɛkt] *adj* indirect(e)

**indiscreet** [ɪndɪ'skriːt] *adj* indiscret(-ète); *(rash)* imprudent(e)

**indiscriminate** [ɪndɪ'skrɪmɪnət] *adj* *(person)* qui manque de discernement; *(admiration)* aveugle; *(killings)* commis(e) au hasard

**indispensable** [ɪndɪ'spɛnsəbl] *adj* indispensable

**indisputable** [ɪndɪ'spjuːtəbl] *adj* incontestable, indiscutable

**individual** [ɪndɪ'vɪdjuəl] *n* individu *m* ⊳ *adj* individuel(le); *(characteristic)* particulier(-ière), original(e)

**individually** [ɪndɪˈvɪdjuəlɪ] *adv* individuellement

**indoctrination** [ɪndɒktrɪˈneɪʃən] *n* endoctrinement *m*

**Indonesia** [ɪndəˈniːzɪə] *n* Indonésie *f*

**indoor** [ˈɪndɔːʳ] *adj* d'intérieur; (*plant*) d'appartement; (*swimming pool*) couvert(e); (*sport, games*) pratiqué(e) en salle

**indoors** [ɪnˈdɔːz] *adv* à l'intérieur; (*at home*) à la maison

**induce** [ɪnˈdjuːs] *vt* (*persuade*) persuader; (*bring about*) provoquer; (*labour*) déclencher; **to ~ sb to do sth** inciter *or* pousser qn à faire qch

**inducement** [ɪnˈdjuːsmənt] *n* incitation *f*; (*incentive*) but *m*; (*pej: bribe*) pot-de-vin *m*

**indulge** [ɪnˈdʌldʒ] *vt* (*whim*) céder à, satisfaire; (*child*) gâter ▷ *vi*: **to ~ in sth** (*luxury*) s'offrir qch, se permettre qch; (*fantasies etc*) se livrer à qch

**indulgence** [ɪnˈdʌldʒəns] *n* fantaisie *f* (que l'on s'offre); (*leniency*) indulgence *f*

**indulgent** [ɪnˈdʌldʒənt] *adj* indulgent(e)

**industrial** [ɪnˈdʌstrɪəl] *adj* industriel(le); (*injury*) du travail; (*dispute*) ouvrier(-ère)

**industrial action** *n* action revendicative

**industrial estate** *n* (*Brit*) zone industrielle

**industrialist** [ɪnˈdʌstrɪəlɪst] *n* industriel *m*

**industrial park** *n* (*US*) zone industrielle

**industrious** [ɪnˈdʌstrɪəs] *adj* travailleur(-euse)

**industry** [ˈɪndəstrɪ] *n* industrie *f*; (*diligence*) zèle *m*, application *f*

**inebriated** [ɪˈniːbrɪeɪtɪd] *adj* ivre

**inedible** [ɪnˈɛdɪbl] *adj* immangeable; (*plant etc*) non comestible

**ineffective** [ɪnɪˈfɛktɪv], **ineffectual** [ɪnɪˈfɛktʃuəl] *adj* inefficace; incompétent(e)

**inefficient** [ɪnɪˈfɪʃənt] *adj* inefficace

**inequality** [ɪnɪˈkwɒlɪtɪ] *n* inégalité *f*

**inescapable** [ɪnɪˈskeɪpəbl] *adj* inéluctable, inévitable

**inevitable** [ɪnˈɛvɪtəbl] *adj* inévitable

**inevitably** [ɪnˈɛvɪtəblɪ] *adv* inévitablement, fatalement

**inexpensive** [ɪnɪkˈspɛnsɪv] *adj* bon marché *inv*

**inexperienced** [ɪnɪkˈspɪərɪənst] *adj* inexpérimenté(e); **to be ~ in sth** manquer d'expérience dans qch

**inexplicable** [ɪnɪkˈsplɪkəbl] *adj* inexplicable

**infallible** [ɪnˈfælɪbl] *adj* infaillible

**infamous** [ˈɪnfəməs] *adj* infâme, abominable

**infancy** [ˈɪnfənsɪ] *n* petite enfance, bas âge; (*fig*) enfance, débuts *mpl*

**infant** [ˈɪnfənt] *n* (*baby*) nourrisson *m*; (*young child*) petit(e) enfant

**infantry** [ˈɪnfəntrɪ] *n* infanterie *f*

**infant school** *n* (*Brit*) classes *fpl* préparatoires (*entre 5 et 7 ans*)

**infatuated** [ɪnˈfætjueɪtɪd] *adj*: **~ with** entiché(e) de; **to become ~ (with sb)** s'enticher (de qn)

**infatuation** [ɪnfætjuˈeɪʃən] *n* toquade *f*; engouement *m*

**infect** [ɪnˈfɛkt] *vt* (*wound*) infecter; (*person, blood*) contaminer; (*fig: pej*) corrompre; **~ed with** (*illness*) atteint(e) de; **to become ~ed** (*wound*) s'infecter

**infection** [ɪnˈfɛkʃən] *n* infection *f*; (*contagion*) contagion *f*

**infectious** [ɪnˈfɛkʃəs] *adj* infectieux(-euse); (*also fig*) contagieux(-euse)

**infer** [ɪnˈfəːʳ] *vt*: **to ~ (from)** conclure (de), déduire (de)

**inferior** [ɪnˈfɪərɪəʳ] *adj* inférieur(e); (*goods*) de qualité inférieure ▷ *n* inférieur(e); (*in rank*) subalterne *m/f*; **to feel ~** avoir un sentiment d'infériorité

**inferiority** [ɪnfɪərɪˈɔrətɪ] *n* infériorité *f*

**infertile** [ɪnˈfəːtaɪl] *adj* stérile

**infertility** [ɪnfəːˈtɪlɪtɪ] *n* infertilité *f*, stérilité *f*

**infested** [ɪnˈfɛstɪd] *adj*: **~ (with)** infesté(e) (de)

**in-fighting** [ˈɪnfaɪtɪŋ] *n* querelles *fpl* internes

**infinite** [ˈɪnfɪnɪt] *adj* infini(e); (*time, money*) illimité(e)

**infinitely** [ˈɪnfɪnɪtlɪ] *adv* infiniment

**infinitive** [ɪnˈfɪnɪtɪv] *n* infinitif *m*

**infinity** [ɪnˈfɪnɪtɪ] *n* infinité *f*; (*also Math*) infini *m*

**infirmary** [ɪnˈfəːmərɪ] *n* hôpital *m*; (*in school, factory*) infirmerie *f*

**inflamed** [ɪnˈfleɪmd] *adj* enflammé(e)

**inflammable** [ɪnˈflæməbl] *adj* (*Brit*) inflammable

**inflammation** [ɪnfləˈmeɪʃən] *n* inflammation *f*

**inflatable** [ɪnˈfleɪtəbl] *adj* gonflable

**inflate** [ɪnˈfleɪt] *vt* (*tyre, balloon*) gonfler; (*fig: exaggerate*) grossir, gonfler; (: *increase*) gonfler

**inflation** [ɪnˈfleɪʃən] *n* (*Econ*) inflation *f*

**inflationary** [ɪnˈfleɪʃənərɪ] *adj* inflationniste

**inflexible** [ɪnˈflɛksɪbl] *adj* inflexible, rigide

**inflict** [ɪnˈflɪkt] *vt*: **to ~ on** infliger à

**influence** [ˈɪnfluəns] *n* influence *f* ▷ *vt* influencer; **under the ~ of** sous l'effet de; **under the ~ of alcohol** en état d'ébriété

**influential** [ɪnfluˈɛnʃl] *adj* influent(e)

**influenza** [ɪnfluˈɛnzə] *n* grippe *f*

**influx** [ˈɪnflʌks] *n* afflux *m*

**info** (*inf*) [ˈɪnfəu] *n* (= *information*) renseignements *mpl*

**infomercial** [ˈɪnfəuməːʃl] (*US*) *n* (*for product*) publi-information *f*; (*Pol*) émission où un candidat présente son programme électoral

**inform** [ɪnˈfɔːm] *vt*: **to ~ sb (of)** informer *or* avertir qn (de) ▷ *vi*: **to ~ on sb** dénoncer qn, informer contre qn; **to ~ sb about** renseigner qn sur, mettre qn au courant de

**informal** [ɪnˈfɔːml] *adj* (*person, manner, party*) simple, sans cérémonie; (*visit, discussion*) dénué(e) de formalités; (*announcement, invitation*) non officiel(le); (*colloquial*) familier(-ère); **"dress ~"** "tenue de ville"

**informality** [ɪnfɔ:'mælɪtɪ] n simplicité f,
absence f de cérémonie; caractère non officiel
**informant** [ɪn'fɔ:mənt] n
informateur(-trice)
**information** [ɪnfə'meɪʃən] n information(s)
f(pl); renseignements mpl; (knowledge)
connaissances fpl; **to get ~ on** se renseigner
sur; **a piece of ~** un renseignement; **for
your ~** à titre d'information
**information desk** n accueil m
**information office** n bureau m de
renseignements
**information technology** n informatique f
**informative** [ɪn'fɔ:mətɪv] adj instructif(-ive)
**informer** [ɪn'fɔ:mə'] n dénonciateur(-trice);
(also: **police ~**) indicateur(-trice)
**infra-red** [ɪnfrə'rɛd] adj infrarouge
**infrastructure** [ˈɪnfrəstrʌktʃə'] n
infrastructure f
**infrequent** [ɪn'fri:kwənt] adj peu
fréquent(e), rare
**infringe** [ɪn'frɪndʒ] vt enfreindre ▷ vi: **to ~ on**
empiéter sur
**infringement** [ɪn'frɪndʒmənt] n: **~ (of)**
infraction f (à)
**infuriate** [ɪn'fjuərɪeɪt] vt mettre en fureur
**infuriating** [ɪn'fjuərɪeɪtɪŋ] adj exaspérant(e)
**ingenious** [ɪn'dʒi:njəs] adj ingénieux(-euse)
**ingenuity** [ɪndʒɪ'nju:ɪtɪ] n ingéniosité f
**ingenuous** [ɪn'dʒɛnjuəs] adj franc/franche,
ouvert(e)
**ingot** ['ɪŋgət] n lingot m
**ingrained** [ɪn'greɪnd] adj enraciné(e)
**ingratiate** [ɪn'greɪʃɪeɪt] vt: **to ~ o.s. with**
s'insinuer dans les bonnes grâces de, se faire
bien voir de
**ingredient** [ɪn'gri:dɪənt] n ingrédient m; (fig)
élément m
**inhabit** [ɪn'hæbɪt] vt habiter
**inhabitant** [ɪn'hæbɪtnt] n habitant(e)
**inhale** [ɪn'heɪl] vt inhaler; (perfume) respirer;
(smoke) avaler ▷ vi (breathe in) aspirer; (in
smoking) avaler la fumée
**inhaler** [ɪn'heɪlə'] n inhalateur m
**inherent** [ɪn'hɪərənt] adj: **~ (in or to)**
inhérent(e) (à)
**inherit** [ɪn'hɛrɪt] vt hériter (de)
**inheritance** [ɪn'hɛrɪtəns] n héritage m; (fig):
**the situation that was his ~ as president**
la situation dont il a hérité en tant que
président; **law of ~** droit m de la succession
**inhibit** [ɪn'hɪbɪt] vt (Psych) inhiber; (growth)
freiner; **to ~ sb from doing** empêcher or
retenir qn de faire
**inhibition** [ɪnhɪ'bɪʃən] n inhibition f
**inhuman** [ɪn'hju:mən] adj inhumain(e)
**initial** [ɪ'nɪʃl] adj initial(e) ▷ n initiale f ▷ vt
parafer; **initials** npl initiales fpl; (as signature)
parafe m
**initially** [ɪ'nɪʃəlɪ] adv initialement, au début
**initiate** [ɪ'nɪʃɪeɪt] vt (start) entreprendre;
amorcer; (enterprise) lancer; (person) initier;

**to ~ sb into a secret** initier qn à un secret;
**to ~ proceedings against sb** (Law) intenter
une action à qn, engager des poursuites
contre qn
**initiative** [ɪ'nɪʃətɪv] n initiative f; **to take
the ~** prendre l'initiative
**inject** [ɪn'dʒɛkt] vt (liquid, fig: money) injecter;
(person): **to ~ sb with sth** faire une piqûre de
qch à qn
**injection** [ɪn'dʒɛkʃən] n injection f, piqûre f;
**to have an ~** se faire une piqûre
**injure** ['ɪndʒə'] vt blesser; (wrong) faire du tort
à; (damage: reputation etc) compromettre;
(feelings) heurter; **to ~ o.s.** se blesser
**injured** ['ɪndʒəd] adj (person, leg etc) blessé(e);
(tone, feelings) offensé(e); **~ party** (Law) partie
lésée
**injury** ['ɪndʒərɪ] n blessure f; (wrong) tort m;
**to escape without ~** s'en sortir sain et sauf
**injury time** n (Sport) arrêts mpl de jeu
**injustice** [ɪn'dʒʌstɪs] n injustice f; **you do me
an ~** vous êtes injuste envers moi
**ink** [ɪŋk] n encre f
**ink-jet printer** ['ɪŋkdʒɛt-] n imprimante f
à jet d'encre
**inkling** ['ɪŋklɪŋ] n soupçon m, vague idée f
**inlaid** ['ɪnleɪd] adj incrusté(e); (table etc)
marqueté(e)
**inland** adj ['ɪnlənd] intérieur(e) ▷ adv
[ɪn'lænd] à l'intérieur, dans les terres;
**~ waterways** canaux mpl et rivières fpl
**Inland Revenue** n (Brit) fisc m
**in-laws** ['ɪnlɔ:z] npl beaux-parents mpl; belle
famille
**inlet** ['ɪnlɛt] n (Geo) crique f
**inmate** ['ɪnmeɪt] n (in prison) détenu(e);
(in asylum) interné(e)
**inn** [ɪn] n auberge f
**innate** [ɪ'neɪt] adj inné(e)
**inner** ['ɪnə'] adj intérieur(e)
**inner city** n centre m urbain (souffrant souvent
de délabrement, d'embouteillages etc)
**inner-city** ['ɪnə'sɪtɪ] adj (schools, problems) de
quartiers déshérités
**inner tube** n (of tyre) chambre f à air
**inning** ['ɪnɪŋ] n (US: Baseball) tour m de batte;
**innings** npl (Cricket) tour de batte; (Brit fig):
**he has had a good ~s** il (en) a bien profité
**innocence** ['ɪnəsns] n innocence f
**innocent** ['ɪnəsnt] adj innocent(e)
**innocuous** [ɪ'nɔkjuəs] adj inoffensif(-ive)
**innovation** [ɪnəu'veɪʃən] n innovation f
**innovative** ['ɪnəu'veɪtɪv] adj novateur(-trice);
(product) innovant(e)
**innuendo** [ɪnju'ɛndəu] n (pl **innuendoes**) n
insinuation f, allusion (malveillante)
**innumerable** [ɪ'nju:mrəbl] adj innombrable
**in-patient** ['ɪnpeɪʃənt] n malade
hospitalisé(e)
**input** ['ɪnput] n (contribution) contribution f;
(resources) ressources fpl; (Elec) énergie f,
puissance f; (of machine) consommation f;

(*Comput*) entrée f (de données); (: *data*) données *fpl* ▷ *vt* (*Comput*) introduire, entrer

**inquest** ['ɪnkwɛst] *n* enquête (criminelle); (*coroner's*) enquête judiciaire

**inquire** [ɪn'kwaɪəʳ] *vi* demander ▷ *vt* demander, s'informer de; **to ~ about** s'informer de, se renseigner sur; **to ~ when/where/whether** demander quand/ où/si; **inquire after** *vt fus* demander des nouvelles de; **inquire into** *vt fus* faire une enquête sur

**inquiry** [ɪn'kwaɪərɪ] *n* demande f de renseignements; (*Law*) enquête f, investigation f; **"inquiries"** "renseignements"; **to hold an ~ into sth** enquêter sur qch

**inquisitive** [ɪn'kwɪzɪtɪv] *adj* curieux(-euse)

**ins.** *abbr* = **inches**

**insane** [ɪn'seɪn] *adj* fou/folle; (*Med*) aliéné(e)

**insanity** [ɪn'sænɪtɪ] *n* folie f; (*Med*) aliénation (mentale)

**inscription** [ɪn'skrɪpʃən] *n* inscription f; (*in book*) dédicace f

**inscrutable** [ɪn'skruːtəbl] *adj* impénétrable

**insect** ['ɪnsɛkt] *n* insecte m

**insecticide** [ɪn'sɛktɪsaɪd] *n* insecticide m

**insect repellent** *n* crème f anti-insectes

**insecure** [ɪnsɪ'kjuəʳ] *adj* (*person*) anxieux(-euse); (*job*) précaire; (*building etc*) peu sûr(e)

**insecurity** [ɪnsɪ'kjuərɪtɪ] *n* insécurité f

**insensitive** [ɪn'sɛnsɪtɪv] *adj* insensible

**insert** *vt* [ɪn'səːt] insérer ▷ *n* ['ɪnsəːt] insertion f

**insertion** [ɪn'səːʃən] *n* insertion f

**in-service** [ɪn'səːvɪs] *adj* (*training*) continu(e); (*course*) d'initiation; de perfectionnement; de recyclage

**inshore** *adj* ['ɪnʃɔːʳ] côtier(-ière) ▷ *adv* [ɪn'ʃɔːʳ] près de la côte; vers la côte

**inside** ['ɪn'saɪd] *n* intérieur m; (*of road: Brit*) côté m gauche (*de la route*); (: *US, Europe etc*) côté droit (*de la route*) ▷ *adj* intérieur(e) ▷ *adv* à l'intérieur, dedans ▷ *prep* à l'intérieur de; (*of time*): **~ 10 minutes** en moins de 10 minutes; **insides** *npl* (*inf*) intestins *mpl*; **~ information** renseignements *mpl* à la source; **~ story** histoire racontée par un témoin; **to go ~** rentrer

**inside lane** *n* (*Aut: in Britain*) voie f de gauche; (: *in US, Europe*) voie f de droite

**inside out** *adv* à l'envers; (*know*) à fond; **to turn sth ~** retourner qch

**insider dealing, insider trading** *n* (*Stock Exchange*) délit m d'initiés

**insight** ['ɪnsaɪt] *n* perspicacité f; (*glimpse, idea*) aperçu m; **to gain (an) ~ into** parvenir à comprendre

**insignificant** [ɪnsɪg'nɪfɪknt] *adj* insignifiant(e)

**insincere** [ɪnsɪn'sɪəʳ] *adj* hypocrite

**insinuate** [ɪn'sɪnjueɪt] *vt* insinuer

**insist** [ɪn'sɪst] *vi* insister; **to ~ on doing** insister pour faire; **to ~ on sth** exiger qch; **to ~ that** insister pour que + *sub*; (*claim*) maintenir *or* soutenir que

**insistent** [ɪn'sɪstənt] *adj* insistant(e), pressant(e); (*noise, action*) ininterrompu(e)

**insole** ['ɪnsəul] *n* semelle intérieure; (*fixed part of shoe*) première f

**insolent** ['ɪnsələnt] *adj* insolent(e)

**insolvent** [ɪn'sɔlvənt] *adj* insolvable; (*bankrupt*) en faillite

**insomnia** [ɪn'sɔmnɪə] *n* insomnie f

**inspect** [ɪn'spɛkt] *vt* inspecter; (*Brit: ticket*) contrôler

**inspection** [ɪn'spɛkʃən] *n* inspection f; (*Brit: of tickets*) contrôle m

**inspector** [ɪn'spɛktəʳ] *n* inspecteur(-trice); (*Brit: on buses, trains*) contrôleur(-euse)

**inspiration** [ɪnspə'reɪʃən] *n* inspiration f

**inspire** [ɪn'spaɪəʳ] *vt* inspirer

**inspiring** [ɪn'spaɪərɪŋ] *adj* inspirant(e)

**instability** [ɪnstə'bɪlɪtɪ] *n* instabilité f

**install**, (*US*) **instal** [ɪn'stɔːl] *vt* installer

**installation** [ɪnstə'leɪʃən] *n* installation f

**instalment**, (*US*) **installment** [ɪn'stɔːlmənt] *n* (*payment*) acompte m, versement partiel; (*of TV serial etc*) épisode m; **in ~s** (*pay*) à tempérament; (*receive*) en plusieurs fois

**instance** ['ɪnstəns] *n* exemple m; **for ~** par exemple; **in many ~s** dans bien des cas; **in that ~** dans ce cas; **in the first ~** tout d'abord, en premier lieu

**instant** ['ɪnstənt] *n* instant m ▷ *adj* immédiat(e), urgent(e); (*coffee, food*) instantané(e), en poudre; **the 10th ~** le 10 courant

**instantly** ['ɪnstəntlɪ] *adv* immédiatement, tout de suite

**instant messaging** *n* messagerie f instantanée

**instead** [ɪn'stɛd] *adv* au lieu de cela; **~ of** au lieu de; **~ of sb** à la place de qn

**instep** ['ɪnstɛp] *n* cou-de-pied m; (*of shoe*) cambrure f

**instigate** ['ɪnstɪgeɪt] *vt* (*rebellion, strike, crime*) inciter à; (*new ideas etc*) susciter

**instil** [ɪn'stɪl] *vt*: **to ~ (into)** inculquer (à); (*courage*) insuffler (à)

**instinct** ['ɪnstɪŋkt] *n* instinct m

**instinctive** [ɪn'stɪŋktɪv] *adj* instinctif(-ive)

**institute** ['ɪnstɪtjuːt] *n* institut m ▷ *vt* instituer, établir; (*inquiry*) ouvrir; (*proceedings*) entamer

**institution** [ɪnstɪ'tjuːʃən] *n* institution f; (*school*) établissement m (scolaire); (*for care*) établissement (psychiatrique etc)

**instruct** [ɪn'strʌkt] *vt* instruire, former; **to ~ sb in sth** enseigner qch à qn; **to ~ sb to do** charger qn *or* ordonner à qn de faire

**instruction** [ɪn'strʌkʃən] *n* instruction f; **instructions** *npl* (*orders*) directives *fpl*; **~s for use** mode m d'emploi

**instructor** [ɪn'strʌktər] n professeur m; (for skiing, driving) moniteur m

**instrument** ['ɪnstrumənt] n instrument m

**instrumental** [ɪnstru'mɛntl] adj (Mus) instrumental(e); **to be ~ in sth/in doing sth** contribuer à qch/à faire qch

**instrument panel** n tableau m de bord

**insufficient** [ɪnsə'fɪʃənt] adj insuffisant(e)

**insular** ['ɪnsjulər] adj insulaire; (outlook) étroit(e); (person) aux vues étroites

**insulate** ['ɪnsjuleɪt] vt isoler; (against sound) insonoriser

**insulation** [ɪnsju'leɪʃən] n isolation f; (against sound) insonorisation f

**insulin** ['ɪnsjulɪn] n insuline f

**insult** n ['ɪnsʌlt] insulte f, affront m ▷ vt [ɪn'sʌlt] insulter, faire un affront à

**insulting** [ɪn'sʌltɪŋ] adj insultant(e), injurieux(-euse)

**insurance** [ɪn'ʃuərəns] n assurance f; **fire/ life ~** assurance-incendie/-vie; **to take out ~ (against)** s'assurer (contre)

**insurance company** n compagnie f or société f d'assurances

**insurance policy** n police f d'assurance

**insure** [ɪn'ʃuər] vt assurer; **to ~ (o.s.) against** (fig) parer à; **to ~ sb/sb's life** assurer qn/la vie de qn; **to be ~d for £5000** être assuré(e) pour 5000 livres

**intact** [ɪn'tækt] adj intact(e)

**intake** ['ɪnteɪk] n (Tech) admission f; (consumption) consommation f; (Brit Scol): **an ~ of 200 a year** 200 admissions par an

**integral** ['ɪntɪgrəl] adj (whole) intégral(e); (part) intégrant(e)

**integrate** ['ɪntɪgreɪt] vt intégrer ▷ vi s'intégrer

**integrity** [ɪn'tɛgrɪtɪ] n intégrité f

**intellect** ['ɪntəlɛkt] n intelligence f

**intellectual** [ɪntə'lɛktjuəl] adj, n intellectuel(le)

**intelligence** [ɪn'tɛlɪdʒəns] n intelligence f; (Mil) informations fpl, renseignements mpl

**Intelligence Service** n services mpl de renseignements

**intelligent** [ɪn'tɛlɪdʒənt] adj intelligent(e)

**intend** [ɪn'tɛnd] vt (gift etc): **to ~ sth for** destiner qch à; **to ~ to do** avoir l'intention de faire

**intense** [ɪn'tɛns] adj intense; (person) véhément(e)

**intensely** [ɪn'tɛnslɪ] adv intensément; (moving) profondément

**intensify** [ɪn'tɛnsɪfaɪ] vt intensifier

**intensity** [ɪn'tɛnsɪtɪ] n intensité f

**intensive** [ɪn'tɛnsɪv] adj intensif(-ive)

**intensive care** n: **to be in ~** être en réanimation

**intensive care unit** n service m de réanimation

**intent** [ɪn'tɛnt] n intention f ▷ adj attentif(-ive), absorbé(e); **to all ~s and**

**purposes** en fait, pratiquement; **to be ~ on doing sth** être (bien) décidé à faire qch

**intention** [ɪn'tɛnʃən] n intention f

**intentional** [ɪn'tɛnʃənl] adj intentionnel(le), délibéré(e)

**intently** [ɪn'tɛntlɪ] adv attentivement

**interact** [ɪntər'ækt] vi avoir une action réciproque; (people) communiquer

**interaction** [ɪntər'ækʃən] n interaction f

**interactive** [ɪntər'æktɪv] adj (group) interactif(-ive); (Comput) interactif, conversationnel(le)

**intercept** [ɪntə'sɛpt] vt intercepter; (person) arrêter au passage

**interchange** n ['ɪntətʃeɪndʒ] (exchange) échange m; (on motorway) échangeur m ▷ vt [ɪntə'tʃeɪndʒ] échanger; mettre à la place l'un(e) de l'autre

**interchangeable** [ɪntə'tʃeɪndʒəbl] adj interchangeable

**intercom** ['ɪntəkɔm] n interphone m

**intercourse** ['ɪntəkɔːs] n rapports mpl; **sexual ~** rapports sexuels

**interest** ['ɪntrɪst] n intérêt m; (Comm: stake, share) participation f, intérêts mpl ▷ vt intéresser; **compound/simple ~** intérêt composé/simple; **British ~s in the Middle East** les intérêts britanniques au Moyen-Orient; **his main ~ is ...** ce qui l'intéresse le plus est ...

**interested** ['ɪntrɪstɪd] adj intéressé(e); **to be ~ in sth** s'intéresser à qch; **I'm ~ in going** ça m'intéresse d'y aller

**interesting** ['ɪntrɪstɪŋ] adj intéressant(e)

**interest rate** n taux m d'intérêt

**interface** ['ɪntəfeɪs] n (Comput) interface f

**interfere** [ɪntə'fɪər] vi: **to ~ in** (quarrel) s'immiscer dans; (other people's business) se mêler de; **to ~ with** (object) tripoter, toucher à; (plans) contrecarrer; (duty) être en conflit avec; **don't ~** mêlez-vous de vos affaires

**interference** [ɪntə'fɪərəns] n (gen) ingérence f; (Physics) interférence f; (Radio, TV) parasites mpl

**interim** ['ɪntərɪm] adj provisoire; (post) intérimaire ▷ n: **in the ~** dans l'intérim

**interior** [ɪn'tɪərɪər] n intérieur m ▷ adj intérieur(e); (minister, department) de l'intérieur

**interior decorator, interior designer** n décorateur(-trice) d'intérieur

**interior design** n architecture f d'intérieur

**interjection** [ɪntə'dʒɛkʃən] n interjection f

**interlock** [ɪntə'lɔk] vi s'enclencher ▷ vt enclencher

**interlude** ['ɪntəluːd] n intervalle m; (Theat) intermède m

**intermediate** [ɪntə'miːdɪət] adj intermédiaire; (Scol: course, level) moyen(ne)

**intermission** [ɪntə'mɪʃən] n pause f; (Theat, Cine) entracte m

**intern** vt [ɪn'tə:n] interner ▷ n ['ɪntə:n] (US) interne m/f

**internal** [ɪn'tə:nl] adj interne; (dispute, reform etc) intérieur(e); **~ injuries** lésions fpl internes

**internally** [ɪn'tə:nəlɪ] adv intérieurement; **"not to be taken ~"** "pour usage externe"

**Internal Revenue Service** n (US) fisc m

**international** [ɪntə'næʃənl] adj international(e) ▷ n (Brit Sport) international m

**Internet** [ɪntə'nɛt] n: **the ~** l'Internet m

**Internet café** n cybercafé m

**Internet Service Provider** n fournisseur m d'accès à Internet

**Internet user** n internaute m/f

**interplay** ['ɪntəpleɪ] n effet m réciproque, jeu m

**interpret** [ɪn'tə:prɪt] vt interpréter ▷ vi servir d'interprète

**interpretation** [ɪntə:prɪ'teɪʃən] n interprétation f

**interpreter** [ɪn'tə:prɪtər] n interprète m/f; **could you act as an ~ for us?** pourriez-vous nous servir d'interprète?

**interrelated** [ɪntərɪ'leɪtɪd] adj en corrélation, en rapport étroit

**interrogate** [ɪn'tɛrəgeɪt] vt interroger; (suspect etc) soumettre à un interrogatoire

**interrogation** [ɪntɛrəʊ'geɪʃən] n interrogation f; (by police) interrogatoire m

**interrogative** [ɪntə'rɔgətɪv] adj interrogateur(-trice) ▷ n (Ling) interrogatif m

**interrupt** [ɪntə'rʌpt] vt, vi interrompre

**interruption** [ɪntə'rʌpʃən] n interruption f

**intersect** [ɪntə'sɛkt] vt couper, croiser; (Math) intersecter ▷ vi se croiser, se couper; s'intersecter

**intersection** [ɪntə'sɛkʃən] n intersection f; (of roads) croisement m

**intersperse** [ɪntə'spə:s] vt: **to ~ with** parsemer de

**interstate** ['ɪntəsteɪt] (US) n autoroute f (qui relie plusieurs États)

**intertwine** [ɪntə'twaɪn] vt entrelacer ▷ vi s'entrelacer

**interval** ['ɪntəvl] n intervalle m; (Brit: Theat) entracte m; (: Sport) mi-temps f; **bright ~s** (in weather) éclaircies fpl; **at ~s** par intervalles

**intervene** [ɪntə'vi:n] vi (time) s'écouler (entre-temps); (event) survenir; (person) intervenir

**intervention** [ɪntə'vɛnʃən] n intervention f

**interview** ['ɪntəvju:] n (Radio, TV) interview f; (for job) entrevue f ▷ vt interviewer, avoir une entrevue avec

**interviewer** ['ɪntəvjuər] n (Radio, TV) interviewer m

**intestine** [ɪn'tɛstɪn] n intestin m; **large ~** gros intestin; **small ~** intestin grêle

**intimacy** ['ɪntɪməsɪ] n intimité f

**intimate** adj ['ɪntɪmət] intime; (friendship) profond(e); (knowledge) approfondi(e) ▷ vt ['ɪntɪmeɪt] suggérer, laisser entendre; (announce) faire savoir

**intimidate** [ɪn'tɪmɪdeɪt] vt intimider

**intimidating** [ɪn'tɪmɪdeɪtɪŋ] adj intimidant(e)

**into** ['ɪntu] prep dans; **~ pieces/French** en morceaux/français; **to change pounds ~ dollars** changer des livres en dollars; **3 ~ 9 goes 3** 9 divisé par 3 donne 3; **she's ~ opera** c'est une passionnée d'opéra

**intolerant** [ɪn'tɔlərnt] adj: **~ (of)** intolérant(e) (de); (Med) intolérant (à)

**intoxicated** [ɪn'tɔksɪkeɪtɪd] adj ivre

**intractable** [ɪn'træktəbl] adj (child, temper) indocile, insoumis(e); (problem) insoluble; (illness) incurable

**intranet** [ɪn'trənɛt] n intranet m

**intransitive** [ɪn'trænsɪtɪv] adj intransitif(-ive)

**intravenous** [ɪntrə'vi:nəs] adj intraveineux(-euse)

**in-tray** ['ɪntreɪ] n courrier m "arrivée"

**intricate** ['ɪntrɪkət] adj complexe, compliqué(e)

**intrigue** [ɪn'tri:g] n intrigue f ▷ vt intriguer ▷ vi intriguer, comploter

**intriguing** [ɪn'tri:gɪŋ] adj fascinant(e)

**intrinsic** [ɪn'trɪnsɪk] adj intrinsèque

**introduce** [ɪntrə'dju:s] vt introduire; (TV show etc) présenter; **to ~ sb (to sb)** présenter qn (à qn); **to ~ sb to** (pastime, technique) initier qn à; **may I ~ ...?** je vous présente ...

**introduction** [ɪntrə'dʌkʃən] n introduction f; (of person) présentation f; (to new experience) initiation f; **a letter of ~** une lettre de recommandation

**introductory** [ɪntrə'dʌktərɪ] adj préliminaire, introductif(-ive); **~ remarks** remarques fpl liminaires; **an ~ offer** une offre de lancement

**intrude** [ɪn'tru:d] vi (person) être importun(e); **to ~ on** or **into** (conversation etc) s'immiscer dans; **am I intruding?** est-ce que je vous dérange?

**intruder** [ɪn'tru:dər] n intrus(e)

**intuition** [ɪntju:'ɪʃən] n intuition f

**inundate** ['ɪnʌndeɪt] vt: **to ~ with** inonder de

**invade** [ɪn'veɪd] vt envahir

**invalid** n ['ɪnvəlɪd] malade m/f; (with disability) invalide m/f ▷ adj [ɪn'vælɪd] (not valid) invalide, non valide

**invaluable** [ɪn'væljuəbl] adj inestimable, inappréciable

**invariably** [ɪn'vɛərɪəblɪ] adv invariablement; **she is ~ late** elle est toujours en retard

**invasion** [ɪn'veɪʒən] n invasion f

**invent** [ɪn'vɛnt] vt inventer

**invention** [ɪn'vɛnʃən] n invention f

**inventive** [ɪn'vɛntɪv] adj inventif(-ive)

**inventor** [ɪnˈvɛntəʳ] n inventeur(-trice)
**inventory** [ˈɪnvəntrɪ] n inventaire m
**invert** [ɪnˈvəːt] vt intervertir; (cup, object) retourner
**inverted commas** [ɪnˈvəːtɪd-] npl (Brit) guillemets mpl
**invest** [ɪnˈvɛst] vt investir; (endow): **to ~ sb with sth** conférer qch à qn ▷ vi faire un investissement, investir; **to ~ in** placer de l'argent or investir dans; (fig: acquire) s'offrir, faire l'acquisition de
**investigate** [ɪnˈvɛstɪɡeɪt] vt étudier, examiner; (crime) faire une enquête sur
**investigation** [ɪnvɛstɪˈɡeɪʃən] n examen m; (of crime) enquête f, investigation f
**investigator** [ɪnˈvɛstɪɡeɪtəʳ] n investigateur(-trice); **private ~** détective privé
**investment** [ɪnˈvɛstmənt] n investissement m, placement m
**investor** [ɪnˈvɛstəʳ] n épargnant(e); (shareholder) actionnaire m/f
**invigilator** [ɪnˈvɪdʒɪleɪtəʳ] n (Brit) surveillant m (d'examen)
**invigorating** [ɪnˈvɪɡəreɪtɪŋ] adj vivifiant(e), stimulant(e)
**invisible** [ɪnˈvɪzɪbl] adj invisible
**invitation** [ɪnvɪˈteɪʃən] n invitation f; **by ~ only** sur invitation; **at sb's ~** à la demande de qn
**invite** [ɪnˈvaɪt] vt inviter; (opinions etc) demander; (trouble) chercher; **to ~ sb (to do)** inviter qn (à faire); **to ~ sb to dinner** inviter qn à dîner; **invite out** vt inviter (à sortir); **invite over** vt inviter (chez soi)
**inviting** [ɪnˈvaɪtɪŋ] adj engageant(e), attrayant(e); (gesture) encourageant(e)
**invoice** [ˈɪnvɔɪs] n facture f ▷ vt facturer; **to ~ sb for goods** facturer des marchandises à qn
**involuntary** [ɪnˈvɔləntrɪ] adj involontaire
**involve** [ɪnˈvɔlv] vt (entail) impliquer; (concern) concerner; (require) nécessiter; **to ~ sb in** (theft etc) impliquer qn dans; (activity, meeting) faire participer qn à
**involved** [ɪnˈvɔlvd] adj (complicated) complexe; **to be ~ in** (take part) participer à; (be engrossed) être plongé(e) dans; **to feel ~** se sentir concerné(e); **to become ~** (in love etc) s'engager
**involvement** [ɪnˈvɔlvmənt] n (personal role) rôle m; (participation) participation f; (enthusiasm) enthousiasme m; (of resources, funds) mise f en jeu
**inward** [ˈɪnwəd] adj (movement) vers l'intérieur; (thought, feeling) profond(e), intime ▷ adv = **inwards**
**inwards** [ˈɪnwədz] adv vers l'intérieur
**I/O** abbr (Comput: = input/output) E/S
**iodine** [ˈaɪədiːn] n iode m
**IOM** abbr = **Isle of Man**
**iota** [aɪˈəutə] n (fig) brin m, grain m

**IOU** n abbr (= I owe you) reconnaissance f de dette
**iPod®** [ˈaɪpɒd] n iPod® m
**IQ** n abbr (= intelligence quotient) Q.I. m
**IRA** n abbr (= Irish Republican Army) IRA f; (US) = **individual retirement account**
**Iran** [ɪˈrɑːn] n Iran m
**Iranian** [ɪˈreɪnɪən] adj iranien(ne) ▷ n Iranien(ne); (Ling) iranien m
**Iraq** [ɪˈrɑːk] n Irak m
**Iraqi** [ɪˈrɑːkɪ] adj irakien(ne) ▷ n Irakien(ne)
**irate** [aɪˈreɪt] adj courroucé(e)
**Ireland** [ˈaɪələnd] n Irlande f; **Republic of ~** République f d'Irlande
**iris, irises** [ˈaɪrɪs, -ɪz] n iris m
**Irish** [ˈaɪrɪʃ] adj irlandais(e) ▷ npl: **the ~** les Irlandais ▷ n (Ling) irlandais m; **the Irish** npl les Irlandais
**Irishman** [ˈaɪrɪʃmən] irreg n Irlandais m
**Irish Sea** n: **the ~** la mer d'Irlande
**Irishwoman** [ˈaɪrɪʃwumən] irreg n Irlandaise f
**iron** [ˈaɪən] n fer m; (for clothes) fer m à repasser ▷ adj de or en fer ▷ vt (clothes) repasser; **irons** npl (chains) fers mpl, chaînes fpl; **iron out** vt (crease) faire disparaître au fer; (fig) aplanir; faire disparaître
**ironic** [aɪˈrɔnɪk], **ironical** [aɪˈrɔnɪkl] adj ironique
**ironically** [aɪˈrɔnɪklɪ] adv ironiquement
**ironing** [ˈaɪənɪŋ] n (activity) repassage m; (clothes: ironed) linge repassé; (: to be ironed) linge à repasser
**ironing board** n planche f à repasser
**ironmonger** [ˈaɪənmʌŋɡəʳ] n (Brit) quincaillier m; **~'s (shop)** quincaillerie f
**irony** [ˈaɪrənɪ] n ironie f
**irrational** [ɪˈræʃənl] adj irrationnel(le); (person) qui n'est pas rationnel
**irregular** [ɪˈreɡjuləʳ] adj irrégulier(-ière); (surface) inégal(e); (action, event) peu orthodoxe
**irrelevant** [ɪˈrɛləvənt] adj sans rapport, hors de propos
**irresistible** [ɪrɪˈzɪstɪbl] adj irrésistible
**irrespective** [ɪrɪˈspɛktɪv]: **~ of** prep sans tenir compte de
**irresponsible** [ɪrɪˈspɔnsɪbl] adj (act) irréfléchi(e); (person) qui n'a pas le sens des responsabilités
**irrigate** [ˈɪrɪɡeɪt] vt irriguer
**irrigation** [ɪrɪˈɡeɪʃən] n irrigation f
**irritable** [ˈɪrɪtəbl] adj irritable
**irritate** [ˈɪrɪteɪt] vt irriter
**irritating** [ˈɪrɪteɪtɪŋ] adj irritant(e)
**irritation** [ɪrɪˈteɪʃən] n irritation f
**IRS** n abbr (US) = **Internal Revenue Service**
**is** [ɪz] vb see **be**
**ISDN** n abbr (= Integrated Services Digital Network) RNIS m
**Islam** [ˈɪzlɑːm] n Islam m
**Islamic** [ɪzˈlɑːmɪk] adj islamique;

**~ fundamentalists** intégristes mpl musulmans

**island** ['aɪlənd] n île f; (also: **traffic ~**) refuge m (pour piétons)

**islander** ['aɪləndə'] n habitant(e) d'une île, insulaire m/f

**isle** [aɪl] n île f

**isn't** ['ɪznt] = **is not**

**isolate** ['aɪsəleɪt] vt isoler

**isolated** ['aɪsəleɪtɪd] adj isolé(e)

**isolation** [aɪsə'leɪʃən] n isolement m

**ISP** n abbr = **Internet Service Provider**

**Israel** ['ɪzreɪl] n Israël m

**Israeli** [ɪz'reɪlɪ] adj israélien(ne) ⊳ n Israélien(ne)

**issue** ['ɪʃuː] n question f, problème m; (outcome) résultat m, issue f; (of banknotes) émission f; (of newspaper) numéro m; (of book) publication f, parution f; (offspring) descendance f ⊳ vt (rations, equipment) distribuer; (orders) donner; (statement) publier, faire; (certificate, passport) délivrer; (book) faire paraître; publier; (banknotes, cheques, stamps) mettre en circulation ⊳ vi: **to ~ from** provenir de; **at ~** en jeu, en cause; **to avoid the ~** éluder le problème; **to take ~ with sb (over sth)** exprimer son désaccord avec qn (sur qch); **to make an ~ of sth** faire de qch un problème; **to confuse** or **obscure the ~** embrouiller la question

**IT** n abbr = **information technology**

 KEYWORD

**it** [ɪt] pron **1** (specific: subject) il/elle; (: direct object) le/la, l'; (: indirect object) lui; **it's on the table** c'est or il (or elle) est sur la table; **I can't find it** je n'arrive pas à le trouver; **give it to me** donne-le-moi

**2** (after prep): **about/from/of it** en; **I spoke to him about it** je lui en ai parlé; **what did you learn from it?** qu'est-ce que vous en avez retiré?; **I'm proud of it** j'en suis fier; **I've come from it** j'en viens; **in/to it** y; **put the book in it** mettez-y le livre; **it's on it** c'est dessus; **he agreed to it** il y a consenti; **did you go to it?** (party, concert etc) est-ce que vous y êtes allé(s)?; **above it, over it** (au-)dessus; **below it, under it** (en-)dessous; **in front of/ behind it** devant/derrière

**3** (impersonal) il; ce, cela, ça; **it's raining** il pleut; **it's Friday tomorrow** demain, c'est vendredi or nous sommes, vendredi; **it's 6 o'clock** il est 6 heures; **how far is it? — it's 10 miles** c'est loin? — c'est à 10 miles; **it's 2 hours by train** c'est à 2 heures de train; **who is it? — it's me** qui est-ce? — c'est moi

**Italian** [ɪ'tæljən] adj italien(ne) ⊳ n Italien(ne); (Ling) italien m

**italic** [ɪ'tælɪk] adj italique

**italics** [ɪ'tælɪks] npl italique m

**Italy** ['ɪtəlɪ] n Italie f

**itch** [ɪtʃ] n démangeaison f ⊳ vi (person) éprouver des démangeaisons; (part of body) démanger; **I'm ~ing to do** l'envie me démange de faire

**itchy** ['ɪtʃɪ] adj qui démange; **my back is ~** j'ai le dos qui me démange

**it'd** ['ɪtd] = **it would; it had**

**item** ['aɪtəm] n (gen) article m; (on agenda) question f, point m; (in programme) numéro m; (also: **news ~**) nouvelle f; **~s of clothing** articles vestimentaires

**itemize** ['aɪtəmaɪz] vt détailler, spécifier

**itinerary** [aɪ'tɪnərərɪ] n itinéraire m

**it'll** ['ɪtl] = **it will; it shall**

**its** [ɪts] adj son/sa, ses pl ⊳ pron le/la sien(ne), les siens/siennes

**it's** [ɪts] = **it is; it has**

**itself** [ɪt'sɛlf] pron (reflexive) se; (emphatic) lui-même/elle-même

**ITV** n abbr (Brit: = Independent Television) chaîne de télévision commerciale

**IUD** n abbr = **intra-uterine device**

**I've** [aɪv] = **I have**

**ivory** ['aɪvərɪ] n ivoire m

**ivy** ['aɪvɪ] n lierre m

# J

dans; **the telephone lines are ~med** les lignes (téléphoniques) sont encombrées

**Jamaica** [dʒə'meɪkə] n Jamaïque f

**jam jar** n pot m à confiture

**jammed** [dʒæmd] adj (window etc) coincé(e)

**jam-packed** [dʒæm'pækt] adj: **~ (with)** bourré(e) (de)

**jangle** ['dʒæŋgl] vi cliqueter

**janitor** ['dʒænɪtə'] n (caretaker) concierge m

**January** ['dʒænjuərɪ] n janvier m; see also **July**

**Japan** [dʒə'pæn] n Japon m

**Japanese** [dʒæpə'niːz] adj japonais(e) ▷ n pl inv Japonais(e); (Ling) japonais m

**jar** [dʒɑː'] n (stone, earthenware) pot m; (glass) bocal m ▷ vi (sound) produire un son grinçant or discordant; (colours etc) détonner, jurer ▷ vt (shake) ébranler, secouer

**jargon** ['dʒɑːgən] n jargon m

**jaundice** ['dʒɔːndɪs] n jaunisse f

**javelin** ['dʒævlɪn] n javelot m

**jaw** [dʒɔː] n mâchoire f

**jay** [dʒeɪ] n geai m

**jaywalker** ['dʒeɪwɔːkə'] n piéton indiscipliné

**jazz** [dʒæz] n jazz m; **jazz up** vt animer, égayer

**jealous** ['dʒeləs] adj jaloux(-ouse)

**jealousy** ['dʒeləsɪ] n jalousie f

**jeans** [dʒiːnz] npl jean m

**jeer** [dʒɪə'] vi: **to ~ (at)** huer; se moquer cruellement (de), railler

**Jehovah's Witness** [dʒɪ'həʊvəz-] n témoin m de Jéhovah

**Jello®** ['dʒeləʊ] (US) n gelée f

**jelly** ['dʒelɪ] n (dessert) gelée f; (US: jam) confiture f

**jellyfish** ['dʒelɪfɪʃ] n méduse f

**jeopardize** ['dʒepədaɪz] vt mettre en danger or péril

**jeopardy** ['dʒepədɪ] n: **in ~** en danger or péril

**jerk** [dʒəːk] n secousse f, saccade f; (of muscle) spasme m; (inf) pauvre type m ▷ vt (shake) donner une secousse à; (pull) tirer brusquement ▷ vi (vehicles) cahoter

**jersey** ['dʒəːzɪ] n tricot m; (fabric) jersey m

**Jesus** ['dʒiːzəs] n Jésus; **~ Christ** Jésus-Christ

**jet** [dʒet] n (of gas, liquid) jet m; (Aut) gicleur m; (Aviat) avion m à réaction, jet m

**jet-black** ['dʒet'blæk] adj (d'un noir) de jais

**jet engine** n moteur m à réaction

**jet lag** n décalage m horaire

**jet-ski** vi faire du jet-ski or scooter des mers

**jettison** ['dʒetɪsn] vt jeter par-dessus bord

**jetty** ['dʒetɪ] n jetée f, digue f

**Jew** [dʒuː] n Juif m

**jewel** ['dʒuːəl] n bijou m, joyau m; (in watch) rubis m

**jeweller**, (US) **jeweler** ['dʒuːələ'] n bijoutier(-ière), joaillier m

**jeweller's, jeweller's shop** n (Brit) bijouterie f, joaillerie f

**jewellery**, (US) **jewelry** ['dʒuːəlrɪ] n bijoux mpl

**jab** [dʒæb] vt: **to ~ sth into** enfoncer or planter qch dans ▷ n coup m; (Med: inf) piqûre f

**jack** [dʒæk] n (Aut) cric m; (Bowls) cochonnet m; (Cards) valet m; **jack in** vt (inf) laisser tomber; **jack up** vt soulever (au cric)

**jackal** ['dʒækl] n chacal m

**jacket** ['dʒækɪt] n veste f, veston m; (of boiler etc) enveloppe f; (of book) couverture f, jaquette f

**jacket potato** n pomme f de terre en robe des champs

**jackknife** ['dʒæknaɪf] n couteau m de poche ▷ vi: **the lorry ~d** la remorque (du camion) s'est mise en travers

**jack plug** n (Brit) jack m

**jackpot** ['dʒækpɔt] n gros lot

**Jacuzzi®** [dʒə'kuːzɪ] n jacuzzi® m

**jaded** ['dʒeɪdɪd] adj éreinté(e), fatigué(e)

**jagged** ['dʒægɪd] adj dentelé(e)

**jail** [dʒeɪl] n prison f ▷ vt emprisonner, mettre en prison

**jail sentence** n peine f de prison

**jam** [dʒæm] n confiture f; (of shoppers etc) cohue f; (also: **traffic ~**) embouteillage m ▷ vt (passage etc) encombrer, obstruer; (mechanism, drawer etc) bloquer, coincer; (Radio) brouiller ▷ vi (mechanism, sliding part) se coincer, se bloquer; (gun) s'enrayer; **to be in a ~** (inf) être dans le pétrin; **to get sb out of a ~** (inf) sortir qn du pétrin; **to ~ sth into** (stuff) entasser or comprimer qch dans; (thrust) enfoncer qch

**Jewess** ['dʒuːɪs] n Juive f

**Jewish** ['dʒuːɪʃ] adj juif/juive

**jibe** [dʒaɪb] n sarcasme m

**jiffy** ['dʒɪfɪ] n (inf): **in a ~** en un clin d'œil

**jigsaw** ['dʒɪgsɔː] n (also: **~ puzzle**) puzzle m; (tool) scie sauteuse

**jilt** [dʒɪlt] vt laisser tomber, plaquer

**jingle** ['dʒɪŋgl] n (advertising jingle) couplet m publicitaire ▷ vi cliqueter, tinter

**jinx** [dʒɪŋks] n (inf) (mauvais) sort

**jitters** ['dʒɪtəz] npl (inf): **to get the ~** avoir la trouille or la frousse

**job** [dʒɔb] n (chore, task) travail m, tâche f; (employment) emploi m, poste m, place f; **a part-time/full-time ~** un emploi à temps partiel/à plein temps; **he's only doing his ~** il fait son boulot; **it's a good ~ that …** c'est heureux or c'est une chance que … + sub; **just the ~!** (c'est) juste or exactement ce qu'il faut!

**job centre** ['dʒɔbsentə'] (Brit) n ≈ ANPE f, ≈ Agence nationale pour l'emploi

**jobless** ['dʒɔblɪs] adj sans travail, au chômage ▷ npl: **the ~** les sans-emploi m inv, les chômeurs mpl

**jockey** ['dʒɔkɪ] n jockey m ▷ vi: **to ~ for position** manœuvrer pour être bien placé

**jog** [dʒɔg] vt secouer ▷ vi (Sport) faire du jogging; **to ~ along** cahoter; trotter; **to ~ sb's memory** rafraîchir la mémoire de qn

**jogging** ['dʒɔgɪŋ] n jogging m

**join** [dʒɔɪn] vt (put together) unir, assembler; (become member of) s'inscrire à; (meet) rejoindre, retrouver; (queue) se joindre à ▷ vi (roads, rivers) se rejoindre, se rencontrer ▷ n raccord m; **will you ~ us for dinner?** vous dînerez bien avec nous?; **I'll ~ you later** je vous rejoindrai plus tard; **to ~ forces (with)** s'associer (à); **join in** vi se mettre de la partie ▷ vt fus se mêler à; **join up** vi (meet) se rejoindre; (Mil) s'engager

**joiner** ['dʒɔɪnə'] (Brit) n menuisier m

**joint** [dʒɔɪnt] n (Tech) jointure f; joint m; (Anat) articulation f, jointure; (Brit Culin) rôti m; (inf: place) boîte f; (of cannabis) joint ▷ adj commun(e); (committee) mixte, paritaire; (winner) ex aequo; **~ responsibility** coresponsabilité f

**joint account** n compte joint

**jointly** ['dʒɔɪntlɪ] adv ensemble, en commun

**joke** [dʒəuk] n plaisanterie f; (also: **practical ~**) farce f ▷ vi plaisanter; **to play a ~ on** jouer un tour à, faire une farce à

**joker** ['dʒəukə'] n plaisantin m, blagueur(-euse); (Cards) joker m

**jolly** ['dʒɔlɪ] adj gai(e), enjoué(e); (enjoyable) amusant(e), plaisant(e) ▷ adv (Brit inf) rudement, drôlement ▷ vt (Brit): **to ~ sb along** amadouer qn, convaincre or entraîner qn à force d'encouragements; **~ good!** (Brit) formidable!

**jolt** [dʒəult] n cahot m, secousse f; (shock) choc m ▷ vt cahoter, secouer

**Jordan** ['dʒɔːdən] n (country) Jordanie f; (river) Jourdain m

**jostle** ['dʒɔsl] vt bousculer, pousser ▷ vi jouer des coudes

**jot** [dʒɔt] n: **not one ~** pas un brin; **jot down** vt inscrire rapidement, noter

**jotter** ['dʒɔtə'] n (Brit) cahier m (de brouillon); bloc-notes m

**journal** ['dʒə:nl] n journal m

**journalism** ['dʒə:nəlɪzəm] n journalisme m

**journalist** ['dʒə:nəlɪst] n journaliste m/f

**journey** ['dʒə:nɪ] n voyage m; (distance covered) trajet m ▷ vi voyager; **the ~ takes two hours** le trajet dure deux heures; **a 5-hour ~** un voyage de 5 heures; **how was your ~?** votre voyage s'est bien passé?

**joy** [dʒɔɪ] n joie f

**joyful** ['dʒɔɪful], **joyous** ['dʒɔɪəs] adj joyeux(-euse)

**joyrider** ['dʒɔɪraɪdə'] n voleur(-euse) de voiture (qui fait une virée dans le véhicule volé)

**joy stick** ['dʒɔɪstɪk] n (Aviat) manche m à balai; (Comput) manche à balai, manette f (de jeu)

**JP** n abbr = **Justice of the Peace**

**Jr** abbr = **junior**

**jubilant** ['dʒu:bɪlnt] adj triomphant(e), réjoui(e)

**judge** [dʒʌdʒ] n juge m ▷ vt juger; (estimate: weight, size etc) apprécier; (consider) estimer ▷ vi: **judging** or **to ~ by his expression** d'après son expression; **as far as I can ~** autant que je puisse en juger

**judgment, judgement** ['dʒʌdʒmənt] n jugement m; (punishment) châtiment m; **in my ~** à mon avis; **to pass ~ on** (Law) prononcer un jugement (sur)

**judicial** [dʒu:'dɪʃl] adj judiciaire; (fair) impartial(e)

**judiciary** [dʒu:'dɪʃɪərɪ] n (pouvoir m) judiciaire m

**judo** ['dʒu:dəu] n judo m

**jug** [dʒʌg] n pot m, cruche f

**juggernaut** ['dʒʌgənɔ:t] n (Brit: huge truck) mastodonte m

**juggle** ['dʒʌgl] vi jongler

**juggler** ['dʒʌglə'] n jongleur m

**juice** [dʒu:s] n jus m; (inf: petrol): **we've run out of ~** c'est la panne sèche

**juicy** ['dʒu:sɪ] adj juteux(-euse)

**jukebox** ['dʒu:kbɔks] n juke-box m

**July** [dʒu:'laɪ] n juillet m; **the first of ~** le premier juillet; **(on) the eleventh of ~** le onze juillet; **in the month of ~** au mois de juillet; **at the beginning/end of ~** au début/à la fin (du mois) de juillet, début/fin juillet; **in the middle of ~** au milieu (du mois) de juillet, à la mi-juillet; **during ~** pendant le mois de juillet; **in ~ of next year** en juillet de l'année prochaine; **each** or **every ~** tous les

**j**

ans or chaque année en juillet; ~ **was wet this year** il a beaucoup plu cette année en juillet

**jumble** ['dʒʌmbl] n fouillis m ▷ vt (also: **~ up, ~ together**) mélanger, brouiller

**jumble sale** n (Brit) vente f de charité; voir article

● **JUMBLE SALE**
●
● Les jumble sales ont lieu dans les églises,
● salles des fêtes ou halls d'écoles, et l'on
● y vend des articles de toutes sortes,
● en général bon marché et surtout
● d'occasion, pour collecter des fonds pour
● une œuvre de charité, une école (par
● exemple, pour acheter des ordinateurs),
● ou encore une église (pour réparer un
● toit etc).

**jumbo** ['dʒʌmbəʊ] adj (also: **~ jet**) (avion) gros porteur (à réaction); ~ **size** format maxi or extra-grand

**jump** [dʒʌmp] vi sauter, bondir; (with fear etc) sursauter; (increase) monter en flèche ▷ vt sauter, franchir ▷ n saut m, bond m; (with fear etc) sursaut m; (fence) obstacle m; **to ~ the queue** (Brit) passer avant son tour; **jump about** vi sautiller; **jump at** vt fus (fig) sauter sur; **he ~ed at the offer** il s'est empressé d'accepter la proposition; **jump down** vi sauter (pour descendre); **jump up** vi se lever (d'un bond)

**jumper** ['dʒʌmpə'] n (Brit: pullover) pull-over m; (US: pinafore dress) robe-chasuble f; (Sport) sauteur(-euse)

**jump leads**, (US) **jumper cables** npl câbles mpl de démarrage

**jumpy** ['dʒʌmpɪ] adj nerveux(-euse), agité(e)

**Jun.** abbr = **June; junior**

**junction** ['dʒʌŋkʃən] n (Brit: of roads) carrefour m; (of rails) embranchement m

**juncture** ['dʒʌŋktʃə'] n: **at this ~** à ce moment-là, sur ces entrefaites

**June** [dʒuːn] n juin m; see also **July**

**jungle** ['dʒʌŋgl] n jungle f

**junior** ['dʒuːnɪə'] adj, n: **he's ~ to me (by two years), he's my ~ (by two years)** il est mon cadet (de deux ans), il est plus jeune que moi (de deux ans); **he's ~ to me** (seniority) il est en dessous de moi (dans la hiérarchie), j'ai plus d'ancienneté que lui

**junior high school** n (US) ≈ collège m d'enseignement secondaire; see also **high school**

**junior school** n (Brit) école f primaire

**junk** [dʒʌŋk] n (rubbish) camelote f; (cheap goods) bric-à-brac m inv; (ship) jonque f ▷ vt (inf) abandonner, mettre au rancart

**junk food** n snacks vite prêts (sans valeur nutritive)

**junkie** ['dʒʌŋkɪ] n (inf) junkie m, drogué(e)

**junk mail** n prospectus mpl; (Comput) messages mpl publicitaires

**junk shop** n (boutique f de) brocanteur m

**Junr** abbr = **junior**

**Jupiter** ['dʒuːpɪtə'] n (planet) Jupiter f

**jurisdiction** [dʒʊərɪs'dɪkʃən] n juridiction f; **it falls** or **comes within/outside our ~** cela est/n'est pas de notre compétence or ressort

**juror** ['dʒʊərə'] n juré m

**jury** ['dʒʊərɪ] n jury m

**just** [dʒʌst] adj juste ▷ adv: **he's ~ done it/ left** il vient de le faire/partir; ~ **as I expected** exactement or précisément comme je m'y attendais; ~ **right/two o'clock** exactement or juste ce qu'il faut/deux heures; **we were ~ going** nous partions; **I was ~ about to phone** j'allais téléphoner; ~ **as he was leaving** au moment or à l'instant précis où il partait; ~ **before/enough/here** juste avant/ assez/là; **it's ~ me/a mistake** ce n'est que moi/(rien) qu'une erreur; ~ **missed/caught** manqué/attrapé de justesse; ~ **listen to this!** écoutez un peu ça!; ~ **ask someone the way** vous n'avez qu'à demander votre chemin à quelqu'un; **it's ~ as good** c'est (vraiment) aussi bon; **she's ~ as clever as you** elle est tout aussi intelligente que vous; **it's ~ as well that you ...** heureusement que vous ...; ~ **not ~ now** pas tout de suite; ~ **a minute!**, ~ **one moment!** un instant (s'il vous plaît)!

**justice** ['dʒʌstɪs] n justice f; (US: judge) juge m de la Cour suprême; **Lord Chief J~** (Brit) premier président de la cour d'appel; **this photo doesn't do you ~** cette photo ne vous avantage pas

**Justice of the Peace** n juge m de paix

**justification** [dʒʌstɪfɪ'keɪʃən] n justification f

**justify** ['dʒʌstɪfaɪ] vt justifier; **to be justified in doing sth** être en droit de faire qch

**jut** [dʒʌt] vi (also: **~ out**) dépasser, faire saillie

**juvenile** ['dʒuːvənaɪl] adj juvénile; (court, books) pour enfants ▷ n adolescent(e)

# K

**K, k** [keɪ] *n* (*letter*) K, k *m*; **K for King** K comme Kléber ▷ *abbr* (= *one thousand*) K; (*Brit*: = *Knight*) titre honorifique

**kangaroo** [kæŋɡəˈruː] *n* kangourou *m*

**karaoke** [kɑːrəˈəʊkɪ] *n* karaoké *m*

**karate** [kəˈrɑːtɪ] *n* karaté *m*

**kebab** [kəˈbæb] *n* kebab *m*

**keel** [kiːl] *n* quille *f*; **on an even ~** (*fig*) à flot; **keel over** *vi* (*Naut*) chavirer, dessaler; (*person*) tomber dans les pommes

**keen** [kiːn] *adj* (*eager*) plein(e) d'enthousiasme; (*interest, desire, competition*) vif/vive; (*eye, intelligence*) pénétrant(e); (*edge*) effilé(e); **to be ~ to do** *or* **on doing sth** désirer vivement faire qch, tenir beaucoup à faire qch; **to be ~ on sth/sb** aimer beaucoup qch/qn; **I'm not ~ on going** je ne suis pas chaud pour y aller, je n'ai pas très envie d'y aller

**keep** [kiːp] (*pt, pp* kept) [kɛpt] *vt* (*retain, preserve*) garder; (*hold back*) retenir; (*shop, accounts, promise, diary*) tenir; (*support*) entretenir, assurer la subsistance de; (*a promise*) tenir; (*chickens, bees, pigs etc*) élever ▷ *vi* (*food*) se conserver; (*remain: in a certain state or place*) rester ▷ *n* (*of castle*) donjon *m*; (*food etc*): **enough for his ~** assez pour (assurer) sa subsistance; **to ~ doing sth** (*continue*) continuer à faire qch; (*repeatedly*) ne pas arrêter de faire qch; **to ~ sb from doing/sth from happening** empêcher qn de faire *or* que qch (ne) fasse/que qch (n')arrive; **to ~ sb happy/a place tidy** faire que qn soit content/ qu'un endroit reste propre; **to ~ sb waiting** faire attendre qn; **to ~ an appointment** ne pas manquer un rendez-vous; **to ~ a record of sth** prendre note de qch; **to ~ sth to o.s.** garder qch pour soi, tenir qch secret; **to ~ sth from sb** cacher qch à qn; **to ~ time** (*clock*) être à l'heure, ne pas retarder; **for ~s** (*inf*) pour de bon, pour toujours; **keep away** *vt*: **to ~ sth/ sb away from sb** tenir qch/qn éloigné de qn ▷ *vi*: **to ~ away (from)** ne pas s'approcher (de); **keep back** *vt* (*crowds, tears, money*) retenir; (*conceal: information*): **to ~ sth back from sb** cacher qch à qn ▷ *vi* rester en arrière; **keep down** *vt* (*control: prices, spending*) empêcher d'augmenter, limiter; (*retain: food*) garder ▷ *vi* (*person*) rester assis(e), rester par terre; **keep in** *vt* (*invalid, child*) garder à la maison; (*Scol*) consigner ▷ *vi* (*inf*): **to ~ in with sb** rester en bons termes avec qn; **keep off** *vt* (*dog, person*) éloigner ▷ *vi* ne pas s'approcher; **if the rain ~s off** s'il ne pleut pas; **~ your hands off!** pas touche! (*inf*); **"~ off the grass"** "pelouse interdite"; **keep on** *vi* continuer; **to ~ on doing** continuer à faire; **don't ~ on about it!** arrête (d'en parler)!; **keep out** *vt* empêcher d'entrer ▷ *vi* (*stay out*) rester en dehors; **"~ out"** "défense d'entrer"; **keep up** *vi* (*fig: in comprehension*) suivre ▷ *vt* continuer, maintenir; **to ~ up with sb** (*in work etc*) se maintenir au même niveau que qn; (*in race etc*) aller aussi vite que qn

**keeper** [ˈkiːpəʳ] *n* gardien(ne)

**keep-fit** [kiːpˈfɪt] *n* gymnastique *f* (d'entretien)

**keeping** [ˈkiːpɪŋ] *n* (*care*) garde *f*; **in ~ with** en harmonie avec

**keepsake** [ˈkiːpseɪk] *n* souvenir *m*

**kennel** [ˈkɛnl] *n* niche *f*; **kennels** *npl* (*for boarding*) chenil *m*

**Kenya** [ˈkɛnjə] *n* Kenya *m*

**kept** [kɛpt] *pt, pp of* **keep**

**kerb** [kəːb] *n* (*Brit*) bordure *f* du trottoir

**kernel** [ˈkəːnl] *n* amande *f*; (*fig*) noyau *m*

**kerosene** [ˈkɛrəsiːn] *n* kérosène *m*

**ketchup** [ˈkɛtʃəp] *n* ketchup *m*

**kettle** [ˈkɛtl] *n* bouilloire *f*

**key** [kiː] *n* (*gen, Mus*) clé *f*; (*of piano, typewriter*) touche *f*; (*on map*) légende *f* ▷ *adj* (*factor, role, area*) clé *inv* ▷ *cpd* (-)clé ▷ *vt* (*also:* **~ in**: *text*) saisir; **can I have my ~?** je peux avoir ma clé?; **a ~ issue** un problème fondamental

**keyboard** [ˈkiːbɔːd] *n* clavier *m* ▷ *vt* (*text*) saisir

**keyed up** [kiːdˈʌp] *adj*: **to be (all) ~** être surexcité(e)

**keyhole** [ˈkiːhəʊl] *n* trou *m* de la serrure

**keyhole surgery** *n* chirurgie très minutieuse où l'incision est minimale

**keynote** [ˈkiːnəʊt] *n* (*Mus*) tonique *f*; (*fig*) note dominante

**keyring** [ˈkiːrɪŋ] *n* porte-clés *m*

**kg** *abbr* (= kilogram) K
**khaki** ['kɑːkɪ] *adj, n* kaki *m*
**kick** [kɪk] *vt* donner un coup de pied à ▷ *vi* (*horse*) ruer ▷ *n* coup *m* de pied; (*of rifle*) recul *m*; (*inf: thrill*): **he does it for ~s** il le fait parce que ça l'excite, il le fait pour le plaisir; **to ~ the habit** (*inf*) arrêter; **kick around** *vi* (*inf*) traîner; **kick off** *vi* (*Sport*) donner le coup d'envoi
**kick-off** ['kɪkɔf] *n* (*Sport*) coup *m* d'envoi
**kid** [kɪd] *n* (*inf: child*) gamin(e), gosse *m/f*; (*animal, leather*) chevreau *m* ▷ *vi* (*inf*) plaisanter, blaguer
**kidnap** ['kɪdnæp] *vt* enlever, kidnapper
**kidnapper** ['kɪdnæpər] *n* ravisseur(-euse)
**kidnapping** ['kɪdnæpɪŋ] *n* enlèvement *m*
**kidney** ['kɪdnɪ] *n* (*Anat*) rein *m*; (*Culin*) rognon *m*
**kidney bean** *n* haricot *m* rouge
**kill** [kɪl] *vt* tuer; (*fig*) faire échouer; détruire; supprimer ▷ *n* mise *f* à mort; **to ~ time** tuer le temps; **kill off** *vt* exterminer; (*fig*) éliminer
**killer** ['kɪlər] *n* tueur(-euse); (*murderer*) meurtrier(-ière)
**killing** ['kɪlɪŋ] *n* meurtre *m*; (*of group of people*) tuerie *f*, massacre *m*; (*inf*): **to make a ~** se remplir les poches, réussir un beau coup ▷ *adj* (*inf*) tordant(e)
**killjoy** ['kɪldʒɔɪ] *n* rabat-joie *m inv*
**kiln** [kɪln] *n* four *m*
**kilo** ['kiːləu] *n* kilo *m*
**kilobyte** ['kiːləubaɪt] *n* (*Comput*) kilo-octet *m*
**kilogram, kilogramme** ['kɪləugræm] *n* kilogramme *m*
**kilometre**, (*US*) **kilometer** ['kɪləmiːtər] *n* kilomètre *m*
**kilowatt** ['kɪləuwɔt] *n* kilowatt *m*
**kilt** [kɪlt] *n* kilt *m*
**kin** [kɪn] *n see* **next-of-kin**
**kind** [kaɪnd] *adj* gentil(le), aimable ▷ *n* sorte *f*, espèce *f*; (*species*) genre *m*; **would you be ~ enough to …?, would you be so ~ as to …?** auriez-vous la gentillesse *or* l'obligeance de …?; **it's very ~ of you (to do)** c'est très aimable à vous (de faire); **to be two of a ~** se ressembler; **in ~** (*Comm*) en nature; (*fig*): **to repay sb in ~** rendre la pareille à qn; **~ of** (*inf: rather*) plutôt; **a ~ of** une sorte de; **what ~ of …?** quelle sorte de …?
**kindergarten** ['kɪndəgɑːtn] *n* jardin *m* d'enfants
**kind-hearted** [kaɪnd'hɑːtɪd] *adj* bon/bonne
**kindle** ['kɪndl] *vt* allumer, enflammer
**kindly** ['kaɪndlɪ] *adj* bienveillant(e), plein(e) de gentillesse ▷ *adv* avec bonté; **will you ~ …** auriez-vous la gentillesse *or* l'obligeance de …; **he didn't take it ~** il l'a mal pris
**kindness** ['kaɪndnɪs] *n* (*quality*) bonté *f*, gentillesse *f*
**king** [kɪŋ] *n* roi *m*
**kingdom** ['kɪŋdəm] *n* royaume *m*

**kingfisher** ['kɪŋfɪʃər] *n* martin-pêcheur *m*
**king-size** ['kɪŋsaɪz], **king-sized** ['kɪŋsaɪzd] *adj* (*cigarette*) (format) extra-long/longue
**king-size bed, king-sized bed** *n* grand lit (*de 1,95 m de large*)
**kiosk** ['kiːɔsk] *n* kiosque *m*; (*Brit: also:* **telephone ~**) cabine *f* (téléphonique); (*also:* **newspaper ~**) kiosque à journaux
**kipper** ['kɪpər] *n* hareng fumé et salé
**kiss** [kɪs] *n* baiser *m* ▷ *vt* embrasser; **to ~ (each other)** s'embrasser; **to ~ sb goodbye** dire au revoir à qn en l'embrassant
**kiss of life** *n* (*Brit*) bouche à bouche *m*
**kit** [kɪt] *n* équipement *m*, matériel *m*; (*set of tools etc*) trousse *f*; (*for assembly*) kit *m*; **tool ~** nécessaire *m* à outils; **kit out** *vt* (*Brit*) équiper
**kitchen** ['kɪtʃɪn] *n* cuisine *f*
**kitchen sink** *n* évier *m*
**kite** [kaɪt] *n* (*toy*) cerf-volant *m*; (*Zool*) milan *m*
**kitten** ['kɪtn] *n* petit chat, chaton *m*
**kitty** ['kɪtɪ] *n* (*money*) cagnotte *f*
**kiwi** ['kiːwiː] *n* (*also:* **~ fruit**) kiwi *m*
**km** *abbr* (= kilometre) km
**km/h** *abbr* (= kilometres per hour) km/h
**knack** [næk] *n*: **to have the ~ (of doing)** avoir le coup (pour faire); **there's a ~** il y a un coup à prendre *or* une combine
**knapsack** ['næpsæk] *n* musette *f*
**knead** [niːd] *vt* pétrir
**knee** [niː] *n* genou *m*
**kneecap** ['niːkæp] *n* rotule *f* ▷ *vt* tirer un coup de feu dans la rotule de
**kneel** (*pt, pp* **knelt**) [niːl, nɛlt] *vi* (*also:* **~ down**) s'agenouiller
**knelt** [nɛlt] *pt, pp of* **kneel**
**knew** [njuː] *pt of* **know**
**knickers** ['nɪkəz] *npl* (*Brit*) culotte *f* (de femme)
**knife** (*pl* **knives**) [naɪf, naɪvz] *n* couteau *m* ▷ *vt* poignarder, frapper d'un coup de couteau; **~, fork and spoon** couvert *m*
**knight** [naɪt] *n* chevalier *m*; (*Chess*) cavalier *m*
**knighthood** ['naɪthud] *n* chevalerie *f*; (*title*): **to get a ~** être fait chevalier
**knit** [nɪt] *vt* tricoter; (*fig*): **to ~ together** unir ▷ *vi* tricoter; (*broken bones*) se ressouder; **to ~ one's brows** froncer les sourcils
**knitting** ['nɪtɪŋ] *n* tricot *m*
**knitting needle** *n* aiguille *f* à tricoter
**knitwear** ['nɪtwɛər] *n* tricots *mpl*, lainages *mpl*
**knives** [naɪvz] *npl of* **knife**
**knob** [nɔb] *n* bouton *m*; (*Brit*): **a ~ of butter** une noix de beurre
**knock** [nɔk] *vt* frapper; (*bump into*) heurter; (*make: hole etc*): **to ~ a hole in** faire un trou dans, trouer; (*force: nail etc*): **to ~ a nail into** enfoncer un clou dans; (*fig: col*) dénigrer ▷ *vi* (*engine*) cogner; (*at door etc*) frapper à/sur ▷ *n* coup *m*; **he ~ed at the door** il frappa à la porte; **knock down** *vt* renverser; (*price*) réduire; **knock off** *vi* (*inf: finish*) s'arrêter (de travailler) ▷ *vt* (*vase, object*) faire

tomber; (*inf: steal*) piquer; (*fig: from price etc*):
**to ~ off £10** faire une remise de 10 livres;
**knock out** *vt* assommer; (*Boxing*) mettre
k.-o.; (*in competition*) éliminer; **knock over** *vt*
(*object*) faire tomber; (*pedestrian*) renverser
**knocker** ['nɔkə\*] *n* (*on door*) heurtoir *m*
**knockout** ['nɔkaut] *n* (*Boxing*) knock-out *m*,
K.-O. *m*; **~ competition** (*Brit*) compétition *f*
avec épreuves éliminatoires
**knot** [nɔt] *n* (*gen*) nœud *m* ▷ *vt* nouer; **to tie
a ~** faire un nœud
**know** [nəu] *vt* (*pt* **knew**, *pp* **known**) [nju:, nə
un] savoir; (*person, place*) connaître; **to ~ that**
savoir que; **to ~ how to do** savoir faire; **to ~
how to swim** savoir nager; **to ~ about/of sth**
(*event*) être au courant de qch; (*subject*)
connaître qch; **to get to ~ sth** (*fact*)
apprendre qch; (*place*) apprendre à connaître
qch; **I don't ~** je ne sais pas; **I don't ~ him** je
ne le connais pas; **do you ~ where I can ...?**
savez-vous où je peux ...?; **to ~ right from
wrong** savoir distinguer le bon du mauvais;
**as far as I ~ ...** à ma connaissance ..., autant
que je sache ...
**know-all** ['nəuɔːl] *n* (*Brit pej*) je-sais-tout *m/f*
**know-how** ['nəuhau] *n* savoir-faire *m*,
technique *f*, compétence *f*
**knowing** ['nəuɪŋ] *adj* (*look etc*) entendu(e)
**knowingly** ['nəuɪŋlɪ] *adv* (*on purpose*)
sciemment; (*smile, look*) d'un air entendu
**know-it-all** ['nəuɪtɔːl] *n* (*US*) = **know-all**
**knowledge** ['nɔlɪdʒ] *n* connaissance *f*;
(*learning*) connaissances, savoir *m*; **to have no
~ of** ignorer; **not to my ~** pas à ma
connaissance; **without my ~** à mon insu;
**to have a working ~ of French** se
débrouiller en français; **it is common ~ that
...** chacun sait que ...; **it has come to my ~
that ...** j'ai appris que ...
**knowledgeable** ['nɔlɪdʒəbl] *adj* bien
informé(e)
**known** [nəun] *pp of* **know** ▷ *adj* (*thief, facts*)
notoire; (*expert*) célèbre
**knuckle** ['nʌkl] *n* articulation *f* (des
phalanges), jointure *f*; **knuckle down** *vi* (*inf*)
s'y mettre; **knuckle under** *vi* (*inf*) céder
**koala** [kəu'ɑːlə] *n* (*also*: **~ bear**) koala *m*
**Koran** [kɔ'rɑːn] *n* Coran *m*
**Korea** [kə'rɪə] *n* Corée *f*; **North/South ~** Corée
du Nord/Sud
**Korean** [kə'rɪən] *adj* coréen(ne) ▷ *n*
Coréen(ne)
**kosher** ['kəuʃə\*] *adj* kascher *inv*
**Kosovar, Kosovan** ['kɔsəvɑːʳ, 'kɔsəvən] *adj*
kosovar(e)
**Kosovo** ['kɔsəvəu] *n* Kosovo *m*
**Kuwait** [ku'weɪt] *n* Koweït *m*

**L¹, l** [ɛl] *n* (*letter*) L, l *m*; **L for Lucy**, (*US*) **L for
Love** L comme Louis
**L²** *abbr* (= *lake, large*) L; (= *left*) g; (*Brit Aut*:
= *learner*) signale un conducteur débutant
**l.** *abbr* (= *litre*) l
**lab** [læb] *n abbr* (= *laboratory*) labo *m*
**label** ['leɪbl] *n* étiquette *f*; (*brand: of record*)
marque *f* ▷ *vt* étiqueter; **to ~ sb a ...** qualifier
qn de ...
**labor** *etc* ['leɪbəʳ] (*US*) *n* = **labour** *etc*
**laboratory** [lə'bɔrətərɪ] *n* laboratoire *m*
**Labor Day** *n* (*US, Canada*) fête *f* du travail
(*le premier lundi de septembre*); *voir article*

● **LABOR DAY**
●
● *Labor Day* aux États-Unis et au Canada est
● fixée au premier lundi de septembre.
● Instituée par le Congrès en 1894 après
● avoir été réclamée par les mouvements
● ouvriers pendant douze ans, elle a perdu
● une grande partie de son caractère
● politique pour devenir un jour férié assez
● ordinaire et l'occasion de partir pour un
● long week-end avant la rentrée des classes.

**labor union** *n* (*US*) syndicat *m*
**Labour** ['leɪbəʳ] *n* (*Brit Pol: also*: **the ~ Party**)
le parti travailliste, les travaillistes *mpl*
**labour**, (*US*) **labor** ['leɪbəʳ] *n* (*work*) travail *m*;
(*workforce*) main-d'œuvre *f*; (*Med*) travail,
accouchement *m* ▷ *vi*: **to ~ (at)** travailler dur

(à), peiner (sur) ▷ vt: **to ~ a point** insister sur un point; **in ~** (Med) en travail

**laboured**, (US) **labored** ['leɪbəd] adj lourd(e), laborieux(-euse); (breathing) difficile, pénible; (style) lourd, embarrassé(e)

**labourer**, (US) **laborer** ['leɪbərəʳ] n manœuvre m; **farm ~** ouvrier m agricole

**lace** [leɪs] n dentelle f; (of shoe etc) lacet m ▷ vt (shoe: also: **~ up**) lacer; (drink) arroser, corser

**lack** [læk] n manque m ▷ vt manquer de; **through** or **for ~ of** faute de, par manque de; **to be ~ing** manquer, faire défaut; **to be ~ing in** manquer de

**lacquer** ['lækəʳ] n laque f

**lacy** ['leɪsɪ] adj (made of lace) en dentelle; (like lace) comme de la dentelle, qui ressemble à de la dentelle

**lad** [læd] n garçon m, gars m; (Brit: in stable etc) lad m

**ladder** ['lædəʳ] n échelle f; (Brit: in tights) maille filée ▷ vt, vi (Brit: tights) filer

**laden** ['leɪdn] adj: **~ (with)** chargé(e) (de); **fully ~** (truck, ship) en pleine charge

**ladle** ['leɪdl] n louche f

**lady** ['leɪdɪ] n dame f; **"ladies and gentlemen ..."** "Mesdames (et) Messieurs ..."; **young ~** jeune fille f; (married) jeune femme f; **L~ Smith** lady Smith; **the ladies' (room)** les toilettes fpl des dames; **a ~ doctor** une doctoresse, une femme médecin

**ladybird** ['leɪdɪbəːd], (US) **ladybug** ['leɪdɪbʌg] n coccinelle f

**ladylike** ['leɪdɪlaɪk] adj distingué(e)

**ladyship** ['leɪdɪʃɪp] n: **your L~** Madame la comtesse (or la baronne etc)

**lag** [læg] n retard m ▷ vi (also: **~ behind**) rester en arrière, traîner; (fig) rester à la traîne ▷ vt (pipes) calorifuger

**lager** ['lɑːgəʳ] n bière blonde

**lagoon** [ləˈguːn] n lagune f

**laid** [leɪd] pt, pp of **lay**

**laid back** adj (inf) relaxe, décontracté(e)

**laid up** adj alité(e)

**lain** [leɪn] pp of **lie**

**lake** [leɪk] n lac m

**lamb** [læm] n agneau m

**lamb chop** n côtelette f d'agneau

**lame** [leɪm] adj (also fig) boiteux(-euse); **~ duck** (fig) canard boiteux

**lament** [ləˈmɛnt] n lamentation f ▷ vt pleurer, se lamenter sur

**laminated** ['læmɪneɪtɪd] adj laminé(e); (windscreen) (en verre) feuilleté

**lamp** [læmp] n lampe f

**lamppost** ['læmppəust] n (Brit) réverbère m

**lampshade** ['læmpʃeɪd] n abat-jour m inv

**lance** [lɑːns] n lance f ▷ vt (Med) inciser

**land** [lænd] n (as opposed to sea) terre f (ferme); (country) pays m; (soil) terre; (piece of land) terrain m; (estate) terre(s), domaine(s) m(pl) ▷ vi (from ship) débarquer; (Aviat) atterrir; (fig: fall) (re)tomber ▷ vt (passengers, goods)

débarquer; (obtain) décrocher; **to go/travel by ~** se déplacer par voie de terre; **to own ~** être propriétaire foncier; **to ~ on one's feet** (also fig) retomber sur ses pieds; **to ~ sb with sth** (inf) coller qch à qn; **land up** vi atterrir, (finir par) se retrouver

**landfill site** ['lændfɪl-] n centre m d'enfouissement des déchets

**landing** ['lændɪŋ] n (from ship) débarquement m; (Aviat) atterrissage m; (of staircase) palier m

**landing card** n carte f de débarquement

**landing strip** n piste f d'atterrissage

**landlady** ['lændleɪdɪ] n propriétaire f, logeuse f; (of pub) patronne f

**landlocked** ['lændlɔkt] adj entouré(e) de terre(s), sans accès à la mer

**landlord** ['lændlɔːd] n propriétaire m, logeur m; (of pub etc) patron m

**landmark** ['lændmɑːk] n (point m de) repère m; **to be a ~** (fig) faire date or époque

**landowner** ['lændəunəʳ] n propriétaire foncier or terrien

**landscape** ['lænskeɪp] n paysage m

**landscape architect, landscape gardener** n paysagiste m/f

**landslide** ['lændslaɪd] n (Geo) glissement m (de terrain); (fig: Pol) raz-de-marée (électoral)

**lane** [leɪn] n (in country) chemin m; (in town) ruelle f; (Aut: of road) voie f; (: line of traffic) file f; (in race) couloir m; **shipping ~** route f maritime or de navigation

**language** ['læŋgwɪdʒ] n langue f; (way one speaks) langage m; **what ~s do you speak?** quelles langues parlez-vous?; **bad ~** grossièretés fpl, langage grossier

**language laboratory** n laboratoire m de langues

**language school** n école f de langue

**lank** [læŋk] adj (hair) raide et terne

**lanky** ['læŋkɪ] adj grand(e) et maigre, efflanqué(e)

**lantern** ['læntn] n lanterne f

**lap** [læp] n (of track) tour m (de piste); (of body): **in** or **on one's ~** sur les genoux ▷ vt (also: **~ up**) laper ▷ vi (waves) clapoter; **lap up** vt (fig) boire comme du petit-lait, se gargariser de; (: lies etc) gober

**lapel** [ləˈpɛl] n revers m

**Lapland** ['læplænd] n Laponie f

**lapse** [læps] n défaillance f; (in behaviour) écart m (de conduite) ▷ vi (Law) cesser d'être en vigueur; (contract) expirer; (pass) être périmé; (subscription) prendre fin; **to ~ into bad habits** prendre de mauvaises habitudes; **~ of time** laps m de temps, intervalle m; **a ~ of memory** un trou de mémoire

**laptop** ['læptɔp], **laptop computer** n (ordinateur m) portable m

**larceny** ['lɑːsənɪ] n vol m

**larch** [lɑːtʃ] n mélèze m

**lard** [lɑːd] n saindoux m

**larder** ['lɑːdəʳ] n garde-manger m inv

**large** [lɑ:dʒ] *adj* grand(e); (*person, animal*) gros/grosse; **to make ~** *vt* agrandir; **a ~ number of people** beaucoup de gens; **by and ~** en général; **on a ~ scale** sur une grande échelle; **at ~** (*free*) en liberté; (*generally*) en général; pour la plupart; *see also* **by**

**largely** ['lɑ:dʒlı] *adv* en grande partie; (*principally*) surtout

**large-scale** ['lɑ:dʒ'skeıl] *adj* (*map, drawing etc*) à grande échelle; (*fig*) important(e)

**lark** [lɑ:k] *n* (*bird*) alouette *f*; (*joke*) blague *f*, farce *f*; **lark about** *vi* faire l'idiot, rigoler

**laryngitis** [lærın'dʒaıtıs] *n* laryngite *f*

**lasagne** [lə'zænjə] *n* lasagne *f*

**laser** ['leızə<sup>r</sup>] *n* laser *m*

**laser printer** *n* imprimante *f* laser

**lash** [læʃ] *n* coup *m* de fouet; (*also*: **eye~**) cil *m* ⊳ *vt* fouetter; (*tie*) attacher; **lash down** *vt* attacher; amarrer; arrimer ⊳ *vi* (*rain*) tomber avec violence; **lash out** *vi*: **to ~ out (at** *or* **against sb/sth)** attaquer violemment (qn/qch); **to ~ out (on sth)** (*inf*: *spend*) se fendre (de qch)

**lass** [læs] (*Brit*) *n* (jeune) fille *f*

**lasso** [læ'su:] *n* lasso *m* ⊳ *vt* prendre au lasso

**last** [lɑ:st] *adj* dernier(-ière) ⊳ *adv* en dernier; (*most recently*) la dernière fois; (*finally*) finalement ⊳ *vi* durer; **~ week** la semaine dernière; **~ night** (*evening*) hier soir; (*night*) la nuit dernière; **at ~** enfin; **~ but one** avant-dernier(-ière); **the ~ time** la dernière fois; **it ~s (for) 2 hours** ça dure 2 heures

**last-ditch** ['lɑ:st'dıtʃ] *adj* ultime, désespéré(e)

**lasting** ['lɑ:stıŋ] *adj* durable

**lastly** ['lɑ:stlı] *adv* en dernier lieu, pour finir

**last-minute** ['lɑ:stmınıt] *adj* de dernière minute

**latch** [lætʃ] *n* loquet *m*; **latch onto** *vt fus* (*cling to*: *person, group*) s'accrocher à; (*idea*) se mettre en tête

**late** [leıt] *adj* (*not on time*) en retard; (*far on in day etc*) tardif(-ive); (*: edition, delivery*) dernier(-ière); (*recent*) récent(e), dernier; (*former*) ancien(ne); (*dead*) défunt(e) ⊳ *adv* tard; (*behind time, schedule*) en retard; **to be ~** avoir du retard; **to be 10 minutes ~** avoir 10 minutes de retard; **sorry I'm ~** désolé d'être en retard; **it's too ~** il est trop tard; **to work ~** travailler tard; **~ in life** sur le tard, à un âge avancé; **of ~** dernièrement; **in ~ May** vers la fin (du mois) de mai, fin mai; **the ~ Mr X** feu M. X

**latecomer** ['leıtkʌmə<sup>r</sup>] *n* retardataire *m/f*

**lately** ['leıtlı] *adv* récemment

**later** ['leıtə<sup>r</sup>] *adj* (*date etc*) ultérieur(e); (*version etc*) plus récent(e) ⊳ *adv* plus tard; **~ on today** plus tard dans la journée

**latest** ['leıtıst] *adj* tout(e) dernier(-ière); **the ~ news** les dernières nouvelles; **at the ~** au plus tard

**lathe** [leıð] *n* tour *m*

**lather** ['lɑ:ðə<sup>r</sup>] *n* mousse *f* (de savon) ⊳ *vt* savonner ⊳ *vi* mousser

**Latin** ['lætın] *n* latin *m* ⊳ *adj* latin(e)

**Latin America** *n* Amérique latine

**Latin American** *adj* latino-américain(e), d'Amérique latine ⊳ *n* Latino-Américain(e)

**latitude** ['lætıtju:d] *n* (*also fig*) latitude *f*

**latter** ['lætə<sup>r</sup>] *adj* deuxième, dernier(-ière) ⊳ *n*: **the ~** ce dernier, celui-ci

**latterly** ['lætəlı] *adv* dernièrement, récemment

**laudable** ['lɔ:dəbl] *adj* louable

**laugh** [lɑ:f] *n* rire *m* ⊳ *vi* rire; (**to do sth) for a ~** (faire qch) pour rire; **laugh at** *vt fus* se moquer de; (*joke*) rire de; **laugh off** *vt* écarter *or* rejeter par une plaisanterie *or* par une boutade

**laughable** ['lɑ:fəbl] *adj* risible, ridicule

**laughing stock** *n*: **the ~ of** la risée de

**laughter** ['lɑ:ftə<sup>r</sup>] *n* rire *m*; (*of several people*) rires *mpl*

**launch** [lɔ:ntʃ] *n* lancement *m*; (*boat*) chaloupe *f*; (*also*: **motor ~**) vedette *f* ⊳ *vt* (*ship, rocket, plan*) lancer; **launch into** *vt fus* se lancer dans; **launch out** *vi*: **to ~ out (into)** se lancer (dans)

**launder** ['lɔ:ndə<sup>r</sup>] *vt* laver; (*fig*: *money*) blanchir

**Launderette®** [lɔ:n'drɛt], (*US*) **Laundromat®** ['lɔ:ndrəmæt] *n* laverie *f* (automatique)

**laundry** ['lɔ:ndrı] *n* (*clothes*) linge *m*; (*business*) blanchisserie *f*; (*room*) buanderie *f*; **to do the ~** faire la lessive

**laurel** ['lɔrl] *n* laurier *m*; **to rest on one's ~s** se reposer sur ses lauriers

**lava** ['lɑ:və] *n* lave *f*

**lavatory** ['lævətərı] *n* toilettes *fpl*

**lavender** ['lævəndə<sup>r</sup>] *n* lavande *f*

**lavish** ['lævıʃ] *adj* (*amount*) copieux(-euse); (*meal*) somptueux(-euse); (*hospitality*) généreux(-euse); (*person*: *giving freely*): **~ with** prodigue de ⊳ *vt*: **to ~ sth on sb** prodiguer qch à qn; (*money*) dépenser qch sans compter pour qn

**law** [lɔ:] *n* loi *f*; (*science*) droit *m*; **against the ~** contraire à la loi; **to study ~** faire du droit; **to go to ~** (*Brit*) avoir recours à la justice; **~ and order** *n* l'ordre public

**law-abiding** ['lɔ:əbaıdıŋ] *adj* respectueux(-euse) des lois

**law court** *n* tribunal *m*, cour *f* de justice

**lawful** ['lɔ:ful] *adj* légal(e), permis(e)

**lawless** ['lɔ:lıs] *adj* (*action*) illégal(e); (*place*) sans loi

**lawn** [lɔ:n] *n* pelouse *f*

**lawnmower** ['lɔ:nməuə<sup>r</sup>] *n* tondeuse *f* à gazon

**lawn tennis** *n* tennis *m*

**law school** *n* faculté *f* de droit

**lawsuit** ['lɔ:su:t] *n* procès *m*; **to bring a ~ against** engager des poursuites contre

**lawyer** ['lɔ:jə<sup>r</sup>] *n* (*consultant, with company*) juriste *m*; (*for sales, wills etc*) ≈ notaire *m*; (*partner, in court*) ≈ avocat *m*

**lax** [læks] *adj* relâché(e)

**laxative** ['læksətɪv] *n* laxatif *m*

**lay** [leɪ] *pt of* **lie** ▷ *adj* laïque; (*not expert*) profane ▷ *vt* (*pt, pp* **laid**) [leɪd] poser, mettre; (*eggs*) pondre; (*trap*) tendre; (*plans*) élaborer; **to ~ the table** mettre la table; **to ~ the facts/ one's proposals before sb** présenter les faits/ses propositions à qn; **to get laid** (*inf!*) baiser (*!*), se faire baiser (*!*); **lay aside, lay by** *vt* mettre de côté; **lay down** *vt* poser; (*rules etc*) établir; **to ~ down the law** (*fig*) faire la loi; **lay in** *vt* accumuler, s'approvisionner en; **lay into** *vi* (*inf: attack*) tomber sur; (*: scold*) passer une engueulade à; **lay off** *vt* (*workers*) licencier; **lay on** *vt* (*water, gas*) mettre, installer; (*provide: meal etc*) fournir; (*paint*) étaler; **lay out** *vt* (*design*) dessiner, concevoir; (*display*) disposer; (*spend*) dépenser; **lay up** *vt* (*store*) amasser; (*car*) remiser; (*ship*) désarmer; (*illness*) forcer à s'aliter

**layabout** ['leɪəbaʊt] *n* fainéant(e)

**lay-by** ['leɪbaɪ] *n* (*Brit*) aire *f* de stationnement (sur le bas-côté)

**layer** ['leɪə'] *n* couche *f*

**layman** ['leɪmən] *irreg n* (*Rel*) laïque *m*; (*non-expert*) profane *m*

**layout** ['leɪaʊt] *n* disposition *f*, plan *m*, agencement *m*; (*Press*) mise *f* en page

**laze** [leɪz] *vi* paresser

**lazy** ['leɪzɪ] *adj* paresseux(-euse)

**lb.** *abbr* (*weight*) = **pound**

**lead¹** [li:d] (*pt, pp* **led**) [lɛd] *n* (*front position*) tête *f*; (*distance, time ahead*) avance *f*; (*clue*) piste *f*; (*to battery*) raccord *m*; (*Elec*) fil *m*; (*for dog*) laisse *f*; (*Theat*) rôle principal ▷ *vt* (*guide*) mener, conduire; (*induce*) amener; (*be leader of*) être à la tête de; (*Sport*) être en tête de; (*orchestra: Brit*) être le premier violon de; (*: US*) diriger ▷ *vi* (*Sport*) mener, être en tête; **to ~ to** (*road, pipe*) mener à, conduire à; (*result in*) conduire à; aboutir à; **to ~ sb astray** détourner qn du droit chemin; **to be in the ~** (*Sport: in race*) mener, être en tête; (*: in match*) mener (à la marque); **to take the ~** (*Sport*) passer en tête, prendre la tête; mener; (*fig*) prendre l'initiative; **to ~ sb to believe that ...** amener qn à croire que ...; **to ~ sb to do sth** amener qn à faire qch; **to ~ the way** montrer le chemin; **lead away** *vt* emmener; **lead back** *vt* ramener; **lead off** *vi* (*in game etc*) commencer; **lead on** *vt* (*tease*) faire marcher; **to ~ sb on to** (*induce*) amener qn à; **lead up to** *vt* conduire à; (*in conversation*) en venir à

**lead²** [lɛd] *n* (*metal*) plomb *m*; (*in pencil*) mine *f*

**leaded petrol** *n* essence *f* au plomb

**leaden** ['lɛdn] *adj* de or en plomb

**leader** ['li:də'] *n* chef *m*; (*of party etc*) dirigeant(e), leader *m*; (*Sport: in league*) leader; (*: in race*) coureur *m* de tête; (*in newspaper*) éditorial *m*; **they are ~s in their field** (*fig*) ils sont à la pointe du progrès dans leur domaine; **the L~ of the House** (*Brit*) le chef de la majorité ministérielle

**leadership** ['li:dəʃɪp] *n* (*position*) direction *f*; **under the ~ of ...** sous la direction de ...; **qualities of ~** qualités *fpl* de chef or de meneur

**lead-free** ['lɛdfri:] *adj* sans plomb

**leading** ['li:dɪŋ] *adj* de premier plan; (*main*) principal(e); (*in race*) de tête; **a ~ question** une question tendancieuse; **~ role** rôle prépondérant or de premier plan

**leading lady** *n* (*Theat*) vedette (féminine)

**leading light** *n* (*person*) sommité *f*, personnalité *f* de premier plan

**leading man** *irreg n* (*Theat*) vedette (masculine)

**lead singer** [li:d-] *n* (*in pop group*) (chanteur *m*) vedette *f*

**leaf** (*pl* **leaves**) [li:f, li:vz] *n* feuille *f*; (*of table*) rallonge *f*; **to turn over a new ~** (*fig*) changer de conduite or d'existence; **to take a ~ out of sb's book** (*fig*) prendre exemple sur qn; **leaf through** *vt* (*book*) feuilleter

**leaflet** ['li:flɪt] *n* prospectus *m*, brochure *f*; (*Pol, Rel*) tract *m*

**league** [li:g] *n* ligue *f*; (*Football*) championnat *m*; (*measure*) lieue *f*; **to be in ~ with** avoir partie liée avec, être de mèche avec

**leak** [li:k] *n* (*out: also fig*) fuite *f*; (*in*) infiltration *f* ▷ *vi* (*pipe, liquid etc*) fuir; (*shoes*) prendre l'eau; (*ship*) faire eau ▷ *vt* (*liquid*) répandre; (*information*) divulguer; **leak out** *vi* fuir; (*information*) être divulgué(e)

**lean** [li:n] (*pt, pp* **leaned** or **leant**) [lɛnt] *adj* maigre ▷ *n* (*of meat*) maigre *m* ▷ *vt*: **to ~ sth on** appuyer qch sur ▷ *vi* (*slope*) pencher; (*rest*): **to ~ against** s'appuyer contre; être appuyé(e) contre; **to ~ on** s'appuyer sur; **lean back** *vi* se pencher en arrière; **lean forward** *vi* se pencher en avant; **lean out** *vi*: **to ~ out (of)** se pencher au dehors (de); **lean over** *vi* se pencher

**leaning** ['li:nɪŋ] *adj* penché(e) ▷ *n*: **~ (towards)** penchant *m* (pour); **the L~ Tower of Pisa** la tour penchée de Pise

**leant** [lɛnt] *pt, pp of* **lean**

**leap** [li:p] *n* bond *m*, saut *m* ▷ *vi* (*pt, pp* **leaped** or **leapt**) [lɛpt] bondir, sauter; **to ~ at an offer** saisir une offre; **leap up** *vi* (*person*) faire un bond; se lever d'un bond

**leapfrog** ['li:pfrɔg] *n* jeu *m* de saute-mouton

**leapt** [lɛpt] *pt, pp of* **leap**

**leap year** *n* année *f* bissextile

**learn** (*pt, pp* **learned** or **learnt**) [lə:n, -t] *vt, vi* apprendre; **to ~ (how) to do sth** apprendre à faire qch; **we were sorry to ~ that ...** nous avons appris avec regret que ...; **to ~ about sth** (*Scol*) étudier qch; (*hear, read*) apprendre qch

**learned** ['lə:nɪd] *adj* érudit(e), savant(e)

**learner** ['lə:nə'] *n* débutant(e); (*Brit: also:* **~ driver**) (conducteur(-trice) débutant(e)

**learning** ['lə:nɪŋ] n savoir m

**learnt** [lə:nt] pp of **learn**

**lease** [li:s] n bail m ▷ vt louer à bail; **on ~** en location; **lease back** vt vendre en cession-bail

**leash** [li:ʃ] n laisse f

**least** [li:st] adj: **the ~** (+noun) le/la plus petit(e), le/la moindre; (smallest amount of) le moins de ▷ pron: **(the) ~** le moins ▷ adv (+verb) le moins; (+adj): **the ~** le/la moins; **the ~ money** le moins d'argent; **the ~ expensive** le/la moins cher/chère; **the ~ possible effort** le moins d'effort possible; **at ~** au moins; (or rather) du moins; **you could at ~ have written** tu aurais au moins pu écrire; **not in the ~** pas le moins du monde

**leather** ['lɛðəʳ] n cuir m ▷ cpd en or de cuir; **~ goods** maroquinerie f

**leave** [li:v] (pt, pp **left**) [lɛft] vt laisser; (go away from) quitter; (forget) oublier ▷ vi partir, s'en aller ▷ n (time off) congé m; (Mil, also: consent) permission f; **what time does the train/bus ~?** le train/le bus part à quelle heure?; **to ~ sth to sb** (money etc) laisser qch à qn; **to be left** rester; **there's some milk left over** il reste du lait; **to ~ school** quitter l'école, terminer sa scolarité; **~ it to me!** laissez-moi faire!, je m'en occupe!; **on ~** en permission; **to take one's ~ of** prendre congé de; **~ of absence** n congé exceptionnel; (Mil) permission spéciale; **leave behind** vt (also fig) laisser; (opponent in race) distancer; (forget) laisser, oublier; **leave off** vt (cover, lid, heating) ne pas (re)mettre; (light) ne pas (r)allumer, laisser éteint(e); (Brit inf: stop): **to ~ off (doing sth)** s'arrêter (de faire qch); **leave on** vt (coat etc) garder, ne pas enlever; (lid) laisser dessus; (light, fire, cooker) laisser allumé(e); **leave out** vt oublier, omettre

**leaves** [li:vz] npl of **leaf**

**Lebanon** ['lɛbənən] n Liban m

**lecherous** ['lɛtʃərəs] adj lubrique

**lecture** ['lɛktʃəʳ] n conférence f; (Scol) cours (magistral) ▷ vi donner des cours; enseigner ▷ vt (scold) sermonner, réprimander; **to ~ on** faire un cours (or son cours) sur; **to give a ~ (on)** faire une conférence (sur), faire un cours (sur)

**lecture hall** n amphithéâtre m

**lecturer** ['lɛktʃərəʳ] n (speaker) conférencier(-ière); (Brit: at university) professeur m (d'université), prof m/f de fac (inf); **assistant ~** (Brit) ≈ assistant(e); **senior ~** (Brit) ≈ chargé(e) d'enseignement

**lecture theatre** n = **lecture hall**

**led** [lɛd] pt, pp of **lead¹**

**ledge** [lɛdʒ] n (of window, on wall) rebord m; (of mountain) saillie f, corniche f

**ledger** ['lɛdʒəʳ] n registre m, grand livre

**leech** [li:tʃ] n sangsue f

**leek** [li:k] n poireau m

**leer** [lɪəʳ] vi: **to ~ at sb** regarder qn d'un air mauvais or concupiscent, lorgner qn

**leeway** ['li:weɪ] n (fig): **to make up ~** rattraper son retard; **to have some ~** avoir une certaine liberté d'action

**left** [lɛft] pt, pp of **leave** ▷ adj gauche ▷ adv à gauche ▷ n gauche f; **there are two ~** il en reste deux; **on the ~, to the ~** à gauche; **the L~** (Pol) la gauche

**left-hand** ['lɛfthænd] adj: **the ~ side** la gauche, le côté gauche

**left-hand drive** ['lɛfthænd-] n (Brit) conduite f à gauche; (vehicle) véhicule m avec la conduite à gauche

**left-handed** [lɛft'hændɪd] adj gaucher(-ère); (scissors etc) pour gauchers

**left-luggage** [lɛft'lʌgɪdʒ], **left-luggage office** n (Brit) consigne f

**left-luggage locker** [lɛft'lʌgɪdʒ-] n (Brit) (casier m à) consigne f automatique

**left-overs** ['lɛftəuvəz] npl restes mpl

**left wing** n (Mil, Sport) aile f gauche; (Pol) gauche f

**left-wing** ['lɛft'wɪŋ] adj (Pol) de gauche

**leg** [lɛg] n jambe f; (of animal) patte f; (of furniture) pied m; (Culin: of chicken) cuisse f; (of journey) étape f; **1st/2nd ~** (Sport) match m aller/retour; (of journey) 1ère/2ème étape; **~ of lamb** (Culin) gigot m d'agneau; **to stretch one's ~s** se dégourdir les jambes

**legacy** ['lɛgəsɪ] n (also fig) héritage m, legs m

**legal** ['li:gl] adj (permitted by law) légal(e); (relating to law) juridique; **to take ~ action or proceedings against sb** poursuivre qn en justice

**legal holiday** (US) n jour férié

**legalize** ['li:gəlaɪz] vt légaliser

**legally** ['li:gəlɪ] adv légalement; **~ binding** juridiquement contraignant(e)

**legal tender** n monnaie légale

**legend** ['lɛdʒənd] n légende f

**legendary** ['lɛdʒəndərɪ] adj légendaire

**leggings** ['lɛgɪŋz] npl caleçon m

**legible** ['lɛdʒəbl] adj lisible

**legislation** [lɛdʒɪs'leɪʃən] n législation f; **a piece of ~** un texte de loi

**legislative** ['lɛdʒɪslətɪv] adj législatif(-ive)

**legislature** ['lɛdʒɪslətʃəʳ] n corps législatif

**legitimate** [lɪ'dʒɪtɪmət] adj légitime

**leg-room** ['lɛgru:m] n place f pour les jambes

**leisure** ['lɛʒəʳ] n (free time) temps libre, loisirs mpl; **at ~** (tout) à loisir; **at your ~** (later) à tête reposée

**leisure centre** n (Brit) centre m de loisirs

**leisurely** ['lɛʒəlɪ] adj tranquille, fait(e) sans se presser

**lemon** ['lɛmən] n citron m

**lemonade** [lɛmə'neɪd] n (fizzy) limonade f

**lemon tea** n thé m au citron

**lend** (pt, pp **lent**) [lɛnd, lɛnt] vt: **to ~ sth (to sb)** prêter qch (à qn); **could you ~ me some money?** pourriez-vous me prêter de l'argent?; **to ~ a hand** donner un coup de main

**length** [lɛŋθ] n longueur f; (section: of road, pipe etc) morceau m, bout m; **~ of time** durée f; **what ~ is it?** quelle longueur fait-il?; **it is 2 metres in ~** cela fait 2 mètres de long; **to fall full ~** tomber de tout son long; **at ~** (at last) enfin, à la fin; (lengthily) longuement; **to go to any ~(s) to do sth** faire n'importe quoi pour faire qch, ne reculer devant rien pour faire qch

**lengthen** ['lɛŋθən] vt allonger, prolonger ▷ vi s'allonger

**lengthways** ['lɛŋθweɪz] adv dans le sens de la longueur, en long

**lengthy** ['lɛŋθɪ] adj (très) long/longue

**lenient** ['li:nɪənt] adj indulgent(e), clément(e)

**lens** [lɛnz] n lentille f; (of spectacles) verre m; (of camera) objectif m

**Lent** [lɛnt] n carême m

**lent** [lɛnt] pt, pp of **lend**

**lentil** ['lɛntl] n lentille f

**Leo** ['li:əu] n le Lion; **to be ~** être du Lion

**leopard** ['lɛpəd] n léopard m

**leotard** ['li:ətɑ:d] n justaucorps m

**leprosy** ['lɛprəsɪ] n lèpre f

**lesbian** ['lɛzbɪən] n lesbienne f ▷ adj lesbien(ne)

**less** [lɛs] adj moins de ▷ pron, adv moins ▷ prep: **~ tax/10% discount** avant impôt/ moins 10% de remise; **~ than that/you** moins que cela/vous; **~ than half** moins de la moitié; **~ than one/a kilo/3 metres** moins de un/d'un kilo/de 3 mètres; **~ than ever** moins que jamais; **~ and ~** de moins en moins; **the ~ he works** ... moins il travaille ...

**lessen** ['lɛsn] vi diminuer, s'amoindrir, s'atténuer ▷ vt diminuer, réduire, atténuer

**lesser** ['lɛsər] adj moindre; **to a ~ extent** or **degree** à un degré moindre

**lesson** ['lɛsn] n leçon f; **a maths ~** une leçon or un cours de maths; **to give ~s in** donner des cours de; **to teach sb a ~** (fig) donner une bonne leçon à qn; **it taught him a ~** (fig) cela lui a servi de leçon

**let** (pt, pp **let**) [lɛt] vt laisser; (Brit: lease) louer; **to ~ sb do sth** laisser qn faire qch; **to ~ sb know sth** faire savoir qch à qn, prévenir qn de qch; **he ~ me go** il m'a laissé partir; **~ the water boil and** ... faites bouillir l'eau et ...; **to ~ go** lâcher prise; **to ~ go of sth, to ~ sth go** lâcher qch; **~'s go** allons-y; **~ him come** qu'il vienne; **"to ~"** (Brit) "à louer"; **let down** vt (lower) baisser; (dress) rallonger; (hair) défaire; (Brit: tyre) dégonfler; (disappoint) décevoir; **let go** vi lâcher prise ▷ vt lâcher; **let in** vt laisser entrer; (visitor etc) faire entrer; **what have you ~ yourself in for?** à quoi t'es-tu engagé?; **let off** vt (allow to leave) laisser partir; (not punish) ne pas punir; (taxi driver, bus driver) déposer; (firework etc) faire partir; (bomb) faire exploser; (smell etc) dégager; **to ~ off steam** (fig: inf) se défouler, décharger sa rate or bile; **let on** vi (inf): **to ~ on that** .... révéler que ..., dire que ...; **let out** vt laisser sortir; (dress) élargir; (scream) laisser échapper; (Brit: rent out) louer; **let up** vi diminuer, s'arrêter

**lethal** ['li:θl] adj mortel(le), fatal(e); (weapon) meurtrier(-ère)

**letter** ['lɛtər] n lettre f; **letters** npl (Literature) lettres; **small/capital ~** minuscule f/ majuscule f; **~ of credit** lettre f de crédit

**letter bomb** n lettre piégée

**letterbox** ['lɛtəbɔks] n (Brit) boîte f aux or à lettres

**lettering** ['lɛtərɪŋ] n lettres fpl; caractères mpl

**lettuce** ['lɛtɪs] n laitue f, salade f

**let-up** ['lɛtʌp] n répit m, détente f

**leukaemia**, (US) **leukemia** [lu:'ki:mɪə] n leucémie f

**level** ['lɛvl] adj (flat) plat(e), plan(e), uni(e); (horizontal) horizontal(e) ▷ n niveau m; (flat place) terrain plat; (also: **spirit ~**) niveau à bulle ▷ vt niveler, aplanir; (gun) pointer, braquer; (accusation): **to ~ (against)** lancer or porter (contre) ▷ vi (inf): **to ~ with sb** être franc/franche avec qn; **"A" ~s** npl (Brit) ≈ baccalauréat m; **"O" ~s** npl (Brit: formerly) examens passés à l'âge de 16 ans sanctionnant les connaissances de l'élève, ≈ brevet m des collèges; **a ~ spoonful** (Culin) une cuillerée rase; **to be ~ with** être au même niveau que; **to draw ~ with** (team) arriver à égalité de points avec, égaliser avec; arriver au même classement que; (runner, car) arriver à la hauteur de, rattraper; **on the ~** à l'horizontale; (fig: honest) régulier(-ière); **level off, level out** vi (prices etc) se stabiliser ▷ vt (ground) aplanir, niveler

**level crossing** n (Brit) passage m à niveau

**level-headed** [lɛvl'hɛdɪd] adj équilibré(e)

**lever** ['li:vər] n levier m ▷ vt: **to ~ up/out** soulever/extraire au moyen d'un levier

**leverage** ['li:vərɪdʒ] n (influence): **~ (on** or **with)** prise f (sur)

**levy** ['lɛvɪ] n taxe f, impôt m ▷ vt (tax) lever; (fine) infliger

**lewd** [lu:d] adj obscène, lubrique

**liability** [laɪə'bɪlətɪ] n responsabilité f; (handicap) handicap m

**liable** ['laɪəbl] adj (subject): **~ to** sujet(te) à, passible de; (responsible): **~ (for)** responsable (de); (likely): **~ to do** susceptible de faire; **to be ~ to a fine** être passible d'une amende

**liaise** [li:'eɪz] vi: **to ~ with** assurer la liaison avec

**liaison** [li:'eɪzɔn] n liaison f

**liar** ['laɪər] n menteur(-euse)

**libel** ['laɪbl] n diffamation f; (document) écrit m diffamatoire ▷ vt diffamer

**liberal** ['lɪbərl] adj libéral(e); (generous): **~ with** prodigue de, généreux(-euse) avec ▷ n: **L~** (Pol) libéral(e)

**Liberal Democrat** n (Brit) libéral(e)-démocrate m/f
**liberate** ['lɪbəreɪt] vt libérer
**liberation** [lɪbə'reɪʃən] n libération f
**liberty** ['lɪbətɪ] n liberté f; **to be at ~** (criminal) être en liberté; **at ~ to do** libre de faire; **to take the ~ of** prendre la liberté de, se permettre de
**Libra** ['liːbrə] n la Balance; **to be ~** être de la Balance
**librarian** [laɪ'brɛərɪən] n bibliothécaire m/f
**library** ['laɪbrərɪ] n bibliothèque f
**libretto** [lɪ'brɛtəu] n livret m
**Libya** ['lɪbɪə] n Libye f
**lice** [laɪs] npl of **louse**
**licence**, (US) **license** ['laɪsns] n autorisation f, permis m; (Comm) licence f; (Radio, TV) redevance f; (also: **driving ~**; US: also: **driver's license**) permis m (de conduire); (excessive freedom) licence f; **import ~** licence d'importation; **produced under ~** fabriqué(e) sous licence
**licence number** n (Brit Aut) numéro m d'immatriculation
**license** ['laɪsns] n (US) = **licence** ▷ vt donner une licence à; (car) acheter la vignette de; délivrer la vignette de
**licensed** ['laɪsnst] adj (for alcohol) patenté(e) pour la vente des spiritueux, qui a une patente de débit de boissons; (car) muni(e) de la vignette
**license plate** n (US Aut) plaque f minéralogique
**licensing hours** (Brit) npl heures fpl d'ouvertures (des pubs)
**lick** [lɪk] vt lécher; (inf: defeat) écraser, flanquer une piquette or raclée à ▷ n coup m de langue; **a ~ of paint** un petit coup de peinture; **to ~ one's lips** (fig) se frotter les mains
**licorice** ['lɪkərɪʃ] n = **liquorice**
**lid** [lɪd] n couvercle m; (eyelid) paupière f; **to take the ~ off sth** (fig) exposer or étaler qch au grand jour
**lie** [laɪ] n mensonge m ▷ vi (pt, pp **lied**) (tell lies) mentir; (pt **lay**, pp **lain**) [leɪ, leɪn] (rest) être étendu(e) or allongé(e) or couché(e); (in grave) être enterré(e) reposer; (object: be situated) se trouver, être; **to ~ low** (fig) se cacher, rester caché(e); **to tell ~s** mentir; **lie about, lie around** vi (things) traîner; (Brit: person) traînasser, flemmarder; **lie back** vi se renverser en arrière; **lie down** vi se coucher, s'étendre; **lie up** vi (hide) se cacher
**Liechtenstein** ['lɪktənstaɪn] n Liechtenstein m
**lie-down** ['laɪdaun] n (Brit): **to have a ~** s'allonger, se reposer
**lie-in** ['laɪɪn] n (Brit): **to have a ~** faire la grasse matinée
**lieutenant** [lɛf'tɛnənt, US: luː'tɛnənt] n lieutenant m

**life** (pl **lives**) [laɪf, laɪvz] n vie f; **to come to ~** (fig) s'animer ▷ cpd de vie; de la vie; à vie; **true to ~** réaliste, fidèle à la réalité; **to paint from ~** peindre d'après nature; **to be sent to prison for ~** être condamné(e) (à la réclusion criminelle) à perpétuité; **country/city ~** la vie à la campagne/à la ville
**life assurance** n (Brit) = **life insurance**
**lifebelt** ['laɪfbɛlt] n (Brit) bouée f de sauvetage
**lifeboat** ['laɪfbəut] n canot m or chaloupe f de sauvetage
**lifebuoy** ['laɪfbɔɪ] n bouée f de sauvetage
**lifeguard** ['laɪfgaːd] n surveillant m de baignade
**life insurance** n assurance-vie f
**life jacket** n gilet m or ceinture f de sauvetage
**lifeless** ['laɪflɪs] adj sans vie, inanimé(e); (dull) qui manque de vie or de vigueur
**lifelike** ['laɪflaɪk] adj qui semble vrai(e) or vivant(e), ressemblant(e); (painting) réaliste
**lifelong** ['laɪflɔŋ] adj de toute une vie, de toujours
**life preserver** [-prɪ'zəːvəʳ] n (US) gilet m or ceinture f de sauvetage
**life-saving** ['laɪfseɪvɪŋ] n sauvetage m
**life sentence** n condamnation f à vie or à perpétuité
**life-size** ['laɪfsaɪz], **life-sized** ['laɪfsaɪzd] adj grandeur nature inv
**life span** n (durée f de) vie f
**lifestyle** ['laɪfstaɪl] n style m de vie
**life-support system** n (Med) respirateur artificiel
**lifetime** ['laɪftaɪm] n: **in his ~** de son vivant; **the chance of a ~** la chance de ma (or sa etc) vie, une occasion unique
**lift** [lɪft] vt soulever, lever; (end) supprimer, lever; (steal) prendre, voler ▷ vi (fog) se lever ▷ n (Brit: elevator) ascenseur m; **to give sb a ~** (Brit) emmener or prendre qn en voiture; **can you give me a ~ to the station?** pouvez-vous m'emmener à la gare?; **lift off** vi (rocket, helicopter) décoller; **lift out** vt sortir; (troops, evacuees etc) évacuer par avion or hélicoptère; **lift up** vt soulever
**lift-off** ['lɪftɔf] n décollage m
**light** [laɪt] n lumière f; (daylight) lumière, jour m; (lamp) lampe f; (Aut: rear light) feu m; (: headlamp) phare m; (for cigarette etc): **have you got a ~?** avez-vous du feu? ▷ vt (pt, pp **lighted** or **lit**) [lɪt] (candle, cigarette, fire) allumer; (room) éclairer ▷ adj (room, colour) clair(e); (not heavy, also fig) léger(-ère); (not strenuous) peu fatigant(e); (Aut: travel) avec peu de bagages; **lights** npl (traffic lights) feux mpl; **to turn the ~ on/off** allumer/éteindre; **to cast or shed or throw ~ on** éclaircir; **to come to ~** être dévoilé(e) or découvert(e); **in the ~ of** à la lumière de; étant donné; **to make ~ of sth** (fig) prendre qch à la légère, faire peu de cas de qch; **light up** vi s'allumer; (face) s'éclairer; (smoke) allumer une cigarette

*or* une pipe *etc* ▷ *vt* (*illuminate*) éclairer, illuminer

**light bulb** *n* ampoule *f*

**lighten** ['laɪtn] *vi* s'éclairer ▷ *vt* (*light up*) éclairer; (*make lighter*) éclaircir; (*make less heavy*) alléger

**lighter** ['laɪtə<sup>r</sup>] *n* (*also:* **cigarette ~**) briquet *m*; (: *in car*) allume-cigare *m inv*; (*boat*) péniche *f*

**light-headed** [laɪt'hɛdɪd] *adj* étourdi(e), écervelé(e)

**light-hearted** [laɪt'hɑːtɪd] *adj* gai(e), joyeux(-euse), enjoué(e)

**lighthouse** ['laɪthaus] *n* phare *m*

**lighting** ['laɪtɪŋ] *n* éclairage *m*; (*in theatre*) éclairages

**lightly** ['laɪtlɪ] *adv* légèrement; **to get off ~** s'en tirer à bon compte

**lightness** ['laɪtnɪs] *n* clarté *f*; (*in weight*) légèreté *f*

**lightning** ['laɪtnɪŋ] *n* foudre *f*; (*flash*) éclair *m*

**lightning conductor**, (US) **lightning rod** *n* paratonnerre *m*

**light pen** *n* crayon *m* optique

**lightweight** ['laɪtweɪt] *adj* (*suit*) léger(-ère) ▷ *n* (*Boxing*) poids léger

**like** [laɪk] *vt* aimer (bien) ▷ *prep* comme ▷ *adj* semblable, pareil(le) ▷ *n*: **the ~** un(e) pareil(le) *or* semblable; le/la pareil(le); (*pej*) (d')autres du même genre *or* acabit; **his ~s and dislikes** ses goûts *mpl or* préférences *fpl*; **I would ~**, **I'd ~** je voudrais, j'aimerais; **would you ~ a coffee?** voulez-vous du café?; **to be/look ~ sb/sth** ressembler à qn/qch; **what's he ~?** comment est-il?; **what's the weather ~?** quel temps fait-il?; **what does it look ~?** de quoi est-ce que ça a l'air?; **what does it taste ~?** quel goût est-ce que ça a?; **that's just ~ him** c'est bien de lui, ça lui ressemble; **something ~ that** quelque chose comme ça; **do it ~ this** fais-le comme ceci; **I feel ~ a drink** je boirais bien quelque chose; **if you ~** si vous voulez; **it's nothing ~ ...** ce n'est pas du tout comme ...; **there's nothing ~ ...** il n'y a rien de tel que ...

**likeable** ['laɪkəbl] *adj* sympathique, agréable

**likelihood** ['laɪklɪhud] *n* probabilité *f*; **in all ~** selon toute vraisemblance

**likely** ['laɪklɪ] *adj* (*result, outcome*) probable; (*excuse*) plausible; **he's ~ to leave** il va sûrement partir, il risque fort de partir; **not ~!** (*inf*) pas de danger!

**likeness** ['laɪknɪs] *n* ressemblance *f*

**likewise** ['laɪkwaɪz] *adv* de même, pareillement

**liking** ['laɪkɪŋ] *n* (*for person*) affection *f*; (*for thing*) penchant *m*, goût *m*; **to take a ~ to sb** se prendre d'amitié pour qn; **to be to sb's ~** être au goût de qn, plaire à qn

**lilac** ['laɪlək] *n* lilas *m* ▷ *adj* lilas *inv*

**Lilo**® ['laɪləu] *n* matelas *m* pneumatique

**lily** ['lɪlɪ] *n* lis *m*; **~ of the valley** muguet *m*

**limb** [lɪm] *n* membre *m*; **to be out on a ~** (*fig*) être isolé(e)

**limber** ['lɪmbə<sup>r</sup>]: **to ~ up** *vi* se dégourdir, se mettre en train

**limbo** ['lɪmbəu] *n*: **to be in ~** (*fig*) être tombé(e) dans l'oubli

**lime** [laɪm] *n* (*tree*) tilleul *m*; (*fruit*) citron vert, lime *f*; (*Geo*) chaux *f*

**limelight** ['laɪmlaɪt] *n*: **in the ~** (*fig*) en vedette, au premier plan

**limerick** ['lɪmərɪk] *n* petit poème humoristique

**limestone** ['laɪmstəun] *n* pierre *f* à chaux; (*Geo*) calcaire *m*

**limit** ['lɪmɪt] *n* limite *f* ▷ *vt* limiter; **weight/ speed ~** limite de poids/de vitesse

**limited** ['lɪmɪtɪd] *adj* limité(e), restreint(e); **~ edition** édition *f* à tirage limité; **to be ~ to** se limiter à, ne concerner que

**limited company, limited liability company** *n* (*Brit*) ≈ société *f* anonyme

**limousine** ['lɪməziːn] *n* limousine *f*

**limp** [lɪmp] *n*: **to have a ~** boiter ▷ *vi* boiter ▷ *adj* mou/molle

**limpet** ['lɪmpɪt] *n* patelle *f*; **like a ~** (*fig*) comme une ventouse

**line** [laɪn] *n* (*gen*) ligne *f*; (*stroke*) trait *m*; (*wrinkle*) ride *f*; (*rope*) corde *f*; (*wire*) fil *m*; (*of poem*) vers *m*; (*row, series*) rangée *f*; (*of people*) file *f*, queue *f*; (*railway track*) voie *f*; (*Comm: series of goods*) article(s) *m(pl)*, ligne de produits; (*work*) métier *m* ▷ *vt*: **to ~ (with)** (*clothes*) doubler (de); (*box*) garnir *or* tapisser (de); (*subj: trees, crowd*) border; **to stand in ~** (US) faire la queue; **to cut in ~** (US) passer avant son tour; **in his ~ of business** dans sa partie, dans son rayon; **on the right ~s** sur la bonne voie; **a new ~ in cosmetics** une nouvelle ligne de produits de beauté; **hold the ~ please** (*Brit Tel*) ne quittez pas; **to be in ~ for sth** (*fig*) être en lice pour qch; **in ~ with** en accord avec, en conformité avec; **in a ~** aligné(e); **to bring sth into ~ with sth** aligner qch sur qch; **to draw the ~ at (doing) sth** (*fig*) se refuser à (faire) qch; ne pas tolérer or admettre (qu'on fasse) qch; **to take the ~ that ...** être d'avis *or* de l'opinion que ...; **line up** *vi* s'aligner, se mettre en rang(s); (*in queue*) faire la queue ▷ *vt* aligner; (*event*) prévoir; (*find*) trouver; **to have sb/sth ~d up** avoir qn/qch en vue *or* de prévu(e)

**linear** ['lɪnɪə<sup>r</sup>] *adj* linéaire

**lined** [laɪnd] *adj* (*paper*) réglé(e); (*face*) marqué(e), ridé(e); (*clothes*) doublé(e)

**linen** ['lɪnɪn] *n* linge *m* (de corps *or* de maison); (*cloth*) lin *m*

**liner** ['laɪnə<sup>r</sup>] *n* (*ship*) paquebot *m* de ligne; (*for bin*) sac-poubelle *m*

**linesman** ['laɪnzmən] *irreg n* (*Tennis*) juge *m* de ligne; (*Football*) juge de touche

**line-up** ['laɪnʌp] *n* (US: *queue*) file *f*; (*also:* **police ~**) parade *f* d'identification; (*Sport*) (composition *f* de l'équipe *f*

**linger** ['lɪŋgə<sup>r</sup>] *vi* s'attarder; traîner; (*smell, tradition*) persister

**lingerie** ['lænʒəriː] n lingerie f
**linguist** ['lɪŋgwɪst] n linguiste m/f; **to be a good** ~ être doué(e) pour les langues
**linguistic** [lɪŋ'gwɪstɪk] adj linguistique
**linguistics** [lɪŋ'gwɪstɪks] n linguistique f
**lining** ['laɪnɪŋ] n doublure f; (Tech) revêtement m; (: of brakes) garniture f
**link** [lɪŋk] n (connection) lien m, rapport m; (Internet) lien; (of a chain) maillon m ⊳ vt relier, lier, unir; **links** npl (Golf) (terrain m de) golf m; **rail ~** liaison f ferroviaire; **link up** vt relier ⊳ vi (people) se rejoindre; (companies etc) s'associer
**lino** ['laɪnəu] n = **linoleum**
**linoleum** [lɪ'nəulɪəm] n linoléum m
**lion** ['laɪən] n lion m
**lioness** ['laɪənɪs] n lionne f
**lip** [lɪp] n lèvre f; (of cup etc) rebord m; (insolence) insolences fpl
**liposuction** ['lɪpəusʌkʃən] n liposuccion f
**lip-read** ['lɪpriːd] vi (irreg like: **read**) lire sur les lèvres
**lip salve** [-sælv] n pommade f pour les lèvres, pommade rosat
**lip service** n: **to pay ~ to sth** ne reconnaître le mérite de qch que pour la forme or qu'en paroles
**lipstick** ['lɪpstɪk] n rouge m à lèvres
**liqueur** [lɪ'kjuəʳ] n liqueur f
**liquid** ['lɪkwɪd] n liquide m ⊳ adj liquide
**liquidize** ['lɪkwɪdaɪz] vt (Brit Culin) passer au mixer
**liquidizer** ['lɪkwɪdaɪzəʳ] n (Brit Culin) mixer m
**liquor** ['lɪkəʳ] n spiritueux m, alcool m
**liquorice** ['lɪkərɪʃ] n (Brit) réglisse m
**liquor store** (US) n magasin m de vins et spiritueux
**Lisbon** ['lɪzbən] n Lisbonne
**lisp** [lɪsp] n zézaiement m ⊳ vi zézayer
**list** [lɪst] n liste f; (of ship) inclinaison f ⊳ vt (write down) inscrire; (make list of) faire la liste de; (enumerate) énumérer; (Comput) lister ⊳ vi (ship) gîter, donner de la bande; **shopping ~** liste des courses
**listed building** ['lɪstɪd-] n (Archit) monument classé
**listen** ['lɪsn] vi écouter; **to ~ to** écouter
**listener** ['lɪsnəʳ] n auditeur(-trice)
**listless** ['lɪstlɪs] adj indolent(e), apathique
**lit** [lɪt] pt, pp of **light**
**liter** ['liːtəʳ] n (US) = **litre**
**literacy** ['lɪtərəsɪ] n degré m d'alphabétisation, fait m de savoir lire et écrire; (Brit: Scol) enseignement m de la lecture et de l'écriture
**literal** ['lɪtərl] adj littéral(e)
**literally** ['lɪtrəlɪ] adv littéralement; (really) réellement
**literary** ['lɪtərərɪ] adj littéraire
**literate** ['lɪtərət] adj qui sait lire et écrire; (educated) instruit(e)
**literature** ['lɪtrɪtʃəʳ] n littérature f; (brochures etc) copie f publicitaire, prospectus mpl

**lithe** [laɪð] adj agile, souple
**litigation** [lɪtɪ'geɪʃən] n litige m; contentieux m
**litre**, (US) **liter** ['liːtəʳ] n litre m
**litter** ['lɪtəʳ] n (rubbish) détritus mpl; (dirtier) ordures fpl; (young animals) portée f ⊳ vt éparpiller; laisser des détritus dans; **~ed with** jonché(e) de, couvert(e) de
**litter bin** n (Brit) poubelle f
**little** ['lɪtl] adj (small) petit(e); (not much): ~ **milk** peu de lait ⊳ adv peu; **a** ~ un peu (de); **a ~ milk** un peu de lait; **a ~ bit** un peu; **for a ~ while** pendant un petit moment; **with ~ difficulty** sans trop de difficulté; **as ~ as possible** le moins possible; ~ **by** ~ petit à petit, peu à peu; **to make ~ of** faire peu de cas de
**little finger** n auriculaire m, petit doigt
**live¹** [laɪv] adj (animal) vivant(e), en vie; (wire) sous tension; (broadcast) (transmis(e)) en direct; (issue) d'actualité, brûlant(e); (unexploded) non explosé(e); ~ **ammunition** munitions fpl de combat
**live²** [lɪv] vi vivre, habiter; **to ~ in London** habiter (à) Londres; **where do you ~?** où habitez-vous?; **live down** vt faire oublier (avec le temps); **live in** vi être logé(e) et nourri(e); être interne; **live off** vt (land, fish etc) vivre de; (pej: parents etc) vivre aux crochets de; **live on** vt fus (food) vivre de ⊳ vi survivre; **to ~ on £50 a week** vivre avec 50 livres par semaine; **live out** vi (Brit: students) être externe ⊳ vt: **to ~ out one's days** or **life** passer sa vie; **live together** vi vivre ensemble, cohabiter; **live up** vt: **to ~ it up** (inf) faire la fête; mener la grande vie; **live up to** vt fus se montrer à la hauteur de
**livelihood** ['laɪvlɪhud] n moyens mpl d'existence
**lively** ['laɪvlɪ] adj vif/vive, plein(e) d'entrain; (place, book) vivant(e)
**liven up** ['laɪvn-] vt (room etc) égayer; (discussion, evening) animer ⊳ vi s'animer
**liver** ['lɪvəʳ] n foie m
**lives** [laɪvz] npl of **life**
**livestock** ['laɪvstɔk] n cheptel m, bétail m
**livid** ['lɪvɪd] adj livide, blafard(e); (furious) furieux(-euse), furibond(e)
**living** ['lɪvɪŋ] adj vivant(e), en vie ⊳ n: **to earn** or **make a ~** gagner sa vie; **within ~ memory** de mémoire d'homme
**living conditions** npl conditions fpl de vie
**living room** n salle f de séjour
**living standards** npl niveau m de vie
**living wage** n salaire m permettant de vivre (décemment)
**lizard** ['lɪzəd] n lézard m
**load** [ləud] n (weight) poids m; (thing carried) chargement m, charge f; (Elec, Tech) charge ⊳ vt: **to ~ (with)** (also: ~ **up**: lorry, ship) charger (de); (gun, camera) charger (avec); (Comput) charger; **a ~ of, ~s of** (fig) un or des tas de, des

masses de; **to talk a ~ of rubbish** (*inf*) dire des bêtises

**loaded** ['ləʊdɪd] *adj* (*dice*) pipé(e); (*question*) insidieux(-euse); (*inf: rich*) bourré(e) de fric; (*: drunk*) bourré

**loaf** (*pl* **loaves**) [ləʊf, ləʊvz] *n* pain *m*, miche *f* ▷ *vi* (*also:* **~ about, ~ around**) fainéanter, traîner

**loan** [ləʊn] *n* prêt *m* ▷ *vt* prêter; **on ~** prêté(e), en prêt; **public ~** emprunt public

**loath** [ləʊθ] *adj:* **to be ~ to do** répugner à faire

**loathe** [ləʊð] *vt* détester, avoir en horreur

**loaves** [ləʊvz] *npl of* **loaf**

**lobby** ['lɒbɪ] *n* hall *m*, entrée *f*; (*Pol*) groupe *m* de pression, lobby *m* ▷ *vt* faire pression sur

**lobster** ['lɒbstə$^r$] *n* homard *m*

**local** ['ləʊkl] *adj* local(e) ▷ *n* (*Brit: pub*) pub *m* or café *m* du coin; **the locals** *npl* les gens *mpl* du pays or du coin

**local anaesthetic**, (*US*) **local anesthetic** *n* anesthésie locale

**local authority** *n* collectivité locale, municipalité *f*

**local call** *n* (*Tel*) communication urbaine

**local government** *n* administration locale or municipale

**locality** [ləʊ'kælɪtɪ] *n* région *f*, environs *mpl*; (*position*) lieu *m*

**locally** ['ləʊkəlɪ] *adv* localement; dans les environs or la région

**locate** [ləʊ'keɪt] *vt* (*find*) trouver, repérer; (*situate*) situer; **to be ~d in** être situé à or en

**location** [ləʊ'keɪʃən] *n* emplacement *m*; **on ~** (*Cine*) en extérieur

**loch** [lɒx] *n* lac *m*, loch *m*

**lock** [lɒk] *n* (*of door, box*) serrure *f*; (*of canal*) écluse *f*; (*of hair*) mèche *f*, boucle *f* ▷ *vt* (*with key*) fermer à clé; (*immobilize*) bloquer ▷ *vi* (*door etc*) fermer à clé; (*wheels*) se bloquer; **~ stock and barrel** (*fig*) en bloc; **on full ~** (*Brit Aut*) le volant tourné à fond; **lock away** *vt* (*valuables*) mettre sous clé; (*criminal*) mettre sous les verrous, enfermer; **lock in** *vt* enfermer; **lock out** *vt* enfermer dehors; (*on purpose*) mettre à la porte; (*: workers*) lock-outer; **lock up** *vt* (*person*) enfermer; (*house*) fermer à clé ▷ *vi* tout fermer (à clé)

**locker** ['lɒkə$^r$] *n* casier *m*; (*in station*) consigne *f* automatique

**locker-room** ['lɒkəru:m] (*US*) *n* (*Sport*) vestiaire *m*

**locket** ['lɒkɪt] *n* médaillon *m*

**locksmith** ['lɒksmɪθ] *n* serrurier *m*

**lock-up** ['lɒkʌp] *n* (*prison*) prison *f*; (*cell*) cellule *f* provisoire; (*also:* **~ garage**) box *m*

**locomotive** [ləʊkə'məʊtɪv] *n* locomotive *f*

**locum** ['ləʊkəm] *n* (*Med*) suppléant(e) de médecin *etc*

**lodge** [lɒdʒ] *n* pavillon *m* (de gardien); (*also:* **hunting ~**) pavillon de chasse; (*Freemasonry*) loge *f* ▷ *vi* (*person*): **to ~ with** être logé(e) chez,

être en pension chez; (*bullet*) se loger ▷ *vt* (*appeal etc*) présenter; déposer; **to ~ a complaint** porter plainte; **to ~ (itself) in/between** se loger dans/entre

**lodger** ['lɒdʒə$^r$] *n* locataire *m/f*; (*with room and meals*) pensionnaire *m/f*

**lodging** ['lɒdʒɪŋ] *n* logement *m*; *see also* **board**

**lodgings** ['lɒdʒɪŋz] *npl* chambre *f*, meublé *m*

**loft** [lɒft] *n* grenier *m*; (*apartment*) grenier aménagé (en appartement) (*gén dans ancien entrepôt ou fabrique*)

**lofty** ['lɒftɪ] *adj* élevé(e); (*haughty*) hautain(e); (*sentiments, aims*) noble

**log** [lɒg] *n* (*of wood*) bûche *f*; (*Naut*) livre *m* or journal *m* de bord; (*of car*) ≈ carte grise ▷ *n abbr* (= *logarithm*) log *m* ▷ *vt* enregistrer; **log in, log on** *vi* (*Comput*) ouvrir une session, entrer dans le système; **log off, log out** *vi* (*Comput*) clore une session, sortir du système

**logbook** ['lɒgbʊk] *n* (*Naut*) livre *m* or journal *m* de bord; (*Aviat*) carnet *m* de vol; (*of lorry driver*) carnet de route; (*of movement of goods etc*) registre *m*; (*of car*) ≈ carte grise

**loggerheads** ['lɒgəhedz] *npl:* **at ~ (with)** à couteaux tirés (avec)

**logic** ['lɒdʒɪk] *n* logique *f*

**logical** ['lɒdʒɪkl] *adj* logique

**login** ['lɒgɪn] *n* (*Comput*) identifiant *m*

**logo** ['ləʊgəʊ] *n* logo *m*

**loin** [lɔɪn] *n* (*Culin*) filet *m*, longe *f*; **loins** *npl* reins *mpl*

**Loire** [lwa:] *n:* **the (River) ~** la Loire

**loiter** ['lɔɪtə$^r$] *vi* s'attarder; **to ~ (about)** traîner, musarder; (*pej*) rôder

**loll** [lɒl] *vi* (*also:* **~ about**) se prélasser, fainéanter

**lollipop** ['lɒlɪpɒp] *n* sucette *f*

**lollipop man/lady** (*Brit*) *irreg n* contractuel(le) *qui fait traverser la rue aux enfants*; *voir article*

⬤ **LOLLIPOP MEN/LADIES**
⬤
⬤ Les *lollipop men/ladies* sont employés pour
⬤ aider les enfants à traverser la rue à
⬤ proximité des écoles à l'heure où ils
⬤ entrent en classe et à la sortie. On les
⬤ repère facilement à cause de leur long
⬤ ciré jaune et ils portent une pancarte
⬤ ronde pour faire signe aux
⬤ automobilistes de s'arrêter. On les
⬤ appelle ainsi car la forme circulaire
⬤ de cette pancarte rappelle une sucette.

**lolly** ['lɒlɪ] *n* (*inf: ice*) esquimau *m*; (*: lollipop*) sucette *f*; (*: money*) fric *m*

**London** ['lʌndən] *n* Londres

**Londoner** ['lʌndənə$^r$] *n* Londonien(ne)

**lone** [ləʊn] *adj* solitaire

**loneliness** ['ləʊnlɪnɪs] *n* solitude *f*, isolement *m*

**lonely** ['ləʊnlɪ] *adj* seul(e); (*childhood etc*) solitaire; (*place*) solitaire, isolé(e)

**long** [lɒŋ] *adj* long/longue ▷ *adv* longtemps ▷ *n*: **the ~ and the short of it is that ...** *(fig)* le fin mot de l'histoire c'est que ... ▷ *vi*: **to ~ for sth/to do sth** avoir très envie de qch/de faire qch, attendre qch avec impatience/ attendre avec impatience de faire qch; **he had ~ understood that ...** il avait compris depuis longtemps que ...; **how ~ is this river/course?** quelle est la longueur de ce fleuve/la durée de ce cours?; **6 metres ~** (long) de 6 mètres; **6 months ~** qui dure 6 mois, de 6 mois; **all night ~** toute la nuit; **he no ~er comes** il ne vient plus; **I can't stand it any ~er** je ne peux plus le supporter; **~ before** longtemps avant; **before ~** (+ *future*) avant peu, dans peu de temps; (+ *past*) peu de temps après; **~ ago** il y a longtemps; **don't be ~!** fais vite!, dépêche-toi!; **I shan't be ~** je n'en ai pas pour longtemps; **at ~ last** enfin; **in the ~ run** à la longue; finalement; **so or as ~ as** à condition que + *sub*

**long-distance** [lɒŋ'dɪstəns] *adj* (*race*) de fond; (*call*) interurbain(e)

**longer** [ˈlɒŋgəʳ] *adv see* **long**

**longhand** [ˈlɒŋhænd] *n* écriture normale *or* courante

**long-haul** [ˈlɒŋhɔːl] *adj* (*flight*) long-courrier

**longing** [ˈlɒŋɪŋ] *n* désir *m*, envie *f*; (*nostalgia*) nostalgie *f* ▷ *adj* plein(e) d'envie *or* de nostalgie

**longitude** [ˈlɒŋgɪtjuːd] *n* longitude *f*

**long jump** *n* saut *m* en longueur

**long-life** [lɒŋ'laɪf] *adj* (*batteries etc*) longue durée *inv*; (*milk*) longue conservation

**long-lost** [ˈlɒŋlɒst] *adj* perdu(e) depuis longtemps

**long-range** [ˈlɒŋ'reɪndʒ] *adj* à longue portée; (*weather forecast*) à long terme

**long-sighted** [ˈlɒŋ'saɪtɪd] *adj* (*Brit*) presbyte; (*fig*) prévoyant(e)

**long-standing** [ˈlɒŋ'stændɪŋ] *adj* de longue date

**long-suffering** [lɒŋ'sʌfərɪŋ] *adj* empreint(e) d'une patience résignée; extrêmement patient(e)

**long-term** [ˈlɒŋtɜːm] *adj* à long terme

**long wave** *n* (*Radio*) grandes ondes, ondes longues

**long-winded** [lɒŋ'wɪndɪd] *adj* intarissable, interminable

**loo** [luː] *n* (*Brit inf*) w.-c *mpl*, petit coin

**look** [lʊk] *vi* regarder; (*seem*) sembler, paraître, avoir l'air; (*building etc*): **to ~ south/ on to the sea** donner au sud/sur la mer ▷ *n* regard *m*; (*appearance*) air *m*, allure *f*, aspect *m*; **looks** *npl* (*good looks*) physique *m*, beauté *f*; **to ~ like** ressembler à; **it ~s like him** on dirait que c'est lui; **it ~s about 4 metres long** je dirais que ça fait 4 mètres de long; **it ~s all right to me** ça me paraît bien; **to have a ~** regarder; **to have a ~ at sth** jeter un coup d'œil à qch; **to have a ~ for sth** chercher qch;

**to ~ ahead** regarder devant soi; (*fig*) envisager l'avenir; **~ (here)!** (*annoyance*) écoutez!; **look after** *vt fus* s'occuper de, prendre soin de; (*luggage etc: watch over*) garder, surveiller; **look around** *vi* regarder autour de soi; **look at** *vt fus* regarder; (*problem etc*) examiner; **look back** *vi*: **to ~ back at sth/sb** se retourner pour regarder qch/qn; **to ~ back on** (*event, period*) évoquer, repenser à; **look down on** *vt fus* (*fig*) regarder de haut, dédaigner; **look for** *vt fus* chercher; **we're ~ing for a hotel/restaurant** nous cherchons un hôtel/restaurant; **look forward to** *vt fus* attendre avec impatience; **I'm not ~ing forward to it** cette perspective ne me réjouit guère; **~ing forward to hearing from you** (*in letter*) dans l'attente de vous lire; **look in** *vi*: **to ~ in on sb** passer voir qn; **look into** *vt fus* (*matter, possibility*) examiner, étudier; **look on** *vi* regarder (en spectateur); **look out** *vi* (*beware*): **to ~ out (for)** prendre garde (à), faire attention (à); **~ out!** attention!; **look out for** *vt fus* (*seek*) être à la recherche de; (*try to spot*) guetter; **look over** *vt* (*essay*) jeter un coup d'œil à; (*town, building*) visiter (rapidement); (*person*) jeter un coup d'œil à; examiner de la tête aux pieds; **look round** *vt fus* (*house, shop*) faire le tour de ▷ *vi* (*turn*) regarder derrière soi, se retourner; **to ~ round for sth** chercher qch; **look through** *vt fus* (*papers, book*) examiner; (: *briefly*) parcourir; (*telescope*) regarder à travers; **look to** *vt fus* veiller à; (*rely on*) compter sur; **look up** *vi* lever les yeux; (*improve*) s'améliorer ▷ *vt* (*word*) chercher; (*friend*) passer voir; **look up to** *vt fus* avoir du respect pour

**lookout** [ˈlʊkaʊt] *n* (*tower etc*) poste *m* de guet; (*person*) guetteur *m*; **to be on the ~ (for)** guetter

**loom** [luːm] *n* métier *m* à tisser ▷ *vi* (*also*: **~ up**) surgir; (*event*) paraître imminent(e); (*threaten*) menacer

**loony** [ˈluːnɪ] *adj, n* (*inf*) timbré(e), cinglé(e) *m/f*

**loop** [luːp] *n* boucle *f*; (*contraceptive*) stérilet *m* ▷ *vt*: **to ~ sth round sth** passer qch autour de qch

**loophole** [ˈluːphəʊl] *n* (*fig*) porte *f* de sortie; échappatoire *f*

**loose** [luːs] *adj* (*knot, screw*) desserré(e); (*stone*) branlant(e); (*clothes*) vague, ample, lâche; (*hair*) dénoué(e), épars(e); (*not firmly fixed*) pas solide; (*animal*) en liberté, échappé(e); (*life*) dissolu(e); (*morals, discipline*) relâché(e); (*thinking*) peu rigoureux(-euse), vague; (*translation*) approximatif(-ive) ▷ *n*: **to be on the ~** être en liberté ▷ *vt* (*free: animal*) relâcher, libérer; (*slacken*) détendre, relâcher; desserrer; défaire; donner du mou à; donner du ballant à; (*Brit: arrow*) tirer; **~ connection** (*Elec*) mauvais contact; **to be at**

**a ~ end** or (US) **at ~ ends** (fig) ne pas trop
savoir quoi faire; **to tie up ~ ends** (fig) mettre
au point or régler les derniers détails
**loose change** n petite monnaie
**loose chippings** [-ˈtʃɪpɪŋz] npl (on road)
gravillons mpl
**loosely** [ˈluːslɪ] adv sans serrer; (imprecisely)
approximativement
**loosen** [ˈluːsn] vt desserrer, relâcher, défaire;
**loosen up** vi (before game) s'échauffer; (inf:
relax) se détendre, se laisser aller
**loot** [luːt] n butin m ▷ vt piller
**lop-sided** [ˈlɔpˈsaɪdɪd] adj de travers,
asymétrique
**lord** [lɔːd] n seigneur m; **L~ Smith** lord Smith;
**the L~** (Rel) le Seigneur; **my L~** (to noble)
Monsieur le comte/le baron; (to judge)
Monsieur le juge; (to bishop) Monseigneur;
**good L~!** mon Dieu!
**Lords** [lɔːdz] npl (Brit: Pol): **the (House of) ~**
(Brit) la Chambre des Lords
**lordship** [ˈlɔːdʃɪp] n (Brit): **your L~** Monsieur
le comte (or le baron or le Juge)
**lore** [lɔːʳ] n tradition(s) f(pl)
**lorry** [ˈlɔrɪ] n (Brit) camion m
**lorry driver** n (Brit) camionneur m, routier m
**lose** (pt, pp **lost**) [luːz, lɔst] vt perdre;
(opportunity) manquer, perdre; (pursuers)
distancer, semer ▷ vi perdre; **I've lost my
wallet/passport** j'ai perdu mon
portefeuille/passeport; **to ~ (time)** (clock)
retarder; **to ~ no time (in doing sth)** ne pas
perdre de temps (à faire qch); **to get lost** vi
(person) se perdre; **my watch has got lost** ma
montre est perdue; **lose out** vi être
perdant(e)
**loser** [ˈluːzəʳ] n perdant(e); **to be a good/
bad ~** être beau/mauvais joueur
**loss** [lɔs] n perte f; **to cut one's ~es** limiter les
dégâts; **to make a ~** enregistrer une perte; **to
sell sth at a ~** vendre qch à perte; **to be at a ~**
être perplexe or embarrassé(e); **to be at a ~ to
do** se trouver incapable de faire
**lost** [lɔst] pt, pp of **lose** ▷ adj perdu(e); **to get ~**
vi se perdre; **I'm ~** je me suis perdu; **~ in
thought** perdu dans ses pensées; **~ and
found property** n (US) objets trouvés; **~ and
found** n (US) (bureau m des) objets trouvés
**lost property** n (Brit) objets trouvés; **~ office**
or **department** (bureau m des) objets trouvés
**lot** [lɔt] n (at auctions, set) lot m; (destiny) sort m,
destinée f; **the ~** (everything) le tout; (everyone)
tous mpl, toutes fpl; **a ~** beaucoup; **a ~ of**
beaucoup de; **~s of** des tas de; **to draw ~s
(for sth)** tirer (qch) au sort
**lotion** [ˈləuʃən] n lotion f
**lottery** [ˈlɔtərɪ] n loterie f
**loud** [laud] adj bruyant(e), sonore; (voice)
fort(e); (condemnation etc) vigoureux(-euse);
(gaudy) voyant(e), tapageur(-euse) ▷ adv
(speak etc) fort; **out ~** tout haut
**loud-hailer** [laudˈheɪləʳ] n porte-voix m inv

**loudly** [ˈlaudlɪ] adv fort, bruyamment
**loudspeaker** [laudˈspiːkəʳ] n haut-parleur m
**lounge** [laundʒ] n salon m; (of airport) salle f;
(Brit: also: **~ bar**) (salle de) café m or bar m ▷ vi
(also: **~ about, ~ around**) se prélasser,
paresser
**lounge suit** n (Brit) complet m; (: on invitation)
"tenue de ville"
**louse** (pl **lice**) [laus, laɪs] n pou m; **louse up**
[lauz-] vt (inf) gâcher
**lousy** [ˈlauzɪ] (inf) adj (bad quality) infect(e),
moche; **I feel ~** je suis mal fichu(e)
**lout** [laut] n rustre m, butor m
**lovable** [ˈlʌvəbl] adj très sympathique;
adorable
**love** [lʌv] n amour m ▷ vt aimer; (caringly,
kindly) aimer beaucoup; **I ~ chocolate** j'adore
le chocolat; **to ~ to do** aimer beaucoup or
adorer faire; **I'd ~ to come** cela me ferait très
plaisir (de venir); **"15 ~"** (Tennis) "15 à rien or
zéro"; **to be/fall in ~ with** être/tomber
amoureux(-euse) de; **to make ~** faire
l'amour; **~ at first sight** le coup de foudre;
**to send one's ~ to sb** adresser ses amitiés à
qn; **~ from Anne, ~, Anne** affectueusement,
Anne; **I ~ you** je t'aime
**love affair** n liaison (amoureuse)
**love life** n vie sentimentale
**lovely** [ˈlʌvlɪ] adj (pretty) ravissant(e); (friend,
wife) charmant(e); (holiday, surprise) très
agréable, merveilleux(-euse); **we had a ~
time** c'était vraiment très bien, nous avons
eu beaucoup de plaisir
**lover** [ˈlʌvəʳ] n amant m; (person in love)
amoureux(-euse); (amateur): **a ~ of** un(e)
ami(e) de, un(e) amoureux(-euse) de
**loving** [ˈlʌvɪŋ] adj affectueux(-euse), tendre,
aimant(e)
**low** [ləu] adj bas/basse; (quality) mauvais(e),
inférieur(e) ▷ adv bas ▷ n (Meteorology)
dépression f ▷ vi (cow) mugir; **to feel ~** se
sentir déprimé(e); **he's very ~** (ill) il est bien
bas or très affaibli; **to turn (down) ~** vt
baisser; **to be ~ on** (supplies etc) être à court de;
**to reach a new** or **an all-time ~** tomber au
niveau le plus bas
**low-alcohol** [ləuˈælkəhɔl] adj à faible teneur
en alcool, peu alcoolisé(e)
**low-calorie** [ˈləuˈkælərɪ] adj hypocalorique
**low-cut** [ˈləukʌt] adj (dress) décolleté(e)
**lower** adj [ˈləuəʳ] inférieur(e) ▷ vt [ˈləuəʳ]
baisser; (resistance) diminuer ▷ vi [ˈlauəʳ]
(person): **to ~ at sb** jeter un regard mauvais or
noir à qn; (sky, clouds) être menaçant; **to ~ o.s.
to** s'abaisser à
**lower sixth** (Brit) n (Scol) première f
**low-fat** [ˈləuˈfæt] adj maigre
**lowland, lowlands** [ˈləulənd(z)] n(pl)
plaine(s) f(pl)
**lowly** [ˈləulɪ] adj humble, modeste
**loyal** [ˈlɔɪəl] adj loyal(e), fidèle
**loyalty** [ˈlɔɪəltɪ] n loyauté f, fidélité f

**loyalty card** n carte f de fidélité

**lozenge** ['lɔzɪndʒ] n (Med) pastille f; (Geom) losange m

**L-plates** ['ɛlpleɪts] npl (Brit) plaques fpl (obligatoires) d'apprenti conducteur

**Lt** abbr (= lieutenant) Lt.

**Ltd** abbr (Comm: company: = limited) ≈ S.A.

**lubricant** ['lu:brɪkənt] n lubrifiant m

**lubricate** ['lu:brɪkeɪt] vt lubrifier, graisser

**luck** [lʌk] n chance f; **bad ~** malchance f, malheur m; **to be in ~** avoir de la chance; **to be out of ~** ne pas avoir de chance; **good ~!** bonne chance!; **bad** or **hard** or **tough ~!** pas de chance!

**luckily** ['lʌkɪlɪ] adv heureusement, par bonheur

**lucky** ['lʌkɪ] adj (person) qui a de la chance; (coincidence) heureux(-euse); (number etc) qui porte bonheur

**lucrative** ['lu:krətɪv] adj lucratif(-ive), rentable, qui rapporte

**ludicrous** ['lu:dɪkrəs] adj ridicule, absurde

**lug** [lʌg] vt traîner, tirer

**luggage** ['lʌgɪdʒ] n bagages mpl; **our ~ hasn't arrived** nos bagages ne sont pas arrivés; **could you send someone to collect our ~?** pourriez-vous envoyer quelqu'un chercher nos bagages?

**luggage rack** n (in train) porte-bagages m inv; (: made of string) filet m à bagages; (on car) galerie f

**lukewarm** ['lu:kwɔ:m] adj tiède

**lull** [lʌl] n accalmie f; (in conversation) pause f ▷ vt: **to ~ sb to sleep** bercer qn pour qu'il s'endorme; **to be ~ed into a false sense of security** s'endormir dans une fausse sécurité

**lullaby** ['lʌləbaɪ] n berceuse f

**lumbago** [lʌm'beɪgəu] n lumbago m

**lumber** ['lʌmbəʳ] n (wood) bois m de charpente; (junk) bric-à-brac m inv ▷ vt (Brit inf): **to ~ sb with sth/sb** coller or refiler qch/qn à qn ▷ vi (also: **~ about, ~ along**) marcher pesamment

**lumberjack** ['lʌmbədʒæk] n bûcheron m

**luminous** ['lu:mɪnəs] adj lumineux(-euse)

**lump** [lʌmp] n morceau m; (in sauce) grumeau m; (swelling) grosseur f ▷ vt (also: **~ together**) réunir, mettre en tas

**lump sum** n somme globale or forfaitaire

**lumpy** ['lʌmpɪ] adj (sauce) qui a des grumeaux; (bed) défoncé(e), peu confortable

**lunar** ['lu:nəʳ] adj lunaire

**lunatic** ['lu:nətɪk] n fou/folle, dément(e) ▷ adj fou/folle, dément(e)

**lunch** [lʌntʃ] n déjeuner m ▷ vi déjeuner; **it is his ~ hour** c'est l'heure où il déjeune; **to invite sb to** or **for ~** inviter qn à déjeuner

**lunch break, lunch hour** n pause f de midi, heure f du déjeuner

**luncheon** ['lʌntʃən] n déjeuner m

**luncheon meat** n sorte de saucisson

**luncheon voucher** n chèque-repas m, ticket-repas m

**lunchtime** ['lʌntʃtaɪm] n: **it's ~** c'est l'heure du déjeuner

**lung** [lʌŋ] n poumon m

**lunge** [lʌndʒ] vi (also: **~ forward**) faire un mouvement brusque en avant; **to ~ at sb** envoyer or assener un coup à qn

**lurch** [lə:tʃ] vi vaciller, tituber ▷ n écart m brusque, embardée f; **to leave sb in the ~** laisser qn se débrouiller or se dépêtrer tout(e) seul(e)

**lure** [luəʳ] n (attraction) attrait m, charme m; (in hunting) appât m, leurre m ▷ vt attirer or persuader par la ruse

**lurid** ['luərɪd] adj affreux(-euse), atroce

**lurk** [lə:k] vi se tapir, se cacher

**luscious** ['lʌʃəs] adj succulent(e), appétissant(e)

**lush** [lʌʃ] adj luxuriant(e)

**lust** [lʌst] n (sexual) désir (sexuel); (Rel) luxure f; (fig): **~ for** soif f de; **lust after** vt fus convoiter, désirer

**lusty** ['lʌstɪ] adj vigoureux(-euse), robuste

**Luxembourg** ['lʌksəmbə:g] n Luxembourg m

**luxurious** [lʌg'zjuərɪəs] adj luxueux(-euse)

**luxury** ['lʌkʃərɪ] n luxe m ▷ cpd de luxe

**Lycra®** ['laɪkrə] n Lycra® m

**lying** ['laɪɪŋ] n mensonge(s) m(pl) ▷ adj (statement, story) mensonger(-ère), faux/ fausse; (person) menteur(-euse)

**Lyons** ['ljɔ̃] n Lyon

**lyric** ['lɪrɪk] adj lyrique

**lyrical** ['lɪrɪkl] adj lyrique

**lyrics** ['lɪrɪks] npl (of song) paroles fpl

**m.** *abbr* (= *metre*) m; (= *million*) M; (= *mile*) mi

**M.A.** *n abbr* (*Scol*) = **Master of Arts** ▷ *abbr* (*US*) = **military academy**; (*US*) = **Massachusetts**

**ma** [mɑ:] (*inf*) *n* maman *f*

**mac** [mæk] *n* (*Brit*) imper(méable *m*) *m*

**macaroni** [mækəˈrəʊnɪ] *n* macaronis *mpl*

**Macedonia** [mæsɪˈdəʊnɪə] *n* Macédoine *f*

**Macedonian** [mæsɪˈdəʊnɪən] *adj* macédonien(ne) ▷ *n* Macédonien(ne); (*Ling*) macédonien *m*

**machine** [məˈʃiːn] *n* machine *f* ▷ *vt* (*dress etc*) coudre à la machine; (*Tech*) usiner

**machine gun** *n* mitrailleuse *f*

**machine language** *n* (*Comput*) langage *m* machine

**machinery** [məˈʃiːnərɪ] *n* machinerie *f*, machines *fpl*; (*fig*) mécanisme(s) *m(pl)*

**machine washable** *adj* (*garment*) lavable en machine

**macho** [ˈmætʃəʊ] *adj* macho *inv*

**mackerel** [ˈmækrl] *n* (*pl inv*) maquereau *m*

**mackintosh** [ˈmækɪntɒʃ] *n* (*Brit*) imperméable *m*

**mad** [mæd] *adj* fou/folle; (*foolish*) insensé(e); (*angry*) furieux(-euse); **to go ~** devenir fou; **to be ~ (keen) about** *or* **on sth** (*inf*) être follement passionné de qch, être fou de qch

**Madagascar** [mædəˈgæskə<sup>r</sup>] *n* Madagascar *m*

**madam** [ˈmædəm] *n* madame *f*; **yes ~** oui Madame; **M~ Chairman** Madame la Présidente

**mad cow disease** *n* maladie *f* des vaches folles

**madden** [ˈmædn] *vt* exaspérer

**made** [meɪd] *pt, pp of* **make**

**Madeira** [məˈdɪərə] *n* (*Geo*) Madère *f*; (*wine*) madère *m*

**made-to-measure** [ˈmeɪdtəˈmɛʒə<sup>r</sup>] *adj* (*Brit*) fait(e) sur mesure

**made-up** [ˈmeɪdʌp] *adj* (*story*) inventé(e), fabriqué(e)

**madly** [ˈmædlɪ] *adv* follement; **~ in love** éperdument amoureux(-euse)

**madman** [ˈmædmən] *irreg n* fou *m*, aliéné *m*

**madness** [ˈmædnɪs] *n* folie *f*

**Madrid** [məˈdrɪd] *n* Madrid

**Mafia** [ˈmæfɪə] *n* maf(f)ia *f*

**mag** [mæg] *n abbr* (*Brit inf*: = *magazine*) magazine *m*

**magazine** [mægəˈziːn] *n* (*Press*) magazine *m*, revue *f*; (*Radio, TV*) magazine; (*Mil: store*) dépôt *m*, arsenal *m*; (*of firearm*) magasin *m*

**maggot** [ˈmægət] *n* ver *m*, asticot *m*

**magic** [ˈmædʒɪk] *n* magie *f* ▷ *adj* magique

**magical** [ˈmædʒɪkl] *adj* magique; (*experience, evening*) merveilleux(-euse)

**magician** [məˈdʒɪʃən] *n* magicien(ne)

**magistrate** [ˈmædʒɪstreɪt] *n* magistrat *m*; juge *m*; **~'s court** (*Brit*) ≈ tribunal *m* d'instance

**magnet** [ˈmægnɪt] *n* aimant *m*

**magnetic** [mægˈnɛtɪk] *adj* magnétique

**magnificent** [mægˈnɪfɪsnt] *adj* superbe, magnifique; (*splendid: robe, building*) somptueux(-euse), magnifique

**magnify** [ˈmægnɪfaɪ] *vt* grossir; (*sound*) amplifier

**magnifying glass** [ˈmægnɪfaɪɪŋ-] *n* loupe *f*

**magnitude** [ˈmægnɪtjuːd] *n* ampleur *f*

**magpie** [ˈmægpaɪ] *n* pie *f*

**mahogany** [məˈhɒgənɪ] *n* acajou *m* ▷ *cpd* en (bois d')acajou

**maid** [meɪd] *n* bonne *f*; (*in hotel*) femme *f* de chambre; **old ~** (*pej*) vieille fille

**maiden** [ˈmeɪdn] *n* jeune fille *f* ▷ *adj* (*aunt etc*) non mariée; (*speech, voyage*) inaugural(e)

**maiden name** *n* nom *m* de jeune fille

**mail** [meɪl] *n* poste *f*; (*letters*) courrier *m* ▷ *vt* envoyer (par la poste); **by ~** par la poste

**mailbox** [ˈmeɪlbɒks] *n* (*US: also Comput*) boîte *f* aux lettres

**mailing list** [ˈmeɪlɪŋ-] *n* liste *f* d'adresses

**mailman** [ˈmeɪlmæn] *irreg n* (*US*) facteur *m*

**mail-order** [ˈmeɪləˈdə<sup>r</sup>] *n* vente *f* or achat *m* par correspondance ▷ *cpd*: **~ firm** or **house** maison *f* de vente par correspondance

**maim** [meɪm] *vt* mutiler

**main** [meɪn] *adj* principal(e) ▷ *n* (*pipe*) conduite principale, canalisation *f*; **the ~s** (*Elec*) le secteur; **the ~ thing** l'essentiel *m*; **in the ~** dans l'ensemble

**main course** *n* (*Culin*) plat *m* de résistance

**mainframe** ['meɪnfreɪm] n (also: **~ computer**) (gros) ordinateur, unité centrale
**mainland** ['meɪnlənd] n continent m
**mainly** ['meɪnlɪ] adv principalement, surtout
**main road** n grand axe, route nationale
**mainstay** ['meɪnsteɪ] n (fig) pilier m
**mainstream** ['meɪnstriːm] n (fig) courant principal
**main street** n rue f principale
**maintain** [meɪn'teɪn] vt entretenir; (continue) maintenir, préserver; (affirm) soutenir; **to ~ that ...** soutenir que ...
**maintenance** ['meɪntənəns] n entretien m; (Law: alimony) pension f alimentaire
**maisonette** [meɪzə'nɛt] n (Brit) appartement m en duplex
**maize** [meɪz] n (Brit) maïs m
**majestic** [mə'dʒɛstɪk] adj majestueux(-euse)
**majesty** ['mædʒɪstɪ] n majesté f; (title): **Your M~** Votre Majesté
**major** ['meɪdʒər] n (Mil) commandant m ▷ adj (important) important(e); (most important) principal(e); (Mus) majeur(e) ▷ vi (US Scol): **to ~ (in)** se spécialiser (en); **a ~ operation** (Med) une grosse opération
**Majorca** [mə'jɔːkə] n Majorque f
**majority** [mə'dʒɔrɪtɪ] n majorité f ▷ cpd (verdict, holding) majoritaire
**make** [meɪk] vt (pt, pp **made**) [meɪd] faire; (manufacture) faire, fabriquer; (earn) gagner; (decision) prendre; (friend) se faire; (speech) faire, prononcer; (cause to be): **to ~ sb sad** etc rendre qn triste etc; (force): **to ~ sb do sth** obliger qn à faire qch, faire faire qch à qn; (equal): **2 and 2 ~ 4** 2 et 2 font 4 ▷ n (manufacture) fabrication f; (brand) marque f; **to ~ the bed** faire le lit; **to ~ a fool of sb** (ridicule) ridiculiser qn; (trick) avoir or duper qn; **to ~ a profit** faire un or des bénéfice(s); **to ~ a loss** essuyer une perte; **to ~ it** (in time etc) y arriver; (succeed) réussir; **what time do you ~ it?** quelle heure avez-vous?; **I ~ it £249** d'après mes calculs ça fait 249 livres; **to be made of** être en; **to ~ good** vi (succeed) faire son chemin, réussir ▷ vt (deficit) combler; (losses) compenser; **to ~ do with** se contenter de; se débrouiller avec; **make for** vt fus (place) se diriger vers; **make off** vi filer; **make out** vt (write out: cheque) faire; (decipher) déchiffrer; (understand) comprendre; (see) distinguer; (claim, imply) prétendre, vouloir faire croire; **to ~ out a case for sth** présenter des arguments solides en faveur de qch; **make over** vt (assign): **to ~ over (to)** céder (à), transférer (au nom de); **make up** vt (invent) inventer, imaginer; (constitute) constituer; (parcel, bed) faire ▷ vi se réconcilier; (with cosmetics) se maquiller, se farder; **to be made up of** se composer de; **make up for** vt fus compenser; (lost time) rattraper
**make-believe** ['meɪkbɪliːv] n: **a world of ~** un monde de chimères or d'illusions; **it's**

just ~ c'est de la fantaisie; c'est une illusion
**makeover** ['meɪkəʊvər] n (by beautician) soins mpl de maquillage; (change of image) changement m d'image; **to give sb a ~** relooker qn
**maker** ['meɪkər] n fabricant m; (of film, programme) réalisateur(-trice)
**makeshift** ['meɪkʃɪft] adj provisoire, improvisé(e)
**make-up** ['meɪkʌp] n maquillage m
**making** ['meɪkɪŋ] n (fig): **in the ~** en formation or gestation; **to have the ~s of** (actor, athlete) avoir l'étoffe de
**malaria** [mə'lɛərɪə] n malaria f, paludisme m
**Malaysia** [mə'leɪzɪə] n Malaisie f
**male** [meɪl] n (Biol, Elec) mâle m ▷ adj (sex, attitude) masculin(e); (animal) mâle; (child etc) du sexe masculin; **~ and female students** étudiants et étudiantes
**malevolent** [mə'lɛvələnt] adj malveillant(e)
**malfunction** [mæl'fʌŋkʃən] n fonctionnement défectueux
**malice** ['mælɪs] n méchanceté f, malveillance f
**malicious** [mə'lɪʃəs] adj méchant(e), malveillant(e); (Law) avec intention criminelle
**malignant** [mə'lɪgnənt] adj (Med) malin(-igne)
**mall** [mɔːl] n (also: **shopping ~**) centre commercial
**mallet** ['mælɪt] n maillet m
**malnutrition** [mælnjuː'trɪʃən] n malnutrition f
**malpractice** [mæl'præktɪs] n faute professionnelle; négligence f
**malt** [mɔːlt] n malt m ▷ cpd (whisky) pur malt
**Malta** ['mɔːltə] n Malte f
**Maltese** [mɔːl'tiːz] adj maltais(e) ▷ n (pl inv) Maltais(e); (Ling) maltais m
**mammal** ['mæml] n mammifère m
**mammoth** ['mæməθ] n mammouth m ▷ adj géant(e), monstre
**man** (pl **men**) [mæn, mɛn] n homme m; (Sport) joueur m; (Chess) pièce f; (Draughts) pion m ▷ vt (Naut: ship) garnir d'hommes; (machine) assurer le fonctionnement de; (Mil: gun) servir; (: post) être de service à; **an old ~** un vieillard; **~ and wife** mari et femme
**manage** ['mænɪdʒ] vi se débrouiller; (succeed) y arriver, réussir ▷ vt (business) gérer; (team, operation) diriger; (control: ship) mener, manœuvrer; (: person) savoir s'y prendre avec; (device, things to do, carry etc) arriver à se débrouiller avec, s'en tirer avec; **to ~ to do** se débrouiller pour faire; (succeed) réussir à faire
**manageable** ['mænɪdʒəbl] adj maniable; (task etc) faisable; (number) raisonnable
**management** ['mænɪdʒmənt] n (running) administration f, direction f; (people in charge: of business, firm) dirigeants mpl, cadres mpl; (: of hotel, shop, theatre) direction; **"under new ~"**

m

"changement de gérant", "changement de propriétaire"

**manager** ['mænɪdʒəʳ] n (of business) directeur m; (of institution etc) administrateur m; (of department, unit) responsable m/f, chef m; (of hotel etc) gérant m; (Sport) manager m; (of artist) impresario m; **sales ~** responsable or chef des ventes

**manageress** [mænɪdʒə'rɛs] n directrice f; (of hotel etc) gérante f

**managerial** [mænɪ'dʒɪərɪəl] adj directorial(e); (skills) de cadre, de gestion; **~ staff** cadres mpl

**managing director** ['mænɪdʒɪŋ-] n directeur général

**mandarin** ['mændərɪn] n (also: **~ orange**) mandarine f; (person) mandarin m

**mandate** ['mændeɪt] n mandat m

**mandatory** ['mændətərɪ] adj obligatoire; (powers etc) mandataire

**mane** [meɪn] n crinière f

**maneuver** [mə'nu:vəʳ] (US) n = **manoeuvre**

**manfully** ['mænfəlɪ] adv vaillamment

**mangetout** ['mɔnʒ'tu:] n mange-tout m inv

**mangle** ['mæŋgl] vt déchiqueter; mutiler ▷ n essoreuse f; calandre f

**mango** (pl **mangoes**) ['mæŋgəʊ] n mangue f

**mangy** ['meɪndʒɪ] adj galeux(-euse)

**manhandle** ['mænhændl] vt (mistreat) maltraiter, malmener; (move by hand) manutentionner

**manhole** ['mænhəʊl] n trou m d'homme

**manhood** ['mænhʊd] n (age) âge m d'homme; (manliness) virilité f

**man-hour** ['mænauəʳ] n heure-homme f, heure f de main-d'œuvre

**manhunt** ['mænhʌnt] n chasse f à l'homme

**mania** ['meɪnɪə] n manie f

**maniac** ['meɪnɪæk] n maniaque m/f; (fig) fou/folle

**manic** ['mænɪk] adj maniaque

**manicure** ['mænɪkjʊəʳ] n manucure f ▷ vt (person) faire les mains à

**manifest** ['mænɪfɛst] vt manifester ▷ adj manifeste, évident(e) ▷ n (Aviat, Naut) manifeste m

**manifesto** [mænɪ'fɛstəʊ] n (Pol) manifeste m

**manipulate** [mə'nɪpjuleɪt] vt manipuler; (system, situation) exploiter

**mankind** [mæn'kaɪnd] n humanité f, genre humain

**manly** ['mænlɪ] adj viril(e)

**man-made** ['mæn'meɪd] adj artificiel(le); (fibre) synthétique

**manner** ['mænəʳ] n manière f, façon f; (behaviour) attitude f, comportement m; **manners** npl: (**good**) **~s** (bonnes) manières; **bad ~s** mauvaises manières; **all ~ of** toutes sortes de

**mannerism** ['mænərɪzəm] n particularité f de langage (or de comportement), tic m

**manoeuvre**, (US) **maneuver** [mə'nu:vəʳ] vt

(move) manœuvrer; (manipulate: person) manipuler; (: situation) exploiter ▷ n manœuvre f; **to ~ sb into doing sth** manipuler qn pour lui faire faire qch

**manor** ['mænəʳ] n (also: **~ house**) manoir m

**manpower** ['mænpauəʳ] n main-d'œuvre f

**mansion** ['mænʃən] n château m, manoir m

**manslaughter** ['mænslɔːtəʳ] n homicide m involontaire

**mantelpiece** ['mæntlpiːs] n cheminée f

**manual** ['mænjuəl] adj manuel(le) ▷ n manuel m

**manufacture** [mænju'fæktʃəʳ] vt fabriquer ▷ n fabrication f

**manufacturer** [mænju'fæktʃərəʳ] n fabricant m

**manure** [mə'njuəʳ] n fumier m; (artificial) engrais m

**manuscript** ['mænjuskrɪpt] n manuscrit m

**many** ['mɛnɪ] adj beaucoup de, de nombreux(-euses) ▷ pron beaucoup, un grand nombre; **how ~?** combien?; **a great ~** un grand nombre (de); **too ~ difficulties** trop de difficultés; **twice as ~** deux fois plus; **~ a ...** bien des ..., plus d'un(e) ...

**map** [mæp] n carte f; (of town) plan m ▷ vt dresser la carte de; **can you show it to me on the ~?** pouvez-vous me l'indiquer sur la carte?; **map out** vt tracer; (fig: task) planifier; (career, holiday) organiser, préparer (à l'avance); (: essay) faire le plan de

**maple** ['meɪpl] n érable m

**mar** [mɑːʳ] vt gâcher, gâter

**marathon** ['mærəθən] n marathon m ▷ adj: **a ~ session** une séance-marathon

**marble** ['mɑːbl] n marbre m; (toy) bille f; **marbles** npl (game) billes

**March** [mɑːtʃ] n mars m; see also **July**

**march** [mɑːtʃ] vi marcher au pas; (demonstrators) défiler ▷ n marche f; (demonstration) manifestation f; **to ~ out of/ into** etc sortir de/entrer dans etc (de manière décidée ou impulsive)

**mare** [mɛəʳ] n jument f

**margarine** [mɑːdʒə'riːn] n margarine f

**margin** ['mɑːdʒɪn] n marge f

**marginal** ['mɑːdʒɪnl] adj marginal(e); **~ seat** (Pol) siège disputé

**marginally** ['mɑːdʒɪnəlɪ] adv très légèrement, sensiblement

**marigold** ['mærɪgəʊld] n souci m

**marijuana** [mærɪ'wɑːnə] n marijuana f

**marina** [mə'riːnə] n marina f

**marinade** n [mærɪ'neɪd] marinade f ▷ vt ['mærɪneɪd] = **marinate**

**marinate** ['mærɪneɪt] vt (faire) mariner

**marine** [mə'riːn] adj marin(e) ▷ n fusilier marin; (US) marine m

**marital** ['mærɪtl] adj matrimonial(e)

**marital status** n situation f de famille

**maritime** ['mærɪtaɪm] adj maritime

**marjoram** ['mɑːdʒərəm] n marjolaine f

**mark** [mɑːk] n marque f; (of skid etc) trace f; (Brit Scol) note f; (Sport) cible f; (currency) mark m; (Brit Tech): **M~ 2/3** 2ème/3ème série f or version f; (oven temperature): **(gas) ~ 4** thermostat m 4 ▷ vt (also Sport: player) marquer; (stain) tacher; (Brit Scol) corriger, noter; (also: **punctuation ~s**) signes mpl de ponctuation; **to ~ time** marquer le pas; **to be quick off the ~ (in doing)** (fig) ne pas perdre de temps (pour faire); **up to the ~** (in efficiency) à la hauteur; **mark down** vt (prices, goods) démarquer, réduire le prix de; **mark off** vt (tick off) cocher, pointer; **mark out** vt désigner; **mark up** vt (price) majorer

**marked** [mɑːkt] adj (obvious) marqué(e), net(te)

**marker** ['mɑːkə'] n (sign) jalon m; (bookmark) signet m

**market** ['mɑːkɪt] n marché m ▷ vt (Comm) commercialiser; **to be on the ~** être sur le marché; **on the open ~** en vente libre; **to play the ~** jouer à la or spéculer en Bourse

**market garden** n (Brit) jardin maraîcher

**marketing** ['mɑːkɪtɪŋ] n marketing m

**marketplace** ['mɑːkɪtpleɪs] n place f du marché; (Comm) marché m

**market research** n étude f de marché

**marksman** ['mɑːksmən] irreg n tireur m d'élite

**marmalade** ['mɑːməleɪd] n confiture f d'oranges

**maroon** [mə'ruːn] vt: **to be ~ed** être abandonné(e); (fig) être bloqué(e) ▷ adj (colour) bordeaux inv

**marquee** [mɑːˈkiː] n chapiteau m

**marriage** ['mærɪdʒ] n mariage m

**marriage certificate** n extrait m d'acte de mariage

**married** ['mærɪd] adj marié(e); (life, love) conjugal(e)

**marrow** ['mærəʊ] n (of bone) moelle f; (vegetable) courge f

**marry** ['mærɪ] vt épouser, se marier avec; (subj: father, priest etc) marier ▷ vi (also: **get married**) se marier

**Mars** [mɑːz] n (planet) Mars f

**Marseilles** [mɑːˈseɪ] n Marseille

**marsh** [mɑːʃ] n marais m, marécage m

**marshal** ['mɑːʃl] n maréchal m; (US: fire, police) ≈ capitaine m; (for demonstration, meeting) membre m du service d'ordre ▷ vt rassembler

**marshy** ['mɑːʃɪ] adj marécageux(-euse)

**martyr** ['mɑːtə'] n martyr(e) ▷ vt martyriser

**martyrdom** ['mɑːtədəm] n martyre m

**marvel** ['mɑːvl] n merveille f ▷ vi: **to ~ (at)** s'émerveiller (de)

**marvellous**, (US) **marvelous** ['mɑːvləs] adj merveilleux(-euse)

**Marxism** ['mɑːksɪzəm] n marxisme m

**Marxist** ['mɑːksɪst] adj, n marxiste (m/f)

**marzipan** ['mɑːzɪpæn] n pâte f d'amandes

**mascara** [mæsˈkɑːrə] n mascara m

**mascot** ['mæskət] n mascotte f

**masculine** ['mæskjulɪn] adj masculin(e) ▷ n masculin m

**mash** [mæʃ] vt (Culin) faire une purée de

**mashed potato** n, **mashed potatoes** npl purée f de pommes de terre

**mask** [mɑːsk] n masque m ▷ vt masquer

**mason** ['meɪsn] n (also: **stone~**) maçon m; (also: **free~**) franc-maçon m

**masonry** ['meɪsnrɪ] n maçonnerie f

**masquerade** [mæskə'reɪd] n bal masqué; (fig) mascarade f ▷ vi: **to ~ as** se faire passer pour

**mass** [mæs] n multitude f, masse f; (Physics) masse; (Rel) messe f ▷ cpd (communication) de masse; (unemployment) massif(-ive) ▷ vi se masser; **masses** npl: **the ~es** les masses; **~es of** (inf) des tas de; **to go to ~** aller à la messe

**massacre** ['mæsəkə'] n massacre m ▷ vt massacrer

**massage** ['mæsɑːʒ] n massage m ▷ vt masser

**massive** ['mæsɪv] adj énorme, massif(-ive)

**mass media** npl mass-media mpl

**mass-produce** ['mæsprə'djuːs] vt fabriquer en série

**mass production** n fabrication f en série

**mast** [mɑːst] n mât m; (Radio, TV) pylône m

**master** ['mɑːstə'] n maître m; (in secondary school) professeur m; (in primary school) instituteur m; (title for boys): **M~ X** Monsieur X ▷ vt maîtriser; (learn) apprendre à fond; (understand) posséder parfaitement or à fond; **~ of ceremonies (MC)** n maître des cérémonies; **M~ of Arts/Science (MA/MSc)** n ≈ titulaire m/f d'une maîtrise (en lettres/science); **M~ of Arts/Science degree (MA/MSc)** n ≈ maîtrise f

**masterly** ['mɑːstəlɪ] adj magistral(e)

**mastermind** ['mɑːstəmaɪnd] n esprit supérieur ▷ vt diriger, être le cerveau de

**masterpiece** ['mɑːstəpiːs] n chef-d'œuvre m

**master plan** n stratégie f d'ensemble

**mastery** ['mɑːstərɪ] n maîtrise f; connaissance parfaite

**masturbate** ['mæstəbeɪt] vi se masturber

**mat** [mæt] n petit tapis; (also: **door~**) paillasson m; (also: **table~**) set m de table ▷ adj = **matt**

**match** [mætʃ] n allumette f; (game) match m, partie f; (fig) égal(e); mariage m; parti m ▷ vt (also: **~ up**) assortir; (go well with) aller bien avec, s'assortir à; (equal) égaler, valoir ▷ vi être assorti(e); **to be a good ~** être bien assorti(e); **match up** vt assortir

**matchbox** ['mætʃbɒks] n boîte f d'allumettes

**matching** ['mætʃɪŋ] adj assorti(e)

**mate** [meɪt] n camarade m/f de travail; (inf) copain/copine; (animal) partenaire m/f, mâle/femelle; (in merchant navy) second m ▷ vi s'accoupler ▷ vt accoupler

**material** [mə'tɪərɪəl] n (substance) matière f, matériau m; (cloth) tissu m, étoffe f; (information, data) données fpl ▷ adj matériel(le); *(relevant: evidence)* pertinent(e); *(important)* essentiel(le); **materials** *npl* *(equipment)* matériaux *mpl*; **reading ~** de quoi lire, de la lecture

**materialize** [mə'tɪərɪəlaɪz] *vi* se matérialiser, se réaliser

**maternal** [mə'tɜːnl] *adj* maternel(le)

**maternity** [mə'tɜːnɪtɪ] *n* maternité *f* ▷ *cpd* de maternité, de grossesse

**maternity dress** *n* robe *f* de grossesse

**maternity hospital** *n* maternité *f*

**maternity leave** *n* congé *m* de maternité

**math** [mæθ] *n* (*US: = mathematics*) maths *fpl*

**mathematical** [mæθə'mætɪkl] *adj* mathématique

**mathematician** [mæθəmə'tɪʃən] *n* mathématicien(ne)

**mathematics** [mæθə'mætɪks] *n* mathématiques *fpl*

**maths** [mæθs] *n abbr* (*Brit: = mathematics*) maths *fpl*

**matinée** ['mætɪneɪ] *n* matinée *f*

**mating call** *n* appel *m* du mâle

**matrices** ['meɪtrɪsiːz] *npl of* **matrix**

**matriculation** [mətrɪkju'leɪʃən] *n* inscription *f*

**matrimonial** [mætrɪ'məunɪəl] *adj* matrimonial(e), conjugal(e)

**matrimony** ['mætrɪmənɪ] *n* mariage *m*

**matrix** (*pl* **matrices**) ['meɪtrɪks, 'meɪtrɪsiːz] *n* matrice *f*

**matron** ['meɪtrən] *n* (*in hospital*) infirmière-chef *f*; (*in school*) infirmière *f*

**matt** [mæt] *adj* mat(e)

**matted** ['mætɪd] *adj* emmêlé(e)

**matter** ['mætər] *n* question *f*; (*Physics*) matière *f*, substance *f*; (*content*) contenu *m*, fond *m*; (*Med: pus*) pus *m* ▷ *vi* importer; **matters** *npl* (*affairs, situation*) la situation; **it doesn't ~** cela n'a pas d'importance; (*I don't mind*) cela ne fait rien; **what's the ~?** qu'est-ce qu'il y a?, qu'est-ce qui ne va pas?; **no ~ what** quoi qu'il arrive; **that's another ~** c'est une autre affaire; **as a ~ of course** tout naturellement; **as a ~ of fact** en fait; **it's a ~ of habit** c'est une question d'habitude; **printed ~** imprimés *mpl*; **reading ~** (*Brit*) de quoi lire, de la lecture

**matter-of-fact** ['mætərəv'fækt] *adj* terre à terre, neutre

**mattress** ['mætrɪs] *n* matelas *m*

**mature** [mə'tjuər] *adj* mûr(e); (*cheese*) fait(e); (*wine*) arrive(e) à maturité ▷ *vi* mûrir; (*cheese, wine*) se faire

**mature student** *n* étudiant(e) plus âgé(e) que la moyenne

**maturity** [mə'tjuərɪtɪ] *n* maturité *f*

**maul** [mɔːl] *vt* lacérer

**mauve** [məuv] *adj* mauve

**max** *abbr* = **maximum**

**maximize** ['mæksɪmaɪz] *vt* (*profits etc, chances*) maximiser

**maximum** ['mæksɪməm] (*pl* **maxima**) ['mæksɪmə] *adj* maximum ▷ *n* maximum *m*

**May** [meɪ] *n* mai *m*; *see also* **July**

**may** [meɪ] (*conditional* **might**) *vi* (*indicating possibility*): **he ~ come** il se peut qu'il vienne; (*be allowed to*): **~ I smoke?** puis-je fumer?; (*wishes*): **~ God bless you!** (que) Dieu vous bénisse!; **~ I sit here?** vous permettez que je m'assoie ici?; **he might be there** il pourrait bien y être, il se pourrait qu'il y soit; **you ~ as well go** vous feriez aussi bien d'y aller; **I might as well go** je ferais aussi bien d'y aller, autant y aller; **you might like to try** vous pourriez (peut-être) essayer

**maybe** ['meɪbi] *adv* peut-être; **~ he'll ...** peut-être qu'il ...; **~ not** peut-être pas

**May Day** *n* le Premier mai

**mayday** ['meɪdeɪ] *n* S.O.S *m*

**mayhem** ['meɪhem] *n* grabuge *m*

**mayonnaise** [meɪə'neɪz] *n* mayonnaise *f*

**mayor** [mɛər] *n* maire *m*

**mayoress** ['mɛəres] *n* (*female mayor*) maire *m*; (*wife of mayor*) épouse *f* du maire

**maze** [meɪz] *n* labyrinthe *m*, dédale *m*

**MD** *n abbr* (= *Doctor of Medicine*) titre universitaire; (*Comm*) = **managing director**

**me** [miː] *pron* me, m' + *vowel or h mute*; (*stressed, after prep*) moi; **it's me** c'est moi; **he heard me** il m'a entendu; **give me a book** donnez-moi un livre; **it's for me** c'est pour moi

**meadow** ['medəu] *n* prairie *f*, pré *m*

**meagre**, (*US*) **meager** ['miːgər] *adj* maigre

**meal** [miːl] *n* repas *m*; (*flour*) farine *f*; **to go out for a ~** sortir manger

**mealtime** ['miːltaɪm] *n* heure *f* du repas

**mean** [miːn] *adj* (*with money*) avare, radin(e); (*unkind*) mesquin(e), méchant(e); (*shabby*) misérable; (*US inf: animal*) méchant, vicieux(-euse); (*: person*) vache; (*average*) moyen(ne) ▷ *vt* (*pt, pp* **meant**) (*signify*) signifier, vouloir dire; (*refer to*) faire allusion à, parler de; (*intend*): **to ~ to do** avoir l'intention de faire ▷ *n* moyenne *f*; **means** *npl* (*way, money*) moyens *mpl*; **by ~s of** (*instrument*) au moyen de; **by all ~s** je vous en prie; **to be ~t for** être destiné(e) à; **do you ~ it?** vous êtes sérieux?; **what do you ~?** que voulez-vous dire?

**meander** [mɪ'ændər] *vi* faire des méandres; (*fig*) flâner

**meaning** ['miːnɪŋ] *n* signification *f*, sens *m*

**meaningful** ['miːnɪŋful] *adj* significatif(-ive); (*relationship*) valable

**meaningless** ['miːnɪŋlɪs] *adj* dénué(e) de sens

**meanness** ['miːnnɪs] *n* avarice *f*; mesquinerie *f*

**meant** [ment] *pt, pp of* **mean**

**meantime** ['miːntaɪm] *adv* (*also:* **in the ~**) pendant ce temps

**meanwhile** ['miːnwaɪl] *adv* = **meantime**

**measles** ['miːzlz] *n* rougeole *f*

**measure** ['mɛʒəʳ] *vt, vi* mesurer ▷ *n* mesure *f*; (*ruler*) règle (graduée); **a litre ~** un litre; **some ~ of success** un certain succès; **to take ~s to do sth** prendre des mesures pour faire qch; **measure up** *vi*: **to ~ up (to)** être à la hauteur (de)

**measurements** ['mɛʒəməntz] *npl* mesures *fpl*; **chest/hip ~** tour *m* de poitrine/hanches; **to take sb's ~** prendre les mesures de qn

**meat** [mi:t] *n* viande *f*; **I don't eat ~** je ne mange pas de viande; **cold ~s** (*Brit*) viandes froides; **crab ~** crabe *f*

**meatball** ['mi:tbɔ:l] *n* boulette *f* de viande

**Mecca** ['mɛkə] *n* la Mecque; (*fig*): **a ~ (for)** la Mecque (de)

**mechanic** [mɪ'kænɪk] *n* mécanicien *m*; **can you send a ~?** pouvez-vous nous envoyer un mécanicien?

**mechanical** [mɪ'kænɪkl] *adj* mécanique

**mechanics** [mə'kænɪks] *n* mécanique *f* ▷ *npl* mécanisme *m*

**mechanism** ['mɛkənɪzəm] *n* mécanisme *m*

**medal** ['mɛdl] *n* médaille *f*

**medallion** [mɪ'dælɪən] *n* médaillon *m*

**medallist** ['mɛdlɪst], (*US*) **medalist** *n* (*Sport*) médaillé(e)

**meddle** ['mɛdl] *vi*: **to ~ in** se mêler de, s'occuper de; **to ~ with** toucher à

**media** ['mi:dɪə] *npl* media *mpl* ▷ *npl of* **medium**

**mediaeval** [mɛdɪ'i:vl] *adj* = **medieval**

**median** ['mi:dɪən] *n* (*US: also*: **~ strip**) bande médiane

**mediate** ['mi:dɪeɪt] *vi* servir d'intermédiaire

**Medicaid** ['mɛdɪkeɪd] *n* (*US*) *assistance médicale aux indigents*

**medical** ['mɛdɪkl] *adj* médical(e) ▷ *n* (*also*: **~ examination**) visite médicale; (*private*) examen médical

**medical certificate** *n* certificat médical

**Medicare** ['mɛdɪkɛəʳ] *n* (*US*) *régime d'assurance maladie*

**medicated** ['mɛdɪkeɪtɪd] *adj* traitant(e), médicamenteux(-euse)

**medication** [mɛdɪ'keɪʃən] *n* (*drugs etc*) médication *f*

**medicine** ['mɛdsɪn] *n* médecine *f*; (*drug*) médicament *m*

**medieval** [mɛdɪ'i:vl] *adj* médiéval(e)

**mediocre** [mi:dɪ'əukəʳ] *adj* médiocre

**meditate** ['mɛdɪteɪt] *vi*: **to ~ (on)** méditer (sur)

**meditation** [mɛdɪ'teɪʃən] *n* méditation *f*

**Mediterranean** [mɛdɪtə'reɪnɪən] *adj* méditerranéen(ne); **the ~ (Sea)** la (mer) Méditerranée

**medium** ['mi:dɪəm] *adj* moyen(ne) ▷ *n* (*pl* **media**) (*means*) moyen *m*; (*pl* **mediums**) (*person*) médium *m*; **the happy ~** le juste milieu

**medium-sized** ['mi:dɪəm'saɪzd] *adj* de taille moyenne

**medium wave** *n* (*Radio*) ondes moyennes, petites ondes

**medley** ['mɛdlɪ] *n* mélange *m*

**meek** [mi:k] *adj* doux/douce, humble

**meet** (*pt, pp* **met**) [mi:t, mɛt] *vt* rencontrer; (*by arrangement*) retrouver, rejoindre; (*for the first time*) faire la connaissance de; (*go and fetch*): **I'll ~ you at the station** j'irai te chercher à la gare; (*opponent, danger, problem*) faire face à; (*requirements*) satisfaire à, répondre à; (*bill, expenses*) régler, honorer ▷ *vi* (*friends*) se rencontrer; se retrouver; (*in session*) se réunir; (*join: lines, roads*) se joindre ▷ *n* (*Brit Hunting*) rendez-vous *m* de chasse; (*US Sport*) rencontre *f*, meeting *m*; **pleased to ~ you!** enchanté!; **nice ~ing you** ravi d'avoir fait votre connaissance; **meet up** *vi*: **to ~ up with sb** rencontrer qn; **meet with** *vt fus* (*difficulty*) rencontrer; **to ~ with success** être couronné(e) de succès

**meeting** ['mi:tɪŋ] *n* (*of group of people*) réunion *f*; (*between individuals*) rendez-vous *m*; (*formal*) assemblée *f*; (*Sport: rally*) rencontre, meeting *m*; (*interview*) entrevue *f*; **she's at** or **in a ~** (*Comm*) elle est en réunion; **to call a ~** convoquer une réunion

**meeting place** *n* lieu *m* de (la) réunion; (*for appointment*) lieu de rendez-vous

**mega** ['mɛgə] (*inf*) *adv*: **he's ~ rich** il est hyper-riche

**megabyte** ['mɛgəbaɪt] *n* (*Comput*) méga-octet *m*

**megaphone** ['mɛgəfəun] *n* porte-voix *m inv*

**megapixel** ['mɛgəpɪksl] *n* mégapixel *m*

**meh** [mɛ] *excl* bof

**melancholy** ['mɛlənkəlɪ] *n* mélancolie *f* ▷ *adj* mélancolique

**mellow** ['mɛləu] *adj* velouté(e), doux/douce; (*colour*) riche et profond(e); (*fruit*) mûr(e) ▷ *vi* (*person*) s'adoucir

**melody** ['mɛlədɪ] *n* mélodie *f*

**melon** ['mɛlən] *n* melon *m*

**melt** [mɛlt] *vi* fondre; (*become soft*) s'amollir; (*fig*) s'attendrir ▷ *vt* faire fondre; **melt away** *vi* fondre complètement; **melt down** *vt* fondre

**meltdown** ['mɛltdaun] *n* fusion *f* (du cœur d'un réacteur nucléaire)

**melting pot** ['mɛltɪŋ-] *n* (*fig*) creuset *m*; **to be in the ~** être encore en discussion

**member** ['mɛmbəʳ] *n* membre *m*; (*of club, political party*) membre, adhérent(e) ▷ *cpd*: **~ country/state** *n* pays *m*/état *m* membre

**membership** ['mɛmbəʃɪp] *n* (*becoming a member*) adhésion *f*; admission *f*; (*being a member*) qualité *f* de membre, fait *m* d'être membre; (*members*) membres *mpl*, adhérents *mpl*; (*number of members*) nombre *m* des membres or adhérents

**membership card** *n* carte *f* de membre

**memento** [mə'mɛntəu] *n* souvenir *m*

**memo** ['mɛməu] *n* note *f* (de service)

**memoir** ['mɛmwɑː<sup>r</sup>] n mémoire m, étude f; **memoirs** npl mémoires

**memorable** ['mɛmərəbl] adj mémorable

**memorandum** (pl **memoranda**) [mɛmə'rændəm, -də] n note f (de service); (Diplomacy) mémorandum m

**memorial** [mɪ'mɔːrɪəl] n mémorial m ▷ adj commémoratif(-ive)

**memorize** ['mɛməraɪz] vt apprendre or retenir par cœur

**memory** ['mɛmərɪ] n (also Comput) mémoire f; (recollection) souvenir m; **to have a good/bad ~** avoir une bonne/mauvaise mémoire; **loss of ~** perte f de mémoire; **in ~ of** à la mémoire de

**memory card** n (for digital camera) carte f mémoire

**memory stick** n (Comput: flash pen) clé f USB; (: card) carte f mémoire

**men** [mɛn] npl of **man**

**menace** ['mɛnɪs] n menace f; (inf: nuisance) peste f, plaie f ▷ vt menacer; **a public ~** un danger public

**menacing** ['mɛnɪsɪŋ] adj menaçant(e)

**mend** [mɛnd] vt réparer; (darn) raccommoder, repriser ▷ n reprise f; **on the ~** en voie de guérison; **to ~ one's ways** s'amender

**mending** ['mɛndɪŋ] n raccommodages mpl

**menial** ['miːnɪəl] adj de domestique, inférieur(e); subalterne

**meningitis** [mɛnɪn'dʒaɪtɪs] n méningite f

**menopause** ['mɛnəupɔːz] n ménopause f

**menswear** ['mɛnzwɛə<sup>r</sup>] n vêtements mpl d'hommes

**mental** ['mɛntl] adj mental(e); **~ illness** maladie mentale

**mental hospital** n hôpital m psychiatrique

**mentality** [mɛn'tælɪtɪ] n mentalité f

**mentally** ['mɛntlɪ] adv: **to be ~ handicapped** être handicapé(e) mental(e); **the ~ ill** les malades mentaux

**menthol** ['mɛnθɔl] n menthol m

**mention** ['mɛnʃən] n mention f ▷ vt mentionner, faire mention de; **don't ~ it!** je vous en prie, il n'y a pas de quoi!; **I need hardly ~ that ...** est-il besoin de rappeler que ...?; **not to ~ ..., without ~ing ...** sans parler de ..., sans compter ...

**menu** ['mɛnjuː] n (set menu, Comput) menu m; (list of dishes) carte f; **could we see the ~?** est-ce qu'on peut voir la carte?

**MEP** n abbr = **Member of the European Parliament**

**mercenary** ['məːsɪnərɪ] adj (person) intéressé(e), mercenaire ▷ n mercenaire m

**merchandise** ['məːtʃəndaɪz] n marchandises fpl ▷ vt commercialiser

**merchant** ['məːtʃənt] n négociant m,

marchand m; **timber/wine ~** négociant en bois/vins, marchand de bois/vins

**merchant bank** n (Brit) banque f d'affaires

**merchant navy**, (US) **merchant marine** n marine marchande

**merciful** ['məːsɪful] adj miséricordieux(-euse), clément(e)

**merciless** ['məːsɪlɪs] adj impitoyable, sans pitié

**mercury** ['məːkjurɪ] n mercure m

**mercy** ['məːsɪ] n pitié f, merci f; (Rel) miséricorde f; **to have ~ on sb** avoir pitié de qn; **at the ~ of** à la merci de

**mere** [mɪə<sup>r</sup>] adj simple; (chance) pur(e); **a ~ two hours** seulement deux heures

**merely** ['mɪəlɪ] adv simplement, purement

**merge** [məːdʒ] vt unir; (Comput) fusionner, interclasser ▷ vi (colours, shapes, sounds) se mêler; (roads) se joindre; (Comm) fusionner

**merger** ['məːdʒə<sup>r</sup>] n (Comm) fusion f

**meringue** [mə'ræŋ] n meringue f

**merit** ['mɛrɪt] n mérite m, valeur f ▷ vt mériter

**mermaid** ['məːmeɪd] n sirène f

**merry** ['mɛrɪ] adj gai(e); **M~ Christmas!** joyeux Noël!

**merry-go-round** ['mɛrɪgəuraund] n manège m

**mesh** [mɛʃ] n mailles fpl ▷ vi (gears) s'engrener; **wire ~** grillage m (métallique), treillis m (métallique)

**mesmerize** ['mɛzməraɪz] vt hypnotiser; fasciner

**mess** [mɛs] n désordre m, fouillis m, pagaille f; (muddle: of life) gâchis m; (: of economy) pagaille f; (dirt) saleté f; (Mil) mess m, cantine f; **to be (in) a ~** être en désordre; **to be/get o.s. in a ~** (fig) être/se mettre dans le pétrin; **mess about or around** (inf) vi perdre son temps; **mess about or around with** vt fus (inf) chambarder, tripoter; **mess up** vt (dirty) salir; (spoil) gâcher; **mess with** (inf) vt fus (challenge, confront) se frotter à; (interfere with) toucher à

**message** ['mɛsɪdʒ] n message m; **can I leave a ~?** est-ce que je peux laisser un message?; **are there any ~s for me?** est-ce que j'ai des messages?; **to get the ~** (fig: inf) saisir, piger

**messenger** ['mɛsɪndʒə<sup>r</sup>] n messager m

**Messrs, Messrs.** ['mɛsəz] abbr (on letters: = messieurs) MM

**messy** ['mɛsɪ] adj (dirty) sale; (untidy) en désordre

**met** [mɛt] pt, pp of **meet** ▷ adj abbr (= meteorological) météo inv

**metabolism** [mɛ'tæbəlɪzəm] n métabolisme m

**metal** ['mɛtl] n métal m ▷ cpd en métal ▷ vt empierrer

**metallic** [mɛ'tælɪk] adj métallique

**metaphor** ['mɛtəfə<sup>r</sup>] n métaphore f

**meteor** ['miːtɪə<sup>r</sup>] n météore m

**meteorite** ['mi:tɪəraɪt] n météorite m or f

**meteorology** [mi:tɪə'rɔlədʒɪ] n météorologie f

**meter** ['mi:təʳ] n (instrument) compteur m; (also: **parking ~**) parc(o)mètre m; (US: unit) = **metre** ▷ vt (US Post) affranchir à la machine

**method** ['mεθəd] n méthode f; **~ of payment** mode m or modalité f de paiement

**methodical** [mɪ'θɔdɪkl] adj méthodique

**Methodist** ['mεθədɪst] adj, n méthodiste (m/f)

**methylated spirit** ['mεθɪleɪtɪd-] n (Brit: also: **meths**) alcool m à brûler

**meticulous** [mε'tɪkjuləs] adj méticuleux(-euse)

**metre**, (US) **meter** ['mi:təʳ] n mètre m

**metric** ['mεtrɪk] adj métrique; **to go ~** adopter le système métrique

**metro** ['mεtrəu] n métro m

**metropolitan** [mεtrə'pɔlɪtən] adj métropolitain(e); **the M~ Police** (Brit) la police londonienne

**mettle** ['mεtl] n courage m

**mew** [mju:] vi (cat) miauler

**mews** [mju:z] n (Brit): **~ cottage** maisonnette aménagée dans une ancienne écurie ou remise

**Mexican** ['mεksɪkən] adj mexicain(e) ▷ n Mexicain(e)

**Mexico** ['mεksɪkəu] n Mexique m

**mg** abbr (= milligram) mg

**miaow** [mi:'au] vi miauler

**mice** [maɪs] npl of **mouse**

**micro** ['maɪkrəu] n (also: **~computer**) micro-ordinateur m

**micro...** [maɪkrəu] prefix micro...

**microchip** ['maɪkrəutʃɪp] n (Elec) puce f

**microcomputer** ['maɪkrəukəm'pju:təʳ] n micro-ordinateur m

**microphone** ['maɪkrəfəun] n microphone m

**microscope** ['maɪkrəskəup] n microscope m; **under the ~** au microscope

**mid** [mɪd] adj: **~ May** la mi-mai; **~ afternoon** le milieu de l'après-midi; **in ~ air** en plein ciel; **he's in his ~ thirties** il a dans les trente-cinq ans

**midday** [mɪd'deɪ] n midi m

**middle** ['mɪdl] n milieu m; (waist) ceinture f, taille f ▷ adj du milieu; (average) moyen(ne); **in the ~ of the night** au milieu de la nuit; **I'm in the ~ of reading it** je suis (justement) en train de le lire

**middle-aged** [mɪdl'eɪdʒd] adj d'un certain âge, ni vieux ni jeune; (pej: values, outlook) conventionnel(le), rassis(e)

**Middle Ages** npl: **the ~** le moyen âge

**middle-class** [mɪdl'klɑːs] adj bourgeois(e)

**middle class** n, **middle classes** npl: **the ~(es)** ≈ les classes moyennes

**Middle East** n: **the ~** le Proche-Orient, le Moyen-Orient

**middleman** ['mɪdlmæn] irreg n intermédiaire m

**middle name** n second prénom

**middle-of-the-road** ['mɪdləvðə'rəud] adj (policy) modéré(e), du juste milieu; (music etc) plutôt classique, assez traditionnel(le)

**middle school** n (US) école pour les enfants de 12 à 14 ans, ≈ collège m; (Brit) école pour les enfants de 8 à 14 ans

**middleweight** ['mɪdlweɪt] n (Boxing) poids moyen

**middling** ['mɪdlɪŋ] adj moyen(ne)

**midge** [mɪdʒ] n moucheron m

**midget** ['mɪdʒɪt] n nain(e) ▷ adj minuscule

**Midlands** ['mɪdləndz] npl comtés du centre de l'Angleterre

**midnight** ['mɪdnaɪt] n minuit m; **at ~** à minuit

**midriff** ['mɪdrɪf] n estomac m, taille f

**midst** [mɪdst] n: **in the ~ of** au milieu de

**midsummer** [mɪd'sʌməʳ] n milieu m de l'été

**midway** [mɪd'weɪ] adj, adv: **~ (between)** à mi-chemin (entre); **~ through ...** au milieu de ..., en plein(e) ...

**midweek** [mɪd'wi:k] adj du milieu de la semaine ▷ adv au milieu de la semaine, en pleine semaine

**midwife** (pl **midwives**) ['mɪdwaɪf, -vz] n sage-femme f

**midwinter** [mɪd'wɪntəʳ] n milieu m de l'hiver

**might** [maɪt] vb see **may** ▷ n puissance f, force f

**mighty** ['maɪtɪ] adj puissant(e) ▷ adv (inf) rudement

**migraine** ['mi:greɪn] n migraine f

**migrant** ['maɪgrənt] n (bird, animal) migrateur m; (person) migrant(e); nomade m/f ▷ adj migrateur(-trice); migrant(e); nomade; (worker) saisonnier(-ière)

**migrate** [maɪ'greɪt] vi migrer

**migration** [maɪ'greɪʃən] n migration f

**mike** [maɪk] n abbr (= microphone) micro m

**mild** [maɪld] adj doux/douce; (reproach, infection) léger(-ère); (illness) bénin(-igne); (interest) modéré(e); (taste) peu relevé(e) ▷ n bière légère

**mildly** ['maɪldlɪ] adv doucement; légèrement; **to put it ~** (inf) c'est le moins qu'on puisse dire

**mile** [maɪl] n mil(l)e m (= 1609 m); **to do 30 ~s per gallon** ≈ faire 9, 4 litres aux cent

**mileage** ['maɪlɪdʒ] n distance f en milles, ≈ kilométrage m

**mileometer** [maɪ'lɔmɪtəʳ] n compteur m kilométrique

**milestone** ['maɪlstəun] n borne f; (fig) jalon m

**militant** ['mɪlɪtnt] adj, n militant(e)

**military** ['mɪlɪtərɪ] adj militaire ▷ n: **the ~** l'armée f, les militaires mpl

**militia** [mɪ'lɪʃə] n milice f

**milk** [mɪlk] n lait m ▷ vt (cow) traire; (fig: person) dépouiller, plumer; (: situation) exploiter à fond

m

**milk chocolate** n chocolat m au lait
**milkman** ['mɪlkmən] irreg n laitier m
**milk shake** n milk-shake m
**milky** ['mɪlkɪ] adj (drink) au lait; (colour) laiteux(-euse)
**Milky Way** n Voie lactée
**mill** [mɪl] n moulin m; (factory) usine f, fabrique f; (spinning mill) filature f; (flour mill) minoterie f; (steel mill) aciérie f ▷ vt moudre, broyer ▷ vi (also: **~ about**) grouiller
**millennium** (pl **milleniums** or **millennia**) [mɪ'lenɪəm, -'lenɪə] n millénaire m
**millennium bug** n bogue m or bug m de l'an 2000
**miller** ['mɪlə'] n meunier m
**milli...** ['mɪlɪ] prefix milli...
**milligram, milligramme** ['mɪlɪɡræm] n milligramme m
**millilitre, (US) milliliter** ['mɪlɪliːtə'] n millilitre m
**millimetre, (US) millimeter** ['mɪlɪmiːtə'] n millimètre m
**million** ['mɪljən] n million m; **a ~ pounds** un million de livres sterling
**millionaire** [mɪljə'nɛə'] n millionnaire m
**millionth** [mɪljənθ] num millionième
**milometer** [maɪ'lɒmɪtə'] n = **mileometer**
**mime** [maɪm] n mime m ▷ vt, vi mimer
**mimic** ['mɪmɪk] n imitateur(-trice) ▷ vt, vi imiter, contrefaire
**min.** abbr (= minute(s)) mn.; (= minimum) min.
**mince** [mɪns] vt hacher ▷ vi (in walking) marcher à petits pas maniérés ▷ n (Brit Culin) viande hachée, hachis m; **he does not ~ (his) words** il ne mâche pas ses mots
**mincemeat** ['mɪnsmiːt] n hachis de fruits secs utilisés en pâtisserie; (US) viande hachée, hachis m
**mince pie** n sorte de tarte aux fruits secs
**mincer** ['mɪnsə'] n hachoir m
**mind** [maɪnd] n esprit m ▷ vt (attend to, look after) s'occuper de; (be careful) faire attention à; (object to): **I don't ~ the noise** je ne crains pas le bruit, le bruit ne me dérange pas; **it is on my ~** cela me préoccupe; **to change one's ~** changer d'avis; **to be in two ~s about sth** (Brit) être indécis(e) or irrésolu(e) en ce qui concerne qch; **to my ~** à mon avis, selon moi; **to be out of one's ~** ne plus avoir toute sa raison; **to keep sth in ~** ne pas oublier qch; **to bear sth in ~** tenir compte de qch; **to have sb/sth in ~** avoir qn/qch en tête; **to have in ~ to do** avoir l'intention de faire; **it went right out of my ~** ça m'est complètement sorti de la tête; **to bring** or **call sth to ~** se rappeler qch; **to make up one's ~** se décider; **do you ~ if ...?** est-ce que cela vous gêne si ...?; **I don't ~** cela ne me dérange pas; (don't care) ça m'est égal; **~ you, ...** remarquez, ...; **never ~** peu importe, ça ne fait rien; (don't worry) ne vous en faites pas; **"~ the step"** "attention à la marche"

**minder** ['maɪndə'] n (child minder) gardienne f; (bodyguard) ange gardien (fig)
**mindful** ['maɪndful] adj: **~ of** attentif(-ive) à, soucieux(-euse) de
**mindless** ['maɪndlɪs] adj irréfléchi(e); (violence, crime) insensé(e); (boring: job) idiot(e)
**mine¹** [maɪn] pron le/la mien(ne), les miens/ miennes; **a friend of ~** un de mes amis, un ami à moi; **this book is ~** ce livre est à moi
**mine²** [maɪn] n mine f ▷ vt (coal) extraire; (ship, beach) miner
**minefield** ['maɪnfiːld] n champ m de mines
**miner** ['maɪnə'] n mineur m
**mineral** ['mɪnərəl] adj minéral(e) ▷ n minéral m; **minerals** npl (Brit: soft drinks) boissons gazeuses (sucrées)
**mineral water** n eau minérale
**mingle** ['mɪŋɡl] vt mêler, mélanger ▷ vi: **to ~ with** se mêler à
**miniature** ['mɪnətʃə'] adj (en) miniature ▷ n miniature f
**minibar** ['mɪnɪbɑː'] n minibar m
**minibus** ['mɪnɪbʌs] n minibus m
**minicab** ['mɪnɪkæb] n (Brit) taxi m indépendant
**minimal** ['mɪnɪml] adj minimal(e)
**minimize** ['mɪnɪmaɪz] vt (reduce) réduire au minimum; (play down) minimiser
**minimum** ['mɪnɪməm] n (pl **minima**) ['mɪnɪmə] minimum m ▷ adj minimum; **to reduce to a ~** réduire au minimum
**mining** ['maɪnɪŋ] n exploitation minière ▷ adj minier(-ière); de mineurs
**miniskirt** ['mɪnɪskəːt] n mini-jupe f
**minister** ['mɪnɪstə'] n (Brit Pol) ministre m; (Rel) pasteur m ▷ vi: **to ~ to sb** donner ses soins à qn; **to ~ to sb's needs** pourvoir aux besoins de qn
**ministerial** [mɪnɪs'tɪərɪəl] adj (Brit Pol) ministériel(le)
**ministry** ['mɪnɪstrɪ] n (Brit Pol) ministère m; (Rel): **to go into the ~** devenir pasteur
**mink** [mɪŋk] n vison m
**minor** ['maɪnə'] adj petit(e), de peu d'importance; (Mus, poet, problem) mineur(e) ▷ n (Law) mineur(e)
**minority** [maɪ'nɔrɪtɪ] n minorité f; **to be in a ~** être en minorité
**mint** [mɪnt] n (plant) menthe f; (sweet) bonbon m à la menthe ▷ vt (coins) battre; **the (Royal) M~, the (US) M~** = l'hôtel m de la Monnaie; **in ~ condition** à l'état de neuf
**minus** ['maɪnəs] n (also: **~ sign**) signe m moins ▷ prep moins; **12 ~ 6 equals 6** 12 moins 6 égal 6; **~ 24°C** moins 24°C
**minute¹** n ['mɪnɪt] minute f; (official record) procès-verbal m, compte rendu; **minutes** npl (of meeting) procès-verbal m, compte rendu; **it is 5 ~s past 3** il est 3 heures 5; **wait a ~!** (attendez) un instant!; **at the last ~** à la dernière minute; **up to the ~** (fashion) dernier cri; (news) de dernière minute; (machine, technology) de pointe

**minute²** adj [maɪˈnjuːt] minuscule; (detailed) minutieux(-euse); **in ~ detail** par le menu

**miracle** [ˈmɪrəkl] n miracle m

**miraculous** [mɪˈrækjʊləs] adj miraculeux(-euse)

**mirage** [ˈmɪrɑːʒ] n mirage m

**mirror** [ˈmɪrəʳ] n miroir m, glace f; (in car) rétroviseur m ▷ vt refléter

**mirth** [mɜːθ] n gaieté f

**misadventure** [mɪsədˈventʃəʳ] n mésaventure f; **death by ~** (Brit) décès accidentel

**misapprehension** [ˈmɪsæprɪˈhenʃən] n malentendu m, méprise f

**misappropriate** [mɪsəˈprəʊprɪeɪt] vt détourner

**misbehave** [mɪsbɪˈheɪv] vi mal se conduire

**misc.** abbr = **miscellaneous**

**miscalculate** [mɪsˈkælkjuleɪt] vt mal calculer

**miscarriage** [ˈmɪskærɪdʒ] n (Med) fausse couche f; **~ of justice** erreur f judiciaire

**miscellaneous** [mɪsɪˈleɪnɪəs] adj (items, expenses) divers(es); (selection) varié(e)

**mischief** [ˈmɪstʃɪf] n (naughtiness) sottises fpl; (fun) farce f; (playfulness) espièglerie f; (harm) mal m, dommage m; (maliciousness) méchanceté f

**mischievous** [ˈmɪstʃɪvəs] adj (playful, naughty) coquin(e), espiègle; (harmful) méchant(e)

**misconception** [ˈmɪskənˈsepʃən] n idée fausse

**misconduct** [mɪsˈkɔndʌkt] n inconduite f; **professional ~** faute professionnelle

**misdemeanour**, (US) **misdemeanor** [mɪsdɪˈmiːnəʳ] n écart m de conduite; infraction f

**miser** [ˈmaɪzəʳ] n avare m/f

**miserable** [ˈmɪzərəbl] adj (person, expression) malheureux(-euse); (conditions) misérable; (weather) maussade; (offer, donation) minable; (failure) pitoyable; **to feel ~** avoir le cafard

**miserly** [ˈmaɪzəlɪ] adj avare

**misery** [ˈmɪzərɪ] n (unhappiness) tristesse f; (pain) souffrances fpl; (wretchedness) misère f

**misfire** [mɪsˈfaɪəʳ] vi rater; (car engine) avoir des ratés

**misfit** [ˈmɪsfɪt] n (person) inadapté(e)

**misfortune** [mɪsˈfɔːtʃən] n malchance f, malheur m

**misgiving** [mɪsˈgɪvɪŋ] n (apprehension) craintes fpl; **to have ~s about sth** avoir des doutes quant à qch

**misguided** [mɪsˈgaɪdɪd] adj malavisé(e)

**mishandle** [mɪsˈhændl] vt (treat roughly) malmener; (mismanage) mal s'y prendre pour faire or résoudre etc

**mishap** [ˈmɪshæp] n mésaventure f

**misinform** [mɪsɪnˈfɔːm] vt mal renseigner

**misinterpret** [mɪsɪnˈtəːprɪt] vt mal interpréter

**misjudge** [mɪsˈdʒʌdʒ] vt méjuger, se méprendre sur le compte de

**mislay** [mɪsˈleɪ] vt (irreg like: **lay**) égarer

**mislead** [mɪsˈliːd] vt (irreg like: **lead**) induire en erreur

**misleading** [mɪsˈliːdɪŋ] adj trompeur(-euse)

**mismanage** [mɪsˈmænɪdʒ] vt mal gérer; mal s'y prendre pour faire or résoudre etc

**misplace** [mɪsˈpleɪs] vt égarer; **to be ~d** (trust etc) être mal placé(e)

**misprint** [ˈmɪsprɪnt] n faute f d'impression

**misrepresent** [mɪsreprɪˈzent] vt présenter sous un faux jour

**Miss** [mɪs] n Mademoiselle; **Dear ~ Smith** Chère Mademoiselle Smith

**miss** [mɪs] vt (fail to get, attend, see) manquer, rater; (appointment, class) manquer; (escape, avoid) échapper à, éviter; (notice loss of: money etc) s'apercevoir de l'absence de; (regret the absence of): **I ~ him/it** il/cela me manque ▷ vi manquer ▷ n (shot) coup manqué; **we ~ed our train** nous avons raté notre train; **the bus just ~ed the wall** le bus a évité le mur de justesse; **you're ~ing the point** vous êtes à côté de la question; **you can't ~ it** vous ne pouvez pas vous tromper; **miss out** vt (Brit) oublier; **miss out on** vt fus (fun, party) rater, manquer; (chance, bargain) laisser passer

**misshapen** [mɪsˈʃeɪpən] adj difforme

**missile** [ˈmɪsaɪl] n (Aviat) missile m; (object thrown) projectile m

**missing** [ˈmɪsɪŋ] adj manquant(e); (after escape, disaster: person) disparu(e); **to go ~** disparaître; **~ person** personne disparue, disparu(e); **~ in action** (Mil) porté(e) disparu(e)

**mission** [ˈmɪʃən] n mission f; **on a ~ to sb** en mission auprès de qn

**missionary** [ˈmɪʃənrɪ] n missionnaire m/f

**mission statement** n déclaration f d'intention

**misspell** [ˈmɪsˈspel] vt (irreg like: **spell**) mal orthographier

**mist** [mɪst] n brume f ▷ vi (also: **~ over**, **~ up**) devenir brumeux(-euse); (Brit: windows) s'embuer

**mistake** [mɪsˈteɪk] n erreur f, faute f ▷ vt (irreg like: **take**) (meaning) mal comprendre; (intentions) se méprendre sur; **to ~ for** prendre pour; **by ~** par erreur, par inadvertance; **to make a ~** (in writing) faire une faute; (in calculating etc) faire une erreur; **there must be some ~** il doit y avoir une erreur, se tromper; **to make a ~ about sb/sth** se tromper sur le compte de qn/sur qch

**mistaken** [mɪsˈteɪkən] pp of **mistake** ▷ adj (idea etc) erroné(e); **to be ~** faire erreur, se tromper

**mister** [ˈmɪstəʳ] n (inf) Monsieur m; see **Mr**

**mistletoe** [ˈmɪsltəʊ] n gui m

**mistook** [mɪsˈtʊk] pt of **mistake**

**mistress** [ˈmɪstrɪs] n maîtresse f; (Brit: in primary school) institutrice f; (: in secondary school) professeur m

**m**

**mistrust** [mɪs'trʌst] vt se méfier de ▷ n:
~ (**of**) méfiance f (à l'égard de)

**misty** ['mɪstɪ] adj brumeux(-euse); (glasses,
window) embué(e)

**misunderstand** [mɪsʌndə'stænd] vt, vi (irreg
like: **stand**) mal comprendre

**misunderstanding** ['mɪsʌndə'stændɪŋ] n
méprise f, malentendu m; **there's been a ~**
il y a eu un malentendu

**misunderstood** [mɪsʌndə'stud] pt, pp of
**misunderstand** ▷ adj (person) incompris(e)

**misuse** n [mɪs'ju:s] mauvais emploi, (of
power) abus m ▷ vt [mɪs'ju:z] mal employer;
abuser de

**mitigate** ['mɪtɪgeɪt] vt atténuer; **mitigating
circumstances** circonstances atténuantes

**mitt** ['mɪt], **mitten** ['mɪtn] n moufle f;
(fingerless) mitaine f

**mix** [mɪks] vt mélanger; (sauce, drink etc)
préparer ▷ vi se mélanger; (socialize): **he
doesn't ~ well** il est peu sociable ▷ n
mélange m; **to ~ sth with sth** mélanger qch
à qch; **to ~ business with pleasure** unir
l'utile à l'agréable; **cake ~** préparation f pour
gâteau; **mix in** vt incorporer, mélanger; **mix
up** vt mélanger; (confuse) confondre; **to be
~ed up in sth** être mêlé(e) à qch ou
impliqué(e) dans qch

**mixed** [mɪkst] adj (feelings, reactions)
contradictoire; (school, marriage) mixte

**mixed grill** n (Brit) assortiment m de grillades

**mixed salad** n salade f de crudités

**mixed-up** [mɪkst'ʌp] adj (person)
désorienté(e), embrouillé(e)

**mixer** ['mɪksər] n (for food) batteur m, mixeur
m; (drink) boisson gazeuse (servant à couper un
alcool); (person): **he is a good ~** il est très
sociable

**mixture** ['mɪkstʃər] n assortiment m,
mélange m; (Med) préparation f

**mix-up** ['mɪksʌp] n: **there was a ~** il y a eu
confusion

**ml** abbr (= millilitre(s)) ml

**mm** abbr (= millimetre) mm

**moan** [məun] n gémissement m ▷ vi gémir;
(inf: complain): **to ~ (about)** se plaindre (de)

**moat** [məut] n fossé m, douves fpl

**mob** [mɔb] n foule f; (disorderly) cohue f; (pej):
**the ~** la populace ▷ vt assaillir

**mobile** ['məubaɪl] adj mobile ▷ n (Art) mobile
m; (Brit inf: mobile phone) portable m, mobile m;
portable m, mobile m; **applicants must be ~**
(Brit) les candidats devront être prêts à
accepter tout déplacement

**mobile home** n caravane f

**mobile phone** n (téléphone m) portable m,
mobile m

**mobility** [məu'bɪlɪtɪ] n mobilité f

**mobilize** ['məubɪlaɪz] vt, vi mobiliser

**mock** [mɔk] vt ridiculiser; (laugh at) se
moquer de ▷ adj faux/fausse; **mocks** npl
(Brit: Scol) examens blancs

**mockery** ['mɔkərɪ] n moquerie f, raillerie f;
**to make a ~ of** ridiculiser, tourner en
dérision

**mock-up** ['mɔkʌp] n maquette f

**mod** [mɔd] adj see **convenience**

**mod cons** ['mɔd'kɔnz] npl abbr (Brit) = **modern
conveniences**; see **convenience**

**mode** [məud] n mode m; (of transport)
moyen m

**model** ['mɔdl] n modèle m; (person: for fashion)
mannequin m; (: for artist) modèle ▷ vt (with
clay etc) modeler ▷ vi travailler comme
mannequin ▷ adj (railway: toy) modèle réduit
inv; (child, factory) modèle; **to ~ clothes**
présenter des vêtements; **to ~ o.s. on** imiter;
**to ~ sb/sth on** modeler qn/qch sur

**modem** ['məudem] n modem m

**moderate** [adj ['mɔdərət, vb 'mɔdəreɪt] adj
modéré(e); (amount, change) peu important(e)
▷ n (Pol) modéré(e) ▷ vi se modérer, se calmer
▷ vt modérer

**moderation** [mɔdə'reɪʃən] n modération f,
mesure f; **in ~** à dose raisonnable, pris(e) ou
pratiqué(e) modérément

**modern** ['mɔdən] adj moderne

**modernize** ['mɔdənaɪz] vt moderniser

**modern languages** npl langues vivantes

**modest** ['mɔdɪst] adj modeste

**modesty** ['mɔdɪstɪ] n modestie f

**modification** [mɔdɪfɪ'keɪʃən] n modification
f; **to make ~s** faire ou apporter des
modifications

**modify** ['mɔdɪfaɪ] vt modifier

**module** ['mɔdju:l] n module m

**mogul** ['məugl] n (fig) nabab m; (Ski) bosse f

**mohair** ['məuhɛər] n mohair m

**Mohammed** [mə'hæmed] n Mahomet m

**moist** [mɔɪst] adj humide, moite

**moisten** ['mɔɪsn] vt humecter, mouiller
légèrement

**moisture** ['mɔɪstʃər] n humidité f; (on glass)
buée f

**moisturizer** ['mɔɪstʃəraɪzər] n crème
hydratante

**molar** ['məulər] n molaire f

**molasses** [məu'læsɪz] n mélasse f

**mold** etc [məuld] (US) n = **mould** etc

**mole** [məul] n (animal, spy) taupe f; (spot) grain
m de beauté

**molecule** ['mɔlɪkju:l] n molécule f

**molest** [məu'lest] vt (assault sexually) attenter
à la pudeur de; (attack) molester; (harass)
tracasser

**mollycoddle** ['mɔlɪkɔdl] vt chouchouter,
couver

**molt** [məult] vi (US) = **moult**

**molten** ['məultən] adj fondu(e); (rock) en
fusion

**mom** [mɔm] n (US) = **mum**

**moment** ['məumənt] n moment m,
instant m; (importance) importance f; **at the ~**
en ce moment; **for the ~** pour l'instant; **in**

**a ~** dans un instant; **"one ~ please"** (Tel) "ne quittez pas"

**momentarily** ['məʊməntrɪlɪ] adv momentanément; (US: soon) bientôt

**momentary** ['məʊməntərɪ] adj momentané(e), passager(-ère)

**momentous** [məʊ'mentəs] adj important(e), capital(e)

**momentum** [məʊ'mentəm] n élan m, vitesse acquise; (fig) dynamique f; **to gather ~** prendre de la vitesse; (fig) gagner du terrain

**mommy** ['mɒmɪ] n (US: mother) maman f

**Monaco** ['mɒnəkəʊ] n Monaco f

**monarch** ['mɒnək] n monarque m

**monarchy** ['mɒnəkɪ] n monarchie f

**monastery** ['mɒnəstərɪ] n monastère m

**Monday** ['mʌndɪ] n lundi m; see also **Tuesday**

**monetary** ['mʌnɪtərɪ] adj monétaire

**money** ['mʌnɪ] n argent m; **to make ~** (person) gagner de l'argent; (business) rapporter; **I've got no ~ left** je n'ai plus d'argent, je n'ai plus un sou

**money belt** n ceinture-portefeuille f

**money order** n mandat m

**money-spinner** ['mʌnɪspɪnər] n (inf) mine f d'or (fig)

**mongrel** ['mʌŋɡrəl] n (dog) bâtard m

**monitor** ['mɒnɪtər] n (TV, Comput) écran m, moniteur m; (Brit Scol) chef m de classe; (US Scol) surveillant m (d'examen) ▷ vt contrôler; (foreign station) être à l'écoute de; (progress) suivre de près

**monk** [mʌŋk] n moine m

**monkey** ['mʌŋkɪ] n singe m

**monkey nut** n (Brit) cacahuète f

**monologue** ['mɒnəlɒɡ] n monologue m

**monopoly** [mə'nɒpəlɪ] n monopole m; **Monopolies and Mergers Commission** (Brit) commission britannique d'enquête sur les monopoles

**monosodium glutamate** [mɒnə'səʊdɪəm 'ɡluːtəmeɪt] n glutamate m de sodium

**monotone** ['mɒnətəʊn] n ton m (or voix f) monocorde; **to speak in a ~** parler sur un ton monocorde

**monotonous** [mə'nɒtənəs] adj monotone

**monsoon** [mɒn'suːn] n mousson f

**monster** ['mɒnstər] n monstre m

**monstrous** ['mɒnstrəs] adj (huge) gigantesque; (atrocious) monstrueux(-euse), atroce

**month** [mʌnθ] n mois m; **every ~** tous les mois; **300 dollars a ~** 300 dollars par mois

**monthly** ['mʌnθlɪ] adj mensuel(le) ▷ adv mensuellement ▷ n (magazine) mensuel m, publication mensuelle; **twice ~** deux fois par mois

**Montreal** [mɒntrɪ'ɔːl] n Montréal m

**monument** ['mɒnjʊmənt] n monument m

**moo** [muː] vi meugler, beugler

**mood** [muːd] n humeur f, disposition f; **to be in a good/bad ~** être de bonne/mauvaise humeur; **to be in the ~ for** être d'humeur à, avoir envie de

**moody** ['muːdɪ] adj (variable) d'humeur changeante, lunatique; (sullen) morose, maussade

**moon** [muːn] n lune f

**moonlight** ['muːnlaɪt] n clair m de lune ▷ vi travailler au noir

**moonlighting** ['muːnlaɪtɪŋ] n travail m au noir

**moonlit** ['muːnlɪt] adj éclairé(e) par la lune; **a ~ night** une nuit de lune

**moor** [mʊər] n lande f ▷ vt (ship) amarrer ▷ vi mouiller

**moorland** ['mʊələnd] n lande f

**moose** [muːs] n (pl inv) élan m

**mop** [mɒp] n balai m à laver; (for dishes) lavette f à vaisselle ▷ vt éponger, essuyer; **~ of hair** tignasse f; **mop up** vt éponger

**mope** [məʊp] vi avoir le cafard, se morfondre; **mope about, mope around** vi broyer du noir, se morfondre

**moped** ['məʊped] n cyclomoteur m

**moral** ['mɒrl] adj moral(e) ▷ n morale f; **morals** npl moralité f

**morale** [mɒ'rɑːl] n moral m

**morality** [mə'rælɪtɪ] n moralité f

**morass** [mə'ræs] n marais m, marécage m

**morbid** ['mɔːbɪd] adj morbide

KEYWORD

**more** [mɔːr] adj 1 (greater in number etc) plus (de), davantage (de); **more people/work (than)** plus de gens/de travail (que)

2 (additional) encore (de); **do you want (some) more tea?** voulez-vous encore du thé?; **is there any more wine?** reste-t-il du vin?; **I have no** or **I don't have any more money** je n'ai plus d'argent; **it'll take a few more weeks** ça prendra encore quelques semaines ▷ pron plus, davantage; **more than 10** plus de 10; **it cost more than we expected** cela a coûté plus que prévu; **I want more** j'en veux plus or davantage; **is there any more?** est-ce qu'il en reste?; **there's no more** il n'y en a plus; **a little more** un peu plus; **many/much more** beaucoup plus, bien davantage ▷ adv plus; **more dangerous/easily (than)** plus dangereux/facilement (que); **more and more expensive** de plus en plus cher; **more or less** plus ou moins; **more than ever** plus que jamais; **once more** encore une fois, une fois de plus; **and what's more ...** et de plus ..., et qui plus est ...

**moreover** [mɔː'rəʊvər] adv de plus

**morgue** [mɔːɡ] n morgue f

**morning** ['mɔːnɪŋ] n matin m; (as duration) matinée f ▷ cpd matinal(e); (paper) du matin; **in the ~** le matin; **7 o'clock in the ~** 7 heures du matin; **this ~** ce matin

**morning sickness** n nausées matinales
**Moroccan** [mə'rɔkən] adj marocain(e) ▷ n Marocain(e)
**Morocco** [mə'rɔkəu] n Maroc m
**moron** ['mɔːrɔn] n idiot(e), minus m/f
**morphine** ['mɔːfiːn] n morphine f
**morris dancing** ['mɔrɪs-] n (Brit) danses folkloriques anglaises; voir article

● **MORRIS DANCING**
●
● Le morris dancing est une danse folklorique
● anglaise traditionnellement réservée
● aux hommes. Habillés tout en blanc et
● portant des clochettes, ils exécutent
● différentes figures avec des mouchoirs et
● de longs bâtons. Cette danse est très
● populaire dans les fêtes de village.

**Morse** [mɔːs] n (also: **~ code**) morse m
**morsel** ['mɔːsl] n bouchée f
**mortal** ['mɔːtl] adj, n mortel(le)
**mortar** ['mɔːtər] n mortier m
**mortgage** ['mɔːgɪdʒ] n hypothèque f; (loan) prêt m (or crédit m) hypothécaire ▷ vt hypothéquer; **to take out a ~** prendre une hypothèque, faire un emprunt
**mortgage company** n (US) société f de crédit immobilier
**mortician** [mɔː'tɪʃən] n (US) entrepreneur m de pompes funèbres
**mortified** ['mɔːtɪfaɪd] adj mort(e) de honte
**mortuary** ['mɔːtjuərɪ] n morgue f
**mosaic** [məu'zeɪɪk] n mosaïque f
**Moscow** ['mɔskəu] n Moscou
**Moslem** ['mɔzləm] adj, n = **Muslim**
**mosque** [mɔsk] n mosquée f
**mosquito** (pl **mosquitoes**) [mɔs'kiːtəu] n moustique m
**moss** [mɔs] n mousse f
**most** [məust] adj (majority of) la plupart de; (greatest amount of) le plus de ▷ pron la plupart ▷ adv le plus; (very) très, extrêmement; **the ~** le plus; **~ fish** la plupart des poissons; **the ~ beautiful woman in the world** la plus belle femme du monde; **~ of** (with plural) la plupart de; (with singular) la plus grande partie de; **~ of them** la plupart d'entre eux; **~ of the time** la plupart du temps; **I saw ~** (a lot but not all) j'en ai vu la plupart; (more than anyone else) c'est moi qui en ai vu le plus; **at the (very) ~** au plus; **to make the ~ of** profiter au maximum de
**mostly** ['məustlɪ] adv (chiefly) surtout, principalement; (usually) généralement
**MOT** n abbr (Brit: = Ministry of Transport): **the ~ (test)** visite technique (annuelle) obligatoire des véhicules à moteur
**motel** [məu'tɛl] n motel m
**moth** [mɔθ] n papillon m de nuit; (in clothes) mite f
**mother** ['mʌðər] n mère f ▷ vt (pamper, protect) dorloter

**motherhood** ['mʌðəhud] n maternité f
**mother-in-law** ['mʌðərɪnlɔː] n belle-mère f
**motherly** ['mʌðəlɪ] adj maternel(le)
**mother-of-pearl** ['mʌðərəv'pəːl] n nacre f
**Mother's Day** n fête f des Mères
**mother-to-be** ['mʌðətə'biː] n future maman
**mother tongue** n langue maternelle
**motif** [məu'tiːf] n motif m
**motion** ['məuʃən] n mouvement m; (gesture) geste m; (at meeting) motion f; (Brit: also: **bowel ~**) selles fpl ▷ vt, vi: **to ~ (to) sb to do** faire signe à qn de faire; **to be in ~** (vehicle) être en marche; **to set in ~** mettre en marche; **to go through the ~s of doing sth** (fig) faire qch machinalement or sans conviction
**motionless** ['məuʃənlɪs] adj immobile, sans mouvement
**motion picture** n film m
**motivate** ['məutɪveɪt] vt motiver
**motivated** ['məutɪveɪtɪd] adj motivé(e)
**motivation** [məutɪ'veɪʃən] n motivation f
**motive** ['məutɪv] n motif m, mobile m ▷ adj moteur(-trice); **from the best (of) ~s** avec les meilleures intentions (du monde)
**motley** ['mɔtlɪ] adj hétéroclite; bigarré(e), bariolé(e)
**motor** ['məutər] n moteur m; (Brit inf: vehicle) auto f ▷ adj moteur(-trice)
**motorbike** ['məutəbaɪk] n moto f
**motorboat** ['məutəbəut] n bateau m à moteur
**motorcar** ['məutəkaː] n (Brit) automobile f
**motorcycle** ['məutəsaɪkl] n moto f
**motorcycle racing** n course f de motos
**motorcyclist** ['məutəsaɪklɪst] n motocycliste m/f
**motoring** ['məutərɪŋ] (Brit) n tourisme m automobile ▷ adj (accident) de voiture, de la route; **~ holiday** vacances fpl en voiture; **~ offence** infraction f au code de la route
**motorist** ['məutərɪst] n automobiliste m/f
**motor mechanic** n mécanicien m garagiste
**motor racing** n (Brit) course f automobile
**motor trade** n secteur m de l'automobile
**motorway** ['məutəweɪ] n (Brit) autoroute f
**mottled** ['mɔtld] adj tacheté(e), marbré(e)
**motto** (pl **mottoes**) ['mɔtəu] n devise f
**mould**, (US) **mold** [məuld] n moule m; (mildew) moisissure f ▷ vt mouler, modeler; (fig) façonner
**mouldy**, (US) **moldy** ['məuldɪ] adj moisi(e); (smell) de moisi
**moult**, (US) **molt** [məult] vi muer
**mound** [maund] n monticule m, tertre m
**mount** [maunt] n (hill) mont m, montagne f; (horse) monture f; (for picture) carton m de montage; (horse etc) monture f ▷ vt monter; (horse) monter à; (bike) monter sur; (exhibition) organiser, monter; (picture) monter sur carton; (stamp) coller dans un album ▷ vi (inflation, tension) augmenter; **mount up** vi

s'élever, monter; (bills, problems, savings)
s'accumuler

**mountain** ['mauntɪn] n montagne f ▷ cpd
de (la) montagne; **to make a ~ out of a
molehill** (fig) se faire une montagne d'un
rien

**mountain bike** n VTT m, vélo m tout terrain

**mountaineer** [mauntɪ'nɪəᵣ] n alpiniste m/f

**mountaineering** [mauntɪ'nɪərɪŋ] n
alpinisme m; **to go ~** faire de l'alpinisme

**mountainous** ['mauntɪnəs] adj
montagneux(-euse)

**mountain range** n chaîne f de montagnes

**mountain rescue team** n colonne f de
secours

**mountainside** ['mauntɪnsaɪd] n flanc m or
versant m de la montagne

**mourn** [mɔːn] vt pleurer ▷ vi: **to ~ for sb**
pleurer qn; **to ~ for sth** se lamenter sur qch

**mourner** ['mɔːnəᵣ] n parent(e) or ami(e) du
défunt; personne f en deuil or venue rendre
hommage au défunt

**mourning** ['mɔːnɪŋ] n deuil m ▷ cpd (dress) de
deuil; **in ~** en deuil

**mouse** (pl **mice**) [maus, maɪs] n (also Comput)
souris f

**mouse mat** n (Comput) tapis m de souris

**mousetrap** ['maustræp] n souricière f

**moussaka** [muˈsɑːkə] n moussaka f

**mousse** [muːs] n mousse f

**moustache**, (US) **mustache** [məsˈtɑːʃ] n
moustache(s) f(pl)

**mousy** ['mausɪ] adj (person) effacé(e); (hair)
d'un châtain terne

**mouth** [mauθ, pl mauðz] n bouche f; (of dog,
cat) gueule f; (of river) embouchure f; (of hole,
cave) ouverture f; (of bottle) goulot m; (opening)
orifice m

**mouthful** ['mauθful] n bouchée f

**mouth organ** n harmonica m

**mouthpiece** ['mauθpiːs] n (of musical
instrument) bec m, embouchure f; (spokesperson)
porte-parole m inv

**mouthwash** ['mauθwɔʃ] n eau f dentifrice

**mouth-watering** ['mauθwɔːtərɪŋ] adj qui
met l'eau à la bouche

**movable** ['muːvəbl] adj mobile

**move** [muːv] n (movement) mouvement m; (in
game) coup m; (: turn to play) tour m; (change of
house) déménagement m; (change of job)
changement m d'emploi ▷ vt déplacer,
bouger; (emotionally) émouvoir ▷ vi (gen) bouger, remuer;
(traffic) circuler; (also: ~ **house**) déménager;
(in game) jouer; **can you ~ your car, please?**
pouvez-vous déplacer votre voiture, s'il vous
plaît?; **to ~ towards** se diriger vers; **to ~ sb to
do sth** pousser or inciter qn à faire qch; **to
get a ~ on** se dépêcher, se remuer; **move
about, move around** vi (fidget) remuer;
(travel) voyager, se déplacer; **move along** vi
se pousser; **move away** vi s'en aller,
s'éloigner; **move back** vi revenir, retourner;
**move forward** vi avancer ▷ vt avancer;
(people) faire avancer; **move in** vi (to a house)
emménager; (police, soldiers) intervenir;
**move off** vi s'éloigner, s'en aller; **move on** vi
se remettre en route ▷ vt (onlookers) faire
circuler; **move out** vi (of house) déménager;
**move over** vi se pousser, se déplacer; **move
up** vi avancer; (employee) avoir de
l'avancement; (pupil) passer dans la classe
supérieure

**moveable** ['muːvəbl] adj = **movable**

**movement** ['muːvmənt] n mouvement m;
**~ (of the bowels)** (Med) selles fpl

**movie** ['muːvɪ] n film m; **movies** npl: **the ~s**
le cinéma

**movie theater** (US) n cinéma m

**moving** ['muːvɪŋ] adj en mouvement;
(touching) émouvant(e) ▷ n (US)
déménagement m

**mow** (pt **mowed**, pp **mowed** or **mown**) [mau,
-d, -n] vt faucher; (lawn) tondre; **mow down**
vt faucher

**mower** ['mauəᵣ] n (also: **lawn~**) tondeuse f
à gazon

**mown** [maun] pp of **mow**

**Mozambique** [məuzəmˈbiːk] n
Mozambique m

**MP** n abbr (= Military Police) PM; (Brit) = **Member
of Parliament**; (Canada) = **Mounted Police**

**MP3** n mp3 m

**MP3 player** n baladeur m numérique,
lecteur m mp3

**mpg** n abbr (= miles per gallon) (30 mpg = 9,4 l. aux
100 km)

**m.p.h.** abbr (= miles per hour) (60 mph = 96 km/h)

**Mr**, (US) **Mr.** ['mɪstəᵣ] n: **Mr X** Monsieur X,
M. X

**Mrs**, (US) **Mrs.** ['mɪsɪz] n: **~ X** Madame X,
Mme X

**Ms**, (US) **Ms.** [mɪz] n (Miss or Mrs): **Ms X**
Madame X, Mme X; voir article

● **Ms**
●
● Ms est un titre utilisé à la place de "Mrs"
● (Mme) ou de "Miss" (Mlle) pour éviter la
● distinction traditionnelle entre femmes
● mariées et femmes non mariées.

**MSc** n abbr = **Master of Science**

**MSP** n abbr (= Member of the Scottish Parliament)
député m au Parlement écossais

**Mt** abbr (Geo: = mount) Mt

**much** [mʌtʃ] adj beaucoup de ▷ adv, n or pron
beaucoup; **~ milk** beaucoup de lait; **we don't
have ~ time** nous n'avons pas beaucoup de
temps; **how ~ is it?** combien est-ce que ça
coûte?; **it's not ~** ce n'est pas beaucoup; **too ~**
trop (de); **so ~** tant (de); **I like it very/so ~**
j'aime beaucoup/tellement ça; **as ~ as** autant
de; **thank you very ~** merci beaucoup; **that's**

m

~ **better** c'est beaucoup mieux; ~ **to my amazement ...** à mon grand étonnement ...
**muck** [mʌk] n (*mud*) boue f; (*dirt*) ordures fpl; **muck about** vi (*inf*) faire l'imbécile; (*: waste time*) traînasser; (*: tinker*) bricoler; tripoter; **muck in** vi (*Brit inf*) donner un coup de main; **muck out** vt (*stable*) nettoyer; **muck up** vt (*inf: ruin*) gâcher, esquinter; (*: dirty*) salir; (*: exam, interview*) se planter à
**mucky** ['mʌkɪ] adj (*dirty*) boueux(-euse), sale
**mucus** ['mju:kəs] n mucus m
**mud** [mʌd] n boue f
**muddle** ['mʌdl] n (*mess*) pagaille f, fouillis m; (*mix-up*) confusion f ▷ vt (*also:* ~ **up**) brouiller, embrouiller; **to be in a** ~ (*person*) ne plus savoir où l'on en est; **to get in a** ~ (*while explaining etc*) s'embrouiller; **muddle along** vi aller son chemin tant bien que mal; **muddle through** vi se débrouiller
**muddy** ['mʌdɪ] adj boueux(-euse)
**mudguard** ['mʌdgɑ:d] n garde-boue m inv
**muesli** ['mju:zlɪ] n muesli m
**muffin** ['mʌfɪn] n (*roll*) petit pain rond et plat; (*cake*) petit gâteau au chocolat ou aux fruits
**muffle** ['mʌfl] vt (*sound*) assourdir, étouffer; (*against cold*) emmitoufler
**muffled** ['mʌfld] adj étouffé(e), voilé(e)
**muffler** ['mʌflə'] n (*scarf*) cache-nez m inv; (*US Aut*) silencieux m
**mug** [mʌg] n (*cup*) tasse f (*sans soucoupe*); (*: for beer*) chope f; (*inf: face*) bouille f; (*: fool*) poire f ▷ vt (*assault*) agresser; **it's a ~'s game** (*Brit*) c'est bon pour les imbéciles; **mug up** vt (*Brit inf: also:* ~ **up on**) bosser, bûcher
**mugger** ['mʌgə'] n agresseur m
**mugging** ['mʌgɪŋ] n agression f
**muggy** ['mʌgɪ] adj lourd(e), moite
**mule** [mju:l] n mule f
**multicoloured**, (US) **multicolored** ['mʌltɪkʌləd] adj multicolore
**multi-level** ['mʌltɪlɛvl] adj (US) = **multistorey**
**multimedia** ['mʌltɪ'mi:dɪə] adj multimédia inv
**multinational** [mʌltɪ'næʃənl] n multinationale f ▷ adj multinational(e)
**multiple** ['mʌltɪpl] adj multiple ▷ n multiple m; (*Brit: also:* ~ **store**) magasin m à succursales (multiples)
**multiple choice, multiple choice test** n QCM m, questionnaire m à choix multiple
**multiple sclerosis** [-sklɪ'rəusɪs] n sclérose f en plaques
**multiplex** ['mʌltɪplɛks], **multiplex cinema** n (*cinéma m*) multisalles m
**multiplication** [mʌltɪplɪ'keɪʃən] n multiplication f
**multiply** ['mʌltɪplaɪ] vt multiplier ▷ vi se multiplier
**multistorey** ['mʌltɪ'stɔ:rɪ] adj (*Brit: building*) à étages, (*: car park*) à étages or niveaux multiples

**mum** [mʌm] n (*Brit*) maman f ▷ adj: **to keep ~** ne pas souffler mot; **~'s the word!** motus et bouche cousue!
**mumble** ['mʌmbl] vt, vi marmotter, marmonner
**mummy** ['mʌmɪ] n (*Brit: mother*) maman f; (*embalmed*) momie f
**mumps** ['mʌmps] n oreillons mpl
**munch** [mʌntʃ] vt, vi mâcher
**mundane** [mʌn'deɪn] adj banal(e), terre à terre inv
**municipal** [mju:'nɪsɪpl] adj municipal(e)
**mural** ['mjuərl] n peinture murale
**murder** ['mə:də'] n meurtre m, assassinat m ▷ vt assassiner; **to commit ~** commettre un meurtre
**murderer** ['mə:dərə'] n meurtrier m, assassin m
**murderous** ['mə:dərəs] adj meurtrier(-ière)
**murky** ['mə:kɪ] adj sombre, ténébreux(-euse); (*water*) trouble
**murmur** ['mə:mə'] n murmure m ▷ vt, vi murmurer; **heart ~** (*Med*) souffle m au cœur
**muscle** ['mʌsl] n muscle m; (*fig*) force f; **muscle in** vi s'imposer, s'immiscer
**muscular** ['mʌskjulə'] adj musculaire; (*person, arm*) musclé(e)
**muse** [mju:z] vi méditer, songer ▷ n muse f
**museum** [mju:'zɪəm] n musée m
**mushroom** ['mʌʃrum] n champignon m ▷ vi (*fig*) pousser comme un champignon (*or des*) champignon(s)
**music** ['mju:zɪk] n musique f
**musical** ['mju:zɪkl] adj musical(e); (*person*) musicien(ne) ▷ n (*show*) comédie musicale
**musical instrument** n instrument m de musique
**music centre** n chaîne compacte
**musician** [mju:'zɪʃən] n musicien(ne)
**Muslim** ['mʌzlɪm] adj, n musulman(e)
**muslin** ['mʌzlɪn] n mousseline f
**mussel** ['mʌsl] n moule f
**must** [mʌst] aux vb (*obligation*): **I ~ do it** je dois le faire, il faut que je le fasse; (*probability*): **he ~ be there by now** il doit y être maintenant, il y est probablement maintenant; (*suggestion, invitation*): **you ~ come and see me** il faut que vous veniez me voir ▷ n nécessité f, impératif m; **it's a ~** c'est indispensable; **I ~ have made a mistake** j'ai dû me tromper
**mustache** ['mʌstæʃ] n (US) = **moustache**
**mustard** ['mʌstəd] n moutarde f
**muster** ['mʌstə'] n vt rassembler; (*also:* ~ **up**: *strength, courage*) rassembler
**mustn't** ['mʌsnt] = **must not**
**mute** [mju:t] adj, n muet(te)
**muted** ['mju:tɪd] adj (*noise*) sourd(e), assourdi(e); (*criticism*) voilé(e); (*Mus*) en sourdine; (*: trumpet*) bouché(e)
**mutilate** ['mju:tɪleɪt] vt mutiler
**mutiny** ['mju:tɪnɪ] n mutinerie f ▷ vi se mutiner

**mutter** ['mʌtə'] *vt, vi* marmonner, marmotter

**mutton** ['mʌtn] *n* mouton *m*

**mutual** ['mju:tʃuəl] *adj* mutuel(le), réciproque; (*benefit, interest*) commun(e)

**mutually** ['mju:tʃuəlɪ] *adv* mutuellement, réciproquement

**muzzle** ['mʌzl] *n* museau *m*; (*protective device*) muselière *f*; (*of gun*) gueule *f* ▷ *vt* museler

**my** [maɪ] *adj* mon/ma, mes *pl*; **my house/car/gloves** ma maison/ma voiture/mes gants; **I've washed my hair/cut my finger** je me suis lavé les cheveux/coupé le doigt; **is this my pen or yours?** c'est mon stylo ou c'est le vôtre?

**myself** [maɪ'sɛlf] *pron* (*reflexive*) me; (*emphatic*) moi-même; (*after prep*) moi; *see also* **oneself**

**mysterious** [mɪs'tɪərɪəs] *adj* mystérieux(-euse)

**mystery** ['mɪstərɪ] *n* mystère *m*

**mystical** ['mɪstɪkl] *adj* mystique

**mystify** ['mɪstɪfaɪ] *vt* (*deliberately*) mystifier; (*puzzle*) ébahir

**myth** [mɪθ] *n* mythe *m*

**mythology** [mɪ'θɔlədʒɪ] *n* mythologie *f*

# n

**n/a** *abbr* (= *not applicable*) n.a.; (*Comm etc*) = **no account**

**naff** [næf] (Brit: *inf*) *adj* nul(le)

**nag** [næg] *vt* (*scold*) être toujours après, reprendre sans arrêt ▷ *n* (*pej: horse*) canasson *m*; (*person*): **she's an awful ~** elle est constamment après lui (*or* eux *etc*), elle est très casse-pieds

**nagging** ['nægɪŋ] *adj* (*doubt, pain*) persistant(e) ▷ *n* remarques continuelles

**nail** [neɪl] *n* (*human*) ongle *m*; (*metal*) clou *m* ▷ *vt* clouer; **to ~ sth to sth** clouer qch à qch; **to ~ sb down to a date/price** contraindre qn à accepter *or* donner une date/un prix; **to pay cash on the ~** (Brit) payer rubis sur l'ongle

**nailbrush** ['neɪlbrʌʃ] *n* brosse *f* à ongles

**nailfile** ['neɪlfaɪl] *n* lime *f* à ongles

**nail polish** *n* vernis *m* à ongles

**nail polish remover** *n* dissolvant *m*

**nail scissors** *npl* ciseaux *mpl* à ongles

**nail varnish** *n* (Brit) = **nail polish**

**naïve** [naɪ'i:v] *adj* naïf(-ïve)

**naked** ['neɪkɪd] *adj* nu(e); **with the ~ eye** à l'œil nu

**name** [neɪm] *n* nom *m*; (*reputation*) réputation *f* ▷ *vt* nommer; (*identify: accomplice etc*) citer; (*price, date*) fixer, donner; **by ~** par son nom; **in the ~ of** au nom de; **what's your ~?** comment vous appelez-vous?, quel est votre nom?; **my ~ is Peter** je m'appelle Peter; **to take sb's ~ and address** relever l'identité de qn *or* les nom et adresse de qn; **to make a ~ for o.s.** se faire un nom; **to get (o.s.) a bad ~** se faire une mauvaise réputation; **to call sb ~s** traiter qn de tous les noms

**nameless** ['neɪmlɪs] *adj* sans nom; (*witness, contributor*) anonyme

**namely** ['neɪmlɪ] *adv* à savoir

**namesake** ['neɪmseɪk] *n* homonyme *m*

**nanny** ['nænɪ] *n* bonne *f* d'enfants

**nap** [næp] *n* (*sleep*) (petit) somme ▷ *vi*: **to be caught ~ping** être pris(e) à l'improviste *or* en défaut

**nape** [neɪp] *n*: **~ of the neck** nuque *f*

**napkin** ['næpkɪn] *n* serviette *f* (de table)

**nappy** ['næpɪ] *n* (*Brit*) couche *f*

**nappy rash** *n*: **to have ~** avoir les fesses rouges

**narcissus** (*pl* **narcissi**) [nɑːˈsɪsəs, -saɪ] *n* narcisse *m*

**narcotic** [nɑːˈkɒtɪk] *n* (*Med*) narcotique *m*

**narcotics** [nɑːˈkɒtɪkz] *npl* (*illegal drugs*) stupéfiants *mpl*

**narrative** ['nærətɪv] *n* récit *m* ▷ *adj* narratif(-ive)

**narrator** [nəˈreɪtəʳ] *n* narrateur(-trice)

**narrow** ['nærəʊ] *adj* étroit(e); (*fig*) restreint(e), limité(e) ▷ *vi* (*road*) devenir plus étroit, se rétrécir; (*gap, difference*) se réduire; **to have a ~ escape** l'échapper belle; **narrow down** *vt* restreindre

**narrowly** ['nærəʊlɪ] *adv*: **he ~ missed injury/the tree** il a failli se blesser/rentrer dans l'arbre; **he only ~ missed the target** il a manqué la cible de peu *or* de justesse

**narrow-minded** [nærəʊˈmaɪndɪd] *adj* à l'esprit étroit, borné(e); (*attitude*) borné(e)

**nasal** ['neɪzl] *adj* nasal(e)

**nasty** ['nɑːstɪ] *adj* (*person: malicious*) méchant(e); (: *rude*) très désagréable; (*smell*) dégoûtant(e); (*wound, situation*) mauvais(e), vilain(e); (*weather*) affreux(-euse); **to turn ~** (*situation*) mal tourner; (*weather*) se gâter; (*person*) devenir méchant; **it's a ~ business** c'est une sale affaire

**nation** ['neɪʃən] *n* nation *f*

**national** ['næʃənl] *adj* national(e) ▷ *n* (*abroad*) ressortissant(e); (*when home*) national(e)

**national anthem** *n* hymne national

**national dress** *n* costume national

**National Health Service** *n* (*Brit*) service national de santé, ≈ Sécurité Sociale

**National Insurance** *n* (*Brit*) ≈ Sécurité Sociale

**nationalism** ['næʃnəlɪzəm] *n* nationalisme *m*

**nationalist** ['næʃnəlɪst] *adj, n* nationaliste *m/f*

**nationality** [næʃəˈnælɪtɪ] *n* nationalité *f*

**nationalize** ['næʃnəlaɪz] *vt* nationaliser

**nationally** ['næʃnəlɪ] *adv* du point de vue national; dans le pays entier

**national park** *n* parc national

**National Trust** *n* (*Brit*) ≈ Caisse *f* nationale des monuments historiques et des sites; *voir article*

- **NATIONAL TRUST**
- Le *National Trust* est un organisme
- indépendant, à but non lucratif, dont la
- mission est de protéger et de mettre en
- valeur les monuments et les sites
- britanniques en raison de leur intérêt
- historique ou de leur beauté naturelle.

**nationwide** ['neɪʃənwaɪd] *adj* s'étendant à l'ensemble du pays; (*problem*) à l'échelle du pays entier ▷ *adv* à travers *or* dans tout le pays

**native** ['neɪtɪv] *n* habitant(e) du pays, autochtone *m/f*; (*in colonies*) indigène *m/f* ▷ *adj* du pays, indigène; (*country*) natal(e); (*language*) maternel(le); (*ability*) inné(e); **a ~ of Russia** une personne originaire de Russie; **a ~ speaker of French** une personne de langue maternelle française

**Native American** *n* Indien(ne) d'Amérique ▷ *adj* amérindien(ne)

**native speaker** *n* locuteur natif; *see also* **native**

**NATO** ['neɪtəʊ] *n abbr* (= *North Atlantic Treaty Organization*) OTAN *f*

**natural** ['nætʃrəl] *adj* naturel(le); **to die of ~ causes** mourir d'une mort naturelle

**natural gas** *n* gaz naturel

**natural history** *n* histoire naturelle

**naturalist** ['nætʃrəlɪst] *n* naturaliste *m/f*

**naturally** ['nætʃrəlɪ] *adv* naturellement

**natural resources** *npl* ressources naturelles

**nature** ['neɪtʃəʳ] *n* nature *f*; **by ~** par tempérament, de nature; **documents of a confidential ~** documents à caractère confidentiel

**nature reserve** *n* (*Brit*) réserve naturelle

**naught** [nɔːt] *n* = **nought**

**naughty** ['nɔːtɪ] *adj* (*child*) vilain(e), pas sage; (*story, film*) grivois(e)

**nausea** ['nɔːsɪə] *n* nausée *f*

**naval** ['neɪvl] *adj* naval(e)

**naval officer** *n* officier *m* de marine

**nave** [neɪv] *n* nef *f*

**navel** ['neɪvl] *n* nombril *m*

**navigate** ['nævɪgeɪt] *vt* (*steer*) diriger, piloter ▷ *vi* naviguer; (*Aut*) indiquer la route à suivre

**navigation** [nævɪˈgeɪʃən] *n* navigation *f*

**navvy** ['nævɪ] *n* (*Brit*) terrassier *m*

**navy** ['neɪvɪ] *n* marine *f*; **Department of the N~** (*US*) ministère *m* de la Marine

**navy-blue** ['neɪvɪ'bluː] *adj* bleu marine *inv*

**Nazi** ['nɑːtsɪ] *adj* nazi(e) ▷ *n* Nazi(e)

**NB** *abbr* (= *nota bene*) NB; (*Canada*) = **New Brunswick**

**near** [nɪəʳ] *adj* proche ▷ *adv* près ▷ *prep* (*also*: **~ to**) près de ▷ *vt* approcher de; **~ here/there** près d'ici/non loin de là; **£25,000 or ~est**

**offer** (Brit) 25 000 livres à débattre; **in the ~ future** dans un proche avenir; **to come ~** vi s'approcher

**nearby** ['nɪə'baɪ] adj proche ▷ adv tout près, à proximité

**nearly** ['nɪəlɪ] adv presque; **I ~ fell** j'ai failli tomber; **it's not ~ big enough** ce n'est vraiment pas assez grand, c'est loin d'être assez grand

**near miss** n collision évitée de justesse; (when aiming) coup manqué de peu or de justesse

**nearside** ['nɪəsaɪd] (Aut) n (right-hand drive) côté m gauche; (left-hand drive) côté droit ▷ adj de gauche; de droite

**near-sighted** [nɪə'saɪtɪd] adj myope

**neat** [ni:t] adj (person, work) soigné(e); (room etc) bien tenu(e) or rangé(e); (solution, plan) habile; (spirits) pur(e); **I drink it ~** je le bois sec or sans eau

**neatly** ['ni:tlɪ] adv avec soin or ordre; (skilfully) habilement

**necessarily** ['nɛsɪsrɪlɪ] adv nécessairement; **not ~** pas nécessairement or forcément

**necessary** ['nɛsɪsrɪ] adj nécessaire; **if ~** si besoin est, le cas échéant

**necessity** [nɪ'sɛsɪtɪ] n nécessité f; chose nécessaire or essentielle; **in case of ~** en cas d'urgence

**neck** [nɛk] n cou m; (of horse, garment) encolure f; (of bottle) goulot m ▷ vi (inf) se peloter; **~ and ~** à égalité; **to stick one's ~ out** (inf) se mouiller

**necklace** ['nɛklɪs] n collier m

**neckline** ['nɛklaɪn] n encolure f

**necktie** ['nɛktaɪ] n (esp US) cravate f

**nectarine** ['nɛktərɪn] n brugnon m, nectarine f

**need** [ni:d] n besoin m ▷ vt avoir besoin de; **to ~ to do** devoir faire; avoir besoin de faire; **you don't ~ to go** vous n'avez pas besoin or vous n'êtes pas obligé de partir; **a signature is ~ed** il faut une signature; **to be in ~ of** or **have ~ of** avoir besoin de; **£10 will meet my immediate ~s** 10 livres suffiront pour mes besoins immédiats; **in case of ~** en cas de besoin, au besoin; **there's no ~ to do ....** il n'y a pas lieu de faire ..., il n'est pas nécessaire de faire ...; **there's no ~ for that** ce n'est pas la peine, cela n'est pas nécessaire

**needle** [ni:dl] n aiguille f; (on record player) saphir m ▷ vt (inf) asticoter, tourmenter

**needless** ['ni:dlɪs] adj inutile; **~ to say, ...** inutile de dire que ...

**needlework** ['ni:dlwə:k] n (activity) travaux mpl d'aiguille; (object) ouvrage m

**needn't** ['ni:dnt] = **need not**

**needy** ['ni:dɪ] adj nécessiteux(-euse)

**negative** ['nɛgətɪv] n (Phot, Elec) négatif m; (Ling) terme m de négation ▷ adj négatif(-ive); **to answer in the ~** répondre par la négative

**neglect** [nɪ'glɛkt] vt négliger; (garden) ne pas entretenir; (duty) manquer à ▷ n (of person, duty, garden) le fait de négliger; (state of) ~ abandon m; **to ~ to do sth** négliger or omettre de faire qch; **to ~ one's appearance** se négliger

**neglected** [nɪ'glɛktɪd] adj négligé(e), à l'abandon

**negligee** ['nɛglɪʒeɪ] n déshabillé m

**negotiate** [nɪ'gəʊʃɪeɪt] vi négocier ▷ vt négocier; (Comm) négocier; (obstacle) franchir, négocier; (bend in road) négocier; **to ~ with sb for sth** négocier avec qn en vue d'obtenir qch

**negotiation** [nɪgəʊʃɪ'eɪʃən] n négociation f, pourparlers mpl; **to enter into ~s with sb** engager des négociations avec qn

**negotiator** [nɪ'gəʊʃɪeɪtə'] n négociateur(-trice)

**neigh** [neɪ] vi hennir

**neighbour, neighbor** (US) ['neɪbə'] n voisin(e)

**neighbourhood, neighborhood** (US) ['neɪbəhud] n (place) quartier m; (people) voisinage m

**neighbouring, neighboring** (US) ['neɪbərɪŋ] adj voisin(e), avoisinant(e)

**neighbourly, neighborly** (US) ['neɪbəlɪ] adj obligeant(e); (relations) de bon voisinage

**neither** ['naɪðə'] adj, pron aucun(e) (des deux), ni l'un(e) ni l'autre ▷ conj: **do I** moi non plus; **I didn't move and ~ did Claude** je n'ai pas bougé, (et) Claude non plus ▷ adv: **~ good nor bad** ni bon ni mauvais; **~ did I refuse** (et or mais) je n'ai pas non plus refusé; **~ of them** ni l'un ni l'autre

**neon** ['ni:ɔn] n néon m

**neon light** n lampe f au néon

**Nepal** [nɪ'pɔ:l] n Népal m

**nephew** ['nɛvju:] n neveu m

**nerve** [nə:v] n nerf m; (bravery) sang-froid m, courage m; (cheek) aplomb m, toupet m; **nerves** npl (nervousness) nervosité f; **he gets on my ~s** il m'énerve; **to have a fit of ~s** avoir le trac; **to lose one's ~** (self-confidence) perdre son sang-froid

**nerve-racking** ['nə:vrækɪŋ] adj angoissant(e)

**nervous** ['nə:vəs] adj nerveux(-euse); (anxious) inquiet(-ète), plein(e) d'appréhension; (timid) intimidé(e)

**nervous breakdown** n dépression nerveuse

**nest** [nɛst] n nid m ▷ vi (se) nicher, faire son nid; **~ of tables** table f gigogne

**nest egg** n (fig) bas m de laine, magot m

**nestle** ['nɛsl] vi se blottir

**Net** [nɛt] n (Comput): **the ~** (Internet) le Net

**net** [nɛt] n filet m; (fabric) tulle f ▷ adj net(te) ▷ vt (fish etc) prendre au filet; (money: person) toucher; (: deal, sale) rapporter; **~ of tax** net d'impôt; **he earns £10,000 ~ per year** il gagne 10 000 livres net par an

**netball** ['nɛtbɔːl] n netball m
**Netherlands** ['nɛðələndz] npl: **the ~** les Pays-Bas mpl
**nett** [nɛt] adj = **net**
**netting** ['nɛtɪŋ] n (for fence etc) treillis m, grillage m; (fabric) voile m
**nettle** ['nɛtl] n ortie f
**network** ['nɛtwɜːk] n réseau m ▷ vt (Radio, TV) diffuser sur l'ensemble du réseau; (computers) interconnecter; **there's no ~ coverage here** (Tel) il n'y a pas de réseau ici
**neurotic** [njuə'rɔtɪk] adj, n névrosé(e)
**neuter** ['njuːtə<sup>r</sup>] adj neutre ▷ n neutre m ▷ vt (cat etc) châtrer, couper
**neutral** ['njuːtrəl] adj neutre ▷ n (Aut) point mort
**neutralize** ['njuːtrəlaɪz] vt neutraliser
**never** ['nɛvə<sup>r</sup>] adv (ne ...) jamais; **I ~ went** je n'y suis pas allé; **I've ~ been to Spain** je ne suis jamais allé en Espagne; **~ again** plus jamais; **~ in my life** jamais de ma vie; see also **mind**
**never-ending** [nɛvər'ɛndɪŋ] adj interminable
**nevertheless** [nɛvəðə'lɛs] adv néanmoins, malgré tout
**new** [njuː] adj nouveau/nouvelle; (brand new) neuf/neuve; **as good as ~** comme neuf
**New Age** n New Age m
**newbie** ['njuːbɪ] n (beginner) newbie mf; (on forum) nouveau(-elle)
**newborn** ['njuːbɔːn] adj nouveau-né(e)
**newcomer** ['njuːkʌmə<sup>r</sup>] n nouveau venu/nouvelle venue
**new-fangled** ['njuːfæŋgld] adj (pej) ultramoderne (et farfelu(e))
**new-found** ['njuːfaund] adj de fraîche date; (friend) nouveau/nouvelle
**newly** ['njuːlɪ] adv nouvellement, récemment
**newly-weds** ['njuːlɪwɛdz] npl jeunes mariés mpl
**news** [njuːz] n nouvelle(s) f(pl); (Radio, TV) informations fpl, actualités fpl; **a piece of ~** une nouvelle; **good/bad ~** bonne/mauvaise nouvelle; **financial ~** (Press, Radio, TV) page financière
**news agency** n agence f de presse
**newsagent** ['njuːzeɪdʒənt] n (Brit) marchand m de journaux
**newscaster** ['njuːzkɑːstə<sup>r</sup>] n (Radio, TV) présentateur(-trice)
**news flash** n flash m d'information
**newsletter** ['njuːzlɛtə<sup>r</sup>] n bulletin m
**newspaper** ['njuːzpeɪpə<sup>r</sup>] n journal m; **daily ~** quotidien m; **weekly ~** hebdomadaire m
**newsprint** ['njuːzprɪnt] n papier m (de) journal
**newsreader** ['njuːzriːdə<sup>r</sup>] n = **newscaster**
**newsreel** ['njuːzriːl] n actualités (filmées)
**news stand** n kiosque m à journaux
**newt** [njuːt] n triton m

**New Year** n Nouvel An; **Happy ~!** Bonne Année!; **to wish sb a happy ~** souhaiter la Bonne Année à qn
**New Year's Day** n le jour de l'An
**New Year's Eve** n la Saint-Sylvestre
**New York** [-'jɔːk] n New York; (also: **~ State**) New York m
**New Zealand** [-'ziːlənd] n Nouvelle-Zélande f ▷ adj néo-zélandais(e)
**New Zealander** [-'ziːləndə<sup>r</sup>] n Néo-Zélandais(e)
**next** [nɛkst] adj (in time) prochain(e); (seat, room) voisin(e), d'à côté; (meeting, bus stop) suivant(e) ▷ adv la fois suivante; la prochaine fois; (afterwards) ensuite; **~ to** prep à côté de; **~ to nothing** presque rien; **~ time** adv la prochaine fois; **the ~ day** le lendemain, le jour suivant or d'après; **~ week** la semaine prochaine; **the ~ week** la semaine suivante; **~ year** l'année prochaine; **"turn to the ~ page"** "voir page suivante"; **~ please!** (at doctor's etc) au suivant!; **who's ~?** c'est à qui?; **the week after ~** dans deux semaines; **when do we meet ~?** quand nous revoyons-nous?
**next door** adv à côté ▷ adj (neighbour) d'à côté
**next-of-kin** ['nɛkstəv'kɪn] n parent m le plus proche
**NHS** n abbr (Brit) = **National Health Service**
**nib** [nɪb] n (of pen) (bec m de) plume f
**nibble** ['nɪbl] vt grignoter
**nice** [naɪs] adj (holiday, trip, taste) agréable; (flat, picture) joli(e); (person) gentil(le); (distinction, point) subtil(e)
**nicely** ['naɪslɪ] adv agréablement; joliment; gentiment; subtilement; **that will do ~** ce sera parfait
**niceties** ['naɪsɪtɪz] npl subtilités fpl
**niche** [niːʃ] n (Archit) niche f
**nick** [nɪk] n (indentation) encoche f; (wound) entaille f; (Brit inf): **in good ~** en bon état ▷ vt (cut): **to ~ o.s.** se couper; (inf: steal) faucher, piquer; (: Brit: arrest) choper, pincer; **in the ~ of time** juste à temps
**nickel** ['nɪkl] n nickel m; (US) pièce f de 5 cents
**nickname** ['nɪkneɪm] n surnom m ▷ vt surnommer
**nicotine** ['nɪkətiːn] n nicotine f
**nicotine patch** n timbre m anti-tabac, patch m
**niece** [niːs] n nièce f
**Nigeria** [naɪ'dʒɪərɪə] n Nigéria m or f
**niggling** ['nɪglɪŋ] adj tatillon(ne); (detail) insignifiant(e); (doubt, pain) persistant(e)
**night** [naɪt] n nuit f; (evening) soir m; **at ~** la nuit; **by ~** de nuit; **in the ~**, **during the ~** pendant la nuit; **last ~** (evening) hier soir; (night-time) la nuit dernière; **the ~ before last** avant-hier soir
**nightcap** ['naɪtkæp] n boisson prise avant le coucher
**night club** n boîte f de nuit

**nightdress** ['naɪtdrɛs] n chemise f de nuit

**nightfall** ['naɪtfɔːl] n tombée f de la nuit

**nightie** ['naɪtɪ] n chemise f de nuit

**nightingale** ['naɪtɪŋgeɪl] n rossignol m

**nightlife** ['naɪtlaɪf] n vie f nocturne

**nightly** ['naɪtlɪ] adj (news) du soir; (by night) nocturne ▷ adv (every evening) tous les soirs; (every night) toutes les nuits

**nightmare** ['naɪtmɛəʳ] n cauchemar m

**night porter** n gardien m de nuit, concierge m de service la nuit

**night school** n cours mpl du soir

**night shift** ['naɪtʃɪft] n équipe f de nuit

**night-time** ['naɪttaɪm] n nuit f

**night watchman** irreg n veilleur m de nuit; poste m de nuit

**nil** [nɪl] n rien m; (Brit Sport) zéro m

**Nile** [naɪl] n: **the ~** le Nil

**nimble** ['nɪmbl] adj agile

**nine** [naɪn] num neuf

**nineteen** ['naɪn'tiːn] num dix-neuf

**nineteenth** [naɪn'tiːnθ] num dix-neuvième

**ninetieth** ['naɪntɪɪθ] num quatre-vingt-dixième

**ninety** ['naɪntɪ] num quatre-vingt-dix

**ninth** [naɪnθ] num neuvième

**nip** [nɪp] vt pincer ▷ vi (Brit inf): **to ~ out/down/up** sortir/descendre/monter en vitesse ▷ n pincement m; (drink) petit verre; **to ~ into a shop** faire un saut dans un magasin

**nipple** ['nɪpl] n (Anat) mamelon m, bout m du sein

**nitrogen** ['naɪtrədʒən] n azote m

 KEYWORD

**no** [nəu] (pl **noes**) adv (opposite of "yes") non; **are you coming? — no (I'm not)** est-ce que vous venez? — non; **would you like some more? — no thank you** vous en voulez encore? — non merci
▷ adj (not any) (ne ...) pas de, (ne ...) aucun(e); **I have no money/books** je n'ai pas d'argent/de livres; **no student would have done it** aucun étudiant ne l'aurait fait; **"no smoking"** "défense de fumer"; **"no dogs"** "les chiens ne sont pas admis"
▷ n non m; **I won't take no for an answer** il n'est pas question de refuser

**nobility** [nəu'bɪlɪtɪ] n noblesse f

**noble** ['nəubl] adj noble

**nobody** ['nəubədɪ] pron (ne ...) personne

**nod** [nɔd] vi faire un signe de (la) tête (affirmatif ou amical); (sleep) somnoler ▷ vt: **to ~ one's head** faire un signe de (la) tête; (in agreement) faire signe que oui ▷ n signe m de (la) tête; **they ~ded their agreement** ils ont acquiescé d'un signe de la tête; **nod off** vi s'assoupir

**noise** [nɔɪz] n bruit m; **I can't sleep for the ~** je n'arrive pas à dormir à cause du bruit

**noisy** ['nɔɪzɪ] adj bruyant(e)

**nominal** ['nɔmɪnl] adj (rent, fee) symbolique; (value) nominal(e)

**nominate** ['nɔmɪneɪt] vt (propose) proposer; (appoint) nommer

**nomination** [nɔmɪ'neɪʃən] n nomination f

**nominee** [nɔmɪ'niː] n candidat agréé; personne nommée

**non-** [nɔn] prefix non-

**nonalcoholic** [nɔnælkə'hɔlɪk] adj non alcoolisé(e)

**noncommittal** [nɔnkə'mɪtl] adj évasif(-ive)

**nondescript** ['nɔndɪskrɪpt] adj quelconque, indéfinissable

**none** [nʌn] pron aucun(e); **~ of you** aucun d'entre vous, personne parmi vous; **I have ~** je n'en ai pas; **I have ~ left** je n'en ai plus; **~ at all** (not one) aucun(e); **how much milk? — ~ at all** combien de lait? — pas du tout; **he's ~ the worse for it** il ne s'en porte pas plus mal

**nonentity** [nɔ'nɛntɪtɪ] n personne insignifiante

**nonetheless** ['nʌnðə'lɛs] adv néanmoins

**nonexistent** [nɔnɪg'zɪstənt] adj inexistant(e)

**non-fiction** [nɔn'fɪkʃən] n littérature f non romanesque

**nonplussed** [nɔn'plʌst] adj perplexe

**nonsense** ['nɔnsəns] n absurdités fpl, idioties fpl; **~!** ne dites pas d'idioties!; **it is ~ to say that ...** il est absurde de dire que ....

**non-smoker** ['nɔn'sməukəʳ] n non-fumeur m

**non-smoking** ['nɔn'sməukɪŋ] adj non-fumeur

**non-stick** ['nɔn'stɪk] adj qui n'attache pas

**nonstop** ['nɔn'stɔp] adj direct(e), sans arrêt (or escale) ▷ adv sans arrêt

**noodles** ['nuːdlz] npl nouilles fpl

**nook** [nuk] n: **~s and crannies** recoins mpl

**noon** [nuːn] n midi m

**no-one** ['nəuwʌn] pron = **nobody**

**noose** [nuːs] n nœud coulant; (hangman's) corde f

**nor** [nɔːʳ] conj = **neither** ▷ adv see **neither**

**norm** [nɔːm] n norme f

**normal** ['nɔːml] adj normal(e) ▷ n: **to return to ~** redevenir normal(e)

**normally** ['nɔːməlɪ] adv normalement

**Normandy** ['nɔːməndɪ] n Normandie f

**north** [nɔːθ] n nord m ▷ adj nord inv; (wind) du nord ▷ adv au or vers le nord

**North Africa** n Afrique f du Nord

**North African** adj nord-africain(e), d'Afrique du Nord ▷ n Nord-Africain(e)

**North America** n Amérique f du Nord

**North American** n Nord-Américain(e) ▷ adj nord-américain(e), d'Amérique du Nord

**northbound** ['nɔːθbaund] adj (traffic) en direction du nord; (carriageway) nord inv

**n**

**north-east** [nɔːθˈiːst] n nord-est m
**northerly** ['nɔːðəlɪ] adj (wind, direction) du nord
**northern** ['nɔːðən] adj du nord, septentrional(e)
**Northern Ireland** n Irlande f du Nord
**North Korea** n Corée f du Nord
**North Pole** n: the ~ le pôle Nord
**North Sea** n: the ~ la mer du Nord
**northward** ['nɔːθwəd], **northwards** ['nɔːθwədz] adv vers le nord
**north-west** [nɔːθˈwɛst] n nord-ouest m
**Norway** ['nɔːweɪ] n Norvège f
**Norwegian** [nɔːˈwiːdʒən] adj norvégien(ne)
▷ n Norvégien(ne); (Ling) norvégien m
**nose** [nəuz] n nez m; (of dog, cat) museau m; (fig) flair m ▷ vi (also: ~ **one's way**) avancer précautionneusement; **to pay through the** ~ (**for sth**) (inf) payer un prix excessif (pour qch); **nose about, nose around** vi fouiner or fureter (partout)
**nosebleed** ['nəuzbliːd] n saignement m de nez
**nose-dive** ['nəuzdaɪv] n (descente f en) piqué m
**nosey** ['nəuzɪ] adj (inf) curieux(-euse)
**nostalgia** [nɔsˈtældʒɪə] n nostalgie f
**nostalgic** [nɔsˈtældʒɪk] adj nostalgique
**nostril** ['nɔstrɪl] n narine f; (of horse) naseau m
**nosy** ['nəuzɪ] (inf) adj = **nosey**
**not** [nɔt] adv (ne ...) pas; **he is** ~ or **isn't here** il n'est pas ici; **you must** ~ or **mustn't do that** tu ne dois pas faire ça; **I hope** ~ j'espère que non; ~ **at all** pas du tout; (after thanks) de rien; **it's too late, isn't it?** c'est trop tard, n'est-ce pas?; ~ **yet/now** pas encore/maintenant; see also **only**
**notable** ['nəutəbl] adj notable
**notably** ['nəutəblɪ] adv (particularly) en particulier; (markedly) spécialement
**notary** ['nəutərɪ] n (also: ~ **public**) notaire m
**notch** [nɔtʃ] n encoche f; **notch up** vt (score) marquer; (victory) remporter
**note** [nəut] n note f; (letter) mot m; (banknote) billet m ▷ vt (also: ~ **down**) noter; (notice) constater; **just a quick** ~ **to let you know ...** juste un mot pour vous dire ...; **to take** ~**s** prendre des notes; **to compare** ~**s** (fig) échanger des (or leurs etc) impressions; **to take** ~ **of** prendre note de; **a person of** ~ une personne éminente
**notebook** ['nəutbuk] n carnet m; (for shorthand etc) bloc-notes m
**noted** ['nəutɪd] adj réputé(e)
**notepad** ['nəutpæd] n bloc-notes m
**notepaper** ['nəutpeɪpəʳ] n papier m à lettres
**nothing** ['nʌθɪŋ] n rien m; **he does** ~ il ne fait rien; ~ **new** rien de nouveau; **for** ~ (free) pour rien, gratuitement; (in vain) en vain; ~ **at all** rien du tout; ~ **much** pas grand-chose
**notice** ['nəutɪs] n (announcement, warning) avis m; (of leaving) congé m; (Brit: review: of play etc) critique f, compte rendu m ▷ vt

remarquer, s'apercevoir de; **without** ~ sans préavis; **advance** ~ préavis m; **to give sb** ~ **of sth** notifier qn de qch; **at short** ~ dans un délai très court; **until further** ~ jusqu'à nouvel ordre; **to give** ~, **hand in one's** ~ (employee) donner sa démission, démissionner; **to take** ~ **of** prêter attention à; **to bring sth to sb's** ~ porter qch à la connaissance de qn; **it has come to my** ~ **that ...** on m'a signalé que ...; **to escape** or **avoid** ~ (essayer de) passer inaperçu or ne pas se faire remarquer
**noticeable** ['nəutɪsəbl] adj visible
**notice board** n (Brit) panneau m d'affichage
**notify** ['nəutɪfaɪ] vt: **to** ~ **sth to sb** notifier qch à qn; **to** ~ **sb of sth** avertir qn de qch
**notion** ['nəuʃən] n idée f; (concept) notion f; **notions** npl (US: haberdashery) mercerie f
**notorious** [nəuˈtɔːrɪəs] adj notoire (souvent en mal)
**notwithstanding** [nɔtwɪθˈstændɪŋ] adv néanmoins ▷ prep en dépit de
**nought** [nɔːt] n zéro m
**noun** [naun] n nom m
**nourish** ['nʌrɪʃ] vt nourrir
**nourishing** ['nʌrɪʃɪŋ] adj nourrissant(e)
**nourishment** ['nʌrɪʃmənt] n nourriture f
**Nov.** abbr (= November) nov
**novel** ['nɔvl] n roman m ▷ adj nouveau/nouvelle, original(e)
**novelist** ['nɔvəlɪst] n romancier m
**novelty** ['nɔvəltɪ] n nouveauté f
**November** [nəuˈvɛmbəʳ] n novembre m; see also **July**
**novice** ['nɔvɪs] n novice m/f
**now** [nau] adv maintenant ▷ conj: ~ (**that**) maintenant (que); **right** ~ tout de suite; **by** ~ à l'heure qu'il est; **just** ~: **that's the fashion just now** c'est la mode en ce moment or maintenant; **I saw her just** ~ je viens de la voir, je l'ai vue à l'instant; **I'll read it just** ~ je vais le lire à l'instant or dès maintenant; ~ **and then**, ~ **and again** de temps en temps; **from** ~ **on** dorénavant; **in 3 days from** ~ dans or d'ici trois jours; **between** ~ **and Monday** d'ici (à) lundi; **that's all for** ~ c'est tout pour l'instant
**nowadays** ['nauədeɪz] adv de nos jours
**nowhere** ['nəuwɛəʳ] adv (ne ...) nulle part; ~ **else** nulle part ailleurs
**nozzle** ['nɔzl] n (of hose) jet m, lance f; (of vacuum cleaner) suceur m
**nr** abbr (Brit) = **near**
**nuclear** ['njuːklɪəʳ] adj nucléaire
**nucleus** (pl **nuclei**) ['njuːklɪəs, 'njuːklɪaɪ] n noyau m
**nude** [njuːd] adj nu(e) ▷ n (Art) nu m; **in the** ~ (tout(e)) nu(e)
**nudge** [nʌdʒ] vt donner un (petit) coup de coude à
**nudist** ['njuːdɪst] n nudiste m/f
**nudity** ['njuːdɪtɪ] n nudité f

**nuisance** ['njuːsns] n: **it's a ~** c'est (très) ennuyeux or gênant; **he's a ~** il est assommant or casse-pieds; **what a ~!** quelle barbe!

**null** [nʌl] adj: **~ and void** nul(le) et non avenu(e)

**numb** [nʌm] adj engourdi(e); (with fear) paralysé(e) ▷ vt engourdir; **~ with cold** engourdi(e) par le froid, transi(e) (de froid); **~ with fear** transi de peur, paralysé(e) par la peur

**number** ['nʌmbə<sup>r</sup>] n nombre m; (numeral) chiffre m; (of house, car, telephone, newspaper) numéro m ▷ vt numéroter; (amount to) compter; **a ~ of** un certain nombre de; **they were seven in ~** ils étaient (au nombre de) sept; **to be ~ed among** compter parmi; **the staff ~s 20** le nombre d'employés s'élève à or est de 20; **wrong ~** (Tel) mauvais numéro

**number plate** n (Brit Aut) plaque f minéralogique or d'immatriculation

**Number Ten** n (Brit: 10 Downing Street) résidence du Premier ministre

**numeral** ['njuːmərəl] n chiffre m

**numerate** ['njuːmərɪt] adj (Brit): **to be ~** avoir des notions d'arithmétique

**numerical** [njuː'mɛrɪkl] adj numérique

**numerous** ['njuːmərəs] adj nombreux(-euse)

**nun** [nʌn] n religieuse f, sœur f

**nurse** [nəːs] n infirmière f; (also: **~maid**) bonne f d'enfants ▷ vt (patient, cold) soigner; (baby: Brit) bercer (dans ses bras); (: US) allaiter, nourrir; (hope) nourrir

**nursery** ['nəːsərɪ] n (room) nursery f; (institution) crèche f, garderie f; (for plants) pépinière f

**nursery rhyme** n comptine f, chansonnette f pour enfants

**nursery school** n école maternelle

**nursery slope** n (Brit Ski) piste f pour débutants

**nursing** ['nəːsɪŋ] n (profession) profession f d'infirmière; (care) soins mpl ▷ adj (mother) qui allaite

**nursing home** n clinique f; (for convalescence) maison f de convalescence or de repos; (for old people) maison de retraite

**nurture** ['nəːtʃə<sup>r</sup>] vt élever

**nut** [nʌt] n (of metal) écrou m; (fruit: walnut) noix f; (: hazelnut) noisette f; (: peanut) cacahuète f (terme générique en anglais) ▷ adj (chocolate etc) aux noisettes; **he's ~s** (inf) il est dingue

**nutcrackers** ['nʌtkrækəz] npl casse-noix m inv, casse-noisette(s) m

**nutmeg** ['nʌtmɛg] n (noix f) muscade f

**nutrient** ['njuːtrɪənt] adj nutritif(-ive) ▷ n substance nutritive

**nutrition** [njuː'trɪʃən] n nutrition f, alimentation f

**nutritious** [njuː'trɪʃəs] adj nutritif(-ive), nourrissant(e)

**nuts** [nʌts] (inf) adj dingue

**nutshell** ['nʌtʃɛl] n coquille f de noix; **in a ~** en un mot

**nutter** ['nʌtə<sup>r</sup>] (Brit: inf) n: **he's a complete ~** il est complètement cinglé

**NVQ** n abbr (Brit) = **National Vocational Qualification**

**nylon** ['naɪlɔn] n nylon m ▷ adj de or en nylon; **nylons** npl bas mpl nylon

n

**O**

**oak** [əuk] *n* chêne *m* ▷ *cpd* de *or* en (bois de) chêne

**O.A.P.** *n abbr* (*Brit*) = **old age pensioner**

**oar** [ɔːʳ] *n* aviron *m*, rame *f*; **to put** *or* **shove one's ~ in** (*fig: inf*) mettre son grain de sel

**oasis** (*pl* **oases**) [əu'eɪsɪs, əu'eɪsiːz] *n* oasis *f*

**oath** [əuθ] *n* serment *m*; (*swear word*) juron *m*; **to take the ~** prêter serment; **on** (*Brit*) *or* **under ~** sous serment; assermenté(e)

**oatmeal** ['əutmiːl] *n* flocons *mpl* d'avoine

**oats** [əuts] *n* avoine *f*

**obedience** [ə'biːdɪəns] *n* obéissance *f*; **in ~ to** conformément à

**obedient** [ə'biːdɪənt] *adj* obéissant(e); **to be ~ to sb/sth** obéir à qn/qch

**obese** [əu'biːs] *adj* obèse

**obesity** [əu'biːsɪtɪ] *n* obésité *f*

**obey** [ə'beɪ] *vt* obéir à; (*instructions, regulations*) se conformer à ▷ *vi* obéir

**obituary** [ə'bɪtjuərɪ] *n* nécrologie *f*

**object** *n* ['ɔbdʒɪkt] objet *m*; (*purpose*) but *m*, objet; (*Ling*) complément *m* d'objet ▷ *vi* [ə b'dʒɛkt]: **to ~ to** (*attitude*) désapprouver; (*proposal*) protester contre, élever une objection contre; **I ~!** je proteste!; **he ~ed that ...** il a fait valoir *or* a objecté que ...; **do you ~ to my smoking?** est-ce que cela vous gêne si je fume?; **what's the ~ of doing that?** quel est l'intérêt de faire cela?; **money is no ~** l'argent n'est pas un problème

**objection** [əb'dʒɛkʃən] *n* objection *f*; (*drawback*) inconvénient *m*; **if you have no ~** si vous n'y voyez pas d'inconvénient; **to make** *or* **raise an ~** élever une objection

**objectionable** [əb'dʒɛkʃənəbl] *adj* très désagréable; choquant(e)

**objective** [əb'dʒɛktɪv] *n* objectif *m* ▷ *adj* objectif(-ive)

**obligation** [ɔblɪ'geɪʃən] *n* obligation *f*, devoir *m*; (*debt*) dette *f* (de reconnaissance); **"without ~"** "sans engagement"

**obligatory** [ə'blɪgətərɪ] *adj* obligatoire

**oblige** [ə'blaɪdʒ] *vt* (*force*): **to ~ sb to do** obliger *or* forcer qn à faire; (*do a favour*) rendre service à, obliger; **to be ~d to sb for sth** être obligé(e) à qn de qch; **anything to ~!** (*inf*) (toujours prêt à rendre) service!

**obliging** [ə'blaɪdʒɪŋ] *adj* obligeant(e), serviable

**oblique** [ə'bliːk] *adj* oblique; (*allusion*) indirect(e) ▷ *n* (*Brit Typ*): **~ (stroke)** barre *f* oblique

**obliterate** [ə'blɪtəreɪt] *vt* effacer

**oblivion** [ə'blɪvɪən] *n* oubli *m*

**oblivious** [ə'blɪvɪəs] *adj*: **~ of** oublieux(-euse) de

**oblong** ['ɔblɔŋ] *adj* oblong(ue) ▷ *n* rectangle *m*

**obnoxious** [əb'nɔkʃəs] *adj* odieux(-euse); (*smell*) nauséabond(e)

**oboe** ['əubəu] *n* hautbois *m*

**obscene** [əb'siːn] *adj* obscène

**obscure** [əb'skjuəʳ] *adj* obscur(e) ▷ *vt* obscurcir; (*hide: sun*) cacher

**observant** [əb'zəːvnt] *adj* observateur(-trice)

**observation** [ɔbzə'veɪʃən] *n* observation *f*; (*by police etc*) surveillance *f*

**observatory** [əb'zəːvətrɪ] *n* observatoire *m*

**observe** [əb'zəːv] *vt* observer; (*remark*) faire observer *or* remarquer

**observer** [əb'zəːvəʳ] *n* observateur(-trice)

**obsess** [əb'sɛs] *vt* obséder; **to be ~ed by** *or* **with sb/sth** être obsédé(e) par qn/qch

**obsession** [əb'sɛʃən] *n* obsession *f*

**obsessive** [əb'sɛsɪv] *adj* obsédant(e)

**obsolete** ['ɔbsəliːt] *adj* dépassé(e), périmé(e)

**obstacle** ['ɔbstəkl] *n* obstacle *m*

**obstacle race** *n* course *f* d'obstacles

**obstinate** ['ɔbstɪnɪt] *adj* obstiné(e); (*pain, cold*) persistant(e)

**obstruct** [əb'strʌkt] *vt* (*block*) boucher, obstruer; (*halt*) arrêter; (*hinder*) entraver

**obstruction** [əb'strʌkʃən] *n* obstruction *f*; (*to plan, progress*) obstacle *m*

**obtain** [əb'teɪn] *vt* obtenir ▷ *vi* avoir cours

**obvious** ['ɔbvɪəs] *adj* évident(e), manifeste

**obviously** ['ɔbvɪəslɪ] *adv* manifestement; (*of course*): **~, he** *or* **he ~ ...** il est bien évident qu'il ...; **~!** bien sûr!; **~ not!** évidemment pas!, bien sûr que non!

**occasion** [ə'keɪʒən] *n* occasion *f*; (*event*) événement *m* ▷ *vt* occasionner, causer; **on that ~** à cette occasion; **to rise to the ~** se montrer à la hauteur de la situation

**occasional** [əˈkeɪʒənl] adj pris(e) (or fait(e) etc) de temps en temps; (worker, spending) occasionnel(le)

**occasionally** [əˈkeɪʒənəlɪ] adv de temps en temps, quelquefois; **very ~** (assez) rarement

**occult** [ɔˈkʌlt] adj occulte ▷ n: **the ~** le surnaturel

**occupant** [ˈɔkjupənt] n occupant m

**occupation** [ɔkjuˈpeɪʃən] n occupation f; (job) métier m, profession f; **unfit for ~** (house) impropre à l'habitation

**occupational hazard** n risque m du métier

**occupier** [ˈɔkjupaɪə] n occupant(e)

**occupy** [ˈɔkjupaɪ] vt occuper; **to ~ o.s. with** or **by doing** s'occuper à faire; **to be occupied with sth** être occupé avec qch

**occur** [əˈkəː] vi se produire; (difficulty, opportunity) se présenter; (phenomenon, error) se rencontrer; **to ~ to sb** venir à l'esprit de qn

**occurrence** [əˈkʌrəns] n (existence) présence f, existence f; (event) cas m, fait m

**ocean** [ˈəuʃən] n océan m; **~s of** (inf) des masses de

**o'clock** [əˈklɔk] adv: **it is 5 ~** il est 5 heures

**OCR** n abbr = **optical character reader**; **optical character recognition**

**Oct.** abbr (= October) oct

**October** [ɔkˈtəubə] n octobre m; see also **July**

**octopus** [ˈɔktəpəs] n pieuvre f

**odd** [ɔd] adj (strange) bizarre, curieux(-euse); (number) impair(e); (left over) qui reste, en plus; (not of a set) dépareillé(e); **60-~** 60 et quelques; **at ~ times** de temps en temps; **the ~ one out** l'exception f

**oddity** [ˈɔdɪtɪ] n bizarrerie f; (person) excentrique m/f

**odd-job man** [ɔdˈdʒɔb-] irreg n homme m à tout faire

**odd jobs** npl petits travaux divers

**oddly** [ˈɔdlɪ] adv bizarrement, curieusement

**oddments** [ˈɔdmənts] npl (Brit Comm) fins fpl de série

**odds** [ɔdz] npl (in betting) cote f; **the ~ are against his coming** il y a peu de chances qu'il vienne; **it makes no ~** cela n'a pas d'importance; **to succeed against all the ~** réussir contre toute attente; **~ and ends** de petites choses; **at ~** en désaccord

**odometer** [ɔˈdɔmɪtə] n (US) odomètre m

**odour, odor** (US) [ˈəudə] n odeur f

**KEYWORD**

**of** [ɔv, əv] prep **1** (gen) de; **a friend of ours** un de nos amis; **a boy of 10** un garçon de 10 ans; **that was kind of you** c'était gentil de votre part

**2** (expressing quantity, amount, dates etc) de; **a kilo of flour** un kilo de farine; **how much of this do you need?** combien vous en faut-il?; **there were three of them** (people) ils étaient 3; (objects) il y en avait 3; **three of us went**

3 d'entre nous y sont allé(e)s; **the 5th of July** le 5 juillet; **a quarter of 4** (US) 4 heures moins le quart

**3** (from, out of) en, de; **a statue of marble** une statue de or en marbre; **made of wood** (fait) en bois

**off** [ɔf] adj, adv (engine) coupé(e); (light, TV) éteint(e); (tap) fermé(e); (Brit: food) mauvais(e), avancé(e); (: milk) tourné(e); (absent) absent(e); (cancelled) annulé(e); (removed): **the lid was ~** le couvercle était retiré or n'était pas mis; (away): **to run/drive ~** partir en courant/en voiture ▷ prep de; **to be ~** (to leave) partir, s'en aller; **I must be ~** il faut que je file; **to be ~ sick** être absent pour cause de maladie; **a day ~** un jour de congé; **to have an ~ day** n'être pas en forme; **he had his coat ~** il avait enlevé son manteau; **the hook is ~** le crochet s'est détaché; le crochet n'est pas mis; **10% ~** (Comm) 10% de rabais; **5 km ~ (the road)** à 5 km (de la route); **~ the coast** au large de la côte; **a house ~ the main road** une maison à l'écart de la grand-route; **it's a long way ~** c'est loin (d'ici); **I'm ~ meat** je ne mange plus de viande; je n'aime plus la viande; **on the ~ chance** à tout hasard; **to be well/badly ~** être bien/mal loti; (financially) être aisé/dans la gêne; **~ and on, on and ~** de temps à autre; **I'm afraid the chicken is ~** (Brit: not available) je regrette, il n'y a plus de poulet; **that's a bit ~** (fig: inf) c'est un peu fort

**offal** [ˈɔfl] n (Culin) abats mpl

**off-colour** [ˈɔfˈkʌlə] adj (Brit: ill) malade, mal fichu(e); **to feel ~** être mal fichu

**offence**, (US) **offense** [əˈfɛns] n (crime) délit m, infraction f; **to give ~ to** blesser, offenser; **to take ~ at** se vexer de, s'offenser de; **to commit an ~** commettre une infraction

**offend** [əˈfɛnd] vt (person) offenser, blesser ▷ vi: **to ~ against** (law, rule) contrevenir à, enfreindre

**offender** [əˈfɛndə] n délinquant(e); (against regulations) contrevenant(e)

**offense** [əˈfɛns] n (US) = **offence**

**offensive** [əˈfɛnsɪv] adj offensant(e), choquant(e); (smell etc) très déplaisant(e); (weapon) offensif(-ive) ▷ n (Mil) offensive f

**offer** [ˈɔfə] n offre f, proposition f ▷ vt offrir, proposer; **to make an ~ for sth** faire une offre pour qch; **to ~ sth to sb, ~ sb sth** offrir qch à qn; **to ~ to do sth** proposer de faire qch; **"on ~"** (Comm) "en promotion"

**offering** [ˈɔfərɪŋ] n offrande f

**offhand** [ɔfˈhænd] adj désinvolte ▷ adv spontanément; **I can't tell you ~** je ne peux pas vous le dire comme ça

**office** [ˈɔfɪs] n (place) bureau m; (position) charge f, fonction f; **doctor's ~** (US) cabinet (médical); **to take ~** entrer en fonctions; **through his good ~s** (fig) grâce à ses bons

offices; **O~ of Fair Trading** (Brit) *organisme de protection contre les pratiques commerciales abusives*
**office automation** *n* bureautique *f*
**office block,** (US) **office building** *n* immeuble *m* de bureaux
**office hours** *npl* heures *fpl* de bureau; (US Med) heures de consultation
**officer** ['ɔfɪsəʳ] *n* (Mil etc) officier *m*; (also: **police ~**) agent *m* (de police); (of organization) membre *m* du bureau directeur
**office worker** *n* employé(e) de bureau
**official** [ə'fɪʃl] *adj* (authorized) officiel(le)
▷ *n* officiel *m*; (civil servant) fonctionnaire *m/f*; (of railways, post office, town hall) employé(e)
**officiate** [ə'fɪʃɪeɪt] *vi* (Rel) officier; **to ~ as Mayor** exercer les fonctions de maire; **to ~ at a marriage** célébrer un mariage
**officious** [ə'fɪʃəs] *adj* trop empressé(e)
**offing** ['ɔfɪŋ] *n*: **in the ~** (fig) en perspective
**off-licence** ['ɔflaɪsns] *n* (Brit: shop) débit *m* de vins et de spiritueux
**off-line** [ɔf'laɪn] *adj* (Comput) (en mode) autonome; (: switched off) non connecté(e)
**off-peak** [ɔf'piːk] *adj* aux heures creuses; (electricity, ticket) aux tarif heures creuses
**off-putting** ['ɔfputɪŋ] *adj* (Brit: remark) rébarbatif(-ive); (person) rebutant(e), peu engageant(e)
**off-road vehicle** ['ɔfrəud-] *n* véhicule *m* tout-terrain
**off-season** ['ɔf'siːzn] *adj, adv* hors-saison *inv*
**offset** ['ɔfset] *vt* (irreg like: **set**) (counteract) contrebalancer, compenser ▷ *n* (also: **~ printing**) offset *m*
**offshoot** ['ɔfʃuːt] *n* (fig) ramification *f*, antenne *f*; (: of discussion etc) conséquence *f*
**offshore** [ɔf'ʃɔːʳ] *adj* (breeze) de terre; (island) proche du littoral; (fishing) côtier(-ière); **~ oilfield** gisement *m* pétrolifère en mer
**offside** ['ɔf'saɪd] *n* (Aut: with right-hand drive) côté droit; (: with left-hand drive) côté gauche ▷ *adj* (Sport) hors jeu; (Aut: in Britain) de droite; (: in US, Europe) de gauche
**offspring** ['ɔfsprɪŋ] *n* progéniture *f*
**offstage** [ɔf'steɪdʒ] *adv* dans les coulisses
**off-the-peg** ['ɔfðə'pɛg], (US) **off-the-rack** ['ɔfðə'ræk] *adv* en prêt-à-porter
**off-white** ['ɔfwaɪt] *adj* blanc cassé *inv*
**often** ['ɔfn] *adv* souvent; **how ~ do you go?** vous y allez tous les combien?; **every so ~** de temps en temps, de temps à autre; **as ~ as not** la plupart du temps
**Ofwat** ['ɔfwɔt] *n abbr* (Brit: = Office of Water Services) *organisme qui surveille les activités des compagnies des eaux*
**oh** [əu] *excl* ô!, oh!, ah!
**oil** [ɔɪl] *n* huile *f*; (petroleum) pétrole *m*; (for central heating) mazout *m* ▷ *vt* (machine) graisser
**oilcan** ['ɔɪlkæn] *n* burette *f* de graissage; (for storing) bidon *m* à huile

**oilfield** ['ɔɪlfiːld] *n* gisement *m* de pétrole
**oil filter** *n* (Aut) filtre *m* à huile
**oil painting** *n* peinture *f* à l'huile
**oil refinery** *n* raffinerie *f* de pétrole
**oil rig** *n* derrick *m*; (at sea) plate-forme pétrolière
**oil slick** *n* nappe *f* de mazout
**oil tanker** *n* (ship) pétrolier *m*; (truck) camion-citerne *m*
**oil well** *n* puits *m* de pétrole
**oily** ['ɔɪlɪ] *adj* huileux(-euse); (food) gras(se)
**ointment** ['ɔɪntmənt] *n* onguent *m*
**O.K., okay** ['əu'keɪ] (inf) *excl* d'accord! ▷ *vt* approuver, donner son accord à ▷ *n*: **to give sth one's ~** donner son accord à qch ▷ *adj* (not bad) pas mal, en règle; en bon état; sain et sauf; acceptable; **is it ~?, are you ~?** ça va?; **are you ~ for money?** ça va or ira question argent?; **it's ~ with** or **by me** ça me va, c'est d'accord en ce qui me concerne
**old** [əuld] *adj* vieux/vieille; (person) vieux, âgé(e); (former) ancien(ne), vieux; **how ~ are you?** quel âge avez-vous?; **he's 10 years ~** il a 10 ans, il est âgé de 10 ans; **~er brother/ sister** frère/sœur aîné(e); **any ~ thing will do** n'importe quoi fera l'affaire
**old age** *n* vieillesse *f*
**old-age pensioner** *n* (Brit) retraité(e)
**old-fashioned** ['əuld'fæʃnd] *adj* démodé(e); (person) vieux jeu *inv*
**old people's home** *n* (esp Brit) maison *f* de retraite
**olive** ['ɔlɪv] *n* (fruit) olive *f*; (tree) olivier *m* ▷ *adj* (also: **~-green**) (vert) olive *inv*
**olive oil** *n* huile *f* d'olive
**Olympic** [əu'lɪmpɪk] *adj* olympique; **the ~ Games, the ~s** les Jeux *mpl* olympiques
**omelette, omelet** ['ɔmlɪt] *n* omelette *f*; **ham/cheese omelet(te)** omelette au jambon/fromage
**omen** ['əumən] *n* présage *m*
**ominous** ['ɔmɪnəs] *adj* menaçant(e), inquiétant(e); (event) de mauvais augure
**omit** [əu'mɪt] *vt* omettre; **to ~ to do sth** négliger de faire qch

 KEYWORD

**on** [ɔn] *prep* **1** (indicating position) sur; **on the table** sur la table; **on the wall** sur le or au mur; **on the left** à gauche; **I haven't any money on me** je n'ai pas d'argent sur moi
**2** (indicating means, method, condition etc): **on foot** à pied; **on the train/plane** (be) dans le train/l'avion; (go) en train/avion; **on the telephone/radio/television** au téléphone/ à la radio/à la télévision; **to be on drugs** se droguer; **on holiday,** Brit **on vacation** (US) en vacances; **on the continent** sur le continent
**3** (referring to time): **on Friday** vendredi; **on Fridays** le vendredi; **on June 20th** le 20 juin; **a week on Friday** vendredi en huit; **on arrival**

à l'arrivée; **on seeing this** en voyant cela
**4** (*about, concerning*) sur, de; **a book on Balzac/
physics** un livre sur Balzac/de physique
**5** (*at the expense of*): **this round is on me** c'est
ma tournée
▷ *adv* **1** (*referring to dress*): **to have one's coat
on** avoir (mis) son manteau; **to put one's
coat on** mettre son manteau; **what's she
got on?** qu'est-ce qu'elle porte?
**2** (*referring to covering*): **screw the lid on
tightly** vissez bien le couvercle
**3** (*further, continuously*): **to walk** *etc* **on**
continuer à marcher *etc*; **on and off** de temps
à autre; **from that day** depuis ce jour
▷ *adj* **1** (*in operation*: *machine*) en marche;
(*: radio, TV, light*) allumé(e); (*: tap, gas*)
ouvert(e); (*: brakes*) mis(e); **is the meeting
still on?** (*not cancelled*) est-ce que la réunion a
bien lieu?; **it was well on in the evening**
c'était tard dans la soirée; **when is this film
on?** quand passe ce film?
**2** (*inf*): **that's not on!** (*not acceptable*) cela ne se
fait pas!; (*not possible*) pas question!

**once** [wʌns] *adv* une fois; (*formerly*) autrefois
▷ *conj* une fois que + *sub*; **he had left/it was
done** une fois qu'il fut parti/que ce fut
terminé; **at ~** tout de suite, immédiatement;
(*simultaneously*) à la fois; **all at ~** *adv* tout d'un
coup; **~ a week** une fois par semaine; **~ more**
encore une fois; **I knew him ~** je l'ai connu
autrefois; **~ and for all** une fois pour toutes;
**~ upon a time there was ...** il y avait une
fois ..., il était une fois ...

**oncoming** ['ɒnkʌmɪŋ] *adj* (*traffic*) venant en
sens inverse

 **KEYWORD**

**one** [wʌn] *num* un(e); **one hundred and fifty**
cent cinquante; **one by one** un(e) à *or* par
un(e); **one day** un jour
▷ *adj* **1** (*sole*) seul(e), unique; **the one book
which** l'unique *or* le seul livre qui; **the one
man** le seul (homme) qui
**2** (*same*) même; **they came in the one car** ils
sont venus dans la même voiture
▷ *pron* **1**: **this one** celui-ci/celle-ci; **that one**
celui-là/celle-là; **I've already got one/a red
one** j'en ai déjà un(e)/un(e) rouge; **which
one do you want?** lequel voulez-vous?
**2**: **one another** l'un(e) l'autre; **to look at
one another** se regarder
**3** (*impersonal*) on; **one never knows** on ne sait
jamais; **to cut one's finger** se couper le
doigt; **one needs to eat** il faut manger
**4** (*phrases*): **to be one up on sb** avoir
l'avantage sur qn; **to be at one (with sb)** être
d'accord (avec qn)

**one-day excursion** ['wʌndeɪ-] *n* (*US*) billet *m*
d'aller-retour (valable pour la journée)

**one-man** ['wʌn'mæn] *adj* (*business*) dirigé(e)
*etc* par un seul homme
**one-man band** *n* homme-orchestre *m*
**one-off** [wʌn'ɒf] *n* (*Brit inf*) exemplaire *m*
unique ▷ *adj* unique
**oneself** [wʌn'sɛlf] *pron* se; (*after prep, also
emphatic*) soi-même; **to hurt ~** se faire mal; **to
keep sth for ~** garder qch pour soi; **to talk
to ~** se parler à soi-même; **by ~** tout seul
**one-shot** [wʌn'ʃɒt] (*US*) *n* = **one-off**
**one-sided** [wʌn'saɪdɪd] *adj* (*argument, decision*)
unilatéral(e); (*judgment, account*) partial(e);
(*contest*) inégal(e)
**one-to-one** ['wʌntəwʌn] *adj* (*relationship*)
univoque
**one-way** ['wʌnweɪ] *adj* (*street, traffic*) à sens
unique
**ongoing** ['ɒngəʊɪŋ] *adj* en cours; (*relationship*)
suivi(e)
**onion** ['ʌnjən] *n* oignon *m*
**on-line** ['ɒnlaɪn] *adj* (*Comput*) en ligne;
(*: switched on*) connecté(e)
**onlooker** ['ɒnlʊkə'] *n* spectateur(-trice)
**only** ['əʊnlɪ] *adv* seulement ▷ *adj* seul(e),
unique ▷ *conj* seulement, mais; **an ~ child**
un enfant unique; **not ~ ... but also** non
seulement ... mais aussi; **I ~ took one** j'en ai
seulement pris un, je n'en ai pris qu'un;
**I saw her ~ yesterday** je l'ai vue hier encore;
**I'd be ~ too pleased to help** je ne serais que
trop content de vous aider; **I would come,
~ I'm very busy** je viendrais bien mais j'ai
beaucoup à faire
**on-screen** [ɒn'skriːn] *adj* à l'écran
**onset** ['ɒnsɛt] *n* début *m*; (*of winter, old age*)
approche *f*
**onshore** ['ɒnʃɔː'] *adj* (*wind*) du large
**onslaught** ['ɒnslɔːt] *n* attaque *f*, assaut *m*
**onto** ['ɒntu] *prep* = **on to**
**onward** ['ɒnwəd], **onwards** ['ɒnwədz] *adv*
(*move*) en avant; **from that time ~s** à partir
de ce moment
**oops** [ʊps] *excl* houp!; **~-a-daisy!** houp-là!
**ooze** [uːz] *vi* suinter
**opaque** [əʊ'peɪk] *adj* opaque
**OPEC** ['əʊpɛk] *n abbr* (= *Organization of Petroleum-
Exporting Countries*) OPEP *f*
**open** ['əʊpn] *adj* ouvert(e); (*car*) découvert(e);
(*road, view*) dégagé(e); (*meeting*) public(-ique);
(*admiration*) manifeste; (*question*) non résolu(e);
(*enemy*) déclaré(e) ▷ *vt* ouvrir ▷ *vi* (*flower, eyes,
door, debate*) s'ouvrir; (*shop, bank, museum*)
ouvrir; (*book etc: commence*) commencer,
débuter; **is it ~ to public?** est-ce ouvert au
public?; **what time do you ~?** à quelle heure
ouvrez-vous?; **in the ~ (air)** en plein air; **the
~ sea** le large; **~ ground** (*among trees*) clairière
*f*; (*waste ground*) terrain *m* vague; **to have an ~-
mind (on sth)** avoir l'esprit ouvert (sur qch);
**open on to** *vt fus* (*room, door*) donner sur;
**open out** *vt* ouvrir ▷ *vi* s'ouvrir; **open up** *vt*
ouvrir; (*blocked road*) dégager ▷ *vi* s'ouvrir

**open-air** [əupn'ɛəʳ] adj en plein air

**opening** ['əupnɪŋ] n ouverture f; (opportunity) occasion f; (work) débouché m; (job) poste vacant

**opening hours** npl heures fpl d'ouverture

**open learning** n enseignement universitaire à la carte, notamment par correspondance; (distance learning) télé-enseignement m

**openly** ['əupnlɪ] adv ouvertement

**open-minded** [əupn'maɪndɪd] adj à l'esprit ouvert

**open-necked** ['əupnnɛkt] adj à col ouvert

**open-plan** ['əupn'plæn] adj sans cloisons

**Open University** n (Brit) cours universitaires par correspondance; voir article

⬤ **OPEN UNIVERSITY**

⬤ L'Open University a été fondée en 1969.
⬤ L'enseignement comprend des cours
⬤ (certaines plages horaires sont réservées
⬤ à cet effet à la télévision et à la radio), des
⬤ devoirs qui sont envoyés par l'étudiant à
⬤ son directeur ou sa directrice d'études, et
⬤ un séjour obligatoire en université d'été.
⬤ Il faut préparer un certain nombre
⬤ d'unités de valeur pendant une période
⬤ de temps déterminée et obtenir la
⬤ moyenne à un certain nombre d'entre
⬤ elles pour recevoir le diplôme visé.

**opera** ['ɔpərə] n opéra m

**opera house** n opéra m

**opera singer** n chanteur(-euse) d'opéra

**operate** ['ɔpəreɪt] vt (machine) faire marcher, faire fonctionner; (system) pratiquer ▷ vi fonctionner; (drug) faire effet; **to ~ on sb (for)** (Med) opérer qn (de)

**operatic** [ɔpə'rætɪk] adj d'opéra

**operating** ['ɔpəreɪtɪŋ] adj (Comm: costs, profit) d'exploitation; (Med): **~ table** table f d'opération

**operating room** n (US: Med) salle f d'opération

**operating theatre** n (Brit: Med) salle f d'opération

**operation** [ɔpə'reɪʃən] n opération f; (of machine) fonctionnement m; **to have an ~ (for)** se faire opérer (de); **to be in ~** (machine) être en service; (system) être en vigueur

**operational** [ɔpə'reɪʃənl] adj opérationnel(le); (ready for use) en état de marche; **when the service is fully ~** lorsque le service fonctionnera pleinement

**operative** ['ɔpərətɪv] adj (measure) en vigueur ▷ n (in factory) ouvrier(-ière); **the ~ word** le mot clef

**operator** ['ɔpəreɪtəʳ] n (of machine) opérateur(-trice); (Tel) téléphoniste m/f

**opinion** [ə'pɪnjən] n opinion f, avis m; **in my ~** à mon avis; **to seek a second ~** demander un deuxième avis

**opinionated** [ə'pɪnjəneɪtɪd] adj aux idées bien arrêtées

**opinion poll** n sondage m d'opinion

**opponent** [ə'pəunənt] n adversaire m/f

**opportunity** [ɔpə'tjuːnɪtɪ] n occasion f; **to take the ~ to do** or **of doing** profiter de l'occasion pour faire

**oppose** [ə'pəuz] vt s'opposer à; **to be ~d to sth** être opposé(e) à qch; **as ~d to** par opposition à

**opposing** [ə'pəuzɪŋ] adj (side) opposé(e)

**opposite** ['ɔpəzɪt] adj opposé(e); (house etc) d'en face ▷ adv en face ▷ prep en face de ▷ n opposé m, contraire m; (of word) contraire; **"see ~ page"** "voir ci-contre"

**opposition** [ɔpə'zɪʃən] n opposition f

**oppress** [ə'prɛs] vt opprimer

**oppressive** [ə'prɛsɪv] adj oppressif(-ive)

**opt** [ɔpt] vi: **to ~ for** opter pour; **to ~ to do** choisir de faire; **opt out** vi (school, hospital) devenir autonome; (health service) devenir privé(e); **to ~ out of** choisir de ne pas participer à or de ne pas faire

**optical** ['ɔptɪkl] adj optique; (instrument) d'optique

**optical character reader** n lecteur m optique

**optical character recognition** n lecture f optique

**optician** [ɔp'tɪʃən] n opticien(ne)

**optimism** ['ɔptɪmɪzəm] n optimisme m

**optimist** ['ɔptɪmɪst] n optimiste m/f

**optimistic** [ɔptɪ'mɪstɪk] adj optimiste

**optimum** ['ɔptɪməm] adj optimum

**option** ['ɔpʃən] n choix m, option f; (Scol) matière f à option; (Comm) option; **to keep one's ~s open** (fig) ne pas s'engager; **I have no ~** je n'ai pas le choix

**optional** ['ɔpʃənl] adj facultatif(-ive); (Comm) en option; **~ extras** accessoires mpl en option, options fpl

**or** [ɔːʳ] conj ou; (with negative): **he hasn't seen or heard anything** il n'a rien vu ni entendu; **or else** sinon; ou bien

**oral** ['ɔːrəl] adj oral(e) ▷ n oral m

**orange** ['ɔrɪndʒ] n (fruit) orange f ▷ adj orange inv

**orange juice** n jus m d'orange

**orbit** ['ɔːbɪt] n orbite f ▷ vt graviter autour de; **to be in/go into ~ (round)** être/entrer en orbite (autour de)

**orchard** ['ɔːtʃəd] n verger m; **apple ~** verger de pommiers

**orchestra** ['ɔːkɪstrə] n orchestre m; (US: seating) (fauteuils mpl d')orchestre

**orchid** ['ɔːkɪd] n orchidée f

**ordain** [ɔː'deɪn] vt (Rel) ordonner; (decide) décréter

**ordeal** [ɔː'diːl] n épreuve f

**order** ['ɔːdəʳ] n ordre m; (Comm) commande f ▷ vt ordonner; (Comm) commander; **in ~** en ordre; (of document) en règle; **out of ~** (not in *correct order*) en désordre; (*machine*) hors service; (*telephone*) en dérangement; **a machine in working ~** une machine en état de marche; **in ~ of size** par ordre de grandeur; **in ~ to do/ that** pour faire/que + *sub*; **to place an ~ for sth with sb** commander qch auprès de qn, passer commande de qch à qn; **could I ~ now, please?** je peux commander, s'il vous plaît?; **to be on ~** être en commande; **made to ~** fait sur commande; **to be under ~s to do sth** avoir ordre de faire qch; **a point of ~** un point de procédure; **to the ~ of** (*Banking*) à l'ordre de; **to ~ sb to do** ordonner à qn de faire

**order form** *n* bon *m* de commande

**orderly** ['ɔːdəlɪ] *n* (*Mil*) ordonnance *f*; (*Med*) garçon *m* de salle ▷ *adj* (*room*) en ordre; (*mind*) méthodique; (*person*) qui a de l'ordre

**ordinary** ['ɔːdnrɪ] *adj* ordinaire, normal(e); (*pej*) ordinaire, quelconque; **out of the ~** exceptionnel(le)

**Ordnance Survey map** *n* (*Brit*) ≈ carte *f* d'État-major

**ore** [ɔː<sup>r</sup>] *n* minerai *m*

**oregano** [ɒrɪ'gɑːnəu] *n* origan *m*

**organ** ['ɔːgən] *n* organe *m*; (*Mus*) orgue *m*, orgues *fpl*

**organic** [ɔː'gænɪk] *adj* organique; (*crops etc*) biologique, naturel(le)

**organism** ['ɔːgənɪzəm] *n* organisme *m*

**organization** [ɔːgənaɪ'zeɪʃən] *n* organisation *f*

**organize** ['ɔːgənaɪz] *vt* organiser; **to get ~d** s'organiser

**organized** ['ɔːgənaɪzd] *adj* (*planned*) organisé(e); (*efficient*) bien organisé

**organizer** ['ɔːgənaɪzə<sup>r</sup>] *n* organisateur(-trice)

**orgasm** ['ɔːgæzəm] *n* orgasme *m*

**orgy** ['ɔːdʒɪ] *n* orgie *f*

**Orient** ['ɔːrɪənt] *n*: **the ~** l'Orient *m*

**oriental** [ɔːrɪ'ɛntl] *adj* oriental(e) ▷ *n* Oriental(e)

**orientation** [ɔːrɪen'teɪʃən] *n* (*attitudes*) tendance *f*; (*in job*) orientation *f*; (*of building*) orientation, exposition *f*

**origin** ['ɒrɪdʒɪn] *n* origine *f*; **country of ~** pays *m* d'origine

**original** [ə'rɪdʒɪnl] *adj* original(e); (*earliest*) originel(le) ▷ *n* original *m*

**originally** [ə'rɪdʒɪnəlɪ] *adv* (*at first*) à l'origine

**originate** [ə'rɪdʒɪneɪt] *vi*: **to ~ from** être originaire de; (*suggestion*) provenir de; **to ~ in** (*custom*) prendre naissance dans, avoir son origine dans

**Orkney** ['ɔːknɪ] *n* (*also*: **the ~s, the ~ Islands**) les Orcades *fpl*

**ornament** ['ɔːnəmənt] *n* ornement *m*; (*trinket*) bibelot *m*

**ornamental** [ɔːnə'mɛntl] *adj* décoratif(-ive); (*garden*) d'agrément

**ornate** [ɔː'neɪt] *adj* très orné(e)

**orphan** ['ɔːfn] *n* orphelin(e) ▷ *vt*: **to be ~ed** devenir orphelin

**orthodox** ['ɔːθədɔks] *adj* orthodoxe

**orthopaedic**, (*US*) **orthopedic** [ɔːθə'piːdɪk] *adj* orthopédique

**ostensibly** [ɒs'tɛnsɪblɪ] *adv* en apparence

**ostentatious** [ɒstɛn'teɪʃəs] *adj* prétentieux(-euse); ostentatoire

**osteopath** ['ɒstɪəpæθ] *n* ostéopathe *m/f*

**ostracize** ['ɒstrəsaɪz] *vt* frapper d'ostracisme

**ostrich** ['ɒstrɪtʃ] *n* autruche *f*

**other** ['ʌðə<sup>r</sup>] *adj* autre ▷ *pron*: **the ~ (one)** l'autre; **~s** (*other people*) d'autres ▷ *adv*: **~ than** autrement que; à part; **some actor or ~** un certain acteur, je ne sais quel acteur; **somebody or ~** quelqu'un; **some ~ people have still to arrive** on attend encore quelques personnes; **the ~ day** l'autre jour; **the car was none ~ than John's** la voiture n'était autre que celle de John

**otherwise** ['ʌðəwaɪz] *adv, conj* autrement; **an ~ good piece of work** par ailleurs, un beau travail

**Ottawa** ['ɒtəwə] *n* Ottawa

**otter** ['ɒtə<sup>r</sup>] *n* loutre *f*

**ouch** [autʃ] *excl* aïe!

**ought** (*pt* **ought**) [ɔːt] *aux vb*: **I ~ to do it** je devrais le faire, il faudrait que je le fasse; **this ~ to have been corrected** cela aurait dû être corrigé; **he ~ to win** (*probability*) il devrait gagner; **you ~ to go and see it** vous devriez aller le voir

**ounce** [auns] *n* once *f* (*28.35g; 16 in a pound*)

**our** ['auə<sup>r</sup>] *adj* notre, nos *pl*; *see also* **my**

**ours** [auəz] *pron* le/la nôtre, les nôtres; *see also* **mine**[1]

**ourselves** [auə'sɛlvz] *pron pl* (*reflexive, after preposition*) nous; (*emphatic*) nous-mêmes; **we did it (all) by ~** nous avons fait ça tous seuls; *see also* **oneself**

**oust** [aust] *vt* évincer

**out** [aut] *adv* dehors; (*published, not at home etc*) sorti(e); (*light, fire*) éteint(e); (*on strike*) en grève ▷ *vt*: **to ~ sb** révéler l'homosexualité de qn; **~ here** ici; **~ there** là-bas; **he's ~** (*absent*) il est sorti; (*unconscious*) il est sans connaissance; **to be ~ in one's calculations** s'être trompé dans ses calculs; **to run/back** *etc* **~** sortir en courant/en reculant *etc*; **to be ~ and ab-** *or* (*US*) **around again** être de nouveau sur pied; **before the week was ~** avant la fin de la semaine; **the journey ~** l'aller *m*; **the boat was 10 km ~** le bateau était à 10 km du rivage; **~ loud** *adv* à haute voix; **~ of** *prep* (*outside*) en dehors de; (*because of: anger etc*) par; (*from among*): **10 ~ of 10** 10 sur 10; (*without*): **~ of petrol** sans essence, à court d'essence; **made ~ of wood** en or de bois; **~ of order** (*machine*) en panne; (*Tel: line*) en dérangement; **~ of stock** (*Comm: article*) épuisé(e); (: *shop*) en rupture de stock

**out-and-out** ['autəndaut] *adj* véritable

**outback** ['autbæk] *n* campagne isolée; (*in Australia*) intérieur *m*

**outboard** ['autbɔːd] n: ~ **(motor)** (moteur m) hors-bord m

**outbound** ['autbaund] adj: ~ **(from/for)** en partance (de/pour)

**outbreak** ['autbreık] n (of violence) éruption f, explosion f; (of disease) de nombreux cas; **the ~ of war south of the border** la guerre qui s'est déclarée au sud de la frontière

**outburst** ['autbəːst] n explosion f, accès m

**outcast** ['autkɑːst] n exilé(e); (socially) paria m

**outcome** ['autkʌm] n issue f, résultat m

**outcrop** ['autkrɔp] n affleurement m

**outcry** ['autkraı] n tollé (général)

**outdated** [aut'deıtıd] adj démodé(e)

**outdo** [aut'duː] vt (irreg like: **do**) surpasser

**outdoor** [aut'dɔːʳ] adj de or en plein air

**outdoors** [aut'dɔːz] adv dehors; au grand air

**outer** ['autəʳ] adj extérieur(e); ~ **suburbs** grande banlieue

**outer space** n espace m cosmique

**outfit** ['autfıt] n équipement m; (clothes) tenue f; (inf: Comm) organisation f, boîte f

**outgoing** ['autgəuıŋ] adj (president, tenant) sortant(e); (character) ouvert(e), extraverti(e)

**outgoings** ['autgəuıŋz] npl (Brit: expenses) dépenses fpl

**outgrow** [aut'grəu] vt (irreg like: **grow**) (clothes) devenir trop grand(e) pour

**outhouse** ['authaus] n appentis m, remise f

**outing** ['autıŋ] n sortie f; excursion f

**outlaw** ['autlɔː] n hors-la-loi m inv ▷ vt (person) mettre hors la loi; (practice) proscrire

**outlay** ['autleı] n dépenses fpl; (investment) mise f de fonds

**outlet** ['autlɛt] n (for liquid etc) issue f, sortie f; (for emotion) exutoire m; (for goods) débouché m; (also: **retail ~**) point m de vente; (US: Elec) prise f de courant

**outline** ['autlaın] n (shape) contour m; (summary) esquisse f, grandes lignes ▷ vt (fig: theory, plan) exposer à grands traits

**outlive** [aut'lıv] vt survivre à

**outlook** ['autluk] n perspective f; (point of view) attitude f

**outlying** ['autlaıŋ] adj écarté(e)

**outmoded** [aut'məudıd] adj démodé(e); dépassé(e)

**outnumber** [aut'nʌmbəʳ] vt surpasser en nombre

**out-of-date** [autəv'deıt] adj (passport, ticket) périmé(e); (theory, idea) dépassé(e); (custom) désuet(-ète); (clothes) démodé(e)

**out-of-doors** ['autəv'dɔːz] adv = **outdoors**

**out-of-the-way** ['autəvðə'weı] adj loin de tout; (fig) insolite

**out-of-town** [autəv'taun] adj (shopping centre etc) en périphérie

**outpatient** ['autpeıʃənt] n malade m/f en consultation externe

**outpost** ['autpəust] n avant-poste m

**output** ['autput] n rendement m, production f; (Comput) sortie f ▷ vt (Comput) sortir

**outrage** ['autreıdʒ] n (anger) indignation f; (violent act) atrocité f, acte m de violence; (scandal) scandale m ▷ vt outrager

**outrageous** [aut'reıdʒəs] adj atroce; (scandalous) scandaleux(-euse)

**outright** adv [aut'raıt] complètement; (deny, refuse) catégoriquement; (ask) carrément; (kill) sur le coup ▷ adj ['autraıt] complet(-ète); catégorique

**outset** ['autsɛt] n début m

**outside** [aut'saıd] n extérieur m ▷ adj extérieur(e); (remote, unlikely): **an ~ chance** une (très) faible chance ▷ adv (au) dehors, à l'extérieur ▷ prep hors de, à l'extérieur de; (in front of) devant; **at the ~** (fig) au plus or maximum; ~ **left/right** n (Football) ailier gauche/droit

**outside lane** n (Aut: in Britain) voie f de droite; (: in US, Europe) voie de gauche

**outside line** n (Tel) ligne extérieure

**outsider** [aut'saıdəʳ] n (in race etc) outsider m; (stranger) étranger(-ère)

**outsize** ['autsaız] adj énorme; (clothes) grande taille inv

**outskirts** ['autskəːts] npl faubourgs mpl

**outspoken** [aut'spəukən] adj très franc/franche

**outstanding** [aut'stændıŋ] adj remarquable, exceptionnel(le); (unfinished: work, business) en suspens, en souffrance; (debt) impayé(e); (problem) non réglé(e); **your account is still ~** vous n'avez pas encore tout remboursé

**outstay** [aut'steı] vt: **to ~ one's welcome** abuser de l'hospitalité de son hôte

**outstretched** [aut'strɛtʃt] adj (hand) tendu(e); (body) étendu(e)

**outstrip** [aut'strıp] vt (also fig) dépasser

**out-tray** ['auttreı] n courrier m "départ"

**outward** ['autwəd] adj (sign, appearances) extérieur(e); (journey) (d')aller

**outwards** ['autwədz] adv (esp Brit) = **outward**

**outweigh** [aut'weı] vt l'emporter sur

**outwit** [aut'wıt] vt se montrer plus malin que

**oval** ['əuvl] adj, n ovale m

**Oval Office** n (US: Pol) voir article

- **OVAL OFFICE**
- 
- L'Oval Office est le bureau personnel du
- président des États-Unis à la Maison-
- Blanche, ainsi appelé du fait de sa forme
- ovale. Par extension, ce terme désigne la
- présidence elle-même.

**ovary** ['əuvərı] n ovaire m

**oven** ['ʌvn] n four m

**oven glove** n gant m de cuisine

**ovenproof** ['ʌvnpruːf] adj allant au four

**oven-ready** ['ʌvnrɛdı] adj prêt(e) à cuire

**over** ['əuvəʳ] adv (par-)dessus; (excessively) trop ▷ adj (or adv) (finished) fini(e), terminé(e); (too *much*) en plus ▷ *prep* sur; par-dessus; (*above*) au-dessus de; (*on the other side of*) de l'autre côté de; (*more than*) plus de; (*during*) pendant; (*about, concerning*): **they fell out ~ money/her** ils se sont brouillés pour des questions d'argent/à cause d'elle; **~ here** ici; **~ there** là-bas; **all ~** (*everywhere*) partout; (*finished*) fini(e); **~ and ~** (*again*) à plusieurs reprises; **~ and above** en plus de; **to ask sb ~** inviter qn (à passer); **to go ~ to sb's** passer chez qn; **to fall ~** tomber; (*boiler suit*) bleus ▷ *adv* [əuvər'ɔːl] dans l'ensemble, en général; **overalls** *npl* (*boiler suit*) bleus *mpl* (de travail)

**overawe** [əuvər'ɔː] *vt* impressionner

**overbalance** [əuvə'bæləns] *vi* basculer

**overboard** ['əuvəbɔːd] *adv* (*Naut*) par-dessus bord; **to go ~ for sth** (*fig*) s'emballer (pour qch)

**overbook** [əuvə'buk] *vi* faire du surbooking

**overcame** [əuvə'keɪm] *pt of* **overcome**

**overcast** ['əuvəkɑːst] *adj* couvert(e)

**overcharge** [əuvə'tʃɑːdʒ] *vt*: **to ~ sb for sth** faire payer qch trop cher à qn

**overcoat** ['əuvəkəut] *n* pardessus *m*

**overcome** [əuvə'kʌm] *vt* (*irreg like:* **come**) (*defeat*) triompher de; (*difficulty*) surmonter ▷ *adj* (*emotionally*) bouleversé(e); **~ with grief** accablé(e) de douleur

**overcrowded** [əuvə'kraudɪd] *adj* bondé(e); (*city, country*) surpeuplé(e)

**overdo** [əuvə'duː] *vt* (*irreg like:* **do**) exagérer; (*overcook*) trop cuire; **to ~ it, to ~ things** (*work too hard*) en faire trop, se surmener

**overdone** [əuvə'dʌn] *adj* (*vegetables, steak*) trop cuit(e)

**overdose** ['əuvədəus] *n* dose excessive

**overdraft** ['əuvədrɑːft] *n* découvert *m*

**overdrawn** [əuvə'drɔːn] *adj* (*account*) à découvert

**overdue** [əuvə'djuː] *adj* en retard; (*bill*) impayé(e); (*change*) qui tarde; **that change was long ~** ce changement n'avait que trop tardé

**overestimate** [əuvər'ɛstɪmeɪt] *vt* surestimer

**overflow** *vi* [əuvə'fləu] déborder ▷ *n* ['əuvəfləu] trop-plein *m*; (*also:* **~ pipe**) tuyau *m* d'écoulement, trop-plein *m*

**overgrown** [əuvə'grəun] *adj* (*garden*) envahi(e) par la végétation; **he's just an ~ schoolboy** (*fig*) c'est un écolier attardé

**overhaul** *vt* [əuvə'hɔːl] réviser ▷ *n* ['əuvəhɔːl] révision *f*

**overhead** [*adv* əuvə'hɛd, *adj, n* 'əuvəhɛd] *adv* au-dessus ▷ *adj* aérien(ne); (*lighting*) vertical(e) ▷ *n* (*US*) = **overheads**

**overhead projector** *n* rétroprojecteur *m*

**overheads** ['əuvəhɛdz] *npl* (*Brit*) frais généraux

**overhear** [əuvə'hɪər] *vt* (*irreg like:* **hear**) entendre (par hasard)

**overheat** [əuvə'hiːt] *vi* devenir surchauffé(e); (*engine*) chauffer

**overjoyed** [əuvə'dʒɔɪd] *adj* ravi(e), enchanté(e)

**overland** ['əuvəlænd] *adj, adv* par voie de terre

**overlap** *vi* [əuvə'læp] se chevaucher ▷ *n* ['əuvəlæp] chevauchement *m*

**overleaf** [əuvə'liːf] *adv* au verso

**overload** [əuvə'ləud] *vt* surcharger

**overlook** [əuvə'luk] *vt* (*have view of*) donner sur; (*miss*) oublier, négliger; (*forgive*) fermer les yeux sur

**overnight** *adv* [əuvə'naɪt] (*happen*) durant la nuit; (*fig*) soudain ▷ *adj* ['əuvənaɪt] d'une (*or* de) nuit; soudain(e); **to stay ~ (with sb)** passer la nuit (chez qn); **he stayed there ~** il y a passé la nuit; **if you travel ~ ...** si tu fais le voyage de nuit ...; **he'll be away ~** il ne rentrera pas ce soir

**overnight bag** *n* nécessaire *m* de voyage

**overpass** ['əuvəpɑːs] *n* (*US: for cars*) pont autoroutier; (*: for pedestrians*) passerelle *f*, pont *m*

**overpower** [əuvə'pauər] *vt* vaincre; (*fig*) accabler

**overpowering** [əuvə'pauərɪŋ] *adj* irrésistible; (*heat, stench*) suffocant(e)

**overrate** [əuvə'reɪt] *vt* surestimer

**overreact** [əuvəriː'ækt] *vi* réagir de façon excessive

**override** [əuvə'raɪd] *vt* (*irreg like:* **ride**) (*order, objection*) passer outre à; (*decision*) annuler

**overriding** [əuvə'raɪdɪŋ] *adj* prépondérant(e)

**overrule** [əuvə'ruːl] *vt* (*decision*) annuler; (*claim*) rejeter; (*person*) rejeter l'avis de

**overrun** [əuvə'rʌn] *vt* (*irreg like:* **run**) (*Mil: country etc*) occuper; (*time limit etc*) dépasser ▷ *vi* dépasser le temps imparti; **the town is ~ with tourists** la ville est envahie de touristes

**overseas** [əuvə'siːz] *adv* outre-mer; (*abroad*) à l'étranger ▷ *adj* (*trade*) extérieur(e); (*visitor*) étranger(-ère)

**oversee** [əuvə'siː] *vt* (*irreg like:* **see**) surveiller

**overshadow** [əuvə'ʃædəu] *vt* (*fig*) éclipser

**oversight** ['əuvəsaɪt] *n* omission *f*, oubli *m*; **due to an ~** par suite d'une inadvertance

**oversleep** [əuvə'sliːp] *vi* (*irreg like:* **sleep**) se réveiller (trop) tard

**overspend** [əuvə'spɛnd] *vi* (*irreg like:* **spend**) dépenser de trop; **we have overspent by 5,000 dollars** nous avons dépassé notre budget de 5 000 dollars, nous avons dépensé 5 000 dollars de trop

**overstep** [əuvə'stɛp] *vt*: **to ~ the mark** dépasser la mesure

**overt** [əu'və:t] *adj* non dissimulé(e)

**overtake** [əuvə'teɪk] *vt* (*irreg like:* **take**) dépasser; (*Brit: Aut*) dépasser, doubler

**overthrow** [əuvə'θrəu] *vt* (*irreg like:* **throw**) (*government*) renverser

**overtime** ['əuvətaɪm] *n* heures *fpl* supplémentaires; **to do** *or* **work ~** faire des heures supplémentaires

**overtone** ['əuvətəun] *n* (*also:* **~s**) note *f*, sous-entendus *mpl*

**overtook** [əuvə'tuk] *pt of* **overtake**

**overture** ['əuvətʃuə'] *n* (*Mus, fig*) ouverture *f*

**overturn** [əuvə'tə:n] *vt* renverser; (*decision, plan*) annuler ▷ *vi* se retourner

**overweight** [əuvə'weɪt] *adj* (*person*) trop gros(se); (*luggage*) trop lourd(e)

**overwhelm** [əuvə'wɛlm] *vt* (*subj: emotion*) accabler, submerger; (*enemy, opponent*) écraser

**overwhelming** [əuvə'wɛlmɪŋ] *adj* (*victory, defeat*) écrasant(e); (*desire*) irrésistible; **one's ~ impression is of heat** on a une impression dominante de chaleur

**overwrought** [əuvə'rɔ:t] *adj* excédé(e)

**owe** [əu] *vt* devoir; **to ~ sb sth, to ~ sth to sb** devoir qch à qn; **how much do I ~ you?** combien est-ce que je vous dois?

**owing to** ['əuɪŋtu:] *prep* à cause de, en raison de

**owl** [aul] *n* hibou *m*

**own** [əun] *vt* posséder ▷ *vi* (*Brit*) **to ~ to sth** reconnaître *or* avouer qch; **to ~ to having done sth** avouer avoir fait qch ▷ *adj* propre; **a room of my ~** une chambre à moi, ma propre chambre; **can I have it for my (very) ~?** puis-je l'avoir pour moi (tout) seul?; **to get one's ~ back** prendre sa revanche; **on one's ~** tout(e) seul(e); **to come into one's ~** trouver sa voie; trouver sa justification; **own up** *vi* avouer

**owner** ['əunə'] *n* propriétaire *m/f*

**ownership** ['əunəʃɪp] *n* possession *f*; **it's under new ~** (*shop etc*) il y a eu un changement de propriétaire

**ox** (*pl* **oxen**) [ɔks, 'ɔksn] *n* bœuf *m*

**Oxbridge** ['ɔksbrɪdʒ] *n* (*Brit*) *les universités d'Oxford et de Cambridge*; *voir article*

   ● Oxbridge

   ●
   ● *Oxbridge*, nom formé à partir des mots
   ● Ox(ford) et (Cam)bridge, s'utilise pour
   ● parler de ces deux universités comme
   ● formant un tout, dans la mesure où elles
   ● sont toutes deux les universités
   ● britanniques les plus prestigieuses et
   ● mondialement connues.

**oxen** ['ɔksən] *npl of* **ox**

**oxtail** ['ɔksteɪl] *n*: **~ soup** soupe *f* à la queue de bœuf

**oxygen** ['ɔksɪdʒən] *n* oxygène *m*

**oyster** ['ɔɪstə'] *n* huître *f*

**oz.** *abbr* = **ounce**; **ounces**

**ozone** ['əuzəun] *n* ozone *m*

**ozone friendly** ['əuzəunfrɛndlɪ] *adj* qui n'attaque pas *or* qui préserve la couche d'ozone

**ozone hole** *n* trou *m* d'ozone

**ozone layer** *n* couche *f* d'ozone

# p

**p** *abbr* (= *page*) p; (*Brit*) = **penny**; **pence**

**P.A.** *n abbr* = **personal assistant**; **public address system** ▷ *abbr* (*US*) = **Pennsylvania**

**pa** [pɑː] *n* (*inf*) papa *m*

**p.a.** *abbr* = **per annum**

**pace** [peɪs] *n* pas *m*; (*speed*) allure *f*; vitesse *f* ▷ *vi*: **to ~ up and down** faire les cent pas; **to keep ~ with** aller à la même vitesse que; (*events*) se tenir au courant de; **to set the ~** (*running*) donner l'allure; (*fig*) donner le ton; **to put sb through his ~s** (*fig*) mettre qn à l'épreuve

**pacemaker** ['peɪsmeɪkə<sup>r</sup>] *n* (*Med*) stimulateur *m* cardiaque; (*Sport*: *also*: **pacesetter**) meneur(-euse) de train

**Pacific** [pə'sɪfɪk] *n*: **the ~ (Ocean)** le Pacifique, l'océan *m* Pacifique

**pacifier** ['pæsɪfaɪə<sup>r</sup>] *n* (*US*: *dummy*) tétine *f*

**pack** [pæk] *n* paquet *m*; (*bundle*) ballot *m*; (*of hounds*) meute *f*; (*of thieves, wolves etc*) bande *f*; (*of cards*) jeu *m*; (*US*: *of cigarettes*) paquet; (*back pack*) sac *m* à dos ▷ *vt* (*goods*) empaqueter, emballer; (*in suitcase etc*) emballer; (*box*) remplir; (*cram*) entasser; (*press down*) tasser; damer; (*Comput*) grouper, tasser ▷ *vi*: **to ~ (one's bags)** faire ses bagages; **to ~ into** (*room, stadium*) s'entasser dans; **to send sb ~ing** (*inf*) envoyer promener qn; **pack in** (*Brit inf*) *vi* (*machine*) tomber en panne ▷ *vt* (*boyfriend*) plaquer; **~ it in!** laisse tomber!; **pack off** *vt*: **to ~ sb off to** expédier qn à; **pack up** *vi* (*Brit inf*: *machine*) tomber en panne;

(*: person*) se tirer ▷ *vt* (*belongings*) ranger; (*goods, presents*) empaqueter, emballer

**package** ['pækɪdʒ] *n* paquet *m*; (*of goods*) emballage *m*, conditionnement *m*; (*also*: **~ deal**: *agreement*) marché global; (*: purchase*) forfait *m*; (*Comput*) progiciel *m* ▷ *vt* (*goods*) conditionner

**package holiday** *n* (*Brit*) vacances organisées

**package tour** *n* voyage organisé

**packaging** ['pækɪdʒɪŋ] *n* (*wrapping materials*) emballage *m*; (*of goods*) conditionnement *m*

**packed** [pækt] *adj* (*crowded*) bondé(e)

**packed lunch** (*Brit*) *n* repas froid

**packet** ['pækɪt] *n* paquet *m*

**packing** ['pækɪŋ] *n* emballage *m*

**packing case** *n* caisse *f* (d'emballage)

**pact** [pækt] *n* pacte *m*, traité *m*

**pad** [pæd] *n* bloc(-notes *m*) *m*; (*to prevent friction*) tampon *m*; (*for inking*) tampon *m* encreur; (*inf*: *flat*) piaule *f* ▷ *vt* rembourrer ▷ *vi*: **to ~ in/about** *etc* entrer/aller et venir *etc* à pas feutrés

**padded** ['pædɪd] *adj* (*jacket*) matelassé(e); (*bra*) rembourré(e); **~ cell** cellule capitonnée

**padding** ['pædɪŋ] *n* rembourrage *m*; (*fig*) délayage *m*

**paddle** ['pædl] *n* (*oar*) pagaie *f*; (*US*: *for table tennis*) raquette *f* de ping-pong ▷ *vi* (*with feet*) barboter, faire trempette ▷ *vt*: **to ~ a canoe** *etc* pagayer

**paddling pool** ['pædlɪŋ-] *n* petit bassin

**paddock** ['pædək] *n* enclos *m*; (*Racing*) paddock *m*

**padlock** ['pædlɔk] *n* cadenas *m* ▷ *vt* cadenasser

**paediatrics**, (*US*) **pediatrics** [piːdɪ'ætrɪks] *n* pédiatrie *f*

**paedophile, pedophile** (*US*) ['piːdəufaɪl] *n* pédophile *m*

**pagan** ['peɪgən] *adj*, *n* païen(ne)

**page** [peɪdʒ] *n* (*of book*) page *f*; (*also*: **~ boy**) groom *m*, chasseur *m*; (*at wedding*) garçon *m* d'honneur ▷ *vt* (*in hotel etc*) (faire) appeler

**pageant** ['pædʒənt] *n* spectacle *m* historique; grande cérémonie

**pageantry** ['pædʒəntrɪ] *n* apparat *m*, pompe *f*

**pager** ['peɪdʒə<sup>r</sup>] *n* bip *m* (*inf*), Alphapage® *m*

**paid** [peɪd] *pt, pp of* **pay** ▷ *adj* (*work, official*) rémunéré(e); (*holiday*) payé(e); **to put ~ to** (*Brit*) mettre fin à, mettre par terre

**pail** [peɪl] *n* seau *m*

**pain** [peɪn] *n* douleur *f*; (*inf*: *nuisance*) plaie *f*; **to be in ~** souffrir, avoir mal; **to have a ~ in** avoir mal à *or* une douleur à *or* dans; **to take ~s to do** se donner du mal pour faire; **on ~ of death** sous peine de mort

**pained** ['peɪnd] *adj* peiné(e), chagrin(e)

**painful** ['peɪnful] *adj* douloureux(-euse); (*difficult*) difficile, pénible

**painfully** ['peɪnfəlɪ] *adv* (*fig*: *very*) terriblement

**painkiller** ['peɪnkɪlə'] n calmant m, analgésique m

**painless** ['peɪnlɪs] adj indolore

**painstaking** ['peɪnzteɪkɪŋ] adj (person) soigneux(-euse); (work) soigné(e)

**paint** [peɪnt] n peinture f ▷ vt peindre; (fig) dépeindre; **to ~ the door blue** peindre la porte en bleu; **to ~ in oils** faire de la peinture à l'huile

**paintbrush** ['peɪntbrʌʃ] n pinceau m

**painter** ['peɪntə'] n peintre m

**painting** ['peɪntɪŋ] n peinture f; (picture) tableau m

**paintwork** ['peɪntwə:k] n (Brit) peintures fpl; (: of car) peinture f

**pair** [pɛə'] n (of shoes, gloves etc) paire f; (of people) couple m; (twosome) duo m; **~ of scissors** (paire de) ciseaux mpl; **~ of trousers** pantalon m; **pair off** vi se mettre par deux

**pajamas** [pə'dʒɑːməz] npl (US) pyjama(s) m(pl)

**Pakistan** [pɑːkɪ'stɑːn] n Pakistan m

**Pakistani** [pɑːkɪ'stɑːnɪ] adj pakistanais(e) ▷ n Pakistanais(e)

**pal** [pæl] n (inf) copain/copine

**palace** ['pæləs] n palais m

**palatable** ['pælɪtəbl] adj bon/bonne, agréable au goût

**palate** ['pælɪt] n palais m (Anat)

**pale** [peɪl] adj pâle ▷ vi pâlir ▷ n: **to be beyond the ~** être au ban de la société; **to grow** or **turn ~** (person) pâlir; **~ blue** adj bleu pâle inv; **to ~ into insignificance (beside)** perdre beaucoup d'importance (par rapport à)

**Palestine** ['pælɪstaɪn] n Palestine f

**Palestinian** [pælɪs'tɪnɪən] adj palestinien(ne) ▷ n Palestinien(ne)

**palette** ['pælɪt] n palette f

**pall** [pɔːl] n (of smoke) voile m ▷ vi: **to ~ (on)** devenir lassant (pour)

**pallet** ['pælɪt] n (for goods) palette f

**pallid** ['pælɪd] adj blême

**palm** [pɑːm] n (Anat) paume f; (also: **~ tree**) palmier m; (leaf, symbol) palme f ▷ vt: **to ~ sth off on sb** (inf) refiler qch à qn

**Palm Sunday** n le dimanche des Rameaux

**paltry** ['pɔːltrɪ] adj dérisoire; piètre

**pamper** ['pæmpə'] vt gâter, dorloter

**pamphlet** ['pæmflət] n brochure f; (political etc) tract m

**pan** [pæn] n (also: **sauce~**) casserole f; (also: **frying ~**) poêle f; (of lavatory) cuvette f ▷ vt (Cine) faire un panoramique ▷ vt (inf: book, film) éreinter; **to ~ for gold** laver du sable aurifère

**pancake** ['pænkeɪk] n crêpe f

**panda** ['pændə] n panda m

**pandemic** [pæn'dɛmɪk] n pandémie f

**pandemonium** [pændɪ'məunɪəm] n tohu-bohu m

**pander** ['pændə'] vi: **to ~ to** flatter bassement; obéir servilement à

**pane** [peɪn] n carreau m (de fenêtre), vitre f

**panel** ['pænl] n (of wood, cloth etc) panneau m; (Radio, TV) panel m, invités mpl; (for interview, exams) jury m; (official: of experts) table ronde, comité m

**panelling, paneling** (US) ['pænəlɪŋ] n boiseries fpl

**pang** [pæŋ] n: **~s of remorse** pincements mpl de remords; **~s of hunger/conscience** tiraillements mpl d'estomac/de la conscience

**panhandler** ['pænhændlə'] n (US inf) mendiant(e)

**panic** ['pænɪk] n panique f, affolement m ▷ vi s'affoler, paniquer

**panicky** ['pænɪkɪ] adj (person) qui panique or s'affole facilement

**panic-stricken** ['pænɪkstrɪkən] adj affolé(e)

**panorama** [pænə'rɑːmə] n panorama m

**pansy** ['pænzɪ] n (Bot) pensée f; (inf) tapette f, pédé m

**pant** [pænt] vi haleter

**panther** ['pænθə'] n panthère f

**panties** ['pæntɪz] npl slip m, culotte f

**pantihose** ['pæntɪhəuz] n (US) collant m

**pantomime** ['pæntəmaɪm] n (Brit) spectacle m de Noël; voir article

○ **PANTOMIME**
○
○ Une pantomime (à ne pas confondre avec
○ le mot tel qu'on l'utilise en français),
○ que l'on appelle également de façon
○ familière "panto", est un genre de farce
○ où le personnage principal est souvent
○ un jeune garçon et où il y a toujours une
○ "dame", c'est-à-dire une vieille femme
○ jouée par un homme, et un méchant.
○ La plupart du temps, l'histoire est basée
○ sur un conte de fées comme Cendrillon
○ ou Le Chat botté, et le public est
○ encouragé à participer en prévenant le
○ héros d'un danger imminent. Ce genre
○ de spectacle, qui s'adresse surtout aux
○ enfants, vise également un public
○ d'adultes au travers des nombreuses
○ plaisanteries faisant allusion à des faits
○ d'actualité.

**pantry** ['pæntrɪ] n garde-manger m inv; (room) office m

**pants** [pænts] n (Brit: woman's) culotte f, slip m; (: man's) slip, caleçon m; (US: trousers) pantalon m

**pantyhose** ['pæntɪhəuz] (US) npl collant m

**paper** ['peɪpə'] n papier m; (also: **wall~**) papier peint; (also: **news~**) journal m; (academic essay) article m; (exam) épreuve écrite ▷ adj en or de papier ▷ vt tapisser (de papier peint); **papers** npl (also: **identity ~s**) papiers mpl (d'identité); **a piece of ~** (odd bit) un bout de papier; (sheet) une feuille de papier; **to put sth down on ~** mettre qch par écrit

**paperback** ['peɪpəbæk] n livre broché or non relié; (small) livre m de poche ▷ adj: **~ edition** édition brochée

**paper bag** n sac m en papier

**paper clip** n trombone m

**paper handkerchief, paper hankie** n (inf) mouchoir m en papier

**paper shop** n (Brit) marchand m de journaux

**paperweight** ['peɪpəweɪt] n presse-papiers m inv

**paperwork** ['peɪpəwəːk] n papiers mpl; (pej) paperasserie f

**paprika** ['pæprɪkə] n paprika m

**par** [pɑːʳ] n pair m; (Golf) normale f du parcours; **on a ~ with** à égalité avec, au même niveau que; **at ~** au pair; **above/below ~** au-dessus/au-dessous du pair; **to feel below** or **under** or **not up to ~** ne pas se sentir en forme

**paracetamol** [pærə'siːtəmɔl] (Brit) n paracétamol m

**parachute** ['pærəʃuːt] n parachute m ▷ vi sauter en parachute

**parade** [pə'reɪd] n défilé m; (inspection) revue f; (street) boulevard m ▷ vt (fig) faire étalage de ▷ vi défiler; **a fashion ~** (Brit) un défilé de mode

**paradise** ['pærədaɪs] n paradis m

**paradox** ['pærədɔks] n paradoxe m

**paradoxically** [pærə'dɔksɪklɪ] adv paradoxalement

**paraffin** ['pærəfɪn] (Brit): **~ (oil)** pétrole (lampant); **liquid ~** huile f de paraffine

**paragon** ['pærəgən] n parangon m

**paragraph** ['pærəgrɑːf] n paragraphe m; **to begin a new ~** aller à la ligne

**parallel** ['pærəlɛl] adj: **~ (with** or **to)** parallèle (à); (fig) analogue (à) ▷ n (line) parallèle f; (fig, Geo) parallèle m

**paralysed** ['pærəlaɪzd] adj paralysé(e)

**paralysis** (pl **paralyses**) [pə'rælɪsɪs, -siːz] n paralysie f

**paralyze** ['pærəlaɪz] vt paralyser

**paramedic** [pærə'mɛdɪk] n auxiliaire m/f médical(e)

**paramount** ['pærəmaunt] adj: **of ~ importance** de la plus haute or grande importance

**paranoid** ['pærənɔɪd] adj (Psych) paranoïaque; (neurotic) paranoïde

**paraphernalia** [pærəfə'neɪlɪə] n attirail m, affaires fpl

**parasite** ['pærəsaɪt] n parasite m

**parasol** ['pærəsɔl] n ombrelle f; (at café etc) parasol m

**paratrooper** ['pærətruːpəʳ] n parachutiste m (soldat)

**parcel** ['pɑːsl] n paquet m, colis m ▷ vt (also: **~ up**) empaqueter; **parcel out** vt répartir

**parchment** ['pɑːtʃmənt] n parchemin m

**pardon** ['pɑːdn] n pardon m; (Law) grâce f ▷ vt pardonner à; (Law) gracier; **~ me!** (after burping etc) excusez-moi!; **I beg your ~!** (I'm sorry) pardon!, je suis désolé!; **(I beg your) ~?**, (US) **~ me?** (what did you say?) pardon?

**parent** ['pɛərənt] n (father) père m; (mother) mère f; **parents** npl parents mpl

**parental** [pə'rɛntl] adj parental(e), des parents

**Paris** ['pærɪs] n Paris

**parish** ['pærɪʃ] n paroisse f; (Brit: civil) ≈ commune f ▷ adj paroissial(e)

**Parisian** [pə'rɪzɪən] adj parisien(ne), de Paris ▷ n Parisien(ne)

**park** [pɑːk] n parc m, jardin public ▷ vt garer ▷ vi se garer; **can I ~ here?** est-ce que je peux me garer ici?

**parking** ['pɑːkɪŋ] n stationnement m; **"no ~"** "stationnement interdit"

**parking lot** n (US) parking m, parc m de stationnement

**parking meter** n parc(o)mètre m

**parking ticket** n P.-V. m

**parkway** ['pɑːkweɪ] n (US) route f express (en site vert ou aménagé)

**parliament** ['pɑːləmənt] n parlement m

**parliamentary** [pɑːlə'mɛntərɪ] adj parlementaire

**parlour**, (US) **parlor** ['pɑːləʳ] n salon m

**Parmesan** [pɑːmɪ'zæn] n (also: **~ cheese**) Parmesan m

**parochial** [pə'rəukɪəl] adj paroissial(e); (pej) à l'esprit de clocher

**parole** [pə'rəul] n: **on ~** en liberté conditionnelle

**parrot** ['pærət] n perroquet m

**parry** ['pærɪ] vt esquiver, parer à

**parsley** ['pɑːslɪ] n persil m

**parsnip** ['pɑːsnɪp] n panais m

**parson** ['pɑːsn] n ecclésiastique m; (Church of England) pasteur m

**part** [pɑːt] n partie f; (of machine) pièce f; (Theat) rôle m; (Mus) voix f; partie; (of serial) épisode m; (US: in hair) raie f ▷ adj partiel(le) ▷ adv = **partly** ▷ vt séparer ▷ vi (people) se séparer; (crowd) s'ouvrir; (roads) se diviser; **to take ~ in** participer à, prendre part à; **to take sb's ~** prendre le parti de qn, prendre parti pour qn; **on his ~** de sa part; **for my ~** en ce qui me concerne; **for the most ~** en grande partie; dans la plupart des cas; **for the better ~ of the day** pendant la plus grande partie de la journée; **to be ~ and parcel of** faire partie de; **in ~** en partie; **to take sth in good/bad ~** prendre qch du bon/mauvais côté; **part with** vt fus (person) se séparer de; (possessions) se défaire de

**part exchange** n (Brit): **in ~** en reprise

**partial** ['pɑːʃl] adj (incomplete) partiel(le); (unjust) partial(e); **to be ~ to** aimer, avoir un faible pour

**participant** [pɑːˈtɪsɪpənt] *n* (*in competition, campaign*) participant(e)

**participate** [pɑːˈtɪsɪpeɪt] *vi*: **to ~ (in)** participer (à), prendre part (à)

**participation** [pɑːtɪsɪˈpeɪʃən] *n* participation *f*

**participle** [ˈpɑːtɪsɪpl] *n* participe *m*

**particle** [ˈpɑːtɪkl] *n* particule *f*; (*of dust*) grain *m*

**particular** [pəˈtɪkjulə] *adj* (*specific*) particulier(-ière); (*special*) particulier, spécial(e); (*fussy*) difficile, exigeant(e); (*careful*) méticuleux(-euse); **in ~** en particulier, surtout

**particularly** [pəˈtɪkjulɪlɪ] *adv* particulièrement; (*in particular*) en particulier

**particulars** [pəˈtɪkjuləz] *npl* détails *mpl*; (*information*) renseignements *mpl*

**parting** [ˈpɑːtɪŋ] *n* séparation *f*; (*Brit: in hair*) raie *f* ▷ *adj* d'adieu; **his ~ shot was ...** il lança en partant ....

**partisan** [pɑːtɪˈzæn] *n* partisan(e) ▷ *adj* partisan(e); de parti

**partition** [pɑːˈtɪʃən] *n* (*Pol*) partition *f*, division *f*; (*wall*) cloison *f*

**partly** [ˈpɑːtlɪ] *adv* en partie, partiellement

**partner** [ˈpɑːtnə] *n* (*Comm*) associé(e); (*Sport*) partenaire *m/f*; (*spouse*) conjoint(e); (*lover*) ami(e); (*at dance*) cavalier(-ière) ▷ *vt* être l'associé or le partenaire or le cavalier de

**partnership** [ˈpɑːtnəʃɪp] *n* association *f*; **to go into ~ (with)**, **form a ~ (with)** s'associer (avec)

**partridge** [ˈpɑːtrɪdʒ] *n* perdrix *f*

**part-time** [ˈpɑːtˈtaɪm] *adj*, *adv* à mi-temps, à temps partiel

**party** [ˈpɑːtɪ] *n* (*Pol*) parti *m*; (*celebration*) fête *f*; (*: formal*) réception *f*; (*: in evening*) soirée *f*; (*team*) équipe *f*; (*group*) groupe *m*; (*Law*) partie *f*; (*dinner*) dîner *m*; **to give** or **throw a ~** donner une réception; **we're having a ~ next Saturday** nous organisons une soirée or réunion entre amis samedi prochain; **it's for our son's birthday** ~ c'est pour la fête (*or* le goûter) d'anniversaire de notre garçon; **to be a ~ to a crime** être impliqué(e) dans un crime

**party dress** *n* robe habillée

**pass** [pɑːs] *vt* (*time, object*) passer; (*place*) passer devant; (*friend*) croiser; (*exam*) être reçu(e) à, réussir; (*candidate*) admettre; (*overtake*) dépasser; (*approve*) approuver, accepter; (*law*) promulguer ▷ *vi* passer; (*Scol*) être reçu(e) or admis(e), réussir ▷ *n* (*permit*) laissez-passer *m inv*; (*membership card*) carte *f* d'accès or d'abonnement; (*in mountains*) col *m*; (*Sport*) passe *f*; (*Scol: also*: **~ mark**): **to get a ~** être reçu(e) (sans mention); **to ~ sb sth** passer qch à qn; **could you ~ the salt/oil, please?** pouvez-vous me passer le sel/l'huile, s'il vous plaît?; **she could ~ for 25** on lui donnerait 25 ans; **to ~ sth through a ring** *etc*

(faire) passer qch dans un anneau *etc*; **could you ~ the vegetables round?** pourriez-vous faire passer les légumes?; **things have come to a pretty ~** (*Brit*) voilà où on en est!; **to make a ~ at sb** (*inf*) faire des avances à qn; **pass away** *vi* mourir; **pass by** *vi* passer ▷ *vt* (*ignore*) négliger; **pass down** *vt* (*customs, inheritance*) transmettre; **pass on** *vi* (*die*) s'éteindre, décéder ▷ *vt* (*hand on*): **to ~ on (to)** transmettre (à); (*: illness*) passer (à); (*: price rises*) répercuter (sur); **pass out** *vi* s'évanouir; (*Brit Mil*) sortir (*d'une école militaire*); **pass over** *vt* (*ignore*) passer sous silence; **pass up** *vt* (*opportunity*) laisser passer

**passable** [ˈpɑːsəbl] *adj* (*road*) praticable; (*work*) acceptable

**passage** [ˈpæsɪdʒ] *n* (*also*: **~way**) couloir *m*; (*gen, in book*) passage *m*; (*by boat*) traversée *f*

**passbook** [ˈpɑːsbuk] *n* livret *m*

**passenger** [ˈpæsɪndʒə] *n* passager(-ère)

**passer-by** [pɑːsəˈbaɪ] *n* passant(e)

**passing** [ˈpɑːsɪŋ] *adj* (*fig*) passager(-ère); **in ~** en passant

**passing place** *n* (*Aut*) aire *f* de croisement

**passion** [ˈpæʃən] *n* passion *f*; **to have a ~ for sth** avoir la passion de qch

**passionate** [ˈpæʃənɪt] *adj* passionné(e)

**passion fruit** *n* fruit *m* de la passion

**passive** [ˈpæsɪv] *adj* (*also Ling*) passif(-ive)

**passive smoking** *n* tabagisme passif

**Passover** [ˈpɑːsəuvə] *n* Pâque juive

**passport** [ˈpɑːspɔːt] *n* passeport *m*

**passport control** *n* contrôle *m* des passeports

**passport office** *n* bureau *m* de délivrance des passeports

**password** [ˈpɑːswɜːd] *n* mot *m* de passe

**past** [pɑːst] *prep* (*in front of*) devant; (*further than*) au delà de, plus loin que; après; (*later than*) après ▷ *adv*: **to run ~** passer en courant ▷ *adj* passé(e); (*president etc*) ancien(ne) ▷ *n* passé *m*; **he's ~ forty** il a dépassé la quarantaine, il a plus de *or* passé quarante ans; **ten/quarter ~ eight** huit heures dix/un *or* et quart; **it's ~ midnight** il est plus de minuit, il est passé minuit; **he ran ~ me** il m'a dépassé en courant, il a passé devant moi en courant; **for the ~ few/3 days** depuis quelques/3 jours; ces derniers/3 derniers jours; **in the ~** (*gen*) dans le temps, autrefois; (*Ling*) au passé; **I'm ~ caring** je ne m'en fais plus; **to be ~ it** (*Brit inf: person*) avoir passé l'âge

**pasta** [ˈpæstə] *n* pâtes *fpl*

**paste** [peɪst] *n* pâte *f*; (*Culin: meat*) pâté *m* (à tartiner); (*: tomato*) purée *f*, concentré *m*; (*glue*) colle *f* (de pâte); (*jewellery*) strass *m* ▷ *vt* coller

**pastel** [ˈpæstl] *adj* pastel *inv* ▷ *n* (*Art: pencil*) (crayon *m*) pastel *m*; (*: drawing*) (dessin *m* au) pastel; (*colour*) ton *m* pastel *inv*

**pasteurized** [ˈpæstəraɪzd] *adj* pasteurisé(e)

**pastille** ['pæstl] *n* pastille *f*

**pastime** ['pɑːstaɪm] *n* passe-temps *m inv*, distraction *f*

**pastor** ['pɑːstə<sup>r</sup>] *n* pasteur *m*

**pastry** ['peɪstrɪ] *n* pâte *f*; (*cake*) pâtisserie *f*

**pasture** ['pɑːstʃə<sup>r</sup>] *n* pâturage *m*

**pasty**[1] *n* ['pæstɪ] petit pâté (en croûte)

**pasty**[2] ['peɪstɪ] *adj* pâteux(-euse); (*complexion*) terreux(-euse)

**pat** [pæt] *vt* donner une petite tape à; (*dog*) caresser ▷ *n*: **a ~ of butter** une noisette de beurre; **to give sb/o.s. a ~ on the back** (*fig*) congratuler qn/se congratuler; **he knows it (off) ~**, (*US*) **he has it down ~** il sait cela sur le bout des doigts

**patch** [pætʃ] *n* (*of material*) pièce *f*; (*eye patch*) cache *m*; (*spot*) tache *f*; (*of land*) parcelle *f*; (*on tyre*) rustine *f* ▷ *vt* (*clothes*) rapiécer; **a bad ~** (*Brit*) une période difficile; **patch up** *vt* réparer

**patchy** ['pætʃɪ] *adj* inégal(e); (*incomplete*) fragmentaire

**pâté** ['pæteɪ] *n* pâté *m*, terrine *f*

**patent** ['peɪtnt] *n* brevet *m* (d'invention) ▷ *vt* faire breveter ▷ *adj* patent(e), manifeste

**patent leather** *n* cuir verni

**paternal** [pə'tɜːnl] *adj* paternel(le)

**paternity leave** [pə'tɜːnɪtɪ-] *n* congé *m* de paternité

**path** [pɑːθ] *n* chemin, sentier *m*; (*in garden*) allée *f*; (*of planet*) course *f*; (*of missile*) trajectoire *f*

**pathetic** [pə'θɛtɪk] *adj* (*pitiful*) pitoyable; (*very bad*) lamentable, minable; (*moving*) pathétique

**pathological** [pæθə'lɔdʒɪkl] *adj* pathologique

**pathway** ['pɑːθweɪ] *n* chemin *m*, sentier *m*; (*in garden*) allée *f*

**patience** ['peɪʃns] *n* patience *f*; (*Brit: Cards*) réussite *f*; **to lose (one's) ~** perdre patience

**patient** ['peɪʃnt] *n* malade *m/f*; (*of dentist etc*) patient(e) ▷ *adj* patient(e)

**patio** ['pætɪəu] *n* patio *m*

**patriotic** [pætrɪ'ɔtɪk] *adj* patriotique; (*person*) patriote

**patrol** [pə'trəul] *n* patrouille *f* ▷ *vt* patrouiller dans; **to be on ~** être de patrouille

**patrol car** *n* voiture *f* de police

**patrolman** [pə'trəulmən] *irreg n* (*US*) agent *m* de police

**patron** ['peɪtrən] *n* (*in shop*) client(e); (*of charity*) patron(ne); **~ of the arts** mécène *m*

**patronize** ['pætrənaɪz] *vt* être (un) client or un habitué de; (*fig*) traiter avec condescendance

**patronizing** ['pætrənaɪzɪŋ] *adj* condescendant(e)

**patter** ['pætə<sup>r</sup>] *n* crépitement *m*, tapotement *m*; (*sales talk*) boniment *m* ▷ *vi* crépiter, tapoter

**pattern** ['pætən] *n* modèle *m*; (*Sewing*) patron *m*; (*design*) motif *m*; (*sample*) échantillon *m*; **behaviour ~** mode *m* de comportement

**patterned** ['pætənd] *adj* à motifs

**pauper** ['pɔːpə<sup>r</sup>] *n* indigent(e); **~'s grave** fosse commune

**pause** [pɔːz] *n* pause *f*, arrêt *m*; (*Mus*) silence *m* ▷ *vi* faire une pause, s'arrêter; **to ~ for breath** reprendre son souffle; (*fig*) faire une pause

**pave** [peɪv] *vt* paver, daller; **to ~ the way for** ouvrir la voie à

**pavement** ['peɪvmənt] *n* (*Brit*) trottoir *m*; (*US*) chaussée *f*

**pavilion** [pə'vɪlɪən] *n* pavillon *m*; tente *f*; (*Sport*) stand *m*

**paving** ['peɪvɪŋ] *n* (*material*) pavé *m*, dalle *f*; (*area*) pavage *m*, dallage *m*

**paving stone** *n* pavé *m*

**paw** [pɔː] *n* patte *f* ▷ *vt* donner un coup de patte à; (*person: pej*) tripoter

**pawn** [pɔːn] *n* gage *m*; (*Chess, also fig*) pion *m* ▷ *vt* mettre en gage

**pawnbroker** ['pɔːnbrəukə<sup>r</sup>] *n* prêteur *m* sur gages

**pawnshop** ['pɔːnʃɔp] *n* mont-de-piété *m*

**pay** [peɪ] (*pt, pp* **paid**) [peɪd] *n* salaire *m*; (*of manual worker*) paie *f* ▷ *vt* payer; (*be profitable to: also fig*) rapporter à ▷ *vi* payer; (*be profitable*) être rentable; **how much did you ~ for it?** combien l'avez-vous payé?, vous l'avez payé combien?; **I paid £5 for that ticket** j'ai payé ce billet 5 livres; **can I ~ by credit card?** est-ce que je peux payer par carte de crédit?; **to ~ one's way** payer sa part; (*company*) couvrir ses frais; **to ~ dividends** (*fig*) porter ses fruits, s'avérer rentable; **it won't ~ you to do that** vous ne gagnerez rien à faire cela; **to ~ attention (to)** prêter attention (à); **to ~ sb a visit** rendre visite à qn; **to ~ one's respects to sb** présenter ses respects à qn; **pay back** *vt* rembourser; **pay for** *vt fus* payer; **pay in** *vt* verser; **pay off** *vt* (*debts*) régler, acquitter; (*person*) rembourser; (*workers*) licencier ▷ *vi* (*scheme, decision*) se révéler payant(e); **to ~ sth off in instalments** payer qch à tempérament; **pay out** *vt* (*money*) payer, sortir de sa poche; (*rope*) laisser filer; **pay up** *vt* (*debts*) régler; (*amount*) payer

**payable** ['peɪəbl] *adj* payable; **to make a cheque ~ to sb** établir un chèque à l'ordre de qn

**pay-as-you-go** [peɪəzjə'gəu] *adj* (*mobile phone*) à carte prépayée

**payday** *n* jour *m* de paie

**payee** [peɪ'iː] *n* bénéficiaire *m/f*

**pay envelope** *n* (*US*) paie *f*

**payment** ['peɪmənt] *n* paiement *m*; (*of bill*) règlement *m*; (*of deposit, cheque*) versement *m*; **advance ~** (*part sum*) acompte *m*; (*total sum*) paiement anticipé; **deferred ~, ~ by**

**P**

**instalments** paiement par versements échelonnés; **monthly ~** mensualité f; **in ~ for**, **in ~ of** en règlement de; **on ~ of £5** pour 5 livres

**payout** ['peɪaʊt] n (from insurance) dédommagement m; (in competition) prix m

**pay packet** n (Brit) paie f

**pay phone** n cabine f téléphonique, téléphone public

**pay raise** n (US) = **pay rise**

**pay rise** n (Brit) augmentation f (de salaire)

**payroll** ['peɪrəʊl] n registre m du personnel; **to be on a firm's ~** être employé par une entreprise

**pay slip** n (Brit) bulletin m de paie, feuille f de paie

**pay television** n chaînes fpl payantes

**PC** n abbr = **personal computer**; (Brit) = **police constable** ▷ adj abbr = **politically correct** ▷ abbr (Brit) = **Privy Councillor**

**p.c.** abbr = **per cent**; **postcard**

**pcm** n abbr (= per calender month) par mois

**PDA** n abbr (= personal digital assistant) agenda m électronique

**PE** n abbr (= physical education) EPS f ▷ abbr (Canada) = **Prince Edward Island**

**pea** [pi:] n (petit) pois

**peace** [pi:s] n paix f; (calm) calme m, tranquillité f; **to be at ~ with sb/sth** être en paix avec qn/qch; **to keep the ~** (policeman) assurer le maintien de l'ordre; (citizen) ne pas troubler l'ordre

**peaceful** ['pi:sful] adj paisible, calme

**peach** [pi:tʃ] n pêche f

**peacock** ['pi:kɔk] n paon m

**peak** [pi:k] n (mountain) pic m, cime f; (of cap) visière f; (fig: highest level) maximum m; (: of career, fame) apogée m

**peak hours** npl heures fpl d'affluence or de pointe

**peal** [pi:l] n (of bells) carillon m; **~s of laughter** éclats mpl de rire

**peanut** ['pi:nʌt] n arachide f, cacahuète f

**peanut butter** n beurre m de cacahuète

**pear** [pɛəʳ] n poire f

**pearl** [pə:l] n perle f

**peasant** ['pɛznt] n paysan(ne)

**peat** [pi:t] n tourbe f

**pebble** ['pɛbl] n galet m, caillou m

**peck** [pɛk] vt (also: **~ at**) donner un coup de bec à; (food) picorer ▷ n coup m de bec; (kiss) bécot m

**pecking order** ['pɛkɪŋ-] n ordre m hiérarchique

**peckish** ['pɛkɪʃ] adj (Brit inf): **I feel ~** je mangerais bien quelque chose, j'ai la dent

**peculiar** [pɪ'kju:lɪəʳ] adj (odd) étrange, bizarre, curieux(-euse); (particular) particulier(-ière); **~ to** particulier à

**pedal** ['pɛdl] n pédale f ▷ vi pédaler

**pedantic** [pɪ'dæntɪk] adj pédant(e)

**peddler** ['pɛdləʳ] n colporteur m; camelot m

**pedestal** ['pɛdəstl] n piédestal m

**pedestrian** [pɪ'dɛstrɪən] n piéton m ▷ adj piétonnier(-ière); (fig) prosaïque, terre à terre inv

**pedestrian crossing** n (Brit) passage clouté

**pedestrianized** [pɪ'dɛstrɪənaɪzd] adj: **a ~ street** une rue piétonne

**pedestrian precinct**, (US) **pedestrian zone** n (Brit) zone piétonne

**pediatrics** [pi:dɪ'ætrɪks] n (US) = **paediatrics**

**pedigree** ['pɛdɪgri:] n ascendance f; (of animal) pedigree m ▷ cpd (animal) de race

**pedophile** ['pi:dəʊfaɪl] (US) n = **paedophile**

**pee** [pi:] vi (inf) faire pipi, pisser

**peek** [pi:k] vi jeter un coup d'œil (furtif)

**peel** [pi:l] n pelure f, épluchure f; (of orange, lemon) écorce f ▷ vt peler, éplucher ▷ vi (paint etc) s'écailler; (wallpaper) se décoller; (skin) peler; **peel back** vt décoller

**peep** [pi:p] n (Brit: look) coup d'œil furtif; (sound) pépiement m ▷ vi (Brit) jeter un coup d'œil (furtif); **peep out** vi (Brit) se montrer (furtivement)

**peephole** ['pi:phəʊl] n judas m

**peer** [pɪəʳ] vi: **to ~ at** regarder attentivement, scruter ▷ n (noble) pair m; (equal) pair, égal(e)

**peerage** ['pɪərɪdʒ] n pairie f

**peeved** [pi:vd] adj irrité(e), ennuyé(e)

**peg** [pɛg] n cheville f; (for coat etc) patère f; (Brit: also: **clothes ~**) pince f à linge ▷ vt (clothes) accrocher; (Brit: groundsheet) fixer (avec des piquets); (fig: prices, wages) contrôler, stabiliser

**Pekinese**, **Pekingese** [pi:kɪ'ni:z] n pékinois m

**pelican** ['pɛlɪkən] n pélican m

**pelican crossing** n (Brit Aut) feu m à commande manuelle

**pellet** ['pɛlɪt] n boulette f; (of lead) plomb m

**pelt** [pɛlt] vt: **to ~ sb (with)** bombarder qn (de) ▷ vi (rain) tomber à seaux; (inf: run) courir à toutes jambes ▷ n peau f

**pelvis** ['pɛlvɪs] n bassin m

**pen** [pɛn] n (for writing) stylo m; (for sheep) parc m; (US inf: prison) taule f; **to put ~ to paper** prendre la plume

**penal** ['pi:nl] adj pénal(e)

**penalize** ['pi:nəlaɪz] vt pénaliser; (fig) désavantager

**penalty** ['pɛnltɪ] n pénalité f; sanction f; (fine) amende f; (Sport) pénalisation f; (also: **~ kick**: Football) penalty m; (: Rugby) pénalité f; **to pay the ~ for** être pénalisé(e) pour

**penance** ['pɛnəns] n pénitence f

**pence** [pɛns] npl of **penny**

**pencil** ['pɛnsl] n crayon m; **pencil in** vt noter provisoirement

**pencil case** n trousse f (d'écolier)

**pencil sharpener** n taille-crayon(s) m inv

**pendant** ['pɛndnt] n pendentif m

**pending** ['pɛndɪŋ] prep en attendant ▷ adj en suspens

**pendulum** ['pɛndjuləm] n pendule m;
(of clock) balancier m

**penetrate** ['pɛnɪtreɪt] vt pénétrer dans;
(enemy territory) entrer en; (sexually) pénétrer

**pen friend** n (Brit) correspondant(e)

**penguin** ['pɛŋgwɪn] n pingouin m

**penicillin** [pɛnɪ'sɪlɪn] n pénicilline f

**peninsula** [pə'nɪnsjulə] n péninsule f

**penis** ['piːnɪs] n pénis m, verge f

**penitentiary** [pɛnɪ'tɛnʃərɪ] n (US) prison f

**penknife** ['pɛnnaɪf] n canif m

**pen name** n nom m de plume,
pseudonyme m

**penniless** ['pɛnɪlɪs] adj sans le sou

**penny** (pl **pennies** or **pence**) ['pɛnɪ, 'pɛnɪz,
pɛns] n (Brit) penny m; (US) cent m

**pen pal** n correspondant(e)

**pension** ['pɛnʃən] n (from company) retraite f;
(Mil) pension f; **pension off** vt mettre à la
retraite

**pensioner** ['pɛnʃənər] n (Brit) retraité(e)

**pension fund** n caisse f de retraite

**pension plan** n plan m de retraite

**pentagon** ['pɛntəgən] n pentagone m;
**the P~** (US Pol) le Pentagone; voir article

○ **PENTAGON**
○
○ Le Pentagon est le nom donné aux bureaux
○ du ministère de la Défense américain,
○ situés à Arlington en Virginie, à cause de
○ la forme pentagonale du bâtiment dans
○ lequel ils se trouvent. Par extension, ce
○ terme est également utilisé en parlant
○ du ministère lui-même.

**pentathlon** [pɛn'tæθlən] n pentathlon m

**Pentecost** ['pɛntɪkɔst] n Pentecôte f

**penthouse** ['pɛnthaus] n appartement m
(de luxe) en attique

**pent-up** ['pɛntʌp] adj (feelings) refoulé(e)

**penultimate** [pɪ'nʌltɪmət] adj pénultième,
avant-dernier(-ière)

**people** ['piːpl] npl gens mpl; personnes fpl;
(inhabitants) population f; (Pol) peuple m ▷ n
(nation, race) peuple m ▷ vt peupler; **I know ~
who ...** je connais des gens qui ...; **the room
was full of ~** la salle était pleine de monde or
de gens; **several ~ came** plusieurs personnes
sont venues; **~ say that ...** on dit or les gens
disent que ...; **old ~** les personnes âgées;
**young ~** les jeunes; **a man of the ~** un
homme du peuple

**pepper** ['pɛpər] n poivre m; (vegetable)
poivron m ▷ vt (Culin) poivrer

**pepper mill** n moulin m à poivre

**peppermint** ['pɛpəmɪnt] n (plant) menthe
poivrée; (sweet) pastille f de menthe

**pep talk** ['pɛptɔːk] n (inf) (petit) discours
d'encouragement

**per** [pɜːr] prep par; **~ hour** (miles etc) à l'heure;
(fee) (de) l'heure; **~ kilo** etc le kilo etc;

**~ day/~son** par jour/personne; **~ annum** per
an; **as ~ your instructions** conformément à
vos instructions

**perceive** [pə'siːv] vt percevoir; (notice)
remarquer, s'apercevoir de

**per cent** adv pour cent; **a 20 ~ discount** une
réduction de 20 pour cent

**percentage** [pə'sɛntɪdʒ] n pourcentage m;
**on a ~ basis** au pourcentage

**perception** [pə'sɛpʃən] n perception f;
(insight) sensibilité f

**perceptive** [pə'sɛptɪv] adj (remark, person)
perspicace

**perch** [pɜːtʃ] n (fish) perche f; (for bird)
perchoir m ▷ vi (se) percher

**percolator** ['pɜːkəleɪtər] n percolateur m;
cafetière f électrique

**percussion** [pə'kʌʃən] n percussion f

**perennial** [pə'rɛnɪəl] adj perpétuel(le); (Bot)
vivace ▷ n (Bot) (plante f) vivace f, plante
plurianmuelle

**perfect** ['pɜːfɪkt] adj parfait(e) ▷ n (also:
**~ tense**) parfait m ▷ vt [pə'fɛkt] (technique,
skill, work of art) parfaire; (method, plan) mettre
au point; **he's a ~ stranger to me** il m'est
totalement inconnu

**perfection** [pə'fɛkʃən] n perfection f

**perfectly** ['pɜːfɪktlɪ] adv parfaitement;
**I'm ~ happy with the situation** cette
situation me convient parfaitement;
**you know ~ well** vous le savez très bien

**perforate** ['pɜːfəreɪt] vt perforer, percer

**perforation** [pɜːfə'reɪʃən] n perforation f;
(line of holes) pointillé m

**perform** [pə'fɔːm] vt (carry out) exécuter,
remplir; (concert etc) jouer, donner ▷ vi
(actor, musician) jouer; (machine, car)
marcher, fonctionner; (company, economy):
**to ~ well/badly** produire de bons/mauvais
résultats

**performance** [pə'fɔːməns] n
représentation f, spectacle m; (of an artist)
interprétation f; (Sport: of car, engine)
performance f; (of company, economy) résultats
mpl; **the team put up a good ~** l'équipe a
bien joué

**performer** [pə'fɔːmər] n artiste m/f

**perfume** ['pɜːfjuːm] n parfum m ▷ vt
parfumer

**perhaps** [pə'hæps] adv peut-être; **~ he'll ...**
peut-être qu'il ...; **~ so/not** peut-être que oui/
que non

**peril** ['pɛrɪl] n péril m

**perimeter** [pə'rɪmɪtər] n périmètre m

**period** ['pɪərɪəd] n période f; (Hist) époque f;
(Scol) cours m; (full stop) point m; (Med) règles
fpl ▷ adj (costume, furniture) d'époque; **for a ~ of
three weeks** pour (une période de) trois
semaines; **the holiday ~** (Brit) la période des
vacances

**periodical** [pɪərɪ'ɔdɪkl] adj périodique ▷ n
périodique m

**periodically** [pɪərɪˈɔdɪklɪ] *adv*
périodiquement

**peripheral** [pəˈrɪfərəl] *adj* périphérique ▷ *n*
(*Comput*) périphérique *m*

**perish** [ˈpɛrɪʃ] *vi* périr, mourir; (*decay*) se
détériorer

**perishable** [ˈpɛrɪʃəbl] *adj* périssable

**perjury** [ˈpəːdʒərɪ] *n* (*Law: in court*)
faux témoignage; (*breach of oath*)
parjure *m*

**perk** [pəːk] *n* (*inf*) avantage *m*, à-côté *m*; **perk
up** *vi* (*inf: cheer up*) se ragaillardir

**perky** [ˈpəːkɪ] *adj* (*cheerful*) guilleret(te), gai(e)

**perm** [pəːm] *n* (*for hair*) permanente *f* ▷ *vt*: **to
have one's hair ~ed** se faire faire une
permanente

**permanent** [ˈpəːmənənt] *adj* permanent(e);
(*job, position*) permanent, fixe; (*dye, ink*)
indélébile; **I'm not ~ here** je ne suis pas ici à
titre définitif; **~ address** adresse habituelle

**permanently** [ˈpəːmənəntlɪ] *adv* de façon
permanente; (*move abroad*) définitivement;
(*open, closed*) en permanence; (*tired, unhappy*)
constamment

**permeate** [ˈpəːmɪeɪt] *vi* s'infiltrer ▷ *vt*
s'infiltrer dans; pénétrer

**permissible** [pəˈmɪsɪbl] *adj* permis(e),
acceptable

**permission** [pəˈmɪʃən] *n* permission *f*,
autorisation *f*; **to give sb ~ to do sth** donner
à qn la permission de faire qch

**permissive** [pəˈmɪsɪv] *adj* tolérant(e); **the ~
society** la société de tolérance

**permit** *n* [ˈpəːmɪt] permis *m*; (*entrance pass*)
autorisation *f*, laissez-passer *m*; (*for goods*)
licence *f* ▷ *vt* [pəˈmɪt] permettre; **to ~ sb to
do** autoriser qn à faire, permettre à qn de
faire; **weather ~ting** si le temps le permet

**perpendicular** [pəːpənˈdɪkjuləʳ] *adj*, *n*
perpendiculaire *f*

**perplex** [pəˈplɛks] *vt* (*person*) rendre perplexe;
(*complicate*) embrouiller

**persecute** [ˈpəːsɪkjuːt] *vt* persécuter

**persecution** [pəːsɪˈkjuːʃən] *n* persécution *f*

**persevere** [pəːsɪˈvɪəʳ] *vi* persévérer

**Persian** [ˈpəːʃən] *adj* persan(e) ▷ *n* (*Ling*)
persan *m*; **the ~ Gulf** le golfe Persique

**persist** [pəˈsɪst] *vi*: **to ~ (in doing)** persister
(à faire), s'obstiner (à faire)

**persistent** [pəˈsɪstənt] *adj* persistant(e),
tenace; (*lateness, rain*) persistant; **~ offender**
(*Law*) multirécidiviste *m/f*

**person** [ˈpəːsn] *n* personne *f*; **in ~** en
personne; **on** *or* **about one's ~** sur soi; **~ to ~
call** (*Tel*) appel *m* avec préavis

**personal** [ˈpəːsnl] *adj* personnel(le);
**~ belongings, ~ effects** effets personnels;
**~ hygiene** hygiène *f* intime; **a ~ interview**
un entretien

**personal assistant** *n* secrétaire
personnel(le)

**personal column** *n* annonces personnelles

**personal computer** *n* ordinateur
individuel, PC *m*

**personality** [pəːsəˈnælɪtɪ] *n* personnalité *f*

**personally** [ˈpəːsnəlɪ] *adv* personnellement;
**to take sth ~** se sentir visé(e) par qch

**personal organizer** *n* agenda (personnel);
(*electronic*) agenda électronique

**personal stereo** *n* Walkman® *m*,
baladeur *m*

**personnel** [pəːsəˈnɛl] *n* personnel *m*

**perspective** [pəˈspɛktɪv] *n* perspective *f*; **to
get sth into ~** ramener qch à sa juste mesure

**perspex**® [ˈpəːspɛks] *n* (*Brit*) Plexiglas® *m*

**perspiration** [pəːspɪˈreɪʃən] *n* transpiration *f*

**persuade** [pəˈsweɪd] *vt*: **to ~ sb to do sth**
persuader qn de faire qch, amener *or* décider
qn à faire qch; **to ~ sb of sth/that** persuader
qn de qch/que

**persuasion** [pəˈsweɪʒən] *n* persuasion *f*;
(*creed*) conviction *f*

**persuasive** [pəˈsweɪsɪv] *adj* persuasif(-ive)

**perverse** [pəˈvəːs] *adj* pervers(e); (*contrary*)
entêté(e), contrariant(e)

**pervert** *n* [ˈpəːvəːt] perverti(e) ▷ *vt* [pəˈvəːt]
pervertir; (*words*) déformer

**pessimism** [ˈpɛsɪmɪzəm] *n* pessimisme *m*

**pessimist** [ˈpɛsɪmɪst] *n* pessimiste *m/f*

**pessimistic** [pɛsɪˈmɪstɪk] *adj* pessimiste

**pest** [pɛst] *n* animal *m* (*or* insecte *m*) nuisible;
(*fig*) fléau *m*

**pester** [ˈpɛstəʳ] *vt* importuner, harceler

**pesticide** [ˈpɛstɪsaɪd] *n* pesticide *m*

**pet** [pɛt] *n* animal familier; (*favourite*)
chouchou *m* ▷ *cpd* (*favourite*) favori(e) ▷ *vt*
choyer; (*stroke*) caresser, câliner ▷ *vi* (*inf*) se
peloter; **~ lion** *etc* lion *etc* apprivoisé;
**teacher's ~** chouchou *m* du professeur;
**~ hate** bête noire

**petal** [ˈpɛtl] *n* pétale *m*

**peter** [ˈpiːtəʳ]: **to ~ out** *vi* s'épuiser; s'affaiblir

**petite** [pəˈtiːt] *adj* menu(e)

**petition** [pəˈtɪʃən] *n* pétition *f* ▷ *vt* adresser
une pétition à ▷ *vi*: **to ~ for divorce**
demander le divorce

**petrified** [ˈpɛtrɪfaɪd] *adj* (*fig*) mort(e) de peur

**petrol** [ˈpɛtrəl] *n* (*Brit*) essence *f*; **I've run out
of ~** je suis en panne d'essence

**petrol can** *n* (*Brit*) bidon *m* à essence

**petroleum** [pəˈtrəuliəm] *n* pétrole *m*

**petrol pump** *n* (*Brit: in car, at garage*) pompe *f*
à essence

**petrol station** *n* (*Brit*) station-service *f*

**petrol tank** *n* (*Brit*) réservoir *m* d'essence

**petticoat** [ˈpɛtɪkəut] *n* jupon *m*

**petty** [ˈpɛtɪ] *adj* (*mean*) mesquin(e);
(*unimportant*) insignifiant(e), sans
importance

**petty cash** *n* caisse *f* des dépenses courantes,
petite caisse

**petty officer** *n* second-maître *m*

**petulant** [ˈpɛtjulənt] *adj* irritable

**pew** [pjuː] *n* banc *m* (d'église)

**pewter** ['pju:tə'] n étain m
**phantom** ['fæntəm] n fantôme m; (vision) fantasme m
**pharmacist** ['fɑ:məsɪst] n pharmacien(ne)
**pharmacy** ['fɑ:məsɪ] n pharmacie f
**phase** [feɪz] n phase f, période f; **phase in** vt introduire progressivement; **phase out** vt supprimer progressivement
**Ph.D.** abbr = **Doctor of Philosophy**
**pheasant** ['feznt] n faisan m
**phenomena** [fə'nɒmɪnə] npl of **phenomenon**
**phenomenal** [fɪ'nɒmɪnl] adj phénoménal(e)
**phenomenon** (pl **phenomena**) [fə'nɒmɪnən, -nə] n phénomène m
**Philippines** ['fɪlɪpi:nz] npl (also: **Philippine Islands**): **the ~** les Philippines fpl
**philosopher** [fɪ'lɒsəfə'] n philosophe m
**philosophical** [fɪlə'sɒfɪkl] adj philosophique
**philosophy** [fɪ'lɒsəfɪ] n philosophie f
**phlegm** [flɛm] n flegme m
**phobia** ['fəubjə] n phobie f
**phone** [fəun] n téléphone m ▷ vt téléphoner à ▷ vi téléphoner; **to be on the ~** avoir le téléphone; (be calling) être au téléphone; **phone back** vt, vi rappeler; **phone up** vt téléphoner à ▷ vi téléphoner
**phone bill** n facture f de téléphone
**phone book** n annuaire m
**phone box**, (US) **phone booth** n cabine f téléphonique
**phone call** n coup m de fil or de téléphone
**phonecard** ['fəunkɑ:d] n télécarte f
**phone-in** ['fəunɪn] n (Brit Radio, TV) programme m à ligne ouverte
**phone number** n numéro m de téléphone
**phonetics** [fə'nɛtɪks] n phonétique f
**phoney** ['fəunɪ] adj faux/fausse, factice; (person) pas franc/franche ▷ n (person) charlatan m; fumiste m/f
**photo** ['fəutəu] n photo f; **to take a ~ of** prendre en photo
**photo album** n album m de photos
**photocopier** ['fəutəukɔpɪə'] n copieur m
**photocopy** ['fəutəukɔpɪ] n photocopie f ▷ vt photocopier
**photograph** ['fəutəgræf] n photographie f ▷ vt photographier; **to take a ~ of sb** prendre qn en photo
**photographer** [fə'tɔgrəfə'] n photographe m/f
**photography** [fə'tɔgrəfɪ] n photographie f
**phrase** [freɪz] n expression f; (Ling) locution f ▷ vt exprimer; (letter) rédiger
**phrase book** n recueil m d'expressions (pour touristes)
**physical** ['fɪzɪkl] adj physique;
   **~ examination** examen médical;
   **~ exercises** gymnastique f
**physical education** n éducation f physique
**physically** ['fɪzɪklɪ] adv physiquement
**physician** [fɪ'zɪʃən] n médecin m
**physicist** ['fɪzɪsɪst] n physicien(ne)

**physics** ['fɪzɪks] n physique f
**physiotherapist** [fɪzɪəu'θɛrəpɪst] n kinésithérapeute m/f
**physiotherapy** [fɪzɪəu'θɛrəpɪ] n kinésithérapie f
**physique** [fɪ'zi:k] n (appearance) physique m; (health etc) constitution f
**pianist** ['pi:ənɪst] n pianiste m/f
**piano** [pɪ'ænəu] n piano m
**pick** [pɪk] n (tool: also: **~-axe**) pic m, pioche f ▷ vt choisir; (gather) cueillir; (remove) prendre; (lock) forcer; (scab, spot) gratter, écorcher; **take your ~** faites votre choix; **the ~ of** le/la meilleur(e) de; **to ~ a bone** ronger un os; **to ~ one's nose** se mettre les doigts dans le nez; **to ~ one's teeth** se curer les dents; **to ~ sb's brains** faire appel aux lumières de qn; **to ~ pockets** pratiquer le vol à la tire; **to ~ a quarrel with sb** chercher noise à qn; **pick at** vt fus: **to ~ at one's food** manger du bout des dents, chipoter; **pick off** vt (kill) (viser soigneusement et) abattre; **pick on** vt fus (person) harceler; **pick out** vt choisir; (distinguish) distinguer; **pick up** vi (improve) remonter, s'améliorer ▷ vt ramasser; (telephone) décrocher; (collect) passer prendre; (Aut: give lift to) prendre; (learn) apprendre; (Radio) capter; **to ~ up speed** prendre de la vitesse; **to ~ o.s. up** se relever; **to ~ up where one left off** reprendre là où l'on s'est arrêté
**picket** ['pɪkɪt] n (in strike) gréviste m/f participant à un piquet de grève; piquet m de grève ▷ vt mettre un piquet de grève devant
**pickle** ['pɪkl] n (also: **~s**: as condiment) pickles mpl ▷ vt conserver dans du vinaigre ou dans de la saumure; **in a ~** (fig) dans le pétrin
**pickpocket** ['pɪkpɔkɪt] n pickpocket m
**pick-up** ['pɪkʌp] n (also: **~ truck**) pick-up m inv; (Brit: on record player) bras m pick-up

**picnic** ['pɪknɪk] n pique-nique m ▷ vi pique-niquer
**picnic area** n aire f de pique-nique
**picture** ['pɪktʃə'] n (also TV) image f; (painting) peinture f, tableau m; (photograph) photo(graphie) f; (drawing) dessin m; (film) film m; (fig: description) description f ▷ vt (imagine) se représenter; (describe) dépeindre, représenter; **pictures** npl: **the ~s** (Brit) le cinéma; **to take a ~ of sb/sth** prendre qn/qch en photo; **would you take a ~ of us, please?** pourriez-vous nous prendre en photo, s'il vous plaît?; **the overall ~** le tableau d'ensemble; **to put sb in the ~** mettre qn au courant
**picture book** n livre m d'images
**picture frame** n cadre m
**picture messaging** n picture messaging m, messagerie f d'images
**picturesque** [pɪktʃə'rɛsk] adj pittoresque
**pie** [paɪ] n tourte f; (of fruit) tarte f; (of meat) pâté m en croûte

**piece** [pi:s] *n* morceau *m*; (*of land*) parcelle *f*; (*item*): **a ~ of furniture/advice** un meuble/conseil; (*Draughts*) pion *m* ▷ *vt*: **to ~ together** rassembler; **in ~s** (*broken*) en morceaux, en miettes; (*not yet assembled*) en pièces détachées; **to take to ~s** démonter; **in one ~** (*object*) intact(e); **to get back all in one ~** (*person*) rentrer sain et sauf; **a 10p ~** (*Brit*) une pièce de 10p; **~ by ~** morceau par morceau; **a six-~ band** un orchestre de six musiciens; **to say one's ~** réciter son morceau
**piecemeal** ['pi:smi:l] *adv* par bouts
**piecework** ['pi:swə:k] *n* travail *m* aux pièces *or* à la pièce
**pie chart** *n* graphique *m* à secteurs, camembert *m*
**pier** [pɪəʳ] *n* jetée *f*; (*of bridge etc*) pile *f*
**pierce** [pɪəs] *vt* percer, transpercer; **to have one's ears ~d** se faire percer les oreilles
**pierced** [pɪəst] *adj* (*ears*) percé(e)
**pig** [pɪg] *n* cochon *m*, porc *m*; (*pej: unkind person*) mufle *m*; (: *greedy person*) goinfre *m*
**pigeon** ['pɪdʒən] *n* pigeon *m*
**pigeonhole** ['pɪdʒənhəʊl] *n* casier *m*
**piggy bank** ['pɪgɪ-] *n* tirelire *f*
**pigheaded** ['pɪg'hedɪd] *adj* entêté(e), têtu(e)
**piglet** ['pɪglɪt] *n* petit cochon, porcelet *m*
**pigskin** ['pɪgskɪn] *n* (*peau f de*) porc *m*
**pigsty** ['pɪgstaɪ] *n* porcherie *f*
**pigtail** ['pɪgteɪl] *n* natte *f*, tresse *f*
**pike** [paɪk] *n* (*spear*) pique *f*; (*fish*) brochet *m*
**pilchard** ['pɪltʃəd] *n* pilchard *m* (*sorte de sardine*)
**pile** [paɪl] *n* (*pillar, of books*) pile *f*; (*heap*) tas *m*; (*of carpet*) épaisseur *f*; **in a ~** en tas; **pile on** *vt*: **to ~ it on** (*inf*) exagérer; **pile up** *vi* (*accumulate*) s'entasser, s'accumuler ▷ *vt* (*put in heap*) empiler, entasser; (*accumulate*) accumuler
**piles** [paɪlz] *npl* hémorroïdes *fpl*
**pile-up** ['paɪlʌp] *n* (*Aut*) télescopage *m*, collision *f* en série
**pilfering** ['pɪlfərɪŋ] *n* chapardage *m*
**pilgrim** ['pɪlgrɪm] *n* pèlerin *m*; *voir article*

● **PILGRIM FATHERS**
●
● Les *Pilgrim Fathers* ("Pères pèlerins") sont
● un groupe de puritains qui quittèrent
● l'Angleterre en 1620 pour fuir les
● persécutions religieuses. Ayant traversé
● l'Atlantique à bord du "Mayflower", ils
● fondèrent New Plymouth en Nouvelle-
● Angleterre, dans ce qui est aujourd'hui le
● Massachusetts. Ces Pères pèlerins sont
● considérés comme les fondateurs des
● États-Unis, et l'on commémore chaque
● année, le jour de "Thanksgiving",
● la réussite de leur première récolte.

**pilgrimage** ['pɪlgrɪmɪdʒ] *n* pèlerinage *m*
**pill** [pɪl] *n* pilule *f*; **the ~** la pilule; **to be on the ~** prendre la pilule

**pillage** ['pɪlɪdʒ] *vt* piller
**pillar** ['pɪləʳ] *n* pilier *m*
**pillar box** *n* (*Brit*) boîte *f* aux lettres (*publique*)
**pillion** ['pɪljən] *n* (*of motor cycle*) siège *m* arrière; **to ride ~** être derrière; (*on horse*) être en croupe
**pillow** ['pɪləʊ] *n* oreiller *m*
**pillowcase** ['pɪləʊkeɪs], **pillowslip** ['pɪləʊslɪp] *n* taie *f* d'oreiller
**pilot** ['paɪlət] *n* pilote *m* ▷ *cpd* (*scheme etc*) pilote, expérimental(e) ▷ *vt* piloter
**pilot light** *n* veilleuse *f*
**pimp** [pɪmp] *n* souteneur *m*, maquereau *m*
**pimple** ['pɪmpl] *n* bouton *m*
**PIN** *n abbr* (= *personal identification number*) code *m* confidentiel
**pin** [pɪn] *n* épingle *f*; (*Tech*) cheville *f*; (*Brit: drawing pin*) punaise *f*; (*in grenade*) goupille *f*; (*Brit Elec: of plug*) broche *f* ▷ *vt* épingler; **~s and needles** fourmis *fpl*; **to ~ sb against/to** clouer qn contre/à; **to ~ sb down** (*fig*) coincer qn; **to ~ sth on sb** (*fig*) mettre qch sur le dos de qn; **pin down** *vt* (*fig*): **to ~ sb down** obliger qn à répondre; **there's something strange here but I can't quite ~ it down** il y a quelque chose d'étrange ici, mais je n'arrive pas exactement à savoir quoi
**pinafore** ['pɪnəfɔ:ʳ] *n* tablier *m*
**pinball** ['pɪnbɔ:l] *n* flipper *m*
**pincers** ['pɪnsəz] *npl* tenailles *fpl*
**pinch** [pɪntʃ] *n* pincement *m*; (*of salt etc*) pincée *f* ▷ *vt* pincer; (*inf: steal*) piquer, chiper ▷ *vi* (*shoe*) serrer; **at a ~** à la rigueur; **to feel the ~** (*fig*) se ressentir des restrictions (*or* de la récession *etc*)
**pincushion** ['pɪnkuʃən] *n* pelote *f* à épingles
**pine** [paɪn] *n* (*also:* **~ tree**) pin *m* ▷ *vi*: **to ~ for** aspirer à, désirer ardemment; **pine away** *vi* dépérir
**pineapple** ['paɪnæpl] *n* ananas *m*
**ping** [pɪŋ] *n* (*noise*) tintement *m*
**ping-pong**® ['pɪŋpɔŋ] *n* ping-pong® *m*
**pink** [pɪŋk] *adj* rose ▷ *n* (*colour*) rose *m*; (*Bot*) œillet *m*, mignardise *f*
**pinpoint** ['pɪnpɔɪnt] *vt* indiquer (avec précision)
**pint** [paɪnt] *n* pinte *f* (*Brit* = 0,57 l; *US* = 0,47 l); (*Brit inf*) ≈ demi *m*, ≈ pot *m*
**pioneer** [paɪə'nɪəʳ] *n* explorateur(-trice); (*early settler*) pionnier *m*; (*fig*) pionnier, précurseur *m* ▷ *vt* être un pionnier de
**pious** ['paɪəs] *adj* pieux(-euse)
**pip** [pɪp] *n* (*seed*) pépin *m*; **pips** *npl*: **the ~s** (*Brit: time signal on radio*) le top
**pipe** [paɪp] *n* tuyau *m*, conduite *f*; (*for smoking*) pipe *f*; (*Mus*) pipeau *m* ▷ *vt* amener par tuyau; **pipes** *npl* (*also:* **bag~s**) cornemuse *f*; **pipe down** *vi* (*inf*) se taire
**pipe cleaner** *n* cure-pipe *m*
**pipe dream** *n* chimère *f*, utopie *f*
**pipeline** ['paɪplaɪn] *n* (*for gas*) gazoduc *m*,

pipeline *m*; (*for oil*) oléoduc *m*, pipeline; **it is in the ~** (*fig*) c'est en route, ça va se faire

**piper** ['paɪpəʳ] *n* (*flautist*) joueur(-euse) de pipeau; (*of bagpipes*) joueur(-euse) de cornemuse

**piping** ['paɪpɪŋ] *adv*: **~ hot** très chaud(e)

**pique** [piːk] *n* dépit *m*

**pirate** ['paɪərət] *n* pirate *m* ▷ *vt* (*CD, video, book*) pirater

**pirated** ['paɪərətɪd] *adj* pirate

**Pisces** ['paɪsiːz] *n* les Poissons *mpl*; **to be ~** être des Poissons

**piss** [pɪs] *vi* (*inf!*) pisser (!); **~ off!** tire-toi! (!)

**pissed** [pɪst] (*inf!*) *adj* (*Brit: drunk*) bourré(e); (*US: angry*) furieux(-euse)

**pistol** ['pɪstl] *n* pistolet *m*

**piston** ['pɪstən] *n* piston *m*

**pit** [pɪt] *n* trou *m*, fosse *f*; (*also*: **coal ~**) puits *m* de mine; (*also*: **orchestra ~**) fosse d'orchestre; (*US: fruit stone*) noyau *m* ▷ *vt*: **to ~ sb against sb** opposer qn à qn; **to ~ o.s.** *or* **one's wits against** se mesurer à; **pits** *npl* (*in motor racing*) aire *f* de service

**pitch** [pɪtʃ] *n* (*Brit Sport*) terrain *m*; (*throw*) lancement *m*; (*Mus*) ton *m*; (*of voice*) hauteur *f*; (*fig: degree*) degré *m*; (*also*: **sales ~**) baratin *m*, boniment *m*; (*Naut*) tangage *m*; (*tar*) poix *f* ▷ *vt* (*throw*) lancer; (*tent*) dresser; (*set: price, message*) adapter, positionner ▷ *vi* (*Naut*) tanguer; (*fall*): **to ~ into/off** tomber dans/de; **to be ~ed forward** être projeté(e) en avant; **at this ~** à ce rythme

**pitch-black** ['pɪtʃ'blæk] *adj* noir(e) comme poix

**pitched battle** [pɪtʃ-] *n* bataille rangée

**pitfall** ['pɪtfɔːl] *n* trappe *f*, piège *m*

**pith** [pɪθ] *n* (*of plant*) moelle *f*; (*of orange etc*) intérieur *m* de l'écorce; (*fig*) essence *f*, vigueur *f*

**pithy** ['pɪθɪ] *adj* piquant(e); vigoureux(-euse)

**pitiful** ['pɪtɪful] *adj* (*touching*) pitoyable; (*contemptible*) lamentable

**pitiless** ['pɪtɪlɪs] *adj* impitoyable

**pittance** ['pɪtns] *n* salaire *m* de misère

**pity** ['pɪtɪ] *n* pitié *f* ▷ *vt* plaindre; **what a ~!** quel dommage!; **it is a ~ that you can't come** c'est dommage que vous ne puissiez venir; **to have** *or* **take ~ on sb** avoir pitié de qn

**pizza** ['piːtsə] *n* pizza *f*

**placard** ['plækɑːd] *n* affiche *f*; (*in march*) pancarte *f*

**placate** [plə'keɪt] *vt* apaiser, calmer

**place** [pleɪs] *n* endroit *m*, lieu *m*; (*proper position, job, rank, seat*) place *f*; (*house*) maison *f*, logement *m*; (*in street names*): **Laurel ~** ≈ rue des Lauriers; (*home*): **at/to his ~** chez lui ▷ *vt* (*position*) placer, mettre; (*identify*) situer; reconnaître; **to take ~** avoir lieu; (*occur*) se produire; **to take sb's ~** remplacer qn; **to change ~s with sb** changer de place avec qn; **from ~ to ~** d'un endroit à l'autre; **all over**

**the ~** partout; **out of ~** (*not suitable*) déplacé(e), inopportun(e); **I feel out of ~ here** je ne me sens pas à ma place ici; **in the first ~** d'abord, en premier; **to put sb in his ~** (*fig*) remettre qn à sa place; **he's going ~s** (*fig: inf*) il fait son chemin; **it is not my ~ to do it** ce n'est pas à moi de le faire; **to ~ an order with sb (for)** (*Comm*) passer commande à qn (de); **to be ~d** (*in race, exam*) se placer; **how are you ~d next week?** comment ça se présente pour la semaine prochaine?

**place mat** *n* set *m* de table; (*in linen etc*) napperon *m*

**placement** ['pleɪsmənt] *n* placement *m*; (*during studies*) stage *m*

**placid** ['plæsɪd] *adj* placide

**plague** [pleɪg] *n* fléau *m*; (*Med*) peste *f* ▷ *vt* (*fig*) tourmenter; **to ~ sb with questions** harceler qn de questions

**plaice** [pleɪs] *n* (*pl inv*) carrelet *m*

**plaid** [plæd] *n* tissu écossais

**plain** [pleɪn] *adj* (*in one colour*) uni(e); (*clear*) clair(e), évident(e); (*simple*) simple, ordinaire; (*frank*) franc/franche; (*not handsome*) quelconque, ordinaire; (*cigarette*) sans filtre; (*without seasoning etc*) nature *inv* ▷ *adv* franchement, carrément ▷ *n* plaine *f*; **in ~ clothes** (*police*) en civil; **to make sth ~ to sb** faire clairement comprendre qch à qn

**plain chocolate** *n* chocolat *m* à croquer

**plainly** ['pleɪnlɪ] *adv* clairement; (*frankly*) carrément, sans détours

**plaintiff** ['pleɪntɪf] *n* plaignant(e)

**plait** [plæt] *n* tresse *f*, natte *f* ▷ *vt* tresser, natter

**plan** [plæn] *n* plan *m*; (*scheme*) projet *m* ▷ *vt* (*think in advance*) projeter; (*prepare*) organiser ▷ *vi* faire des projets; **to ~ to do** projeter de faire; **how long do you ~ to stay?** combien de temps comptez-vous rester?

**plane** [pleɪn] *n* (*Aviat*) avion *m*; (*also*: **~ tree**) platane *m*; (*tool*) rabot *m*; (*Art, Math etc*) plan *m*; (*fig*) niveau *m*, plan *m* ▷ *adj* plan(e); plat(e) ▷ *vt* (*with tool*) raboter

**planet** ['plænɪt] *n* planète *f*

**plank** [plæŋk] *n* planche *f*; (*Pol*) point *m* d'un programme

**planner** ['plænəʳ] *n* planificateur(-trice); (*chart*) planning *m*; **town** *or* (*US*) **city ~** urbaniste *m/f*

**planning** ['plænɪŋ] *n* planification *f*; **family ~** planning familial

**planning permission** *n* (*Brit*) permis *m* de construire

**plant** [plɑːnt] *n* plante *f*; (*machinery*) matériel *m*; (*factory*) usine *f* ▷ *vt* planter; (*bomb*) déposer, poser; (*microphone, evidence*) cacher

**plantation** [plæn'teɪʃən] *n* plantation *f*

**plaque** [plæk] *n* plaque *f*

**plaster** ['plɑːstə<sup>r</sup>] n plâtre m; (also: ~ of Paris) plâtre à mouler; (Brit: also: sticking ~) pansement adhésif ▷ vt plâtrer; (cover): to ~ with couvrir de; in ~ (Brit: leg etc) dans le plâtre

**plaster cast** n (Med) plâtre m; (model, statue) moule m

**plastered** ['plɑːstəd] adj (inf) soûl(e)

**plastic** ['plæstɪk] n plastique m ▷ adj (made of plastic) en plastique; (flexible) plastique, malléable; (art) plastique

**plastic bag** n sac m en plastique

**plasticine®** ['plæstɪsiːn] n pâte f à modeler

**plastic surgery** n chirurgie f esthétique

**plate** [pleɪt] n (dish) assiette f; (sheet of metal, on door: Phot) plaque f; (Typ) cliché m; (in book) gravure f; (dental) dentier m; (Aut: number plate) plaque minéralogique; **gold/silver ~** (dishes) vaisselle f d'or/d'argent

**plateau** (pl **plateaus** or **plateaux**) ['plætəu, -z] n plateau m

**plate glass** n verre m à vitre, vitre f

**platform** ['plætfɔːm] n (at meeting) tribune f; (Brit: of bus) plate-forme f; (stage) estrade f; (Rail) quai m; (Pol) plateforme f; **the train leaves from ~ 7** le train part de la voie 7

**platinum** ['plætɪnəm] n platine m

**platoon** [plə'tuːn] n peloton m

**platter** ['plætə<sup>r</sup>] n plat m

**plausible** ['plɔːzɪbl] adj plausible; (person) convaincant(e)

**play** [pleɪ] n jeu m; (Theat) pièce f (de théâtre) ▷ vt (game) jouer à; (team, opponent) jouer contre; (instrument) jouer de; (part, piece of music, note) jouer; (CD etc) passer ▷ vi jouer; **to bring** or **call into** ~ faire entrer en jeu; ~ **on words** jeu de mots; **to ~ safe** ne prendre aucun risque; **to ~ a trick on sb** jouer un tour à qn; **they're ~ing at soldiers** ils jouent aux soldats; **to ~ for time** (fig) chercher à gagner du temps; **to ~ into sb's hands** (fig) faire le jeu de qn; **play about, play around** vi (person) s'amuser; **play along** vi (fig): **to ~ along with** (person) entrer dans le jeu de ▷ vt (fig): **to ~ sb along** faire marcher qn; **play back** vt repasser, réécouter; **play down** vt minimiser; **play on** vt fus (sb's feelings, credulity) jouer sur; **to ~ on sb's nerves** porter sur les nerfs de qn; **play up** vi (cause trouble) faire des siennes

**playboy** ['pleɪbɔɪ] n playboy m

**player** ['pleɪə<sup>r</sup>] n joueur(-euse); (Theat) acteur(-trice); (Mus) musicien(ne)

**playful** ['pleɪful] adj enjoué(e)

**playground** ['pleɪgraund] n cour f de récréation; (in park) aire f de jeux

**playgroup** ['pleɪgruːp] n garderie f

**playing card** ['pleɪɪŋ-] n carte f à jouer

**playing field** ['pleɪɪŋ-] n terrain m de sport

**playmate** ['pleɪmeɪt] n camarade m/f, copain/copine

**play-off** ['pleɪɔf] n (Sport) belle f

**playpen** ['pleɪpɛn] n parc m (pour bébé)

**playschool** ['pleɪskuːl] n = **playgroup**

**plaything** ['pleɪθɪŋ] n jouet m

**playtime** ['pleɪtaɪm] n (Scol) récréation f

**playwright** ['pleɪraɪt] n dramaturge m

**plc** abbr (Brit: = public limited company) ≈ SARL f

**plea** [pliː] n (request) appel m; (excuse) excuse f; (Law) défense f

**plead** [pliːd] vt plaider; (give as excuse) invoquer ▷ vi (Law) plaider; (beg): **to ~ with sb (for sth)** implorer qn (d'accorder qch); **to ~ for sth** implorer qch; **to ~ guilty/not guilty** plaider coupable/non coupable

**pleasant** ['plɛznt] adj agréable

**pleasantry** ['plɛzntrɪ] n (joke) plaisanterie f; **pleasantries** npl (polite remarks) civilités fpl

**please** [pliːz] excl s'il te (or vous) plaît ▷ vt plaire à ▷ vi (think fit): **do as you ~** faites comme il vous plaira; **my bill, ~** l'addition, s'il vous plaît; **~ don't cry!** je t'en prie, ne pleure pas!; **~ yourself!** (inf) (faites) comme vous voulez!

**pleased** [pliːzd] adj: **~ (with)** content(e) (de); **~ to meet you** enchanté (de faire votre connaissance); **we are ~ to inform you that ...** nous sommes heureux de vous annoncer que ...

**pleasing** ['pliːzɪŋ] adj plaisant(e), qui fait plaisir

**pleasure** ['plɛʒə<sup>r</sup>] n plaisir m; **"it's a ~"** "je vous en prie"; **with ~** avec plaisir; **is this trip for business or ~?** est-ce un voyage d'affaires ou d'agrément?

**pleat** [pliːt] n pli m

**pledge** [plɛdʒ] n gage m; (promise) promesse f ▷ vt engager; promettre; **to ~ support for sb** s'engager à soutenir qn; **to ~ sb to secrecy** faire promettre à qn de garder le secret

**plentiful** ['plɛntiful] adj abondant(e), copieux(-euse)

**plenty** ['plɛntɪ] n abondance f; **~ of** beaucoup de; (sufficient) (bien) assez de; **we've got ~ time** nous avons largement le temps

**pliable** ['plaɪəbl] adj flexible; (person) malléable

**pliers** ['plaɪəz] npl pinces fpl

**plight** [plaɪt] n situation f critique

**plimsolls** ['plɪmsəlz] npl (Brit) (chaussures fpl) tennis fpl

**plinth** [plɪnθ] n socle m

**PLO** n abbr (= Palestine Liberation Organization) OLP f

**plod** [plɔd] vi avancer péniblement; (fig) peiner

**plonk** [plɔŋk] (inf) n (Brit: wine) pinard m, piquette f ▷ vt: **to ~ sth down** poser brusquement qch

**plot** [plɔt] n complot m, conspiration f; (of story, play) intrigue f; (of land) lot m de terrain, lopin m ▷ vt (mark out) tracer point par point; (Naut) pointer; (make graph of) faire le graphique de; (conspire) comploter ▷ vi comploter; **a vegetable ~** (Brit) un carré de légumes

**plough, plow** (US) [plau] n charrue f ▷ vt (earth) labourer; **to ~ money into** investir dans; **plough back** vt (Comm) réinvestir; **plough through** vt fus (snow etc) avancer péniblement dans

**ploughman, plowman** (US) ['plaumən] irreg n laboureur m

**plow** [plau] (US) n = **plough**

**ploy** [plɔɪ] n stratagème m

**pls** abbr (= please) SVP m

**pluck** [plʌk] vt (fruit) cueillir; (musical instrument) pincer; (bird) plumer ▷ n courage m, cran m; **to ~ one's eyebrows** s'épiler les sourcils; **to ~ up courage** prendre son courage à deux mains

**plug** [plʌg] n (stopper) bouchon m, bonde f; (Elec) prise f de courant; (Aut: also: **spark(ing) ~**) bougie f ▷ vt (hole) boucher; (inf: advertise) faire du battage pour, matraquer; **to give sb/ sth a ~** (inf) faire de la pub pour qn/qch; **plug in** (Elec) brancher ▷ vi (Elec) se brancher

**plughole** ['plʌghəul] n (Brit) trou m (d'écoulement)

**plum** [plʌm] n (fruit) prune f ▷ adj: **~ job** (inf) travail m en or

**plumb** [plʌm] adj vertical(e) ▷ n plomb m ▷ adv (exactly) en plein ▷ vt sonder; **plumb in** vt (washing machine) faire le raccordement de

**plumber** ['plʌmər] n plombier m

**plumbing** ['plʌmɪŋ] n (trade) plomberie f; (piping) tuyauterie f

**plummet** ['plʌmɪt] vi (person, object) plonger; (sales, prices) dégringoler

**plump** [plʌmp] adj rondelet(te), dodu(e), bien en chair ▷ vt: **to ~ sth (down) on** laisser tomber qch lourdement sur; **plump for** vt fus (inf: choose) se décider pour; **plump up** vt (cushion) battre (pour lui redonner forme)

**plunder** ['plʌndər] n pillage m ▷ vt piller

**plunge** [plʌndʒ] n plongeon m; (fig) chute f ▷ vt plonger ▷ vi (fall) tomber, dégringoler; (dive) plonger; **to take the ~** se jeter à l'eau

**plunging** ['plʌndʒɪŋ] adj (neckline) plongeant(e)

**pluperfect** [plu:'pə:fɪkt] n (Ling) plus-que-parfait m

**plural** ['pluərl] adj pluriel(le) ▷ n pluriel m

**plus** [plʌs] n (also: **~ sign**) signe m plus; (advantage) atout m ▷ prep plus; **ten/twenty ~** plus de dix/vingt; **it's a ~** c'est un atout

**plush** [plʌʃ] adj somptueux(-euse) ▷ n peluche f

**ply** [plaɪ] n (of wool) fil m; (of wood) feuille f, épaisseur f ▷ vt (tool) manier; (a trade) exercer ▷ vi (ship) faire la navette; **three-~ (wool)** n laine f trois fils; **to ~ sb with drink** donner continuellement à boire à qn

**plywood** ['plaɪwud] n contreplaqué m

**P.M.** n abbr (Brit) = **prime minister**

**p.m.** adv abbr (= post meridiem) de l'après-midi

**PMS** n abbr (= premenstrual syndrome) syndrome prémenstruel

**PMT** n abbr (= premenstrual tension) syndrome prémenstruel

**pneumatic** [nju:'mætɪk] adj pneumatique

**pneumatic drill** [nju:'mætɪk-] n marteau-piqueur m

**pneumonia** [nju:'məunɪə] n pneumonie f

**poach** [pəutʃ] vt (cook) pocher; (steal) pêcher (or chasser) sans permis ▷ vi braconner

**poached** [pəutʃt] adj (egg) poché(e)

**poacher** ['pəutʃər] n braconnier m

**P.O. Box** n abbr = **post office box**

**pocket** ['pɔkɪt] n poche f ▷ vt empocher; **to be (£5) out of ~** (Brit) en être de sa poche (pour 5 livres)

**pocketbook** ['pɔkɪtbuk] n (notebook) carnet m; (US: wallet) portefeuille m; (: handbag) sac m à main

**pocket knife** n canif m

**pocket money** n argent m de poche

**pod** [pɔd] n cosse f ▷ vt écosser

**podcast** ['pɔdkɑ:st] n podcast m ▷ vi podcaster

**podgy** ['pɔdʒɪ] adj rondelet(te)

**podiatrist** [pɔ'di:ətrɪst] n (US) pédicure m/f

**podium** ['pəudɪəm] n podium m

**poem** ['pəuɪm] n poème m

**poet** ['pəuɪt] n poète m

**poetic** [pəu'etɪk] adj poétique

**poetry** ['pəuɪtrɪ] n poésie f

**poignant** ['pɔɪnjənt] adj poignant(e); (sharp) vif/vive

**point** [pɔɪnt] n (Geom, Scol, Sport, on scale) point m; (tip) pointe f; (in time) moment m; (in space) endroit m; (subject, idea) point, sujet m; (purpose) but m; (also: **decimal ~**): **2 ~ 3 (2.3)** 2 virgule 3 (2,3); (Brit Elec: also: **power ~**) prise f (de courant) ▷ vt (show) indiquer; (wall, window) jointoyer; (gun etc): **to ~ sth at** braquer or diriger qch sur ▷ vi: **to ~ at** montrer du doigt; **points** npl (Aut) vis platinées f; (Rail) aiguillage m; **good ~s** qualités fpl; **the train stops at Carlisle and all ~s south** le train dessert Carlisle et toutes les gares vers le sud; **to make a ~** faire une remarque; **to make a ~ of doing sth** ne pas manquer de faire qch; **to make one's ~** se faire comprendre; **to get/ miss the ~** comprendre/ne pas comprendre; **to come to the ~** en venir au fait; **when it comes to the ~** le moment venu; **there's no ~ (in doing)** cela ne sert à rien (de faire); **to be on the ~ of doing sth** être sur le point de faire qch; **that's the whole ~!** précisément!; **to be beside the ~** être à côté de la question; **you've got a ~ there!** (c'est) juste!; **in ~ of fact** en fait, en réalité; **~ of departure** (also fig) point de départ; **~ of order** point de procédure; **~ of sale** (Comm) point de vente; **to ~ to sth** (fig) signaler; **point out** vt (show) montrer, indiquer; (mention) faire remarquer, souligner

p

**point-blank** ['pɔɪnt'blæŋk] *adv* (*fig*) catégoriquement; (*also*: **at ~ range**) à bout portant ▷ *adj* (*fig*) catégorique

**pointed** ['pɔɪntɪd] *adj* (*shape*) pointu(e); (*remark*) plein(e) de sous-entendus

**pointer** ['pɔɪntəʳ] *n* (*stick*) baguette *f*; (*needle*) aiguille *f*; (*dog*) chien *m* d'arrêt; (*clue*) indication *f*; (*advice*) tuyau *m*

**pointless** ['pɔɪntlɪs] *adj* inutile, vain(e)

**point of view** *n* point *m* de vue

**poise** [pɔɪz] *n* (*balance*) équilibre *m*; (*of head, body*) port *m*; (*calmness*) calme *m* ▷ *vt* placer en équilibre; **to be ~d for** (*fig*) être prêt à

**poison** ['pɔɪzn] *n* poison *m* ▷ *vt* empoisonner

**poisonous** ['pɔɪznəs] *adj* (*snake*) venimeux(-euse); (*substance, plant*) vénéneux(-euse); (*fumes*) toxique; (*fig*) pernicieux(-euse)

**poke** [pəuk] *vt* (*fire*) tisonner; (*jab with finger, stick etc*) piquer; pousser du doigt; (*put*): **to ~ sth in(to)** fourrer *or* enfoncer qch dans ▷ *n* (*jab*) (petit) coup; (*to fire*) coup *m* de tisonnier; **to ~ fun at sb** se moquer de qn; **poke about** *vi* fureter; **poke out** *vi* (*stick out*) sortir ▷ *vt*: **to ~ one's head out of the window** passer la tête par la fenêtre

**poker** ['pəukəʳ] *n* tisonnier *m*; (*Cards*) poker *m*

**poky** ['pəukɪ] *adj* exigu(ë)

**Poland** ['pəulənd] *n* Pologne *f*

**polar** ['pəuləʳ] *adj* polaire

**polar bear** *n* ours blanc

**Pole** [pəul] *n* Polonais(e)

**pole** [pəul] *n* (*of wood*) mât *m*, perche *f*; (*Elec*) poteau *m*; (*Geo*) pôle *m*

**pole bean** *n* (*US*) haricot *m* (à rames)

**pole vault** ['pəulvɔ:lt] *n* saut *m* à la perche

**police** [pə'li:s] *npl* police *f* ▷ *vt* maintenir l'ordre dans; **a large number of ~ were hurt** de nombreux policiers ont été blessés

**police car** *n* voiture *f* de police

**police constable** *n* (*Brit*) agent *m* de police

**police force** *n* police *f*, forces *fpl* de l'ordre

**policeman** [pə'li:smən] *irreg n* agent *m* de police, policier *m*

**police officer** *n* agent *m* de police

**police station** *n* commissariat *m* de police

**policewoman** [pə'li:swumən] *irreg n* femme-agent *f*

**policy** ['pɔlɪsɪ] *n* politique *f*; (*also*: **insurance ~**) police *f* (d'assurance); (*of newspaper, company*) politique générale; **to take out a ~** (*Insurance*) souscrire une police d'assurance

**polio** ['pəulɪəu] *n* polio *f*

**Polish** ['pəulɪʃ] *adj* polonais(e) ▷ *n* (*Ling*) polonais *m*

**polish** ['pɔlɪʃ] *n* (*for shoes*) cirage *m*; (*for floor*) cire *f*, encaustique *f*; (*for nails*) vernis *m*; (*shine*) éclat *m*, poli *m*; (*fig: refinement*) raffinement *m* ▷ *vt* (*put polish on: shoes, wood*) cirer; (*make shiny*) astiquer, faire briller; (*fig: improve*) perfectionner; **polish off** *vt* (*work*) expédier; (*food*) liquider

**polished** ['pɔlɪʃt] *adj* (*fig*) raffiné(e)

**polite** [pə'laɪt] *adj* poli(e); **it's not ~ to do that** ça ne se fait pas

**politely** [pə'laɪtlɪ] *adv* poliment

**politeness** [pə'laɪtnɪs] *n* politesse *f*

**political** [pə'lɪtɪkl] *adj* politique

**politically** [pə'lɪtɪklɪ] *adv* politiquement; **~ correct** politiquement correct(e)

**politician** [pɔlɪ'tɪʃən] *n* homme/femme politique, politicien(ne)

**politics** ['pɔlɪtɪks] *n* politique *f*

**poll** [pəul] *n* scrutin *m*, vote *m*; (*also*: **opinion ~**) sondage *m* (d'opinion) ▷ *vt* (*votes*) obtenir; **to go to the ~s** (*voters*) aller aux urnes; (*government*) tenir des élections

**pollen** ['pɔlən] *n* pollen *m*

**polling day** *n* (*Brit*) jour *m* des élections

**polling station** *n* (*Brit*) bureau *m* de vote

**pollute** [pə'lu:t] *vt* polluer

**pollution** [pə'lu:ʃən] *n* pollution *f*

**polo** ['pəuləu] *n* polo *m*

**polo-neck** ['pəuləunɛk] *adj* à col roulé ▷ *n* (*sweater*) pull *m* à col roulé

**polo shirt** *n* polo *m*

**polyester** [pɔlɪ'ɛstəʳ] *n* polyester *m*

**polystyrene** [pɔlɪ'staɪri:n] *n* polystyrène *m*

**polythene** ['pɔlɪθi:n] *n* (*Brit*) polyéthylène *m*

**polythene bag** *n* sac *m* en plastique

**pomegranate** ['pɔmɪɡrænɪt] *n* grenade *f*

**pomp** [pɔmp] *n* pompe *f*, faste *f*, apparat *m*

**pompous** ['pɔmpəs] *adj* pompeux(-euse)

**pond** [pɔnd] *n* étang *m*; (*stagnant*) mare *f*

**ponder** ['pɔndəʳ] *vi* réfléchir ▷ *vt* considérer, peser

**ponderous** ['pɔndərəs] *adj* pesant(e), lourd(e)

**pong** [pɔŋ] (*Brit inf*) *n* puanteur *f* ▷ *vi* schlinguer

**pony** ['pəunɪ] *n* poney *m*

**ponytail** ['pəunɪteɪl] *n* queue *f* de cheval

**pony trekking** [-trɛkɪŋ] *n* (*Brit*) randonnée *f* équestre *or* à cheval

**poodle** ['pu:dl] *n* caniche *m*

**pool** [pu:l] *n* (*of rain*) flaque *f*; (*pond*) mare *f*; (*artificial*) bassin *m*; (*also*: **swimming ~**) piscine *f*; (*sth shared*) fonds commun; (*money at cards*) cagnotte *f*; (*billiards*) poule *f*; (*Comm: consortium*) pool *m*; (*US: monopoly trust*) trust *m* ▷ *vt* mettre en commun; **pools** *npl* (*football*) ≈ loto sportif; **typing ~**, (*US*) **secretary ~** pool *m* dactylographique; **to do the (football) ~s** (*Brit*) ≈ jouer au loto sportif; *see also* **football pools**

**poor** [puəʳ] *adj* pauvre; (*mediocre*) médiocre, faible, mauvais(e) ▷ *npl*: **the ~** les pauvres *mpl*

**poorly** ['puəlɪ] *adv* pauvrement; (*badly*) mal, médiocrement ▷ *adj* souffrant(e), malade

**pop** [pɔp] *n* (*noise*) bruit sec; (*Mus*) musique *f* pop; (*inf: drink*) soda *m*; (*US inf: father*) papa *m* ▷ *vt* (*put*) fourrer, mettre (rapidement) ▷ *vi* éclater; (cork) sauter; **she ~ped her head out of the window** elle passa la tête par la fenêtre; **pop in** vi entrer en passant; **pop out** vi sortir; **pop up** vi apparaître, surgir

**popcorn** ['pɒpkɔːn] n pop-corn m

**pope** [pəup] n pape m

**poplar** ['pɒplər] n peuplier m

**popper** ['pɒpər] n (Brit) bouton-pression m

**poppy** ['pɒpɪ] n (wild) coquelicot m; (cultivated) pavot m

**Popsicle®** ['pɒpsɪkl] n (US) esquimau m (glace)

**pop star** n pop star f

**popular** ['pɒpjulər] adj populaire; (fashionable) à la mode; **to be ~ (with)** (person) avoir du succès (auprès de); (decision) être bien accueilli(e) (par)

**popularity** [pɒpju'lærɪtɪ] n popularité f

**population** [pɒpju'leɪʃən] n population f

**pop-up** adj (Comput: menu, window) pop up inv ▷ n pop up m inv, fenêtre f pop up

**porcelain** ['pɔːslɪn] n porcelaine f

**porch** [pɔːtʃ] n porche m; (US) véranda f

**porcupine** ['pɔːkjupaɪn] n porc-épic m

**pore** [pɔːʳ] n pore m ▷ vi: **to ~ over** s'absorber dans, être plongé(e) dans

**pork** [pɔːk] n porc m

**pork chop** n côte f de porc

**pork pie** n pâté m de porc en croûte

**porn** [pɔːn] adj (inf) porno ▷ n (inf) porno m

**pornographic** [pɔːnə'græfɪk] adj pornographique

**pornography** [pɔː'nɔgrəfɪ] n pornographie f

**porpoise** ['pɔːpəs] n marsouin m

**porridge** ['pɒrɪdʒ] n porridge m

**port** [pɔːt] n (harbour) port m; (opening in ship) sabord m; (Naut: left side) bâbord m; (wine) porto m; (Comput) port m, accès m ▷ cpd portuaire, du port; **to ~** (Naut) à bâbord; **~ of call** (port d')escale f

**portable** ['pɔːtəbl] adj portatif(-ive)

**porter** ['pɔːtəʳ] n (for luggage) porteur m; (doorkeeper) gardien(ne), portier m

**portfolio** [pɔːt'fəuliəu] n portefeuille m; (of artist) portfolio m

**porthole** ['pɔːthəul] n hublot m

**portion** ['pɔːʃən] n portion f, part f

**portrait** ['pɔːtreɪt] n portrait m

**portray** [pɔː'treɪ] vt faire le portrait de; (in writing) dépeindre, représenter; (subj: actor) jouer

**Portugal** ['pɔːtjugl] n Portugal m

**Portuguese** [pɔːtju'giːz] adj portugais(e) ▷ n (pl inv) Portugais(e); (Ling) portugais m

**pose** [pəuz] n pose f; (pej) affectation f ▷ vi poser; (pretend): **to ~ as** se faire passer pour ▷ vt poser; (problem) créer; **to strike a ~** poser (pour la galerie)

**posh** [pɒʃ] adj (inf) chic inv; **to talk ~** parler d'une manière affectée

**position** [pə'zɪʃən] n position f; (job, situation) situation f ▷ vt mettre en place or en

position; **to be in a ~ to do sth** être en mesure de faire qch

**positive** ['pɒzɪtɪv] adj positif(-ive); (certain) sûr(e), certain(e); (definite) formel(le), catégorique; (clear) indéniable, réel(le)

**positively** ['pɒzɪtɪvlɪ] adv (affirmatively, enthusiastically) de façon positive; (inf: really) carrément; **to think ~** être positif(-ive)

**possess** [pə'zɛs] vt posséder; **like one ~ed** comme un fou; **whatever can have ~ed you?** qu'est-ce qui vous a pris?

**possession** [pə'zɛʃən] n possession f; **possessions** npl (belongings) affaires fpl; **to take ~ of sth** prendre possession de qch

**possessive** [pə'zɛsɪv] adj possessif(-ive)

**possibility** [pɒsɪ'bɪlɪtɪ] n possibilité f; (event) éventualité f; **he's a ~ for the part** c'est un candidat possible pour le rôle

**possible** ['pɒsɪbl] adj possible; (solution) envisageable, éventuel(le); **it is ~ to do it** il est possible de le faire; **as far as ~** dans la mesure du possible, autant que possible; **if ~** si possible; **as big as ~** aussi gros que possible

**possibly** ['pɒsɪblɪ] adv (perhaps) peut-être; **if you ~ can** si cela vous est possible; **I cannot ~ come** il m'est impossible de venir

**post** [pəust] n (Brit: mail) poste f; (: collection) levée f; (: letters, delivery) courrier m; (job, situation) poste m; (pole) poteau m; (trading post) comptoir (commercial); (on internet forum) billet m, post m ▷ vt (to internet) poster; (Brit: send by post, Mil) poster; (: appoint): **to ~ to** affecter à; (notice) afficher; **by ~** (Brit) par la poste; **by return of ~** (Brit) par retour du courrier; **where can I ~ these cards?** où est-ce que je peux poster ces cartes postales?; **to keep sb ~ed** tenir qn au courant

**postage** ['pəustɪdʒ] n tarifs mpl d'affranchissement; **~ paid** port payé; **~ prepaid** (US) franco (de port)

**postal** ['pəustl] adj postal(e)

**postal order** n mandat-(poste m) m

**postbox** ['pəustbɒks] n (Brit) boîte f aux lettres (publique)

**postcard** ['pəustkaːd] n carte postale

**postcode** ['pəustkəud] n (Brit) code postal

**poster** ['pəustəʳ] n affiche f

**poste restante** [pəust'rɛstãːnt] n (Brit) poste restante

**postgraduate** ['pəust'grædjuət] n ≈ étudiant(e) de troisième cycle

**posthumous** ['pɒstjuməs] adj posthume

**postman** ['pəustmən] (Brit) irreg n facteur m

**postmark** ['pəustmaːk] n cachet m (de la poste)

**post-mortem** [pəust'mɔːtəm] n autopsie f

**post office** n (building) poste f; (organization): **the Post Office** les postes fpl

**post office box** n boîte postale

**postpone** [pəs'pəun] vt remettre (à plus tard), reculer

**posture** ['pɔstʃəʳ] n posture f; (fig) attitude f ▷ vi poser

**postwar** [pəust'wɔːʳ] adj d'après-guerre

**postwoman** [pəust'wumən] (Brit) irreg n factrice f

**posy** ['pəuzi] n petit bouquet

**pot** [pɔt] n (for cooking) marmite f; casserole f; (teapot) théière f; (for coffee) cafetière f; (for plants, jam) pot m; (piece of pottery) poterie f; (inf: marijuana) herbe f ▷ vt (plant) mettre en pot; **to go to ~** (inf) aller à vau-l'eau; **~s of** (Brit inf) beaucoup de, plein de

**potato** (pl **potatoes**) [pə'teitəu] n pomme f de terre

**potato peeler** n épluche-légumes m

**potent** ['pəutnt] adj puissant(e); (drink) fort(e), très alcoolisé(e); (man) viril

**potential** [pə'tɛnʃl] adj potentiel(le) ▷ n potentiel m; **to have ~** être prometteur(-euse); ouvrir des possibilités

**pothole** ['pɔthəul] n (in road) nid m de poule; (Brit: underground) gouffre m, caverne f

**potholing** ['pɔthəuliŋ] n (Brit): **to go ~** faire de la spéléologie

**potluck** [pɔt'lʌk] n: **to take ~** tenter sa chance

**pot plant** n plante f d'appartement

**potted** ['pɔtid] adj (food) en conserve; (plant) en pot; (fig: shortened) abrégé(e)

**potter** ['pɔtəʳ] n potier m ▷ vi (Brit): **to ~ around** or **about** bricoler; **~'s wheel** tour m de potier

**pottery** ['pɔtəri] n poterie f; **a piece of ~** une poterie

**potty** ['pɔti] adj (Brit inf: mad) dingue ▷ n (child's) pot m

**pouch** [pautʃ] n (Zool) poche f; (for tobacco) blague f; (for money) bourse f

**poultry** ['pəultri] n volaille f

**pounce** [pauns] vi: **to ~ (on)** bondir (sur), fondre (sur) ▷ n bond m, attaque f

**pound** [paund] n livre f (weight = 453g, 16 ounces; money = 100 pence); (for dogs, cars) fourrière f ▷ vt (beat) bourrer de coups, marteler; (crush) piler, pulvériser; (with guns) pilonner ▷ vi (heart) battre violemment, taper; **half a ~ (of)** une demi-livre (de); **a five-~ note** un billet de cinq livres

**pound sterling** n livre f sterling

**pour** [pɔːʳ] vt verser ▷ vi couler à flots; (rain) pleuvoir à verse; **to ~ sb a drink** verser or servir à boire à qn; **to come ~ing in** (water) entrer à flots; (letters) arriver par milliers; (cars, people) affluer; **pour away, pour off** vt vider; **pour in** vi (people) affluer, se précipiter; (news, letters) arriver en masse; **pour out** vi (people) sortir en masse ▷ vt vider; (fig) déverser; (serve: a drink) verser

**pouring** ['pɔːriŋ] adj: **~ rain** pluie f torrentielle

**pout** [paut] n moue f ▷ vi faire la moue

**poverty** ['pɔvəti] n pauvreté f, misère f

**poverty-stricken** ['pɔvətistrikn] adj pauvre, déshérité(e)

**powder** ['paudəʳ] n poudre f ▷ vt poudrer; **to ~ one's nose** se poudrer; (euphemism) aller à la salle de bain

**powder compact** n poudrier m

**powdered milk** n lait m en poudre

**powder room** n toilettes fpl (pour dames)

**power** ['pauəʳ] n (strength, nation) puissance f, force f; (ability, Pol: of party, leader) pouvoir m; (Math) puissance; (of speech, thought) faculté f; (Elec) courant m ▷ vt faire marcher, actionner; **to do all in one's ~ to help sb** faire tout ce qui est en son pouvoir pour aider qn; **the world ~s** les grandes puissances; **to be in ~** être au pouvoir

**power cut** n (Brit) coupure f de courant

**powered** ['pauəd] adj: **~ by** actionné(e) par, fonctionnant à; **nuclear-~ submarine** sous-marin m (à propulsion) nucléaire

**power failure** n panne f de courant

**powerful** ['pauəful] adj puissant(e); (performance etc) très fort(e)

**powerless** ['pauəlis] adj impuissant(e)

**power point** n (Brit) prise f de courant

**power station** n centrale f électrique

**power struggle** n lutte f pour le pouvoir

**p.p.** abbr (= per procurationem: by proxy) p.p.

**PR** n abbr = **proportional representation**; **public relations** ▷ abbr (US) = **Puerto Rico**

**practical** ['præktikl] adj pratique

**practicality** [prækti'kæliti] n (of plan) aspect m pratique; (of person) sens m pratique; **practicalities** npl détails mpl pratiques

**practical joke** n farce f

**practically** ['præktikli] adv (almost) pratiquement

**practice** ['præktis] n pratique f; (of profession) exercice m; (at football etc) entraînement m; (business) cabinet m; clientèle f ▷ vt, vi (US) = **practise**; **in ~** (in reality) en pratique; **out of ~** rouillé(e); **2 hours' piano ~** 2 heures de travail or d'exercices au piano; **target ~** exercices de tir; **it's common ~** c'est courant, ça se fait couramment; **to put sth into ~** mettre qch en pratique

**practise,** (US) **practice** ['præktis] vt (work at: piano, backhand etc) s'exercer à, travailler; (train for: sport) s'entraîner à; (a sport, religion, method) pratiquer; (profession) exercer ▷ vi s'exercer, travailler; (train) s'entraîner; (lawyer, doctor) exercer; **to ~ for a match** s'entraîner pour un match

**practising,** (US) **practicing** ['præktisiŋ] adj (Christian etc) pratiquant(e); (lawyer) en exercice; (homosexual) déclaré

**practitioner** [præk'tiʃənəʳ] n praticien(ne)

**pragmatic** [præg'mætik] adj pragmatique

**prairie** ['prɛəri] n savane f; (US): **the ~s** la Prairie

**praise** [preiz] n éloge(s) m(pl), louange(s) f(pl) ▷ vt louer, faire l'éloge de

**praiseworthy** ['preɪzwəːðɪ] *adj* digne de louanges

**pram** [præm] *n* (*Brit*) landau *m*, voiture *f* d'enfant

**prance** [prɑːns] *vi* (*horse*) caracoler

**prank** [præŋk] *n* farce *f*

**prawn** [prɔːn] *n* crevette *f* (rose)

**prawn cocktail** *n* cocktail *m* de crevettes

**pray** [preɪ] *vi* prier

**prayer** [prɛəʳ] *n* prière *f*

**preach** [priːtʃ] *vt, vi* prêcher; **to ~ at sb** faire la morale à qn

**preacher** ['priːtʃəʳ] *n* prédicateur *m*; (*US: clergyman*) pasteur *m*

**precarious** [prɪ'kɛərɪəs] *adj* précaire

**precaution** [prɪ'kɔːʃən] *n* précaution *f*

**precede** [prɪ'siːd] *vt, vi* précéder

**precedent** ['prɛsɪdənt] *n* précédent *m*; **to establish** *or* **set a ~** créer un précédent

**preceding** [prɪ'siːdɪŋ] *adj* qui précède (*or* précédait)

**precinct** ['priːsɪŋkt] *n* (*round cathedral*) pourtour *m*, enceinte *f*; (*US: district*) circonscription *f*, arrondissement *m*; **precincts** *npl* (*neighbourhood*) alentours *mpl*, environs *mpl*; **pedestrian ~** (*Brit*) zone piétonnière; **shopping ~** (*Brit*) centre commercial

**precious** ['prɛʃəs] *adj* précieux(-euse) ▷ *adv* (*inf*): **~ little** *or* **few** fort peu; **your ~ dog** (*ironic*) ton chien chéri, ton chéri chien

**precipitate** [prɪ'sɪpɪtɪt] *adj* (*hasty*) précipité(e) ▷ *vt* [prɪ'sɪpɪteɪt] précipiter

**precise** [prɪ'saɪs] *adj* précis(e)

**precisely** [prɪ'saɪslɪ] *adv* précisément

**precision** [prɪ'sɪʒən] *n* précision *f*

**precocious** [prɪ'kəʊʃəs] *adj* précoce

**precondition** ['priːkən'dɪʃən] *n* condition *f* nécessaire

**predator** ['prɛdətəʳ] *n* prédateur *m*, rapace *m*

**predecessor** ['priːdɪsɛsəʳ] *n* prédécesseur *m*

**predicament** [prɪ'dɪkəmənt] *n* situation *f* difficile

**predict** [prɪ'dɪkt] *vt* prédire

**predictable** [prɪ'dɪktəbl] *adj* prévisible

**prediction** [prɪ'dɪkʃən] *n* prédiction *f*

**predominantly** [prɪ'dɔmɪnəntlɪ] *adv* en majeure partie; (*especially*) surtout

**pre-empt** [priː'ɛmt] *vt* (*Brit*) acquérir par droit de préemption; (*fig*) anticiper sur; **to ~ the issue** conclure avant même d'ouvrir les débats

**preen** [priːn] *vt*: **to ~ itself** (*bird*) se lisser les plumes; **to ~ o.s.** s'admirer

**prefab** ['priːfæb] *n abbr* (= *prefabricated building*) bâtiment préfabriqué

**preface** ['prɛfəs] *n* préface *f*

**prefect** ['priːfɛkt] *n* (*Brit: in school*) élève chargé de certaines fonctions de discipline; (*in France*) préfet *m*

**prefer** [prɪ'fəːʳ] *vt* préférer; (*Law*): **to ~ charges** procéder à une inculpation; **to ~ coffee to tea** préférer le café au thé; **to ~ doing** *or* **to do sth** préférer faire qch

**preferable** ['prɛfrəbl] *adj* préférable

**preferably** ['prɛfrəblɪ] *adv* de préférence

**preference** ['prɛfrəns] *n* préférence *f*; **in ~ to sth** plutôt que qch, de préférence à qch

**preferential** [prɛfə'rɛnʃəl] *adj* préférentiel(le); **~ treatment** traitement *m* de faveur

**prefix** ['priːfɪks] *n* préfixe *m*

**pregnancy** ['prɛgnənsɪ] *n* grossesse *f*

**pregnant** ['prɛgnənt] *adj* enceinte *adj f*; (*animal*) pleine; **3 months ~** enceinte de 3 mois

**prehistoric** ['priːhɪs'tɔrɪk] *adj* préhistorique

**prejudice** ['prɛdʒudɪs] *n* préjugé *m*; (*harm*) tort *m*, préjudice *m* ▷ *vt* porter préjudice à; (*bias*): **to ~ sb in favour of/against** prévenir qn en faveur de/contre; **racial ~** préjugés raciaux

**prejudiced** ['prɛdʒudɪst] *adj* (*person*) plein(e) de préjugés; (*in a matter*) partial(e); (*view*) préconçu(e), partial(e); **to be ~ against sb/sth** avoir un parti-pris contre qn/qch; **to be racially ~** avoir des préjugés raciaux

**preliminary** [prɪ'lɪmɪnərɪ] *adj* préliminaire

**prelude** ['prɛljuːd] *n* prélude *m*

**premarital** ['priː'mærɪtl] *adj* avant le mariage; **~ contract** contrat *m* de mariage

**premature** ['prɛmətʃuəʳ] *adj* prématuré(e); **to be ~ (in doing sth)** aller un peu (trop) vite (en faisant qch)

**premier** ['prɛmɪəʳ] *adj* premier(-ière), principal(e) ▷ *n* (*Pol: Prime Minister*) premier ministre; (*Pol: President*) chef *m* de l'État

**premiere** ['prɛmɪɛəʳ] *n* première *f*

**Premier League** *n* première division

**premise** ['prɛmɪs] *n* prémisse *f*

**premises** ['prɛmɪsɪz] *npl* locaux *mpl*; **on the ~** sur les lieux; sur place; **business ~** locaux commerciaux

**premium** ['priːmɪəm] *n* prime *f*; **to be at a ~** (*fig: housing etc*) être très demandé(e), être rarissime; **to sell at a ~** (*shares*) vendre au-dessus du pair

**premium bond** *n* (*Brit*) obligation *f* à prime, bon *m* à lots

**premonition** [prɛmə'nɪʃən] *n* prémonition *f*

**preoccupied** [priː'ɔkjupaɪd] *adj* préoccupé(e)

**prep** [prɛp] *adj abbr*: **~ school** = **preparatory school** ▷ *n abbr* (*Scol*: = *preparation*) étude *f*

**prepaid** [priː'peɪd] *adj* payé(e) d'avance

**preparation** [prɛpə'reɪʃən] *n* préparation *f*; **preparations** *npl* (*for trip, war*) préparatifs *mpl*; **in ~ for** en vue de

**preparatory** [prɪ'pærətərɪ] *adj* préparatoire; **~ to sth/to doing sth** en prévision de qch/avant de faire qch

**preparatory school** *n* (*Brit*) école primaire privée; (*US*) lycée privé; *voir article*

**p**

**prepare** [prɪˈpɛəʳ] *vt* préparer ▷ *vi*: **to ~ for** se préparer à

**prepared** [prɪˈpɛəd] *adj*: **~ for** préparé(e) à; **~ to** prêt(e) à

**preposition** [prɛpəˈzɪʃən] *n* préposition *f*

**preposterous** [prɪˈpɔstərəs] *adj* ridicule, absurde

**prep school** *n* = **preparatory school**

**prerequisite** [priːˈrɛkwɪzɪt] *n* condition *f* préalable

**presbyterian** [prɛzbɪˈtɪərɪən] *adj*, *n* presbytérien(ne)

**preschool** [ˈpriːˈskuːl] *adj* préscolaire; *(child)* d'âge préscolaire

**prescribe** [prɪˈskraɪb] *vt* prescrire; **~d books** *(Brit Scol)* œuvres *fpl* au programme

**prescription** [prɪˈskrɪpʃən] *n* prescription *f*; *(Med)* ordonnance *f*; *(: medicine)* médicament *m* (obtenu sur ordonnance); **to make up** *or* *(US)* **fill a ~** faire une ordonnance; **could you write me a ~?** pouvez-vous me faire une ordonnance?; **"only available on ~"** "uniquement sur ordonnance"

**presence** [ˈprɛzns] *n* présence *f*; **in sb's ~** en présence de qn; **~ of mind** présence d'esprit

**present** [ˈprɛznt] *adj* présent(e); *(current)* présent, actuel(le) ▷ *n* cadeau *m*; *(actuality, also:* **~ tense**) présent *m* ▷ *vt* [prɪˈzɛnt] présenter; *(prize, medal)* remettre; *(give)*: **to ~ sb with sth** offrir qch à qn; **to be ~ at** assister à; **those ~** les présents; **at ~** en ce moment; **to give sb a ~** offrir un cadeau à qn; **to ~ sb (to sb)** présenter qn (à qn)

**presentable** [prɪˈzɛntəbl] *adj* présentable

**presentation** [prɛznˈteɪʃən] *n* présentation *f*; *(gift)* cadeau *m*, présent *m*; *(ceremony)* remise *f* du cadeau *(or* de la médaille *etc)*; **on ~ of** *(voucher etc)* sur présentation de

**present-day** [ˈprɛzntdeɪ] *adj* contemporain(e), actuel(le)

**presenter** [prɪˈzɛntəʳ] *n* *(Brit Radio, TV)* présentateur(-trice)

**presently** [ˈprɛzntlɪ] *adv* *(soon)* tout à l'heure, bientôt; *(with verb in past)* peu après; *(at present)* en ce moment; *(US: now)* maintenant

**preservation** [prɛzəˈveɪʃən] *n* préservation *f*, conservation *f*

**preservative** [prɪˈzəːvətɪv] *n* agent *m* de conservation

**preserve** [prɪˈzəːv] *vt* *(keep safe)* préserver, protéger; *(maintain)* conserver, garder; *(food)* mettre en conserve ▷ *n* *(for game, fish)* réserve *f*; *(often pl: jam)* confiture *f*; *(: fruit)* fruits *mpl* en conserve

**preside** [prɪˈzaɪd] *vi* présider

**president** [ˈprɛzɪdənt] *n* président(e); *(US: of company)* président-directeur général, PDG *m*

**presidential** [prɛzɪˈdɛnʃl] *adj* présidentiel(le)

**press** [prɛs] *n* *(tool, machine, newspapers)* presse *f*; *(for wine)* pressoir *m*; *(crowd)* cohue *f*, foule *f* ▷ *vt* *(push)* appuyer sur; *(squeeze)* presser, serrer; *(clothes: iron)* repasser; *(pursue)* talonner; *(insist)*: **to ~ sth on sb** presser qn d'accepter qch; *(urge, entreat)*: **to ~ sb to do** *or* **into doing sth** pousser qn à faire qch ▷ *vi* appuyer, peser; se presser; **we are ~ed for time** le temps nous manque; **to ~ for sth** faire pression pour obtenir qch; **to ~ sb for an answer** presser qn de répondre; **to ~ charges against sb** *(Law)* engager des poursuites contre qn; **to go to ~** *(newspaper)* aller à l'impression; **to be in the ~** *(being printed)* être sous presse; *(in the newspapers)* être dans le journal; **press ahead** *vi* = **press on**; **press on** *vi* continuer

**press conference** *n* conférence *f* de presse

**pressing** [ˈprɛsɪŋ] *adj* urgent(e), pressant(e) ▷ *n* repassage *m*

**press stud** *n* *(Brit)* bouton-pression *m*

**press-up** [ˈprɛsʌp] *n* *(Brit)* traction *f*

**pressure** [ˈprɛʃəʳ] *n* pression *f*; *(stress)* tension *f* ▷ *vt* = **to put pressure on**; **to put ~ on sb (to do sth)** faire pression sur qn (pour qu'il fasse qch)

**pressure cooker** *n* cocotte-minute® *f*

**pressure gauge** *n* manomètre *m*

**pressure group** *n* groupe *m* de pression

**prestige** [prɛsˈtiːʒ] *n* prestige *m*

**prestigious** [prɛsˈtɪdʒəs] *adj* prestigieux(-euse)

**presumably** [prɪˈzjuːməblɪ] *adv* vraisemblablement; **~ he did it** c'est sans doute lui (qui a fait cela)

**presume** [prɪˈzjuːm] *vt* présumer, supposer; **to ~ to do** *(dare)* se permettre de faire

**pretence,** *(US)* **pretense** [prɪˈtɛns] *n* *(claim)* prétention *f*; *(pretext)* prétexte *m*; **she is devoid of all ~** elle n'est pas du tout prétentieuse; **to make a ~ of doing** faire semblant de faire; **on** *or* **under the ~ of doing sth** sous prétexte de faire qch; **under false ~s** sous des prétextes fallacieux

**pretend** [prɪˈtɛnd] *vt* *(feign)* feindre, simuler ▷ *vi* *(feign)* faire semblant; *(claim)*: **to ~ to sth** prétendre à qch; **to ~ to do** faire semblant de faire

**pretense** [prɪˈtɛns] *n* *(US)* = **pretence**

**pretentious** [prɪˈtɛnʃəs] *adj* prétentieux(-euse)

**pretext** [ˈpriːtɛkst] *n* prétexte *m*; **on** *or* **under the ~ of doing sth** sous prétexte de faire qch

**pretty** [ˈprɪtɪ] *adj* joli(e) ▷ *adv* assez

**prevail** [prɪˈveɪl] *vi* *(win)* l'emporter, prévaloir; *(be usual)* avoir cours; *(persuade)*: **to ~ (up)on sb to do** persuader qn de faire

**prevailing** [prɪ'veɪlɪŋ] adj (widespread) courant(e), répandu(e); (wind) dominant(e)

**prevalent** ['prevələnt] adj répandu(e), courant(e); (fashion) en vogue

**prevent** [prɪ'vent] vt: **to ~ (from doing)** empêcher (de faire)

**preventative** [prɪ'ventətɪv] adj préventif(-ive)

**prevention** [prɪ'venʃən] n prévention f

**preventive** [prɪ'ventɪv] adj préventif(-ive)

**preview** ['pri:vju:] n (of film) avant-première f; (fig) aperçu m

**previous** ['pri:vɪəs] adj (last) précédent(e); (earlier) antérieur(e); (question, experience) préalable; **I have a ~ engagement** je suis déjà pris(e); **~ to doing** avant de faire

**previously** ['pri:vɪəslɪ] adv précédemment, auparavant

**prewar** [pri:'wɔ:ʳ] adj d'avant-guerre

**prey** [preɪ] n proie f ▷ vi: **to ~ on** s'attaquer à; **it was ~ing on his mind** ça le rongeait or minait

**price** [praɪs] n prix m; (Betting: odds) cote f ▷ vt (goods) fixer le prix de; tarifer; **what is the ~ of ...?** combien coûte ...?, quel est le prix de ...?; **to go up** or **rise in ~** augmenter; **to put a ~ on sth** chiffrer qch; **to be ~d out of the market** (article) être trop cher pour soutenir la concurrence; (producer, nation) ne pas pouvoir soutenir la concurrence; **what ~ his promises now?** (Brit) que valent maintenant toutes ses promesses?; **he regained his freedom, but at a ~** il a retrouvé sa liberté, mais cela lui a coûté cher

**priceless** ['praɪslɪs] adj sans prix, inestimable; (inf: amusing) impayable

**price list** n tarif m

**prick** [prɪk] n (sting) piqûre f; (inf!) bitte f (!); connard m (!) ▷ vt piquer; **to ~ up one's ears** dresser or tendre l'oreille

**prickle** ['prɪkl] n (of plant) épine f; (sensation) picotement m

**prickly** ['prɪklɪ] adj piquant(e), épineux(-euse); (fig: person) irritable

**prickly heat** n fièvre f miliaire

**pride** [praɪd] n (feeling proud) fierté f; (pej) orgueil m; (self-esteem) amour-propre m ▷ vt: **to ~ o.s. on** se flatter de; s'enorgueillir de; **to take (a) ~ in** être (très) fier(-ère) de; **to take a ~ in doing** mettre sa fierté à faire; **to have ~ of place** (Brit) avoir la place d'honneur

**priest** [pri:st] n prêtre m

**priesthood** ['pri:sthud] n prêtrise f, sacerdoce m

**prim** [prɪm] adj collet monté inv, guindé(e)

**primarily** ['praɪmərɪlɪ] adv principalement, essentiellement

**primary** ['praɪmərɪ] adj primaire; (first in importance) premier(-ière), primordial(e) ▷ n (US: election) (élection f) primaire f

**primary school** n (Brit) école f primaire; voir article

**prime** [praɪm] adj primordial(e), fondamental(e); (excellent) excellent(e) ▷ vt (gun, pump) amorcer; (fig) mettre au courant ▷ n: **in the ~ of life** dans la fleur de l'âge

**Prime Minister** n Premier ministre

**primeval** [praɪ'mi:vl] adj primitif(-ive)

**primitive** ['prɪmɪtɪv] adj primitif(-ive)

**primrose** ['prɪmrəuz] n primevère f

**primus®** ['praɪməs], **primus® stove** n (Brit) réchaud m de camping

**prince** [prɪns] n prince m

**princess** [prɪn'ses] n princesse f

**principal** ['prɪnsɪpl] adj principal(e) ▷ n (head teacher) directeur, principal m; (in play) rôle principal; (money) principal m

**principally** ['prɪnsɪplɪ] adv principalement

**principle** ['prɪnsɪpl] n principe m; **in ~** en principe; **on ~** par principe

**print** [prɪnt] n (mark) empreinte f; (letters) caractères mpl; (fabric) imprimé m; (Art) gravure f, estampe f; (Phot) épreuve f ▷ vt imprimer; (publish) publier; (write in capitals) écrire en majuscules; **out of ~** épuisé(e); **print out** vt (Comput) imprimer

**printed matter** ['prɪntɪd-] n imprimés mpl

**printer** ['prɪntəʳ] n (machine) imprimante f; (person) imprimeur m

**printing** ['prɪntɪŋ] n impression f

**printout** ['prɪntaut] n (Comput) sortie f imprimante

**prior** ['praɪəʳ] adj antérieur(e), précédent(e); (more important) prioritaire ▷ n (Rel) prieur m ▷ adv: **~ to doing** avant de faire; **without ~ notice** sans préavis; **to have a ~ claim to sth** avoir priorité pour qch

**priority** [praɪ'ɔrɪtɪ] n priorité f; **to have** or **take ~ over sth/sb** avoir la priorité sur qch/qn

**prise** [praɪz] vt: **to ~ open** forcer

**prison** ['prɪzn] n prison f ▷ cpd pénitentiaire

**prisoner** ['prɪznəʳ] n prisonnier(-ière); **the ~ at the bar** l'accusé(e); **to take sb ~** faire qn prisonnier

**prisoner of war** n prisonnier(-ière) de guerre

**pristine** ['prɪsti:n] adj virginal(e)

**privacy** ['prɪvəsɪ] n intimité f, solitude f

**private** ['praɪvɪt] adj (not public) privé(e); (personal) personnel(le); (house, car, lesson) particulier(-ière); (quiet: place) tranquille ▷ n soldat m de deuxième classe; **"~"** (on envelope) "personnelle"; (on door) "privé"; **in ~** en privé;

**P**

**in (his) ~ life** dans sa vie privée; **he is a very ~ person** il est très secret; **to be in ~ practice** être médecin (or dentiste etc) non conventionné; **~ hearing** (Law) audience f à huis-clos

**private detective** n détective privé

**private enterprise** n entreprise privée

**privately** ['praɪvɪtlɪ] adv en privé; (within oneself) intérieurement

**private property** n propriété privée

**private school** n école privée

**privatize** ['praɪvɪtaɪz] vt privatiser

**privet** ['prɪvɪt] n troène m

**privilege** ['prɪvɪlɪdʒ] n privilège m

**privy** ['prɪvɪ] adj: **to be ~ to** être au courant de

**prize** [praɪz] n prix m ⊳ adj (example, idiot) parfait(e); (bull, novel) primé(e) ⊳ vt priser, faire grand cas de

**prize-giving** ['praɪzɡɪvɪŋ] n distribution f des prix

**prizewinner** ['praɪzwɪnə<sup>r</sup>] n gagnant(e)

**pro** [prəʊ] n (inf: Sport) professionnel(le) ⊳ prep pro; **pros** npl: **the ~s and cons** le pour et le contre

**probability** [prɔbə'bɪlɪtɪ] n probabilité f; **in all ~** très probablement

**probable** ['prɔbəbl] adj probable; **it is ~/hardly ~ that …** il est probable/peu probable que …

**probably** ['prɔbəblɪ] adv probablement

**probation** [prə'beɪʃən] n (in employment) (période f d')essai m; (Law) liberté surveillée; (Rel) noviciat m, probation f; **on ~** (employee) à l'essai; (Law) en liberté surveillée

**probe** [prəʊb] n (Med, Space) sonde f; (enquiry) enquête f, investigation f ⊳ vt sonder, explorer

**problem** ['prɔbləm] n problème m; **to have ~s with the car** avoir des ennuis avec la voiture; **what's the ~?** qu'y a-t-il?, quel est le problème?; **I had no ~ in finding her** je n'ai pas eu de mal à la trouver; **no ~!** pas de problème!

**procedure** [prə'siːdʒə<sup>r</sup>] n (Admin, Law) procédure f; (method) marche f à suivre, façon f de procéder

**proceed** [prə'siːd] vi (go forward) avancer; (act) procéder; (continue): **to ~ (with)** continuer, poursuivre; **to ~ to** aller à; passer à; **to ~ to do** se mettre à faire; **I am not sure how to ~** je ne sais pas exactement comment m'y prendre; **to ~ against sb** (Law) intenter des poursuites contre qn

**proceedings** [prə'siːdɪŋz] npl (measures) mesures fpl; (Law: against sb) poursuites fpl; (meeting) réunion f, séance f; (records) compte rendu; actes mpl

**proceeds** ['prəʊsiːdz] npl produit m, recette f

**process** ['prəʊsɛs] n processus m; (method) procédé m ⊳ vt traiter ⊳ vi ['prəʊsɛs] (Brit formal: go in procession) défiler; **in ~** en cours;

**we are in the ~ of doing** nous sommes en train de faire

**processing** ['prəʊsɛsɪŋ] n traitement m

**procession** [prə'sɛʃən] n défilé m, cortège m; **funeral ~** (on foot) cortège funèbre; (in cars) convoi m mortuaire

**proclaim** [prə'kleɪm] vt déclarer, proclamer

**procrastinate** [prəʊ'kræstɪneɪt] vi faire traîner les choses, vouloir tout remettre au lendemain

**procure** [prə'kjʊə<sup>r</sup>] vt (for o.s.) se procurer; (for sb) procurer

**prod** [prɔd] vt pousser ⊳ n (push, jab) petit coup, poussée f

**prodigal** ['prɔdɪgl] adj prodigue

**prodigy** ['prɔdɪdʒɪ] n prodige m

**produce** n ['prɔdjuːs] (Agr) produits mpl ⊳ vt [prə'djuːs] produire; (show) présenter; (cause) provoquer, causer; (Theat) monter, mettre en scène; (TV: programme) réaliser; (: play, film) mettre en scène; (Radio: programme) réaliser; (: play) mettre en ondes

**producer** [prə'djuːsə<sup>r</sup>] n (Theat) metteur m en scène; (Agr, Comm, Cine) producteur m; (TV: of programme) réalisateur m; (: of play, film) metteur en scène; (Radio: of programme) réalisateur; (: of play) metteur en ondes

**product** ['prɔdʌkt] n produit m

**production** [prə'dʌkʃən] n production f; (Theat) mise f en scène; **to put into ~** (goods) entreprendre la fabrication de

**production line** n chaîne f (de fabrication)

**productive** [prə'dʌktɪv] adj productif(-ive)

**productivity** [prɔdʌk'tɪvɪtɪ] n productivité f

**Prof.** [prɔf] abbr (= professor) Prof

**profession** [prə'fɛʃən] n profession f; **the ~s** les professions libérales

**professional** [prə'fɛʃənl] n professionnel(le) ⊳ adj professionnel(le); (work) de professionnel; **he's a ~ man** il exerce une profession libérale; **to take ~ advice** consulter un spécialiste

**professionally** [prə'fɛʃnəlɪ] adv professionnellement; (Sport: play) en professionnel; **I only know him ~** je n'ai avec lui que des relations de travail

**professor** [prə'fɛsə<sup>r</sup>] n professeur m (titulaire d'une chaire); (US: teacher) professeur m

**proficiency** [prə'fɪʃənsɪ] n compétence f, aptitude f

**profile** ['prəʊfaɪl] n profil m; **to keep a high/low ~** (fig) rester or être très en évidence/discret(-ète)

**profit** ['prɔfɪt] n (from trading) bénéfice m; (advantage) profit m ⊳ vi: **to ~ (by or from)** profiter (de); **~ and loss account** compte m de profits et pertes; **to make a ~** faire un or des bénéfice(s); **to sell sth at a ~** vendre qch à profit

**profitable** ['prɔfɪtəbl] adj lucratif(-ive), rentable; (fig: beneficial) avantageux(-euse); (: meeting) fructueux(-euse)

**profound** [prəˈfaʊnd] adj profond(e)
**profusely** [prəˈfjuːslɪ] adv abondamment; (thank etc) avec effusion
**prognosis** [prɒgˈnəʊsɪs] (pl **prognoses**) n pronostic m
**programme**, (US) **program** [ˈprəʊgræm] n (Comput: also Brit) programme m; (Radio, TV) émission f ▷ vt programmer
**programmer** [ˈprəʊgræmər] n programmeur(-euse)
**programming**, (US) **programing** [ˈprəʊgræmɪŋ] n programmation f
**progress** n [ˈprəʊgrɛs] progrès m(pl) ▷ vi [prəˈgrɛs] progresser, avancer; **in ~** en cours; **to make ~** progresser, faire des progrès, être en progrès; **as the match ~ed** au fur et à mesure que la partie avançait
**progressive** [prəˈgrɛsɪv] adj progressif(-ive); (person) progressiste
**prohibit** [prəˈhɪbɪt] vt interdire, défendre; **to ~ sb from doing sth** défendre or interdire à qn de faire qch; **"smoking ~ed"** "défense de fumer"
**project** [n ˈprɒdʒɛkt, vb prəˈdʒɛkt] n (plan) projet m, plan m; (venture) opération f, entreprise f; (Scol: research) étude f, dossier m ▷ vt projeter ▷ vi (stick out) faire saillie, s'avancer
**projection** [prəˈdʒɛkʃən] n projection f; (overhang) saillie f
**projector** [prəˈdʒɛktər] n (Cine etc) projecteur m
**prolific** [prəˈlɪfɪk] adj prolifique
**prolong** [prəˈlɒŋ] vt prolonger
**prom** [prɒm] n abbr = **promenade**; **promenade concert**; (US: ball) bal m d'étudiants; **the P~s** série de concerts de musique classique; voir article

⬤ **Prom**
⬤
⬤ En Grande-Bretagne, un promenade concert
⬤ ou prom est un concert de musique
⬤ classique, ainsi appelé car, à l'origine,
⬤ le public restait debout et se promenait
⬤ au lieu de rester assis. De nos jours, une
⬤ partie du public reste debout, mais il y
⬤ a également des places assises (plus
⬤ chères). Les Proms les plus connus sont
⬤ les Proms londoniens. La dernière séance
⬤ (the "Last Night of the Proms") est un
⬤ grand événement médiatique où se
⬤ jouent des airs traditionnels et
⬤ patriotiques.
⬤
⬤ Aux États-Unis et au Canada, le prom ou
⬤ promenade est un bal organisé par le lycée.

**promenade** [prɒməˈnɑːd] n (by sea) esplanade f, promenade f
**promenade concert** n concert m (de musique classique)

**prominent** [ˈprɒmɪnənt] adj (standing out) proéminent(e); (important) important(e); **he is ~ in the field of ...** il est très connu dans le domaine de ...
**promiscuous** [prəˈmɪskjuəs] adj (sexually) de mœurs légères
**promise** [ˈprɒmɪs] n promesse f ▷ vt, vi promettre; **to make sb a ~** faire une promesse à qn; **a young man of ~** un jeune homme plein d'avenir; **to ~ well** vi promettre
**promising** [ˈprɒmɪsɪŋ] adj prometteur(-euse)
**promote** [prəˈməʊt] vt promouvoir; (venture, event) organiser, mettre sur pied; (new product) lancer; **the team was ~d to the second division** (Brit Football) l'équipe est montée en 2e division
**promoter** [prəˈməʊtər] n (of event) organisateur(-trice)
**promotion** [prəˈməʊʃən] n promotion f
**prompt** [prɒmpt] adj rapide ▷ n (Comput) message m (de guidage) ▷ vt inciter; (cause) entraîner, provoquer; (Theat) souffler (son rôle or ses répliques) à; **they're very ~** (punctual) ils sont ponctuels; **at 8 o'clock ~** à 8 heures précises; **he was ~ to accept** il a tout de suite accepté; **to ~ sb to do** inciter or pousser qn à faire
**promptly** [ˈprɒmptlɪ] adv (quickly) rapidement, sans délai; (on time) ponctuellement
**prone** [prəʊn] adj (lying) couché(e) (face contre terre); (liable): **~ to** enclin(e) à; **to be ~ to illness** être facilement malade; **to be ~ to an illness** être sujet à une maladie; **she is ~ to burst into tears if ...** elle a tendance à tomber en larmes si ...
**prong** [prɒŋ] n pointe f; (of fork) dent f
**pronoun** [ˈprəʊnaʊn] n pronom m
**pronounce** [prəˈnaʊns] vt prononcer ▷ vi: **to ~ (up)on** se prononcer sur; **how do you ~ it?** comment est-ce que ça se prononce?; **they ~d him unfit to drive** ils l'ont déclaré inapte à la conduite
**pronunciation** [prənʌnsɪˈeɪʃən] n prononciation f
**proof** [pruːf] n preuve f; (test, of book, Phot) épreuve f; (of alcohol) degré m ▷ adj: **~ against** à l'épreuve de ▷ vt (Brit: tent, anorak) imperméabiliser; **to be 70° ~** ≈ titrer 40 degrés
**prop** [prɒp] n support m, étai m; (fig) soutien m ▷ vt (also: **~ up**) étayer, soutenir; **props** npl accessoires mpl; (lean): **to ~ sth against** appuyer qch contre or à
**propaganda** [prɒpəˈgændə] n propagande f
**propel** [prəˈpɛl] vt propulser, faire avancer
**propeller** [prəˈpɛlər] n hélice f
**propensity** [prəˈpɛnsɪtɪ] n propension f
**proper** [ˈprɒpər] adj (suited, right) approprié(e), bon/bonne; (seemly) correct(e), convenable; (authentic) vrai(e), véritable; (inf: real) fini(e),

**p**

vrai(e); (referring to place): **the village ~** le village proprement dit; **to go through the ~ channels** (Admin) passer par la voie officielle

**properly** ['prɒpəlɪ] adv correctement, convenablement; (really) bel et bien

**proper noun** n nom m propre

**property** ['prɒpətɪ] n (possessions) biens mpl; (house etc) propriété f; (land) terres fpl, domaine m; (Chem etc: quality) propriété f; **it's their ~** cela leur appartient, c'est leur propriété

**prophecy** ['prɒfɪsɪ] n prophétie f

**prophesy** ['prɒfɪsaɪ] vt prédire ▷ vi prophétiser

**prophet** ['prɒfɪt] n prophète m

**proportion** [prə'pɔːʃən] n proportion f; (share) part f; partie f ▷ vt proportionner; **proportions** npl (size) dimensions fpl; **to be in/out of ~ to** or **with sth** être à la mesure de/hors de proportion avec qch; **to see sth in ~** (fig) ramener qch à de justes proportions

**proportional** [prə'pɔːʃənl], **proportionate** [prə'pɔːʃənɪt] adj proportionnel(le)

**proposal** [prə'pəuzl] n proposition f, offre f; (plan) projet m; (of marriage) demande f en mariage

**propose** [prə'pəuz] vt proposer, suggérer; (have in mind): **to ~ sth/to do** or **doing sth** envisager qch/de faire qch ▷ vi faire sa demande en mariage; **to ~ to do** avoir l'intention de faire

**proposition** [prɒpə'zɪʃən] n proposition f; **to make sb a ~** faire une proposition à qn

**proprietor** [prə'praɪətəʳ] n propriétaire m/f

**propriety** [prə'praɪətɪ] n (seemliness) bienséance f, convenance f

**prose** [prəuz] n prose f; (Scol: translation) thème m

**prosecute** ['prɒsɪkjuːt] vt poursuivre

**prosecution** [prɒsɪ'kjuːʃən] n poursuites fpl judiciaires; (accusing side: in criminal case) accusation f; (: in civil case) la partie plaignante

**prosecutor** ['prɒsɪkjuːtəʳ] n (lawyer) procureur m; (also: **public ~**) ministère public; (US: plaintiff) plaignant(e)

**prospect** [n 'prɒspekt] perspective f; (hope) espoir m, chances fpl ▷ vt, vi [prə'spekt] prospecter; **prospects** npl (for work etc) possibilités fpl d'avenir, débouchés mpl; **we are faced with the ~ of leaving** nous risquons de devoir partir; **there is every ~ of an early victory** tout laisse prévoir une victoire rapide

**prospecting** [prə'spektɪŋ] n prospection f

**prospective** [prə'spektɪv] adj (possible) éventuel(le); (future) futur(e)

**prospectus** [prə'spektəs] n prospectus m

**prosper** ['prɒspəʳ] vi prospérer

**prosperity** [prɒ'spɛrɪtɪ] n prospérité f

**prosperous** ['prɒspərəs] adj prospère

**prostitute** ['prɒstɪtjuːt] n prostituée f; **male ~** prostitué m

**protect** [prə'tɛkt] vt protéger

**protection** [prə'tɛkʃən] n protection f; **to be under sb's ~** être sous la protection de qn

**protective** [prə'tɛktɪv] adj protecteur(-trice); (clothing) de protection; **~ custody** (Law) détention préventive

**protein** ['prəutiːn] n protéine f

**protest** [n 'prəutɛst, vb prə'tɛst] n protestation f ▷ vi: **to ~ against/about** protester contre/à propos de ▷ vt protester de; **to ~ (that)** protester que

**Protestant** ['prɒtɪstənt] adj, n protestant(e)

**protester, protestor** [prə'tɛstəʳ] n (in demonstration) manifestant(e)

**protracted** [prə'træktɪd] adj prolongé(e)

**protractor** [prə'træktəʳ] n (Geom) rapporteur m

**protrude** [prə'truːd] vi avancer, dépasser

**proud** [praud] adj fier(-ère); (pej) orgueilleux(-euse); **to be ~ to do sth** être fier de faire qch; **to do sb ~** (inf) faire honneur à qn; **to do o.s. ~** (inf) ne se priver de rien

**prove** [pruːv] vt prouver, démontrer ▷ vi: **to ~ correct** etc s'avérer juste etc; **to ~ o.s.** montrer ce dont on est capable; **to ~ o.s./ itself (to be) useful** etc se montrer or se révéler utile etc; **he was ~d right in the end** il s'est avéré qu'il avait raison

**proverb** ['prɒvəːb] n proverbe m

**provide** [prə'vaɪd] vt fournir; **to ~ sb with sth** fournir qch à qn; **to ~ sth for** (person) disposer de; (thing) être équipé(e) or muni(e) de; **provide for** vt fus (person) subvenir aux besoins de; (future event) prévoir

**provided** [prə'vaɪdɪd] conj: **~ (that)** à condition que + sub

**providing** [prə'vaɪdɪŋ] conj à condition que + sub

**province** ['prɒvɪns] n province f; (fig) domaine m

**provincial** [prə'vɪnʃəl] adj provincial(e)

**provision** [prə'vɪʒən] n (supply) provision f; (supplying) fourniture f; approvisionnement m; (stipulation) disposition f; **provisions** npl (food) provisions fpl; **to make ~ for** (one's future) assurer; (one's family) assurer l'avenir de; **there's no ~ for this in the contract** le contrat ne prévoit pas cela

**provisional** [prə'vɪʒənl] adj provisoire ▷ n: **P~** (Irish Pol) Provisional m (membre de la tendance activiste de l'IRA)

**proviso** [prə'vaɪzəu] n condition f; **with the ~ that** à la condition (expresse) que

**provocative** [prə'vɒkətɪv] adj provocateur(-trice), provocant(e)

**provoke** [prə'vəuk] vt provoquer; **to ~ sb to sth/to do** or **into doing sth** pousser qn à qch/à faire qch

**prowess** ['prauɪs] n prouesse f

**prowl** [praul] *vi* (*also:* **~ about, ~ around**) rôder ▷ *n*: **to be on the ~** rôder

**prowler** ['praulə'] *n* rôdeur(-euse)

**proximity** [prɒk'sɪmɪtɪ] *n* proximité *f*

**proxy** ['prɒksɪ] *n* procuration *f*; **by ~** par procuration

**prudent** ['pru:dnt] *adj* prudent(e)

**prune** [pru:n] *n* pruneau *m* ▷ *vt* élaguer

**pry** [praɪ] *vi*: **to ~ into** fourrer son nez dans

**PS** *n abbr* (= *postscript*) PS *m*

**psalm** [sɑːm] *n* psaume *m*

**pseudonym** ['sju:dənɪm] *n* pseudonyme *m*

**PSHE** *n abbr* (*Brit: Scol: = personal, social and health education*) *cours d'éducation personnelle, sanitaire et sociale préparant à la vie adulte*

**psyche** ['saɪkɪ] *n* psychisme *m*

**psychiatric** [saɪkɪ'ætrɪk] *adj* psychiatrique

**psychiatrist** [saɪ'kaɪətrɪst] *n* psychiatre *m/f*

**psychic** ['saɪkɪk] *adj* (*also:* **~al**) (*méta*) psychique; (*person*) doué(e) de télépathie *or* d'un sixième sens

**psychoanalysis** (*pl* **psychoanalyses**) [saɪkəuə'nælɪsɪs, -sɪːz] *n* psychanalyse *f*

**psychoanalyst** [saɪkəu'ænəlɪst] *n* psychanalyste *m/f*

**psychological** [saɪkə'lɔdʒɪkl] *adj* psychologique

**psychologist** [saɪ'kɔlədʒɪst] *n* psychologue *m/f*

**psychology** [saɪ'kɔlədʒɪ] *n* psychologie *f*

**psychotherapy** [saɪkəu'θerəpɪ] *n* psychothérapie *f*

**pt** *abbr* = **pint; pints; point; points**

**PTO** *abbr* (= *please turn over*) TSVP

**PTV** *abbr* (*US*) = **pay television**

**pub** [pʌb] *n abbr* (= *public house*) pub *m*

**puberty** ['pju:bətɪ] *n* puberté *f*

**public** ['pʌblɪk] *adj* public(-ique) ▷ *n* public *m*; **in ~** en public; **the general ~** le grand public; **to be ~ knowledge** être de notoriété publique; **to go ~** (*Comm*) être coté(e) en Bourse; **to make ~** rendre public

**public address system** *n* (système *m* de) sonorisation *f*, sono *f* (*col*)

**publican** ['pʌblɪkən] *n* patron *m or* gérant *m* de pub

**publication** [pʌblɪ'keɪʃən] *n* publication *f*

**public company** *n* société *f* anonyme

**public convenience** *n* (*Brit*) toilettes *fpl*

**public holiday** *n* (*Brit*) jour férié

**public house** *n* (*Brit*) pub *m*

**publicity** [pʌb'lɪsɪtɪ] *n* publicité *f*

**publicize** ['pʌblɪsaɪz] *vt* (*make known*) faire connaître, rendre public; (*advertise*) faire de la publicité pour

**public limited company** *n* ≈ société *f* anonyme (SA) (*cotée en Bourse*)

**publicly** ['pʌblɪklɪ] *adv* publiquement, en public

**public opinion** *n* opinion publique

**public relations** *n or npl* relations publiques (RP)

**public school** *n* (*Brit*) école privée; (*US*) école publique; *voir article*

● **PUBLIC SCHOOL**
●
● Une *public school* est un établissement
● d'enseignement secondaire privé.
● Bon nombre d'entre elles sont des
● pensionnats. Beaucoup ont également
● une école primaire qui leur est rattachée
● (une "prep" ou "preparatory school")
● pour préparer les élèves au cycle
● secondaire. Ces écoles sont en général
● prestigieuses, et les frais de scolarité sont
● très élevés dans les plus connues
● (Westminster, Eton, Harrow). Beaucoup
● d'élèves vont ensuite à l'université,
● et un grand nombre entre à Oxford ou
● à Cambridge. Les grands industriels,
● les députés et les hauts fonctionnaires
● sortent souvent de ces écoles.
● Aux États-Unis, le terme "public school"
● désigne tout simplement une école
● publique gratuite.

**public-spirited** [pʌblɪk'spɪrɪtɪd] *adj* qui fait preuve de civisme

**public transport**, (*US*) **public transportation** *n* transports *mpl* en commun

**publish** ['pʌblɪʃ] *vt* publier

**publisher** ['pʌblɪʃə'] *n* éditeur *m*

**publishing** ['pʌblɪʃɪŋ] *n* (*industry*) édition *f*; (*of a book*) publication *f*

**pub lunch** *n* repas *m* de bistrot

**pucker** ['pʌkə'] *vt* plisser

**pudding** ['pudɪŋ] *n* (*Brit: dessert*) dessert *m*, entremets *m*; (*sweet dish*) pudding *m*, gâteau *m*; (*sausage*) boudin *m*; **rice ~** ≈ riz *m* au lait; **black ~**, (*US*) **blood ~** boudin (noir)

**puddle** ['pʌdl] *n* flaque *f* d'eau

**puff** [pʌf] *n* bouffée *f* ▷ *vt*: **to ~ one's pipe** tirer sur sa pipe; (*also:* **~ out**: *sails, cheeks*) gonfler ▷ *vi* sortir par bouffées; (*pant*) haleter; **to ~ out smoke** envoyer des bouffées de fumée

**puff pastry**, (*US*) **puff paste** *n* pâte feuilletée

**puffy** ['pʌfɪ] *adj* bouffi(e), boursouflé(e)

**pull** [pul] *n* (*tug*): **to give sth a ~** tirer sur qch; (*of moon, magnet, the sea etc*) attraction *f*; (*fig*) influence *f* ▷ *vt* tirer; (*trigger*) presser; (*strain: muscle, tendon*) se claquer ▷ *vi* tirer; **to ~ a face** faire une grimace; **to ~ to pieces** mettre en morceaux; **to ~ one's punches** (*also fig*) ménager son adversaire; **to ~ one's weight** y mettre du sien; **to ~ o.s. together** se ressaisir; **to ~ sb's leg** (*fig*) faire marcher qn; **to ~ strings (for sb)** intervenir (en faveur de qn); **pull about** *vt* (*Brit: handle roughly: object*) maltraiter; (: *person*) malmener; **pull apart** *vt* séparer; (*break*) mettre en

p

pièces, démantibuler; **pull away** vi (vehicle: move off) partir; (draw back) s'éloigner; **pull back** vt (lever etc) tirer sur; (curtains) ouvrir ▷ vi (refrain) s'abstenir; (Mil: withdraw) se retirer; **pull down** vt baisser, abaisser; (house) démolir; (tree) abattre; **pull in** vi (Aut) se ranger; (Rail) entrer en gare; **pull off** vt enlever, ôter; (deal etc) conclure; **pull out** vi démarrer, partir; (withdraw) se retirer; (Aut: come out of line) déboîter ▷ vt (from bag, pocket) sortir; (remove) arracher; (withdraw) retirer; **pull over** vi (Aut) se ranger; **pull round** vi (unconscious person) revenir à soi; (sick person) se rétablir; **pull through** vi s'en sortir; **pull up** vi (stop) s'arrêter ▷ vt remonter; (uproot) déraciner, arracher; (stop) arrêter

**pulley** ['pʊlɪ] n poulie f

**pullover** ['pʊləʊvə'] n pull-over m, tricot m

**pulp** [pʌlp] n (of fruit) pulpe f; (for paper) pâte f à papier; (pej: also: **~ magazines** etc) presse f à sensation or de bas étage; **to reduce sth to (a)** ~ réduire qch en purée

**pulpit** ['pʊlpɪt] n chaire f

**pulsate** [pʌl'seɪt] vi battre, palpiter; (music) vibrer

**pulse** [pʌls] n (of blood) pouls m; (of heart) battement m; (of music, engine) vibrations fpl; **pulses** npl (Culin) légumineuses fpl; **to feel** or **take sb's** ~ prendre le pouls à qn

**puma** ['pjuːmə] n puma m

**pump** [pʌmp] n pompe f; (shoe) escarpin m ▷ vt pomper; (fig: inf) faire parler; **to** ~ **sb for information** essayer de soutirer des renseignements à qn; **pump up** vt gonfler

**pumpkin** ['pʌmpkɪn] n potiron m, citrouille f

**pun** [pʌn] n jeu m de mots, calembour m

**punch** [pʌntʃ] n (blow) coup m de poing; (fig: force) vivacité f, mordant m; (tool) poinçon m; (drink) punch m ▷ vt (make a hole in) poinçonner, perforer; (hit): **to** ~ **sb/sth** donner un coup de poing à qn/sur qch; **to** ~ **a hole (in)** faire un trou (dans); **punch in** vi (US) pointer (en arrivant); **punch out** vi (US) pointer (en partant)

**punch line** n (of joke) conclusion f

**punch-up** ['pʌntʃʌp] n (Brit inf) bagarre f

**punctual** ['pʌŋktjuəl] adj ponctuel(le)

**punctuation** [pʌŋktjuˈeɪʃən] n ponctuation f

**puncture** ['pʌŋktʃə'] n (Brit) crevaison f ▷ vt crever; **I have a** ~ (Aut) j'ai (un pneu) crevé

**pundit** ['pʌndɪt] n individu m qui pontifie, pontife m

**pungent** ['pʌndʒənt] adj piquant(e); (fig) mordant(e), caustique

**punish** ['pʌnɪʃ] vt punir; **to** ~ **sb for sth/for doing sth** punir qn de qch/d'avoir fait qch

**punishment** ['pʌnɪʃmənt] n punition f, châtiment m; (fig: inf): **to take a lot of** ~ (boxer) encaisser; (car, person etc) être mis(e) à dure épreuve

**punk** [pʌŋk] n (person: also: **~ rocker**) punk m/f;

(music: also: **~ rock**) le punk; (US inf: hoodlum) voyou m

**punt** [pʌnt] n (boat) bachot m; (Irish) livre irlandaise f ▷ vi (Brit: bet) parier

**punter** ['pʌntə'] n (Brit: gambler) parieur(-euse); (: inf) Monsieur m tout le monde; type m

**puny** ['pjuːnɪ] adj chétif(-ive)

**pup** [pʌp] n chiot m

**pupil** ['pjuːpl] n élève m/f; (of eye) pupille f

**puppet** ['pʌpɪt] n marionnette f, pantin m

**puppy** ['pʌpɪ] n chiot m, petit chien

**purchase** ['pəːtʃɪs] n achat m; (grip) prise f ▷ vt acheter; **to get a** ~ **on** trouver appui sur

**purchaser** ['pəːtʃɪsə'] n acheteur(-euse)

**pure** [pjuə'] adj pur(e); **a** ~ **wool jumper** un pull en pure laine; ~ **and simple** pur(e) et simple

**purely** ['pjuəlɪ] adv purement

**purge** [pəːdʒ] n (Med) purge f; (Pol) épuration f, purge ▷ vt purger; (fig) épurer, purger

**purify** ['pjuərɪfaɪ] vt purifier, épurer

**purity** ['pjuərɪtɪ] n pureté f

**purple** ['pəːpl] adj violet(te); (face) cramoisi(e)

**purpose** ['pəːpəs] n intention f, but m; **on** ~ exprès; **for illustrative** ~s à titre d'illustration; **for teaching** ~s dans un but pédagogique; **for the** ~s **of this meeting** pour cette réunion; **to no** ~ en pure perte

**purposeful** ['pəːpəsful] adj déterminé(e), résolu(e)

**purr** [pəː'] n ronronnement m ▷ vi ronronner

**purse** [pəːs] n (Brit: for money) porte-monnaie m inv, bourse f; (US: handbag) sac m (à main) ▷ vt serrer, pincer

**purser** ['pəːsə'] n (Naut) commissaire m du bord

**pursue** [pə'sjuː] vt poursuivre; (pleasures) rechercher; (inquiry, matter) approfondir

**pursuit** [pə'sjuːt] n poursuite f; (occupation) occupation f, activité f; **scientific** ~s recherches fpl scientifiques; **in (the)** ~ **of sth** à la recherche de qch

**pus** [pʌs] n pus m

**push** [puʃ] n poussée f; (effort) gros effort; (drive) énergie f ▷ vt pousser; (button) appuyer sur; (thrust): **to** ~ **sth (into)** enfoncer qch (dans); (fig: product) mettre en avant, faire de la publicité ▷ vi pousser; appuyer; **to** ~ **a door open/shut** pousser une porte (pour l'ouvrir/pour la fermer); **"~"** (on door) "poussez"; (on bell) "appuyer"; **to** ~ **for** (better pay, conditions) réclamer; **to be** ~**ed for time/ money** être à court de temps/d'argent; **she is** ~**ing fifty** (inf) elle frise la cinquantaine; **at a** ~ (Brit inf) à la limite, à la rigueur; **push aside** vt écarter; **push in** vi s'introduire de force; **push off** vi (inf) filer, ficher le camp; **push on** vi (continue) continuer; **push over** vt renverser; **push through** vt (measure) faire

voter ▷ vi (in crowd) se frayer un chemin; **push up** vt (total, prices) faire monter
**pushchair** ['puʃtʃɛər] n (Brit) poussette f
**pusher** ['puʃər] n (also: **drug ~**) revendeur(-euse) (de drogue), ravitailleur(-euse) (en drogue)
**pushover** ['puʃəuvər] n (inf): **it's a ~** c'est un jeu d'enfant
**push-up** ['puʃʌp] n (US) traction f
**pushy** ['puʃɪ] adj (pej) arriviste
**pussy** ['pusɪ], **pussy-cat** n (inf) minet m
**put** (pt, pp put) [put] vt mettre; (place) poser, placer; (say) dire, exprimer; (a question) poser; (case, view) exposer, présenter; (estimate) estimer; **to ~ sb in a good/bad mood** mettre qn de bonne/mauvaise humeur; **to ~ sb to bed** mettre qn au lit, coucher qn; **to ~ sb to a lot of trouble** déranger qn; **how shall I ~ it?** comment dirais-je?, comment dire?; **to ~ a lot of time into sth** passer beaucoup de temps à qch; **to ~ money on a horse** miser sur un cheval; **I ~ it to you that ...** (Brit) je (vous) suggère que ..., je suis d'avis que ...; **to stay ~** ne pas bouger; **put about** vi (Naut) virer de bord ▷ vt (rumour) faire courir; **put across** vt (ideas etc) communiquer; faire comprendre; **put aside** vt mettre de côté; **put away** vt (store) ranger; **put back** vt (replace) remettre, replacer; (postpone) remettre; (delay, watch, clock) retarder; **this will ~ us back ten years** cela nous ramènera dix ans en arrière; **put by** vt (money) mettre de côté, économiser; **put down** vt (parcel etc) poser, déposer; (pay) verser; (in writing) mettre par écrit, inscrire; (suppress: revolt etc) réprimer, écraser; (attribute) attribuer; (animal) abattre; (cat, dog) faire piquer; **put forward** vt (ideas) avancer, proposer; (date, watch, clock) avancer; **put in** vt (gas, electricity) installer; (complaint) soumettre; (time, effort) consacrer; **put in for** vt fus (job) poser sa candidature pour; (promotion) solliciter; **put off** vt (light etc) éteindre; (postpone) remettre à plus tard, ajourner; (discourage) dissuader; **put on** vt (clothes, lipstick, CD) mettre; (light etc) allumer; (play etc) monter; (extra bus, train etc) mettre en service; (food, meal: provide) servir; (: cook) mettre à cuire or à chauffer; (weight) prendre; (assume: accent, manner) prendre; (: airs) se donner, prendre; (inf: tease) faire marcher; (inform, indicate): **to ~ sb on to sb/ sth** indiquer qn/qch à qn; **to ~ the brakes on** freiner; **put out** vt (take outside) mettre dehors; (one's hand) tendre; (news, rumour) faire courir, répandre; (light etc) éteindre; (person: inconvenience) déranger, gêner; (Brit: dislocate) se démettre ▷ vi (Naut): **to ~ out to sea** prendre le large; **to ~ out from Plymouth** quitter Plymouth; **put through** vt (Tel: caller) mettre en communication; (: call) passer; (plan) faire accepter; **~ me through to Miss Blair** passez-moi Miss

Blair; **put together** vt mettre ensemble; (assemble: furniture) monter, assembler; (meal) préparer; **put up** vt (raise) lever, relever, remonter; (pin up) afficher; (hang) accrocher; (build) construire, ériger; (tent) monter; (umbrella) ouvrir; (increase) augmenter; (accommodate) loger; (incite): **to ~ sb up to doing sth** pousser qn à faire qch; **to ~ sth up for sale** mettre qch en vente; **put upon** vt fus: **to be ~ upon** (imposed on) se laisser faire; **put up with** vt fus supporter
**putt** [pʌt] vt, vi putter ▷ n putt m
**putting green** ['pʌtɪŋ-] n green m
**putty** ['pʌtɪ] n mastic m
**put-up** ['putʌp] adj: **~ job** coup monté
**puzzle** ['pʌzl] n énigme f, mystère m; (game) jeu m, casse-tête m; (jigsaw) puzzle m; (also: **crossword ~**) mots croisés ▷ vt intriguer, rendre perplexe ▷ vi se creuser la tête; **to ~ over** chercher à comprendre
**puzzled** ['pʌzld] adj perplexe; **to be ~ about sth** être perplexe au sujet de qch
**puzzling** ['pʌzlɪŋ] adj déconcertant(e), inexplicable
**pyjamas** [pɪ'dʒɑːməz] npl (Brit) pyjama m; **a pair of ~** un pyjama
**pylon** ['paɪlən] n pylône m
**pyramid** ['pɪrəmɪd] n pyramide f
**Pyrenees** [pɪrə'niːz] npl Pyrénées fpl

P

**quack** [kwæk] *n* (*of duck*) coin-coin *m inv*; (*pej: doctor*) charlatan *m* ▷ *vi* faire coin-coin
**quad** [kwɔd] *n abbr* = **quadruplet**; **quadrangle**
**quadrangle** ['kwɔdræŋgl] *n* (*Math*) quadrilatère *m*; (*courtyard: abbr: quad*) cour *f*
**quadruple** [kwɔ'dru:pl] *adj, n* quadruple *m* ▷ *vt, vi* quadrupler
**quadruplet** [kwɔ'dru:plɪt] *n* quadruplé(e)
**quail** [kweɪl] *n* (*Zool*) caille *f* ▷ *vi*: **to ~ at** *or* **before** reculer devant
**quaint** [kweɪnt] *adj* bizarre; (*old-fashioned*) désuet(-ète); (*picturesque*) au charme vieillot, pittoresque
**quake** [kweɪk] *vi* trembler ▷ *n abbr* = **earthquake**
**qualification** [kwɔlɪfɪ'keɪʃən] *n* (*often pl: degree etc*) diplôme *m*; (*training*) qualification(s) *f(pl)*; (*ability*) compétence(s) *f(pl)*; (*limitation*) réserve *f*, restriction *f*; **what are your ~s?** qu'avez-vous comme diplômes?; quelles sont vos qualifications?
**qualified** ['kwɔlɪfaɪd] *adj* (*trained*) qualifié(e); (*professionally*) diplômé(e); (*fit, competent*) compétent(e), qualifié(e); (*limited*) conditionnel(le); **it was a ~ success** ce fut un succès mitigé; **~ for/to do** qui a les diplômes requis pour/pour faire; qualifié pour/pour faire
**qualify** ['kwɔlɪfaɪ] *vt* qualifier; (*modify*) atténuer, nuancer; (*limit: statement*) apporter des réserves à ▷ *vi*: **to ~ (as)** obtenir son diplôme (de); **to ~ (for)** remplir les

conditions requises (pour); (*Sport*) se qualifier (pour)
**quality** ['kwɔlɪtɪ] *n* qualité *f* ▷ *cpd* de qualité; **of good/poor** ~ de bonne/mauvaise qualité
**quality press** *n* (*Brit*): **the** ~ la presse d'information; *voir article*

**quality time** *n* moments privilégiés
**qualm** [kwɑ:m] *n* doute *m*; scrupule *m*; **to have ~s about sth** avoir des doutes sur qch; éprouver des scrupules à propos de qch
**quandary** ['kwɔndrɪ] *n*: **in a** ~ devant un dilemme, dans l'embarras
**quantify** ['kwɔntɪfaɪ] *vt* quantifier
**quantity** ['kwɔntɪtɪ] *n* quantité *f*; **in** ~ en grande quantité
**quantity surveyor** *n* (*Brit*) métreur vérificateur
**quarantine** ['kwɔrntiːn] *n* quarantaine *f*
**quarrel** ['kwɔrl] *n* querelle *f*, dispute *f* ▷ *vi* se disputer, se quereller; **to have a** ~ **with sb** se quereller avec qn; **I've no** ~ **with him** je n'ai rien contre lui; **I can't** ~ **with that** je ne vois rien à redire à cela
**quarry** ['kwɔrɪ] *n* (*for stone*) carrière *f*; (*animal*) proie *f*, gibier *m* ▷ *vt* (*marble etc*) extraire
**quart** [kwɔːt] *n* ≈ litre *m*
**quarter** ['kwɔːtə'] *n* quart *m*; (*of year*) trimestre *m*; (*district*) quartier *m*; (*US, Canada: 25 cents*) (pièce *f* de) vingt-cinq cents *mpl* ▷ *vt* partager en quartiers *or* en quatre; (*Mil*) caserner, cantonner; **quarters** *npl* logement *m*; (*Mil*) quartiers *mpl*, cantonnement *m*; **a** ~ **of an hour** un quart d'heure; **it's a** ~ **to 3**, (*US*) **it's a** ~ **of 3** il est 3 heures moins le quart; **it's a** ~ **past 3**, (*US*) **it's a** ~ **after 3** il est 3 heures et quart; **from all ~s** de tous côtés
**quarter final** *n* quart *m* de finale
**quarterly** ['kwɔːtəlɪ] *adj* trimestriel(le) ▷ *adv* tous les trois mois ▷ *n* (*Press*) revue trimestrielle
**quartet, quartette** [kwɔː'tet] *n* quatuor *m*; (*jazz players*) quartette *m*
**quartz** [kwɔːts] *n* quartz *m* ▷ *cpd* de *or* en quartz; (*watch, clock*) à quartz
**quash** [kwɔʃ] *vt* (*verdict*) annuler, casser

**quaver** ['kweɪvə'] n (Brit Mus) croche f ▷ vi trembler

**quay** [ki:] n (also: **~side**) quai m

**queasy** ['kwi:zɪ] adj (stomach) délicat(e); **to feel ~** avoir mal au cœur

**Quebec** [kwɪ'bɛk] n (city) Québec; (province) Québec m

**queen** [kwi:n] n (gen) reine f; (Cards etc) dame f

**queen mother** n reine mère f

**queer** [kwɪə'] adj étrange, curieux(-euse); (suspicious) louche; (Brit: sick): **I feel ~** je ne me sens pas bien ▷ n (inf: highly offensive) homosexuel m

**quell** [kwɛl] vt réprimer, étouffer

**quench** [kwɛntʃ] vt (flames) éteindre; **to ~ one's thirst** se désaltérer

**query** ['kwɪərɪ] n question f; (doubt) doute m; (question mark) point m d'interrogation ▷ vt (disagree with, dispute) mettre en doute, questionner

**quest** [kwɛst] n recherche f, quête f

**question** ['kwɛstʃən] n question f ▷ vt (person) interroger; (plan, idea) mettre en question or en doute; **to ask sb a ~, to put a ~ to sb** poser une question à qn; **to bring** or **call sth into ~** remettre qch en question; **the ~ is ...** la question est de savoir ...; **it's a ~ of doing** il s'agit de faire; **there's some ~ of doing** il est question de faire; **beyond** or **without ~** sans aucun doute; **out of the ~** hors de question

**questionable** ['kwɛstʃənəbl] adj discutable

**question mark** n point m d'interrogation

**questionnaire** [kwɛstʃə'nɛə'] n questionnaire m

**queue** [kju:] (Brit) n queue f, file f ▷ vi (also: **~ up**) faire la queue; **to jump the ~** passer avant son tour

**quibble** ['kwɪbl] vi ergoter, chicaner

**quiche** [ki:ʃ] n quiche f

**quick** [kwɪk] adj rapide; (reply) prompt(e), rapide; (mind) vif/vive; (agile) agile, vif/vive ▷ adv vite, rapidement ▷ n: **cut to the ~** (fig) touché(e) au vif; **be ~!** dépêche-toi!; **to be ~ to act** agir tout de suite

**quicken** ['kwɪkən] vt accélérer, presser; (rouse) stimuler ▷ vi s'accélérer, devenir plus rapide

**quickly** ['kwɪklɪ] adv (fast) vite, rapidement; (immediately) tout de suite

**quicksand** ['kwɪksænd] n sables mouvants

**quick-witted** [kwɪk'wɪtɪd] adj à l'esprit vif

**quid** [kwɪd] n pl inv (Brit inf) livre f

**quiet** ['kwaɪət] adj tranquille, calme; (not noisy: engine) silencieux(-euse); (reserved) réservé(e); (voice) bas(se); (not busy: day, business) calme; (ceremony, colour) discret(-ète) ▷ n tranquillité f, calme m; (silence) silence m ▷ vt, vi (US) = **quieten**; **keep ~!** tais-toi!; **on the ~** en secret, discrètement; **I'll have a ~ word with him** je lui en parlerai discrètement

**quieten** ['kwaɪətn] (also: **~ down**) vi se calmer, s'apaiser ▷ vt calmer, apaiser

**quietly** ['kwaɪətlɪ] adv tranquillement; (silently) silencieusement; (discreetly) discrètement

**quietness** ['kwaɪətnɪs] n tranquillité f, calme m; silence m

**quilt** [kwɪlt] n édredon m; (continental quilt) couette f

**quin** [kwɪn] n abbr = **quintuplet**

**quintuplet** [kwɪn'tju:plɪt] n quintuplé(e)

**quip** [kwɪp] n remarque piquante or spirituelle, pointe f ▷ vt: **... he quipped ...** lança-t-il

**quirk** [kwə:k] n bizarrerie f; **by some ~ of fate** par un caprice du hasard

**quirky** ['kwɜ:kɪ] adj singulier(-ère)

**quit** [kwɪt] (pt, pp **quit** or **quitted**) vt quitter ▷ vi (give up) abandonner, renoncer; (resign) démissionner; **to ~ doing** arrêter de faire; **~ stalling!** (US inf) arrête de te dérober!; **notice to ~** (Brit) congé m (signifié au locataire)

**quite** [kwaɪt] adv (rather) assez, plutôt; (entirely) complètement, tout à fait; **~ new** plutôt neuf; tout à fait neuf; **she's ~ pretty** elle est plutôt jolie; **I ~ understand** je comprends très bien; **a few of them** un assez grand nombre d'entre eux; **that's not ~ right** ce n'est pas tout à fait juste; **not ~ as many as last time** pas tout à fait autant que la dernière fois; **~ (so)!** exactement!

**quits** [kwɪts] adj: **~ (with)** quitte (envers); **let's call it ~** restons-en là

**quiver** ['kwɪvə'] vi trembler, frémir ▷ n (for arrows) carquois m

**quiz** [kwɪz] n (on TV) jeu-concours m (télévisé); (in magazine etc) test m de connaissances ▷ vt interroger

**quizzical** ['kwɪzɪkl] adj narquois(e)

**quota** ['kwəʊtə] n quota m

**quotation** [kwəʊ'teɪʃən] n citation f; (of shares etc) cote f, cours m; (estimate) devis m

**quotation marks** npl guillemets mpl

**quote** [kwəʊt] n citation f; (estimate) devis m ▷ vt (sentence, author) citer; (price) donner, soumettre; (shares) coter ▷ vi: **to ~ from** citer; **to ~ for a job** établir un devis pour des travaux; **quotes** npl (inverted commas) guillemets mpl; **in ~s** entre guillemets; **~ ... unquote** (in dictation) ouvrez les guillemets ... fermez les guillemets

**q**

# r

**Rabat** [rə'bɑːt] n Rabat

**rabbi** ['ræbaɪ] n rabbin m

**rabbit** ['ræbɪt] n lapin m ▷ vi: **to ~ (on)** (Brit) parler à n'en plus finir

**rabbit hutch** n clapier m

**rabble** ['ræbl] n (pej) populace f

**rabies** ['reɪbiːz] n rage f

**RAC** n abbr (Brit: = Royal Automobile Club) ≈ ACF m

**raccoon, racoon** [rə'kuːn] n raton m laveur

**race** [reɪs] n (species) race f; (competition, rush) course f ▷ vt (person) faire la course avec; (horse) faire courir; (engine) emballer ▷ vi (compete) faire la course, courir; (hurry) aller à toute vitesse, courir; (engine) s'emballer; (pulse) battre très vite; **the human ~** la race humaine; **to ~ in/out** etc entrer/sortir etc à toute vitesse

**race car** n (US) = **racing car**

**race car driver** n (US) = **racing driver**

**racecourse** ['reɪskɔːs] n champ m de courses

**racehorse** ['reɪshɔːs] n cheval m de course

**racer** ['reɪsəʳ] n (bike) vélo m de course

**racetrack** ['reɪstræk] n piste f

**racial** ['reɪʃl] adj racial(e)

**racing** ['reɪsɪŋ] n courses fpl

**racing car** n (Brit) voiture f de course

**racing driver** n (Brit) pilote m de course

**racism** ['reɪsɪzəm] n racisme m

**racist** ['reɪsɪst] adj, n raciste m/f

**rack** [ræk] n (for guns, tools) râtelier m; (for clothes) portant m; (for bottles) casier m; (also:

**luggage ~**) filet m à bagages; (also: **roof ~**) galerie f; (also: **dish ~**) égouttoir m ▷ vt tourmenter; **magazine ~** porte-revues m inv; **shoe ~** étagère f à chaussures; **toast ~** porte-toast m; **to ~ one's brains** se creuser la cervelle; **to go to ~ and ruin** (building) tomber en ruine; (business) péricliter; **rack up** vt accumuler

**racket** ['rækɪt] n (for tennis) raquette f; (noise) tapage m, vacarme m; (swindle) escroquerie f; (organized crime) racket m

**racquet** ['rækɪt] n raquette f

**racy** ['reɪsɪ] adj plein(e) de verve, osé(e)

**radar** ['reɪdɑːʳ] n radar m ▷ cpd radar inv

**radial** ['reɪdɪəl] adj (also: **~-ply**) à carcasse radiale

**radiant** ['reɪdɪənt] adj rayonnant(e); (Physics) radiant(e)

**radiate** ['reɪdɪeɪt] vt (heat) émettre, dégager ▷ vi (lines) rayonner

**radiation** [reɪdɪ'eɪʃən] n rayonnement m; (radioactive) radiation f

**radiator** ['reɪdɪeɪtəʳ] n radiateur m

**radical** ['rædɪkl] adj radical(e)

**radii** ['reɪdɪaɪ] npl of **radius**

**radio** ['reɪdɪəu] n radio f ▷ vi: **to ~ to sb** envoyer un message radio à qn ▷ vt (information) transmettre par radio; (one's position) signaler par radio; (person) appeler par radio; **on the ~** à la radio

**radioactive** ['reɪdɪəu'æktɪv] adj radioactif(-ive)

**radio cassette** n radiocassette m

**radio-controlled** ['reɪdɪəukən'trəuld] adj radioguidé(e)

**radio station** n station f de radio

**radish** ['rædɪʃ] n radis m

**radius** (pl **radii**) ['reɪdɪəs, -ɪaɪ] n rayon m; (Anat) radius m; **within a ~ of 50 miles** dans un rayon de 50 milles

**RAF** n abbr (Brit) = **Royal Air Force**

**raffle** ['ræfl] n tombola f ▷ vt mettre comme lot dans une tombola

**raft** [rɑːft] n (craft: also: **life ~**) radeau m; (logs) train m de flottage

**rafter** ['rɑːftəʳ] n chevron m

**rag** [ræg] n chiffon m; (pej: newspaper) feuille f, torchon m; (for charity) attractions organisées par les étudiants au profit d'œuvres de charité ▷ vt (Brit) chahuter, mettre en boîte; **rags** npl haillons mpl; **in ~s** (person) en haillons; (clothes) en lambeaux

**rag doll** n poupée f de chiffon

**rage** [reɪdʒ] n (fury) rage f, fureur f ▷ vi (person) être fou/folle de rage; (storm) faire rage, être déchaîné(e); **to fly into a ~** se mettre en rage; **it's all the ~** cela fait fureur

**ragged** ['rægɪd] adj (edge) inégal(e), qui accroche; (clothes) en loques; (cuff) effiloché(e); (appearance) déguenillé(e)

**raid** [reɪd] n (Mil) raid m; (criminal) hold-up m inv; (by police) descente f, rafle f ▷ vt faire un

raid sur *or* un hold-up dans *or* une
descente dans
**rail** [reɪl] *n* (*on stair*) rampe *f*; (*on bridge, balcony*)
balustrade *f*; (*of ship*) bastingage *m*; (*for train*)
rail *m*; **rails**: *rails* rails *mpl*, voie ferrée; **by ~** en
train, par le train
**railcard** ['reɪlkɑːd] *n* (*Brit*) carte *f* de chemin
de fer; **young person's ~** carte *f* jeune
**railing** ['reɪlɪŋ] *n*, **railings** ['reɪlɪŋz] *npl*
grille *f*
**railway** ['reɪlweɪ], (*US*) **railroad** ['reɪlrəud] *n*
chemin *m* de fer; (*track*) voie *f* ferrée
**railway line** *n* (*Brit*) ligne *f* de chemin de fer;
(*track*) voie ferrée
**railwayman** ['reɪlweɪmən] *irreg n*
cheminot *m*
**railway station** *n* (*Brit*) gare *f*
**rain** [reɪn] *n* pluie *f* ▷ *vi* pleuvoir; **in the ~**
sous la pluie; **it's ~ing** il pleut; **it's ~ing cats
and dogs** il pleut à torrents
**rainbow** ['reɪnbəu] *n* arc-en-ciel *m*
**raincoat** ['reɪnkəut] *n* imperméable *m*
**raindrop** ['reɪndrɔp] *n* goutte *f* de pluie
**rainfall** ['reɪnfɔːl] *n* chute *f* de pluie;
(*measurement*) hauteur *f* des précipitations
**rainforest** ['reɪnfɔrɪst] *n* forêt tropicale
**rainy** ['reɪnɪ] *adj* pluvieux(-euse)
**raise** [reɪz] *n* augmentation *f* ▷ *vt* (*lift*) lever;
hausser; (*end: siege, embargo*) lever; (*build*)
ériger; (*increase*) augmenter; (*morale*)
remonter; (*standards*) améliorer; (*a protest,
doubt*) provoquer, causer; (*a question*) soulever;
(*cattle, family*) élever; (*crop*) faire pousser;
(*army, funds*) rassembler; (*loan*) obtenir; **to ~
one's glass to sb/sth** porter un toast en
l'honneur de qn/qch; **to ~ one's voice** élever
la voix; **to ~ sb's hopes** donner de l'espoir à
qn; **to ~ a laugh/a smile** faire rire/sourire
**raisin** ['reɪzn] *n* raisin sec
**rake** [reɪk] *n* (*tool*) râteau *m*; (*person*) débauché
*m* ▷ *vt* (*garden*) ratisser; (*fire*) tisonner; (*with
machine gun*) balayer ▷ *vi*: **to ~ through** (*fig:
search*) fouiller (dans)
**rally** ['rælɪ] *n* (*Pol etc*) meeting *m*,
rassemblement *m*; (*Aut*) rallye *m*; (*Tennis*)
échange *m* ▷ *vt* rassembler, rallier; (*support*)
gagner ▷ *vi* se rallier; (*sick person*) aller mieux;
(*Stock Exchange*) reprendre; **rally round** *vi*
venir en aide ▷ *vt fus* se rallier à; venir
en aide à
**RAM** [ræm] *n abbr* (*Comput: = random access
memory*) mémoire vive
**ram** [ræm] *n* bélier *m* ▷ *vt* (*push*) enfoncer;
(*soil*) tasser; (*crash into: vehicle*) emboutir;
(*: lamppost etc*) percuter; (*in battle*) éperonner
**Ramadan** [ræmə'dæn] *n* Ramadan *m*
**ramble** ['ræmbl] *n* randonnée *f* ▷ *vi* (*walk*)
se promener, faire une randonnée; (*pej: also:
~ on*) discourir, pérorer
**rambler** ['ræmblə*r*] *n* promeneur(-euse),
randonneur(-euse); (*Bot*) rosier grimpant
**rambling** ['ræmblɪŋ] *adj* (*speech*) décousu(e);

(*house*) plein(e) de coins et de recoins; (*Bot*)
grimpant(e)
**ramp** [ræmp] *n* (*incline*) rampe *f*; (*Aut*)
dénivellation *f*; (*in garage*) pont *m*; **on/off ~**
(*US Aut*) bretelle *f* d'accès
**rampage** ['ræmpeɪdʒ] *n*: **to be on the ~** se
déchaîner ▷ *vi* [ræm'peɪdʒ]: **they went
rampaging through the town** ils ont
envahi les rues et ont tout saccagé sur leur
passage
**rampant** ['ræmpənt] *adj* (*disease etc*) qui sévit
**ram raiding** [-reɪdɪŋ] *n* pillage d'un magasin en
enfonçant la vitrine avec une voiture volée
**ramshackle** ['ræmʃækl] *adj* (*house*)
délabré(e); (*car etc*) déglingué(e)
**ran** [ræn] *pt of* **run**
**ranch** [rɑːntʃ] *n* ranch *m*
**rancher** ['rɑːntʃə*r*] *n* (*owner*) propriétaire *m* de
ranch; (*ranch hand*) cowboy *m*
**rancid** ['rænsɪd] *adj* rance
**rancour**, (*US*) **rancor** ['ræŋkə*r*] *n* rancune *f*,
rancœur *f*
**random** ['rændəm] *adj* fait(e) *or* établie(e) au
hasard; (*Comput, Math*) aléatoire ▷ *n*: **at ~** au
hasard
**random access memory** *n* (*Comput*)
mémoire vive, RAM *f*
**randy** ['rændɪ] *adj* (*Brit inf*) excité(e); lubrique
**rang** [ræŋ] *pt of* **ring**
**range** [reɪndʒ] *n* (*of mountains*) chaîne *f*; (*of
missile, voice*) portée *f*; (*of products*) choix *m*,
gamme *f*; (*also:* **shooting ~**) champ *m* de tir;
(*: indoor*) stand *m* de tir; (*also:* **kitchen ~**)
fourneau *m* (de cuisine) ▷ *vt* (*place*) mettre en
rang, placer; (*roam*) parcourir ▷ *vi*: **to ~ over**
couvrir; **to ~ from ... to ...** à ... à; **price ~**
éventail *m* des prix; **do you have anything
else in this price ~?** avez-vous autre chose
dans ces prix?; **within (firing) ~** à portée
(de tir); **~d left/right** justifié à
gauche/à droite
**ranger** ['reɪndʒə*r*] *n* garde *m* forestier
**rank** [ræŋk] *n* rang *m*; (*Mil*) grade *m*; (*Brit:
also: taxi ~*) station *f* de taxis ▷ *vi*: **to ~ among**
compter *or* se classer parmi ▷ *vt*: **I ~ him
sixth** je le place sixième ▷ *adj* (*smell*)
nauséabond(e); (*hypocrisy, injustice etc*)
flagrant(e); **he's a ~ outsider** il n'est
vraiment pas dans la course; **the ~s** (*Mil*) la
troupe; **the ~ and file** (*fig*) la masse, la base;
**to close ~s** (*Mil: fig*) serrer les rangs
**ransack** ['rænsæk] *vt* fouiller (à fond);
(*plunder*) piller
**ransom** ['rænsəm] *n* rançon *f*; **to hold sb to ~**
(*fig*) exercer un chantage sur qn
**rant** [rænt] *vi* fulminer
**rap** [ræp] *n* petit coup sec; tape *f*; (*music*) rap *m*
▷ *vt* (*door*) frapper sur *or* à; (*table etc*) taper sur
**rape** [reɪp] *n* viol *m*; (*Bot*) colza *m* ▷ *vt* violer
**rape oil, rapeseed oil** ['reɪp(siːd)] *n* huile *f*
de colza
**rapid** ['ræpɪd] *adj* rapide

r

**rapidly** ['ræpɪdlɪ] *adv* rapidement

**rapids** ['ræpɪdz] *npl (Geo)* rapides *mpl*

**rapist** ['reɪpɪst] *n* auteur *m* d'un viol

**rapport** [ræ'pɔːʳ] *n* entente *f*

**rapturous** ['ræptʃərəs] *adj* extasié(e); frénétique

**rare** [rɛəʳ] *adj* rare; *(Culin: steak)* saignant(e)

**rarely** ['rɛəlɪ] *adv* rarement

**raring** ['rɛərɪŋ] *adj:* **to be ~ to go** *(inf)* être très impatient(e) de commencer

**rascal** ['rɑːskl] *n* vaurien *m*

**rash** [ræʃ] *adj* imprudent(e), irréfléchi(e) ▷ *n (Med)* rougeur *f*, éruption *f*; *(of events)* série *f* (noire); **to come out in a ~** avoir une éruption

**rasher** ['ræʃəʳ] *n* fine tranche (de lard)

**raspberry** ['rɑːzbərɪ] *n* framboise *f*

**raspberry bush** *n* framboisier *m*

**rasping** ['rɑːspɪŋ] *adj:* **~ noise** grincement *m*

**rat** [ræt] *n* rat *m*

**rate** [reɪt] *n (ratio)* taux *m*, pourcentage *m*; *(speed)* vitesse *f*, rythme *m*; *(price)* tarif *m* ▷ *vt (price)* évaluer, estimer; *(people)* classer; *(deserve)* mériter; **rates** *npl (Brit: property tax)* impôts locaux; **to ~ sb/sth as** considérer qn/ qch comme; **to ~ sb/sth among** classer qn/ qch parmi; **to ~ sb/sth highly** avoir une haute opinion de qn/qch; **at a ~ of 60 kph** à une vitesse de 60 km/h; **at any ~** en tout cas; **~ of exchange** taux *or* cours *m* du change; **~ of flow** débit *m*; **~ of return** (taux de) rendement *m*; **pulse ~** fréquence *f* des pulsations

**rateable value** ['reɪtəbl-] *n (Brit)* valeur locative imposable

**ratepayer** ['reɪtpeɪəʳ] *n (Brit)* contribuable *m/f (payant les impôts locaux)*

**rather** ['rɑːðəʳ] *adv (somewhat)* assez, plutôt; *(to some extent)* un peu; **it's ~ expensive** c'est assez cher; *(too much)* c'est un peu cher; **there's ~ a lot** il y en a beaucoup; **I would** *or* **I'd ~ go** j'aimerais mieux *or* je préférerais partir; **I had ~ go** il vaudrait mieux que je parte; **I'd ~ not leave** j'aimerais mieux ne pas partir; **or ~** *(more accurately)* ou plutôt; **I ~ think he won't come** je crois bien qu'il ne viendra pas

**rating** ['reɪtɪŋ] *n (assessment)* évaluation *f*; *(score)* classement *m*; *(Finance)* cote *f*; *(Naut: category)* classe *f*; *(: sailor: Brit)* matelot *m*; **ratings** *npl (Radio)* indice(s) *m(pl)* d'écoute; *(TV)* Audimat® *m*

**ratio** ['reɪʃɪəu] *n* proportion *f*; **in the ~ of 100 to 1** dans la proportion de 100 contre 1

**ration** ['ræʃən] *n* ration *f* ▷ *vt* rationner; **rations** *npl (food)* vivres *mpl*

**rational** ['ræʃənl] *adj* raisonnable, sensé(e); *(solution, reasoning)* logique; *(Med: person)* lucide

**rationale** [ræʃə'nɑːl] *n* raisonnement *m*; justification *f*

**rationalize** ['ræʃnəlaɪz] *vt* rationaliser;

*(conduct)* essayer d'expliquer *or* de motiver

**rat race** *n* foire *f* d'empoigne

**rattle** ['rætl] *n (of door, window)* battement *m*; *(of coins, chain)* cliquetis *m*; *(of train, engine)* bruit *m* de ferraille; *(for baby)* hochet *m*; *(of sports fan)* crécelle *f* ▷ *vi* cliqueter; *(car, bus):* **to ~ along** rouler en faisant un bruit de ferraille ▷ *vt* agiter (bruyamment); *(inf: disconcert)* décontenancer; *(: annoy)* embêter

**rattlesnake** ['rætlsneɪk] *n* serpent *m* à sonnettes

**raucous** ['rɔːkəs] *adj* rauque

**rave** [reɪv] *vi (in anger)* s'emporter; *(with enthusiasm)* s'extasier; *(Med)* délirer ▷ *n (inf: party)* rave *f*, soirée *f* techno ▷ *adj (scene, culture, music)* rave, techno ▷ *cpd:* **~ review** *(inf)* critique *f* dithyrambique

**raven** ['reɪvən] *n* grand corbeau

**ravenous** ['rævənəs] *adj* affamé(e)

**ravine** [rə'viːn] *n* ravin *m*

**raving** ['reɪvɪŋ] *adj:* **he's ~ mad** il est complètement cinglé

**ravishing** ['rævɪʃɪŋ] *adj* enchanteur(-eresse)

**raw** [rɔː] *adj (uncooked)* cru(e); *(not processed)* brut(e); *(sore)* à vif, irrité(e); *(inexperienced)* inexpérimenté(e); *(weather, day)* froid(e) et humide; **~ deal** *(inf: bad bargain)* sale coup *m*; *(: unfair treatment):* **to get a ~ deal** être traité(e) injustement; **~ materials** matières premières

**raw material** *n* matière première

**ray** [reɪ] *n* rayon *m*; **~ of hope** lueur *f* d'espoir

**raze** [reɪz] *vt (also:* **~ to the ground**) raser

**razor** ['reɪzəʳ] *n* rasoir *m*

**razor blade** *n* lame *f* de rasoir

**Rd** *abbr =* **road**

**RE** *n abbr (Brit:* = *religious education)* instruction réligieuse; *(Brit Mil)* = **Royal Engineers**

**re** [riː] *prep* concernant

**reach** [riːtʃ] *n* portée *f*, atteinte *f*; *(of river etc)* étendue *f* ▷ *vt* atteindre, arriver à; *(conclusion, decision)* parvenir à ▷ *vi* s'étendre; *(stretch out hand):* **to ~ up/down** *etc (for sth)* lever/ baisser *etc* le bras (pour prendre qch); **to ~ sb by phone** joindre qn par téléphone; **out of/ within ~** *(object)* hors de/à portée; **within easy ~ (of)** *(place)* à proximité (de), proche (de); **reach out** *vt* tendre ▷ *vi:* **to ~ out (for)** allonger le bras (pour prendre)

**react** [riː'ækt] *vi* réagir

**reaction** [riː'ækʃən] *n* réaction *f*

**reactor** [riː'æktəʳ] *n* réacteur *m*

**read** *(pt, pp* **read**) [riːd, rɛd] *vi* lire ▷ *vt* lire; *(understand)* comprendre, interpréter; *(study)* étudier; *(meter)* relever; *(subj: instrument etc)* indiquer, marquer; **to take sth as ~** *(fig)* considérer qch comme accepté; **do you ~ me?** *(Tel)* est-ce que vous me recevez?; **read out** *vt* lire à haute voix; **read over** *vt* relire; **read through** *vt (quickly)* parcourir; *(thoroughly)* lire jusqu'au bout; **read up** *vt*, **read up on** *vt fus* étudier

**readable** ['riːdəbl] *adj* facile *or* agréable à lire

**reader** ['riːdəʳ] *n* lecteur(-trice); *(book)* livre *m* de lecture; *(Brit: at university)* maître *m* de conférences

**readership** ['riːdəʃɪp] *n* *(of paper etc)* (nombre *m* de) lecteurs *mpl*

**readily** ['rɛdɪlɪ] *adv* volontiers, avec empressement; *(easily)* facilement

**readiness** ['rɛdɪnɪs] *n* empressement *m*; **in ~** *(prepared)* prêt(e)

**reading** ['riːdɪŋ] *n* lecture *f*; *(understanding)* interprétation *f*; *(on instrument)* indications *fpl*

**ready** ['rɛdɪ] *adj* prêt(e); *(willing)* prêt, disposé(e); *(quick)* prompt(e); *(available)* disponible ▷ *n*: **at the ~** *(Mil)* prêt à faire feu; *(fig)* tout(e) prêt(e); **~ for use** prêt à l'emploi; **to be ~ to do sth** être prêt à faire qch; **when will my photos be ~?** quand est-ce que mes photos seront prêtes?; **to get ~** *(as vi)* se préparer; *(as vt)* préparer

**ready-cooked** ['rɛdɪ'kukd] *adj* précuit(e)

**ready-made** ['rɛdɪ'meɪd] *adj* tout(e) faite(e)

**ready-to-wear** ['rɛdɪtə'wɛəʳ] *adj* (en) prêt-à-porter

**real** [rɪəl] *adj* *(world, life)* réel(le); *(genuine)* véritable; *(proper)* vrai(e); *(US inf: very)* vraiment; **in ~ life** dans la réalité

**real ale** *n* bière traditionnelle

**real estate** *n* biens fonciers *or* immobiliers

**realistic** [rɪə'lɪstɪk] *adj* réaliste

**reality** [riː'ælɪtɪ] *n* réalité *f*; **in ~** en réalité, en fait

**reality TV** *n* téléréalité *f*

**realization** [rɪəlaɪ'zeɪʃən] *n* *(awareness)* prise *f* de conscience; *(fulfilment: also: of asset)* réalisation *f*

**realize** ['rɪəlaɪz] *vt* *(understand)* se rendre compte de, prendre conscience de; *(a project, Comm: asset)* réaliser

**really** ['rɪəlɪ] *adv* vraiment; **~?** vraiment?, c'est vrai?

**realm** [rɛlm] *n* royaume *m*; *(fig)* domaine *m*

**realtor** ['rɪəltɔːʳ] *n* *(US)* agent immobilier

**reap** [riːp] *vt* moissonner; *(fig)* récolter

**reappear** [rɪə'pɪəʳ] *vi* réapparaître, reparaître

**rear** [rɪəʳ] *adj* de derrière, arrière *inv*; *(Aut: wheel etc)* arrière ▷ *n* arrière *m*, derrière *m* ▷ *vt* *(cattle, family)* élever ▷ *vi* *(also: ~ up: animal)* se cabrer

**rearguard** ['rɪəgɑːd] *n* arrière-garde *f*

**rearrange** [riːə'reɪndʒ] *vt* réarranger

**rear-view mirror** *(Aut)* rétroviseur *m*

**rear-wheel drive** *n* *(Aut)* traction *f* arrière

**reason** ['riːzn] *n* raison *f* ▷ *vi*: **to ~ with sb** raisonner qn, faire entendre raison à qn; **the ~ for/why** la raison de/pour laquelle; **to have ~ to think** avoir lieu de penser; **it stands to ~ that** il va sans dire que; **she claims with good ~ that ...** elle affirme à juste titre que ...; **all the more ~ why** raison

de plus pour **+** *infinitive or* pour que **+** *sub*; **within ~** dans les limites du raisonnable

**reasonable** ['riːznəbl] *adj* raisonnable; *(not bad)* acceptable

**reasonably** ['riːznəblɪ] *adv* *(behave)* raisonnablement; *(fairly)* assez; **one can ~ assume that ...** on est fondé à *or* il est permis de supposer que ...

**reasoning** ['riːznɪŋ] *n* raisonnement *m*

**reassurance** [riːə'ʃuərəns] *n* *(factual)* assurance *f*, garantie *f*; *(emotional)* réconfort *m*

**reassure** [riːə'ʃuəʳ] *vt* rassurer; **to ~ sb of** donner à qn l'assurance répétée de

**rebate** ['riːbeɪt] *n* *(on product)* rabais *m*; *(on tax etc)* dégrèvement *m*; *(repayment)* remboursement *m*

**rebel** *n* ['rɛbl] rebelle *m/f* ▷ *vi* [rɪ'bɛl] se rebeller, se révolter

**rebellion** [rɪ'bɛljən] *n* rébellion *f*, révolte *f*

**rebellious** [rɪ'bɛljəs] *adj* rebelle

**rebound** *vi* [rɪ'baund] *(ball)* rebondir ▷ *n* ['riːbaund] rebond *m*

**rebuff** [rɪ'bʌf] *n* rebuffade *f* ▷ *vt* repousser

**rebuild** [riː'bɪld] *vt* *(irreg like: build)* reconstruire

**rebuke** [rɪ'bjuːk] *n* réprimande *f*, reproche *m* ▷ *vt* réprimander

**rebut** [rɪ'bʌt] *vt* réfuter

**recall** *vt* [rɪ'kɔːl] rappeler; *(remember)* se rappeler, se souvenir de ▷ *n* ['riːkɔl] rappel *m*; *(ability to remember)* mémoire *f*; **beyond ~** *adj* irrévocable

**recant** [rɪ'kænt] *vi* se rétracter; *(Rel)* abjurer

**recap** ['riːkæp] *n* récapitulation *f* ▷ *vt*, *vi* récapituler

**recede** [rɪ'siːd] *vi* s'éloigner; reculer

**receding** [rɪ'siːdɪŋ] *adj* *(forehead, chin)* fuyant(e); **~ hairline** front dégarni

**receipt** [rɪ'siːt] *n* *(document)* reçu *m*; *(for parcel etc)* accusé *m* de réception; *(act of receiving)* réception *f*; **receipts** *npl* *(Comm)* recettes *fpl*; **to acknowledge ~ of** accuser réception de; **we are in ~ of** nous avons reçu ...; **can I have a ~, please?** je peux avoir un reçu, s'il vous plaît?

**receive** [rɪ'siːv] *vt* recevoir; *(guest)* recevoir, accueillir; **"~d with thanks"** *(Comm)* "pour acquit"; **R~d Pronunciation** *voir article*

⬤ **RECEIVED PRONUNCIATION**
⬤
⬤ En Grande-Bretagne, la *Received*
⬤ *Pronunciation* ou "RP" est une
⬤ prononciation de la langue anglaise qui,
⬤ récemment encore, était surtout associée
⬤ à l'aristocratie et à la bourgeoisie, mais
⬤ qui maintenant est en général considérée
⬤ comme la prononciation correcte.

**receiver** [rɪ'siːvəʳ] *n* *(Tel)* récepteur *m*, combiné *m*; *(Radio)* récepteur; *(of stolen goods)* receleur *m*; (*for bankruptcies*) administrateur *m* judiciaire

**recent** ['ri:snt] *adj* récent(e); **in ~ years** au cours de ces dernières années

**recently** ['ri:sntli] *adv* récemment; **as ~ as** pas plus tard que; **until ~** jusqu'à il y a peu de temps encore

**receptacle** [ri'sɛptikl] *n* récipient *m*

**reception** [ri'sɛpʃən] *n* réception *f*; (*welcome*) accueil *m*, réception

**reception desk** *n* réception *f*

**receptionist** [ri'sɛpʃənist] *n* réceptionniste *m/f*

**recess** [ri'sɛs] *n* (*in room*) renfoncement *m*; (*for bed*) alcôve *f*; (*secret place*) recoin *m*; (*Pol etc: holiday*) vacances *fpl*; (*US Law: short break*) suspension *f* d'audience; (*Scol: esp US*) récréation *f*

**recession** [ri'sɛʃən] *n* (*Econ*) récession *f*

**recharge** [ri:'tʃɑ:dʒ] *vt* (*battery*) recharger

**recipe** ['rɛsipi] *n* recette *f*

**recipient** [ri'sipiənt] *n* (*of payment*) bénéficiaire *m/f*; (*of letter*) destinataire *m/f*

**recital** [ri'saitl] *n* récital *m*

**recite** [ri'sait] *vt* (*poem*) réciter; (*complaints etc*) énumérer

**reckless** ['rɛkləs] *adj* (*driver etc*) imprudent(e); (*spender etc*) insouciant(e)

**reckon** ['rɛkən] *vt* (*count*) calculer, compter; (*consider*) considérer, estimer; (*think*): **I ~ (that) …** je pense (que) …, j'estime (que) … ▷ *vi*: **he is somebody to be ~ed with** il ne faut pas le sous-estimer; **to ~ without sb/sth** ne pas tenir compte de qn/qch; **reckon on** *vt fus* compter sur, s'attendre à

**reckoning** ['rɛkniŋ] *n* compte *m*, calcul *m*; estimation *f*; **the day of ~** le jour du Jugement

**reclaim** [ri'kleim] *vt* (*land: from sea*) assécher; (: *from forest*) défricher; (: *with fertilizer*) amender; (*demand back*) réclamer (le remboursement *or* la restitution de); (*waste materials*) récupérer

**recline** [ri'klain] *vi* être allongé(e) *or* étendu(e)

**reclining** [ri'klainiŋ] *adj* (*seat*) à dossier réglable

**recluse** [ri'klu:s] *n* reclus(e), ermite *m*

**recognition** [rɛkəg'niʃən] *n* reconnaissance *f*; **in ~ of** en reconnaissance de; **to gain ~** être reconnu(e); **transformed beyond ~** méconnaissable

**recognizable** ['rɛkəgnaizəbl] *adj*: **~ (by)** reconnaissable (à)

**recognize** ['rɛkəgnaiz] *vt*: **to ~ (by/as)** reconnaître (à/comme étant)

**recoil** [ri'kɔil] *vi* (*person*): **to ~ (from)** reculer (devant) ▷ *n* (*of gun*) recul *m*

**recollect** [rɛkə'lɛkt] *vt* se rappeler, se souvenir de

**recollection** [rɛkə'lɛkʃən] *n* souvenir *m*;

**to the best of my ~** autant que je m'en souvienne

**recommend** [rɛkə'mɛnd] *vt* recommander; **can you ~ a good restaurant?** pouvez-vous me conseiller un bon restaurant?; **she has a lot to ~ her** elle a beaucoup de choses en sa faveur

**recommendation** [rɛkəmɛn'deiʃən] *n* recommandation *f*

**reconcile** ['rɛkənsail] *vt* (*two people*) réconcilier; (*two facts*) concilier, accorder; **to ~ o.s. to** se résigner à

**recondition** [ri:kən'diʃən] *vt* remettre à neuf; réviser entièrement

**reconnoitre**, (*US*) **reconnoiter** [rɛkə'nɔitə<sup>r</sup>] (*Mil*) *vt* reconnaître ▷ *vi* faire une reconnaissance

**reconsider** [ri:kən'sidə<sup>r</sup>] *vt* reconsidérer

**reconstruct** [ri:kən'strʌkt] *vt* (*building*) reconstruire; (*crime, system*) reconstituer

**record** *n* ['rɛkɔːd] rapport *m*, récit *m*; (*of meeting etc*) procès-verbal *m*; (*register*) registre *m*; (*file*) dossier *m*; (*Comput*) article *m*; (*also: police ~*) casier *m* judiciaire; (*Mus: disc*) disque *m*; (*Sport*) record *m* ▷ *adj* record *inv* ▷ *vt* [ri'kɔːd] (*set down*) noter; (*relate*) rapporter; (*Mus: song etc*) enregistrer; **public ~s** archives *fpl*; **to keep a ~ of** noter; **to keep the ~ straight** (*fig*) mettre les choses au point; **he is on ~ as saying that …** il a déclaré en public que …; **Italy's excellent ~** les excellents résultats obtenus par l'Italie; **off the ~** *adj* officieux(-euse) ▷ *adv* officieusement; **in ~ time** dans un temps record

**record card** *n* (*in file*) fiche *f*

**recorded delivery** [ri'kɔːdid-] *n* (*Brit Post*): **to send sth ~ ~** envoyer qch en recommandé

**recorded delivery letter** [ri'kɔːdid-] *n* (*Brit Post*) ≈ lettre recommandée

**recorder** [ri'kɔːdə<sup>r</sup>] *n* (*Law*) avocat *nommé à la fonction de juge*; (*Mus*) flûte *f* à bec

**record holder** *n* (*Sport*) détenteur(-trice) du record

**recording** [ri'kɔːdiŋ] *n* (*Mus*) enregistrement *m*

**record player** *n* tourne-disque *m*

**recount** [ri'kaunt] *vt* raconter

**re-count** *n* ['ri:kaunt] (*Pol: of votes*) nouveau décompte (des suffrages) ▷ *vt* [ri:'kaunt] recompter

**recoup** [ri'ku:p] *vt*: **to ~ one's losses** récupérer ce qu'on a perdu, se refaire

**recourse** [ri'kɔːs] *n* recours *m*; expédient *m*; **to have ~ to** recourir à, avoir recours à

**recover** [ri'kʌvə<sup>r</sup>] *vt* récupérer ▷ *vi* (*from illness*) se rétablir; (*from shock*) se remettre; (*country*) se redresser

**recovery** [ri'kʌvəri] *n* récupération *f*; rétablissement *m*; (*Econ*) redressement *m*

**recreate** [ri:kri'eit] *vt* recréer

**recreation** [rɛkrɪ'eɪʃən] n (leisure) récréation f, détente f

**recreational** [rɛkrɪ'eɪʃənl] adj pour la détente, récréatif(-ive)

**recreational drug** [rɛkrɪ'eɪʃənl-] n drogue récréative

**recreational vehicle** [rɛkrɪ'eɪʃənl-] n (US) camping-car m

**recruit** [rɪ'kruːt] n recrue f ▷ vt recruter

**recruitment** [rɪ'kruːtmənt] n recrutement m

**rectangle** ['rɛktæŋgl] n rectangle m

**rectangular** [rɛk'tæŋgjuləʳ] adj rectangulaire

**rectify** ['rɛktɪfaɪ] vt (error) rectifier, corriger; (omission) réparer

**rector** ['rɛktəʳ] n (Rel) pasteur m; (in Scottish universities) personnalité élue par les étudiants pour les représenter

**recuperate** [rɪ'kjuːpəreɪt] vi (from illness) se rétablir

**recur** [rɪ'kəːʳ] vi se reproduire; (idea, opportunity) se retrouver; (symptoms) réapparaître

**recurrence** [rɪ'kəːrns] n répétition f; réapparition f

**recurrent** [rɪ'kəːrnt] adj périodique, fréquent(e)

**recurring** [rɪ'kəːrɪŋ] adj (problem) périodique, fréquent(e); (Math) périodique

**recyclable** [riː'saɪkləbl] adj recyclable

**recycle** [riː'saɪkl] vt, vi recycler

**recycling** [riː'saɪklɪŋ] n recyclage m

**red** [rɛd] n rouge m; (Pol: pej) rouge m/f ▷ adj rouge; (hair) roux/rousse; **in the ~** (account) à découvert; (business) en déficit

**red carpet treatment** n réception f en grande pompe

**Red Cross** n Croix-Rouge f

**redcurrant** ['rɛdkʌrənt] n groseille f (rouge)

**redden** ['rɛdn] vt, vi rougir

**redecorate** [riː'dɛkəreɪt] vt refaire à neuf, repeindre et retapisser

**redeem** [rɪ'diːm] vt (debt) rembourser; (sth in pawn) dégager; (fig, also Rel) racheter

**redeeming** [rɪ'diːmɪŋ] adj (feature) qui sauve, qui rachète (le reste)

**redeploy** [riːdɪ'plɔɪ] vt (Mil) redéployer; (staff, resources) reconvertir

**red-haired** [rɛd'hɛəd] adj roux/rousse

**red-handed** [rɛd'hændɪd] adj: **to be caught ~** être pris(e) en flagrant délit or la main dans le sac

**redhead** ['rɛdhɛd] n roux/rousse

**red herring** n (fig) diversion f, fausse piste

**red-hot** [rɛd'hɔt] adj chauffé(e) au rouge, brûlant(e)

**redirect** [riːdaɪ'rɛkt] vt (mail) faire suivre

**red light** n: **to go through a ~** (Aut) brûler un feu rouge

**red-light district** ['rɛdlaɪt-] n quartier mal famé

**red meat** n viande f rouge

**redo** [riː'duː] vt (irreg like: **do**) refaire

**redress** [rɪ'drɛs] n réparation f ▷ vt redresser; **to ~ the balance** rétablir l'équilibre

**Red Sea** n: **the ~** la mer Rouge

**redskin** ['rɛdskɪn] n Peau-Rouge m/f

**red tape** n (fig) paperasserie (administrative)

**reduce** [rɪ'djuːs] vt réduire; (lower) abaisser; **"~ speed now"** (Aut) "ralentir"; **to sth by/ to** réduire qch de/à; **to ~ sb to tears** faire pleurer qn

**reduced** [rɪ'djuːst] adj réduit(e); **"greatly ~ prices"** "gros rabais"; **at a ~ price** (goods) au rabais; (ticket etc) à prix réduit

**reduction** [rɪ'dʌkʃən] n réduction f; (of price) baisse f; (discount) rabais m; réduction; **is there a ~ for children/students?** y a-t-il une réduction pour les enfants/les étudiants?

**redundancy** [rɪ'dʌndənsɪ] n (Brit) licenciement m, mise f au chômage; **compulsory ~** licenciement; **voluntary ~** départ m volontaire

**redundant** [rɪ'dʌndnt] adj (Brit: worker) licencié(e), mis(e) au chômage; (detail, object) superflu(e); **to be made ~** (worker) être licencié, être mis au chômage

**reed** [riːd] n (Bot) roseau m; (Mus: of clarinet etc) anche f

**reef** [riːf] n (at sea) récif m, écueil m

**reek** [riːk] vi: **to ~ (of)** puer, empester

**reel** [riːl] n bobine f; (Tech) dévidoir m; (Fishing) moulinet m; (Cine) bande f; (dance) quadrille écossais ▷ vt (Tech) bobiner; (also: **~ up**) enrouler ▷ vi (sway) chanceler; **my head is ~ing** j'ai la tête qui tourne; **reel in** vt (fish, line) ramener; **reel off** vt (say) énumérer, débiter

**ref** [rɛf] n abbr (inf: = referee) arbitre m

**refectory** [rɪ'fɛktərɪ] n réfectoire m

**refer** [rɪ'fəːʳ] vt: **to ~ sth to** (dispute, decision) soumettre qch à; **to ~ sb to** (inquirer, patient) adresser qn à; (reader: to text) renvoyer qn à ▷ vi: **to ~ to** (allude to) parler de, faire allusion à; (consult) se reporter à; (apply to) s'appliquer à; **~ring to your letter** (Comm) en réponse à votre lettre; **he ~red me to the manager** il m'a dit de m'adresser au directeur

**referee** [rɛfə'riː] n arbitre m; (Tennis) juge-arbitre m; (Brit: for job application) répondant(e) ▷ vt arbitrer

**reference** ['rɛfrəns] n référence f, renvoi m; (mention) allusion f, mention f; (for job application: letter) références; lettre f de recommandation; (: person) répondant(e); **with ~ to** en ce qui concerne; (Comm: in letter) me référant à; **"please quote this ~"** (Comm) "prière de rappeler cette référence"

**reference book** n ouvrage m de référence

**reference number** n (Comm) numéro m de référence

**refill** vt [riː'fɪl] remplir à nouveau; (pen, lighter etc) recharger ▷ n ['riːfɪl] (for pen etc) recharge f

r

**refine** [rɪ'faɪn] vt (sugar, oil) raffiner; (taste) affiner; (idea, theory) peaufiner

**refined** [rɪ'faɪnd] adj (person, taste) raffiné(e)

**refinery** [rɪ'faɪnərɪ] n raffinerie f

**reflect** [rɪ'flɛkt] vt (light, image) réfléchir, refléter; (fig) refléter ▷ vi (think) réfléchir, méditer; **it ~s badly on him** cela le discrédite; **it ~s well on him** c'est tout à son honneur

**reflection** [rɪ'flɛkʃən] n réflexion f; (image) reflet m; (criticism): ~ **on** critique f de; atteinte f à; **on** ~ réflexion faite

**reflex** ['ri:flɛks] adj, n réflexe (m)

**reflexive** [rɪ'flɛksɪv] adj (Ling) réfléchi(e)

**reform** [rɪ'fɔ:m] n réforme f ▷ vt réformer

**reformatory** [rɪ'fɔ:mətərɪ] n (US) centre m d'éducation surveillée

**refrain** [rɪ'freɪn] vi: **to ~ from doing** s'abstenir de faire ▷ n refrain m

**refresh** [rɪ'frɛʃ] vt rafraîchir; (subj: food, sleep etc) redonner des forces à

**refresher course** [rɪ'frɛʃə-] n (Brit) cours m de recyclage

**refreshing** [rɪ'frɛʃɪŋ] adj (drink) rafraîchissant(e); (sleep) réparateur(-trice); (fact, idea etc) qui réjouit par son originalité or sa rareté

**refreshment** [rɪ'frɛʃmənt] n: **for some ~** (eating) pour se restaurer or sustenter; **in need of ~** (resting etc) ayant besoin de refaire ses forces

**refreshments** [rɪ'frɛʃmənts] npl rafraîchissements mpl

**refrigerator** [rɪ'frɪdʒəreɪtə] n réfrigérateur m, frigidaire m

**refuel** [ri:'fjuəl] vt ravitailler en carburant ▷ vi se ravitailler en carburant

**refuge** ['rɛfju:dʒ] n refuge m; **to take ~ in** se réfugier dans

**refugee** [rɛfju'dʒi:] n réfugié(e)

**refund** n ['ri:fʌnd] remboursement m ▷ vt [rɪ'fʌnd] rembourser

**refurbish** [ri:'fə:bɪʃ] vt remettre à neuf

**refusal** [rɪ'fju:zəl] n refus m; **to have first ~ on sth** avoir droit de préemption sur qch

**refuse**[1] ['rɛfju:s] n ordures fpl, détritus mpl

**refuse**[2] [rɪ'fju:z] vt, vi refuser; **to ~ to do sth** refuser de faire qch

**refuse collection** n ramassage m d'ordures

**regain** [rɪ'geɪn] vt (lost ground) regagner; (strength) retrouver

**regal** ['ri:gl] adj royal(e)

**regard** [rɪ'gɑ:d] n respect m, estime f, considération f ▷ vt considérer; **to give one's ~s to** faire ses amitiés à; **"with kindest ~s"** "bien amicalement"; **as ~s, with ~ to** en ce qui concerne

**regarding** [rɪ'gɑ:dɪŋ] prep en ce qui concerne

**regardless** [rɪ'gɑ:dlɪs] adv quand même; **~ of** sans se soucier de

**regenerate** [rɪ'dʒɛnəreɪt] vt régénérer ▷ vi se régénérer

**reggae** ['rɛgeɪ] n reggae m

**régime** [reɪ'ʒi:m] n régime m

**regiment** ['rɛdʒɪmənt] n régiment m ▷ vt ['rɛdʒɪmɛnt] imposer une discipline trop stricte à

**regimental** [rɛdʒɪ'mɛntl] adj d'un régiment

**region** ['ri:dʒən] n région f; **in the ~ of** (fig) aux alentours de

**regional** ['ri:dʒənl] adj régional(e)

**register** ['rɛdʒɪstə] n registre m; (also: **electoral ~**) liste électorale ▷ vt enregistrer, inscrire; (birth) déclarer; (vehicle) immatriculer; (luggage) enregistrer; (letter) envoyer en recommandé; (subj: instrument) marquer ▷ vi s'inscrire; (at hotel) signer le registre; (make impression) être (bien) compris(e); **to ~ for a course** s'inscrire à un cours; **to ~ a protest** protester

**registered** ['rɛdʒɪstəd] adj (design) déposé(e); (Brit: letter) recommandé(e); (student, voter) inscrit(e)

**registered trademark** n marque déposée

**registrar** ['rɛdʒɪstrɑ:] n officier m de l'état civil; secrétaire m/f général

**registration** [rɛdʒɪs'treɪʃən] n (act) enregistrement m; (of student) inscription f; (Brit Aut: also: **~ number**) numéro m d'immatriculation

**registry** ['rɛdʒɪstrɪ] n bureau m de l'enregistrement

**registry office** ['rɛdʒɪstrɪ-] n (Brit) bureau m de l'état civil; **to get married in a ~** ≈ se marier à la mairie

**regret** [rɪ'grɛt] n regret m ▷ vt regretter; **to ~ that** regretter que + sub; **we ~ to inform you that ...** nous sommes au regret de vous informer que ...

**regretfully** [rɪ'grɛtfəlɪ] adv à or avec regret

**regrettable** [rɪ'grɛtəbl] adj regrettable, fâcheux(-euse)

**regular** ['rɛgjulə] adj régulier(-ière); (usual) habituel(le), normal(e); (listener, reader) fidèle; (soldier) de métier; (Comm: size) ordinaire ▷ n (client etc) habitué(e)

**regularly** ['rɛgjuləlɪ] adv régulièrement

**regulate** ['rɛgjuleɪt] vt régler

**regulation** [rɛgju'leɪʃən] n (rule) règlement m; (adjustment) réglage m ▷ cpd réglementaire

**rehabilitation** ['ri:əbɪlɪ'teɪʃən] n (of offender) réhabilitation f; (of addict) réadaptation f; (of disabled) rééducation f, réadaptation f

**rehearsal** [rɪ'hə:səl] n répétition f; **dress ~** (répétition) générale f

**rehearse** [rɪ'hə:s] vt répéter

**reign** [reɪn] n règne m ▷ vi régner

**reimburse** [ri:ɪm'bə:s] vt rembourser

**rein** [reɪn] n (for horse) rêne f; **to give sb free ~** (fig) donner carte blanche à qn

**reincarnation** [ri:ɪnkɑ:'neɪʃən] n réincarnation f

**reindeer** ['reɪndɪə] n (pl inv) renne m

**reinforce** [riːɪnˈfɔːs] *vt* renforcer
**reinforced concrete** [riːɪnˈfɔːst-] *n* béton armé
**reinforcement** [riːɪnˈfɔːsmənt] *n* (*action*) renforcement *m*
**reinforcements** [riːɪnˈfɔːsmənts] *npl* (*Mil*) renfort(s) *m(pl)*
**reinstate** [riːɪnˈsteɪt] *vt* rétablir, réintégrer
**reject** *n* [ˈriːdʒɛkt] (*Comm*) article *m* de rebut ▷ *vt* [rɪˈdʒɛkt] refuser; (*Comm: goods*) mettre au rebut; (*idea*) rejeter
**rejection** [rɪˈdʒɛkʃən] *n* rejet *m*, refus *m*
**rejoice** [rɪˈdʒɔɪs] *vi*: **to ~ (at or over)** se réjouir (de)
**rejuvenate** [rɪˈdʒuːvəneɪt] *vt* rajeunir
**relapse** [rɪˈlæps] *n* (*Med*) rechute *f*
**relate** [rɪˈleɪt] *vt* (*tell*) raconter; (*connect*) établir un rapport entre ▷ *vi*: **to ~ to** (*connect*) se rapporter à; **to ~ to sb** (*interact*) entretenir des rapports avec qn
**related** [rɪˈleɪtɪd] *adj* apparenté(e); **~ to** (*subject*) lié(e) à
**relating to** [rɪˈleɪtɪŋ-] *prep* concernant
**relation** [rɪˈleɪʃən] *n* (*person*) parent(e); (*link*) rapport *m*, lien *m*; **relations** *npl* (*relatives*) famille *f*; **diplomatic/international ~s** relations diplomatiques/internationales; **in ~ to** en ce qui concerne; par rapport à; **to bear no ~ to** être sans rapport avec
**relationship** [rɪˈleɪʃənʃɪp] *n* rapport *m*, lien *m*; (*personal ties*) relations *fpl*, rapports; (*also:* **family ~**) lien de parenté; (*affair*) liaison *f*; **they have a good ~** ils s'entendent bien
**relative** [ˈrɛlətɪv] *n* parent(e) ▷ *adj* relatif(-ive); (*respective*) respectif(-ive); **all her ~s** toute sa famille
**relatively** [ˈrɛlətɪvlɪ] *adv* relativement
**relax** [rɪˈlæks] *vi* (*muscle*) se relâcher; (*person: unwind*) se détendre; (*calm down*) se calmer ▷ *vt* relâcher; (*mind, person*) détendre
**relaxation** [riːlækˈseɪʃən] *n* relâchement *m*; (*of mind*) détente *f*; (*recreation*) détente, délassement *m*; (*entertainment*) distraction *f*
**relaxed** [rɪˈlækst] *adj* relâché(e); détendu(e)
**relaxing** [rɪˈlæksɪŋ] *adj* délassant(e)
**relay** [ˈriːleɪ] *n* (*Sport*) course *f* de relais ▷ *vt* (*message*) retransmettre, relayer
**release** [rɪˈliːs] *n* (*from prison, obligation*) libération *f*; (*of gas etc*) émission *f*; (*of film etc*) sortie *f*; (*new recording*) disque *m*; (*device*) déclencheur *m* ▷ *vt* (*prisoner*) libérer; (*book, film*) sortir; (*report, news*) rendre public, publier; (*gas etc*) émettre, dégager; (*free: from wreckage etc*) dégager; (*Tech: catch, spring etc*) déclencher; (*let go: person, animal*) relâcher; (*: hand, object*) lâcher; (*: grip, brake*) desserrer; **to ~ one's grip or hold** lâcher prise; **to ~ the clutch** (*Aut*) débrayer
**relegate** [ˈrɛləgeɪt] *vt* reléguer; (*Brit Sport*): **to be ~d** descendre dans une division inférieure

**relent** [rɪˈlɛnt] *vi* se laisser fléchir
**relentless** [rɪˈlɛntlɪs] *adj* implacable; (*non-stop*) continuel(le)
**relevant** [ˈrɛləvənt] *adj* (*question*) pertinent(e); (*corresponding*) approprié(e); (*fact*) significatif(-ive); (*information*) utile; **~ to** ayant rapport à, approprié à
**reliable** [rɪˈlaɪəbl] *adj* (*person, firm*) sérieux(-euse), fiable; (*method, machine*) fiable; (*news, information*) sûr(e)
**reliably** [rɪˈlaɪəblɪ] *adv*: **to be ~ informed** savoir de source sûre
**reliance** [rɪˈlaɪəns] *n*: **~ (on)** (*trust*) confiance *f* (en); (*dependence*) besoin *m* (de), dépendance *f* (de)
**relic** [ˈrɛlɪk] *n* (*Rel*) relique *f*; (*of the past*) vestige *m*
**relief** [rɪˈliːf] *n* (*from pain, anxiety*) soulagement *m*; (*help, supplies*) secours *m(pl)*; (*of guard*) relève *f*; (*Art, Geo*) relief *m*; **by way of light ~** pour faire diversion
**relieve** [rɪˈliːv] *vt* (*pain, patient*) soulager; (*fear, worry*) dissiper; (*bring help*) secourir; (*take over from: gen*) relayer; (*: guard*) relever; **to ~ sb of sth** débarrasser qn de qch; **to ~ sb of his command** (*Mil*) relever qn de ses fonctions; **to ~ o.s.** (*euphemism*) se soulager, faire ses besoins
**relieved** [rɪˈliːvd] *adj* soulagé(e); **to be ~ that ...** être soulagé que ...; **I'm ~ to hear it** je suis soulagé de l'entendre
**religion** [rɪˈlɪdʒən] *n* religion *f*
**religious** [rɪˈlɪdʒəs] *adj* religieux(-euse); (*book*) de piété
**religious education** *n* instruction religieuse
**relinquish** [rɪˈlɪŋkwɪʃ] *vt* abandonner; (*plan, habit*) renoncer à
**relish** [ˈrɛlɪʃ] *n* (*Culin*) condiment *m*; (*enjoyment*) délectation *f* ▷ *vt* (*food etc*) savourer; **to ~ doing** se délecter à faire
**relocate** [riːləuˈkeɪt] *vt* (*business*) transférer ▷ *vi* se transférer, s'installer or s'établir ailleurs; **to ~ in** (*déménager et*) s'installer or s'établir à, se transférer à
**reluctance** [rɪˈlʌktəns] *n* répugnance *f*
**reluctant** [rɪˈlʌktənt] *adj* peu disposé(e), qui hésite; **to be ~ to do sth** hésiter à faire qch
**reluctantly** [rɪˈlʌktəntlɪ] *adv* à contrecœur, sans enthousiasme
**rely on** [rɪˈlaɪ-] *vt fus* (*be dependent on*) dépendre de; (*trust*) compter sur
**remain** [rɪˈmeɪn] *vi* rester; **to ~ silent** garder le silence; **I ~, yours faithfully** (*Brit: in letters*) je vous prie d'agréer, Monsieur *etc* l'assurance de mes sentiments distingués
**remainder** [rɪˈmeɪndə<sup>r</sup>] *n* reste *m*; (*Comm*) fin *f* de série
**remaining** [rɪˈmeɪnɪŋ] *adj* qui reste
**remains** [rɪˈmeɪnz] *npl* restes *mpl*
**remake** [ˈriːmeɪk] *n* (*Cine*) remake *m*

**r**

**remand** [rɪ'mɑ:nd] *n*: **on ~** en détention
préventive ▷ *vt*: **to be ~ed in custody** être
placé(e) en détention préventive

**remark** [rɪ'mɑ:k] *n* remarque *f*, observation *f*
▷ *vt* (faire) remarquer, dire; (*notice*)
remarquer; **to ~ on sth** faire une *or* des
remarque(s) sur qch

**remarkable** [rɪ'mɑ:kəbl] *adj* remarquable

**remarkably** [rɪ'mɑ:kəblɪ] *adv*
remarquablement

**remarry** [ri:'mærɪ] *vi* se remarier

**remedial** [rɪ'mi:dɪəl] *adj* (*tuition, classes*) de
rattrapage

**remedy** ['rɛmədɪ] *n*: **~ (for)** remède *m* (contre
*or* à) ▷ *vt* remédier à

**remember** [rɪ'mɛmbəʳ] *vt* se rappeler, se
souvenir de; (*send greetings*): **~ me to him**
saluez-le de ma part; **I ~ seeing it, I ~ having
seen it** je me rappelle l'avoir vu *or* que je l'ai
vu; **she ~ed to do it** elle a pensé à le faire; **~
me to your wife** rappelez-moi au bon
souvenir de votre femme

**remembrance** [rɪ'mɛmbrəns] *n* souvenir *m*;
mémoire *f*

**Remembrance Day** *n* (*Brit*) ≈ (le jour de)
l'Armistice *m*, ≈ le 11 novembre; *voir article*

- ● **REMEMBRANCE DAY**
- ●
- ● *Remembrance Day* ou *Remembrance Sunday* est
- ● le dimanche le plus proche du 11
- ● novembre, jour où la Première Guerre
- ● mondiale a officiellement pris fin. Il rend
- ● hommage aux victimes des deux guerres
- ● mondiales. À cette occasion, on observe
- ● deux minutes de silence à 11h, heure de
- ● signature de l'armistice avec l'Allemagne
- ● en 1918; certaines membres de la famille
- ● royale et du gouvernement déposent des
- ● gerbes de coquelicots au cénotaphe de
- ● Whitehall, et des couronnes sont placées
- ● sur les monuments aux morts dans toute
- ● la Grande-Bretagne; par ailleurs, les gens
- ● portent des coquelicots artificiels
- ● fabriqués et vendus par des membres de
- ● la légion britannique blessés au combat,
- ● au profit des blessés de guerre et de leur
- ● famille.

**remind** [rɪ'maɪnd] *vt*: **to ~ sb of sth** rappeler
qch à qn; **to ~ sb to do** faire penser à qn à
faire, rappeler à qn qu'il doit faire; **that ~s
me!** j'y pense!

**reminder** [rɪ'maɪndəʳ] *n* (*Comm: letter*)
rappel *m*; (*note etc*) pense-bête *m*; (*souvenir*)
souvenir *m*

**reminisce** [rɛmɪ'nɪs] *vi*: **to ~ (about)** évoquer
ses souvenirs (de)

**reminiscent** [rɛmɪ'nɪsnt] *adj*: **~ of** qui
rappelle, qui fait penser à

**remiss** [rɪ'mɪs] *adj* négligent(e); **it was ~ of
me** c'était une négligence de ma part

**remission** [rɪ'mɪʃən] *n* rémission *f*; (*of debt,
sentence*) remise *f*; (*of fee*) exemption *f*

**remit** [rɪ'mɪt] *vt* (*send: money*) envoyer

**remittance** [rɪ'mɪtns] *n* envoi *m*,
paiement *m*

**remnant** ['rɛmnənt] *n* reste *m*, restant *m*;
(*of cloth*) coupon *m*; **remnants** *npl* (*Comm*) fins
*fpl* de série

**remorse** [rɪ'mɔ:s] *n* remords *m*

**remorseful** [rɪ'mɔ:sful] *adj* plein(e) de
remords

**remorseless** [rɪ'mɔ:slɪs] *adj* (*fig*) impitoyable

**remote** [rɪ'məut] *adj* éloigné(e), lointain(e);
(*person*) distant(e); (*possibility*) vague; **there is
a ~ possibility that ...** il est tout juste
possible que ...

**remote control** *n* télécommande *f*

**remotely** [rɪ'məutlɪ] *adv* au loin; (*slightly*)
très vaguement

**remould** ['ri:məuld] *n* (*Brit: tyre*) pneu *m*
rechapé

**removable** [rɪ'mu:vəbl] *adj* (*detachable*)
amovible

**removal** [rɪ'mu:vəl] *n* (*taking away*)
enlèvement *m*; suppression *f*; (*Brit: from
house*) déménagement *m*; (*from office: dismissal*)
renvoi *m*; (*of stain*) nettoyage *m*; (*Med*)
ablation *f*

**removal man** *irreg n* (*Brit*) déménageur *m*

**removal van** *n* (*Brit*) camion *m* de
déménagement

**remove** [rɪ'mu:v] *vt* enlever, retirer;
(*employee*) renvoyer; (*stain*) faire partir; (*abuse*)
supprimer; (*doubt*) chasser; **first cousin
once ~d** cousin(e) au deuxième degré

**Renaissance** [rɪ'neɪsãns] *n*: **the ~** la
Renaissance

**rename** [ri:'neɪm] *vt* rebaptiser

**render** ['rɛndəʳ] *vt* rendre; (*Culin: fat*) clarifier

**rendering** ['rɛndərɪŋ] *n* (*Mus etc*)
interprétation *f*

**rendezvous** ['rɔndɪvu:] *n* rendez-vous *m inv*
▷ *vi* opérer une jonction, se rejoindre; **to ~
with sb** rejoindre qn

**renew** [rɪ'nju:] *vt* renouveler; (*negotiations*)
reprendre; (*acquaintance*) renouer

**renewable** [rɪ'nju:əbl] *adj* (*energy*)
renouvelable; **~s** énergies renouvelables

**renewal** [rɪ'nju:əl] *n* renouvellement *m*;
reprise *f*

**renounce** [rɪ'nauns] *vt* renoncer à; (*disown*)
renier

**renovate** ['rɛnəveɪt] *vt* rénover; (*work of art*)
restaurer

**renown** [rɪ'naun] *n* renommée *f*

**renowned** [rɪ'naund] *adj* renommé(e)

**rent** [rɛnt] *pt, pp of* **rend** ▷ *n* loyer *m* ▷ *vt*
louer; (*car, TV*) louer, prendre en location;
(*also: ~ out*: *car, TV*) louer, donner en location

**rental** ['rɛntl] *n* (*for television, car*) (prix *m* de)
location *f*

**reorganize** [ri:'ɔ:gənaɪz] *vt* réorganiser

**rep** [rɛp] *n abbr* (Comm) = **representative**; (Theat) = **repertory**

**repair** [rɪ'pɛəʳ] *n* réparation *f* ▷ *vt* réparer; **in good/bad ~** en bon/mauvais état; **under ~** en réparation; **where can I get this ~ed?** où est-ce que je peux faire réparer ceci?

**repair kit** *n* trousse *f* de réparations

**repatriate** [ri:'pætrɪeɪt] *vt* rapatrier

**repay** [ri:'peɪ] *vt* (*irreg like*: **pay**) (*money, creditor*) rembourser; (*sb's efforts*) récompenser

**repayment** [ri:'peɪmənt] *n* remboursement *m*; récompense *f*

**repeal** [rɪ'pi:l] *n* (*of law*) abrogation *f*; (*of sentence*) annulation *f* ▷ *vt* abroger; annuler

**repeat** [rɪ'pi:t] *n* (Radio, TV) reprise *f* ▷ *vt* répéter; (*pattern*) reproduire; (*promise, attack, also Comm*: *order*) renouveler; (Scol: *a class*) redoubler ▷ *vi* répéter; **can you ~ that, please?** pouvez-vous répéter, s'il vous plaît?

**repeatedly** [rɪ'pi:tɪdlɪ] *adv* souvent, à plusieurs reprises

**repeat prescription** *n* (Brit): **I'd like a ~** je voudrais renouveler mon ordonnance

**repel** [rɪ'pɛl] *vt* repousser

**repellent** [rɪ'pɛlənt] *adj* repoussant(e) ▷ *n*: **insect ~** insectifuge *m*; **moth ~** produit *m* antimite(s)

**repent** [rɪ'pɛnt] *vi*: **to ~ (of)** se repentir (de)

**repentance** [rɪ'pɛntəns] *n* repentir *m*

**repercussions** [ri:pə'kʌʃənz] *npl* répercussions *fpl*

**repertory** ['rɛpətərɪ] *n* (*also*: **~ theatre**) théâtre *m* de répertoire

**repetition** [rɛpɪ'tɪʃən] *n* répétition *f*

**repetitive** [rɪ'pɛtɪtɪv] *adj* (*movement, work*) répétitif(-ive); (*speech*) plein(e) de redites

**replace** [rɪ'pleɪs] *vt* (*put back*) remettre, replacer; (*take the place of*) remplacer; (Tel): **"~ the receiver"** "raccrochez"

**replacement** [rɪ'pleɪsmənt] *n* replacement *m*; (*substitution*) remplacement *m*; (*person*) remplaçant(e)

**replay** ['ri:pleɪ] *n* (*of match*) match rejoué, (*of tape, film*) répétition *f*

**replenish** [rɪ'plɛnɪʃ] *vt* (*glass*) remplir (de nouveau); (*stock etc*) réapprovisionner

**replica** ['rɛplɪkə] *n* réplique *f*, copie exacte

**reply** [rɪ'plaɪ] *n* réponse *f* ▷ *vi* répondre; **in ~ (to)** en réponse (à); **there's no ~** (Tel) ça ne répond pas

**report** [rɪ'pɔ:t] *n* rapport *m*; (*Press etc*) reportage *m*; (Brit: *also*: **school ~**) bulletin *m* (scolaire); (*of gun*) détonation *f* ▷ *vt* rapporter, faire un compte rendu de; (*Press etc*) faire un reportage sur; (*notify: accident*) signaler; (: *culprit*) dénoncer ▷ *vi* (*make a report*) faire un rapport; (*for newspaper*) faire un reportage (sur); (*present o.s.*): **to ~ (to sb)** se présenter (chez qn); **it is ~ed that** on dit ou annonce que; **it is ~ed from Berlin that** on nous apprend de Berlin que

**report card** *n* (US, Scottish) bulletin *m* (scolaire)

**reportedly** [rɪ'pɔ:tɪdlɪ] *adv*: **she is ~ living in Spain** elle habiterait en Espagne; **he ~ told them to ...** il leur aurait dit de ...

**reporter** [rɪ'pɔ:təʳ] *n* reporter *m*

**repose** [rɪ'pəuz] *n*: **in ~** en ou au repos

**represent** [rɛprɪ'zɛnt] *vt* représenter; (*view, belief*) présenter, expliquer; (*describe*): **to ~ sth as** présenter *or* décrire qch comme; **to ~ to sb that** expliquer à qn que

**representation** [rɛprɪzɛn'teɪʃən] *n* représentation *f*; **representations** *npl* (*protest*) démarche *f*

**representative** [rɛprɪ'zɛntətɪv] *n* représentant(e); (Comm) représentant(e) (de commerce); (US Pol) député *m* ▷ *adj* représentatif(-ive), caractéristique

**repress** [rɪ'prɛs] *vt* réprimer

**repression** [rɪ'prɛʃən] *n* répression *f*

**reprieve** [rɪ'pri:v] *n* (Law) grâce *f*, (*fig*) sursis *m*, délai *m* ▷ *vt* gracier; accorder un sursis *or* un délai à

**reprimand** ['rɛprɪmɑ:nd] *n* réprimande *f* ▷ *vt* réprimander

**reprisal** [rɪ'praɪzl] *n* représailles *fpl*; **to take ~s** user de représailles

**reproach** [rɪ'prəutʃ] *n* reproche *m* ▷ *vt*: **to ~ sb with sth** reprocher qch à qn; **beyond ~** irréprochable

**reproachful** [rɪ'prəutʃful] *adj* de reproche

**reproduce** [ri:prə'dju:s] *vt* reproduire ▷ *vi* se reproduire

**reproduction** [ri:prə'dʌkʃən] *n* reproduction *f*

**reproof** [rɪ'pru:f] *n* reproche *m*

**reptile** ['rɛptaɪl] *n* reptile *m*

**republic** [rɪ'pʌblɪk] *n* république *f*

**republican** [rɪ'pʌblɪkən] *adj*, *n* républicain(e)

**repudiate** [rɪ'pju:dɪeɪt] *vt* (*ally, behaviour*) désavouer; (*accusation*) rejeter; (*wife*) répudier

**repulsive** [rɪ'pʌlsɪv] *adj* repoussant(e), répulsif(-ive)

**reputable** ['rɛpjutəbl] *adj* de bonne réputation; (*occupation*) honorable

**reputation** [rɛpju'teɪʃən] *n* réputation *f*; **to have a ~ for** être réputé(e) pour; **he has a ~ for being awkward** il a la réputation de ne pas être commode

**reputed** [rɪ'pju:tɪd] *adj* réputé(e); **he is ~ to be rich/intelligent** *etc* on dit qu'il est riche/intelligent *etc*

**reputedly** [rɪ'pju:tɪdlɪ] *adv* d'après ce qu'on dit

**request** [rɪ'kwɛst] *n* demande *f*; (*formal*) requête *f* ▷ *vt*: **to ~ (of** *or* **from sb)** demander (à qn); **at the ~ of** à la demande de

**request stop** *n* (Brit: *for bus*) arrêt facultatif

**require** [rɪ'kwaɪəʳ] *vt* (*need: subj: person*) avoir besoin de; (: *thing, situation*) nécessiter, demander; (*want*) exiger; (*order*): **to ~ sb to do sth/sth of sb** exiger que qn fasse qch/qch

r

de qn; **if ~d** s'il le faut; **what qualifications
are ~d?** quelles sont les qualifications
requises?; **~d by law** requis par la loi

**requirement** [rɪˈkwaɪəmənt] *n* (*need*)
exigence *f*; besoin *m*; (*condition*) condition *f*
(*requise*)

**requisition** [rɛkwɪˈzɪʃən] *n*: ~ **(for)** demande *f*
(*de*) ▷ *vt* (*Mil*) réquisitionner

**resat** [riːˈsæt] *pt, pp of* **resit**

**rescue** [ˈrɛskjuː] *n* (*from accident*) sauvetage *m*;
(*help*) secours *mpl* ▷ *vt* sauver; **to come to
sb's ~** venir au secours de qn

**rescue party** *n* équipe *f* de sauvetage

**rescuer** [ˈrɛskjuəˀ] *n* sauveteur *m*

**research** [rɪˈsəːtʃ] *n* recherche(s) *f(pl)* ▷ *vt*
faire des recherches sur ▷ *vi*: **to ~ (into sth)**
faire des recherches (sur qch); **a piece of ~** un
travail de recherche; **~ and development
(R & D)** recherche-développement (R-D)

**resemblance** [rɪˈzɛmbləns] *n* ressemblance *f*;
**to bear a strong ~ to** ressembler beaucoup à

**resemble** [rɪˈzɛmbl] *vt* ressembler à

**resent** [rɪˈzɛnt] *vt* éprouver du ressentiment
de, être contrarié(e) par

**resentful** [rɪˈzɛntful] *adj* irrité(e), plein(e) de
ressentiment

**resentment** [rɪˈzɛntmənt] *n* ressentiment *m*

**reservation** [rɛzəˈveɪʃən] *n* (*booking*)
réservation *f*; (*doubt, protected area*) réserve *f*;
(*Brit Aut: also:* **central ~**) bande médiane; **to
make a ~ (in an hotel/a restaurant/on a
plane)** réserver *or* retenir une chambre/une
table/une place; **with ~s** (*doubts*) avec
certaines réserves

**reservation desk** *n* (*US: in hotel*) réception *f*

**reserve** [rɪˈzəːv] *n* réserve *f*; (*Sport*)
remplaçant(e) ▷ *vt* (*seats etc*) réserver, retenir;
**reserves** *npl* (*Mil*) réservistes *mpl*; **in ~** en
réserve

**reserved** [rɪˈzəːvd] *adj* réservé(e)

**reservoir** [ˈrɛzəvwaːˀ] *n* réservoir *m*

**reshuffle** [ˈriːˌʃʌfl] *n*: **Cabinet ~** (*Pol*)
remaniement ministériel

**residence** [ˈrɛzɪdəns] *n* résidence *f*; **to take
up ~** s'installer; **in ~** (*queen etc*) en résidence;
(*doctor*) résidant(e)

**residence permit** *n* (*Brit*) permis *m* de séjour

**resident** [ˈrɛzɪdənt] *n* (*of country*) résident(e);
(*of area, house*) habitant(e); (*in hotel*)
pensionnaire ▷ *adj* résidant(e)

**residential** [rɛzɪˈdɛnʃəl] *adj* de résidence;
(*area*) résidentiel(le); (*course*) avec
hébergement sur place

**residential school** *n* internat *m*

**residue** [ˈrɛzɪdjuː] *n* reste *m*; (*Chem, Physics*)
résidu *m*

**resign** [rɪˈzaɪn] *vt* (*one's post*) se démettre de
▷ *vi* démissionner; **to ~ o.s. to** (*endure*) se
résigner à

**resignation** [rɛzɪɡˈneɪʃən] *n* (*from post*)
démission *f*; (*state of mind*) résignation *f*;
**to tender one's ~** donner sa démission

**resigned** [rɪˈzaɪnd] *adj* résigné(e)

**resilient** [rɪˈzɪliənt] *adj* (*person*) qui réagit, qui
a du ressort

**resin** [ˈrɛzɪn] *n* résine *f*

**resist** [rɪˈzɪst] *vt* résister à

**resistance** [rɪˈzɪstəns] *n* résistance *f*

**resit** *vt* [riːˈsɪt] (*Brit pt, pp* **resat**) (*exam*) repasser
▷ *n* [ˈriːsɪt] deuxième session *f* (*d'un examen*)

**resolution** [rɛzəˈluːʃən] *n* résolution *f*;
**to make a ~** prendre une résolution

**resolve** [rɪˈzɔlv] *n* résolution *f* ▷ *vt* (*decide*):
**to ~ to do** résoudre *or* décider de faire;
(*problem*) résoudre

**resort** [rɪˈzɔːt] *n* (*seaside town*) station *f*
balnéaire; (*for skiing*) station de ski; (*recourse*)
recours *m* ▷ *vi*: **to ~ to** avoir recours à; **in the
last ~** en dernier ressort

**resounding** [rɪˈzaundɪŋ] *adj* retentissant(e)

**resource** [rɪˈsɔːs] *n* ressource *f*; **resources** *npl*
ressources; **natural ~s** ressources naturelles;
**to leave sb to his** (*or* **her**) **own ~s** (*fig*) livrer
qn à lui-même (*or* elle-même)

**resourceful** [rɪˈsɔːsful] *adj* ingénieux(-euse),
débrouillard(e)

**respect** [rɪsˈpɛkt] *n* respect *m*; (*point, detail*):
**in some ~s** à certains égards ▷ *vt* respecter;
**respects** *npl* respects, hommages *mpl*; **to
have** *or* **show ~ for sb/sth** respecter qn/qch;
**out of ~ for** par respect pour; **with ~ to** en ce
qui concerne; **in ~ of** sous le rapport de,
quant à; **in this ~** sous ce rapport, à cet égard;
**with due ~ I ...** malgré le respect que je vous
dois, je ...

**respectable** [rɪsˈpɛktəbl] *adj* respectable;
(*quite good: result etc*) honorable; (*player*) assez
bon/bonne

**respectful** [rɪsˈpɛktful] *adj*
respectueux(-euse)

**respective** [rɪsˈpɛktɪv] *adj* respectif(-ive)

**respectively** [rɪsˈpɛktɪvlɪ] *adv*
respectivement

**respite** [ˈrɛspaɪt] *n* répit *m*

**respond** [rɪsˈpɔnd] *vi* répondre; (*react*) réagir

**response** [rɪsˈpɔns] *n* réponse *f*; (*reaction*)
réaction *f*; **in ~ to** en réponse à

**responsibility** [rɪspɔnsɪˈbɪlɪtɪ] *n*
responsabilité *f*; **to take ~ for sth/sb**
accepter la responsabilité de qch/d'être
responsable de qn

**responsible** [rɪsˈpɔnsɪbl] *adj* (*liable*): **~ (for)**
responsable (de); (*person*) digne de confiance;
(*job*) qui comporte des responsabilités; **to be
~ to sb (for sth)** être responsable devant qn
(de qch)

**responsibly** [rɪsˈpɔnsɪblɪ] *adv* avec sérieux

**responsive** [rɪsˈpɔnsɪv] *adj* (*student, audience*)
réceptif(-ive); (*brakes, steering*) sensible

**rest** [rɛst] *n* repos *m*; (*stop*) arrêt *m*, pause *f*;
(*Mus*) silence *m*; (*support*) support *m*, appui *m*;
(*remainder*) reste *m*, restant *m* ▷ *vi* se reposer;
(*be supported*): **to ~ on** appuyer *or* reposer sur;
(*remain*) rester ▷ *vt* (*lean*): **to ~ sth on/against**

appuyer qch sur/contre; **the ~ of them** les autres; **to set sb's mind at ~** tranquilliser qn; **it ~s with him to** c'est à lui de; **~ assured that ...** soyez assuré que ...

**restaurant** ['rɛstərɔŋ] n restaurant m

**restaurant car** n (Brit Rail) wagon-restaurant m

**restful** ['rɛstful] adj reposant(e)

**restive** ['rɛstɪv] adj agité(e), impatient(e); (horse) rétif(-ive)

**restless** ['rɛstlɪs] adj agité(e); **to get ~** s'impatienter

**restoration** [rɛstə'reɪʃən] n (of building) restauration f; (of stolen goods) restitution f

**restore** [rɪ'stɔːʳ] vt (building) restaurer; (sth stolen) restituer; (peace, health) rétablir; **to ~ to** (former state) ramener à

**restrain** [rɪs'treɪn] vt (feeling) contenir; (person): **to ~ (from doing)** retenir (de faire)

**restrained** [rɪs'treɪnd] adj (style) sobre; (manner) mesuré(e)

**restraint** [rɪs'treɪnt] n (restriction) contrainte f; (moderation) retenue f; (of style) sobriété f; **wage ~** limitations salariales

**restrict** [rɪs'trɪkt] vt restreindre, limiter

**restriction** [rɪs'trɪkʃən] n restriction f, limitation f

**rest room** n (US) toilettes fpl

**restructure** [riː'strʌktʃəʳ] vt restructurer

**result** [rɪ'zʌlt] n résultat m ▷ vi: **to ~ (from)** résulter (de); **to ~ in** aboutir à, se terminer par; **as a ~ it is too expensive** il en résulte que c'est trop cher; **as a ~ of** à la suite de

**resume** [rɪ'zjuːm] vt (work, journey) reprendre; (sum up) résumer ▷ vi (work etc) reprendre

**résumé** ['reɪzjuːmeɪ] n (summary) résumé m; (US: curriculum vitae) curriculum vitae m inv

**resumption** [rɪ'zʌmpʃən] n reprise f

**resurgence** [rɪ'sɜːdʒəns] n réapparition f

**resurrection** [rɛzə'rɛkʃən] n résurrection f

**resuscitate** [rɪ'sʌsɪteɪt] vt (Med) réanimer

**retail** ['riːteɪl] n (vente f au) détail m ▷ adj de or au détail ▷ adv au détail ▷ vt vendre au détail ▷ vi: **to ~ at 10 euros** se vendre au détail à 10 euros

**retailer** ['riːteɪləʳ] n détaillant(e)

**retail price** n prix m de détail

**retain** [rɪ'teɪn] vt (keep) garder, conserver; (employ) engager

**retainer** [rɪ'teɪnəʳ] n (servant) serviteur m; (fee) acompte m, provision f

**retaliate** [rɪ'tælɪeɪt] vi: **to ~ (against)** se venger (de); **to ~ (on sb)** rendre la pareille (à qn)

**retaliation** [rɪtælɪ'eɪʃən] n représailles fpl, vengeance f; **in ~ for** en représailles pour

**retarded** [rɪ'tɑːdɪd] adj retardé(e)

**retch** [rɛtʃ] vi avoir des haut-le-cœur

**retentive** [rɪ'tɛntɪv] adj: **~ memory** excellente mémoire

**retina** ['rɛtɪnə] n rétine f

**retire** [rɪ'taɪəʳ] vi (give up work) prendre sa retraite; (withdraw) se retirer, partir; (go to

bed) (aller) se coucher

**retired** [rɪ'taɪəd] adj (person) retraité(e)

**retirement** [rɪ'taɪəmənt] n retraite f

**retiring** [rɪ'taɪərɪŋ] adj (person) réservé(e); (chairman etc) sortant(e)

**retort** [rɪ'tɔːt] n (reply) riposte f; (container) cornue f ▷ vi riposter

**retrace** [riː'treɪs] vt reconstituer; **to ~ one's steps** revenir sur ses pas

**retract** [rɪ'trækt] vt (statement, claws) rétracter; (undercarriage, aerial) rentrer, escamoter ▷ vi se rétracter; rentrer

**retrain** [riː'treɪn] vt recycler ▷ vi se recycler

**retread** vt [riː'trɛd] (Aut: tyre) rechaper ▷ n ['riːtrɛd] pneu rechapé

**retreat** [rɪ'triːt] n retraite f ▷ vi battre en retraite; (flood) reculer; **to beat a hasty ~** (fig) partir avec précipitation

**retribution** [rɛtrɪ'bjuːʃən] n châtiment m

**retrieval** [rɪ'triːvəl] n récupération f, réparation f; recherche f et extraction f

**retrieve** [rɪ'triːv] vt (sth lost) récupérer; (situation, honour) sauver; (error, loss) réparer; (Comput) rechercher

**retriever** [rɪ'triːvəʳ] n chien m d'arrêt

**retrospect** ['rɛtrəspɛkt] n: **in ~** rétrospectivement, après coup

**retrospective** [rɛtrə'spɛktɪv] adj rétrospectif(-ive); (law) rétroactif(-ive) ▷ n (Art) rétrospective f

**return** [rɪ'tɜːn] n (going or coming back) retour m; (of sth stolen etc) restitution f; (recompense) récompense f; (Finance: from land, shares) rapport m; (report) relevé m, rapport ▷ cpd (journey) de retour; (Brit: ticket) aller et retour; (match) retour ▷ vi (person etc: come back) revenir; (: go back) retourner ▷ vt rendre; (bring back) rapporter; (send back) renvoyer; (put back) remettre; (Pol: candidate) élire; **returns** npl (Comm) recettes fpl; (Finance) bénéfices mpl; (: returned goods) marchandises renvoyées; **many happy ~s (of the day)!** bon anniversaire!; **by ~ (of post)** par retour (du courrier); **in ~ (for)** en échange (de); **a ~ (ticket) for ...** un billet aller et retour pour ...

**return ticket** n (esp Brit) billet m aller-retour

**reunion** [riː'juːnɪən] n réunion f

**reunite** [riːju'naɪt] vt réunir

**reuse** [riː'juːz] vt réutiliser

**rev** [rɛv] n abbr (= revolution) (Aut) tour m ▷ vt (also: ~ up) emballer ▷ vi (also: ~ up) s'emballer

**revamp** [riː'væmp] vt (house) retaper; (firm) réorganiser

**reveal** [rɪ'viːl] vt (make known) révéler; (display) laisser voir

**revealing** [rɪ'viːlɪŋ] adj révélateur(-trice); (dress) au décolleté généreux or suggestif

**revel** ['rɛvl] vi: **to ~ in sth/in doing** se délecter de qch/à faire

**revelation** [rɛvə'leɪʃən] n révélation f

**r**

**revenge** [rɪ'vendʒ] n vengeance f; (in game etc) revanche f ▷ vt venger; **to take ~ (on)** se venger (sur)

**revenue** ['revənju:] n revenu m

**reverberate** [rɪ'və:bəreɪt] vi (sound) retentir, se répercuter; (light) se réverbérer

**reverence** ['revərəns] n vénération f, révérence f

**Reverend** ['revərənd] adj vénérable; (in titles): **the ~ John Smith** (Anglican) le révérend John Smith; (Catholic) l'abbé (John) Smith; (Protestant) le pasteur (John) Smith

**reversal** [rɪ'və:sl] n (of opinion) revirement m; (of order) renversement m; (of direction) changement m

**reverse** [rɪ'və:s] n contraire m, opposé m; (back) dos m, envers m; (of paper) verso m; (of coin) revers m; (Aut: also: **~ gear**) marche f arrière ▷ adj (order, direction) opposé(e), inverse ▷ vt (order, position) changer, inverser; (direction, policy) changer complètement de; (decision) annuler; (roles) renverser; (car) faire marche arrière avec; (Law: judgment) réformer ▷ vi (Brit Aut) faire marche arrière; **to go into ~** faire marche arrière; **in ~ order** en ordre inverse

**reversing lights** [rɪ'və:sɪŋ-] npl (Brit Aut) feux mpl de marche arrière or de recul

**revert** [rɪ'və:t] vi: **to ~ to** revenir à, retourner à

**review** [rɪ'vju:] n revue f; (of book, film) critique f; (of situation, policy) examen m, bilan m; (US: examination) examen ▷ vt passer en revue; faire la critique de; examiner; **to come under ~** être révisé(e)

**reviewer** [rɪ'vju:ə'] n critique m

**revise** [rɪ'vaɪz] vt réviser, modifier; (manuscript) revoir, corriger ▷ vi (study) réviser; **~d edition** édition revue et corrigée

**revision** [rɪ'vɪʒən] n révision f; (revised version) version corrigée

**revival** [rɪ'vaɪvəl] n reprise f; (recovery) rétablissement m; (of faith) renouveau m

**revive** [rɪ'vaɪv] vt (person) ranimer; (custom) rétablir; (economy) relancer; (hope, courage) raviver, faire renaître; (play, fashion) reprendre ▷ vi (person) reprendre connaissance; (: from ill health) se rétablir; (hope etc) renaître; (activity) reprendre

**revoke** [rɪ'vəuk] vt révoquer; (promise, decision) revenir sur

**revolt** [rɪ'vəult] n révolte f ▷ vi se révolter, se rebeller ▷ vt révolter, dégoûter

**revolting** [rɪ'vəultɪŋ] adj dégoûtant(e)

**revolution** [revə'lu:ʃən] n révolution f; (of wheel etc) tour m, révolution

**revolutionary** [revə'lu:ʃənrɪ] adj, n révolutionnaire (m/f)

**revolve** [rɪ'vɔlv] vi tourner

**revolver** [rɪ'vɔlvə'] n revolver m

**revolving** [rɪ'vɔlvɪŋ] adj (chair) pivotant(e); (light) tournant(e)

**revolving door** n (porte f à) tambour m

**revulsion** [rɪ'vʌlʃən] n dégoût m, répugnance f

**reward** [rɪ'wɔ:d] n récompense f ▷ vt: **to ~ (for)** récompenser (de)

**rewarding** [rɪ'wɔ:dɪŋ] adj (fig) qui (en) vaut la peine, gratifiant(e); **financially ~** financièrement intéressant(e)

**rewind** [ri:'waɪnd] vt (irreg like: **wind**) (watch) remonter; (tape) réembobiner

**rewire** [ri:'waɪə'] vt (house) refaire l'installation électrique de

**rewritable** [ri:'raɪtəbl] adj (CD, DVD) réinscriptible

**rewrite** [ri:'raɪt] (pt **rewrote**, pp **rewritten**) vt récrire

**rheumatism** ['ru:mətɪzəm] n rhumatisme m

**Rhine** [raɪn] n: **the (River) ~** le Rhin

**rhinoceros** [raɪ'nɔsərəs] n rhinocéros m

**rhubarb** ['ru:ba:b] n rhubarbe f

**rhyme** [raɪm] n rime f; (verse) vers mpl ▷ vi: **to ~ (with)** rimer (avec); **without ~ or reason** sans rime ni raison

**rhythm** ['rɪðm] n rythme m

**rib** [rɪb] n (Anat) côte f ▷ vt (mock) taquiner

**ribbon** ['rɪbən] n ruban m; **in ~s** (torn) en lambeaux

**rice** [raɪs] n riz m

**rice pudding** n riz m au lait

**rich** [rɪtʃ] adj riche; (gift, clothes) somptueux(-euse); **the ~** npl les riches mpl; **riches** npl richesses fpl; **to be ~ in sth** être riche en qch

**richly** ['rɪtʃlɪ] adv richement; (deserved, earned) largement, grandement

**rickets** ['rɪkɪts] n rachitisme m

**rid** [rɪd] (pt, pp **rid**) vt: **to ~ sb of** débarrasser qn de; **to get ~ of** se débarrasser de

**riddle** ['rɪdl] n (puzzle) énigme f ▷ vt: **to be ~d with** être criblé(e) de; (fig) être en proie à

**ride** [raɪd] (pt **rode**, pp **ridden**) [rəud, 'rɪdn] n promenade f, tour m; (distance covered) trajet m ▷ vi (as sport) monter (à cheval), faire du cheval; (go somewhere: on horse, bicycle) aller (à cheval or bicyclette etc); (travel: on bicycle, motor cycle, bus) rouler ▷ vt (a horse) monter; (distance) parcourir, faire; **we rode all day/all the way** nous sommes restés toute la journée en selle/avons fait tout le chemin en selle or à cheval; **to ~ a horse/bicycle** monter à cheval/à bicyclette; **can you ~ a bike?** est-ce que tu sais monter à bicyclette?; **to ~ at anchor** (Naut) être à l'ancre; **horse/car ~** promenade or tour à cheval/en voiture; **to go for a ~** faire une promenade (en voiture or à bicyclette etc); **to take sb for a ~** (fig) faire marcher qn; (cheat) rouler qn; **ride out** vt: **to ~ out the storm** (fig) surmonter les difficultés

**rider** ['raɪdə'] n cavalier(-ière); (in race) jockey m; (on bicycle) cycliste m/f; (on *motorcycle*) motocycliste *m/f*; (*in document*) annexe *f*, clause additionnelle

**ridge** [rɪdʒ] *n* (*of hill*) faîte *m*; (*of roof, mountain*) arête *f*; (*on object*) strie *f*

**ridicule** ['rɪdɪkjuːl] *n* ridicule *m*; dérision *f* ▷ *vt* ridiculiser, tourner en dérision; **to hold sb/sth up to ~** tourner qn/qch en ridicule

**ridiculous** [rɪ'dɪkjuləs] *adj* ridicule

**riding** ['raɪdɪŋ] *n* équitation *f*

**riding school** *n* manège *m*, école *f* d'équitation

**rife** [raɪf] *adj* répandu(e); **~ with** abondant(e) en

**riffraff** ['rɪfræf] *n* racaille *f*

**rifle** ['raɪfl] *n* fusil *m* (à canon rayé) ▷ *vt* vider, dévaliser; **rifle through** *vt fus* fouiller dans

**rifle range** *n* champ *m* de tir; (*indoor*) stand *m* de tir

**rift** [rɪft] *n* fente *f*, fissure *f*; (*fig: disagreement*) désaccord *m*

**rig** [rɪg] *n* (*also*: **oil ~**: *on land*) derrick *m*; (: *at sea*) plate-forme pétrolière ▷ *vt* (*election etc*) truquer; **rig out** *vt* (*Brit*) habiller; (: *pej*) fringuer, attifer; **rig up** *vt* arranger, faire avec des moyens de fortune

**rigging** ['rɪgɪŋ] *n* (*Naut*) gréement *m*

**right** [raɪt] *adj* (*true*) juste, exact(e); (*correct*) bon/bonne; (*suitable*) approprié(e), convenable; (*just*) juste, équitable; (*morally good*) bien *inv*; (*not left*) droit(e) ▷ *n* (*moral good*) bien *m*; (*title, claim*) droit *m*; (*not left*) droite *f* ▷ *adv* (*answer*) correctement; (*treat*) bien, comme il faut; (*not on the left*) à droite ▷ *vt* redresser ▷ *excl* bon!; **rights** *npl* (*Comm*) droits *mpl*; **the ~ time** (*precise*) l'heure exacte; (*not wrong*) la bonne heure; **do you have the ~ time?** avez-vous l'heure juste or exacte?; **to be ~** (*person*) avoir raison; (*answer*) être juste or correct(e); **to get sth ~** ne pas se tromper sur qch; **let's get it ~ this time!** essayons de ne pas nous tromper cette fois-ci!; **you did the ~ thing** vous avez bien fait; **to put a mistake ~** (*Brit*) rectifier une erreur; **by ~s** en toute justice; **on the ~** à droite; **~ and wrong** le bien et le mal; **to be in the ~** avoir raison; **film ~s** droits d'adaptation cinématographique; **~ now** en ce moment même; (*immediately*) tout de suite; **~ before/after** juste avant/après; **~ against the wall** tout contre le mur; **~ ahead** tout droit; droit devant; **~ in the middle** en plein milieu; **~ away** immédiatement; **to go ~ to the end of sth** aller jusqu'au bout de qch

**right angle** *n* (*Math*) angle droit

**righteous** ['raɪtʃəs] *adj* droit(e), vertueux(-euse); (*anger*) justifié(e)

**rightful** ['raɪtful] *adj* (*heir*) légitime

**right-hand** ['raɪthænd] *adj*: **the ~ side** la droite

**right-hand drive** *n* (*Brit*) conduite *f* à droite; (*vehicle*) véhicule *m* avec la conduite à droite

**right-handed** [raɪt'hændɪd] *adj* (*person*) droitier(-ière)

**right-hand man** ['raɪthænd-] *irreg n* bras droit (*fig*)

**rightly** ['raɪtlɪ] *adv* bien, correctement; (*with reason*) à juste titre; **if I remember ~** (*Brit*) si je me souviens bien

**right of way** *n* (*on path etc*) droit *m* de passage; (*Aut*) priorité *f*

**right wing** *n* (*Mil*, *Sport*) aile droite; (*Pol*) droite *f*

**right-wing** [raɪt'wɪŋ] *adj* (*Pol*) de droite

**rigid** ['rɪdʒɪd] *adj* rigide; (*principle, control*) strict(e)

**rigmarole** ['rɪgmərəul] *n* galimatias *m*, comédie *f*

**rigorous** ['rɪgərəs] *adj* rigoureux(-euse)

**rile** [raɪl] *vt* agacer

**rim** [rɪm] *n* bord *m*; (*of spectacles*) monture *f*; (*of wheel*) jante *f*

**rind** [raɪnd] *n* (*of bacon*) couenne *f*; (*of lemon etc*) écorce *f*, zeste *m*; (*of cheese*) croûte *f*

**ring** [rɪŋ] (*pt* **rang**, *pp* **rung**) [ræŋ, rʌŋ] *n* anneau *m*; (*on finger*) bague *f*; (*also*: **wedding ~**) alliance *f*; (*for napkin*) rond *m*; (*of people, objects*) cercle *m*; (*of spies*) réseau *m*; (*of smoke etc*) rond *m*; (*arena*) piste *f*, arène *f*; (*for boxing*) ring *m*; (*sound of bell*) sonnerie *f*; (*telephone call*) coup *m* de téléphone ▷ *vi* (*telephone, bell*) sonner; (*person: by telephone*) téléphoner; (*ears*) bourdonner; (*also*: **~ out**: *voice, words*) retentir ▷ *vt* (*Brit Tel*: *also*: **~ up**) téléphoner à, appeler; **to ~ the bell** sonner; **to give sb a ~** (*Tel*) passer un coup de téléphone *or* de fil à qn; **that has the ~ of truth about it** cela sonne vrai; **the name doesn't ~ a bell (with me)** ce nom ne me dit rien; **ring back** *vt, vi* (*Brit Tel*) rappeler; **ring off** *vi* (*Brit Tel*) raccrocher; **ring up** (*Brit*) *vt* (*Tel*) téléphoner à, appeler

**ring binder** *n* classeur *m* à anneaux

**ringing** ['rɪŋɪŋ] *n* (*of bell*) tintement *m*; (*louder: also*: **of telephone**) sonnerie *f*; (*in ears*) bourdonnement *m*

**ringing tone** *n* (*Brit Tel*) tonalité *f* d'appel

**ringleader** ['rɪŋliːdəʳ] *n* (*of gang*) chef *m*, meneur *m*

**ringlets** ['rɪŋlɪts] *npl* anglaises *fpl*

**ring road** *n* (*Brit*) rocade *f*; (*motorway*) périphérique *m*

**ringtone** ['rɪŋtəun] *n* (*on mobile*) sonnerie *f* (*de téléphone portable*)

**rink** [rɪŋk] *n* (*also*: **ice ~**) patinoire *f*; (*for roller-skating*) skating *m*

**rinse** [rɪns] *n* rinçage *m* ▷ *vt* rincer

**riot** ['raɪət] *n* émeute *f*, bagarres *fpl* ▷ *vi* (*demonstrators*) manifester avec violence; (*population*) se soulever, se révolter; **a ~ of colours** une débauche *or* orgie de couleurs; **to run ~** se déchaîner

**riotous** ['raɪətəs] *adj* tapageur(-euse); tordant(e)

**rip** [rɪp] *n* déchirure *f* ▷ *vt* déchirer ▷ *vi* se déchirer; **rip off** *vt* (*inf: cheat*) arnaquer; **rip up** *vt* déchirer

r

**ripcord** ['rɪpkɔːd] n poignée f d'ouverture
**ripe** [raɪp] adj (fruit) mûr(e); (cheese) fait(e)
**ripen** ['raɪpn] vt mûrir ▷ vi mûrir; se faire
**rip-off** ['rɪpɔf] n (inf): **it's a ~!** c'est du vol
manifeste!, c'est de l'arnaque!
**ripple** ['rɪpl] n ride f, ondulation f; (of applause,
laughter) cascade f ▷ vi se rider, onduler ▷ vt
rider, faire onduler
**rise** [raɪz] n (slope) côte f, pente f; (hill)
élévation f; (increase: in wages: Brit)
augmentation f; (: in prices, temperature)
hausse f, augmentation f; (fig: to power etc)
ascension f ▷ vi (pt **rose**, pp **risen**) [rəuz, rɪzn]
s'élever, monter; (prices, numbers) augmenter,
monter; (waters, river) monter; (sun, wind,
person: from chair, bed) se lever; (also: ~ **up**: tower,
building) s'élever; (: rebel) se révolter; se
rebeller; (in rank) s'élever; ~ **to power** montée
f au pouvoir; **to give ~ to** donner lieu à; **to ~
to the occasion** se montrer à la hauteur
**risen** ['rɪzn] pp of **rise**
**rising** ['raɪzɪŋ] adj (increasing: number, prices) en
hausse; (tide) montant(e); (sun, moon)
levant(e) ▷ n (uprising) soulèvement m,
insurrection f
**risk** [rɪsk] n risque m, danger m; (deliberate)
risque ▷ vt risquer; **to take** or **run the ~ of
doing** courir le risque de faire; **at ~** en
danger; **at one's own ~** à ses risques et périls;
**it's a fire/health ~** cela présente un risque
d'incendie/pour la santé; **I'll ~ it** je vais
risquer le coup
**risky** ['rɪskɪ] adj risqué(e)
**rissole** ['rɪsəul] n croquette f
**rite** [raɪt] n rite m; **the last ~s** les derniers
sacrements
**ritual** ['rɪtjuəl] adj rituel(le) ▷ n rituel m
**rival** ['raɪvl] n rival(e); (in business)
concurrent(e) ▷ adj rival(e); qui fait
concurrence ▷ vt (match) égaler; (compete
with) être en concurrence avec; **to ~ sb/sth in**
rivaliser avec qn/qch de
**rivalry** ['raɪvlrɪ] n rivalité f; (in business)
concurrence f
**river** ['rɪvər] n rivière f; (major: also fig) fleuve m
▷ cpd (port, traffic) fluvial(e); **up/down** ~ en
amont/aval
**riverbank** ['rɪvəbæŋk] n rive f, berge f
**riverbed** ['rɪvəbɛd] n lit m (de rivière or de
fleuve)
**rivet** ['rɪvɪt] n rivet m ▷ vt riveter; (fig) river,
fixer
**Riviera** [rɪvɪ'eərə] n: **the (French)** ~ la Côte
d'Azur; **the Italian** ~ la Riviera (italienne)
**road** [rəud] n route f; (in town) rue f; (fig)
chemin, voie f ▷ cpd (accident) de la route;
**main** ~ grande route; **major/minor** ~ route
principale or à priorité/voie secondaire; **it
takes four hours by** ~ il y a quatre heures de
route; **which ~ do I take for …?** quelle route
dois-je prendre pour aller à …?; **"~ up"** (Brit)
"attention travaux"

**road accident** n accident m de la circulation
**roadblock** ['rəudblɔk] n barrage routier
**roadhog** ['rəudhɔg] n chauffard m
**road map** n carte routière
**road rage** n comportement très agressif de certains
usagers de la route
**road safety** n sécurité routière
**roadside** ['rəudsaɪd] n bord m de la route,
bas-côté m ▷ cpd (situé(e) etc) au bord de la
route; **by the ~** au bord de la route
**road sign** ['rəudsaɪn] n panneau m de
signalisation
**road tax** n (Brit Aut) taxe f sur les automobiles
**roadway** ['rəudweɪ] n chaussée f
**roadworks** ['rəudwəːks] npl travaux mpl (de
réfection des routes)
**roadworthy** ['rəudwəːðɪ] adj en bon état de
marche
**roam** [rəum] vi errer, vagabonder ▷ vt
parcourir, errer par
**roar** [rɔːr] n rugissement m; (of crowd)
hurlements mpl; (of vehicle, thunder, storm)
grondement m ▷ vi rugir; hurler; gronder;
**to ~ with laughter** rire à gorge déployée
**roast** [rəust] n rôti m ▷ vt (meat) (faire) rôtir;
(coffee) griller, torréfier
**roast beef** n rôti m de bœuf, rosbif m
**rob** [rɔb] vt (person) voler; (bank) dévaliser;
**to ~ sb of sth** voler or dérober qch à qn;
(fig: deprive) priver qn de qch
**robber** ['rɔbər] n bandit m, voleur m
**robbery** ['rɔbərɪ] n vol m
**robe** [rəub] n (for ceremony etc) robe f; (also:
**bath~**) peignoir m; (US: rug) couverture f ▷ vt
revêtir (d'une robe)
**robin** ['rɔbɪn] n rouge-gorge m
**robot** ['rəubɔt] n robot m
**robust** [rəu'bʌst] adj robuste; (material,
appetite) solide
**rock** [rɔk] n (substance) roche f, roc m; (boulder)
rocher m, roche; (US: small stone) caillou m; (Brit:
sweet) ≈ sucre m d'orge ▷ vt (swing gently: cradle)
balancer; (: child) bercer; (shake) ébranler,
secouer ▷ vi se balancer, être ébranlé(e) or
secoué(e); **on the ~s** (drink) avec des glaçons;
(ship) sur les écueils; (marriage etc) en train de
craquer; **to ~ the boat** (fig) jouer les trouble-fête
**rock and roll** n rock (and roll) m, rock'n'roll m
**rock-bottom** ['rɔk'bɔtəm] n (fig) niveau le
plus bas ▷ adj (fig: prices) sacrifié(e); **to reach**
or **touch** ~ (price, person) tomber au plus bas
**rock climbing** n varappe f
**rockery** ['rɔkərɪ] n (jardin m de) rocaille f
**rocket** ['rɔkɪt] n fusée f; (Mil) fusée, roquette f;
(Culin) roquette f ▷ vi (prices) monter en flèche
**rocking chair** ['rɔkɪŋ-] n fauteuil m à bascule
**rocking horse** ['rɔkɪŋ-] n cheval m à bascule
**rocky** ['rɔkɪ] adj (hill) rocheux(-euse); (path)
rocailleux(-euse); (unsteady: table) branlant(e)
**rod** [rɔd] n (metallic) tringle f; (Tech) tige f;
(wooden) baguette f; (also: **fishing ~**) canne f
à pêche

**rode** [rəud] *pt of* **ride**

**rodent** ['rəudnt] *n* rongeur *m*

**rodeo** ['rəudɪəu] *n* rodéo *m*

**roe** [rəu] *n* (*species: also:* **~ deer**) chevreuil *m*; (*of fish: also:* **hard ~**) œufs *mpl* de poisson; **soft ~** laitance *f*

**rogue** [rəug] *n* coquin(e)

**role** [rəul] *n* rôle *m*

**role-model** ['rəulmɔdl] *n* modèle *m* à émuler

**role play, role playing** *n* jeu *m* de rôle

**roll** [rəul] *n* rouleau *m*; (*of banknotes*) liasse *f*; (*also:* **bread ~**) petit pain; (*register*) liste *f*; (*sound: of drums etc*) roulement *m*; (*movement: of ship*) roulis *m* ⊳ *vt* rouler; (*also:* **~ up:** *string*) enrouler; (*also:* **~ out:** *pastry*) étendre au rouleau, abaisser ⊳ *vi* rouler; (*wheel*) tourner; **cheese ~** ≈ sandwich *m* au fromage (*dans un petit pain*); **roll about, roll around** *vi* rouler çà et là; (*person*) se rouler par terre; **roll by** *vi* (*time*) s'écouler, passer; **roll in** *vi* (*mail, cash*) affluer; **roll over** *vi* se retourner; **roll up** *vi* (*inf: arrive*) arriver, s'amener ⊳ *vt* (*carpet, cloth, map*) rouler; (*sleeves*) retrousser; **to ~ o.s. up into a ball** se rouler en boule

**roll call** *n* appel *m*

**roller** ['rəulə'] *n* rouleau *m*; (*wheel*) roulette *f*; (*for road*) rouleau compresseur; (*for hair*) bigoudi *m*

**Rollerblades®** ['rəuləbleɪdz] *npl* patins *mpl* en ligne

**roller coaster** *n* montagnes *fpl* russes

**roller skates** *npl* patins *mpl* à roulettes

**roller-skating** ['rəuləskeɪtɪŋ] *n* patin *m* à roulettes; **to go ~** faire du patin à roulettes

**rolling** ['rəulɪŋ] *adj* (*landscape*) onduleux(-euse)

**rolling pin** *n* rouleau *m* à pâtisserie

**rolling stock** *n* (*Rail*) matériel roulant

**ROM** [rɔm] *n abbr* (*Comput: = read-only memory*) mémoire morte, ROM *f*

**Roman** ['rəumən] *adj* romain(e) ⊳ *n* Romain(e)

**Roman Catholic** *adj, n* catholique (*m/f*)

**romance** [rə'mæns] *n* (*love affair*) idylle *f*; (*charm*) poésie *f*; (*novel*) roman *m* à l'eau de rose

**Romania** [rəu'meɪnɪə] *n* = **Rumania**

**Romanian** [rəu'meɪnɪən] *adj, n see* **Rumanian**

**Roman numeral** *n* chiffre romain

**romantic** [rə'mæntɪk] *adj* romantique; (*novel, attachment*) sentimental(e)

**Rome** [rəum] *n* Rome

**romp** [rɔmp] *n* jeux bruyants ⊳ *vi* (*also:* **~ about**) s'ébattre, jouer bruyamment; **to ~ home** (*horse*) arriver bon premier

**rompers** ['rɔmpəz] *npl* barboteuse *f*

**roof** [ruːf] *n* toit *m*; (*of tunnel, cave*) plafond *m* ⊳ *vt* couvrir (d'un toit); **the ~ of the mouth** la voûte du palais

**roofing** ['ruːfɪŋ] *n* toiture *f*

**roof rack** *n* (*Aut*) galerie *f*

**rook** [ruk] *n* (*bird*) freux *m*; (*Chess*) tour *f* ⊳ *vt* (*inf: cheat*) rouler, escroquer

**room** [ruːm] *n* (*in house*) pièce *f*; (*also:* **bed~**) chambre *f* (à coucher); (*in school etc*) salle *f*; (*space*) place *f*; **rooms** *npl* (*lodging*) meublé *m*; **"~s to let"**, (US) **"~s for rent"** "chambres à louer"; **is there ~ for this?** est-ce qu'il y a de la place pour ceci?; **to make ~ for sb** faire de la place à qn; **there is ~ for improvement** on peut faire mieux

**rooming house** ['ruːmɪŋ-] *n* (US) maison *f* de rapport

**roommate** ['ruːmmeɪt] *n* camarade *m/f* de chambre

**room service** *n* service *m* des chambres (*dans un hôtel*)

**roomy** ['ruːmɪ] *adj* spacieux(-euse); (*garment*) ample

**roost** [ruːst] *n* juchoir *m* ⊳ *vi* se jucher

**rooster** ['ruːstə'] *n* coq *m*

**root** [ruːt] *n* (*Bot, Math*) racine *f*; (*fig: of problem*) origine *f*, fond *m* ⊳ *vi* (*plant*) s'enraciner; **to take ~** (*plant, idea*) prendre racine; **root about** *vi* (*fig*) fouiller; **root for** *vt fus* (*inf*) applaudir; **root out** *vt* extirper

**rope** [rəup] *n* corde *f*; (*Naut*) cordage *m* ⊳ *vt* (*box*) corder; (*tie up or together*) attacher; (*climbers: also:* **~ together**) encorder; (*area: also:* **~ off**) interdire l'accès de; (*: divide off*) séparer; **to ~ sb in** (*fig*) embringuer qn; **to know the ~s** (*fig*) être au courant, connaître les ficelles

**rosary** ['rəuzərɪ] *n* chapelet *m*

**rose** [rəuz] *pt of* **rise** ⊳ *n* rose *f*; (*also:* **~bush**) rosier *m*; (*on watering can*) pomme *f* ⊳ *adj* rose

**rosé** ['rəuzeɪ] *n* rosé *m*

**rosebud** ['rəuzbʌd] *n* bouton *m* de rose

**rosemary** ['rəuzmərɪ] *n* romarin *m*

**roster** ['rɔstə'] *n*: **duty ~** tableau *m* de service

**rostrum** ['rɔstrəm] *n* tribune *f* (*pour un orateur etc*)

**rosy** ['rəuzɪ] *adj* rose; **a ~ future** un bel avenir

**rot** [rɔt] *n* (*decay*) pourriture *f*; (*fig: pej: nonsense*) idioties *fpl*, balivernes *fpl* ⊳ *vt, vi* pourrir; **to stop the ~** (*Brit fig*) rétablir la situation; **dry ~** pourriture sèche (*du bois*); **wet ~** pourriture (du bois)

**rota** ['rəutə] *n* liste *f*, tableau *m* de service; **on a ~ basis** par roulement

**rotary** ['rəutərɪ] *adj* rotatif(-ive)

**rotate** [rəu'teɪt] *vt* (*revolve*) faire tourner; (*change round: crops*) alterner; (*: jobs*) faire à tour de rôle ⊳ *vi* (*revolve*) tourner

**rotating** [rəu'teɪtɪŋ] *adj* (*movement*) tournant(e)

**rotten** ['rɔtn] *adj* (*decayed*) pourri(e); (*dishonest*) corrompu(e); (*inf: bad*) mauvais(e), moche; **to feel ~** (*ill*) être mal fichu(e)

**rotund** [rəu'tʌnd] *adj* rondelet(te); arrondi(e)

**rough** [rʌf] *adj* (*cloth, skin*) rêche, rugueux(-euse); (*terrain*) accidenté(e); (*path*) rocailleux(-euse); (*voice*) rauque, rude;

**r**

(*person, manner: coarse*) rude, fruste; (*: violent*)
brutal(e); (*district, weather*) mauvais(e); (*sea*)
houleux(-euse); (*plan*) ébauché(e); (*guess*)
approximatif(-ive) ▷ *n* (*Golf*) rough *m* ▷ *vt*:
**to ~ it** vivre à la dure; **the sea is ~ today** la
mer est agitée aujourd'hui; **to have a ~ time
(of it)** en voir de dures; **~ estimate**
approximation *f*; **to play ~** jouer avec
brutalité; **to sleep ~** (*Brit*) coucher à la dure;
**to feel ~** (*Brit*) être mal fichu(e); **rough out** *vt*
(*draft*) ébaucher

**roughage** ['rʌfɪdʒ] *n* fibres *fpl* diététiques
**rough-and-ready** ['rʌfən'rɛdɪ] *adj*
(*accommodation, method*) rudimentaire
**rough copy, rough draft** *n* brouillon *m*
**roughly** ['rʌflɪ] *adv* (*handle*) rudement,
brutalement; (*speak*) avec brusquerie; (*make*)
grossièrement; (*approximately*) à peu près, en
gros; **~ speaking** en gros
**roulette** [ruːˈlɛt] *n* roulette *f*
**Roumania** *etc* [ruːˈmeɪnɪə] *n* = **Romania** *etc*
**round** [raund] *adj* rond(e) ▷ *n* rond *m*, cercle *m*;
(*Brit*: *of toast*) tranche *f*; (*duty: of policeman,
milkman etc*) tournée *f*; (*: of doctor*) visites *fpl*;
(*game: of cards, in competition*) partie *f*; (*Boxing*)
round *m*; (*of talks*) série *f* ▷ *vt* (*corner*) tourner;
(*bend*) prendre; (*cape*) doubler ▷ *prep* autour
de ▷ *adv*: **right ~, all ~** tout autour; **in
figures** en chiffres ronds; **to go the ~s**
(*disease, story*) circuler; **the daily ~** (*fig*) la
routine quotidienne; **~ of ammunition**
cartouche *f*; **~ of applause** applaudissements
*mpl*; **~ of drinks** tournée *f*; **~ of sandwiches**
(*Brit*) sandwich *m*; **the long way ~** (par) le
chemin le plus long; **all (the) year ~** toute
l'année; **it's just ~ the corner** c'est juste
après le coin; (*fig*) c'est tout près; **to ask sb ~**
inviter qn (chez soi); **I'll be ~ at 6 o'clock** je
serai là à 6 heures; **to go ~** faire le tour or un
détour; **to go ~ to sb's (house)** aller chez qn;
**to go ~ an obstacle** contourner un obstacle;
**go ~ the back** passez par derrière; **to go ~ a
house** visiter une maison, faire le tour d'une
maison; **enough to go ~** assez pour tout le
monde; **she arrived ~ (about) noon** (*Brit*)
elle est arrivée vers midi; **~ the clock** 24
heures sur 24; **round off** *vt* (*speech etc*)
terminer; **round up** *vt* rassembler; (*criminals*)
effectuer une rafle de; (*prices*) arrondir (au
chiffre supérieur)
**roundabout** ['raundəbaut] *n* (*Brit Aut*) rond-
point *m* (à sens giratoire); (*at fair*) manège *m*
(de chevaux de bois) ▷ *adj* (*route, means*)
détourné(e)
**rounders** ['raundəz] *npl* (*game*) ≈ balle *f* au
camp
**roundly** ['raundlɪ] *adv* (*fig*) tout net,
carrément
**round trip** *n* (voyage *m*) aller et retour *m*
**roundup** ['raundʌp] *n* rassemblement *m*;
(*of criminals*) rafle *f*; **a ~ of the latest news** un
rappel des derniers événements

**rouse** [rauz] *vt* (*wake up*) réveiller; (*stir up*)
susciter, provoquer; (*interest*) éveiller;
(*suspicions*) susciter, éveiller
**rousing** ['rauzɪŋ] *adj* (*welcome*) enthousiaste
**route** [ruːt] *n* itinéraire *m*; (*of bus*) parcours *m*;
(*of trade, shipping*) route *f*; **"all ~s"** (*Aut*) "toutes
directions"; **the best ~ to London** le
meilleur itinéraire pour aller à Londres
**routine** [ruːˈtiːn] *adj* (*work*) ordinaire,
courant(e); (*procedure*) d'usage ▷ *n* (*habits*)
habitudes *fpl*; (*pej*) train-train *m*; (*Theat*)
numéro *m*; **daily ~** occupations journalières
**row¹** [rəu] *n* (*line*) rangée *f*; (*of people, seats,
Knitting*) rang *m*; (*behind one another: of cars,
people*) file *f* ▷ *vi* (*in boat*) ramer; (*as sport*) faire
de l'aviron ▷ *vt* (*boat*) faire aller à la rame or à
l'aviron; **in a ~** (*fig*) d'affilée
**row²** [rau] *n* (*noise*) vacarme *m*; (*dispute*)
dispute *f*, querelle *f*; (*scolding*) réprimande *f*,
savon *m* ▷ *vi* (*also*: **to have a ~**) se disputer, se
quereller
**rowboat** ['rəubəut] *n* (*US*) canot *m* (à rames)
**rowdy** ['raudɪ] *adj* chahuteur(-euse);
bagarreur(-euse) ▷ *n* voyou *m*
**rowing** ['rəuɪŋ] *n* canotage *m*; (*as sport*)
aviron *m*
**rowing boat** *n* (*Brit*) canot *m* (à rames)
**royal** ['rɔɪəl] *adj* royal(e)
**Royal Air Force** *n* (*Brit*) armée de l'air britannique
**royalty** ['rɔɪəltɪ] *n* (*royal persons*) (membres *mpl*
de la) famille royale; (*payment: to author*)
droits *mpl* d'auteur; (*: to inventor*) royalties *fpl*
**rpm** *abbr* (= *revolutions per minute*) t/mn (= = *tours/
minute*)
**R.S.V.P.** *abbr* (= *répondez s'il vous plaît*) RSVP
**Rt. Hon.** *abbr* (*Brit*: = *Right Honourable*) titre
*donné aux députés de la Chambre des communes*
**rub** [rʌb] *n* (*with cloth*) coup *m* de chiffon or de
torchon; (*on person*) friction *f*; **to give sth a ~**
donner un coup de chiffon or de torchon à
qch ▷ *vt* frotter; (*person*) frictionner; (*hands*)
se frotter; **to ~ sb up** (*Brit*) or **to ~ sb** (*US*) **the
wrong way** prendre qn à rebrousse-poil; **rub
down** *vt* (*body*) frictionner; (*horse*)
bouchonner; **rub in** *vt* (*ointment*) faire
pénétrer; **rub off** *vi* partir; **to ~ off on**
déteindre sur; **rub out** *vt* effacer ▷ *vi*
s'effacer
**rubber** ['rʌbə] *n* caoutchouc *m*; (*Brit*: *eraser*)
gomme *f* (à effacer)
**rubber band** *n* élastique *m*
**rubber gloves** *npl* gants *mpl* en caoutchouc
**rubber plant** *n* caoutchouc *m* (*plante verte*)
**rubbish** ['rʌbɪʃ] *n* (*from household*) ordures *fpl*;
(*fig*: *pej*) choses *fpl* sans valeur; camelote *f*;
(*nonsense*) bêtises *fpl*, idioties *fpl* ▷ *vt* (*Brit inf*)
dénigrer, rabaisser; **what you've just said
is ~** tu viens de dire une bêtise
**rubbish bin** *n* (*Brit*) boîte *f* à ordures,
poubelle *f*
**rubbish dump** *n* (*Brit*: *in town*) décharge
publique, dépotoir *m*

**rubble** ['rʌbl] *n* décombres *mpl*; (*smaller*) gravats *mpl*; (*Constr*) blocage *m*

**ruby** ['ru:bɪ] *n* rubis *m*

**rucksack** ['rʌksæk] *n* sac *m* à dos

**rudder** ['rʌdəʳ] *n* gouvernail *m*

**ruddy** ['rʌdɪ] *adj* (*face*) coloré(e); (*inf: damned*) sacré(e), fichu(e)

**rude** [ru:d] *adj* (*impolite: person*) impoli(e); (:*word, manners*) grossier(-ière); (*shocking*) indécent(e), inconvenant(e); **to be ~ to sb** être grossier envers qn

**ruffle** ['rʌfl] *vt* (*hair*) ébouriffer; (*clothes*) chiffonner; (*water*) agiter; (*fig: person*) émouvoir, faire perdre son flegme à; **to get ~d** s'énerver

**rug** [rʌg] *n* petit tapis; (*Brit: blanket*) couverture *f*

**rugby** ['rʌgbɪ] *n* (*also: ~ football*) rugby *m*

**rugged** ['rʌgɪd] *adj* (*landscape*) accidenté(e); (*features, character*) rude; (*determination*) farouche

**ruin** ['ru:ɪn] *n* ruine *f* ▷ *vt* ruiner; (*spoil: clothes*) abîmer; (:*event*) gâcher; **ruins** *npl* (*of building*) ruine(s); **in ~s** en ruine

**rule** [ru:l] *n* règle *f*; (*regulation*) règlement *m*; (*government*) autorité *f*, gouvernement *m*; (*dominion etc*): **under British ~** sous l'autorité britannique ▷ *vt* (*country*) gouverner; (*person*) dominer; (*decide*) décider ▷ *vi* commander; décider; (*Law*): **to ~ against/in favour of/on** statuer contre/en faveur de/sur; **to ~ that** (*umpire, judge etc*) décider que; **it's against the ~s** c'est contraire au règlement; **by ~ of thumb** à vue de nez; **as a ~** normalement, en règle générale; **rule out** *vt* exclure; **murder cannot be ~d out** l'hypothèse d'un meurtre ne peut être exclue

**ruled** [ru:ld] *adj* (*paper*) réglé(e)

**ruler** ['ru:ləʳ] *n* (*sovereign*) souverain(e); (*leader*) chef *m* (d'État); (*for measuring*) règle *f*

**ruling** ['ru:lɪŋ] *adj* (*party*) au pouvoir; (*class*) dirigeant(e) ▷ *n* (*Law*) décision *f*

**rum** [rʌm] *n* rhum *m* ▷ *adj* (*Brit inf*) bizarre

**Rumania** [ru:'meɪnɪə] *n* Roumanie *f*

**Rumanian** [ru:'meɪnɪən] *adj* roumain(e) ▷ *n* Roumain(e); (*Ling*) roumain *m*

**rumble** ['rʌmbl] *n* grondement *m*; (*of stomach, pipe*) gargouillement *m* ▷ *vi* gronder; (*stomach, pipe*) gargouiller

**rummage** ['rʌmɪdʒ] *vi* fouiller

**rumour**, (*US*) **rumor** ['ru:məʳ] *n* rumeur *f*, bruit *m* (qui court) ▷ *vt*: **it is ~ed that** le bruit court que

**rump** [rʌmp] *n* (*of animal*) croupe *f*

**rump steak** *n* romsteck *m*

**rumpus** ['rʌmpəs] *n* (*inf*) tapage *m*, chahut *m*; (*quarrel*) prise *f* de bec; **to kick up a ~** faire toute une histoire

**run** [rʌn] (*pt* **ran**, *pp* **run**) [ræn, rʌn] *n* (*race*) course *f*; (*outing*) tour *m* or promenade *f* (en voiture); (*distance travelled*) parcours *m*, trajet *m*; (*series*) suite *f*, série *f*; (*Theat*) série de

représentations; (*Ski*) piste *f*; (*Cricket, Baseball*) point *m*; (*in tights, stockings*) maille filée, échelle *f* ▷ *vt* (*business*) diriger; (*competition, course*) organiser; (*hotel, house*) tenir; (*race*) participer à; (*Comput: program*) exécuter; (*force through: rope, pipe*): **to ~ sth through** faire passer qch à travers; (*to pass: hand, finger*): **to ~ sth over** promener *or* passer qch sur; (*water, bath*) faire couler; (*Press: feature*) publier ▷ *vi* courir; (*pass: road etc*) passer; (*work: machine, factory*) marcher; (*bus, train*) circuler; (*continue: play*) se jouer, être à l'affiche; (:*contract*) être valide *or* en vigueur; (*slide: drawer etc*) glisser; (*flow: river, bath, nose*) couler; (*colours, washing*) déteindre; (*in election*) être candidat, se présenter; **at a ~** au pas de course; **to go for a ~** aller courir *or* faire un peu de course à pied; (*in car*) faire un tour *or* une promenade (en voiture); **to break into a ~** se mettre à courir; **a ~ of luck** une série de coups de chance; **to have the ~ of sb's house** avoir la maison de qn à sa disposition; **there was a ~ on** (*meat, tickets*) les gens se sont rués sur; **in the long ~** à la longue, à longue échéance; **in the short ~** à brève échéance, à court terme; **on the ~** en fuite; **to make a ~ for it** s'enfuir; **I'll ~ you to the station** je vais vous emmener *or* conduire à la gare; **to ~ errands** faire des commissions; **the train ~s between Gatwick and Victoria** le train assure le service entre Gatwick et Victoria; **the bus ~s every 20 minutes** il y a un autobus toutes les 20 minutes; **it's very cheap to ~** (*car, machine*) c'est très économique; **to ~ on petrol** *or* (*US*) **gas/on diesel/off batteries** marcher à l'essence/au diesel/sur piles; **to ~ for president** être candidat à la présidence; **to ~ a risk** courir un risque; **their losses ran into millions** leurs pertes se sont élevées à plusieurs millions; **to be ~ off one's feet** (*Brit*) ne plus savoir où donner de la tête; **run about** *vi* (*children*) courir çà et là; **run across** *vt fus* (*find*) trouver par hasard; **run after** *vt fus* (*to catch up*) courir après; (*chase*) poursuivre; **run around** *vi* = **run about**; **run away** *vi* s'enfuir; **run down** *vi* (*clock*) s'arrêter (faute d'avoir été remonté) ▷ *vt* (*Aut: knock over*) renverser; (*Brit: reduce: production*) réduire progressivement; (:*factory/shop*) réduire progressivement la production/l'activité de; (:*criticize*) critiquer, dénigrer; **to be ~ down** (*tired*) être fatigué(e) *or* à plat; **run in** *vt* (*Brit: car*) roder; **run into** *vt fus* (*meet: person*) rencontrer par hasard; (:*trouble*) se heurter à; (*collide with*) heurter; **to ~ into debt** contracter des dettes; **run off** *vi* s'enfuir ▷ *vt* (*water*) laisser s'écouler; (*copies*) tirer; **run out** *vi* (*person*) sortir en courant; (*liquid*) couler; (*lease*) expirer; (*money*) être épuisé(e); **run out of** *vt fus* se trouver à court de; **I've ~ out of petrol** *or* (*US*)

**gas** je suis en panne d'essence; **run over** *vt* (*Aut*) écraser ▷ *vt fus* (*revise*) revoir, reprendre; **run through** *vt fus* (*recap*) reprendre, revoir; (*play*) répéter; **run up** *vi*: **to ~ up against** (*difficulties*) se heurter à ▷ *vt*: **to ~ up a debt** s'endetter

**runaway** ['rʌnəweɪ] *adj* (*horse*) emballé(e); (*truck*) fou/folle; (*person*) fugitif(-ive); (*child*) fugueur(-euse); (*inflation*) galopant(e)

**rung** [rʌŋ] *pp of* **ring** ▷ *n* (*of ladder*) barreau *m*

**runner** ['rʌnəʳ] *n* (*in race: person*) coureur(-euse); (: *horse*) partant *m*; (*on sledge*) patin *m*; (*for drawer etc*) coulisseau *m*; (*carpet: in hall etc*) chemin *m*

**runner bean** *n* (*Brit*) haricot *m* (à rames)

**runner-up** [rʌnər'ʌp] *n* second(e)

**running** ['rʌnɪŋ] *n* (*in race etc*) course *f*; (*of business, organization*) direction *f*, gestion *f*; (*of event*) organisation *f*; (*of machine etc*) marche *f*, fonctionnement *m* ▷ *adj* (*water*) courant(e); (*commentary*) suivi(e); **6 days ~** 6 jours de suite; **to be in/out of the ~ for sth** être/ne pas être sur les rangs pour qch

**running commentary** *n* commentaire détaillé

**running costs** *npl* (*of business*) frais *mpl* de gestion; (*of car*): **the ~ are high** elle revient cher

**runny** ['rʌnɪ] *adj* qui coule

**run-of-the-mill** ['rʌnəvðə'mɪl] *adj* ordinaire, banal(e)

**runt** [rʌnt] *n* avorton *m*

**run-up** ['rʌnʌp] *n* (*Brit*): **~ to sth** période *f* précédant qch

**runway** ['rʌnweɪ] *n* (*Aviat*) piste *f* (d'envol or d'atterrissage)

**rupture** ['rʌptʃəʳ] *n* (*Med*) hernie *f* ▷ *vt*: **to ~ o.s.** se donner une hernie

**rural** ['ruərl] *adj* rural(e)

**rush** [rʌʃ] *n* course précipitée; (*of crowd, Comm: sudden demand*) ruée *f*; (*hurry*) hâte *f*; (*of anger, joy*) accès *m*; (*current*) flot *m*; (*Bot*) jonc *m*; (*for chair*) paille *f* ▷ *vt* (*hurry*) transporter or envoyer d'urgence; (*attack: town etc*) prendre d'assaut; (*Brit inf: overcharge*) estamper; faire payer ▷ *vi* se précipiter; **don't ~ me!** laissez-moi le temps de souffler!; **to ~ sth off** (*do quickly*) faire qch à la hâte; (*send*) envoyer qch d'urgence; **is there any ~ for this?** est-ce urgent?; **we've had a ~ of orders** nous avons reçu une avalanche de commandes; **I'm in a ~ (to do)** je suis vraiment pressé (de faire); **gold ~** ruée vers l'or; **rush through** *vt fus* (*work*) exécuter à la hâte ▷ *vt* (*Comm: order*) exécuter d'urgence

**rush hour** *n* heures *fpl* de pointe or d'affluence

**rusk** [rʌsk] *n* biscotte *f*

**Russia** ['rʌʃə] *n* Russie *f*

**Russian** ['rʌʃən] *adj* russe ▷ *n* Russe *m/f*; (*Ling*) russe *m*

**rust** [rʌst] *n* rouille *f* ▷ *vi* rouiller

**rustic** ['rʌstɪk] *adj* rustique ▷ *n* (*pej*) rustaud(e)

**rustle** ['rʌsl] *vi* bruire, produire un bruissement ▷ *vt* (*paper*) froisser; (*US: cattle*) voler

**rustproof** ['rʌstpruːf] *adj* inoxydable

**rusty** ['rʌstɪ] *adj* rouillé(e)

**rut** [rʌt] *n* ornière *f*; (*Zool*) rut *m*; **to be in a ~** (*fig*) suivre l'ornière, s'encroûter

**ruthless** ['ruːθlɪs] *adj* sans pitié, impitoyable

**RV** *abbr* (= *revised version*) *traduction anglaise de la Bible de 1885* ▷ *n abbr* (*US*) = **recreational vehicle**

**rye** [raɪ] *n* seigle *m*

# S

**Sabbath** ['sæbəθ] n (Jewish) sabbat m; (Christian) dimanche m

**sabotage** ['sæbətɑːʒ] n sabotage m ▷ vt saboter

**saccharin, saccharine** ['sækərɪn] n saccharine f

**sachet** ['sæʃeɪ] n sachet m

**sack** [sæk] n (bag) sac m ▷ vt (dismiss) renvoyer, mettre à la porte; (plunder) piller, mettre à sac; **to give sb the ~** renvoyer qn, mettre qn à la porte; **to get the ~** être renvoyé(e) or mis(e) à la porte

**sacking** ['sækɪŋ] n toile f à sac; (dismissal) renvoi m

**sacrament** ['sækrəmənt] n sacrement m

**sacred** ['seɪkrɪd] adj sacré(e)

**sacrifice** ['sækrɪfaɪs] n sacrifice m ▷ vt sacrifier; **to make ~s (for sb)** se sacrifier or faire des sacrifices (pour qn)

**sad** [sæd] adj (unhappy) triste; (deplorable) triste, fâcheux(-euse); (inf: pathetic: thing) triste, lamentable; (: person) minable

**saddle** ['sædl] n selle f ▷ vt (horse) seller; **to be ~d with sth** (inf) avoir qch sur les bras

**saddlebag** ['sædlbæg] n sacoche f

**sadistic** [sə'dɪstɪk] adj sadique

**sadly** ['sædlɪ] adv tristement; (unfortunately) malheureusement; (seriously) fort

**sadness** ['sædnɪs] n tristesse f

**s.a.e.** n abbr (Brit: = stamped addressed envelope) enveloppe affranchie pour la réponse

**safari** [sə'fɑːrɪ] n safari m

**safe** [seɪf] adj (out of danger) hors de danger, en sécurité; (not dangerous) sans danger; (cautious) prudent(e); (sure: bet) assuré(e) ▷ n coffre-fort m; **~ from** à l'abri de; **~ and sound** sain(e) et sauf/sauve; **(just) to be on the ~ side** pour plus de sûreté, par précaution; **to play ~** ne prendre aucun risque; **it is ~ to say that ...** on peut dire sans crainte que ...; **~ journey!** bon voyage!

**safe-conduct** [seɪf'kɔndʌkt] n sauf-conduit m

**safe-deposit** ['seɪfdɪpɔzɪt] n (vault) dépôt m de coffres-forts; (box) coffre-fort m

**safeguard** ['seɪfgɑːd] n sauvegarde f, protection f ▷ vt sauvegarder, protéger

**safekeeping** ['seɪf'kiːpɪŋ] n bonne garde

**safely** ['seɪflɪ] adv (assume, say) sans risque d'erreur; (drive, arrive) sans accident; **I can ~ say ...** je peux dire à coup sûr ...

**safe sex** n rapports sexuels protégés

**safety** ['seɪftɪ] n sécurité f; **~ first!** la sécurité d'abord!

**safety belt** n ceinture f de sécurité

**safety pin** n épingle f de sûreté or de nourrice

**safety valve** n soupape f de sûreté

**saffron** ['sæfrən] n safran m

**sag** [sæg] vi s'affaisser, fléchir; (hem, breasts) pendre

**sage** [seɪdʒ] n (herb) sauge f; (person) sage m

**Sagittarius** [sædʒɪ'tɛərɪəs] n le Sagittaire; **to be ~** être du Sagittaire

**Sahara** [sə'hɑːrə] n: **the ~ (Desert)** le (désert du) Sahara m

**said** [sɛd] pt, pp of **say**

**sail** [seɪl] n (on boat) voile f; (trip): **to go for a ~** faire un tour en bateau ▷ vt (boat) manœuvrer, piloter ▷ vi (travel: ship) avancer, naviguer; (: passenger) aller or se rendre (en bateau); (set off) partir, prendre la mer; (Sport) faire de la voile; **they ~ed into Le Havre** ils sont entrés dans le port du Havre; **sail through** vi, vt fus (fig) réussir haut la main

**sailboat** ['seɪlbəut] n (US) bateau m à voiles, voilier m

**sailing** ['seɪlɪŋ] n (Sport) voile f; **to go ~** faire de la voile

**sailing boat** n bateau m à voiles, voilier m

**sailing ship** n grand voilier

**sailor** ['seɪlə'] n marin m, matelot m

**saint** [seɪnt] n saint(e)

**sake** [seɪk] n: **for the ~ of** (out of concern for) pour (l'amour de), dans l'intérêt de; (out of consideration for) par égard pour; (in order to achieve) pour plus de, par souci de; **arguing for arguing's ~** discuter pour (le plaisir de) discuter; **for heaven's ~!** pour l'amour du ciel!; **for the ~ of argument** à titre d'exemple

**salad** ['sæləd] n salade f; **tomato ~** salade de tomates

**salad bowl** n saladier m

S

**salad cream** n (Brit) (sorte f de) mayonnaise f
**salad dressing** n vinaigrette f
**salami** [səˈlɑːmɪ] n salami m
**salary** [ˈsælərɪ] n salaire m, traitement m
**sale** [seɪl] n vente f; (at reduced prices) soldes
mpl; **sales** npl (total amount sold) chiffre m de
ventes; **"for ~"** "à vendre"; **on ~** en vente; **on
~ or return** vendu(e) avec faculté de retour;
**closing-down** or **liquidation ~** (US)
liquidation f (avant fermeture); **~ and lease
back** n cession-bail f
**saleroom** [ˈseɪlruːm] n salle f des ventes
**sales assistant**, (US) **sales clerk** n
vendeur(-euse)
**salesman** [ˈseɪlzmən] irreg n (in shop)
vendeur m; (representative) représentant m
de commerce
**salesperson** [ˈseɪlzpɜːsn] irreg n (in shop)
vendeur(-euse)
**sales rep** n (Comm) représentant(e) m/f
**saleswoman** [ˈseɪlzwumən] irreg n (in shop)
vendeuse f
**saline** [ˈseɪlaɪn] adj salin(e)
**saliva** [səˈlaɪvə] n salive f
**salmon** [ˈsæmən] n (pl inv) saumon m
**salon** [ˈsælɔn] n salon m
**saloon** [səˈluːn] n (US) bar m; (Brit Aut)
berline f; (ship's lounge) salon m
**salt** [sɔːlt] n sel m ⊳ vt saler ⊳ cpd de sel;
(Culin) salé(e); **an old ~** un vieux loup de mer;
**salt away** vt mettre de côté
**salt cellar** n salière f
**saltwater** [ˈsɔːltwɔːtəʳ] adj (fish etc) (d'eau)
de mer
**salty** [ˈsɔːltɪ] adj salé(e)
**salute** [səˈluːt] n salut m; (of guns) salve f ⊳ vt
saluer
**salvage** [ˈsælvɪdʒ] n (saving) sauvetage m;
(things saved) biens sauvés or récupérés ⊳ vt
sauver, récupérer
**salvation** [sælˈveɪʃən] n salut m
**Salvation Army** [sælˈveɪʃən-] n Armée f
du Salut
**same** [seɪm] adj même ⊳ pron: **the ~** le/la
même, les mêmes; **the ~ book as** le même
livre que; **on the ~ day** le même jour; **at the ~
time** en même temps; (yet) néanmoins; **all
or just the ~** tout de même, quand même;
**they're one and the ~** (person/thing) c'est une
seule et même personne/chose; **to do the ~**
faire de même, en faire autant; **to do the ~
as sb** faire comme qn; **and the ~ to you!** et à
vous de même!; (after insult) toi-même!;
**~ here!** moi aussi!; **the ~ again!** (in bar etc)
la même chose!
**sample** [ˈsɑːmpl] n échantillon m; (Med)
prélèvement m ⊳ vt (food, wine) goûter; **to
take a ~** prélever un échantillon; **free ~**
échantillon gratuit
**sanction** [ˈsæŋkʃən] n approbation f,
sanction f ⊳ vt cautionner, sanctionner;
**sanctions** npl (Pol) sanctions; **to impose**

**economic ~s** on or **against** prendre des
sanctions économiques contre
**sanctity** [ˈsæŋktɪtɪ] n sainteté f, caractère
sacré
**sanctuary** [ˈsæŋktjuərɪ] n (holy place)
sanctuaire m; (refuge) asile m; (for wildlife)
réserve f
**sand** [sænd] n sable m ⊳ vt sabler; (also:
**~ down**: wood etc) poncer
**sandal** [ˈsændl] n sandale f
**sandbox** [ˈsændbɒks] n (US: for children) tas m
de sable
**sand castle** [ˈsændkɑːsl] n château m de
sable
**sand dune** n dune f de sable
**sandpaper** [ˈsændpeɪpəʳ] n papier m
de verre
**sandpit** [ˈsændpɪt] n (Brit: for children) tas m de
sable
**sands** [sændz] npl plage f (de sable)
**sandstone** [ˈsændstəun] n grès m
**sandwich** [ˈsændwɪtʃ] n sandwich m ⊳ vt
(also: **~ in**) intercaler; **~ed between** pris en
sandwich entre; **cheese/ham ~** sandwich au
fromage/jambon
**sandwich course** n (Brit) cours m de
formation professionnelle
**sandy** [ˈsændɪ] adj sablonneux(-euse);
couvert(e) de sable; (colour) sable inv, blond
roux inv
**sane** [seɪn] adj (person) sain(e) d'esprit;
(outlook) sensé(e), sain(e)
**sang** [sæŋ] pt of **sing**
**sanitary** [ˈsænɪtərɪ] adj (system, arrangements)
sanitaire; (clean) hygiénique
**sanitary towel**, (US) **sanitary napkin**
[ˈsænɪtərɪ-] n serviette f hygiénique
**sanitation** [sænɪˈteɪʃən] n (in house)
installations fpl sanitaires; (in town)
système m sanitaire
**sanitation department** n (US) service m
de voirie
**sanity** [ˈsænɪtɪ] n santé mentale; (common
sense) bon sens
**sank** [sæŋk] pt of **sink**
**Santa Claus** [sæntəˈklɔːz] n le Père Noël
**sap** [sæp] n (of plants) sève f ⊳ vt (strength)
saper, miner
**sapling** [ˈsæplɪŋ] n jeune arbre m
**sapphire** [ˈsæfaɪəʳ] n saphir m
**sarcasm** [ˈsɑːkæzm] n sarcasme m, raillerie f
**sarcastic** [sɑːˈkæstɪk] adj sarcastique
**sardine** [sɑːˈdiːn] n sardine f
**Sardinia** [sɑːˈdɪnɪə] n Sardaigne f
**SASE** n abbr (US: = self-addressed stamped envelope)
enveloppe affranchie pour la réponse
**sash** [sæʃ] n écharpe f
**sat** [sæt] pt, pp of **sit**
**Sat.** abbr (= Saturday) sa
**satchel** [ˈsætʃl] n cartable m
**satellite** [ˈsætəlaɪt] adj, n satellite m
**satellite dish** n antenne f parabolique

**satellite navigation system** n système m de navigation par satellite

**satellite television** n télévision f par satellite

**satin** ['sætɪn] n satin m ▷ adj en or de satin, satiné(e); **with a ~ finish** satiné(e)

**satire** ['sætaɪə'] n satire f

**satisfaction** [sætɪs'fækʃən] n satisfaction f

**satisfactory** [sætɪs'fæktərɪ] adj satisfaisant(e)

**satisfied** ['sætɪsfaɪd] adj satisfait(e); **to be ~ with sth** être satisfait de qch

**satisfy** ['sætɪsfaɪ] vt satisfaire, contenter; (convince) convaincre, persuader; **to ~ the requirements** remplir les conditions; **to ~ sb (that)** convaincre qn (que); **to ~ o.s. of sth** vérifier qch, s'assurer de qch

**satisfying** ['sætɪsfaɪɪŋ] adj satisfaisant(e)

**Saturday** ['sætədɪ] n samedi m; see also **Tuesday**

**sauce** [sɔːs] n sauce f

**saucepan** ['sɔːspən] n casserole f

**saucer** ['sɔːsə'] n soucoupe f

**Saudi Arabia** n Arabie f Saoudite

**Saudi (Arabian)** ['saʊdɪ] adj saoudien(ne) ▷ n Saoudien(ne)

**sauna** ['sɔːnə] n sauna m

**saunter** ['sɔːntə'] vi: **to ~ to** aller en flânant or se balader jusqu'à

**sausage** ['sɔsɪdʒ] n saucisse f; (salami etc) saucisson m

**sausage roll** n friand m

**sautéed** ['sauteɪd] adj sauté(e)

**savage** ['sævɪdʒ] adj (cruel, fierce) brutal(e), féroce; (primitive) primitif(-ive), sauvage ▷ n sauvage m/f ▷ vt attaquer férocement

**save** [seɪv] vt (person, belongings) sauver; (money) mettre de côté, économiser; (time) (faire) gagner; (keep) garder; (Comput) sauvegarder; (Sport: stop) arrêter; (avoid: trouble) éviter ▷ vi (also: **~ up**) mettre de l'argent de côté ▷ n (Sport) arrêt m (du ballon) ▷ prep sauf, à l'exception de; **it will ~ me an hour** ça me fera gagner une heure; **to ~ face** sauver la face; **God ~ the Queen!** vive la Reine!

**saving** ['seɪvɪŋ] n économie f ▷ adj: **the ~ grace of** ce qui rachète; **savings** npl économies fpl; **to make ~s** faire des économies

**savings account** n compte m d'épargne

**savings and loan association** (US) n ≈ société f de crédit immobilier

**savings bank** n caisse f d'épargne

**saviour**, (US) **savior** ['seɪvjə'] n sauveur m

**savour**, (US) **savor** ['seɪvə'] n saveur f, goût m ▷ vt savourer

**savoury**, (US) **savory** ['seɪvərɪ] adj savoureux(-euse); (dish: not sweet) salé(e)

**saw** [sɔː] pt of **see** ▷ n (tool) scie f ▷ vt (pt **sawed**, pp **sawed** or **sawn**) [sɔːn] scier; **to ~ sth up** débiter qch à la scie

**sawdust** ['sɔːdʌst] n sciure f

**sawmill** ['sɔːmɪl] n scierie f

**sawn** [sɔːn] pp of **saw**

**sawn-off** ['sɔːnɔf], (US) **sawed-off** ['sɔːdɔf] adj: **~ shotgun** carabine f à canon scié

**sax** [sæks] (inf) n saxo m

**saxophone** ['sæksəfəʊn] n saxophone m

**say** [seɪ] n: **to have one's ~** dire ce qu'on a à dire ▷ vt (pt, pp **said**) [sɛd] dire; **to have a ~** avoir voix au chapitre; **could you ~ that again?** pourriez-vous répéter ce que vous venez de dire?; **to ~ yes/no** dire oui/non; **she said (that) I was to give you this** elle m'a chargé de vous remettre ceci; **my watch ~s 3 o'clock** ma montre indique 3 heures, il est 3 heures à ma montre; **shall we ~ Tuesday?** disons mardi?; **that doesn't ~ much for him** ce n'est pas vraiment à son honneur; **when all is said and done** en fin de compte, en définitive; **there is something** or **a lot to be said for it** cela a des avantages; **that is to ~** c'est-à-dire; **to ~ nothing of** sans compter; **~ that ...** mettons or disons que ...; **that goes without ~ing** cela va sans dire, cela va de soi

**saying** ['seɪɪŋ] n dicton m, proverbe m

**scab** [skæb] n croûte f; (pej) jaune m

**scaffold** ['skæfəld] n échafaud m

**scaffolding** ['skæfəldɪŋ] n échafaudage m

**scald** [skɔːld] n brûlure f ▷ vt ébouillanter

**scale** [skeɪl] n (of fish) écaille f; (Mus) gamme f; (of ruler, thermometer etc) graduation f, échelle (graduée); (of salaries, fees etc) barème m; (of map, also size, extent) échelle f ▷ vt (mountain) escalader; (fish) écailler; **scales** npl balance f; (larger) bascule f; (also: **bathroom ~s**) pèse-personne m inv; **pay ~** échelle des salaires; **~ of charges** tableau m des tarifs; **on a large ~** sur une grande échelle, en grand; **to draw sth to ~** dessiner qch à l'échelle; **small-~ model** modèle réduit; **scale down** vt réduire

**scallion** ['skæljən] n oignon m; (US: salad onion) ciboule f; (: shallot) échalote f; (: leek) poireau m

**scallop** ['skɔləp] n coquille f Saint-Jacques; (Sewing) feston m

**scalp** [skælp] n cuir chevelu ▷ vt scalper

**scalpel** ['skælpl] n scalpel m

**scam** [skæm] n (inf) arnaque f

**scampi** ['skæmpɪ] npl langoustines (frites), scampi mpl

**scan** [skæn] vt (examine) scruter, examiner; (glance at quickly) parcourir; (poetry) scander; (TV, Radar) balayer ▷ n (Med) scanographie f

**scandal** ['skændl] n scandale m; (gossip) ragots mpl

**Scandinavia** [skændɪ'neɪvɪə] n Scandinavie f

**Scandinavian** [skændɪ'neɪvɪən] adj scandinave ▷ n Scandinave m/f

**scanner** ['skænə'] n (Radar, Med) scanner m, scanographe m; (Comput) scanner

**scant** [skænt] adj insuffisant(e)

S

**scanty** ['skæntɪ] *adj* peu abondant(e), insuffisant(e), maigre

**scapegoat** ['skeɪpgəʊt] *n* bouc *m* émissaire

**scar** [skɑːʳ] *n* cicatrice *f* ▷ *vt* laisser une cicatrice or une marque à

**scarce** [skɛəs] *adj* rare, peu abondant(e); **to make o.s. ~** (*inf*) se sauver

**scarcely** ['skɛəslɪ] *adv* à peine, presque pas; **~ anybody** pratiquement personne; **I can ~ believe it** j'ai du mal à le croire

**scarcity** ['skɛəsɪtɪ] *n* rareté *f*, manque *m*, pénurie *f*

**scare** [skɛəʳ] *n* peur *f*, panique *f* ▷ *vt* effrayer, faire peur à; **to ~ sb stiff** faire une peur bleue à qn; **bomb ~** alerte *f* à la bombe; **scare away**, **scare off** *vt* faire fuir

**scarecrow** ['skɛəkrəʊ] *n* épouvantail *m*

**scared** ['skɛəd] *adj*: **to be ~** avoir peur

**scarf** (*pl* **scarves**) [skɑːf, skɑːvz] *n* (*long*) écharpe *f*; (*square*) foulard *m*

**scarlet** ['skɑːlɪt] *adj* écarlate

**scarlet fever** *n* scarlatine *f*

**scarves** [skɑːvz] *npl of* **scarf**

**scary** ['skɛərɪ] *adj* effrayant(e); (*film*) qui fait peur

**scathing** ['skeɪðɪŋ] *adj* cinglant(e), acerbe; **to be ~ about sth** être très critique vis-à-vis de qch

**scatter** ['skætəʳ] *vt* éparpiller, répandre; (*crowd*) disperser ▷ *vi* se disperser

**scatterbrained** ['skætəbreɪnd] *adj* écervelé(e), étourdi(e)

**scavenger** ['skævəndʒəʳ] *n* éboueur *m*

**scenario** [sɪ'nɑːrɪəu] *n* scénario *m*

**scene** [siːn] *n* (*Theat, fig etc*) scène *f*; (*of crime, accident*) lieu(x) *m(pl)*, endroit *m*; (*sight, view*) spectacle *m*, vue *f*; **behind the ~s** (*also fig*) dans les coulisses; **to make a ~** (*inf: fuss*) faire une scène or toute une histoire; **to appear on the ~** (*also fig*) faire son apparition, arriver; **the political ~** la situation politique

**scenery** ['siːnərɪ] *n* (*Theat*) décor(s) *m(pl)*; (*landscape*) paysage *m*

**scenic** ['siːnɪk] *adj* scénique; offrant de beaux paysages or panoramas

**scent** [sɛnt] *n* parfum *m*, odeur *f*; (*fig: track*) piste *f*; (*sense of smell*) odorat *m* ▷ *vt* parfumer; (*smell: also fig*) flairer; (*also: **to put** or **throw sb off the ~**: fig*) mettre qn sur une mauvaise piste

**sceptical**, (US) **skeptical** ['skɛptɪkl] *adj* sceptique

**schedule** ['ʃɛdjuːl, US: 'skɛdjuːl] *n* programme *m*, plan *m*; (*of trains*) horaire *m*; (*of prices etc*) barème *m*, tarif *m* ▷ *vt* prévoir; **as ~d** comme prévu; **on ~** à l'heure (prévue); à la date prévue; **to be ahead of/behind ~** avoir de l'avance/du retard; **we are working to a very tight ~** notre programme de travail est très serré or intense; **everything went according to ~** tout s'est passé comme prévu

**scheduled flight** *n* vol régulier

**scheme** [skiːm] *n* plan *m*, projet *m*; (*method*) procédé *m*; (*plot*) complot *m*, combine *f*; (*arrangement*) arrangement *m*, classification *f*; (*pension scheme etc*) régime *m* ▷ *vt, vi* comploter, manigancer; **colour ~** combinaison *f* de(s) couleurs

**scheming** ['skiːmɪŋ] *adj* rusé(e), intrigant(e) ▷ *n* manigances *fpl*, intrigues *fpl*

**schizophrenic** [skɪtsə'frɛnɪk] *adj* schizophrène

**scholar** ['skɔləʳ] *n* érudit(e); (*pupil*) boursier(-ère)

**scholarship** ['skɔləʃɪp] *n* érudition *f*; (*grant*) bourse *f* (d'études)

**school** [skuːl] *n* (*gen*) école *f*; (*secondary school*) collège *m*; lycée *m*; (*in university*) faculté *f*; (*US: university*) université *f*; (*of fish*) banc *m* ▷ *cpd* scolaire ▷ *vt* (*animal*) dresser

**schoolbook** ['skuːlbʊk] *n* livre *m* scolaire or de classe

**schoolboy** ['skuːlbɔɪ] *n* écolier *m*; (*at secondary school*) collégien *m*; lycéen *m*

**schoolchildren** ['skuːltʃɪldrən] *npl* écoliers *mpl*; (*at secondary school*) collégiens *mpl*; lycéens *mpl*

**schoolgirl** ['skuːlgəːl] *n* écolière *f*; (*at secondary school*) collégienne *f*; lycéenne *f*

**schooling** ['skuːlɪŋ] *n* instruction *f*, études *fpl*

**schoolmaster** ['skuːlmɑːstəʳ] *n* (*primary*) instituteur *m*; (*secondary*) professeur *m*

**schoolmistress** ['skuːlmɪstrɪs] *n* (*primary*) institutrice *f*; (*secondary*) professeur *m*

**schoolteacher** ['skuːltiːtʃəʳ] *n* (*primary*) instituteur(-trice); (*secondary*) professeur *m*

**science** ['saɪəns] *n* science *f*; **the ~s** les sciences; (*Scol*) les matières *fpl* scientifiques

**science fiction** *n* science-fiction *f*

**scientific** [saɪən'tɪfɪk] *adj* scientifique

**scientist** ['saɪəntɪst] *n* scientifique *m/f*; (*eminent*) savant *m*

**sci-fi** ['saɪfaɪ] *n abbr* (*inf: = science fiction*) SF *f*

**scissors** ['sɪzəz] *npl* ciseaux *mpl*; **a pair of ~** une paire de ciseaux

**scoff** [skɔf] *vt* (*Brit inf: eat*) avaler, bouffer ▷ *vi*: **to ~ (at)** (*mock*) se moquer (de)

**scold** [skəʊld] *vt* gronder, attraper, réprimander

**scone** [skɔn] *n* sorte de petit pain rond au lait

**scoop** [skuːp] *n* pelle *f* (à main); (*for ice cream*) boule *f* à glace; (*Press*) reportage exclusif or à sensation; **scoop out** *vt* évider, creuser; **scoop up** *vt* ramasser

**scooter** ['skuːtəʳ] *n* (*motor cycle*) scooter *m*; (*toy*) trottinette *f*

**scope** [skəʊp] *n* (*capacity: of plan, undertaking*) portée *f*, envergure *f*; (: *of person*) compétence *f*, capacités *fpl*; (*opportunity*) possibilités *fpl*; **within the ~ of** dans les limites de; **there is plenty of ~ for improvement** (*Brit*) cela pourrait être beaucoup mieux

**scorch** [skɔːtʃ] *vt* (*clothes*) brûler (légèrement), roussir; (*earth, grass*) dessécher, brûler

**scorching** ['skɔ:tʃɪŋ] *adj* torride, brûlant(e)

**score** [skɔ:ʳ] *n* score *m*, décompte *m* des points; (*Mus*) partition *f* ▷ *vt* (*goal, point*) marquer; (*success*) remporter; (*cut: leather, wood, card*) entailler, inciser ▷ *vt* marquer des points; (*Football*) marquer un but; (*keep score*) compter les points; **on that ~** sur ce chapitre, à cet égard; **to have an old ~ to settle with sb** (*fig*) avoir un (vieux) compte à régler avec qn; **a ~ of** (*twenty*) vingt; **~s of** (*fig*) des tas de; **to ~ 6 out of 10** obtenir 6 sur 10; **score out** *vt* rayer, barrer, biffer

**scoreboard** ['skɔ:bɔ:d] *n* tableau *m*

**scorer** ['skɔ:rəʳ] *n* (*Football*) auteur *m* du but; buteur *m*; (*keeping score*) marqueur *m*

**scorn** [skɔ:n] *n* mépris *m*, dédain *m* ▷ *vt* mépriser, dédaigner

**Scorpio** ['skɔ:pɪəu] *n* le Scorpion; **to be ~** être du Scorpion

**scorpion** ['skɔ:pɪən] *n* scorpion *m*

**Scot** [skɔt] *n* Écossais(e)

**Scotch** [skɔtʃ] *n* whisky *m*, scotch *m*

**scotch** [skɔtʃ] *vt* faire échouer; enrayer; étouffer

**Scotch tape**® (*US*) *n* scotch® *m*, ruban adhésif

**scot-free** ['skɔt'fri:] *adj*: **to get off ~** s'en tirer sans être puni(e); s'en sortir indemne

**Scotland** ['skɔtlənd] *n* Écosse *f*

**Scots** [skɔts] *adj* écossais(e)

**Scotsman** ['skɔtsmən] *irreg n* Écossais *m*

**Scotswoman** ['skɔtswumən] *irreg n* Écossaise *f*

**Scottish** ['skɔtɪʃ] *adj* écossais(e); **the ~ National Party** le parti national écossais; **the ~ Parliament** le Parlement écossais

**scoundrel** ['skaundrl] *n* vaurien *m*

**scour** ['skauəʳ] *vt* (*clean*) récurer; frotter; décaper; (*search*) battre, parcourir

**scout** [skaut] *n* (*Mil*) éclaireur *m*; (*also:* **boy ~**) scout *m*; **girl ~** (*US*) guide *f*; **scout around** *vi* chercher

**scowl** [skaul] *vi* se renfrogner, avoir l'air maussade; **to ~ at** regarder de travers

**scrabble** ['skræbl] *vi* (*claw*): **to ~ (at)** gratter; **to ~ about** or **around for sth** chercher qch à tâtons ▷ *n*: **S-**® Scrabble® *m*

**scram** [skræm] *vi* (*inf*) ficher le camp

**scramble** ['skræmbl] *n* (*rush*) bousculade *f*, ruée *f* ▷ *vi* grimper/descendre tant bien que mal; **to ~ for** se bousculer or se disputer pour (avoir); **to go scrambling** (*Sport*) faire du trial

**scrambled eggs** ['skræmbld-] *npl* œufs brouillés

**scrap** [skræp] *n* bout *m*, morceau *m*; (*fight*) bagarre *f*; (*also:* **~ iron**) ferraille *f* ▷ *vt* jeter, mettre au rebut; (*fig*) abandonner, laisser tomber ▷ *vi* se bagarrer; **scraps** *npl* (*waste*) déchets *mpl*; **to sell sth for** ~ vendre qch à la casse or à la ferraille

**scrapbook** ['skræpbuk] *n* album *m*

**scrap dealer** *n* marchand *m* de ferraille

**scrape** [skreɪp] *vt, vi* gratter, racler ▷ *n*: **to get into a ~** s'attirer des ennuis; **scrape through** *vi* (*exam etc*) réussir de justesse; **scrape together** *vt* (*money*) racler ses fonds de tiroir pour réunir

**scrap heap** *n* tas *m* de ferraille; (*fig*): **on the ~** au rancart or rebut

**scrap merchant** *n* (*Brit*) marchand *m* de ferraille

**scrap paper** *n* papier *m* brouillon

**scratch** [skrætʃ] *n* égratignure *f*, rayure *f*; (*on paint*) éraflure *f*; (*from claw*) coup *m* de griffe ▷ *adj*: ~ **team** équipe de fortune or improvisée ▷ *vt* (*rub*) (se) gratter; (*record*) rayer; (*paint etc*) érafler; (*with claw, nail*) griffer; (*Comput*) effacer ▷ *vi* (se) gratter; **to start from ~** partir de zéro; **to be up to ~** être à la hauteur

**scratch card** *n* carte *f* à gratter

**scrawl** [skrɔ:l] *n* gribouillage *m* ▷ *vi* gribouiller

**scrawny** ['skrɔ:nɪ] *adj* décharné(e)

**scream** [skri:m] *n* cri perçant, hurlement *m* ▷ *vi* crier, hurler; **to be a ~** (*inf*) être impayable; **to ~ at sb to do sth** crier or hurler à qn de faire qch

**screech** [skri:tʃ] *n* cri strident, hurlement *m*; (*of tyres, brakes*) crissement *m*, grincement *m* ▷ *vi* hurler; crisser, grincer

**screen** [skri:n] *n* écran *m*; (*in room*) paravent *m*; (*Cine, TV*) écran; (*fig*) écran, rideau *m* ▷ *vt* masquer, cacher; (*from the wind etc*) abriter, protéger; (*film*) projeter; (*candidates etc*) filtrer; (*for illness*): **to ~ sb for sth** faire subir un test de dépistage de qch à qn

**screening** ['skri:nɪŋ] *n* (*of film*) projection *f*; (*Med*) test *m* (or tests) de dépistage; (*for security*) filtrage *m*

**screenplay** ['skri:npleɪ] *n* scénario *m*

**screen saver** *n* (*Comput*) économiseur *m* d'écran

**screw** [skru:] *n* vis *f*; (*propeller*) hélice *f* ▷ *vt* (*also:* ~ **in**) visser; (*inf!: woman*) baiser (!); **to ~ sth to the wall** visser qch au mur; **to have one's head ~ed on** (*fig*) avoir la tête sur les épaules; **screw up** *vt* (*paper etc*) froisser; (*inf: ruin*) bousiller; **to ~ up one's eyes** se plisser les yeux; **to ~ up one's face** faire la grimace

**screwdriver** ['skru:draɪvəʳ] *n* tournevis *m*

**scribble** ['skrɪbl] *n* gribouillage *m* ▷ *vt* gribouiller, griffonner; **to ~ sth down** griffonner qch

**script** [skrɪpt] *n* (*Cine etc*) scénario *m*, texte *m*; (*in exam*) copie *f*; (*writing*) (écriture *f*) script *m*

**Scripture** ['skrɪptʃəʳ] *n* Écriture sainte

**scroll** [skrəul] *n* rouleau *m* ▷ *vt* (*Comput*) faire défiler (sur l'écran)

**scrounge** [skraundʒ] (*inf*) *vt*: **to ~ sth (off** or **from sb)** se faire payer qch (par qn), emprunter qch (à qn) ▷ *vi*: **to ~ on sb** vivre aux crochets de qn

**scrounger** ['skraundʒəʳ] *n* parasite *m*

**S**

**scrub** [skrʌb] n (clean) nettoyage m (à la brosse); (land) broussailles fpl ▷ vt (floor) nettoyer à la brosse; (pan) récurer; (washing) frotter; (reject) annuler

**scruff** [skrʌf] n: **by the ~ of the neck** par la peau du cou

**scruffy** ['skrʌfi] adj débraillé(e)

**scrum** [skrʌm], **scrummage** ['skrʌmidʒ] n mêlée f

**scruple** ['skru:pl] n scrupule m; **to have no ~s about doing sth** n'avoir aucun scrupule à faire qch

**scrutiny** ['skru:tini] n examen minutieux; **under the ~ of sb** sous la surveillance de qn

**scuba diving** ['sku:bə-] n plongée sous-marine

**scuff** [skʌf] vt érafler

**scuffle** ['skʌfl] n échauffourée f, rixe f

**sculptor** ['skʌlptə'] n sculpteur m

**sculpture** ['skʌlptʃə'] n sculpture f

**scum** [skʌm] n écume f, mousse f; (pej: people) rebut m, lie f

**scurry** ['skʌri] vi filer à toute allure; **to ~ off** détaler, se sauver

**scuttle** ['skʌtl] n (Naut) écoutille f; (also: **coal ~**) seau m (à charbon) ▷ vt (ship) saborder ▷ vi (scamper): **to ~ away, ~ off** détaler

**scythe** [saið] n faux f

**sea** [si:] n mer f ▷ cpd marin(e), de (la) mer, maritime; **on the ~** (boat) en mer; (town) au bord de la mer; **by** or **beside the ~** (holiday, town) au bord de la mer; **by ~** par mer, en bateau; **out to ~** au large; (out) **at ~** en mer; **heavy** or **rough ~(s)** grosse mer, mer agitée; **a ~ of faces** (fig) une multitude de visages; **to be all at ~** (fig) nager complètement

**seaboard** ['si:bɔːd] n côte f

**seafood** ['si:fu:d] n fruits mpl de mer

**sea front** ['si:frʌnt] n bord m de mer

**seagoing** ['si:gəuiŋ] adj (ship) de haute mer

**seagull** ['si:gʌl] n mouette f

**seal** [si:l] n (animal) phoque m; (stamp) sceau m, cachet m; (impression) cachet, estampille f ▷ vt sceller; (envelope) coller; (: with seal) cacheter; (decide: sb's fate) décider (de); (: bargain) conclure; **~ of approval** approbation f; **seal off** vt (close) condamner; (forbid entry to) interdire l'accès de

**sea level** n niveau m de la mer

**sea lion** n lion m de mer

**seam** [si:m] n couture f; (of coal) veine f, filon m; **the hall was bursting at the ~s** la salle était pleine à craquer

**seaman** ['si:mən] irreg n marin m

**seance** ['seiɔns] n séance f de spiritisme

**seaplane** ['si:plein] n hydravion m

**search** [sə:tʃ] n (for person, thing, Comput) recherche(s) f(pl); (of drawer, pockets) fouille f; (Law: at sb's home) perquisition f ▷ vt fouiller; (examine) examiner minutieusement; scruter ▷ vi: **to ~ for** chercher; **in ~ of** à la recherche de; **search through** vt fus fouiller

**search engine** n (Comput) moteur m de recherche

**searching** ['sə:tʃiŋ] adj (look, question) pénétrant(e); (examination) minutieux(-euse)

**searchlight** ['sə:tʃlait] n projecteur m

**search party** n expédition f de secours

**search warrant** n mandat m de perquisition

**seashore** ['si:ʃɔː'] n rivage m, plage f, bord m de (la) mer; **on the ~** sur le rivage

**seasick** ['si:sik] adj: **to be ~** avoir le mal de mer

**seaside** ['si:said] n bord m de mer

**seaside resort** n station f balnéaire

**season** ['si:zn] n saison f ▷ vt assaisonner, relever; **to be in/out of ~** être/ne pas être de saison; **the busy ~** (for shops) la période de pointe; (for hotels etc) la pleine saison; **the open ~** (Hunting) la saison de la chasse

**seasonal** ['si:znl] adj saisonnier(-ière)

**seasoned** ['si:znd] adj (wood) séché(e); (fig: worker, actor, troops) expérimenté(e); **a ~ campaigner** un vieux militant, un vétéran

**seasoning** ['si:zniŋ] n assaisonnement m

**season ticket** n carte f d'abonnement

**seat** [si:t] n siège m; (in bus, train: place) place f; (Parliament) siège; (buttocks) postérieur m; (of trousers) fond m ▷ vt faire asseoir, placer; (have room for) avoir des places assises pour, pouvoir accueillir; **are there any ~s left?** est-ce qu'il reste des places?; **to take one's ~** prendre place; **to be ~ed** être assis; **please be ~ed** veuillez vous asseoir

**seat belt** n ceinture f de sécurité

**seating** ['si:tiŋ] n sièges fpl, places assises

**sea water** n eau f de mer

**seaweed** ['si:wi:d] n algues fpl

**seaworthy** ['si:wə:ði] adj en état de naviguer

**sec.** abbr (= second) sec

**secluded** [si'klu:did] adj retiré(e), à l'écart

**seclusion** [si'klu:ʒən] n solitude f

**second**[1] ['sekənd] num deuxième, second(e) ▷ adv (in race etc) en seconde position ▷ n (unit of time) seconde f; (Aut: also: **~ gear**) seconde; (in series, position) deuxième m/f, second(e); (Comm: imperfect) article m de second choix; (Brit Scol) ≈ licence f avec mention ▷ vt (motion) appuyer; **seconds** npl (inf: food) rab m (inf); **Charles the S~** Charles II; **just a ~!** une seconde!, un instant!; (stopping sb) pas si vite!; **~ floor** (Brit) deuxième (étage) m; (US) premier (étage) m; **to ask for a ~ opinion** (Med) demander l'avis d'un autre médecin

**second**[2] [si'kɔnd] vt (employee) détacher, mettre en détachement

**secondary** ['sekəndəri] adj secondaire

**secondary school** n (age 11 to 15) collège m; (age 15 to 18) lycée m

**second-class** ['sekənd'klɑ:s] adj de deuxième classe; (Rail) de seconde (classe); (Post) au tarif réduit; (pej) de qualité inférieure ▷ adv (Rail) en seconde; (Post) au

tarif réduit; **~ citizen** citoyen(ne) de deuxième classe
**second hand** n (on clock) trotteuse f
**secondhand** ['sɛkənd'hænd] adj d'occasion; (information) de seconde main ▷ adv (buy) d'occasion; **to hear sth ~** apprendre qch indirectement
**secondly** ['sɛkəndlɪ] adv deuxièmement; **firstly ... ~ ...** d'abord ... ensuite ... or de plus ...
**secondment** [sɪ'kɔndmənt] n (Brit) détachement m
**second-rate** ['sɛkənd'reɪt] adj de deuxième ordre, de qualité inférieure
**second thoughts** npl: **to have ~** changer d'avis; **on ~** or **thought** (US) à la réflexion
**secrecy** ['si:krəsɪ] n secret m; **in ~** en secret
**secret** ['si:krɪt] adj secret(-ète) ▷ n secret m; **in ~** adv en secret, secrètement, en cachette; **to keep sth ~ from sb** cacher qch à qn, ne pas révéler qch à qn; **to make no ~ of sth** ne pas cacher qch; **keep it ~** n'en parle à personne
**secretary** ['sɛkrətrɪ] n secrétaire m/f; (Comm) secrétaire général; **S~ of State** (US Pol) ≈ ministre m des Affaires étrangères; **S~ of State (for)** (Brit Pol) ministre m (de)
**secretive** ['si:krətɪv] adj réservé(e); (pej) cachottier(-ière), dissimulé(e)
**secretly** ['si:krɪtlɪ] adv en secret, secrètement, en cachette
**secret service** n services secrets
**sect** [sɛkt] n secte f
**sectarian** [sɛk'tɛərɪən] adj sectaire
**section** ['sɛkʃən] n section f; (department) section; (Comm) rayon m; (of document) section, article m, paragraphe m; (cut) coupe f ▷ vt sectionner; **the business** etc **~** (Press) la page des affaires etc
**sector** ['sɛktər] n secteur m
**secular** ['sɛkjulər] adj laïque
**secure** [sɪ'kjuər] adj (free from anxiety) sans inquiétude, sécurisé(e); (firmly fixed) solide, bien attaché(e) (or fermé(e) etc); (in safe place) en lieu sûr, en sûreté ▷ vt (fix) fixer, attacher; (get) obtenir, se procurer; (Comm: loan) garantir; **to make sth ~** bien fixer or attacher qch; **to ~ sth for sb** obtenir qch pour qn, procurer qch à qn
**security** [sɪ'kjuərɪtɪ] n sécurité f, mesures fpl de sécurité; (for loan) caution f, garantie f; **securities** npl (Stock Exchange) valeurs fpl, titres mpl; **to increase** or **tighten ~** renforcer les mesures de sécurité; **~ of tenure** stabilité f d'un emploi, titularisation f
**security guard** n garde chargé de la sécurité; (transporting money) convoyeur m de fonds
**sedan** [sə'dæn] n (US Aut) berline f
**sedate** [sɪ'deɪt] adj calme; posé(e) ▷ vt donner des sédatifs à
**sedative** ['sɛdɪtɪv] n calmant m, sédatif m

**seduce** [sɪ'dju:s] vt séduire
**seduction** [sɪ'dʌkʃən] n séduction f
**seductive** [sɪ'dʌktɪv] adj séduisant(e); (smile) séducteur(-trice); (fig: offer) alléchant(e)
**see** [si:] (pt **saw**, pp **seen**) [sɔ:, si:n] vt (gen) voir; (accompany): **to ~ sb to the door** reconduire or raccompagner qn jusqu'à la porte ▷ vi voir ▷ n évêché m; **to ~ that** (ensure) veiller à ce que + sub, faire en sorte que + sub, s'assurer que; **there was nobody to be ~n** il n'y avait pas un chat; **let me ~** (show me) fais(-moi) voir; (let me think) voyons (un peu); **to go and ~ sb** aller voir qn; **~ for yourself** voyez vous-même; **I don't know what she ~s in him** je ne sais pas ce qu'elle lui trouve; **as far as I can ~** pour autant que je puisse en juger; **~ you!** au revoir!, à bientôt!; **~ you soon/later/tomorrow!** à bientôt/plus tard/demain!; ▸ **see about** vt fus (deal with) s'occuper de; ▸ **see off** vt accompagner (à l'aéroport etc); ▸ **see out** vt (take to door) raccompagner à la porte; ▸ **see through** vt mener à bonne fin ▷ vt fus voir clair dans; ▸ **see to** vt fus s'occuper de, se charger de
**seed** [si:d] n graine f; (fig) germe m; (Tennis etc) tête f de série; **to go to ~** (plant) monter en graine; (fig) se laisser aller
**seedling** ['si:dlɪŋ] n jeune plant m, semis m
**seedy** ['si:dɪ] adj (shabby) minable, miteux(-euse)
**seeing** ['si:ɪŋ] conj: **~ (that)** vu que, étant donné que
**seek** [si:k] (pt, pp **sought**) [sɔ:t] vt chercher, rechercher; **to ~ advice/help from sb** demander conseil/de l'aide à qn; ▸ **seek out** vt (person) chercher
**seem** [si:m] vi sembler, paraître; **there ~s to be ...** il semble qu'il y a ..., on dirait qu'il y a ...; **it ~s (that) ...** il semble que ...; **what ~s to be the trouble?** qu'est-ce qui ne va pas?
**seemingly** ['si:mɪŋlɪ] adv apparemment
**seen** [si:n] pp of **see**
**seep** [si:p] vi suinter, filtrer
**seesaw** ['si:sɔ:] n (jeu m de) bascule f
**seethe** [si:ð] vi être en effervescence; **to ~ with anger** bouillir de colère
**see-through** ['si:θru:] adj transparent(e)
**segment** ['sɛgmənt] n segment m; (of orange) quartier m
**segregate** ['sɛgrɪgeɪt] vt séparer, isoler
**Seine** [seɪn] n: **the (River) ~** la Seine
**seize** [si:z] vt (grasp) saisir, attraper; (take possession of) s'emparer de; (opportunity) saisir; (Law) saisir; **seize on** vt fus saisir, sauter sur; **seize up** vi (Tech) se gripper; **seize upon** vt fus = **seize on**
**seizure** ['si:ʒər] n (Med) crise f, attaque f; (of power) prise f; (Law) saisie f
**seldom** ['sɛldəm] adv rarement
**select** [sɪ'lɛkt] adj choisi(e), d'élite; (hotel, restaurant, club) chic inv, sélect inv ▷ vt

**S**

sélectionner, choisir; **a ~ few** quelques privilégiés

**selection** [sɪˈlɛkʃən] n sélection f, choix m

**selective** [sɪˈlɛktɪv] adj sélectif(-ive); (school) à recrutement sélectif

**self** (pl **selves**) [sɛlf, sɛlvz] n: **the ~** le moi inv ▷ prefix auto-

**self-assured** [sɛlfəˈʃuəd] adj sûr(e) de soi, plein(e) d'assurance

**self-catering** [sɛlfˈkeɪtərɪŋ] adj (Brit: flat) avec cuisine, où l'on peut faire sa cuisine; (: holiday) en appartement (or chalet etc) loué

**self-centred**, (US) **self-centered** [sɛlfˈsɛntəd] adj égocentrique

**self-confidence** [sɛlfˈkɒnfɪdns] n confiance f en soi

**self-confident** [sɛlfˈkɒnfɪdnt] adj sûr(e) de soi, plein(e) d'assurance

**self-conscious** [sɛlfˈkɒnʃəs] adj timide, qui manque d'assurance

**self-contained** [sɛlfkənˈteɪnd] adj (Brit: flat) avec entrée particulière, indépendant(e)

**self-control** [sɛlfkənˈtrəʊl] n maîtrise f de soi

**self-defence**, (US) **self-defense** [sɛlfdɪˈfɛns] n autodéfense f; (Law) légitime défense f

**self-discipline** [sɛlfˈdɪsɪplɪn] n discipline personnelle

**self-drive** [sɛlfˈdraɪv] adj (Brit): **~ car** voiture f de location

**self-employed** [sɛlfɪmˈplɔɪd] adj qui travaille à son compte

**self-esteem** [sɛlfɪsˈtiːm] n amour-propre m

**self-evident** [sɛlfˈɛvɪdnt] adj évident(e), qui va de soi

**self-governing** [sɛlfˈɡʌvənɪŋ] adj autonome

**self-indulgent** [sɛlfɪnˈdʌldʒənt] adj qui ne se refuse rien

**self-interest** [sɛlfˈɪntrɪst] n intérêt personnel

**selfish** [ˈsɛlfɪʃ] adj égoïste

**selfishness** [ˈsɛlfɪʃnɪs] n égoïsme m

**selfless** [ˈsɛlflɪs] adj désintéressé(e)

**self-pity** [sɛlfˈpɪtɪ] n apitoiement m sur soi-même

**self-possessed** [sɛlfpəˈzɛst] adj assuré(e)

**self-preservation** [ˈsɛlfprɛzəˈveɪʃən] n instinct m de conservation

**self-raising** [sɛlfˈreɪzɪŋ], (US) **self-rising** [sɛlfˈraɪzɪŋ] adj: **~ flour** farine f pour gâteaux (avec levure incorporée)

**self-respect** [sɛlfrɪsˈpɛkt] n respect m de soi, amour-propre m

**self-righteous** [sɛlfˈraɪtʃəs] adj satisfait(e) de soi, pharisaïque

**self-sacrifice** [sɛlfˈsækrɪfaɪs] n abnégation f

**self-satisfied** [sɛlfˈsætɪsfaɪd] adj content(e) de soi, suffisant(e)

**self-service** [sɛlfˈsəːvɪs] adj, n libre-service (m), self-service (m)

**self-sufficient** [sɛlfsəˈfɪʃənt] adj indépendant(e)

**self-taught** [sɛlfˈtɔːt] adj autodidacte

**sell** (pt, pp **sold**) [sɛl, səʊld] vt vendre ▷ vi se vendre; **to ~ at or for 10 euros** se vendre 10 euros; **to ~ sb an idea** (fig) faire accepter une idée à qn; **sell off** vt liquider; **sell out** vi: **to ~ out (of sth)** (use up stock) vendre tout son stock (de qch); **to ~ out (to)** (Comm) vendre son fonds or son affaire (à) ▷ vt vendre tout son stock de; **the tickets are all sold out** il ne reste plus de billets; **sell up** vi vendre son fonds or son affaire

**sell-by date** [ˈsɛlbaɪ-] n date f limite de vente

**seller** [ˈsɛlər] n vendeur(-euse), marchand(e); **~'s market** marché m à la hausse

**selling price** [ˈsɛlɪŋ-] n prix m de vente

**Sellotape**® [ˈsɛləʊteɪp] n (Brit) scotch® m

**selves** [sɛlvz] npl of **self**

**semblance** [ˈsɛmblns] n semblant m

**semen** [ˈsiːmən] n sperme m

**semester** [sɪˈmɛstər] n (esp US) semestre m

**semi...** [ˈsɛmɪ] prefix semi-, demi-; à demi, à moitié ▷ n: **semi = semidetached house**

**semicircle** [ˈsɛmɪsəːkl] n demi-cercle m

**semicolon** [ˈsɛmɪˈkəʊlən] n point-virgule m

**semidetached** [sɛmɪdɪˈtætʃt], **semidetached house** n (Brit) maison jumelée or jumelle

**semi-final** [sɛmɪˈfaɪnl] n demi-finale f

**seminar** [ˈsɛmɪnɑːr] n séminaire m

**seminary** [ˈsɛmɪnərɪ] n (Rel: for priests) séminaire m

**semiskilled** [sɛmɪˈskɪld] adj: **~ worker** ouvrier(-ière) spécialisé(e)

**semi-skimmed** [ˈsɛmɪˈskɪmd] adj demi-écrémé(e)

**senate** [ˈsɛnɪt] n sénat m; (US): **the S~** le Sénat; voir article

● SENATE
●
● Le Senate est la chambre haute du
● "Congress", le parlement des États-Unis.
● Il est composé de 100 sénateurs, 2 par
● État, élus au suffrage universel direct
● tous les 6 ans, un tiers d'entre eux étant
● renouvelé tous les 2 ans.

**senator** [ˈsɛnɪtər] n sénateur m

**send** (pt, pp **sent**) [sɛnd, sɛnt] vt envoyer; **to ~ by post or (US) mail** envoyer or expédier par la poste; **to ~ sb for sth** envoyer qn chercher qch; **to ~ word that ...** faire dire que ...; **she ~s (you) her love** elle vous adresse ses amitiés; **to ~ sb to Coventry** (Brit) mettre qn en quarantaine; **to ~ sb to sleep** endormir qn; **to ~ sb into fits of laughter** faire rire qn aux éclats; **to ~ sth flying** envoyer valser qch; **send away** vt (letter, goods) envoyer, expédier; **send away for** vt fus commander par correspondance, se faire envoyer; **send back** vt renvoyer; **send for** vt fus envoyer chercher; faire venir; (by post) se faire envoyer, commander par correspondance; **send in** vt (*report, application, resignation*) remettre; **send off** vt (*goods*) envoyer, expédier; (*Brit Sport: player*) expulser *or* renvoyer du terrain; **send on** vt (*Brit: letter*) faire suivre; (*luggage etc: in advance*) (faire) expédier à l'avance; **send out** vt (*invitation*) envoyer (par la poste); (*emit: light, heat, signal*) émettre; **send round** vt (*letter, document etc*) faire circuler; **send up** vt (*person, price*) faire monter; (*Brit: parody*) mettre en boîte, parodier

**sender** ['sɛndə<sup>r</sup>] n expéditeur(-trice)

**send-off** ['sɛndɔf] n: **a good ~** des adieux chaleureux

**senile** ['siːnaɪl] *adj* sénile

**senior** ['siːnɪə<sup>r</sup>] *adj* (*older*) aîné(e), plus âgé(e); (*high-ranking*) de haut niveau; (*of higher rank*): **to be ~ to sb** être le supérieur de qn ▷ n (*older*): **she is 15 years his ~** elle est son aînée de 15 ans, elle est plus âgée que lui de 15 ans; (*in service*) personne f qui a plus d'ancienneté; **P. Jones** ~ P. Jones père

**senior citizen** n personne f du troisième âge

**senior high school** n (US) ≈ lycée m

**seniority** [siːnɪ'ɔrɪtɪ] n priorité f d'âge, ancienneté f; (*in rank*) supériorité f (hiérarchique)

**sensation** [sɛn'seɪʃən] n sensation f; **to create a ~** faire sensation

**sensational** [sɛn'seɪʃənl] *adj* qui fait sensation; (*marvellous*) sensationnel(le)

**sense** [sɛns] n sens m; (*feeling*) sentiment m; (*meaning*) signification f; (*wisdom*) bon sens ▷ vt sentir, pressentir; **senses** npl raison f; **it makes ~** c'est logique; **there is no ~ in (doing) that** cela n'a pas de sens; **to come to one's ~s** (*regain consciousness*) reprendre conscience; (*become reasonable*) revenir à la raison; **to take leave of one's ~s** perdre la tête

**senseless** ['sɛnslɪs] *adj* insensé(e), stupide; (*unconscious*) sans connaissance

**sense of humour**, (US) **sense of humor** n sens m de l'humour

**sensible** ['sɛnsɪbl] *adj* sensé(e), raisonnable; (*shoes etc*) pratique

**sensitive** ['sɛnsɪtɪv] *adj*: **~ (to)** sensible (à); **he is very ~ about it** c'est un point très sensible (chez lui)

**sensual** ['sɛnsjuəl] *adj* sensuel(le)

**sensuous** ['sɛnsjuəs] *adj* voluptueux(-euse), sensuel(le)

**sent** [sɛnt] *pt, pp of* **send**

**sentence** ['sɛntns] n (*Ling*) phrase f; (*Law: judgment*) condamnation f, sentence f; (*: punishment*) peine f ▷ vt: **to ~ sb to death/to 5 years** condamner qn à mort/à 5 ans; **to pass ~ on sb** prononcer une peine contre qn

**sentiment** ['sɛntɪmənt] n sentiment m; (*opinion*) opinion f, avis m

**sentimental** [sɛntɪ'mɛntl] *adj* sentimental(e)

**sentry** ['sɛntrɪ] n sentinelle f, factionnaire m

**separate** [*adj* 'sɛprɪt, *vb* 'sɛpəreɪt] *adj* séparé(e); (*organization*) indépendant(e); (*day, occasion, issue*) différent(e) ▷ vt séparer; (*distinguish*) distinguer ▷ vi se séparer; **~ from** distinct(e) de; **under ~ cover** (*Comm*) sous pli séparé; **to ~ into** diviser en

**separately** ['sɛprɪtlɪ] *adv* séparément

**separates** ['sɛprɪts] npl (*clothes*) coordonnés mpl

**separation** [sɛpə'reɪʃən] n séparation f

**September** [sɛp'tɛmbə<sup>r</sup>] n septembre m; *see also* **July**

**septic** ['sɛptɪk] *adj* septique; (*wound*) infecté(e); **to go ~** s'infecter

**septic tank** n fosse f septique

**sequel** ['siːkwl] n conséquence f; séquelles fpl; (*of story*) suite f

**sequence** ['siːkwəns] n ordre m, suite f; (*in film*) séquence f; (*dance*) numéro m; **in ~** par ordre, dans l'ordre, les uns après les autres; **~ of tenses** concordance f des temps

**sequin** ['siːkwɪn] n paillette f

**Serb** [səːb] *adj, n* = **Serbian**

**Serbia** ['səːbɪə] n Serbie f

**Serbian** ['səːbɪən] *adj* serbe ▷ n Serbe m/f; (*Ling*) serbe m

**serene** [sɪ'riːn] *adj* serein(e), calme, paisible

**sergeant** ['saːdʒənt] n sergent m; (*Police*) brigadier m

**serial** ['sɪərɪəl] n feuilleton m ▷ *adj* (*Comput: interface, printer*) série inv; (*: access*) séquentiel(le)

**serial killer** n meurtrier m tuant en série

**serial number** n numéro m de série

**series** ['sɪərɪz] n inv série f; (*Publishing*) collection f

**serious** ['sɪərɪəs] *adj* sérieux(-euse); (*accident etc*) grave; **are you ~ (about it)?** parlez-vous sérieusement?

**seriously** ['sɪərɪəslɪ] *adv* sérieusement; (*hurt*) gravement; **~ rich/difficult** (*inf: extremely*) drôlement riche/difficile; **to take sth/sb ~** prendre qch/qn au sérieux

**sermon** ['səːmən] n sermon m

**serrated** [sɪ'reɪtɪd] *adj* en dents de scie

**servant** ['səːvənt] n domestique m/f; (*fig*) serviteur/servante

**serve** [səːv] vt (*employer etc*) servir, être au service de; (*purpose*) servir à; (*customer, food, meal*) servir; (*subj: train*) desservir; (*apprenticeship*) faire, accomplir; (*prison term*) faire; purger ▷ vi (*Tennis*) servir; (*be useful*): **to ~ as/for/to do** servir de/à/à faire ▷ n (*Tennis*) service m; **are you being ~d?** est-ce qu'on s'occupe de vous?; **to ~ on a committee/jury** faire partie d'un comité/jury; **it ~s him right** c'est bien fait pour lui; **it ~s my purpose** cela fait mon affaire; **serve out**, **serve up** vt (*food*) servir

**server** ['səːvə<sup>r</sup>] n (*Comput*) serveur m

**service** ['səːvɪs] n (*gen*) service m; (*Aut*) révision f; (*Rel*) office m ▷ vt (*car etc*) réviser;

**S**

**services** npl (Econ: tertiary sector) (secteur m) tertiaire m, secteur des services; (Brit: on motorway) station-service f; (Mil): **the S-s** npl les forces armées; **to be of ~ to sb, to do sb a ~** rendre service à qn; **~ included/not included** service compris/non compris; **to put one's car in for** ~ donner sa voiture à réviser; **dinner** ~ service de table

**serviceable** ['sə:vɪsəbl] adj pratique, commode

**service area** n (on motorway) aire f de services

**service charge** n (Brit) service m

**serviceman** ['sə:vɪsmən] irreg n militaire m

**service station** n station-service f

**serviette** [sə:vɪ'ɛt] n (Brit) serviette f (de table)

**session** ['sɛʃən] n (sitting) séance f; (Scol) année f scolaire (or universitaire); **to be in** ~ siéger, être en session or en séance

**set** [sɛt] (pt, pp **set**) n série f, assortiment m; (of tools etc) jeu m; (Radio, TV) poste m; (Tennis) set m; (group of people) cercle m, milieu m; (Cine) plateau m; (Theat: stage) scène f; (: scenery) décor m; (Math) ensemble m; (Hairdressing) mise f en plis ▷ adj (fixed) fixe, déterminé(e); (ready) prêt(e) ▷ vt (place) mettre, poser, placer; (fix, establish) fixer; (: record) établir; (assign: task, homework) donner; (exam) composer; (adjust) régler; (decide: rules etc) fixer, choisir; (Typ) composer ▷ vi (sun) se coucher; (jam, jelly, concrete) prendre; (bone) se ressouder; **to be** ~ **on doing** être résolu(e) à faire; **to be all ~ to do** être (fin) prêt(e) pour faire; **to be (dead)** ~ **against** être (totalement) opposé à; **he's ~ in his ways** il n'est pas très souple, il tient à ses habitudes; **to** ~ **to music** mettre en musique; **to** ~ **on fire** mettre le feu à; **to** ~ **free** libérer; **to** ~ **sth going** déclencher qch; **to** ~ **the alarm clock for seven o'clock** mettre le réveil à sonner à sept heures; **to** ~ **sail** partir, prendre la mer; **a** ~ **phrase** une expression toute faite, une locution; **a** ~ **of false teeth** un dentier; **a** ~ **of dining-room furniture** une salle à manger; **set about** vt fus (task) entreprendre, se mettre à; **to** ~ **about doing sth** se mettre à faire qch; **set aside** vt mettre de côté; (time) garder; **set back** vt (in time): **to** ~ **back (by)** retarder (de); (place): **a house** ~ **back from the road** une maison située en retrait de la route; **set down** vt (subj: bus, train) déposer; **set in** vi (infection, bad weather) s'installer; (complications) survenir, surgir; **the rain has** ~ **in for the day** c'est parti pour qu'il pleuve toute la journée; **set off** vi se mettre en route, partir ▷ vt (bomb) faire exploser; (cause to start) déclencher; (show up well) mettre en valeur, faire valoir; **set out** vi: **to** ~ **out (from)** partir (de) ▷ vt (arrange) disposer; (state) présenter, exposer; **to** ~ **out to do** entreprendre de faire; avoir pour but or intention de faire; **set up** vt (organization)

fonder, créer; (monument) ériger; **to** ~ **up shop** (fig) s'établir, s'installer

**setback** ['sɛtbæk] n (hitch) revers m, contretemps m; (in health) rechute f

**set menu** n menu m

**settee** [sɛ'ti:] n canapé m

**setting** ['sɛtɪŋ] n cadre m; (of jewel) monture f; (position: of controls) réglage m

**settle** ['sɛtl] vt (argument, matter, account) régler; (problem) résoudre; (Med: calm) calmer; (colonize: land) coloniser ▷ vi (bird, dust etc) se poser; (sediment) se déposer; **to** ~ **to sth** se mettre sérieusement à qch; **to** ~ **for sth** accepter qch, se contenter de qch; **to** ~ **on sth** opter or se décider pour qch; **that's** ~**d then** alors, c'est d'accord!; **to** ~ **one's stomach** calmer des maux d'estomac; **settle down** vi (get comfortable) s'installer; (become calmer) se calmer; se ranger; **settle in** vi s'installer; **settle up** vi: **to** ~ **up with sb** régler (ce que l'on doit à) qn

**settlement** ['sɛtlmənt] n (payment) règlement m; (agreement) accord m; (colony) colonie f; (village etc) village m, hameau m; **in** ~ **of our account** (Comm) en règlement de notre compte

**settler** ['sɛtlə<sup>r</sup>] n colon m

**setup** ['sɛtʌp] n (arrangement) manière f dont les choses sont organisées; (situation) situation f, allure f des choses

**seven** ['sɛvn] num sept

**seventeen** [sɛvn'ti:n] num dix-sept

**seventeenth** [sɛvn'ti:nθ] num dix-septième

**seventh** ['sɛvnθ] num septième

**seventieth** ['sɛvntɪɪθ] num soixante-dixième

**seventy** ['sɛvntɪ] num soixante-dix

**sever** ['sɛvə<sup>r</sup>] vt couper, trancher; (relations) rompre

**several** ['sɛvərl] adj, pron plusieurs pl; ~ **of us** plusieurs d'entre nous; ~ **times** plusieurs fois

**severance** ['sɛvərəns] n (of relations) rupture f

**severance pay** n indemnité f de licenciement

**severe** [sɪ'vɪə<sup>r</sup>] adj (stern) sévère, strict(e); (serious) grave, sérieux(-euse); (hard) rigoureux(-euse), dur(e); (plain) sévère, austère

**severity** [sɪ'vɛrɪtɪ] n sévérité f; gravité f; rigueur f

**sew** [səu] (pt **sewed**, pp **sewn**) [səu, səud, səun] vt, vi coudre; **sew up** vt (re)coudre; **it is all** ~**n up** (fig) c'est dans le sac or dans la poche

**sewage** ['su:ɪdʒ] n vidange(s) f(pl)

**sewer** ['su:ə<sup>r</sup>] n égout m

**sewing** ['səuɪŋ] n couture f; (item(s)) ouvrage m

**sewing machine** n machine f à coudre

**sewn** [səun] pp of **sew**

**sex** [sɛks] n sexe m; **to have** ~ **with** avoir des rapports (sexuels) avec

**sexism** ['sɛksɪzəm] n sexisme m

**sexist** ['sɛksɪst] *adj* sexiste

**sexual** ['sɛksjuəl] *adj* sexuel(le); **~ assault** attentat *m* à la pudeur; **~ harassment** harcèlement sexuel

**sexual intercourse** *n* rapports sexuels

**sexuality** [sɛksju'ælɪtɪ] *n* sexualité *f*

**sexy** ['sɛksɪ] *adj* sexy *inv*

**shabby** ['ʃæbɪ] *adj* miteux(-euse); (*behaviour*) mesquin(e), méprisable

**shack** [ʃæk] *n* cabane *f*, hutte *f*

**shackles** ['ʃæklz] *npl* chaînes *fpl*, entraves *fpl*

**shade** [ʃeɪd] *n* ombre *f*; (*for lamp*) abat-jour *m inv*; (*of colour*) nuance *f*, ton *m*; (*US: window shade*) store *m*; (*small quantity*): **a ~ of** un soupçon de ▷ *vt* abriter du soleil, ombrager; **shades** *npl* (*US: sunglasses*) lunettes *fpl* de soleil; **in the ~** à l'ombre; **a ~ smaller** un tout petit peu plus petit

**shadow** ['ʃædəu] *n* ombre *f* ▷ *vt* (*follow*) filer; **without** or **beyond a ~ of doubt** sans l'ombre d'un doute

**shadow cabinet** *n* (*Brit Pol*) cabinet parallèle formé par le parti qui n'est pas au pouvoir

**shadowy** ['ʃædəuɪ] *adj* ombragé(e); (*dim*) vague, indistinct(e)

**shady** ['ʃeɪdɪ] *adj* ombragé(e); (*fig: dishonest*) louche, véreux(-euse)

**shaft** [ʃɑːft] *n* (*of arrow, spear*) hampe *f*; (*Aut, Tech*) arbre *m*; (*of mine*) puits *m*; (*of lift*) cage *f*; (*of light*) rayon *m*, trait *m*; **ventilator ~** conduit *m* d'aération or de ventilation

**shaggy** ['ʃægɪ] *adj* hirsute; en broussaille

**shake** [ʃeɪk] (*pt* **shook**, *pp* **shaken**) [ʃuk, 'ʃeɪkn] *vt* secouer; (*bottle, cocktail*) agiter; (*house, confidence*) ébranler ▷ *vi* trembler ▷ *n* secousse *f*; **to ~ one's head** (*in refusal etc*) dire or faire non de la tête; (*in dismay*) secouer la tête; **to ~ hands with sb** serrer la main à qn; **shake off** *vt* secouer; (*pursuer*) se débarrasser de; **shake up** *vt* secouer

**shaky** ['ʃeɪkɪ] *adj* (*hand, voice*) tremblant(e); (*building*) branlant(e), peu solide; (*memory*) chancelant(e); (*knowledge*) incertain(e)

**shall** [ʃæl] *aux vb*: **I ~ go** j'irai; **~ I open the door?** j'ouvre la porte?; **I'll get the coffee, ~ I?** je vais chercher le café, d'accord?

**shallow** ['ʃæləu] *adj* peu profond(e); (*fig*) superficiel(le), qui manque de profondeur

**sham** [ʃæm] *n* frime *f*; (*jewellery, furniture*) imitation *f* ▷ *adj* feint(e), simulé(e) ▷ *vt* feindre, simuler

**shambles** ['ʃæmblz] *n* confusion *f*, pagaïe *f*, fouillis *m*; **the economy is (in) a complete ~** l'économie est dans la confusion la plus totale

**shame** [ʃeɪm] *n* honte *f* ▷ *vt* faire honte à; **it is a ~ (that/to do)** c'est dommage (que + *sub*/de que); **what a ~!** quel dommage!; **to put sb/sth to ~** (*fig*) faire honte à qn/qch

**shameful** ['ʃeɪmful] *adj* honteux(-euse), scandaleux(-euse)

**shameless** ['ʃeɪmlɪs] *adj* éhonté(e), effronté(e); (*immodest*) impudique

**shampoo** [ʃæm'puː] *n* shampooing *m* ▷ *vt* faire un shampooing à; **~ and set** shampooing et mise *f* en plis

**shamrock** ['ʃæmrɔk] *n* trèfle *m* (*emblème national de l'Irlande*)

**shandy** ['ʃændɪ] *n* bière panachée

**shan't** [ʃɑːnt] = **shall not**

**shantytown** ['ʃæntɪtaun] *n* bidonville *m*

**shape** [ʃeɪp] *n* forme *f* ▷ *vt* façonner, modeler; (*clay, stone*) donner forme à; (*statement*) formuler; (*sb's ideas, character*) former; (*sb's life*) déterminer; (*course of events*) influer sur le cours de ▷ *vi* (*also:* **~ up**: *events*) prendre tournure; (: *person*) faire des progrès, s'en sortir; **to take ~** prendre forme or tournure; **in the ~ of a heart** en forme de cœur; **I can't bear gardening in any ~ or form** je déteste le jardinage sous quelque forme que ce soit; **to get o.s. into ~** (re)trouver la forme

**-shaped** [ʃeɪpt] *suffix*: **heart~** en forme de cœur

**shapeless** ['ʃeɪplɪs] *adj* informe, sans forme

**shapely** ['ʃeɪplɪ] *adj* bien proportionné(e), beau/belle

**share** [ʃɛər] *n* (*thing received, contribution*) part *f*; (*Comm*) action *f* ▷ *vt* partager; (*have in common*) avoir en commun; **to ~ out (among** or **between)** partager (entre); **to ~ in** (*joy, sorrow*) prendre part à; (*profits*) participer à, avoir part à; (*work*) partager

**shareholder** ['ʃɛəhəuldər] *n* (*Brit*) actionnaire *m/f*

**shark** [ʃɑːk] *n* requin *m*

**sharp** [ʃɑːp] *adj* (*razor, knife*) tranchant(e), bien aiguisé(e); (*point, voice*) aigu(ë); (*nose, chin*) pointu(e); (*outline, increase*) net(te); (*curve, bend*) brusque; (*cold, pain*) vif/vive; (*taste*) piquant(e), âcre; (*Mus*) dièse; (*person: quick-witted*) vif/vive, éveillé(e); (: *unscrupulous*) malhonnête ▷ *n* (*Mus*) dièse *m* ▷ *adv*: **at 2 o'clock ~** à 2 heures pile or tapantes; **turn ~ left** tournez immédiatement à gauche; **to be ~ with sb** être brusque avec qn; **look ~!** dépêche-toi!

**sharpen** ['ʃɑːpn] *vt* aiguiser; (*pencil*) tailler; (*fig*) aviver

**sharpener** ['ʃɑːpnər] *n* (*also:* **pencil ~**) taille-crayon(s) *m inv*; (*also:* **knife ~**) aiguisoir *m*

**sharp-eyed** [ʃɑːp'aɪd] *adj* à qui rien n'échappe

**sharply** ['ʃɑːplɪ] *adv* (*turn, stop*) brusquement; (*stand out*) nettement; (*criticize, retort*) sèchement, vertement

**shatter** ['ʃætər] *vt* fracasser, briser, faire voler en éclats; (*fig: upset*) bouleverser; (: *ruin*) briser, ruiner ▷ *vi* voler en éclats, se briser, se fracasser

**shattered** ['ʃætəd] *adj* (*overwhelmed, grief-stricken*) bouleversé(e); (*inf: exhausted*) éreinté(e)

**S**

**shave** [ʃeɪv] *vt* raser ▷ *vi* se raser ▷ *n*: **to have a ~** se raser

**shaver** ['ʃeɪvə'] *n* (*also*: **electric ~**) rasoir *m* électrique

**shaving** ['ʃeɪvɪŋ] *n* (*action*) rasage *m*

**shaving brush** *n* blaireau *m*

**shaving cream** *n* crème *f* à raser

**shaving foam** *n* mousse *f* à raser

**shavings** ['ʃeɪvɪŋz] *npl* (*of wood etc*) copeaux *mpl*

**shawl** [ʃɔːl] *n* châle *m*

**she** [ʃiː] *pron* elle; **there ~ is** la voilà; **she-elephant** *etc* éléphant *m etc* femelle

**sheaf** [ʃiːf] *n* (*pl* **sheaves**) [ʃiːf, ʃiːvz] *n* gerbe *f*

**shear** [ʃɪə'] *vt* (*pt* **sheared**, *pp* **sheared** or **shorn**) [ʃɔːn] (*sheep*) tondre; **shear off** *vt* tondre; (*branch*) élaguer

**shears** ['ʃɪəz] *npl* (*for hedge*) cisaille(s) *f(pl)*

**sheath** [ʃiːθ] *n* gaine *f*, fourreau *m*, étui *m*; (*contraceptive*) préservatif *m*

**shed** [ʃed] *n* remise *f*, resserre *f*; (*Industry, Rail*) hangar *m* ▷ *vt* (*pt, pp* **shed**) (*leaves, fur etc*) perdre; (*tears*) verser, répandre; (*workers*) congédier; **to ~ light on** (*problem, mystery*) faire la lumière sur

**she'd** [ʃiːd] = **she had**; **she would**

**sheen** [ʃiːn] *n* lustre *m*

**sheep** [ʃiːp] *n* (*pl inv*) mouton *m*

**sheepdog** ['ʃiːpdɔg] *n* chien *m* de berger

**sheepskin** ['ʃiːpskɪn] *n* peau *f* de mouton

**sheer** [ʃɪə'] *adj* (*utter*) pur(e), pur et simple; (*steep*) à pic, abrupt(e); (*almost transparent*) extrêmement fin(e) ▷ *adv* à pic, abruptement; **by ~ chance** par pur hasard

**sheet** [ʃiːt] *n* (*on bed*) drap *m*; (*of paper*) feuille *f*; (*of glass, metal etc*) feuille, plaque *f*

**sheik, sheikh** [ʃeɪk] *n* cheik *m*

**shelf** (*pl* **shelves**) [ʃelf, ʃelvz] *n* étagère *f*, rayon *m*; **set of shelves** rayonnage *m*

**shell** [ʃel] *n* (*on beach*) coquillage *m*; (*of egg, nut etc*) coquille *f*; (*explosive*) obus *m*; (*of building*) carcasse *f* ▷ *vt* (*crab, prawn etc*) décortiquer; (*peas*) écosser; (*Mil*) bombarder (d'obus); **shell out** *vi* (*inf*): **to ~ out (for)** casquer (pour)

**she'll** [ʃiːl] = **she will**; **she shall**

**shellfish** ['ʃelfɪʃ] *n* (*pl inv*: *crab etc*) crustacé *m*; (: *scallop etc*) coquillage *m* ▷ *npl* (*as food*) fruits *mpl* de mer

**shell suit** *n* survêtement *m*

**shelter** ['ʃeltə'] *n* abri *m*, refuge *m* ▷ *vt* abriter, protéger; (*give lodging to*) donner asile à ▷ *vi* s'abriter, se mettre à l'abri; **to take ~ (from)** s'abriter (de)

**sheltered** ['ʃeltəd] *adj* (*life*) retiré(e), à l'abri des soucis; (*spot*) abrité(e)

**sheltered housing** *n* foyers *mpl* (*pour personnes âgées ou handicapées*)

**shelve** [ʃelv] *vt* (*fig*) mettre en suspens or en sommeil

**shelves** ['ʃelvz] *npl of* **shelf**

**shelving** ['ʃelvɪŋ] *n* (*shelves*) rayonnage(s) *m(pl)*

**shepherd** ['ʃepəd] *n* berger *m* ▷ *vt* (*guide*) guider, escorter

**shepherd's pie** ['ʃepədz-] *n* ≈ hachis *m* Parmentier

**sheriff** ['ʃerɪf] (*US*) *n* shérif *m*

**sherry** ['ʃerɪ] *n* xérès *m*, sherry *m*

**she's** [ʃiːz] = **she is**; **she has**

**Shetland** ['ʃetlənd] *n* (*also*: **the ~s, the ~ Isles** or **Islands**) les îles *fpl* Shetland

**shield** [ʃiːld] *n* bouclier *m*; (*protection*) écran *m* de protection ▷ *vt*: **to ~ (from)** protéger (de or contre)

**shift** [ʃɪft] *n* (*change*) changement *m*; (*work period*) période *f* de travail; (*of workers*) équipe *f*, poste *m* ▷ *vt* déplacer, changer de place; (*remove*) enlever ▷ *vi* changer de place, bouger; **the wind has ~ed to the south** le vent a tourné au sud; **a ~ in demand** (*Comm*) un déplacement de la demande

**shift work** *n* travail *m* par roulement; **to do ~** travailler par roulement

**shifty** ['ʃɪftɪ] *adj* sournois(e); (*eyes*) fuyant(e)

**shimmer** ['ʃɪmə'] *n* miroitement *m*, chatoiement *m* ▷ *vi* miroiter, chatoyer

**shin** [ʃɪn] *n* tibia *m* ▷ *vi*: **to ~ up/down a tree** grimper dans un/descendre d'un arbre

**shine** [ʃaɪn] (*pt, pp* **shone**) [ʃɔn] *n* éclat *m*, brillant *m* ▷ *vi* briller ▷ *vt* (*torch*): **to ~ on** braquer sur; (*polish*) (*pt, pp* **shined**) faire briller or reluire

**shingle** ['ʃɪŋgl] *n* (*on beach*) galets *mpl*; (*on roof*) bardeau *m*

**shingles** ['ʃɪŋglz] *n* (*Med*) zona *m*

**shiny** ['ʃaɪnɪ] *adj* brillant(e)

**ship** [ʃɪp] *n* bateau *m*; (*large*) navire *m* ▷ *vt* transporter (par mer); (*send*) expédier (par mer); (*load*) charger, embarquer; **on board ~** à bord

**shipbuilding** ['ʃɪpbɪldɪŋ] *n* construction navale

**shipment** ['ʃɪpmənt] *n* cargaison *f*

**shipping** ['ʃɪpɪŋ] *n* (*ships*) navires *mpl*; (*traffic*) navigation *f*; (*the industry*) industrie navale; (*transport*) transport *m*

**shipwreck** ['ʃɪprek] *n* épave *f*; (*event*) naufrage *m* ▷ *vt*: **to be ~ed** faire naufrage

**shipyard** ['ʃɪpjɑːd] *n* chantier naval

**shire** ['ʃaɪə'] *n* (*Brit*) comté *m*

**shirt** [ʃəːt] *n* chemise *f*; (*woman's*) chemisier *m*; **in ~ sleeves** en bras de chemise

**shit** [ʃɪt] *excl* (*inf!*) merde (!)

**shiver** ['ʃɪvə'] *n* frisson *m* ▷ *vi* frissonner

**shoal** [ʃəul] *n* (*of fish*) banc *m*

**shock** [ʃɔk] *n* (*impact*) choc *m*, heurt *m*; (*Elec*) secousse *f*, décharge *f*; (*emotional*) choc; (*Med*) commotion *f*, choc ▷ *vt* (*scandalize*) choquer, scandaliser; (*upset*) bouleverser; **suffering from ~** (*Med*) commotionné(e); **it gave us a ~** ça nous a fait un choc; **it came as a ~ to hear that ...** nous avons appris avec stupeur que ...

**shock absorber** [-əbzɔːbə'] *n* amortisseur *m*

**shocking** ['ʃɔkɪŋ] adj (outrageous) choquant(e), scandaleux(-euse); (awful) épouvantable

**shoddy** ['ʃɔdɪ] adj de mauvaise qualité, mal fait(e)

**shoe** [ʃuː] n chaussure f, soulier m; (also: **horse~**) fer m à cheval; (also: **brake ~**) mâchoire f de frein ▷ vt (pt, pp **shod**) [ʃɔd] (horse) ferrer

**shoelace** ['ʃuːleɪs] n lacet m (de soulier)

**shoe polish** n cirage m

**shoeshop** ['ʃuːʃɔp] n magasin m de chaussures

**shoestring** ['ʃuːstrɪŋ] n: **on a ~** (fig) avec un budget dérisoire; avec des moyens très restreints

**shone** [ʃɔn] pt, pp of **shine**

**shook** [ʃuk] pt of **shake**

**shoot** [ʃuːt] (pt, pp **shot**) [ʃɔt] n (on branch, seedling) pousse f; (shooting party) partie f de chasse ▷ vt (game: hunt) chasser; (: aim at) tirer; (: kill) abattre; (person) blesser/tuer d'un coup de fusil (or de revolver); (execute) fusiller; (arrow) tirer; (: to fire) tirer un coup de; (Cine) tourner ▷ vi (with gun, bow): **to ~ (at)** tirer (sur); (Football) shooter, tirer; **to ~ past sb** passer en flèche devant qn; **to ~ in/out** entrer/sortir comme une flèche; **shoot down** vt (plane) abattre; **shoot up** vi (fig: prices etc) monter en flèche

**shooting** ['ʃuːtɪŋ] n (shots) coups mpl de feu; (attack) fusillade f; (murder) homicide m (à l'aide d'une arme à feu); (Hunting) chasse f; (Cine) tournage m

**shooting star** n étoile filante

**shop** [ʃɔp] n magasin m; (workshop) atelier m ▷ vi (also: **go ~ping**) faire ses courses or ses achats; **repair ~** atelier de réparations; **to talk ~** (fig) parler boutique; **shop around** vi faire le tour des magasins (pour comparer les prix); (fig) se renseigner avant de choisir or décider

**shop assistant** n (Brit) vendeur(-euse)

**shop floor** n (Brit: fig) ouvriers mpl

**shopkeeper** ['ʃɔpkiːpər] n marchand(e), commerçant(e)

**shoplifting** ['ʃɔplɪftɪŋ] n vol m à l'étalage

**shopper** ['ʃɔpər] n personne f qui fait ses courses, acheteur(-euse)

**shopping** ['ʃɔpɪŋ] n (goods) achats mpl, provisions fpl

**shopping bag** n sac m (à provisions)

**shopping centre**, (US) **shopping center** n centre commercial

**shopping mall** n centre commercial

**shopping trolley** n (Brit) Caddie® m

**shop-soiled** ['ʃɔpsɔɪld] adj défraîchi(e), qui a fait la vitrine

**shop window** n vitrine f

**shore** [ʃɔːr] n (of sea, lake) rivage m, rive f ▷ vt: **to ~ (up)** étayer; **on ~** à terre

**shorn** [ʃɔːn] pp of **shear** ▷ adj: **~ of** dépouillé(e) de

**short** [ʃɔːt] adj (not long) court(e); (soon finished) court, bref/brève; (person, step) petit(e); (curt) brusque, sec/sèche; (insufficient) insuffisant(e) ▷ n (also: **~ film**) court métrage; (Elec) court-circuit m; **to be ~ of sth** être à court de or manquer de qch; **to be in ~ supply** manquer, être difficile à trouver; **I'm 3 ~** il m'en manque 3; **in ~** bref; en bref; **~ of doing** à moins de faire; **everything ~ of** tout sauf; **it is ~ for** c'est l'abréviation or le diminutif de; **a ~ time ago** il y a peu de temps; **in the ~ term** à court terme; **to cut ~** (speech, visit) abréger, écourter; (person) couper la parole à; **to fall ~ of** ne pas être à la hauteur de; **to run ~ of** arriver à court de, venir à manquer de; **to stop ~** s'arrêter net; **to stop ~ of** ne pas aller jusqu'à

**shortage** ['ʃɔːtɪdʒ] n manque m, pénurie f

**shortbread** ['ʃɔːtbrɛd] n ≈ sablé m

**short-change** [ʃɔːt'tʃeɪndʒ] vt: **to ~ sb** ne pas rendre assez à qn

**short-circuit** [ʃɔːt'səːkɪt] n court-circuit m ▷ vt court-circuiter ▷ vi se mettre en court-circuit

**shortcoming** ['ʃɔːtkʌmɪŋ] n défaut m

**shortcrust pastry** ['ʃɔːtkrʌst-], **short pastry** n (Brit) pâte brisée

**shortcut** ['ʃɔːtkʌt] n raccourci m

**shorten** ['ʃɔːtn] vt raccourcir; (text, visit) abréger

**shortfall** ['ʃɔːtfɔːl] n déficit m

**shorthand** ['ʃɔːthænd] n (Brit) sténo(graphie) f; **to take sth down in ~** prendre qch en sténo

**shorthand typist** n (Brit) sténodactylo m/f

**shortlist** ['ʃɔːtlɪst] n (Brit: for job) liste f des candidats sélectionnés

**short-lived** [ʃɔːt'lɪvd] adj de courte durée

**shortly** ['ʃɔːtlɪ] adv bientôt, sous peu

**short notice** n: **at ~** au dernier moment

**shorts** [ʃɔːts] npl: **(a pair of) ~** un short

**short-sighted** [ʃɔːt'saɪtɪd] adj (Brit) myope; (fig) qui manque de clairvoyance

**short-sleeved** [ʃɔːt'sliːvd] adj à manches courtes

**short-staffed** [ʃɔːt'stɑːft] adj à court de personnel

**short-stay** [ʃɔːt'steɪ] adj (car park) de courte durée

**short story** n nouvelle f

**short-tempered** [ʃɔːt'tɛmpəd] adj qui s'emporte facilement

**short-term** ['ʃɔːttəːm] adj (effect) à court terme

**short wave** n (Radio) ondes courtes

**shot** [ʃɔt] pt, pp of **shoot** ▷ n coup m (de feu); (shotgun pellets) plombs mpl; (try) coup, essai m; (injection) piqûre f; (Phot) photo f; **to be a good/poor ~** (person) tirer bien/mal; **to fire a ~ at sb/sth** tirer sur qn/qch; **to have a ~ at (doing) sth** essayer de faire qch; **like a ~** comme une flèche; (very readily) sans hésiter;

**to get ~ of sb/sth** (inf) se débarrasser de qn/ qch; **a big ~** (inf) un gros bonnet

**shotgun** ['ʃɒtɡʌn] n fusil m de chasse

**should** [ʃʊd] aux vb: **I ~ go now** je devrais partir maintenant; **he ~ be there now** il devrait être arrivé maintenant; **I ~ go if I were you** si j'étais vous j'y irais; **I ~ like to** volontiers, j'aimerais bien; **~ he phone …** si jamais il téléphone …

**shoulder** ['ʃəʊldəʳ] n épaule f; (Brit: of road): **hard ~** accotement m ▷ vt (fig) endosser, se charger de; **to look over one's ~** regarder derrière soi (en tournant la tête); **to rub ~s with sb** (fig) côtoyer qn; **to give sb the cold ~** (fig) battre froid à qn

**shoulder bag** n sac m à bandoulière

**shoulder blade** n omoplate f

**shouldn't** ['ʃʊdnt] = **should not**

**shout** [ʃaʊt] n cri m ▷ vt crier ▷ vi crier, pousser des cris; **to give sb a ~** appeler qn; **shout down** vt huer

**shouting** ['ʃaʊtɪŋ] n cris mpl

**shove** [ʃʌv] vt pousser; (inf: put): **to ~ sth in** fourrer or ficher qch dans ▷ n poussée f; **he ~d me out of the way** il m'a écarté en me poussant; **shove off** vi (Naut) pousser au large; (fig: col) ficher le camp

**shovel** ['ʃʌvl] n pelle f ▷ vt pelleter, enlever (or enfourner) à la pelle

**show** [ʃəʊ] (pt **showed**, pp **shown**) [ʃəʊn] n (of emotion) manifestation f, démonstration f; (semblance) semblant m, apparence f; (exhibition) exposition f, salon m; (Theat, TV) spectacle m; (Cine) séance f ▷ vt montrer; (film) passer; (courage etc) faire preuve de, manifester; (exhibit) exposer ▷ vi se voir, être visible; **can you ~ me where it is, please?** pouvez-vous me montrer où c'est?; **to ask for a ~ of hands** demander que l'on vote à main levée; **to be on ~** être exposé(e); **it's just for ~** c'est juste pour l'effet; **who's running the ~ here?** (inf) qui est-ce qui commande ici?; **to ~ sb to his seat/to the door** accompagner qn jusqu'à sa place/la porte; **to ~ a profit/loss** (Comm) indiquer un bénéfice/une perte; **it just goes to ~ that …** ça prouve bien que …; **show in** vt faire entrer; **show off** vi (pej) crâner ▷ vt (display) faire valoir; (pej) faire étalage de; **show out** vt reconduire à la porte; **show up** vi (stand out) ressortir; (inf: turn up) se montrer ▷ vt démontrer; (unmask) démasquer, dénoncer; (flaw) faire ressortir

**show business** n le monde du spectacle

**showdown** ['ʃəʊdaʊn] n épreuve f de force

**shower** ['ʃaʊəʳ] n (for washing) douche f; (rain) averse f; (of stones etc) pluie f, grêle f; (US: party) réunion organisée pour la remise de cadeaux ▷ vi prendre une douche, se doucher ▷ vt: **to ~ sb with** (gifts etc) combler qn de; (abuse etc) accabler qn de; (missiles) bombarder qn de; **to have** or **take a ~** prendre une douche, se doucher

**shower cap** n bonnet m de douche

**shower gel** n gel m douche

**showerproof** ['ʃaʊəpruːf] adj imperméable

**showing** ['ʃəʊɪŋ] n (of film) projection f

**show jumping** [-dʒʌmpɪŋ] n concours m hippique

**show-off** ['ʃəʊɔf] n (inf: person) crâneur(-euse), m'as-tu-vu(e)

**showpiece** ['ʃəʊpiːs] n (of exhibition etc) joyau m, clou m; **that hospital is a ~** cet hôpital est un modèle du genre

**showroom** ['ʃəʊrum] n magasin m or salle f d'exposition

**shrank** [ʃræŋk] pt of **shrink**

**shrapnel** ['ʃræpnl] n éclats mpl d'obus

**shred** [ʃrɛd] n (gen pl) lambeau m, petit morceau f, (fig: of truth, evidence) parcelle f ▷ vt mettre en lambeaux, déchirer; (documents) détruire; (Culin: grate) râper; (: lettuce etc) couper en lanières

**shredder** ['ʃrɛdəʳ] n (for vegetables) râpeur m; (for documents, papers) déchiqueteuse f

**shrewd** [ʃruːd] adj astucieux(-euse), perspicace; (business person) habile

**shriek** [ʃriːk] n cri perçant or aigu, hurlement m ▷ vt, vi hurler, crier

**shrill** [ʃrɪl] adj perçant(e), aigu(ë), strident(e)

**shrimp** [ʃrɪmp] n crevette grise

**shrine** [ʃraɪn] n châsse f; (place) lieu m de pèlerinage

**shrink** (pt **shrank**, pp **shrunk**) [ʃrɪŋk, ʃræŋk, ʃrʌŋk] vi rétrécir; (fig) diminuer; (also: ~ away) reculer ▷ vt (wool) (faire) rétrécir ▷ n (inf: pej) psychanalyste m/f; **to ~ from (doing) sth** reculer devant (la pensée de faire) qch

**shrink-wrap** ['ʃrɪŋkræp] vt emballer sous film plastique

**shrivel** ['ʃrɪvl] (also: ~ up) vt ratatiner, flétrir ▷ vi se ratatiner, se flétrir

**shroud** [ʃraʊd] n linceul m ▷ vt: **~ed in mystery** enveloppé(e) de mystère

**Shrove Tuesday** ['ʃrəʊv-] n (le) Mardi gras

**shrub** [ʃrʌb] n arbuste m

**shrubbery** ['ʃrʌbərɪ] n massif m d'arbustes

**shrug** [ʃrʌɡ] n haussement m d'épaules ▷ vt, vi: **to ~ (one's shoulders)** hausser les épaules; **shrug off** vt faire fi de; (cold, illness) se débarrasser de

**shrunk** [ʃrʌŋk] pp of **shrink**

**shudder** ['ʃʌdəʳ] n frisson m, frémissement m ▷ vi frissonner, frémir

**shuffle** ['ʃʌfl] vt (cards) battre; **to ~ (one's feet)** traîner les pieds

**shun** [ʃʌn] vt éviter, fuir

**shunt** [ʃʌnt] vt (Rail: direct) aiguiller; (: divert) détourner ▷ vi: **to ~ (to and fro)** faire la navette

**shut** (pt, pp **shut**) [ʃʌt] vt fermer ▷ vi (se) fermer; **shut down** vt fermer définitivement; (machine) arrêter ▷ vi fermer définitivement; **shut off** vt couper, arrêter;

**shut out** vt (person, cold) empêcher d'entrer; (noise) éviter d'entendre; (block: view) boucher; (: memory of sth) chasser de son esprit; **shut up** vi (inf: keep quiet) se taire ▷ vt (close) fermer; (silence) faire taire

**shutter** ['ʃʌtə'] n volet m; (Phot) obturateur m

**shuttle** ['ʃʌtl] n navette f; (also: **~ service**) (service m de) navette f ▷ vi (vehicle, person) faire la navette ▷ vt (passengers) transporter par un système de navette

**shuttlecock** ['ʃʌtlkɔk] n volant m (de badminton)

**shuttle diplomacy** n navettes fpl diplomatiques

**shy** [ʃaɪ] adj timide; **to fight ~ of** se dérober devant; **to be ~ of doing sth** hésiter à faire qch, ne pas oser faire qch ▷ vi: **to ~ away from doing sth** (fig) craindre de faire qch

**Siberia** [saɪ'bɪərɪə] n Sibérie f

**siblings** ['sɪblɪŋz] npl (formal) frères et sœurs mpl (de mêmes parents)

**Sicily** ['sɪsɪlɪ] n Sicile f

**sick** [sɪk] adj (ill) malade; (Brit: vomiting): **to be ~** vomir; (humour) noir(e), macabre; **to feel ~** avoir envie de vomir, avoir mal au cœur; **to fall ~** tomber malade; **to be (off) ~** être absent(e) pour cause de maladie; **a ~ person** un(e) malade; **to be ~ of** (fig) en avoir assez de

**sick bay** n infirmerie f

**sicken** ['sɪkn] vt écœurer ▷ vi: **to be ~ing for sth** (cold, flu etc) couver qch

**sickening** ['sɪknɪŋ] adj (fig) écœurant(e), révoltant(e), répugnant(e)

**sickle** ['sɪkl] n faucille f

**sick leave** n congé m de maladie

**sickly** ['sɪklɪ] adj maladif(-ive), souffreteux(-euse); (causing nausea) écœurant(e)

**sickness** ['sɪknɪs] n maladie f; (vomiting) vomissement(s) m(pl)

**sick note** n (from parents) mot m d'absence; (from doctor) certificat médical

**sick pay** n indemnité f de maladie (versée par l'employeur)

**side** [saɪd] n côté m; (of animal) flanc m; (of lake, road) bord m; (of mountain) versant m; (fig: aspect) côté, aspect m; (team: Sport) équipe f; (TV: channel) chaîne f ▷ adj (door, entrance) latéral(e) ▷ vi: **to ~ with sb** prendre le parti de qn, se ranger du côté de qn; **by the ~ of** au bord de; **~ by ~** côte à côte; **the right/wrong ~** le bon/mauvais côté, l'endroit/l'envers m; **they are on our ~** ils sont avec nous; **from all ~s** de tous côtés; **to rock from ~ to ~** se balancer; **to take ~s (with)** prendre parti (pour); **a ~ of beef** ≈ un quartier de bœuf

**sideboard** ['saɪdbɔ:d] n buffet m

**sideboards** (Brit) ['saɪdbɔ:dz], **sideburns** ['saɪdbə:nz] npl (whiskers) pattes fpl

**side drum** n (Mus) tambour plat, caisse claire

**side effect** n effet m secondaire

**sidelight** ['saɪdlaɪt] n (Aut) veilleuse f

**sideline** ['saɪdlaɪn] n (Sport) (ligne f de) touche f; (fig) activité f secondaire

**sidelong** ['saɪdlɔŋ] adj: **to give sb a ~ glance** regarder qn du coin de l'œil

**side order** n garniture f

**side road** n petite route, route transversale

**sideshow** ['saɪdʃəu] n attraction f

**sidestep** ['saɪdstɛp] vt (question) éluder; (problem) éviter ▷ vi (Boxing etc) esquiver

**side street** n rue transversale

**sidetrack** ['saɪdtræk] vt (fig) faire dévier de son sujet

**sidewalk** ['saɪdwɔ:k] n (US) trottoir m

**sideways** ['saɪdweɪz] adv de côté

**siding** ['saɪdɪŋ] n (Rail) voie f de garage

**siege** [si:dʒ] n siège m; **to lay ~ to** assiéger

**sieve** [sɪv] n tamis m, passoire f ▷ vt tamiser, passer (au tamis)

**sift** [sɪft] vt passer au tamis or au crible; (fig) passer au crible ▷ vi (fig): **to ~ through** passer en revue

**sigh** [saɪ] n soupir m ▷ vi soupirer, pousser un soupir

**sight** [saɪt] n (faculty) vue f; (spectacle) spectacle m; (on gun) mire f ▷ vt apercevoir; **in ~** visible; (fig) en vue; **out of ~** hors de vue; **at ~** (Comm) à vue; **at first ~** à première vue, au premier abord; **I know her by ~** je la connais de vue; **to catch ~ of sb/sth** apercevoir qn/qch; **to lose ~ of sb/sth** perdre qn/qch de vue; **to set one's ~s on sth** jeter son dévolu sur qch

**sightseeing** ['saɪtsi:ɪŋ] n tourisme m; **to go ~** faire du tourisme

**sign** [saɪn] n (gen) signe m; (with hand etc) signe, geste m; (notice) panneau m, écriteau m; (also: **road ~**) panneau de signalisation ▷ vt signer; **as a ~ of** en signe de; **it's a good/bad ~** c'est bon/mauvais signe; **plus/minus ~** signe plus/moins; **there's no ~ of a change of mind** rien ne laisse présager un revirement; **he was showing ~s of improvement** il commençait visiblement à faire des progrès; **to ~ one's name** signer; **where do I ~?** où dois-je signer?; **sign away** vt (rights etc) renoncer officiellement à; **sign for** vt fus (item) signer le reçu pour; **sign in** vi signer le registre (en arrivant); **sign off** vi (Radio, TV) terminer l'émission; **sign on** vi (Mil) s'engager; (Brit: as unemployed) s'inscrire au chômage; (enrol) s'inscrire ▷ vt (Mil) engager; (employee) embaucher; **to ~ on for a course** s'inscrire pour un cours; **sign out** vi signer le registre (en partant); **sign over** vt: **to ~ sth over to sb** céder qch par écrit à qn; **sign up** vt (Mil) engager ▷ vi (Mil) s'engager; (for course) s'inscrire

**signal** ['sɪgnl] n signal m ▷ vi (Aut) mettre son clignotant ▷ vt (person) faire signe à; (message) communiquer par signaux; **to ~ a**

S

**left/right turn** (Aut) indiquer or signaler que l'on tourne à gauche/droite; **to ~ to sb (to do sth)** faire signe à qn (de faire qch)

**signalman** ['signlmən] n (Rail) aiguilleur m

**signature** ['signətʃə<sup>r</sup>] n signature f

**signature tune** n indicatif musical

**signet ring** ['signət-] n chevalière f

**significance** [sig'nifikəns] n signification f; importance f; **that is of no ~** ceci n'a pas d'importance

**significant** [sig'nifikənt] adj significatif(-ive); (important) important(e), considérable

**signify** ['signifai] vt signifier

**sign language** n langage m par signes

**signpost** ['sainpəust] n poteau indicateur

**Sikh** [si:k] adj, n Sikh m/f

**silence** ['sailns] n silence m ▷ vt faire taire, réduire au silence

**silencer** ['sailənsə<sup>r</sup>] n (Brit: on gun, Aut) silencieux m

**silent** ['sailnt] adj silencieux(-euse); (film) muet(te); **to keep** or **remain ~** garder le silence, ne rien dire

**silent partner** n (Comm) bailleur m de fonds, commanditaire m

**silhouette** [silu:'ɛt] n silhouette f ▷ vt: **-d against** se profilant sur, se découpant contre

**silicon chip** ['silikən-] n puce f électronique

**silk** [silk] n soie f ▷ cpd de or en soie

**silky** ['silki] adj soyeux(-euse)

**silly** ['sili] adj stupide, sot(te), bête; **to do something ~** faire une bêtise

**silt** [silt] n vase f; limon m

**silver** ['silvə<sup>r</sup>] n argent m; (money) monnaie f (en pièces d'argent); (also: **~ware**) argenterie f ▷ adj (made of silver) d'argent, en argent; (in colour) argenté(e); (car) gris métallisé inv

**silver-plated** [silvə'pleitid] adj plaqué(e) argent

**silversmith** ['silvəsmiθ] n orfèvre m/f

**silvery** ['silvri] adj argenté(e)

**SIM card** ['sim-] abbr (Tel) carte f SIM

**similar** ['similə<sup>r</sup>] adj: **~ (to)** semblable (à)

**similarity** [simi'læriti] n ressemblance f, similarité f

**similarly** ['similəli] adv de la même façon, de même

**simmer** ['simə<sup>r</sup>] vi cuire à feu doux, mijoter; **simmer down** vi (fig: inf) se calmer

**simple** ['simpl] adj simple; **the ~ truth** la vérité pure et simple

**simplicity** [sim'plisiti] n simplicité f

**simplify** ['simplifai] vt simplifier

**simply** ['simpli] adv simplement; (without fuss) avec simplicité; (absolutely) absolument

**simulate** ['simjuleit] vt simuler, feindre

**simultaneous** [siməl'teiniəs] adj simultané(e)

**simultaneously** [siməl'teiniəsli] adv simultanément

**sin** [sin] n péché m ▷ vi pécher

**since** [sins] adv, prep depuis ▷ conj (time) depuis que; (because) puisque, étant donné que, comme; **~ then, ever ~** depuis ce moment-là; **~ Monday** depuis lundi; **(ever) ~ I arrived** depuis mon arrivée, depuis que je suis arrivé

**sincere** [sin'siə<sup>r</sup>] adj sincère

**sincerely** [sin'siəli] adv sincèrement; **Yours ~** (at end of letter) veuillez agréer, Monsieur (or Madame) l'expression de mes sentiments distingués or les meilleurs

**sincerity** [sin'seriti] n sincérité f

**sinew** ['sinju:] n tendon m; **sinews** npl muscles mpl

**sing** (pt **sang**, pp **sung**) [siŋ, sæŋ, sʌŋ] vt, vi chanter

**Singapore** [siŋgə'pɔ:<sup>r</sup>] n Singapour m

**singe** [sindʒ] vt brûler légèrement; (clothes) roussir

**singer** ['siŋə<sup>r</sup>] n chanteur(-euse)

**singing** ['siŋiŋ] n (of person, bird) chant m; façon f de chanter; (of kettle, bullet, in ears) sifflement m

**single** ['siŋgl] adj seul(e), unique; (unmarried) célibataire; (not double) simple ▷ n (Brit: also: **~ ticket**) aller m (simple); (record) 45 tours m; **singles** npl (Tennis) simple m; (US: single people) célibataires m/fpl; **not a ~ one was left** il n'en est pas resté un(e), seul(e); **every ~ day** chaque jour sans exception; **single out** vt choisir; (distinguish) distinguer

**single bed** n lit m d'une personne or à une place

**single-breasted** ['siŋglbrestid] adj droit(e)

**single file** n: **in ~** en file indienne

**single-handed** [siŋgl'hændid] adv tout(e) seul(e), sans (aucune) aide

**single-minded** [siŋgl'maindid] adj résolu(e), tenace

**single parent** n parent unique (or célibataire); **single-parent family** famille monoparentale

**single room** n chambre f à un lit or pour une personne

**single-track road** [siŋgl'træk-] n route f à voie unique

**singly** ['siŋgli] adv séparément

**singular** ['siŋgjulə<sup>r</sup>] adj singulier(-ière); (odd) singulier, étrange; (outstanding) remarquable; (Ling) (au) singulier, du singulier ▷ n (Ling) singulier m; **in the feminine ~** au féminin singulier

**sinister** ['sinistə<sup>r</sup>] adj sinistre

**sink** [siŋk] (pt **sank**, pp **sunk**) [sæŋk, sʌŋk] n évier m; (washbasin) lavabo m ▷ vt (ship) (faire) couler, faire sombrer; (foundations) creuser; (piles etc): **to ~ sth into** enfoncer qch dans ▷ vi couler, sombrer; (ground etc) s'affaisser; **to ~ into sth** (chair) s'enfoncer dans qch; **he sank into a chair/the mud** il s'est enfoncé dans un fauteuil/la boue; **a ~ing feeling** un serrement de cœur; **sink in** vi s'enfoncer, pénétrer; (explanation) rentrer (inf), être compris; **it took a long time to ~ in** il a fallu longtemps pour que ça rentre

**sinner** ['sɪnər] n pécheur(-eresse)

**sinus** ['saɪnəs] n (Anat) sinus m inv

**sip** [sɪp] n petite gorgée ▷ vt boire à petites gorgées

**siphon** ['saɪfən] n siphon m ▷ vt (also: **~ off**) siphonner; (: fig: funds) transférer; (: illegally) détourner

**sir** [sər] n monsieur m; **S~ John Smith** sir John Smith; **yes ~** oui Monsieur; **Dear S~** (in letter) Monsieur

**siren** ['saɪərn] n sirène f

**sirloin** ['sə:lɔɪn] n (also: **~ steak**) aloyau m

**sissy** ['sɪsɪ] n (inf: coward) poule mouillée

**sister** ['sɪstər] n sœur f; (nun) religieuse f, (bonne) sœur; (Brit: nurse) infirmière f en chef ▷ cpd: **~ organization** organisation f sœur; **~ ship** sister(-)ship m

**sister-in-law** ['sɪstərɪnlɔ:] n belle-sœur f

**sit** (pt, pp **sat**) [sɪt, sæt] vi s'asseoir; (be sitting) être assis(e); (assembly) être en séance, siéger; (for painter) poser; (dress etc) tomber ▷ vt (exam) passer, se présenter à; **to ~ tight** ne pas bouger; **sit about, sit around** vi être assis(e) or rester là à ne rien faire; **sit back** vi (in seat) bien s'installer, se carrer; **sit down** vi s'asseoir; **to be ~ting down** être assis(e); **sit in** vi: **to ~ in on a discussion** assister à une discussion; **sit on** vt fus (jury, committee) faire partie de; **sit up** vi s'asseoir; (straight) se redresser; (not go to bed) rester debout, ne pas se coucher

**sitcom** ['sɪtkɔm] n abbr (TV: = situation comedy) sitcom f, comédie f de situation

**site** [saɪt] n emplacement m, site m; (also: **building ~**) chantier m ▷ vt placer

**sit-in** ['sɪtɪn] n (demonstration) sit-in m inv, occupation f de locaux

**sitting** ['sɪtɪŋ] n (of assembly etc) séance f; (in canteen) service m

**sitting room** n salon m

**situated** ['sɪtjueɪtɪd] adj situé(e)

**situation** [sɪtju'eɪʃən] n situation f; **"~s vacant/wanted"** (Brit) "offres/demandes d'emploi"

**six** [sɪks] num six

**sixteen** [sɪks'ti:n] num seize

**sixteenth** [sɪks'ti:nθ] num seizième

**sixth** ['sɪksθ] num sixième ▷ n: **the upper/ lower ~** (Brit Scol) la terminale/la première

**sixth form** n (Brit) ≈ classes fpl de première et de terminale

**sixth-form college** n lycée n'ayant que des classes de première et de terminale

**sixtieth** ['sɪkstɪɪθ] num soixantième

**sixty** ['sɪkstɪ] num soixante

**size** [saɪz] n dimensions fpl; (of person) taille f; (of clothing) taille f; (of shoes) pointure f; (of estate, area) étendue f; (of problem) ampleur f;

(of company) importance f; (glue) colle f; **I take ~ 14** (of dress etc) ≈ je prends du 42 or la taille 42; **the small/large ~** (of soap powder etc) le petit/ grand modèle; **it's the ~ of ...** c'est de la taille (or grosseur) de ..., c'est grand (or gros) comme ...; **cut to ~** découpé(e) aux dimensions voulues; **size up** vt juger, jauger

**sizeable** ['saɪzəbl] adj (object, building, estate) assez grand(e); (amount, problem, majority) assez important(e)

**sizzle** ['sɪzl] vi grésiller

**skate** [skeɪt] n patin m; (fish: pl inv) raie f ▷ vi patiner; **skate over, skate around** vt (problem, issue) éluder

**skateboard** ['skeɪtbɔ:d] n skateboard m, planche f à roulettes

**skateboarding** ['skeɪtbɔ:dɪŋ] n skateboard m

**skater** ['skeɪtər] n patineur(-euse)

**skating** ['skeɪtɪŋ] n patinage m

**skating rink** n patinoire f

**skeleton** ['skelɪtn] n squelette m; (outline) schéma m

**skeleton staff** n effectifs réduits

**skeptical** ['skeptɪkl] (US) adj = **sceptical**

**sketch** [sketʃ] n (drawing) croquis m, esquisse f; (outline plan) aperçu m; (Theat) sketch m, saynète f ▷ vt esquisser, faire un croquis or une esquisse de; (plan etc) esquisser

**sketch book** n carnet m à dessin

**sketchy** ['sketʃɪ] adj incomplet(-ète), fragmentaire

**skewer** ['skju:ər] n brochette f

**ski** [ski:] n ski m ▷ vi skier, faire du ski

**ski boot** n chaussure f de ski

**skid** [skɪd] n dérapage m ▷ vi déraper; **to go into a ~** déraper

**skier** ['ski:ər] n skieur(-euse)

**skiing** ['ski:ɪŋ] n ski m; **to go ~** (aller) faire du ski

**ski jump** n (ramp) tremplin m; (event) saut m à skis

**skilful**, (US) **skillful** ['skɪlful] adj habile, adroit(e)

**ski lift** n remonte-pente m inv

**skill** [skɪl] n (ability) habileté f, adresse f, talent m; (requiring training) compétences fpl

**skilled** [skɪld] adj habile, adroit(e); (worker) qualifié(e)

**skim** [skɪm] vt (milk) écrémer; (soup) écumer; (glide over) raser, effleurer ▷ vi: **to ~ through** (fig) parcourir

**skimmed milk** [skɪmd-], (US) **skim milk** n lait écrémé

**skimp** [skɪmp] vt (work) bâcler, faire à la va-vite; (cloth etc) lésiner sur

**skimpy** ['skɪmpɪ] adj étriqué(e); maigre

**skin** [skɪn] n peau f ▷ vt (fruit etc) éplucher; (animal) écorcher; **wet** or **soaked to the ~** trempé(e) jusqu'aux os

**skin cancer** n cancer m de la peau

**skin-deep** ['skɪn'di:p] adj superficiel(le)

S

**skin diving** n plongée sous-marine

**skinhead** ['skɪnhɛd] n skinhead m

**skinny** ['skɪnɪ] adj maigre, maigrichon(ne)

**skintight** ['skɪntaɪt] adj (dress etc) collant(e), ajusté(e)

**skip** [skɪp] n petit bond or saut; (Brit: container) benne f ⊳ vi gambader, sautiller; (with rope) sauter à la corde ⊳ vt (pass over) sauter; **to ~ school** (esp US) faire l'école buissonnière

**ski pass** n forfait-skieur(s) m

**ski pole** n bâton m de ski

**skipper** ['skɪpəʳ] n (Naut, Sport) capitaine m; (in race) skipper m ⊳ vt (boat) commander; (team) être le chef de

**skipping rope** ['skɪpɪŋ-], (US) **skip rope** n corde f à sauter

**skirmish** ['skɜːmɪʃ] n escarmouche f, accrochage m

**skirt** [skɜːt] n jupe f ⊳ vt longer, contourner

**skirting board** ['skɜːtɪŋ-] n (Brit) plinthe f

**ski slope** n piste f de ski

**ski suit** n combinaison f de ski

**ski tow** n = **ski lift**

**skittle** ['skɪtl] n quille f; **skittles** (game) (jeu m de) quilles fpl

**skive** [skaɪv] vi (Brit inf) tirer au flanc

**skull** [skʌl] n crâne m

**skunk** [skʌŋk] n mouffette f; (fur) sconse m

**sky** [skaɪ] n ciel m; **to praise sb to the skies** porter qn aux nues

**skylight** ['skaɪlaɪt] n lucarne f

**skyscraper** ['skaɪskreɪpəʳ] n gratte-ciel m inv

**slab** [slæb] n plaque f; (of stone) dalle f; (of wood) bloc m; (of meat, cheese) tranche épaisse

**slack** [slæk] adj (loose) lâche, desserré(e); (slow) stagnant(e); (careless) négligent(e), peu sérieux(-euse) or consciencieux(-euse); (Comm: market) peu actif(-ive); (: demand) faible; (period) creux(-euse) ⊳ n (in rope etc) mou m; **business is ~** les affaires vont mal

**slacken** ['slækn] (also: **~ off**) vi ralentir, diminuer ⊳ vt relâcher

**slacks** [slæks] npl pantalon m

**slag heap** n crassier m

**slag off** (Brit: inf) dire du mal de

**slain** [sleɪn] pp of **slay**

**slam** [slæm] vt (door) (faire) claquer; (throw) jeter violemment, flanquer; (inf: criticize) éreinter, démolir ⊳ vi claquer

**slander** ['slɑːndəʳ] n calomnie f; (Law) diffamation f ⊳ vt calomnier; diffamer

**slang** [slæŋ] n argot m

**slant** [slɑːnt] n inclinaison f; (fig) angle m, point m de vue

**slanted** ['slɑːntɪd] adj tendancieux(-euse)

**slanting** ['slɑːntɪŋ] adj en pente, incliné(e); couché(e)

**slap** [slæp] n claque f, gifle f; (on the back) tape f ⊳ vt donner une claque or une gifle (or une tape) à; **to ~ on** (paint) appliquer rapidement ⊳ adv (directly) tout droit, en plein

**slapdash** ['slæpdæʃ] adj (work) fait(e) sans soin or à la va-vite; (person) insouciant(e), négligent(e)

**slapstick** ['slæpstɪk] n (comedy) grosse farce (style tarte à la crème)

**slap-up** ['slæpʌp] adj (Brit): **a ~ meal** un repas extra or fameux

**slash** [slæʃ] vt entailler, taillader; (fig: prices) casser

**slat** [slæt] n (of wood) latte f, lame f

**slate** [sleɪt] n ardoise f ⊳ vt (fig: criticize) éreinter, démolir

**slaughter** ['slɔːtəʳ] n carnage m, massacre m; (of animals) abattage m ⊳ vt (animal) abattre; (people) massacrer

**slaughterhouse** ['slɔːtəhaus] n abattoir m

**Slav** [slɑːv] adj slave

**slave** [sleɪv] n esclave m/f ⊳ vi (also: **~ away**) trimer, travailler comme un forçat; **to ~ (away) at sth/at doing sth** se tuer à qch/à faire qch

**slavery** ['sleɪvərɪ] n esclavage m

**slay** (pt **slew**, pp **slain**) [sleɪ, sluː, sleɪn] vt (literary) tuer

**sleazy** ['sliːzɪ] adj miteux(-euse), minable

**sled** [slɛd] (US) = **sledge**

**sledge** [slɛdʒ] n luge f

**sledgehammer** ['slɛdʒhæməʳ] n marteau m de forgeron

**sleek** [sliːk] adj (hair, fur) brillant(e), luisant(e); (car, boat) aux lignes pures or élégantes

**sleep** [sliːp] n sommeil m ⊳ vi (pt, pp **slept**) [slɛpt] dormir; (spend night) dormir, coucher ⊳ vt: **we can ~ 4** on peut coucher or loger 4 personnes; **to go to ~** s'endormir; **to have a good night's ~** passer une bonne nuit; **to put to ~** (patient) endormir; (animal: euphemism: kill) piquer; **to ~ lightly** avoir le sommeil léger; **to ~ with sb** (have sex) coucher avec qn; **sleep around** vi coucher à droite et à gauche; **sleep in** vi (oversleep) se réveiller trop tard; (on purpose) faire la grasse matinée; **sleep together** vi (have sex) coucher ensemble

**sleeper** ['sliːpəʳ] n (person) dormeur(-euse); (Brit Rail: on track) traverse f; (: train) train-couchettes m; (: carriage) wagon-lits m, voiture-lits f; (: berth) couchette f

**sleeping bag** ['sliːpɪŋ-] n sac m de couchage

**sleeping car** ['sliːpɪŋ-] n wagon-lits m, voiture-lits f

**sleeping partner** ['sliːpɪŋ-] n (Brit Comm) = **silent partner**

**sleeping pill** ['sliːpɪŋ-] n somnifère m

**sleepless** ['sliːplɪs] adj: **a ~ night** une nuit blanche

**sleepover** ['sliːpəuvəʳ] n nuit f chez un copain or une copine; **we're having a ~ at Jo's** nous allons passer la nuit chez Jo

**sleepwalk** ['sliːpwɔːk] vi marcher en dormant

**sleepwalker** ['sli:pwɔːkəʳ] n
somnambule m/f

**sleepy** ['sli:pɪ] adj qui a envie de dormir; (fig)
endormi(e); **to be** or **feel ~** avoir sommeil,
avoir envie de dormir

**sleet** [sli:t] n neige fondue

**sleeve** [sli:v] n manche f; (of record) pochette f

**sleeveless** ['sli:vlɪs] adj (garment) sans
manches

**sleigh** [sleɪ] n traîneau m

**sleight** [slaɪt] n: **~ of hand** tour m de passe-
passe

**slender** ['slɛndəʳ] adj svelte, mince; (fig)
faible, ténu(e)

**slept** [slɛpt] pt, pp of **sleep**

**slew** [slu:] vi (also: **~ round**) virer, pivoter ▷ pt
of **slay**

**slice** [slaɪs] n tranche f; (round) rondelle f;
(utensil) spatule f; (also: **fish ~**) pelle f à poisson
▷ vt couper en tranches (or en rondelles); **~d
bread** pain m en tranches

**slick** [slɪk] adj (skilful) bien ficelé(e);
(salesperson) qui a du bagout, mielleux(-euse)
▷ n (also: **oil ~**) nappe f de pétrole, marée noire

**slide** [slaɪd] (pt, pp **slid**) [slɪd] n (in playground)
toboggan m; (Phot) diapositive f; (Brit: also:
**hair ~**) barrette f; (microscope slide) (lame f)
porte-objet m; (in prices) chute f, baisse f ▷ vt
(faire) glisser ▷ vi glisser; **to let things ~** (fig)
laisser les choses aller à la dérive

**sliding** ['slaɪdɪŋ] adj (door) coulissant(e);
**~ roof** (Aut) toit ouvrant

**sliding scale** n échelle f mobile

**slight** [slaɪt] adj (slim) mince, menu(e); (frail)
frêle; (trivial) faible, insignifiant(e); (small)
petit(e), léger(-ère) (before n) ▷ n offense f,
affront m (to offend) blesser, offenser; **the
~est** le (or la) moindre; **not in the ~est** pas le
moins du monde, pas du tout

**slightly** ['slaɪtlɪ] adv légèrement, un peu;
**~ built** fluet(te)

**slim** [slɪm] adj mince ▷ vi maigrir; (diet)
suivre un régime amaigrissant

**slime** [slaɪm] n vase f; substance visqueuse

**slimming** [slɪmɪŋ] n amaigrissement m ▷ adj
(diet, pills) amaigrissant(e), pour maigrir;
(food) qui ne fait pas grossir

**slimy** ['slaɪmɪ] adj visqueux(-euse), gluant(e);
(covered with mud) vaseux(-euse)

**sling** [slɪŋ] n (Med) écharpe f; (for baby) porte-
bébé m; (weapon) fronde f, lance-pierre m ▷ vt
(pt slung, pp [slʌŋ] lancer, jeter; **to have
one's arm in a ~** avoir le bras en écharpe

**slip** [slɪp] n faux pas; (mistake) erreur f,
bévue f; (underskirt) combinaison f; (of paper)
petite feuille, fiche f ▷ vt (slide) glisser ▷ vi
(slide) glisser; (decline) baisser; (move smoothly):
**to ~ into/out of** se faufiler dans/
hors de; **to let a chance ~ by** laisser passer
une occasion; **to ~ sth on/off** enfiler/enlever
qch; **it ~ped from her hand** cela lui a glissé
des mains; **to give sb the ~** fausser

compagnie à qn; **a ~ of the tongue** un
lapsus; **slip away** vi s'esquiver; **slip in** vt
glisser; **slip out** vi sortir; **slip up** vi faire une
erreur, gaffer

**slipped disc** [slɪpt-] n déplacement m de
vertèbre

**slipper** ['slɪpəʳ] n pantoufle f

**slippery** ['slɪpərɪ] adj glissant(e); (fig: person)
insaisissable

**slip road** n (Brit: to motorway) bretelle f d'accès

**slip-up** ['slɪpʌp] n bévue f

**slipway** ['slɪpweɪ] n cale f (de construction or
de lancement)

**slit** [slɪt] n fente f; (cut) incision f; (tear)
déchirure f ▷ vt (pt, pp **slit**) fendre; couper,
inciser; déchirer; **to ~ sb's throat** trancher
la gorge à qn

**slither** ['slɪðəʳ] vi glisser, déraper

**sliver** ['slɪvəʳ] n (of glass, wood) éclat m;
(of cheese, sausage) petit morceau

**slob** [slɔb] n (inf) rustaud(e)

**slog** [slɔg] n (Brit: effort) gros effort; (: work)
tâche fastidieuse ▷ vi travailler très dur

**slogan** ['sləugən] n slogan m

**slope** [sləup] n pente f, côte f; (side of mountain)
versant m; (slant) inclinaison f ▷ vi: **to ~
down** être or descendre en pente; **to ~ up**
monter

**sloping** ['sləupɪŋ] adj en pente, incliné(e);
(handwriting) penché(e)

**sloppy** ['slɔpɪ] adj (work) peu soigné(e),
bâclé(e); (appearance) négligé(e), débraillé(e);
(film etc) sentimental(e)

**slot** [slɔt] n fente f; (fig: in timetable, Radio, TV)
créneau m, plage f ▷ vt: **to ~ sth into**
encastrer ou insérer qch dans ▷ vi: **to ~ into**
s'encastrer or s'insérer dans

**sloth** [sləuθ] n (vice) paresse f; (Zool)
paresseux m

**slot machine** n (Brit: vending machine)
distributeur m (automatique), machine f à
sous; (for gambling) appareil m or machine à
sous

**slouch** [slautʃ] vi avoir le dos rond, être
voûté(e); **slouch about, slouch around** vi
traîner à ne rien faire

**Slovakia** [sləu'vækɪə] n Slovaquie f

**Slovene** [sləu'vi:n] adj slovène ▷ n Slovène
m/f; (Ling) slovène m

**Slovenia** [sləu'vi:nɪə] n Slovénie f

**Slovenian** [sləu'vi:nɪən] adj, n = **Slovene**

**slovenly** ['slʌvənlɪ] adj sale, débraillé(e),
négligé(e)

**slow** [sləu] adj lent(e); (watch): **to be ~**
retarder ▷ adv lentement ▷ vt, vi ralentir;
**"~" (road sign)** "ralentir"; **at a ~ speed** à petite
vitesse; **to be ~ to act/decide** être lent à agir/
décider; **my watch is 20 minutes ~** ma
montre retarde de 20 minutes; **business is ~**
les affaires marchent au ralenti; **to go ~**
(driver) rouler lentement; (in industrial dispute)
faire la grève perlée; **slow down** vi ralentir

**S**

**slowly** ['sləʊlɪ] *adv* lentement

**slow motion** *n*: **in ~** au ralenti

**sludge** [slʌdʒ] *n* boue *f*

**slug** [slʌg] *n* limace *f*; (*bullet*) balle *f*

**sluggish** ['slʌgɪʃ] *adj* (*person*) mou/molle, lent(e); (*stream, engine, trading*) lent(e); (*business, sales*) stagnant(e)

**sluice** [sluːs] *n* écluse *f*; (*also:* **~ gate**) vanne *f* ▷ *vt*: **to ~ down** *or* **out** laver à grande eau

**slum** [slʌm] *n* (*house*) taudis *m*; **slums** *npl* (*area*) quartiers *mpl* pauvres

**slump** [slʌmp] *n* baisse soudaine, effondrement *m*; (*Econ*) crise *f* ▷ *vi* s'effondrer, s'affaisser

**slung** [slʌŋ] *pt, pp* de **sling**

**slur** [slɜːʳ] *n* bredouillement *m*; (*smear*): **~ (on)** atteinte *f* (à); insinuation *f* (contre) ▷ *vt* mal articuler; **to be a ~ on** porter atteinte à

**slush** [slʌʃ] *n* neige fondue

**slut** [slʌt] *n* souillon *f*

**sly** [slaɪ] *adj* (*person*) rusé(e); (*smile, expression, remark*) sournois(e); **on the ~** en cachette

**smack** [smæk] *n* (*slap*) tape *f*; (*on face*) gifle *f* ▷ *vt* donner une tape à; (*on face*) gifler; (*on bottom*) donner la fessée à ▷ *vi*: **to ~ of** avoir des relents de, sentir ▷ *adv* (*inf*): **it fell ~ in the middle** c'est tombé en plein milieu *or* en plein dedans; **to ~ one's lips** se lécher les babines

**small** [smɔːl] *adj* petit(e); (*letter*) minuscule ▷ *n*: **the ~ of the back** le creux des reins; **to get** *or* **grow ~er** diminuer; **to make ~er** (*amount, income*) diminuer; (*object, garment*) rapetisser; **a ~ shopkeeper** un petit commerçant

**small ads** *npl* (*Brit*) petites annonces

**small change** *n* petite *or* menue monnaie

**smallholder** ['smɔːlhəʊldəʳ] *n* (*Brit*) petit cultivateur

**small hours** *npl*: **in the ~** au petit matin

**smallpox** ['smɔːlpɔks] *n* variole *f*

**small talk** *n* menus propos

**smart** [smɑːt] *adj* élégant(e), chic *inv*; (*clever*) intelligent(e); (*pej*) futé(e); (*quick*) vif/vive, prompt(e) ▷ *vi* faire mal, brûler; **the ~ set** le beau monde; **to look ~** être élégant(e); **my eyes are ~ing** j'ai les yeux irrités *or* qui me piquent

**smart card** ['smɑːtˈkɑːd] *n* carte *f* à puce

**smarten up** ['smɑːtn-] *vi* devenir plus élégant(e), se faire beau/belle ▷ *vt* rendre plus élégant(e)

**smart phone** *n* smartphone *m*

**smash** [smæʃ] *n* (*also:* **~-up**) collision *f*, accident *m*; (*Mus*) succès foudroyant; (*sound*) fracas *m* ▷ *vt* casser, briser, fracasser; (*opponent*) écraser; (*hopes*) ruiner, détruire; (*Sport: record*) pulvériser ▷ *vi* se briser, se fracasser; s'écraser; **smash up** *vt* (*car*) bousiller; (*room*) tout casser dans

**smashing** ['smæʃɪŋ] *adj* (*inf*) formidable

**smattering** ['smætərɪŋ] *n*: **a ~ of** quelques notions de

**smear** [smɪəʳ] *n* (*stain*) tache *f*; (*mark*) trace *f*; (*Med*) frottis *m*; (*insult*) calomnie *f* ▷ *vt* enduire; (*make dirty*) salir; (*fig*) porter atteinte à; **his hands were ~ed with oil/ink** il avait les mains maculées de cambouis/d'encre

**smear campaign** *n* campagne *f* de dénigrement

**smear test** *n* (*Brit Med*) frottis *m*

**smell** [smɛl] (*pt, pp* **smelt** *or* **smelled**) [smɛlt, smɛld] *n* odeur *f*; (*sense*) odorat *m* ▷ *vt* sentir ▷ *vi* (*pej*) sentir mauvais; (*food etc*): **to ~ (of)** sentir; **it ~s good** ça sent bon

**smelly** ['smɛlɪ] *adj* qui sent mauvais, malodorant(e)

**smelt** [smɛlt] *pt, pp* of **smell** ▷ *vt* (*ore*) fondre

**smile** [smaɪl] *n* sourire *m* ▷ *vi* sourire

**smirk** [smɜːk] *n* petit sourire suffisant *or* affecté

**smock** [smɔk] *n* blouse *f*, sarrau *m*

**smog** [smɔg] *n* brouillard mêlé de fumée

**smoke** [sməuk] *n* fumée *f* ▷ *vt, vi* fumer; **to have a ~** fumer une cigarette; **do you ~?** est-ce que vous fumez?; **do you mind if I ~?** ça ne vous dérange pas que je fume?; **to go up in ~** (*house etc*) brûler; (*fig*) partir en fumée

**smoke alarm** *n* détecteur *m* de fumée

**smoked** ['sməukt] *adj* (*bacon, glass*) fumé(e)

**smoker** ['sməukəʳ] *n* (*person*) fumeur(-euse); (*Rail*) wagon *m* fumeurs

**smoke screen** *n* rideau *m* or écran *m* de fumée; (*fig*) paravent *m*

**smoking** ['sməukɪŋ] *n*: **"no ~"** (*sign*) "défense de fumer"; **to give up ~** arrêter de fumer

**smoking compartment**, (*US*) **smoking car** *n* wagon *m* fumeurs

**smoky** ['sməukɪ] *adj* enfumé(e); (*taste*) fumé(e)

**smolder** ['sməuldəʳ] *vi* (*US*) = **smoulder**

**smooth** [smuːð] *adj* lisse; (*sauce*) onctueux(-euse); (*flavour, whisky*) moelleux(-euse); (*cigarette*) doux/douce; (*movement*) régulier(-ière), sans à-coups *or* heurts; (*landing, takeoff*) en douceur; (*flight*) sans secousses; (*pej: person*) doucereux(-euse), mielleux(-euse) ▷ *vt* (*also:* **~ out**) lisser, défroisser; (*creases, difficulties*) faire disparaître; **smooth over** *vt*: **to ~ things over** (*fig*) arranger les choses

**smother** ['smʌðəʳ] *vt* étouffer

**smoulder**, (*US*) **smolder** ['sməuldəʳ] *vi* couver

**SMS** *n abbr* (= *short message service*) SMS *m*

**SMS message** *n* (*message m*) SMS *m*

**smudge** [smʌdʒ] *n* tache *f*, bavure *f* ▷ *vt* salir, maculer

**smug** [smʌg] *adj* suffisant(e), content(e) de soi

**smuggle** ['smʌgl] *vt* passer en contrebande *or* en fraude; **to ~ in/out** (*goods etc*) faire entrer/ sortir clandestinement *or* en fraude

**smuggler** ['smʌgləʳ] *n* contrebandier(-ière)

**smuggling** ['smʌglɪŋ] n contrebande f

**smutty** ['smʌtɪ] adj (fig) grossier(-ière), obscène

**snack** [snæk] n casse-croûte m inv; **to have a ~** prendre un en-cas, manger quelque chose (de léger)

**snack bar** n snack(-bar) m

**snag** [snæg] n inconvénient m, difficulté f

**snail** [sneɪl] n escargot m

**snake** [sneɪk] n serpent m

**snap** [snæp] n (sound) claquement m, bruit sec; (photograph) photo f, instantané m; (game) sorte de jeu de bataille ▷ adj subit(e), fait(e) sans réfléchir ▷ vt (fingers) faire claquer; (break) casser net; (photograph) prendre un instantané de ▷ vi se casser net or avec un bruit sec; (fig: person) craquer; **to ~ open/shut** s'ouvrir/se refermer brusquement; **to ~ one's fingers at** (fig) se moquer de; **a cold ~** (of weather) un refroidissement soudain de la température; **snap at** vt fus (subj: dog) essayer de mordre; **snap off** vt (break) casser net; **snap up** vt sauter sur, saisir

**snappy** ['snæpɪ] adj prompt(e); (slogan) qui a du punch; **make it ~!** (inf: hurry up) grouille-toi!, magne-toi!

**snapshot** ['snæpʃɒt] n photo f, instantané m

**snare** [snɛəʳ] n piège m ▷ vt attraper, prendre au piège

**snarl** [snɑ:l] n grondement m or grognement m féroce ▷ vi gronder ▷ vt: **to get ~ed up** (wool, plans) s'emmêler; (traffic) se bloquer

**snatch** [snætʃ] n (fig) vol m; (small amount): **~es of** des fragments mpl or bribes fpl de ▷ vt saisir (d'un geste vif); (steal) voler ▷ vi: **don't ~!** doucement!; **to ~ a sandwich** manger or avaler un sandwich à la hâte; **to ~ some sleep** arriver à dormir un peu; **snatch up** vt saisir, s'emparer de

**sneak** [sni:k] (US pt **snuck**) vi: **to ~ in/out** entrer/sortir furtivement or à la dérobée ▷ vt: **to ~ a look at sth** regarder furtivement qch ▷ n (inf: pej: informer) faux jeton; **to ~ up on sb** s'approcher de qn sans faire de bruit

**sneakers** ['sni:kəz] npl tennis mpl, baskets fpl

**sneer** [snɪəʳ] n ricanement m ▷ vi ricaner, sourire d'un air sarcastique; **to ~ at sb/sth** se moquer de qn/qch avec mépris

**sneeze** [sni:z] n éternuement m ▷ vi éternuer

**sniff** [snɪf] n reniflement m ▷ vi renifler ▷ vt renifler, flairer; (glue, drug) sniffer, respirer; **sniff at** vt fus: **it's not to be ~ed at** il ne faut pas cracher dessus, ce n'est pas à dédaigner

**snigger** ['snɪgəʳ] n ricanement m; rire moqueur ▷ vi ricaner

**snip** [snɪp] n (cut) entaille f; (piece) petit bout; (Brit: inf: bargain) (bonne) occasion or affaire ▷ vt couper

**sniper** ['snaɪpəʳ] n (marksman) tireur embusqué

**snippet** ['snɪpɪt] n bribes fpl

**snob** [snɒb] n snob m/f

**snobbish** ['snɒbɪʃ] adj snob inv

**snooker** ['snu:kəʳ] n sorte de jeu de billard

**snoop** [snu:p] vi: **to ~ on sb** espionner qn; **to ~ about** fureter

**snooze** [snu:z] n petit somme ▷ vi faire un petit somme

**snore** [snɔ:ʳ] vi ronfler ▷ n ronflement m

**snorkel** ['snɔ:kl] n (of swimmer) tuba m

**snort** [snɔ:t] n grognement m ▷ vi grogner; (horse) renâcler ▷ vt (inf: drugs) sniffer

**snout** [snaut] n museau m

**snow** [snəu] n neige f ▷ vi neiger ▷ vt: **to be ~ed under with work** être débordé(e) de travail

**snowball** ['snəubɔ:l] n boule f de neige

**snowbound** ['snəubaund] adj enneigé(e), bloqué(e) par la neige

**snowdrift** ['snəudrɪft] n congère f

**snowdrop** ['snəudrɒp] n perce-neige m

**snowfall** ['snəufɔ:l] n chute f de neige

**snowflake** ['snəufleɪk] n flocon m de neige

**snowman** ['snəumæn] irreg n bonhomme m de neige

**snowplough**, (US) **snowplow** ['snəuplau] n chasse-neige m inv

**snowshoe** ['snəuʃu:] n raquette f (pour la neige)

**snowstorm** ['snəustɔ:m] n tempête f de neige

**snub** [snʌb] vt repousser, snober ▷ n rebuffade f

**snub-nosed** [snʌb'nəuzd] adj au nez retroussé

**snuck** [snʌk] (US) pt, pp of **sneak**

**snuff** [snʌf] n tabac m à priser ▷ vt (also: **~ out**: candle) moucher

**snug** [snʌg] adj douillet(te), confortable; (person) bien au chaud; **it's a ~ fit** c'est bien ajusté(e)

**snuggle** ['snʌgl] vi: **to ~ down in bed/up to sb** se pelotonner dans son lit/contre qn

 **KEYWORD**

**so** [səu] adv **1** (thus, likewise) ainsi, de cette façon; **if so** si oui; **so do** or **have I** moi aussi; **it's 5 o'clock — so it is!** il est 5 heures — en effet! or c'est vrai!; **I hope/think so** je l'espère/le crois; **so far** jusqu'ici, jusqu'à maintenant; (in past) jusque-là; **quite so!** exactement!, c'est bien ça!; **even so** quand même, tout de même

**2** (in comparisons etc: to such a degree) si, tellement; **so big (that)** si or tellement grand (que); **she's not so clever as her brother** elle n'est pas aussi intelligente que son frère

**3: so much** adj, adv tant (de); **I've got so much work** j'ai tant de travail; **I love you so much** je vous aime tant; **so many** tant (de)

**4** (phrases): **10 or so** à peu près or environ 10; **so long!** (inf: goodbye) au revoir!, à un de ces

jours!; **so to speak** pour ainsi dire; **so
(what)?** (inf) (bon) et alors?, et après?
▷ conj **1** (expressing purpose): **so as to do** pour
faire, afin de faire; **so (that)** pour que or afin
que + sub
**2** (expressing result) donc, par conséquent;
**so that** si bien que, de (telle) sorte que; **so
that's the reason!** c'est donc (pour) ça!;
**so you see, I could have gone** alors tu vois,
j'aurais pu y aller

**soak** [səʊk] vt faire or laisser tremper; (drench)
tremper ▷ vi tremper; **to be ~ed through**
être trempé jusqu'aux os; **soak in** vi
pénétrer, être absorbé(e); **soak up** vt
absorber
**soaking** ['səʊkɪŋ] adj (also: **~ wet**) trempé(e)
**so-and-so** ['səʊənsəʊ] n (somebody) un(e)
tel(le)
**soap** [səʊp] n savon m
**soapflakes** ['səʊpfleɪks] npl paillettes fpl de
savon
**soap opera** n feuilleton télévisé (quotidienneté
réaliste ou embellie)
**soap powder** n lessive f, détergent m
**soapy** ['səʊpɪ] adj savonneux(-euse)
**soar** [sɔːʳ] vi monter (en flèche), s'élancer;
(building) s'élancer; **~ing prices** prix qui
grimpent
**sob** [sɔb] n sanglot m ▷ vi sangloter
**sober** ['səʊbəʳ] adj qui n'est pas (or plus) ivre;
(serious) sérieux(-euse), sensé(e); (moderate)
mesuré(e); (colour, style) sobre, discret(-ète);
**sober up** vt dégriser ▷ vi se dégriser
**so-called** ['səʊ'kɔːld] adj soi-disant inv
**soccer** ['sɔkəʳ] n football m
**sociable** ['səʊʃəbl] adj sociable
**social** ['səʊʃl] adj social(e); (sociable) sociable
▷ n (petite) fête
**social club** n amicale f, foyer m
**socialism** ['səʊʃəlɪzəm] n socialisme m
**socialist** ['səʊʃəlɪst] adj, n socialiste (m/f)
**socialize** ['səʊʃəlaɪz] vi voir or rencontrer des
gens, se faire des amis; **to ~ with** (meet often)
fréquenter; (get to know) lier connaissance or
parler avec
**social life** n vie sociale; **how's your ~?** est-ce
que tu sors beaucoup?
**socially** ['səʊʃəlɪ] adv socialement, en société
**social networking** [-'nɛtwəːkɪŋ] n réseaux
mpl sociaux
**social security** n aide sociale
**social services** npl services sociaux
**social work** n assistance sociale
**social worker** n assistant(e) sociale(e)
**society** [sə'saɪətɪ] n société f; (club) société,
association f; (also: **high ~**) (haute) société,
grand monde ▷ cpd (party) mondain(e)
**sociology** [səʊsɪ'ɔlədʒɪ] n sociologie f
**sock** [sɔk] n chaussette f ▷ vt (inf: hit)
flanquer un coup à; **to pull one's ~s up** (fig)
se secouer (les puces)

**socket** ['sɔkɪt] n cavité f; (Elec: also: **wall ~**)
prise f de courant; (: for light bulb) douille f
**sod** [sɔd] n (of earth) motte f; (Brit infl) con m (!),
salaud m (!); **sod off** vi: **~ off!** (Brit infl) fous le
camp!, va te faire foutre! (!)
**soda** ['səʊdə] n (Chem) soude f; (also: **~ water**)
eau f de Seltz; (US: also: **~ pop**) soda m
**sodium** ['səʊdɪəm] n sodium m
**sofa** ['səʊfə] n sofa m, canapé m
**sofa bed** n canapé-lit m
**soft** [sɔft] adj (not rough) doux/douce; (not hard)
doux, mou/molle; (not loud) doux, léger(-ère);
(kind) doux, gentil(le); (weak) indulgent(e);
(stupid) stupide, débile
**soft drink** n boisson non alcoolisée
**soft drugs** npl drogues douces
**soften** ['sɔfn] vt (r)amollir; (fig) adoucir ▷ vi
se ramollir; (fig) s'adoucir
**softly** ['sɔftlɪ] adv doucement; (touch)
légèrement; (kiss) tendrement
**softness** ['sɔftnɪs] n douceur f
**software** ['sɔftwɛəʳ] n (Comput) logiciel m,
software m
**soggy** ['sɔgɪ] adj (clothes) trempé(e); (ground)
détrempé(e)
**soil** [sɔɪl] n (earth) sol m, terre f ▷ vt salir; (fig)
souiller
**solar** ['səʊləʳ] adj solaire
**solar panel** n panneau m solaire
**solar power** n énergie f solaire
**solar system** n système m solaire
**sold** [səʊld] pt, pp of **sell**
**solder** ['səʊldəʳ] vt souder (au fil à souder) ▷ n
soudure f
**soldier** ['səʊldʒəʳ] n soldat m, militaire m ▷ vi:
**to ~ on** persévérer, s'accrocher; **toy ~** petit
soldat
**sold out** adj (Comm) épuisé(e)
**sole** [səʊl] n (of foot) plante f; (of shoe)
semelle f; (fish: pl inv) sole f ▷ adj seul(e),
unique; **the ~ reason** la seule et unique
raison
**solely** ['səʊllɪ] adv seulement, uniquement;
**I will hold you ~ responsible** je vous en
tiendrai pour seul responsable
**solemn** ['sɔləm] adj solennel(le); (person)
sérieux(-euse), grave
**sole trader** n (Comm) chef m d'entreprise
individuelle
**solicit** [sə'lɪsɪt] vt (request) solliciter ▷ vi
(prostitute) racoler
**solicitor** [sə'lɪsɪtəʳ] n (Brit: for wills etc)
≈ notaire m; (: in court) ≈ avocat m
**solid** ['sɔlɪd] adj (strong, sound, reliable: not liquid)
solide; (not hollow: mass) compact(e); (: metal,
rock, wood) massif(-ive); (meal) consistant(e),
substantiel(le); (vote) unanime ▷ n solide m;
**to be on ~ ground** être sur la terre ferme;
(fig) être en terrain sûr; **we waited two ~
hours** nous avons attendu deux heures
entières
**solidarity** [sɔlɪ'dærɪtɪ] n solidarité f

**solitary** ['sɔlɪtərɪ] *adj* solitaire
**solitary confinement** *n* (*Law*) isolement *m* (cellulaire)
**solitude** ['sɔlɪtjuːd] *n* solitude *f*
**solo** ['səʊləʊ] *n* solo *m* ▷ *adv* (*fly*) en solitaire
**soloist** ['səʊləʊɪst] *n* soliste *m/f*
**soluble** ['sɔljʊbl] *adj* soluble
**solution** [sə'luːʃən] *n* solution *f*
**solve** [sɔlv] *vt* résoudre
**solvent** ['sɔlvənt] *adj* (*Comm*) solvable ▷ *n* (*Chem*) (dis)solvant *m*
**sombre**, (*US*) **somber** ['sɔmbə<sup>r</sup>] *adj* sombre, morne

⬤ KEYWORD

**some** [sʌm] *adj* **1** (*a certain amount or number of*):
**some tea/water/ice cream** du thé/de l'eau/de la glace; **some children/apples** des enfants/pommes; **I've got some money but not much** j'ai de l'argent mais pas beaucoup
**2** (*certain: in contrasts*): **some people say that ...** il y a des gens qui disent que ...; **some films were excellent, but most were mediocre** certains films étaient excellents, mais la plupart étaient médiocres
**3** (*unspecified*): **some woman was asking for you** il y avait une dame qui vous demandait; **he was asking for some book (or other)** il demandait un livre quelconque; **some day** un de ces jours; **some day next week** un jour la semaine prochaine; **after some time** après un certain temps; **at some length** assez longuement; **in some form or other** sous une forme ou une autre, sous une forme quelconque
▷ *pron* **1** (*a certain number*) quelques-un(e)s, certain(e)s; **I've got some** (*books etc*) j'en ai (quelques-uns); **some (of them) have been sold** certains ont été vendus
**2** (*a certain amount*) un peu; **I've got some** (*money, milk*) j'en ai (un peu); **would you like some?** est-ce que vous en voulez?, en voulez-vous?; **could I have some of that cheese?** pourrais-je avoir un peu de ce fromage?; **I've read some of the book** j'ai lu une partie du livre
▷ *adv*: **some 10 people** quelque 10 personnes, 10 personnes environ

**somebody** ['sʌmbədɪ] *pron* = **someone**
**somehow** ['sʌmhaʊ] *adv* d'une façon ou d'une autre; (*for some reason*) pour une raison ou une autre
**someone** ['sʌmwʌn] *pron* quelqu'un; **~ or other** quelqu'un, je ne sais qui
**someplace** ['sʌmpleɪs] *adv* (*US*) = **somewhere**
**somersault** ['sʌməsɔːlt] *n* culbute *f*, saut périlleux ▷ *vi* faire la culbute *or* un saut périlleux; (*car*) faire un tonneau

**something** ['sʌmθɪŋ] *pron* quelque chose *m*;
**~ interesting** quelque chose d'intéressant;
**~ to do** quelque chose à faire; **he's ~ like me** il est un peu comme moi; **it's ~ of a problem** il y a là un problème
**sometime** ['sʌmtaɪm] *adv* (*in future*) un de ces jours, un jour ou l'autre; (*in past*): **~ last month** au cours du mois dernier
**sometimes** ['sʌmtaɪmz] *adv* quelquefois, parfois
**somewhat** ['sʌmwɔt] *adv* quelque peu, un peu
**somewhere** ['sʌmwɛə<sup>r</sup>] *adv* quelque part;
**~ else** ailleurs, autre part
**son** [sʌn] *n* fils *m*
**song** [sɔŋ] *n* chanson *f*; (*of bird*) chant *m*
**son-in-law** ['sʌnɪnlɔː] *n* gendre *m*, beau-fils *m*
**soon** [suːn] *adv* bientôt; (*early*) tôt;
**~ afterwards** peu après; **quite ~** sous peu;
**how ~ can you do it?** combien de temps vous faut-il pour le faire, au plus pressé?;
**how ~ can you come back?** quand *or* dans combien de temps pouvez-vous revenir, au plus tôt?; **see you ~!** à bientôt!; *see also* **as**
**sooner** ['suːnə<sup>r</sup>] *adv* (*time*) plus tôt; (*preference*):
**I would ~ do that** j'aimerais autant *or* je préférerais faire ça; **~ or later** tôt ou tard;
**no ~ said than done** sitôt dit, sitôt fait;
**the ~ the better** le plus tôt sera le mieux;
**no ~ had we left than ...** à peine étions-nous partis que ...
**soot** [sʊt] *n* suie *f*
**soothe** [suːð] *vt* calmer, apaiser
**sophisticated** [sə'fɪstɪkeɪtɪd] *adj* raffiné(e), sophistiqué(e); (*machinery*) hautement perfectionné(e), très complexe; (*system etc*) très perfectionné(e), sophistiqué
**sophomore** ['sɔfəmɔː<sup>r</sup>] *n* (*US*) étudiant(e) de seconde année
**sopping** ['sɔpɪŋ] *adj* (*also*: **~ wet**) tout(e) trempé(e)
**soppy** ['sɔpɪ] *adj* (*pej*) sentimental(e)
**soprano** [sə'prɑːnəʊ] *n* (*voice*) soprano *m*; (*singer*) soprano *m/f*
**sorbet** ['sɔːbeɪ] *n* sorbet *m*
**sorcerer** ['sɔːsərə<sup>r</sup>] *n* sorcier *m*
**sordid** ['sɔːdɪd] *adj* sordide
**sore** [sɔː<sup>r</sup>] *adj* (*painful*) douloureux(-euse), sensible; (*offended*) contrarié(e), vexé(e) ▷ *n* plaie *f*; **to have a ~ throat** avoir mal à la gorge; **it's a ~ point** (*fig*) c'est un point délicat
**sorely** ['sɔːlɪ] *adv* (*tempted*) fortement
**sorrow** ['sɔrəʊ] *n* peine *f*, chagrin *m*
**sorry** ['sɔrɪ] *adj* désolé(e); (*condition, excuse, tale*) triste, déplorable; (*sight*) désolant(e); **~!** pardon!, excusez-moi!; **~?** pardon?; **to feel ~ for sb** plaindre qn; **I'm ~ to hear that ...** je suis désolé(e) *or* navré(e) d'apprendre que ...; **to be ~ about sth** regretter qch

**S**

**sort** [sɔ:t] n genre m, espèce f, sorte f; (make: of coffee, car etc) marque f ▷ vt (also: ~ **out**: select which to keep) trier; (classify) classer; (tidy) ranger; (letters etc) trier; (Comput) trier; **what ~ do you want?** quelle sorte or quel genre voulez-vous?; **what ~ of car?** quelle marque de voiture?; **I'll do nothing of the ~!** je ne ferai rien de tel!; **it's ~ of awkward** (inf) c'est plutôt gênant; **sort out** vt (problem) résoudre, régler

**sorting office** ['sɔ:tɪŋ-] n (Post) bureau m de tri

**SOS** n SOS m

**so-so** ['səusəu] adv comme ci comme ça

**sought** [sɔ:t] pt, pp of **seek**

**soul** [səul] n âme f; **the poor ~ had nowhere to sleep** le pauvre n'avait nulle part où dormir; **I didn't see a ~** je n'ai vu (absolument) personne

**soulful** ['səulful] adj plein(e) de sentiment

**sound** [saund] adj (healthy) en bonne santé, sain(e); (safe, not damaged) solide, en bon état; (reliable, not superficial) sérieux(-euse), solide; (sensible) sensé(e) ▷ adv: ~ **asleep** profondément endormi(e) ▷ n (noise, volume) son m; (louder) bruit m; (Geo) détroit m, bras m de mer ▷ vt (alarm) sonner; (also: ~ **out**: opinions) sonder ▷ vi sonner, retentir; (fig: seem) sembler (être); **to be of ~ mind** être sain(e) d'esprit; **I don't like the ~ of it** ça ne me dit rien qui vaille; **to ~ one's horn** (Aut) klaxonner, actionner son avertisseur; **to ~ like** ressembler à; **it ~s as if ...** il semblerait que ..., j'ai l'impression que ...; **sound off** vi (inf): **to ~ off (about)** la ramener (sur)

**sound barrier** n mur m du son

**sound bite** n phrase toute faite (pour être citée dans les médias)

**sound effects** npl bruitage m

**soundly** ['saundlɪ] adv (sleep) profondément; (beat) complètement, à plate couture

**soundproof** ['saundpru:f] vt insonoriser ▷ adj insonorisé(e)

**soundtrack** ['saundtræk] n (of film) bande f sonore

**soup** [su:p] n soupe f, potage m; **in the ~** (fig) dans le pétrin

**soup plate** n assiette creuse or à soupe

**soupspoon** ['su:pspu:n] n cuiller f à soupe

**sour** ['sauəʳ] adj aigre, acide; (milk) tourné(e), aigre; (fig) acerbe, aigre; revêche; **to go** or **turn ~** (milk, wine) tourner; (fig: relationship, plans) mal tourner; **it's ~ grapes** c'est du dépit

**source** [sɔ:s] n source f; **I have it from a reliable ~ that** je sais de source sûre que

**south** [sauθ] n sud m ▷ adj sud inv; (wind) du sud ▷ adv au sud, vers le sud; **(to the) ~ of** au sud de; **to travel ~** aller en direction du sud

**South Africa** n Afrique f du Sud

**South African** adj sud-africain(e) ▷ n Sud-Africain(e)

**South America** n Amérique f du Sud

**South American** adj sud-américain(e) ▷ n Sud-Américain(e)

**southbound** ['sauθbaund] adj en direction du sud; (carriageway) sud inv

**south-east** [sauθ'i:st] n sud-est m

**southerly** ['sʌðəlɪ] adj du sud; au sud

**southern** ['sʌðən] adj (du) sud; méridional(e); **with a ~ aspect** orienté(e) or exposé(e) au sud; **the ~ hemisphere** l'hémisphère sud or austral

**South Korea** n Corée f du Sud

**South of France** n: **the ~** le Sud de la France, le Midi

**South Pole** n Pôle m Sud

**South Wales** n sud m du Pays de Galles

**southward** ['sauθwəd], **southwards** ['sauθwədz] adv vers le sud

**south-west** [sauθ'wɛst] n sud-ouest m

**souvenir** [su:və'nɪəʳ] n souvenir m (objet)

**sovereign** ['sɔvrɪn] adj, n souverain(e)

**soviet** ['səuvɪət] adj soviétique

**sow**[1] [səu] (pt **sowed**, pp **sown**) [səun] vt semer

**sow**[2] n [sau] truie f

**soya** ['sɔɪə], (US) **soy** [sɔɪ] n: ~ **bean** graine f de soja; ~ **sauce** sauce f au soja

**spa** [spɑ:] n (town) station thermale; (US: also: **health ~**) établissement m de cure de rajeunissement

**space** [speɪs] n (gen) espace m; (room) place f; espace; (length of time) laps m de temps ▷ cpd spatial(e) ▷ vt (also: ~ **out**) espacer; **to clear a ~ for sth** faire de la place pour qch; **in a confined ~** dans un espace réduit or restreint; **in a short ~ of time** dans peu de temps; **(with)in the ~ of an hour** en l'espace d'une heure

**spacecraft** ['speɪskrɑ:ft] n engin or vaisseau spatial

**spaceman** ['speɪsmæn] irreg n astronaute m, cosmonaute m

**spaceship** ['speɪsʃɪp] n = **spacecraft**

**spacing** ['speɪsɪŋ] n espacement m; **single/ double ~** (Typ etc) interligne m simple/double

**spacious** ['speɪʃəs] adj spacieux(-euse), grand(e)

**spade** [speɪd] n (tool) bêche f, pelle f; (child's) pelle; **spades** npl (Cards) pique m

**spaghetti** [spə'gɛtɪ] n spaghetti mpl

**Spain** [speɪn] n Espagne f

**spam** [spæm] n (Comput) pourriel m

**span** [spæn] n (of bird, plane) envergure f; (of arch) portée f; (in time) espace m de temps, durée f ▷ vt enjamber, franchir; (fig) couvrir, embrasser

**Spaniard** ['spænjəd] n Espagnol(e)

**spaniel** ['spænjəl] n épagneul m

**Spanish** ['spænɪʃ] adj espagnol(e), d'Espagne ▷ n (Ling) espagnol m; **the Spanish** npl les Espagnols; ~ **omelette** omelette f à l'espagnole

**spank** [spæŋk] *vt* donner une fessée à

**spanner** ['spænə<sup>r</sup>] *n* (*Brit*) clé *f* (de mécanicien)

**spare** [spɛə<sup>r</sup>] *adj* de réserve, de rechange; (*surplus*) de *or* en trop, de reste *▷ n* (*part*) pièce *f* de rechange, pièce détachée *▷ vt* (*do without*) se passer de; (*afford to give*) donner, accorder, passer; (*not hurt*) épargner; (*not use*) ménager; **to ~** (*surplus*) en surplus, de trop; **there are 2 going ~** (*Brit*) il y en a 2 de disponible; **to ~ no expense** ne pas reculer devant la dépense; **can you ~ the time?** est-ce que vous avez le temps?; **there is no time to ~** il n'y a pas de temps à perdre; **I've a few minutes to ~** je dispose de quelques minutes

**spare part** *n* pièce *f* de rechange, pièce détachée

**spare room** *n* chambre *f* d'ami

**spare time** *n* moments *mpl* de loisir

**spare tyre** *n*, (*US*) **spare tire** *n* (*Aut*) pneu *m* de rechange

**spare wheel** *n* (*Aut*) roue *f* de secours

**sparingly** ['spɛərɪŋlɪ] *adv* avec modération

**spark** [spɑ:k] *n* étincelle *f*; (*fig*) étincelle, lueur *f*

**sparkle** ['spɑ:kl] *n* scintillement *m*, étincellement *m*, éclat *m ▷ vi* étinceler, scintiller; (*bubble*) pétiller

**sparkling** ['spɑ:klɪŋ] *adj* étincelant(e), scintillant(e); (*wine*) mousseux(-euse), pétillant(e); (*water*) pétillant(e), gazeux(-euse)

**spark plug** *n* bougie *f*

**sparrow** ['spærəu] *n* moineau *m*

**sparse** [spɑ:s] *adj* clairsemé(e)

**spartan** ['spɑ:tən] *adj* (*fig*) spartiate

**spasm** ['spæzəm] *n* (*Med*) spasme *m*; (*fig*) accès *m*

**spasmodic** [spæz'mɔdɪk] *adj* (*fig*) intermittent(e)

**spastic** ['spæstɪk] *n* handicapé(e) moteur

**spat** [spæt] *pt*, *pp* of **spit** *▷ n* (*US*) prise *f* de bec

**spate** [speɪt] *n* (*fig*): **~ of** avalanche *f or* torrent *m* de; **in ~** (*river*) en crue

**spatula** ['spætjulə] *n* spatule *f*

**spawn** [spɔ:n] *vt* pondre; (*pej*) engendrer *▷ vi* frayer *▷ n* frai *m*

**speak** (*pt* **spoke**, *pp* **spoken**) [spi:k, spəuk, 'spəukn] *vt* (*language*) parler; (*truth*) dire *▷ vi* parler; (*make a speech*) prendre la parole; **to ~ to sb/of *or* about sth** parler à qn/de qch; **I don't ~ French** je ne parle pas français; **do you ~ English?** parlez-vous anglais?; **can I ~ to ...?** est-ce que je peux parler à ...?; **~ing!** (*on telephone*) c'est moi-même!; **to ~ one's mind** dire ce que l'on pense; **it ~s for itself** c'est évident; **~ up!** parle plus fort!; **he has no money to ~ of** il n'a pas d'argent; **speak for** *vt fus*: **to ~ for sb** parler pour qn; **that picture is already spoken for** (*in shop*) ce tableau est déjà réservé

**speaker** ['spi:kə<sup>r</sup>] *n* (*in public*) orateur *m*; (*also:* **loud~**) haut-parleur *m*; (*for stereo etc*) baffle *m*, enceinte *f*; (*Pol*): **the S~** (*Brit*) le président de la Chambre des communes *or* des représentants; (*US*) le président de la Chambre; **are you a Welsh ~?** parlez-vous gallois?

**spear** [spɪə<sup>r</sup>] *n* lance *f ▷ vt* transpercer

**spearhead** ['spɪəhɛd] *n* fer *m* de lance; (*Mil*) colonne *f* d'attaque *▷ vt* (*attack etc*) mener

**spec** [spɛk] *n* (*Brit inf*): **on ~** à tout hasard; **to buy on ~** acheter avec l'espoir de faire une bonne affaire

**special** ['spɛʃl] *adj* spécial(e) *▷ n* (*train*) train spécial; **take ~ care** soyez particulièrement prudents; **nothing ~** rien de spécial; **today's ~** (*at restaurant*) le plat du jour

**special delivery** *n* (*Post*): **by ~** en express

**special effects** *npl* (*Cine*) effets spéciaux

**specialist** ['spɛʃəlɪst] *n* spécialiste *m/f*; **heart ~** cardiologue *m/f*

**speciality** [spɛʃɪ'ælɪtɪ] *n* (*Brit*) spécialité *f*

**specialize** ['spɛʃəlaɪz] *vi*: **to ~ (in)** se spécialiser (dans)

**specially** ['spɛʃlɪ] *adv* spécialement, particulièrement

**special needs** *npl* (*Brit*) difficultés *fpl* d'apprentissage scolaire

**special offer** *n* (*Comm*) réclame *f*

**special school** *n* (*Brit*) établissement *m* d'enseignement spécialisé

**specialty** ['spɛʃəltɪ] *n* (*US*) = **speciality**

**species** ['spi:ʃi:z] *n* (*pl inv*) espèce *f*

**specific** [spə'sɪfɪk] *adj* (*not vague*) précis(e), explicite; (*particular*) particulier(-ière); (*Bot, Chem etc*) spécifique; **to be ~ to** être particulier à, être le *or* un caractère (*or* les caractères) spécifique(s) de

**specifically** [spə'sɪfɪklɪ] *adv* explicitement, précisément; (*intend, ask, design*) expressément, spécialement; (*exclusively*) exclusivement, spécifiquement

**specification** [spɛsɪfɪ'keɪʃən] *n* spécification *f*; stipulation *f*; **specifications** *npl* (*of car, building etc*) spécification *f*

**specify** ['spɛsɪfaɪ] *vt* spécifier, préciser; **unless otherwise specified** sauf indication contraire

**specimen** ['spɛsɪmən] *n* spécimen *m*, échantillon *m*; (*Med: of blood*) prélèvement *m*; (*: of urine*) échantillon *m*

**speck** [spɛk] *n* petite tache, petit point; (*particle*) grain *m*

**speckled** ['spɛkld] *adj* tacheté(e), moucheté(e)

**specs** [spɛks] *npl* (*inf*) lunettes *fpl*

**spectacle** ['spɛktəkl] *n* spectacle *m*; **spectacles** *npl* (*Brit*) lunettes *fpl*

**spectacular** [spɛk'tækjulə<sup>r</sup>] *adj* spectaculaire *▷ n* (*Cine etc*) superproduction *f*

**spectator** [spɛk'teɪtə<sup>r</sup>] *n* spectateur(-trice)

**spectrum** (*pl* **spectra**) ['spɛktrəm, -rə] *n* spectre *m*; (*fig*) gamme *f*

**S**

**speculate** ['spɛkjuleɪt] vi spéculer; (*try to guess*): **to ~ about** s'interroger sur

**speculation** [spɛkju'leɪʃən] n spéculation f; conjectures fpl

**sped** [spɛd] pt, pp of **speed**

**speech** [spi:tʃ] n (*faculty*) parole f; (*talk*) discours m, allocution f; (*manner of speaking*) façon f de parler, langage m; (*language*) langage m; (*enunciation*) élocution f

**speechless** ['spi:tʃlɪs] adj muet(te)

**speed** [spi:d] n (*swiftness*) rapidité f ⊳ vi (pt, pp **sped**) [spɛd] (*Aut: exceed speed limit*) faire un excès de vitesse; **to ~ along/by** aller/passer à toute vitesse; **at ~** (*Brit*) rapidement; **at full** or **top ~** à toute vitesse or allure; **at a ~ of 70 km/h** à une vitesse de 70 km/h; **shorthand/typing ~s** nombre m de mots à la minute en sténographie/dactylographie; **a five-~ gearbox** une boîte cinq vitesses; **speed up** (pt, pp **speeded up**) vi aller plus vite, accélérer ⊳ vt accélérer

**speedboat** ['spi:dbəut] n vedette f, hors-bord m inv

**speedily** ['spi:dɪlɪ] adv rapidement, promptement

**speeding** ['spi:dɪŋ] n (*Aut*) excès m de vitesse

**speed limit** n limitation f de vitesse, vitesse maximale permise

**speedometer** [spɪ'dɔmɪtər] n compteur m (de vitesse)

**speedway** n (*Sport*) piste f de vitesse pour motos; (*also: ~ racing*) épreuve(s) f(pl) de vitesse de motos

**speedy** [spi:dɪ] adj rapide, prompt(e)

**spell** [spɛl] n (*also: magic ~*) sortilège m, charme m; (*period of time*) (courte) période ⊳ vt (pt, pp **spelt** or **spelled**) [spɛlt, spɛld] (*in writing*) écrire, orthographier; (*aloud*) épeler; (*fig*) signifier; **to cast a ~ on sb** jeter un sort à qn; **he can't ~** il fait des fautes d'orthographe; **how do you ~ your name?** comment écrivez-vous votre nom?; **can you ~ it for me?** pouvez-vous me l'épeler?; **spell out** vt (*explain*): **to ~ sth out for sb** expliquer qch clairement à qn

**spellbound** ['spɛlbaund] adj envoûté(e), subjugué(e)

**spellchecker** ['spɛltʃɛkər] n (*Comput*) correcteur m or vérificateur m orthographique

**spelling** ['spɛlɪŋ] n orthographe f

**spelt** [spɛlt] pt, pp of **spell**

**spend** (pt, pp **spent**) [spɛnd, spɛnt] vt (*money*) dépenser; (*time, life*) passer; (*devote*) consacrer; **to ~ time/money/effort on sth** consacrer du temps/de l'argent/de l'énergie à qch

**spending** ['spɛndɪŋ] n dépenses fpl; **government ~** les dépenses publiques

**spendthrift** ['spɛndθrɪft] n dépensier(-ière)

**spent** [spɛnt] pt, pp of **spend** ⊳ adj (*patience*) épuisé(e), à bout; (*cartridge, bullets*) vide; **~ matches** vieilles allumettes

**sperm** [spə:m] n spermatozoïde m; (*semen*) sperme m

**sphere** [sfɪər] n sphère f; (*fig*) sphère, domaine m

**spice** [spaɪs] n épice f ⊳ vt épicer

**spicy** ['spaɪsɪ] adj épicé(e), relevé(e); (*fig*) piquant(e)

**spider** ['spaɪdər] n araignée f; **~'s web** toile f d'araignée

**spike** [spaɪk] n pointe f; (*Elec*) pointe de tension; (*Bot*) épi m; **spikes** npl (*Sport*) chaussures fpl à pointes

**spill** (pt, pp **spilt** or **spilled**) [spɪl, -t, -d] vt renverser; répandre ⊳ vi se répandre; **to ~ the beans** (*inf*) vendre la mèche; (: *confess*) lâcher le morceau; **spill out** vi sortir à flots, se répandre; **spill over** vi déborder

**spilt** [spɪlt] pt, pp of **spill**

**spin** [spɪn] (pt, pp **spun**) [spʌn] n (*revolution of wheel*) tour m; (*Aviat*) (chute f en) vrille f; (*trip in car*) petit tour, balade f; (*on ball*) effet m ⊳ vt (*wool etc*) filer; (*wheel*) faire tourner; (*Brit: clothes*) essorer ⊳ vi (*turn*) tourner, tournoyer; **to ~ a yarn** débiter une longue histoire; **to ~ a coin** (*Brit*) jouer à pile ou face; **spin out** vt faire durer

**spinach** ['spɪnɪtʃ] n épinard m; (*as food*) épinards mpl

**spinal** ['spaɪnl] adj vertébral(e), spinal(e)

**spinal cord** n moelle épinière

**spin doctor** n (*inf*) personne employée pour présenter un parti politique sous un jour favorable

**spin-dryer** [spɪn'draɪər] n (*Brit*) essoreuse f

**spine** [spaɪn] n colonne vertébrale; (*thorn*) épine f, piquant m

**spineless** ['spaɪnlɪs] adj invertébré(e); (*fig*) mou/molle, sans caractère

**spinning** ['spɪnɪŋ] n (*of thread*) filage m; (*by machine*) filature f

**spinning top** n toupie f

**spin-off** ['spɪnɔf] n sous-produit m; avantage inattendu

**spinster** ['spɪnstər] n célibataire f; vieille fille

**spiral** ['spaɪərl] n spirale f ⊳ adj en spirale ⊳ vi (*fig: prices etc*) monter en flèche; **the inflationary ~** la spirale inflationniste

**spiral staircase** n escalier m en colimaçon

**spire** ['spaɪər] n flèche f, aiguille f

**spirit** ['spɪrɪt] n (*soul*) esprit m, âme f; (*ghost*) esprit, revenant m; (*mood*) esprit, état m d'esprit; (*courage*) courage m, énergie f; **spirits** npl (*drink*) spiritueux mpl, alcool m; **in good ~s** de bonne humeur; **in low ~s** démoralisé(e); **community ~** solidarité f; **public ~** civisme m

**spirited** ['spɪrɪtɪd] adj vif/vive, fougueux(-euse), plein(e) d'allant

**spiritual** ['spɪrɪtjuəl] adj spirituel(le); (*religious*) religieux(-euse) ⊳ n (*also: Negro ~*) spiritual m

**spit** [spɪt] n (for roasting) broche f; (spittle) crachat m; (saliva) salive f ▷ vi (pt, pp **spat** [spæt]) cracher; (sound) crépiter; (rain) crachiner

**spite** [spaɪt] n rancune f, dépit m ▷ vt contrarier, vexer; **in ~ of** en dépit de, malgré

**spiteful** ['spaɪtful] adj malveillant(e), rancunier(-ière)

**spittle** ['spɪtl] n salive f; bave f; crachat m

**splash** [splæʃ] n (sound) plouf m; (of colour) tache f ▷ vt éclabousser ▷ vi (also: **~ about**) barboter, patauger; **splash out** vi (Brit) faire une folie

**spleen** [spliːn] n (Anat) rate f

**splendid** ['splendɪd] adj splendide, superbe, magnifique

**splint** [splɪnt] n attelle f, éclisse f

**splinter** ['splɪntəʳ] n (wood) écharde f; (metal) éclat m ▷ vi (wood) se fendre; (glass) se briser

**split** [splɪt] (pt, pp **split**) n fente f, déchirure f; (fig: Pol) scission f ▷ vt fendre, déchirer; (party) diviser; (work, profits) partager, répartir ▷ vi (break) se fendre, se briser; (divide) se diviser; **let's ~ the difference** coupons la poire en deux; **to do the ~s** faire le grand écart; **split up** vi (couple) se séparer, rompre; (meeting) se disperser

**spoil** (pt, pp **spoiled** or **spoilt** [spɔɪl, -d, -t]) vt (damage) abîmer; (mar) gâcher; (child) gâter; (ballot paper) rendre nul ▷ vi: **to be ~ing for a fight** chercher la bagarre

**spoils** [spɔɪlz] npl butin m

**spoilsport** ['spɔɪlspɔːt] n trouble-fête m/f inv, rabat-joie m inv

**spoilt** [spɔɪlt] pt, pp of **spoil** ▷ adj (child) gâté(e); (ballot paper) nul(le)

**spoke** [spəʊk] pt of **speak** ▷ n rayon m

**spoken** ['spəʊkn] pp of **speak**

**spokesman** ['spəʊksmən] irreg n porte-parole m inv

**spokesperson** ['spəʊkspɜːsn] irreg n porte-parole m inv

**spokeswoman** ['spəʊkswumən] (irreg) n porte-parole m inv

**sponge** [spʌndʒ] n éponge f; (Culin: also: **~ cake**) ≈ biscuit m de Savoie ▷ vt éponger ▷ vi: **to ~ off** or **on** vivre aux crochets de

**sponge bag** n (Brit) trousse f de toilette

**sponsor** ['spɒnsəʳ] n (Radio, TV, Sport) sponsor m; (for application) parrain m, marraine f; (Brit: for fund-raising event) donateur(-trice) ▷ vt (programme, competition etc) parrainer, patronner, sponsoriser; (Pol: bill) présenter; (new member) parrainer; (fund-raiser) faire un don à; **I ~ed him at 3p a mile** (in fund-raising race) je me suis engagé à lui donner 3p par mile

**sponsorship** ['spɒnsəʃɪp] n sponsoring m; patronage m, parrainage m; dons mpl

**spontaneous** [spɒn'teɪnɪəs] adj spontané(e)

**spooky** ['spuːkɪ] adj (inf) qui donne la chair de poule

**spool** [spuːl] n bobine f

**spoon** [spuːn] n cuiller f

**spoon-feed** ['spuːnfiːd] vt nourrir à la cuiller; (fig) mâcher le travail à

**spoonful** ['spuːnful] n cuillerée f

**sport** [spɔːt] n sport m; (amusement) divertissement m; (person) chic type m/chic fille f ▷ vt (wear) arborer; **indoor/outdoor ~s** sports en salle/de plein air; **to say sth in ~** dire qch pour rire

**sporting** ['spɔːtɪŋ] adj sportif(-ive); **to give sb a ~ chance** donner sa chance à qn

**sport jacket** n (US) = **sports jacket**

**sports car** n voiture f de sport

**sports centre** (Brit) n centre sportif

**sports jacket** n (Brit) veste f de sport

**sportsman** ['spɔːtsmən] irreg n sportif m

**sportsmanship** ['spɔːtsmənʃɪp] n esprit sportif, sportivité f

**sports utility vehicle** n véhicule m de loisirs (de type SUV)

**sportswear** ['spɔːtswɛəʳ] n vêtements mpl de sport

**sportswoman** ['spɔːtswumən] irreg n sportive f

**sporty** ['spɔːtɪ] adj sportif(-ive)

**spot** [spɒt] n tache f; (dot: on pattern) pois m; (pimple) bouton m; (place) endroit m, coin m; (also: **~ advertisement**) message m publicitaire; (small amount): **a ~ of** un peu de ▷ vt (notice) apercevoir, repérer; **on the ~** sur place, sur les lieux; (immediately) sur le champ; **to put sb on the ~** (fig) mettre qn dans l'embarras; **to come out in ~s** se couvrir de boutons, avoir une éruption de boutons

**spot check** n contrôle intermittent

**spotless** ['spɒtlɪs] adj immaculé(e)

**spotlight** ['spɒtlaɪt] n projecteur m; (Aut) phare m auxiliaire

**spotted** ['spɒtɪd] adj tacheté(e), moucheté(e); à pois; **~ with** tacheté(e) de

**spotty** ['spɒtɪ] adj (face) boutonneux(-euse)

**spouse** [spauz] n époux/épouse

**spout** [spaut] n (of jug) bec m; (of liquid) jet m ▷ vi jaillir

**sprain** [spreɪn] n entorse f, foulure f ▷ vt: **to ~ one's ankle** se fouler or se tordre la cheville

**sprang** [spræŋ] pt of **spring**

**sprawl** [sprɔːl] vi s'étaler ▷ n: **urban ~** expansion urbaine; **to send sb ~ing** envoyer qn rouler par terre

**spray** [spreɪ] n jet m (en fines gouttelettes); (from sea) embruns mpl; (aerosol) vaporisateur m, bombe f; (for garden) pulvérisateur m; (of flowers) petit bouquet ▷ vt vaporiser, pulvériser; (crops) traiter ▷ cpd (deodorant etc) en bombe or atomiseur

**spread** [spred] (pt, pp **spread**) n (distribution) répartition f; (Culin) pâte f à tartiner; (inf: meal) festin m; (Press, Typ: two pages) double page f ▷ vt (paste, contents) étendre, étaler;

S

(rumour, disease) répandre, propager; (repayments) échelonner, étaler; (wealth) répartir ▷ vi s'étendre; se répandre; se propager; (stain) s'étaler; **middle-age ~** embonpoint m (pris avec l'âge); **spread out** vi (people) se disperser

**spread-eagled** ['sprɛdi:gld] adj: **to be** or **lie ~** être étendu(e) bras et jambes écartés

**spreadsheet** ['sprɛdʃi:t] n (Comput) tableur m

**spree** [spri:] n: **to go on a ~** faire la fête

**sprightly** ['spraɪtlɪ] adj alerte

**spring** [sprɪŋ] (pt **sprang**, pp **sprung**) [spræŋ, sprʌŋ] n (season) printemps m; (leap) bond m, saut m; (coiled metal) ressort m; (bounciness) élasticité f; (of water) source f ▷ vi bondir, sauter ▷ vt: **to ~ a leak** (pipe etc) se mettre à fuir; **he sprang the news on me** il m'a annoncé la nouvelle de but en blanc; **in ~, in the ~** au printemps; **to ~ from** provenir de; **to ~ into action** passer à l'action; **to walk with a ~ in one's step** marcher d'un pas souple; **spring up** vi (problem) se présenter, surgir; (plant, buildings) surgir de terre

**springboard** ['sprɪŋbɔ:d] n tremplin m

**spring-clean** [sprɪŋ'kli:n] n (also: **~ing**) grand nettoyage de printemps

**spring onion** n (Brit) ciboule f, cive f

**springtime** ['sprɪŋtaɪm] n printemps m

**sprinkle** ['sprɪŋkl] vt (pour) répandre; verser; **to ~ water etc on, ~ with water etc** asperger d'eau etc; **to ~ sugar etc on, ~ with sugar etc** saupoudrer de sucre etc; **~d with** (fig) parsemé(e) de

**sprinkler** ['sprɪŋklə'] n (for lawn etc) arroseur m; (to put out fire) diffuseur m d'extincteur automatique d'incendie

**sprint** [sprɪnt] n sprint m ▷ vi courir à toute vitesse; (Sport) sprinter

**sprinter** ['sprɪntə'] n sprinteur(-euse)

**sprout** [spraʊt] vi germer, pousser

**sprouts** [spraʊts] npl (also: **Brussels ~**) choux mpl de Bruxelles

**spruce** [spru:s] n épicéa m ▷ adj net(te), pimpant(e); **spruce up** vt (smarten up: room etc) apprêter; **to ~ o.s. up** se faire beau/belle

**sprung** [sprʌŋ] pp of **spring**

**spun** [spʌn] pt, pp of **spin**

**spur** [spə:'] n éperon m; (fig) aiguillon m ▷ vt (also: **~ on**) éperonner; aiguillonner; **on the ~ of the moment** sous l'impulsion du moment

**spurious** ['spjʊərɪəs] adj faux/fausse

**spurn** [spə:n] vt repousser avec mépris

**spurt** [spə:t] n jet m; (of blood) jaillissement m; (of energy) regain m, sursaut m ▷ vi jaillir, gicler; **to put in** or **on a ~** (runner) piquer un sprint; (fig: in work etc) donner un coup de collier

**spy** [spaɪ] n espion(ne) ▷ vi: **to ~ on** espionner, épier ▷ vt (see) apercevoir ▷ cpd (film, story) d'espionnage

**spying** ['spaɪɪŋ] n espionnage m

**sq.** abbr (Math etc) = **square**

**squabble** ['skwɔbl] n querelle f, chamaillerie f ▷ vi se chamailler

**squad** [skwɔd] n (Mil, Police) escouade f, groupe m; (Football) contingent m; **flying ~** (Police) brigade volante

**squadron** ['skwɔdrn] n (Mil) escadron m; (Aviat, Naut) escadrille f

**squalid** ['skwɔlɪd] adj sordide, ignoble

**squall** [skwɔ:l] n rafale f, bourrasque f

**squalor** ['skwɔlə'] n conditions fpl sordides

**squander** ['skwɔndə'] vt gaspiller, dilapider

**square** [skwɛə'] n carré m; (in town) place f; (US: block of houses) îlot m, pâté m de maisons; (instrument) équerre f ▷ adj carré(e); (honest) honnête, régulier(-ière); (inf: ideas, tastes) vieux jeu inv, qui retarde ▷ vt (arrange) régler; arranger; (Math) élever au carré; (reconcile) concilier ▷ vi (agree) cadrer, s'accorder; **all ~** quitte; à égalité; **a ~ meal** un repas convenable; **2 metres ~** (de) 2 mètres sur 2; **1 ~ metre** 1 mètre carré; **we're back to ~ one** (fig) on se retrouve à la case départ; **square up** vi (Brit: settle) régler; **to ~ up with sb** régler ses comptes avec qn

**squarely** ['skwɛəlɪ] adv carrément; (honestly, fairly) honnêtement, équitablement

**square root** n racine carrée

**squash** [skwɔʃ] n (Brit: drink): **lemon/ orange ~** citronnade f/orangeade f; (Sport) squash m; (US: vegetable) courge f ▷ vt écraser

**squat** [skwɔt] adj petit(e) et épais(se), ramassé(e) ▷ vi (also: **~ down**) s'accroupir; (on property) squatter, squattériser

**squatter** ['skwɔtə'] n squatter m

**squeak** [skwi:k] n (of hinge, wheel etc) grincement m; (of shoes) craquement m; (of mouse etc) petit cri aigu ▷ vi (hinge, wheel) grincer; (mouse) pousser un petit cri

**squeal** [skwi:l] vi pousser un or des cri(s) aigu(s) or perçant(s); (brakes) grincer

**squeamish** ['skwi:mɪʃ] adj facilement dégoûté(e); facilement scandalisé(e)

**squeeze** [skwi:z] n pression f; (also: **credit ~**) encadrement m du crédit, restrictions fpl de crédit ▷ vt presser; (hand, arm) serrer ▷ vi: **to ~ past/under sth** se glisser avec (beaucoup de) difficulté devant/sous qch; **a ~ of lemon** quelques gouttes de citron; **squeeze out** vt exprimer; (fig) soutirer

**squelch** [skwɛltʃ] vi faire un bruit de succion; patauger

**squid** [skwɪd] n calmar m

**squiggle** ['skwɪgl] n gribouillis m

**squint** [skwɪnt] vi loucher ▷ n: **he has a ~** il louche, il souffre de strabisme; **to ~ at sth** regarder qch du coin de l'œil; (quickly) jeter un coup d'œil à qch

**squirm** [skwə:m] vi se tortiller

**squirrel** ['skwɪrəl] n écureuil m

**squirt** [skwə:t] n jet m ▷ vi jaillir, gicler ▷ vt faire gicler

**Sr** *abbr* = **senior**; (*Rel*) = **sister**
**Sri Lanka** [srɪ'læŋkə] *n* Sri Lanka *m*
**St** *abbr* = **saint**; **street**
**stab** [stæb] *n* (*with knife etc*) coup *m* (de couteau *etc*); (*of pain*) lancée *f*; (*inf: try*): **to have a ~ at (doing) sth** s'essayer à (faire) qch ▷ *vt* poignarder; **to ~ sb to death** tuer qn à coups de couteau
**stability** [stə'bɪlɪtɪ] *n* stabilité *f*
**stable** ['steɪbl] *n* écurie *f* ▷ *adj* stable; **riding ~s** centre *m* d'équitation
**stack** [stæk] *n* tas *m*, pile *f* ▷ *vt* empiler, entasser; **there's ~s of time** (*Brit inf*) on a tout le temps
**stadium** ['steɪdɪəm] *n* stade *m*
**staff** [stɑːf] *n* (*work force*) personnel *m*; (*Brit Scol: also:* **teaching ~**) professeurs *mpl*, enseignants *mpl*, personnel enseignant; (*servants*) domestiques *mpl*; (*Mil*) état-major *m*; (*stick*) perche *f*, bâton *m* ▷ *vt* pourvoir en personnel
**stag** [stæg] *n* cerf *m*; (*Brit Stock Exchange*) loup *m*
**stage** [steɪdʒ] *n* scène *f*; (*platform*) estrade *f*; (*point*) étape *f*, stade *m*; (*profession*): **the ~** le théâtre ▷ *vt* (*play*) monter, mettre en scène; (*demonstration*) organiser; (*fig: recovery etc*) effectuer; **in ~s** par étapes, par degrés; **to go through a difficult ~** traverser une période difficile; **in the early ~s** au début; **in the final ~s** à la fin
**stagecoach** ['steɪdʒkəʊtʃ] *n* diligence *f*
**stage manager** *n* régisseur *m*
**stagger** ['stægə'] *vi* chanceler, tituber ▷ *vt* (*person: amaze*) stupéfier; bouleverser; (*hours, holidays*) étaler, échelonner
**staggering** ['stægərɪŋ] *adj* (*amazing*) stupéfiant(e), renversant(e)
**stagnant** ['stægnənt] *adj* stagnant(e)
**stagnate** [stæg'neɪt] *vi* stagner, croupir
**stag night, stag party** *n* enterrement *m* de vie de garçon
**staid** [steɪd] *adj* posé(e), rassis(e)
**stain** [steɪn] *n* tache *f*; (*colouring*) colorant *m* ▷ *vt* tacher; (*wood*) teindre
**stained glass** [steɪnd-] *n* (*decorative*) verre coloré; (*in church*) vitraux *mpl*; **~ window** vitrail *m*
**stainless** ['steɪnlɪs] *adj* (*steel*) inoxydable
**stainless steel** *n* inox *m*, acier *m* inoxydable
**stain remover** *n* détachant *m*
**stair** [steə'] *n* (*step*) marche *f*
**staircase** ['steəkeɪs] *n* = **stairway**
**stairs** [steəz] *npl* escalier *m*; **on the ~** dans l'escalier
**stairway** ['steəweɪ] *n* escalier *m*
**stake** [steɪk] *n* pieu *m*, poteau *m*; (*Comm: interest*) intérêts *mpl*; (*Betting*) enjeu *m* ▷ *vt* risquer, jouer; (*also:* **~ out:** *area*) marquer, délimiter; **to be at ~** être en jeu; **to have a ~ in sth** avoir des intérêts (en jeu) dans qch; **to ~ a claim (to sth)** revendiquer (qch)

**stale** [steɪl] *adj* (*bread*) rassis(e); (*food*) pas frais/fraîche; (*smell*) éventé(e); (*smell*) de renfermé; (*air*) confiné(e)
**stalemate** ['steɪlmeɪt] *n* pat *m*; (*fig*) impasse *f*
**stalk** [stɔːk] *n* tige *f* ▷ *vt* traquer ▷ *vi*: **to ~ out/off** sortir/partir d'un air digne
**stall** [stɔːl] *n* (*Brit: in street, market etc*) éventaire *m*, étal *m*; (*in stable*) stalle *f* ▷ *vt* (*Aut*) caler; (*fig: delay*) retarder ▷ *vi* (*Aut*) caler; (*fig*) essayer de gagner du temps; **stalls** *npl* (*Brit: in cinema, theatre*) orchestre *m*; **a newspaper/ flower ~** un kiosque à journaux/de fleuriste
**stallion** ['stæljən] *n* étalon *m* (*cheval*)
**stamina** ['stæmɪnə] *n* vigueur *f*, endurance *f*
**stammer** ['stæmə'] *n* bégaiement *m* ▷ *vi* bégayer
**stamp** [stæmp] *n* timbre *m*; (*also:* **rubber ~**) tampon *m*; (*mark, also fig*) empreinte *f*; (*on document*) cachet *m* ▷ *vi* (*also:* **~ one's foot**) taper du pied ▷ *vt* (*letter*) timbrer; (*with rubber stamp*) tamponner; **stamp out** *vt* (*fire*) piétiner; (*crime*) éradiquer; (*opposition*) éliminer
**stamp album** *n* album *m* de timbres(-poste)
**stamp collecting** [-kəlɛktɪŋ] *n* philatélie *f*
**stamped addressed envelope** *n* (*Brit*) enveloppe affranchie pour la réponse
**stampede** [stæm'piːd] *n* ruée *f*; (*of cattle*) débandade *f*
**stance** [stæns] *n* position *f*
**stand** [stænd] (*pt, pp* **stood**) [stud] *n* (*position*) position *f*; (*for taxis*) station *f* (de taxis); (*Mil*) résistance *f*; (*structure*) guéridon *m*; support *m*; (*Comm*) étalage *m*, stand *m*; (*Sport: also:* **~s**) tribune *f*; (*also:* **music ~**) pupitre *m* ▷ *vi* être or se tenir (debout); (*rise*) se lever, se mettre debout; (*be placed*) se trouver; (*remain: offer etc*) rester valable ▷ *vt* (*place*) mettre, poser; (*tolerate, withstand*) supporter; (*treat, invite*) offrir, payer; **to make a ~** prendre position; **to take a ~ on an issue** prendre position sur un problème; **to ~ for parliament** (*Brit*) se présenter aux élections (*comme candidat à la députation*); **to ~ guard** or **watch** (*Mil*) monter la garde; **it ~s to reason** c'est logique; cela va de soi; **as things ~** dans l'état actuel des choses; **to ~ sb a drink/meal** payer à boire/à manger à qn; **I can't ~ him** je ne peux pas le voir; **stand aside** *vi* s'écarter; **stand back** *vi* (*move back*) reculer, s'écarter; **stand by** *vi* (*be ready*) se tenir prêt(e) ▷ *vt fus* (*opinion*) s'en tenir à; (*person*) ne pas abandonner, soutenir; **stand down** *vi* (*withdraw*) se retirer; (*Law*) renoncer à ses droits; **stand for** *vt fus* (*signify*) représenter, signifier; (*tolerate*) supporter, tolérer; **stand in for** *vt fus* remplacer; **stand out** *vi* (*be prominent*) ressortir; **stand up** *vi* (*rise*) se lever, se mettre debout; **stand up for** *vt fus* défendre; **stand up to** *vt fus* tenir tête à, résister à
**standard** ['stændəd] *n* (*norm*) norme *f*, étalon *m*; (*level*) niveau *m* (voulu); (*criterion*)

critère *m*; *(flag)* étendard *m* ▷ *adj (size etc)* ordinaire, normal(e); *(model, feature)* standard *inv*; *(practice)* courant(e); *(text)* de base; **standards** *npl (morals)* morale *f*, principes *mpl*; **to come up to ~** être du niveau voulu *or* à la hauteur; **to apply a double ~** avoir *or* appliquer deux poids deux mesures

**standard lamp** *n* (Brit) lampadaire *m*

**standard of living** *n* niveau *m* de vie

**stand-by** ['stændbaɪ] *n* remplaçant(e) ▷ *adj (provisions)* de réserve; **to be on ~** se tenir prêt(e) (à intervenir); *(doctor)* être de garde

**stand-by ticket** *n* (Aviat) billet *m* stand-by

**stand-in** ['stændɪn] *n* remplaçant(e); *(Cine)* doublure *f*

**standing** ['stændɪŋ] *adj* debout *inv*; *(permanent)* permanent(e); *(rule)* immuable; *(army)* de métier; *(grievance)* constant(e, de longue date ▷ *n* réputation *f*, rang *m*, standing *m*; *(duration)*: **of 6 months' ~** qui dure depuis 6 mois; **of many years' ~** qui dure *or* existe depuis longtemps; **he was given a ~ ovation** on s'est levé pour l'acclamer; **it's a ~ joke** c'est un vieux sujet de plaisanterie; **a man of some ~** un homme estimé

**standing order** *n* (Brit: at bank) virement *m* automatique, prélèvement *m* bancaire; **standing orders** *npl* (Mil) règlement *m*

**standing room** *n* places *fpl* debout

**standpoint** ['stændpɔɪnt] *n* point *m* de vue

**standstill** ['stændstɪl] *n*: **at a ~** à l'arrêt; *(fig)* au point mort; **to come to a ~** s'immobiliser, s'arrêter

**stank** [stæŋk] *pt of* **stink**

**staple** ['steɪpl] *n (for papers)* agrafe *f*; *(chief product)* produit *m* de base ▷ *adj (food, crop, industry etc)* de base principal(e) ▷ *vt* agrafer

**stapler** ['steɪplə'] *n* agrafeuse *f*

**star** [stɑː'] *n* étoile *f*; *(celebrity)* vedette *f* ▷ *vi*: **to ~ (in)** être la vedette (de) ▷ *vt (Cine)* avoir pour vedette; **4-~ hotel** hôtel *m* 4 étoiles; **2-~ petrol** (Brit) essence *f* ordinaire; **4-~ petrol** (Brit) super *m*; **stars** *npl*: **the ~s** (Astrology) l'horoscope *m*

**starboard** ['stɑːbəd] *n* tribord *m*; **to ~** à tribord

**starch** [stɑːtʃ] *n* amidon *m*; *(in food)* fécule *f*

**stardom** ['stɑːdəm] *n* célébrité *f*

**stare** [steə'] *n* regard *m* fixe ▷ *vi*: **to ~ at** regarder fixement

**starfish** ['stɑːfɪʃ] *n* étoile *f* de mer

**stark** [stɑːk] *adj (bleak)* désolé(e), morne; *(simplicity, colour)* austère; *(reality, poverty)* nu(e) ▷ *adv*: **~ naked** complètement nu(e)

**starling** ['stɑːlɪŋ] *n* étourneau *m*

**starry** ['stɑːrɪ] *adj* étoilé(e)

**starry-eyed** [stɑːrɪ'aɪd] *adj (innocent)* ingénu(e)

**start** [stɑːt] *n* commencement *m*, début *m*; *(of race)* départ *m*; *(sudden movement)* sursaut *m*; *(advantage)* avance *f*, avantage *m* ▷ *vt*

commencer; *(cause: fight)* déclencher; *(rumour)* donner naissance à; *(fashion)* lancer; *(found: business, newspaper)* lancer, créer; *(engine)* mettre en marche ▷ *vi (begin)* commencer; *(begin journey)* partir, se mettre en route; *(jump)* sursauter; **when does the film ~?** à quelle heure est-ce que le film commence?; **at the ~** au début; **for a ~** d'abord, pour commencer; **to make an early ~** partir *or* commencer de bonne heure; **to ~ doing** *or* **to do sth** se mettre à faire qch; **to ~ (off) with ...** *(firstly)* d'abord ...; *(at the beginning)* au commencement ...; ▶ **start off** *vi* commencer; *(leave)* partir; ▶ **start out** *vi (begin)* commencer; *(set out)* partir; ▶ **start over** *vi* (US) recommencer; ▶ **start up** *vi* commencer; *(car)* démarrer ▷ *vt (fight)* déclencher; *(business)* créer; *(car)* mettre en marche

**starter** ['stɑːtə'] *n* (Aut) démarreur *m*; *(Sport: official)* starter *m*; *(: runner, horse)* partant *m*; (Brit Culin) entrée *f*

**starting point** ['stɑːtɪŋ-] *n* point *m* de départ

**startle** ['stɑːtl] *vt* faire sursauter; donner un choc

**startling** ['stɑːtlɪŋ] *adj* surprenant(e), saisissant(e)

**starvation** [stɑː'veɪʃən] *n* faim *f*, famine *f*; **to die of ~** mourir de faim *or* d'inanition

**starve** [stɑːv] *vi* mourir de faim ▷ *vt* laisser mourir de faim; **I'm starving** je meurs de faim

**state** [steɪt] *n* état *m*; (Pol) État; *(pomp)*: **in ~** en grande pompe ▷ *vt (declare)* déclarer, affirmer; *(specify)* indiquer, spécifier; **States** *npl*: **the S~s** les États-Unis; **to be in a ~** être dans tous ses états; **~ of emergency** état d'urgence; **~ of mind** état d'esprit; **the ~ of the art** l'état actuel de la technologie (*or* des connaissances)

**stately** ['steɪtlɪ] *adj* majestueux(-euse), imposant(e)

**stately home** *n* manoir *m* ou château *m* (*ouvert au public*)

**statement** ['steɪtmənt] *n* déclaration *f*; (Law) déposition *f*; (Econ) relevé *m*; **official ~** communiqué officiel; **~ of account, bank ~** relevé de compte

**state school** *n* école publique

**statesman** ['steɪtsmən] *irreg n* homme *m* d'État

**static** ['stætɪk] *n* (Radio) parasites *mpl*; *(also:* **~ electricity)** électricité *f* statique ▷ *adj* statique

**station** ['steɪʃən] *n* gare *f*; *(also:* **police ~)** poste *m* ou commissariat *m* de police); (Mil) poste *m* (militaire); *(rank)* condition *f*, rang *m* ▷ *vt* placer, poster; **action ~s** postes de combat; **to be ~ed in** (Mil) être en garnison à

**stationary** ['steɪʃnərɪ] *adj* à l'arrêt, immobile

**stationer** ['steɪʃənə'] *n* papetier(-ière)

**stationer's, stationer's shop** *n* (Brit) papeterie *f*

**stationery** ['steɪʃnərɪ] n papier m à lettres, petit matériel de bureau

**station wagon** n (US) break m

**statistic** [stə'tɪstɪk] n statistique f

**statistics** [stə'tɪstɪks] n (science) statistique f

**statue** ['stætju:] n statue f

**stature** ['stætʃər] n stature f; (fig) envergure f

**status** ['steɪtəs] n position f, situation f; (prestige) prestige m; (Admin, official position) statut m

**status quo** [-'kwəu] n: **the ~** le statu quo

**status symbol** n marque f de standing, signe extérieur de richesse

**statute** ['stætju:t] n loi f; **statutes** npl (of club etc) statuts mpl

**statutory** ['stætjutrɪ] adj statutaire, prévu(e) par un article de loi; **~ meeting** assemblée constitutive or statutaire

**staunch** [stɔ:ntʃ] adj sûr(e), loyal(e) ▷ vt étancher

**stay** [steɪ] n (period of time) séjour m; (Law): **~ of execution** sursis m à statuer ▷ vi rester; (reside) loger; (spend some time) séjourner; **to ~ put** ne pas bouger; **to ~ with friends** loger chez des amis; **to ~ the night** passer la nuit; **stay away** vi (from person, building) ne pas s'approcher; (from event) ne pas venir; **stay behind** vi rester en arrière; **stay in** vi (at home) rester à la maison; **stay on** vi rester; **stay out** vi (of house) ne pas rentrer; (strikers) rester en grève; **stay up** vi (at night) ne pas se coucher

**staying power** ['steɪɪŋ-] n endurance f

**stead** [stɛd] n (Brit): **in sb's ~** à la place de qn; **to stand sb in good ~** être très utile or servir beaucoup à qn

**steadfast** ['stɛdfɑ:st] adj ferme, résolu(e)

**steadily** ['stɛdɪlɪ] adv (regularly) progressivement; (firmly) fermement; (walk) d'un pas ferme; (fixedly: look) sans détourner les yeux

**steady** ['stɛdɪ] adj stable, solide, ferme; (regular) constant(e), régulier(-ière); (person) calme, pondéré(e) ▷ vt assurer, stabiliser; (nerves) calmer; (voice) assurer; **a ~ boyfriend** un petit ami; **to ~ oneself** reprendre son aplomb

**steak** [steɪk] n (meat) bifteck m, steak m; (fish, pork) tranche f

**steal** (pt **stole**, pp **stolen**) [sti:l, stəul, 'stəuln] vt, vi voler; (move) se faufiler, se déplacer furtivement; **my wallet has been stolen** on m'a volé mon portefeuille; **steal away, steal off** vi s'esquiver

**stealth** [stɛlθ] n: **by ~** furtivement

**steam** [sti:m] n vapeur f ▷ vt passer à la vapeur; (Culin) cuire à la vapeur ▷ vi fumer; (ship): **to ~ along** filer; **under one's own ~** (fig) par ses propres moyens; **to run out of ~** (fig: person) caler; être à bout; **to let off ~** (fig: inf) se défouler; **steam up** vi (window) se couvrir de buée; **to get ~ed up about sth** (fig: inf) s'exciter à propos de qch

**steam engine** n locomotive f à vapeur

**steamer** ['sti:mər] n (bateau m à) vapeur m; (Culin) ≈ couscoussier m

**steamship** ['sti:mʃɪp] n = **steamer**

**steamy** ['sti:mɪ] adj humide; (window) embué(e); (sexy) torride

**steel** [sti:l] n acier m ▷ cpd d'acier

**steelworks** ['sti:lwə:ks] n aciérie f

**steep** [sti:p] adj raide, escarpé(e); (price) très élevé(e), excessif(-ive) ▷ vt (faire) tremper

**steeple** ['sti:pl] n clocher m

**steer** [stɪər] n bœuf m ▷ vt diriger; (boat) gouverner; (lead: person) guider, conduire ▷ vi tenir le gouvernail; **to ~ clear of sb/sth** (fig) éviter qn/qch

**steering** ['stɪərɪŋ] n (Aut) conduite f

**steering wheel** n volant m

**stem** [stɛm] n (of plant) tige f; (of leaf, fruit) queue f; (of glass) pied m ▷ vt contenir, endiguer; (attack, spread of disease) juguler; **stem from** vt fus provenir de, découler de

**stench** [stɛntʃ] n puanteur f

**stencil** ['stɛnsl] n stencil m; pochoir m ▷ vt polycopier

**stenographer** [stɛ'nɔgrəfər] n (US) sténographe m/f

**step** [stɛp] n pas m; (stair) marche f; (action) mesure f, disposition f ▷ vi: **to ~ forward/back** faire un pas en avant/reculer; **steps** npl (Brit) = **stepladder**; **~ by ~** pas à pas; (fig) petit à petit; **to be in/out of ~ (with)** (fig) aller dans le sens (de/être déphasé(e) (par rapport à); **step down** vi (fig) se retirer, se désister; **step in** vi (fig) intervenir; **step off** vt fus descendre de; **step over** vt fus enjamber; **step up** vt (production, sales) augmenter; (campaign, efforts) intensifier

**stepbrother** ['stɛpbrʌðər] n demi-frère m

**stepchild** ['stɛptʃaɪld] (pl **stepchildren**) n beau-fils m, belle-fille f

**stepdaughter** ['stɛpdɔ:tər] n belle-fille f

**stepfather** ['stɛpfɑ:ðər] n beau-père m

**stepladder** ['stɛplædər] n (Brit) escabeau m

**stepmother** ['stɛpmʌðər] n belle-mère f

**stepping stone** ['stɛpɪŋ-] n pierre f de gué; (fig) tremplin m

**stepsister** ['stɛpsɪstər] n demi-sœur f

**stepson** ['stɛpsʌn] n beau-fils m

**stereo** ['stɛrɪəu] n (sound) stéréo f; (hi-fi) chaîne f stéréo ▷ adj (also: **~phonic**) stéréo(phonique); **in ~** en stéréo

**stereotype** ['stɪərɪətaɪp] n stéréotype m ▷ vt stéréotyper

**sterile** ['stɛraɪl] adj stérile

**sterilize** ['stɛrɪlaɪz] vt stériliser

**sterling** ['stə:lɪŋ] adj sterling inv; (silver) de bon aloi, fin(e); (fig) à toute épreuve, excellent(e) ▷ n (currency) livre f sterling inv; **a pound ~** une livre sterling

**stern** [stə:n] adj sévère ▷ n (Naut) arrière m, poupe f

**S**

**steroid** ['stɪərɔɪd] n stéroïde m
**stew** [stju:] n ragoût m ▷ vt, vi cuire à la casserole; **~ed tea** thé trop infusé; **~ed fruit** fruits cuits or en compote
**steward** ['stju:əd] n (Aviat, Naut, Rail) steward m; (in club etc) intendant m; (also: **shop ~**) délégué syndical
**stewardess** ['stju:ədɛs] n hôtesse f
**stick** [stɪk] (pt, pp **stuck**) [stʌk] n bâton m; (for walking) canne f; (of chalk etc) morceau m ▷ vt (glue) coller; (thrust): **to ~ sth into** piquer or planter or enfoncer qch dans; (inf: put) mettre, fourrer; (: tolerate) supporter ▷ vi (adhere) tenir, coller; (remain) rester; (get jammed: door, lift) se bloquer; **to get hold of the wrong end of the ~** (Brit fig) comprendre de travers; **to ~ to** (one's promise) s'en tenir à; (principles) rester fidèle à; **stick around** vi (inf) rester (dans les parages); **stick out** vi dépasser, sortir ▷ vt: **to ~ it out** (inf) tenir le coup; **stick up** vi dépasser, sortir; **stick up for** vt fus défendre
**sticker** ['stɪkə<sup>r</sup>] n auto-collant m
**sticking plaster** ['stɪkɪŋ-] n sparadrap m, pansement adhésif
**stick insect** n phasme m
**stick shift** n (US Aut) levier m de vitesses
**stick-up** ['stɪkʌp] n (inf) braquage m, hold-up m
**sticky** ['stɪkɪ] adj poisseux(-euse); (label) adhésif(-ive); (fig: situation) délicat(e)
**stiff** [stɪf] adj (gen) raide, rigide; (door, brush) dur(e); (difficult) difficile, ardu(e); (cold) froid(e), distant(e); (strong, high) fort(e), élevé(e) ▷ adv: **to be bored/scared/frozen ~** s'ennuyer à mourir/être mort(e) de peur/froid; **to be** or **feel ~** (person) avoir des courbatures; **to have a ~ back** avoir mal au dos; **~ upper lip** (Brit: fig) flegme m (typiquement britannique)
**stiffen** ['stɪfn] vt raidir, renforcer ▷ vi se raidir; se durcir
**stiff neck** n torticolis m
**stifle** ['staɪfl] vt étouffer, réprimer
**stifling** ['staɪflɪŋ] adj (heat) suffocant(e)
**stigma** ['stɪɡmə] n (Bot, Med, Rel) (pl **stigmata**) [stɪɡ'mɑːtə] (fig), **stigmas** n stigmate m
**stile** [staɪl] n échalier m
**stiletto** [stɪ'lɛtəu] n (Brit: also: **~ heel**) talon m aiguille
**still** [stɪl] adj (motionless) immobile; (calm) calme, tranquille; (Brit: mineral water etc) non gazeux(-euse) ▷ adv (up to this time) encore, toujours; (even) encore; (nonetheless) quand même, tout de même ▷ n (Cine) photo f; **to stand ~** rester immobile, ne pas bouger; **keep ~!** ne bouge pas!; **he ~ hasn't arrived** il n'est pas encore arrivé, il n'est toujours pas arrivé
**stillborn** ['stɪlbɔːn] adj mort-né(e)
**still life** n nature morte
**stilt** [stɪlt] n échasse f; (pile) pilotis m

**stilted** ['stɪltɪd] adj guindé(e), emprunté(e)
**stimulate** ['stɪmjuleɪt] vt stimuler
**stimulus** (pl **stimuli**) ['stɪmjuləs, 'stɪmjulaɪ] n stimulant m; (Biol, Psych) stimulus m
**sting** [stɪŋ] n piqûre f; (organ) dard m; (inf: confidence trick) arnaque m ▷ vt, vi (pt, pp **stung**) [stʌŋ] piquer; **my eyes are ~ing** j'ai les yeux qui piquent
**stingy** ['stɪndʒɪ] adj avare, pingre, chiche
**stink** [stɪŋk] n puanteur f ▷ vi (pt **stank**, pp **stunk**) [stæŋk, stʌŋk] puer, empester
**stinking** ['stɪŋkɪŋ] adj (fig: inf) infect(e); **~ rich** bourré(e) de pognon
**stint** [stɪnt] n part f de travail ▷ vi: **to ~ on** lésiner sur, être chiche de
**stir** [stə:<sup>r</sup>] n agitation f, sensation f ▷ vt remuer ▷ vi remuer, bouger; **to give sth a ~** remuer qch; **to cause a ~** faire sensation; **stir up** vt exciter; (trouble) fomenter, provoquer
**stir-fry** ['stə:'fraɪ] vt faire sauter ▷ n: **vegetable ~** légumes sautés à la poêle
**stirrup** ['stɪrəp] n étrier m
**stitch** [stɪtʃ] n (Sewing) point m; (Knitting) maille f; (Med) point de suture; (pain) point de côté m ▷ vt coudre, piquer; (Med) suturer
**stoat** [stəut] n hermine f (avec son pelage d'été)
**stock** [stɔk] n réserve f, provision f; (Comm) stock m; (Agr) cheptel m, bétail m; (Culin) bouillon m; (Finance) valeurs fpl, titres mpl; (Rail: also: **rolling ~**) matériel roulant; (descent, origin) souche f ▷ adj (fig: reply etc) courant(e); classique ▷ vt (have in stock) avoir, vendre; **well-~ed** bien approvisionné(e) or fourni(e); **in ~** en stock, en magasin; **out of ~** épuisé(e); **to take ~** (fig) faire le point; **~s and shares** valeurs (mobilières), titres; **government ~** fonds publics; **stock up** vi: **to ~ up (with)** s'approvisionner (en)
**stockbroker** ['stɔkbrəukə<sup>r</sup>] n agent m de change
**stock cube** n (Brit Culin) bouillon-cube m
**stock exchange** n Bourse f (des valeurs)
**stockholder** ['stɔkhəuldə<sup>r</sup>] n (US) actionnaire m/f
**stocking** ['stɔkɪŋ] n bas m
**stock market** n Bourse f, marché financier
**stockpile** ['stɔkpaɪl] n stock m, réserve f ▷ vt stocker, accumuler
**stocktaking** ['stɔkteɪkɪŋ] n (Brit Comm) inventaire m
**stocky** ['stɔkɪ] adj trapu(e), râblé(e)
**stodgy** ['stɔdʒɪ] adj bourratif(-ive), lourd(e)
**stoke** [stəuk] vt garnir, entretenir; chauffer
**stole** [stəul] pt of **steal** ▷ n étole f
**stolen** ['stəuln] pp of **steal**
**stomach** ['stʌmək] n estomac m; (abdomen) ventre m ▷ vt supporter, digérer
**stomachache** ['stʌməkeɪk] n mal m à l'estomac or au ventre
**stone** [stəun] n pierre f; (pebble) caillou m, galet m; (in fruit) noyau m; (Med) calcul m; (Brit: weight) = 6.348 kg; 14 pounds ▷ cpd de or en

pierre ▷ vt (person) lancer des pierres sur, lapider; (fruit) dénoyauter; **within a ~'s throw of the station** à deux pas de la gare

**stone-cold** ['stəun'kəuld] adj complètement froid(e)

**stone-deaf** ['stəun'dɛf] adj sourd(e) comme un pot

**stonework** ['stəunwə:k] n maçonnerie f

**stood** [stud] pt, pp of **stand**

**stool** [stu:l] n tabouret m

**stoop** [stu:p] vi (also: **have a ~**) être voûté(e); (also: **~ down**: bend) se baisser, se courber; (fig): **to ~ to sth/doing sth** s'abaisser jusqu'à qch/jusqu'à faire qch

**stop** [stɔp] n arrêt m; (short stay) halte f; (in punctuation) point m ▷ vt arrêter; (break off) interrompre; (also: **put a ~ to**) mettre fin à; (prevent) empêcher ▷ vi s'arrêter; (rain, noise etc) cesser, s'arrêter; **could you ~ here/at the corner?** arrêtez-vous ici/au coin, s'il vous plaît; **to ~ doing sth** cesser or arrêter de faire qch; **to ~ sb (from) doing sth** empêcher qn de faire qch; **to ~ dead** vi s'arrêter net; **~ it!** arrête!; **stop by** vi s'arrêter (au passage); **stop off** vi faire une courte halte; **stop up** vt (hole) boucher

**stopgap** ['stɔpgæp] n (person) bouche-trou m; (also: **~ measure**) mesure f intérimaire

**stopover** ['stɔpəuvə'] n halte f; (Aviat) escale f

**stoppage** ['stɔpɪdʒ] n arrêt m; (of pay) retenue f; (strike) arrêt m de travail; (obstruction) obstruction f

**stopper** ['stɔpə'] n bouchon m

**stop press** n nouvelles fpl de dernière heure

**stopwatch** ['stɔpwɔtʃ] n chronomètre m

**storage** ['stɔ:rɪdʒ] n emmagasinage m; (of nuclear waste etc) stockage m; (in house) rangement m; (Comput) mise f en mémoire or réserve

**storage heater** n (Brit) radiateur m électrique par accumulation

**store** [stɔ:'] n (stock) provision f, réserve f; (depot) entrepôt m; (Brit: large shop) grand magasin m; (US: shop) magasin m ▷ vt emmagasiner; (nuclear waste etc) stocker; (information) enregistrer; (in filing system) classer, ranger; (Comput) mettre en mémoire; **stores** npl (food) provisions; **who knows what is in ~ for us?** qui sait ce que l'avenir nous réserve or ce qui nous attend?; **to set great/little ~ by sth** faire grand cas/peu de cas de qch; **store up** vt mettre en réserve, emmagasiner

**storekeeper** ['stɔ:ki:pə'] n (US) commerçant(e)

**storeroom** ['stɔ:ru:m] n réserve f, magasin m

**storey**, (US) **story** ['stɔ:ri] n étage m

**stork** [stɔ:k] n cigogne f

**storm** [stɔ:m] n tempête f; (thunderstorm) orage m ▷ vi (fig) fulminer ▷ vt prendre d'assaut

**stormy** ['stɔ:mɪ] adj orageux(-euse)

**story** ['stɔ:rɪ] n histoire f; récit m; (Press: article) article m; (: subject) affaire f; (US) = **storey**

**storybook** ['stɔ:rɪbuk] n livre m d'histoires or de contes

**stout** [staut] adj (strong) solide; (brave) intrépide; (fat) gros(se), corpulent(e) ▷ n bière brune

**stove** [stəuv] n (for cooking) fourneau m; (: small) réchaud m; (for heating) poêle m; **gas/electric ~** (cooker) cuisinière f à gaz/électrique

**stow** [stəu] vt ranger; cacher

**stowaway** ['stəuəweɪ] n passager(-ère) clandestin(e)

**straddle** ['strædl] vt enjamber, être à cheval sur

**straggle** ['strægl] vi être (or marcher) en désordre; **~d along the coast** disséminé(e) tout au long de la côte

**straight** [streɪt] adj droit(e); (hair) raide; (frank) honnête, franc/franche; (simple) simple; (Theat: part, play) sérieux(-euse); (inf: heterosexual) hétéro inv ▷ adv (tout) droit; (drink) sec, sans eau ▷ n: **the ~** (Sport) la ligne droite; **to put** or **get ~** mettre en ordre, mettre de l'ordre dans; (fig) mettre au clair; **let's get this ~** mettons les choses au point; **10 ~ wins** 10 victoires d'affilée; **to go ~ home** rentrer directement à la maison; **~ away**, **~ off** (at once) tout de suite; **~ off**, **~ out** sans hésiter

**straighten** ['streɪtn] vt ajuster; (bed) arranger; **straighten out** vt (fig) débrouiller; **to ~ things out** arranger les choses; **straighten up** vi (stand up) se redresser; (tidy) ranger

**straighteners** ['streɪtnəz] npl (for hair) lisseur msg

**straight-faced** [streɪt'feɪst] adj impassible ▷ adv en gardant son sérieux

**straightforward** [streɪt'fɔ:wəd] adj simple; (frank) honnête, direct(e)

**strain** [streɪn] n (Tech) tension f; pression f; (physical) effort m; (mental) tension (nerveuse); (Med) entorse f; (streak, trace) tendance f; élément m; (breed: of plants) variété f; (: of animals) race f; (of virus) souche f ▷ vt (stretch) tendre fortement; (fig: resources etc) mettre à rude épreuve, grever; (hurt: back etc) se faire mal à; (filter) passer, filtrer; (vegetables) égoutter ▷ vi peiner, fournir un gros effort; **strains** npl (Mus) accords mpl, accents mpl; **he's been under a lot of ~** il a traversé des moments difficiles, il est très éprouvé nerveusement

**strained** [streɪnd] adj (muscle) froissé(e); (laugh etc) forcé(e), contraint(e); (relations) tendu(e)

**strainer** ['streɪnə'] n passoire f

**strait** [streɪt] n (Geo) détroit m; **straits** npl: **to be in dire ~s** (fig) avoir de sérieux ennuis

**straitjacket** ['streɪtdʒækɪt] n camisole f de force

**S**

**strait-laced** [streɪt'leɪst] *adj* collet monté *inv*
**strand** [strænd] *n* (*of thread*) fil *m*, brin *m*; (*of rope*) toron *m*; (*of hair*) mèche *f* ▷ *vt* (*boat*) échouer
**stranded** ['strændɪd] *adj* en rade, en plan
**strange** [streɪndʒ] *adj* (*not known*) inconnu(e); (*odd*) étrange, bizarre
**strangely** ['streɪndʒlɪ] *adv* étrangement, bizarrement; *see also* **enough**
**stranger** ['streɪndʒəʳ] *n* (*unknown*) inconnu(e); (*from somewhere else*) étranger(-ère); **I'm a ~ here** je ne suis pas d'ici
**strangle** ['stræŋgl] *vt* étrangler
**stranglehold** ['stræŋglhəʊld] *n* (*fig*) emprise totale, mainmise *f*
**strap** [stræp] *n* lanière *f*, courroie *f*, sangle *f*; (*of slip, dress*) bretelle *f* ▷ *vt* attacher (avec une courroie *etc*)
**strappy** [stræpɪ] *adj* (*dress*) à bretelles; (*sandals*) à lanières
**strategic** [strə'tiːdʒɪk] *adj* stratégique
**strategy** ['strætɪdʒɪ] *n* stratégie *f*
**straw** [strɔː] *n* paille *f*; **that's the last ~!** ça c'est le comble!
**strawberry** ['strɔːbərɪ] *n* fraise *f*; (*plant*) fraisier *m*
**stray** [streɪ] *adj* (*animal*) perdu(e), errant(e); (*scattered*) isolé(e) ▷ *vi* s'égarer; **~ bullet** balle perdue
**streak** [striːk] *n* bande *f*, filet *m*; (*in hair*) raie *f*; (*fig: of madness etc*): **a ~ of** une *or* des tendance(s) à ▷ *vt* zébrer, strier ▷ *vi*: **to ~ past** passer à toute allure; **to have ~s in one's hair** s'être fait faire des mèches; **a winning/losing ~** une bonne/mauvaise série *or* période
**stream** [striːm] *n* (*brook*) ruisseau *m*; (*current*) courant *m*, flot *m*; (*of people*) défilé ininterrompu, flot *m* (*Scol*) répartir par niveau ▷ *vi* ruisseler; **to ~ in/out** entrer/sortir à flots; **against the ~** à contre courant; **on ~** (*new power plant etc*) en service
**streamer** ['striːməʳ] *n* serpentin *m*, banderole *f*
**streamlined** ['striːmlaɪnd] *adj* (*Aviat*) fuselé(e), profilé(e); (*Aut*) aérodynamique; (*fig*) rationalisé(e)
**street** [striːt] *n* rue *f*; **the back ~s** les quartiers pauvres; **to be on the ~s** (*homeless*) être à la rue *or* sans abri
**streetcar** ['striːtkɑːʳ] *n* (*US*) tramway *m*
**street lamp** *n* réverbère *m*
**street light** *n* réverbère *m*
**street map, street plan** *n* plan *m* des rues
**streetwise** ['striːtwaɪz] *adj* (*inf*) futé(e), réaliste
**strength** [streŋθ] *n* force *f*; (*of girder, knot etc*) solidité *f*; (*of chemical solution*) titre *m*; (*of wine*) degré *m* d'alcool; **on the ~ of** en vertu de; **at full ~** au grand complet; **below ~** à effectifs réduits

**strengthen** ['streŋθən] *vt* renforcer; (*muscle*) fortifier; (*building, Econ*) consolider
**strenuous** ['strenjuəs] *adj* vigoureux(-euse), énergique; (*tiring*) ardu(e), fatigant(e)
**stress** [stres] *n* (*force, pressure*) pression *f*; (*mental strain*) tension (nerveuse), stress *m*; (*accent*) accent *m*; (*emphasis*) insistance *f* ▷ *vt* insister sur, souligner; (*syllable*) accentuer; **to lay great ~ on sth** insister beaucoup sur qch; **to be under ~** être stressé(e)
**stressed** [strest] *adj* (*tense*) stressé(e); (*syllable*) accentué(e)
**stressful** ['stresful] *adj* (*job*) stressant(e)
**stretch** [stretʃ] *n* (*of sand etc*) étendue *f*; (*of time*) période *f* ▷ *vi* s'étirer; (*extend*): **to ~ to** *or* **as far as** s'étendre jusqu'à; (*be enough: money, food*): **to ~ to** aller pour ▷ *vt* tendre, étirer; (*spread*) étendre; (*fig*) pousser (au maximum); **at a ~** d'affilée; **to ~ a muscle** se distendre un muscle; **to ~ one's legs** se dégourdir les jambes; **stretch out** *vi* s'étendre ▷ *vt* (*arm etc*) allonger, tendre; (*to spread*) étendre; **to ~ out for sth** allonger la main pour prendre qch
**stretcher** ['stretʃəʳ] *n* brancard *m*, civière *f*
**stretchy** ['stretʃɪ] *adj* élastique
**strewn** [struːn] *adj*: **~ with** jonché(e) de
**stricken** ['strɪkən] *adj* très éprouvé(e); dévasté(e); (*ship*) très endommagé(e); **~ with** frappé(e) *or* atteint(e) de
**strict** [strɪkt] *adj* strict(e); **in ~ confidence** tout à fait confidentiellement
**strictly** ['strɪktlɪ] *adv* strictement; **~ confidential** strictement confidentiel(le); **~ speaking** à strictement parler
**stride** [straɪd] *n* grand pas, enjambée *f* ▷ *vi* (*pt* **strode**) [strəʊd] marcher à grands pas; **to take in one's ~** (*fig: changes etc*) accepter sans sourciller
**strife** [straɪf] *n* conflit *m*, dissensions *fpl*
**strike** [straɪk] (*pt, pp* **struck**) [strʌk] *n* grève *f*; (*of oil etc*) découverte *f*; (*attack*) raid *m* ▷ *vt* frapper; (*oil etc*) trouver, découvrir; (*make: agreement, deal*) conclure ▷ *vi* faire grève; (*attack*) attaquer; (*clock*) sonner; **to go on** *or* **come out on ~** se mettre en grève, faire grève; **to ~ a match** frotter une allumette; **to ~ a balance** (*fig*) trouver un juste milieu; **strike back** *vi* (*Mil, fig*) contre-attaquer; **strike down** *vt* (*fig*) terrasser; **strike off** *vt* (*from list*) rayer; (*: doctor etc*) radier; **strike out** *vt* rayer; **strike up** *vt* (*Mus*) se mettre à jouer; **to ~ up a friendship with** se lier d'amitié avec
**striker** ['straɪkəʳ] *n* gréviste *m/f*; (*Sport*) buteur *m*
**striking** ['straɪkɪŋ] *adj* frappant(e), saisissant(e); (*attractive*) éblouissant(e)
**string** [strɪŋ] *n* ficelle *f*, fil *m*; (*row: of beads*) rang *m*; (*: of onions, excuses*) chapelet *m*; (*: of people, cars*) file *f*; (*Mus*) corde *f*; (*Comput*) chaîne *f* ▷ *vt* (*pt, pp* **strung**) [strʌŋ]: **to ~ out**

échelonner; **to ~ together** enchaîner; **the strings** npl (Mus) les instruments mpl à cordes; **to pull ~s** (fig) faire jouer le piston; **to get a job by pulling ~s** obtenir un emploi en faisant jouer le piston; **with no ~s attached** (fig) sans conditions

**stringed instrument, string instrument** [strɪŋ(d)-] n (Mus) instrument m à cordes

**stringent** ['strɪndʒənt] adj rigoureux(-euse); (need) impérieux(-euse)

**strip** [strɪp] n bande f; (Sport) tenue f ▷ vt (undress) déshabiller; (paint) décaper; (fig) dégarnir, dépouiller; (also: **~ down**: machine) démonter ▷ vi se déshabiller; **wearing the Celtic ~** en tenue du Celtic; **strip off** vt (paint etc) décaper ▷ vi (person) se déshabiller

**strip cartoon** n bande dessinée

**stripe** [straɪp] n raie f, rayure f; (Mil) galon m

**striped** ['straɪpt] adj rayé(e), à rayures

**stripper** ['strɪpə'] n strip-teaseuse f

**strip-search** ['strɪpsɜːtʃ] n fouille corporelle (en faisant se déshabiller la personne) ▷ vt: **to ~ sb** fouiller qn (en le faisant se déshabiller)

**stripy** ['straɪpɪ] adj rayé(e)

**strive** (pt **strove**, pp **striven**) [straɪv, strəuv, 'strɪvn] vi: **to ~ to do/for sth** s'efforcer de faire/d'obtenir qch

**strode** [strəud] pt of **stride**

**stroke** [strəuk] n coup m; (Med) attaque f; (caress) caresse f; (Swimming: style) (sorte f de) nage f; (of piston) course f ▷ vt caresser; **at a ~** d'un (seul) coup; **on the ~ of 5** à 5 heures sonnantes; **a ~ of luck** un coup de chance; **a 2-~ engine** un moteur à 2 temps

**stroll** [strəul] n petite promenade ▷ vi flâner, se promener nonchalamment; **to go for a ~** aller se promener or faire un tour

**stroller** ['strəulə'] n (US: for child) poussette f

**strong** [strɔŋ] adj (gen) fort(e); (healthy) vigoureux(-euse); (heart, nerves) solide; (distaste, desire) vif/vive; (drugs, chemicals) puissant(e) ▷ adv: **to be going ~** (company) marcher bien; (person) être toujours solide; **they are 50 ~** ils sont au nombre de 50

**stronghold** ['strɔŋhəuld] n forteresse f, fort m; (fig) bastion m

**strongly** ['strɔŋlɪ] adv fortement, avec force; vigoureusement; solidement; **I feel ~ about it** c'est une question qui me tient particulièrement à cœur; (negatively) j'y suis profondément opposé(e)

**strongroom** ['strɔŋruːm] n chambre forte

**strove** [strəuv] pt of **strive**

**struck** [strʌk] pt, pp of **strike**

**structural** ['strʌktʃrəl] adj structural(e); (Constr) de construction; affectant les parties portantes

**structure** ['strʌktʃə'] n structure f; (building) construction f

**struggle** ['strʌgl] n lutte f ▷ vi lutter, se battre; **to have a ~ to do sth** avoir beaucoup de mal à faire qch

**strum** [strʌm] vt (guitar) gratter de

**strung** [strʌŋ] pt, pp of **string**

**strut** [strʌt] n étai m, support m ▷ vi se pavaner

**stub** [stʌb] n (of cigarette) bout m, mégot m; (of ticket etc) talon m ▷ vt: **to ~ one's toe (on sth)** se heurter le doigt de pied (contre qch); **stub out** vt écraser

**stubble** ['stʌbl] n chaume m; (on chin) barbe f de plusieurs jours

**stubborn** ['stʌbən] adj têtu(e), obstiné(e), opiniâtre

**stuck** [stʌk] pt, pp of **stick** ▷ adj (jammed) bloqué(e), coincé(e); **to get ~** se bloquer or coincer

**stuck-up** [stʌk'ʌp] adj prétentieux(-euse)

**stud** [stʌd] n (on boots etc) clou m; (collar stud) bouton m de col; (earring) petite boucle d'oreille; (of horses: also: **~ farm**) écurie f, haras m; (also: **~ horse**) étalon m ▷ vt (fig): **~ded with** parsemé(e) or criblé(e) de

**student** ['stjuːdənt] n étudiant(e) ▷ adj (life) estudiantin(e), étudiant(e), d'étudiant; (residence, restaurant) universitaire; (loan, movement) étudiant, universitaire d'étudiant; **law/medical ~** étudiant en droit/médecine

**student driver** n (US) (conducteur(-trice)) débutant(e)

**students' union** n (Brit: association) ≈ union f des étudiants; (: building) ≈ foyer m des étudiants

**studio** ['stjuːdɪəu] n studio m, atelier m; (TV etc) studio

**studio flat**, (US) **studio apartment** n studio m

**studious** ['stjuːdɪəs] adj studieux(-euse), appliqué(e); (studied) étudié(e)

**studiously** ['stjuːdɪəslɪ] adv (carefully) soigneusement

**study** ['stʌdɪ] n étude f; (room) bureau m ▷ vt étudier; (examine) examiner ▷ vi étudier, faire ses études; **to make a ~ of sth** étudier qch, faire une étude de qch; **to ~ for an exam** préparer un examen

**stuff** [stʌf] n (gen) chose(s) f(pl), truc m; (belongings) affaires fpl, trucs; (substance) substance f ▷ vt rembourrer; (Culin) farcir; (inf: push) fourrer; (animal: for exhibition) empailler; **my nose is ~ed up** j'ai le nez bouché; **get ~ed!** (inf!) va te faire foutre! (!); **~ed toy** jouet m en peluche

**stuffing** ['stʌfɪŋ] n bourre f, rembourrage m; (Culin) farce f

**stuffy** ['stʌfɪ] adj (room) mal ventilé(e) or aéré(e); (ideas) vieux jeu inv

**stumble** ['stʌmbl] vi trébucher; **to ~ across** or **on** (fig) tomber sur

**stumbling block** ['stʌmblɪŋ-] n pierre f d'achoppement

**stump** [stʌmp] n souche f; (of limb) moignon m ▷ vt: **to be ~ed** sécher, ne pas savoir que répondre

**S**

**stun** [stʌn] vt (blow) étourdir; (news) abasourdir, stupéfier

**stung** [stʌŋ] pt, pp of **sting**

**stunk** [stʌŋk] pp of **stink**

**stunned** [stʌnd] adj assommé(e); (fig) sidéré(e)

**stunning** ['stʌnɪŋ] adj (beautiful) étourdissant(e); (news etc) stupéfiant(e)

**stunt** [stʌnt] n tour m de force; (in film) cascade f, acrobatie f; (publicity) truc m publicitaire; (Aviat) acrobatie f ▷ vt retarder, arrêter

**stuntman** ['stʌntmæn] irreg n cascadeur m

**stupendous** [stju:'pendəs] adj prodigieux(-euse), fantastique

**stupid** ['stju:pɪd] adj stupide, bête

**stupidity** [stju:'pɪdɪtɪ] n stupidité f, bêtise f

**sturdy** ['stɜ:dɪ] adj (person, plant) robuste, vigoureux(-euse); (object) solide

**stutter** ['stʌtər] n bégaiement m ▷ vi bégayer

**sty** [staɪ] n (of pigs) porcherie f

**stye** [staɪ] n (Med) orgelet m

**style** [staɪl] n style m; (of dress etc) genre m; (distinction) allure f, cachet m, style; (design) modèle m; **in the latest ~** à la dernière mode; **hair ~** coiffure f

**stylish** ['staɪlɪʃ] adj élégant(e), chic inv

**stylist** ['staɪlɪst] n (hair stylist) coiffeur(-euse); (literary stylist) styliste m/f

**stylus** (pl **styli** or **styluses**) ['staɪləs, -laɪ] n (of record player) pointe f de lecture

**suave** [swɑ:v] adj doucereux(-euse), onctueux(-euse)

**sub...** [sʌb] prefix sub..., sous-

**subconscious** [sʌb'kɒnʃəs] adj subconscient(e) ▷ n subconscient m

**subcontract** n ['sʌb'kɒntrækt] contrat m de sous-traitance ▷ vt [sʌbkən'trækt] sous-traiter

**subdue** [səb'dju:] vt subjuguer, soumettre

**subdued** [səb'dju:d] adj contenu(e), atténué(e); (light) tamisé(e); (person) qui a perdu de son entrain

**subject** n ['sʌbdʒɪkt] sujet m; (Scol) matière f ▷ vt [səb'dʒɛkt]: **to ~ to** soumettre à; exposer à; **to be ~ to** (law) être soumis(e) à; (disease) être sujet(te) à; **~ to confirmation in writing** sous réserve de confirmation écrite; **to change the ~** changer de conversation

**subjective** [səb'dʒɛktɪv] adj subjectif(-ive)

**subject matter** n sujet m; (content) contenu m

**subjunctive** [səb'dʒʌŋktɪv] adj subjonctif(-ive) ▷ n subjonctif m

**sublet** [sʌb'lɛt] vt sous-louer

**submarine** [sʌbmə'ri:n] n sous-marin m

**submerge** [səb'mɜ:dʒ] vt submerger; immerger ▷ vi plonger

**submission** [səb'mɪʃən] n soumission f; (to committee etc) présentation f

**submissive** [səb'mɪsɪv] adj soumis(e)

**submit** [səb'mɪt] vt soumettre ▷ vi se soumettre

**subnormal** [sʌb'nɔ:ml] adj au-dessous de la normale; (person) arriéré(e)

**subordinate** [sə'bɔ:dɪnət] adj (junior) subalterne; (Grammar) subordonné(e) ▷ n subordonné(e)

**subpoena** [səb'pi:nə] (Law) n citation f, assignation f ▷ vt citer or assigner (à comparaître)

**subscribe** [səb'skraɪb] vi cotiser; **to ~ to** (opinion, fund) souscrire à; (newspaper) s'abonner à; être abonné(e) à

**subscriber** [səb'skraɪbər] n (to periodical, telephone) abonné(e)

**subscription** [səb'skrɪpʃən] n (to fund) souscription f; (to magazine etc) abonnement m; (membership dues) cotisation f; **to take out a ~ to** s'abonner à

**subsequent** ['sʌbsɪkwənt] adj ultérieur(e), suivant(e); **~ to** prep à la suite de

**subsequently** ['sʌbsɪkwəntlɪ] adv par la suite

**subside** [səb'saɪd] vi (land) s'affaisser; (flood) baisser; (wind, feelings) tomber

**subsidence** [səb'saɪdns] n affaissement m

**subsidiary** [səb'sɪdɪərɪ] adj subsidiaire; accessoire; (Brit Scol: subject) complémentaire ▷ n filiale f

**subsidize** ['sʌbsɪdaɪz] vt subventionner

**subsidy** ['sʌbsɪdɪ] n subvention f

**substance** ['sʌbstəns] n substance f; (fig) essentiel m; **a man of ~** un homme jouissant d'une certaine fortune; **to lack ~** être plutôt mince (fig)

**substantial** [səb'stænʃl] adj substantiel(le); (fig) important(e)

**substantially** [səb'stænʃəlɪ] adv considérablement; en grande partie

**substantiate** [səb'stænʃɪeɪt] vt étayer, fournir des preuves à l'appui de

**substitute** ['sʌbstɪtju:t] n (person) remplaçant(e); (thing) succédané m ▷ vt: **to ~ sth/sb for** substituer qch/qn à, remplacer par qch/qn

**substitution** [sʌbstɪ'tju:ʃən] n substitution f

**subterranean** [sʌbtə'reɪnɪən] adj souterrain(e)

**subtitled** ['sʌbtaɪtld] adj sous-titré(e)

**subtitles** ['sʌbtaɪtlz] npl (Cine) sous-titres mpl

**subtle** ['sʌtl] adj subtil(e)

**subtotal** [sʌb'təʊtl] n total partiel

**subtract** [səb'trækt] vt soustraire, retrancher

**subtraction** [səb'trækʃən] n soustraction f

**suburb** ['sʌbə:b] n faubourg m; **the ~s** la banlieue

**suburban** [sə'bə:bən] adj de banlieue, suburbain(e)

**suburbia** [sə'bə:bɪə] n la banlieue

**subway** ['sʌbweɪ] n (Brit: underpass) passage souterrain; (US: railway) métro m

**succeed** [sək'si:d] *vi* réussir ▷ *vt* succéder à;
**to ~ in doing** réussir à faire

**succeeding** [sək'si:dɪŋ] *adj* suivant(e), qui
suit (*or* suivent *or* suivront *etc*)

**success** [sək'sɛs] *n* succès *m*; réussite *f*

**successful** [sək'sɛsful] *adj* qui a du succès;
(*candidate*) choisi(e), agréé(e); (*business*)
prospère, qui réussit; (*attempt*) couronné(e)
de succès; **to be ~ (in doing)** réussir (à faire)

**successfully** [sək'sɛsfəlɪ] *adv* avec succès

**succession** [sək'sɛʃən] *n* succession *f*; **in ~**
successivement; **3 years in ~** 3 ans de suite

**successive** [sək'sɛsɪv] *adj* successif(-ive);
**on 3 ~ days** 3 jours de suite ou consécutifs

**successor** [sək'sɛsə*r*] *n* successeur *m*

**succumb** [sə'kʌm] *vi* succomber

**such** [sʌtʃ] *adj* tel/telle; (*of that kind*): **~ a book**
un livre de ce genre ou pareil, un tel livre;
(*so much*): **~ courage** un tel courage ▷ *adv* si;
**~ books** des livres de ce genre ou pareils, de
tels livres; **~ a long trip** un si long voyage;
**~ good books** de si bons livres; **~ a long trip
that** un voyage si *or* tellement long que;
**~ a lot of** tellement *or* tant de; **making ~ a
noise that** faisant un tel bruit que *or*
tellement de bruit que; **~ a long time ago** il y
a si *or* tellement longtemps; **~ as** (*like*) tel/
telle que, comme; **a noise ~ as to** un bruit de
nature à; **~ books as I have** les quelques
livres que j'ai; **as ~** *adv* en tant que tel/telle,
à proprement parler

**such-and-such** ['sʌtʃənsʌtʃ] *adj* tel ou tel/
telle ou telle

**suck** [sʌk] *vt* sucer; (*breast, bottle*) téter; (*pump,
machine*) aspirer

**sucker** ['sʌkə*r*] *n* (*Bot, Zool, Tech*) ventouse *f*;
(*inf*) naïf(-ïve), poire *f*

**suction** ['sʌkʃən] *n* succion *f*

**Sudan** [su'dɑ:n] *n* Soudan *m*

**sudden** ['sʌdn] *adj* soudain(e), subit(e); **all
of a ~** soudain, tout à coup

**suddenly** ['sʌdnlɪ] *adv* brusquement, tout à
coup, soudain

**sudoku** [su'dəuku:] *n* sudoku *m*

**suds** [sʌdz] *npl* eau savonneuse

**sue** [su:] *vt* poursuivre en justice, intenter un
procès à ▷ *vi*: **to ~ (for)** intenter un procès
(pour); **to ~ for divorce** engager une
procédure de divorce; **to ~ sb for damages**
poursuivre qn en dommages-intérêts

**suede** [sweɪd] *n* daim *m*, cuir suédé ▷ *cpd* de
daim

**suet** ['suɪt] *n* graisse *f* de rognon *or* de bœuf

**suffer** ['sʌfə*r*] *vt* souffrir, subir; (*bear*) tolérer,
supporter, subir ▷ *vi* souffrir; **to ~ from**
(*illness*) souffrir de, avoir; **to ~ from the
effects of alcohol/a fall** se ressentir des
effets de l'alcool/des conséquences d'une
chute

**sufferer** ['sʌfərə*r*] *n* malade *m/f*; victime *m/f*

**suffering** ['sʌfərɪŋ] *n* souffrance(s) *f(pl)*

**suffice** [sə'faɪs] *vi* suffire

**sufficient** [sə'fɪʃənt] *adj* suffisant(e);
**~ money** suffisamment d'argent

**sufficiently** [sə'fɪʃəntlɪ] *adv* suffisamment,
assez

**suffocate** ['sʌfəkeɪt] *vi* suffoquer; étouffer

**sugar** ['ʃugə*r*] *n* sucre *m* ▷ *vt* sucrer

**sugar beet** *n* betterave sucrière

**sugar cane** *n* canne *f* à sucre

**suggest** [sə'dʒɛst] *vt* suggérer, proposer;
(*indicate*) sembler indiquer; **what do you ~ I
do?** que vous me suggérez de faire?

**suggestion** [sə'dʒɛstʃən] *n* suggestion *f*

**suicide** ['suɪsaɪd] *n* suicide *m*; **to commit ~** se
suicider; **~ bombing** attentat *m* suicide; *see
also* **commit**

**suicide bomber** *n* kamikaze *m/f*

**suit** [su:t] *n* (*man's*) costume *m*, complet *m*;
(*woman's*) tailleur *m*, ensemble *m*; (*Cards*)
couleur *f*; (*lawsuit*) procès *m* ▷ *vt* (*subj: clothes,
hairstyle*) aller à; (*be convenient for*) convenir à;
(*adapt*): **to ~ sth to** adapter *or* approprier qch
à; **to be ~ed to sth** (*suitable for*) être adapté(e)
*or* approprié(e) à qch; **well ~ed** (*couple*) faits
l'un pour l'autre, très bien assortis; **to bring
a ~ against sb** intenter un procès contre qn;
**to follow ~** (*fig*) faire de même

**suitable** ['su:təbl] *adj* qui convient;
approprié(e), adéquat(e); **would tomorrow
be ~?** est-ce que demain vous conviendrait?;
**we found somebody ~** nous avons trouvé la
personne qu'il nous faut

**suitably** ['su:təblɪ] *adv* comme il se doit (*or* se
devait *etc*), convenablement

**suitcase** ['su:tkeɪs] *n* valise *f*

**suite** [swi:t] *n* (*of rooms, also Mus*) suite *f*;
(*furniture*): **bedroom/dining room ~**
(ensemble *m* de) chambre *f* à coucher/salle *f*
à manger; **a three-piece ~** un salon (canapé
et deux fauteuils)

**suitor** ['su:tə*r*] *n* soupirant *m*, prétendant *m*

**sulfur** ['sʌlfə*r*] (*US*) *n* = **sulphur**

**sulk** [sʌlk] *vi* bouder

**sulky** ['sʌlkɪ] *adj* boudeur(-euse), maussade

**sullen** ['sʌlən] *adj* renfrogné(e), maussade;
morne

**sulphur**, (*US*) **sulfur** ['sʌlfə*r*] *n* soufre *m*

**sultana** [sʌl'tɑ:nə] *n* (*fruit*) raisin (sec) de
Smyrne

**sultry** ['sʌltrɪ] *adj* étouffant(e)

**sum** [sʌm] *n* somme *f*; (*Scol etc*) calcul *m*; **sum
up** *vt* résumer; (*evaluate rapidly*) récapituler
▷ *vi* résumer

**summarize** ['sʌməraɪz] *vt* résumer

**summary** ['sʌmərɪ] *n* résumé *m* ▷ *adj* (*justice*)
sommaire

**summer** ['sʌmə*r*] *n* été *m* ▷ *cpd* d'été,
estival(e); **in (the) ~** en été, pendant l'été

**summer holidays** *npl* grandes vacances

**summerhouse** ['sʌməhaus] *n* (*in garden*)
pavillon *m*

**summertime** ['sʌmətaɪm] *n* (*season*) été *m*

**summer time** *n* (*by clock*) heure *f* d'été

**summit** ['sʌmɪt] *n* sommet *m*; (*also:* ~ **conference**) (conférence *f* au) sommet *m*
**summon** ['sʌmən] *vt* appeler, convoquer; **to ~ a witness** citer *or* assigner un témoin; **summon up** *vt* rassembler, faire appel à
**summons** ['sʌmənz] *n* citation *f*, assignation *f* ▷ *vt* citer, assigner; **to serve a ~ on sb** remettre une assignation à qn
**Sun.** *abbr* (= *Sunday*) dim
**sun** [sʌn] *n* soleil *m*; **in the ~** au soleil; **to catch the ~** prendre le soleil; **everything under the ~** absolument tout
**sunbathe** ['sʌnbeɪð] *vi* prendre un bain de soleil
**sunbed** ['sʌnbɛd] *n* lit pliant; (*with sun lamp*) lit à ultra-violets
**sunblock** ['sʌnblɔk] *n* écran *m* total
**sunburn** ['sʌnbə:n] *n* coup *m* de soleil
**sunburned** ['sʌnbə:nd], **sunburnt** ['sʌnbə:nt] *adj* bronzé(e), hâlé(e); (*painfully*) brûlé(e) par le soleil
**Sunday** ['sʌndɪ] *n* dimanche *m*; *see also* **Tuesday**
**Sunday school** *n* ≈ catéchisme *m*
**sundial** ['sʌndaɪəl] *n* cadran *m* solaire
**sundown** ['sʌndaun] *n* coucher *m* du soleil
**sundries** ['sʌndrɪz] *npl* articles divers
**sundry** ['sʌndrɪ] *adj* divers(e), différent(e); **all and ~** tout le monde, n'importe qui
**sunflower** ['sʌnflauər] *n* tournesol *m*
**sung** [sʌŋ] *pp of* **sing**
**sunglasses** ['sʌnglɑ:sɪz] *npl* lunettes *fpl* de soleil
**sunk** [sʌŋk] *pp of* **sink**
**sunlight** ['sʌnlaɪt] *n* (lumière *f* du) soleil *m*
**sunlit** ['sʌnlɪt] *adj* ensoleillé(e)
**sun lounger** *n* chaise longue
**sunny** ['sʌnɪ] *adj* ensoleillé(e); (*fig*) épanoui(e), radieux(-euse); **it is ~** il fait (du) soleil, il y a du soleil
**sunrise** ['sʌnraɪz] *n* lever *m* du soleil
**sun roof** *n* (*Aut*) toit ouvrant
**sunscreen** ['sʌnskri:n] *n* crème *f* solaire
**sunset** ['sʌnsɛt] *n* coucher *m* du soleil
**sunshade** ['sʌnʃeɪd] *n* (*lady's*) ombrelle *f*; (*over table*) parasol *m*
**sunshine** ['sʌnʃaɪn] *n* (lumière *f* du) soleil *m*
**sunstroke** ['sʌnstrəuk] *n* insolation *f*, coup *m* de soleil
**suntan** ['sʌntæn] *n* bronzage *m*
**suntan lotion** *n* lotion *f* or lait *m* solaire
**suntan oil** *n* huile *f* solaire
**super** ['su:pər] *adj* (*inf*) formidable
**superannuation** [su:pərænju'eɪʃən] *n* cotisations *fpl* pour la pension
**superb** [su:'pə:b] *adj* superbe, magnifique
**supercilious** [su:pə'sɪlɪəs] *adj* hautain(e), dédaigneux(-euse)
**superficial** [su:pə'fɪʃəl] *adj* superficiel(le)
**superimpose** ['su:pərɪm'pəuz] *vt* superposer
**superintendent** [su:pərɪn'tɛndənt] *n* directeur(-trice); (*Police*) ≈ commissaire *m*

**superior** [su'pɪərɪər] *adj* supérieur(e); (*Comm: goods, quality*) de qualité supérieure; (*smug*) condescendant(e), méprisant(e) ▷ *n* supérieur(e); **Mother S~** (*Rel*) Mère supérieure
**superiority** [supɪərɪ'ɔrɪtɪ] *n* supériorité *f*
**superlative** [su'pə:lətɪv] *adj* sans pareil(le), suprême ▷ *n* (*Ling*) superlatif *m*
**superman** ['su:pəmæn] *irreg n* surhomme *m*
**supermarket** ['su:pəmɑ:kɪt] *n* supermarché *m*
**supernatural** [su:pə'nætʃərəl] *adj* surnaturel(le) ▷ *n*: **the ~** le surnaturel
**superpower** ['su:pəpauər] *n* (*Pol*) superpuissance *f*
**supersede** [su:pə'si:d] *vt* remplacer, supplanter
**superstition** [su:pə'stɪʃən] *n* superstition *f*
**superstitious** [su:pə'stɪʃəs] *adj* superstitieux(-euse)
**superstore** ['su:pəstɔ:r] *n* (*Brit*) hypermarché *m*, grande surface
**supervise** ['su:pəvaɪz] *vt* (*children etc*) surveiller; (*organization, work*) diriger
**supervision** [su:pə'vɪʒən] *n* surveillance *f*; (*monitoring*) contrôle *m*; (*management*) direction *f*; **under medical ~** sous contrôle du médecin
**supervisor** ['su:pəvaɪzər] *n* surveillant(e); (*in shop*) chef *m* de rayon; (*Scol*) directeur(-trice) de thèse
**supper** ['sʌpər] *n* dîner *m*; (*late*) souper *m*; **to have ~** dîner; souper
**supple** ['sʌpl] *adj* souple
**supplement** *n* ['sʌplɪmənt] supplément *m* ▷ *vt* [sʌplɪ'mɛnt] ajouter à, compléter
**supplementary** [sʌplɪ'mɛntərɪ] *adj* supplémentaire
**supplementary benefit** *n* (*Brit*) allocation *f* supplémentaire d'aide sociale
**supplier** [sə'plaɪər] *n* fournisseur *m*
**supply** [sə'plaɪ] *vt* (*provide*) fournir; (*equip*): **to ~ (with)** approvisionner *or* ravitailler (en); fournir (en); (*system, machine*): **to ~ sth (with sth)** alimenter qch (en qch); (*a need*) répondre à ▷ *n* provision *f*, réserve *f*; (*supplying*) approvisionnement *m*; (*Tech*) alimentation *f*; **supplies** *npl* (*food*) vivres *mpl*; (*Mil*) subsistances *fpl*; **office supplies** fournitures *fpl* de bureau; **to be in short ~** être rare, manquer; **the electricity/water/gas ~** l'alimentation *f* en électricité/eau/gaz; **~ and demand** l'offre *f* et la demande; **it comes supplied with an adaptor** il (*or* elle) est pourvu(e) d'un adaptateur
**supply teacher** *n* (*Brit*) suppléant(e)
**support** [sə'pɔ:t] *n* (*moral, financial etc*) soutien *m*, appui *m*; (*Tech*) support *m*, soutien ▷ *vt* soutenir, supporter; (*financially*) subvenir aux besoins de; (*uphold*) être pour, être partisan de, appuyer; (*Sport: team*) être pour; **to ~ o.s.** (*financially*) gagner sa vie

**supporter** [sə'pɔːtə<sup>r</sup>] n (Pol etc) partisan(e); (Sport) supporter m

**suppose** [sə'pəuz] vt, vi supposer; imaginer; **to be ~d to do/be** être censé(e) faire/être; **I don't ~ she'll come** je suppose qu'elle ne viendra pas, cela m'étonnerait qu'elle vienne

**supposedly** [sə'pəuzıdlı] adv soi-disant

**supposing** [sə'pəuzıŋ] conj si, à supposer que +sub

**suppress** [sə'prɛs] vt (revolt, feeling) réprimer; (information) faire disparaître; (scandal, yawn) étouffer

**supreme** [su'priːm] adj suprême

**surcharge** ['sɜːtʃɑːdʒ] n surcharge f; (extra tax) surtaxe f

**sure** [ʃuə<sup>r</sup>] adj (gen) sûr(e); (definite, convinced) sûr, certain(e) ▷ adv (inf: US): **that ~ is pretty, that's ~ pretty** c'est drôlement joli(e); **~!** (of course) bien sûr!; **~ enough** effectivement; **I'm not ~ how/why/when** je ne sais pas très bien comment/pourquoi/quand; **to be ~ of o.s.** être sûr de soi; **to make ~ of sth/that** s'assurer de qch/que, vérifier qch/que

**surely** ['ʃuəlı] adv sûrement; certainement; **~ you don't mean that!** vous ne parlez pas sérieusement!

**surf** [sɜːf] n (waves) ressac m ▷ vt: **to ~ the Net** surfer sur Internet, surfer sur le net

**surface** ['sɜːfıs] n surface f ▷ vt (road) poser un revêtement sur ▷ vi remonter à la surface; (fig) faire surface; **on the ~** (fig) au premier abord; **by ~ mail** par voie de terre; (by sea) par voie maritime

**surface mail** n courrier m par voie de terre (or maritime)

**surfboard** ['sɜːfbɔːd] n planche f de surf

**surfeit** ['sɜːfıt] n: **a ~ of** un excès de; une indigestion de

**surfer** ['sɜːfə<sup>r</sup>] n (in sea) surfeur(-euse); **web** or **net ~** internaute m/f

**surfing** ['sɜːfıŋ] n surf m

**surge** [sɜːdʒ] n (of emotion) vague f; (Elec) pointe f de courant ▷ vi déferler; **to ~ forward** se précipiter (en avant)

**surgeon** ['sɜːdʒən] n chirurgien m

**surgery** ['sɜːdʒərı] n chirurgie f; (Brit: room) cabinet m (de consultation); (also: **~ hours**) heures fpl de consultation; (of MP etc) permanence f (où le député etc reçoit les électeurs etc); **to undergo ~** être opéré(e)

**surgical** ['sɜːdʒıkl] adj chirurgical(e)

**surgical spirit** n (Brit) alcool m à 90°

**surname** ['sɜːneım] n nom m de famille

**surpass** [sɜː'pɑːs] vt surpasser, dépasser

**surplus** ['sɜːpləs] n surplus m, excédent m ▷ adj en surplus, de trop; (Comm) excédentaire; **it is ~ to our requirements** cela dépasse nos besoins; **~ stock** surplus m

**surprise** [sə'praız] n (gen) surprise f; (astonishment) étonnement m ▷ vt surprendre, étonner; **to take by ~** (person) prendre au dépourvu; (Mil: town, fort) prendre par surprise

**surprised** [sə'praızd] adj (look, smile) surpris(e), étonné(e); **to be ~** être surpris

**surprising** [sə'praızıŋ] adj surprenant(e), étonnant(e)

**surprisingly** [sə'praızıŋlı] adv (easy, helpful) étonnamment, étrangement; (somewhat) **~, he agreed** curieusement, il a accepté

**surrender** [sə'rɛndə<sup>r</sup>] n reddition f, capitulation f ▷ vi se rendre, capituler ▷ vt (claim, right) renoncer à

**surreptitious** [sʌrəp'tıʃəs] adj subreptice, furtif(-ive)

**surrogate** ['sʌrəgıt] n (Brit: substitute) substitut m ▷ adj de substitution, de remplacement; **a food** ~ un succédané alimentaire; **~ coffee** ersatz m or succédané m de café

**surrogate mother** n mère porteuse or de substitution

**surround** [sə'raund] vt entourer; (Mil etc) encercler

**surrounding** [sə'raundıŋ] adj environnant(e)

**surroundings** [sə'raundıŋz] npl environs mpl, alentours mpl

**surveillance** [sə'veıləns] n surveillance f

**survey** n ['sɜːveı] enquête f, étude f; (in house buying etc) inspection f, (rapport m d') expertise f; (of land) levé m; (comprehensive view: of situation etc) vue f d'ensemble ▷ vt [sɜː'veı] (situation) passer en revue; (examine carefully) inspecter; (building) expertiser; (land) faire le levé de; (look at) embrasser du regard

**surveyor** [sə'veıə<sup>r</sup>] n (of building) expert m; (of land) (arpenteur m) géomètre m

**survival** [sə'vaıvl] n survie f; (relic) vestige m ▷ cpd (course, kit) de survie

**survive** [sə'vaıv] vi survivre; (custom etc) subsister ▷ vt (accident etc) survivre à, réchapper de; (person) survivre à

**survivor** [sə'vaıvə<sup>r</sup>] n survivant(e)

**susceptible** [sə'sɛptəbl] adj: **~ (to)** sensible (à); (disease) prédisposé(e) (à)

**suspect** adj, n ['sʌspɛkt] suspect(e) ▷ vt [səs'pɛkt] soupçonner, suspecter

**suspend** [səs'pɛnd] vt suspendre

**suspended sentence** [səs'pɛndıd-] n (Law) condamnation f avec sursis

**suspender belt** [səs'pɛndə-] n (Brit) porte-jarretelles m inv

**suspenders** [səs'pɛndəz] npl (Brit) jarretelles fpl; (US) bretelles fpl

**suspense** [səs'pɛns] n attente f, incertitude f; (in film etc) suspense m; **to keep sb in ~** tenir qn en suspens, laisser qn dans l'incertitude

**suspension** [səs'pɛnʃən] n (gen, Aut) suspension f; (of driving licence) retrait m provisoire

**suspension bridge** n pont suspendu

**suspicion** [səs'pɪʃən] n soupçon(s) m(pl); **to be under ~** être considéré(e) comme suspect(e), être suspecté(e); **arrested on ~ of murder** arrêté sur présomption de meurtre

**suspicious** [səs'pɪʃəs] adj (suspecting) soupçonneux(-euse), méfiant(e); (causing suspicion) suspect(e); **to be ~ of or about sb/sth** avoir des doutes à propos de qn/sur qch, trouver qn/qch suspect(e)

**sustain** [səs'teɪn] vt soutenir; supporter; corroborer; (subj: food) nourrir, donner des forces à; (damage) subir; (injury) recevoir

**sustainable** [səs'teɪnəbl] adj (rate, growth) qui peut être maintenu(e); (development) durable

**sustained** [səs'teɪnd] adj (effort) soutenu(e), prolongé(e)

**sustenance** ['sʌstɪnəns] n nourriture f; moyens mpl de subsistance

**SUV** n abbr (esp US: = sports utility vehicle) SUV m, véhicule m de loisirs

**swab** [swɔb] n (Med) tampon m; prélèvement m ▷ vt (Naut: also: **~ down**) nettoyer

**swagger** ['swægə'] vi plastronner, parader

**swallow** ['swɔləu] n (bird) hirondelle f; (of food etc) gorgée f ▷ vt avaler; (fig: story) gober; **swallow up** vt engloutir

**swam** [swæm] pt of **swim**

**swamp** [swɔmp] n marais m, marécage m ▷ vt submerger

**swan** [swɔn] n cygne m

**swap** [swɔp] n échange m, troc m ▷ vt: **to ~ (for)** échanger (contre), troquer (contre)

**swarm** [swɔːm] n essaim m ▷ vi (bees) essaimer; (people) grouiller; **to be ~ing with** grouiller de

**swastika** ['swɔstɪkə] n croix gammée

**swat** [swɔt] vt écraser ▷ n (Brit: also: **fly ~**) tapette f

**sway** [sweɪ] vi se balancer, osciller; tanguer ▷ vt (influence) influencer ▷ n (rule, power): **~ (over)** emprise f (sur); **to hold ~ over sb** avoir de l'emprise sur qn

**swear** [sweə'] (pt **swore**, pp **sworn**) [swɔː', swɔːn] vt, vi jurer; **to ~ to sth** jurer de qch; **to ~ an oath** prêter serment; **swear in** vt assermenter

**swearword** ['sweəwəːd] n gros mot, juron m

**sweat** [swɛt] n sueur f, transpiration f ▷ vi suer; **in a ~** en sueur

**sweater** ['swɛtə'] n tricot m, pull m

**sweatshirt** ['swɛtʃəːt] n sweat-shirt m

**sweaty** ['swɛtɪ] adj en sueur, moite or mouillé(e) de sueur

**Swede** [swiːd] n Suédois(e)

**swede** [swiːd] n (Brit) rutabaga m

**Sweden** ['swiːdn] n Suède f

**Swedish** ['swiːdɪʃ] adj suédois(e) ▷ n (Ling) suédois m

**sweep** [swiːp] (pt, pp **swept**) [swɛpt] n coup m de balai; (curve) grande courbe; (range) champ m; (also: **chimney ~**) ramoneur m ▷ vt balayer; (subj: current) emporter; (subj: fashion, craze) se répandre dans ▷ vi avancer majestueusement or rapidement; s'élancer; s'étendre; **sweep away** vt balayer; entraîner; emporter; **sweep past** vi passer majestueusement or rapidement; **sweep up** vt, vi balayer

**sweeping** ['swiːpɪŋ] adj (gesture) large; circulaire; (changes, reforms) radical(e); **a ~ statement** une généralisation hâtive

**sweet** [swiːt] n (Brit: pudding) dessert m; (candy) bonbon m ▷ adj doux/douce; (not savoury) sucré(e); (fresh) frais/fraîche, pur(e); (kind) gentil(le); (baby) mignon(ne) ▷ adv: **to smell ~** sentir bon; **to taste ~** avoir un goût sucré; **~ and sour** adj aigre-doux/douce

**sweetcorn** ['swiːtkɔːn] n maïs doux

**sweeten** ['swiːtn] vt sucrer; (fig) adoucir

**sweetener** ['swiːtnə'] n (Culin) édulcorant m

**sweetheart** ['swiːthɑːt] n amoureux(-euse)

**sweetness** ['swiːtnɪs] n douceur f; (of taste) goût sucré

**sweet pea** n pois m de senteur

**sweetshop** ['swiːtʃɔp] n (Brit) confiserie f

**swell** [swɛl] (pt **swelled**, pp **swollen** or **swelled**) ['swəulən] n (of sea) houle f ▷ adj (US: inf: excellent) chouette ▷ vt (increase) grossir, augmenter ▷ vi (increase) grossir, augmenter; (sound) s'enfler; (Med: also: **~ up**) enfler

**swelling** ['swɛlɪŋ] n (Med) enflure f; (: lump) grosseur f

**sweltering** ['swɛltərɪŋ] adj étouffant(e), oppressant(e)

**swept** [swɛpt] pt, pp of **sweep**

**swerve** [swəːv] vi (to avoid obstacle) faire une embardée or un écart; (off the road) dévier

**swift** [swɪft] n (bird) martinet m ▷ adj rapide, prompt(e)

**swig** [swɪg] n (inf: drink) lampée f

**swill** [swɪl] n pâtée f ▷ vt (also: **~ out, ~ down**) laver à grande eau

**swim** [swɪm] (pt **swam**, pp **swum**) [swæm, swʌm] n: **to go for a ~** aller nager or se baigner ▷ vi nager; (Sport) faire de la natation; (fig: head, room) tourner ▷ vt traverser (à la nage); (distance) faire (à la nage); **to ~ a length** nager une longueur; **to go ~ming** aller nager

**swimmer** ['swɪmə'] n nageur(-euse)

**swimming** ['swɪmɪŋ] n nage f, natation f

**swimming cap** n bonnet m de bain

**swimming costume** n (Brit) maillot m (de bain)

**swimming pool** n piscine f

**swimming trunks** npl maillot m de bain

**swimsuit** ['swɪmsuːt] n maillot m (de bain)

**swindle** ['swɪndl] n escroquerie f ▷ vt escroquer

**swine** [swaɪn] n (pl inv) pourceau m, porc m; (inf!) salaud m (!)

**swine flu** n grippe f porcine

**swing** [swɪŋ] (pt, pp **swung**) [swʌŋ] n (in

*playground)* balançoire f; *(movement)* balancement m, oscillations fpl; *(change in opinion etc)* revirement m; *(Mus)* swing m; rythme m ▷ vt balancer, faire osciller; *(also: ~ round)* tourner, faire virer ▷ vi se balancer, osciller; *(also: ~ round)* virer, tourner; **a ~ to the left** *(Pol)* un revirement en faveur de la gauche; **to be in full ~** battre son plein; **to get into the ~ of things** se mettre dans le bain; **the road ~s south** la route prend la direction sud

**swing bridge** n pont tournant

**swing door** n *(Brit)* porte battante

**swingeing** ['swɪndʒɪŋ] adj *(Brit)* écrasant(e); considérable

**swipe** [swaɪp] n grand coup; gifle f ▷ vt *(hit)* frapper à toute volée; gifler; *(inf: steal)* piquer; *(credit card etc)* faire passer (dans la machine)

**swipe card** n carte f magnétique

**swirl** [swəːl] n tourbillon m ▷ vi tourbillonner, tournoyer

**Swiss** [swɪs] adj suisse ▷ n *(pl inv)* Suisse(-esse)

**switch** [swɪtʃ] n *(for light, radio etc)* bouton m; *(change)* changement m, revirement m ▷ vt *(change)* changer; *(exchange)* intervertir; *(invert)* changer de place; **switch off** vt éteindre; *(engine, machine)* arrêter; **could you ~ off the light?** pouvez-vous éteindre la lumière?; **switch on** vt allumer; *(engine, machine)* mettre en marche; *(Brit: water supply)* ouvrir

**switchboard** ['swɪtʃbɔːd] n *(Tel)* standard m

**Switzerland** ['swɪtsələnd] n Suisse f

**swivel** ['swɪvl] vi *(also: ~ round)* pivoter, tourner

**swollen** ['swəulən] pp of **swell** ▷ adj *(ankle etc)* enflé(e)

**swoon** [swuːn] vi se pâmer

**swoop** [swuːp] n *(by police etc)* rafle f, descente f; *(of bird etc)* descente f en piqué ▷ vi *(bird: also: ~ down)* descendre en piqué, piquer

**swop** [swɔp] n, vt = **swap**

**sword** [sɔːd] n épée f

**swordfish** ['sɔːdfɪʃ] n espadon m

**swore** [swɔːʳ] pt of **swear**

**sworn** [swɔːn] pp of **swear** ▷ adj *(statement, evidence)* donné(e) sous serment; *(enemy)* juré(e)

**swot** [swɔt] vt, vi bûcher, potasser

**swum** [swʌm] pp of **swim**

**swung** [swʌŋ] pt, pp of **swing**

**syllable** ['sɪləbl] n syllabe f

**syllabus** ['sɪləbəs] n programme m; **on the ~** au programme

**symbol** ['sɪmbl] n symbole m

**symbolic** [sɪm'bɔlɪk], **symbolical** [sɪm'bɔlɪkl] adj symbolique

**symmetrical** [sɪ'mɛtrɪkl] adj symétrique

**symmetry** ['sɪmɪtrɪ] n symétrie f

**sympathetic** [sɪmpə'θɛtɪk] adj *(showing pity)* compatissant(e); *(understanding)* bienveillant(e), compréhensif(-ive); **~ towards** bien disposé(e) envers

**sympathize** ['sɪmpəθaɪz] vi: **to ~ with sb** plaindre qn; *(in grief)* s'associer à la douleur de qn; **to ~ with sth** comprendre qch

**sympathizer** ['sɪmpəθaɪzəʳ] n *(Pol)* sympathisant(e)

**sympathy** ['sɪmpəθɪ] n *(pity)* compassion f; **sympathies** npl *(support)* soutien m; **in ~ with** en accord avec; *(strike)* en or par solidarité avec; **with our deepest ~** en vous priant d'accepter nos sincères condoléances f

**symphony** ['sɪmfənɪ] n symphonie f

**symptom** ['sɪmptəm] n symptôme m; indice m

**synagogue** ['sɪnəgɔg] n synagogue f

**syndicate** ['sɪndɪkɪt] n syndicat m, coopérative f; *(Press)* agence f de presse

**syndrome** ['sɪndrəum] n syndrome m

**synonym** ['sɪnənɪm] n synonyme m

**synopsis** *(pl* **synopses)** [sɪ'nɔpsɪs, -siːz] n résumé m, synopsis m or f

**synthetic** [sɪn'θɛtɪk] adj synthétique ▷ n matière f synthétique; **synthetics** npl textiles artificiels

**syphon** ['saɪfən] n, vb = **siphon**

**Syria** ['sɪrɪə] n Syrie f

**syringe** [sɪ'rɪndʒ] n seringue f

**syrup** ['sɪrəp] n sirop m; *(Brit: also:* **golden ~)** mélasse raffinée

**system** ['sɪstəm] n système m; *(order)* méthode f; *(Anat)* organisme m

**systematic** [sɪstə'mætɪk] adj systématique; méthodique

**system disk** n *(Comput)* disque m système

**systems analyst** n analyste-programmeur m/f

**S**

t

style très concis. Ce type de journaux vise
des lecteurs s'intéressant aux faits divers
ayant un parfum de scandale; voir
"quality press"

**taboo** [təˈbuː] *adj, n* tabou (*m*)
**tack** [tæk] *n* (*nail*) petit clou; (*stitch*) point *m*
de bâti; (*Naut*) bord *m*, bordée *f*; (*fig*) direction
*f* ▷ *vt* (*nail*) clouer; (*sew*) bâtir ▷ *vi* (*Naut*) tirer
un *or* des bord(s); **to change ~** virer de bord;
**on the wrong ~** (*fig*) sur la mauvaise voie; **to
~ sth on to (the end of) sth** (*of letter, book*)
rajouter qch à la fin de qch
**tackle** [ˈtækl] *n* matériel *m*, équipement *m*;
(*for lifting*) appareil *m* de levage; (*Football,
Rugby*) plaquage *m* ▷ *vt* (*difficulty, animal,
burglar*) s'attaquer à; (*person: challenge*)
s'expliquer avec; (*Football, Rugby*) plaquer
**tacky** [ˈtækɪ] *adj* collant(e); (*paint*) pas sec/
sèche; (*inf: shabby*) moche; (*pej: poor-quality*)
minable; (: *showing bad taste*) ringard(e)
**tact** [tækt] *n* tact *m*
**tactful** [ˈtæktful] *adj* plein(e) de tact
**tactical** [ˈtæktɪkl] *adj* tactique; **~ error** erreur
*f* de tactique
**tactics** [ˈtæktɪks] *n, npl* tactique *f*
**tactless** [ˈtæktlɪs] *adj* qui manque de tact
**tadpole** [ˈtædpəʊl] *n* têtard *m*
**taffy** [ˈtæfɪ] *n* (*US*) (bonbon *m* au) caramel *m*
**tag** [tæg] *n* étiquette *f*; **price/name ~**
étiquette (portant le prix/le nom); **tag along**
*vi* suivre

**ta** [tɑː] *excl* (*Brit inf*) merci!
**tab** [tæb] *n* (*loop on coat etc*) attache *f*; (*label*)
étiquette *f*; (*on drinks can etc*) languette *f*; **to
keep ~s on** (*fig*) surveiller
**tabby** [ˈtæbɪ] *n* (*also:* **~ cat**) chat(te) tigré(e)
**table** [ˈteɪbl] *n* table *f* ▷ *vt* (*Brit: motion etc*)
présenter; **to lay** *or* **set the ~** mettre le
couvert *or* la table; **to clear the ~** débarrasser
la table; **league ~** (*Brit Football, Rugby*)
classement *m* (du championnat); **~ of
contents** table des matières
**tablecloth** [ˈteɪblklɒθ] *n* nappe *f*
**table d'hôte** [tɑːblˈdəʊt] *adj* (*meal*) à prix fixe
**table lamp** *n* lampe décorative *or* de table
**tablemat** [ˈteɪblmæt] *n* (*for plate*) napperon *m*,
set *m*; (*for hot dish*) dessous-de-plat *m inv*
**tablespoon** [ˈteɪblspuːn] *n* cuiller *f* de
service; (*also:* **~ful:** *as measurement*) cuillerée *f*
à soupe
**tablet** [ˈtæblɪt] *n* (*Med*) comprimé *m*; (: *for
sucking*) pastille *f*; (*of stone*) plaque *f*; **~ of soap**
(*Brit*) savonnette *f*
**table tennis** *n* ping-pong *m*, tennis *m* de table
**table wine** *n* vin *m* de table
**tabloid** [ˈtæblɔɪd] *n* (*newspaper*) quotidien *m*
populaire; *voir article*

**tail** [teɪl] *n* queue *f*; (*of shirt*) pan *m* ▷ *vt* (*follow*)
suivre, filer; **tails** *npl* (*suit*) habit *m*; **to turn ~**
se sauver à toutes jambes; *see also* **head**; **tail
away, tail off** *vi* (*in size, quality etc*) baisser peu
à peu
**tailback** [ˈteɪlbæk] *n* (*Brit*) bouchon *m*
**tail end** *n* bout *m*, fin *f*
**tailgate** [ˈteɪlgeɪt] *n* (*Aut*) hayon *m* arrière
**tailor** [ˈteɪlə*ʳ*] *n* tailleur *m* (*artisan*) ▷ *vt:* **to ~
sth (to)** adapter qch exactement (à); **~'s
(shop)** (*boutique f de*) tailleur *m*
**tailoring** [ˈteɪlərɪŋ] *n* (*cut*) coupe *f*
**tailor-made** [ˈteɪləˈmeɪd] *adj* fait(e) sur
mesure; (*fig*) conçu(e) spécialement
**tailwind** [ˈteɪlwɪnd] *n* vent *m* arrière *inv*
**tainted** [ˈteɪntɪd] *adj* (*food*) gâté(e); (*water, air*)
infecté(e); (*fig*) souillé(e)
**Taiwan** [ˈtaɪˈwɑːn] *n* Taïwan (*no article*)
**Taiwanese** [taɪwəˈniːz] *adj* taïwanais(e) ▷ *n
inv* Taïwanais(e)
**take** [teɪk] (*pt* **took**, *pp* **taken**) [tuk, ˈteɪkn] *vt*
prendre; (*gain: prize*) remporter; (*require: effort,
courage*) demander; (*tolerate*) accepter,
supporter; (*hold: passengers etc*) contenir;
(*accompany*) emmener, accompagner; (*bring,
carry*) apporter, emporter; (*exam*) passer, se
présenter à; (*conduct: meeting*) présider ▷ *vi*
(*dye, fire etc*) prendre ▷ *n* (*Cine*) prise *f* de vues;
**to ~ sth from** (*drawer etc*) prendre qch dans;
(*person*) prendre qch à; **I ~ it that** je suppose

que; **I took him for a doctor** je l'ai pris pour un docteur; **to ~ sb's hand** prendre qn par la main; **to ~ for a walk** (child, dog) emmener promener; **to ~n ill** tomber malade; **to ~ it upon o.s. to do sth** prendre sur soi de faire qch; **~ the first (street) on the left** prenez la première à gauche; **it won't ~ long** ça ne prendra pas longtemps; **I was quite ~n with her/it** elle/cela m'a beaucoup plu; **take after** vt fus ressembler à; **take apart** vt démonter; **take away** vt (carry off) emporter; (remove) enlever; (subtract) soustraire ▷ vi: **to ~ away from** diminuer; **take back** vt (return) rendre, rapporter; (one's words) retirer; **take down** vt (building) démolir; (dismantle: scaffolding) démonter; (letter etc) prendre, écrire; **take in** vt (deceive) tromper, rouler; (understand) comprendre, saisir; (include) couvrir, inclure; (lodger) prendre; (orphan, stray dog) recueillir; (dress, waistband) reprendre; **take off** vi (Aviat) décoller ▷ vt (remove) enlever; (imitate) imiter, pasticher; **take on** vt (work) accepter, se charger de; (employee) prendre, embaucher; (opponent) accepter de se battre contre; **take out** vt sortir; (remove) enlever; (invite) sortir avec; (licence) prendre, se procurer; **to ~ sth out of** enlever qch de; (out of drawer etc) prendre qch dans; **don't ~ it out on me!** ne t'en prends pas à moi!; **to ~ sb out to a restaurant** emmener qn au restaurant; **take over** vt (business) reprendre ▷ vi: **to ~ over from sb** prendre la relève de qn; **take to** vt fus (person) se prendre d'amitié pour; (activity) prendre goût à; **to ~ to doing sth** prendre l'habitude de faire qch; **take up** vt (one's story) reprendre; (dress) raccourcir; (occupy: time, space) prendre, occuper; (engage in: hobby etc) se mettre à; (accept: offer, challenge) accepter; (absorb: liquids) absorber ▷ vi: **to ~ up with sb** se lier d'amitié avec qn

**takeaway** ['teɪkəweɪ] (Brit) adj (food) à emporter ▷ n (shop, restaurant) ≈ magasin m qui vend des plats à emporter

**taken** ['teɪkən] pp of **take**

**takeoff** ['teɪkɔf] n (Aviat) décollage m

**takeout** ['teɪkaʊt] adj, n (US) = **takeaway**

**takeover** ['teɪkəʊvə'] n (Comm) rachat m

**takings** ['teɪkɪŋz] npl (Comm) recette f

**talc** [tælk] n (also: **~um powder**) talc m

**tale** [teɪl] n (story) conte m, histoire f; (account) récit m; (pej) histoire; **to tell ~s** (fig) rapporter

**talent** ['tælnt] n talent m, don m

**talented** ['tæləntɪd] adj doué(e), plein(e) de talent

**talk** [tɔːk] n (a speech) causerie f, exposé m; (conversation) discussion f; (interview) entretien m, propos mpl; (gossip) racontars mpl (péj) ▷ vi parler; (chatter) bavarder; **talks** npl (Pol etc) entretiens mpl; **to give a ~** faire un exposé; **to ~ about** parler de; (converse) s'entretenir or parler de; **~ing of films, have**

**you seen ...?** à propos de films, as-tu vu ...?; **to ~ sb out of/into doing** persuader qn de ne pas faire/de faire; **to ~ shop** parler métier or affaires; **talk over** vt discuter (de)

**talkative** ['tɔːkətɪv] adj bavard(e)

**talk show** n (TV, Radio) émission-débat f

**tall** [tɔːl] adj (person) grand(e); (building, tree) haut(e); **to be 6 feet ~** ≈ mesurer 1 mètre 80; **how ~ are you?** combien mesurez-vous?

**tall story** n histoire f invraisemblable

**tally** ['tælɪ] n compte m ▷ vi: **to ~ (with)** correspondre (à); **to keep a ~ of sth** tenir le compte de qch

**talon** ['tælən] n griffe f; (of eagle) serre f

**tambourine** [tæmbə'riːn] n tambourin m

**tame** [teɪm] adj apprivoisé(e); (fig: story, style) insipide

**tamper** ['tæmpə'] vi: **to ~ with** toucher à (en cachette ou sans permission)

**tampon** ['tæmpɒn] n tampon m hygiénique or périodique

**tan** [tæn] n (also: **sun~**) bronzage m ▷ vt, vi bronzer, brunir ▷ adj (colour) marron clair inv; **to get a ~** bronzer

**tandem** ['tændəm] n tandem m

**tang** [tæŋ] n odeur (or saveur) piquante

**tangent** ['tændʒənt] n (Math) tangente f; **to go off at a ~** (fig) partir dans une digression

**tangerine** [tændʒə'riːn] n mandarine f

**tangle** ['tæŋgl] n enchevêtrement m ▷ vt enchevêtrer; **to get in(to) a ~** s'emmêler

**tank** [tæŋk] n réservoir m; (for processing) cuve f; (for fish) aquarium m; (Mil) char m d'assaut, tank m

**tanker** ['tæŋkə'] n (ship) pétrolier m, tanker m; (truck) camion-citerne m; (Rail) wagon-citerne m

**tankini** [tæn'kiːnɪ] n tankini m

**tanned** [tænd] adj bronzé(e)

**tantalizing** ['tæntəlaɪzɪŋ] adj (smell) extrêmement appétissant(e); (offer) terriblement tentant(e)

**tantamount** ['tæntəmaʊnt] adj: **~ to** qui équivaut à

**tantrum** ['tæntrəm] n accès m de colère; **to throw a ~** piquer une colère

**Tanzania** [tænzə'nɪə] n Tanzanie f

**tap** [tæp] n (on sink etc) robinet m; (gentle blow) petite tape ▷ vt frapper or taper légèrement; (resources) exploiter, utiliser; (telephone) mettre sur écoute; **on ~** (beer) en tonneau; (fig: resources) disponible

**tap dancing** ['tæpdɑːnsɪŋ] n claquettes fpl

**tape** [teɪp] n (for tying) ruban m; (also: **magnetic ~**) bande f (magnétique); (cassette) cassette f; (sticky) Scotch® m ▷ vt (record) enregistrer (au magnétoscope or sur cassette); (stick) coller avec du Scotch®; **on ~** (song etc) enregistré(e)

**tape deck** n platine f d'enregistrement

**tape measure** n mètre m à ruban

**taper** ['teɪpə'] n cierge m ▷ vi s'effiler

**tape recorder** n magnétophone m
**tapestry** ['tæpɪstrɪ] n tapisserie f
**tar** [tɑ:] n goudron m; **low-/middle--**
**cigarettes** cigarettes fpl à faible/moyenne
teneur en goudron
**target** ['tɑ:gɪt] n cible f; (fig: objective)
objectif m; **to be on ~** (project) progresser
comme prévu
**tariff** ['tærɪf] n (Comm) tarif m; (taxes) tarif
douanier
**tarmac** ['tɑ:mæk] n (Brit: on road) macadam m;
(Aviat) aire f d'envol ▷ vt (Brit) goudronner
**tarnish** ['tɑ:nɪʃ] vt ternir
**tarpaulin** [tɑ:'pɔ:lɪn] n bâche goudronnée
**tarragon** ['tærəgən] n estragon m
**tart** [tɑ:t] n (Culin) tarte f; (Brit inf: pej:
prostitute) poule f ▷ adj (flavour) âpre,
aigrelet(te); **tart up** vt (inf): **to ~ o.s. up** se
faire beau/belle; (: pej) s'attifer
**tartan** ['tɑ:tn] n tartan m ▷ adj écossais(e)
**tartar** ['tɑ:təʳ] n (on teeth) tartre m
**tartar sauce, tartare sauce** n sauce f
tartare
**task** [tɑ:sk] n tâche f; **to take to ~** prendre
à partie
**task force** n (Mil, Police) détachement spécial
**tassel** ['tæsl] n gland m; pompon m
**taste** [teɪst] n goût m; (fig: glimpse, idea) idée f,
aperçu m ▷ vt goûter ▷ vi: **to ~ of** (fish etc)
avoir le or un goût de; **it ~s like fish** ça a un or
le goût de poisson, on dirait du poisson;
**what does it ~ like?** quel goût ça a?; **you can
~ the garlic (in it)** on sent bien l'ail; **to have
a ~ of sth** goûter (à) qch; **can I have a ~?** je
peux goûter?; **to have a ~ for sth** aimer qch,
avoir un penchant pour qch; **to be in good/
bad** or **poor** ~ être de bon/mauvais goût
**tasteful** ['teɪstful] adj de bon goût
**tasteless** ['teɪstlɪs] adj (food) insipide;
(remark) de mauvais goût
**tasty** ['teɪstɪ] adj savoureux(-euse),
délicieux(-euse)
**tatters** ['tætəz] npl: **in ~** (also: **tattered**) en
lambeaux
**tattoo** [tə'tu:] n tatouage m; (spectacle) parade
f militaire ▷ vt tatouer
**tatty** ['tætɪ] adj (Brit inf) défraîchi(e), en
piteux état
**taught** [tɔ:t] pt, pp of **teach**
**taunt** [tɔ:nt] n raillerie f ▷ vt railler
**Taurus** ['tɔ:rəs] n le Taureau; **to be ~** être du
Taureau
**taut** [tɔ:t] adj tendu(e)
**tax** [tæks] n (on goods etc) taxe f; (on income)
impôts mpl, contributions fpl ▷ vt taxer;
imposer; (fig: patience etc) mettre à l'épreuve;
**before/after ~** avant/après l'impôt; **free of ~**
exonéré(e) d'impôt
**taxable** ['tæksəbl] adj (income) imposable
**taxation** [tæk'seɪʃən] n taxation f;
impôts mpl, contributions fpl; **system of ~**
système fiscal

**tax avoidance** n évasion fiscale
**tax disc** n (Brit Aut) vignette f (automobile)
**tax evasion** n fraude fiscale
**tax-free** ['tæksfri:] adj exempt(e) d'impôts
**taxi** ['tæksɪ] n taxi m ▷ vi (Aviat) rouler
(lentement) au sol
**taxi driver** n chauffeur m de taxi
**taxi rank**, (Brit) **taxi stand** n station f de
taxis
**tax payer** [-peɪəʳ] n contribuable m/f
**tax relief** n dégrèvement or allègement
fiscal, réduction f d'impôt
**tax return** n déclaration f d'impôts or de
revenus
**TB** n abbr = **tuberculosis**
**tbc** abbr = **to be confirmed**
**tea** [ti:] n thé m; (Brit: snack: for children)
goûter m; **high ~** (Brit) collation combinant goûter
et dîner
**tea bag** n sachet m de thé
**tea break** n (Brit) pause-thé f
**teach** (pt, pp **taught**) [ti:tʃ, tɔ:t] vt: **to ~ sb
sth, to ~ sth to sb** apprendre qch à qn; (in
school etc) enseigner qch à qn ▷ vi enseigner;
**it taught him a lesson** (fig) ça lui a servi de
leçon
**teacher** ['ti:tʃəʳ] n (in secondary school)
professeur m; (in primary school)
instituteur(-trice); **French ~** professeur de
français
**teaching** ['ti:tʃɪŋ] n enseignement m
**tea cosy** n couvre-théière m
**teacup** ['ti:kʌp] n tasse f à thé
**teak** [ti:k] n teck m ▷ adj en or de teck
**tea leaves** npl feuilles fpl de thé
**team** [ti:m] n équipe f; (of animals) attelage m;
**team up** vi: **to ~ up (with)** faire équipe (avec)
**teamwork** ['ti:mwə:k] n travail m d'équipe
**teapot** ['ti:pɔt] n théière f
**tear¹** ['tɪəʳ] n larme f; **in ~s** en larmes; **to
burst into ~s** fondre en larmes
**tear²** [tɛəʳ] (pt **tore**, pp **torn**) [tɔ:ʳ, tɔ:n] n
déchirure f ▷ vt déchirer ▷ vi se déchirer;
**to ~ to pieces** or **bits** or **to shreds** mettre
en pièces; (fig) démolir; **tear along** vi (rush)
aller à toute vitesse; **tear apart** vt (also fig)
déchirer; **tear away** vt: **to ~ o.s. away (from
sth)** (fig) s'arracher (de qch); **tear down** vt
(building, statue) démolir; (poster, flag) arracher;
**tear off** vt (sheet of paper etc) arracher; (one's
clothes) enlever à toute vitesse; **tear out** vt
(sheet of paper, cheque) arracher; **tear up** vt
(sheet of paper etc) déchirer, mettre en
morceaux or pièces
**tearful** ['tɪəful] adj larmoyant(e)
**tear gas** ['tɪə-] n gaz m lacrymogène
**tearoom** ['ti:ru:m] n salon m de thé
**tease** [ti:z] n taquin(e) ▷ vt taquiner;
(unkindly) tourmenter
**tea set** n service m à thé
**teaspoon** ['ti:spu:n] n petite cuiller; (also:
**~ful**: as measurement) ≈ cuillerée f à café

**teat** [tiːt] n tétine f

**teatime** ['tiːtaɪm] n l'heure f du thé

**tea towel** n (Brit) torchon m (à vaisselle)

**technical** ['tɛknɪkl] adj technique

**technicality** [tɛknɪ'kælɪtɪ] n technicité f; (detail) détail m technique; **on a legal ~** à cause de (or grâce à) l'application à la lettre d'une subtilité juridique; pour vice de forme

**technically** ['tɛknɪklɪ] adv techniquement; (strictly speaking) en théorie, en principe

**technician** [tɛk'nɪʃən] n technicien(ne)

**technique** [tɛk'niːk] n technique f

**techno** ['tɛknəʊ] n (Mus) techno f

**technological** [tɛknə'lɔdʒɪkl] adj technologique

**technology** [tɛk'nɔlədʒɪ] n technologie f

**teddy** ['tɛdɪ], **teddy bear** n ours m (en peluche)

**tedious** ['tiːdɪəs] adj fastidieux(-euse)

**tee** [tiː] n (Golf) tee m

**teem** [tiːm] vi: **to ~ (with)** grouiller (de); **it is ~ing (with rain)** il pleut à torrents

**teen** [tiːn] adj = **teenage** ▷ n (US) = **teenager**

**teenage** ['tiːneɪdʒ] adj (fashions etc) pour jeunes, pour adolescents; (child) qui est adolescent(e)

**teenager** ['tiːneɪdʒəʳ] n adolescent(e)

**teens** [tiːnz] npl: **to be in one's ~** être adolescent(e)

**tee-shirt** ['tiːʃəːt] n = **T-shirt**

**teeter** ['tiːtəʳ] vi chanceler, vaciller

**teeth** [tiːθ] npl of **tooth**

**teethe** [tiːð] vi percer ses dents

**teething troubles** ['tiːðɪŋ-] npl (fig) difficultés initiales

**teetotal** ['tiː'təʊtl] adj (person) qui ne boit jamais d'alcool

**telecommunications** ['tɛlɪkəmjuːnɪ'keɪʃənz] n télécommunications fpl

**teleconferencing** [tɛlɪ'kɔnfərənsɪŋ] n téléconférence(s) f(pl)

**telegram** ['tɛlɪgræm] n télégramme m

**telegraph** ['tɛlɪgrɑːf] n télégraphe m

**telegraph pole** ['tɛlɪgrɑːf-] n poteau m télégraphique

**telephone** ['tɛlɪfəʊn] n téléphone m ▷ vt (person) téléphoner à; (message) téléphoner; **to have a ~** (Brit), **to be on the ~** (subscriber) être abonné(e) au téléphone; **to be on the ~** (be speaking) être au téléphone

**telephone book** n = **telephone directory**

**telephone booth**, (Brit) **telephone box** n cabine f téléphonique

**telephone call** n appel m téléphonique

**telephone directory** n annuaire m (du téléphone)

**telephone number** n numéro m de téléphone

**telephonist** [tə'lɛfənɪst] n (Brit) téléphoniste m/f

**telesales** ['tɛlɪseɪlz] npl télévente f

**telescope** ['tɛlɪskəʊp] n télescope m ▷ vi se télescoper ▷ vt télescoper

**televise** ['tɛlɪvaɪz] vt téléviser

**television** ['tɛlɪvɪʒən] n télévision f; **on ~** à la télévision

**television programme** n émission f de télévision

**television set** n poste m de télévision, téléviseur m

**telex** ['tɛlɛks] n télex m ▷ vt (message) envoyer par télex; (person) envoyer un télex à ▷ vi envoyer un télex

**tell** (pt, pp **told**) [tɛl, təʊld] vt dire; (relate: story) raconter; (distinguish): **to ~ sth from** distinguer qch de ▷ vi (talk): **to ~ of** parler de; (have effect) se faire sentir, se voir; **to ~ sb to do** dire à qn de faire; **to ~ sb about sth** (place, object etc) parler de qch à qn; (what happened etc) raconter qch à qn; **to ~ the time** (know how to) savoir lire l'heure; **can you ~ me the time?** pourriez-vous me dire l'heure?; **(I) ~ you what, ...** écoute, ...; **I can't ~ them apart** je n'arrive pas à les distinguer; **tell off** vt réprimander, gronder; **tell on** vt fus (inform against) dénoncer, rapporter contre

**teller** ['tɛləʳ] n (in bank) caissier(-ière)

**telling** ['tɛlɪŋ] adj (remark, detail) révélateur(-trice)

**telltale** ['tɛlteɪl] n rapporteur(-euse) ▷ adj (sign) éloquent(e), révélateur(-trice)

**telly** ['tɛlɪ] n abbr (Brit inf: = television) télé f

**temp** [tɛmp] n (Brit: = temporary worker) intérimaire m/f ▷ vi travailler comme intérimaire

**temper** ['tɛmpəʳ] n (nature) caractère m; (mood) humeur f; (fit of anger) colère f ▷ vt (moderate) tempérer, adoucir; **to be in a ~** être en colère; **to lose one's ~** se mettre en colère; **to keep one's ~** rester calme

**temperament** ['tɛmprəmənt] n (nature) tempérament m

**temperamental** [tɛmprə'mɛntl] adj capricieux(-euse)

**temperate** ['tɛmprət] adj modéré(e); (climate) tempéré(e)

**temperature** ['tɛmprətʃəʳ] n température f; **to have** or **run a ~** avoir de la fièvre

**temple** ['tɛmpl] n (building) temple m; (Anat) tempe f

**temporary** ['tɛmpərərɪ] adj temporaire, provisoire; (job, worker) temporaire; **~ secretary** (secrétaire f) intérimaire f; **a ~ teacher** un professeur remplaçant or suppléant

**tempt** [tɛmpt] vt tenter; **to ~ sb into doing** induire qn à faire; **to be ~ed to do sth** être tenté(e) de faire qch

**temptation** [tɛmp'teɪʃən] n tentation f

**tempting** ['tɛmptɪŋ] adj tentant(e); (food) appétissant(e)

**ten** [tɛn] num dix ▷ n: **~s of thousands** des dizaines fpl de milliers

**t**

**tenacity** [tə'næsɪtɪ] n ténacité f

**tenancy** ['tenənsɪ] n location f; état m de locataire

**tenant** ['tenənt] n locataire m/f

**tend** [tend] vt s'occuper de; (sick etc) soigner ▷ vi: **to ~ to do** avoir tendance à faire; (colour): **to ~ to** tirer sur

**tendency** ['tendənsɪ] n tendance f

**tender** ['tendə'] adj tendre; (delicate) délicat(e); (sore) sensible; (affectionate) tendre, doux/douce ▷ n (Comm: offer) soumission f; (money): **legal ~** cours légal ▷ vt offrir; **to ~ one's resignation** donner sa démission; **to put in a ~ (for)** faire une soumission (pour); **to put work out to ~** (Brit) mettre un contrat en adjudication

**tendon** ['tendən] n tendon m

**tenement** ['tenəmənt] n immeuble m (de rapport)

**tenner** ['tenə'] n (Brit inf) billet m de dix livres

**tennis** ['tenɪs] n tennis m ▷ cpd (club, match, racket, player) de tennis

**tennis ball** n balle f de tennis

**tennis court** n (court m de) tennis m

**tennis match** n match m de tennis

**tennis player** n joueur(-euse) de tennis

**tennis racket** n raquette f de tennis

**tennis shoes** npl (chaussures fpl de) tennis mpl

**tenor** ['tenə'] n (Mus) ténor m; (of speech etc) sens général

**tenpin bowling** ['tenpɪn-] n (Brit) bowling m (à 10 quilles)

**tense** [tens] adj tendu(e); (person) tendu, crispé(e) ▷ n (Ling) temps m ▷ vt (tighten: muscles) tendre

**tension** ['tenʃən] n tension f

**tent** [tent] n tente f

**tentative** ['tentətɪv] adj timide, hésitant(e); (conclusion) provisoire

**tenterhooks** ['tentəhuks] npl: **on ~** sur des charbons ardents

**tenth** [tenθ] num dixième

**tent peg** n piquet m de tente

**tent pole** n montant m de tente

**tenuous** ['tenjuəs] adj ténu(e)

**tenure** ['tenjuə'] n (of property) bail m; (of job) période f de jouissance; statut m de titulaire

**tepid** ['tepɪd] adj tiède

**term** [tə:m] n (limit) terme m; (word) terme, mot m; (Scol) trimestre m; (Law) session f ▷ vt appeler; **terms** npl (conditions) conditions fpl; (Comm) tarif m; **~ of imprisonment** peine f de prison; **his ~ of office** la période où il était en fonction; **in the short/long ~** à court/ long terme; **"easy ~s"** (Comm) "facilités de paiement"; **to come to ~s with** (problem) faire face à; **to be on good ~s with** bien s'entendre avec, être en bons termes avec

**terminal** ['tə:mɪnl] adj terminal(e); (disease) dans sa phase terminale; (patient) incurable ▷ n (Elec) borne f; (for oil, ore etc, also Comput) terminal m; (also: **air ~**) aérogare f; (Brit: also: **coach ~**) gare routière

**terminally** ['tə:mɪnlɪ] adv: **to be ~ ill** être condamné(e)

**terminate** ['tə:mɪneɪt] vt mettre fin à; (pregnancy) interrompre ▷ vi: **to ~ in** finir en or par

**termini** ['tə:mɪnaɪ] npl of **terminus**

**terminology** [tə:mɪ'nɔlədʒɪ] n terminologie f

**terminus** (pl **termini**) ['tə:mɪnəs, 'tə:mɪnaɪ] n terminus m inv

**terrace** ['terəs] n terrasse f; (Brit: row of houses) rangée f de maisons (attenantes les unes aux autres); **the ~s** (Brit Sport) les gradins mpl

**terraced** ['terəst] adj (garden) en terrasses; (in a row: house) attenant(e) aux maisons voisines

**terracotta** ['terə'kɔtə] n terre cuite

**terrain** [te'reɪn] n terrain m (sol)

**terrestrial** [tɪ'restrɪəl] adj terrestre

**terrible** ['terɪbl] adj terrible, atroce; (weather, work) affreux(-euse), épouvantable

**terribly** ['terɪblɪ] adv terriblement; (very badly) affreusement mal

**terrier** ['terɪə'] n terrier m (chien)

**terrific** [tə'rɪfɪk] adj (very great) fantastique, incroyable, terrible; (wonderful) formidable, sensationnel(le)

**terrified** ['terɪfaɪd] adj terrifié(e); **to be ~ of sth** avoir très peur de qch

**terrify** ['terɪfaɪ] vt terrifier

**terrifying** ['terɪfaɪɪŋ] adj terrifiant(e)

**territorial** [terɪ'tɔ:rɪəl] adj territorial(e)

**territory** ['terɪtərɪ] n territoire m

**terror** ['terə'] n terreur f

**terrorism** ['terərɪzəm] n terrorisme m

**terrorist** ['terərɪst] n terroriste m/f

**terrorist attack** n attentat m terroriste

**test** [test] n (trial, check) essai m; (: of goods in factory) contrôle m; (of courage etc) épreuve f; (Med) examen m; (Chem) analyse f; (exam: of intelligence etc) test m (d'aptitude); (Scol) interrogation f de contrôle; (also: **driving ~**) (examen du) permis m de conduire ▷ vt essayer; contrôler; mettre à l'épreuve; examiner; analyser; tester; faire subir une interrogation à; **to put sth to the ~** mettre qch à l'épreuve

**testament** ['testəmənt] n testament m; **the Old/New T~** l'Ancien/le Nouveau Testament

**testicle** ['testɪkl] n testicule m

**testify** ['testɪfaɪ] vi (Law) témoigner, déposer; **to ~ to sth** (Law) attester qch; (gen) témoigner de qch

**testimony** ['testɪmənɪ] n (Law) témoignage m, déposition f

**test match** n (Cricket, Rugby) match international

**test tube** n éprouvette f

**tetanus** ['tetənəs] n tétanos m

**tether** ['tɛðəʳ] vt attacher ▷ n: **at the end of one's ~** à bout (de patience)

**text** [tɛkst] n texte m; (on mobile phone) SMS m inv, texto® m ▷ vt (inf) envoyer un SMS or texto® à

**textbook** ['tɛkstbuk] n manuel m

**textile** ['tɛkstaɪl] n textile m

**text message** n SMS m inv, texto® m

**text messaging** [-'mɛsɪdʒɪŋ] n messagerie textuelle

**texture** ['tɛkstʃəʳ] n texture f; (of skin, paper etc) grain m

**Thai** [taɪ] adj thaïlandais(e) ▷ n Thaïlandais(e); (Ling) thaï m

**Thailand** ['taɪlænd] n Thaïlande f

**Thames** [tɛmz] n: **the (River) ~** la Tamise

**than** [ðæn, ðən] conj que; (with numerals): **more ~ 10/once** plus de 10/d'une fois; **I have more/less ~ you** j'en ai plus/moins que toi; **she has more apples ~ pears** elle a plus de pommes que de poires; **it is better to phone ~ to write** il vaut mieux téléphoner (plutôt) qu'écrire; **she is older ~ you think** elle est plus âgée que tu ne crois; **no sooner did he leave ~ the phone rang** il venait de partir quand le téléphone a sonné

**thank** [θæŋk] vt remercier, dire merci à; **thanks** npl remerciements mpl ▷ excl merci!; **~ you (very much)** merci (beaucoup); **~ heavens, ~ God** Dieu merci; **~s to** prep grâce à

**thankful** ['θæŋkful] adj: **~ (for)** reconnaissant(e) (de); **~ for/that** (relieved) soulagé(e) de/que

**thankfully** ['θæŋkfəlɪ] adv avec reconnaissance; avec soulagement; (fortunately) heureusement; **~ there were few victims** il y eut fort heureusement peu de victimes

**thankless** ['θæŋklɪs] adj ingrat(e)

**Thanksgiving** ['θæŋksgɪvɪŋ], **Thanksgiving Day** n jour m d'action de grâce; voir article

**THANKSGIVING (DAY)**

Thanksgiving (Day) est un jour de congé aux États-Unis, le quatrième jeudi du mois de novembre, commémorant la bonne récolte que les Pèlerins venus de Grande-Bretagne ont eue en 1621; traditionnellement, c'était un jour où l'on remerciait Dieu et où l'on organisait un grand festin. Une fête semblable, mais qui n'a aucun rapport avec les Pères Pèlerins, a lieu au Canada le deuxième lundi d'octobre.

KEYWORD

**that** [ðæt] adj (demonstrative) (pl **those**) ce, cet +vowel or h mute, cette f; **that man/woman/book** cet homme/cette femme/ce livre; (not this) cet homme-là/cette femme-là/ce livre-là; **that one** celui-là/celle-là

▷ pron **1** (demonstrative) (pl **those**) ce; (not this one) cela, ça; (that one) celui/celle; **who's that?** qui est-ce?; **what's that?** qu'est-ce que c'est?; **is that you?** c'est toi?; **I prefer this to that** je préfère ceci à cela or ça; **that's what he said** c'est or voilà ce qu'il a dit; **will you eat all that?** tu vas manger tout ça?; **that is (to say)** c'est-à-dire, à savoir; **at** or **with that, he ...** là-dessus, il ...; **do it like that** fais-le comme ça

**2** (relative: subject) qui; (: object) que; (: after prep) lequel/laquelle, lesquels/lesquelles pl; **the book that I read** le livre que j'ai lu; **the books that are in the library** les livres qui sont dans la bibliothèque; **all that I have** tout ce que j'ai; **the box that I put it in** la boîte dans laquelle je l'ai mis; **the people that I spoke to** les gens auxquels or à qui j'ai parlé; **not that I know of** pas à ma connaissance

**3** (relative: of time) où; **the day that he came** le jour où il est venu

▷ conj que; **he thought that I was ill** il pensait que j'étais malade

▷ adv (demonstrative): **I don't like it that much** ça ne me plaît pas tant que ça; **I didn't know it was that bad** je ne savais pas que c'était si or aussi mauvais; **that high** aussi haut; si haut; **it's about that high** c'est à peu près de cette hauteur

**thatched** [θætʃt] adj (roof) de chaume; **~ cottage** chaumière f

**thaw** [θɔ:] n dégel m ▷ vi (ice) fondre; (food) dégeler ▷ vt (food) (faire) dégeler; **it's ~ing** (weather) il dégèle

KEYWORD

**the** [ði:, ðə] def art **1** (gen) le, la f, l' +vowel or h mute, les pl (NB: à +le(s) = **au(x)**; de +le = **du**; de + les = **des**); **the boy/girl/ink** le garçon/la fille/l'encre; **the children** les enfants; **the history of the world** l'histoire du monde; **give it to the postman** donne-le au facteur; **to play the piano/flute** jouer du piano/de la flûte

**2** (+ adj to form n) le, la f, l' +vowel or h mute, les pl; **the rich and the poor** les riches et les pauvres; **to attempt the impossible** tenter l'impossible

**3** (in titles): **Elizabeth the First** Elisabeth première; **Peter the Great** Pierre le Grand

**4** (in comparisons): **the more he works, the more he earns** plus il travaille, plus il gagne de l'argent; **the sooner the better** le plus tôt sera le mieux

**theatre**, (US) **theater** ['θɪətəʳ] n théâtre m; (also: **lecture ~**) amphithéâtre m, amphi m (inf); (Med: also: **operating ~**) salle f d'opération

**theatre-goer,** (US) **theater-goer**
['θɪətəgəʊəʳ] n habitué(e) du théâtre
**theatrical** [θɪ'ætrɪkl] adj théâtral(e); ~
**company** troupe f de théâtre
**theft** [θɛft] n vol m (larcin)
**their** [ðɛəʳ] adj leur, leurs pl; see also **my**
**theirs** [ðɛəz] pron le/la leur, les leurs; **it is** ~
c'est à eux; **a friend of** ~ un de leurs amis;
see also **mine**[1]
**them** [ðɛm, ðəm] pron (direct) les; (indirect)
leur; (stressed, after prep) eux/elles; **I see** ~ je les
vois; **give** ~ **the book** donne-leur le livre;
**give me a few of** ~ donnez m'en quelques
uns (or quelques unes); see also **me**
**theme** [θiːm] n thème m
**theme park** n parc m à thème
**theme song** n chanson principale
**themselves** [ðəm'sɛlvz] pl pron (reflexive) se;
(emphatic, after prep) eux-mêmes/elles-mêmes;
**between** ~ entre eux/elles; see also **oneself**
**then** [ðɛn] adv (at that time) alors, à ce
moment-là; (next) puis, ensuite; (and also) et
puis ▷ conj (therefore) alors, dans ce cas ▷ adj:
**the** ~ **president** le président d'alors or de
l'époque; **by** ~ (past) à ce moment-là; (future)
d'ici là; **from** ~ **on** dès lors; **before** ~ avant;
**until** ~ jusque-là à ce moment-là, jusque-là; **and**
~ **what?** et puis après?; **what do you want
me to do** ~? (afterwards) que veux-tu que je
fasse ensuite?; (in that case) bon alors, qu'est-
ce que je fais?
**theology** [θɪ'ɔlədʒɪ] n théologie f
**theoretical** [θɪə'rɛtɪkl] adj théorique
**theory** ['θɪərɪ] n théorie f
**therapist** ['θɛrəpɪst] n thérapeute m/f
**therapy** ['θɛrəpɪ] n thérapie f

 KEYWORD

**there** [ðɛəʳ] adv 1: **there is**, **there are** il y a;
**there are 3 of them** (people, things) il y en a 3;
**there is no-one here/no bread left** il n'y a
personne/il n'y a plus de pain; **there has
been an accident** il y a eu un accident
2 (referring to place) là, là-bas; **it's there** c'est
là(-bas); **in/on/up/down there** là-dedans/
là-dessus/là-haut/en bas; **he went there on
Friday** il y est allé vendredi; **to go there and
back** faire l'aller-retour; **I want that book
there** je veux ce livre-là; **there he is!** le voilà!
3: **there, there** (esp to child) allons, allons!

**thereabouts** ['ðɛərə'baʊts] adv (place) par là,
près de là; (amount) environ, à peu près
**thereafter** [ðɛər'ɑːftəʳ] adv par la suite
**thereby** ['ðɛəbaɪ] adv ainsi
**therefore** ['ðɛəfɔːʳ] adv donc, par conséquent
**there's** ['ðɛəz] = **there is**; **there has**
**thermal** ['θəːml] adj thermique; ~ **paper/
printer** papier m/imprimante f thermique;
~ **underwear** sous-vêtements mpl en
Thermolactyl®

**thermometer** [θə'mɔmɪtəʳ] n
thermomètre m
**Thermos®** ['θəːməs] n (also: ~ **flask**)
thermos® m or f inv
**thermostat** ['θəːməʊstæt] n thermostat m
**thesaurus** [θɪ'sɔːrəs] n dictionnaire m
synonymique
**these** [ðiːz] pl pron ceux-ci/celles-ci ▷ pl adj
ces; (not those): ~ **books** ces livres-ci
**thesis** (pl **theses**) ['θiːsɪs, 'θiːsiːz] n thèse f
**they** [ðeɪ] pl pron ils/elles; (stressed) eux/elles;
~ **say that** ... (it is said that) on dit que ...
**they'd** [ðeɪd] = **they had**; **they would**
**they'll** [ðeɪl] = **they shall**; **they will**
**they're** [ðɛəʳ] = **they are**
**they've** [ðeɪv] = **they have**
**thick** [θɪk] adj épais(se); (crowd) dense; (stupid)
bête, borné(e) ▷ n: **in the** ~ **of** au beau milieu
de, en plein cœur de; **it's 20 cm** ~ ça a 20 cm
d'épaisseur
**thicken** ['θɪkn] vi s'épaissir ▷ vt (sauce etc)
épaissir
**thickness** ['θɪknɪs] n épaisseur f
**thickset** [θɪk'sɛt] adj trapu(e), costaud(e)
**thief** (pl **thieves**) [θiːf, θiːvz] n voleur(-euse)
**thigh** [θaɪ] n cuisse f
**thimble** ['θɪmbl] n dé m (à coudre)
**thin** [θɪn] adj mince; (skinny) maigre; (soup)
peu épais(se); (hair, crowd) clairsemé(e); (fog)
léger(-ère) ▷ vt (hair) éclaircir; (also: ~ **down**:
sauce, paint) délayer ▷ vi (fog) s'éclaircir; (also:
~ **out**: crowd) se disperser; **his hair is** ~**ning** il
se dégarnit
**thing** [θɪŋ] n chose f; (object) objet m;
(contraption) truc m; **things** npl (belongings)
affaires fpl; **first** ~ **(in the morning)** à la
première heure, tout de suite (le matin); **last**
~ **(at night), he** ... juste avant de se coucher,
il ...; **the** ~ **is** ... c'est que ...; **for one** ~ d'abord;
**the best** ~ **would be to** le mieux serait de;
**how are** ~**s?** comment ça va?; **to have a** ~
**about** (be obsessed by) être obsédé(e) par; (hate)
détester; **poor** ~! le (or la) pauvre!
**think** (pt, pp **thought**) [θɪŋk, θɔːt] vi penser,
réfléchir ▷ vt penser, croire; (imagine)
s'imaginer; **to** ~ **of** penser à; **what do you** ~
**of it?** qu'en pensez-vous?; **what did you** ~ **of
them?** qu'avez-vous pensé d'eux?; **to** ~
**about sth/sb** penser à qch/qn; **I'll** ~ **about it**
je vais y réfléchir; **to** ~ **of doing** avoir l'idée
de faire; **I** ~ **so/not** je crois or pense que oui/
non; **to** ~ **well of** avoir une haute opinion de;
~ **again!** attention, réfléchis bien!; **to** ~ **aloud**
penser tout haut; **think out** vt (plan) bien
réfléchir à; (solution) trouver; **think over** vt
bien réfléchir à; **I'd like to** ~ **things over**
(offer, suggestion) j'aimerais bien y réfléchir un
peu; **think through** vt étudier dans tous les
détails; **think up** vt inventer, trouver
**think tank** n groupe m de réflexion
**thinly** ['θɪnlɪ] adv (cut) en tranches fines;
(spread) en couche mince

**third** [θəːd] num troisième ▷ n troisième m/f; (fraction) tiers m; (Aut) troisième (vitesse) f; (Brit Scol: degree) ≈ licence f avec mention passable; **a ~ of** le tiers de

**thirdly** ['θəːdlɪ] adv troisièmement

**third party insurance** n (Brit) assurance f au tiers

**third-rate** ['θəːd'reɪt] adj de qualité médiocre

**Third World** n: **the ~** le Tiers-Monde

**thirst** [θəːst] n soif f

**thirsty** ['θəːstɪ] adj qui a soif, assoiffé(e); (work) qui donne soif; **to be ~** avoir soif

**thirteen** [θəː'tiːn] num treize

**thirteenth** [θəː'tiːnθ] num treizième

**thirtieth** ['θəːtɪɪθ] num trentième

**thirty** ['θəːtɪ] num trente

 KEYWORD

**this** [ðɪs] adj (demonstrative) (pl **these**) ce, cet + vowel or h mute, cette f; **this man/woman/book** cet homme/cette femme/ce livre; (not that) cet homme-ci/cette femme-ci/ce livre-ci; **this one** celui-ci/celle-ci; **this time** cette fois-ci; **this time last year** l'année dernière à la même époque; **this way** (in this direction) par ici; (in this fashion) de cette façon, ainsi ▷ pron (demonstrative) (pl **these**) ce; (not that one) celui-ci/celle-ci, ceci; **who's this?** qui est-ce?; **what's this?** qu'est-ce que c'est?; **I prefer this to that** je préfère ceci à cela; **they were talking of this and that** ils parlaient de choses et d'autres; **this is where I live** c'est ici que j'habite; **this is what he said** voici ce qu'il a dit; **this is Mr Brown** (in introductions) je vous présente Mr Brown; (in photo) c'est Mr Brown; (on telephone) ici Mr Brown
▷ adv (demonstrative): **it was about this big** c'était à peu près de cette grandeur or grand comme ça; **I didn't know it was this bad** je ne savais pas que c'était si or aussi mauvais

**thistle** ['θɪsl] n chardon m

**thorn** [θɔːn] n épine f

**thorough** ['θʌrə] adj (search) minutieux(-euse); (knowledge, research) approfondi(e); (work, person) consciencieux(-euse); (cleaning) à fond

**thoroughbred** ['θʌrəbred] n (horse) pur-sang m inv

**thoroughfare** ['θʌrəfɛə<sup>r</sup>] n rue f; **"no ~"** (Brit) "passage interdit"

**thoroughly** ['θʌrəlɪ] adv (search) minutieusement; (study) en profondeur; (clean) à fond; (very) tout à fait; **he ~ agreed** il était tout à fait d'accord

**those** [ðəuz] pl pron ceux-là/celles-là ▷ pl adj ces; (not these): **~ books** ces livres-là

**though** [ðəu] conj bien que + sub, quoique + sub ▷ adv pourtant; **even ~** quand bien même + conditional; **it's not easy, ~** pourtant, ce n'est pas facile

**thought** [θɔːt] pt, pp of **think** ▷ n pensée f; (idea) idée f; (opinion) avis m; (intention) intention f; **after much ~** après mûre réflexion; **I've just had a ~** je viens de penser à quelque chose; **to give sth some ~** réfléchir à qch

**thoughtful** ['θɔːtful] adj (deep in thought) pensif(-ive); (serious) réfléchi(e); (considerate) prévenant(e)

**thoughtless** ['θɔːtlɪs] adj qui manque de considération

**thousand** ['θauzənd] num mille; **one ~** mille; **two ~** deux mille; **~s of** des milliers de

**thousandth** ['θauzəntθ] num millième

**thrash** [θræʃ] vt rouer de coups; (as punishment) donner une correction à; (inf: defeat) battre à plate(s) couture(s); **thrash about** vi se débattre; **thrash out** vt débattre de

**thread** [θred] n fil m; (of screw) pas m, filetage m ▷ vt (needle) enfiler; **to ~ one's way between** se faufiler entre

**threadbare** ['θredbɛə<sup>r</sup>] adj râpé(e), élimé(e)

**threat** [θret] n menace f; **to be under ~ of** être menacé(e) de

**threaten** ['θretn] vi (storm) menacer ▷ vt: **to ~ sb with sth/to do** menacer qn de qch/de faire

**threatening** ['θretnɪŋ] adj menaçant(e)

**three** [θriː] num trois

**three-dimensional** [θriːdɪ'menʃənl] adj à trois dimensions; (film) en relief

**three-piece suit** ['θriːpiːs-] n complet m (avec gilet)

**three-piece suite** n salon m (canapé et deux fauteuils)

**three-ply** [θriː'plaɪ] adj (wood) à trois épaisseurs; (wool) trois fils inv

**three-quarters** [θriː'kwɔːtəz] npl trois-quarts mpl; **~ full** aux trois-quarts plein

**threshold** ['θreʃhəuld] n seuil m; **to be on the ~ of** (fig) être au seuil de

**threw** [θruː] pt of **throw**

**thrifty** ['θrɪftɪ] adj économe

**thrill** [θrɪl] n (excitement) émotion f, sensation forte; (shudder) frisson m ▷ vi tressaillir, frissonner ▷ vt (audience) électriser

**thrilled** [θrɪld] adj: **~ (with)** ravi(e) de

**thriller** ['θrɪlə<sup>r</sup>] n film m (or roman m or pièce f) à suspense

**thrilling** ['θrɪlɪŋ] adj (book, play etc) saisissant(e); (news, discovery) excitant(e)

**thrive** (pt **thrived** or **throve**, pp **thrived** or **thriven**) [θraɪv, θrəuv, 'θrɪvn] vi pousser or se développer bien; (business) prospérer; **he ~s on it** cela lui réussit

**thriving** ['θraɪvɪŋ] adj vigoureux(-euse); (business, community) prospère

**throat** [θrəut] n gorge f; **to have a sore ~** avoir mal à la gorge

**throb** [θrɔb] n (of heart) pulsation f; (of engine) vibration f; (of pain) élancement m ▷ vi (heart) palpiter; (engine) vibrer; (pain) lancinier; (wound) causer des élancements; **my head is ~bing** j'ai des élancements dans la tête

**throes** [θrəuz] *npl*: **in the ~ of** au beau milieu de; en proie à; **in the ~ of death** à l'agonie

**throne** [θrəun] *n* trône *m*

**throng** ['θrɒŋ] *n* foule *f* ▷ *vt* se presser dans

**throttle** ['θrɒtl] *n* (Aut) accélérateur *m* ▷ *vt* étrangler

**through** [θruː] *prep* à travers; (time) pendant, durant; (by means of) par, par l'intermédiaire de; (owing to) à cause de ▷ *adj* (ticket, train, passage) direct(e) ▷ *adv* à travers; **(from) Monday ~ Friday** (US) de lundi à vendredi; **to let sb ~** laisser passer qn; **to put sb ~ to sb** (Tel) passer qn à qn; **to be ~** (Brit: : Tel) avoir la communication; (esp US: have finished) avoir fini; **"no ~ traffic"** (US) "passage interdit"; **"no ~ road"** (Brit) "impasse"

**throughout** [θruː'aut] *prep* (place) partout dans; (time) durant tout(e) le/la ▷ *adv* partout

**throw** [θrəu] *n* jet *m*; (Sport) lancer *m* ▷ *vt* (pt **threw**, pp **thrown**) [θruː, θrəun] lancer, jeter; (Sport) lancer; (rider) désarçonner; (fig) déconcerter; (pottery) tourner; **to ~ a party** donner une réception; **throw about**; **throw around** *vt* (litter etc) éparpiller; **throw away** *vt* jeter; (money) gaspiller; **throw in** *vt* (Sport: ball) remettre en jeu; (include) ajouter; **throw off** *vt* se débarrasser de; **throw out** *vt* jeter; (reject) rejeter; (person) mettre à la porte; **throw together** *vt* (clothes, meal etc) assembler à la hâte; (essay) bâcler; **throw up** *vi* vomir

**throwaway** ['θrəuəwei] *adj* à jeter

**throw-in** ['θrəuin] *n* (Sport) remise *f* en jeu

**thrown** [θrəun] *pp of* **throw**

**thru** [θruː] (US) *prep* = **through**

**thrush** [θrʌʃ] *n* (Zool) grive *f*; (Med: esp in children) muguet *m*; (: in women: Brit) muguet vaginal

**thrust** [θrʌst] *n* (Tech) poussée *f* ▷ *vt* (pt, pp **thrust**) pousser brusquement; (push in) enfoncer

**thud** [θʌd] *n* bruit sourd

**thug** [θʌg] *n* voyou *m*

**thumb** [θʌm] *n* (Anat) pouce *m* ▷ *vt* (book) feuilleter; **to ~ a lift** faire de l'auto-stop, arrêter une voiture; **to give sb/sth the ~s up/~s down** donner/refuser de donner le feu vert à qn/qch; **thumb through** *vt* (book) feuilleter

**thumbtack** ['θʌmtæk] *n* (US) punaise *f* (clou)

**thump** [θʌmp] *n* grand coup, (sound) bruit sourd ▷ *vt* cogner sur ▷ *vi* cogner, frapper

**thunder** ['θʌndəʳ] *n* tonnerre *m* ▷ *vi* tonner; (train etc): **to ~ past** passer dans un grondement or un bruit de tonnerre

**thunderbolt** ['θʌndəbəult] *n* foudre *f*

**thunderclap** ['θʌndəklæp] *n* coup *m* de tonnerre

**thunderstorm** ['θʌndəstɔːm] *n* orage *m*

**thundery** ['θʌndəri] *adj* orageux(-euse)

**Thursday** ['θəːzdi] *n* jeudi *m*; *see also* **Tuesday**

**thus** [ðʌs] *adv* ainsi

**thwart** [θwɔːt] *vt* contrecarrer

**thyme** [taim] *n* thym *m*

**tiara** [tɪ'ɑːrə] *n* (woman's) diadème *m*

**Tibet** [tɪ'bɛt] *n* Tibet *m*

**tick** [tik] *n* (sound: of clock) tic-tac *m*; (mark) coche *f*; (Zool) tique *f*; (Brit inf): **in a ~** dans un instant; (Brit inf: credit): **to buy sth on ~** acheter qch à crédit ▷ *vi* faire tic-tac ▷ *vt* (item on list) cocher; **to put a ~ against sth** cocher qch; **tick off** *vt* (item on list) cocher; (person) réprimander, attraper; **tick over** *vi* (Brit: engine) tourner au ralenti; (: fig) aller or marcher doucettement

**ticket** ['tikit] *n* billet *m*; (for bus, tube) ticket *m*; (in shop: on goods) étiquette *f*; (: from cash register) reçu *m*, ticket; (for library) carte *f*; (also: **parking ~**) contravention *f*, p.-v. *m*; (US Pol) liste électorale (soutenue par un parti); **to get a (parking) ~** (Aut) attraper une contravention (pour stationnement illégal)

**ticket barrier** *n* (Brit: Rail) portillon *m* automatique

**ticket collector** *n* contrôleur(-euse)

**ticket inspector** *n* contrôleur(-euse)

**ticket machine** *n* billetterie *f* automatique

**ticket office** *n* guichet *m*, bureau *m* de vente des billets

**tickle** ['tikl] *n* chatouillement *m* ▷ *vi* chatouiller ▷ *vt* chatouiller; (fig) plaire à; faire rire

**ticklish** ['tikliʃ] *adj* (person) chatouilleux(-euse); (which tickles: blanket) qui chatouille; (: cough) qui irrite; (problem) épineux(-euse)

**tidal** ['taidl] *adj* à marée

**tidal wave** *n* raz-de-marée *m inv*

**tidbit** ['tidbit] *n* (esp US) = **titbit**

**tiddlywinks** ['tidliwiŋks] *n* jeu *m* de puce

**tide** [taid] *n* marée *f*; (fig: of events) cours *m* ▷ *vt*: **to ~ sb over** dépanner qn; **high/low ~** marée haute/basse

**tidy** ['taidi] *adj* (room) bien rangé(e); (dress, work) net/nette, soigné(e); (person) ordonné(e), qui a de l'ordre; (: in character) soigneux(-euse); (mind) méthodique ▷ *vt* (also: **~ up**) ranger; **to ~ o.s. up** s'arranger

**tie** [tai] *n* (string etc) cordon *m*; (Brit: also: **neck~**) cravate *f*; (fig: link) lien *m*; (Sport: draw) égalité *f* de points; match nul; (: match) rencontre *f*; (US Rail) traverse *f* ▷ *vt* (parcel) attacher; (ribbon) nouer ▷ *vi* (Sport) faire match nul; finir à égalité de points; **"black/white ~"** "smoking/habit de rigueur"; **family ~s** liens de famille; **to ~ sth in a bow** faire un nœud à or avec qch; **to ~ a knot in sth** faire un nœud à qch; **tie down** *vt* attacher; (fig): **to ~ sb down to** contraindre qn à accepter; **to feel ~d down** (by relationship) se sentir coincé(e); **tie in** vi: **to ~ in (with)** (*correspond*) correspondre (à); **tie on** vt (*Brit: label etc*) attacher (avec une ficelle); **tie up** vt (*parcel*) ficeler; (*dog, boat*) attacher; (*prisoner*) ligoter; (*arrangements*) conclure; **to be ~d up** (*busy*) être pris(e) or occupé(e)

**tier** [tɪəʳ] n gradin m; (*of cake*) étage m

**tiger** ['taɪgəʳ] n tigre m

**tight** [taɪt] adj (*rope*) tendu(e), raide; (*clothes*) étroit(e), très juste; (*budget, programme, bend*) serré(e); (*control*) strict(e), sévère; (*inf: drunk*) ivre, rond(e) ▷ adv (*squeeze*) très fort; (*shut*) à bloc, hermétiquement; **to be packed ~** (*suitcase*) être bourré(e); (*people*) être serré(e); **hold ~!** accrochez-vous bien!

**tighten** ['taɪtn] vt (*rope*) tendre; (*screw*) resserrer; (*control*) renforcer ▷ vi se tendre; se resserrer

**tightfisted** [taɪt'fɪstɪd] adj avare

**tightly** ['taɪtlɪ] adv (*grasp*) bien, très fort

**tightrope** ['taɪtrəup] n corde f raide

**tights** [taɪts] npl (*Brit*) collant m

**tile** [taɪl] n (*on roof*) tuile f; (*on wall or floor*) carreau m ▷ vt (*floor, bathroom etc*) carreler

**tiled** [taɪld] adj en tuiles; carrelé(e)

**till** [tɪl] n caisse (enregistreuse) ▷ vt (*land*) cultiver ▷ prep, conj = **until**

**tiller** ['tɪləʳ] n (*Naut*) barre f (du gouvernail)

**tilt** [tɪlt] vt pencher, incliner ▷ vi pencher, être incliné(e) ▷ n (*slope*) inclinaison f; **to wear one's hat at a ~** porter son chapeau incliné sur le côté; (**at**) **full ~** à toute vitesse

**timber** ['tɪmbəʳ] n (*material*) bois m de construction; (*trees*) arbres mpl

**time** [taɪm] n temps m; (*epoch: often pl*) époque f, temps; (*by clock*) heure f; (*moment*) moment m; (*occasion, also Math*) fois f; (*Mus*) mesure f ▷ vt (*race*) chronométrer; (*programme*) minuter; (*visit*) fixer; (*remark etc*) choisir le moment de; **a long ~** un long moment, longtemps; **four at a ~** quatre à la fois; **for the ~ being** pour le moment; **from ~ to ~** de temps en temps; **~ after ~, ~ and again** bien des fois; **at ~s** parfois; **in ~** (*soon enough*) à temps; (*after some time*) avec le temps, à la longue; (*Mus*) en mesure; **in a week's ~** dans une semaine; **in no ~** en un rien de temps; **any ~** n'importe quand; **on ~** à l'heure; **to be 30 minutes behind/ahead of ~** avoir 30 minutes de retard/d'avance; **by the ~ he arrived** quand il est arrivé, le temps qu'il arrive + *sub*; **5 ~s 5** 5 fois 5; **what ~ is it?** quelle heure est-il?; **what ~ do you make it?** quelle heure avez-vous?; **what ~ is the museum/shop open?** à quelle heure ouvre le musée/magasin?; **to have a good ~** bien s'amuser; **we (or they etc) had a hard ~** ça a été difficile or pénible; **~'s up!** c'est l'heure!; **I've no ~ for it** (*fig*) cela m'agace; **he'll do it in his own (good) ~** (*without being hurried*) il le fera quand il en aura le temps; **he'll do it in** or (*US*) **on his own ~** (*out of working hours*) il le

fera à ses heures perdues; **to be behind the ~s** retarder (sur son temps)

**time bomb** n bombe f à retardement

**time lag** n (*Brit*) décalage m; (*: in travel*) décalage horaire

**timeless** ['taɪmlɪs] adj éternel(le)

**time limit** n limite f de temps, délai m

**timely** ['taɪmlɪ] adj opportun(e)

**time off** n temps m libre

**timer** ['taɪməʳ] n (*in kitchen*) compte-minutes m inv; (*Tech*) minuteur m

**timescale** ['taɪmskeɪl] n délais mpl

**time-share** ['taɪmʃɛəʳ] n maison f/ appartement m en multipropriété

**time switch** n (*Brit*) minuteur m; (*: for lighting*) minuterie f

**timetable** ['taɪmteɪbl] n (*Rail*) (indicateur m) horaire m; (*Scol*) emploi m du temps; (*programme of events etc*) programme m

**time zone** n fuseau m horaire

**timid** ['tɪmɪd] adj timide; (*easily scared*) peureux(-euse)

**timing** ['taɪmɪŋ] n minutage m; (*Sport*) chronométrage m; **the ~ of his resignation** le moment choisi pour sa démission

**timpani** ['tɪmpənɪ] npl timbales fpl

**tin** [tɪn] n étain m; (*also: ~ plate*) fer-blanc m; (*Brit: can*) boîte f (de conserve); (*: for baking*) moule m (à gâteau); (*for storage*) boîte f; **a ~ of paint** un pot de peinture

**tinfoil** [tɪnfɔɪl] n papier m d'étain or d'aluminium

**tinge** [tɪndʒ] n nuance f ▷ vt: **~d with** teinté(e) de

**tingle** ['tɪŋgl] n picotement m; frisson m ▷ vi picoter; (*person*) avoir des picotements

**tinker** ['tɪŋkəʳ] n rétameur ambulant; (*gipsy*) romanichel m; **tinker with** vt fus bricoler, rafistoler

**tinkle** ['tɪŋkl] vi tinter ▷ n (*inf*): **to give sb a ~** passer un coup de fil à qn

**tinned** [tɪnd] adj (*Brit: food*) en boîte, en conserve

**tin opener** [-'əupnəʳ] n (*Brit*) ouvre-boîte(s) m

**tinsel** ['tɪnsl] n guirlandes fpl de Noël (argentées)

**tint** [tɪnt] n teinte f; (*for hair*) shampooing colorant ▷ vt (*hair*) faire un shampooing colorant à

**tinted** ['tɪntɪd] adj (*hair*) teint(e); (*spectacles, glass*) teinté(e)

**tiny** ['taɪnɪ] adj minuscule

**tip** [tɪp] n (*end*) bout m; (*protective: on umbrella etc*) embout m; (*gratuity*) pourboire m; (*Brit: for coal*) terril m; (*Brit: for rubbish*) décharge f; (*advice*) tuyau m ▷ vt (*waiter*) donner un pourboire à; (*tilt*) incliner; (*overturn: also: ~ over*) renverser; (*empty: also: ~ out*) déverser; (*predict: winner etc*) pronostiquer; **he ~ped out the contents of the box** il a vidé le contenu de la boîte; **how much**

t

**should I ~?** combien de pourboire est-ce qu'il faut laisser?; **tip off** vt prévenir, avertir

**tip-off** ['tɪpɔf] n (hint) tuyau m

**tipped** ['tɪpt] adj (Brit: cigarette) (à bout) filtre inv; **steel-~** à bout métallique, à embout de métal

**tipsy** ['tɪpsɪ] adj un peu ivre, éméché(e)

**tiptoe** ['tɪptəu] n: **on ~** sur la pointe des pieds

**tiptop** ['tɪptɔp] adj: **in ~ condition** en excellent état

**tire** ['taɪəʳ] n (US) = **tyre** ▷ vt fatiguer ▷ vi se fatiguer; **tire out** vt épuiser

**tired** ['taɪəd] adj fatigué(e); **to be/feel/look ~** être/se sentir/avoir l'air fatigué; **to be ~ of** en avoir assez de, être las/lasse de

**tireless** ['taɪəlɪs] adj infatigable, inlassable

**tire pressure** (US) = **tyre pressure**

**tiresome** ['taɪəsəm] adj ennuyeux(-euse)

**tiring** ['taɪərɪŋ] adj fatigant(e)

**tissue** ['tɪʃuː] n tissu m; (paper handkerchief) mouchoir m en papier, kleenex® m

**tissue paper** n papier m de soie

**tit** [tɪt] n (bird) mésange f; (inf: breast) nichon m; **to give ~ for tat** rendre coup pour coup

**titbit** ['tɪtbɪt] n (food) friandise f; (before meal) amuse-gueule m inv; (news) potin m

**title** ['taɪtl] n titre m; (Law: right): **~ (to)** droit m (à)

**title deed** n (Law) titre (constitutif) de propriété

**title role** n rôle principal

**T-junction** ['tiː'dʒʌŋkʃən] n croisement m en T

**TM** n abbr = **trademark; transcendental meditation**

 KEYWORD

**to** [tuː, tə] prep (with noun/pronoun) 1 (direction) à; (towards) vers; envers; **to go to France/Portugal/London/school** aller en France/au Portugal/à Londres/à l'école; **to go to Claude's/the doctor's** aller chez Claude/le docteur; **the road to Edinburgh** la route d'Édimbourg

2 (as far as) (jusqu')à; **to count to 10** compter jusqu'à 10; **from 40 to 50 people** de 40 à 50 personnes

3 (with expressions of time): **a quarter to 5** 5 heures moins le quart; **it's twenty to 3** il est 3 heures moins vingt

4 (for, of) de; **the key to the front door** la clé de la porte d'entrée; **a letter to his wife** une lettre (adressée) à sa femme

5 (expressing indirect object) à; **to give sth to sb** donner qch à qn; **to talk to sb** parler à qn; **it belongs to him** cela lui appartient, c'est à lui; **to be a danger to sb** être dangereux(-euse) pour qn

6 (in relation to) à; **3 goals to 2** 3 (buts) à 2; **30 miles to the gallon** ≈ 9,4 litres aux cent (km)

7 (purpose, result): **to come to sb's aid** venir au secours de qn, porter secours à qn; **to sentence sb to death** condamner qn à mort; **to my surprise** à ma grande surprise

▷ prep (with vb) 1 (simple infinitive): **to go/eat** aller/manger

2 (following another vb): **to want/try/start to do** vouloir/essayer de/commencer à faire

3 (with vb omitted): **I don't want to** je ne veux pas

4 (purpose, result) pour; **I did it to help you** je l'ai fait pour vous aider

5 (equivalent to relative clause): **I have things to do** j'ai des choses à faire; **the main thing is to try** l'important est d'essayer

6 (after adjective etc): **ready to go** prêt(e) à partir; **too old/young to ...** trop vieux/jeune pour ...

▷ adv: **push/pull the door to** tirez/poussez la porte; **to go to and fro** aller et venir

**toad** [təud] n crapaud m

**toadstool** ['təudstuːl] n champignon (vénéneux)

**toast** [təust] n (Culin) pain grillé, toast m; (drink, speech) toast m ▷ vt (Culin) faire griller; (drink to) porter un toast à; **a piece or slice of ~** un toast

**toaster** ['təustəʳ] n grille-pain m inv

**tobacco** [tə'bækəu] n tabac m; **pipe ~** tabac à pipe

**tobacconist** [tə'bækənɪst] n marchand(e) de tabac; **~'s (shop)** (bureau m de) tabac m

**toboggan** [tə'bɔgən] n toboggan m; (child's) luge f

**today** [tə'deɪ] adv, n (also fig) aujourd'hui (m); **what day is it ~?** quel jour sommes-nous aujourd'hui?; **what date is it ~?** quelle est la date aujourd'hui?; **~ is the 4th of March** aujourd'hui nous sommes le 4 mars; **a week ago** ~ il y a huit jours aujourd'hui

**toddler** ['tɔdləʳ] n enfant m/f qui commence à marcher, bambin m

**toe** [təu] n doigt m de pied, orteil m; (of shoe) bout m ▷ vt: **to ~ the line** (fig) obéir, se conformer; **big ~** gros orteil; **little ~** petit orteil

**toenail** ['təuneɪl] n ongle m de l'orteil

**toffee** ['tɔfɪ] n caramel m

**toffee apple** n (Brit) pomme caramélisée

**together** [tə'gɛðəʳ] adv ensemble; (at same time) en même temps; **~ with** prep avec

**toil** [tɔɪl] n dur travail, labeur m ▷ vi travailler dur; peiner

**toilet** ['tɔɪlət] n (Brit: lavatory) toilettes fpl, cabinets mpl ▷ cpd (bag, soap etc) de toilette; **to go to the ~** aller aux toilettes; **where's the ~?** où sont les toilettes?

**toilet bag** n (Brit) nécessaire m de toilette

**toilet paper** n papier m hygiénique

**toiletries** ['tɔɪlətrɪz] npl articles mpl de toilette

**toilet roll** n rouleau m de papier hygiénique

**token** ['təukən] n (sign) marque f, témoignage m; (metal disc) jeton m; (voucher) bon m, coupon m ▷ adj (fee, strike) symbolique; **by the same ~** (fig) de même; **book/record ~** (Brit) chèque-livre/-disque m

**Tokyo** ['təukjəu] n Tokyo

**told** [təuld] pt, pp of **tell**

**tolerable** ['tɔlərəbl] adj (bearable) tolérable; (fairly good) passable

**tolerant** ['tɔlərnt] adj: **~ (of)** tolérant(e) (à l'égard de)

**tolerate** ['tɔləreɪt] vt supporter; (Med.: Tech) tolérer

**toll** [təul] n (tax, charge) péage m ▷ vi (bell) sonner; **the accident ~ on the roads** le nombre des victimes de la route

**toll call** n (US Tel) appel m (à) longue distance

**toll-free** ['təul'fri:] adj (US) gratuit(e) ▷ adv gratuitement

**tomato** [tə'mɑːtəu] (pl **tomatoes**) n tomate f

**tomato sauce** n sauce f tomate

**tomb** [tuːm] n tombe f

**tomboy** ['tɔmbɔɪ] n garçon manqué

**tombstone** ['tuːmstəun] n pierre tombale

**tomcat** ['tɔmkæt] n matou m

**tomorrow** [tə'mɔrəu] adv, n (also fig) demain (m); **the day after ~** après-demain; **a week ~** demain en huit; **~ morning** demain matin

**ton** [tʌn] n tonne f (Brit: = 1016 kg; US = 907 kg; metric = 1000 kg); (Naut: also: **register ~**) tonneau m (= 2.83 cu.m); **~s** of (inf) des tas de

**tone** [təun] n ton m; (of radio, Brit Tel) tonalité f ▷ vi (also: **~ in**) s'harmoniser; **tone down** vt (colour, criticism) adoucir; (sound) baisser; **tone up** vt (muscles) tonifier

**tone-deaf** [təun'def] adj qui n'a pas d'oreille

**tongs** [tɔŋz] npl pinces fpl; (for coal) pincettes fpl; (for hair) fer m à friser

**tongue** [tʌŋ] n langue f; **~ in cheek** adv ironiquement

**tongue-tied** ['tʌŋtaɪd] adj (fig) muet(te)

**tonic** ['tɔnɪk] n (Med) tonique m; (Mus) tonique f; (also: **~ water**) Schweppes® m

**tonight** [tə'naɪt] adv, n ce soir; (this evening) ce soir; (I'll) see you ~! à ce soir!

**tonne** [tʌn] n (Brit: metric ton) tonne f

**tonsil** ['tɔnsl] n amygdale f; **to have one's ~s out** se faire opérer des amygdales

**tonsillitis** [tɔnsɪ'laɪtɪs] n amygdalite f; **to have ~** avoir une angine or une amygdalite

**too** [tuː] adv (excessively) trop; (also) aussi; **it's ~ sweet** c'est trop sucré; **I went ~** moi aussi, j'y suis allé; **~ much** (as adv) trop; (as adj) trop de; **~ many** (as adj) trop de; **~ bad!** tant pis!

**took** [tuk] pt of **take**

**tool** [tuːl] n outil m; (fig) instrument m ▷ vt travailler, ouvrager

**tool box** n boîte f à outils

**tool kit** n trousse f à outils

**toot** [tuːt] n coup m de sifflet (or de klaxon) ▷ vi siffler; (with car-horn) klaxonner

**tooth** (pl **teeth**) [tuːθ, tiːθ] n (Anat, Tech) dent f; **to have a ~ out** or (US) **pulled** se faire arracher une dent; **to brush one's teeth** se laver les dents; **by the skin of one's teeth** (fig) de justesse

**toothache** ['tuːθeɪk] n mal m de dents; **to have ~** avoir mal aux dents

**toothbrush** ['tuːθbrʌʃ] n brosse f à dents

**toothpaste** ['tuːθpeɪst] n (pâte f) dentifrice m

**toothpick** ['tuːθpɪk] n cure-dent m

**top** [tɔp] n (of mountain, head) sommet m; (of page, ladder) haut m; (of list, queue) commencement m; (of box, cupboard, table) dessus m; (lid: of box, jar) couvercle m; (: of bottle) bouchon m; (toy) toupie f; (Dress: blouse etc) haut; (: of pyjamas) veste f ▷ adj du haut; (in rank) premier(-ière); (best) meilleur(e) ▷ vt (exceed) dépasser; (be first in) être en tête de; **the ~ of the milk** (Brit) la crème du lait; **at the ~ of the stairs/page/street** en haut de l'escalier/de la page/de la rue; **from ~ to bottom** de fond en comble; **on ~ of** sur; (in addition to) en plus de; **from ~ to toe** (Brit) de la tête aux pieds; **at the ~ of the list** en tête de liste; **at the ~ of one's voice** à tue-tête; **at ~ speed** à toute vitesse; **over the ~** (inf: behaviour etc) qui dépasse les limites; **top up**, (US) **top off** vt (bottle) remplir; (salary) compléter; **to ~ up one's mobile (phone)** recharger son compte

**top floor** n dernier étage

**top hat** n haut-de-forme m

**top-heavy** [tɔp'hevɪ] adj (object) trop lourd(e) du haut

**topic** ['tɔpɪk] n sujet m, thème m

**topical** ['tɔpɪkl] adj d'actualité

**topless** ['tɔplɪs] adj (bather etc) aux seins nus; **~ swimsuit** monokini m

**top-level** ['tɔplevl] adj (talks) à l'échelon le plus élevé

**topmost** ['tɔpməust] adj le/la plus haut(e)

**topping** ['tɔpɪŋ] n (Culin) couche de crème, fromage etc qui recouvre un plat

**topple** ['tɔpl] vt renverser, faire tomber ▷ vi basculer; tomber

**top-secret** ['tɔp'siːkrɪt] adj ultra-secret(-ète)

**topsy-turvy** ['tɔpsɪ'tɜːvɪ] adj, adv sens dessus-dessous

**top-up** ['tɔpʌp] n (for mobile phone) recharge f, minutes fpl; **would you like a ~?** je vous en remets or rajoute?

**top-up card** n (for mobile phone) recharge f

**torch** [tɔːtʃ] n torche f; (Brit: electric) lampe f de poche

**tore** [tɔːʳ] pt of **tear²**

**torment** n ['tɔːment] tourment m ▷ vt [tɔː'ment] tourmenter; (fig: annoy) agacer

**torn** [tɔːn] pp of **tear²** ▷ adj: **~ between** (fig) tiraillé(e) entre

**tornado** [tɔː'neɪdəu] (pl **tornadoes**) n tornade f

**torpedo** [tɔːˈpiːdəu] (pl **torpedoes**) n torpille f

**torrent** [ˈtɔrnt] n torrent m

**torrential** [tɔˈrenʃl] adj torrentiel(le)

**tortoise** [ˈtɔːtəs] n tortue f

**tortoiseshell** [ˈtɔːtəʃεl] adj en écaille

**torture** [ˈtɔːtʃər] n torture f ▷ vt torturer

**Tory** [ˈtɔːrɪ] adj, n (Brit Pol) tory m/f, conservateur(-trice)

**toss** [tɔs] vt lancer, jeter; (Brit: pancake) faire sauter; (head) rejeter en arrière ▷ vi: **to ~ up for sth** (Brit) jouer qch à pile ou face ▷ n (movement: of head etc) mouvement soudain; (of coin) tirage m à pile ou face; **to ~ a coin** jouer à pile ou face; **to ~ and turn** (in bed) se tourner et se retourner; **to win/lose the ~** gagner/perdre à pile ou face; (Sport) gagner/perdre le tirage au sort

**tot** [tɔt] n (Brit: drink) petit verre; (child) bambin m; **tot up** vt (Brit: figures) additionner

**total** [ˈtəutl] adj total(e) ▷ n total m ▷ vt (add up) faire le total de, additionner; (amount to) s'élever à; **in ~** au total

**totalitarian** [təutælɪˈtεərɪən] adj totalitaire

**totally** [ˈtəutəlɪ] adv totalement

**totter** [ˈtɔtər] vi chanceler; (object, government) être chancelant(e)

**touch** [tʌtʃ] n contact m, toucher m; (sense, skill: of pianist etc) toucher; (fig: note, also Football) touche f ▷ vt (gen) toucher; (tamper with) toucher à; **the personal ~** la petite note personnelle; **to put the finishing ~es to sth** mettre la dernière main à qch; **a ~ of** (fig) un petit peu de; une touche de; **in ~ with** en contact ou rapport avec; **to get in ~ with** prendre contact avec; **I'll be in ~** je resterai en contact; **to lose ~** (friends) se perdre de vue; **to be out of ~ with events** ne pas être au courant de ce qui se passe; **touch down** vi (Aviat) atterrir; (on sea) amerrir; **touch on** vt fus (topic) effleurer, toucher; **touch up** vt (paint) retoucher

**touch-and-go** [ˈtʌtʃənˈgəu] adj incertain(e); **it was ~ whether we did it** nous avons failli ne pas le faire

**touchdown** [ˈtʌtʃdaun] n (Aviat) atterrissage m; (on sea) amerrissage m; (US Football) essai m

**touched** [tʌtʃt] adj (moved) touché(e); (inf) cinglé(e)

**touching** [ˈtʌtʃɪŋ] adj touchant(e), attendrissant(e)

**touchline** [ˈtʌtʃlaɪn] n (Sport) (ligne f de) touche f

**touch screen** n (Tech) écran tactile; **~ mobile** (téléphone) portable m à écran tactile; **~ technology** technologie f à écran tactile

**touch-sensitive** [ˈtʌtʃsensɪtɪv] adj (keypad) à effleurement; (screen) tactile

**touchy** [ˈtʌtʃɪ] adj (person) susceptible

**tough** [tʌf] adj dur(e); (resistant) résistant(e), solide; (meat) dur, coriace; (firm) inflexible; (journey) pénible; (task, problem, situation) difficile; (rough) dur ▷ n (gangster etc) dur m; **~ luck!** pas de chance!; tant pis!

**toughen** [ˈtʌfn] vt rendre plus dur(e) (or plus résistant(e) or plus solide)

**toupee** [ˈtuːpeɪ] n postiche m

**tour** [ˈtuər] n voyage m; (also: **package ~**) voyage organisé; (of town, museum) tour m, visite f; (by band) tournée f ▷ vt visiter; **to go on a ~ of** (museum, region) visiter; **to go on ~** partir en tournée

**tour guide** n (person) guide m/f

**tourism** [ˈtuərɪzm] n tourisme m

**tourist** [ˈtuərɪst] n touriste m/f ▷ adv (travel) en classe touriste ▷ cpd touristique; **the ~ trade** le tourisme

**tourist office** n syndicat m d'initiative

**tournament** [ˈtuənəmənt] n tournoi m

**tour operator** n (Brit) organisateur m de voyages, tour-opérateur m

**tousled** [ˈtauzld] adj (hair) ébouriffé(e)

**tout** [taut] vi: **to ~ for** essayer de racrocher, racoler; **to ~ sth (around)** (Brit) essayer de placer or (re)vendre qch ▷ n (Brit: ticket tout) revendeur m de billets

**tow** [təu] n: **to give sb a ~** (Aut) remorquer qn ▷ vt remorquer; (caravan, trailer) tracter; **"on ~"**, (US) **"in ~"** (Aut) "véhicule en remorque"; **tow away** vt (subj: police) emmener à la fourrière; (: breakdown service) remorquer

**toward** [təˈwɔːd], **towards** [təˈwɔːdz] prep vers; (of attitude) envers, à l'égard de; (of purpose) pour; **~(s) noon/the end of the year** vers midi/la fin de l'année; **to feel friendly ~(s) sb** être bien disposé envers qn

**towel** [ˈtauəl] n serviette f (de toilette); (also: **tea ~**) torchon m; **to throw in the ~** (fig) jeter l'éponge

**towelling** [ˈtauəlɪŋ] n (fabric) tissu-éponge m

**towel rail**, (US) **towel rack** n porte-serviettes m inv

**tower** [ˈtauər] n tour f ▷ vi (building, mountain) se dresser (majestueusement); **to ~ above** or **over sb/sth** dominer qn/qch

**tower block** n (Brit) tour f (d'habitation)

**towering** [ˈtauərɪŋ] adj très haut(e), imposant(e)

**town** [taun] n ville f; **to go to ~** aller en ville; (fig) y mettre le paquet; **in the ~** dans la ville, en ville; **to be out of ~** (person) être en déplacement

**town centre** n (Brit) centre m de la ville, centre-ville m

**town council** n conseil municipal

**town hall** n ≈ mairie f

**town plan** n plan m de ville

**town planning** n urbanisme m

**towrope** [ˈtəurəup] n (câble m de) remorque f

**tow truck** n (US) dépanneuse f

**toxic** [ˈtɔksɪk] adj toxique

**toxic asset** n (Econ) actif m toxique

**toy** [tɔɪ] n jouet m; **toy with** vt fus jouer avec; (idea) caresser

**toyshop** ['tɔɪʃɔp] n magasin m de jouets

**trace** [treɪs] n trace f ▷ vt (draw) tracer, dessiner; (follow) suivre la trace de; (locate) retrouver; **without ~** (disappear) sans laisser de traces; **there was no ~ of it** il n'y en avait pas trace

**tracing paper** ['treɪsɪŋ-] n papier-calque m

**track** [træk] n (mark) trace f; (path: gen) chemin m, piste f; (: of bullet etc) trajectoire f; (: of suspect, animal) piste f; (Rail) voie ferrée, rails mpl; (on tape, Comput, Sport) piste f; (on CD) piste f; (on record) plage f ▷ vt suivre la trace or la piste de; **to keep ~ of** suivre; **to be on the right ~** (fig) être sur la bonne voie; **track down** vt (prey) trouver et capturer; (sth lost) finir par retrouver

**tracksuit** ['træksuːt] n survêtement m

**tract** [trækt] n (Geo) étendue f, zone f; (pamphlet) tract m; **respiratory ~** (Anat) système m respiratoire

**traction** ['trækʃən] n traction f

**tractor** ['træktər] n tracteur m

**trade** [treɪd] n commerce m; (skill, job) métier m ▷ vi faire du commerce ▷ vt (exchange): **to ~ sth (for sth)** échanger qch (contre qch); **to ~ with/in** faire du commerce avec/le commerce de; **foreign ~** commerce extérieur; **trade in** vt (old car etc) faire reprendre

**trade fair** n foire(-exposition) commerciale

**trade-in price** n prix m à la reprise

**trademark** ['treɪdmɑːk] n marque f de fabrique

**trade name** n marque déposée

**trader** ['treɪdər] n commerçant(e), négociant(e)

**tradesman** ['treɪdzmən] irreg n (shopkeeper) commerçant m; (skilled worker) ouvrier qualifié

**trade union** n syndicat m

**trade unionist** [-'juːnjənɪst] n syndicaliste m/f

**trading** ['treɪdɪŋ] n affaires fpl, commerce m

**tradition** [trə'dɪʃən] n tradition f; **traditions** npl coutumes fpl, traditions

**traditional** [trə'dɪʃənl] adj traditionnel(le)

**traffic** ['træfɪk] n trafic m; (cars) circulation f ▷ vi: **to ~ in** (pej: liquor, drugs) faire le trafic de

**traffic calming** [-'kɑːmɪŋ] n ralentissement m de la circulation

**traffic circle** n (US) rond-point m

**traffic island** n refuge m (pour piétons)

**traffic jam** n embouteillage m

**traffic lights** npl feux mpl (de signalisation)

**traffic warden** n contractuel(le)

**tragedy** ['trædʒədɪ] n tragédie f

**tragic** ['trædʒɪk] adj tragique

**trail** [treɪl] n (tracks) trace f, piste f; (path) chemin m, piste; (of smoke etc) traînée f ▷ vt (drag) traîner, tirer; (follow) suivre ▷ vi traîner; (in game, contest) être en retard; **to be on sb's ~** être sur la piste de qn; **trail away**, **trail off** vi (sound, voice) s'évanouir; (interest) disparaître; **trail behind** vi traîner, être à la traîne

**trailer** ['treɪlər] n (Aut) remorque f; (US) caravane f; (Cine) bande-annonce f

**trailer truck** n (US) (camion m) semi-remorque m

**train** [treɪn] n train m; (in underground) rame f; (of dress) traîne f; (Brit: series): **~ of events** série f d'événements ▷ vt (apprentice, doctor etc) former; (Sport) entraîner; (dog) dresser; (memory) exercer; (point: gun etc): **to ~ sth on** braquer qch sur ▷ vi recevoir sa formation; (Sport) s'entraîner; **one's ~ of thought** le fil de sa pensée; **to go by ~** voyager par le train or en train; **what time does the ~ from Paris get in?** à quelle heure arrive le train de Paris?; **is this the ~ for …?** c'est bien le train pour …?; **to ~ sb to do sth** apprendre à qn à faire qch; (employee) former qn à faire qch

**trained** [treɪnd] adj qualifié(e), qui a reçu une formation; dressé(e)

**trainee** [treɪ'niː] n stagiaire m/f; (in trade) apprenti(e)

**trainer** ['treɪnər] n (Sport) entraîneur(-euse); (of dogs etc) dresseur(-euse); **trainers** npl (shoes) chaussures fpl de sport

**training** ['treɪnɪŋ] n formation f; (Sport) entraînement m; (of dog etc) dressage m; **in ~** (Sport) à l'entraînement; (fit) en forme

**training college** n école professionnelle; (for teachers) ≈ école normale

**training course** n cours m de formation professionnelle

**training shoes** npl chaussures fpl de sport

**trait** [treɪt] n trait m (de caractère)

**traitor** ['treɪtər] n traître m

**tram** [træm] n (Brit: also: **~car**) tram(way) m

**tramp** [træmp] n (person) vagabond(e), clochard(e); (inf: pej: woman): **to be a ~** être coureuse ▷ vi marcher d'un pas lourd ▷ vt (walk through: town, streets) parcourir à pied

**trample** ['træmpl] vt: **to ~ (underfoot)** piétiner; (fig) bafouer

**trampoline** ['træmpəliːn] n trampoline m

**tranquil** ['træŋkwɪl] adj tranquille

**tranquillizer**, (US) **tranquilizer** ['træŋkwɪlaɪzər] n (Med) tranquillisant m

**transact** [træn'zækt] vt (business) traiter

**transaction** [træn'zækʃən] n transaction f; **transactions** npl (minutes) actes mpl; **cash ~** transaction au comptant

**transatlantic** ['trænzət'læntɪk] adj transatlantique

**transcript** ['trænskrɪpt] n transcription f (texte)

**transfer** n ['trænsfər] (gen, also Sport) transfert m; (Pol: of power) passation f;

(*of money*) virement *m*; (*picture, design*) décalcomanie *f*; (: *stick-on*) autocollant *m* ▷ *vt* [træns'fəːʳ] transférer; passer; virer; décalquer; **to ~ the charges** (*Brit Tel*) téléphoner en P.C.V.; **by bank ~** par virement bancaire

**transfer desk** *n* (*Aviat*) guichet *m* de transit
**transform** [træns'fɔːm] *vt* transformer
**transformation** [trænsfə'meɪʃən] *n* transformation *f*
**transfusion** [træns'fjuːʒən] *n* transfusion *f*
**transient** ['trænzɪənt] *adj* transitoire, éphémère
**transistor** [træn'zɪstəʳ] *n* (*Elec: also: ~ radio*) transistor *m*
**transit** ['trænzɪt] *n*: **in ~** en transit
**transition** [træn'zɪʃən] *n* transition *f*
**transitive** ['trænzɪtɪv] *adj* (*Ling*) transitif(-ive)
**transit lounge** *n* (*Aviat*) salle *f* de transit
**translate** [trænz'leɪt] *vt*: **to ~ (from/into)** traduire (du/en); **can you ~ this for me?** pouvez-vous me traduire ceci?
**translation** [trænz'leɪʃən] *n* traduction *f*; (*Scol: as opposed to prose*) version *f*
**translator** [trænz'leɪtəʳ] *n* traducteur(-trice)
**transmission** [trænz'mɪʃən] *n* transmission *f*
**transmit** [trænz'mɪt] *vt* transmettre; (*Radio, TV*) émettre
**transmitter** [trænz'mɪtəʳ] *n* émetteur *m*
**transparency** [træns'pɛərnsɪ] *n* (*Brit Phot*) diapositive *f*
**transparent** [træns'pærnt] *adj* transparent(e)
**transpire** [træns'paɪəʳ] *vi* (*become known*): **it finally ~d that ...** on a finalement appris que ...; (*happen*) arriver
**transplant** *vt* [træns'plɑːnt] transplanter; (*seedlings*) repiquer ▷ *n* ['trænsplɑːnt] (*Med*) transplantation *f*; **to have a heart ~** subir une greffe du cœur
**transport** *n* ['trænspɔːt] transport *m* ▷ *vt* [træns'pɔːt] transporter; **public ~** transports en commun; **Department of T~** (*Brit*) ministère *m* des Transports
**transportation** [trænspɔː'teɪʃən] *n* (*moyen m de*) transport *m*; (*of prisoners*) transportation *f*; **Department of T~** (*US*) ministère *m* des Transports
**transport café** *n* (*Brit*) ≈ routier *m*
**transvestite** [trænz'vestaɪt] *n* travesti(e)
**trap** [træp] *n* (*snare, trick*) piège *m*; (*carriage*) cabriolet *m* ▷ *vt* prendre au piège; (*immobilize*) bloquer; (*confine*) coincer; **to set** *or* **lay a ~ (for sb)** tendre un piège (à qn); **to shut one's ~** (*inf!*) la fermer
**trap door** *n* trappe *f*
**trapeze** [trə'piːz] *n* trapèze *m*
**trappings** ['træpɪŋz] *npl* ornements *mpl*; attributs *mpl*
**trash** [træʃ] *n* (*pej: goods*) camelote *f*; (: *nonsense*) sottises *fpl*; (*US: rubbish*) ordures *fpl*

**trash can** *n* (*US*) poubelle *f*
**trashy** ['træʃɪ] *adj* (*inf*) de camelote, qui ne vaut rien
**trauma** ['trɔːmə] *n* traumatisme *m*
**traumatic** [trɔː'mætɪk] *adj* traumatisant(e)
**travel** ['trævl] *n* voyage(s) *m(pl)* ▷ *vi* voyager; (*move*) aller, se déplacer; (*news, sound*) se propager ▷ *vt* (*distance*) parcourir; **this wine doesn't ~ well** ce vin voyage mal
**travel agency** *n* agence *f* de voyages
**travel agent** *n* agent *m* de voyages
**travel insurance** *n* assurance-voyage *f*
**traveller,** (*US*) **traveler** ['trævləʳ] *n* voyageur(-euse); (*Comm*) représentant *m* de commerce
**traveller's cheque,** (*US*) **traveler's check** *n* chèque *m* de voyage
**travelling,** (*US*) **traveling** ['trævlɪŋ] *n* voyage(s) *m(pl)* ▷ *adj* (*circus, exhibition*) ambulant(e) ▷ *cpd* (*bag, clock*) de voyage; (*expenses*) de déplacement
**travel-sick** ['trævlsɪk] *adj*: **to get ~** avoir le mal de la route (*or* de mer *or* de l'air)
**travel sickness** *n* mal *m* de la route (*or* de mer *or* de l'air)
**trawler** ['trɔːləʳ] *n* chalutier *m*
**tray** [treɪ] *n* (*for carrying*) plateau *m*; (*on desk*) corbeille *f*
**treacherous** ['tretʃərəs] *adj* traître(sse); (*ground, tide*) dont il faut se méfier; **road conditions are ~** l'état des routes est dangereux
**treacle** ['triːkl] *n* mélasse *f*
**tread** [trɛd] *n* (*step*) pas *m*; (*sound*) bruit *m* de pas; (*of tyre*) chape *f*, bande *f* de roulement ▷ *vi* (*pt* **trod**, *pp* **trodden**) ['trɔd, 'trɔdn] marcher; **tread on** *vt fus* marcher sur
**treason** ['triːzn] *n* trahison *f*
**treasure** ['trɛʒəʳ] *n* trésor *m* ▷ *vt* (*value*) tenir beaucoup à; (*store*) conserver précieusement
**treasurer** ['trɛʒərəʳ] *n* trésorier(-ière)
**treasury** ['trɛʒərɪ] *n* trésorerie *f*; **the T~,** (*US*) **the T~ Department** ≈ le ministère des Finances
**treat** [triːt] *n* petit cadeau, petite surprise ▷ *vt* traiter; **it was a ~** ça m'a (*or* nous a *etc*) vraiment fait plaisir; **to ~ sb to sth** offrir qch à qn; **to ~ sth as a joke** prendre qch à la plaisanterie
**treatment** ['triːtmənt] *n* traitement *m*; **to have ~ for sth** (*Med*) suivre un traitement pour qch
**treaty** ['triːtɪ] *n* traité *m*
**treble** ['trɛbl] *adj* triple ▷ *n* (*Mus*) soprano *m* ▷ *vt, vi* tripler
**treble clef** *n* clé *f* de sol
**tree** [triː] *n* arbre *m*
**trek** [trɛk] *n* (*long walk*) randonnée *f*; (*tiring walk*) longue marche, trotte *f* ▷ *vi* (*as holiday*) faire de la randonnée
**tremble** ['trɛmbl] *vi* trembler

**tremendous** [trɪˈmɛndəs] adj (enormous) énorme; (excellent) formidable, fantastique

**tremor** [ˈtrɛmə<sup>r</sup>] n tremblement m; (also: **earth ~**) secousse f sismique

**trench** [trɛntʃ] n tranchée f

**trend** [trɛnd] n (tendency) tendance f; (of events) cours m; (fashion) mode f; **~ towards/away from doing** tendance à faire/à ne pas faire; **to set the ~** donner le ton; **to set a ~** lancer une mode

**trendy** [ˈtrɛndɪ] adj (idea, person) dans le vent; (clothes) dernier cri m

**trespass** [ˈtrɛspəs] vi: **to ~ on** s'introduire sans permission dans; (fig) empiéter sur; **"no ~ing"** "propriété privée", "défense d'entrer"

**trestle** [ˈtrɛsl] n tréteau m

**trial** [ˈtraɪəl] n (Law) procès m, jugement m; (test: of machine etc) essai m; (worry) souci m; **trials** npl (unpleasant experiences) épreuves fpl; (Sport) épreuves éliminatoires; **horse ~s** concours m hippique; **by jury** jugement par jury; **to be sent for ~** être traduit(e) en justice; **to be on ~** passer en jugement; **by ~ and error** par tâtonnements

**trial period** n période f d'essai

**triangle** [ˈtraɪæŋgl] n (Math, Mus) triangle m

**triangular** [traɪˈæŋgjulə<sup>r</sup>] adj triangulaire

**tribe** [traɪb] n tribu f

**tribesman** [ˈtraɪbzmən] n membre m de la tribu

**tribunal** [traɪˈbjuːnl] n tribunal m

**tributary** [ˈtrɪbjutərɪ] n (river) affluent m

**tribute** [ˈtrɪbjuːt] n tribut m, hommage m; **to pay ~ to** rendre hommage à

**trick** [trɪk] n (magic) tour m; (joke, prank) tour, farce f; (skill, knack) astuce f; (Cards) levée f ▷ vt attraper, rouler; **to play a ~ on sb** jouer un tour à qn; **to ~ sb into doing sth** persuader qn par la ruse de faire qch; **to ~ sb out of sth** obtenir qch de qn par la ruse; **it's a ~ of the light** c'est une illusion d'optique causée par la lumière; **that should do the ~** (fam) ça devrait faire l'affaire

**trickery** [ˈtrɪkərɪ] n ruse f

**trickle** [ˈtrɪkl] n (of water etc) filet m ▷ vi couler en un filet or goutte à goutte; **to ~ in/out** (people) entrer/sortir par petits groupes

**tricky** [ˈtrɪkɪ] adj difficile, délicat(e)

**tricycle** [ˈtraɪsɪkl] n tricycle m

**trifle** [ˈtraɪfl] n bagatelle f; (Culin) ≈ diplomate m ▷ adv: **a ~ long** un peu long ▷ vi: **to ~ with** traiter à la légère

**trifling** [ˈtraɪflɪŋ] adj insignifiant(e)

**trigger** [ˈtrɪgə<sup>r</sup>] n (of gun) gâchette f; **trigger off** vt déclencher

**trim** [trɪm] adj net(te); (house, garden) bien tenu(e); (figure) svelte ▷ n (haircut etc) légère coupe; (embellishment) fintitions fpl; (on car) garnitures fpl ▷ vt (cut) couper légèrement; (decorate): **to ~ (with)** décorer (de); (Naut: a

sail) gréer; **to keep in (good) ~** maintenir en (bon) état

**trimmings** [ˈtrɪmɪŋz] npl décorations fpl; (extras: gen Culin) garniture f

**trinket** [ˈtrɪŋkɪt] n bibelot m; (piece of jewellery) colifichet m

**trio** [ˈtriːəu] n trio m

**trip** [trɪp] n voyage m; (excursion) excursion f; (stumble) faux pas ▷ vi faire un faux pas, trébucher; (go lightly) marcher d'un pas léger; **on a ~** en voyage; **trip up** vi trébucher ▷ vt faire un croc-en-jambe à

**tripe** [traɪp] n (Culin) tripes fpl; (pej: rubbish) idioties fpl

**triple** [ˈtrɪpl] adj triple ▷ adv: **~ the distance/the speed** trois fois la distance/la vitesse

**triplets** [ˈtrɪplɪts] npl triplés(-ées)

**triplicate** [ˈtrɪplɪkət] n: **in ~** en trois exemplaires

**tripod** [ˈtraɪpɔd] n trépied m

**trite** [traɪt] adj banal(e)

**triumph** [ˈtraɪʌmf] n triomphe m ▷ vi: **to ~ (over)** triompher (de)

**triumphant** [traɪˈʌmfənt] adj triomphant(e)

**trivia** [ˈtrɪvɪə] npl futilités fpl

**trivial** [ˈtrɪvɪəl] adj insignifiant(e); (commonplace) banal(e)

**trod** [trɔd] pt of **tread**

**trodden** [ˈtrɔdn] pp of **tread**

**trolley** [ˈtrɔlɪ] n chariot m

**trombone** [trɔmˈbəun] n trombone m

**troop** [truːp] n bande f, groupe m ▷ vi: **to ~ in/out** entrer/sortir en groupe; **troops** npl (Mil) troupes fpl; (: men) hommes mpl, soldats mpl; **~ing the colour** (Brit: ceremony) le salut au drapeau

**trophy** [ˈtrəufɪ] n trophée m

**tropic** [ˈtrɔpɪk] n tropique m; **in the ~s** sous les tropiques; **T~ of Cancer/Capricorn** tropique du Cancer/Capricorne

**tropical** [ˈtrɔpɪkl] adj tropical(e)

**trot** [trɔt] n trot m ▷ vi trotter; **on the ~** (Brit: fig) d'affilée; **trot out** vt (excuse, reason) débiter; (names, facts) réciter les uns après les autres

**trouble** [ˈtrʌbl] n difficulté(s) f(pl), problème(s) m(pl); (worry) ennuis mpl, soucis mpl; (bother, effort) peine f; (Pol) conflit(s) m(pl), troubles mpl; (Med): **stomach** etc **~ troubles** gastriques etc ▷ vt (disturb) déranger, gêner; (worry) inquiéter ▷ vi: **to ~ to do** prendre la peine de faire; **troubles** npl (Pol etc) troubles; (personal) ennuis, soucis; **to be in ~** avoir des ennuis; (ship, climber etc) être en difficulté; **to have ~ doing sth** avoir du mal à faire qch; **to go to the ~ of doing** se donner le mal de faire; **it's no ~!** je vous en prie!; **please don't ~ yourself** je vous en prie, ne vous dérangez pas!; **the ~ is ...** le problème, c'est que ...; **what's the ~?** qu'est-ce qui ne va pas?

**troubled** [ˈtrʌbld] adj (person) inquiet(-ète); (times, life) agité(e)

**troublemaker** ['trʌblmeɪkə'] n élément perturbateur, fauteur m de troubles

**troubleshooter** ['trʌblʃuːtə'] n (in conflict) conciliateur m

**troublesome** ['trʌblsəm] adj (child) fatigant(e), difficile; (cough) gênant(e)

**trough** [trɒf] n (also: **drinking ~**) abreuvoir m; (also: **feeding ~**) auge f; (depression) creux m; (channel) chenal m; **~ of low pressure** (Meteorology) dépression f

**trousers** ['trauzəz] npl pantalon m; **short ~** (Brit) culottes courtes

**trout** [traut] n (pl inv) truite f

**trowel** ['trauəl] n truelle f; (garden tool) déplantoir m

**truant** ['truənt] n: **to play ~** (Brit) faire l'école buissonnière

**truce** [truːs] n trêve f

**truck** [trʌk] n camion m; (Rail) wagon m à plate-forme; (for luggage) chariot m (à bagages)

**truck driver** n camionneur m

**truck farm** n (US) jardin maraîcher

**true** [truː] adj vrai(e); (accurate) exact(e); (genuine) vrai, véritable; (faithful) fidèle; (wall) d'aplomb; (beam) droit(e); (wheel) dans l'axe; **to come ~** se réaliser; **~ to life** réaliste

**truffle** ['trʌfl] n truffe f

**truly** ['truːlɪ] adv vraiment, réellement; (truthfully) sans mentir; (faithfully) fidèlement; **yours ~** (in letter) je vous prie d'agréer, Monsieur (or Madame etc), l'expression de mes sentiments respectueux

**trump** [trʌmp] n atout m; **to turn up ~s** (fig) faire des miracles

**trumpet** ['trʌmpɪt] n trompette f

**truncheon** ['trʌntʃən] n bâton m (d'agent de police); matraque f

**trundle** ['trʌndl] vt, vi: **to ~ along** rouler bruyamment

**trunk** [trʌŋk] n (of tree, person) tronc m; (of elephant) trompe f; (case) malle f; (US Aut) coffre m; **trunks** npl (also: **swimming ~s**) maillot m or slip m de bain

**truss** [trʌs] n (Med) bandage m herniaire ▷ vt: **to ~ (up)** (Culin) brider

**trust** [trʌst] n confiance f; (responsibility): **to place sth in sb's ~** confier la responsabilité de qch à qn; (Law) fidéicommis m; (Comm) trust m ▷ vt (rely on) avoir confiance en; (entrust): **to ~ sth to sb** confier qch à qn; (hope): **to ~ (that)** espérer (que); **to take sth on ~** accepter qch les yeux fermés; **in ~** (Law) par fidéicommis

**trusted** ['trʌstɪd] adj en qui l'on a confiance

**trustee** [trʌs'tiː] n (Law) fidéicommissaire m/f; (of school etc) administrateur(-trice)

**trustful** ['trʌstful] adj confiant(e)

**trustworthy** ['trʌstwəːðɪ] adj digne de confiance

**truth** [truːθ, pl truːðz] n vérité f

**truthful** ['truːθful] adj (person) qui dit la vérité; (answer) sincère; (description) exact(e), vrai(e)

**try** [traɪ] n essai m, tentative f; (Rugby) essai ▷ vt (attempt) essayer, tenter; (test: sth new: also: **~ out**) essayer, tester; (Law: person) juger; (strain) éprouver ▷ vi essayer; **to ~ to do** essayer de faire; (seek) chercher à faire; **to ~ one's (very) best** or **one's (very) hardest** faire de son mieux; **to give sth a ~** essayer qch; **try on** vt (clothes) essayer; **to ~ it on** (fig) tenter le coup, bluffer; **try out** vt essayer, mettre à l'essai

**trying** ['traɪɪŋ] adj pénible

**T-shirt** ['tiːʃəːt] n tee-shirt m

**T-square** ['tiːskwɛə'] n équerre f en T

**tsunami** [tsʊ'nɑːmɪ] n tsunami m

**tub** [tʌb] n cuve f; (for washing clothes) baquet m; (bath) baignoire f

**tubby** ['tʌbɪ] adj rondelet(te)

**tube** [tjuːb] n tube m; (Brit: underground) métro m; (for tyre) chambre f à air; (inf: television): **the ~** la télé

**tuberculosis** [tjubəːkju'ləusɪs] n tuberculose f

**tube station** n (Brit) station f de métro

**TUC** n abbr (Brit: = Trades Union Congress) confédération f des syndicats britanniques

**tuck** [tʌk] n (Sewing) pli m, rempli m ▷ vt (put) mettre; **tuck away** vt cacher, ranger; (money) mettre de côté; (building): **to be ~ed away** être caché(e); **tuck in** vt rentrer; (child) border ▷ vi (eat) manger de bon appétit; attaquer le repas; **tuck up** vt (child) border

**tuck shop** n (Brit Scol) boutique f à provisions

**Tuesday** ['tjuːzdɪ] n mardi m; **(the date) today is ~ 23rd March** nous sommes aujourd'hui le mardi 23 mars; **on ~** mardi; **on ~s** le mardi; **every ~** tous les mardis, chaque mardi; **every other ~** un mardi sur deux; **last/next ~** mardi dernier/prochain; **~ next** mardi qui vient; **the following ~** mardi suivant; **a week/fortnight on ~**, **~ week/fortnight** mardi en huit/quinze; **the ~ before last** l'autre mardi; **the ~ after next** mardi en huit; **~ morning/lunchtime/afternoon/evening** mardi matin/midi/après-midi/soir; **~ night** mardi soir; (overnight) la nuit de mardi (à mercredi); **~'s newspaper** le journal de mardi

**tuft** [tʌft] n touffe f

**tug** [tʌg] n (ship) remorqueur m ▷ vt tirer (sur)

**tug-of-war** [tʌgəv'wɔː'] n lutte f à la corde

**tuition** [tjuː'ɪʃən] n (Brit: lessons) leçons fpl; (: private) cours particuliers; (US: fees) frais mpl de scolarité

**tulip** ['tjuːlɪp] n tulipe f

**tumble** ['tʌmbl] n (fall) chute f, culbute f ▷ vi tomber, dégringoler; (somersault) faire une or des culbute(s) ▷ vt renverser, faire tomber; **to ~ to sth** (inf) réaliser qch

**tumbledown** ['tʌmbldaun] adj délabré(e)

**tumble dryer** n (Brit) séchoir m (à linge) à air chaud

**tumbler** ['tʌmblə^r] n verre (droit), gobelet m

**tummy** ['tʌmɪ] n (inf) ventre m

**tumour,** (US) **tumor** ['tjuːmə^r] n tumeur f

**tuna** ['tjuːnə] n (pl inv: also: ~ **fish**) thon m

**tune** [tjuːn] n (melody) air m ▷ vt (Mus) accorder; (Radio, TV, Aut) régler, mettre au point; **to be in/out of ~** (instrument) être accordé/désaccordé; (singer) chanter juste/faux; **to be in/out of ~ with** (fig) être en accord/désaccord avec; **she was robbed to the ~ of £30,000** (fig) on lui a volé la jolie somme de 10 000 livres; **tune in** vi (Radio, TV): **to ~ in (to)** se mettre à l'écoute (de); **tune up** vi (musician) accorder son instrument

**tuneful** ['tjuːnful] adj mélodieux(-euse)

**tuner** ['tjuːnə^r] n (radio set) tuner m; **piano ~** accordeur m de pianos

**tunic** ['tjuːnɪk] n tunique f

**Tunis** ['tjuːnɪs] n Tunis

**Tunisia** [tjuːˈnɪzɪə] n Tunisie f

**Tunisian** [tjuːˈnɪzɪən] adj tunisien(ne) ▷ n Tunisien(ne)

**tunnel** ['tʌnl] n tunnel m; (in mine) galerie f ▷ vi creuser un tunnel (or une galerie)

**turbulence** ['təːbjuləns] n (Aviat) turbulence f

**tureen** [təˈriːn] n soupière f

**turf** [təːf] n gazon m; (clod) motte f (de gazon) ▷ vt gazonner; **the T~** le turf, les courses fpl; **turf out** vt (inf) jeter; jeter dehors

**Turk** [təːk] n Turc/Turque

**Turkey** ['təːkɪ] n Turquie f

**turkey** ['təːkɪ] n dindon m, dinde f

**Turkish** ['təːkɪʃ] adj turc/turque ▷ n (Ling) turc m

**turmoil** ['təːmɔɪl] n trouble m, bouleversement m

**turn** [təːn] n tour m; (in road) tournant m; (tendency: of mind, events) tournure f; (performance) numéro m; (Med) crise f, attaque f ▷ vt tourner; (collar, steak) retourner; (age) atteindre; (shape: wood, metal) tourner; (milk) faire tourner; (change): **to ~ sth into** changer qch en ▷ vi (object, wind, milk) tourner; (person: look back) se (re)tourner; (reverse direction) faire demi-tour; (change) changer; (become) devenir; **to ~ into** se changer en, se transformer en; **a good ~** un service; **a bad ~** un mauvais tour; **it gave me quite a ~** ça m'a fait un coup; **"no left ~"** (Aut) "défense de tourner à gauche"; **~ left/right at the next junction** tournez à gauche/à droite au prochain carrefour; **it's your ~** c'est (à) votre tour; **in ~** à son tour; **to tour de rôle; to take ~s** se relayer; **to take ~s at** tour de rôle; **at the ~ of the year/century** à la fin de l'année/du siècle; **to take a ~ for the worse** (situation, events) empirer; **his health or he has taken a ~ for the worse**

son état s'est aggravé; **turn about** vi faire demi-tour; faire un demi-tour; **turn around** vi (person) se retourner ▷ vt (object) tourner; **turn away** vi se détourner, tourner la tête ▷ vt (reject: person) renvoyer; (: business) refuser; **turn back** vi revenir, faire demi-tour; **turn down** vt (refuse) rejeter, refuser; (reduce) baisser; (fold) rabattre; **turn in** vi (inf: go to bed) aller se coucher ▷ vt (fold) rentrer; **turn off** vi (from road) tourner ▷ vt (light, radio etc) éteindre; (tap) fermer; (engine) arrêter; **I can't ~ the heating off** je n'arrive pas à éteindre le chauffage; **turn on** vt (light, radio etc) allumer; (tap) ouvrir; (engine) mettre en marche; **I can't ~ the heating on** je n'arrive pas à allumer le chauffage; **turn out** vt (light, gas) éteindre; (produce: goods, novel, good pupils) produire ▷ vi (voters, troops) se présenter; **to ~ out to be ...** s'avérer ..., se révéler ...; **turn over** vi (person) se retourner ▷ vt (object) retourner; (page) tourner; **turn round** vi faire demi-tour; (rotate) tourner; **turn to** vt fus: **to ~ to sb** s'adresser à qn; **turn up** vi (person) arriver, se pointer (inf); (lost object) être retrouvé(e) ▷ vt (collar) remonter; (radio, heater) mettre plus fort

**turning** ['təːnɪŋ] n (in road) tournant m; **the first ~ on the right** la première (rue or route) à droite

**turning point** n (fig) tournant m, moment décisif

**turnip** ['təːnɪp] n navet m

**turnout** ['təːnaut] n (number m de personnes dans l')assistance f; (of voters) taux m de participation

**turnover** ['təːnəuvə^r] n (Comm: amount of money) chiffre m d'affaires; (: of goods) roulement m; (of staff) renouvellement m, changement m; (Culin) sorte de chausson; **there is a rapid ~ in staff** le personnel change souvent

**turnpike** ['təːnpaɪk] n (US) autoroute f à péage

**turnstile** ['təːnstaɪl] n tourniquet m (d'entrée)

**turntable** ['təːnteɪbl] n (on record player) platine f

**turn-up** ['təːnʌp] n (Brit: on trousers) revers m

**turpentine** ['təːpəntaɪn] n (also: **turps**) (essence f de) térébenthine f

**turquoise** ['təːkwɔɪz] n (stone) turquoise f ▷ adj turquoise inv

**turret** ['tʌrɪt] n tourelle f

**turtle** ['təːtl] n tortue marine

**turtleneck** ['təːtlnɛk], **turtleneck sweater** n pullover m à col montant

**tusk** [tʌsk] n défense f (d'éléphant)

**tutor** ['tjuːtə^r] n (Brit Scol: in college) directeur(-trice) d'études; (private teacher) précepteur(-trice)

**tutorial** [tjuːˈtɔːrɪəl] n (Scol) (séance f de) travaux mpl pratiques

**tuxedo** [tʌkˈsiːdəu] n (US) smoking m

**TV** [tiː'viː] *n abbr* (= *television*) télé *f*, TV *f*

**twang** [twæŋ] *n* (*of instrument*) son vibrant; (*of voice*) ton nasillard ▷ *vi* vibrer ▷ *vt* (*guitar*) pincer les cordes de

**tweed** [twiːd] *n* tweed *m*

**tweezers** ['twiːzəz] *npl* pince *f* à épiler

**twelfth** [twɛlfθ] *num* douzième

**twelve** [twɛlv] *num* douze; **at ~ (o'clock)** à midi; (*midnight*) à minuit

**twentieth** ['twɛntɪɪθ] *num* vingtième

**twenty** ['twɛntɪ] *num* vingt

**twice** [twaɪs] *adv* deux fois; **~ as much** deux fois plus; **~ a week** deux fois par semaine; **she is ~ your age** elle a deux fois ton âge

**twiddle** ['twɪdl] *vt, vi*: **to ~ (with) sth** tripoter qch; **to ~ one's thumbs** (*fig*) se tourner les pouces

**twig** [twɪg] *n* brindille *f* ▷ *vt, vi* (*inf*) piger

**twilight** ['twaɪlaɪt] *n* crépuscule *m*; (*morning*) aube *f*; **in the ~** dans la pénombre

**twin** [twɪn] *adj, n* jumeau(-elle) ▷ *vt* jumeler

**twin-bedded room** ['twɪn'bɛdɪd-] *n* = **twin room**

**twin beds** *npl* lits *mpl* jumeaux

**twine** [twaɪn] *n* ficelle *f* ▷ *vi* (*plant*) s'enrouler

**twinge** [twɪndʒ] *n* (*of pain*) élancement *m*; (*of conscience*) remords *m*

**twinkle** ['twɪŋkl] *n* scintillement *m*; pétillement *m* ▷ *vi* scintiller; (*eyes*) pétiller

**twin room** *n* chambre *f* à deux lits

**twirl** [twəːl] *n* tournoiement *m* ▷ *vt* faire tournoyer ▷ *vi* tournoyer

**twist** [twɪst] *n* torsion *f*, tour *m*; (*in wire, flex*) tortillon *m*; (*bend: in road*) tournant *m*; (*in story*) coup *m* de théâtre ▷ *vt* tordre; (*weave*) entortiller; (*roll around*) enrouler; (*fig*) déformer ▷ *vi* s'entortiller; s'enrouler; (*road, river*) serpenter; **to ~ one's ankle/wrist** (*Med*) se tordre la cheville/le poignet

**twit** [twɪt] *n* (*inf*) crétin(e)

**twitch** [twɪtʃ] *n* (*pull*) coup sec, saccade *f*; (*nervous*) tic *m* ▷ *vi* se convulser; avoir un tic

**two** [tuː] *num* deux; **~ by ~**, **in ~s** par deux; **to put ~ and ~ together** (*fig*) faire le rapprochement

**two-door** [tuː'dɔː'] *adj* (*Aut*) à deux portes

**two-faced** [tuː'feɪst] *adj* (*pej: person*) faux/fausse

**twofold** ['tuːfəuld] *adv*: **to increase ~** doubler ▷ *adj* (*increase*) de cent pour cent; (*reply*) en deux parties

**two-piece** ['tuː'piːs] *n* (*also*: **~ suit**) (costume *m*) deux-pièces *m inv*; (*also*: **~ swimsuit**) (maillot *m* de bain) deux-pièces

**twosome** ['tuːsəm] *n* (*people*) couple *m*

**two-way** ['tuːweɪ] *adj* (*traffic*) dans les deux sens; **~ radio** émetteur-récepteur *m*

**tycoon** [taɪ'kuːn] *n*: **(business) ~** gros homme d'affaires

**type** [taɪp] *n* (*category*) genre *m*, espèce *f*; (*model*) modèle *m*; (*example*) type *m*; (*Typ*) type, caractère *m* ▷ *vt* (*letter etc*) taper (à la machine); **what ~ do you want?** quel genre voulez-vous?; **in bold/italic ~** en caractères gras/en italiques

**typecast** ['taɪpkɑːst] *adj* condamné(e) à toujours jouer le même rôle

**typeface** ['taɪpfeɪs] *n* police *f* (de caractères)

**typescript** ['taɪpskrɪpt] *n* texte dactylographié

**typewriter** ['taɪpraɪtə'] *n* machine *f* à écrire

**typewritten** ['taɪprɪtn] *adj* dactylographié(e)

**typhoid** ['taɪfɔɪd] *n* typhoïde *f*

**typhoon** [taɪ'fuːn] *n* typhon *m*

**typical** ['tɪpɪkl] *adj* typique, caractéristique

**typically** ['tɪpɪklɪ] *adv* (*as usual*) comme d'habitude; (*characteristically*) typiquement

**typing** ['taɪpɪŋ] *n* dactylo(graphie) *f*

**typist** ['taɪpɪst] *n* dactylo *m/f*

**tyrant** ['taɪrənt] *n* tyran *m*

**tyre**, (*US*) **tire** ['taɪə'] *n* pneu *m*

**tyre pressure** *n* (*Brit*) pression *f* (de gonflage)

**U-bend** ['juːbɛnd] n (Brit Aut) coude m, virage m en épingle à cheveux; (in pipe) coude

**ubiquitous** [juːˈbɪkwɪtəs] adj doué(e) d'ubiquité, omniprésent(e)

**udder** ['ʌdəʳ] n pis m, mamelle f

**UFO** ['juːfəʊ] n abbr (= unidentified flying object) ovni m

**Uganda** [juːˈɡændə] n Ouganda m

**ugh** [əːh] excl pouah!

**ugly** ['ʌɡlɪ] adj laid(e), vilain(e); (fig) répugnant(e)

**UHT** adj abbr (= ultra-heat treated); **~ milk** lait m UHT or longue conservation

**UK** n abbr = **United Kingdom**

**ulcer** ['ʌlsəʳ] n ulcère m; **mouth ~** aphte f

**Ulster** ['ʌlstəʳ] n Ulster m

**ulterior** [ʌlˈtɪərɪəʳ] adj ultérieur(e); **~ motive** arrière-pensée f

**ultimate** ['ʌltɪmət] adj ultime, final(e); (authority) suprême ⊳ n: **the ~ in luxury** le summum du luxe

**ultimately** ['ʌltɪmətlɪ] adv (at last) en fin de compte; (fundamentally) finalement; (eventually) par la suite

**ultimatum** (pl **ultimatums** or **ultimata**) [ʌltɪˈmeɪtəm, -tə] n ultimatum m

**ultrasound** ['ʌltrəsaʊnd] n (Med) ultrason m

**ultraviolet** ['ʌltrəˈvaɪəlɪt] adj ultraviolet(te)

**umbilical** [ʌmbɪˈlaɪkl] adj: **~ cord** cordon ombilical

**umbrella** [ʌmˈbrɛlə] n parapluie m; (for sun) parasol m; (fig): **under the ~ of** sous les auspices de; chapeauté(e) par

**umpire** ['ʌmpaɪəʳ] n arbitre m; (Tennis) juge m de chaise ⊳ vt arbitrer

**umpteen** [ʌmpˈtiːn] adj je ne sais combien de; **for the umpteeth time** pour la nième fois

**UN** n abbr = **United Nations**

**unable** [ʌnˈeɪbl] adj: **to be ~ to** ne (pas) pouvoir, être dans l'impossibilité de; (not capable) être incapable de

**unacceptable** [ʌnəkˈsɛptəbl] adj (behaviour) inadmissible; (price, proposal) inacceptable

**unaccompanied** [ʌnəˈkʌmpənɪd] adj (child, lady) non accompagné(e); (singing, song) sans accompagnement

**unaccustomed** [ʌnəˈkʌstəmd] adj inaccoutumé(e), inhabituel(le); **to be ~ to sth** ne pas avoir l'habitude de qch

**unanimous** [juːˈnænɪməs] adj unanime

**unanimously** [juːˈnænɪməslɪ] adv à l'unanimité

**unarmed** [ʌnˈɑːmd] adj (person) non armé(e); (combat) sans armes

**unattached** [ʌnəˈtætʃt] adj libre, sans attaches

**unattended** [ʌnəˈtɛndɪd] adj (car, child, luggage) sans surveillance

**unattractive** [ʌnəˈtræktɪv] adj peu attrayant(e); (character) peu sympathique

**unauthorized** [ʌnˈɔːθəraɪzd] adj non autorisé(e), sans autorisation

**unavailable** [ʌnəˈveɪləbl] adj (article, room, book) (qui n'est) pas disponible; (person) (qui n'est) pas libre

**unavoidable** [ʌnəˈvɔɪdəbl] adj inévitable

**unaware** [ʌnəˈwɛəʳ] adj: **to be ~ of** ignorer, ne pas savoir, être inconscient(e) de

**unawares** [ʌnəˈwɛəz] adv à l'improviste, au dépourvu

**unbalanced** [ʌnˈbælənst] adj déséquilibré(e)

**unbearable** [ʌnˈbɛərəbl] adj insupportable

**unbeatable** [ʌnˈbiːtəbl] adj imbattable

**unbeknown** [ʌnbɪˈnəʊn], **unbeknownst** [ʌnbɪˈnəʊnst] adv: **~ to** à l'insu de

**unbelievable** [ʌnbɪˈliːvəbl] adj incroyable

**unbend** [ʌnˈbɛnd] (irreg like: **bend**) vi se détendre ⊳ vt (wire) redresser, détordre

**unbiased, unbiassed** [ʌnˈbaɪəst] adj impartial(e)

**unborn** [ʌnˈbɔːn] adj à naître

**unbreakable** [ʌnˈbreɪkəbl] adj incassable

**unbroken** [ʌnˈbrəʊkn] adj intact(e); (line) continu(e); (record) non battu(e)

**unbutton** [ʌnˈbʌtn] vt déboutonner

**uncalled-for** [ʌnˈkɔːldfɔːʳ] adj déplacé(e), injustifié(e)

**uncanny** [ʌnˈkænɪ] adj étrange, troublant(e)

**unceremonious** [ʌnsɛrɪˈməʊnɪəs] adj (abrupt, rude) brusque

**uncertain** [ʌnˈsəːtn] adj incertain(e); (hesitant) hésitant(e); **we were ~ whether ...** nous ne savions pas vraiment si ...; **in no ~ terms** sans équivoque possible

u

**uncertainty** [ʌnˈsəːtntɪ] *n* incertitude *f*, doutes *mpl*

**unchanged** [ʌnˈtʃeɪndʒd] *adj* inchangé(e)

**uncivilized** [ʌnˈsɪvɪlaɪzd] *adj* non civilisé(e); *(fig)* barbare

**uncle** [ˈʌŋkl] *n* oncle *m*

**unclear** [ʌnˈklɪəʳ] *adj* (qui n'est) pas clair(e) or évident(e); **I'm still ~ about what I'm supposed to do** je ne sais pas encore exactement ce que je dois faire

**uncomfortable** [ʌnˈkʌmfətəbl] *adj* inconfortable, peu confortable; *(uneasy)* mal à l'aise, gêné(e); *(situation)* désagréable

**uncommon** [ʌnˈkɔmən] *adj* rare, singulier(-ière), peu commun(e)

**uncompromising** [ʌnˈkɔmprəmaɪzɪŋ] *adj* intransigeant(e), inflexible

**unconcerned** [ʌnkənˈsəːnd] *adj (unworried)*: **to be ~ (about)** ne pas s'inquiéter (de)

**unconditional** [ʌnkənˈdɪʃənl] *adj* sans conditions

**unconscious** [ʌnˈkɔnʃəs] *adj* sans connaissance, évanoui(e); *(unaware)*: **~ (of)** inconscient(e) (de) ▷ *n*: **the ~** l'inconscient *m*; **to knock sb ~** assommer qn

**unconsciously** [ʌnˈkɔnʃəslɪ] *adv* inconsciemment

**uncontrollable** [ʌnkənˈtrəuləbl] *adj (child, dog)* indiscipliné(e); *(temper, laughter)* irrépressible

**unconventional** [ʌnkənˈvɛnʃənl] *adj* peu conventionnel(le)

**uncouth** [ʌnˈkuːθ] *adj* grossier(-ière), fruste

**uncover** [ʌnˈkʌvəʳ] *vt* découvrir

**undecided** [ʌndɪˈsaɪdɪd] *adj* indécis(e), irrésolu(e)

**undeniable** [ʌndɪˈnaɪəbl] *adj* indéniable, incontestable

**under** [ˈʌndəʳ] *prep* sous; *(less than)* (de) moins de; *au-dessous de*; *(according to)* selon, en vertu de ▷ *adv* au-dessous; en dessous; **from ~ sth** de dessous or de sous qch; **~ there** là-dessous; **in ~ 2 hours** en moins de 2 heures; **~ anaesthetic** sous anesthésie; **~ discussion** en discussion; **~ the circumstances** étant donné les circonstances; **~ repair** en (cours de) réparation

**underage** [ʌndərˈeɪdʒ] *adj* qui n'a pas l'âge réglementaire

**undercarriage** [ˈʌndəkærɪdʒ] *n (Brit Aviat)* train *m* d'atterrissage

**undercharge** [ʌndəˈtʃɑːdʒ] *vt* ne pas faire payer assez à

**undercoat** [ˈʌndəkəut] *n (paint)* couche *f* de fond

**undercover** [ʌndəˈkʌvəʳ] *adj* secret(-ète), clandestin(e)

**undercurrent** [ˈʌndəkʌrnt] *n* courant sous-jacent

**undercut** [ʌndəˈkʌt] *vt (irreg like: cut)* vendre moins cher que

**underdog** [ˈʌndədɔg] *n* opprimé *m*

**underdone** [ʌndəˈdʌn] *adj (Culin)* saignant(e); (: *pej*) pas assez cuit(e)

**underestimate** [ˈʌndərˈɛstɪmeɪt] *vt* sous-estimer, mésestimer

**underfed** [ʌndəˈfɛd] *adj* sous-alimenté(e)

**underfoot** [ʌndəˈfut] *adv* sous les pieds

**undergo** [ʌndəˈgəu] *vt (irreg like:* **go**) subir; *(treatment)* suivre; **the car is ~ing repairs** la voiture est en réparation

**undergraduate** [ʌndəˈgrædjuɪt] *n* étudiant(e) (qui prépare la licence) ▷ *cpd*: **~ courses** cours *mpl* préparant à la licence

**underground** [ˈʌndəgraund] *adj* souterrain(e); *(fig)* clandestin(e) ▷ *n (Brit: railway)* métro *m*; *(Pol)* clandestinité *f*

**undergrowth** [ˈʌndəgrəuθ] *n* broussailles *fpl*, sous-bois *m*

**underhand** [ʌndəˈhænd], **underhanded** [ʌndəˈhændɪd] *adj (fig)* sournois(e), en dessous

**underlie** [ʌndəˈlaɪ] *vt (irreg like:* **lie**) être à la base de; **the underlying cause** la cause sous-jacente

**underline** [ʌndəˈlaɪn] *vt* souligner

**undermine** [ʌndəˈmaɪn] *vt* saper, miner

**underneath** [ʌndəˈniːθ] *adv* (en) dessous ▷ *prep* sous, au-dessous de

**underpaid** [ʌndəˈpeɪd] *adj* sous-payé(e)

**underpants** [ˈʌndəpænts] *npl* caleçon *m*, slip *m*

**underpass** [ˈʌndəpɑːs] *n (Brit: for pedestrians)* passage souterrain; (: *for cars)* passage inférieur

**underprivileged** [ʌndəˈprɪvɪlɪdʒd] *adj* défavorisé(e)

**underrate** [ʌndəˈreɪt] *vt* sous-estimer, mésestimer

**underscore** [ʌndəˈskɔːʳ] *vt* souligner

**undershirt** [ˈʌndəʃəːt] *n (US)* tricot *m* de corps

**undershorts** [ˈʌndəʃɔːts] *npl (US)* caleçon *m*, slip *m*

**underside** [ˈʌndəsaɪd] *n* dessous *m*

**underskirt** [ˈʌndəskəːt] *n (Brit)* jupon *m*

**understand** [ʌndəˈstænd] *vt, vi (irreg like:* **stand**) comprendre; **I don't ~** je ne comprends pas; **I ~ that ...** je me suis laissé dire que ..., je crois comprendre que ...; **to make o.s. understood** se faire comprendre

**understandable** [ʌndəˈstændəbl] *adj* compréhensible

**understanding** [ʌndəˈstændɪŋ] *adj* compréhensif(-ive) ▷ *n* compréhension *f*; *(agreement)* accord *m*; **to come to an ~ with sb** s'entendre avec qn; **on the ~ that ...** à condition que ...

**understatement** [ˈʌndəsteɪtmənt] *n*: **that's an ~** c'est (bien) peu dire, le terme est faible

**understood** [ʌndəˈstud] *pt, pp of* **understand** ▷ *adj* entendu(e); *(implied)* sous-entendu(e)

**understudy** [ˈʌndəstʌdɪ] *n* doublure *f*

**undertake** [ʌndəˈteɪk] *vt (irreg like:* **take**) (job, .

*task*) entreprendre; (*duty*) se charger de; **to ~ to do sth** s'engager à faire qch

**undertaker** ['ʌndəteɪkə'] *n* (*Brit*) entrepreneur *m* des pompes funèbres, croque-mort *m*

**undertaking** ['ʌndəteɪkɪŋ] *n* entreprise *f*; (*promise*) promesse *f*

**undertone** ['ʌndətəʊn] *n* (*low voice*): **in an ~** à mi-voix; (*of criticism etc*) nuance cachée

**underwater** [ʌndə'wɔːtə'] *adv* sous l'eau ▷ *adj* sous-marin(e)

**underway** [ʌndə'weɪ] *adj*: **to be ~** (*meeting, investigation*) être en cours

**underwear** ['ʌndəweə'] *n* sous-vêtements *mpl*; (*women's only*) dessous *mpl*

**underwent** [ʌndə'went] *pt of* **undergo**

**underworld** ['ʌndəwəːld] *n* (*of crime*) milieu *m*, pègre *f*

**underwrite** [ʌndə'raɪt] *vt* (*Finance*) garantir; (*Insurance*) souscrire

**undesirable** [ʌndɪ'zaɪərəbl] *adj* peu souhaitable; (*person, effect*) indésirable

**undies** ['ʌndɪz] *npl* (*inf*) dessous *mpl*, lingerie *f*

**undiplomatic** ['ʌndɪplə'mætɪk] *adj* peu diplomatique, maladroit(e)

**undisputed** ['ʌndɪs'pjuːtɪd] *adj* incontesté(e)

**undo** [ʌn'duː] *vt* (*irreg like*: **do**) défaire

**undoing** [ʌn'duːɪŋ] *n* ruine *f*, perte *f*

**undone** [ʌn'dʌn] *pp of* **undo** ▷ *adj*: **to come ~** se défaire

**undoubted** [ʌn'daʊtɪd] *adj* indubitable, certain(e)

**undoubtedly** [ʌn'daʊtɪdlɪ] *adv* sans aucun doute

**undress** [ʌn'dres] *vi* se déshabiller ▷ *vt* déshabiller

**undue** [ʌn'djuː] *adj* indu(e), excessif(-ive)

**undulating** ['ʌndjʊleɪtɪŋ] *adj* ondoyant(e), onduleux(-euse)

**unduly** [ʌn'djuːlɪ] *adv* trop, excessivement

**unearth** [ʌn'əːθ] *vt* déterrer; (*fig*) dénicher

**unearthly** [ʌn'əːθlɪ] *adj* surnaturel(le); (*hour*) indu(e), impossible

**uneasy** [ʌn'iːzɪ] *adj* mal à l'aise, gêné(e); (*worried*) inquiet(-ète); (*feeling*) désagréable; (*peace, truce*) fragile; **to feel ~ about doing sth** se sentir mal à l'aise à l'idée de faire qch

**uneconomic** ['ʌniːkə'nɒmɪk], **uneconomical** ['ʌniːkə'nɒmɪkl] *adj* peu économique; peu rentable

**uneducated** [ʌn'edjʊkeɪtɪd] *adj* sans éducation

**unemployed** [ʌnɪm'plɔɪd] *adj* sans travail, au chômage ▷ *n*: **the ~** les chômeurs *mpl*

**unemployment** [ʌnɪm'plɔɪmənt] *n* chômage *m*

**unemployment benefit**, (*US*) **unemployment compensation** *n* allocation *f* de chômage

**unending** [ʌn'endɪŋ] *adj* interminable

**unequal** [ʌn'iːkwəl] *adj* inégal(e)

**unerring** [ʌn'əːrɪŋ] *adj* infaillible, sûr(e)

**uneven** [ʌn'iːvn] *adj* inégal(e); (*quality, work*) irrégulier(-ière)

**unexpected** [ʌnɪk'spektɪd] *adj* inattendu(e), imprévu(e)

**unexpectedly** [ʌnɪk'spektɪdlɪ] *adv* (*succeed*) contre toute attente; (*arrive*) à l'improviste

**unfailing** [ʌn'feɪlɪŋ] *adj* inépuisable; infaillible

**unfair** [ʌn'feə'] *adj*: **~ (to)** injuste (envers); **it's ~ that ...** il n'est pas juste que ...

**unfaithful** [ʌn'feɪθfʊl] *adj* infidèle

**unfamiliar** [ʌnfə'mɪlɪə'] *adj* étrange, inconnu(e); **to be ~ with sth** mal connaître qch

**unfashionable** [ʌn'fæʃnəbl] *adj* (*clothes*) démodé(e); (*place*) peu chic *inv*; (*district*) déshérité(e), pas à la mode

**unfasten** [ʌn'fɑːsn] *vt* défaire; (*belt, necklace*) détacher; (*open*) ouvrir

**unfavourable**, (*US*) **unfavorable** [ʌn'feɪvrəbl] *adj* défavorable

**unfeeling** [ʌn'fiːlɪŋ] *adj* insensible, dur(e)

**unfinished** [ʌn'fɪnɪʃt] *adj* inachevé(e)

**unfit** [ʌn'fɪt] *adj* (*physically*: *ill*) en mauvaise santé; (: *out of condition*) pas en forme; (*incompetent*): **~ (for)** impropre (à); (*work, service*) inapte (à)

**unfold** [ʌn'fəʊld] *vt* déplier; (*fig*) révéler, exposer ▷ *vi* se dérouler

**unforeseen** ['ʌnfɔː'siːn] *adj* imprévu(e)

**unforgettable** [ʌnfə'getəbl] *adj* inoubliable

**unfortunate** [ʌn'fɔːtʃnət] *adj* malheureux(-euse); (*event, remark*) malencontreux(-euse)

**unfortunately** [ʌn'fɔːtʃnətlɪ] *adv* malheureusement

**unfounded** [ʌn'faʊndɪd] *adj* sans fondement

**unfriendly** [ʌn'frendlɪ] *adj* peu aimable, froid(e), inamical(e)

**unfurnished** [ʌn'fəːnɪʃt] *adj* non meublé(e)

**ungainly** [ʌn'geɪnlɪ] *adj* gauche, dégingandé(e)

**ungodly** [ʌn'gɒdlɪ] *adj* impie; **at an ~ hour** à une heure indue

**ungrateful** [ʌn'greɪtfʊl] *adj* qui manque de reconnaissance, ingrat(e)

**unhappiness** [ʌn'hæpɪnɪs] *n* tristesse *f*, peine *f*

**unhappy** [ʌn'hæpɪ] *adj* triste, malheureux(-euse); (*unfortunate*: *remark etc*) malheureux(-euse); (*not pleased*): **~ with** mécontent(e) de, peu satisfait(e) de

**unharmed** [ʌn'hɑːmd] *adj* indemne, sain(e) et sauf/sauve

**UNHCR** *n abbr* (= *United Nations High Commission for Refugees*) HCR *m*

**unhealthy** [ʌn'helθɪ] *adj* (*gen*) malsain(e); (*person*) maladif(-ive)

**unheard-of** [ʌn'həːdɒv] *adj* inouï(e), sans précédent

**unhelpful** [ʌn'helpfʊl] *adj* (*person*) peu serviable; (*advice*) peu utile

**u**

**unhurt** [ʌn'hɜːt] *adj* indemne, sain(e) et sauf/sauve

**unidentified** [ʌnaɪ'dɛntɪfaɪd] *adj* non identifié(e); *see also* **UFO**

**uniform** ['juːnɪfɔːm] *n* uniforme *m* ▷ *adj* uniforme

**unify** ['juːnɪfaɪ] *vt* unifier

**unimportant** [ʌnɪm'pɔːtənt] *adj* sans importance

**uninhabited** [ʌnɪn'hæbɪtɪd] *adj* inhabité(e)

**unintentional** [ʌnɪn'tɛnʃənəl] *adj* involontaire

**union** ['juːnjən] *n* union *f*; (*also*: **trade ~**) syndicat *m* ▷ *cpd* du syndicat, syndical(e)

**Union Jack** *n* drapeau du Royaume-Uni

**unique** [juː'niːk] *adj* unique

**unisex** ['juːnɪsɛks] *adj* unisexe

**unison** ['juːnɪsn] *n*: **in ~** à l'unisson, en chœur

**unit** ['juːnɪt] *n* unité *f*; (*section: of furniture etc*) élément *m*, bloc *m*; (*team, squad*) groupe *m*, service *m*; **production ~** atelier *m* de fabrication; **kitchen ~** élément de cuisine; **sink ~** bloc-évier *m*

**unite** [juː'naɪt] *vt* unir ▷ *vi* s'unir

**united** [juː'naɪtɪd] *adj* uni(e); (*country, party*) unifié(e); (*efforts*) conjugué(e)

**United Kingdom** *n* Royaume-Uni *m*

**United Nations, United Nations Organization** *n* (Organisation *f* des) Nations unies

**United States, United States of America** *n* États-Unis *mpl*

**unit trust** *n* (*Brit Comm*) fonds commun de placement, FCP *m*

**unity** ['juːnɪtɪ] *n* unité *f*

**universal** [juːnɪ'vɜːsl] *adj* universel(le)

**universe** ['juːnɪvɜːs] *n* univers *m*

**university** [juːnɪ'vɜːsɪtɪ] *n* université *f* ▷ *cpd* (*student, professor*) d'université; (*education, year, degree*) universitaire

**unjust** [ʌn'dʒʌst] *adj* injuste

**unkempt** [ʌn'kɛmpt] *adj* mal tenu(e), débraillé(e); mal peigné(e)

**unkind** [ʌn'kaɪnd] *adj* peu gentil(le), méchant(e)

**unknown** [ʌn'nəun] *adj* inconnu(e); **~ to me** sans que je le sache; **~ quantity** (*Math, fig*) inconnue *f*

**unlawful** [ʌn'lɔːful] *adj* illégal(e)

**unleaded** [ʌn'lɛdɪd] *n* (*also*: **~ petrol**) essence *f* sans plomb

**unleash** [ʌn'liːʃ] *vt* détacher; (*fig*) déchaîner, déclencher

**unless** [ʌn'lɛs] *conj*: **~ he leaves** à moins qu'il (ne) parte; **~ we leave** à moins de partir, à moins que nous (ne) partions; **~ otherwise stated** sauf indication contraire; **~ I am mistaken** si je ne me trompe

**unlike** [ʌn'laɪk] *adj* dissemblable, différent(e) ▷ *prep* à la différence de, contrairement à

**unlikely** [ʌn'laɪklɪ] *adj* (*result, event*) improbable; (*explanation*) invraisemblable

**unlimited** [ʌn'lɪmɪtɪd] *adj* illimité(e)

**unlisted** ['ʌn'lɪstɪd] *adj* (*US Tel*) sur la liste rouge; (*Stock Exchange*) non coté(e) en Bourse

**unload** [ʌn'ləud] *vt* décharger

**unlock** [ʌn'lɔk] *vt* ouvrir

**unlucky** [ʌn'lʌkɪ] *adj* (*person*) malchanceux(-euse); (*object, number*) qui porte malheur; **to be ~** (*person*) ne pas avoir de chance

**unmarried** [ʌn'mærɪd] *adj* célibataire

**unmistakable, unmistakeable** [ʌnmɪs'teɪkəbl] *adj* indubitable; qu'on ne peut pas ne pas reconnaître

**unmitigated** [ʌn'mɪtɪgeɪtɪd] *adj* non mitigé(e), absolu(e), pur(e)

**unnatural** [ʌn'nætʃrəl] *adj* non naturel(le); (*perversion*) contre nature

**unnecessary** [ʌn'nɛsəsərɪ] *adj* inutile, superflu(e)

**unnoticed** [ʌn'nəutɪst] *adj* inaperçu(e); **to go ~** passer inaperçu

**UNO** ['juːnəu] *n abbr* = **United Nations Organization**

**unobtainable** [ʌnəb'teɪnəbl] *adj* (*Tel*) impossible à obtenir

**unobtrusive** [ʌnəb'truːsɪv] *adj* discret(-ète)

**unofficial** [ʌnə'fɪʃl] *adj* (*news*) officieux(-euse), non officiel(le); (*strike*) ≈ sauvage

**unorthodox** [ʌn'ɔːθədɔks] *adj* peu orthodoxe

**unpack** [ʌn'pæk] *vi* défaire sa valise, déballer ses affaires ▷ *vt* (*suitcase*) défaire; (*belongings*) déballer

**unpaid** [ʌn'peɪd] *adj* (*bill*) impayé(e); (*holiday*) non-payé(e), sans salaire; (*work*) non rétribué(e); (*worker*) bénévole

**unpalatable** [ʌn'pælətəbl] *adj* (*truth*) désagréable (à entendre)

**unparalleled** [ʌn'pærəleld] *adj* incomparable, sans égal

**unpleasant** [ʌn'plɛznt] *adj* déplaisant(e), désagréable

**unplug** [ʌn'plʌg] *vt* débrancher

**unpopular** [ʌn'pɔpjulə'] *adj* impopulaire; **to make o.s. ~ (with)** se rendre impopulaire (auprès de)

**unprecedented** [ʌn'prɛsɪdɛntɪd] *adj* sans précédent

**unpredictable** [ʌnprɪ'dɪktəbl] *adj* imprévisible

**unprofessional** [ʌnprə'fɛʃənl] *adj* (*conduct*) contraire à la déontologie

**UNPROFOR** [ʌn'prəufɔː'] *n abbr* (= *United Nations Protection Force*) FORPRONU *f*

**unprotected** ['ʌnprə'tɛktɪd] *adj* (*sex*) non protégé(e)

**unqualified** [ʌn'kwɔlɪfaɪd] *adj* (*teacher*) non diplômé(e), sans titres; (*success*) sans réserve, total(e); (*disaster*) total(e)

**unquestionably** [ʌn'kwɛstʃənəblɪ] *adv* incontestablement

**unravel** [ʌn'rævl] *vt* démêler

**unreal** [ʌnˈrɪəl] *adj* irréel(le); (*extraordinary*) incroyable

**unrealistic** [ˈʌnrɪəˈlɪstɪk] *adj* (*idea*) irréaliste; (*estimate*) peu réaliste

**unreasonable** [ʌnˈriːznəbl] *adj* qui n'est pas raisonnable; **to make ~ demands on sb** exiger trop de qn

**unrelated** [ʌnrɪˈleɪtɪd] *adj* sans rapport; (*people*) sans lien de parenté

**unreliable** [ʌnrɪˈlaɪəbl] *adj* sur qui (*or* quoi) on ne peut pas compter, peu fiable

**unremitting** [ʌnrɪˈmɪtɪŋ] *adj* inlassable, infatigable, acharné(e)

**unreservedly** [ʌnrɪˈzəːvɪdlɪ] *adv* sans réserve

**unrest** [ʌnˈrest] *n* agitation *f*, troubles *mpl*

**unroll** [ʌnˈrəʊl] *vt* dérouler

**unruly** [ʌnˈruːlɪ] *adj* indiscipliné(e)

**unsafe** [ʌnˈseɪf] *adj* (*in danger*) en danger; (*journey, car*) dangereux(-euse); (*method*) hasardeux(-euse); **~ to drink/eat** non potable/comestible

**unsaid** [ʌnˈsed] *adj*: **to leave sth ~** passer qch sous silence

**unsatisfactory** [ˈʌnsætɪsˈfæktərɪ] *adj* peu satisfaisant(e), qui laisse à désirer

**unsavoury**, (US) **unsavory** [ʌnˈseɪvərɪ] *adj* (*fig*) peu recommandable, répugnant(e)

**unscathed** [ʌnˈskeɪðd] *adj* indemne

**unscrew** [ʌnˈskruː] *vt* dévisser

**unscrupulous** [ʌnˈskruːpjuləs] *adj* sans scrupules

**unsettled** [ʌnˈsetld] *adj* (*restless*) perturbé(e); (*unpredictable*) instable; incertain(e); (*not finalized*) non résolu(e)

**unsettling** [ʌnˈsetlɪŋ] *adj* qui a un effet perturbateur

**unshaven** [ʌnˈʃeɪvn] *adj* non *or* mal rasé(e)

**unsightly** [ʌnˈsaɪtlɪ] *adj* disgracieux(-euse), laid(e)

**unskilled** [ʌnˈskɪld] *adj*: **~ worker** manœuvre *m*

**unspeakable** [ʌnˈspiːkəbl] *adj* indicible; (*awful*) innommable

**unspoiled** [ʌnˈspɔɪld], **unspoilt** [ˈʌnˈspɔɪlt] *adj* (*place*) non dégradé(e)

**unstable** [ʌnˈsteɪbl] *adj* instable

**unsteady** [ʌnˈstedɪ] *adj* mal assuré(e), chancelant(e), instable

**unstuck** [ʌnˈstʌk] *adj*: **to come ~** se décoller; (*fig*) faire fiasco

**unsuccessful** [ʌnsəkˈsesful] *adj* (*attempt*) infructueux(-euse); (*writer, proposal*) qui n'a pas de succès; (*marriage*) malheureux(-euse), qui ne réussit pas; **to be ~** (*in attempting sth*) ne pas réussir; ne pas avoir de succès; (*application*) ne pas être retenu(e)

**unsuitable** [ʌnˈsuːtəbl] *adj* qui ne convient pas, peu approprié(e); (*time*) inopportun(e)

**unsure** [ʌnˈʃuəʳ] *adj* pas sûr(e); **to be ~ of o.s.** ne pas être sûr de soi, manquer de confiance en soi

**unsuspecting** [ʌnsəˈspektɪŋ] *adj* qui ne se méfie pas

**unsympathetic** [ˈʌnsɪmpəˈθetɪk] *adj* hostile; (*unpleasant*) antipathique; **~ to** indifférent(e) à

**untapped** [ʌnˈtæpt] *adj* (*resources*) inexploité(e)

**unthinkable** [ʌnˈθɪŋkəbl] *adj* impensable, inconcevable

**untidy** [ʌnˈtaɪdɪ] *adj* (*room*) en désordre; (*appearance, person*) débraillé(e); (*person: in character*) sans ordre, désordonné; débraillé; (*work*) peu soigné(e)

**untie** [ʌnˈtaɪ] *vt* (*knot, parcel*) défaire; (*prisoner, dog*) détacher

**until** [ənˈtɪl] *prep* jusqu'à; (*after negative*) avant ▷ *conj* jusqu'à ce que + *sub*, en attendant que + *sub*; (*in past, after negative*) avant que + *sub*; **~ he comes** jusqu'à ce qu'il vienne, jusqu'à son arrivée; **~ now** jusqu'à présent, jusqu'ici; **~ then** jusque-là; **from morning ~ night** du matin au soir *or* jusqu'au soir

**untimely** [ʌnˈtaɪmlɪ] *adj* inopportun(e); (*death*) prématuré(e)

**untold** [ʌnˈtəʊld] *adj* incalculable; indescriptible

**untoward** [ʌntəˈwɔːd] *adj* fâcheux(-euse), malencontreux(-euse)

**untrue** [ʌnˈtruː] *adj* (*statement*) faux/fausse

**unused¹** [ʌnˈjuːzd] *adj* (*new*) neuf/neuve

**unused²** [ʌnˈjuːst] *adj*: **to be ~ to sth/to doing sth** ne pas avoir l'habitude de qch/de faire qch

**unusual** [ʌnˈjuːʒuəl] *adj* insolite, exceptionnel(le), rare

**unusually** [ʌnˈjuːʒuəlɪ] *adv* exceptionnellement, particulièrement

**unveil** [ʌnˈveɪl] *vt* dévoiler

**unwanted** [ʌnˈwɒntɪd] *adj* (*child, pregnancy*) non désiré(e); (*clothes etc*) à donner

**unwelcome** [ʌnˈwelkəm] *adj* importun(e); **to feel ~** se sentir de trop

**unwell** [ʌnˈwel] *adj* indisposé(e), souffrant(e); **to feel ~** ne pas se sentir bien

**unwieldy** [ʌnˈwiːldɪ] *adj* difficile à manier

**unwilling** [ʌnˈwɪlɪŋ] *adj*: **to be ~ to do** ne pas vouloir faire

**unwillingly** [ʌnˈwɪlɪŋlɪ] *adv* à contrecœur, contre son gré

**unwind** [ʌnˈwaɪnd] (*irreg like*: **wind**) *vt* dérouler ▷ *vi* (*relax*) se détendre

**unwise** [ʌnˈwaɪz] *adj* imprudent(e), peu judicieux(-euse)

**unwitting** [ʌnˈwɪtɪŋ] *adj* involontaire

**unwittingly** [ʌnˈwɪtɪŋlɪ] *adv* involontairement

**unworkable** [ʌnˈwəːkəbl] *adj* (*plan etc*) inexploitable

**unworthy** [ʌnˈwəːðɪ] *adj* indigne

**unwrap** [ʌnˈræp] *vt* défaire; ouvrir

**unwritten** [ʌnˈrɪtn] *adj* (*agreement*) tacite

**unzip** [ʌnˈzɪp] *vt* ouvrir (la fermeture éclair de); (*Comput*) dézipper

**u**

KEYWORD

**up** [ʌp] *prep*: **he went up the stairs/the hill** il a monté l'escalier/la colline; **the cat was up a tree** le chat était dans un arbre; **they live further up the street** ils habitent plus haut dans la rue; **go up that road and turn left** remontez la rue et tournez à gauche
▷ *vi* (*inf*): **she upped and left** elle a fichu le camp sans plus attendre
▷ *adv* 1 en haut; en l'air; (*upwards, higher*): **up in the sky/the mountains** (là-haut) dans le ciel/les montagnes; **put it a bit higher up** mettez-le un peu plus haut; **to stand up** (*get up*) se lever, se mettre debout; (*be standing*) être debout; **up there** là-haut; **up above** au-dessus; **"this side up"** "haut"
2: **to be up** (*out of bed*) être levé(e); (*prices*) avoir augmenté *or* monté; (*finished*): **when the year was up** à la fin de l'année; **time's up** c'est l'heure
3: **up to** (*as far as*) jusqu'à; **up to now** jusqu'à présent
4: **to be up to** (*depending on*): **it's up to you** c'est à vous de décider; (*equal to*): **he's not up to it** (*job, task etc*) il n'en est pas capable; (*inf: be doing*): **what is he up to?** qu'est-ce qu'il peut bien faire?
5 (*phrases*): **he's well up in** *or* **on ...** (*Brit: knowledgeable*) il s'y connaît en ...; **up with Leeds United!** vive Leeds United!; **what's up?** (*inf*) qu'est-ce qui ne va pas?; **what's up with him?** (*inf*) qu'est-ce qui lui arrive?
▷ *n*: **ups and downs** hauts et bas *mpl*

**up-and-coming** [ʌpənd'kʌmɪŋ] *adj* plein(e) d'avenir *or* de promesses
**upbringing** ['ʌpbrɪŋɪŋ] *n* éducation *f*
**update** [ʌp'deɪt] *vt* mettre à jour
**upfront** [ʌp'frʌnt] *adj* (*open*) franc/franche ▷ *adv* (*pay*) d'avance; **to be ~ about sth** ne rien cacher de qch
**upgrade** [ʌp'greɪd] *vt* (*person*) promouvoir; (*job*) revaloriser; (*property, equipment*) moderniser
**upheaval** [ʌp'hiːvl] *n* bouleversement *m*; (*in room*) branle-bas *m*; (*event*) crise *f*
**uphill** [ʌp'hɪl] *adj* qui monte; (*fig: task*) difficile, pénible ▷ *adv* (*face, look*) en amont, vers l'amont; (*go, move*) vers le haut, en haut; **to go ~** monter
**uphold** [ʌp'həuld] *vt* (*irreg like*: **hold**) maintenir; soutenir
**upholstery** [ʌp'həulstərɪ] *n* rembourrage *m*; (*cover*) tissu *m* d'ameublement; (*of car*) garniture *f*
**upkeep** ['ʌpkiːp] *n* entretien *m*
**upmarket** [ʌp'maːkɪt] *adj* (*product*) haut de gamme *inv*; (*area*) chic *inv*
**upon** [ə'pɔn] *prep* sur
**upper** ['ʌpə*] *adj* supérieur(e); du dessus ▷ *n* (*of shoe*) empeigne *f*

**upper class** *n*: **the ~** ≈ la haute bourgeoisie
**upper-class** [ʌpə'klaːs] *adj* de la haute société, aristocratique; (*district*) élégant(e), huppé(e); (*accent, attitude*) caractéristique des classes supérieures
**upper hand** *n*: **to have the ~** avoir le dessus
**uppermost** ['ʌpəməust] *adj* le/la plus haut(e), en dessus; **it was ~ in my mind** j'y pensais avant tout autre chose
**upper sixth** *n* terminale *f*
**upright** ['ʌpraɪt] *adj* droit(e); (*fig*) droit, honnête ▷ *n* montant *m*
**uprising** ['ʌpraɪzɪŋ] *n* soulèvement *m*, insurrection *f*
**uproar** ['ʌprɔː*r*] *n* tumulte *m*, vacarme *m*; (*protests*) protestations *fpl*
**uproot** [ʌp'ruːt] *vt* déraciner
**upset** *n* ['ʌpset] dérangement *m* ▷ *vt* [ʌp'set] (*irreg like*: **set**) (*glass etc*) renverser; (*plan*) déranger; (*person: offend*) contrarier; (*: grieve*) faire de la peine à; **boulverser** ▷ *adj* [ʌp'set] contrarié(e); peiné(e); (*stomach*) détraqué(e), dérangé(e); **to get ~** (*sad*) devenir triste; (*offended*) se vexer; **to have a stomach ~** (*Brit*) avoir une indigestion
**upshot** ['ʌpʃɔt] *n* résultat *m*; **the ~ of it all was that ...** il a résulté de tout cela que ...
**upside down** ['ʌpsaɪd-] *adv* à l'envers; **to turn sth ~** (*fig: place*) mettre sens dessus dessous
**upstairs** [ʌp'stɛəz] *adv* en haut ▷ *adj* (*room*) du dessus, d'en haut ▷ *n*: **the ~** l'étage *m*; **there's no ~** il n'y a pas d'étage
**upstart** ['ʌpstaːt] *n* parvenu(e)
**upstream** [ʌp'striːm] *adv* en amont
**uptake** ['ʌpteɪk] *n*: **he is quick/slow on the ~** il comprend vite/est lent à comprendre
**uptight** [ʌp'taɪt] *adj* (*inf*) très tendu(e), crispé(e)
**up-to-date** ['ʌptə'deɪt] *adj* moderne; (*information*) très récent(e)
**upturn** ['ʌptəːn] *n* (*in economy*) reprise *f*
**upward** ['ʌpwəd] *adj* ascendant(e); vers le haut ▷ *adv* vers le haut; (*more than*): **~ of** plus de; **and ~** et plus, et au-dessus
**upwards** ['ʌpwədz] *adv* vers le haut; (*more than*): **~ of** plus de; **and ~** et plus, et au-dessus
**uranium** [juə'reɪnɪəm] *n* uranium *m*
**Uranus** [juə'reɪnəs] *n* Uranus *f*
**urban** ['əːbən] *adj* urbain(e)
**urban clearway** *n* rue *f* à stationnement interdit
**urbane** [əː'beɪn] *adj* urbain(e), courtois(e)
**urchin** ['əːtʃɪn] *n* gosse *m*, garnement *m*
**urge** [əːdʒ] *n* besoin (impératif), envie (pressante) ▷ *vt* (*caution etc*) recommander avec insistance; (*person*): **to ~ sb to do** exhorter qn à faire, pousser qn à faire, recommander vivement à qn de faire; **urge on** *vt* pousser, presser
**urgency** ['əːdʒənsɪ] *n* urgence *f*; (*of tone*) insistance *f*

**urgent** ['ə:dʒənt] *adj* urgent(e); *(plea, tone)* pressant(e)

**urinal** ['juərinl] *n (Brit: place)* urinoir *m*

**urinate** ['juərineit] *vi* uriner

**urine** ['juərin] *n* urine *f*

**URL** *abbr (= uniform resource locator)* URL *f*

**urn** [ə:n] *n* urne *f*; *(also:* **tea ~**) fontaine *f* à thé

**US** *n abbr =* **United States**

**us** [ʌs] *pron* nous; *see also* **me**

**USA** *n abbr =* **United States of America**; *(Mil)* = **United States Army**

**use** *n* [ju:s] emploi *m*, utilisation *f*; usage *m*; *(usefulness)* utilité *f* ▷ *vt* [ju:z] se servir de, utiliser, employer; **in ~** en usage; **out of ~** hors d'usage; **to be of ~** servir, être utile; **to make ~ of sth** utiliser qch; **ready for ~** prêt à l'emploi; **it's no ~** ça ne sert à rien; **to have the ~ of** avoir l'usage de; **what's this ~d for?** à quoi est-ce que ça sert?; **she ~d to do it** elle le faisait (autrefois), elle avait coutume de le faire; **to be ~d to** avoir l'habitude de, être habitué(e) à; **to get ~d to** s'habituer à; **use up** *vt* finir, épuiser; *(food)* consommer

**used** [ju:zd] *adj (car)* d'occasion

**useful** ['ju:sful] *adj* utile; **to come in ~** être utile

**usefulness** ['ju:sfəlnıs] *n* utilité *f*

**useless** ['ju:slıs] *adj* inutile; *(inf: person)* nul(le)

**user** ['ju:zə'] *n* utilisateur(-trice), usager *m*

**user-friendly** ['ju:zə'frɛndlı] *adj* convivial(e), facile d'emploi

**username** ['ju:zəneım] *n* nom *m* d'utilisateur

**usher** ['ʌʃə'] *n* placeur *m* ▷ *vt*: **to ~ sb in** faire entrer qn

**usherette** [ʌʃə'rɛt] *n (in cinema)* ouvreuse *f*

**usual** ['ju:ʒuəl] *adj* habituel(le); **as ~** comme d'habitude

**usually** ['ju:ʒuəlı] *adv* d'habitude, d'ordinaire

**utensil** [ju:'tɛnsl] *n* ustensile *m*; **kitchen ~s** batterie *f* de cuisine

**uterus** ['ju:tərəs] *n* utérus *m*

**utility** [ju:'tılıtı] *n* utilité *f*; *(also:* **public ~**) service public

**utility room** *n* buanderie *f*

**utilize** ['ju:tılaız] *vt* utiliser; *(make good use of)* exploiter

**utmost** ['ʌtməust] *adj* extrême, le/la plus grand(e) ▷ *n*: **to do one's ~** faire tout son possible; **of the ~ importance** d'une importance capitale, de la plus haute importance

**utter** ['ʌtə'] *adj* total(e), complet(-ète) ▷ *vt* prononcer, proférer; *(sounds)* émettre

**utterance** ['ʌtrns] *n* paroles *fpl*

**utterly** ['ʌtəlı] *adv* complètement, totalement

**U-turn** ['ju:'tə:n] *n* demi-tour *m*; *(fig)* volte-face *f inv*

# V

**v.** *abbr =* **verse**; *(= vide)* v.; *(= versus)* vs; *(= volt)* V

**vacancy** ['veɪkənsı] *n (Brit: job)* poste vacant; *(room)* chambre *f* disponible; **"no vacancies"** "complet"

**vacant** ['veɪkənt] *adj (post)* vacant(e); *(seat etc)* libre, disponible; *(expression)* distrait(e)

**vacate** [və'keɪt] *vt* quitter

**vacation** [və'keɪʃən] *n (esp US)* vacances *fpl*; **to take a ~** prendre des vacances; **on ~** en vacances

**vacationer** [və'keɪʃənə'], *(US)* **vacationist** [və'keɪʃənıst] *n* vacancier(-ière)

**vaccinate** ['væksıneıt] *vt* vacciner

**vaccination** [væksı'neıʃən] *n* vaccination *f*

**vaccine** ['væksi:n] *n* vaccin *m*

**vacuum** ['vækjum] *n* vide *m*

**vacuum cleaner** *n* aspirateur *m*

**vacuum-packed** ['vækjumpækt] *adj* emballé(e) sous vide

**vagina** [və'dʒaınə] *n* vagin *m*

**vagrant** ['veıgrənt] *n* vagabond(e), mendiant(e)

**vague** [veıg] *adj* vague, imprécis(e); *(blurred: photo, memory)* flou(e); **I haven't the ~st idea** je n'en ai pas la moindre idée

**vaguely** ['veıglı] *adv* vaguement

**vain** [veın] *adj (useless)* vain(e); *(conceited)* vaniteux(-euse); **in ~** en vain

**valentine** ['væləntaın] *n (also:* **~ card**) carte *f* de la Saint-Valentin

**Valentine's Day** ['væləntaınz-] *n* Saint-Valentin *f*

**valiant** ['vælɪənt] *adj* vaillant(e),
courageux(-euse)
**valid** ['vælɪd] *adj* (*document*) valide, valable;
(*excuse*) valable
**valley** ['vælɪ] *n* vallée *f*
**valour**, (*US*) **valor** ['vælə$^r$] *n* courage *m*
**valuable** ['væljuəbl] *adj* (*jewel*) de grande
valeur; (*time, help*) précieux(-euse)
**valuables** ['væljuəblz] *npl* objets *mpl* de
valeur
**valuation** [vælju'eɪʃən] *n* évaluation *f*,
expertise *f*
**value** ['vælju:] *n* valeur *f* ▷ *vt* (*fix price*)
évaluer, expertiser; (*appreciate*) apprécier;
(*cherish*) tenir à; **values** *npl* (*principles*)
valeurs *fpl*; **you get good ~ (for money) in
that shop** vous en avez pour votre argent
dans ce magasin; **to lose (in) ~** (*currency*)
baisser; (*property*) se déprécier; **to gain (in) ~**
(*currency*) monter; (*property*) prendre de la
valeur; **to be of great ~ to sb** (*fig*) être très
utile à qn
**value added tax** [-'ædɪd-] *n* (*Brit*) taxe *f* à la
valeur ajoutée
**valued** ['vælju:d] *adj* (*appreciated*) estimé(e)
**valve** [vælv] *n* (*in machine*) soupape *f*; (*on tyre*)
valve *f*; (*in radio*) lampe *f*; (*Med*) valve, valvule *f*
**vampire** ['væmpaɪə$^r$] *n* vampire *m*
**van** [væn] *n* (*Aut*) camionnette *f*; (*Brit Rail*)
fourgon *m*
**vandal** ['vændl] *n* vandale *m/f*
**vandalism** ['vændəlɪzəm] *n* vandalisme *m*
**vandalize** ['vændəlaɪz] *vt* saccager
**vanguard** ['vænɡɑːd] *n* avant-garde *m*
**vanilla** [və'nɪlə] *n* vanille *f* ▷ *cpd* (*ice cream*) à la
vanille
**vanish** ['vænɪʃ] *vi* disparaître
**vanity** ['vænɪtɪ] *n* vanité *f*
**vantage** ['vɑːntɪdʒ] *n*: **~ point** bonne
position
**vapour**, (*US*) **vapor** ['veɪpə$^r$] *n* vapeur *f*;
(*on window*) buée *f*
**variable** ['vɛərɪəbl] *adj* variable; (*mood*)
changeant(e) ▷ *n* variable *f*
**variance** ['vɛərɪəns] *n*: **to be at ~ (with)** être
en désaccord (avec); (*facts*) être en
contradiction (avec)
**variant** ['vɛərɪənt] *n* variante *f*
**variation** [vɛərɪ'eɪʃən] *n* variation *f*; (*in
opinion*) changement *m*
**varicose** ['værɪkəus] *adj*: **~ veins** varices *fpl*
**varied** ['vɛərɪd] *adj* varié(e), divers(e)
**variety** [və'raɪətɪ] *n* variété *f*; (*quantity*)
nombre *m*, quantité *f*; **a wide ~ of ...** une
grande variété *or* un grand nombre de ...
(différent(e)s *or* divers(es)); **for a ~ of
reasons** pour diverses raisons
**variety show** *n* (spectacle *m* de) variétés *fpl*
**various** ['vɛərɪəs] *adj* divers(e), différent(e);
(*several*) divers, plusieurs; **at ~ times** (*different*)
en diverses occasions; (*several*) à plusieurs
reprises

**varnish** ['vɑːnɪʃ] *n* vernis *m*; (*for nails*) vernis
(à ongles) ▷ *vt* vernir; **to ~ one's nails** se
vernir les ongles
**vary** ['vɛərɪ] *vt*, *vi* varier, changer; **to ~ with** *or*
**according to** varier selon
**vase** [vɑːz] *n* vase *m*
**Vaseline**® ['væsɪliːn] *n* vaseline *f*
**vast** [vɑːst] *adj* vaste, immense; (*amount,
success*) énorme
**VAT** [væt] *n abbr* (*Brit*: = *value added tax*) TVA *f*
**vat** [væt] *n* cuve *f*
**vault** [vɔːlt] *n* (*of roof*) voûte *f*; (*tomb*) caveau *m*;
(*in bank*) salle *f* des coffres; chambre forte;
(*jump*) saut *m* ▷ *vt* (*also*: **~ over**) sauter (d'un
bond)
**vaunted** ['vɔːntɪd] *adj*: **much-~** tant
célébré(e)
**VCR** *n abbr* = **video cassette recorder**
**VD** *n abbr* = **venereal disease**
**VDU** *n abbr* = **visual display unit**
**veal** [viːl] *n* veau *m*
**veer** [vɪə$^r$] *vi* tourner; (*car, ship*) virer
**vegan** ['viːɡən] *n* végétalien(ne)
**vegeburger** ['vedʒɪbə:ɡə$^r$] *n* burger
végétarien
**vegetable** ['vedʒtəbl] *n* légume *m* ▷ *adj*
végétal(e)
**vegetarian** [vedʒɪ'tɛərɪən] *adj, n*
végétarien(ne); **do you have any ~ dishes?**
avez-vous des plats végétariens?
**vegetation** [vedʒɪ'teɪʃən] *n* végétation *f*
**vehement** ['viːɪmənt] *adj* violent(e),
impétueux(-euse); (*impassioned*) ardent(e)
**vehicle** ['viːɪkl] *n* véhicule *m*
**veil** [veɪl] *n* voile *m* ▷ *vt* voiler; **under a ~ of
secrecy** (*fig*) dans le plus grand secret
**vein** [veɪn] *n* veine *f*; (*on leaf*) nervure *f*; (*fig:
mood*) esprit *m*
**Velcro**® ['velkrəu] *n* velcro® *m*
**velocity** [vɪ'lɔsɪtɪ] *n* vitesse *f*, vélocité *f*
**velvet** ['velvɪt] *n* velours *m*
**vending machine** ['vendɪŋ-] *n* distributeur
*m* automatique
**vendor** ['vendə$^r$] *n* vendeur(-euse); **street ~**
marchand ambulant
**veneer** [və'nɪə$^r$] *n* placage *m* de bois; (*fig*)
vernis *m*
**venereal** [vɪ'nɪərɪəl] *adj*: **~ disease** maladie
vénérienne
**Venetian blind** [vɪ'niːʃən-] *n* store vénitien
**vengeance** ['vendʒəns] *n* vengeance *f*; **with
a ~** (*fig*) vraiment, pour de bon
**venison** ['venɪsn] *n* venaison *f*
**venom** ['venəm] *n* venin *m*
**vent** [vent] *n* conduit *m* d'aération; (*in dress,
jacket*) fente *f* ▷ *vt* (*fig: one's feelings*) donner
libre cours à
**ventilation** [ventɪ'leɪʃən] *n* ventilation *f*,
aération *f*
**ventilator** ['ventɪleɪtə$^r$] *n* ventilateur *m*
**ventriloquist** [ven'trɪləkwɪst] *n*
ventriloque *m/f*

**venture** ['vɛntʃər] n entreprise f ▷ vt risquer, hasarder ▷ vi s'aventurer, se risquer; **a business ~** une entreprise commerciale; **to do sth** se risquer à faire qch

**venue** ['vɛnju:] n lieu m; (of conference etc) lieu de la réunion (or manifestation etc); (of match) lieu de la rencontre

**Venus** ['vi:nəs] n (planet) Vénus f

**verb** [və:b] n verbe m

**verbal** ['və:bl] adj verbal(e); (translation) littéral(e)

**verbatim** [və:'beɪtɪm] adj, adv mot pour mot

**verdict** ['və:dɪkt] n verdict m; **~ of guilty/not guilty** verdict de culpabilité/de non-culpabilité

**verge** [və:dʒ] n bord m; **"soft ~s"** (Brit) "accotements non stabilisés"; **on the ~ of doing** sur le point de faire; **verge on** vt fus approcher de

**verify** ['vɛrɪfaɪ] vt vérifier

**vermin** ['və:mɪn] npl animaux mpl nuisibles; (insects) vermine f

**vermouth** ['və:məθ] n vermouth m

**versatile** ['və:sətaɪl] adj polyvalent(e)

**verse** [və:s] n vers mpl; (stanza) strophe f; (in Bible) verset m; **in ~** en vers

**version** ['və:ʃən] n version f

**versus** ['və:səs] prep contre

**vertical** ['və:tɪkl] adj vertical(e) ▷ n verticale f

**vertigo** ['və:tɪgəu] n vertige m; **to suffer from ~** avoir des vertiges

**verve** [və:v] n brio m; enthousiasme m

**very** ['vɛrɪ] adv très ▷ adj: **the ~ book which** le livre même que; **the ~ thought (of it) ...** rien que d'y penser ...; **at the ~ end** tout à la fin; **the ~ last** le tout dernier; **at the ~ least** au moins; **~ well** très bien; **~ little** très peu; **~ much** beaucoup

**vessel** ['vɛsl] n (Anat, Naut) vaisseau m; (container) récipient m; see also **blood**

**vest** [vɛst] n (Brit: underwear) tricot m de corps; (US: waistcoat) gilet m ▷ vt: **to ~ sb with sth, to ~ sth in sb** investir qn de qch

**vested interest** n: **to have a ~ in doing** avoir tout intérêt à faire; **vested interests** npl (Comm) droits acquis

**vet** [vɛt] n abbr (Brit: = veterinary surgeon) vétérinaire m/f; (US: = veteran) ancien(ne) combattant(e) ▷ vt examiner minutieusement; (text) revoir; (candidate) se renseigner soigneusement sur, soumettre à une enquête approfondie

**veteran** ['vɛtərn] n vétéran m; (also: **war ~**) ancien combattant ▷ adj: **she's a ~ campaigner for ...** cela fait très longtemps qu'elle lutte pour ...

**veterinary surgeon** ['vɛtrɪnərɪ-] (Brit) n vétérinaire m/f

**veto** ['vi:təu] n (pl **vetoes**) veto m ▷ vt opposer son veto à; **to put a ~ on** mettre (or opposer) son veto à

**vex** [vɛks] vt fâcher, contrarier

**vexed** [vɛkst] adj (question) controversé(e)

**via** ['vaɪə] prep par, via

**viable** ['vaɪəbl] adj viable

**vibrate** [vaɪ'breɪt] vi: **to ~ (with)** vibrer (de); (resound) retentir (de)

**vibration** [vaɪ'breɪʃən] n vibration f

**vicar** ['vɪkər] n pasteur m (de l'Église anglicane)

**vicarage** ['vɪkərɪdʒ] n presbytère m

**vicarious** [vɪ'kɛərɪəs] adj (pleasure, experience) indirect(e)

**vice** [vaɪs] n (evil) vice m; (Tech) étau m

**vice-** [vaɪs] prefix vice-

**vice-chairman** [vaɪs'tʃɛəmən] irreg n vice-président(e)

**vice squad** n ≈ brigade mondaine

**vice versa** ['vaɪsɪ'və:sə] adv vice versa

**vicinity** [vɪ'sɪnɪtɪ] n environs mpl, alentours mpl

**vicious** ['vɪʃəs] adj (remark) cruel(le), méchant(e); (blow) brutal(e); (dog) méchant(e), dangereux(-euse); **a ~ circle** un cercle vicieux

**victim** ['vɪktɪm] n victime f; **to be the ~ of** être victime de

**victor** ['vɪktər] n vainqueur m

**Victorian** [vɪk'tɔ:rɪən] adj victorien(ne)

**victorious** [vɪk'tɔ:rɪəs] adj victorieux(-euse)

**victory** ['vɪktərɪ] n victoire f; **to win a ~ over sb** remporter une victoire sur qn

**video** ['vɪdɪəu] n (video film) vidéo f; (also: **~ cassette**) vidéocassette f; (also: **~ cassette recorder**) magnétoscope m ▷ vt (with recorder) enregistrer; (with camera) filmer ▷ cpd vidéo inv

**video camera** n caméra f vidéo inv

**video cassette recorder** n = **video recorder**

**video game** n jeu m vidéo inv

**videophone** n vidéophone m

**video recorder** n magnétoscope m

**video shop** n vidéoclub m

**video tape** n bande f vidéo inv; (cassette) vidéocassette f

**video wall** n mur m d'images vidéo

**vie** [vaɪ] vi: **to ~ with** lutter avec, rivaliser avec

**Vienna** [vɪ'ɛnə] n Vienne

**Vietnam, Viet Nam** ['vjɛt'næm] n Viêt-nam or Vietnam m

**Vietnamese** [vjɛtnə'mi:z] adj vietnamien(ne) ▷ n (pl inv) Vietnamien(ne); (Ling) vietnamien m

**view** [vju:] n vue f; (opinion) avis m, vue ▷ vt voir, regarder; (situation) considérer; (house) visiter; **on ~** (in museum etc) exposé(e); **in full ~ of sb** sous les yeux de qn; **to be within ~ (of sth)** être à portée de vue (de qch); **an overall ~ of the situation** une vue d'ensemble de la situation; **in my ~** à mon avis; **in ~ of the fact that** étant donné que; **with a ~ to doing sth** dans l'intention de faire qch

**viewer** ['vju:ər] n (viewfinder) viseur m; (small projector) visionneuse f; (TV) téléspectateur(-trice)

**V**

**viewfinder** ['vju:faɪndə<sup>r</sup>] n viseur m
**viewpoint** ['vju:pɔɪnt] n point m de vue
**vigilant** ['vɪdʒɪlənt] adj vigilant(e)
**vigorous** ['vɪɡərəs] adj vigoureux(-euse)
**vile** [vaɪl] adj (action) vil(e); (smell, food) abominable; (temper) massacrant(e)
**villa** ['vɪlə] n villa f
**village** ['vɪlɪdʒ] n village m
**villager** ['vɪlɪdʒə<sup>r</sup>] n villageois(e)
**villain** ['vɪlən] n (scoundrel) scélérat m; (Brit: criminal) bandit m; (in novel etc) traître m
**vinaigrette** [vɪneɪ'ɡret] n vinaigrette f
**vindicate** ['vɪndɪkeɪt] vt défendre avec succès; justifier
**vindictive** [vɪn'dɪktɪv] adj vindicatif(-ive), rancunier(-ière)
**vine** [vaɪn] n vigne f; (climbing plant) plante grimpante
**vinegar** ['vɪnɪɡə<sup>r</sup>] n vinaigre m
**vineyard** ['vɪnjɑːd] n vignoble m
**vintage** ['vɪntɪdʒ] n (year) année f, millésime m ▷ cpd (car) d'époque; (wine) de grand cru; **the 1970** ~ le millésime 1970
**vinyl** ['vaɪnl] n vinyle m
**viola** [vɪ'əʊlə] n alto m
**violate** ['vaɪəleɪt] vt violer
**violation** [vaɪə'leɪʃən] n violation f; **in ~ of** (rule, law) en infraction à, en violation de
**violence** ['vaɪələns] n violence f; (Pol etc) incidents violents
**violent** ['vaɪələnt] adj violent(e); **a ~ dislike of sb/sth** une aversion profonde pour qn/qch
**violet** ['vaɪələt] adj (colour) violet(te) ▷ n (plant) violette f
**violin** [vaɪə'lɪn] n violon m
**violinist** [vaɪə'lɪnɪst] n violoniste m/f
**VIP** n abbr (= very important person) VIP m
**virgin** ['vɜːdʒɪn] n vierge f ▷ adj vierge; **she is a** ~ elle est vierge; **the Blessed V**~ la Sainte Vierge
**Virgo** ['vɜːɡəʊ] n la Vierge; **to be** ~ être de la Vierge
**virile** ['vɪraɪl] adj viril(e)
**virtual** ['vɜːtjuəl] adj (Comput, Physics) virtuel(le); (in effect): **it's a ~ impossibility** c'est quasiment impossible; **the ~ leader** le chef dans la pratique
**virtually** ['vɜːtjuəlɪ] adv (almost) pratiquement; **it is ~ impossible** c'est quasiment impossible
**virtual reality** n (Comput) réalité virtuelle
**virtue** ['vɜːtjuː] n vertu f; (advantage) mérite m, avantage m; **by ~ of** en vertu or raison de
**virtuous** ['vɜːtjuəs] adj vertueux(-euse)
**virus** ['vaɪərəs] n (Med, Comput) virus m
**visa** ['viːzə] n visa m
**vise** [vaɪs] n (US Tech) = **vice**
**visibility** [vɪzɪ'bɪlɪtɪ] n visibilité f
**visible** ['vɪzəbl] adj visible; ~ **exports/imports** exportations/importations fpl visibles
**vision** ['vɪʒən] n (sight) vue f, vision f; (foresight, in dream) vision

**visit** ['vɪzɪt] n visite f; (stay) séjour m ▷ vt (person: US: also: ~ **with**) rendre visite à; (place) visiter; **on a private/official** ~ en visite privée/officielle
**visiting hours** npl heures fpl de visite
**visitor** ['vɪzɪtə<sup>r</sup>] n visiteur(-euse); (to one's house) invité(e); (in hotel) client(e)
**visitor centre, visitor center** (US) n hall m or centre m d'accueil
**visor** ['vaɪzə<sup>r</sup>] n visière f
**vista** ['vɪstə] n vue f, perspective f
**visual** ['vɪzjuəl] adj visuel(le)
**visual aid** n support visuel (pour l'enseignement)
**visual display unit** n console f de visualisation, visuel m
**visualize** ['vɪzjuəlaɪz] vt se représenter; (foresee) prévoir
**visually-impaired** ['vɪzjuəlɪɪm'pɛəd] adj malvoyant(e)
**vital** ['vaɪtl] adj vital(e); **of ~ importance (to sb/sth)** d'une importance capitale (pour qn/qch)
**vitality** [vaɪ'tælɪtɪ] n vitalité f
**vitally** ['vaɪtəlɪ] adv extrêmement
**vital statistics** npl (of population) statistiques fpl démographiques; (inf: woman's) mensurations fpl
**vitamin** ['vɪtəmɪn] n vitamine f
**vivacious** [vɪ'veɪʃəs] adj animé(e), qui a de la vivacité
**vivid** ['vɪvɪd] adj (account) frappant(e), vivant(e); (light, imagination) vif/vive
**vividly** ['vɪvɪdlɪ] adv (describe) d'une manière vivante; (remember) de façon précise
**V-neck** ['viːnɛk] n décolleté m en V
**vocabulary** [vəʊ'kæbjʊlərɪ] n vocabulaire m
**vocal** ['vəʊkl] adj vocal(e); (articulate) qui n'hésite pas à s'exprimer, qui sait faire entendre ses opinions; **vocals** npl voix fpl
**vocal cords** npl cordes vocales
**vocation** [vəʊ'keɪʃən] n vocation f
**vocational** [vəʊ'keɪʃənl] adj professionnel(le); ~ **guidance/training** orientation/formation professionnelle
**vociferous** [və'sɪfərəs] adj bruyant(e)
**vodka** ['vɔdkə] n vodka f
**vogue** [vəʊɡ] n mode f; (popularity) vogue f; **to be in** ~ être en vogue or à la mode
**voice** [vɔɪs] n voix f; (opinion) avis m ▷ vt (opinion) exprimer, formuler; **in a loud/soft** ~ à voix haute/basse; **to give** ~ **to** exprimer
**voice mail** n (system) messagerie f vocale, boîte f vocale; (device) répondeur m
**void** [vɔɪd] n vide m ▷ adj (invalid) nul(le); (empty): ~ **of** vide de, dépourvu(e) de
**volatile** ['vɔlətaɪl] adj volatil(e); (fig: person) versatile; (: situation) explosif(-ive)
**volcano** (pl **volcanoes**) [vɔl'keɪnəʊ] n volcan m
**volition** [və'lɪʃən] n: **of one's own** ~ de son propre gré

**volley** ['vɒlɪ] n (of gunfire) salve f; (of stones etc) pluie f, volée f; (Tennis etc) volée
**volleyball** ['vɒlɪbɔːl] n volley(-ball) m
**volt** [vəʊlt] n volt m
**voltage** ['vəʊltɪdʒ] n tension f, voltage m; **high/low ~** haute/basse tension
**volume** ['vɒljuːm] n volume m; (of tank) capacité f; **~ one/two** (of book) tome un/deux; **his expression spoke ~s** son expression en disait long
**voluntarily** ['vɒləntrɪlɪ] adv volontairement; bénévolement
**voluntary** ['vɒləntərɪ] adj volontaire; (unpaid) bénévole
**volunteer** [vɒlən'tɪəʳ] n volontaire m/f ▷ vt (information) donner spontanément ▷ vi (Mil) s'engager comme volontaire; **to ~ to do** se proposer pour faire
**vomit** ['vɒmɪt] n vomissure f ▷ vt, vi vomir
**vote** [vəʊt] n vote m, suffrage m; (votes cast) voix f, vote; (franchise) droit m de vote ▷ vt (bill) voter; (chairman) élire; (propose): **to ~ that** proposer que + sub ▷ vi voter; **to put sth to the ~, to take a ~ on sth** mettre qch aux voix, procéder à un vote sur qch; **~ for** or **in favour of/against** vote pour/contre; **to ~ to do sth** voter en faveur de faire qch; **~ of censure** motion f de censure; **~ of thanks** discours m de remerciement
**voter** ['vəʊtəʳ] n électeur(-trice)
**voting** ['vəʊtɪŋ] n scrutin m, vote m
**vouch** [vaʊtʃ] **to ~ for** vt fus se porter garant de
**voucher** ['vaʊtʃəʳ] n (for meal, petrol, gift) bon m; (receipt) reçu m; **travel ~** bon m de transport
**vow** [vaʊ] n vœu m, serment m ▷ vi jurer; **to take** or **make a ~ to do sth** faire le vœu de faire qch
**vowel** ['vaʊəl] n voyelle f
**voyage** ['vɔɪɪdʒ] n voyage m par mer, traversée f; (by spacecraft) voyage
**vulgar** ['vʌlgəʳ] adj vulgaire
**vulnerable** ['vʌlnərəbl] adj vulnérable
**vulture** ['vʌltʃəʳ] n vautour m

**wad** [wɒd] n (of cotton wool, paper) tampon m; (of banknotes etc) liasse f
**waddle** ['wɒdl] vi se dandiner
**wade** [weɪd] vi: **to ~ through** marcher dans, patauger dans; (fig: book) venir à bout de ▷ vt passer à gué
**wafer** ['weɪfəʳ] n (Culin) gaufrette f; (Rel) pain m d'hostie; (Comput) tranche f (de silicium)
**waffle** ['wɒfl] n (Culin) gaufre f; (inf) rabâchage m; remplissage m ▷ vi parler pour ne rien dire; faire du remplissage
**waft** [wɒft] vt porter ▷ vi flotter
**wag** [wæg] vt agiter, remuer ▷ vi remuer; **the dog ~ged its tail** le chien a remué la queue
**wage** [weɪdʒ] n (also: ~s) salaire m, paye f ▷ vt: **to ~ war** faire la guerre; **a day's ~s** un jour de salaire
**wage earner** [-əːnəʳ] n salarié(e); (breadwinner) soutien m de famille
**wage packet** n (Brit) (enveloppe f de) paye f
**wager** ['weɪdʒəʳ] n pari m ▷ vt parier
**wagon, waggon** ['wægən] n (horse-drawn) chariot m; (Brit Rail) wagon m (de marchandises)
**wail** [weɪl] n gémissement m; (of siren) hurlement m ▷ vi gémir; (siren) hurler
**waist** [weɪst] n taille f, ceinture f
**waistcoat** ['weɪskəʊt] n (Brit) gilet m
**waistline** ['weɪstlaɪn] n (tour m de) taille f
**wait** [weɪt] n attente f ▷ vi attendre; **to ~ for sb/sth** attendre qn/qch; **to keep sb ~ing**

faire attendre qn; **~ for me, please** attendez-moi, s'il vous plaît!; **~ a minute!** un instant!; **"repairs while you ~"** "réparations minute"; **I can't ~ to ...** (fig) je meurs d'envie de ...; **to lie in ~ for** guetter; **wait behind** vi rester (à attendre); **wait on** vt fus servir; **wait up** vi attendre, ne pas se coucher; **don't ~ up for me** ne m'attendez pas pour aller vous coucher

**waiter** ['weɪtə<sup>r</sup>] n garçon m (de café), serveur m

**waiting** ['weɪtɪŋ] n: **"no ~"** (Brit Aut) "stationnement interdit"

**waiting list** n liste f d'attente

**waiting room** n salle f d'attente

**waitress** ['weɪtrɪs] n serveuse f

**waive** [weɪv] vt renoncer à, abandonner

**wake** [weɪk] (pt **woke** or **waked**, pp **woken** or **waked**) [wəuk, 'wəukn] vt (also: **~ up**) réveiller ▷ vi (also: **~ up**) se réveiller ▷ n (for dead person) veillée f mortuaire; (Naut) sillage m; **to ~ up to sth** (fig) se rendre compte de qch; **in the ~ of** (fig) à la suite de; **to follow in sb's ~** (fig) marcher sur les traces de qn

**Wales** [weɪlz] n pays m de Galles; **the Prince of ~** le prince de Galles

**walk** [wɔːk] n promenade f; (short) petit tour; (gait) démarche f; (path) chemin m; (in park etc) allée f; (pace): **at a quick ~** d'un pas rapide ▷ vi marcher; (for pleasure, exercise) se promener ▷ vt (distance) faire à pied; (dog) promener; **10 minutes' ~ from** à 10 minutes de marche de; **to go for a ~** se promener; faire un tour; **from all ~s of life** de toutes conditions sociales; **I'll ~ you home** je vais vous raccompagner chez vous; **walk out** vi (go out) sortir; (as protest) partir (en signe de protestation); (strike) se mettre en grève; **to ~ out on sb** quitter qn

**walker** ['wɔːkə<sup>r</sup>] n (person) marcheur(-euse)

**walkie-talkie** ['wɔːkɪ'tɔːkɪ] n talkie-walkie m

**walking** ['wɔːkɪŋ] n marche f à pied; **it's within ~ distance** on peut y aller à pied

**walking shoes** npl chaussures fpl de marche

**walking stick** n canne f

**Walkman®** ['wɔːkmən] n Walkman® m

**walkout** ['wɔːkaut] n (of workers) grève-surprise f

**walkover** ['wɔːkəuvə<sup>r</sup>] n (inf) victoire f or examen m etc facile

**walkway** ['wɔːkweɪ] n promenade f, cheminement piéton

**wall** [wɔːl] n mur m; (of tunnel, cave) paroi f; **to go to the ~** (fig: firm etc) faire faillite; **wall in** vt (garden etc) entourer d'un mur

**walled** [wɔːld] adj (city) fortifié(e)

**wallet** ['wɔlɪt] n portefeuille m; **I can't find my ~** je ne retrouve plus mon portefeuille

**wallflower** ['wɔːlflauə<sup>r</sup>] n giroflée f; **to be a ~** (fig) faire tapisserie

**wallow** ['wɔləu] vi se vautrer; **to ~ in one's grief** se complaire à sa douleur

**wallpaper** ['wɔːlpeɪpə<sup>r</sup>] n papier peint ▷ vt tapisser

**walnut** ['wɔːlnʌt] n noix f; (tree, wood) noyer m

**walrus** (pl **walrus** or **walruses**) ['wɔːlrəs] n morse m

**waltz** [wɔːlts] n valse f ▷ vi valser

**wand** [wɔnd] n (also: **magic ~**) baguette f (magique)

**wander** ['wɔndə<sup>r</sup>] vi (person) errer, aller sans but; (thoughts) vagabonder; (river) serpenter ▷ vt errer dans

**wane** [weɪn] vi (moon) décroître; (reputation) décliner

**wangle** ['wæŋgl] (Brit inf) vt se débrouiller pour avoir; carotter ▷ n combine f, magouille f

**want** [wɔnt] vt vouloir; (need) avoir besoin de; (lack) manquer de ▷ n (poverty) pauvreté f, besoin m; **wants** npl (needs) besoins mpl; **to ~ to do** vouloir faire; **to ~ sb to do** vouloir que qn fasse; **you're ~ed on the phone** on vous demande au téléphone; **"cook ~ed"** "on demande un cuisinier"; **for ~ of** par manque de, faute de

**wanted** ['wɔntɪd] adj (criminal) recherché(e) par la police

**wanting** ['wɔntɪŋ] adj: **to be ~ (in)** manquer (de); **to be found ~** ne pas être à la hauteur

**war** [wɔː<sup>r</sup>] n guerre f; **to go to ~** se mettre en guerre; **to make ~ (on)** faire la guerre à

**ward** [wɔːd] n (in hospital) salle f; (Pol) section électorale; (Law: child: also: **~ of court**) pupille m/f; **ward off** vt parer, éviter

**warden** ['wɔːdn] n (Brit: of institution) directeur(-trice); (of park, game reserve) gardien(ne); (Brit: also: **traffic ~**) contractuel(le); (of youth hostel) responsable m/f

**warder** ['wɔːdə<sup>r</sup>] n (Brit) gardien m de prison

**wardrobe** ['wɔːdrəub] n (cupboard) armoire f; (clothes) garde-robe f; (Theat) costumes mpl

**warehouse** ['wɛəhaus] n entrepôt m

**wares** [wɛəz] npl marchandises fpl

**warfare** ['wɔːfɛə<sup>r</sup>] n guerre f

**warhead** ['wɔːhɛd] n (Mil) ogive f

**warily** ['wɛərɪlɪ] adv avec prudence, avec précaution

**warm** [wɔːm] adj chaud(e); (person, thanks, welcome, applause) chaleureux(-euse); (supporter) ardent(e), enthousiaste; **it's ~** il fait chaud; **I'm ~** j'ai chaud; **to keep sth ~** tenir qch au chaud; **with my ~est thanks/congratulations** avec mes remerciements/mes félicitations les plus sincères; **warm up** vi (person, room) se réchauffer; (water) chauffer; (athlete, discussion) s'échauffer ▷ vt (food) (faire) réchauffer; (water) (faire) chauffer; (engine) faire chauffer

**warm-hearted** [wɔːm'hɑːtɪd] adj affectueux(-euse)

**warmly** ['wɔːmlɪ] adv (dress) chaudement; (thank, welcome) chaleureusement

**warmth** [wɔ:mθ] n chaleur f
**warn** [wɔ:n] vt avertir, prévenir; **to ~ sb (not) to do** conseiller à qn de (ne pas) faire
**warning** [ˈwɔ:nɪŋ] n avertissement m; (notice) avis m; (signal) avertisseur m; **without (any) ~** (suddenly) inopinément; (without notifying) sans prévenir; **gale ~** (Meteorology) avis de grand vent
**warning light** n avertisseur lumineux
**warning triangle** n (Aut) triangle m de présignalisation
**warp** [wɔ:p] n (Textiles) chaîne f ▷ vi (wood) travailler, se voiler or gauchir ▷ vt voiler; (fig) pervertir
**warrant** [ˈwɔrnt] n (guarantee) garantie f; (Law: to arrest) mandat m d'arrêt; (: to search) mandat de perquisition ▷ vt (justify, merit) justifier
**warranty** [ˈwɔrəntɪ] n garantie f; **under ~** (Comm) sous garantie
**warren** [ˈwɔrən] n (of rabbits) terriers mpl, garenne f
**warrior** [ˈwɔrɪəʳ] n guerrier(-ière)
**Warsaw** [ˈwɔ:sɔ:] n Varsovie
**warship** [ˈwɔ:ʃɪp] n navire m de guerre
**wart** [wɔ:t] n verrue f
**wartime** [ˈwɔ:taɪm] n: **in ~** en temps de guerre
**wary** [ˈwɛərɪ] adj prudent(e); **to be ~ about** or **of doing sth** hésiter beaucoup à faire qch
**was** [wɔz] pt of **be**
**wash** [wɔʃ] vt laver; (sweep, carry: sea etc) emporter, entraîner; (: ashore) rejeter ▷ vi se laver; (sea): **to ~ over/against sth** inonder/ baigner qch ▷ n (paint) badigeon m; (clothes) lessive f; (washing programme) lavage m; (of ship) sillage m; **to give sth a ~** laver qch; **to have a ~** se laver, faire sa toilette; **he was ~ed overboard** il a été emporté par une vague; **wash away** vt (stain) enlever au lavage; (subj: river etc) emporter; **wash down** vt laver; laver à grande eau; **wash off** vi partir au lavage; **wash up** vi (Brit) faire la vaisselle; (US: have a wash) se débarbouiller
**washable** [ˈwɔʃəbl] adj lavable
**washbasin** [ˈwɔʃbeɪsn] n lavabo m
**washer** [ˈwɔʃəʳ] n (Tech) rondelle f, joint m
**washing** [ˈwɔʃɪŋ] n (Brit: linen etc: dirty) linge m; (: clean) lessive f
**washing line** n (Brit) corde f à linge
**washing machine** n machine f à laver
**washing powder** n (Brit) lessive f (en poudre)
**Washington** [ˈwɔʃɪŋtən] n (city, state) Washington m
**washing-up** [wɔʃɪŋˈʌp] n (Brit) vaisselle f
**washing-up liquid** n (Brit) produit m pour la vaisselle
**wash-out** [ˈwɔʃaut] n (inf) désastre m
**washroom** [ˈwɔʃrum] n (US) toilettes fpl
**wasn't** [ˈwɔznt] = **was not**
**wasp** [wɔsp] n guêpe f

**wastage** [ˈweɪstɪdʒ] n gaspillage m; (in manufacturing, transport etc) déchet m
**waste** [weɪst] n gaspillage m; (of time) perte f; (rubbish) déchets mpl; (: household ~) ordures fpl ▷ adj (energy, heat) perdu(e); (food) inutilisé(e); (land, ground: in city) à l'abandon; (: in country) inculte, en friche; (leftover): **~ material** déchets ▷ vt gaspiller; (time, opportunity) perdre; **wastes** npl étendue f désertique; **it's a ~ of money** c'est de l'argent jeté en l'air; **to go to ~** être gaspillé(e); **to lay ~** (destroy) dévaster; **waste away** vi dépérir
**waste disposal, waste disposal unit** n (Brit) broyeur m d'ordures
**wasteful** [ˈweɪstful] adj gaspilleur(-euse); (process) peu économique
**waste ground** n (Brit) terrain m vague
**wastepaper basket** [ˈweɪstpeɪpə-] n corbeille f à papier
**watch** [wɔtʃ] n montre f; (act of watching) surveillance f; (guard: Mil) sentinelle f; (: Naut) homme m de quart; (Naut: spell of duty) quart m ▷ vt (look at) observer; (: match, programme) regarder; (spy on, guard) surveiller; (be careful of) faire attention à ▷ vi regarder; (keep guard) monter la garde; **to keep a close ~ on sb/sth** surveiller qn/qch de près; **to keep ~** faire le guet; **~ what you're doing** fais attention à ce que tu fais; **watch out** vi faire attention
**watchdog** [ˈwɔtʃdɔg] n chien m de garde; (fig) gardien(ne)
**watchful** [ˈwɔtʃful] adj attentif(-ive), vigilant(e)
**watchmaker** [ˈwɔtʃmeɪkəʳ] n horloger(-ère)
**watchman** [ˈwɔtʃmən] irreg n gardien m; (also: **night ~**) veilleur m de nuit
**watch strap** [ˈwɔtʃstræp] n bracelet m de montre
**water** [ˈwɔ:təʳ] n eau f ▷ vt (plant, garden) arroser ▷ vi (eyes) larmoyer; **a drink of ~** un verre d'eau; **in British ~s** dans les eaux territoriales Britanniques; **to pass ~** uriner; **to make sb's mouth ~** mettre l'eau à la bouche de qn; **water down** vt (milk etc) couper avec de l'eau; (fig: story) édulcorer
**watercolour**, (US) **watercolor** [ˈwɔ:təkʌləʳ] n aquarelle f; **watercolours** npl couleurs fpl pour aquarelle
**watercress** [ˈwɔ:təkrɛs] n cresson m (de fontaine)
**waterfall** [ˈwɔ:təfɔ:l] n chute f d'eau
**water heater** n chauffe-eau m
**watering can** [ˈwɔ:tərɪŋ-] n arrosoir m
**water lily** n nénuphar m
**waterline** [ˈwɔ:təlaɪn] n (Naut) ligne f de flottaison
**waterlogged** [ˈwɔ:təlɔgd] adj détrempé(e); imbibé(e) d'eau
**water main** n canalisation f d'eau
**watermelon** [ˈwɔ:təmɛlən] n pastèque f

W

**waterproof** ['wɔːtəpruːf] *adj* imperméable

**watershed** ['wɔːtəʃed] *n* (*Geo*) ligne f de partage des eaux; (*fig*) moment m critique, point m décisif

**water-skiing** ['wɔːtəskiːɪŋ] *n* ski m nautique

**watertight** ['wɔːtətaɪt] *adj* étanche

**waterway** ['wɔːtəweɪ] *n* cours m d'eau navigable

**waterworks** ['wɔːtəwəːks] *npl* station f hydraulique

**watery** ['wɔːtərɪ] *adj* (*colour*) délavé(e); (*coffee*) trop faible

**watt** [wɔt] *n* watt m

**wave** [weɪv] *n* vague f; (*of hand*) geste m, signe m; (*Radio*) onde f; (*in hair*) ondulation f; (*fig: of enthusiasm, strikes etc*) vague ▷ *vi* faire signe de la main; (*flag*) flotter au vent; (*grass*) ondoyer ▷ *vt* (*handkerchief*) agiter; (*stick*) brandir; (*hair*) onduler; **short/medium ~** (*Radio*) ondes courtes/moyennes; **long ~** (*Radio*) grandes ondes; **the new ~** (*Cine, Mus*) la nouvelle vague; **to ~ goodbye to sb** dire au revoir de la main à qn; **wave aside, wave away** *vt* (*fig: suggestion, objection*) rejeter, repousser; (*: doubts*) chasser; (*person*): **to ~ sb aside** faire signe à qn de s'écarter

**wavelength** ['weɪvlɛŋθ] *n* longueur f d'ondes

**waver** ['weɪvə'] *vi* vaciller; (*voice*) trembler; (*person*) hésiter

**wavy** ['weɪvɪ] *adj* (*hair, surface*) ondulé(e); (*line*) onduleux(-euse)

**wax** [wæks] *n* cire f; (*for skis*) fart m ▷ *vt* cirer; (*car*) lustrer; (*skis*) farter ▷ *vi* (*moon*) croître

**waxworks** ['wækswəːks] *npl* personnages mpl de cire; musée m de cire

**way** [weɪ] *n* chemin m, voie f; (*path, access*) passage m; (*distance*) distance f; (*direction*) chemin, direction f; (*manner*) façon f, manière f; (*habit*) habitude f, façon; (*condition*) état m; **which ~? — this ~/that ~** par où or de quel côté? — par ici/par là; **to crawl one's ~ to …** ramper jusqu'à …; **to lie one's ~ out of it** s'en sortir par un mensonge; **to lose one's ~** perdre son chemin; **on the ~** (*to*) en route (pour); **to be on one's ~** être en route; **to be in the ~** bloquer le passage; (*fig*) gêner; **to keep out of sb's ~** éviter qn; **it's a long ~ away** c'est loin d'ici; **the village is rather out of the ~** le village est plutôt à l'écart or isolé; **to go out of one's ~ to do** (*fig*) se donner beaucoup de mal pour faire; **to be under ~** (*work, project*) être en cours; **to make ~ (for sb/sth)** faire place (à qn/qch), s'écarter pour laisser passer (qn/qch); **to get one's own ~** arriver à ses fins; **put it the right ~ up** (*Brit*) mettez-le dans le bon sens; **to be the wrong ~ round** être à l'envers, ne pas être dans le bon sens; **he's in a bad ~** il va mal; **in a ~** dans un sens; **by the ~** à propos; **in some ~s** à certains égards; **in the ~ of** en fait de, comme; **by ~ of** (*through*) en passant par, via; (*as a sort of*) en guise de; **"~ in"** (*Brit*) "entrée"; **"~ out"** (*Brit*) "sortie"; **the ~ back** le chemin du retour; **this ~ and that** par-ci par-là; **"give ~"** (*Brit Aut*) "cédez la priorité"; **no ~!** (*inf*) pas question!

**waylay** [weɪ'leɪ] *vt* (*irreg like:* **lay**) attaquer; (*fig*): **I got waylaid** quelqu'un m'a accroché

**wayward** ['weɪwəd] *adj* capricieux(-euse), entêté(e)

**W.C.** *n abbr* (*Brit:* = *water closet*) w.-c. mpl, waters mpl

**we** [wiː] *pl pron* nous

**weak** [wiːk] *adj* faible; (*health*) fragile; (*beam etc*) peu solide; (*tea, coffee*) léger(-ère); **to grow ~(er)** s'affaiblir, faiblir

**weaken** ['wiːkn] *vi* faiblir ▷ *vt* affaiblir

**weakling** ['wiːklɪŋ] *n* gringalet m; faible m/f

**weakness** ['wiːknɪs] *n* faiblesse f; (*fault*) point m faible

**wealth** [wɛlθ] *n* (*money, resources*) richesse(s) f(pl); (*of details*) profusion f

**wealthy** ['wɛlθɪ] *adj* riche

**wean** [wiːn] *vt* sevrer

**weapon** ['wɛpən] *n* arme f; **~s of mass destruction** armes fpl de destruction massive

**wear** [wɛə'] (*pt* **wore**, *pp* **worn**) [wɔː', wɔːn] *n* (*use*) usage m; (*deterioration through use*) usure f ▷ *vt* (*clothes*) porter; (*put on*) mettre; (*beard etc*) avoir; (*damage: through use*) user ▷ *vi* (*last*) faire de l'usage; (*rub etc through*) s'user; **sports/baby~** vêtements mpl de sport/pour bébés; **evening ~** tenue f de soirée; **~ and tear** usure f; **to ~ a hole in sth** faire (à la longue) un trou dans qch; **wear away** *vt* user, ronger ▷ *vi* s'user, être rongé(e); **wear down** *vt* user; (*strength*) épuiser; **wear off** *vi* disparaître; **wear on** *vi* se poursuivre; passer; **wear out** *vt* user; (*person, strength*) épuiser

**weary** ['wɪərɪ] *adj* (*tired*) épuisé(e); (*dispirited*) las/lasse; abattu(e) ▷ *vt* lasser ▷ *vi*: **to ~ of** se lasser de

**weasel** ['wiːzl] *n* (*Zool*) belette f

**weather** ['wɛðə'] *n* temps m ▷ *vt* (*wood*) faire mûrir; (*storm: lit, fig*) essuyer; (*crisis*) survivre à; **what's the ~ like?** quel temps fait-il?; **under the ~** (*fig: ill*) mal fichu(e)

**weather-beaten** ['wɛðəbiːtn] *adj* (*person*) hâlé(e); (*building*) dégradé(e) par les intempéries

**weather forecast** *n* prévisions fpl météorologiques, météo f

**weatherman** ['wɛðəmæn] *irreg n* météorologue m

**weather vane** [-veɪn] *n* = **weather cock**

**weave** (*pt* **wove**, *pp* **woven**) [wiːv, wəuv, 'wəuvn] *vt* (*cloth*) tisser; (*basket*) tresser ▷ *vi* (*fig*) (*pt, pp* **weaved**) (*move in and out*) se faufiler

**weaver** ['wiːvə'] *n* tisserand(e)

**web** [wɛb] *n* (*of spider*) toile f; (*on duck's foot*) palmure f; (*fig*) tissu m; (*Comput*): **the (World-Wide) W~** le Web

**web address** n adresse f Web
**webcam** ['wɛbkæm] n webcam f
**weblog** ['wɛblɒg] n blog m, blogue m
**web page** n (Comput) page f Web
**website** ['wɛbsaɪt] n (Comput) site m web
**wed** [wɛd] (pt, pp **wedded**) vt épouser ▷ vi se marier ▷ n: **the newly--s** les jeunes mariés
**we'd** [wi:d] = **we had; we would**
**wedding** ['wɛdɪŋ] n mariage m
**wedding anniversary** n anniversaire m de mariage; **silver/golden ~s** noces fpl d'argent/d'or
**wedding day** n jour m du mariage
**wedding dress** n robe f de mariée
**wedding ring** n alliance f
**wedge** [wɛdʒ] n (of wood etc) coin m; (under door etc) cale f; (of cake) part f ▷ vt (fix) caler; (push) enfoncer, coincer
**Wednesday** ['wɛdnzdɪ] n mercredi m; see also **Tuesday**
**wee** [wi:] adj (Scottish) petit(e); tout(e) petit(e)
**weed** [wi:d] n mauvaise herbe ▷ vt désherber; **weed out** vt éliminer
**weedkiller** ['wi:dkɪlə'] n désherbant m
**weedy** ['wi:dɪ] adj (man) gringalet
**week** [wi:k] n semaine f; **once/twice a ~** une fois/deux fois par semaine; **in two ~s' time** dans quinze jours; **a ~ today/on Tuesday** aujourd'hui/mardi en huit
**weekday** ['wi:kdeɪ] n jour m de semaine; (Comm) jour ouvrable; **on ~s** en semaine
**weekend** [wi:k'ɛnd] n week-end m
**weekly** ['wi:klɪ] adv une fois par semaine, chaque semaine ▷ adj, n hebdomadaire (m)
**weep** [wi:p] (pt, pp **wept**) [wɛpt] vi (person) pleurer; (Med: wound etc) suinter
**weeping willow** ['wi:pɪŋ-] n saule pleureur
**weigh** [weɪ] vt, vi peser; **to ~ anchor** lever l'ancre; **to ~ the pros and cons** peser le pour et le contre; **weigh down** vt (branch) faire plier; (fig: with worry) accabler; **weigh out** vt (goods) peser; **weigh up** vt examiner
**weight** [weɪt] n poids m ▷ vt alourdir; (fig: factor) pondérer; **sold by ~** vendu au poids; **to put on/lose ~** grossir/maigrir; **~s and measures** poids et mesures
**weighting** ['weɪtɪŋ] n: **~ allowance** indemnité f de résidence
**weightlifter** ['weɪtlɪftə'] n haltérophile m
**weightlifting** ['weɪtlɪftɪŋ] n haltérophilie f
**weighty** ['weɪtɪ] adj lourd(e)
**weir** [wɪə'] n barrage m
**weird** [wɪəd] adj bizarre; (eerie) surnaturel(le)
**welcome** ['wɛlkəm] adj bienvenu(e) ▷ n accueil m ▷ vt accueillir; (also: **bid ~**) souhaiter la bienvenue à; (be glad of) se réjouir de; **to be ~** être le/la bienvenu(e); **to make sb ~** faire bon accueil à qn; **you're ~ to try** vous pouvez essayer si vous voulez; **you're ~!** (after thanks) de rien, il n'y a pas de quoi
**weld** [wɛld] n soudure f ▷ vt souder

**welder** ['wɛldə'] n (person) soudeur m
**welfare** ['wɛlfɛə'] n (wellbeing) bien-être m; (social aid) assistance sociale
**welfare state** n État-providence m
**well** [wɛl] n puits m ▷ adv bien ▷ adj: **to be ~** aller bien ▷ excl eh bien!; (relief also) bon!; (resignation) enfin!; **~ done!** bravo!; **I don't feel ~** je ne me sens pas bien; **get ~ soon!** remets-toi vite!; **to do ~** bien réussir; (business) prospérer; **to think ~ of sb** penser du bien de qn; **as ~** (in addition) aussi, également; **you might as ~ tell me** tu ferais aussi bien de me le dire; **as ~ as** aussi bien que or de; en plus de; **~, as I was saying ...** donc, comme je disais ...; **well up** vi (tears, emotions) monter
**we'll** [wi:l] = **we will; we shall**
**well-behaved** ['wɛlbɪ'heɪvd] adj sage, obéissant(e)
**well-being** ['wɛl'bi:ɪŋ] n bien-être m
**well-built** ['wɛl'bɪlt] adj (house) bien construit(e); (person) bien bâti(e)
**well-deserved** ['wɛldɪ'zə:vd] adj (bien) mérité(e)
**well-dressed** ['wɛl'drɛst] adj bien habillé(e), bien vêtu(e)
**well-groomed** [-'gru:md] adj très soigné(e)
**well-heeled** ['wɛl'hi:ld] adj (inf: wealthy) fortuné(e), riche
**wellies** ['wɛlɪz] (inf) npl (Brit) = **wellingtons**
**wellingtons** ['wɛlɪŋtənz] npl (also: **wellington boots**) bottes fpl en caoutchouc
**well-known** ['wɛl'nəun] adj (person) connu(e)
**well-mannered** ['wɛl'mænəd] adj bien élevé(e)
**well-meaning** ['wɛl'mi:nɪŋ] adj bien intentionné(e)
**well-off** ['wɛl'ɔf] adj aisé(e), assez riche
**well-paid** [wɛl'peɪd] adj bien payé(e)
**well-read** ['wɛl'rɛd] adj cultivé(e)
**well-to-do** ['wɛltə'du:] adj aisé(e), assez riche
**well-wisher** ['wɛlwɪʃə'] n ami(e), admirateur(-trice); **scores of ~s had gathered** de nombreux amis et admirateurs s'étaient rassemblés; **letters from ~s** des lettres d'encouragement
**Welsh** [wɛlʃ] adj gallois(e) ▷ n (Ling) gallois m; **the Welsh** npl (people) les Gallois
**Welsh Assembly** n Parlement gallois
**Welshman** ['wɛlʃmən] irreg n Gallois m
**Welshwoman** ['wɛlʃwumən] irreg n Galloise f
**went** [wɛnt] pt of **go**
**wept** [wɛpt] pt, pp of **weep**
**were** [wə:'] pt of **be**
**we're** [wɪə'] = **we are**
**weren't** [wə:nt] = **were not**
**west** [wɛst] n ouest m ▷ adj (wind) d'ouest; (side) ouest inv ▷ adv à or vers l'ouest; **the W~** l'Occident m, l'Ouest

**W**

**westbound** ['wɛstbaund] *adj* en direction de l'ouest; *(carriageway)* ouest *inv*

**westerly** ['wɛstəlɪ] *adj (situation)* à l'ouest; *(wind)* d'ouest

**western** ['wɛstən] *adj* occidental(e), de or à l'ouest ▷ *n (Cine)* western *m*

**West Indian** *adj* antillais(e) ▷ *n* Antillais(e)

**West Indies** [-'ɪndɪz] *npl* Antilles *fpl*

**westward** ['wɛstwəd], **westwards** ['wɛstwədz] *adv* vers l'ouest

**wet** [wɛt] *adj* mouillé(e); *(damp)* humide; *(soaked: also:* **~ through)** trempé(e); *(rainy)* pluvieux(-euse) ▷ *vt:* **to ~ one's pants** *or* **o.s.** mouiller sa culotte, faire pipi dans sa culotte; **to get ~** se mouiller; **"~ paint"** "attention peinture fraîche"

**wetsuit** ['wɛtsu:t] *n* combinaison *f* de plongée

**we've** [wi:v] = **we have**

**whack** [wæk] *vt* donner un grand coup à

**whale** [weɪl] *n (Zool)* baleine *f*

**wharf** *(pl* **wharves)** [wɔ:f, wɔ:vz] *n* quai *m*

 KEYWORD

**what** [wɔt] *adj* **1** *(in questions)* quel(le); **what size is he?** quelle taille fait-il?; **what colour is it?** de quelle couleur est-ce?; **what books do you need?** quels livres vous faut-il?
**2** *(in exclamations):* **what a mess!** quel désordre!; **what a fool I am!** que je suis bête!
▷ *pron* **1** *(interrogative)* que; de/à/en *etc* quoi; **what are you doing?** que faites-vous?, qu'est-ce que vous faites?; **what is happening?** qu'est-ce qui se passe?, que se passe-t-il?; **what are you talking about?** de quoi parlez-vous?; **what are you thinking about?** à quoi pensez-vous?; **what is it called?** comment est-ce que ça s'appelle?; **what about me?** et moi?; **what about doing ...?** et si on faisait ...?
**2** *(relative: subject)* ce qui; *(: direct object)* ce que; *(: indirect object)* ce à quoi, ce dont; **I saw what you did/was on the table** j'ai vu ce que vous avez fait/ce qui était sur la table; **tell me what you remember** dites-moi ce dont vous vous souvenez; **what I want is a cup of tea** ce que je veux, c'est une tasse de thé
▷ *excl (disbelieving)* quoi!, comment!

**whatever** [wɔt'ɛvə ͬ] *adj:* **take ~ book you prefer** prenez le livre que vous préférez, peu importe lequel; **~ book you take** quel que soit le livre que vous preniez ▷ *pron:* **do ~ is necessary** faites (tout) ce qui est nécessaire; **~ happens** quoi qu'il arrive; **no reason ~** *or* **whatsoever** pas la moindre raison; **nothing ~** *or* **whatsoever** rien du tout

**whatsoever** [wɔtsəu'ɛvə ͬ] *adj see* **whatever**

**wheat** [wi:t] *n* blé *m*, froment *m*

**wheedle** ['wi:dl] *vt:* **to ~ sb into doing sth** cajoler *or* enjôler qn pour qu'il fasse qch; **to ~

**sth out of sb** obtenir qch de qn par des cajoleries

**wheel** [wi:l] *n* roue *f*; *(Aut: also:* **steering ~)** volant *m*; *(Naut)* gouvernail *m* ▷ *vt (pram etc)* pousser, rouler ▷ *vi (birds)* tournoyer; *(also:* **~ round**: *person)* se retourner, faire volte-face

**wheelbarrow** ['wi:lbærəu] *n* brouette *f*

**wheelchair** ['wi:ltʃɛə ͬ] *n* fauteuil roulant

**wheel clamp** *n (Aut)* sabot *m* (de Denver)

**wheeze** [wi:z] *n* respiration bruyante *(d'asthmatique)* ▷ *vi* respirer bruyamment

 KEYWORD

**when** [wen] *adv* quand; **when did he go?** quand est-ce qu'il est parti?
▷ *conj* **1** *(at, during, after the time that)* quand, lorsque; **she was reading when I came in** elle lisait quand *or* lorsque je suis entré
**2** *(on, at which):* **on the day when I met him** le jour où je l'ai rencontré
**3** *(whereas)* alors que; **I thought I was wrong when in fact I was right** j'ai cru que j'avais tort alors qu'en fait j'avais raison

**whenever** [wɛn'ɛvə ͬ] *adv* quand donc ▷ *conj* quand; *(every time that)* chaque fois que; **I go ~ I can** j'y vais quand *or* chaque fois que je le peux

**where** [wɛə ͬ] *adv, conj* où; **this is ~** c'est là que; **~ are you from?** d'où venez vous?

**whereabouts** ['wɛərəbauts] *adv* où ▷ *n:* **nobody knows his ~** personne ne sait où il se trouve

**whereas** [wɛər'æz] *conj* alors que

**whereby** [wɛə'baɪ] *adv (formal)* par lequel *(or* laquelle *etc)*

**wherever** [wɛər'ɛvə ͬ] *adv* où donc ▷ *conj* où que + *sub*; **sit ~ you like** asseyez-vous (là) où vous voulez

**wherewithal** ['wɛəwɪðɔ:l] *n:* **the ~ (to do sth)** les moyens *mpl* (de faire qch)

**whether** ['wɛðə ͬ] *conj* si; **I don't know ~ to accept or not** je ne sais pas si je dois accepter ou non; **it's doubtful ~** il est peu probable que + *sub*; **~ you go or not** que vous y alliez ou non

 KEYWORD

**which** [wɪtʃ] *adj* **1** *(interrogative: direct, indirect)* quel(le); **which picture do you want?** quel tableau voulez-vous?; **which one?** lequel/ laquelle?
**2: in which case** auquel cas; **we got there at 8pm, by which time the cinema was full** quand nous sommes arrivés à 2oh, le cinéma était complet
▷ *pron* **1** *(interrogative)* lequel/laquelle, lesquels/lesquelles *pl*; **I don't mind which** peu importe lequel; **which (of these) are yours?** lesquels sont à vous?; **tell me which**

**you want** dites-moi lesquels *or* ceux que vous voulez

**2** (*relative: subject*) qui; (: *object*) que; sur/vers *etc* lequel/laquelle (*NB:* à + *lequel* = **auquel**; *de* + *lequel* = **duquel**); **the apple which you ate/which is on the table** la pomme que vous avez mangée/qui est sur la table; **the chair on which you are sitting** la chaise sur laquelle vous êtes assis; **the book of which you spoke** le livre dont vous avez parlé; **he said he knew, which is true/I was afraid of** il a dit qu'il le savait, ce qui est vrai/ce que je craignais; **after which** après quoi

**whichever** [wɪtʃ'ɛvə'] *adj*: **take ~ book you prefer** prenez le livre que vous préférez, peu importe lequel; **~ book you take** quel que soit le livre que vous preniez; **~ way you** de quelque façon que vous + *sub*

**while** [waɪl] *n* moment *m* ▷ *conj* pendant que; (*as long as*) tant que; (*as, whereas*) alors que; (*though*) bien que + *sub*, quoique + *sub*; **for a ~** pendant quelque temps; **in a ~** dans un moment; **all the ~** pendant tout ce temps-là; **we'll make it worth your ~** nous vous récompenserons de votre peine; **while away** *vt* (*time*) (faire) passer

**whilst** [waɪlst] *conj* = **while**

**whim** [wɪm] *n* caprice *m*

**whimper** ['wɪmpə'] *n* geignement *m* ▷ *vi* geindre

**whimsical** ['wɪmzɪkl] *adj* (*person*) capricieux(-euse); (*look*) étrange

**whine** [waɪn] *n* gémissement *m*; (*of engine, siren*) plainte stridente ▷ *vi* gémir, geindre, pleurnicher; (*dog, engine, siren*) gémir

**whip** [wɪp] *n* fouet *m*; (*for riding*) cravache *f*; (*Pol: person*) chef *m* de file (*assurant la discipline dans son groupe parlementaire*) ▷ *vt* fouetter; (*snatch*) enlever (*or* sortir) brusquement; **whip up** *vt* (*cream*) fouetter; (*inf: meal*) préparer en vitesse; (*stir up: support*) stimuler; (: *feeling*) attiser, aviver; *voir article*

● **WHIP**
●
● Un *whip* est un député dont le rôle est,
● entre autres, de s'assurer que les
● membres de son parti sont régulièrement
● présents à la "House of Commons",
● surtout lorsque les votes ont lieu.
● Les convocations que les *whips* envoient
● se distinguent, selon leur degré
● d'importance, par le fait qu'elles sont
● soulignées 1, 2 ou 3 fois (les "1-, 2-, ou
● 3-line whips").

**whipped cream** [wɪpt-] *n* crème fouettée

**whip-round** ['wɪpraund] *n* (*Brit*) collecte *f*

**whirl** [wə:l] *n* tourbillon *m* ▷ *vi* tourbillonner; (*dancers*) tournoyer ▷ *vt* faire tourbillonner; faire tournoyer

**whirlpool** ['wə:lpu:l] *n* tourbillon *m*

**whirlwind** ['wə:lwɪnd] *n* tornade *f*

**whirr** [wə:'] *vi* bruire; ronronner; vrombir

**whisk** [wɪsk] *n* (*Culin*) fouet *m* ▷ *vt* (*eggs*) fouetter, battre; **to ~ sb away** *or* **off** emmener qn rapidement

**whiskers** ['wɪskəz] *npl* (*of animal*) moustaches *fpl*; (*of man*) favoris *mpl*

**whisky**, (*Irish, US*) **whiskey** ['wɪskɪ] *n* whisky *m*

**whisper** ['wɪspə'] *n* chuchotement *m*; (*fig: of leaves*) bruissement *m*; (*rumour*) rumeur *f* ▷ *vt, vi* chuchoter

**whistle** ['wɪsl] *n* (*sound*) sifflement *m*; (*object*) sifflet *m* ▷ *vi* siffler ▷ *vt* siffler, siffloter

**white** [waɪt] *adj* blanc/blanche; (*with fear*) blême ▷ *n* blanc *m*; (*person*) blanc/blanche; **to turn** *or* **go ~** (*person*) pâlir, blêmir; (*hair*) blanchir; **the ~s** (*washing*) le linge blanc; **tennis ~s** tenue *f* de tennis

**whiteboard** ['waɪtbɔ:d] *n* tableau *m* blanc; **interactive ~** tableau *m* (blanc) interactif

**white coffee** *n* (*Brit*) café *m* au lait, (café) crème *m*

**white-collar worker** ['waɪtkɔlə-] *n* employé(e) de bureau

**white elephant** *n* (*fig*) objet dispendieux et superflu

**White House** *n* (*US*): **the ~** la Maison-Blanche; *voir article*

● **WHITE HOUSE**
●
● La *White House* est un grand bâtiment
● blanc situé à Washington D.C. où réside
● le Président des États-Unis. Par
● extension, ce terme désigne l'exécutif
● américain.

**white lie** *n* pieux mensonge

**white paper** *n* (*Pol*) livre blanc

**whitewash** ['waɪtwɔʃ] *n* (*paint*) lait *m* de chaux ▷ *vt* blanchir à la chaux; (*fig*) blanchir

**whiting** ['waɪtɪŋ] *n* (*pl inv: fish*) merlan *m*

**Whitsun** ['wɪtsn] *n* la Pentecôte

**whittle** ['wɪtl] *vt*: **to ~ away**, **to ~ down** (*costs*) réduire, rogner

**whizz** [wɪz] *vi* aller (*or* passer) à toute vitesse

**whizz kid** *n* (*inf*) petit prodige

**who** [hu:] *pron* qui

**whodunit** [hu:'dʌnɪt] *n* (*inf*) roman policier

**whoever** [hu:'ɛvə'] *pron*: **~ finds it** celui/celle qui le trouve (, qui que ce soit), quiconque le trouve; **ask ~ you like** demandez à qui vous voulez; **~ he marries** qui que ce soit *or* quelle que soit la personne qu'il épouse; **~ told you that?** qui a bien pu vous dire ça?, qui donc vous a dit ça?

**whole** [həul] *adj* (*complete*) entier(-ière), tout(e); (*not broken*) intact(e), complet(-ète) ▷ *n* (*entire unit*) tout *m*; (*all*): **the ~ of** la totalité de, tout(e) le/la; **the ~ lot (of it)** tout; **the ~**

**lot (of them)** tous (sans exception); **the ~ of the time** tout le temps; **the ~ of the town** la ville tout entière; **on the ~, as a ~** dans l'ensemble

**wholefood** ['həʊlfuːd] n, **wholefoods** ['həʊlfuːdz] npl aliments complets

**wholehearted** [həʊl'hɑːtɪd] adj sans réserve(s), sincère

**wholeheartedly** [həʊl'hɑːtɪdlɪ] adv sans réserve; **to agree ~** être entièrement d'accord

**wholemeal** ['həʊlmiːl] adj (Brit: flour, bread) complet(-ète)

**wholesale** ['həʊlseɪl] n (vente f en) gros m ▷ adj (price) de gros; (destruction) systématique

**wholesaler** ['həʊlseɪlə<sup>r</sup>] n grossiste m/f

**wholesome** ['həʊlsəm] adj sain(e); (advice) salutaire

**wholewheat** ['həʊlwiːt] adj **= wholemeal**

**wholly** ['həʊlɪ] adv entièrement, tout à fait

 KEYWORD

**whom** [huːm] pron 1 (interrogative) qui; **whom did you see?** qui avez-vous vu?; **to whom did you give it?** à qui l'avez-vous donné? 2 (relative) que; à/de etc qui; **the man whom I saw/to whom I spoke** l'homme que j'ai vu/à qui j'ai parlé

**whooping cough** ['huːpɪŋ-] n coqueluche f
**whore** [hɔː<sup>r</sup>] n (inf: pej) putain f

 KEYWORD

**whose** [huːz] adj 1 (possessive: interrogative): **whose book is this?, whose is this book?** à qui est ce livre?; **whose pencil have you taken?** à qui est le crayon que vous avez pris?, c'est le crayon de qui que vous avez pris?; **whose daughter are you?** de qui êtes-vous la fille?
2 (possessive: relative): **the man whose son you rescued** l'homme dont or de qui vous avez sauvé le fils; **the girl whose sister you were speaking to** la fille à la sœur de qui or de laquelle vous parliez; **the woman whose car was stolen** la femme dont la voiture a été volée
▷ pron à qui; **whose is this?** à qui est ceci?; **I know whose it is** je sais à qui c'est

 KEYWORD

**why** [waɪ] adv pourquoi; **why is he late?** pourquoi est-il en retard?; **why not?** pourquoi pas?
▷ conj: **I wonder why he said that** je me demande pourquoi il a dit ça; **that's not why I'm here** ce n'est pas pour ça que je suis là; **the reason why** la raison pour laquelle
▷ excl eh bien!, tiens!; **why, it's you!** tiens,

c'est vous!; **why, that's impossible!** voyons, c'est impossible!

**wicked** ['wɪkɪd] adj méchant(e); (mischievous: grin, look) espiègle, malicieux(-euse); (crime) pervers(e); (terrible: prices, weather) épouvantable; (inf: very good) génial(e) (inf)

**wicket** ['wɪkɪt] n (Cricket: stumps) guichet m; (: grass area) espace compris entre les deux guichets

**wide** [waɪd] adj large; (area, knowledge) vaste, très étendu(e); (choice) grand(e) ▷ adv: **to open ~** ouvrir tout grand; **to shoot ~** tirer à côté; **it is 3 metres ~** cela fait 3 mètres de large

**wide-awake** [waɪdə'weɪk] adj bien éveillé(e)

**widely** ['waɪdlɪ] adv (different) radicalement; (spaced) sur une grande étendue; (believed) généralement; (travel) beaucoup; **to be ~ read** (author) être beaucoup lu(e); (reader) avoir beaucoup lu, être cultivé(e)

**widen** ['waɪdn] vt élargir ▷ vi s'élargir

**wide open** adj grand(e) ouvert(e)

**widespread** ['waɪdspred] adj (belief etc) très répandu(e)

**widget** ['wɪdʒɪt] n (Comput) widget m

**widow** ['wɪdəʊ] n veuve f

**widowed** ['wɪdəʊd] adj (qui est devenu(e)) veuf/veuve

**widower** ['wɪdəʊə<sup>r</sup>] n veuf m

**width** [wɪdθ] n largeur f; **it's 7 metres in ~** cela fait 7 mètres de large

**wield** [wiːld] vt (sword) manier; (power) exercer

**wife** (pl **wives**) [waɪf, waɪvz] n femme f, épouse f

**Wi-Fi** n wifi m

**wig** [wɪg] n perruque f

**wiggle** ['wɪgl] vt agiter, remuer ▷ vi (loose screw etc) branler; (worm) se tortiller

**wild** [waɪld] adj sauvage; (sea) déchaîné(e); (idea, life) fou/folle; (behaviour) déchaîné(e), extravagant(e); (inf: angry) hors de soi, furieux(-euse); (: enthusiastic): **to be ~ about** être fou/folle or dingue de ▷ n: **the ~** la nature; **wilds** npl régions fpl sauvages

**wild card** n (Comput) caractère m de remplacement

**wilderness** ['wɪldənɪs] n désert m, région f sauvage

**wildlife** ['waɪldlaɪf] n faune f (et flore f)

**wildly** ['waɪldlɪ] adv (behave) de manière déchaînée; (applaud) frénétiquement; (hit, guess) au hasard; (happy) follement

**wilful**, (US) **willful** ['wɪlful] adj (person) obstiné(e); (action) délibéré(e); (crime) prémédité(e)

 KEYWORD

**will** [wɪl] aux vb 1 (forming future tense): **I will finish it tomorrow** je le finirai demain;

**I will have finished it by tomorrow** je l'aurai fini d'ici demain; **will you do it?** — **yes I will/no I won't** le ferez-vous? — oui/non; **you won't lose it, will you?** vous ne le perdrez pas, n'est-ce pas?
**2** (in conjectures, predictions): **he will** or **he'll be there by now** il doit être arrivé à l'heure qu'il est; **that will be the postman** ça doit être le facteur
**3** (in commands, requests, offers): **will you be quiet!** voulez-vous bien vous taire!; **will you help me?** est-ce que vous pouvez m'aider?; **will you have a cup of tea?** voulez-vous une tasse de thé?; **I won't put up with it!** je ne le tolérerai pas!
▷ vt (pt, pp **willed**); **to will sb to do** souhaiter ardemment que qn fasse; **he willed himself to go on** par un suprême effort de volonté, il continua
▷ n volonté f; (document) testament m; **to do sth of one's own free will** faire qch de son propre gré; **against one's will** à contre-cœur

**willing** ['wɪlɪŋ] adj de bonne volonté, serviable ▷ n: **to show ~** faire preuve de bonne volonté; **he's ~ to do it** il est disposé à le faire, il veut bien le faire
**willingly** ['wɪlɪŋlɪ] adv volontiers
**willingness** ['wɪlɪŋnɪs] n bonne volonté
**willow** ['wɪləʊ] n saule m
**willpower** ['wɪl'paʊə'] n volonté f
**willy-nilly** ['wɪlɪ'nɪlɪ] adv bon gré mal gré
**wilt** [wɪlt] vi dépérir
**win** [wɪn] (pt, pp **won**) [wʌn] n (in sports etc) victoire f ▷ vt (battle, money) gagner; (prize, contract) remporter; (popularity) acquérir ▷ vi gagner; **win over** vt convaincre; **win round** vt gagner, se concilier
**wince** [wɪns] vi tressaillement m ▷ vi tressaillir
**winch** [wɪntʃ] n treuil m
**wind¹** [wɪnd] n (also Med) vent m; (breath) souffle m ▷ vt (take breath away) couper le souffle à; **the ~(s)** (Mus) les instruments mpl à vent; **into** or **against the ~** contre le vent; **to get ~ of sth** (fig) avoir vent de qch; **to break ~** avoir des gaz
**wind²** [waɪnd] (pt, pp **wound**) [waʊnd] vt enrouler; (wrap) envelopper; (clock, toy) remonter ▷ vi (road, river) serpenter; **wind down** vt (car window) baisser; (fig: production, business) réduire progressivement; **wind up** vt (clock) remonter; (debate) terminer, clôturer
**windfall** ['wɪndfɔːl] n coup m de chance
**wind farm** n ferme f éolienne
**winding** ['waɪndɪŋ] adj (road) sinueux(-euse); (staircase) tournant(e)
**wind instrument** n (Mus) instrument m à vent
**windmill** ['wɪndmɪl] n moulin m à vent

**window** ['wɪndəʊ] n fenêtre f; (in car, train: also: **~pane**) vitre f; (in shop etc) vitrine f
**window box** n jardinière f
**window cleaner** n (person) laveur(-euse) de vitres
**window ledge** n rebord m de la fenêtre
**window pane** n vitre f, carreau m
**window seat** n (on plane) place f côté hublot
**window-shopping** ['wɪndəʊʃɒpɪŋ] n: **to go ~** faire du lèche-vitrines
**windowsill** ['wɪndəʊsɪl] n (inside) appui m de la fenêtre; (outside) rebord m de la fenêtre
**windpipe** ['wɪndpaɪp] n gosier m
**wind power** n énergie éolienne
**windscreen** ['wɪndskriːn] n pare-brise m inv
**windscreen washer** n lave-glace m inv
**windscreen wiper**, (US) **windshield wiper** [-waɪpə'] n essuie-glace m inv
**windshield** ['wɪndʃiːld] (US) n = **windscreen**
**windsurfing** ['wɪndsɜːfɪŋ] n planche f à voile
**windswept** ['wɪndswɛpt] adj balayé(e) par le vent
**windy** ['wɪndɪ] adj (day) de vent, venteux(-euse); (place, weather) venteux; **it's ~** il y a du vent
**wine** [waɪn] n vin m ▷ vt: **to ~ and dine sb** offrir un dîner bien arrosé à qn
**wine bar** n bar m à vin
**wine cellar** n cave f à vins
**wine glass** n verre m à vin
**wine list** n carte f des vins
**wine tasting** [-teɪstɪŋ] n dégustation f (de vins)
**wine waiter** n sommelier m
**wing** [wɪŋ] n aile f; (in air force) groupe m d'escadrilles; **wings** npl (Theat) coulisses fpl
**winger** ['wɪŋə'] n (Sport) ailier m
**wing mirror** n (Brit) rétroviseur latéral
**wink** [wɪŋk] n clin m d'œil ▷ vi faire un clin d'œil; (blink) cligner les yeux
**winner** ['wɪnə'] n gagnant(e)
**winning** ['wɪnɪŋ] adj (team) gagnant(e); (goal) décisif(-ive); (charming) charmeur(-euse)
**winnings** ['wɪnɪŋz] npl gains mpl
**winter** ['wɪntə'] n hiver m ▷ vi hiverner; **in ~** en hiver
**winter sports** npl sports mpl d'hiver
**wintertime** ['wɪntətaɪm] n hiver m
**wintry** ['wɪntrɪ] adj hivernal(e)
**wipe** [waɪp] n coup m de torchon (or de chiffon or d'éponge); **to give sth a ~** donner un coup de torchon/de chiffon/d'éponge à qch ▷ vt essuyer; (erase: tape) effacer; **to ~ one's nose** se moucher; **wipe off** vt essuyer; **wipe out** vt (debt) éteindre, amortir; (memory) effacer; (destroy) anéantir; **wipe up** vt essuyer
**wire** ['waɪə'] n fil m (de fer); (Elec) fil électrique; (Tel) télégramme m ▷ vt (fence) grillager; (house) faire l'installation électrique de; (also: **~ up**) brancher; (person: send telegram to) télégraphier à

**W**

**wireless** ['waɪəlɪs] *n* (*Brit*) télégraphie *f* sans fil; (*set*) T.S.F. *f*

**wiring** ['waɪərɪŋ] *n* (*Elec*) installation *f* électrique

**wiry** ['waɪərɪ] *adj* noueux(-euse), nerveux(-euse)

**wisdom** ['wɪzdəm] *n* sagesse *f*; (*of action*) prudence *f*

**wisdom tooth** *n* dent *f* de sagesse

**wise** [waɪz] *adj* sage, prudent(e); (*remark*) judicieux(-euse); **I'm none the ~r** je ne suis pas plus avancé(e) pour autant; **wise up** *vi* (*inf*): **to ~ up to** commencer à se rendre compte de

**wish** [wɪʃ] *n* (*desire*) désir *m*; (*specific desire*) souhait *m*, vœu *m* ⊳ *vt* souhaiter, désirer, vouloir; **best ~es** (*on birthday etc*) meilleurs vœux; **with best ~es** (*in letter*) bien amicalement; **give her my best ~es** faites-lui mes amitiés; **to ~ed me well** il m'a souhaité bonne chance; **to ~ to do/sb to do** désirer *or* vouloir faire/que qn fasse; **to ~ for** souhaiter; **to ~ sth on sb** souhaiter qch à qn

**wishful** ['wɪʃful] *adj*: **it's ~ thinking** c'est prendre ses désirs pour des réalités

**wistful** ['wɪstful] *adj* mélancolique

**wit** [wɪt] *n* (*also*: **~s**: *intelligence*) intelligence *f*, esprit *m*; (*presence of mind*) présence *f* d'esprit; (*wittiness*) esprit; (*person*) homme/femme d'esprit; **to be at one's ~s' end** (*fig*) ne plus savoir que faire; **to have one's ~s about one** avoir toute sa présence d'esprit, ne pas perdre la tête; **to ~** *adv* à savoir

**witch** [wɪtʃ] *n* sorcière *f*

**witchcraft** ['wɪtʃkrɑːft] *n* sorcellerie *f*

**⊙ KEYWORD**

**with** [wɪð, wɪθ] *prep* **1** (*in the company of*) avec; (*at the home of*) chez; **we stayed with friends** nous avons logé chez des amis; **I'll be with you in a minute** je suis à vous dans un instant

**2** (*descriptive*): **a room with a view** une chambre avec vue; **the man with the grey hat/blue eyes** l'homme au chapeau gris/aux yeux bleus

**3** (*indicating manner, means, cause*): **with tears in her eyes** les larmes aux yeux; **to walk with a stick** marcher avec une canne; **red with anger** rouge de colère; **to shake with fear** trembler de peur; **to fill sth with water** remplir qch d'eau

**4** (*in phrases*): **I'm with you** (*I understand*) je vous suis; **to be with it** (*inf*: *up-to-date*) être dans le vent

**withdraw** [wɪθ'drɔː] *vt* (*irreg like*: **draw**) retirer ⊳ *vi* se retirer; (*go back on promise*) se rétracter; **to ~ into o.s.** se replier sur soi-même

**withdrawal** [wɪθ'drɔːəl] *n* retrait *m*; (*Med*) état *m* de manque

**withdrawal symptoms** *npl*: **to have ~** être en état de manque, présenter les symptômes *mpl* de sevrage

**withdrawn** [wɪθ'drɔːn] *pp of* **withdraw** ⊳ *adj* (*person*) renfermé(e)

**withdrew** [wɪθ'druː] *pt of* **withdraw**

**wither** ['wɪðər] *vi* se faner

**withhold** [wɪθ'həuld] *vt* (*irreg like*: **hold**) (*money*) retenir; (*decision*) remettre; **to ~ (from)** (*permission*) refuser (à); (*information*) cacher (à)

**within** [wɪð'ɪn] *prep* à l'intérieur de ⊳ *adv* à l'intérieur; **~ his reach** à sa portée; **~ sight of** en vue de; **~ a mile of** à moins d'un mille de; **~ the week** avant la fin de la semaine; **~ an hour from now** d'ici une heure; **to be ~ the law** être légal(e) *or* dans les limites de la légalité

**without** [wɪð'aut] *prep* sans; **~ a coat** sans manteau; **~ speaking** sans parler; **~ anybody knowing** sans que personne le sache; **to go** *or* **do ~ sth** se passer de qch

**withstand** [wɪθ'stænd] *vt* (*irreg like*: **stand**) résister à

**witness** ['wɪtnɪs] *n* (*person*) témoin *m*; (*evidence*) témoignage *m* ⊳ *vt* (*event*) être témoin de; (*document*) attester l'authenticité de; **to bear ~ to sth** témoigner de qch; **~ for the prosecution/defence** témoin à charge/à décharge; **to ~ to sth/having seen sth** témoigner de qch/d'avoir vu qch

**witness box**, (*US*) **witness stand** *n* barre *f* des témoins

**witty** ['wɪtɪ] *adj* spirituel(le), plein(e) d'esprit

**wives** [waɪvz] *npl of* **wife**

**wizard** ['wɪzəd] *n* magicien *m*

**wk** *abbr* = **week**

**wobble** ['wɔbl] *vi* trembler; (*chair*) branler

**woe** [wəu] *n* malheur *m*

**woke** [wəuk] *pt of* **wake**

**woken** ['wəukn] *pp of* **wake**

**wolf** (*pl* **wolves**) [wulf, wulvz] *n* loup *m*

**woman** (*pl* **women**) ['wumən, 'wɪmɪn] *n* femme *f* ⊳ *cpd*: **~ doctor** femme *f* médecin; **~ friend** amie *f*; **~ teacher** professeur *m* femme; **young ~** jeune femme; **women's page** (*Press*) page *f* des lectrices

**womanly** ['wumənlɪ] *adj* féminin(e)

**womb** [wuːm] *n* (*Anat*) utérus *m*

**women** ['wɪmɪn] *npl of* **woman**

**won** [wʌn] *pt, pp of* **win**

**wonder** ['wʌndər] *n* merveille *f*, miracle *m*; (*feeling*) émerveillement *m* ⊳ *vi*: **to ~ whether/why** se demander si/pourquoi; **to ~ at** (*surprise*) s'étonner de; (*admiration*) s'émerveiller de; **to ~ about** songer à; **it's no ~ that** il n'est pas étonnant que + *sub*

**wonderful** ['wʌndəful] *adj* merveilleux(-euse)

**won't** [wəunt] = **will not**

**wood** [wud] n (timber, forest) bois m ▷ cpd de bois, en bois

**wood carving** n sculpture f en or sur bois

**wooded** ['wudɪd] adj boisé(e)

**wooden** ['wudn] adj en bois; (fig: actor) raide; (: performance) qui manque de naturel

**woodpecker** ['wudpɛkəʳ] n pic m (oiseau)

**woodwind** ['wudwɪnd] n (Mus) bois m; **the ~** les bois mpl

**woodwork** ['wudwə:k] n menuiserie f

**woodworm** ['wudwə:m] n ver m du bois; **the table has got ~** la table est piquée des vers

**wool** [wul] n laine f; **to pull the ~ over sb's eyes** (fig) en faire accroire à qn

**woollen**, (US) **woolen** ['wulən] adj de or en laine; (industry) lainier(-ière) ▷ n: **~s** lainages mpl

**woolly**, (US) **wooly** ['wulɪ] adj laineux(-euse); (fig: ideas) confus(e)

**word** [wə:d] n mot m; (spoken) mot, parole f; (promise) parole; (news) nouvelles fpl ▷ vt rédiger, formuler; **~ for ~** (repeat) mot pour mot; (translate) mot à mot; **what's the ~ for "pen" in French?** comment dit-on "pen" en français?; **to put sth into ~s** exprimer qch; **in other ~s** en d'autres termes; **to have a ~ with sb** toucher un mot à qn; **to have ~s with sb** (quarrel with) avoir des mots avec qn; **to break/keep one's ~** manquer à sa parole/ tenir (sa) parole; **I'll take your ~ for it** je vous crois sur parole; **to send ~ of** prévenir de; **to leave ~ (with sb/for sb) that ...** laisser un mot (à qn/pour qn) disant que ...

**wording** ['wə:dɪŋ] n termes mpl, langage m; (of document) libellé m

**word processing** n traitement m de texte

**word processor** [-prəusɛsəʳ] n machine f de traitement de texte

**wore** [wɔːʳ] pt of **wear**

**work** [wə:k] n travail m; (Art, Literature) œuvre f ▷ vi travailler; (mechanism) marcher, fonctionner; (plan etc) marcher; (medicine) agir ▷ vt (clay, wood etc) travailler; (mine etc) exploiter; (machine) faire marcher or fonctionner; (miracles etc) faire; **works** n (Brit: factory) usine f ▷ npl (of clock, machine) mécanisme m; **how does this ~?** comment est-ce que ça marche?; **the TV isn't ~ing** la télévision est en panne or ne marche pas; **to go to ~** aller travailler; **to set to ~, to start ~** se mettre à l'œuvre; **to be at ~ (on sth)** travailler (sur qch); **to be out of ~** être au chômage or sans emploi; **to ~ hard** travailler dur; **to ~ loose** se défaire, se desserrer; **road ~s** travaux mpl (d'entretien des routes); **work on** vt fus travailler à; (principle) se baser sur; **work out** vi (plans etc) marcher; (Sport) s'entraîner ▷ vt (problem) résoudre; (plan) élaborer; **it ~s out at £100** ça fait 100 livres; **work up** vt: **to get ~ed up** se mettre dans tous ses états

**workable** ['wə:kəbl] adj (solution) réalisable

**workaholic** [wə:kə'hɔlɪk] n bourreau m de travail

**worker** ['wə:kəʳ] n travailleur(-euse), ouvrier(-ère); **office ~** employé(e) de bureau

**work experience** n stage m

**workforce** ['wə:kfɔ:s] n main-d'œuvre f

**working** ['wə:kɪŋ] adj (day, tools etc, conditions) de travail; (wife) qui travaille; (partner, population) actif(-ive); **in ~ order** en état de marche; **a ~ knowledge of English** une connaissance toute pratique de l'anglais

**working class** n classe ouvrière ▷ adj: **working-class** ouvrier(-ière), de la classe ouvrière

**working week** n semaine f de travail

**workman** ['wə:kmən] irreg n ouvrier m

**workmanship** ['wə:kmənʃɪp] n métier m, habileté f; facture f

**work of art** n œuvre f d'art

**workout** ['wə:kaut] n (Sport) séance f d'entraînement

**work permit** n permis m de travail

**workplace** ['wə:kpleɪs] n lieu m de travail

**worksheet** ['wə:kʃi:t] n (Scol) feuille f d'exercices; (Comput) feuille f de programmation

**workshop** ['wə:kʃɔp] n atelier m

**work station** n poste m de travail

**work surface** n plan m de travail

**worktop** ['wə:ktɔp] n plan m de travail

**work-to-rule** ['wə:ktə'ru:l] n (Brit) grève f du zèle

**world** [wə:ld] n monde m ▷ cpd (champion) du monde; (power, war) mondial(e); **all over the ~** dans le monde entier, partout dans le monde; **to think the ~ of sb** (fig) ne jurer que par qn; **what in the ~ is he doing?** qu'est-ce qu'il peut bien être en train de faire?; **to do sb a ~ of good** faire le plus grand bien à qn; **W~ War One/Two, the First/Second W~ War** la Première/ Deuxième Guerre mondiale; **out of this ~** adj extraordinaire

**World Cup** n: **the ~** (Football) la Coupe du monde

**worldly** ['wə:ldlɪ] adj de ce monde

**world-wide** ['wə:ld'waɪd] adj universel(le) ▷ adv dans le monde entier

**World-Wide Web** n: **the ~** le Web

**worm** [wə:m] n (also: **earth~**) ver m

**worn** [wɔ:n] pp of **wear** ▷ adj usé(e)

**worn-out** ['wɔ:naut] adj (object) complètement usé(e); (person) épuisé(e)

**worried** ['wʌrɪd] adj inquiet(-ète); **to be ~ about sth** être inquiet au sujet de qch

**worry** ['wʌrɪ] n souci m ▷ vt inquiéter ▷ vi s'inquiéter, se faire du souci; **to ~ about** or **over sth/sb** se faire du souci pour or à propos de qch/qn

**worrying** ['wʌrɪɪŋ] adj inquiétant(e)

**worse** [wə:s] adj pire, plus mauvais(e) ▷ adv plus mal ▷ n pire m; **to get ~** (condition,

**W**

*situation*) empirer, se dégrader; **a change for the ~** une détérioration; **he is none the ~ for it** il ne s'en porte pas plus mal; **so much the ~ for you!** tant pis pour vous!

**worsen** ['wəːsn] *vt, vi* empirer

**worse off** *adj* moins à l'aise financièrement; (*fig*): **you'll be ~ this way** ça ira moins bien de cette façon; **he is now ~ than before** il se retrouve dans une situation pire qu'auparavant

**worship** ['wəːʃɪp] *n* culte *m* ▷ *vt* (*God*) rendre un culte à; (*person*) adorer; **Your W~** (*Brit: to mayor*) Monsieur le Maire; (: *to judge*) Monsieur le Juge

**worst** [wəːst] *adj* le/la pire, le/la plus mauvais(e) ▷ *adv* le plus mal ▷ *n* pire *m*; **at ~** au pis aller; **if the ~ comes to the ~** si le pire doit arriver

**worth** [wəːθ] *n* valeur *f* ▷ *adj*: **to be ~** valoir; **how much is it ~?** ça vaut combien?; **it's ~ it** cela en vaut la peine, ça vaut la peine; **it is ~ one's while (to do)** ça vaut le coup (*inf*) (de faire); **so pence ~ of apples** (pour) 50 pence de pommes

**worthless** ['wəːθlɪs] *adj* qui ne vaut rien

**worthwhile** ['wəːθ'waɪl] *adj* (*activity*) qui en vaut la peine; (*cause*) louable; **a ~ book** un livre qui vaut la peine d'être lu

**worthy** ['wəːðɪ] *adj* (*person*) digne de; (*motive*) louable; **~ of** digne de

 KEYWORD

**would** [wʊd] *aux vb* **1** (*conditional tense*): **if you asked him he would do it** si vous le lui demandiez, il le ferait; **if you had asked him he would have done it** si vous le lui aviez demandé, il l'aurait fait

**2** (*in offers, invitations, requests*): **would you like a biscuit?** voulez-vous un biscuit?; **would you close the door please?** voulez-vous fermer la porte, s'il vous plaît?

**3** (*in indirect speech*): **I said I would do it** j'ai dit que je le ferais

**4** (*emphatic*): **it WOULD have to snow today!** naturellement il neige aujourd'hui! *or* il fallait qu'il neige aujourd'hui!

**5** (*insistence*): **she wouldn't do it** elle n'a pas voulu *or* elle a refusé de le faire

**6** (*conjecture*): **it would have been midnight** il devait être minuit; **it would seem so** on dirait bien

**7** (*indicating habit*): **he would go there on Mondays** il y allait le lundi

**would-be** ['wʊdbiː] *adj* (*pej*) soi-disant

**wouldn't** ['wʊdnt] = **would not**

**wound¹** [wuːnd] *n* blessure *f* ▷ *vt* blesser; **~ed in the leg** blessé à la jambe

**wound²** [waʊnd] *pt, pp of* **wind²**

**wove** [wəʊv] *pt of* **weave**

**woven** ['wəʊvn] *pp of* **weave**

**wrap** [ræp] *n* (*stole*) écharpe *f*; (*cape*) pèlerine *f* ▷ *vt* (*also*: **~ up**) envelopper; (*parcel*) emballer; (*wind*) enrouler; **under ~s** (*fig*: *plan, scheme*) secret(-ète)

**wrapper** ['ræpə'] *n* (*on chocolate etc*) papier *m*; (*Brit: of book*) couverture *f*

**wrapping** ['ræpɪŋ] *n* (*of sweet, chocolate*) papier *m*; (*of parcel*) emballage *m*

**wrapping paper** *n* papier *m* d'emballage; (*for gift*) papier cadeau

**wreak** [riːk] *vt* (*destruction*) entraîner; **to ~ havoc** faire des ravages; **to ~ vengeance on** se venger de, exercer sa vengeance sur

**wreath** [riːθ, *pl* riːðz] *n* couronne *f*

**wreck** [rɛk] *n* (*sea disaster*) naufrage *m*; (*ship*) épave *f*; (*vehicle*) véhicule accidenté; (*pej: person*) loque (humaine) ▷ *vt* démolir; (*ship*) provoquer le naufrage de; (*fig*) briser, ruiner

**wreckage** ['rɛkɪdʒ] *n* débris *mpl*; (*of building*) décombres *mpl*; (*of ship*) naufrage *m*

**wren** [rɛn] *n* (*Zool*) troglodyte *m*

**wrench** [rɛntʃ] *n* (*Tech*) clé *f* (à écrous); (*tug*) violent mouvement de torsion; (*fig*) déchirement *m* ▷ *vt* tirer violemment sur, tordre; **to ~ sth from** arracher qch (violemment) à *or* de

**wrestle** ['rɛsl] *vi*: **to ~ (with sb)** lutter (avec qn); **to ~ with** (*fig*) se débattre avec, lutter contre

**wrestler** ['rɛslə'] *n* lutteur(-euse)

**wrestling** ['rɛslɪŋ] *n* lutte *f*; (*also*: **all-in ~**: *Brit*) catch *m*

**wretched** ['rɛtʃɪd] *adj* misérable; (*inf*) maudit(e)

**wriggle** ['rɪgl] *n* tortillement *m* ▷ *vi* (*also*: **~ about**) se tortiller

**wring** (*pt, pp* **wrung**) [rɪŋ, rʌŋ] *vt* tordre; (*wet clothes*) essorer; (*fig*): **to ~ sth out of** arracher qch à

**wrinkle** ['rɪŋkl] *n* (*on skin*) ride *f*; (*on paper etc*) pli *m* ▷ *vt* rider, plisser ▷ *vi* se plisser

**wrinkled** ['rɪŋkld], **wrinkly** ['rɪŋklɪ] *adj* (*fabric, paper*) froissé(e), plissé(e); (*surface*) plissé; (*skin*) ridé(e), plissé

**wrist** [rɪst] *n* poignet *m*

**wrist watch** ['rɪstwɔtʃ] *n* montre-bracelet *f*

**writ** [rɪt] *n* acte *m* judiciaire; **to issue a ~ against sb, to serve a ~ on sb** assigner qn en justice

**write** (*pt* **wrote**, *pp* **written**) [raɪt, rəʊt, 'rɪtn] *vt, vi* écrire; (*prescription*) rédiger; **to ~ sb a letter** écrire une lettre à qn; **write away** *vi*: **to ~ away for** (*information*) (écrire pour) demander; (*goods*) (écrire pour) commander; **write down** *vt* noter; (*put in writing*) mettre par écrit; **write off** *vt* (*debt*) passer aux profits et pertes; (*project*) mettre une croix sur; (*depreciate*) amortir; (*smash up: car etc*) démolir complètement; **write out** *vt* écrire; (*copy*) recopier; **write up** *vt* rédiger

**write-off** ['raɪtɔf] *n* perte totale; **the car is a ~** la voiture est bonne pour la casse

**writer** ['raɪtər] *n* auteur *m*, écrivain *m*

**writhe** [raɪð] *vi* se tordre

**writing** ['raɪtɪŋ] *n* écriture *f*; (*of author*)
œuvres *fpl*; **in ~** par écrit; **in my own ~** écrit(e)
de ma main

**writing paper** *n* papier *m* à lettres

**written** ['rɪtn] *pp of* **write**

**wrong** [rɒŋ] *adj* (*incorrect*) faux/fausse;
(*incorrectly chosen: number, road etc*) mauvais(e);
(*not suitable*) qui ne convient pas; (*wicked*) mal;
(*unfair*) injuste ▷ *adv* mal ▷ *n* tort *m* ▷ *vt* faire
du tort à, léser; **to be ~** (*answer*) être faux/
fausse; (*in doing/saying*) avoir tort (de dire/
faire); **you are ~ to do it** tu as tort de le faire;
**it's ~ to steal, stealing is ~** c'est mal de
voler; **you are ~ about that, you've got it ~**
tu te trompes; **to be in the ~** avoir tort;
**what's ~?** qu'est-ce qui ne va pas?; **there's
nothing ~** tout va bien; **what's ~ with the
car?** qu'est-ce qu'elle a, la voiture?; **to go ~**
(*person*) se tromper; (*plan*) mal tourner;
(*machine*) se détraquer; **I took a ~ turning** je
me suis trompé de route

**wrongful** ['rɒŋful] *adj* injustifié(e);
**~ dismissal** (*Industry*) licenciement abusif

**wrongly** ['rɒŋlɪ] *adv* à tort; (*answer, do, count*)
mal, incorrectement; (*treat*) injustement

**wrong number** *n* (*Tel*): **you have the ~** vous
vous êtes trompé de numéro

**wrong side** *n* (*of cloth*) envers *m*

**wrote** [rəut] *pt of* **write**

**wrought** [rɔːt] *adj*: **~ iron** fer forgé

**wrung** [rʌŋ] *pt, pp of* **wring**

**wt.** *abbr* (= *weight*) pds.

**WWW** *n abbr* = **World-Wide Web**

X

**XL** *abbr* (= *extra large*) XL

**Xmas** ['ɛksməs] *n abbr* = **Christmas**

**X-ray** ['ɛksreɪ] *n* (*ray*) rayon *m* X; (*photograph*)
radio(graphie) *f* ▷ *vt* radiographier

**xylophone** ['zaɪləfəun] *n* xylophone *m*

**yacht** [jɔt] *n* voilier *m*; (*motor, luxury yacht*) yacht *m*

**yachting** ['jɔtɪŋ] *n* yachting *m*, navigation *f* de plaisance

**yachtsman** ['jɔtsmən] *irreg n* yacht(s)man *m*

**Yank** [jæŋk], **Yankee** ['jæŋkɪ] *n* (*pej*) Amerloque *m/f*, Ricain(e)

**yank** [jæŋk] *vt* tirer d'un coup sec

**yap** [jæp] *vi* (*dog*) japper

**yard** [jɑːd] *n* (*of house etc*) cour *f*; (*US: garden*) jardin *m*; (*measure*) yard *m* (= *914 mm; 3 feet*); **builder's ~** chantier *m*

**yard sale** *n* (*US*) brocante *f* (dans son propre jardin)

**yardstick** ['jɑːdstɪk] *n* (*fig*) mesure *f*, critère *m*

**yarn** [jɑːn] *n* fil *m*; (*tale*) longue histoire

**yawn** [jɔːn] *n* bâillement *m* ▷ *vi* bâiller

**yawning** ['jɔːnɪŋ] *adj* (*gap*) béant(e)

**yd.** *abbr* = **yard; yards**

**yeah** [jɛə] *adv* (*inf*) ouais

**year** [jɪəʳ] *n* an *m*, année *f*; (*Scol etc*) année; **every ~** tous les ans, chaque année; **this ~** cette année; **a** *or* **per ~** par an; **~ in, ~ out** année après année; **to be 8 ~s old** avoir 8 ans; **an eight-~-old child** un enfant de huit ans

**yearly** ['jɪəlɪ] *adj* annuel(le) ▷ *adv* annuellement; **twice ~** deux fois par an

**yearn** [jəːn] *vi*: **to ~ for sth/to do** aspirer à qch/à faire

**yeast** [jiːst] *n* levure *f*

**yell** [jɛl] *n* hurlement *m*, cri *m* ▷ *vi* hurler

**yellow** ['jɛləu] *adj, n* jaune (*m*)

**Yellow Pages**® *npl* (*Tel*) pages *fpl* jaunes

**yelp** [jɛlp] *n* jappement *m*; glapissement *m* ▷ *vi* japper; glapir

**yes** [jɛs] *adv* oui; (*answering negative question*) si ▷ *n* oui *m*; **to say ~ (to)** dire oui (à)

**yesterday** ['jɛstədɪ] *adv, n* hier (*m*); **~ morning/evening** hier matin/soir; **the day before ~** avant-hier; **all day ~** toute la journée d'hier

**yet** [jɛt] *adv* encore; (*in questions*) déjà ▷ *conj* pourtant, néanmoins; **it is not finished ~** ce n'est pas encore fini *or* toujours pas fini; **must you go just ~?** dois-tu déjà partir?; **have you eaten ~?** vous avez déjà mangé?; **the best ~** le meilleur jusqu'ici *or* jusque-là; **as ~** jusqu'ici, encore; **a few days ~** encore quelques jours; **~ again** une fois de plus

**yew** [juː] *n* if *m*

**Yiddish** ['jɪdɪʃ] *n* yiddish *m*

**yield** [jiːld] *n* production *f*, rendement *m*; (*Finance*) rapport *m* ▷ *vt* produire, rendre, rapporter; (*surrender*) céder ▷ *vi* céder; (*US Aut*) céder la priorité; **a ~ of 5%** un rendement de 5%

**YMCA** *n abbr* (= *Young Men's Christian Association*) ≈ union chrétienne de jeunes gens (UCJG)

**yob** ['jɔb], **yobbo** ['jɔbəu] *n* (*Brit inf*) loubar(d) *m*

**yoga** ['jəugə] *n* yoga *m*

**yoghurt, yogurt** ['jɔgət] *n* yaourt *m*

**yoke** [jəuk] *n* joug *m* ▷ *vt* (*also:* **~ together**: *oxen*) accoupler

**yolk** [jəuk] *n* jaune *m* (d'œuf)

 KEYWORD

**you** [juː] *pron* **1** (*subject*) tu; (*polite form*) vous; (*plural*) vous; **you are very kind** vous êtes très gentil; **you French enjoy your food** vous autres Français, vous aimez bien manger; **you and I will go** toi et moi *or* vous et moi, nous irons; **there you are!** vous voilà!

**2** (*object: direct, indirect*) te, t' + *vowel*; vous; **I know you** je te *or* vous connais; **I gave it to you** je te l'ai donné, je vous l'ai donné

**3** (*stressed*) toi; vous; **I told you to do it** c'est à toi *or* vous que j'ai dit de le faire

**4** (*after prep, in comparisons*) toi; vous; **it's for you** c'est pour toi *or* vous; **she's younger than you** elle est plus jeune que toi *or* vous

**5** (*impersonal: one*) on; **fresh air does you good** l'air frais fait du bien; **you never know** on ne sait jamais; **you can't do that!** ça ne se fait pas!

**you'd** [juːd] = **you had; you would**

**you'll** [juːl] = **you will; you shall**

**young** [jʌŋ] *adj* jeune ▷ *npl* (*of animal*) petits *mpl*; (*people*): **the ~** les jeunes, la jeunesse; **a ~ man** un jeune homme; **a ~ lady** (*unmarried*) une jeune fille, une demoiselle; (*married*) une jeune femme *or* dame; **my ~er**

**brother** mon frère cadet; **the ~er generation** la jeune génération
**younger** [ˈjʌŋɡəʳ] adj (brother etc) cadet(te)
**youngster** [ˈjʌŋstəʳ] n jeune m/f; (child) enfant m/f
**your** [jɔːʳ] adj ton/ta, tes pl; (polite form, pl) votre, vos pl; see also **my**
**you're** [juəʳ] = **you are**
**yours** [jɔːz] pron le/la tien(ne), les tiens/tiennes; (polite form, pl) le/la vôtre, les vôtres; **is it ~?** c'est à toi (or à vous)?; **a friend of ~** un(e) de tes (or de vos) amis; see also **faithfully; sincerely**
**yourself** [jɔːˈsɛlf] pron (reflexive) te; (: polite form) vous; (after prep) toi; vous; (emphatic) toi-même; vous-même; **you ~ told me** c'est vous qui me l'avez dit, vous me l'avez dit vous-même; see also **oneself**
**yourselves** [jɔːˈsɛlvz] pl pron vous; (emphatic) vous-mêmes; see also **oneself**
**youth** [juːθ] n jeunesse f; (young man) (pl **youths**) [juːðz] jeune homme m; **in my ~** dans ma jeunesse, quand j'étais jeune
**youth club** n centre m de jeunes
**youthful** [ˈjuːθful] adj jeune; (enthusiasm etc) juvénile; (misdemeanour) de jeunesse
**youth hostel** n auberge f de jeunesse
**you've** [juːv] = **you have**
**Yugoslav** [ˈjuːɡəʊslɑːv] adj (Hist) yougoslave ▷ n Yougoslave m/f
**Yugoslavia** [juːɡəʊˈslɑːvɪə] n (Hist) Yougoslavie f
**yuppie** [ˈjʌpɪ] n yuppie m/f
**YWCA** n abbr (= Young Women's Christian Association) union chrétienne féminine

# Z

**zany** [ˈzeɪnɪ] adj farfelu(e), loufoque
**zap** [zæp] vt (Comput) effacer
**zeal** [ziːl] n (revolutionary etc) ferveur f; (keenness) ardeur f, zèle m
**zebra** [ˈziːbrə] n zèbre m
**zebra crossing** n (Brit) passage clouté or pour piétons
**zero** [ˈzɪərəu] n zéro m ▷ vi: **to ~ in on** (target) se diriger droit sur; **5° below** ~ 5 degrés au-dessous de zéro
**zest** [zɛst] n entrain m, élan m; (of lemon etc) zeste m
**zigzag** [ˈzɪɡzæɡ] n zigzag m ▷ vi zigzaguer, faire des zigzags
**Zimbabwe** [zɪmˈbɑːbwɪ] n Zimbabwe m
**Zimmer®** [ˈzɪməʳ] n (also: ~ **frame**) déambulateur m
**zinc** [zɪŋk] n zinc m
**zip** [zɪp] n (also: ~ **fastener**) fermeture f éclair® or à glissière; (energy) entrain m ▷ vt (file) zipper; (also: ~ **up**) fermer (avec une fermeture éclair®)
**zip code** n (US) code postal
**zip file** n (Comput) fichier m zip inv
**zipper** [ˈzɪpəʳ] n (US) = **zip**
**zit** [zɪt] (inf) n bouton m
**zodiac** [ˈzəudɪæk] n zodiaque m
**zone** [zəun] n zone f
**zoo** [zuː] n zoo m
**zoology** [zuːˈɔlədʒɪ] n zoologie f
**zoom** [zuːm] vi: **to ~ past** passer en

trombe; **to ~ in (on sb/sth)** (*Phot, Cine*) zoomer (sur qn/qch)

**zoom lens** *n* zoom *m*, objectif *m* à focale variable

**zucchini** [zuːˈkiːnɪ] *n* (*US*) courgette *f*

# Grammar
# Grammaire

# Using the grammar

The Grammar section deals systematically and comprehensively with all the information you will need in order to communicate accurately in French. The numbers, → ❶ etc, direct you to the relevant example in every case.

# Abbreviations

| | |
|---|---|
| *fem.* | *feminine* |
| *infin.* | *infinitive* |
| *masc.* | *masculine* |
| *perf.* | *perfect* |
| *plur.* | *plural* |
| **qch** | quelque chose |
| **qn** | quelqu'un |
| sb | somebody |
| *sing.* | *singular* |
| sth | something |

# Contents

# Verbs

## Simple Tenses: Formation of Regular Verbs

Simple tenses are one-word tenses which are formed by adding endings to a verb stem. The endings show the number and person of the subject of the verb. The stem and endings of regular verbs are totally predictable. For irregular verbs see p 50 ff.

There are three regular verb patterns (called conjugations), each identifiable by the ending of the infinitive.

## Simple Tenses: First Conjugation

First conjugation verbs end in **-er** e.g. **donner** to give. The stem is formed as follows:

| TENSE | FORMATION | EXAMPLE |
|---|---|---|
| Present | | |
| Imperfect | | |
| Past Historic | infinitive minus -er | donn- |
| Present Subjunctive | | |
| Future | infinitive | donner- |
| Conditional | | |

To the appropriate stem add the following endings:

| | | ❶ PRESENT | ❷ IMPERFECT | ❸ PAST HISTORIC |
|---|---|---|---|---|
| sing. | 1st person | -e | -ais | -ai |
| | 2nd person | -es | -ais | -as |
| | 3rd person | -e | -ait | -a |
| plur. | 1st person | -ons | -ions | -âmes |
| | 2nd person | -ez | -iez | -âtes |
| | 3rd person | -ent | -aient | -èrent |

| | | ❹ PRESENT SUBJUNCTIVE | ❺ FUTURE | ❻ CONDITIONAL |
|---|---|---|---|---|
| sing. | 1st person | -e | -ai | -ais |
| | 2nd person | -es | -as | -ais |
| | 3rd person | -e | -a | -ait |
| plur. | 1st person | -ions | -ons | -ions |
| | 2nd person | -iez | -ez | -iez |
| | 3rd person | -ent | -ont | -aient |

# Examples

**1** PRESENT
je donn**e**
tu donn**es**
il donn**e**
elle donn**e**
nous donn**ons**
vous donn**ez**
ils donn**ent**
elles donn**ent**

I give, I am giving,
I do give *etc*

**2** IMPERFECT
je donn**ais**
tu donn**ais**
il donn**ait**
elle donn**ait**
nous donn**ions**
vous donn**iez**
ils donn**aient**
elles donn**aient**

I gave, I was giving,
I used to give *etc*

**3** PAST HISTORIC
je donn**ai**
tu donn**as**
il donn**a**
elle donn**a**
nous donn**âmes**
vous donn**âtes**
ils donn**èrent**
elles donn**èrent**

I gave *etc*

**4** PRESENT SUBJUNCTIVE
je donn**e**
tu donn**es**
il donn**e**
elle donn**e**
nous donn**ions**
vous donn**iez**
ils donn**ent**
elles donn**ent**

(that) I give/gave *etc*

**5** FUTURE
je donner**ai**
tu donner**as**
il donner**a**
elle donner**a**
nous donner**ons**
vous donner**ez**
ils donner**ont**
elles donner**ont**

I shall give,
I shall be giving *etc*

**6** CONDITIONAL
je donner**ais**
tu donner**ais**
il donner**ait**
elle donner**ait**
nous donner**ions**
vous donner**iez**
ils donner**aient**
elles donner**aient**

I should/would give
I should/would be giving *etc*

# Verbs

## Simple Tenses: Second Conjugation

Second conjugation verbs end in **-ir**, e.g. **finir** to finish. The stem is formed as follows:

| TENSE | FORMATION | EXAMPLE |
|---|---|---|
| Present<br>Imperfect<br>Past Historic<br>Present Subjunctive<br>Imperfect Subjunctive | infinitive minus -ir | fin- |
| Future<br>Conditional | infinitive | finir- |

To the appropriate stem add the following endings:

|  |  | ① PRESENT | ② IMPERFECT | ③ PAST HISTORIC |
|---|---|---|---|---|
| sing. | 1st person | -is | -issais | -is |
|  | 2nd person | -is | -issais | -is |
|  | 3rd person | -it | -issait | -it |
| plur. | 1st person | -issons | -issions | -îmes |
|  | 2nd person | -issez | -issiez | -îtes |
|  | 3rd person | -issent | -issaient | -irent |

|  |  | ④ PRESENT SUBJUNCTIVE | ⑤ FUTURE | ⑥ CONDITIONAL |
|---|---|---|---|---|
| sing. | 1st person | -isse | -ai | -ais |
|  | 2nd person | -isses | -as | -ais |
|  | 3rd person | -isse | -a | -ait |
| plur. | 1st person | -issions | -ons | -ions |
|  | 2nd person | -issiez | -ez | -iez |
|  | 3rd person | -issent | -ont | -aient |

# Examples

**① PRESENT**
je fin**is**
tu fin**is**
il fin**it**
elle fin**it**
nous fin**issons**
vous fin**issez**
ils fin**issent**
elles fin**issent**

I finish, I am finishing,
I do finish *etc*

**② IMPERFECT**
je fin**issais**
tu fin**issais**
il fin**issait**
elle fin**issait**
nous fin**issions**
vous fin**issiez**
ils fin**issaient**
elles fin**issaient**

I finished, I was finishing,
I used to finish *etc*

**③ PAST HISTORIC**
je fin**is**
tu fin**is**
il fin**it**
elle fin**it**
nous fin**îmes**
vous fin**îtes**
ils fin**irent**
elles fin**irent**

I finished *etc*

**④ PRESENT SUBJUNCTIVE**
je fin**isse**
tu fin**isses**
il fin**isse**
elle fin**isse**
nous fin**issions**
vous fin**issiez**
ils fin**issent**
elles fin**issent**

I finish/finished *etc*

**⑤ FUTURE**
je fin**irai**
tu fin**iras**
il fin**ira**
elle fin**ira**
nous fin**irons**
vous fin**irez**
ils fin**iront**
elles fin**iront**

I shall finish,
I shall be finishing *etc*

**⑥ CONDITIONAL**
je fin**irais**
tu fin**irais**
il fin**irait**
elle fin**irait**
nous fin**irions**
vous fin**iriez**
ils fin**iraient**
elles fin**iraient**

I should/would finish,
I should/would be finishing *etc*

9

## Simple Tenses: Third Conjugation

Third conjugation verbs end in **-re**, e.g. **vendre** to sell. The stem is formed as follows:

| TENSE | FORMATION | EXAMPLE |
|---|---|---|
| Present<br>Imperfect<br>Past Historic<br>Present Subjunctive | infinitive minus -re | **vend-** |
| Future<br>Conditional | infinitive minus -e | **vendr-** |

To the appropriate stem add the following endings:

|  |  | ① PRESENT | ② IMPERFECT | ③ PAST HISTORIC |
|---|---|---|---|---|
| sing. | 1st person | -s | -ais | -is |
|  | 2nd person | -s | -ais | -is |
|  | 3rd person | – | -ait | -it |
| plur. | 1st person | -ons | -ions | -îmes |
|  | 2nd person | -ez | -iez | -îtes |
|  | 3rd person | -ent | -aient | -irent |

|  |  | ④ PRESENT SUBJUNCTIVE | ⑤ FUTURE | ⑥ CONDITIONAL |
|---|---|---|---|---|
| sing. | 1st person | -e | -ai | -ais |
|  | 2nd person | -es | -as | -ais |
|  | 3rd person | -e | -a | -ait |
| plur. | 1st person | -ions | -ons | -ions |
|  | 2nd person | -iez | -ez | -iez |
|  | 3rd person | -ent | -ont | -aient |

# Examples

**1  PRESENT**
je vends
tu vends
il vend
elle vend
nous vendons
vous vendez
ils vendent
elles vendent

I sell, I am selling,
I do sell *etc*

**2  IMPERFECT**
je vendais
tu vendais
il vendait
elle vendait
nous vendions
vous vendiez
ils vendaient
elles vendaient

I sold, I was selling,
I used to sell *etc*

**3  PAST HISTORIC**
je vendis
tu vendis
il vendit
elle vendit
nous vendîmes
vous vendîtes
ils vendirent
elles vendirent

I sold *etc*

**4  PRESENT SUBJUNCTIVE**
je vende
tu vendes
il vende
elle vende
nous vendions
vous vendiez
ils vendent
elles vendent

I sell/sold *etc*

**5  FUTURE**
je vendrai
tu vendras
il vendra
elle vendra
nous vendrons
vous vendrez
ils vendront
elles vendront

I shall sell, I shall be selling *etc*

**6  CONDITIONAL**
je vendrais
tu vendrais
il vendrait
elle vendrait
nous vendrions
vous vendriez
ils vendraient
elles vendraient

I should/would sell
I should/would be selling *etc*

11

## First Conjugation Spelling Irregularities

Before certain endings, the stems of some '-er' verbs may change slightly.

Below, and on subsequent pages, the verb types are identified, and the changes described are illustrated by means of a representative verb.

| | |
|---|---|
| Verbs ending: | **-cer** |
| Change: | **c** becomes **ç** before **a** or **o** to retain its soft [s] pronunciation |
| Tenses affected: | Present, Imperfect, Past Historic, Present Participle |
| Model: | **lancer** to throw → ❶ |

| | |
|---|---|
| Verbs ending: | **-ger** |
| Change: | **g** becomes **ge** before **a** or **o** to retain its soft [ʒ] pronunciation |
| Tenses affected: | Present, Imperfect, Past Historic, Present Participle |
| Model: | **manger** to eat → ❷ |

| | |
|---|---|
| Verbs ending | **-eler** |
| Change: | **-l** doubles before **-e**, **-es**, **-ent** and throughout the Future and Conditional tenses |
| Tenses affected: | Present, Present Subjunctive, Future, Conditional |
| Model: | **appeler** to call → ❸ |

EXCEPTIONS: **geler** to freeze; **peler** to peel → like **mener** (p 14)

# Examples

**❶ INFINITIVE**
**lancer**

**PRESENT PARTICIPLE**
**lançant**

| PRESENT | IMPERFECT | PAST HISTORIC |
|---|---|---|
| je lance | je **lançais** | je **lançai** |
| tu lances | tu **lançais** | tu **lanças** |
| il/elle lance | il/elle **lançait** | il/elle **lança** |
| nous **lançons** | nous lancions | nous **lançâmes** |
| vous lancez | vous lanciez | vous **lançâtes** |
| ils/elles lancent | ils/elles **lançaient** | ils/elles lancèrent |

**❷ INFINITIVE**
**manger**

**PRESENT PARTICIPLE**
**mangeant**

| PRESENT | IMPERFECT | PAST HISTORIC |
|---|---|---|
| je mange | je **mangeais** | je **mangeai** |
| tu manges | tu **mangeais** | tu **mangeas** |
| il/elle mange | il/elle **mangeait** | il/elle **mangea** |
| nous **mangeons** | nous mangions | nous **mangeâmes** |
| vous mangez | vous mangiez | vous **mangeâtes** |
| ils/elles mangent | ils/elles **mangeaient** | ils/elles mangèrent |

**❸ PRESENT (+ SUBJUNCTIVE)**
j'**appelle**
tu **appelles**
il/elle **appelle**
nous appelons
(appelions)
vous appelez
(appeliez)
ils/elles **appellent**

**FUTURE**
j'**appellerai**
tu **appelleras**
il **appellera** *etc*

**CONDITIONAL**
j'**appellerais**
tu **appellerais**
il **appellerait** *etc*

# Verbs

## First Conjugation Spelling Irregularities *continued*

| | |
|---|---|
| Verbs ending | **-eter** |
| Change: | **-t** doubles before **-e**, **-es**, **-ent** and throughout the Future and Conditional tenses |
| Tenses affected: | Present, Present Subjunctive, Future, Conditional |
| Model: | **jeter** to throw → ❶ |
| EXCEPTIONS: | **acheter** to buy; **haleter** to pant → like **mener** (*see below*) |

| | |
|---|---|
| Verbs ending | **-yer** |
| Change: | **y** changes to **i** before **-e**, **-es**, **-ent** and throughout the Future and Conditional tenses |
| Tenses affected: | Present, Present Subjunctive, Future, Conditional |
| Model: | **essuyer** to wipe → ❷ |

The change described is optional for verbs ending in **-ayer**
e.g. **payer** to pay; **essayer** to try.

| | |
|---|---|
| Verbs ending | **mener, peser, lever** *etc* |
| Change: | **e** changes to **è**, before **-e**, **-es**, **-ent** and throughout the Future and Conditional tenses |
| Tenses affected: | Present, Present Subjunctive, Future, Conditional |
| Model: | **mener** to lead → ❸ |

| | |
|---|---|
| Verbs like: | **céder, régler, espérer** *etc* |
| Change: | **é** changes to **è** before **-e**, **-es**, **-ent** |
| Tenses affected: | Present, Present Subjunctive |
| Model: | **céder** to yield → ❹ |

# Examples

**❶ PRESENT (+ SUBJUNCTIVE)**

| | |
|---|---|
| je | **jette** |
| tu | **jettes** |
| il/elle | **jette** |
| nous | jetons |
| | (jetions) |
| vous | jetez |
| | (jetiez) |
| ils/elles | **jettent** |

**FUTURE**

| | |
|---|---|
| je | **jetterai** |
| tu | **jetteras** |
| il | **jettera** *etc* |

**CONDITIONAL**

| | |
|---|---|
| je | **jetterais** |
| tu | **jetterais** |
| il | **jetterait** *etc* |

**❷ PRESENT (+ SUBJUNCTIVE)**

| | |
|---|---|
| j' | **essuie** |
| tu | **essuies** |
| il/elle | **essuie** |
| nous | essuyons |
| | (essuyions) |
| vous | essuyez |
| | (essuyiez) |
| ils/elles | **essuient** |

**FUTURE**

| | |
|---|---|
| j' | **essuierai** |
| tu | **essuieras** |
| il | **essuiera** *etc* |

**CONDITIONAL**

| | |
|---|---|
| j' | **essuierais** |
| tu | **essuierais** |
| il | **essuierait** *etc* |

**❸ PRESENT (+ SUBJUNCTIVE)**

| | |
|---|---|
| je | **mène** |
| tu | **mènes** |
| il/elle | **mène** |
| nous | menons |
| | (menions) |
| vous | menez |
| | (meniez) |
| ils/elles | **mènent** |

**FUTURE**

| | |
|---|---|
| je | **mènerai** |
| tu | **mèneras** |
| il | **mènera** *etc* |

**CONDITIONAL**

| | |
|---|---|
| je | **mènerais** |
| tu | **mènerais** |
| il | **mènerait** *etc* |

**❹ PRESENT (+ SUBJUNCTIVE)**

| | |
|---|---|
| je | **cède** |
| tu | **cèdes** |
| il/elle | **cède** |
| nous | cédons |
| | (cédions) |
| vous | cédez |
| | (cédiez) |
| ils/elles | **cèdent** |

# Verbs

## The Imperative

The imperative is the form of the verb used to give commands or orders. It can be used politely, as in English 'Shut the door, please'.

The imperative is the same as the present tense **tu**, **nous** and **vous** forms without the subject pronouns:

> **donne**\* give      **finis** finish      **vends** sell
> \* The final 's' of the present tense of first conjugation verbs is dropped, except before **y** and **en** → **①**
>
> **donnons** let's give    **finissons** let's finish    **vendons** let's sell
>
> **donnez** give      **finissez** finish      **vendez** sell

The imperative of irregular verbs is given in the verb tables, pp 50 ff.

Position of object pronouns with the imperative:
- in *positive* commands: they follow the verb and are attached to it by hyphens → **②**
- in *negative* commands: they precede the verb and are not attached to it → **③**

For the order of object pronouns, see p 102.

For reflexive verbs – e.g. **se lever** to get up – the object pronoun is the reflexive pronoun → **④**

# Examples

**①** Compare:

Tu donnes de l'argent à Paul
You give (some) money to Paul

and:

Donne de l'argent à Paul
Give (some) money to Paul

**②** Excusez-moi — Excuse me
Envoyons-les-leur — Let's send them to them
Crois-nous — Believe us
Expliquez-le-moi — Explain it to me
Attendons-la — Let's wait for her/it
Rends-la-lui — Give it back to him/her

**③** Ne me dérange pas — Don't disturb me
Ne leur en parlons pas — Let's not speak to them about it
Ne les négligeons pas — Let's not neglect them
N'y pense plus — Don't think about it any more
Ne leur répondez pas — Don't answer them
Ne la lui rends pas — Don't give it back to him/her

**④** Lève-toi — Get up
Ne te lève pas — Don't get up
Dépêchons-nous — Let's hurry
Ne nous affolons pas — Let's not panic
Levez-vous — Get up
Ne vous levez pas — Don't get up

## Compound Tenses: Formation of Regular Verbs

Compound tenses consist of the past participle of the verb together with an auxiliary verb. Most verbs take the auxiliary **avoir**, but some take **être** (see p 22).

Compound tenses are formed in exactly the same way for both regular and irregular verbs, the only difference being that irregular verbs may have an irregular past participle. The past participle of irregular verbs is given for each verb in the verb tables, pp. 50 ff.

## The Past Participle

For all compound tenses you need to know how to form the past participle of the verb. For regular verbs this is as follows:

> 1st conjugation: replace the **-er** of the infinitive by **-é**
> > **donner** → **donné**
> > to give → given
>
> 2nd conjugation: replace the **-ir** of the infinitive by **-i**
> > **finir** → **fini**
> > to finish → finished
>
> 3rd conjugation: replace the **-re** of the infinitive by **-u**
> > **vendre** → **vendu**
> > to sell → sold

> See p 40 for agreement of past participles.

## Compound Tenses: formation *continued*

PERFECT TENSE
The present tense of **avoir** or **être** plus the past participle → ❶
(see pp 20-21)

PLUPERFECT TENSE
The imperfect tense of **avoir** or **être** plus the past participle → ❷
(see pp 20-21)

FUTURE PERFECT
The future tense of **avoir** or **être** plus the past participle → ❸
(see pp 20-21)

CONDITIONAL PERFECT
The conditional of **avoir** or **être** plus the past participle → ❹
(see pp 20-21)

PERFECT SUBJUNCTIVE
The present subjunctive of **avoir** or **être** plus the past participle → ❺
(see pp 20-21)

Examples of a verb that takes **avoir** and one that takes **être** are
conjugated on pp 20 and 21.

For a list of verbs and verb types that take the auxiliary **être**, see p 22.

# Verbs

**1** PERFECT

j'ai donné
tu as donné
il/elle a donné

nous avons donné
vous avez donné
ils/elles ont donné

I gave, have given *etc*

**2** PLUPERFECT

j'avais donné
tu avais donné
il/elle avait donné

nous avions donné
vous aviez donné
ils/elles avaient donné

I had given *etc*

**3** FUTURE PERFECT

j'aurai donné
tu auras donné
il/elle aura donné

nous aurons donné
vous aurez donné
ils/elles auront donné

I shall have given *etc*

**4** CONDITIONAL PERFECT

j'aurais donné
tu aurais donné
il/elle aurait donné

nous aurions donné
vous auriez donné
ils/elles auraient donné

I should/would have given *etc*

**5** PERFECT SUBJUNCTIVE

j'aie donné
tu aies donné
il/elle ait donné

nous ayons donné
vous ayez donné
ils/elles aient donné

I gave/have given *etc*

# Examples

**1 PERFECT**

je suis tombé(e)
tu es tombé(e)
il est tombé
elle est tombée

nous sommes tombé(e)s
vous êtes tombé(e)(s)
ils sont tombés
elles sont tombées

I fell, have fallen *etc*

**2 PLUPERFECT**

j'étais tombé(e)
tu étais tombé(e)
il était tombé
elle était tombée

nous étions tombé(e)s
vous étiez tombé(e)(s)
ils étaient tombés
elles étaient tombées

I had fallen *etc*

**3 FUTURE PERFECT**

je serai tombé(e)
tu seras tombé(e)
il sera tombé
elle sera tombée

nous serons tombé(e)s
vous serez tombé(e)(s)
ils seront tombés
elles seront tombées

I shall have fallen *etc*

**4 CONDITIONAL PERFECT**

je serais tombé(e)
tu serais tombé(e)
il serait tombé
elle serait tombée

nous serions tombé(e)s
vous seriez tombé(e)(s)
ils seraient tombés
elles seraient tombées

I should/would have fallen *etc*

**5 PERFECT SUBJUNCTIVE**

je sois tombé(e)
tu sois tombé(e)
il soit tombé
elle soit tombée

nous soyons tombé(e)s
vous soyez tombé(e)(s)
ils soient tombés
elles soient tombées

I fell/have fallen *etc*

## Compound Tenses *continued*

### Verbs which take the auxiliary être

Reflexive verbs (see p 24) → ❶

The following intransitive verbs (i.e. verbs which cannot take a direct object), largely expressing motion or a change of state:

**aller** to go → ❷
**arriver** to arrive; to happen
**descendre** to go/come down
**devenir** to become
**entrer** to go/come in
**monter** to go/come up
**mourir** to die → ❸
**naître** to be born
**partir** to leave → ❹

**passer** to pass
**rentrer** to go back/in
**rester** to stay → ❺
**retourner** to go back
**revenir** to come back
**sortir** to go/come out
**tomber** to fall
**venir** to come → ❻

Of these, the following are conjugated with **avoir** when used transitively (i.e. with a direct object):

**descendre** to bring/take down
**entrer** to bring/take in
**monter** to bring/take up → ❼
**passer** to pass; to spend → ❽
**rentrer** to bring/take in
**retourner** to turn over
**sortir** to bring/take out → ❾

ⓘ Note that the past participle must show an agreement in number and gender whenever the auxiliary is **être** EXCEPT FOR REFLEXIVE VERBS WHERE THE REFLEXIVE PRONOUN IS THE INDIRECT OBJECT (see p 40).

# Examples

**1** je me suis arrêté(e)     I stopped
elle s'est trompée     she made a mistake
tu t'es levé(e)     you got up
ils s'étaient battus     they had fought (one another)

**2** elle est allée     she went

**3** ils sont morts     they died

**4** vous êtes partie     you left (*addressing a female person*)
vous êtes parties     you left (*addressing more than one female person*)

**5** nous sommes resté(e)s     we stayed

**6** elles étaient venues     they (*female*) had come

**7** Il a monté les valises     He's taken up the cases

**8** Nous avons passé trois semaines chez elle     We spent three weeks at her place

**9** Avez-vous sorti la voiture?     Have you taken the car out?

# Verbs

## Reflexive Verbs

A reflexive verb is one accompanied by a reflexive pronoun, e.g. **se lever** to get up; **se laver** to wash (oneself). The pronouns are:

|  | SINGULAR | PLURAL |
|---|---|---|
| 1st person | **me (m')** | **nous** |
| 2nd person | **te (t')** | **vous** |
| 3rd person | **se (s')** | **se (s')** |

The forms shown in brackets are used before a vowel, an **h** 'mute', or the pronoun **y** → **①**

In positive commands, **te** changes to **toi** → **②**

The reflexive pronoun 'reflects back' to the subject, but it is not always translated in English → **③**

The plural pronouns are sometimes translated as 'one another', 'each other' (the *reciprocal* meaning). The reciprocal meaning may be emphasized by **l'un(e) l'autre (les un(e)s les autres)** → **④**

In constructions other than the imperative affirmative the pronoun comes before the verb → **⑤**

In the imperative affirmative, the pronoun follows the verb and is attached to it by a hyphen → **⑥**

## Past Participle Agreement

In most reflexive verbs the reflexive pronoun is a *direct* object pronoun → **⑦**

When a direct object accompanies the reflexive verb the pronoun is then the *indirect* object → **⑧**

The past participle of a reflexive verb agrees in number and gender with a direct object which *precedes* the verb (usually, but not always, the reflexive pronoun) → **⑨**

The past participle does not change if the direct object follows the verb → **⑩**

# Examples

1. Je m'ennuie — I'm bored
   Ils s'y intéressent — They are interested in it

2. Assieds-toi — Sit down
   Tais-toi — Be quiet

3. Je me prépare — I'm getting (myself) ready
   Elle se lève — She gets up

4. Nous nous parlons — We speak to each other
   Ils se ressemblent — They resemble one another
   Ils se regardent l'un l'autre — They are looking at each other

5. Je me couche tôt — I go to bed early
   Comment vous appelez-vous? — What is your name?
   Il ne s'est pas rasé — He hasn't shaved
   Ne te dérange pas pour nous — Don't put yourself out on our account

6. Renseignons-nous — Let's find out
   Asseyez-vous — Sit down

7. Je m'appelle — I'm called (*literally*: I call myself)
   Ils se lavent — They wash (themselves)

8. Elle se lave les mains — She's washing her hands (*literally*: She's washing to herself the hands)

   Nous nous envoyons des cadeaux à Noël — We send presents to each other at Christmas

9. «Je me suis endormi» s'est-il excusé — 'I fell asleep', he apologized
   Pauline s'est dirigée vers la sortie — Pauline made her way towards the exit
   Ils se sont levés vers dix heures — They got up around ten o'clock
   Elles se sont excusées de leur erreur — They apologized for their mistake

10. Elle s'est lavé les cheveux — She (has) washed her hair
    Nous nous sommes serré la main — We shook hands

## Reflexive Verbs *continued*

Conjugation of: **se laver** to wash (oneself)

### 1 SIMPLE TENSES

Simple tenses of reflexive verbs are conjugated in exactly the same way as those of non-reflexive verbs except that the reflexive pronoun is always used.

#### PRESENT

| | |
|---|---|
| je me lave | nous nous lavons |
| tu te laves | vous vous lavez |
| il/elle se lave | ils/elles se lavent |

#### IMPERFECT

| | |
|---|---|
| je me lavais | nous nous lavions |
| tu te lavais | vous vous laviez |
| il/elle se lavait | ils/elles se lavaient |

#### FUTURE

| | |
|---|---|
| je me laverai | nous nous laverons |
| tu te laveras | vous vous laverez |
| il/elle se lavera | ils/elles se laveront |

#### CONDITIONAL

| | |
|---|---|
| je me laverais | nous nous laverions |
| tu te laverais | vous vous laveriez |
| il/elle se laverait | ils/elles se laveraient |

#### PAST HISTORIC

| | |
|---|---|
| je me lavai | nous nous lavâmes |
| tu te lavas | vous vous lavâtes |
| il/elle se lava | ils/elles se lavèrent |

#### PRESENT SUBJUNCTIVE

| | |
|---|---|
| je me lave | nous nous lavions |
| tu te laves | vous vous laviez |
| il/elle se lave | ils/elles se lavent |

# Examples

## Reflexive Verbs *continued*

Conjugation of:  **se laver** to wash (oneself)

### 2 COMPOUND TENSES

Compound tenses of reflexive verbs are formed with the auxiliary **être**.

**PERFECT**

| | |
|---|---|
| je me suis lavé(e) | nous nous sommes lavé(e)s |
| tu t'es lavé(e) | vous vous êtes lavé(e)(s) |
| il/elle s'est lavé(e) | ils/elles se sont lavé(e)s |

**PLUPERFECT**

| | |
|---|---|
| je m'étais lavé(e) | nous nous étions lavé(e)s |
| tu t'étais lavé(e) | vous vous étiez lavé(e)(s) |
| il/elle s'était lavé(e) | ils/elles s'étaient lavé(e)s |

**FUTURE PERFECT**

| | |
|---|---|
| je me serai lavé(e) | nous nous serons lavé(e)s |
| tu te seras lavé(e) | vous vous serez lavé(e)(s) |
| il/elle se sera lavé(e) | ils/elles se seront lavé(e)s |

**CONDITIONAL PERFECT**

| | |
|---|---|
| je me serais lavé(e) | nous nous serions lavé(e)s |
| tu te serais lavé(e) | vous vous seriez lavé(e)(s) |
| il/elle se serait lavé(e) | ils/elles se seraient lavé(e)s |

**PERFECT SUBJUNCTIVE**

| | |
|---|---|
| je me sois lavé(e) | nous nous soyons lavé(e)s |
| tu te sois lavé(e) | vous vous soyez lavé(e)(s) |
| il/elle se soit lavé(e) | ils/elles se soient lavé(e)s |

## The Passive

In the passive, the subject *receives* the action (e.g. I was hit) as opposed to *performing* it (e.g. I hit him). In English the verb 'to be' is used with the past participle. In French the passive is formed in exactly the same way, i.e.:

> a tense of **être** + *past participle*.

The past participle agrees in number and gender with the subject → **1**

A sample verb is conjugated in the passive voice on pp 30 and 31.

The indirect object in French cannot become the subject in the passive:

> in quelqu'un m'a donné un livre the indirect object **m'** cannot become the subject of a passive verb (unlike English: someone gave me a book → I was given a book).

The passive meaning is often expressed in French by:

- **on** plus a verb in the active voice → **2**
- a reflexive verb (see p 24) → **3**

# Examples

**1** Philippe a été récompensé — Philippe has been rewarded
Cette peinture est très admiré — This painting is greatly admired

Ils le feront pourvu qu'ils soient payés — They'll do it provided they're paid
Les enfants seront félicités — The children will be congratulated

Cette mesure aurait été critiquée si … — This measure would have been criticized if …
Les portes avaient été fermées — The doors had been closed

**2** On leur a envoyé une lettre — They were sent a letter
On nous a montré le jardin — We were shown the garden
On m'a dit que … — I was told that …

**3** Ils se vendent 3 euros (la) pièce — They are sold for 3 euros each
Ce mot ne s'emploie plus — This word is no longer used

## The Passive *continued*

Conjugation of: **être aimé** to be liked

**PRESENT**

je suis aimé(e)

tu es aimé(e)

il/elle est aimé(e)

nous sommes aimé(e)s

vous êtes aimé(e)(s)

ils/elles sont aimé(e)s

**IMPERFECT**

j'étais aimé(e)

tu étais aimé(e)

il/elle était aimé(e)

nous étions aimé(e)s

vous étiez aimé(e)(s)

ils/elles étaient aimé(e)s

**FUTURE**

je serai aimé(e)

tu seras aimé(e)

il/elle sera aimé(e)

nous serons aimé(e)s

vous serez aimé(e)(s)

ils/elles seront aimé(e)s

**CONDITIONAL**

je serais aimé(e)

tu serais aimé(e)

il/elle serait aimé(e)

nous serions aimé(e)s

vous seriez aimé(e)(s)

ils/elles seraient aimé(e)s

**PAST HISTORIC**

je fus aimé(e)

tu fus aimé(e)

il/elle fut aimé(e)

nous fûmes aimé(e)s

vous fûtes aimé(e)(s)

ils/elles furent aimé(e)s

**PRESENT SUBJUNCTIVE**

je sois aimé(e)

tu sois aimé(e)

il/elle soit aimé(e)

nous soyons aimé(e)s

vous soyez aimé(e)(s)

ils/elles soient aimé(e)s

## The Passive *continued*

Conjugation of: **être aimé** to be liked

### PERFECT

| | |
|---|---|
| j'ai été aimé(e) | nous avons été aimé(e)s |
| tu as été aimé(e) | vous avez été aimé(e)(s) |
| il/elle a été aimé(e) | ils/elles ont été aimé(e)s |

### PLUPERFECT

| | |
|---|---|
| j'avais été aimé(e) | nous avions été aimé(e)s |
| tu avais été aimé(e) | vous aviez été aimé(e)(s) |
| il/elle avait été aimé(e) | ils/elles avaient été aimé(e)s |

### FUTURE PERFECT

| | |
|---|---|
| j'aurai été aimé(e) | nous aurons été aimé(e)s |
| tu auras été aimé(e) | vous aurez été aimé(e)(s) |
| il/elle aura été aimé(e) | ils/elles auront été aimé(e)s |

### CONDITIONAL PERFECT

| | |
|---|---|
| j'aurais été aimé(e) | nous aurions été aimé(e)s |
| tu aurais été aimé(e) | vous auriez été aimé(e)(s) |
| il/elle aurait été aimé(e) | ils/elles auraient été aimé(e)s |

### PERFECT SUBJUNCTIVE

| | |
|---|---|
| j'aie été aimé(e) | nous ayons été aimé(e)s |
| tu aies été aimé(e) | vous ayez été aimé(e)(s) |
| il/elle ait été aimé(e) | ils/elles aient été aimé(e)s |

# Verbs

## Impersonal Verbs

Impersonal verbs are used only in the infinitive and in the third person singular with the subject pronoun **il**, generally translated as 'it'.

e.g. il pleut it's raining
     il est facile de dire que ... it's easy to say that ...

The most common impersonal verbs are:

| INFINITIVE | CONSTRUCTIONS |
|---|---|
| **s'agir** | **il s'agit de** + *noun* → ❶ |
| | **il s'agit de** + *infinitive* → ❷ |
| **falloir** | **il faut** + *noun object* (+ *indirect object*) → ❸ |
| | **il faut** + *infinitive* (+ *indirect object*) → ❹ |
| | **il faut que** + *subjunctive* → ❺ |
| **neiger/pleuvoir** | **il neige/il pleut** → ❻ |
| **valoir mieux** | **il vaut mieux** + *infinitive* → ❼ |
| | **il vaut mieux que** + *subjunctive* → ❽ |

The following verbs are also commonly used in impersonal constructions:

| INFINITIVE | CONSTRUCTIONS |
|---|---|
| **avoir** | **il y a** + *noun* → ❾ |
| **être** | **il est** + *noun* → ❿ |
| | **il est** + *adjective* + **de** + *infinitive* → ⓫ |
| **faire** | **il fait** + *adjective or noun of weather* → ⓬ |
| **manquer** | **il manque** + *noun* (+ *indirect object*) → ⓭ |
| **paraître** | **il paraît que** + *subjunctive* → ⓮ |
| | **il paraît** + *indirect object* + **que** + *indicative* → ⓯ |
| **rester** | **il reste** + *noun* (+ *indirect object*) → ⓰ |
| **sembler** | **il semble que** + *subjunctive* → ⓱ |
| | **il semble** + *indirect object* + **que** + *indicative* → ⓲ |
| **suffire** | **il suffit de** + *infinitive* → ⓳ |
| | **il suffit de** + *noun* → ⓴ |

# Examples

1. Il ne s'agit pas d'argent — It isn't a question/matter of money

2. Il s'agit de faire vite — We must act quickly

3. Il me faut une chaise de plus — I need an extra chair

4. Il me fallait prendre une décision — I had to make a decision

5. Il faut que vous partiez — You have to leave/You must leave

6. Il neige/Il pleuvait à verse — It's snowing/It was raining heavily/It was pouring

7. Il vaut mieux refuser — It's better to refuse; You/He/I had better refuse *(depending on context)*

8. Il vaudrait mieux que nous ne venions pas — It would be better if we didn't come; We'd better not come

9. Il y a du pain (qui reste) — There is some bread (left)
   Il n'y avait pas de lettres ce matin — There were no letters this morning

10. Il est dix heures — It's ten o'clock

11. Il était inutile de protester — It was useless to protest
    Il est facile de critiquer — Criticizing is easy

12. Il fait beau/mauvais — It's lovely/horrible weather
    Il faisait nuit/du soleil — It was dark/sunny

13. Il manque deux tasses — There are two cups missing
    Two cups are missing

14. Il paraît qu'ils partent demain — It appears they are leaving tomorrow

15. Il nous paraît certain qu'il aura du succès — It seems certain to us that he'll be successful

16. Il lui restait cinquante euros — He/She had fifty euros left

17. Il semble que vous ayez raison — It seems/appears that you are right

18. Il me semblait qu'il conduisait trop vite — It seemed to me (that) he was driving too fast

19. Il suffit de téléphoner pour réserver une place — You need only phone to reserve a seat

20. Il suffit d'une seule erreur pour tout gâcher — One single error is enough to ruin everything

33

# Verbs

## The Infinitive

The infinitive is the form of the verb found in dictionary entries meaning 'to ... ', e.g. **donner** to give; **vivre** to live.

There are three main types of verbal construction involving the infinitive:
- with the linking preposition **de** → ❶
- with the linking preposition **à** → ❷
- with no linking preposition → ❸

### Examples of verbs governing de

| | |
|---|---|
| s'apercevoir de qch | to notice sth → ❶ |
| changer de qch | to change sth → ❷ |
| décider de + *infin.* | to decide to → ❸ |
| essayer de + *infin.* | to try to do → ❹ |
| finir de + *infin.* | to finish doing → ❺ |
| s'occuper de qch/qn | to look after sth/sb → ❻ |
| oublier de + *infin.* | to forget to do → ❼ |
| regretter de + *perf. infin.** | to regret doing, having done → ❽ |
| se souvenir de qn/qch/de + *perf. infin.** | to remember sb/sth/doing, having done → ❾ |
| venir de* + *infin.* | to have just done → ❿ |

### Examples of verbs governing à

| | |
|---|---|
| conseiller à qn de + *infin.* | to advise sb to do → ⓫ |
| défendre à qn de + *infin.* | to forbid sb to do → ⓬ |
| dire à qn de + *infin.* | to tell sb to do → ⓭ |
| s'intéresser à qn/qch/à + *infin.* | to be interested in sb/sth/ in doing → ⓮ |
| manquer à qn | to be missed by sb → ⓯ |
| penser à qn/qch | to think about sb/sth → ⓰ |
| réussir à + *infin.* | to manage to do → ⓱ |

*The perfect infinitive is formed using the auxiliary verb **avoir** or **être** as appropriate with the past participle of the main verb. It is found after certain verbal constructions and after the preposition **après** after → ⓲

# Examples

1. Il ne s'est pas aperçu de son erreur — He didn't notice his mistake

2. J'ai changé d'avis — I changed my mind

3. Qu'est-ce que vous avez décidé de faire? — What have you decided to do?

4. Essayez d'arriver à l'heure — Try to arrive on time

5. Avez-vous fini de lire ce journal? — Have you finished reading this newspaper?

6. Je m'occupe de ma nièce — I'm looking after my niece

7. J'ai oublié d'appeler ma mère — I forgot to ring my mother

8. Je regrette de ne pas vous avoir écrit plus tôt — I'm sorry for not writing to you sooner

9. Vous vous souvenez de Lucienne? — Do you remember Lucienne?

10. Nous venions d'arriver — We had just arrived

11. Il leur a conseillé d'attendre — He advised them to wait

12. Je leur ai défendu de sortir — I've forbidden them to go out

13. Dites-leur de se taire — Tell them to be quiet

14. Elle s'intéresse beaucoup au sport — She's very interested in sport

15. Tu manques à tes parents — Your parents miss you

16. Je pense souvent à toi — I often think about you

17. Vous avez réussi à me convaincre — You've managed to convince me

18. 
| avoir fini | être allé | s'être levé |
|---|---|---|
| to have finished | to have gone | to have got up |

Après être sorties, elles se sont dirigées vers le parking
After leaving/having left, they headed for the car park

## The Infinitive *continued*

**Verbs followed by an infinitive with no linking preposition**

the modal auxiliary verbs:

| | |
|---|---|
| **devoir** | to have to, must → ❶ |
| | to be due to → ❷ |
| | *in the conditional/conditional perfect*: |
| | should/should have, ought/ought to have → ❸ |
| **pouvoir** | to be able to, can → ❹ |
| | to be allowed to, can, may → ❺ |
| | *indicating possibility*: may/might/could → ❻ |
| **savoir** | to know how to, can → ❼ |
| **vouloir** | to want/wish to → ❽ |
| | to be willing to, will → ❾ |
| | *in polite phrases* → ❿ |
| **falloir** | to be necessary: see p 32. |

verbs of seeing or hearing e.g. **voir** to see; **entendre** to hear → ⓫

intransitive verbs of motion e.g. **aller** to go; **descendre** to come/go down → ⓬

The following common verbs:

**adorer** to love
**aimer** to like, love
**aimer mieux** to prefer → ⓭
**compter** to expect
**désirer** to wish, want
**détester** to hate
**espérer** to hope
**faillir** → ⓮

**faire** → ⓯
**laisser** to let, allow → ⓰
**oser** to dare
**préférer** to prefer
**sembler** to seem → ⓱
**souhaiter** to wish
**valoir mieux** see p 32

# Examples

1. Je dois leur rendre visite — I must visit them
   Elle a dû partir — She (has) had to leave
   Il a dû regretter d'avoir parlé — He must have been sorry he spoke

2. Je devais attraper le train de neuf heures mais ... — I was (supposed) to catch the nine o'clock train but ...

3. Je devrais le faire — I ought to do it
   J'aurais dû m'excuser — I ought to have apologized

4. Il ne peut pas lever le bras — He can't raise his arm

5. Puis-je les accompagner? — May I go with them?

6. Il peut encore changer d'avis — He may change his mind yet
   Cela pourrait être vrai — It could/might be true

7. Savez-vous conduire? — Can you drive?

8. Elle veut rester encore un jour — She wants to stay another day

9. Ils ne voulaient pas le faire — They wouldn't do it/ They weren't willing to do it

   Ma voiture ne veut pas démarrer — My car won't start

10. Voulez-vous boire quelque chose? — Would you like something to drink?

11. Il nous a vus arriver — He saw us arriving
    On les entend chanter — You can hear them singing

12. Allez voir Nicolas — Go and see Nicholas
    Descends leur demander — Go down and ask them

13. J'aimerais mieux le choisir moi-même — I'd rather choose it myself

14. J'ai failli tomber — I almost fell

15. Ne me faites pas rire! — Don't make me laugh!
    J'ai fait réparer ma voiture — I've had my car repaired

16. Laissez-moi passer — Let me pass

17. Vous semblez être inquiet — You seem to be worried

# Verbs

## The Present Participle

### Formation

1st conjugation:
Replace the -**er** of the infinitive by -**ant** → ①
- Verbs ending in -**cer**: **c** changes to **ç** → ②
- Verbs ending in -**ger**: **g** changes to **ge** → ③

2nd conjugation:
Replace the -**ir** of the infinitive by -**issant** → ④

3rd conjugation:
Replace the -**re** of the infinitive by -**ant** → ⑤

For irregular present participles, see irregular verbs, pp 50 ff.

### Uses

The present participle has a more restricted use in French than in English.

Used as a verbal form, the present participle is invariable. It is found:
- on its own, where it corresponds to the English present participle → ⑥
- following the preposition **en** → ⑦
- ⓘ Note, in particular, the construction:
  *verb + en + present participle*
  which is often translated by an English phrasal verb, i.e. one followed by a preposition like 'to run down', 'to bring up' → ⑧

Used as an adjective, the present participle agrees in number and gender with the noun or pronoun → ⑨
- ⓘ Note, in particular, the use of **ayant** and **étant** – the present participles of the auxiliary verbs **avoir** and **être** – with a past participle → ⑩

# Examples

① donner to give → donnant giving

② lancer to throw → lançant throwing

③ manger to eat → mangeant eating

④ finir to finish → finissant finishing

⑤ vendre to sell → vendant selling

⑥ David, habitant près de Paris, a la possibilité de ...
David, living near Paris, has the opportunity of ...

Elle, pensant que je serais fâché, a dit '...'
She, thinking that I would be angry, said '...'

Ils m'ont suivi, criant à tue-tête
They followed me, shouting at the top of their voices

⑦ En attendant sa sœur, Richard s'est endormi
While waiting for his sister, Richard fell asleep

Téléphone-nous en arrivant chez toi
Phone us when you get home

En appuyant sur ce bouton, on peut ...
By pressing this button, you can ...

Il s'est blessé en essayant de sauver un chat
He hurt himself trying to rescue a cat

⑧ sortir en courant
to run out (*literally*: to go out running)

avancer en boîtant
to limp along (*literally*: to go forward limping)

⑨ le soleil couchant
the setting sun

une lumière éblouissante
a dazzling light

ils sont déroutants
they are disconcerting

elles étaient étonnantes
they were surprising

⑩ Ayant mangé plus tôt, il a pu ...
Having eaten earlier, he was able to ...

Étant arrivée en retard, elle a dû ...
Having arrived late, she had to ...

## Past Participle Agreement

Like adjectives, a past participle must sometimes agree in number and gender with a noun or pronoun. For the rules of agreement, see below. Example: **donné**

|        | MASCULINE | FEMININE |
|--------|-----------|----------|
| SING.  | donné     | donné**e** |
| PLUR.  | donné**s** | donné**es** |

When the masculine singular form already ends in **-s**, no further **s** is added in the masculine plural, e.g. **pris** taken.

### Rules of Agreement in Compound Tenses

When the auxiliary verb is **avoir**:

> The past participle remains in the masculine singular form, unless a direct object precedes the verb. The past participle then agrees in number and gender with the preceding direct object → **1**

When the auxiliary verb is **être**:

> The past participle of a non-reflexive verb agrees in number and gender with the subject → **2**
> The past participle of a reflexive verb agrees in number and gender with the reflexive pronoun, if the pronoun is a direct object → **3**
> No agreement is made if the reflexive pronoun is an indirect object → **4**

### The Past Participle as an Adjective

The past participle agrees in number and gender with the noun or pronoun → **5**

# Examples

① Voici le livre que vous avez demandé

Here's the book you asked for

Laquelle avaient-elles choisie?

Which one had they chosen?

Ces amis? Je les ai rencontrés à Édimbourg

Those friends? I met them in Edinburgh

Il a gardé toutes les lettres qu'elle a écrites

He has kept all the letters she wrote

② Est-ce que ton frère est allé à l'étranger?

Did your brother go abroad?

Elle était restée chez elle

She had stayed at home

Ils sont partis dans la matinée

They left in the morning

Mes cousines sont revenues hier

My cousins came back yesterday

③ Tu t'es rappelé d'acheter du pain, Georges?

Did you remember to buy bread, Georges?

Martine s'est demandée pourquoi il l'appelait

Martine wondered why he was calling her

'Lui et moi nous nous sommes cachés' a-t-elle dit

'He and I hid,' she said

Les vendeuses se sont mises en grève

The shop assistants have gone on strike

Vous vous êtes brouillés?

Have you fallen out with each other?

Les enfants s'étaient entraidés

The children had helped one another

④ Elle s'est lavé les mains

She washed her hands

Ils se sont parlé pendant des heures

They talked to each other for hours

⑤ à un moment donné

at a given time

la porte ouverte

the open door

ils sont bien connus

they are well-known

elles semblent fatiguées

they seem tired

## Use of Tenses

### The Present

Unlike English, French does not distinguish between the simple present (e.g. I smoke, he reads, we live) and the continuous present (e.g. I am smoking, he is reading, we are living) → ①

To emphasize continuity, the following constructions may be used:
**être en train de faire**, **être à faire** to be doing → ②

French uses the present tense where English uses the perfect in the following cases:
- with certain prepositions of time – notably **depuis** for/since – when an action begun in the past is continued in the present → ③
  Note, however, that the perfect is used as in English when the verb is negative or the action has been completed → ④
- in the construction **venir de faire** to have just done → ⑤

### The Future

The future is generally used as in English, but note the following:

Immediate future time is often expressed by means of the present tense of **aller** plus an infinitive → ⑥

In time clauses expressing future action, French uses the future where English uses the present → ⑦

### The Future Perfect

Used as in English to mean 'shall/will have done' → ⑧

In time clauses expressing future action, where English uses the perfect tense → ⑨

# Examples

**1** Je fume     I smoke *or* I am smoking
Il lit     He reads *or* He is reading
Nous habitons     We live *or* We are living

**2** Il est en train de travailler     He's (busy) working

**3** Paul apprend à nager depuis six mois     Paul's been learning to swim for six months (and still is)
Je suis debout depuis sept heures     I've been up since seven
Il y a longtemps que vous attendez?     Have you been waiting long?
Voilà deux semaines que nous sommes ici     That's two weeks we've been here (now)

**4** Ils ne se sont pas vus depuis des mois     They haven't seen each other for months
Elle est revenue il y a un an     She came back a year ago

**5** Elisabeth vient de partir     Elizabeth has just left

**6** Tu vas tomber si tu ne fais pas attention     You'll fall if you're not careful
Il va manquer le train     He's going to miss the train
Ça va prendre une demi-heure     It'll take half an hour

**7** Quand il viendra vous serez en vacances     When he comes you'll be on holiday
Faites-nous savoir aussitôt qu'elle arrivera     Let us know as soon as she arrives

**8** J'aurai fini dans une heure     I shall have finished in an hour

**9** Quand tu auras lu ce roman, rends-le-moi     When you've read the novel, give it back to me
Je partirai dès que j'aurai fini     I'll leave as soon as I've finished

## Use of Tenses *continued*

### The Imperfect

The imperfect describes:
- an action (or state) in the past without definite limits in time → **1**
- habitual action(s) in the past (often translated by means of 'would' or 'used to') → **2**

French uses the imperfect tense where English uses the pluperfect in the following cases:
- with certain prepositions of time – notably **depuis** for/since – when an action begun in the remoter past was continued in the more recent past → **3**
  Note, however, that the pluperfect is used as in English, when the verb is negative or the action has been completed → **4**
- in the construction **venir de faire** to have just done → **5**

### The Perfect

The perfect is used to recount a completed action or event in the past. Note that this corresponds to a perfect tense or a simple past tense in English → **6**

### The Past Historic

Only ever used in *written, literary* French, the past historic recounts a completed action in the past, corresponding to a simple past tense in English → **7**

### The Subjunctive

In spoken French, the present subjunctive generally replaces the imperfect subjunctive. See also p 46 ff.

# Examples

**①** Elle regardait par la fenêtre

She was looking out of the window

Il pleuvait quand je suis sorti de chez moi

It was raining when I left the house

Nos chambres donnaient sur la plage

Our rooms overlooked the beach

**②** Quand il était étudiant, il se levait à l'aube

When he was a student he got up at dawn

Nous causions des heures entières

We would talk for hours on end

Elle te taquinait, n'est-ce pas?

She used to tease you, didn't she?

**③** Nous habitions à Londres depuis deux ans

We had been living in London for two years (and still were)

Il était malade depuis 2004

He had been ill since 2004

Il y avait assez longtemps qu'il le faisait

He had been doing it for quite a long time

**④** Voilà un an que je ne l'avais pas vu

I hadn't seen him for a year

Il y avait une heure qu'elle était arrivée

She had arrived one hour before

**⑤** Je venais de les rencontrer

I had just met them

**⑥** Nous sommes allés au bord de la mer

We went/have been to the seaside

Il a refusé de nous aider

He (has) refused to help us

La voiture ne s'est pas arrêtée

The car didn't stop/hasn't stopped

**⑦** Le roi mourut en 1592

The king died in 1592

45

## The Subjunctive: when to use it

(For how to form the subjunctive see p 6 ff.)

After certain conjunctions:

| | |
|---|---|
| quoique<br>bien que | ] although → ① |
| pour que<br>afin que | ] so that → ② |
| pourvu que | provided that → ③ |
| jusqu'à ce que | until → ④ |
| avant que (... ne) | before → ⑤ |
| à moins que (... ne) | unless → ⑥ |
| de peur que (... ne)<br>de crainte que (... ne) | ] for fear that, lest → ⑦ |
| de sorte que<br>de façon que<br>de manière que | ] so that (*indicating a purpose,*<br>*when they introduce a result,* → ⑧<br>*the indicative is used*). |

ⓘ Note that ne in examples ⑤ to ⑦ has no translation value.
It is often omitted in spoken informal French.

After impersonal constructions which express necessity, possibility etc:

| | |
|---|---|
| il faut que<br>il est nécessaire que | ] it is necessary that → ⑨ |
| il est possible que | it is possible that → ⑩ |
| il semble que | it seems that, it appears that → ⑪ |
| il vaut mieux que | it is better that → ⑫ |
| il est dommage que | it's a pity that, it's a shame that → ⑬ |

After a superlative → ⑭

After certain adjectives expressing some sort of 'uniqueness' → ⑮

| | |
|---|---|
| dernier ... qui/que | last ... who/that |
| premier ... qui/que | first ... who/that |
| meilleur ... qui/que | best ... who/that |
| seul ... qui/que<br>unique ... qui/que | only ... who/that |

In set expressions → ⑯

# Examples

1. Bien qu'il fasse beaucoup d'efforts, il est peu récompensé
   Although he makes a lot of effort, he isn't rewarded for it

2. Demandez un reçu afin que vous puissiez être remboursé
   Ask for a receipt so that you can get a refund

3. Nous partirons ensemble pourvu que Sylvie soit d'accord
   We'll leave together provided Sylvie agrees

4. Reste ici jusqu'à ce que nous revenions
   Stay here until we come back

5. Je le ferai avant que tu ne partes
   I'll do it before you leave

6. Ce doit être Paul, à moins que je ne me trompe
   That must be Paul, unless I'm mistaken

7. Parlez bas de peur qu'on ne vous entende
   Speak softly for fear that someone hears you

8. Retournez-vous de sorte que je vous voie
   Turn round so that I can see you

9. Il faut que je vous parle immédiatement
   I must speak to you right away
   It is necessary that I speak to you right away

10. Il est possible qu'ils aient raison
    They may be right
    It's possible that they are right

11. Il semble qu'elle ne soit pas venue
    It appears that she hasn't come

12. Il vaut mieux que vous restiez chez vous
    It's better that you stay at home

13. Il est dommage qu'elle ait perdu cette adresse
    It's a shame/a pity that she's lost the address

14. la personne la plus sympathique que je connaisse
    the nicest person I know
    l'article le mois cher que j'aie jamais acheter
    the cheapest item I have ever bought

15. Voici la dernière lettre qu'elle m'ait écrite
    This is the last letter she wrote to me
    David est la seule personne qui puisse me conseiller
    David is the only person who can advise me

16. Vive le roi!
    Long live the king!
    Que Dieu vous bénisse!
    God bless you!

## The Subjunctive: when to use it *continued*

After verbs of:
- wishing

  **vouloir que**
  **désirer que**      ⎤ to wish that, want → ❶
  **souhaiter que**

- fearing

  **craindre que**     ⎤ to be afraid that → ❷
  **avoir peur que**

ⓘ Note that **ne** in example ❷ has no translation value. It is often
   omitted in spoken informal French.

- ordering, forbidding, allowing

  **ordonner que**     ⎤ to order that
  **défendre que**     ⎦ to forbid that
  **permettre que**      to allow that → ❸

- opinion, expressing uncertainty

  **croire que**       ⎤ to think that → ❹
  **penser que**
  **douter que**         to doubt that

- emotion (e.g. regret, shame, pleasure)

  **regretter que**      to be sorry that → ❺
  **être content/surpris** *etc* **que** to be pleased/surprised *etc* that
   → ❻

After:          **si ( ... ) que** however → ❼
                **qui que** whoever → ❽
                **quoi que** whatever → ❾

After **que** in the following:
- to form the 3ʳᵈ person imperative or to express a wish → ❿
- when **que** has the meaning 'if', replacing **si** in a clause → ⓫
- when **que** has the meaning 'whether' → ⓬

In relative clauses following certain types of indefinite and negative
construction → ⓭

# Examples

1. Nous voulons qu'elle soit contente — We want her to be happy (*literally*: We want that she is happy)

2. Il craint qu'il ne soit trop tard — He's afraid it may be too late

3. Permettez que nous vous aidions — Allow us to help you

4. Je ne pense pas qu'ils soient venus — I don't think they came

5. Je regrette que vous ne puissiez pas venir — I'm sorry that you cannot come

6. Je suis content que vous les aimiez — I'm pleased that you like them

7. si courageux qu'il soit — however brave he may be
   si peu que ce soit — however little it is

8. Qui que vous soyez, allez-vous-en! — Whoever you are, go away!

9. Quoi que nous fassions, … — Whatever we do, …

10. Qu'il entre! — Let him come in!
    Que cela vous serve de leçon! — Let that be a lesson to you!

11. S'il fait beau et que tu te sentes mieux, nous irons … — If it's nice and you're feeling better, we'll go …

12. Que tu viennes ou non, je … — Whether you come or not, I …

13. Il cherche une maison qui ait deux caves — He's looking for a house which has two cellars
    (*subjunctive used since such a house may or may not exist*)

    J'ai besoin d'un livre qui décrive l'art du mime — I need a book which describes the art of mime
    (*subjunctive used since such a book may or may not exist*)

    Je n'ai rencontré personne qui la connaisse — I haven't met anyone who knows her

The verbs on the following pages provide the main patterns for irregular verbs. They are given in their most common simple tenses, together with the imperative and the present participle.

The auxiliary (**avoir** or **être**) is also shown for each verb, together with the past participle, to enable you to form all the compound tenses (see pp 18 ff). **Falloir** and **pleuvoir**, which are only used in the 'il' form, are given below. The rest follow in alphabetical order.

## falloir (to be necessary) / pleuvoir (to rain)

AUXILIARY: avoir

| PAST PARTICIPLE | PRESENT PARTICIPLE | IMPERATIVE |
|---|---|---|
| fallu / plu | *not used / pleuvant* | *not used* |
| **PRESENT** | **FUTURE** | **IMPERFECT** |
| il faut / il pleut | il faudra / il pleuvra | il fallait / il pleuvait |
| **PRESENT SUBJUNCTIVE** | **CONDITIONAL** | **PAST HISTORIC** |
| il faille / il pleuve | il faudrait / il pleuvrait | il fallut / il plut |

## acquérir (to acquire)

AUXILIARY: avoir

| PAST PARTICIPLE | PRESENT PARTICIPLE | IMPERATIVE |
|---|---|---|
| acquis | acquérant | acquiers |
| | | acquérons |
| | | acquérez |

| PRESENT | | FUTURE | | IMPERFECT | |
|---|---|---|---|---|---|
| | j'acquiers | | j'acquerrai | | j'acquérais |
| tu | acquiers | tu | acquerras | tu | acquérais |
| il | acquiert | il | acquerra | il | acquérait |
| nous | acquérons | nous | acquerrons | nous | acquérions |
| vous | acquérez | vous | acquerrez | vous | acquériez |
| ils | acquièrent | ils | acquerront | ils | acquéraient |
| **PRESENT SUBJUNCTIVE** | | **CONDITIONAL** | | **PAST HISTORIC** | |
| | j'acquière | | j'acquerrais | | j'acquis |
| tu | acquières | tu | acquerrais | tu | acquis |
| il | acquière | il | acquerrait | il | acquit |
| nous | acquérions | nous | acquerrions | nous | acquîmes |
| vous | acquériez | vous | acquerriez | vous | acquîtes |
| ils | acquièrent | ils | acquerraient | ils | acquirent |

# aller (to go)

**AUXILIARY: être**

**PAST PARTICIPLE**
allé

**PRESENT PARTICIPLE**
allant

**IMPERATIVE**
va
allons
allez

| PRESENT | | FUTURE | | IMPERFECT | |
|---|---|---|---|---|---|
| je | **vais** | j' | **irai** | | j'allais |
| tu | **vas** | tu | **iras** | tu | allais |
| il | **va** | il | **ira** | il | allait |
| nous | allons | nous | **irons** | nous | allions |
| vous | allez | vous | **irez** | vous | alliez |
| ils | **vont** | ils | **iront** | ils | allaient |

| PRESENT SUBJUNCTIVE | | CONDITIONAL | | PAST HISTORIC | |
|---|---|---|---|---|---|
| j' | **aille** | j' | **irais** | | j'allai |
| tu | **ailles** | tu | **irais** | tu | allas |
| il | **aille** | il | **irait** | il | alla |
| nous | allions | nous | **irions** | nous | allâmes |
| vous | alliez | vous | **iriez** | vous | allâtes |
| ils | **aillent** | ils | **iraient** | ils | allèrent |

# s'asseoir (to sit down)

**AUXILIARY: être**

**PAST PARTICIPLE**
assis

**PRESENT PARTICIPLE**
s'asseyant

**IMPERATIVE**
assieds-toi
asseyons-nous
asseyez-vous

| PRESENT | | FUTURE | | IMPERFECT | |
|---|---|---|---|---|---|
| je | **m'assieds** or **assois** | je | **m'assiérai** | je | **m'asseyais** |
| tu | **t'assieds** or **assois** | tu | **t'assiéras** | tu | **t'asseyais** |
| il | **s'assied** or **assoit** | il | **s'assiéra** | il | **s'asseyait** |
| nous | **nous asseyons** or **assoyons** | nous | **nous assiérons** | nous | **nous asseyions** |
| vous | **vous asseyez** or **assoyez** | vous | **vous assiérez** | vous | **vous asseyiez** |
| ils | **s'asseyent** or **assoient** | ils | **s'assiéront** | ils | **s'asseyaient** |

| PRESENT SUBJUNCTIVE | | CONDITIONAL | | PAST HISTORIC | |
|---|---|---|---|---|---|
| je | **m'asseye** | je | **m'assiérais** | je | **m'assis** |
| tu | **t'asseyes** | tu | **t'assiérais** | tu | **t'assis** |
| il | **s'asseye** | il | **s'assiérait** | il | **s'assit** |
| nous | **nous asseyions** | nous | **nous assiérions** | nous | **nous assîmes** |
| vous | **vous asseyiez** | vous | **vous assiériez** | vous | **vous assîtes** |
| ils | **s'asseyent** | ils | **s'assiéraient** | ils | **s'assirent** |

# Irregular Verbs

## avoir (to have)

AUXILIARY: avoir

| PAST PARTICIPLE | PRESENT PARTICIPLE | IMPERATIVE |
|---|---|---|
| eu | ayant | aie |
| | | ayons |
| | | ayez |

| PRESENT | | FUTURE | | IMPERFECT | |
|---|---|---|---|---|---|
| | j'ai | | j'aurai | | j'avais |
| tu | as | tu | auras | tu | avais |
| il | a | il | aura | il | avait |
| nous | avons | nous | aurons | nous | avions |
| vous | avez | vous | aurez | vous | aviez |
| ils | ont | ils | auront | ils | avaient |

| PRESENT SUBJUNCTIVE | | CONDITIONAL | | PAST HISTORIC | |
|---|---|---|---|---|---|
| | j'aie | | j'aurais | | j'eus |
| tu | aies | tu | aurais | tu | eus |
| il | ait | il | aurait | il | eut |
| nous | ayons | nous | aurions | nous | eûmes |
| vous | ayez | vous | auriez | vous | eûtes |
| ils | aient | ils | auraient | ils | eurent |

## battre (to beat)

AUXILIARY: avoir

| PAST PARTICIPLE | PRESENT PARTICIPLE | IMPERATIVE |
|---|---|---|
| battu | battant | bats |
| | | battons |
| | | battez |

| PRESENT | | FUTURE | | IMPERFECT | |
|---|---|---|---|---|---|
| je | bats | je | battrai | je | battais |
| tu | bats | tu | battras | tu | battais |
| il | bat | il | battra | il | battait |
| nous | battons | nous | battrons | nous | battions |
| vous | battez | vous | battrez | vous | battiez |
| ils | batten | ils | battront | ils | battaient |

| PRESENT SUBJUNCTIVE | | CONDITIONAL | | PAST HISTORIC | |
|---|---|---|---|---|---|
| je | batte | je | battrais | je | battis |
| tu | battes | tu | battrais | tu | battis |
| il | batte | il | battrait | il | battit |
| nous | battions | nous | battrions | nous | battîmes |
| vous | battiez | vous | battriez | vous | battîtes |
| ils | battent | ils | battraient | ils | battirent |

## boire (to drink)

AUXILIARY: avoir

| PAST PARTICIPLE | PRESENT PARTICIPLE | IMPERATIVE |
|---|---|---|
| bu | buvant | bois |
| | | buvons |
| | | buvez |

| PRESENT | | FUTURE | | IMPERFECT | |
|---|---|---|---|---|---|
| je | bois | je | boirai | je | buvais |
| tu | bois | tu | boiras | tu | buvais |
| il | boit | il | boira | il | buvait |
| nous | buvons | nous | boirons | nous | buvions |
| vous | buvez | vous | boirez | vous | buviez |
| ils | boivent | ils | boiront | ils | buvaient |

| PRESENT SUBJUNCTIVE | | CONDITIONAL | | PAST HISTORIC | |
|---|---|---|---|---|---|
| je | boive | je | boirais | je | bus |
| tu | boives | tu | boirais | tu | bus |
| il | boive | il | boirait | il | but |
| nous | buvions | nous | boirions | nous | bûmes |
| vous | buviez | vous | boiriez | vous | bûtes |
| ils | boivent | ils | boiraient | ils | burent |

## connaître (to know)

AUXILIARY: avoir

| PAST PARTICIPLE | PRESENT PARTICIPLE | IMPERATIVE |
|---|---|---|
| connu | connaissant | connais |
| | | connaissons |
| | | connaissez |

| PRESENT | | FUTURE | | IMPERFECT | |
|---|---|---|---|---|---|
| je | connais | je | connaîtrai | je | connaissais |
| tu | connais | tu | connaîtras | tu | connaissais |
| il | connaît | il | connaîtra | il | connaissait |
| nous | connaissons | nous | connaîtrons | nous | connaissions |
| vous | connaissez | vous | connaîtrez | vous | connaissiez |
| ils | connaissent | ils | connaîtront | ils | connaissaient |

| PRESENT SUBJUNCTIVE | | CONDITIONAL | | PAST HISTORIC | |
|---|---|---|---|---|---|
| je | connaisse | je | connaîtrais | je | connus |
| tu | connaisses | tu | connaîtrais | tu | connus |
| il | connaisse | il | connaîtrait | il | connut |
| nous | connaissions | nous | connaîtrions | nous | connûmes |
| vous | connaissiez | vous | connaîtriez | vous | connûtes |
| ils | connaissent | ils | connaîtraient | ils | connurent |

## coudre (to sew)

AUXILIARY: avoir

| PAST PARTICIPLE | PRESENT PARTICIPLE | IMPERATIVE |
|---|---|---|
| cousu | cousant | couds |
| | | cousons |
| | | cousez |

| PRESENT | | FUTURE | | IMPERFECT | |
|---|---|---|---|---|---|
| je | couds | je | coudrai | je | cousais |
| tu | couds | tu | coudras | tu | cousais |
| il | coud | il | coudra | il | cousait |
| nous | cousons | nous | coudrons | nous | cousions |
| vous | cousez | vous | coudrez | vous | cousiez |
| ils | cousent | ils | coudront | ils | cousaient |

| PRESENT SUBJUNCTIVE | | CONDITIONAL | | PAST HISTORIC | |
|---|---|---|---|---|---|
| je | couse | je | coudrais | je | cousis |
| tu | couses | tu | coudrais | tu | cousis |
| il | couse | il | coudrait | il | cousit |
| nous | cousions | nous | coudrions | nous | cousîmes |
| vous | cousiez | vous | coudriez | vous | cousîtes |
| ils | cousent | ils | coudraient | ils | cousirent |

## courir (to run)

AUXILIARY: avoir

| PAST PARTICIPLE | PRESENT PARTICIPLE | IMPERATIVE |
|---|---|---|
| couru | courant | cours |
| | | courons |
| | | courez |

| PRESENT | | FUTURE | | IMPERFECT | |
|---|---|---|---|---|---|
| je | cours | je | courrai | je | courais |
| tu | cours | tu | courras | tu | courais |
| il | court | il | courra | il | courait |
| nous | courons | nous | courrons | nous | courions |
| vous | courez | vous | courrez | vous | couriez |
| ils | courent | ils | courront | ils | couraient |

| PRESENT SUBJUNCTIVE | | CONDITIONAL | | PAST HISTORIC | |
|---|---|---|---|---|---|
| je | coure | je | courrais | je | courus |
| tu | coures | tu | courrais | tu | courus |
| il | coure | il | courrait | il | courut |
| nous | courions | nous | courrions | nous | courûmes |
| vous | couriez | vous | courriez | vous | courûtes |
| ils | courent | ils | courraient | ils | coururent |

# Irregular Verbs

## craindre (to fear)

AUXILIARY: avoir

| PAST PARTICIPLE | PRESENT PARTICIPLE | IMPERATIVE |
|---|---|---|
| craint | craignant | crains |
| | | craignons |
| | | craignez |

| PRESENT | | FUTURE | | IMPERFECT | |
|---|---|---|---|---|---|
| je | crains | je | craindrai | je | craignais |
| tu | crains | tu | craindras | tu | craignais |
| il | craint | il | craindra | il | craignait |
| nous | craignons | nous | craindrons | nous | craignions |
| vous | craignez | vous | craindrez | vous | craigniez |
| ils | craignent | ils | craindront | ils | craignaient |

| PRESENT SUBJUNCTIVE | | CONDITIONAL | | PAST HISTORIC | |
|---|---|---|---|---|---|
| je | craigne | je | craindrais | je | craignis |
| tu | craignes | tu | craindrais | tu | craignis |
| il | craigne | il | craindrait | il | craignit |
| nous | craignions | nous | craindrions | nous | craignîmes |
| vous | craigniez | vous | craindriez | vous | craignîtes |
| ils | craignent | ils | craindraient | ils | craignirent |

Verbs ending in **-eindre** and **-oindre** are conjugated similarly

## croire (to believe)

AUXILIARY: avoir

| PAST PARTICIPLE | PRESENT PARTICIPLE | IMPERATIVE |
|---|---|---|
| cru | croyant | crois |
| | | croyons |
| | | croyez |

| PRESENT | | FUTURE | | IMPERFECT | |
|---|---|---|---|---|---|
| je | crois | je | croirai | je | croyais |
| tu | crois | tu | croiras | tu | croyais |
| il | croit | il | croira | il | croyait |
| nous | croyons | nous | croirons | nous | croyions |
| vous | croyez | vous | croirez | vous | croyiez |
| ils | croient | ils | croiront | ils | croyaient |

| PRESENT SUBJUNCTIVE | | CONDITIONAL | | PAST HISTORIC | |
|---|---|---|---|---|---|
| je | croie | je | croirais | je | crus |
| tu | croies | tu | croirais | tu | crus |
| il | croie | il | croirait | il | crut |
| nous | croyions | nous | croirions | nous | crûmes |
| vous | croyiez | vous | croiriez | vous | crûtes |
| ils | croient | ils | croiraient | ils | crurent |

# Irregular Verbs

## croître (to grow)

**AUXILIARY: avoir**

| PAST PARTICIPLE | PRESENT PARTICIPLE | IMPERATIVE |
|---|---|---|
| crû | croissant | croîs |
| | | croissons |
| | | croissez |

| PRESENT | | FUTURE | | IMPERFECT | |
|---|---|---|---|---|---|
| je | croîs | je | croîtrai | je | croissais |
| tu | croîs | tu | croîtras | tu | croissais |
| il | croît | il | croîtra | il | croissait |
| nous | croissons | nous | croîtrons | nous | croissions |
| vous | croissez | vous | croîtrez | vous | croissiez |
| ils | croissent | ils | croîtront | ils | croissaient |

| PRESENT SUBJUNCTIVE | | CONDITIONAL | | PAST HISTORIC | |
|---|---|---|---|---|---|
| je | croisse | je | croîtrais | je | crûs |
| tu | croisses | tu | croîtrais | tu | crûs |
| il | croisse | il | croîtrait | il | crût |
| nous | croissions | nous | croîtrions | nous | crûmes |
| vous | croissiez | vous | croîtriez | vous | crûtes |
| ils | croissent | ils | croîtraient | ils | crûrent |

## cueillir (to pick)

**AUXILIARY: avoir**

| PAST PARTICIPLE | PRESENT PARTICIPLE | IMPERATIVE |
|---|---|---|
| cueilli | cueillant | cueille |
| | | cueillons |
| | | cueillez |

| PRESENT | | FUTURE | | IMPERFECT | |
|---|---|---|---|---|---|
| je | cueille | je | cueillerai | je | cueillais |
| tu | cueilles | tu | cueilleras | tu | cueillais |
| il | cueille | il | cueillera | il | cueillait |
| nous | cueillons | nous | cueillerons | nous | cueillions |
| vous | cueillez | vous | cueillerez | vous | cueilliez |
| ils | cueillent | ils | cueilleront | ils | cueillaient |

| PRESENT SUBJUNCTIVE | | CONDITIONAL | | PAST HISTORIC | |
|---|---|---|---|---|---|
| je | cueille | je | cueillerais | je | cueillis |
| tu | cueilles | tu | cueillerais | tu | cueillis |
| il | cueille | il | cueillerait | il | cueillit |
| nous | cueillions | nous | cueillerions | nous | cueillîmes |
| vous | cueilliez | vous | cueilleriez | vous | cueillîtes |
| ils | cueillent | ils | cueilleraient | ils | cueillirent |

# Irregular Verbs

## cuire (to cook)

AUXILIARY: avoir

| PAST PARTICIPLE | PRESENT PARTICIPLE | IMPERATIVE |
|---|---|---|
| cuit | cuisant | cuis |
| | | cuisons |
| | | cuisez |

| PRESENT | | FUTURE | | IMPERFECT | |
|---|---|---|---|---|---|
| je | cuis | je | cuirai | je | cuisais |
| tu | cuis | tu | cuiras | tu | cuisais |
| il | cuit | il | cuira | il | cuisait |
| nous | cuisons | nous | cuirons | nous | cuisions |
| vous | cuisez | vous | cuirez | vous | cuisiez |
| ils | cuisent | ils | cuiront | ils | cuisaient |

| PRESENT SUBJUNCTIVE | | CONDITIONAL | | PAST HISTORIC | |
|---|---|---|---|---|---|
| je | cuise | je | cuirais | je | cuisis |
| tu | cuises | tu | cuirais | tu | cuisis |
| il | cuise | il | cuirait | il | cuisit |
| nous | cuisions | nous | cuirions | nous | cuisîmes |
| vous | cuisiez | vous | cuiriez | vous | cuisîtes |
| ils | cuisent | ils | cuiraient | ils | cuisirent |

nuire (to harm) conjugated similarly, but past participle nui

## devoir (to have to, to owe)

AUXILIARY: avoir

| PAST PARTICIPLE | PRESENT PARTICIPLE | IMPERATIVE |
|---|---|---|
| dû | devant | dois |
| | | devons |
| | | devez |

| PRESENT | | FUTURE | | IMPERFECT | |
|---|---|---|---|---|---|
| je | dois | je | devrai | je | devais |
| tu | dois | tu | devras | tu | devais |
| il | doit | il | devra | il | devait |
| nous | devons | nous | devrons | nous | devions |
| vous | devez | vous | devrez | vous | deviez |
| ils | doivent | ils | devront | ils | devaient |

| PRESENT SUBJUNCTIVE | | CONDITIONAL | | PAST HISTORIC | |
|---|---|---|---|---|---|
| je | doive | je | devrais | je | dus |
| tu | doives | tu | devrais | tu | dus |
| il | doive | il | devrait | il | dut |
| nous | devions | nous | devrions | nous | dûmes |
| vous | deviez | vous | devriez | vous | dûtes |
| ils | doivent | ils | devraient | ils | durent |

57

# Irregular Verbs

## dire (to say, tell)

AUXILIARY: avoir

| PAST PARTICIPLE | PRESENT PARTICIPLE | IMPERATIVE |
|---|---|---|
| dit | disant | dis |
| | | disons |
| | | dites |

| PRESENT | | FUTURE | | IMPERFECT | |
|---|---|---|---|---|---|
| je | dis | je | dirai | je | disais |
| tu | dis | tu | diras | tu | disais |
| il | dit | il | dira | il | disait |
| nous | disons | nous | dirons | nous | disions |
| vous | dites | vous | direz | vous | disiez |
| ils | disent | ils | diront | ils | disaient |

| PRESENT SUBJUNCTIVE | | CONDITIONAL | | PAST HISTORIC | |
|---|---|---|---|---|---|
| je | dise | je | dirais | je | dis |
| tu | dises | tu | dirais | tu | dis |
| il | dise | il | dirait | il | dit |
| nous | disions | nous | dirions | nous | dîmes |
| vous | disiez | vous | diriez | vous | dîtes |
| ils | disent | ils | diraient | ils | dirent |

**interdire** (to forbid) conjugated similarly, but 2nd person plural of the present tense is **vous interdisez**

## dormir (to sleep)

AUXILIARY: avoir

| PAST PARTICIPLE | PRESENT PARTICIPLE | IMPERATIVE |
|---|---|---|
| dormi | dormant | dors |
| | | dormons |
| | | dormez |

| PRESENT | | FUTURE | | IMPERFECT | |
|---|---|---|---|---|---|
| je | dors | je | dormirai | je | dormais |
| tu | dors | tu | dormiras | tu | dormais |
| il | dort | il | dormira | il | dormait |
| nous | dormons | nous | dormirons | nous | dormions |
| vous | dormez | vous | dormirez | vous | dormiez |
| ils | dorment | ils | dormiront | ils | dormaient |

| PRESENT SUBJUNCTIVE | | CONDITIONAL | | PAST HISTORIC | |
|---|---|---|---|---|---|
| je | dorme | je | dormirais | je | dormis |
| tu | dormes | tu | dormirais | tu | dormis |
| il | dorme | il | dormirait | il | dormit |
| nous | dormions | nous | dormirions | nous | dormîmes |
| vous | dormiez | vous | dormiriez | vous | dormîtes |
| ils | dorment | ils | dormiraient | ils | dormirent |

# Irregular Verbs

## écrire (to write)

AUXILIARY: avoir

| PAST PARTICIPLE | PRESENT PARTICIPLE | IMPERATIVE |
|---|---|---|
| écrit | écrivant | écris |
| | | écrivons |
| | | écrivez |

| PRESENT | | FUTURE | | IMPERFECT | |
|---|---|---|---|---|---|
| | j'écris | | j'écrirai | | j'écrivais |
| tu | écris | tu | écriras | tu | écrivais |
| il | écrit | il | écrira | il | écrivait |
| nous | écrivons | nous | écrirons | nous | écrivions |
| vous | écrivez | vous | écrirez | vous | écriviez |
| ils | écrivent | ils | écriront | ils | écrivaient |

| PRESENT SUBJUNCTIVE | | CONDITIONAL | | PAST HISTORIC | |
|---|---|---|---|---|---|
| | j'écrive | | j'écrirais | | j'écrivis |
| tu | écrives | tu | écrirais | tu | écrivis |
| il | écrive | il | écrirait | il | écrivit |
| nous | écrivions | nous | écririons | nous | écrivîmes |
| vous | écriviez | vous | écririez | vous | écrivîtes |
| ils | écrivent | ils | écriraient | ils | écrivirent |

## envoyer (to send)

AUXILIARY: avoir

| PAST PARTICIPLE | PRESENT PARTICIPLE | IMPERATIVE |
|---|---|---|
| envoyé | envoyant | envoie |
| | | envoyons |
| | | envoyez |

| PRESENT | | FUTURE | | IMPERFECT | |
|---|---|---|---|---|---|
| | j'envoie | | j'enverrai | | j'envoyais |
| tu | envoies | tu | enverras | tu | envoyais |
| il | envoie | il | enverra | il | envoyait |
| nous | envoyons | nous | enverrons | nous | envoyions |
| vous | envoyez | vous | enverrez | vous | envoyiez |
| ils | envoient | ils | enverront | ils | envoyaient |

| PRESENT SUBJUNCTIVE | | CONDITIONAL | | PAST HISTORIC | |
|---|---|---|---|---|---|
| | j'envoie | | j'enverrais | | j'envoyai |
| tu | envoies | tu | enverrais | tu | envoyas |
| il | envoie | il | enverrait | il | envoya |
| nous | envoyions | nous | enverrions | nous | envoyâmes |
| vous | envoyiez | vous | enverriez | vous | envoyâtes |
| ils | envoient | ils | enverraient | ils | envoyèrent |

# Irregular Verbs

## être (to be)

AUXILIARY: avoir

| PAST PARTICIPLE | PRESENT PARTICIPLE | IMPERATIVE |
|---|---|---|
| été | étant | sois |
| | | soyons |
| | | soyez |

| PRESENT | | FUTURE | | IMPERFECT | |
|---|---|---|---|---|---|
| je | suis | je | serai | | j'étais |
| tu | es | tu | seras | tu | étais |
| il | est | il | sera | il | était |
| nous | sommes | nous | serons | nous | étions |
| vous | êtes | vous | serez | vous | étiez |
| ils | sont | ils | seront | ils | étaient |

| PRESENT SUBJUNCTIVE | | CONDITIONAL | | PAST HISTORIC | |
|---|---|---|---|---|---|
| je | sois | je | serais | je | fus |
| tu | sois | tu | serais | tu | fus |
| il | soit | il | serait | il | fut |
| nous | soyons | nous | serions | nous | fûmes |
| vous | soyez | vous | seriez | vous | fûtes |
| ils | soient | ils | seraient | ils | furent |

## faire (to do, to make)

AUXILIARY: avoir

| PAST PARTICIPLE | PRESENT PARTICIPLE | IMPERATIVE |
|---|---|---|
| fait | faisant | fais |
| | | faisons |
| | | faites |

| PRESENT | | FUTURE | | IMPERFECT | |
|---|---|---|---|---|---|
| je | fais | je | ferai | je | faisais |
| tu | fais | tu | feras | tu | faisais |
| il | fait | il | fera | il | faisait |
| nous | faisons | nous | ferons | nous | faisions |
| vous | faites | vous | ferez | vous | faisiez |
| ils | font | ils | feront | ils | faisaient |

| PRESENT SUBJUNCTIVE | | CONDITIONAL | | PAST HISTORIC | |
|---|---|---|---|---|---|
| je | fasse | je | ferais | je | fis |
| tu | fasses | tu | ferais | tu | fis |
| il | fasse | il | ferait | il | fit |
| nous | fassions | nous | ferions | nous | fîmes |
| vous | fassiez | vous | feriez | vous | fîtes |
| ils | fassent | ils | feraient | ils | firent |

# Irregular Verbs

## fuir (to flee)

**AUXILIARY:** avoir

| PAST PARTICIPLE | PRESENT PARTICIPLE | IMPERATIVE |
|---|---|---|
| fui | fuyant | fuis |
| | | fuyons |
| | | fuyez |

**PRESENT**

| | | **FUTURE** | | **IMPERFECT** | |
|---|---|---|---|---|---|
| je | fuis | je | fuirai | je | fuyais |
| tu | fuis | tu | fuiras | tu | fuyais |
| il | fuit | il | fuira | il | fuyait |
| nous | fuyons | nous | fuirons | nous | fuyions |
| vous | fuyez | vous | fuirez | vous | fuyiez |
| ils | fuient | ils | fuiront | ils | fuyaient |

| **PRESENT SUBJUNCTIVE** | | **CONDITIONAL** | | **PAST HISTORIC** | |
|---|---|---|---|---|---|
| je | fuie | je | fuirais | je | fuis |
| tu | fuies | tu | fuirais | tu | fuis |
| il | fuie | il | fuirait | il | fuit |
| nous | fuyions | nous | fuirions | nous | fuîmes |
| vous | fuyiez | vous | fuiriez | vous | fuîtes |
| ils | fuient | ils | fuiraient | ils | fuirent |

## haïr (to hate)

**AUXILIARY:** avoir

| PAST PARTICIPLE | PRESENT PARTICIPLE | IMPERATIVE |
|---|---|---|
| haï | haïssant | hais |
| | | haïssons |
| | | haïssez |

**PRESENT**

| | | **FUTURE** | | **IMPERFECT** | |
|---|---|---|---|---|---|
| je | hais | je | haïrai | je | haïssais |
| tu | hais | tu | haïras | tu | haïssais |
| il | hait | il | haïra | il | haïssait |
| nous | haïssons | nous | haïrons | nous | haïssions |
| vous | haïssez | vous | haïrez | vous | haïssiez |
| ils | haïssent | ils | haïront | ils | haïssaient |

| **PRESENT SUBJUNCTIVE** | | **CONDITIONAL** | | **PAST HISTORIC** | |
|---|---|---|---|---|---|
| je | haïsse | je | haïrais | je | haïs |
| tu | haïsses | tu | haïrais | tu | haïs |
| il | haïsse | il | haïrait | il | haït |
| nous | haïssions | nous | haïrions | nous | haïmes |
| vous | haïssiez | vous | haïriez | vous | haïtes |
| ils | haïssent | ils | haïraient | ils | haïrent |

# Irregular Verbs

## lire (to read)

AUXILIARY: avoir

| PAST PARTICIPLE | PRESENT PARTICIPLE | IMPERATIVE |
|---|---|---|
| lu | lisant | lis |
| | | lisons |
| | | lisez |

| PRESENT | | FUTURE | | IMPERFECT | |
|---|---|---|---|---|---|
| je | lis | je | lirai | je | lisais |
| tu | lis | tu | liras | tu | lisais |
| il | lit | il | lira | il | lisait |
| nous | lisons | nous | lirons | nous | lisions |
| vous | lisez | vous | lirez | vous | lisiez |
| ils | lisent | ils | liront | ils | lisaient |

| PRESENT SUBJUNCTIVE | | CONDITIONAL | | PAST HISTORIC | |
|---|---|---|---|---|---|
| je | lise | je | lirais | je | lus |
| tu | lises | tu | lirais | tu | lus |
| il | lise | il | lirait | il | lut |
| nous | lisions | nous | lirions | nous | lûmes |
| vous | lisiez | vous | liriez | vous | lûtes |
| ils | lisent | ils | liraient | ils | lurent |

## mettre (to put)

AUXILIARY: avoir

| PAST PARTICIPLE | PRESENT PARTICIPLE | IMPERATIVE |
|---|---|---|
| mis | mettant | mets |
| | | mettons |
| | | mettez |

| PRESENT | | FUTURE | | IMPERFECT | |
|---|---|---|---|---|---|
| je | mets | je | mettrai | je | mettais |
| tu | mets | tu | mettras | tu | mettais |
| il | met | il | mettra | il | mettait |
| nous | mettons | nous | mettrons | nous | mettions |
| vous | mettez | vous | mettrez | vous | mettiez |
| ils | mettent | ils | mettront | ils | mettaient |

| PRESENT SUBJUNCTIVE | | CONDITIONAL | | PAST HISTORIC | |
|---|---|---|---|---|---|
| je | mette | je | mettrais | je | mis |
| tu | mettes | tu | mettrais | tu | mis |
| il | mette | il | mettrait | il | mit |
| nous | mettions | nous | mettrions | nous | mîmes |
| vous | mettiez | vous | mettriez | vous | mîtes |
| ils | mettent | ils | mettraient | ils | mirent |

# mourir (to die)

AUXILIARY: être

| PAST PARTICIPLE | PRESENT PARTICIPLE | IMPERATIVE |
|---|---|---|
| mort | mourant | meurs |
| | | mourons |
| | | mourez |

**PRESENT**

| | |
|---|---|
| je | meurs |
| tu | meurs |
| il | meurt |
| nous | mourons |
| vous | mourez |
| ils | meurent |

**FUTURE**

| | |
|---|---|
| je | mourrai |
| tu | mourras |
| il | mourra |
| nous | mourrons |
| vous | mourrez |
| ils | mourront |

**IMPERFECT**

| | |
|---|---|
| je | mourais |
| tu | mourais |
| il | mourait |
| nous | mourions |
| vous | mouriez |
| ils | mouraient |

**PRESENT SUBJUNCTIVE**

| | |
|---|---|
| je | meure |
| tu | meures |
| il | meure |
| nous | mourions |
| vous | mouriez |
| ils | meurent |

**CONDITIONAL**

| | |
|---|---|
| je | mourrais |
| tu | mourrais |
| il | mourrait |
| nous | mourrions |
| vous | mourriez |
| ils | mourraient |

**PAST HISTORIC**

| | |
|---|---|
| je | mourus |
| tu | mourus |
| il | mourut |
| nous | mourûmes |
| vous | mourûtes |
| ils | moururent |

# naître (to be born)

AUXILIARY: être

| PAST PARTICIPLE | PRESENT PARTICIPLE | IMPERATIVE |
|---|---|---|
| né | naissant | nais |
| | | naissons |
| | | naissez |

**PRESENT**

| | |
|---|---|
| je | nais |
| tu | nais |
| il | naît |
| nous | naissons |
| vous | naissez |
| ils | naissent |

**FUTURE**

| | |
|---|---|
| je | naîtrai |
| tu | naîtras |
| il | naîtra |
| nous | naîtrons |
| vous | naîtrez |
| ils | naîtront |

**IMPERFECT**

| | |
|---|---|
| je | naissais |
| tu | naissais |
| il | naissait |
| nous | naissions |
| vous | naissiez |
| ils | naissaient |

**PRESENT SUBJUNCTIVE**

| | |
|---|---|
| je | naisse |
| tu | naisses |
| il | naisse |
| nous | naissions |
| vous | naissiez |
| ils | naissent |

**CONDITIONAL**

| | |
|---|---|
| je | naîtrais |
| tu | naîtrais |
| il | naîtrait |
| nous | naîtrions |
| vous | naîtriez |
| ils | naîtraient |

**PAST HISTORIC**

| | |
|---|---|
| je | naquis |
| tu | naquis |
| il | naquit |
| nous | naquîmes |
| vous | naquîtes |
| ils | naquirent |

# Irregular Verbs

## ouvrir (to open)

AUXILIARY: avoir

**PAST PARTICIPLE**
ouvert

**PRESENT PARTICIPLE**
ouvrant

**IMPERATIVE**
ouvre
ouvrons
ouvrez

**PRESENT**

| | | |
|---|---|---|
| j' | ouvre | |
| tu | ouvres | |
| il | ouvre | |
| nous | ouvrons | |
| vous | ouvrez | |
| ils | ouvrent | |

**FUTURE**

| | |
|---|---|
| j' | ouvrirai |
| tu | ouvriras |
| il | ouvrira |
| nous | ouvrirons |
| vous | ouvrirez |
| ils | ouvriront |

**IMPERFECT**

| | |
|---|---|
| j' | ouvrais |
| tu | ouvrais |
| il | ouvrait |
| nous | ouvrions |
| vous | ouvriez |
| ils | ouvraient |

**PRESENT SUBJUNCTIVE**

| | |
|---|---|
| j' | ouvre |
| tu | ouvres |
| il | ouvre |
| nous | ouvrions |
| vous | ouvriez |
| ils | ouvrent |

**CONDITIONAL**

| | |
|---|---|
| j' | ouvrirais |
| tu | ouvrirais |
| il | ouvrirait |
| nous | ouvririons |
| vous | ouvririez |
| ils | ouvriraient |

**PAST HISTORIC**

| | |
|---|---|
| j' | ouvris |
| tu | ouvris |
| il | ouvrit |
| nous | ouvrîmes |
| vous | ouvrîtes |
| ils | ouvrirent |

offrir (to offer), souffrir (to suffer) are conjugated similarly

## paraître (to appear)

AUXILIARY: avoir

**PAST PARTICIPLE**
paru

**PRESENT PARTICIPLE**
paraissant

**IMPERATIVE**
parais
paraissons
paraissez

**PRESENT**

| | |
|---|---|
| je | parais |
| tu | parais |
| il | paraît |
| nous | paraissons |
| vous | paraissez |
| ils | paraissent |

**FUTURE**

| | |
|---|---|
| je | paraîtrai |
| tu | paraîtras |
| il | paraîtra |
| vous | paraîtrons |
| nous | paraîtrez |
| ils | paraîtront |

**IMPERFECT**

| | |
|---|---|
| je | paraissais |
| tu | paraissais |
| il | paraissait |
| nous | paraissions |
| vous | paraissiez |
| ils | paraissaient |

**PRESENT SUBJUNCTIVE**

| | |
|---|---|
| je | paraisse |
| tu | paraisses |
| il | paraisse |
| nous | paraissions |
| vous | paraissiez |
| ils | paraissent |

**CONDITIONAL**

| | |
|---|---|
| je | paraîtrais |
| tu | paraîtrais |
| il | paraîtrait |
| nous | paraîtrions |
| vous | paraîtriez |
| ils | paraîtraient |

**PAST HISTORIC**

| | |
|---|---|
| je | parus |
| tu | parus |
| il | parut |
| nous | parûmes |
| vous | parûtes |
| ils | parurent |

# Irregular Verbs

## partir (to leave)

AUXILIARY: être

**PAST PARTICIPLE**
parti

**PRESENT PARTICIPLE**
partant

**IMPERATIVE**
pars
partons
partez

| **PRESENT** | | **FUTURE** | | **IMPERFECT** | |
|---|---|---|---|---|---|
| je | pars | je | partirai | je | partais |
| tu | pars | tu | partiras | tu | partais |
| il | part | il | partira | il | partait |
| nous | partons | nous | partirons | nous | partions |
| vous | partez | vous | partirez | vous | partiez |
| ils | partent | ils | partiront | ils | partaient |

| **PRESENT SUBJUNCTIVE** | | **CONDITIONAL** | | **PAST HISTORIC** | |
|---|---|---|---|---|---|
| je | parte | je | partirais | je | partis |
| tu | partes | tu | partirais | tu | partis |
| il | parte | il | partirait | il | partit |
| nous | partions | nous | partirions | nous | partîmes |
| vous | partiez | vous | partiriez | vous | partîtes |
| ils | partent | ils | partiraient | ils | partirent |

## plaire (to please)

AUXILIARY: avoir

**PAST PARTICIPLE**
plu

**PRESENT PARTICIPLE**
plaisant

**IMPERATIVE**
plais
plaisons
plaisez

| **PRESENT** | | **FUTURE** | | **IMPERFECT** | |
|---|---|---|---|---|---|
| je | plais | je | plairai | je | plaisais |
| tu | plais | tu | plairas | tu | plaisais |
| il | plaît | il | plaira | il | plaisait |
| nous | plaisons | nous | plairons | nous | plaisions |
| vous | plaisez | vous | plairez | vous | plaisiez |
| ils | plaisent | ils | plairont | ils | plaisaient |

| **PRESENT SUBJUNCTIVE** | | **CONDITIONAL** | | **PAST HISTORIC** | |
|---|---|---|---|---|---|
| je | plaise | je | plairais | je | plus |
| tu | plaises | tu | plairais | tu | plus |
| il | plaise | il | plairait | il | plut |
| nous | plaisions | nous | plairions | nous | plûmes |
| vous | plaisiez | vous | plairiez | vous | plûtes |
| ils | plaisent | ils | plairaient | ils | plurent |

## pouvoir (to be able to)

AUXILIARY: avoir

| PAST PARTICIPLE | PRESENT PARTICIPLE | IMPERATIVE |
|---|---|---|
| pu | pouvant | *not used* |

| PRESENT | | FUTURE | | IMPERFECT | |
|---|---|---|---|---|---|
| je | peux* | je | pourrai | je | pouvais |
| tu | peux | tu | pourras | tu | pouvais |
| il | peut | il | pourra | il | pouvait |
| nous | pouvons | nous | pourrons | nous | pouvions |
| vous | pouvez | vous | pourrez | vous | pouviez |
| ils | peuvent | ils | pourront | ils | pouvaient |

| PRESENT SUBJUNCTIVE | | CONDITIONAL | | PAST HISTORIC | |
|---|---|---|---|---|---|
| je | puisse | je | pourrais | je | pus |
| tu | puisses | tu | pourrais | tu | pus |
| il | puisse | il | pourrait | il | put |
| nous | puissions | nous | pourrions | nous | pûmes |
| vous | puissiez | vous | pourriez | vous | pûtes |
| ils | puissent | ils | pourraient | ils | purent |

* In questions: **puis-je?**

## prendre (to take)

AUXILIARY: avoir

| PAST PARTICIPLE | PRESENT PARTICIPLE | IMPERATIVE |
|---|---|---|
| pris | prenant | prends |
| | | prenons |
| | | prenez |

| PRESENT | | FUTURE | | IMPERFECT | |
|---|---|---|---|---|---|
| je | prends | je | prendrai | je | prenais |
| tu | prends | tu | prendras | tu | prenais |
| il | prend | il | prendra | il | prenait |
| nous | prenons | nous | prendrons | nous | prenions |
| vous | prenez | vous | prendrez | vous | preniez |
| ils | prennent | ils | prendront | ils | prenaient |

| PRESENT SUBJUNCTIVE | | CONDITIONAL | | PAST HISTORIC | |
|---|---|---|---|---|---|
| je | prenne | je | prendrais | je | pris |
| tu | prennes | tu | prendrais | tu | pris |
| il | prenne | il | prendrait | il | prit |
| nous | prenions | nous | prendrions | nous | prîmes |
| vous | preniez | tous | prendriez | nous | prîtes |
| ils | prennent | ils | prendraient | ils | prirent |

# Irregular Verbs

## recevoir (to receive)

AUXILIARY: avoir

**PAST PARTICIPLE**
reçu

**PRESENT PARTICIPLE**
recevant

**IMPERATIVE**
reçois
recevons
recevez

**PRESENT**
je reçois
tu reçois
il reçoit
nous recevons
vous recevez
ils reçoivent

**FUTURE**
je recevrai
tu recevras
il recevra
nous recevrons
vous recevrez
ils recevront

**IMPERFECT**
je recevais
tu recevais
il recevait
nous recevions
vous receviez
ils recevaient

**PRESENT SUBJUNCTIVE**
je reçoive
tu reçoives
il reçoive
nous recevions
vous receviez
ils reçoivent

**CONDITIONAL**
je recevrais
tu recevrais
il recevrait
nous recevrions
vous recevriez
ils recevraient

**PAST HISTORIC**
je reçus
tu reçus
il reçut
nous reçûmes
vous reçûtes
ils reçurent

## résoudre (to solve)

AUXILIARY: avoir

**PAST PARTICIPLE**
résolu

**PRESENT PARTICIPLE**
résolvant

**IMPERATIVE**
résous
résolvons
résolvez

**PRESENT**
je résous
tu résous
il résout
nous résolvons
vous résolvez
ils résolvent

**FUTURE**
je résoudrai
tu résoudras
il résoudra
nous résoudrons
vous résoudrez
ils résoudront

**IMPERFECT**
je résolvais
tu résolvais
il résolvait
nous résolvions
vous résolviez
ils résolvaient

**PRESENT SUBJUNCTIVE**
je résolve
tu résolves
il résolve
nous résolvions
vous résolviez
ils résolvent

**CONDITIONAL**
je résoudrais
tu résoudrais
il résoudrait
nous résoudrions
vous résoudriez
ils résoudraient

**PAST HISTORIC**
je résolus
tu résolus
il résolut
nous résolûmes
vous résolûtes
ils résolurent

# Irregular Verbs

## rire (to laugh)

| PAST PARTICIPLE | PRESENT PARTICIPLE | IMPERATIVE |
|---|---|---|
| ri | riant | ris |
| | | rions |
| | | riez |

| PRESENT | | FUTURE | | IMPERFECT | |
|---|---|---|---|---|---|
| je | ris | je | rirai | je | riais |
| tu | ris | tu | riras | tu | riais |
| il | **rit** | il | rira | il | riait |
| nous | rions | nous | rirons | nous | riions |
| vous | riez | vous | rirez | vous | riiez |
| ils | rient | ils | riront | ils | riaient |

| PRESENT SUBJUNCTIVE | | CONDITIONAL | | PAST HISTORIC | |
|---|---|---|---|---|---|
| je | rie | je | rirais | je | **ris** |
| tu | ries | tu | rirais | tu | **ris** |
| il | rie | il | rirait | il | **rit** |
| nous | riions | nous | ririons | nous | **rîmes** |
| vous | riiez | vous | ririez | vous | **rîtes** |
| ils | rient | ils | riraient | ils | **rirent** |

## rompre (to break)

| PAST PARTICIPLE | PRESENT PARTICIPLE | IMPERATIVE |
|---|---|---|
| rompu | rompant | romps |
| | | rompons |
| | | rompez |

| PRESENT | | FUTURE | | IMPERFECT | |
|---|---|---|---|---|---|
| je | romps | je | romprai | je | rompais |
| tu | romps | tu | rompras | tu | rompais |
| il | **rompt** | il | rompra | il | rompait |
| nous | rompons | nous | romprons | nous | rompions |
| vous | rompez | vous | romprez | vous | rompiez |
| ils | rompent | ils | rompront | ils | rompaient |

| PRESENT SUBJUNCTIVE | | CONDITIONAL | | PAST HISTORIC | |
|---|---|---|---|---|---|
| je | rompe | je | romprais | je | rompis |
| tu | rompes | tu | romprais | tu | rompis |
| il | rompe | il | romprait | il | rompit |
| nous | rompions | nous | romprions | nous | rompîmes |
| vous | rompiez | vous | rompriez | vous | rompîtes |
| ils | rompent | ils | rompraient | ils | rompirent |

# Irregular Verbs

## savoir (to know)

| PAST PARTICIPLE | PRESENT PARTICIPLE | IMPERATIVE |
|---|---|---|
| su | sachant | sache |
| | | sachons |
| | | sachez |

| PRESENT | | FUTURE | | IMPERFECT | |
|---|---|---|---|---|---|
| je | sais | je | saurai | je | savais |
| tu | sais | tu | sauras | tu | savais |
| il | sait | il | saura | il | savait |
| nous | savons | nous | saurons | nous | savions |
| vous | savez | vous | saurez | vous | saviez |
| ils | savent | ils | sauront | ils | savaient |

| PRESENT SUBJUNCTIVE | | CONDITIONAL | | PAST HISTORIC | |
|---|---|---|---|---|---|
| je | sache | je | saurais | je | sus |
| tu | saches | tu | saurais | tu | sus |
| il | sache | il | saurait | il | sut |
| nous | sachions | nous | saurions | nous | sûmes |
| vous | sachiez | vous | sauriez | vous | sûtes |
| ils | sachent | ils | sauraient | ils | surent |

## sentir (to feel, to smell)

AUXILIARY: avoir

| PAST PARTICIPLE | PRESENT PARTICIPLE | IMPERATIVE |
|---|---|---|
| senti | sentant | sens |
| | | sentons |
| | | sentez |

| PRESENT | | FUTURE | | IMPERFECT | |
|---|---|---|---|---|---|
| je | sens | je | sentirai | je | sentais |
| tu | sens | tu | sentiras | tu | sentais |
| il | sent | il | sentira | il | sentait |
| nous | sentons | nous | sentirons | nous | sentions |
| vous | sentez | vous | sentirez | vous | sentiez |
| ils | sentent | ils | sentiront | ils | sentaient |

| PRESENT SUBJUNCTIVE | | CONDITIONAL | | PAST HISTORIC | |
|---|---|---|---|---|---|
| je | sente | je | sentirais | je | sentis |
| tu | sentes | tu | sentirais | tu | sentis |
| il | sente | il | sentirait | il | sentit |
| nous | sentions | nous | sentirions | nous | sentîmes |
| vous | sentiez | vous | sentiriez | vous | sentîtes |
| ils | sentent | ils | sentiraient | ils | sentirent |

## servir (to serve)

AUXILIARY: avoir

**PAST PARTICIPLE**
servi

**PRESENT PARTICIPLE**
servant

**IMPERATIVE**
sers
servons
servez

| | PRESENT | | FUTURE | | IMPERFECT |
|---|---|---|---|---|---|
| je | **sers** | je | servirai | je | **servais** |
| tu | **sers** | tu | serviras | tu | **servais** |
| il | **sert** | il | servira | il | **servait** |
| nous | **servons** | nous | servirons | nous | **servions** |
| vous | **servez** | vous | servirez | vous | **serviez** |
| ils | **servent** | ils | serviront | ils | **servaient** |

| | PRESENT SUBJUNCTIVE | | CONDITIONAL | | PAST HISTORIC |
|---|---|---|---|---|---|
| je | **serve** | je | servirais | je | servis |
| tu | **serves** | tu | servirais | tu | servis |
| il | **serve** | il | servirait | il | servit |
| nous | **servions** | nous | servirions | nous | servîmes |
| vous | **serviez** | vous | serviriez | vous | servîtes |
| ils | **servent** | ils | serviraient | ils | servirent |

## sortir (to go, to come out)

AUXILIARY: être

**PAST PARTICIPLE**
sorti

**PRESENT PARTICIPLE**
sortant

**IMPERATIVE**
sors
sortons
sortez

| | PRESENT | | FUTURE | | IMPERFECT |
|---|---|---|---|---|---|
| je | **sors** | je | sortirai | je | **sortais** |
| tu | **sors** | tu | sortiras | tu | **sortais** |
| il | **sort** | il | sortira | il | **sortait** |
| nous | **sortons** | nous | sortirons | nous | **sortions** |
| vous | **sortez** | vous | sortirez | vous | **sortiez** |
| ils | **sortent** | ils | sortiront | ils | **sortaient** |

| | PRESENT SUBJUNCTIVE | | CONDITIONAL | | PAST HISTORIC |
|---|---|---|---|---|---|
| je | **sorte** | je | sortirais | je | sortis |
| tu | **sortes** | tu | sortirais | tu | sortis |
| il | **sorte** | il | sortirait | il | sortit |
| nous | **sortions** | nous | sortirions | nous | sortîmes |
| vous | **sortiez** | vous | sortiriez | vous | sortîtes |
| ils | **sortent** | ils | sortiraient | ils | sortirent |

# Irregular Verbs

## suffire (to be enough)

AUXILIARY: avoir

**PAST PARTICIPLE**
 suffi

**PRESENT PARTICIPLE**
 suffisant

**IMPERATIVE**
 suffis
 suffisons
 suffisez

| PRESENT | FUTURE | IMPERFECT |
|---|---|---|
| je suffis | je suffirai | je suffisais |
| tu suffis | tu suffiras | tu suffisais |
| il suffit | il suffira | il suffisait |
| nous suffisons | nous suffirons | nous suffisions |
| vous suffisez | vous suffirez | vous suffisiez |
| ils suffisent | ils suffiront | ils suffisaient |

| PRESENT SUBJUNCTIVE | CONDITIONAL | PAST HISTORIC |
|---|---|---|
| je suffise | je suffirais | je suffis |
| tu suffises | tu suffirais | tu suffis |
| il suffise | il suffirait | il suffit |
| nous suffisions | nous suffirions | nous suffîmes |
| vous suffisiez | vous suffiriez | vous suffîtes |
| ils suffisent | ils suffiraient | ils suffirent |

## suivre (to follow)

AUXILIARY: avoir

**PAST PARTICIPLE**
 suivi

**PRESENT PARTICIPLE**
 suivant

**IMPERATIVE**
 suis
 suivons
 suivez

| PRESENT | FUTURE | IMPERFECT |
|---|---|---|
| je suis | je suivrai | je suivais |
| tu suis | tu suivras | tu suivais |
| il suit | il suivra | il suivait |
| nous suivons | nous suivrons | nous suivions |
| vous suivez | vous suivrez | vous suiviez |
| ils suivent | ils suivront | ils suivaient |

| PRESENT SUBJUNCTIVE | CONDITIONAL | PAST HISTORIC |
|---|---|---|
| je suive | je suivrais | je suivis |
| tu suives | tu suivrais | tu suivis |
| il suive | il suivrait | il suivit |
| nous suivions | nous suivrions | nous suivîmes |
| vous suiviez | vous suivriez | vous suivîtes |
| ils suivent | ils suivraient | ils suivirent |

## se taire (to stop talking)

**AUXILIARY: être**

| PAST PARTICIPLE | PRESENT PARTICIPLE | IMPERATIVE |
|---|---|---|
| tu | se taisant | tais-toi |
| | | taisons-nous |
| | | taisez-vous |

**PRESENT**

| | | **FUTURE** | | | **IMPERFECT** | |
|---|---|---|---|---|---|---|
| je | me tais | je | me tairai | je | me taisais |
| tu | te tais | tu | te tairas | tu | te taisais |
| il | se tait | il | se taira | il | se taisait |
| nous | nous taisons | nous | nous tairons | nous | nous taisions |
| vous | vous taisez | vous | vous tairez | vous | vous taisiez |
| ils | se taisent | ils | se tairont | ils | se taisaient |

**PRESENT SUBJUNCTIVE** / **CONDITIONAL** / **PAST HISTORIC**

| | | | | | |
|---|---|---|---|---|---|
| je | me taise | je | me tairais | je | me tus |
| tu | te taises | tu | te tairais | tu | te tus |
| il | se taise | il | se tairait | il | se tut |
| nous | nous taisions | nous | nous tairions | nous | nous tûmes |
| vous | vous taisiez | vous | vous tairiez | vous | vous tûtes |
| ils | se taisent | ils | se tairaient | ils | se turent |

## tenir (to hold)

**AUXILIARY: avoir**

| PAST PARTICIPLE | PRESENT PARTICIPLE | IMPERATIVE |
|---|---|---|
| tenu | tenant | tiens |
| | | tenons |
| | | tenez |

**PRESENT** / **FUTURE** / **IMPERFECT**

| | | | | | |
|---|---|---|---|---|---|
| je | tiens | je | tiendrai | je | tenais |
| tu | tiens | tu | tiendras | tu | tenais |
| il | tient | il | tiendra | il | tenait |
| nous | tenons | nous | tiendrons | nous | tenions |
| vous | tenez | vous | tiendrez | vous | teniez |
| ils | tiennent | ils | tiendront | ils | tenaient |

**PRESENT SUBJUNCTIVE** / **CONDITIONAL** / **PAST HISTORIC**

| | | | | | |
|---|---|---|---|---|---|
| je | tienne | je | tiendrais | je | tins |
| tu | tiennes | tu | tiendrais | tu | tins |
| il | tienne | il | tiendrait | il | tint |
| nous | tenions | nous | tiendrions | nous | tînmes |
| vous | teniez | vous | tiendriez | vous | tîntes |
| ils | tiennent | ils | tiendraient | ils | tinrent |

# Irregular Verbs

## vaincre (to defeat)

AUXILIARY: avoir

**PAST PARTICIPLE**
vaincu

**PRESENT PARTICIPLE**
vainquant

**IMPERATIVE**
vaincs
vainquons
vainquez

**PRESENT**
je vaincs
tu vaincs
il vainc
nous vainquons
vous vainquez
ils vainquent

**FUTURE**
je vaincrai
tu vaincras
il vaincra
nous vaincrons
vous vaincrez
ils vaincront

**IMPERFECT**
je vainquais
tu vainquais
il vainquait
nous vainquions
vous vainquiez
ils vainquaient

**PRESENT SUBJUNCTIVE**
je vainque
tu vainques
il vainque
nous vainquions
vous vainquiez
ils vainquent

**CONDITIONAL**
je vaincrais
tu vaincrais
il vaincrait
nous vaincrions
vous vaincriez
ils vaincraient

**PAST HISTORIC**
je vainquis
tu vainquis
il vainquit
nous vainquîmes
vous vainquîtes
ils vainquirent

## valoir (to be worth)

AUXILIARY: avoir

**PAST PARTICIPLE**
valu

**PRESENT PARTICIPLE**
valant

**IMPERATIVE**
vaux
valons
valez

**PRESENT**
je vaux
tu vaux
il vaut
nous valons
vous valez
ils valent

**FUTURE**
je vaudrai
tu vaudras
il vaudra
nous vaudrons
vous vaudrez
ils vaudront

**IMPERFECT**
je valais
tu valais
il valait
nous valions
vous valiez
ils valaient

**PRESENT SUBJUNCTIVE**
je vaille
tu vailles
il vaille
nous valions
vous valiez
ils vaillent

**CONDITIONAL**
je vaudrais
tu vaudrais
il vaudrait
nous vaudrions
vous vaudriez
ils vaudraient

**PAST HISTORIC**
je valus
tu valus
il valut
nous valûmes
vous valûtes
ils valurent

# Irregular Verbs

## venir (to come)

| PAST PARTICIPLE | PRESENT PARTICIPLE | IMPERATIVE |
|---|---|---|
| venu | venant | viens |
| | | venons |
| | | venez |

| PRESENT | FUTURE | IMPERFECT |
|---|---|---|
| je **viens** | je **viendrai** | je **venais** |
| tu **viens** | tu **viendras** | tu **venais** |
| il **vient** | il **viendra** | il **venait** |
| nous **venons** | nous **viendrons** | nous **venions** |
| vous **venez** | vous **viendrez** | vous **veniez** |
| ils **viennent** | ils **viendront** | ils **venaient** |

| PRESENT SUBJUNCTIVE | CONDITIONAL | PAST HISTORIC |
|---|---|---|
| je **vienne** | je **viendrais** | je **vins** |
| tu **viennes** | tu **viendrais** | tu **vins** |
| il **vienne** | il **viendrait** | il **vint** |
| nous **venions** | nous **viendrions** | nous **vînmes** |
| vous **veniez** | vous **viendriez** | vous **vîntes** |
| ils **viennent** | ils **viendraient** | ils **vinrent** |

## vivre (to live)

AUXILIARY: avoir

| PAST PARTICIPLE | PRESENT PARTICIPLE | IMPERATIVE |
|---|---|---|
| vêcu | vivant | vis |
| | | vivons |
| | | vivez |

| PRESENT | FUTURE | IMPERFECT |
|---|---|---|
| je **vis** | je vivrai | je vivais |
| tu **vis** | tu vivras | tu vivais |
| il **vit** | il vivra | il vivait |
| nous vivons | nous vivrons | nous vivions |
| vous vivez | vous vivrez | vous viviez |
| ils vivent | ils vivront | ils vivaient |

| PRESENT SUBJUNCTIVE | CONDITIONAL | PAST HISTORIC |
|---|---|---|
| je vive | je vivrais | je **vécus** |
| tu vives | tu vivrais | tu **vécus** |
| il vive | il vivrait | il **vécut** |
| nous vivions | nous vivrions | nous **vécûmes** |
| vous viviez | vous vivriez | vous **vécûtes** |
| ils vivent | ils vivraient | ils **vécurent** |

# Irregular Verbs

## voir (to see)

AUXILIARY: avoir

**PAST PARTICIPLE**
vu

**PRESENT PARTICIPLE**
voyant

**IMPERATIVE**
vois
voyons
voyez

**PRESENT**
je **vois**
tu **vois**
il **voit**
nous **voyons**
vous **voyez**
ils **voient**

**FUTURE**
je **verrai**
tu **verras**
il **verra**
nous **verrons**
vous **verrez**
ils **verront**

**IMPERFECT**
je **voyais**
tu **voyais**
il **voyait**
nous **voyions**
vous **voyiez**
ils **voyaient**

**PRESENT SUBJUNCTIVE**
je **voie**
tu **voies**
il **voie**
nous **voyions**
vous **voyiez**
ils **voient**

**CONDITIONAL**
je **verrais**
tu **verrais**
il **verrait**
nous **verrions**
vous **verriez**
ils **verraient**

**PAST HISTORIC**
je **vis**
tu **vis**
il **vit**
nous **vîmes**
vous **vîtes**
ils **virent**

## vouloir (to wish, to want)

AUXILIARY: avoir

**PAST PARTICIPLE**
voulu

**PRESENT PARTICIPLE**
voulant

**IMPERATIVE**
veuille
veuillons
veuillez

**PRESENT**
je **veux**
tu **veux**
il **veut**
nous **voulons**
vous **voulez**
ils **veulent**

**FUTURE**
je **voudrai**
tu **voudras**
il **voudra**
nous **voudrons**
vous **voudrez**
ils **voudront**

**IMPERFECT**
je **voulais**
tu **voulais**
il **voulait**
nous **voulions**
vous **vouliez**
ils **voulaient**

**PRESENT SUBJUNCTIVE**
je **veuille**
tu **veuilles**
il **veuille**
nous **voulions**
vous **vouliez**
ils **veuillent**

**CONDITIONAL**
je **voudrais**
tu **voudrais**
il **voudrait**
nous **voudrions**
vous **voudriez**
ils **voudraient**

**PAST HISTORIC**
je **voulus**
tu **voulus**
il **voulut**
nous **voulûmes**
vous **voulûtes**
ils **voulurent**

# Nouns

## The Gender of Nouns

In French, all nouns are either masculine or feminine, whether denoting people, animals or things. Unlike English, there is no neuter gender for inanimate objects and abstract nouns.

Gender is largely unpredictable and has to be learnt for each noun. However, the following guidelines will help you determine the gender for certain types of nouns:

Nouns denoting male people and animals are usually – but not always – masculine, e.g.
> **un homme**  a man
> **un taureau**  a bull
> **un infirmier**  a (*male*) nurse
> **un cheval**  a horse

Nouns denoting female people and animals are usually – but not always – feminine, e.g.
> **une fille**  a girl
> **une vache**  a cow
> **une infirmière**  a nurse
> **une brebis**  a ewe

Some nouns are masculine *or* feminine depending on the sex of the person to whom they refer, e.g.
> **un camarade**  a (*male*) friend
> **une camarade**  a (*female*) friend
> **un Belge**  a Belgian (*man*)
> **une Belge**  a Belgian (*woman*)

Other nouns referring to either men or women have only one gender which applies to both, e.g.
> **un professeur**  a teacher
> **une personne**  a person
> **une sentinelle**  a sentry
> **un témoin**  a witness
> **une victime**  a victim
> **une recrue**  a recruit

# Examples

Sometimes the ending of the noun indicates its gender. Shown below are some of the most important to guide you:

## Masculine endings

| | |
|---|---|
| -age | **le courage** courage; **le rinçage** rinsing<br>EXCEPTIONS: **une cage** a cage; **une image** a picture; **la nage** swimming; **une page** a page; **une plage** a beach; **une rage** a rage |
| -ment | **le commencement** the beginning<br>EXCEPTION: **une jument** a mare |
| -oir | **un couloir** a corridor; **un miroir** a mirror |
| -sme | **le pessimisme** pessimism; **l'enthousiasme** enthusiasm |

## Feminine endings

| | |
|---|---|
| -ance, -anse | **la confiance** confidence; **la danse** dancing |
| -ence, -ense | **la prudence** caution; **la défense** defence<br>EXCEPTION: **le silence** silence |
| -ion | **une région** a region; **une addition** a bill<br>EXCEPTIONS: **un pion** a pawn; **un espion** a spy |
| -oire | **une baignoire** a bath(tub) |
| -té, -tié | **la beauté** beauty; **la moitié** half |

Suffixes which differentiate between male and female are shown on p 78.

The following words have different meanings depending on gender:

| | |
|---|---|
| **le crêpe** crêpe | **la crêpe** pancake |
| **le livre** book | **la livre** pound |
| **le manche** handle | **la manche** sleeve |
| **le mode** method | **la mode** fashion |
| **le moule** mould | **la moule** mussel |
| **le page** page(boy) | **la page** page (*in book*) |
| **le physique** physique | **la physique** physics |
| **le poêle** stove | **la poêle** frying pan |
| **le somme** nap | **la somme** sum |
| **le tour** turn | **la tour** tower |
| **le voile** veil | **la voile** sail |

# Nouns

## Gender: the Formation of Feminines

As in English, male and female are sometimes differentiated by the use of two quite separate words, e.g.

**mon oncle** my uncle          **ma tante** my aunt

There are, however, some words in French which show this distinction by the form of their ending:

Some nouns add an **e** to the masculine singular form to form the feminine → ❶

If the masculine singular form already ends in **-e**, no further **e** is added in the feminine → ❷

Some nouns undergo a further change when **e** is added.

| MASC. SING. | FEM. SING. |
|---|---|
| -f | -ve → ❸ |
| -x | -se → ❹ |
| -eur | -euse → ❺ |
| -teur | -teuse → ❻ |
| | -trice → ❼ |

Some nouns double the final consonant before adding **e**:

| MASC. SING. | FEM. SING. |
|---|---|
| -an | -anne → ❽ |
| -en | -enne → ❾ |
| -on | -onne → ❿ |
| -et | -ette → ⓫ |
| -el | -elle → ⓬ |

Some nouns add an accent to the final syllable before adding **e**:

| MASC. SING. | FEM. SING. |
|---|---|
| -er | -ère → ⓭ |

Some nouns have unusual feminine forms → ❹

# Examples

1. un ami a (*male*) friend — une amie a (*female*) friend

2. un élève a (*male*) pupil — une élève a (*female*) pupil

3. un veuf a widower — une veuve a widow

4. un époux a husband — une épouse a wife

5. un danseur a dancer — une danseuse a dancer

6. un menteur a liar — une menteuse a liar

7. un conducteur a driver — une conductrice a driver

8. un paysan a countryman — une paysanne a countrywoman

9. un Parisien a Parisian (*man*) — une Parisienne a Parisian (*woman*)

10. un baron a baron — une baronne a baroness

11. le cadet the youngest (child) — la cadette the youngest (child)

12. un intellectuel an intellectual — une intellectuelle an intellectual

13. un étranger a foreigner — une étrangère a foreigner

14. le comte/la comtesse
    count/countess
    le maître/la maîtresse
    master/mistress
    le fou/la folle
    madman/madwoman
    un hôte/une hôtesse
    host/hostess

    le duc/la duchesse
    duke/duchess
    le prince/la princesse
    prince/princess
    le Turc/la Turque
    Turk
    le vieux/la vieille
    old man/old woman

# Nouns

## The Formation of Plurals

Most nouns add **s** to the singular form → ❶

When the singular form already ends in **-s**, **-x** or **-z**, no further **s** is added → ❷

For nouns ending in **-au**, **-eau** or **-eu**, the plural ends in **-aux**, **-eaux** or **-eux** → ❸
EXCEPTIONS:  **pneu** tyre    (*plural*: **pneus**)
                      **bleu** bruise   (*plural*: **bleus**)

For nouns ending in **-al** or **-ail**, the plural ends in **-aux** → ❹
EXCEPTIONS:  **bal** ball    (*plural*: **bals**)
                      **festival** festival   (*plural*: **festivals**)
                      **chandail** sweater   (*plural*: **chandails**)
                      **détail** detail   (*plural*: **détails**)

Forming the plural of compound nouns is complicated and you are advised to check each one individually in a dictionary.

A word which is singular in the English may be plural in French, or vice versa → ❺

## Irregular plural forms

Some masculine nouns ending in **-ou** add **x** in the plural. These are:
    **bijou** jewel        **genou** knee        **joujou** toy
    **caillou** pebble    **hibou** owl        **pou** louse
    **chou** cabbage

Some other nouns are totally unpredictable. The most important of these are:

| SINGULAR | | PLURAL |
|---|---|---|
| **œil** | eye | **yeux** |
| **ciel** | sky | **cieux** |
| **Monsieur** | Mr | **Messieurs** |
| **Madame** | Mrs | **Mesdames** |
| **Mademoiselle** | Miss | **Mesdemoiselles** |

# Examples

**1**

| le jardin | the garden |
| les jardins | the gardens |
| une voiture | a car |
| des voitures | (some) cars |
| l'hôtel | the hotel |
| les hôtels | the hotels |

**2**

| un tas | a heap |
| des tas | (some) heaps |
| une voix | a voice |
| des voix | (some) voices |
| le gaz | the gas |
| les gaz | the gases |

**3**

| un tuyau | a pipe |
| des tuyaux | (some) pipes |
| le chapeau | the hat |
| les chapeaux | the hats |
| le feu | the fire |
| les feux | the fires |

**4**

| le journal | the newspaper |
| les journaux | the newspapers |
| un travail | a job |
| des travaux | (some) jobs |

**5**

| les bagages | the luggage |
| ses cheveux | his/her hair |
| le bétail | the cattle |
| mon pantalon | my trousers |

# Nouns

## The Definite Article

|        | WITH MASC. NOUN | WITH FEM. NOUN |       |
|--------|-----------------|----------------|-------|
| SING.  | le (l')         | la (l')        | the   |
| PLUR.  | les             | les            | the   |

The gender and number of the noun determines the form of the article → ❶

le and la change to l' before a vowel or an h 'mute' → ❷

## Uses of the Definite Article

While the French definite article is used in much the same way in French as it is in English, it is also found

with abstract nouns, except after certain prepositions → ❸

in generalizations, especially with plural or uncountable nouns (those which cannot be used in the plural or with an indefinite article, e.g. le lait milk) → ❹

with names of countries except after en to/in → ❺

with parts of the body; 'ownership' is often indicated by an indirect object pronoun or a reflexive pronoun → ❻

in expressions of quantity/rate/price → ❼

with titles/ranks/professions followed by a proper name → ❽

The definite article is *not* used with nouns in apposition → ❾

à + le/la (l'), à + les; de + le/la (l'), de + les

|        | WITH MASC. NOUN | WITH FEM. NOUN |
|--------|-----------------|----------------|
| SING.  | au (à l') → ❿   | à la (à l')    |
| PLUR.  | aux             | aux            |
| SING.  | du (de l')      | de la (de l') → ⓫ |
| PLUR.  | des             | des            |

The definite article combines with the preposition à and de, as shown above. You should pay particular attention to the masculine singular form au and du, and both plural forms aux and des, since these are not visually the sum of their parts

# Examples

| MASCULINE | FEMININE |
|---|---|
| ① le garçon the boy | la fille the girl |
| les hôtels the hotels | les écoles the schools |
| ② l'acteur the actor | l'actrice the actress |
| l'hôpital the hospital | l'heure the time |
| ③ Les prix montent | Prices are rising |
| L'amour rayonne dans ses yeux | Love shines in his eyes |
| BUT: | |
| avec plaisir | with pleasure |
| sans espoir | without hope |
| ④ Je n'aime pas le café | I don't like coffee |
| Les enfants ont besoin d'être aimés | Children need to be loved |
| ⑤ le Japon | Japan |
| les Pays-Bas | The Netherlands |
| BUT: | |
| aller en Écosse | to go to Scotland |
| ⑥ Tournez la tête à gauche | Turn your head to the left |
| J'ai mal à la gorge | My throat is sore, I have a sore throat |
| La tête me tourne | My head is spinning |
| Elle s'est brossé les dents | She brushed her teeth |
| ⑦ 4 euros le mètre/le kilo/ | 4 euros a metre/a kilo |
| rouler à 80 km à l'heure | to go at 50 mph |
| ⑧ le roi Georges III | King George III |
| Monsieur le président | Mr Chairman/President |
| ⑨ Victor Hugo, grand écrivain du dix-neuvième siècle | Victor Hugo, a great author of the nineteenth century |
| ⑩ au cinéma at/to the cinema | à la bibliothèque at/to the library |
| à l'hôpital at/to the hospital | à l'hôtesse to the hostess |
| aux étudiants to the students | aux maisons to the houses |
| ⑪ du bureau from/of the office | de la réunion from/of the meeting |
| de l'auteur from/of the author | de l'Italienne from/of the Italian woman |
| de l'hôte from/of the host | de l'horloge of the clock |
| des États-Unis from/of the United States | des vendeuses from/of the saleswomen |

# Articles

## The Partitive Article

The partitive article has the sense of 'some' or 'any', although the French is not always translated in English.

|        | WITH MASC. NOUN | WITH FEM. NOUN |           |
|--------|-----------------|----------------|-----------|
| SING.  | **du (de l')**  | **de la (de l')** | some, any |
| PLUR.  | **des**         | **des**        | some, any |

The gender and number of the noun determines the form of the partitive → ❶

The forms shown in brackets (**de l'**) are used before a vowel or an **h** 'mute' → ❷

**des** becomes **de (d'** + *vowel*) before an adjective → ❸
unless the adjective and noun are seen as forming one unit → ❹

In negative sentences **de (d'** + *vowel*) is used → ❺
EXCEPTION: after **ne ... que** 'only', the positive forms above are
used → ❻

## The Indefinite Article

|        | WITH MASC. NOUN | WITH FEM. NOUN |      |
|--------|-----------------|----------------|------|
| SING.  | **un**          | **une**        | a    |
| PLUR.  | **des**         | **des**        | some |

In negative sentences, **de (d'** + *vowel*) is used for both singular and plural → ❼

The indefinite article is used in French largely as it is in English *except*:
there is no article when a person's profession is being stated → ❽
the article *is* present following **ce (c'** + *vowel*) → ❾

the English article is not translated by **un/une** in constructions like 'what a surprise', 'what an idiot' → ❿

in structures of the type given in example ⓫ the article **un/une** is used in French and not translated in English → ⓫

# Examples

1. Avez-vous du sucre? — Have you any sugar?
   J'ai acheté de la farine — I bought (some) flour
   Il a mangé des gâteaux — He ate some cakes
   Est-ce qu'il y a des lettres pour moi? — Are there (any) letters for me?

2. Il me doit de l'argent — He owes me (some) money
   C'est de l'histoire ancienne — That's ancient history

3. Cette région a de belles églises — This region has some beautiful churches

4. des grandes vacances — summer holidays
   des jeunes gens — young people

5. Vous n'avez pas de timbres/d'œufs? — Have you no stamps/eggs?
   Je ne mange jamais de viande/d'omelettes — I never eat meat/omelettes

6. Il ne boit que du thé/de la bière/de l'eau — He only drinks tea/beer/water
   Je n'ai que des problèmes avec cette machine — I have nothing but trouble with this machine

7. Je n'ai pas de livre/d'enfants — I don't have a book/(any) children

8. Il est professeur — He's a teacher
   Ma mère est infirmière — My mother's a nurse

9. C'est un médecin — He's/She's a doctor
   Ce sont des acteurs — They're actors

10. Quelle surprise! — What a surprise!
    Quel dommage! — What a shame!

11. avec une grande sagesse/un courage admirable — with great wisdom/admirable courage
    un produit d'une qualité incomparable — a product of incomparable quality

85

## Adjectives

Most adjectives agree in number and in gender with the noun or pronoun.

### The formation of feminines

Most adjectives add an **e** to the masculine singular form → ❶

If the masculine singular form already ends in **-e**, no further **e** is added → ❷

Some adjectives undergo a further change when **e** is added. These changes occur regularly and are shown on page 88.

Irregular feminine forms are shown on page 90.

### The formation of plurals

The plural of both regular and irregular adjectives is formed by adding an **s** to the masculine or feminine singular form, as appropriate → ❸

When the masculine singular form already ends in **-s** or **-x**, no further **s** is added → ❹

For masculine singulars ending in **-au** and **-eau**, the masculine plural is **-aux** and **-eaux** → ❺

For masculine singulars ending in **-al**, the masculine plural is **-aux** → ❻
EXCEPTIONS: **final**   (*masculine plural* **finals**)
**fatal**   (*masculine plural* **fatals**)
**naval**   (*masculine plural* **navals**)

# Examples

1. mon frère aîné — my elder brother
   ma sœur aînée — my elder sister
   le petit garçon — the little boy
   la petite fille — the little girl
   un sac gris — a grey bag
   une chemise grise — a grey shirt
   un bruit fort — a loud noise
   une voix forte — a loud voice

2. un jeune homme — a young man
   une jeune femme — a young woman
   l'autre verre — the other glass
   l'autre assiette — the other plate

3. le dernier train — the last train
   les derniers trains — the last trains
   une vieille maison — an old house
   de vieilles maisons — old houses
   un long voyage — a long journey
   de longs voyages — long journeys
   la rue étroite — the narrow street
   les rues étroites — the narrow streets

4. un diplomate français — a French diplomat
   des diplomates français — French diplomats
   un homme dangereux — a dangerous man
   des hommes dangereux — dangerous men

5. le nouveau professeur — the new teacher
   les nouveaux professeurs — the new teachers
   un chien esquimau — a husky (*Fr:* an Eskimo dog)
   des chiens esquimaux — huskies (*Fr:* Eskimo dogs)

6. un ami loyal — a loyal friend
   des amis loyaux — loyal friends
   un geste amical — a friendly gesture
   des gestes amicaux — friendly gestures

# Adjectives

## Regular feminine endings

| MASC SING. | FEM. SING. | EXAMPLES |
|---|---|---|
| -f | -ve | neuf, vif → ➊ |
| -x | -se | heureux, jaloux → ➋ |
| -eur | -euse | travailleur, flâneur → ➌ |
| -teur | -teuse | flatteur, menteur → ➍ |
| | -trice | destructeur, séducteur → ➎ |

EXCEPTIONS: **bref**: see page 90
**doux**, **faux**, **roux**, **vieux**: see page 90
**extérieur**, **inférieur**, **intérieur**, **meilleur**, **supérieur**:
all add **e** to the masculine
**enchanteur**: *fem.* = **enchanteresse**

| MASC SING. | FEM. SING. | EXAMPLES |
|---|---|---|
| -an | -anne | paysan → ➏ |
| -en | -enne | ancien, parisien → ➐ |
| -on | -onne | bon, breton → ➑ |
| -as | -asse | bas, las → ➒ |
| -et* | -ette | muet, violet → ➓ |
| -el | -elle | annuel, mortel → ⓫ |
| -eil | -eille | pareil, vermeil → ⓬ |

EXCEPTION: **ras**: *fem.* = **rase**

| MASC SING. | FEM. SING. | EXAMPLES |
|---|---|---|
| -et* | -ète | secret, complet → ⓭ |
| -er | -ète | étranger, fier → ⓮ |

* Note that there are two feminine endings for masculine adjectives
ending in -**et**.

# Examples

1. un résultat positif — a positive result
   une attitude positive — a positive attitude

2. d'un ton sérieux — in a serious tone (of voice)
   une voix sérieuse — a serious voice

3. un enfant trompeur — a deceitful child
   une déclaration trompeuse — a misleading statement

4. un tableau flatteur — a flattering picture
   une comparaison flatteuse — a flattering comparison

5. un geste protecteur — a protective gesture
   une couche protectrice — a protective layer

6. un problème paysan — a farming problem
   la vie paysanne — country life

7. un avion égyptien — an Egyptian plane
   une statue égyptienne — an Egyptian statue

8. un bon repas — a good meal
   de bonne humeur — in a good mood

9. un plafond bas — a low ceiling
   à voix basse — in a low voice

10. un travail net — a clean piece of work
    une explication nette — a clear explanation

11. un homme cruel — a cruel man
    une remarque cruelle — a cruel remark

12. un livre pareil — such a book
    en pareille occasion — on such an occasion

13. un regard inquiet — an anxious look
    une attente inquiète — an anxious wait

14. un goût amer — a bitter taste
    une amère déception — a bitter disappointment

# Adjectives

## Adjectives with irregular feminine forms

| MASC SING. | FEM. SING. | |
|---|---|---|
| aigu | aiguë | sharp; high-pitched → ① |
| ambigu | ambiguë | ambiguous |
| beau (bel*) | belle | beautiful |
| bénin | bénigne | benign |
| blanc | blanche | white |
| bref | brève | brief, short → ② |
| doux | douce | soft; sweet |
| épais | épaisse | thick |
| faux | fausse | wrong |
| favori | favorite | favourite → ③ |
| fou (fol*) | folle | mad |
| frais | fraîche | fresh → ④ |
| franc | franche | frank |
| gentil | gentille | kind |
| grec | grecque | Greek |
| gros | grosse | big |
| jumeau | jumelle | twin → ⑤ |
| long | longue | long |
| malin | maligne | malignant |
| mou (mol*) | molle | soft |
| nouveau (nouvel*) | nouvelle | new |
| nul | nulle | no |
| public | publique | public → ⑥ |
| roux | rousse | red-haired |
| sec | sèche | dry |
| sot | sotte | foolish |
| turc | turque | Turkish |
| vieux (vieil*) | vieille | old |

* This form is used when the following word begins with a vowel or an h 'mute' → ⑦

# Examples

1. un son aigu — a high-pitched sound
   une douleur aiguë — a sharp pain

2. un bref discours — a short speech
   une brève rencontre — a short meeting

3. mon sport favori — my favourite sport
   ma chanson favorite — my favourite song

4. du pain frais — fresh bread
   de la crème fraîche — fresh cream

5. mon frère jumeau — my twin brother
   ma sœur jumelle — my twin sister

6. un jardin public — a (public) park
   l'opinion publique — public opinion

7. un bel appartement — a beautiful flat
   le nouvel inspecteur — the new inspector
   un vieil arbre — an old tree
   un bel habit — a beautiful outfit
   un nouvel harmonica — a new harmonica
   un vieil hôtel — an old hotel

# Adjectives

## Comparatives and Superlatives

### Comparatives

These are formed using the following constructions:

> **plus ... (que)** more ... (than) → ❶
> **moins ... (que)** less ... (than) → ❷
> **aussi ... que** as ... as → ❸
> **si ... que**\* as ... as → ❹

\*  used mainly after a negative

### Superlatives

These are formed using the following constructions:

> **le/la/les plus ... (que)** the most ... (that) → ❺
> **le/la/les moins ... (que)** the least ... (that) → ❻

> When the possessive adjective is present, two constructions are possible → ❼

> After a superlative the preposition **de** is often translated as 'in' → ❽

> If a clause follows a superlative, the verb is in the subjunctive → ❾

### Adjectives with irregular comparatives/superlatives

| ADJECTIVE | COMPARATIVE | SUPERLATIVE |
|---|---|---|
| **bon** | **meilleur** | **le meilleur** |
| good | better | the best |
| **mauvais** | **pire** or **plus mauvais** | **le pire** or **le plus mauvais** |
| bad | worse | the worst |
| **petit** | **moindre**\* or **plus petit** | **le moindre**\* or **le plus petit** |
| small | smaller; lesser | the smallest; the least |

\*  used only with abstract nouns

> Comparative and superlative adjectives agree in number and in gender with the noun, just like any other adjective → ❿

# Examples

1. une raison plus grave

   Elle est plus petite que moi

   a more serious reason

   She is smaller than me

2. un film moins connu

   C'est moins cher qu'il ne pense

   a less well-known film

   It's cheaper than he thinks

3. Robert était aussi inquiet que moi

   Cette ville n'est pas aussi grande que Bordeaux

   Robert was as worried as I was

   This town isn't as big as Bordeaux

4. Ils ne sont pas si contents que ça

   They aren't as happy as all that

5. le guide le plus utile

   la voiture la plus petite

   les plus grandes maisons

   the most useful guidebook

   the smallest car

   the biggest houses

6. le mois le moins agréable

   la fille la moins forte

   les moins belles peintures

   the least pleasant month

   the weakest girl

   the least attractive paintings

7. Mon désir le plus cher/Mon plus cher désir est de voyager

   My dearest wish is to travel

8. la plus grande gare de Londres

   l'habitant le plus âgé du village/ de la région

   the biggest station in London

   the oldest inhabitant in the village/in the area

9. la personne la plus gentille que je connaisse

   the nicest person I know

10. les moindres difficultés

    la meilleure qualité

    the least difficulties

    the best quality

# Adjectives

## Demonstrative Adjectives

ce (cet)/cette, ces

|  | MASCULINE | FEMININE |  |
|---|---|---|---|
| SING. | ce (cet) | cette | this; that |
| PLUR. | ces | ces | these; those |

Demonstrative adjectives agree in number and gender with the noun → ❶

cet is used when the following word begins with a vowel or an h 'mute' → ❷

For emphasis or in order to distinguish between people or objects, -ci or -là is added to the noun: -ci indicates proximity (usually translated 'this') and là distance 'that' → ❸

## Interrogative Adjectives

quel/quelle, quels/quelles?

|  | MASCULINE | FEMININE |  |
|---|---|---|---|
| SING. | quel? | quelle? | what?; which? |
| PLUR. | quels? | quelles? | what?; which? |

Interrogative adjectives agree in number and gender with the noun → ❹

The forms shown above are also used in indirect questions → ❺

## Exclamatory Adjectives

quel/quelle, quels/quelles!

|  | MASCULINE | FEMININE |  |
|---|---|---|---|
| SING. | quel! | quelle! | what (a)! |
| PLUR. | quels! | quelles! | what! |

Exclamatory adjectives agree in number and gender with the noun → ❻

For other exclamations, see page 128.

# Examples

**❶**   Ce stylo ne marche pas     This/That pen isn't working

Comment s'appelle cette entreprise?     What's this/that company called?

Ces livres sont les miens     These/Those books are mine

Ces couleurs sont plus jolies     These/Those colours are nicer

**❷**   cet oiseau     this/that bird

cet homme     this/that man

**❸**   Combien coûte ce manteau-ci?     How much is this coat?

Je voudrais cinq de ces pommes-là     I'd like five of those apples

Est-ce que tu reconnais cette personne-là?     Do you recognize that person?

Mettez ces vêtements-ci dans cette valise-là     Put these clothes in that case

**❹**   Quel genre d'homme est-ce?     What type of man is he?

Quelle est leur décision?     What is their decision?

Vous jouez de quels instruments?     What instruments do you play?

Quelles offres avez-vous reçues?     What offers have you received?

**❺**   Je ne sais pas à quelle heure il est arrivé     I don't know what time he arrived

Dites-moi quels sont les livres les plus intéressants     Tell me which books are the most interesting

**❻**   Quel dommage!     What a pity!

Quelle idée!     What an idea!

Quels beaux livres vous avez!     What fine books you have!

Quelles jolies fleurs!     What nice flowers!

# Adjectives

## Position of Adjectives

French adjectives usually follow the noun → ①

Adjectives of colour or nationality *always* follow the noun → ②

As in English, demonstrative, possessive, numerical and interrogative adjectives precede the noun → ③

The adjectives **autre** (other) and **chaque** (each, every) precede the noun → ④

The following common adjectives can precede the noun:

| | |
|---|---|
| **beau** beautiful | **jeune** young |
| **bon** good | **joli** pretty |
| **court** short | **long** long |
| **dernier** last | **mauvais** bad |
| **grand** great | **petit** small |
| **gros** big | **tel** such (a) |
| **haut** high | **vieux** old |

The meaning of the following adjectives varies according to their position:

| BEFORE NOUN | | AFTER NOUN |
|---|---|---|
| **ancien** | former | old, ancient → ⑤ |
| **brave** | good | brave → ⑥ |
| **cher** | dear (*beloved*) | expensive → ⑦ |
| **grand** | great | tall → ⑧ |
| **même** | same | very → ⑨ |
| **pauvre** | poor (*wretched*) | poor (*not rich*) → ⑩ |
| **propre** | own | clean → ⑪ |
| **seul** | single, sole | on one's own → ⑫ |
| **simple** | mere, simple | simple, easy → ⑬ |
| **vrai** | real | true → ⑭ |

Adjectives following the noun are linked by **et** → ⑮

# Examples

1. le chapitre suivant — the following chapter
   l'heure exacte — the right time

2. une cravate rouge — a red tie
   un mot français — a French word

3. ce dictionnaire — this dictionary
   mon père — my father
   le premier étage — the first floor
   deux exemples — two examples
   quel homme? — which man?

4. une autre fois — another time
   chaque jour — every day

5. un ancien collègue — a former colleague
   l'histoire ancienne — ancient history

6. un brave homme — a good man
   un homme brave — a brave man

7. mes chers amis — my dear friends
   une robe chère — an expensive dress

8. un grand peintre — a great painter
   un homme grand — a tall man

9. la même réponse — the same answer
   vos paroles mêmes — your very words

10. cette pauvre femme — that poor woman
    une nation pauvre — a poor nation

11. ma propre vie — my own life
    une chemise propre — a clean shirt

12. une seule réponse — a single reply
    une femme seule — a woman on her own

13. un simple regard — a mere look
    un problème simple — a simple problem

14. la vraie raison — the real reason
    les faits vrais — the true facts

15. un acte lâche et trompeur — a cowardly, deceitful act
    un acte lâche, trompeur et ignoble — a cowardly, deceitful and ignoble act

97

# Adjectives

## Possessive Adjectives

| WITH SING. NOUN | | WITH PLUR. NOUN | |
|---|---|---|---|
| MASC. | FEM. | MASC./FEM. | |
| mon | ma (mon) | mes | my |
| ton | ta (ton) | tes | your |
| son | sa (son) | ses | his; her; its |
| notre | notre | nos | our |
| votre | votre | vos | your |
| leur | leur | leurs | their |

Possessive adjectives agree in number and gender with the noun, NOT WITH THE OWNER → ①

The forms shown in brackets are used when the following word begins with a vowel or an **h** 'mute' → ②

**son**, **sa**, **ses** have the additional meaning of 'one's' → ③

① Catherine a oublié son parapluie — Catherine has left her umbrella

Paul cherche sa montre — Paul's looking for his watch

Mon frère et ma sœur habitent à Glasgow — My brother and sister live in Glasgow

Est-ce que tes voisins ont vendu leur voiture? — Did your neighbours sell their car?

Rangez vos affaires — Put your things away

② mon appareil-photo — my camera
ton histoire — your story
son erreur — his/her mistake
mon autre sœur — my other sister

③ perdre son équilibre — to lose one's balance
présenter ses excuses — to offer one's apologies

# Examples

## Personal Pronouns

| | SUBJECT PRONOUNS | |
| --- | --- | --- |
| | SINGULAR | PLURAL |
| 1st person | je (j') I | nous we |
| 2nd person | tu you | vous you |
| 3rd person (*masc.*) | il he; it | ils they |
| (*fem.*) | elle she; it | elles they |

**je** changes to **j'** before a vowel, an **h** 'mute', or the pronoun **y** → **1**

### tu/vous

**Vous**, as well as being the second person plural, is also used when addressing one person. As a general rule, use **tu** only when addressing a friend, a child, a relative, someone you know very well, or when invited to do so. In all other cases use **vous**. For singular and plural uses of **vous**, see example **2**

The form of the 3rd person pronouns (**il/elle**; **ils/elles**) reflects the number and gender of the noun(s) they replace, referring to animals and things as well as to people. **Ils** also replaces a combination of masculine and feminine nouns → **3**

Sometimes stressed pronouns replace the subject pronouns, see page 103.

**1** J'arrive! / I'm just coming!
J'en ai trois / I've got three of them
J'hésite à le déranger / I hesitate to disturb him
J'y pense souvent / I often think about it

**2** Compare:
Vous êtes certain, Monsieur Leclerc? / Are you sure, Mr Leclerc?
and:
Vous êtes certains, les enfants? / Are you sure, children?

**3** Où logent ton père et ta mère quand ils vont à Rome? / Where do your father and mother stay when they go to Rome?

Donne-moi le journal et les lettres quand ils arriveront / Give me the newspaper and the letters when they arrive

## Personal Pronouns: object

DIRECT OBJECT PRONOUNS

|  | SINGULAR | PLURAL |
|---|---|---|
| 1st person | me (m') me | nous us |
| 2nd person | te (t') you | vous you |
| 3rd person (*masc.*) | le (l') him; it | ils them |
| (*fem.*) | la (l') her; it | elles them |

INDIRECT OBJECT PRONOUNS

|  | SINGULAR | PLURAL |
|---|---|---|
| 1st person | me (m') | nous |
| 2nd person | te (t') | vous |
| 3rd person (*masc.*) | lui | leur |
| (*fem.*) | lui | leur |

The forms shown in brackets are used before a vowel, an h 'mute', or the pronoun y → **1**

In positive commands me and te change to moi and toi except before en or y → **2**

le sometimes functions as a 'neuter' pronoun, referring to an idea or information contained in a previous statement or question. It is often not translated → **3**

The indirect object pronouns table replace the preposition à + *noun*, where the noun is a person or an animal → **4**

The verbal construction affects the translation of the pronoun → **5**

### Position of direct object pronouns

In constructions other than the imperative affirmative, the pronoun comes before the verb → **6**

The same applies when the verb is in the infinitive → **7**

In the imperative affirmative, the pronoun follows the verb and is attached to it by a hyphen → **8**

For further information, see Order of Object Pronouns, page 102.

### Reflexive Pronouns

These are dealt with under reflexive verbs, page 24.

# Examples

1. Il m'a vu
   Ils t'ont caché les faits

   He saw me
   They hid the facts from you

2. Avertis-moi de ta décision
   Avertis-m'en
   Donnez-moi du sucre
   Donnez-m'en

   Inform me of your decision
   Inform me of it
   Give me some sugar
   Give me some

3. Il n'est pas là. — Je le sais bien.
   Elle viendra demain. — Je l'espère
   bien.

   He isn't there. — I know that.
   She'll come tomorrow.
   — I hope so.

4. J'écris à Suzanne
   Je lui écris

   I'm writing to Suzanne
   I'm writing to her

5. arracher qch à qn:
   Un voleur m'a arraché mon
   porte-monnaie
   promettre qch à qn:
   Il leur a promis un cadeau
   demander à qn de faire:
   Elle nous avait demandé de
   revenir

   to snatch sth from sb:
   A thief snatched my purse
   from me
   to promise sb sth:
   He promised them a present
   to ask sb to do:
   She had asked us to come
   back

6. Je t'aime
   Les voyez-vous?
   Elle ne nous connaît pas
   Ne me faites pas rire
   Elle vous a écrit
   Vous a-t-elle écrit?
   Il ne nous parle pas
   Ne leur répondez pas

   I love you
   Can you see them?
   She doesn't know us
   Don't make me laugh
   She's written to you
   Has she written to you?
   He doesn't speak to us
   Don't answer them

7. Puis-je vous aider?
   Voulez-vous leur envoyer
   l'adresse?

   May I help you?
   Do you want to send them
   the address?

8. Aidez-moi
   Donnez-nous la réponse

   Help me
   Tell us the answer

## Personal Pronouns *continued*

### Order of object pronouns

When two object pronouns of different persons come before the verb, the order is: indirect before direct, i.e.

| | | | |
|---|---|---|---|
| me | | | |
| te | | le | |
| nous | before | la | → ❶ |
| vous | | les | |

When two third person object pronouns come before the verb, the order is: direct before indirect, i.e.

| | | | |
|---|---|---|---|
| le | | | |
| la | before | lui | → ❷ |
| les | | leur | |

When two object pronouns come after the verb (i.e. in the imperative affirmative), the order is: direct before indirect, i.e.

| | | | |
|---|---|---|---|
| | moi | | |
| | toi | | |
| le | | lui | |
| la | before | nous | → ❸ |
| les | | vous | |
| | leur | | |

The pronouns **y** and **en** (see pages 104 and 105) always come last → ❹

| | | |
|---|---|---|
| ❶ | Dominique vous l'envoie demain | Dominique's sending it to you tomorrow |
| | Est-ce qu'il te les a montrés? | Has he shown them to you? |
| ❷ | Elle le leur a emprunté | She borrowed it from them |
| | Ne la leur donne pas | Don't give it to them |
| ❸ | Rends-les-moi | Give them back to me |
| | Donnez-le-nous | Give it to us |
| ❹ | Donnez-leur-en | Give them some |
| | Je l'y ai déposé | I dropped him there |

# Examples

## Personal Pronouns: stressed or disjunctive forms

|  | SINGULAR | PLURAL |
|---|---|---|
| 1st person | **moi** me | **nous** us |
| 2nd person | **toi** you | **vous** you |
| 3rd person (*masc.*) | **lui** him; it | **eux** them |
| (*fem.*) | **elle** her; it | **elles** them |
| (*reflexive*) | **soi** oneself | |

These pronouns are used:
- after prepositions → ❶
- on their own → ❷
- following **c'est**, **ce sont** it is → ❸
- for emphasis, especially to show contrast. For particular emphasis **-même** (*singular*) or **-mêmes** (*plural*) is added to the pronoun → ❹

- when the subject consists of two or more pronouns or a pronoun and a noun → ❺
- in comparisons → ❻
- before relative pronouns → ❼

| | | |
|---|---|---|
| ❶ | Je pense à toi | I think about you |
| | Partez sans eux | Leave without them |
| ❷ | Qui a fait cela? — Lui. | Who did that? — He did. |
| | Qui est-ce qui gagne? — Moi. | Who's winning? — Me. |
| ❸ | C'est toi, Simon? — Non, c'est moi, David. | Is that you, Simon? — No, it's me, David. |
| ❹ | Toi, tu ressembles à ton père, eux pas | You look like your father, they don't |
| | Je l'ai fait moi même | I did it myself |
| ❺ | Lui et moi partons demain | He and I are leaving tomorrow |
| | Mon père et elle ne s'entendent pas | My father and she don't get on |
| ❻ | plus jeune que moi | younger than me |
| | Il est moins grand que toi | He's smaller than you (are) |
| ❼ | Ce sont eux qui font du bruit, pas nous | They're the ones making the noise, not us |

# Pronouns

## The pronoun en

**en** replaces the preposition **de** + *noun* → ❶

The verbal construction can affect the translation → ❷

**en** also replaces the partitive article (English = some, any) + *noun* → ❸

In expressions of quantity **en** represents the noun → ❹

Position:  **en** comes before the verb, except in positive commands when it follows and is attached to the verb by a hyphen → ❺

**en** follows other object pronouns → ❻

❶ Il est fier de son succès — He's proud of his success
Il en est fier — He's proud of it
Elle est sortie du cinéma — She came out of the cinema
Elle en est sortie — She came out (of it)
Je suis couvert de peinture — I'm covered in paint
J'en suis couvert — I'm covered in it

❷ avoir besoin de qch: — to need sth:
  J'en ai besoin —   I need it/them
avoir peur de qch: — to be afraid of sth:
  J'en ai peur —   I'm afraid of it/them

❸ Avez-vous de l'argent? — Do you have any money?
En avez-vous? — Do you have any?
Je veux acheter des timbres — I want to buy some stamps
Je veux en acheter — I want to buy some

❹ Combien de sœurs as-tu? — J'en ai trois. — How many sisters do you have? — I have three.

❺ Elle en a discuté avec moi — She discussed it with me
En êtes-vous content? — Are you pleased with it/them?
N'en parlez plus — Don't talk about it any more
Prenez-en — Take some

❻ Donnez-leur-en — Give them some
Il m'en a parlé — He spoke to me about it

# Examples

## The pronoun y

y replaces the preposition à + *noun* → ❶

The verbal construction can affect the translation → ❷

y also replaces the prepositions **dans** and **sur** + *noun* → ❸

y can also mean 'there' → ❹

Position: y comes before the verb, except in positive commands when it follows and is attached to the verb by a hyphen → ❺

y follows other object pronouns → ❻

❶ Ne touchez pas à ce bouton — Don't touch this switch
N'y touchez pas — Don't touch it
Il participe aux concerts — He takes part in the concerts
Il y participe — He takes part (in them)

❷ penser à qch: — to think about sth:
J'y pense souvent — I often think about it
consentir à qch: — to agree to sth:
Tu y as consenti? — Have you agreed to it?

❸ Mettez-les dans la boîte — Put them in the box
Mettez-les-y — Put them in it
Il les a mis sur les étagères — He put them on the shelves
Il les y a mis — He put them on them

❹ Elle y passe tout l'été — She spends the whole summer there

❺ Il y a ajouté du sucre — He added sugar to it
Elle n'y a pas écrit son nom — She hasn't written her name on it

Comment fait-on pour y aller? — How do you get there?
N'y pense plus! — Don't give it another thought!

Réfléchissez-y — Think it over

❻ Elle m'y a conduit — She drove me there
Menez-nous-y — Take us there

# Pronouns

## Relative Pronouns

**qui** who; which
**que** who(m); which
These are subject and direct object pronouns that introduce a clause and refer to people or things.

|  | PEOPLE | THINGS |
|---|---|---|
| SUBJECT | **qui** <br> who, that → ❶ | **qui** <br> which, that → ❸ |
| DIRECT OBJECT | **que (qu')** <br> who(m), that → ❷ | **que (qu')** <br> which, that → ❹ |

**que** changes to **qu'** before a vowel → ❷/❹

You cannot omit the object relative pronoun in French as you can in English → ❷/❹

After a preposition:
When referring to people, use **qui** → ❺
EXCEPTIONS: after **parmi** 'among' and **entre** 'between' use **lesquels/ lesquelles**; see below → ❻

When referring to things, use forms of **lequel**:

|  | MASCULINE | FEMININE |  |
|---|---|---|---|
| SING. | **lequel** | **laquelle** | which |
| PLUR. | **lesquels** | **lesquelles** | which |

The pronoun agrees in number and gender with the noun → ❼

After the prepositions à and **de**, **lequel** and **lesquel(le)s** contract as follows:
à + lequel → auquel
à + lesquels → auxquels → ❽
à + lesquelles → auxquelles

de + lequel → duquel
de + lesquels → desquels → ❾
de + lesquelles → desquelles

# Examples

1. Mon frère, qui a vingt ans, est à l'université
   My brother, who's twenty, is at university

2. Les amis que je vois le plus sont ...
   The friends (that) I see most are ...

   Lucienne, qu'il connaît depuis longtemps, est ...
   Lucienne, whom he has known for a long time, is ...

3. Il y a un escalier qui mène au toit
   There's a staircase which leads to the roof

4. La maison que nous avons achetée a ...
   The house (which) we've bought has ...
   Voici le cadeau qu'elle m'a envoyé
   This is the present (that) she sent me

5. la personne à qui il parle
   the person he's talking to
   la personne avec qui je voyage
   the person with whom I travel

   les enfants pour qui je l'ai acheté
   the children for whom I bought it

6. Il y avait des jeunes, parmi lesquels Robert
   There were some young people, Robert among them
   les filles entre lesquelles j'étais assis
   the girls between whom I was sitting

7. le torchon avec lequel il l'essuie
   the cloth with which he's wiping it

   la table sur laquelle je l'ai mis
   the table on which I put it
   les moyens par lesquels il l'accomplit
   the means by which he achieves it
   les pièces pour lesquelles elle est connue
   the plays for which she is famous

8. le magasin auquel il livre ces marchandises
   the shop to which he delivers these goods

9. les injustices desquelles il se plaint
   the injustices about which he's complaining

## Relative Pronouns *continued*

**quoi** which, what

> When the relative pronoun does not refer to a specific noun,
> **quoi** is used after a preposition → ①

**dont** whose, of whom, of which

> **dont** often (but not always) replaces **de qui, duquel, de
> laquelle**, and **desquel(le)s** → ②
>
> It cannot replace **de qui, duquel** *etc* in the construction
> *preposition + noun +* **de qui/duquel** → ③
>
> If the person (or object) 'owned' is the *object* of the verb, word
> order is: **dont** + verb + noun → ④
>
> If the person (or object) 'owned' is the *subject* of the verb, word
> order is: dont + noun + verb → ⑤

**ce qui, ce que** that which, what

These are used when the relative pronoun does not refer to a specific
noun, and they are often translated as 'what' (*literally*: that which):

> **ce qui** is used as the subject → ⑥
>
> **ce que*** is used as the direct object → ⑦
>
> * **que** changes to **qu'** before a vowel → ⑦
>
> Note the construction:
> **tout ce qui**
> **tout ce que**     everything/all that → ⑧
>
> **de + ce que → ce dont** → ⑨
>
> *preposition +* **ce que** → **ce** *+ preposition +* **quoi** → ⑩
>
> When **ce qui, ce que** etc, refers to a previous clause the
> translation is 'which' → ⑪

# Examples

1. C'est en quoi vous vous trompez
   À quoi, j'ai répondu ...

   That's where you're wrong
   To which I replied, ...

2. la femme dont (= de qui) la
   voiture est garée en face
   un prix dont (= de qui) je suis fier

   the woman whose car is
   parked opposite
   an award I am proud of

3. une personne sur l'aide de qui on
   peut compter
   les enfants aux parents de qui
   j'écris
   la maison dans le jardin
   de laquelle il y a ...

   a person whose help one can
   rely on
   the children to whose
   parents I'm writing
   the house in whose garden
   there is ...

4. un homme dont je connais
   la fille

   a man whose daughter
   I know

5. un homme dont la fille
   me connaît

   a man whose daughter
   knows me

6. Je n'ai pas vu ce qui s'est passé

   I didn't see what happened

7. Ce que j'aime c'est la musique
   classique
   Montrez-moi ce qu'il vous a donné

   What I like is classical music

   Show me what he gave you

8. Tout ce qui reste c'est ...
   Donnez-moi tout ce que vous avez

   All that's left is ...
   Give me everything you have

9. Voilà ce dont il s'agit

   That's what it's about

10. Ce n'est pas ce à quoi je
    m'attendais
    Ce à quoi je m'intéresse
    particulièrement c'est ...

    It's not what I was expecting

    What I'm particularly
    interested in is ...

11. Il est d'accord, ce qui m'étonne

    He agrees, which
    surprises me

    Il a dit qu'elle ne venait pas, ce
    que nous savions déjà

    He said she wasn't coming,
    which we already knew

# Pronouns

## Interrogative Pronouns

**qui?** who; whom?
**que?** what?
**quoi?** what?

These pronouns are used in direct questions

The form of the pronoun depends on:
- whether it refers to people or to things
- whether it is the subject or object of the verb, or if it comes after a preposition

**Qui** and **que** have longer forms, as shown in the tables below.

Referring to people:

| SUBJECT | **qui?** | who? → ❶ |
| | **qui est-ce qui?** | |
| OBJECT | **qui?** | who(m)? → ❷ |
| | **qui est-ce que*?** | |
| AFTER PREPOSITIONS | **qui?** | who(m)? → ❸ |

Referring to things:

| SUBJECT | **qu'est-ce qui?** | what? → ❹ |
| OBJECT | **que*?** | what? → ❺ |
| | **qu'est-ce que*?** | |
| AFTER PREPOSITIONS | **quoi?** | what? → ❻ |

* **que** changes to **qu'** before a vowel → ❷/❺

# Examples

**1** Qui vient?
Qui est-ce qui vient?

Who's coming?

**2** Qui vois-tu?
Qui est-ce que tu vois?
Qui a-t-elle rencontré?
Qui est-ce qu'elle a rencontré?

Who(m) can you see?

Who(m) did she meet?

**3** De qui parle-t-il?
Pour qui est ce livre?
À qui avez-vous écrit?

Who's he talking about?
Who's this book for?
To whom did you write?

**4** Qu'est-ce qui se passe?
Qu'est-ce qui a vexé Paul?

What's happening?
What upset Paul?

**5** Que faites-vous?
Qu'est-ce que vous faites?
Qu'a-t-il dit?
Qu'est-ce qu'il a dit?

What are you doing?

What did he say?

**6** À quoi cela sert-il?
De quoi a-t-on parlé?

Sur quoi vous basez-vous?

What's that used for?
What was the discussion about?
What do you base it on?

# Pronouns

## Interrogative Pronouns *continued*

> **qui** who; whom
> **ce qui** what
> **ce que** what
> **quoi** what

These pronouns are used in indirect questions

The form of the pronoun depends on:
- whether it refers to people or to things
- whether it is the subject or object of the verb, or if it comes after a preposition

Referring to people: use **qui** in all instances → ➊

Referring to things:

| | | |
|---|---|---|
| SUBJECT | **ce qui** | what → ➋ |
| OBJECT | **ce que*** | what → ➌ |
| AFTER PREPOSITIONS | **quoi?** | what → ➍ |

\* **que** changes to **qu'** before a vowel → ➌

**lequel/laquelle, lesquels/lesquelles?**

| | MASCULINE | FEMININE | |
|---|---|---|---|
| SING. | **lequel?** | **laquelle?** | which (one)? |
| PLUR. | **lesquels?** | **lesquelles?** | which (ones)? |

The pronoun agrees in number and gender with the noun it refers to → ➎

The same forms are used in indirect questions → ➏

After the prepositions **à** and **de**, **lequel** and **lesquel(le)s** contract as shown on p 106.

# Examples

**1** Demande-lui qui est venu
Je me demande qui ils ont vu
Dites-moi qui vous préférez
Elle ne sait pas à qui s'adresser

Demandez-leur pour qui elles
travaillent

Ask him who came
I wonder who they saw
Tell me who you prefer
She doesn't know who to
apply to

Ask them who they work for

**2** Il se demande ce qui se passe

Je ne sais pas ce qui vous fait
croire que ...

He's wondering what's
happening
I don't know what makes
you think that ...

**3** Raconte-nous ce que tu as fait
Je me demande ce qu'elle pense

Tell us what you did
I wonder what she's thinking

**4** On ne sait pas de quoi vivent ces
animaux
Je vais lui demander à quoi il fait
allusion

We don't know what these
animals live on
I'm going to ask him what
he's hinting at

**5** J'ai choisi un livre. — Lequel?

Laquelle de ces valises est la
vôtre?
Amenez quelques amis.
— Lesquels?
Lesquelles de vos sœurs sont
mariées?

I've chosen a book.
— Which one?
Which of these cases is
yours?
Bring some friends. — Which
ones?
Which of your sisters are
married?

**6** Je me demande laquelle des
maisons est la leur
Dites-moi lesquels d'entre eux
étaient là

I wonder which is their house

Tell me which of them were
there

# Pronouns

## Possessive Pronouns

Singular:

| MASCULINE | FEMININE | |
|---|---|---|
| le mien | la mienne | mine |
| le tien | la tienne | yours |
| le sien | la sienne | his; hers; its |
| le nôtre | la nôtre | ours |
| le vôtre | la vôtre | yours |
| le leur | la leur | theirs |

Plural:

| MASCULINE | FEMININE | |
|---|---|---|
| le miens | la miennes | mine |
| le tiens | la tiennes | yours |
| le siens | la siennes | his; hers; its |
| le nôtres | la nôtres | ours |
| le vôtres | la vôtres | yours |
| le leurs | la leurs | theirs |

The pronoun agrees in number and gender with the noun it replaces, not with the owner → ❶

Alternative translations are 'my own', 'your own' etc; **le sien**, **la sienne** *etc* may also mean 'one's own' → ❷

After the prepositions **à** and **de** the articles **le** and **les** are contracted in the normal way (see page 82):

       à + le mien  →  au mien
       à + les miens  →  aux miens → ❸
       à + les miennes  →  aux miennes

       de + le mien  →  du mien
       de + les miens  →  des miens → ❹
       de + les miennes  →  des miennes

# Examples

1. Demandez à Carole si ce stylo est le sien

   Ask Carole if this pen is hers

   Quelle équipe a gagné – la leur ou la nôtre?

   Which team won – theirs or ours?

   Mon stylo marche mieux que le tien

   My pen writes better than yours

   Richard a pris mes affaires pour les siennes

   Richard mistook my belongings for his

   Si tu n'as pas de disques, emprunte les miens

   If you don't have any records, borrow mine

   Nos maisons sont moins grandes que les vôtres

   Our houses are smaller than yours

2. Est-ce que leur entreprise est aussi grande que la vôtre?

   Is their company as big as your own?

   Leurs prix sont moins élevés que les nôtres

   Their prices are lower than our own

   Le bonheur des autres importe plus que le sien

   Other people's happiness matters more than one's own

3. Pourquoi préfères-tu ce manteau au mien?

   Why do you prefer this coat to mine?

   Quelles maisons ressemblent aux leurs?

   Which houses resemble theirs?

4. Leur car est garé à côté du nôtre

   Their coach is parked beside ours

   Vos livres sont au-dessus des miens

   Your books are on top of mine

## Demonstrative Pronouns

**celui/celle, ceux/celles**

|  | MASCULINE | FEMININE |  |
|---|---|---|---|
| SING. | celui | celle | the one |
| PLUR. | ceux | celles | the ones |

**Celui** agrees in number and gender with the noun it replaces → ①

Uses:

- preceding a relative pronoun, meaning 'the one(s) who/which'
  → ①
- preceding **de**, meaning 'the one(s) belonging to', 'the one(s) of '
  → ②
- with **-ci** and **-là**, for emphasis or to distinguish between two things:

|  | MASCULINE | FEMININE |  |
|---|---|---|---|
| SING. | celui-ci | celle-ci | this (one) → ③ |
| PLUR. | ceux-ci | celles-ci | these (ones) |
|  | MASCULINE | FEMININE |  |
| SING. | celui-là | celle-là | that (one) → ③ |
| PLUR. | ceux-là | celles-là | those (ones) |

- an additional meaning of **celui-ci/celui-là** *etc* is 'the former/
  the latter'.

**ce (c')** it, that

> Usually used with **être**, in the expressions **c'est**, **c'était**, **ce sont**
> *etc*. Note the spelling **ç**, when followed by the letter **a** → ④

> Uses:
> - to identify a person or object → ⑤
> - for emphasis → ⑥
> - as a neuter pronoun, referring to a statement, idea *etc*
>   → ⑦

**ce qui**, **ce que**, **ce dont** *etc*: see Relative Pronouns (page 108), and
Interrogative Pronouns (page 112).

**cela, ça** it, that

> **cela** and **ça** are used as 'neuter' pronouns, referring to a
> statement, an idea, an object → ⑧
> In everyday spoken language **ça** is used in preference to **cela**.

**ceci** this → ⑨

> **ceci** is not used as often as 'this' in English; **cela**, **ça** are often
> used where we use 'this'.

# Examples

1. Quelle robe désirez-vous? — Celle
   qui est en vitrine.

   Which dress do you want?
   — The one which is in
   the window.

   Est-ce que ces livres sont ceux
   qu'il t'a donnés?

   Are these the books that he
   gave you?

   Quelles filles? — Celles que nous
   avons vues hier.

   Which girls? — The ones we
   saw yesterday.

   Cet article n'est pas celui dont
   vous m'avez parlé

   This article isn't the one you
   spoke to me about

2. Comparez vos réponses à celles
   de votre voisin

   Compare your answers with
   your neighbour's (answers)

   les montagnes d'Écosse et celles
   du pays de Galles

   the mountains of Scotland
   and those of Wales

3. Quel tailleur préférez-vous:
   celui-ci ou celui-là?

   Which suit do you prefer:
   this one or that one?

   De toutes mes jupes, celle-ci me
   va le mieux

   Of all my skirts, this one fits
   me best

4. C'était moi
   Ç'a été la cause de ...

   It was me
   It has been cause of ...

5. Qui est-ce?

   Who is it?; Who's this/that?;
   Who's he/she?

   C'est mon frère
   C'est une infirmière*
   Ce sont des professeurs*
   Qu'est-ce que c'est?
   Ce sont des trombones

   It's/That's my brother
   She's a nurse
   They're teachers
   What's this/that?
   They're paper clips

6. C'est moi qui ai téléphoné

   It was me who phoned

7. C'est très intéressant
   Ce serait dangereux

   That's/It's very interesting
   That/It would be dangerous

8. Ça ne fait rien
   Cela ne compte pas

   It doesn't matter
   That doesn't count

9. À qui est ceci?
   Ouvrez-le comme ceci

   Whose is this?
   Open it like this

* See page 85 for the use of the article when stating a person's
profession

## Adverbs

### Formation

Most adverbs are formed by adding **-ment** to the feminine form of the adjective → ①

**-ment** is added to the *masculine* form when the masculine form ends in **-é**, **-i** or **-u** → ②
EXCEPTION: **gai** → ③

Occasionally the **u** changes to **û** before **-ment** is added → ④

If the adjective ends in **-ant** or **-ent**, the adverb ends in **-amment** or **-emment** → ⑤
EXCEPTIONS: **lent**, **présent** → ⑥

### Irregular Adverbs

| ADJECTIVE | ADVERB |
|---|---|
| **aveugle** blind | **aveuglément** blindly |
| **bon** good | **bien** well → ⑦ |
| **bref** brief | **brièvement** briefly |
| **énorme** enormous | **énormément** enormously |
| **exprès** express | **expressément** expressly → ⑧ |
| **gentil** kind | **gentiment** kindly |
| **mauvais** bad | **mal** badly → ⑨ |
| **meilleur** better | **mieux** better |
| **pire** worse | **pis** worse |
| **précis** precise | **précisément** precisely |
| **profond** deep | **profondément** deeply → ⑩ |
| **traître** treacherous | **traîtreusement** treacherously |

### Adjectives used as adverbs

Certain adjectives are used adverbially. These include: **bas**, **bon**, **cher**, **clair**, **court**, **doux**, **droit**, **dur**, **faux**, **ferme**, **fort**, **haut**, **mauvais** and **net** → ⑪

# Examples

**①** MASC./FEM. ADJECTIVE | ADVERB
heureux/heureuse fortunate | heureusement fortunately
franc/franche frank | franchement frankly
extrême/extrême extreme | extrêmement extremely

**②** MASC. ADJECTIVE | ADVERB
désespéré desperate | désespérément desperately
vrai true | vraiment truly
résolu resolute | résolument resolutely

**③** gai cheerful | gaiement *or* gaîment cheerfully

**④** continu continuous | continûment continuously

**⑤** constant constant | constamment constantly
courant fluent | couramment fluently
évident obvious | évidemment obviously
fréquent frequent | fréquemment frequently

**⑥** lent slow | lentement slowly
présent present | présentement presently

**⑦** Elle travaille bien | She works well

**⑧** Il a expressément défendu qu'on parte | He has expressly forbidden us to leave

**⑨** un emploi mal payé | a badly paid job

**⑩** J'ai été profondément ému | I was deeply moved

**⑪** parler bas/haut | to speak softly/loudly
coûter cher | to be expensive
voir clair | to see clearly
travailler dur | to work hard
chanter faux | to sing off key
sentir bon/mauvais | to smell nice/horrible

119

# Adverbs

## Position of Adverbs

When the adverb accompanies a verb in a simple tense, it generally follows the verb → ①

When the adverb accompanies a verb in a compound tense, it generally comes between the auxiliary verb and the past participle → ②

Some adverbs, however, follow the past participle → ③

When the adverb accompanies an adjective or another adverb it generally precedes the adjective/adverb → ④

## Comparatives of Adverbs

These are formed using the following constructions:

        **plus ... (que)** more ... (than) → ⑤
        **moins ... (que)** less ... (than) → ⑥
        **aussi ... que** as ... as → ⑦
        **si ... que*** as ... as → ⑧

\* used mainly after a negative

## Superlatives of Adverbs

These are formed using the following constructions:

        **le plus ... (que)** the most ... (that) → ⑨
        **le moins ... (que)** the least ... (that) → ⑩

## Adverbs with irregular comparatives/superlatives

| ADVERB | COMPARATIVE | SUPERLATIVE |
|---|---|---|
| **beaucoup** a lot | **plus** more | **le plus** (the) most |
| **bien** well | **mieux** better | **le mieux** (the) best |
| **mal** badly | **pis/plus mal** worse | **le pis/plus mal** (the) worst |
| **peu** little | **moins** less | **le moins** (the) least |

# Examples

**1** Il dort encore
He's still asleep

Je pense souvent à toi
I often think about you

**2** Ils sont déjà partis
They've already gone

J'ai toujours cru que …
I've always thought that …

J'ai presque fini
I'm almost finished

Il a trop mangé
He's eaten too much

**3** On les a vus partout
We saw them everywhere

Elle est revenue hier
She came back yesterday

**4** un très beau chemisier
a very nice blouse

une femme bien habillée
a well-dressed woman

beaucoup plus vite
much faster

peu souvent
not very often

**5** plus vite
more quickly

plus régulièrement
more regularly

Elle chante plus fort que moi
She sings louder than I do

**6** moins facilement
less easily

moins souvent
less often

Nous nous voyons moins
fréquemment qu'auparavant
We see each other less
frequently than before

**7** Faites-le aussi vite que possible
Do it as quickly as possible

Il en sait aussi long que nous
He knows as much about it
as we do

**8** Ce n'est pas si loin que je pensais
It's not as far as I thought

**9** Marianne court le plus vite
Marianne runs fastest

Le plus tôt que je puisse venir
c'est samedi
The earliest that I can come
is Saturday

**10** C'est l'auteur que je connais le
moins bien
He's the writer I'm least
familiar with

## Prepositions

It is often difficult to give an English equivalent for French prepositions, since usage does vary so much between the two languages. The French preposition may not always be the one that the English sentence leads you to expect, and vice versa. A good dictionary will help you here → **①**

English verbal constructions often contain a preposition where none exists in French, and vice versa → **②**

English phrasal verbs (i.e. verbs followed by a preposition e.g. *to run away*, *to fall down*) are often translated by one word in French → **③**

| | |
|---|---|
| **①** Il y a beaucoup de restaurants à Londres | There are lots of restaurants in London |
| Elle est allée à Londres | She went/has gone to London |
| donner qch à qn | to give sth to sb, to give sb sth |
| lancer qch à qn | to throw sth at sb |
| prendre qch à qn | to take sth from sb |
| à pied | on foot |
| une tasse à thé | a teacup |
| venir de Paris | to come from Paris |
| une boîte d'allumettes | a box of matches |
| une robe de soie | a silk dress |
| d'une façon irrégulière | in an irregular way |
| la plus belle ville du monde | The most beautiful city in the world |
| plus de cent personnes | more than a hundred people |
| je vais en ville | I'm going (in)to town |
| en janvier | in January |
| déguisé en cowboy | dressed up as a cowboy |
| je suis venue en voiture | I came by car |

**②** payer to pay for    regarder to look at    écouter to listen to
obéir à to obey    nuire à to harm    manquer de to lack

**③** s'enfuir to run away    tomber to fall down    céder to give in

## Conjunctions

Some conjunctions which introduce a main clause, e.g. **et** (and), **mais** (but), and some introduce subordinate clauses e.g. **parce que** (because), **pendant que** (while). They are used in much the same way as in English, but:

> Some conjunctions in French require a following subjunctive, see page 46
>
> Some conjunctions are 'split' in French:
>
> **et ... et** both ... and → ❶
> **ni ... ni ... ne** neither ... nor → ❷
> **ou (bien) ... ou (bien)** either ... or (else) → ❸
> **soit ... soit** either ... or → ❹
> **si + il(s)** → **s'il(s)** → ❺
> **que**
> - meaning *that* → ❻
> - replacing another conjunction → ❼
> - replacing **si**, see page 48
> - in comparisons, see pages 92 and 120
> - followed by the subjunctive, see page 48
>
> **aussi** (so, therefore): the subject and verb are inverted if the subject is a pronoun → ❽

❶ Ces fleurs poussent et en été et en hiver

These flowers grow in both summer and winter

❷ Ni lui ni elle ne sont venus

Neither he nor she came

❸ Ou bien il m'évite ou bien il ne me reconnaît pas

Either he's avoiding me or else he doesn't recognize me

❹ Il faut choisir soit l'un soit l'autre

You have to choose either one or the other

❺ Je ne sais pas s'il vient/s'ils viennent

I don't know if he's coming/ if they're coming

❻ Il dit qu'il t'a vu

He says (that) he saw you

❼ Comme il pleuvait et que je n'avais pas de parapluie, ...

As it was raining and I didn't have an umbrella, ...

❽ Ceux-ci sont plus rares, aussi coûtent-ils cher

These ones are rarer, so they're expensive

## Negatives

ne ... pas  not
ne ... point (*literary*)  not
ne ... rien  nothing
ne ... personne  nobody
ne ... plus  no longer, no more
ne ... jamais  never
ne ... que  only
ne ... aucun(e)  no
ne ... nul(le)  no
ne ... nulle part  nowhere
ne ... ni  neither ... nor
ne ... ni ... ni  neither ... nor

### Word order

In simple tenses and the imperative:
- **ne** precedes the verb (and any object pronouns) and the second element follows the verb → ➊

In compound tenses:
- **ne ... pas, ne ... point, ne ... rien, ne ... plus, ne ... jamais, ne ... guère** follow the pattern:
  **ne** + *auxiliary verb* + **pas** + *past participle* → ➋
- **ne ... personne, ne ... que, ne ... aucun(e), ne ... nul(le), ne ... nulle part, ne ... ni (... ni)** follow the pattern:
  **ne** + *auxiliary verb* + *past participle* + **personne** → ➌

With a verb in the infinitive:
- **ne ... pas, ne ... point** (*etc*, see above) come together → ➍
- **Rien, personne** and **aucun** can also be used as pronouns. When they are the subject or object of the verb, **ne** is placed immediately before the verb. **Aucun** also needs the pronoun **en** when used as an object → ➎
- **Jamais** and **plus** can be combined with some of the negative particles listed above → ➏

① Je ne fume pas — I don't smoke
Ne changez rien — Don't change anything
Je ne vois personne — I can't see anybody
Nous ne nous verrons plus — We won't see each other any more

Il n'arrive jamais à l'heure — He never arrives on time
Il n'avait qu'une valise — He only had one suitcase
Il ne boit ni ne fume — He neither drinks nor smokes
Ni mon fils ni ma fille ne les connaissaient — Neither my son nor my daughter knew them

② Elle n'a pas fait ses devoirs — She hasn't done her homework

Ne vous a-t-il rien dit? — Didn't he say anything to you?
Tu n'as guère changé — You've hardly changed

③ Je n'ai vu personne — I haven't seen anybody
Il n'avait mangé que la moitié du repas — He had only eaten half the meal
Elle ne les a trouvés nulle part — She couldn't find them anywhere

④ Il essayait de ne pas rire — He was trying not to laugh

⑤ Je ne vois personne — I can't see anyone
Rien ne lui plaît — Nothing pleases him/her
Aucune des entreprises ne veut... — None of the companies want...
Il n'en a aucun — He hasn't any (of them)

⑥ Je ne le ferai plus jamais — I'll never do it again
Ces marchandises ne valaient plus rien — Those goods were no longer worth anything
Ils ne font jamais rien d'intéressant — They never do anything interesting
Je n'ai jamais parlé qu'à sa femme — I've only ever spoken to his wife

# Structure

## Question forms: direct questions

There are four ways of forming direct questions in French:

by inverting the normal word order so that *pronoun subject + verb* becomes *verb + pronoun subject*. A hyphen links the verb and pronoun → ❶

- When the subject is a noun, a pronoun is inserted after the verb and linked to it by a hyphen → ❷
- When the verb ends in a vowel in the third person singular, **-t-** is inserted before the pronoun → ❸

by maintaining the word order *subject + verb*, but by using a rising intonation at the end of the sentence → ❹

by inserting **est-ce que** before the construction *subject + verb* → ❺

by using an interrogative word at the beginning of the sentence, together with inversion or the **est-ce que** form above → ❻

## Question forms: indirect questions

An indirect question is one that is 'reported', e.g. 'he asked me what the time was'; 'tell me which way to go'. Word order in indirect questions is as follows:

*interrogative word + subject + verb* → ❼

when the subject is a noun, and not a pronoun, the subject and verb are often inverted → ❽

### n'est-ce pas

This is used wherever English would use 'isn't it?', 'don't they?', 'weren't we?', 'is it?' and so on tagged on to the end of a sentence → ❾

# Examples

① Aimez-vous la France?  Do you like France?
Avez-vous fini?  Have you finished?
Est-ce possible?  Is it possible?
Est-elle restée?  Did she stay?

② Tes parents sont-ils en vacances?  Are your parents on holiday?

③ A-t-elle de l'argent?  Has she any money?
La pièce dure-t-elle longtemps?  Does the play last long?

④ Robert va venir  Robert's coming
Robert va venir?  Is Robert coming?

⑤ Est-ce que tu la connais?  Do you know her?
Est-ce que tes parents sont  Have your parents come
revenus d'Italie?  back from Italy?

⑥ Quel train prends-tu?  What train are you getting?
Quel train est-ce que tu prends?
Pourquoi ne sont-ils pas venus?
Pourquoi est-ce qu'ils ne sont pas  Why haven't they come?
venus?

⑦ Je me demande s'il viendra  I wonder if he'll come
Dites-moi quel autobus va à la  Tell me which bus goes to
gare  the station

⑧ Elle nous a demandé comment  She asked us how our father
allait notre père  was
Je ne sais pas ce que veulent dire  I don't know what these
ces mots  words mean

⑨ Il fait chaud, n'est-ce pas?  It's warm, isn't it?
Vous n'oublierez pas, n'est-ce pas?  You won't forget, will you?

## Word Order

Word order in French is largely the same as in English, except:

Object pronouns nearly always come before the verb, see page 100

Certain adjectives come after the noun, see page 96

Adverbs accompanying a verb in a simple tense usually follow the verb, see page 120

After **aussi** (so, therefore), **à peine** (hardly), **peut-être** (perhaps), the verb and subject are inverted → ①

After the relative pronoun **dont** (whose), certain rules apply, see page 108

In exclamations, **que** and **comme** do not affect the normal word order → ②

Following direct speech:
- the *verb + subject* order is inverted to become *subject + verb* → ③
- with a pronoun subject, the verb and pronoun are linked by a hyphen → ④
- when the verb ends in a vowel in the 3rd person singular, **-t-** is inserted between the pronoun and the verb → ⑤

For word order in negative sentences, see page 124.

For word order in interrogative sentences, see pages 126 and 127.

| | | |
|---|---|---|
| ① | Il vit tout seul, aussi fait-il ce qu'il veut | He lives alone, so he does what he likes |
| | À peine la pendule avait-elle sonné trois heures que … | Hardly had the clock struck three when … |
| | Peut-être avez-vous raison | Perhaps you're right |
| ② | Qu'il fait chaud! | How warm it is! |
| | Comme c'est cher | How expensive it is! |
| ③ | « Je pense que oui » a dit Luc | 'I think so,' said Luke |
| | « Ça ne fait rien » répondit Julie | 'It doesn't matter,' Julie replied |
| ④ | « Quelle horreur! » me suis-je exclamé | 'How awful!' I exclaimed |
| ⑤ | « Pourquoi pas? » a-t-elle demandé | 'Why not?' she asked |